瑜伽师地论

汇校本

一

（唐）玄奘 译　　韩欣 整理

文物出版社

图书在版编目（C I P）数据

瑜伽师地论 : 汇校本 / (唐) 玄奘译 ; 韩欣整理
. -- 北京 : 文物出版社, 2024.1
ISBN 978-7-5010-8050-2

Ⅰ. ①瑜… Ⅱ. ①玄… ②韩… Ⅲ. ①瑜伽行派 – 佛
经 Ⅳ. ①B946.9

中国国家版本馆CIP数据核字(2023)第092571号

瑜伽师地论：汇校本

译　者　（唐）玄　奘
整　理　韩　欣

责任编辑　孙　霞
责任印制　王　芳

出版发行　文物出版社
地　址　北京市东城区东直门内北小街 2 号楼
邮　编　100007
网　址　http://www.wenwu.com
经　销　新华书店
印　刷　天津新华印务有限公司
开　本　710mm × 1000mm　1/16
印　张　110
版　次　2024年1月第1版
印　次　2024年1月第1次印刷
书　号　ISBN 978-7-5010-8050-2
定　价　480.00元（全四册）

前　言

《瑜伽师地论》，梵名Yogacārabhūmi，又称《瑜伽论》《十七地论》《大论》，凡一百卷，是佛教最重要的论书之一，为大乘佛教瑜伽行唯识学派及法相宗的根本论书。相传为弥勒菩萨说，无著记录。它的译者玄奘是唐代高僧，世称“唐三藏”，意谓他精于佛教之经、律、论三藏，熟知一切经。于贞观二十一年（647）五月十五日始译，至二十二年（648）五月十五在东都弘福寺译毕，历时一年零一个月。

一、瑜伽行派及其根本论书《瑜伽师地论》

大乘佛教在兴传过程中，不断受到外道思想流派的批判，并且要与小乘部派佛教进行“意识形态”的论争。小乘行者以所谓“大乘非佛说”，试图将大乘佛教彻底否定。针对部派佛教以及外道学对法的执着方面，以破来显示佛教的趣向与世间性的根本差别，凸显一切法空方面，所以主要弘传般若思想；对此的随顺、开阐，成立了中观派。

早期龙树、提婆创立的中观学派，依止般若思想，以缘起明空，以否定自性为遮，试图破外道学与小乘部派之执。其传承者强调空说，重破轻立，尤喜以单刀直入的方式去破除异见，以致修学者难以把握以如实契入空观意趣，遂使末流者不仅偏颇武断，甚至诽拨一切皆无，堕入顽空之见，不仅遮蔽诸法实相，也破坏了修学与成佛之根基。①

为对治“顽空见”之流弊，在空说的基础上进一步显示诸法实相，建立成佛的根据，又有宣扬“心性本净”的如来藏产生。如来藏强调佛

① 日本宇井伯寿为避免与印度婆罗门教六派哲学之一的“瑜伽派”相混，首先改用“瑜伽行派”，如今普遍为学界所采用。（〔日〕宇井伯寿著，慧观、周丽玫等译：《瑜伽论研究》，宗教文化出版社 2015 年版，第 37—38 页。）

性如来藏为自性清净心，且一切法并非完全无有，诸法最根本体性即诸法实性就是真实存在，所谓法性、法界、真如等。真如法界即是自性清净心，即是佛性、如来藏。这就引发了大乘思想与修行的一大转向，即成佛之路从重空观的般若波罗蜜多，转到去除缠覆佛性如来藏的烦恼尘垢而豁显佛性如来藏，末流修学者难免堕入偏有的极端，即“梵我见”。

为对治二见之流弊，建立大乘思想之体系，凸显非空非有的依他起性，统合空与真实有两方面，瑜伽行派阐发出新的有无观（存在观），即三性说与三无性说，并据此建立了一种新中道学说。至此，大乘佛教才真正能够与小乘佛教分庭抗礼，瑜伽行派进而成为继中观之后的大乘佛教的又一大宗派。作为印度佛教在教理上发展最为充分的大乘学派，瑜伽行派首次构筑了恢宏的境、行、果（或教、理、行、果）相应的理论框架，并完成大小乘思想的集大成，代表了印度佛教义理发展的最高峰。

瑜伽，梵语Yoga之音译，Yoga来源于Yuj一词，本义是用轭架到牛脖子上对其加以控制，引申为相应之义，另有和合、一致、互有方便善巧之义，是禅定或止观的代名词。《一切经音义》云：“瑜伽，此译云相应。一切乘境、行、果等所有诸法，皆名相应。境谓一切所缘境，此境与心相应，故名境相应。行谓一切行，此行与理相应，故名行相应。果谓三乘圣果，此果位中诸功德更相符顺，故名果相应。”①

瑜伽师称瑜伽阇梨、瑜伽行者，一般指自作修行乃至讲述传授瑜伽诸法的教师，这些瑜伽行者，即是瑜伽行唯识学派的先驱。此处特指瑜伽派三乘（声闻乘、缘觉乘、菩萨乘）修行者通过闻、思、修次第修行，达到所观境、所修行、所证果善巧相应成就佛道，并依此展转调化有情，令成佛道。地，即所依、所持、所行、所摄。瑜伽师地，意指瑜伽师所依、所

① （唐）玄应：《一切经音义》卷二十二，见徐时仪：《一切经音义三种校本合刊》，上海古籍出版社，2010年，第445页。

行的境界。《瑜伽师地论》就是广释三乘修行者修行境、行、果相应之境界，次第论述所依所行十七种境界，故又称《十七地论》。

本论的作者通说为弥勒菩萨，其实不甚详确。据佛籍所载，作本论的弥勒有二人。一是作为未来佛的菩萨弥勒。弥勒，梵名Maitreya，巴利名Metteyya，又称梅呾丽耶菩萨、末怛唎耶菩萨、弥帝礼菩萨，意译作慈氏。依西晋竺法护译《弥勒上生经》和刘宋沮渠京声译《观弥勒菩萨上生兜率天经》所载，弥勒出生于婆罗门家庭，后为佛弟子，先佛入灭，以菩萨身为天人说法，住于兜率天。在释迦牟尼入灭后五十七亿七千万年时，从兜率天宫下降到娑婆世界成佛。汉传佛教认为弥勒写作了五部主要的论书，即《瑜伽师地论》《分别瑜伽论》《大庄严论》《辨中边》《金刚般若》，称为“慈氏五论”。藏传佛教则认为是《究竟一乘宝性论》《辨法性性论》《辩中边论》《现观庄严论》《经庄严论》五论。佛陀入灭后一千年，有无著（Asaṅga）菩萨不满足已学的小乘佛教，便以神通从阿踰陀国（Ayodhya）的讲堂，升登夜摩天兜率天宫听受弥勒讲大乘教义，后又请弥勒下生人间说法。无著后来日夜陈述师说，遂传下弥勒的五论。五论中最重要的著作便是这部《瑜伽师地论》。

二是作为历史真实人物的论师弥勒。众多史籍提到过一位名为弥勒的著名论师，如《萨婆多部师资记目录》中叙述三十五祖圣提婆（Aryadeva）、四十二祖摩帝丽、四十四祖婆修盘头（VaSubandhu）。摩帝丽即弥勒（Maitreya）的异译，婆修盘头即世亲菩萨，是无著的胞弟。又如《传灯录》的旁系中有十祖摩帝隶披罗，摩帝隶披罗也是弥勒（Maitreya）的异译。综合多种史籍推知，弥勒生于提婆后、无著前，约于公元270～350年间，与无著、世亲一样，在萨婆多部即说一切有部出家，是无著的祖师，一位具有革新精神的创导大乘唯识学的著名论师。

无著（Asaṅga），名阿僧伽，是弥勒的直接传人，瑜伽行学的集大成者，后世多将他尊为瑜伽行派的创立者。世亲（婆薮盘豆，Vasubandhu）是佛教史上最博学、著述最多的佛学家，号称“千部论主”。二人是北天竺富娄沙富罗国（今马基斯坦白沙瓦西北）人。据真谛《婆薮槃豆法师传》载，其父名憍尸迦，为国师婆罗门。有兄弟三人，皆称婆薮槃豆。无著和世亲受佛教之影响，均于小乘化地部出家为僧。因“思惟空义，不能得入”而欲自杀，时东毗提诃有宾头卢前来为说小乘空观。无著对此犹不满意，乃从弥勒菩萨受大乘空观，研习《瑜伽师地论》等大乘之深义，并集众宣说之。由是大乘瑜伽之法门传至四方。“既得大乘空观，因此为名，名阿僧伽，阿僧伽译为无著。”[①]《大唐西域记》卷五云：“无著菩萨，健驮逻国人也，佛去世后一千年中，诞灵利见，承风悟道，从弥沙塞部（即化地部）出家修学，顷之回信大乘。”[②]“无著菩萨夜升天宫，于慈氏菩萨所受《瑜伽师地论》、《庄严大乘经论》、《中边分别论》等，昼为大众讲宣妙理。”[③]关于无著、世亲的年代问题，学术界尚无定论。从真谛所作传记来看，他们当处在笈多王朝超日王时期。一般以公元395～470年为无著的生存年代，以公元400～480年为世亲的生存年代。

瑜伽行派中托名为弥勒造的系列著作中，是以《瑜伽师地论》为基干的，无著、世亲在传播发展弥勒思想过程中所造的论著，最主要的是对《瑜伽师地论》的阐释。《瑜伽师地论》被陆续节译成汉文时，被推崇视为经，这在佛籍中实属罕见。由于史籍对历史人物弥勒的记载甚少且模糊，难以确考，所以学术界对弥勒的真实性存疑。但有一点无可争议，即

---

① （南朝·梁）真谛译：《婆薮槃豆法师传》，《乾隆大藏经》第110册，中州古籍出版社，2019年，第700页。

② （唐）玄奘述，辨机撰：《大唐西域记》卷五，《乾隆大藏经》第125册，中州古籍出版社，2019年，第24页。

③ （唐）玄奘述，辨机撰：《大唐西域记》卷五，《乾隆大藏经》第125册，中州古籍出版社，2019年，第25页。

在提婆之后、无著之前，一定有一位说一切有部的论师，或说一切有部中的一个论师群体，倡导了以唯识为理论基础的新型的大乘思想体系，并将有关的学术探讨资料结合，做有关的瑜伽行宗教实践的总结，进行了系统的整理，编撰出了系列著述，在一定的条件下，由无著等弘扬了出来。也有的学者认为《瑜伽师地论》就是无著整理编撰的，只是托名弥勒自重而已。

后世唯识论尊奉的论典中，《瑜伽师地论》被称为“一本十支”之“一本”，是瑜伽行派之根本性论著，是对瑜伽行派宗教实践和学术活动的全面总结，标志着瑜伽学派真正成立为与中观学派并立的显学，无论对于印度瑜伽行派还是中国法相宗来说，都是最重要的立宗宝典。“十支”则为《显扬圣教论》《大乘庄严经论》《摄大乘论》《观所缘缘论》《唯识二十论》《辨中边论》《大乘阿毗达磨集论》《集量论》《分别瑜伽论》《十地经论》。

二、“问所惑，并取《十七地论》”：玄奘西行求法

《瑜伽师地论》的汉文全译者玄奘，作为中国历史上最伟大的高僧，其生平自然引人注目，关于他的生平行实的传记资料以及研究著作颇多。唐代今存者主要有七种：一、唐玄奘口述、辩机笔受的《大唐西域记》十二卷；二、唐道宣《大唐内典录》卷五《玄奘传》；三、唐道宣《续高僧传》卷四唐京师大慈恩寺三藏法师传》，四、唐靖迈《古今译经图记》卷四《玄奘传》，五、唐慧立、彦悰《大唐大慈恩寺三藏法师传》十卷：六、唐冥祥《大唐故三藏玄奘法师行状》一卷；七、唐佚名《□□寺沙门玄奘上表记》一卷，八、刘珂《大遍觉法师塔铭》。其中，尤为重要者是《行状》、《续高僧传》本传、《慈恩传》。近现代以来，仅传记、年谱、年表就有十几种，其重要者有梁启超编《玄奘法师年谱》、刘汝霖编《唐玄奘法师年谱》、陈思编《玄奘法师年谱》、罗香林编撰《〈旧唐书•僧玄奘传〉讲疏》

和《玄奘法师年代考》、石万寿《玄奘译经进度表》、褚柏思编《玄奘法师大事年表》、杨廷福《玄奘年谱》、张力生《玄奘法师年谱》（中英文对照）、田光烈《玄奘生卒学行略表》、马明博《玄奘》、钱文忠《玄奘西游记》、钱世明《玄奘传》、傅新毅《玄奘评传》等。

玄奘，俗姓陈，本名祎，法号玄奘，洛州缑氏（今河南偃师市缑氏镇）人[①]，生于隋文帝开皇二十年（600），卒于唐高宗麟德元年（664），享年六十五岁[②]，世人尊称“三藏法师”。玄奘出身崇奉儒学的官宦世家，系东汉名士陈寔之后。曾祖陈钦任东魏上党太守，祖父陈康为北齐国子监博士，其父陈慧曾于隋初任江陵县令，大业末年退隐还家，“潜心坟典”，故玄奘自幼饱受儒学熏染。玄奘二兄名陈素，早年于东都净土寺出家为僧，法号长捷。后因父母亡故，生计艰难，玄奘便跟随二兄长捷法师同住净土寺。大业八年（612），13岁的玄奘以沙弥身份入录僧籍，并且展露出博闻

① 对玄奘的籍贯，看似众说纷纭，其实并不矛盾。慧立、彦悰《大慈恩寺三藏法师传》谓“陈留人也”。陈留乃汉代郡名，治所在陈留县（今河南省开封市东南陈留城），玄奘并非陈留出生，也从未在陈留生活过，此系指其先祖郡望而言。冥祥《大唐故三藏玄奘法师行状》云其“本居颍川，后徙河南”，玄奘先祖本居颍川（今河南省许昌市），从祖父陈康起方迁居河南洛州缑氏县，故从玄奘祖籍而言谓其“本居颍川”。道宣《续高僧传》本传说其“为洛州缑氏人”，《旧唐书·玄奘传》载其为“洛州偃师人”，则系就其出生地而言。隋开皇十六年（596），废缑氏县，置偃师县（今河南省偃师县东），大业初年复置，故缑氏县即偃师县，属洛州（今河南省洛阳市东北），谓其为“洛州缑氏人”或“洛州偃师人”。故玄奘之籍贯，由郡望说是陈留人，由祖籍说是颍川人，由出生地说是缑氏县人或偃师县人。

② 现存史籍中，没有明确记载玄奘的生年，其卒年唯有间接记载。确定玄奘生年的关键在于确定其在世之寿命。有关玄奘的世寿，常见有异说四种：六十三岁说，主要依据冥详《大唐故三藏玄奘法师行状》，支持者有陈垣、印顺、隆根、刘汝霖、曾了若、石万寿、赖永海；六十五岁说，主要依据道宣《续高僧传》，支持者有陈思、吕澄、杨廷福；六十九岁说，主要依据刘珂《大遍觉法师塔铭》，支持者有梁启超、郭元兴、罗香林、苏渊雷、东初；五十六岁说，主要依据《旧唐书》。四种说法中，《旧唐书》的五十六岁说因错谬明显，故支持者少。本书取玄奘世寿六十五这种说法，即其生于隋文帝开皇二十年（600），具体论证可参阅杨廷福：《玄奘年谱》崇文书局，2022 年，第 1 ～ 15 页。

强记、明辨深思之风采，赢得众人的敬重。隋大业末年，兵乱和饥荒踵至。玄奘于唐高祖武德元年（618）随二兄前往长安，旋又入蜀，至成都学习佛法。武德五年（622），于成都大慈寺受具足戒。武德七年（624）离开成都，沿江东下参学。初至荆州天皇寺，后又北上当时摄论学的中心相州（今河南省安阳市中西部），从慧休学《杂心》《摄论》，继往赵州（今河北省赵县境内）随道深学《成实论》。武德九年（626），重返长安从道岳学《俱舍论》、玄会学《涅槃经》，由是“誉满京邑”。

玄奘出家和早期佛教活动的时期，是由繁荣的学派佛教向宗派佛教的过渡时期。各教界对同一经典的诠释差异巨大，歧义百出，无法融通。如地论师就分为南北两道，争论的焦点集中在“当常”和“现常”。北道持“当常”说，即说众生佛性须成佛后得，当果而现；南道持“现常”说，认为众生佛性与生俱生，先天而有。其争论也体现在对阿赖耶识的不同理解上，即“八识九识说”。南道主张八识说，认为阿赖耶识为净识，即真如、法性之谓，是一切诸法缘起之根本；[①]北道主张九识说，第八识阿赖耶识为妄识，第九识阿摩罗识为净识、真识，亦即真如、法性之谓。[②]玄奘“既遍谒众师，备飡其说，详考其义，各擅宗途，验之圣典，亦隐显有异，

① （隋）净影慧远：《大乘义章》卷三“八识义”，〔日〕大正一切经刊行会：《大正新修大藏经》第44卷。

② （北凉）失译《金刚三昧经》卷上“入实际品第五”云：“如彼心地，八识海澄，九识流净，风不能动，波浪不起。”（《乾隆大藏经》第45册，中州古籍出版社，2019年，第298页）（唐）中天竺沙门地婆诃罗译《大乘密严经》卷中“显示自作品第四”云：“心有八种，或复九种。”（《乾隆大藏经》第46册，第320页）［元魏］天竺菩提留支译《入楞伽经》卷九云：“八九种种识，如水中诸波。”（《乾隆大藏经》第36册，第368页）谓“阿摩罗识”者，见之于（唐）中天竺般刺蜜帝译《首楞严经》卷四：“如果位中，菩提、涅槃、真如、佛性、庵摩罗识、空如来藏、大圆镜智，是七种名，称谓离别，清净圆满，体性坚凝，如金刚王常住不坏。”（《乾隆大藏经》第47册，第52页）

莫知适从”[①]。所谓“详考其义，各擅宗途”，就是说其请教过的诸法师，各有宗派之分，对于教理的解释也意见分歧，而验之佛经，隐显有异，无所适从。在《谢高昌王送沙弥及国书绫绢等启》中，玄奘亦谈及当时佛教传布的这一混乱情况：“遗教东流，六百余祀。腾、会振辉于吴、洛，谶、什钟美于秦、凉；坠玄风，咸匡胜业。但远人来译，音训不同；去圣时遥，义类乖舛。遂使双林一味之旨，分成当、现二常；大乘不二之宗，析为南、北两道。纷纭争论，凡数百年。率土怀疑，莫有匠决。”[②]他认为，自佛教传入中国六百多年来，佛经的翻译事业虽有摄摩腾、康僧会、支娄迦谶、鸠摩罗什等先贤匡扶，但因僧人远来，注音解义各有不同；距离佛陀时代久远，又致教义理解分歧错乱。而在双树之间入灭的释迦牟尼之佛法一味归旨，分成当常、现常；本来只有一条不可分的大乘法门，析为南道和北道，以致在当时争论数百年，四海之内无法解决疑惑。因此，玄奘产生亲自前往佛教发源地印度求取佛典并向印度宗师直接请教释疑的决心，萌生统一佛学教义、消除学派佛教差别诠释所带来的混乱状况的使命感。他说：“玄奘宿因有庆，早豫缁门；负笈从师，年将二纪。名贤胜友，备悉咨询；大小乘宗，略得披览。未尝不执卷踌躇，捧经侘傺。望给园而翘足，想鹫岭而载怀。愿一拜临，启伸宿惑，然知寸管不可窥天，小蠡难为酌海，但不能弃此微诚，是以束装取路。”[③]他之所以亲往天竺，就是要“展谒众师，秉承正法；归还翻译，广布未闻”，目的在于“翦邪见之稠林，绝

① （唐）慧立本、彦悰笺：《大慈恩寺三藏法师传》卷一，《乾隆大藏经》第125册，中州古籍出版社，2019年，第176页；又见（唐）冥详：《大唐故三藏玄奘法师行状》，〔日〕大正一切经刊行会：《大正新修大藏经》第50册。

② （唐）慧立本、彦悰笺：《大慈恩寺三藏法师传》卷一，《乾隆大藏经》第125册，中州古籍出版社，2019年，第184页。

③ （唐）慧立本、彦悰笺：《大慈恩寺三藏法师传》卷一，《乾隆大藏经》第125册，中州古籍出版社，2019年，第184页。

异端之穿凿；补像化之遗阙，定元门之指南”。[①]即要剪断各种各样的邪见，杜绝穿凿附会的异端，弥补原有经典的遗缺，勘定佛门的宗旨，以便完善佛教思想体系，为后世修行人确定准确的方向和方法。

后来西行求法的途中，玄奘也屡屡谈及这一立志的重要动机。玄奘在西出瓜州第一烽新井烽被带至戍堡时，面对校尉王祥的婉劝，慨然说道：“奘桑梓洛阳，少而慕道。两京知法之匠，吴、蜀一艺之僧，无不负笈从之，穷其所解……然恨佛化，经有不周，义有所阙，故无贪性命，不惮艰危，誓往西方遵求遗法。”[②]即谓自己对佛法教义虽有些了解，但仍担心中土经籍不全，义有不明，所以不惮艰难危险，要去西方寻求缺失的经典佛法，誓言：“若不至天竺，终不东归一步，宁可就西而死，岂归东而生！”[③]

对于玄奘西行的目的，他的弟子们则直接具化为求取《瑜伽师地论》。如慧立本、彦悰笺的《大慈恩寺三藏法师传》卷一与冥详撰写的《大唐故三藏玄奘法师行状》俱云：玄奘“乃誓游西方，以问所惑，并取《十七地论》以释众疑，即今之《瑜伽师地论》也”。[④]他的这一想法，在天竺巡游时，亦有所表现。如《慈恩传》记载，玄奘在屈支国遇到一个游学印度二十余载的高僧木叉毱多，他对玄奘说：“此土《杂心》《俱舍》《毗婆沙》等一切皆有，学之足得，不烦西涉受艰辛也。”玄奘问：“此有

---

① （唐）慧立本、彦悰笺：《大慈恩寺三藏法师传》卷一，《乾隆大藏经》第 125 册，中州古籍出版社，2019 年，第 176 页。

② （唐）慧立本、彦悰笺：《大慈恩寺三藏法师传》卷一，《乾隆大藏经》第 125 册，中州古籍出版社，2019 年，第 179—180 页。

③ （唐）慧立本、彦悰笺：《大慈恩寺三藏法师传》卷一，《乾隆大藏经》第 125 册，中州古籍出版社，2019 年，第 181 页。

④ （唐）慧立本、彦悰笺：《大慈恩寺三藏法师传》卷一，《乾隆大藏经》第 125 册，中州古籍出版社，2019 年，第 176 页；又见唐·冥详：《大唐故三藏玄奘法师行状》，〔日〕大正一切经刊行会：《大正新修大藏经》第 50 卷。

《瑜伽论》不？”毱多说：“何用问是邪见书乎？真佛弟子者不学是也。”玄奘回答说：“《婆沙》《俱舍》本国已有，恨其理疏言浅，非究竟说。所以故来，欲学大乘《瑜伽论》耳。又《瑜伽》者，是后身菩萨弥勒所说。今谓邪书，岂不惧无底在坑乎？”[①]可见，《瑜伽师地论》是玄奘心目中最为重要的佛典。

中印度名僧波罗颇迦罗蜜多罗的到来，又在一定程度上加速了玄奘西行求法的进程。波颇是戒贤论师的弟子，能记诵大小乘经典各十万颂。他南游摩伽陀国那兰陀寺时，“值戒贤论师盛弘《十七地论》，因复听采”[②]。武德九年（626）十二月，波颇随出使入蕃的高平王来至长安，同谒唐高祖，敕住兴善寺传译，“释门英达，莫不修造。自古教传词旨有所未踰者，皆委其宗绪，括其同异，内计外执指掌释然，征间相雠，披解无滞”[③]。吕澂在《玄奘法师略传》一文中指出，正是波颇的东来，“启示了当代那烂陀寺戒贤所授的《瑜伽师地论》，才可以总赅三乘学说这一个途径”，玄奘“那时恰在长安，自必受到他的启示”，因而推测玄奘“于是发心前往印度，寻觅《瑜伽》论书的全文，以便穷其究竟”。[④]于是，玄奘“结侣陈表，有诏不许。诸人咸退，唯法师不屈”。[⑤]他一边“广求诸蕃，

① （唐）慧立本、彦悰笺：《大慈恩寺三藏法师传》卷一，《乾隆大藏经》第125册，中州古籍出版社，2019年，第188页。

② （唐）道宣：《续高僧传》卷三“波颇传”，《乾隆大藏经》第113册，中州古籍出版社，2019年，第209页。

③ （唐）道宣：《续高僧传》卷三“波颇传”，《乾隆大藏经》第113册，中州古籍出版社，2019年，第209页。

④ 吕澂：《玄奘法师略传》，《现代佛教学术丛刊》第8册，大乘文化出版社，1980年。

⑤ （唐）慧立本、彦悰笺：《大慈恩寺三藏法师传》卷一，《乾隆大藏经》第125册，中州古籍出版社，2019年，第176页。

遍学书语”[①]，一边“又承西路艰险，乃自试其心”，“堪任其心”[②]，准备伺机“不惜身命”偷渡国境。

贞观元年（627）八月，“关东、河南、陇右边州霜害秋稼”，“是岁关中饥，至有鬻男女者”[③]，朝廷“下敕道俗，随丰四出”。玄奘“幸因斯际”，[④]乃孤身“冒越宪章，私往天竺”[⑤]，从长安启程，经凉州出玉门关西行，由新疆北路，历中亚地区，“践流沙之浩浩，陟雪岭之巍巍”[⑥]，于次年抵天竺境，辗转旅行参学，终于贞观五年（631）十月初到达当时印度的最高学府那烂陀寺。[⑦]玄奘参谒年高德劭的戒贤法师，并拜他为师。坐讫，戒贤问曰：“法师从何处来？”玄奘回答说：“从支那国来，欲依师学《瑜伽论》。”[⑧]巡礼毕王舍城诸圣迹后，玄奘于次年初遂还那烂陀寺，方敬请戒贤说《瑜伽师地论》。戒贤不惮衰迈高年，重为开讲，前后历时十五个月。其后又听两遍，共计三遍。[⑨]《大唐故玄奘三藏法师行状》

---

① （唐）道宣：《续高僧传》卷四“玄奘传”，《乾隆大藏经》第113册，中州古籍出版社，2019年版，第230页；又见（唐）智昇《开元释教录》卷八，《乾隆大藏经》第129册，中州古籍出版社，2019年，第246页。

② （唐）慧立本、彦悰笺：《大慈恩寺三藏法师传》卷一，《乾隆大藏经》第125册，中州古籍出版社，2019年，第176页。

③ （后晋）刘昫：《旧唐书》卷二“太宗本纪”，光绪五洲同文书局本，第207页。

④ （唐）道宣：《续高僧传》卷四“玄奘传”，《乾隆大藏经》第113册，中州古籍出版社，2019年，第230页。

⑤ （唐）慧立本、彦悰笺：《大慈恩寺三藏法师传》卷一，《乾隆大藏经》第125册，中州古籍出版社，2019年，第257页。

⑥ （唐）慧立本、彦悰笺：《大慈恩寺三藏法师传》卷一，《乾隆大藏经》第125册，中州古籍出版社，2019年，第257页。

⑦ 杨廷福：《玄奘年谱》，崇文书局，2022年，第156页。

⑧ （唐）慧立本、彦悰笺：《大慈恩寺三藏法师传》卷三，《乾隆大藏经》第125册，中州古籍出版社，2019年，第216页。

⑨ （唐）慧立本、彦悰笺：《大慈恩寺三藏法师传》卷三，《乾隆大藏经》第125册，中州古籍出版社，2019年，第221页。

亦说，玄奘“请戒贤法师讲《瑜伽论》，同听者数千人，如是听《瑜伽》三遍”。[①]他又在那烂陀寺从戒贤处听《顺正理》《显扬》《对法》各一遍，《因明》《声明》《集量》等论各两遍，《中》《百》二论各三遍，“其《俱舍》《婆沙》《六足》《阿毗昙》等亦曾于迦湿弥罗诸国听讫，至此寻读决疑而已”，同时“兼学婆罗门书”，在寺潜心学习五年之久。[②]

贞观十年（636）初，玄奘暂辞那烂陀寺，开始周游五天竺，随处访师参学。他先后到伊烂拏钵伐多国（今印度北部蒙吉尔）、萨罗国、安达罗国、驮那羯磔迦国（今印度东海岸克里希纳河口处）、达罗毗荼国（今印度马德拉斯市以南地区）、狼揭罗国（今印度河西莫克兰东部一带），并在钵伐多国（约今克什米尔之查漠）停留两年，悉心研习《正量部根本阿毗达磨论》及《摄正法论》《成实论》等，然后于贞观十三年（639）重返那烂陀寺。不久，又到低罗择迦寺向般若跋陀罗探讨说一切有部三藏及因明、声明等学，还在杖林山从胜军处听得《瑜伽》《因明》《庄严论》。在达罗毗荼国，玄奘对当地学者自在觉云、无畏牙等“引《瑜伽论》要文大节徵之，亦不能出戒贤之解”[③]，更讲《瑜伽抉择》。两年后玄奘仍返回那烂陀寺。戒贤嘱玄奘为那烂陀寺僧众开讲《摄论》《唯识抉择论》，适逢中观清辨一系大师师子光也在那里讲《中论》《百论》，反对法相唯识之说。于是，玄奘著《会宗论》三千颂，以调和大乘中观、瑜伽两派的学说。并应东天竺迦摩缕波国（今印度阿萨姆地区）国王鸠摩罗之邀讲经说法，并著《三身论》。因参与和正量部学者般若多的辩论，又著《制恶见论》

① （唐）冥祥：《大唐故玄奘三藏法师行状》，〔日〕大正一切经刊行会：《大正新修大藏经》第 50 册。

② （唐）慧立本、彦悰笺：《大慈恩寺三藏法师传》卷三，《乾隆大藏经》第 125 册，中州古籍出版社，2019 年，第 221 页。

③ （唐）慧立本、彦悰笺：《大慈恩寺三藏法师传》卷三，《乾隆大藏经》第 125 册，中州古籍出版社，2019 年，第 223 页。

一千六百颂。至此，玄奘在印度所学已集大成，遂辞别戒贤，准备东归。戒日王阅《制恶见论》，大为赞赏，于贞观十五年（641）初为玄奘于曲女城召开无遮大会，命十八国国王、五印沙门、婆罗门及以外道义解之徒与会。玄奘作为大会论主，以所著《制恶见论》一千六百颂示与会者，经十八日至大会结束，无一人能破其一字，被大小乘僧众竞相推崇，大乘众尊其为“大乘天”，小乘众尊其为“解脱天”。会毕，玄奘决意辞归。戒日王又坚请玄奘参加五年一度、历时七十五天的无遮大施大会，为他隆重饯行。

贞观十五年（641）夏，玄奘自钵罗耶伽国启程返国，翻越大雪山，经新疆南部的疏勒、沮渠、于阗、楼兰等地，并于贞观十九年（645）正月二十五日抵达长安。玄奘回国时受到朝野的隆重欢迎，史书有“道俗奔迎，倾都罢市”之谓。

据《慈恩传》记载，玄奘赍归梵本、佛像、佛舍利等有数百件，除佛像及佛舍利有一百五十粒外，梵文佛典即有五百二十夹、六百五十七部，包括大乘经二百二十四部、大乘论一百九十二部、上座部经律论十五部、正量部经律论十五部、化地部经律论二十二部、饮光部经律论十七部、法密部经律论四十二部、说一切有部经律论六十七部、因明论三十六部、声论十三部。

玄奘法师以其十九载之西行取经壮举，铸就了中外文化交流史上的一座丰碑。

三、“会通瑜伽与般若”：玄奘的译经事业

自天竺归国后，玄奘将翻译经论和传播新知作为他回国以后的主要事业。在唐太宗、唐高宗的大力支持下，玄奘从贞观十九年（645）五月始，直至麟德元年（664）正月即逝世前一个月为止，先后在弘福寺、慈恩寺、西明寺、玉华宫等处开设译场，率领派来协助他译经的学问僧，“专务翻

译，无弃寸阴”[①]，积又一个十九年之功，开创了我国佛教史上前无古人、后无来者的一场翻译佛经的伟业。

玄奘在前人的翻译基础上，开辟了不失文饰的直译之风。在翻译方法上，玄奘一改“古译”只顾忠实原文不顾达意的直译法和“旧译”的译本多有不全或误译的意译法，对古译本和旧译本当中的隐晦难懂之处、缺译或误译之处一一予以重译。玄奘采取了折中的、将直译和意译相结合的“新译”法，他批判性地吸收了前人翻译的不同优点，翻译时既注重质的把握，力求忠实于原文，同时还兼顾译文的通顺及文采，译文的风格既有文也有质，既求真又喻俗。至此佛经翻译事业进入了一个“鼎盛时期”，玄奘这位“中国译经史上的划时代人物”开创了佛经的“新译”时代。

为了保证佛典的翻译水准，玄奘不仅熟练运用增译法、略译法、变位法、分合法、译名假借法、代词还原法等翻译技巧，既不刻意地追求意译，也不固执地一味直译，力求译经的文与义切合梵文原典。为翻译出数量大、品质上乘的汉文佛经，玄奘通过“译场”开展集体翻译，按照工作流程科学地分解岗位，各负其责，有计划地推进和管理具体翻译事项。玄奘将“证文”“证义”置于翻译流程首位，目的就是尽可能地降低讹误，以便提高译文的准确性。对此，他在《大唐西域记》“序论”中总结道：“然则佛兴西方，法流东国，通译音讹，方言语谬，音讹则义失，语谬则理乖。故曰必也正名乎，贵无乖谬也”[②]。这是说，佛法自西方兴起，传播至东方，翻译必须音不讹、语不谬，才能义不失、理不乖。前述“五不译”翻译理论的提出亦与此相关。梁启超指出，所谓玄奘“五不翻

① （唐）慧立本、彦悰笺：《大慈恩寺三藏法师传》卷四，《乾隆大藏经》第125册，中州古籍出版社，2019年，第280页。

② （唐）玄奘述，辨机撰：《大唐西域记》卷一，《乾隆大藏经》第124册，中州古籍出版社，2019年，第729页。

（译）”之主张，即在面对神秘含义的词语（诸如经文里的咒语）、含义众多且在汉语中找不到对应词汇的词、中国没有的名物、早已广为接受的梵文音译，以及只可意会，或是应特别尊重的语词等五种情形，皆应保留音译，切不可硬译。

玄奘既是中国传统佛教成就最大的学者，同时又是继承印度正统佛教学说的集大成者。他既具备印度大德论师缜密周详的治学头脑与不惜身命的求法精神，又兼有中国第一流学者冲旷明朗的襟怀与崇高纯挚的德操。[①]因此，无论是在汉地游学，还是西行万里求法，唯识学虽然始终都是他研习的重中之重，并且还以其翻译的经论为中国法相宗的创立奠定了基础，但玄奘研习的目的是“理解一个统一的全体佛法，从而消解佛教各宗派之间的理论冲突，为世人的修学提供一个一个圆融的佛教理论体系”。因此，他的翻译系统次第地传入了佛家哲学与逻辑的各方面，涵括了毗昙、因明、般若、戒律、中观、瑜伽六科，其中因明、瑜伽为其独传。

玄奘的译经工作可分三个阶段：最初，在太宗贞观末年，约五年间，译出了“瑜伽”学系的“一本十支”各论，追根溯源地介绍了《地论》《摄论》说的真相，以译经的方式从天竺到大唐对瑜伽学说作了总结；其次，在高宗永徽、显庆中间约十年，译出“俱舍”和“一身六足”的“阿毗达摩”，以及身论《发智》的译注《婆沙论》，翔实梳理了俱舍学说的源流及其涉及的学说；最后四年，译成全部“大般若”。这些都是整然自成系统的译业。

据唐智升撰《开元释教录》、圆照撰《贞元新定释教目录》的记录，玄奘法师所译经论如下：1.《大般若波罗蜜多经》六百卷，佛于四处十六

① 苏渊雷：《玄奘》，黑龙江人民出版社，1983年，第1页。

会说，显庆五年（660）正月一日于玉华寺玉华殿译，至龙朔三年（663）十月二十日毕；2.《能断金刚般若波罗蜜多经》一卷，第四出，与姚秦罗什等出者同本，贞观二十年（646）十月一日于坊州宜君县玉华宫弘法台译；3.《般若波罗蜜多心经》一卷，第二出，与《摩诃般若大明咒经》等同本，贞观二十二年（648）五月二十四日于终南山翠微宫译；4.《大菩萨藏经》二十卷，编入《大宝积经》第十二会，贞观十九年（六四五）五月二日于西京弘福寺翻经院译，至九月二日毕；5.《大乘大集地藏十轮经》十卷，编入《大方等大集经》第十三分，与旧《方广十轮经》同本，永徽二年（651）正月二十三日于西京大慈恩寺翻经院译，至六月二十九日毕；6.《显无边佛土功德经》一卷，《华严经·寿量品》异译，永徽五年（654）九月二十八日于大慈恩寺翻经院译；7.《说无垢称经》六卷，第七译，与罗什《维摩经》等同本，永徽元年（650）二月八日于大慈恩寺翻经院译，至八月一日毕；8.《解深密经》五卷，第二译，与《深密解脱经》《解节经》《相续解脱经》等并同本，贞观二十一年（647）五月十八日于弘福寺译，至七月十三日毕；9.《分别缘起初胜法门经》二卷，第二出，与隋笈多《缘生经》同本，永徽元年（650）二月三日于大慈恩寺翻经院译，至八月毕；10.《药师琉璃光如来本愿功德经》一卷，第三出，与隋笈多等出者同本，永徽元年（650）五月五日于大慈恩寺翻经院译；11.《称赞净土佛摄受经》一卷，第三出，与罗什《弥陀经》等同本，永徽元年（650）正月一日于大慈恩寺翻经院译；12.《甚希有经》一卷，第三出，与《未曾有经》等同本，贞观二十二年（648）五月十八日于终南翠微宫译；13.《最无比经》一卷，第二出，隋译《希有校量功德经》同本，贞观二十三年（649）七月十九日于大慈恩寺翻经院译；14.《称赞大乘功德经》一卷，初出，与《决定业障经》同本，永徽五年（654）六月五日于大慈恩寺翻经院译；15.《如来示教胜军王经》一卷，第二出，与《谏王经》同本，贞观二十年（646）二月六日于大慈恩寺翻经院译；16.《缘起圣道经》一卷，第六出，与《贝多树下经》等同本，贞观二十三年（649）正月一日于西京北阙内紫徽宫右弘法院译；17.《不空羂索神咒心经》一卷，第二出，与隋崛多等出者同本，显庆四年（659）四月十九日于大慈恩寺翻经院译；18.《十一面神咒心经》一卷，第二出，与耶舍崛多等出者同本，显庆元年（650）三月二十八日于大慈恩寺翻经院译；19.《咒五首经》一卷，麟德元年（664）正月一日于玉华寺玉华殿译；20.《胜幢臂印陀罗尼经》一卷，初出，与《妙臂印幢陀罗尼》同本，永徽五年（654）九月二十九日于大慈恩寺翻经院译；21.《诸佛心陀罗尼经》一卷，永徽元年（650）九月二十六日于大慈恩寺翻经院译；22.《拔济苦难陀罗尼经》一卷，永徽五年（654）九月十日于大慈恩寺翻经院译；23.《八名普密陀罗尼经》一卷，永徽五年（654）九月二十七日于大慈恩寺翻经院译；24.《持世陀罗尼经》一卷，永徽五年（654）十月十日于大慈恩寺翻经院译；25.《六门陀罗尼经》一卷，贞观十九年（645）七月十四日于弘福寺翻经院译；26.《佛地经》一卷，贞观十九年（645）七月五日于弘福寺翻经院译；27.《受持七佛名号所生功德经》一卷，永徽二年（651）正月九日于大慈恩寺翻经院译；28.《佛临涅槃记法住经》一卷，永徽三年（652）四月四日于大慈恩寺翻经院译；29.《寂照神变三摩地经》一卷，龙朔二年（661）十二月二十九日于玉华寺玉华殿译；30.《菩萨戒本》一卷，第三译，出《瑜伽论·本地分中菩萨地》，与昙无谶等出者同本，贞观二十三年（649）七月二十一日于大慈恩寺翻经院译；31.《菩萨戒羯磨文》一卷，出《瑜伽论·本地分中菩萨地》贞观二十三年（649）七月十五日于大慈恩寺翻经院译；32.《佛地经论》七卷，亲光等菩萨造，贞观二十三年（649）十二月二日于大慈恩寺翻经院译，至十二月二十四日毕；33.《瑜伽师地论》一百卷，弥勒菩萨说，贞观二十年（646）五月十五日于弘福寺翻经院译，至二十二年（六四八）五月十五日毕；34.《显扬圣教论》二十卷，无著菩萨造，贞观十九年（645）十月十一日于弘福寺翻经院译，至二十年正月五日毕；35.《瑜伽师地论释》一卷，最胜子菩萨造，永徽元年（650）二月一日于大慈恩寺翻经院译；36.《显扬圣教论颂》一卷，无著菩萨造，贞观十九年（645）十月十一日于弘福寺翻经院译；37.《王法正理论》一卷，弥勒菩萨造，贞观二十三年（648）七月十八日于大慈恩寺翻经院译；38.《大乘阿毗达磨集论》七卷，无著菩萨造，永徽三年（652）正月十六日于大慈恩寺翻经院译，至三月二十八日毕；39.《大乘阿毗达磨杂集论》十六卷，安惠菩萨释，贞观二十年（646）正月十七日于弘福寺翻经院译，至闰三月二十九日毕；40.《广百论本》一卷，圣天菩萨造，永徽元年（650）六月日于大慈恩寺翻经院译，沙门大乘谋笔受；41.《大乘广百论释论》十卷，护法菩萨释，永徽元年（650）六月二十七日于大慈恩寺翻经院译，至十二月二十三日毕；42.《摄大乘论本》三卷，无著菩萨造，第三出，贞观二十二年（648）十二月二十六日于北阙紫微殿西弘法院译，至二十三年（649）六月十七日慈恩寺毕；43.《摄大乘论世亲释》十卷，第三出，与陈真谛、隋笈多出者同本，贞观二十二年（648）十二月八日于北阙弘法院译，至三年六月十七日慈恩寺毕；44.《摄大乘论无性释》十卷，贞观二十一年（647）三月一日于弘福寺翻经院译，至二十二年（648）六月十七日于大慈恩寺翻经院毕；45.《辩中边论颂》一卷，弥勒菩萨造，龙朔元年（661）五月一日于玉华寺嘉寿殿译；46.《辩中边论》三卷，世亲菩萨造，第二出，与《中边分别论》同本，龙朔元年（661）五月十日于玉华寺嘉寿殿译，至二十日毕；47.《大乘成业论》一卷，世亲菩萨造，第二出，与《业成就论》同本，永徽二年（651）闰九月五日于大慈恩寺翻经院译；48.《因明正理门论本》一卷，龙树菩萨造，初出，与义净出者同本，贞观二十三年（649）十二月二十五日于大慈恩寺翻经院译；49.《因明入正理论》一卷，商羯罗主菩萨造，贞观二十一年（647）八月六日于弘福寺翻经院译；50.《唯识二十论》一卷，世亲菩萨造，第三出，与元魏智希、陈真谛出者同本，龙朔元年（六六一）六月一日于玉华寺庆福殿译；51.《唯识三十论》一卷，世亲菩萨造，贞观二十三年（649）五月二十九日于弘福寺翻经院译；52.《成唯识论》十卷，护法等菩萨造，显庆四年（659）闰十月于玉华寺云光殿译；53.《大乘掌珍论》二卷，清辩菩萨造，贞观二十三年（649）九月八日于大慈恩寺翻经院译，至十三日毕；54.《大乘五蕴论》一卷，世亲菩萨造，第二出，与《五阴论》同本，贞观二十一年（647）二月二十四日于弘福寺翻经院译；55.《观所缘缘论》一卷，陈那菩萨造，第二出，与《无相思尘论》同本，显庆二年（657）十二月二十九日于东都大内丽日殿译；56.《大乘百法明门论》一卷，世亲菩萨造，贞观二十二年（648）十一月十七日于北阙弘法院译；57.《缘起经》一卷，出《增一阿含经》第四十六卷异译，龙朔元年（661）七月九日于玉华寺八柱亭译；58.《本事经》七卷，永徽元年（650）九月十日于大慈恩寺翻经院译，至十一月八日毕；59.《天请问经》一卷，贞观二十二年（648）三月二十日于弘福寺翻经院译；60.《阿毗达磨发智论》二十卷，迦多衍尼子造，第二出，与旧《八揵度论》同本，显庆二年（657）正月二十六日于京大内顺显阁译，至显庆五年（660）五月七日于玉华寺毕；61.《阿毗达磨法蕴足论》十二卷，大采菽氏造，显庆四年（659）七月二十七日于大慈恩寺翻经院译，至九月十四日毕；62.《阿毗达磨集异门足论》二十卷，舍利子说，显庆五年（660）十一月二十六日于玉华寺明月殿译，至龙朔元年（661）十二月十九日毕；63.《阿毗达磨识身足论》十六卷，提婆设摩造，贞观二十三年（649）正月十五日于北阙弘法院译，至八月八日于慈恩寺毕；64.《阿毗达磨品类足论》十八卷，筏苏密多罗造，第二出，与《众事分阿毗昙》同本，显庆五年（660）九月一日于玉华寺云光殿译，至十月二十三日毕；65.《阿毗达磨界身足论》三卷，筏苏密多罗造，龙朔三年（662）六月四日于玉华寺八柱亭译毕；66.《阿毗达磨大毗婆沙论》二百卷，五百大阿罗汉等造，显庆元年（六五六）七月二十七日于大慈恩寺翻经院译，至四年（六五九）七月三日毕；67.《阿毗达磨俱舍论本颂》一卷，世亲造，第二译，与真谛出者同本，永徽二年（651）于大慈恩寺翻经院译；68.《阿毗达磨俱舍论》三十卷，世亲造，第二译，与真谛出者同本，永徽二年（651）五月十日于大慈恩寺翻经院译，至五年（660）七月二十七日毕；69.《阿毗达磨顺正理论》八十卷，众贤造，永徽四年（659）正月一日于大慈恩寺翻经院译，至五年（660）七月十日毕；70.《阿毗达磨藏显宗论》四十卷，众贤造，永徽二年（651）四月五日于大慈恩寺翻经院译，至三年（652）十月二日毕；71.《入阿毗达磨论》二卷，塞建陀罗造，显庆三年（658）十月八日于大慈恩寺翻经院译，至十三日毕；72.《五事毗婆沙论》二卷，法救造，龙朔三年（663）十二月三日于玉华殿译，至八日毕；73.《异部宗轮论》一卷，世友造，第三出，与《异论》亦同本，龙朔二年（662）七月十四日于玉华寺庆福殿译；74.《大阿罗汉难提蜜多罗所说法住记》一卷，永徽五年（654）闰五月十八日于大慈恩寺翻经院译；75.《胜宗十句义论》一卷，惠月造，贞观二十二年（648）五月十五日于弘福寺翻经院译。

由此可以看出，从贞观十九年（645）到永徽元年（650）的六年间，玄奘从瑜伽学的“一本十支”论书穷源尽委地介绍了地论、摄论说的真相。在译出《瑜伽师地论》一百卷后，随即翻出《佛地经论》，用以展现戒贤以后瑜伽学派要用大乘来涵盖小乘的观念。这样的翻译顺序，体现了玄奘统一中土唯识学于一系的意旨。他宣扬的护法系唯识之学，与南北朝时期地论学派、摄论学派所传承的唯识之学，显现出很大差别，这与坚持旧译的僧人产生极大分歧。玄奘极力证明自己所传播的学说才是瑜伽行派的“正义”。而玄奘及其门下弟子强调自己所传的“正确性”及“正统性”，正是创立宗派的必由之路。

通过翻译经典和传授学徒等相关工作，玄奘将瑜伽行派的绝大部分典籍引入中土，不论是译经还是译经中的宣读经论活动，都灌注了其在印度所学，以及对于佛法的抉择与诠释。他以《成唯识论》为中心，吸取了护法《广百论释》和戒贤等《佛地经论》的精华，而又贯穿着《辨中边论》所说的“中道”精神，并以这些经典为基础，形成了严密的教义体系，随着在中土建立一个以“移植”为基本方法的唯识宗派的条件的渐渐成熟，最终创立了以佛教义学见长的法相唯识宗。

同时，玄奘在翻译佛典的过程中为中国佛教培养了一代精通唯识、因明学说的高僧。玄奘译场的“宗派化”倾向，反映出其弟子与执守先前所学的助译僧之间的此消彼长。玄奘先期译场参与者大多是各地各学派的义学高辈，后来这批人逐渐淡出，而由年轻的完全接受玄奘教诲的弟子代替。神昉、嘉尚、普光、窥基等“奘门四哲”的出现，标志着玄奘的着眼点已经发生了转移，尤其是高徒窥基的入场，更加强化了这一做法。玄奘有意识地用自身的佛学造诣和自己掌握的政教关系，为法相唯识宗建立一个广阔的平台。从某种程度上讲，玄奘的译经活动实际上也可以看作创立宗派的过程。

玄奘圆寂于麟德二年（665），继承玄奘思想和弘法方向的唯有窥基一人。窥基圆寂之后，其大弟子慧沼忠实地继承了其师的事业，批驳不忠于玄奘一系的奘门弟子及其他助译僧对唯识学的诠释。与此同时，新罗圆测也在不懈地弘扬唯识学，并且建立了被后世称之为“西明唯识学”或称“新罗唯识学”的系统。这两大系统的并兴，使得法相唯识宗渐趋兴盛。慧沼弟子智周和义忠在华严、密宗大兴的盛唐，仍能维护着唯识宗良好发展实属不易，可是在传了四代之后，法相唯识学逐渐衰落。到了唐末，尽管有可止等僧人坚持弘法，为唯识学的传播做艰苦的努力，也难以阻止这一学派的消亡。五代后期至北宋初期，永明延寿及其《宗镜录》的出现，标志着以护法—戒贤—玄奘—窥基—慧沼—智周为祖师的慈恩宗正式消亡。

四、沟通三乘之津渡：《瑜伽师地论》的结构及其内容

《瑜伽师地论》（Yogācāra-bhūmi-śāstra），依《瑜伽师地论释》，《瑜伽师地论》说三乘行者（即瑜伽师）所观的境、所修的行、所证的果位（即瑜伽师地），互有方便善巧、相应的意义，故总以“瑜伽师地”为名。其内容分为五个部分，列表如下：

《瑜伽师地论》内容一览表

五分名称	卷数	总卷数	内容
本地分	卷一—五〇	五十卷	略广分别十七地义
摄抉择分	卷五一—八〇	三十卷	除独觉地，略摄抉择其余十六地之深隐要义
摄释分	卷八一—八二	二卷	略摄解释诸经仪则
摄异门分	卷八三—八四	二卷	略摄经中所有诸法名义差别
摄事分	卷八五—一〇〇	十六卷	略摄三藏众要事义

欧阳竟无在《瑜伽师地论》说：“云何瑜伽五分耶？三乘根本有十七地以为宗要。摄文义尽曰本地分；释地中不尽要义曰抉择分；释地中诸经说解仪则曰摄释分；释地中诸经名义别异曰异门分；释地中三藏众要事义曰摄事分。初一是论，故称地论；后四为释，释不名地，摄故名分，曰瑜伽五分。”意谓《瑜伽师地论》的五分，以本地分为一论中心所在，其余四分只是本地分的补充说明，以抉择解释论本兼及经律的要义。

第一“本地分”，五十卷（从第一卷至第五十卷），为全论的基本部分，把瑜伽师所依、所行的境界区分为“五识身相应地”“意地”“有寻有伺地”“无寻唯伺地”“无寻无伺地”“三摩呬多地”“非三摩呬多地”“有心地”“无心地”“闻所成地”“思所成地”“修所成地”“声闻地”“独觉

地”“菩萨地”“有余依地”“无余依地”等十七地，以详说三乘观行的根本事相，因此本论旧有《十七地论》之称。其中前七地是三乘境。其中由于一切法以识为体，故五识及意二地是境体；寻伺三地有上下粗细的不同，是境相；等引、非等引，有心、无心四地有定散隐显的分别，是境用。次六地是三乘行，通修三慧行，故闻、思、修三地是通行；三乘都随机修法，成就自乘，故声闻、独觉、菩萨三地是别行。后有余依、无余依二地是三乘果。

所谓境摄七地，谓“五识身相应地”“意地”“有寻有伺地”“无寻唯伺地”“无寻无伺地”“有心地”“无心地”等七地。第一“五识身相应地”，就前五识的五方面说：一自性，是了别色、声、香、味、触五境；二所依，是五根与意根及一切种子阿赖耶识；三所缘，是五境；四助伴，是俱有相应的心所；五作业，是了别自境。第二“意地”，就第六、第七、第八三识说，亦有五方面：一自性，是心、意、识；二所依，是意及一切种子阿赖耶识；三所缘，是一切法如其所应；四相伴，是具有相应的五十三种心所；五作业，有共不共业；和前五识相同的是共业，特殊的是不共业。由此更用色聚、相应平等十门以解释其义用。这是因为一切诸法依识而起，以识为体，识法最胜，故先建立以上二地。此外，此二地还详说有情生死、世界成坏及法相差别等问题。

第三“有寻有伺地”、第四“无寻唯伺地”、第五“无寻无伺地”：寻是（思或慧）于所对境粗略推求；伺是（思或慧）于所对境详细审察。在欲界及色界初静虑的根本定和它的未至定，都有寻、伺，是为有寻有伺地。静虑中间即在初静虑和第二静虑间的中间定，只有伺而无寻，是为无寻唯伺地。第二静虑以上七地的根本定及近分定，都无寻伺，是为无寻无伺地。此三地皆分五门叙说：一、界施设建立，由数（三界）、处（三界处在）、有情量（有情身量高低）、有情寿（寿命长短）、有情受用（苦乐、饮食、淫欲之受用）、生（三种欲生及三种乐生）、自体（四种不同的所得自体）、因缘果八相组成；二、相施设建立，由寻伺体性、行相、等起、差别、抉择、流转七相组成；三、如理作意施设建立，由如理作意相应寻伺依处、事、求、受用、正行、声闻乘资粮方便、独觉乘资粮方便、波罗蜜多引发方便八相组成；四、不如理作意施设建立，广辨十六种外道的思想差别，是研究古代印度哲学的重要资料；五、杂施设建立，此明三种杂染，谓烦恼杂染、业杂染、生杂染。并分别阐明这三地的有漏、无漏诸法。

所谓行有八法，谓从第六“三摩呬多地”至第十五“菩萨地”的内容是说明行法。第六“三摩呬多地”，“三摩呬多”意译“引”，指行者静坐时远离惛沉、掉举所引发的胜定，并说明静虑的种种差别、安心、作意及修习静虑的注意事项、方法等。第七“非三摩呬多地”，即修定中未能如法，一切散乱，自性不定，有十二种相。此两地总摄一切定非定位所有诸法。第八“有心地”、第九“无心地”，都用地施设、心乱不乱、生不生、分位、第一义五门建立。其中五识身相应、意、有寻有伺、无寻唯伺四地是有心地。无寻无伺地中，无想定、无想生及灭尽定是无心地，其余是有心地。但依第一义建立，只无余依涅槃界中，阿赖耶识永灭，是无心地。第十“闻所成地”，是于五明处听闻解了，包括其中内明处有事施设建立相、想差别施设建立相、摄圣教义相、佛教所应知处相四种相；医方明处有于病相善巧、病因善巧、已生病断灭善巧、已断病后更不生方便善巧四种；因明处有论体性、论处所、论所依、论庄严、论堕负、论出离、论多所作法七种；声明处有法施设建立相、义施设建立相、补特迦罗施设建立相、时施设建立相、数施设建立相、处所根栽施设建立相六种；工业明处有营农工、商估、事王、书算计度数印、占相、咒术、营造、生成（畜养）、防邪（裁缝等）、和合（调解斗讼等）、成熟（成熟饮食）、音乐十二种类。第十一“思所成地”，是于自性清净、思择所知、思择诸法三种相相应善巧。其中自性清净是审谛思惟所闻诸法的道理等，有九种相；思择所知是思惟抉择一切所应知的法义，于有法了知有相，于非有法了知无相；思择诸法是思惟抉择经文和偈颂的法义。第十二“修所成地”，是修道中于四处、七支相应善巧。四处是修处所、修因缘、修瑜伽和修果，这四处又可分摄为生圆满、闻正法圆满、涅槃为上首、能成熟解脱慧、修习对治（瑜伽）、世间一切种清净、出世间一切种清净七支。第十三“声闻地”，阐明声闻的种性、发心、修行和得果。有四瑜伽处：初种性瑜伽、第二数取趣（补特迦罗）瑜伽、第三安立瑜伽、第四世出世瑜伽。第十四“独觉地”，阐明独觉的种性、发心、修行和得果。独觉原摄于声闻类，今只略说独觉种性、道、习、住、行五种相。第十五“菩萨地”，阐明菩萨的种性、发心、修行和得果，论中用持、相、分、增上意乐、住、生、摄受、地、行、建立十法予以概括说明。十法又归纳为四处。第一“初持瑜伽处”，有“种性”等十八品，总明菩萨所学之法，内容包括：菩萨的种性—为成就佛果的依因，在五种性中最为殊胜；菩萨的发心——发心的自性、行相、所缘、功德、最胜；菩萨应该具备的六种知识——自利、利他的途径，世、出世间的真理，请佛菩萨的威力，成就有情的方法，自我圆成佛果的道路，无上佛果的妙境；菩萨的修学法门——六度、四摄、供养三宝、亲近善知识、修四无量、大乘三十七菩提分法等种种利乐有情功德事。第二随法瑜伽处，是随初持所学法而起修，包括“相品”“处分品”“增上意乐品”“住品”四品。其中，“相品”说明菩萨具备的五种特征，即哀愍、爱语、勇猛、舒手惠施、能解甚深入理密意；“处分品”说明速证佛果的四种法门，即善修事业（六度行门）、方便善巧（于十二处具足方便善巧，能作自他义利）、饶益于他（依四摄法门）、无倒回向（所修法门能回向无上菩提）；“增上意乐品”指出菩萨对有情应有的态度，如七相怜愍，十五种增上意乐，十事应知；“住品”说菩萨发心行菩萨道的十二种住及其特征、修习时间和所断惑障等。第三究竟瑜伽处，谓由修习而成满，内容包括“生品”“摄受品”“地品”“行品”“建立品”五品。其中，“生品”将菩萨受生形式及动机分别为五种，即为除众生灾患而生，随着有情种类受生，所感殊胜正报生，所感殊胜依报生，最后生；“摄受品”谓摄受有情的六种方法；“地品”随前十三住建立种性地（种性住）、胜解行地（胜解行住）、净胜意乐地（极欢喜住）、行正行地（增上戒住、增上心住、三种增上慧住、有加行有功用无相住）、决定地（无加行无功用无相住）、决定行地（无碍解住）、究竟住（最上成满菩萨住、如来住）七地，反映了菩萨修行的过程。“行品”将一切菩萨地的行门总括为十波罗蜜多行、菩提分法行、神通行、成熟有情行四种；“建立品”叙述诸佛具有一百四十种不共法，谓三十二大丈夫相、八十随好、四一切种清净、十力、四无畏、三念住三不护、大悲、无忘失法、永害习气及一切种妙智等，同时说明诸佛感得一百四十不共法的因缘。第四持次第瑜伽处，重明以前诸其次第的意义，有“正发菩提心品”一品，阐述菩萨修学次第。

所谓果摄二地，谓“有余依地”和“无余依地”二地中各以三相施设建立。第十六“有余依地”，阐明有余依涅槃有三种相。第十七“无余依地”，阐明无余依涅槃有三种相。

第二摄抉择分，三十卷（从第五十一卷至第八十卷），对于本地分中的问题加以抉择，并抉发本地分所没有详述的深隐要义。共有十六地，除无第一“本地分”中的“缘觉地”外，其名称均同本地分。

第一“抉择五识身相应地意地”、第二“抉择意地”，先从八方面证明阿赖耶识的存在，谓依止执受、最初生起、有明了性、有种子性、业用差别、身受差别、处无心定、命终时识。假如离开阿赖耶识，这八方面都无法成立。又以四相建立流转，谓阿赖耶识的所缘境界、相应心所与转识的依赖关系，诸识的同时俱起。一相建立还灭，谓阿赖耶识的转依。后在法相方面，广辨种种不相应行法、五十一心所及六种善巧。

第三“抉择有寻有伺地”、第四“抉择无寻唯伺地”、第五“抉择无寻无伺地”等三地，初在“本地分”五门施设建立中，提出杂染施设建立。次抉择三种杂染。三杂染者，一谓烦恼杂染，即烦恼的自体、烦恼的种类、烦恼的修断、烦恼的对治；二谓业杂染，广明十不善业；三谓生杂染，叙述三界有情及出世圣者种种受生差别，招感生死的原因，有情界中的种种痛苦，并指出做好国土的道理，和上中下士的不同。

第六“抉择三摩呬多地”，指出众生不能证得心一境性的原因，解释《随身念经》，心解脱、慧解脱之二解脱，眠缠，犯戒、无无间加行、无殷重加行、有沉没、他所扰恼五种与定相违法，修定人有住处远离、见远离、闻远离三种远离，忿、慢、欲贪、萨迦耶见、不能堪忍五种厚重过失能为定障等。

第七“抉择非三摩呬多地”：阐明十二种不定地和十二种不定地的对治法。

第八“抉择有心地”，谓诸心差别而转，略由五相。1.依世俗道理建立诸心差别，如前“意地”所说；2.依胜义道理建立诸心差别，概括诸识为阿赖耶识和转识两类；3.胜义道理建立能依差别，以阿赖耶识为所依，末那识为能依，并说明阿赖耶识、末那识、意识的含义和作用；四、胜义道理俱有差别，八识的俱不俱起；五、胜义道理建立染净差别，阿赖耶识、末那识在三性中的性质，与烦恼相应不相应，诸烦恼种的对治。

第九“抉择无心地”，阐明在缘缺、作意缺（心不在焉），未得（下界人未得上界定心）、相违（苦乐受不同时），断故（修道者已断的贪心），灭故（无想定、灭尽定），已生故，七种因缘下心不得生。

第十“抉择闻所成地”，广辨皈依，考察皈依的对象、皈依的种类、能皈依者的资格、皈依者应具的正行、皈依者所能获得功德；次由六种理门略释圣教：一真义理门，二证得理门，三教导理门，四远离三边理门，五不可思议理门，六意趣理门。次杂抉择闻所成慧地之义理：一欲令法义当广流布；二欲令种种信解有情，由此因缘能入正法；三为令失设种种义门重开显故；四为欲略摄广散义故；五为欲显发甚深义故；六欲以种种美妙言词生净信故。

第十一“抉择思所成地”：说有四种思议：一事思议；二有非有思议；三因果思议；四乘思议，特别说明如何如理思议诸法的假实有无。又各以五相建立有见、有漏、有染、世间、有为、所缘诸法差别。

第十二“抉择修所成地”：十六种修行方式。

第十三“抉择声闻地”：以五难成立无种性，辨十种声闻。引《月喻经》论证声闻人四种净妙法（具戒、具德、柔和、善法），指出比丘往信徒家要断除三种烦恼（结亲友家随烦恼、家悭随烦恼、有染心而行法施随烦恼）。解释《伐地迦经》所说的声闻人要对染净诸法善巧，应遍了知染净所依、杂染、清净三处。略说四谛法门，用摄等十三门抉择本地分律仪相应相，又以六十四门杂说境行果相。

第十四“抉择菩萨地”：“本地分”之“发心品”、“自利利他品”都有抉择，叙述菩萨的十种发心，四种恒常随护心，九种正行，对五种有情众起邪行名无哀愍，五种无堪任性有情。“真实义品”，抉择诸法真实义，有五法三自性。五法：谓相、名、分别、真如、正智。先释辨体，再以诸门分别。三自性：一遍计所执性；二依他起性；三圆成实性。论中以释名、辨体、差别、三性与五法关系，三性与三无性，依止、作用、有无、染净等方面分别三性。“威力品”“成熟品”“菩提品”“力种性品”，以五因缘说明菩萨威德不可思议，有十法行能令菩萨成熟有情，大菩提五种相（自性、功能、加行、转、还），六相略摄如来功德（圆满、无垢、不动、无等、能作有情利益事业、功能）。“布施品”，以施、戒、见、心、语、智、垢七种清净，说明菩萨惠施乃能清净。“持戒品”，抉择三聚净戒等。“菩萨功德品”，指出有十种无颠倒道能证得一百四十种不共佛法，引《解深密经》除序品外的所有内容，论证大乘境行果的理论依据，证明大乘佛教是佛所说。

第十五“有余依地”及第十六“无余依地”：有离系等十四门，回答住有余依及无余依涅槃声闻人的境界。

第三“摄释分”，解释十七地有关诸经特别是《阿含经》的说法和解释的仪则，初明说法应知的五分，次明解经的六义。

第四“摄异门分”，略释十七地有关诸经特别是《阿含经》所有诸法的名义差别。

第“五摄事分”，略摄十七地有关的三藏特别是《杂阿含经》等众多要事义。初阐明契经事，次明调伏事，后明本母事。

本论引用多种旧籍，如“本地分思所成地”引《法句经》本母释，“摄抉择分菩萨地”引《小品宝积》及《解深密经》的本母释，“摄事分”引《杂阿含经》本母释等，又“释异门分”实即《阿含经》的释名。

本论的梵文原本，以前只存在《菩萨地》部分，这已于1930～1936年间由日本荻原云来校订印出。1936年，印度罗睺罗更于我国西藏萨迦寺发现本论梵本，录写归印，已有部分刊行。

五、《瑜伽师地论》的异译、注疏及版本

本论在唐译以前，已经有几种部分译本：1.《菩萨地持经》，十卷，中印度昙无谶于北凉玄始三年至十五年间（414～426）在姑藏译出，是唐译本论第三十五至五十卷前半“本地分”中“菩萨地”的别译，但缺少“菩萨地”最后一品“发正菩提心品”，这是《瑜伽论》的最早译本。2.《菩萨戒本》，一卷，昙无谶和前经同时同地译出，相当于本论第四十卷至四十一卷“本地分”之“菩萨地戒品”。3.《菩萨善戒经》，九卷，罽宾求那跋摩于宋元嘉八年（431）译出，相当于本论的“本地分”之“菩萨地”，与《地持经》大同，但另有“序品”。4.《优婆塞五戒威仪经》，一卷，求那跋摩在和前经同时译出，这是《菩萨戒本》的异译。5.《十七地论》，五卷（已佚），天竺三藏真谛于梁大宝元年（550）在富春译出，相当于本论第一至三卷“本地分”之“五识身相应地”与“意地”。6.《决定藏论》，三卷，真谛于梁代（一作陈永定元年到太建元年间，即557～569）译出，相当于本论第五十一至五十四卷“摄抉择分”之“五识身相应地意地”。

玄奘在翻译全本之外，也翻译了本论的三种单行异译本：1.《菩萨戒羯磨文》，一卷，贞观二十三年（649）七月于长安大慈恩寺翻经院译出，相当于本论第四十卷末及第四十一卷“本地分”之“菩萨地·戒品”的部分异译。2.《菩萨戒本》，一卷，与《菩萨戒羯磨文》同时同地译出，相当于本论第四十至四十一卷“本地分”之“菩萨地·戒品”的异译，与昙无谶译《菩萨戒本》及求那跋摩译《优婆塞五戒威仪经》的前一半相同。3.《王法正理论》，一卷，与前两种异译本同时同地译出，相当于本论第六十一卷“摄抉择分”之“寻伺地”之异译。后来不空于天宝十二年到大历九年间（753～774）在长安大兴善寺所译《佛为优填王说王法政论经》一卷的内容，与玄奘所译《王法正理论》几乎相同，亦系本论第六十一卷“摄抉择分”之“寻伺地”之异译。除异译本，玄奘还翻译了《显扬圣教论》二十卷，此乃无著菩萨“错综《瑜伽师地》中要、显扬圣教慈悲故，文约义周而易晓”，可谓《瑜伽师地论》之纲要书。

本论藏译本总题《瑜伽行地》，分前十二地（二十六卷）、声闻地（二十卷）、菩萨地（二十二卷）、摄抉择（四十三卷），摄事（二十二卷），摄调伏，摄异门，摄释（都不分卷），共八部分。题为无著造。同译，收在西藏大藏经《丹珠尔》中。

本论的注疏颇多，主要有以下三大类：

首先，印度旧注现存有：1.汉藏文译本《瑜伽师地论释》，最胜子等造（藏译本不题作者），汉译本唐玄奘译；藏译本缺译人名，旧录或作胜友译。卷首有归敬序，次总释《瑜伽》一论的大纲，分所为、所因、名义、宗要、藏摄、释文六门，释文门中更略释十七地的名义。据玄奘法师说这部释论大约有五百卷（见《瑜伽论记》卷一上），现只翻译了一卷。这是《瑜伽》注疏中最古的一种，后来的注疏，大都采用它。2.还有仅存藏文译本的《菩萨地释》《菩萨戒品释》，皆为德光所造。前一种是然灯吉祥智、戒胜同译，后一种是慧铠、智军同译。3.《菩萨戒品广释》，胜子造，胜友、慧铠、智军译。又《菩萨地释》，海云造，寂贤、戒胜同译。

其次，中国古代注疏现存有：1.《瑜伽师地论略纂》，原十六卷，唐窥基撰，这是《瑜伽》从第一卷到六十六卷的注释，卷首依《释论》作归敬序，次依释论用叙所为、彰所因、明宗绪、显藏摄，解题目、释本文六门料简。又《瑜伽论劫章颂》，一卷，唐窥基撰，全文都是七言颂，共三十六颂半，乃是将《瑜伽》卷二中有关劫的名目、次第、数量及成住坏空四时期和始终名义结成颂文以便记诵的。2.《瑜伽论记》，四十八卷，唐遁伦集撰，在第一卷首，也依《释论》和《略纂》用叙所为等显六门发端，和《略纂》大同，本文采集玄奘门下景、泰、备、基四大家及余师十余家之说。3.《瑜伽师地论义演》，四十卷，今存二十二卷（后半杂入澄净科文），唐大安国寺沙门清素于贞元十七年（801）撰述，卷首略释《瑜伽》的名义，次用叙起论因、彰说论意、明论宗体、藏乘所摄、辨总别题、依文制释六门料简。4.敦煌本《瑜伽师地论分门记》（已出版六卷），《瑜伽论手记》（已出版四卷），都是唐法成所讲述，听者笔记，前一种是大科，后一种是略解，并有对照藏文本注出异义。又有《瑜伽师地论叙》，二卷，近代欧阳渐撰，全叙分作总略、五分、十要、十支、十系、绪言六项。注疏已佚则有二三十种，其中重要的有惠景《疏》二十卷，神泰《疏》十卷，文备《疏》

十三卷，元晓《疏》四卷，憬兴《疏》十卷，《释论记》三十六卷，行达《料简》一卷，智周《疏》四十卷，太贤《纂要》三卷，《古迹记》四卷，极太《羽足钞》五卷等。

再次，近代有欧阳竟无撰《瑜伽师地论叙》二卷，韩清净《瑜伽师地论科句披寻记》一百卷。

除历代刊刻的大藏经均收录有《瑜伽师地论》外，金陵刻经处亦有刊刻。另外，《房山石经》也有雕刻，敦煌遗书中亦收藏有一百多残卷。

本次汇校就是以《乾隆大藏经》为底本，将《房山石经》《资福藏》《碛砂藏》《赵城金藏》《普宁藏》《永乐南藏》《径山藏》《高丽藏》的异文撰写了详细的校记，以使读者阅读本书，即可纵览各版大藏经所载佛经之异同，以期达“抉奥提纲，溯源竟委”之功效。笔者虽然是在继承先贤成果的基础之上开展本书汇校工作的，但因笔者根性驽钝，且才疏学浅，错谬之处定有难免，只能以俟来者奉献出更好的版本。

韩 欣　谭晓龙

于广西师大图书馆

2023年6月

凡　例

◎ 本书以《乾隆大藏经》为底本，共参用了八种汉文大藏经的版本与底本对校。这八种版本分别是：《房山云居寺石经》（《房山石经》）《资福藏》《赵城金藏》《影宋碛砂藏》（《碛砂藏》）《普宁藏》《永乐南藏》《径山藏》及《再刻高丽藏》。

◎ 各卷所用底本的名称、经名卷次、分卷异同及译者、作者署名等问题，在校勘记的第一条中说明。

◎ 校勘采用底本与校本逐字对校的方法，只勘出经文中的异同及字句错落，一般不加评注。参校本若有缺卷，或有残缺、漫漶等字迹无可辨认者，则略去不校，校勘记亦不作记录。

◎ 正文的注释性文字，底本原作双行夹注的小字，今改为单行小字，其字体亦比正文小一号，以示区别；题下的夹注，亦依此原则处理。

◎ 底本和对校本间的异字、别体、俗作，本书悉从底本原作，并予以出校。为方便读者阅读，一律标明正字。

◎ 底本和参校本因避讳而产生的缺笔、改字，本书径改。

◎ 底本和参校本章节的分段起行，参差不齐，皆从文义整理，各本异同不再标明。

◎ 校勘不囿于底本，于参校本择善而从。改字和补正之处，必说明底本作某，从某本改，以便复核；不能做决定者，则并存异文。

目　录

一

二

三

四

瑜伽师地论[1]

① 本经以《乾隆藏》为底本，以《房山石经》《资福藏》《碛砂藏》《赵城金藏》《普宁藏》《永乐南藏》《径山藏》《高丽藏》为校本，其中《赵城金藏》卷十二、二十二、三十四、四十九、六十九、七十二、七十四、八十五、八十九、九十六、九十九残缺，不出校。译者题名底本与《径山藏》作“唐三藏沙门玄奘奉诏译”；“唐三藏沙门”《房山石经》《资福藏》《碛砂藏》《普宁藏》《永乐南藏》作“沙门”，《赵城金藏》《高丽藏》作“三藏法师”。

瑜伽师地论新译序[①]

银青光禄大夫行东宫左庶子高阳县开国男许敬宗撰[②]

原夫三才成位，爰彰开辟之端；六羽为居[③]，犹昧尊卑之序。讯余轨于襄陆，沦胥靡徵；考陈迹于怀英，寂寥无纪。暨乎黄轩振武，元顼疏功[④]，帝道盛于唐虞，王业著于殷夏。葳蕤玉册，照耀金图；茂范曾芬，详诸历选。然则其神袭圣[⑤]，衍庆摛和，轶三代而孤标，掩百王而迥秀。我大唐皇帝，无得而称矣[⑥]！断鳌初载，万有于是宅心；飞龙在辰，六幽于是仰德。偃洪流而恢地络，练清气而辑天维。散服韬戈，扇无为之道；移浇反朴[⑦]，弘不言之化。悠悠庶类，叶梦于华胥；蠢蠢坏生[⑧]，遂性于仁寿。大礼大乐，包曲台而掩宣榭；宏谟宏典，澄璧水而藻环

① 瑜伽师地论新译序，底本与《碛砂藏》《普宁藏》《永乐南藏》《径山藏》相同；《房山石经》《资福藏》无；《赵城金藏》《高丽藏》作“后序”，位于卷第一之末。

② 银青光禄大夫行东宫左庶子高阳县开国男许敬宗撰，底本与《碛砂藏》《普宁藏》《永乐南藏》《径山藏》相同；《赵城金藏》《高丽藏》作“中书令臣许敬宗制”。

③ 六羽为居，底本与《碛砂藏》《普宁藏》《永乐南藏》《径山藏》相同；《赵城金藏》《高丽藏》“居”作“君”。

④ 元顼疏功，底本与《碛砂藏》《普宁藏》《永乐南藏》《径山藏》《高丽藏》相同；《赵城金藏》“顼”作“颉”。

⑤ 然则其神袭圣，底本与《碛砂藏》《普宁藏》《永乐南藏》《径山藏》相同；《赵城金藏》《高丽藏》“其”作“基”。

⑥ 无得而称矣，底本与《碛砂藏》《普宁藏》《永乐南藏》《径山藏》《高丽藏》相同；《赵城金藏》无“而”字。

⑦ 移浇反朴，底本与《碛砂藏》《普宁藏》《永乐南藏》《径山藏》相同；《赵城金藏》《高丽藏》“朴”作“璞”。

⑧ 蠢蠢坏生，底本与《碛砂藏》《普宁藏》《永乐南藏》《径山藏》相同；《赵城金藏》《高丽藏》“坏”作“怀”。

林。瑞露祯云，翊紫空而表贶；祥鳞庆翼，扰丹禁而呈符[①]。岁精所记之洲，咸为疆场；暄谷所谈之县[②]，并入隄封。广辟辕宫，被文轨于殊俗；还开姬奕，均正朔于王会。大业成矣，大化清矣，于是游心羽陵，寓情延阁，总万箧于天纵，表一贯于生知[③]，洞照神襟，深穷性道。俯同小技[④]，则绚发三辰；降习微毫，则妙逾八体。居域中之大宝，毕天下之能事。虽则甲夜观书，见称优洽；华旦成曲，独擅风猷。仰校鸿微[⑤]，岂可同年同语矣[⑥]！

有玄奘法师者，昭彰辩慧[⑦]，蹑身子之高踪；生禀神奇，嗣摩腾之芳轨[⑧]。爰初束发，即事抽簪，迥出盖缠，深悟空假。研求四谛，嗟谬旨于真宗；钻仰一乘，鉴讹文于实相。遂乃发弘誓愿，起大悲心，思拯迷途，亲寻正教。幸属时康道泰，远安迩肃，裂裳裹足，直趍迦维。阐皇泽于遐方[⑨]，徵释教于前域。越葱岭之外，犹跬步而忘远；遵竹园之左，

① 扰丹禁而呈符，底本与《碛砂藏》《普宁藏》《永乐南藏》《径山藏》相同；《赵城金藏》《高丽藏》“扰”作“绕”。

② 暄谷所谈之县，底本与《碛砂藏》《普宁藏》《永乐南藏》《径山藏》相同；《赵城金藏》《高丽藏》“谈”作“谟”。

③ 表一贯于生知，底本与《碛砂藏》《普宁藏》《永乐南藏》《径山藏》相同；《赵城金藏》《高丽藏》“表”作“资”。

④ 俯同小技，底本与《碛砂藏》《普宁藏》《永乐南藏》《径山藏》相同；《赵城金藏》《高丽藏》“技”作“伎”。

⑤ 仰校鸿微，底本与《碛砂藏》《普宁藏》《永乐南藏》《径山藏》相同；《赵城金藏》《高丽藏》“校”作“挍”。

⑥ 岂可同年同语矣，底本与《碛砂藏》《普宁藏》《永乐南藏》《径山藏》相同；《赵城金藏》《高丽藏》“同语”作“而语”。

⑦ 昭彰辩慧，底本与《碛砂藏》《普宁藏》《永乐南藏》《径山藏》相同；《赵城金藏》《高丽藏》“昭”作“胎”。

⑧ 嗣摩腾之芳轨，底本与《碛砂藏》《普宁藏》《永乐南藏》《径山藏》相同；“腾”《赵城金藏》《高丽藏》作“什”，《资福藏》作“滕”。

⑨ 阐皇泽于遐方，底本与《碛砂藏》《普宁藏》《永乐南藏》《径山藏》《高丽藏》相同；《赵城金藏》“方”作“番”。

譬亲受而何殊？访道周游，十有七载；经途所亘，百有余国。异方之语，资一音而并贯；未译之经，罄五财而毕写。若诵若阅，喻青莲之受持；半句半颂[①]，随白马而俱反[②]。以贞观十九年[③]，持如来肉舍利一百五十粒[④]、佛像七躯、三藏圣教要文凡六百五十七部[⑤]，还至长安[⑥]。奉勅于弘福寺安置，令所司供给，召诸名僧二十一人学通内外者，共译持来三藏梵本。

至二十一年五月十五日，肇译《瑜伽师地论》。论梵本四万颂，颂三十二言[⑦]，凡有五分，宗明十七地义。三藏法师玄奘敬执梵文，译为唐语；弘福寺沙门灵会、灵隽、智开、和仁[⑧]，会昌寺沙门玄度，瑶台寺沙门道卓，大总持寺沙门道观，清禅寺沙门明觉、烝义笔受[⑨]；弘福寺沙门玄謩证梵语；大总持寺沙门玄应正字；大总持寺沙门道洪，实际寺沙门明琰，宝昌寺沙门法祥，罗汉寺沙门慧贵，弘福寺沙门文备，蒲州栖岩寺沙

① 半句半颂，底本与《碛砂藏》《普宁藏》《永乐南藏》《径山藏》相同；《赵城金藏》《高丽藏》“颂”作“偈”。

② 随白马而俱反，底本与《碛砂藏》《普宁藏》《永乐南藏》《径山藏》相同；《赵城金藏》《高丽藏》“反”作“返”。

③ 以贞观十九年二月六日，底本与《碛砂藏》《普宁藏》《永乐南藏》《径山藏》《高丽藏》相同；《赵城金藏》无“二月六日”字。

④ 持如来肉舍利一百五十粒，底本与《碛砂藏》《普宁藏》《永乐南藏》《径山藏》《高丽藏》相同；《赵城金藏》无“肉”字。

⑤ 三藏圣教要文凡六百五十七部，底本与《碛砂藏》《普宁藏》《永乐南藏》《径山藏》《高丽藏》相同；《赵城金藏》“凡”作“还至长安，凡将经论”。

⑥ 还至长安，底本与《碛砂藏》《普宁藏》《永乐南藏》《径山藏》相同；《赵城金藏》无；《高丽藏》“还”作“二月六日还”。

⑦ 颂三十二言，底本与《碛砂藏》《普宁藏》《永乐南藏》《径山藏》相同；《赵城金藏》《高丽藏》“言”作“字”。

⑧ 和仁，底本与《碛砂藏》《普宁藏》《永乐南藏》《径山藏》相同；《赵城金藏》《高丽藏》“和”作“知”。

⑨ 清禅寺沙门明觉、烝义笔受，底本与《碛砂藏》《普宁藏》《永乐南藏》《径山藏》相同；《赵城金藏》《高丽藏》“烝”作“承”。

门神泰，廓州法讲寺沙门道深，详证大义。“本地分”中“五识身相应地意地”“有寻有伺地”“无寻唯伺地”“无寻无伺地”，凡十卷[①]，普光寺沙门道智受旨缀文[②]；“三摩呬多地”“非三摩呬多地”“有心地”[③]“无心地”“闻所成地”“思所成地”“修所成地”[④]，凡十卷，蒲州普救寺沙门行友受旨缀文；“声闻地初”“瑜伽种性地尽第二瑜伽处”[⑤]，凡九卷，玄法寺沙门玄赜受旨缀文；“声闻地第三瑜伽处尽独觉地”，凡五卷，汴州真谛寺沙门玄忠受旨缀文；“菩萨地”“有余依地”“无余依地”，凡十六卷，简州福众寺沙门靖迈受旨缀文。“摄决择分”，凡三十卷，大总持寺沙门辩机受旨缀文。“摄异门分”“摄释分”，凡四卷，普光寺沙门处衡受旨证文。“摄事分”，十六卷，弘福寺沙门明濬受旨缀文。银青光禄大夫行太子左庶子高阳县开国男臣许敬宗奉诏监阅。二十二年五月十五日绝笔[⑥]，总成一百卷。

佛灭度后，弥勒菩萨自睹史多天宫降于中印度阿瑜陀国[⑦]，为无著菩萨之所说也。斯固法门极地，该三藏之遗文；如来后心，畅五乘之奥旨。

---

① 凡十卷，底本与《碛砂藏》《赵城金藏》《普宁藏》《永乐南藏》《径山藏》相同；《高丽藏》“十”作“十七”。

② 普光寺沙门道智受旨缀文，底本与《碛砂藏》《普宁藏》《永乐南藏》《径山藏》相同；《赵城金藏》《高丽藏》“缀”作“证”，下同。

③ 有心地，底本与《碛砂藏》《普宁藏》《永乐南藏》《径山藏》相同；《赵城金藏》《高丽藏》“有心地”作“有心”；《赵城金藏》“闻所成地”作“闻说成地”。

④ 闻所成地，底本与《碛砂藏》《普宁藏》《永乐南藏》《径山藏》《高丽藏》相同；《赵城金藏》“所成”作“说成”。

⑤ 瑜伽种性地尽第二瑜伽处，底本与《径山藏》相同；《碛砂藏》《赵城金藏》《普宁藏》《永乐南藏》《高丽藏》“性”作“姓”。

⑥ 二十二年五月十五日绝笔，底本与《碛砂藏》《永乐南藏》《径山藏》相同；《赵城金藏》《普宁藏》《高丽藏》“二十”作“至二十”。

⑦ 弥勒菩萨自睹史多天宫降于中印度阿瑜陀国，底本与《碛砂藏》《普宁藏》《永乐南藏》《径山藏》相同；《赵城金藏》《高丽藏》“陀”作“陁”，下同。

玄宗微妙不可思议，僧徒并戒行圆深，道业贞固。欣承嘉召，得奉高人，各罄幽心，共禀新义。功毕奏上[①]，有感宸衷。曲降殊恩[②]，亲裁鸿序。情超系象，理绝名言。皇太子分耀黄离，缵基青陆，北摇传乐，仰金声而窃愧；东明御辩，瞻玉裕而多惭。九载勤经，汉储斯陋，一朝成赋，魏两韬英。既覩天文，顶戴无已；爰抽秘藻，赞叹功德。行二圣之仙词[③]，阐三藏之幽键。载扬佛日，永导玄津[④]；开夏景于莲华[⑤]，法流逾洁；泛春光于贝叶，道树增荣[⑥]。俾夫圣藻长悬[⑦]，与天地而无极；真如广被，随尘沙而不穷。凡厥含灵，知所归矣！

① 功毕奏上，底本与《碛砂藏》《普宁藏》《永乐南藏》《径山藏》相同；《赵城金藏》《高丽藏》“功”作“随”。

② 曲降殊恩，底本与《碛砂藏》《普宁藏》《永乐南藏》《径山藏》相同；《赵城金藏》《高丽藏》“曲”作“爰”。

③ 行二圣之仙词，底本与《碛砂藏》《普宁藏》《永乐南藏》《径山藏》相同；《赵城金藏》《高丽藏》“行”作“纡”。

④ 永导玄津，底本与《碛砂藏》《永乐南藏》《径山藏》相同；《赵城金藏》《普宁藏》《高丽藏》“永”作“式”。

⑤ 开夏景于莲华，底本与《碛砂藏》《普宁藏》《永乐南藏》《径山藏》相同；《赵城金藏》《高丽藏》“华”作“花”。

⑥ 道树增荣，底本与《碛砂藏》《永乐南藏》《径山藏》相同；《赵城金藏》《普宁藏》《高丽藏》“荣”作“辉”。

⑦ 俾夫圣藻长悬，底本与《碛砂藏》《普宁藏》《永乐南藏》《径山藏》相同；“俾”《赵城金藏》作“偶”，《高丽藏》作“冀”。

瑜伽师地论卷第一[①]

本地分[②]

云何瑜伽师地？谓十七地。何等十七？嗢柁南曰[③]：

五识相应意，有寻伺等三，
三摩地俱非，有心无心地，
闻思修所立，如是具三乘，
有依及无依，是名十七地。

一者，五识身相应地；二者，意地；三者，有寻有伺地；四者，无寻唯伺地；五者，无寻无伺地；六者，三摩呬多地；七者，非三摩呬多地；八者，有心地；九者，无心地；十者，闻所成地；十一者，思所成地；十二者，修所成地；十三者，声闻地；十四者，独觉地；十五者，菩萨地；十六者，有余依地；十七者，无余依地。如是略说十七，名为瑜伽师地。

---

① 本经以《乾隆藏》为底本，以《房山石经》《资福藏》《碛砂藏》《赵城金藏》《普宁藏》《永乐南藏》《径山藏》《高丽藏》为校本，其中《赵城金藏》卷十二、二十二、三十四、四十九、六十九、七十二、七十四、八十五、八十九、九十六、九十九残缺，不出校。译者题名底本与《径山藏》作“唐三藏沙门玄奘奉诏译”；“唐三藏沙门”《房山石经》《资福藏》《碛砂藏》《普宁藏》《永乐南藏》作“沙门”，《赵城金藏》《高丽藏》作“三藏法师”。以下各卷同。

② 本地分，底本与《径山藏》相同；《房山石经》《资福藏》《赵城金藏》《高丽藏》作“本地分中五识身相应地第一”；《碛砂藏》《普宁藏》《永乐南藏》作“本地分第一”。

③ 嗢柁南曰，底本与《资福藏》《碛砂藏》《普宁藏》《永乐南藏》《径山藏》相同；《房山石经》《赵城金藏》《高丽藏》“柁”作“拕”，下同。

本地分中五识身相应地第一[①]

云何五识身相应地？谓五识身自性，彼所依，彼所缘，彼助伴，彼作业，如是总名五识身相应地。

何等名为五识身耶？所谓眼识、耳识、鼻识、舌识、身识。

云何眼识自性？谓依眼了别色。

彼所依者，俱有依，谓眼；等无间依，谓意；种子依，谓即此一切种子执受所依异熟所摄阿赖耶识。如是略说二种所依，谓色、非色。眼，是色；余，非色。眼，谓四大种所造，眼识所依净色，无见有对。意，谓眼识无间过去识。一切种子识，谓无始时来，乐著戏论，熏习为因，所生一切种子异熟识。

彼所缘者，谓色，有见有对。此复多种，略说有三：谓显色，形色，表色。显色者，谓青、黄、赤、白、影[②]、光[③]、明、闇、云、烟、尘、雾及空一显色；形色者，谓长、短、方、圆、麤、细、正、不正、高、下色；表色者，谓取、舍、屈、伸、行、住、坐、卧，如是等色。又，显色者，谓若色显了，眼识所行。形色者，谓若色积集长、短等分别相。表色者，谓即此积集色，生灭相续，由变异因，于先生处不复重生，转于异处，或无间或有间、或近或远差别生；或即于此处变异生[④]，是名表色。又显色者，谓光、明等差别。形色

① 本地分中五识身相应地第一，底本与《碛砂藏》《普宁藏》《永乐南藏》《径山藏》相同；《房山石经》《资福藏》《赵城金藏》《高丽藏》无。

② 影，底本与《资福藏》《碛砂藏》《赵城金藏》《普宁藏》《永乐南藏》《径山藏》相同；《房山石经》《高丽藏》作“光”。

③ 光，底本与《资福藏》《碛砂藏》《赵城金藏》《普宁藏》《永乐南藏》《径山藏》相同；《房山石经》《高丽藏》作“影”。

④ 或即于此处变异生，底本与《资福藏》《碛砂藏》《普宁藏》《永乐南藏》《径山藏》《高丽藏》相同；《房山石经》《赵城金藏》“生”作“而生”。

者，谓长、短等积集差别。表色者，谓业用为作[①]，转动差别。如是一切显、形、表色，是眼所行、眼境界，眼识所行、眼识境界、眼识所缘，意识所行、意识境界、意识所缘，名之差别。又即此色，复有三种，谓若好显色，若恶显色，若俱异显色，似色显现。

彼助伴者，谓彼俱有相应诸心所有法，所谓作意、触、受、想、思及余眼识俱有相应诸心所有法。又彼诸法，同一所缘，非一行相，俱有相应，一一而转。又彼一切，各各从自种子而生。

彼作业者，当知有六种，谓唯了别自境所缘，是名初业；唯了别自相；唯了别现在；唯一刹那了别；复有二业，谓随意识转，随善染转，随发业转；又复能取爱非爱果，是第六业。

云何耳识自性？谓依耳了别声。

彼所依者，俱有依，谓耳；等无间依，谓意；种子依，谓一切种子阿赖耶识。耳，谓四大种所造，耳识所依净色，无见有对。意及种子，如前分别。

彼所缘者，谓声，无见有对。此复多种，如螺贝声、大小鼓声、舞声、歌声、诸音乐声、俳戏叫声，女声、男声、风林等声，明了声、不明了声，有义声、无义声，下、中、上声，江、河等声，斗诤、喧杂声[②]，受持、演说声，论义[③]、决择声，如是等类，有众多声。此略三种，谓因执受大种声、因不执受大种声、因执受不执受大种声。初唯内缘声，次唯外缘声，后内外缘声。此复三种，谓可意声、不可意声、俱相违声。又复声者，谓鸣、音、词、

① 谓业用为作，底本与《资福藏》《碛砂藏》《普宁藏》《永乐南藏》《径山藏》相同；《房山石经》《赵城金藏》《高丽藏》“作”作“依”。

② 喧杂声，底本与《资福藏》《碛砂藏》《赵城金藏》《普宁藏》《永乐南藏》《径山藏》《高丽藏》相同；《房山石经》无“杂”字。

③ 论义，底本与《资福藏》《碛砂藏》《普宁藏》《永乐南藏》《径山藏》相同；《房山石经》《赵城金藏》《高丽藏》“义”作“议”。

吼、表彰语等差别之名。是耳所行、耳境界，耳识所行、耳识境界、耳识所缘，意识所行、意识境界、意识所缘。

助伴及业，如眼识应知。

云何鼻识自性？谓依鼻了别香。

彼所依者，俱有依，谓鼻；等无间依，谓意；种子依，谓一切种子阿赖耶识。鼻，谓四大种所造，鼻识所依净色，无见有对。意及种子，如前分别。

彼所缘者，谓香，无见有对。此复多种，谓好香、恶香、平等香，鼻所嗅知根[①]、茎、华[②]、叶、果香[③]，如是等类，有众多香。又香者，谓鼻所闻、鼻所取、鼻所嗅等差别之名。是鼻所行、鼻境界，鼻识所行、鼻识境界、鼻识所缘，意识所行、意识境界、意识所缘。

助伴及业，如前应知。

云何舌识自性？谓依舌了别味。

彼所依者，俱有依，谓舌；等无间依，谓意；种子依，谓一切种子阿赖耶识。舌，谓四大种所造，舌识所依净色，无见有对。意及种子，如前分别。

彼所缘者，谓味，无见有对。此复多种，谓苦、酢、辛、甘、咸、淡，可意、不可意、若舍处所，舌所尝。又味者，谓应尝、应吞、应噉、应饮、应舐、应吮、应受用，如是等差别之名，是舌所行、舌境界，舌识所行、舌识境界、舌识所缘，意识所行、意识境界、意识所缘。

助伴及业，如前应知。

云何身识自性？谓依身了别触。

---

① 鼻所嗅知根，底本与《资福藏》《碛砂藏》《普宁藏》《永乐南藏》《径山藏》《高丽藏》相同；《房山石经》《赵城金藏》“知”作“如”。

② 华，底本与《资福藏》《碛砂藏》《普宁藏》《永乐南藏》《径山藏》相同；《房山石经》《赵城金藏》《高丽藏》“华”作“花”，下同。

③ 果香，底本与《资福藏》《碛砂藏》《普宁藏》《永乐南藏》《径山藏》相同；《房山石经》《赵城金藏》《高丽藏》“果”作“果实之”。

彼所依者，俱有依，谓身；等无间依，谓意；种子依，谓一切种子阿赖耶识。身，谓四大种所造，身识所依净色，无见有对。意及种子，如前分别。

彼所缘者，谓触，无见有对。此复多种，谓地、水、火、风，轻性、重性、滑性、涩性，冷、饥、渴、饱，力、劣、缓、急，病、老、死、痒[①]、闷、黏、疲、息、輭[②]、性[③]、勇，如是等类，有众多触。此复三种，谓好触、恶触、舍处所触，身所触。又触者，谓所摩所触，若鞕若輭，若动若煖[④]，如是等差别之名，是身所行、身境界，身识所行、身识境界、身识所缘，意识所行、意识境界、意识所缘。

助伴及业，如前应知。

复次，虽眼不坏，色现在前，能生作意若不正起，所生眼识必不得生。要眼不坏，色现在前，能生作意正复现起，所眼识方乃得生。如眼识，乃至身识，应知亦尔。

复次，由眼识生，三心可得，如其次第，谓率尔心、寻求心、决定心。初是眼识，二在意识。决定心后，方有染净，此后乃有等流眼识善不善转。而彼不由自分别力，乃至此意不趣余境，经尔所时，眼、意二识，或善或染，相续而转。如眼识生，乃至身识，应知亦尔。

复次，应观五识所依，如往余方者所乘；所缘，如所为事；助伴，如同侣；业，如自功能。复有差别，应观五识所依，如居家者家；所缘，如所受

---

① 痒，底本与《房山石经》《永乐南藏》《径山藏》相同；《资福藏》《碛砂藏》《赵城金藏》《普宁藏》《高丽藏》作“蛘”。

② 輭，底本与《资福藏》《碛砂藏》《普宁藏》《永乐南藏》《径山藏》相同；《房山石经》《赵城金藏》《高丽藏》作“软”，下同。

③ 性，底本与《房山石经》《资福藏》《碛砂藏》《赵城金藏》《普宁藏》《永乐南藏》《径山藏》相同；《高丽藏》作“怯”。

④ 若动若煖，底本与《资福藏》《碛砂藏》《普宁藏》《永乐南藏》《径山藏》相同；《房山石经》《赵城金藏》《高丽藏》“煖”作“煗”，下同。

用；助伴，如仆使等；业，如作用。

本地分中意地第二之一

已说五识身相应地。云何意地？此亦五相应知，谓自性故，所依故[①]，彼所缘故，彼助伴故，彼作业故[②]。

云何意自性？谓心、意、识。心，谓一切种子所随依止性、所随依附依止性[③]、体能执受、异熟所摄阿赖耶识。意，谓恒行依止性意及六识身无间灭意[④]。识，谓现前了别所缘境界。

彼所依者，等无间依[⑤]，谓意；种子依，谓如前说一切种子阿赖耶识。

彼所缘者，谓一切法如其所应。若不共者，所缘即受想行蕴、无为、无见无对色、六内处及一切种子。

彼助伴者，谓作意、触、受、想、思，欲、胜解、念、三摩地、慧，信、惭、愧、无贪、无瞋、无痴、精进、轻安、不放逸、舍、不害，贪、恚、无明、慢、见、疑，忿、恨、覆、恼、嫉、悭、诳、谄、㤭、害、无惭、无愧、昏沉、掉举、不信、懈怠、放逸、邪欲、邪胜解、忘念、散乱、不正知，恶作、睡眠、寻、伺。

---

① 所依故，底本与《资福藏》《碛砂藏》《普宁藏》《永乐南藏》《径山藏》相同；《房山石经》《赵城金藏》《高丽藏》"所"作"彼所"。

② 彼作业故，底本与《房山石经》《资福藏》《碛砂藏》《普宁藏》《永乐南藏》《径山藏》《高丽藏》相同；《赵城金藏》无"彼"字。

③ 所随依附依止性，底本与《房山石经》《资福藏》《碛砂藏》《普宁藏》《永乐南藏》《径山藏》相同；"依附依止"，《赵城金藏》无"依止"二字，《高丽藏》作夹注。

④ 谓恒行依止性意及六识身无间灭意，底本与《资福藏》《碛砂藏》《赵城金藏》《普宁藏》《永乐南藏》《径山藏》相同；《房山石经》《高丽藏》无"依止性"字。

⑤ 等无间依，底本与《房山石经》《径山藏》《高丽藏》相同；《资福藏》《碛砂藏》《赵城金藏》《普宁藏》《永乐南藏》"依"作"依依"。

如是等辈俱有相应心所有法[①]，是名助伴。同一所缘，不同一行相[②]，一时俱有，一一而转，各自种子所生，更互相应，有行相，有所缘，有所依。

彼作业者，谓能了别自境所缘，是名初业；复能了别自相、共相；复能了别去、来、今世；复刹那了别，或相续了别；复为转随转，发净不净一切法业；复能取爱非爱果；复能引余识身，又能为因发起等流识身。又诸意识望余识身有胜作业，谓分别所缘，审虑所缘，若醉若狂，若梦若觉，若闷若醒，若能发起身业、语业，若能离欲，若离欲退，若断善根，若续善根，若死若生等。

云何分别所缘？由七种分别，谓有相分别、无相分别、任运分别、寻求分别、伺察分别、染汙分别、不染汙分别。有相分别者，谓于先所受义、诸根成熟善名言者所起分别[③]。无相分别者，谓随先所引及婴儿等不善名言者所有分别。任运分别者，谓于现前境界，随境势力任运而转所有分别。寻求分别者，谓于诸法观察寻求所起分别。伺察分别者，谓于已所寻求、已所观察、伺察安立所起分别。染汙分别者，谓于过去顾恋俱行、于未来希乐俱行、于现在执著俱行所有分别；若欲分别，若恚分别，若害分别，或随与一烦恼、随烦恼相应所起分别。不染汙分别者，若善，若无记，谓出离分别、无恚分别、无害分别，或随与一信等善法相应，或威仪路、工巧处及诸变化所有分别。如是等类，名分别所缘。

云何审虑所缘？谓如理所引，不如理所引，非如理非不如理所引。如理所引者，谓不增益非真实有，如四颠倒，谓于无常常倒，于苦乐倒，于不

---

① 如是等辈俱有相应心所有法，底本与《房山石经》《资福藏》《碛砂藏》《普宁藏》《永乐南藏》《径山藏》《高丽藏》相同；《赵城金藏》无“所”字。

② 不同一行相，底本与《房山石经》《资福藏》《碛砂藏》《赵城金藏》《普宁藏》《永乐南藏》《径山藏》相同；《高丽藏》“不”作“非”。

③ 诸根成熟善名言者所起分别，底本与《房山石经》《资福藏》《碛砂藏》《赵城金藏》《普宁藏》《永乐南藏》《径山藏》相同；《高丽藏》“熟”作“就”，下同。

净净倒，于无我我倒。亦不损减诸真实有，如诸邪见，谓无施与等，诸邪见行。或法住智，如实了知诸所知事。或善清净出世间智，如实觉知所知诸法，如是名为如理所引。与此相违，当知不如理所引。非如理非不如理所引者，谓依无记慧审察诸法，如是名为审虑所缘。

云何醉？谓由依止性羸劣故，或不习饮故，或极数饮故，过量饮故，便致醉乱。

云何狂？谓由先业所引，或由诸界错乱，或由惊怖失志，或由打触末摩，或由鬼魅所著，而发癫狂。

云何梦？谓由依止性羸劣，或由疲倦过失，或由食所沉重，或由于闇相作意思惟，或由休意一切事业①，或由串习睡眠，或由他所引发，如由摇扇，或由明咒，或由于药，或由威神，而发昏梦。

云何觉？谓睡增者不胜疲极故②，有所作者要期睡故，或他所引，从梦而觉。

云何闷？谓由风热乱故，或由捶打故，或由泻故，如过量转痢及出血，或由极勤劳，而致闷绝。

云何醒③？谓于闷已，而复出离。

云何发起身业语业？谓由发身、语业智前行故，次欲生故，次功用起故，次随顺功用为先，身语业风转故，从此发起身业语业。

云何离欲？谓随顺离欲根成熟故，从他获得随顺教诲故，远离彼障故，方便正修无倒思惟故，方能离欲。

---

① 或由休意一切事业，底本与《碛砂藏》《普宁藏》《永乐南藏》《径山藏》相同；《房山石经》《资福藏》《赵城金藏》《高丽藏》“意”作“息”。

② 谓睡增者不胜疲极故，底本与《房山石经》《资福藏》《碛砂藏》《普宁藏》《永乐南藏》《径山藏》《高丽藏》相同；《赵城金藏》“疲”作“彼”。

③ 云何醒，底本与《资福藏》《碛砂藏》《赵城金藏》《普宁藏》《永乐南藏》《径山藏》《高丽藏》相同；《房山石经》“醒”作“惺”。

云何离欲退？谓性软根故，新修善品者数数思惟彼形、状、相故，受行顺退法故，烦恼所障故，恶友所摄故，从离欲退。

云何断善根？谓利根者成就上品诸恶意乐现行法故，得随顺彼恶友故，彼邪见缠极重圆满到究竟故，彼于一切恶现行中得无畏故，无哀愍故，能断善根。此中，种子亦名善根，无贪瞋等亦名善根，但由安立现行善根相违相续，名断善根，非由永拔彼种子故。

云何续善根？谓由性利根故，见亲朋友修福业故，诣善丈夫闻正法故，因生犹豫证决定故，还续善根。

云何死？谓由寿量极故，而便致死。此复三种，谓寿尽故，福尽故，不避不平等故。当知亦是时、非时死。或由善心，或不善心，或无记心。

云何寿尽故死？犹如有一，随感寿量满尽故死。此名时死。

云何福尽故死？犹如有一，资具阙故死。

云何不避不平等故死？如世尊说，九因九缘未尽寿量而死。何等为九？谓食无度量，食所不宜，不消复食，生而不吐，熟而持之，不近医药，不知于己若损若益，非时、非量行非梵行。此名非时死。

云何善心死？犹如有一，将命终时，自忆先时所习善法，或复由他令彼忆念，由此因缘，尔时信等善法现行于心，乃至麤想现行。若细想行时，善心即舍，唯住无记心。所以者何？彼于尔时，于曾习善亦不能忆，他亦不能令彼忆念。

云何不善心死？犹如有一，命将欲终，自忆先时串习恶法，或复由他令彼忆念，彼于尔时，贪、瞋等俱诸不善法现行于心，乃至麤、细等想现行，如前善说。

又善心死时，安乐而死，将欲终时，无极苦受逼迫于身。恶心死时，苦恼而死，将命终时，极重苦受逼迫于身。又善心死者，见不乱色相。不善心死者，见乱色相。

云何无记心死？谓行善不善者，或不行者，将命终时，自不能忆，无他令忆。尔时，非善心非不善心死，既非安乐死，亦非苦恼死。

又行善不善补特伽罗，将命终时，或自然忆先所习善及与不善，或他令忆，彼于尔时，于多曾习力最强者，其心偏记，余悉皆忘。

若俱平等串曾习者[①]，彼于尔时，随初自忆，或他令忆，唯此不舍，不起余心。彼于尔时，由二种因增上力故，而便命终，谓乐著戏论因增上力，及净不净业因增上力。

受尽先业所引果已，若行不善业者，当于尔时，受先所作诸不善业所得不爱果之前相，犹如梦中见无量种变怪色相。依此相故，薄伽梵说："若有先作恶不善业及增长已，彼于尔时，如日后分，或山山峰影等[②]，悬覆、遍覆、极覆。当知如是补特伽罗，从明趣闇。"若先受尽不善业果而修善者，与上相违，当知如是补特伽罗，从闇趣明。此中差别者，将命终时，犹如梦中见无量种非变怪色可意相生。若作上品不善业者，彼由见斯变怪相故，流汗毛竖，手足纷乱，遂失便秽，扪摸虚空，翻精咀沫[③]，彼于尔时有如是等变怪相生。若造中品不善业者，彼于尔时变怪之相，或有或无，设有不具。

又诸众生将命终时，乃至未到惛昧想位，长时所习我爱现行，由此力故，谓我当无，便爱自身，由此建立中有生报。若预流果及一来果，尔时，我爱亦复现行。然此预流及一来果，于此我爱，由智慧力数数推求，制而不著，犹壮丈夫与羸劣者共相角力能制伏之，当知此中道理亦尔。若不还

---

① 若俱平等串曾习者，底本与《房山石经》《资福藏》《碛砂藏》《普宁藏》《永乐南藏》《径山藏》相同；《赵城金藏》《高丽藏》"串曾"作"曾串"。

② 或山山峰影等，底本与《资福藏》《碛砂藏》《普宁藏》《永乐南藏》《径山藏》《高丽藏》相同；《房山石经》《赵城金藏》"山山"作"山"。

③ 翻精咀沫，底本与《资福藏》《碛砂藏》《普宁藏》《永乐南藏》《径山藏》相同；《房山石经》《赵城金藏》《高丽藏》"精"作"睛"。

果，尔时我爱不复现行。

又解支节，除天、那落迦，所余生处一切皆有。此复二种：一，重；二，轻。重，谓作恶业者；轻，谓作善业者。北拘卢洲一切皆轻。又色界没时，皆具诸根。欲界没时，随所有根，或具或不具。

又清净解脱死者，名调善死。不清净不解脱死者，名不调善死。又将终时，作恶业者，识于所依从上分舍，即从上分冷触随起，如此渐舍乃至心处。造善业者，识于所依从下分舍，即从下分冷触随起，如此渐舍乃至心处。当知后识唯心处舍，从此冷触遍满所依。

云何生？由我爱无间已生故，无始乐著戏论因已熏习故，净不净业因已熏习故，彼所依体由二种因增上力故，从自种子，即于是处中有、异热无间得生。死生同时，如称两头，低昂时等，而此中有必具诸根。造恶业者，所得中有，如黑羺光，或阴阁夜[①]。作善业者，所得中有，如白衣光，或晴明夜。

又此中有是极清净天眼所行[②]。彼于尔时，先我爱类不复现行，识已往故，然于境界起戏论爱，随所当生，即彼形类中有而生。又中有眼犹如天眼，无有障碍，唯至生处，所趣无碍，如得神通，亦唯至生处。又由此眼，见己同类中有有情[③]，及见自身当所生处。又造恶业者，眼视下净[④]，伏面而行；往天趣者，上；往人趣者，傍。

又此中有若未得生缘，极七日住；有得生缘，即不决定。若极七日未

---

① 如黑羺光，或阴阁夜，底本与《资福藏》《碛砂藏》《赵城金藏》《普宁藏》《永乐南藏》《径山藏》《高丽藏》相同；《房山石经》“阴”作“雾”。

② 又此中有是极清净天眼所行，底本与《资福藏》《碛砂藏》《普宁藏》《永乐南藏》《径山藏》《高丽藏》相同；《房山石经》《赵城金藏》“有”作“有如”。

③ 见己同类中有有情，底本与《房山石经》《资福藏》《碛砂藏》《普宁藏》《永乐南藏》《径山藏》《高丽藏》相同；《赵城金藏》“有有”作“有”。

④ 眼视下净，底本与《资福藏》《碛砂藏》《普宁藏》《径山藏》《高丽藏》相同；《房山石经》《赵城金藏》《永乐南藏》“下”作“不”。

得生缘，死而复生，极七日住。如是展转，未得生缘，乃至七七日住，自此已后，决得生缘。又此中有，七日死已，或即于此类生，若由余业可转中有种子转者，便于余类中生。

又此中有有种种名：或名中有，在死生二有中间生故；或名健达缚，寻香行故，香所资故；或名意行，以意为依往生处故，此说身往，非心缘往；或名趣生，对生有起故。当知中有，除无色界，一切生处。

又造恶业者谓屠羊、鸡、猪等，随其一类，由住不律仪众同分故，作感那落迦恶不善业及增长已，彼于尔时，犹如梦中，自于彼业所得生处，还见如是种类有情及屠羊等事。由先所习喜乐驰趣，即于生处境色所碍，中有遂灭，生有续起。彼将没时，如先死有，见纷乱色。如此乃至生灭道理，如前应知。

又彼生时，唯是化生，六处具足。复起是心而往趣之，谓我与彼嬉戏受乐，习诸技艺[①]，彼于尔时颠倒，谓造种种事业及触冷热。若离妄见如是相貌，尚无趣欲，何况往彼？若不往彼，便不应生，如于那落迦如是，于余似那落迦鬼趣中生，当知亦尔，如瘿鬼等。又于余鬼、旁生、人等，及欲、色界天众同分中将受生时，于当生处见己同类可意有情，由此于彼起其欣欲，即往生处，便被拘碍。死生道理，如前应知。

又由三处现前，得入母胎：一，母调适[②]，而复值时；二，父母和合，俱起爱染；三，健达缚而现在前[③]。复无三种障碍，谓产处过患所作，种子过患所作，宿业过患所作。

---

① 习诸技艺，底本与《资福藏》《碛砂藏》《普宁藏》《永乐南藏》《径山藏》相同；《赵城金藏》《高丽藏》“技”作“妓”，下同。

② 母调适，底本与《资福藏》《碛砂藏》《普宁藏》《永乐南藏》《径山藏》相同；“母”《房山石经》《赵城金藏》作“父母”，《高丽藏》作“其母”。

③ 健达缚而现在前，底本与《径山藏》相同；《房山石经》《资福藏》《碛砂藏》《赵城金藏》《普宁藏》《永乐南藏》《高丽藏》“而”作“正”。

云何产处过患？谓若产处为风热癊之所逼迫，或于其中有麻麦果，或复其门如车螺形，有形有曲，有秽有浊，如是等类，产处过患应知。

云何种子过患？谓父出不净非母，或母非父，或俱不出，或母精朽烂①，或父或母俱②，如是等类，种子过患应知。

云何宿业过患？谓或父或母不作不增长感子之业，或复俱无，或彼有情不作不增长感父母业，或彼父母作及增长感余子业，或彼有情作及增长感余父母业，或感大宗叶业，或感非大宗叶业，如是等类，宿业过患应知。

若无如是三种过患，三处现前，得入母胎。彼即于中有处，自见与己同类有情为嬉戏等，于所生处起希趣欲。彼于尔时，见其父母共行邪行所出精血，而起颠倒。起颠倒者，谓见父母为邪行时，不谓父母行此邪行，乃起倒觉，见己自行；见自行已，便起贪爱。若当欲为女，彼即于父便起会贪；若当欲为男，彼即于母起贪亦尔。乃往逼趣。若女于母，欲其远去；若男于父，心亦复尔。

生此欲已，或唯见男，或唯见女。如如渐近彼之处所，如是如是渐渐不见父母余分，唯见男女根门，即于此处，便被拘礙。死生道理，如是应知。若薄福者，当生下贱家，彼于死时及入胎时，便闻种种纷乱之声，及自妄见入于丛林、竹苇、芦荻等中。若福多者③，当生尊贵家，彼于尔时便自闻有寂静美妙可意音声，及自妄见升宫殿等可意相现。尔时，父母贪爱俱极，最后决定各出一滴浓厚精血，二滴和合，住母胎中合为一段，犹如

---

① 或母精朽烂，底本与《资福藏》《碛砂藏》《普宁藏》《永乐南藏》《径山藏》相同；《房山石经》《赵城金藏》《高丽藏》“母”作“父”。

② 或父或母俱，底本与《资福藏》《碛砂藏》《赵城金藏》《普宁藏》《永乐南藏》《径山藏》相同；《房山石经》《高丽藏》“父或母”作“母或”。

③ 若福多者，底本与《资福藏》《碛砂藏》《普宁藏》《永乐南藏》《径山藏》相同；《房山石经》《赵城金藏》《高丽藏》“福多”作“多福”。

熟乳凝结之时。当于此处，一切种子异熟所摄执受所依阿赖耶识，和合依托。云何和合依托？谓此所出浓厚精血合成一段，与颠倒缘中有俱灭。与灭同时，即由一切种子识功能力故，有余微细根及大种和合而生，及余有根同分精血和合抟生。于此时中，说识已住，结生相续，即此名为羯罗蓝位。

此羯罗蓝中有诸根大种，唯与身根及根所依处大种俱生。即由此身根俱生诸根大种力故，眼等诸根次第当生。又由此身根俱生根所依处大种力故，诸根依处次第当生。由彼诸根及所依处具足生故，名得圆满依止成就。又此羯罗蓝色与心、心法安危共同[①]，故名依托。由心、心法依托力故[②]，色不烂坏；色损益故，彼亦损益。是故说彼安危共同。又此羯罗蓝识最初托处，即名肉心。如是识于此处最初托，即从此处最后舍。

① 又此羯罗蓝色与心、心法安危共同，底本与《资福藏》《碛砂藏》《普宁藏》《永乐南藏》《径山藏》相同；《房山石经》《赵城金藏》《高丽藏》“法”作“所”。

② 由心、心法依托力故，底本与《资福藏》《碛砂藏》《普宁藏》《永乐南藏》《径山藏》相同；《房山石经》《赵城金藏》《高丽藏》“法”作“所”。

瑜伽师地论卷第二

本地分中意地第二之二

复次，此一切种子识，若般涅槃法者，一切种子皆悉具足；不般涅槃法者，便阙三种菩提种子。随所生处自体之中，余体种子皆悉随逐[①]，是故欲界自体中，亦有色、无色界一切种子；如是色界自体中，亦有欲界、无色界一切种子[②]；无色界自体中，亦有欲、色界一切种子。

又羯罗蓝渐增长时，名之与色，平等增长，俱渐广大，如是增长乃至依止圆满应知。此中，由地界故，依止造色，渐渐增广；由水界，摄持不[③]；由火界[④]，成熟故[⑤]，令其坚鞕[⑥]；由无润故，由风界故，分别支节[⑦]，各安其所。

又一切种子识，于生自体虽有净不净业因，然唯乐著戏论为最胜因，

---

① 余体种子皆悉随逐，底本与《房山石经》《碛砂藏》《赵城金藏》《普宁藏》《永乐南藏》《径山藏》《高丽藏》相同；《资福藏》“随”作“随散故”。

② 亦有欲界、无色界一切种子，底本与《资福藏》《碛砂藏》《赵城金藏》《普宁藏》《永乐南藏》《径山藏》相同；《房山石经》《高丽藏》“欲界”作“欲”。

③ 摄持故，底本与《资福藏》《碛砂藏》《永乐南藏》《径山藏》相同；；《房山石经》《赵城金藏》《普宁藏》《高丽藏》“不”作“故”；《赵城金藏》《高丽藏》句后有“摄持不散”。

④ 由火界，底本与《房山石经》《资福藏》《碛砂藏》《普宁藏》《永乐南藏》《径山藏》《高丽藏》相同；《赵城金藏》“界”作“故”。

⑤ 成熟故，底本与《房山石经》《资福藏》《碛砂藏》《普宁藏》《永乐南藏》《径山藏》相同；《赵城金藏》作“成熟”；《高丽藏》作“故成熟”。

⑥ 令其坚鞕，底本与《房山石经》《资福藏》《碛砂藏》《普宁藏》《永乐南藏》《径山藏》相同；《高丽藏》无“令其”二字；《赵城金藏》“鞕”作“鞕”。

⑦ 分别支节，底本与《资福藏》《碛砂藏》《普宁藏》《永乐南藏》《径山藏》相同；《房山石经》《赵城金藏》《高丽藏》“支节”作“肢节”。

于生族姓、色力、寿量、资具等果，即净不净业为最胜因。又诸凡夫于自体上计我、我所及起我慢，一切圣者观唯是苦。又处胎分中有自性受，不苦不乐，依识增长。唯此性受，异熟所摄；余一切受，或异熟所生，或境界缘生。又苦受、乐受，或于一时从缘现起，或时不起。

又种子体，无始时来相续不绝，性虽无始有之，然由净不净业差别熏发，望数数取异熟果，说彼为新。若果已生，说此种子为已受果。由此道理，生死流转，相续不绝，乃至未般涅槃。

又诸种子未与果者，或顺生受，或顺后受，虽经百千劫，从自种子一切自体复圆满生。虽余果生，要由自种，若至寿量尽边，尔时此种名已受果；所余自体种子未与果故，不名已受果。又诸种子，即于此身中应受异熟，缘差不受，顺不定受摄故，然此种子亦唯住此位。是故，一一自体中皆有一切自体种子，若于一处有染欲，即说一切处有染欲；若于一处得离欲，即说于一切处得离欲。

又于诸自体中所有种子，若烦恼品所摄，名为麤重，亦名随眠；若异熟品所摄及余无记品所摄，唯名麤重，不名随眠；若信等善法品所摄种子，不名麤重，亦非随眠。何以故？由此法生时，所依自体唯有堪能，非不堪能。是故一切所依自体，麤重所随故，麤重所生故，麤重自性故，诸佛如来安立为苦，所谓由行苦故。

又诸种子乃有多种差别之名，所谓名界，名种性，名自性，名因，名萨迦耶，名戏论，名阿赖耶，名取，名苦，名萨迦耶见所依止处，名我慢所依止处，如是等类，差别应知。

又般涅槃时，已得转依诸净行者，转舍一切染汙法种子所依，于一切善、无记法种子，转令缘阙，转得内缘自在。

又于胎中经三十八七日，此之胎藏一切支分皆悉具足。从此以后，复经四日，方乃出生。如薄伽梵于《入胎经》广说。此说极满足者，或经九月，或复过此。若唯经八月，此名圆满，非极圆满。若经七月、六月，不名圆满，或复缺减。又此胎藏六处位中，由母所食，生麤津味，而得资长。于羯罗蓝等微细位中，由微细津味资长应知。

复次，此胎藏八位差别[①]。何等为八？谓羯罗蓝位，遏部昙位，闭尸位，键南位，钵罗赊佉位，发毛爪位，根位，形位。若已结凝，前内稀[②]，名羯罗蓝。若表裹如酪，未至肉位，名遏部昙。若已成肉，仍极柔软，名闭尸。若已坚厚，稍堪摩触，名为键南。即此肉抟增长，支分相现，名钵罗赊佉。从此以后，发毛爪现，即名此位。从此以后，眼等根生，名为根位。从此以后，彼所依处分明显现，名为形位。

又于胎藏中，或由先业力，或由母不避不平等力所生随顺风故[③]，令此胎藏或发、或色、或皮及余支分变异而生。发变异生者，谓由先世所作，能感此恶不善业，及由其母多习灰盐等味，若饮若食，令此胎藏发毛希尠[④]。色变异生者，谓由先业，因如前说，及由其母习近煖热现在缘故，令彼胎藏黑黯色生。又母习近极寒室等，令彼胎藏极白色生；又由其母多噉热食，令彼胎藏极赤色生。皮变异生者，谓由宿业因如前说，及由其母多习婬欲现在缘故，令彼胎藏或癣疥癞等恶皮而生。支分变异生者，谓由先业，因如前说，及由其母多习驰走跳踯威仪，及不避不平等现在缘故，令彼胎藏诸根支分缺减而生。

又彼胎藏若当为女，于母左胁倚脊向腹而住；若当为男，于母右胁倚

① 此胎藏八位差别，底本与《资福藏》《碛砂藏》《赵城金藏》《普宁藏》《永乐南藏》《径山藏》相同；《房山石经》《高丽藏》“此”作“此之”。

② 前内稀，底本与《资福藏》《碛砂藏》《普宁藏》《永乐南藏》《径山藏》相同；《房山石经》《高丽藏》“前”作“箭”；《房山石经》《赵城金藏》《高丽藏》“稀”作“仍稀”。

③ 或由母不避不平等力所生随顺风故，底本与《资福藏》《碛砂藏》《赵城金藏》《普宁藏》《永乐南藏》《径山藏》相同；《房山石经》《高丽藏》“母”作“其母”。

④ 令此胎藏发毛希尠，底本与《资福藏》《碛砂藏》《普宁藏》《永乐南藏》《径山藏》相同；《房山石经》《赵城金藏》《高丽藏》“尠”作“尟”。

腹向脊而住。又此胎藏极成满时，其母不堪持此重胎，内风便发，生大苦恼[①]。又此胎藏业报所发生分风起，令头向下，足便向上，胎衣缠裹，而趣产门。其正出时，胎衣遂裂，分之两腋。出产门时，名正生位。生后渐次触生分触，所谓眼触乃至意触。次复随堕施设事中，所谓随学世事言说。次复躭著家室，谓长大种类故，诸根成熟故[②]。次造诸业，谓起世间工巧业处。次复受用境界，所谓色等，若可爱不可爱。受此苦乐，谓由先业因，或由现在缘。随缘所牵，或往五趣，或向涅槃。

又诸有情，随于如是有情类中自体生时，彼有情类于此有情作四种缘，谓种子所引故，食所资养故，随逐守护故，随学造作身语业故。初谓父母精血所引；次彼生已，知其所欲，方求饮食而用资长；次常随逐，专志守护，不令起作非时之行及不平等行；次令习学世俗言语等事。由长大种类故，诸根成熟故，此复于余[③]。如是展转，诸有情类无始时来受苦受乐，未曾获得出苦乐法，乃至诸佛未证菩提，若从他闻音及内正思惟，由如是故，方得漏尽。如是句义甚为难悟，谓我无有若分、若谁、若事，我亦都非若分、若谁、若事。

如是略说内分死生已。云何外分若坏若成？谓由诸有情所作，能感成坏业故。若有能感坏业现前，尔时便有外坏缘起，由彼外分皆悉散坏，非如内分，由寿量尽。何以故？由一切外分所有麤色，四大所成[④]，恒相续住，非如内分。又感成器世间业，此业决定能引劫住，不增不减。若有情数，时

① 生大苦恼，底本与《房山石经》《资福藏》《碛砂藏》《普宁藏》《永乐南藏》《径山藏》《高丽藏》相同；《赵城金藏》“苦”作“若”。

② 诸根成熟故，底本与《房山石经》《资福藏》《碛砂藏》《赵城金藏》《普宁藏》《永乐南藏》《径山藏》相同；《高丽藏》“成熟”作“成就”，下同。

③ 此复于余，底本与《资福藏》《碛砂藏》《普宁藏》《永乐南藏》《径山藏》相同；《房山石经》《赵城金藏》《高丽藏》句后有“此复于余”四字。

④ 四大所成，底本与《房山石经》《资福藏》《赵城金藏》《径山藏》《高丽藏》相同；《碛砂藏》《普宁藏》《永乐南藏》“成”作“别”。

无决定。所以者何？由彼造作种种业故，或过一劫，或复减少，乃至一岁。

又彼坏劫由三种灾：一者，火灾，能坏世间，从无间狱乃至梵世；二者，水灾，能坏一切，乃至第二静虑；三者，风灾，能坏一切，乃至第三静虑。第四静虑，无灾能坏，由彼诸天身与宫殿俱生俱没故，更无能坏因缘法故。复有三灾之顶，谓第二静虑、第三静虑、第四静虑。

又此世间二十中劫坏，二十中劫坏已空，二十中劫成，二十中劫成已住。如是八十中劫，假立为一大劫数。

又梵世间寿量一劫[①]，此最后坏，亦最初成。当知此劫异相建立，谓梵众天二十中劫合为一劫，即依此劫施设寿量。梵前益天，四十中劫合为一劫，即依此劫施设寿量。若大梵天六十中劫合为一劫，即依此劫施设寿量。

云何火灾能坏世间？谓有如是时，世间有情寿量无限，从此渐减，乃至寿量经八万岁。彼复受行不善法故，寿量转减乃至十岁。彼复获得厌离之心，受行善法，由此因缘，寿量渐增，乃至八万。如是寿量一减一增，合成一中劫。

又此中劫，复有三种小灾出现，谓俭、病、刀。

俭灾者，所谓人寿三十岁时方始建立[②]。当尔之时，精妙饮食不可复得，唯煎煮朽骨共为燕会，若遇得一粒稻、麦、粟、稗等子，重若末尼，藏置箱箧而守护之。彼诸有情多无气势，踬僵在地，不复能起。由此饥俭，有情之类亡没殆尽。此之俭灾，经七年七月七日七夜方乃得过[③]。彼诸有

① 又梵世间寿量一劫，底本与《房山石经》《资福藏》《径山藏》《高丽藏》相同；《碛砂藏》《普宁藏》《永乐南藏》“又”作“人”，《赵城金藏》作“有”。

② 所谓人寿三十岁时方始建立，底本与《房山石经》《资福藏》《赵城金藏》《径山藏》《高丽藏》相同；《碛砂藏》《普宁藏》《永乐南藏》“三”作“二”。

③ 经七年七月七日七夜方乃得过，底本与《房山石经》《赵城金藏》《径山藏》《高丽藏》相同；《资福藏》《碛砂藏》《普宁藏》《永乐南藏》“年”作“季”。

情复共聚集，起下厌离，由此因缘，寿不退减，俭灾遂息。

又若人寿二十岁时，本起厌患，今乃退舍。尔时多有疫气障疠、灾横热恼相续而生。彼诸有情遇此诸病，多悉殒没。如是病灾，经七月七日七夜方乃得过。彼诸有情复共聚集，起中厌离，由此因缘，寿量无减，病灾乃息。

又人寿十岁时，本起厌患，今还退舍，尔时有情展转相见，各起猛利杀害之心，由此因缘，随执草木及以瓦石，皆成最极锐利刀剑，更相残害，死丧略尽。如是刀灾，极经七日方乃得过。

尔时，有情复有三种最极衰损，谓寿量衰损、依止衰损、资具衰损。寿量衰损者，所谓寿量极至十岁。依止衰损者，谓其身量极至一磔或复一握[①]。资具衰损者，尔时有情唯以粟稗为食中第一，以发褐为衣中第一[②]，以铁为庄严中第一。五种上味悉皆隐没，所谓酥、蜜、油、盐等味及甘蔗变味。尔时，有情展转聚集，起上厌离，不复退减，又能弃舍损减寿量恶不善法，受行增长寿量善法，由此因缘，寿量、色力、富乐、自在皆渐增长，乃至寿量经八万岁。

如是二十减、二十增，合四十增减，便出住劫。

于最后增已，尔时那落迦有情唯没不生，如是渐渐，乃至没尽，当知说名那落迦世间坏。如那落迦坏，旁生、饿鬼坏亦如是。尔时，人中随一有情，自然法尔所得第二静虑，其余有情展转随学亦复如是，皆此没已，生极净光天众同分中，当知尔时说名人世间坏。如人趣既尔，天趣亦然。

当于此时，五趣世间居住之处，无一有情可得，所有资具亦不可得。非唯资具不可复得，尔时天雨亦不可得。由无雨故，大地所有药草、丛林

① 谓其身量极至一磔或复一握，底本与《房山石经》《资福藏》《碛砂藏》《普宁藏》《永乐南藏》《径山藏》相同；《赵城金藏》《高丽藏》“磔”作“搩”。

② 以发褐为衣中第一，底本与《房山石经》《资福藏》《碛砂藏》《赵城金藏》《普宁藏》《永乐南藏》《径山藏》相同；《高丽藏》“褐”作“髭”。

皆悉枯槁。复由无雨之所摄故，令此日轮热势增大。又诸有情能感坏劫业增上力故，及依六种所烧事故，复有六日轮渐次而现。彼诸日轮望旧日轮所有热势，踰前四倍。既成七已，热遂增七。

云何名为六所烧事？一小大沟坑，由第二日轮之所枯竭；二小河大河，由第三日轮之所枯竭；三无热大池，由第四日轮之所枯竭；四者大海，由第五日轮及第六一分之所枯竭；五苏迷卢山及以大地，体坚实故，由第六一分及第七日轮之所烧然。即此火焰，为风所鼓，展转炽盛，极至梵世。

又如是等，略为三事：一水所生事，谓药草等，由初所槁；二即水事，由五所涸；三恒相续住体坚实事，由二所烧。

如是世界皆悉烧已，乃至灰墨及与余影皆不可得，广说如经。从此名为器世间已坏，满足二十中劫。如是坏已，复二十中劫住。

云何水灾？谓过七火灾已，于第二静虑中有俱生水界起，坏器世间如水消盐。此之水界与器世间一时俱没。如是没已，复二十中劫住。

云何风灾？谓七水灾过已，复七火灾，从此无间，于第三静虑中有俱生风界起，坏器世间如风干支节，复能消尽。此之风界与器世间一时俱没，所以者何？现见有一由风界发，乃令其骨皆悉消尽。从此坏已，复二十中劫住。

如是略说世间已坏[①]。云何世间成？谓过如是二十中劫已，一切有情业增上力故，世间后成[②]。尔时，最初于虚空中，第三静虑器世间成。如第三静虑，第二及初亦复如是。尔时，第三灾顶，有诸有情由寿尽故，业尽

① 如是略说世间已坏，《资福藏》《碛砂藏》《普宁藏》《永乐南藏》《径山藏》相同；《房山石经》《赵城金藏》《高丽藏》“已坏”作“坏”。

② 世间后成，《房山石经》《资福藏》《碛砂藏》《赵城金藏》《普宁藏》《永乐南藏》《径山藏》《高丽藏》“后”作“复”。

故，福尽故，从彼没已，生第三静虑。余一切处，渐次亦尔。复从第二灾顶，生第二静虑。余一切处，应知亦尔。复从第一灾顶，有一有情由寿等尽故，从彼没已，生初静虑梵世界中，为最大梵。由独一故，而怀不悦，便有希望："今当云何令余有情亦来生此？[①]"当发心时，诸余有情由寿等尽故，从第二静虑没已，生初静虑彼同分中。

如是下三静虑器及有情世间成已，于虚空中欲界四天宫殿渐成，当知彼诸虚空宫殿皆如化出。又诸有情从极净光天众同分没，而来生此诸宫殿中。余如前说。

自此以后，有大风轮，量等三千大千世界，从下而起，与彼世界作所依持，为欲安立无有宫殿诸有情类。此大风轮有二种相，谓仰周布及傍侧布。由此持水，令不散坠。次由彼业增上力故，于虚空界金藏云兴，从此降雨，注风轮上。次复起风，鼓水令坚，此即名为金性地轮。上堪水雨之所激注，下为风飙之所冲薄。此地成已，即由彼业增上力故，空中复起诸界藏云。又从彼云降种种雨，然其雨水乃依金性地轮而住。次复风起，鼓水令坚。即由此风力所引故，诸有清净第一最胜精妙性者成苏迷卢山，此山成已，四宝为体，所谓金、银、颇胝、瑠璃[②]。

若中品性者成七金山，谓持双山、毗那矺迦山、马耳山、善见山、朅达洛迦山、持轴山、尼民达罗山。如是诸山，其峰布列，各由形状差别为名，绕苏迷卢次第而住。苏迷卢量，高八万踰缮那，广亦如之；下入水际，量亦复尔。又持双山，等彼之半。从此次第，余六金山，其量渐减，各等其半。

若下品性者，于苏迷卢四边七金山外，成四大洲及八中洲，并轮围

① 今当云何令余有情亦来生此，底本与《资福藏》《碛砂藏》《赵城金藏》《普宁藏》《永乐南藏》《径山藏》《高丽藏》相同；《房山石经》"今"作"念"。

② 所谓金、银、颇胝、瑠璃，底本与《资福藏》《碛砂藏》《赵城金藏》《普宁藏》《永乐南藏》《径山藏》《高丽藏》相同；《房山石经》"瑠璃"作"琉璃"，下同。

山。此山轮圆四洲而住，量等尼民达罗之半[①]。复成非天宫殿，此宫在苏迷卢下，依水而居。复成大雪山及无热池周围崖岸。次成最下八大那落迦处、诸大那落迦及独一那落迦、寒那落迦、近边那落迦。复成一分鬼、旁生处。四大洲者，谓南赡部洲、东毗提诃洲、西瞿陀尼洲、北拘卢洲[②]。其赡部洲，形如车箱；毗提诃洲，形如半月；瞿陀尼洲，其形圆满；北拘卢洲，其形四方。赡部洲量，六千五百踰缮那；毗提诃洲量，七千踰缮那；瞿陀尼洲量，七千五百踰缮那；拘卢洲量，八千踰缮那。

又七金山，其间有水，具八支德，名为内海。复成诸龙宫，有八大龙，并经劫住，谓持地龙王、欢喜近喜龙王、马骡龙王、目支邻陀龙王、意猛龙王、持国龙王、大黑龙王、黳罗叶龙王。是诸龙王，由帝释力，数与非天共相战争[③]。其诸龙众类有四种，谓卵生、胎生、湿生、化生。妙翅鸟中，四类亦尔。复有余水在内海外，故名外海。

又依苏迷卢根，有四重级，从苏迷卢初级，傍出一万六千踰缮那量，即从此量，半半渐减，如其次第，余级应知。有坚手神，住最初级；血手神，住第二级；常醉神，住第三级；持鬘神，住第四级。苏迷卢顶四隅之上，有四大峰，各高五百踰缮那量。有诸药叉，谓金刚手，止住其中。又持双山，于其四面有四王都，东、南、西、北，随其次第，谓持国、增长、丑目、多闻，四大天王之所居止。诸余金山，是彼四王村邑部落。

又近雪山有大金崖，名非天胁，其量纵广五十踰缮那，善住龙王常

---

① 此山轮圆四洲而住，量等尼民达罗之半，底本与《资福藏》《碛砂藏》《普宁藏》《永乐南藏》《径山藏》相同；《房山石经》《赵城金藏》《高丽藏》作夹注。

② 谓南赡部洲、东毗提诃洲、西瞿陀尼洲、北拘卢洲，底本与《资福藏》《碛砂藏》《普宁藏》《永乐南藏》《径山藏》相同；《房山石经》《赵城金藏》《高丽藏》“陀”作“陁”，下同。

③ 数与非天共相战争，底本与《资福藏》《碛砂藏》《普宁藏》《永乐南藏》《径山藏》相同；《房山石经》《赵城金藏》《高丽藏》“争”作“诤”。

所居镇，又天帝释时来游幸。此中有树，名曰善住，多罗树行，七重围绕。复有大池，名漫陀吉尼，五百小池以为眷属。善住大龙与五百牝象前后围绕，游戏其池[1]，随欲变现，便入此池，采莲华根以供所食[2]。即于此侧，有无热大池，其量深广各五十踰缮那，微细金沙遍布其底，八支德水弥满其中，形色殊妙，端严喜见。从此派流为四大河：一名殑伽，二名信度，三名私多，四名缚刍[3]。

复次，于苏迷卢顶处中，建立帝释天宫，纵广十千踰缮那量。所余之处，是彼诸天村邑聚落。其山四面，对四大洲，四宝所成，谓对赡部洲，瑠璃为面；对毗提诃，白银为面；对瞿陀尼，黄金为面；对拘卢洲，颇胝为面。

又赡部洲，遁其边际，有轮王路，真金所成，如四大王天有情膝量，没住大海。若轮王出世，如彼膝量海水减焉。又无热池南有一大树，名为赡部，是故此洲从彼得名。次于此北，有设拉末梨大树丛林，四生种类，妙翅诸鸟，栖集其中[4]。此四大洲，各二中洲以为眷属。复有一洲，罗刹所住。

如是器世间成已。有诸有情从极净光天众同分没，来生此中，余如前说。此皆由彼感劫初业。此业第一最胜微妙，欲界所摄，唯于此时此业感果，非于余时。尔时有情名劫初者，又彼有色从意所生。如是一切，如经广说。彼于尔时未有家宅及诸聚落，一切大地面，皆平正。

---

① 游戏其池，底本与《房山石经》《碛砂藏》《赵城金藏》《普宁藏》《永乐南藏》《径山藏》《高丽藏》相同；《资福藏》“池”作“地”。

② 采莲华根以供所食，底本与《资福藏》《碛砂藏》《普宁藏》《永乐南藏》《径山藏》相同；《房山石经》《赵城金藏》《高丽藏》“华”作“花”。

③ 四名缚刍，底本与《普宁藏》《永乐南藏》《径山藏》《高丽藏》相同；“刍”，《房山石经》《资福藏》《赵城金藏》作“蒭”，《碛砂藏》作“芻”。

④ 栖集其中，底本“栖”作“洒”，据《房山石经》《《资福藏》《碛砂藏》赵城金藏》《普宁藏》《永乐南藏》《径山藏》《高丽藏》改。

自此以后，由诸有情福业力故，有地味生。如是渐次，地饼林条[①]，不种秔稻[②]，自然出现，无糠无秠。次有秔米[③]，有秠有糠。次复处处秔稻丛生，于是有情方现摄受。次由受用味等资缘，有情之类恶色便起，光明遂灭。其多食者，恶色逾增，身极沉重。此诸有情互相轻毁，恶法现行。由此因缘，所有味等渐没于地，如经广说。复从此缘，诸有情类更相顾眄，便起爱染。次由能感男女业故，一分有情，男根生起，一分有情，女根生起，递相陵犯，起诸邪行，遂为他人之所诃呰，方造屋宅[④]，以自隐蔽。

复由摄受秔稻因故，遂于其地复起摄受。由此缘已，更相争夺，不与取法，从此而生。即由此缘立司契者，彼最初王，名大等意。如是便有刹帝利众、婆罗门众、吠舍众、戍陀罗众出现世间。渐次因缘，如经广说。

又彼依止光明既灭，世间便有大黑闇生，日月星宿渐渐而起。其日轮量，五十一踰缮那，当知月轮，其量减一。日轮以火颇胝所成，月轮以水颇胝所成。此二轮中，月轮行速，及与不定。又彼日轮恒于二洲俱时作明，复于二洲俱时作闇，谓于一日中，于一日出，于一夜半，于一日没。

又一切所有日月星宿，历苏迷卢处半而行，与持双山高下量等。又复日行，时有远近，若远苏迷卢，立为寒分；若近苏迷卢，立为热分。即由此故，没有迟速。又此月轮，于上稍欹，便见半月；由彼余分障其近分，遂令不见；如如渐侧，如是如是渐现圆满；若于黑分如如渐低，如是如是渐现

① 地饼林条，底本与《资福藏》《碛砂藏》《普宁藏》《永乐南藏》《径山藏》相同；《房山石经》《赵城金藏》《高丽藏》“条”作“藤”。

② 不种秔稻，底本与《资福藏》《碛砂藏》《普宁藏》《永乐南藏》《径山藏》相同；《房山石经》《赵城金藏》《高丽藏》“秔”作“粳”，下同。

③ 次有秔米，底本与《房山石经》《资福藏》《碛砂藏》《赵城金藏》《普宁藏》《永乐南藏》《径山藏》相同；《高丽藏》“米”作“稻”。

④ 方造屋宅，底本与《资福藏》《碛砂藏》《普宁藏》《永乐南藏》《径山藏》相同；《房山石经》《赵城金藏》《高丽藏》“屋”作“室”。

亏减[①]。由大海中有鱼龟等影现月轮，故于其内有黑相现。诸星宿中，其量大者，十八拘卢舍量；中者，十拘卢舍量；最小者，四拘卢舍量。

复次，于世间四姓生已，方乃发起顺爱不爱五趣受业。从此以后，随一有情，由感杂染增上业故，生那落迦中，作静息王。从此无间，有那落迦卒，犹如化生，及种种苦具，谓铜铁等那落迦火起，然后随业有情于此受生，及生余趣。

如是百拘胝四大洲、百拘胝苏迷卢、百拘胝六欲天、百拘胝梵世间、三千大千世界俱成俱坏。即此世界有其三种[②]：一、小千界，谓千日月乃至梵世，总摄为一；二、中千界，谓千小千；三、大千界，谓千中千。合此名为三千大千世界。如是四方上下无边无际三千世界，正坏正成。犹如天雨，注如车轴，无间无断，其水连注，堕诸方分，如是世界遍诸方分，无边无际，正坏正成。即此三千大千世界，名一佛土，如来于中现成正觉，于无边世界施作佛事。

如是安立世界成已。于中五趣可得，谓那落迦、旁生、饿鬼、人、天；及四生可得，谓卵生、胎生、湿生、化生；复有六种依持；复有十种时分，谓时、年、月、半月、日、夜、刹那、怛刹那、腊缚、自呼剌多[③]；复有七摄受事[④]；复有十种身资具；复有十种受欲者，此中如《阿笈摩》说[⑤]；复有八

---

① 如是如是渐现亏减，底本与《资福藏》《碛砂藏》《赵城金藏》《普宁藏》《永乐南藏》《径山藏》《高丽藏》相同；《房山石经》“减”作“灭”。

② 即此世界有其三种，底本与《房山石经》《资福藏》《碛砂藏》《普宁藏》《永乐南藏》《径山藏》《高丽藏》相同；《赵城金藏》无“其”字。

③ 自呼剌多，底本与《碛砂藏》《普宁藏》《永乐南藏》《径山藏》相同；《房山石经》《资福藏》《赵城金藏》《高丽藏》“自”作“目”。

④ 复有七摄受事，底本与《房山石经》《资福藏》《赵城金藏》《径山藏》《高丽藏》相同；《碛砂藏》《普宁藏》《永乐南藏》“七”作“十”。

⑤ 此中如《阿笈摩》说，底本与《资福藏》《碛砂藏》《普宁藏》《永乐南藏》《径山藏》相同；《房山石经》《赵城金藏》《高丽藏》作“此如《中阿笈摩》说”。

种随行[①]；复有八世法，谓得、不得、若誉、若毁、称、讥、苦、乐；复有三品，谓怨、亲、中；复有三种世事；复有三种语言；复有二十二种发愤；复有六十二种有情之类；又有八位；复有四种入胎；复有四种威仪；复有六种活命；复有六种守护；复有七种苦；复有七种慢；复有七种憍；复有四种言说；复有众多言说句。

云何那落迦趣[②]？谓种果所摄那落迦诸蕴[③]，及顺那落迦受业。如那落迦趣，如是旁生、饿鬼、人、天，如其所应，尽当知。

云何卵生？谓诸有情破鷇而出。彼复云何？如鹅、雁、孔雀、鹦鹉、舍利鸟等。云何胎生？谓诸有情，胎所缠裹，剖胎而出。彼复云何？如象、马、牛、驴等。云何湿生？谓诸有情，随因一种湿气而生。彼复云何？如虫、蝎、飞蛾等。云何化生？谓诸有情业增上故，具足六处而生，或复不具。彼复云何？如天、那落迦全，及人、鬼、旁生一分。

云何六种依持？一、建立依持，谓最下风轮及水轮、地轮，令诸有情不坠下故起，是名依持。二[④]、藏覆依持，谓屋宇等，为诸有情离流漏等所损故起，是名依持。彼屋宇等略有三种[⑤]，或由造作，或不由造作，或宫殿化起。三、丰稔依持，为诸有情段食故起，是名依持。四、安隐依持，为诸有情离刀仗等所害故起，是名依持。五、日月依持，为诸有情见色故起，是

---

① 此复有八种随行，底本与《资福藏》《碛砂藏》《普宁藏》《永乐南藏》《径山藏》“种”作“数”，据《房山石经》《赵城金藏》《高丽藏》改。

② 云何那落迦趣，底本与《房山石经》《资福藏》《碛砂藏》《普宁藏》《永乐南藏》《径山藏》《高丽藏》相同；《赵城金藏》无“趣”字。

③ 谓种果所摄那落迦诸蕴，底本与《房山石经》《资福藏》《碛砂藏》《普宁藏》《永乐南藏》《径山藏》《高丽藏》相同；《赵城金藏》“诸”作“趣诸”。

④ 二，底本与《房山石经》《资福藏》《赵城金藏》《径山藏》《高丽藏》相同；《碛砂藏》《普宁藏》《永乐南藏》“二”作“三”。

⑤ 彼屋宇等略有三种，底本与《资福藏》《碛砂藏》《赵城金藏》《普宁藏》《永乐南藏》《径山藏》《高丽藏》相同；《房山石经》“屋”作“室”。

名依持。六、食依持，谓四食：一段食，二触食，三意思食，四识食。为诸有情任持身故起①，是名依持。

云何七种摄受事？一、自父母事；二、妻子事；三、奴婢仆使事；四、朋友官僚兄弟眷属事；五、田宅邸肆事；六、福业事及方便作业事；七、库藏事。

云何十种身资具？一、食；二、饮；三、乘；四、衣；五、庄严具；六、歌笑舞乐；七、香鬘涂末；八、什物之具；九、照明；十、男女受行。

云何八数随行？谓诸世间数数随所行事：一、蔽覆事；二、莹饰身事；三、威仪易夺事；四、饮食事；五、睡眠事；六、交会事；七、属彼勤劬事；八、属彼言说事。

云何三种世事？一、语言谈论更相庆慰事；二、嫁娶宾主更相饮啖事；三、于起作种种事中更相营助事。

云何三种语言？谓有法语言、无法语言及余语言。有法语言者，谓宣说厌舍，离诸缠盖，趣可爱乐等，广说如经。无法语言者，谓染汙心说饮食等。余语言者，谓无记心所起言说。

云何二十二种发愤？一、伪斗；二、伪称；三、伪函；四、邪业方便；五、拒斗；六、轻调；七、违反；八、诤讼；九、骂詈；十、忿怒；十一、诃责；十二、迫胁；十三、捶打；十四、杀害；十五、系缚；十六、禁闭；十七、割截；十八、驱摈；十九、谄曲；二十、矫诳；二十一、陷逗；二十二、妄语。

云何六十二种有情之类？一、那落迦；二、旁生；三、鬼；四、天；五、人；六、刹帝利；七、婆罗门；八、吠舍；九、戍陀罗；十、女；十一、男；十二、非男非女；十三、劣；十四、中；十五、妙；十六、在家；十七、出家；十八、苦行；十九、非苦行；二十、律仪；二十一、不律仪；二十二、非律仪非不律

① 为诸有情任持身故起，底本与《资福藏》《碛砂藏》《赵城金藏》《普宁藏》《永乐南藏》《径山藏》《高丽藏》相同；《房山石经》“任”作“住”。

仪；二十三、离欲；二十四、未离欲；二十五、邪性聚定；二十六、正性聚定；二十七、不定聚定；二十八、苾刍；二十九、苾刍尼；三十、正学；三十一、勤策男；三十二、勤策女；三十三、近事男；三十四、近事女；三十五、习断者；三十六、习诵者；三十七、净施人；三十八、宿长；三十九、中年；四十、少年；四十一、轨范师；四十二、亲教师；四十三、共住弟子及近住第子；四十四、宾客；四十五、营僧事者；四十六、贪利养恭敬者；四十七、厌舍者；四十八、多闻者；四十九、大福智者；五十、法随法行者；五十一、持经者；五十二、持律者；五十三、持论者；五十四、异生；五十五、见谛；五十六、有学；五十七、无学；五十八、声闻；五十九、独觉；六十、菩萨；六十一、如来；六十二、转轮王。此转轮王复有四种，或王一洲，或二、三、四。王一洲者，有铁轮应；王二洲者，有铜轮应；王三洲者，有银轮应；王四洲者，有金轮应。

云何八位？谓处胎位、出生位、婴孩位、童子位、少年位、中年位、老年位、耄熟位。处胎位者，谓羯罗蓝等。出生位者，谓从此后，乃至耄熟。婴孩位者，谓乃至未能游行嬉戏。童子位者，谓能为彼事。少年位者，谓能受用欲尘，乃至三十。中年位者，谓从此位，乃至五十。老年位者，谓从此位，乃至七十。从此已上，名耄熟位。

云何四种入胎？一、正知而入，不正知住出；二、正知入住，不正知而出；三、俱能正知；四、俱不正知。初谓轮王，二谓独觉，三谓菩萨，四谓所余有情。

云何六种活命？一、营农；二、商贾；三、牧牛；四、事王；五、习学书算计数及印；六、习学所余工巧业处。

云何六种守护？谓象军、马军、车军、步军、藏力、友力。

云何七种苦？谓生苦、老苦、病苦、死苦、怨憎会苦[①]、爱别离苦、求

① 怨憎会，底本与《资福藏》《碛砂藏》《普宁藏》《永乐南藏》《径山藏》相同《房山石经》《赵城金藏》《高丽藏》无“会”字。

不得苦。

云何七种慢？谓慢、过慢、慢过慢、我慢、增上慢、卑慢、邪慢。

云何七种憍？谓无病憍、少年憍、长寿憍、族姓憍、色力憍、富贵憍、多闻憍。

云何四种言说？谓依见、闻、觉、知所有言说。依见言说者，谓依眼故，现见外色，由此因缘，为他宣说，是名依见言说。依闻言说者，谓从他闻，由此因缘，为他宣说，是名依闻言说。依觉言说者，谓不见不闻，但自思惟称量观察，由此因缘，为他宣说，是名依觉言说。依知言说者，谓各别于内所受所证，所触所得，由此因缘，为他宣说，是名依知言说。

云何从众言说句？谓即此亦名释词句，亦名戏论句，亦名摄义句，如是等类，众多差别。又诸字母能摄诸义，当知亦名众多言说句。彼复云何？所谓地、根、境、法、补特伽罗、自性、差别、作用、自、他、有、无、问、答、取、与、正性、邪性句。

又有听制、功德、过失、得、不得、誉[①]、毁[②]、苦、乐、称、讥、坚妙智退、沉、量、助伴、示现、教导、赞励、庆慰句。

又有七言论句，此即七例句，谓补庐沙、补庐衫、补庐崽拏、补庐沙邪、补庐沙頞、补庐杀娑、补庐铩，如是等。

又有施设[③]、教敕、标相、静息、表了、轨则、安立、积集、决定、配属、惊骇、初中后句。族姓想[④]、立宗、言说、成办、受用、寻求、守护、羞耻、怜

---

① 誉，底本与《房山石经》《资福藏》《碛砂藏》《普宁藏》《永乐南藏》《径山藏》相同；《赵城金藏》《高丽藏》作“毁”。

② 毁，底本与《房山石经》《资福藏》《碛砂藏》《普宁藏》《永乐南藏》《径山藏》相同；《赵城金藏》《高丽藏》作“誉”。

③ 又有施设，底本与《房山石经》《资福藏》《碛砂藏》《普宁藏》《永乐南藏》《径山藏》相同；《赵城金藏》《高丽藏》“又”作“复”。

④ 族姓想，底本与《资福藏》《碛砂藏》《普宁藏》《永乐南藏》《径山藏》相同；《房山石经》《赵城金藏》《高丽藏》“姓”作“性”，“想”作“等”。

愍、堪忍、怖畏、拣择句。

又有父母、妻子等一切所摄资具，应当广说，及生老等，乃至所求不得、愁叹、少年、无病、长寿、爱会、怨离、所欲随应、若不随应、往来、顾视、若屈若伸、行住坐卧、警悟①、语默、解睡、解劳句。

又有饮啖、咀味、串习、不串习、放逸、不放逸、广略、增减、寻伺、烦恼、随烦恼、戏论、离戏论、力劣、所成、能成、流转、定异、相应、势速、次第、时、方、数、和合、不和合、相似、不相似句。

又有杂糅、共有、现见、不现见、隐显句。

又有能作、所作、法律、世事、资产、真妄、利益、非利益、骨髓②、疑虑、惊怪句。又有怯弱、无畏、显了、不显了、杀害、系缚、禁闭、割截、驱摈句。

又有骂詈、忿怒、捶打、迫胁、诃责、烧烂、燥煑③、摧伏、浑浊、圣教随逐比度句。

---

① 警悟，底本与《资福藏》《碛砂藏》《普宁藏》《永乐南藏》《径山藏》《高丽藏》相同；《房山石经》《赵城金藏》“警”作“惊”。

② 骨髓，底本与《房山石经》《碛砂藏》《赵城金藏》《普宁藏》《永乐南藏》《径山藏》相同；《资福藏》《高丽藏》“髓”作“体”。

③ 燥煑，底本与《径山藏》相同；“煑”，《房山石经》《赵城金藏》《高丽藏》作“暑”，《资福藏》《碛砂藏》《普宁藏》《永乐南藏》作“温”。

瑜伽师地论卷第三

本地分中意地第二之三

复次，即前所说自性乃至业等五事，当知皆由三处所摄，谓由色聚故，心、心所品故[1]，及无为故。除余假有法。今当先说色聚诸法。

问：一切法生皆从自种而起，云何说诸大种能生所造色耶？云何造色依彼，彼所建立，彼所任持[2]，彼所长养耶？

答：由一切内外大种及所造色种子，皆悉依附内相续心，乃至诸大种子未生诸大以来[3]，造色种子终不能生造色，要由彼生，造色方从自种子生，是故说彼能生造色，由彼生为前导故。由此道理[4]，说诸大种为彼生因。云何造色依于彼耶？由造色生已，不离大种处而转故。云何彼所建立？由大种损益，彼同安危故。云何彼所任持[5]？由随大种等量不坏故。云何彼所长养？由因饮食、睡眠、修习梵行、三摩地等，依彼造色倍复增广，故说大种为彼养因。如是诸大种望所造色，有五种作用应知。

复次，于色聚中曾无极微生，若从自种生时，唯聚集生，或细或中或

① 心、心所品故，底本与《资福藏》《碛砂藏》《赵城金藏》《普宁藏》《永乐南藏》《径山藏》《高丽藏》相同；《房山石经》“所”作“法”，下同。

② 彼所任持，底本与《房山石经》《资福藏》《赵城金藏》《普宁藏》《永乐南藏》《径山藏》《高丽藏》相同；《碛砂藏》“任”作“住”。

③ 乃至诸大种子未生诸大以来，底本与《房山石经》《资福藏》《碛砂藏》《普宁藏》《永乐南藏》《径山藏》《高丽藏》相同；《赵城金藏》“来”作“未”。

④ 由此道理，底本与《房山石经》《资福藏》《碛砂藏》《赵城金藏》《普宁藏》《永乐南藏》《径山藏》相同；《高丽藏》“由”作“要由”。

⑤ 云何彼所任持，底本与《房山石经》《资福藏》《赵城金藏》《普宁藏》《永乐南藏》《径山藏》《高丽藏》相同；《碛砂藏》“任”作“住”。

大。又非极微集成色聚，但由觉慧分析诸色极量边际，分别假立以为极微。又色聚亦有方分，极微亦有方分，然色聚有分非极微。何以故？由极微即是分，此是聚色所有，非极微复有余极微，是故极微非有分。

又不相离有二种：一、同处不相离，谓大种极微与色、香、味、触等，于无根处有离根者，于有根处有有根者，是名同处不相离；二、和杂不相离，谓即此大种极微与余聚集，能造、所造色处俱故，是名和杂不相离。

又此遍满聚色，应知如种种物，石磨为末，以水和合，互不相离，非如胡麻、绿豆、粟、稗等聚。又一切所造色，皆即依止大种处，不过大种处量，乃至大种所据处所，诸所造色还即据此，由此因缘，说所造色依于大种。即以此义，说诸大种名为大种，由此大种，其性大故，为种生故。

复次，于诸色聚中，略有十四种事，谓地、水、火、风、色、声、香、味、触及眼等五根。除唯意所行色。一切色聚，有色诸根所摄者，有一切，如所说事界。如有色诸根所摄聚如是，有色诸根所依大种所摄聚亦尔。所余色聚，除有色诸根，唯有余界。又约相摄有十四事，即由相摄施设事极微。若约界摄，随于此聚，有尔所界，即说此聚尔所事摄。若约不相离摄，或内或外所有诸聚，随于此聚中，乃至有尔所法相可得，即说此聚尔所事摄应知。

所以者何？或有聚中，唯一大种可得，如石、末尼、真珠、瑠璃、珂贝、璧玉、珊瑚等中[①]，或池、沼、沟、渠、江、河等中，或火焰、灯烛等中；或四方风轮有尘、无尘风等中。或有聚中，二大种可得，如雪湿树叶、华果等中[②]，或热末尼等中。或有聚中，三大种可得，如即热树等中[③]，或动摇

---

① 如石、末尼、真珠、瑠璃、珂贝、璧玉、珊瑚等中，《房山石经》《资福藏》《碛砂藏》《赵城金藏》《普宁藏》《永乐南藏》《径山藏》《高丽藏》“瑠璃”作“琉璃”。

② 如雪湿树叶、华果等中，《房山石经》《资福藏》《碛砂藏》《赵城金藏》《普宁藏》《永乐南藏》《径山藏》《高丽藏》“华”作“花”。

③ 如即热树等中，底本与《资福藏》《碛砂藏》《赵城金藏》《普宁藏》《永乐南藏》《径山藏》《高丽藏》相同；《房山石经》无“等中”字。

中[1]。或有聚中，四大种可得，谓于内色聚中，如薄伽梵说："于各别内身，若发毛等乃至粪秽，是内地界；若小便等，是内水界；若于身中所有煖等，是内火界；若上行等风，是内风界。"如是若于此聚，彼相可得，说彼相为有；若不可得，说彼相为无。

复次，声于一切色聚中，界故说有，相即不定，由现在方便生故。风有二种，谓恒相续及不恒相续。恒相续者，谓于彼彼聚，有恒旋转风。不恒相续者，谓旋风及空行风。又闇色、明色，说名空界及孔隙，又诸闇色恒相续者，谓世界中间；不恒相续者，谓于余处。如是明色恒相续者，谓于自然光明天中。不恒相续者，谓于余处。又明闇色[2]，谓于显色增聚应知。

又由依心色聚种子功能故[3]，若遇相似缘时，或小聚无间大聚生，或大聚无间小聚生，由此因缘，施设诸聚有增有减，如经言若坚、坚摄、近摄[4]、执受，乃至广说。坚云何？谓地。坚摄云何？谓彼种子。又坚者，即彼界；坚摄者，谓发毛等，或土块等。近摄云何？谓有执受。执受云何？谓内所摄。非近摄云何？谓无执受。无执受云何？谓外所摄。又心、心所所执种子，名近摄，名执受；与此相违，名非近摄，名非执受。又随逐自身故，名近摄、执受，如前说。如是水等界，如理应知。

又于一切色聚中，一切时具有一切大种界。如世间现见干薪等物，钻即火生，击石等亦尔。又铜、铁、金、银等，极火所烧，即销为水。从月爱珠，水便流出。又得神通者，由心胜解力，变大地等成金银等。

---

① 或动摇中，底本与《资福藏》《碛砂藏》《赵城金藏》《普宁藏》《永乐南藏》《径山藏》《高丽藏》相同；《房山石经》"或"作"而有"，无"中"字。

② 又明闇色，底本与《资福藏》《碛砂藏》《普宁藏》《永乐南藏》《径山藏》《高丽藏》相同；《房山石经》《赵城金藏》"色"作"之色"。

③ 又由依心色聚种子功能故，底本与《房山石经》《资福藏》《碛砂藏》《赵城金藏》《普宁藏》《永乐南藏》《径山藏》相同；《高丽藏》"心"作"止"。

④ 近摄，底本与《房山石经》《资福藏》《碛砂藏》《赵城金藏》《普宁藏》《永乐南藏》《径山藏》相同；《高丽藏》句后有"非近摄"三字。

又色聚有三种流转：一者，长养；二者，等流；三者，异熟生。长养有二种：一处遍满长养，二相增盛长养。等流有四种：一、长养等流；二、异熟等流；三、变异等流；四、自性等流。异熟生有二种：一、异熟体生，名异熟生；二、从异熟生，名异熟生。

又诸色聚，略说依六处转，谓建立处、覆藏处、资具处、根所依处、根处、三摩地所行处。

复次，于心、心所品中，有心可得，及五十三心所可得，谓作意等乃至寻、伺为后边，如前说。

问：如是诸心法几依一切处心生①，一切地、一切时、一切耶②？

答：五，谓作意等，思为后边。

几依一切处心生，一切地、非一切时、非一切耶③？

答：亦五，谓欲等，慧为后边。

几唯依善，非一切处心生，然一切地、非一切时、非一切耶④？

答：谓信等，不害为后边。

几唯依染汙，非一切处心生，非一切地、非一切时、非一切耶⑤？

答：谓贪等，不正知为后边。

---

① 如是诸心法几依一切处心生，底本与《房山石经》《资福藏》《碛砂藏》《普宁藏》《永乐南藏》《径山藏》相同；《赵城金藏》《高丽藏》“法”作“所”。

② 一切耶，底本与《资福藏》《碛砂藏》《普宁藏》《永乐南藏》《径山藏》《高丽藏》相同；《房山石经》《赵城金藏》“耶”作“俱”。

③ 非一切耶，底本与《资福藏》《碛砂藏》《普宁藏》《永乐南藏》《径山藏》《高丽藏》相同；《房山石经》《赵城金藏》“耶”作“俱”。

④ 非一切耶，底本与《资福藏》《碛砂藏》《赵城金藏》《普宁藏》《永乐南藏》《径山藏》《高丽藏》相同；《房山石经》“耶”作“俱”。

⑤ 非一切耶，底本与《资福藏》《碛砂藏》《赵城金藏》《普宁藏》《永乐南藏》《径山藏》《高丽藏》相同；《房山石经》“耶”作“俱”。

几依一切处心生，非一切地、非一切时、非一切耶[1]？

答：谓恶作等，伺为后边。

复次，根不坏，境界现前，能生作意正起，尔时从彼识乃得生。

云何根不坏？谓有二种因：一、不灭坏故；二、不羸劣故。

云何境界现前？谓或由所依处故，或由自性故，或由方故，或由时故，或由显了不显了故，或由全分及一分故。若四种障所不障碍，亦非极远，谓覆蔽障、隐没障、映夺障、幻惑障。极远有二种，谓处所极远、损灭极远。

云何能生作意正起？由四因故：一、由欲力；二、由念力；三、由境界力；四、由数习力。云何由欲力？谓若于是处，心有爱著，心则于彼多作意生。云何由念力？谓若于彼已善取其相，已极作想，心则于彼多作意生。云何由境界力？谓若彼境界或极广大，或极可意，正现在前，心则于彼多作意生。云何由数习力？若于彼境界，已极串习，已极谙悉，心即于彼多作意生。若异此者，应于一所缘境，唯一作意，一切时生。

又非五识身有二刹那相随俱生，亦无展转无间更互而生。又一刹那五识身生已，从此无间，必意识生；从此无间，或时散乱，或耳识生，或五识身中随一识生，若不散乱，必定意识中第二决定心生。由此寻求、决定二意识故，分别境界。

又由二种因故，或染汙或善法生，谓分别故，及先所引故。意识中所有，由二种因：在五识者，唯由先所引故。所以者何？由染汙及善意识力所引故，从此无间，于眼等识中，染汙及善法生，不由分别，彼无分别故。由此道理，说眼等识随意识转。

---

① 非一切耶，底本与《资福藏》《碛砂藏》《赵城金藏》《普宁藏》《永乐南藏》《径山藏》《高丽藏》相同；《房山石经》"耶"作"俱"。

如经言起一心[1]，若众多心[2]。云何安立此一心耶？谓世俗言说一心刹那，非生起刹那。云何世俗言说一心刹那？谓一处为依止，于一境界事，有尔所了别生，总尔所时，名一心刹那。又相似相续，亦说名一、与第二念极相似故。

又意识任运散乱，缘不串习境时，无欲等生，尔时意识名率尔堕心，唯缘过去境；五识无间所生意识，或寻求，或决定，唯应说缘现在境。若此，即缘彼境生。

又识能了别事之总相。即此所未了别所了境相能了别者，说名作意，即此可意、不可意、俱相违相，由触了别。即此摄受、损害[3]、俱相违相，由受了别；即此言说因相，由想了别；即此邪正俱相违行因相，由思了别。是故说彼作意等，思为后边，名心所有法遍一切处、一切地、一切时、一切生。

作意云何？谓心回转。触云何？谓三和合。受云何？谓领纳。想云何？谓了像。思云何？谓心造作。欲云何？谓于可乐事，随彼彼行，欲有所作性。胜解云何？谓于决定事，随彼彼行，即可随顺性[4]。念云何？谓于串习事，随彼彼行，明了记忆性。三摩地云何？谓于所观察事，随彼彼行，审虑所依心一境性。慧云何？谓即于所观察事，随彼彼行，简择诸法性，或由如理所引，或由不如理所引，或由非如理非不如理所引。

又作意作何业？谓引心为业。触作何业？谓受、想、思所依为业。受作

---

① 如经言起一心，底本与《房山石经》《赵城金藏》《径山藏》《高丽藏》相同；《资福藏》《碛砂藏》《普宁藏》《永乐南藏》“言”作“有”。

② 若众多心，底本与《房山石经》《资福藏》《赵城金藏》《径山藏》《高丽藏》相同；《碛砂藏》《普宁藏》《永乐南藏》“若”作“苦”。

③ 损害，底本与《资福藏》《碛砂藏》《普宁藏》《永乐南藏》《径山藏》《高丽藏》相同；《房山石经》《赵城金藏》“害”作“益”。

④ 即可随顺性，底本与《径山藏》相同；《房山石经》《资福藏》《碛砂藏》《赵城金藏》《普宁藏》《永乐南藏》《高丽藏》“即”作“印”。

何业？谓爱生所持为业[①]。想作何业？谓于所缘，令心发起种种言说为业。思作何业？谓发起寻伺身语业等为业。欲作何业？谓发动为业。胜解作何业？谓于所缘，任持功德、过失为业[②]。念作何业？谓于久所思、所作、所说忆念为业[③]。三摩地作何业？谓智所依为业。慧作何业？谓于戏论所行染汙、清净，随顺推求为业[④]。

云何建立三世？谓诸种子不离法故，如法建立。又由与果未与果故，若诸果法，若已灭相，是过去；有因未生相，是未来；已生未灭相，是现在。

云何建立生、老、住、无常？谓于一切处识相续中，一切种子相续俱行建立。由有缘力故，先未相续生法，今最初生，是名生有为相。即此变异性，名老有为相。此复二种：一、异性变异性；二、变性变异性。由有相似生故，立异性变异性。由有不相似生故，立变性变异性。即已生时，唯生刹那随转故，名住有为相。生刹那后，刹那不住故，名无常有为相。如是即约诸法分位差别，建立四相。

又有四缘：一、因缘；二、等无间缘；三、所缘缘；四、增上缘。因缘者，谓种子。等无间缘者，谓若此识无间，诸识决定生，此是彼等无间缘。所缘缘者，谓诸心、心所所缘境界。增上缘者，谓除种子余所依，如眼及助伴法望眼识，所余识亦尔。又善不善性能取爱非爱果，如是等类，名增

---

① 谓爱生所持为业，底本与《永乐南藏》《径山藏》相同；《房山石经》“爱生所持”作“生爱”；“持”，《资福藏》《碛砂藏》《赵城金藏》《普宁藏》作“待”，《高丽藏》作“依”。

② 任持功德、过失为业，底本与《房山石经》《赵城金藏》《普宁藏》《永乐南藏》《径山藏》《高丽藏》相同；《资福藏》《碛砂藏》“任”作“住”。

③ 谓于久所思、所作、所说忆念为业，底本与《资福藏》《碛砂藏》《赵城金藏》《普宁藏》《永乐南藏》《径山藏》相同；“久”，《房山石经》作“久来远”，《高丽藏》作“久远”。

④ 随顺推求为业，底本与《资福藏》《碛砂藏》《普宁藏》《永乐南藏》《径山藏》相同；《房山石经》《赵城金藏》《高丽藏》“推”作“椎”。

上缘。又由种子故[1]，建立因缘。由自性故，立等无间缘。由所缘境故，立所缘缘。由所依及助伴等故，立增上缘。如经言诸因诸缘能生识者，彼即此四，因缘一者[2]，亦因亦缘，余唯是缘。

又如经言善、不善、无记者，彼差别云何？谓诸善法：或立一种[3]，由无罪义故。或立二种，谓生得善及方便善[4]。或立三种，谓自性善、相应善、等起善。或立四种，谓顺福分善、顺解脱分善、顺决择分善及无漏善。或立五种，谓施性善、戒性善、修性善、爱果善、离系果善。或立六种，谓善色、受、思[5]、行、识及择灭。或立七种，谓念住所摄善、正胜所摄善[6]、神足所摄善、根所摄善、力所摄善、觉支所摄善、道支所摄善。或立八种，谓起迎合掌、问讯礼敬业所摄善、赞彼妙说称扬实德所摄善、供承病者所摄善[7]、敬事师长所摄善、随喜所摄善[8]、劝请所摄善、回向所摄善、修无量所摄善。或立九种，谓方便、无碍[9]、解脱、胜进道所摄善，及软、中、

---

① 供承病者所摄善，底本与《资福藏》《碛砂藏》《赵城金藏》《普宁藏》《永乐南藏》《径山藏》《高丽藏》相同；《房山石经》“供承”作“供奉”。

② 因缘一者，底本与《资福藏》《碛砂藏》《普宁藏》《永乐南藏》《径山藏》相同；《房山石经》《赵城金藏》《高丽藏》“者”作“种”。

③ 或立一种，底本与《房山石经》《资福藏》《赵城金藏》《径山藏》《高丽藏》相同；《碛砂藏》《普宁藏》《永乐南藏》“一”作“二”。

④ 谓生得善及方便善，底本与《房山石经》《资福藏》《碛砂藏》《赵城金藏》《普宁藏》《永乐南藏》《径山藏》相同；《高丽藏》“便善”作“便喜”。

⑤ 思，底本与《碛砂藏》《普宁藏》《永乐南藏》《径山藏》相同；《房山石经》《资福藏》《赵城金藏》《高丽藏》作“想”。

⑥ 正胜所摄善，底本与《房山石经》《资福藏》《碛砂藏》《赵城金藏》《普宁藏》《永乐南藏》《径山藏》相同；《高丽藏》“胜”作“勤”。

⑦ 因缘一者，底本与《资福藏》《碛砂藏》《普宁藏》《永乐南藏》《径山藏》相同；《房山石经》《赵城金藏》《高丽藏》“者”作“种”。

⑧ 随喜所摄善，底本与《房山石经》《资福藏》《碛砂藏》《赵城金藏》《普宁藏》《永乐南藏》《径山藏》相同；《高丽藏》“喜”作“善”。

⑨ 无碍，底本与《房山石经》《资福藏》《碛砂藏》《赵城金藏》《普宁藏》《永乐南藏》《径山藏》相同；《高丽藏》作“无间”。

上、世、出世道所摄善。或立十种，谓有依善、无依善、闻所生善、思所生善、律仪所摄善、非律仪非不律仪所摄善、根本眷属所摄善、声闻乘所摄善、独觉乘所摄善、大乘所摄善。又立十种，谓欲界系善，初、二、三、四静虑系善，空无边处、识无边处、无所有处、非想非非想处系善，无漏所摄善。又有十种，谓十善业道。又有十种，谓无学正见，乃至正解脱、正智。又有十种，谓能感八福生及转轮王善，及趣不动善。如是等类，诸善差别。略说善有二种义，谓取爱果义，善了知事及彼果义。

不善法者，谓与善法相违，及能为障碍，由能取不爱果故，及不正了知事故。

无记法者，略有四种，谓异熟生及一分威仪路、工巧处及变化。若诸工巧，但为戏乐，不为活命，非习业想，非为简择，此工巧处业是染汙，余是无记。如工巧处，威仪路亦尔。变化有二种，谓善及无记。复次，眼有一种，谓能见色。或立二种，谓长养眼、异熟生眼。或立三种，谓肉眼、天眼、慧眼。或立四种，谓有瞙眼、无瞙眼、恒相续眼、不恒相续眼。恒相续者，谓色界眼。或立五种，谓五趣所摄眼。或立六种，谓自相续眼、他相续眼、端严眼、丑陋眼、有垢眼、无垢眼。或立七种，谓有识眼、无识眼、疆眼、弱眼、善识所依眼、不善识所依眼、无记识所依眼。或立八种，谓依处眼、变化眼、善业异熟生眼、不善业异熟生眼、食所长养眼、睡眠长养眼、梵行长养眼、定所长养眼。或立九种，谓已得眼、未得眼、曾得眼、未曾得眼、得已失眼、应断眼、不应断眼、已断眼、非已断眼。或立十种者，无。或立十一种，谓过去眼、未来眼、现在眼、内眼、外眼、麤眼、细眼、劣眼、妙眼、远眼、近眼。如眼如是，耳等亦尔。是中差别者，谓增三、增四。三种耳者，谓肉所缠耳、天耳、审谛耳。四种耳者，谓恒相续耳、不恒相续耳、高听耳、非高听耳。三种鼻、舌者，谓光净、不光净及被损[1]。四种鼻舌者，谓恒相续、不恒相续、有识、无识。三种身者，谓滓秽处、非滓秽处及一切遍诸根所随逐故。四种身者，谓恒相续、不恒相续、有自然光、无自然光。

或立一种意，谓由识法义故。或立二种，谓堕施设意、不堕施设意。初谓了别名言者意，后谓婴儿意，又初谓世间意，后谓出世间意。或立三种，谓心、意、识。或立四种，谓善、不善、有覆无记、无覆无记。或立五种，谓五位差别：一、因位；二、果位；三、乐位；四、苦位；五、不苦不乐位。或立六种，谓六识身。或立七种，谓依七识住。或立八种，谓增语触相应、有对触相应、依躭嗜、依出离、有爱味、无爱味、世间、出世间。或立九种，谓依九有情居。或立十种者，无。或立十一种，如前说。或立十二种，即十二心，谓欲界善心、不善心、有覆无记心、无覆无记心；色界有三心，除不善。无色界亦尔，出世间心有二种，谓学及无学。

或立一种色，谓由眼所行义故。或立二种，谓内色、外色。或立三种，谓显色、形色、表色。或立四种，谓有依光明色、无依光明色、正不正光明色、积集住色。或立五种，谓由五趣差别故。或立六种，谓建立所摄色、覆藏所摄色、境界所摄色、有情数色、非有情数色、有见有对色。或立七种，谓由七种摄受事差别故。或立八种，谓依八世杂说：一、地分杂色；二、山杂色；三、园林池沼等杂色；四、宫室杂色；五、业处杂色；六、彩画杂色；七、锻业杂色；八、资具杂色。或立九种，谓若过去、若未来、若现在、若麤若细、若劣若妙、若远若近。或立十种，谓十种资具。

或立一种声，谓由耳所行义故。或立二种，谓了义声、不了义声。或立三种，谓因受大种声、因不受大种声、因俱大种声。或立四种，谓善、不善、有覆无记、无覆无记。或立五种，谓由五趣差别故。或立六种；一、受

① 不光净及被损，底本与《资福藏》《碛砂藏》《赵城金藏》《普宁藏》《永乐南藏》《径山藏》《高丽藏》相同；《房山石经》“损”作“损害”。

持读诵声；二、请问声；三、说法声；四、论议决择声；五、展转言教若犯若出声；六、喧杂声。或立七种，谓男声、女声、下声、中声、上声、鸟兽等声、风林丛声。或立八种，谓四圣言声、四非圣言声。四非圣言者；一、不见言见，见言不见，非圣言；二、不闻言闻，闻言不闻，非圣言；三、不觉言觉、觉言不觉、非圣言；四、不知言知，知言不知，非圣言。四圣言者；一、见言见，不见言不见，圣言；二、闻言闻，不闻言不闻，圣言；三、觉言觉，不觉言不觉，圣言；四、知言知，不知言不知，圣言。又有八种，谓四善语业道、四不善语业道。或立九种，谓过去、未来、现在，乃至若远若近。或立十种，谓五乐所摄声。此复云何？一、舞俱行声；二、歌俱行声、三、弦管俱行声；四、女俱行声；五、男俱行声；六、螺俱行声；七、腰等鼓俱行声；八、冈等鼓俱行声[①]；九、都昙等鼓俱行声；十、俳叫声。

或立一种香，谓由鼻所行义故。或立二种，谓内及外。或立三种，谓可意、不可意及处中香。或立四种，谓四大香；一、沉香；二、窣堵鲁迦香；三、龙脑香；四、麝香。或立五种，谓根香、茎香、叶香、华香[②]、果香。或立六种，谓食香、饮香、衣香、庄严具香、乘香、宫室香。或立七种，谓皮香、叶香、素泣谜罗香、栴檀香、三辛香、熏香、末香。或立八种，谓俱生香、非俱生香、恒续香、非恒续香、杂香纯香、猛香、非猛香。或立九种，谓过去、未来、现在等，如前说。或立十种，谓女香、男香、一指香、二指香、唾香、洟香、脂髓脓血香、肉香、杂糅香、淤泥香。

或立一种味，谓由舌所行义故。或立二种，谓内及外。或立三种，谓可意等，如前说。或立四种，谓大麦味、秔稻味、小麦味、余下谷味。或立五

① 冈等鼓俱行声，底本与《资福藏》《碛砂藏》《普宁藏》《永乐南藏》《径山藏》《高丽藏》相同；“冈”，《房山石经》作“罡”，《赵城金藏》作“罡”。

② 华香，底本与《资福藏》《碛砂藏》《普宁藏》《永乐南藏》《径山藏》相同；《房山石经》《赵城金藏》《高丽藏》“华”作“花”。

种，谓酒饮味、非酒饮味、蔬菜味、林果味、所食味。或立六种，谓甘、苦等。或立七种，谓酥味、油味、蜜味、甘蔗变味、乳酪味、盐味、肉味。或立八种，如香说。或立九种，亦如香说。或立十种，谓可嚼味、可啖味、可尝味、可饮味、可吮味、可暴干味、充足味、休愈味、荡涤味、常习味。后五，谓诸药味。

或立一种触，谓由身所行义故。或立二种，如香说。或立三种，谓可意等。或立四种，谓摩触、搦触、打触、揉触。或立五种，谓五趣差别。又有五种，谓蚊虻、蚤虱、蛇蝎等触[①]。或立六种，谓苦、乐、不苦不乐、俱生、所治、摄能、治摄。或立七种，谓坚鞕触、流湿触、煖触动触、跳堕触、摩按触、身变异触。谓湿滑等。或立八种，谓手触触、块触触、杖触触、刀触触、冷触触、煖触触、饥触触、渴触触。或立九种，如香说。或立十种，谓食触、饮触、乘触、衣触、庄严具触、床座触、机隥台炕及方坐触[②]、女触、男触、彼二相事受用触。

略说法界，若假若实，有八十七法。彼复云何？谓心所有法有五十三，始从作意。乃至寻、伺为后边。法处所摄色有二种，谓律仪不律仪所摄色、三摩地所行色。不相应行有二十四种，谓得、无想定、灭尽定、无想异熟、命根、众同分、异生性、生老住无常、名身、句身、文身、流转、定异相应、势速、次第、时、方、数、和合、不和合；无为有八事，谓虚空、非择灭、择灭、善、不善、无记、法真如、不动，想受灭。如是无为，广八略六，若六若八，平等平等。

复次，法界或立一种，谓由意所行义。或立二种，谓假所摄法、非假所

---

① 谓蚊虻、蚤虱、蛇蝎等触，底本与《资福藏》《碛砂藏》《普宁藏》《永乐南藏》《径山藏》《高丽藏》相同；《房山石经》《赵城金藏》“蚤虱”作“风日”。

② 机隥台炕及方坐触，底本与《径山藏》相同；“机隥台炕”，《房山石经》《赵城金藏》《高丽藏》作“机橙台枕”，《资福藏》作“机蹬台抗”，《碛砂藏》《永乐南藏》作“抗蹬台抗”，《普宁藏》作“机蹬台枕”。

摄法。或立三种，谓有色、无色及有为无为。或立四种，谓有色假所摄法、无色心所有所摄法、无色不相应假所摄法、无色无为假非假所摄法。或立五种，谓色、心所有法[①]、心不相应行、善、无记无为。或立六种，谓受、想、相应行、不相应行、色、无为。或立七种，谓受、想、思、染汙、不染汙、色、无为。或立八种，谓善、不善、无记、受、想、行、色、无为。或立九种，谓由过去、未来等差别。或立十种，谓由十种义：一、随逐生义；二、领所缘义；三、取所缘相义；四、于所缘造作义；五、即彼诸法分位差别义；六、无障碍义；七、常离系义；八、常非离系义；九、常无颠倒义。十、苦乐离系义、非受离系义及受离系义。

如是若内、若外六处所摄法，差别分别有六百六十。

复次，屡观众色，观而复舍，故名为眼。数数于此，声至能闻，故名为耳。数由此故，能嗅诸香，故名为鼻。能除饥羸，数发言论，表彰呼召，故名为舌。诸根所随，周遍积聚，故名为身。愚夫长夜莹饰藏护，执为己有，计为我所、我及我所[②]，又诸世间依此假立种种名想，谓之有情、人与命者、生者、意生及儒童等，故名为意。

数可示现，在甚方所，质量可增，故名为色。数宣数谢，随增异论，故名为声。离质潜形，屡随风转，故名为香。可以舌尝，屡招疾苦，故名为味。数可为身所证得[③]，故名为触。遍能任持，唯意境性，故名为法。如是等类，诸法差别应知。

---

① 心所有法，底本与《房山石经》《资福藏》《碛砂藏》《赵城金藏》《普宁藏》《永乐南藏》《径山藏》相同；《高丽藏》无“有”字。

② 我及我所，底本与《资福藏》《碛砂藏》《赵城金藏》《普宁藏》《永乐南藏》《径山藏》《高丽藏》相同；《房山石经》“我所”作“我我”。

③ 数可为身所证得，底本与《资福藏》《碛砂藏》《赵城金藏》《普宁藏》《永乐南藏》《径山藏》相同；《房山石经》《高丽藏》“身”作“身之”。

此中，重说嗢柁南曰[1]：

自性及所依，所缘助伴业，

由此五种门，诸心差别转。

此中，显由五法、六识身差别转，谓自性故、所依故、所缘故、助伴故、业故。

又复应知蕴善巧摄、界善巧摄、处善巧摄、缘起善巧摄、处非处善巧摄、根善巧摄。

又复应知诸佛语言，九事所摄。云何九事？一、有情事；二、受用事；三、生起事；四、安住事；五、染净事；六、差别事，七说者事；八、所说事；九、众会事。有情事者，谓五取蕴。受用事者，谓十二处。生起事者，谓十二分缘起及缘生[2]。安住事者，谓四食。染净事者，谓四圣谛。差别事者，谓无量界。说者事者，谓佛及彼弟子。所说事者，谓四念住等菩提分法。众会事者，所谓八众：一、刹帝利众；二、婆罗门众；三、长者众；四、沙门众；五、四大天王众；六、三十三天众；七、夜摩天众[3]；八、梵天众。

又嗢柁南曰：

色聚相应品，世相及与缘，

善等差别门，巧便事为后。

① 重说嗢柁南曰，底本与《资福藏》《碛砂藏》《普宁藏》《永乐南藏》《径山藏》相同；《房山石经》《赵城金藏》《高丽藏》“柁”作“拕”，下同。

② 谓十二分缘起及缘生，底本与《房山石经》《资福藏》《碛砂藏》《普宁藏》《永乐南藏》《径山藏》相同；《赵城金藏》《高丽藏》“分”作“分事”。

③ 夜摩天众，底本与《资福藏》《碛砂藏》《普宁藏》《永乐南藏》《径山藏》相同；《房山石经》《赵城金藏》《高丽藏》“夜”作“焰”。

瑜伽师地论卷第四

本地分中有寻有伺等三地之一第三、第四、第五[①]

已说意地。云何有寻有伺地？云何无寻唯伺地？云何无寻无伺地？总嗢柁南曰[②]：

界相如理不如理，杂染等起最为后。

如是三地略以五门施设建立：一、界施设建立；二、相施设建立；三、如理作意施设建立；四、不如理作意施设建立；五、杂染等起施设建立。

云何界施设建立？别嗢柁南曰：

数处量寿受用生，自体因缘果分别。

当知界建立由八相[③]：一、数建立；二、处建立；三、有情量建立；四、有情寿建立；五、有情受用建立；六、生建立；七、自体建立；八、因缘果建立。

云何数建立？略有三界，谓欲界、色界、无色界。如是三种，名堕摄界。非堕摄界者，谓方便并萨迦耶灭，及无戏论无漏界。此中欲界及色界初静虑，除静虑中间若定若生，名有寻有伺地。即静虑中间若定若生，名无寻唯伺地。随一有情，由修此故，得为大梵。从第二静虑，余有色界及无

① 第三、第四、第五，底本与《径山藏》相同；《房山石经》《资福藏》《碛砂藏》《赵城金藏》《普宁藏》《永乐南藏》《高丽藏》无此夹注。

② 总嗢柁南曰，底本与《资福藏》《碛砂藏》《普宁藏》《永乐南藏》《径山藏》相同；《房山石经》《赵城金藏》《高丽藏》“柁”作“拕”，下同。

③ 当知界建立由八相，底本与《资福藏》《碛砂藏》《普宁藏》《永乐南藏》《径山藏》相同；《房山石经》《赵城金藏》《高丽藏》“八”作“八种”。

色界全，名无寻无伺地。此中，由离寻伺欲道理故，说名无寻无伺地，不由不现行故。所以者何？末离欲界欲者，由教导作意差别故，于一时间，亦有无寻无伺意现行；已离寻伺欲者，亦有寻伺现行，如出彼定及生彼者。若无漏界，有为定所摄初静虑，亦名有寻有伺地。依寻伺处法，缘真如为境，入此定故，不由分别现行故。余如前说。

处所建立者，于欲界中有三十六处。

谓八大那落迦。何等为八？一、等活；二、黑绳；三、众合；四、号叫；五、大号叫；六、烧热；七、极烧热；八、无间。此诸大那落迦处，广十千踰缮那。此外复有八寒那落迦处。何等为八？一、炮那落迦[①]；二、炮裂那落迦；三、[口+歇]哳詀那落迦；四、郝郝凡那落迦；五、虎虎凡那落迦；六、青莲那落迦；七、红莲那落迦；八、大红莲那落迦。从此下三万二千踰缮那，至等活那落迦，从此复隔四千踰缮那，有余那落迦，如是等活大那落迦处[②]，初寒那落迦处亦尔，从此复隔二千踰缮那，有余那落迦应知。

又有饿鬼处所，又有非天处所。旁生即与人天同处，故不别建立，复有四大洲，如前说。复有八中洲。又欲界天有六处：一、四大王众天；二、三十三天；三、时分天；四、知足天；五、乐化天；六、他化自在天。复有摩罗天宫，即他化自在天摄，然处所高胜。复有独一那落迦、近边那落迦，即大那落迦及寒那落迦，以近边故，不别立处，又于人中，亦有一分独一那落迦可得，如尊者取绿豆子说："我见诸有情，烧然、极烧然、遍极烧然，总一烧然聚。"如是等三十六处，总名欲界。

复次，色界有十八处，谓梵众天、梵前益天、大梵天，此三由软、中、

① 炮那落迦，底本与《资福藏》《碛砂藏》《普宁藏》《永乐南藏》《径山藏》相同；《房山石经》《赵城金藏》《高丽藏》"炮"作"皰"，下同。

② 如是等活大那落迦处，底本与《资福藏》《碛砂藏》《普宁藏》《永乐南藏》《径山藏》相同；《房山石经》《赵城金藏》《高丽藏》无"是"字。

上品熏修初静虑故[1]；少光天、无量光天、极净光天，此三由软、中、上品熏修第二静虑故；少净天、无量净天、遍净天，此三由软、中、上品熏修第三静虑故；无云天、福生天、广果天，此三由软、中、上品熏修第四静虑故；无想天即广果摄，无别处所；复有诸圣住止不共五净宫地，谓无烦、无热、善现、善见及色究竟，由软、中、上、上胜、上极品杂熏修第四静虑故；复有超过净宫大自在住处，有十地菩萨由极熏修第十地故，得生其中。

复次，无色界有四处所，或无处所。

有情量建立者，谓赡部洲人身量不定，或时高大，或时卑小，然随自肘三肘半量。东毗提诃身量决定，亦随自肘三肘半量，身又高大。如东毗提诃，如是西瞿陀尼、北拘卢洲身量亦尔[2]，转复高大。

四大王众天身量如拘卢舍四分之一，三十三天身量复增一足，帝释身量半拘卢舍，时分天身量亦半拘卢舍。此上一切，如欲界天身量，当知渐渐各增一足。梵众天身量半踰缮那，梵前益天身量一踰缮那，大梵天身量一踰缮那半，少光天身量二踰缮那。此上一切余天身量各渐倍增，除无云天，应知彼天减三踰缮那。

又大那落迦身量不定，若作及增长极重恶不善业者，彼感身形其量广大，余则不尔。如大那落迦，如是寒那落迦、独一那落迦、近边那落迦、旁生、饿鬼亦尔。诸非天身量大小，如三十三天。

当知无色界无有色故，无有身量。

寿建立者，谓赡部洲人寿量不定，彼人以三十日夜为一月，十二月为一岁，或于一时寿无量岁，或于一时寿八万岁，或于一时寿量渐减，乃至

① 此三由软、中、上品熏修初静虑故，底本与《资福藏》《碛砂藏》《赵城金藏》《普宁藏》《永乐南藏》《径山藏》《高丽藏》相同；《房山石经》无“由”字。

② 如是西瞿陀尼、北拘卢洲身量亦尔，底本与《资福藏》《碛砂藏》《普宁藏》《永乐南藏》《径山藏》相同；《房山石经》《赵城金藏》《高丽藏》“陀”作“陁”，下同。

十岁。东毗提诃人寿量决定二百五十岁，西瞿陀尼人寿量决定五百岁，北拘卢洲人寿量决定千岁。又人间五十岁，是四大王众天一日一夜。以此日夜，三十日夜为一月，十二月为一岁，彼诸天众寿量五百岁。人间百岁，是三十三天一日一夜，以此日夜，如前说，彼诸天众寿量千岁。如是所余，乃至他化自在天，日夜及寿量各增前一倍。

又四大王众天满足寿量，是等活大那落迦一日一夜，即以此三十日夜为一月，十二月为一岁，彼大那落迦寿五百岁。以四大王众天寿量成等活大那落迦寿量，如是以三十三天寿量成黑绳大那落迦寿量，以时分天寿量成众合大那落迦寿量，以知足天寿量成号叫大那落迦寿量，以乐化天寿量成大号叫大那落迦寿量，以他化自在天寿量成烧热大那落迦寿量，应知亦尔。极烧然大那落迦有情寿半中劫[1]，无间大那落迦有情寿一中劫。非天寿量，如三十三天。旁生、饿鬼寿量不定[2]。又寒那落迦于大那落迦次第相望，寿量近半应知。又近边那落迦、独一那落迦受生有情，寿量不定。

梵众天寿二十中劫一劫，梵前益天寿四十中劫一劫，大梵天寿六十中劫一劫，少光天寿八十中劫二劫。自此以上余色界天寿量相望，各渐倍增，唯除无云，当知彼天寿减三劫。空无边处寿二万劫，识无边处寿四万劫，无所有处寿六万劫，非想非非想处寿八万劫。

除北拘卢洲，余一切处悉有中夭[3]。又人、鬼、旁生趣，有余滓身；天及那落迦与识俱没，无余滓身。

---

① 极烧然大那落迦有情寿半中劫，底本与《资福藏》《碛砂藏》《普宁藏》《永乐南藏》《径山藏》相同；《房山石经》《赵城金藏》《高丽藏》“然”作“热”。

② 旁生、饿鬼寿量不定，底本与《资福藏》《碛砂藏》《普宁藏》《永乐南藏》《径山藏》相同；《房山石经》《赵城金藏》《高丽藏》“旁生”作“傍生”，下同。

③ 余一切处悉有中夭，底本与《资福藏》《碛砂藏》《赵城金藏》《普宁藏》《永乐南藏》《径山藏》《高丽藏》相同；《房山石经》“悉”作“容”。

受用建立者，略有三种，谓受用苦乐，受用饮食，受用婬欲。受用苦乐者，谓那落迦有情多分受用极治罚苦，旁生有情多分受用相食啖苦，饿鬼有情多分受用极饥渴苦，人趣有情多分受用匮乏追求种种之苦，天趣有情多分受用衰恼坠没之苦。

又于等活大那落迦中，多受如是极治罚苦，谓彼有情多共聚集业增上生种种苦具，次第而起，更相残害，闷绝躃地。次虚空中有大声发，唱如是言："此诸有情，可还等活，可还等活！"次彼有情欻然复起，复由如前所说苦具，更相残害，由此因缘，长时受苦，乃至先世所造一切恶不善业未尽未出，故此那落迦名为等活。

又于黑绳大那落迦中，多受如是治罚重苦，谓彼有情多分为彼所摄狱卒以黑绳拼之[①]，或为四方，或为八方，或为种种图画文像。彼既拼已[②]，随其处所，若凿若斫[③]，若斫若剜，由如是等种种因缘，长时受苦，乃至先世所造一切恶不善业未尽未出，故此那落迦名为黑绳。

又于众合大那落迦中，多受如是治罚重苦，谓彼有情或时展转聚集和合，尔时便有彼摄狱卒驱逼，令入两铁羺头大山之间。彼既入已，两山迫之，既被迫已，一切门中，血便流注。如两铁羺头，如是两铁羝头、两铁马头、两铁象头、两铁师子头、两铁虎头亦尔。复令和合，置大铁槽中，便即压之，如压甘蔗，既被压已，血便流注。复和合已，有大铁山从上而堕，令彼有情躃在铁地，若斫若刺，或捣或裂，既被斫刺及捣裂已，血便流注，由此因缘，长时受苦，乃至先世所作一切恶不善业未尽未出，故此那落迦

---

① 谓彼有情多分为彼所摄狱卒以黑绳拼之，底本与《径山藏》《高丽藏》相同；《房山石经》《资福藏》《碛砂藏》《赵城金藏》《普宁藏》《永乐南藏》"拼"作"栟"。

② 彼既拼已，底本与《径山藏》《高丽藏》相同；《房山石经》《资福藏》《碛砂藏》《赵城金藏》《普宁藏》《永乐南藏》"拼"作"栟"。

③ 若凿若斫，底本与《碛砂藏》《普宁藏》《永乐南藏》《径山藏》相同；"斫"，《房山石经》《赵城金藏》作"斲"，《资福藏》《高丽藏》作"斵"，下同。

名为众合。

又于号叫大那落迦中，多受如是治罚重苦，谓彼有情寻求舍宅，便入大铁室中，彼才入已，即便火起，由此烧然、若极烧然、遍极烧然。既被烧已，苦痛逼切，发声号叫。由此因缘，长时受苦，乃至先世所造一切恶不善业未尽未出，故此那落迦名为号叫。

又于大号叫大那落迦中，所受苦恼，与此差别，谓彼室宅其如胎藏，故此那落迦名大号叫。

又于烧热大那落迦中，多受如是治罚重苦，谓彼所摄狱卒，以诸有情置无量踰缮那热、极热、遍极烧然大铁鏊上[①]，左右转之，表里烧煿，又如炙鱼，以大铁弗从下贯之，彻顶而出，反覆炙之，令彼有情诸根毛孔及以口中悉皆焰起。复以有情置热、极热、遍极烧然大铁地上，或仰或覆，以热、极热、遍极烧然大铁椎棒，或打或筑，遍打遍筑，令如肉抟。由此因缘，长时受苦，乃至先世所造一切恶不善业未尽未出，故此那落迦名为烧热。

又于极烧热大那落迦中，所受苦恼与此差别，谓以三支大热铁弗从下贯之，彻其两髆及顶而出，由此因缘，眼、耳、鼻、口及诸毛孔猛焰流出[②]。又以热、极热、遍极烧然大铜铁鍱遍裹其身，又复倒掷，置热、极热、遍极烧然弥满灰水大铁镬中而煎煮之，其汤涌沸，令此有情随汤飘转，或出或没，念其血肉及以皮脉悉皆销烂[③]，唯骨锁在。寻复漉之，置铁地上，令其皮肉及以血脉复生如故，还置镬中。余如烧热大那落迦说[④]。

---

① 置无量踰缮那热、极热、遍极烧然大铁鏊上，底本与《资福藏》《碛砂藏》《普宁藏》《永乐南藏》《径山藏》相同；《房山石经》《赵城金藏》《高丽藏》“鏊”作“鏉”。

② 眼、耳、鼻、口及诸毛孔猛焰流出，底本与《资福藏》《碛砂藏》《赵城金藏》《普宁藏》《永乐南藏》《径山藏》《高丽藏》相同；《房山石经》“口”作“舌”。

③ 念其血肉及以皮脉悉皆销烂，底本与《碛砂藏》《普宁藏》《永乐南藏》《径山藏》相同；《房山石经》《资福藏》《赵城金藏》《高丽藏》“念”作“令”。

④ 余如烧热大那落迦说，底本与《房山石经》《资福藏》《碛砂藏》《普宁藏》《永乐南藏》《径山藏》《高丽藏》相同；《赵城金藏》“烧热大”作“大烧热”。

由此因缘，长时受苦，乃至先世所造一切恶不善业未尽未出，故此那落迦名极烧热。

又于无间大那落迦中，彼诸有情恒受如是极治罚苦，谓从东方多百踰缮那烧热、极烧热、遍极烧然大铁地上，有猛炽火腾焰而来，刺彼有情，穿皮入肉，断筋破骨，复彻其髓，烧如脂烛，如是举身皆成猛焰。如从东方，南、西、北方亦复如是。由此因缘，彼诸有情与猛焰和杂，唯见火聚从四方来，火焰和杂无有间隙，所受苦痛亦无间隙，唯闻苦逼号叫之声，知有众生。又以铁箕盛满烧然、极烧然、遍极烧然猛焰铁炭，而簸揃之，复置热铁地上，令登大热铁山，上而复下，下而复上，从其口中拔出其舌，以百铁钉钉而张之，令无皱襵[①]，如张牛皮。复更仰卧热铁地上，以热烧铁钳钳口令开[②]，以烧然、极烧然、遍极烧然大热铁丸置其口中，即烧其口及以咽喉，彻于腑脏，从下而出。又以洋铜而灌其口，烧喉及口，彻于腑脏，从下流出。所余苦恼，如极热说。由此因缘，长时受苦，乃至先世所造一切恶不善业未尽未出，故此那落迦名为无间，多是造作无间之业来生是中。此但略说，麤显苦具，非于如是大那落迦中所余种种众多苦具而不可得。

又于近边诸那落迦中，有情之类受用如是治罚重苦，谓彼一切诸大那落迦皆有四方四岸四门，铁墙围绕，从其四方四门出已，其一一门外有四出园，谓煻煨齐膝，彼诸有情出求舍宅，游行至此，下足之时，皮肉及血并即消烂，举足还生。

次此煻煨无间，即有死尸粪泥，此诸有情为求舍宅，从彼出已，渐渐游行，陷入其中，首足俱没。又尸粪泥内多有诸虫，名娘矩吒，穿皮入肉，

① 令无皱襵，底本与《碛砂藏》《永乐南藏》相同；《房山石经》《资福藏》《赵城金藏》《普宁藏》《径山藏》《高丽藏》“襵”作“福”。

② 以热烧铁钳钳口令开，底本与《资福藏》《碛砂藏》《赵城金藏》《普宁藏》《永乐南藏》《径山藏》《高丽藏》相同；《房山石经》“钳钳”作“钻钻”。

断筋破骨，取髓而食。

次尸粪泥无间，有利刀剑仰刃为路，彼诸有情为求舍宅，从彼出已，游行至此，下足之时，皮肉筋血悉皆消烂，举足之时，还复如故。

次刀剑刃路无间，有刃叶林，彼诸有情为求舍宅，从彼出已，往趣彼阴，才坐其下，微风遂起，刃叶堕落，斫截其身一切支节，便即躃地，有黑鳖狗摣掣脊胆而𪘲食之[①]。

从此刃叶林无间，有铁设拉末梨林，彼诸有情为求舍宅，便来趣之，遂登其上。当登之时，一切刺锋悉回向下，欲下之时，一切刺锋复回向上，由此因缘，贯刺其身，遍诸支节。尔时便有铁觜大乌，上彼头上，或上其髆[②]，啗啄眼睛而𪘲食之[③]。

从铁设拉末梨林无间，有广大河，沸热灰水弥满其中，彼诸有情寻求舍宅，从彼出已，来堕此中，犹如以豆置之大镬，然猛炽火而煎煮之，随汤腾涌，周旋回复。于河两岸，有诸狱卒手执杖索及以大网，行列而住，遮彼有情，不令得出，或以索羂，或以网漉。复置广大热铁地上，仰彼有情而问之言："汝等今者欲何所须？"如是答言："我等今者竟无觉知，然为种种饥苦所逼。"时，彼狱卒即以铁钳钳口令开[④]，便以极热烧然铁丸置其口中。余如前说。若彼答言："我今唯为渴苦所逼。"尔时，狱卒便即洋铜以灌其口。由是因缘，长时受苦，乃至先世所造一切能感那落迦恶不善

① 有黑鳖狗摣掣脊胆而𪘲食之，底本与《径山藏》《高丽藏》相同；《房山石经》《赵城金藏》《高丽藏》"鳖"作"鼈"；《资福藏》《碛砂藏》《赵城金藏》《普宁藏》《永乐南藏》"樝"作"楂"。

② 或上其髆，底本与《资福藏》《碛砂藏》《普宁藏》《永乐南藏》《高丽藏》相同；《房山石经》《赵城金藏》《径山藏》"髆"作"髀"。

③ 啗啄眼睛而𪘲食之，底本与《资福藏》《碛砂藏》《普宁藏》《永乐南藏》相同；《房山石经》《赵城金藏》《径山藏》《高丽藏》"啗"作"探"。

④ 彼狱卒即以铁钳钳口令开，底本与《资福藏》《碛砂藏》《赵城金藏》《普宁藏》《永乐南藏》《径山藏》《高丽藏》相同；《房山石经》"钳钳"作"钻钻"。

业未尽未出。

此中若刀剑刃路，若刃叶林，若铁设拉末梨林，总之为一，故有四园。

又于寒那落迦受生有情，多受如是极重寒苦，谓皰那落迦中受生有情，即为彼地极重广大寒触所触，一切身分悉皆卷缩，犹如疮皰，故此那落迦名皰那落迦。皰裂那落迦与此差别，犹如皰溃，脓血流出，其疮卷皱，故此那落迦名为疱裂。又嚈哳詀、郝郝凡、虎虎凡，此三那落迦，由彼有情苦音差别，以立其名。青莲那落迦中，由彼地极重广大寒触所触[①]，一切身分悉皆青瘀，皮肤破裂，或五或六，故此那落迦名曰青莲。红莲那落迦与此差别，过此青已，色变红赤，皮肤分裂，或十或多，故此那落迦名曰红莲。大红莲那落迦与此差别，谓彼身分极大红赤，皮肤分裂，或百或多，故此那落迦名大红莲。又独一那落迦中，受生有情各于自身自业所感，多受如是种种大苦，如《吉祥问采绿豆子经》中广说，故此那落迦名为独一。

又旁生趣，更相残害，如羸弱者为诸强力之所杀害，由此因缘，受种种苦。以不自在，他所驱驰，多被鞭挞，与彼人天为资生具，由此因缘，具受种种极重苦恼。

又饿鬼趣，略有三种：一者，由外障碍饮食；二者，由内障碍饮食；三者，饮食无有障碍。

云何由外障碍饮食？谓彼有情由习上品悭故，生鬼趣中，常与饥渴相应，皮肉血脉皆悉枯槁，犹如火炭[②]，头发髼乱[③]，其面黯黑，唇口干焦，

---

① 由彼地极重广大寒触所触，底本与《房山石经》《资福藏》《碛砂藏》《普宁藏》《永乐南藏》《径山藏》《高丽藏》相同；《赵城金藏》“地”作“地狱”。

② 犹如火炭，底本与《资福藏》《碛砂藏》《赵城金藏》《普宁藏》《永乐南藏》《径山藏》《高丽藏》相同；《房山石经》“火”作“灾”。

③ 头发髼乱，底本与《资福藏》《碛砂藏》《普宁藏》《永乐南藏》《径山藏》相同；《房山石经》《赵城金藏》《高丽藏》“髼”作“蓬”。

常以其舌舐略口面，饥渴慞惶，处处驰走，所到泉池，为余有情，手执刀杖及以羂索，行列守护，令不得趣；或强趣之，便见其泉变成脓血，自不欲饮。如是等鬼，是名由外障碍饮食。

云何由内障碍饮食？谓彼有情口或如针，口或如炬，或复颈瘿，其腹宽大，由此因缘，纵得饮食，无他障碍，自然不能若噉若饮。如是等鬼，是名由内障碍饮食。

云何饮食无有障碍？谓有饿鬼，名猛焰鬘，随所饮噉，皆被烧然，由此因缘，饥渴大苦未尝暫息。复有饿鬼名食粪秽，或有一分食粪饮溺，或有一分唯能饮噉，极可厌恶生熟臭秽，纵得香美而不能食，或有一分自割身肉而噉食之，纵得余食，竟不能噉。如是等鬼，是名饮食无有障碍。

又人趣中，受生有情，多受如是匮乏之苦，所谓俱生饥渴匮乏苦，所欲不果匮乏苦，麤疏饮食匮乏苦，逼切、追求、摄受等匮乏苦，时节变异若寒若热匮乏苦，无有舍宅覆障所作淋漏匮乏苦，黑闇等障所作事业皆悉休废匮乏苦，又受变坏老病死苦，由那落迦中谓死为乐，故于彼趣不立为苦。

又天趣中，无解支节苦，而有死堕苦。如经中说："有诸天子将欲没时，五相先现：一、衣无垢染，有垢染现；二、鬘旧不萎，今乃萎顇；三、两腋汗流；四、身便臭秽；五、天及天子不乐本座。时彼天子偃卧林间，所有婇女与余天子共为游戏，彼既见已，由此因缘，生大忧苦。"复受陵懱悚慄之苦。所以者何？由有广大福聚成就，及广大五欲天子生时，所余薄福诸旧天子见已惶怖，由此因缘，受大忧苦，及受斫截破坏驱擯残害之苦[①]。所以者何？由天与非天共战诤时，天与非天互相违拒，即执四仗，所谓金、

① 及受斫截破坏驱擯残害之苦，底本与《资福藏》《碛砂藏》《普宁藏》《永乐南藏》《径山藏》《高丽藏》相同；《房山石经》《赵城金藏》"及"作"又"。

银、颇胝、瑠璃[1]，共相战斗。尔时，诸天及与非天或断支节，或破其身，或复致死。若伤身断节，续还如故；若断其首，即便殒殁[2]。天与非天互有他胜，然天多胜，力势强故。然其彼二，若为他胜，即退入自宫，己之同类竟不慰问，由此因缘，便怀忧感。若天得胜，便入非天宫中，为悦其女，起此违诤；若非天得胜，即入天宫，为求四种酥陀味故，共相战诤。又诸非天当知天趣所摄，然由意志多怀诈幻，谄诳多故，不如诸天为净法器。由此因缘，有时经中说为别趣，实是天类，由不受行诸天法故，说为非天。复有强力天子，才一发愤，诸劣天子便被驱擯，出其自宫。是故诸天受三种苦，谓死堕苦、陵懱苦、斫截破坏残害驱擯苦。

又色、无色界有情，无有如是等苦，由彼有情非苦受器故，然由麤重苦故，说彼有苦，有烦恼故，有障故，于死及住不自在故。

又无漏界中，一切麤重诸苦永断，是故唯此是胜义乐，当知所余一切是苦。又于四种那落迦中，无有乐受。如那落迦中，三种饿鬼中亦尔。诸大力鬼、旁生、人中，有外门所生资具乐可得，然为众苦之所相杂。

又人趣中，转轮王乐最胜微妙。由彼轮王出现世时，有成就七宝自然出现，故说彼王具足七宝[3]。何等为七？所谓轮宝、象宝、马宝、末尼珠宝、女宝、主藏臣宝、主兵臣宝。尔时，轮宝等现，其相云何？七宝现相，如经广说。若彼轮王王四洲者，一切小王望风顺化，各自白言："其城邑聚落，天之所有，唯愿大王垂恩教敕！我等皆当为天仆隶。"尔时，轮王便即敕令："汝等诸王，各于自境以理奖化，当以如法，勿以非法。又复汝等于国

① 所谓金、银、颇胝、瑠璃，《房山石经》《资福藏》《碛砂藏》《赵城金藏》《普宁藏》《永乐南藏》《径山藏》《高丽藏》"瑠璃"作"琉璃"，下同。

② 即便殒殁，《房山石经》《资福藏》《碛砂藏》《赵城金藏》《普宁藏》《永乐南藏》《径山藏》《高丽藏》"殁"作"没"，下同。

③ 故说彼王具足七宝，底本与《房山石经》《资福藏》《赵城金藏》《普宁藏》《径山藏》《高丽藏》相同；《碛砂藏》《永乐南藏》"王"作"主"。

于家勿行非法行，勿行不平等行。”若彼轮王王三洲者，先遣使往，然后从化。若彼轮王王二洲者，兴师现威，后乃从化。若彼轮王王一洲者，便自往彼，奋戈挥刃，然后从化。

复次，诸天次其广大天之富乐[①]，形色殊妙，多诸适悦，于自宫中而得久住，其身内外皆悉清洁，无有臭秽。又人身内多有不净，所谓尘垢、筋骨、脾肾、心肝，彼皆无有[②]。又彼诸天有四种宫殿，所谓金、银、颇胝、瑠璃所成，种种文彩绮饰庄严，种种台阁、种种楼观、种种层级，种种窗牖、种种罗网皆可爱乐。种种末尼以为绮钿，周帀放光，共相照曜。

复有食树，从其树里出四食味，名曰酥陀[③]，所谓青、黄、赤、白。复有饮树，从此流出甘美之饮。复有乘树，从此出生种种妙乘，所谓车辂、辇舆等。复有衣树，从此出生种种妙衣，其衣细软，妙色尠洁，杂彩间饰。复有庄严具树，从此出生种种微妙庄严之具，所谓末尼、臂印、耳珰、环钏，及以手足绮饰之具，如是等类诸庄严具，皆以种种妙末尼宝而间饰之。复有熏香鬘树，从此出生种种涂香、种种熏香、种种华鬘[④]。复有大集会树，最胜微妙，其根深固五十踰缮那，其身高挺百踰缮那，枝条及叶遍覆八十踰缮那，杂华开发，其香顺风熏百踰缮那，逆风熏五十踰缮那。于此树下，三十三天雨四月中[⑤]，以天妙五欲共相娱乐。复有歌笑舞乐树，从此出生

① 诸天次其广大天之富乐，底本与《径山藏》相同；《房山石经》《资福藏》《碛砂藏》《赵城金藏》《普宁藏》《永乐南藏》《高丽藏》“次”作“受”。

② 彼皆无有，底本与《房山石经》《资福藏》《碛砂藏》《普宁藏》《永乐南藏》《径山藏》《高丽藏》相同；《赵城金藏》“皆”作“即皆”。

③ 名曰酥陀，底本与《资福藏》《碛砂藏》《普宁藏》《永乐南藏》《径山藏》相同；《房山石经》《赵城金藏》《高丽藏》“酥”作“蘇”。

④ 从此出生种种涂香、种种熏香、种种华鬘，底本与《资福藏》《碛砂藏》《普宁藏》《永乐南藏》《径山藏》相同；《房山石经》《赵城金藏》《高丽藏》“华”作“花”，下同。

⑤ 三十三天雨四月中，底本与《资福藏》《碛砂藏》《普宁藏》《永乐南藏》《径山藏》《高丽藏》相同；《房山石经》《赵城金藏》“雨”作“两”。

歌笑舞等种种乐器。又有资具之树，从此出生种种资具，所谓食饮之具、坐卧之具，如是等类种种资具。

又彼诸天欲受用时，随欲随业，应其所须，来现手中。又诸非天，随其所应，受用种种宫殿富乐应知。又北拘卢洲有如是相树，名曰如意，彼诸人众所欲资具，从树而取，不由思惟，随其所须，自然在手[①]。复有秔稻[②]，不种而获，无有我所。又彼有情，竟无系属，决定胜进。

又天帝释有普胜殿，于诸殿中最为殊胜，仍于其处，有百楼观，一一楼观有百台阁，一一台阁有七房室，一一房室有七天女，一一天女有七侍女。又彼诸天所有地界，平正如掌，竟无高下，履触之时，便生安乐，下足之时，陷便至膝，举足之时，随足还起。于一切时自然而有曼陀罗华遍布其上，时有微风吹去萎华，复引新者。又彼天宫，四面各有大衢，其形殊妙，轨式可观，清净端严，度量齐整。复于四面有四大门，规模宏壮，色相希奇，观之无厌，实为殊绝，多有异类妙色药叉常所守护。复于四面有四园苑：一名缋车，二名麤涩，三名和杂，四名喜林。其四园外有四胜地，色相殊妙，形状可观，端严无比。其宫东北隅有天会处，名曰善法，诸天入中，思惟称量观察妙义。近此园侧有如意石，其色黄白，形质殊妙，其相可观，严丽无比。又彼天身，自然光曜，阇相若现，乃知昼去，夜分方来，便于天妙五欲游戏之中懒惰睡眠，异类之鸟不复和鸣。由此等相，以表昼夜。又彼诸天，众妙五欲甚可爱乐，唯发喜乐。彼诸天众恒为放逸之所持行，常闻种种歌舞音乐鼓噪之声、调戏言笑、谈谑等声，常见种种可意之色，常嗅种种微妙之香，恒尝种种美好之味，恒触种种天诸婇女最胜之

① 自然在手，底本与《房山石经》《资福藏》《赵城金藏》《径山藏》《高丽藏》相同；《碛砂藏》《普宁藏》《永乐南藏》“在”作“是”。

② 复有秔稻，底本与《资福藏》《碛砂藏》《普宁藏》《永乐南藏》《径山藏》相同；《房山石经》《赵城金藏》《高丽藏》“秔”作“粳”。

触，恒为是乐牵引其意，以度其时。又彼诸天，多受如是众妙欲乐，常无疾病，亦无衰老，无饮食等匮乏所作俱生之苦，无如前说于人趣中有余匮乏之苦。

瑜伽师地论卷第五

本地分中有寻有伺等三地之二

复次，于色界中，初静虑地受生诸天[①]，即受彼地离生喜乐[②]；第二静虑地，诸天受定生喜乐；第三静虑地，诸天受离喜妙乐；第四静虑地，诸天受舍念清净寂静无动之乐。无色界诸天，受极寂静解脱之乐。

又由六种殊胜故，苦乐殊胜应知：一、形量殊胜；二、柔软殊胜；三、缘殊胜；四、时殊胜；五、心殊胜；六、所依殊胜。何以故？如如身量渐增广大，如是如是苦转殊胜；如如依止渐更柔软，如是如是苦转殊胜；如如苦缘渐更猛盛，众多差别，如是如是苦转殊胜；如如时分渐远无间，如是如是苦转殊胜；如如内心无简择力渐渐增广，如是如是苦转殊胜；如如所依苦器渐增，如是如是苦转殊胜。如苦殊胜，如是乐殊胜义，随其所应，广说应知。

又乐有二种：一、非圣财所生乐；二、圣财所生乐。非圣财所生乐者，谓四种资具为缘得生：一、适悦资具；二、滋长资具；三、清净资具；四、住持资具。适悦资具者，谓车乘、衣服、诸庄严具、歌笑舞乐、塗香华鬘[③]、种种上妙珍玩乐具、光明照曜、男女侍卫、种种库藏。滋长资具者，谓无寻思

① 初静虑地受生诸天，底本与《资福藏》《碛砂藏》《赵城金藏》《普宁藏》《永乐南藏》《径山藏》《高丽藏》相同；《房山石经》无“受生”字。

② 即受彼地离生喜乐，底本与《资福藏》《碛砂藏》《赵城金藏》《普宁藏》《永乐南藏》《径山藏》《高丽藏》相同；《房山石经》“即受彼地”作“受”。

③ 塗香华鬘，底本与《资福藏》《碛砂藏》《普宁藏》《永乐南藏》《径山藏》相同；《房山石经》《赵城金藏》《高丽藏》“华”作“花”，下同。

轮石搥打、筑蹹、按摩等事[①]。清净资具者，谓吉祥草、频螺果、螺贝满瓮等事。住持资具者，谓饮及食。圣财所生乐者，谓七圣财为缘得生。何等为七？一、信；二、戒；三、惭；四、愧；五、闻；六、舍；七、慧。

复次，由十五种相，圣、非圣财所生乐差别。何等十五？谓非圣财所生乐，能起恶行；圣财所生乐，能起妙行。又非圣财所生乐，有罪喜乐相应；圣财所生乐无罪，喜乐相应。又非圣财所生乐，微小不遍所依；圣财所生乐，广大遍满所依。又非圣财所生乐，非一切时有，以依外缘故；圣财所生乐一切时有，以依内缘故。又非圣财所生乐，非一切地有，唯欲界故；圣财所生乐一切地有，遍通三界系及不系故[②]。

又非圣财所生乐，不能引发后世圣、非圣财；圣财所生乐，能引发后世圣、非圣财。又非圣财所生乐，若受用时，有尽有边；圣财所生乐，若受用时，转更充盛，增长广大。又非圣财所生乐，为他劫夺，若王若贼怨及水火；圣财所生乐，无能侵夺。又非圣财所生乐，不可从今世持往后世；圣财所生乐，可从今世持往后世。又非圣财所生乐，受用之时，不可充足；圣财所生乐，受用之时，究竟充满。

又非圣财所生乐，有怖畏，有怨对，有灾横，有烧恼，不能断后世大苦。有怖畏者，谓惧当生苦所依处故。有怨对者，谓斗讼违诤所依处故。有灾横者，谓老病死所依处故。有烧恼者，谓由此乐性不真实，如疥癞病，虚妄颠倒所依处故。愁叹忧苦种种热恼所依处故。不能断后世大苦者，谓贪瞋等，本随二惑所依处故。圣财所生乐，无怖畏，无怨对，无灾横，无烧恼，能断后世大苦。随其所应，与上相违，广说应知。

① 谓无寻思轮石、搥打、筑蹹、按摩等事，底本与《资福藏》《碛砂藏》《普宁藏》《永乐南藏》《径山藏》相同；《房山石经》《赵城金藏》《高丽藏》“搥打”作“椎打”，“筑蹹”作“筑蹋”。

② 遍通三界系及不系故，底本与《房山石经》《资福藏》《碛砂藏》《普宁藏》《永乐南藏》《径山藏》相同；《赵城金藏》《高丽藏》无“遍”字。

又外有欲者受用欲尘，圣慧命者受用正法，由五种相，故有差别。由此因缘，说圣慧命者以无上慧命清净自活。何等为五？一、受用正法者不染汙故；二、受用正法者极毕竟故；三、受用正法者一向定故；四、受用正法者与余慧命者不共故；五、受用正法者有真实乐故，摧伏魔怨故。

此中，诸受欲者所有欲乐，是随顺喜处，贪爱所随故；是随顺忧处，瞋恚所随故；是随顺舍处，无拣择舍之所随故。圣慧命者受用正法则不如是。又诸有欲者受用欲尘，从不可知本际以来，以无常故，舍余欲尘，得余欲尘，或于一时，都无所得。圣慧命者受用正法则不如是。又受欲者受用欲时，即于此事，一起喜爱，一起忧恚，复即于彼，或时生喜，或时生忧。圣慧命者受用正法则不如是。

又诸离欲外慧命者，于种种见趣，自分别所起邪胜解处，其心猛利，种种取著，恒为欲染之所随逐，虽已离欲，复还退起。圣慧命者受用正法则不如是。又受欲者及诸世别离欲者，所有欲乐及离欲乐，皆非真实，皆为魔怨之所随逐，如幻如响，如影如焰，如梦所见，犹如幻作诸庄严具。又著乐愚夫诸受欲者及诸世间已离欲者，凡所受用犹如颠狂，如醉乱等，未制魔军，而有受用，是故彼乐为非真实，亦不能制所有魔事。圣慧命者受用正法则不如是。

复次，三界有情所依之身，当云何观？谓如毒热痈，麤重所随故。即于此身乐受生时，当云何观？谓如毒热痈，蹔遇冷触。即于此身苦受生时，当云何观？谓如毒热痈，为热灰所触。即于此身不苦不乐受生时，当云何观？谓如毒热痈，离冷热等触，自性毒热而本住故。

薄伽梵说："当知乐受，坏苦故苦；苦受，苦苦故苦；不苦不乐受，行苦故苦。"复说[①]："有有爱味喜，有离爱味喜，有胜离爱味喜。"如是等

① 复说，底本与《资福藏》《碛砂藏》《普宁藏》《永乐南藏》《径山藏》相同；《房山石经》《赵城金藏》《高丽藏》"复"作"又"。

类，如经广说，应知堕二界摄[①]。又薄伽梵建立想受灭乐为乐中第一，此依住乐，非谓受乐。又说有三种乐，谓离贪、离瞋、离痴等欲[②]。此三种乐，唯无漏界中可得，是故此乐名为常乐，无漏界摄。

复次，饮食受用者，谓三界将生、已生有情寿命安住。此中当知，触、意思、识三种食故，一切三界有情寿命安住；段食一种，唯令欲界有情寿命安住。复于那落迦受生有情[③]，有微细段食，谓腑脏中有微动风，由此因缘彼得久住。饿鬼、旁生、人中有麤段食[④]，谓作分段而噉食之。复有微细食，谓住羯罗蓝等位有情及欲界诸天，由彼食已，所有段食流入一切身分支节，寻即消化无有便秽。

复次，婬欲受用者，诸那洛迦所有有情皆无婬事。所以者何？由彼有情长时无间多受种种极猛利苦，由此因缘，彼诸有情。若男于女，不起女欲；若女于男，不起男欲。何况展转二二交会？若鬼、旁生、人中所有依身苦乐相杂，故有婬欲，男女展转二二交会，不净流出。欲界诸天虽行婬欲，无此不净，然于根门有风气出，烦恼便息。四大王众天二二交会，热恼方息。如四大王众天，三十三天亦尔。时分天唯互相抱，热恼便息。知足天唯相执手，热恼便息。乐化天相顾而笑，热恼便息。他化自在天眼相顾视，热恼便息。

又三洲人摄受妻妾，施设嫁娶，北拘卢洲无我所故，无摄受故，一切

---

① 应知堕二界摄，底本与《房山石经》《资福藏》《碛砂藏》《普宁藏》《永乐南藏》《径山藏》《高丽藏》相同；《赵城金藏》“二”作“三”。

② 谓离贪、离瞋、离痴等欲，底本与《房山石经》《资福藏》《碛砂藏》《普宁藏》《永乐南藏》《径山藏》相同；《赵城金藏》“离贪、离瞋、离痴等”作“贪离、欲瞋离、欲痴离”；《高丽藏》无“等欲”二字。

③ 复于那落迦受生有情，底本与《资福藏》《碛砂藏》《普宁藏》《永乐南藏》《径山藏》相同；《房山石经》《赵城金藏》《高丽藏》“复”作“又”。

④ 饿鬼、旁生、人中有麤段食，底本与《资福藏》《碛砂藏》《普宁藏》《永乐南藏》《径山藏》相同；《房山石经》《赵城金藏》《高丽藏》“旁生”作“傍生”。

有情无摄受妻妾，亦无嫁娶。如三洲人，如是大力鬼及欲界诸天亦尔。唯除乐化天及他化自在天。又一切欲界天众，无有处女胎藏，然四大王众天于父母肩上或于怀中，如五岁小儿欻然化出，三十三天如六岁，时分天如七岁，知足天如八岁，乐化天如九岁，他化自在天如十岁。

复次，生建立者，谓三种三种欲生[①]。或有众生现住欲尘，由此现住欲尘故，富贵自在。彼复云何？谓一切人及四大王众天，乃至知足天[②]，是名第一欲生。或有众生变化欲尘，由此变化欲尘故，富贵自在。彼复云何？谓乐化天，由彼诸天为自己故，化为欲尘，非为他故，唯自变化诸欲尘故，富贵自在，是名第二欲生。或有众生他化欲尘，由他所化诸欲尘故，富贵自在。彼复云何？谓他化自在天，由彼诸天为自因缘亦能变化，为他因缘亦能变化，故于自化非为希奇，用他所化欲尘为富贵自在，故说此天为他化自在。非彼诸天唯受用他所化欲尘，亦有受用自所化欲尘者，是名第三欲生。

复有三种乐生：或有众生用离生喜乐灌洒其身，谓初静虑地诸天，是名第一乐生；或有众生由定生喜乐灌洒其身[③]，谓第二静虑地诸天，是名第二乐生；或有众生以离喜乐灌洒其身，谓第三静虑地诸天，是名第三乐生。

问：何故建立三种欲生、三种乐生耶？

答：由三种求故：一、欲求；二、有求；三、梵行求。谓若诸沙门或婆罗门堕欲求者，一切皆为三种欲生，更无增过。若诸沙门或婆罗门堕有求

① 谓三种三种欲生，底本与《资福藏》《碛砂藏》《普宁藏》《永乐南藏》《径山藏》相同；《房山石经》《赵城金藏》《高丽藏》“三种三种”作“三种”。

② 乃至知足天，底本与《房山石经》《资福藏》《碛砂藏》《普宁藏》《永乐南藏》《径山藏》相同；《赵城金藏》《高丽藏》“知”作“善知”。

③ 或有众生由定生喜乐灌洒其身，底本与《资福藏》《碛砂藏》《普宁藏》《永乐南藏》《径山藏》相同；《房山石经》《赵城金藏》《高丽藏》“由”作“用”。

者，多分求乐，由贪乐故，一切皆为三种乐生，由诸世间为不苦不乐寂静生处起追求者，极为尠少[①]，故此以上不立为生。若诸沙门或婆罗门堕梵行求者，一切皆为求无漏界。或复有一堕邪梵行求者，为求不动、空无边处、识无边处、无所有处、非想非非想处，起邪分别，谓为解脱，当知此是有上梵行求。无上梵行求者，谓求无漏界。

复次，自体建立者，谓于三界中所有众生，有四种得自体差别。或有所得自体，由自所害，不由他害。谓有欲界天，名游戏忘念，彼诸天众或时躭著种种戏乐，久相续住；由久住故，忘失忆念；由失念故，从彼处没。或复有天，名曰意愤。彼诸天众，有时展转㨪眼相视[②]；由相视故，意愤转增；意愤增故，从彼处没。或有所得自体，由他所害不由自害，谓处羯罗蓝、遏部昙、闭尸、键南位，及在母腹中所有众生。或有所得自体，亦由自害，亦由他害，谓即彼众生处已生位，诸根圆满，诸根成熟[③]。或有所得自体，亦非自害，亦非他害，谓色无色界诸天、一切那洛迦、似那洛迦鬼、如来使者、住最后身[④]、慈定、灭定、若无诤定、若处中有，如是等类。

复次[⑤]，云何因缘果建立？谓略说有四种：一、由相故；二、由依处故；三、由差别故；四、由建立故。因等相者，谓若由此为先，此为建立，此和合故，彼法生，或得或成，或办或用，说此为彼因。

---

① 极为尠少，底本与《房山石经》《资福藏》《碛砂藏》《普宁藏》《永乐南藏》《径山藏》相同；《赵城金藏》《高丽藏》“尠”作“尟”。

② 有时展转㨪眼相视，底本与《资福藏》《碛砂藏》《普宁藏》《永乐南藏》《径山藏》相同；《房山石经》《赵城金藏》《高丽藏》“㨪”作“角”。

③ 诸根成熟，底本与《房山石经》《资福藏》《碛砂藏》《赵城金藏》《普宁藏》《永乐南藏》《径山藏》相同；《高丽藏》“熟”作“就”。

④ 住最后身，底本与《资福藏》《碛砂藏》《赵城金藏》《普宁藏》《永乐南藏》《径山藏》《高丽藏》相同；《房山石经》无“最”字。

⑤ 复次，底本与《房山石经》《资福藏》《碛砂藏》《普宁藏》《永乐南藏》《径山藏》相同；《赵城金藏》《高丽藏》无。

问：以谁为先？谁为建立？谁和合故，何法生耶？

答：自种子为先，除种子依所余，若有色若无色依及业为建立①、助伴、所缘为和合故。随其所应，欲系、色系、无色系及不系诸法生。

问：以谁为先？谁为建立？谁和合故，得何法耶？

答：声闻、独觉、如来种性为先，内分力为建立，外分力为和合故，烦恼离系证得涅槃②。内分力者，谓如理作意、少欲知足等内分善法，及得人身，生在圣处，诸根无缺，无事业障，于其善处，深生净信，如是等法，名内分力。外分力者，谓诸佛兴世，宣说妙法，教法犹存，住正法者随顺而转，具悲信者以为施主，如是等法，名外分力。

问：以谁为先？谁为建立？谁和合故，何法成耶？

答：所知胜解爱乐为先，宗、因、譬喻为建立，不相违众，善抗论者为和合故③，所立义成。

问：以谁为先？谁为建立？谁和合故，何法办耶？

答：工巧智为先，随彼勤劬为建立，工巧业处众具为和合故，工巧业处办。复爱为先④，由食住者依止为建立，四食为和合故，受生有情安住充办。

问：以谁为先？谁为建立？谁和合故⑤，何法用耶？

---

① 若有色若无色依及业为建立，底本与《房山石经》《资福藏》《碛砂藏》《普宁藏》《永乐南藏》《径山藏》《高丽藏》相同；《赵城金藏》无“依”字。

② 烦恼离系证得涅槃，底本与《资福藏》《碛砂藏》《普宁藏》《永乐南藏》《径山藏》相同；《房山石经》作“烦恼离系涅槃”；《赵城金藏》《高丽藏》作“证得烦恼离系涅槃”。

③ 善抗论者为和合故，底本与《资福藏》《碛砂藏》《普宁藏》《永乐南藏》《径山藏》相同；《房山石经》《赵城金藏》《高丽藏》“抗”作“敌”。

④ 复爱为先，底本与《资福藏》《碛砂藏》《普宁藏》《永乐南藏》《径山藏》相同；《房山石经》《赵城金藏》《高丽藏》“复”作“又”。

⑤ 谁和合故，底本与《房山石经》《资福藏》《碛砂藏》《普宁藏》《永乐南藏》《径山藏》《高丽藏》相同；《赵城金藏》“和”作“为和”。

答：即自种子为先，如此生为建立[①]，即此生缘为和合故，自业诸法作用可知。何等名为自业作用？谓眼以见为业，如是余根各自业用应知。又地能持，水能烂，火烧能，风能燥，如是等类，当知外分自业差别。

因等依处者，谓十五种：一、语；二、领受；三、习气；四、有润种子；五、无间灭；六、境界；七、根；八、作用；九、士用；十、真实见；十一、随顺；十二、差别功能；十三、和合；十、四障碍，十五无障碍。

因等差别者，谓十因、四缘、五果。十因者：一、随说因；二、观待因；三、牵引因；四、生起因；五、摄受因；六、引发因；七、定异因；八、同事因；九、相违因；十、不相违因。四缘者：一、因缘；二、等无间缘；三、所缘缘；四、增上缘。五果者；一、异熟果；二、等流果；三、离系果；四、士用果；五、增上果。

因等建立者，谓依语因依处，施设随说因。所以者何？由于欲界系法、色无色界系法及不系法，施设名为先故，想转；想为先故，语转；由语故，随见闻觉知，起诸言说，是故依语依处，施设随说因。

依领受因依处，施设观待因。所以者何？由诸有情，诸有欲求欲系乐者，彼观待此，于诸欲具，或为求得，或为积集，或为受用。诸有欲求色无色系乐者，彼观待此，于彼诸缘，或为求得，或为受用。诸有欲求不系乐者，彼观待此，于彼诸缘，或为求得，或为受用。诸有不欲苦者，彼观待此，于彼生缘，于彼断缘，或为远离，或为求得，或为受用。是故依领受依处，施设观待因。

依习气因依处，施设牵引因。所以者何？由净不净业熏习三界诸行，

① 如此生为建立，底本与《碛砂藏》《普宁藏》《永乐南藏》《径山藏》相同；《房山石经》《资福藏》《赵城金藏》《高丽藏》“如”作“即”。

于爱不爱趣中牵引爱不爱自体。复即由此增上力故[①]，外物盛衰[②]。是故依诸行净不净业习气依处，施设牵引因。

依有润种子因依处，施设生起因。所以者何？由欲、色、无色界系法，各从自种子生，爱名能润，种是所润，由此所润诸种子故，先所牵引各别自体当得生起，如经言业为感生因，爱为生起因。是故依有润种子依处，施设生起因。

依无间灭因依处，及依境界、根、作用、士用、真实见因依处，施设摄受因。所以者何？由欲系诸法无间灭摄受故，境界摄受故，根摄受故，作用摄受故，士用摄受故[③]，诸行转。如欲系法，如是色、无色系法亦尔。或由真实见摄受故，余不系法转。是故依无间灭、境界、根、作用、士用、真实见依处，施设摄受因。

依随顺因依处，施设引发因。所以者何？由欲系善法能引欲系诸胜善法。如是欲系善法能引色、无色系及不系善法，由随顺彼故。如欲系善法，如是色系善法能引色系诸胜善法及无色系善法、不系善。法如色系善法，如是无色系善法能引无色系诸胜善法及不系善法。如无色系善法，如是不系善法能引不系诸胜善法，及能引发无为作证。又不善法能引诸胜不善法，谓欲贪能引瞋、痴、慢见、疑、身恶行、语恶行、意恶行。如欲贪，如是瞋、痴、慢、见、疑，随其所应尽当知。如是无记法能引善、不善、无记法，如善、不善、无记种子阿赖耶识。又无记法能引无记胜法，如段食能引受生有情，令住令安，势力增长。由随顺彼故。是故依随顺依处，施设引

① 复即由此增上力故，底本与《资福藏》《碛砂藏》《普宁藏》《永乐南藏》《径山藏》相同；《房山石经》《赵城金藏》《高丽藏》“复”作“又”。

② 外物盛衰，底本与《房山石经》《资福藏》《碛砂藏》《普宁藏》《永乐南藏》《径山藏》《高丽藏》相同；《赵城金藏》“盛衰”作“衰盛”。

③ 士用摄受故，底本与《房山石经》《资福藏》《碛砂藏》《普宁藏》《永乐南藏》《径山藏》《高丽藏》相同；《赵城金藏》无“摄”字。

发因。

依差别功能因依处，施设定异因。所以者何？由欲系诸法自性功能有差别故，能生种种自性功能。如欲系法，如是色、无色系及不系法亦尔。是故依差别功能依处，施设定异因。

依和合因依处，施设同事因。所以者何？要由获得自生和合故，欲系法生。如欲系法，如是色、无色系及不系法亦尔。如生和合，如是得、成、办、用和合亦尔。是故依和合依处，施设同事因。

依障碍因依处，施设相违因。所以者何？由欲系法将得生，若障碍现前，便不得生。如欲系法，如是色、无色系及不系法亦尔。如生，如是得、成、办、用亦尔。是故依障碍依处，施设相违因。

依无障碍因依处，施设不相违因。所以者何？由欲系法将得生，若无障碍现前，尔时便生。如欲系法，如是色、无色系及不系法亦尔。如生，如是得、成、办、用亦尔。是故依无障碍依处，施设不相违因。

复次，依种子缘依处，施设因缘；依无间灭缘依处，施设等无间缘；依境界缘依处，施设所缘缘；依所余缘依处，施设增上缘。

复次，依习气、随顺因缘依处，施设异熟果及等流果；依真实见因缘依处，施设离系果；依士用因缘依处，施设士用果；依所余因缘依处，施设增上果。

复次，顺益义是因义，建立义是缘义，成办义是果义。

又建立因有五种相：一、能生因；二、方便因；三、俱有因；四、无间灭因；五、久远灭因。能生因者，谓生起因。方便因者，谓所余因。俱有因者，谓摄受因一分、如眼于眼识，如是耳等，于所余识。无间灭因者，谓生起因。久远灭因者，谓牵引因。

又建立因有五种相：一、可爱因；二、不可爱因；三、增长因；四、流转因；五、还灭因。

又建立因有七种相，谓无常法是因，无有常法能为法因，谓或为生因，或为得因，或为成立因，或为成办因，或为作用因；又虽无常法为无常法因，然与他性为因，亦与后自性为因，非即此刹那；又虽与他性为因，及与后自性为因，然已生未灭，方能为因，非生未已灭；又虽已生未灭[①]，然得余缘，方能为因，非不得余缘[②]；又虽得余缘，然成变异，方能为因，非未成变异[③]；又虽成变异，必与功能相应，方能为因，非失功能；又虽与功能相应，然必相称、相顺方能为因，非不相称相顺。由如是七种相，随其所应，诸因建立应知。

复次，云何相施设建立[④]？嗢柁南曰[⑤]：

体所缘行相，等起与差别，

决择及流转，略辩相应知。

应知此相略有七种：一、体性；二、所缘；三、行相；四、等起；五、差别；六、决择；七、流转。

寻伺体性者，谓不深推度所缘，思为体性；若深推度所缘，慧为体性应知。寻伺所缘者，谓依名身、句身、文身义为所缘。寻伺行相者，谓即于此所缘，寻求行相，是寻；即于此所缘，伺察行相，是伺。寻伺等起者，谓发起语言。寻伺差别者，有七种差别，谓有相、无相，乃至不染汙，如前说。寻伺

---

① 又虽已生未灭，底本与《资福藏》《碛砂藏》《普宁藏》《永乐南藏》《径山藏》相同；《房山石经》《赵城金藏》《高丽藏》“灭”作“灭能为因”。

② 非不得余缘，底本与《房山石经》《资福藏》《碛砂藏》《普宁藏》《永乐南藏》《径山藏》相同；《赵城金藏》《高丽藏》无“余缘”二字。

③ 非未成变异，底本与《房山石经》《资福藏》《碛砂藏》《普宁藏》《永乐南藏》《径山藏》相同；《赵城金藏》《高丽藏》无“成”字。

④ 复次云何相施设建立，底本与《房山石经》《资福藏》《碛砂藏》《普宁藏》《永乐南藏》《径山藏》《高丽藏》相同；《赵城金藏》无“复次”字。

⑤ 嗢柁南曰，底本与《资福藏》《碛砂藏》《普宁藏》《永乐南藏》《径山藏》相同；《房山石经》《赵城金藏》《高丽藏》“柁”作“拕”，下同。

决择者，若寻伺即分别耶？设分别即寻伺耶？谓诸寻伺必是分别。或有分别非寻伺，谓望出世智，所余一切三界心、心法[1]，皆是分别，而非寻伺。

寻伺流转者，若那洛迦寻伺，何等行？何所触？何所引？何相应？何所求？何业转耶？如那洛迦。如是旁生、饿鬼、人、欲界天、初静虑地天所有寻伺，何等行？何所触？何所引？何相应？何所求？何业转耶？

谓那洛迦寻伺，唯是慼行，触非爱境，引发于苦，与忧相应，常求脱苦，娆心业转。如那洛迦寻伺一向受苦，饿鬼寻伺亦尔。旁生、人趣、大力饿鬼所有寻伺，多分慼行，少分欣行；多分触非爱境，少分触可爱境；多分引苦，少分引乐；多分忧相应，少分喜相应；多分求脱苦，少分求遇乐；娆心业转。欲界诸天所有寻伺，多分欣行，少分慼行；多分触可爱境，少分触非爱境；多分引乐[2]，少分引苦[3]；多分喜相应，少分忧相应；多分求遇乐，少分求脱苦；娆心业转。初静虑地天所有寻伺，一向欣行，一向触内可爱境界，一向引乐，一向喜相应，唯求不离乐，不娆心业转。

复次[4]，云何如理作意施设建立？嗢柁南曰：

依处及与事，求受用正行，
二菩提资粮[5]，到彼岸方便。

应知建立略有八相，谓由依处故、事故、求故、受用故、正行故、声闻

---

① 心法，底本与《房山石经》《资福藏》《碛砂藏》《普宁藏》《永乐南藏》《径山藏》相同；《赵城金藏》《高丽藏》“法”作“所”。

② 多分引乐，底本与《资福藏》《碛砂藏》《赵城金藏》《普宁藏》《永乐南藏》《径山藏》《高丽藏》相同；《房山石经》“引”作“别”。

③ 少分引苦，底本与《资福藏》《碛砂藏》《赵城金藏》《普宁藏》《永乐南藏》《径山藏》《高丽藏》相同；《房山石经》“引”作“别”。

④ 复次云何如理作意施设建立，底本与《房山石经》《资福藏》《碛砂藏》《普宁藏》《永乐南藏》《径山藏》《高丽藏》相同；《赵城金藏》无。

⑤ 二菩提资粮，底本与《房山石经》《资福藏》《碛砂藏》《普宁藏》《永乐南藏》《径山藏》《高丽藏》相同；《赵城金藏》“二”作“三”。

乘资粮方便故、独觉乘资粮方便故、波罗蜜多引发方便故。

如理作意相应寻伺依处者，谓有六种依处：一、决定时；二、止息时；三、作业时；四、世间离欲时；五、出世离欲时[①]；六、摄益有情时。如理作意相应寻伺事者，谓八种事[②]：一、施所成福作用事；二、戒所成福作用事；三、修所成福作用事；四、闻所成事；五、思所成事；六、余修所成事；七、拣择所成事；八、摄益有情所成事。如理作意相应寻伺求者，谓如有一，以法及不凶险追求财物[③]，不以非法及凶险[④]。如理作意相应寻伺受用者，谓如即彼追求财已，不染不住，不躭不缚，不闷不著，亦不坚执，深见过患，了知出离，而受用之。如理作意相应寻伺正行者，谓如有一，了知父母、沙门、婆罗门及家长等，恭敬供养，利益承事，于今世后世所作罪中，见大怖畏，行施作福，受斋持戒[⑤]。声闻乘资粮方便者，"声闻地"中，我当广说。独觉乘资粮方便者，"独觉地"中，我当广说。波罗蜜多引发方便者，"菩萨地"中，我当广说。

复次，施主有四种相：一、有欲乐；二、无偏党；三、除匮乏；四、具正智。具尸罗者亦具有四相：一、有欲乐；二、结桥梁；三、不现行；四、具正智。成就修者亦有四相：一、欲解清净；二、引摄清净，三胜解定清净，四

---

① 出世离欲时，底本与《资福藏》《碛砂藏》《普宁藏》《永乐南藏》《径山藏》相同；《房山石经》《赵城金藏》《高丽藏》"世"作"世间"。

② 谓八种事，底本与《资福藏》《碛砂藏》《普宁藏》《永乐南藏》《径山藏》相同；《房山石经》《赵城金藏》《高丽藏》"谓"作"谓有"。

③ 以法及不凶险追求财物，底本与《资福藏》《碛砂藏》《普宁藏》《永乐南藏》《径山藏》相同；《房山石经》《赵城金藏》《高丽藏》"以"作"不以非"。

④ 不以非法及凶险，底本与《资福藏》《碛砂藏》《赵城金藏》《普宁藏》《永乐南藏》《径山藏》相同；《房山石经》《高丽藏》无。

⑤ 受斋持戒，底本与《资福藏》《碛砂藏》《赵城金藏》《普宁藏》《永乐南藏》《径山藏》《高丽藏》相同；《房山石经》"斋持"作"持斋"。

智清净。复受施者有六种[①]：一、受学受施；二、活命受施；三、贫匮受施；四、弃舍受施；五、羁游受施；六、躭著受施。

复有八种损恼：一、饥损恼；二、渴损恼；三、麤食损恼；四、疲倦损恼；五、寒损恼；六、热损恼；七、无覆障损恼[②]；八、有覆障损恼。复有六种损恼：一、俱生；二、所欲匮乏；三、逼切；四、时节变异[③]；五、流漏；六、事业休废。复有六种摄益：一、任持摄益；二、勇健无损摄益；三、覆护摄益；四、塗香摄益；五、衣服摄益；六、共住摄益。复有四种非善友相：一、不舍怨心；二、引彼不爱；三、遮彼所爱，四引非所宜。与此相违，当知即是四善友相。

复有三种引摄：一、引摄资生具；二、引摄有喜乐；三、引摄离喜乐，复有四种随转供事[④]：一随转供事非知旧者，二随转供事诸亲友者，三随转供事所尊重者，四随转供事具福慧者。由此四种随转供事，依止四处[⑤]，获得五果应知。何等四处？一无摄受处，二无侵恼处，三应供养处，四同分随转处。依此四处能感五果：一、感大财富；二、名称普闻；三、离诸烦恼；四、证得涅槃；五、或往善趣。又聪慧者有三种聪慧相：一、于善受行；二、于善决定；三、于善坚固。复有三相：一、受学增上戒；二、受学增上心；三、受学增上慧。

---

① 无覆障损恼，底本与《资福藏》《碛砂藏》《普宁藏》《永乐南藏》《径山藏》相同；《房山石经》《赵城金藏》《高丽藏》“覆障”作“覆藏”，下同。

② 复受施者有六种，底本与《资福藏》《碛砂藏》《普宁藏》《永乐南藏》《径山藏》相同；《房山石经》《赵城金藏》《高丽藏》“复”作“又”。

③ 时节变异，底本与《资福藏》《碛砂藏》《普宁藏》《永乐南藏》《径山藏》相同；《房山石经》《赵城金藏》《高丽藏》“变异”作“异”。

④ 复有四种随转供事，底本与《房山石经》《资福藏》《碛砂藏》《普宁藏》《永乐南藏》《径山藏》《高丽藏》相同；《赵城金藏》无“复”字。

⑤ 依止四处，底本与《房山石经》《资福藏》《碛砂藏》《普宁藏》《永乐南藏》《径山藏》《高丽藏》相同；《赵城金藏》“止”作“上”。

瑜伽师地论卷第六

本地分中有寻有伺等三地之三

复次，云何不如理作意施设建立？嗢柁南曰[①]：

执因中有果，显了有去来，

我常宿作因，自在等害法，

边无边矫乱，计无因断空，

最胜净吉祥，由十六异论。

由十六种异论差别，显不如理作意。应知何等十六？一、因中有果论；二、从缘显了论；三、去来实有论；四、计我论；五、计常论；六、宿作因论；七、计自在等为作者论；八、害为正法论；九、有边无边论；十、不死矫乱论；十一、无因见论；十二、断见论；十三、空见论；十四、妄计最胜论；十五、妄计清净论；十六、妄计吉祥论。

因中有果论者，谓如有一，若沙门，若婆罗门，起如是见，立如是论：常常时、恒恒时，于诸因中具有果性。谓两众外道作如是计[②]。

问：何因缘故，彼诸外道起如是见立如是论，显示因中具有果性？

答：由教及理故。教者，谓彼先师所造教藏，随闻转授，传至于今，显示因中先有果性。理者，谓即如彼沙门[③]，若婆罗门，为性寻思，为性观察，

---

① 嗢柁南曰，底本与《资福藏》《碛砂藏》《普宁藏》《永乐南藏》《径山藏》相同；《房山石经》《赵城金藏》《高丽藏》“柁”作“拕”，下同。

② 谓两众外道作如是计，底本与《资福藏》《碛砂藏》《普宁藏》《永乐南藏》《径山藏》相同；《房山石经》《赵城金藏》《高丽藏》“两”作“雨”。

③ 谓即如彼沙门，底本与《资福藏》《碛砂藏》《赵城金藏》《普宁藏》《永乐南藏》《径山藏》《高丽藏》相同；《房山石经》无“如”字。

住寻思地，住自办地，住异生地，住随思惟观察行地。彼作是思："若从彼性，此性得生，一切世间共知共立，彼为此因，非余。又求果者，唯取此因，非余。又即于彼，加功营构诸所求事，非余。又若彼果，即从彼生，不从余生，是故彼果因中已有。若不尔者，应立一切是一切因，为求一果，应取一切，应于一切加功营构，应从一切一切果生。"如是由施设故，求取故，所作决定故，生故，彼见因中常有果性。

应审问彼，汝何所欲？何者因相？何者果相？因果两相为异不异？若无异相，便无因果二种决定，因果二种无差别故，因中有果，不应道理。若有异相，汝意云何？因中果性，为未生相？为已生相？若未生相，便于因中，果犹未生而说是有，不应道理。若已生相，即果体已生，复从因生，不应道理。是故因中非先有果。然要有因，待缘果生。

又有相法于有相法中，由五种相方可了知：一、于处所可得，如瓮中水；二、于所依可得，如眼中眼识；三、即由自相可得，如因自体不由比度；四、即由自作业可得；五、由因变异故，果成变异，或由缘变异故，果成变异。是故彼说常常时，恒恒时，因中有果，不应道理。由此因缘，彼所立论，非如理说。如是不异相故，异相故，未生相故，已生相故，不应道理。

从缘显了论者，谓如有一，若沙门，若婆罗门，起如是见，立如是论：一切诸法，性本是有，从众缘显，不从缘生。谓即因中有果论者及声相论者作如是计。

问：何因缘故，因中有果论者见诸因中先有果性，从缘显耶？

答：由教及理故[①]。教如前说。理者，谓如有一，为性寻思，为性观察，广说如前。彼如是思："果先是有，复从因生，不应道理。然非不用功为成于果，彼复何缘而作功用？岂非唯为显了果耶？"彼作如是妄分别已，立显

① 由教及理故，底本与《房山石经》《资福藏》《赵城金藏》《永乐南藏》《径山藏》《高丽藏》相同；《碛砂藏》《普宁藏》"由"作"中"。

了论。

应当问彼[1]，汝何所欲？为无障缘而有障碍，为有障缘耶？若无障缘者，无障碍缘，而有障碍，不应道理。若有障缘者，属果之因，何故不障？同是有故，不应道理。譬如黑闇障瓫中水[2]，亦能障瓫[3]。若言障缘亦障因者，亦应显因，俱被障故，而言但显因中先有果性，不显因者，不应道理。

复应问彼，为有性是障缘，为果性耶？若有性是障缘者，是即有性，常不显了，不应道理。因亦是有，何不为障？若言果性是障缘者，是则一法亦因亦果，如芽是种子果，是茎等因，是即一法，亦显不显，不应道理。

又今问汝，随汝意答。本法与显，为异不异？若不异者，法应常显，显已复显，不应道理。若言异者，彼显为无因耶？为有因耶？若言无因，无因而显，不应道理。若有因者，果性可显，非是因性，以不显因，能显于果，不应道理。

如是无障缘故，有障缘故，有相故，果相故，显不异故，显异故，不应道理。是故汝言"若法性无，是即无相；若法性有，是即有相。性若是无，不可显了；性若是有，方可显了"者，不应道理。

我今当说：虽复是有，不可取相，谓或有远故，虽有而不可取；又由四种障，因障故，而不可取；复由极微细故，而不可取；或由心散乱故，而不可取；或由根损坏故，而不可取；或由未得彼相应智故，而不可取。

如因果、显了论不应道理，当知声相论者亦不应理。此中差别者，外声论师起如是见，立如是论：声相常住，无生无灭，然由宣吐，方得显了。

---

① 应当问彼，底本与《资福藏》《碛砂藏》《赵城金藏》《普宁藏》《永乐南藏》《径山藏》相同；《房山石经》《高丽藏》"当"作"审"。

② 譬如黑闇障瓫中水，底本与《永乐南藏》《径山藏》相同；"瓫"，《房山石经》作"盆"，《资福藏》《碛砂藏》《赵城金藏》《普宁藏》《高丽藏》作"瓮"。

③ 亦能障瓫，底本与《永乐南藏》《径山藏》相同；"瓫"，《房山石经》作"盆"，《资福藏》《碛砂藏》《赵城金藏》《普宁藏》《高丽藏》作"瓮"。

是故此论如显了论，非应理说。

去来实有论者，谓如有一[①]，若沙门，若婆罗门，若在此法者，由不正思惟故，起如是见，立如是论：有过去，有未来，其相成就，犹如现在，实有非假。

问：何因缘故，彼起如是见，立如是论？

答：由教及理故。教如前说。又在此法者，于如来经不如理分别故。谓如经言一切有者，即十二处，此十二处，实相是有。又薄伽梵说有过去业，又说有过去色，有未来色，广说乃至识亦如是。理者，谓如有一，为性寻思，为性观察，广说如前。彼如是思："若法自相安住，此法真实是有。此若未来无者，尔时应未受相。此若过去无者，尔时应失自相。若如是者，诸法自相应不成就。由此道理亦非真实，故不应理。"由是思惟，起如是见，立如是论：过去、未来，性相实有。

应审问彼，汝何所欲？去、来二相与现在相，为一为异？若言相一，立三世相，不应道理。若相异者，性相实有，不应道理。又汝应说自意所欲，堕三世法，为是常相，为无常相？若常相者，堕在三世，不应道理。若无常相，于三世中恒是实有，不应道理。

又今问汝，随汝意答。为计未来法来至现在世耶？为彼死已，于此生耶？为即住未来为缘，生现在耶？为本无业，今有业耶？为本相不圆满，今相圆满耶？为本异相，今异相耶？为于未来有现在分耶？

若即未来法来至现在者，此便有方所，复与现在应无差别，复应是常，不应道理。若言未来死已，现在生者，是即未来不生于今，现在世法本无今生，又未来未生而言死没，不应道理。若言法住未来，以彼为缘，生现在者，彼应是常，又应本无今生，非未来法生，不应道理。若本无业用，

① 谓如有一，底本与《资福藏》《碛砂藏》《赵城金藏》《普宁藏》《永乐南藏》《径山藏》《高丽藏》相同；《房山石经》"谓"作"犹"。

今有业用，是则本有今有[①]，便有如前所说过失，不应道理。又汝何所欲？此业用与彼本法，为有异相，为无异相？若有异相，此业用相未来无故，不应道理。若无异相，本无业用，今有业用，不应道理。如无业用，有此过失，如是相圆满、异相、未来分相，应知亦尔。此中差别者，复有自性杂乱过失故，不应道理。

如未来向现在，如是现在往过去，如其所应，过失应知。谓即如前所计诸因缘及所说破道理。

如是自相故，共相故，来故，死故，为缘生故，业故，相圆满故，相异故，未来有分故，说过去、未来体实有论，不应道理。

如是说已[②]，复有难言：若过去、未来是无，云何缘无而有觉转？若言缘无而有觉转者，云何不有违教过失？如说一切有者，谓十二处。

我今问汝，随汝意答。世间取无之觉，为起耶？为不起耶？若不起者，能取无我、兔角、石女儿等觉，皆应是无，此不应理。又薄伽梵说："我诸无谄声闻，如我所说正修行时，若有知有，若无知无。"此不应理[③]。若言起者，汝意云何？此取无觉，为作有行，为作无行？若作有行，取无之觉而作有行，不应道理。若作无行者，汝何所欲？此无行觉，为缘有事转，为缘无事转？若缘有事转者，无行之觉，缘有事转，不应道理。若缘无事转者，无缘无觉，不应道理。

又虽说一切有者，谓十二处，然于有法，密意说有有相，于无法，密意说有无相。所以者何？若有相法能持有相，若无相法能持无相，是故俱名

① 是则本有今有，底本与《房山石经》《资福藏》《碛砂藏》《赵城金藏》《普宁藏》《永乐南藏》《径山藏》相同；《高丽藏》"本有"作"本无"。

② 如是说已，底本与《资福藏》《碛砂藏》《赵城金藏》《普宁藏》《永乐南藏》《径山藏》《高丽藏》相同；《房山石经》"说"作"记"。

③ 此不应理，底本与《房山石经》《资福藏》《碛砂藏》《普宁藏》《永乐南藏》《径山藏》相同；《赵城金藏》《高丽藏》"理"作"道理"。

为法，俱名为有。若异者[①]，诸修行者唯知于有，不知于无，应非无间观所知法，不应道理。

又虽说言有过去业，由此业故，诸有情受有损害受[②]、受无损害受，此亦依彼习气，密意假说为有。谓于诸行中曾有净不净业若生若灭，由此因缘，彼行胜异相续而转，是名习气。由此相续所摄习气故，爱不爱果生。是故于我无过，而汝不应道理。

复虽说言：有过去色，有未来色，有现在色，如是乃至识亦尔者，此亦依三种行相密意故说，谓因相、自相、果相。依彼因相，密意说有未来；依彼自相，密意说有现在；依彼果相，密意说有过去。，是故无过。

又不应说过去、未来是实有相。何以故？应知未来有十二种相故：一、因所显相；二、体未生相；三、待众缘相；四、已生种类相；五、可生法相；六、不可生法相；七、未生杂染相；八、未生清净相；九、应可求相；十、不应求相；十一、应观察相；十二、不应观察相。

当知现在亦有十二种相：一、果所显相；二、体已生相；三、众缘会相；四、已生种类相；五、一刹那相；六、不复生法相；七、现离染相；八、现清净相；九、可喜乐相；十、不可喜乐相；十一、应观察相；十二、不应观察相。

当知过去亦有十二种相：一、已度因相；二、已度缘相；三、已度果相；四、体已坏相；五、已灭种类相；六、不复生法相；七、静息杂染相；八、静息清净相；九、应顾恋处相；十、不应顾恋处相；十一、应观察相；十二、不应观察相。

---

① 若异者，底本与《资福藏》《碛砂藏》《赵城金藏》《普宁藏》《永乐南藏》《径山藏》相同；《房山石经》《高丽藏》“者”作“此者”。

② 诸有情受有损害受，底本与《资福藏》《碛砂藏》《赵城金藏》《普宁藏》《永乐南藏》《径山藏》相同；《房山石经》《高丽藏》“害受”作“害”。

计我论者，谓如有一，若沙门，若婆罗门，起如是见，立如是论：有我、萨埵命者、生者、有养育者、数取趣者，如是等，谛实常住。谓外道等作如是计。

问：何故彼外道等起如是见，立如是论？

答：由教及理故。教如前说。理者，谓如有一，为性寻思，为性观察，广说如前。由二种因故：一、先不思觉，率尔而得有萨埵觉故；二、先已思觉，得有作故。

彼如是思："若无我者，见于五事，不应起于五有我觉：一、见色形已，唯应起于色形之觉，不应起于萨埵之觉；二、见顺苦乐行已，唯应起于受觉，不应起于胜劣萨埵之觉；三、见已立名者，名相应行已，唯应起于想觉，不应起于刹帝利、婆罗门、吠舍、戍陀罗、佛授、德友等萨埵之觉[①]；四、见作净不净相应行已，唯应起于行觉，不应起于愚者、智者萨埵之觉；五、见于境界识随转已，唯应起于心觉，不应起于我能见等萨埵之觉。由如是先不思觉，于此五事，唯起五种萨埵之觉，非诸行觉。是故先不思觉，见已，率尔而起有萨埵觉，故如是决定知有实我。"

又彼如是思："若无我者，不应于诸行中先起思觉，得有所作。谓我以眼当见诸色，正见诸色，已见诸色，或复起心，我不当见，如是等用，皆由我觉行为先导。如于眼见，如是于耳、鼻、舌、身、意，应知亦尔。又于善业造作，善业止息，不善业造作，不善业止息，如是等事，皆由思觉为先，方得作用，应不可得。如是等用，唯于诸行，不应道理。"由如是思，故说有我。

我今问汝，随汝意答。为即于所见事起萨埵觉，为异于所见事起萨埵

① 不应起于刹帝利、婆罗门、吠舍、戍陀罗、佛授、德友等萨埵之觉，底本与《资福藏》《碛砂藏》《普宁藏》《永乐南藏》《径山藏》相同；《房山石经》《赵城金藏》《高丽藏》"陀"作"陁"。

觉耶？若即于所见事起萨埵觉者，汝不应言，即于色等，计有萨埵，计有我者，是颠倒觉。若异于所见事起萨埵觉者，我有形量，不应道理。或有胜劣，或刹帝利等，或愚或智，或能取彼色等境界，不应道理。

又汝何所欲？为唯由此法自体起此觉耶？为亦由余体起此觉耶？若唯由此法自体起此觉者，即于所见，起彼我觉，不应说名为颠倒觉。若亦由余体起此觉者，即一切境界各是一切境界觉因，故不应理。又汝何所欲？于无情数，有情觉，于有情数，无情觉，于余有情数，余有情觉，为起为不起耶？若起者，是即无情应是有情，有情应是无情，是余有情应是余有情[①]，此不应理。若不起者，则非拨现量，不应道理。

又汝何所欲？此萨埵觉为取现量义，为取比量义耶？若取现量义者，唯色等蕴是现量义，我非现量义，故不应理。若取比量义者，如愚稚等，未能思度，不应率尔起于我觉。

又我今问汝，随汝意答。如世间所作，为以觉为因，为以我为因？若以觉为因者，执我所作，不应道理。若以我为因者，要先思觉，得有所作，不应道理。

又汝何所欲？所作事因，常无常耶？若无常者，此所作因，体是变异，执我有作，不应道理。若是常者，即无变异，无变有作，不应道理。

又汝何所欲？为有动作之我能有所作，为无动作之我有所作耶？若有动作之我能有所作者，是即常作[②]，不应复作。若无动作之我有所作者，无动作性而有所作，不应道理。

① 是余有情应是余有情，底本与《资福藏》《碛砂藏》《赵城金藏》《普宁藏》《永乐南藏》《径山藏》相同；《房山石经》《高丽藏》“是余有情应”作“余有情应”。

② 是即常作，底本与《房山石经》《资福藏》《碛砂藏》《普宁藏》《永乐南藏》《径山藏》《高丽藏》相同；《赵城金藏》“是即”作“即是”。

又汝何所欲？为有因故我有所作[①]，为无因耶？若有因者，此我应由余因策发方有所作，不应道理。若无因者，应一切时作一切事，不应道理。

又汝何所欲？此我为依自故，能有所作，为依他故，能有所作？若依自者，此我自作老病死苦杂染等事，不应道理。若依他者，计我所依[②]，不应道理。

又我今问汝，随汝意答。为即于蕴施设有我，为于诸蕴中，为蕴外余处，为不属蕴耶？若即于蕴施设我者，是我与蕴无有差别，而计有我，谛实常住，不应道理。若于诸蕴中者，此我为常，为无常耶？若是常者，常住之我，为诸苦乐之所损益，不应道理。若无损益，起法非法，不应道理。若不生起法及非法，应诸蕴身毕竟不起，又应不由功用，我常解脱。若无常者，离蕴体外，有生有灭相续流转法不可得，故不应理。又于此灭坏，后于余处不作而得，有大过失，故不应理。若蕴外余处者，汝所计我应是无为，不应道理。若不属蕴者，我一切时应无染汙，又我与身不应相属，此不应理。

又汝何所欲？所计之我[③]，为即见者等相，为离见者等相？若即见者等相者，为即于见等，假立见者等相，为离于见等，别立见者等相？若即于见等，假立见者等相者，则应见等，是见者等，而汝立我为见者等，不应道理，以见者等与见等相无差别故。

若离于见等，别立见者等相者，彼见等法，为是我所成业，为是我所执具？若是我所成业者，若如种子，应是无常，不应道理。若言如陶师等，

---

① 为有因故我有所作，底本与《资福藏》《碛砂藏》《普宁藏》《永乐南藏》《径山藏》《高丽藏》相同；《房山石经》《赵城金藏》“有所”作“所有”。

② 计我所依，底本与《资福藏》《碛砂藏》《普宁藏》《永乐南藏》《径山藏》相同；《房山石经》《赵城金藏》《高丽藏》“依”作“作”。

③ 所计之我，底本与《房山石经》《资福藏》《碛砂藏》《普宁藏》《永乐南藏》《径山藏》《高丽藏》相同；《赵城金藏》“我”作“身”。

假立丈夫，此我应是无常，应是假立，而汝言是常是实，不应道理。若言如具神通，假立丈夫，此我亦应无常假立，于诸所作，随意自在，此亦如前，不应道理。若言如地，应是无常。又所计我，无如地大显了作业[1]，故不应理。何以故？世间地大所作业用，显了可得，谓持万物，令不坠下，我无是业，显了可得。若如虚空，应非实有，唯于色无，假立空故，不应道理。虚空虽是假有，而有业用分明可得，非所计我，故不应理。世间虚空所作业用分明可得者，谓由虚空故，得起往来屈伸等业，是故见等是我所成业，不应道理。

若是我所执具者，若言如镰，如离镰外余物，亦有能断作用，如是离见等，外于余物上见等业用不可得故，不应道理。若言如火，则徒计于我，不应道理。何以故？如世间火，离能烧者，亦自能烧故。

若言离见者等相，别有我者，则所计我相乖一切量，不应道理。

又我今问汝，随汝意答。汝所计我，为与染净相应而有染净，为不与染净相应而有染净耶？若与染净相应而有染净者，于诸行中有疾疫灾横及彼止息顺益可得，即彼诸行虽无有我，而说有染净相应。如于外物，内身亦尔。虽无有我，染净义成，故汝计我，不应道理。若不与染净相应而有染净者，离染净相，我有染净，不应道理。

又我今问汝，随汝意答。汝所计我，为与流转相相应而有流转，为不与流转相相应而有流转及止息耶？若与流转相相应而有流转及止息者，于诸行中有五种流转相可得：一、有因；二、可生；三、可灭；四、展转相续生起；五、有变异。若诸行中，此流转相可得，如于身、牙、河、灯乘等流转

① 无如地大显了作业，底本与《房山石经》《径山藏》《高丽藏》相同；《资福藏》《碛砂藏》《赵城金藏》《普宁藏》《永乐南藏》“作”作“非”。

作用中[1]，虽无有我，即彼诸行得有流转及与止息，何须计我？若不与彼相相应而有流转及止息者，则所计我无流转相而有流转止息，不应道理。

又我今问汝，随汝意答。汝所计我，为由境界所生若苦若乐及由思业，并由烦恼、随烦恼等之所变异，说为受者、作者及解脱者，为不由彼变异，说为受者等耶？若由彼变异者，是即诸行是受者、作者及解脱者，何须计我？设是我者，我应无常，不应道理。若不由彼变异者，我无变异，而是受者、作者及解脱者，不应道理。

又汝今应说自所欲，为唯于我说为作者，为亦于余法说为作者？若唯于我，世间不应说火为烧者，光为照者。若亦于余法，即于见等诸根说为作者，徒分别我，不应道理。

又汝应说自意所欲，为唯于我建立于我，为亦于余法建立于我？若唯于我者，世间不应于假说士夫[2]，呼为德友、佛授等。若亦于余法者，是则唯于诸行假说名我，何须更执别有我耶？何以故？诸世间人唯于假设士夫之身，起有情想，立有情名，及说自他有差别故。

又汝何所欲？计我之见，为善为不善耶[3]？若是善者，何为极愚痴人深起我见，不由方便，率尔而起，能令众生怖畏解脱，又能增长诸恶过失，不应道理。若不善者，不应说正及非颠倒。若是邪倒，所计之我，体是实有，不应道理。

又汝何所欲？无我之见，为善为不善耶？若言是善，于彼常住实有我上，见无有我，而是善性，非颠倒计，不应道理。若言不善，而一切智者之

---

① 如于身、牙、河、灯乘等流转作用中，底本与《资福藏》《碛砂藏》《普宁藏》《永乐南藏》《径山藏》相同；《房山石经》《赵城金藏》《高丽藏》“牙”作“芽”，下同。

② 世间不应于假说士夫身，底本与《资福藏》《碛砂藏》《赵城金藏》《普宁藏》《永乐南藏》《径山藏》相同；《房山石经》《高丽藏》“于”作“于彼”。

③ 为善为不善耶，底本与《房山石经》《资福藏》《碛砂藏》《普宁藏》《永乐南藏》《径山藏》《高丽藏》相同；《赵城金藏》“为不”作“不”。

所宣说，精勤方便之所生起，令诸众生不怖解脱，能速证得白净之果，诸恶过失如实对治，不应道理。

又汝意云何？为即我性自计有我，为由我见耶？若即我性自计有我者，应一切时无无我觉。若由我见者，虽无实我，由我见力故，于诸行中妄谓有我，是故汝计定实有我，不应道理。

如是不觉为先，而起彼觉故，思觉为先，见有所作故，于诸蕴中假施设故，由于彼相安立为有故，建立杂染及清净故，建立流转及止息故，假立受者、作者、解脱者故，施设有作者故，施设言说故，施设见故，计有实我，皆不应理。

又我今当说第一义我相：所言我者，唯于诸法假立为有，非实有我。然此假我，不可说言与彼诸法异不异性，勿谓此我是实有体，或彼诸法即我性相。又此假我是无常相，是非恒相，非安保相，是变坏相，生起法相，老病死相，唯诸法相，唯苦恼相，故薄伽梵说："苾刍当知！于诸法中假立有我，此我无常无恒，不可安保，是变坏法。如是广说。由四因故，于诸行中假设有我：一为令世间言说易故[①]；二为欲随顺诸世间故；三为欲断除谓定无我诸怖畏故；四为宣说自他成就功德，成就过失，令起决定信解心故。"是故执有我论，非如理说。

计常论者，谓如有一，若沙门，若婆罗门，起如是见，立如是论：我及世间皆实常住，非作所作，非化所化，不可损害，积聚而住，如伊师迦。谓计前际，说一切常者，说一分常者，及计后际，说有想者[②]，说无想者[③]，说

① 一为令世间言说易故，底本与《资福藏》《碛砂藏》《赵城金藏》《普宁藏》《永乐南藏》《径山藏》《高丽藏》相同；《房山石经》"令"作"今"。

② 说有想者，底本与《房山石经》《资福藏》《碛砂藏》《赵城金藏》《普宁藏》《永乐南藏》《径山藏》相同；《高丽藏》"想"作"相"。

③ 说无想者，底本与《房山石经》《资福藏》《碛砂藏》《赵城金藏》《普宁藏》《永乐南藏》《径山藏》相同；《高丽藏》"想"作"相"。

非想非非想者，复有计诸极微是常住者，作如是计。

问：何故彼诸外道起如是见，立如是论：我及世间是常住耶？

答：彼计因缘，如经广说，随其所应，尽当知。此中计前际者，谓或依下、中、上静虑，起宿住随念，不善缘起，故于过去诸行，但唯忆念，不如实知，计过去世以为前际，发起常见。或依天眼，计现在世以为前际，于诸行刹那生灭流转不如实知。又见诸识流转相续，从此世间至彼世间，无断绝故，发起常见。或见梵王随意成立，或见四大种变异，或见诸识变异。计后际者，于想及受，虽见差别，然不见自相差别，是故发起常见，谓我及世间皆悉常住。又计极微是常住者，以依世间静虑，起如是见，由不如实知缘起故，而计有为先，有果集起，离散为先，有果坏灭。由此因缘，彼谓从众微性麤物果生，渐析麤物乃至微住[①]，是故麤物无常，极微是常。

此中，计前际、后际住论者，是我执论差别相所摄故，我论已破，当知我差别相论亦已破讫。又我今问汝，随汝意答。宿住之念，为取诸蕴，为取我耶？若取蕴者，执我及世间是常。不应道理。若取我者，忆念过去如是名等诸有情类，我曾于彼如是名、如是性[②]，乃至广说。不应道理。

又汝意云何？缘彼现前和合色境眼识起时，于余不现不和合境所余诸识，为灭为转？若言灭者，灭坏之识而计为常，不应道理。若言转者，由一境界依一切时、一切识起，不应道理。

又汝何所欲？所执之我，由想所作及受所作，为有变异，为无变异？若言有者，计彼世间及我常住，不应道理。若言无者，有一想已，复种种想，复有小想及无量想，不应道理。又纯有乐已，复纯有苦，复有苦有乐，

① 渐析麤物乃至微住，底本与《房山石经》《资福藏》《赵城金藏》《径山藏》《高丽藏》相同；《碛砂藏》《普宁藏》《永乐南藏》“析”作“所”。

② 我曾于彼如是名、如是性，底本与《资福藏》《碛砂藏》《普宁藏》《永乐南藏》《径山藏》相同；《房山石经》《赵城金藏》《高丽藏》“性”作“姓”。

有不苦不乐，不应道理。

又若计命即是身者，彼计我是色。若计命异于身者，彼计我非色。若计我俱遍，无二无缺者，彼计我亦是色亦非色。若为对治此故，即于此义中，由异句异文而起执者，彼计我非色非非色。

又若见少色少非色者，彼计有边①。若见彼无量者，彼计有无边。若复遍见而色分少，非色分无量。或色分无量，非色分少者，彼计亦有边亦无边，若为对治此故，但由文异，不由义异而起执者，彼计非有边非无边，或计解脱之我远离二种。

又计极微常住论者，我今问汝，随汝意答。汝为观察计极微常，为不观察计彼常耶？若不观察者，离慧观察而定计常，不应道理。若言已观察者，违诸量故，不应道理。

又汝何所欲？诸微尘性，为由细故，计彼是常，为由与麤果物其相异故，计彼常耶？若由细者，离散损减，转复羸劣，而言是常，不应道理。若言由相异故者②，是则极微超过地、水、火、风之相，不同种类相故，而言能生彼类果，不应道理。又彼极微更无异相可得，故不中理。

又汝何所欲？从诸极微所起麤物，为不异相，为异相耶？若言不异相者，由与彼因无差别故，亦应是常，是则应无因果决定，不应道理。若异相者，汝意云何？为从离散极微麤物得生，为从聚集耶？若言从离散者，应一切时、一切果生，是则应无因果决定，不应道理。若从聚集者，汝意云何？彼麤果物从极微生时，为不过彼形质之量，为过彼形质量耶？若言不

① 彼计有边，底本与《资福藏》《碛砂藏》《赵城金藏》《普宁藏》《永乐南藏》《径山藏》《高丽藏》相同；《房山石经》“有”作“亦有”。

② 若言由相异故者，底本与《房山石经》《资福藏》《赵城金藏》《径山藏》《高丽藏》相同；《碛砂藏》《普宁藏》《永乐南藏》“由”作“中”。

过彼形质之量者[①]，从形质分物生形质有分物，不应道理。若言过者，诸极微体无细分故，不可分析，所生麤物亦应是常，亦不中理。若复说言，有诸极微，本无今起者，是则计极微常，不应道理。

又汝何所欲？彼诸极微起造麤物，为如种子等，为如陶师等耶？若言如种子等者，应如种子，体是无常。若言如陶师等者，彼诸极微应有思虑，如陶师等，不应道理。若不如种等及陶师等者，是则同喻不可得故。不应道理。

又汝意云何？诸外物起，为由有情，为不尔耶？若言由有情者，彼外麤物由有情生，所依细物不由有情，不应道理，谁复于彼制其功能？若言不由有情者，是则无用而外物生，不应道理。

如是随念诸蕴有情故，由一境界一切识流不断绝故，由想及受变不变故，计彼前际及计后际常住论者，不应道理。又由观察不观察故，由共相故，由自相故，由起造故，根本所用故，极微常论，不应道理。是故计常论者，非如理说。

我今当说常住之相：若一切时无变异相，若一切种无变异相，若自然无变异相，若由他无变异相，又无生相当知是常住相。

① 若言不过彼形质之量者，底本与《资福藏》《碛砂藏》《普宁藏》《永乐南藏》《径山藏》无“之”字，据《房山石经》《赵城金藏》《高丽藏》及上下文意补。

瑜伽师地论卷第七

本地分中有寻有伺等三地之四

宿作因论者，犹如有一，若沙门，若婆罗门，起如是见，立如是论，广说如经。凡诸世间所有士夫补特伽罗所受者，谓现所受苦。皆由宿作为因者，谓由宿恶为因。由勤精进吐旧业故者，谓由现法极自苦，行现在新业由不作因之所害故者，谓诸不善业。如是于后不复有漏者，谓一向是善性故，说后无漏。由无漏故，业尽者，谓诸恶业。由业尽故，苦尽者，谓宿因所作及现法方便所招苦恼。由苦尽故，得证苦边者，谓证余生相续苦尽。谓无系外道作如是计。

问：何因缘故，彼诸外道起如是见，立如是论？

答：由教及理故[①]。教如前说。理者，犹如有一，为性寻思，为性观察，广说如前。由见现法士夫作用不决定故。所以者何？彼见世间虽具正方便，而招于苦，虽具邪方便，而致于乐。彼如是思："若由现法士夫作用为彼因者，彼应颠倒。由彼所见非颠倒故，是故彼皆以宿作为因。"由此理故，彼起如是见，立如是论。

今应问彼，汝何所欲？现法方便所招之苦，为用宿作为因，为用现法方便为因？若用宿作为因者，汝先所说，由勤精进吐旧业故，现在新业由不作因之所害故，如是于彼不复有漏[②]，乃至广说，不应道理。若用现法方

① 由教及理故，底本与《资福藏》《碛砂藏》《赵城金藏》《普宁藏》《永乐南藏》《径山藏》《高丽藏》相同；《房山石经》"及"作"乃"。

② 如是于彼不复有漏，底本与《资福藏》《碛砂藏》《赵城金藏》《普宁藏》《永乐南藏》《径山藏》相同；《房山石经》《高丽藏》"彼"作"后"。

便为因者，汝先所说，凡诸世间所有士夫补特伽罗所受，皆由宿作为因，不应道理。如是现法方便苦，宿作为因故，现法士夫用为因故，皆不应道理。是故此论非如理说。

我今当说如实因相：或有诸苦，唯用宿作为因，犹如有一，自业增上力故，生诸恶趣，或贫穷家。或复有苦，杂因所生，谓如有一，因邪事王，不获乐果，而反致苦。如事于王，如是由诸言说商贾等业，由事农业，由劫盗业，或于他有情作损害事，若有福者，获得富乐，若无福者，虽设功用，而无果遂。或复有法，纯由现在功用因得。如新所造，引余有业，或听闻正法，于法觉察，或复发起威仪业路，或复修学工巧业处。如是等类，唯因现在士夫功用。

自在等作者论者，由如有一[①]，或沙门，或婆罗门，起如是见，立如是论：凡诸世间所有士夫补特伽罗所受，彼一切或以自在变化为因，或余丈夫变化为因，诸如是等。谓说自在等不平等因论者作如是计。

问：何因缘故，起如是见，立如是论？

答：由教及理。教如前说。理者，犹如有一，为性寻思，为性观察，广说如前。彼由现见于因果中，世间有情不随欲转，故作此计。所以者何？现见世间有情于彼因时，欲修净业，不遂本欲，反更为恶；于彼果时，愿生善趣乐世界中，不遂本欲，堕恶趣等。意谓受乐，不遂所欲故[②]，反受诸苦，由见此故，彼作是思："世间诸物，必应别有作者、生者及变化者为彼物父，谓自在天，或复其余。

① 由如有一，底本与《资福藏》《碛砂藏》《普宁藏》《永乐南藏》《径山藏》相同；《房山石经》《赵城金藏》《高丽藏》"由如"作"犹如"，下同。

② 不遂所欲故，底本与《径山藏》相同；"欲故"《房山石经》《资福藏》《赵城金藏》《高丽藏》作"欲"，《碛砂藏》《普宁藏》《永乐南藏》作"故"。

今当问彼，汝何所欲？嗢柁南曰[1]：

功能无体性，摄不摄相违，

有用及无用，为因成过失。

自在天等变化功能，为用业方便为因[2]，为无因耶？若用业方便为因者，唯此功能用业方便为因，非余世间，不应道理。若无因者，唯此功能无因而有，非世间物，不应道理。

又汝何所欲？此大自在，为堕世间摄，为不摄耶？若言摄者，此大自在则同世法，而能遍生世间，不应道理。若不摄者，则是解脱，而言能生世间，不应道理。

又汝何所欲？为有用故，变生世间，为无用耶？若有用者，则于彼用无有自在，而于世间有自在者，不应道理。若无用者，无有所须而生世间，不应道理。

又汝何所欲？此所出生，为唯大自在为因，为亦取余为因耶？若唯大自在为因者，是则若时有大自在，是时则有出生，若时有出生，是时则有大自在，而言出生用大自在为因者，不应道理。若言亦取余为因者，此唯取乐欲为因，为除乐欲，更取余为因，若唯取乐欲为因者，此乐欲为唯取大自在为因，为亦取余为因耶？若唯取大自在为因者，若时有大自在，是时则有乐欲，若时有乐欲，是时则有大自在，便应无始常有出生，此亦不应道理。若言亦取余为因者，此因不可得故，不应道理。又于彼欲无有自在，而言世间物有自在者，不应道理。

如是由功用故，摄不摄故，有用无用故，为因性故，皆不应理。是故

① 嗢柁南曰，底本与《资福藏》《碛砂藏》《普宁藏》《永乐南藏》《径山藏》相同；《房山石经》《赵城金藏》《高丽藏》“柁”作“拕”，下同。

② 为用业方便为因，底本与《资福藏》《碛砂藏》《赵城金藏》《普宁藏》《永乐南藏》《径山藏》《高丽藏》相同；《房山石经》“为因”作“因”。

此论非如理说。

害为正法论者，犹如有一，若沙门，若婆罗门，起如是见，立如是论：若于彼祠中，咒术为先，害诸生命，若能祀者，若所害者，若诸助伴，彼一切皆得生天①。

问：何因缘故彼诸外道起如是见，立如是论？

答：此违理论，谄诳所起，不由观察道理建立②，然于诤竞恶劫起时，诸婆罗门违越古昔婆罗门法，为欲食肉，妄起此计。

又应问彼，汝何所欲？此咒术方，为是法自体，为是非法自体？若是法自体者，离彼杀生③，不能感得自所爱果，而能转彼非法以为正法，不应道理。若是非法自体者，自是不爱果法，而能转舍余不爱果法者，不应道理。

如是记已，复有救言：如世间毒咒术所摄，不能为害。当知此咒术方亦复如是。今应问彼，汝何所欲？如咒术方能息外毒，亦能息内贪、瞋、痴毒为不尔耶？若能息者，无处无时，无有一人贪、瞋、痴等静息可得，故不中理。若不能息者，汝先所说，如咒术方能息外毒，亦能息除非法业者，不应道理。

又汝何所欲？此咒术方，为遍行耶？不遍行耶？若遍行者，自所爱亲不先用祠，不应道理。若不遍者，此咒功能便非决定，不应道理。

又汝何所欲？此咒功能，为唯能转因，亦转果耶？若唯转因者，于果无能，不应道理。若亦转果者，应如转变即令羊等成可爱妙色，然舍羊等身，已方取天身，不应道理。

---

① 彼一切皆得生天，底本与《资福藏》《碛砂藏》《普宁藏》《永乐南藏》《径山藏》相同；“彼”《房山石经》作“彼之”，《赵城金藏》《高丽藏》作“如是”。

② 不由观察道理建立，底本与《房山石经》《资福藏》《赵城金藏》《径山藏》《高丽藏》相同；《碛砂藏》《普宁藏》《永乐南藏》“由”作“曰”。

③ 离彼杀生，底本与《资福藏》《碛砂藏》《普宁藏》《永乐南藏》《径山藏》相同；《房山石经》《赵城金藏》《高丽藏》“杀”作“煞”。

又汝何所欲？造咒术者，为有力能及悲愍不？若言有者，离杀彼命，不能将彼往生天上，不应道理。若言无者，彼所造咒能有所办，不应道理。

如是由因故，譬喻故，不决定故，于果无能故，咒术者故不应道理。是故此论非如理说。

我今当说非法之相：若业，损他而不治现过，是名非法。又若业，诸修道者共知此业感不爱果。又若业，一切智者决定说为不善。又若业，自所不欲。又若业，染心所起。又若业，待邪咒术，方备功验。又若业，自性无记。诸如是等，皆是非法。

边无边论者，谓如有一，若沙门，若婆罗门，依止世间，诸静虑故，于彼世间，住有边想、无边想、俱想、不俱想，广说如经。由此起如是见，立如是论：世间有边，世间无边，世间亦有边亦无边，世间非有边非无边，当知此中已说因缘及能计者。是中。若依断边际求世边时，若忆念坏劫，则于世间起有边想[①]。若忆念成劫，于世间起无边想。若依方域周广求世边时[②]，若下过无间，更无所得，上过第四静虑，亦无所得，傍一切处，不得边际，尔时则于上下起有边想，于傍处所起无边想。若为治此执，但依异文，义无差别，则于世间起非有边非无边想。

今应问彼，汝何所欲？从前坏劫以来，为更有世间生起，为无起耶？若言有者，世间有边，不应道理。若言无者，非世间住，念世间边，不应道理。

如是彼来有故，彼来无故，皆不应理。是故此论非如理说。

不死矫乱论者，谓四种不死矫乱外道，如经广说，应知。彼诸外道，

---

① 则于世间起有边想，底本与《资福藏》《碛砂藏》《普宁藏》《永乐南藏》《径山藏》相同；《房山石经》《赵城金藏》《高丽藏》“则于”作“于”。

② 若依方域周广求世边时，底本与《房山石经》《资福藏》《碛砂藏》《普宁藏》《永乐南藏》《径山藏》《高丽藏》相同；《赵城金藏》“求”作“来”。

若有人来，依最胜生道，问善不善，依决定胜道，问苦集灭道，便自称言，不死乱者，随于处所，依不死净天，不乱诘问。即于彼所问，以言矫乱，或托余事，方便避之，或但随问者言辞而转。

是中，第一不死乱者，觉未开悟；第二于所证法，起增上慢；第三觉已开悟，而未决定；第四羸劣愚钝。又复第一怖畏妄语，及怖畏他人知其无智，故不分明答言“我无所知”；第二于自所证未得无畏，惧他诘问，怖畏妄语，怖畏邪见，故不分明说“我有所证”；第三怖畏邪见，怖畏妄语，惧他诘问，故不分明说“我不决定”。如是三种假托余事，以言矫乱。第四唯惧他诘，于最胜生道及决定胜道皆不了达，于世文字亦不善知，而不分明说言“我是愚钝，都无所了”，但反问彼，随彼言辞而转，以矫乱彼。

此四论发起因缘及能计者，并破彼执，皆如经说。由彼外道多怖畏故，依此见住。若有人来，有所诘问，即以谄曲而行矫乱，当知此见是恶见摄。是故此论非如理说[①]。

无因见论者，谓依止静虑及依止寻思。应知二种，如经广说。

问：何因缘故，彼诸外道依止寻思，起如是见，立如是论：我及世间皆无因生？

答：略而言之，见不相续以为先故，诸内外事无量差别，种种生起。或复有时见诸因缘空无果报，谓见世间无有因缘，或时欻尔大风卒起，于一时间寂然止息，或时忽尔暴河弥漫[②]，于一时间顿则空竭；或时郁尔果木敷荣，于一时间飒然衰顇。由如是故，起无因见，立无因论。

今应问彼：汝宿住念，为念无体，为念自我？若念无体，无体之法未曾

① 是故此论非如理说，底本与《房山石经》《资福藏》《碛砂藏》《普宁藏》《永乐南藏》《径山藏》《高丽藏》相同；《赵城金藏》无“此”字。

② 或时忽尔暴河弥漫，底本与《房山石经》《资福藏》《碛砂藏》《普宁藏》《永乐南藏》《径山藏》相同；《赵城金藏》《高丽藏》“暴”作“瀑”。

串习，未曾经识而能随念，不应道理。若念自我，计我先无，后欻然生，不应道理。

又汝何所欲？一切世间内外诸物，种种生起或欻然生起，为无因耶？为有因耶？若无因者，种种生起欻然而起，有时不生，不应道理。若有因者，我及世间无因而生，不应道理。

如是念无体故，念自我故，内外诸物不由因缘种种异故，由彼因缘种种异故，不应道理。是故此论非如理说。

断见论者，谓如有一，若沙门，若婆罗门，起如是见，立如是论：乃至我有麤色四大所造之身，任持未坏[①]，尔时有病，有痈、有箭。若我死后，断坏无有，尔时我善断灭，如是欲界诸天色界诸天，若无色界空无边处所摄，乃至非想非非想处所摄，广说如经。谓说七种断见论者，作如是计。

问：何因缘故，彼诸外道起如是见，立如是论？

答：由教及理故。教如前说。理者，谓如有一，为性寻思，乃至广说。彼如是思："若我死后复有身者，应不作业而得果异熟。若我体性一切永无，是则应无受业果异熟。"观此二种，理俱不可。是故起如是见，立如是论。我身死已断坏无有，犹如瓦石，若一破已不可还合。彼亦如是，道理应知。

今应问彼，汝何所欲？为蕴断灭，为我断灭耶？若言蕴断灭者，蕴体无常，因果展转生起不绝，而言断灭，不应道理。若言我断，汝先所说，"麤色四大所造之身，有病、有痈、有箭。欲界诸天，色界诸天，若无色界空无边处所摄，乃至非想非非想处所摄"，不应道理。

如是若蕴断灭故，若我断灭故，皆不应理。是故此论，非如理说。

空见论者，谓如有一，若沙门，若婆罗门，起如是见，立如是论：无有

① 任持未坏，底本与《径山藏》相同；《房山石经》《资福藏》《碛砂藏》《赵城金藏》《普宁藏》《永乐南藏》《高丽藏》"任"作"住"。

施与，无有爱养，无有祠祀，广说乃至世间无有真阿罗汉。复起如是见，立如是论：无有一切者法体相[①]。

问：何因缘故，彼诸外道起如是见，立如是论？

答：由教及理故。教如前说。理者，谓如有一，为性寻思，乃至广说。又依世间诸静虑故，见世施主一期寿命[②]，恒行布施，无有断绝，从此命终，生下贱家，贫穷匮乏。彼作是思："定无施与，爱养，祠祀。"复见有人一期寿中，恒行妙行，或行恶行，见彼命终堕于恶趣，生诸那落迦；或往善趣，生于天上乐世界中。彼成是思："定无妙行及与恶行，亦无妙行、恶行二业果异熟。"

复见有一刹帝利种，命终之后生婆罗门、吠舍、戍陀罗诸种性中[③]，吠舍、戍陀罗等亦复起如是。彼作是思："定无此世刹帝利等，从彼世间刹帝利等种性中来，亦无彼世刹帝利等，从此世间刹帝利等种性中去。"又复观见诸离欲者生于下地。又见母命终已，生而为女；女命终已，还作其母；父终为子，子还作父。彼见父母不决定已，作如是思："世间毕定无父无母。"

或复见人身坏命终，或生无想，或生无色，或入涅槃，求彼生处不能得见。彼作是思[④]："决定无有化生众生，已彼处所不可知故。"或于自身起阿罗汉增上慢已，临命终时，遂见生相，彼作是念："世间必无真阿罗汉。"如是广说。

---

① 无有一切者法体相，底本与《碛砂藏》《普宁藏》《永乐南藏》《径山藏》相同；《房山石经》《资福藏》《赵城金藏》《高丽藏》"者"作"诸"。

② 见世施主一期寿命，底本与《碛砂藏》《普宁藏》《永乐南藏》《径山藏》相同；《房山石经》《资福藏》《赵城金藏》《高丽藏》"寿"作"受"。

③ 命终之后生婆罗门、吠舍、戍陀罗诸种性中，底本与《资福藏》《碛砂藏》《普宁藏》《永乐南藏》《径山藏》相同；《房山石经》《赵城金藏》《高丽藏》"陀"作"陁"，下同。

④ 彼作是思，底本与《房山石经》《资福藏》《碛砂藏》《赵城金藏》《普宁藏》《永乐南藏》《径山藏》相同；《高丽藏》"思"作"念"。

问：复何因缘，或有起如是见，立如是论：无有一切诸法体相？

答：以于如来所说甚深经中，相似甚深离言说法不能如实正觉了故，又于安立法相不如正理而思惟故，起于空见。彼作是念："决定无有诸法体相。"

今应问彼，汝何所欲？为有生所受业及后所受业，为一切皆是生所受耶？若俱有者，汝先所说无有施与，无有爱养，无有祠祀，无有妙行，无有恶行，无有妙行、恶行业果异熟，无此世间，无彼世间，不应道理。若言无有彼所受者[①]，诸有造作净与不净种种行业，彼命终已，于彼生时，顿受一切净与不净业果异熟，不应道理。

又汝何所欲？凡从彼胎藏及从彼种子而生者，彼等于此为是父母，为非父母耶？若言是父母者，汝言无父无母，不应道理。若言彼非父母者，从彼胎藏及彼种子所生，而言非父非母，不应道理。若时为父母，是时非男女，若时为男女，是时非父母，无不定过。

又汝何所欲？为有彼处受生众生，天眼不见，为无有耶？若言有者，汝言无有化生众生，不应道理。若言无者，是则拨无离想欲者，离色欲者，离三界欲者，不应道理。

又汝何所欲？为有阿罗汉性，而于彼起增上慢，为无有耶？若言有者，汝言世间必定无有真阿罗汉，不应道理。若言无者，若有发起不正思惟，颠倒自谓是阿罗汉，此乃应是真阿罗汉，亦不中理。

又应问彼：汝何所欲？圆成实相法，依他起相法，遍计所执相法，为有为无？若言有者，汝言无有一切诸法体相，不应道理。若言无者，应无颠倒，亦无染净，不应道理。

如是若生后所受故，非不决定故，有生处故，有增上慢故，有三种相

① 若言无有彼所受者，底本与《资福藏》《碛砂藏》《普宁藏》《永乐南藏》《径山藏》相同；《房山石经》《赵城金藏》《高丽藏》"彼"作"后"。

故，不应道理。是故此论非如理说。

妄计最胜论者，谓如有一，若沙门，若婆罗门，起如是见，立如是论：婆罗门是最胜种类，刹帝利等是下劣种类。婆罗门是白净色类，余种是黑秽色类。婆罗门种可得清净，非余种类。诸婆罗门是梵王子，口腹所生[①]，从梵所出，梵所变化。梵王体胤，谓斗诤劫诸婆罗门，作如是计。

问：何因缘故，诸婆罗门起如是见，立如是论？

答：由教及理[②]。教如前说。理者，谓如有一，为性寻思，乃至广说。以见世间真婆罗门性具戒故，有贪名利及恭敬故，作如是论[③]。

今应问彼，汝何所欲？为唯余种类从父母产生，为婆罗门亦尔耶？若唯余种类者，世间现见诸婆罗门，从母产生，汝说现事[④]，不应道理。若婆罗门亦尔者，汝先所说，诸婆罗门是最胜种类，刹帝利等是下种类，不应道理。如从母产生，如是造不善业，造作善业，造身语意恶行，造身语意妙行。于现法中受爱不爱果，便于后世生诸恶趣，或生善趣。若三处现前是彼是此，由彼由此，入于母胎从之而生。若世间工巧处，若作业处，若善不善，若王若臣，若机捷，若增进满足，若为王顾录以为给侍[⑤]，若不顾录，若是老病死法，若非老病死法，若修梵住已生于梵世，若复不

① 口腹所生，底本与《资福藏》《碛砂藏》《普宁藏》《永乐南藏》《径山藏》相同；“口腹”，《房山石经》《高丽藏》作“从大梵王口腹”，《赵城金藏》作“从大梵王腹口”。

② 由教及理，底本与《房山石经》《资福藏》《碛砂藏》《赵城金藏》《普宁藏》《永乐南藏》《径山藏》相同；《高丽藏》“理”作“理故”。

③ 作如是论，底本与《资福藏》《碛砂藏》《普宁藏》《永乐南藏》《径山藏》相同；《房山石经》《赵城金藏》《高丽藏》“论”作“计”。

④ 汝说现事，底本与《碛砂藏》《普宁藏》《永乐南藏》《径山藏》相同；《房山石经》《资福藏》《赵城金藏》《高丽藏》“说”作“谤”。

⑤ 若为王顾录以为给侍，底本与《资福藏》《碛砂藏》《赵城金藏》《普宁藏》《永乐南藏》《径山藏》《高丽藏》相同；《房山石经》“给侍”作“结使”。

尔。若修菩提分法[1]，若不修习，若悟声闻菩提、独觉菩提、无上菩提，若复不尔。

又汝何所欲？为从胜种类生，此名为胜，为由戒闻等耶？若由从胜种类生者，汝论中说，于祠祀中，若戒闻等胜取之为量，如此之言，应不中理。若由戒闻等者，汝先所说，诸婆罗门是最胜类，余是下类，不应道理。如是产生故，作业故，受生故，工巧业处故，增上故，彼所顾录故，梵住故，修觉分故，证菩提故，戒闻胜故，不应道理，是故此论非如理说。

妄计清净论者，谓如有一，若沙门，若婆罗门，起如是见，立如是论：若我解脱，心得自在，观得自在。谓于诸天微妙五欲，坚著摄受，嬉戏娱乐，随意受用，是则名得现法涅槃第一清净。又有外道起如是见，立如是论：若有离欲恶不善法，于初静虑得具足住，乃至得具足住第四静虑，是亦名谓现法涅槃第一清净[2]。又有外道起如是见，立如是论：若有众生于孙陀利迦河沐浴支体，所有诸恶悉皆除灭。如于孙陀利迦河，如是于婆湖陀河、伽耶河、萨伐底河、殑伽河等中沐浴支体，应知亦尔第一清净。复有外道，计持狗戒，以为清净；或持牛戒，或持油墨戒，或持露形戒，或持灰戒，或持自苦戒，或持粪秽戒等，计为清净。谓说现法涅槃外道及说水等清净外道，作如是计。

问：彼何因缘起如是见，立如是论？

答：由教及理故。教如前说。理者，谓如有一，为性寻思，乃至广说。彼谓得诸纵任自在、欲自在、观行自在，名胜清净，然不如实知纵任自在等

① 若修菩提分法，底本与《资福藏》《碛砂藏》《赵城金藏》《普宁藏》《永乐南藏》《径山藏》《高丽藏》相同；《房山石经》“分”作“方”。

② 是亦名谓现法涅槃第一清净，底本与《碛砂藏》《普宁藏》《永乐南藏》《径山藏》《相同；《房山石经》《资福藏》《赵城金藏》高丽藏》“谓”作“得”。

相[1]。又如有一计由自苦身故，自恶解脱，或造过恶，过恶解脱。

今应问彼，汝何所欲？若有于妙五欲嬉戏受乐者，为离欲贪，为未离耶？若已离者，于世五欲嬉戏受乐，不应道理。若未离者[2]，计为解脱清净，不应道理。

又汝何所欲？诸得初静虑，乃至具足住第四静虑者，彼为已离一切贪欲，为未离耶？若言一切离者，但具足住乃至第四静虑，不应道理。若言未离一切欲者，计为究竟解脱清净，不应道理。

又汝何所欲？为由内清净故，究竟清净，为由外清净故，究竟清净？若由内者，计于河中沐浴而得清净，不应道理。若由外者，内具贪、瞋、痴等一切垢秽，但除外垢，便计为净，不应道理。

又汝何所欲？为执受净物故，而得清净，为执受不净物故，得清净耶？若由执受净物得清净者，世间共见狗等不净，而汝立计执受狗等得清净者，不应道理。若由执受不净物者，自体不净，而令他净，不应道理。

又汝何所欲？诸受狗等戒者，为行身等邪恶行故，而得清净，为行身等正妙行故，得清净耶？若由行邪恶行者，行邪恶行，而计清净，不应道理。若由正妙行者，持狗等戒，则为唐捐，而计于彼能得清净，不应道理。如是离欲不离欲故，内外故，受净不净故，邪行正行故，不应道理。是故此论非如理说。

妄计吉祥论者，谓如有一，若沙门，若婆罗门，起如是见，立如是论：若世间日月薄蚀，星宿失度，所欲为事，皆不成就。若彼随顺，所欲皆成。为此义故，精勤供养日月星等，祠火诵咒，安置茅草，满瓮频螺果及饷佉

---

① 然不如实知纵任自在等相，底本与《房山石经》《资福藏》《赵城金藏》《永乐南藏》《径山藏》《高丽藏》相同；《碛砂藏》《普宁藏》“任”作“住”。

② 若未离者，底本与《房山石经》《资福藏》《赵城金藏》《径山藏》《高丽藏》相同；《碛砂藏》《普宁藏》《永乐南藏》“未”作“已”。

等。谓历筭者，作如是计。

问：彼何因缘起如是见，立如是论？

答：由教及理故。教如前说。理者，谓如有一，为性寻思，乃至广说。彼由获得世间静虑，世间皆谓是阿罗汉。若有欲得自身富乐，所祈果遂者，便往请问。然彼不如实知业果相应缘生道理，但见世间日月薄蚀，星度行时，尔时众生净不净业果报成熟，彼则计为日月等作，复为信乐此事者建立显说。

今应问彼，汝何所欲？世间兴衰等①，为是日月薄蚀、星度等作，为净不净业所作耶？若言日等作者，现见尽寿随造福非福业，感此兴衰苦乐等果，不应道理。若净不净业所作者②，计日等作，不应道理。如是日等作故，净不净业作故，不应道理。是故此论非如理说。如是十六种异论，由二种门发起观察，由正道理推逐观察，于一切种皆不应理。

① 世间兴衰等，底本与《资福藏》《碛砂藏》《普宁藏》《永乐南藏》《径山藏》相同；《房山石经》《赵城金藏》《高丽藏》"等"作"等事"。

② 若净不净业所作者，底本与《资福藏》《碛砂藏》《赵城金藏》《普宁藏》《永乐南藏》《径山藏》《高丽藏》相同；《房山石经》"所"作"之所"。

瑜伽师地论卷第八

本地分中有寻有伺等三地之五

复次，云何杂染施设建立？谓由三种杂染。应知何等为三？一、烦恼杂染；二、业杂染；三、生杂染。

烦恼杂染云何？嗢柁南曰[①]：

自性若分别，因位及与门，
上品颠倒摄，差别诸过患。

当知烦恼杂染由自性故、分别故、因故、位故、门故、上品故、颠倒摄故、差别故、过患故[②]，解释应知。

烦恼自性者，谓若法生时其相自然，不寂静起，由彼起故，不寂静行相续而转，是名略说烦恼自性。

烦恼分别者[③]，或立一种，谓由烦恼杂染义故。或分二种，谓见道所断、修道所断。或分三种，谓欲系、色系、无色系。或分四种，谓欲系记、无记，色系无记，无色系无记。或分五种，谓见苦所断，见集所断，见灭所断，见道所断，修道所断。或分六种，谓贪、恚、慢、无明、见、疑。或分七种，谓七种随眠：一、欲贪随眠；二、瞋恚随眠；三、有贪随眠；四、慢随眠；五、无明随眠；六、见随眠；七、疑随眠。或分八种，谓贪、恚、慢、无

① 嗢柁南曰，底本与《资福藏》《碛砂藏》《普宁藏》《永乐南藏》《径山藏》相同；《房山石经》《赵城金藏》《高丽藏》“柁”作“拕”，下同。

② 过患故，底本与《房山石经》《径山藏》《高丽藏》相同；《资福藏》《碛砂藏》《赵城金藏》《普宁藏》《永乐南藏》“患”作“失”。

③ 烦恼分别者，底本与《资福藏》《碛砂藏》《普宁藏》《永乐南藏》《径山藏》无“烦恼”二字，据《房山石经》《赵城金藏》《高丽藏》及上下文意补。

明、见、疑，及二种取。或分九种，谓九结：一、爱结；二、恚结；三、慢结；四、无明结；五、见结；六、取结；七、疑结；八、嫉结；九、悭结。或分十种；一、萨迦耶见；二、边执见；三、邪见；四、见取；五、戒禁取；六、贪；七、恚；八、慢；九、无明；十、疑。或分一百二十八烦恼，谓即上十烦恼，由迷执十二种谛建立应知。

何等名为十二种谛？谓欲界苦谛、集谛，色界苦谛、集谛，无色界苦谛、集谛，欲界增上彼遍智果彼遍智所显灭谛、道谛，色界增上彼遍智果彼遍智所显灭谛、道谛，无色界增上彼遍智果彼遍智所显灭谛、道谛。此中，于欲界苦、集谛，及于欲界增上灭、道谛，具有十烦恼迷执；于色界苦、集谛，及于彼增上灭、道谛，除瞋，有余烦恼迷执。如于色界，于无色界亦尔。于欲界对治修中，有六烦恼迷执，谓除邪见、见取、戒禁取、疑。于色界对治修中，有五烦恼迷执，谓于上六中除瞋。如于色界对治修中，于无色对治修中亦尔。如迷执，障礙亦尔。

萨迦耶见者，谓由亲近不善丈夫，闻非正法，不如理作意故，及由任运失念故，等随观执五种取蕴。若分别不分别染汙慧为体[①]。

边执见者，谓由亲近不善丈夫，闻非正法，不如理作意故，及由任运失念故，执五取蕴为我性已，等随观执为断为常，若分别、不分别染汙慧为体。

邪见者，谓由亲近不善丈夫，闻非正法，不如理作意故，拨因拨果，或拨作用，坏真实事，唯用分别染汙慧为体。

见取者，谓由亲近不善丈夫，闻非正法，不如理作意故，以萨迦耶见、边执见、邪见及所依、所缘、所因俱有相应等法，比方他见，等随观执为最为上，胜妙第一，唯用分别染汙慧为体。

① 若分别不分别染汙慧为体，底本与《房山石经》《资福藏》《碛砂藏》《赵城金藏》《普宁藏》《永乐南藏》《径山藏》相同；《高丽藏》“不”作“若不”。

戒禁取者，谓由亲近不善丈夫，闻非正法，不如理作意故，即于彼见，彼见随行若戒若禁，及所依、所缘、所因俱有相应等法，等随观执为清净，为解脱，为出离，唯用分别染汙慧为体。

贪者，谓由亲近不善丈夫，闻非正法，不如理作意故，及由任运失念故，于外及内可爱境界，若分别、不分别染著为体。

恚者，谓由亲近不善丈夫，闻非正法，不如理作意故，及由任运失念故，于外及内非爱境界，若分别、不分别憎恚为体。

慢者，谓由亲近不善丈夫，闻非正法，不如理作意故，及由任运失念故，于外及内高下胜劣，若分别、不分别高举为体。

无明者，谓由亲近不善丈夫，闻非正法，不如理作意故，及由任运失念故，于所知事，若分别、不分别染汙无知为体。

疑者，谓由亲近不善丈夫，闻非正法，不如理作意故，即于所知事，唯用分别异觉为体。

烦恼因者，谓六种因：一、由所依故；二、由所缘故；三、由亲近故；四、由邪教故；五、由数习故；六、由作意故。由此六因，起诸烦恼。所依故者，谓由随眠，起诸烦恼。所缘故者，谓顺烦恼境界现前。亲近故者，谓由随学不善丈夫。邪教故者，谓由闻非正法。数习故者，谓由先植数习力势①。作意故者，谓由发起不如理作意故，诸烦恼生。

烦恼位者，略有七种：一、随眠位；二、缠位；三、分别起位；四、俱生位；五、软位；六、中位；七、上位。由二缘故，烦恼随眠之所随眠：一、由种子随逐故；二、由彼增上事故。

烦恼门者，略由二门烦恼所恼，谓由缠门及随眠门。缠门有五种：一、由不寂静住故；二、由障碍善故；三、由发起恶趣恶行故；四、由摄受现

① 谓由先植数习力势，底本与《资福藏》《碛砂藏》《普宁藏》《永乐南藏》《径山藏》相同；《房山石经》《高丽藏》《赵城金藏》“植”作“殖”。

法鄙贱故；五、由能感生等苦故。云何随眠门所恼？谓与诸缠作所依故，及能引发生等苦故。又由七门，一切烦恼于见及修能为障碍应知，谓邪解了故，不解了故，解了、不解了故，邪解了迷执故，彼因依处故，彼怖所生故，任运现行故。

云何烦恼上品相？谓猛利相及尤重相。此相略有六种：一、由犯故；二、由生故；三、由相续故；四、由事故；五、由起恶业故；六、由究竟故。由犯故者，谓由此烦恼缠故，毁犯一切所有学处。由生故者，谓由此故，生于欲界若恶趣中[①]。由相续故者，谓贪等行、诸根成熟少年盛壮、无涅槃法者。由事故者，谓缘尊重田，若缘功德田，若缘不应行田而起。由起恶业故者，谓由此烦恼缠故，以增上适悦心起身语业。由究竟故者，谓此自性上品所摄，最初软对治道之所断故。

烦恼颠倒摄者，谓七颠倒：一、想倒；二、见倒；三、心倒；四、于无常常倒；五、于苦乐倒；六、于不净净倒；七、于无我我倒。想倒者，谓于无常、苦、不净、无我中，起常、乐、净、我妄想分别。见倒者，谓即于彼妄想所分别中，忍可欲乐，建立执著。心倒者，谓即于彼所执著中贪等烦恼。当知烦恼略有三种，或有烦恼是倒根本，或有烦恼是颠倒体，或有烦恼是倒等流。倒根本者，谓无明。颠倒体者，谓萨迦耶见、边执见一分、见取、戒禁取及贪。倒等流者，谓邪见、边执见一分、恚、慢及疑。此中，萨迦耶见是无我我倒，边执见一分是无常常倒，见取是不净净倒，戒禁取是于苦乐倒。贪通二种，谓不净净倒及于苦乐倒。

烦恼差别者，多种差别应知，谓结、缚、随眠、随烦恼、缠、暴流、

① 生于欲界若恶趣中，底本与《资福藏》《碛砂藏》《赵城金藏》《普宁藏》《永乐南藏》《径山藏》相同；《房山石经》《高丽藏》“若”作“苦”。

枙[①]、取、系、盖、株杌、垢、常害、箭、所有、根、恶行、漏、匮、烧、恼、有诤、火、炽然、稠林、拘碍，如是等类烦恼差别。

当知此中能和合苦故，名为结。令于善行不随所欲故，名为缚。一切世间增上种子之所随逐故，名随眠。倒染心故，名随烦恼。数起现行故，名为缠。深难渡故，顺流漂故，名暴流[②]。邪行方便故，名为枙[③]。能取自身相续不绝故，名为取。难可解脱故，名为系。覆真实义故，名为盖。坏善稼田故，名株杌。自性染汙故，名为垢。常能为害故，名为常害。不静相故，远所随故，名为箭[④]。能摄依事故，名所有。不善所依故，名为根。邪行自性故，名恶行。流动其心故，名为漏。能令受用无有厌足故，名为匮。能令所欲常有匮乏故，名为烧。能引衰损故，名为恼。能为斗讼诤竞之因故[⑤]，名有诤。烧所积集诸善根薪故，名为火。如大热病故，名炽然。种种自身大树聚集故，名稠林。能令众生乐著种种妙欲尘故，能障证得出世法故，名为拘碍。

诸如是等烦恼差别，佛薄伽梵随所增强，于彼种种烦恼门中建立差别：结者，九结，谓爱结等，广说如前。缚者，三缚，谓贪、瞋、痴。随眠者，七种随眠，谓欲贪随眠等，广说如前。随烦恼者，三随烦恼，谓贪、瞋、

① 枙，底本与《资福藏》《碛砂藏》《赵城金藏》《永乐南藏》《径山藏》相同；《房山石经》《普宁藏》《高丽藏》作“軛”。

② 名暴流，底本与《资福藏》《碛砂藏》《普宁藏》《永乐南藏》《径山藏》相同；《房山石经》《赵城金藏》《高丽藏》“名”作“故名”。

③ 名为枙，底本与《资福藏》《碛砂藏》《赵城金藏》《永乐南藏》《径山藏》相同；《房山石经》《普宁藏》《高丽藏》“枙”作“軛”。

④ 名为箭，底本与《房山石经》《资福藏》《碛砂藏》《赵城金藏》《普宁藏》《永乐南藏》《径山藏》相同；《高丽藏》“名”作“故名”。

⑤ 能为斗讼诤竞之因故名有诤，底本与《资福藏》《碛砂藏》《赵城金藏》《普宁藏》《永乐南藏》《径山藏》《高丽藏》相同；《房山石经》“讼诤”作“诤讼”。

痴。缠者，八缠，谓无惭、无愧、惛沉、睡眠、掉举、恶作、嫉妬[①]、悭恪。暴流者，四暴流，谓欲暴流、有暴流、见暴流、无明暴流。如暴流，枙亦尔[②]。取者，四取，谓欲取、见取、戒禁取、我语取。系者，四系，谓贪身系、瞋身系、戒禁取身系、此实执取身系。盖者，五盖，谓贪欲盖、瞋恚盖、惛沉睡眠盖、掉举恶作盖、疑盖。株杌者，三株杌，谓贪、瞋、痴。如株杌，如是垢，常害、箭，所有恶行亦尔。根者，三不善根，谓贪不善根、瞋不善根、痴不善根。漏者，三漏，谓欲漏、有漏、无明漏。匮者，三匮，谓贪、瞋、痴。如匮，如是烧恼、有诤、火、炽然、稠林亦尔。拘碍者，有五拘碍：一、顾恋其身；二、顾恋诸欲；三、乐相杂住；四、阙随顺教；五、得微少善，便生喜足。

烦恼过患者，当知诸烦恼有无量过患，谓烦恼起时，先恼乱其心，次于所缘发起颠倒，令诸随眠皆得坚固，令等流行相续而转，能引自害，能引他害，能引俱害，生现法罪，生后法罪，生俱法罪，令受彼生身心忧苦，能引生等种种大苦，能令相续远涅槃乐，能令退失诸胜善法，能令资财衰损散失，能令入众不得无畏，悚惧无威，能令鄙恶名称流布十方，常为智者之所诃毁，令临终时生大忧悔，令身坏已堕诸恶趣，生那落迦中，令不证得自胜义利。如是等过，无量无边。

云何业杂染？嗢柁南曰：

自性若分别，因位及与门，

增上品颠倒，差别诸过患。

当知业杂染由自性故、分别故、因故、位故、门故、上品故、颠倒故、差别故、过患故，解释应知。

① 嫉妬，底本与《资福藏》《碛砂藏》《赵城金藏》《普宁藏》《永乐南藏》《径山藏》《高丽藏》相同；《房山石经》“妬”作“姤”，下同。

② 枙亦尔，底本与《资福藏》《碛砂藏》《赵城金藏》《永乐南藏》《径山藏》相同；《房山石经》《普宁藏》《高丽藏》“枙”作“轭”。

业自性云何？谓若法生时，造作相起，及由彼生故，身行语行于彼后时造作而转，是名业自性。

业分别云何？谓由二种相应知：一、由补特伽罗相差别故；二、由法相差别故。此复二种，即善、不善十种业道，所谓杀生、离杀生，不与取、离不与取，欲邪行、离欲邪行，妄语、离妄语，离间语、离离间语，麤恶语、离麤恶语，绮语、离绮语，贪欲、离贪欲，瞋恚、离瞋恚，邪见、离邪见。

补特伽罗相差别建立者，谓如经言诸杀生者，乃至广说。杀生者[①]，此是总句。最极暴恶者，谓杀害心正现前故。血涂其手者，谓为成杀，身相变故。害、极害、执者，谓断彼命故，解支节故，计活命故。无有羞耻者，谓自罪生故。无有哀愍者，谓引彼非爱故。有出家外道，名曰无系，彼作是说："百踰缮那内所有众生，于彼律仪，若不律仪。"为治彼故，说如是言："一切有情所。"即彼外道复作是说："树等外物，亦有生命。"为治彼故，说如是言："真实众生所。"此即显示真实福德远离对治，及显示不实福德远离对治。如是所说诸句，显示加行杀害。乃至极下捃多蚁等诸众生所者，此句显示无择杀害。于杀生事若未远离者，此显遇缘容可出离，谓乃至未远离来，名杀生者。

又此诸句略义者，谓为显示杀生相貌、杀生作用、杀生因缘，及与杀生事用差别。又略义者，谓为显示杀生如实、杀生差别、杀所杀生，名杀生者。又此诸句显能杀生补特伽罗相，非显杀生法相。

复次，不与取者者，此是总句。于他所有者，谓他所摄财谷等事。若在聚落者，谓即彼事，于聚落中若积集，若移转。若闲静处者，谓即彼事，于闲静处若生若集，或复移转。即此名为可盗物数者，谓所不与、不舍、不弃物。若自执受者，谓执为己有。不与而取者，谓彼或时资具阙少，执为己

① 杀生者，底本与《资福藏》《碛砂藏》《普宁藏》《永乐南藏》《径山藏》相同；《房山石经》《赵城金藏》《高丽藏》"者"作"者者"。

有。不与而乐者，谓乐受行偷盗事业。于所不与、不舍、不弃而生希望者，谓劫盗他，欲为己有。若彼物主，非先所与，如酬债法，是名不与。若彼物主，于彼取者而不舍与，是名不舍。若彼物主，于诸众生不随所欲受用而弃，是名不弃。自为而取者，谓不与而取故，及不与而乐故。饕餮而取者，谓所不与、不舍、不弃而希望故。不清而取者，谓于所竞物，为他所胜，不清雪故。不净而取者[①]，谓虽胜他，而为过失垢所染故。有罪而取者，谓能摄受现法、后法非爱果故。于不与取若未远离者，如前杀生相说应知。所余业道亦尔。

此中略义者，谓由盗此故[②]，成不与取，若于是处如其差别，如实劫盗，由劫盗故，得此过失，是名总义。又此中亦显不与取者相，非不与取相，当知余亦尔。

复次，欲邪行者者，此是总句。于诸父母等所守护者，犹如父母于己处女，为适事他故[③]，勤加守护，时时观察，不令与余共为鄙秽。若彼没已，复为至亲兄弟姊妹之所守护。此若无者，复为余亲之所守护。此若无者，恐损家族，便自守护。或彼舅姑为自儿故，勤加守护。有治罚者，谓诸国王，若执理者，以治罚法而守护故。有障碍者，谓守门者所守护故。此中，略显未适他三种守护[④]：一、尊重至亲眷属自己之所守护；二、王执理家之所守护；三、诸守门者之所守护。他妻妾者，谓已适他。他所摄者，谓即未适他，为三守护之所守护。若由凶诈者，谓矫乱已而行邪行。若由

① 不净而取者，底本与《房山石经》《资福藏》《碛砂藏》《普宁藏》《永乐南藏》《径山藏》《高丽藏》相同；《赵城金藏》无“者”字。

② 谓由盗此故，底本与《资福藏》《碛砂藏》《赵城金藏》《普宁藏》《永乐南藏》《径山藏》《高丽藏》相同；《房山石经》“谓”作“诸”。

③ 为适事他故，底本与《房山石经》《资福藏》《碛砂藏》《普宁藏》《永乐南藏》《径山藏》《高丽藏》相同；《赵城金藏》“适事”作“嫡嫁”。

④ 略显未适他三种守护，底本与《资福藏》《碛砂藏》《普宁藏》《永乐南藏》《径山藏》相同；《房山石经》《赵城金藏》《高丽藏》“他”作“他者”。

强力者，谓对父母等，公然强逼。若由隐伏者，谓不对彼，窃相欣欲。而行欲行者，谓两两交会。即于此事非理欲心而行邪行者，谓于非道、非处、非时，自妻妾所而为罪失。

此中略义者，谓略显示若彼所行，若行差别，若欲邪行应知。

复次，诸妄语者者，此是总句。若王者，谓王家。若彼使者，谓执理家。若别者，谓长者、居士。若众者，谓彼聚集。若大集中者，谓四方人众聚集处。若已知者，谓随前三所经语言。若已见者，谓随曾见所经语言。若由自因者，谓或因怖畏，或因味著。如由自因，他因亦尔。因怖畏者，谓由怖畏杀缚、治罚、黜责等故。因味著者，谓为财谷、珍宝等故。知而说妄语者，谓覆想欲见而说语言。

此中略义者，谓依处故，异说故，因缘故，坏想[1]，而说妄语应知。

复次，离间语者者，此是总句。若为破坏者，谓由破坏意乐故。闻彼语已，向此宣说，闻此语已，向彼宣说者，谓随所闻，顺乖离语。破坏和合者，谓能生起喜别离故。随印别离者，谓能乖违喜更生故。喜坏和合者，谓于已生喜别离中，心染汙故。乐印别离者，谓于乖违喜更生中，心染汙故。说能离间语者，谓或不闻，或他方便故。

此中略义者，谓略显示离间意乐，离间未坏方便，离间已坏方便，离间染汙心，及他方便应知。

复次，麤恶语者者，此是总句。此中，尸罗支所摄故，名语无扰动。文句美滑故，名悦耳。增上欲解所发起故，非假伪故，非谄媚故，名为称心。不增益故，应顺时机引义利故，名为可爱。趣涅槃宫故，名先首。文句可味故，名美妙。善释文句故，名分明。显然有趣故，名易可解了。摄受正法故，名可施功劳。离爱味心之所发起故，名无所依止。不过度量故，名非

① 坏想，底本与《资福藏》《碛砂藏》《普宁藏》《永乐南藏》《径山藏》相同；《房山石经》《赵城金藏》《高丽藏》“想”作“想故”。

可厌逆。相续广大故，名无边无尽。

又从无扰动语乃至无边无尽语，应知略摄为三种语：一、尸罗律仪所摄语，谓一种；二、等欢喜语，谓三种；三、说法语，谓其所余。即此最后，又有三种应知：一、所趣圆满语，谓初一；二、文词圆满语，谓次二；三、方便圆满语，谓其所余。又于未来世可爱乐故，名可爱语；于过去世可爱乐故，名可乐语；于现在世事及领受可爱乐故，名可欣语及可意语。应知即等欢喜语，名无量众生可爱、可乐、可欣、可意语；即说法语，名三摩呬多语；即尸罗支所摄语，名由无悔等。渐次能引三摩地语。

此中，毒螫语者，谓毁辱他言[①]，纵瞋毒故。麤犷语者，谓恼乱他言，发苦触故。所余麤恶语，翻前白品应知。

复次，诸绮语者者，此是总句。于邪举罪时，有五种邪举罪者：言不应时故，名非时语者；言不实故，名非实语者；言引无义故，名非义语者；言麤犷故，名非法语者；言挟瞋恚故，名非静语者。又于邪说法时，不正思审而宣说故，名不思量语。为胜听者而宣说故，名不静语。非时而说，前后义趣不相属故，名杂乱语。不中理因而宣说故，名非有教语。引不相应为譬况故，名非有喻语。显秽染故，名非有法语。又于歌笑、嬉戏等时，及观舞乐、戏笑、俳说等时[②]，有引无义语。

此中略义者，谓显如前说三时绮语。

复次，诸贪欲者者，此是总句。由猛利贪者，谓于他所有，由贪增上，欲为己有，起决定执故。于财者，谓世俗财类。具者，谓所受用资具。即此二种，总名为物。凡彼所有，定当属我者，此显贪欲生起行相。

---

① 谓毁辱他言，底本与《房山石经》《资福藏》《碛砂藏》《赵城金藏》《普宁藏》《永乐南藏》《径山藏》相同；《高丽藏》“辱”作“摩”。

② 俳说等时，底本与《房山石经》《资福藏》《碛砂藏》《普宁藏》《永乐南藏》《径山藏》《高丽藏》相同；《赵城金藏》“俳”作“徘”。

此中略义者，当知显示贪欲自性、贪欲所缘、贪欲行相。

复次，瞋恚心者者，此是总句。恶意分别者，谓于他有情所，由瞋恚增上力，欲为损害起决定执故。当杀者，谓欲伤害其身。当害者，谓欲损恼其身。当为衰损者，谓欲令彼财物损耗。彼当自获种种忧恼者，谓欲令彼自失财物。

此中略义，如前应知。

复次，诸邪见者者，此是总句。起如是见者，此显自心忍可欲乐当所说义。立如是论者，此显授他当所说义。无有施与、无有爱养、无有祠祀者，谓由三种意乐，非拨施故：一、财物意乐；二、清净意乐；三、祀天意乐。供养火天，名为祠祀。

又显非拨戒修所生善能治所治故，及显非拨施所生善能治所治故，说如是言：无有妙行，无有恶行。又显非拨此三种善能治所治所得果故，说如是言：无有妙行、恶行二业果及异熟。又显非拨流转依处缘故，说如是言：无有此世，无有他世。又显非拨彼所托缘故，及非拨彼种子缘故，说如是言：无母无父。又显非拨流转士夫故，说如是言：无有化生有情。又显非拨流转对治还灭故，说如是言：世间无有真阿罗汉。乃至广说。

已趣各别烦恼寂静，故名正至。于诸有情远离邪行，行无倒行，故名正行。因时，名此世间。果时，名彼世间。自士夫力之所作故，名为自然。通慧者，谓第六。已证者，谓由见道。具足者，谓由修道。显示者，自所知故，为他说故。我生已尽等，当知如余处分别。

此中略义者，谓显示谤因谤果、诽谤功用、谤真实事。功用者，谓植种功用[1]、任持功用、来往功用、感生业功用。又有略义差别，谓显示诽谤若

[1] 谓植种功用，底本与《资福藏》《碛砂藏》《普宁藏》《永乐南藏》《径山藏》相同；《房山石经》《赵城金藏》《高丽藏》“植”作“殖”。

因若果、若流转缘、若流转士夫，及显诽谤彼对治还灭。又诽谤流转者，应知谤因，不谤自相。谤还灭者，应知谤彼功德，不谤补特伽罗。

复次，白品一切，翻前应知。所有差别，我今当说。

谓翻欲邪行中诸梵行者者，此是总句。当知此由三种清净而得清净：一、时分清净；二、他信清净；三、正行清净。尽寿行故，久远行故者，此显时分清净。净处雪故，名清；无违越故，名净。此二总显他信清净。此中，或有清而非净，应作四句：初句者，谓实毁犯，于诤得胜；第二句者，谓实不犯，于诤堕负；第三句者，谓实不犯，于诤得胜；第四句者，谓实毁犯，于诤堕负。不以爱染身触母邑故，名远离生臭。不行两两交会鄙事故，名远离婬欲。不以余手触等方便而出不净故，名非鄙爱。愿受持梵行故，名远离猥法。如是名为正行清净具足。当知略义即在此中。

又翻妄语中可信者，谓可委故。可委者，谓可寄托故。应可建立者，谓于彼彼违诤事中应可建立为正证故。无有虚诳者，于委寄中不虚诳故，不欺罔故。此中略义者，谓显三种摄受：一、欲解摄受；二、保任摄受；三、作用摄受。

复次，法相差别建立者，谓即杀生、离杀生等。

云何杀生？谓于他众生起杀欲乐，起染汙心，若即于彼起杀方便，及即于彼杀究竟中所有身业。

云何不与取？谓于他摄物起盗欲乐，起染汙心，若即于彼起盗方便，及即于彼盗究竟中所有身业。

云何欲邪行？谓于所不应行、非道、非处、非时起习近欲乐，起染汙心，若即于彼起欲邪方便[①]，及于欲邪行究竟中所有身业。

① 若即于彼起欲邪方便，底本与《资福藏》《碛砂藏》《赵城金藏》《普宁藏》《永乐南藏》《径山藏》《高丽藏》相同；《房山石经》“方”作“行方”。

云何妄语？谓于他有情起覆想说欲乐[1]，起染汙心，若即于彼起伪证方便，及于伪证究竟中所有语业。

云何离间语？谓于他有情起破坏欲乐，起染汙心，若即于彼起破坏方便，及于破坏究竟中所有语业[2]。

云何麤恶语？谓于他有情起麤语欲乐，起染汙心，若即于彼起麤语方便，及于麤恶语究竟中所有语业。

云何绮语？谓起绮语欲乐，起染汙心，若即于彼起不相应语方便，及于不相应语究竟中所有语业。

云何贪欲？谓于他所有，起己有欲乐，起染汙心，若于他所有，起己有欲乐决定方便，及于彼究竟中所有意业。

云何瞋恚？谓于他起害欲乐，起染汙心，若于他起害欲乐决定方便，及于彼究竟中所有意业。

云何邪见？谓起诽谤欲乐，起染汙心，若于起诽谤欲乐决定方便，及于彼究竟中所有意业。

云何离杀生？谓于杀生起过患欲解，起胜善心，若于彼起静息方便，及于彼静息究竟中所有身业。

如离杀生，如是离不与取乃至离邪见，应知亦尔。此中差别者，谓于不与取起过患欲解，乃至于邪见起过患欲解，起胜善心，若于彼起静息方便，及于彼静息究竟中所有意业。

如是十种，略为三种，所谓身业、语业、意业。即此三种，广开十种应知。

① 谓于他有情起覆想说欲乐，底本与《资福藏》《碛砂藏》《赵城金藏》《普宁藏》《永乐南藏》《径山藏》《高丽藏》相同；《房山石经》“说”作“语”。

② 及于破坏究竟中所有语业，底本与《资福藏》《碛砂藏》《赵城金藏》《普宁藏》《永乐南藏》《径山藏》《高丽藏》相同；《房山石经》无“于”字。

业因云何？应知有十二种相：一、贪；二、瞋；三、痴；四、自；五、他；六、随他转；七、所爱味；八、怖畏；九、为损害；十、戏乐；十一、法想；十二、邪见。

业位云何？应知略说有五种相，谓软位[1]、中位、上位、生位、习气位。由软不善业故，生旁生中；由中不善业故，生饿鬼中；由上不善业故，生那落迦中；由软善业故，生人中；由中善业故，生欲界天中；由上善业故，生色无色界。何等名为软位不善业耶？谓以软品贪、瞋、痴为因缘故。何等名为中位不善业耶？谓以中品贪、瞋、痴为因缘故，何等名为上位不善业耶？谓以上品贪、瞋、痴为因缘故。若诸善业，随其所应，以无贪、无瞋、无痴为因缘应知。何等生位业？谓已生未灭现在前业。何等习气位业？谓已生已灭，不现前业。

① 谓软位，底本与《资福藏》《碛砂藏》《普宁藏》《永乐南藏》《径山藏》相同；“软”，《房山石经》《高丽藏》作“耎”，《赵城金藏》作“突”，下同。

瑜伽师地论卷第九

本地分中有寻有伺等三地之六

复次，业门云何？此略有二种：一、与果门；二、损益门。

与果门者，有五种应知：一、与异熟果；二、与等流果；三、与增上果；四、与现法果；五、与他增上果。

与异熟果者，谓于杀生亲近、修习、多修习故，于那落迦中受异熟果。如于杀生，如是于余不善业道亦尔。是名与异熟果。

与等流果者，谓若从彼出，来生此间人同分中，寿量短促，资财匮乏，妻不贞良，多遭诽谤，亲友乖离，闻违意声，言不威肃，增猛利贪，增猛利瞋，增猛利痴，是名与等流果。

与增上果者，谓由亲近、修习、多修习诸不善业增上力故，所感外分光泽尠少，果不充实，果多朽败，果多变改，果多零落，果不甘美，果不恒常，果不充足，果不便宜，空无果实。当知善业与此相违。

与现法果者，有二因缘，善、不善业与现法果：一、由欲解故；二、由事故。

应知欲解复有八种：一、有顾欲解；二、无顾欲解；三、损恼欲解；四、慈悲欲解；五、憎害欲解；六、净信欲解；七、弃恩欲解；八、知恩欲解。有顾欲解造不善业、受现法果者，谓如有一，由增上欲解，顾恋其身，顾恋财物，顾恋诸有，造不善业。无顾欲解所造善业、受现法果者，谓如有一，以增上欲解，不顾其身，不顾财物，不顾诸有，造作善业。损恼欲解造不善业、受现法果者，谓如有一，于他有情补特伽罗，以增上品损恼欲解造不善业。慈悲欲解所造善业、受现法果者，谓如有一，于他有情补特伽罗，以增上品慈悲欲解造作善业。憎害欲解造不善业、受现法果者，谓如有一，于佛法僧及随一种尊重处事，以增上品憎害欲解造不善业。净信欲解所造善业、受现法果者，谓如有一，于佛法僧等，以增上品净信欲解造作善业。弃恩欲解造不善业、受现法果者，谓如有一，于父母所，造随一种恩造之处[①]，以增上品背恩欲解、欺诳欲解、酷暴欲解造不善业。知恩欲解所造善业、受现法果者，谓如有一，于父母等，以增上品知恩欲解、报恩欲解所作善业。

由事故者，若不善业，于五无间及彼同分中，亦有受现法果者。五无间业者：一、害母；二、害父；三、害阿罗汉；四、破僧；五、于如来所恶心出血。无间业同分者，谓如有一，于阿罗汉尼及于母所行秽染行；打最后有菩萨；或于天庙、衢路、市肆立杀羊法，流行不绝；或于寄托、得极委重、亲友、同心、耆旧等所，损害欺诳；或于有苦贫穷、困乏、无依、无怙为作归依，施无畏已，后返加害，或复逼恼；或劫夺沙门[②]，或破坏灵庙。如是等业，名无间同分。

若诸善业，由事重故，受现法果者，谓如有一，母无正信，劝进开化，安置建立于具信中。如无正信，于具信中；如是犯戒，于具戒中；悭恪，于具舍中；恶慧，于具慧中亦尔。如母，父亦尔。或于起慈定者，供养承事，如于起慈定者、如是于起无诤定、灭尽定、预流果、阿罗汉果，供养承事亦尔。又亲于佛所供养承事。如于佛所，如是于学、无学僧所亦尔。若即于此尊重事中，与上相违，由损害因缘起不善业，受现法果。

与他增上果者，谓亦由受现法果业。犹如如来所住国邑，必无疾疫、

① 造随一种恩造之处，底本与《资福藏》《碛砂藏》《普宁藏》《永乐南藏》《径山藏》《相同；《房山石经》《赵城金藏》高丽藏》“造”作“及”。

② 或劫夺沙门，底本与《资福藏》《碛砂藏》《赵城金藏》《普宁藏》《永乐南藏》《径山藏》相同；《房山石经》《高丽藏》“沙”作“僧”。

灾横等起，佛神力故，无量众生无疫无疾，无有灾横，得安乐住。如佛世尊，如是转轮圣王及住慈定菩萨亦尔。若诸菩萨以大悲心，观察一切贫穷困苦业天所恼众生，施以饮食、财谷、库藏，皆令充足，由此因缘，彼诸众生得安乐住。如是等类，是他增上所生现法受业应知。

损益门者，谓于诸有情，依十不善业道，建立八损害门。何等为八？一、损害众生；二、损害财物；三、损害妻妾；四、虚伪支证损害[①]；五、损害助伴；六、显说过失损害；七、引发放逸损害；八、引发怖畏损害。与此相违，依十善业道，建立八利益门应知。

业增上云何？谓猛利极重业。当知此业由六种相：一、加行故；二、串习故；三、自性故；四、事故；五、所治一类故；六、所治损害故。

加行故者，谓如有一，由极猛利贪、瞋、痴缠，及极猛利无贪、无瞋、无痴加行，发起诸业。串习故者，谓如有一，于长夜中亲近、修习、若多修习不善善业。自性故者，谓于绮语，麤恶语为大重罪；于麤恶语，离间语为大重罪；于离间语，妄语为大重罪；于欲邪行，不与取为大重罪；于不与取，杀生为大重罪；于贪欲，瞋恚为大重罪；于瞋恚，邪见为大重罪；又于施性，戒性无罪为胜；于戒性，修性无罪为胜；于闻性，思性无罪为胜。如是等。事故者，谓如有一，于佛法僧及随一种尊重处事为损为益，名重事业。所治一类故者，谓如有一，一向受行诸不善业，乃至寿尽，无一时善。所治损害故者，谓如有一，断所对治诸不善业，令诸善业离欲清净。

业颠倒云何？此有三种应知：一、作用颠倒；二、执受颠倒；三、喜乐颠倒。

作用颠倒者，谓如有一，于余众生思欲杀害，误害余者，当知此中虽有杀生，无杀生罪，然有杀生种类，杀生相似同分罪生。若不误杀其余众

① 四虚伪支证损害，底本与《房山石经》《资福藏》《碛砂藏》《赵城金藏》《普宁藏》《永乐南藏》《径山藏》相同；《高丽藏》“支”作“友”。

生，然于非情加刀杖已，谓我杀生，当知此中无有杀生，无杀生罪，然有杀生种类、杀生相似同分罪生[①]。如杀生业道，如是不与取等一切业道，随其所应，作用颠倒应知。

执受颠倒者，谓如有一，起如是见，立如是论[②]：无施无受[③]，乃至广说一切邪见。彼作是执：毕竟无有能杀、所杀，若不与取乃至绮语，亦无施与，受斋修福，受学尸罗，由此因缘，无罪无福。又如有一起如是见，立如是论：若有众生憎梵、憎天、憎婆罗门，若彼憎恶，唯应杀害，杀彼因缘，唯福无罪。又于彼所起不与取乃至绮语，唯获福德，无有非福。

喜乐颠倒者，谓如有一，不善业道现前行时，如游戏法，极为喜乐。

业差别云何？谓有作业，有不作业；有增长业，有不增长业；有故思业，有故不思业[④]。如是定异熟业、不定异熟业，异熟已熟业、异熟未熟业，善业、不善业、无记业，律仪所摄业、不律仪所摄业、非律仪非不律仪所摄业，施性业、戒性业、修性业，福业、非福业、不动业，顺乐受业、顺苦受业、顺不苦不乐受业，现顺法受业[⑤]、顺生受业、顺后受业，过去业、未来业、现在业，欲系业、色系业、无色系业，学业、无学业、非学非无学业。见所断业、修所断业、无断业，黑黑异熟业、白白异熟业、黑白黑白异熟业、非黑非白无异熟业能尽诸业，曲业、秽业、浊业、清净业、寂静业。

---

① 然有杀生种类、杀生相似同分罪生，底本与《房山石经》《资福藏》《碛砂藏》《普宁藏》《永乐南藏》《径山藏》《高丽藏》相同；《赵城金藏》“有”作“于”。

② 立如是论，底本与《房山石经》《资福藏》《赵城金藏》《径山藏》《高丽藏》相同；《碛砂藏》《普宁藏》《永乐南藏》“立”作“亦”。

③ 无施无受，底本与《资福藏》《碛砂藏》《赵城金藏》《普宁藏》《永乐南藏》《径山藏》相同；《房山石经》《高丽藏》“受”作“爱”。

④ 有故不思业，底本与《永乐南藏》相同；《房山石经》《资福藏》《碛砂藏》《赵城金藏》《普宁藏》《径山藏》《高丽藏》“故不”作“不故”。

⑤ 现顺法受业，底本与《资福藏》《碛砂藏》《普宁藏》《永乐南藏》《径山藏》相同；《房山石经》《赵城金藏》《高丽藏》“现顺”作“顺现”。

作业者，谓若思业，若思已所起身业、语业。不作业者，谓若不思业，若不思已不起身业。语业。

增长业者，谓除十种业，何等为十？一、梦所作业；二、无知所作业；三、无故思所作业；四、不利不数所作业；五、狂乱所作业；六、失念所作业；七、非乐欲所作业；八、自性无记业；九、悔所损业；十、对治所损业。除此十种，所余诸业，名为增长①。不增长业者，谓即所说十种业。

故思业者，谓故思已，若作业，若增长业。不故思业者，谓非故思所作业。

顺定受业者，谓故思已，若作，若增长业。顺不定受业者，谓故思已作，而不增长业。

异熟已熟业者，谓已与果业。异熟未熟业者，谓未与果业。

善业者，谓无贪、无瞋、无痴为因缘业。不善业者，谓贪、瞋、痴为因缘业。无记业者，谓非无贪、无瞋、无痴为因缘，亦非贪、瞋、痴为因缘业。

律仪所摄业者，谓或别解脱律仪所摄业，或静虑等至果断律仪所摄业，或无漏律仪所摄业。不律仪所摄业者，谓十二种不律仪类所摄诸业。何等十二不律仪类？一、屠羊；二、贩鸡；三、贩猪；四、捕鸟；五、罝兔；六、盗贼；七、魁脍；八、守狱；九、谗刺；十、断狱；十一、缚象；十二、咒龙。非律仪非不律仪所摄业者，谓除三种律仪业及不律仪类业，所余一切善、不善、无记业。

施性业者，谓若因缘，若等起，若依处，若自性。彼因缘者，谓以无贪、无瞋、无痴为因缘。彼等起者，谓无贪、无瞋、无痴俱行，能舍所施物，能起身语业思。彼依处者，谓以所施物及受者为依处。彼自性者，谓思所起能舍所施物身业、语业。

---

① 名为增长，底本与《资福藏》《碛砂藏》《普宁藏》《永乐南藏》《径山藏》《高丽藏》相同；《房山石经》《赵城金藏》“长”作“长业”。

如施性业，如是戒性业、修性业，随其所应应知。此中，戒性业因缘、等起如前。自性者，谓律仪所摄身语业等。依处者，谓有情、非有情数物。修性因缘者，谓三摩地因缘，即无贪、无瞋、无痴。等起者，谓彼俱行引发定思。自性者，谓三摩地。依处者，谓十方无苦无乐等有情界。又具施、戒、修者所有相貌，应知一切如余处说。

福业者，谓感善趣异熟，及顺五趣受善业。非福业者，谓感恶趣异熟，及顺五趣不善业。不动业者，谓感色、无色界异熟，及顺色、无色界受善业。

顺乐受业者，谓福业及顺三静虑受不动业。顺苦受业者，谓非福业。顺不苦不乐受业者，谓能感一切处阿赖耶识异熟业，及第四静虑以上不动业。顺现法受业者，谓能感现法果业[①]。顺生受业者，谓能感无间生果业。顺后受业者，谓能感彼后生果业。

过去业者，谓住习气位，或已与果，或未与果业。未来业者，谓未生未灭业。现在业者，谓已造、已思未谢灭业。

欲系业者，谓能感欲界异熟，堕欲界业。色系业者，谓能感色界异熟，堕色界业。无色系业者，谓能感无色界异熟，堕无色界业。

学业者，谓若异生若非异生学相续中所有善业。无学业者，谓无学相续中所有善业。非学非无学业者，谓除前二，余相续中所有善[②]、不善、无记业。

见所断业者，谓受恶趣不善等业。修所断业者，谓受善趣善、不善、无记业。无断业者，谓世出世诸无漏业。

---

① 谓能感现法果业，底本与《房山石经》《资福藏》《碛砂藏》《普宁藏》《永乐南藏》《径山藏》《高丽藏》相同；《赵城金藏》“果”作“界”。

② 余相续中所有善，底本与《房山石经》《资福藏》《碛砂藏》《普宁藏》《永乐南藏》《径山藏》《高丽藏》相同；《赵城金藏》“余”作“除”。

黑黑异熟业者，谓非福业。白白异熟业者，谓不动业。黑白黑白异熟业者，谓福业有不善业为怨对故[①]，由约未断非福业时，所有福业而建立故。非黑非白无异熟业能尽诸业者，谓出世间诸无漏业，是前三业断对治故。

曲业者，谓诸外道善不善业。秽业者，谓即曲业亦名秽业。又有秽业，谓此法异生于圣教中颠倒见者、住自见取者、邪决定者、犹预觉者所有善不善业。浊业者，谓即曲业、秽业，亦名浊业。又有浊业，谓此法异生于圣教中不决定者、犹预觉者所有善不善业。又有差别，唯于外道法中有此三业。由邪解行义故，名曲；由此为依，能障所起诸功德义故，名秽；能障通达真如义故，名浊。应知。

清净业者，谓此法异生于圣教中正决定者、不犹预觉者所有善业。寂静业者，谓住此法非异生者一切圣者所有学、无学业。

业过患云何？当知略说有七过患，谓杀生者杀生为因，能为自害，能为他害，能为俱害，生现法罪，生后法罪，生现法、后法罪，受彼所生身心忧苦。云何能为自害？谓为害生发起方便，由此因缘，便自被害，若被系缚，若遭退失，若被诃毁，然彼不能损害于他。云何能为他害？谓即由此所起方便，能损害他，由此因缘，不自被害乃至诃毁。云何能为俱害？谓即由此所起方便，能损害他，由此因缘，复被他害，若被系缚，乃至诃毁。云何生现法罪？谓如能为自害。云何生后法罪？谓如能为他害。云何生现法、后法罪？谓如能为俱害。云何受彼所生身心忧苦？谓为害生发起方便，而不能成六种过失，又不能办随欲杀事，彼由所欲不会因缘，便受所生身心忧苦。

---

① 谓福业有不善业为怨对故，底本与《资福藏》《碛砂藏》《赵城金藏》《普宁藏》《永乐南藏》《径山藏》相同；《房山石经》《高丽藏》“怨”作“恶”；《房山石经》“故”作“治”。

又有十种过患，依犯尸罗，如经广说应知。

又有四种不善业道及饮诸酒以为第五，依犯事善男子学处[1]，佛薄伽梵说多过患应知，广说如《阐地迦经》。

云何生杂染？谓由四种相应知：一、由差别故；二、由艰辛故；三、由不定故；四、由流转故。

生差别者，当知复有五种：一、界差别；二、趣差别；三、处所差别；四、胜生差别；五、自身世间差别。界差别者，谓欲界及色、无色界生差别。趣差别者，谓于五趣、四生差别。处所差别者，谓欲界中有三十六处生差别，色界中有十八处生差别，无色界中有四处生差别，如是总有五十八生。胜生差别者，谓欲界人中有三胜生：一、黑胜生生，谓如有一，生旃荼罗家，若卜羯娑家，若造车家，若竹作家，若生所余下贱贫穷，乏少财物饮食等家，如是名为人中薄福德者；二、白胜生生，谓如有一，生刹帝利大富贵家，若婆罗门大富贵家，若诸长者大富贵家，若生所余豪贵大富，多诸财谷库藏等家，如是名为人中胜福德者；三、非黑非白胜生生，谓如有一，非前二种生处中家者。又欲界天中亦有三种胜生：一、非天生；二、依地分生；三、依虚空宫殿生。又色界中有三种胜生：一者，异生无想天生[2]；二者，有想天生；三者，净居天生。又无色界天中有三胜生：一、无量想天生；二、无所有想天生；三、非想非非想天生。自身世间差别者，谓于十方无量世界中，有无量有情无量生差别应知。

生艰辛者，如薄伽梵说："汝等长时驰骋生死，身血流注过四大海。所以者何？汝等长夜或生象、马、驼、驴、牛、羊、鸡、鹿等众同分中，汝等

① 依犯事善男子学处，底本与《碛砂藏》《永乐南藏》《径山藏》相同；《房山石经》《资福藏》《赵城金藏》《普宁藏》《高丽藏》无"子"字。

② 一者异生无想天生，底本与《房山石经》《资福藏》《碛砂藏》《普宁藏》《永乐南藏》《径山藏》《高丽藏》相同；《赵城金藏》"异"作"黑"。

于彼，多被斫截身诸支分[①]，令汝身血极多流注。如于象等众同分中，人中亦尔。又复汝等于长夜中，丧失无量父母、兄弟、姊妹、亲属。又复丧失种种财宝、诸资生具，令汝洟泪极多流注，如前血量。如血洟泪，如是当知所饮母乳其量亦尔。”如是等类，生艰辛苦，无量差别应知。

生不定者，如薄伽梵说：“假使取于大地所有一切草木根茎枝叶等，截为细筹，如四指量，计算汝等长夜展转所经父母。如是众生曾为我母，我亦长夜曾为彼母；如是众生曾为我父，我亦长夜曾为彼父。如是筭计，四指量筹速可穷尽，而我不说汝等长夜所经父母其量边际。”又复说言：“汝等有情自所观察，长夜展转，成就第一极重忧苦，今得究竟。汝等当知，我亦曾受如是大苦。如苦，乐亦尔。”又复说言：“我观大地，无少处所可得，汝等长夜于此处所未曾经受无量生死。”又复说言：“我观世间有情，不易可得长夜流转，不为汝等若母若父，兄弟姊妹，若轨范师，若亲教师，若余尊重，若等尊重。”又如说言：“若一补特伽罗，于一劫中所受身骨，假使有人为其积集不烂坏者，其聚量高王舍城侧广博胁山。”

云何生流转？谓自身所有缘起。当知此即说为流转。

云何缘起？嗢柁南曰[②]：

体门义差别，次第难释词，
缘性分别缘，摄诸经为后。

云何缘起体？若略说由三种相建立缘起，谓从前际，中际生；从中际，后际生；中际生已，若趣流转，若趣清净究竟。

云何从前际，中际生；中际生，已复趣流转？谓如有一，不了前际无

① 多被斫截身诸支分，底本与《碛砂藏》《普宁藏》《永乐南藏》《径山藏》相同；“斫”，《房山石经》《赵城金藏》作“斵”，《资福藏》《高丽藏》作“斲”，下同。

② 嗢柁南曰，底本与《资福藏》《碛砂藏》《普宁藏》《永乐南藏》《径山藏》相同；《房山石经》《赵城金藏》《高丽藏》“柁”作“拕”，下同。

明所摄无明为缘，于福、非福及与不动身、语、意业，若作若增长。由此随业识，乃至命终，流转不绝，能为后有相续识因。此识将生果时，由内外贪爱正现在前，以为助伴，从彼前际既舍命已，于现在世自体得生。在母腹中，以因识为缘，相续果识前后次第而生，乃至羯罗蓝等位差别而转。于母胎中，相续果识与名色俱，乃至衰老，渐渐增长。尔时，感生受业名色与异熟果[①]。又此异熟识即依名色而转，由必依托六依转故，是故经言名色缘识。俱有依根曰色，等无间灭依根曰名，随其所应，为六识所依。依止彼故，乃至命终，诸识流转。又五色根，若根所依大种，若根处所，若彼能生大种，曰色，所余曰名。由识执受，诸根堕相续法，方得流转，故此二种依止于识，相续不断。由此道理，于现在世，识缘名色，名色缘识，犹如束芦，乃至命终，相依而转。如是名为从前际，中际诸行缘起生；中际生已，流转不绝。

当知此中依胎生者，说流转次第。若卵生、湿生者，除处母胎，余如前说。若于有色有情聚中，谓欲、色界受化生者，诸根决定圆满而生，与前差别。若于无色界，以名为依，及色种子为依，识得生起；以识为依，名及色种子转。从此种子，色虽断绝，后更得生，与前差别。又由福业，生欲界人天；由非福业，生诸恶趣；由不动业，生色、无色界。云何不生？由不生故，趣清净究竟。

云何从中际，后际诸行缘起生？谓中际已生补特伽罗，受二种先业果，谓受内异熟果，及境界所生受增上果。此补特伽罗或闻非正法故，或先串习故，于二果愚。由愚内异熟果故[②]，于后有生苦不如实知；由迷后有

① 感生受业名色与异熟果，底本与《资福藏》《碛砂藏》《普宁藏》《永乐南藏》《径山藏》相同；《房山石经》《赵城金藏》《高丽藏》“色”作“已”。

② 由愚内异熟果故，底本与《径山藏》《高丽藏》相同；《房山石经》《资福藏》《碛砂藏》《赵城金藏》《普宁藏》《永乐南藏》“由”作“内”。

后际无明增上力故，如前于诸行，若作若增长。由此新所作业，故说此识名随业识。即于现法中，说无明为缘故行生，行为缘故识生。此识于现法中，名为因识，能摄受后生果识故。又总依一切识说，名六识身。又即此识是后有名色种子之所随逐，乃至触种子是后有受种子之所随逐①。如是总名于中际中后有引因应知。由此能引识，乃至受一期身故。由先异熟果愚引后有已，又由第二境界所生受果愚故，起缘境界受爱。由此爱故，或发欲求②，或发有求，或执欲取，或执见戒，及我语取，由此爱、取和合资润，令前引因转名为有，即是后有生因所摄。从此无间，命即终已③，随先引因所引识等受最为后，此诸行生，或渐或顿。如是于现法中，无明触所生受为缘故爱，爱为缘故取，取为缘故有，有为缘故生，生为缘故老病死等诸苦差别，或于生处次第现前④，或复种子随逐应知。如是于中际中，无明缘行等，受缘爱等，为因缘故，后际诸行生。

复有先集资粮，于现法中从他闻音，及于二果诸行，若于彼因、彼灭、彼趣灭行如理作意；由此如理作意为缘，正见得生，从此次第得学、无学清净智见；由此智见，无明及爱永断无余；由此断故，于彼所缘不如实知无明触所生受亦复永断；由此断故，永离无明⑤，于现法中证慧解脱。若于无明触所生受相应心中所有贪爱，即于此心得离系故，贪爱永灭，于现

---

① 乃至触种子是后有受种子之所随逐，底本与《房山石经》《资福藏》《碛砂藏》《普宁藏》《永乐南藏》《径山藏》相同；《赵城金藏》《高丽藏》“乃至触种子”作“此名色种子是后有六处种子之所随逐，此六处种子是后有触种子之所随逐，此种子触”。

② 或发欲求，底本与《房山石经》《资福藏》《碛砂藏》《普宁藏》《永乐南藏》《径山藏》《高丽藏》相同；《赵城金藏》无“欲”字。

③ 即终已，底本与《资福藏》《碛砂藏》《普宁藏》《永乐南藏》《径山藏》相同；《房山石经》《赵城金藏》《高丽藏》“即”作“既”。

④ 或于生处次第现前，底本与《房山石经》《资福藏》《碛砂藏》《普宁藏》《永乐南藏》《径山藏》《高丽藏》相同；《赵城金藏》“处”作“受”。

⑤ 永离无明，底本与《房山石经》《资福藏》《碛砂藏》《普宁藏》《永乐南藏》《径山藏》《高丽藏》相同；《赵城金藏》“离”作“断”。

法中，证心解脱。设彼无明不永断者，依于识等受最为后，所有诸行，后际应生；由无明灭故，更不复起，得无生法。是故说言，无明灭故，行灭，次第乃至异熟生触灭故，异熟生受灭。于现法中，无明灭故，无明触灭；无明触灭故，无明触所生受灭；无明触所生受灭故，爱灭；爱灭故，如前得无生法。由此故说取等恼最为后诸行永灭。

如是于现法中，诸行不转，由不转故，于现法中，于有余依界，证得现法涅槃。彼于尔时，唯余清净识缘名色，名色缘识，乃至有识身在，恒受离系受，非有系受。此有识身，乃至先业所引寿量，恒相续住。若寿量尽，便舍识所持身，此命根后所有命根，无余永灭，更不重熟。又复此识与一切受任运灭故，所余因缘先已灭故，不复相续，永灭无余，是名无余依涅槃界究竟寂静处，亦名趣求涅槃者，于世尊所，梵行已立，究竟涅槃。

如是已说由三种相建立缘起，谓从前际，中际生；从中际，后际生；又于中际，若流转，若清净，是名缘起体性。

缘起门云何？谓依八门缘起流转：一内识生门，二外稼成熟门，三有情世间死生门，四器世间成坏门，五食任持门①，六自所作业增上势力受用随业所得爱非爱果门，七威势门，八清净门。

缘起义云何？谓离有情义，是缘起义。于离有情复无常义，是缘起义。于无常复蹔住义，是缘起义。于蹔住复依他义，是缘起义。于依他离作用义，是缘起义。于离作用复因果相续不断义，是缘起义。于因果相续不断复因果相似转义，是缘起义。于因果相似转复自业所作义，是缘起义。

问：为显何义，建立缘起耶？

答：为显因缘所摄染汙、清净义故。

缘起差别云何？谓于前际无知等，如经广说。于前际无知云何？谓于

① 五食任持门，底本与《房山石经》《资福藏》《赵城金藏》《普宁藏》《永乐南藏》《径山藏》《高丽藏》相同；《碛砂藏》“任”作“住”。

过去诸行，起不如理分别，谓我于过去为曾有耶？为曾无耶？曾何体性？曾何种类？所有无知。于后际无知云何？谓于未来诸行，起不如理分别，谓我于未来为当有耶？为当无耶？当何体性？当何种类？所有无知。于前、后际无知云何？谓于内起不如理犹预[①]，谓何等是我？我为何等？今此有情，从何所来？于此没已，当往何所？所有无知。

于内无知云何？谓于各别诸行起不如理作意，谓之为我，所有无知。于外无知云何？谓于外非有情数诸行起不如理作意，谓为我所，所有无知。于内外无知云何？谓于他相续诸行起不如理分别，谓怨亲中，所有无知。

于业无知云何？谓于诸业起不如理分别，谓有作者，所有无知。于异熟无知云何？谓于异熟果所摄诸行起不如理分别，谓有受者，所有无知。于业异熟无知云何？谓于业及果起不如理分别，所有无知。

于佛无知云何？谓于佛菩提，或不思惟，或邪思惟，或由放逸，或由疑惑，或由毁谤，所有无知。于法无知云何？谓于正法善说性，或不思惟，或邪思惟，或由放逸，或由疑惑，或由毁谤，所有无知。于僧无知云何？谓于僧正行，或不思惟，或邪思惟，或由放逸，或由疑惑，或由毁谤，所有无知。

于苦无知云何？谓于苦是苦性，或不思惟，或邪思惟，或由放逸，或由疑惑，或由毁谤，所有无知。如于苦，当知于集、灭、道无知亦尔。

于因无知云何？谓起不如理分别，或计无因，或计自在、世性、士夫、中间等不平等因，所有无知。如于因无知，于从因所生诸行亦尔。又彼无罪故，名善；有罪故，名不善。有利益故，名应修习；无利益故，名不应修习。黑故，名有罪；白故，名无罪；杂故，名有分。

于六触处如实通达无知云何？谓增上慢者于所证中颠倒思惟，所有无知。

① 谓于内起不如理犹预，底本与《资福藏》《碛砂藏》《普宁藏》《永乐南藏》《径山藏》相同；《房山石经》《赵城金藏》《高丽藏》“犹预”作“犹豫”。

如是略说十九种无知。

复有七种无知：一、世愚；二、事愚；三、移转愚；四、最胜愚；五、真实愚；六、染净愚；七、增上慢愚。前十九无知，今七无知，相摄云何？谓初三无知摄初一，次三无知摄第二，次三无知摄第三，次三无知摄第四，次四无知摄第五，次六无知摄第六[①]，后一无知摄第七。

复有五种愚：一、义愚；二、见愚；三、放逸愚；四、真实义愚；五、增上慢愚。前十九愚，今五种愚相摄云何？谓见愚摄前六及于因所生法无知，放逸愚摄于业异熟、俱无知，真实义愚摄于佛等乃至道谛无知，增上慢愚摄最后无知，当知义愚通摄一切。

复次，无知，无见，无有现观、黑闇、愚痴及无明闇，如是六种无明差别，随前所说七无知事，次第应知。于后二无知事，总合为一，起此最后无明黑闇。复有差别，谓闻、思、修所成三慧所治差别，如其次第，说前三种，即此所治软、中、上品差别，说后三种。如是所治差别故，自性差别故，建立六种差别应知。

身行云何？谓身业。若欲界，若色界，在下名福、非福，在上名不动。语行云何？谓语业，余如前应知。意行云何？谓意业，若在欲界名福、非福，在上二界，唯名不动。

眼识云何？谓于当来依止眼根了别色境识，所有福、非福、不动行所熏发种子识，及彼种子所生果识。如眼识如是，乃至意识应知亦尔。由所依及境界所起了别差别应知，此于欲界具足六种，色界唯四，无色界唯一。

受蕴云何？谓一切领纳种类。想蕴云何？谓一切了像种类。行蕴云何？谓一切心所造作意业种类。识蕴云何？谓一切了别种类。如是诸蕴，皆通三界。四大种云何？谓地、水、火、风界，此皆通三界。四大种所造色

① 次六无知摄第六，底本与《资福藏》《碛砂藏》《普宁藏》《永乐南藏》《径山藏》相同；《房山石经》《赵城金藏》《高丽藏》“六”作“二”。

云何？谓十色处及法处所摄色。欲界具十及法处所摄假色。色界有八及法处所摄色，然非一切。此亦二种，谓识种子所摄受种子名色，及彼所生果名色[1]。

眼处云何？谓眼识所依净色，由此于色已见、现见、当见。如眼处，如是乃至意处随其所应尽当知。于一切处，应说三时业用差别。此亦二种，谓名色种子所摄受种子六处，及彼所生果六处。五在欲、色界，第六通三界。

眼触云何？谓三和所生，能取境界净妙等义。如是余触，各随别境说相应知。此复二种，谓六处种子所摄受种子触，及彼所生果触。欲界具六，色界四，无色界一。

乐受云何？谓顺乐诸根、境界为缘所生适悦受，受所摄。苦受云何？谓顺苦二为缘所生非适悦受，受所摄。不苦不乐受云何？谓顺不苦不乐二为缘所生非适悦非不适悦受，受所摄。欲界三，色界二，第四静虑以上乃至非想非非想处，唯有第三不苦不乐。此亦二种，谓触种子所摄受种子受，及彼所生果受。

① 及彼所生果名色，底本与《房山石经》《资福藏》《碛砂藏》《赵城金藏》《普宁藏》《永乐南藏》《径山藏》相同；《高丽藏》“及”作“及于”。

瑜伽师地论卷第十

本地分中有寻有伺等三地之七

欲爱云何？谓欲界诸行为缘所生，于欲界生染汙希求，由此能生欲界苦果。色爱云何？谓色界诸行为缘所生，于色界行染汙希求，由此能生色界苦果。无色爱云何？谓无色界行为缘所生[①]，于无色界行染汙希求，由此能生无色界苦果。

欲取云何？谓于诸欲有所欲贪。见取云何？谓除萨迦耶见，于所余见有所欲贪。戒禁取云何？谓于邪愿所起戒禁所有欲贪。我语取云何？谓于萨迦耶见所有欲贪。初唯能生欲界苦果，余三通生三界苦果。

欲有云何？谓欲界本有[②]、业有、死有、中有、生有，及那落迦、傍生[③]、饿鬼、人、天有，总说名欲有。此复由先所作诸行烦恼摄受之所熏发。色有云何？谓除那落迦、傍生、饿鬼、人有，所余是色有应知。无色有云何？谓复除中有，所余是无色有应知。

问：依何义故，建立七有，所谓那落迦、旁生、饿鬼、人、天有、业有、中有？

答：依三种所作故：一、能引有，谓一；二、趣有有，谓一；三、受用果有，谓五。

---

① 谓无色界行为缘所生，底本与《资福藏》《碛砂藏》《赵城金藏》《普宁藏》《永乐南藏》《径山藏》相同；《房山石经》《高丽藏》“行”作“诸行”。

② 谓欲界本有，底本与《房山石经》《资福藏》《碛砂藏》《赵城金藏》《普宁藏》《永乐南藏》《径山藏》相同；《高丽藏》“本”作“前时”。

③ 傍生，底本与《房山石经》《资福藏》《碛砂藏》《赵城金藏》《普宁藏》《永乐南藏》《径山藏》相同；《高丽藏》作“旁生”，下同。

生云何？谓于胎、卵二生初托时生。等生云何？谓即于彼身分圆满仍未生时。趣云何？谓从彼出。起云何？谓出已增长。出现云何？谓于湿、化二生身分顿起。蕴得云何？谓即于彼诸生位中五取蕴转。界得云何？谓即彼诸蕴因缘所摄性。处得云何？谓即彼诸蕴余缘所摄性。诸蕴生起云何？谓即彼诸蕴日日饮食之所资长。命根出现云何？谓即彼诸蕴余寿力故得相续住。

此生支略义者，谓若生自性，若生处位，若所生，若因缘所摄，若任持所引，若具生依持，是名略义。

衰云何？谓依止劣故，令彼掉动。老云何？谓发色衰变。摄云何？谓皮肤缓皱。熟云何？谓火力衰减，无复势力受用欲尘。气力损坏云何？谓性多疾病故，无有势力能作事业。黑黡间身云何？谓黯黑出现，损其容色。身脊伛曲，喘息奔急云何？谓行步威仪身形所显，由此发起极重喘嗽。形貌偻前云何？谓坐威仪位，身首低曲。凭据杖策云何？谓住威仪位，依杖力而住。惛昧云何？谓卧威仪位，数重睡眠。羸劣云何？谓即于此位，无力速觉。损减云何？谓念慧衰退。衰退云何？谓念慧劣故，至于善法不能现行。诸根耄熟云何？谓身体尫羸。功用破坏云何？谓彼于境不复明利。诸行朽故云何？谓彼于后将欲终时。其形腐败云何？谓寿量将尽，身形临坏，于诸事业无复功能。

此老略义者，谓依止变坏，鬓发变坏①，充悦变坏，火力变坏，无病变坏②，色相变坏，威仪变坏，无色诸根变坏，有色诸根变坏，时分已过，寿量将尽，略义应知。

① 鬓发变坏，底本与《房山石经》《资福藏》《碛砂藏》《赵城金藏》《普宁藏》《永乐南藏》《径山藏》相同；《高丽藏》“鬓”作“须”。

② 无病变坏，底本与《资福藏》《碛砂藏》《普宁藏》《永乐南藏》《径山藏》《高丽藏》相同；《房山石经》《赵城金藏》“无”作“疾”。

彼彼有情云何？谓那落迦等有情。种类云何？谓即彼一切。终云何？谓诸有情离解支节而死。尽云何？谓诸有情由解支节而死。坏云何？谓识离身。没云何？谓诸色根灭。舍寿云何？谓气将尽位。舍煖云何？谓不动位。弃舍诸蕴命根谢灭云何？谓时死。死云何？谓遇横缘，非时而死。时运尽云何？谓初死未久位。又死魔业名时运尽。

此死略义者，谓若死，若死法，若死差别，若死后位，是名略义。

如是名为缘起差别应知。

问：何因缘故，无明等诸有支作如是次第说？

答：诸愚痴者要先愚于所应知事，次即于彼发起邪行；由邪行故，令心颠倒；心颠倒故，结生相续；生相续故，诸根圆满；根圆满故，二受用境；受用境故，若躭著，若希求；由希求故，于方觅时，烦恼滋长；烦恼滋长故，发起后有爱非爱业；由所起业滋长力故，于五趣生死中苦果生；苦果生已，有老死等苦，谓内身变异所引老死苦，及境界变异所引忧叹苦、热恼之苦。是故世尊如是次第说十二支。

复有次第差别，谓依二种缘，建立缘起次第：一、内身缘；二、受用境界缘。内身缘，前六支所摄；受用境界缘，后六支所摄。先于内身起我执等愚，由此不了诸业所引苦果异熟故，发起诸业，既发起已，即随彼业，多起寻思。由业与识为助伴故，能感当来三种苦果，谓根初起所摄苦果、根圆满所摄苦、果受用境界所摄苦果，即名色为先，触为最后。

又于现法中，依触缘受，发起于爱。由受用境界缘广起追求[①]，或由事业门，或由利养门，或由戒禁门，或由解脱门。发起欲求、内身求、邪解脱求。如是求时，令先所起烦恼及业所引五趣生死果生，既得生已，老死随逐。

① 由受用境界缘广起追求，底本与《房山石经》《资福藏》《碛砂藏》《普宁藏》《永乐南藏》《径山藏》《高丽藏》相同；《赵城金藏》“受”作“爱”。

复有次第差别，谓由三种有情聚：一、乐出世清净；二、乐世间清净；三、乐著境界。由初聚故，灭诸缘起。增白净品，由第二有情聚故，不如实知诸谛道理。若住正念，或作福业，或作有漏修所引不动业，若不住正念，便发非福业，或起追悔所引，或不追悔欢喜所引心相续住。彼又如前，于下、中、上生处，次第能感当来三种苦果，谓名色为先，触为最后。由第三有情聚故，依现受用境所生受，于现法中如前次第起后六支，谓爱为先[①]，老死为后。

问：何因缘故，逆次第中，老死为先，说诸缘起？

答：依止宣说谛道理故，以生及老死能显苦谛。

如世尊言："新名色灭为上首法。"

问：何故不言诸无明灭为上首耶？

答：依心解脱者而施设故。由彼于现法中，种子苦及当来苦果不生而灭，故说名色为先，受为最后，得究竟灭。又于现法中受诸受时，爱及随眠永拔不起，说名为灭。由彼灭故，以彼为先，余支亦灭。

如是等类，宣说缘起次第应知。

问：何故缘起说为缘起？

答：由烦恼系缚，往诸趣中数数生起，故名为缘起[②]。此依字释名。复次，依托众缘，速谢灭已，续和合生，故名缘起。此依刹那义释。复次，众缘过去而不舍离，依自相续而得生起，故名缘起。如说此有故彼有，此生故彼生，非余。依此义故，释名应知。复次，数数谢灭，复相续起，故名缘起。此依数坏数灭义释。复次，于过去世觉缘性已，等相续

① 谓爱为先，底本与《资福藏》《碛砂藏》《普宁藏》《永乐南藏》《径山藏》相同；《房山石经》《赵城金藏》《高丽藏》"爱"作"受"。

② 故名为缘起，底本与《资福藏》《碛砂藏》《普宁藏》《永乐南藏》《径山藏》相同；《房山石经》《赵城金藏》《高丽藏》无"为"字。

起，故名缘起。如世尊言“我已觉悟，正起宣说”，即由此名，展转传说，故名缘起。

问：无明望行为几种缘？

答：望诸色行为增上缘；望无色行为三缘，谓等无间缘、所缘缘、增上缘。如是余支为缘多少，应如此知[1]，谓有色支望有色支为一增上缘；望无色支为二缘，谓所缘缘及增上缘。若无色支望有色支唯为一缘；望无色支为三缘，谓等无间缘、所缘缘、增上缘。

问：何故诸支相望无因缘耶？

答：因缘者，自体种子缘所显故。

问：若诸支相望无因缘者，何故说言依因果体性建立缘起耶？

答：依增上缘所摄引发因、牵引因、生起因故，说名为因。

问：几支是引因所摄？

答：从无明乃至受。

问：几支是生因所摄？

答：从爱乃至有。

问：几支是生、引二因果所摄耶？

答：于现法、后法中，识等乃至受，于生、老死位所摄诸支。

问：若说无明以不如理作意为因，何因缘故，于缘起教中不先说耶？

答：彼唯是不断因故。非杂染因故。所以者何？非不愚者起此作意。依杂染因说缘起教，无明自性是染汙，不如理作意自性非染汙，故彼不能染汙无明，然由无明力所染汙。又生杂染，业烦恼力之所熏发，业之初因，谓初缘起。是故不说不如理作意。

问：何故不说自体，为自体缘耶？

① 应如此知，底本与《房山石经》《资福藏》《赵城金藏》《普宁藏》《永乐南藏》《径山藏》《高丽藏》相同；《碛砂藏》“知”作“如”。

答：由彼自体，若不得余缘，于自体杂染不能增长，亦不损减，是故不说。

问：何因缘故，福行、不动行由正拣择功力而起，仍说用无明为缘耶？

答：由不了达世俗苦因为缘，起非福行；由不了达胜义苦因为缘，生福及不动行。是故亦说彼以无明为缘。

问：如经中说诸业以贪、瞋、痴为缘，何故此中唯说痴为缘耶？

答：此中通说福、非福、不动业缘，贪、瞋、痴缘唯生非福业故。

问：身业语业，思所发起，是则行亦缘行，何故但说无明缘行？

答：依发起一切行缘而说故，及依生善、染汙思缘而说故。

问：识亦以名色为缘，何故此中但说行为缘耶？

答：行为识杂染缘，能引能生后有果故，非如名色，但为所依所缘生起缘故。

问：名色亦由大种所造及由触生，何故但说识为缘耶？

答：识能为彼新生因故。彼既生已，或正生时，大种及触唯能与彼为建立因。

问：如经中说六界为缘，得入母胎，何故此中唯说识界？

答：若有识界，决定于母胎中精血、大种、腹穴无阙故[①]，又识界胜故，又依一切生、一切有生时而说故。

问：六处亦以饮食为缘，何故此中但说名色为缘耶？

答：此中说名色是彼生因故。彼即生已[②]，亦以饮食为任持因[③]。

---

① 决定于母胎中精血、大种、腹穴无阙故，底本与《房山石经》《赵城金藏》《径山藏》《高丽藏》相同；《资福藏》《碛砂藏》《普宁藏》《永乐南藏》“穴”作“冗”。

② 彼即生已，底本与《资福藏》《碛砂藏》《普宁藏》《永乐南藏》《径山藏》相同；《房山石经》《赵城金藏》《高丽藏》“即”作“既”。

③ 亦以饮食为任持因，底本与《房山石经》《资福藏》《赵城金藏》《永乐南藏》《径山藏》《高丽藏》相同；《碛砂藏》《普宁藏》“任”作“住”。

问：触以三和为缘，何故此中但说六处为缘？

答：若有六处，定有余二无阙故。又六处胜故，由六处摄二种故[①]。

问：若自所逼迫，若他所逼迫，若时候变异，若先业所引，皆得生受，何故此中但显触为彼缘？

答：触是彼近因故，由触所引故，余缘所生受亦从触生故，必不离触，是故偏说。

问：经中亦说无明为缘生爱，顺爱境界亦得为缘，何故此中但说受为缘耶？

答：以受力故，于相似境或求和合，或求乖离。由愚痴力，但于诸受起尽等相，不如实知，由此不能制御其心。

问：由随眠未断，顺彼诸法取皆得生，何故此中但说爱为取缘？

答：由希望生故，于追求时，能发随眠及能引彼随顺法故。

问：前已说无明为缘发起业有，何故今者说取缘有？

答：由取力故，即令彼业于彼彼生处能引识、名色等果。

问：生亦以精血等为缘，何故此中唯说有缘生耶？

答：由有有故，定有余缘无阙。又有胜故，唯说彼为缘。

问：亦由远行、不避不平等、他所逼迫为缘，老死可得，何故此中但说生缘老死耶？

答：虽由彼诸缘，必以生为根本故，纵阙彼缘，但生为缘定有老死故。

问：此十二支，几是烦恼道？几是业道？几是苦道？

答：三是烦恼道，二是业道，余是苦道。

问：几唯是因？几唯是果？几通因果？

答：初一唯因，后一唯果，余通因果。又即于此问，更作余答：三唯是

① 由六处摄二种故，底本与《房山石经》《资福藏》《碛砂藏》《普宁藏》《永乐南藏》《径山藏》《高丽藏》相同；《赵城金藏》“种”作“摄”。

因，二唯是果，当知所余亦因亦果。

问：几是独相？几是杂相？

答：三是独相，行等是杂相。

问：何故行有是杂相？

答：由二种说故，谓能引爱非爱果故，及能生趣差别故。

问：何故识与名色、六处一分有杂相？

答：由三种说故，谓依杂染时故，依闰时故[①]，依转时故。

问：何故识乃至受，与老死有杂相？

答：由二种说故，谓别显苦相故，及显引生差别故。

复次，于缘起中，云何数往义？谓生已不住义。

云何和合义？谓诸缘聚集义。

云何起义？谓诸缘和合之所引摄新新生义。

云何缘起？云何缘生？谓诸行生起法性，是名缘起；即彼生已，说名缘生。

问：几支苦谛摄及现法为苦？

答：二，谓生及老死。

问：几支苦谛摄，当来为苦？

答：识乃至受种子性。

问：几支集谛摄？

答：所余支。

问：无明与行，为作俱有缘，为作无间灭缘，为作久远灭缘？

答：当知具作三缘，谓由无知，于随顺诸行法中，为俱有覆障缘，为彼彼事发起诸行；又由恶见、放逸俱行无知，为无间灭生起缘，发起诸行；又

① 依闰时故，底本与《房山石经》《资福藏》《碛砂藏》《赵城金藏》《普宁藏》《永乐南藏》《径山藏》相同；《高丽藏》“闰”作“润”。

由无知，为久远灭引发缘故，建立顺彼当生相续。

问：云何应知诸行望识为三种缘？

答：由能熏发彼种子故，为俱有缘；次后由彼势力转故，为无间灭生起缘；由彼当来果得生故，为久远灭引发缘。如行望识，如是识望名色，名色望六处，六处望触，触望受亦尔。

问：云何应知受望爱为三种缘？

答：当知由彼起乐著故，为俱有缘，从此无间由彼势力起追求等作用转故，为无间灭生起缘；建立当来难可解脱彼相续故，为久远灭引发缘。

问：云何爱望取为三种缘？

答：由欲贪俱行，于随顺取法中欲乐安立故，为俱有缘；由无间灭势力转故，为生起缘；建立当来，难可解脱彼相续故，为久远灭引发缘。

问：云何取望有为三种缘？

答：由与彼俱令业能招诸趣果故，为俱有缘；又由彼力于此生处能引识等故，为无间灭生起缘；又能引发彼界功能故，为久远灭引发缘。

问：云何有望生为三种缘？

答：熏发彼种子故，为俱有缘；由彼势力无间随转故[①]，为生起缘；虽久远灭而果转故，为引发缘。如有望生，当知生望老死为缘亦尔。

复次，建立有支有二种：一、就胜分建立，谓取所摄受业，如前已说；二、全分建立，谓业及识乃至受所有种子，取所摄受，建立为有应知。

问：是诸有支唯有次第与行为缘，乃至老死，更有余业用耶？

答：此业用[②]，及于各别所行境中，如其所应所有业用，当知是名第

① 由彼势力无间随转故，底本与《房山石经》《资福藏》《碛砂藏》《普宁藏》《永乐南藏》《径山藏》《高丽藏》相同；《赵城金藏》无“无”字。

② 此业用，底本与《资福藏》《碛砂藏》《普宁藏》《永乐南藏》《径山藏》相同；《房山石经》《赵城金藏》《高丽藏》“此”作“即此”。

二业用。

问：无明唯与行为缘，亦与余支为缘耶？

答：无明乃至亦与老死为缘。前言“唯与行为缘”者，但说近缘义，如是所余，尽应当知。

复次，后支非前支缘。何以故？如为断后支故，勤作功用断于前支；由前断故，后亦随断；非为断前故，勤作功用，断于后支。是故当知，唯此为彼缘。

问：云何说言此有故彼有？

答：由未断缘，余得生义故。

问：云何此生故彼生？

答：由无常缘，余得生义故。

问：何故说言有生故有老死，要由生缘而有老死，如是乃至无明望行？

答：由此言教道理，显从无实作用缘，余得生义故。

问：何故说言有生故有老死，非离生缘而有老死，如是乃至无明望行？

答：由此言教道理，显从自相续缘，即自相续，余得生义故。

问：若法无明为缘，彼法是行耶？设是行者，彼无明为缘耶？

答：应作四句，或有行非无明为缘，谓无漏及无覆无记身语意行；或无明为缘而非是行，谓除行所摄有支所余有支；或有亦无明为缘，亦是行谓福、非福、不动身语意行；除如是相，是第四句。

问：若行为缘，彼亦识耶？设是识者，行为缘耶？

答：应作四句：或行为缘非识，谓除识，所余有支；或识非行为缘，谓无漏识及无覆无记识，除异熟生；或亦识亦行为缘，谓后有种子识及果识；除如是相，是第四句，由此道理，乃至触缘受，随其所应四句应知。

问：若受为缘，皆是爱耶？设是爱者，皆受为缘耶？

答：应作四句：或有是爱非受为缘，谓希求胜解脱，及依善爱而舍余爱；或受为缘而非是爱，谓无明触所生爱为缘[1]，所余有支法生；或有受为缘亦是爱，谓无明触所生受为缘，染汙爱生；除如是相，是第四句。

问：若爱为缘，皆是取耶？设是取者，皆爱为缘耶？

答：当知此中是顺后句，谓所有取，皆爱为缘。或爱为缘，而非是取，谓除取，所余有支，及缘善爱勤精进等诸善法生。

问：若取为缘，皆是有耶？设是有者，皆取为缘耶？

答：亦应作顺后句，谓所有有，皆取为缘。或取为缘，而非是有，谓除有，所余有支。

问：若有为缘，皆是生耶？设是生者，皆有为缘耶？

答：诸所有生，皆有为缘。或有为缘，而非是生，谓除生，所余老死最后有支。

问：若生为缘，皆老死耶？设是老死，皆生为缘耶？

答：所有老死，皆生为缘。或生为缘，而非老死，所谓疾病，怨憎合会，亲爱别离，所求不遂，及彼所起愁叹忧苦种种热恼。

问：是诸有支，几与道支所摄正见为胜障礙？

答：无明及彼所起意行，若有一分，能为胜障。

如于正见，如是于正思惟及正精进亦尔。若正语、正业、正命，以身行语行及有一分为胜障礙。若正念正定[2]，以余有支为胜障礙应知。

问：是诸有支，几唯杂染品？几通杂染、清净品？

答：四唯杂染品，余通杂染、清净品。

问：云何生支通二品耶？

---

① 谓无明触所生爱为缘，底本与《资福藏》《碛砂藏》《普宁藏》《永乐南藏》《径山藏》相同；《高丽藏》“无明”作“除无明”；《房山石经》《赵城金藏》《高丽藏》“爱”作“受”。

② 若正念正定，底本与《房山石经》《资福藏》《碛砂藏》《普宁藏》《永乐南藏》《径山藏》相同；《赵城金藏》《高丽藏》“念”作“命”。

答：若生恶趣及有难处，唯是杂染品；若生人天诸无难处，此通染、净品。当知余支，随其所应，皆通二品。

问：何等无明不有故行不有？何等无明灭故行灭耶？

答：有三种发起：缠、随眠、无明。由此无明灭故，彼无明灭；由彼灭故，行亦随灭。

问：何等行不有故识不有？何等行灭故识灭耶？

答：诸行于自相续中已作已灭，及未起对治，又由意行有故，起身语行，由此有故彼有。彼无故，彼缘识亦无；此若全灭，当知识亦随灭。

问：何等识不有故名色不有[①]？何等识灭故名色灭耶？

答：种子识不有故，果识不有；此俱灭故，俱名色灭。如识望名色道理，如是余支乃至受，随其所应，当知亦尔。如无明缘行道理，如是爱缘取，取缘有道理，当知亦尔。如行缘识道理，如是有缘生，当知亦尔。如识缘名色道理，生缘老死，当知亦尔。

问：何等受不有，故爱不有？何等受灭故爱灭耶？

答：如行缘识道理，当知亦尔。

问：如前所说八缘起门，几门是十二支缘起所显？几门非耶？

答：三门是彼所显，谓二一分所显，一全分所显，余门非。何等为二一分所显？谓内识生门、自业所作门。何等为一全分所显？谓有情世间转门。

问：不如实知缘起道理者，有几种过患耶？

答：有五，谓起我见，及能发起前际俱行见。如前际俱行见，如是后际俱行见、前后际俱行见亦尔。又于彼见猛利坚执，有取有悕[②]，于现法中

① 何等识不有故名色不有，底本与《房山石经》《资福藏》《碛砂藏》《普宁藏》《永乐南藏》《径山藏》《高丽藏》相同；《赵城金藏》“故”作“何”。

② 有取有希，底本与《资福藏》《碛砂藏》《普宁藏》《永乐南藏》《径山藏》相同；《房山石经》《赵城金藏》《高丽藏》“悕”作“怖”。

不般涅槃，是名第五过患。

问：如实知者，有几种胜利耶？

答：翻前五过，应知胜利亦有五种。

复次，是十二支缘起，几支是实有？谓九。几支非实有？谓余。几一事为自性？谓五。几非一事为自性？谓余。几是所知障因？谓一。几能生苦？谓五。几苦胎藏？谓五。几唯是苦？谓二。几说为因分？谓前六，无明乃至触，及爱、取、有三，说为因分。几说为果分？谓后二，说为果分。几说为杂因果分？谓所余支，说为杂分。所以者何？有二种受，名为杂分：一、谓后受以触为缘因受；二、谓现法语爱为缘果受。此二杂说，为触缘受。

复次，几支能生爱非爱境界果？几支能生自体果？谓前六支能生前果，后三支能生后果，一支俱生二果。

复次，几支乐受俱行？谓除二，所余支。几支苦受俱行？谓即彼，及所除中一。几支不苦不乐受俱行？谓如乐受，道理应知。几支不与受俱行？谓所除中一。

复次，几支坏苦摄？谓乐受俱行支，及非受俱行支一分。几支苦苦摄？谓苦受俱行支，及非受俱行支一分。几支行苦摄？谓所有坏苦、苦苦支，亦是行苦支。或有行苦所摄，非余二苦，谓不苦不乐受俱行支，及非受俱行支一分。

问：于一切生处及三摩钵底中，皆有一切支现行可得耶？

答：不可得。谓无想天中，及灭尽定、无想定中，有色支可得，非无色支；若生无色界，无色支可得，非有色支。

问：颇有依支得离支耶？

答：有。谓依上地支，离下地支。此但一分，非全，唯暂时，非究竟。

问：几支染汙？几支不染汙？

答：三染，余通二种[①]。若不染汙，善及无覆无记别故，分为二种应知。

问：几支欲界系？

答：一切支，和合等起故。

问：几支色界系？

答：一切一分。

问：云何应知彼有老耶？

答：彼诸行有朽坏腐败性故。如色界系，当知无色界系亦尔。

问：几支是学？

答：无。

问：几支是无学？

答：亦无。

问：几支是非学非无学？

答：一切。

问：所有善有漏支，彼何故非学耶？

答：堕流转故。若学所有善有漏法，彼与流转相违故，及用明为缘故，非支。

问：预流果当言几支已断耶？

答：一切一分，无全断者。如预流果，如是一来果亦尔。

问：不还果当言几支已断耶？

答：欲界一切，色、无色界不定。

问：阿罗汉当言几支已断耶？

答：三界一切。

复次，于彼彼经中，由几种言说道理说缘起耶？谓略说由六种言说道

① 余通二种，底本与《资福藏》《碛砂藏》《赵城金藏》《普宁藏》《永乐南藏》《径山藏》《高丽藏》相同；《房山石经》无“通”字。

理：一、由顺次第说；二、由逆次第说；三、由一分支说；四、由具分支说；五、由黑品说；六、由白品说。

问：如世尊说缘起甚深，此甚深义云何应知？

答：由十种相，应知缘起甚深义，谓依无常义、苦义、空义、无我说义。依无常义者，谓从自种子生，亦待他缘；又从他缘生，亦待自种子；又从自种子及从他缘生，而种及缘于此生事无作无用，亦无运转；又复此二因性功能非不是有，又诸有支虽无始来其相成就[①]，然刹那刹那新新相转；又缘起支虽刹那速灭，然似停住运动相现。依苦义者，谓缘起支一味苦相，而似三种相现。依空义者，谓缘起支虽离有情、作者、苦者[②]，然似不离显现而说。依无我义者，谓缘起支虽不自在，实无有我相，然似我相显现。依胜义谛，诸法自性虽不可说，而言诸法自性可说。

问：应以几智知缘起耶？

答：二，谓以法住智及真实智。云何以法住智？谓如佛施设开示，无倒而知。云何以真实智？谓如学见迹，观甚深义。

问；如世尊言："是诸缘起，非我所作，亦非余作，所以者何？若佛出世，若不出世，安住法性、法住、法界。"云何法性？云何法住？云何法界？

答：是诸缘起，无始时来理成就性，是名法性。如成就性，以无颠倒文句安立，是名法住。由此法住以彼法性为因，是故说彼名为法界。

问：如经言生若无者，无处无位，生可是有。若一切种生非有者，生缘老死应不可得，何故此中说彼自性缘自性耶？

答：依自种子果生说故，谓识乃至受支是生种子故，义说为生。由此

① 又诸有支虽无始来其相成就，底本与《房山石经》《资福藏》《碛砂藏》《普宁藏》《永乐南藏》《径山藏》《高丽藏》相同；《赵城金藏》"诸"作"谓"。

② 谓缘起支虽离有情作者苦者，底本与《房山石经》《资福藏》《碛砂藏》《赵城金藏》《普宁藏》《永乐南藏》《径山藏》相同；《高丽藏》"苦"作"受"。

有故，后时即此果支名有缘生。如是余支，如经所说，随其所应尽当知。

问：已说一切支非更互为缘，何故建立名色与识互为缘耶？

答：识于现法中用名色为缘故，名色复于后法中用识为缘故。所以者何？以于母腹中有相续时说互为缘故。由识为缘，于母腹中诸精血色名所摄受，和合共成羯罗蓝性，即此名色为缘，复令彼识于此得住。

问：何故菩萨观黑品时，唯至识支，其意转还，非至余支耶？

答：由此二支更互为缘故，如识缘名色，如是名色亦缘识，是故观新至识转还。于余支中，无有如是转还道理。于此一处显示更互为缘道理，故名转还。于还灭品中，名色非是后有识还灭因，由此因缘，复还观察。

问：何因缘故说缘起支非自作，非他作，非俱作，亦非无因生耶？

答：生者非有故，缘无作用故，缘力所生故。

问：于缘起中，何等是苦牙[①]？谁守养苦牙？何等为苦树？

答：无明行缘所引识，乃至受，是苦牙。受缘所引爱乃至有，是守养苦牙。生与老死，当知是苦树。

问：几缘起支当知如炷？

答：识乃至受。

问：几支如膏？

答：无明[②]、行、爱、取、有。

问：几支如焰？

答：生、老死应知。

问：何因缘故，于缘起黑品教中说名增益？

---

① 乃至受是苦牙，底本与《资福藏》《碛砂藏》《普宁藏》《永乐南藏》《径山藏》相同；《房山石经》《赵城金藏》《高丽藏》“苦牙”作“苦芽”，下同。

② 无明，底本与《房山石经》《资福藏》《碛砂藏》《赵城金藏》《普宁藏》《永乐南藏》《径山藏》相同；《高丽藏》“无”作“元”。

答：一切有支纯大苦聚为后果故，又诸有支前前为缘后后所随故。

问：何因缘故，于白品教中说名损减？

答：由一切支前前永断后后灭故，又是纯大苦聚损减因故。

问：几缘起支名有因法？

答：谓前七。

问：几缘起支名有因苦？

答：余五。

问：几支灭是漏尽所显？

答：三。

问：几支灭是缘尽所显？

答：即此三是余支缘故。

问：几支灭是受尽所显？

答：一，谓由烦恼已断故，所依灭时，此一切受皆永息灭故。

问：何因缘故，依止缘起，建立七十七智耶？

答：为显有因杂染智故，又复为显于自相续自已所作杂染智故，又复为显前际诸支无始时故，又复为显后际诸支容有杂染还灭义故，又复为显支所不摄诸有漏慧遍知义故，于一一支皆作七智，当知总有七十七智。

问：何因缘故，于缘起中，建立四十四智耶？

答：为显于一一支，依四圣谛观察道理，是故总有四十四智。

复次，若生欲界，依欲界身，引发上地若眼若耳，由此见闻下地、自地所有色声。又依此身，起三界意及不系意而现在前。若生色、无色界，除其下地，一切现前，如在欲界。

复次，此三种杂染，谓烦恼杂染、业杂染、生杂染。为欲断故，修六种现观。应知何等为六？谓思现观、信现观、戒现观、现观智谛现观、现观边智谛现观、究竟现观。

瑜伽师地论卷第十一

本地分中三摩呬多地第六之一

已说有寻有伺等三。云何三摩呬多地？嗢柁南曰[①]：

总标与安立，作意相差别，

摄诸经宗要，最后众杂义。

若略说三摩呬多地，当知由总标故，安立故，作意差别故，相差别故，略摄诸经宗要等故。

云何总标？谓此地中略有四种：一者，静虑；二者，解脱；三者，等持；四者，等至。

静虑者，谓四静虑：一、从离生有寻有伺静虑；二、从定生无寻无伺静虑；三、离喜静虑；四、舍念清净静虑。

解脱者，谓八解脱：一、有色观诸色解脱；二、内无色想观外诸色解脱；三、净解脱身作证具足住解脱；四、空无边处解脱；五、识无边处解脱；六、无所有处解脱；七、非想非非想处解脱；八、想受灭身作证具足住解脱。

等持者，谓三三摩地：一、空；二、无愿；三、无相。复有三种，谓有寻有伺、无寻唯伺、无寻无伺。复有三种，谓小、大、无量。复有二种，谓一分修、具分修。复有三种，谓喜俱行、乐俱行、舍俱行。复有四种，谓四修定。复有五种，谓五圣智三摩地。复有五种，谓圣五支三摩地。复有有因有具圣正三摩地，复有金刚喻三摩地，复有有学、无学、非学非无学等三

① 嗢柁南曰，底本与《资福藏》《碛砂藏》《普宁藏》《永乐南藏》《径山藏》相同；《房山石经》《赵城金藏》《高丽藏》“柁”作“拕”，下同。

摩地。

等至者，谓五现见三摩钵底、八胜处三摩钵底、十遍处三摩钵底、四无色三摩钵底、无想三摩钵底、灭尽定等三摩钵底。

云何安立？谓唯此等，名等引地。非于欲界心一境性。由此定等，无悔、欢喜、安乐所引，欲界不尔，非欲界中于法全无审正观察。

复次，初静虑中说离生喜。由证住此，断除五法，谓欲所引喜、欲所引忧、不善所引喜、不善所引忧、不善所引舍[①]。又于五法修习圆满，谓欢、喜、安、乐及三摩地。

欲所引喜者，于妙五欲若初得时，若已证得正受用时，或见，或闻，或曾领受，由此诸缘，忆念欢喜。欲所引忧者，于妙五欲若求不遂，若已受用，更不复得，或得已便失，由此诸缘，多生忧恼。不善所引喜者，谓如有一，与喜乐俱，而行杀业，乃至邪见。不善所引忧者，谓如有一，与忧苦俱，而行杀业，乃至邪见。不善所引舍者，谓如有一，或王王等，或余宰官，或尊尊等，自不乐为杀等恶业。然其仆使作恶业时，忍而不制，亦不安处毗奈耶中，由纵舍故，遂造恶业。彼于此业现前领解，非不现前。又住于舍，寻求伺察为恶方便。又于诸恶躭著不断，引发于舍。又于不善现前转时，发起中庸非苦乐受[②]。

欢者，谓从本来清净行者，观资粮地所修净行，无悔为先，慰意适悦心欣踊性。喜者，谓正修习，方便为先，深庆适悦心欣踊性。安者，谓离麤重，身心调适性。乐者，谓由如是心调适故，便得身心无损害乐及解脱乐，以离彼品麤重性故，于诸烦恼而得解脱。三摩地者，谓于所缘审正观察，

① 不善所引舍，底本与《房山石经》《碛砂藏》《赵城金藏》《普宁藏》《永乐南藏》《径山藏》《高丽藏》相同；《资福藏》“舍”作“舍者”。

② 发起中庸非苦乐受，底本与《资福藏》《碛砂藏》《赵城金藏》《普宁藏》《永乐南藏》《径山藏》《高丽藏》相同；《房山石经》“庸”作“容”。

心一境性。

世尊于无漏方便中，先说三摩地，后说解脱，由三摩地善成满力，于诸烦恼心永解脱故；于有漏方便中，先说解脱，后说三摩地，由证方便究竟作意果烦恼断已，方便根本三摩地故①；或有俱时说三摩地及与解脱，谓即于此方便究竟作意及余无间道三摩地中，由三摩地与彼解脱俱时有故。

复次，于诸静虑等至障中，略有五盖，将证彼时，能为障碍。何等为五？一、贪欲盖；二、瞋恚盖；三、惛沉睡眠盖；四、掉举恶作盖；五、疑盖。

贪欲者，谓于妙五欲随逐净相，欲见欲闻，乃至欲触，或随忆念先所领受，寻伺追恋。

瞋恚者，谓或因同梵行等举其所犯，或因忆念昔所曾经不饶益事瞋恚之相，心生恚怒，或欲当作不饶益事，于当所为瞋恚之相多随寻伺，心生恚怒。

惛沉者，谓或因毁坏净尸罗等随一善行，不守根门，食不知量，不勤精进减省睡眠，不正知住而有所作，于所修断不勤加行，随顺生起一切烦恼，身心惛昧，无堪任性。睡眠者，谓心极昧略。又顺生烦恼，坏断加行，是惛沉性；心极昧略，是睡眠性。是故此二，合说一盖。又惛昧无堪任性，名惛沉；惛昧心极略性，名睡眠。由此惛沉生诸烦恼、随烦恼时，无余近缘如睡眠者。诸余烦恼及随烦恼，或应可生，或应不生，若生惛昧，睡眠必定皆起。

掉举者，谓因亲属寻思、国土寻思、不死寻思，或随忆念昔所经历戏笑欢娱所行之事，心生喧动腾跃之性。恶作者，谓因寻思亲属等故，心生

① 方便根本三摩地故，底本与《资福藏》《碛砂藏》《普宁藏》《永乐南藏》《径山藏》相同；《房山石经》《赵城金藏》《高丽藏》“便”作“得”。

追悔，谓我何缘离别亲属，何缘不往如是国土？何缘弃舍如是国土，来到于此，食如是食，饮如是饮，唯得如是衣服、卧具、病缘医药、资身众具？我本何缘少小出家，何不且待至年衰老？或因追念昔所曾经戏笑等事，便生悔恨，谓我何缘于应受用戏乐、严具、朋游等时，违背宗亲朋友等意，令其悲恋涕泪盈目，而强出家？由如是等种种因缘，生忧变心①，恶作追悔。由前掉举与此恶作处所等故，合说一盖。又于应作不应作事，随其所应，或已曾作，或未曾作，心生追悔，云何我昔应作不作，非作反作？除先追悔所生恶作，此恶作缠犹未能舍，次后复生相续不断忧变之心②，恶作追悔，此又一种恶作差别。次前所生非处恶作及后恶作，虽与掉举处所不等，然如彼相腾跃喧动，今此亦是忧变之相，是故与彼杂说一盖。

疑者，谓于师、于法、于学、于诲及于证中，生惑、生疑，由心如是怀疑惑故，不能趣入勇猛方便，正断寂静。又于去、来、今及苦等谛，生惑生疑，心怀二分，迷之不了，犹豫猜度。

问：此贪欲盖，以何为食？

答：有净妙相，及于彼相不正思惟多所修习，以之为食。净妙相者，谓第一胜妙诸欲之相。若能于此远离染心，于余下劣亦得离染，如制强力，余劣自伏。此复云何？谓女人身上八处所摄可爱净相，由此八处，女缚于男。所谓歌、舞、笑、睇、美容、进止、妙触、就礼，由此因缘，所有贪欲未生令生，生已增长，故名为食。

问：此贪欲盖谁为非食？

答：有不净相，及于彼相如理作意多所修习，以为非食。此复云何？

---

① 生忧变心，底本与《房山石经》《资福藏》《碛砂藏》《赵城金藏》《普宁藏》《永乐南藏》《径山藏》相同；《高丽藏》“变”作“恋”。

② 次后复生相续不断忧变之心，底本与《房山石经》《资福藏》《碛砂藏》《赵城金藏》《普宁藏》《永乐南藏》《径山藏》相同；《高丽藏》“变”作“恋”。

谓青瘀等。若观此身种种不净杂秽充满，名观内身不净之相；复观于外青瘀等相种种不净，名观外身不净之相。由观此二不净相故，未生贪欲令其不生，生已能断，故名非食。由于彼相如理作意故，遮令不生；多所修习故，生已能断。前黑品中，由于彼相不正思惟故，未生令生；多所修习故，倍更增广。

问：瞋恚盖，以何为食？

答：有瞋恚性，有瞋恚相，及于彼相不正思惟多所修习，以之为食。依于种种不饶益事，心生恼害，名瞋恚性。不饶益事，多瞋恚相[①]。于九恼事不正作意，名不正思惟[②]。如是等事，皆名为食。

问：此瞋恚盖谁为非食？

答：有仁慈贤善，及于彼相如理作意多所修习，以为非食。又此慈善恒欲与他安乐为相，修力所摄。由思择力所摄作意，调伏九恼。以能断除瞋恚盖故，经中唯说此为非食。

问：惛沉睡眠盖以何为食？

答：有黑暗相，及于彼相不正思惟多所修习，以之为食。

问：此盖谁为非食？

答：有光明相，及于彼相如理作意多所修习，以为非食。光明有三种[③]：一、治暗光明；二、法光明；三、依身光明。治暗光明复有三种：一、在夜分，谓星月等；二、在昼分，谓日光明；三、在俱分，谓火珠等。法光明者，谓如有一，随其所受、所思、所触，观察诸法，或复修习随念佛等。

① 多瞋恚相，《房山石经》《资福藏》《碛砂藏》《赵城金藏》《普宁藏》《永乐南藏》《径山藏》《高丽藏》“多”作“名”。

② 名不正思惟，底本与《资福藏》《碛砂藏》《普宁藏》《永乐南藏》《径山藏》相同；《房山石经》《赵城金藏》《高丽藏》无“惟”字。

③ 光明有三种，底本与《资福藏》《碛砂藏》《普宁藏》《永乐南藏》《径山藏》相同；《房山石经》《赵城金藏》《高丽藏》无“光”字

依身光明者，谓诸有情自然身光。当知初明治三种暗：一者，夜暗、二者，云暗、三者，障暗，谓窟宅等。法明能治三种黑暗：由不如实知诸法故，于去、来、今多生疑惑[①]，于佛法等亦复如是。此中无明及疑，俱名黑暗。又证观察，能治惛沉睡眠黑暗，以能显了诸法性故。

问：掉举恶作盖以何为食？

答：于亲属等所有寻思，于曾所经戏笑等念，及于彼相不正思惟多所修习，以之为食。亲属寻思者，谓因亲属或盛或衰，或离或合，发欣慼行，心生筹虑等。国土寻思者，谓因国土盛衰等相，广如前说。不死寻思者，谓因少年及衰老位诸有所作，或利他事，发欣慼行，心生筹虑等。笑者，谓随有一，或因开论，或因合论，现齿而笑，欢聚哑[②]。戏者，谓双陆、摴蒱、弄珠等戏。或有所余种类欢乐，谓互相受用，受用境界，受诸快乐，或由同处，或因戏论，欢娱而住。所行事者，谓相执持手臂、发等，或相摩触随一身分，或抱，或呜，或相顾眄，或作余事。

问：此盖谁为非食？

答：有奢摩他，及于彼相如理作意多所修习，以为非食。奢摩他者，谓九种住心，及奢摩他品所摄诸法，谓于自他若衰若盛可厌患法，心生厌离，惊恐恶贱，安住寂静。

问：疑盖以何为食？

答：有去、来、今，及于彼相不正思惟多所修习，以之为食。谓我于过去为有为无？广说如上。不正思惟者，谓不可思处所摄思惟。不可思处者，谓我思惟、有情思惟、世间思惟。若于自处，依世差别思惟我相，名我思

① 于去来今多生疑惑，底本与《资福藏》《碛砂藏》《赵城金藏》《普宁藏》《永乐南藏》《径山藏》《高丽藏》相同；《房山石经》“今”作“令”。

② 欢聚哑，底本与《资福藏》《碛砂藏》《普宁藏》《永乐南藏》《径山藏》相同；《房山石经》《赵城金藏》《高丽藏》“哑”作“哑哑”。

惟。若于他处，名有情思惟。若于有情世间及器世间处，名世间思惟。谓世间常或谓无常，亦常亦无常，非常非无常等。

问：此盖谁为非食？

答：有缘缘起，及于彼相如理作意多所修习，以为非食。由彼观见唯有于法及唯法因，唯有于苦及唯苦因故，所有一切不正思惟为缘无明，于二世境未生者不生，已生者能断。若不如理而强作意，其如理者而不作意，总说此二，名不正思惟。若于是中应合道理，应知是处名为如理。谓于暗中作光明想①，由此方便，如理作意，非不如理。于余处所，亦有所余如理作意。

复次，于初静虑具足五支：一、寻；二、伺；三、喜；四、乐；五、心一境性。第二静虑有四支：一、内等净；二、喜；三、乐；四、心一境性。第三静虑有五支：一、舍；二、念；三、正知；四、乐；五、心一境性。第四静虑有四支：一、舍清净；二、念清净；三、不苦不乐受；四、心一境性。

初静虑中，寻、伺为取所缘，三摩地为彼所依，喜为受境界，乐为除麤重。第二静虑中，内等净为取所缘，三摩地为彼所依，余如前说。第三静虑中，舍、念、正知为取所缘，三摩地为彼所依，余如前说。第四静虑中，舍净、念净为取所缘，三摩地为彼所依，余如前说。诸静虑中虽有余法，然此胜故，于修定者为恩重故，偏立为支。

问：何因缘故，初静虑中有寻有伺耶？

答：由彼能厌患欲界，入初静虑，初静虑中而未能观寻、伺过故。第二静虑能观彼过，是故说为寻、伺寂静。如第二静虑见彼过故，名寻、伺寂静，如是第三静虑，见喜过故，名喜寂静；第四静虑，见乐过故，名乐寂静。舍、念清净，差别应知。

① 谓于暗中作光明想，底本与《资福藏》《碛砂藏》《普宁藏》《永乐南藏》《径山藏》相同；《房山石经》《赵城金藏》《高丽藏》“暗”作“闇”。

复次，是诸静虑名差别者，或名增上心，谓由心清净增上力正审虑故。或名乐住，谓于此中受极乐故。所以者何？依诸静虑，领受喜乐、安乐、舍乐、身心乐故。又得定者于诸静虑数数入出，领受现法安乐住故。由此定中现前领受现法乐住，从是起已，作如是言："我已领受如是乐住。"于无色定无如是受，是故不说彼为乐住。然彼起已，应正宣说。何以故？若有阿练若苾刍来就彼问，彼若不答，便生讥论："此阿练若苾刍云何名为阿练若者？我今问彼超色、无色寂静解脱，而不能记。"是故为说应入彼定，非为乐住。或复名为彼分涅槃，亦得说名差别涅槃。由诸烦恼一分断故，非决定故，名彼分涅槃；非究竟涅槃故，名差别涅槃。

复次，此四静虑亦得名为出诸受事，谓初静虑出离忧根，第二静虑出离苦根，第三静虑出离喜根，第四静虑出离乐根，于无相中出离舍根。如薄伽梵《无倒经》中说如是言："苾刍！忧根生已，应当如实了知生者。"此于何位？谓即于此断方便位，若为忧根间心相续，尔时应知。又应并此因缘及序，若相若行皆如实知者，云何知因？谓了知此种子相续。云何知缘？谓了知此种所不摄所依、助伴。云何知序？谓知忧根托此事生，即是能发忧根之相及无知种子。云何知相？谓了知此是慼行相。云何知行？谓了知此能发之行，即不如理作意相应思也。如是知已，于出离中极制持心者。云何制持？谓于染汙行制摄其心，于思惟修住持坚住[①]。又于是中，无余尽灭乃至究竟者，谓灭随眠故，灭诸缠故。世间静虑但能渐舍彼品麤重，不拔种子；若异此者，种永拔故，后不应生。无漏静虑二种俱舍。如是于余，随应当知。

问：以何等相了知忧根？

答：或染汙相，或出离欲俱行善相。

---

① 于思惟修住持坚住，底本与《资福藏》《碛砂藏》《普宁藏》《永乐南藏》《径山藏》相同；《房山石经》《赵城金藏》《高丽藏》"住持"作"任持"。

苦根者，或由自等增上力故，或由身劳增上力故、或火烧等增上力故，或他逼等增上力故，诸离欲者犹尚生起。喜根者，谓第二静虑中，即第二静虑地摄。乐根者，谓第三静虑中，即第三静虑地摄。

问：何故苦根初静虑中说未断耶？

答：彼品麤重犹未断故。

问：何缘生在初静虑者，苦根未断而不现行？

答：由其助伴相对忧根所摄诸苦，彼已断故。

若初静虑已断苦根，是则行者入初静虑及第二时，受所作住差别应无，由二俱有喜及乐故，而经中说由出诸受，静虑差别。又此应无寻、伺寂静麤重断灭所作差别。如是余根彼品麤重渐次断故，上诸静虑断有差别。

又无相者，经中说为无相心定，于此定中舍根永灭，但害随眠，彼品麤重无余断故，非灭现缠，住无相定必有受故。于此定中容有三受，谓喜、乐、舍，非彼诸受得有随眠，烦恼断故，说以为断；彼品麤重说名随眠。又此舍根乃至何处？当知始从第四静虑，乃至有顶。

复次，此五根出离，无相为复后[①]，与彼五种顺出离界展转相摄。此中，由欲、恚、害出离，即说乃至乐根出离。由色出离，即说第四静虑舍根出离；由萨迦耶灭，即说无色界一切舍根出离。顺出离言，有何等义？由住此者能出离故，名顺出离，不说由此出离于彼，为离欲者说此界故。

问：诸欲、恚、害、定同时断，何缘建立别出离耶？

答：彼诸出离，虽复同时，约修对治有差别故，宣说三种出离差别。对治差别者，谓不净、慈、悲，如其次第。或有唯修不净，出离一切，或慈或悲。是故别说三种出离。此上唯有一类对治，故后出离无有差别。

① 无相为复后，底本与《资福藏》《碛砂藏》《普宁藏》《永乐南藏》《径山藏》相同；《房山石经》《赵城金藏》《高丽藏》无“复”字。

云何猛利见者等随念欲？谓由观察作意，于胜事作意故，猛利功用作意故。

云何于诸欲中心不趣入？谓于彼处不见胜功德故。

云何不美？谓于彼处喜悦不生故。

云何不住？谓于彼处不乐受用为欣悦故。

云何无有胜解？谓于彼处不乐取著不如理相故。

云何萎顇？谓虽纵任而不舒泰故。

云何坏散？谓取境已寻复弃舍故。

云何而不舒泰？谓于所缘虽强令住而不受乐故[①]。

云何等住弃舍[②]？谓行平等位，于平等位中心游观故。

何等为厌？谓由于彼深见过患，弃背为性。此复三种？谓无常故，苦故，变坏法故。

何等为恶？谓由于彼初见过患，弃背为性。

何等为违？谓由于彼中见过患，弃背为性。

何等为背？谓由于彼后见过患，弃背为性。

与此相违，即于离欲作意趣入者？谓于是处见胜功德故。美者，谓于是处，生清净信而证顺故。住者，谓于所缘不流散故。胜解者，由于是处不染汙转，于诸烦恼得离系故。以于厌等弃背行中正流转时，心无罣碍，又复于舍无有功用。

云何其心善逝？谓住方便究竟作意故。

云何善修？谓善修习余作意故。当知此说断位及断方便道位。

---

① 谓于所缘虽强令住而不受乐故，底本与《资福藏》《碛砂藏》《赵城金藏》《普宁藏》《永乐南藏》《径山藏》相同；《房山石经》《高丽藏》“受”作“爱”。

② 云何等住弃舍，底本与《资福藏》《碛砂藏》《普宁藏》《永乐南藏》《径山藏》相同；《房山石经》《赵城金藏》《高丽藏》“弃”作“于”。

解者，谓解脱诸缠故。脱者，谓解脱所缘相故。离系者，谓解脱随眠故。从诸欲缘所生诸漏者，谓除欲贪，于欲界中所余烦恼。损匮者[①]，谓因此生执器仗等恶行差别，于此若作若增长故，生诸恶趣。烧者，谓由此因，欲爱噉食，烧身心故。恼者，谓由此因，若事变坏，便生愁叹忧苦恼故。于彼解脱、超出、离系者，谓如前次第，解脱诸缠所缘随眠故。

云何终不领纳缘彼诸受？谓依将得、正得、随念诸欲境界，染汙诸受不复现行，其所依身不为众惑染汙而住，如红莲华[②]，水滴不著。

复有六种顺出离界，如经广说，谓我已修慈，乃至我已离诸我慢，然我犹为疑惑毒箭闷乱其心，是故慈等于恚、害等非正对治。当知为舍如是邪执，建立此界。是中恚等离欲对治有差别故，建立前四；对治相故，观察圣住得道理故，建立无相；观察究竟正道理故，建立第六。

慈对治恚，无损行转故；悲对治害，为除他苦，胜乐行转故；喜治不乐，于他乐事，随喜行转故；舍治贪、恚，俱舍行转故；无相对治一切众相，相相违故。若离我慢，于自解脱或所证中定无疑惑，故离我慢，是彼对治。此诸出离定，能出离一切恚等，不善修故，恚等过失容可现行。又前五种顺出离界：初之四种，天住所摄；第五一种，圣住所摄。今此六种顺出离界：前之四种，梵住所摄；第五、第六圣住所摄。

复次，能超恚等诸过失故，名为出离；于出离时正可凭仗，故名为依。世尊说依，略有四种：一、法是依，非数取趣；二、义是依，非文；三、了义经是依，非不了义经；四、智是依，非识。此四种依，因何建立？补特伽罗四种别故，谓因谄诈补特伽罗差别故，建立初依；因顺世间补特伽罗差别

① 损匮者，底本与《资福藏》《碛砂藏》《普宁藏》《永乐南藏》《径山藏》《高丽藏》相同；“损匮”，《房山石经》作“匮乏”，《赵城金藏》作“损匮之”。

② 如红莲华，底本与《资福藏》《碛砂藏》《普宁藏》《永乐南藏》《径山藏》相同；《房山石经》《赵城金藏》《高丽藏》“华”作“花”。

故，建立第二；因住自见取补特伽罗差别故，建立第三；因闻为极补特伽罗差别故，建立第四。因其谄诈，说法是依，非数取趣。要与彼论分别决择，方证正智；非唯由彼现威仪故。

即于此中复有差别，谓佛宣说补特伽罗及与诸法，唯法是依，非数取趣，世俗言辞不应执故。法又二种，谓文及义，唯义是依，非文。何以故？不应但闻即为究竟，要须于义思惟筹量审观察故。佛所说经或有了义，或不了义。观察义时，了义是依，非不了义。世尊或时宣说依趣福、不动识，为往善趣故；或时宣说四圣谛智，为向涅槃故。于修法随法行时，唯智是依，非识。略于四时失不失故，建立四种补特伽罗，谓得法时、任持时[①]、观察义时、修法随法行时。依四时故，建立四依。

复次，已说安立。当知于此静虑等中，作意、所缘二种差别。

作意差别者，谓七种根本作意，及余四十作意。

云何七种作意？谓了相作意、胜解作意、远离作意、摄乐作意、观察作意、加行究竟作意、加行究竟果作意。

云何四十作意？谓缘法作意、缘义作意、缘身作意、缘受作意、缘心作意、缘法作意、胜解作意、真实作意、有学作意、无学作意、非学非无学作意、遍知作意、正断作意、已断作意、有分别影像所缘作意、无分别影像所缘作意、事边际所缘作意、所作成办所缘作意、胜解思择作意、寂静作意、一分修作意、具分修作意、无间作意、殷重作意；随顺作意、对治作意、顺清净作意、顺观察作意、力励运转作意、有间运转作意、有功用运转作意、自然运转作意、思择作意、内摄作意、净障作意、依止成办所行清净作意、他所建立作意、内增上取作意、广大作意、遍行作意。

---

① 任持时，底本与《资福藏》《碛砂藏》《普宁藏》《永乐南藏》《径山藏》相同；《房山石经》《赵城金藏》《高丽藏》“任”作“住”。

缘法作意者，谓闻所成慧相应作意。缘义作意者，谓思、修所成慧相应作意。缘身、受、心、法作意者，谓修念住者如理思惟身等作意。胜解作意者，谓修静虑者随其所欲于诸事相增益作意。真实作意者，谓以自相、共相及真如相如理思惟诸法作意。有学作意，略有二种：一者，自性；二、在相续。自性者，谓有学无漏作意。在相续者，谓有学一切善作意。如有学作意，当知无学作意二种亦尔。非学非无学作意者，谓一切世间作意。

遍知作意者，谓由此故，遍知所缘而不断惑。正断作意者，谓由此故，俱作二事。已断作意者，谓断烦恼后所有作意。有分别影像所缘作意者，谓由此故，修缘分别体境毗钵舍那。无分别影像所缘作意者，谓由此故，修缘分别体境奢摩他。事边际所缘作意者，谓由此故，了知一切身、受、心、法所缘边际，过此更无身、受、心、法。所作成办所缘作意者，谓我思惟如此如此，若我思惟如是如是，当有如此如此，当办如是如是，及缘清净所缘作意。

胜解思择作意者，谓由此故，或有最初思择诸法，或奢摩他而为上首。寂静作意者，谓由此故，或有最初安心于内，或毗钵舍那而为上首。一分修作意者，谓由此故，于奢摩他、毗钵舍那随修一分。具分修作意者，诸由此故[①]，二分双修。无间作意者，谓一切时无间无断，相续而转。殷重作意者，谓不慢缓加行方便。此中，由胜解思择作意故，净修智见。由寂静作意故，生长轻安。由一分具分修作意故，于诸盖中心得解脱。由无间殷重作意故，于诸结中心得解脱。又由无间作意故，终不徒然而舍身命。由殷重作意故，速证通慧。

随顺作意者，谓由此故，厌坏所缘，顺断烦恼。对治作意者，谓由

① 诸由此故，底本与《资福藏》《碛砂藏》《普宁藏》《永乐南藏》《径山藏》相同；《房山石经》《赵城金藏》《高丽藏》“诸”作“谓”。

此故，正舍诸惑，住持于断[①]，令诸烦恼远离相续。顺清净作意者，谓由此故，修六随念，或复思惟随一妙事。顺观察作意者，谓由此故，观诸烦恼断与未断，或复观察自已所证，及先所观诸法道理。力励运转作意者，谓修始业未得作意所有作意[②]。有间运转作意者[③]，谓已得作意，于上慢缓修加行者所有作意。有功用运转作意者，谓即于此勇猛精进无有慢缓修加行者所有作意。自然运转作意者，谓于四时决定作意：一、得作意时；二、正入已入根本定时；三、修现观时；四、正得已得阿罗汉时。

思择作意者，谓毗钵舍那品作意。内摄作意者，谓奢摩他品作意。净障作意者，谓由此故，弃舍诸漏，永害麤重。依止成办所行清净作意者，谓由此故，依离一切麤重之身，虽行一切所缘境界，而诸烦恼不复现行。他所建立作意者，谓诸声闻所有作意，要从他音，乃能于内如理作意故。内增上取作意者，谓诸独觉及诸菩萨所有作意，以不从师而觉悟故。广大作意者，谓诸菩萨为善了知生死过失、出离方便，发弘誓愿，趣大菩提所有作意[④]。遍行作意者，诸佛世尊现见一切无障礙智相应作意[⑤]，若诸菩萨遍于三乘及五明处方便善巧所有作意

---

① 住持于断，底本与《碛砂藏》《普宁藏》《永乐南藏》《径山藏》相同；《房山石经》《资福藏》《赵城金藏》《高丽藏》“住”作“任”。

② 谓修始业未得作意所有作意，底本与《资福藏》《碛砂藏》《普宁藏》《永乐南藏》《径山藏》相同；《房山石经》《赵城金藏》《高丽藏》“所”作“者所”。

③ 有间运转作意者，底本与《房山石经》《碛砂藏》《赵城金藏》《高丽藏》相同；《资福藏》《普宁藏》《永乐南藏》《径山藏》“间”作“开”。

④ “广大作意者……趣大菩提所有作意”，底本与《房山石经》《资福藏》《赵城金藏》《永乐南藏》《径山藏》《高丽藏》相同；《碛砂藏》《普宁藏》作“广大作意者，谓佛世尊现见一切无障礙智相应作意，若诸菩萨为善了知生死过失、出离方便”。

⑤ 诸佛世尊佛世尊现见一切无障礙智相应作意，底本与《永乐南藏》《径山藏》相同；《碛砂藏》《普宁藏》作“谓诸菩萨为善了知生死过失、出离方便，发弘誓愿，趣大菩提所有作意”；《房山石经》《资福藏》《赵城金藏》《高丽藏》“诸”作“谓”。

此中，了相作意摄缘法、缘义，余六作意唯摄缘义。缘身等境四种作意，遍在七摄。了相、胜解、加行究竟果作意通摄胜解、真实作意，观察作意唯摄胜解，余三作意唯摄真实。此就前门，就余门者，当知随应。七种作意皆摄有学及非学非无学。二种作意亦摄无学作意，谓清净地了相作意及加行究竟果作意。了相、胜解、观察作意摄遍知作意，余二作意摄正断作意[①]，加行究竟果作意摄已断作意。

观察作意唯摄有分别影像所缘作意，余六作意通摄二种。事边际所缘作意，遍一切摄。所作成办所缘作意，若就初门，遍一切摄；就第二门，唯加行究竟果作意所摄。最初胜解思择作意，皆所不摄；若奢摩他而为上首，遍一切摄。若最初寂静，若毗钵舍那而为上首，当知亦尔。前六作意通摄一分及具分修，加行究竟果作意唯摄具分修。无间作意、殷重作意遍一切摄。随顺作意，初二所摄。对治作意，远离、加行究竟二作意摄，及摄乐作意一分所摄。顺清净作意，唯摄乐一分所摄。顺观察断未断作意，唯观察作意所摄。此就断对治说，若就所余，随应当知。

力励运转作意，皆所不摄。有间、有功用运转作意，乃至摄乐作意所摄。自然运转作意，加行究竟及此果二作意摄。思择作意，了相所摄。内摄作意，胜解所摄。净障作意，远离、摄乐、观察加行究竟作意所摄。依止成办所行清净作意，唯加行究竟果作意所摄。他所建立、内增上取作意，一切作意所摄。广大作意，皆所不摄。初遍行作意，加行究竟果摄；第二，一切意摄[②]。又了相作意若他所建立作意摄者，以闻他音及内如理作意定为其缘；若内增上取作意摄者，唯先资粮以为其缘。所余作意，前前后后转

① 余二作意摄正断作意，底本与《房山石经》《赵城金藏》《径山藏》《高丽藏》相同；《资福藏》《碛砂藏》《普宁藏》《永乐南藏》“二”作“三”。

② 一切意摄，底本与《资福藏》《碛砂藏》《普宁藏》《永乐南藏》《径山藏》相同；《房山石经》《赵城金藏》《高丽藏》“意”作“所”。

为其缘[1]。

复次，云何所缘差别？谓相差别。何等为相？略有四种：一、所缘相；二、因缘相；三、应远离相；四、应修习相。所缘相者，谓所知事分别体相。因缘相者，谓定资粮。应远离相复有四种，谓沈相、掉相、乱相、著相。应修习相，当知对治此四种相。

何等沈相？谓不守根门，食不知量，初夜、后夜不常悎悟勤修观行[2]，不正知住，是痴行性。躭著睡眠，无巧便慧，恶作俱行欲、勤、心、观，不曾修习正奢摩他，于奢摩他未为纯善，一向思惟奢摩他相，其心惛暗，于胜境界不乐攀缘。

何等掉相？谓不守根门等四、如前广说，是贪行性，乐不寂静，无厌离心，无巧便慧，太举俱行[3]，如前欲等，不曾修举，于举未善，唯一向修，由于种种顺随掉法亲里寻等[4]，动乱其心。

何等乱相？谓不守根门等四，如前应知，是钝根性，多求多务，多诸事业，寻思行性，无巧便慧，无厌离心，不修远离，于胜境界不乐攀缘，亲近愦闹，方便间缺，不审了知乱不乱相。

何等著相？谓不守根门等四，如前应知，是钝根性，是爱行性，多烦恼性，不如理思，不见过患，又于增上无出离见。

对治如是应远离相，随其所应，当知即是应修习相。

---

① 前前后后转为其缘，底本与《碛砂藏》《普宁藏》《永乐南藏》《径山藏》相同；《房山石经》《资福藏》《赵城金藏》《高丽藏》“转”作“传”。

② 初夜后夜不常悎悟勤修观行，底本与《资福藏》《碛砂藏》《普宁藏》《永乐南藏》《径山藏》相同；“常悎悟”，《房山石经》作“尝觉寤”，《赵城金藏》作“常悎觉”，《高丽藏》作“常觉寤”。

③ 太举俱行，底本与《房山石经》《资福藏》《赵城金藏》《普宁藏》《永乐南藏》《径山藏》《高丽藏》相同；《碛砂藏》“太”作“大”。

④ 由于种种顺随掉法亲里寻等，底本与《资福藏》《碛砂藏》《普宁藏》《永乐南藏》《径山藏》《高丽藏》相同；《房山石经》《赵城金藏》“顺随”作“随顺”。

复有三十二相，谓自心相、外相所依相、所行相、作意相、心起相、安住相、自相相、共相相、麤相、静相、领纳相、分别相、俱行相、染汙相、不染汙相、正方便相、邪方便相、光明相、观察相、贤善定相、止相、举相、观相、舍相、入定相、住定相、出定相、增相、减相；方便相、引发相。

云何自心相？谓有苾刍先为烦恼染汙心故，便于自心极善取相，如是如是心有染汙，或无染汙，由此方便，心处沉等，由此方便，不处沉等。言沉等者，谓沉等四，乃至念心礙著之相[①]，或复于彼被染汙心。

云何外相？谓即于彼被染汙心，了知自心被染汙已，便取外相，谓光明相，或净妙相，或复余相，为欲除遣诸烦恼故，或令彼惑不现行故。

云何所依相？谓分别体相即是一切自身所摄五蕴并种子相。

云何所行相？谓所思惟彼彼境界，色乃至法，分别体相。

云何作意相？谓有能生作意故，于彼彼境界所生识生，作是思惟："今我此心，由作意故，于境界转，非无作意。"此所思惟，名作意相。

云何心起相？谓即次前所说，是一相。第二相者，谓心缘行、缘名色相。此所思惟，名心起相。

云何安住相？谓四识住，即识随色住等，如经广说。此所思惟，名安住相。

云何自相相？谓自类自相，或各别自相。此所思惟，名自相相。

云何共相相？谓诸行共相，或有漏共相，或一切法共相。此所思惟，名共相相。

云何麤相？谓所观下地一切麤相。

云何静相？谓所行上地一切静相。

云何领纳相？谓随忆念过去曾经诸行之相。

---

① 乃至念心礙著之相，底本与《资福藏》《碛砂藏》《普宁藏》《永乐南藏》《径山藏》相同；《房山石经》《赵城金藏》《高丽藏》"念"作"令"。

云何分别相？谓思未来诸行之相。

云何俱行相？谓分别现在诸行之相。

云何染汙相？谓于有贪心，思惟有贪心相，乃至于不善解脱心，思惟不善解脱心相。

云何不染汙相？谓与此相违，当知即是不染汙相。此中已出离于断，不修方便者，观有贪等；修方便者，观略、下等。有贪心者，谓贪相应心，或复随逐彼品麤重。如是由缠及随眠故，一切染汙心如应当知，以能对治缠及随眠故，成不染汙。

云何正方便相？谓所思惟白净品因缘相相。

云何邪方便相？谓所思惟染汙品因缘相相，即是思惟如是如是不守根门住故，乃至不正知住故，如是如是心被染相。

云何光明相？谓如有一，于暗对治或法光明，殷勤恳到善取其相，极善思惟。如于下方，于上亦尔。如是一切治暗相故，建立此相。

云何观察相？谓有苾刍殷勤恳到[①]，善取其相而观察之。住观于坐者，谓以现在能取观未来所取法；坐观于卧者，谓以现在能取观过去所取法；或在后行观察前行者，谓以后后能取观前前能取法。此则略显二种所取、能取法观。

云何贤善定相？谓所思惟青瘀等相，为欲对治欲贪等故。何故此相说名贤善？诸烦恼中贪最为胜，于诸贪中欲贪为胜，生诸苦故，此相是彼对治所缘，故名贤善。

云何止相？谓所思惟无分别影像之相。

云何举相？谓策心所取，随一净妙或光明相相。

云何观相？谓闻、思、修慧所思惟诸法相。

---

① 谓有苾刍殷勤恳到，底本与《资福藏》《碛砂藏》《赵城金藏》《普宁藏》《永乐南藏》《径山藏》《高丽藏》相同；《房山石经》“到”作“倒”。

云何舍相？谓已得平等心，于诸善品增上舍相。

云何入定相？谓由因缘、所缘、应修习相故，入三摩地，或复已得而现在前。

云何住定相？谓即于彼诸相善巧而取，由善取故，随其所欲，于定安住。又于此定得不退法。

云何出定相？谓分别体所不摄不定地相。

云何增相？谓轻安定倍增广大所思惟相。

云何减相？谓轻安定退减狭小所思惟相。

云何方便相？谓二道相，或趣倍增广大、或趣退减狭小故。

云何引发相？谓能引发略诸广博文句义道[①]，若无诤、无碍、妙愿智等，若依三摩地诸余力、无畏等最胜功德，及能通达甚深句义微妙智慧，如是等相。

复次，如是诸相即前根本四相所摄，谓所缘相具摄一切。因缘相亦尔，前与后为因缘故，为令后后得明净故。正方便相一切种别，皆因缘相。如正方便，邪方便亦尔。一是白品相，第二黑品相。诸染汙相唯应远离，所余诸相唯应修习，于彼彼时应修习故。

① 谓能引发略诸广博文句义道，底本与《资福藏》《碛砂藏》《普宁藏》《永乐南藏》《径山藏》《高丽藏》相同；《房山石经》《赵城金藏》“道”作“通”。

瑜伽师地论卷第十二

本地分中三摩呬多地第六之二

复次，云何修习所缘诸相作意？谓即于彼彼诸相作意思惟，以思惟故，能作四事，谓即修习如是作意；又能远彼所治烦恼；又能练此作意及余，令后所生转更明盛；又即修习此作意时，厌坏所缘，舍诸烦恼，任持断灭[①]，令诸烦恼远离相续。是故修习如是所缘诸相作意。

复次，由四因缘，入初静虑乃至有顶，谓因力、方便力、说力、教授力。云何因力？谓曾邻近入静虑等。云何方便力？谓虽不邻近入静虑等，然由数习无间修力，能入诸定。云何说力？谓于静虑等增上缘法多闻任持，乃至广说，即依此法独处空闲，离诸放逸，勇猛精进，自策而励[②]，住法随法行，由此能入静虑等定。云何教授力？谓于亲教、轨范师所，或于随一余尊长所，获得随顺初静虑等无倒教授，从此审谛作意思惟，能入静虑及诸余定。如是显示四观行者，谓具因力者、方便力者、若利根者及钝根者。

复次，有四得静虑者；一、爱上静虑者；二、见上静虑者；三、慢上静虑者；四、疑上静虑者。

云何爱上静虑者？谓如有一，先闻静虑诸定功德，而不闻彼出离方便，于彼一向见胜功德，勇猛精勤，由此因缘，入初静虑，或所余定。如是

① 任持断灭，底本与《房山石经》《资福藏》《普宁藏》《永乐南藏》《径山藏》《高丽藏》相同；《碛砂藏》“任”作“住”。

② 自策而励，底本与《资福藏》《碛砂藏》《普宁藏》《永乐南藏》《径山藏》相同；《房山石经》《高丽藏》无“而”字。

入已，后生爱味。

云何见上静虑者？谓如有一，从自师所，或余师所，闻诸世间皆是常等，如是方便入初静虑乃至有顶，能得清净，解脱出离。彼依此见，勇猛精勤，由是因缘，入初静虑，或所余定。如是入已，能自忆念过去多劫，遂生是见："我及世间皆是常等。"从定起已，即于此见坚执不舍。复于后时审思审虑，审谛观察，谓由此故，当得清净，解脱出离。

云何慢上静虑者？谓如有一，闻如是名诸长老等，入初静虑乃至有顶，闻是事已，遂生憍慢："彼既能入静虑等定，我复何缘而不当入？"依止此慢，勇猛精勤，由是因缘，入初静虑，及所余定。如是入已，后生憍慢。或入定已，作是思惟："唯我能得如是静虑，余不能得。"彼依此慢，复于后时于诸静虑审思审虑，审谛观察。

云何疑上静虑者？谓如有一，为性暗钝，本尝乐习奢摩他行[①]，由此因缘，入诸静虑，或所余定。如是入已，复于上定勤修方便，为得未得，于四圣谛勤修现观，性暗钝故，不能速证圣谛现观。由此因缘，于余所证，便生疑惑。依此疑惑，复于胜进审思审虑，审谛观察。

复次，云何爱味相应静虑等定？谓有钝根，或贪行故，或烦恼多故，彼唯得闻初静虑等所有功德，广说如前爱上静虑，于上出离不了知故，便生爱味，恋著坚住。其所爱味，当言已出；其能爱味，当言正入。

云何清净静虑等定？谓有中根，或利根性，等烦恼行，或薄尘行，彼从他闻初静虑等爱味过患及上出离，勇猛精进，入初静虑，或所余定。如是入已，便能思惟诸定过患，于上出离亦能了知，不生爱味。

① 本尝乐习奢摩他行，底本与《资福藏》《碛砂藏》《普宁藏》《永乐南藏》《径山藏》《高丽藏》相同；《房山石经》"尝"作"曾"。

云何无漏静虑等定？谓如有一，是随信行，或随法行，薄尘行类，彼或先时于四圣谛已入现观，或复正修现观方便，彼先所由诸行、状、相入初静虑，或所余定，今于此行[①]、此状、此相不复思惟。然于诸色乃至识法思惟如病如痈等行，于有为法心生厌恶，怖畏制伏，于甘露界系念思惟，如是方能入无漏定。

复次，云何顺退分定？谓有钝根，下劣欲解，勤精进故，入初静虑，或所余定，于喜于乐，于胜功德不堪忍故，从静虑退。如如蹔入诸定差别，如是如是还复退失，乃至未善调练诸根。

云何顺住分定？谓有中根，或利根性，彼唯得闻诸定功德，广说如前爱味相应，于所得定，唯生爱味，不能上进，亦不退下。

云何顺胜分定？谓有亦闻出离方便，于所得定，不生喜足，是故于彼不生爱味，更求胜位，由此因缘，便得胜进。

云何顺决择分定？谓于一切萨迦耶中深见过患，由此因缘，能入无漏。又诸无漏名决择分，极究竟故。犹如世间珠瓶等物，已善简者，名为决择。自此已后，无可择故。此亦如是，过此更无可简择故，名决择分。

复次，云何无间入诸等至？谓如有一，得初静虑乃至有顶，然未圆满清净鲜白，先顺次入，乃至有顶，后还次入[②]，至初静虑。

复次，云何超越入诸等至？谓即于此已得圆满清白故，从初静虑无间超入第三静虑[③]，第三无间超入空无边处，空处无间超入无所有处，乃至

---

① 今于此行，底本与《资福藏》《碛砂藏》《普宁藏》《永乐南藏》《径山藏》《高丽藏》相同；《房山石经》“今”作“令”。

② 后还次入，底本与《碛砂藏》《普宁藏》《永乐南藏》《径山藏》相同；“还”，《房山石经》《高丽藏》作“进”，《资福藏》作“逆”。

③ 从初静虑无间超入第三静虑，底本与《房山石经》《资福藏》《碛砂藏》《普宁藏》《永乐南藏》《径山藏》相同；《高丽藏》“三”作“二”。

广故[①]，无有能说[②]，逆超亦尔。以极远超第三等至[③]，唯除如来及出第二阿僧企耶诸大菩萨，彼随所欲，入诸定故。

复次，云何熏修静虑？谓如有一，已得有漏及与无漏四种静虑，为于等至得自在故，为受等至自在果故，长时相续入诸静虑，有漏、无漏更相间杂，乃至有漏无间无漏现前，无漏无间还入有漏，当知齐此熏修成就。

若于是处、是时、是事欲入诸定，即于此处、此时、此事能入诸定，是名于诸等至获得自在。等至自在果者，谓于现法乐住转更明净。又由此故，得不退道。又净修治解脱、胜处及遍处等胜品功德能引之道。若有余取而命终者，由此因缘，便入净居。由软、中、上品修诸静虑有差别故，于一切处受三地果，如前“有寻有伺地”已广分别。修习无寻唯伺三摩地故，得为大梵。由软、中、上、上胜、上极品熏修力故，生五净居。

当知因修清净静虑定故，生静虑地，不由习近爱味相应。既生彼已，若起爱味，即便退没；若修清净，还生于彼，或生下定，或进上定。先于此间修得定已，后往彼生。何以故？非未离欲得生彼故，非诸异生未修得定能离欲故。又非此间及在彼处入诸等至乐有差别，唯所依身而有差别。

复次，已说修习作意相差别。云何摄诸经宗要？谓八解脱等，如经广说。八解脱者，谓如前说有色观诸色等。前七解脱于已解脱生胜解故，名为解脱；第八解脱弃背想受，故名解脱。

云何有色观诸色？谓生欲界，已离欲界欲，未离色界欲，彼于如是所解脱中，已得解脱，即于欲界诸色以有光明相作意思惟而生胜解。由二因

① 乃至广故，底本与《资福藏》《碛砂藏》《普宁藏》《永乐南藏》《径山藏》相同；《房山石经》《高丽藏》“故”作“说”。

② 无有能说，底本与《资福藏》《碛砂藏》《普宁藏》《永乐南藏》《径山藏》相同；《房山石经》《高丽藏》无。

③ 以极远超第三等至，底本与《资福藏》《碛砂藏》《普宁藏》《永乐南藏》《径山藏》相同；《房山石经》《高丽藏》“以极远超”作“以极远超故”。

缘，名为有色，谓生欲界故，得色界定故；又于有光明而作胜解故。

问：观诸色者，观何等色？复以何行？

答：欲界诸色。于诸胜处所制少色，若好若恶，若劣若胜；如是于多，乃至广说。

何故修习如是观行？为净修治能引最胜功德方便。何等名为最胜功德？谓胜处、遍处、诸圣神通、无诤愿智、无碍解等。虽先于彼欲界诸色已得离欲，然于彼色未能证得胜解自在，为证得故，数数于彼思惟胜解。

云何内无色想观外诸色？谓生欲界，已离色界欲，无色界定不现在前，又不思惟彼想明相，但于外色而作胜解。若于是色已得离欲，说彼为外。由二因缘，名内无色想，谓已证得无色等至，亦自了知得此定故；不思惟内光明相故。余如前说。

云何净解脱身作证具足住？谓如有一，已得舍念圆满清白，以此为依，修习清净圣行圆满，名净解脱。何以故？三因缘故，谓已超过诸苦乐故，一切动乱已寂静故，善磨莹故。身作证者，于此住中，一切贤圣多所住故。

云何空无边处解脱？谓如有一，于彼空处已得离欲，即于虚空思惟胜解。如是识无边处解脱，于彼识处已得离欲，即于是识思惟胜解。无所有处解脱者，谓已得无所有处，于识无边处思惟胜解。有顶解脱更不于余而作胜解，乃至遍于想可生处，即于是处应作胜解。

复次，先已修治作意胜解，后方能起胜知胜见，故名胜处。此胜当知复有五种：一、形夺卑下故名为胜，谓如有一，以已胜上工巧等事，形夺他人，置下劣位；二、制伏羸劣故名为胜，谓如有一，以己强力，摧诸劣者；三、能隐蔽他，故名为胜，谓瓶、盆等能有覆障，或诸药草、咒术、神通有所隐蔽；四、厌坏所缘，故名为胜，谓厌坏境界，舍诸烦恼；五、自在回转，故名为胜，谓世君王随所欲为处分臣仆。于此义中意，显隐蔽及自在胜。

前解脱中，胜解自在，今于胜处制伏自在。

观色少者，谓诸有情资具等色。观色多者，谓诸宫殿房舍等色。言好色者，谓美妙显色，一向净妙故；与此相违，名为恶色。言劣色者，谓声、香、味、触不可意色；与此相违，当知胜色。此四显色，有情资具宫殿等摄。言胜知者，谓数数隐蔽所缘胜解。有如是想者，谓有制伏想也。

复次，由诸遍处，于胜解事生遍胜解，故名遍处。言无二者，谓诸贤圣无我、我所二差别故。言无量者，遍一切故。何故遍处唯就色、触二处建立？由此二种，共自他身，遍有色界，常相续故。眼等根色，唯属自身，香、味二尘不遍一切，声声有闻[①]，是故不说。如是有色诸遍处定，色界后边，于无色中空遍一切，故立遍处。识所行境遍一切故，亦立遍处。

复次，修观行者，先于所缘思惟胜解，次能制伏，既于制伏得自在已，后即于此遍一切处，如其所欲，而作胜解。是故此三，如是次第。八色遍处善清净故，能引贤圣胜解神通，及于诸事转变神通。如其胜解，随所转变，皆能成就，又能变作金银等物，堪有所用。由识遍处善清净故，便能引发无诤、愿智、无碍解等诸胜功德。由空遍处善清净故，随其所欲，皆转成空。譬如世间瓦铁金师[②]，初和泥等，未善调练，解脱位亦尔；如善调练，胜处位亦尔；如调练已，随欲转变，遍处位亦尔。

复次，三三摩地者，云何空三摩地？谓于远离有情、命者及养育者、数取趣等，心位一缘[③]。当知空性略有四种：一、观察空，谓观察诸法，空无常乐，乃至空无我、我所等；二、彼果空，谓不动心解脱，空无贪等一切

① 声声有闻，底本与《资福藏》《碛砂藏》《普宁藏》《永乐南藏》《径山藏》相同；《房山石经》《高丽藏》“闻”作“间”。

② 譬如世间瓦铁金师，底本与《房山石经》《资福藏》《碛砂藏》《普宁藏》《永乐南藏》《径山藏》相同；《高丽藏》“瓦”作“凡”。

③ 心位一缘，底本与《房山石经》《径山藏》《高丽藏》相同；《资福藏》《碛砂藏》《普宁藏》《永乐南藏》“位”作“住”。

烦恼[1]；三者，内空，谓于自身，空无计我、我所及我慢等一切僻执；四者，外空，谓于五欲，空无欲爱。如说我已超过一切有色想故，于外空身作证具足住，乃至广说。此中，缘妙欲想，名为色想，此想所起贪欲断故，说为外空。

又彼果空，或修行者[2]，由时作意思惟外空[3]，或时作意思惟内空。由观察空，或时思惟内、外空性，由此力故，心俱证会。设复于此内、外空性不证会者，便应作意，思惟无动。言无动者，谓无常想，或复苦想。如是思惟，便不为彼我、慢等动。由彼不为计我、我慢，乃至广说动其心故，便于二空，心俱证会。

云何无愿心三摩地？谓于五取蕴，思惟无常，或思惟苦，心住一缘。

云何无相心三摩地？谓即于彼诸取蕴灭，思惟寂静，心住一缘。如经言无相心三摩地，不低不昂，乃至广说。云何名为不低不昂？违、顺二相不相应故。又二因缘，入无相定：一、不思惟一切相故；二正思惟无相界故。由不思惟一切相故，于彼诸相不厌不坏，惟不加行作意思惟，故名不低。于无相界，正思惟故，于彼无相，不坚执著故，名不昂。

此三摩地略有二种：一者，方便；二、方便果。言方便者，数数策励思择安立，于彼诸相未能解脱，由随相识于时时中扰乱心故。彼复数数自策自励思择安立，方能取果，解脱随相。于此解脱又解脱故，不自策励思择而住，是故名为极善解脱。若数策励思择安立方得住者，虽名解脱，非善解脱。

---

① 空无贪等一切烦恼，底本与《资福藏》《碛砂藏》《普宁藏》《永乐南藏》《径山藏》《高丽藏》相同；《房山石经》“空”作“故”。

② 或修行者，底本与《碛砂藏》《普宁藏》《永乐南藏》《径山藏》相同；《房山石经》《资福藏》《高丽藏》作“修行者由彼果空”。

③ 由时作意思惟外空，底本与《碛砂藏》《普宁藏》《永乐南藏》《径山藏》相同；《房山石经》《资福藏》《高丽藏》“由”作“或”。

又晓了果、晓了功德者，谓烦恼断究竟故，现法乐住究竟故；又复灭、道俱应晓了。即此二种，随其次第，名晓了果、晓了功德。又谛现观阿罗汉果俱应晓了。于见道位中，名晓了果；于阿罗汉果，名晓了功德。

若于此处无有彼物，由此道理，观之为空，故名空性；即所观空无可希愿，故名无愿；观此远离一切行相，故名无相。何故此中先说空性，余处宣说无常故苦，苦故无我，后方说空？谓若无无愿[1]，无常、苦观终不清净，要先安住无我之想，从此无间，方得无愿，是故经言，诸无常想依无我想而得安住，乃至广说。彼于无常观无我已，不生希愿，唯愿无相，专求出离，故此无间宣说无相。

复次，云何有寻有伺三摩地？谓三摩地寻、伺相应。云何无寻唯伺三摩地？谓三摩地唯伺相应。大梵修已，为大梵王。云何无寻无伺三摩地？谓三摩地寻、伺二种俱不相应。修习此故，生次上地乃至有顶，唯除无漏诸三摩地。云何无寻无伺三摩地相[2]？谓于寻、伺，心生弃舍，唯由一味，于内所缘而作胜解，又唯一味，平等显现。

复次，云何小三摩地？谓或由所缘故小，观少色故；或由作意故，小，小信、小欲、小胜解故。云何大三摩地？谓或由所缘故大，观多色故，而非无边无际观诸色故；或由作意故大，上信、上欲、上胜解故，而非无边无际信、欲、胜解故。云何无量三摩地？谓或由所缘故无量，无边无际观诸色故；或由作意故，无量无边无际信、欲、胜解故。

此中大心三摩地者，于一树下想诸天光而生胜解[3]，乃至广说。无量

---

① 谓若无无愿，底本与《资福藏》《碛砂藏》《普宁藏》《永乐南藏》《径山藏》相同；《房山石经》《高丽藏》“愿”作“我”。

② 云何无寻无伺三摩地相，底本与《资福藏》《碛砂藏》《普宁藏》《永乐南藏》《径山藏》《高丽藏》相同；《房山石经》“无寻”作“寻”。

③ 于一树下想诸天光而生胜解，底本与《资福藏》《碛砂藏》《普宁藏》《永乐南藏》《径山藏》相同；《房山石经》《高丽藏》“于”作“谓于”。

三摩地者，谓四无量。云何于一树下想诸天光而生胜解？谓于欲界极厌坏已，得初静虑；为令此定善清净故，更修方便。又闻诸天身带光明，便思惟彼身光明相遍一树下，乃至大地大海边际，发生胜解。由三摩地后后转增有差别故，令所生起而有差别。

云何作意得成唯二？谓随胜解分齐施设作意故。云何作意唯二为缘，修成唯二？谓即由此作意力故，施设所修定有差别，圆满清净转增胜故。云何以修惟二为缘，行成惟二？谓如如善修定转增胜，如是如是施设所感生有差别。云何以行惟二为缘，补特伽罗建立惟二？谓此因缘所生有情[①]，施设高下胜劣差别。

问：初二静虑，诸天光明有何差别？

答：如末尼珠外有光明，内无光明，初静虑身亦复如是，外放光明，内则不尔。譬如明灯外发光明，内自照了，第二静虑身亦如是，若内若外，俱有光明。是故经说彼地已上，惟一种身，非于下地。

复次，云何建立四无量定？谓诸有情有三品故：一者，无苦无乐；二者，有苦；三者，有乐。如其次第，欲与其乐，欲令离苦，欲令其乐永不相离。于彼作意有四种故，如其次第，建立四种，谓由与乐作意故，拔苦作意故，乐不相离随喜作意故，建立前三；即于此三，欲与乐等，为欲令彼不乐思慕不染汙作意故，瞋恚不染汙作意故，贪欲不染汙作意故，建立于舍。

经言以慈俱心，乃至广说。现前饶益，故名慈俱。饶益相故，名慈善友。其饶益相略有二种：一、欲利益；二、欲安乐。此二种相一切无量之所显示。无怨者，离恶意乐故。无敌者，离现乖诤故。无恼害者，离不饶益事故。广者，所缘广大故。大者，利益安乐思惟最胜故。无量者，果无量故，

① 谓此因缘所生有情，底本与《资福藏》《碛砂藏》《普宁藏》《永乐南藏》《径山藏》《高丽藏》相同；《房山石经》“缘”作“故”。

如四大河众流杂处。善修习者，极纯熟故。

设有问言，慈俱等心，有何等相？故次答言，胜解遍满，具足而住。胜解遍满者，是增上意乐胜解周普义[①]。具足者，圆满清白故。住者，所修观行日夜专注，时专注故。

问：如经言善修习慈，极于遍净，乃至广说。此何密意？

答：第三静虑于诸乐中，其乐最胜，忆念此乐，修习慈心，慈最第一，故说修慈极于遍净。忆念空处，修习悲心，亦最第一，以修悲者乐欲拔苦，无色界中远离众苦，断坏等苦，彼都无故，是故忆念无边空处，修悲等至，作如是念："当令一切有苦有情到无众苦及所依处。"修喜定者亦常忆念无边识处，庆诸有情所得安乐，作如是念："当令一切有情之类受无量乐，犹如识处，识无限量。"是故忆念识无边处，修习喜定，为最第一。修舍定者亦常忆念无所有处，作如是念："无所有处无漏心地最为后边，舍最第一。如阿罗汉苾刍，一切苦、乐、不苦不乐现行位中皆无染汙，当令一切有情之类得如是舍。"是故忆念无所有处，修习舍定，为最第一。如是一切，皆是圣行，唯圣能修，故经宣说觉分俱行。

复次，云何一分修三摩地？谓于此中，或唯作意思惟光明相[②]，或唯作意思惟色相，而入于定。如是二种，随其次第，或了光明，或覩众色。云何具分修三摩地？谓俱思惟而入于定，亦了光明，亦见众色。如是修习光明定者，定难差别有十一种，所谓疑等，如经广说。

问：此谁难耶？

答：三摩地相。相有二种，谓所缘相及因缘相。用彼为依，住三摩

① 是增上意乐胜解周普义，底本与《房山石经》《资福藏》《碛砂藏》《普宁藏》《永乐南藏》《径山藏》相同；《高丽藏》无"是"字。

② 或唯作意思惟光明相，底本与《资福藏》《碛砂藏》《普宁藏》《永乐南藏》《径山藏》相同；《房山石经》《高丽藏》无"惟"字。

地，若退彼相，便不能性[①]。此中最初于所显现光明色相不善知故，便觉有疑。方便缓故，有不作意。如于众色不欲见者，或闭于目，或复背面，此观行者于诸色中不欲作意亦复如是。由不善守根门等故，有身麤重，多习睡眠。或多觉悟，便增惛睡，不见众色，设有所见，而不圆满。为此二事，极非功用[②]，力励思惟，故有太过勇猛精进。由有太过策励过故，还极下劣，如急捉持尺鷃鸟者。彼唯思求光明之相，此与见色若俱生时，希一得二，便生踊跃，犹如有人得二伏藏。遍于诸方，欻然并见不祥之色，便生大怖，犹如有人两边旋转卒起。彼于行时，或复住时，于世杂类起种种想，如是外想与定为难。或复因其所修习定，谓己为胜，观他为劣，便自高举，如是亦得名种种想。或多言论，或久寻思，令身疲劳，心不得定，如是多言与定为难。若从定生光明之相及见色时，便舍内修相续作意，愿乐于外，谛视众色，故极思察，与定为难。如是诸难，随其所应障三摩地所缘境相及因缘相。或有过此[③]，退失所缘、因缘相故，如其次第，二相俱没。

复次，云何喜俱行三摩地？谓初二静虑诸三摩地。云何乐俱行三摩地？谓第三静虑诸三摩地。云何舍俱行三摩地？谓第四静虑已上诸三摩地。

复次，云何修定为得现法乐住？谓于四种现法乐住方便道中所有修定，及未圆满清净鲜白诸根本地所有修定。为显修习未曾得定，是故世尊说初静虑前方便道。云何修定为得智、见？谓诸苾刍于光明相殷勤恳到，审谛而取，如经广说，当知此在能发天眼前方便道所有修定。此中，天眼于诸色境能照能观，说名为见；能知诸天如是名字、如是种类，乃至广

① 便不能性，底本与《碛砂藏》《普宁藏》《永乐南藏》《径山藏》相同；《房山石经》《资福藏》《高丽藏》“性”作“住”。

② 极非功用，底本与《碛砂藏》《普宁藏》《径山藏》相同；《房山石经》《资福藏》《赵城金藏》《永乐南藏》《高丽藏》“非”作“作”。

③ 或有过此，底本与《资福藏》《碛砂藏》《普宁藏》《永乐南藏》《径山藏》相同；《房山石经》《赵城金藏》《高丽藏》“过”作“遇”。

说，如《胜天经》，是知为智[①]。云何修定生分别慧？谓谛现观预流果、向方便道中所有修定，或为修习诸无碍解。云何修定为尽诸漏？谓阿罗汉果方便道中所有修定。

复次，云何五圣智三摩地？谓我此三摩地是圣，无染无执，广说如经。此中示现五行相智，谓自体智、补特伽罗智、清净智、果智、入出定相智。圣者，善故名圣，又无漏故名圣。无染者，显善圣性。无执者，显无漏圣性。非凡夫所近者，谓诸佛及圣弟子所亲近故。是聪睿所赞者，谓即彼所称赞故，是诸聪睿同梵行者常不诃毁者，谓一切时常称赞故，非如世间初静虑等，为背下地修方便故，先以静相而称赞之，为趣上地修方便故，后以麤相而复诃毁。寂静者，所治烦恼永寂静故。微妙者，自地烦恼不爱味故。得安隐道者，所得之道无退转故。证心一趣者，已得无寻无伺地故。现在安乐者，能得现法乐住故。后乐异熟者，引无余依涅槃乐故。正念而入者，善取能入三摩地相，无忘失故。正念而出者，善取能出三摩地相，无忘失故。

复次，云何圣五支三摩地？谓诸苾刍即此身内离生喜乐，广说如经。离生喜乐者，谓初静虑地所摄喜乐。所滋润者，谓喜所润。遍滋润者，谓乐所润。遍充满者，谓加行究竟作意位。遍适悦者，谓在已前诸作意位，由彼位中亦有喜乐时时间起，然非久住，亦不圆满。于此身中无有少分而不充满者，谓在加行究竟果作意位。譬如黠慧能沐浴人，或彼弟子者，当知喻于修观行者。铜器、瓦器或蚌蛤器者，喻为离欲生喜乐故，教授教诫。细沐浴未者[②]，喻能顺彼出离寻等。水浇灌者，当知喻于寻清净

① 是知为智，底本与《资福藏》《碛砂藏》《普宁藏》《永乐南藏》《径山藏》相同；《房山石经》《赵城金藏》《高丽藏》“知”作“名”。

② 细沐浴未者，底本与《资福藏》《碛砂藏》《普宁藏》《永乐南藏》《径山藏》相同；《房山石经》《赵城金藏》《高丽藏》“未”作“末”。

道。沐浴搏者，以喻于身。带津腻者，喻喜和合。腻所随者[1]，喻乐和合。遍内外者，喻无间隙喜乐和合。不强者，喻无散动。不弱者，喻无染汙，亦无爱味。

又于第二喻有差别：山者，喻于无寻伺定。尖顶者，喻于第二静虑无寻无伺，于所缘境一味胜解。泉者，喻于内等净支。水轴者，谓水傍流出。水索者，谓水上涌出。此二种喻，如其次第，显示喜乐滋润等言，如前解释。无不充满者，当知喻于无间相应。

又于第三喻有差别：如嗢钵罗等离喜之乐，彼相应法及所依身，当知亦尔。水喻离喜无寻伺定。喜发踊跃，由无彼故，喻华胎藏没在水中。

又于第四喻有差别：清净心者，谓与舍念清净相应，超过下地诸灾患故。鲜白者，谓性是善，自地烦恼无爱味故。何故复以长者为喻？谓彼所作皆审悉故，不放逸故，思惟筹量观察胜故，于增减门无不知故。证得清净第四静虑者亦复如是，凡有所为，审谛圆满，无诸放逸，于一切义无不了知，其性捷利。八经九经以为喻者，由坚致故，显蚊虻等不能侵损。首足皆覆者，若有二失，容可侵损，谓衣薄故，有露处故。今此显示二失俱无。此定亦尔，其心清净鲜白周遍，一切散动所不能侵，堪忍寒暑乃至他所呵叱恶言，及内身中种种苦受。

又于第五喻有差别，于所观相殷勤恳到等，当知已如前释。谓审观察三世诸行，于能观察又复观察，是此中总义。

何等名为圣三摩地？云何建立五支差别？谓四静虑中所有圣贤心一境性，及于安立审谛观察，如是名为圣三摩地。依于四种现法乐住，建立

① 腻所随者，底本与《房山石经》《资福藏》《碛砂藏》《普宁藏》《永乐南藏》《径山藏》《高丽藏》相同；《赵城金藏》“腻”作“膩”。

四支；依审观察缘起法故，又为断除余结缚故[1]，建立第五[2]。当知此中二因缘故[3]，建立五支[4]。

复次，云何有因有具圣正三摩地？当知善故及无漏故，说名为圣。有五道支名此定因，所谓正见、正思惟、正语、正业、正命。具有三种，所谓正见、正精进、正念。此中薄伽梵总说前七道支与圣正三摩地为因为具，随其所应，差别当知，谓由前导次第义故，立五为因；于三摩地资助义故，立三为具。

云何正见等前导次第义？谓先了知世间实有真阿罗汉、正行、正至，便于出离深生乐欲，获得正见；次复思惟何当出离居家迫迮，乃至广说；从此出家，受学尸罗，修治净命，是名正语、正业、正命。此正见等，于所对治邪见等五犹未能断，还即依止此五善法，从他闻音，展转发生闻慧正见。为欲断除所治法故，又为修习道资粮故，方便观察。次依闻慧发生思慧，复依思慧发生修慧。由此正见，于诸邪见如实了知此是邪见，于诸正见如实了知此是正见，乃至正命如实知已，为欲断除邪见等故，及为圆满正见等故，发勤精进。若由此故，能断所治，集能治法，令其圆满，是名正念。此念即是三摩地分，故亦兼说正三摩地。若是时中，舍邪见等，令不复生，修正见等，令得圆满，即于如是方便道中，亦能弃舍邪精进念，兼能修满正精进念。若于是时，于彼诸法能断能满，即于此时，圣正三摩地亦得圆满。

---

① 又为断除余结缚故，底本与《房山石经》《资福藏》《碛砂藏》《普宁藏》《永乐南藏》《径山藏》《高丽藏》相同；《赵城金藏》“余”作“能”。

② 建立第五支，底本与《房山石经》《资福藏》《碛砂藏》《普宁藏》《永乐南藏》《径山藏》《高丽藏》相同；《赵城金藏》无“支”字。

③ 当知此中二因缘故，底本与《资福藏》《碛砂藏》《普宁藏》《永乐南藏》《径山藏》相同；《房山石经》《赵城金藏》《高丽藏》“中”作“由”。

④ 建立五支，底本与《房山石经》《资福藏》《碛砂藏》《普宁藏》《永乐南藏》《径山藏》《高丽藏》相同；《赵城金藏》无“支”字。

此中，由慧为导首[①]，于增上戒先自安处，次闻他音，如理作意，及增上戒学，并为依止[②]，于方便道中发生增上心学及增上慧学。此中，正念名增上心学，正见、正精进名增上慧学。如是三学，于修圣正三摩地时皆得圆满。

复次，云何金刚喻三摩地？谓最后边学三摩地。此三摩地最第一故，最尊胜故，极坚牢故，上无烦恼能摧伏故，摧伏一切诸烦恼故，是故此定名金刚喻。譬如金刚其性坚固，诸末尼等不能穿坏，穿坏一切末尼宝等，此定亦尔，故喻金刚。

复次，云何五现见三摩钵底？谓诸苾刍即于此身等，广说如经。已见谛者修此等至，是故名为现见等至。是诸修道所断烦恼制伏对治、断灭对治及观察断，当知此中总略体性。

初不净观，方便念住以为依止，为令欲贪不现行故，观察内身种种不净；第一不净观[③]，即彼念住以为依止，乃至观察骨人之相，为令彼贪不现行故，观察此身种种不净。当知齐此，名具观察一切不净。最极通达者，是青瘀等观品类次等极逾越义[④]。初不净观，观察内身，现前安住种种不净；后不净观，通达法性，观察此身有如是法，有如是性，乃至广说。

观识流转者，观察此识生灭相续；或观生身展转相续，谓麤观察行缘识等；或观刹那展转相续，谓细观察若有贪心、离贪心等品类差别，荏苒过度彼彼日夜、刹那、腊缚、牟呼栗多，于其中间，非一众多种种心识异生

① 由慧为导首，底本与《房山石经》《资福藏》《普宁藏》《永乐南藏》《径山藏》《高丽藏》相同；《碛砂藏》“导”作“尊”。

② 并为依止，底本与《永乐南藏》《径山藏》相同；《房山石经》《资福藏》《碛砂藏》《普宁藏》《高丽藏》“并”作“二”。

③ 第一不净观，底本与《永乐南藏》《径山藏》相同；《房山石经》《资福藏》《碛砂藏》《普宁藏》《高丽藏》“一”作“二”。

④ 是青瘀等观品类次等极逾越义，底本与《径山藏》相同；《房山石经》《资福藏》《碛砂藏》《普宁藏》《永乐南藏》《高丽藏》“次等”作“次第”。

异灭。

观察有学未离欲者俱住二世，已离欲者唯住他世，阿罗汉果俱无所住，如是名为观察于断。

胜处等至，遍处等至，如前已说。

复次，云何无想三摩钵底？谓已离遍净欲，未离上欲，永出离想作意为先[1]，诸心心法灭。

问：以何方便入此等至？

答：观想如病、如痈、如箭，入第四静虑，修背想作意，于所生起种种想中厌背而住，唯谓无想寂静微妙，于无想中持心而住，如是渐次离诸所缘，心便寂灭。于此生中亦入亦起，若生于彼，唯入不起，其想若生，便从彼没。

复次，云何灭尽三摩钵底？谓已离无所有处欲，暂安住想作意为先，诸心心法灭。

问：以何方便入此等至？

答：若诸圣者已离无所有处欲，或依非想非非想处相而入于定，或依灭尽相而入于定。依非想非非想处相而入定者，谓于此上心深生厌舍，非想非非想处进趣所缘皆灭尽故，心便寂灭。依灭尽相而入定者，亦复如是。将欲趣入灭尽定时，有二种法多有所作，谓奢摩他、毗钵舍那。云何奢摩他？云何毗钵舍那？云何此二，多有所作？谓于此义中，八次第定名奢摩他，所有圣慧名毗钵舍那。于此二中，随阙一种，即不能入灭尽等至，要具此二，方能趣入，是故此二，多有所作。

问：入灭定时，云何次第灭三种行？

答：此有二种，谓行时、住时。若于行时，亦起言说，于初静虑有此

① 永出离想作意为先，底本与《资福藏》《碛砂藏》《普宁藏》《永乐南藏》《径山藏》相同；《房山石经》《高丽藏》“永”作“求”。

作用，有语行故。若于住时，从第二静虑已上次第定力，彼三种行次第而灭。当知出时，由逆次第，次第而起。

问：灭尽定中，诸心心法并皆灭尽，云何说识不离于身？

答：由不变坏诸色根中，有能执持转识种子阿赖耶识不灭尽故，后时彼法从此得生。

问：入灭定时，无有分别我当入定，我当出定；正在定时，心寂灭故，远离加行，将出定时，心先灭故，亦无作意。云何能入？云何能出？

答：先于其心善修持故[①]，若有诸行、诸状、诸相能入于定，能出于定，于彼修习极多修习，由修习故，任运能入，任运能出。

云何出灭定时，触三种触？一、不动触；二、无所有触；三、无相触。谓出定时，多由三境而出于定：一、由有境；二、由境境；三、由灭境。由此三境，于出定时，如其次第，触三种触。缘于有境而出定时，无有我慢扰动其心，谓此为我，而起我慢，或计未来我当有等，乃至广说，是故说言触不动触。缘于境境而出定时，无贪所有，无瞋所有，无痴所有，是故言触无所有触。缘于灭境而出定时，于一切相不思惟故，缘无相界，是故说言触无相触。

如是已说静虑、解脱、等持、等至。

① 先于其心善修持故，底本与《径山藏》相同；《房山石经》《资福藏》《碛砂藏》《普宁藏》《永乐南藏》《高丽藏》“持”作“治”。

瑜伽师地论卷第十三

本地分中三摩呬多地第六之三

复次，如世尊言“汝等苾刍当乐空闲，勤修观行，内心安住正奢摩他”者，谓能远离卧具贪著，或处空闲，或坐树下，系念现前，乃至广说，名乐空闲。当知此言显身远离。若能于内九种住心，如是名为内心安住正奢摩他。当知此言显心远离。若乐处空闲，便能引发内心安住正奢摩他；若内心安住正奢摩他，便能引发毗钵舍那。若于毗钵舍那善修习已，即能引发于诸法中如实觉了。

复次，如世尊言“汝等苾刍于三摩地，当勤修习无量、常委、安住正念”者，谓先总标于三摩地勤修习已，后以三事别显修相。无量者，谓四无量。常委者，谓常有所作及委悉所作，故名常委。安住正念者，显于四念住安住其心。何故说此三种修相？谓依二种圆满故：一者，世间圆满；二者，出世间圆满①。修无量故，便能引发世间圆满。修正念故，便能引发出世圆满。常委修故，于此二种速得通达，由此因缘，处二中说。是故但说三种修相。又无量者，显奢摩他道。住正念者，显毗钵舍那道。常委者，显此二种速趣证道。又无量者，显趣福德行。住正念者，显趣涅槃行。常委者，显趣二种速圆满行。先于奢摩他善修习已，后与毗钵舍那方得俱行，修此二种三摩地故，如实觉了所知②境界。

① 出世间圆满，底本与《房山石经》《资福藏》《碛砂藏》《普宁藏》《永乐南藏》《径山藏》相同；《赵城金藏》《高丽藏》无“间”字。

② 善知能入随一等至诸行，底本与《房山石经》《资福藏》《赵城金藏》《径山藏》《高丽藏》相同；《碛砂藏》《普宁藏》《永乐南藏》“至”作“持”。

复次，如世尊言："修静虑者，或有等持善巧非等至善巧。"广说如经嗢柁南颂。云何等持善巧？谓于空等三三摩地得善巧故。云何非等至善巧？谓于胜处、遍处、灭尽等至不善巧故。云何等至善巧非等持善巧？谓于十种遍处等至及无想等至，若入若出，俱得善巧，非于三三摩地。云何俱善巧？谓于彼二俱善巧故。云何俱不善巧？谓于彼二俱不善巧故。如是于先所说等持、等至中，随其所应，当善建立。

又说"等持善巧非等至善巧"者，谓于等持名、句、文身善知差别，非于能入等至诸行、状、相差别。云何等至善巧非等持善巧？谓如有一，善知能入随一等至诸行、状、相，亦能现入，而不善知此三摩地名、句、文身差别之相，亦不能知我已得入如是如是等持差别。有诸菩萨虽能得入若百若千诸三摩地，而不了知彼三摩地名、句、文身，亦不能知我已得入如是如是等持差别，乃至未从诸佛所闻，及于已得第一究竟诸菩萨所而得听闻，或自证得第一究竟。

云何为住？谓善取能入诸三摩地诸行、状、相，善取彼故，随其所欲，能住于定，于三摩地无复退失。如是若住于定，若不退失，二俱名住。

云何为出？谓如有一，于能入定诸行、状、相不复思惟，于不定地分别体相所摄定地不同类法作意思惟，出三摩地，或随所作因故，或定所作因故，或期所作因故，而出于定。随所作者，谓修治衣钵等诸所作业。定所作者，谓饮食便利、承事师长等诸所作业。期所作者，谓如有一，先立期契，或许为他当有所作，或复为欲转入余定。由此因缘，出三摩地。

何等为行？谓如所缘作种种行而入于定，谓麤行、静行、病行、痈行、箭行、无常行等[1]，若于彼彼三摩地中所有诸行。

[1] 无常行等，底本与《房山石经》《资福藏》《碛砂藏》《普宁藏》《永乐南藏》《径山藏》《高丽藏》相同；《赵城金藏》"行等"作"等行"。

何等为状？谓于诸定临欲入时，便有此定相状先起[①]。由此状故，彼自了知："我于如是如是相定，不久当入，或复正入。"彼教授师由此状故，亦了知彼不久当入如是如是相定。

何等为相？谓二种相：一、所缘相；二、因缘相。所缘相者，谓分别体。由缘此故，能入诸定。因缘相者，谓定资粮。由此因缘，能入诸定。谓随顺定教诫教授，积集诸定所行资粮，修俱行欲，厌患有心，于乱不乱审谛了知，及不为他之所逼恼；或人所作，或非人所作，或音声所作，或功用所作。

云何谓善[②]？谓若三摩地犹为有行之所拘执，如水被持，或为法性之所拘执，不静不妙，非安隐道，亦非证得心一趣性，此三摩地不名调善，不随所乐安隐而住；与此相违，名为调善。

云何犹为有行拘执？谓由誓愿俱行思故，制伏外缘，持心于定。又于作意[③]，要由功用方能运转，不令内心于外流散。故作是说：如水被持。

云何法性之所拘执？谓观下地为麤法性，观于上地为静法性，寂静微妙，得安隐道，及能证得心一趣性，如五圣智三摩地中已略解释。

云何所行？谓三摩地所行境界。由所得定，过此已上不能知故，如初静虑不能观见第二静虑，如是根度、数取趣度亦不能知。

云何引发？谓能略摄广文句义，及能成办诸胜功德。

云何等爱？谓惭、愧、爱、敬、信、正思惟、正念、正知、根护、戒护及无悔等，乐为最后，由随乐故，心便得定；与此相违，名不等爱。

---

① 便有此定相状先起，底本与《资福藏》《碛砂藏》《赵城金藏》《普宁藏》《永乐南藏》《径山藏》《高丽藏》相同；《房山石经》"相状"作"状相"。

② 云何谓善，底本与《资福藏》《碛砂藏》《普宁藏》《永乐南藏》《径山藏》相同；《房山石经》《赵城金藏》《高丽藏》"谓"作"调"。

③ 又于作意，底本与《资福藏》《碛砂藏》《赵城金藏》《普宁藏》《永乐南藏》《径山藏》《高丽藏》相同；《房山石经》"于"作"此"。

云何等爱亦不等爱？谓如有一[1]，于惭愧等劣分成就[2]，少不成就，谓具惭、愧而无爱、敬乃，至广说。

云何为增？谓所得定转复增长。

云何为减？谓所得定还复退失。

云何方便？谓趣彼二道。又止、举、舍，当知如前止等相中已具分别。

复次，如《分别静虑经》言："有静虑者，即于兴等谓之为衰。"乃至广说。此中四转，当知二时颠倒，谓于三摩地若退堕时，若胜进时，趣退及退俱名为衰；趣胜进道及与胜进，俱名为兴。

云何[3]？彼谓我今退失离生喜乐，我今退失胜三摩地，谓静虑者勤修习故，心趣寂静，随舍行故，从初静虑入于第二静虑近分，然于此事不善了知。于此位中，初静虑地喜乐已过，第二静虑地中所有喜乐犹未能得，便作是念："我今退失离生喜乐。"遂还从彼，退摄其心。当知如是修静虑者，其心颠倒。

云何应知于三摩地退时颠倒？谓如有一，得初静虑，为涅槃故，积集资粮，彼于涅槃已得所修资粮圆满，由此因缘，或由功用，或复任运，起如是想作意现前。由如是想作意故，于诸色中乃至识中，了知如病乃至无我，由如是想作意故，从此无间，因世间定所生喜乐不复现行，便作是念："我今退失定生利益，及所依止[4]。"遂还从彼，退摄其心。如是当知，修静虑者，于三摩地退失颠倒。

---

① 谓如有一，底本与《房山石经》《资福藏》《赵城金藏》《永乐南藏》《径山藏》《高丽藏》相同；《碛砂藏》《普宁藏》"有"作"育"。

② 于惭愧等劣分成就，底本与《资福藏》《碛砂藏》《普宁藏》《永乐南藏》《径山藏》相同；与《房山石经》《赵城金藏》《高丽藏》"劣"作"少"。

③ 云何，底本与《资福藏》《碛砂藏》《普宁藏》《永乐南藏》《径山藏》相同；《房山石经》《赵城金藏》《高丽藏》"何"作"何应知于三摩地进时颠倒"。

④ 我今退失定生利益及所依止，底本与《房山石经》《资福藏》《碛砂藏》《普宁藏》《永乐南藏》《径山藏》《高丽藏》相同；《赵城金藏》"止"作"正"。

云何当知于三摩地退失无倒？谓如有一，得初静虑，便生喜足，不求上进，唯起爱味。由起如是欲俱行想作意故，遂便退失近欲界定。彼于此衰，能了是衰，由此因缘，当知无倒。又由所得静虑定故，自举毁他[1]，谓我所得此静虑定，非余能得。由起如此欲俱行想作意故，所有盖缠转增转厚，便从定退。彼于此衰，能了是衰。又以所得静虑诸定显示于他，为诸国王及王臣等当供养我，从定起已，寻思此事。由如是欲俱行想作意故，所有盖缠转增转厚，余如前说。如是当知，修静虑者于三摩地退失无倒。

第二无倒，翻初无倒，应知其相。此二无倒，亦于二时应知其相。由依如是倒、无倒处，安立四转。

复次，如《分别四检行定经》中，由四种相检行一切三摩地等，谓此等持是顺退分，乃至此是顺决择分。云何检行？谓此是劣分，此是胜分，此殊胜分，此最胜分，如其次第。此复云何？谓修定者从初静虑还退出已，于诸静虑不复乐入，亦不思惟此行、状、相，然欲俱行诸想作意数数现前，如先所说，从彼起已，随念爱味。当于尔时，修静虑者应自检行："我三摩地今成退劣。"又修定者从初静虑还退出已，得闻随顺此定教法，谓初静虑诸行、状、相，殷勤恳到，善取其相，令所得定坚住不忘。如是随念顺定法故，成顺住分。当于尔时，应自检行："我三摩地已成其胜，我三摩地已得安住，非退非进，非趣决择。"

又静虑者从初静虑还退出已，得闻随顺第二静虑教授之法；既得闻已，第二静虑道俱行诸想作意数数现前。当于尔时，应自检行："我三摩地已成殊胜，非退非住，唯是胜进，非趣决择。"又修定者从初静虑还退出已，闻苦谛等相相应教法；既得闻已，苦谛等俱行诸想作意顺决择分数数现前。彼于尔时，当自检行："我三摩地已成最胜，非退非住，亦非胜

[1] 自举毁他，底本与《资福藏》《碛砂藏》《普宁藏》《永乐南藏》《径山藏》相同；《房山石经》《赵城金藏》《高丽藏》"举"作"誉"。

进，然趣决择。”

复次，如经言：“有眼有色，乃至有意有法，而诸苾刍于此诸法若实若有都不领受，尚不受想，何况无想。”此复云何？谓诸苾刍于初静虑具足安住，由此因缘，厌坏眼、色，乃至意、法。由厌坏故，威势映夺，遂于眼中无有眼想，然有其想，乃至于法无有法想，然有其想。云何有想？谓于眼等作意思惟，是苦是集，或是病等，彼于诸法不受自相。如是乃至无所有处。此中正说无漏作意。云何名为不受无想？谓不思惟一切相故，于尽灭中思惟寂静。此中意说离诸相想，名为无想。又说安住灭尽定者，一切诸想皆不生起。

复次，如经中说四种趣道。云何宴坐，于诸法中思惟简择？谓有苾刍先已证得初静虑等，而未见谛，由听正法及多闻故，而能宴坐，依三摩地，于苦等谛发起现观。如是行者，依增上心，修增上慧。又有苾刍如实知苦乃至知道，而未证得初静虑等，彼便宴坐，思惟诸法。如是行者依增上慧，修增上心。第三行者名为俱得，奢摩他、毗钵舍那双杂转故。第四行者，先已证得初静虑等，未听正法，未习多闻，后从大师或余尊所闻见谛法，或复得闻断余结法，由此得入真谛现观，或复证得阿罗汉果。彼既证得出离所引大善喜悦，由能制伏诸掉举心，复还宴坐。如是坐已，安心住于静虑等至。最初趣道引见道故，第二、第三引修道故，第四趣道为俱引故。

复次，如经中说有四净胜。为求清净，此最为胜，故名净胜。云何为净？云何为胜？谓所得、所证、所引戒等，若圆满，若摄受，是名为净。发勤精进[①]，未满令满；是名为胜。

云何尸罗圆满、摄受？谓若有一，虽住具戒，亦能守护别解脱律仪，而于轨则及所行中未能具足，未于小罪深见怖畏，此于尸罗未名圆满；若于

① 发勤精进，底本与《房山石经》《资福藏》《碛砂藏》《普宁藏》《永乐南藏》《径山藏》《高丽藏》相同；《赵城金藏》“勤”作“动”。

一切皆悉满足，乃名圆满，如是名为尸罗圆满。若于长时串修习故，便于根门善守而住，广说乃至即于尸罗摄成自体，自性安住，如是名为尸罗摄受。

云何三摩地圆满？谓若已得加行究竟果，或第四静虑，乃各圆满①；于此下位，皆未圆满。

云何三摩地摄受？谓彼所得三摩地等后时清净。又三摩地不为有行之所拘执，乃至广说。

云何见圆满？谓闻他音及如理作意故，正见得生。由此正见，虽能知苦乃至知道，若未如实，犹不得名正见圆满；若能于彼如实了知，尔时方名正见圆满。

云何见摄受？谓于后时诸漏永尽，乃至广说。

云何解脱圆满？谓若由有学智见解脱贪等，未名圆满；若由无学智见得解脱者，乃名圆满。

云何解脱摄受？谓若行若住，常不退失现法乐住，如是名为解脱摄受。

复次，如经言："心清净行苾刍，于时时间应正作意思惟五相。"乃至广说。方便勤修增上心者，乃得名为心清净行。诸恶不善欲等寻思，及亲里等所有寻思，皆于此行能为障碍。略有三种补特伽罗，由软、中、上寻思行者有差别故：初由正思惟所余相故，令彼寻思不复现行。第二由见寻思深过患故，或复不念不思惟故，令彼寻思不复现行。云何不念及不思惟？由善于内安心等故。第二补特伽罗非初即能令彼一切皆不现行②，要当方便令寻思行渐渐歇薄，麤既息已，渐当制伏。若犹未能于寻思路寻思所缘，深生厌怖，当以厌患俱行之心多思惟力，于彼寻思俱行之心调练制

① 乃各圆满，底本与《碛砂藏》《普宁藏》《永乐南藏》《径山藏》相同；《房山石经》《资福藏》《赵城金藏》《高丽藏》"各"作"名"。

② 第二补特伽罗非初即能令彼一切皆不现行，底本与《碛砂藏》《普宁藏》《永乐南藏》《径山藏》相同；《房山石经》《资福藏》《赵城金藏》《高丽藏》"二"作"三"。

伏[①]。如是三种补特伽罗，分为五种。

复次，《荡尘经》中佛世尊言："当如陶炼生金之法[②]，陶炼其心。"乃至广说。如是等义，云何应知？谓陶炼生金略有三种：一、除垢陶炼；二、摄受陶炼；三、调柔陶炼。除垢陶炼者，谓从金性中渐渐除去麤中细垢，乃至唯有净金沙在。摄受陶炼者，谓即于彼郑重销煮。调柔陶炼者，谓销煮已，更细炼治瑕隙等秽。如金性内所有生金，种性位中心净行者，当知亦尔，谓堪能证般涅槃者。

问：从何位名心净行者？

答：从得净信，求出家位。

此于在家及出家位，有麤、中、细三种垢秽。其在家者，由二为障，不令出家：一、不善业，谓常乐安处身语恶行；二、邪恶见，谓拨无世间真阿罗汉、正行、正至。此于已得净信位前，能为障碍。欲等寻思，障出家者，令其不能心生喜乐。亲等寻思，障喜乐者，令其不能恒修善法。由断彼故，恒修善法，速得圆满纯净之心，有寻有伺，如净金沙，是名为心除垢陶炼，犹如生金仍未销煮。若有复能止息寻思，乃至具足安住第四静虑，是名为心摄受陶炼，由能摄受无寻无伺三摩地故，犹如生金已被销煮。若三摩地不为有行之所拘执，乃至广说，是名为心调柔陶炼，于神通法，随其所欲能转变故，如彼生金已细炼治瑕隙等秽。

复次，如经言应于三相作意思惟，乃至广说。应时时间作意思惟奢摩他等差别之相，不应一向，为欲对治沉掉等故。若于止、举未串习者，惟一向修，是沉掉相。如此修者，当知住在方便道位。若时时间思惟舍相，如是

① 于彼寻思俱行之心调练制伏，底本与《资福藏》《碛砂藏》《赵城金藏》《普宁藏》《永乐南藏》《径山藏》《高丽藏》相同；《房山石经》"练"作"炼"。

② 当如陶炼生金之法，底本与《房山石经》《资福藏》《赵城金藏》《高丽藏》相同；《碛砂藏》《普宁藏》《永乐南藏》《径山藏》"陶炼"作"陶练"，下同。

在于成满道位。亦由于此一向修故，于缘起法及圣谛中不思择故，心不正定，不尽诸漏。于诸谛中若未现观，不能现观，或已现观，不得漏尽。初之二种，是三摩地能成办道，第三一种，依三摩地尽诸漏道，是名略显此中要义。于时时间作意思惟遍一切故。

复次，有四正法摄持圣教。何等为四？一者，远离；二者，修习；三者，修果；四者，于圣教中无有乖诤。

远离者，谓山林、树下、空闲、静室。

修习者，谓住于彼，勤修二法，谓奢摩他、毗钵舍那。云何已习奢摩他，依毗钵舍那而得解脱？谓如有一，先已得初静虑乃至第四静虑，彼即依此三摩地故，如实知苦乃至知道。彼即依此毗钵舍那，于见所断诸烦恼中，心得解脱。云何已习毗钵舍那，依奢摩他心得解脱？谓如有一，如实知苦乃至知道，彼依如是增上慧故，发生静虑。即由如是奢摩他故，于修所断诸烦恼中，心得解脱。

如是修习奢摩他、毗钵舍那已，于诸界中而得解脱。见道所断诸行断故，名为断界。修道所断诸行断故，名离欲界。一切有执皆永灭故，名为灭界。是名修果。

于圣教中无乖诤者，所谓大师及诸弟子，若义若句若文，于文句义平等润洽，互相随顺，非如异道施设见解，种种非一，差别不同。第一句者，所谓前句。若以此句，问于初一，即以此句，而问第二。设于初一，依蕴而问，复于第二，依余问者，便不得名与第一句平等润洽，互相随顺。

本地分中非三摩呬多地第七

已说三摩呬多地。云何非三摩呬多地？当知此地相略有十二种：

或有自性不定故，名非定地，谓五识身。

或有阙轻安故，名非定地，谓欲界系诸心、心法。彼心心法虽复亦有心一境性，然无轻安含润转故，不名为定。

或有不发趣故，名非定地，谓爱欲者于诸欲中深生染著[①]，而常受用。

或有极散乱故，名非定地，谓初修定者于妙五欲，心随流散。

或有太略聚故，名非定地，谓初修定者于内略心，惛睡所蔽。

或有未证得故，名非定地，谓初修定者虽无散乱及以略聚绕恼其心[②]，然犹未得诸作意故，诸心心所不名为定[③]。

或有未圆满故，名非定地，谓虽有作意[④]，然未证得加行究竟及彼果故，不名为定。

或有杂染汙故，名非定地，谓虽证得加行究竟果作意，然为种种爱味等惑染汙其心。

或有不自在故，名非定地，谓虽已得加行究竟果作意，其心亦无烦恼染汙，然于入、住、出诸定相中，未得自在，未随所欲，梗涩艰难[⑤]。

或有不清净故，名非定地，谓虽自在，随其所欲，无涩无难，然唯修得世间定故，未能永害烦恼随眠诸心心法，未名为定。

或有起故，名非定地，谓所得定虽不退失，然出定故，不名为定。

或有退故，名非定地，谓退失所得三摩地故，不名为定。

---

① 谓爱欲者于诸欲中深生染著，底本与《资福藏》《碛砂藏》《普宁藏》《永乐南藏》《径山藏》相同；《房山石经》《赵城金藏》《高丽藏》“爱”作“受”。

② 谓初修定者虽无散乱及以略聚绕恼其心，底本与《资福藏》《碛砂藏》《普宁藏》《永乐南藏》《径山藏》相同；《房山石经》《赵城金藏》《高丽藏》“绕”作“娆”。

③ 诸心心所不名为定，底本与《径山藏》相同；《房山石经》《资福藏》《碛砂藏》《赵城金藏》《普宁藏》《永乐南藏》《高丽藏》“所”作“法”。

④ 谓虽有作意，底本与《永乐南藏》《径山藏》相同；《房山石经》《资福藏》《碛砂藏》《赵城金藏》《普宁藏》《高丽藏》“有”作“得”。

⑤ 梗涩艰难，底本与《资福藏》《碛砂藏》《赵城金藏》《普宁藏》《永乐南藏》《径山藏》相同；《房山石经》《高丽藏》“梗”作“硬”。

本地分中有心无心二地品第八第九[①]

已说非三摩呬多地。云何有心地？云何无心地？谓此二地，俱由五门，应知其相：一、地施设建立门；二、心乱不乱建立门；三、生不生建立门；四、分位建立门；五、第一义建立门。

地施设建立者，谓五识身相应地、意地、有寻有伺地、无寻唯伺地，此四一向是有心地。无寻无伺地中，除无想定并无想生及灭尽定，所余一向是有心地。若无想定，若无想生及灭尽定，是无心地。

心乱不乱建立者，谓四颠倒颠倒其心，名为乱心；若四颠倒不颠倒心，名不乱心。此中乱心亦名无心，性失坏故。如世间见心狂乱者，便言此人是无心人，由狂乱心失本性故。于此门中诸倒乱心，名无心地；若不乱心，名有心地。

生不生建立者，八因缘故，其心或生，或复不生，谓根破坏故，境不现前故，阙作意故，未得故，相违故，已断故，已灭故，已生故，心不得生。由此相违诸因缘故，心乃得生。此中若具生因缘故，心便得生，名有心地；若遇不生心因缘故，心则不生，名无心地。

分位建立者，谓除六位，当知所余名有心地。何等为六，谓无心睡眠位、无心闷绝位、无想定位、无想生位、灭尽定位及无余依涅槃界位。如是六位，名无心地。

第一义建立者，谓唯无余依涅槃界中，是无心地。何以故？于此界中，阿赖耶识亦永灭故。所余诸位，转识灭故，名无心地；阿赖耶识未永灭尽，于第一义非无心地。

① 本地分中有心无心二地品第八第九，底本与《资福藏》《碛砂藏》《普宁藏》《永乐南藏》《径山藏》相同；《房山石经》《赵城金藏》《高丽藏》无“品”字。

本地分中闻所成地第十之一

已说有心[①]、无心地。云何闻所成地？谓若略说，于五明处名、句、文身无量差别，觉慧为先，听闻领受，读诵忆念，又于依止名身、句身、文身义中无倒解了，如是名为闻所成地。

何等名五明处？谓内明处、医方明处、因明处、声明处、工业明处。

云何内明处？当知略说由四种相：一、由事施设建立相；二、由想差别施设建立相；三、由摄圣教义相；四、由佛教所应知处相。

云何事施设建立相？谓三种事总摄一切诸佛言教：一、素怛缆事；二、毗奈耶事；三、摩怛履迦事。如是三事，“摄事分”中当广分别。

云何想差别施设建立相？嗢柁南曰：

句迷惑戏论，住真实净妙，
寂静性道理，假施设现观。

云何句？谓内六处无量境界、无量方所、无量时分。复有三界，谓欲界、色界、无色界。又有三界，谓小千世界、中千世界、三千大千世界。复有四众，谓在家众、出家众、邬波索迦众、非人众。复有三受，谓苦受、乐受、不苦不乐受。复有三世，谓过去世、未来世、现在世。复有三宝，谓佛宝、法宝、僧宝。复有三法，谓善法、不善法、无记法。复有三杂染，谓烦恼杂染、业杂染、生杂染。复有四圣谛，谓苦圣谛、集圣谛、灭圣谛、道圣谛。复有九次第等至，谓初静虑等至，乃至灭想受等至。复有三十七菩提分法，谓四念住、四正断、四神足、五根、五力、七觉支、八道支。复有四沙门果，谓预流果、一来果、不还果、最胜阿罗汉果。复有众多胜妙功德，谓

① 已说有心，底本与《房山石经》《资福藏》《赵城金藏》《径山藏》《高丽藏》相同；《碛砂藏》《普宁藏》《永乐南藏》“说”作“记”。

无量、解脱、胜处、遍处、无诤、愿智、无碍解、六神通等。复有方广大乘五事，谓相、名、分别、真如、正智。复有二空性，谓补特伽罗空性及法空性。复有二无我性，谓补特伽罗无我性及法无我性。复有远离二边处中观行，谓离增益边、离损灭边[①]。复有四种真实，谓世间所成真实、道理所成真实、烦恼障净智所行真实、所知障净智所行真实。复有四寻思，谓名寻思、事寻思、自性假立寻思、差别假立寻思。复有四如实遍智，谓名寻思所引如实遍智、事寻思所引如实遍智、自性假立寻思所引如实遍智、差别假立寻思所引如实遍智。复有三种自性，谓遍计所执自性、依他起自性、圆成实自性。复有三无性性，谓相无性性、生无性性、胜义无性性。复有五相大菩提，谓自性故、功能故、方便故、转故、还故。复有五种大乘：一、种子；二、趣入；三、次第；四、正行；五、正行果。最初发心、悲愍有情、波罗蜜多、摄众生事、自他相续成熟。复有五无量想，谓有情界无量想、世界无量想、法界无量想、所调伏界无量想、调伏方便界无量想。复有真实义随至，谓于一切无量法中遍随至真如及于彼智。复有不思议威德胜解无障碍智、三十二大士夫相、八十种随形相、四种一切相清净、十力、四无所畏、三念住、三不护、大悲、无忘失法、拔除习气、一切相妙智等。如是诸句，略唯二句，谓声闻乘中所说句及大乘中所说句。

云何迷惑？谓四颠倒：一、于无常计常颠倒；二、于苦计乐颠倒；三、于不净计净颠倒；四、于无我计我颠倒。

云何戏论？谓一切烦恼及杂烦恼诸蕴。

云何住？谓四识住，或七识住。

云何真实？谓真如及四圣谛。

云何净？谓三清净性：一、自体清净性；二、境界清净性；三、分位清

① 离损灭边，底本与《碛砂藏》《普宁藏》《永乐南藏》《径山藏》相同；《房山石经》《资福藏》《赵城金藏》《高丽藏》“灭”作“减”。

净性。

云何妙？谓佛、法、僧宝，名最微妙，堕最第一施设中故。

云何寂静？谓从善法欲乃至一切菩提分法及所得果，皆名寂静。

云何性？谓诸法体相，若自相，若共相，若假立相，若因相，若果相等。

云何道理？谓诸缘起及四道理。

云何假施设？谓于唯法假立补特伽罗及于唯相假立诸法。

云何现观？谓六种现观[①]，如“有寻有伺地”已说。

复次，嗢柁南曰：

方所位分别，作执持增减，

冥言所觉上，远离转藏护。

云何方所？谓色蕴。

云何位？谓受蕴。

云何分别？谓想蕴。

云何作？谓行蕴。

云何执持？谓识蕴。

云何增？谓有二种：一、烦恼增；二、业增。如增有二种，当知减亦尔。

云何冥？谓无明及疑。

云何言？谓诸如来十二分教，说名为言。

云何所觉？谓彼彼言音所说之义，名为所觉。云何上？谓四沙门果。

云何远离？谓五种远离：一、恶行远离；二、欲远离；三、资具远离；四、愦闹远离；五、烦恼远离。

云何转？谓三界五趣。

① 谓六种现观，底本与《房山石经》《资福藏》《碛砂藏》《普宁藏》《永乐南藏》《径山藏》相同；《赵城金藏》《高丽藏》无“种”字。

云何藏护？谓追恋过去，希慕未来，躭著现在。

复次，嗢柁南曰：

思择与现行，睡眠及相属，

诸相摄相应，说住持次第[①]。

云何思择？谓一行，顺前句，顺后句，四句，无事句。复有有色法、无色法、有见法、无见法、有对法、无对法、有漏法、无漏法、有为法、无为法、有诤法、无诤法、有味著法、无味著法、依躭嗜法、依出离法、世间法、出世间法、有系属法、无系属法[②]、内法、外法、麤法、细法、劣法、胜法、远法、近法、有所缘法、无所缘法、相应法、不相应法、有行法、无行法、有依法、无依法、因法、非因法、果法、非果法、异熟法、非异熟法、有因法、非有因法、有果法、非有果法、有异熟法、非有异熟法、有执受法、无执受法、大种造法、非大种造法、同分法、彼同分法、有上法、无上法、又有过去法、未来法、现在法、善法、不善法、无记法、欲系法、色系法、无色系法、学法、无学法、非学非无学法、见所断法、修所断法、无断法。又有四缘，谓因缘、等无间缘、所缘缘、增上缘。又有四依：一、法是依，非补特伽罗；二、义是依，非文；三、了义经是依，非不了义；四、智是依，非识。又有四无量法、四念住法、四正断法、四神足法、五根法、五力法、七觉支法、八支圣道法、四行迹法、四法迹法、奢摩他法、毗钵舍那法、增上戒法、增上心法、增上慧法、解脱法、胜处法、遍处法，如是等法，无量无边，应当思择。

云何现行？谓诸烦恼缠。

---

① 说住持次第，底本与《碛砂藏》《普宁藏》《永乐南藏》《径山藏》相同；《房山石经》《资福藏》《赵城金藏》《高丽藏》“住”作“任”。

② 无系属法，底本与《资福藏》《碛砂藏》《普宁藏》《永乐南藏》《径山藏》相同；《房山石经》《赵城金藏》《高丽藏》“无”作“不”。

云何睡眠？谓诸烦恼随眠。

云何相属？谓内六处于一身中，当知展转互相系属[①]。又若此法能引彼法，当知此彼互相系属。又诸根境，当知能取、所取互相系属。

云何摄？谓十六种摄：一、界摄；二、相摄；三、种类摄；四、分位摄；五、不相离摄；六、时摄；七、方摄；八、一分摄；九、具分摄；十、胜义摄；十一、蕴摄；十二、界摄；十三、处摄；十四、缘起摄；十五、处摄处摄[②]；十六、根摄。

云何相应？当知此相，略有五种：一、与他性相应，非自性；二、于他性中，与不相违相应，非相违；三、于不相违中，软中上品与软中上品自相应，非余品；四、于软中上品中，同时相应，非异时；五、于同时中，同地相应，非异地。

云何说？谓四种言说：一、见言说；二、闻言说；三、觉言说；四、知言说。

云何住持[③]？谓四食：一、段食；二、触食；三、意思食；四、识食。

云何次第？谓六种次第：一、流转次第；二、成所作次第；三、宣说次第；四、生起次第；五、现观次第；六、等至次第。

复次，嗢柁南曰：

所作及所缘，亦瑜伽止观，
作意与教授，德菩提圣教[④]。

云何所作？谓八种所作：一、灭依止；二、转依止；三、遍知所缘；四、

---

① 当知展转互相系属，底本与《房山石经》《资福藏》《碛砂藏》《普宁藏》《永乐南藏》《径山藏》《高丽藏》相同；《赵城金藏》"展"作"属"。

② 处摄处摄，底本与《资福藏》《碛砂藏》《普宁藏》《永乐南藏》《径山藏》相同；《房山石经》《赵城金藏》《高丽藏》"摄处"作"非处"。

③ 云何住持，底本与《碛砂藏》《普宁藏》《永乐南藏》《径山藏》相同；《房山石经》《资福藏》《赵城金藏》《高丽藏》"住"作"任"。

④ 德菩提圣教，底本与《资福藏》《碛砂藏》《赵城金藏》《普宁藏》《永乐南藏》《径山藏》《高丽藏》相同；《房山石经》"教"作"道"。

喜乐所缘；五、得果；六、离欲；七、转根；八、引发神通。

云何所缘？谓四种所缘：一、遍满所缘；二、净行所缘；三、善巧所缘；四、净烦恼所缘。

云何瑜伽？谓或四种或九种。四种瑜伽者；一、信；二、欲；三、精进；四、方便。九种瑜伽者；一、世间道；二、出世道；三、方便道；四、无间道；五、解脱道；六、胜进道；七、软品道；八、中品道；九、上品道。

云何止？谓九种住心。

云何观？谓或三事观，或四行观，或六事差别所缘观。三事观者；一、有相观；二、寻求观；三、伺察观。四行观者，谓于诸法中，简择行观、极简择行观、遍寻思行观、遍伺察行观。六事差别所缘观者；一、义所缘观；二、事所缘观；三、相所缘观；四、品所缘观；五、时所缘观；六、道理所缘观。

云何作意？谓七种作意，了相等，如前说。

云何教授？谓五种教授：一、教教授；二、证教授；三、次第教授；四、无倒教授；五、神变教授。

云何德？谓无量、解脱等，如句中已说。

云何菩提？谓三种菩提：一、声闻菩提；二、独觉菩提；三、阿耨多罗三藐三菩提。

云何圣教？谓授以归依，制立学处，施设说听，建立师徒，施论、戒论、生天之论，诃欲爱味，示欲过失①，显说杂染及清净法，教导出离及与远离，称赞功德，乃至广说无量无边清净品法。

云何摄圣教义相？此中有能修习法，谓于诸善法专志所作、相续此

① 示欲过失，底本与《房山石经》《赵城金藏》《普宁藏》《永乐南藏》《径山藏》相同；《资福藏》《碛砂藏》《高丽藏》“过”作“迫”。

作[①]、方便勤修；有所修习法，谓所有诸善法；有有过患法，谓应遍知法；有有染汙法，谓应不著、制伏、初应断法；有障碍法，谓违逆现观究竟法；有随顺法，谓随顺现观究竟法；有真如所摄法，谓应觉悟法；有胜德所摄法，谓所应引发法；有随顺世间法，谓应习、应断、及断已现行法；有得究竟法，谓究竟自义所应证法。

云何佛教所应知处相？当知此中一切有情住有三种，谓曰别住[②]、尽寿住、善法可爱生展转住。初由食增上力，第二由命行增上力，第三由于诸善法不放逸增上力。于诸不善、无记法中，亦有相似不放逸法，如于杀生等事，及威仪工巧等中，审谛而作。然于善法不放逸者，于现法中乃至能得般涅槃故，于后法中往善趣故，多有所作。

复次，依有情世间及器世间，有二种法能摄一切诸戏论事，谓能取法及彼所依、所取之法。

又诸世间，略有二种杂染根本，能引无义无利杂染，谓于真实无正解行，及彼为先希求无义。又正法外，若诸沙门、若婆罗门，略有二种杂染根本，谓萨迦耶见增上力故，推求我常，推求我断。

又诸有情略有二种众苦根本，谓于有漏法喜爱俱行所有期愿，及非理所引厌离俱行所有期愿。

又有二种师及弟子教授教诫相违之法，谓诸弟子不能堪忍教诲语言，及师倒见，习行邪行。与此相违，当知即是白品二法。

又有二法，甚能违越世出世间正行境界，谓于自非法增上所生不可爱果无有顾虑，于所作罪无有羞耻，及于现法他所杀缚衰退等事无有顾

① 相续此作，底本与《资福藏》《碛砂藏》《普宁藏》《永乐南藏》《径山藏》相同；《房山石经》《赵城金藏》《高丽藏》“此”作“所”。

② 谓曰别住，底本与《资福藏》《碛砂藏》《普宁藏》《永乐南藏》《径山藏》相同；《房山石经》《赵城金藏》《高丽藏》“曰”作“日”。

虑，于所作罪无有羞耻。与此相违，当知即是白品二法。

又有二种无倒建立，能令行者少用功力，住于梵行，终不唐捐：一、正立学处，若有违越，便获大罪；若不违越，便生大福。二、正立出离，令违越者速复出离。

又有二法，能令作者得自他利①：一、居远离者，心常安定现法乐住；二、居愦闹者，有来求法，时时为说，能令正法相续久住。

又有二法，能令有情内正作意、外闻他音二因缘故，于现法中入谛现观，或令当来诸根成熟：一、于因所生法，正通达因；二、于如来所说所有甚深、相似甚深空相应经一切缘性及诸缘起，随顺作意，数数思惟。

又有二法，能令根熟补特伽罗速证通慧：一、于教授教诫远离谄诳；二、厌离为先，身、语、意行离诸调戏。

又有二法，令居一处同梵行者展转皆得安乐而住：一者，堪忍他所逼恼；二者，自不逼恼于他。

又有二法，令居一处同梵行者未生违诤，遮令不生，其已生者，速令止息，无斗无讼，无诤无竞：一者，展转互起慈心；二者，平等受用财法。

又有二法，速令心住，得三摩地清净梵行：一者，忆持久远所作所说增上力故，若有所犯，如法悔除；若无所犯，便生欢喜，昼夜随学，尝无懈废。二者，于身、语、意一切事业能正了知增上力故，于诸过失，终无违犯，由此因缘，亦无忧悔，随生欢喜，广说乃至解脱知见②。

又有二法，能越众苦，谓能超越诸恶趣苦及能超越生死大苦：一者，深见现法当来诸过患故，远离恶行；二者，心常安定，精勤修习菩提

① 能令作者得自他利，底本与《资福藏》《碛砂藏》《普宁藏》《永乐南藏》《径山藏》《高丽藏》相同；《房山石经》《赵城金藏》“作”作“行”。

② 广说乃至解脱知见，底本与《资福藏》《碛砂藏》《普宁藏》《永乐南藏》《径山藏》相同；《房山石经》《赵城金藏》《高丽藏》“知”作“智”。

分法。

又有二法，能令修断居远离者得安乐住：一者，于诸境界不生杂染，无恶寻伺扰乱其心；二者，凡所噉食，要为利益，称量消化，能随顺断，令身调适。

又有二法，令修善品诸苾刍等，时无虚度：一者，于诸根境，正勤方便研究法相；二者，知时知量，少习睡眠。

又有二法，能坏增上心学慧学：一者，建立邪学，违越正学，及怀犹豫；二者，增益损减邪见决定。与此相违，当知即是白品二法。

又有二法，能令已集菩提资粮，未入现观补特伽罗，速入现观：一者，思惟现在过去自他衰盛；二者，勤修谛行所摄无倒作意①。

又有二法，令观行者最极究竟离垢，梵行速得圆满：一者，修谛现观；二者，于后离欲，方便勤修，于诸等至，无有爱味，离诸障难。

又有二法，令观行者速能引发世出世间一切胜德：一者，九相住心；二者，由六种事，以正定心思择诸法。如“声闻地”当广分别。

又观行者，有二种净，谓作意净及所依净。于三世中，远离愚痴，智清净故，名作意净。远离三界诸烦恼品麤重法故，名所依净。

又有二法，心善解脱诸阿罗汉内自所证：一者，于现法中，苦因永尽；二者，由此为先，当来世苦毕竟不生。

① 勤修谛行所摄无倒作意，底本与《房山石经》《资福藏》《碛砂藏》《普宁藏》《永乐南藏》《径山藏》《高丽藏》相同；《赵城金藏》无“所”字。

瑜伽师地论卷第十四

本地分中闻所成地第十之二

已说二种佛教所应知处。次说三种，谓依十相、三门、三种及与三根，于诸有情发起邪行，能令有情堕诸恶趣。

言十相者，谓坏生命、财物、妻妾；若坏实义、善友[①]、赞美、所为事业；若意三浊，谓执受他财欲为己有，欲令他遭所不爱事、诽谤真实所有恶见。

言三门者：一、作业毁坏门；二、意乐毁坏门[②]；三、方便毁坏门。于十相中，前之七种，作业毁坏；其次二种，意乐毁坏[③]；最后一种，方便毁坏，所谓恶见，由恶见故，羞耻、慈悲、离诸恶行悉皆毁坏，无有羞耻，无有慈悲，广造众恶。

言三种者：一、身所作；二、语所作；三、意所作。

言三根者：一、为自饶益相；二、为损害他相；三、于他颠倒相，谓于非法而作法想，于不应作作应作想，坚执现行。

复有三法，能令有情不护诸根：一、于依止中邪法种子；二、于诸境界取不正相；三、于私隐处不正思惟。如是三种，当知即是欲贪、瞋恚及与害品，依四处所，发生三种不正寻思，谓于自己利等四种白品法处，为

---

① 善友，底本与《资福藏》《碛砂藏》《赵城金藏》《普宁藏》《永乐南藏》《径山藏》《高丽藏》相同；《房山石经》"友"作"支"。

② 意乐毁坏门，底本与《资福藏》《碛砂藏》《普宁藏》《永乐南藏》《径山藏》《高丽藏》相同；《房山石经》《赵城金藏》"意"作"喜"。

③ 意乐毁坏，底本与《资福藏》《碛砂藏》《普宁藏》《永乐南藏》《径山藏》《高丽藏》相同；《房山石经》《赵城金藏》"意"作"喜"。

欲获得，或为不失，生欲寻思。于能障彼怨中[①]，二品有情处所，生恚寻思。于亲友品有情处所[②]，生害寻思。所以者何？若亲友品或时违犯，于彼不生全断灭欲，唯有轻微苦楚方便训罚之欲。与此相违所有白品[③]，如应当知。

略有四种内法种子，遍摄一切诸法种子：一、世间种子；二、出世种子；三、不清净种子；四、清净种子。世间种子者，谓欲、色、无色界系诸行种子。出世种子者，谓能证三乘及三乘果八圣道等清净种子。不清净种子者，谓欲界系诸行种子。清净种子复有二种：一、世间净；二、出世间净。色、无色系诸行种子，名世间净。能证三乘及三乘果八圣道等所有种子，名出世净。

复有三种从因所生有漏法因，若于此中不如正理修方便者，能生诸苦，若能如理修方便者，于苦于因能知能断，谓于欲界系法染汙希求，于色、无色界系法亦尔。

又有三种诸烦恼趣，令诸有情流转生死，谓于胜欲发意希求，名初烦恼趣；于色、无色界胜自体中发意希求，名第二烦恼趣；于邪解脱发意希求，名第三烦恼趣。

又有三种诸有情类欲为根本作业方便：一、为得胜欲；二、为得胜自体；三、为证胜解脱道[④]。

又有三种诸有情类于三界中摄受自体诸行威势：一、牵引威势；二、

① 于能障彼怨中，底本与《房山石经》《资福藏》《赵城金藏》《永乐南藏》《径山藏》《高丽藏》相同；《碛砂藏》《普宁藏》“彼”作“波”。

② 于亲友品有情处所，底本与《资福藏》《碛砂藏》《赵城金藏》《普宁藏》《永乐南藏》《径山藏》《高丽藏》相同；《房山石经》“友”作“支”。

③ 与此相违所有白品，底本与《房山石经》《资福藏》《赵城金藏》《普宁藏》《永乐南藏》《径山藏》《高丽藏》相同；《碛砂藏》“相”作“在”。

④ 为证胜解脱道，底本与《资福藏》《碛砂藏》《普宁藏》《永乐南藏》《径山藏》《高丽藏》相同；《房山石经》《赵城金藏》无“胜”字。

能得威势；三、成满威势。牵引威势者，谓能引之业。能得威势者，谓健达缚正现在前。成满威势者，谓住于此受净不净诸业异熟。

又有三种无明蕴，诸有情类住无明者，由此因缘，能生三世自体差别，谓于过去世前际等无知，能生现在自体；于现在世前际等无知，能生未来自体；于未来世前际等无知，即于未来能生后后当来自体。

又有三种未究竟圣，共诸异生生死灾患，若有于彼深厌怖者，当速断除三种憍逸，修习现法涅槃方便：一、无病衰退；二、少年衰退；三、寿命衰退。其有智者，应观未来如是三事定当随逐。

又有三种有情之类，贪瞋痴缚所依处所身分差别，能急系缚诸有情类，闭在大苦生死牢狱：一、能饶益；二、能损害；三者，平等二种俱离。

又有三处所生诸苦，遍摄有情所有众苦：一、合会所生苦；二、乖离所生苦；三、平等相续苦。初由损害位和合故；第二由饶益位变坏故；第三于一切位相续而转，麤重所摄，诸行所生，唯众贤圣觉之为苦，非诸异生。

又有三种心高举法，违害欲求沙门果证修方便者预流果支，能障沙门，令不得证：一者，以己校量于他[①]，谓我为胜心生高举；二者，以己校量于他，谓我相似心生高举；三者，以己校量于他，谓我为劣心生高举。

复有三种种子，当知能生一切诸行：一、已与果；二、未与果；三、果正现前。

又有三种诸行言说所依处，所谓去、来、今。

又有三相，能摄一切色法自相，谓显、形、作用，安立眼识所取之色；于自处所障碍余色行住，安立根色，若一切境界色，当知一切总有十色，及定地色。若得净定，为引变化修方便者所有诸色，当知是内化心境界，亦是未满变化心果。

① 以己校量于他，底本与《房山石经》《赵城金藏》《永乐南藏》《径山藏》《高丽藏》相同；《资福藏》《碛砂藏》《普宁藏》“校”作“教”。

又有三种为诸烦恼所随逐心：一、诸异生心；二、未满学心；三、已满学心。

又有三种听闻法者；一、于法于义不能受持；二、唯能领受，不能任持；三、能受能持。

又有三法，是修行者观身、语、意无常性观趣入上首：一者，入出息；二者，寻伺；三者，想思。

又有三种尊胜，应受供养[①]：一、年齿增上；二、族姓增上；三、功德增上。

又有三种住定不定因，一是定因[②]，一不定因：一、恶趣定因，谓无间业；二、善趣涅槃定因，谓无漏有为法；三、不定因，谓所余法。

又有三法，为令圣教得久住故，展转举罪：一者，现见身语现行违犯学处；二、从他闻；三、以余相比度了知。

又诸如来自说具足三不护德，为显外道诸师内怀众恶，自称一切智者，实非一切智者，又欲令彼于如来所发起真实一切智信。

复有三种邪执所生大火所起有情烧恼：一、贪爱烧恼；二、愁忧烧恼；三、颠倒烧恼。

又有三火，为化乐福邪事外火胜解有情，示无虚诳所应事火，虽实非火，假立火名：一者，父母；二者，妻子；三者，真实应供福田。

又有三种为诸乐欲增上生者所说真实增上生道：一者，布施，得大财富；二者，持戒，得往善趣；三者，修定，远离苦受，得生一向无有恼害乐世界中。

---

① 应受供养，底本与《径山藏》相同；《房山石经》《资福藏》《碛砂藏》《赵城金藏》《普宁藏》《永乐南藏》《高丽藏》“供”作“敬”。

② 一是定因，底本与《资福藏》《碛砂藏》《普宁藏》《永乐南藏》《径山藏》相同；《房山石经》《赵城金藏》《高丽藏》“一”作“二”。

又有三种诸受欲者劣、中、胜欲观待诸欲所生乐故[1]：一、多用功力，依缘诸欲，谓现前住所有诸欲；二、少用功力，依心诸欲，谓乐化天所有诸欲；三、极少功力，依心诸欲，谓他化天所有诸欲。

又有三种超过诸欲、劣、中胜乐：一、有寻伺喜；二、无寻伺喜；三、离喜之乐。

又有三种觉悟所知，能令三乘出离众苦：一、从他闻音种类；二、内正思惟种类；三、长时修习止观种类。

又有三种觉悟所知：一者，具缚，二不具缚，三全无缚。

又有三种所应作事，修观行者由此三事增上力故，修习信等一切善法：一者，永断见道所断诸烦恼已，证预流果；二者，永断修道所断诸烦恼已，渐次证得一来、不还、阿罗汉果；三者，证得阿罗汉已，现法乐住。

又由三分照了一切所知境界增上力故，建立三眼：一者，肉眼，能照显露无有障碍有见诸色；二者，天眼，能照显露不显露有障无障有见诸色；三者，慧眼，照一切种若色非色所有诸法。

又有三法，能害现行烦恼怨敌：一者，信顺善友；二者，不与在家、出家诸众杂住；三者，内正作意觉悟所知真实道理。

复有三种正教诫方便，能展转证后后所证及得涅槃：一、于尸罗正教诫方便；二、于心住正教诫方便；三、于觉悟所知真实道理正教诫方便。如正教诫方便有三种，当知数习正教诫方便亦尔。又于正教诫方便现修习时，由三种法得安隐住：一者，空、无愿、无相灭尽等至；二者，四静虑；三者，四无量。

又略有三种心一境性，能令证得如实智见：一、于意言中，种种差别所缘行相；二、意言无间，种种差别所缘行相；三、超度意言，专注一境无

① 胜欲观待诸欲所生乐故，底本与《房山石经》《碛砂藏》《赵城金藏》《普宁藏》《永乐南藏》《径山藏》《高丽藏》相同；《资福藏》“待”作“持”。

种种，无差别所缘行相。

又有三处，能善摄受于恶邪处妄计尊胜及处中容所化有情[①]，引入圣教：一、现已所有最胜神通；二、于他所有染净诸行遮止开许；三、宣说妙法正教正诫。

又有三净，为欲断除乐净外道以外事水鳖除外垢，自谓已得第一清净所起邪慢故，建立此三第一义净，不净处生超越因故。

又有三种牟尼，为欲断除持牟尼戒诸外道等鳖自语言[②]，自谓已得真实寂静所起邪执故，又为显说无倒牟尼故，建立三种真实牟尼，即是圣所爱戒所摄身、语二业及无漏心。

又有三法，能令处远离者断除现行不正寻思，谓由他所诽毁[③]、退失大利增上力故，所起惭、愧及与爱敬。

又依道及道果，当知有三种最胜无上，谓无常智、苦智、无我智，乐速通等四种行迹，一切世间、出世间，有学、无学，时解脱、不动心解脱，最胜无上。修观行者先得其智；由此智故，为断烦恼，次修行迹；修行迹已，心得解脱。

又有三明，当知为显于前、后、中际断常二边邪执，现法涅槃愚痴，沙门、婆罗门无明性故，建立三明。

已说三种佛教所应知处。次说四种，谓有四法，能摄一切所知及智，谓身及闻思修增上念住以为依止缘身境慧。如身及缘身境慧，当知受、心、法及缘受、心、法境慧亦尔。复有差别，谓四种缚：一、执取缚；二、领

---

① 能善摄受于恶邪处妄计尊胜及处中容所化有情，底本与《房山石经》《资福藏》《碛砂藏》《普宁藏》《永乐南藏》《径山藏》相同；《赵城金藏》《高丽藏》"容"作"庸"。

② 为欲断除持牟尼戒诸外道等鳖自语言，底本与《资福藏》《碛砂藏》《普宁藏》《永乐南藏》《径山藏》相同；《房山石经》《赵城金藏》《高丽藏》"自"作"息"。

③ 谓由他所诽毁，底本与《资福藏》《碛砂藏》《普宁藏》《永乐南藏》《径山藏》相同；《房山石经》《赵城金藏》《高丽藏》"毁"作"毁自所诽毁"。

受缚；三、了别缚；四、执著缚。当知心于身，由执取缚所缚；于受，由内领受缚所缚；于色等境界相，由了别缚所缚；即于所说身等，由贪瞋等大小烦恼执著缚所缚。对治如是四种缚故，立四念住。

又有四种欲勤为先，观察过患及与对治以为依止，能断现行诸不善法及断彼系，能得善法，及能增长。

又有四种为欲住心，为得胜定修方便者，心住如意，能生长门：一、乐出离欲；二、受持读诵，悔过精进；三、能取贤善定相之心；四、住空闲处观察诸法。

又有四种心定心住：一、有寻有伺有喜心住；二、无寻无伺有喜心住；三、无寻无伺离喜心住；四、舍念清净，超度一切苦乐心住。

又有四种所知真实，染汙、清净二品别故，建立四种，若能了知善了知者，能断见修所断一切烦恼：一、染汙品果真实；二、彼品因真实；三、清净品果真实；四、彼品因真实。

又有四种想为先戏论缚：一、于小欲中想为先戏论缚；二、于大色中想为先戏论缚；三、于无量空、识无边处想为先戏论缚；四、于无所有处想为先戏论缚。

又有四法，于诸有情对治恚、害、不乐、欲贪善修习时，能生大福，能趣离欲：一慈，二悲，三喜，四舍。

又有四法，超过色界令成远分，谓空处、识处、无所有处、非想非非想处。

又有四种，为令解脱速得圆满，勤修行者圣解脱欲胜任持法，为断四爱增上力故，谓为衣服、饮食、卧具，少有所求，无作无乱，时无虚度，勤修方便，心离散乱，乐断烦恼，乐修正道。

又有四种修习道果诸烦恼断：一、见所断烦恼断；二、修所断下分结上中品断；三、即此无余断；四、上分结无余断。

复有四种证预流支，能令行者于佛圣教及善趣中毕竟不动，谓于大师所真觉所生无动心净。如于大师所，当知于所证法及为证法修证行者所亦尔。如是三种，名心清净。第四一种，名色清净，圣所爱戒所摄故。前之三种，令于圣教无有动摇；最后一种，令于善趣无有动摇。

又有四种证预流支：一、于说法师及教授者能善承事，无所违犯；二、无倒听闻师所说法及教授法；三、于所闻法能正思惟及善通达；四、成办所修。

又有四智，摄一切智：一、唯无漏，于诸法中能现见智；二、一向无漏，于诸法中非现见智；三、一向有漏，或如理所引，或不如理所引，或非如理非不如理所引世间智；四、通有漏无漏，他心差别智。

又有四种于转还品真实能取智，能尽诸漏：一、转品果真实智；二、转品因真实智；三、还品果真实智；四、还品因真实智。

又有四法，能令信者为断烦恼修正方便：一、相续殷重作用精进；二、正知行念；三、奢摩他；四、毗钵舍那。

又有四种能通达法，能尽上漏所依足迹，谓为得圣道，修有漏慧；既得道已，缺诸烦恼及缺诸事；无余永断诸烦恼事；如所得道转更修习。

又有四法展转相应，有行有缘，和合而转，同一缘转，谓受、想、行、识。

又有四护，能令已入佛圣教者爱乐圣教：一者，命护；二者，力护；三者，心烦恼护；四者，正方便护。

又有四种，能得正见无倒义行所依处所，由前三种，行时清净；由后一种，住时清净，谓守根门者，于诸境界不慎不违[1]，为守根门念增上力，正智而行；住远离者，心无染汙，专注一缘。

---

① 于诸境界不慎不违，底本与《资福藏》《碛砂藏》《普宁藏》《永乐南藏》《径山藏》相同；《房山石经》《赵城金藏》《高丽藏》“慎”作“顺”。

又由四行，当知能证明及解脱：由念、眼、慧，能证于明；又由身故，能证不动及时解脱。

复有四法，能为广大种种差别诸所造色生起依止：一者，坚性；二者，湿性；三者，煖性；四者，轻等动性。

又有四法，能持已生诸有情类令得久住，及能摄益寻求有者，“摄事分”中当广分别。

又有四种于生死中诸识流转所依足迹，谓于诸色见已趣向，由贪爱故，取为所缘，所依、境界俱有建立。如于诸色，于受、想、行，当知亦尔。

又诸苾刍顾恋现法身命为依止故，而于衣服、饮食、卧具生希求爱；顾恋后法身命为依止故，而于后有生希求爱；愚于涅槃为依止故，而于无有生希求爱。如是略有四种希求之爱，谓衣服爱、饮食爱、卧具爱、有无有爱。

又有四法，能令有情现行造作所不应作，谓随顺可爱事，违逆不可爱事，怖畏强敌其心颠倒，愚于现法及后法果。

又有四种谓问记论[①]，能断所疑，能悟未悟，又能任持胜决择力，谓于法实相应一向记，于诸有情业果异熟应分别记，于隐密说非一向问应诘问记[②]，于不如理应当置记。于此问中云何名记？谓记彼问，言佛世尊于斯不记。

又有四种惠舍，或清净，或不清净：三种清净，谓唯自身戒见具足，或复唯他戒见具足，或自及他戒见具足；一不清净，谓自及他戒见二种俱不具足。其清净者，当生善趣，资产丰饶；不清净者，当生恶趣，资产无匮。

① 又有四种谓问记论，底本与《资福藏》《碛砂藏》《普宁藏》《永乐南藏》《径山藏》相同；《房山石经》《赵城金藏》《高丽藏》“谓”作“请”。

② 于隐密说非一向问应诘问记，底本与《房山石经》《资福藏》《碛砂藏》《普宁藏》《永乐南藏》《径山藏》《高丽藏》相同；《赵城金藏》“诘”作“诰”。

又有四种摄众方便，能正摄化一切大众：一、饶益方便；二、摄受方便；三、引导方便；四、修治方便。

又有四种从业所生诸有情类于彼彼趣生依止门：一、由业及卵鷇；二、由业及胎膜；三、由业及润汙；四、唯由业。

又彼彼处受生有情有四种死：一者，由自故死，谓于戏忘、意忿天中而受生者；二、由他故死，谓于羯罗蓝、頞部昙、闭尸[1]、键南、母腹中者；三、俱由故死，谓在欲界所余有情；四、俱不由故死，谓色、无色界有顶为后所有有情。

复有四清净道：一、非功用根圆满，亦非喜乐圆满；二、功用根圆满，非喜乐圆满；三、喜乐圆满，非功用根圆满；四、喜乐圆满，亦功用根圆满。

又有四清净道：一、背恶说法及毗奈耶；二、向善说法及毗奈耶；三、资粮道；四、清净道。此中最初，谓如有一，于外道见及引无义苦切行中心不爱乐，亦不忍可；第二，谓如有一，于蕴、界、处、缘起、处非处等诸善巧中[2]，爱乐忍可，又能堪忍寒热等苦；第三，谓净尸罗、守根门等诸善资粮所摄正法；第四，谓奢摩他、毗钵舍那断诸烦恼现法乐住。

又有四种学增上心方便，谓未离欲者为得不还果；或不还果依未至定，求现法乐住；又为令他断诸恶法及往善趣，又为自己断诸烦恼，得胜决择。

又有二业四相差别，谓转所摄业差别有三，还所摄业总立一种。当知初业一向能感不可爱果恶趣异熟，第二业一向能感可爱乐果色无色界异

---

① 闭尸，底本与《资福藏》《碛砂藏》《赵城金藏》《普宁藏》《永乐南藏》《径山藏》《高丽藏》相同；《房山石经》“尸”作“户”。

② 处非处等诸善巧中，底本与《房山石经》《资福藏》《碛砂藏》《普宁藏》《永乐南藏》《径山藏》《高丽藏》相同；《赵城金藏》“巧”作“功”。

熟，第三业能感爱非爱果欲界天人异熟，第四业能断前三业。

又有四种诸有情类增上勤务：一、乐而非利益；二、利益而非乐；三、亦乐亦利益；四、非乐非利益。

又有四门起诸烦恼，能令有情与生等苦和合不离：一、染著诸欲门；二、染著色无色等至门；三、外道诸见门；四、住此法中未得眼者无智门。又修圣道，令此四门所生众苦速得离系。如能令有情与苦和合，能令顺流取后有业难可解脱，当知亦尔。

复有四种补特伽罗，当知遍摄一切补特伽罗：一者，异生；二者，未离欲有学；三者，已离欲有学；四者，超萨迦耶见一切无学。

又有四种补特伽罗：一、自住律仪，不能为他宣说正法；二、自不住律仪，而能为他宣说正法；三、俱能作；四、俱不能作。

又有四种补特伽罗：一、族姓卑下，现行白法；二、族姓尊高，现行恶法；三、族姓卑下，现行恶法；四、族姓尊高，现行白法。此中，最初现法有苦，非于后法；第二后法有苦，非于现法；第三二世俱苦，第四二世俱乐。

又有四种补特伽罗：一、以苦自任，不任于他，而生非福，谓受外道自苦戒者；二、以苦任他，不任于自，而生非福，谓随有一不律仪者；三、以苦俱任，而生非福，谓诸国王及祠祀主、马祠祀等；四、不以苦任于自他，而生大福，谓住静虑者及离诸恶补特伽罗。

又略有四种语失：一、不实；二、乖离；三、毁德；四、无义。与此相违，当知即是四种语德。

又略有四种非圣妄语，谓于见不见，颠倒而说。于闻不闻，于觉不觉，于知不知，当知亦尔。与此相违，当知即是贤圣谛语。

已说四种佛教所应知处[1]。次说五种，谓有五种诸欲贪品麤重随逐流

---

① 已说四种佛教所应知处，底本与《房山石经》《碛砂藏》《赵城金藏》《普宁藏》《永乐南藏》《径山藏》《高丽藏》相同；《资福藏》“已”作“色”。

转杂染所摄行聚：一、所依所缘自性行聚；二、能领纳自性行聚；三、能分别言说分位，取诸法相自性行聚；四、能作用自性行聚；五、能了别自性行聚。此五相违，当知即是离欲贪品麤重还灭清净所摄自性行聚[1]。

又有五种受用欲者所爱境界，诸乐欲者常所追求，常所受用，诸背欲者恒正观察，谓色、声、香、味、触。当知此中依所追求、所寻思、所染著事，有四种爱乐，谓未来所爱乐事，即所追求；过去所爱乐事，即所寻思；现在所爱乐事，即所染著。此复二种：一、所爱乐事；二、从彼所生所爱乐受。

又有五种有情所得受爱非爱业果异熟自体，谓天、人、那落迦、傍生[2]、鬼趣。

又有五种失利养因行，亦是背涅槃因行，谓若于是处受用利养，若从彼得，若所得物，若所为得，若如是得，于此诸处心生悋惜。

又有五法，令修行者先毁净戒、多闻，后亏止观善轭，谓于诸欲中心生爱染，于能觉发忆念教授教诫者所，心生瞋恚，未受尸罗，令其不受；虽先受得，后令弃舍，或使穿穴；躭著惛睡，恒不寂静，染汙追悔，常怀疑惑，于所闻法不能领受；虽初领受，寻即忘失；虽不忘失，不证决定。

又有二种下分，谓见道是修道下分，欲界是色、无色界下分。约此二种下分，说五下分结：依初下分，说萨迦耶见、戒禁取、疑；依第二下分，说贪欲、瞋恚。

又有二种上分，谓色界及无色界。依此二种上分，说五上分结：或有无差别结，谓色贪、无色贪；或有有差别结，谓爱上静虑者，掉；慢上静虑

---

① 当知即是离欲贪品麤重还灭清净所摄自性行聚，底本与《资福藏》《碛砂藏》《普宁藏》《永乐南藏》《径山藏》“聚”作“众”，据《房山石经》《赵城金藏》《高丽藏》及上下文意改。

② 傍生，底本与《资福藏》《碛砂藏》《普宁藏》《永乐南藏》《径山藏》相同；《房山石经》《赵城金藏》《高丽藏》作“旁生”，下同。

者，慢；无明上静虑者，无明。

又为五种不信敬所执持者，心不调柔，不能生长诸善根本，谓于大师所说正法，增上戒学，增上心学，增上慧学，正觉发者、正教授者、正教诫者同梵行所，无有信敬。

又有五种为断烦恼正精进障：一者，躭著等至令生[①]；二者，躭著利养恭敬；三者，放逸；四者，恶慧；五者，其心下劣，或增上慢。

复有不能堪忍补特伽罗，于他怨敌所起五种邪行，谓不堪忍者于他怨敌先起瞋心怨嫌意乐；于彼亲友乐欲破坏；常欲令彼发生忧苦，广作一切不饶益事；坏自所受清净尸罗；由身、语、意多行恶行。由此五种恶邪行故，能感后世还来此中二种等流过患[②]，一种现法等流过患，一种后法异熟过患，谓此生中多诸怨敌[③]，亲友乖离，由他发起种种忧苦不可爱事恒现在前；临命终时，多生忧悔；命终已后，颠坠恶趣。与此相违能堪忍者，于他怨敌发起五种正行。由此所感胜利差别，如应当知。

又有五法，能生现法后法一切忧苦：一、亲属灭亡；二、所有财宝非理丧失；三、疾病缘身。此三能生现法忧苦。四、毁犯尸罗，五毁谤一切诸恶邪见。此二能生后法忧苦。与此相违五法，当知能生现法、后法所有喜乐。

又阿罗汉虽现追求供身财物，亦常受用，而能超度三邪追求，二邪受用，谓能超过杀生、偷盗、妄语所引三邪追求；亦能超过妻妾、畜积二邪受用。

---

① 躭著等至令生，底本与《资福藏》《碛砂藏》《普宁藏》《永乐南藏》《径山藏》相同；《房山石经》《赵城金藏》《高丽藏》“令”作“及”。

② 能感后世还来此中二种等流过患，底本与《碛砂藏》《普宁藏》《永乐南藏》《径山藏》相同；《房山石经》《资福藏》《赵城金藏》《高丽藏》“二”作“三”。

③ 谓此生中多诸怨敌，底本与《径山藏》《高丽藏》相同；《房山石经》《资福藏》《碛砂藏》《赵城金藏》《普宁藏》《永乐南藏》“此”作“次”。

又修断者成就五法，随其所欲，于诸善品方便修行，亦能速证究竟通慧：一者，于所修断猛利乐欲，如教奉行；二者，于自所有，如实发露；三者，身力康强；四者，相续无间修方便中，其心勇锐；五者，成就通达止、举、舍相时分智慧。

又有五种能圆满解脱厌离所对治法，谓于诸法中有三种愚以为依止，起三颠倒。三种愚者：一、时节愚；二、分位愚；三、自性愚。三颠倒者：一、于无常计常颠倒；二者，于苦计乐颠倒；三、于无我计我颠倒。及规求利养[1]，希望寿命。为治如是五所治法，起五取相，谓于诸行取无常相，亦取苦相；于诸法中取无我相；于饮食中取恶逆相；于其命根取中夭相。

又有五种修定、修智二胜行者正心解脱生长之门：定胜行者，因闻依谛圣言论故，正解法义。如因听闻，因广大音读诵经典，因为他人开阐妙义，在空闲处审谛思惟，正解法义，当知亦尔。智胜行者，于上品乱贪欲对治无倒思惟。

又有五种，修观行者意乐、方便悉皆具足，谓于涅槃、菩提起猛利信解，名意乐具足；无间殷重修习正智而行、奢摩他、毗钵舍那，名方便具足。

又有五法，令诸有情受爱非爱业果异熟，烦恼身心，具摄众苦，谓苦、乐、忧、喜、舍。又由成就如前所说意乐、方便悉皆具足不退转故，令观行者堪能速证圣谛现观，亦善安住诸胜善品。

又有五种离欲界欲未尽余结，学生差别：一、住中有便能究竟得般涅槃；二、于初静虑初受生已，得般涅槃；三、受生已，后少用功力，圣道现前，得般涅槃；四、多用功力，圣道现前，得般涅槃；五、或色界边际乃至

---

① 及规求利养，底本与《房山石经》《资福藏》《碛砂藏》《普宁藏》《永乐南藏》《径山藏》《高丽藏》相同；《赵城金藏》“规”作“窥”。

色究竟得般涅槃，或无色界边际乃至有顶方能究竟得般涅槃。

又有五种杂修第四静虑果得不还者生地差别：一、下品静虑果生地；二、中品静虑果生地；三、上品静虑果生地；四、上胜品静虑果生地；五、上极品静虑果生地。

又有五种修观行者观察作意，能令三界烦恼永断，究竟决定，谓虽深厚忆念分别思惟欲相，于诸欲中仍不趣入；任运舍心，于离欲相率尔思惟，便能任运其心趣入。如于欲离欲相，如是于恚无恚相、害无害相、色等至生相、无色等至生相及涅槃相，当知亦尔。

已说五种佛教所应知处。次说六种。谓依六相，宣说八种有情事差别，为令堕在我及有情、命者见等众生趣入无我故，谓我所依事差别、境界事差别、自性事差别、受用因事差别、受用事差别、随说事差别、作用事差别、希望事差别。于如是等事差别于中未善纯熟修观行者[1]，便谓有我依眼等根、于色等境，由触及受种种受用，有如是名、如是种、如是姓、如是食等于自于他随起言说，造作一切法非法行，于可爱事希望和合，久住增益，于非爱事希望不合，不住损减。若于如是事差别中已善纯熟修观行者，尔时妄计皆不得生。

又于实学[2]，有六轻懱能令善法成未得退[3]，或已得退，舍佛圣教，乃至微信亦皆退失，谓于佛、法、僧宝，增上戒学，增上心学，增上慧学。由恶友故，于增上心、慧令得邪僻教诫教授；由恶语故，全无所得。彼由邪僻及无所得故，退失一切所有善法。与此相违，当知即是白品六法。

---

① 于如是等事差别于中未善纯熟修观行者，底本与《资福藏》《碛砂藏》《普宁藏》《永乐南藏》《径山藏》相同；《房山石经》《赵城金藏》《高丽藏》“于中”作“中”。

② 又于实学，底本与《资福藏》《碛砂藏》《普宁藏》《永乐南藏》《径山藏》相同；《房山石经》《赵城金藏》《高丽藏》“实”作“宝”。

③ 有六轻懱能令善法成未得退，底本与《房山石经》《资福藏》《碛砂藏》《赵城金藏》《普宁藏》《永乐南藏》《径山藏》相同；《高丽藏》“成”作“或”。

又有情心与不如理作意俱行，于色等境有六种贪所依处平等分位。如贪所依处平等分位，如是瞋所依处不平等分位，痴所依处非平等非不平等分位，当知亦尔。

又有六种最极清净转自所依，第一究竟，无间无缺，无有染汙，恒平等住，谓若行若住，于眼所识色乃至意所识法中，恒平等住。

又有六法，是诸色根及所依处随其所应之所依止，无有障碍，引导安养，于彼彼生自在而转，谓四大种、空界、识界。如是识界，能于现在积集任持福非福业[①]，能引当来爱非爱果，亦能执持识所依止五种色根及所依处，令不烂坏。又由现法后后所生识自在力，令诸有情于善、不善、无记业中差别而转。

复有三处，诸修行者难可超越：一者，超越欲贪、恚、害、不乐所摄下界；二者，超越一切行相现行；三者，超越有顶。超越此三难超越处，当知由六种无上对治：四无量是初对治，无相心三摩地是第二对治，我慢永尽是第三对治。永害如是所对治故，诸三摩地皆悉成满。善修对治故，害所对治，令彼决定不复现行。已断我慢者，终不为彼我为究竟、为不究竟如是疑惑，缠扰其心。当知有疑惑者必不离我慢，若离我慢，必无疑惑。

又有六种诤根本处：一、展转相违作不如意；二、覆藏诸恶；三、于等类中乘受利养[②]，执为己有；四、于衣服，等更相欺诳；五、违越学处；六、于法于义，颠倒执著。

又有六法，能断如是诤根本处：慈心所发身、语、意业，能断初二；同受利养，能断三四；同趣尸罗，能断第五；同趣正见，能断第六。

---

① 能于现在积集任持福非福业，底本与《房山石经》《资福藏》《碛砂藏》《赵城金藏》《普宁藏》《径山藏》《高丽藏》相同；《永乐南藏》“在”作“前”。

② 于等类中乘受利养，底本与《资福藏》《碛砂藏》《普宁藏》《永乐南藏》《径山藏》相同；《房山石经》《赵城金藏》《高丽藏》“乘”作“剩”。

又有六法，能摄一切诸修行者威德、究竟，谓神境、天耳、宿住、他心、生死智通，能摄威德；漏尽智通，能摄究竟。

又于圣谛未得现观补特伽罗，略有六种能障谛现观法，谓如前说三种愚痴增上力故，起三颠倒，规求利养，希望寿命。此中差别者，于顺恶见、恶闻、恶说、恶分别处法中，喜乐恶见、恶闻、恶说、恶分别事。如是喜乐，于未得圣谛现观异生心，最能漂动，极为障碍，非于圣者，是故说此在明分中，非在解脱成熟分中。对治如是能障碍法，当知即是六种正取相，谓如前说五种取相，及一切世间不可乐取相。

又有二种具足随念六行差别，能令心没诸修行者正策其心，令生欢喜，谓归依具足随念有三种行，证具足随念有三种行。于佛、法、僧随念之行，名归依随念；于趣涅槃行、趣资财行、趣生天行随念之行，名证随念。

又有六法，于善说法毗奈耶中立为无上，不与一切外道共[1]，谓见大师；闻正法；得净信；随学一切所有学处；于大师所起随念行，谓佛世尊是正等觉者，能说一切法，乃至广说；又于大师以身语行承事供养。

又有六法，能令为尽贪爱修观行者决定证知我于今者犹有贪爱，非无贪爱，谓于色境乃至法境，系摄其心。

又六因缘故，应知诸业是实可依，非种家姓是实可依，谓下劣种性补特伽罗，亦生不善，往于恶趣；亦生善业，往于善趣；亦于现法能般涅槃。贵胜种姓[2]，三种亦尔。

已说六种佛教所应知处。次说七种。谓有七法，能于诸谛如实觉了，圆满解脱，谓毗钵舍那品有三：一、择法；二、精进；三、喜。奢摩他品亦

① 不与一切外道共，底本与《资福藏》《碛砂藏》《普宁藏》《永乐南藏》《径山藏》相同；《房山石经》《赵城金藏》《高丽藏》“切”作“切诸”。

② 贵胜种姓，底本与《资福藏》《碛砂藏》《普宁藏》《永乐南藏》《径山藏》相同；《房山石经》《赵城金藏》《高丽藏》“种姓”作“种性”。

有三：一、安；二、三摩地；三、舍。念通二品。

又由根故、果故、解脱故，建立七种补特伽罗：于向道中，依钝根、利根故，建立随信、随法行。于果道中，即此二种，名信胜解、见到。定障解脱，非烦恼障解脱故，建立身证；烦恼障解脱，非定障解脱故，建立慧解脱；定障、烦恼障俱解脱故，建立俱分解脱。

又三因缘七种行故，令修行者心得内定，心正一缘，谓趣入、安住、摄受因缘。若世间正见，了知定有施与等行，及此为依，了知居家迫迮、居家尘染等行，出离所引正思惟，名趣入因缘。既趣入已，受持正语、正业、正命，名安住因缘。于趣入因缘、安住因缘，及后方便作意随行中所有正精进、正念，名摄受因缘。

又诸世间乐求财者为得乐故，虽乐积集一切凡财，而未能得七种圣财所生之乐，谓与信俱行清净之乐，生于善趣所起之乐，顾自妙好、不行诸恶、无有追悔所生之乐，顾他诽毁[①]、不行诸恶、无有追悔所生之乐，于法于义正解俱行所生之乐，后世资财无所匮乏所生之乐，于胜义谛如实觉悟所生之乐。诸如是等无量无边无罪之乐。乐求积集世间财者皆所未得，唯得现法资财无匮所生有罪妄想之乐。

又有七种魔惑品力：一、憎嫉圣教；二、现行能往恶趣恶行；三、乐习不顾自妙好障法；四、乐习不顾他诽毁障法；五、于善不善，有罪无罪，若劣若胜，若黑若白及，广分别缘起法中，不能解了；六、悭妬弊心[②]，积集众具；七、智慧陋劣，愚痴增广。若能降伏如是七种魔惑品力，当知即是圣法律中信等七力。

① 顾他诽毁，底本与《房山石经》《资福藏》《碛砂藏》《普宁藏》《永乐南藏》《径山藏》《高丽藏》相同；《赵城金藏》“毁”作“夸”。

② 悭妬弊心，底本与《房山石经》《资福藏》《碛砂藏》《赵城金藏》《普宁藏》《永乐南藏》《径山藏》相同；《高丽藏》“妬”作“垢”。

又有七种第一义法涅槃所对治法，能令正法衰退隐没。如是七法，三衰损摄，谓受用衰损、增上意乐衰损、方便衰损。于衣服等乐求妙好，乐欲多求，及彼所起种种受用，名受用衰损。于道及道果涅槃心不信解，名增上意乐衰损。懈怠、失念、心乱、恶慧，名方便衰损。受用衰损是贪不善根品类，意乐、方便衰损是痴不善根品类。与此相违，当知即是白品七法。

又有七种第一义法涅槃品法，能令正法无退久住：一、闻所成慧；二、思所成慧；三、修所成慧；四、不为恶缘侵损依止；五、正求财法；六、无增上慢；七、于可供养、不可供养补特伽罗，能善拣择此可供养，此不可供养。此中由闻慧故，于未了义能正解了；由思慧故，于未善决定义能善思惟；由修慧故，断诸烦恼；由无恶缘侵损依止故，堪能修断；正求非法故[①]，速证通慧；无增上慢故，于下品所证不生喜足；能善拣择补特伽罗故，于诸世智大福者等不乐亲近，亦不供养，唯乐亲近供养少欲者等。

又有七种诸有情类受生处所，于彼处所受生有情，诸识现前，相续而住。于三界中唯除恶趣、无想有情及非想非非想处：由恶趣中极可厌故，不立识住；无想有情一向转识不现行故，不立识住；非想非非想处，行与不行不决定故，不立识住。身异类故，名种种身；想异类故，名种种想。当知与此相违，名一种身、一种想。梵世已下，身形异类所生身形种种色相有差别故。于梵世中初受生时，彼诸梵众咸作是念："我等皆是大梵所生。"尔时，梵王亦作是念："是诸梵众皆吾所生。"如是彼想非有异类。第二静虑已上一切诸天，身光等照故，名一种身。光音天众先后生者，由靓梵世猛焰烧然，尔时便有怖不怖想，是故于彼有异类想。

又诸有情有七种麤重，遍摄一切烦恼品麤重，谓劣界、贪瞋品麤重，中界妙界贪品麤重，劣中妙界慢、无明、见、疑品麤重。

① 正求非法故，底本与《碛砂藏》《普宁藏》《永乐南藏》《径山藏》相同；《房山石经》《资福藏》《赵城金藏》《高丽藏》"非"作"财"。

又于外道恶说法律中，当知有七种过失，谓解过失、行过失、依止过失、思惟过失、功用过失、增上心过失、增上慧过失。彼诸外道虽少于法听闻受持，而常随顺四颠倒故，凡兴言论专为毁他免脱征难，为胜利故，其所生解皆有过失；所受禁戒，邪范邪命所摄受故，不能令自得出离故，亦有过失；所事师友，唯能宣说颠倒道故，亦有过失；所有思惟，邪求出离损坏心故，亦有过失；所有功用离方便故，亦有过失；彼增上心，忘念、爱、慢及与无明、疑上静虑之所摄故，亦有过失；彼增上慧，六十二见所损坏故，亦有过失。与此相违，当知善说法律中，亦有七种无过失事。

又有七法，令诸苾刍所起违犯诤事止息，余如“摄事分”中当说。当知此中有七种违犯诤事：一、开悟现前犯诤事；二、开悟过去失念犯诤事；三、开悟不自在犯诤事；四、寻思犯诤事；五、决择犯诤事；六、自悔犯诤事；七、忍愧建立二众展转举罪诤事。

瑜伽师地论卷第十五

本地分中闻所成地第十之三

已说七种佛教所应知处。次说八种，谓有八支圣道所摄，令诸苾刍究竟断结三种修法，谓修戒、修定、修慧。正语、正业、正命，名为修戒；正念、正定，名为修定；正见、正思惟、正精进，名为修慧。

又由正方便及果增上力故，建立清净品八种补特伽罗，谓行四向、住四果者。

又有二种施，八相差别：一、有过失施；二、无过失施。前七种施，名有过失；最后一种，名无过失。谓有布施，懈怠所损，故有过失；或有布施，不随所欲，故有过失，谓有染心者怖畏贫穷，希求富乐，而行布施；或有布施，顾恋过去，故有过失；或有布施，希望未来，故有过失；或有布施，有轻慢过，故有过失；或有布施，希求富乐，故有过失；或有布施，求他知闻，故有过失；无过失施者，谓迴向涅槃故，为彼资粮故，无染汙心为往善趣故，为得大财故而行布施。

又依四处，于八时中趣入懈怠，不发精进，当知如是补特伽罗是懈怠类，非精进类，谓依乞食处、依所作处，依游行处，依界不平等处。依此四处，八时差别：多食精美，身沉重时；少食麤恶，身劣顿时；将欲所作，护惜力时；已有所作，身疲倦时；将欲游行，护惜力时；已涉长塗，身疲倦时；正为病苦所缠扰时；所病已愈，恐更发时。此懈怠类补特伽罗，乃至未遇懈怠所依，少似精进，若得遇已，速发懈怠，是故名为懈怠种类。与此相违，亦依四处，于八时中发勤精进，当知如是补特伽罗能伏懈怠，勤精进类，虽遇懈怠所依，亦能发勤精进，何况不遇，是故名为勤精进类。

又有八种正愿所摄可爱生因，能令于诸欲中乐增上生，不求永离一切欲者，当生八种可爱生处，谓愿人中卑恶种类，修小施、戒二福业事；如是愿乐人中尊贵种类、四大王天、三十三天、夜摩天、睹史多天、化乐天[①]、他化自在天，修小施、戒二福业事。

又四因缘故，于人趣中建立如来四众；三因缘故，于天趣中建立四众。最增上故，世间共许为福田故，受用资财不由他故，弃舍一切世间资财故[②]，由此四缘，于人趣中建立四众。依地边际故，欲界边际故，语行边际故，由此三缘，于天趣中建立四众。

又于世间三处转时，恒常世间八法所触，谓乐欲处、功用处、众缘处。于乐欲处转时，或触于利，或触非利；于功用处转时，或称他意，或不称意，于背面位触于毁[③]、誉；于现前位触于称、讥；于众缘处转时，或由先世，或由现法苦乐众缘，触于苦、乐。

又八胜解能引不还，或阿罗汉诸圣神通及最胜住，谓未伏内色想，外无染汙色胜解，是名第一；已伏内色想，是名第二；净、不净、非二色，第一舍胜解，是名第三。此三解脱于一切色得自在故，便能引发诸圣神通，谓诸神通不与一切异生共有。空无边胜解、识无边胜解、无所有胜解、非想非非想胜解、微微任运心胜解，此五胜解次第善修治故，能引想受灭等至最胜住。

又若观诸色，若如所观，于初三解脱中而修习者，谓三解脱方便道所摄三胜处也。此中，观外诸色若小若大、若好若恶、若劣若胜者，谓观

---

① 化乐天，底本与《资福藏》《碛砂藏》《普宁藏》《永乐南藏》《径山藏》相同；《房山石经》《高丽藏》"化乐"作"乐化"。

② 弃舍一切世间资财故，底本与《资福藏》《碛砂藏》《普宁藏》《永乐南藏》《径山藏》相同；《房山石经》《高丽藏》无"间"字。

③ 于背面位触于毁，底本与《房山石经》《资福藏》《普宁藏》《永乐南藏》《径山藏》《高丽藏》相同；《碛砂藏》"面"作"而"。

非三摩地所行现所得色。由缘三摩地所行作意不种种现前，故名为胜。于三摩地所行中，奢摩他行名知，毗钵舍那行名见。如于三摩地所行若知若见，如于彼色已寻思，已了别，如是于外所想非三摩地所行中观诸色亦尔。

已说八种佛教所应知处。次说九种。谓有九结，如“摄事分”当，广建立。又有九种生处受生有情，于彼彼处同所居止，谓三界中除诸恶趣，可厌处故，如前已说。

已说九种佛教所应知处。次说十种。谓十遍处，当知即诸解脱所作成就。余解脱、胜处、遍处，如“摄事分”当广分别。又有十无学支，当知无学五蕴所摄，谓戒蕴、定蕴、慧蕴、解脱蕴、解脱知见蕴。如是已说十种佛教所应知处，及前所说佛教所应知处等，当知皆是内明处摄。

云何医方明处？当知此明略有四种，谓于病相善巧，于病因善巧，于已生病断灭善巧，于已断病后更不生方便善巧。如是善巧广分别义，如经应知。

已说医方明处。云何因明处？谓于观察义中诸所有事。此复云何？嗢柁南曰①：

论体论处所，论据论庄严，

论负论出离，论多所作法。

当知此中略有七种：一、论体性；二、论处所；三、论所依；四、论庄严；五、论堕负；六、论出离；七、论多所作法。

云何论体性？谓有六种：一、言论；二、尚论；三、诤论；四、毁谤论；五、顺正论；六、教导论。

言论者，谓一切言说、言音、言词，是名言论。

① 嗢柁南曰，底本与《房山石经》《资福藏》《碛砂藏》《普宁藏》《永乐南藏》《径山藏》相同；《高丽藏》“嗢”作“[illegible]”。

尚论者，谓诸世间随所应闻所有言论。

诤论者，谓或依诸欲所起，若自所摄诸欲，他所侵夺；若他所摄诸欲，自行侵夺；若所爱有情所摄诸欲，更相侵夺，或欲侵夺。若无摄受诸欲，谓歌舞、戏笑等所摄，若倡女、仆从等所摄，或为观看，或为受用。于如是等诸欲事中未离欲者，为欲界贪所染汙者，因坚执故，因缚著故，因躭嗜故，因贪爱故，发愤乖违，喜斗诤者，兴种种论，兴怨害论[①]，故名诤论。

或依恶行所起，若自所作身语恶行，他所讥毁；若他所作身语恶行，自行讥毁；若所爱有情所作身语恶行，互相讥毁。于如是等行恶行中愿作未作诸恶行者，未离欲界贪瞋痴者，重贪瞋痴所拘蔽者，因坚执故，因缚著故，因躭嗜故，因贪爱故，更相愤发，怀染汙心，互相乖违。喜斗诤者，兴种种论，兴怨害论，故名诤论。

或依诸见所起，谓萨迦耶见、断见、无因见、不平等因见、常见、雨众见等种种邪见，及余无量诸恶见类。于如是诸见中，或自所摄，他所遮断；或他所摄，自行遮断；或所爱有情所摄，他正遮断，或已遮断；或欲摄受所未摄受。由此因缘，未离欲者，如前广说。乃至兴种种论，兴怨害论，是名诤论。

毁谤论者，谓怀愤发者以染汙心振发威势，更相摈毁，所有言论，谓麤恶所引，或不逊所引，或绮言所引。乃至恶说法律中，为诸有情宣说彼法，研究决择，教授教诫。如是等论，名毁谤论。

顺正论者，谓于善说法律中，为诸有情宣说正法，研究决择，教授教诫。为断有情所疑惑故，为达甚深诸句义故，为令智见毕竟净故，随顺正行，随顺解脱，是故此论名顺正论。

---

① 兴怨害论，底本与《房山石经》《资福藏》《碛砂藏》《普宁藏》《永乐南藏》《径山藏》《高丽藏》相同；《赵城金藏》“兴”作“与”。

教导论者，谓教修习增上心学、增上慧学补特伽罗，心未定者令心得定，心已定者令得解脱，所有言论。令彼觉悟真实智故，令彼开解真实智故[①]，是故此论名教导论。

问：此六论中，几论真实，能引义利，所应修习？几不真实，能引无义，所应远离？

答：最后二论是真是实，能引义利，所应修习；中间二论，不真不实，能引无义，所应远离；初二种论，应当分别。

云何论处所？当知亦有六种：一、于王家；二、于执理家；三、于大众中；四、于贤哲者前；五、于善解法义沙门、婆罗门前；六、于乐法义者前。

云何论所依？当知有十种，谓所成立义，有二种；能成立法，有八种。

所成立义有二种者；一、自性；二、差别。所成立自性者，谓有立为有，无立为无。所成立差别者，谓有上立有上，无上立无上；常立为常，无常立无常。如是有色、无色，有见、无见，有对、无对，有漏、无漏，有为、无为，如是等无量差别门，当知名所成立差别。

能成立法有八种者；一、立宗；二、辩因；三、引喻；四、同类；五、异类；六、现量；七、比量；八、正教[②]。

立宗者，谓依二种所成立义，各别摄受自品所许，或摄受论宗。若自辩才，若轻懱他，若从他闻，若觉真实，或为成立自宗，或为破坏他宗，或为制伏于他，或为摧屈于他，或为悲愍于他，建立宗义。

辩因者，谓为成就所立宗义，依所引喻、同类、异类、现量、比量及与正教，建立顺益道理言论。

① 令彼开解真实智故，底本与《房山石经》《资福藏》《碛砂藏》《普宁藏》《永乐南藏》《径山藏》《高丽藏》相同；《赵城金藏》无“故”字。

② 正教，底本与《资福藏》《碛砂藏》《赵城金藏》《普宁藏》《永乐南藏》《径山藏》相同；《房山石经》《高丽藏》“教”作“教量”。

引喻者，亦为成就所立宗义，引因所依诸余世间串习共许易了之法，比况言论。

同类者，谓随所有法，望所余法，其相展转，少分相似。此复五种：一、相状相似；二、自体相似；三、业用相似；四、法门相似；五、因果相似。相状相似者，谓于现在或先所见相状相属，展转相似。自体相似者，谓彼展转其相相似。业用相似者，谓彼展转作用相似。法门相似者，谓彼展转法门相似。如无常与苦法、苦与无我法，无我与生法，生法与老法，老法与死法。如是有色、无色，有见、无见，有对、无对，有漏、无漏，有为、无为，如是等类无量法门展转相似。因果相似者，谓彼展转若因若果，能成所成，展转相似。是名同类。

异类者，谓所有法望所余法，其相展转，少不相似。此亦五种。与上相违，应知其相。

现量者，谓有三种：一、非不现见；二、非已思应思；三、非错乱境界。

非不现见现量者，复有四种，谓诸根不坏，作意现前，相似生故，超越生故，无障碍故，非极远故。

相似生者，谓欲界诸根于欲界境，上地诸根于上地境，已生已等生，若生若起，是名相似生。

超越生者，谓上地诸根于下地境，已生等，如前说，是名超越生。

无障碍者，复有四种：一、非覆障所碍；二、非隐障所碍；三、非映障所碍；四、非惑障所碍。

覆障所碍者，谓黑暗、无明暗、不澄清色暗所覆障。

隐障所碍者，谓或药草力，或咒术力，或神通力之所隐障。映障所碍者，谓少小物为广多物之所映夺，故不可得如饮食中药，或复毛端，如是等类，无量无边；且如小光，大光所映，故不可得，所谓日光映星月等，又如月光映夺众星。又如能治映夺所治，令不可得，谓不净作意映夺净相，无常、苦、无我作意映夺常、乐、我相，无相作意映夺一切众相。惑障所碍者，谓幻化所作，或色相殊胜，或复相似，或内所作，目眩惛梦，闷醉放逸，或复颠狂，如是等类，名为惑障。若不为此四障所碍，名无障碍。

非极远者，谓非三种极远所远：一、处极远；二、时极远；三、损减极远。

如是一切，总名非不现见。非不现故，名为现量。

非已思应思现量者，复有二种：一、才取便成取所依境；二、建立境界取所依境。

才取便成取所依境者，谓若境，能作才取便成取所依止。犹如良医授病者药，色、香、味、触皆悉圆满，有大势力，成熟威德。当知此药色、香、味、触，才取便成取所依止。药之所有大势熟德[1]，病若未愈[2]，名为应思；其病若愈，名为已思。如是等类，名才取便成取所依境。

建立境界取所依境者，谓若境能为建立境界取所依止。如瑜伽师于地思惟水、火、风界。若住于地，思惟其水，即住地想，转作水想。若住于地，思惟火风，即住地想，转作火风想。此中地想，即是建立境界之取；地者，即是建立境界取之所依。如住于地，住水、火、风，如其所应，当知亦尔。是名建立境界取所依境。此中，建立境界取所依境，非已思惟，非应思惟。地等诸界，解若未成，名应思惟；解若成就，名已思惟。如是名为非已思应思现量。

非错乱境界现量者，谓或五种，或七种。五种者，谓非五种错乱境界。何等为五？一、想错乱；二、数错乱；三、形错乱；四、显错乱；五、业错乱。

---

① 药之所有大势熟德，底本与《资福藏》《碛砂藏》《普宁藏》《永乐南藏》《径山藏》相同；《房山石经》《赵城金藏》《高丽藏》"熟"作"威"。

② 病若未愈，底本与《房山石经》《资福藏》《碛砂藏》《普宁藏》《永乐南藏》《径山藏》《高丽藏》相同；《赵城金藏》"病"作"疾"。

七种者，谓非七种错乱境界。何等为七？谓即前五及余二种遍行错乱，合为七种。何等为二？一、心错乱；二、见错乱。

想错乱者，谓于非彼相起彼相想，如于阳焰鹿渴相中，起于水相①。数错乱者，谓于少数起多数增上慢，如翳眩者于一月处见多月像。形错乱者，谓于余形色起余形色增上慢，如于旋火见彼轮形。显错乱者，谓于余显色起余显色增上慢，如迦末罗病损坏眼根，于非黄色悉见黄相。业错乱者，谓于无业事起有业增上慢，如结捲驰走②，见树奔流。心错乱者，谓即于五种所错乱义，心生喜乐。见错乱者，谓即于五种所错乱义，忍受显说，生吉祥想，坚执不舍。若非如是错乱境界，名为现量。

问：如是现量，谁所有耶？

答：略说四种所有：一、色根现量；二、意受现量；三、世间现量；四、清净现量。色根现量者，谓五色根所行境界，如先所说现量体相③。意受现量者，谓诸意根所行境界，如先所说现量体相。世间现量者，谓即二种总说为一世间现量。清净现量者，谓诸所有世间现量，亦得名为清净现量。或有清净现量，非世间现量，谓出世智，于所行境有知为有，无知为无，有上知有上，无上知无上，如是等类，名不共世间清净现量。

比量者，谓与思择俱，已思应思所有境界④。此复五种：一、相比量；二、体比量；三、业比量；四、法比量；五、因果比量。

相比量者，谓随所有相状相属，或由现在，或先所见，推度境界。如

---

① 起于水相，底本与《资福藏》《碛砂藏》《普宁藏》《永乐南藏》《径山藏》相同；《房山石经》《赵城金藏》《高丽藏》“相”作“想”。

② 如结捲驰走，底本与《资福藏》《碛砂藏》《赵城金藏》《普宁藏》《永乐南藏》《径山藏》《高丽藏》相同；《房山石经》“捲”作“拳”。

③ 如先所说现量体相，底本与《房山石经》《资福藏》《碛砂藏》《普宁藏》《永乐南藏》《径山藏》《高丽藏》相同；《赵城金藏》“所”作“不”。

④ 已思应思所有境界，底本与《资福藏》《碛砂藏》《赵城金藏》《普宁藏》《永乐南藏》《径山藏》相同；《房山石经》《高丽藏》“境界”作“境思”。

见幢故，比知有车；由见烟故，比知有火。如是以王比国；以夫比妻；以角犎等，比知有牛；以肤细软、发黑、轻躁、容色妍美，比知少年；以面皱发白等相，比知是老；以执持自相，比知道俗；以乐观圣者、乐闻正法、远离悭贪，比知正信；以善思所思、善说所说、善作所作，比知聪睿；以慈悲爱语、勇猛乐施、能善解释甚深义趣，比知菩萨；以掉动、轻转、嬉戏、歌笑等事，比未离欲；以诸威仪恒常寂静，比知离欲；以具如来微妙相好、智慧、寂静、正行、神通，比知如来、应、等正觉，具一切智；以于老时见彼幼年所有相状，比知是彼。如是等类，名相比量。

体比量者，谓现见彼自体性故，比类彼物不现见体；或现见彼一分自体，比类余分。如以现在比类过去，或以过去比类未来，或以现在近事比远，或以现在比于未来。又如饮食、衣服、严具、车乘等事，观见一分得失之相，比知一切。又以一分成熟，比余熟分。如是等类，名体比量。

业比量者，谓以作用比业所依。如见远物无有动摇，鸟居其上，由是等事，比知是杌；若有动摇等事，比知是人。广迹住处，比知是象；曳身行处，比知是蛇；若闻嘶声，比知是马；若闻哮吼，比知师子；若闻咆勃，比知牛王。见比于眼，闻比于耳[①]，嗅比于鼻，尝比于舌，触比于身，识比于意。水中见碍，比知有地；若见是处草木滋润，茎叶青翠，比知有水；若见热灰，比知有火；丛林掉动，比知有风。瞑目执杖，进止问他，蹎蹶失路，如是等事，比知是盲；高声侧听，比知是聋。正信、聪睿、离欲、未离欲、菩萨、如来，如是等类，以业比度，如前应知。

法比量者，谓以相邻相属之法，比余相邻相属之法。如属无常，比知有苦；以属苦故，比空、无我。以属生故，比有老法；以属老故，比有死法。以属有色、有见有对，比有方所及有形质。属有漏故，比知有苦；属无漏

① 闻比于耳，底本与《资福藏》《碛砂藏》《赵城金藏》《普宁藏》《永乐南藏》《径山藏》《高丽藏》相同；《房山石经》“于”作“是”。

故，比知无苦。属有为故，比知生住异灭之法；属无为故，比知无生住异灭法。如是等类，名法比量。

因果比量者，谓以因果展转相比。如见有行，比至余方；见至余方，比先有行。若见有人如法事王，比知当获广大禄位；见大禄位，比知先已如法事王。若见有人备善作业，比知必当获大财富；见大财富，比知先已备善作业。见先修习善行恶行[①]，比当兴衰；见有兴衰，比先造作善行恶行。见丰饮食，比知饱满；见有饱满，比丰饮食。若见有人食不平等，比当有病；现见有病，比知是人食不平等。见有静虑，比知离欲；见离欲者，比有静虑。若见修道，比知当获沙门果证；若见有获沙门果证，比知修道。如是等类，当知总名因果比量。是名比量。

正教量者，谓一切智所说言教，或从彼闻，或随彼法。此复三种：一、不违圣言；二、能治杂染；三、不违法相。不违圣言者，谓圣弟子说，或佛自说经教，展转流布至今，不违正法，不违正义。能治杂染者，谓随此法善修习时，能永调伏贪、瞋、痴等一切烦恼及随烦恼。不违法相者，谓翻违法相，当知即是不违法相。

何等名为违法相耶？谓于无相增为有相，如执有我、有情、命者、生者等类，或常或断，有色、无色，如是等类。或于有相减为无相，或于决定立为不定，如一切行皆是无常，一切有漏皆性是苦，一切诸法皆空无我，而妄建立一分是常，一分无常，一分是苦，一分非苦，一分有我，一分无我。于佛所立不可记法寻求记别，谓为可记，或安立记。或于不定建立为定，如执一切乐受皆贪所随眠，一切苦受，瞋所随眠，一切不苦不乐受，痴所随眠，一切乐受皆是有漏，一切乐俱故思造业，一向决定受苦异熟，如是等类。或于有相法中，无差别相建立差别，有差别相立无差别，如于

① 见先修习善行恶行，底本与《资福藏》《碛砂藏》《赵城金藏》《普宁藏》《永乐南藏》《径山藏》《高丽藏》相同；《房山石经》“修”作“备”。

有为无差别相，于无为中亦复建立，于无为法无差别相，于有为法亦复建立。如于有为无为，如是于有色、无色，有见、无见，有对、无对，有漏、无漏，随其所应，皆当了知。又于有相，不如正理立因果相，如立妙行感不爱果，立诸恶行感可爱果。计恶说法毗奈耶中，习诸邪行能得清净；于善说法毗奈耶中，修行正行谓为杂染。于不实相，此假言说立真实相[①]；于真实相，以假言说种种安立。如于一切离言法中，建立言说，说第一义。如是等类，名违法相。与此相违，当知即是不违法相。是名正教。

问：若一切法自相成就，各自安立己法性中，复何因缘建立二种所成义耶？

答：为欲令他生信解故，非为生成诸法性相。

问：为欲成就所成立义，何故先立宗耶？

答：为先显示自所爱乐宗义故。

问：何故次辩因耶？

答：为欲开显依现见事决定道理，令他摄受所立宗义故。

问：何故次引喻耶？

答：为欲显示能成道理之所依止现见事故。

问：何故后说同类、异类、现量、比量、正教等耶？

答：为欲开示因、喻二种相违不相违智故。又相违者，由二因缘：一、不决定故；二、同所成故。不相违者，亦二因缘：一、决定故；二、异所成故。其相违者，于为成就所立宗义不能为量，故不名量。不相违者，于为成就所立宗义能为正量，故名为量。是名论所依。

论庄严者，略有五种：一、善自他宗；二、言具圆满；三、无畏；四、敦肃；五、应供。

① 此假言说立真实相，底本与《资福藏》《碛砂藏》《普宁藏》《永乐南藏》《径山藏》相同；《房山石经》《赵城金藏》《高丽藏》“此”作“以”。

善自他宗者，谓如有一，若于此法毗奈耶中深生爱乐，即于此论宗旨读诵受持，听闻思惟，纯熟修行，已善已说已明。若于彼法毗奈耶中不爱不乐，然于彼论宗旨读诵受持，闻思纯熟，而不修行，然已善已说已明。是名善自他宗。

言具圆满者，谓如有一，凡有所说，皆以其声，不以非声。何等为声？谓具五德，乃名为声：一、不鄙陋；二、轻易；三、雄朗；四、相应；五、义善。不鄙陋者，谓离边方边国鄙俚言词。轻易者，谓有所说，皆以世间共用言词。雄朗者，所谓依义建立言词，能成彼义巧妙雄壮。相应者，谓前后法义相符不散。义善者，谓能引发胜生、定胜，无有颠倒。又此声论，由九种相，言具圆满：一、不杂乱；二、不麤犷；三、辩了；四、限量；五、与义相应；六、以时；七、决定；八、显了；九、相续。如是一切[①]，总名言具圆满。

无畏者，谓如有一，处在多众、杂众、大众、执众、谛众、善众等中，其心无有下劣忧惧，身无战汗，面无怖色，音无謇吃，语无怯弱。如是说者，名为无畏。

敦肃者，谓如有一，待时方说，而不儳速[②]，是名敦肃。

应供者，谓如有一，为性调善，不恼于他，终不违越诸调善者调善之地，随顺他心而起言说，以时如实，能引义利，言词柔软，如对善友，是名应供。

若有依此五论庄严兴言论者，当知复有二十七种称赞功德。何等名为二十七种？一、众所敬重；二、言必信受；三、处大众中都无所畏；四、于他宗旨，深知过隙；五、于自宗旨，知殊胜德；六、无有僻执，于所受论，

① 如是一切，底本与《资福藏》《碛砂藏》《赵城金藏》《普宁藏》《永乐南藏》《径山藏》相同；《房山石经》《高丽藏》“切”作“切相”。

② 而不儳速，底本与《径山藏》相同；《房山石经》《资福藏》《碛砂藏》《赵城金藏》《普宁藏》《永乐南藏》《高丽藏》“儳”作“嚵”。

情无偏党；七、于自正法及毗奈耶，无能引夺；八、于他所说，速能了悟；九、于他所说，速能领受；十、于他所说，速能酬对；十一、具语言德，令众爱乐；十二、悦可信解此明论者[①]；十三、能善宣释义句文字；十四、令身无倦；十五、令心无倦；十六、言不謇涩；十七、辩才无尽；十八、身不顿顇；十九、念无忘失；二十、心无损恼；二十一、咽喉无损；二十二、凡所宣吐，分明易了；二十三、善护自心，令无忿怒；二十四、善顺他心，令无愤恚；二十五、令对论者心生净信；二十六、凡有所行，不招怨对；二十七、广大名称，声流十方，世咸传唱此大法师，处大师数。

如受欲者以末尼、真珠、瑠璃等宝，厕环钏等宝庄严具以自庄严，威德炽盛，光明普照。如是论者以二十七称赞功德，厕此五种论庄严具以自庄严，威德炽盛，光明普照。是故名此为论庄严。是名论庄严。

论堕负者，谓有三种：一、舍言；二、言屈；三、言过。

舍言者，谓立论者以十三种词谢对论者，舍所言论。何等名为十三种词？谢立论者谢对论者曰[②]："我论不善，汝论为善；我不善观，汝为善观；我论无理，汝论有理；我论无能，汝论有能；我论屈伏，汝论成立；我之辩才唯极于此，过此已上，更善思量，当为汝说；且置是事，我不复言。"以如是等十三种词谢对论者，舍所言论。舍所论故，当知被破，为他所胜，堕在他后，屈伏于彼。是故舍言名堕负处[③]。

言屈者，如立论者为对论者之所屈伏，或托余事方便而退，或引外言，或现愤发，或现瞋恚，或现憍慢，或现所覆，或现恼害，或现不忍，或

① 悦可信解此明论者，底本与《房山石经》《资福藏》《碛砂藏》《普宁藏》《永乐南藏》《径山藏》《高丽藏》相同；《赵城金藏》"明"作"月"。

② 谢立论者谢对论者曰，底本与《资福藏》《碛砂藏》《普宁藏》《永乐南藏》《径山藏》相同；《房山石经》《赵城金藏》《高丽藏》"谢立"作"谓立"。

③ 是故舍言名堕负处，底本与《房山石经》《资福藏》《赵城金藏》《普宁藏》《永乐南藏》《径山藏》《高丽藏》相同；《碛砂藏》"名"作"各"。

现不信，或复默然，或复忧慼，或竦肩伏面，或沉思词穷。

假托余事方便而退者，谓舍前所立，更托余宗；舍先因、喻、同类、异类、现量、比量及正教量，更托余因，乃至正教。引外言者，谓舍所论事，论说饮食、王臣、盗贼、衢路、倡秽等事，假托外缘，舍本所立，以违他难①。现愤发者，谓以麤犷不逊等言摈对论者。现瞋恚者，谓以怨报之言责对论者。现憍慢者，谓以卑贱种族等言毁对论者。现所覆者，谓以发他所覆恶行之言举对论者。现恼害者，谓以害酷怨言骂对论者。现不忍者，谓发怨言怖对论者。现不信者，谓以毁坏行言谤对论者。或默然者，谓语业顿尽。或忧慼者，谓意业焦恼。竦肩伏面者，谓身业威严而顿萎顇。沉思词穷者，谓才辩俱竭。由如是等十三种事当知言屈。前二，妄行矫乱；中七，发起邪行；后四，计行穷尽。是名言屈②，堕在负处。

言过者，谓立论者为九种过汗染其言，故名言过。何等为九？一、杂乱；二、麤犷；三、不辩了；四、无限量；五、非义相应；六、不以时；七、不决定；八、不显了；九、不相续。

杂乱者，谓舍所论事，杂说异语。麤犷者，谓愤发掉举及躁急掉举。不辩了者③，谓若法若义，众及对论所不领悟。无限量者，谓所说义言词复重，或复减少。非义相应者，当知有十种：一、无义；二、违义；三、损理；四、与所成等；五、招集过难；六、不得义利；七、义无次序；八、义不决定；九、成立能成；十、慎不称理诸邪恶论④。非时者，谓所应说前后不

① 以违他难，底本与《资福藏》《碛砂藏》《普宁藏》《永乐南藏》《径山藏》相同；《房山石经》《赵城金藏》《高丽藏》“违”作“遣”。

② 是名言屈，底本与《房山石经》《资福藏》《赵城金藏》《普宁藏》《永乐南藏》《径山藏》《高丽藏》相同；《碛砂藏》“名”作“各”。

③ 不辩了者，底本与《资福藏》《碛砂藏》《赵城金藏》《普宁藏》《永乐南藏》《径山藏》《高丽藏》相同；《房山石经》“辩”作“办”。

④ 慎不称理诸邪恶论，底本与《资福藏》《碛砂藏》《赵城金藏》《普宁藏》《永乐南藏》《径山藏》相同；《房山石经》《高丽藏》“慎”作“顺”。

次。不决定者，谓立已复毁，毁而复立，速疾转换，难可了知。不显了者，谓言招讥弄，不领而答，先为典语，后为俗语，或先俗语，后复典语。不相续者，谓于中间，言词断绝。凡所言论，犯此九失，是名言过，堕在负处。

论出离者，谓立论者先应以彼三种观察观察论端，方兴言论，或不兴论，名论出离。三种观察者：一、观察得失；二、观察时众；三、观察善巧及不善巧。

观察得失者，谓立论者方兴论端，先当观察："我立是论，将无自损、损他及俱损耶？不生现法、后法及俱罪耶？勿起身心诸忧苦耶？莫由此故，执持刀杖，斗骂诤讼，谄诳妄语而发起耶？将无种种恶不善法而生长耶？非不利益安乐若自若他及多众耶？非不怜愍诸世间耶？不因此故，诸天世人无义无利不安乐耶？"彼立论者如是观时，若自了知我所立论，能为自损，乃至天人无义无利，亦无安乐，便自思勉，不应立论。若如是知我所立论，不为自损，乃至能引天人义利及与安乐，便自思勉，当立正论。是名第一或作不作论出离相。

观察时众者，谓立论者方起论端，应善观察现前众会，为有僻执，为无执耶？为有贤正，为无有耶？为有善巧，为无有耶？如是观时，若知众会唯有僻执，非无僻执，唯不贤正，无有贤正，唯不善巧，无善巧者，便自思勉，于是众中不应立论。若知众会无所僻执，非有僻执，唯有贤正，无不贤正，唯有善巧，无不善巧，便自思勉，于是众中应当立论。是名第二或作不作论出离相。

观察善巧及不善巧者，谓立论者方起论端，应自观察善与不善："我于论体、论处、论依、论严、论负、论出离等为善巧耶？不善巧耶？我为有力能立自论摧他论耶？于论负处能解脱耶？"如是观时，若自了知我无善巧，非有善巧，我无力能，非有力能，便自思勉，与对论者不应立论。若自了知我有善巧，非无善巧，我有势力，非无势力，便自思勉，与对论者当共立论。是名第三或作不作论出离相。

论多所作法者，谓有三种于所立论多所作法：一、善自他宗；二、勇猛无畏；三、辩才无竭。

问：如是三法，于所立论，何故名为多有所作？

答：能善了知自他宗故，于一切法，能起谈论；勇猛无畏故，处一切众，能起谈论；辩才无竭故，随所问难，皆善酬答。是故此三于所言论多有所作[①]。

已说因明处。云何声明处？当知此处，略有六相：一、法施设建立相；二、义施设建立相；三、补特伽罗施设建立相；四、时施设建立相；五、数施设建立相；六、处所根栽施设建立相。

嗢柁南曰：

法义数取趣，时数与处所，
若根栽所依，是略声明相。

云何法施设建立？谓名身、句身、文身，及五德相应声：一、不鄙陋；二、轻易；三、雄朗；四、相应；五、义善。

云何义施设建立？当知略有十种：一、根建立；二、大种建立；三、业建立；四、寻求建立；五、非法建立；六、法建立；七、兴盛建立；八、衰损建立；九、受用建立；十、守护建立。

嗢柁南曰：

眼等与地等，身等及寻求，
非法法兴盛，衰损受用护。

根建立者，谓见义、闻义、嗅义、尝义、触义、知义。大种建立者，谓依

① 是故此三于所言论多有所作，底本与《资福藏》《碛砂藏》《普宁藏》《永乐南藏》《径山藏》相同；《房山石经》《赵城金藏》《高丽藏》“言”作“立”。

持等义、浇润等义、照了等义[①]、动摇等义。业建立者，谓往来等义、宣说等义、思念觉察等义。寻求建立者，谓追访等义。非法建立者，谓杀盗等义。法建立者，谓施戒等义。兴盛建立者，谓证得喜悦等义。衰损建立者，谓破坏、怖畏、忧慼等义。受用建立者，谓饮食、覆障、抱持、受行等义。守护建立者，谓守护、育养、盛满等义。

又复略说有六种义：一、自性义；二、因义；三、果义；四、作用义；五、差别相应义；六、转义。

嗢柁南曰[②]：

自性与因果，作用相应转。

云何补特伽罗施设建立？谓建立男、女、非男非女声相差别，或复建立初、中、上士声相差别。云何时施设建立？谓有三时声相差别：一、过去过去殊胜；二、未来未来殊胜；三、现在现在殊胜。云何数施设建立？谓有三数声相差别：一者，一数；二者，二数；三者，多数。云何处所根栽施设建立？当知处所略有五种：一、相续；二、名号；三、总略；四、彼益；五、宣说。若界颂等，名为根栽。如是二种，总名处所根栽建立。

已说声明处。云何工业明处？谓于十二处，略说工业所有妙智，名工业明处。何等十二工业处耶？谓营农工业、商估工业[③]、事王工业、书筭计度数印工业、占相工业、咒术工业、营造工业、生成工业、防邪工业[④]、和合工业、成熟工业、音乐工业。

---

① 照了等义，底本与《房山石经》《资福藏》《碛砂藏》《普宁藏》《永乐南藏》《径山藏》《高丽藏》相同；《赵城金藏》“了”作“了说”。

② 嗢柁南曰，底本与《资福藏》《碛砂藏》《普宁藏》《永乐南藏》《径山藏》相同；《房山石经》《赵城金藏》《高丽藏》“柁”作“拕”。

③ 商估工业，底本与《资福藏》《碛砂藏》《普宁藏》《永乐南藏》《径山藏》相同；《房山石经》《赵城金藏》《高丽藏》“商估”作“商贾”。

④ 防邪工业，底本与《资福藏》《碛砂藏》《普宁藏》《永乐南藏》《径山藏》相同；《房山石经》《赵城金藏》《高丽藏》“邪”作“那”。

瑜伽师地论卷第十六

本地分中思所成地第十一之一

已说闻所成地。云何思所成地？当知略说由三种相：一、由自性清净故；二、由思择所知故；三、由思择诸法故。

云何自性清净？谓九种相应知：一者，谓如有一，独处空闲，审谛思惟，如其所闻，如所究达诸法道理；二者，远离一切不思议处[①]，审谛思惟所应思处；三者，能善了知默说[②]、大说；四者，凡所思惟，唯依于义，不依于文；五者，于法少分，唯生信解，于法少分，以慧观察；六者，坚固思惟；七者，安住思惟；八者，相续思惟；九者，于所思惟，能善究竟，终无中路厌怖退屈。由此九相，名为清净善净思惟。

云何思择所知？谓善思择所观察义。

何等名为所观察义？谓于有法，了知有相，于非有法，了知无相。如是名为所观察义。

何等名为所观有法？当知此法略有五种：一、自相有法；二、共相有法；三、假相有法；四、因相有法；五、果相有法。

何等名为自相有法？当知此法略有三种：一、胜义相有；二、相状相有；三、现在相有。胜义相有者，谓诸法中离言说义，出世间智所行境界，非安立相。相状相有者，谓由四种所观相状：一、于是处，名可得；二、于

---

① 远离一切不思议处，底本与《房山石经》《资福藏》《碛砂藏》《普宁藏》《永乐南藏》《径山藏》《高丽藏》相同；《赵城金藏》“不”作“不可”。

② 能善了知默说，底本与《永乐南藏》《径山藏》相同；《房山石经》《资福藏》《碛砂藏》《赵城金藏》《普宁藏》《高丽藏》“默”作“黑”。

是处，事可得；三、此名于此事，非不决定，谓或迷乱不决定故，或无常不决定故；四、此名于此事，无碍随转，非或于是处随转[①]，或于是处退还。现在相有者，谓若已生及因果性。如是一切，总说为一自相有法。

何等名为共相有法？当知此相复有五种：一、种类共相；二、成所作共相；三、一切行共相；四、一切有漏共相；五、一切法共相。种类共相者，谓色、受、想、行、识等各别种类，总名为一种类共相。成所作共相者，谓善有漏法于感爱果，由能成办所作共相，说名共相。如善有漏法于感爱果，如是不善法于感非爱果，念住、正胜[②]、神足、根、力、觉支、道支、菩提分法于得菩提，由能成办所作共相，说名共相，当知亦尔。一切行共相者，谓一切行无常性相。一切有漏共相者，谓有漏行皆苦性相[③]。一切法共相者，谓一切法空、无我性相。如是一切，总说为一共相有法。

何等名为假相有法？谓若于是处，略有六种言论生起，当知此处名假相有。何等名为六种言论？谓属主相应言论、远离此彼言论、众共施设言论、众法聚集言论、不遍一切言论、非常言论。

属主相应言论者，谓诸言论，配属于主，方解其相，非不属主。如说生时，此谁之生，待所属主，起此言论，谓色之生，受、想、行、识之生。非说色时，此谁之色，待所属主，起此言论。如生，如是者[④]，住、无常等心不相应行，随其所应，尽当知。是名属主相应言论。若于是处，起此言论，当知此处，是假相有。

---

① 非或于是处随转，底本与《资福藏》《碛砂藏》《普宁藏》《永乐南藏》《径山藏》《高丽藏》相同；《房山石经》《赵城金藏》无“非”字。

② 正胜，底本与《资福藏》《碛砂藏》《普宁藏》《永乐南藏》《径山藏》相同；《房山石经》《赵城金藏》《高丽藏》“胜”作“断”。

③ 谓有漏行皆苦性相，底本与《资福藏》《碛砂藏》《普宁藏》《永乐南藏》《径山藏》相同；《房山石经》《赵城金藏》《高丽藏》“行”作“行者”。

④ 如是者，底本与《资福藏》《碛砂藏》《普宁藏》《永乐南藏》《径山藏》相同；《房山石经》《赵城金藏》《高丽藏》“者”作“老”。

远离此彼言论者，谓诸言论，非以此显此，亦非以彼显彼，是说名为远离此彼言论。若以此显此言论，是言论亦于实相处转[①]，亦于假相处转。若以彼显彼言论，是言论亦于实相处转，亦于假相处转。若非以此显此，亦非以彼显彼亦论[②]，是言论一向于假相处转。云何以此显此言论，于实相处转？如言地之坚。云何此复于假相处转？如言石之圆、如地之坚、石之圆，如是水之湿，油之滴，火之煖，毁之焰，风之动，飘之鼓亦尔。云何以彼显彼言论，于实相处转？如言眼之识、身之触，如是等。云何此复于假相处转？如言佛授德友之所饮食、车乘、衣服、庄严具等。云何非以此显此，亦非以彼显彼言论，一向于假相处转？如言宅之门，舍之壁，瓶之口，瓮之腹，军之车，林之树，百之十，十之三，如是等。是名远离此彼言论。

众共施设言论者，谓于六种相状言说自性，假立言论。六种相状者；一、事相状；二、应识相状；三、净妙等相状；四、饶益等相状；五、言说相状；六、邪行等相状。事相状者，谓识所取。应识相状者，谓作意所取，能起于识。净妙等相状者，谓触所取。饶益等相状者，谓受所取。言说相状者，谓想所取。邪行等相状者，谓思所取。

众法聚集言论者，谓于众多和合，建立自性言论。如于内色、受、想、行、识，建立种种我等言论；于外色、香、味、触等事和合差别，建立宅舍、瓶衣、车乘、军林、树等种种言论。

不遍一切言论者，谓诸言论有处随转，有处旋还。如于舍宅，舍宅言论，于诸舍宅处处随转，于村、聚落、亭逻、国等即便旋还。于瓮瓮等[③]，瓮

① 是言论亦于实相处转，底本与《资福藏》《碛砂藏》《赵城金藏》《普宁藏》《永乐南藏》《径山藏》《高丽藏》相同；《房山石经》“于”作“以”。

② 亦非以彼显彼亦论，底本与《资福藏》《碛砂藏》《普宁藏》《永乐南藏》《径山藏》相同；《房山石经》《赵城金藏》《高丽藏》“亦”作“言”。

③ 于瓮瓮等，底本与《房山石经》《资福藏》《碛砂藏》《普宁藏》《永乐南藏》《径山藏》相同；《赵城金藏》《高丽藏》“瓮”作“盆”，下同。

等言论，于瓫瓮等处处随转，于瓶器等即便旋还。于军，军言，随诸军转，于别男、女、幼少等类即便旋还。于林，林言，随诸林转，于别树、根、茎、枝条、叶、华、果等类即便旋还。

非常言论者，由四种相应知：一、由破坏故；二、由不破坏故；三、由加行故；四、由转变故。破坏故者，谓瓶等破已，瓶等言舍，瓦等言生。不破坏故者，谓种种物共和合已，或丸或散，种种杂物差别言舍，丸散言生。加行故者，谓于金段等起诸加行，造环钏等异庄严具，金段等言舍，环钏等言生。转变故者，谓饮食等于转变时，饮食等言舍，便秽等言生。如是等类，应知名为非常言论。

随于诸物发起如是六种言论，当知此物皆是假有，是名假相有法。

何等名为因相有法？当知是此因[①]，略有五种：一、可爱因；二、不可爱因；三、长养因；四、流转因；五、还灭因。可爱因者，谓善有漏法。不可爱因者，谓不善法。长养因者，谓前前所生善、不善、无记法，修习、善修习、多修习故，能令后后所生善、不善、无记法展转增胜，名长养因。流转因者，谓由此种子，由此熏习，由此助伴，彼法流转，此于彼法，名流转因。还灭因者，谓诸行还灭，杂染还灭，所有一切能寂静道，能般涅槃，能趣菩提，及彼资粮，并其方便，能生能办，名还灭因。如是总名因相有法。若广分别，如思因果中，应知其相。

何等名为果相有法？谓从彼五因，若生、若得、若成、若办、若转，当知是名果相有法。

何等名为所观无法？当知此相，亦有五种：一、未生无；二、已灭无；三、互相无；四、胜义无；五、毕竟无。未生无者，谓未来诸行。已灭无者，谓过去诸行。互相无者，谓诸余法，由所余相，若远离性，若非有性；或所

① 当知是此因，底本与《资福藏》《碛砂藏》《普宁藏》《永乐南藏》《径山藏》相同；《房山石经》《赵城金藏》《高丽藏》无“是”字。

余法，与诸余法不和合性。胜义无者，谓由世俗言说自性，假设言论所安立性。毕竟无者，谓石女儿等，毕竟无类。

复有五种有性、五种无性。

何等名为五种有性？一、圆成实相有性；二、依他起相有性；三、遍计所执相有性；四、差别相有性；五、不可说相有性。此中，初是胜义相，第二是缘生相相，第三是假施设相，第四是不二相。生相、老相、住相、无常相、苦相、空相、无我相、事相、所识相、所取相、净妙等相、饶益等相，言说相相、邪行等相相，如是等相，应知名差别相。第五由四种不可说故，名不可说相：一、无故不可说，谓补特伽罗于彼诸蕴，不可宣说若异不异；二、甚深故不可说，谓离言法性不可思议，如来法身不可思议，诸佛境界，如来灭后若有若无等，不可宣说；三、能引无义故不可说，谓有诸法[①]，非能引发法义梵行，诸佛世尊，虽说不说[②]；四、法相法尔之所安立故不可说，所谓真如于诸行等，不可宣说异不异性。

何等名为五种无性？一、胜义相无性；二、自依相无性；三、毕竟自相无性；四、无差别相无性；五、可说相无性。

云何思择诸法？此复二种应知：一、思择素呾缆义[③]；二、思择伽他义。思择素呾缆义，如"摄事分"及菩萨藏教授中当广说。思择伽他义，复有三种：一者，建立胜义伽他；二者，建立意趣义伽他；三者，建立体义伽他。建立胜义伽他者，如经言：

都无有宰主，及作者受者，

① 谓有诸法，底本与《房山石经》《资福藏》《碛砂藏》《赵城金藏》《普宁藏》《永乐南藏》《径山藏》相同；《高丽藏》"有"作"若"。

② 虽说不说，底本与《资福藏》《碛砂藏》《普宁藏》《永乐南藏》《径山藏》相同；《房山石经》《赵城金藏》《高丽藏》"虽说"作"虽证"。

③ 思择素呾缆义，底本与《资福藏》《碛砂藏》《普宁藏》《永乐南藏》《径山藏》相同；《房山石经》《赵城金藏》《高丽藏》"素呾缆"作"素怛缆"，下同。

诸法亦无用，而用转非无。
唯十二有支，蕴处界流转，
审思此一切，众生不可得。
于内及于外，是一切皆空，
其能修空者，亦常无所有。
我我定非有，由颠倒妄计，
有情我皆无，唯有因法有。
诸行皆刹那，住尚无况用，
即说彼生起，为用为作者。
眼不能见色，耳不能闻声，
鼻不能嗅香，舌不能尝味。
身不能觉触，意不能知法，
于此亦无能，任持驱役者。
法不能生他，亦不能自生，
众缘有故生，非故新新有。
法不能灭他，亦不能自灭，
众缘有故生，生已自然灭。
由二品为依，是生便可得，
恒于境放逸，又复邪昇进[①]。
愚痴之所漂，彼遂邪升进[②]，
诸贪爱所引，于境常放逸。

① 又复邪升进，底本与《资福藏》《碛砂藏》《普宁藏》《永乐南藏》《径山藏》相同；《房山石经》《赵城金藏》《高丽藏》“升”作“胜”。

② 彼遂邪昇进，底本与《资福藏》《碛砂藏》《普宁藏》《永乐南藏》《径山藏》相同；《房山石经》《赵城金藏》《高丽藏》“昇”作“胜”。

由有因诸法，众苦亦复然，
根本二惑故，十二支分二。
自无能作用，亦不由他作，
非余能有作，而作用非无。
非内亦非外，非二种中间，
由行未生故，有时而可得。
设诸行已生，由此故无得，
未来无有相，过去可分别。
分别曾所更，非曾亦分别，
行虽无有始，然有始可得。
诸色如聚沫，诸受类浮泡，
诸想同阳焰，诸行喻芭蕉。
诸识犹幻事，日亲之所说[1]，
诸行一时生，亦一时住灭。
痴不能痴痴，亦不能痴彼，
非余能有痴，而愚痴非无。
不正思惟故，诸愚痴得生，
此不正思惟，非不愚者起。
福非福不动，行又三应知，
复有三种业，一切不和合。
现在速灭坏，过去住无方，
未生依众缘，而复心随转。
毕竟共相应，不相应亦尔，

① 日亲之所说，底本与《房山石经》《资福藏》《碛砂藏》《赵城金藏》《普宁藏》《永乐南藏》《径山藏》相同；《高丽藏》“日”作“曰”。

非一切一切，而说心随转。
于此流无断，相似不相似，
由随顺我见，世俗用非无。
若坏于色身，名身亦随灭，
而言今后世，自作自受果。
前后差别故，自因果摄故，
作者与受者，一异不可说。
因道不断故，和合作用转，
从自因所生，及摄受所作。
乐戏论为因，若净不净业，
诸种子异熟，及爱非爱果。
依诸种异熟，我见而生起，
自内所证知，无色不可见。
无了别凡夫，计斯为内我，
我见为依故，起众多妄见。
总执自种故，宿习助伴故，
听闻随顺故，发生于我见。
贪爱及与缘，而生于内我，
摄受希望故，染习外为所。
世间真可怖，愚痴故摄受，
先起爱藏已，由兹趣戏论。
彼所爱藏者，贤圣达为苦，
此苦逼愚夫，刹那无暂息。
不平等缠心，积集彼众苦，
积集是愚夫，计我苦乐缘。

诸愚夫固著，如大象溺泥，
由痴故增上，遍行遍所作。
此地派众流[①]，于世流为暴，
非火风日竭[②]，唯除正法行。
于苦计我受，苦乐了知苦，
分别此起见，从彼生生彼。
染汙意恒时，诸惑俱生灭，
若解脱诸惑，非先亦非后。
非彼法生已，后净异而生，
彼先无染汙，说解脱众惑。
其有染汙者，毕竟性清净，
既非有所净，可得有能净？
诸种子灭故，诸烦恼尽故，
即于此无染，显示二差别。
自内所证故，唯众苦尽故，
永绝喜论故，一切无戏论。
众生名相续，及法想相中，
无生死流转，亦无涅槃者。

此中，依止补特伽罗无我胜义，宣说如是胜义伽他，为欲对治增益、损减二边执故。于所摄受，说为“宰主”；于诸业用，说为“作者”；于诸果报，说为“受者”。如是半颂，遮遣别义所分别我。“诸法亦无用”者，遮遣

① 此地派众流，底本与《资福藏》《碛砂藏》《普宁藏》《永乐南藏》《径山藏》相同；《房山石经》《赵城金藏》《高丽藏》“地”作“池”。

② 非火风日竭，底本与《房山石经》《资福藏》《碛砂藏》《普宁藏》《永乐南藏》《径山藏》《高丽藏》相同；《赵城金藏》“火风”作“风火”。

即法所分别我。由此远离增益边执。“而用转非无”者，显法有性。由此远离损减边执。用有三种：一、宰主用；二、作者用；三、受者用。因此用故，假立宰主、作者、受者。

虽言“诸法”，而未宣说何等为法；故次说言“唯有十二支”等半颂。如有支次第，诸蕴等流转，此显不取微细多我，便能对治宰主作者及受者执。眼色为缘生眼识果，无别受者。此中显示即十八界，说受者性。虽言“无主”[①]，而未宣说无何等主[②]，为欲显示，故次说言“审思此一切，众生不可得”。言审思者，由依三量，审谛观察。

此若无者，云何建立内外成就？故次说言“于内及于外，是一切皆空”。此显内外，唯假建立。云何建立能观、所观二种成就？故次说言：“其能修空者，亦常无所有”。

云何建立圣者、异生二种成就？故次说言“我我定非有，由颠倒妄计”。此显圣者及异生我，决定无有真实我性，唯由颠倒，妄计为有。云何建立彼此成就？故次说言“有情我皆无”。云何建立染净成就？故次说言“唯有因法有”。染者净者，皆不可得。

虽说诸法皆无作用，而未宣说云何无用，故次说言“诸行皆刹那，住尚无况用”。如前已说用转非无。云何无用而有用转？故次说言“即说彼生起，为用为作者”。果故，名为用；因故，名作者。彼生起者，显从诸处，诸识得生。彼得生者，非离眼等，彼成就故。

如前所说，诸法无用，此显无用略有七种：一、无作用用，谓“眼不

① 虽言“无主”，底本与《资福藏》《碛砂藏》《普宁藏》《永乐南藏》《径山藏》《高丽藏》相同；《房山石经》《赵城金藏》“主”作“生”。

② 而未宣说无何等主，底本与《资福藏》《碛砂藏》《普宁藏》《永乐南藏》《径山藏》《高丽藏》相同；《房山石经》《赵城金藏》“主”作“生”。

能见色”等；二、无随转用，谓“于此亦无能，住持驱役者[1]”，如其次第，宰主、作者俱无所有，故无有能随转作用；三、无生他用，谓“法不能生彼”[2]；四、无自生用，谓“亦不能自生”；五、无移转用，谓“众缘有故生，非故新新有”；六、无灭他用，谓“法不能灭他”；七、无自灭用，谓“亦不能自灭”。

问：如众缘有故生，亦众缘有故灭耶？

答：“众缘有故生，生已自然灭。”

如前所说，有因法有，欲显在家及与出家杂染自性，有因法有，故次说言“由二品为依，是生便可得”等。由此二颂，显无明、爱，有因法有。

次后五颂，显杂染品差别、所依、因及时分。此中“有因诸法”者，谓无明乃至受；“有因众苦”者，谓爱乃至老死。此言显示烦恼、业、生三种杂染。“根本二惑故”者，此言显示烦恼杂染，唯取最胜烦恼杂染。

“自无能作用”等言，复重别显业杂染义。由彼所作有差别故，彼果异熟不思议故。“自无能作用”者，待善恶友，他所引故。“亦不由他作”者，待自功用，所成办故。“非余能有作”者，要待前生因差别故，方有所作。

“非内亦非外”等颂中，显依未来，不生杂染；依止现在、过去诸行，能生杂染。设行已生，即由此相，无有分别；未来无相，故无分别，如此如是当来决定不可知故。若不如是分别，异类或时可得。若于过去，即可分别，如此如是曾有相貌可分别故。非唯曾更，而可分别。未曾更者，虽不分明取其相貌，然随种类亦可分别。此则显示依现在行，分别为因，生诸杂

① 住持驱役者，底本与《资福藏》《碛砂藏》《普宁藏》《永乐南藏》《径山藏》相同；《房山石经》《赵城金藏》《高丽藏》“住”作“任”。

② 谓“法不能生彼”，底本与《资福藏》《碛砂藏》《赵城金藏》《普宁藏》《永乐南藏》《径山藏》相同；《房山石经》《高丽藏》“彼”作“他”。

染。行虽无始，然始可得者，显示杂染时分差别，无始时来常随逐故，刹那刹那新所起故。

自此已后，显清净品，如实观时，得清净故。或由自相故，谓观色等，如聚沫等。或由共相故，谓观有为，同生、住、灭所有共相。或由世俗及胜义谛故，谓虽无痴者，非无愚痴，众缘所生世俗谛故，说痴能痴。又复显示非不愚者不正思惟，是故彼为愚痴所痴。

又由世俗，宣说诸识随福等行；若就胜义，无所随逐。“又三应知”者，谓去、来、今。“三种业”者，谓身等业。“一切不和合”者，更互相望，不和合故。所以者何？“现在速灭坏，过去住无方，未来依众缘[①]，而复心随转。”若彼与此更互相应，如福等行，无有和合，彼心相应，道理亦尔。云何当有实随转性？何以故？若心与彼诸行相应，或不相应，非此与彼，或时不相应，或时非不相应；又非一切心或相应，或不相应。如是由胜义故，心随转性，不得成就。

今当显示由世俗故，说心随转所有因缘。“于此流无断”者，今此颂中，显世俗谛非无作用及与随转。又由胜义，无有作者及与受者；由世俗故，而得宣说自作自受。又作者、受者，若一若异，皆不可说。为显此义，故次说言“前后差别”等颂。

如是由胜义故，无有宰主、作者、受者，唯有因果。于因果相释通疑难，略由五颂显示于此起我颠倒。初颂显示虽无有我，而有后有，无有断绝；又诸因果，非顿俱有；非从一切，一切得生；又此因道，无有断绝。颂中四句，如其次第，释此四难。由第二颂显因果相，由后三颂显于无我诸因果中起我颠倒。此中显示彼所缘境，彼所依止，彼因彼果。初颂显示彼所缘境，自内所证，无色难见。难可寻思，故名“无色”；经说色相为寻思

① 未来依众缘，底本与《径山藏》相同；《房山石经》《资福藏》《碛砂藏》《赵城金藏》《普宁藏》《永乐南藏》《高丽藏》“来”作“生”。

故，难说示他，故“不可见”。由第二颂显彼依果：凡夫是依，众见是果。由第三颂显示彼因：俱生我见，由总执计自种随眠之所生起；诸外道等分别我见，由宿习等之所生起。此外道见，要由数习故，不正寻思故，又得随顺从他听闻非正法故，而得生长。此中显示由所依止、作意、所缘诸过失故，分别我见方得生起。

次后五颂显彼我见由集次第发生于苦，又即此苦并及我见二苦因缘，又于解脱能为障碍。此中初颂，显示于集；第二、第三显示行苦所摄阿赖耶识，爱藏此已，而趣戏论，谓我当有非当有等。言“爱藏”者，摄为己体故。又复此苦，于一切时恒常随逐，无一刹那而蹔息者。由第四颂显示此苦是能计我及苦乐缘。由第五颂显示计我由愚痴故，障碍解脱。言“增上”者，望余二苦故。言“遍行”者，随逐诸受故。“遍所作”者，遍善恶无记故。

今当显示阿赖耶识所摄行苦，共他相似[①]，又显差别，由正法行方能竭故，于世众流最为暴恶。言“众流”者，譬眼等六、五趣、三界等。又“法行”者，显示解了解脱遍知及缚遍知。解了缚遍知者，即了知苦，谓了知我受苦受乐，皆依于苦。又此分别，能起诸见，从彼所生，亦能生彼。

显示解了缚遍知已，余有六颂，显示解了解脱遍知，谓“染汙意恒时，诸惑俱生灭，若解脱诸惑，非先亦非后”等。非先者，与诸烦恼恒俱生故。非后者，即与彼惑俱时灭故。

又显所说解脱之相，谓非即彼生已，后方清净，别有所余清净意生，即彼先来无染汙故，说为解脱。为成此义，故复说言“其有染汙者，毕竟性清净”等颂。又复显示二种解脱，谓烦恼解脱及事解脱。“诸种子灭故，

① 共他相似，底本与《资福藏》《碛砂藏》《普宁藏》《永乐南藏》《径山藏》相同；《房山石经》《赵城金藏》《高丽藏》“他”作“池”。

诸烦恼尽故”者，显示烦恼解脱。“即于此无染”者，显事解脱[①]。如经言：“苾刍当知，若于眼中贪欲永断，如是此眼，亦当永断。”乃至广说。

如是显示有余依解脱已，次当显示无余依解脱。“自内所证”者，显彼不思议故。“唯众苦尽”者，为遣妄计，唯无性执，谓有余依永寂灭故，说为寂灭，非全无性。“无戏论”者，此解脱性，唯内所证，若异不异，死后当有或当无等，一切戏论不能说故。为显补特伽罗及法俱非流转生死，或般涅槃，故复颂言：“众生名相续，及法想相中，无生死流转，亦无涅槃者。”

已释胜义圣教伽他。次当建立意趣义伽他。如经言：一时，索诃世界主大梵天王往世尊所，顶礼佛足，退坐一面，以妙伽他而赞请曰：

于学到究竟，善断诸疑网，
今请学所学，修学为我说。
大仙应善听，学略有三种，
增上戒心慧，于彼当修学。
应圆满六支，四乐住成就，
于四各四行，智慧常清净。
初善住根本，次乐心寂静，
后圣见恶见，相应不相应。
先净乐静虑，及于谛善巧，
即于诸谛中，应生远增长。
于诸学处中，有四趣三所，
远离于二趣，于二趣证得。
二安住二种，一能趣涅槃，

① 显事解脱，底本与《房山石经》《资福藏》《碛砂藏》《赵城金藏》《普宁藏》《永乐南藏》《径山藏》相同；《高丽藏》“事”作“示事”。

渐次为因缘，纯杂而修习。
最先离恶作，最后乐成满，
诸学是为初，于此学聪睿。
由此智修净，净生乐成满，
诸学是为中，于此学聪睿。
从此心解脱，永灭诸戏论，
诸学是为尊，于此学聪睿。
若行趣不净，亦趣于善趣，
是行说为初，当知此非共。
若行趣清净，非诸趣究竟，
是行说为中，当知亦非共。
若行趣清净，于诸趣究竟，
是行说为尊，当知此必共。
若有学无学，当知并聪睿，
若有学无学，当知并愚夫。
若弃舍摄受，亦断除麤重，
及现见所知，是受持三学。
若有缘无缘，亦细麤显现，
由受持远离，言发悟所引。
初学唯有一，第二学二种，
第三学具三，慧者皆超越。
不毁坏尸罗，于学誓能顺，
轨范无讥论，于五处远离。
若无犯出离，无恶作恶作，
于彼学寻求，及勤修彼行。

终无有弃舍，命难亦无亏[①]，
常住正行中，随毗奈耶转。
修治誓为先，亦修治净命，
二边皆远离，亦弃舍邪愿。
于诸障碍法，终无有躭染，
乱心法才生，寻当速远离。
非太沉太浮，恒善住正念，
根本眷属净，而修行梵行。
应发勤精进，常坚固勇猛，
恒修不放逸，五支善安住。
当隐自诸善，亦发露众恶，
得诸衣服等，麤妙皆欢喜。
少随于世务，麤弊亦随转，
受杜多功德，为寂离烦恼。
当具足威仪，应量而摄受，
终无有所为，诈现威仪相。
不自说实德，亦不令他说，
虽有所方求，而非现异相。
从他边乞求，终不强威逼，
以法而获得，得已不轻毁。
不躭著利养，及所有恭敬，
亦不执诸见，增益与损减。
不著顺世间，无义文咒术，

① 命难亦无亏，底本与《资福藏》《碛砂藏》《赵城金藏》《普宁藏》《永乐南藏》《径山藏》《高丽藏》相同；《房山石经》“亏”作“戏”。

亦不乐畜积[①]，无义长衣钵。
恐增诸烦恼，不染习居家，
为净修智慧，当亲近贤圣。
不畜朋友家[②]，恐发忧悲乱，
能生苦烦恼，才起寻远离。
不受于信施，恐加害疮疱，
于如来正法，眷无有弃舍[③]。
于他愆犯中，无功用安乐[④]，
常省自过失，知已速发露[⑤]。
若犯于所犯，当如法远离[⑥]，
所应营事中，能勇励自作。
于佛及弟子，威德与言教，
一切皆信受，观大罪不谤。
于极甚深法，不可思度处，
能舍旧师宗，不坚执自见。
常乐居远离，及边际卧具，

① 亦不乐畜积，底本与《资福藏》《碛砂藏》《赵城金藏》《普宁藏》《永乐南藏》《径山藏》《高丽藏》相同；《房山石经》“畜”作“蓄”。

② 不畜朋友家，底本与《资福藏》《碛砂藏》《赵城金藏》《普宁藏》《永乐南藏》《径山藏》《高丽藏》相同；《房山石经》“畜”作“蓄”。

③ 眷无有弃舍，底本与《资福藏》《碛砂藏》《赵城金藏》《普宁藏》《永乐南藏》《径山藏》《高丽藏》相同；《房山石经》“眷”作“曾”。

④ 无功用安乐，底本与《资福藏》《碛砂藏》《赵城金藏》《普宁藏》《永乐南藏》《径山藏》《高丽藏》相同；《房山石经》“功”作“恐”。

⑤ 知已速发露，底本与《资福藏》《碛砂藏》《赵城金藏》《普宁藏》《永乐南藏》《径山藏》《高丽藏》相同；《房山石经》“速”作“远”。

⑥ 当如法远离，底本与《资福藏》《碛砂藏》《赵城金藏》《普宁藏》《永乐南藏》《径山藏》相同；《房山石经》《高丽藏》“远”作“出”。

恒修习善法，坚精进勇猛。
无有欲生欲，不憎恶憎恶，
离睡眠睡眠，时不居寂静。
离恶作恶作，无希虑希虑，
一切种恒时，成就正方便。
引发与觉悟及和合所结，
有相若亲昵，亦多种喜乐。
侵逼极亲昵，名虚妄分别，
能生于欲贪，智者当远离。
诸欲令无饱，众多所共有，
是非法因缘，能增长贪爱①。
贤圣所应离，速趣于坏灭，
仗托于众缘，危逸所依地。
诸欲如枯骨，亦如软肉段，
如草炬相似，犹如大火坑。
譬如蟒毒蛇，亦如梦所见，
如借庄严具，如树端熟果。
如是知诸欲，都不应躭乐，
当听闻正法，常思惟修习。
先观见麤静，次于修一向，
舍烦恼麤重，于断生欣乐。
于诸相观察，得加行究竟，
能离欲界欲，及离色界欲。

① 能增长贪爱，底本与《资福藏》《碛砂藏》《普宁藏》《永乐南藏》《径山藏》相同；《房山石经》《赵城金藏》《高丽藏》“爱”作“欲”。

入真谛现观，能离一切欲，

证现法涅槃，及余依永尽。

“于学到究竟，善断诸疑网，今请学所学，修学为我说”者，于此颂中，大梵天王先赞世尊，后兴请问。赞世尊者，谓于一切学中，已得第一究竟，此依自利行圆满不共德说；又能善断展转所生一切疑网，此依利他行圆满不共德说。兴请问者，何等为学？学有几种？云何于彼当修学耶？

是故世尊意为策励怖多所作懈怠众生，总摄一切，略说三学。故次告曰：“大仙应善听，学略有三种，增上戒心慧，于彼当修学。”此中显示依、戒、心、慧，若散乱者，令不散乱，方便为说增上戒学；心未定者，为令得定，方便为说增上心学；心已得定、未解脱者，为令解脱，方便为说增上慧学。由此因缘，诸修行者一切所作皆得究竟。此显世尊密意宣说一切诸学，无不摄在此三学中。

又为显示于诸学中，由此方便，成办所学，故次说言：“应圆满六支，四乐住成就，于四各四行，智慧常清净。”今此颂中，如其次第，显示成办三学方便。“应圆满六支”者，应依增上戒学，方便修学。何等六支？一、安住净尸罗；二、守护别解脱律仪；三、轨则圆满，四所行圆满；五、于诸小罪见大怖畏；六、受学学处。如是六支，显示四种尸罗清净。安住净尸罗者，是所依根本。守护别解脱律仪者，显示出离尸罗清净，为求解脱，而出离故。轨则、所行俱圆满者，此二显示无所讥毁尸罗清净。于诸小罪，见大怖畏者，显无穿缺尸罗清净。受学学处者，显无颠倒尸罗清净。如是六支极圆满故，增上戒学与余方便作所依止。“四乐住成就”者，显示增上心学方便。四种静虑，名四心住；现法乐住，故名为乐。“于四各四行，智慧常清净”者，依增上慧学说，谓于苦、集、灭、道四圣谛中，一一皆有四行，即无常等，增上慧学由此净智之所显故。

“初善住根本，次乐心寂静，后圣见恶见，相应不相应”者，此颂显示增上三学，次第生起。根本者，谓增上戒。由后二种是此初学所流类故。既具尸罗，由无悔等，次第修习，能得第二，心乐静定。心得定者，见如实故，能得第三，成就圣见，远离恶见。

“先净乐静虑，及于谛善巧，即于诸谛中，应生远增长”者，此颂显示三学次第清净差别。先净者，是初学；乐静虑者，是第二学；于谛善巧者，是第三学。又于如是谛善巧中，应生者，谓道谛，应生起故；应远者，谓苦、集谛，应远离故；应增长者，谓灭谛，软中上品烦恼次第数数渐断，增长灭故。

“于诸学处中，有四趣三所，远离于二趣，于二趣证得”者，此颂显示于增上戒、心、慧学处，由所修学有成败故，随其所应，所得果报，四趣差别，谓于欲界人天所摄所有善趣，是增上戒成所得果；即于欲界余趣所摄所有恶趣，是增上戒败所得果；色、无色界天趣所摄所有上趣，是增上心果；三界所不摄涅槃趣，是增上慧果。于如是诸趣中，远离前二善趣、恶趣已，应证后二上趣及涅槃趣。此言显示世出、世间二道所得。

“二安住二种，一能趣涅槃，渐次为因缘，纯杂而修习”者，于此颂中，显示最初增上戒学、增上心学，渐次能为增上心学、增上慧学安住因缘；显示中间增上慧、静虑律仪所摄增上戒学，能为二种安住因缘；显示最上一种，能为涅槃安住因缘。当知此中显示修习若别若总，随其所应。

“最先离恶作，最后乐成满，诸学是为初，于此学聪睿”者，此颂显示由增上戒学，以无悔等，渐次修习，为后转因。

“由此智修净，净生乐成满，诸学是为中，于此学聪睿”者，此颂显示由增上心学，修所成慧最胜善根渐次生故，为最上学因。

“从此心解脱，永灭诸戏论，诸学是为尊，于此学聪睿”者，此颂显示由增上慧学，能为最胜涅槃果因。

“若行趣不净，亦趣于善趣，是行说为初，当知此非共”者，此颂显示，增上戒学若有败毁，为恶趣因；若能成立，为善趣因。此是不共，离后二学，亦能成故[①]。

“若行趣清净，非诸趣究竟，是行说为中，当知亦非共”者，此颂显示，中间学行离欲界欲得清净故，名趣清净；未能尽离上界欲故，亦未永拔欲随眠故，不得名为于诸趣中究竟清净。此离最上亦能成办，故名不共；非离最初。

“若行趣清净，于诸趣究竟，是行说为尊，当知此必共”者，此颂显示最上学行，三界诸欲皆远离故，亦能永拔诸随眠故，于诸趣中最为究竟。不离前二，能独成办[②]，故名必共。

“若有学无学，当知并聪睿”者，此初半颂显示，于三学中聪睿者相，有正学故，无邪学故。“若有学无学，当知并愚夫”者，此后半颂显示，于三学中愚夫之相，有邪学故，无正学故。

“若弃舍摄受，亦断除麤重，及现见所知，是受持三学”者，此颂显示，若能弃舍家亲属等所摄受故，若能断除三摩地障诸麤重故，若能现见四圣谛相所知理故，如其次第，三学成满。

“若有缘无缘，亦细麤显现”者，此初半颂，显后二学及最初学，如其次第，有缘、无缘、细、麤差别。“由受持远离，言发悟所引”者，此后半颂，显初中后，如其次第，引发因缘，谓誓期所引故，身心远离所引故，由他言音，内正思惟所引故。

“初学唯有一，第二学二种，第三学具三，慧者皆超越”者，此颂显示，初一不共，中不离初，上不离二，超彼一切，当知无学是阿罗汉。

“不毁坏尸罗，于学誓能顺，轨范无讥论，于五处远离”者，此后显示

① 亦能成故，底本与《资福藏》《碛砂藏》《赵城金藏》《普宁藏》《永乐南藏》《径山藏》相同；《房山石经》《高丽藏》“故”作“立故”。

② 能独成办，底本与《房山石经》《资福藏》《碛砂藏》《赵城金藏》《普宁藏》《永乐南藏》《径山藏》相同；《高丽藏》“能”作“能为”。

受持戒相[①]。不毁坏尸罗，于学者谓安住净戒。“誓能顺”者，谓守护别解脱律仪。“轨范无讥论”者，谓轨则无犯。“于五处远离”者，谓所行无犯。略有五处，诸苾刍等非所应行，谓王家、唱令家、酤酒家、倡秽家、旃荼罗及羯耻那家。唱令家者，谓屠羊等，由遍宣告此屠羊等，成极重罪，多造恶业，杀害羊等故。

“若无犯出离，无恶作恶作”者，显示于诸小罪，见人怖畏，如其出离，亦无恶作；如其恶作，亦无有犯。“于彼学寻求，及勤修彼行”者，显示受学学处。

“终无有弃舍，命难亦无亏，常住正行中，随毗奈耶转”者，此颂四句，如其次第，显示常尸罗性、坚尸罗性、恒所作性、恒随转性。

“修治誓为先，亦修治净命”者，此初半颂，显示轨范及命清净。由诸轨范，先发誓愿，方乃修行，故名为誓。

“二边皆远离，亦弃舍邪愿”者，此后半颂，显示远离受用欲乐、自苦二边，及弃舍生天等愿故，尸罗清净。

“于诸障碍法，终无有躭染，乱心法才生，寻当速远离”者，此颂显示于诸根门不守护等，障碍清净所学法中不见功德，无躭染故，于诸不善欲、恚寻等扰乱意法，虽蹔生已，即除遣故，学得清净。

“非太沉太浮，恒善住正念，根本眷属净，而修行梵行”者，此颂显示远离微劣恶作故，远离非处恶作故，远离失念故，于究竟时及方便时，修行梵行，皆得清净。

① 此后显示受持戒相，底本与《资福藏》《碛砂藏》《普宁藏》《永乐南藏》《径山藏》相同；《房山石经》《赵城金藏》《高丽藏》“后”作“颂”。

瑜伽师地论卷第十七

本地分中思所成地第十一之二

“应发勤精进，常坚固勇猛，恒修不放逸，五支善安住”者，此颂显示由被甲方便无退精进故；修习五支不放逸故；令所修学，清净殊胜。五支不放逸者，谓去、来、今先时所作及俱所行。

“当隐自诸善，亦发露众恶，得诸衣服等，麤妙皆欢喜。少随于世务，麤弊亦随转，受杜多功德，为寂离烦恼”者，此二颂[1]，显示远离眷属贪欲，多欲不知足因故；及远离多欲不知足障净学因故，学得清净。

“当具足威仪，应量而摄受，终无有所为，诈现威仪相”者，此颂显示具足威仪故，不于他前诡现相故，凡所摄受，善知量故，为修梵行，资持寿命，有所受故，学得清净。

“不自说实德，亦不令他说，虽有所方求，而非现异相。从他边乞求，终不强威逼，以法而获得，得已不轻毁”者，此二颂中显示远离绮言说故，诡现相故，强威逼故，以所得利转招利故，令所修学清净殊胜。

“不躭著利养，及所有恭敬，亦不执诸见，增益与损减”者，此颂显示不躭著利养恭敬故，不执著五种恶见故，令所修学，清净殊胜。

“不著顺世间，无义文咒术，亦不乐畜积，无义长衣钵”者，此颂显示不执著诸恶见因、外道邪论，以能障碍取蕴解脱。彼所制造，名顺世间。及远离躭著利养恭敬因，长衣钵等。因清净故，学得清净。

“恐增诸烦恼，不染习居家，为净修智慧，当亲近贤圣”者，此颂显

① 此二颂，底本与《资福藏》《碛砂藏》《普宁藏》《永乐南藏》《径山藏》相同；《房山石经》《高丽藏》“颂”作“颂中”。

示远离所治因，亲近能治因故，学得清净。

“不畜朋友家，恐发忧悲乱，能生苦烦恼，才起寻远离”者，此颂显示若亲近居家，生忧悲散乱，增长诸烦恼，能为众苦因。由亲近彼，能生众苦，烦恼才生，寻即除遣，如是显示对治之因。

“不受于信施，恐加害疮疱，于如来正法，尝无有弃舍”者，此颂显示不躭著利养恭敬①，不坚执诸恶邪见，不虚受用信施，不毁谤正法，亦能远离贪著后世诸欲及能生起诸恶见因②，如是所学③，清净殊胜。

“于他愆犯中，无功用安乐，常省自过失，知已速发露”者，此颂显示远离作意求觅他人所有过失，于自善品无有散乱，常生欢喜，于自过失，如实了知，发露悔除，离增上慢，由此因缘，学得清净。

“若犯于所犯，当如法出离，所应营事中，能勇励自作”者，此颂显示出离所犯，及能远离贪受他人恭奉侍卫，由此因缘，学得清净。

“于佛及弟子，威德与言教，一切皆信受，观大罪不谤”者，此颂显示信圆满故，于能诽谤见大罪故，学得清净。

“于极甚深法，不可思度处，能舍旧师宗，不坚执自见”者，此颂显示远离安住自见取故，清净殊胜。

“常乐居远离，及边际卧具，恒修习善法，坚精进勇猛”者，此颂显示若身若心皆远离故，习近顺定诸卧具故，远离一切不善寻思，纯修白净诸善法故，非沉掉等诸随烦恼所摧蔽故，能善圆满正加行故，增上心学方便殊胜。

---

① 此颂显示不躭著利养恭敬，底本与《资福藏》《碛砂藏》《普宁藏》《永乐南藏》《径山藏》相同；《房山石经》《赵城金藏》《高丽藏》“躭”作“贪”。

② 亦能远离贪著后世诸欲及能生起诸恶见因，底本与《资福藏》《碛砂藏》《普宁藏》《永乐南藏》《径山藏》《高丽藏》相同；《房山石经》《赵城金藏》“因”作“是因”。

③ 如是所学，底本与《资福藏》《碛砂藏》《普宁藏》《永乐南藏》《径山藏》《高丽藏》相同；《房山石经》《赵城金藏》无“是”字。

“无有欲生欲，不憎恶憎恶，离睡眠睡眠，时不居寂静；离恶作恶作，无希虑希虑，一切种恒时，成就正方便”者，此二颂中显示远离贪欲、瞋恚、惛沉、睡眠、掉举、恶作及疑盖故；于诸善法生起欲故；于诸欲中极憎厌故；为修善品方便加行有所堪任及心安静，于时时间习睡眠故；若心沉没，或虑彼生，于净妙相思惟作意，及游行时不居静故；于先所犯，便生忧悔，于所不犯，无忧悔故；后后殊胜，生希虑故；殷重无间，正方便故：增上心学，转得清净。

“引发与觉悟，及和合所结，有相若亲昵，亦多种喜乐。侵逼极亲昵，名虚妄分别，能生于欲贪，智者当远离”者，此二颂中显示八种虚妄分别，能生婬欲，所有贪爱，从初方便次第生起，乃至究竟，由远离故，诸所修学，清净殊胜。引发分别者，谓能引发于可爱事，不正思惟相应之心所有分别。觉悟分别者，谓即于彼可爱事中，觉悟贪缠相应分别。和合所结分别者，谓即于彼可爱事中所有分别。有相分别者，谓即于彼可爱事中，执取种种净妙相状所有分别。亲昵分别者，谓于已得所爱事中，勇励相应所有分别。喜乐分别者，谓即于彼所得事中，种种受用、希慕爱乐种种门转所有分别。侵逼分别者，谓两根会时所有分别。极亲昵分别者，谓不净出时所有分别。

“诸欲令无饱，众多所共有，是非法因缘，能增长贪爱。贤圣所应离，速趣于坏灭，仗托于众缘，危逸所依地”者，此二颂中，显示八种现法、后法如其所应诸欲过患，若能观见，即是断除欲爱方便。

“诸欲如枯骨，亦如软肉段，如草炬相似，犹如大火坑。譬如蟒毒蛇，亦如梦所见，如借庄严具，如树端熟果。如是知诸欲，都不应躭乐”者，此中广引，如前所说令无饱等，于诸欲中八种过患，一切世间共成譬喻，显示诸欲过患深重。又为显示于诸欲中具有如是众多过患，分明可了，何有智者于彼躭乐？又彼诸欲如枯骨故，令无饱满；如段肉故，众多共有；犹如草炬，正起现前极烧恼故，非法因缘；如大火坑，生渴爱故，增长贪爱；如蟒毒故，贤圣远离；如梦见故，速趣坏灭；犹如假借庄严具故，仗托众缘；犹如树端烂熟果故，危亡放逸所依之地。

"当听闻正法，常思惟修习，先观见麤静，次于修一向，舍烦恼麤重，于断生欣乐。于诸相观察，得加行究竟，能离欲界欲，及离色界欲。入真谛现观，能离一切欲，证现法涅槃，及余依永尽"者，此中显示由了相等七种作意，世、出世道皆清净故，证得有余及无余依二涅槃果，增上慧学究竟清净。"听闻正法，常思惟"言，显示了相作意。"常修习"言，显示胜解作意，由起胜解而修习故。"先观见麤静"言，显示远离作意。"于修习一向"等言，显示摄乐作意。"于诸相观察"言，显示观察作意。"加行究竟"言，显示加行究竟作意。"能离欲界欲，及离色界欲，入真谛现观，能离一切欲"等言，显示世间、出世间方便究竟果作意[1]。

已释意趣义圣教伽他，今当建立体义伽他。如颂言：

于身、语、意诸所有，一切世间恶莫作，

由念正知离诸欲，勿亲能引无义苦。

今此颂中所言恶者，谓诸恶行。于一切种、一切因缘、一切处，所有恶行皆不应作[2]。云何于一切种不作恶耶？谓由身、语、意不造众恶故。云何于一切因缘不作恶耶？谓由贪、瞋、痴所生诸恶，终不造作故。云何于一切处所不作恶耶？谓依有情事处及非有情事处不造众恶故。

云何由念、正知远离诸欲？谓断事欲及断烦恼欲故。云何断事欲？谓如有一，于如来所证正法毗奈耶中得清净信，了知居家迫迮犹如牢狱，思

① 出世间方便究竟果作意，底本与《资福藏》《碛砂藏》《普宁藏》《永乐南藏》《径山藏》相同；《房山石经》《高丽藏》"方便"作"加行"。

② 所有恶行皆不应作，底本与《资福藏》《碛砂藏》《普宁藏》《永乐南藏》《径山藏》相同；《房山石经》《高丽藏》"有"作"所有"。

求出离，广说乃至由正信心，舍离家法，趣入非家，然于欲贪，犹未永离，如是名为断除事欲。云何断烦恼欲？谓彼既出家已，为令欲贪无余断故，往趣旷野山林，安居边际卧具，或住阿练若处，乃至或在空闲静室，于诸事欲所起一切烦恼欲摄妄分别贪为对治故，修四念住。或复还出，依近聚落村邑而住，善护其身，善守诸根，善住正念，而入聚落。或复村邑游行，旋反、去来、进止恒住正知，为解睡眠及诸劳倦。彼即于是四念住中，善安正念为依止故；为欲永断欲贪随眠，修习对治。又即以彼正知而住为依止故，远离诸盖，身心调畅，有所堪能，炽然方便，修断寂静。彼由如是念及正知为依止故，便能证得烦恼欲断，远离诸欲，乃至于初静虑具足而住。如是能于受用欲乐行边，劣、鄙、秽性诸异生法，若断若知。

何等名为引无义苦？谓如有一，若诸沙门或婆罗门，行自苦行，于现法中，以种种苦自逼自切，周遍烧恼，自谓我今由现法苦所逼恼故，解脱当苦。虽求是事，而自煎逼，彼于此事，终不能得，然更招集大损恼事，如是名为引无义苦。诸圣弟子能于如是受用自苦行边，能引非圣无义苦法，善了知已，远而避之，不亲不近，亦不承事。

复次，今当略辩上所说义。云何略辩？谓诸有情有二种满：一、增上生满；二、决定胜满。增上生满者，谓往善趣。决定胜满者，谓爱尽离欲，寂灭涅槃。于此二满及与障碍能断能证，是名略义。若于一切种、一切因缘、一切处所不作恶行，彼便能断增上生满所有障碍，亦能证得增上生满。若于受用欲乐行边及于受用自苦行边，决定远离，彼便能决定胜满所有障碍[①]，亦能证得决定胜满。当知是名此中略义。

应说想众生，依应说安住，

不了知应说，而招集生死。

① 彼便能决定胜满所有障碍，底本与《资福藏》《碛砂藏》《普宁藏》《永乐南藏》《径山藏》相同；《房山石经》《赵城金藏》《高丽藏》“能”作“能断”。

若了知应说，于说者无虑，
由无有此故，他不应讥论。
若计等胜劣，彼还兴诤论[1]，
于三种无动，等胜劣皆无。
断名色爱慢，无著烟寂静，
无恼希不见，此彼天人世。

此四颂中，初言应说者，谓一切有为法。所以者何？诸有为法，皆三种言事之所摄故。今此义中，说妙五欲以为应说。又妙五欲，诸余沙门、婆罗门等，从施主边以言求索，故名应说。又诸君主于妙五欲，从仆使等以言呼名而受用之[2]，由是因缘，亦名应说。又诸受欲者，于妙五欲不能自然善知过患，唯除诸佛及佛弟子为其宣说彼过患已，乃能了知，由是因缘，亦名应说。

诸受欲者于诸欲中不正思惟，而取其相，亦取随好，即于彼欲，便生爱染，受用躭嗜，乃至坚著。又于诸欲不如实知有众过患，所谓诸欲无常、虚伪、空无有实、败坏之法，犹如幻事，诳惑愚夫，甚少爱味，多诸过患；亦不如实了知如是少味多患诸欲出离，所谓于彼欲贪调伏，乃至超越，是其出离。彼既如是不见过患，不知出离，而受诸欲，由是因缘，便于欲界生于根本所有诸行[3]，深起乐著。又复造作生为根本所有业已，受欲界生，生已死灭，生已殒殁。如是故言“应说想众生，依应说安住；不了知应说，而招集生死”。

---

① 彼还兴诤论，底本与《资福藏》《碛砂藏》《普宁藏》《永乐南藏》《径山藏》相同；《房山石经》《赵城金藏》《高丽藏》“还”作“遂”。

② 从仆使等以言呼名而受用之，底本与《资福藏》《碛砂藏》《普宁藏》《永乐南藏》《径山藏》相同；《房山石经》《高丽藏》“名”作“召”。

③ 便于欲界生于根本所有诸行，底本与《径山藏》相同；《房山石经》《资福藏》《碛砂藏》《普宁藏》《永乐南藏》《高丽藏》“生于”作“生为”。

若遇善士，得闻正法，如理作意，则于诸欲如实了知过患、出离。所谓诸欲无常虚伪，广说乃至欲贪超越。彼于如来所证正法毗奈耶中得清净信，便于诸欲深见过患，转复增胜，遂能舍离若少若多财宝、库藏、眷属、游从，以正信心，舍离家法，趣于非家，所谓一切生、老、病、死皆悉永灭。如是出家，无所愿求，修行梵行，谓我由此持戒，精进修梵行故，当得生天，或异天处。

彼无如是邪祈愿故，于己不见、不恐、不虑他所讥论，谓他不应如是讥论、怨尤、诃责[①]，告言："贤首！汝今何为成就盛年，舍现妙欲，不随亲感之所愿乐，而更希求待时诸欲，誓修梵行耶？"如是故言"若了知应说，于说者无虑；由无有此故，他不应讥论"。此即成就清净尸罗及清净见。何以故？由见颠倒，发起于慢，所持故[②]，与余沙门、婆罗门等共兴诤论。由此因缘，说如是见为诤根本。

若有沙门或婆罗门，依等、胜、劣诤根本见，心现高举，由此因缘，遂与余沙门、婆罗门等递相诤论。依止我胜、我等、我劣三种慢类，立己为胜，或等或劣。若圣弟子非我我所、我慢所动，乃至亦非我当非有想非无想所动，了知诸行皆众缘生，于诸行中唯见法性，尚不以己校量于他为胜、等、劣，况起见慢而兴诤论？

彼圣弟子虽于他所显扬自宗[③]，摧伏他论，然于诸法唯为法性，缘于慈悲，谓当云何？若有于我所说妙义，一句领解，如是如是正修行者，令彼长夜获得大义，利益安乐，亦令如来正法久住，不依见慢及为利

① 诃责，底本与《资福藏》《碛砂藏》《普宁藏》《永乐南藏》《径山藏》相同；《房山石经》《赵城金藏》《高丽藏》作"呵责"。

② 所持故，底本与《资福藏》《碛砂藏》《普宁藏》《永乐南藏》《径山藏》相同；《房山石经》《赵城金藏》《高丽藏》"所"作"慢所"。

③ 彼圣弟子虽于他所显扬自宗，底本与《房山石经》《资福藏》《碛砂藏》《赵城金藏》《普宁藏》《永乐南藏》《径山藏》相同；《高丽藏》"于"作"我"。

养恭敬因缘而兴诤论。如是不为希求现法诸妙欲故，誓修梵行。彼由如是修梵行故，远离邪愿及诸邪见，弃舍贪求利养恭敬，于一切种皆得清净[1]，辉光炽然，无不普烛；诸天、世人唯当赞美，不应讥论，又能超度生、老、病、死。如是故言"若计等胜劣[2]，彼遂兴诤论；于三种无动，等胜劣皆无"。

言名色者，谓五取蕴。若有于彼观见为苦，当谛现观于五取蕴尽见苦时，于五取蕴所有贪爱，由意乐故，皆说为断，非随眠故。彼若即如己所得道，转更修习，于其我慢，无余断灭，成阿罗汉，诸漏永尽。由已证得阿罗汉果，心善解脱，便于自身、自身众具缠及随眠皆悉永断，离爱、离憍、离诸放逸。彼由如是离爱、离憍、离放逸故，名烟寂静，无有烧恼，亦无希望。

云何名为烟寂静耶？烟名为爱。何以故？如世间烟，是火前相，能损眼根，便为扰乱，令不安住。爱亦如是，是贪、瞋、痴火之前相，能损慧眼，乱心相续，谓能引发无义寻思。彼于此爱，已断已知，乃至令其于当来世，成不生法，名烟寂静。彼既如是烟静离著，虽复追求命缘众具，非不追求，然能解脱贪爱追求，所求无染。

云何无恼？谓彼如是现追求时，若他自施，或劝余施，施时殷重，非不殷重，精而非麤，多而非少，速而非缓，然不爱味，于所得物，无染受用，不生躭恪，乃至坚著，如是受用命资具时，不为贪恼之所烧恼。若彼施主自不能施，或障余施，设有所施，现不殷重，不现殷重，乃至迟缓，而不急速，然不嫌恨，由此因缘，不生恚恼。又于受用所得物时，

① 于一切种皆得清净，底本与《资福藏》《碛砂藏》《普宁藏》《永乐南藏》《径山藏》相同；《房山石经》《赵城金藏》《高丽藏》"种"作"种智"。

② 如是故言"若计等胜劣"，底本与《资福藏》《碛砂藏》《普宁藏》《永乐南藏》《径山藏》"等胜"作"胜等"，据《房山石经》《赵城金藏》《高丽藏》及前文偈句改。

不慼不忿，无损害心及瞋恚心，如是不为瞋恼所恼。又于所得若精、若麤，于受用时，深见过患，善知出离，安住正念，远离愚痴，如是不为痴恼所恼。

云何无希[1]？望名希望[2]，系心有在。彼不惊畏[3]，内怀贪愿[4]，往趣居家，谓刹帝利大宗叶家，或婆罗门、长者、居士大宗叶家，我当从彼获得上妙应所噉食，乃至财宝、衣服、肴膳、诸坐卧具、病缘医药供身什物。如是追求及与受用，于此财物都无希望。又彼恒常安住死想，谓过夜分，入昼分中，复过昼分，还入夜分，于其中间，我有无量应死因缘，如经广说，所谓发风，乃至非人之所恐怖。由此因缘，所为追求，所为受用所有财物，于此寿命亦无希望。

如是无著、烟寂静、无烧恼、无希望故，于此天人、帝释、自在、世主天等所有因果中都不可见，于彼天人诸因果中亦不可见，又于此四洲天人世间及彼余处都不可见，又于此世界天人世间及彼余处都不可见。如是故言："断名色爱慢，无著烟寂静，无恼希不见，此彼天人世。"

复次，初颂显示待时诸欲，于欲邪行及邪行果[5]。第二颂中，显示舍欲[6]，应正道理，净修梵行，仍被讥论，不应道理，及待时欲。如第二颂，第

---

① 云何无希，底本与《资福藏》《碛砂藏》《普宁藏》《永乐南藏》《径山藏》相同；《房山石经》《赵城金藏》《高丽藏》"希"作"悕"，下同。

② 望名希望，底本与《资福藏》《碛砂藏》《普宁藏》《永乐南藏》《径山藏》相同；《房山石经》《赵城金藏》《高丽藏》作"悕名悕望"。

③ 彼不惊畏，底本与《资福藏》《碛砂藏》《普宁藏》《永乐南藏》《径山藏》相同；《房山石经》《赵城金藏》《高丽藏》"惊畏"作"擎鼻"。

④ 内怀贪愿，底本与《房山石经》《碛砂藏》《赵城金藏》《普宁藏》《永乐南藏》《径山藏》《高丽藏》相同；《资福藏》"怀"作"坏"。

⑤ 于欲邪行及邪行果，底本与《资福藏》《碛砂藏》《普宁藏》《永乐南藏》《径山藏》《高丽藏》相同；《房山石经》《赵城金藏》无"于欲"二字。

⑥ 显示舍欲，底本与《资福藏》《碛砂藏》《赵城金藏》《普宁藏》《永乐南藏》《径山藏》《高丽藏》相同；《房山石经》"欲"作"故"。

三亦尔。第四颂中，世尊显示现所证法，永离炽然，乃至智者内自所证。

又初颂中宣说诸欲是应说相，显待时欲。由彼诸欲非才须时，即便称遂，要以言说为先，然后追求受用。又显于彼由想、安住、不了知故，起于邪行，及招生死邪行果报。

第二颂中，显于诸欲能了知故，离邪愿故，修梵行故，离邪见故，离见根本我慢种故，远离躭著利养恭敬故，弃舍诸欲，应正道理。由此因缘，他所讥论，不应道理。又显诸欲是待时性。所以者何？若于先世不作福者，今虽用功，于所乐欲不能果遂。或唯今世造作福者，即于此时，其所乐欲亦不谐偶。由此因缘，后方成办，所以诸欲名曰待时。

第四颂中，显示见断烦恼断故，即于现在证初沙门及沙门果；又修所断烦恼断故，即于现在证后沙门及沙门果。断贪爱故，断我慢故，如是显示现所证法。又离著故，烟寂静故，显示永离炽然，及至智者自内所证[①]。彼得如是内所证法，云何令他当得了知？由无烧恼、无所希望相所表故。

此中，前三颂显示世尊为诸天说："苾刍不能显扬如来圣教大义，而我独能。"说是语时，彼既领悟，于苾刍所生陵懱心，及于自身心生憍慢，皆得除灭。第四颂中，广显如来圣教大义。

欲贪所摧蔽，我心遍烧然，
惟大仙哀愍，为说令寂静。
由汝想颠倒，令心遍烧然，
是故常远离，引贪净妙相。
汝当修不净，常定于一境[②]，

① 及至智者自内所证，底本与《永乐南藏》《径山藏》《高丽藏》相同；《房山石经》《资福藏》《碛砂藏》《赵城金藏》《普宁藏》"及"作"乃"。

② 常定于一境，底本与《房山石经》《赵城金藏》《永乐南藏》《径山藏》《高丽藏》相同；《资福藏》《碛砂藏》《普宁藏》"常"作"当"。

为贪火速灭，数数应浇灌。

观非妙诸行，为苦为无我，

亦系念于身，多修习厌离。

修习于无相，坏慢及随眠，

由于慢现观，当证苦边际。

云何想颠倒？谓于不净境，舍不净相，不正思惟，取净妙相及取随好。

云何远离引贪净相？谓如有一，见少盛色应可爱乐诸母邑已，便摄诸根，而不随念。

云何常定一境，修习不净？谓如有一，先以巧便取于贤善三摩地相，所谓青瘀，乃至白骨，或骨琐相，即以此相，于现所得可爱境界，系念思惟。如前所取，后亦如是。又于内身，或自或他，观察种种不净充满，谓此身中有发有爪，乃至便利种种不净。

云何观察非妙诸行，以之为苦？谓如有一，作是思惟："见少盛色应可爱乐诸母邑已[1]，所生贪爱，受用希望，即是集谛，为众苦因。由此故生，生已老死，愁叹忧苦，种种扰恼从此而生。"

云何观察非妙诸行，以为无我？谓如有一，作是思惟："于我身形、女身形中，都无有我及有情等，谁能受用？谁所受用？唯是诸行，唯是诸法，从众缘生。"

云何系念于身，多修厌离？谓如有一，性是猛盛欲贪种类，由是猛盛欲贪类故，虽摄诸根，然被贪欲损坏其心；虽复作意思惟不净、苦及无我，亦为欲贪损坏其心。由此因缘，彼依不净，或苦、无我，作意思惟，权时厌毁，违逆不顺，于身念住，系念在前，亲近修习，若多修习。彼由多住如是行故，便能断此猛盛欲贪。若摄诸根，不为欲贪损坏其心；若复作意

① 见少盛色应可爱乐诸母邑已，底本与《房山石经》《资福藏》《碛砂藏》《普宁藏》《永乐南藏》《径山藏》《高丽藏》相同；《赵城金藏》"少"作"劣"。

思惟不净、苦及无我，亦不贪欲损坏其心。彼由修习如是行故，诸欲贪缠但现行断，非随眠断。

又此欲贪缠及随眠，略于二种补特伽罗相续可得：一、于异生相续可得；二、于有学相续可得。虽有一分有学身中，亦不可得，然于下贪，由永断故，已得安隐；上贪未断，不得安隐。无学身中，中界、妙界所有欲贪尚不可得[①]，何况劣界？以无学者，下上贪断，于一切分已得安隐。了知而已[②]，未离欲贪一分学者，于后无学心生愿乐，见般涅槃寂静功德，不复思惟一切相故，恒正思惟无相界故，于无相定勤修学故，又即于此多修习故，永断三界修断我慢。由此断故，说名无学离三界欲，上下贪断，已得安隐，一切苦因皆舍离故，证得一切众苦边际。如是故言："修习于无相，坏慢及随眠；由于慢现观，当证苦边际。"

复次，今当略辩上所说义，谓显贪欲由是而生，由是寂静及彼寂静，当知是名此中略义。云何贪欲由是而生？谓五因故：一、由净妙想；二、由欣乐乐；三、由有情想；四、由猛盛贪；五、由随眠有余未尽。云何欲贪生已[③]，由是寂静？谓五因故：一、由作意思惟不净；二、由作意思惟于苦；三、由作意思惟无我；四、由系念多修厌离；五、由随眠无余永灭。云何寂静？谓此寂静略有二种：一者，现行寂静；二者，永断随眠，当来不起。由前四种寂静因缘，成初寂静；由第五因，第二成就。

云何苾刍多所住，越五暴流当度六？

云何定者能度广，欲爱而未得腰舟？

① 妙界所有欲贪尚不可得，底本与《资福藏》《碛砂藏》《普宁藏》《永乐南藏》《径山藏》相同；《房山石经》《赵城金藏》《高丽藏》"欲贪"作"贪欲"。

② 了知而已，《房山石经》《资福藏》《碛砂藏》《赵城金藏》《普宁藏》《永乐南藏》《径山藏》《高丽藏》"而"作"是"。

③ 云何欲贪生已，底本与《资福藏》《碛砂藏》《普宁藏》《永乐南藏》《径山藏》相同；《房山石经》《赵城金藏》《高丽藏》"欲贪"作"贪欲"。

身轻安心善解脱，无作系念不倾动，

了法修习无寻定，愤爱惛沉过解脱。

如是苾刍多所住，越五暴流当度六，

如是定者能度广，欲爱而未得腰舟。

此因天女所问伽他。暴流有六，谓眼暴流，能见诸色，乃至意暴流，能了诸法。佛圣弟子有学见迹，于随顺喜眼所识色，不住于爱；于随顺忧眼所识色，不住于恚；于随顺舍眼所识色，数数思择，安住于舍。彼设已生，或欲贪缠，或瞋恚缠，或愚痴缠，三身为缘，所谓喜身、忧身、舍身，而不坚著，乃至变吐。由是因缘，于属三身诸烦恼缠，得不现行，轻安而住。如是名为得身轻安，而未能得心善解脱，由彼随眠未永断故。彼于后时又能永断属彼随眠，即于属彼诸烦恼中远离随缚，如是乃名即于三身贪瞋痴所，心善解脱。如于眼所识色，乃至于身所识触，当知亦尔。如是已断五下分结，越五暴流，谓越眼暴流，能见诸色，乃至越身暴流，能觉诸触。

如是越度五暴流已，余有第六意暴流在，为当越度，复修无作[①]、无动、系念。云何无作？谓于涅槃，心生愿乐，不为我慢之所倾动，无所思惟，亦无造作。又不为彼计我、我所当来是有，乃至我当非想非非想等之所倾动，无所思惟，亦无造作。云何无动[②]？谓不为彼上分诸结缠绕其心，无动无变，亦无改转。又于随一寂静诸定，不生爱味、恋慕、坚著。云何系念？谓为断彼上分诸结，于其内身住循身观，如是乃至广说念住。彼由如是修无作故，断诸生爱；修无动故，断诸定爱。此离现行，说名为断。修系

① 复修无作，底本与《房山石经》《资福藏》《碛砂藏》《普宁藏》《永乐南藏》《径山藏》《高丽藏》相同；《赵城金藏》“复”作“所”。

② 云何无动，底本与《房山石经》《资福藏》《碛砂藏》《赵城金藏》《普宁藏》《径山藏》《高丽藏》相同；《永乐南藏》“无”作“为”。

念故，为令一切上分诸结无余永断，修习对治。如是修习无作、系念、不倾动故，能令一切上分诸结无余永断，是名越度第六暴流，谓意暴流，能了诸法。

复有差别。云何无动？言无动者，是慈善根，无瞋性故。由此因缘，诸圣弟子于萨迦耶断除邪愿，修奢摩他、毗钵舍那。由彼慈故，修奢摩他；由念住故，修毗钵舍那。如是正修行者，于能随顺断上分结三心修习，速得圆满，谓于上身无躭染心，于下有情无愤恚心，不放逸者于上下境无染汙心。余如前说。如是名为越五暴流，当度第六。

云何了法？谓于苦法能了能观，于集灭道法能了能观。

云何修习于无寻定？谓能了知如是法已[①]，又复安住居家诸欲依持断灭及弃出中，或于阿练若处，或于树下空闲，于随顺喜眼所识色所有喜身，于随顺忧眼所识色所有忧身，于随顺舍眼所识色所有舍身，于此所缘，无欲寻缠，心多安住，乃至亦无所生家世相应寻缠，心多安住。设起欲寻，乃至家世相应寻等，即能如实了知出离，不为欲寻之所障碍，乃至不为家世相应寻所障碍，而能静虑、审虑、谛虑。由此方便，由此道修，能断喜身染爱过失，能断忧身愤恚过失，能断舍身惛沉过失。诸缠断故，身得轻安；随眠断故，于欲界系三身染汙，心善解脱。彼于尔时，名已越度广大欲爱，谓于诸色乃至诸触遍流行爱，若和合爱，若增长爱，若不离爱，若不合爱，若退减爱，若别离爱，或于欲界复受生爱。

复有差别。云何修习于无寻定？谓已得无寻无伺静虑，余如前说。

复次，今当略辩上所说义，谓彼天女略问世尊三种要义：一者，下分结断；二者，上分结断方便；三者，即彼下分结断方便及如彼善断。如是问已，尔时世尊随应而答，谓由身轻安，心善解脱，答彼所问下分结断，非断

① 谓能了知如是法已，底本与《房山石经》《资福藏》《碛砂藏》《普宁藏》《永乐南藏》《径山藏》《高丽藏》相同；《赵城金藏》“能”作“解”。

方便；由无作、系念、不倾动，答彼所问上分结断方便，非断。而于彼断，天女类前，亦即领解，唯余下分结断方便及如彼善断。

尔时世尊先以修无寻定广说差别，答断方便，谓若能断、如断、所断。此中，了法，说名能断；修无寻定，说名如断。所断愤过，谓瞋恚品；所断爱过，谓贪欲品；所断惛沉过，谓愚痴品。如是名为能如所断。如是广答断方便已，唯有所余如善断在，复由第二修无寻定差别因缘，答其善断。言善断者，谓毕竟断、远分断[①]、一切杂染断。由了知法故，释毕竟断；由修无寻定故，释远分断；由贪瞋痴缠及随眠一切断故，释一切杂染断。当知是名此中略义。

又彼天女，依诸有学，未得胜意，已离欲贪，未离上贪，而兴请问。意名腰舟，如经说惭轴意腰舟。于此腰舟犹未得者，说彼名为未得腰舟。此中，何等名为腰舟？谓于诸结善解脱心。

常有怖世间，众生恒所厌，
于未生众苦，或复已生中。
若有少无怖，今请为我说。
天我观解脱，不离智精进，
不离摄诸根，不离一切舍。
我观极久远，梵志般涅槃，
已过诸恐怖，超世间贪著。

今此颂中，始从欲界乃至有顶诸萨迦耶，皆名世间。此中义者，意在欲界有乐有苦有情世间。若诸有情，十资身具之所摄养，无所匮乏，身康无病，年未衰老，名为有乐有情世间；与此相违，当知有苦有情世间。世间众生，少分有乐，多分有苦。诸有有乐有情世间，常怀恐怖：勿我财宝，王

① 远分断，底本“远”作“迅”，据《房山石经》《资福藏》《碛砂藏》《赵城金藏》《普宁藏》《永乐南藏》《径山藏》《高丽藏》改。

所侵夺，广说乃至勿由此缘，遭诸苦难。勿或风热，于内发动，乃至或人或非人等，侵损我耶。如是惧虑未来财宝变坏之苦及身坏苦[①]，心常怖畏。诸有有苦有情世间，现为众苦逼切身心，有苦、有忧、有愁、有箭，有诸扰恼，恒不安住。如是故言“常有众苦世间[②]，众生恒所厌，于未生众苦，或复已生中”。

由是因缘，彼天现见诸有有乐有情世间，乐非决定，请问如来有决定乐，无怖畏处。尔时，世尊即为彼天方便示现，唯圣教中有如是处，非诸外道。谓如有一，住正法外所有沙门或婆罗门，于现法中及当来世诸欲过患不如实知，由不知故，希求未来诸欲差别，舍现法欲，求后法欲，精进受学所有禁戒[③]。虽复安住如是禁戒，然无智慧，不护根门，不守正念，无常委念，乃至广说。彼不调摄诸根门故，于他所惠少小利养及与恭敬，尚生爱味，随起恋著，何况广大？如是精勤受禁戒者，远离智慧，密护根门，于现法欲尚不能断，况后法欲？

又即于彼，有一沙门若婆罗门，于欲过患麤了知故，能越现法、后法诸欲，而复欣求上离欲地，于非解脱，起解脱想，断弃诸欲，便臻远离。彼由精勤数多修习正思惟故，离欲欲界，乃至离欲无所有处，由此因缘，舍下自体，爱上自体。由爱彼故，于当来世尚不解脱下地自体[④]，何况上地？如是弃舍财宝，自体迷失道者，虽复安住勇猛精勤，而不能得一向快乐无怖畏处。何以故？彼外道师尚于是处不见不识，况能为彼诸弟子等当广开

---

① 如是惧虑未来财宝变坏之苦及身坏苦，底本与《房山石经》《资福藏》《赵城金藏》《普宁藏》《永乐南藏》《径山藏》《高丽藏》相同；《碛砂藏》“变坏”作“变有”。

② 常有众苦世间，底本与《资福藏》《碛砂藏》《永乐南藏》《径山藏》相同；“众苦”，《房山石经》《赵城金藏》《高丽藏》作“怖”，《普宁藏》作“众若”。

③ 精进受学所有禁戒，《房山石经》《资福藏》《碛砂藏》《赵城金藏》《普宁藏》《永乐南藏》《径山藏》《高丽藏》“进”作“勤”。

④ 于当来世尚不解脱下地自体，底本与《房山石经》《资福藏》《碛砂藏》《普宁藏》《永乐南藏》《径山藏》《高丽藏》相同；《赵城金藏》“下”作“不”。

示？如是外道师及弟子所制论中，决定无有众苦边际；与此相违，善说正法毗奈耶中，当知具足一切义利，乃至定有众苦边际。依此密意，佛为彼天说如是言：“天！我观解脱，不离智精进，不离摄诸根，不离一切舍。”

复次，今当略辩上所说义[①]，谓为显示恶说邪法毗奈耶中，师及弟子皆有衰损；善说正法毗奈耶中，皆具吉祥，于一切苦，能证边际。当知是名此中略义。

尔时，彼天闻佛世尊答所请问，欢喜踊跃，即以四种无上功德赞叹如来，谓佛世尊难出现故，出已能成利他行故，亦能建立自利德故，于自他利离染心故。“我观极久远，梵志般涅槃”者，此赞世尊难出现德；“已过诸怨”者，此赞世尊利他行德；“已过诸怖”者，此赞世尊建自利德[②]；“超世间贪欲”者[③]，此赞世尊于自、他利[④]，离染心德。如是四种功德，差别当知。复有三种差别，谓难出现故、难可见故、建立自利、利他行故。见者，则能成就大义。成大义者，离染心故，遍一切生，亦无众罪。如是众德，诸佛世尊最为殊胜，故以此相赞叹如来。

---

① 今当略辩上所说义，底本与《资福藏》《碛砂藏》《普宁藏》《永乐南藏》《径山藏》相同；《房山石经》《赵城金藏》《高丽藏》“辩”作“辨”。

② 此赞世尊建自利德，底本与《房山石经》《资福藏》《碛砂藏》《普宁藏》《永乐南藏》《径山藏》《高丽藏》相同；《赵城金藏》无“建自利德”四字。

③ “超世间贪欲”者，底本与《房山石经》《资福藏》《碛砂藏》《普宁藏》《永乐南藏》《径山藏》《高丽藏》相同；《赵城金藏》无此六字。

④ 此赞世尊于自、他利，底本与《房山石经》《资福藏》《碛砂藏》《普宁藏》《永乐南藏》《径山藏》《高丽藏》相同；《赵城金藏》无“此赞世尊于自”六字。

瑜伽师地论卷第十八

本地分中思所成地第十一之三

谁奖胜类生，及开出离道，
于何住何学，不惧后世死。
戒慧自熏修，具定念正直，
断诸愁炽然，正念心解脱。
能奖胜类生，及开出离道，
住此于此学，不惧后世死。

今此颂中言胜类者，即是四种胜上姓类：一、婆罗门；二、刹帝利；三、吠舍；四、戍达罗。以法以正，以制以导，教胜类生，故名为奖。此中，显示唯佛世尊能以法以正、以制以道教胜类生[①]。由此因缘，世尊自显唯我独为真奖道者[②]，故为彼天作如是说："具戒具慧，以自熏修。"又唯世尊能为四种胜上类生，宣说出离一切众苦圣八支道[③]。此中，世尊亦自显示是真说者。

云何具戒？谓佛世尊昔菩萨时，弃上妙欲，舍离居家，受持身语所有律仪。

云何具慧？谓即于彼受持身语律仪住者，起如是相，内正思惟，深心

---

① 以制以道教胜类生，底本与《资福藏》《碛砂藏》《赵城金藏》《普宁藏》《永乐南藏》《径山藏》《高丽藏》相同；《房山石经》"道"作"导"。

② 世尊自显唯我独为真奖道者，底本与《资福藏》《碛砂藏》《赵城金藏》《普宁藏》《永乐南藏》《径山藏》《高丽藏》相同；《房山石经》"道"作"导"。

③ 宣说出离一切众苦圣八支道，底本与《房山石经》《资福藏》《碛砂藏》《普宁藏》《永乐南藏》《径山藏》《高丽藏》相同；《赵城金藏》"道"作"导"。

筹量，审谛观察，今此世间多遭难苦[①]，所谓若生、若老，如经广说。

云何自熏修？谓于往昔无量余生，经三大劫阿僧企耶，于六波罗蜜多修习善修习。由彼因缘，今无师[②]，自然心趣出离，又于众缘所生诸行，以微妙智，能随悟入。

云何具定？谓能乃至离无所有处欲，证得非想非非想处。

云何具念？谓依如是所得胜定，为断见断诸烦恼故，修四念住。即以如是所修念住为其导首，乃至修习三十七种菩提法分[③]。

云何正直？谓彼生起逆流正直圣八支道，能断见断所有烦恼，于逆流道，得预随流。

云何永断一切愁忧炽然[④]？谓从谛现观俱，得成不还者。又能永断五下分结：瞋恚似顺愁忧，贪欲似顺炽然，于如是等，皆已永断。

云何正念？谓为永断上分诸结，复更修习四种念住，乃至修习三十七种菩提分法。

云何心解脱？谓已永断上分结故，于二种障，心善解脱，谓烦恼障及所知障。其心如是善解脱故，得成如来、应、正等觉，广说如经。

由此，故能奖胜类生，开出离道。诸有四种胜类，随一于此圣教爱乐正行，为欲证得圣八支道，于三学中勤修学者，彼定能证圣八支道及涅槃果，由证彼故，不惧当来生老病死。

---

① 今此世间多遭难苦，底本与《碛砂藏》《普宁藏》《永乐南藏》《径山藏》相同；《房山石经》《资福藏》《赵城金藏》《高丽藏》“难”作“艰”。

② 今无师，底本与《房山石经》《资福藏》《碛砂藏》《普宁藏》《永乐南藏》《径山藏》《高丽藏》相同；《赵城金藏》“今”作“令”。

③ 乃至修习三十七种菩提法分，底本与《资福藏》《碛砂藏》《普宁藏》《永乐南藏》《径山藏》相同；《房山石经》《赵城金藏》《高丽藏》“法分”作“分法”。

④ 云何永断一切愁忧炽然，底本与《资福藏》《碛砂藏》《普宁藏》《永乐南藏》《径山藏》相同；《房山石经》《赵城金藏》《高丽藏》“炽然”作“炽燃”，下同。

复次，今当略辩上所说义[1]，谓略显示唯佛世尊能令四类速得清净，彼若于此能正修行，不唐捐故。又复示现如来圣教，善说正法及毗奈耶。又复示现佛是天人无上大师。当知是名此中略义。

云何擅名誉？云何具珍财？
云何获美称？云何摄亲友？
持戒擅名誉，布施具珍财[2]，
谛实获美称，惠舍摄亲友。

云何持戒能擅名誉？谓如有一，或男或女，具足尸罗及贤善法，乃至命终，断除杀罪，远离杀生，如经广说，乃至十方所有沙门、婆罗门等常所称叹，由是因缘，为诸国王、群臣、长者，乃至城邑、聚落人民恭敬供养。

云何布施能具珍财？谓如有一，昔余生中作及增长施福业事，由此因缘，今生巨富大财宝家，乃至众多府库盈积。

云何谛实能获美称？谓如有一，不以假伪斗称函等[3]，谄诳、陵懱[4]、妄言等事，而致财宝，但以如法作业技能，依法不暴，而致财宝。彼既如是，众咸唱言："贤哉！儒士！乃能如法作业技能，引致财宝。"

云何惠舍能摄亲友？谓如有一，现前多有种种家产，远离悭垢，不悋资具，以正安乐而自欢娱，乃至友朋、亲感、耆长。彼诸人等便相佐助，引致财宝，守护滋息。

---

① 今当略辩上所说义，底本与《资福藏》《碛砂藏》《普宁藏》《永乐南藏》《径山藏》相同；《房山石经》《赵城金藏》《高丽藏》"辩"作"辨"，下同。

② 布施具珍财，底本与《资福藏》《碛砂藏》《赵城金藏》《普宁藏》《永乐南藏》《径山藏》《高丽藏》相同；《房山石经》"具"作"善"。

③ 不以假伪斗称函等，底本与《资福藏》《碛砂藏》《普宁藏》《永乐南藏》《径山藏》相同；《房山石经》《赵城金藏》《高丽藏》"称"作"秤"。

④ 陵懱，底本与《资福藏》《碛砂藏》《普宁藏》《永乐南藏》《径山藏》相同；《房山石经》《赵城金藏》《高丽藏》作"陵懱"。

复次，今当略辩上所说义[①]。谓略显示恭敬、利养二种因缘。持戒擅名誉者，显恭敬因缘；所余诸句，显利养因缘，谓因力故，士用力故，助伴力故。当知是名此中略义。

齐何泉止息，于何迳不通？
世间诸苦乐，何处无余灭？
若于是处所，眼耳及与鼻，
舌身意名色，永灭尽无余。
齐此泉止息，于斯迳不通，
世间诸苦乐，是处无余灭。

云何为泉？谓六触处。何以故？譬如泉池，能生诸水，水所系属，堪任触用，又能存养男女大小，下及禽兽，乃至一切未尽枯竭。六内触处亦复如是，一切愚夫六境界触之所触用，又能存养，乃至是中诸贪爱水未尽枯竭。

云何为径[②]？径有二种：一、烦恼；二者业径。此中径者，意明因义。

云何苦乐？谓或于现法六种触处为缘所生，或安受、受所摄，或不安受、受所摄；或于后法烦恼摄持妙行、恶行为缘所生，或安受、受所摄，或不安受、受所摄。

于何处所，如是六处及名色等，无余灭尽？谓无余依涅槃界中。若诸异生，泉、径、苦乐一切无缺，亦未有舍、若诸有学，缺而未舍。若诸无学，径及当来所有苦乐，亦缺亦舍，不复现行；泉及现法所有苦乐，亦缺亦舍，有余依故，犹复现行。是故无余涅槃界中，说彼一切，无余尽灭。

---

① 今当略辩上所说义，底本与《资福藏》《碛砂藏》《普宁藏》《永乐南藏》《径山藏》相同；《房山石经》《赵城金藏》《高丽藏》“辩”作“辨”。

② 云何为径，底本与《资福藏》《碛砂藏》《普宁藏》《永乐南藏》《径山藏》相同；《房山石经》《赵城金藏》《高丽藏》“径”作“迳”，下同。

复次，今当略辩上所说义，谓略显示于现法中因及苦乐，于后法中因及苦乐，于无余依涅槃界中皆悉永灭。当知是名此中略义。

谁能越暴流？谁能超大海？

谁能舍众苦？谁能得清净？

正信越暴流，无逸超大海，

精进舍众苦，智慧得清净。

今此颂中，云何正信能越暴流？谓如有一，为欲了知诸欲过患，听佛所说，若弟子说所有正法。闻是法已，获得正信，便生欲乐，为断事欲及烦恼欲，遂能弃舍居家事欲，正信出家，往趣非家。既出家已，为欲断除烦恼诸欲，远离而住，彼由炽然勤精进故，乃至修习正思惟故，断烦恼诸欲，得离欲定地。如是正信为依为导，便能越度诸欲暴流。

云何无逸能超大海？谓于彼定终不爱味，乃至亦无坚著安住，唯除为证诸漏尽智专注其心。由此定心清净鲜白，正直调柔，于四圣谛能入现观，乃至证得诸漏永尽。如是由不放逸为依为导，能断色、无色系二有暴流，及断一切无明与见二种暴流，是故名为超渡大海。

云何精进能舍众苦？谓如有一，有学见迹，作是思惟：“我应当证三界离欲，诸结永尽。”便臻远离，于彼勇猛精勤而住，不多安止贪欲缠心。又能如实了知现在诸欲贪缠所有出离，于贪欲盖净修其心，遂能断灭诸贪欲缠及贪欲缠为缘所生心诸忧苦。如贪欲盖，乃至疑盖当知亦尔。如是精进为依为导，能舍众苦。

云何智慧能得清净？谓彼除灭能染汙心，乃至能障究竟涅槃五种盖已，即依未至，安住未至。如先所得苦、集、灭、道诸无漏智，于诸苦中思惟真苦，乃至于道思惟真道，便得无余三界离欲，诸漏永尽。如是由先所得智慧为依为导，能证清净。

复次，今当略辩上所说义，谓薄伽梵于此颂中略显异生先已离欲，后于圣谛现观清净，及显有学于诸圣谛现观为先，离欲清净。当知是名此中略义。

谁超越暴流，昼夜无惛昧，
于无攀无住，甚深无减劣。
圆满众尸罗，具慧善安定，
内思惟系念，能度极难度。
诸欲想离染，亦超色界结，
彼无攀无住，甚深无减劣。

今此颂中，云何暴流？所谓四流：欲流、有流、见流、无明流。

云何无攀无住？所谓诸爱永尽、离欲、寂灭涅槃及灭尽定。所以者何？所言攀者，诸烦恼缠。所言住者，烦恼随眠。于彼处所，二种俱无，是故说言无攀无住，此谓涅槃无攀无住。又想名攀，受名为住。若于是处，二种俱无，即说彼处无攀无住，如是显示灭受想定无攀无住[①]。今此义中，意取灭定。

云何圆满众尸罗？谓善安住身语律仪，修治净命。

云何具慧？谓于苦圣谛如实了知，乃至于道圣谛亦复如是。

云何善安定？谓远离诸欲，乃至具足安住第四静虑，或第一有三摩钵底。

云何内思惟？谓于二十二处数数观察，言我今者容饰改常，去俗形好，广说如经。

云何系念？谓于二十二处数观察时，依沙门想，恒作恒转，而现在前。由此因缘，为断余结，修四念住。

云何能度极难度？谓一切结无余断故，能度最极难度有顶，彼非一

---

① 如是显示灭受想定无攀无住，底本与《房山石经》《资福藏》《碛砂藏》《普宁藏》《永乐南藏》《径山藏》相同；《赵城金藏》《高丽藏》“受想”作“想受”。

切愚夫异生可能度故。

云何于诸欲想而得离染？谓于下分诸结已断已知。

云何超于色界诸结？谓于色系上分诸结已断已知。

云何于无攀无住甚深中无有减劣？谓于无色界，或已离欲，或未离欲，已得非想非非想处，堪能有力入灭尽定。学与无学俱容有此，故不定言超无色结。

复次，今当略辩上所说义，谓薄伽梵于此颂中略显能得最究竟道，及显能证第一住道。当知是名此中略义。

贪恚何因缘？由何故欣感？
毛竖意寻思，如孩依乳母。
润所生自生，如诸瞿陀树[1]，
别缚于诸欲，犹摩迦处林。
是贪恚因缘，由斯故欣感，
毛竖意寻思，如孩依乳母。
知彼彼因缘，生已寻除灭，
超昔未超海，暴流无后有。

今此颂中，云何贪恚？谓如有一，处在居家，于可意境、可意有情共相会遇，而生贪著；于不可意境及有情共相会遇，而生瞋恚。

云何欣感？谓如有一，于佛所证法毗奈耶，率尔得生须臾正信，不善观察前后得失，忽然自励，便弃家法，往趣非家[2]。既出家已，与凡道俗共相杂住，遂于去来货财亲友追念思慕，忧感缠心。或复有一，非由正

① 如诸瞿陀树，底本与《资福藏》《碛砂藏》《普宁藏》《永乐南藏》《径山藏》相同；《房山石经》《赵城金藏》《高丽藏》“陀”作“陁”，下同。

② 往趣非家，底本与《房山石经》《资福藏》《碛砂藏》《普宁藏》《永乐南藏》《径山藏》《高丽藏》相同；《赵城金藏》“往”作“住”。

信，亦非自励，往趣非家，然或为王之所驱迫，乃至或为不活邪畏之所恐怖[①]，舍离居家。既出家已，于其正信诸婆罗门、居士等边，时时多获利养恭敬，深生爱味，窃作念言："吾此一方，善哉奇要！无劳稼穑，不事商贾，少致艰辛，足堪活命。彼缘如是利养恭敬，便自欣悦，安然而住。

云何毛竖及意寻思？谓如有一，非由自励，不为活命，舍离居家，然由正信，捐弃家法[②]，往趣非家。既出家已，不与道俗共相杂住，便臻远离，寂静闲居。彼闲居时，或于尘雾，或昏夜分，见大云气，闻震雷音，或逢雹雨、师子、虎豹，或遭凶猾，窃劫抄虏，或遇非人来相娆逼，便生惊怖，身毛为竖。或至昼分，于彼去来奇妙亲友[③]，发依躭嗜所有寻思，谓欲寻思，如经广说，乃至家世相应寻思。

如是已说贪恚等事。云何润生及与自生，犹如世间诺瞿陀树？润名爱水，由此为缘，能生诸取。彼贪恚等，一切皆用此为共缘。自者，即是贪恚为先，寻思为后，各各差别种子界性。

云何贪恚乃至寻思别缚诸欲，犹如世间摩鲁迦条缠绕林树？谓略说有六种别欲，或有身手力所引致现在事欲，谓居家者所有诸欲。于此境界，用此为缘，发生贪恚。或有从他所得种种现在事欲，谓为活命而出家者所有诸欲。于此境界，用此为缘，发生欣悦。或有过去、未来事欲，谓忽自励而出家者所有诸欲。于此境界，用此为缘，发生忧感。或有所余诸烦恼欲，略有二种，谓于欲界自体及资身命。或有未断妄分别贪，谓由正信

① 乃至或为不活邪畏之所恐怖，底本与《房山石经》《碛砂藏》《赵城金藏》《普宁藏》《永乐南藏》《径山藏》《高丽藏》相同；《资福藏》"邪"作"耶"。

② 捐弃家法，底本与《房山石经》《资福藏》《碛砂藏》《普宁藏》《永乐南藏》《径山藏》《高丽藏》相同；《赵城金藏》"捐"作"损"。

③ 于彼去来奇妙亲友，底本与《资福藏》《碛砂藏》《赵城金藏》《普宁藏》《永乐南藏》《径山藏》相同；《房山石经》《高丽藏》"奇妙"作"妙欲"。

而出家者，寂静闲居，于永夜分所遭众事[1]。于此境界，用此为缘，便生惊怖，身毛为竖。或有未断妄分别贪，所谓即此补特伽罗至昼日分，于外色、声、香、味、触境，用此为缘，发生意地所有寻思。

又有沙门，若婆罗门，如实了知如前所说贪与恚等，及彼因缘，又能了知众缘生法无常性已，随其所生，不起贪著，即便弃舍，变吐断灭。离色、无色二界贪故，度有暴流；离欲贪故，度欲暴流。如是暴流，昔所未度，今既度已，终无有退。

复次，今当略辩上所说义，谓薄伽梵于此颂中略显三位：一、在家位；二、出家位；三、远离位。又略显示共与不共因缘所生若爱若恚，于诸欲中二种别缚，及断方便，并断胜利。当知是名此中略义。又于此中若贪若欣，若依躭嗜所有寻思，当知爱品；若恚若慼及与惊怖，当知恚品。

应作婆罗门，谓断无纵逸，
永弃舍诸欲[2]，不希望此有。
若更有所作，非真婆罗门，
当知婆罗门，于所作已办。
诸身分劬劳，未极底未度，
已得度住陆，无勤到彼岸。
天汝今当知，此喻真梵志，
谓永尽诸漏，得常安静虑[3]。
彼永断一切，愁忧及炽然，

① 于永夜分所遭众事，底本与《资福藏》《碛砂藏》《普宁藏》《永乐南藏》《径山藏》相同；《房山石经》《赵城金藏》《高丽藏》“永”作“尘”。

② 永弃舍诸欲，底本与《碛砂藏》《普宁藏》《永乐南藏》《径山藏》相同；《房山石经》《资福藏》《赵城金藏》《高丽藏》“永”作“求”。

③ 得常安静虑，底本与《资福藏》《碛砂藏》《普宁藏》《永乐南藏》《径山藏》相同；《房山石经》《赵城金藏》《高丽藏》“安”作“委”。

恒住于正念，亦常心解脱。

今此颂中，显示彼天依于世俗诸婆罗门为世尊说，谓有种姓诸婆罗门[①]，自号我为真实梵志，计梵世间为最究竟，希求梵世，安住于色，常勤精进，心无懈倦，恒乐远离[②]，寂静闲居，减省睡眠，修习静定，为断事欲及烦恼欲。由彼种姓诸婆罗门[③]，计梵世间以为究竟，希望梵世，不求欲有。又显如来依第一义诸婆罗门而报彼天：若婆罗门作所作已，数复应作，更有胜上所应作事，当知此非真婆罗门；若婆罗门证婆罗门所应作事，超登一切萨迦耶岸，安住陆地，当知此是真婆罗门。由此显示学与无学皆婆罗门。

学有二种，谓于欲界，或未离欲，或已离欲。未离欲者，未得源底，未到彼岸，于二种法犹未具足：一、未得内心胜奢摩他；二、虽已得，增上慧法毗钵舍那未善清净。由阙内心奢摩他故，乘如所得圣道浮囊，为证内心奢摩他故，运动如是[④]，勇猛精进。又复为令增上慧法毗钵舍那善清净故，运动如手[⑤]，勇猛精进。彼于如是勤精进时，离欲界欲，如得源底，证阿罗汉，如到彼岸。已离欲者，证得内心胜奢摩他，亦得善净毗钵舍那，唯为进断上分诸结，发勤精进，非诸身分。

若已越度，成阿罗汉，所作已办，离勤功用，名住陆地，已到彼岸。此

---

① 谓有种姓诸婆罗门，底本与《资福藏》《碛砂藏》《普宁藏》《永乐南藏》《径山藏》相同；《房山石经》《赵城金藏》《高丽藏》“种姓”作“种性”，下同。

② 恒乐远离，底本与《资福藏》《碛砂藏》《赵城金藏》《普宁藏》《永乐南藏》《径山藏》《高丽藏》相同；《房山石经》“恒”作“但”。

③ 由彼种姓诸婆罗门，底本与《资福藏》《碛砂藏》《普宁藏》《永乐南藏》《径山藏》相同；《房山石经》《赵城金藏》《高丽藏》“种姓”作“种性”。

④ 运动如是，底本与《资福藏》《碛砂藏》《普宁藏》《永乐南藏》《径山藏》相同；《房山石经》《赵城金藏》《高丽藏》“是”作“足”。

⑤ 运动如手，底本与《房山石经》《资福藏》《碛砂藏》《赵城金藏》《普宁藏》《径山藏》《高丽藏》相同；《永乐南藏》“手”作“是”。

则显示诸婆罗门依第一义，略有三种：二是有学，一是无学。若已究竟到于彼岸诸婆罗门[①]，名永尽漏。若未离欲，一切身分勤精进者，名得常委。若已离欲，得源底者，名得静虑。得静虑者，永断一切下分结故，已断贪欲及瞋恚品所有一切愁忧炽然。永尽漏者，永断修断诸烦恼故，已善修习四种念住，恒住正念及心解脱。彼非作已，数数更作，亦无增胜所应作事，是故说彼名第一义真婆罗门。

苾刍苾刍，度暴流耶[②]？告言如是天。

无攀无住，已度暴流耶？告言如是天。

苾刍汝今，犹如何等，

无攀无住，已度暴流？

如如我劬劳，如是如是劣；

如是我劣已[③]，如是如是住；

如如我住已，如是如是漂。

天我如如舍劬劳，如是如是无减劣，

如是广说尠白品，此中祇焰颂应知。

今此颂中，“无攀无住”者，谓涅槃、灭定，如前已说。世尊依昔示现修习菩萨行时所有最极难行苦行，非方便摄勇猛精进，又依示现坐菩提座，非方便摄勇猛精进断遍知故，说如是言：“天！汝当知我昔如如虚设劬劳，如是如是我便减劣；如如减劣，如是如是我便止住；如如止住，如是如是又被漂溺。”与此相违，应知白品。此中显示修苦行时，非方便摄勇

① 若已究竟到于彼岸诸婆罗门，底本与《房山石经》《资福藏》《碛砂藏》《普宁藏》《永乐南藏》《径山藏》《高丽藏》相同；《赵城金藏》“到于”作“于到”。

② 已度暴流耶，底本与《资福藏》《碛砂藏》《普宁藏》《永乐南藏》《径山藏》相同；《房山石经》《赵城金藏》《高丽藏》“度”作“已度”。

③ 如是我劣已，《房山石经》《资福藏》《碛砂藏》《普宁藏》《永乐南藏》《径山藏》《赵城金藏》《高丽藏》“是”作“如”。

猛精进，名曰劬劳；行邪方便，善法退失，名为减劣。既知退失诸善法已，息邪方便，说名止住；舍诸苦行，更求余师，遂于嗢达洛迦、阿逻茶等邪所执处，随顺观察，故名漂溺。

复于后时坐菩提座，弃舍一切非方便摄勇猛精进，所有善法遂得增长。如如善法既增长已，如是如是于诸善法不生知足，不遑止住，于所修断，展转寻求胜上微妙。既由如是不知足故，遂不更求余外道师，无师自然修三十七菩提分法，证得无上正等菩提，名大觉者。此中四义，“舍劬劳”等四句经文，如其次第，配释应知。

云何复依涅槃无攀无住以显差别？谓不能度诸烦恼、缠、随眠暴流，略由四因。何等为四？谓最初有依躭嗜寻；依躭嗜寻为依止故，便有懈怠；又由懈怠为依止故，住异生分；住异生分为依止故，顺生死流贪爱势力，令于五趣生死河中顺流漂溺。与此相违，四种因故，能度暴流，如应当知。

云何复依想受灭定以显差别？谓如有一，先已证得想受灭定，复住放逸，多住想受，而不多住诸想受灭；由此因缘，退失灭定；由退失故，还复止住下地生因；住彼因故，心便定趣彼所得果。与此相违，应知白品四句差别。

独臻阿练若，静虑弃珍财，
为别有方求，为窥斋封邑。
何不与人交，而绝无徒侣，
得义心寂静，摧妙色魔军。
我独处思惟，受最胜安乐，
故不与人交，而绝无徒侣。

此因天女所问伽他。言得义者，略有二种：一者，证得沙门果义；二者，证得圣神通义。由初得义，超越一切生死大苦；第二得义，证八解脱，寂静思惟，现法乐住。又初得义，降伏可爱妙色魔军；第二得义，独处思惟，受胜安乐。此中，意辩圣神通义。所以者何？谓如有一，为欲成办圣神通义，为令解脱清净圆满，依十遍处，方便修行，由此因缘，令遍处定清净圆满，亦令解脱转得清净圆满尠白，亦能成办圣神通义。

彼既了知此成办已，便自通达我义已办，沙门果义亦得成就，是真沙门。于求财者深修厌毁，于诸城邑交游等处了知其初，了知过患，了知出离，亦能了知趣出离行。生彼因缘，说名为初。无常众苦，变坏法性，是名过患。欲贪调伏，断除超越，名为出离。圣八支道，名趣出行[①]。若有于彼，不见其初，乃至不见趣出离行，由是因缘，于具珍财有情等处不能厌毁，城邑交游周旋不绝，而谓彼为心得寂静，于出居家，证八解脱静虑定者内心寂静，及生诽谤[②]，由是彼于内心寂静，则不堪能善见、善知、善鉴、善达。若第一义内心寂静，与此相违，则能善见乃至善达。

复次，今当略辩上所说义，谓薄伽梵于此略示诸受欲者、乐杂住者，非第一义内心寂静；若有证得八解脱定，离诸爱味，名第一义内心寂静。当知是名此中略义。

诸行无常，有生灭法，

由生灭故，彼寂为乐。

今此颂中，蕴及取蕴，皆名诸行。此中义者，意在取蕴。是五取蕴略有三种，谓去、来、今。诸行无常者，谓彼诸行，本无而生，生已寻灭。若过去生，过去所得诸自体中，所有诸蕴皆过去故，已谢灭故，生已没故，体是无常；若未来生，未来所得诸自体中，所有诸蕴皆未生故，非已起故，未灭没故，可生起故，是有生法；若现在生，现在所得诸自体中，所有蹔住支持存

① 名趣出行，底本与《资福藏》《碛砂藏》《普宁藏》《永乐南藏》《径山藏》相同；《房山石经》《赵城金藏》《高丽藏》“出”作“出离”。

② 及生诽谤，底本与《资福藏》《碛砂藏》《普宁藏》《永乐南藏》《径山藏》相同；《房山石经》《赵城金藏》《高丽藏》“及”作“反”。

活有情诸蕴皆死法故，可为殒灭之所灭故[1]，是有灭法。

若彼诸蕴在于未来所得自体是有生法，于中都无所得自体是常是恒，乃至即当如是正住，唯除才生，生已寻灭。若诸有情于现法中永尽未来诸蕴因者，一切未来自体诸蕴皆不生故，说名彼寂。又复此寂由二因缘，说之为乐：一者，一切苦因灭故，一切麤重永止息故，于现法中安乐住，故说之为乐；二者，当来生老病等所有众苦永解脱故，说之为乐。

复次，今当略辩上所说义，谓薄伽梵此中略说正见依处及正见果。复有差别，谓略显示遍知依处及彼断灭，又略显示所遍知法及与遍知，又略显示三世诸行所有杂染及彼寂故所有清净，[2]又略显示诸缘起法及缘起灭，又略显示苦谛、灭谛，又略显示空与无愿二解脱门所依处所，及显无相一解脱门所依处所；又略显示圣谛现观相违二法断所依处。言二法者；一、随顺戏论；二、怖无戏论。又略显示不共外道二对治法。何等为二？一者，所知无颠倒性；二者，所证无颠倒性。

无逸不死迹，放逸为死迹，

无逸者不死，纵逸者常死。

今此颂中，云何无放逸是不死迹耶？谓如有一，依四所依，立四种护，谓命护、力护[3]、心杂染护、正方便护，是名不放逸。此不放逸为依为持，涅槃资粮未圆满者令速圆满，已圆满者令于现法得般涅槃。

云何放逸为死迹耶？谓如有一，居家白衣于诸欲境躭著受用，造不

---

① 可为殒灭之所灭故，底本与《房山石经》《资福藏》《碛砂藏》《普宁藏》《永乐南藏》《径山藏》《高丽藏》相同；《赵城金藏》“殒灭”作“殒减”。

② 又略显示三世诸行所有杂染及彼寂故所有清净，底本与《资福藏》《碛砂藏》《普宁藏》《永乐南藏》《径山藏》《高丽藏》相同；“故”，《房山石经》作“静”，《赵城金藏》作“静故”。

③ 力护，底本与《资福藏》《碛砂藏》《普宁藏》《永乐南藏》《径山藏》相同；《房山石经》《赵城金藏》《高丽藏》“力”作“身”。

善业。或有出家，现四无护，谓命无护，乃至正方便无护。如是放逸通于二品，谓在家品及出家品。即此放逸为依为持，乐生本行，造生本业；因此故生，生已寿终，生已夭没。

云何无纵逸者不死，纵逸者常死耶？谓死有五种：一者，调善死；二者，不调善死；三者，过去死；四者，现在死；五者，未来死。若善修习此无纵逸补特伽罗，于现在世由调善死而正死时，由过去死已死，于过去世亦由不调善死，于现在世不由不调善死而死，于未来世不由调善死，不由不调善死而死，故名不死。若有纵逸补特伽罗，于现在世由不调善死而正死时，于过去世亦由不调善死已死，于现在世即由不调善死而死，于未来世亦由不调善死当死，故名常死。

复次，今当略辩上所说义，谓薄伽梵此中略示无纵逸者，道谛、灭谛；有纵逸者，集谛、苦谛。又略显示处非处性、自业作性。前半显示处非处性，后半显示自业作性。又前半显示师于弟子作所应作，后半显示诸弟子等自所作义。

众生寻思所钻摇，猛利贪欲随观妙，

倍增染爱而流转，便能自为坚固缚。

今此颂中，云何寻思之所钻摇？谓如有一，于先所得，先所受用诸欲境界，不正作意，发生不善依于躭嗜诸恶寻思。

云何猛利贪欲？谓如有一，于昔余生修习贪欲，亦多修习，由是因缘，令此生中，于先所得先所受用诸欲境界，不正作意[1]，而被贪欲散坏其心。

云何随观净妙？谓如有一，不善护身，不摄诸根，不住正念，游行聚落，见甚少年可爱美色诸母邑已，便不如理取净妙相，由此因缘，身

[1] 不正作意，底本与《碛砂藏》《普宁藏》《永乐南藏》《径山藏》相同；《房山石经》《资福藏》《赵城金藏》《高丽藏》“不”作“虽”。

心烧恼。

云何倍增染爱？谓由五种相貌，当知染爱增长。何等为五？谓如有一，虽于下劣诸欲境界，尚生猛利诸贪欲缠[1]，躭著不舍，何况上妙？又以非法，多分凶暴，积集珍财，不以正法，亦常摄受增上众具。又于轻贱无所用物尚不欲舍，何况贵重？虽为追求少劣财物，尚行众多身、语、意恶，何况多胜？又于受持少小妙行，其心尚无趣向爱乐，何况广大？又于涅槃尚不乐闻，何况欲得？

云何坚固缚？谓由三种相，知坚固缚：一、坚牢故；二、苦所触故；三、长时随逐故。于现法中，由恶行根贪瞋痴故，知缚坚牢；于当来世，由生那洛迦[2]、旁生[3]、鬼趣，知苦所触及长时随逐。

复次，今当略辩上所说义，谓略显示依二失坏因，有二种失坏。何等名为二失坏因？谓不正思惟力及因力。云何名为二种失坏？谓方求失坏及受用失坏。云何不正思惟力？谓随念先所受用境界因缘所生不正思惟，或邪分别现前境界因缘所生不正思惟，或邪取相不正思惟，或即于彼若住若行不正思惟。云何因力？谓于可爱境界宿习欲贪。云何方求失坏？谓如有一，成就二种失坏因故，以非正法，或以凶暴，追求积集所有邪财。云何受用失坏？谓如有一，于先所得顺乐、顺苦、顺非苦乐诸境界中，或有于一，生染生著，广说乃至不知出离，而受用之；或有于一，发生憎恚，憎恚所蔽[4]；或有于一，发生愚痴，愚痴所蔽。彼由如是贪染所蔽，乃至愚痴之

① 尚生猛利诸贪欲缠，底本与《房山石经》《资福藏》《赵城金藏》《普宁藏》《永乐南藏》《径山藏》《高丽藏》相同；《碛砂藏》“尚”作“当”。

② 那洛迦，底本与《资福藏》《碛砂藏》《普宁藏》《永乐南藏》《径山藏》相同；《房山石经》《赵城金藏》《高丽藏》作“那落迦”。

③ 傍生，底本与《资福藏》《碛砂藏》《普宁藏》《永乐南藏》《径山藏》相同；《房山石经》《赵城金藏》《高丽藏》“傍生”作“旁生”。

④ 憎恚所蔽，底本与《房山石经》《资福藏》《碛砂藏》《赵城金藏》《普宁藏》《径山藏》《高丽藏》相同；《永乐南藏》“恚”作“恶”。

所蔽故，行身、语、意种种恶行；为贪、瞋、痴三坚固缚之所缠缚，亦为那落迦、旁生、鬼等诸缚所缚。

又有差别，谓爱结所系补特伽罗略有七种杂染，当知皆是贪爱所作，谓随念杂染、不自在杂染、境界杂染、热恼杂染、善趣相应杂染、恶趣相应杂染、诸见杂染。

云何随念杂染？谓如有一，不正随念先所受用可爱境界，希望追求，令心散坏。

云何不自在杂染？谓如有一，宿世串习贪欲法故，今世贪欲为性猛利，虽复如理于可爱境随念作意，而有希望追求贪欲，散坏其心。彼由贪欲极猛利故，心不自在。

云何境界杂染？谓如有一，游城邑等，现前会遇容色端严可爱境界，由彼境界极端严故，随美妙相，心识缠绵，因此发生希望追求[①]，种种贪爱。

云何热恼杂染？谓如有一，由是三种能长贪爱诸杂染故，令已贪爱展转增盛，追恋过去已受用境，希求未来当受用境，躭著现在正受用境，乃令身心周遍热恼。

云何善趣相应杂染？谓即由彼贪爱集谛增上力故，行身、语、意种种妙行，得生善趣，或天或人。彼于乐受躭著不舍，醉闷而住，专行放逸。

云何恶趣相应杂染？谓即由彼贪爱集谛增上力故，行身、语、意种种恶行，身坏命终堕诸恶趣，生那落迦等。于彼生已，便为种种极重忧苦、恶心、愤心之所扰恼。

云何诸见杂染？谓即由彼贪爱集谛增上力故，会遇恶友，说颠倒法，为令杂染得解脱故。彼虽希求杂染解脱，由遇如是倒说法故，不证解脱。

① 因此发生希望追求，底本与《房山石经》《赵城金藏》《径山藏》《高丽藏》相同；《资福藏》《碛砂藏》《普宁藏》《永乐南藏》“追”作“进”。

于六十二诸见趣中，随令一种邪见增长，于诸缘起法愚痴增上故。彼由如是见结所系，于五趣等生死大海，不得解脱。

住法具尸罗，有惭言谛实，

能保爱自身，亦令他所爱。

今此颂中，云何住法？谓于如来所证善说正法毗奈耶中，净信出家，乐修梵行。

云何具尸罗？谓如是出家如是爱乐故，于戒无缺，乃至无杂，相续而作，相续而转，于诸学处能受能学。

云何有惭？谓惭于可惭，惭于能生恶不善法，谓能顺恶戒、冗戒因缘[①]，即不正相，不正寻思，若诸烦恼及随烦恼。

云何言谛实？谓发露诸恶，不藏诸恶，若有所犯，即于智者同梵行边，如实自举，如法对治。

复次，今当略辩上所说义，谓薄伽梵于此颂中略显四因所摄尸罗清净，谓能正受故，受已不冗故[②]，远离冗因故[③]，虽由无知放逸冗已[④]，即便如法而对治故。当知是名此中略义。

若见他恶业，能审谛思惟，

自身终不为，由彼业能缚。

今此颂中，云何见他恶业，审谛思惟？谓如有一，或善男子，或善女人，为性聪慧，成就如理谛观法忍，见他现行恶行因故，便遭种种挫辱楚

① 冗戒因缘，底本与《资福藏》《碛砂藏》《普宁藏》《永乐南藏》《径山藏》相同；《房山石经》《赵城金藏》《高丽藏》“冗”作“穴”。

② 受已不冗故，底本与《资福藏》《碛砂藏》《普宁藏》《永乐南藏》《径山藏》相同；《房山石经》《赵城金藏》《高丽藏》“冗”作“穴”。

③ 远离冗因故，底本与《资福藏》《碛砂藏》《普宁藏》《永乐南藏》《径山藏》相同；《房山石经》《赵城金藏》《高丽藏》“冗”作“穴”。

④ 虽由无知放逸冗已，底本与《资福藏》《碛砂藏》《普宁藏》《永乐南藏》《径山藏》相同；《房山石经》《赵城金藏》《高丽藏》“冗”作“穴”。

挞，又为王人执至王所，广说如经，乃至断命。见已，便作如是思惟："观观是人于现法中造作如是恶不善业，即于现法还受如是辛楚果报，乃至止止如是恶不善业，终不应为，终不应作，终不应行，终不应犯。"

即彼又见屠羊鸡猪，广说一切不律仪众，不由如是作业技能、活命方术，而乘象马、车乘、辇舆，又不因此能致广大财宝库藏，令不散失，然为世间之所诃毁。凡在佣俗，尚不以身蹔相触受而远避之，况余贤哲？见已便作如是思惟，余如前说。

即彼又见他人巨富，饶大财宝，然由懒惰，多住纵逸，经过日夜，淹积岁月，所有珍财、僮仆、基业及诸善法，渐渐衰退。见已，便作如是思惟，余如前说。

即彼又见种种有情身相差别，或有生盲、生聋、生哑，或瞎、或跛、或癖、或癞，或复短寿，或恶形色，或多疾病，或贫贱家，或少技属[1]，或弊恶慧，或扇宅迦，或半宅迦，或丑形类，余即不尔。见已，便作如是思惟："观观是人先作种种恶不善业，今受如是苦恶果报，乃至止止如是恶不善业。"余如前说。

即彼又见他人黠慧，无有懒惰，具足翘勇，所谓能作营农、商贾、行船等业，及能正作言论事业。彼虽具足如是翘勇，所作事业数渐衰损，终无成办。见已，便作如是思惟，余如前说。

即彼又见二人出家趣于非家，同修梵行，一于衣服、饮食等利有所匮乏，一则不尔。见已，便作如是思惟，余如前说。

即彼又见或有国王，或是王等，大地封疆，咸皆克伏，坚著不舍，但为一身一具骸骨，唯为现在少小安乐，身、语、意门现行无量广大恶行，损坏多生多身安乐，当受多生多身大苦。见已，便作如是思惟："观观是王，

① 或少技属，底本与《径山藏》相同；"技"，《资福藏》《碛砂藏》《普宁藏》《永乐南藏》作"伎"，《房山石经》《赵城金藏》作"枝"，《高丽藏》作"支"。

或是王等，甚为愚弊，唯知保爱一生一身，不知保爱多生多身，唯爱现在少时小乐，不爱当来多时大乐，亦非不爱多生重苦，乃至止止如是恶不善业，终不应为，终不应作，终不应行，终不应犯。”

复有或善男子，或善女人，为性聪慧，获得天眼，用此天眼见诸有情死时生时，如经广说，乃至生在大那洛迦中[①]。见已，便作如是思惟：“观观是人，于现法中造作如是恶不善业，令受后法辛楚果报[②]，乃至止止如是恶不善业。”余如前说。

如是或善男子，或善女人，见他所作诸恶业已，由四种行，谛善思惟，谛善观察。何等为四？一者，观察或因违越，或邪活命，或放逸懈怠，于现法中造作种种恶不善业，即现法受非爱果报；二者，观察或有有情依身差别，或有所作而不果遂，或有所求而不果遂，皆由先造恶不善业，故现法中各受如是非爱果报；三者，观察或有国王，或与王等，因现法中行诸恶业，皆知当来定受种种非爱果报[③]；四者，观察诸有情类死时生时，因现法中造作种种恶不善业，后法中受非爱果报。彼由如是如实知故，终不自作。

云何业缚？谓乐诸业故，由业重故，于业果报不自在故。乐诸业者，谓如有一，串习恶故，爱乐诸恶，由此因缘，于诸善法心不能入，是初业缚。由业重者，谓如有一，于无间业，或有具造或不具造，由此因缘，虽有欣乐于佛所证善说正法毗奈耶中蹔时出家，尚不能得，况当能获沙门果证？如是名为第二业缚。于业果报不自在者，谓如有一，由身、语、意恶行

① 乃至生在大那洛迦中，底本与《资福藏》《碛砂藏》《普宁藏》《永乐南藏》《径山藏》相同；《房山石经》《赵城金藏》《高丽藏》“那洛迦”作“那落迦”。

② 令受后法辛楚果报，底本与《房山石经》《赵城金藏》《径山藏》《高丽藏》相同；《资福藏》《碛砂藏》《普宁藏》《永乐南藏》“令”作“今”。

③ 皆知当来定受种种非爱果报，底本与《资福藏》《碛砂藏》《普宁藏》《永乐南藏》《径山藏》相同；《房山石经》《赵城金藏》《高丽藏》“皆”作“比”。

因缘，生诸恶趣，生彼处已，不得自在，不能自任长夜受苦，或生边地，于彼绝无四贤善众，所谓苾刍，广说乃至邬波斯迦。如是名为第三业缚。

复次，今当略辩上所说义，谓薄伽梵于此略示依诸有情业果报，如理思惟，及显如理思惟为先，法随法行[①]。当知是名此中略义。

① 法随法行，底本与《房山石经》《径山藏》相同；“法行”，《资福藏》《碛砂藏》《普宁藏》《永乐南藏》作“行行”，《赵城金藏》《高丽藏》作“行”。

瑜伽师地论卷第十九

本地分中思所成地第十一之四

贤圣尝说最善语[①]，爱非不爱语第二，

谛非不谛语第三，法非非法语第四。

今此颂中，言善语者，所谓善说、善言、善论。当知善说有三种相，所谓悦意、无染、唯善。由第一语，令他庆悦；由第二语，令自尸罗终无穿缺；由第三语，能令他人出不善处，安住善处，因此引摄利益安乐。或有爱语，非谛非法，谓如有一，以美妙言称赞他人非真实德；或有谛语，非爱非法，谓如有一，以染汙心发麤恶言，诃责他人真实过恶；或有法语，亦爱亦谛，谓如有一，善知称赞及与诃责，知可称赞，可诃责已，然不称赞，亦不诃责，唯善方便，为说正法，能令彼人出不善处，安住善处。

复次，今当略辩上所说义[②]，谓薄伽梵此中略示所有善语，若标若释[③]。当知是名此中略义。

信惭戒施法，善人所称赞，

是名趣天道，能往天世间。

此颂所明，谓如有一，于佛所证法毗奈耶获得正信，耻在居家，受持净戒，趣得衣服、饮食、卧具，便生喜足，减除器物，俭约资缘，凡所获得

① 贤圣尝说最善语，底本与《资福藏》《碛砂藏》《普宁藏》《永乐南藏》《径山藏》相同；《房山石经》《赵城金藏》《高丽藏》“辩”作“辨”，下同。

② 若标若释，底本与《房山石经》《资福藏》《碛砂藏》《普宁藏》《永乐南藏》《径山藏》《高丽藏》相同；《赵城金藏》“标”作“摽”。

③ 若标若释，底本与《房山石经》《资福藏》《碛砂藏》《普宁藏》《永乐南藏》《径山藏》《高丽藏》相同；《赵城金藏》“标”作“摽”。

如法利养终无私隐，必与智人同梵行者而共受用。所有正法、初、中、后善，称扬梵行，所谓契经乃至论议，皆能受持，研寻究达，传授他人，广为开阐。彼既成就是诸善法，当知必获三种胜利：一者，诸佛、诸佛弟子真实善人之所称赞；二者，若彼尸罗财施之所摄引福德资粮，法施摄引智慧资粮善圆满者[①]，便得趣入证解脱处清净诸天众同分中；三者，若彼二种资粮犹未圆满，便能令彼速得圆满，身坏已后定生善趣，多往天上乐世界中。

复有差别，谓如有一，于佛所证法毗奈耶获得正信，信恶尸罗当堕恶趣，信悭贪者得贫穷报。如是信已，于现法中恶戒、悭贪深生羞耻。以羞耻故，弃恶尸罗，受清净戒，弃舍悭贪，以无垢心安处居家，广说乃至善行布施。由此因缘，于现法中圣贤所赞，身坏已后，乃至当生善趣天上乐世界中。

复次，今当略辩上所说义，谓薄伽梵此中略示在家、出家二种正行，及正行果所有胜利。当知是名此中略义。

多闻能知法，多闻能远恶，

多闻舍无义，多闻得涅槃。

此颂所明，谓如有一，于依先时正所应作施论、戒论、生天之论无倒教法，恭敬听闻；闻已，遂能了知其义，谓现法中种种恶行，及当恶趣苦无义因诸恶行所，应速远离，及往善趣，舍生恶趣苦无义因。彼由了知如是法义，法随法行，能远苦因，能引乐因。由此因缘，得乐舍苦。

若于增上四圣谛等相应教法，恭敬听闻；闻已，遂能了知其义，谓一切有生死大苦，寂静涅槃。彼由了知如是法义，若根已熟，资粮已满，便能获得如是义识。心清净故，才闻法已，于诸圣谛未现观者，能入现观；已

① 法施摄引智慧资粮善圆满者，底本与《资福藏》《碛砂藏》《普宁藏》《永乐南藏》《径山藏》“资粮”作“资种”，据《房山石经》《赵城金藏》《高丽藏》改。

现观者，便得漏尽。若根未熟，资粮未满，即由如是远离诸恶，依增上戒起增上心，依增上心发增上慧，由此能舍一切苦本烦恼无义，证得涅槃。

复次，今当略辩上所说义，谓薄伽梵此中略示先闻正法，如理思惟；先如理思，法随法行；法随法行为先因故，得胜利果。当知是名此中略义。

智者如空无染汙，不动犹如天帝幢，

如泛清凉盈满池，不乐淤泥生死海。

今此颂中辨阿罗汉苾刍心善解脱，超诸戏论，犹如虚空。何以故？譬如虚空，离诸戏论，净与不净皆不能染。诸阿罗汉亦复如是，一切世法若顺若违皆不能染，所谓利衰乃至苦乐。又诸有学已离欲贪向阿罗汉，于四念住善住其心，修无相心三摩地时如天帝幢，于其一切动发憍举，戏论营为，生愿俱行所有贪爱，不能倾动。又诸有学已离欲贪，得不还果，于上解脱心生欲乐，譬如游泛清冷泉池，于爱味定上分诸结热淤泥中，终不欣乐，由于此中不欣乐故，亦不欣乐生死大海。

复有差别，谓阿罗汉所有饮食、言说、游行，处无相住，有余依苦之所随逐，如其次第，三处应知。复有差别，谓慧解脱诸阿罗汉、有学身证及俱解脱诸阿罗汉，如其次第，三处应知。

复次，今当略辩上所说义，谓薄伽梵此中略示离三界欲，于佛圣旨犹有余依，离欲界贪胜进道摄及不还果。复有差别，谓略显示解脱胜利、等持胜利、智慧胜利。复有差别，谓略显示增上心、慧学所得果，及显增上心、慧二学。

若以色量我，以音声寻我，

欲贪所执持，彼不能知我。

若于内了知，于外不能见，

由内果观察[①]，彼音声所引。

若于内无知，于外而能见，

由外果观察，亦音声所引。

若于内无知，于外不能见，

彼普障愚夫，亦音声所引。

若于内了知，于外亦能见，

英雄出离慧，非音声所引。

此颂所明，谓如有一，体是异生，未断虚妄分别欲贪，观见世尊具三十二大丈夫相，遂便测量：此薄伽梵定是如来、应、正等觉，其所说法，决定微妙，其弟子众，所行必善。彼于后时，近不善人，闻不正法，随逐他论及他音声，信顺于他，他所引摄，他所引故，于佛法僧还生毁谤。如是皆由不如实知如来法身，故致如此。复有异生，由内静虑果天眼通远见世尊，便作是解：此薄伽梵定是如来、应、正等觉，余如前说。复有由外欲界系业果报肉眼，见已测量。当知彼亦随逐他论及他音声，信顺于他，他所引摄。复有异生，于尔所见，都无所有。彼普被障，长时为他音声所引。

若诸贤圣，除断调伏超越欲贪，得圣慧眼。彼由如是圣慧眼故，于内证解如来法身。虽于外见如来色身，或见制多，或图画等，而能了知非第一义应、正等觉。彼由如是于内正知，于外正观，不随他论及他音声，不信顺他，非他所引，于佛法僧决定信受。如是皆由如实了知如来法身，故致如此。

复次，今当略辩上所说义，谓薄伽梵此中略示若唯世俗见如来者，则不决定；若以胜义见如来者，是则决定。当知是名此中略义。

第六增上王，染时染自取，

① 由内果观察，底本与《房山石经》《资福藏》《碛砂藏》《普宁藏》《永乐南藏》《径山藏》《高丽藏》相同；《赵城金藏》“察”作“见”。

于无染不染，染者名愚夫。

今此颂中，第六增上王者，谓心、意、识。若有已渡五暴流，未渡第六意暴流，尔时其心随逐诸定所有爱味，故名染时。复有补特伽罗，于长夜染取为己有，于可爱法执藏不舍，是故说彼为染自取。贪名为染，因贪所生当来世苦亦名为染。若染自取，于所染心不随功用，摄受遮止，修意对治作意故，如是彼心于现法中无有染汙。于无染心，此染自取，当来世中，因彼诸苦亦无有染。若有于彼随作功用，而不摄受，亦不遮止，不修意对治作意故，依此苦因，长夜受苦。于此苦因，不能远离，故名愚夫。

复次，今当略辩上所说义，谓薄伽梵此中略示远离苦因所有胜利，及显苦因能感自苦，是愚夫性。当知是名此中略义。

有城骨为墙[①]，筋肉而塗饰，

其中有贪恚，慢覆所任持。

今此颂中所言城者，谓心、意、识。此城唯以骨充砖石，筋代绳纴[②]，肉当塗漫，为形骸墙周帀围绕[③]。此城中有违害善说法毗奈耶所有善法，四种恶法之所任持：二是在家诸受欲者，谓贪与瞋；二是恶说法毗奈耶中而出家者，谓慢与覆。由著诸欲，希求诸欲，与鄙秽行不相违背，于善说法及毗奈耶尚不信受，况当修善。恃恶说法而生憍慢，不能自然趣佛世尊或弟子所。设佛世尊或佛弟子由悲愍故，自往其所，然彼由覆随烦恼缠染汙其心，尚不如实发露己过，况能信解修诸善法。如是当知，于彼善说法毗奈耶相应善法二种心城皆不能入，何况复能取为己有。

---

① 有城骨为墙，底本与《资福藏》《碛砂藏》《普宁藏》《永乐南藏》《径山藏》相同；《房山石经》《赵城金藏》《高丽藏》“墙”作“墉”。

② 筋代绳纴，底本与《房山石经》《资福藏》《碛砂藏》《普宁藏》《永乐南藏》《径山藏》《高丽藏》相同；《赵城金藏》“纴”作“维”。

③ 为形骸墙周帀围绕，底本与《资福藏》《碛砂藏》《普宁藏》《永乐南藏》《径山藏》相同；《房山石经》《赵城金藏》《高丽藏》“墙”作“墉”。

复次，今当略辩上所说义，谓薄伽梵此中略示在家、出家总由四种杂染因缘，失坏善说法毗奈耶。当知是名此中略义。

如龟藏支于自壳，苾刍善摄意寻思，

无所依止不恼他，证般涅槃无所谤。

此颂所明，谓如有一，依初静虑，舍三恶寻，所谓欲寻、恚寻、害寻。又能弃舍初静虑地诸善寻思，安住无寻无伺定中[1]，如龟藏支于其自壳，略摄寻思亦复如是。无寻无伺定者，应知此上乃至有顶。彼于此定正安住时，不生爱味，出已，成就可爱乐法，调顺柔和，易可共住，不恼有智同梵行者，又为智人同梵行者欣乐共住，又复成就无违诤法。

彼由如是正方便故，于诸圣谛能入现观及得漏尽。彼于诸法，不由他信，获得善净胜智见故，如实了知法真是法，毗奈耶真是毗奈耶。由如是知故，终不依止诸见颠倒，于法谤法，及于非法亦谤非法；终不显示非法为法，法为非法，非毗奈耶为毗奈耶，或毗奈耶为非毗奈耶。

复次，今当略辩上所说义，谓薄伽梵此中略示善说法者四种扰乱断对治道。何等名为四种扰乱？一、染不染寻思扰乱；二、于胜定爱味扰乱；三、互相违诤讼扰乱；四、于正道诽谤扰乱。当知是名此中略义。

等不等而生，牟尼舍有行，

内乐定差别，如俱舍卵生。

此颂所明，谓佛示现住最后有菩萨位时，先所获得三十有二大丈夫相、八十随好，圆满庄严妙色身生，于后证得阿耨多罗三藐三菩提时，其色身生，与前正等；其名身生由胜无漏不相似故，与前不等。又佛示现内寂静乐及沙门乐为依止故，得定自在，如定心力，舍诸寿行及诸有行。彼舍边际妙色身生，与前正等，其名身生，与前不等，故有差别。如因其壳卵

① 安住无寻无伺定中，底本与《房山石经》《资福藏》《碛砂藏》《普宁藏》《永乐南藏》《径山藏》《高丽藏》相同；《赵城金藏》“定”作“之”。

生鸡等，依卵而生，即此生已，渐渐增长，种类相似，破壳而出。如是如来色身、名身差别道理[①]，当知亦尔。此中差别，谓佛世尊若不弃舍诸寿行者，应满寿量，方般涅槃；定力所持，舍寿行故，不满寿量，而般涅槃。

复次，今当略辩上所说义，谓薄伽梵此中略示舍诸寿行，色身、名身二种差别，及显弃舍所依因缘。当知是名此中略义。

无淤泥等欲，无魑魅等瞋，

无罗网等痴，无江河等爱。

此颂所明，谓有四种能为世俗不自在法，世间现见能令有情不自在转：一者，陷溺淤泥；二者，鬼魅所著；三者，入于罗网；四者，堕驶流河，随流漂溺[②]。

复有四种能为真实不自在法，能令有情不自在转，当知亦尔。何等为四？谓如有一，生长欲界，陷溺不净腥臊生臭诸欲淤泥；不能自在引发守护增长善法。又如有一，弃舍诸欲，于善说法毗奈耶中而得出家，心怀忿怒，性多恶言，由忿所持，不得自在，不数学处，动生违越，于诸智者同梵行所，屡以麤言击刺诃摈，侵恼毁辱。又如有一，弃舍诸欲，于恶说法毗奈耶中而得出家，入诸恶魔大痴见网。彼既入已，流转生死，不得自在。又如有一，生长上分诸离欲地，于诸爱结未能永断[③]，亦未遍知，不得自在，还生下界，顺流而住，难可出离。

复次，今当略辩上所说义，谓薄伽梵此中略示诸界诸品愚夫缠缚。

复有差别，谓如有一，陷欲淤泥，不能自在于善说法毗奈耶中清净出

① 名身差别道理，底本与《资福藏》《碛砂藏》《赵城金藏》《普宁藏》《永乐南藏》《径山藏》《高丽藏》相同；《房山石经》“身”作“色”。

② 随流漂溺，底本与《资福藏》《碛砂藏》《赵城金藏》《普宁藏》《永乐南藏》《径山藏》《高丽藏》相同；《房山石经》“漂”作“澳”。

③ 于诸爱结未能永断，底本与《房山石经》《资福藏》《碛砂藏》《普宁藏》《永乐南藏》《径山藏》《高丽藏》相同；《赵城金藏》无“能”字。

家。又如有一，为性忿怒，忿怒所蔽，愤恚缠心，尚于自身或害或损，何况于他。又如有一，成就痴品诸恶邪见，谓无父母，毁谤父母，于父母所反希敬养，况自能为。又如有一，广集诸欲，贪爱所漂，不得自在，尚不欲自食，况能惠于他[①]。如是四法，当知能障诸聪慧者四应知法，谓善说法毗奈耶中清净出家，远离恚害，敬事父母，乐行惠施[②]。

虚空无鸟迹，外道无沙门，
愚夫乐戏论，如来则无有。

此颂所明，谓有众生希乐胜欲，欲求所摄；又有众生希乐胜身，有求所摄；又有众生希乐沙门及婆罗门所有解脱，梵行求摄。此中欲求，有求摄者，谓我因少分布施、少分持戒，当得往生善趣天上乐世界中，以妙五欲而自赏纳，欢娱游戏。彼既修习如是愿已，得最胜欲及最胜身。譬如众鸟翱翔虚空，遍虚空中无安足处，如是众生于其所得无常诸欲及身分中都无安住，当知亦尔。若乐沙门及婆罗门所有解脱，梵行求摄，复有二种，或依善说法，或依恶说法。依恶说法诸外道辈，并无沙门；依善说法邪梵行求所摄受者，亦无沙门；正梵行求所摄受者，得有沙门。

又此一切，三门所摄，或欲求门，或有求门，或梵行求门，如是皆名乐著戏论。当知如来弃舍一切所有希求，故无戏论；即以此义，类知如来诸弟子众正梵行求所摄受者，亦无戏论。

复次，今当略辩上所说义，谓薄伽梵此中略示离善说法及毗奈耶勤精进者，皆空无益。当知是名此中略义。

① 乐行惠施，底本与《资福藏》《碛砂藏》《普宁藏》《永乐南藏》《径山藏》相同；《房山石经》《赵城金藏》《高丽藏》“惠”作“慧”。

② 况能惠于他，底本与《房山石经》《资福藏》《碛砂藏》《普宁藏》《永乐南藏》《径山藏》《高丽藏》相同；《赵城金藏》“于”作“施”。

住戏论皆无，踰墙堑离处[①]，

牟尼游世间，天人不能识。

此颂所明，谓阿罗汉苾刍永离贪爱，由四种相于恶魔怨——一切愚夫所系属主—解脱自在，随意游行空闲聚落。有诸愚夫遇见如是真阿罗汉，于最究竟自在游行不如实知，便于二处妄生轻毁：云何此善男子弃舍自属养命珍财，乃求属他资生众具？何故弃舍生天方便，苦勤精进，求有断灭？是诸愚夫见生天上有胜功德，见处居家有多财产，故于牟尼妄生轻忽。彼所事天，于此牟尼广大功德尚不能了，况能事者而能识知。

云何离爱诸阿罗汉，由四种相于恶魔怨——一切愚夫所系属主—解脱自在？谓诸愚夫由四识住，为魔怨主之所驱役，令生死中往还五趣，非阿罗汉；又诸愚夫如由重过，为魔怨主之所驱役，谓或增益、或复损减诸恶见故，发起种种执刀杖等恶不善法，堕诸戏论，生诸恶趣，令造种种诸恶业缘，非阿罗汉；又诸愚夫如由中过，为魔怨主之所驱役，令处欲爱系缚垣墙，不能出离欲界生苦，非阿罗汉；又诸愚夫如由轻过，为魔怨主之所驱役，令生色界及无色界，无明深堑周帀围绕，闭在生死众苦牢狱，于生等苦不得出离[②]，非阿罗汉。

复次，今当略辩上所说义，谓薄伽梵此中略示一切愚夫羞不应羞，应羞不羞，于不应怖而生怖见，于应怖中生无怖见。当知是名此中略义。

若有熏除诸寻思，于内无余离分别，

超过礙著诸色想，四轭蠲除不往生。

此颂所明，谓如有一，已入有学位，未离欲界欲，依初静虑，熏除欲

① 踰墙堑离处，底本与《资福藏》《碛砂藏》《普宁藏》《永乐南藏》《径山藏》相同；《房山石经》《赵城金藏》《高丽藏》“处”作“爱”。

② 于生等苦不得出离，底本与《资福藏》《碛砂藏》《赵城金藏》《普宁藏》《永乐南藏》《径山藏》《高丽藏》相同；《房山石经》“苦”作“若”。

界诸恶寻思；依第二静虑内等清净、心一趣性，初静虑地所有分别无余永离，无复分别；依第三静虑，超过第二静虑地诸喜礙著；依第四静虑超，过第三静虑地诸乐礙著；依无色定，超过一切所有色想。如是渐次，用依诸定[①]，乃至有顶若定若生，蠲除四轭。何等为四？一、蠲除染汙寻思轭；二、蠲除不染汙寻思轭；三、蠲除喜乐系缚轭；四、蠲除一切色想轭。由此因缘，于诸下地不复往生。当知异生虽到有顶若定若生，犹为四轭所系缚故，于诸下地还复往生。

复次，今当略辩上所说义，谓薄伽梵此中略示到有边际有学、异生二种差别。当知是名此中略义。

惠施令福增，防非灭怨害，

修善舍诸恶，惑尽得涅槃。

此颂所明，谓如有一，于佛所证法毗奈耶获得正信，虽处居家，而心远离慳垢缠缚，受持七种依福业事。由此因缘，若行若住，广说如经，乃至生长如是福德。若有复能于善说法毗奈耶中清净出家，既出家已，具足忍力，为护尸罗，虽遭他骂侵恼诃责，或以身手、瓦砾、刀杖驱击伤害[②]，恐坏尸罗，当为障礙，心无恶念，不出恶言，唯缘彼境，与慈俱心，于一切方遍满而住。由此因缘，于现法中自他相续所有怨害，并皆止息，当生无恼乐世界中，无多怨敌，为世欣仰，众所乐见。如是善修正方便已，依增上戒起增上心，依增上心发增上慧。当于圣谛入现观时，则能永舍趣恶趣业及诸恶趣。又修如先所得道故，渐次永除所有诸结，于有余依涅槃界中而般涅槃，如是后时于无余依涅槃界中复般涅槃。

① 用依诸定，底本与《径山藏》相同；《房山石经》《资福藏》《碛砂藏》《赵城金藏》《普宁藏》《永乐南藏》《高丽藏》“用”作“因”。

② 刀杖驱击伤害，底本与《资福藏》《碛砂藏》《普宁藏》《永乐南藏》《径山藏》相同；《房山石经》《赵城金藏》《高丽藏》“驱”作“欧”。

复次，今当略辩上所说义，谓薄伽梵此中略示得净信者四种正行：一、感财富行；二、感善趣行；三、离恶趣苦清净修行；四、离一切苦清净修行。当知是名此中略义。

诸恶者莫作，诸善者奉行，
自调伏其心，是诸佛圣教。

此颂所明，谓如有一，于佛所证法毗奈耶获得正信，于一切种、一切因缘、一切处所所有恶行，皆能断灭；于善说法毗奈耶中，能善受学尸罗律仪。彼由三相，奉行诸善[①]，谓善住尸罗，守别解脱清净律仪乃至受学所有学处；依增上戒学，发增上心学；依增上心，学发增上慧学。彼由此故，于所知境如实知见。如是具足诸善法已，复由三相调伏自心，谓如实知，故能起厌患；由厌患故，能得离染；由离染故，能得解脱。

复次，今当略辩上所说义，谓薄伽梵此中略示三学学果，显自圣教不与他共。当知是名此中略义。

难调伏轻躁，沦坠于诸欲，
善调伏其心，心调引安乐。

此颂所明，谓宣说心若意若识，长夜爱乐愦闹杂处，于愦闹处难得远离，难可调伏。虽强安处无间修习诸善法中，而不一向能住离贪、离瞋、离痴，亦不一向能住策举、无掉、寂静，然复疾病还生有贪[②]、有瞋、有痴、下劣、掉举及不寂静。虽强安处内寂止中，长夜爱乐色、声、香、味、触故，于五欲境驰趣沦没。

诸圣弟子于如是等，乐著杂染能生苦心，终不纵其令自在转，亦不随

① 奉行诸善，底本与《房山石经》《资福藏》《碛砂藏》《赵城金藏》《普宁藏》《永乐南藏》《径山藏》相同；《高丽藏》“诸”作“众”。

② 然复疾病还生有贪，底本与《永乐南藏》《径山藏》相同；《房山石经》《资福藏》《碛砂藏》《赵城金藏》《普宁藏》《高丽藏》“病”作“疾”。

顺，数数思择，成办远离，恒修善法心一境性。彼由如是正定心故，能如实知；如实知故，能起厌患；由厌患故。能得离染；由离染故，能得解脱。彼既如是善调伏心，尽苦因故，于现法中得安乐住，当来众苦亦得永尽。

复次，今当略辩上所说义，谓薄伽梵此中略示能不随顺长夜流转左道之心，及不随顺所得胜利。当知是名此中略义。

于心相善知，能餐远离味，

静虑常委念，受无染喜乐。

此颂所明，谓如有一，有学见迹，能善了知止、举、舍相，由此因缘得四功德，谓心住一缘，远离麤重，能善受用身心安乐，是初功德；又净定心尽所修故，如所修故，能正审虑诸染道理[①]，获得内法毗钵舍那，是第二功德；彼由如是清净止观为依止故，于所修习菩提分法，勇猛无间，能常修习，能委修习，无懈无惮，是第三功德；彼由如是无懈惮心，获得第一正念、正知心善解脱，又能受用解脱喜乐及无染乐，于现法中得安乐住，是第四功德。

复次，今当略辩上所说义，谓薄伽梵此中略示于相善巧四种功德，谓奢摩他所作、毗钵舍那所作、无懈惮所作、到究竟所作。当知是名此中略义。

无工巧活轻自己，乐胜诸根尽解脱，

无家无所无希望，断欲独行真苾刍。

此颂所明，谓成就五支、永断五支，当知得名真实苾刍。何等为五？谓不依止矫设方便邪活命法，亦不恃赖有势之家，亦不修治名称族望，亦不许受诸佛所说、圣弟子说，犹如依止工巧处所，非法希求衣服饮食，是名初支。又复减省器物众具，善弃珍财，衣仅蔽身，食才充腹，知足欢喜，凡所游行必持衣钵，是第二支。又希慕沙门爱乐沙门，希慕学处，爱乐

① 能正审虑诸染道理，底本与《碛砂藏》《普宁藏》《永乐南藏》《径山藏》相同；《房山石经》《资福藏》《赵城金藏》《高丽藏》“染”作“法”。

学处，命难因缘尚不违越所学禁戒，何况少小利养因缘，是第三支。又彼如是正修方便，净命喜足，爱乐学处，于诸圣谛未现观者能入现观，得清净见，或时失念，蹔尔发生恶不善寻，引起贪欲、瞋恚、愚痴、迟缓忘念，速复除遣，是第四支。又彼修习如先得道[1]，于诸结缚一切随眠随烦恼缠，心得解脱，是第五支。如是名为成就五支。

云何复名永断五支？谓阿罗汉苾刍于五处所不复能犯，所谓不能舍所学处而复退还；又复不能有所贮积执为己有而受用之，亦不受用诸欲境界；又复不能为财为命知而妄语；又复不能弃舍诸欲行不与取；亦不复能永离贪欲，独住独行，而更习近非梵行法，两两交会。或计自作而招苦乐，或计他作，或自他作，或非自作，亦非他作，不由因生而招苦乐。如是名为五支永断。

心远行独行，无身寐于窟，

能调伏难伏，我说婆罗门。

今此颂中所言心者，亦名为意，亦名为识。此于过去一切愚夫无量差别自体展转及因展转，虽无作者，而流生死；前际叵知，故名远行。此于现在一一而转，第二伴心所远离故，一切种心不顿转故，名为独行。又此现在随其自体初起现前，或由贪性，或由瞋性，或由痴性，或由一一所余烦恼、随烦恼性，即彼自体不毕竟转。如五色根，或同或异，或劣或胜，随其自体初起现前，即此自体毕竟而转。心不如是。何以故？心经彼彼日、夜、刹那、腊缚等位，非一众多种种品类，异生时生，异灭时灭。由心自性染汙之体不成实故，名为无身。此未来世居四识住而有随眠，可于后生有往来义，名寐于窟。若有聪慧，由此四相，能于过、现、未来世心如实了知，修厌离灭及心解脱，彼能超度诸萨迦耶，到于彼岸，安住陆地，

① 又彼修习如先得道，底本与《房山石经》《赵城金藏》《径山藏》《高丽藏》相同；《资福藏》《碛砂藏》《普宁藏》《永乐南藏》“习”作“集”。

名婆罗门。

复次，今当略辩上所说义，谓薄伽梵此中略示心于过去，长时染汙，无作者性；于现在世，性是刹那，自性清净；于未来世，由有放逸、不放逸故，染汙清净。当知是名此中略义。

谁能覆世间？谁能令不显？
谁复能涂染？谁为大怖畏？
无明覆世间，放逸令不显，
戏论能涂染，苦为大怖畏。
诸流处处漏，是漏谁能止，
当说谁防护？众流谁所堰？
世间诸流漏，是漏念能止，
我说能防护，由慧故能堰。
念慧与名色，今问是一切，
何当永灭尽？唯愿为我说！
念慧与名色，我说是一切，
若诸识永灭，于斯永灭尽。
云何念所行，诸识当永灭？
今请垂方便，为释令无疑。
于内外诸受，都不生欣乐，
如是念所行，诸识当永灭。
若诸善说法，及有学异类，
彼常委能趣，请大仙为说。
不躭著诸欲，其心无浊染，
于诸法巧念，是苾刍能趣。

此是《波罗延》中，因阿氏多所请问颂。言世间者，略有三种：一、欲世间；二、色世间；三、无色世间。今此义中，意辨出家、在家二种世间。出家世间复有二种：一、恶说法；二、善说法。恶说法者，无明所覆。善说法者，由有明故，应可显了；由放逸故，令不显了。

若诸在家异类白衣，为诸戏论之所塗染。当知戏论略有三种，谓三种言事，名为戏论；于四种言说，有所宣谈，亦名戏论；能发语言所有寻伺，亦名戏论。若于过去、未来、现在三种言事，依四言说，发起异类分别思惟，或违或顺，是名塗染。若前戏论，若后塗染，诸在家者多分可得，是故说彼为诸论戏之所塗染①。

此中，恶说法者，无明所覆；善说法者，放逸不显；诸在家者，戏论塗染。彼于现法苦因转时，于此苦因不能如实知是苦因，于此苦因爱乐而住，由此因缘，生当来苦，即说此苦名大怖畏。又恶说法者，由无明门，从六处流漏泄众苦；诸在家者，由戏论门，从六处流漏泄众苦；善说法者，由放逸门，从六处流漏泄众苦。如是无明、放逸、戏论诸门流漏，由闻他音内正作意，于诸行中了知过患，此相应念逆流而转，故能遮止。如是方便，名伏对治。若出世间正见所摄诸无漏慧，于三种流皆能偃塞。如是方便，名断对治。于此流漏，若伏若永，二种对治皆能断故，俱名防护。又恶说法者及在家者，一向堕于染汙品摄。若善说法毗奈耶中②，二种可得：诸纵逸者，堕杂染品，非显了摄；不纵逸者，堕清净品，显了所摄。又若已显了，若应显了，当知二种皆无放逸。

诸阿罗汉斯已显了，于不放逸，无更须作不放逸事。于四念住，若念若慧，已善修故，已善证得清净识故，唯有决定。于无余依涅槃界中，善清

① 是故说彼为诸论戏之所塗染，底本与《资福藏》《碛砂藏》《普宁藏》《永乐南藏》《径山藏》相同；《房山石经》《赵城金藏》《高丽藏》“论戏”作“戏论”。

② 若善说法毗奈耶中，底本与《房山石经》《资福藏》《碛砂藏》《普宁藏》《永乐南藏》《径山藏》《高丽藏》相同；《赵城金藏》“若”作“一若”。

净识当永灭故，若念若慧，亦随永灭，余依所摄，先业所引一切名色亦随灭尽。乃至彼法未永灭，来于六恒住常善安住，于离欲地所有内受，及于诸欲相应外受，不生欣乐。如是名为诸阿罗汉正念现行，乃至寿尽，识方永灭。

若诸有学斯应显了，于不放逸，应更须作不放逸事。彼复二种于不放逸不放逸事，谓常所作、委悉所作、有学异类。若诸有学极七反有，或复家家、一来果等，及于现法堪般涅槃，于下分结及上分结心无染汙，为断彼故，修习对治。又于诸欲不躭著故，诸下分结不能染汙；心无浊故，诸上分结不能染汙。又于一切有苦法中，如实知集乃至出离，于四念住，善住其心，修习如先所得圣道，能趣究竟。如是修习对治道故，彼于一切不放逸中诸所应作不放逸事，皆得究竟。

复次，今当略辩上所说义，谓薄伽梵此中略示诸在家者及于外法而出家者，决定杂染[①]；及显于善说法毗奈耶中而出家者，若行放逸，堕染汙品；若不放逸，堕清净品。当知是名此中略义。

于诸欲希求[②]，或所期果遂，
得已心定喜，至死而保爱。
诸乐欲众生，若退失诸欲，
其色便变坏，如毒箭所中。
若远离诸欲，犹如毒蛇首，
彼于爱世间，正念能超度。
田事与金银，牛马珠环钏，

① 决定杂染，底本与《房山石经》《资福藏》《碛砂藏》《普宁藏》《永乐南藏》《径山藏》《高丽藏》相同；《赵城金藏》“杂”作“离”。

② 于诸欲希求，底本与《资福藏》《碛砂藏》《普宁藏》《永乐南藏》《径山藏》相同；《房山石经》《赵城金藏》《高丽藏》“希”作“悕”，下同。

女仆增诸欲，是人所躭乐。
攀缘沉下劣，变坏生诸漏，
从此集众苦，如船破水溢。
若永绝诸欲，如断多罗顶，
弃舍诸愁忧，犹莲华水滴。

此是义品中依诸欲颂。谓如有一，希求未来所有诸欲，为获得故发勤方便，得已，现前躭著受用。如是希求及正受用所得诸欲，由此因缘，生喜生乐，如是总名诸欲爱味。又彼希求及正受用所有诸欲，于其所得所受用事，若退失时，随彼诸欲，恋著爱味，爱箭入心，如中毒箭，受大忧苦，或致殒没[①]。如是名为诸欲过患。

又复毒蛇，譬诸欲境。毒蛇首者，譬诸欲中所有爱味。若诸愚夫爱味诸欲贪著受用，如蛇所螫。若有多闻诸圣弟子，远离诸欲所有爱味，如毒蛇首，终不爱染而受用之，广说乃至不生躭著。彼于诸色所有贪爱，乃至于触所有贪爱，皆能调伏，断灭超度。如是名为诸欲出离。

又诸欲自性略有二种：一者，事欲；二[②]、烦恼欲。事欲有二：一者，谷，彼所依处，谓田事；二者，财，彼所依处，谓金银等事。何以故？诸求谷者必求田事，诸求财者必求金银等事。求金银等复有二种：一者，事王；二者，商贾。求谷求田，方便须牛；求财事王，方便须马。求财商贾所有方便，若金银等共相应者，谓诸宝珠；金银异类不相应者，谓环钏等。此举最胜。若买卖言说事务，当知亦尔。积集如是财谷事已，受用戏乐所有助伴，谓诸女色；若未积集，招集守护及息利中所有助伴，谓诸僮仆。如是财

① 或致殒没，底本与《资福藏》《碛砂藏》《普宁藏》《永乐南藏》《径山藏》相同；《房山石经》《赵城金藏》《高丽藏》“没”作“殁”。

② 二，底本与《资福藏》《碛砂藏》《普宁藏》《永乐南藏》《径山藏》相同；《房山石经》《赵城金藏》《高丽藏》作“二者”。

谷积集广大，于此处所躭乐不舍，如是一切，皆名事欲。烦恼欲者，谓于事欲随逐爱味，依躭著识，发生种种妄分别贪。

又于事欲，由烦恼欲，令心沉没，成下劣性。若彼事欲变坏散失，便生诸漏，愁叹、忧悲种种苦恼缠绕其心。彼由如是，于现法中诸漏蔽伏无有对治，犹如船破，水渐盈溢，招集当来生老病等种种苦恼。若于诸欲已得出离，便能永绝随欲爱味发起贪著诸染汙识，犹如断截多罗树顶不复生长。又彼事欲可爱、可乐乃至可意，若变坏时于清净识诸忧愁等一切苦恼皆不得住，如莲华叶水滴不著。

复次，今当略辩上所说义，谓薄伽梵此中略示诸欲爱味、过患，出离三种自性。又显爱味能为过患，及彼出离所有功德。当知是名此中略义。

于过去无恋，不求希未来，

现在诸法中，处处遍观察。

智者所增长，无夺亦无动。

此是造贤善颂。谓如有一，于佛所证法毗奈耶获得净信，以正信心弃舍家法，趣于非家，由五种相修行梵行，令善清净。谓能舍离居家诸行，无所顾恋，亦不缘彼，心生追恋[①]，还起染著，是名初相。又于现法利养恭敬未来种类所有诸行，不生希望，亦不愿求当来人天所有诸行，修行梵行，是第二相。又于现在五取蕴摄色等诸法及彼安立，能正观察。又于现法及当来世诸身恶行及恶果报，谓我于身不应发起所有恶行，广说如经，乃至应断身诸恶行，修身善行。语、意善行，当知亦尔。又于色等诸蕴，能随观察去、来、今世皆是无常，无常故苦，苦故无我。由无我故，于彼一切不执我所，乃至于彼不执为我。如是如实正慧观察，是第三相。又依初法毗钵舍那诸根成熟，福德、智慧二种资粮于当来世通达增长，非诸王等所能劫

① 心生追恋，底本与《资福藏》《碛砂藏》《赵城金藏》《普宁藏》《永乐南藏》《径山藏》《高丽藏》相同；《房山石经》“恋”作“变”。

夺，是第四相。又依第二法毗钵舍那，于现法中涅槃功德能善增长，非诸烦恼及随烦恼所能倾动，是第五相。由此五相，修行梵行，令善清净。若依如是，一日一夜亦为贤善，第一贤善，当知超度此余一切所有梵行。

复次，今当略辩上所说义，谓薄伽梵此中略示于善说法毗奈耶中所修梵行，于一切相皆善清净，不与他共。当知是名此中略义。嗢柁南曰[①]：

恶说贪流怖，类与池流贪，

作劬劳得义，论议十四种。

① 嗢柁南曰，底本与《资福藏》《碛砂藏》《普宁藏》《永乐南藏》《径山藏》相同；《房山石经》《赵城金藏》《高丽藏》“柁”作“拕”。

瑜伽师地论卷第二十

本地分中修所成地第十二

已说思所成地。云何修所成地？谓略由四处，当知普摄修所成地。何等四处？一者，修处所；二者，修因缘；三者，修瑜伽；四者，修果。如是四处七支所摄。何等为七？一、生圆满；二、闻正法圆满；三、涅槃为上首；四、能熟解脱慧之成熟；五、修习对治；六、世间一切种清净；七、出世间一切种清净。如此四处七支所摄普圣教义，广说应知依善说法毗奈耶中，一切学处皆得圆满。

云何生圆满？当知略有十种，谓依内有五，依外有五，总依内外合有十种。

云何生圆满中依内有五？谓众同分圆满、处所圆满、依止圆满、无业障圆满、无信解障圆满。众同分圆满者，谓如有一，生在人中，得丈夫身，男根成就。处所圆满者，谓如有一，生在人中，又处中国，不生边地，谓于是处有四众行，谓苾刍、苾刍尼、近事男、近事女；不生达须篾戾车中，谓于是处无四众行，亦无贤圣、正至、正行诸善丈夫。依止圆满者，谓如有一，生处中国，不缺眼、耳随一支分，性不顽嚚，亦不瘖痖，堪能解了善说、恶说所有法义。无业障圆满者，谓如有一，依止圆满，于五无间随一业障，不自造作，不教他作；若有作此，于现身中必非证得贤圣法器。无信解障圆满者，谓如有一，必不成就五无间业，不于恶处而生信解，不于恶处发清净心，谓于种种邪天处所及于种种外道处所。由彼前生于佛圣教善说法处，修习净信，长时相续，由此因缘，于今生中，唯于圣处发生信解，起清净心。

云何生圆满中依外有五？谓大师圆满、世俗正法施设圆满、胜义正法随转圆满、正行不灭圆满、随顺资缘圆满。大师圆满者，谓即彼补特伽罗具内五种生圆满已，复得值遇大师出世，所谓如来、应、正等觉、一切知者、一切见者，于一切境得无障碍。世俗正法施设圆满者，谓即彼补特伽罗值佛出世，又广开示善不善法、有罪无罪，广说乃至诸缘生法及广分别，谓契经、应颂、记莂[①]、讽诵、自说、缘起、譬喻、本事、本生、方广、希法及与论议。胜义正法随转圆满者，谓即大师善为开示俗正法已，诸弟子众依此正法，复得他人为说随顺教诫、教授、修三十七菩提分法得沙门果，于沙门果证得圆满，又能证得展转胜上增长广大所有功德。正行不灭圆满者，谓佛世尊虽般涅槃，而俗正法犹住未灭，胜义正法未隐未断。随顺资缘圆满者，谓即四种受用正法因缘现前，受用正法，诸有正信长者、居士、婆罗门等，知彼受用正法而转，恐乏资缘，退失如是所受正法，是故殷勤奉施种种衣服、饮食、诸坐卧具、病缘医药供身什物。

如是十种，名依内外生圆满。即此十种生圆满，名修瑜伽处所。由此所依所建立处为依止故，证得如来诸弟子众所有圣法。如是圣法，略有二种：一、有学法；二、无学法。今此义中，意取无学所有圣法，谓无学正见，广说乃至无学正智。何以故？由诸有学虽有圣法，而相续中非圣烦恼之所随逐，现可得故。如是初支生圆满，广圣教义有此十种，除此更无余生圆满，若过若增。

云何闻正法圆满？谓若正说法，若正闻法，二种总名闻正法圆满。又正说法略有二种，所谓随顺及无染汙。广说当知有二十种。如“菩萨地”

① 记莂，底本与《碛砂藏》《永乐南藏》《径山藏》相同；《房山石经》《资福藏》《普宁藏》《高丽藏》作“记别”。

当说。又正闻法略有四种：一、远离㤭傲；二、远离轻慢[①]；三、远离怯弱；四、远离散乱。远离如是四种过失而听法者，名正闻法。当知广说有十六种。亦如“菩萨地”中当说。

云何涅槃为上首？谓如来弟子依生圆满转时，如先所说相而听闻正法，唯以涅槃而为上首，唯求涅槃，唯缘涅槃，而听闻法，不为引他令信于己，不为利养、恭敬、称誉。又缘涅槃而听法者，有十法转，涅槃为首，谓依止有余依涅槃界及无余依涅槃界。当知依止有余依涅槃界，有九法转，涅槃为首；依止无余依涅槃界，有一法转，涅槃为首。谓以闻所成慧为因，于道道果涅槃起三种信解：一、信实有性；二、信有功德；三、信己有能，乐方便[②]。如是信解生已，为欲成办思所成智，身心远离愦闹而住，远离障盖诸恶寻思；依止此故，便能趣入善决定义思所成智；依止此故，又能趣入无间、殷重二修方便；由此次第，乃至证得修所成智；依止此故，见生死过失，发起胜解，见涅槃功德，发起胜解；由串修故，入谛现观，先得见道有学解脱；已得见迹，于上修道，由数习故，更复证得无学解脱；由证此故，解脱圆满，即此解脱圆满，名有余依涅槃界，即此涅槃以为上首，令前九法次第修习，而得圆满。当知即此解脱圆满，以无余依涅槃界而为上首。

如是涅槃为首，听闻正法，当知获得五种胜利。何等为五？谓听闻法时，饶益自、他；修正行时，饶益自、他；及能证得众苦边际。若说法师为此义故宣说正法，其听法者即以此意而听正法，是故此时名饶益他。又以善心听闻正法，便能领受所说法义甚深上味，因此证得广大欢喜，又能引

① 远离轻慢，底本与《碛砂藏》《永乐南藏》《径山藏》相同；《房山石经》《资福藏》《普宁藏》《高丽藏》“轻慢”作“轻慢”。

② 乐方便，底本与《资福藏》《碛砂藏》《普宁藏》《永乐南藏》《径山藏》相同；《房山石经》《高丽藏》“乐”作“得乐”。

发出离善根，是故此时能自饶益。若有正修法随法行大师，为欲建立正法，方便示现成正等觉，云何令彼正修行转？故彼修习正法行时，即是法尔供养大师，是故说此名饶益他。因此正行，堪能证得寂静清凉，唯有余依涅槃之界，是故说此能自饶益。若无余依涅槃界中般涅槃时，名为证得众苦边际。是名涅槃以为上首，听闻正法，所得胜利。如是名为涅槃为首所有广义，除此更无若过若增。

云何能熟解脱慧之成熟？谓毗钵舍那支成熟故，亦名慧成熟；奢摩他支成熟故，亦名慧成熟。所以者何？定心中慧，于所知境清净转故。又毗钵舍那支，最初必用善友为依；奢摩他支，尸罗圆满之所摄受。又依善友之所摄受，于所知境真实性中有觉了欲；依尸罗圆满之所摄受，于增上尸罗毁犯净戒现行非法坏轨范中，若诸有智同梵行者，由见闻疑，或举其罪，或令忆念，或令随学，于尔所时，堪忍讥论。又依所知真实觉了欲故，爱乐听闻；初乐闻故[1]，便发请问；依请问故，闻昔未闻甚深法义；数数听闻，无间断故，于彼法义转得明净[2]，又能除遣先所生疑；如是觉慧转明净故，于诸世间所有盛事，能见过患，深心厌离；如是厌心善作意故，于彼一切世间盛事不生愿乐；彼由如是于诸世间增上生道无愿心故，为欲断除诸恶趣法，心生正愿；又为修习能对治彼所有善法[3]，修习一切烦恼对治所有善法[4]，为欲证得彼对治果，亦为自心得清净故，心生正愿。如是十种能熟解脱慧成熟法。如先所说，渐次能令解脱圆满。

---

① 初乐闻故，底本与《资福藏》《碛砂藏》《普宁藏》《永乐南藏》《径山藏》相同；《房山石经》《高丽藏》“初”作“依”。

② 于彼法义转得明净，底本与《资福藏》《碛砂藏》《普宁藏》《永乐南藏》《径山藏》《高丽藏》相同；《房山石经》“彼”作“法”。

③ 又为修习能对治彼所有善法，底本与《径山藏》相同；《房山石经》《资福藏》《碛砂藏》《普宁藏》《永乐南藏》《高丽藏》“习”作“集”。

④ 修习一切烦恼对治所有善法，底本与《径山藏》相同；《房山石经》《资福藏》《碛砂藏》《普宁藏》《永乐南藏》《高丽藏》“习”作“集”。

又随次第，已说三支，谓闻正法圆满，涅槃为上首，能熟解脱慧之成熟。如是三支，广圣教义，谓十种[1]，除此更无若过若增。又此三支，当知即是修瑜伽因缘。何以故？由依此次第，此因此缘，修习瑜伽方得成满，谓依闻正法圆满，涅槃为上首，能熟解脱慧成熟故。

云何修习对治？当知略说，于三位中有十种修习瑜伽所对治法。云何三位？一、在家位；二、出家位；三、远离闲居修瑜伽位。云何十种修习瑜伽所对治法？谓在家位中，于诸妻室有婬欲相应贪；于余亲属及诸财宝，有受用相应爱。如是名为处在家位所对治法。由此障碍，于一切种不能出离。设得出家，由此寻思之所扰动，为障碍故，不生喜乐。如是二种所对治法，随其次第，修不净想，修无常想，当知是彼修习对治。

又出家者于出家位中，时时略有四种所作：一、常方便修善法所作，谓我于诸法常方便修为依止故，当能制伏随爱味乐一切心识，又能如实觉了苦性；二、于无戏论涅槃信解爱乐所作，谓我当于无戏论涅槃，心无退转，不生忧虑，谓我我今者，何所在耶；三、于时时中游行聚落乞食所作，谓我乞食受用为因，身得久住，有力调适，常能方便修诸善法；四、于远离处安住所作，谓若爱乐与诸在家又出家众杂居住者[2]，便有种种世间相应见闻受用诸散乱事，勿我于彼正观观察心一境位[3]，当作障碍。

于四种所作事中[4]，当知有四所对治法：于初所作，有嬾堕懈怠；于第二所作，有萨迦耶见；于第三所作，有爱味贪；于第四所作，有世间种种乐

① 谓十种，底本与《资福藏》《碛砂藏》《普宁藏》《永乐南藏》《径山藏》相同；《房山石经》《高丽藏》“十”作“十十”。

② 谓若爱乐与诸在家又出家众杂居住者，底本与《碛砂藏》《普宁藏》《永乐南藏》《径山藏》相同；《房山石经》《资福藏》《高丽藏》“又”作“及”。

③ 勿我于彼正观观察心一境位，底本与《资福藏》《碛砂藏》《普宁藏》《永乐南藏》《径山藏》相同；《房山石经》《赵城金藏》《高丽藏》“观观”作“审观”。

④ 于四种所作事中，底本与《资福藏》《碛砂藏》《普宁藏》《永乐南藏》《径山藏》相同；《房山石经》《赵城金藏》《高丽藏》“四”作“此四”。

欲贪爱。如是四种所对治法，如其次第，亦有四种修习对治：一、于无常修习苦想；二、于众苦修无我想；三、于饮食修厌逆想；四、于一切世间修不可乐想。

又于远离闲居方便作意位中，当知略有四种所治。何等为四？一、于奢摩他、毗钵舍那品有阖昧心；二、于诸定有随爱味；三、于生有随动相心；四、推后后日，顾待余时，随不死寻，不能炽然勤修方便。如是四种所对治法，当知亦有四种修习对治：一、修光明想；二、修离欲想；三、修灭想；四、修死想。

又不净想略有二种：一、思择力摄；二、修习力摄。思择力摄不净想中，当知五法为所对治。何等为五？一、亲近母邑；二、处显失念；三、居隐放逸；四、通处隐显由串习力；五、虽勤方便修习不净，而作意错乱，谓不观不净，随净相转，如是名为作意错乱。修习力摄不净想中，当知七法为所对治。何等为七？谓本所作事心散乱性；本所作事趣作用性；方便作意不善巧性，由不恭敬勤请问故；又由不能守根门故，虽处空闲，犹有种种染汙寻思扰乱其心；又于饮食不知量故，身不调适；又为寻思所扰乱故，不乐远离内心寂静奢摩他定；又由彼身不调适故，不能善修毗钵舍那，不能如实观察诸法。如是一切所对治法，当知总说一门十二，一门十四。又即如是所对治法，能治白法还有尔所，于修二种不净想中，当知多有所作。

又于无常所修苦想，略有六种所对治法。何等为六：一、于未生善法最初应生，而有嬾堕；二、于已生善法，应住不忘，修习圆满，倍令增广，所有懈怠；三、于恭敬师长，往请问中，不恒相续；四、于恒修善法，常随师转，远离净信；五、由远离净信，不能常修；六、于内放逸，由放逸故，于常修习诸善法中，不恒随转。如是六种所对治法，还有六法能为对治，多有所作，与此相违，应知其相。

又光明想，缘多光明以为境界，如“三摩呬多地”中已说；今此义中，意辩缘法光明以为境界，修光明想。谓如所闻，已得究竟不忘念法，名法光明；与彼俱行，彼相应想，应知名光明想。何以故？真实能令心闇昧者，谓方便修止观品时，于诸法中所有忘念；与此相违，当知即是光明。

又第一义思所成慧及修所成慧俱光明想，有十一法为所对治。云何十一？谓思所成慧俱光明想有四法，修所成慧俱光明想有七法。如是所治合有十一。

思所成慧俱光明想有四法者：一、不善观察故，不善决定故，于所思惟，有疑随逐；二、住于夜分懒惰懈怠故，多习睡眠故，虚度时分；三、住于昼分，习近邪恶食故，身不调柔，不能随顺谛观诸法；四、与在家、出家共相杂住，于随所闻所究竟法，不能如理作意思惟。如是疑随逐故，障礙能遣疑因缘故，此四种法是思所成慧俱光明想之所对治，令思所成若智若见不得清净。

何等名为修所成慧俱光明想所治七法？一、依举相修，极勇精进所对治法；二、依止相修，极劣精进所对治法；三、依舍相修，贪著定味与爱俱行所有勇悦[①]；四、于般涅槃，心怀恐怖，与瞋恚俱，其心怯弱，二所治法；五、即依如是方便作意，于法精勤论议决择，于立破门多生言论，相续不舍，此于寂静正思惟时，能为障礙；六、于色、声、香、味、触中，不如正理执取相好，不正寻思，令心散乱；七、于不应思处，强摄其心，思择诸法。如是七种是修所成慧俱光明想所对治法，极能障礙修所成慧俱光明想，令修所成若知若见不清净转。

此所治法还有十一与此相违能对治法，能断于彼，当知亦令思、修所

① 贪著定味与爱俱行所有勇悦，底本与《资福藏》《碛砂藏》《普宁藏》《永乐南藏》《径山藏》相同；《房山石经》《高丽藏》“勇”作“喜”。

成若智若见清净而转[1]。又正方便修诸想者，有能断灭所治法欲；又于所治现行法中，心不染著，速令断灭；又能多住能对治法，断灭一切所对治法。如是三法，随逐一切对治修故，名多所作。如是名为修习对治。此修对治，当知即是修习瑜伽。此第五支修习对治，广圣教义，当知唯有如是十相，除此更无若过若增。

云何世间一切种清净？当知略有三种：一、得三摩地；二、三摩地圆满；三、三摩地自在。此中，最初有二十种得三摩地所对治法，能令不得胜三摩地。何等二十？一、有不乐断同梵行者，为伴过失。二、伴虽有德，然能宣说修定方便师有过失，谓颠倒说修定方便。三、师虽有德，然于所说修定方便，其能听者欲乐羸劣，心散乱故，不能领受过失。四、其能听者，虽有乐欲属耳而听，然闇钝故，觉慧劣故，不能领受过失。五、虽有智德，然是爱行，多求利养恭敬过失。六、多分忧愁，难养难满，不知喜足过失。七、即由如是增上力故，多诸事务过失。八、虽无此失，然有懈怠懒惰故，弃舍加行过失。九、虽无此失，然有为他种种障碍生起过失。十、虽无此失，然有于寒热等苦不能堪忍过失。十一、虽无此失，然有慢恚过故不能领受教诲过失。十二、虽无此失，然有于教颠倒思惟过失。十三、虽无此失，然有于所受教有忘念过失[2]。十四、虽无此失，然有在家、出家杂住过失。十五、虽无此失，然有受用五失相应卧具过失。五失相应卧具，应知如"声闻地"当说。十六、虽无此失，然于远离处不守护诸根故，有不正寻思过失。十七、虽无此失，然由食不平等故，有身沉重，无所堪能过失。十八、虽无此失，然性多睡眠，有多睡眠随烦恼现行过失。十九、

① 修所成若智若见清净而转，底本与《资福藏》《碛砂藏》《普宁藏》《永乐南藏》《径山藏》相同；《房山石经》《高丽藏》"智"作"知"。

② 然有于所受教有忘念过失，底本与《资福藏》《碛砂藏》《普宁藏》《永乐南藏》《径山藏》相同；《房山石经》《高丽藏》无"有"字。

虽无此失，然不先修行奢摩他品故，于内心寂止远离中，有不欣乐过失。二十、虽无此失，然先不修行毗钵舍那品故，于增上慧法毗钵舍那如实观中，有不欣乐过失。如是二十种法，是奢摩他、毗钵舍那品证得心一境性之所对治。

又此二十种所对治法，略由四相，于所生起三摩地中堪能为障。何等为四？一、于三摩地方便不善巧故；二、于一切修定方便全无加行故；三、颠倒加行故；四、加行缦缓故。此三摩地所对治法有二十种白法对治[1]；与此相违，应知其相。由此能断所对治法，多所作故，疾疾能得正住其心，证三摩地。又得此三摩地，当知即是得初静虑近分定未至位所摄。又此得三摩地相违法及得三摩地随顺法，广圣教义，当知唯有此二十种，除此更无若过若增。由此因缘，依初世间一切种清净，于此正法补特伽罗得三摩地，已善宣说，已善开示。

复次，如是已得三摩地者，于此少小殊胜定中不生喜足，于胜三摩地圆满更起求愿。又即于彼见胜功德，又由求愿见胜功德，为求彼故，勇猛精进，策励而住。又彼于色相应爱味俱行烦恼，非能一切皆永断故，名非得胜。又非于彼诸善法中皆勤修故，名他所胜。又于广大净天生处，无有沉没。又彼无能陵懱于己，下劣信解增上力故。又彼如是心无沉没，于定所缘境界法中，即先所得止、举、舍相，无间殷重方便修故，随顺而转。又彼如是随法相转，数入数出，为欲证得速疾通慧，依定圆满，乐闻正法故，于时时中慇懃请问。又依如是三摩地圆满故，于正方便根本定摄内心奢摩他，证得远离爱乐。又证得法毗钵舍那，如是观察炽然明净所有爱乐[2]。当

① 此三摩地所对治法有二十种白法对治，底本与《房山石经》《普宁藏》《永乐南藏》《径山藏》《高丽藏》相同；《资福藏》《碛砂藏》“白”作“自”。

② 如是观察炽然明净所有爱乐，底本与《房山石经》《资福藏》《碛砂藏》《普宁藏》《永乐南藏》《径山藏》《高丽藏》相同；《赵城金藏》“爱”作“受”。

知齐此已能证入根本静虑，如是名为三摩地圆满。又此三摩地圆满，广圣教义，当知唯有如是十相，除此更无若过若增。

复次，虽已证得根本三摩地故，名三摩地圆满，其心犹为三摩地生爱味、慢、见、疑、无明等诸随烦恼之所染汙，未名圆满清净鲜白。为令如是诸随烦恼不现行故，为练心故，为调心故，彼作是思：我应当证心自在性、定自在性，于四处所，以二十二相应善观察，谓自誓受下劣形相、威仪、众具；又自誓受禁制尸罗；又自誓受精勤无间修习善法；若有为断一切苦恼，受此三处，应正观察众苦随逐。由剃除须发故，舍俗形好故，著坏色衣故，应自观察形色异人，如是名为观察誓受下劣形相。于行、住、坐、卧、语、默等中不随欲行，制伏憍慢，往趣他家，审正观察游行乞食，如是名为观察誓受下劣威仪。又正观察从他获得无所畜积、诸供身具，如是名为观察誓受下劣众具。由此五相，当知是名初处观察。

又善说法毗奈耶中，诸出家者所受尸罗，略舍二事之所显现：一者，弃舍父母、妻子、奴婢、仆使、朋友、眷属、财谷、珍宝等所显；二者，弃舍歌舞、倡妓、笑戏、欢娱、游从、掉逸、亲爱聚会种种世事之所显现。又彼安住尸罗律仪，不由犯戒私自恳责，亦不为彼同梵行者以法呵摈，有犯尸罗，而不轻举。若于尸罗有所缺犯，由此因缘，便自恳责；若同梵行以法呵摈，即便如法，而自悔除。于能举罪同梵行者，心无恚恨，无损无恼，而自修治。由此五相，是名于第二处观察。

如是尸罗善圆满已，应以五相精勤方便，修诸善品，谓时时间谘受、读诵、论量、决择，勤修善品，如是乃应受他信施；又乐远离，以正方便修诸作意；又复昼夜于退分、胜分二法，知断修习；又于生死，见大过失；又于涅槃，见胜功德。由此五相，是名第三处观察。

如是精勤修善品者，略为四苦之所随逐，谓于四沙门果未能随有所证故，犹为恶趣苦所随逐；体是生老病死法故，为内坏苦之所随逐；一切所爱离别法故，为爱坏苦之所随逐；自业所作故，一切苦因之所随逐。彼为如是四苦随逐，应以七相审正观察。由此七相，是名第四处观察。

彼于如是四处，以二十二相正观察时[①]，便生如是如理作意，谓我为求如是事故，誓受下劣形相、威仪及资身具，誓受禁戒，誓受精勤常修善法，而我今者，于四种苦为脱何等？若我如是自策自励，誓受三处，犹为四苦常所随逐，未得解脱；我今不应为苦随逐，未于胜定获得自在，中路止息，或复退屈。如是精勤如理作意[②]，乃得名为出家之想及沙门想。

彼于圆满修多方便以为依止，由世间道证得三摩地圆满故，于烦恼断犹未证得，复依乐断，常勤修习。又彼已得善世间道，数数为得三摩地自在故，依止乐修，无间而转。又于正信长者、居士、婆罗门等，获得种种利养恭敬，而不依此利养恭敬而生贪著，亦不于他利养恭敬，及余不信婆罗门等，对面、背面诸不可意身业、语业现行事中，心生愤恚，又复于彼无损害心。又爱、慢、见、无明、疑惑[③]，种种定中诸随烦恼，不复现行，善守念住。又非证得胜奢摩他，即以如是奢摩他故，谓己一切所作已办，亦不向他说己所证。

彼由如是乐断乐修，心无贪恚，正念现前，离增上慢，于诸衣服随宜获得，便生喜足。如于衣服，于余饮食、卧具等喜足，当知亦尔。又正了知，而为受用，谓如是等诸资生具，但为治身，令不败坏，暂止饥渴，摄受梵行，广说乃至于食知量。彼由如是正修行故，于三摩地获得自在。依止彼故，其心清白，无有瑕秽，离随烦恼，广说乃至获得不动，能引一切胜神通

① 以二十二相正观察时，底本与《房山石经》《资福藏》《碛砂藏》《普宁藏》《永乐南藏》《径山藏》《高丽藏》相同；《赵城金藏》“二十”作“三十”。

② 如是精勤如理作意，底本与《房山石经》《资福藏》《碛砂藏》《普宁藏》《永乐南藏》《径山藏》《高丽藏》相同；《赵城金藏》“作”作“行”。

③ 疑惑，底本与《房山石经》《资福藏》《赵城金藏》《普宁藏》《永乐南藏》《径山藏》《高丽藏》相同；《碛砂藏》“疑”作“投”。

慧。是名三摩地自在。此三摩地自在广义，当知唯有如所说相，除此更无若过若增。又先所说得三摩地，若中所说三摩地圆满，及今所说三摩地自在，总名无上世间一切种清净。当知此清净唯在正法，非诸外道。

云何出世间一切种清净？当知略有五种。何等为五？一、入圣谛现观；二、入圣谛现观已，离诸障碍；三、入圣谛现观已，为欲证得速疾通慧，作意思惟诸欢喜事；四、修习如所得道；五、证得极清净道及果功德。

云何入圣谛现观？谓有如来诸弟子众，已善修习世间清净，知长夜中由妙五欲积集其心，食所持故，长养其心，于彼诸欲生爱乐故，而于诸欲深见过患，于上胜境见寂静德。彼于戏论界易可安住，谓于世间一切种清净；于无戏论界难可安住，谓于出世间一切种清净。是故于彼厌恶而住，非不厌恶。

又此住正法者，于无戏论涅槃界中心乐安住，乐欲证得。由阙沙门果证增上力故，于己杂染相应，心生厌患；于己清净，不相应心生厌患；于己杂染相应过患，心生厌患；于己清净不相应过患[①]，心生厌患；于己清净见难成办，心生厌患。

此中，略有三种杂染相应：一、未调未顺而死，杂染相应；二、死已当堕烦恼大坑，杂染相应；三、由彼烦恼自在力故，现行种种恶不善业，往有怖处，杂染相应。彼观己身阙沙门果证，由彼阙故，与三种杂染相应。如是观已，心生厌患。

当知清净不相应亦有三种：一、诸烦恼断究竟涅槃，名无怖处；二、

① 于己清净不相应过患，底本与《房山石经》《资福藏》《碛砂藏》《普宁藏》《永乐南藏》《径山藏》《高丽藏》相同；《赵城金藏》“清”作“应”。

能证此[①]，谓依增上心学善心三摩地[②]；三、能证此，于增上慧学正见所摄微妙圣道。彼观己身与此三种清净不相应故，心生厌患。

当知杂染相应过患亦有三种[③]：一、老病死苦根本之生；二、自性苦生无暇处；三、一切处生无常性。彼观己身有此三种杂染相应过患，心生厌患。

当知清净不相应过患有五种：一、于边地生，未能止息；二、于恶道生，未能止息；三、于在家众，诸无间业未能堰塞；四、于出家众，无量见趣未不相应；五、虽由世间道，乃至有顶若定若生，而于无初后际生死流转，未作边际。彼观自身有此五种清净不相应过患，心生厌患。

于己清净见难成办，当知亦有五种：一、若舍不为，不能自作故；二、于所余事，非请他为能成办故；三、决定应作故，由于自心未令清净，必于众苦不得解脱，成吉祥性；四、非于恶业现在不作，即说彼为已作清净，即名已得于现见法永离炽然，无对治道，先所造作恶不善业必不坏故。五、由彼清净学无学道证得所显故。彼观清净由此五相难可成办，心生厌患。

又复发起坚固精进，为欲证得。彼由观见杂染、清净相应不相应故，心生厌患。又由观见杂染、清净相应不相应过患故，心生怖畏。又于清净证得又杂染断灭中有懒惰懈怠故[④]，心便遮止。又由作意思惟彼相故，以

① 能证此，底本与《房山石经》《资福藏》《碛砂藏》《普宁藏》《永乐南藏》《径山藏》《高丽藏》相同；《赵城金藏》“证”作“谓”。

② 谓依增上心学善心三摩地，底本与《房山石经》《资福藏》《碛砂藏》《普宁藏》《永乐南藏》《径山藏》《高丽藏》相同；《赵城金藏》“谓”作“证”。

③ 当知杂染相应过患亦有三种，底本与《房山石经》《资福藏》《碛砂藏》《普宁藏》《永乐南藏》《径山藏》《高丽藏》相同；《赵城金藏》“过”作“道”。

④ 又于清净证得又杂染断灭中有懒惰懈怠故，《房山石经》《资福藏》《碛砂藏》《赵城金藏》《普宁藏》《永乐南藏》《径山藏》《高丽藏》“又杂”作“及杂”。

生厌患[1]；即于此相多所作故，心极厌患。如厌患、极厌患，怖畏、极怖畏，遮止、极遮止，当知亦尔。如是彼以由厌俱行想，于五处所，以二十种相作意思惟故，名善修治。

复有五因，二十种相之所摄受，令于爱尽寂灭涅槃速疾多住，心无退转，亦无忧虑，谓我我今者，为何所在。何等五因？一、由通达作意故[2]，谓由如是通达作意无间，必能趣入正性离生，入谛现观，证圣智见；二、由所依故，谓由依此所依无间，必能趣入正性离生，余如前说；三、由入境界门故，谓由缘此入境界门，必能趣入正性离生，余如前说；四、由摄受资粮故，谓由此摄受资粮，必能趣入正性离生，余如前说。五、由摄受方便故，谓由摄受如是方便，必能趣入正性离生，乃至广说。如是五因，当知依谛现观，逆次因说，非顺次因。依最胜因，如先说事，逆次说故。

谓于空、无愿、无相加行中，于随入作意微细现行有间、无间随转我慢俱行心相，能障现观作意正通达故；既通达已，于作意俱行心任运转中，能善弃舍，令无间灭；依无间灭，心由新所起作意，以无常等行如实思惟；由此作意修习多修习故，所缘、能缘平等平等智生。彼于尔时能障现观我慢乱心便永断灭，证得心一境性，便自思惟："我已证得心一境性，如实了知。"当知是名由通达作意故，入谛现观。

又若先以世间道得三摩地，亦得圆满，亦得自在。彼或于入三摩地相，谓由此故，入三摩地；或于住三摩地相，谓由此故，住三摩地；或于出三摩地相，谓由此故，出三摩地；于此诸相作意思惟，安住其心，入谛现

① 以生厌患，底本与《房山石经》《资福藏》《碛砂藏》《赵城金藏》《普宁藏》《永乐南藏》《径山藏》相同；《高丽藏》"以"作"心"。

② 由通达作意故，底本与《资福藏》《碛砂藏》《赵城金藏》《普宁藏》《永乐南藏》《径山藏》《高丽藏》相同；《房山石经》"达"作"进"。

观。若得三摩地，而未圆满，亦未自在。彼或思惟止相，或思惟举相，或思惟舍相，安住其心，入谛现观。如是当知，由所依故，其心安住。

又有二法，于修现观极为障碍。何等为二？一、不正寻思所作扰乱，心不安静；二、于所知事，其心颠倒。为欲对治如是障碍，当知有二种于所缘境安住其心，谓为对治第一障故，修阿那波那念；为对治第二障故，修诸念住。如是当知，由入境界门故，其心安住。

又于妙五欲乐习近者，于圣法毗奈耶，非所行处。若于随宜所得衣服、饮食、诸坐卧具，便生喜足，随所获得利养恭敬，制伏其心。谓依妙五欲，不由所得利养恭敬，心便坚住；由此因缘，远离一切非所行处。既远离已，依诸念住，乐断乐修；于昼夜分，时时观察自他所有衰盛等事，心生厌患；又复修习佛随念等，令心清妙[①]；又复安住诸圣种中。如是当知，由资粮故，其心安住，此依最胜资粮道说。

又彼如是资粮住已，为修相应作意加行，故有二种加行方便。何等为二？一、自于契经、阿毗达磨读诵受持，修正作意，于蕴等事令极善巧；二、依他师教[②]，所谓大师、邬波柁耶、阿遮利耶，于时时间教授教诫，摄受依止。又正加行作意思惟，当知是名第三方便。此正加行作意思惟，名正加行。此中义者，谓尸罗净所有作意，名正加行作意思惟。彼自思惟尸罗清净，故无悔恼；无悔恼故，便生欢喜；广说乃至心入正定。是故宣说此正加行作意思惟，名心住方便。由如是方便故，心速安住。

彼于尔时由此五因、二十种相摄持其心，于爱尽寂灭涅槃界中，令善安住，无复退转，心无惊怖，谓我我今者，何所在耶。当于如是心安住时，

① 令心清妙，底本与《房山石经》《资福藏》《碛砂藏》《赵城金藏》《普宁藏》《永乐南藏》《径山藏》相同；《高丽藏》“妙”作“净”。

② 依他师教，底本与《房山石经》《资福藏》《碛砂藏》《赵城金藏》《普宁藏》《永乐南藏》《径山藏》相同；《高丽藏》“他”作“地”。

应知已名入谛现观。如是名入圣谛现谛[①]。又此圣谛现观义，广说应知，谓心厌患相有二十种，心安住相亦二十种，除此更无若过若增。

云何入圣谛现观已，离诸障碍？当知此障略有二种：一、行处障；二、住处障。行处障者，谓如圣弟子或与众同居，随其生起僧所作事，弃舍善品，数与众会；或复安住常乞食法，而爱重饮食；或兼二处，好乐营为衣钵等事；或为读诵经典，而好乐谈话；或居夜分，而乐著睡眠；或居昼分，乐王贼等杂染言论；或于是处，有亲感交游谈谑等住，而于是处不乐远离，谓长夜数习与彼共居增上力故；或复乐与第二共住。诸如是等[②]，名行处障。

住处障者，谓处空闲，修奢摩他、毗钵舍那，总名为住[③]。依奢摩他、毗钵舍那，当知复有四种障碍：一、毗钵舍那支不随顺性；二、奢摩他支不随顺性；三、彼俱品念不随顺性；四、处所不随顺性。若谓己聪明，而生高举，不从他闻，顺观正法，是名毗钵舍那支不随顺性。若不安静，身、语、意行躁动轻举，数犯尸罗，生忧悔等，乃至不得心善安住；当知是名奢摩他支不随顺性。若有忘念增上力故，于沉掉等诸随烦恼[④]，心不遮护，当知是名彼俱品念不随顺性。若有习近五失相应诸坐卧具，当知是名处所不顺随性[⑤]。或于昼分多诸喧逸，于夜分中多蚊虻等众苦所触，又多怖畏，多诸灾疠，众具匮乏，不可爱乐，恶友摄持，无诸善友，诸如是等，名

① 如是名入圣谛现谛，底本与《资福藏》《碛砂藏》《普宁藏》《永乐南藏》《径山藏》相同；《房山石经》《赵城金藏》《高丽藏》“谛”作“观”。

② 诸如是等，底本与《资福藏》《碛砂藏》《赵城金藏》《普宁藏》《永乐南藏》《径山藏》《高丽藏》相同；《房山石经》“等”作“第”。

③ 总名为住，底本与《资福藏》《碛砂藏》《赵城金藏》《普宁藏》《永乐南藏》《径山藏》《高丽藏》相同；《房山石经》“住”作“住处”。

④ 于沉掉等诸随烦恼，底本与《房山石经》《资福藏》《碛砂藏》《普宁藏》《永乐南藏》《径山藏》《高丽藏》相同；《赵城金藏》无“随”字。

⑤ 当知是名处所不顺随性，底本与《资福藏》《碛砂藏》《赵城金藏》《普宁藏》《永乐南藏》《径山藏》《高丽藏》相同；《房山石经》“顺随”作“随顺”。

住处障。

又此二障，当知总有二种因缘能为远离：一、多诸定乐；二、多诸思择。多诸定乐，应知略有六种，谓若有已得三摩地，而未圆满，未得自在，彼应修习止、举、舍三种善巧，由此发生多诸定乐；若有于三摩地已得圆满，亦得自在，彼应修习入、住、出定三种善巧，由此发生多诸定乐。

云何名为多诸思择？谓胜善慧，名为思择。由此慧故，于昼夜分自己所有善法增长如实了知，不善法增长如实了知；善法衰退如实了知，不善法衰退如实了知。又彼如于昼夜若行若住，习近衣服、饮食命缘，由习近故，不善法增长，善法衰退，或善法增长，不善法衰退，皆如实了知。即此思择为依止故，于所生起诸不善法，由不坚著方便道理驱摈远离，于诸善法能勤修习。

如是二处十种善巧，于二处所十一种障能令断灭，随所生起，即便远离，如是名为远离障碍。又此远离障碍义，广说应知如所说相，除此更无若过若增。

云何入圣谛现观已，为欲证得速疾通慧，作意思惟诸欢喜事？谓圣弟子已见圣谛，已得证净，即以证净为依止故，于佛法僧胜功德田，作意思惟，发生欢喜。又依自增上生事及决定胜事，谓己身财宝所证盛事，作意思惟，发生欢喜。又依无嫉，如于自身，于他亦尔。又依知恩，谓有恩者，念大师恩，作意思惟，发生欢喜。由依彼故，远离众苦及与苦因，引发众乐及与乐因。如是思惟随顺修道欢喜事故，便能证得速疾通慧。又此思惟随顺修道欢喜事义，广说应知如所说相，除此更无若过若增。

云何修习如所得道？谓彼如是所生广大无罪欢喜，溉灌其心，为趣究竟，于现法中心极思慕。彼由如是心生思慕，出离乐欲数数现行，谓我何当能具足住如是圣处，如阿罗汉所具足住。如是欲乐生已，发勤精进，无间常委，于三十七菩提分法方便勤修。又彼如是勤精进故，不与在家、出家众相杂住，习近边际诸坐卧具，心乐远离。又彼如是发生欲乐，发勤精进，乐远离已，不生喜足，谓于少分殊胜所证，心无喜足，于诸善法转上转胜，转微妙处，希求而住。

由此四法，摄受修道，极善摄受。即此四种修道为依，如先所说诸欢喜事所作欢喜[①]，彼于尔时修圆满[②]。最极损减方便道理烦恼断故，获得殊胜所证法故，亦令喜悦修得圆满。又修所断惑品麤重已远离故，获得轻安，轻安生故，身心清凉，极所摄受。如是二种修得圆满。又此有学，金刚喻定到究竟故，修得圆满。是名修习如所得道。又此修习如所得道义，广说应知，谓四种法为依止故，能令五法修习圆满，除此更无若过若增。

云何证得极清净道及果功德？谓于三位：乐位、苦位、不苦不乐位，为诸烦恼之所随眠，有二种补特伽罗多分所显：一者，异生；二者，有学。又有二种能发起杂染品：一者，取杂染品；二者，行杂染品。即为断此二杂染品，入善说法毗奈耶时，能为障碍所有烦恼。此诸烦恼能为随眠深远入心，又能发生种种诸苦，若能于此无余永断，名为证得极净道果。又十无学支所摄五无学蕴，所谓戒蕴、定蕴、慧蕴、解脱蕴、解脱知见蕴，名极清净道。又由证得此极净道，离十过失，住圣所住。

云何名为十种过失？所谓依外诸欲所有愁叹、忧苦种种恼乱苦苦相应过失。又有依内不护诸根过失，由不护诸根故，生愁叹等；又有爱味乐住过失；又有行住放逸过失；又有外道不共，即彼各别邪见所起语言、寻思、追求三种过失；又有依静虑边际过失；又有缘起所摄发起取杂染品过失；又有发起行杂染品过失。若于如是十种过失永不相应，唯有最后身所

① 如先所说诸欢喜事所作欢喜，《房山石经》《资福藏》《碛砂藏》《普宁藏》《永乐南藏》《径山藏》《高丽藏》“作”作“生”。

② 彼于尔时修圆满，底本与《资福藏》《碛砂藏》《普宁藏》《永乐南藏》《径山藏》相同；《房山石经》《高丽藏》“修”作“修得”。

任持，第二余身毕竟不起，于最寂静涅槃界中究竟安住，一切有情乃至上生第一有者，于彼一切所有有情得为最胜。是故说名住圣所住。以能远离十种过失，又能安住圣所住处，故名功德。又若彼果，若极净道，若彼功德，如是一切总略说名证得极清净道及果功德。又此证得极清净道及果功德义，广说应知如所说相，除此更无若过若增。

若得如是最上无学诸圣法者，如是圣法相应之心，于妙五欲极为厌背，无异熟故，后更不续。若世间心虽复已断，犹得现行，彼于后时任运而灭。又烦恼道、后有业道，于现法中已永断绝，由彼绝故，当来苦道更不复转。由此因果永灭尽故，即名苦边。更无所余，无上无胜。

此中，若入圣谛现观，若离障碍，若为证得速疾通慧作意思惟诸欢喜事，若修习如所得道，若证得极清净道及果功德，如是名为出世间一切种清净。又此出世间一切种清净义，广说应知如所说相，除此更无若过若增。如是若先所说世间一切种清净，若此所说出世间一切种清净，总略为一，说名修果。如是如先所说，若修处所，若修因缘，若修瑜伽，若修果，一切总说为修所成地[1]。

① 一切总说为修所成地，底本与《资福藏》《碛砂藏》《赵城金藏》《普宁藏》《永乐南藏》《径山藏》《高丽藏》相同；《房山石经》“地”作“地愿以此功德普及于一切我等与众生皆共成佛道”。

瑜伽师地论卷第二十一

本地分中声闻地第十三初瑜伽处种性地品第一①

如是已说修所成地。云何声闻地？一切声闻地总，嗢柁南曰②：

若略说此地，性等数取趣，
如应而安立，世间、出世间。
此地略有三，谓种性趣入，
及出离想地③，是说为声闻。

云何种性④？嗢柁南曰⑤：

若略说一切，种性地应知，
谓自性安立，诸相数取趣。

谓若种性自性，若种性安立，若住种性者所有诸相，若住种性补特伽罗，如是一切，总略为一，名种性地。

云何种性？谓住种性补特伽罗有种子法，由现有故，安住种性补特伽罗，若遇胜缘，便有堪任，便有势力，于其涅槃，能得能证。

---

① 本地分中声闻地第十三初瑜伽处种性地品第一，底本与《径山藏》相同；《房山石经》《资福藏》《碛砂藏》《赵城金藏》《普宁藏》《永乐南藏》《高丽藏》无“品”字。

② 嗢柁南曰，底本与《资福藏》《碛砂藏》《普宁藏》《永乐南藏》《径山藏》相同；《房山石经》《赵城金藏》《高丽藏》“柁”作“拕”，下同。

③ 及出离想地，底本与《房山石经》《资福藏》《赵城金藏》《普宁藏》《永乐南藏》《径山藏》《高丽藏》相同；《碛砂藏》“及”作“反”。

④ 云何种性，底本与《资福藏》《碛砂藏》《普宁藏》《永乐南藏》《径山藏》相同；《房山石经》《赵城金藏》《高丽藏》“性”作“性地”。

⑤ 嗢柁南曰，底本与《房山石经》《资福藏》《碛砂藏》《普宁藏》《永乐南藏》《径山藏》相同；《赵城金藏》《高丽藏》“嗢”作“谓嗢”。

问：此种性名有何差别？

答：或名种子，或名为界，或名为性，是名差别。

问：今此种性以何为体？

答：附在所依，有如是相，六处所摄，从无始世展转传来，法尔所得，于此立有差别之名，所谓种性、种子、界性，是名种性。

云何种性安立？谓应问言：今此种性，为当言细，为当言麤？应答言：细。何以故？由此种子[①]，未能与果，未习成果，故名为细。若已与果，已习成果，尔时种性若种若果，俱说名麤。

问：如是种性，当言堕一相续堕，多相续？

答：当言堕一相续。所以者何？若法异相俱有而转，见彼差别种种相续[②]，种种流转。如是种子，非于六处有别异相[③]，即于如是种类、分位、六处殊胜。从无始世展转传来，法尔所得，有如是想及以言说，谓为种性、种子、界性，是故当言堕一相续。

问：若住种性补特伽罗有涅槃法，此住种性、有涅槃法补特伽罗，何因缘故，有涅槃法，而前际来长时流转，不般涅槃？

答：四因缘故，不般涅槃。何等为四？一、生无暇故；二、放逸过故；三、邪解行故；四、有障过故。

云何生无暇？谓如有一，生于边国及以达须、篾戾车中，四众、贤良、正至、善士不往游涉，是名生无暇。

---

① 由此种子，底本与《房山石经》《资福藏》《碛砂藏》《普宁藏》《永乐南藏》《径山藏》《高丽藏》相同；《赵城金藏》“子”作“姓”。

② 见彼差别种种相续，底本与《资福藏》《碛砂藏》《普宁藏》《永乐南藏》《径山藏》相同；《房山石经》《赵城金藏》《高丽藏》“差”作“各”。

③ 非于六处有别异相，底本与《房山石经》《赵城金藏》《径山藏》《高丽藏》相同；“非”，《资福藏》《永乐南藏》作“作”，《碛砂藏》《普宁藏》无。

云何放逸过？谓如有一，虽生中国，又非达须[1]、非憱戾车，四众、贤良、正至、善士皆往游涉，而生贵家，财宝具足，于诸妙欲躭著受用，不见过患，不知出离，是名放逸过。

云何邪解行？谓如有一，虽生中国，乃至广说，而有外道种种恶见，谓起如是见，立如是论：无有施与，广说乃至我自了知无诸后有。复由如是外道见故，不值诸佛出现世间，无诸善友说正法者，是名邪解行。

云何有障过？谓如有一，虽生中国，广说如前，亦值诸佛出现于世，遇诸善友说正法者，而性愚钝，顽騃无知，又复瘖症，以手代言，无力能了善说、恶说所有法义，或复造作诸无间业，或复长时起诸烦恼，是名有障过。

如是名为四种因缘。由此因缘故，虽般涅槃法[2]，而不般涅槃。彼若值遇诸佛出世，听闻正法，获得随顺教授教诫，无彼因缘，尔时方能善根成熟，渐次乃至得般涅槃。无涅槃法补特伽罗，住决定聚[3]，彼若遇缘若不遇缘，遍一切种，毕竟不能得般涅槃。

问：何等名为涅槃法缘，而言阙故，无故，不会遇故，不般涅槃？

答：有二种缘。何等为二？一、胜；二、劣。云何胜缘？谓正法增上他音[4]，及内如理作意。云何劣缘？谓此劣缘乃有多种，谓若自圆满，若他圆满，若善法欲，若正出家，若戒律仪，若根律仪，若于食知量，若初

---

① 又非达须，底本与《资福藏》《碛砂藏》《普宁藏》《永乐南藏》《径山藏》相同；《房山石经》《赵城金藏》《高丽藏》“又”作“或”。

② 虽般涅槃法，底本与《资福藏》《碛砂藏》《赵城金藏》《普宁藏》《永乐南藏》《径山藏》相同；《房山石经》《高丽藏》“虽”作“虽有”。

③ 住决定聚，底本与；《房山石经》《资福藏》《赵城金藏》《普宁藏》《永乐南藏》《径山藏》《高丽藏》相同；《碛砂藏》“决”作“法”。

④ 谓正法增上他音，底本与《房山石经》《资福藏》《赵城金藏》《永乐南藏》《径山藏》《高丽藏》相同；《碛砂藏》《普宁藏》“谓”作“请”。

夜、后夜常勤修习悎寤瑜伽[①]，若正知而住，若乐远离，若清净诸盖，若依三摩地。

云何自圆满？谓善得人身，生于圣处，诸根无缺，胜处净信，离诸业障。

云何名为善得人身？谓如有一，生人同分，得丈夫身，男根成就，或得女身，如是名为善得人身。

云何名为生于圣处？谓如有一，生于中国，广说如前，乃至善士皆往游涉，如是名为生于圣处。

云何名为诸根无缺？谓如有一，性不愚钝，亦不顽騃，又不瘖痖，乃至广说支节无减，彼由如是支节无缺、耳无缺等，能于善品精勤修集，如是名为诸根无缺。

云何名为胜处净信？谓如有一，于诸如来正觉所说法毗奈耶得净信心，如是名为胜处净信。言胜处者，谓诸如来正觉所说法毗奈耶，能生一切世出世间白净法故。此中所起前行增上诸清净信，名胜处净信，能除一切所有烦恼垢秽浊故。

云何名为离诸业障？谓能远离五无间业，所谓于彼害母、害父、害阿罗汉、破和合僧、于如来所恶心出血。随一所有无间业障，于现法中不作不行，如是名为离诸业障。若有于此五无间业造作增长，于现法中竟不能转，得般涅槃，生起圣道，故约彼说离诸业障。

唯由如是五种支分自体圆满，是故说此名自圆满。

云何他圆满？谓诸佛出世，说正法教，法教久住，法住随转，他所哀愍。

云何名为诸佛出世？谓如有一，普于一切诸有情类起善利益，增上意

① 后夜常勤修习悎寤瑜伽，底本与《资福藏》《碛砂藏》《赵城金藏》《普宁藏》《永乐南藏》《径山藏》相同；《房山石经》《高丽藏》“悎”作“觉”。

乐，修习多千难行苦行，经三大劫阿僧企耶，积集广大福德、智慧二种资粮，获得最后上妙之身，安坐无上胜菩提座，断除五盖，于四念住善住其心，修三十七菩提分法，现证无上正等菩提，如是名为诸佛出世。过去、未来、现在诸佛，皆由如是名为出世。

云何名为说正法教？谓即如是诸佛世尊出现于世，哀愍一切诸声闻故，依四圣谛，宣说真实苦、集、灭、道无量法教，所谓契经、应颂、记别、讽诵、自说、因缘、譬喻、本事、本生、方广、希法、论议，如是名为说正法教。诸佛世尊及圣弟子、一切正士，皆乘此法而得出离，然后为他宣说称赞，是故说此名为正法。宣说此故，名正法教。

云何名为法教久住？谓说正法已，转法轮已，乃至世尊寿量久住及涅槃后，经尔所时，正行未灭[①]，正法未隐，如是名为正法久住。如是久住，当知说彼胜义正法住证道理[②]。

云何名为法住随转？谓即如是证正法者，了知有力能证如是正法众生，即如所证，随转随顺，教授教诫，如是名为法住随转。

云何名为他所哀愍？他谓施主，彼于行者起哀愍心，惠施随顺净命资具，所谓如法衣服、饮食、诸坐卧具、病缘医药，如是名为他所哀愍。

云何善法欲？谓如有一，或从佛所，或弟子所闻正法已，获得净信；得净信已，应如是学："在家烦扰，若居尘宇，出家闲旷，犹处虚空，是故我今应舍一切妻子、眷属、财谷、珍宝，于善说法毗奈耶中正舍家法，趣于非家。既出家已，勤修正行，令得圆满。"于善法中生如是，欲名善法欲。

① 正行未灭，底本与《资福藏》《碛砂藏》《普宁藏》《永乐南藏》《径山藏》相同；《房山石经》《赵城金藏》《高丽藏》"灭"作"减"。

② 当知说彼胜义正法住证道理，底本与《资福藏》《碛砂藏》《赵城金藏》《普宁藏》《永乐南藏》《径山藏》相同；《房山石经》《高丽藏》"住"作"作"。

云何正出家？谓即由此胜善法欲增上力故，白四羯磨，受具足戒，或受劳策所学尸罗，是名正出家。

云何戒律仪？谓彼如是正出家已，安住具戒，坚牢防护别解律仪，轨则所行皆得圆满，于微小罪见大怖畏，受学一切所有学处，是名戒律仪。

云何根律仪？谓即依此尸罗律仪，守护正念，修常委念，以念防心，行平等位。眼见色已，而不取相，不取随好，恐依是处，由不修习眼根律仪防护而住，其心漏泄所有贪、忧、恶不善法，故即于彼修律仪行，防护眼根，依于眼根，修律仪行。如是行者耳闻声已，鼻嗅香已，舌尝味已，身觉触已，意了法已，而不取相，不取随好，恐依是处，由不修习意根律仪，防护而住，其心漏泄所有贪、忧、恶不善法，故即于彼修律仪行，防护意根，依于意根，修律仪行。是名根律仪。

云何于食知量？谓彼如是守诸根已，以正思择，食于所食，不为倡荡，不为憍逸，不为饰好，不为端严，食于所食。然食所食，为身安住，为暂支持，为除饥渴，为摄梵行，为断故受，为令新受当不更生，为当存养、力、乐、无罪、安隐而住。如是名为于食知量。

云何初夜、后夜常勤修习觉寤瑜伽？谓彼如是食知量已，于昼日分，经行、宴坐二种威仪，从顺障法，净修其心；于初夜分，经行、宴坐二种威仪，从顺障法，净修其心；过此分已，出住处外，洗濯其足，右胁而卧，重累其足，住光明想，正念正知，思惟起想；于夜后分，速疾觉寤，经行、宴坐二种威仪，从顺障法，净修其心。如是名为初夜、后夜常勤修习觉寤瑜伽。

云何正知而住？谓彼如是常勤修习觉寤瑜伽已，若往若来，正知而住；若覩若瞻，正知而住；若屈若伸，正知而住；持僧伽胝及以衣钵，正知而住；若食若饮，若噉若尝，正知而住；若行若住，若坐若卧，正知而住；于觉寤时，正知而住；若语若默，正知而住；如解劳睡时，正知而住。是名为正知而住[1]。

云何乐远离？谓由如是所修善法，无倒修治初业地已，远离一切卧具贪著，住阿练若、树下、空室、山谷、峰穴、草積、迥露、冢间、林薮、虚旷平野、边际卧具，是名乐远离。

云何清净诸盖？谓彼如是住阿练若，或复树下，或空室等，于五种盖净修其心，所谓贪欲、瞋恚、惛沉、睡眠、掉举、恶作及以疑盖。从彼诸盖净修心已，心离诸盖，安住贤善胜三摩地。如是名为清净诸盖。

云何依三摩地？谓彼如是断五盖已，便能远离心随烦恼，远离诸欲恶不善法，有寻有伺，离生喜乐，入初静虑具足安住；寻伺寂静，于内等净心一趣性，无寻无伺，定生喜乐，第二静虑具足安住；远离喜贪，安住舍念及以正知，身领受乐，圣所宣说，舍念具足安乐而住，第三静虑具足安住；究竟断乐，先断于苦，喜忧俱没，不苦不乐，舍念清净，第四静虑具足安住。如是名为依三摩地。

彼由如是渐次修行，后后转胜，转增转上，修集诸缘，初自圆满，依三摩地以为最后，得如是心清净鲜白，无诸瑕秽，离随烦恼，质直堪能，安住无动。若复获得依四圣谛，为令遍知、永断、作证、修习他音教授教诫，便有如是堪能势力，发生如理所引作意，及彼为先所有正见。由此便能于四圣谛入真现观，圆满解脱，于无余依般涅槃界，而般涅槃。当知此中始从正见圆满解脱，于无余依般涅槃界而般涅槃，是名种性真实修集。从自圆满乃至最后依三摩地，当知是名修集劣缘。若依四谛法教增上所有教授教诫他音，若如正理所引作意，当知是名修集胜缘。如是名为种性安立。

云何住种性者所有诸相？谓与一切无涅槃法补特伽罗诸相相违，当

① 是名为正知而住，底本与《资福藏》《碛砂藏》《普宁藏》《永乐南藏》《径山藏》相同；《房山石经》《赵城金藏》《高丽藏》“是”作“如是”。

知即名安住种性补特伽罗所有诸相。

问：何等名为无涅槃法补特伽罗所有诸相？成就彼故，应知说名无涅槃法补特伽罗。

答：无涅槃法补特伽罗有众多相，我今当说彼相少分，谓彼最初不住种性无涅槃法补特伽罗，阿赖耶爱遍一切种皆悉随缚，附属所依，成无量法，不可倾拔，久远随逐，毕竟坚固，依附相续，一切诸佛所不能救，是名第一不住种性补特伽罗无种性相。

复有所余不住种性补特伽罗无种性相，谓彼听闻以无量门呵毁生死众多过失，又复听闻以无量门称赞涅槃众多功德，而于生死不见少分戏论过失，不见少分所有过患，亦复不能少分厌离。如是见厌，于过去世不能已生，于未来世不能当生，于现在世不能正生。又于爱尽寂灭涅槃，不见少分下劣功德，不见少分所有胜利，亦复不能少分欣乐。如是见乐，于过去世不能已生，于未来世不能当生，于现在世不能正生。是名第二不住种性补特伽罗无种性相。

复有所余不住种性补特伽罗无种性相，谓彼本性成就上品无惭无愧，由是因缘，无有厌恶，心无怯畏，以欢喜心现行众恶[①]，由是因缘，未尝追悔；唯观现法，由是因缘，自身财宝衰退过患。是名第三不住种性补特伽罗无种性相。

复有所余不住种性补特伽罗无种性相，谓一切种圆满分明，称当道理，美妙殊胜，易可解了，或依苦谛，或依集谛，或依灭谛，或依道谛，宣说开示正法教时，不能获得微小发心、微小信解，况能获得身毛为竖，悲泣堕泪？如是亦依过去、未来、现在世别。是名第四不住种性补特伽罗无种性相。

① 以欢喜心现行众恶，底本与《资福藏》《碛砂藏》《赵城金藏》《普宁藏》《永乐南藏》《径山藏》《高丽藏》相同；《房山石经》“恶”作“患”。

复有所余不住种性补特伽罗无种性相，谓彼或时于善说法毗奈耶中蹔得出家，或为国王所逼迫故，或为狂贼所逼迫故，或为债主所逼迫故，或为怖畏所逼迫故，或不活畏所逼迫故，非为自调伏，非为自寂静，非为自涅槃，非为沙门性，非为婆罗门性，而求出家。既出家已，乐与在家及出家众共喧杂住；或发邪愿修诸梵行，谓求生天或余天处；或乐退舍所学禁戒，或犯尸罗，内怀朽败，外现真实[①]，如水所生杂秽蜗牛，螺音狗行，实非沙门，自称沙门，非行梵行，自称梵行。如是亦依过去、未来、现在世别。当知如是不住种性补特伽罗，假相出家，非不乐学补特伽罗，名真出家，受具足戒，成苾刍性。由此异门，由此意趣，义显于彼本非出家，唯有任持出家相状[②]，堕出家数。是名第五不住种性补特伽罗无种性相。

复有所余不住种性补特伽罗无种性相，谓彼少有所作善业，或由于身，或语或意，一切皆为希求诸有，或求当来殊胜后有，或求财宝，或求殊胜所有财宝，是名第六不住种性补特伽罗无种性相。如是等类有众多相，成就彼故，堕在不般涅槃法数。

云何安住种性补特伽罗？谓住种性补特伽罗，或有唯住种性，而未趣入，亦未出离；或有安住种性，亦已趣入，而未出离；或有安住种性，亦已趣入，及已出离。或有软根，或有中根，或有利根，或有贪行，或有瞋行，或有痴行，或生无暇，或生有暇，或有纵逸，或无纵逸，或有邪行，或无邪行，或有障碍，或无障碍，或远或近，或未成熟，或已成熟，或未清净，或已清净。

云何名为安住种性补特伽罗，唯住种性，而未趣入，亦未出离？谓如

---

① 外现真实，底本与《资福藏》《碛砂藏》《普宁藏》《永乐南藏》《径山藏》《高丽藏》相同；《房山石经》《赵城金藏》“真”作“贞”。

② 唯有任持出家相状，底本与《资福藏》《碛砂藏》《普宁藏》《永乐南藏》《径山藏》《高丽藏》相同；《房山石经》《赵城金藏》“任”作“住”。

有一，补特伽罗成就出世圣法种子，而未获得亲近善士，听闻正法，未于如来正觉正说法毗奈耶获得正信，未受持净戒，未摄受多闻，未增长慧舍，未调柔诸见，如是名为唯住种性，而未趣入，亦未出离补特伽罗。

云何名为安住种性，亦已趣入，而未出离补特伽罗？谓前所说所有黑品相违白品，当知即名安住种性，亦已趣入补特伽罗。而差别者，谓犹未得所有圣道及圣道果烦恼离系。

云何名为安住种性，亦已趣入，及已出离补特伽罗？谓如前说。而差别者，已得圣道及圣道果烦恼离系。

云何软根补特伽罗？谓有如是补特伽罗，于所知事所缘境界，所有诸根极迟运转，微劣运转，或闻所成，或思所成，或修所成，作意相应，谓或信根，或精进根，或复念根，或复定根，或复慧根，无有堪能，无有势力，通达法义，速证真实，是名软根补特伽罗。

云何中根补特伽罗？谓有如是补特伽罗，于所知事所缘境界，所有诸根少迟运转，一切如前，应当广说，是名中根补特伽罗。

云何利根补特伽罗？谓有如是补特伽罗，于所知事所缘境界，所有诸根不迟运转，不劣运转[①]，或闻所成，或思所成，或修所成，作意相应，谓或信根，或精进根，或复念根，或复定根，或复慧根，有所堪能，有大势力，通达法义，速证真实，是名利根补特伽罗。

云何贪行补特伽罗？谓有如是补特伽罗，于可爱事、可染著事所缘境界，有猛利贪，有长时贪，是名贪行补特伽罗。

云何瞋行补特伽罗？谓有如是补特伽罗，于可憎事[②]、可瞋恚事所缘

① 不劣运转，底本与《碛砂藏》《普宁藏》《永乐南藏》《径山藏》相同；《房山石经》《资福藏》《赵城金藏》《高丽藏》“不”作“与不微”。

② 于可憎事，底本与《资福藏》《碛砂藏》《普宁藏》《永乐南藏》《径山藏》《高丽藏》相同；《房山石经》《赵城金藏》“憎”作“增”。

境界，有猛利瞋，有长时瞋，是名瞋行补特伽罗。

云何痴行补特伽罗？谓有如是补特伽罗，于所知事所缘境界，有猛利痴，有长时痴，是名痴行补特伽罗。

若生无暇，若有纵逸，若有邪行，若有障碍补特伽罗，如是一切，如前应知。与此相违，应知即是生于有暇，无有纵逸，无有邪行，无有障碍补特伽罗。

云何名远补特伽罗？谓有如是补特伽罗，由时远故，去涅槃远[①]，或有复由加行远，故说名为远。云何名为由时远故，去涅槃远？谓有如是补特伽罗，经多百生，或多千生，多百千生，然后方能值遇胜缘，得般涅槃。云何名为加行远故，说名为远？谓有如是补特伽罗，唯住种性，而未趣入，不能速疾值遇胜缘，得般涅槃，彼于涅槃未能发起胜加行故。由加行远，说名为远，不由时远。如是二种，总略为一，说名为远补特伽罗。

云何名近补特伽罗？谓有如是补特伽罗，由时近故，去涅槃近，或有复由加行近故，说名为近。云何名为由时近故，去涅槃近？谓有如是补特伽罗，住最后生，住最后有，住最后身，即由此身，当得涅槃，或即由此刹那无间，于烦恼断，当得作证，如是名为由时近故，去涅槃近。云何名为由加行近，说名为近？谓有如是补特伽罗，安住种性，亦已趣入。如是二种，总略为一，说名为近补特伽罗。

云何未成熟补特伽罗？谓有如是补特伽罗，未能获得最后有身，谓住于此，能般涅槃，或能趣入正性离生，是名未成熟补特伽罗。

云何已成熟补特伽罗？谓有如是补特伽罗，已能获得最后有身，谓住于此，能般涅槃，或能趣入正性离生，是名已成熟补特伽罗。

① 去涅槃远，底本与《房山石经》《资福藏》《赵城金藏》《径山藏》《高丽藏》相同；《碛砂藏》《普宁藏》《永乐南藏》“去”作“云”。

云何未清净补特伽罗？谓有如是补特伽罗，未生圣道，于圣道果烦恼离系未能作证，是名未清净补特伽罗。

云何已清净补特伽罗？谓与上相违，应知其相。

如是名为安住种性补特伽罗所有差别。为度彼故，诸佛世尊出现于世，谓若未趣入，令其趣入，若未成熟，令其成熟，若未清净，令其清净，转正法轮，制立学处。

初瑜伽处趣入地品第二[①]

如是已说种性地。云何趣入地？嗢柁南曰：

若略说一切，趣入地应知，

谓自性安立，诸相数取趣。

谓若趣入自性，若趣入安立，若趣入者所有诸相，若已趣入补特伽罗，如是一切，总略为一，名趣入地。

云何趣入自性？谓安住种性补特伽罗，本性成就涅槃种子，若于尔时有佛出世，生于中国，不生达须、篾戾车中，乃至广说，初得见佛及佛弟子，往诸承事[②]，从彼闻法，得初正信，受持净戒，摄受多闻，增长惠舍，调柔诸见。从是已后，由此法受，由此因缘，身灭坏已，度此生已，获得六处异熟所摄殊胜诸根，能作长时转胜正信生起依止，亦能与彼受持净戒，摄受多闻，增长惠舍，调柔诸见，转上转胜，转复微妙，为所依止。复由如是转上转胜，转复微妙信等诸法，更得其余殊胜异熟；由此异熟，复得

① 初瑜伽处趣入地品第二，底本与《径山藏》相同；《房山石经》《资福藏》《碛砂藏》《赵城金藏》《普宁藏》《永乐南藏》《高丽藏》“初”作“本地分中声闻地第十三初”；《房山石经》《赵城金藏》《高丽藏》无“品”字。

② 往诸承事，《房山石经》《资福藏》《碛砂藏》《赵城金藏》《普宁藏》《永乐南藏》《径山藏》《高丽藏》“诸”作“诣”。

其余随顺出世转胜善法。如是展转互为依因，互与势力，于后后生转转胜进，乃至获得最后有身，谓住于此，得般涅槃，或能趣入正性离生，是名趣入。何以故？若道若路，若正行迹，能得涅槃，能趣涅槃，彼于尔时能升能入，能正行履，渐次趣向，至极究竟，是故说此，名已趣入。如是名为趣入自性[①]。

云何建立趣入？谓或有种性，或有趣入，或有将成熟，或有已成熟，或有唯趣入，非将成熟，非已成熟；或有亦趣入，亦将成熟，非已成熟；或有亦趣入，亦已成熟，非将成熟；或有非趣入，非将成熟，非已成熟。

云何有种性？谓如前说。

云何有趣入？谓住种性补特伽罗，最初获得昔所未得于诸如来正觉正说法毗奈耶所有正信，受持净戒，摄受多闻，增长惠舍，调柔诸见，是名趣入。

云何将成熟？谓即如是已得趣入补特伽罗，除所获得最后有身，谓住于此[②]，得般涅槃，或能趣入正性离生。从趣入后，于后后生修集诸根，转上转胜，转复微妙。是名将成熟。

云何已成熟？谓所获得最后有身，若住于此，得般涅槃，或能趣入正性离生，是名已成熟。

云何唯趣入，非将成熟，非已成熟？谓初获得于诸如来正觉正说法毗奈耶所有正信，广说乃至调柔诸见，未从此后复经一生，是名唯趣入，非将成熟，非已成熟。

云何亦趣入，亦将成熟，非已成熟？谓初获得于诸如来正觉正说法

① 如是名为趣入自性，《房山石经》《资福藏》《碛砂藏》《赵城金藏》《普宁藏》《永乐南藏》《径山藏》《高丽藏》“性”作“姓”。

② 谓住于此，底本与《房山石经》《资福藏》《赵城金藏》《径山藏》《高丽藏》相同；《碛砂藏》《普宁藏》《永乐南藏》“于”作“故”。

毗奈耶所有正信，广说乃至调柔诸见，从此已后，复经一生，或二或多，而未获得最后有身，谓住于此，得般涅槃，余如前说，是名亦趣入，亦将成熟，非已成熟。

云何亦趣入，亦已成熟，非将成熟？谓即如是已得趣入补特伽罗，复已获得最后有身，若住于此，得般涅槃，余如前说，是名亦已趣入，亦已成熟，非将成熟。

云何非已趣入，非将成熟，非已成熟？谓即如是有涅槃法补特伽罗，唯住种性，而未趣入，是名非已趣入，非将成熟，非已成熟补特伽罗，然有堪能，定当趣入，当得成熟。复有一类补特伽罗，定无堪能，当得趣入，当得成熟，谓离种性，无涅槃法补特伽罗。当知如是补特伽罗无种性故，定无堪能，当得趣入及当成熟，何况当能得般涅槃？

当知此中如是一切补特伽罗，六位所摄。何等为六？一、有堪能补特伽罗；二、成就下品善根补特伽罗；三、成就中品善根补特伽罗；四、成就上品善根补特伽罗；五、究竟方便补特伽罗；六、已到究竟补特伽罗。

云何堪能补特伽罗？谓安住种性补特伽罗，而未获得最初于佛正觉正说法毗奈耶所有正信，广说乃至调柔诸见。是名堪能补特伽罗。

云何成就下品善根补特伽罗？谓安住种性补特伽罗，已能获得最初于佛正觉正说法毗奈耶所有正信，广说乃至调柔诸见，是名成就下品善根补特伽罗。

云何成就中品善根补特伽罗？谓安住种性补特伽罗，已能获得最初于佛正觉正说法毗奈耶所有正信，广说乃至调柔诸见，从是已后，或经一生，或二或多，展转胜进，而未获得最后有身，谓住于此，能般涅槃，或能趣入正性离生，是名成就中品善根补特伽罗。

云何成就上品善根补特伽罗？谓即如是展转胜进补特伽罗，已能获得最后有身，若住于此，能般涅槃，或能趣入正性离生，是名成就上品善根补特伽罗。

云何名为究竟方便补特伽罗？谓已获得最后有身补特伽罗，为尽诸漏，听闻正法，或得无倒教授教诫，正修加行，而未能得遍一切种诸漏永尽，未到究竟，如是名为究竟方便补特伽罗。

云何名为已到究竟补特伽罗？谓即如是补特伽罗，为尽诸漏听闻正法，获得无倒教授教诫，如是如是正修加行，已能获得遍一切种诸漏永尽，所作已办，究竟获得第一清凉，如是名为已到究竟补特伽罗。

当知此中堪能种类补特伽罗，即以种性为依为住，便能获得下品善根及能趣入①；既趣入已，下品善根为依为住，复能获得中品善根，以此善根，而自成熟。彼于如是自成熟时，中品善根为依为住，复能获得上品善根，已得成熟。彼由如是上品善根修集为因所得自体，复能修集转胜资粮，由是触证心一境性，复能趣入正性离生，证预流果，或一来果，或不还果，而未能证最胜第一阿罗汉果，如是名为究竟方便补特伽罗。若已证得一切烦恼皆悉永断阿罗汉果，尔时名为已到究竟补特伽罗。

此则显示由初、中、后一切声闻所修正行，所立六种补特伽罗：由有种性声闻正行，显示最初补特伽罗；由到究竟声闻正行，显示最后补特伽罗；由余声闻所修正行，显示中间补特伽罗。

问：已得趣入补特伽罗，为有定量，一切时等，得般涅槃，为无定量，一切时分而不齐等，得般涅槃？

答：无有定量，亦非一切时分齐等，得般涅槃，然随所应，如所遇缘有差别故，而般涅槃。当知此中或有一类极经久远，或有一类非极久远，或有一类最极速疾得般涅槃。谓住种性补特伽罗最极速疾般涅槃者，要经三生：第一生中，最初趣入；第二生中，修令成熟；第三生中，修成熟已，

① 便能获得下品善根及能趣入，底本与《资福藏》《碛砂藏》《赵城金藏》《普宁藏》《永乐南藏》《径山藏》《高丽藏》相同；《房山石经》“便”作“使”。

或即此身得般涅槃，或若不得般涅槃者，必入学位，方可夭没，极经七有，得般涅槃。如是名为趣入安立。

云何名为已趣入者所有诸相？谓安住种性补特伽罗才已趣入，设转余生，于自大师及善说法毗奈耶中虽复妄念，若遇世间现有恶说法毗奈耶及有善说法毗奈耶，虽久听闻以无量门赞美恶说法毗奈耶有胜功德，而不信解爱乐修行，亦不于彼而求出家。设暂出家，才得趣入，寻复速疾弃舍退还。为性于彼不乐安住，如蜜生虫，置之酽酢，或如受乐受妙欲者置淤泥中[①]。彼由宿世妙善因力所任持故[②]。若暂听闻赞美善说法毗奈耶少分功德，或全未闻。虽暂少闻，或全未闻，而能速疾信解，趣入爱乐修行，或求出家。既出家已，毕竟趣入，终无退转。为性于此爱乐安住，如蜜生虫，置之上蜜；或如受乐受妙欲者置胜欲中[③]。彼由宿世妙善因力所任持故，是名第一已得趣入补特伽罗已趣入相。

复有所余已得趣入补特伽罗已趣入相，谓虽未得能往一切要趣[④]、无暇烦恼离系，而能不生恶趣、无暇。世尊依此已得趣入补特伽罗，密意说言："若有世间上品正见，虽历千生，不堕恶趣。"彼若已入上品善根，渐向成熟；尔时便能不生无暇及余恶趣。是名第二已得趣入补特伽罗已趣入相。

---

① 或如受乐受妙欲者置淤泥中，底本与《资福藏》《碛砂藏》《永乐南藏》《径山藏》相同；《房山石经》《赵城金藏》《高丽藏》"受乐"作"爱乐"；《普宁藏》"受妙"作"爱妙"。

② 彼由宿世妙善因力所任持故，底本与《房山石经》《资福藏》《赵城金藏》《径山藏》《高丽藏》相同；《碛砂藏》《普宁藏》《永乐南藏》"任"作"住"。

③ 或如受乐受妙欲者置胜欲中，底本与《资福藏》《碛砂藏》《永乐南藏》《径山藏》相同；《房山石经》《赵城金藏》《普宁藏》《高丽藏》"受乐"作"爱乐"；《赵城金藏》"置"作"最"。

④ 谓虽未得能往一切要趣，底本与《资福藏》《碛砂藏》《普宁藏》《永乐南藏》《径山藏》相同；《房山石经》《赵城金藏》《高丽藏》"要"作"恶"。

复有所余已得趣入补特伽罗已趣入相，谓蹔闻佛或法或僧胜功德已，便得随念清净信心，引发广大出离善法。数数缘念，融练净心，身遂毛竖，悲泣雨泪，是名第三已得趣入补特伽罗已趣入相。

复有所余已得趣入补特伽罗已趣入相，谓性成就猛利惭愧，于所现行诸有罪处深生羞耻，是名第四已得趣入补特伽罗已趣入相。

复有所余已得趣入补特伽罗已趣入相，谓于受持、读诵、请问、思惟、观行、求善法中，有深欲乐、猛利欲乐，是名第五已得趣入补特伽罗已趣入相。

复有所余已得趣入补特伽罗已趣入相，谓于一切无罪事业修集一切善品加行正方便中，能善修集，坚固发起，长时发起，决定发起，是名第六已得趣入补特伽罗已趣入相。

复有所余已得趣入补特伽罗已趣入相，谓彼为性尘垢微薄，烦恼羸劣，虽起诸缠；而不长时相续久住，无谄无诳，能制憍慢我、我所执，好取功德，憎背过失，是名第七已得趣入补特伽罗已趣入相。

复有所余已得趣入补特伽罗已趣入相，谓能善巧藏护其心；于诸广大所应证处不自轻懱，不自安处无力能中，其所信解增多猛威①，是名第八已得趣入补特伽罗已趣入相。

如是等类已得趣入补特伽罗已趣入相，当知无量，我于是中已说少分。如是诸相，若有安住下品善根而趣入者，当知下品，名有间隙，未能无间，未善清净；若有安住中品善根而趣入者，当知中品；若有安住上品善根而趣入者；当知上品，无有间隙，已能无间，已善清净。如是名为已得趣入补特伽罗已趣入相。成就如是趣入相者，当知堕在已趣入数。应知如是安住种性、已得趣入补特伽罗所有众多吉祥士相，唯佛世尊及到第一究竟

① 其所信解增多猛威，底本与《资福藏》《碛砂藏》《普宁藏》《永乐南藏》《径山藏》相同；《房山石经》《赵城金藏》《高丽藏》“威”作“盛”。

弟子，以善清净胜妙智见现见现证，随其种性，随所趣入，如应救济。

云何名为已得趣入补特伽罗？谓或有已得趣入补特伽罗，唯已趣入，未将成熟，未已成熟，未得出离；或有亦已趣入，亦将成熟，未已成熟，未得出离；或有亦已趣入，亦已成熟，未得出离，随欲而行。如是差别，应知如前，已辨其相。复有所余如种性地说软根等补特伽罗所有差别，今于此中，如其所应，亦当了知所有差别。

如是所说，若趣入自性，若趣入安立，若已趣入者所有诸相，若已趣入补特伽罗，一切总说名趣入地。

瑜伽师地论卷第二十二

本地分中声闻地初瑜伽处出离地品第三之一[①]

如是已说趣入地。云何出离地？嗢柁南曰[②]：

若世间离欲，如是出世间，

及此二资粮，是名出离地。

谓若由世间道而趣离欲，若由出世道而趣离欲，若此二道所有资粮，总略为一，名出离地。

云何名为由世间道而趣离欲？谓如有一，于下欲界观为麤相，于初静虑离生喜乐若定若生观为静相。彼由多住如是观时，便于欲界而得离欲，亦能证入最初静虑。如是复于初静虑上，渐次如应，一切下地观为麤相，一切上地观为静相。彼由多住如是观时，便于乃至无所有处而得离欲；亦能证入乃至非想非非想处。如是名为由世间道而趣离欲，除此更无若过若增。

云何名为由出世道而趣离欲？谓如有一，亲近善士，于圣法中已成聪慧，于圣法中已得调顺，于苦圣谛如实知苦，于集圣谛如实知集，于灭圣谛如实知灭，于道圣谛如实知道；既得成就有学智见，从此已后渐修圣道，遍于三界见修所断一切法中，自能离系自得解脱，如是便能超过三界。如是名为由出世道而趣离欲。

---

① 本地分中声闻地初瑜伽处出离地品第三之一，底本与《径山藏》相同；《房山石经》《资福藏》《碛砂藏》《普宁藏》《永乐南藏》《高丽藏》“初”作“第十三初”；《房山石经》《普宁藏》《高丽藏》无“品”字。

② 嗢柁南曰，底本与《资福藏》《碛砂藏》《普宁藏》《永乐南藏》《径山藏》相同；《房山石经》《赵城金藏》《高丽藏》“柁”作“拕”，下同。

云何名为二道资粮？嗢柁南曰：

自他圆满善法欲，戒根律仪食知量，

悎寤正知住善友[①]，闻思无障舍庄严。

谓若自圆满，若他圆满，若善法欲，若戒律仪，若根律仪，若于食知量，若初夜、后夜常勤修习悎寤瑜伽，若正知而住，若善友性，若闻正法，若思正法，若无障碍，若修惠舍，若沙门庄严，如是等法，是名世间及出世间诸离欲道趣向资粮。当知此中若自圆满，若他圆满，若善法欲，此三如前修集种子诸劣缘中已辩其相[②]。

云何戒律仪？嗢柁南曰：

戒律仪当知，辨三亏满十，

六异门三净，胜功德十种。

戒律仪者，谓如有一，安住具戒，广说乃至受学学处。

云何名为安住具戒？谓于所受学所有学处，不亏身业，不亏语业，无缺无穿，如是名为安住具戒。

云何名为善能守护别解律仪[③]？谓能守护七众所受别解律仪。即此律仪众差别故，成多律仪。今此义中唯依苾刍律仪处说，善能守护别解律仪。

云何名为轨则圆满？谓如有一，或于威仪路，或于所作事，或于善品加行处所，成就轨则，随顺世间，不越世间，随顺毗奈耶，不越毗奈耶。

云何名为于威仪路成就轨则，随顺世间，不越世间，随顺毗奈耶，

---

① 悎寤正知住善友，底本与《资福藏》《碛砂藏》《永乐南藏》《径山藏》相同；《房山石经》《普宁藏》《高丽藏》“悎”作“觉”，下同。

② 此三如前修集种子诸劣缘中已辩其相，底本与《资福藏》《碛砂藏》《永乐南藏》《径山藏》相同；《房山石经》《普宁藏》《高丽藏》“辩”作“辨”，下同。

③ 云何名为善能守护别解律仪，底本与《资福藏》《碛砂藏》《永乐南藏》《径山藏》相同；《房山石经》《普宁藏》《高丽藏》“解”作“解脱”。

不越毗奈耶？谓如有一，于所应行，于如所行，即于此中如是而行。由是行故，不为世间之所讥毁，不为贤良、正至、善士、诸同法者、诸持律者、诸学律者之所呵责。如于所行，于其所住、所坐、所卧当知亦尔。如是名为于威仪路成就轨则，随顺世间，不越世间，随顺毗奈耶，不越毗奈耶。

云何名为于所作事成就轨则，随顺世间，不越世间，随顺毗奈耶，不越毗奈耶？谓如有一，于其所作，若衣服事，若便利事，若用水事，若杨枝事，若入聚落行乞食事，若受用事，若荡钵事，若安置事，若洗足事，若为敷设卧具等事。即此略说衣事、钵事，复有所余如是等类诸所应作，名所作事。如其所应，于所应作，于如所作，即于此中如是而作。由是作故，不为世间之所讥毁，不为贤良、正至、善士、诸同法者、诸持律者、诸学律者之所呵责。如是名为于所作事成就轨则，随顺世间，不越世间，随顺毗奈耶，不越毗奈耶。

云何名为于诸善品加行处所成就轨则，随顺世间，不越世间，随顺毗奈耶，不越毗奈耶？谓于种种善品加行，若于正法，受持、读诵；若于尊长，修和敬业，参覲承事；若于病者，起慈悲心，殷重供侍；若于如法，宣白加行，住慈悲心，展转与欲；若于正法，请问听受，翘勤无堕[①]；于诸有智同梵行者，尽其身力，而修敬事；于他善品，常勤赞励，常乐为他宣说正法；入于静室，结加趺坐[②]，系念思惟。如是等类，诸余无量所修善法，皆说名为善品加行。彼于如是随所宣说善品加行，如其所应，于所应作，于如所作，即于此中如是而作；由是作故，不为世间之所讥毁，不为贤良、正至、善士、诸同法者、诸持律者、诸学律者之所呵责。如是名为于诸善品加

① 翘勤无惰，底本与《资福藏》《碛砂藏》《普宁藏》《永乐南藏》《径山藏》相同；《房山石经》《赵城金藏》《高丽藏》“惰”作“堕”。

② 结加趺坐，底本与《资福藏》《碛砂藏》《普宁藏》《永乐南藏》《径山藏》相同；《房山石经》《赵城金藏》《高丽藏》“加趺”作“跏趺”。

行处所成就轨则，随顺世间，不越世间，随顺毗奈耶，不越毗奈耶。若于如是所说行相，轨则差别悉皆具足，应知说名轨则圆满。

云何名为所行圆满？谓诸苾刍略有五种非所行处。何等为五？一、唱令家；二、婬女家；三、酤酒家；四、国王家；五、旃荼罗羯耻那家。若于如是如来所制非所行处能善远离，于余无罪所有行处知时而行，如是名为所行圆满。

云何名为于微小罪见大怖畏？谓于诸小、随小学处，若有所犯，可令还净，名微小罪。于诸学处，现行毁犯，说名为罪。既毁犯已，少用功力，而得还净，说名微小，由是因缘，名微小罪。云何于中见大怖畏？谓作是观："勿我于此毁犯因缘①，无复堪能得所未得，触所未触，证所未证；勿我由此近诸恶趣，往诸恶趣；我当自责②，或为大师、诸天、有智同梵行者以法呵责；勿我由此通诸方维③，恶名、恶称、恶声、恶颂遐迩流布。"彼于如是现法、当来毁犯因生诸非爱果，见大怖畏，由是因缘，于小、随小所有学处，命难因缘，亦不故犯。或时或处，失念而犯，寻便速疾如法发露，令得还净。如是名为于微小罪见大怖畏。

云何名为受学学处？谓于先受别解脱戒，白四羯磨，受具戒时，从戒师所得闻少分学处体性，复从亲教、轨范师处得戒所余别解脱经④，总略宣说过于二百五十学处，皆自誓言："一切当学。"复从所余恒言议者、同言议者、常交往者、有亲爱者闻所学处，复于半月常所宣说别解脱经闻所

① 勿我于此毁犯因缘，底本与《资福藏》《碛砂藏》《普宁藏》《永乐南藏》《径山藏》相同；《房山石经》《高丽藏》"于"作"由"。

② 我当自责，底本与《资福藏》《碛砂藏》《永乐南藏》《径山藏》相同；《房山石经》《普宁藏》《高丽藏》"我"作"或"。

③ 勿我由此通诸方维，底本与《资福藏》《碛砂藏》《永乐南藏》《径山藏》相同；《房山石经》《普宁藏》《高丽藏》"通"作"遍"。

④ 轨范师处得戒所余别解脱经，底本与《碛砂藏》《永乐南藏》《径山藏》相同；《房山石经》《资福藏》《普宁藏》《高丽藏》"戒"作"闻"。

学处，一切自誓：“皆当修学。”以于一切所应学处皆受学故，说名获得别解律仪。从此以后，于诸学处若已善巧，便能无犯；设有所犯，寻如法悔。若诸学处未得善巧，未能晓悟，由先自誓愿受持故，复于今时求受善巧[①]，欲求晓悟，于如前说诸所学处，从亲教师或轨范师如先请问；既得善巧及晓悟已，随所教诲，无增无减，复能受学。又于尊重及等尊重所说学处，若文若义，能无倒受。如是名为受学学处。

如是广辩戒律仪已。云何应知此中略义？谓于是中世尊显示戒蕴略义有三种相：一者，无失坏相；二者，自性相；三者，自性功德相。此复云何？谓若说言安住具戒，由此显示尸罗律仪无失坏相。若复说言能善守护别解律仪，由此显示尸罗律仪自性相。若复说言轨则、所行皆悉圆满，由此显示别解律仪如其所受，观他增上自性功德相。所以者何？由他观见如是轨则、所行圆满，未信者信，信者增长，由是发生清净信处，心无厌恶，言不讥毁。若异于此具足尸罗、轨则、所行皆圆满者，观他增上所有功德胜利，应无；与此相违过失，应有。若复说言于微小罪见大怖畏、受学学处，由此显示别解律仪如其所受观自增上自性功德相。所以者何？虽由如是轨则、所行皆悉圆满，获得如前观他增上功德胜利，然由毁犯净戒因缘，当生恶趣，或无堪能得所未得，如前广说。若能于彼微小罪中见大怖畏；于先所受上品学处能正修学，由是因缘，身坏已后，当生善趣，亦有堪能得所未得，如前广说，由是因缘，说此名为别解律仪如其所受观自增上功德胜利。

复有异门，谓佛世尊此中略显三种戒性：一、受持戒性；二、出离戒性；三、修习戒性。谓若说言安住具戒，由此显示受持戒性。若复说言能善守护别解律仪，由此显示出离戒性。所以者何？别解律仪所摄净戒，当知

① 复于今时求受善巧，底本与《房山石经》《资福藏》《碛砂藏》《永乐南藏》《径山藏》相同；《普宁藏》《高丽藏》“复”作“得”。

说名增上戒学；即依如是增上戒学，修增上心、增上慧学；由此能得一切苦尽究竟出离。如是出离，用增上戒以为前行所依止处，是故说此别解律仪名出离戒性。若复说言轨则、所行皆悉圆满，于微小罪见大怖畏、受学学处，由此显示修习戒性。所以者何？若由如是所说诸相别解律仪修习净戒，名善修习极善修习。如是一种尸罗律仪现前宣说，当知六种。

又即如是尸罗律仪，由十因缘，当知亏损；即此相违十因缘故，当知圆满。云何十种亏损因缘？一者，最初恶受尸罗律仪；二者，太极沈下；三者，太极浮散[1]；四者，放逸懈怠所摄；五者，发起邪愿；六者，轨则亏损所摄；七者，净命亏损所摄；八者，堕在二边；九者，不能出离；十者，所受失坏。

云何名为最初恶受尸罗律仪？谓如有一，王所逼迫，而求出家，或为狂贼之所逼迫，或为债主之所逼迫，或为怖畏之所逼迫，或不活畏之所逼迫，而求出家，不为沙门性，不为婆罗门性，不为自调伏，不为自寂静，不为自涅槃而求出家，如是名为最初恶受尸罗律仪。

云何名为太极沈下？谓如有一，性无羞耻，恶作羸劣，为性慢缓，于诸学处所作慢缓，如是名为太极沈下。

云何名为太极浮散？谓如有一，坚执恶取，非处恶作，于不应作诸恶作中浪作恶作，非处于他起轻懱心或恼害心[2]，于其非处强生晓悟，如是名为太极浮散。

云何放逸懈怠所摄？谓如有一，由过去世毁犯所犯，于此毁犯，由失念故，一类不能如法还净。如由过去，由未来世，由现在世，当知亦尔，谓

① 太极浮散，底本与《房山石经》《资福藏》《碛砂藏》《永乐南藏》《径山藏》相同；《普宁藏》《高丽藏》“太”作“大”。

② 非处于他起轻懱心或恼害心，底本与《资福藏》《碛砂藏》《普宁藏》《永乐南藏》《径山藏》相同；《房山石经》《高丽藏》“懱”作“蔑”。

毁犯所犯，于此毁犯，由失念故，一类不能如法还净。又非先时于所毁犯，发起猛利无犯乐欲，谓我定当如如所行，如如所住，如是如是行于所行，如是如是住于所住，于所毁犯终不毁犯，由是因缘，随所行住，如是如是毁犯所犯。由此成就前际俱行、后际俱行、中际俱行，先时所作及俱随行所有放逸。又自执取睡眠为乐，偃卧为乐，胁卧为乐，性不翘勤，为性懒惰，不具起发，于诸有智同梵行者，不能时时觐问供事。是名放逸懈怠所摄。

云何名为发起邪愿？谓如有一，依止邪愿修行梵行，言我所有若戒若禁，若常精勤；若修梵行，当得生天或余天处，或复爱乐利养恭敬，而修梵行，谓因此故，从他希求利养恭敬，即于如是利养恭敬，深生染著。如是名为发起邪愿。

云何轨则亏损所摄？谓如有一，于威仪路，或所作事，或诸善品加行处所所有轨则，不顺世间，违越世间，不顺毗奈耶，违越毗奈耶，准前广说[①]，是名轨则亏损所摄。

云何净命亏损所摄？谓如有一，为性大欲，不知喜足，难养难满，常以非法追求衣服、饮食、卧具、病缘医药及诸资具，不以正法。又为贪求种种衣服、饮食、卧具、病缘医药资具因缘，方便显己有胜功德，矫诈构集，非常威仪。为诳他故，恒常诈现诸根无掉，诸根无动，诸根寂静，由是令他谓其有德，当有所施，当有所作，所谓承事供给衣服、饮食、卧具、病缘医药及诸资具。

又多凶勃[②]，强口矫傲，修饰其名，执恃种姓[③]。或求多闻，或任持

① 准前广说，底本与《资福藏》《碛砂藏》《永乐南藏》《径山藏》相同；《房山石经》《普宁藏》《高丽藏》“准”作“如”。

② 又多凶勃，底本与《房山石经》《资福藏》《碛砂藏》《永乐南藏》《径山藏》相同；《普宁藏》《高丽藏》“勃”作“悖”。

③ 执恃种姓，底本与《资福藏》《碛砂藏》《永乐南藏》《径山藏》相同；《房山石经》《普宁藏》《高丽藏》“种姓”作“种性”。

法[①]，为利养故，亦复为他宣说正法，或佛所说，或弟子说。或自宣说己实有德，或少增益。或于他前方便现相，为求衣服，或求随一沙门资具。或为求多，或求精妙，虽无匮乏，而现彼服故弊衣裳[②]，为令净信长者、居士、婆罗门等知其衣服有所匮乏，殷重承事，合施众多上妙衣服[③]，如为衣服，为余随一沙门资生众具亦尔。

或于净信长者、居士、婆罗门所，如其所欲，不得称遂，或彼财物有所阙乏，求不得时，即便强逼，研磨麤语，而苦求索。或彼财物无所阙乏，得下劣时，便对施主现前毁弃所得财物，如是告言："咄哉！男子！某善男子，某善女人，方汝族姓及以财宝极为下劣，又极贫匮，而能惠施如是如是多妙悦意资产众具。汝望于彼，族姓尊贵，财宝丰饶，何为但施如是少劣非悦意物？"彼由如是，或依矫诈，或邪妄语，或假现相，或苦研逼，或利求利种种状相，而从他所非法希求所有衣服、饮食、卧具、病缘医药诸资生具，非以正法而有所求，由非法故，说名邪命。如是名为尸罗净命亏损所摄。

云何名为堕在二边？谓如有一，躭著受用极乐行边，从他所得，或法、非法，所有衣服、饮食、卧具、病缘医药及诸资具，爱玩受用不观过患，不知出离，是名一边。复有一类，好求受用自苦行边，以无量门而自煎迫，受极苦楚[④]，谓依棘刺，或依灰坌，或依木杵，或依木板，或狐蹲住，或狐蹲坐，脩断瑜伽，或复事火，谓乃至三承事于火，或复升水，谓乃至

① 或任持法，底本与《资福藏》《碛砂藏》《永乐南藏》《径山藏》相同；《房山石经》《普宁藏》《高丽藏》"任"作"住"。

② 而现彼服故弊衣裳，底本与《碛砂藏》《径山藏》相同；《房山石经》《资福藏》《普宁藏》《永乐南藏》《高丽藏》"彼"作"被"。

③ 合施众多上妙衣服，底本与《资福藏》《碛砂藏》《永乐南藏》《径山藏》相同；《房山石经》《普宁藏》《高丽藏》"合"作"给"。

④ 受极苦楚，底本与《资福藏》《碛砂藏》《普宁藏》《永乐南藏》《径山藏》《高丽藏》相同；《房山石经》"楚"作"禁"。

三，升上其水，或一足住，随日而转，或复所饮[1]。如是等类，修自苦行，是第二边。如是名为堕在二边。

云何名为不能出离？谓如有一，或戒或禁，由见执取，谓我因此若戒若禁，当得清净解脱出离。一切外道所有禁戒，虽善防护。虽善清净，如其清净，不名出离。如是名为不能出离。

云何名为所受失坏？谓如有一，都无羞耻，不顾沙门，毁犯净戒，习诸恶法，内坏腐败[2]，外现真实[3]。犹如净水所生蜗牛，螺音狗行，实非沙门自称沙门，实非梵行自称梵行。如是名为所受失坏。

略由如是十种因缘，名戒亏损。世尊或说尸罗亏损，或时复说尸罗艰难。当知于彼诸因缘中，由二因缘，谓不能出离及所受失坏；由余因缘，当知唯说尸罗亏损。与此安立黑品因缘相违白品所有因缘，当知说名尸罗圆满，尸罗清净。

有处世尊宣说尸罗名为根本。知伽他说[4]：

若善住根本，其心便寂静，

因圣见恶见，相应不相应。

有处世尊宣说尸罗名庄严具。如伽他说：

苾刍苾刍尼，戒庄严圆满，

于不善能舍，于善能修习。

有处世尊宣说尸罗名为涂香。如伽他说：

---

① 或复所饮，底本与《碛砂藏》《永乐南藏》《径山藏》相同；《房山石经》《资福藏》《普宁藏》《高丽藏》“饮”作“余”。

② 内坏腐败，底本与《资福藏》《碛砂藏》《永乐南藏》《径山藏》相同；《房山石经》《普宁藏》《高丽藏》“坏”作“怀”。

③ 外现真实，底本与《永乐南藏》《径山藏》相同；《房山石经》《资福藏》《碛砂藏》《普宁藏》《高丽藏》“真”作“贞”。

④ 知伽他说，《房山石经》《资福藏》《碛砂藏》《普宁藏》《永乐南藏》《径山藏》《高丽藏》“知”作“如”。

苾刍苾刍尼，戒涂香圆满，

于不善能舍，于善能修习。

有处世尊宣说尸罗名为薰香。如伽他说：

阿难有香类，顺风善能薰，

逆风亦能薰，顺逆薰亦尔。

有处世尊宣说尸罗名为妙行。如伽他说：

身妙行能感，可爱诸异熟，

于现法当来，语妙行亦尔。

有处世尊宣说尸罗名为律仪。如伽他说：

诸有惠施主，具戒住律仪，

有阿笈摩见，及有果正见。

复有说言安住具戒，善能守护别解律仪，乃至广说。

问：何缘世尊宣说尸罗名为根本？

答：能建立义，能任持义，是根本义。由此尸罗建立任持一切世间及出世间，能引无罪最胜第一快乐功德，令生令证，是故尸罗说名根本。譬如大地，建立任持一切药草、卉木、丛林，令生令长。如是尸罗，如前广说。

问：何缘世尊宣说尸罗名庄严具？

答：诸余世间耳环、指环、腕钏、臂钏及以宝印、金银、鬘等妙庄严具，若有成就幼稚黑发，少年盛壮，姝妙形色，而服饰之，少增妙好，非有成就朽老衰迈[①]，齿落发白，年逾八十，或九十者，而服饰之，当有妙好。唯除俳戏，令众欢笑[②]。若遭病苦，财货匮乏，亲感丧亡，当尔服之，亦无

① 非有成就朽老衰迈，底本与《资福藏》《碛砂藏》《普宁藏》《永乐南藏》《径山藏》《高丽藏》相同；《房山石经》“老衰”作“衰老”。

② 令众欢笑，底本与《资福藏》《碛砂藏》《普宁藏》《永乐南藏》《径山藏》《高丽藏》相同；《房山石经》“欢笑”作“笑欢”。

妙好。戒庄严具于一切类，于一切时，若有服者，皆为妙好，是故尸罗名庄严具。

问：何缘世尊宣说尸罗名为塗香？

答：由此所受清净无罪妙善尸罗，能正除遣一切所受恶戒为因身心热恼。譬如最极炎炽热时，塗以栴檀、龙脑香等，一切郁蒸皆得除灭。是故尸罗说名塗香。

问：何缘世尊宣说尸罗名为薰香？

答：具戒士夫补特伽罗，遍诸方域，妙善称誉，声颂普闻。譬如种种根茎香等，随风飘飏，遍诸方所，悦意芬馥，周流弥远。是故尸罗名为薰香。

问：何缘世尊宣说尸罗名为妙行？

答：由此尸罗清净善行，能趣妙乐，往妙天趣，向妙安隐，故名妙行。

问：何缘世尊宣说尸罗名为律仪？

答：由此尸罗清净善法，是防护性，是息除相，是远离体，故名律仪。

又戒律仪有三种观清净因相。何等为三？一、观身业；二、观语业；三、观意业。云何观察如是诸业，令戒律仪皆得清净？谓希当造及欲正造身作业时，如是观察：我此身业为能自损及以损他，是不善性，能生众苦，招苦异熟，为不自损，亦不损他，是其善性，能生诸乐，招乐异熟？如是观已，若自了知我此身业自损损他，是不善性，能生众苦，招苦异熟，即于此业摄敛不作，亦不与便。若自了知我此身业不损自他，是其善性，余如前说，即于此业而不摄敛造作与便。

复于过去已造身业亦数观察：我此身业为能自损，余如前说。如是观已，若自了知我此身业自损损他，余如前说，便于有智同梵行所，如实发露，如法悔除。若自了知我此身业不损自他，余如前说，便生欢喜，昼夜安住，多随修学。如是彼于去、来、今世所造身业，能善观察，能善清净。如于身业，于其语业，当知亦尔。

由过去行为缘生意，由未来行为缘生意，由现在行为缘生意，即于此意数数观察：我此意业为能自损，余如前说。如是观已，若自了知我此意业是其黑品，即于此业摄敛不起，不与其便。若自了知我此意业是其白品，即于此业而不敛摄，发起与便。如是于彼去、来、今世所起意业，能善观察，能善清净。所以者何？去、来、今世所有沙门，若婆罗门，于身、语、意三种业中，或已观察，或当观察，或正观察，或已清净，或当清净，或正清净，或已多住，或当多住，或正多住，一切皆由如是观察，如是清净。如佛世尊曾为长老罗怙罗说：

汝今罗怙罗，于身语意业，
应数正观察，念诸佛圣教。
罗怙罗汝应，学是沙门业，
若能于此学，唯胜善无恶。

若于如是身、语、意业审正思择：我此诸业为能自损，广说如前。是名观察若观察[①]。若于一分摄敛不作，亦不与便，广说乃至发露悔除。复于一分而不敛摄，造作与便，广说乃至便生欢喜，昼夜安住，多随修学，是名清净。

如是清净尸罗律仪，应知有十功德胜利。何等为十？谓诸所有具戒士夫补特伽罗，自观戒净，便得无悔；无悔故欢；欢故生喜；由心喜故，身得轻安；身轻安故，便受胜乐；乐故心定；心得定故，能如实知，能如实见；实知见故，便能起厌；能起厌故，便得离染；由离染故，证得解脱；得解脱故，便自知见我已解脱，乃至我能于无余依般涅槃界当般涅槃。如是所有具戒士夫补特伽罗，尸罗清净增上力故，获得无悔，渐次乃至能到涅槃，是名第一尸罗律仪功德胜利。

① 是名观察若观察，底本与《资福藏》《碛砂藏》《永乐南藏》《径山藏》相同；《房山石经》《普宁藏》《高丽藏》无“若观察”字。

复有所余具戒士夫补特伽罗，于临终时起如是念：“我已善作身、语、意行，非我恶作身、语、意行，乃至广说。若有其趣，作福业者，作善业者，作能救济诸怖畏者之所应生[①]，我于斯趣，必定当往。”如是获得能往善趣第二无悔。由无悔恨所有士夫补特伽罗，名贤善死、贤善夭逝[②]、贤善过往，是名第二尸罗律仪功德胜利。

复有所余具戒士夫补特伽罗，遍诸方域，妙善称誉，声颂普闻，是名第三尸罗律仪功德胜利。

复有所余具戒士夫补特伽罗，寝安悟安，远离一切身心热恼，是名第四尸罗律仪功德胜利。

复有所余具戒士夫补特伽罗，若寝若悟，诸天保护，是名第五尸罗律仪功德胜利。

复有所余具戒士夫补特伽罗，于他凶暴，不虑其恶，无诸怖畏，心离惊恐，是名第六尸罗律仪功德胜利。

复有所余具戒士夫补特伽罗，诸喜杀者，怨雠恶友，虽得其隙，亦常保护，了知此是具戒士夫补特伽罗，或为善友，或住中平，是名第七尸罗律仪功德胜利。

复有所余具戒士夫补特伽罗，一切魍魉、药叉、宅神、非人之类，虽得其便，虽得其隙，而常保护，谓具尸罗增上力故，是名第八尸罗律仪功德胜利。

复有所余具戒士夫补特伽罗，法无艰难，从他获得种种利养，所谓衣服、饮食、卧具、病缘医药及诸资具，由依尸罗增上因力，国王、大臣及诸

① 作能救济诸怖畏者之所应生，底本与《碛砂藏》《永乐南藏》《径山藏》相同；《房山石经》《资福藏》《普宁藏》《高丽藏》“生”作“往”。

② 贤善夭逝，底本与《资福藏》《碛砂藏》《普宁藏》《永乐南藏》《径山藏》《高丽藏》相同；《房山石经》“夭”作“天”。

黎庶、饶财长者及商主等，恭敬尊重，是名第九尸罗律仪功德胜利。

复有所余具戒士夫补特伽罗，一切所愿皆得称遂。若于欲界愿乐当生或刹帝利大族姓家，或婆罗门大族姓家，或诸居士大族姓家，或诸长者大族姓家，或四大王众天，或三十三天，或夜摩天，或覩史多天，或乐化天①，或他化自在天众同分中，由戒净故，即随所愿，当得往生。若复愿乐入诸静虑现法乐住，或有色天众同分中若住若生，由戒净故，便得离欲，所愿皆遂。若复愿乐寂静胜解，超过色定，入无色定具足安住，或无色天众同分中当得往生，余如前说。若复愿乐当证最极究竟涅槃，由戒净故，便证一切究竟离欲。是名第十尸罗律仪功德胜利。

如是已说戒蕴，广辩戒蕴亏损、戒蕴圆满、戒蕴异门、戒蕴观察及以清净、戒蕴所有功德胜利。于此宣说、明了、开示一切种相最极圆满资粮所摄尸罗律仪，若有自爱乐沙门性、婆罗门性诸善男子，应勤修学。

① 或乐化天，底本与《资福藏》《碛砂藏》《永乐南藏》《径山藏》相同；《房山石经》《普宁藏》《高丽藏》“乐化”作“化乐”。

瑜伽师地论卷第二十三

本地分中声闻地初瑜伽处出离地品第三之二[①]

云何根律仪？谓如有一，能善安住密护根门，防守正念，常委正念乃至广说。

云何名为密护根门？谓防守正念，常委正念，广说乃至防护意根，及正修行意根律仪，如是名为密护根门[②]。

云何名为防守正念？谓如有一，密护根门增上力故，摄受多闻、思惟、修习，由闻、思、修增上力故，获得正念。为欲令此所得正念无忘失故，能趣证故，不失坏故，于时时中，即于多闻，若思若修，正作瑜伽，正勤修习，不息加行，不离加行。如是由此多闻、思、修所集成念，于时时中，善能防守正闻、思、修瑜伽作用。如是名为防守正念。

云何名为常委正念？谓于此念恒常所作，委细所作。当知此中恒常所作，名无间作；委细所作，名殷重作。即于如是无间所作，殷重所作，总说名为常委正念。

如其所有防守正念，如是于念能不忘失；如其所有常委正念，如是即于无忘失念得任持力。即由如是功能势力[③]，制伏色、声、香、味、触、法。

---

① 本地分中声闻地初瑜伽处出离地品第三之二，底本与《径山藏》相同；《房山石经》《资福藏》《碛砂藏》《赵城金藏》《普宁藏》《永乐南藏》《高丽藏》“初”作“第十三初”；《房山石经》《赵城金藏》《高丽藏》无“品”字。

② 如是名为密护根门，底本“护”作“故”，据《房山石经》《资福藏》《碛砂藏》《赵城金藏》《普宁藏》《永乐南藏》《径山藏》《高丽藏》改。

③ 即由如是功能势力，底本与《房山石经》《资福藏》《碛砂藏》《普宁藏》《永乐南藏》《径山藏》《高丽藏》相同；《赵城金藏》“能”作“德”。

云何名为念防护意？谓眼、色为缘生眼识，眼识无间生分别意识，由此分别意识，于可爱色色将生染著，于不可爱色色将生憎恚。即由如是念增上力，能防护此非理分别起烦恼意，令其不生所有烦恼。如是耳、鼻、舌、身广说，当知亦尔。意、法为缘生意识，即此意识有与非理分别俱行能起烦恼，由此意识，于可爱色法将生染著，于不可爱色法将生憎恚。亦由如是念增上力，能防护此非理分别起烦恼意，令其不生所有烦恼。如是名为念防护意。

云何名为行平等位？平等位者，谓或善舍，或无记舍。由彼于此非理分别起烦恼意善防护已，正行善舍、无记舍中，由是说名行平等位。如是名为行平等位。

云何于此非理分别起烦恼意能善防护？谓于色、声、香、味、触、法，不取其相，不取随好，终不依彼发生诸恶不善寻思，令心流漏。若彼有时忘失念故，或由烦恼极炽盛故，虽离取相及取随好，而复发生恶不善法，令心流漏，便修律仪。由是二相故，能于此非理分别起烦恼意能善防护。

云何此意由是二相善防护已，正行善舍，或无记舍？谓即由是二种相故。云何二相？谓如所说防护眼根，及正修行眼根律仪。如说眼根防护律仪，防护耳、鼻、舌、身、意根，及正修行意根律仪，当知亦尔。由是二相①，于其善舍、无记舍中令意正行。

云何于眼所识色中，不取其相？言取相者，谓于眼识所行色中，由眼识故，取所行相，是名于眼所识色中，执取其相。若能远离如是眼识所行境相，是名于眼所识色中，不取其相。如于其眼所识色中，如是于耳、鼻、舌、身、意所识法中，当知亦尔。

云何于眼所识色中，不取随好？取随好者，谓即于眼所识色中，眼识

① 由是二相，底本与《房山石经》《资福藏》《赵城金藏》《径山藏》《高丽藏》相同；《碛砂藏》《普宁藏》《永乐南藏》“由”作“中”。

无间俱生分别意识，执取所行境相，或能起贪，或能起瞋，或能起痴，是名于眼所识色中，执取随好。若能远离此所行相，于此所缘不生意识，是名于眼所识色中，不取随好。如于其眼所识色中，如是于耳、鼻、舌、身、意所识法中，当知亦尔。

复有余类执取其相，执取随好。言取相者，谓色境界在可见处，能生作意正现在前，眼见众色，如是名为执取其相。取随好者，谓即色境在可见处，能生作意正现在前，眼见色已，然彼先时从他闻有如是如是眼所识色，即随所闻号名[①]、句、文身，为其增上，为依为住。如是士夫补特伽罗随其所闻，种种分别眼所识色，如是名为执取随好。如于其眼所识色中，如是于耳、鼻、舌、身、意所识法中，当知亦尔。

又此取相及取随好，或有由此因缘，由此依处，由此增上发生种种恶不善法，令心流漏；或有由此因缘，由此依处，由此增上，不生种种恶不善法，令心流漏[②]。若于此中执取其相，执取随好，不如正理，由此因缘，由此依处，由此增上，发生种种恶不善法，令心流漏。彼于如是色类境界，远离取相及取随好。

云何名为恶不善法？谓诸贪欲，及贪所起诸身恶行、诸语恶行、诸意恶行，若诸瞋恚，若诸愚痴，及二所起诸身恶行、诸语恶行、诸意恶行，是名种种恶不善法。

云何由彼令心流漏？谓若于彼彼所缘境界，心、意、识生，游行流散，即于彼彼所缘境界，与心、意、识种种相应，能起所有身、语恶行贪瞋痴生，游行流散，是名由彼令心流漏。

---

① 即随所闻号名，底本与《资福藏》《碛砂藏》《普宁藏》《永乐南藏》《径山藏》相同；《房山石经》《赵城金藏》《高丽藏》无“号”字。

② 令心流漏，底本与《房山石经》《资福藏》《碛砂藏》《普宁藏》《永乐南藏》《径山藏》《高丽藏》相同；《赵城金藏》“令”作“念”。

如是于眼所识色中，乃至于意所识法中，执取其相及取随好，由是发生种种杂染，彼于取相及取随好能远离故，便不发生种种杂染。若由忘念，或由烦恼极炽盛故，虽独闲居，由先所见眼所识色增上力故，或先所受耳、鼻、舌、身、意所识法增上力故，发生种种恶不善法，随所发生，而不执著，寻便断灭，除弃变吐，是名于彼修行律仪。

若了其眼所识色中，应策眼根，及于其耳、鼻、舌、身、意所识法中，应策意根，即便于彼作意策发，如是策发，令不杂染，由是因缘，于此杂染防护眼根，广说乃至防护意根，如是名为防护眼根，广说乃至防护意根。若于其眼所识色中，不应策发所有眼根，及于其耳、鼻、舌、身、意所识法中，不应策发所有意根，即便于彼遍一切种而不策发，不策发故，令不杂染，由是因缘，于此杂染修根律仪，如是名为能正修行眼根律仪，广说乃至能正修行意根律仪。

如是应知已广分别根律仪相。云何当知此中略义？此略义者，谓若能防护，若所防护，若从防护，若如防护，若正防护，如是一切，总略为一，名根律仪。令于此中[①]，谁能防护？谓防守正念，及所修习常委正念，是能防护。何所防护？谓防护眼根，防护耳、鼻、舌、身、意根，是所防护。从何防护？谓从可爱、不可爱色，广说乃至从其可爱、不可爱法，而正防护。如何防护？谓不取相，不取随好。若依是处，发生种种恶不善法，令心流漏，即于此处，修行律仪。防守根故，名修律仪。如是防护。何者正防护？谓由正念，防护于意，行平等位，是名正防护。

又略义者，谓若防护方便，若所防护事，若正防护，如是一切，总略为一，名根律仪。此中，云何防护方便？谓防守正念，常委正念。眼见色已，不取其相，不取随好，广说乃至意知法已，不取其相，不取随好。若依是

① 令于此中，底本与《碛砂藏》《普宁藏》《永乐南藏》《径山藏》相同；《房山石经》《资福藏》《赵城金藏》《高丽藏》“令”作“今”。

处，发生种种恶不善法，令心流漏，即于是处，修行律仪。防守根故，名修律仪。如是名为防护方便。云何名为所防护事？所谓眼、色乃至意、法，如是名为所防护事。此中，云何名正防护？谓如说言，由其正念，防护于意，行平等位，名正防护。

又根律仪略有二种：一者，思择力所摄；二者，修习力所摄。思择力所摄根律仪者，谓于境界深见过患，不能于此所有过患除遣断灭。修习力所摄根律仪者，谓于境界深见过患，亦能于此所有过患除遣断灭。又由思择力所摄根律仪故，于所缘境，令烦恼缠不复生起，不复现前，而于依附所依随眠，不能断除，不能永伏[①]。由修习力所摄根律仪故，于所缘境，烦恼随眠不复生起，不复现前，一切时分依附所依所有随眠，亦能断除，亦能永拔。

如是思择力所摄根律仪、修习力所摄根律仪，有此差别，有此意趣，有此殊异。当知此中，思择力所摄根律仪，是资粮道所摄；修习力所摄根律仪，当知堕在离欲地摄。

云何名为于食知量？谓如有一，由正思择，食于所食，不为倡荡，不为憍逸，不为饰好，不为端严，乃至广说。

云何名为由正思择，食于所食？正思择者，如以妙慧等随观察段食过患[②]，见过患已深生厌恶，然后吞咽。

云何名为观见过患？谓即于此所食段食，或观受用种类过患，或观变异种类过患，或观追求种类过患。

云何受用种类过患？谓如有一，将欲食时，所受段食，色、香、味、触

① 不能永伏，底本与《资福藏》《碛砂藏》《普宁藏》《永乐南藏》《径山藏》相同；《房山石经》《赵城金藏》《高丽藏》“伏”作“拔”。

② 如以妙慧等随观察段食过患，底本与《资福藏》《碛砂藏》《赵城金藏》《普宁藏》《永乐南藏》《径山藏》《高丽藏》相同；《房山石经》“妙”作“如”。

皆悉圆满，甚为精妙。从此无间，进至口中，牙齿咀嚼，津唾浸烂，涎液缠裹，转入咽喉。尔时，此食先曾所有悦意妙相一切皆舍，次后转成可恶秽相，当转异时，状如变吐。能食士夫补特伽罗，若正思念此位秽相，于余未变一切精妙所受饮食，初尚不能住食欣乐，况于此位。由如是等非一相貌渐次受用增上力故，令其饮食净妙相没，过患相生，不净所摄，是名于食受用种类所有过患。

云何转变种类过患？谓此饮食既噉食已，一分消变，至中夜分，或后夜分，于其身中便能生起养育增长血肉、筋脉、骨、髓皮等非一众多种种品类诸不净物；次后一分，变成便秽，变已趣下，展转流出，由是日日数应洗净，或手或足，或余支节，误触著时，若自若他，皆生厌恶。又由此缘，发生身中多种疾病。所谓痈痤、干癣、湿癣、疥癞、疽丁[①]、上气、痔瘷[②]、皰浆、哕噎、干消、癫痫、寒热、黄病、热血、阴癨。如是等类无量疾病，由饮食故身中生起，或由所食不平和故，于其身中，不消而住，是名饮食变异种类所有过患。

云何追求种类过患？谓于饮食追求种类有多过患。或有积集所作过患，或有防护所作过患，或坏亲爱所作过患，或无厌足所作过患，或不自在所作过患，或有恶行所作过患。

云何名为于食积集所作过患？谓如有一，为食因缘，寒时为寒之所逼恼，热时为热之所逼恼，种种策励、劬劳、勤苦。营农、牧牛、商估[③]、计筭、书数、雕印及余种种工巧业处，为得未得所有饮食，或为积聚。如为饮

① 疽丁，底本与《资福藏》《碛砂藏》《普宁藏》《永乐南藏》《径山藏》相同；《房山石经》《赵城金藏》《高丽藏》“丁”作“疔”。

② 痔瘷，底本与《资福藏》《碛砂藏》《普宁藏》《永乐南藏》《径山藏》相同；《房山石经》《赵城金藏》《高丽藏》“瘷”作“嗽”，下同。

③ 商估，底本与《资福藏》《碛砂藏》《普宁藏》《永乐南藏》《径山藏》相同；《房山石经》《赵城金藏》《高丽藏》作“商贾”。

食，为饮食缘当知亦尔。如是策励、劬劳、勤苦方求之时，所作事业若不谐遂，由是因缘，愁忧焦恼①，拊胸伤叹，悲泣迷闷："何乃我功，唐捐无果？"如是名为于食积集所作过患。

云何名为于食防护所作过患？谓所作业若得谐遂，为护因缘，起大忧虑："勿我财宝当为王贼之所侵夺，或火焚烧，或水漂荡，或宿恶作当令灭坏，或现非理作业方便当令散失，或诸非爱或宿失财当所理夺②，或即家中当生家火，由是当令财宝亏损。"如是名为于食防护所作过患。

云何于食能坏亲爱所作过患？谓诸世间，为食因缘，多起斗诤。父子、母女、兄弟、朋友尚为饮食互相非毁，况非亲里为食因缘而不展转更相斗讼。所谓大族诸婆罗门、刹帝利种、长者、居士，为食因缘，迭兴违诤，以其手足、块、刀杖等互相加害。是名于食能坏亲爱所作过患。

云何于食无有厌足所作过患？谓诸国王、刹帝利种，位登灌顶，亦于自国王都、聚落不住喜足，俱师兵戈，互相征讨，吹以贝角，扣击钟鼓，挥刀槊矟，放箭攒矛，车马象步，交横驰乱，种种戈仗③，伤害其身，或更致死④，或等死苦，复有所余如是等类，是名于食无有厌足所作过患。

云何因食不得自在所作过患？谓如一类，为王所使，讨固牢城，因遭种种极热脂油、热牛粪汁及镕铜铁而相注洒，或被戈仗伤害其身，或便致死，或等死苦，复有所余如是等类，是名因食不得自在所作过患。

云何因食起诸恶行所作过患？谓如有一，为食因缘，造作积集身诸恶

① 愁忧焦恼，底本与《资福藏》《碛砂藏》《普宁藏》《永乐南藏》《径山藏》相同；《房山石经》《赵城金藏》《高丽藏》"焦"作"燋"。

② 或诸非爱或宿失财当所理夺，底本与《资福藏》《碛砂藏》《普宁藏》《永乐南藏》《径山藏》相同；《房山石经》《赵城金藏》《高丽藏》"失"作"共"。

③ 种种戈仗，底本与《资福藏》《碛砂藏》《普宁藏》《永乐南藏》《径山藏》相同；《房山石经》《赵城金藏》《高丽藏》"仗"作"杖"，下同。

④ 或更致死，底本与《碛砂藏》《普宁藏》《永乐南藏》《径山藏》相同；《房山石经》《资福藏》《赵城金藏》《高丽藏》"更"作"便"。

行。如身恶行，语、意亦尔。临命终时，为诸重病苦所逼切，由先所作诸身、语、意种种恶行增上力故，于日后分，见有诸山，或诸山峰，垂影悬覆，近覆极覆，便作是念："我自昔来依身、语、意所造诸业，唯罪非福。若有其趣，诸造恶者当生其中，我今定往。"如是悔已，寻即舍命。既舍命已，随业差别，生诸恶趣，谓那洛迦[①]、傍生[②]、饿鬼，如是名为因食恶行所作过患。

如是段食，于追求时有诸过患，于受用时有诸过患，于转变时有诸过患。

又此段食有少胜利。此复云何？谓即此身，由食而住，依食而立，非无有食。云何名为有少胜利？谓即如是依食住身，最极久住，或经百年，若正将养，或过少分，或有未满，而便夭没。若唯修此身蹔住行，非为妙行；若于如是身蹔时住而生喜足，非妙喜足。亦非领受饮食所作圆满无罪功德胜利[③]。若不唯修身蹔住行，亦不唯于身蹔时住，而生喜足，而即依此蹔时住身，修集梵行，令得圆满，乃为妙行，亦妙喜足，又能领受饮食所作圆满无罪功德胜利[④]。

应自思惟："我若与彼愚夫同分，修诸愚夫同分之行，非我所宜。我若于此下劣段食少分胜利安住喜足，亦非我宜。"若于如是遍一切种段食过患、圆满知已，以正思择，深见过患，而求出离。为求如是食出离故，如子肉想，食于段食。应作是念："彼诸施主甚大艰难积集财宝，具受广大追求所作种种过患，由悲愍故，求胜果故，如割皮肉，及以刺血，而相惠施。

---

① 谓那洛迦，底本与《资福藏》《碛砂藏》《赵城金藏》《普宁藏》《永乐南藏》《径山藏》《高丽藏》相同；《房山石经》"那"作"捺"。

② 傍生，底本与《资福藏》《碛砂藏》《普宁藏》《永乐南藏》《径山藏》相同；《房山石经》《赵城金藏》《高丽藏》作"旁生"。

③ 亦非领受饮食所作圆满无罪功德胜利，底本与《房山石经》《资福藏》《碛砂藏》《普宁藏》《永乐南藏》《径山藏》《高丽藏》相同；《赵城金藏》"饮"作"领"。

④ 又能领受饮食所作圆满无罪功德胜利，底本与《房山石经》《资福藏》《碛砂藏》《普宁藏》《永乐南藏》《径山藏》《高丽藏》相同；《赵城金藏》"饮"作"领"。

我得此食，宜应如是方便受用，谓应如法，而自安处，无倒受用，报施主恩；令获最胜大果大利，大荣大盛。当随月喻，往施主家，荡涤身心，安住惭愧，远离憍傲，不自高举，不轻懱他[①]。如自获得所有利养[②]，心生喜悦，如是于他所得利养，心亦喜悦。”

又应如是自持其心，往施主家：“岂有出家，往诣他所，要望他施，非不惠施，要望他敬，非不恭敬，要多非少，要妙非麤，要当速疾，而非迟缓。”

应作是心，往施主家：“设不惠施，终不于彼起怨害心及瞋恚心，而相嫌恨。勿我由此起怨害心及瞋恚心增上缘力，身坏已后，生诸恶趣，多受困厄，设不恭敬，而非恭敬，设少非多，设麤非妙，设复迟缓，而非速疾，亦不于彼起怨害心及瞋恚心，而相嫌恨，如前广说。又我应依所食段食，发起如是如是正行，及于其量如实了达，谓我命根由此不灭，又于此食不苦躭著，才能随顺，摄受梵行。如是我今住沙门性，住出家性，受用饮食，如法清净，远离众罪。”由是诸相，以正思择，食于所食。

云何所食？谓四种食：一者，段食；二者，触食；三者，意等思食；四者，识食。今此义中，意说段食。此复云何？谓饼麨、饭、羹、臛、糜[③]、粥、酥油、糖、蜜、鱼、肉、菹鲊、乳、酪、生酥、姜、盐酢等种种品类，和杂为抟，段段吞食，故名段食。所言食者，所谓餐、噉、咀嚼、吞咽、尝、吮[④]、饮等名之差别。

---

① 不轻懱他，底本与《资福藏》《碛砂藏》《普宁藏》《永乐南藏》《径山藏》相同；《房山石经》《赵城金藏》《高丽藏》“懱”作“蔑”，下同。

② 如自获得所有利养，底本与《房山石经》《资福藏》《赵城金藏》《径山藏》《高丽藏》相同；《碛砂藏》《普宁藏》《永乐南藏》“有”作“不”。

③ 糜，底本与《资福藏》《碛砂藏》《赵城金藏》《普宁藏》《永乐南藏》《径山藏》《高丽藏》相同；《房山石经》作“麋”。

④ 吮，底本与《资福藏》《碛砂藏》《普宁藏》《永乐南藏》《径山藏》相同；《房山石经》《赵城金藏》《高丽藏》作“啜”。

云何名为不为倡荡？谓如有一，乐受欲者，为受诸欲，食于所食，彼作是思："我食所食，令身饱满，令身充悦。过日晚时，至于夜分，当与姝妙严饰女人共为嬉戏，欢娱受乐，倡掉纵逸。"言倡荡者，于此圣法毗奈耶中，说受欲者欲贪所引[①]，婬逸所引，所有诸恶不善寻思。由此食噉所食噉时，令其诸根皆悉掉举，令意躁扰，令意不安，令意不静。若为此事食所食者，名为倡荡，食于所食。诸有多闻圣弟子众，以思择力深见过患，善知出离，而食所食，非如前说诸受欲者，食于所食，是故名为不为倡荡。

云何名为不为憍逸，不为饰好，不为端严？谓如有一，乐受欲者，为受诸欲食于所食，彼作是思："我今宜应多食所食，饱食所食，随力随能，食噉肥腻，增房补益，色香味具，精妙饮食。过今夜分，至于明日，于诸武事[②]，当捔力能[③]，所谓按摩、拍毱、托石、跳踯、蹴蹋、攘臂、扼腕、挥戈、击剑、伏弩、控弦、投轮、掷索。依如是等诸角武事，当得勇健，肤体充实，长夜无病，久时少壮，不速衰老，寿命长远，能多噉食，数数食已，能正消化，除诸疾患[④]。"如是为于无病憍逸，少壮憍逸，长寿憍逸，而食所食。

既角武已，复作是思："我应沐浴。"便以种种清净香水沐浴其身；沐浴身已，梳理其发；梳理发已，种种妙香用塗其身。既塗身已，复以种种上妙衣服、种种华鬘、种种严具庄饰其身。此中，沐浴、理发、塗香，名为饰好；既饰好已，复以种种上妙衣服、华鬘、严具庄饰其身，名为端严。如是总名为饰好故，为端严故，食于所食。

---

① 说受欲者欲贪所引，底本与《资福藏》《碛砂藏》《赵城金藏》《普宁藏》《永乐南藏》《径山藏》《高丽藏》相同；《房山石经》"贪"作"食"。

② 于诸武事，底本与《房山石经》《资福藏》《碛砂藏》《赵城金藏》《普宁藏》《永乐南藏》《径山藏》相同；《高丽藏》"诸"作"角"。

③ 当捔力能，底本与《资福藏》《碛砂藏》《普宁藏》《永乐南藏》《径山藏》相同；"捔"，《赵城金藏》作"角"，《房山石经》《高丽藏》作"有"。

④ 除诸疾患，底本与《资福藏》《碛砂藏》《赵城金藏》《普宁藏》《永乐南藏》《径山藏》《高丽藏》相同；《房山石经》"病"作"病"。

彼既如是憍逸、饰好、身端严已，于日中分，或日后分，临欲食时，饥渴并至，于诸饮食极生希欲，极欣极乐，不见过患，不知出离，随得随食。复为数数倡荡、憍逸、饰好、端严，多食多饮，令身充悦。诸有多闻圣弟子众，以思择力深见过患，善知出离，而食所食，非如前说诸受欲者，食于所食。唯作是念："我今习近所不应习，所应断食，为欲永断如是食故。

云何名为为身安住，食于所食？谓饮食已，寿命得存，非不饮食，寿命存故，名身安住。我今受此所有饮食，寿命得存，当不夭没，由是因缘，身得安住，能修正行，永断诸食。

云何名为为蹔支持，食于所食？谓略说有二种存养：一、有艰难存养；二、无艰难存养。云何名为有艰难存养？谓受如是所有饮食，数增饥羸，困苦重病。或以非法追求饮食，非以正法；得已，染爱、躭嗜、饕餮、迷闷、坚执、湎著受用。或有食已，令身沉重，无所堪能，不住修断[1]。或有食已，令心迟钝，不速得定。或有食已，令入出息，来往艰难。或有食已，令心数为惛沈、睡眠之所缠扰。如是名为有艰难存养。

云何名为无艰难存养？谓受如是所有饮食，令无饥羸，无有困苦及以重病。或以正法追求饮食，不以非法；既获得已，不染不爱，亦不躭嗜、饕餮、迷闷、坚执、湎著而受用之。如是受用，身无沈重，有所堪能，堪任修断，令心速疾得三摩地，令入出息无有艰难，令心不为惛沈、睡眠之所缠扰。如是名为无艰难存养。

若由有艰难存养，寿命得存，身得安住，此名有罪，亦有染汙；若由无艰难存养，寿命得存，身得安住，此名无罪，亦无染汙。诸有多闻圣弟子众，远离有罪有染存养，习近无罪无染存养，由是故说为蹔支持。

问：云何习近如前所说无罪无染所有存养，以自存活？

① 不任修断，底本与《房山石经》《资福藏》《碛砂藏》《普宁藏》《永乐南藏》《径山藏》相同；《赵城金藏》《高丽藏》"住"作"任"。

答：若受饮食，为除饥渴，为摄梵行，为断故受，为令新受当不更生，为当存养、力、乐、无罪、安隐而住，如是习近无罪无染所有存养，而自存活。

云何名为为除饥渴，受诸饮食？谓至食时，多生饥渴，气力虚羸，希望饮食。为欲息此饥渴缠逼，气力虚羸，知量而食。如是食已，令于非时不为饥羸之所缠逼，谓于日晚，或于夜分，乃至明日未至食时。如是名为为除饥渴，受诸饮食。

云何名为为摄梵行，受诸饮食？谓如其量[①]，受诸饮食，由是因缘，修善品者或于现法，或于此日饮食已后，身无沈重，有所堪能，堪任修断，令心速疾得三摩地，令入出息无有艰难，令心不为惛沈、睡眠之所缠扰，由是速疾有力有能，得所未得，触所未触，证所未证，如是名为为摄梵行，受诸饮食。

云何名为为断故受，受诸饮食？谓如有一，由过去世食不知量，食所匪宜，不消而食，由是因缘，于其身中生起种种身诸疾病。所谓疥癞、疱浆、瘷等，如前广说。由此种种疾病因缘，发生身中极重猛利炽然苦恼，不可意受。为欲息除如是疾病，及为息除从此因缘所生苦受，习近种种良医所说饶益、所宜、随顺医药，及受种种悦意饮食。由此能断已生疾病，及彼因缘所生苦受。如是名为为断故受受诸饮食。

云何名为为令新受当不更生，受诸饮食？谓如有一，由现在世安乐无病，气力具足，不非量食[②]，不食匪宜，亦非不消，而更重食，令于未来食住身中成不消病，或于身中当生随一身诸疾病，所谓疥癞、疱浆、瘷等，如前广说，由是因缘，当生身中如前所说种种苦受，余如前说。如是名为

① 谓如其量，底本与《房山石经》《资福藏》《碛砂藏》《赵城金藏》《普宁藏》《永乐南藏》《径山藏》相同；《高丽藏》“如”作“知”。

② 不非量食，底本与《资福藏》《碛砂藏》《赵城金藏》《普宁藏》《永乐南藏》《径山藏》《高丽藏》相同；《房山石经》“量”作“重”。

为令新受当不更生，受诸饮食。

云何名为为当存养、力、乐、无罪、安隐而住，受诸饮食？谓饮食已，寿命得存，是名存养。若除饥羸，是名为力。若断故受，新受不生，是名为乐。若以正法追求饮食，不染不爱，乃至广说而受用之，是名无罪。若受食已，身无沈重，有所堪能，堪任修断，如前广说；如是名为安隐而住。

是故说言，由正思择，食于所食，不为倡荡，不为憍逸，不为饰好，不为端严，乃至广说，是名广辩于食知量。云何应知此中略义？谓若所受食，若如是食，当知总名此中略义。何者所食？谓诸段食，即饼麨、饭、羹、臛糜粥[1]，如前广说。云何而食？谓正思择，食于所食，不为倡荡，不为憍逸，不为饰好，不为端严，乃至广说。

复次，应知此中略义，谓为摄受对治，为远离欲乐行边，为远离自苦行边，为摄受梵行，受诸饮食。云何为摄受对治，受诸饮食？谓如说言由正思择，食于所食。云何为远离欲乐行边，受诸饮食？谓如说言不为倡荡[2]，不为憍逸，不为饰好，不为端严，食于所食。云何为远离自苦行边，受诸饮食？谓如说言为除饥渴，为断故受[3]，为令新受当不更生[4]，为当存养、若力、若乐，食于所食。云何为摄受梵行，受诸饮食？谓如说言为摄梵行，为得无罪、安隐而住，食于所食。

复次，应知此中略义，谓有二种：一、无所食；二、有所食。无所食者，

---

① 臛糜粥，底本与《资福藏》《碛砂藏》《赵城金藏》《普宁藏》《永乐南藏》《径山藏》《高丽藏》相同；《房山石经》“糜”作“麋”。

② 谓如说言不为倡荡，底本与《房山石经》《资福藏》《碛砂藏》《普宁藏》《永乐南藏》《径山藏》《高丽藏》相同；《赵城金藏》无“说言”字。

③ 为断故受，底本与《房山石经》《资福藏》《碛砂藏》《普宁藏》《永乐南藏》《径山藏》《高丽藏》相同；《赵城金藏》“断故受”作“新故”。

④ 为令新受当不更生，底本与《房山石经》《资福藏》《碛砂藏》《普宁藏》《永乐南藏》《径山藏》《高丽藏》相同；《赵城金藏》“新”作“断”。

谓一切种都无所食，无所食故，即便夭没。有所食者，有其二种[1]：一、平等食；二、不平等食。平等食者，谓非极少食，非极多食，非不宜食，非不消食，非染汙食。不平等食者，谓或极少食，或极多食，或不宜食，或不消食，或染汙食。

当知此中，由平等食非极少食，令身饥羸，未生不生，已生断灭。由平等食，非极多食，身无沈重，有所堪能，堪任修断，如前广说。由平等食，非不宜食，非不消食，能断故受，不生新受，由是因缘，当得存养、若力、若乐。由平等食，非染汙食，当得无罪、安乐而住[2]。由极少食，虽存寿命，而有饥羸，亦少存活。由极多食，如极重担，镇压其身，不能以时所食消变。由不消食，或住身中成不消病，或生随一身诸病苦。如不消食，由不宜食，当知亦尔。此不宜食有差别者，谓于身中集诸过患，由此复触极重病苦。由染汙食，非法追求诸饮食已，有染有爱，躭嗜、饕餮，如前广说，而受用之。

由此受用平等所食，及以远离不平等食，故说于食平等所作。即此于食平等所作，广以诸句宣示开显，所谓说言由正思择，食于所食，不为倡荡，不为憍逸，不为饰好，不为端严，如前广说。此中，说言由正思择，食于所食，不为倡荡，不为憍逸，不为饰好，不为端严，为身安住，为蹔支持，由此遮止都无所食。若复说言为除饥渴，为摄梵行，广说乃至安隐而住，由此遮止不平等食。

云何遮止不平等食？谓若说言为除饥渴，由此遮止所食极少。若复说言为摄梵行，由此遮止所食极多。若复说言为断故受，为令新受当不更

① 有其二种，底本与《房山石经》《资福藏》《赵城金藏》《径山藏》《高丽藏》相同；《碛砂藏》《普宁藏》《永乐南藏》“二”作“一”。

② 安乐而住，底本与《资福藏》《碛砂藏》《普宁藏》《永乐南藏》《径山藏》相同；《房山石经》《赵城金藏》《高丽藏》“乐”作“隐”。

生，由此遮止不消而食，食所匪宜。若复说言为当存养，为当得力，由此显示不极少食，不极多食。若复说言为当得乐，由此显示消已而食及食所宜。若复说言为当无罪、安隐而住，由此显示无染汙食。所以者何？若以非法追求饮食，得已染爱，如前广说，而受用之，名染汙食，亦名有罪。若于善品勤修习者，于住空闲瑜伽作意、受持、读诵、思惟义中，由彼诸恶不善寻思，令心流漏，令心相续，随顺、趣向、临入而转，由是因缘，不安隐住。此安隐住复有二种：一者，远离所食极多，由是因缘，身无沈重，有所堪能，堪任修断[①]，如前广说。二者，于食不生味著，由是因缘，远离诸恶寻思扰动不安隐住，是故如此一切诸句，皆为宣示开显于食平等所作。

如是名为广略宣说于食知量。

① 堪任修断，底本与《房山石经》《资福藏》《碛砂藏》《普宁藏》《永乐南藏》《径山藏》《高丽藏》相同；《赵城金藏》无“任”字。

瑜伽师地论卷第二十四

本地分中声闻地[①]

初瑜伽处出离地品第三之三[②]

复次，初夜、后夜常勤修习悎寤瑜伽者[③]：云何初夜？云何后夜？云何悎寤瑜伽？云何常勤修习悎寤瑜伽？言初夜者，谓夜四分中，过初一分是夜初分。言后夜者，谓夜四分中，过后一分是夜后分。悎寤瑜伽者，谓如说言于昼日分，经行、宴坐，从顺障法，净修其心；于初夜分，经行、宴坐，从顺障法，净修其心；净修心已，出住处外，洗濯其足，还入住处，右胁而卧，重累其足，住光明想，正念正知，思惟起想，巧便而卧；至夜后分，速疾悎寤，经行、宴坐，从顺障法，净修其心。常勤修习悎寤瑜伽者，谓如有一世尊弟子，听闻悎寤瑜伽法已，欲乐修学，便依如是悎寤瑜伽，作如是念："我当成办佛所听许悎寤瑜伽，发生乐欲，精进勤劬，超越勇猛，势力发起，勇悍刚决，不可制伏，策励其心，无间相续。"

此中，云何于昼日分，经行、宴坐，从顺障法，净修其心？言昼日者，谓从日出时，至日没时。言经行者，谓于广长称其度量一地方所，若往若来，相应身业。言宴坐者，谓如有一，或于大床、或小绳床、或草叶座结

---

① 本地分中声闻地，底本与《资福藏》《碛砂藏》《普宁藏》《永乐南藏》《径山藏》相同；《房山石经》《赵城金藏》《高丽藏》与下级标题"初瑜伽处出离地品第三之三"为同行。

② 初瑜伽处出离地品第三之三，底本与《径山藏》相同；《房山石经》《资福藏》《碛砂藏》《赵城金藏》《普宁藏》《永乐南藏》《高丽藏》"初"作"第十三初"；《房山石经》《赵城金藏》《高丽藏》无"品"字。

③ 后夜常勤修习悎寤瑜伽者，底本与《资福藏》《碛砂藏》《普宁藏》《永乐南藏》《径山藏》相同；"悎"，《房山石经》《高丽藏》作"觉"，《赵城金藏》作"寤"，下同。

加趺坐[①]，端身正愿，安住背念。所言障者，谓五种盖。顺障法者，谓能引盖，随顺盖法。云何五盖？谓贪欲盖、瞋恚盖、惛沈睡眠盖、掉举恶作盖及以疑盖。

云何顺障法？谓净妙相、瞋恚相、黑闇相，亲属、国王[②]、不死寻思，追忆昔时笑戏、喜乐、承事随念，及以三世或于三世非理法思。

问：于经行时，从几障法净修其心，云何从彼净修其心？

答：从惛沈睡眠盖，及能引惛沈睡眠障法，净修其心。为除彼故，于光明相[③]，善巧精恳，善取善思，善了善达。以有明俱心及有光俱心，或于屏处，或于露处，往返经行。于经行时[④]，随缘一种净妙境界，极善示现，劝导赞励，庆慰其心，谓或念佛、或法、或僧、或戒、或舍，或复念天。或于宣说惛沈睡眠过患相应所有正法，于此法中，为除彼故，以无量门诃责毁呰惛沈睡眠所有过失，以无量门称扬赞叹惛沈睡眠永断功德，所谓契经、应颂、记别、讽诵[⑤]、自说、因缘、譬喻、本事、本生、方广、希法及以论议。为除彼故，于此正法听闻受持，以大音声若读若诵；为他开示，思惟其义，称量观察。或观方隅，或瞻星月诸宿道度，或以冷水洗洒面目。由是惛沈睡眠缠盖未生不生，已生除遣，如是方便，从顺障法，净修其心。

问：于宴坐时，从几障法，净修其心？云何从彼净修其心？

---

① 或草叶座结加趺坐，底本与《资福藏》《碛砂藏》《普宁藏》《永乐南藏》《径山藏》相同；《房山石经》《赵城金藏》《高丽藏》“加趺”作“跏趺”，下同。

② 国王，底本与《永乐南藏》《径山藏》相同；《房山石经》《资福藏》《碛砂藏》《赵城金藏》《普宁藏》《高丽藏》“王”作“土”。

③ 于光明相，底本与《资福藏》《碛砂藏》《普宁藏》《永乐南藏》《径山藏》相同；《房山石经》《赵城金藏》《高丽藏》“相”作“想”。

④ 于经行时，底本与《房山石经》《资福藏》《碛砂藏》《普宁藏》《永乐南藏》《径山藏》《高丽藏》相同；《赵城金藏》无“于经行”三字。

⑤ 讽诵，底本与《资福藏》《碛砂藏》《普宁藏》《永乐南藏》《径山藏》“诵”作“颂”，据《房山石经》《赵城金藏》《高丽藏》改。

答：从四障法，净修其心，谓贪欲、瞋恚、掉举恶作、疑盖及能引彼法，净修其心。为令已生贪欲缠盖速除遣故，为令未生极远离故，结跏趺坐，端身正愿，安住背念，或观青瘀，或观脓烂，或观变坏，或观膖胀，或观食噉，或观血涂，或观其骨，或观其锁，或观骨锁，或于随一贤善定相，作意思惟。或于宣说贪欲过患相应正法，于此法中，为断贪欲，以无量门诃责毁呰欲贪、欲爱、欲藏、欲护、欲著过失，以无量门称扬赞叹一切贪欲永断功德，所谓契经、应颂、记别，乃至广说。为断贪欲，于此正法听闻受持，言善通利，意善寻思，见善通达，即于此法，如是宴坐，如理思惟。由是因缘，贪欲缠盖未生不生，已生除遣，如是方便，从顺障法，净修其心。

于瞋恚盖法有差别者，谓如是宴坐，以慈俱心，无怨无敌，无损无恼，广大无量极善修习，普于一方发起胜解，具足安住。如是第二，如是第三，如是第四，上下傍布，普遍一切无边世界发起胜解，具足安住，余如前说。

于掉举恶作盖法有差别者，谓如是宴坐，令心内住，成办一趣，得三摩地，余如前说。

于疑盖法有差别者，谓如是宴坐，于过去世非不如理作意思惟，于未来世、于现在世非不如理作意思惟："我于过去，为曾有耶？为曾无耶？我于过去，为曾何有？云何曾有？我于未来为当何有？云何当有？我于现在为何所有？云何而有？今此有情，从何而来？于此殒没，当往何所？"于如是等不如正理作意思惟，应正远离。如理思惟去、来、今世，唯见有法，唯见有事，知有为有，知无为无，唯观有因，唯观有果，于实无事，不增不益，于实有事，不毁不谤，于其实有，了知实有，谓于无常、苦、空、无我一切法中，了知无常、苦、空、无我。以能如是如理思惟，便于佛所无惑无疑，余如前说。于法于僧，于苦于集，于灭于道，于因及因所生诸法，无惑无疑，余如前说。

又于瞋恚盖，应作是说：为断瞋恚及瞋恚相，于此正法听闻受持，乃至广说。于掉举恶作盖应作是说：为断掉举恶作及顺彼法[1]，于此正法听闻受持，乃至广说。于其疑盖应作是说：为断疑盖及顺彼法，于此正法听闻受持，乃至广说。如是方便，从贪欲、瞋恚、惛沈睡眠、掉举恶作、疑盖及顺彼法，净修其心。是故说言经行、宴坐，从顺障法，净修其心。

如是已说由法增上，从顺障法，净修其心。复有由自增上及世增上，从顺障法，净修其心。

云何名为由自增上？谓如有一，于诸盖中随起一种，便自了知此非善法，于所生盖不坚执著，速疾弃舍，摈遣变吐，又能自观此所生盖甚可羞耻，令心染恼，令慧羸劣，是损害品，如是名为由自增上，从顺障法，净修其心。

云何名为由世增上，从顺障法，净修其心？谓如有一，于诸盖中随一已生或将生时，便作是念："我若生起所未生盖，当为大师之所诃责，亦为诸天及诸有智同梵行者以法轻毁。"彼由如是世增上故，未生诸盖，能令不生，已生诸盖，能速弃舍，如是名为由世增上，从顺障法，净修其心。

又为护持诸卧具故，顺世仪故，昼[2]、夜初分，经行、宴坐，从顺障法，净修其心；从顺障法，净修心已，出住处外，洗濯其足；洗濯足已，还入住处，如法寝卧，为令寝卧长养大种；得增长已，长益其身，转有势力，转能随顺无间、常委善品加行。

问：以何因缘右胁而卧？

---

① 为断掉举恶作及顺彼法，底本与《房山石经》《资福藏》《碛砂藏》《普宁藏》《永乐南藏》《径山藏》《高丽藏》相同；《赵城金藏》无"恶作"二字。

② 昼，底本与《房山石经》《资福藏》《碛砂藏》《赵城金藏》《普宁藏》《永乐南藏》《径山藏》相同；《高丽藏》"昼"作"尽"。

答：与师子王法相似故。

问：何法相似？

答：如师子王，一切兽中，勇悍坚猛，最为第一。苾刍亦尔[①]，于常修习悎寤瑜伽，发勤精进，勇悍坚猛，最为第一。由是因缘，与师子王卧法相似，非如其余鬼卧、天卧、受欲者卧。由彼一切懒惰懈怠，下劣精进，势力薄弱。又法应尔，如师子王右胁卧者，如是卧时，身无掉乱，念无忘失，睡不极重，不见恶梦；异此卧者，与是相违，当知具有一切过失。是故说言右胁而卧，重累其足。

云何名为住光明想，巧便而卧？谓于光明相[②]，善巧精恳，善取善思，善了善达，思惟诸天光明俱心，巧便而卧。由是因缘，虽复寝卧，心不惛阍，如是名为住光明想巧便而卧。

云何正念，巧便而卧？谓若诸法，已闻已思，已熟修习，体性是善，能引义利，由正念故，乃至睡梦，亦常随转；由正念故，于睡梦中，亦常记忆，令彼法相分明现前，即于彼法，心多随观；由正念故，随其所念，或善心眠，或无记心眠：是名正念巧便而卧。

云何正知，巧便而卧？谓由正念而寝卧时，若有随一烦恼现前，染恼其心，于此烦恼现生起时，能正觉了，令不坚著，速疾弃舍，既通达已，令心转还，是名正知，巧便而卧。

云何名为思惟起想，巧便而卧？谓以精进，策励其心，然后寝卧。于寝卧时，时时悎寤，如林野鹿，不应一切纵放其心，随顺、趣向、临入睡

① 苾刍亦尔，底本与《资福藏》《碛砂藏》《普宁藏》《永乐南藏》《径山藏》相同；《房山石经》《赵城金藏》《高丽藏》“苾刍”作“比丘”。

② 谓于光明相，底本与《资福藏》《碛砂藏》《普宁藏》《永乐南藏》《径山藏》相同；《房山石经》《赵城金藏》《高丽藏》“相”作“想”。

眠。复作是念："我今应于诸佛所许悎寤瑜伽[①]，一切皆当具足成办。为成办故，应住精勤最极浓厚加行欲乐。"复作是念："我今为修悎寤瑜伽，应正发起勤精进住，为欲修习诸善法故，应正翘勤离诸懒惰，起发具足；过今夜分，至明清旦，倍增发起勤精进住，起发具足。"

当知此中，由第一思惟起想，无重睡眠，于应起时，速疾能起，终不过时，方乃悎寤；由第二思惟起想，能于诸佛共所听许师子王卧，如法而卧，无增无减；由第三思惟起想，令善欲乐常无懈废，虽有失念，而能后后展转受学，令无断绝。如是名为思惟起想，巧便而卧。

云何至夜后分，速疾悎寤，经行宴坐，从顺障法，净修其心[②]？夜后分者，谓夜四分中过后一分，名夜后分。彼由如是住光明想，正念正知，思惟起想，巧便而卧，于夜中分，夜四分中过于一分，正习睡眠，令于起时，身有堪能，应时而起，非为上品惛沈睡眠缠所制伏，令将起时，阘钝薄弱，懒惰懈怠[③]。由无如是阘钝薄弱，懒惰懈怠，蹔作意时，无有艰难，速疾能起。从诸障法，净修心者，如前应知。

如是广辩初夜、后夜常勤修习悎寤瑜伽已，复云何知此中略义？谓常勤修习悎寤瑜伽所有士夫补特伽罗，略有四种正所作事。何等为四？一者，乃至悎寤，常不舍离所修善品，无间、常委修善法中，勇猛精进；二者，以时而卧，不以非时；三者，无染汙心，而习睡眠，非染汙心；四者，以时悎寤，起不过时。是名四种常勤修习悎寤瑜伽所有士夫补特伽罗正所作事。

① 我今应于诸佛所许悎寤瑜伽，底本与《资福藏》《碛砂藏》《赵城金藏》《普宁藏》《永乐南藏》《径山藏》相同；"悎"，《房山石经》《高丽藏》作"觉"，《赵城金藏》作"寤"，下同。

② 从顺障法净修其心，底本与《房山石经》《资福藏》《普宁藏》《径山藏》《高丽藏》相同；《碛砂藏》《永乐南藏》"顺"作"愿"；《赵城金藏》"修其"作"其修"。

③ ［女＋赖］惰懈怠，底本与《资福藏》《碛砂藏》《普宁藏》《永乐南藏》《径山藏》相同；《房山石经》《赵城金藏》《高丽藏》"惰"作"堕"。

依此四种正所作事，诸佛世尊为声闻众宣说修习悎寤瑜伽。云何宣说？谓若说言于昼日分，经行、宴坐，从顺障法，净修其心；于初夜分，经行、宴坐，从顺障法，净修其心。由此言故，宣说第一正所作事，谓乃至悎寤，常不舍离所修善品，无间、常委修善法中，勇猛精进。若复说言：出住处外，洗濯其足，还入住处，右胁而卧，重累其足。由此言故，宣说第二正所作事，谓以时而卧，不以非时。若复说言住光明想[①]，正念正知，思惟起想，巧便而卧。由此言故，宣说第三正所作事，谓无染汙心，而习睡眠，非染汙心。若复说言于夜后分，速疾悎寤，经行、宴坐，从顺障法，净修其心。由此言故，宣说第四正所作事，谓以时悎寤，起不过时。

此中所说住光明想，正念正知，思惟起想，巧便卧者，显由二缘，无染汙心，而习睡眠，非染汙心，谓由正念及由正知。复由二缘，以时悎寤，起不过时，谓由住光明想及由思惟起想。此复云何？由正念故，于善所缘、摄敛而卧；由正知故，于善所缘，若心退失，起诸烦恼，即便速疾能正了知。如是名为由二缘故，无染汙心，而习睡眠，非染汙心。由住光明想及思惟起想，无重睡眠，非睡眠缠能远随逐。如是名为由二缘故，以时悎寤，起不过时。

如是宣说常勤修习悎寤瑜伽所有略义，及前所说广辩释义，总说名为初夜、后夜常勤修习悎寤瑜伽。

云何名为正知而住[②]？谓如有一，若往若还，正知而住；若覩若瞻，正知而住；若屈若伸，正知而住；持僧伽胝及以衣钵，正知而住；若食若饮，若噉若尝，正知而住；若行若住，若坐若卧，正知而住；于悎寤时，正知而

① 若复说言住光明想，底本与《房山石经》《资福藏》《碛砂藏》《普宁藏》《永乐南藏》《径山藏》《高丽藏》相同；《赵城金藏》“想”作“思”。

② 云何名为正知而住，底本与《房山石经》《资福藏》《碛砂藏》《普宁藏》《永乐南藏》《径山藏》《高丽藏》相同；《赵城金藏》“正知”作“而住”。

住；若语若默，正知而住；解劳睡时，正知而住。

若往若还，正知住者，云何为往？云何为还？云何往还，正知而住？所言往者，谓如有一，往诣聚落，往聚落间；往诣家属，往家属间；往诣道场，往道场间。所言还者，谓如有一，从聚落还，聚落间还；从家属还，家属间还；从道场还，道场间还。所言往还，正知住者，谓于自往，正知我往，及于自还，正知我还；于所应往及非所往，能正了知；于所应还及非所还，能正了知；于应往时及非往时，能正了知；于应还时及非还时，能正了知；于其如是如是应往及不应往，能正了知；于其如是如是应还及不应还，能正了知：是名正知。

彼由成就此正知故，自知而往，自知而还；往所应往，非非所往，还所应还，非非所还；以时往还，不以非时；如其色类动止、轨则、礼式、威仪，应往应还，如是而往，如是而还。如是名为若往若还，正知而住。

若觏若瞻，正知住者，云何为觏？云何为瞻？云何觏瞻正知而住？所言觏者，谓于如前所列诸事，若往若还，先无觉慧，先无功用，先无欲乐，于其中间眼见众色，是名为觏。所言瞻者，谓于如前所列诸事，若往若还，觉慧为先，功用为先，欲乐为先，眼见众色，谓或诸王，或诸王等，或诸僚佐，或诸黎庶，或婆罗门，或诸居士，或饶财宝长者、商主，或余外物、房舍、屋宇、殿堂、廊庙，或余世间众杂妙事[①]。观见此等，是名为瞻。若复于此觏瞻自相，能正了知；于所应觏，于所应瞻，能正了知；于应觏时，于应瞻时，能正了知；如所应觏，如所应瞻，能正了知，是名正知。彼由成就此正知故，自知而觏，自知而瞻。觏所应觏，瞻所应瞻。于应觏时，于应瞻时，而正瞻觏，如所应觏，如所应瞻，如是而觏，如是而瞻。如是名为若觏若瞻，正知而住。

---

① 若屈若伸，底本与《资福藏》《碛砂藏》《普宁藏》《永乐南藏》《径山藏》相同；《房山石经》《赵城金藏》《高丽藏》“伸”作“申”，下同。

若屈若伸[1]，正知住者，云何为屈？云何为伸？云何名为若屈若伸，正知而住？谓彼如是覩时瞻时，若往为先，若还为先，或屈伸足，或屈伸臂，或屈伸手，或复屈伸随一支节，是名屈伸。若于屈伸所有自相，能正了知；若所屈伸、能正了知；若屈伸时，能正了知；若如是屈及如是伸，能正了知，是名正知。彼由成就此正知故，于屈于伸，自知而屈，自知而伸；于所应屈，于所应伸，而屈而伸；于应屈时，于应伸时，而屈而伸；如所应屈，如所应伸，如是而屈，如是而伸。如是名为若屈若伸，正知而住。

持僧伽胝及以衣钵，正知住者，云何持僧伽胝？云何持衣？云何持钵？云何持僧伽胝及以衣钵，正知而住？谓有大衣，或六十条，或九条等，或两重刺，名僧伽胝。被服受用，能正将护，说名为持。若有中衣，若有下衣，或持为衣，或有长衣，或应作净，或已作净，如是一切说名为衣。被服受用，能正将护，说名为持。若堪受持，或铁或瓦，乞食应器，说名为钵。现充受用，能正将护，说名为持。若于如是或僧伽胝，或衣，或钵，所有自相，能正了知；于所应持或僧伽胝或衣或钵，或净不净，能正了知；若于此时或僧伽胝或衣或钵，已持应持，能正了知；若于如是或僧伽胝或衣或钵，应如是持，能正了知，是名正知。彼由成就此正知故，于所应持或僧伽胝或衣或钵，自知而持；持所应持[2]，于应持时，而能正持，如所应持，如是而持。如是名为持僧伽胝及以衣钵，正知而住。

若食若饮，若噉若尝，正知住者，云何为食？云何为饮？云何为噉？云何为尝？云何若食若饮，若噉若尝，正知而住？谓诸所有受用饮食，总

① 或余世间众杂妙事，底本与《房山石经》《资福藏》《碛砂藏》《普宁藏》《永乐南藏》《径山藏》《高丽藏》相同；《赵城金藏》“杂”作“离”。

② 持所应持，底本与《房山石经》《资福藏》《碛砂藏》《赵城金藏》《普宁藏》《永乐南藏》《径山藏》相同；《高丽藏》“持所”作“于所”。

名为食。此复二种：一、噉；二、尝。云何为噉？谓噉饼麨，或饭或糜[①]，或羹或臛，或有所余造作转变，可噉可食，能持生命。如是等类，皆名为噉，亦名为食。云何为尝？谓尝乳、酪、生酥、熟酥、油、蜜、沙糖、鱼、肉、盐[②]、鲊[③]，或新果实，或有种种咀嚼品类。如见一切[④]，总名为尝，亦名为食。云何为饮？谓沙糖汁，或石蜜汁，或饭浆饮[⑤]，或钻酪饮，或酢为饮，或抨酪饮，乃至于水，总名为饮。若于如是若食若饮、若噉若尝所有自相，能正了知；若于一切所食所饮，所噉所尝，能正了知；若于尔时应食应饮，应噉应尝，能正了知；若于如是应食应饮，应噉应尝，能正了知，是名正知。彼由成就此正知故，于自所有若食若饮，若噉若尝，自知而食，自知而饮，自知而噉，自知而尝；于所应食，于所应饮，于所应噉，于所应尝，正食正饮，正噉正尝，应时而食，应时而饮，应时而噉，应时而尝；如所应食乃至如所应尝，如是而食乃至如是而尝。如是名为若食若饮，若噉若尝，正知而住。

若行若住，广说乃至若解劳睡，正知住者，云何为行？云何为住？云何为坐？云何为卧？云何悎寤？云何为语？云何为默？云何名为解于劳睡？云何于行，广说乃至于解劳睡，正知而住？谓如有一，于经行处来往经行，或复往诣同法者所，或涉道路，如是等类，说名为行。复如有一，住经行

① 或饭或糜，底本与《资福藏》《碛砂藏》《赵城金藏》《普宁藏》《永乐南藏》《径山藏》《高丽藏》相同；《房山石经》“糜”作“縻”。

② 盐，底本与《资福藏》《碛砂藏》《赵城金藏》《普宁藏》《永乐南藏》《径山藏》相同；《房山石经》《高丽藏》作“酰”。

③ 鲊，底本与《资福藏》《碛砂藏》《赵城金藏》《普宁藏》《永乐南藏》《径山藏》《高丽藏》相同；《房山石经》作“酢”。

④ 如见一切，底本与《碛砂藏》《普宁藏》《永乐南藏》《径山藏》相同；《房山石经》《资福藏》《赵城金藏》《高丽藏》“见”作“是”。

⑤ 或饭浆饮，底本与《房山石经》《资福藏》《碛砂藏》《普宁藏》《永乐南藏》《径山藏》《高丽藏》相同；《赵城金藏》“饭”作“饮”。

处，住诸同法阿遮利耶、邬波陀耶及诸尊者等尊者前[①]，如是等类，说名为住。复如有一，或于大床，或小绳床，或草叶座，或诸敷具，或尼师坛，结跏趺坐，端身正愿，安住背念，如是等类，说名为坐。复如有一，出住处外、洗濯其足，还入住处，或于大床，或小绳床，或草叶座，或阿练若，或在树下，或空闲室右胁而卧，重叠其足，如是等类，说名为卧。

复如有一，于昼日分，经行、宴坐，从顺障法，净修其心；于初夜分、于后夜分，经行、宴坐，从顺障法，净修其心：说名悎寤。复如有一，常勤修习如是悎寤，于未受法[②]，正受正习，令得梵竟[③]，所谓契经、应颂、记别，广说如前。即于如是已所受法，言善通利，谓大音声，若读若诵，或复为他广说开示，于时时间，与诸有知同梵行者或余在家诸贤善者语言谈论，若相庆慰[④]，为欲劝励及求资具，如是等类，说名为语。复如有一，随先所闻，随先所习，言善通利，究竟诸法，独处空闲，思惟其义，筹量观察，或处静室，令心内住、等住、安住及与近住、调伏、寂静、最极寂静、一趣、等持，或复于彼毗钵舍那修瑜伽行，如是等类，说名为默。复如有一，于其热分极炎暑时，或为热逼，或为劬劳，便生疲倦，非时惛寐，乐著睡眠，是名劳睡。

若复于行，广说乃至于解劳睡所有自相，能正了知；于所应行乃至于应所解劳睡，能正了知；于应行时，乃至于应解劳睡时，能正了知；如所应

---

① 住诸同法阿遮利耶邬波陀耶及诸尊者等尊者前，底本与《资福藏》《碛砂藏》《普宁藏》《永乐南藏》《径山藏》相同；《房山石经》《赵城金藏》《高丽藏》“陀”作“陁”，“尊者”均作“尊长”。

② 于未受法，底本与《房山石经》《资福藏》《碛砂藏》《普宁藏》《永乐南藏》《径山藏》《高丽藏》相同；《赵城金藏》“法”作“持”。

③ 令得梵竟，底本与《资福藏》《碛砂藏》《普宁藏》《永乐南藏》《径山藏》相同；《房山石经》《赵城金藏》《高丽藏》“梵竟”作“究竟”。

④ 若相庆慰，《房山石经》《资福藏》《碛砂藏》《赵城金藏》《普宁藏》《永乐南藏》《径山藏》《高丽藏》“若”作“共”。

行，乃至如所应解劳睡，能正了知：是名正知。彼由成就此正知故，于其自行，乃至于其自解劳睡，正知而行，乃至正知而解劳睡；若所应行，乃至若所应解劳睡，即于彼行，乃至于彼解于劳睡；若时应行，乃至若时应解劳睡，即此时行，乃至此时解于劳睡；如所应行，乃至如所应解劳睡，如是而行，乃至如是而解劳睡。如是名为于行于住，于坐于卧，于其悎寤，于语于默，于解劳睡，正知而住。

复次[①]，如是正知而住，云何次第？为显何事？谓如有一，依止如是村邑、聚落、亭逻而住，作是思惟："我今应往如是村邑、聚落、亭逻巡行乞食。"如是乞已，出还本处。又于如是村邑等中，或有居家，我不应往。何等居家？谓唱令家，或酤酒家，或婬女家，或国王家，或旃荼罗羯耻那家，或复有家，一向诽谤，不可回转。或有居家，我所应往，谓刹帝利大族姓家，或婆罗门大族姓家，或诸居士大族姓家，或僚佐家，或饶财家，或长者家，或商主家。又有居家，我虽应往[②]，不应太早太晚而往。若施主家有遽务时，亦不应往。若戏乐时，若有营构严饰事时[③]，若为世间弊秽法时，若忿竞时，亦不应往[④]。

又如所往，如是应往，不与暴乱恶象俱行[⑤]，不与暴乱众车、恶马、恶

---

① 复次，底本与《房山石经》《资福藏》《碛砂藏》《普宁藏》《永乐南藏》《径山藏》《高丽藏》相同；《赵城金藏》"次"作"此"。

② 我虽应往，底本与《房山石经》《资福藏》《赵城金藏》《永乐南藏》《径山藏》《高丽藏》相同；《碛砂藏》《普宁藏》"往"作"住"。

③ 若有营构严饰事时，底本与《资福藏》《碛砂藏》《普宁藏》《永乐南藏》《径山藏》相同；《房山石经》《赵城金藏》《高丽藏》"构"作"搆"。

④ 亦不应往，底本与《资福藏》《碛砂藏》《赵城金藏》《普宁藏》《永乐南藏》《径山藏》《高丽藏》相同；《房山石经》"往"作"住"。

⑤ 不与暴乱恶象俱行，底本与《房山石经》《资福藏》《碛砂藏》《普宁藏》《永乐南藏》《径山藏》《高丽藏》相同；《赵城金藏》"象"作"乌"。

牛、恶狗而共同行，不入闹丛，不蹈棘刺，不踰垣墙[①]，不越坑堑，不堕山崖[②]，不溺深水，不履粪秽，应随月喻，往施主家，具足惭愧，远离憍傲，荡涤身心，不求利养，不希恭敬。如自获得所有利养，心生喜悦，如是于他所得利养，心亦喜悦，不自高举，不轻懱他，心怀哀愍。

又应如是自持其心，往施主家："岂有出家往诣他所[③]，要望他施，非不惠施，广说乃至要当速疾，而非迟缓。"又作是心："我于今改往施主家[④]，所受施物应知其量。又我不应利养因缘。矫诈虚诳，现惑乱相，以利求利。得利养已，无染无爱，亦不躭嗜、饕餮、迷闷、坚执、湎著而受用之。"

复于已往或正往时，观见众色，于此众色一分应观，或有一分所不应观。于不应观所有众色，当摄其眼，善护诸根；于所应观所有众色，应善住念，而正观察。何色类色所不应观？谓诸妓乐[⑤]、戏笑、欢娱，或余游戏所作歌儛、音乐等事。如是复有女色殊胜[⑥]，幼少盛年，美妙形色，或复有余所见众色，能坏梵行，能障梵行，能令种种诸恶不善寻思现行，如是色类所有众色，不应观视。

何色类色，是所应观？谓诸所有衰老、朽迈、上气者身，伛偻、凭

① 不踰垣墙，底本与《房山石经》《资福藏》《碛砂藏》《普宁藏》《永乐南藏》《径山藏》《高丽藏》相同；《赵城金藏》"垣墙"作"墙垣"。

② 不堕山崖，底本与《资福藏》《碛砂藏》《普宁藏》《永乐南藏》《径山藏》相同；《房山石经》《赵城金藏》《高丽藏》"崖"作"岸"。

③ 岂有出家往诣他所，底本与《房山石经》《资福藏》《赵城金藏》《永乐南藏》《径山藏》《高丽藏》相同；《碛砂藏》《普宁藏》"往"作"住"。

④ 我于今改往施主家，底本与《房山石经》《资福藏》《碛砂藏》《赵城金藏》《普宁藏》《永乐南藏》《径山藏》相同；《高丽藏》"改"作"假"。

⑤ 谓诸妓乐，底本与《资福藏》《碛砂藏》《普宁藏》《永乐南藏》《径山藏》相同；《房山石经》《赵城金藏》《高丽藏》"妓"作"伎"。

⑥ 如是复有女色殊胜，底本与《房山石经》《资福藏》《碛砂藏》《赵城金藏》《普宁藏》《永乐南藏》《径山藏》相同；《高丽藏》"女色"作"母色"。

杖、战掉者身；或诸疾苦重病者身，脚肿、手肿、腹肿、面肿、肤色萎黄、疮癣、疥癞，众苦逼迫，身形委顿，身形洪烂，诸根闇钝；或有夭丧，死经一日，或经二日，或经七日，被诸乌鹊、饿狗、［至+鸟］鹫、狐狼、野干种种暴恶傍生禽兽之所食噉；或命终已，出置高床，上施幰帐，前后大众或哀或哭，以其灰土坌身发，生愁生苦，生悲生怨，生忧生恼，如是等类所有众色，我应观察。观是众色，能顺梵行，能摄梵行，能令诸善寻思现行。

不应摇身、摇臂、摇头、跳踯、携手、叉腰、竦肩入施主家，不应辄坐所不许座，不应不审观座而坐，不应放纵一切身分，不应翘足，不应交足，不大狭足[①]，不太广足，端严而坐。不应开纽[②]，不轩不磔，亦不褰张，而被法服；所服法衣，并皆齐整，不高不下，不如象鼻，非如多罗树间房穗，非如龙首，非如豆抟，而被法服。不应持钵，预就其食；不应持钵，在饮食上；不应置钵，在杂秽处，若坑涧处，若崖岸处。又应次第受用饮食。不应以饭覆羹臛上，不以羹臛覆其饭上，不应饕餮受诸饮食，不应嫌恨受诸饮食，不太麤食，不太细食，不应圆抟食[③]，不应舐手，不应舐钵，不振手食，不振足食，不应啮断，而食其食。

从施主家还归住处，于昼夜分，在自别人所经行处，往反经行；非于他处，非不委处，非不恣处，非不与处，而辄经行；非身劬劳，非身疲倦，非心掉举所制伏时，而习经行；为修善品，为善思惟，内摄诸根，心不外乱，而习经行；不太驰速，不太躁动，亦非一向专事往来，而习经行；时时

① 不大狭足，《房山石经》《资福藏》《碛砂藏》《赵城金藏》《普宁藏》《永乐南藏》《径山藏》《高丽藏》“大”作“太”。

② 不应开纽，底本与《资福藏》《碛砂藏》《普宁藏》《永乐南藏》《径山藏》《高丽藏》相同；《房山石经》《赵城金藏》“纽”作“细”。

③ 不应圆抟食，底本与《资福藏》《碛砂藏》《普宁藏》《永乐南藏》《径山藏》“不应”作“应”，据《房山石经》《高丽藏》《赵城金藏》及上下文意补。

进步，时时停住，而习经行。如是于自所居住处，自院、自房、自别人处[①]，僧分与处，非于他处，非不委处[②]，非不恣处习经行已，复于大床，或小绳床，或草叶座，或尼师坛，或阿练若、树下、冢间，或空闲室，结跏趺坐，端身正愿、安住背念、而习宴坐。

于夜中分、如法寝息。于昼日分及夜初分，修诸善品，不应太急。如是寝时，应如前说，住光明想，正念正知，思惟起想。于夜后分，速疾悎寤。或于语论、或于读诵，勤修加行，或为修断，闲居宴默思惟法时，应当远离顺世典籍。绮字绮句，绮饰文词，能引无义，不能令证神通等觉，究竟涅槃。复于如来所说正法，最极甚深、相似甚深、空性相应随顺缘性及诸缘起，殷重无间，善摄善受，令坚令住，令无失坏，为成正行，不为利养、恭敬、称誉。又于是法，言善通利，慧善观察，于喧杂众，不乐习近，不乐多业，不乐多言，于时时间，安住正念。

与诸有智同梵行者，语言谈论，若相庆慰，乐兴请问[③]，乐求诸善，无违净心。言词称量，言词合理，言词正直，言词寂静[④]，乐勤为他宣说正法。又应宴默，于恶不善所有寻思，不乐寻思，又于非理所有诸法，不乐思惟。于自所证，离增上慢，于少下劣差别证中不生喜足，于上所证中无退屈，善能远离不应思处，时时修习止观瑜伽，乐断乐修，无间修习，殷重修习。

---

① 自别人处，底本与《房山石经》《资福藏》《碛砂藏》《普宁藏》《永乐南藏》《径山藏》《高丽藏》相同；《赵城金藏》无“自”字。

② 非不委处，底本与《房山石经》《资福藏》《碛砂藏》《普宁藏》《永乐南藏》《径山藏》《高丽藏》相同；《赵城金藏》无“不”字。

③ 乐兴请问，底本与《房山石经》《资福藏》《碛砂藏》《普宁藏》《永乐南藏》《径山藏》《高丽藏》相同；《赵城金藏》“请”作“诸”。

④ 言词寂静，底本与《资福藏》《碛砂藏》《普宁藏》《永乐南藏》《径山藏》相同；《房山石经》《赵城金藏》《高丽藏》“言词”作“言辞”。

又于热分极炎暑时，勇猛策励，发勤精进，随作一种所应非事[①]，劳倦因缘，遂于非时发起惛睡。为此义故，暂应寝息，欲令惛睡疾疾除遣，勿经久时，损减善品，障碍善品。于寝息时，或关闭门，或令苾刍在傍看守，或毗奈耶隐密轨则、以衣蔽身，在深隐处须臾寝息，令诸劳睡皆悉除遣。如是名为正知而住，先后次第，谓依行时，及依住时。

又于善品先未趣入，心与加行如理作意俱行妙慧[②]、说名正知。即此正知，行时住时，一切成办，无所减少，如是名为正知而住。当知此中若往若还，若觑若瞻，若屈若伸，持僧伽胝及以衣钵，若食若饮，若噉若尝，正知而住。由是名为于村邑等如法行时，正知而住；若行若住，若坐若卧，若习惜寤，若语若默，若解劳睡，正知而住，由是名为于其住处如法住时，正知而住。如是应知已广分别正知而住。复云何知此中略义？谓于行时有五种业[③]，于其住时有五种业，行时、住时正知而住有四种业，如是名为正知而住所有略义。

云何行时有五种业？一者，身业；二者，眼业；三者，一切支节业；四者，衣钵业；五者，饮食业。如是名为行时五业，谓若说言若往若还，此言显示行时身业。若复说言若觑若瞻，此言显示行时眼业。若复说言若屈若伸，此言显示行时一切支节业。若复说言持僧伽胝及以衣钵，此言显示行时衣钵业。若复说言若食若饮，若噉若尝，此言显示行时饮食业。

云何名为住时五业？一者，身业；二者，语业；三者，意业；四者，昼业；五者，夜业。谓若说言若行、若住、若坐，此言显示住时身业。若复说

① 随作一种所应非事，底本与《普宁藏》《永乐南藏》《径山藏》相同；《房山石经》《资福藏》《碛砂藏》《赵城金藏》《高丽藏》“非”作“作”。

② 心与加行如理作意俱行妙慧，底本与《资福藏》《碛砂藏》《普宁藏》《永乐南藏》《径山藏》相同；《房山石经》《赵城金藏》《高丽藏》“与”作“兴”。

③ 谓于行时有五种业，底本与《房山石经》《资福藏》《碛砂藏》《普宁藏》《永乐南藏》《径山藏》《高丽藏》相同；《赵城金藏》无“有”字。

言若语，此言显示住时语业。若复说言若卧、若默、若解劳睡，此言显示住时意业。若复说言若习惛寤，此言显示住时昼业夜业身业语业。又若卧者，此言显示住时夜业。当知是名住时五业。

云何名为行时、住时正知而住所有四业？谓初依彼行业、住业起如是业，即于彼业安守正念，不放逸住。当知此业，正念所摄，不放逸摄。若于是事、是处、是时，如量、如理、如其品类所应作者，即于此事、此处、此时，如量、如理、如其品类，正知而作。彼由如是正知作故，于现法中无罪无犯，无有恶作，无变无悔；于当来世，亦无有罪，身坏死后不堕恶趣，不生一切那落迦中。为得未得，积习资粮。

如是名为正知而住所有略义[①]。前广分别，今此略义，一切总名正知而住。

① 如是名为正知而住所有略义，底本与《房山石经》《资福藏》《赵城金藏》《普宁藏》《永乐南藏》《径山藏》《高丽藏》相同；《碛砂藏》“知”作“如”。

瑜伽师地论

汇校本

二

（唐）玄奘 译　　韩欣 整理

文物出版社

目　录

一

二

三

四

瑜伽师地论卷第二十五

本地分中声闻地
初瑜伽处出离地品第三之四[1]

云何名善友性？谓八因缘故，应知一切种圆满善友性。何等为八？谓如有一，安住禁戒，具足多闻，能有所证，性多哀愍，心无厌倦，善能堪忍，无有怖畏，语具圆满。

云何名为安住禁戒？谓安住具戒，善能守护别解律仪，如前广说乐沙门性，乐婆罗门性，为自调伏，为自寂静，为自涅槃，修行正行，如是名为安住禁戒。

云何名为具足多闻？谓若有法宣说开示初、中、后善，文义巧妙，独一圆满清白梵行[2]，于如是类众多妙法能善受持，言善通利，意善寻思，见善通达，如是名为具足多闻。

云何名为能有所证？谓能证得胜无常想、无常苦想、苦无我想、厌逆食想、一切世间不可乐想、有过患想、断想、离想、灭想、死想、不净想、青瘀想、脓烂想、破坏想、胖胀想、噉食想、血涂想、离散想、骨锁想、观察空想。复能证得最初静虑、第二静虑、第三静虑、第四静虑，空无边处、识无边处、无所有处、最后非想非非想处。又能证得慈悲喜舍，或预流果，或一来果，或不还果，或神境通，或宿住通，或天耳通，或死生通，或心差

① 本地分中声闻地初瑜伽处出离地品第三之四，底本与《径山藏》相同；《房山石经》《资福藏》《碛砂藏》《赵城金藏》《普宁藏》《永乐南藏》《高丽藏》“初”作“第十三初”；《房山石经》《赵城金藏》《高丽藏》无“品”字。

② 独一，底本与《房山石经》《资福藏》《赵城金藏》《径山藏》《高丽藏》相同；《碛砂藏》《普宁藏》《永乐南藏》“一”作“二””。

别通，或阿罗汉，具八解脱、静虑等定，有大堪能，具大势力，能善为他现三神变教授教诫。三神变者：一、神力神变；二、记说神变，三[①]、教导神变。如是名为能有所证。

云何名为为性哀愍？谓于他所常起悲怜；乐与其义，乐与其利，乐与其乐，乐与猗触[②]，乐与安隐，如是名为为性哀愍。

云何名为心无厌倦？谓善能示现，善能教导，善能赞励，善能庆慰，处于四众宣说正法、不辞劳倦，翘勤无惰，报发圆满[③]，为性好乐，发勤精进，如是名为心无厌倦。

云何名为善能堪忍？谓骂不报骂，瞋不报瞋，打不报打，弄不报弄，堪耐椎杵。于诸逼迫、缚录、禁闭、捶打、毁辱、迫胁、斫截众苦事中，自推己过，以业异熟为所依趣，终不于他发生愤恚，亦不怀恨，随眠不舍。如是虽遭轻陵毁辱，而其本性都无变改，唯常于彼思为义利。又能堪忍寒热、饥渴、蚊虻、风日、蛇蝎恶触，他所干犯犽毒语言，身内所生猛利、坚劲、辛楚、切心、夺命苦受，为性堪忍，能有容纳。如是名为善能堪忍。

云何名为无有怖畏？谓处大众说正法时，心无怯劣，声无战掉，辩无误失。终不由彼怯惧因缘，为诸怖畏之所逼切，腋不流汗，身毛不竖[④]，如是名为无有怖畏。

云何名为语具圆满？谓彼成就最上首语、极美妙语、甚显了语、易悟解语、乐欲闻语、无违逆语、无所依语、无边际语，如是名为语具圆满，言

---

① 三，底本与《资福藏》《碛砂藏》《赵城金藏》《普宁藏》《永乐南藏》《径山藏》《高丽藏》相同；《房山石经》作“二”。

② 乐与猗触，底本与《房山石经》《资福藏》《碛砂藏》《普宁藏》《永乐南藏》《径山藏》《高丽藏》相同；《赵城金藏》“触”作“独”。

③ 报发圆满，《房山石经》《资福藏》《碛砂藏》《赵城金藏》《普宁藏》《永乐南藏》《径山藏》《高丽藏》“报”作“起”。

④ 身毛不竖，底本与《资福藏》《碛砂藏》《普宁藏》《永乐南藏》《径山藏》《高丽藏》相同；《房山石经》“竖”作“坚”。

词巧妙。

成就如是八种因缘，善能谏举，善作忆念，善能教授，善能教诫，善说正法。

云何名为善能谏举？谓若有余，于增上戒毁犯尸罗，于增上轨毁犯轨则，由见、闻、疑能正谏举，真实不以虚妄，应时不以非时，饶益不以衰损，柔软不以麤犷，善友不以憎嫉，如是名为善能谏举。

云何名为善作忆念？谓令忆念先所犯罪，或法或义。云何名为令其忆念先所犯罪？谓若有余，先起毁犯，而不能忆，善作方便，令彼忆念，告言："长老！曾于某处某事、某时，毁犯如是如是色类。"如是名为令其忆念先所犯罪。云何名为令忆念法？谓若有余，于先所闻所受正法独处思念，所谓契经、应颂、记别，广说如前。彼若不忆、令其忆念；或复称述，授与令忆；或兴请问，诘难令忆。如是名为令忆念法。云何名为令忆念义？谓若有余，于先所闻所受正义有所忘失，为作忆念，宣说开示，令新令显。又若有善能引义利，能引梵行，久时所作，久时所说，彼若忘失，亦令忆念。如是名为善作忆念。

云何名为善能教授？谓于远离寂静瑜伽作意止观，时时随顺教授而转，时时宣说与彼相应无倒言论，所谓能趣心离障盖甚可爱乐尸罗言论、等持言论、圣慧言论、解脱言论、解脱智见言论、少欲言论、喜足言论、永断言论、离欲言论、寂灭言论、损减言论、无杂言论、随顺缘性缘起言论，如是名为善能教授。

云何名为善能教诫？谓于大师所说圣教，能以正法，以毗奈耶，平等教诲。或轨范师，或亲教师，或同法者，或余尊重，等尊重者，如实知彼随于一处违越毁犯，便于时时如法诃责[1]，治罚驱摈，令其调伏；既调伏已，

① 便于时时如法诃责，底本与《《资福藏》《碛砂藏》《普宁藏》《永乐南藏》《径山藏》相同；《房山石经》《赵城金藏》《高丽藏》"诃"作"呵"。

如法平等，受诸利养，和同晓悟，收敛摄受。于所应作及不应作，为令现行不现行故，于其积习及不积习[1]，教导教诲。如是名为善能教诫。

云何名为善说正法？谓于时时能善宣说初时所作无倒言论，所谓施论、戒论、生天之论。于诸欲中，能广开示过患、出离清净品法。又于时时宣说超胜四种圣谛相应言论，所谓苦论、集论、灭论、道论。为诸有情得成熟故，为诸有情得清净故，为令正法得久住故，宣说相应、助伴、随顺、清亮、有用、相称、应顺名句文身所有言论。又此言论应时而发、殷重、渐次、相续、俱有，令其欣庆，令其爱乐，令其欢喜，令其勇悍，无所诃摈，相应、助伴、无乱、如法、称顺众会，有慈怜心，有利益心，有哀愍心，不依利养、恭敬、赞颂，不自高举，不陵懱他[2]。如是名为善说正法。

由彼成就如是八支，于时时间善能谏举，善作忆念，善能教授，善能教诫，善说正法，是故说彼名为善友。

如是广辩善友性已。复云何知此中略义？谓若善友心善稠密，为性哀愍，最初于彼乐为利益，乐为安乐；又即于此利益、安乐，如实了知，无有颠倒，离颠倒见，又即于此利益安乐，有大势力，方便善巧、能令积集，能令引发；又即于此利益安乐，翘勤无惰，起发圆满，为性好乐，发勤精进。当知由此四因缘故，摄一切种总略圆满善知识性，如是名为此善友性所有略义。若前所说广分别义，若此所说所有略义，一切总说为善友性。

云何名为闻思正法？谓正法者，若佛世尊，若佛弟子，正士、正至、正善丈夫，宣说开显，分别照了。此复云何？所谓契经、应颂、记别、广说如前十二分教。是名正法。

---

① 于其积习及不积习，底本与《房山石经》《《资福藏》《碛砂藏》《普宁藏》《永乐南藏》《径山藏》《高丽藏》相同；《赵城金藏》“积习”作“积集”。

② 不陵懱他，底本与《《资福藏》《碛砂藏》《普宁藏》《永乐南藏》《径山藏》相同；《房山石经》《赵城金藏》《高丽藏》“懱”作“蔑”，下同。

云何契经？谓薄伽梵于彼彼方所，为彼彼所化有情，依彼彼所化诸行差别，宣说无量蕴相应语、处相应语、缘起相应语、食相应语、谛相应语、界相应语、声闻乘相应语、独觉乘相应语、如来乘相应语，念住、正断、神足、根、力、觉支、道支等相应语，不净、息念、诸学、证净等相应语。结集如来正法藏者，摄聚如是种种圣语，为令圣教久住世故，以诸美妙名、句、文身，如其所应，次第安布，次第结集，谓能贯穿缝缀种种能引义利、能引梵行真善妙义，是名契经。

云何应颂？谓于中间，或于最后宣说伽陀①，或复宣说未了义经。是名应颂。

云何记别？谓于是中记别弟子命过已后当生等事，或复宣说已了义经，是名记别。

云何讽颂？谓非直说，是结句说，或作二句，或作三句，或作四句，或作五句，或作六句等，是名讽颂。

云何自说？谓于是中不显能请补特伽罗名字种性②，为令当来正法久住，圣教久住，不请而说，是名自说。

云何因缘？谓于是中显示能请补特伽罗名字种性，因请而说，及诸所有毗奈耶相应有因有缘别解脱经，是名因缘。

云何譬喻？谓于是中有譬喻说，由譬喻故，本义明净，是名譬喻。

云何本事？谓诸所有宿世相应事义言教，是名本事。

云何本生？谓于是中宣说世尊在过去世彼彼方分若死若生，行菩萨行，行难行行，是名本生。

---

① 或于最后宣说伽陀，底本与《《资福藏》《碛砂藏》《普宁藏》《永乐南藏》《径山藏》相同；《房山石经》《赵城金藏》《高丽藏》 “陀”作“陁”。

② 谓于是中不显能请补特伽罗名字种性，底本与《《资福藏》《碛砂藏》《普宁藏》《永乐南藏》《径山藏》相同；《房山石经》《赵城金藏》《高丽藏》“种性”作“种性”，下同。

云何方广？谓于是中宣说一切诸菩萨道[①]，为令修证阿耨多罗三藐三菩提、十力、无畏、无障智等一切功德，是名方广。

云何希法？谓于是中宣说诸佛、诸佛弟子、苾刍[②]、苾刍尼、式叉摩那、劳策男、劳策女、近事男、近事女等，若共不共，胜于其余，胜诸世间同意所许甚奇希有最胜功德，是名希法。

云何论议？所谓一切摩怛理迦、阿毗达磨，研究甚深素怛缆义，宣畅一切契经宗要，是名论议。

如是所说十二分教，三藏所摄。谓或有素怛缆藏摄，或有毗奈耶藏摄，或有阿毗达磨藏摄。当知此中、若说契经、应颂、记别、讽颂、自说、譬喻、本事、本生、方广、希法，是名素怛缆藏。若说因缘，是名毗奈耶藏。若说论议，是名阿毗达磨藏。是故如是十二分教，三藏所摄。如是一切，正士、正至、正善丈夫共所宣说，故名正法。听闻此故，名闻正法。此复云何？谓如有一，或受持素怛缆，或受持毗奈耶，或受持阿毗达磨，或受持素怛缆及毗奈耶，或受持素怛缆及阿毗达磨，或受持毗奈耶及阿毗达磨，或具受持素怛缆、毗奈耶、阿毗达磨，如是一切，名闻正法。此闻正法，复有二种：一、闻其文；二、闻其义。

云何思正法？谓如有一，即如所闻所信正法，独处空闲，远离六种不应思处，谓思议我，思议有情，思议世间，思议有情业，思议果异熟[③]，思议静虑者静虑境界，思议诸佛诸佛境界，但正思惟所有诸法自相、共相。如是思惟复有二种：一者，以筭数行相，善巧方便，筭计诸法；二者，以称

① 宣说一切诸菩萨道，底本与《碛砂藏》《永乐南藏》《径山藏》相同；《房山石经》《资福藏》《赵城金藏》《普宁藏》《高丽藏》“宣”作“广”。

② 苾刍，底本与《《资福藏》《碛砂藏》《普宁藏》《永乐南藏》《径山藏》相同；《房山石经》《赵城金藏》《高丽藏》“苾刍”作“比丘”，下同。

③ 思议果异熟，底本与《资福藏》《碛砂藏》《普宁藏》《永乐南藏》《径山藏》相同；“思议果”《房山石经》《高丽藏》作“果”，《赵城金藏》作“思议”。

量行相，依正道理，观察诸法功德过失。谓若思惟诸蕴相应所有言教，若复思惟如前所说所余随一所有言教，皆由如是二种行相，方便思惟。

此复云何？谓言色者，即十色处及堕法处所摄众色，是名色蕴。所言受者，即三种受，是名受蕴。所言想者，即六想身，是名想蕴。所言行者，即六思身等，是名行蕴。所言识者，即六识身等，是名识蕴。如是名为以算数行相、思惟诸蕴相应言教。或复由此算数行相。别别思惟展转差别，当知即有无量差别。云何以称量行相，依正道理，思惟诸蕴相应言教？谓依四道理无倒观察。何等为四？一、观待道理；二、作用道理；三、证成道理；四、法尔道理。

云何名为观待道理？谓略说，有二种观待：一、生起观待；二、施设观待。生起观待者，谓由诸因诸缘势力生起诸蕴，此蕴生起要当观待诸因诸缘。施设观待者，谓由名身、句身、文身施设诸蕴，此蕴施设要当观待名、句、文身。是名于蕴生起观待施设观待。即此生起观待、施设观待，生起诸蕴，施设诸蕴，说名道理瑜伽方便，是故说为观待道理。

云何名为作用道理？谓诸蕴生已，由自缘故，有自作用，各各差别。谓眼能见色，耳能闻声，鼻能嗅香，舌能尝味，身能觉触，意能了法。色为眼境，为眼所行，乃至法为意境，为意所行。或复所余如是等类，于彼彼法别别作用，当知亦尔。即此诸法各别作用所有道理瑜伽方便，皆说名为作用道理。

云何名为证成道理？谓一切蕴皆是无常，众缘所生，苦、空、无我。由三量故，如实观察，谓由至教量故，道现量故，道此量故[①]。由此三量，证验道理。诸有智者，心正执受，安置成立，谓一切蕴皆无常性，众缘生性、苦性、空性及无我性。如是等，名证成道理。

---

① 道此量故，底本与《资福藏》《碛砂藏》《普宁藏》《永乐南藏》《径山藏》相同；《房山石经》《赵城金藏》《高丽藏》“道”作“由”。

云何名为法尔道理？谓何因缘故，即彼诸蕴如是种类，诸器世间如是安布？何因缘故，地坚为相，水湿为相，火煗为相，风用轻动，以为其相？何因缘故，诸蕴无常，诸法无我，涅槃寂静？何因缘故，色变坏相，受领纳相，想等了相，行造作相[①]，识了别相？由彼诸法本性应尔，自性应尔，法性应尔，即此法尔，说名道理瑜伽方便。或即如是，或异如是，或非如是，一切皆以法尔为依，一切皆归法尔道理，令心安住，令心晓了。如是名为法尔道理。

如是名为依四道理观察诸蕴相应言教。如由筭数行相及称量行相观察诸蕴相应言教，如是即由二种行相观察其余所有言教，如是总名审正观察思惟一切所说正法。如是名为闻思正法。

云何无障？谓此无障，略有二种：一者，依内；二者，依外。我当先说依内、外障，与彼相违，当知即是二种无障。

云何名依内障？谓如有一，于其先世不曾修福，不修福故，不能时时获得随顺资生众具，所谓衣、食、诸坐卧具、病缘医药及余什具；有猛利贪及长时贪，有猛利瞋及长时瞋，有猛利痴及长时痴；或于先世积集造作多疾病业，由彼为因，多诸疾病；或由现在行不平等，由是因缘，风热痰癊、数数发动；或有宿食住在身中；或食麤重、多事多业，多有所作，多与众会；乐著事业，乐著语言，乐著睡眠，乐著喧众，乐相杂住，乐著戏论，乐自举恃、掉乱、放逸[②]，居止非处。如是等类，应知一切名依内障。

云何名依外障？谓如有一，依不善士，由彼因缘，不能时时获得随顺

① 造作相，底本与《房山石经》《资福藏》《碛砂藏》《普宁藏》《永乐南藏》《径山藏》《高丽藏》相同；《赵城金藏》“造”作“三”。

② 乐自举恃、掉乱、放逸，底本与《资福藏》《碛砂藏》《普宁藏》《永乐南藏》《径山藏》《高丽藏》相同；《房山石经》《赵城金藏》“恃”作“将”。

教授教诫；或居恶处，于此住处若昼日分，多有种种喧杂众集诸变异事，若于夜分，多有种种高声、大声大众喧杂；复有种种猛利辛楚风日恶触，或有种种人及非人怖畏惊恐。如是等类，应知一切名依外障。

如是广辩内、外障已。复云何知此中略义？谓于此中略有三障：一、加行障；二、远离障；三、寂静障。云何加行障？谓若此障会遇现前，于诸善品所有加行皆无堪能，亦无势力。此复云何？谓常疹疾，困苦重病，风热、痰癖数数发动，或有宿食住在身中，或被蛇蝎、百足、蚰蜒之所蛆螫，或人非人之所逼恼，又不能得衣、食、卧具、病缘医药及余什具。如是等类，应知一切名加行障。

云何远离障？谓食麤重，多事多业，多有所作，或乐事业，由此因缘，爱乐种种所作事业，彼彼事中其心流散。或乐语言，由此因缘，虽于远离断寂静修，有所堪能，有大势力，然唯读诵，便生喜足。或乐睡眠，由此因缘，惛沈睡眠，常所缠绕，为性懈怠，执睡为乐，执倚为乐，执卧为乐。或乐喧众，由此因缘，乐与在家及出家众谈说种种王论、贼论、食论、饮论、妙衣服论、婬女巷论、诸国土论、大人传论、世间传论、大海传论。如是等类能引无义虚绮论中，乐共谈说，枉度时日。又多爱乐数与众会，彼彼事中令心散动，令心扰乱。或乐杂住，由此因缘，诸在家众及出家众若未会遇，思慕欲见，若已会遇，不欲别离。或乐戏论，由此因缘，乐著世间种种戏论[①]，于应趣向好乐前行，于远离中喜舍善轭。如是等类众多障法，应知一切名远离障。若有此障会遇现前；难可舍离阿练若处、山林、旷野、边际卧具所有贪著，亦不能居阿练若处、冢间、树下、空

① 乐著世间种种戏论，底本与《房山石经》《资福藏》《赵城金藏》《永乐南藏》《径山藏》《高丽藏》相同；《碛砂藏》《普宁藏》“著”作“者”。

闲静室[①]。

云何寂静障？谓寂静者，即奢摩他、毗钵舍那。有奢摩他障，有毗钵舍那障。云何奢摩他障？谓诸放逸及住非处。由放逸故[②]，或惛沈睡眠缠绕其心，或唯得奢摩他便生爱味，或于下劣性心乐趣入，或于闇昧性其心乐著。由住如是非处所故，人或非人喧杂扰乱，他所逼恼，心外驰散。如是名为奢摩他障，当知此障能障寂静。

云何毗钵舍那障？谓乐自恃举及以掉乱。乐自恃举者，谓如有一，作是思惟："我生高族，净信出家，非为下劣，诸余苾刍则不如是[③]。"由此因缘，自高自举，陵懱于他。如是我生富族，净信出家，非为贫匮，我具妙色、喜见端严，多闻闻持，其闻积集，善巧言词，语具圆满，诸余苾刍则不如是，由此因缘，自高自举、陵懱于他。彼由如是自高举故，诸有苾刍耆年多智，积修梵行，不能时时恭敬请问。彼诸苾刍亦不时时为其开发未开发处[④]，为其显了未显了处，亦不为其殷到精恳[⑤]，以慧通达甚深句义，方便开示，乃至令其智见清净。如是名为乐自恃举毗钵舍那障。又如有一，唯得少分下劣智见安隐而住。彼由如是少分下劣智见安住，便自高举；自高举故，便生喜足，更不上求。是名乐自恃举所作毗

---

① 亦不能居阿练若处、冢间、树下、空闲静室，底本与《房山石经》《资福藏》《赵城金藏》《永乐南藏》《径山藏》《高丽藏》相同；《碛砂藏》《普宁藏》"冢"作"家"，下同。

② 由放逸故，底本与《资福藏》《碛砂藏》《赵城金藏》《普宁藏》《永乐南藏》《径山藏》《高丽藏》相同；《房山石经》"放"作"于"。

③ 诸余苾刍则不如是，底本与《房山石经》《资福藏》《赵城金藏》《普宁藏》《径山藏》《高丽藏》相同；《碛砂藏》《永乐南藏》"诸"作"者"。

④ 彼诸苾刍亦不时时为其开发未开发处，底本与《房山石经》《资福藏》《碛砂藏》《赵城金藏》《径山藏》《高丽藏》相同；《普宁藏》《永乐南藏》"未"作"夫"。

⑤ 亦不为其殷到精恳，底本与《房山石经》《资福藏》《碛砂藏》《普宁藏》《永乐南藏》《径山藏》《高丽藏》相同；《赵城金藏》无"其"字。

钵舍那障[1]。

言掉乱者，谓如有一，根不寂静，诸根掉乱，诸根嚣举，于一切时，恶思所思，恶说所说，恶作所作，不能安住思惟诸法，不能坚固思惟诸法，由此因缘，毗钵舍那不能圆满，不得清净。是名掉乱毗钵舍那障。

如是二法障奢摩他，谓多放逸及住非处；二法能障毗钵舍那，谓乐自恃举及以掉乱。如是若奢摩他障，若毗钵舍那障，总名寂静障。如是名为障之略义。即此略义及前广辩，总略为一，说名为障。此障相违，当知无障。谓即此障无性远离，不合不会，说名无障。

云何惠舍？谓若布施，其性无罪，为庄严心，为伴助心[2]，为资瑜伽，为得上义，而修布施，是名惠舍。

问：谁能施？谁所施？用何施、何相施？云何施？何故施？由此因缘，施性无罪。

答：谁能施者？谓施者、施主，是名能施。云何施者？云何施主？谓若自手施，名为施者。若自物施，若欲乐施[3]，非不乐施，名为施主。谁所施者？谓四种所施：一、有苦者[4]；二、有恩者；三、亲爱者；四、尊胜者。

云何有苦者？谓贫穷者，或乞丐者，或行路者，或希求者，或盲瞽者，或聋騃者，或无依者，或无趣者，匮乏种种资生具者，复有所余如是等类，名有苦者。

云何有恩者？谓或父母，或乳饮者，或养育者，或成长者，或于旷野

① 是名乐自恃举所作毗钵舍那障，底本与《房山石经》《资福藏》《碛砂藏》《普宁藏》《永乐南藏》《径山藏》相同；《赵城金藏》《高丽藏》“作”作“住”。

② 为伴助心，底本与《资福藏》《碛砂藏》《普宁藏》《永乐南藏》《径山藏》相同；《房山石经》《赵城金藏》《高丽藏》“伴助”作“助伴”。

③ 若欲乐施，底本与《资福藏》《碛砂藏》《普宁藏》《永乐南藏》《径山藏》相同；《房山石经》《赵城金藏》《高丽藏》“欲”作“忻”。

④ 有苦者，底本与《房山石经》《资福藏》《碛砂藏》《普宁藏》《永乐南藏》《径山藏》《高丽藏》相同；《赵城金藏》无“者”字。

沙碛等中能济度者，或饥俭时能振恤者[1]，或怖怨敌而救拔者[2]，或被执缚而能解者，或遭疾病而救疗者，教利益者，教安乐者，引利益者，引安乐者，随所生起诸事务中为助伴者，同欢喜者，同忧愁者，遭厄难时不相弃者，复有所余如是等类，名有恩者。

云何亲爱者？谓诸亲友，或于其处有爱有敬，或信顺语，或数语言谈论交往，或有亲昵，复有所余如是等类，说名亲爱。

云何尊胜？谓若沙门，若婆罗门，世间同许为贤善者，离损害者，极离害者，离贪欲者，为调伏贪而修行者，离瞋恚者，为调伏瞋而修行者，离愚痴者，为调伏痴而修行者，复有所余如是等类，名尊胜者。

用何施者，谓若略说，或用有情数物而行惠施，或用无情数物而行惠施。云何有情数物持用惠施？谓或妻子、奴婢、作使，或诸象、马[3]、牛、羊、鸡、鸭、驼、骡等类，或有诸余大男、大女、小男、小女，或复所余如是等类所用施物。或复内身头、目、手、足、血、肉、骨、髓随愿施与，此亦名为有情数物持用布施。是诸菩萨所现行事，非此义中意所许施。若有于彼诸有情类，或得自在，或有势力，或能制伏，若应持彼惠施于他，若惠施时，自无有罪，若不由彼惠施因缘，他心嫌恨，若施于他，知彼有情不为损恼，是名无罪有情数物持用惠施。

云何无情数物持用惠施？谓若略说有三种物[4]：一者，财物；二者，谷

---

① 或饥俭时能振恤者，底本与《房山石经》《资福藏》《碛砂藏》《赵城金藏》《普宁藏》《永乐南藏》《高丽藏》相同；《径山藏》“振”作“赈”。

② 或怖怨敌而救拔者，底本与《资福藏》《碛砂藏》《普宁藏》《永乐南藏》《径山藏》相同；《房山石经》《赵城金藏》《高丽藏》“拔”作“援”。

③ 或诸象、马，底本与《房山石经》《资福藏》《碛砂藏》《普宁藏》《永乐南藏》《径山藏》相同；《赵城金藏》《高丽藏》“诸象、马”作“象、马、猪”。

④ 谓若略说有三种物，底本与《资福藏》《碛砂藏》《普宁藏》《永乐南藏》《径山藏》相同；《房山石经》《赵城金藏》《高丽藏》无“若”字。

物；三者，处物。言财物者，谓末尼、真珠、瑠璃[①]、螺贝、璧玉、珊瑚、码磶[②]、采石、生色可染、赤珠布施[③]。复有所余如是等类，或诸珍宝，或金或银，或诸衣服，或诸什物，或香或鬘，是名财物。云何谷物？谓诸所有可食可饮—大麦、小麦、稻谷、粟谷、糜黍[④]、胡麻、大小豆等，甘蔗、蒲萄、乳酪、果汁种种浆饮，复有所余如是等类，是名谷物。云何处物？谓诸田宅、邸店、廛肆[⑤]，建立福舍及寺馆等，复有所余如是等类，是名处物。是名无罪无情数物持用惠施。

当知此中有情数物、无情数物，一切总说名所用施。

何相施者？谓无贪俱行思造作心意业，及此所起身业、语业，舍所施物，或自相续，或他相续，是名施相。云何施者？谓由净信，而行惠施；由正教见，而行惠施；由有果见，而行惠施；由极殷重，而行惠施；由恭敬心，自手行施，而不轻慢；应时而施，济他要用；不损恼他，而行惠施；如法平等，不以凶暴，积集财物，而行惠施；以尠洁物，而行惠施；以精妙物，而行惠施；以清净物，而行惠施；由此自他俱无有罪，数数惠施，制伏悭垢，积集势力，而行惠施；先心欢喜，而行惠施；于正施时，其心清净，施已无悔、如是而施。

何故施者？或慈悲故，而行惠施，谓于有苦；或知恩故，而行惠施，谓

---

① 瑠璃，《房山石经》《资福藏》《碛砂藏》《赵城金藏》《普宁藏》《永乐南藏》《径山藏》《高丽藏》作“琉璃”。

② 码磶，《资福藏》《碛砂藏》《普宁藏》《永乐南藏》《径山藏》作“玛瑙”，《房山石经》《赵城金藏》《高丽藏》作“马瑙”。

③ 赤珠布施，底本与《资福藏》《碛砂藏》《普宁藏》《永乐南藏》《径山藏》相同；《房山石经》《赵城金藏》《高丽藏》“布施”作“右旋”。

④ 糜黍，底本与《径山藏》相同；《房山石经》《资福藏》《碛砂藏》《赵城金藏》《普宁藏》《永乐南藏》《高丽藏》“糜”作“穈”。

⑤ 廛肆，底本与《碛砂藏》《普宁藏》《永乐南藏》《径山藏》相同；“廛”，《房山石经》《高丽藏》作“鄽”，《资福藏》《赵城金藏》作“厘”。

于有恩；或爱、或敬、或信顺故，而行惠施，谓于亲爱；或为希求世出世间殊胜功德，而行惠施，谓于尊胜。由是因缘，故修惠施。由是行相，或在家者，或出家者，修行布施，为庄严心，为伴助心①，为资瑜伽，为得上义，而行布施。由此因缘，施性无罪，是名惠舍。

云何名为沙门庄严？嗢柁南曰②：

正信而无谄，少病精进慧，
具少欲喜足，易养及易满，
杜多德端严，知量善士法，
具聪慧者相，忍柔和贤善。

谓如有一，具足正信，无有谄曲，少诸疾病，性勤精进，成就妙慧，少欲喜足，易养易满、具足成就杜多功德，端严知量，具足成就贤善士法，具足成就聪慧者相，堪忍柔和，为性贤善。

云何名为具足正信？谓多净信，多正敬顺，多生胜解③，多善欲乐。于诸善法及大师所，深生净信，无惑无疑；于大师所，恭敬尊重，承奉供养；既修如是恭敬尊重，承奉供养，专心亲附，依止而住。如于大师，如是于法同梵行者，于诸所学教授教诫，于修供养，于无放逸，于三摩地当知亦尔。如是名为具足正信。

云何名为无有谄曲？谓有纯质，为性正直，于其大师及诸有智同梵行所，如实自显，如是名为无有谄曲。

云何名为少诸疾病？谓性无病，顺时变熟，平等执受，不极温热，不

① 为伴助心，底本与《房山石经》《资福藏》《碛砂藏》《赵城金藏》《普宁藏》《永乐南藏》《径山藏》相同；《高丽藏》“伴助”作“助伴”。

② 嗢柁南曰，底本与《资福藏》《碛砂藏》《普宁藏》《永乐南藏》《径山藏》相同；《房山石经》《赵城金藏》《高丽藏》“柁”作“拕”。

③ 多生胜解，底本与《房山石经》《资福藏》《赵城金藏》《普宁藏》《永乐南藏》《径山藏》《高丽藏》相同；《碛砂藏》“多”作“名”。

极寒冷，无所损害，随时安乐。由是因缘，所食所饮，所噉所尝，易正变熟。如是名为少诸疾病。

云何名为性勤精进？谓能安住，有势有勤，有勇坚猛，于善法中能不舍轭，翘勤无惰，起发圆满，能有所作，于诸有智同梵行者躬自承奉，如是名为性勤精进。

云何名为成就妙慧？谓聪、念、觉皆悉圆满，根不闇钝，根不顽愚，亦不瘖症，非手代言，有力能了善说、恶说所有法义，具足成就俱生觉慧，具足成就加行觉慧，如是名为成就妙慧。

云何少欲？谓虽成就善少欲等所有功德，而不于此欲求他知，谓他知我具足少欲成就功德，是名少欲。

云何喜足？谓于随一衣服、饮食、卧具等事，便生欢喜，生正知足。于所未得所有衣服，或麤或妙，更无希望，更无思虑；于所已得，不染不爱，如前广说，而受用之。如于衣服，于其饮食、卧具等事，当知亦尔。是名喜足。

云何易养？谓能独一自得怡养，不待于他，或诸僮仆，或余人众，又不追求余长财宝，令他施者、施主等类谓为难养，是名易养。

云何易满？谓得微少[①]，便自支持，若得麤弊，亦自支持，是名易满。

云何成就杜多功德？谓常期乞食，次第乞食，但一坐食，先止后食，但持三衣，但持毳衣，持粪扫衣，住阿练若，常居树下、常居逈露，常住冢间，常期端坐，处如常坐。如是依止若食、若衣、若诸敷具杜多功德，或十二种，或十三种。于乞食中分为二种：一者，随得乞食；二者，次第乞食。随得乞食者，谓随往还家，随获随得，而便受食。次第乞食者，谓入里巷，巡家而乞，随得随现，而便受食。不高举手越趣余家，愿我当获精妙饮食，乃至期愿多有所得。当知此中，若依乞食无差别性，唯有十二。若依乞

① 谓得微少，底本与《房山石经》《资福藏》《碛砂藏》《普宁藏》《永乐南藏》《径山藏》《高丽藏》相同；《赵城金藏》“少”作“妙”。

食有差别性，便有十三。

云何名为但一座食？谓坐一座，乃至应食，悉皆受食，从此座起，必不重食，如是名为但一座食。

云何名为先止后食？谓为食故，坐如应座，乃至未食，先应具受诸所应食。应正了知："我今唯受尔所饮食，当自支持。"又正了知："我过于此，定不当食。"如是受已，然后方食，如是名为先止后食。

云何名为但持三衣？谓但三衣，而自支持。何者三衣？一、僧伽胝；二、嗢怛罗僧伽；三、安怛婆参。除此三衣，终不贮畜过此长衣，如是名为但持三衣。

云何名为但持毳衣？谓所持衣、或三衣数，或是长衣，一切皆用毛毳而作，终不贮畜余所作衣，如是名为但持毳衣。

云何名为持粪扫衣？谓所有衣，他舍弃掷，或街或巷，或市或廛，或道非道，或杂便秽，或为便秽、脓血、洟唾之所涂染，取如是等不净衣物，除去麤秽，坚执洗浣、缝染、受持，如是名为持粪扫衣。

云何名为住阿练若？谓住空闲、山林、坰野[①]，受用边际所有卧具，远离一切村邑聚落，如是名为住阿练若。

云何名为常居树下？谓常期愿住于树下，依止树根，如是名为常居树下。

云何名为常居迥露？谓常期愿住于迥露无覆障处，如是名为常居迥露。

云何名为常住冢间？谓常期愿住冢墓间，诸有命过送尸骸处，如是名为常住冢间。

云何名为常期端坐？谓于大床，或小绳床，或草叶座，端身而坐，推

① 谓住空闲、山林、坰野，底本与《径山藏》相同；"坰"《房山石经》作"迥"，《资福藏》《碛砂藏》《永乐南藏》作"垧"，《赵城金藏》《普宁藏》《高丽藏》作"坰"。

度时日。终不以背，或以其胁依倚大床，或小绳床，或壁，或树，草叶座等，如是名为常期端坐。

云何名为处如常座？谓所坐卧，或诸草座，或诸叶座，如旧敷设草座、叶座而常坐卧，一敷设后，终不数数翻举修理，如是名为处如常座。

问：何故名为杜多功德？

答：譬如世间或毛或氎，未鞭未弹，未纷未擘，尔时相著，不软不轻，不任造作缕线氈蓐[①]。若鞭若弹，若纷若擘，尔时分散，柔软轻妙，堪任造作缕线氈蓐。如是行者，由饮食贪，于诸饮食，令心染著；由衣服贪，于诸衣服，令心染著；由敷具贪，于诸敷具，令心染著。彼由如是杜多功德，能净修治，令其纯直，柔软轻妙，有所堪任，随顺依止，能修梵行，是故名为杜多功德。

于饮食中有美食贪及多食贪，能障修善。为欲断除美食贪故，常期乞食，次第乞食。为欲断除多食贪故，但一座食，先止后食。于衣服中有三种贪，能障修善：一、多衣贪；二、软触贪；三、上妙贪。为欲断除多衣贪故，但持三衣。为欲断除于诸衣服软触贪故，但持毳衣。为欲断除于诸衣服二妙贪故[②]，持粪扫衣。于诸敷具有四种贪，能障修善：一、喧杂贪；二、屋宇贪；三、倚乐卧乐贪；四、敷具贪。为欲断除喧杂贪故，住阿练若。为欲断除屋宇贪故，常居树下、迥露、冢间。又为断除婬泆贪故，常住冢间。为欲断除倚乐、卧乐贪故，常期端坐。为欲断除敷具贪故，处如常座。是名成就杜多功德。

云何端严？谓能成就若往若还，若覩若瞻，若屈若伸，持僧伽胝，持

---

① 不任造作缕线氈蓐，底本与《资福藏》《碛砂藏》《普宁藏》《永乐南藏》《径山藏》相同；《房山石经》《赵城金藏》《高丽藏》“氈蓐”作“氈褥”，下同。

② 为欲断除于诸衣服二妙贪故，底本与《碛砂藏》《普宁藏》《永乐南藏》《径山藏》相同；《房山石经》《资福藏》《赵城金藏》《高丽藏》“二”作“上”。

衣持钵，端严形相，是名端严。

云何知量？谓于净信诸婆罗门、长者、居士极次衣服、饮食、敷具、病缘医药诸什物中[①]，知量而取，是名知量。

云何成就贤善士法？谓生高族，净信出家，或生富族，净信出家，颜容姝妙[②]，喜见端严，具足多闻，语具圆满，或随获得少智小见[③]、少安乐住。由是因缘，不自高举，不陵懱他，能知唯有法随法行，是其谛实；既了知已，精进修行法随法行，是名成就贤善士法。

云何成就聪慧者相？谓由住业相[④]，表知愚夫；由作业相，表知聪慧。其事云何？谓诸愚夫，恶思所思，恶说所说，恶作所作；诸聪慧者，善思所思，善说所说，善作所作。是名成就聪慧者相。

云何堪忍？谓如有一，骂不报骂，瞋不报瞋，打不报打，弄不报弄。又彼尊者堪能忍受寒热、饥渴、蚊虻、风日、蛇蝎毒触，又能忍受他所干犯𪉨恶语言，又能忍受身中所有猛利、坚劲、辛楚、切心、夺命苦受，为性堪忍、有所容受，是名堪忍。

云何柔和？谓如有一，于大师等、具足成就慈愍身业，具足成就慈愍语业，具足成就慈愍意业；与诸有智同梵行者和同受用，应所受用，凡所饮食无有私密，如法所获，如法所得，堕在钵中，为钵所摄、而为受用；同戒；同见。成就如是六种可乐、可爱、可重、无违诤法，易可共住，性不恼

---

① 谓于净信诸婆罗门、长者、居士极次衣服、饮食、敷具、病缘医药诸什物中，底本与《碛砂藏》《普宁藏》《永乐南藏》《径山藏》相同；《房山石经》《资福藏》《赵城金藏》《高丽藏》“次”作“恣”。

② 颜容姝妙，底本与《资福藏》《碛砂藏》《普宁藏》《永乐南藏》《径山藏》相同；《房山石经》“容”作“客”；《房山石经》《赵城金藏》《高丽藏》“姝”作“殊”。

③ 或随获得少智小见，底本与《碛砂藏》《普宁藏》《永乐南藏》《径山藏》相同；《房山石经》《资福藏》《赵城金藏》《高丽藏》“小见”作“少见”。

④ 谓由住业相，底本与《碛砂藏》《普宁藏》《永乐南藏》《径山藏》相同；《房山石经》《资福藏》《赵城金藏》《高丽藏》“住”作“作”。

他，与诸有智同梵行者共住一处，常令欢喜，是名柔和。

云何贤善？谓如有一，远离颦蹙，舒颜平视，含笑先言，常为爱语，性多摄受善法朋侣[①]，身心澄净，是名贤善。

若有成就如是诸法，爱乐正法，爱乐功德，不乐利养、恭敬、称誉，亦不成就增益、损减二种邪见，于非有法，未尝增益[②]，于实有法，未尝损减[③]。于诸世间事文绮者所造顺世种种字相，绮饰文句，相应诗论，能正了知，无义无利，远避弃舍，不习不爱，亦不流传。不乐贮畜余长衣钵，远离在家共喧杂住，增烦恼故；乐与圣众和合居止，净修智故。不乐摄受亲里朋友，勿我由此亲友因缘，当招无量扰乱事务，彼或变坏，当生种种愁慼伤叹，悲苦忧恼。随所生起本、随二惑，不坚执著，寻即弃舍，除遣变吐，勿我由此二惑因缘，当生现法、后法众苦。

终不虚损所有信施，终不毁犯清净禁戒受用信施，终不毁呰他人信施，终不弃舍所受学处。常乐省察己之过失，不喜伺求他所愆犯[④]，隐覆自善，发露己恶。命难因缘，亦不故思毁犯众罪，设由忘念，少有所犯，即便速疾如法悔除。于应作事，翘勤无惰，凡百所为[⑤]，自能成办，终不求他为己给使。于佛世尊及佛弟子不可思议威德神力，甚深法教、深生信解，终不毁谤，能正了知唯是如来所知所见，非我境界，终不乐住自妄见取，

① 性多摄受善法朋侣，底本与《房山石经》《资福藏》《碛砂藏》《普宁藏》《永乐南藏》《径山藏》相同；《赵城金藏》《高丽藏》“朋”作“同”。

② 未尝增益，底本与《资福藏》《碛砂藏》《普宁藏》《永乐南藏》《径山藏》《高丽藏》相同；《房山石经》《赵城金藏》“尝”作“曾”。

③ 未尝损减，底本与《资福藏》《碛砂藏》《普宁藏》《永乐南藏》《径山藏》《高丽藏》相同；《房山石经》《赵城金藏》“尝”作“曾”。

④ 不喜伺求他所愆犯，底本与《房山石经》《资福藏》《径山藏》《高丽藏》相同；“伺”《碛砂藏》《普宁藏》作“何”，《永乐南藏》作“他”。

⑤ 凡百所为，底本与《资福藏》《碛砂藏》《普宁藏》《永乐南藏》《径山藏》《高丽藏》相同；《房山石经》“百”作“有”。

非理僻执恶见，所生言论咒术。

若与如是功德相应，如是安住，如是修学，以正沙门诸庄严具而自庄严，甚为微妙。譬如有人盛壮端正，好自庄严，乐受诸欲，沐浴身首，涂以妙香，服鲜白衣，饰以种种妙庄严具，所谓璎珞、耳环、指环、腕钏、臂钏、诸妙宝印，并金银等种种华鬘，如是庄严极为奇妙。如是行者，以正沙门种种功德妙庄严具而自庄严，其德炽然，威光遍照，是故说为沙门庄严。是名沙门庄严具义。

瑜伽师地论卷第二十六

本地分中声闻地

第二瑜伽处之一[①]

问：于如前所举所开示出离地中，有几品类补特伽罗能证出离？云何建立补特伽罗？云何所缘？云何教授？云何学？云何随顺学法？云何瑜伽坏？云何瑜伽？云何作意？云何瑜伽师所作几种瑜伽师？云何瑜伽修？云何修果？几种补特伽罗异门？几种补特伽罗？几种建立补特伽罗因缘？有几种魔几种魔事？云何发趣空无有果？

嗢柁南曰[②]：

诸补特伽罗，建立所缘教，
学随顺学法，坏瑜伽作意，
瑜伽师作修，果门数取趣，
因魔事无果，是皆当广说。

补特伽罗品类差别，有二十八种。云何二十八？谓钝根者、利根者、贪增上者、瞋增上者、痴增上者、慢增上者、寻思增上者、得平等者、薄尘性者、行向者、住果者、随信行者、随法行者、信胜解者、见至者、身证者、极七返有者、家家者、一间者、中般涅槃者、生般涅槃者、无行般涅槃者、有行般涅槃者、上流者、时解脱者、不动法者、慧解脱者、俱分解

① 本地分中声闻地第二瑜伽处之一，底本与《径山藏》相同；《房山石经》《资福藏》《碛砂藏》《赵城金藏》《普宁藏》《永乐南藏》《高丽藏》“第”作“第十三第”。

② 嗢柁南曰，底本与《资福藏》《碛砂藏》《普宁藏》《永乐南藏》《径山藏》相同；《房山石经》《赵城金藏》《高丽藏》“柁”作“拕”。

脱者。

云何钝根补特伽罗？谓有补特伽罗，成就钝根[1]，于所知事迟钝运转，微劣运转，如前已说。此复二种、应知其相。一者，本来钝根种性；二者，未善修习诸根。

云何利根补特伽罗？谓有补特伽罗，成就利根，于所知事不迟钝运转，不微劣运转。如前已说，此亦二种，应知其相：一者，本来利根种性；二者，已善修习诸根。

云何贪增上补特伽罗？谓有补特伽罗，先余生中，于贪烦恼已修已习，已多修习，由是因缘，今此生中，于所爱事有猛利贪，有长时贪，是名贪增上补特伽罗。

云何瞋增上补特伽罗？谓有补特伽罗，先余生中，于瞋烦恼已修已习，已多修习，由是因缘，今此生中，于所憎事猛利瞋，有长时瞋，是名瞋增上补特伽罗。

云何痴增上补特伽罗？谓有补特伽罗，先余生中，于痴烦恼已修已习，已多修习，由是因缘，今此生中，于所愚事有猛利痴，有长时痴，是名痴增上补特伽罗。

云何慢增上补特伽罗？谓有补特伽罗，先余生中，于慢烦恼已修已习，已多修习，由是因缘，今此生中，于所慢事有猛利慢，有长时慢，是名慢增上补特伽罗。

云何寻思增上补特伽罗？谓有补特伽罗，先余生中，于其寻思已修已习，已多修习，由是因缘，今此生中，于所寻思事有猛利寻思，有长时寻思，是名寻思增上补特伽罗。

云何得平等补特伽罗？谓有补特伽罗，先余生中，虽于贪、瞋、痴、

① 成就钝根，底本与《资福藏》《碛砂藏》《赵城金藏》《普宁藏》《永乐南藏》《径山藏》《高丽藏》相同；《房山石经》“钝”作“顽”。

慢、寻思不修不习，不多修习，而于彼法未见过患，未能厌坏，未善推求，由是因缘，于所爱所憎，所愚所慢，所寻思事无猛利贪，无长时贪，然如彼事、贪得现行。如贪、瞋、痴、慢、寻思亦尔。是名得平等补特伽罗。

云何薄尘性补特伽罗？谓有补特伽罗，先余生中，于贪烦恼不修不习，不多修习，已能于彼多见过思[①]，已能厌坏，已善推求，由是因缘，今此生中，于所爱事会遇现前，众多美妙上品境中，起微妙贪[②]，于其中品、下品境中，贪全不起。如贪、瞋、痴、慢、寻思应知亦尔。是名薄尘性补特伽罗。

云何行向补特伽罗？谓行四向补特伽罗。何等为四？一、预流果向；二、一来果向；三、不还果向；四、阿罗汉果向。是名行向补特伽罗。

云何住果补特伽罗？谓住四果补特伽罗。何等为四？一、预流果；二、一来果；三、不还果；四、阿罗汉果。是名住果补特伽罗。

云何随信行补特伽罗？谓有补特伽罗，从他求请教授教诫，由此力故，修证果行，非如所闻所受，所究竟，所思所量，所观察法，自有功能[③]，自有势力，随法修行，唯由随他补特伽罗信而修行，是名随信行补特伽罗。

云何随法行补特伽罗？谓有补特伽罗，如其所闻所受，所究竟，所思所量，所观察法，自有功能，自有势力，随法修行，不从他求教授教诫，修证果行，是名随法行补特伽罗。

云何信胜解补特伽罗？谓即随信行补特伽罗，因他教授教诫，于沙门果得触证时，名信胜解补特伽罗。

云何见至补特伽罗？谓即随法行补特伽罗，于沙门果得触证时，说名

---

① 已能于彼多见过思，底本与《碛砂藏》《普宁藏》《永乐南藏》《径山藏》相同；《房山石经》《资福藏》《赵城金藏》《高丽藏》“思”作“患”。

② 起微妙贪，底本与《资福藏》《碛砂藏》《赵城金藏》《普宁藏》《永乐南藏》《径山藏》相同；《房山石经》《高丽藏》“妙”作“劣”。

③ 自有功能，底本与《资福藏》《碛砂藏》《普宁藏》《永乐南藏》《径山藏》《高丽藏》相同；《房山石经》《赵城金藏》“能”作“德”。

见至补特伽罗。

云何身证补特伽罗？谓有补特伽罗，于八解脱顺逆入出，身作证，多安住，而未能得诸漏永尽，是名身证补特伽罗。

云何名为极七返有补特伽罗？谓有补特伽罗，已能永断萨迦耶见、戒禁取、疑三种结故，得预流果，成无堕法，定趣菩提。极七返有，天人往来；极至七返，证苦边际。如是名为极七返有补特伽罗。

云何家家补特伽罗？谓有二种家家：一、天家家；二、人家家。天家家者，谓于天上，从家至家，若往若来，证苦边际。人家家者，谓于人间，从家至家，若往若来，证苦边际。当知此二俱是预流补特伽罗。

云何一间补特伽罗？谓即一来补特伽罗，行不还果向，已能永断欲界烦恼上品、中品，唯余下品，唯更受一欲界天有，即于彼处得般涅槃，不复还来生此世间，是名一间补特伽罗。

云何中般涅槃补特伽罗？谓有三种中般涅槃补特伽罗：一、有一种中般涅槃补特伽罗，从此没已[①]，中有续生，中有生已，便般涅槃，如小札火，微星才举，即便谢灭；二、有一种中般涅槃补特伽罗，从此没已，中有续生，中有生已，少时经停，未趣生有，便般涅槃，如铁抟铤，炎炽赫然，鎚锻星流[②]，未下便灭；三、有一种中般涅槃补特伽罗，从此没已，中有续生，中有生已，往趣生有，未得生不[③]，便般涅槃，如彼热铁，锤锻星流，下未至地，即便谢灭。如是三种中般涅槃补特伽罗，总说为一中般涅槃补特伽罗。

云何生般涅槃补特伽罗？谓才生彼已，便般涅槃，是名生般涅槃补

---

① 从此没已，底本与《资福藏》《碛砂藏》《赵城金藏》《普宁藏》《永乐南藏》《径山藏》《高丽藏》相同；《房山石经》“没”作“殁”，下同。

② 锤锻星流，底本与《资福藏》《碛砂藏》《普宁藏》《永乐南藏》《径山藏》《高丽藏》相同；“鎚”，《房山石经》作“搥”，《赵城金藏》作“椎”，下同。

③ 未得生不，《房山石经》《资福藏》《碛砂藏》《赵城金藏》《普宁藏》《永乐南藏》《径山藏》《高丽藏》“不”作“有”。

特伽罗。

云何无行般涅槃补特伽罗？谓生彼已，不起加行，不作功用，不由劳倦，道现在前，而般涅槃，是名无行般涅槃补特伽罗。

云何有行般涅槃补特伽罗？谓彼生已，发起加行，作大功用，由极劳倦，道现在前，而般涅槃，是名有行般涅槃补特伽罗。

云何上流补特伽罗？谓有不还补特伽罗，从此上生初静虑已，住于彼处，不般涅槃，从彼没已，展转上生诸所生处，乃至或到色究竟天，或到非想非非想处，是名上流补特伽罗。

云何时解脱补特伽罗？谓有补特伽罗，钝根种性，于诸世间现法乐住容有退失，或思自害，或守解脱，励力勤修，不放逸行，谓防退失增上力故，或唯安住，自分善品，或经彼彼日夜、刹那、瞋息、须臾，励力升进①，乃至未证最极猛利，是名时解脱补特伽罗。

云何不动法补特伽罗？谓有补特伽罗，与上相违，当知是名不动法补特伽罗。

云何慧解脱补特伽罗？谓有补特伽罗，已能证得诸漏永尽，于八解脱，未能身证具足安住，是名慧解脱补特伽罗。

云何俱分解脱补特伽罗？谓有补特伽罗，已能证得诸漏永尽，于八解脱，身色作证具足安住②，于烦恼障分及解脱障分，心俱解脱，是名俱分解脱补特伽罗。

云何建立补特伽罗？谓由十一差别道理应知建立补特伽罗。云何十一差别道理？一、根差别故；二、众差别故；三、行差别故；四、愿差别

---

① 励力升进，底本与《资福藏》《碛砂藏》《赵城金藏》《普宁藏》《永乐南藏》《径山藏》相同；《房山石经》《高丽藏》“升”作“胜”。

② 身色作证具足安住，底本与《碛砂藏》《普宁藏》《永乐南藏》《径山藏》相同；《房山石经》《资福藏》《赵城金藏》《高丽藏》“色”作“已”。

故；五、行迹差别故；六、道果差别故；七、加行差别故；八、定差别故；九、生差别故；十、退不退差别故；十一、障差别故。

云何由根差别建立补特伽罗？谓根差别故，建立二种补特伽罗：一者，钝根；二者[①]，利根。

云何由众差别建立补特伽罗？谓众差别故，建立七种补特伽罗，谓苾刍苾刍尼、式叉摩那、劳策男、劳策女、近事男、近事女。

云何由行差别建立补特伽罗？谓行差别故，建立七种补特伽罗，谓若贪增上补特伽罗，名贪行者；若瞋增上补特伽罗，名瞋行者；若痴增上补特伽罗，名痴行者；若慢增上补特伽罗，名慢行者；若寻思增上补特伽罗，名寻思行者；若得平等补特伽罗，名等分行者；若薄尘性补特伽罗[②]，名薄尘行者。

问：贪行补特伽罗应知何相？

答：贪行补特伽罗，于诸微劣所爱事中，尚能生起最极厚重上品贪缠，何况中品、上品境界。又此贪缠住在身中，经久相续，长时随缚，由贪缠故，为可爱法之所制伏，不能制伏彼可爱法，诸根悦泽[③]，诸根不强，诸根不涩，诸根不麤，为性不好以恶身语损恼于他，难使远离，难使厌患，下劣胜解，事业坚牢，事业久固，禁戒坚牢，禁戒久固，能忍能受，于资生具，为性躭染，深生爱重，多喜多悦、远离频蹙[④]，舒颜平视，含笑先言，如是等类，应知是名贪行者相。

---

① 二者，底本与《房山石经》《资福藏》《赵城金藏》《径山藏》《高丽藏》相同；《碛砂藏》《普宁藏》《永乐南藏》“二”作“一”。

② 若薄尘性补特伽罗，底本与《房山石经》《资福藏》《赵城金藏》《永乐南藏》《径山藏》《高丽藏》相同；《碛砂藏》《普宁藏》“性”作“住”。

③ 诸根悦泽，底本与《资福藏》《碛砂藏》《赵城金藏》《普宁藏》《永乐南藏》《径山藏》相同；《房山石经》《高丽藏》“泽”作“怿”。

④ 远离频蹙，底本与《资福藏》《碛砂藏》《赵城金藏》《普宁藏》《永乐南藏》《径山藏》相同；《房山石经》《高丽藏》“频”作“顰”。

问：瞋行补特伽罗应知何相？

答：瞋行补特伽罗于诸微劣所憎事中，尚能生起最极厚重上品瞋缠，何况中品、上品境界。又此瞋缠住在身中，经久相续，长时随缚，由此瞋缠，为可憎法之所制伏，不能制伏彼可憎法，诸根枯槁，诸根刚强，诸根疏涩，诸根麤燥，为性好乐以恶身语损恼于他，易令远离，易令厌患，凶暴强口，形相稜层，无多胜解、事业不坚，事业不固，禁戒不坚、禁戒不固，不忍不受、多忧多恼[①]，性好违背，所取不顺，性多愁慼，性好麤言，多怀嫌恨，意乐惨烈，悖恶尤虿，好相拒对，得少语言，多恚多愤，憔顇而住，喜生忿怒，眉面颦蹙，恒不舒颜，邪睛下视[②]，于他荣利，多憎多嫉，如是等类，应知是名瞋行者相。

问：痴行补特伽罗应知何相？

答：痴行补特伽罗，于诸微劣所愚事中，尚能生起最极厚重上品痴缠，何况中品、上品境界。又此痴缠住在身中，经久相续，长时随缚，由此痴缠，为可痴法之所制伏，不能制伏彼可痴法，诸根闇钝，诸根愚昧，诸根羸劣，身业慢缓，语业慢缓，恶思所思，恶说所说，恶作所作，懒惰懈怠，起不圆满，词辩薄弱，性不聪敏，念多忘失，不正知住，所取左僻，难使远离，难使厌患，下劣胜解，顽騃瘖痖，以手代言，无有力能领解善说恶说法义，缘所牵缠，他所引奋[③]，他所策使，如是等类，应知是名痴行者相。

问：慢行补特伽罗应知何相？

---

① 多忧多恼，底本与《房山石经》《资福藏》《赵城金藏》《普宁藏》《径山藏》《高丽藏》相同；《碛砂藏》《永乐南藏》“忧”作“爱”。

② 邪睛下视，底本与《资福藏》《碛砂藏》《普宁藏》《永乐南藏》《径山藏》相同；《房山石经》《赵城金藏》《高丽藏》“睛”作“精”。

③ 他所引奋，底本与《碛砂藏》《普宁藏》《永乐南藏》《径山藏》相同；《房山石经》《资福藏》《赵城金藏》《高丽藏》“奋”作“夺”。

答：慢行补特伽罗于诸微劣所慢事中，尚能生起最极厚重上品慢缠，何况中品、上品境界。又此慢缠住在身中，经久相续，长时随缚，由慢缠故，为可慢法之所制伏，不能制伏彼可慢法。诸根掉动，诸根高举，诸根散乱，勤乐严身，言语高大，不乐谦下，于其父母、眷属、师长不能时时如法承事，多怀憍傲，不能以身礼敬问讯合掌迎逆，修和敬业，自高自举，陵懱他人，乐著利养，乐著恭敬，乐著世间，称誉声颂，所为轻举，喜作嘲调。难使远离，难使厌患、广大胜解，微劣慈悲，计我、有情、命者、养者、补特伽罗生者等见，多分上品，身怨多恨[①]，如是等类，应知是名慢行者相。

问：寻思行补特伽罗，应知何相？

答：寻思行补特伽罗于诸微劣所寻思事，尚能发起最极厚重上品寻思缠，何况中品、上品境界。此寻思缠住在身中，经久相续，长时随缚，由此缠故，为可寻思法之所制伏，不能制伏可寻思法，诸根不住，诸根飘举，诸根掉动，诸根散乱，身业误失，语业误失，难使远离，难使厌患，喜为戏论，乐著戏论，多惑、多疑、多怀乐欲，禁戒不坚，禁戒不定，事业不坚，事业不定，多怀恐虑，念多忘失，不乐远离，多乐散动，于诸世间种种妙事、贪欲随流，翘勤无惰，起发圆满，如是等类，应知是名寻思行者相。

如是名为由行差别建立补特伽罗。

云何由愿差别建立补特伽罗？

谓或有补特伽罗于声闻乘已发正愿，或有补特伽罗于独觉乘已发正愿，或有补特伽罗于其大乘已发正愿，当知此中若补特伽罗于声闻乘已发正愿，彼或声闻种性，或独觉种性，或大乘种性。若补特伽罗于独觉菩提已发正愿，彼或独觉种性，或声闻种性，或大乘种性。若补特伽罗于其

① 身怨多恨，底本与《碛砂藏》《普宁藏》相同；《房山石经》《资福藏》《赵城金藏》《永乐南藏》《径山藏》《高丽藏》“身”作“多”。

大乘已发正愿，彼或大乘种性，或独觉种性，或声闻种性。

若声闻种性补特伽罗于独觉菩提，或于无上正等菩提，已发正愿，彼是声闻种性故，后时决定还舍彼愿，必唯安住声闻乘愿，独觉乘种性。大乘种性补特伽罗应知亦尔。此中，所有补特伽罗，愿可移转，愿可舍离，决定不可移转种性，舍离种性。

今此义中，当知唯说声闻乘愿，声闻种性补特伽罗。

如是名为由愿差别建立补特伽罗。

云何由行迹差别建立补特伽罗？谓如所举，如所开示，补特伽罗依四行迹，而得出离。何等为四？谓或有行迹是苦迟道，或有行迹是苦速道，或有行迹是乐迟道，或有行迹是乐速道。当知此中，若钝根性补特伽罗，未得根本静虑，所有行迹名苦迟道。若利根性补特伽罗，未得根本静虑，所有行迹名苦速道。若钝根性补特伽罗，已得根本静虑，所有行迹名乐迟道。若利根性补特伽罗，已得根本静虑，所有行迹名乐速道[①]。如是名为由行迹差别建立补特伽罗。

云何由道果差别建立补特伽罗？谓行四向及住四果。行四向者；一、预流果向补特伽罗；二、一来果向补特伽罗；三、不还果向补特伽罗；四、阿罗汉果向补特伽罗。住四果者；一、预流果；二、一来果；三、不还果；四、阿罗汉果。若于向道转，彼名行向者。由向道故，建立四种补特伽罗。若得沙门果；彼名住果者。由道果故，建立四种补特伽罗。如是名为由道果差别建立补特伽罗。

云何由加行差别建立补特伽罗？谓随信行及随法行补特伽罗。若随补特伽罗信，勤修正行，名随信行补特伽罗。若于诸法，不待他缘，随毗奈耶，勤修正行，名随法行补特伽罗。如是名为由加行差别建立补

① “谓或有行迹是苦迟道”至“所有行迹名乐速道”，底本与《资福藏》《碛砂藏》《赵城金藏》《普宁藏》《永乐南藏》《径山藏》相同；《房山石经》《高丽藏》“道”均作“通”。

特伽罗。

云何由定差别建立补特伽罗？谓身证补特伽罗，于八解脱，身已作证，具足安住，而未获得诸漏永尽[1]，当知如是补特伽罗，于有色观诸色解脱、内无色想观外诸色解脱、净解脱身作证具足住、空无边处解脱、识无边处解脱、无所有处解脱、非想非非想处解脱、想受灭解脱，已能顺逆入出自在，如是名为由定差别建立补特伽罗。

云何由生差别建立补特伽罗？谓极七返有、家家、一间、中般涅槃、生般涅槃、无行般涅槃、有行般涅槃及以上流补特伽罗，如是名为由生差别建立补特伽罗。

云何由退不退差别建立补特伽罗？谓由退故，建立时解脱阿罗汉，彼于现法乐住，容有退失，由不退故，建立不动法阿罗汉，彼于现法乐住，定无退失，如是名为由退不退差别建立补特伽罗。

云何由障差别建立补特伽罗？谓慧解脱及俱分解脱阿罗汉。慧解脱阿罗汉者，谓已解脱烦恼障，未解脱定障。俱分解脱阿罗汉者，谓已解脱烦恼障，及已解脱定障，是故说名俱分解脱。如是名为由障差别建立补特伽罗。

由此所举及所开示差别道理，如其次第，应知建立补特伽罗。

云何所缘？谓有四种所缘境事。

何等为四？一者，遍满所缘境事；二者，净行所缘境事；三者，善巧所缘境事；四者，净惑所缘境事。

云何遍满所缘境事，谓复四种：一、有分别影像；二、无分别影像；三、事边际性；四、所作成办。

云何有分别影像？谓如有一，或听闻正法，或教授教诫为所依止，或

① 而未获得诸漏永尽，底本与《房山石经》《资福藏》《赵城金藏》《径山藏》《高丽藏》相同；《碛砂藏》《普宁藏》《永乐南藏》“获”作“护”。

见或闻，或分别故，于所知事同分影像，由三摩呬多地毗钵舍那行，观察拣择[①]、极拣择、遍寻思、遍伺察。

所知事者，谓或不净，或慈愍，或缘性缘起，或界差别，或阿那波那念，或蕴善巧，或界善巧，或处善巧，或缘起善巧，或处非处善巧，或下地麤性、上地静性，或苦谛、集谛、灭谛、道谛，是名所知事。

此所知事或依教授教诫，或听闻正法为所依止，令三摩呬多地作意现前，即于彼法而起胜解，即于彼所知事而起胜解。彼于尔时于所知事，如现领受胜解而转。虽彼所知事非现领受和合现前，亦非所余彼种类物，然由三摩呬多地胜解领受相似作意，领受彼所知事相似显现。由此道理，名所知事同分影像。修观行者推求此故，于彼本性所知事中，观察审定功德、过失，，是名有分别影像。

云何无分别影像？谓修观行者受取如是影像相已，不复观察拣择、极拣择、遍寻思、遍伺察，然即于此所缘影像以奢摩他行寂静其心，即是九种行相令心安住，谓令心内住、等住、安住、近住、调伏、寂静、最极寂静、一趣、等持。彼于尔时成无分别影像所缘，即于如是所缘影像一向一趣安住其念；不复观察拣择、极拣择、遍寻思、遍伺察。是名无分别影像。即此影像亦名影像，亦名三摩地相，亦名三摩地所行境界，亦名三摩地口，亦名三摩地门，亦名作意处，亦名内分别体，亦名光影。如是等类，当知名为所知事同分影像诸名差别。

云何事边际性？谓若所缘尽所有性，如所有性。

云何名为尽所有性？谓色蕴外，更无余色；受、想、行、识蕴外，更无有余受、想、行、识。一切有为事，皆五法所摄；一切诸法，界、处所摄；一切所知事，四圣谛摄。如是名为尽所有性。

---

① 观察拣择，底本与《资福藏》《碛砂藏》《普宁藏》《永乐南藏》《径山藏》相同；《房山石经》《赵城金藏》《高丽藏》“拣择”作“简择”。

云何名为如所有性？谓若所缘是真实性，是真如性，由四道理，具道理性，谓观待道理、作用道理、证成道理、法尔道理。

如是若所缘境尽所有性，如所有性，总说为一事边际性。

云何所作成办？谓修观行者，于奢摩他[1]、毗钵舍那，若修若习，若多修习，为因缘故，诸缘影像所有作意皆得圆满；此圆满故，便得转依，一切麤重悉皆息灭；得转依故，超过影像，即于所知事有无分别现量智见生。入初静虑者，得初静虑时，于初静虑所行境界；入第二、第三、第四静虑者，得第二、第三、第四静虑时，于第二、第三、第四静虑所行境界；入空无边处、识无边处、无所有处、非想非非想处者得彼定时，即于彼定所行境界。如是名为所作成办。

如是四种所缘境事遍行一切，随入一切所缘境中，去、来、今世正等觉者共所宣说，是故说名遍满所缘。又此所缘遍毗钵舍那品，遍奢摩他品，遍一切事，遍真实事，遍因果相属事，故名遍满。

谓若说有分别影像，即是此中毗钵舍那品；若说无分别影像，即是此中奢摩他品；若说事边际性，即是此中一切事真实事；若说所作成办，即是此中因果相属事。

如佛世尊，曾为长老颉隶伐多说如是义。曾闻长老颉隶伐多问世尊言[2]："大德！诸有苾刍勤修观行，是瑜伽师能于所缘安住其心。为何于缘安住其心？云何于缘安住其心？齐何名为心善安住？"

佛告长老颉隶伐多："善哉！善哉！汝今善能问如是义；汝今谛听极善思惟，吾当为汝宣说开示。

① 于奢摩他，底本与《房山石经》《资福藏》《碛砂藏》《赵城金藏》《径山藏》《高丽藏》相同；《普宁藏》《永乐南藏》"他"作"地"。

② 曾闻长老颉隶伐多问世尊言，底本与《房山石经》《资福藏》《赵城金藏》《普宁藏》《永乐南藏》《径山藏》《高丽藏》相同；《碛砂藏》"伐"作"代"。

“颉隶伐多！诸有苾刍勤修观行[①]，是瑜伽师能于所缘安住其心，或乐净行、或乐善巧、或乐令心解脱诸漏；于相称缘安住其心，于相似缘安住其心，于缘无倒安住其心，能于其中不舍静虑。

“云何苾刍勤修观行，是瑜伽师于相称缘安住其心？谓彼苾刍若唯有贪行，应于不净缘安住于心，如是名为于相称缘安住其心。若唯有瞋行，应于慈愍安住其心；若唯有痴行，应于缘性缘起安住其心；若唯有慢行，应于界差别安住其心；若唯有寻思行，应于阿那波那念安住其心。如是名为于相称缘安住其心。

“颉隶伐多！又彼苾刍若愚诸行自相，愚我有情命者生者能养育者补特伽罗事，应于蕴善巧安住其心。若愚其因，应于界善巧安住其心；若愚其缘，应于处善巧安住其心；若愚无常、苦、空、无我，应于缘起处非处善巧安住其心。若乐离欲界欲，应于诸欲麤性诸色静性安住其心；若乐离色界欲，应于诸色麤性无色静性安住其心。若乐通达及乐解脱遍一切处萨迦耶事，应于苦谛、集谛灭谛道谛安住其心。是名苾刍勤修观行，是瑜伽师于相称缘安住其心。

“颉隶伐多！云何苾刍勤修观行，是瑜伽师于相似缘安住其心，谓彼苾刍于彼彼所知事，为欲拣择、极拣择、遍寻思、遍伺察故；于先所见所闻所觉所知事，由见闻觉知增上力故，以三摩呬多地作意思惟分别而起胜解。彼虽于其本所知事不能和合现前观察，然与本事相似而生，于彼所缘有彼相似唯智、唯见、唯正忆念。又彼苾刍于时时间令心寂静，于时时间依增上慧法毗钵舍那勤修观行。是名苾刍勤修观行，是瑜伽师于相似缘安住其心。

“颉隶伐多！云何苾刍勤修观行，是瑜伽师于缘无倒安住其心？谓若

① 诸有苾刍勤修观行，底本与《房山石经》《资福藏》《碛砂藏》《赵城金藏》《径山藏》《高丽藏》相同；《普宁藏》《永乐南藏》“苾刍”作“比丘”，下同。

苾刍勤修观行，是瑜伽师于所缘境安住其心，随应解了所知境界，如实无倒能遍了知。是名苾刍勤修观行，是瑜伽师于缘无倒安住其心。

“颉隶伐多！云何苾刍勤修观行，是瑜伽师能于其中不舍静虑？谓若苾刍勤修观行，是瑜伽师如是于缘正修行时，无间加行殷重加行，于时时间修习止相举相舍相。由修、由习、由多修习为因缘故，一切麤重悉皆息灭，随得触证所依清净。于所知事由现见故，随得触证所缘清净。由离贪故，随得触证心遍清净。离无明故，随得触证智遍清净。是名苾刍勤修观行，是瑜伽师能于其中不舍静虑。

“颉隶伐多！为此苾刍于所缘境安住其心，如是于缘安住其心，如是于缘安住心已名善安住。”

世尊此中重说颂曰：

行者行诸相，知一切实义，

常于影静虑，得证遍清净。

此中说言行者行诸相者，由此宣说修观行者，于止举舍相，无间修行殷重修行。

若复说言知一切实义者，由此宣说事边际性。

若复说言常于影静虑者，由此宣说有分别影像、无分别影像。

若复说言得证遍清净者，由此宣说所作成办。

此中世尊复说颂曰：

于心相遍知，能受远离味，

静虑常委念，受喜乐离染。

此中说言于心相遍知者，谓有分别影像无分别影像，以心相名说。事边际性，以遍知名说。

若复说言能受远离味者，由此宣说于其所缘正修行者，乐断乐修。

若复说言静虑常委念者，由此宣说于奢摩他毗钵舍那，常勤修习，委练修习[①]。

若复说言受喜乐离染者，由此宣说所作成办。

当知如是遍满所缘，随顺净教契合正理。

如是名为遍满所缘。

云何名为净行所缘？谓不净、慈愍、缘性缘起、界差别、阿那波那念等所缘差别。

云何不净所缘？谓略说有六种不净：一、朽秽不净；二、苦恼不净；三、下劣不净；四、观待不净；五、烦恼不净；六、速坏不净。

云何名为朽秽不净？谓此不净略依二种：一者，依内；二者，依外。

云何依内朽秽不净？谓内身中，发、毛、爪、齿、尘、垢、皮、肉、骸、骨、筋、脉、心、胆、肝、肺、大肠、小肠、生藏、熟藏、肚、胃、脾、肾、脓、血、热、痰、肪、膏、肥[②]、髓、脑、膜、洟、唾、泪、汗、屎、尿。如是等类，名为依内朽秽不净。

云何依外朽秽不净？谓或青瘀、或复脓烂、或复变坏、或复胖胀、或复食噉、或复变赤、或复散坏、或骨、或锁、或复骨锁。或屎所作、或尿所作、或唾所作、或洟所作、或血所涂、或脓所涂、或便秽处。如是等类，名为依外朽秽不净。

如是依内朽秽不净及依外朽秽不净，总说为一朽秽不净。

云何名为苦恼不净？谓顺苦受触为缘所生，若身若心不平等受，受所摄。如是名为苦恼不净。

云何名为下劣不净？谓最下劣事最下劣界，所谓欲界；除此更无极下

① 委练修习，底本与《资福藏》《碛砂藏》《赵城金藏》《普宁藏》《永乐南藏》《径山藏》《高丽藏》相同；《房山石经》“练”作“鍊”。

② 肥，底本与《资福藏》《碛砂藏》《普宁藏》《永乐南藏》《径山藏》相同；《房山石经》《赵城金藏》《高丽藏》作“肌”；《赵城金藏》作“肥”。

极劣最极鄙秽余界可得。如是名为下劣不净。

云何名为观待不净？谓如有一，劣清净事观待其余胜清净事，便似不净。如待无色胜清净事；色界诸法便似不净。待萨迦耶寂灭涅槃；乃至有顶皆似不净。如是等类，一切名为观待不净。

云何名为烦恼不净？谓三界中，所有一切结、缚、随眠、随烦恼、缠，一切名为烦恼不净。

云何名为速坏不净？谓五取蕴、无常、无恒、不可保信，变坏法性。如是名为速坏不净。如是不净是能清净贪行所缘。

贪、有五种：一、于内身、欲欲欲贪；二、于外身、婬欲婬贪；三、境欲境贪；四、色欲色贪；五、萨迦耶欲萨迦耶贪，是名五贪。

为欲令此五种欲贪、断灭除遣不现行故；建立六种不净所缘。

谓由依内朽秽不净所缘故；令于内身欲欲、欲贪、心得清净。

由依外朽秽不净所缘故；令于外身婬欲、婬贪、心得清净。

婬相应贪、复有四种：一、显色贪；二、形色贪；三、妙触贪；四、承事贪。

由依四外不净所缘，于此四种相应婬贪，心得清净。若于青瘀，或于脓烂，或于变坏，或于胖胀，或于食噉，作意思惟；于显色贪，令心清净。若于变赤，作意思惟；于形色贪，令心清净。若于其骨，若于其锁，若于骨锁，作意思惟；于妙触贪，令心清净。若于散坏，作意思惟；于承事贪，令心清净。如是四种，名于婬贪令心清净。

是故世尊，乃至所有依外朽秽不净差别，皆依四种憺怕路而正建立。

谓若说言：由憺怕路，见彼彼尸，死经一日，或经三日[1]，或经七日，乌鹊、饿狗、[至+鸟]鹫、狐狼、野干、禽兽之所食噉；便取其相以譬彼

---

① 或经三日，底本与《碛砂藏》《普宁藏》《永乐南藏》《径山藏》相同；《房山石经》《资福藏》《赵城金藏》《高丽藏》“三”作“二”。

身，亦如是性，亦如是类，不能超过如是法性。此即显示始从青瘀，乃至食噉。

若复说言：由憺怕路，见彼彼尸，离皮肉血，筋脉缠裹。此即显示所有变赤。

若复说言：由憺怕路，见彼彼骨，或骨，或锁。此即显示或骨，或锁，或复骨锁。

若复说言：由憺怕路，见彼彼骨，手骨异处，足骨异处，腨骨异处，膝骨异处，髀骨异处，肘骨异处，脊骨异处，髆骨异处，肋骨异处，颔轮、齿鬘、顶髑髅等，各各分散；或经一年，或二①，或三，乃至七年，其色鲊白，犹如螺贝，或如鸽色。或见彼骨，和杂尘土。此即显示所有散坏。

如是依外所有朽秽不净所缘、令于四种婬相应贪，心得清净。由苦恼不净所缘及下劣不净所缘故；令于境相应若欲若贪，心得清净。由观待不净所缘故；令于色相应若欲若贪，心得清净。由烦恼不净所缘及速坏不净所缘故；令于从欲界乃至有顶诸萨迦耶若欲若贪②，心得清净。是名贪行净行所缘。如是且约能净贪行③，总说一切，通治所摄不净所缘。

今此义中，本意唯取朽秽不净。所余不净，亦是其余净行所缘。

云何慈愍所缘？

谓或于亲品，或于怨品，或于中品，平等安住利益意乐，能引下中上品快乐定地胜解。当知此中亲品、怨品及以中品、是为所缘；利益意乐，能引快乐定地胜解，是为能缘。所缘能缘，总略为一，说名慈愍所缘。

---

① 或二，底本与《房山石经》《赵城金藏》《永乐南藏》《径山藏》《高丽藏》相同；《资福藏》《碛砂藏》《普宁藏》“二”作“一”。

② 令于从欲界乃至有顶诸萨迦耶若欲若贪，底本与《房山石经》《资福藏》《碛砂藏》《普宁藏》《永乐南藏》《径山藏》《高丽藏》相同；《赵城金藏》无“从”字。

③ 如是且约能净贪行，底本与《资福藏》《碛砂藏》《赵城金藏》《普宁藏》《永乐南藏》《径山藏》《高丽藏》相同；《房山石经》“且”作“旦”。

若经说言慈俱心者，此即显示于怨亲中三品所缘[1]，利益意乐。若复说言无怨无敌无损害者，此则显示利益意乐，有三种相。由无怨故；名为增上利益意乐。此无怨性，二句所显。谓无敌对故；无损恼故。不欲相违诤义，是无敌对；不欲不饶益义，是无损害。

若复说言广大无量：此则显示能引下中上品快乐。欲界快乐，名广；初二静虑地快乐，名大；第三静虑地快乐，名无量。若复说言胜解遍满具足住者，此则显示能引快乐定地胜解。又此胜解，即是能引快乐利益增上意乐所摄胜解作意俱行。若于无苦无乐，亲怨中三品有情，平等欲与其乐；当知是慈。若于有苦，或于有乐，亲怨中三品有情，平等欲拔其苦，欲庆其乐；当知是悲，是喜。有苦有情，是悲所缘；有乐有情，是喜所缘。是名慈愍所缘。

若有瞋行补特伽罗，于诸有情修习慈愍，令瞋微薄[2]；名于瞋恚，心得清净。

① 此即显示于怨亲中三品所缘，底本与《资福藏》《碛砂藏》《普宁藏》《永乐南藏》《径山藏》相同；《房山石经》《赵城金藏》《高丽藏》“怨亲”作“亲怨”。

② 令瞋微薄，底本与《资福藏》《碛砂藏》《赵城金藏》《普宁藏》《永乐南藏》《径山藏》《高丽藏》相同；《房山石经》“令”作“今”。

瑜伽师地论卷第二十七

本地分中声闻地

第二瑜伽处之二①

云何缘性缘起所缘？谓于三世唯行，唯法唯事，唯因唯果，堕正道理，谓观待道理、作用道理、证成道理、法尔道理。唯有诸法能引诸法，无有作者及以受者，是名缘性缘起所缘。于此所缘作意思惟，痴行增上补特伽罗，所有痴行皆得微薄，于诸痴行心得清净。是名缘性缘起所缘。

云何界差别所缘？谓六界差别：一、地界；二、水界；三、火界；四、风界；五、空界；六、识界。

云何地界？地界有二：一、内；二、外。内地界者，谓此身中内别坚性，坚鞕所摄，地地所摄，亲附、执受。外地界者，谓外坚性，坚鞕所摄，地地所摄、非亲附，非执受。又内地界，其事云何？谓发、毛、爪、齿、尘、垢、皮、肉、骸、骨、筋、脉、肝、胆、心、肺、脾、肾、肚、胃、大肠、小肠、生藏、熟藏及粪秽等，名内地界。又外地界，其事云何？谓瓦、木、块、砾、树、石、山、岩、如是等类，名外地界。

云何水界？水界有二：一、内；二、外。内水界者，谓此身中内别湿性，湿润所摄，水水所摄，亲附、执受。其事云何？谓泪、汗、洟、唾、肪、膏、脂、髓、热、痰、脓、血、脑、膜、尿等，名内水界。外水界者，谓外湿性，湿润所摄，水水所摄，非亲附、非执受。其事云何？谓井泉、池沼、陂湖、河海，如是等类，名外水界。

---

① 第二瑜伽处之二，底本与《径山藏》相同；《房山石经》《资福藏》《碛砂藏》《赵城金藏》《普宁藏》《永乐南藏》《高丽藏》“第二”作“第十三第二”。

云何火界？火界有二：一、内；二、外。内火界者，谓此身中内别温性，温热所摄，煖煖所摄，亲附、执受。其事云何？谓于身中所有温煖，能令身热、等热、遍热。由是因缘，所食所饮，所噉所尝，易正消变。彼增盛故；堕蒸热数。如是等类，名内火界。外火界者，谓外温性、温热所摄，煖煖所摄，非亲附、非执受。其事云何？谓于人间依钻燧等，牛粪末等[①]，以求其火；火既生已，能烧牛粪，或草或薪，或榛或野，或山或渚，或村、村分，或城、城分，或国、国分。或复所余如是等类，名外火界。

云何风界？风界有二：一、内；二、外。内风界者，谓此身中内别风性，风飘所摄，轻性、动性，非亲附[②]、非执受[③]。其事云何？谓内身中有上行风，有下行风，有胁卧风，有脊卧风，有腰间风，有臏间风，有小刀风，有大刀风，有针刺风，有毕钵罗风，有入出息风，有随支节风，如是等类，名内风界。外风界者，谓外风性，风飘所摄，轻性、动性、非亲附，非执受。其事云何？谓在身外有东来风，有西来风，有南来风，有北来风，有有尘风，有无尘风，有狭小风，有广大风，有毗湿婆风，有吠蓝婆风，有风轮风。有时大风卒起积集，折树颓墙，崩山荡海；既飘鼓已，无所依凭，自然静息。若诸有情欲求风者，动衣、摇扇及多罗掌。如是等类，名外风界。

云何空界？谓眼耳鼻口咽喉等，所有孔穴。由此吞咽，于此吞咽。既吞咽已；由此孔穴，便下漏泄。如是等类，说名空界。

云何识界？谓眼、耳、鼻、舌、身、意识，又心、意、识三种差别，是名识界。

---

① 牛粪末等，底本与《资福藏》《碛砂藏》《赵城金藏》《普宁藏》《永乐南藏》《径山藏》《高丽藏》相同；《房山石经》"末"作"木"。

② 非亲附，底本与《资福藏》《碛砂藏》《赵城金藏》《普宁藏》《永乐南藏》《径山藏》相同；《房山石经》《高丽藏》无"非"字。

③ 非执受，底本与《资福藏》《碛砂藏》《赵城金藏》《普宁藏》《永乐南藏》《径山藏》相同；《房山石经》《高丽藏》无"非"字。

若诸慢行补特伽罗于界差别作意思惟，便于身中离一合想，得不净想，无复高举憍慢微薄，于诸慢行心得清净。是名慢行补特伽罗由界差别净行所缘。

云何阿那波那念所缘？谓缘入息、出息念，是名阿那波那念。此念所缘入出息等，名阿那波那念所缘。

当知此中，入息有二。何等为二？一者，入息；二者，中间入息。出息亦二。何等为二？一者，出息；二者，中间出息。

入息者，谓出息无间，内门风转，乃至脐处。中间入息者，谓入息灭已，乃至出息未生，于其中间，在停息处蹔时相似微细风起，是名中间入息。

如入息、中间入息，出息、中间出息当知亦尔。此中差别者，谓入息无间，外门风转，始从脐处乃至面门，或至鼻端，或复出外。

入息、出息有二因缘。何等为二？一、牵引业；二、脐处孔穴，或上身分所有孔穴。

入息、出息有二所依。何等为二？一、身；二、心。所以者何？要依身心，入出息转，如其所应。若唯依身而息转者[①]，入无想定，入灭尽定，生无想天诸有情类，彼息应转。若唯依心而息转者，入无色定，生无色界，彼息应转。若唯依身心而转，非如其所应者，入第四静虑，若生于彼诸有情类，及羯罗蓝、頞部昙、闭尸等位诸有情类，彼息应转。然彼不转，是故当知要依身心，入出息转，如其所应。

入息、出息有二种行。何等为二？一者，入息，向下而行；二者，出息，向上而行。

入息、出息有二种地。何等为二？一、麤孔穴；二、细孔穴。云何麤孔穴？谓从脐处孔穴乃至面门、鼻门，复从面门、鼻门乃至脐处孔穴。云何

① 若唯依身而息转者，底本与《房山石经》《资福藏》《赵城金藏》《永乐南藏》《径山藏》《高丽藏》相同；《碛砂藏》《普宁藏》“若”作“共”。

细孔穴？谓于身中一切毛孔。

入息、出息有四异名。何等为四？一名风，二名阿那波那，三名入息、出息，四名身行。风名一种，是风共名；余之三种，是不共名。

修入出息者，有二过患。何等为二？一、太缓方便；二、太急方便。由太缓方便故，生起懈怠，或为惛沈睡眠缠扰其心，或令其心于外散乱。由太急方便故，或令其身生不平等，或令其心生不平等。云何令身生不平等？谓强用力持入出息，由入出息被执持故，便令身中不平风转，由此最初于诸支节皆生战掉，名能战掉。此战掉风若增长时，能生疾病，由是因缘，于诸支节生诸疾病，是名令身生不平等。云何令心生不平等？谓或令心生诸散乱，或为极重忧恼逼切，是名令心生不平等。

又此阿那波那念应知略有五种修习，何等为五？一、筭数修习；二、悟入诸蕴修习；三、悟入缘起修习；四、悟入圣谛修习；五、十六胜行修习。

云何名为筭数修习？谓略有四种筭数修习。

何等为四？一者，以一为一筭数；二者，以二为一筭数；三者，顺筭数；四者，逆筭数。

云何以一为一筭数？谓若入息入时，由缘入出息住念，数以为一；若入息灭，出息生，出向外时，数为第二；如是展转数至其十。由此筭数非略非广，故唯至十。是名以一为一筭数。

云何以二为一筭数①？谓若入息入而已灭，出息生而已出；尔时总合数以为一，即由如是筭数道理，数至其十，是名以二为一筭数②。入息、出息说名为二，总合二种数之为一，故名以二为一筭数。

① 云何以二为一筭数，底本与《房山石经》《资福藏》《碛砂藏》《赵城金藏》《永乐南藏》《径山藏》《高丽藏》相同；《普宁藏》“二”作“一”。

② 是名以二为一筭数，底本与《房山石经》《资福藏》《碛砂藏》《赵城金藏》《永乐南藏》《径山藏》《高丽藏》相同；《普宁藏》“二”作“一”。

云何顺筭数？谓或由以一为一筭数，或由以二为一筭数，顺次展转数至其十，名顺筭数。

云何逆筭数？谓即由前二种筭数，逆次展转从第十数[①]，次九次八，次七次六，次五次四，次三次二，次数其一，名逆筭数。若时行者，或以一为一筭数为依，或以二为一筭数为依，于顺筭数及逆筭数已串修习，于其中间，心无散乱；无散乱心善筭数已，复应为说胜进筭数。

云何名为胜进筭数？谓或依以一为一筭数，或依以二为一筭数，合二为一，而筭数之。

若依以一为一而筭数者，即入息、出息二合为一。若依以二为一而筭数者，即入息、出息四合为一。如是展转数乃至十。如是后后渐增，乃至以百为一，而筭数之；由此以百为一筭数，渐次数之，乃至其十。如是勤修数息念者，乃至十十数以为一，渐次数之，乃至满十。由此以十为一等数[②]，于其中间，心无散乱，齐此名为已串修习。又此勤修数息念者，若于中间，其心散乱，复应退还，从初数起，或顺或逆。若时筭数极串习故，其心自然乘住运道[③]，安住入息、出息所缘，无断无间，相续而转[④]。先于入息有能取转，入息灭已，于息空位有能取转[⑤]；次于出息有能取转，出息灭已，于息空位有能取转。如是展转相续流注，无动无摇，无散乱行，有爱乐转，

---

① 逆次展转，底本与《房山石经》《资福藏》《赵城金藏》《永乐南藏》《径山藏》《高丽藏》相同；《碛砂藏》《普宁藏》“逆”作“之”。

② 由此以十为一等数，底本与《碛砂藏》《普宁藏》《永乐南藏》《径山藏》相同；《房山石经》《资福藏》《赵城金藏》《高丽藏》“等”作“筭”。

③ 其心自然乘住运道，底本与《资福藏》《碛砂藏》《普宁藏》《永乐南藏》《径山藏》相同；《房山石经》《赵城金藏》《高丽藏》“住”作“任”。

④ 相续而转，底本与《房山石经》《资福藏》《赵城金藏》《永乐南藏》《径山藏》《高丽藏》相同；《碛砂藏》《普宁藏》“相”作“根”。

⑤ 有能取转，底本与《房山石经》《资福藏》《赵城金藏》《永乐南藏》《径山藏》《高丽藏》相同；《碛砂藏》《普宁藏》“取”作“转”。

齐此名为过算数地，不应复数，唯于入息、出息所缘令心安住。于入出息应正随行，应审了达；于入出息及二中间；若转若还分位差别，皆善觉了。如是名为算数修习。

又钝根者，应为宣说如是息念算数修习。彼由此故，于散乱处令心安住，令心爱乐。若异算数入出息念，彼心应为惛沈睡眠之所缠扰，或应彼心于外驰散，由正勤修数息念故，彼皆无有。

若有利根，觉慧聪俊，不好乘此算数加行，若为宣说算数加行，亦能速疾无倒了达，然不爱乐。彼复于此入出息缘安住念已，若是处转，若乃至转，若如所转，若时而转，于此一切，由安住念，能正随行，能正了达如是加行有如是相。于此加行若修若习若多修习，为因缘故，起身轻安及心轻安，证一境性，于其所缘，爱乐趣入。

如是彼于算数息念善修习已，复于所取、能取二事作意思惟，悟入诸蕴。

云何悟入？谓于入息出息及息、所依身作意思惟，悟入色蕴；于彼入息，出息能取念相应领纳作意思惟，悟入受蕴；即于彼念相应等了作意思惟，悟入想蕴；即于彼念若念相应思及慧等作意思惟，悟入行蕴；若于彼念相应诸心、意、识作意思惟，悟入识蕴。如是行者诸蕴中乃至多住①，名已悟入，是名悟入诸蕴修习。

若时无倒，能见能知唯有诸蕴，唯有诸行，唯事唯法，彼于尔时能于诸行悟入缘起。

云何悟入？谓观行者如是寻求此入出息何依何缘，既寻求已，如实悟入此入出息依身缘身，依心缘心；复更寻求此身此心何依何缘，既寻求已，如实悟入此身此心依缘命根；复更寻求如是命根何依何缘，既寻求已，如

① 诸蕴中，底本与《资福藏》《碛砂藏》《赵城金藏》《普宁藏》《永乐南藏》《径山藏》相同；《房山石经》《高丽藏》“诸”作“于诸”。

实悟入如是命根依缘先行；复更寻求如是先行何依何缘，既寻求已，如实悟入如是先行依缘无明。

如是了知无明依缘先行，先行依缘命根，命根依缘身心，身心依缘入息、出息。又能了知无明灭故行灭，行灭故命根灭，命根灭故身心灭，身心灭故入出息灭。如是名为悟入缘起。彼于缘起悟入多依①，名善习修②，是名悟入缘起修习。

如是彼于缘起悟入善修习已，复于诸行如实了知从众缘生，悟入无常，谓悟入诸行是无常故，本无而有，有已散灭；若是本无而有，有已散灭；即是生法、老法、病法、死法；若是生法、老法、病法、死法，即是其苦；若是其苦，即是无我，不得自在，远离宰主。如是名为由无常、苦、空、无我行，悟入苦谛。

又彼如是能正悟入诸所有行，众缘生起，其性是苦，如病如痈，一切皆以贪爱为缘。又正悟入即此能生众苦贪爱若无余断，即是毕竟寂静微妙。我若于此如是了知，如是观见，如是多住，当于贪爱能无余断。如是名能悟入集谛、灭谛、道谛。于此悟入能多住已，于诸谛中证得现观，是名悟入圣谛修习。

如是于圣谛中善修习已，于见道所断一切烦恼皆悉永断，唯余修道所断烦恼。为断彼故，复进修习十六胜行。

云何名为十六胜行？谓于念入息，我今能学念于入息；于念出息，我今能学念于出息。若长若短；于觉了遍身入息，我今能学觉了遍身入息。于觉了遍身出息、我今能学觉了遍身出息。于息除身行入息，我今能学息

① 彼于缘起悟入多依，底本与《碛砂藏》《普宁藏》《永乐南藏》《径山藏》相同；《房山石经》《资福藏》《赵城金藏》《高丽藏》“依”作“住”。

② 名善习修，底本与《资福藏》《碛砂藏》《赵城金藏》《普宁藏》《永乐南藏》《径山藏》《高丽藏》相同；《房山石经》“习修”作“修习”。

除身行入息；于息除身行出息，我今能学息除身行出息。

于觉了喜入息，我今能学觉了喜入息；于觉了喜出息[①]，我今能学觉了喜出息。于觉了乐入息，我今能学觉了乐入息；于觉了乐出息，我今能学觉了乐出息。于觉了心行入息，我今能学觉了心行入息；于觉了心行出息，我今能学觉了心行出息。于息除心行入息，我今能学息除心行入息；于息除心行出息，我今能学息除心行出息。

于觉了心入息，我今能学觉了心入息；于觉了心出息，我今能学觉了心出息。于喜悦心入息，我今能学喜悦心入息；于喜悦心出息，我今能学喜悦心出息。于制持心入息，我今能学制持心入息；于制持心出息，我今能学制持心出息。于解脱心入息，我今能学解脱心入息；于解脱心出息，我今能学解脱心出息。

于无常随观入息，我今能学无常随观入息；于无常随观出息，我今能学无常随观出息。于断随观入息，我今能学断随观入息；于断随观出息，我今能学断随观出息。于离欲随观入息，我今能学离欲随观入息；于离欲随观出息，我今能学离欲随观出息。于灭随观入息，我今能学灭随观入息；于灭随观出息，我今能学灭随观出息。

问：如是十六，差别云何？

答：有学见迹已得四念住等，于入出息所缘作意复更进修，为断余结，是故念言："于念入息，我今能学念于入息；于念出息，我今能学念于出息。"

若缘入息、出息境时，便作念言："我今能学念长入息，念长出息。"若缘中间入息、中间出息境时，便作念言："我今能学念短入息，念短出息。"如入息、出息长转及中间入息、中间出息短转，即如是了知。如是名

① 于觉了喜出息，底本与《房山石经》《资福藏》《赵城金藏》《永乐南藏》《径山藏》《高丽藏》相同；《碛砂藏》《普宁藏》"出"作"入"。

为若长若短。若缘身中微细孔穴，入息、出息周遍随入诸毛孔中，缘此为境，起胜解时，便作念言：“我于觉了遍身入息、出息、我今能学觉了遍身入息、出息。”若于是时，或入息、中间入息已灭，出息、中间出息未生，缘入息出息空无位、入息出息远离位为境；或出息、中间出息已灭，入息、中间入息未生，缘出息入息空无位、出息入息远离位为境。即于此时，便作念言：“于息除身行入息，我今能学息除身行入息；于息除身行出息，我今能学息除身行出息。”又即于此若修若习，若多修习为因缘故，先未串习入出息时所有刚强若触随转[1]，今已串习入出息故，皆得息除，有余柔软乐触随转。便作念言：“于息除身行入息，我今能学息除身行入息；于息除身行出息，我今能学息除身行出息。”

又于如是阿那波那念勤修行者，若得初静虑，或得第二静虑时，便作念言：“于觉了喜入息、出息，我今能学觉了喜入息、出息。”若得离喜第三静虑时，便作念言：“于觉了乐入息、出息，我今能学觉了乐入息、出息。”第三静虑已上，于阿那波那念无有更修加行道理，是故乃至第三静虑，宣说息念加行所摄。

又即如是觉了喜者，觉了乐者，或有暂时生起忘念，或谓有我、我所，或发我慢，或谓我当有，或谓我当无，或谓我当有色，或谓我当无色，或谓我当有想，或谓我当无想，或谓我当非有想非无想，生起如是愚痴想思俱行种种动慢戏论，造作贪爱。才生起已，便能速疾以慧通达，不深染著，方便断灭，除遣变吐。由是加行，便作念言：“于觉了心行入息、出息，我今能学觉了心行入息、出息；于息除心行入息、出息，我今能学息除心行入息、出息。”

又若得根本第一、第二、第三静虑，彼定已得初静虑近分未至依定，

① 先未串习入出息时所有刚强若触随转，底本与《碛砂藏》《普宁藏》《永乐南藏》《径山藏》相同；《房山石经》《资福藏》《赵城金藏》《高丽藏》“若”作“苦”。

依此观察所生起心，谓如实知，如实觉了，或有贪心，或离贪心，或有瞋心，或离瞋心，或有痴心，或离痴心，略心、散心，下心，举心，有掉动心，无掉动心，有寂静心，无寂静心，有等引心、无等引心，善修习心、不善修习心，善解脱心、不善解脱心。于如是心，皆如实知，如实觉了。是故念言："于觉了心入息、出息，我今能学觉了心入息、出息。"

彼若有时见为惛沈眠睡盖覆障其心[①]，由极于内住寂止故，尔时于外随缘一种净妙境界，示现教导，赞励庆喜[②]，策发其心。是故念言："于喜悦心入息、出息，我今能学喜悦心入息、出息。"

彼若有时见为掉举恶作盖覆障其心，由极于外住嚣举故，尔时于内安住寂静，制持其心。是故念言："于制持心入息、出息，我今能学制持心入息、出息。"

若时于心善修善习，善多修习为因缘故，令现行盖皆得远离，于诸盖中心得清净。是故念言："于解脱心入息、出息，我今能学解脱心入息、出息。"

彼于诸盖障修道者，心已解脱，余有随眠复应当断[③]。为断彼故，起道现前，谓于诸行无常法性，极善精恳，如理观察。是故念言："于无常随观入息、出息，我今能学无常随观入息[④]、出息。"

又彼先时或依下三静虑，或依未至依定，已于奢摩他修瑜伽行。令依

① 见为惛沈眠睡盖覆障其心，底本与《资福藏》《碛砂藏》《普宁藏》《永乐南藏》《径山藏》相同；《房山石经》《赵城金藏》《高丽藏》"眠睡"作"睡眠"。

② 赞励庆喜，底本与《资福藏》《碛砂藏》《普宁藏》《永乐南藏》《径山藏》《高丽藏》相同；《房山石经》《赵城金藏》"示"作"亦"。

③ 余有随眠复应当断，底本与《房山石经》《资福藏》《碛砂藏》《普宁藏》《永乐南藏》《径山藏》《高丽藏》相同；《赵城金藏》无"应"字。

④ 我今能学无常随观入息，底本与《房山石经》《资福藏》《碛砂藏》《普宁藏》《永乐南藏》《径山藏》《高丽藏》相同；《赵城金藏》无"随"字。

无常随观[1]，复于毗钵舍那修瑜伽行。如是以奢摩他、毗钵舍那熏修心已，于诸界中，从彼随眠而求解脱。云何诸界？所谓三界：一者，断界；二者，离欲界；三者，灭界。见道所断一切行断[2]，名为断界。修道所断一切行断，名离欲界。一切依灭，名为灭界。思惟如是三界寂静、安隐、无患，修奢摩他、毗钵舍那。彼由修习、多修习故，从余修道所断烦恼，心得解脱。是故念言："于断随观、离欲随观、灭随观入息出息，我今能学断随观、离欲随观、灭随观入息出息。"

如是彼于见修所断一切烦恼皆永断故，成阿罗汉，诸漏永尽，此后更无所应作事，于所决择已得究竟。

是名十六胜行。

修习如是，名为五种修习阿那波那念。多寻思行补特伽罗应于是中正勤修学，爱乐乘御[3]。若于所缘有思遽务，有散乱者，于内各别应当亲近如是观行。

若于此中勤修习者，寻思散动皆无所有，心于所缘速疾安住，深生爱乐。是名第五多寻思行补特伽罗净行所缘。

如是总名净行所缘。

云何名为善巧所缘？

谓此所缘略有五种：一、蕴善巧；二、界善巧；三、处善巧；四、缘起善巧；五、处非处善巧。

蕴善巧者，云何蕴？云何蕴善巧？

① 令依无常随观，底本与《资福藏》《碛砂藏》《赵城金藏》《普宁藏》《永乐南藏》《径山藏》相同；《房山石经》《高丽藏》"令"作"今"。

② 见道所断一切行断，底本与《房山石经》《资福藏》《碛砂藏》《普宁藏》《永乐南藏》《径山藏》《高丽藏》相同；《赵城金藏》无"行"字。

③ 爱乐乘御，底本与《房山石经》《资福藏》《碛砂藏》《普宁藏》《永乐南藏》《径山藏》《高丽藏》相同；《赵城金藏》"爱"作"受"。

谓蕴有五，则色蕴、受蕴、想蕴、行蕴、识蕴。

云何色蕴？谓诸所有色，一切皆是四大种及四大种所造。此复若过去，若未来，若现在，若内若外，若麤若细，若劣若胜，若远若近，总名色蕴。

云何受蕴？谓或顺乐触为缘诸受，或顺苦触为缘诸受，或顺不苦不乐触为缘诸受。复有六受身，则眼触所生受，耳、鼻、舌、身、意触所生受。总名受蕴。

云何想蕴？谓有相想、无相想、狭小想、广大想、无量想、无诸所有无所有处想。复有六想身，则眼触所生想，耳、鼻、舌、身、意触所生想。总名想蕴。

云何行蕴？谓六思身，则眼触所生思，耳、鼻、舌、身、意触所生思。复有所余，除受及想诸心法等。总名行蕴。

云何识蕴？谓心意识。复有六识身，则眼识、耳、鼻、舌、身、意识。总名识蕴。前受想行蕴及此识蕴，皆有过去、未来、现在、内、外等差别。如前广说。是名为蕴[①]。

云何蕴善巧？谓善了知所说蕴种种差别性[②]，非一众多性，除此法外，更无所得，无所分别，是名略说蕴善巧义。

云何名蕴种种差别性？谓色蕴异，受蕴异，乃至识蕴异，是名种种差别性。

云何名蕴非一众多性？谓色蕴非一众多品类，大种所造差别故，去、来、今等品类差别故，是名色蕴非一众多性。如是余蕴，随其所应，皆当了知。

① 是名为蕴，底本与《房山石经》《资福藏》《碛砂藏》《普宁藏》《永乐南藏》《径山藏》《高丽藏》相同；《赵城金藏》无“名”字。

② 谓善了知所说蕴种种差别性，底本与《资福藏》《碛砂藏》《普宁藏》《永乐南藏》《径山藏》相同；《房山石经》《赵城金藏》《高丽藏》“知”作“知如”。

云何除此法外更无所得，无所分别？谓唯蕴可得，唯事可得，非离蕴外有我可得；有常恒住无变易法是可得者，亦无少法是我所有。故除此外，更无所得，无所分别。

云何界？云何界善巧？

谓界有十八，则眼界、色界、眼识界，耳界、声界、耳识界，鼻界、香界、鼻识界，舌界、味界、舌识界，身界、触界、身识界，意界、法界、意识界。是名为界。

若复于彼十八种法，从别别界、别别种子、别别种性生起出现，如实了知，忍可审察，名界善巧。如实了知十八种法从别别界别别而转，即于因缘而得善巧，是故说此名界善巧。

云何处？云何处善巧？

谓处有十二，则眼处、色处、耳处、声处、鼻处、香处、舌处、味处、身处、触处、意处、法处。是名为处。

处善巧者，谓眼为增上缘，色为所缘缘，等无间灭意为等无间缘，生起眼识及相应法；耳为增上缘，声为所缘缘，等无间灭意为等无间缘，生起耳识及相应法；如是乃至意为等无间缘，此生作意为增上缘，法为所缘缘，生起意识及相应法。如是六识身及相应法，皆由三缘而得流转，谓增上缘、所缘缘、等无间缘。若于如是诸内、外处缘得善巧，名处善巧。

云何缘起？云何缘起善巧？

谓无明缘行，行缘识，识缘名色，名色缘六处，六处缘触，触缘受，受缘爱，爱缘取，取缘有，有缘生，生缘老死，乃至招集如是纯大苦蕴，是名缘起。

若复了知唯有诸法滋润诸法，唯有诸法等润诸法，唯有诸行引发诸行，而彼诸行因所生故，缘所生故，本无而有，有已散灭，体是无常；是无常故，即是生法、老法、病法、死法、愁頳悲叹忧苦恼法；是生法故[①]，乃至是恼法故，则名为苦；由是苦故，不得自在，其力羸劣，由是因缘，定无有我。若于如是缘生法中，由如是等种种行相善巧了达，或无常智，或苦智，或无我智，是名缘起善巧。

又处非处善巧，当知即是缘起善巧差别。此中差别者，谓由处非处善巧故，能正了知非不平等因果道理，则善不善法有果异熟。若诸善法能感可爱果异熟法，诸不善法能感非爱果异熟法，若能如是如实了知，名处非处善巧。

此五善巧略则为二：一、自相善巧；二、共相善巧。由蕴善巧显自相善巧，由余善巧显共相善巧。

如是总名善巧所缘。

云何净惑所缘？谓观下地麤性，上地静性，如欲界对初静虑，乃至无所有处对非想非非想处。云何麤性？谓麤性有二：一、体麤性；二、数麤性。体麤性者，谓欲界望初静虑虽皆具五蕴，而欲界中过患深重，苦住增上，最为鄙劣，甚可厌恶，是故说彼为体麤性，初静虑中则不如是，极静极妙，是故说彼为体静性。数麤性者，谓欲界色蕴有多品类，应知应断，如是乃至识蕴亦尔，是故说彼为数麤性。如是上地展转相望，若体麤性，若数麤性，随其所应，当知亦尔。如是麤性于诸上地展转相望，乃至极于无所有处，一切下地，苦恼增多，寿量减少，一切上地，苦恼减少，寿量增多。非想非非想处唯静唯妙，更无上地胜过此故。以要言之，有过患义，是麤性义。若彼彼地中过患增多，即由如是过患增多性故，名为麤性。若彼彼地中、过患减少；即由如是过患减少性故、名为静性。此是世间由世俗道净惑所缘。何以故？彼观下地多诸过患，如病如痈，犹如毒箭，不安

① 是生法故，底本与《房山石经》《资福藏》《碛砂藏》《普宁藏》《永乐南藏》《径山藏》《高丽藏》相同；《赵城金藏》无“法”字。

隐性，以为麤性；观于上地，与彼相违，以为静性。断除下地所有烦恼，始从欲界乃至上极无所有处。此是蹔断，非究竟断，以于后时更相续故。

出世间道净惑所缘复有四种：一、苦圣谛；二、集圣谛；三、灭圣谛；四、道圣谛。

云何苦圣谛？谓生苦、老苦、病苦、死苦、怨憎会苦、爱别离苦、求不得苦，略说一切五取蕴苦，名苦圣谛。

云何集圣谛？谓若爱，若后有爱，若喜贪俱行爱，若彼彼喜乐爱等，名集圣谛。

云何灭圣谛？谓即此爱等，无余断灭，名灭圣谛。

云何道圣谛？谓八支等圣道，名道圣谛。当知此中依黑品、白品、果、因建立故，建立四圣谛[①]，谓苦谛是黑品果，集谛是黑品因，灭谛是白品果，道谛是白品因，能得能证故。又苦谛如病，初应遍知，集谛如病因缘，次应远离；灭谛如无病，次应触证；道谛如良药，复应修习及多修习。

又苦谛苦义，乃至道谛道义、是如是实，非不如实[②]，是无颠倒，非是颠倒，故名为谛。又彼自相无有虚诳，及见彼故，无倒觉转，是故名谛。

问：何故诸谛唯名圣谛？

答：唯诸圣者于是诸谛同谓为谛[③]，如实了知，如实观见，一切愚夫不如实知，不如实见，是故诸谛唯名圣谛。又于愚夫，唯由法尔说名为谛，不由觉悟；于诸圣者，俱由二种。

---

① 建立四圣谛，底本与《房山石经》《资福藏》《碛砂藏》《普宁藏》《永乐南藏》《径山藏》《高丽藏》相同；《赵城金藏》无“圣”字。

② 非不如实，底本与《房山石经》《资福藏》《碛砂藏》《普宁藏》《永乐南藏》《径山藏》《高丽藏》相同；《赵城金藏》无“实”字。

③ 同谓为谛，底本与《房山石经》《资福藏》《碛砂藏》《普宁藏》《永乐南藏》《径山藏》《高丽藏》相同；《赵城金藏》“谓”作“谛”。

又生苦者，诸于生时[①]，发生种种身心苦受，非生自体即是其苦，为苦因缘，故名为苦；广说乃至求不得苦，谓由所求不得因缘，发生种种身心苦受，非求不得体即是苦，为苦因缘，故名为苦。如是当知，略说一切五取蕴苦。

谓由生等异门，唯显了苦苦；由此五取蕴苦[②]，亦显了所余坏苦、行苦。所以者何？如五取蕴具摄三受，如是能与如前所说苦苦为器，当知此中亦即具有前所未说坏苦、行苦。

问：何故世尊苦苦一种以自声说，坏苦行苦以异门说？

答：于苦苦中，若凡若圣一切等，有苦觉慧转。又苦苦性极可厌患。又从先来未习慧者，才为说时，则便易入[③]。又于诸谛，令所调伏可化有情易得入故[④]。

云何建立三种苦性？谓先所说生苦乃至求不得苦，即显苦受及所依处为苦苦性，如是名为建立苦苦性。诸有是彼所对治法，谓少是老所治，无病是病所治，命是死所治，亲爱合会是怨憎会所治，非爱别离是爱别离所治，所求称遂是求不得所治。复有苦受及所依处所起烦恼，复有无病等顺乐受处等及彼所生受所起烦恼，如是总说为坏苦性。此中，乐受及所依处，由无常故，若变若异，受彼增上所生众苦。若诸烦恼于一切处正生起时，缠缚其心，令心变坏，即生众苦，故名坏苦。如世尊言，入变坏心，执母邑手，乃至广说。又如说言："住贪欲缠，领受贪欲缠缘所生身心忧苦；如

---

① 诸于生时，底本与《资福藏》《碛砂藏》《普宁藏》《永乐南藏》《径山藏》相同；《房山石经》《赵城金藏》《高丽藏》"诸"作"谓"。

② 由此五取蕴苦，底本与《资福藏》《碛砂藏》《赵城金藏》《普宁藏》《永乐南藏》《径山藏》《高丽藏》相同；《房山石经》"苦"作"若"。

③ 则便易入，底本与《资福藏》《碛砂藏》《赵城金藏》《普宁藏》《永乐南藏》《径山藏》《高丽藏》相同；《房山石经》"便"作"使"。

④ 令所调伏可化有情易得入故，底本与《房山石经》《资福藏》《碛砂藏》《普宁藏》《永乐南藏》《径山藏》相同；《赵城金藏》《高丽藏》"令"作"今"。

是住瞋恚、惛沈睡眠、掉举恶作、疑缠、领受彼缠缘所生身心忧苦。”由此至教第一至教，诸烦恼中苦义可得，坏义可得，故说烦恼为坏苦性。如是名为建立坏苦性。若行苦性，遍行一切五取蕴中。以要言之，除苦苦性，除烦恼摄变坏苦性，除乐受摄及所依处变坏苦性，诸余不苦不乐受俱行，若彼所生，若生彼缘[1]，若生住器所有诸蕴[2]，名行苦性。由彼诸蕴其性无常，生灭相应，有一切取，三受麤重之所随遂[3]，不安隐摄，不脱苦苦及以坏苦，不自在转。由行苦故，说名为苦。如是名为建立行苦性。又即彼爱亦名希求，亦名欣欲，亦名喜乐。即此希求由三门转。谓希求后有，及希求境界。若希求后有，名后有爱。希求境界复有二种，谓于已得境界，有喜著俱行爱；若于未得境界，有希求和合俱行爱，当知此中，于已得境界喜著俱行爱，名喜贪俱行爱；于未得境界希求和合俱行爱，名彼彼喜乐爱。

灭有二种：一、烦恼灭；二、所依灭。道有二种：一、有学道；二、无学道。

如是当知名出世道净惑所缘。

如是已说四种所缘：一、遍满所缘；二、净行所缘；三、善巧所缘；四、净惑所缘。

云何教授？谓四教授：一、无倒教授；二、渐次教授；三、教教授；四、证教授。

云何无倒教授？谓无颠倒宣说法义，令其受持，读诵修学，如实出离，正尽众苦，作苦边际，如是名为无倒教授。

---

① 若生彼缘，底本与《资福藏》《碛砂藏》《赵城金藏》《普宁藏》《永乐南藏》《径山藏》《高丽藏》相同；《房山石经》“若”作“苦”。

② 若生住器所有诸蕴，底本与《资福藏》《碛砂藏》《赵城金藏》《普宁藏》《永乐南藏》《径山藏》《高丽藏》相同；《房山石经》“若”作“诸”。

③ 之所随遂，《房山石经》《资福藏》《碛砂藏》《赵城金藏》《普宁藏》《永乐南藏》《径山藏》《高丽藏》“遂”作“逐”。

云何渐次教授？谓称时机宜说法义，先令受持，读诵浅近，后方令彼学深远处。又为令入初谛现观，先教苦谛，后集、灭、道。又为令得静虑等至，先教最初静虑等至；后教其余静虑等至。如是等类，应知名为渐次教授。

云何教教授？谓从尊重，若似尊重，达解瑜伽轨范、亲教，或诸如来，或佛弟子所闻正教，即如其教不增不减教授于他，名教教授。

云何证教授？谓如自己独处空闲所得、所触、所证诸法[①]，为欲令他得、触、证故，方便教授，名证教授。

复有诸相圆满教授。其事云何？谓由三种神变教授，三神变者：一、神境神变；二、记说神变；三、教诫神变。由神境神变，能现种种神通境界，令他于己生极尊重；由彼于己生尊重故，于属耳听瑜伽作意极生恭敬。由记说神变，能寻求他心行差别。由教诫神变，如根如行，如所悟入，为说正法，于所修行能正教诫。故三神变能摄诸相圆满教授。

① 谓如自己独处空闲所得所触所证诸法，底本与《房山石经》《资福藏》《碛砂藏》《普宁藏》《永乐南藏》《径山藏》《高丽藏》相同；《赵城金藏》“所触所”作“触不”。

瑜伽师地论卷第二十八

本地分中声闻地
第二瑜伽处之三[1]

云何为学？谓三胜学：一、增上戒学；二、增上心学；三、增上慧学。云何增上戒学？谓安住具戒等，如前广说，是名增上戒学。云何增上心学？谓离欲恶不善法，有寻有伺，离生喜乐，入初静虑具足安住，乃至能入第四静虑具足安住，是名增上心学。又诸无色及余所有等持、等至亦皆名为增上心学。然依静虑能最初入圣谛现观，正性离生，非全远离一切静虑能成此事，是故静虑最为殊胜，故遍说为增上心学[2]。云何增上慧学？谓于四圣谛等所有如实智见，是名增上慧学。

问：何缘唯有三学，非少非多？

答：建立定义故，智所依义故，办所作义故[3]。建立定义者，谓增上戒学。所以者何？由戒建立心一境性，能令其心触三摩地。智所依义者，谓增上心学。所以者何？由正定心念一境性，于所知事有如实智，如实见转。办所作义者，谓增上慧学。所以者何？由善清净若智若见，能证究竟，诸烦恼断。以烦恼断是自义利，是胜所作，过此更无胜所作故[4]。由是因缘，唯有三学。

---

① 第二瑜伽处之三，底本与《径山藏》相同；《房山石经》《资福藏》《碛砂藏》《赵城金藏》《普宁藏》《永乐南藏》《高丽藏》“第二”作“第十三第二”。

② 故遍说为增上心学，底本与《资福藏》《碛砂藏》《普宁藏》《永乐南藏》《径山藏》相同；《房山石经》《赵城金藏》《高丽藏》“遍”作“偏”。

③ 办所作义故，底本与《资福藏》《碛砂藏》《普宁藏》《永乐南藏》《径山藏》相同；《房山石经》《赵城金藏》《高丽藏》“办”作“辨”。

④ 过此更无胜所作故，底本与《房山石经》《碛砂藏》《赵城金藏》《普宁藏》《永乐南藏》《径山藏》《高丽藏》相同；《资福藏》“此”作“彼”。

问：何缘三学如是次第？

答：先于尸罗善清净故，便无忧悔；无忧悔故，欢喜安乐；由有乐故，心得正定；心得定故，能如实知，能如实见；如实知见故，能起厌；厌故离染；由离染故，便得解脱；得解脱故，证无所作究竟涅槃。如是最初修习净戒，渐次进趣，后证无作究竟涅槃，是故三学如是次第。

问：何缘三学名为增上戒、心、慧耶？

答：所趣义故，最胜义故，名为增上。

云何所趣义？谓为趣增上心[①]，而修净戒，名增上戒学；为趣增上慧，而修定心，名增上心学；为趣烦恼断，而修智见，名增上慧学。如是名为所趣义故，名为增上。

云何最胜义？谓若增上戒学，若增上心学，若增上慧学，唯于圣教独有此三，不共外道。如是名为最胜义故，名为增上。

又或有增上心学能引发增上慧学，或有增上慧学能引发增上心学，谓圣弟子未得根本静虑，先学见迹，后为进断修道所断一切烦恼，正勤加行，修念觉支，乃至修舍觉支，是名增上慧学引发增上心学。增上心学引发增上慧学者，如前已说。

又或有增上戒学，无增上心，无增上慧；或有增上戒学，亦有增上心，唯无增上慧；非有增上慧学，而无增上戒，及无增上心。是故若有增上慧学，当知必定具足三学。于此建立三种学中，诸瑜伽师当勤修学。

复有三种补特伽罗，依此三学，入谛现观。何等为三？一、未离欲；二、倍离欲；三、已离欲。当知此中，于一切欲全未离者，勤修加行，入谛现观；既于诸谛得现观已，证预流果。倍离欲者，当于尔时证一来果。已离欲者，当于尔时证不还果。

---

① 谓为趣增上心，底本与《资福藏》《碛砂藏》《赵城金藏》《普宁藏》《永乐南藏》《径山藏》《高丽藏》相同；《房山石经》无“谓”字。

复有三根：一、未知欲知根；二、已知根；三、具知根。云何建立如是三根？谓于诸谛未现观者，加行勤修诸谛现观，依此建立未知欲知根。若于诸谛已得现观，而居有学，依此建立已知根。若阿罗汉所作已办，住无学位，依此建立具知根。

复有三解脱门：一、空解脱门；二、无愿解脱门；三、无相解脱门。云何建立三解脱门？谓所知境略有二种：有及非有。有有二种：一者，有为；二者，无为。于有为中，且说三界所系五蕴；于无为中，且说涅槃，如是二种，有为、无为，合说名有。若说于我，或说有情，命者、生者等，是名非有。于有为中，见过失故，见过患故，无所祈愿，无祈愿故，依此建立无愿解脱门。于有为中，无祈愿故，便于涅槃深生祈愿，见极寂静，见甚微妙，见永出离，由于中见永出离故，依此建立无相解脱门。于其非有无所有中，非有祈愿，非无祈愿，如其非有，还则如是知为非有，见为非有，依此建立空解脱门。是名建立三解脱门。

云何随顺学法？谓有十种违逆学法，对治彼故，应知十种随顺学法。

云何十种违逆学法？一者，所有母邑[1]、少年、盛壮[2]、可爱形色，是正修学善男子等上品障碍。二者，于萨迦耶所摄诸行生起爱著。三者，懒惰懈怠。四者，萨迦耶见。五者，依于段食，贪著美味。六者，于诸世间种种戏论，非一众多别别品类所思念中，发欲贪爱。七者，思惟诸法瑜伽作意所有过患。此复云何？谓十一种：一、于诸谛、实[3]、蕴、业、果中，犹豫疑惑。二、乐修断者身诸麤重。三、有慢缓者于修止观过患作意，惛沈睡

① 所有母邑，底本与《资福藏》《碛砂藏》《赵城金藏》《普宁藏》《永乐南藏》《径山藏》《高丽藏》相同；《房山石经》“母邑”作“女色”。

② 盛壮，底本与《资福藏》《碛砂藏》《普宁藏》《永乐南藏》《径山藏》相同；《房山石经》《赵城金藏》《高丽藏》“壮”作“庄”。

③ 实，底本与《资福藏》《碛砂藏》《普宁藏》《永乐南藏》《径山藏》相同；《房山石经》《赵城金藏》《高丽藏》作“宝”。

眠映蔽其心[①]，令心极略。四、太猛精进者身疲心恼[②]。五、太劣精进者不得胜进，善品衰退。六、于少利养、名誉、称赞随一乐中，深生欣喜。七、掉举不静，踊跃躁扰。八、于萨迦耶永灭涅槃，而生惊恐。九、于诸言说非量加行，言论太过；虽说法论，而好折伏，起诤方便。十、于先所见，所闻所受，非一众多别别品类诸境界中，心驰心散。十一、不应思处，而强沉思。应知是名思惟诸法瑜伽作意所有过患。八者，于诸静虑、等至乐中，深生爱味。九者，乐欲证入无相定者，于诸行中随顺流散。十者，触身苦受乃至夺命苦受时，贪爱寿命，希望存活，随此希望，伤叹迷闷。是名十种违逆学法。

云何对治如是十种违逆学法随顺学法？谓有十种：一、不净想；二、无常想；三、无常苦想；四、苦无我想；五、厌逆食想；六、一切世间不可乐想；七、光明想；八、离欲想；九、灭想；十、死想。如是十想善修善习，善多修习，能断十种障碍学法违逆学法。当知此中有四光明：一、法光明；二、义光明；三、奢摩他光明；四、毗钵舍那光明。依此四种光明增上，立光明想，今此义中，意取能断思惟诸法瑜伽作意障碍法者。

当知此中复有十种随顺学法。何等为十？一者，宿因；二者，随顺教；三者，如理加行；四者，无间殷重所作[③]；五者，猛利乐欲；六者，持瑜伽力；七者，止息身心麤重；八者，数数观察；九者，无有怯弱；十者，离增上慢。

云何宿因？谓先所习诸根成熟，诸根积集。

---

① 惛沈睡眠映蔽其心，底本与《房山石经》《资福藏》《碛砂藏》《普宁藏》《永乐南藏》《径山藏》相同；“蔽”，《赵城金藏》无此字，《高丽藏》作“苾”。

② 太猛精进者身疲心恼，底本与《房山石经》《资福藏》《赵城金藏》《普宁藏》《永乐南藏》《径山藏》《高丽藏》相同；《碛砂藏》“太”作“大”。

③ 无间殷重所作，底本与《房山石经》《资福藏》《赵城金藏》《普宁藏》《永乐南藏》《径山藏》《高丽藏》相同；《碛砂藏》“殷”作“般”。

云何随顺教？谓所说教无倒、渐次。

云何如理加行？谓如其教无倒修行，如是修行能生正见。

云何无间、殷重所作？谓由如是正加行故，于诸善品不虚舍命，速能积习所有善品。

云何猛利乐欲？谓如有一，于上解脱发生希慕，谓我何时当于是处能具足住，如诸圣者于是处所具足而住。

云何持瑜伽力？谓二因缘能令获得持瑜伽力：一者，本性是利根故；二者，长时串修习故。

云何止息身心麤重？谓如有一，或由身劳身乏，发身麤重，发心麤重，此因易脱威仪，而便止息；或由太寻太伺，发身麤重，发心麤重，此因内心寂止方便，而便止息；或由心略心劣，惛沈睡眠之所缠绕，发身麤重，发心麤重，此因增上慧法毗钵舍那顺净作意，而便止息；或由本性烦恼未断，有烦恼品身心麤重，未能舍离，此因相续勤修正道，而便止息。

云何数数观察？谓依尸罗数数观察恶作不作，数数观察善作而作。于其恶作，不作不转，于其善作，不作不退。于其恶作，作而弃舍；于其善作，作而不舍，又于烦恼断与未断观察作意增上力故，数数观察，若知已断，便生欢喜；若知未断，则便数数勤修正道。

云何无有怯弱？谓于后时应知、应见、应证得中，未知、未见、未证得故，发生怯弱，其心劳倦，其心匮损，彼既生已，而不坚执，速能断灭。

云何离增上慢？谓于所得、所触、所证，无增上慢，离颠倒执。于真所得，起于得想；于真所触，起于触想；于真所证，起于证想。如是十法，于乐修学诸瑜伽师所应修学，初中后时恒常随顺，无有违逆，是故名为随顺学法。

云何瑜伽坏？谓坏瑜伽略有四种。何等为四？一者，毕竟瑜伽坏；二者，暂时瑜伽坏；三者，退失所得瑜伽坏；四者，邪行所作瑜伽坏。

毕竟瑜伽坏者，谓无种性补持伽罗。何以故？由彼身中无能趣向涅槃法故，毕竟失坏出世瑜伽。

暂时瑜伽坏者，谓有种性补特伽罗。何以故？由彼身中有能趣向涅槃法故，虽阙外缘，时经久远，定当缘会；修习瑜伽，令其现起，善修习已，当般涅槃。是故说彼所有瑜伽暂时失坏。

退失所得瑜伽坏者，谓如有一，退失所得、所触、所证若智，若见若安乐住。

邪行所作瑜伽坏者，谓如有一，不如正理精勤修行，虽多用功，无所成办不能成办一切瑜伽，亦非善法。又如有一，多诸烦恼，性多尘秽，而识聪锐，觉慧猛利，成俱生觉，善摄所闻，于闻究竟、或少或多。或住空闲，有在家者及出家者为性质直，来至其所，因为说法，令心欢喜，又行矫诈，妄现种种身语相应调善所作。由是因缘[1]，招集利养，恭敬、称颂、大福德想，及得种种衣、食、卧具、病缘医药资身什物，为诸国王、大臣、居士乃至商主恭敬尊重，咸共谓之是阿罗汉。或于随彼回转弟子，若诸出家，若在家众，恋著亲爱，随顺而转，为多招引，复生是念：此诸出家、在家弟子信顺于我，咸共谓我是阿罗汉。彼若依于瑜伽作意止观等处来请问我，我得彼问，或不能对，彼因是事，当于我所舍信向心，不复谓我是阿罗汉，由斯退失利养恭敬，我于今者应自思惟，筹量观察，安立瑜伽。彼由是事增上力故[2]，躭著利养恭敬、名誉、独处空闲，自谛思惟，筹量观察，安立瑜伽。然此瑜伽不顺契经，不现戒律，违逆法性。若诸苾刍善持三藏，彼于其所覆自瑜伽，不欲开示。若诸在家、出家弟子，于此瑜伽私窃教示，不令

① 由是因缘，底本与《房山石经》《资福藏》《赵城金藏》《永乐南藏》《径山藏》《高丽藏》相同；《碛砂藏》《普宁藏》“由”作“中”。

② 彼由是事增上力故，底本与《资福藏》《碛砂藏》《赵城金藏》《普宁藏》《永乐南藏》《径山藏》《高丽藏》相同；《房山石经》“增”作“谓”。

彰显。所以者何？恐有善持三藏教者闻彼如是瑜伽处已，以经检验，不顺契经；以律显照，不现戒律；以法观察，违逆法性。由是因缘，便不信受，以不信言诘难于我，诤竞举发，由是国王、大臣、居士乃至饶财长者，商主，不复恭敬尊重于我，更不获得衣、食、卧具、病缘医药资身什物。彼由贪著利养恭敬增上力故，于非法中起于法想，起覆藏想，起恶欲乐，显发开示，非法为法。诸有忍许彼所见者，亦于非法起是法想，愚昧顽钝。于非法中起法想故，虽如其教精进修行，当知一切皆是邪行。如是名为邪行所作瑜伽失坏，像似正法，非真正法，能障正法。诸有苾刍勤修静虑，是瑜伽师，于此四种瑜伽坏法应正遍知，当远舍离。

云何瑜伽？谓四瑜伽。何等为四？一、信；二、欲；三、精进；四、方便。

当知其信有二行相及二依处。二行相者：一、信顺行相；二、清净行相。二依处者：一、观察诸法道理依处；二、信解补特伽罗神力依处。

欲有四种。何等为四？一、为证得欲；二、为请问欲；三、为修集资粮欲；四、为随顺瑜伽欲。为证得欲者，谓如有一，于上解脱发生希慕，如前广说。为请问欲者，谓如有一，生希慕已，往僧伽蓝，诣诸有识同修梵行成就瑜伽妙智者所，为听未闻，为闻究竟。为修集资粮欲者，谓如有一，为戒律仪清净，为根律仪清净故，于食知量、减省睡眠、正知住中，展转增胜，发生希慕。为随顺瑜伽欲者，谓于无间加行、殷重加行修习道中，发生希慕，发生欣乐，欲有所作。

精进有四。何等为四？一、为闻精进；二、为思精进；三、为修精进；四、为障净精进。为闻精进者，谓为听未闻，闻已究竟，勤心勇猛，审决加行。为思精进者，谓如所闻法，独处空闲，思惟其义，筹量观察。为修精进者，谓入寂静、于时时间，勤修止观。为障净精进者，谓于昼夜策励精勤经行、宴坐、从诸障法、净修其心，勤心勇猛，审决精进。

方便有四。谓尸罗律仪增上力故，善守其念；善守念故，能无放逸，防护其心，修诸善法；无放逸故，心正于内修奢摩他、增上慧法毗钵舍那。

此四瑜伽有十六种。当知此中初由信故，于应得义深生信解；信应得已，于诸善法生起乐欲；由乐欲故，昼夜策励，安住精勤，坚固勇猛；发精进已，摄受方便，能得未得，能触未触，能证未证。故此四法说名瑜伽。

云何作意？谓四作意。何等为四？一、力励运转作意；二、有间运转作意；三、无间运转作意；四、无功用运转作意。

云何力励运转作意？谓初修业者令心于内安住等住，或于诸法无倒拣择，乃至未得所修作意，尔时作意力励运转，由倍励力折挫其心，令住一境，故名力励运转作意。

云何有间运转作意？谓得所修作意已后，世出世道渐次升进了相作意[①]，由三摩地思所间杂，未能一向纯修行转，故名有间运转作意。

云何无间运转作意？谓从了相作意已后，乃至加行究竟作意，是名无间运转作意。

云何无功用运转作意？谓加行究竟果作意，是名无功用运转作意。

复有所余四种作意：一、随顺作意；二、对治作意；三、顺清净作意；四、顺观察作意。

云何随顺作意？谓于所缘深生厌坏，起正加行，而未断惑。

云何对治作意？谓能断惑。

云何顺清净作意？谓心下蹙[②]，取净妙相，策令欢悦[③]。

云何顺观察作意？谓观察作意，由此作意增上力故，顺观烦恼断与

① 世出世道渐次升进了相作意，底本与《房山石经》《资福藏》《碛砂藏》《赵城金藏》《普宁藏》《永乐南藏》《径山藏》相同；《高丽藏》“升”作“胜”。

② 谓心下蹙，底本与《资福藏》《碛砂藏》《赵城金藏》《普宁藏》《永乐南藏》《径山藏》《高丽藏》相同；《房山石经》“蹙”作“慼”。

③ 策令欢悦，底本与《房山石经》《资福藏》《碛砂藏》《赵城金藏》《普宁藏》《径山藏》《高丽藏》相同；《永乐南藏》“令”作“今”。

未断。

问：于所缘境正作意时，思惟几相？

答：四。何等为四？一、所缘相；二、因缘相；三、应远离相；四、应修习相。所缘相者，谓所知事同分影像明了显现。因缘相者，谓三摩地资粮积集，随顺教导与修俱行猛利乐欲，于可厌法深生厌患，能审遍知乱与不乱；他不恼触，或人所作，或非人作，或音声作，或功用作。若毗钵舍那而为上首，内略其心，极猛盛观后因缘相；若奢摩他而为上首，发起胜观，极猛盛止后因缘相。应远离相复有四种：一者，沈相；二者，掉相；三者，著相；四者，乱相。沈相者，谓由所缘相[①]、因缘相故，令心下劣。掉相者，谓由所缘相、因缘相故，令心高举。著相者，谓由所缘相、因缘相故，令心于境起染起著，作诸恼乱。乱相者，谓由所缘相、因缘相故，令心于外驰散扰动，如是诸相，如前等引地中已说。

问：如是作意于所缘境起胜解时，有几胜解？

答：九。何等为九？一、有光净胜解[②]；二、无光净胜解；三、迟钝胜解；四、捷利胜解；五、狭小胜解；六、广大胜解；七、无量胜解；八、清净胜解；九、不清净胜解。

有光净胜解者，谓于光明相澄心善取，与光明俱所有胜解。

无光净胜解者，谓于光明相不能善取，与闇昧俱所有胜解。

迟钝胜解者，谓钝根身中所有胜解。

捷利胜解者，谓利根身中所有胜解。

狭小胜解者，谓狭小信欲俱行胜解，及狭小所缘意解胜解。如是作意

① 谓由所缘相，底本“由”作“田”，据《房山石经》《资福藏》《碛砂藏》《赵城金藏》《普宁藏》《永乐南藏》《径山藏》《高丽藏》改。

② 有光净胜解，底本与《资福藏》《碛砂藏》《房山石经》《普宁藏》《永乐南藏》《径山藏》《高丽藏》相同；《赵城金藏》“有”作“者”。

狭小故，及所缘狭小故，名狭小胜解。

广大胜解者，谓广大信欲俱行胜解，及广大所缘意解胜解。如是作意广大故，及所缘广大故，名广大胜解。

无量胜解者，谓无边无际信欲俱行胜解，及无边无际所缘意解胜解。如是作意无量故，及所缘无量故，名无量胜解。

清净胜解者，谓已善修，已成满，已究竟俱行胜解。

不清净胜解者，谓未善修，未成满，未究竟俱行胜解。

问：修瑜伽者凡有几种瑜伽所作？

答：四。何等为四？一、所依灭；二、所依转；三、遍知所缘；四、爱乐所缘。

所依灭及所依转者，谓勤修习瑜伽作意故，所有麤重俱行所依渐次而灭，所有轻安俱行所依渐次而转，是名所依灭及所依转瑜伽所作。

遍知所缘及爱乐所缘者，谓或有遍知所缘、爱乐所缘与所依灭、转而为上首，由此遍知所缘、爱乐所缘增上力故，令所依灭及所依转。或有遍知所缘、爱乐所缘用所依清净而为上首，由此所依清净增上力故，令遍知所缘得善清净，及爱乐所缘得善清净，于其所作成办时转。是名四种修瑜伽者瑜伽所作。

问：修瑜伽师凡有几种？

答：三。何等为三？一、初修业瑜伽师；二、已习行瑜伽师；三、度作意瑜伽师①。

云何初修业瑜伽师？谓有二种初修业者：一、于作意初修业者；二、净烦恼初修业者。

云何于作意初修业者？谓初修业补特伽罗安住一缘，勤修作意，乃至

① 度作意瑜伽师，底本与《资福藏》《碛砂藏》《普宁藏》《永乐南藏》《径山藏》相同；《房山石经》《赵城金藏》《高丽藏》“度”作“已度”。

未得所修作意，未能触证心一境性。

云何净烦恼初修业者？谓已证得所修作意，于诸烦恼欲净其心，发起摄受，正勤修习了相作意，名净烦恼初修业者。

云何已习行瑜伽师？谓除了相作意，于余乃至加行究竟五作意中，已善修习。

云何度作意瑜伽师[①]？谓住加行究竟果作意位中，由此超过加行方便所修作意，安住修果，是故说名已度作意。

又始从修习善法欲已去，乃至未起顺决择分善根，于尔所时，名初修业；若已起顺决择分善根，所谓煗、顶、随顺谛忍、世第一法，若已习行[②]；若已证入正住离生[③]，得谛现观，不由他缘，于佛圣教，不为余缘之所引夺，当于尔时名度作意。由彼超过他缘作意，住非他缘所有作意，是故名为已度作意。

云何瑜伽修？谓有二种：一者，想修；二者，菩提分修。

云何想修？谓或修世间道时，于诸下地修过患想；或修涅槃道时，于断界、离欲界、灭界，观见最胜寂静功德，修习断想、离欲想、灭想；或修奢摩他时，修习止品上下想；或修毗钵舍那时，修习观品前后想。

上下想者，谓观察此身如其所住，如其所愿，上从顶上，下至足下，种种杂类不净充满，谓此身中所有种种发、毛、爪、齿，如前广说。

前后想者，谓如有一，于所观相殷勤恳到，善取善思，善了善达，谓住观于坐，坐观于卧，或在后行观察前行。

---

① 云何度作意瑜伽师，底本与《资福藏》《碛砂藏》《普宁藏》《永乐南藏》《径山藏》相同；《房山石经》《赵城金藏》《高丽藏》“度”作“已度”。

② 若已习行，底本与《碛砂藏》《普宁藏》《永乐南藏》《径山藏》相同；《房山石经》《资福藏》《赵城金藏》《高丽藏》“若”作“名”。

③ 若已证入正住离生，底本与《碛砂藏》《普宁藏》《永乐南藏》《径山藏》相同；《房山石经》《资福藏》《赵城金藏》《高丽藏》“住”作“性”。

此则显示以毗钵舍那行观察三世缘生诸行。谓若说言住观于坐，此则显示以现在作意观察未来所知诸行。所以者何？现在作意位已现生故，说名为住；未来所知位未现生故，临欲起故，说名为坐。

若复说言坐观于卧，此则显示以现在作意观察过去所知诸行。所以者何？现在作意位临欲灭故，说名为坐；过去所知位已谢灭故，说名为卧。

若复说言或在后行观察前行，此则显示以现在作意观无间灭现行作意。所以者何？若已生起无间谢灭所取作意，说名前行；若此无间新新生起能取作意取前无间已谢灭者，说名后行。

当知此中为修止观，修彼二品胜光明想，是名想修。

云何菩提分修？

谓于三十七菩提分法亲近积集，若修若习，若多修习，是名菩提分修。

何等名为三十七种菩提分法？

谓四念住、四正断、四神足、五根、五力、七觉支、八支圣道①。

四念住者：一、身念住；二、受念住；三、心念住；四、法念住。

四正断者：一、于已生恶不善法，为令断故，生欲策励，发勤精进，策心持心正断；二、于未生恶不善法，为不生故，生欲策励，发勤精进，策心持心正断；三、于未生善法，为令生故，生欲策励，发勤精进，策心持心正断；四、于已生善法，为欲令住，令不忘失，令修圆满，令倍修习，令其增长，令其广大，生欲策励，发勤精进，策心持心正断。

四神足者：一、欲三摩地断行成就神足；二、勤三摩地断行成就神足；三、心三摩地断行成就神足；四、观三摩地断行成就神足。

五根者：一、信根；二、精进根；三、念根；四、定根；五、慧根。五力者：一、信力；二、精进力；三、念力；四、定力；五、慧力。

① 八支圣道，底本与《房山石经》《资福藏》《碛砂藏》《普宁藏》《永乐南藏》《径山藏》相同；《赵城金藏》《高丽藏》无“支”字。

七觉支者：一、念等觉支；二、择法等觉支；三、精进等觉支；四、喜等觉支；五、安等觉支；六、定等觉支；七、舍等觉支。

八支圣道者：一、正见；二、正思惟；三、正语；四、正业；五、正命；六、正精进；七、正念；八、正定。

今于此中，云何为身？云何于身住循身观？云何为念？云何念住？

略说身相有三十五，谓内身、外身、根所摄身、非根所摄身、有情数身、非有情数身、麤重俱行身、轻安俱行身、能造身、所造身、名身、色身、那洛迦身、傍生身[①]、祖父国身、人身、天身、有识身、无识身、中身、表身、变异身、不变异身、女身、男身、半择迦身、亲友身、非亲友身、中庸身、劣身、中身、妙身、幼身、少身、老身。如是名为身相差别。

住循身观略有三种，谓依身增上闻、思、修慧。由此慧故，于一切身、一切相，正观察，正推求，随观随觉。

念谓依身增上，受持正法，思惟法义，修习作证，于文于义修作证中，心无忘失。

若审思惟："我于正法为正受持，为不尔耶？于彼彼义慧善了达，为不尔耶？善能触证彼彼解脱，为不尔耶？"如是审谛，安住其念，名为念住。

又为守护念，为于境无染，为安住所缘，名为念住。

为守护念者，谓如说言，先守护念，若常委念。为于境无染者，谓如说言，念守护心，行平等位，不取其相，不取随好；广说乃至守护意根，修意根律仪。为安住所缘者，谓如说言，于四所缘安住其念，谓于遍满所缘、净行所缘、善巧所缘、净戒所缘[②]。

---

① 傍生身，底本与《碛砂藏》《普宁藏》《永乐南藏》《径山藏》相同；《房山石经》《资福藏》《赵城金藏》《高丽藏》"傍生"作"旁生"，下同。

② 净戒所缘，底本与《资福藏》《碛砂藏》《普宁藏》《永乐南藏》《径山藏》相同；《房山石经》《赵城金藏》《高丽藏》"戒"作"惑"。

由此三相，善住其念，故名念住。

云何为受？谓乐受、苦受、不苦不乐受。乐身受、苦身受、不苦不乐身受。如说身受，心受亦尔。乐有爱味受、苦有爱味受、不苦不乐有爱味受。无爱味受、依躭嗜受、当知亦尔。乐依出离受、苦依出离受、不苦不乐依出离受。如是总有二十一受，或九种受。

云何为心？谓有贪心、离贪心、有瞋心、离瞋心、有痴心、离痴心、略心、散心、下心、举心、掉心、不掉心、寂静心、不寂静心、定心、不定心、善修心、不善修心、善解脱心、不善解脱心。如是总有二十种心。

云何为法？谓若贪、贪毗奈耶法，若瞋、瞋毗奈耶法，若痴、痴毗奈耶法，若略、若散法，若下、若举法，若掉、不掉法，若寂静、不寂静法，若定、不定法，若善修、不善修法，若善解脱、不善解脱法。如是当知建立黑品、白品、染品、净品二十种法。

又乐受者，谓顺乐受触为缘所生平等受，受所摄，是名乐受。此若五识相应，名身受；若意识相应，名心受。如顺乐受触，如是顺苦受触、顺不苦不乐受触为缘所生不平等受，受所摄，非平等非不平等受，受所摄，是名苦受、不苦不乐受。此若五识相应，名身受；若意识相应，名心受，如是诸受，若随顺涅槃，随顺决择，毕竟出离，毕竟离垢，毕竟能令梵行圆满，名无爱味受。若堕于界，名有爱味受，若色、无色界系，若随顺离欲，名依出离受。若欲界系，若不顺离欲，名依躭嗜受。

又有贪心者，谓于可爱所缘境事，贪缠所缠；离贪心者，谓即远离如是贪缠。有瞋心者，谓于可憎所缘境事，瞋缠所缠；离瞋心者，谓即远离如是瞋缠。有痴心者，谓于可愚可缘境事[1]，痴缠所缠；离痴心者，谓即远离如是痴缠。如是六心，当知皆是行时所起三烦恼品，及此三品对治差别。

---

[1] 谓于可愚可缘境事，底本与《房山石经》《资福藏》《碛砂藏》《赵城金藏》《普宁藏》《永乐南藏》《径山藏》相同；《高丽藏》“可缘”作“所缘”。

略心者，谓由止行[1]，于内所缘，系缚其心；散心者，谓于外五妙欲，随顺流散。

下心者，谓惛沈睡眠俱行；举心者，谓于净妙所缘，明了显现。

掉心者，谓太举故[2]，掉缠所掉；不掉心者，谓于举时及于略时，得平等舍。

寂静心者，谓从诸盖已得解脱；不寂静心者，谓从诸盖未得解脱[3]。

定心者，谓从诸盖得解脱已，复能证入根本静虑；不定心者，谓未能入。

善修心者，谓于此定长时串习，得随所欲，得无艰难，得无梗涩[4]，复能证入[5]；不善修心者，与此相违，应知其相。

善解脱心者，谓从一切究竟解脱；不善解脱心者，谓不从一切不究竟解脱。

如是十四种心，当知皆是住时所起：依净盖地住时所起，有八种心，谓从略心，散心[6]，乃至寂静、不寂静心；依净烦恼地住时所起有六种心，谓定心、不定心，乃至善解脱，不善解脱心。

又于内有盖，能自了知我有诸盖；于内无盖，能自了知我无诸盖。如彼诸盖未生而生，亦能了知；如彼诸盖生已散灭，亦能了知。于眼有结，乃至

---

① 谓由止行，底本与《房山石经》《资福藏》《碛砂藏》《赵城金藏》《普宁藏》《永乐南藏》《径山藏》相同；《高丽藏》“止”作“正”。

② 谓太举故，底本与《房山石经》《资福藏》《碛砂藏》《赵城金藏》《普宁藏》《永乐南藏》《径山藏》相同；《高丽藏》“太”作“大”。

③ 谓从诸盖未得解脱，底本与《资福藏》《碛砂藏》《普宁藏》《永乐南藏》《径山藏》相同；《房山石经》《赵城金藏》《高丽藏》“脱”作“脱言”。

④ 得无梗涩，底本与《资福藏》《碛砂藏》《普宁藏》《永乐南藏》《径山藏》《高丽藏》相同；《房山石经》《赵城金藏》“梗”作“鞭”。

⑤ 复能证入，底本与《资福藏》《碛砂藏》《普宁藏》《永乐南藏》《径山藏》相同；《房山石经》《赵城金藏》《高丽藏》“复”作“速”。

⑥ 散心，底本与《资福藏》《碛砂藏》《赵城金藏》《普宁藏》《永乐南藏》《径山藏》《高丽藏》相同；《房山石经》无“心”字。

于意有结，能自了知我有眼结，乃至我有意结；于眼无结，乃至于意无结，能自了知我眼无结，乃至我意无结。如彼眼结乃至意结未生而生，亦能了知；如彼诸结生已散灭，亦能了知。

于内有念等觉支，能自了知我有念等觉支，于内无念等觉支，能自了知我无念等觉支。如念等觉支未生而生，亦能了知；如生已住，不忘修满，倍复修习，增长广大，亦能了知。如念等觉支，如是择法、精进、喜、安、定、舍等觉支，当知亦尔。

若能如是如实遍知诸杂染法自性、因缘、过患、对治，是为法念住体。

如说于身住循身观、念及念住，如是于受、于心、于法、随其所应，当知亦尔。

云何于内身等住循身等观？云何于外身等住循身等观？云何于内外身等住循身等观？

谓若缘内自有情数身色为境，住循身观，是名于内身住循身观。若缘外非有情数色为境，住循身观，是名于外身住循身观。若缘外他有情数身色为境，住循身观，是名于内外身住循身观。若缘依内自有情数身色所生受、心、法为境，住循三观，是名于内受、心、法住循受、心、法观。若缘依外他有情数身色所生受、心、法为境①，住循三观，是名于外受、心、法住循受、心、法观。若缘依外他有情数身色所生受、心、法为境，住循三观，是名于内外受、心、法住循受、心、法观。

复有差别，谓若缘根所摄、有执有受色为境，是名于内身住循身观。若缘非根所摄、无执无受色为境，是名于外身住循身观。若缘非根所摄、有执有受色为境，是名于内外身住循身观。如是若缘依前三色所生受、心、法为境，随其所应，当知即是住循三观。

---

① 若缘依外他有情数身色所生受心法为境，底本与《资福藏》《碛砂藏》《普宁藏》《永乐南藏》《径山藏》相同；《房山石经》《赵城金藏》《高丽藏》“他”作“非”，无“身”字。

复有差别，谓若缘自内定地轻安俱行色为境，是名于内身住循身观。若缘自内不定地麤重俱行色为境，是名于外身住循身观。若缘他轻安俱行、麤重俱行色为境，是名于内外身住循身观。如是若缘依前三色所生受、心、法为境，随其所应，当知即是住循三观。

复有差别，谓若缘内能造大种色为境，是名于内身住循身观。若缘外能造大种色为境，是名于外身住循身观。若缘依能造大种色所生根境所摄造色为境，是名于内外身住循身观。如是若缘依前三色所生受、心、法为境，随其所应，当知即是住循三观。

复有差别，谓若缘有识身内色为境，是名于内身住循身观。若缘无识身有情数青瘀等位色为境[①]，是名于外身住循身观。若缘无识身色于过去时有识性，有识身色于未来时无识性，相似法性、平等法性为境，是名于内外身住循身观。如是若缘依前三色所生受、心、法为境，随其所应，当知即是住循三观。

复有差别，谓若缘自中身发、毛、爪、齿等相为境，是名于内身住循身观。若缘他中身发、毛、爪、齿等相为境，是名于外身住循身观。若缘内表身变异，不变异青瘀等相，及缘外表身变异、不变异青瘀等相，相似法性、平等法性为境，是名于内外身住循身观。如是若缘依前三色所生受、心、法为境，随其所应，当知即是住循三观。

如是等类身受、心、法诸差别门当知多种，今于此中且显少分诸门差别。

又为对治四颠倒故，世尊建立四种念住，谓为对治于不净中计净颠

① 有情数青瘀等位色为境，底本与《房山石经》《资福藏》《碛砂藏》《普宁藏》《永乐南藏》《径山藏》《高丽藏》相同；《赵城金藏》“位”作“住”。

倒，立身念住。以佛世尊于循身念住中[1]，宣说不净相应四憺怕路，若能于此多分思惟，便于不净断净颠倒。为欲对治于诸苦中计乐颠倒，立受念住。以于诸受住循受观，如实了知诸所有受皆悉是苦，便于诸苦断乐颠倒。为欲对治于无常中计常颠倒，立心念住。以能了知有贪心等种种差别，经历彼彼日夜、刹那、瞬息、须臾非一众多种种品类心生灭性，便于无常断常颠倒。为欲对治于无我中计我颠倒，立法念住。由彼先来有有我见等诸烦恼故，无无我见等诸善法故，于诸蕴中生起我见，以于诸法住循法观，如实了知所计诸蕴自相、共相，便于无我断我颠倒。

复有差别，谓诸世间多于诸蕴唯有蕴性，唯有法性，不如实知，横计有我依止于身；由依身故，受用苦乐；受苦乐者，由法非法，有染有净。为欲除遣我所依事愚故，立身念住；为欲除遣我所领受事愚故，立受念住；为欲除遣于心意识执我愚者我事愚故，立心念住；为欲除遣所执我心能染净事愚故，立法念住。

复有差别，谓若依此，造作诸业；若为此故，造作诸业[2]；若造业者；若由此故，造作诸业。为总显示如是一切，立四念住。当知此中，依止于身，造作诸业；为求受故，造作诸业；心能造业；由善不善法，能造诸业。

复有差别，谓若依此，有染有净；若为此故，起染起净；若染净者；若由此故，成染成净。总为显示如是一切，立四念住。当知此中，依止于身，有染有净；为求受故，起染起净；心染净者；由诸法故，成染成净。

问：念住何义？

答：若于此住念，若由此住念，皆名念住。于此住念者，谓所缘念住。

---

① 于循身念住中，底本与《房山石经》《资福藏》《碛砂藏》《普宁藏》《永乐南藏》《径山藏》《高丽藏》相同；《赵城金藏》“循”作“修”。

② “若为此故，造作诸业”，底本与《资福藏》《碛砂藏》《普宁藏》《永乐南藏》《径山藏》《高丽藏》相同；《房山石经》《赵城金藏》无此八字。

由此住念者，谓若慧若念，摄持于定，是自性念住；所余相应诸心、心法，是相杂念住。又由身、受、心、法增上所生善有漏、无漏道，皆名念住。此复三种：一、闻所成；二、思所成；三、修所成。闻、思所成，唯是有漏；修所成者，通漏、无漏。

瑜伽师地论卷第二十九

本地分中声闻地

第二瑜伽处之四①

如是于四念住串习行故，已能除遣麤麤颠倒，已能了达善不善法。

从此无间，于诸未生恶不善法，为不生故，于诸已生恶不善法，为令断故，于其未生一切善法，为令生故，于其已生一切善法，为欲令住，令不忘失，广说如前，乃至摄心持心。

云何名为恶不善法？谓欲缠染汙身语意业，是身语意恶行所摄，及能起彼所有烦恼。若未和合，未现在前，说名未生；若已和合，已现在前，说名已生。

云何名为一切善法？谓若彼对治，若盖对治，若结对治，未生、已生，应知如前恶不善法。若时未生恶不善法，先未和合；为令不生，发起希愿：“我当令彼一切一切皆不复生。”是名于诸未生恶不善法，为不生故生欲。若时已生恶不善法，先已和合，为令断故，发起希愿：“我当于彼一切一切皆不忍受，断灭除遣。”是名于诸已生恶不善法，为令断故生欲。

又彼一切恶不善法，或缘过去事生，或缘未来事生，或缘现在事生。如是彼法，或缘不现见境，或缘现见境。若缘过去、未来事境，是名缘不现见境，若缘现在事境，是名缘现见境。

当知此中，于缘不现见境恶不善法，其未生者，欲令不生，其已生者，欲令永断，自策自励，是名策励；于缘现见境恶不善法，其未生者，欲令不

① 本地分中声闻地第二瑜伽处之四，底本与《径山藏》相同；《房山石经》《资福藏》《碛砂藏》《赵城金藏》《普宁藏》《永乐南藏》《高丽藏》“第二”作“第十三第二”。

生，其已生者，欲令永断，勇猛正勤，是名发勤精进。

所以者何？要当坚固，自策自励，勇猛正勤，方能令彼或不复生，或永断灭。又于下品、中品诸缠，其未生者，欲令不生，其已生者，欲令永断，故自策励；于上品缠，其未生者，欲令不生，其已生者，欲令永断，发勤精进。又若行于过去境界，如是行时，不令烦恼缘彼生起，设复失念，蹔时生起，而不忍受，速能断灭，除遣变吐。如缘过去，若行未来，当知亦尔。如是未生恶不善法能令不生，生已能断，是名策励。

若行现在所缘境界，如是行时，不令烦恼缘彼生起。设复失念，蹔时生起，而不忍受，速能断灭，除遣变吐。如是已生恶不善法能令不生[①]，生已能断，是名发勤精进。又或有恶不善法唯由分别力生，非境界力；或有恶不善法由分别力生，亦境界力。唯由分别力生，非境界力者，谓于住时，思惟过去，未来境界，而生于彼。由思惟力生亦境界力者，谓于行时，缘现在境界，而生于彼。当于尔时决定亦有非理分别。当知此中，恶不善法唯由分别力生，非境界力者，彼若未生，能令不生，生已能断，是名策励；若由分别力生，亦境界力者，彼若未生，能令不生，生已能断，是名发勤精进。

于其未生一切善法，为令生故生欲者，谓于未得未现在前所有善法，为欲令得，令现在前，发心希愿，发起猛利，求获得欲，求现前欲，而现在前，是名于其未生一切善法，为令生故生欲。于其已生一切善法，为欲令住，令不忘失，令修圆满生欲者，谓已获得已现在前所有善法，是名已生善法。于此善法，已得不失，已得不退，依是说言为欲令住。于此善法，明了现前，无闇钝性，依是说言令不忘失。于此善法，已得现前，数数修习，成满究竟，依是说言令修圆满。于此善法，发心希愿，发起猛利，求坚住欲，求不忘欲，求修满欲，而现在前，是名于其已生一切善法，为欲令住，

① 如是已生恶不善法能令不生，底本与《房山石经》《资福藏》《碛砂藏》《赵城金藏》《普宁藏》《永乐南藏》《径山藏》相同；《高丽藏》“已”作“未”。

令不忘失，令修圆满生欲。

策励者，为于已得，令现前故；发勤精进者，为于未得，令其得故。又策励者，于已生善，为欲令住，令不忘故；发勤精进者，令修满故。又于下品、中品善法，未生令生，生已令住，令不忘失，是名策励；于上品善法，未生令生，生已乃至令修圆满，是名发勤精进。

言策心者，谓若心于修奢摩他一境性中精勤方便，于诸未生恶不善法[1]，为令不生，广说乃至于其已生一切善法，为欲令住，令不忘失，令修圆满。由是因缘，其心于内极略下劣，或恐下劣，观见是已，尔时随取一种净妙举相，殷勤策励，庆悦其心，是名策心。云何持心？谓修举时，其心掉动，或恐掉动，观见是已，尔时还复于内略摄其心，修奢摩他，是名持心。

如是四种，亦名正胜，谓于黑品诸法，其未生者，为令不生，其已生者，为令断灭，生欲策励，发勤精进，策心持心，是二正胜；于白品诸法，其未生者，为欲令生，如前黑品广说，应知是二正胜。

如是四种，亦名正断：一名律仪断，谓于已生恶不善法，为令断故，生欲策励，乃至广说。二名断断，谓于未生恶不善法，为不生故，生欲策励，乃至广说。由于已生恶不善事，应修律仪，令其断灭，不应忍受。由是因缘，名律仪断。于其未生恶不善事，为欲令彼不现行断，为欲令彼不现前断，为断故断，故名断断。三名修断，谓于未生一切善法，为令生故，广说乃至策心持心。由于善法数修数习，先所未得，能令现前，能有所断，故名修断。四名防护断，谓于已生一切善法，为欲令住，广说乃至策心持心。由于已得已现在前诸善法中，远离放逸，修不放逸，能令善法住不忘失，修习圆满，防护已生所有善法，能有所断，故名防护断。

如是广辩四正断已，复云何知此中略义？谓为显示于黑白品舍取事

① 精勤方便于诸未生恶不善法，底本与《房山石经》《资福藏》《碛砂藏》《赵城金藏》《普宁藏》《永乐南藏》《径山藏》相同；《高丽藏》“精”作“正”。

中，增上意乐圆满及加行圆满，是故宣说四种正断。当知此中，由生欲故，增上意乐圆满，由自策励，发勤精进，策心持心故，加行圆满。修瑜伽师唯有尔所正应作事，谓为断灭所应断事，及为获得所应得事，先当生起希愿乐欲。为断诸缠，复应时时正勤修习止，举、舍相；为断诸缠及随眠故，更应修习对治善法[①]。为显如是一切所作[②]，说四正胜及四正断，是名略义。

从此复修四三摩地，谓欲三摩地、勤三摩地、心三摩地、观三摩地。当知由欲增上力所得三摩地，名欲三摩地；由勤增上力所得三摩地，名勤三摩地；由心增上力所得三摩地，名心三摩地；由观增上力所得三摩地，名观三摩地。

若于是时，纯生乐欲，生乐欲已，于诸所有恶不善法自性，因缘、过患、对治[③]，正审思察，起一境念；于诸善法自性，因缘、功德、出离[④]，正审思察，住一境念，即由如是多修习故，触一境性，于诸所有恶不善法现行诸缠能令远离，而未永害烦恼随眠，是名欲增上力所得三摩地。若于过去、未来、现在所缘境界，能顺所有恶不善法，能顺所有下、中、上品烦恼缠中，其未生者，为令不生，其已生者，为令断灭，自策自励，发勤精进，于彼所缘[⑤]，于彼境界自性、因缘、过患、对治，正审思察，住一境念。即由如是多安住故，能正生起心一境性，于诸所有恶不善法现行诸缠能令远离，

---

① 更应修习对治善法，底本与《赵城金藏》《径山藏》相同；《房山石经》《资福藏》《碛砂藏》《普宁藏》《永乐南藏》《高丽藏》“习”作“集”。

② 为显如是一切所作，底本与《房山石经》《资福藏》《碛砂藏》《赵城金藏》《普宁藏》《永乐南藏》《径山藏》相同；《高丽藏》“显”作“现”。

③ 于诸所有恶不善法自性因缘过患对治，底本与《房山石经》《资福藏》《赵城金藏》《普宁藏》《径山藏》《高丽藏》相同；《碛砂藏》《永乐南藏》“所”作“近”。

④ 于诸善法自性因缘功德出离，底本与《房山石经》《资福藏》《赵城金藏》《普宁藏》《径山藏》《高丽藏》相同；《碛砂藏》《永乐南藏》“性”作“住”。

⑤ 于彼所缘，底本与《资福藏》《碛砂藏》《普宁藏》《永乐南藏》《径山藏》相同；《房山石经》《赵城金藏》《高丽藏》“于”作“行”。

而未永害烦恼随眠，是名勤增上力所得三摩地。

若复策发诸下劣心，或复制持诸掉举心，又时时间修增上舍，由是因缘，于诸所有恶不善法，若能随顺恶不善法及诸善法，若能随顺所有善法自性、因缘、过患、功德、对治、出离，正审思察，住一境念。即由如是多安住故，能正生起心一境性，广说乃至，是名心增上力所得三摩地。

若于能顺恶不善法，作意思惟为不如理，复于能顺所有善法，作意思惟以为如理，如是远离彼诸缠故，及能生起诸缠对治定为上首诸善法故，能令所有恶不善法皆不现行。便自思惟："我今为有现有恶不善法不觉知耶？为无现无恶不善法不觉知耶？我今应当遍审观察[①]。"彼由观察作意增上力故，自正观察断与未断，正审思察，住一境念。即由如是多安住故，能正触证心一境性，由是因缘，离增上慢，如实自知："我唯于缠，心得解脱，未于一切一切随眠，心得解脱。我唯获得及已修习诸缠对治定为上首所有善法，而未获得及未修习随眠对治。"是名观增上力所得三摩地。

彼由如是四三摩地增上力故，已远诸缠，复为永害一切一切恶不善法诸随眠故，及为修习能对治彼诸善法故[②]，便更生起乐欲策励，广说如前修四正断加行道理。彼于如是正修习时，有八断行，为欲永害诸随眠故，为三摩地得圆满故，差别而转。

何等名为八种断行？一者，欲。谓起如是希望乐欲："我于何时修三摩地当得圆满？我于何时当能断灭恶不善法所有随眠？"二者，策励。谓乃至修所有对治，不舍加行。三者，信。谓不舍加行，正安住故，于上所证，深生信解。四者，安。谓清净信而为上首，心生欢喜，心欢喜故，渐次息除

① 我今应当遍审观察，底本与《房山石经》《资福藏》《碛砂藏》《赵城金藏》《普宁藏》《永乐南藏》《径山藏》相同；《高丽藏》"今"作"令"。

② 及为修习能对治彼诸善法故，底本与《径山藏》相同；《房山石经》《资福藏》《碛砂藏》《赵城金藏》《普宁藏》《永乐南藏》《高丽藏》"习"作"集"。

诸恶不善法品麤重。五者，念。谓九种相，于九种相安住其心，奢摩他品能摄持故。六者，正知。谓毗钵舍那品慧。七者，思。谓心造作，于断未断正观察时，造作其心，发起能顺止、观二品身业语业。八者，舍。谓行过去、未来、现在随顺诸恶不善法中，心无染汙，心平等性。由二因缘，于随眠断分别了知，谓由境界不现见思，及由境界现见舍故。如是名为八种断行，亦名胜行。

如是八种断行胜行，即是为害随眠瑜伽。此中欲者，即是彼欲，此中策励，即彼精进。此中信者，即是彼信。此中安、念、正知、思、舍，即彼方便。如是此中若先欲等四三摩地，若今所说八种断行[1]，于为永断所有随眠，圆满成办三摩地时，一切总名欲三摩地断行成就神足、勤三摩地断行成就神足、心三摩地断行成就神足、观三摩地断行成就神足。

问：何因缘故，说名神足？

答：如有足者，能往能还，腾跃勇健，能得能证世间所有殊胜之法。世殊胜法，说名为神；彼能到此，故名神足。如是若有如是诸法，有三摩地圆满成办，彼心如是清净鲜白，无诸瑕秽，离随烦恼，安住正真[2]，有所堪能，获得不动，能往能还，腾跃勇健，能得能证出世间法，由出世法最胜自在，是最胜神，彼能证此，故名神足。

彼由如是胜三摩地为所依持，胜三摩地为所依止，能进修习增上心学、增上慧学所有瑜伽；由进修习此瑜伽故，于他大师、弟子所证，深生胜解，深生净信；此清净信增上义故，说名信根。

问：于何增上？

① 若今所说八种断行，底本与《房山石经》《资福藏》《碛砂藏》《普宁藏》《永乐南藏》《径山藏》《高丽藏》相同；《赵城金藏》“今”作“念”。

② 安住正真，底本与《资福藏》《碛砂藏》《普宁藏》《永乐南藏》《径山藏》相同；《房山石经》《赵城金藏》《高丽藏》“真”作“直”。

答：于能生起出世间法而为上首，及于能起精进、念、定、慧为其增上；余精进等，于能生起出世间法及于能起展转乃至慧为其增上；乃至其慧，唯于能起出世间法为其增上。是故信等说名五根。

若复了知前后所证而有差别，随此能于后后所证出世间法，深生胜解，深生净信。此清净信难伏义故，说名信力。

问：谁不能伏？

答：此清净信，若天若魔，若诸沙门，若婆罗门，若余世间，无有如法能引夺者，诸烦恼缠亦不能屈，故名难伏。

此为上首，此为前行，余精进等，亦名为力。由此诸力具大威势，摧伏一切魔军势力，能证一切诸漏永尽，是故名力。当观此中信根、信力即四证净中所有净信。何以故？以其证入正性离生所有证净，皆由此因，此缘此序，由彼即是此增上果，是故世尊就其因果相属道理说言："当观即彼证净，非即彼体，非即彼相。"当观此中精进根、力即四正断中所有精进。此何正断？谓能永断见道所断一切烦恼方便正断。此中意说，如是正断。由此正断，毕竟能断所有诸恶不善法故。当观此中念根、念力即四念住中所有正念，谓四念住能无余断一切颠倒。当观此中定根、定力即四静虑中所有正定，谓诸静虑能为方便，证不还果。当观此中慧根、慧力即四圣谛中所有正智，谓圣谛智于四圣谛能证现观，得沙门果。

即由如是诸根、诸力渐修渐习，渐多修习为因缘故，便能发起下、中、上品顺决择分四种善根。何等为四？一、煗；二、顶；三、顺谛忍；四、世第一法。

譬如有人欲以其火，作火所作，为求火故，下安乾木，上施钻燧，精勤策励，勇猛钻求。彼于如是精勤策励，勇猛钻时，于下木上最初生暖；次暖增长，热气上衝；次倍增盛，其烟遂发；次无焰火欻然流出，火出无间，发生猛焰；猛焰生已，便能造作火之所作。如钻火人精勤策励，勇猛钻求，五根五力渐修渐习，渐多修习，当知亦尔；如下木上初所生煖，其煖善根当知亦尔，烧诸烦恼，无漏法火生前相故；如煖增长，热气上冲，其顶善根当知亦尔；如次烟发，其顺谛忍当知亦尔；如无焰火欻然流出，世第一法当知亦尔；如火无间，发生猛焰，世第一法所摄五根、五力无间所生出世无漏圣法当知亦尔。

此复云何？谓七觉支。诸已证入正性离生补特伽罗如实觉慧用此为支，故名觉支。即此七种如实觉支，三品所摄，谓三觉支，奢摩他品摄；三觉支，毗钵舍那品摄；一觉支，通二品摄。是故说名七种觉支。谓择法觉支、精进觉支、喜觉支，此三观品所摄；安觉支、定觉支、舍觉支、此三上品所摄[①]；念觉支一种，俱品所摄，说名遍行。

彼于尔时最初获得七觉支故，名初有学见圣谛迹，已永断灭见道所断一切烦恼，唯余修道所断烦恼。为断彼故，修习三蕴所摄八支圣道。此中，正见、正思惟、正精进，慧蕴所摄；正语、正业、正命，戒蕴所摄；正念、正定、定蕴所摄。

问：何因缘故，名八支圣道？

答：诸圣有学已见迹者，由八支摄行迹正道，能无余断一切烦恼，能于解脱究竟作证，是故名为八支圣道。

当知此中，若觉支时所得真觉，若得彼已，以慧安立，如证而觉，总略此二，合名正见。由此正见增上力故，所起出离、无恚、无害分别思惟，名正思惟。若心趣入诸所寻思，彼唯寻思如是相状所有寻思。若心趣入诸所言论，即由正见增上力故，起善思惟，发起种种如法言论[②]，是名正语。

① 此三上品所摄，底本与《资福藏》《碛砂藏》《永乐南藏》《径山藏》相同；《房山石经》《赵城金藏》《普宁藏》《高丽藏》“上”作“止”。

② 发起种种如法言论，底本与《资福藏》《碛砂藏》《普宁藏》《永乐南藏》《径山藏》《高丽藏》相同；《房山石经》《赵城金藏》“法”作“发”。

若如法求衣服、饮食、诸坐卧具、病缘医药供身什物，于追求时，若往若还，正知而住[①]；若觇若瞻[②]，若屈若伸，若持衣钵及僧伽胝，若食若饮，若噉若尝，正知而住；或于住时，于已追求衣服等事，若行若住，若坐若卧，广说乃至若解劳睡，正知而住。是名正业。如法追求衣服、饮食乃至什物，远离一切起邪命法，是名正命。若远离摄正语、业、命，彼于证得无漏作意诸觉支时，先已获得。

问：何故此名圣所爱戒？

答：以诸圣者、贤善、正至长时爱乐，欣慕悦意；“我于何时当正获得诸语恶行、诸身恶行、诸邪命事不作律仪？”由彼长夜于此尸罗深心爱乐，欣慕悦意，故获得时，名圣所爱。

获得如是圣爱戒已，终不正知而说妄语[③]，终不故思害众生命，终不故思不与而取，终不故思行欲邪行，终不非法求衣服等。即由如是圣所爱戒增上力故。于修道时，乃至所有语业、身业养命事转，亦得名为正语、业、命。依止正见及正思惟、正语、业、命勤修行者，所有一切欲勤精进，出离勇猛，势力发起，策励其心，相续无间[④]，名正精进。成就如是正精进者，由四念住增上力故，得无颠倒九种行相所摄正念，能摄九种行相心住，是名正念及与正定。

如是一切八支圣道，总立二种，谓无所作及住所作。无所作者，谓正语、正业、正命。住所作者复有二种，谓奢摩他、毗钵舍那：正见、正思

---

① 正知而住，底本与《房山石经》《资福藏》《碛砂藏》《普宁藏》《永乐南藏》《径山藏》《高丽藏》相同；《赵城金藏》“住”作“往”。

② 若觇若瞻，底本与《资福藏》《碛砂藏》《普宁藏》《永乐南藏》《径山藏》《高丽藏》相同；《房山石经》《赵城金藏》“瞻”作“赡”。

③ 终不正知而说妄语，底本与《资福藏》《碛砂藏》《普宁藏》《永乐南藏》《径山藏》《高丽藏》相同；《房山石经》《赵城金藏》“妄”作“忘”。

④ 相续无间，底本与《房山石经》《资福藏》《碛砂藏》《普宁藏》《永乐南藏》《径山藏》《高丽藏》相同；《赵城金藏》“间”作“闻”。

惟、正精进是毗钵舍那，正念、正定是奢摩他。如是清净正语、业、命为所依止，于时时间修习止观[①]，能证诸结[②]，无余永断，能得最上阿罗汉果。长时相续，名为修道，多时串习断烦恼故。率尔智生，名为见道，蹔时智起即能永断诸烦恼故。由是因缘，正语、业、命于修道中方始建立[③]。由如是等，渐次修习三十七种菩提分法加行方便[④]，是名菩提分修[⑤]。

云何修果？谓四沙门果：一、预流果；二、一来果；三、不还果；四、最上阿罗汉果。此中云何名沙门？云何名果？谓圣道名沙门，烦恼断名果。又后生道或中或上，是前生道所生之果。

问：何故建立如是四果？

答：对治四种诸烦恼故，谓诸无事能感恶趣、往恶趣因烦恼断故，及能断彼对治生故，立预流果。而薄伽梵说永断三结，立此果者，谓依三品，有三种结，障碍圣道，令不生故：一、在家品；二、恶说法毗奈耶品；三、善说法毗奈耶品。依在家品，有萨迦耶见[⑥]，由此见故，先生怖畏，最初不欲发趣圣道。依恶说法毗奈耶品，有戒禁取，由此取故，虽已发趣，而行邪僻，由是不能生起圣道。依善说法毗奈耶品，有疑，由此疑故，虽已发趣，不行邪僻，而于正道未串习故，于如实见所知事中犹豫疑惑，障

① 于时时间修习止观，底本与《房山石经》《资福藏》《碛砂藏》《普宁藏》《永乐南藏》《径山藏》《高丽藏》相同；《赵城金藏》“止”作“正”。

② 能证诸结，底本与《资福藏》《碛砂藏》《普宁藏》《永乐南藏》《径山藏》相同；《房山石经》《赵城金藏》《高丽藏》“证”作“断”。

③ 于修道中方始建立，底本与《资福藏》《碛砂藏》《普宁藏》《永乐南藏》《径山藏》相同；《房山石经》《赵城金藏》《高丽藏》“如”作“始”。

④ 由如是等渐次修习三十七种菩提分法加行方便，底本与《房山石经》《资福藏》《碛砂藏》《普宁藏》《永乐南藏》《径山藏》《高丽藏》相同；《赵城金藏》“加”作“如”。

⑤ 是名菩提分修，底本与《房山石经》《资福藏》《碛砂藏》《普宁藏》《永乐南藏》《径山藏》《高丽藏》相同；《赵城金藏》无“分”字。

⑥ 有萨迦耶见，底本与《房山石经》《赵城金藏》《普宁藏》《高丽藏》相同；《资福藏》《碛砂藏》《永乐南藏》《径山藏》“耶”作“邪”。

碍圣道，不令生起。由是因缘，唯说断此，立预流果。此预流果极余七有，由是因缘，多生相续。

若断再生相续烦恼，生无重续，立一来果，谓若永断天有所摄，人有所摄再生相续所有烦恼，极唯更受天有一生、人有一生，故于尔时立一来果。若已永断能感还来生此烦恼，唯于天有当可受生，即于尔时立不还果。若已永断一切能感生有烦恼，建立最上阿罗汉果，而薄伽梵说："永断三结，薄贪瞋痴[①]，立一来果；永断能顺五下分结，立不还果；永断一切烦恼究竟，建立最上阿罗汉果。"是名修果。

又于此中贪、瞋、痴、慢、寻思行者，彼先应于净行所缘，净修其行，然后方证心正安住，彼于各别所缘境界，定由所缘差别势力，勤修加行。若等分行补特伽罗，随所爱乐，攀缘彼境，勤修加行。如是勤修，唯令心住，非净其行。如等分行补特伽罗，薄尘行者当知亦尔。而彼诸行有其差别，谓贪等行者勤修行时，要经久远，方证心住；等分行者勤修行时，不甚久远，能证心住；薄尘行者勤修行时，最极速疾，能证心住。

问：前已广说有贪等行补特伽罗行相差别，其等分行及薄尘行补特伽罗有何行相？

答：等分行者，如贪等行补特伽罗所有行相，一切具有，然彼行相非上非胜，如贪等行，随所遇缘，有其差别，施设此行，与彼相似。其薄尘行补特伽罗行相别者[②]，谓无重障，最初清净，资粮已具，多清净信，成就聪慧，具诸福德，具诸功德。

无重障者，谓无三障。何等为三？一者，业障；二，烦恼障；三，异熟

① 薄贪瞋痴，底本与《房山石经》《资福藏》《碛砂藏》《赵城金藏》《普宁藏》《永乐南藏》《径山藏》相同；《高丽藏》"薄"作"缚"。

② 其薄尘行补特伽罗行相别者，底本与《房山石经》《资福藏》《碛砂藏》《赵城金藏》《普宁藏》《永乐南藏》《径山藏》相同；《高丽藏》"相"作"相差"。

障。言业障者，谓五无间业，及余所有故思造业诸尤重业。彼异熟果若成熟时[①]，能障正道，令不生起，是名业障。烦恼障者，谓猛利烦恼，长时烦恼。由此烦恼于现法中，以其种种净行所缘不能令净。是名烦恼障。异熟障者，谓若生处，圣道依彼不生不长，于是生处异熟果生；或有生处，圣道依彼虽得生长，而于其中异熟果生，聋騃愚钝，盲瞽瘖痖，以手代言，无有力能解了善说、恶说法义。是名异熟障。

最初清净者，谓善净戒及正直见。由十因缘，戒善清净，如前应知。正直见者，谓若有见，净信相应故，胜解相应故，远离谄诳故，善思法义，无惑无疑，加行出离故，名为正直。如是正直见，净信相应故，于佛正法及毗奈耶不可引夺；胜解相应故，于诸如来及圣弟子不可思议威德神力，不可思议生处差别，甚深法教，不可记事，深生胜解，无惊无恐，无有怖畏；远离谄诳故，其见正直，是正直类，如其圣教，而正修行，如其真实，而自显发[②]；善思法义，无惑无疑，加行出离故，于一切法无常、苦、空、无我等义，善正思惟，善正筹量，善正观察，由是为因，无惑无疑，远离二路，逮得升进[③]。由此四相，先所说见，名正直见。

资粮已具者，广说资粮，如前应知。略有四种：一、福德资粮；二、智慧资粮；三、先世资粮；四、现法资粮。福德资粮者，谓由此故，于今获得随顺资具，丰饶财宝，遇真福田为善知识，离诸障碍，能勤修行。智慧资粮者，谓由此故，成就聪慧，有力有能解了善说、恶说法义，获得随顺法教、义教教授教诫。先世资粮者，谓由宿世积集善根，于今获得诸根成熟。现法资粮

① 彼异熟果若成熟时，底本与《资福藏》《碛砂藏》《普宁藏》《永乐南藏》《径山藏》《高丽藏》相同；《房山石经》《赵城金藏》“熟”作“就”，下同。

② 而自显发，底本与《资福藏》《碛砂藏》《普宁藏》《永乐南藏》《径山藏》《高丽藏》相同；《房山石经》《赵城金藏》“显”作“现”。

③ 逮得升进，底本与《资福藏》《碛砂藏》《赵城金藏》《普宁藏》《永乐南藏》《径山藏》《高丽藏》相同；《房山石经》“升”作“胜”。

者，谓于今世有善法欲，诸根成熟，具戒律仪及根律仪，如前广说。

多清净信者，谓于大师所无惑无疑，深生净信及以胜解。如于大师，于法于学亦复如是。其余广说，如前应知。成就聪慧者，谓由此故，于法于义速能领受，经久远时，于法于义能无忘失，于法于义速能通达。具诸福德者，谓由此故，形色端严，众所乐见，发清净信，无病长寿，言辞敦肃，具大宗乘①，众所知识，成就大福，多获衣等诸资生具②，为诸国王及大臣等，供养恭敬，尊重赞叹。具诸功德者，谓本性成就极少欲等种种功德，如前所说沙门庄严，应知其相。如是等类，应知是名诸薄尘行补特伽罗行相差别。

云何补特伽罗异门？谓有六种。何等为六？一、沙门；二、婆罗门；三、梵行；四、苾刍；五、精勤；六、出家。第一、沙门复有四种。何等为四？一、胜道沙门；二、说道沙门；三、活道沙门；四、坏道沙门。

当知诸善逝，名胜道沙门。诸说正法者，名说道沙门。诸修善行者，名活道沙门。诸行邪行者，名坏道沙门。诸善逝者，谓已证得贪瞋痴等无余永尽。说正法者，谓为调伏贪瞋痴等，宣说正法。修善行者，谓为调伏贪瞋痴等，勤修正行。行邪行者，谓犯尸罗，行诸恶法。

又学、无学，名胜道沙门，以无漏道，摧灭一切见修所断诸烦恼故。若无如来及诸菩萨为菩提故，勤修正行，诸声闻众持三藏者，名说道沙门，任持世俗法毗奈耶③，转正法眼，令不断故。若诸异生补特伽罗，其性调善，为自利益，勤修正行，有羞有悔，爱乐正学，为得未得，为触未触，为

① 具大宗乘，《房山石经》《资福藏》《碛砂藏》《赵城金藏》《普宁藏》《永乐南藏》《径山藏》《高丽藏》“乘”作“叶”。

② 多获衣等诸资生具，底本与《房山石经》《资福藏》《碛砂藏》《普宁藏》《永乐南藏》《径山藏》《高丽藏》相同；《赵城金藏》“衣”作“永”。

③ 任持世俗法毗奈耶，底本与《房山石经》《资福藏》《赵城金藏》《普宁藏》《永乐南藏》《径山藏》《高丽藏》相同；《碛砂藏》“任”作“住”。

证未证，勤修加行，有力有能，堪得未得，堪触未触，堪证未证，名活道沙门。由彼现有诸善法煖，堪能生长圣慧命根，名活非死，是故名为活道沙门。若诸犯戒补特伽罗，多行恶法，广说乃至实非梵行，自称梵行，名坏道沙门。由彼破坏最初所有正道根本，无力无能，非生道器，虽现前有说正道教，及现前有证正道者，而彼不得，是故名为坏道沙门。世尊依彼作如是说："此初沙门广说乃至第四沙门，于外沙门，婆罗门教空无所有。若于是处，八支圣道安立可得，即于是处，有初沙门广说乃至第四沙门。"

第二，婆罗门复有三种：一、种性婆罗门；二、名想婆罗门；三、正行婆罗门。种性婆罗门者，谓若生在婆罗门家，从母产门之所生出，父母圆备，名婆罗门。名想婆罗门者，谓诸世间由想、等想，假立言说，名婆罗门。正行婆罗门者，谓所作事决定究竟，已能驱摈恶不善法。如说当知婆罗门更无有所作，所作事已办，是谓婆罗门。

第三，梵行复有三种：一、受远离梵行；二、蹔时断梵行；三、毕竟断梵行。受远离梵行者，谓能受学远离一切行非梵行习婬欲法。蹔时断梵行者，谓诸异生由世间道离欲界欲。毕竟断梵行者，谓诸圣者得不还果，复得最上阿罗汉果。

第四，苾刍复有五种：一、乞丐苾刍；二、自称苾刍；三、名想苾刍；四、破坏烦恼苾刍；五、白四羯磨受具足戒苾刍。

第五，精勤复有三种：一、止息犯戒精勤，谓能远离一切不善身业、语业。二、止息境界精勤，谓密护根门，修防守念及常委念，如前广说。三、止息烦恼精勤，谓能永断见修所断一切烦恼，及于一切先所生起，或欲寻思，或恚寻思，或害寻思，或贪或瞋，或诸邪见，或忿恨覆恼诳谄等，能往恶处那落迦等诸险恶趣非沙门法，随所生起，能不忍受，寻即断灭，除遣变吐[①]。当知此中略有二种止息烦恼：一、止息随眠；二、止息诸缠。

第六，出家复有二种：一、于善说法毗奈耶中而出家者；二、于恶说法毗奈耶中而出家者。于善说法毗奈耶中而出家者，谓苾刍、苾刍尼、式叉摩那、沙弥、沙弥尼。又若自能出离身中所有一切恶不善法，当知是名真实出家。于恶说法毗奈耶中而出家者，谓诸外道，或全无衣，或坏色衣，或涂灰等增上外道，复有所余如是等类众多外道。

是故说言若诸沙门，若婆罗门，若修梵行，若诸苾刍，若精勤者，若出家者如是一切，是数取趣所有异门。

补特伽罗，略有八种；建立因缘，略有四种。

云何八种补特伽罗？一、有堪能者；二、无堪能者；三、善知方便者；四、不善知方便者；五、有无间修者；六、无无间修者；七、已串修习者；八、未串修习者。

云何四种补特伽罗建立因缘？谓由四种差别因缘，建立八种补特伽罗：一、由根差别故，有根已成熟及根未成熟；二、由瑜伽差别故，有善知瑜伽及不善知瑜伽；三、由加行差别故，有有无间殷重修及无无间殷重修；四、由时差别故，有已长时修道及未长时修道。

云何如是四种差别能为前八补特伽罗建立因缘？谓根已成熟，即有堪能者；根未成熟，即无堪能者。善知瑜伽，即善知方便者；不善知瑜伽，即不善知方便者。有无间殷重修，即有无间修者，此亦名为有常委修；无无间殷重修，即无无间修者，此亦名为无常委修。已长时修道，即已串修习者；未长时修道，即未串修习者。如是名为由根差别，瑜伽差别，加行差别及时差别，建立八种补特伽罗。

---

① 寻即断灭除遣变吐，底本与《房山石经》《资福藏》《碛砂藏》《普宁藏》《永乐南藏》《径山藏》《高丽藏》相同；《赵城金藏》“即”作“寻”。

若诸所有补特伽罗，根未成熟，彼于所有善知方便，有无间修，已串修习，如理如法，如其善巧，皆不能办。若诸所有补特伽罗，根虽成熟，而未善知善巧方便，于诸所有亦不能办。若诸所有补特伽罗，根已成熟，善知方便，无无间修，即不能得速疾通慧。若诸所有补特伽罗，根已成熟，善知方便，有无间修，未串修习，即于所有自所作事未得成办，若诸所有补特伽罗，根已成熟，善知方便，有无间修，已串修习，彼于所有皆能成办，亦能获得速疾通慧，于其所有自所作事已得成办。

当知诸魔略有四种，魔所作事有无量种，勤修观行诸瑜伽师，应善遍知，当正远离。云何四魔？一、蕴魔；二、烦恼魔；三、死魔；四、天魔。蕴魔者，谓五取蕴。

烦恼魔者，谓三界中一切烦恼。死魔者，谓彼彼有情，从彼彼有情众夭丧殒没。天魔者，谓于勤修胜善品者求欲超越蕴、烦恼、死三种魔时，有生欲界最上天子得大自在，为作障碍，发起种种扰乱事业，是名天魔。

当知此中，若死所依，若能令死，若正是死，若于其死作障碍事，不令超越，依此四种，建立四魔，谓依已生已入现在五取蕴故，方有其死。由烦恼故，感当来生，生已便有夭丧殒没。诸有情类命根尽灭，夭丧殒没，是死自性。勤修善者为超死故，正加行时，彼天子魔得大自在，能为障碍；由障碍故，或于死法全不能出[①]，或经多时极大艰难，方能超越。又魔于彼或有蹔时不得自在，谓世间道离欲异生，或在此间，或生于彼；或魔于彼得大自在，谓未离欲。若未离欲，在魔手中随欲所作；若世间道而离欲者，魔缚所缚，未脱魔罥，由必还来生此界故。

云何魔事？谓诸所有能引出离善法欲生，躭著诸欲增上力故，寻还退舍，当知此即是为魔事。若正安住密护根门，于诸所有可爱色声香味触

① 或于死法全不能出，底本与《房山石经》《资福藏》《碛砂藏》《赵城金藏》《普宁藏》《永乐南藏》《径山藏》相同；《高丽藏》“全”作“令”。

法，由执取相，执取随好，心乐趣入，当知此即是为魔事。若正安住于食知量，于诸美味不平等食，由贪爱欲，心乐趣入，当知此即是为魔事。若正安住精勤修习初夜、后夜悎寤瑜伽[①]，于睡眠乐，于偃卧乐，于胁卧乐，由懈怠力，心乐趣入，当知此即是为魔事。若正安住正知而住，于往来等诸事业时，若见幼少，盛年、美色诸母邑等，由不如理执取相好，心乐趣入；或见世间诸妙好事，心乐趣入；或于多事多所作中，心乐趣入；或见在家及出家众欢娱杂处，或见恶友共相杂住，便生随喜，心乐趣入。当知一切皆是魔事。

于佛法僧、苦集灭道、此世他世、若生疑惑，当知一切皆是魔事。

住阿练若、树下、冢间、空闲静室，若见广大可怖畏事，惊恐毛竖；或见沙门、婆罗门像、人、非人像欻尔而来，不如正理劝舍白品，劝取黑品。当知一切皆是魔事。若于利养、恭敬、称誉，心乐趣入；或于悭悋，广大希欲不知喜足，忿、恨、覆、恼及矫诈等沙门庄严所对治法，心乐趣入，当知一切皆是魔事。如是等类无量无边诸魔事业，一切皆是四魔所作，随其所应，当正了知。

由三因缘，正修行者精勤发趣，空无有果。何等为三？一、由诸根未积集故；二、由教授不随顺故；三、由等持力微劣故。若有诸根犹未积集，虽复获得随顺教授，强盛等持，精勤发趣，空无有果。若有诸根虽已积集，其等持力亦复强盛，而不获得随顺教授，精勤发趣，空无有果。若有诸根虽已积集，亦复获得随顺教授，而等持力若不强盛，精勤发趣，空无有果。若有诸根已得积集，教授随顺，等持强盛，精勤发趣，决定有果。如是名为由三因缘，空无有果；由三因缘，决定有果。

① 若正安住精勤修习初夜、后夜悎寤瑜伽，底本与《资福藏》《碛砂藏》《普宁藏》《永乐南藏》《径山藏》相同；“悎”，《房山石经》《高丽藏》作“觉”，《赵城金藏》作“寤”。

瑜伽师地论卷第三十

本地分中声闻地

第三瑜伽处之一①

如是已说补特伽罗品类、建立及所缘等，乃至趣修有果、无果。如应安立，我今当说。

总嗢柁南曰②：

往庆问寻求，方安立护养，

出离一境性，障净修作意。

若有自爱补特伽罗初修业者，始修业时，为随证得自义利故，先应四处安住正念，然后往诣善达瑜伽或轨范师，或亲教师，或余尊重，似尊重所。云何四处？一、专求领悟，无难诘心处；二、深生恭敬，无憍慢心处；三、唯求胜善，非显己能处；四、纯为安立自他善根，非求利养、恭敬、名闻处。如是正念到师处已，先求开许请问时分，然后安详躬申请问。将请问时，偏覆左肩，右膝著地，或居下坐，曲躬而坐，合掌恭敬，深生愧畏，低颜软语，请问瑜伽："我于如是瑜伽行中欲求受学，唯愿慈悲为我宣说。"

如是请已，善达瑜伽诸瑜伽师，为欲安立初修业者瑜伽作意，应以慈愍柔软言词赞励庆慰，又应称扬修断功德。

叹言："善哉！善哉！贤首，汝今乃能于堕放逸、乐著放逸、沈没境

① 第三瑜伽处之一，底本与《径山藏》相同；《房山石经》《资福藏》《碛砂藏》《赵城金藏》《普宁藏》《永乐南藏》《高丽藏》"第三"作"第十三第三"。

② 总嗢柁南曰，底本与《资福藏》《碛砂藏》《普宁藏》《永乐南藏》《径山藏》相同；《房山石经》《赵城金藏》《高丽藏》"柁"作"拕"。

界、乐著境界众生类中，独不放逸，乐修出行。汝今乃能于久堕在种种忧苦险恶牢狱众生类中，独求解脱如是牢狱。汝今乃能于彼种种贪瞋痴等杻械枷锁常所固缚众生类中[①]，独求断坏如是固缚。汝今乃能于入生死旷野崄道众生类中，独求超度旷野崄道。汝今乃能于遭穷俭种种善根众生类中，独求获得丰饶善根。汝今乃能于堕种种烦恼怨贼广大怖畏众生类中，独求证得究竟安隐常乐涅槃。汝今乃能于为烦恼重病吞食众生类中，独求证得第一无病常乐涅槃。汝今乃能于为四种暴流漂溺众生类中[②]，独求越度如是暴流[③]。汝今乃能于入广大无明黑闇众生类中，独求获得大智光明。"长老当知！汝若定能如是精勤修瑜伽行，乃得名为不虚受用国人信施，真实奉行如来圣教，不舍静虑，成就胜观，增长乐居空闲法侣，精勤修学自义瑜伽，不辱有智同梵行者。汝今为欲勤修自利利他正行，汝今为欲利益安乐无量众生，哀愍世间及诸天人阿素洛等，为令获得义利安乐，故来问尔。"

以如是等柔软言词赞励庆慰，称扬修断诸功德已，复于四种审问处法应审问之。告言："长老！汝已一向归佛法僧，非外道师及彼邪法弟子众不？汝已最初净修梵行[④]，善净尸罗，正直见不？汝已于其总标、别辩诸圣谛法，若少若多，闻受持不？汝于涅槃深心信解，为证寂灭而出家不？"

如是问已，彼若云："尔。"次后复于四种处所，以四因缘应正寻求。

---

① 汝今乃能于彼种种贪瞋痴等杻械枷锁常所固缚众生类中，底本与《房山石经》《资福藏》《碛砂藏》《赵城金藏》《普宁藏》《永乐南藏》《径山藏》相同；《高丽藏》"彼"作"被"。

② 汝今乃能于为四种暴流漂溺众生类中，底本与《房山石经》《资福藏》《碛砂藏》《普宁藏》《永乐南藏》《径山藏》相同；《赵城金藏》《高丽藏》"暴"作"瀑"。

③ 独求越度如是暴流，底本与《房山石经》《资福藏》《碛砂藏》《普宁藏》《永乐南藏》《径山藏》相同；《赵城金藏》《高丽藏》"暴"作"瀑"。

④ 汝已最初净修梵行，底本与《房山石经》《资福藏》《碛砂藏》《普宁藏》《永乐南藏》《径山藏》《高丽藏》相同；《赵城金藏》"最"作"置"。

何等名为四种处所？一、应寻求其愿；二、应寻求种性；三、应寻求其根；四、应寻求其行。云何名为四种因缘？一、应以审问而正寻求；二、应以言论而正寻求；三、应以所作而正寻求；四、应以知他心差别智而正寻求。

云何名为应以审问寻求其愿？谓如是问："长老！于何已发正愿，声闻乘耶？独觉乘耶？无上正等菩提乘耶？"彼得此问，随自所愿，当如是答。如是名为应以审问寻求其愿。

云何名为应以审问寻求种性及以根、行？谓如是问："长老！于自种性、根、行能审察不？谓我本来有何种性，声闻乘耶？独觉乘耶？大乘等耶？有何等根，为钝为中，为利根耶？有何等行，为贪行耶？为瞋行耶？广说乃至寻思行耶？"彼若黠慧，能自了知前后差别种性、根、行，善取其相，如问而答。若性愚钝，不能自知前后差别，乃至不能善取其相，由是不能如问而答。

从此已后，应以言论寻求彼三，谓对其前，应以显了正理相应众杂美妙易解言词，说声闻乘相应言论。彼闻宣说此言论时，若身中有声闻种性，于此言论便发最极踊跃欢喜，深生信解；若身中有独觉种性、大乘种性，于此言论不发最极踊跃欢喜，不生信解。次复为其说独觉乘相应言论。彼闻宣说此言论时，若身中有独觉种性，于此言论便发最极踊跃欢喜，深生信解；若身中有声闻种性、大乘种性，则不如是。后复为其宣说大乘相应言论。彼闻宣说此言论时，若身中有大乘种性，于此言论，便发最极踊跃欢喜，深生信解；若身中有声闻种性、独觉种性；则不如是。

若有钝根，虽闻宣说麤浅言论，而于法义励力审思，方能领受，解了通达；若有利根，虽闻宣说深细言论，而于法义速能领受，解了通达；若有中根，则不如是。

若有贪行，彼闻为说净妙言论，便发最极净信爱乐，悟入其趣，身毛皆竖，悲涕堕泪，其身外现润滑相状，其心内怀柔软怡悦。若有瞋行，当知一切与上相违。若有痴行，彼闻为说决定通达涅槃离染相应言论，便生最极惊恐怖畏。如说钝根，如是痴行当知亦尔。若有慢行，彼闻为说正法言论，不甚恭敬，属耳乐闻，不极安住，求欲领解奉教行心，虽作方便，引发其心，令受正化，而不分明发言称善。若寻思行，彼闻为说正法言论，虽摄耳听，而心散乱，恶受所受，凡所领受，不坚不住，随受随失，数重请问。如是名为应以言论寻求种性及以根、行。

云何名为应以所作寻求彼三？谓如前说声闻种性及贪等行补特伽罗所有相状，是名所作。由此所作，如其所应，当正寻求种性、根、行。

云何名为应以知他心差别智寻求种性及以根、行？谓如有一，善达瑜伽修瑜伽师，以得知他心差别智，彼由如是他心智故，如实了知种性、根、行。

于四种处，以四因缘正寻求已，复于五处如应安立。

云何五处？一、护养定资粮处；二、远离处；三、心一境性处；四、障清净处；五、修作意处。

云何护养定资粮？谓若成就戒律仪者，即于是处，为令不退，住不放逸，如佛所诫，如佛所许，圆满戒蕴学处差别，精进修行，常无懈废。如是能于已所证得尸罗相应学道无退，亦能证得先所未证尸罗相应殊胜学道。如说成就戒律仪，如是成就根律仪，于食知量，初夜、后夜悎寤瑜伽[1]，正知而住，如是乃至成就所有沙门庄严，随所获得资粮所摄善法差别，皆能防护令不退失；于后胜进善法差别，为速圆满，为如所说无增无减平等现行，发生乐欲，增上欣慕，恒常安住勇猛精进。是名护养定资粮。如是远离顺退分法，修习能顺胜分法时，乐住远离。

云何远离？谓处所圆满、威仪圆满、远离圆满，是名远离。

---

① 初夜、后夜悎寤瑜伽，底本与《资福藏》《碛砂藏》《普宁藏》《永乐南藏》《径山藏》相同；“悎”，《房山石经》《高丽藏》作“觉”，《赵城金藏》作“寤”。

云何处所圆满？谓或阿练若，或林树下，或空闲室。山谷、岩穴。稻秆积等，名空闲室。大树林中，名林树下。空逈、冢间、边际卧坐，名阿练若。当知如是山谷、岩穴、稻秆积等，大树林中，空逈、冢间、边际卧坐，或阿练若，或林树下，或空闲室，总名处所。

处所圆满复有五种，谓若处所，从本已来形相端严，众所喜见，清净无秽，园林池沼，悉皆具足，清虚可乐[①]，地无高下，处无毒刺，亦无众多砖石瓦砾，能令见者心生清净，乐住其中，修断加行，心悦心喜，住持于断[②]，是名第一处所圆满；又若处所，昼无愦闹，夜少音声、亦少蚊虻、风日、蛇蝎诸恶毒触，是名第二处所圆满；又若处所，无恶师子、虎豹豺狼，怨敌盗贼、人非人等诸恐怖事，于是处所，身意泰然，都无疑虑，安乐而住，是名第三处所圆满；又若处所，随顺身命众具易得，求衣服等不甚艰难，饮食支持无所匮乏，是名第四处所圆满；又若处所，有善知识之所摄受，及诸有智同梵行者之所居止，未开晓处能正开晓，已开晓处更令明净，甚深句义以慧通达，善巧方便殷勤开示，能令智见速得清净，是名第五处所圆满。

云何威仪圆满？谓于昼分经行、宴坐，于初夜分亦复如是，于中夜分右胁而卧，于后夜分疾疾还起，经行、宴坐。即于如是圆满卧具，谓佛所许大小绳床、草叶座等，结加趺坐[③]，乃至广说。何因缘故，结加趺坐？谓正观见五因缘故：一、由身摄敛速发轻安，如是威仪，顺生轻安最为胜故；二、由此宴坐，能经久时，如是威仪，不极令身速疲倦故；三、由此宴坐，

① 清虚可乐，底本与《资福藏》《碛砂藏》《普宁藏》《永乐南藏》《径山藏》《高丽藏》相同；《房山石经》《赵城金藏》“虚”作“净”。

② 住持于断，底本与《碛砂藏》《普宁藏》《永乐南藏》《径山藏》相同；《房山石经》《资福藏》《赵城金藏》《高丽藏》“住”作“任”。

③ 谓佛所许大小绳床草叶座等结加趺坐，底本与《房山石经》《资福藏》《碛砂藏》《赵城金藏》《普宁藏》《永乐南藏》《径山藏》相同；《高丽藏》“谓”作“诸”。

是不共法，如是威仪，外道他论皆无有故；四、由此宴坐，形相端严，如是威仪，令他见已极信敬故；五、由此宴坐，佛佛弟子共所开许，如是威仪，一切贤圣同称赞故。正观如是五种因缘，是故应当结加趺坐。

端身正愿者，云何端身？谓策举身令其端直。云何正愿？谓令其心离谄离诈，调柔正直。由策举身令端直故，其心不为惛沈睡眠之所缠扰；离谄诈故，其心不为外境散动之所缠扰。安住背念者，云何名为安住背念？谓如理作意相应念，名为背念，弃背违逆一切黑品故。又缘定相为境念，名为背念；弃背除遣一切不定地所缘境故。如是名为威仪圆满。

云何远离圆满？谓有二种：一[①]、身远离；二、心远离。身远离者，谓不与在家及出家众共相杂住[②]，独一无侣，是名身远离。心远离者，谓远离一切染汙、无记所有作意，修习一切其性是善能引义利定地作意，及定资粮加行作意，是名心远离。

如是此中若处所圆满，若威仪圆满，若身远离，若心远离，总摄为一，说名远离。

云何心一境性？谓数数随念同分所缘，流注、无罪适悦相应，令心相续，名三摩地，亦名为善心一境性。何等名为数数随念？谓于正法听闻受持，从师获得教诫教授增上力故，令其定地诸相现前，缘此为境，流注、无罪适悦相应所有正念，随转安住。云何名为同分所缘？谓诸定地所缘境界，非一众多种种品类。缘此为境，令心正行，说名为定，此即名为同分所缘。

问：此所缘境是谁同分，说为同分？

① 一，底本与《房山石经》《资福藏》《碛砂藏》《赵城金藏》《普宁藏》《永乐南藏》《径山藏》相同；《高丽藏》无。

② 谓不与在家及出家众共相杂住，底本与《房山石经》《资福藏》《碛砂藏》《普宁藏》《永乐南藏》《径山藏》《高丽藏》相同；《赵城金藏》无“及”字。

答：是所知事相似品类，故名同分。

复由彼念于所缘境无散乱行，无缺无间，无殷重加行适悦相应而转[①]，故名流注适悦相应。又由彼念于所缘境无有染汙，极安隐住，熟道适悦相应而转，故名无罪适悦相应。是故说言："数数随念同分所缘，流注、无罪适悦相应，令心相续，名三摩地，亦名为善心一境性。"

复次，如是心一境性，或是奢摩他品，或是毗钵舍那品。若于九种心住中心一境性，是名奢摩他品。若于四种慧行中心一境性，是名毗钵舍那品。

云何名为九种心住？谓有苾刍令心内住、等住、安住、近住、调顺、寂静、最极寂静、专注一趣及以等持，如是名为九种心住。

云何内住？谓从外一切所缘境界摄录其心，系在于内，令不散乱。此则最初系缚其心，令住于内，不外散乱，故名内住。

云何等住？谓即最初所系缚心，其性麤动，未能令其等住、遍住故，次即于此所缘境界，以相续方便、澄净方便，挫令微细，遍摄令住，故名等住。

云何安住？若此心虽复如是内住、等住，然由失念，于外散乱，复还摄，录安置内境，故名安住。

云何近住？谓彼先应如是如是亲近念住，由此念故，数数作意，内住其心，不令此心远住于外，故名近住。

云何调顺？谓种种相令心散乱[②]，所谓色声香味触相及贪瞋痴男女等相，故彼先应取彼诸相为过患想，由如是想增上力故，于彼诸想折挫其

① 无殷重加行适悦相应而转，底本与《资福藏》《碛砂藏》《普宁藏》《永乐南藏》《径山藏》相同；《房山石经》《赵城金藏》《高丽藏》"无"作"无间"。

② 谓种种相令心散乱，底本与《资福藏》《碛砂藏》《赵城金藏》《普宁藏》《永乐南藏》《径山藏》《高丽藏》相同；《房山石经》"令"作"念"。

心[1]，不令流散，故名调顺。

云何寂静？谓有种种欲、恚、害等诸恶寻思、贪欲盖等诸随烦恼，令心扰动，故彼先应取彼诸法为过患想，由如是想增上力故，于诸寻思及随烦恼止息其心，不令流散，故名寂静。

云何名为最极寂静？谓失念故，即彼二种暂现行时，随所生起诸恶寻思及随烦恼能不忍受，寻即断灭，除遣变吐，是故名为最极寂静。

云何名为专注一趣？谓有加行，有功用，无缺无间三摩地相续而住[2]，是故名为专注一趣。

云何等持？谓数修数习，数多修习为因缘故，得无加行，无功用，任运转道[3]，由是因缘，不由加行，不由功用，心三摩地任运相续[4]，无散乱转，故名等持。

当知此中，由六种力方能成办九种心住：一、听闻力；二、思惟力；三、忆念力；四、正知力；五、精进力；六、串习力。初由听闻、思惟二力数闻数思增上力故，最初令心于内境住，及即于此相续方便、澄净方便、等遍安住；如是于内系缚心已，由忆念力数数作意，摄录其心，令不散乱，安住、近住；从此已后，由正知力调息其心，于其诸相、诸恶寻思、诸随烦恼不令流散，调顺、寂静；由精进力，设彼二种暂现行时，能不忍受，寻即断灭，除遣变吐，最极寂静、专注一趣；由串习力，等持成满。

即于如是九种心住，当知复有四种作意：一、力励运转作意；二、有

---

① 于彼诸相折挫其心，《房山石经》《资福藏》《碛砂藏》《赵城金藏》《普宁藏》《永乐南藏》《径山藏》《高丽藏》“想”作“相”。

② 无缺无间三摩地相续而住，底本与《资福藏》《碛砂藏》《赵城金藏》《普宁藏》《永乐南藏》《径山藏》《高丽藏》相同；《房山石经》“住”作“任”。

③ 得无加行无功用任运转道，底本与《房山石经》《资福藏》《径山藏》《高丽藏》相同；《碛砂藏》《赵城金藏》《普宁藏》《永乐南藏》“任”作“住”。

④ 心三摩地任运相续，底本与《房山石经》《资福藏》《径山藏》《高丽藏》相同；《碛砂藏》《赵城金藏》《普宁藏》《永乐南藏》“任”作“住”。

间缺运转作意；三、无间缺运转作意；四、无功用运转作意。于内住、等住中，有力励运转作意；于安住、近住、调顺、寂静、最极寂静中，有间缺运转作意[①]；于专注一趣中，有无间缺运转作意；于等持中，有无功用运转作意。当知如是四种作意，于九种心住中，是奢摩他品。又即如是获得内心奢摩他者，于毗钵舍那勤修习时，复即由是四种作意方能修习毗钵舍那，故此亦是毗钵舍那品。

云何四种毗钵舍那？谓有苾刍依止内心奢摩他故，于诸法中能正思择，最极思择，周遍寻思，周遍伺察，是名四种毗钵舍那。云何名为能正思择？谓于净行所缘境界，或于善巧所缘境界，或于净戒所缘境界[②]，能正思择尽所有性。云何名为最极思择？谓即于彼所缘境界，最极思择如所有性。云何名为周遍寻思？谓即于彼所缘境界，由慧俱行有分别作意，取彼相状，周遍寻思。云何名为周遍伺察？谓即于彼所缘境界，审谛推求，周遍伺察。

又即如是毗钵舍那，由三门、六事差别所缘，当知复有多种差别。

云何三门毗钵舍那？一、唯随相行毗钵舍那；二、随寻思行毗钵舍那；三、随伺察行毗钵舍那。云何名为唯随相行毗钵舍那？谓于所闻所受持法，或于教授教诫诸法，由等引地如理作意，暂尔思惟，未思未量，未推未察，如是名为唯随相行毗钵舍那。若复于彼思量推察，尔时名为随寻思行毗钵舍那。若复于彼既推察已，如所安立，复审观察，如是名为随伺察行毗钵舍那。是名三门毗钵舍那。

云何六事差别所缘毗钵舍那？谓寻思时，寻思六事：一、义；二、事；

① 有间缺运转作意，底本与《房山石经》《资福藏》《碛砂藏》《赵城金藏》《普宁藏》《永乐南藏》《径山藏》相同；《高丽藏》“有”作“有有”。

② 或于净戒所缘境界，底本与《资福藏》《碛砂藏》《普宁藏》《永乐南藏》《径山藏》相同；《房山石经》《赵城金藏》《高丽藏》“戒”作“惑”。

三、相；四、品；五、时；六、理。既寻思已，复审伺察。

云何名为寻思于义？谓正寻思如是如是语有如是如是义，如是名为寻思于义。

云何名为寻思于事？谓正寻思内、外二事，如是名为寻思于事。

云何名为寻思于相？谓正寻思诸法二相：一者，自相；二者，共相。如是名为寻思于相。

云何名为寻思于品？谓正寻思诸法二品：一者，黑品；二者，白品。寻思黑品过失过患，寻思白品功德胜利，如是名为寻思于品。

云何名为寻思于时？谓正寻思过去、未来、现在三时。寻思如是事，曾在过去世；寻思如是事，当在未来世；寻思如是事，今在现在世。如是名为寻思于时。

云何名为寻思于理？谓正寻思四种道理：一、观待道理；二、作用道理；三、证成道理；四、法尔道理。当知此中，由观待道理，寻思世俗以为世俗，寻思胜义以为胜义，寻思因缘以为因缘。由作用道理，寻思诸法所有作用，谓如是如是法，有如是如是作用。由证成道理，寻思三量：一、至教量；二、比度量；三、现证量。谓正寻思如是如是义，为有至教不？为现证可得不？为应比度不？由法尔道理，于如实诸法成立法性、难思法性、安住法性应生信解，不应思议，不应分别。如是名为寻思于理。

如是六事差别所缘毗钵舍那，及前三门毗钵舍那，略摄一切毗钵舍那。

问：何因缘故，建立如是六事差别毗钵舍那？

答：依三觉故，如是建立。何等三觉？一、语义觉；二、事边际觉；三、如实觉。寻思义故，起语义觉；寻思其事及自相故，起事边际觉；寻思共相、品、时、理故，起如实觉。修瑜伽师唯有尔所所知境界，所谓语义，及所知事尽所有性、如所有性。

云何勤修不净观者寻思六事差别所缘毗钵舍那？谓依不净增上正法听闻受持增上力故，由等引地如理作意，解了其义，知此不净实为不净，深可厌逆，其性朽秽，恶臭生臭。由如是等种种行相，于先所闻，依诸不净所说正法，解了其义。如是名为于诸不净寻思其义。

云何名为寻思彼事？谓彼如是解了义已，观不净物，建立二分，谓内及外。如是名为寻思彼事。

云何名为寻思自相？谓且于内身中所有朽秽不净[①]，发起胜解，了知身中有发毛等，广说乃至脑膜、小便。复于如是身中所有多不净物，摄为二界，发起胜解，所谓地界及以水界；始于发毛乃至大便，起地胜解；始于泪汗乃至小便[②]，起水胜解。如是名为依内不净寻思自相。

复于其外诸不净物，由青瘀等种种行相发起胜解，谓先发起青瘀胜解，或亲自见，或从他闻，或由分别所有死尸；如是死尸，或男或女，或非男女，或亲或怨，或是中庸[③]，或劣或中，或复是胜，或是少年，或是中年，或是老年。取彼相已，若此死尸死经一日，血流已尽，未至脓烂，于是发起青瘀胜解。若此死尸死经二日，已至脓烂，未生虫蛆，于是发起脓烂胜解。若此死尸死经七日，已生虫蛆，身体已坏，于是发起烂坏胜解、膖胀胜解[④]。

若此死尸为诸狐狼、[至+鸟]枭、雕鹫、乌鹊、饿狗之所食啖，于是发起食啖胜解。即此死尸既被食已，皮肉血尽，唯筋缠骨，于是发起异赤

---

① 谓且于内身中所有朽秽不净，底本与《资福藏》《碛砂藏》《普宁藏》《永乐南藏》《径山藏》相同；《房山石经》《赵城金藏》《高丽藏》“朽秽”作“秽朽”。

② 始于泪汗乃至小便，底本与《房山石经》《资福藏》《赵城金藏》《普宁藏》《永乐南藏》《径山藏》相同；《碛砂藏》《高丽藏》“汗”作“汙”。

③ 或是中庸，底本与《资福藏》《碛砂藏》《赵城金藏》《普宁藏》《永乐南藏》《径山藏》《高丽藏》相同；《房山石经》“庸”作“容”。

④ 膖胀胜解，底本与《碛砂藏》《永乐南藏》相同；《房山石经》《资福藏》《赵城金藏》《普宁藏》《径山藏》《高丽藏》“膖”作“膖”，下同。

胜解。若此死尸或被食噉，支节分离，散在处处，或有其肉，或无其肉，或余少肉，于是发起分散胜解。

若此死尸骨节分散，手骨异处，足骨异处，膝骨异处，髀骨异处，腨骨异处[①]，髆骨异处，臂骨异处，脊骨异处，颔轮异处，齿发异处，髑髅异处，见是事已，起骨胜解。若复思惟如是骸骨共相连接，而不分散，唯取麤相，不委细取支节屈曲，如是尔时起锁胜解。若委细取支节屈曲，尔时发起骨锁胜胜[②]。又有二锁：一、形骸锁；二、支节锁。形骸锁者，谓从血锁脊骨，乃至髑髅所住[③]。支节锁者，谓臂、髆等骨连锁、及髀、腨等骨连锁[④]。此中，形骸锁，说名为锁；若支节锁，说名骨锁。复有二种取骨锁相：一、取假名彩画、木、石、泥等所作骨锁相；二、取真实骨锁相[⑤]。若思惟假名骨锁相时，尔时唯名起锁胜解，不名骨锁。若思惟真实骨锁相时，尔时名起骨锁胜解。

又即此外造色色相[⑥]，三种变坏：一、自然变坏；二、他所变坏；三、俱品变坏。始从青瘀乃至膖胀，是自然变坏；始从食噉乃至分散，是他所变坏；若骨若锁，及以骨锁，是俱品变坏。若能如是如实了知外不净相，是名寻思外诸所有不净自相。

---

① 腨骨异处，底本与《碛砂藏》《普宁藏》《永乐南藏》《径山藏》相同；“腨”，《房山石经》《赵城金藏》《高丽藏》作“髋”，《资福藏》作“踌”。

② 尔时发起骨锁胜解，底本与《房山石经》《资福藏》《碛砂藏》《赵城金藏》《普宁藏》《永乐南藏》《径山藏》相同；《高丽藏》“解”作“胜”。

③ 谓从血锁脊骨乃至髑髅所住，底本与《资福藏》《碛砂藏》《普宁藏》《永乐南藏》《径山藏》《高丽藏》相同；《房山石经》《赵城金藏》“锁”作“镬”。

④ 及髀腨等骨连锁，底本与《资福藏》《碛砂藏》《赵城金藏》《普宁藏》《永乐南藏》《径山藏》《高丽藏》相同；《房山石经》“腨”作“腨”。

⑤ 取真实骨锁相，底本与《房山石经》《资福藏》《碛砂藏》《普宁藏》《永乐南藏》《径山藏》《高丽藏》相同；《赵城金藏》“实”作“宝”。

⑥ 又即此外造色色相，底本与《资福藏》《碛砂藏》《赵城金藏》《普宁藏》《永乐南藏》《径山藏》《高丽藏》相同；《房山石经》“此外”作“外此”。

云何寻思不净共相？谓若内身，外净色相未有变坏；若在外身，不净色相已有变坏。由在内身不净色相平等法性、相似法性发起胜解，能自了知我净色相亦有如是同彼法性，若诸有情成就如是净色相者，彼净色相亦有如是同彼法性，譬如在外不净色相。是名寻思不净共相。

云何名为寻思彼品？谓作是思："若我于彼诸净色相不净法性不如实知，于内于外诸净色相发起贪欲，便为颠倒，黑品所摄[①]，是有诤法，有苦有害，有诸害患[②]，有遍烧恼，由是因缘，发起当来生老病死，愁叹忧苦，种种扰恼。若我于彼诸净色相不净法性如实随观，便无颠倒，白品所摄。是无诤法，无苦无害，广说乃至由此因缘，能灭当来生老病死，乃至扰恼。若诸黑品，我今于彼不应忍受，应断应遣。若诸白品，我今于彼未生应生，生已令住，增长广大。"如是名为寻思彼品。

云何名为寻思彼时？谓作是思："若内所有诸净色相在现在世，若外所有不净色相亦现在世；诸过去世曾净色相，彼于过去虽有净相，而今现在如是次第种种不净；诸现在世我之所有似净色相，此净色相于现在世虽有净相，于未来世不当不净，如今现在外不净色，无有是处。我此色身，去、来、今世曾如是相，当如是相，现如是相，不过如是不净法性。"如是名为寻思彼时。

云何名为寻思彼理？谓作是思："若内若外，都无有我，有情可得，或说为净，或说不净；唯有色相，唯有身形，于中假想施设言论，谓之为净，或为不净。"又如说言："寿、煖及与识，若弃舍身时，离执持而卧，无

---

① 黑品所摄，底本与《房山石经》《赵城金藏》《径山藏》《高丽藏》相同；《资福藏》《碛砂藏》《普宁藏》《永乐南藏》"黑"作"异"。

② 有诸害患，底本与《房山石经》《资福藏》《碛砂藏》《赵城金藏》《普宁藏》《永乐南藏》《径山藏》相同；《高丽藏》"害"作"灾"。

所思如木。既死没已[①]，渐次变坏，分位可知，谓青瘀等乃至骨锁。今我此身，先业烦恼之所引发，父母不净和合所生，糜饭等食之所增长[②]。此因此缘、此由籍故，虽蹔时有诸净色相似可了知，而内身中，若内若外，于常常时，种种不净皆悉充满。”如是名依世俗、胜义及以因缘观待道理寻思彼理。复作是思：“于此不净，若能如是善修善习，善多修习，能断欲贪。如是欲贪，定应当断。”如是名依作用道理寻思彼理。复作是思：“如世尊说若于不净，善修善习，善多修习，能断欲贪，是至教量。我亦于内自能现见，于诸不净，如如作意，思惟修习，如是如是今欲贪缠未生不生[③]，生已除遣。是现证量。”比度量法亦有可得，谓作是思：“云何今者作意思惟能对治法，可于能治所缘境界烦恼当生？”如是名依证成道理寻思彼理。复作是思：“如是之法成立法性、难思法性、安住法性，谓修不净，能与欲贪作断对治，不应思议，不应分别，唯应信解。”如是名依法尔道理寻思彼理。是名勤修不净观者，寻思六事差别所缘毗钵舍那[④]。

云何勤修慈愍观者寻思六事差别所缘毗钵舍那？谓依慈愍增上正法听闻受持增上力故，由欲利益、安乐意乐，于诸有情作意与乐，发起胜解，是慈愍相。若能如是解了其义；如是名为于诸慈愍寻思其义。彼既如是解了义已，复能思择此为亲品，此为怨品，此中庸品，是一切品皆他相续之所摄故，于中发起外事胜解。又若亲品，名为内事；怨、中庸品，名为外事。

---

① 既死没已，底本与《资福藏》《碛砂藏》《赵城金藏》《普宁藏》《永乐南藏》《径山藏》《高丽藏》相同；《房山石经》“没”作“殁”。

② 糜饭等食之所增长，底本与《资福藏》《碛砂藏》《普宁藏》《永乐南藏》《径山藏》《高丽藏》相同；《房山石经》“糜”作“麋”；《赵城金藏》“增长”作“长增”。

③ 如是如是今欲贪缠未生不生，底本与《碛砂藏》《普宁藏》《永乐南藏》《径山藏》相同；《房山石经》《资福藏》《赵城金藏》《高丽藏》“今”作“令”。

④ 寻思六事差别所缘毗钵舍那，底本与《资福藏》《碛砂藏》《赵城金藏》《普宁藏》《永乐南藏》《径山藏》《高丽藏》相同；《房山石经》“思”作“思彼理是名勤修不净观者寻思”。

如是名为于诸慈愍寻思其事。

复能思择如是三品，若无苦乐，欲求乐者，愿彼得乐。今于此中，有饶益相，名为亲品；不饶益相，名为怨品；俱相违相，名中庸品。如是三品，若无苦乐，欲求乐者，略有三种欲求乐心差别可得：一者，欲求欲界诸乐；二者，欲求色界有喜勇悦诸乐；三者，欲求离喜诸乐。如是若于欲乐匮乏，愿彼皆得无罪欲乐。若于有喜、离喜诸乐有所匮乏，当知亦尔。是名寻思慈愍自相。

复审思择若诸亲品，若诸怨品，若中庸品，我于其中皆当发起相似性心，平等性心。何以故？我若作意与亲品乐，此未为难；于中庸品作意与乐，亦未甚难；若于怨品作意与乐，乃甚为难。我于怨品尚应作意愿与其乐，何况亲品及中庸品而不与乐[①]。何以故？此中都无能骂所骂、能瞋所瞋、能弄所弄、能打所打，唯有音声，唯有名字。又我此身，随所生起，有色麤重四大所造，随所住处，便为如是触所逼恼。略有二触，谓音声触及手足、块、刀杖等触。是身及触皆是无常，能为如是不饶益者亦是无常。又复一切有情之类，皆有生老病死等法，本性是苦，故我不应于本性苦诸有情上，更加其苦，而不与乐。

又亦不应不与怨家作善知识，不摄一切有情之类以为自体。又世尊言："我不观见如是种类有情可得，无始世来经历生死长时流转，不互相为或父或母、兄弟姊妹，若轨范师，若亲教师，若余尊重、似尊重者。"由是因缘，一切怨品无不皆是我之亲品。又怨、亲品无有决定真实可得。何以故？亲品余时，转成怨品，怨品余时，转成亲品，是故一切无有决定。故我今者，应于一切有情之类，皆当发起平等性心、平等性见，及起相似利益意乐、安乐意乐与乐胜解。是名寻思慈愍共相。

① 何况亲品及中庸品而不与乐，底本与《资福藏》《碛砂藏》《赵城金藏》《普宁藏》《永乐南藏》《径山藏》《高丽藏》相同；《房山石经》"庸"作"容"。

复审思择我若于彼不饶益者发生瞋恚，便为颠倒，黑品所摄，是有诤法，广说如前。我若于彼不起瞋恚，便无颠倒，白品所摄，是无诤法，广说如前。如是名为寻思慈愍黑品、白品。

复审思择诸过去世求欲得乐有情之类①，彼皆过去，我当云何能与其乐？诸现在世有情之类，我今愿彼尽未来世于一切时常受快乐。是名寻思诸慈愍时。

复审思择此中都无我及有情，或求乐者，或与乐者，唯有诸蕴，唯有诸行，于中假想施设言论，此求乐者，此与乐者。又彼诸行，业烦恼等以为因缘。如是名依观待道理寻思慈愍。若于慈愍善修善习，善多修习，能断瞋恚。如是名依作用道理寻思慈愍。如是之义有至教量，我内智见现转可得，比度量法亦有可得。如是名依证成道理寻思慈愍。又即此法成立法性②、难思法性、安住法性，谓修慈愍能断瞋恚，不应思议，不应分别，应生胜解。如是名依法尔道理寻思慈愍。是名勤修慈愍观者，寻思六事差别所缘毗钵舍那。

---

① 复审思择诸过去世求欲得乐有情之类，底本与《房山石经》《资福藏》《赵城金藏》《径山藏》《高丽藏》相同；《碛砂藏》《普宁藏》《永乐南藏》“过”作“道”。

② 又即此法成立法性，底本与《房山石经》《资福藏》《碛砂藏》《普宁藏》《永乐南藏》《径山藏》《高丽藏》相同；《赵城金藏》无“法”字。

瑜伽师地论卷第三十一

本地分中声闻地

第三瑜伽处之二[①]

云何勤修缘起观者，寻思六事差别所缘毗钵舍那？谓依缘性缘起增上正法听闻受持增上力故，能正了知如是如是诸法生故，彼彼法生，如是如是诸法灭故，彼彼法灭。此中都无自在、作者、生者、死者能造诸法[②]，亦无自性、士夫、中间能转变者转变诸法。若能了知如是等义，是名寻思诸缘起义。复审思择十二有支若内若外，而起胜解。是名寻思诸缘起事。复审思择无明支等，前际无知，后际无知，如是广说，如别分别缘起支中[③]。是名寻思缘起自相。

复审思择如是一切缘生诸行，无不皆是本无今有，有已散灭。是故前后皆是无常；皆有生老病死法故，其性是苦；不自在故，中间士夫不可得故，性空、无我。是名寻思缘起共相。复审思择我若于彼无常、苦、空、无我诸行如实道理，发生迷惑，便为颠倒，黑品所摄，广说如前；若不迷惑，便无颠倒，白品所摄，广说如前。是名寻思诸缘起品。复审思择于过去世所得自体，无正常性，如是已住；于现在世所得自体，无正常性，如是今住；于未来世所得自体，无正常性，如是当住。是名寻思诸缘起时。复审

① 本地分中声闻地第三瑜伽处之二，底本与《径山藏》相同；《房山石经》《资福藏》《碛砂藏》《普宁藏》《永乐南藏》《高丽藏》“第三”作“第十三第三”。

② 死者能造诸法，底本与《资福藏》《碛砂藏》《普宁藏》《永乐南藏》《径山藏》相同；《房山石经》《高丽藏》“死”作“化”。

③ 如别分别缘起支中，底本与《房山石经》《资福藏》《碛砂藏》《普宁藏》《永乐南藏》《径山藏》相同；《高丽藏》“如别”作“如前”。

思择唯有诸业及异熟果，其中主宰都不可得，所谓作者及与受者，唯有于法假想建立，谓于无明缘行乃至生缘老死中，发起假想施设言论[①]，说为作者及与受者，有如是名，如是种，如是性[②]，如是饮食，如是领受若苦若乐，如是长寿，如是久住，如是极于寿量边际。又于此中，有二种果及二因[③]。二种果者：一、自体果；二、受用境界果。二种因者：一、牵引因；二、生起因。自体果者，谓于今世诸异熟生六处等法。受用境界果者，谓爱非爱业增上所起六触所生诸受。

牵引因者，谓于二果发起愚痴；愚痴为先，生福、非福及不动行；行能摄受后有之识，令生有芽，谓能摄受识种子故，令其展转摄受后有名色种子、六处种子、触、受种子；为令当来生支想所摄识、名色、六处、触、受次第生故，今先摄受彼法种子。如是一切，名牵引因。

生起因者，谓若领受诸无明触所生受时，由境界爱生后有爱，及能摄受爱品、痴品所有诸取，由此势力，由此功能，润业种子，令其能与诸异熟果。如是一切，名生起因。由此二因增上力故，便为三苦之所随逐，招集一切纯大苦蕴。如是名依观待道理寻思缘起所有道理。复审思择于是缘性缘起观中，善修善习，善多修习，能断愚痴。又审思择如是道理，有至教量，有内现证，有比度法，亦有成立法性等义。如是名依作用道理、证成道理、法尔道理寻思缘起所有道理。是名勤修缘起观者，寻思六事差别所缘毗钵舍那。

云何勤修界差别观者，寻思六事差别所缘毗钵舍那？谓依界差别增

---

① 发起假想施设言论，底本与《资福藏》《碛砂藏》《普宁藏》《永乐南藏》《径山藏》相同；《房山石经》《高丽藏》“想”作“相”。

② 如是性，底本与《资福藏》《碛砂藏》《普宁藏》《永乐南藏》《径山藏》相同；《房山石经》《高丽藏》“性”作“姓”。

③ 有二种果及二因，底本与《资福藏》《碛砂藏》《普宁藏》《永乐南藏》《径山藏》相同；《房山石经》《高丽藏》“因”作“种因”。

上正法听闻受持增上力故；能正解了一切界义，谓种性义及种子义、因义、性义，是其界义。如是名为寻思界义。又正寻思地等六界内外差别，发起胜解。如是名为寻思界事。又正寻思地为坚相，乃至风为轻动相，识为了别相，空界为虚空相、遍满色相、无障碍相。是名寻思识界自相[①]。又正寻思此一切界，以要言之，皆是无常乃至无我。是名寻思诸界共相。又正寻思于一念想界差别性不了知者[②]，由界差别所念成身发起高慢[③]，便为颠倒，黑品所摄，广说如前；与上相违，便无颠倒，白品所摄，广说如前。如是名为寻思界品。又正寻思去、来、今世，六界为缘，得入母胎。如是名为寻思界时。又正寻思如草木等众缘和合，围绕虚空，数名为舍。如是六界为所依故，筋骨血肉众缘和合，围绕虚空，假想、等想施设言论，数名为身。复由宿世诸业烦恼及自种子以为因缘。如是名依观待道理寻思诸界差别道理。又正寻思若于如是界差别观，善修善习，善多修习，能断憍慢。又正寻思如是道理，

有至教量，有内证智，有比度法[④]，有成立法性、难思法性、安住法性。以是名依作用道理[⑤]、证成道理、法尔道理寻思诸界差别道理。是名勤修界差别观者，寻思六事差别所缘毗钵舍那。

云何勤修阿那波那念者，寻思六事差别所缘毗钵舍那？依入出息念

① 是名寻思识界自相，底本与《房山石经》《资福藏》《碛砂藏》《赵城金藏》《普宁藏》《永乐南藏》《径山藏》相同；《高丽藏》“识”作“诸”。

② 又正寻思于一念想界差别性不了知者，底本与《资福藏》《碛砂藏》《普宁藏》《永乐南藏》《径山藏》相同；“念想”，《房山石经》《高丽藏》作“合相”，《赵城金藏》作“合想”。

③ 由界差别所念成身发起高慢，底本与《资福藏》《碛砂藏》《普宁藏》《永乐南藏》《径山藏》相同；《房山石经》《赵城金藏》《高丽藏》“念”作“合”。

④ 有比度法，底本与《房山石经》《资福藏》《赵城金藏》《永乐南藏》《径山藏》《高丽藏》相同；《碛砂藏》《普宁藏》“比”作“此”。

⑤ 以是名依作用道理，底本与《房山石经》《资福藏》《碛砂藏》《赵城金藏》《普宁藏》《永乐南藏》《径山藏》相同；《高丽藏》“以”作“如”。

增上正法听闻受持增上力故[1]，能正了知于入出息所缘境界，系心了达，无忘明记，是阿那波那念义。如是名为寻思其义。又正寻思入息、出息在内可得，系属身故，外处摄故，内外差别。如是名为寻思其事。又正寻思入息有二，出息有二。若风入内，名为入息；若风出外，名为出息。复正了知如是为长入息、出息，如是为短入息、出息，如是息遍一切身分。是名寻思诸息自相。又正寻思入息灭已，有出息生，出息灭已，有入息生，入出息转系属命根及有识身[2]，此入出息及所依止皆是无常。是名寻思诸息共相。又正寻思若于如是入息、出息不住正念，为恶寻思扰乱其心，便为颠倒，黑品所摄，是有诤法，广说如前；与上相违，便无颠倒，白品所摄，是无诤法，广说如前。如是名为寻思其品。又正寻思去、来、今世，入出息转系属身心，身心系属入息、出息。如是名为寻思其时。又正寻思此中都无持入息者，持出息者，入息、出息系属于彼，唯于从因从缘所生诸行，发起假想施设言论，说有能持入出息者。如是名依观待道理寻思其理。又正寻思若于如是入出息念，善修善习，善多修习，能断寻思。又正寻思如是道理，有至教量，有内证智，有比度法，有成立法性、难思法性、安住法性，不应思议，不应分别，唯应信解。如是名依作用道理、证成道理、法尔道理寻思其理。是名勤修阿那波那念者，寻思六事差别所缘毗钵舍那。

如是依止净行所缘，寻思六事差别观已，数数于内令心寂静，数数复于如所寻思，以胜观行审谛伺察。彼由奢摩他为依止故，令毗钵舍那速得清净，复由毗钵舍那为依止故，令奢摩他增长广大。若依止善巧所缘及净

① 依入出息念增上正法听闻受持增上力故，底本与《资福藏》《碛砂藏》《普宁藏》《永乐南藏》《径山藏》相同；《房山石经》《赵城金藏》《高丽藏》“依”作“谓依”。

② 入出息转系属命根及有识身，底本与《房山石经》《资福藏》《碛砂藏》《普宁藏》《永乐南藏》《径山藏》《高丽藏》相同；《赵城金藏》无“转”字。

行所缘[1]，寻思六事差别毗钵舍那[2]，于其自处，我后当说。

复次，此中有九种白品所摄加行；与此相违，当知即是九种黑品所摄加行。云何名为白品所摄九种加行？一、相应加行；二、串习加行；三、不缓加行[3]；四、无倒加行[4]；五、应时加行；六、解了加行；七、无厌足加行；八、不舍轭加行；九、正加行。由此九种白品所摄加行故，能令其心速疾得定，令三摩地转更升进[5]。又由此故，于所应往地及随所应得，速疾能往能得，无有稽迟。黑品所摄九种加行，不能令心速疾得定，不令三摩地转更升进[6]。又由此故，于所应往地及随所应得，极大稽迟，不能速疾往趣获得。

云何名为相应加行？谓若贪行者，应于不净安住其心；若瞋行者，应于慈愍安住其心；若痴行者，应于缘起安住其心；若憍慢行者，应于界差别安住其心；若寻思行者，应于阿那波那念安住其心；若等分行者，或薄尘行者，应随所乐，攀缘一境[7]，安住其心，勤修加行。如是名为相应加行。

云何名为串习加行？谓于奢摩他、毗钵舍那，已曾数习乃至少分，非

---

① 若依止善巧所缘及净行所缘，底本与《径山藏》相同；《房山石经》《资福藏》《碛砂藏》《赵城金藏》《普宁藏》《永乐南藏》《高丽藏》“行”作“惑”。

② 寻思六事差别毗钵舍那，底本与《碛砂藏》《普宁藏》《永乐南藏》《径山藏》相同；《房山石经》《资福藏》《赵城金藏》《高丽藏》“别”作“别所缘”。

③ 不缓加行，底本与《径山藏》相同；《房山石经》《资福藏》《碛砂藏》《赵城金藏》《普宁藏》《永乐南藏》《高丽藏》“不缓加”作“无倒加”。

④ 无倒加行，底本与《径山藏》相同；《房山石经》《资福藏》《碛砂藏》《赵城金藏》《普宁藏》《永乐南藏》《高丽藏》“无倒”作“不缓”。

⑤ 令三摩地转更升进，底本与《资福藏》《碛砂藏》《赵城金藏》《普宁藏》《永乐南藏》《径山藏》相同；《房山石经》《高丽藏》“升”作“胜”。

⑥ 不令三摩地转更升进，底本与《资福藏》《碛砂藏》《赵城金藏》《普宁藏》《永乐南藏》《径山藏》相同；《房山石经》《高丽藏》“升”作“胜”。

⑦ 攀缘一境，底本与《房山石经》《资福藏》《碛砂藏》《普宁藏》《永乐南藏》《径山藏》《高丽藏》相同；《赵城金藏》“攀”作“举”。

于一切皆初修业。所以者何？初修业者虽于相应所缘境界勤修加行，而有诸善数数现行[①]，身心麤重。由是因缘，不能令心速疾得定。如是名为串习加行。

云何名为不缓加行？谓无间方便、慇重方便，勤修观行。若从定出，或为乞食，或为恭敬承事师长，或为看病，或为随顺修和敬业，或为所余如是等类诸所作事，而心于彼所作事业，不全随顺，不全趣向，不全临入，唯有速疾令事究竟，还复精勤宴坐寂静，修诸观行。若有苾刍、苾刍尼、邬波索迦、刹帝利、婆罗门等种种异众共相会遇，虽久杂处，现相语议，而不相续安立言论，唯乐远离[②]，勤修观行。又能如是勇猛精进，谓我于今定当趣证所应证得，不应慢缓。何以故？我有多种横死因缘，所谓身中或风或热，或淡发动，或所饮食不正消化，住在身中或宿食病[③]，或为于外蛇蝎、蚰蜒、百足等类诸恶毒虫之所蛆螫[④]，或复为人非人等类之所惊恐[⑤]，因斯夭没。于如是等诸横死处恒常思惟，修无常想，住不放逸。由住如是不放逸故，恒自思惟："我之寿命傥得更经七日、六日、五日、四日、三日、二日、一日、一时、半时、须臾，或半须臾，或经食顷，或从入息至于出息，或从出息至于入息[⑥]，乃至存活经尔所时，于佛圣教，精勤作

---

① 而有诸善数数现行，底本与《资福藏》《碛砂藏》《普宁藏》《永乐南藏》《径山藏》相同；《房山石经》《赵城金藏》《高丽藏》"善"作"盖"。

② 唯乐远离，底本与《资福藏》《碛砂藏》《赵城金藏》《普宁藏》《永乐南藏》《径山藏》《高丽藏》相同；《房山石经》"唯"作"虽"。

③ 住在身中或宿食病，底本与《资福藏》《碛砂藏》《赵城金藏》《普宁藏》《永乐南藏》《径山藏》相同；《房山石经》《高丽藏》"或"作"成"。

④ 百足等类诸恶毒虫之所蛆螫，底本与《资福藏》《碛砂藏》《普宁藏》《永乐南藏》《径山藏》相同；《房山石经》《赵城金藏》《高丽藏》"螫"作"蠚"。

⑤ 或复为人非人等类之所惊恐，底本与《资福藏》《碛砂藏》《普宁藏》《永乐南藏》《径山藏》相同；《房山石经》《高丽藏》"等类"作"类等"。

⑥ 或从出息至于入息，底本与《房山石经》《径山藏》《高丽藏》相同；《资福藏》《碛砂藏》《普宁藏》《永乐南藏》"从"作"于"。

意，修习瑜伽。齐尔所时，于佛圣教，我当决定多有所作。”如是名为不缓加行。

云何名为无倒加行？谓如善达修瑜伽行诸瑜伽师之所开悟，即如是学，于法于义，不颠倒取，无有我慢，亦不安住自所见取，无邪僻执，于等教诲终不轻毁[1]。如是名为无倒加行。

云何名为应时加行？谓于时时间修习止相[2]，于时时间修习举相，于时时间修习舍相。又能如实了知其止、止相、止时，了知其观、观相、观时，了知其举、举相、举时，了知其舍、舍相、舍时。

云何为止？谓九相心住，能令其心无相、无分别、寂静、极寂静，等住寂止，纯一无杂，故名为止。

云何止相？谓有二种：一、所缘相；二、因缘相。所缘相者，谓奢摩他品所知事同分影像，是名所缘相。由此所缘，令心寂静。因缘相者，谓依奢摩他所熏习心，为令后时奢摩他定皆清净故，修习瑜伽毗钵舍那所有加行，是名因缘相。

云何止时？谓心掉举时，或恐掉举时，是修止时。又依毗钵舍那所熏习心，为诸寻思之所扰恼，及诸事业所扰恼时，是修止时。

云何为观？谓四行、三门、六事差别所缘观行。

云何观相？谓有二种：一、所缘相；二、因缘相。所缘相者，谓毗钵舍那品所知事同分影像。由此所缘，令慧观察。因缘相者，谓依毗钵舍那所熏习心，为令后时毗钵舍那皆清净故，修习内心奢摩他定所有加行。

云何观时？谓心沉没时，或恐沉没时，是修观时。又依奢摩他所熏习

① 于等教诲终不轻毁，底本与《资福藏》《碛砂藏》《普宁藏》《永乐南藏》《径山藏》相同；《房山石经》《高丽藏》“等”作“尊”。

② 谓于时时间修习止相，底本与《资福藏》《碛砂藏》《普宁藏》《永乐南藏》《径山藏》《高丽藏》相同；《房山石经》“相”作“相于时时间修习观相”。

心，先应于彼所知事境如实觉了，故于尔时是修观时。

云何为举？谓由随取一种净妙所缘境界，显示劝导，庆慰其心。

云何举相？谓由净妙所缘境界，策励其心，及彼随顺发勤精进。

云何举时？谓心沉下时，或恐沉下时，是修举时。

云何为舍？谓于所缘，心无染污、心平等性，于止观品，调柔正直、任运转性，及调柔心有堪能性，令心随与任运作用①。

云何舍相②？谓由所缘令心上舍③，及于所缘不发所有太过精进。

云何舍时？谓于奢摩他、毗钵舍那品所有掉举，心已解脱，是修舍时。如是名为应时加行。

云何名为解了加行？谓于如是所说诸相善取善了，善取了已，欲入定时，即便能入，欲住定时，即便能住，欲起定时，即便能起。或时弃舍诸三摩地所行影像，作意思惟诸不定地所有本性所缘境界。如是名为解了加行④。

云何名为无厌足加行？谓于善法无有厌足，修断无废，于展转上展转胜处，多住希求。不唯获得少小静定，便于中路而生退屈，于余所作，常有进求。如是名为无厌足加行。

云何名为不舍轭加行？谓于一切所受学处，无穿无缺；虽见少年、颜容端正、可爱母邑，而不取相、不取随好；于食平等；勤修觉悟；少事少业，少诸散乱；于久所作，久所说等，能自随忆，令他随忆。如是等法，说

---

① 令心随与任运作用，底本与《房山石经》《资福藏》《碛砂藏》《普宁藏》《永乐南藏》《径山藏》《高丽藏》相同；《赵城金藏》无。

② 云何舍相，底本与《房山石经》《资福藏》《碛砂藏》《普宁藏》《永乐南藏》《径山藏》《高丽藏》相同；《赵城金藏》无。

③ 谓由所缘令心上舍，底本与《房山石经》《资福藏》《碛砂藏》《普宁藏》《永乐南藏》《径山藏》《高丽藏》相同；《赵城金藏》无“谓由所缘”四字。

④ 如是名为解了加行，底本与《房山石经》《资福藏》《碛砂藏》《普宁藏》《永乐南藏》《径山藏》《高丽藏》相同；《赵城金藏》“加”作“知”。

名不舍轭加行。由此诸法，能正随顺心一境性，不舍其轭，令心不散，不令其心驰流外境，不令其心内不调柔。如是名为不舍轭加行。

云何名正加行？谓于所缘数起胜解[①]，是名正加行。如有勤修不净观者，数正除遣于诸不净作意思惟诸不净相，由随相行毗钵舍那而起作意，于所缘境数数除遣，数数现前。

其正除遣复有五种：一、内摄其心故；二、不念作意故；三、于余作意故；四、对治作意故；五、无相界作意故。

当知此中，由九相心住、毗钵舍那而为上首，故名内摄其心。由于最初背一切相，无乱安住，故名不念作意。由缘余定地境，思惟余定地，故名于余作意。由思惟不净，对治于净，乃至思惟阿那波那念，对治寻思，思惟虚空界，对治诸色，故名对治作意。由于一切相不作意思惟，于无相界作意思惟，故名无相界作意。

虽遍安立一切所缘正除遣相总有五种，然此义中正意，唯取内摄其心、不念作意。初修业者始修业时，最初全不于所缘境系缚其心，或于不净，或复余处。唯作是念："我心云何得无散乱，无相无分别，寂静极寂静，无转无动，无所希望，离诸作用，于内适悦？"

如是精勤，于所生起一切外相无所思惟，不念作意，即由如是不念作意，除遣所缘。彼于其中修习瑜伽，摄受适悦。

复行有相、有分别不净等境。云何而行？谓由随相行、随寻思行、随伺察行毗钵舍那，行彼境界，而非一向精勤修习毗钵舍那；还舍观相，复于所缘思惟止行。由是因缘，彼于尔时于所缘境不舍不取。由于所缘，止行转故，不名为舍；即于所缘，不作相故，无分别故，不名为取。即由如是内摄其心，除遣所缘。又于其中不取观相故，于缘无乱；取止行故，而复

① 谓于所缘数起胜解，底本与《资福藏》《碛砂藏》《赵城金藏》《普宁藏》《永乐南藏》《径山藏》相同；《房山石经》《高丽藏》此句后有"数正除遣"四字。

缘于所知事相。

若于所缘唯数胜解，不数除遣，即不令彼所有胜解后后明净，究竟而转，不能往趣乃至现观所知境事；由数胜解，数除遣故，后后胜解展转明净，究竟而转，亦能往趣乃至现观所知境事。

譬如世间画师弟子初习画业，先从师所受所学样，谛观谛观，作彼形相；作已作已，寻即除毁；既除毁已，寻复更作。如如除毁，数数更作，如是如是后后形相转明转净，究竟显现。如是正学经历多时，世共推许为大画师，或堕师数。若不数除所作形相，即于其上数数重画，便于形相永无明净究竟显期。

此中道理，当知亦尔。若于此境起胜解已，定于此境复正除遣，非于此境正除遣已，定于此境复起胜解。于狭小境起胜解已，即于狭小，而正除遣。广大、无量，当知亦尔。于狭小境正除遣已，或于狭小复起胜解，或于广大复起胜解，或于无量复起胜解。于其广大及于无量，当知亦尔。

若诸色法所有相貌影像显现，当知是麤，变化相似。诸无色法假名为先，如所领受增上力故，影像显现。如是一切名正加行。

如是九种白品加行，于奢摩他、毗钵舍那，当知随顺；与是相违九种加行，于奢摩他、毗钵舍那，当知违逆。如是黑品、白品差别建立加行有十八事种[①]。如是名为心一境性。

云何净障？谓即如是正修加行诸瑜伽师，由四因缘，能令其心净除诸障。

何等为四？一、遍知自性故；二、遍知因缘故；三、遍知过患故；四、修习对治故。

云何遍知诸障自性？谓能遍知障有四种：一、怯弱障；二、盖覆障；

① 白品差别建立加行有十八事种，底本与《资福藏》《碛砂藏》《普宁藏》《永乐南藏》《径山藏》相同；《房山石经》《高丽藏》无“事”字。

三、寻思障；四、自举障。

怯弱障者，谓于出离及于远离勤修行时，所有染汙思慕不乐，希望忧恼。

盖覆障者，谓贪欲等五盖。寻思障者，谓欲寻思等染汙寻思。自举障者，谓于少分下劣智见安隐住中，而自高举，谓我能得，余则不尔，乃至广说，如前应知。是名遍知诸障自性。

云何遍知诸障因缘？谓能遍知初怯弱障有六因缘：一、由先业增上力故，或由疾病所扰恼故，其身羸劣；二、太过加行；三、不修加行；四、初修加行；五、烦恼炽盛；六、于远离犹未串习。

遍知盖覆、寻思、自举障因缘者，谓于随顺盖覆、寻思及自举障处所法中，非理作意，多分串习，是名盖覆、寻思、自举障之因缘。若不作意思惟不净，而于净相作意思惟，是名此中非理作意。若不作意思惟慈愍，而于瞋相作意思惟，是名此中非理作意。若不作意思惟明相，而于闇相作意思惟，是名此中非理作意。若不作意思惟奢摩他相，而于亲属、国土、不死，昔所曾更欢娱、戏笑、承奉等事诸恶寻思作意思惟，是名此中非理作意。若不作意思惟缘性缘起，而于三世诸行计我、我所不如理想作意思惟，是名此中非理作意。

云何遍知诸障过患？谓遍了知此障有故，于其四种未证不证，已证退失，败坏瑜伽所有加行，有染汙住，有苦恼住，自毁毁他，身坏命终，生诸恶趣。是名遍知诸障过患。

云何名为修习对治[①]？谓诸怯弱，总用随念，以为对治，由随念作意庆悦其心，令诸怯弱已生除遣，未生不生。其身羸劣，太过加行，初修加行，用于精进，平等通达，以为对治。不修加行，用恭敬听闻，勤加请问，

① 云何名为修习对治，底本与《房山石经》《径山藏》《高丽藏》相同；《资福藏》《碛砂藏》《普宁藏》《永乐南藏》“习”作“集”。

以为对治。烦恼炽盛，用不净等所缘加行，以为对治。若未串习，即用如是思择方便，以为对治，谓我昔于远离不串习故，今于修习远离生起怯弱[①]；我若于今不习远离，于当来世定复如是。故我今者应正思择，于其远离，舍不喜乐，修习喜乐。

余盖覆等非理作意，用彼相违如理作意，以为对治。应知是名修习对治。又遍了知诸障自性是能障碍，是能染汙，是黑品摄，是应远离。能遍了知如是诸障远离因缘，方可远离，故应寻求诸障因缘。能遍了知于应远离不远离者有何过患，故应寻求诸障过患。既远离已，更复寻思如是诸障，云何来世当得不生？故应寻求修习对治。由是因缘，能令其心净除诸障。

当知此中，由随顺教有众多故，毗钵舍那亦有众多；毗钵舍那有众多故，令奢摩他亦有众多。又复即此毗钵舍那，由所知境无边际故，当知其量亦无边际，谓由三门及六种事，一一无边品类差别。悟入道理正修行者，如毗钵舍那串习清净增上力故[②]，增长广大，如是如是能生身心所有轻安奢摩他品，当知亦得增长广大；如如身心获得轻安，如是如是于其所缘心一境性转复增长[③]；如如于缘心一境性转复增长，如是如是转复获得身心轻安。心一境性、身心轻安，如是二法展转相依，展转相属。身心轻安、心一境性，如是二法若得转依，方乃究竟。得转依故，于所知事现量智生。

问：齐何当言究竟获得不净观耶？乃至齐何当言究竟获得阿那波那念耶？

---

① 今于修习远离生起怯弱，底本与《资福藏》《碛砂藏》《普宁藏》《永乐南藏》《径山藏》相同；《房山石经》《赵城金藏》《高丽藏》“今”作“令”。

② 如毗钵舍那串习清净增上力故，底本与《资福藏》《碛砂藏》《普宁藏》《永乐南藏》《径山藏》相同；《房山石经》《赵城金藏》《高丽藏》“如”作“如如”。

③ 如是如是于其所缘心一境性转复增长，底本与《资福藏》《碛砂藏》《普宁藏》《永乐南藏》《径山藏》相同；《房山石经》《赵城金藏》《高丽藏》“复”作“得”。

答：以要言之，修观行者于不净观正加行中，亲近、修习、多修习故，若行若住虽有种种境界现前，虽复观察所有众相，而住自性，不由加行，多分不净行相显现，非诸净相。由于不净善修习故，于能随顺贪欲缠处法，心不趣入，心不爱乐，心不信解，安住于舍、深生厌逆。当于尔时修观行者应自了知："我今已得不净观，我今已得所修果。"齐此名为于不净观已得究竟。与此相违，当知名为未得究竟。如不净观[①]，如是慈愍、缘性缘起、界差别、阿那波那念当知亦尔[②]。

于中差别者，谓多分慈心行相显现，非瞋恚相。于能随顺瞋恚缠处法，心不趣入，乃至广说。多分无常、苦、空、无我行相显现，非彼常、乐、身见俱行愚痴行相。于能随顺愚痴缠处法，心不趣入，乃至广说。多分种种界性，非一界性身聚差别想显现[③]，非身聚想。于能随顺憍慢缠处法，心不趣入，乃至广说。多分内寂静想、奢摩他想显现，非戏论想。于能随顺寻思缠处法，心不趣入，乃至广说。

问：齐何当言奢摩他、毗钵舍那二种和合平等俱转，由此说名双运转道？

答：若有获得九相心住中第九相心住，谓三摩呬多。彼用如是圆满三摩地为所依止，于法观中修增上慧。彼于尔时由法观故，任运转道，无功用转，不由加行，毗钵舍那清净鲜白，随奢摩他调柔摄受，如奢摩他道摄受而转。齐此名为奢摩他、毗钵舍那二种和合平等俱转，由此名为奢摩他、毗钵舍那双运转道。

① 如不净观，底本与《资福藏》《碛砂藏》《普宁藏》《永乐南藏》《径山藏》《高丽藏》相同；《房山石经》《赵城金藏》"如"作"知"。

② 阿那波那念当知亦尔，底本与《房山石经》《资福藏》《碛砂藏》《普宁藏》《永乐南藏》《径山藏》相同；《赵城金藏》《高丽藏》"念"作"念念"。

③ 非一界性身聚差别想显现，底本与《资福藏》《碛砂藏》《普宁藏》《永乐南藏》《径山藏》相同；《房山石经》《赵城金藏》《高丽藏》"想"作"相想"。

中嗢柁南曰[1]：

相寻思伺察，随行有三门，
义事相品时[2]，理六事差别。
初相应加行，次串习无缓，
无颠倒应时，解了无厌足。
不弃舍善轭，最后正加行，
是九应当知，有二品差别。
知自性因缘，见彼诸过患，
正修习对治，令障得清净。

云何修作意？谓初修业者始修业时[3]，于如是所安立普遍相中，由一境性及净诸障，离邪加行，学正加行。彼应最初作如是念：我今为证心一境性及断喜乐，当勤修习四种作意。

何等为四？一、调练心作意；二、滋润心作意；三、生轻安作意；四、净智见作意。

云何调练心作意？谓由此作意，于可厌患法令心厌离，是名调练心作意。

云何滋润心作意？谓由此作意，于可欣尚法令心欣乐，是名滋润心作意。

云何生轻安作意？谓由此作意，于时时间，于可厌法令心厌离，于时时间，于可欣法令心欣乐已，安住内寂静、无相、无分别中，一境念转。由

① 中嗢柁南曰，底本与《资福藏》《碛砂藏》《普宁藏》《永乐南藏》《径山藏》相同；《房山石经》《赵城金藏》《高丽藏》“柁”作“拕”。

② 义事相品时，底本与《房山石经》《资福藏》《碛砂藏》《普宁藏》《永乐南藏》《径山藏》《高丽藏》相同；《赵城金藏》“事”作“相”。

③ 谓初修业者始修业时，底本与《房山石经》《资福藏》《碛砂藏》《普宁藏》《永乐南藏》《径山藏》《高丽藏》相同；《赵城金藏》“始”作“如”。

是因缘，对治一切身心麤重，能令一切身心适悦，生起一切身心轻安。是名生轻安作意。

云何净智见作意？谓由此作意，于时时间，即用如是内心寂静为所依止，由内静心数数加行，于法观中修增上慧，是名净智见作意[①]。彼修行者于时时间，于可厌法令心厌离，如是于漏及漏处法，能令其心生热、等热，生厌、等厌。

何等名为可厌患处？略有四种可厌患处。谓自衰损及他衰损，现在会遇正现前时，如理作意数思惟故，成可厌处；若自兴盛及他兴盛，过去尽灭离变坏时，如理作意数思惟故，成可厌处；即彼行者于时时间，于可欣法令心欣乐，如是于彼生欣乐故，能令其心极成津润[②]，融适澄净。

何等名为可欣尚处？略有三种可欣尚处：一者，三宝；二者，学处清净、尸罗清净；三者，于自所证差别，深生信解，心无怯弱。云何随念三宝，令心欣乐？谓作是念："我今善得如是大利，谓蒙如来、应、正等觉为我大师；我今善得如是大利，谓善说法毗奈耶中，我得出家；我今善得如是大利，谓我与诸具戒具德、忍辱柔和、成贤善法同梵行者共为法侣。我今当得贤善命终，贤善殒殁，当得贤善趣于后世。"如是名为随念三宝，令心欣乐。云何随念学处清净、尸罗清净，令心欣乐？谓作是念："我今善得如是大利，谓于如来、应、正等觉大师，善说法毗奈耶，善修正行声闻众中，我得与彼同梵行者同戒同学，同修慈仁身语意业，同其所见，同所受用。"如是名为随念学处清净、尸罗清净，令心欣乐，谓无悔为先，发生欢喜。云何于自所证差别，深生信解，心无怯弱处，令心欣乐？谓作是念：

① 是名净智见作意，底本与《房山石经》《资福藏》《碛砂藏》《普宁藏》《永乐南藏》《径山藏》《高丽藏》相同；《赵城金藏》"意"作"意彼"。

② 能令其心极成津润，底本与《房山石经》《资福藏》《碛砂藏》《普宁藏》《永乐南藏》《径山藏》《高丽藏》相同；《赵城金藏》"成"作"盛"。

“我今有力有所堪能，尸罗清净。堪为法器，得与如是同梵行者同清净戒，得与有智正至、善士同其所见。我有堪能精勤修习如是正行，于现法中，能得未得，能触未触，能证未证。由是令心生大欢喜[①]。”如是名为于自所证差别。深生信解，心无怯弱处，令心欣乐。又由前后勇猛精进，已得安住所证差别，由随念此，复于后时所证差别，深生信解，令心欣乐。是名异门。

彼修行者于可厌法调练其心，于能随顺诸漏处法，令心不向，违逆弃背，离隔而住[②]；于可欣法悦润其心，于出于离所生诸法有亲爱故，令心趣向，附著喜乐，和合而住。如是彼心由厌由欣二种行相，背诸黑品，向诸白品，易脱而转。其心如是背诸黑品，由调练心作意故；向诸白品，由滋润心作意故。于时时间，依奢摩他内摄持心，由生轻安作意故；于时时间，于法思择，最极思择，周遍寻思，周遍伺察，由净智见作意故。如是彼心于时时间为奢摩他、毗钵舍那之所摄受，堪能与彼一切行相、一切功德作摄受因，经历彼彼日夜、刹那、腊缚、须臾、逮得升进[③]。

譬如黠慧锻金银师或彼弟子，于时时间，烧炼金银，令其弃舍一切垢秽；于时时间，投清冷水，令于彼彼庄严具业，有所堪任，调柔随顺。于是黠慧锻金银师或彼弟子，以其相似妙工巧智善了知已，用作业具，随其所乐庄严具中，种种转变。

如是勤修瑜伽行者，为令其心弃背贪等一切垢秽，及令弃背染汙忧恼，于可厌法深生厌离；为令趣向所有清净善品喜乐，于可欣法发生

① 由是令心生大欢喜，底本与《房山石经》《资福藏》《碛砂藏》《普宁藏》《永乐南藏》《径山藏》《高丽藏》相同；《赵城金藏》“令”作“念”。

② 离隔而住，底本与《房山石经》《资福藏》《碛砂藏》《普宁藏》《永乐南藏》《径山藏》《高丽藏》相同；《赵城金藏》“隔”作“障”。

③ 逮得升进，底本与《资福藏》《碛砂藏》《普宁藏》《永乐南藏》《径山藏》相同；《房山石经》《高丽藏》“升”作“胜”。

欣乐。于是行者随于彼彼欲自安立或奢摩他品，或毗钵舍那品，即于彼彼能善亲附，能善和合，无转无动，随其所乐种种义中，如所信解，皆能成办。

瑜伽师地论卷第三十二

本地分中声闻地[①]

第三瑜伽处之三[②]

云何初修业者始修业时，于修作意如应安立，随所安立正修行时，最初触证于断喜乐心一境性？

谓善通达修瑜伽师，最初于彼依瑜伽行初修业者如是教诲："善来贤首！汝等今者应依三种取相因缘，或见或闻，或心比度增上分别，取五种相：一、厌离相；二、欣乐相；三、过患相；四、光明相；五、了别事相。"

问：若依瑜伽行初修业者是其贪行，由不净观方可调伏，云何教彼取五种相？

答：应如是教诲："善来！贤首！汝等随所依止彼彼聚落村邑而住于中，若闻所余彼彼村邑聚落或男或女，先受安乐，后遭苦厄；或彼男女自遭重病，命终殒殁[③]；或彼男女所有知识、亲感、眷属遭如是苦；或彼聚落村邑边际丧失财宝，或是他来强敌所作，或火所烧，或水所漂，或由恶作，而有丧失，或由不善修营事业，而有丧失，或由不善处分事业，而有丧失，或为非爱共财得便，而有丧失，或由家火，而有丧失。若汝现见，

① 本地分中声闻地，底本与《房山石经》《赵城金藏》《径山藏》《高丽藏》相同；《资福藏》《碛砂藏》《普宁藏》《永乐南藏》"本"作"瑜伽师地论本"；《普宁藏》《永乐南藏》"第三"作"第十三第三"。

② 第三瑜伽处之三，底本与《径山藏》相同；《房山石经》《资福藏》《碛砂藏》《赵城金藏》《普宁藏》《永乐南藏》《高丽藏》"第三"作"第十三第三"。

③ 命终殒殁，底本与《资福藏》《碛砂藏》《普宁藏》《永乐南藏》《径山藏》相同；《房山石经》《赵城金藏》《高丽藏》"殁"作"没"，下同。

非是传闻，或即于此村邑聚落，非是所余村邑聚落，或非是此村邑聚落，亦非他人，即汝自身，先所触证猛利乐受，后还退失，广说如前。

“汝既如是闻已见已，应当生起深心厌患，如是生死甚为重苦，所得自体极大艰辛，而于其中有如是等自他衰损差别可得，谓病衰损、寿命衰损、眷属衰损、财宝衰损，病、病法性，死、死法性。复有一类，净戒衰损、正见衰损。由是因缘，彼诸众生于现法中住诸苦恼，于当来世往诸恶趣。

“诸兴盛者虽现法中住诸安乐，于当来世往诸善趣，而是无常，于彼无常现可证得。若有领受兴盛事者，后时衰损定当现前；诸有领受衰损事者，后时兴盛难可现前。诸兴盛事皆是难得易失坏法，如是汝应深心厌患，极善作意，如理受持。

“如是处所，难可保信。我今于是生死流转，未般涅槃，未解脱心，难可保信如是衰损、兴盛二法勿现我前，勿彼因缘令我堕在如是处所，生起猛利、刚强、辛楚、不适意苦。即由此事增上力故，我当至诚喜乐于断，修不放逸。又我如是多安住故，当于无义能作边际。如是汝应善极作意，如理受持。

“汝取如是厌离相已，复应精勤取欣乐相。当自观察所受尸罗为善清净，为不清净？我或失念，或不恭敬，或多烦恼，或由无知，于诸学处有所违犯。既违犯已，我当如法以其本性增上意乐，于诸学处发起深心，更不毁犯。我于所作当正应作，于非所作不复当作。以要言之，于诸学处当令增上意乐圆满，亦令所有加行圆满。

“汝于如是正观察时，若自了知戒蕴清净，虽不作思我当发起清净无悔，然其法尔尸罗净者，定生如是清净无悔。若起如是清净无悔，虽不作思我起欢悦，然其法尔无有悔者，定生欢悦。如是且于一种欢悦所依处所，汝应生起清净无悔为先欢悦。

“复于除障喜悦处所，当生喜悦，谓我今者尸罗清净，有力有能安住世尊所制学处，于现法中能得未得，能触未触，能证未证。

“由是处所，生喜悦意。若汝获得前后所证少分差别，即由如是增上力故，于他圆满所证差别，谓诸如来或圣弟子及自后时所证差别，当生信解，发喜悦意。如是行相诸喜悦意[①]，先名欢悦，今名喜悦，总名悦意。如是名为取欣乐相。”

取是相已，复应教授，告言：“贤首！汝由如是厌离相故，调练其心，复由如是欣乐相故，滋润其心，汝于断灭世间贪忧，应多安住。随于彼彼所缘境界，勤修加行，或奢摩他品，或毗钵舍那品，即于彼彼所缘境界，当令心住内住、等住，汝当获得身心轻安及一境性[②]。

“汝若如是背诸黑品，向诸白品，由调练心，滋润心故，复应数数取过患相，谓于所有诸相、寻思及随烦恼取过患相。言诸相者，谓色等十相。言寻思者，谓欲等八。随烦恼者，谓贪欲等五。汝应于彼彼取过患相[③]。如是诸相，能令其心作用遽务；如是寻思，能令其心思慕躁扰；如是随烦恼，能令其心恒不寂静。若心作用，诸相所作，思慕躁扰，寻思所作，恒不寂静，随烦恼所作：由是令心苦恼而住。是故如是诸相、寻思及随烦恼，是苦非圣，能引无义，令心散动，令心躁扰，令心染汙，汝应如是取过患相。

“又汝应依心一境性、心安住性、心无乱性，以六种行正取其相。何等为六？一、无相想；二、于无相中。无作用想；三、无分别想；四、于无分别中，

① 如是行相诸喜悦意，底本与《资福藏》《碛砂藏》《普宁藏》《永乐南藏》《径山藏》相同；《房山石经》《赵城金藏》《高丽藏》“喜”作“适”。

② 汝当获得身心轻安及一境性，底本与《房山石经》《资福藏》《碛砂藏》《赵城金藏》《普宁藏》《永乐南藏》《径山藏》相同；《高丽藏》“性”作“住”。

③ 汝应于彼彼取过患相，底本与《资福藏》《碛砂藏》《普宁藏》《永乐南藏》《径山藏》相同；《房山石经》《赵城金藏》《高丽藏》“彼彼”作“彼”。

无所思慕无躁扰想；五、寂静想；六、于寂静中，离诸烦恼寂灭乐想[1]。

“汝取如是过患相已，复应数数取光明相，谓或灯明，或大火明，或日轮明，或月轮明。

“既取如是光明相已，复诣冢间取青瘀相，广说乃至取骨锁相[2]。汝若不能往诣冢间，当取彩画、木、石所作如是诸相。

“取是相已，还所住处，或阿练若，或林树下，或空闲室，或在大床，或小绳床，或草叶座，先洗足已，结跏趺坐，端身正愿，安住背念，先于一境令心不散，系念在前。复于其中，依六种想作意思惟，谓无相想、无分别想、寂静想、无作用想、无所思慕无躁扰想、离诸烦恼寂灭乐想[3]。

“又于其中，汝当审谛周遍了知乱不乱相，分明现前。

“如如审谛周遍了知乱不乱相，如是如是汝能了知诸想[4]、寻思、随烦恼中所有乱相，及能了知心一境性，随六想修诸不乱相。

“又汝于此乱不乱相如是如是审谛了知，便能安住一所缘境，亦能安住内心寂止，诸心相续，诸心流注，前后一味，无相无分别，寂静而转。

“又若汝心虽得寂止，由失念故，及由串习诸相、寻思、随烦恼等诸过失故，如镜中面所缘影像，数现在前，随所生起，即于其中当更修习不念作意，谓先所见诸过患相增上力故，即于如是所缘境相，由所修习不念作意，除遣散灭，当令毕竟不现在前。

“贤首当知！如是所缘甚为微细，难可通达，汝应发起猛利乐欲，为

① 离诸烦恼寂灭乐想，底本与《资福藏》《碛砂藏》《赵城金藏》《永乐南藏》《径山藏》相同；《房山石经》《普宁藏》《高丽藏》“烦”作“烧”。

② 广说乃至取骨锁相，底本与《房山石经》《赵城金藏》《径山藏》《高丽藏》相同；《资福藏》《碛砂藏》《普宁藏》《永乐南藏》“锁”作“琐”，下同。

③ 离诸烦恼寂灭乐想，底本与《房山石经》《资福藏》《碛砂藏》《赵城金藏》《普宁藏》《永乐南藏》《径山藏》相同；《高丽藏》“烦”作“烧”。

④ 如是如是汝能了知诸想，底本与《资福藏》《碛砂藏》《普宁藏》《永乐南藏》《径山藏》相同；《房山石经》《赵城金藏》《高丽藏》“想”作“相”。

求通达，发勤精进。

“世尊依此所缘境相，密意说言：‘汝等苾刍，当知众善。言众善者，谓于大众共集会中盛壮美色。即此众善最殊胜者，谓于多众大集会中歌舞倡妓[①]。假使有一智慧丈夫，从外而来，告一人曰：咄哉男子！汝于今者可持如是平满钵油，勿令滟溢，经历如是大众中过，当避其间所有众善及诸最胜歌舞倡妓、人等生等。今有魁脍露拔利剑，随逐汝行，若汝钵油一滴堕地，此之魁脍即以利剑当斩汝首，断汝命根。

‘苾刍！汝等于意云何？是持钵人颇不作意专心油钵、拔剑魁脍、不平地等，而能作意观视众善及诸最胜歌舞倡妓、大等生耶？’

‘不也，世尊！何以故？是持钵人既见魁脍露拔利剑，随逐而行，极大怖畏，专作是念：我所持钵油既弥满，经是众中极难将度，脱有一滴当堕地者，定为如是拔剑魁脍当斩我首，断我命根。是人尔时于彼众善及诸最胜歌舞倡妓、大等生等，都不作意，思念观视，唯于油钵专心作意，而正护持。’

‘如是，苾刍，我诸弟子恭敬殷重，专心忆念修四念住，当知亦尔。言众善者，喻能随顺贪欲缠等随烦恼法；于中最胜歌舞倡妓，喻能随顺寻思戏论躁扰处法；大等生者，喻色相等十种相法；智慧丈夫，喻瑜伽师；平满油钵，喻奢摩他所安住心，能令身心轻安润泽，是奢摩他义；露拔利剑随行魁脍，喻先所取诸相、寻思、随烦恼中诸过患相；专心将护，不令钵油一滴堕地，喻能审谛周遍了知乱不乱相之所摄受奢摩他道，由是能令诸心相续，诸心流注，由精进力无间策发，前后一味，无相无分别，寂静而

① 谓于多众大集会中歌舞倡妓，底本与《房山石经》《资福藏》《赵城金藏》《普宁藏》《永乐南藏》《径山藏》《高丽藏》相同；《碛砂藏》“多”作“名”。

转，不起一心缘于诸相[①]，或缘寻思及随烦恼。'”

是瑜伽师复应如是慇懃教诲于奢摩他初修业者，告言：“贤首！汝若如是精勤修习奢摩他道，如是方便摄受正念、正知俱行有喜乐心，乃名善修奢摩他道。若复串习诸过失故，不能于中深心喜乐，极大艰辛，励力策发，方现前者，还应速疾出无分别所缘境相，于有分别所缘境相系念在前，如先所取诸不净相。

“汝今复应作意思惟，先应用彼唯随相行毗钵舍那，或观青瘀，或观脓烂，广说乃至观骨观锁，或观骨锁。

“汝于如是初修观时，于一青瘀，广说乃至于一骨锁，当起胜解。

“若于其中已串修习，观道明净，于所缘相明了胜解相续转时，复应于二于三，于四于五，于十、二十、三十、四十、五十，或百青瘀，或千青瘀，乃至一切诸方诸维所有青瘀，起无量行，遍一切处无间胜解，于中乃至无有容受一杖端处。如于青瘀，如是乃至骨锁亦尔。

“汝依如是胜解作意，应当趣入真实作意。于趣入时，应作是念：'如我今者胜解所作无量青瘀，广说乃至无量骨锁，真实青瘀乃至骨锁，其量过此不可数知。所以者何？从前际来，于彼彼有彼彼趣中，轮回生死，我所曾经命终夭殁所弃尸骸所起青瘀，广说乃至所起骨锁，无量无边。如是所起，推其前际不可知故，假使有能摄聚如是所弃尸骸，令不坏烂，一切大地亦不容受。于一劫中所弃尸骸乃至骨锁，假使有能敛在一处，其聚量等广大胁山。如从前际，后际亦尔，乃至未能作苦边际。'如是汝依胜解作意，应当趣入真实作意。

“又非修习如是青瘀乃至骨锁毗钵舍那应顿观察。才应于一尸骸青瘀起胜解已，寻复令心于内寂静，乃至于此所缘境相喜乐明净，无诸扰

① 不起一心缘于诸相，底本与《资福藏》《碛砂藏》《普宁藏》《永乐南藏》《径山藏》相同；《房山石经》《赵城金藏》《高丽藏》“缘于”作“复缘”。

恼，不强励力。齐尔所时，应于如是尸骸青瘀发起胜解。若才于此，乃至励力方现在前，尔时于内应修寂静。如于青瘀，乃至骨锁当知亦尔。由此道理，乃至无量，当知亦尔。如是令心内寂静已，复应发起寂静胜解，谓从最后无量青瘀，乃至最后无量骨锁，内略其心，方便除遣，安置众相不显现中。不全弃舍有分别相，亦不分别，唯即于此所缘境界安住其心，无想无分别[1]，寂静而转。”

彼瑜伽师复应教授，告言：“贤首！汝先所取诸光明相，于奢摩他品加行中，及于毗钵舍那品加行中，皆应作意，如理思惟，若汝能以光明俱心、照了俱心、明净俱心、无阇俱心修奢摩他、毗钵舍那，如是乃为于奢摩他、毗钵舍那道修光明想。若有最初于所缘境多不分明，数习胜解，其相阇昧，由是因缘，后所修习所有胜解亦不分明，虽多串习，而相阇昧；若有最初于所缘境多分分明，数习胜解，其相明了，由是因缘，后所修习转复分明，虽少串习，而相明了。

“如是汝由善取如是厌离相故，善取如是欣乐相故，善取如是奢摩他相故，善取如是毗钵舍那相故，善取如是光明相故，于时时中，内心寂静，于时时中，由随相行毗钵舍那思择诸法。即于不净正修加行增上力故，于诸念住渐次趣入。将欲趣入，汝应先于内身所有三十六物，始从发毛，乃至小便，善取其相。汝应于是自内身中诸不净物，先当发起不净胜解；数数发起此胜解已，复令其心于内寂静。如是名为于内身中修循身观，依自身内而发起故。

“次应于外诸不净物，善取其相。汝当发起青瘀胜解，广说乃至骨锁胜解，或狭小胜解，或广大胜解，或无量胜解；数数发起此胜解已，复令其心于内寂静。如是名为于外身中修循身观，依他外身，而发起故。

---

① 无想无分别，底本与《资福藏》《碛砂藏》《普宁藏》《永乐南藏》《径山藏》相同；《房山石经》《赵城金藏》《高丽藏》“想”作“相”。

“后复应于自身内外诸不净物，善取其相，令心明了。又于他身内外不净，善取其相，令心明了。于自所爱，汝当发起如是胜解。复于死已，出送冢间；至冢间已，弃之在地；弃在地已，至青瘀位，至脓烂位，广说乃至至骨锁位，发起胜解。数数发起此胜解已，复令其心于内寂静。如是名为于内外身修循身观，依自他身，若内若外，而发起故。

“汝复应于四无色蕴，由闻思增上力分别取相，于其三分发起胜解：一、于奢摩他品；二、于无散乱品；三、于毗钵舍那品。于奢摩他品者，谓若汝心于内略时，起无相、无分别、寂静想行，及无作用、无思慕无躁动、离诸烦恼寂灭乐想行，于所缘境无乱受等四无色蕴，刹那刹那，展转各异，唯是新新而非故故，相续流转。汝应于此如理思惟，发起胜解。如是名为于内受、心、法修循受、心、法观。

“于无散乱品者，谓汝于先取诸境界，缘诸境界，堕不定地过去尽灭，及今失念心乱所生诸相、寻思、随烦恼境增上受等四无色蕴，汝应于此如理作意：如是诸法，其性皆是诳幻所作，蹔时而有，率尔现前，多诸过患，其性无常，不可保信。汝应如是发起胜解。如是名为于外受、心、法修循受、心、法观。

“于毗钵舍那品者，谓汝善取毗钵舍那相已，住有相、有分别作意，于有分别、有相所缘增上内所生受等四无色蕴如理作意，思惟此法刹那刹那，展转别异，唯是新新而非故故，相续流转。如前所说，发起胜解。如是名为于内外受、心、法修循受、心、法观。

“如是汝由依不净观正修加行增上力故，于四念住当得趣入。

“又汝应于念住加行，时时修习胜奢摩他、毗钵舍那。汝于如是四念住中安住正念，随依彼彼村邑聚落边际而住；于心随顺、趣向、临入所缘境界，汝应舍此所缘境相，入彼村邑聚落乞食；应当善避恶象、恶马、恶牛、恶狗、恶蛇、恶兽、坑涧、濠堑、株杌、毒刺、泥水、粪秽，及应远离诸恶威仪、秽坐卧具：汝应如是善护己身。若于如是诸境界相不应策发诸根，汝应于彼不作功用，善守诸根；若于如是诸境界相应当策发诸根，汝应于彼正作功用，善住正念，令诸烦恼不起现行。汝应如是善护己身，善守诸根，善住正念，于彼作意，善知其量，受用饮食。

“又汝应与在家、出家说应量语，说应理语，说应时语，说正直语，说寂静语，一切世间非法言论，皆当远离。虽复宣说如法言论，不应诤竞。何以故？若诸士夫补特伽罗住诤竞语，互相难诘，其心便住多戏论中；多戏论故，其心掉举；心掉举故，心不寂静；不寂静故，便令其心远三摩地。如是行已，汝应速疾不舍所缘，结跏趺坐，于奢摩他、毗钵舍那，如所取相，由恒常作及毕竟作，修瑜伽行。犹如世间钻火方便，起无间加行及殷重加行，汝应如是恒常修作，毕竟修作。

“又汝应起如是愿心：假使一切赡部洲人，尽赡部洲曾经寿量，今皆总集在我一身，我亦尽此无量寿命，决定于断瑜伽作意胜奢摩他、毗钵舍那精进修习，时无暂舍。由正了知如是所修瑜伽加行有大胜果、大胜利故。何况如是少分寿量，少时存活，虽极远去不过百年，委悉筭计，但须臾顷。如是汝应随所教诲，恒常修作，毕竟修作。若为此义，受习于断，汝于此义，必当获得。汝当最初证得下劣身心轻安心一境性，后当证得世出世间广大圆满。”

初修业者始修业时，善达瑜伽诸瑜伽师，依不净观如是教诲，名正教诲；如是修行，名正修行。

如说贪行是不净观之所调伏，如是瞋行是慈愍观之所调伏，乃至最后寻思行是阿那波那念之所调伏，如其所应，皆当了知。其中差别余趣入门，我当显示。

依慈愍观初修业者，于外亲品、怨品及中庸品善取相已，处如法坐，由利益安乐增上意乐俱行定地作意，先于一亲、一怨、一中庸所发起胜解。于此三品，由平等利益安乐增上意乐俱行作意，欲与其乐，如是念言：“愿彼求乐诸有情类皆当得乐，谓或无罪欲乐，或无罪有喜乐，或无罪无喜乐。”次后或于二亲，或于三亲，或于四亲，五亲、十亲、二十、三十，以前乃至遍诸方维，其中亲品充满无间，发起胜解，于中乃至无有容受一杖端处。如于亲品，如是于怨及中庸品当知亦尔。

又彼不舍慈愍加行，即由修习如是慈愍，于诸念住能正趣入。云何趣入？谓趣入时，应当发起如是胜解：如彼于我，谓亲谓怨，谓中庸品，我既欲乐，厌背其苦。如是名为于其内身修循身观。余亦于彼，谓亲谓怨，谓中庸品，如我，彼亦欲乐背苦。如是名为于其外身修循身观。如我既尔，彼诸有情亦复如是。如我自欲求得胜乐，彼诸有情亦复如是。彼诸有情与己平等，与己相似，我当与彼利益安乐。如是名为于内外身修循身观。此四念住总缘诸蕴为境界故，当知说名坏缘念住。若修行者但取色相，谓取显相、形相、表相，于亲品、怨品及中庸品而起胜解，由此建立唯身念住。

彼复依止胜解作意，能正趣入真实作意，谓趣入时，起是胜解：我于乃至无量有情发起胜解，利益安乐增长意乐[1]。如是我从先际已来，所有亲品、怨品及中庸品落谢过去诸有情类，其数无量，甚过今者胜解所作。如是过去诸有情类为我亲已，复为我怨；为我怨已，复为我亲；为怨、亲已，复为中庸；为中庸已，复为怨、亲。由是义门，一切有情平等平等，无有少分亲性、怨性及中庸性，而非真实。由是因缘，遍于三品起平等心，平等应与利益安乐。如从先际，如是后际于生死中当复流转，应知亦尔。又我于彼先际已来诸有情类，未曾发起慈愍之心，彼皆过去，今起慈愍复有何益？但为除遣自心垢秽，令得清净。故起念言：“当令过去诸有情类皆得安乐，诸未来世非曾有者，亦皆令彼当得安乐。”如是趣入真实作意慈愍

① 利益安乐增长意乐，底本与《资福藏》《碛砂藏》《普宁藏》《永乐南藏》《径山藏》相同；《房山石经》《赵城金藏》《高丽藏》“增长”作“增上”。

住中，诸福滋润，诸善滋润。望前所修胜解作意慈愍住中所获福聚，彼于百分不及此一，彼于千分不及此一，彼于数分、筭分、计分、邬波尼杀昙分不及此一。余如前说。

又于缘性缘起观中，初修业者由闻思慧增上力故，分别取相。谓诸有情，由有种种无智愚痴，现见无常，妄计为常；现见不净，妄计为净；现见其苦，妄计为乐；现见无我，妄计为我。彼诸有情有如是等种种颠倒，颠倒为因，于现法受及后所生诸自体中发起贪爱；由贪爱故，造作种种，生根本业；此烦恼业为因缘故，感得当来纯大苦蕴。

彼既善取如是相已，复于其内发起胜解，谓我今此纯大苦蕴，亦如是生。又我自体无边无际，从先际来初不可知，亦如是生。彼诸有情去、来、现在一切自体，苦蕴所摄，亦皆如是已生、当生。如是缘性缘起正观，一切皆是真实作意，更无所余胜解作意。若于自身现在诸蕴缘性缘生作意思惟，是名于内身、受、心、法住彼循观。若于他身现在诸蕴缘性缘生作意思惟，是名于外身、受、心、法住彼循观。

若于自他过去、未来所有诸蕴缘性缘生作意思惟，名于内外身、受、心、法住彼循观。余如前说。

又于界差别观初修业者，先取其外所有坚相，所谓大地、山林、草木、砖石、瓦砾、末尼、真珠、瑠璃、螺贝、珊瑚、玉等。取彼相已，复于内坚而起胜解。次取其外诸大水相，所谓江河、众流、陂湖、池、沼、井等。取彼相已，复于内湿而起胜解。次取其外诸大火相，所谓热时烈日焰炽①，焚烧山泽，灾火蔓莛，窑室等中所有诸火。取彼相已，复于内煖而起胜解。次取其外诸大风相，所谓东、西、南、北等风，乃至风轮。取彼相已，复于内风而起胜解。次取其外诸大空相，所谓诸方无障无碍，诸聚色中孔隙、

① 所谓热时烈日焰炽，底本与《资福藏》《碛砂藏》《普宁藏》《永乐南藏》《径山藏》相同；《房山石经》《赵城金藏》《高丽藏》“焰”作“炎”。

窟穴有所容受。善取如是空界相已，于内空界而起胜解。后由闻思增上力故，起细分别，取识界相，所谓内眼受不坏，外色处现前，若无能生作意正起，所生眼识亦不得生；与是相违，眼识得生。如是乃至意、法、意识，当知亦尔。取是相已，次起胜解，了知如是四大身中，有一切识诸种子、界、种性、自性。

又于如是四大种中，先起支节麤大胜解，后起分析种种细分微细胜解。如是渐次分析，乃至向游尘量，如是渐渐乃至极微，而起胜解。一一支分尚起无量最极微尘积集胜解，何况身中一切支分。如是名为界差别观中分析诸色界差别边际微细胜解。

次于空界，先当发起所有麤大空界胜解，所谓眼、耳、鼻、喉筒等种种窍穴，由是吞咽，于是吞咽。既吞咽已，由是下分，不净流出。次后渐渐发起种种微细胜解，乃至身中一切微细诸毛孔穴皆悉了知。

后于识界，渐渐发起所依、所缘及以作意三世时分品类差别无量胜解。

即于识界起胜解时，由诸所依、所缘胜解分析识界。亦于十种所造诸色而起胜解。如诸大种微细分析，此亦如是。

若于自身各别诸界而起胜解，是名于内诸念住中住彼循观。若于其余非有情数所有诸界而起胜解，是名于外住彼循观。若于其余诸有情数所有诸界而起胜解，名于内外住彼循观。

复有异门，谓于己身而起胜解。临舍命时，如前广说，至青瘀位，或复脓烂，即于脓烂发起种种流出胜解。渐渐脓流，展转增广，乃至大海大地边际，脓悉充满。发起如是脓胜解已，次复发起火烧胜解，谓此身分无量无边品类差别，为大火聚无量无边品类烧烬。火既灭已，复起余骨余灰胜解。复起无量无边胜解，碎此骨灰，以为细末。复起无量大风胜解，飘散此末，遍诸方维。既飘散已，不复观见所飘骨灰及能飘风，唯观有余渺茫空界[①]。

如是由其胜解作意，依于内外不净加行，入界差别，于其身相住循身观，从是趣入真实作意，谓由如是胜解作意，于内外身住循身观。由胜解力，我此所作无量无边水界、火界、地界、风界、虚空界相，我从无始生死流转所经诸界，无量无边，甚过于此。谓由父母、兄弟姊妹、眷属丧亡，及由亲友财宝禄位离散失坏，悲泣雨泪。又饮母乳。又由作贼，拥逼劫掠，穿墙解结，由是因缘，遭无量度截手刖足，斩头劓鼻，种种解割身诸支节。由是因缘，血流无量。如是所有泪、乳、血摄水界水聚，四大海水皆悉盈满，于百分中不及其一。广说如前。

又于诸有诸趣死生，经无量火焚烧尸骸，如是火聚亦无比况。又经无量弃舍骸骨，狼藉在地[②]，亦无比况。又经无量风界生灭，分析尸骸，亦无比况。又经无量诸尸骸中，眼等窗穴。又经无量诸识流转，后后尸骸，新新发起，乃至今者最后尸骸，诸识流转。如是安立后际诸趣期限无定，如是乃至无量识界。

又于阿那波那念正加行中，初修业者先于舍宅前后窗门，或打铁师，或锻金银师喉筒橐袋，或外风聚入出往来，善取相已，由缘于内入出息念，于入出息而起胜解。彼复先于微细息风，经心胸处矗穴往来而起胜解，然后渐渐于众多风而起胜解，所谓乃至一切毛孔风皆随入而起胜解。如是所有一切身分，风聚所随，风聚所摄，风聚藏隐，无量风聚于中积集，如妬罗绵或叠絮等诸轻飘物，于是诸想而起胜解[③]。彼若于内入息、出息

① 唯观有余渺茫空界，底本与《资福藏》《碛砂藏》《普宁藏》《永乐南藏》《径山藏》相同；《房山石经》《赵城金藏》《高丽藏》“渺”作“眇”。

② 狼藉在地，底本与《资福藏》《碛砂藏》《普宁藏》《永乐南藏》《径山藏》相同；《房山石经》《赵城金藏》《高丽藏》“藉”作“籍”。

③ 于是诸想而起胜解，底本与《资福藏》《碛砂藏》《普宁藏》《永乐南藏》《径山藏》相同；《房山石经》《赵城金藏》《高丽藏》“想”作“相”。

流转不绝作意思惟，尔时名为于其内身住循身观。若复于他死尸骸中青瘀等位入息、出息流转断绝作意思惟，尔时名为于其外身住循身观。若复于自临欲死时而起胜解，或于已死入息、出息无有流转而起胜解，或于未死入息、出息无有流转而起胜解，由法尔故，尔时名为于内外身住循身观。

遍于一切正加行中，应修如是上品助伴、上品所摄无倒加行。所余一切，如前应知。

如是所有初修业者蒙正教诲，修正行时，安住炽然，正知具念，调伏一切世间贪忧。若于如是正加行中，恒常修作，毕竟修作无倒作意，非喧闹等所能动乱，是名炽然。若于如是正加行中，修奢摩他、毗钵舍那，审谛了知乱不乱相，如是名为正知具念。若能善取诸厌离相、诸欣乐相，如是乃名调伏一切世间贪忧。由是因缘，宣说彼能安住炽然，乃至调伏世间贪忧。

先发如是正加行时，心一境性、身心轻安微劣而转，难可觉了；复由修习胜奢摩他、毗钵舍那，身心澄净，身心调柔，身心轻安。即前微劣心一境性、身心轻安渐更增长，能引强盛易可觉了心一境性、身心轻安，谓由因力展转引发方便道理，彼于尔时不久当起强盛易了身心轻安、心一境性。

如是乃至有彼前相于其顶上似重而起，非损恼相。

即由此相于内起故，能障乐断诸烦恼品心麤重性皆得除灭，能对治彼心调柔性、心轻安性皆得生起；由此生故，有能随顺起身轻安风大偏增众多大种来入身中；因此大种入身中故，能障乐断诸烦恼品身麤重性皆得除遣，能对治彼身调柔性、身轻安性遍满身中，状如充溢。彼初起时，令心踊跃，令心悦预[1]，欢喜俱行，令心喜乐所缘境性于心中现。

从此已后，彼初所起轻安势力渐渐舒缓，有妙轻安随身而行，在身

① 令心悦预，底本与《资福藏》《碛砂藏》《普宁藏》《永乐南藏》《径山藏》相同；《房山石经》《赵城金藏》《高丽藏》“预”作“豫”。

中转。由是因缘，心踊跃性渐次退减，由奢摩他所摄持故，心于所缘寂静行转。从是已后，于瑜伽行初修业者，名有作意，始得堕在有作意数。何以故？由此最初获得色界定地所摄少分微妙正作意故，由是因缘，名有作意。得此作意初修业者有是相状。谓已获得色界所摄少分定心，获得少分身心轻安、心一境性，有力有能，善修净戒所缘加行，令心相续，滋润而转，为奢摩他之所摄护，能净诸行。虽行种种可爱境中，猛利贪缠亦不生起；虽少生起，依止少分微劣对治，暂作意时，即能除遣。如可爱境，可憎、可愚、可生憍慢、可寻思境当知亦尔。宴坐静室，暂持其心，身心轻安，疾疾生起，不极为诸身麤重性之所逼恼，不极数起诸盖现行，不极现行思慕、不乐、忧虑俱行诸想作意。虽从定起，出外经行，而有少分轻安余势随身心转。如是等类，当知是名有作意者清净相状。

瑜伽师地论卷第三十三

本地分中声闻地第四瑜伽处之一[①]

复次，此嗢柁南曰[②]：

七作意离欲，及诸定广辩，
二定五神通，生差别诸相。
观察于诸谛，如实而通达，
广分别于修，究竟为其后。

已得作意诸瑜伽师，已入如是少分乐断，从此已后，唯有二趣，更无所余。何等为二？一者，世间；二、出世间。彼初修业诸瑜伽师，由此作意，或念我当往世间趣，或念我当往出世趣，复多修习如是作意。如如于此极多修习，如是如是所有轻安、心一境性，经历彼彼日夜等位，转复增广。若此作意坚固相续，强盛而转，发起清净所缘胜解，于奢摩他品及毗钵舍那品善取其相，彼于尔时或乐往世间道发起加行，或乐往出世道发起加行。

问：此中几种补特伽罗即于现法乐往世间道发起加行，非出世道？

答：略有四种补特伽罗。何等为四？一、一切外道；二、于正法中，根性羸劣，先修正行[③]；三、根性虽利，善根未熟；四、一切菩萨乐当来世证大菩

① 本地分中声闻地第四瑜伽处之一，底本与《径山藏》相同；《房山石经》《资福藏》《碛砂藏》《赵城金藏》《普宁藏》《永乐南藏》《高丽藏》“第”作“第十三第”。

② 此嗢柁南曰，底本与《资福藏》《碛砂藏》《普宁藏》《永乐南藏》《径山藏》相同；《房山石经》《赵城金藏》《高丽藏》“柁”作“拕”。

③ 先修正行，底本与《资福藏》《碛砂藏》《普宁藏》《永乐南藏》《径山藏》相同；《房山石经》《赵城金藏》《高丽藏》“正”作“止”。

提，非于现法。如是四种补特伽罗，于现法中，乐往世间道发起加行。此乐往世间道发起加行者，复有二种：一者，具缚，谓诸异生；二、不具缚，谓诸有学。此复云何？谓先于欲界观为麤性，于初静虑若定若生观为静性，发起加行，离欲界欲。如是乃至发起加行，离无所有处欲，当知亦尔。

又依静虑等，能引无想定等，及发五神通等。又即依此若生若相，皆当广说。

为离欲界欲，勤修观行诸瑜伽师，由七作意方使获得离欲界欲[①]。

何等名为七种作意？谓了相作意、胜解作意、远离作意、摄乐作意、观察作意、加行究竟作意、加行究竟果作意。

云何名为了相作意？谓若作意，能正觉了欲界麤相、初静虑静相。云何觉了欲界麤相？谓正寻思欲界六事。何等为六？一、义；二、事；三、相；四、品；五、时；六、理。

云何寻思诸欲麤义？谓正寻思如是诸欲有多过患，有多损恼，有多疫疠，有多灾害。于诸欲中多过患义，广说乃至多灾害义，是名麤义。

云何寻思诸欲麤事？谓正寻思于诸欲中有内贪欲，于诸欲中有外贪欲。

云何寻思诸欲自相？谓正寻思此为烦恼欲，此为事欲。此复三种，谓顺乐受处、顺苦受处、顺不苦不乐受处。顺乐受处是贪欲依处[②]，是想心倒依处；顺苦受处是瞋恚依处，是忿恨依处；顺不苦不乐受处是愚痴依处，是覆、恼、诳、谄、无惭、无愧依处，是见倒依处。即正寻思如是诸欲，极恶诸受之所随逐，极恶烦恼之所随逐，是名寻思诸欲自相。

---

① 由七作意方使获得离欲界欲，底本与《资福藏》《碛砂藏》《普宁藏》《永乐南藏》《径山藏》相同；《房山石经》《赵城金藏》《高丽藏》“使”作“能”。

② 顺乐受处是贪欲依处，底本与《房山石经》《资福藏》《碛砂藏》《普宁藏》《永乐南藏》《径山藏》《高丽藏》相同；《赵城金藏》“欲依”作“依欲”。

云何寻思诸欲共相？谓正寻思此一切欲，生苦、老苦、广说乃至求不得苦，等所随逐；等所随缚。诸受欲者于圆满欲驱迫而转，亦未解脱生等法故，虽彼诸欲胜妙圆满，而蹔时有。是名寻思诸欲共相。

云何寻思诸欲麤品？谓正寻思如是诸欲皆堕黑品，犹如骨锁，如凝血肉，如草炬火，如一分炭火，如大毒蛇，如梦所见，如假借得诸庄严具，如树端果。追求诸欲诸有情类，于诸欲中受追求所作苦[①]；受防护所作苦，受亲爱失坏所作苦，受无厌足所作苦，受不自在所作苦，受恶行所作苦。如是一切，如前应知。如世尊说："习近诸欲有五过患，谓彼诸欲，极少滋味，多诸苦恼，多诸过患；又彼诸欲，于习近时，能令无厌，能令无足，能令无满；又彼诸欲，常为诸佛及佛弟子、贤善、正行、正至、善士，以无量门呵责毁呰；又彼诸欲，于习近时，能令诸结积集增长；又彼诸欲，于习近时，我说无有恶不善业而不作者。"如是诸欲，令无厌足，多所共有，是非法行、恶行之因，增长欲爱，智者所离，速趣消灭，依托众缘，是诸放逸危亡之地，无常、虚伪、妄失之法，犹如幻化，诳惑愚夫。若现法欲，若后法欲，若天上欲，若人中欲，一切皆是魔之所行，魔之所住。于是处所，能生无量依意所起恶不善法，所谓贪瞋及愤诤等，于圣弟子正修学时，能为障碍。由如是等差别因缘，如是诸欲，多分堕在黑品所摄，是名寻思诸欲麤品。

云何寻思诸欲麤时？谓正寻思如是诸欲，去来今世，于常常时，于恒恒时，多诸过患，多诸损恼，多诸疫疠，多诸灾害，是名寻思诸欲麤时。

云何寻思诸欲麤理？谓正寻思如是诸欲，由大资粮，由大追求，由大劬劳，及由种种无量差别工巧业处，方能招集，生起增长。又彼诸欲虽善生起，虽善增长，一切多为外摄受事，谓父母妻子、奴婢作使、亲友眷属。或为对治自内有色麤重四大，糜饭长养，常须覆蔽，沐浴按摩，坏断、离

① 于诸欲中受追求所作苦，底本与《资福藏》《碛砂藏》《赵城金藏》《普宁藏》《永乐南藏》《径山藏》《高丽藏》相同；《房山石经》"受"作"执受"。

散、消灭法身，随所生起种种苦恼：

食能对治诸饥渴苦；衣能对治诸寒热苦，及能覆蔽可惭羞处；卧具能治诸劳睡苦，及能对治经行住苦；病缘医药能治病苦。是故诸欲唯能对治随所生起种种苦恼，不应染著，而受用之，唯应正念，譬如重病所逼切人，为除病故，服杂秽药。

又彼诸欲，有至教量，证有麤相。又彼诸欲，如是如是所有麤相，我亦于内现智见转。又彼诸欲，有比度量，知有麤相。

又彼诸欲，从无始来本性麤秽，成就法性，难思法性，不应思议，不应分别。是名寻思诸欲麤理。如是名为由六种事，觉了欲界诸欲麤相①。复能觉了初静虑中所有静相，谓欲界中一切麤性，于初静虑皆无所有，由离欲界诸麤性故，初静虑中说有静性，是名觉了初静虑中所有净相②。即由如是定地作意，于欲界中了为麤相，于初静虑了为静相，是故名为了相作意。即此作意，当言犹为闻思间杂。

彼既如是如理寻思，了知诸欲是其麤相，知初静虑是其静相。从此已后，超过闻思，唯用修行，于所缘相发起胜解，修奢摩他、毗钵舍那。既修习已，如所寻思麤相③、静相，数起胜解。如是名为胜解作意。

即此胜解善修善习，善多修习为因缘故，最初生起断烦恼道，即所生起断烦恼道俱行作意，此中说名远离作意。

由能最初断于欲界先所应断诸烦恼故，及能除遣彼烦恼品麤重性故。从是已后，爱乐于断，爱乐远离，于诸断中见胜功德，触证少分远离喜

① 觉了欲界诸欲麤相，底本与《房山石经》《资福藏》《碛砂藏》《普宁藏》《永乐南藏》《径山藏》《高丽藏》相同；《赵城金藏》“界”作“思”。

② 是名觉了初静虑中所有净相，底本与《资福藏》《碛砂藏》《普宁藏》《永乐南藏》《径山藏》相同；《房山石经》《赵城金藏》《高丽藏》“净”作“静”。

③ 如所寻思麤相，底本与《资福藏》《碛砂藏》《赵城金藏》《普宁藏》《永乐南藏》《径山藏》《高丽藏》相同；《房山石经》“所”作“即”。

乐。于时时间，欣乐作意，而深庆悦，于时时间，厌离作意，而深厌患，为欲除遣惛沈睡眠、掉举等故。如是名为摄乐作意。

彼由如是乐断乐修，正修加行，善品任持[①]，欲界所系诸烦恼缠若行若住不复现行。便作是念："我今为有于诸欲中贪欲烦恼不觉知耶？为无有耶？"为审观察如是事故，随于一种可爱净相作意思惟。犹未求断诸随眠故[②]，思惟如是净妙相时，便复发起随习近心、趣习近心、临习近心，不能住舍，不能厌毁制伏违逆。彼作是念："我于诸欲犹未解脱，其心犹未正得解脱；我心仍为诸行制伏，如水被持，未为法性之所制伏。我今复应为欲永断余随眠故，心勤安住[③]，乐断乐修。"如是名为观察作意。

从此倍更乐断乐修，奢摩他[④]、毗钵舍那，郑重观察，修习对治，时时观察先所已断，由是因缘，从欲界系一切烦恼，心得离系。此由蹔时伏断方便，非是毕竟永害种子。当于尔时初静虑地前加行道已得究竟，一切烦恼对治作意已得生起，是名加行究竟作意。

从此无间，由是因缘，证入根本初静虑定，即此根本初静虑定俱行作意，名加行究竟果作意。

又于远离、摄乐作意现在转时，能适悦身离生喜乐，于时时间，微薄现前。加行究竟作意转时，即彼喜乐转复增广，于时时间，深重现前。加行究竟果作意转时，离生喜乐遍诸身分，无不充满，无有间隙。彼于尔时远离诸欲，远离一切恶不善法，有寻有伺，离生喜乐，于初静虑圆满五支具足

---

① 善品任持，底本与《碛砂藏》《普宁藏》《永乐南藏》《径山藏》相同；《房山石经》《资福藏》《赵城金藏》《高丽藏》"品"作"见"。

② 犹未求断诸随眠故，底本与《资福藏》《碛砂藏》《普宁藏》《永乐南藏》《径山藏》相同；《房山石经》《赵城金藏》《高丽藏》"求"作"永"。

③ 心勤安住，底本与《资福藏》《碛砂藏》《普宁藏》《永乐南藏》《径山藏》《高丽藏》相同；《房山石经》《赵城金藏》"心"作"正"。

④ 奢摩他，底本与《资福藏》《碛砂藏》《普宁藏》《永乐南藏》《径山藏》相同；《房山石经》《赵城金藏》《高丽藏》"奢"作"修奢"。

安住，名住欲界对治修果，名随证得离欲界欲。

又了相作意，于所应断能正了知，于所应得能正了知，为断应断，为得应得，心生希愿。胜解作意，为断为得，正发加行。远离作意，能舍所有上品烦恼。摄乐作意，能舍所有中品烦恼。观察作意，能于所得，离增上慢，安住其心。加行究竟作意，能舍所有下品烦恼。加行究竟果作意，能正领受彼诸作意善修习果。

又若了相作意，若胜解作意，总名随顺作意，厌坏对治俱行。

若远离作意，若加行究竟作意，总名对治作意，断对治俱行。若摄乐作意，名对治作意及顺清净作意。

若观察作意，名顺观察作意。如是其余四种作意，当知摄入六作意中，谓随顺作意、对治作意、顺清净作意、顺观察作意。

如初静虑定有七种作意，如是第二、第三、第四静虑定及空无边处、识无边处、无所有处、非想非非想处定，当知各有七种作意。

若于有寻有伺初静虑地觉了麤相，于无寻无伺第二静虑地觉了静相，为欲证入第二静虑，应知是名了相作意。谓已证入初静虑定，已得初静虑者，于诸寻伺观为麤性：能正了知若在定地，于缘最初率尔而起忽务行境麤意言性[①]，是名为寻；即于彼缘，随彼而起，随彼而行徐历行境细意言性，是名为伺。又正了知如是寻伺是心法性，心生时生，共有相应，同一缘转。又正了知如是寻伺依内而生，外处所摄。又正了知如是一切，过去、未来、现在所摄，从因而生，从缘而生，或增或减，不久安住，蹔时而有，率尔现前，令心躁扰，令心散动，不静行转。求上地时，苦住随逐，是故皆是黑品所摄，随逐诸欲，离生喜乐，少分胜利。随所在地，自性能令有如是相，于常常时，于恒恒时，有寻有伺心行所缘，躁扰

① 缘最初率尔而起忽务行境麤意言性，底本与《资福藏》《碛砂藏》《普宁藏》《永乐南藏》《径山藏》相同；《房山石经》《赵城金藏》《高丽藏》“忽”作“悤”，下同。

而转，不得寂静。以如是等种种行相，于诸寻伺觉了麤相。又正了知第二静虑无寻无伺，如是一切所说麤相皆无所有。是故宣说第二静虑有其静相，彼诸麤相皆远离故。为欲证入第二静虑，随其所应，其余作意，如前应知。如是乃至为欲证入非想非非想处定，于地地中，随其所应，当知皆有七种作意。

又彼麤相遍在一切下地皆有，下从欲界，展转上至无所有处。当知麤相略有二种，谓诸下地苦住增上，望上所住不寂静故，及诸寿量时分短促，望上寿量转减少故。此二麤相，由前六事，如其所应，当正寻思。随彼彼地乐离欲时，如其所应，于次上地寻思静相，渐次乃至证得加行究竟果作意。

复次，此中离欲者，欲有二种：一者，烦恼欲；二者，事欲。离有二种：一者，相应离；二者，境界离。

离恶不善法者，烦恼欲因所生种种恶不善法，即身恶行、语恶行等，持杖持刀，斗讼诤竞，谄诳诈伪，起妄语等。由断彼故，说名为离恶不善法。

有寻有伺者，由于寻伺未见过失，自地犹有对治欲界诸善寻伺，是故说名有寻有伺。

所言离者，谓已获得加行究竟作意故；所言生者，由此为因，由此为缘，无间作生[①]，故：名离生。

言喜乐者，谓已获得所希求义，及于喜中未见过失，一切麤重已除遣故，及已获得广大轻安，身心调畅，有堪能故，说名喜乐。

所言初者，谓从欲界最初上进，创首获得，依顺次数，说名为初。言静虑者，于一所缘系念寂静，正审思虑，故名静虑。

---

① 无间作生，《房山石经》《资福藏》《碛砂藏》《赵城金藏》《普宁藏》《永乐南藏》《径山藏》《高丽藏》“作”作“所”。

言具足者，谓已获得加行究竟果作意故。

言安住者，谓于后时，由所修习多成办故，得随所乐，得无艰难，得无梗涩[①]，于静虑定，其心昼夜能正随顺、趣向、临入，随所欲乐，乃至七日七夜能正安住，故名安住。

复次，于有寻有伺三摩地相，心能弃舍；于无寻无伺三摩地相，系念安住；于诸怱务所行境界，能正远离；于不怱务所行境界，安住其心，一味寂静，极寂静故[②]：是故说言寻伺寂静故，内等净故。

又彼即于无寻无伺三摩地串修习故[③]，超过寻伺有间缺位，能正获得无间缺位，是故说言心一趣故。

无寻无伺者，一切寻伺悉皆断故。

所言定者，谓已获得加行究竟作意故。所言生者，由此为因。由此为缘，无间所生，故名定生。

言喜乐者，谓已获得所希求义，又于喜中未见过失，有欣有喜，一切寻伺初静虑地诸烦恼品所有麤重皆远离故，能对治彼广大轻安、身心调柔、有堪能乐所随逐故，名有喜乐。

依顺次数，此为第二。如是一切，如前应知。

复次，彼于喜相深见过失，是故说言于喜离欲。又于尔时远离二种乱心灾患，能于离喜第三静虑摄持其心。第二静虑已离寻伺，今于此中复离于喜，是故说言安住于舍。如是二法能扰乱心，障无间舍。初静虑中有寻伺故，令无间舍不自在转；第二静虑由有喜故，令无间舍不自在

① 得无梗涩，底本与《资福藏》《碛砂藏》《普宁藏》《永乐南藏》《径山藏》相同；《房山石经》《赵城金藏》《高丽藏》“梗”作“鞭”。

② 极寂静故，底本与《资福藏》《碛砂藏》《赵城金藏》《普宁藏》《永乐南藏》《径山藏》相同；《房山石经》《高丽藏》“故”作“转”。

③ 又彼即于无寻无伺三摩地串修习故，底本与《房山石经》《资福藏》《碛砂藏》《赵城金藏》《普宁藏》《永乐南藏》《径山藏》相同；《高丽藏》“地”作“地中”。

转：是故此舍，初二静虑说名无有。由是因缘，修静虑者第三静虑方名有舍。

由有舍故，如如安住所有正念，如是如是彼喜俱行想及作意不复现行。若复于此第三静虑不善修故，或时失念，彼喜俱行想及作意时复现行，寻即速疾以慧通达，能正了知，随所生起，能不忍受，方便弃舍，除遣变吐，心住上舍。是故说有正念、正知。

彼于尔时住如是舍、正念、正知，亲近、修习、多修习故，令心踊跃俱行喜受便得除灭，离喜寂静，最极寂静，与喜相违心受生起。彼于尔时色身、意身领纳受乐及轻安乐，是故说言有身受乐。

第三静虑已下诸地，无如是乐及无间舍；第三静虑已上诸地，此无间舍虽复可得，而无有乐。下地乐、舍俱无有故，上地有舍而无乐故，是故说言于是处所，谓第三静虑，诸圣宣说。谓依于此，已得安住补特伽罗具足舍、念及以正知，住身受乐，第三静虑具足安住。言诸圣者，谓佛世尊及佛弟子。

复次，此中对治种类势相似故，略不宣说乐断对治，但说对治所作乐断。何等名为此中对治？所谓舍、念及以正知。由即于此数修习故，便能弃舍令不出离第三静虑，第三静虑地中胜乐，是故说言由乐断故。修静虑者即于尔时，所有苦乐皆得超越。由是因缘，若先所断，若今所断，总集说言乐断苦断，先喜忧没。谓入第四静虑定时，乐受断故；入第二静虑定时，苦受断故；入第三静虑定时，喜受没故；入初静虑定时，忧受没故。今于此中，且约苦乐二受断故，说有所余非苦乐受，是故说言彼于尔时不苦不乐。

从初静虑一切下地灾患已断，谓寻、伺、喜、乐、入息、出息。由彼断故，此中舍念清净鲜白。由是因缘，正入第四静虑定时，心住无动。一切动乱皆悉远离，是故说言舍念清净。第四等言，如前所说初静虑等，应知其相。

复次，以于虚空起胜解故，所有青黄赤白等相应显色想，由不显现故，及厌离欲故，皆能超越，是故说言色想出过故[1]。由不显现，超越彼想以为因故，所有种种众多品类，因诸显色和合积集有障碍想皆得除遣，是故说言有对想灭没故。由远离彼想以为因故，所有于彼种种聚中差别想转，谓饮、食、瓶、衣、乘、庄严具、城、舍、军、园、山、林等想，于是一切不作意转，是故说言种种想不作意故。除遣如是有色、有对、种种想已，起无边想虚空胜解[2]。是故说言入无边空。由已超过近分加行究竟作意，入上根本加行究竟果作意定，是故说言空无边处具足安住。当知此中，依于近分，乃至未入上根本定，唯缘虚空；若已得入上根本定，亦缘虚空，亦缘自他所有诸蕴[3]。又近分中，亦缘下地所有诸蕴。

复次，若由此识于无边空发起胜解，当知此识无边空相胜解相应。若有欲入识无边处，先舍虚空无边处想，即于彼识次起无边行相胜解，尔时超过近分、根本空无边处，是故说言超过一切空无边处，入无边识。由彼超过识无边处所有近分，乃至加行究竟作意，入上根本加行究竟果作意定，是故说言识无边处具足安住。

复次，从识无边处求上进时，离其识外更求余境都无所得。谓诸所有或色、非色相应境性。彼求境界无所得时，超过近分及以根本识无边处，发起都无余境胜解。此则名为于无所有假想胜解。即于如是假想胜解多修习故，便能超过无所有处一切近分，乃至加行究竟作意，入彼根本

① 是故说言色想出过故，底本与《房山石经》《资福藏》《碛砂藏》《普宁藏》《永乐南藏》《径山藏》《高丽藏》相同；《赵城金藏》“想”作“相”。

② 起无边想虚空胜解，底本与《资福藏》《碛砂藏》《普宁藏》《永乐南藏》《径山藏》相同；《房山石经》《赵城金藏》《高丽藏》“想”作“相”。

③ 亦缘自他所有诸蕴，底本与《资福藏》《碛砂藏》《普宁藏》《永乐南藏》《径山藏》相同；《房山石经》《赵城金藏》《高丽藏》“他”作“地”。

加行究竟果作意定，是故说言超过一切识无边处，无少所有无所有处具足安住。

复次，从无所有处求上进时，由于无所有处想起麤想故，便能弃舍无所有处想。由是因缘，先入无所有处定时，超过一切有所有想，今复超过无所有想，是故说言非有想，谓或有所有想，或无所有想；非无想，谓非如无想及灭尽定，一切诸想皆悉灭尽。唯有微细想，缘无相境转，是故说言非想非非想。

即于此处起胜解时，超过一切近分、根本无所有处，及非想非非想处近分，乃至加行究竟作意，入彼根本加行究竟果作意定，是故说言超过一切无所有处，于非想非非想处具足安住。

复次，此中入静虑定时，其身相状如处空中[①]；入无色定时，其身相状如处虚空。当知此中，由奢摩他相安住上舍，勤修加行。

复次，依静虑等，当知能入二无心定：一者，无想定；二者，灭尽定。

无想定者，唯诸异生，由弃背想作意方便能入。

灭尽定者，唯诸圣者，由止息想受作意方便能入。如是二定，由二作意方便能入，谓无想定，由弃背想作意以为上首，勤修加行，渐次能入；若灭尽定，由从非想非非想处欲求上进，暂时止息所缘作意以为上首，勤修加行，渐次能入。若诸异生作如是念："诸想如病，诸想如痈，诸想如箭，唯有无想，寂静微妙。"摄受如是背想作意，于所生起一切想中，精勤修习不念作意。由此修习为因缘故，加行道中是有心住[②]，入定无间心不复

① 其身相状如处空中，底本与《房山石经》《资福藏》《碛砂藏》《赵城金藏》《普宁藏》《永乐南藏》《径山藏》相同；《高丽藏》"空"作"室"。

② 加行道中是有心住，底本与《资福藏》《碛砂藏》《普宁藏》《永乐南藏》《径山藏》相同；《房山石经》《赵城金藏》《高丽藏》"住"作"位"。

转。如是出离想作意为先，已离遍净贪，未离广果贪，诸心、心法灭[①]，是名无想定。由是方便，证得此定，若诸圣者已得非想非非想处，复欲蹔时住寂静住，从非有想非无想处心求上进；心上进时，求上所缘竟无所得；无所得故，灭而不转。如是有学已离无所有处贪，或阿罗汉求蹔住想作意为先，诸心、心法灭，是名灭尽定。由是方便，证得此定。

复次，依止静虑，发五通等。云何能发？谓静虑者已得根本清净静虑，即以如是清净静虑为所依止，于五通增上正法，听闻受持，令善究竟。谓于神境通、宿住通、天耳通、死生智通、心差别通等作意思惟；复由定地所起作意，了知于义，了知于法；由了知义、了知法故，如是如是修治其心；由此修习、多修习故，有时有分，发生修果五神通等。

又即如是了知于义，了知于法，为欲引发诸神通等，修十二想。何等十二？一、轻举想；二、柔輭想；三、空界想；四、身心符顺想；五、胜解想；六、先所受行次第随念想；七、种种品类集会音声想；八、光明色相想；九、烦恼所作色变异想；十、解脱想；十一、胜处想；十二、遍处想。

轻举想者，谓由此想，于身发起轻举胜解，如妬罗绵，或如叠絮，或似风轮。发起如是轻胜解已，由胜解作意，于彼彼处飘转其身，谓从床上飘置几上，复从几上飘置床上；如是从床飘置草座，复从草座飘置于床。

柔輭想者，谓由此想，于身发起柔輭胜解，或如绵囊，或如毛毳，或如熟练。此柔輭想长养摄受前轻举想，于摄受时，令轻举想增长广大。

空界想者，谓由此想，先于自身发起轻举、柔輭二胜解已，随所欲往，若于中间有诸色聚能为障碍，尔时便起胜解作意，于彼色中作空胜解，能无碍往。

身心符顺想者，谓由此想，或以其心符顺于身，或以其身符顺于心，

① 诸心、心法灭，底本与《房山石经》《资福藏》《碛砂藏》《普宁藏》《永乐南藏》《径山藏》《高丽藏》相同；《赵城金藏》“诸心心”作“心诸”。

由此令身转转轻举，转转柔軟，转转堪任，转转光洁，随顺于心，系属于心，依心而转。

胜解想者，谓由此想，远作近解，近作远解，麤作细解，细作麤解，地作水解，水作地解，如是一一差别大种展转相作，广如变化所作胜解，或色变化，或声变化。由此五想修习成满，领受种种妙神境通：或从一身示现多身，谓由现化胜解想故；或从多身示现一身，谓由隐化胜解想故；或以其身于诸墙壁垣城等类厚障隔事直过无礙；或于其地出没如水；或于其水断流往返，履上如地；或如飞鸟，结跏趺坐，腾飏虚空；或于广大威德势力日月光轮，以手扪摸；或以其身乃至梵世自在回转。当知如是种种神变皆由轻举、柔軟、空界、身心符顺想所摄受胜解想故，随其所应，一切能作。此中，以身于其梵世略有二种自在回转：一者，往来自在回转；二、于梵世诸四大种一分造色，如其所乐，随胜解力，自在回转。

先所受行次第随念想者，谓由此想，从童子位迄至于今，随忆念转，自在无礙。随彼彼位，若行若住，若坐若卧，广说一切先所受行，随其麤略，次第无越，忆念了知。于此修习、多修习故，证得修果，于无量种宿世所住，广说乃至所有行相、所有宣说，皆能随念。

种种品类集会音声想者，谓由此想，遍于彼彼村邑聚落，或长者众，或邑义众，或余大众，或广长处，或家或室，种种品类诸众集会所出种种杂类音声、名喧噪声，或于大河众流激湍波浪音声，善取其相，以修所成定地作意，于诸天人，若远若近，圣非圣声，力励听采。于此修习、多修习故，证得修果清净天耳，由是能闻人间天上若远若近一切音声。

光明色相想者，谓于如前所说种种诸光明相极善取已，即于彼相作意思惟。又于种种诸有情类善不善等业用差别，善取其相，即于彼相作意思惟。是名光明色相想。于此修习、多修习故，证得修果死生智通，由是清净天眼通故，见诸有情，广说乃至身坏已后，往生善趣天世间中[①]。

烦恼所作色变异想者，谓由此想，于贪、恚、痴、忿、恨、覆、恼、诳、谄、悭、嫉及以㤭、害、无惭、无愧诸余烦恼及随烦恼缠绕其心诸有情类，种种色位、色相变异，解了分别：如是色类有贪欲者，有色分位、色相变异，谓诸相躁扰[②]，诸根掉举，言常含笑；如是色类有瞋恚者，有色分位、色相变异，谓面恒颦蹙，语音謇涩，言常变色；如是色类有愚痴者，有色分位、色相变异，谓多分瘖痖，事义阍昧，言不辩了，语多下俚[③]。由如是等行相流类，广说乃至无惭、愧等所缠绕者，有色分位、色相变异，善取其相，复于彼相作意思惟。于此修习、多修习故，发生修果心差别智，由此智故，于他有情补特伽罗随所寻思，随所伺察心意识等，皆如实知。

解脱、胜处、遍处想者，如前"三摩呬多地"，应知修相。由于此想亲近、修习、多修习故，能引最胜诸圣神通[④]，若变事通，若化事通，若胜解通，及能引发无诤、愿智、四无碍解，谓法无碍解、义无碍解、辞无碍解、辩无碍解等种种功德。

又圣、非圣二神境通有差别者，谓圣神通，随所变事，随所化事，随所胜解，一切皆能如实成办，无有改异，堪任有用；非圣神通不能如是，犹如幻化，唯可观见，不堪受用。

当知如是十二种想，亲近、修习、多修习故，随其所应，便能引发五种神通，及能引发不共异生如其所应诸圣功德。

---

① 往生善趣天世间中，底本与《房山石经》《资福藏》《碛砂藏》《普宁藏》《永乐南藏》《径山藏》《高丽藏》相同；《赵城金藏》"世"作"世世"。

② 谓诸相躁扰，底本与《碛砂藏》《普宁藏》相同；《房山石经》《资福藏》《赵城金藏》《永乐南藏》《径山藏》《高丽藏》"相"作"根"。

③ 语多下俚，底本与《径山藏》相同；《房山石经》《资福藏》《碛砂藏》《赵城金藏》《普宁藏》《永乐南藏》《高丽藏》"俚"作"里"。

④ 能引最胜诸圣神通，底本与《房山石经》《资福藏》《碛砂藏》《赵城金藏》《永乐南藏》《径山藏》《高丽藏》相同；《普宁藏》"通"作"遇"。

复次，此中于初静虑下、中、上品善修习已，随其所应，当生梵众天、梵辅天、大梵天众同分中；于第二静虑下[①]、中、上品善修习已，随其所应，当生少光天、无量光天、光净天众同分中[②]；于第三静虑下、中、上品善修习已，随其所应，当生少净天、无量净天、遍净天众同分中；于第四静虑下、中、上品善修习已，随其所应，当生无云天、福生天、广果天众同分中；若不还者，以无漏第四静虑间杂熏修有漏第四静虑，即于此中下品、中品、上品、上胜品、上极品善修习已，随其所应，当生五净居天众同分中，谓无烦、无热、善现、善见、色究竟天；若于空处、识处、无所有处、非想非非想处下、中、上品善修习已，当生空处、识处、无所有处、非想非非想处随行天众同分中，由彼诸天无有形色，是故亦无处所差别，然住所作有其差别。于无想定善修习已，当生无想有情天众同分中。

复次，此中云何应知离欲者相？谓离欲者，身业安住，诸根无动，威仪进止无有躁扰，于一威仪能经时久，不多惊惧，终不数数易脱威仪。言词柔輭，言词寂静，不乐喧杂，不乐众集，言语安详。眼见色已，唯觉了色，不因觉了，而起色贪。如是耳闻声已，鼻嗅香已，舌尝味已，身觉触已，唯觉了声乃至其触，不因觉了，而起声贪乃至触贪。能无所畏，觉慧幽深，轻安广大，身心隐密，无有贪婪，无有愤发，能有堪忍，不为种种欲寻思等诸恶寻思扰乱其心。如是等类，当知名为离欲者相。

① 于第二静虑下，底本与《房山石经》《资福藏》《碛砂藏》《赵城金藏》《普宁藏》《永乐南藏》《径山藏》相同；《高丽藏》“二”作“一”。

② 光净天众同分中，底本与《资福藏》《碛砂藏》《普宁藏》《永乐南藏》《径山藏》相同；《房山石经》《赵城金藏》《高丽藏》“光”作“极光”。

瑜伽师地论卷第三十四[①]

本地分中声闻地

第四瑜伽处之二[②]

如是已辩往世间道。

若乐往趣出世间道，应当依止四圣谛境，渐次生起七种作意，所谓最初了相作意，最后加行究竟果作意，乃至证得阿罗汉果。

修瑜伽师于四圣谛略摽、广辩增上教法听闻受持，或于作意已善修习，或得根本静虑、无色，由四种行了苦谛相，谓无常行、苦行、空行、无我行；由四种行了集谛相，谓因行、集行、起行、缘行；由四种行了灭谛相，谓灭行、静行、妙行、离行；由四种行了道谛相，谓道行、如行、行行、出行：如是名为了相作意。

由十种行观察苦谛，能随悟入苦谛四行。

何等为十？一、变异行；二、灭坏行；三、别离行；四、法性行；五、合会行；六、结缚行；七、不可爱行；八、不安隐行；九、无所得行；十、不自在行。

如是十行，依证成道理能正观察。

此中且依至教量理。如世尊说诸行无常。

又此诸行略有二种：一、有情世间；二、器世间。

世尊依彼有情世间说如是言："苾刍当知！我以过人清净天眼观诸有

① 瑜伽师地论卷第三十四，底本与《房山石经》《资福藏》《赵城金藏》《径山藏》《高丽藏》相同；《碛砂藏》《普宁藏》《永乐南藏》有夹注"独觉地附"。

② 第四瑜伽处之二，底本与《径山藏》相同；《房山石经》《资福藏》《碛砂藏》《赵城金藏》《普宁藏》《永乐南藏》《高丽藏》"第四"作"第十三第四"。

情，死时生时，广说乃至身坏已后，当生善趣天世界中。”由此法门，显示世尊以净天眼现见一切有情世间是无常性。

又世尊言：“苾刍当知！此器世间长时安住，过是已后，渐次乃至七日轮现。”如《七日经》广说。乃至所有大地、诸山、大海及苏迷卢大宝山王，乃至梵世诸器世界皆被焚烧，灾火灭后，灰烬不现，乃至余影亦不可得。由此法门，世尊显示诸器世间是无常性。

如是且依至教量理，修观行者净信增上作意力故，于一切行无常之性获得决定。得决定已，即由如是净信增上作意力故，数数寻思观察一切，现见不背、不由他缘无常之性。

云何数数寻思观察？谓先安立内外二事。

言内事者，谓六处等。

言外事者，有十六种：一者，地事，谓城邑、聚落、舍、市、鄽等[①]；二者，园事，谓药草、丛林等；三者，山事，谓种种山安布差别；四者，水事，谓江河、陂湖、众流、池沼；五者，作业事；六者，库藏事；七者，食事；八者，饮事[②]；九者，乘事；十者，衣事；十一者，庄严具事；十二者，舞歌乐事；十三者，香鬘涂饰事；十四者，资生具事；十五者，诸光明事；十六者，男女承奉事：如是名为十六种事。

安立如是内外事已，复于彼事现见增上作意力故，以变异行寻思观察无常之性。

此中，内事有十五种所作变异，及有八种变异因缘。

云何内事有十五种所作变异？一、分位所作变异；二、显色所作变

① 鄽等，底本与《资福藏》《碛砂藏》《普宁藏》《永乐南藏》《径山藏》相同；《房山石经》《赵城金藏》《高丽藏》“鄽”作“廛”，下同。

② 饮事，底本与《房山石经》《资福藏》《赵城金藏》《永乐南藏》《径山藏》《高丽藏》相同；《碛砂藏》《普宁藏》“饮”作“欣”。

异；三、形色所作变异；四、兴衰所作变异；五、支节具不具所作变异[①]；六、劬劳所作变异；七、他所损害所作变异；八、寒热所作变异；九、威仪所作变异；十、触对所作变异；十一、杂染所作变异；十二、疾病所作变异；十三、终殁所作变异；十四、青瘀等所作变异；十五、一切不现尽灭所作变异。

云何八种变异因缘？一、积时贮畜；二、他所损害；三、受用亏损；四、时节变异；五、火所焚烧；六、水所漂烂；七、风所鼓燥；八、异缘会遇。

积时贮畜者，谓有色诸法，虽于好处安置守护，而经久时，自然败坏，其色衰损变异可得。

他所损害者，谓种种色法，若为于他种种捶打，种种损害，即便种种形色变异。

受用亏损者，谓各别属主种种色物，受者受用增上力故，损减变异。

时节变异者，谓秋冬时，丛林、药草、华叶果等萎黄零落；于春夏时，枝叶华果青翠繁茂。

火所焚烧者，谓大火纵逸，焚烧村邑、国城、王都，悉为灰烬。

水所漂烂者，谓大水洪漫，漂荡村邑、国城、王都，悉皆沦没。

风所鼓燥者，谓大风飘扇，湿衣、湿地、稼穑、丛林，乾曝枯槁[②]。

异缘会遇者，谓缘乐受触，受乐受时，遇苦受触；缘苦受触，受苦受时，遇乐受触；缘不苦不乐受触，受不苦不乐受时，遇乐受触，或苦受触。又有贪者会遇瞋缘，贪缠止息，发起瞋缠。如是有瞋、痴者会遇异分烦恼生缘，当知亦尔。如是眼识正现在前，会遇声、香、味、触境等余境余缘，

① 支节具不具所作变异，底本与《房山石经》《资福藏》《碛砂藏》《赵城金藏》《永乐南藏》《径山藏》《高丽藏》相同；《普宁藏》“具不”作“见不”。

② 乾曝枯槁，底本与《永乐南藏》《径山藏》相同；“曝”，《房山石经》作“湿”，《资福藏》《碛砂藏》《赵城金藏》《普宁藏》《高丽藏》作“曝”。

起异分识。其余一切，如理应知。

是名八种变异因缘。一切有色及无色法所有变异，皆由如是八种因缘，除此更无若过若增。

云何寻思内事分位所作变异无常之性[1]？谓由观见或自或他，从少年位乃至老位，诸行相续，前后差别，互不相似。见是事已，便作是念："如是诸行，其性无常。"何以故？此内分位前后变异现可得故。

云何寻思内事显色所作变异无常之性？谓由观见或自或他，先有妙色，肌肤鲜泽；后见恶色，肌肤枯槁；复于后时，还见妙色，肌肤鲜泽。见是事已，便作是念："如是诸行，其性无常。"何以故？此内显色前后变异现可得故。

云何寻思内事形色所作变异无常之性？谓如说显色，如是形色由肥瘦故，应知亦尔。

云何寻思内事兴衰所作变异无常之性？谓由观见或自或他，先时眷属财位或见悉皆兴盛[2]，后见一切皆悉衰损，复于后时，还见兴盛。见是事已，便作是念："如是诸行，其性无常。"何以故？兴衰变异现可得故。

云何寻思内事支节所作变异无常之性？谓由观见或自或他，先时支节无有缺减，后时观见支节缺减，或王所作，或贼所作，或人所作，或非人作。见是事已，便作是念："如是诸行，其性无常。"余如前说。

云何寻思内事劬劳所作变异无常之性？谓由观见或自或他，身疲劳性、身疲极性，或驰走所作，或跳踊所作，或趒踯所作，或骗骑所作，或作种种迅疾身业，复于余时，见彼远离疲劳疲极。见是事已，便作是念："如

① 云何寻思内事分位所作变异无常之性，底本与《径山藏》相同；《房山石经》《资福藏》《碛砂藏》《赵城金藏》《普宁藏》《永乐南藏》《高丽藏》"异"作"坏"。

② 先时眷属财位或见悉皆兴盛，底本与《资福藏》《碛砂藏》《普宁藏》《永乐南藏》《径山藏》相同；《房山石经》《赵城金藏》《高丽藏》"或"作"戒"。

是诸行，其性无常。”余如前说。

云何寻思内事他所损害所作变异无常之性？谓由观见或自或他，他所损害，其身变异，或由刀杖、鞭革、皮绳、矛矟等坏，或由种种蚊虻、蛇蝎诸恶毒触之所损害，复于余时，见不变异。见是事已，便作是念：“如是诸行，其性无常。”余如前说。

云何寻思内事寒热所作变异无常之性？谓由观见或自或他，于正寒时，身不舒泰，踡跼战栗，寒冻缠逼，希遇温阳；于正热时，身体舒泰，奋身乾语，瀌霂流汗，热渴缠逼，希遇清凉；复至寒时，还见如前所说相状。见是事已，便作是念：“如是诸行，其性无常。”余如前说。

云何寻思内事威仪所作变异无常之性？谓由观见或自或他，行住坐卧随一威仪，或时为损，或时为益。见是事已，便作是念：“如是诸行，其性无常。”余如前说。

云何寻思内事触对所作变异无常之性？谓由触对顺乐受触，领乐触缘所生乐时，自能了别乐受分位。如能了别乐受分位，如是了别苦受分位、不苦不乐受分位应知亦尔。彼由了别如是诸受前后变异，是新新性，非故故性，或增或减，蹔时而有，率尔现前，寻即变坏。知是事已，便作是念：“如是诸行，其性无常。”余如前说。

云何观察内事杂染所作变异无常之性？谓能了知先所生起，或有贪心，或离贪心，或有瞋心，或离瞋心，或有痴心，或离痴心。又能了知随一一种诸随烦恼所染汙心。又能了知随一一种诸随烦恼不染汙心。又能了知彼心相续，由诸烦恼及随烦恼，于前后位趣入变坏、不变坏性。见是事已，便作是念：“如是诸行，其性无常。”何以故？心由杂染所作变异现可得故。

云何观察内事疾病所作变异无常之性？谓由观见或自或他，先无疾病，安乐强盛；后时观见或自或他，遭重病苦，触对猛利身诸苦受，如前广说；复于余时，还见无病，安乐强盛。见是事已，便作是念：“如是诸行，其性无常。”余如前说。

云何观察内事终殁所作变异无常之性？谓由观见今时存活，安住支持，复于余时，观见死没，唯有尸骸，空无心识。见是事已，便作是念：“如是诸行，其性无常。”余如前说。

云何观察内青瘀等所作变异无常之性？谓由观见死已尸骸，或于一时至青瘀位，或于一时至脓烂位，如是乃至骨锁之位。见是事已，便作是念：“如是诸行，其性无常。”余如前说。

云何观察内事一切不现尽灭所作变异无常之性[①]？谓由观见彼于余时，此骨锁位亦复不现，皆悉败坏，离散磨灭，遍一切种，眼不复见。见是事已，便作是念：“如是诸行，其性无常。”何以故？如是色相数数改转，前后变异现可得故。

如是且由现见增上作意力故，十五种行观察内事种种变异无常之性。

观察是已，复更观察十六外事种种变异无常之性。

云何观察地事变异无常之性？谓由观见此地方所，先未造立道场、天寺、宅舍、市鄽、城墙等事；后见新造，善作善饰；复于余时，见彼朽故，圮坼零落，隤毁穿缺[②]，火所梵烧，水所漂荡。见是事已，便作是念：“如是诸行，其性无常。”何以故？如是色相前后转变现可得故。

云何观察园事变异无常之性？谓先观见诸园苑中，药草、丛林、华果、枝叶悉皆茂盛，青翠丹晖，甚可爱乐，复于后时，见彼枯槁，无诸华果，柯叶零落，火所焚烧，水所漂荡。见是事已，便作是念：“如是诸行，其性无常。”余如前说。

① 云何观察内事一切不现尽灭所作变异无常之性，底本与《径山藏》相同；《房山石经》《资福藏》《碛砂藏》《赵城金藏》《普宁藏》《永乐南藏》《高丽藏》“异”作“坏”。

② 隤毁穿缺，底本与《碛砂藏》《普宁藏》《永乐南藏》《径山藏》相同；“隤”，《房山石经》《赵城金藏》《高丽藏》作“頽”，《资福藏》作“颓”。

云何观察山事变异无常之性？谓于一时观见其山，丛林蓊郁，耸石巉岩，复于一时见彼丛林，巉岩耸石，彫残隤毁[①]，高下参差，火所焚烧，水所漂荡。见是事已，便作是念：“如是诸行，其性无常。”余如前说。

云何观察水事变异无常之性？谓先一时见诸河渎、池泉、井等，涛波涌溢，醴水盈满，后于一时见彼一切，枯涸乾竭。见是事已，便作是念：“如是诸行，其性无常。”余如前说。

云何观察业事变异无常之性？谓先一时见彼种种徇利牧农、工巧、正论、行船等业皆悉兴盛，复于一时见彼事业皆悉衰损。见此事已，便作是念：“如是诸行，其性无常。”余如前说。

云何观察库藏变异无常之性？谓由观见种种库藏，一时盈满，一时灭尽。见此事已，便作是念：“如是诸行，其性无常。”余如前说。

云何观察饮食变异无常之性？谓由观见种种饮食，一时未办，一时已办；一时入口，牙齿咀嚼，和杂涎唾，细细吞咽，一时入腹，渐渐消化，一时变为屎尿流出。见此事已，便作是念：“如是诸行，其性无常。”余如前说。

云何观察乘事变异无常之性？谓于一时见种种乘，新妙庄严，甚可爱乐，复于一时见彼朽故，离诸严饰。见此事已，便作是念：“如是诸行，其性无常。”余如前说。

云何观察衣事变异无常之性？谓由观见种种衣服，一时新成，一时故坏，一时鲜洁，一时垢腻。见此事已，便作是念：“如是诸行，其性无常。”余如前说。

云何观察严具变异无常之性？谓由观见诸庄严具，一时未成，一时已成；一时坚固，一时破坏。见此事已，便作是念：“如是诸行，其性无常。”

① 彫残隤毁，底本与《碛砂藏》《普宁藏》《永乐南藏》《径山藏》相同；“隤”，《房山石经》《赵城金藏》《高丽藏》作“頽”，《资福藏》作“颓”。

余如前说。

云何观察舞歌乐事所有变异无常之性？谓由观见舞歌妓乐现在种种音曲差别，异起异谢。见此事已，便作是念：“如是诸行，其性无常。”余如前说。

云何观察香鬘涂饰所有变异无常之性？谓先观见种种香鬘鲜荣芬馥，后时见彼萎悴臰烂。见此事已，便作是念：“如是诸行，其性无常。”余如前说。

云何观察资具变异无常之性？谓观见彼未造已造，成满破坏，前后变异。见此事已，便作是念：“如是诸行，其性无常。”余如前说。

云何观察光明变异无常之性？谓由观见种种明闇生灭变异。见此事已，便作是念：“如是诸行，其性无常。”余如前说。

云何观察男女承奉所有变异无常之性？谓观见彼或衰或盛，不久坚住。见此事已，便作是念：“如是诸行，其性无常。”余如前说。

如是一切外事诸行，前之六种是所摄受事，后之十种是身资具事。以要言之，当知其性皆是无常。何以故？形相转变现可得故。

由如是等，如前所说诸变异行现见增上作意力故，于内外事，如其所应，以变异行观察一切是无常性。由是因缘，于诸变异无常之性现见不背，不由他缘，非他所引，随念观察，审谛决定。即由如是所说因缘，说名现见增上作意。

即由如是现见增上作意力故，观察变异无常性已，彼诸色行虽复现有，刹那生灭，灭坏无常，而微细故，非现所得，故依现见增上作意，应正比度。

云何比度？谓彼诸行要有刹那生灭灭坏，方可得有前后变异，非如是住，得有变异，是故诸行必定应有刹那生灭。

彼彼众缘和合有故，如是如是诸行得生，生已不待灭坏因缘，自然灭坏。如是所有变异因缘，能令诸行转变生起。此是变异生起因缘，非是诸行灭坏因缘。所以者何？由彼诸行与世现见灭坏因缘俱灭坏已，后不相似生起可得，非彼一切全不生起。或有诸行既灭坏已，一切生起全不可得。如煎水等，最后一切皆悉消尽，灾火焚烧器世间已，都无灰烬，乃至余影亦不可得。彼亦因缘后后展转渐减尽故[①]，最后一切都无所有，不由其火作如是事。是故变异由前所说八种因缘，令变生起，自然灭坏。如是比度作意力故，由灭坏行，于彼诸行刹那生灭，灭坏无常，而得决定。于如是事得决定已，复于他世非所现见诸行生起，应正比度。

云何比度？谓诸有情现有种种差别可得，或好形色，或恶形色，或上族姓，或下族姓，或富族姓，或贫族姓，或大宗叶，或小宗叶，或长寿命，或短寿命，言或威肃，或不威肃，或性利根，或性钝根。如是一切有情差别，定由作业有其差别方可成立，非无作业。如是有情色类差别，定由先世善不善业造作增长种种品类，由彼因缘，于今自体差别生起，不应自在变化为因。

何以故？若说自在变化为因，能生诸行，此所生行，为唯用彼自在为缘，为待余缘，如是自在方能变化？若唯用彼自在为缘，是则诸行与彼自在俱应本有，何须更生？若言先有自在体性，然后行生，是则诸行不唯自在为缘生起。若言自在随其所欲功用祈愿方能造化，是故亦用欲为因缘，非唯自在。若尔，此欲为有因耶？为无因耶？若言有因，即用自在以为因者，此则同前所说过失，不应道理。若言此欲更有余因，是则如欲功用祈愿[②]，离自在外，余法为因。如是亦应一切诸行皆用余法以为其因，何须妄计无用

① 彼亦因缘后后展转渐减尽故，底本与《资福藏》《碛砂藏》《赵城金藏》《普宁藏》《径山藏》《高丽藏》相同；《房山石经》《永乐南藏》“减”作“灭”。

② 是则如欲功用祈愿，底本与《房山石经》《赵城金藏》《径山藏》《高丽藏》相同；《资福藏》《碛砂藏》《普宁藏》《永乐南藏》“祈”作“初”。

自在？由如是等比度增上作意力故，于有他世诸行生起获得决定。

如是略由三种增上作意力故，寻思观察内外诸行是无常性，谓净信增上作意力故，现见增上作意力故，比度增上作意力故。

于前所举能随顺修无常五行，已辩变异、灭坏二行。

云何复由别离行故，观无常性？谓依内外二种别离，应知诸行是无常性：依内别离无常性者，谓如有一，先为他主，非奴非使，能自受用，能驱役他作诸事业。彼于后时退失主性，非奴使性，转得他奴及所使性。于主性等，名为别离无常之性。依外别离无常性者，谓现前有资生财宝，先未变异，未为别离无常灭坏，后时为王、盗贼、非爱及共财等之所劫夺，或由恶作，加行失坏，或方便求，而不能得。

如是等类，应知是名由别离行知无常性。

云何复由法性行故，观无常性？谓即所有变异无常、灭坏无常、别离无常，于现在世犹未合会，于未来世当有法性，如实通达如是诸行于未来世当有法性。如是等类，名为通达法性无常。

云何复由合会行故，观无常性？谓即如是变异无常、灭坏无常、别离无常，于现在世合会现前，如实通达如是诸行于现在世现前合会。如是等类，名为通达合会无常。

彼于如是内外诸行五无常性，由五种行，如其所应，作意修习、多修习故，获得决定。

如是由证成道理及修增上故，于无常行得决定已，从此无间趣入苦行。

作是思惟："如是诸行皆是无常；是无常故，决定应是有生法性；如是诸行既是生法，即有生苦；既有生苦，当知亦有老病死苦、怨憎会苦、爱别离苦、求不得苦。"如是且由不可爱行趣入苦行。

如是复于有漏、有取、能顺乐受一切蕴中，由结缚行趣入苦行。所以者何？以于爱等结处生爱等结，于贪等缚处生贪等缚，便能招集生老病死愁悲忧苦一切扰恼纯大苦蕴。

如是复于有漏、有取、顺非苦乐一切蕴中，由不安隐行趣入苦行。所以者何？有漏、有取、顺非苦乐一切诸蕴，麤重俱行苦乐种子之所随逐，苦苦、坏苦不解脱故，一切皆是无常灭法。

如是行者于能随顺乐受诸行及乐受中，由结缚行趣入坏苦[①]；于能随顺苦受诸行及苦受中，由不可受行趣入苦苦[②]；于能随顺不苦不乐受诸行及不苦不乐受中，由不安隐行趣入行苦。

如是由结缚行、不可爱行、不安隐行增上力故，于三受中作如是说：诸所有受皆悉是苦。如是名为由无常行作意为先，趣入苦行。

复作是念："我于今者，唯有诸根，唯有境界，唯有从彼所生诸受，唯有其心，唯有假名我、我所法，唯有其见，唯有假立，此中可得，除此更无若过若增[③]。"如是唯有诸蕴可得，于诸蕴中无有常恒坚住主宰，或说为我，或说有情，或复于此说为生者、老者、病者及以死者，或复说彼能造诸业，能受种种果及异熟。由是诸行皆悉是空，无有我故，如是名为由无所得行趣入空行。

复作是念："所有诸行与其自相及无常相、苦相相应，彼亦一切从缘生故，不得自在，不自在故，皆非是我。"如是名为由不自在行，入无我行。

如是行者以其十行摄于四行，复以四行了苦谛相。

谓无常行，五行所摄：一、变异行；二、灭坏行；三、别离行；四、法性

① 由结缚行趣入坏苦，底本与《资福藏》《碛砂藏》《赵城金藏》《普宁藏》《永乐南藏》《径山藏》《高丽藏》相同；《房山石经》"行"作"诸行"。

② 由不可受行趣入苦苦，底本与《资福藏》《碛砂藏》《普宁藏》《永乐南藏》《径山藏》相同；《房山石经》《赵城金藏》《高丽藏》"受"作"爱"。

③ 除此更无若过若增，底本与《房山石经》《资福藏》《碛砂藏》《赵城金藏》《径山藏》《高丽藏》相同；《普宁藏》《永乐南藏》"若增"作"者增"。

行；五、合会行。

苦行，三行所摄：一、结缚行；二、不可爱行；三、不安隐行。

空行，一行摄所[①]，谓无所得行。

无我行，一行所摄，谓不自在行。

彼由十行悟入四行。复由四行于苦谛相正觉了已，次复观察如是苦谛何因、何集、何起、何缘，由断彼故，苦亦随断。如是即以集谛四行了集谛相，谓了知爱能引苦故，说名为因；既引苦已，复能招集令其生故，说名为集；既生苦已，令彼起故，说名为起；复于当来诸苦种子能摄受故，次第招引诸苦集故，说名为缘。

复有差别，谓了知爱是取因故，复能招集即以其取为因有故[②]，复能生起有为上首当来生故，又能引发以生为缘老病死等诸苦法故，随其所应，当知说名因、集、起、缘。

复有差别，谓正了知烦恼随眠附属所依，爱随眠等是当来世后有生因。又正了知彼所生缠，随其所应，是集、起、缘，谓后有爱能招引故，即是其集；此后有爱复能发起喜贪俱行爱；此喜贪俱行爱复与多种彼彼喜爱为缘。如是依止爱随眠等及三种缠，能生后有及能发起诸爱差别，是故说名因、集、起、缘。如是行者，由四种行了集谛相。

于集谛相正觉了已，复正觉了如是集谛无余息灭，故名为灭；一切苦谛无余寂静，故名为静；即此灭、静是第一故，是最胜故，是无上故，说名为妙；是常住故，永出离故，说名为离。如是行者，由四种行了灭谛相。

于灭谛相正觉了已，复正觉了真对治道于所知境能通寻求义故，能实

① 一行摄所，底本与《资福藏》《碛砂藏》《永乐南藏》《径山藏》相同；《房山石经》《赵城金藏》《普宁藏》《高丽藏》“摄所”作“所摄”。

② 复能招集即以其取为因有故，底本与《资福藏》《碛砂藏》《赵城金藏》《普宁藏》《永乐南藏》《径山藏》《高丽藏》相同；《房山石经》“因有”作“摄所”。

寻求义故，由于四门随转义故，一向能趣涅槃义故，所以说名道、如、行、出。如是行者，由四种行了道谛相。

如是名为于四圣谛自内现观了相作意。

彼既如是于其自内现见诸蕴依诸谛理无倒寻思正观察已，复于所余不同分界不现见蕴比度观察。谓彼所有有为有漏，遍一切处，遍一切种，于一切时，皆有如是法，皆堕如是理，皆有如是性；彼所有灭皆永寂静，常住安乐；彼所有道皆能永断，究竟出离。

当知此中，若于现见诸蕴谛智，若于所余不同分界不现见境比度谛智①，即是能生法智、类智种子依处。

又即如是了相作意，当知犹为闻思间杂。

若观行者于诸谛中如是数数正观察故，由十六行，于四圣谛证成道理已得决定。复于诸谛尽所有性、如所有性超过闻思间杂作意，一向发起修行胜解，此则名为胜解作意。

如是作意唯缘谛境，一向在定。

于此修习、多修习故，于苦集二谛境中得无边际智。由此智故，了知无常，发起无常无边际胜解。如是了知苦等，发起苦无边际胜解、空无我无边际胜解、恶行无边际胜解、往恶趣无边际胜解、兴衰无边际胜解，及老病死愁悲忧苦一切扰恼无边际胜解。此中无边际者，谓生死流转。

如是诸法无边无际，乃至生死流转不绝，常有如是所说诸法。唯有生死无余息灭，此可息灭，更无有余息灭方便。

即于如是诸有诸趣死生法中，以无愿行、无所依行、深厌逆行发起胜解，精勤修习胜解作意。

复于如是诸有诸生增上意乐深心厌怖；及于涅槃随起一行深心愿乐。

① 若于所余不同分界不现见境比度谛智，底本与《资福藏》《碛砂藏》《赵城金藏》《普宁藏》《永乐南藏》《径山藏》《高丽藏》相同；《房山石经》“余”作“解”。

彼于长夜其心爱乐世间色声香味触等，为诸声色香味触等滋长积集[①]。由是因缘，虽于涅槃深心愿乐，而复于彼不能趣入，不能澄净[②]，不能安住，不能胜解，其心退转。

于寂静界未能深心生希仰故，有疑虑故，其心数数厌离惊怖。

虽于一切苦集二谛数数深心厌离惊怖，及于涅槃数数发起深心愿乐，然犹未能深心趣入。

何以故？以彼犹有能障现观麤品我慢随入作意间无间转[③]。

作是思惟："我于生死曾久流转，我于生死当复流转。我于涅槃当能趣入，我为涅槃修诸善法。我能观苦真实是苦，我能观集真实是集，我能观灭真实是灭，我能观道真实是道。我能观空真实是空，我观无愿真是无愿，我观无相真是无相。如是诸法是我所有。"

由是因缘，虽于涅槃深心愿乐，然心于彼不能趣入。

彼既了知如是我慢是障碍已，便能速疾以慧通达，弃舍任运随转作意，制伏一切外所知境趣入作意，随作意行，专精无间观察圣谛，随所生趣心谢灭时[④]，无间生心作意观察，方便流注，无有间断。彼既如是以心缘心，专精无替，便能令彼随入作意，障碍现观麤品我慢无容得生。

如是勤修瑜伽行者，观心相续，展转别异，新新而生，或增或减，蹔时而有，率尔现前，前后变易，是无常性；观心相续，入取蕴摄，是为苦性；观心相续，离第二法，是为空性；观心相续，从众缘生，不得自在，是

① 为诸色声香味触等滋长积集，底本与《资福藏》《碛砂藏》《普宁藏》《永乐南藏》相同；《房山石经》《赵城金藏》《径山藏》《高丽藏》"声香"作"香"。

② 不能澄净，底本与《房山石经》《资福藏》《碛砂藏》《普宁藏》《永乐南藏》《径山藏》《高丽藏》相同；《赵城金藏》"澄"作"证"。

③ 以彼犹有能障现观麤品我慢随入作意间无间转，底本与《房山石经》《资福藏》《碛砂藏》《赵城金藏》《永乐南藏》《径山藏》《高丽藏》相同；《普宁藏》"无间"作"无闻"。

④ 随所生趣心谢灭时，底本与《房山石经》《资福藏》《碛砂藏》《普宁藏》《永乐南藏》《径山藏》《高丽藏》相同；《赵城金藏》"趣"作"起"。

无我性。如是名为悟入苦谛。

次复观察此心相续，以爱为因，以爱为集，以爱为起，以爱为缘，如是名为悟入集谛。

次复观察此心相续所有择灭，是永灭性，是永静性，是永妙性，是永离性，如是名为悟入灭谛。

次复观察此心相续究竟对治趣灭之道，是真道性，是真如性，是真行性，是真出性。如是名为悟入道谛。

如是先来未善观察，今善作意方便观察，以微妙慧，于四圣谛能正悟入；即于此慧现近[①]、修习、多修习故，能缘、所缘平等平等正智得生；由此生故断[②]，能断障碍爱乐涅槃所有麤品现行我慢，又于涅槃深心愿乐速能趣入，心无退转，离诸怖畏，摄受增上意乐适悦。

如是行者，于诸圣谛下忍所摄能缘、所缘平等平等智生，是名为煖；中忍所摄能缘、所缘平等平等智生，是名为顶；上忍所摄能缘、所缘平等平等智生，名谛顺忍。彼既如是断能障碍麤品我慢，及于涅槃摄受增上意乐适悦，便能舍离后后观心所有加行，住无加行、无分别心。彼于尔时其心似灭，而非实灭，似无所缘，而非无缘。又于尔时其心寂静，虽似远离，而非远离。又于尔时非美睡眠之所覆盖，唯有分明无高无下奢摩他行。复有一类，闇昧愚痴，于美睡眠之所覆盖，其心似灭非实灭中起增上慢，谓为现观。此不如是。既得如是趣现观心，不久当入正性离生，即于如是寂静心位最后一念无分别心，从此无间，于前所观诸圣谛理起内作意，此即名为世第一法。从此已后，出世心生，非世间心。此是世间诸行最后界畔

① 即于此慧现近，底本与《碛砂藏》《普宁藏》《永乐南藏》《径山藏》相同；《房山石经》《资福藏》《赵城金藏》《高丽藏》"现"作"亲"。

② 由此生故断，底本与《资福藏》《碛砂藏》《普宁藏》《永乐南藏》《径山藏》相同；《房山石经》《赵城金藏》《高丽藏》无"断"字。

边际，是故名为世第一法。

从此无间，于前所观诸圣谛理起内作意，作意无间，随前次第所观诸谛，若是现见，若非现见诸圣谛中，如其次第，有无分别决定智、现见智生。由此生故，三界所系、见道所断附属所依诸烦恼品一切麤重，皆悉永断。此永断故，若先已离欲界贪者，彼于今时既入如是谛现观已，得不还果。彼与前说离欲者相，当知无异。然于此中少有差别，谓当受化生，即于彼处当般涅槃，不复还来生此世间。若先倍离欲界贪者，彼于今时既入如是谛现观已，得一来果；若先未离欲界贪者，彼于今时既入如是谛现观已，麤重永息，得预流果。

由能知智与所知境和合无乖，现前观察，故名现观。如刹帝利与刹帝利和合无乖，现前观察，名为现观。婆罗门等，当知亦尔。

此亦成就众多相状，谓证如是谛现观故，获得四智，谓于一切若行若住诸作意中善推求故，得唯法智，得非断智，得非常智，得缘生行如幻事智；若行境界，由失念故，虽起猛利诸烦恼缠，蹔作意时，速疾除遣；又能毕竟不堕恶趣；终不故思违越所学，乃至傍生亦不害命；终不退转，弃舍所学；不复能造五无间业；定知苦乐非自所作[①]，非他所作，非自他作，非非自他无因而生；终不求请外道为师，亦不于彼起福田想；于他沙门、婆罗门等，终不观瞻口及颜面，唯自见法，得法知法，证法源底，越度疑惑，不由他缘，于大师教，非他所引，于诸法中得无所畏；终不妄计世瑞吉祥以为清净；终不更受第八有生；具足成就四种证净。

如是行者，乃至世第一法已前，名胜解作意。于诸圣谛现观已后，乃至永断见道所断一切烦恼，名远离作意。

复从此后，为欲进断修所断惑，如所得道更数修习，永断欲界上品、

① 定知苦乐非自所作，底本与《资福藏》《碛砂藏》《赵城金藏》《普宁藏》《永乐南藏》《径山藏》《高丽藏》相同；《房山石经》“苦乐”作“业果”。

中品诸烦恼已，得一来果。如预流果所有诸相，今于此中当知亦尔。然少差别。谓苦行境界[①]，于能随顺上品猛利烦恼缠处，由失念故，暂起微劣诸烦恼缠，寻能作意，速疾除遣，唯一度来生此世间，便能究竟作苦边际。得不还果及不还相，如前已说。

当知此中，由观察作意，于一切修道数数观察已断未断，如所得道，而正修习。

又于此中云何名修自性？云何名修业？云何名修品类差别？

谓由定地作意，于世出世善有为法修习增长，无间所作，殷重所作，令心相续，会彼体性，如是名为修定自性[②]。

当知修业略有八种：一、有一类法，由修故得；二、有一类法，由修故习；三、有一类法，由修故净；四、有一类法，由修故遣；五、有一类法，由修故知；六、有一类法，由修故断；七、有一类法，由修故证；八、有一类法，由修故远。

若先未得殊胜善法，修习令得，名修故得。

若先已得，令转现前，名修故习。

若先已得，未令现前，但由修习彼种类法，当令现前，令转清净鲜白生起，名修故净。

若有失念，染法现行，修善法力，令不忍受，断除变吐，名修故遣。

若未生起所应断法，修善法力，了知如病，深心厌坏，了知如痈如箭，障碍无常、苦、空及以无我，深心厌坏，名修故知。

如是知已，数修习故，无间道生，断诸烦恼，名修故断。

① 谓苦行境界，底本与《碛砂藏》《普宁藏》《永乐南藏》《径山藏》相同；《房山石经》《资福藏》《赵城金藏》《高丽藏》“苦”作“若”。

② 如是名为修定自性，底本与《资福藏》《碛砂藏》《普宁藏》《永乐南藏》《径山藏》相同；《房山石经》《赵城金藏》《高丽藏》“定”作“之”。

烦恼断已，证得解脱，名修故证。

如如进趣上地善法，如是如是令其下地已断诸法转成远分、乃至究竟，名修故远。

当知是名八种修业。

应知此修品类差别有十一种：一、奢摩他修；二、毗钵舍那修；三、世间道修；四、出世道修；五、下品道修；六、中品道修；七、上品道修；八、加行道修；九、无间道修；十、解脱道修；十一、胜进道修。

奢摩他修者，谓九种行令心安住，如前已说。

毗钵舍那修，亦如前说。

世间道修者，谓于诸下地见麤相故，于诸上地见静相故，乃至能趣无所有处一切离欲。

出世道修者，谓正思惟苦真是苦，集真是集，灭真是灭，道真是道，由正见等无漏圣道，乃至能趣非想非非想处一切离欲。

下品道修者，谓由此故，能断最麤上品烦恼。

中品道修者，谓由此故，能断所有中品烦恼。

上品道修者，谓由此故，能断所有最后所断下品烦恼。

加行道修者，谓由此故，为断烦恼，发起加行。

无间道修者，谓由此故，正断烦恼。

解脱道修者，谓由此故，或断无间证得解脱。

胜进道修者，谓由此故，从是已后，修胜善法，乃至未起余地烦恼能治加行，或复未起趣究竟位。

当知是名十一种修品类差别。

如是于修勤修习者，于时时间，应正观察所有烦恼已断未断。于时时间，于可厌法深心厌离，于时时间，于可欣法深心欣慕，如是名为摄乐作意。

彼即于此摄乐作意亲近、修习、多修习故，有能无余永断修道所断烦恼最后学位，喻如金刚三摩地生。由此生故，便能永断修道所断一切烦恼。

问：何因缘故，此三摩地名金刚喻？

答：譬如金刚，望余一切末尼、真珠、瑠璃、螺贝、璧玉、珊瑚等诸珍宝，最为坚固，能穿能坏所余宝物，非余宝物所能穿能坏[1]。

如是此三摩地于诸有学三摩地中，最上最胜，最为坚固，能坏一切所有烦恼，非上烦恼所能蔽伏，是故此三摩地名金刚喻。

从此金刚喻三摩地，无间永害一切烦恼品麤重种子，其心于彼究竟解脱，证得毕竟种性清净。于诸烦恼究竟尽中，发起尽智；由因尽故，当来苦果毕竟不生，即于此中起无生智。彼于尔时成阿罗汉，诸漏已尽，所作已办，无复所作，证得自义，尽诸有结。已正奉行如是圣教[2]，心善解脱，已具成就十无学法，谓无学正见、正思惟，乃至无学正解脱、正智。于诸住中及作意中，能随己心自在而转。随所乐住，或圣或天，或梵住中，即能安住。随乐思惟所有正法能引世间或出世间诸善义利，即能思惟。

言圣住者，谓空住、无愿住、无相住、灭尽定住。言天住者，谓诸静虑、诸无色住。

言梵住者，谓慈住、悲住、喜住、舍住。

又于尔时至极究竟，毕竟无垢，毕竟证得梵行边际。离诸关键，已出深坑，已度深堑，已能摧伏彼伊师迦，是为真圣，摧灭高幢。已断五支，成就六支，一向守护四所依止。最极远离，独一谛实，弃舍希求，无浊思惟，

① 非余宝物所能穿能坏，底本与《资福藏》《碛砂藏》《普宁藏》《永乐南藏》《径山藏》相同；《房山石经》《赵城金藏》《高丽藏》“能坏”作“坏”。

② 已正奉行如是圣教，底本与《径山藏》相同；《房山石经》《资福藏》《碛砂藏》《赵城金藏》《普宁藏》《永乐南藏》《高丽藏》“是”作“来”。

身行猗息。以善解脱[1]，慧善解脱。独一无侣，正行已立，名已亲近无上丈夫。具足成就六恒住法，谓眼见色已，无喜无忧，安住上舍、正念、正知。如是耳闻声已，鼻嗅香已，舌尝味已，身觉触已，意了法已，无喜无忧，安住上舍、正念、正知。彼于尔时领受贪欲无余永尽，领受瞋恚无余永尽，领受愚痴无余永尽。彼贪瞋痴皆永尽故，不造诸恶，习近诸善。其心犹如虚空净水，如妙香檀，普为一切天帝天王恭敬供养。住有余依般涅槃界，度生死海，已到彼岸，亦名住持最后有身[2]。先业烦恼所引诸蕴自然灭故，余取无故，不相续故，于无余依般涅槃界而般涅槃。此中都无般涅槃者，如于生死无流转者，唯有众苦永灭寂静，清凉灭没，唯有此处最为寂静，所谓弃舍一切所依，爱尽离欲，永灭涅槃。当知此中，有如是相。阿罗汉苾刍诸漏永尽，不能习近五种处所：一者，不能故思杀害诸众生命；二者，不能不与而取；三者，不能行非梵行习婬欲法；四者，不能知而妄语；五者，不能贮畜受用诸欲资具。如是不能妄计苦乐自作、他作、自他俱作、非自他作无因而生。又亦不能怖畏一切不应记事。又亦不能于云、雷电、霹雳、灾雹及见种种怖畏事已，深生惊怖。

当知此中，金刚喻定所摄作意，名加行究竟作意。最上阿罗汉果所摄作意，名加行究竟果作意。

由如是等多种作意，依出世道证得究竟。

如是一切名声闻地。此是一切正等觉者所说一切声闻相应教法根本，犹如一切名、句、文身是所制造文章、咒术、异论根本。

① 以善解脱，底本与《资福藏》《碛砂藏》《普宁藏》《永乐南藏》《径山藏》相同；《房山石经》《赵城金藏》《高丽藏》“以”作“心”。

② 亦名住持最后有身，底本与《资福藏》《碛砂藏》《普宁藏》《永乐南藏》《径山藏》相同；《房山石经》《赵城金藏》《高丽藏》“住”作“任”。

瑜伽师地论卷第三十五

本地分中独觉地第十四

如是已说声闻地。云何独觉地？当知此地有五种相：一者，种性；二者，道；三者，习；四者，住；五者，行。

云何独觉种性？谓由三相应正了知：一者，本性独觉，先未证得彼菩提时，有薄尘种性，由此因缘，于愦闹处，心不爱乐，于寂静处，深心爱乐；二者，本性独觉，先未证得彼菩提时，有薄悲种性，由是因缘，于说正法利有情事，心不爱乐，于少思务寂静住中，深心爱乐；三者，本性独觉，先未证得彼菩提时，有中根种性，是慢行类，由是因缘，深心希愿，无师无敌，而证菩提。

云何独觉道？谓由三相应正了知，谓有一类，安住独觉种性，经于百劫，值佛出世，亲近承事，成熟相续，专心求证独觉菩提。于蕴善巧，于处善巧，于界善巧，于缘起善巧，于处非处善巧，于谛善巧勤修学故，于当来世速能证得独觉菩提。如是名为初独觉道。复有一类，值佛出世，亲近善士，听闻正法，如理作意[①]，于先所未起顺决择分善根，引发令起，谓煖、顶、忍，而无力能即于此生证法现观，得沙门果。复修蕴善巧，修处善巧，修界善巧，修缘起善巧，修处非处善巧，修谛善巧故，于当来世能证法现观，得沙门果。是名第二独觉道。复有一类，值佛出世，亲近善士，听闻正法，如理作意，证法现观，得沙门果，而无力能于一切种至极究竟，毕竟离垢，毕竟证得梵行边际阿罗汉果，复修蕴善巧，修处善巧，修界善巧，修缘起善巧，修处非处善巧，修谛善巧故，依出世道，于当来世至极究竟，毕

① 如理作意，底本与《房山石经》《资福藏》《碛砂藏》《赵城金藏》《永乐南藏》《径山藏》《高丽藏》相同；《普宁藏》“意”作“竟”。

竟离垢，毕竟证得梵行边际阿罗汉果。是名第三独觉道。

云何独觉习？谓有一类，依初独觉道，满足百劫，修集资粮。过百劫已，出无佛世。无师自能修三十七菩提分法，证法现观，得独觉菩提果，永断一切烦恼，成阿罗汉。复有一类，或依第二，或依第三独觉道，由彼因缘，出无佛世，无师自能修三十七菩提分法，或证法现观，乃至得阿罗汉果，或得沙门果，至极究竟，毕竟离垢，毕竟证得梵行边际，证得最上阿罗汉果。当知此中，由初习故，成独觉者，名麟角喻；由第二、第三习故，成独胜者[①]，名部行喻。

云何独觉住？谓初所习麟角喻独觉，乐处孤林，乐独居住，乐甚深胜解，乐观察甚深缘起道理，乐安住最极空、无愿、无相作意。若第二、第三所习部行喻独胜[②]，不必一向乐处孤林，乐独居住，亦乐部众共相杂住。所余住相，如麟角喻。

云何独觉行？谓一切独觉随依彼彼村邑聚落而住，善护其身，善守诸根，善住正念，随入彼彼村邑聚落，或为乞食。或济度他下劣愚昧，以身济度，不以语言。何以故？唯现身相，为彼说法，不发言故。示现种种神通境界，乃至为令心诽谤者生归向故。又彼一切，应知本来一向趣寂。

本地分中菩萨地第十五
初持瑜伽处种性品第一

如是已说独觉地。云何菩萨地？嗢柁南曰[③]：

---

① 成独胜者，底本与《资福藏》《碛砂藏》《赵城金藏》《普宁藏》《永乐南藏》《径山藏》《高丽藏》相同；《房山石经》“胜”作“觉”。

② 若第二第三所习部行喻独胜，底本与《资福藏》《碛砂藏》《赵城金藏》《普宁藏》《永乐南藏》《径山藏》《高丽藏》相同；《房山石经》“胜”作“觉”。

③ 嗢柁南曰，底本与《资福藏》《碛砂藏》《普宁藏》《永乐南藏》《径山藏》相同；《房山石经》《赵城金藏》《高丽藏》“柁”作“拕”，下同。

初持次相分，增上意乐住，

生摄受地行[①]，建立最为后。

有十法具摄大乘菩萨道及果。何等为十？一者，持；二者，相；三者，分；四者，增上意乐；五者，住；六者，生；七者，摄受；八者，地；九者，行；十者，建立。

云何名持？谓诸菩萨自乘种性、最初发心及以一切菩提分法，是名为持。

何以故？以诸菩萨自乘种性为依止故[②]，为建立故，有所堪任，有大势力，能证无上正等菩提，是故说彼自乘种性为诸菩萨堪任性持。

以诸菩萨最初发心为所依止，为建立故，于施、戒、忍、精进、静虑、慧，于六波罗蜜多，于福德资粮、智慧资粮，于一切菩提分法，能勤修学，是故说彼最初发心为诸菩萨行加行持。

以诸菩萨一切所行菩提分法为所依止，为建立故，圆满无上正等菩提，是故说彼一切所行菩提分法为所圆满大菩提持。

住无种性补特伽罗，无种性故，虽有发心及行加行为所依止[③]，定不堪任圆满无上正等菩提。

由此道理，虽未发心，未修菩萨所行加行，若有种性，当知望彼而得名持。

又住种性补特伽罗[④]，若不发心，不修菩萨所行加行，虽有堪任，而

① 生摄受地行，底本与《资福藏》《碛砂藏》《赵城金藏》《普宁藏》《永乐南藏》《径山藏》《高丽藏》相同；《房山石经》“地”作“他”。

② 以诸菩萨自乘种性为依止故，底本与《房山石经》《资福藏》《碛砂藏》《普宁藏》《永乐南藏》《径山藏》相同；《赵城金藏》《高丽藏》“依”作“所依”。

③ 虽有发心及行加行为所依止，底本与《房山石经》《碛砂藏》《赵城金藏》《永乐南藏》《径山藏》《高丽藏》相同；《资福藏》《普宁藏》“加”作“于”。

④ 又住种性补特伽罗，底本与《资福藏》《碛砂藏》《普宁藏》《永乐南藏》《径山藏》《高丽藏》相同；《房山石经》《赵城金藏》“特”作“持”。

不速证无上菩提；与此相违，当知速证。

又此种性已说名持，亦名为助，亦名为因，亦名为依，亦名阶级，亦名前导，亦名舍宅。如说种性，最初发心、所行加行应知亦尔。

云何种性？谓略有二种：一、本性住种性①；二、习所成种性。

本性住种性者，谓诸菩萨六处殊胜，有如是相，从无始世展转传来，法尔所得，是名本性住种性。

习所成种性者，谓先串习善根所得，是名习所成种性。

此中义意，二种皆取。

又此种性亦名种子，亦名为界，亦名为性。

又此种性未习成果，说名为细，未有果故；已习成果，说名为麤，与果俱故。

若诸菩萨成就种性，尚过一切声闻、独觉，何况其余一切有情。当知种性无上最胜。

何以故？略有二种净②：一、烦恼障净；二、所知障净。

一切声闻、独觉种性唯能当证烦恼障净，不能当证所知障净；菩萨种性亦能当证烦恼障净，亦能当证所知障净。是故说言望彼一切，无上最胜。

复由四事，当知菩萨胜于一切声闻、独觉。何等为四？一者，根胜；二者，行胜；三者，善巧胜；四者，果胜。

言根胜者，谓诸菩萨本性利根，独觉中根，声闻软根，是名根胜。

言行胜者，谓诸菩萨亦能自利，亦能利他，利益安乐无量众生，哀愍

---

① 本性住种性，底本与《房山石经》《赵城金藏》《径山藏》《高丽藏》相同；《资福藏》《碛砂藏》《普宁藏》《永乐南藏》“本性”作“本姓”，“种性”作“种姓”，下同。

② 略有二种净，底本与《资福藏》《碛砂藏》《普宁藏》《永乐南藏》《径山藏》“二”作“一”，据《房山石经》《赵城金藏》《高丽藏》及上下文意改。

世间，令诸天人获得胜义利益安乐；声闻、独觉唯行自利：是名行胜。

善巧胜者，声闻、独觉于蕴、界、处、缘起、处非处中能修善巧，菩萨于此及于其余一切明处能修善巧，是名善巧胜。

言果胜者，声闻能证声闻菩提，独觉能证独觉菩提，菩萨能证阿耨多罗三藐三菩提。是名果胜。

又诸菩萨有六波罗蜜多种性相，由此相故，令他了知真是菩萨，谓施波罗蜜多种性相、戒、忍、精进、静虑、慧波罗蜜多种性相。

云何菩萨施波罗蜜多种性相？谓诸菩萨本性乐施，于诸现有堪所施物，恒常无间，性能于他平等分布。心喜施与，意无追悔。施物虽少，而能均布，惠施广大，而非狭小。无所惠施，深怀惭耻。常好为他赞施劝施，见能施者，心怀喜悦。于诸尊重、耆宿、福田、应供养者，从座而起，恭敬奉施。

于其彼彼此世、他世有情无情利益事中[①]，若请不请，如理为说。

若诸有请怖于王、贼及水、火等，施以无畏，能于种种常极怖中随力济拔。

受他寄物，未尝差违。若负他债，终不抵诳。于共财所，亦无欺調。于其种种末尼、真珠、瑠璃[②]、螺贝、璧玉[③]、珊瑚、金银等宝资生具中，心迷倒者，能正开悟，尚不令他欺罔于彼，况当自为。

其性好乐广大财位，于彼一切广大资财，心好受用，乐大事业，非狭

① 于其彼彼此世他世有情无情利益事中，底本与《普宁藏》《永乐南藏》《径山藏》相同；《房山石经》《资福藏》《碛砂藏》《赵城金藏》《高丽藏》“无情”作“无罪”。

② 瑠璃，《房山石经》《资福藏》《碛砂藏》《赵城金藏》《普宁藏》《永乐南藏》《径山藏》《高丽藏》作“琉璃”。

③ 璧玉，底本与《资福藏》《普宁藏》《径山藏》相同；《房山石经》《碛砂藏》《赵城金藏》《永乐南藏》《高丽藏》“璧”作“壁”。

小门。于诸世间酒色博戏、歌舞倡妓[1]、种种变现耽著事中，速疾厌舍，深生惭愧。得大财宝尚不贪著，何况小利。

如是等类，当知名为菩萨施波罗蜜多种性相。

云何菩萨戒波罗蜜多种性相？谓诸菩萨本性成就輭品不善身语意业，不极暴恶，于诸有情不极损恼。虽作恶业，速疾能悔，常行耻愧，不生欢喜。不以刀杖手块等事恼害有情，于诸众生，性常慈爱。

于所应敬[2]，时起奉迎，合掌问讯，现前礼拜。

修和敬业，所作机捷，非为愚钝，善顺他心。

常先含笑，舒颜平视，远离颦蹙，先言问讯。

于恩有情，知恩知报。于来求者，常行质直，不以谄诳，而推谢之。

如法求财，不以非法，不以卒暴。

性常喜乐修诸福业，于他修福尚能奖助，况不自为。

若见若闻他所受苦，所谓杀缚[3]、割截、捶打、诃毁、迫胁，于是等苦，过于自受。重于法受及重后世。于少罪中尚深见怖，何况多罪。

于他种种所应作事，所谓商农放牧、事王、书印筭数、善和诤讼、追求财宝、守护储积、方便出息及以舍施、婚姻集会，于是一切如法事中，悉与同事。

于他种种斗讼诤竞，或余所有互相恼害，能令自他无义无益，受诸苦恼，如是一切非法事中，不与同事。

善能制止所不应作，谓十种恶不善业道。

---

① 歌舞倡妓，底本与《资福藏》《碛砂藏》《普宁藏》《永乐南藏》《径山藏》相同；《房山石经》《赵城金藏》《高丽藏》“妓”作“伎”。

② 于所应敬，底本与《房山石经》《资福藏》《碛砂藏》《普宁藏》《永乐南藏》《径山藏》《高丽藏》相同；《赵城金藏》“敬”作“供”。

③ 所谓杀缚，底本与《资福藏》《碛砂藏》《普宁藏》《永乐南藏》《径山藏》相同；《房山石经》《赵城金藏》《高丽藏》“杀”作“煞”。

不违他命，善顺于他，同忍同戒。于他事业，随彼所欲，废己所作，而为成办。

其心温润，其心纯净，恚心、害心不久相续，随生随舍，起贤善心。

尊重实语，不诳惑他，不离他亲，亦不好乐，不轻尔说无义无利不相应语。言常柔輭，无有麤犷，于己僮仆尚无苦言，况于他所①。敬爱有德，如实赞彼。

如是等类，当知名为菩萨戒波罗蜜多种性相。

云何菩萨忍波罗蜜多种性相？谓诸菩萨性于他所遭不饶益，无恚害心，亦不反报。若他谏谢，速能纳受，终不结恨，不久怀怨。

如是等类，当知名为菩萨忍波罗蜜多种性相。

云何菩萨精进波罗蜜多种性相？谓诸菩萨性自翘勤，夙兴晚寐，不深躭乐睡眠倚乐。于所作事，勇决乐为，不生懈怠，思择方便，要令究竟。凡所施为一切事业，坚固决定，若未皆作，未皆究竟，终不中间懈废退屈。于诸广大第一义中，心无怯弱，不自轻懱②，发勇猛心："我今有力能证于彼。"或入大众，或与他人共相击论，或余种种难行事业，皆无畏惮。能引义利大事务中尚无深倦，何况小事。

如是等类，当知名为菩萨精进波罗蜜多种性相。

云何菩萨静虑波罗蜜多种性相？谓诸菩萨性于法义能审思惟，无多散乱。若见若闻阿练若处、山岩林薮、边际卧具人不狎习离恶众生，随顺宴默，便生是念："是处安乐，出离远离。"常于出离及远离所，深生

① 况于他所，底本与《资福藏》《碛砂藏》《赵城金藏》《普宁藏》《永乐南藏》《径山藏》《高丽藏》相同；《房山石经》作"何况于他"。

② 不自轻懱，底本与《资福藏》《碛砂藏》《普宁藏》《永乐南藏》《径山藏》相同；《房山石经》《赵城金藏》《高丽藏》"懱"作"蔑"。

爱念[1]。

性薄烦恼，诸盖轻微，麤重羸弱，至远离处思量自义，心不极为诸恶寻思之所缠扰。

于其怨品，尚能速疾安住慈心，况于亲品及中庸品[2]。

若见若闻有苦众生为种种苦之所逼恼，起大悲心，于彼众生随能随力，方便拔济，令离众苦。于诸众生，性自乐施，利益安乐，亲属衰亡、丧失财宝、煞缚禁闭及驱摈等诸苦难中[3]，悉能安忍。

其性聪敏，于法能受，能持能思，成就念力，于久所作所说事中，能自记忆，亦令他忆。

如是等类，当知名为菩萨静虑波罗蜜多种性相。

云何菩萨慧波罗蜜多种性相？谓诸菩萨成俱生慧，能入一切明处境界。性不顽钝，性不微昧，性不愚痴，遍于彼彼离放逸处，有力思择。

如是等类，当知名为菩萨慧波罗蜜多种性相。

应知是名能比菩萨种性麤相，决定实义，唯佛世尊究竟现见。

由诸菩萨所有种性性，与如是功德相应，成就贤善诸白净法，是故能与难得、最胜、不可思议、无动、无上如来果位为证得因，应正道理，余不应理。

种性菩萨乃至未为白法相违四随烦恼若具不具之所染汙，性与如是白法相应。若被染汙，如是白法皆不显现，或于一时生诸恶趣。

菩萨虽生诸恶趣中，由种性力，应知与余生恶趣者有大差别。

---

① 常于出离及远离所深生爱念，底本与《永乐南藏》《径山藏》相同；《房山石经》《资福藏》《碛砂藏》《赵城金藏》《普宁藏》《高丽藏》“念”作“慕”。

② 况于亲品及中庸品，底本与《资福藏》《碛砂藏》《赵城金藏》《普宁藏》《永乐南藏》《径山藏》《高丽藏》相同；《房山石经》“庸”作“容”。

③ 亲属衰亡丧失财宝煞缚禁闭及驱摈等诸苦难中，底本与《资福藏》《碛砂藏》《赵城金藏》《普宁藏》《永乐南藏》《径山藏》《高丽藏》相同；《房山石经》“宝”作“实”。

谓彼菩萨久处生死，或时时间生诸恶趣，虽暂生彼，速能解脱；虽在恶趣，而不受于猛利苦受，如余有情生恶趣者；虽触微苦，而能发生增上厌离，于生恶趣受苦有情，深起悲心。如是等事，皆由种性佛大悲因之所熏发，是故当知种性菩萨虽生恶趣，然与其余生恶趣者有大差别。

何等名为种性菩萨白法相违四随烦恼？谓放逸者由先串习诸烦恼故，性成猛利长时烦恼，是名第一随烦恼性[1]；又愚痴者、不善巧者，依附恶友，是名第二随烦恼性；又为尊长、夫主、贼及怨敌等所拘逼者[2]，不得自在，其心迷乱，是名第三随烦恼性；又资生具有匮乏者，顾恋身命，是名第四随烦恼性。

又诸菩萨虽具种性，由四因缘，不能速证阿耨多罗三藐三菩提。

何等为四？谓诸菩萨先未值遇诸佛、菩萨、真善知识为说菩提无颠倒道，如是名为第一因缘；又诸菩萨虽遇善友为说正道，而颠倒执，于诸菩萨正所学中颠倒修学，如是名为第二因缘；又诸菩萨虽遇善友为说正道，于诸菩萨正所学中无倒修学，而于加行方便慢缓，懈怠懒惰，不成勇猛炽然精进，如是名为第三因缘；又诸菩萨虽遇善友为说正道，于诸菩萨正所学中无倒修学，亦于加行勇猛精进，然诸善根犹未成熟，菩提资粮未得圆满，未于长时积习所有菩提分法，如是名为第四因缘。

如是菩萨虽有种性，因缘阙故，不能速证无上菩提；若具因缘，便能速证。

若无种性补特伽罗，虽有一切，一切种[3]，当知决定不证菩提。

---

① 是名第一随烦恼性，底本与《资福藏》《碛砂藏》《普宁藏》《永乐南藏》《径山藏》相同；《房山石经》《赵城金藏》《高丽藏》“性”作“姓”。

② 又为尊长夫主贼及怨敌等所拘逼者，底本与《房山石经》《资福藏》《碛砂藏》《赵城金藏》《普宁藏》《永乐南藏》《径山藏》相同；《高丽藏》“主”作“主王”。

③ 一切种，底本与《房山石经》《资福藏》《碛砂藏》《赵城金藏》《普宁藏》《永乐南藏》《径山藏》相同；《高丽藏》“种”作“一切种”。

本地分中菩萨地
初持瑜伽处发心品第二[①]

复次，菩萨最初发心，于诸菩萨所有正愿是初正愿，普能摄受其余正愿，是故发心以初正愿为其自性。

又诸菩萨起正愿心求菩提时，发如是心，说如是言："愿我决定当证无上正等菩提，能作有情一切义利，毕竟安处究竟涅槃及以如来广大智中。"如是发心，定自希求无上菩提，及求能作有情义利，是故发心以定希求为其行相。

又诸菩萨发大菩提及缘有情一切义利发心希求[②]，非无所缘，是故发心以大菩提及诸有情一切义利为所缘境。

又诸菩萨最初发心，能摄一切菩提分法殊胜善根为上首故，是善极善，是贤极贤，是妙极妙，能违一切有情处所三业恶行功德相应。

又诸菩萨最初发心所起正愿，于余一切希求世间、出世间义妙善正愿，最为第一，最为无上。

如是应知最初发心有五种相：一者，自性；二者，行相；三者，所缘；四者，功德；五者，最胜。

又诸菩萨初发心已，即名趣入无上菩提，预在大乘诸菩萨数。此据世俗言说道理。是故发心，趣入所摄。

---

① 本地分中菩萨地初持瑜伽处发心品第二，底本与《径山藏》相同；《房山石经》《资福藏》《碛砂藏》《赵城金藏》《普宁藏》《永乐南藏》《高丽藏》"初"作"第十五初"，下同。

② 又诸菩萨发大菩提及缘有情一切义利发心希求，底本与《资福藏》《碛砂藏》《赵城金藏》《普宁藏》《永乐南藏》《径山藏》相同；《房山石经》《高丽藏》"发大"作"缘大"。

又诸菩萨初发心已[1]，方能渐次速证无上正等菩提，非未发心。是故发心能为无上菩提根本。

又诸菩萨悲愍一切有苦众生，为欲济拔发菩提心。是故发心是悲等流。

又诸菩萨以初发心为所依止，为建立故，普于一切菩提分法及作一切有情义利菩萨学中皆能修学，是故发心是诸菩萨学所依止。如是应知最初发心是趣入摄，菩提根本，大悲等流，学所依止。

又诸菩萨最初发心略有二种：一者，永出；二、不永出。言永出者，谓发心已，毕竟随转，无复退还。不永出者，谓发心已，不极随转，而复退还。

此发心退复有二种：一者，究竟；二、不究竟。究竟退者，谓一退已，不能复发求菩提心。不究竟者，谓退已，后数数更发求菩提心。

当知菩萨最初发心，由四种缘、四因、四力。

云何四缘？谓善男子，或善女人，若见诸佛及诸菩萨有不思议甚奇希有神变威力，或从可信闻如是事。既见闻已，便作是念："无上菩提具大威德，令安住者及修行者成就如是所见所闻不可思议神变威力。"由此见闻增上力故，于大菩提深生信解，因斯发起大菩提心。是名第一初发心缘。

或有一类，虽不见闻如前所说神变威力，而闻宣说依于无上正等菩提微妙正法菩萨藏教，闻已深信。由闻正法及与深信增上力故，于如来智深生信解，为得如来微妙智故，发菩提心。是名第二初发心缘。

或有一类，虽不听闻如上正法，而见一切菩萨藏法将欲灭没。见是事已，便作是念："菩萨藏法久住于世，能灭无量众生大苦，我应住持菩萨藏法，发菩提心，为灭无量众生大苦。"由为护持菩萨藏法增上力故，于如来智深生信解，为得如来微妙智故，发菩提心。是名第三初发心缘。

① 又诸菩萨初发心已，底本与《资福藏》《碛砂藏》《普宁藏》《永乐南藏》《径山藏》相同；《房山石经》《赵城金藏》《高丽藏》"初"作"要"。

或有一类，虽不观见正法欲灭，而于末劫、末世、末时[①]，见诸浊恶众生身心，十随烦恼之所恼乱，谓多愚痴，多无惭愧，多诸悭嫉，多诸忧苦，多诸麤重，多诸烦恼，多诸恶行，多诸放逸，多诸懈怠，多诸不信。见是事已，便作是念："大浊恶世，于今正起诸随烦恼所恼乱时，能发下劣声闻、独觉菩提心者，尚难可得，况于无上正等菩提能发心者。我当应发大菩提心，令此恶世无量有情随学于我，起菩萨愿[②]。"由见末劫难得发心增上力故，于大菩提深生信解，因斯发起大菩提心。是名第四初发心缘。

云何四因？谓诸菩萨种性具足，是名第一初发心因；又诸菩萨赖佛、菩萨、善友摄受，是名第二初发心因；又诸菩萨于诸众生多起悲心，是名第三初发心因；又诸菩萨于极长时种种猛利无间无缺生死大苦、难行苦行，无有怯畏，是名第四初发心因。

若诸菩萨六处殊胜，从无始世展转传来，法尔所得，当知是名种性具足。

由四种相，当知菩萨善友具足，谓诸菩萨所遇善友，性不愚钝，聪明黠慧，不堕恶见，是名第一善友具足。又诸菩萨所遇善友，终不教人行于放逸，亦不授与诸放逸具，是名第二善友具足。又诸菩萨所遇善友，终不教人行于恶行，亦不授与诸恶行具，是名第三善友具足。又诸菩萨所遇善友，终不劝舍增上信、欲、受学、精进、方便、功德，而复劝修下劣信、欲、受学、精进、方便、功德，所谓终不劝舍大乘，劝修二乘；劝舍修慧，劝修思慧；劝舍思慧，劝修闻慧；劝舍闻慧，劝修福业；劝舍尸罗，劝修惠施。终不劝舍如是等类增上功德，而复劝修如是等类下劣功德，是名第四善

① 而于末劫末世末时，底本与《房山石经》《资福藏》《碛砂藏》《普宁藏》《永乐南藏》《径山藏》《高丽藏》相同；《赵城金藏》"末劫"作"未劫"，"末时"作"时"。

② 随学于我起菩萨愿，底本与《径山藏》相同；《房山石经》《资福藏》《碛砂藏》《赵城金藏》《普宁藏》《永乐南藏》《高丽藏》"萨"作"提"。

友具足。

由四因缘，当知菩萨于诸众生多起悲心。谓诸菩萨虽有十方无量无边无苦世界，而生有苦诸世界中，于中恒有众苦可得，非无众苦。或持见他随遭一苦触对逼切，或时见自随遭一苦触对逼切，或见自他随遭一苦触对逼切，或见二种俱遭长时种种猛利无间大苦触对逼切。然此菩萨依自种性，性自仁贤，依四境处，虽不串习，而能发起下中上悲，无有断绝。

由四因缘，当知菩萨于诸众生先起悲心，于极长时种种猛利无间无缺生死大苦、难行苦行，尚无怯畏，何况小苦。谓诸菩萨性自勇健，堪忍有力，当知是名第一因缘；又诸菩萨性自聪敏，能正思惟，具思择方[①]，当知是名第二因缘；又诸菩萨能于无上正等菩提成就上品清净信解，当知是名第三因缘；又诸菩萨于诸众生成就上品深心悲愍，当知是名第四因缘。

云何四力？一者，自力；二者，他力；三者，因力；四者，加行力。

谓诸菩萨由自功力，能于无上正等菩提深生爱乐，是名第一初发心力；又诸菩萨，由他功力，能于无上正等菩提深生爱乐，是名第二初发心力；又诸菩萨宿习大乘相应善法，今暂得见诸佛菩萨，或暂得闻称扬赞美，即能速疾发菩提心，况覩神力，闻其正法，是名第三初发心力；又诸菩萨于现法中，亲近善士，听闻正法，谛思惟等，长时修习种种善法，由此加行发菩提心，是名第四初发心力。

若诸菩萨依上总别四缘、四因，或由自力，或由因力，或总二力而发心者，当知此心坚固无动；或由他力，或加行力，或总二力而发心者，当知此心不坚不固，亦非无动。

有四因缘，能令菩萨退菩提心。何等为四？一、种姓不具；二、恶友所

① 能正思惟具思择方，《房山石经》《资福藏》《碛砂藏》《赵城金藏》《普宁藏》《永乐南藏》《径山藏》《高丽藏》“方”作“力”。

摄；三、于诸众生，悲心微薄；四、于极长时种种猛利无间无缺生死大苦、难行苦行，其心极生怯畏惊怖。

如是四种心退因缘，与上发心四因相违，广辩其相，如前应知。

最初发心坚固菩萨略有二种不共世间甚希奇法。何等为二？一者，摄诸众生皆为眷属。二者，摄眷属过所不能染。摄眷属过有其二种，谓于眷属饶益、损减染汙违顺。如是二事，菩萨皆无。

最初发心坚固菩萨于诸众生发起二种善胜意乐：一者，利益意乐；二者，安乐意乐。利益意乐者，谓欲从彼诸不善处，拔济众生，安置善处。安乐意乐者，谓于贫匮无依无怙诸众生所，离染汙心，欲与种种饶益乐具。

最初发心坚固菩萨有二加行：一、意乐加行；二、正行加行。意乐加行者，谓即利益、安乐意乐日夜增长①。正行加行者，谓于日夜能自成熟佛法加行，及于众生随能随力，依前所说意乐加行，起与利益、安乐加行。

最初发心坚固菩萨有二增长大善法门：一者，自利加行，能证无上正等菩提；二者，利他加行，能脱一切有情众苦。如二增长大善法门，如是二种大善法聚、二种无量大善法藏，当知亦尔。

最初发心坚固菩萨由初发心求菩提故，所摄善法，比余一切所摄善法，有二种胜：一者，因胜；二者，果胜。谓诸菩萨所摄善法，皆是无上正等菩提能证因故，所证无上正等菩提是此果故，比余一切声闻、独觉所摄善法尚为殊胜，何况比余一切有情所摄善法。是故菩萨所摄善法，比余一切所摄善法，因果俱胜。

最初发心坚固菩萨略有二种发心胜利：

一者，初发菩提心已，即是众生尊重福田，一切众生皆应供养，亦作

① 安乐意乐日夜增长，底本与《房山石经》《资福藏》《碛砂藏》《普宁藏》《永乐南藏》《径山藏》《高丽藏》相同；《赵城金藏》“日”作“曰”。

一切众生父母。

二者，初发菩提心已，即能摄受无恼害福。由此菩萨成就如是无恼害福，得倍轮王护所守护；由得如是护所护故，若寝若寤，若迷闷等，一切魍魉、药叉、宅神、人非人等不能娆害。

又此菩萨转受余生，由如是福所摄持故，少病无病，不为长时重病所触。

于诸众生所作义利，能以身语勇猛而作。常为众生宣说正法，身无极倦，念无忘失，心无劳损。

菩萨本性住种性时，一切麤重性自微薄；既发心已，所有麤重转复轻微。谓身麤重及心麤重。

若余众生为欲息灭疾疫灾横[①]，所用无验咒句、明句，菩萨用之尚令有验，何况验者。

成就增上柔和忍辱，能忍他恼，不恼于他，见他相恼，深生悲恼。

忿、嫉、谄等诸随烦恼皆能摧伏，令势微薄，或蹔现行，速能除遣。

随所居止国土城邑，于中所有恐怖、斗诤、饥馑过失，非人所作疾疫灾横，未起不起，设起寻灭。

又此最初发心菩萨，或于一时生极恶趣那落迦中，多分于此那落迦趣速得解脱。受小苦受，生大厌离，于彼受苦诸众生等，起大悲心。

如是一切皆因摄受无恼害福。最初发心坚固菩萨，由能摄受无恼害福，便得领受如是等类众多胜利。

① 若余众生为欲息灭疾疫灾横，底本与《资福藏》《碛砂藏》《赵城金藏》《普宁藏》《永乐南藏》《径山藏》《高丽藏》相同；《房山石经》“疾疫”作“疫病”。

本地分中菩萨地
初持瑜伽处自他利品第三之一

如是菩萨既发心已，云何修行诸菩萨行？略说菩萨若所学处，若如是学，若能修学，如是一切，总摄为一，名菩萨行。

是诸菩萨于何处学？谓七处学。云何七处？

嗢柁南曰：

自他利实义，威力熟有情，
成熟自佛法，第七菩提处。

一、自利处；二、利他处；三、真实义处；四、威力处；五、成熟有情处；六、成熟自佛法处；七、无上正等菩提处。

云何自利、利他处？谓自利、利他略有十种：一、纯自利利他；二、共自利利他；三、利益种类自利利他；四、安乐种类自利利他；五、因摄自利利他；六、果摄自利利他；七、此世自利利他；八、他世自利利他；九、毕竟自利利他；十、不毕竟自利利他。

云何菩萨纯、共自利利他？谓诸菩萨于纯自利利他应知应断，违越不顺菩萨仪故；于其所余应勤修学，不越随顺菩萨仪故。

此中，菩萨于纯自利应知应断者，谓为己乐，求财受用；或为悋法，于佛菩萨所说教法，追访受持；或为生天，受天快乐，受持禁戒，发勤精进，修习定慧；或求世间有染果报，为世财食，恭敬供养诸佛制多；或贪利养，为利养故，自说种种无有义利不实功德，诳惑于他，招集利养；或欲贪他作己僮仆，为驱使故，非法摄众，不如正法；矫设方便，拔济有情，令于他所免为僮仆，还自摄受，为己僮仆；拔济有情，令脱系缚，还自拘执，成己事业；拔济有情，令于他所解脱种种治罚怖畏，还自摄伏，令惧于已；若诸菩萨躭著诸定，现法乐住，弃舍思惟利众生事。当知此等名纯自利，菩萨于是纯自利行应知应断。若诸菩萨或悲为首，或为回向无上菩提及为生天，于一切时修施、忍等，当知是名自利共他。又除如前所说诸相，其余一切与彼相违所有自利诸菩萨行，当知皆名自利共他，菩萨于此应勤修学。

此中，菩萨于纯利他应知应断者，谓以邪见修行施等①；以无因见及无果见毁犯尸罗，远离正行，为他说法；若诸菩萨于诸静虑善巧回转，已超下地，而更摄受下地白法，谓彼已能安住静虑，由悲愿力舍诸静虑，随其所乐，还生欲界；又诸菩萨已得自在，于十方界种种变化，作诸众生种种义利；又诸牟尼自事已办，依止如来力、无畏等所有一切不共佛法，遍于十方无量众生，能作无量大利益事。当知此等名纯利他。如是所说纯利他行，菩萨于前所说二种应知应断，于余所说纯利他行多应修学。

又除如前所说诸相，其余一切与彼相违所有利他诸菩萨行，当知皆名利他共自，菩萨于此应勤修学。

云何菩萨利益种类自利利他？略说应知有五种相：一、无罪相；二、摄受相；三、此世相；四、他世相；五、寂灭相。若诸菩萨所有自能若少若多摄受善法，增长善法，或复令他若少若多摄受善法，增长善法，劝免调伏，安置建立，是名菩萨利益种类自利利他无有罪相。若诸菩萨能引所有若自若他无染汙乐②，或众具乐，或住定乐，是名菩萨利益种类自利利他能摄受相。若诸菩萨自利利他，或有此世能为利益，非于他世；或有他世能为利益，非于此世；或有此世及于他世俱为利益，或有此世及于他世俱

① 谓以邪见修行施等，底本与《房山石经》《资福藏》《碛砂藏》《普宁藏》《永乐南藏》《径山藏》《高丽藏》相同；《赵城金藏》“施”作“于”。

② 若诸菩萨能引所有若自若他染汙乐，底本与《房山石经》《资福藏》《碛砂藏》《普宁藏》《永乐南藏》《径山藏》《高丽藏》相同；《赵城金藏》“染”作“尤染”。

非利益。如是四种自利利他，于四法受，随其次第，如应当知。云何名为四种法受？或有法受，现在受乐，于当来世受苦异熟；或有法受，现在受苦，于当来世受乐异熟；或有法受，现在受乐，于当来世受乐异熟；或有法受，现在受苦，于当来世受苦异熟。此四广辩，如经应知。是名菩萨利益种类自利利他此他世相。若诸菩萨所有涅槃，及得涅槃世出世间涅槃分法，是名菩萨利益种类自利利他寂灭略相。当知此相望余一切，无上最胜。

云何菩萨安乐种类自利利他？略说应知五乐所摄。何等五乐？一者，因乐；二者，受乐；三者，苦对治乐；四者，受断乐；五者，无恼害乐。

言因乐者，谓二乐品诸根境界，若此为因，顺乐受触，若诸所有现法当来可爱果业，如是一切，总摄为一，名为因乐，除此更无若过若增。

言受乐者，谓待苦息，由前所说因乐所摄三因缘故，有能摄益身心受生，名为受乐。略说此乐复有二种：一者，有漏；二者，无漏。无漏乐者，学无学乐。有漏乐者，欲、色、无色三界系乐。又此一切三界系乐，随其所应，六处别故，有其六种，谓眼触所生乃至意触所生。如是六种复摄为二：一者，身乐；二者，心乐。五识相应，名为身乐；意识相应，名为心乐。

苦对治乐者，谓因寒热饥渴等事，生起非一众多品类种种苦受，由能对治息除寒热饥渴等苦，即于如是苦息灭时，生起乐觉，是则名为苦对治乐。

灭想受定，名受断乐。

无恼害乐应知略说复有四种：一、出离乐；二、远离乐；三、寂静乐[①]；四、三菩提乐。

正信舍家，趣于非家，解脱烦笼居家迫迮种种大苦，名出离乐。

断除诸欲恶不善法，证初静虑离生喜乐，名远离乐。

① 寂静乐，底本与《资福藏》《碛砂藏》《普宁藏》《永乐南藏》《径山藏》相同；《房山石经》《赵城金藏》《高丽藏》“静”作“灭”。

第二静虑已上诸定，寻伺止息，名寂静乐。

一切烦恼毕竟离系，于所知事如实等觉，此乐名为三菩提乐。

此中，因乐是乐因故，说名为乐，非自性故。此中，受乐乐自性故，说名为乐，非乐因故。苦对治乐，息众苦故，遣众苦故，说名为乐，非乐因故，非自性故。其受断乐，非乐因故，非自性故，亦非自遣种种苦故[①]，说名为乐；然依胜义，诸所有受皆悉是苦，住灭定时，此胜义苦蹔时寂静，故名为乐。无恼害乐所摄最后三菩提乐，由当来世此胜义苦永寂灭故，于现法中附在所依诸烦恼品一切麤重永寂灭故，说名为乐；诸余所有无恼害乐，于最后乐能随顺故，是彼分故，能引彼故，当知亦名无恼害乐。

此中，菩萨念与众生有利益品所有安乐，终不念与无利益品所有安乐。

菩萨于此无利益品所有安乐，以无倒慧如实了知，劝诸众生令悉舍离，随力所能方便削夺。

若苦所随有利益事，众生于此虽无欲乐[②]，菩萨依止善权方便，设兼忧苦，应授与之。若乐所随无利益事，众生于此虽有乐欲，菩萨依止善权方便，设兼喜乐，应削夺之。何以故？当知如是善权方便，与兼忧苦有利益事，夺兼喜乐无利益事，令彼众生决定于后得安乐故。是故菩萨于诸众生若乐利益[③]，当知义意即乐安乐；于诸众生若与利益，当知义意即与安乐。所以者何？利益如因，安乐如果。

是故当知，于诸众生若与利益，必与安乐。当知所有现法当来可爱果

① 亦非自遣种种苦故，底本与《资福藏》《碛砂藏》《赵城金藏》《普宁藏》《永乐南藏》《径山藏》相同；《房山石经》《高丽藏》“自”作“息”。

② 众生于此虽无欲乐，底本与《资福藏》《碛砂藏》《普宁藏》《永乐南藏》《径山藏》相同；《房山石经》《赵城金藏》《高丽藏》“欲乐”作“乐欲”。

③ 是故菩萨于诸众生若乐利益，底本与《房山石经》《资福藏》《碛砂藏》《普宁藏》《永乐南藏》《径山藏》《高丽藏》相同；《赵城金藏》“故”作“名”。

业所摄因乐、若对治乐及受断乐、无恼害乐[1]，菩萨于此不应思量，于诸众生一向授与，以能饶益及无罪故。于彼受乐及根尘触所摄因乐，若能生染，若性是染，有罪无益，非所宜者，于诸众生不应授与；若不生染，若性非染，无罪有益，是所宜者，于诸众生即应授与。

菩萨于此随自力能，亦应如是修行受学。

当知是名菩萨利益、安乐种类自利利他，除此无有若过若增。

① 若对治乐及受断乐，底本与《永乐南藏》《径山藏》相同；《房山石经》《资福藏》《碛砂藏》《赵城金藏》《普宁藏》《高丽藏》“若”作“苦”。

瑜伽师地论卷第三十六

本地分中菩萨地
初持瑜伽处自他利品第三之二[①]

云何菩萨因摄、果摄自利利他？略说应知三因、三果。何等为三？一者，异熟因、异熟果；二者，福因、福果；三者，智因、智果。

云何异熟？谓略有八：一者，寿量具足；二者，形色具足；三者，族姓具足；四者，自在具足；五者，信言具足；六者，大势具足；七者，人性具足；八者，大方具足。

若诸菩萨长寿久住，是名菩萨寿量具足。

形色端严，众所乐见，颜容姝妙[②]，是名菩萨形色具足。

生豪贵家，是名菩萨族姓具足。

得大财位，有大朋翼，具大僚属，是名菩萨自在具足。

众所信奉，断讼取则，不行谄诳、伪斗秤等，所受寄物，终不差违，于诸有情，言无虚妄，以是缘故，凡有所说，无不信受，是名菩萨信言具足。

有大名称，流闻世间，所谓具足勇健、精进、刚毅、敏捷、审悉善戒、种种技艺工巧业处，展转妙解，出过余人，由此因缘，世所珍敬，为诸大众供养恭敬，尊重赞叹，是名菩萨大势具足。

---

① 本地分中菩萨地初持瑜伽处自他利品第三之二，底本与《径山藏》相同；《房山石经》《高丽藏》作“本地分中菩萨地第十五初持瑜伽处自他利品第三之余”；《资福藏》《碛砂藏》《普宁藏》《永乐南藏》作“本地分中菩萨地第十五初瑜伽处自他利品第三之余”；《赵城金藏》作“本地分中菩萨地第十五初持瑜伽处种性品第一”。

② 颜容姝妙，底本与《资福藏》《碛砂藏》《普宁藏》《永乐南藏》《径山藏》相同；《房山石经》《赵城金藏》《高丽藏》“姝”作“殊”。

具丈夫分，成就男根，是名菩萨人性具足。

为性少疾，或全无病，有大堪能，是名菩萨大方具足。

云何异熟因？谓诸菩萨于诸众生不加伤害，远离一切伤害意乐，是名菩萨寿量具足因。

惠施光明尠净衣物，是名菩萨形色具足因。

于诸众生舍离憍慢，是名菩萨族姓具足因。

于资生具有所匮乏，游行乞丐诸众生所，随欲惠施，是名菩萨自在具足因。

所言诚谛，亦不好习乖离[①]、麤犷不相应语，是名菩萨信言具足因。

摄持当来种种功德于自身中，发弘誓愿，供养三宝及诸尊长，是名菩萨大势具足因。

乐丈夫体，厌妇女身深见过患。由二因缘，施他人性。一者，女人乐女身者，劝令厌离解脱女身。二者，丈夫将失男根[②]，方便护摄，令不失坏，及说正法，令得男身。是名菩萨人性具足因。

于诸众生以身供事，随其所作如法事业皆往营助，如己力能，以其正法，不以卒暴，用能增长身心势力饼、饭、糜等种种饮食施诸众生[③]，是名菩萨大力具足因。

当知前说八种异熟，以此所说八种为因。又此诸因略由三缘而得增长，能感圆满增上广大异熟令起。何等三缘？一、心清净；二、加行清净；三、田清净。若于无上正等菩提清净意乐，用彼善根决定回向猛利意乐，

① 亦不好习乖离，底本与《资福藏》《碛砂藏》《赵城金藏》《普宁藏》《永乐南藏》《径山藏》《高丽藏》相同；《房山石经》“乖”作“永”。

② 丈夫将失男根，底本与《房山石经》《资福藏》《赵城金藏》《普宁藏》《永乐南藏》《径山藏》《高丽藏》相同；《碛砂藏》“根”作“相”。

③ 糜等种种饮食施诸众生，底本与《资福藏》《碛砂藏》《普宁藏》《永乐南藏》《径山藏》《高丽藏》相同；《房山石经》《赵城金藏》“饮”作“饭”。

纯厚广大净信修行，见同法者，深生欢喜，日夜刹那于多随法随寻随伺，名心清净。即于其中长时数习无间所作、常委所作，他于此善若未受行，赞美令受，若已受行，赞美令喜，即于如是所有善根安处建立。名加行清净。当知略说能正发起如是加行，及正安住此加行果，名田清净。

云何异熟果？谓诸菩萨寿量具足故，能于长时修习善品，依自他利积集增长无量善根。是名菩萨寿量具足果。

若诸菩萨形色具足故，大众爱乐；众爱乐故，咸共归仰。如是形色可爱乐故，一切大众咸归仰故，凡所发言，无不听用，是名菩萨形色具足果。

若诸菩萨族姓具足故，大众尊敬，供养称赞；众所尊敬，供养称赞故，于彼彼事劝诸众生精勤修学，无不敬用，速疾修行，无违无犯。是名菩萨族姓具足果。

若诸菩萨自在具足故，能以布施摄诸众生，速令成熟，是名菩萨自在具足果。

若诸菩萨信言具足故，能以爱语、利行、同事摄诸众生，速令成熟。是名菩萨信言具足果。

若诸菩萨大势具足故，于诸众生种种事业皆能营助，施布恩德；由此恩德感众生心。彼知恩故，咸来归仰，所出言教，速疾随转，恭敬信用。是名菩萨大势具足果。

若诸菩萨人性具足故，成就男根，堪为一切胜功德器，能于一切所作事业，思择一切所知境界，都无所畏，无碍而行。一切有情于一切时皆来臻赴同共集会，屏处、露处言论同止，受用饮食皆无嫌礙。是名菩萨人性具足果。

若诸菩萨大力具足故，于能引摄善法加行及能饶益有情加行皆无厌倦，勇猛精进，坚固精进，速证通慧，是名菩萨大力具足果[1]。

若诸菩萨成就如是八种异熟，具八种果，能善饶益一切有情，随顺生起一切佛法。

菩萨安住异熟果中，于诸有情种种众多利益事业自有力能，及善安处所化有情，彼于自事随顺而作，如是乃名随其所欲，所作成办。若诸菩萨自有力能，不善安处所化有情，彼于自事不随顺作，如是于他所作利益，不名炽盛，不名随顺。由是因缘，不名能作他利益事。若诸菩萨自无力能，而善安处所化有情，彼于自事随顺而作，如是于他所作利益，不名炽盛，不名随顺。由是因缘，不名能作他利益事。是故菩萨要具二事，方于有情所作利益，名为炽盛，名为随顺。由是因缘，乃名能作他利益事。如是菩萨住异熟果，自能成熟一切佛法，亦能令他于三乘道随其所应速得成熟，又能令自速证无上正等菩提，亦能令他已成熟者速得解脱。由诸菩萨安住八种异熟果中，能使有情利益安乐，是故一切有情所处空无义利无始生死，菩萨处之，能令不空，有大义利。

云何为福？云何为智？谓略说福，即是三种波罗蜜多：一、施波罗蜜多；二、戒波罗蜜多；三、忍波罗蜜多。智唯一种波罗蜜多，谓慧波罗蜜多。精进、静虑波罗蜜多，应知通二分：一者，福分；二者，智分。若依精进修行布施，受护净戒，及修慈等四种无量，如是等类所有精进，名为福分。若依精进习闻、思、修所成三慧，修蕴善巧，修界善巧，修处善巧，修缘起善巧，修处非处善巧，修能观察苦为真苦，集为真集，灭为真灭，道为真道，及于一切善不善法、有罪无罪、若劣若胜、若黑若白，并广分别缘生法中，皆能如实思择观察，如是等类所有精进，名为智分。若依静虑修习慈等四种无量，如是等类所有静虑，名为福分。若依静虑，能修如前

① 是名菩萨大力具足果，底本与《房山石经》《资福藏》《碛砂藏》《普宁藏》《永乐南藏》《径山藏》《高丽藏》相同；《赵城金藏》无“足”字。

精进中说蕴善巧等，如是等类所有静虑，名为智分。如是福智略有六种，一一分别，应知无量。

云何福因？云何智因？略说应知福因、智因总有三种：一者，于福于智能得能住，能增长欲；二者，于福于智善能随顺无违背缘；三者，于福于智先已串习。此中，随顺无违背缘者，谓颠倒缘不现在前不会遇性，不颠倒缘正现在前正会遇性。若遇恶友，倒说福智，或倒作意，颠倒而取，名颠倒缘现前会遇；与此相违所有白品，当知名为不颠倒缘现前会遇。若于福智能得能住及能增长，勤修习障远离不起，当知是名无违背缘。若诸菩萨于此三种福智因中随有所阙，当知不能生福生智。

云何福果？云何智果？谓诸菩萨依止福故，虽复长时流转生死，不为极苦之所损恼，又随所欲能摄众生，为作义利；依止智故，所摄受福是正非邪，又能起作种种无量善巧事业，乃至究竟当证无上正等菩提。如是略说福果、智果，如其所应，当知四种，品类差别，复有无量。

应知此中若异熟体，若异熟因，若异熟果，如是一切皆依于福，从福所生，福复依智，从智所起，是故二种于证无上正等菩提虽俱是胜，而于其中福为最胜，智为无上。若诸菩萨于福于智随阙一种，决定不能证于无上正等菩提。是名菩萨因摄、果摄自利利他。

云何菩萨现法、后法自利利他？谓诸菩萨以如正理工巧业处士夫作用积集财物，即于如是所集财物知量受用；又先所造可爱果业异熟果熟，于现法中受用彼果；又诸菩萨于诸静虑善回转者，为欲获得现法乐住，于现法中依此静虑，不为成立利他事故，依此静虑；又诸如来现法涅槃，所有世间及出世间一切能得现法涅槃诸有为法：是名菩萨现法自利。

如诸菩萨现法自利，如是菩萨所化有情由此获得现法利益，当知即是现法利他。

若于欲界能获他世财宝具足、自体具足及能当生静虑、无色；若生静虑及无色中，能获他世财宝具足、自体具足；若现法中与忧苦俱，数数思择，修习善因：是名菩萨修习后法自利利他。

若诸菩萨于现法中与喜乐俱，修习当来财宝具足、自体具足所有善因，及非退分静虑、无色一切等至，是名菩萨现法后法自利利他。

云何毕竟及不毕竟自利利他？谓于欲界财宝具足、自体具足若因若果，及诸异生世间清净若因若果[①]，是不毕竟自利利他。若诸烦恼一切永断，若诸所有八支圣道，若此为依获得一切世间善法，是名毕竟自利利他。

由三因缘，应知毕竟及不毕竟：一、由自性故；二、由退不退故；三、由受用果有尽无尽故。由自性故者，究竟涅槃，名为毕竟；一切有为，名不毕竟。由退不退及受用果有尽无尽故者，八支圣道无有退故，及受用果无有尽故，名为毕竟；其余一切善有漏法，由有退故，及受用果有终尽故，名不毕竟。

如是菩萨十种自利利他，若略若广，菩萨随力随能当勤修学，除此无有若过若增。过去、未来所有一切已学当学自利利他，亦皆唯有如此十种自利利他，除此无有若过若增。

本地分中菩萨地
初持瑜伽处真实义品第四[②]

云何真实义？谓略有二种：一者，依如所有性诸法真实性；二者，依尽所有性诸法一切性。如是诸法真实性、一切性，应知总名真实义。

---

① 及诸异生世间清净若因若果，底本与《房山石经》《资福藏》《赵城金藏》《径山藏》《高丽藏》相同；《碛砂藏》《普宁藏》《永乐南藏》“异”作“果”。

② 本地分中菩萨地初持瑜伽处真实义品第四，底本与《径山藏》相同；《资福藏》“本”作“瑜伽师地论本”；《房山石经》《碛砂藏》《赵城金藏》《普宁藏》《永乐南藏》《高丽藏》“初”作“第十五初”。

此真实义品类差别，复有四种：一者，世间极成真实；二者，道理极成真实；三者，烦恼障净智所行真实；四者，所知障净智所行真实。

云何世间极成真实？谓一切世间于彼彼事随顺假立，世俗串习，悟入觉慧，所见同性，谓地唯是地，非是火等。如地，如是水火风、色声香味触、饮食衣乘、诸庄严具、资产什物、涂香华鬘、歌舞妓乐、种种光明、男女承事、田园邸店宅舍等事，当知亦尔。

苦唯是苦，非是乐等；乐唯是乐，非是苦等。

以要言之，此即如此，非不如此，是即如是，非不如是。决定胜解所行境事，一切世间从其本际展转传来，想自分别，共所成立，不由思惟筹量观察，然后方取。是名世间极成真实。

云何道理极成真实？谓诸智者有道理义。诸聪睿者、诸黠慧者[①]、能寻思者、能伺察者、住寻伺地者、具自辩才者、居异生位者、随观察行者，依止现、比及至教量，极善思择决定智所行所知事，由证成道理所建立所施设义，是名道理极成真实。

云何烦恼障净智所行真实？谓一切声闻、独觉，若无漏智，若能引无漏智，若无漏后得世间智所行境界，是名烦恼障净智所行真实。

由缘此为境[②]，从烦恼障，智得清净，于当来世无障碍住，是故说名烦恼障净智所行真实。

此复云何？谓四圣谛：一、苦圣谛；二、集圣谛；三、灭圣谛；四、道圣谛。

即于如是四圣谛义极善思择，证入现观；入现观已，如实智生。此谛

① 诸黠慧者，底本与《房山石经》《资福藏》《碛砂藏》《普宁藏》《永乐南藏》《径山藏》《高丽藏》相同；《赵城金藏》“诸”作“谓”。

② 由缘此为境，底本“由”作“田”，据《房山石经》《资福藏》《碛砂藏》《赵城金藏》《普宁藏》《永乐南藏》《径山藏》《高丽藏》改。

现观，声闻、独觉、能观唯有诸蕴可得，除诸蕴外，我不可得。数习缘生诸行生灭相应慧故，数习异蕴补特伽罗无性见故，发生如是圣谛现观。

云何所知障净智所行真实？谓于所知能碍智故，名所知障。从所知障得解脱智所行境界，当知是名所知障净智所行真实。

此复云何？谓诸菩萨、诸佛世尊入法无我，入已善净，于一切法离言自性、假说自性，平等平等无分别智所行境界。如是境界为最第一、真如无上、所知边际，齐此一切正法思择皆悉退还，不能越度。

又安立此真实义相，当知即是无二所显。所言二者，谓有、非有。

此中有者，谓所安立假说自性，即是世间长时所执，亦是世间一切分别戏论根本。或谓为色、受、想、行、识，或谓眼、耳、鼻、舌、身、意，或谓为地[①]、水、火、风，或谓色、声、香、味、触、法，或谓为善、不善、无记，或谓生灭，或谓缘生，或谓过去、未来、现在，或谓有为，或谓无为，或谓此世，或谓他世，或谓日月，或复谓为所见所闻，所觉所知，所求所得，意随寻伺，最后乃至或谓涅槃。如是等类，是诸世间共了诸法假说自性，是名为有。

言非有者，谓即诸色假说自性，乃至涅槃假说自性，无事无相，假说所依，一切都无。假立言说，依彼转者，皆无所有，是名非有。

先所说有，今说非有，有及非有，二俱远离，法相所摄真实性事，是名无二。

由无二故，说名中道，远离二边，亦名无上。

佛世尊智于此真实已善清净，诸菩萨智于此真实，学道所显。

又即此慧是诸菩萨能得无上正等菩提广大方便。

何以故？以诸菩萨处于生死，彼彼生中修空胜解，善能成熟一切佛

① 或复谓为地，底本与《资福藏》《碛砂藏》《普宁藏》《永乐南藏》《径山藏》相同；《房山石经》《赵城金藏》《高丽藏》“谓”作“复谓”。

法及诸有情，又能如实了知生死，不于生死以无常等行深心厌离。

若诸菩萨不能如实了知生死，则不能于贪瞋痴等一切烦恼深心弃舍；不能弃舍诸烦恼故，便杂染心受诸生死；由杂染心受生死故，不能成熟一切佛法及诸有情。

若诸菩萨于其生死以无常等行深心厌离，是则速疾入般涅槃；彼若速疾入般涅槃，尚不能成熟一切佛法及诸有情①，况能证无上正等菩提。

又诸菩萨由习如是空胜解故，则于涅槃不深怖畏，亦于涅槃不多愿乐；若诸菩萨深怖涅槃，即便于彼涅槃资粮不能圆满。由于涅槃深怖畏故，不见涅槃胜利功德；由不见故，便于涅槃远离一切清净胜解。

若诸菩萨于其涅槃多住愿乐，是则速疾入般涅槃；彼若速疾入般涅槃，则便不能成熟佛法及诸有情。

当知此中，若不如实了知生死，即杂染心流转生死；若于生死深心厌离，即便速疾入般涅槃。

若于涅槃深心怖畏，即于能证涅槃资粮不能圆满；若于涅槃多住愿乐，即便速疾入般涅槃。

是诸菩萨于证无上正等菩提无大方便。

若能如实了知生死，即无染心流转生死②；若于生死不以无常等行深心厌离，即不速疾入般涅槃。

若于涅槃不深怖畏，即能圆满涅槃资粮；虽于涅槃见有微妙胜利功德，而不深愿速证涅槃。

是诸菩萨于证无上正等菩提有大方便。

---

① 尚不能成熟一切佛法及诸有情，底本与《房山石经》《资福藏》《碛砂藏》《普宁藏》《永乐南藏》《径山藏》《高丽藏》相同；《赵城金藏》“熟”作“就”。

② 即无染心流转生死，底本与《房山石经》《资福藏》《碛砂藏》《普宁藏》《永乐南藏》《径山藏》《高丽藏》相同；《赵城金藏》“染”作“深”。

是大方便依止最胜空性胜解，是故菩萨修习学道所摄最胜空性胜解，名为能证如来妙智广大方便。

又诸菩萨由能深入法无我智，于一切法离言自性如实知已，达无少法及少品类可起分别，唯取其事，唯取真如。不作是念："此是唯事，是唯真如。"但行于义。

如是菩萨行胜义故，于一切法平等平等以真如慧如实观察，于一切处具平等见，具平等心，得最胜舍。

依止此舍，于诸明处一切善巧勤修习时，虽复遭遇一切劬劳，一切苦难，而不退转，速疾能令身无劳倦，心无劳倦。于诸善巧，速能成熟[①]，得大念力。

不因善巧，而自贡高，亦于他所，无有秘悋。

于诸善巧，心无怯弱，有所堪能，所行无碍，具足坚固钾铠加行。

是诸菩萨于生死中，如如流转遭大苦难，如是如是于其无上正等菩提堪能增长；如如获得尊贵殊胜，如是如是于诸有情㤭慢渐减；如如证得智慧殊胜，如是如是倍于他所难诘诤讼、喧杂语论、本惑随惑、犯禁现行，能数观察，深心弃舍；如如功德展转增长，如是如是转覆自善，不求他知，亦不希求利养恭敬[②]。

如是等类菩萨所有众多胜利，是菩提分，随顺菩提，皆依彼智。

是故一切已得菩提、当得、今得，皆依彼智。

除此更无若劣若胜。

又诸菩萨乘御如是无戏论理，获得如是众多胜利，为自成熟诸佛法

① 于诸善巧速能成熟，底本与《资福藏》《普宁藏》《永乐南藏》《径山藏》相同；《房山石经》《碛砂藏》《赵城金藏》《高丽藏》"熟"作"办"。

② 亦不希求利养恭敬，底本与《资福藏》《碛砂藏》《普宁藏》《永乐南藏》《径山藏》相同；《房山石经》《赵城金藏》《高丽藏》"希"作"悕"。

故，为成熟他三乘法故，修行正行。彼于如是修正行时，于自身财远离贪爱，于诸众生学离贪爱，能舍身财，唯为利益诸众生故。又能防护、极善防护由身语等修学律仪，性不乐恶，性极贤善。又能忍他一切侵恼，于行恶者能学堪忍，性薄瞋忿，不侵恼他。又能勤修一切明处令其善巧，为断众生一切疑难，为惠众生诸饶益事，为自摄受一切智因。

又能于内安住其心，令心善定，于心安住，常勤修学，为净修治四种梵住，为能游戏五种神通。为能成立利众生事，为欲除遣精勤修学一切善巧所生劳倦。又性黠慧成极真智，为极真智常勤修学，为自当来般涅槃故，修习大乘。又诸菩萨即于如是修正行时，于具功德诸有情所，常乐现前供养恭敬；于具过失诸有情所，常乐现前发起最胜悲心、愍心，随能随力，令彼除断所有过失；于已有怨诸有情所，常起慈心，随能随力，无谄无诳，作彼种种利益安乐，令彼怨者意乐加行所有过失及怨嫌心，自然除断；于已有恩诸有情所，善知恩故，若等若增，现前酬报，随能随力，如法令其意望满足；虽无力能，彼若求请，即于彼彼所作事业示现殷重，精勤营务，终不顿止彼所希求，云何令彼知我无力，非无欲乐。

如是等类，当知名为菩萨乘御无戏论理，依极真智，修正加行。

以何道理应知诸法离言自性？谓一切法假立自相，或说为色，或说为受，如前广说，乃至涅槃。当知一切唯假建立，非有自性，亦非离彼别有自性是言所行，是言境界。如是诸法，非有自性如言所说；亦非一切都无所有。如是非有，亦非一切都无所有。云何而有？谓离增益实无妄执，及离损减实有妄执，如是而有。即是诸法胜义自性，当知唯是无分别智所行境界。

若于诸法诸事随起言说，即于彼法彼事有自性者，如是一法一事应有众多自性。何以故？以于一法一事制立众多假说而诠表故。亦非众多假说诠表决定可得，谓随一假说，于彼法彼事，有体有分，有其自性，非余假说。

是故一切假说若具不具，于一切法，于一切事，皆非有体有分，有其自性。

又如前说色等诸法，若随假说有自性者，要先有事，然后随欲制立假说；先未制立彼假说时，彼法彼事应无自性。

若无自性，无事制立假说诠表，不应道理。假说诠表既无所有，彼法彼事随其假说而有自性，不应道理。

又若诸色未立假说诠表已前，先有色性，后依色性制立假说摄取色者，是则离色假说诠表，于色想法，于色想事，应起色觉，而实不起。

由此因缘由此道理，当知诸法离言自性。如说其色，如是受等，如前所说，乃至涅槃，应知亦尔。

有二种人，于佛所说法毗奈耶俱为失坏。一者，于色等法，于色等事，谓有假说自性自相，于实无事起增益执；二者[1]，于假说相处，于假说相，依离言自性胜义法性，谓一切种皆无所有，于实有事起损减执。

于实无事起增益执妄立法者所有过失，已具如前显了开示。于色等法实无事中起增益执有过失故，于佛所说法毗奈耶甚为失坏。

于色等法实有唯事起损减执坏诸法者所有过失，由是过失，于佛所说法毗奈耶甚为失坏，我今当说。

谓若于彼色等诸法实有唯事起损减执，即无真实，亦无虚假，如是二种，皆不应理。譬如要有色等诸蕴，方有假立补特伽罗，非无实事而有假立补特伽罗。如是要有色等诸法实有唯事，方可得有色等诸法假说所表，非无唯事而有色等假说所表。

若唯有假，无有实事，既无依处，假亦无有，是则名为坏诸法者。

如有一类，闻说难解大乘相应、空性相应、未极显了密意趣义甚深经典，不能如实解所说义，起不如理虚妄分别。由不巧便所引寻思，起如是

① 二者，底本与《资福藏》《碛砂藏》《赵城金藏》《普宁藏》《永乐南藏》《径山藏》《高丽藏》相同；《房山石经》“二”作“一”。

见，立如是论：一切唯假，是为真实。若作是观，名为正观。彼于虚假所依处所实有唯事，拨为非有，是则一切虚假皆无，何当得有一切唯假，是为真实？由此道理，彼于真实及以虚假二种俱谤都无所有。由谤真实及虚假故，当知是名最极无者。如是无者，一切有智同梵行者不应共语，不应共住。如是无者，能自败坏，亦坏世间随彼见者。

世尊依彼密意说言："宁如一类起我见者，不如一类恶取空者。"何以故？起我见者，唯于所知境界迷惑，不谤一切所知境界，不由此因堕诸恶趣。于他求法，求苦解脱，不为虚诳，不作稽留，于法于谛，亦能建立；于诸学处不生慢缓；恶取空者，亦于所知境界迷惑，亦谤一切所知境界，由此因故，堕诸恶趣，于他求法，求苦解脱，能为虚诳，亦作稽留，于法于谛不能建立，于诸学处极生慢缓。如是损减实有事者，于佛所说法毗奈耶甚为失坏。

云何名为恶取空者？谓有沙门，或婆罗门，由彼故空，亦不信受，于此而空，亦不信受，如是名为恶取空者。何以故？由彼故空，彼实是无；于此而空，此实是有，由此道理，可说为空。若说一切都无所有，何处、何者、何故名空？亦不应言由此、于此即说为空。是故名为恶取空者。

云何复名善取空者？谓由于此，彼无所有，即由彼故，正观为空；复由于此，余实是有，即由余故，如实知有。如是名为悟入空性，如实无倒。谓于如前所说一切色等想事，所说色等假说性法，都无所有，是故于此色等想事，由彼色等假说性法，说之为空。于此一切色等想事，何者为余？谓即色等假说所依。如是二种皆如实知。谓于此中实有唯事，于唯事中亦有唯假，不于实无起增益执，不于实有起损减执，不增不减，不取不舍，如实了知如实真如离言自性。如是名为善取空者，于空法性能以正慧妙善通达。

如是随顺证成道理，应知诸法离言自性。

复由至教，应知诸法离言自性。

如佛世尊《转有经》中，为显此义，而说颂曰：

以彼彼诸名，诠彼彼诸法，

此中无有彼，是诸法法性。

云何此颂显如是义？谓于色等想法，建立色等法名，即以如是色等法名，诠表随说色等想法，或说为色，或说为受，或说为想，广说乃至说为涅槃。于此一切色等想法，色等自性都无所有，亦无有余色等性法[①]，而于其中色等想法离言义性真实是有，当知即是胜义自性，亦是法性。

又佛世尊"义品"中说：

世间诸世俗，牟尼皆不著，

无著孰能取[②]？见闻而不爱。

云何此颂显如是义，谓于世间色等想事，所有色等种种假说，名诸世俗[③]。如彼假说于此想事有其自性，如是世俗，牟尼不著。何以故？以无增益、损减见故，无有现前颠倒见故，由此道理，名为不著。如是无著，谁复能取？由无见故，于事不取增益、损减，于所知境能正观察，故名为见。听闻所知境界言说，故名为闻。依此见闻，贪爱不生[④]，亦不增长，唯于彼缘毕竟断灭，安住上舍，故名不爱。

---

① 亦无有余色等性法，底本与《资福藏》《碛砂藏》《赵城金藏》《普宁藏》《永乐南藏》《径山藏》《高丽藏》相同；《房山石经》"性法"作"法性"。

② 无著孰能取，底本与《房山石经》《资福藏》《碛砂藏》《普宁藏》《永乐南藏》《径山藏》《高丽藏》相同；《赵城金藏》"孰"作"熟"。

③ 名诸世俗，底本与《房山石经》《资福藏》《碛砂藏》《普宁藏》《永乐南藏》《径山藏》《高丽藏》相同；《赵城金藏》"诸"作"说"。

④ 依此见闻贪爱不生，底本与《房山石经》《资福藏》《赵城金藏》《径山藏》《高丽藏》相同；《碛砂藏》《普宁藏》《永乐南藏》"爱"作"受"。

又佛世尊为彼散地迦多衍那作如是说[①]："散地比丘[②]！不依于地，而修静虑，不依于水，不依于火，不依于风，不依空处，不依识处，不依无所有处，不依非想非非想处，不依此世他世，不依日月光轮，不依见闻觉知，不依所求所得，不依意随寻伺，不依一切，而修静虑。云何修习静虑比丘不依于地，而修静虑，广说乃至不依一切，而修静虑？

"散地比丘[③]！或有于地除遣地想，或有于水除遣水想，广说乃至或于一切除一切想。如是修习静虑比丘，不依于地，而修静虑，广说乃至不依一切，而修静虑。"

如是修习静虑比丘，为因陀罗，为伊舍那，为诸世主并诸天众，遥为作礼，而赞颂曰：

敬礼吉祥士！敬礼士中尊！

我今不知汝，依何修静虑。

云何此经显如是义？谓于一切地等想事，诸地等名施设假立，名地等想。即此诸想，于彼所有色等想事，或起增益，或起损减。若于彼事起能增益有体自性执，名增益想；起能损减唯事胜义执，名损减想。彼于此想，能正除遣，能断能舍，故名除遣。

如是等类无量圣言，名为至教。由此如来最胜至教，应知诸法离言自性。

问：若如是者，何因缘故，于一切法离言自性而起言说？

答：若不起言说，则不能为他说一切法离言自性，他亦不能闻如是

① 又佛世尊为彼散地迦多衍那作如是说，底本与《普宁藏》《永乐南藏》《径山藏》相同；《房山石经》《资福藏》《碛砂藏》《赵城金藏》《高丽藏》"地"作"他"。

② 散地比丘，底本与《资福藏》《碛砂藏》《普宁藏》《永乐南藏》《径山藏》相同；《房山石经》《赵城金藏》《高丽藏》"比丘"作"苾刍"，下同。

③ 散地苾刍，底本与《普宁藏》《永乐南藏》《径山藏》相同；《房山石经》《资福藏》《碛砂藏》《赵城金藏》《高丽藏》"地"作"他"。

义；若无有闻，则不能知此一切法离言自性。为欲令他闻知诸法离言自性，是故于此离言自性而起言说。

又诸愚夫由于如是所显真如不了知故，从是因缘，八分别转，能生三事，能起一切有情世间及器世间。

云何名为八种分别？一者，自性分别；二者，差别分别；三者，总执分别；四者，我分别；五者，我所分别；六者，爱分别；七者，非爱分别；八者，彼俱相违分别。

云何如是八种分别能生三事？谓若自性分别，若差别分别，若总执分别，此三分别能生分别戏论所依、分别戏论所缘事，谓色等想事为依缘故[①]，名想言说所摄、名想言说所显分别戏论，即于此事分别计度非一众多品类差别[②]；若我分别，若我所分别，此二分别能生一切余见根本及慢根本萨迦耶见，及能生一切余慢根本所有我慢；若爱分别，若非爱分别，若彼俱相违分别，如其所应，能生贪欲、瞋恚、愚痴。是名八种分别能生如是三事，谓分别戏论所依缘事、见我慢事、贪瞋痴事。

当知此中，分别戏论所依缘事为所依止，生萨迦耶见及以我慢；萨迦耶见、我慢为依，生贪瞋痴。由此三事，普能显现一切世间流转品法。

云何名为自性分别？谓于一切色等想事，分别色等种种自性所有寻思，如是名为自性分别。

云何名为差别分别？谓即于彼色等想事，谓此有色，谓此无色，谓此有见，谓此无见，谓此有对，谓此无对，谓此有漏，谓此无漏，谓此有为，谓此无为，谓此是善，谓此不善，谓此无记，谓此过去，谓此未来，谓此现

---

① 谓色等想事为依缘故，底本与《房山石经》《资福藏》《碛砂藏》《普宁藏》《永乐南藏》《径山藏》《高丽藏》相同；《赵城金藏》"等"作"事"。

② 即于此事分别计度非一众多品类差别，底本与《房山石经》《资福藏》《赵城金藏》《径山藏》《高丽藏》相同；《碛砂藏》《普宁藏》《永乐南藏》"于"作"论"。

在，由如是等无量品类差别道理，即于自性分别依处分别种种彼差别义，如是名为差别分别。

云何名为总执分别？谓即于彼色等想事，我及有情、命者、生者等假想施设所引分别；于总多法，总执为因，分别而转，于舍、军林、饮食、衣乘等假想施设所引分别。如是名为总执分别。

云何名为我、我所分别？谓若诸事有漏有取，长时数习我、我所执之所积聚，由宿串习彼邪执故，自见处事为缘所生虚妄分别，如是名为我、我所分别。

云何名为爱分别？谓缘净妙、可意事境所生分别。

云何名为非爱分别？谓缘不净妙、不可意事境所生分别。

云何名为彼俱相违分别？谓缘净妙不净妙、可意不可意俱离事境所生分别。

此中所说，略有二种：一者，分别自性；二者，分别所依、分别所缘事。如是二种，无始世来应知展转更互为因，谓过去世分别为因，能生现在分别所依及所缘事；现在分别所依缘事既得生已，复能为因，生现生世由彼依缘所起分别[①]；于今分别不了知故，复生当来所依缘事；彼当生故，决定当生依彼缘彼所起分别。

云何了知如是分别？谓由四种寻思、四种如实智故。

云何名为四种寻思？一者，名寻思；二者，事寻思；三者，自性假立寻思；四者，差别假立寻思。

名寻思者，谓诸菩萨于名唯见名，是名名寻思。

事寻思者，谓诸菩萨于事唯见事，是名事寻思。

自性假立寻思者，谓诸菩萨于自性假立唯见自性假立，是名自性假立

① 生现生世由彼依缘所起分别，底本与《碛砂藏》《普宁藏》《永乐南藏》《径山藏》相同；《房山石经》《资福藏》《赵城金藏》《高丽藏》“现生”作“现在”。

寻思。

差别假立寻思者，谓诸菩萨于差别假立唯见差别假立，是名差别假立寻思。此诸菩萨于彼名、事，或离相观，或合相观，依止名、事合相观故，通达二种自性假立、差别假立。

云何名为四如实智？一者，名寻思所引如实智；二者，事寻思所引如实智；三者，自性假立寻思所引如实智；四者，差别假立寻思所引如实智。

云何名寻思所引如实智？谓诸菩萨于名寻思唯有名已，即于此名如实了知，谓如是名为如是义，于事假立，为令世间起想、起见、起言说故。若于一切色等想事，不假建立色等名者，无有能于色等想事起色等想；若无有想，则无有能起增益执；若无有执，则无言说。若能如是如实了知，是名名寻思所引如实智①。

云何事寻思所引如实智？谓诸菩萨于事寻思唯有事已，观如一切色等想事性离言说②，不可言说。若能如是如实了知，是名事寻思所引如实智。

云何自性假立寻思所引如实智？谓诸菩萨于自性假立寻思唯有自性假立已，如实通达了知色等想事中，所有自性假立非彼事自性，而似彼事自性显现。又能了知彼事自性，犹如变化、影像、响应、光影、水月、焰水、梦、幻，相似显现，而非彼体。若能如是如实了知最甚深义所行境界，是名自性假立寻思所引如实智。

云何差别假立寻思所引如实智？谓诸菩萨于差别假立寻思唯有差别假立已，如实通达了知色等想事中差别假立不二之义。谓彼诸事非有性，非无性：可言说性不成实故，非有性；离言说性实成立故，非无性。如是由

① 是名名寻思所引如实智，底本与《资福藏》《碛砂藏》《普宁藏》《永乐南藏》《径山藏》《高丽藏》相同；《房山石经》《赵城金藏》“名名”作“名”。

② 观如一切色等想事性离言说，底本与《资福藏》《碛砂藏》《普宁藏》《永乐南藏》《径山藏》相同；《房山石经》《赵城金藏》《高丽藏》“如”作“见”。

胜义谛故，非有色，于中无有诸色法故；由世俗谛故，非无色，于中说有诸色法故。如有性无性、有色无色，如是有见无见等差别假立门，由如是道理，一切皆应了知。若能如是如实了知差别假立不二之义，是名差别假立寻思所引如实智。

愚夫于此四如实智有所阙故，不现前故，便有八种邪分别转，能生三事，能起一切有情世间及器世间，谓由如是邪分别故，起诸杂染；起杂染故，流转生死；于生死中常流转故，恒有无量随逐生死种种生老病死等苦流转不息。

菩萨依此四如实智，能正了知八种分别；于现法中正了知故，令当来世戏论所摄所依缘事不复生起；不生起故，于当来世从彼依缘所趣分别亦不复生[①]；如是分别及依缘事二俱灭故，当知一切戏论皆灭；菩萨如是戏论灭故，能证大乘大般涅槃。于现法中，胜真实义所行处智极清净故，普能获得一切自在。

谓诸菩萨于种种化，获得能化神通自在，于种种变，获得能变神通自在，普于一切所知境智皆得自在。若欲久住，随其所乐，自在能住；若欲终殁，不待害缘，自在能殁。由诸菩萨得如是等无量自在，于诸有情最胜无上。

菩萨如是普于一切得自在故；获得五种最上胜利：一者，获得心极寂静，由住寂静故[②]。不由烦恼寂静故；二者，能于一切明处无所罣碍，清净妙白勘智见转；三者，为利诸有情故，流转生死无有厌倦；四者，善入一切如来密意言义；五者，所得大乘胜解不可引夺，不从他缘。

① 于当来世从彼依缘所趣分别亦不复生，底本与《资福藏》《碛砂藏》《赵城金藏》《普宁藏》《永乐南藏》《径山藏》相同；《房山石经》《高丽藏》“趣”作“起”。

② 由住寂静故，底本与《资福藏》《碛砂藏》《普宁藏》《永乐南藏》《径山藏》相同；《房山石经》《赵城金藏》《高丽藏》“寂”作“最”。

当知如是五种胜利有五种业：一者，菩萨成就最胜现法乐住，能灭一切为趣菩提精勤加行所生身心种种劳倦，当知是名心极寂静胜利之业。二者，菩萨普能成熟一切佛法，当知是名于诸明处无碍清白微妙智见胜利之业。三者，菩萨普能成熟一切有情，当知是名流转生死无有厌倦胜利之业。四者，菩萨能正除遣所化有情随所生起一切疑惑，护持如来妙正法眼，令得久住，于能隐没如来圣教像似正法，能知能显，能正除灭，当知是名善入如来密意言义胜利之业。五者，菩萨能摧一切外道异论，精进坚牢，正愿无动，当无是名大乘胜解不可引夺、不从他缘胜利之业①。

如是菩萨所有一切菩萨所作，皆为如是五胜利业之所摄受。云何一切菩萨所作？谓自安乐而无杂染，普能成熟一切佛法，普能成熟一切有情，护持如来无上正法，摧伏他论，精进勇猛，正愿无动。

当知如是四真实义，初二下劣，第三处中，第四最胜。

---

① 当无是名大乘胜解不可引夺不从他缘胜利之业，《房山石经》《资福藏》《碛砂藏》《赵城金藏》《普宁藏》《永乐南藏》《径山藏》《高丽藏》“无”作“知”。

瑜伽师地论卷第三十七

本地分中菩萨地

初持瑜伽处威力品第五[①]

云何诸佛菩萨威力？当知略有三种：一者，圣威力，谓佛菩萨得定自在，依定自在，随其所欲，一切事成，心调柔故，善修心故，是名圣威力。二者，法威力，谓诸胜法有广大果，有大胜利，是名法威力。此中法者，即是六种波罗蜜多，所谓布施乃至般若。如是诸法有大威力，名法威力。三者，俱生威力，谓佛菩萨先集广大福德资粮，证得俱生甚希奇法，是名俱生威力。

又佛菩萨如是威力品类差别复有五种：一者，神通威力；二者，法威力；三者，俱生威力；四者，共诸声闻、独觉威力；五者，不共声闻、独觉威力。

云何诸佛菩萨神通威力？谓六神通：一者，神境智作证通；二者，随念宿住智作证通；三者，天耳智作证通；四者，见生死智作证通[②]；五者，知心差别智作证通；六者，漏尽智作证通。是名神通威力。

云何诸佛菩萨神境智通？谓佛菩萨神境智通略有二种：一者，能变

① 本地分中菩萨地初持瑜伽处威力品第五，底本与《径山藏》相同；《房山石经》《资福藏》《碛砂藏》《赵城金藏》《普宁藏》《永乐南藏》《高丽藏》“初”作“第十五初”，下同。

② 见生死智作证通，底本与《资福藏》《碛砂藏》《普宁藏》《永乐南藏》《径山藏》相同；《房山石经》《赵城金藏》《高丽藏》“生死”作“死生”。

通；二者，能化通[①]。如是二种品类差别，各有多种。

云何能变神境智通品类差别？谓十八变：一者，震动；二者，炽然；三者，流布；四者，示现；五者，转变；六者，往来；七者，卷；八者，舒；九者，众像入身；十者，同类往趣；十一者，显；十二者，隐；十三者，所作自在；十四者，制他神通；十五者，能施辩才；十六者，能施忆念；十七者，能施安乐；十八者，放大光明。如是等类，皆名能变神境智通。

震动者，谓佛菩萨得定自在，心调柔故，善修心故，依定自在，普能震动寺馆舍宅、村邑聚落、城郭国土、那洛迦世界、傍生世界、祖父世界、人世界、天世界、一四大洲、一千世界、二千世界、三千大千世界、百三千大千世界、千三千大千世界、百千三千大千世界，乃至无量无数三千大千世界皆能震动，是名震动。

炽然者，谓佛菩萨依定自在，从其身上发猛焰火，于其身下注清冷水，从其身下发猛焰火，于其身上注清冷水，入火界定，举身炯然[②]，遍诸身分出种种焰：青、黄、赤、白、红、紫、碧绿、颇胝迦色，是名炽然。

流布者，谓佛菩萨依定自在，流布光明，遍满一切寺馆舍宅，乃至无量无数世界，无不充满，如前震动。是名流布。

示现者，谓佛菩萨依定自在，如其所乐，示彼一切诸来会众沙门、婆罗门、声闻、菩萨、天、龙、药叉、揵达缚[③]、阿素洛、揭路荼[④]、紧捺洛、牟呼洛伽、人非人等，令悉现见，下诸恶趣，上诸人天。复令现见诸余佛土及

① 能化通，底本与《房山石经》《资福藏》《碛砂藏》《普宁藏》《永乐南藏》《径山藏》《高丽藏》相同；《赵城金藏》无“通”字。

② 举身烟然，底本与《资福藏》《碛砂藏》《普宁藏》《永乐南藏》《径山藏》相同；《房山石经》《赵城金藏》《高丽藏》“烟”作“洞”。

③ 揵达缚，底本与《资福藏》《碛砂藏》《普宁藏》《永乐南藏》《径山藏》相同；《房山石经》《赵城金藏》《高丽藏》作“健达缚”，下同。

④ 揭路荼，底本与《资福藏》《碛砂藏》《普宁藏》《永乐南藏》《径山藏》相同；《房山石经》《赵城金藏》《高丽藏》作“揭路荼”，下同。

于其中诸佛菩萨，乃至超过殑伽沙等诸佛国土种种名声所表佛土，及彼土中某名如来悉令现见，亦为宣说彼佛土名及如来名。齐彼至此，若复过彼诸佛国土及诸如来，随其所欲，乃至所欲皆令现见，亦为宣说。是名示现。

转变者，谓佛菩萨依定自在，若于其地起水胜解，即令成水，如实非余，火、风胜解亦复如是。若于其水起地胜解，即令成地，如实非余，火、风胜解亦复如是。若于其火起地胜解，即令成地，如实非余，水、风胜解亦复如是。若于其风起地胜解，即令成地，如实非余，水、火胜解亦复如是。若于一切起余胜解，即随胜解，如实非余。如于大种互相转变，色、香、味、触当知亦尔。若于草叶、牛粪、泥等，起于饮食、车乘、衣服、严饰资具、种种涂香、华鬘胜解[①]，即随胜解，如实非余。若于砂石瓦砾等物，起于末尼、真珠、瑠璃[②]、蠡贝、璧玉[③]、珊瑚胜解，即随胜解，如实非余。若于诸山、雪山王等起金胜解，即随胜解，如实非余。若于一切起余胜解，即随胜解，如实非余。若于好色有情起恶色胜解，于恶色有情起好色胜解，于俱非有情起好色、恶色胜解，于俱有情起俱非胜解[④]，即随胜解，如实非余。如于好色、恶色，于具支节、不具支节及肥瘦等当知亦尔。如是于余所有自相可变色物起余胜解，皆随胜解，一切转变，如实非余。是名转变。

往来者，谓佛菩萨依定自在，随其所乐，于诸墙壁山石等中纵身往

① 华鬘胜解，底本与《资福藏》《碛砂藏》《普宁藏》《永乐南藏》《径山藏》相同；《房山石经》《赵城金藏》《高丽藏》“华”作“花”，下同。

② 瑠璃，《房山石经》《资福藏》《碛砂藏》《赵城金藏》《普宁藏》《永乐南藏》《径山藏》《高丽藏》作“琉璃”，下同。

③ 璧玉，底本与《房山石经》《资福藏》《碛砂藏》《普宁藏》《永乐南藏》《径山藏》相同；《赵城金藏》《高丽藏》“璧”作“壁”，下同。

④ 于俱有情起俱非胜解，底本与《资福藏》《碛砂藏》《赵城金藏》《普宁藏》《永乐南藏》《径山藏》《高丽藏》相同；《房山石经》“有”作“非有”。

来，无有滞碍。广说乃至往于梵世，乃至上至色究竟天，还来无碍。或复傍于无量无数三千大千世界，若往若来，皆无滞碍。或运麤重四大种身，或于远处作近胜解，或如意势速疾往来。是名往来。

卷舒者，谓佛菩萨依定自在，能卷一切雪山王等如一极微，舒一极微令如一切雪山王等，是名卷舒。

众像入身者，谓佛菩萨依定自在，能以种种现前大众及以一切村邑聚落、草木丛林、诸山大地一切色像内己身中，令诸大众各各自知入其身内，是名众像入身。

同类往趣者，谓佛菩萨依定自在，或能往趣刹帝利众，同其色类，如彼形量，似彼言音。彼若以此名如是义，亦即以此名如是义，彼不以此名如是义，亦不以此名如是义，然后为其演说正法，示现教导，赞励庆慰。化事既终，欻然隐没，没后时，众迭相顾言："不知没者天耶？人耶？"如能往趣刹帝利众，如是往趣婆罗门众，若沙门众，若长者众，若居士众、四天王天[①]、三十三天、夜摩天、睹史多天、化乐天[②]、他化自在天、梵众天、梵光益天[③]、大梵天、少光天、无量光天、光音天、少净天、无量净天、遍净天、无云天、福生天、广果天、无烦天、无热天、善现天、善见天、色究竟天当知亦尔。是名同类往趣。

隐显者，谓佛菩萨依定自在，于大众前百度千度，或过于是，隐没自身，复令显现，是名隐显。

所作自在者，谓佛菩萨依定自在，普于一切诸有情界往来住等所作事

① 四天王天，底本与《资福藏》《碛砂藏》《普宁藏》《永乐南藏》《径山藏》相同；《房山石经》《赵城金藏》《高丽藏》"天王"作"大王"。

② 化乐天，底本与《永乐南藏》《径山藏》相同；"化乐"，《房山石经》《赵城金藏》《高丽藏》作"乐变化"，《资福藏》《碛砂藏》《普宁藏》作"化乐"。

③ 梵光益天，底本与《房山石经》《资福藏》《碛砂藏》《赵城金藏》《普宁藏》《永乐南藏》《径山藏》相同；《高丽藏》"光"作"先"。

中皆自在转，令去即去，令住即住，令来即来，令语即语，是名所作自在。

制他神通者，谓佛菩萨依定自在，能制伏他所现神通。如来神通普能制伏其余一切具神通者所现神通，如其所欲，令事成办。究竟菩萨一生所系或最后有所有神通，除诸如来、等类菩萨，悉能制伏其余一切具神通者所现神通。诸余菩萨所有神通，除入上地、等类菩萨，悉能制伏其余一切具神通者所现神通。是名制他神通。

能施辩才者，谓佛菩萨依定自在，若诸有情辩才穷尽，能与辩才。是名能施辩才。

能施忆念者，谓佛菩萨依定自在，若诸有情于法失念，能与忆念，是名能施忆念。

能施安乐者，谓佛菩萨依定自在[①]，说正法时，与听法者饶益身心轻安之乐，令离诸盖，专心听法，蹔时方便，而非究竟。又令诸界互相违反[②]，能为损害非人所行灾疠疾疫皆得息灭。是名能施安乐。

放大光明者，谓佛菩萨依定自在，以神通力，身放光明。或有一光，往十方面无量无数诸世界中，令恶趣等一切有情息彼众苦；或有一光，往诸天界，令大威德天、龙、药叉、健达缚、阿素洛、揭路荼、紧捺洛、牟呼洛伽等，住自宫中，蒙光觉悟，皆来集会；或有一光，往十方面无量无数诸世界中，令住他方世界菩萨蒙光觉悟，皆来集会。以要言之，诸如来等能放无量无数品类种种光明，能作无量无数世界无量无数诸有情类无量无数利益之事，是名放大光明。当知如是一切能变神境智通品类差别，一一分别，无量无数。由此神通能转所余有自性物令成余物，故名能

① 谓佛菩萨依定自在，底本与《资福藏》《碛砂藏》《赵城金藏》《普宁藏》《永乐南藏》《径山藏》《高丽藏》相同；《房山石经》“谓”作“诸”。

② 又令诸界互相违反，底本与《房山石经》《资福藏》《碛砂藏》《赵城金藏》《普宁藏》《永乐南藏》《径山藏》相同；《高丽藏》“反”作“变”。

变神境智通。

云何能化神境智通品类差别？谓若略说，无事而有，是名为化。能以化心，随其所欲，造作种种未曾有事，故名能化神境智通。

此复多种。或化为身及化为境，或化为语。

或化为身及化为境者，化似自身，或不相似；化似他身，或不相似。

又所化身，若自若他，或似不似。唯能化作与根相似、根所依处，而非实根。复能化作相似境界，谓饮食等，末尼、真珠、瑠璃宝等，所有色香味触所摄外资生具。

若彼相似，若异于彼，随其所欲，一切能化。又所化身与己同类，非一众多种种差别。或作天、龙、药叉、健达缚、阿素洛、揭路荼、紧捺洛、牟呼洛伽色像，或作人、傍生、鬼、那洛迦色像，或作声闻、独觉、菩萨、如来色像。

若所化身与菩萨身极相似者，名所化身与自相似；若不尔者，名所化身非自相似。又所化身与他同类亦有多种[①]，若作天身，与彼天身极相似者，名所化身与他相似；若不尔者，名所化身非他相似。如作天身，乃至佛身当知亦尔。

云何此中化作多身？谓佛菩萨于十方面无量无数诸世界中，一时化作种种形类，能为无量无数有情作利益事。如是所化种种形类，于中或有诸佛菩萨虽灭度后，由住持力，而故随转，或有蹔时作利益已，化事便息。

又佛菩萨或作化事，唯令众生睹见而已，如幻所作，不堪受用；或复化作饮食、衣服、末尼、真珠、瑠璃、螺贝、璧玉、珊瑚、车乘等事，与实无异，如是所作财食众具，令诸众生常得受用。

是名化身及化境界。

---

① 又所化身与他同类亦有多种，底本与《房山石经》《资福藏》《碛砂藏》《普宁藏》《永乐南藏》《径山藏》《高丽藏》相同；《赵城金藏》“他”作“化”。

或化为语者，或有化语，妙音相应；或有化语，广音具足；或有化语[①]，系属于自；或有化语[②]，系属于他；或有化语，无所系属；或有化语，宣说正法言辞所摄；或有化语，诲责放逸言辞所摄。

妙音相应者，谓佛菩萨所说化语，其声深远，如云雷音，其声和雅，如频迦音，能感众心甚可爱乐。又此化语圆上、微妙、显了、易解、乐闻、无逆、无依、无尽。

广音具足者，谓佛菩萨所说化语，其声广大。随其所乐，无量种类天、龙、药叉、健达缚、阿素洛、揭路荼、紧捺洛、牟呼洛伽、声闻、菩萨、人非人等无量众会，一踰缮那皆悉充满，以妙圆音，随类遍告。又随所乐，小千世界、二千世界、三千大千世界[③]，乃至十方无量无数诸世界中，若近若远所有众会，以妙圆音，随类遍告，于此声中出种种音，为诸众生说种种法，随其所应，各得义利。

系属于自者，谓佛菩萨所说化语，于化自身出种种音[④]，宣说正法，诲责放逸。

系属于他者，谓佛菩萨所说化语，于化他身宣说正法，诲责放逸。

无所系属者，谓佛菩萨所说化语，或于空中，或于所化非情法上，而有所说。

宣说正法言辞所摄者，谓佛菩萨所说化语，开示正理，令诸愚痴于种种法皆得悟解。

---

① 或有化语，底本与《房山石经》《资福藏》《赵城金藏》《普宁藏》《径山藏》《高丽藏》相同；《碛砂藏》《永乐南藏》“语”作“诸”。

② 或有化语，底本与《房山石经》《资福藏》《赵城金藏》《普宁藏》《径山藏》《高丽藏》相同；《碛砂藏》《永乐南藏》“化”作“是”。

③ 三千大千世界，底本与《资福藏》《碛砂藏》《普宁藏》《永乐南藏》《径山藏》相同；《房山石经》《赵城金藏》《高丽藏》无“大千”字。

④ 于化自身出种种音，底本与《房山石经》《资福藏》《碛砂藏》《普宁藏》《永乐南藏》《径山藏》《高丽藏》相同；《赵城金藏》“化”作“他”。

诲责放逸言辞所摄者，谓佛菩萨所说化语，为不愚痴获得净信而放逸者，责其放逸，令生惭愧，诲不放逸，令勤修学。

如是所说众多化事，略有三种：化身、化境及以化语。当知如是一切能化神境智通品类差别，一一分别，无量无数。

如是二种诸佛菩萨神境智通能办二事：一者，示现种种神通，引诸众生入佛圣教；二者，示现种种神通，慧施无量受苦众生众多品类利益安乐。

云何诸佛菩萨随念宿住智通？谓佛菩萨以宿住智自能随念己之宿住，曾于如是有情类中，我如是名，如经广说；亦能随念他诸有情身等一切品类差别，如自随念己事无异。又能令他得宿住智，能自随念前际所经若自若他身等一切品类差别，曾于如是有情类中，我如是名，乃至广说。如是有情转复令他得宿住智，能自随念一切宿住，如前无异。如是展转令忆宿住，皆如自己。于现法中，又能随念诸微细事，所有一切若少若多先所造作，先所思惟，皆无忘失。又能随念无间刹那，次第所作无间断故。

又能随念有量有数宿住差别，所知时劫可算数故。

又能随念无量无数宿住差别，所知时劫不可算数故[①]。

以要言之，此宿住智于如是处，于如是类，于如是量，随其所欲，皆无碍转，如是名为诸佛菩萨随念宿住所摄威力。

又由随念宿住智故，忆念本生，为诸有情开示先世种种品类第一希有菩萨所行难行苦行，令于佛所生净信故，起恭敬故，令于生死深厌离故。又由此智忆念本事，为诸众生开示种种先世相应业果异熟，为令妄计前际常论、一分常论常见众生破常见故。

云何诸佛菩萨天耳智通？谓佛菩萨以净天耳能于种种天声、人声、

① 所知时劫不可算数故，底本与《资福藏》《碛砂藏》《普宁藏》《永乐南藏》《径山藏》相同；《房山石经》《赵城金藏》《高丽藏》无“算”字。

圣声、非圣声、大声、小声、辩声、非辩声、化声。非化声、远声、近声，皆悉得闻。

闻天声者，若不作意，下从欲界，上至色究竟宫，其中受生诸有情类种种音声，皆悉能闻；若作意时，过是已上诸世界声，皆亦能闻。

闻人声者，遍于一切傍四大洲受生有情种种音声，皆悉能闻。

闻圣声者，于诸如来、声闻、独觉及诸菩萨，若从彼闻展转为余诸有情类宣说种种示现教导、赞励庆慰、劝修诸善、劝舍诸恶所有音声，皆悉能闻。又于一切无染汙心受持读诵、论议决择、无倒谏诲、为作忆念、教授、教诫，及余所有善言善说能引义利种种音声，皆悉能闻。如是等类，名闻圣声。

闻非圣声者，于诸有情虚妄、离间、邪绮、麤犷、生下恶趣、生上天趣、生傍人趣种种音声，皆悉能闻。

闻大声者，谓于大众生声、大集会声、种种苦具所逼切声、大号哭声、相呼召声、大雷吼声、诸螺贝声、诸鼓角等种种音声，皆悉能闻。

闻小声者，下至耳语诸微细声[①]，皆悉能闻。

闻辩声者，于义易了种种音声，皆悉能闻。

闻非辩声者，于义难了种种音声，谓达罗弭荼种种明咒、风铃、树响、鹦鹉、鸲鹆、百舌、鹂鶒[②]、命命鸟等所出音声，皆悉能闻。

闻化声者，谓于一切得心自在，具神通者，依神通力所化音声，皆悉能闻。

闻非化声者，谓于种种异彼音声，皆悉能闻。

① 下至耳语诸微细声，底本与《房山石经》《资福藏》《碛砂藏》《普宁藏》《永乐南藏》《径山藏》《高丽藏》相同；《赵城金藏》“诸”作“语”。

② 鹂鶒，底本与《资福藏》《碛砂藏》《普宁藏》《永乐南藏》《径山藏》相同；《房山石经》《赵城金藏》《高丽藏》“鶒”作“黄”。

闻远声者，除佛菩萨所住聚落城邑等中所有音声，于余乃至无量无数世界中声，皆悉能闻。

闻近声者，闻所余声①。

云何诸佛菩萨见死生智通？谓佛菩萨以超过人清净天眼见诸有情死时、生时，好色②、恶色，若劣若胜，及于后际生已增长，诸根成熟，身诸所作善、恶、无记差别而转。又现见知诸光明色、诸微细色、诸变化色、诸净妙色，下至无间，上至色究竟宫，不由作意，皆能见知。若作意时，能见上下无量无数余世界色，亦能见傍无量无数诸世界中一切诸色，乃至能见彼彼佛土彼彼如来安坐彼彼异类大会，宣说正法，显然无乱

又佛菩萨以净天眼普见十方无量无数诸有情类身之所作净不净业，既见彼已，随其所应，随其所宜，施作种种利益安乐；以净天耳普闻十方无量无数诸有情类语之所作净不净业，既闻彼已，随其所应，随其所宜，施作种种利益安乐：是名略说诸佛菩萨天眼、天耳之所作业。

云何诸佛菩萨知心差别智通？谓佛菩萨以他心智遍知十方无量无数诸世界中，他有情类若有缠烦恼心，若离缠烦恼心，若有随缚有随眠烦恼心，若离随缚离随眠烦恼心。又遍了知有染心、邪愿心③，谓诸外道心及有爱染心。又遍了知无染心、正愿心，谓与上相违心。又遍了知劣心，谓生欲界诸有情类，下至一切禽兽等心。又遍了知中心，谓生色界诸有情类诸所有心。又遍了知胜心，谓生无色界诸有情类诸所有心。又遍了知乐相应心、苦相应心、不苦不乐相应心。又能以一知他心智，于一有情如是所有、如是

① 闻所余声，底本与《资福藏》《碛砂藏》《赵城金藏》《普宁藏》《永乐南藏》《径山藏》相同；《房山石经》《高丽藏》“余”作“除”。

② 好色，底本与《房山石经》《资福藏》《碛砂藏》《赵城金藏》《普宁藏》《永乐南藏》《径山藏》相同；《高丽藏》“好”作“妙”。

③ 邪愿心，底本与《房山石经》《资福藏》《碛砂藏》《普宁藏》《永乐南藏》《径山藏》《高丽藏》相同；《赵城金藏》“邪”作“耶”。

体性、如是品类、如是行相、如是分齐心起现前，于一念顷并如实知。又能以一知他心智，于多有情如是所有、如是体性、如是品类、如是行相、如是分齐心起现前，于一念顷并如实知。

又佛菩萨此他心通，知诸有情诸根胜劣，知诸有情种种胜解，知诸有情种种界行，随其所应，能正安处趣涅槃宫种种正行。当知是名此所作业。

云何诸佛菩萨漏尽智通？谓佛菩萨如实了知烦恼尽得，如实了知若自若他于诸漏尽已得未得，如实了知若自若他所有能得漏尽方便。如能如实了知方便，于非方便亦如实知。

如实知他于漏尽得有增上慢，如实知他于漏尽得离增上慢。又诸菩萨虽能如实了知一切漏尽功德能证方便，而不作证，是故菩萨于有漏事及与诸漏不速舍离，虽行种种有漏事中，而不染汙。如是威力，于诸威力最为殊胜。

又佛菩萨由漏尽智自无染汙，亦善为他广分别说坏增上慢。当知是名此所作业。

云何法威力？谓布施威力乃至般若威力。

此布施等诸法威力，应知一一略有四相：一者，断所对治相；二者，资粮成熟相；三者，饶益自他相；四者，与当来果相。

布施四相者，谓诸菩萨修行慧施，能断悭恪，施所对治，是名第一。即此慧施能作自己菩提资粮，亦即能作布施摄事，成熟有情。是名第二。施先意悦，施时心净，施已无悔，于三时中，心常欢喜，以自饶益；亦能除他饥渴寒热、种种疾病、所欲匮乏、怖畏众苦，以饶益他。是名第三。于当来世在在生处恒常富乐，得大禄位，得大财宝，得大朋党，得大眷属，是名第四。是名布施威力四相，此外无有若过若增。

持戒四相者，谓诸菩萨受持清净身语律仪，能断犯戒，戒所对治。

是名第一。即所受持清净尸罗，能为自己菩提资粮，亦即能作同事摄事，成熟有情，是名第二。受持净戒，舍离犯戒为缘所生怖畏、众罪、怨敌等事，寝寤安乐，以自饶益。又由净戒，无悔、欢喜乃至心定，以自饶益；受持净戒，不损恼他，普施一切有情无畏，以饶益他。是名第三。由是因缘，身坏已后，生于善趣天世界中，是名第四。是名持戒威力四相，此外无有若过若增。

忍辱四相者，谓诸菩萨修行忍辱，能断不忍，忍所对治，是名第一。即此忍辱能作自己菩提资粮，亦即能作同事摄事，成熟有情，是名第二。由此忍辱济拔自他大怖畏事[①]，饶益自他，是名第三。由是因缘，能令菩萨于当来世无多怨敌，无多离隔，无多忧苦；于现法中，临命终时，心无忧悔，身坏已后，生于善趣天世界中。是名第四。是名忍辱威力四相，此外无有若过若增。

精进四相者，谓诸菩萨住勤精进，能断懈怠，精进所治。是名第一。即此精进能作自己菩提资粮及所依止，亦即能作同事摄事，成熟有情，是名第二。勤精进故，得安乐住。不为一切恶不善法之所杂乱，后后所证，转胜于前，倍生欢喜，以自饶益；勤修善品，不以身语损恼于他，令他发生精进乐欲，以饶益他。是名第三。由此因力，于当来世爱乐殊胜士夫功业，是名第四。是名精进威力四相，此外无有若过若增。

静虑四相者，谓诸菩萨入静虑时，能断烦恼、语言寻伺、喜、乐、色想等随烦恼，静虑所治，是名第一。即此静虑能作自己菩提资粮及所依止，亦即能作同事摄事，成熟有情，是名第二。现法乐住，以自饶益，其心寂静，最极寂静，远离贪爱；于诸有情无损无恼，以饶益他。是名第三。由此因缘，智得清净，能发神通，于当来世生净天处，得静虑果，是名第四。是

① 由此忍辱济拔自他大怖畏事，底本与《房山石经》《资福藏》《碛砂藏》《赵城金藏》《普宁藏》《永乐南藏》《径山藏》相同；《高丽藏》“拔”作“扒”。

名静虑威力四相，此外无有若过若增。

般若四相者，谓诸菩萨具足妙慧，能断无明，慧所对治，是名第一。即此般若能作自己菩提资粮，能以布施、爱语、利行、同事摄事，成熟有情，是名第二。于所知事，如义觉了，能引广大清净欢喜，以自饶益；普为有情称理说法，令其获得现法、当来利益安乐，以饶益他。是名第三。由是因缘，摄诸善根，能正所作，于当来世能证二障离系，谓烦恼障离系及所知障离系，是名第四。是名般若威力四相，此外无有若过若增。是名法威力。

云何诸佛菩萨俱生威力？谓性能忆念诸本生事，为欲利益诸有情故，不由思择，于极长时种种猛利无间大苦悉能堪忍；为欲利益诸有情故，欣乐领受能办有情利益事若[①]；为欲利益诸有情故，上生第四睹史多天，尽睹史多寿量而住。

有三胜事，映彼受生诸天子众：一、天寿量；二、天形色；三、天名称。将欲下生入母胎时，放大光明，普照世界。于降母胎入、住、出位，皆正了知。既出胎已，即于地上不待扶侍而行七步，自称德号。于初生时，有大威德天、龙、药叉、健达缚、阿素洛、揭路荼、紧捺洛、牟呼洛伽等，散以种种天妙华香，持天伎乐、上妙衣服、幢旛宝盖、殊胜供具，而为供养。又以无上三十二大丈夫相等，庄严其身。住最后有最后生中，一切怨敌、一切魔军、一切灾横不能侵害，坐菩提座，以慈定力摧伏众魔。一一支节，皆悉备足那罗延力。于稚童时，不由习学，自然善巧，于诸世间工巧业处疾疾能入。无师自然独处三千大千世界，证得无上正等菩提。索诃界主大梵天王自然来下，殷勤劝请哀愍世间，宣说正法。其定寂静，设大云雷，曾无觉受，安然不起。为菩萨时，一切禽兽蠕动之类皆极仰信，常来归趣，随其

① 欣乐领受能办有情利益事若，《房山石经》《资福藏》《碛砂藏》《赵城金藏》《普宁藏》《永乐南藏》《径山藏》《高丽藏》“若”作“苦”。

所欲，亲附而住。既成佛已，下至傍生亦来供养，如彼猕猴献清净蜜，世尊哀受，欢喜舞跃。龙云常候，洗便降雨，若出游行，止而不落。菩萨如是若坐树下[①]，一切枝条并皆垂影，随荫其身，曾无亏舍。证菩提已，于六年中，魔求其便，竟不能得。常俱行念，每恒现前，由此念故，受相寻思生住灭等[②]，无不觉了。又佛成就俱生威力，或有见便饶益所摄，或有贤圣行住所摄。见便饶益所摄俱生威力者，谓诸世间若见如来，癫痫心乱还得本心，逆胎得顺，盲者得视，聋者能听，怀贪欲者得离贪缠，怀瞋恚者得离瞋缠，怀愚痴者得离痴缠。如是等类，当知是名见便饶益所摄俱生威力。贤圣行住所摄俱生威力者，谓佛菩萨常右胁卧，如师子王，虽现安处草叶等蓐，一胁而卧，曾无动乱。一切如来、应、正等觉，虽现睡眠，而无转侧。大风卒起，不动身衣。行如师子，步若牛王，先举右足，方移左足。随所行地，高处便下，下处遂高，坦然如掌，无诸砾石砖瓦等物。心专远离，而入聚落，随所入门，门若狭小，自然高广。食所食时，有粒皆碎[③]，无口不弹。如是等类，当知是名贤圣行住所摄俱生威力。般涅槃时，大地震动，众星晃耀，交流而陨，诸方一时欻然大热，遍满虚空，奏天大乐。

如是无量甚希有事，皆是如来俱生威力，非是神通威力所作。

如是名为诸佛菩萨俱生威力。

云何诸佛菩萨威力与声闻、独觉有共不共？略由三相应知不共：一者，微细故；二者，品类故；三者，界故。诸佛菩萨于无量无数诸有情类，及无量无数威力方便，如所应作诸利益事，皆如实知，无不能作，是名微

① 菩萨如是若坐树下，底本与《资福藏》《碛砂藏》《赵城金藏》《普宁藏》《永乐南藏》《径山藏》《高丽藏》相同；《房山石经》“是”作“来”。

② 受相寻思生住灭等，底本与《碛砂藏》《普宁藏》《永乐南藏》《径山藏》相同；《房山石经》《资福藏》《赵城金藏》《高丽藏》“相”作“想”。

③ 有粒皆碎，底本与《资福藏》《碛砂藏》《赵城金藏》《普宁藏》《永乐南藏》《径山藏》《高丽藏》相同；《房山石经》无“有”字。

细。一切品类神通威力、法威力、俱生威力悉皆成就，是名品类。以一切世界、一切有情界为威力境，是名为界。声闻但以二千世界及有情界为神通境，独觉但以三千世界为神通境。何以故？由彼唯为调伏一身而修正行，非诸有情，是故最极唯以一界为神通境。除上所说，所余诸佛菩萨威力，当知麤相与诸声闻、独觉等共。如是诸佛菩萨威力，声闻、独觉尚不能及，何况所余一切天人、异生、外道。

诸佛菩萨略有三种神变威力：一者，神境神变所摄；二者，记说神变所摄；三者，教诫神变所摄。当知此三如其所应，摄入三种神通威力，谓神境智通威力、心差别智通威力、漏尽智通威力。

本地分中菩萨地
初持瑜伽处成熟品第六

云何成熟？当知成熟略有六种：一者，成熟自性；二者，所成熟补特伽罗；三者，成熟差别；四者，成熟方便；五者，能成熟补特伽罗；六者，已成熟补特伽罗相。

云何成熟自性？谓由有善法种子及数习诸善法故，获得能顺二障断净增上身心有堪任性[①]、极调善性，正加行满。安住于此，若遇大师，不遇大师，皆有堪任，有大势力，无间能证烦恼障断、所知障断。譬如痈痤熟至究竟，无间可破，说名为熟。又如瓦器熟至究竟，无间可用；说名为熟。又如众果熟至究竟，无间可噉，说名为熟。如是由有善法种子及数修习诸善法故，获得能顺广说乃至正加行满，无间能证二障清净，说名成熟。如是名为成熟自性。

① 获得能顺二障断净增上身心有堪任性，底本与《房山石经》《资福藏》《赵城金藏》《永乐南藏》《径山藏》《高丽藏》相同；《碛砂藏》《普宁藏》“任”作“住”。

云何所成熟补特伽罗？谓所成熟补特伽罗略有四种：一者，住声闻种性，于声闻乘应可成熟补特伽罗；二者，住独觉种性，于独觉乘应可成熟补特伽罗；三者，住佛种性，于无上乘应可成熟补特伽罗；四者，住无种性，于往善趣应可成熟补特伽罗。诸佛菩萨于此四事，应当成熟如是四种补特伽罗，是名所成熟补特伽罗。

云何成熟差别？谓此差别略有六种：一、诸根成熟；二、善根成熟；三、智慧成熟；四、下品成熟；五、中品成熟；六、上品成熟。

诸根成熟者，谓寿量具足、形色具足、族姓具足、自在具足、信言具足、大势具足、人性具足、大力具足。此依身果异熟具足为所依故，堪任发起勇猛精进，修诸善法，于勤修集一切明处，心无厌倦。

善根成熟者，谓性薄尘垢为所依止，性于诸恶不善法中，心不乐入，诸盖轻微，寻思薄弱，柔和正直，随顺而取。

智慧成熟者，谓具足正念，为性聪敏，有所堪任，有大势力，能解善说、恶说法义，能受能持，能正通达，具足成就俱生妙慧[1]。依此妙慧，有所堪任，有大势力，能令其心究竟解脱一切烦恼。当知此中，诸根成熟故，解脱异熟障；善根成熟故，能解脱业障；智慧成熟故，解脱烦恼障。

下品成熟者，谓二因缘，下品成熟：一者，未久修习，诸根、善根、智慧成熟因缘未极增长；二者，串习下劣因缘。

中品成熟者，谓即于此二种因缘随一阙减，随一具足。

上品成熟者，谓二因缘俱无阙减。

云何成熟方便？当知此有二十七种：一者，界增长；二者，现缘摄受；三者，趣入；四者，摄乐；五者，初发处；六者，非初发处；七者，远清净；八者，近清净；九者，加行；十者，意乐；十一者，财摄受；十二者，法摄受；

① 具足成就俱生妙慧，底本与《资福藏》《碛砂藏》《普宁藏》《永乐南藏》《径山藏》相同；《房山石经》《赵城金藏》《高丽藏》“就”作“熟”。

十三者，神通引接[1]；十四者，宣说正法；十五者，隐密说法；十六者，显了说法；十七者，下品加行；十八者，中品加行；十九者，上品加行；二十者，听闻；二十一者，思惟；二十二者，修习；二十三者，摄受；二十四者，降伏；二十五者，自成熟；二十六者，请他成熟；二十七者，俱成熟界。

增长者，谓本性善法种子具足为所依止，先来串习诸善法故[2]，后后位中，善法种子转增转胜，生起坚住，是名界增长。

现缘摄受者，谓于现法中无倒说法，无倒受持，如理修行，法随法行。当知界增长，由先世因，现在成熟；现缘摄受，由现在因，现在成熟。

趣入者，谓得净信增上力故，或有在家，远离恶行，受持学处。或趣非家，远离诸欲，受持学处。

摄乐者，谓依出离众苦行迹，及依远离欲乐、自苦二边行迹，于佛善说法毗奈耶真实圣教深生爱乐。

初发处者，谓即最初于可厌法深生厌离，于能成办真实理义，如实了知有胜功德，而创趣入，名初发处。

非初发处者，谓已趣入补特伽罗现成熟时，常不舍离诸佛菩萨，诸明了处转转明了，由此成熟，转转增进。

远清净者，谓由懈怠，或由违缘，或经长时[3]，或经多生，或经多劫，方能清净。

近清净者，当知一切与此相违。

加行者，谓为获得自胜义利，猛利乐欲为所依故，或怖当来堕诸恶

① 神通引接，底本与《资福藏》《碛砂藏》《普宁藏》《永乐南藏》《径山藏》相同；《房山石经》《赵城金藏》《高丽藏》“接”作“摄”。

② 先来串习诸善法故，底本与《房山石经》《资福藏》《碛砂藏》《普宁藏》《永乐南藏》《径山藏》《高丽藏》相同；《赵城金藏》“来”作“奉”。

③ 或经长时，底本与《资福藏》《碛砂藏》《普宁藏》《永乐南藏》《径山藏》相同；《房山石经》《赵城金藏》《高丽藏》“或经”作“经极”。

趣，或怖现法他所讥毁，于诸学处常勤护持，无间所作，殷重所作。

意乐者，谓于诸法正观察忍为所依故，于佛善说法毗奈耶不可引夺，于他所证深生信解。信有功德为所依故，于三宝所及于获得自义利所深信无动。

财摄受者，谓于一切饮食等物有匮乏者，施与一切饮食等物，或于随顺饮食等物有匮乏者，施与随顺饮食等物。

法摄受者，谓或宣说正法，施诸有情，或开显正义，施诸有情。

神通引摄者，谓具神通者哀愍有情故，或为有情意乐清净，或为有情加行清净增上力故，示现种种神通变化，欲令有情见已闻已，于佛圣教，或当获得意乐清净，或当修行无倒加行。彼诸有情由此神变引摄心故，或有获得意乐清净，或有修行无倒加行。

宣说正法者，谓于获得自胜义利，若无堪能为说正法，伴助令彼发生正行；若有堪能为说正法，随顺令彼速证通慧。

隐密说法者，谓于婴儿智慧有情，隐覆广大甚深义法，为说麤浅易可悟入、易为方便趣入处法。

显了说法者，谓于广大智慧有情，已善悟入圣教理者，为其开示广大甚深道理处法。

下品加行者，谓若远离无间加行及殷重加行。

中品加行者，谓或远离无间加行，或复远离殷重加行，于二加行随阙一种。

上品加行者，谓无间加行及殷重加行二俱相应。

听闻者，谓于佛语深生信解，精勤听闻、受持、读诵契经等法。

思惟者，谓居远离，乐思惟法，推度其义，解了决定。

修习者，谓于止、举、舍相正审观察为先，深心欣乐，修止、举、舍。

摄受者，谓无染心以亲教师及轨范师道理方便，无有颠倒，与作依止。又即于彼发起种种别供事行，谓看病行，给施如法衣服、饮食、诸坐卧具、病缘医药资生具行，除遣忧愁及恶作行，除遣烦恼、随烦恼行。如是等类，当知皆名别供事行。

降伏者，谓深防护自身杂染，于毁犯者，若犯下品，慈心谏诲；若犯中品，慈心诃罚；若犯上品，慈心驱摈。当知此中，谏诲、诃罚，令彼及余利益安乐。驱摈一种，若重摄受，令彼及余利益安乐；若驱摈已，不重摄受，但令其余利益安乐。何以故？余若见彼毁犯因缘既被驱摈，便自防护，不起毁犯故。

自成熟者，谓自宣说，随顺正法，令诸有情出不善处，安立善处。如自所说，亦自修行法随法行，令诸有情同分随转，勿使他人作如是说："汝自不能出不善处，安立善处，云何于他教授谏举为作忆念？他应于汝教授谏举为作忆念。"

请他成熟者，谓若有余无量有情于彼发起上品爱敬，或复有余善知方便，于说正法已善修学，即应劝请，慇懃营助，令其成熟无量有情。

俱成熟者，谓具二种，若自成熟，若劝请他，令其成熟。

由此所说二十七种成熟方便，当知令前六种成熟差别圆满，所谓诸根成熟、善根成熟、智慧成熟、下品成熟、中品成熟、上品成熟。

云何能成熟补特伽罗？谓略有六种菩萨住菩萨六地，能成熟有情。一者，胜解行菩萨住胜解行地；二者，净胜意乐菩萨住净胜意乐地；三者，行正行菩萨住行正行地；四者，堕决定菩萨住堕决定地；五者，决定行正行菩萨住决定行正行地；六者，到究竟菩萨住到究竟地[①]。住无种性补

① 到究竟菩萨住到究竟地，底本与《房山石经》《资福藏》《碛砂藏》《普宁藏》《永乐南藏》《径山藏》《高丽藏》相同；《赵城金藏》"住到"作"住倒"。

特伽罗于往善趣种性而成熟时[①]，有数退转，有数应作；安住种性补特伽罗于往三乘而成熟时，无数退转，无数应作。

云何已成熟补特伽罗相？谓诸声闻先已串习诸善法故[②]，若时安住下品成熟，尔时便有下品欲乐、下品加行，犹往恶趣，非于现法证沙门果，非于现法得般涅槃；若时安住中品成熟；尔时便有中品欲乐、中品加行，不往恶趣，于现法中证沙门果，非于现法得般涅槃；若时安住上品成熟，尔时便有上品欲乐、上品加行，不往恶趣，于现法中证沙门果，即于现法得般涅槃。

如说声闻，独觉亦尔。何以故？道与声闻同种类故。而此独觉与诸声闻有差别者，谓住最后有，最后所得身无轨范师，宿习力故，修三十七菩提分法，究竟断灭一切烦恼，证阿罗汉，故名独觉。

若诸菩萨住胜解行地，名下品成熟；住净胜意乐地，名中品成熟；住堕决定到究竟地，名上品成熟。

若时菩萨住下成熟[③]，尔时便有下品欲乐、下品加行，犹往恶趣，此尽第一无数劫边际，炽然、无动、极善清净觉品善法，当知一切皆未相应；若时菩萨住中成熟[④]，尔时便有中品欲乐、中品加行，不往恶趣，此尽第二无数劫边际，炽然、无动觉品善法已得相应，极善清净觉品善法未得相

① 住无种性补特伽罗于往善趣种性而成熟时，底本与《资福藏》《碛砂藏》《普宁藏》《永乐南藏》《径山藏》相同；《房山石经》《赵城金藏》《高丽藏》“趣种性”作“趣”。

② 谓诸声闻先已串习诸善法故，底本与《房山石经》《资福藏》《碛砂藏》《普宁藏》《永乐南藏》《径山藏》《高丽藏》相同；《赵城金藏》“习”作“习习”。

③ 若时菩萨住下成熟，底本与《房山石经》《资福藏》《碛砂藏》《赵城金藏》《普宁藏》《永乐南藏》《径山藏》相同；《高丽藏》“下”作“下品”。

④ 若时菩萨住中成熟，底本与《房山石经》《资福藏》《碛砂藏》《赵城金藏》《普宁藏》《永乐南藏》《径山藏》相同；《高丽藏》“中”作“中品”。

应；若时菩萨住上成熟[①]，尔时便有上品欲乐、上品加行，不往恶趣，此尽第三无数劫边际、炽然、无动、极善清净觉品善法，当知一切皆悉成就。

今于此中，性淳厚故，极猛盛故，能有上品广大果故，大胜利故，名为炽然；不转还故，不退堕故，常精进故[②]，名为无动；菩萨地中最无上故，当知说名极善清净。

当知此中，若财摄受所作成熟，若神通引摄所作成熟，若隐密说法所作成熟，若下品加行所作成熟，若唯听闻所作成熟，如是五种所作成熟，若于长时修习彼法，尚为下品，况于少时修习彼法。其余一切成熟因缘所作成熟，当知皆有三品道理，谓若于彼下品修习，成下成熟；中品修习，成中成熟；上品修习，成上成熟。

此下、中、上三品成熟，当知一一复有三品：于下品中有下下、下中、下上三品成熟；于中品中有中下、中中、中上三品成熟，于上品中有上下、上中、上上三品成熟。

如是等类诸佛菩萨成熟有情，当知展转差别道理有无量品。

此中，菩萨由前所说成熟因缘，为欲成熟自佛法故，精勤修习诸根成熟[③]、善根成熟、智慧成熟、下品成熟、中品成熟、上品成熟。

又欲令他诸有情类补特伽罗乘三乘法而出离故，往善趣故，修习如是六种成熟[④]。

---

① 若时菩萨住上成熟，底本与《房山石经》《资福藏》《碛砂藏》《赵城金藏》《普宁藏》《永乐南藏》《径山藏》相同；《高丽藏》“上”作“上品”。

② 常精进故，底本与《资福藏》《碛砂藏》《普宁藏》《永乐南藏》《径山藏》相同；《房山石经》《赵城金藏》《高丽藏》“精”作“胜”。

③ 精勤修习诸根成熟，底本与《资福藏》《碛砂藏》《普宁藏》《永乐南藏》《径山藏》相同；《房山石经》《赵城金藏》《高丽藏》“习”作“集”。

④ 修习如是六种成熟，底本与《资福藏》《碛砂藏》《普宁藏》《永乐南藏》《径山藏》相同；《房山石经》《高丽藏》“习”作“集”；《赵城金藏》无“修习”字。

瑜伽师地论卷第三十八

本地分中菩萨地

初持瑜伽处菩提品第七[①]

云何菩提? 谓略说二断、二智，是名菩提。

二断者：一、烦恼障断；二、所知障断。

二智者：一、烦恼障断故，毕竟离垢，一切烦恼不随缚智；二、所知障断故，于一切所知无碍无障智。

复有异门，谓清净智、一切智、无滞智，一切烦恼并诸习气无余永害，遍一切种不染无明无余永断，是名无上正等菩提。

一切烦恼并诸习气毕竟断故，名清净智。于一切界、一切事、一切品、一切时，智无碍转，名一切智。界有二种：一者，世界；二者，有情界。事有二种：一者，有为；二者，无为。即此有为、无为二事无量品别，名一切品。谓自相展转种类差别故，共相差别故，因果差别故，界趣差别故，善、不善、无记等差别故。时有三种：一、过去；二、未来；三、现在。即于如是一切界、一切事、一切品、一切时如实知故，名一切智。无滞智者，暂作意时，遍于一切无碍速疾。无滞智转，不由数数作意思惟[②]，依一作意[③]，遍了智故。

---

① 初持瑜伽处菩提品第七，底本与《径山藏》相同；《房山石经》《资福藏》《碛砂藏》《赵城金藏》《普宁藏》《永乐南藏》《高丽藏》“初”作“第十五初”，下同。

② 不由数数作意思惟，底本与《资福藏》《碛砂藏》《赵城金藏》《普宁藏》《永乐南藏》《径山藏》《高丽藏》相同；《房山石经》“惟”作“惟唯”。

③ 依一作意，底本与《资福藏》《碛砂藏》《普宁藏》《永乐南藏》《径山藏》《高丽藏》相同；《房山石经》《赵城金藏》“作”作“切”。

复有异门，谓百四十不共佛法及如来无诤、愿智、无碍解等，是名无上正等菩提。百四十不共佛法者，谓三十二大丈夫相、八十随好、四一切种清净、十力、四无所畏、三念住、三不护[①]、大悲、无忘失法、永害习气、一切种妙智。是诸佛法，“建立品”中当广分别。如是菩提名为最胜，七种最胜共相应故，由是因缘，于诸菩提最为殊胜。

云何名为七种最胜？一者，所依最胜；二者，正行最胜；三者，圆满最胜；四者，智最胜；五者，威力最胜；六者，断最胜；七者，住最胜。

由诸如来以三十二大丈夫相等庄严其身，故名所依最胜。

由诸如来自利利他，利益安乐无量众生，哀愍世间，令诸天人获得义利利益安乐，而行正行，故名正行最胜。

由诸如来无上无等四种圆满，谓戒圆满、见圆满、轨则圆满、净命圆满皆悉成就，故名圆满最胜。

由诸如来无上无等四无碍解，谓法无碍解、义无碍解、训词无碍解、辩说无碍解皆悉成就，故名智最胜。

由诸如来无上无等如前所说六种神通皆悉成就，故名威力最胜。

由诸如来无上无等一切烦恼习气永断及一切所知障永断皆悉成就，故名断最胜。

由诸如来多住无上无等三住，谓圣住、天住、梵住，故名住最胜。

当知此中，空、无愿、无相住及灭尽定住，是名圣住。四种静虑、四无色定，是名天住。四种无量，是名梵住。于此三住中，如来多住四最胜住，谓于圣住中，多住空住、灭尽定住；于天住中，多住无动第四静虑住；于梵住中，多住大悲住。由是如来昼夜六时，昼三、夜三，常以佛眼观察世间谁增谁减：我应令谁未起善根而种善根，广说乃至我应令谁建立最胜阿罗

① 三不护，底本与《房山石经》《资福藏》《碛砂藏》《普宁藏》《永乐南藏》《径山藏》《高丽藏》相同；《赵城金藏》无“三”字。

汉果。又诸如来所依最胜故，名大丈夫；正行最胜故，名大悲者；圆满最胜故，名大戒者及大法者；智最胜故，名大慧者；威力最胜故，名大神通者；断最胜故，名大解脱者；住最胜故，名多安住广大住者。

又诸如来略有十种功德名号随念功德。何等为十？谓薄伽梵号为如来、应、正等觉、明行圆满、善逝、世间解、无上丈夫调御士、天人师、佛、薄伽梵。言无虚妄，故名如来。已得一切所应得义，应作世间无上福田，应为一切恭敬供养，是故名应。如其胜义，觉诸法故，名正等觉。明谓三明，行如经说止观二品，极善圆满，是故说名明行圆满[①]。上升最极，永不退还，故名善逝。善知世界及有情界一切品类染净相，故名世间解。一切世间唯一丈夫，善知最胜调心方便，是故说名无上丈夫调御士。为实眼故，为实智故，为实义故，为实法故[②]，与显了义为开导故，与一切义为所依故，与不了义为能了故，与所生疑为能断故，与甚深处为能显故，令明净故，与一切法为根本故，为开导故，为所依故，能正教诫教授天人，令其出离一切众苦，是故说佛名天人师。于能引摄义利法聚，于能引摄非义利法聚，于能引摄非义利非非义利法聚，遍一切种现前等觉，故名为佛。能破诸魔大力军众，具多功德，名薄伽梵。或有多劫，无有一佛出现于世，或有一劫，有众多佛出现于世，彼彼十方无量无数诸世界中，应知同时有无量佛出现于世。何以故？于十方界现有无量无数菩萨，同时发愿，同勤修集菩提资粮[③]。若一菩萨，于如是日，于如是分，于如是月，于如是年发菩提心，愿趣菩提，即于此日，即于此分，即于此月，即于此年一切亦尔。如

① 是故说名明行圆满，底本与《房山石经》《资福藏》《碛砂藏》《普宁藏》《永乐南藏》《径山藏》《高丽藏》相同；《赵城金藏》“说”作“谓”。

② 为实法故，底本与《房山石经》《资福藏》《碛砂藏》《普宁藏》《永乐南藏》《径山藏》《高丽藏》相同；《赵城金藏》“实”作“义实”。

③ 同勤修集菩提资粮，底本与《房山石经》《资福藏》《碛砂藏》《普宁藏》《永乐南藏》《径山藏》《高丽藏》相同；《赵城金藏》“同”作“因”。

一菩萨，勇悍策励，炽然精进，一切亦尔。于今现见此世界中，多百菩萨同时发愿，同修惠施，同修净戒，同修忍辱，同修精进，同修静虑，同修智慧，况于十方无量无边诸佛世界。又于十方现有无量无数三千大千佛土，无二菩萨同时修集菩提资粮，俱时圆满，于一佛土并出于世，一时成佛，况有无量无数菩萨于一世界一时成佛。又不应言：众多菩萨同时修集菩提资粮，俱时圆满，前后相避，次第成佛。亦不应言：一切菩萨皆不成佛。是故当知众多菩萨同时修集菩提资粮俱圆满者，于十方面无量无数随其所净，空无如来诸佛国土，各别出世，同时成佛。

由此道理，多世界中决定应有众多菩萨同时成佛，决定无有一佛土中有二如来俱时出世。何以故？菩萨长夜起如是愿，随令增长："我当独一于无导首诸世界中为作导首[①]，调伏有情，令脱众苦，令般涅槃。"如是长夜所起大愿随令增长，摄受正行得成满故，无二如来于一世界俱时出现。又一如来于一三千大千佛土普能施作一切佛事，是故第二如来出世无所利益。又一如来于一佛土出现于世，令诸有情成办自义，极为炽盛，极为随顺。何以故？彼作是思："一切世间唯一如来，更无第二，若于此土化事已讫，或往余方，或入灭度。我等何从当修梵行？我等何从当闻正法？"如是思已，发起深厚欲勤精进，速修梵行，速闻正法。若一佛土多佛出世，彼于所作不能速疾。故一佛土一佛出世，令诸有情成办自义，极为炽盛，极为随顺。一切如来一切功德，平等平等无有差别，唯除四法：一者，寿量；二者，名号；三者，族姓；四者，身相。一切如来于此四法有增减相，非余功德。又非女身能证无上正等菩提。何以故？一切菩萨于过第一无数劫时，已舍女身，乃至安坐妙菩提座曾不为女。一切母邑性多烦恼，性多恶慧，非诸禀性多烦恼身、多恶慧身能证无上正等菩提。

① 我当独一于无导首诸世界中为作导首，底本与《房山石经》《资福藏》《碛砂藏》《普宁藏》《永乐南藏》《径山藏》《高丽藏》相同；《赵城金藏》"诸"作"者"。

如是无上正等菩提，如说自性，应如实知；如说最胜，应如实知；如说十种功德名号随念功德，应如实知；如说出现，应如实知；如说差别，应如实知。

又此菩提为不思议，超过一切寻思道故；为无有量，无边功德所集成故；为无有上，生成一切声闻、独觉及与如来诸功德故：是故唯佛所证菩提最上、最尊、最妙、最胜。

本地分中菩萨地
初持瑜伽处力种性品第八

已说菩萨所应学处。

如是应学，我今当说。嗢柁南曰[①]：

胜解多求法，说法修法行，

正教授教诫，方便摄三业。

若诸菩萨欲于菩萨所应学处精勤修学，最初定应具多胜解，应求正法，应说正法，应正修行法随法行，应正教授，应正教诫，应住无倒教授、教诫方便所摄身语意业。

云何菩萨具多胜解？谓诸菩萨于其八种胜解依处，具足成就净信为先决定喜乐。一者，于三宝功德胜解依处[②]，具足成就净信为先决定喜乐，谓于佛法僧真实功德具多胜解[③]；二者，于佛菩萨威力胜解依处，具足成

① 嗢柁南曰，底本与《资福藏》《碛砂藏》《普宁藏》《永乐南藏》《径山藏》相同；《房山石经》《赵城金藏》《高丽藏》“柁”作“拕”。

② 于三宝功德胜解依处，底本与《资福藏》《碛砂藏》《赵城金藏》《普宁藏》《永乐南藏》《径山藏》《高丽藏》相同；《房山石经》“三”作“一”。

③ 谓于佛法僧真实功德具多胜解，底本与《资福藏》《碛砂藏》《普宁藏》《永乐南藏》《径山藏》《高丽藏》相同；《房山石经》《赵城金藏》“多”作“足”。

就净信为先决定喜乐，谓于如前所说威力具多胜解；三者，于真实义胜解依处，具足成就净信为先决定喜乐，谓于如前所说真实义具多胜解；四者，于因胜解依处，具足成就净信为先决定喜乐，谓于种种如应所摄无颠倒因具多胜解；五者，于果胜解依处，具足成就净信为先决定喜乐，谓于种种如应所摄无颠倒果具多胜解；六者，于应得义胜解依处，具足成就净信为先决定喜乐，谓于无上正等菩提所应得义，我有堪任定当能得具多胜解；七者，于得方便胜解依处，具足成就净信为先决定喜乐，谓于一切菩萨学道能得方便，有此方便得应得义具多胜解；八者，于善言、善语、善说胜解依处，具足成就净信为先决定喜乐，谓于契经、应颂、记别等法具多胜解。于此八种胜解依处，应知菩萨由二因缘具多胜解：一者，多修胜解故；二者，积集猛利忍故。

彼诸菩萨求正法时，当何所求？云何而求？何义故求？谓诸菩萨以要言之，当求一切菩萨藏法、声闻藏法、一切外论、一切世间工业处论。

当知于彼十二分教，方广一分唯菩萨藏，所余诸分有声闻藏。一切外论略有三种：一者，因论；二者，声论；三者，医方论。一切世间工业处论，非一众多种种品类，谓金师、铁师、末尼师等工业智处。

如是一切明处所摄有五明处：一、内明处；二、因明处；三、声明处；四、医方明处；五、工业明处。

菩萨于此五种明处若正勤求，则名勤求一切明处。诸佛语言，名内明论，此几相转？如是乃至一切世间工巧业处，名工业明论，此几相转？谓内明论略二相转：一者，显示正因果相；二者，显示已作不失，未作不得相。

因明论亦二相转：一者，显示摧伏他论胜利相；二者，显示免脱他论胜利相。

声明论亦二相转：一者，显示安立界相能成立相；二者，显示语工胜利相。

医方明论四种相转：一者，显示病体善巧相；二者，显示病因善巧相；三者，显示断已生病善巧相；四者，显示已断之病当不更生善巧相。

一切世间工业明论，显示各别工巧业处所作成办种种异相。

云何内明论显示正因果相？谓有十种因，当知建立无颠倒因，摄一切因，或为杂染，或为清净，或为世间彼彼稼穑等无记法转。

云何十因？一、随说因；二、观待因；三、牵引因；四、摄受因；五、生起因；六、引发因；七、定别因；八、同事因；九、相违因；十、不相违因。

谓一切法，名为先故想，想为先故说。是名彼诸法随说因。

观待此故，此为因故，于彼彼事若求若取，此名彼观待因。如观待手故，手为因故，有执持业；观待足故，足为因故，有往来业；观待节故，节为因故，有屈伸业；观待饥渴故[①]，饥渴为因故，于诸饮食若求若取[②]。随如是等无量道理，应当了知观待因相。一切种子望后自果，名牵引因。

除种子外，所余诸缘，名摄受因。

即诸种子望初自果，名生起因。

即初种子所生起果，望后种子所牵引果，名引发因。

种种异类各别因缘，名定别因。

若观待因，若牵引因，若摄受因，若生起因，若引发因，若定别因，如是诸因总摄为一，名同事因。

于所生法能障碍因，名相违因。

此障碍因若阙若离，名不相违因。

---

① 观待饥渴故，底本与《房山石经》《资福藏》《碛砂藏》《普宁藏》《永乐南藏》《径山藏》《高丽藏》相同；《赵城金藏》“饥渴故”作“机渴”。

② 于诸饮食若求若取，底本与《房山石经》《资福藏》《碛砂藏》《赵城金藏》《普宁藏》《径山藏》《高丽藏》相同；《永乐南藏》“饮食”作“欲”。

当知相违略有六种：一、语言相违，谓有一类，或诸沙门，或婆罗门，所造诸论前后相违；二、道理相违，谓为成立诸所成立诸所知义建立比量，不与证成道理相应；三、生起相违，谓所生法能生缘阙，障生缘会；四、同处相违，谓明闇、贪瞋、苦乐等法；五、怨敌相违，谓毒蛇、鼠狼、猫狸[①]、鼷鼠，互为怨敌、恶知识等[②]；六、障治相违，谓修不净与诸贪欲，修慈与瞋，修悲与害，修七觉支、八圣道支与三界系一切烦恼。于此义中，正意唯取生起相违。此一切因，二因所摄：一、能生因；二、方便因。当知此中，牵引种子，生起种子，名能生因；所余诸因，名方便因。

复有四缘：一、因缘；二、等无间缘；三、所缘缘；四、增上缘。当知此中，若能生因，是名因缘。若方便因，是增上缘。等无间缘及所缘缘唯望一切心、心所说[③]，由彼一切心及心法前生开导所摄受故[④]，所缘境界所摄受故，方生方转。是故当知等无间缘及所缘缘，摄受因摄。

如是十因，云何能令一切世间种种事转？云何能令杂染事转？云何能令清净事转？谓于世间种种稼穑堕诸谷数世资生物所有种种名想言说[⑤]，谓大麦、小麦、稻谷、胡麻、大小豆等，即此望彼种种稼穑，为随说因。如言大麦，持去持来，若磨若置，如是等类种种随说。如说大麦，余小

---

① 猫狸，底本与《房山石经》《资福藏》《碛砂藏》《普宁藏》《永乐南藏》《径山藏》《高丽藏》相同；《赵城金藏》无“狸”字。

② 互为怨敌恶知识等，底本与《房山石经》《资福藏》《碛砂藏》《普宁藏》《永乐南藏》《径山藏》《高丽藏》相同；《赵城金藏》无“怨”字。

③ 唯望一切心、心所说，底本与《永乐南藏》《径山藏》相同；《房山石经》《资福藏》《碛砂藏》《赵城金藏》《普宁藏》《高丽藏》“所”作“法”。

④ 由彼一切心及心法前生开导所摄受故所有种种名想言说，底本与《资福藏》《碛砂藏》《赵城金藏》《普宁藏》《永乐南藏》《径山藏》《高丽藏》相同；《房山石经》“由”作“故”。

⑤ 谓于世间种种稼穑堕诸谷数世资生物，底本与《资福藏》《碛砂藏》《赵城金藏》《普宁藏》《永乐南藏》《径山藏》《高丽藏》相同；《房山石经》“堕”作“随”。

麦等当知亦尔。观待饥渴羸劣身住，观待段食所有爱味[1]，于彼追求、执取、受用，即说彼法为观待因。由彼各别自种子故，种种稼穑差别而生，即说彼种子为此牵引因。地、雨等缘能生于芽，名摄受因。即彼种子望所生芽，名生起因。芽、茎、叶等展转相续，望彼稼穑若成若熟，为引发因。从大麦种生大麦芽、大麦苗稼；不生余类。如是所余当知亦尔，即说彼为此定别因[2]。即彼一切从观待因至定别因，同为稼穑而得成熟，名同事因。非彼稼穑随阙一因而得成熟，是故一切和合说为此同事因。霜雹灾等诸障碍法，望彼滋稼为相违因。彼阙无障，是诸滋稼不相违因。如是十因于余世间种种事物，随其所应，当知广如《摄谷论》说。

又于一切杂染缘起所有种种名想言说，谓无明、行、识、名色，广说乃至老死愁悲忧苦扰恼，即此望彼诸杂染法为随说因。如言无明缘行，乃至生缘老死，如是等类种种随说，观待境界所有爱味[3]，于诸有支相续流转，即彼望此诸杂染法为观因待。于现法中，无明等法所有已生已长种子，令此种子望于余生生[4]、老死等为牵引因。近不善士，闻不正法，非理作意，及先串习所引势力生无明等，名摄受因。无明等法，各别种子，名生起因。从无明支乃至有支，展转引发后后相续，望于余生生、老死等为引发因。余无明支及自种子乃至有支，能生那落迦，余无明支及自种子乃至有支，能生傍生、饿鬼、人、天，当知亦尔。即此望彼诸杂染法，名定别因。即彼一切从观待因至定别因，名同事因。此杂染法相违因者，谓出世

① 观待段食所有爱味，底本与《房山石经》《资福藏》《碛砂藏》《普宁藏》《永乐南藏》《径山藏》《高丽藏》相同；《赵城金藏》“爱”作“受”。

② 即说彼为此定别因，底本与《房山石经》《资福藏》《碛砂藏》《普宁藏》《永乐南藏》《径山藏》《高丽藏》相同；《赵城金藏》“别”作“异”，下同。

③ 观待境界所有爱味，底本与《房山石经》《资福藏》《碛砂藏》《普宁藏》《永乐南藏》《径山藏》《高丽藏》相同；《赵城金藏》“待”作“行”。

④ 令此种子望于余生生，底本与《径山藏》相同；《房山石经》《资福藏》《碛砂藏》《赵城金藏》《普宁藏》《永乐南藏》《高丽藏》“令”作“今”。

间种性具足，值佛出世，演说正法，亲近善士，听闻正法，如理作意，法随法行，及与一切菩提分法。即如所说种种善法若阙若离，是杂染法不相违因。如是十因应知能起一切有情一切杂染。

又于一切清净品法及灭涅槃所有种种名想言说，即此望彼诸清净法为随说因。如言念住、正断，乃至八圣道支，无明灭故行灭，广说乃至生灭故老死灭，如是等类种种随说，观待诸行多过患故，乐求清净，摄受清净，成满清净，彼望于此为观待因。安住种性补特伽罗，种性具足，能为上首，证有余依及无余依二涅槃界，彼望清净为牵引因。亲近善士，听闻正法，如理作意，及先所作诸根成熟，名摄受因。种性所摄一切无漏菩提分法所有种子，望彼一切菩提分法为生起因。即自种子所生一切菩提分法，渐次能证若有余依、若无余依二涅槃界，名引发因。声闻种性以声闻乘能般涅槃，独觉种性以独觉乘能般涅槃，大乘种性以无上乘能般涅槃，彼望清净为定别因。若清净品观待因乃至定别因，彼望清净为同事因。种性不具足，不值佛出世，生诸无暇处，不亲近善士，不听闻正法，不如理作意，数习诸邪行，彼望清净为相违因。此相违因若阙若离，是名清净不相违因。若杂染品诸相违因，当知即是清净法因；若清净品诸相违因，当知即是杂染法因。如是现有杂染十因、清净十因，过去、未来曾当染净皆亦如是。

一切唯有如是十因，除此无有若过若增。

于此相中，云何为果？谓略有五：一者，异熟果；二者，等流果；三者，离系果；四者，士用果；五者，增上果。诸不善法于诸恶趣受异熟果，善有漏法于诸善趣受异熟果，是名异熟果。习不善故，乐住不善，不善法增，修习善故，乐住善法，善法增长，或似先业，后果随转，是名等流果。八支圣道，灭诸烦恼，名离系果。若诸异生以世俗道灭诸烦恼，不究竟故，非离系果。诸有一类，于现法中依止随一工巧业处，起士夫用。所谓农作、商贾、事王、书画、筭数、占卜等事，由此成办诸稼穑等财利等果，是名士用果。若眼识等，是眼根增上果；乃至意识等，是意根增上果；众生身分不散不坏，是命根增上果；二十二根各各能起自增上果，当知一切名增上果。二十二根增上作用，如“摄事分”应知其相。

菩萨于是内明所显正因果相如实知已，精勤修习，令处非处智力种性渐得清净，渐得增长。

云何内明论显示已作不失、未作不得相？谓诸有情自所作业虽复作已，经多百劫，与果功能终无失坏，亦无不作，或复异作[①]，而有异熟[②]，或异熟果[③]。菩萨于是内明所显已作不失[④]、未作不得相如实知已，精勤修习，令其自业智力种性渐得清净，渐得增长。

菩萨云何求闻正法？谓诸菩萨于善说法应当安住猛利爱重，求闻正法。如是略说于善说法安住猛利爱重之相。谓诸菩萨为欲听闻一善说法，假使路由猛焰炽然大热铁地，无余方便可得闻是善说法者，即便发起猛利爱重，欢喜而入，何况欲闻多善言义。

又诸菩萨于自身分及于一切资身众具、饮食等事所有爱重，于欲听闻诸善说法所有爱重，以前爱重方后爱重，于百分中不及其一，于千分中亦不及一，于数分中亦不及一，于筭分中亦不及一，乃至邬波尼煞昙分亦不及一。菩萨如是于善说法深生敬重，常乐听闻诸善说法，无有劳倦，亦无

① 或复异作，底本与《房山石经》《资福藏》《碛砂藏》《普宁藏》《永乐南藏》《径山藏》《高丽藏》相同；《赵城金藏》“异”作“果”。

② 而有异熟，底本与《房山石经》《资福藏》《碛砂藏》《普宁藏》《永乐南藏》《径山藏》《高丽藏》相同；《赵城金藏》“异”作“果”。

③ 或异熟果，底本与《资福藏》《碛砂藏》《普宁藏》《永乐南藏》《径山藏》相同；《房山石经》《赵城金藏》《高丽藏》“熟果”作“果熟”。

④ 菩萨于是内明所显已作不失，底本与《房山石经》《资福藏》《碛砂藏》《普宁藏》《永乐南藏》《径山藏》《高丽藏》相同；《赵城金藏》“于”作“作”。

厌足。净信深厚[1]，其性柔和，心直见直。爱敬德故，爱敬法故，往法师所，无难诘心，有敬重心，无高慢心，专为求善，非显己德，为欲安立自他善根，不为利养恭敬因缘。菩萨具足如是功德往法师所，无杂染心，无散乱心，听闻正法。

云何菩萨无杂染心，听闻正法？谓听法时，其心远离贡高杂染，其心远离轻慢杂染，其心远离怯弱杂染。由六种相，其心远离贡高杂染；由四种相[2]，其心远离轻慢杂染；由一种相，其心远离怯弱杂染。谓听法时，应时而听，殷重而听，恭敬而听，不为损害，不为随顺，不求过失。由此六相，其心远离贡高杂染。又听法时，恭敬正法，恭敬说法补特伽罗，不轻正法，不轻说法补特伽罗。由此四相，其心远离轻慢杂染。又听法时，不自轻懱[3]。由此一相，其心远离怯弱杂染。菩萨如是无杂染心，听闻正法。云何菩萨无散乱心，听闻正法？谓由五相：一者，求悟解心，听闻正法；二者，专一趣心，听闻正法；三者，聆音属耳，听闻正法；四者，扫涤其心，听闻正法；五者，摄一切心，听闻正法。

菩萨如是求闻正法。

菩萨何故求闻正法？谓诸菩萨求内明时，为正修行法随法行，为广开示利悟于他。

若诸菩萨求因明时，为欲如实了知外道所造因论是恶言说，为欲降伏他诸异论，为欲于此真实圣教未净信者令其净信，已净信者倍令增广。若诸菩萨求声明时，为令信乐典语众生，于菩萨身深生敬信，为欲悟入诂训

① 净信深厚，底本与《房山石经》《资福藏》《碛砂藏》《普宁藏》《永乐南藏》《径山藏》相同；《赵城金藏》《高丽藏》“深”作“淳”。

② 由四种相，底本与《房山石经》《资福藏》《碛砂藏》《普宁藏》《永乐南藏》《径山藏》《高丽藏》相同；《赵城金藏》“由”作“其由”。

③ 不自轻懱，底本与《资福藏》《碛砂藏》《普宁藏》《永乐南藏》《径山藏》相同；《房山石经》《赵城金藏》《高丽藏》“懱”作“蔑”。

言音文句差别，于一义中种种品类殊音随说。若诸菩萨求医明时，为息众生种种疾病，为欲饶益一切大众。若诸菩萨求诸世间工业智处，为少功力多集珍财，为欲利益诸众生故，为发众生甚希奇想①，为以巧智平等分布，饶益摄受无量众生。菩萨求此一切五明，为令无上正等菩提大智资粮速得圆满，非不于此一切明处次第修学，能得无障一切智智。

如是已说一切菩萨正所应求，如是而求，为此义求。

菩萨为他说正法时，当何所说？云何而说？何义故说？谓诸菩萨正所应求，即是所说；为此义求，即为此义，而为他说。

依二种相，应为他说：一者，依随顺说，应为他说；二者，依清净说，应为他说。

云何依随顺说，应为他说？谓诸菩萨应当安住如法威仪而为他说，非不安住如法威仪。不为无病处高坐者而说正法，不为坐者立说正法，不应居后为前行者而说正法，而为覆头而说正法②，如别解脱经广说应知。何以故？诸佛菩萨敬重法故。又于正法生尊重时，令他于法起极珍贵，恭敬听闻，而不轻毁。又为一切说一切法，无间而说。又于正法不生悭恪，不作师拳。又于正法如其文句次第而标，如其文句次第而释，如其次第分别其义。又若引摄义利法义，应标应释，应广分别，非不引摄义利法义。又应示现所应示现，又应教导所应教导，又应赞励所应赞励，又应庆慰所应庆慰。又依现、比、至教道理而说正法，非不依彼三量道理。又所宣说顺往善趣，又所宣说无乱易入，而不隐密，又所宣说应四圣谛。又处一切众说正法时，随众所应，而为宣说。菩萨依此十五种相，诸随顺说普为利

① 为发众生甚希奇想，底本与《资福藏》《碛砂藏》《赵城金藏》《普宁藏》《永乐南藏》《径山藏》《高丽藏》相同；《房山石经》“甚”作“其”。

② 而为覆头而说正法，《房山石经》《资福藏》《碛砂藏》《赵城金藏》《普宁藏》《永乐南藏》《径山藏》《高丽藏》“而为”作“不为”。

他，应如是说。云何依清净说，应为他说？谓诸菩萨于己有怨诸有情类，应住慈心，为说正法；于行恶行诸有情类，住利益心，应说正法；于诸有乐有苦、放逸下劣有情[①]，应当安住利益安乐哀愍之心，为说正法；不以嫉缠增上力故，自赞毁他；以无染心，不希利益、恭敬、赞颂，为他说法。

菩萨依止此五种相，诸清净说普为利他，应如是说。

如是菩萨说正法相略有二十：一者，以时；二者，重法；三者，次第；四者，相续；五者，随顺；六者，欢喜；七者，爱乐；八者，悦预；九者，欣勇；十者，不摈；十一者，应理；十二者，称顺；十三者，无乱；十四者，如法；十五者，顺众；十六者，慈心；十七者，利益心；十八者，哀愍心；十九者，不自赞毁他；二十者，不依利养、恭敬、赞颂。菩萨如是应常为他宣说正法。

云何菩萨法随法行？当知此行略有五种，谓如所求，如所受法，身语意业无倒随转，正思、正修。

若佛世尊于彼诸法制身语意令不造作，于此诸法开身语意令其造作，即于如是二种法中，身语意业无倒远离，无倒修证。是名菩萨于诸法中，身语意业无倒随转，法随法行。

云何菩萨于法正思？谓诸菩萨独居闲静，随所闻法，乐欲思惟，乐欲称量，乐欲观察。先当远离不思议处，思惟彼法。恒常思惟，无间加行[②]，殷重加行，而无慢缓。是诸菩萨勇猛精进思惟法时，于其少分以理观察，而随悟入，于其少分但深信解，凡所思惟，但依其义，不依其文，如实了知

① 于诸有乐有苦放逸下劣有情，底本与《房山石经》《资福藏》《赵城金藏》《普宁藏》《永乐南藏》《径山藏》《高丽藏》相同；《碛砂藏》“有乐”作“行乐”。

② 无间加行，底本与《资福藏》《碛砂藏》《普宁藏》《永乐南藏》《径山藏》《高丽藏》相同；《房山石经》《赵城金藏》“加”作“如”。

默说[1]、大说。正能悟入最初思惟，既悟入已，数数作意，令得坚固。是诸菩萨由能远离不应思议而思惟故，其心不坠迷闷错乱[2]。由能恒常无间、殷重加行无缓而思惟故，先来知义得正了知[3]，得正决了；先已知义得无失坏，得不忘失。由于少分以理观察随悟入故，于随正理观察法中，不由他缘。由于少分但信解故，于极甚深自少觉慧不能达法，仰推如来，言如是法是佛所行，非我境界，如是于法不生诽谤，不自损害，远离衰患，无诸过罪。由诸菩萨思惟法时，但依其义，不依文故，于佛世尊一切所说密意语言能随悟入。由诸菩萨普于一切默说、大说得善巧故，于真实义，无物无法能倾能动。是诸菩萨正能悟入初思惟故，能得先来所未得忍。是诸菩萨由即于此已所得忍数数作意令坚牢故，能于其修随顺趣入。菩萨由是八种相故，能正修行正思所摄法随法行。

云何菩萨于法正修？当知此修略有四相：一者，奢摩他；二者，毗钵舍那；三者，修习奢摩他、毗钵舍那；四者，乐修习奢摩他；毗钵舍那。云何奢摩他？谓诸菩萨由八种思善依持故，于离言说唯事唯义所缘境中，系心令住，离诸戏论，离心扰乱想作意故，于诸所缘而作胜解，于诸定相，令心内住、安住、等住，广说乃至一趣、等持，是名奢摩他。云何毗钵舍那？谓诸菩萨由奢摩他熏修作意，即于如先所思惟法思惟其相，如理简择、最极简择、极简择法，广说乃至觉、明、慧行，是名毗钵舍那。云何修习奢摩他、毗钵舍那？谓诸菩萨于奢摩他、毗钵舍那，无间加行，殷重加行，恒常修习，是名修习奢摩他、毗钵舍那。云何乐修习奢摩他、毗钵舍

① 如实了知默说，底本与《资福藏》《碛砂藏》《赵城金藏》《普宁藏》《永乐南藏》《径山藏》相同；《房山石经》《高丽藏》“默”作“嘿”，下同。

② 其心不坠迷闷错乱，底本与《房山石经》《资福藏》《碛砂藏》《普宁藏》《永乐南藏》《径山藏》相同；《赵城金藏》《高丽藏》“坠”作“堕”；《赵城金藏》无“闷”字。

③ 先来知义得正了知，底本与《资福藏》《碛砂藏》《赵城金藏》《普宁藏》《永乐南藏》《径山藏》相同；《房山石经》《高丽藏》“来”作“未”。

那？谓诸菩萨即于如是止观相中，其心无动，于无功用离诸加行任运转处摄受无乱，是名乐修习奢摩他、毗钵舍那。当知此中，是诸菩萨如如修习奢摩他、毗钵舍那，如是如是乐住奢摩他、毗钵舍那；如如乐住奢摩他、毗钵舍那，如是如是奢摩他、毗钵舍那清净；如如奢摩他清净，如是如是身安心安增长广大；如如毗钵舍那清净，如是如是若知若见增长广大。齐此名为修所应作，谓于所依中应除遣麤重，及于一切所知应清净知见[①]。如是一切修所作业，菩萨由前四种修相皆能成办。

云何教授？当知教授略有八种。谓诸菩萨或三摩地为依止故，或于长时共彼住故，于彼慈悲欲为教授，或由其余诸菩萨众，或由如来为作教授。于教授时，先当审谛寻思其心，如实了知；寻思如实了知心已，寻思其根，如实了知；寻思如实了知根已，寻思意乐，如实了知；寻思如实知意乐已[②]，寻思随眠，如实了知；寻思如实知随眠已[③]，如其所应，随其所宜，示现种种所趣入门，令其趣入，谓或修不净，或复修慈，或修种种缘性缘起，或修界差别，或修阿那波那念；如其所应，随其所宜，示现种种所趣入门，令趣入已，为说能治常边邪执处中之行，为说能治断边邪执处中之行，令其除舍未作谓作，未得谓得，未触谓触，未证谓证诸增上慢。如是菩萨八种教授，当知略说三处所摄。云何三处？一、未住心者，为令住故，令于所缘无倒系念；二、心已住者，为令获得自义利故，为其宣说正方便道；三、于自所作未究竟者，令舍中间所有留难。若知彼心、根、意乐、随眠已，如其所应，随其所宜，示现种种所趣入门，令其趣入，当知是名未

① 及于一切所知应清净知见，底本与《资福藏》《碛砂藏》《赵城金藏》《普宁藏》《永乐南藏》《径山藏》相同；《房山石经》《高丽藏》“应”作“应修”。

② 寻思如实知意乐已，底本与《资福藏》《碛砂藏》《赵城金藏》《普宁藏》《永乐南藏》《径山藏》《高丽藏》相同；《房山石经》“知”作“了知”。

③ 寻思如实知随眠已，底本与《资福藏》《碛砂藏》《赵城金藏》《普宁藏》《永乐南藏》《径山藏》《高丽藏》相同；《房山石经》“知”作“了知”。

住心者，为令住故，令于所缘无倒系念；若为宣说能治断、常二边邪执处中之行[①]，当知是名心已住者，为令获得自义利故，为其宣说正方便道；若令除舍未作谓作，广说乃至未证谓证诸增上慢[②]，当知是名于自所作未究竟者，令舍中间所有留难。如是三处，当知能摄八种教授。如是菩萨或由从他得正教授，或由施他无倒教授，能令所余八力种性渐得清净，渐得增长，谓静虑解脱等持等至智力种性、诸根胜劣智力种性、种种胜解智力种性、种种界智力种性、遍趣行智力种性、宿住随念智力种性、死生智力种性、漏尽智力种性。

云何教诫？当知教诫略有五种：一者，遮止有罪现行；二者，开许无罪现行；三者，若有于所遮止、开许法中暂行犯者，如法谏悔[③]；四者，若有于彼法中数数轻慢而毁犯者，以无染浊、无有变异、亲善意乐如法呵摈，与作忆念；五者，若有于所遮止、开许法中能正行者，慈爱称叹真实功德，令其欢喜。当知是名略说菩萨五种教诫，所谓遮止、开许、谏悔、呵摈、庆慰。

云何菩萨方便所摄身语意业？当知略说菩萨所有四种摄事，是名方便。如世尊言："菩萨成就四种摄事所摄方便，方名菩萨。"复何因缘，唯四摄事说名方便？谓诸菩萨略由如是摄事所摄四种方便，于诸有情普能摄受，调伏成熟，除此无有若过若增。何等名为四种方便？一、随摄方便；二、能摄方便；三、令入方便；四、随转方便。若诸菩萨先行布施，当知是名随摄方便。何以故？先以种种财物布施饶益有情，为欲令彼听受所说，

① 若为宣说能治断常二边邪执处中之行，底本与《资福藏》《碛砂藏》《赵城金藏》《普宁藏》《永乐南藏》《径山藏》《高丽藏》相同；《房山石经》"断常"作"常断"。

② 广说乃至未证谓证诸增上慢，底本与《房山石经》《资福藏》《赵城金藏》《普宁藏》《永乐南藏》《径山藏》《高丽藏》相同；《碛砂藏》"诸"作"谓"。

③ 如法谏悔，底本与《房山石经》《资福藏》《碛砂藏》《赵城金藏》《普宁藏》《永乐南藏》《径山藏》相同；高丽藏》"谏悔"作"谏诲"，下同。

奉教行故。若诸菩萨次行爱语，于彼彼处有愚痴者，为欲除彼所有愚痴令无余故，令其摄受瞻察正理，如是爱语，当知名为能摄方便。若诸菩萨知彼有情摄受瞻察正道理已，次行利行，拔彼有情出不善处，于其善处劝导调伏，安处建立，如是利行，当知名为令入方便。若诸菩萨如是方便令诸有情得趣入已，最后与其于正事业同共修行，令彼随转。由是因缘，令所化者不作是说："汝自无有圆满净信、圆满尸罗、圆满惠舍、圆满智慧，何赖于善劝导于他，谏悔呵擯，与作忆念？"是故菩萨所行第四同事摄事，当知是名随转方便。如是菩萨四种方便，若摄若别所摄身业[1]、语业、意业，是名方便所摄三业，于诸有情能正摄受，调伏成熟。

① 若摄若别所摄身业，底本与《资福藏》《碛砂藏》《普宁藏》《永乐南藏》《径山藏》相同；《房山石经》《赵城金藏》《高丽藏》"若摄"作"若摠"。

瑜伽师地论卷第三十九

本地分中菩萨地

初持瑜伽处施品第九①

复次，菩萨次第圆满六波罗蜜多已，能证无上正等菩提，谓施波罗蜜多、戒波罗蜜多、忍波罗蜜多、精进波罗蜜多、静虑波罗蜜多、慧波罗蜜多。

云何菩萨施波罗蜜多？嗢柁南曰②：

自性一切难，一切门善士，
一切种遂求，二世乐清净。
如是九种相，是名略说施。

谓九种相施，名为菩萨施波罗蜜多：一、自性施；二、一切施；三、难行施；四、一切门施；五、善士施；六、一切种施；七、遂求施；八、此世他世乐施；九、清净施。

云何菩萨自性施？谓诸菩萨于自身财无所顾惜，能施一切所应施物，无贪俱生思及因此所发能施一切无罪施物身语二业，安住律仪阿笈摩见、定有果见，随所希求，即以此物而行惠施，当知是名菩萨自性施。

云何菩萨一切施？谓一切者，略有二种：一、内所施物；二、外所施物。

① 初持瑜伽处施品第九，底本与《径山藏》相同；《房山石经》《资福藏》《碛砂藏》《赵城金藏》《普宁藏》《永乐南藏》《高丽藏》“初”作“第十五初”。

② 嗢柁南曰，底本与《资福藏》《碛砂藏》《普宁藏》《永乐南藏》《径山藏》相同；《房山石经》《赵城金藏》《高丽藏》“柁”作“拕”。

若诸菩萨但舍己身，是名唯施内所施物。

若诸菩萨为愍食吐活命众生[①]，数数食已，吐所饮食而施与之，是名杂施内外施物。

若诸菩萨除上所说，施余一切所应施物，是名唯施外所施物。

又诸菩萨略由二相，以自内身施来求者：一、总求身者，以身施彼，随所欲为，系属于彼，随顺于彼。譬如有人为衣食故，强自为他，而作仆使。如是菩萨无爱染心，但为速证最胜菩提，但为众生利益安乐，但为布施波罗蜜多速圆满故，以身施彼，随所欲为，系属于彼，随顺于彼。二、别求手足、头目、支节、血肉、筋骨乃至髓者，随其所欲，一切施与。

又诸菩萨亦由二相，以外施物施诸众生：一、求受用者，恣彼所须，如其所乐，随意受用；二、求自在者，一切断心，并皆施与。

又诸菩萨非无差别以一切种一切内外所有施物，施诸众生；是诸菩萨以其种种内外施物，于诸众生或有施与，或不施与。云何施与？云何不施？谓诸菩萨若知种种内外施物，于彼众生唯令安乐，不作利益，或复于彼不作安乐，不作利益，便不施与；若知种种内外施物，于彼众生定作利益，不定安乐，或复于彼定作利益，定作安乐，即便施与。

如是略说菩萨应施不应施已，次当广辩。谓诸菩萨若有来求共为伴侣，欲作非理逼迫、损害、诳惑于他，便不以身而施于彼，随所欲为，系属于彼，随顺于彼。由诸菩萨宁于百反千反，或百千反，舍自身命，施诸众生，终不随他教命，称悦彼情，于诸众生非理逼迫、损害、诳惑。

若诸菩萨于所行施意乐清净，见有无量利众生事正现在前，设有来求自身支节，不应施与。何以故？非彼菩萨于所行施意乐不净，心生退弱，作是念言："此应可施，此不可施，此应施与，此不应与故。"彼菩萨为令

① 若诸菩萨为愍食吐活命众生，底本与《房山石经》《赵城金藏》《径山藏》《高丽藏》相同；《资福藏》《碛砂藏》《普宁藏》《永乐南藏》"愍"作"慜"。

意乐得清净故，须舍现前利众生事，而施身分。由彼意乐已清净故，不应弃舍正现在前利众生事，而施身分。又诸菩萨，若魔众天怀恼乱心，现前来乞身分支节，不应分碎支节施与。何以故？勿彼当获上品过罪及损害故。如魔众天，如是于彼所使众生，当知亦尔。或有众生痴狂心乱，来求菩萨身分支节，亦不应碎支节施与。何以故？由彼不住自性心故，不为义利而求乞故，其心狂乱不自在故，空有种种浮妄言说，是故不应施彼身分。除上所说，与上相违来求菩萨身支节者，随其所欲，应施彼身，随所欲为，系属于彼，随顺于彼，或分支节，而施与之。当知是名菩萨于内所可施物，或应施与，或不应与。

又诸菩萨于外施物，若有众生来求毒、火、刀、酒等物，或为自害，或为害他，即不应施。若有众生来求毒、火、刀、酒等物，或自饶益，或饶益他；是即应施。

又诸菩萨不以属他非同意物而行惠施。

又诸菩萨不行媒媾，以他妻妾而行布施。

又诸菩萨不以有虫饮食等物而行惠施。

又诸菩萨，若有众生来求种种能引戏乐、能引无义所施之物，不应施与。

何以故？若施彼时，虽暂令彼于菩萨所心生欢喜，而复令彼广作种种不饶益事，谓因施故，令彼多行憍逸恶行，身坏已后堕诸恶趣。若有种种戏乐等具，虽复施与，不令众生堕诸恶趣，亦不增长诸不善根，菩萨为欲令彼众生因此所施戏乐等具，摄受饶益，心生净信，易可化导，易可成熟，随彼所求，悉皆施与。是诸菩萨，若有来求诸戏乐事，何者应施？何者不施？谓诸菩萨终不施人捕猎等法。又于杂秽诸祠祀中作大方便，多集众生，损害其命，获无量罪；于彼祠祀终不自作，亦不教他，亦不于彼诸天寺中杀羊祠祀。若有来求或水或陆无量众生所依止处，为欲杀害彼生命故，菩萨知已，终不施与。若有来求罩罗罝弶[①]，为害众生及为习学[②]，皆不施与。若有怨家来求雠隙[③]，为欲呵骂缚戮[④]，杀害夺财治罚，终不施与。以要言之，所有一切逼迫损害他诸有情戏乐等具，有来求者，是诸菩萨皆不施与。若复种种象马车舆、衣服庄严、珍妙饮食、习歌舞等及诸乐器、涂饰香鬘、珍玩众具、园林楼观、舍宅侍女、习学种种工巧业处，如是一切戏乐等具，为欲令其于菩萨所因此发起清净信心，有来求者，悉皆施与。

又诸菩萨，若有病者来求非量非宜饮食，亦不施与。若有众生食饱满已，性多馋嗜，数复来求珍妙饮食，亦不施与。若诸众生愁忧所逼，求欲杀害殴击自身，食毒坠岩，投渊赴火，皆悉不应施其所欲。

又诸菩萨，若有来求父母、师长，定不应施。何以故？以诸菩萨于其父母、尊重师长、乳哺养育微有恩者，于长夜中常思顶戴，不生厌倦，恒持自身，系属随顺，任所屠害，捶缚货卖，尚自不敢窃怀施心，何况显然施来求者。

又诸菩萨，若作国王，灌顶自在，统领方域，于自国界所有僚庶，终不抑夺取余妻子而转施余，唯持村邑、聚落、川土，或全或分，以用布施，而告彼曰："如我恩化，汝亦宜然。"又诸菩萨于自妻子、奴婢、仆使、亲戚、眷属，若不先以正言晓喻令其欢喜，终不强逼令其忧恼，施来求者。虽复先以正言晓喻令其欢喜，生乐欲心，而不施与怨家、恶友、药叉、罗刹凶暴

① 若有来求罩罗罝弶，底本与《资福藏》《碛砂藏》《普宁藏》《永乐南藏》《径山藏》《高丽藏》相同；《房山石经》无"罗"字。

② 为害众生及为习学，底本与《资福藏》《碛砂藏》《普宁藏》《永乐南藏》《径山藏》《高丽藏》相同；《房山石经》"为"作"网为"。

③ 若有怨家来求雠隙，底本与《碛砂藏》《普宁藏》《永乐南藏》《径山藏》相同；《房山石经》《资福藏》《高丽藏》"雠"作"酬"。

④ 为欲呵骂缚戮，底本与《碛砂藏》《普宁藏》《永乐南藏》《径山藏》相同；《房山石经》《资福藏》《高丽藏》"戮"作"録"。

业者。不以妻子、形容羸弱族姓男女，施来求者，令作奴婢。

又诸菩萨，若有上品逼恼众生、乐行种种暴恶业者来求王位，终不施与。若彼暴恶补特伽罗先居王位[①]，菩萨有力尚应废黜，况当施与。

又诸菩萨终不侵夺父母、妻子、奴婢、仆使、亲戚、眷属所有财物，持用布施[②]，亦不逼恼父母、妻子、奴婢、仆使、亲戚、眷属，以所施物施来求者。

又诸菩萨以其正法，以无卒暴，积集财物，而行惠施，不以非法。不以卒暴，亦不逼迫损恼于他而行惠施。

又诸菩萨，若在诸佛圣教出家，终不违越所有学处而行惠施。

又诸菩萨行布施时，普于一切有情之类起平等心，住福田想，而行惠施，终不分别怨亲中庸[③]、有得有失、劣等胜品、有苦有乐品类差别。

又诸菩萨如先所说，如先所许，终无减少施来求者，唯有施彼或等或增。

又诸菩萨终无先许胜妙财物，后施下劣，唯有先许下劣财物，若有胜妙，后施胜妙。

又诸菩萨不以异意，不以愤怒挠浊之心，而行惠施。

又诸菩萨终不施已而自称赞，数数告言："我于汝所曾行如是如是惠施，摄受长养，济拔于汝。"又诸菩萨于卑贱者行布施时，尚无不敬撩掷而与，况于有德。又诸菩萨，若来求者安住种种毁犯邪行，掉举躁扰，不自防护，专行骂詈，瞋忿呵责，终不于彼蹔起邪行带厌倦心而行惠施，唯即于

① 若彼暴恶补特伽罗先居王位，底本与《房山石经》《资福藏》《赵城金藏》《普宁藏》《永乐南藏》《径山藏》《高丽藏》相同；《碛砂藏》"王"作"正"。

② 持用布施，底本与《房山石经》《资福藏》《赵城金藏》《普宁藏》《永乐南藏》《径山藏》《高丽藏》相同；《碛砂藏》"持"作"特"。

③ 终不分别怨亲中庸，底本与《资福藏》《碛砂藏》《赵城金藏》《普宁藏》《永乐南藏》《径山藏》《高丽藏》相同；《房山石经》"庸"作"容"。

彼了知为诸烦恼所媚，令改本性，深更安住怜愍之心，而行惠施。又诸菩萨不由恶见，妄有执取，而行惠施，谓如广大暴恶祠祀，不计杀生布施为法，亦不妄取吉祥瑞应相应相状而行布施。

又诸菩萨终不妄计唯一切种极善清净而行惠施，即是世间及出世间离欲清净，唯审了知所行布施但是离欲清净资粮。

又诸菩萨不观其果而行布施，一切布施皆为回向速证无上正等菩提。

又诸菩萨如实了知一切品类所行布施，一切品类施果异熟深生信解，不由他缘，非他所引，而行布施，谓施饮食能感大力，施诸衣服能感妙色，施诸车乘能感快乐，施诸灯明能感净眼，如是等类，广说应知。

又诸菩萨不为怖畏自身贫穷而行布施，唯由悲愍众生意乐而行布施。

又诸菩萨于来求者终不施与不合仪物，谓施出家者余残饮食，或诸便秽、洟唾、变吐、脓血不净所杂所染。又不告白不令觉知，如弃舍法施糜饭等，谓不食葱者，施以葱杂葱染饮食；不食肉者，施以肉杂肉染饮食；不饮酒者，施以酒杂酒染饮食。或复处置不合仪式所有事业而行布施。如是等类不合仪施，菩萨不为。

又诸菩萨不令求者数数来求，往还亲附，随顺系属，稽留疲倦，然后方施，唯暂来求即便施与。

又诸菩萨不依世间名声赞颂而行布施，不依于他反报恩德而行布施，不依帝释、魔王、轮王、自在等果而行布施，亦复不为诳诱他故而行惠施，谓欲令他国王、大臣、城邑聚落诸婆罗门、多饶财宝长者、居士、大富商主、施者、施主知我行施，定当恭敬尊重、赞叹供养于我，故行惠施。又不狭劣而行惠施，谓财虽少，尚广心施，何况财多。又不诳他而行惠施，谓先于彼少行惠施，令起爱著，令亲附己，然后倾灭。又复不为乖离于他而行惠施[1]，谓我以施乖离村邑、村邑一分，乖离国土[2]、国土一分[3]，令背其主而来属我。

又诸菩萨翘勤无惰。起策具足，勇锐自严，先自行施，后劝他施[4]，非自懈怠，策他勤施。又无量众同集来乞，如实了知持戒、犯戒，随其长幼以次而坐，从上至下周旋往返，穷诸施物分布与之。

又诸菩萨现有无量广多财物，终不行于有量之施。

又诸菩萨不损恼他而行惠施，谓不诃骂捶打、恐怖毁辱、缚害拘禁、斫刺驱摈于此，而施于彼。

又诸菩萨施前意悦，施时心净，施后无悔。

又诸菩萨不以谄诡而行惠施，谓终不以非实末尼、真珠、瑠璃[5]、珂贝、璧玉、珊瑚等宝，而施希望真实宝者。

又诸菩萨所有财物若少若多，无不运心先施一切，后来求者如取自财，菩萨与时如还彼物。又诸菩萨应时而施，不以非时，自他净施，非不清净，合仪而施，不以非仪，无乱心施，不以散乱。

又诸菩萨见来求者，终不嗤笑，亦不轻弄，亦不令其面生[赤+皮]愧[6]，亦不颦蹙，舒颜平视，前笑先言，终不稽留，疾疾而施。又诸菩萨，他

---

① 又复不为乖离于他而行惠施，底本与《房山石经》《资福藏》《碛砂藏》《普宁藏》《永乐南藏》《径山藏》《高丽藏》相同；《赵城金藏》无“不”字。

② 乖离国土，底本与《房山石经》《资福藏》《赵城金藏》《普宁藏》《永乐南藏》《径山藏》《高丽藏》相同；《碛砂藏》“土”作“王”。

③ 国土一分，底本与《房山石经》《资福藏》《赵城金藏》《普宁藏》《永乐南藏》《径山藏》《高丽藏》相同；《碛砂藏》“土”作“士”。

④ 后劝他施，底本与《房山石经》《资福藏》《碛砂藏》《普宁藏》《永乐南藏》《径山藏》《高丽藏》相同；《赵城金藏》“他”作“化”。

⑤ 瑠璃，《房山石经》《资福藏》《碛砂藏》《赵城金藏》《普宁藏》《永乐南藏》《径山藏》《高丽藏》作“琉璃”，下同。

⑥ 亦不令其面生[赤+皮]愧，底本与《径山藏》相同；《房山石经》《资福藏》《碛砂藏》《赵城金藏》《普宁藏》《永乐南藏》《高丽藏》“面”作“而”。

虽不求，自恣求者，必有所求，称须而与，常开求者，欢情自取。

又诸菩萨不以恶慧而行布施，常以巧慧而行布施。云何菩萨巧慧布施？谓诸菩萨现有种种可施财物，求者未至，先发是心[①]：“设二求者俱来我所，一是安乐，非贫非贱，有依有怙，二是危苦，是贫是贱，无依无怙，我于尔时应自揆量所有财物，若堪于二充足满愿，即应俱施满愿充足；如其财物不堪于二充足满愿，即应方便发遣安乐，非贫非贱，有依有怙，尽己所有施彼危苦，是贫是贱，无依无怙。”发是心已，如所思惟，即便成办如是事业。于安乐等诸来求者，既无力能足满其愿；先当方便发意思惟，辞谢发遣：“我此施物，于危苦等先舍先许，故令与之[②]，非我于汝无乐施心，但更无力。唯愿贤首勿于我所嫌恨弃背？”

又诸菩萨现有种种可施财物，知有悭家、最极悭家，悋执财宝，悭固兢战，于其家中曾未惠施一切沙门、婆罗门等。

菩萨即便往诣其舍，慰问安不？恭顺方便告言：“汝来！我不令汝库藏减尽，而于现前作大饶益，我家现有广多财宝，广多施物，为满我施波罗蜜多，若有求者来到汝所，勿令空返，可至我家取诸财宝，随意施与。或有求者来至我所，我行施时，汝于此施当生随喜。”

彼闻是已，便生欣悦：“于我库藏既无所减，复得称彼善男子心，故应随顺成办所作。”菩萨如是令彼渐种当来调伏悭悋种子，由慧为先善巧方便，令渐修习自舍少财，依下无贪进得中品，依中无贪进得上品。

又诸菩萨，若亲教师及轨范师、共住弟子同梵行者，性是悭贪，是悭贪类，或性虽非悭贪种类，而阙资财，所欲匮乏，菩萨欲寄佛法僧田树修

① 先发是心，底本与《房山石经》《资福藏》《碛砂藏》《普宁藏》《永乐南藏》《径山藏》《高丽藏》相同；《赵城金藏》“心”作“以”。

② 故令与之，底本与《资福藏》《碛砂藏》《普宁藏》《永乐南藏》《径山藏》相同；《房山石经》《赵城金藏》《高丽藏》“令”作“今”。

布施福业事时，舍所施物，与彼令作，已自不为。菩萨如是巧慧方便，自所生福弥更弘多，复令一类同梵行者，调伏所有悭贪烦恼，亦令一类乐善法者所愿满足，摄受有情，成就有情①。

又诸菩萨现有众多可施财物，见诸来者有希求相，知其心已，随彼所乐，悉皆施与。复有商人为性矫诈，欲行欺诳，菩萨知已，尚掩其过，不令他知，况触于彼。称满其愿，令无羞惭②，踊跃无畏，欢喜而去。复有矫诈欺诳，菩萨初不觉知，后时乃觉，虽复觉知，不以此事举发彼人，亦不诃责为作忆念，但生悲愍："彼于我所误行如是不与取事，我今随喜，令彼无罪③。"

如是等类，当知名为菩萨现有可施财物，巧慧而施。

又诸菩萨若现无有可施财物，先所串习彼彼世间工巧业处作意现前④，少用功力，多集财宝，施诸众生。是诸菩萨或复为他种种美妙善巧言词宣说正法，令贫苦者尚乐行施，况富乐者，令悭贪者犹能惠施，况习施者。或有净信多饶财宝常乐施家，数教乞者往彼求索，令其布施。或彼惠舍修福业时，躬诣其所，翘勤无惰，起策具足，深心欢喜，随力随能，身助语助，令施求者得善满足。以彼施时，事力阙尠，或恶供赡，或堕朋党⑤，或不恭敬，或念忘失，由善助故，斯过皆无。

---

① 成就有情，底本与《资福藏》《碛砂藏》《普宁藏》《永乐南藏》《径山藏》相同；《房山石经》《赵城金藏》《高丽藏》"就"作"熟"。

② 令无羞惭，底本与《资福藏》《碛砂藏》《赵城金藏》《普宁藏》《永乐南藏》《径山藏》相同；《房山石经》《高丽藏》"惭"作"愧"。

③ 令彼无罪，底本与《房山石经》《资福藏》《赵城金藏》《普宁藏》《永乐南藏》《径山藏》《高丽藏》相同；《碛砂藏》"罪"作"非"。

④ 先所串习彼彼世间工巧业处作意现前，底本与《资福藏》《碛砂藏》《赵城金藏》《普宁藏》《永乐南藏》《径山藏》《高丽藏》相同；《房山石经》"所"作"有"。

⑤ 或堕朋党，底本与《资福藏》《碛砂藏》《普宁藏》《永乐南藏》《径山藏》《高丽藏》相同；《房山石经》《赵城金藏》"堕"作"随"。

如是菩萨现无财宝，巧慧方便，而行布施，此说乃至未证增上清净意乐。若诸菩萨已证增上清净意乐，如已获得超诸恶趣，如是生生必定获得无尽财宝。

又诸菩萨终不口授求过外道所有正法，亦不施彼所写经典：知性多贪，求欲炫卖经卷等者，亦不施与；知欲秘藏，亦不施与；不求胜智，亦不施与，必求胜智。若自了知于经卷等其义已办，即随所乐，如应施与。若自了知于经卷等其义未办，为办义故，恒自披转。如是菩萨若见其余有经卷等，即应方便转求施与，或更书写而施与之。若不见余有经卷等，亦无力能更为书写，即应审谛观察自心："勿我于法悭垢缠心不能施耶？勿我于法别意所碍不欲施耶？为我于法有胜所须不应施耶？"如是审谛观察心已，若自了知我于此法少有悭缠，别意所碍而不施者，即作是念[①]："我今决定应行法施。设我由此行法施故，于现法中即成痴症，不忍烦恼尚应法施，况令阙乏妙智资粮。"又观察已，若自了知我于此法无少悭缠，亦无别意，但为成办胜所须义不应施者，菩萨尔时应更思忖："我持此法施于彼者，为为损害自烦恼耶？为为圆满智资粮耶？为为爱念诸众生耶？"既思忖已，便正了知我都不见自有烦恼，见不施彼此经卷等，现法、当来我智资粮展转增胜，非施于彼建此功德，但于当来薄饶法利，非丰觉慧。若不施彼，便能修集利益安乐一切众生巧方便智，即为爱念此一众生及余一切；若施于彼，唯成爱念此一众生，非余一切。菩萨如是如实知已，不施彼者，无罪无悔，亦不违越菩萨净戒。

云何菩萨方便不施？谓诸菩萨不忍直言遣来求者，谓我不能惠施于汝，要当施设方便善巧，晓喻发遣。云何施设方便善巧？谓诸菩萨先于所畜一切资具、一切施物为作净故，以净意乐，舍与十方诸佛菩萨。譬如苾

① 即作是念，底本与《资福藏》《碛砂藏》《普宁藏》《永乐南藏》《径山藏》相同；《房山石经》《赵城金藏》《高丽藏》"念"作"心"。

刍于己衣物为作净故，舍与亲教、轨范师等。如是菩萨净施因缘，虽复贮畜种种上妙一切资具、一切施物，犹得名为安住圣种，生无量福，常于此福多思惟故，于一切时，随逐增长。恒于一切作净施物，如佛菩萨所寄护持[①]，见来求者，即应观察。若随所欲作净施物惠施彼时，称当正理，应作是念："诸佛菩萨无有少物于诸众生而不施者。"如是知已，取净施物施来求者，令所愿满。若观施时，不称正理。即应念先作净施法，告言："贤首！如是等物是他所有，不许施汝[②]。"輭言晓喻，方便发遣。或持余物二倍三倍，恭敬施与，然后发遣，令彼了知菩萨于此非悭贪故，不欲施我，定当于此经卷等法不自在故，不施于我。当知是名菩萨巧慧而行法施。

又诸菩萨于一切施，谓法施、财施、无畏施，若异门，若体相，若释名，若因果差别，如实了知，而行惠施，当知亦名菩萨巧慧而行布施。

又诸菩萨于诸有怨，以慈意乐而行惠施；于诸有苦，以悲意乐而行惠施；于诸有德，以喜意乐而行惠施[③]；于诸有恩、亲善、同意，以舍意乐而行惠施：当知亦名菩萨巧慧而行布施。

又诸菩萨于其施障及彼对治，如实了知。

此中施障略有四种：一、先未串习；二、施物尠阙；三、躭著上妙悦意财物；四、观见当来具足财果而深欣乐。

若诸菩萨现有种种可施财物，虽见求者正现在前，而于惠施，心不趣入，菩萨尔时即以正慧速疾通达："是我于施先未串习所作过失。"复以妙慧如是通达："我于先世决定于施曾未串习，致令今世现有种种可施财

① 如佛菩萨所寄护持，底本与《房山石经》《资福藏》《碛砂藏》《普宁藏》《永乐南藏》《径山藏》《高丽藏》相同；《赵城金藏》"所"作"可"。

② 不许施汝，底本与《房山石经》《资福藏》《碛砂藏》《普宁藏》《永乐南藏》《径山藏》《高丽藏》相同；《赵城金藏》"施汝"作"汝施"。

③ 以喜意乐而行惠施，底本与《房山石经》《资福藏》《碛砂藏》《普宁藏》《永乐南藏》《径山藏》《高丽藏》相同；《赵城金藏》"惠"作"慧"，下同。

物，虽见求者正现在前，而于惠施，心不趣入。若于今世不强思择而行施者，复于来世定当憎背所应行施。”菩萨如是正通达已，用此施障对治为依，力励思择，而行惠施，能不随逐先未串习所作过失，自在而行。

又诸菩萨，若见求者正现在前，由诸财物有尠阙故，于其惠施，心不趣入。菩萨尔时即以正慧速疾通达如是匮乏障施因缘，忍受匮乏所作众苦，力励思择，起悲愍心，而行惠施。作如是念：“或由宿业有过失故，或由现在系属他故，令我具受众多猛利饥渴等苦，不能饶益一切众生。设我今者由行惠施，因饶益他，于现法中受种种苦，乃至殒殁，如是行施犹为最胜，非空发遣诸来求者，况当更有诸菜叶等可以活命。”菩萨如是忍受匮乏所作众苦，而行惠施。

又诸菩萨若见求者正现在前，由可施物极悦意故，最上妙故，于行惠施，心不趣入。菩萨尔时即以正慧速疾通达：“是我躭著所作过失。我今于苦发起虚妄乐想颠倒，由此能生当来众苦。”于此颠倒遍了知故，为欲断除，力励思择，用此财物，而行惠施。

又诸菩萨若行施已，于当施果广大财利，见胜功德，深生欣乐，不求无上正等菩提。菩萨尔时即以正慧速疾通达：“是邪果见所作过失。”如实观察一切诸行皆不坚牢①，一切诸行皆念念灭，所受用果速疾灭尽②，速疾离散。如是观时，即能断灭能生欣乐邪果之见，诸所行施，一切回向无上菩提。

如是菩萨四种施障，当知四种能对治智③，对治于彼。一者，觉悟；二

① 如实观察一切诸行皆不坚牢，底本与《房山石经》《资福藏》《碛砂藏》《普宁藏》《永乐南藏》《径山藏》《高丽藏》相同；《赵城金藏》无“察”字。

② 所受用果速疾灭尽，底本与《资福藏》《碛砂藏》《普宁藏》《永乐南藏》《径山藏》《高丽藏》相同；《房山石经》《赵城金藏》“灭”作“减”。

③ 当知四种能对治智，底本与《房山石经》《资福藏》《赵城金藏》《普宁藏》《永乐南藏》《径山藏》《高丽藏》相同；《碛砂藏》“智”作“皆”。

者，忍受众苦；三者，遍知颠倒；四者，见一切行性不坚牢。是诸菩萨由前三种能对治智，决定堪能正行惠施；由后一种能对治智，能正摄受施福胜果。当知亦名菩萨巧慧而行布施。

又诸菩萨内居闲静，由净意乐淳厚净信分别胜解，数数缘念种种上妙无量财宝，以胜解力，于诸众生乐行惠施。由此因缘，是诸菩萨以少功用生无量福，当知亦名菩萨巧慧而行布施。

如是妙慧大慧菩萨巧慧行施总略义者，由有财、无财，财施所摄故。如是由法施故，由无碍解施故，由胜意乐施故，由施障对治智施故①，由增上意乐胜解施故，当知是名唯诸菩萨不共行施。

如是广说于内外事，菩萨所行一切施差别相已。

自斯已后，即于一切施差别相中，分出所余难行施等一切差别，应当了知。

云何菩萨难行施？当知此施略有三种，谓若诸菩萨财物尠少，自忍贫苦，惠施于他，是名菩萨第一难行施；若诸菩萨所可受物②，或性深爱著，或长时串习，或有上品恩，或最上妙物，极生躭著，能自开解，惠施于他，是名菩萨第二难行施；若诸菩萨极大艰辛所获财物，惠施于他，是名菩萨第三难行施。

云何菩萨一切门施？当知此施略有四相，谓诸菩萨或自财物，或劝化他所得财物，或施亲属、父母、妻子、奴婢、作使、善友、大臣、亲慼、眷属，或复施与他来求者。如是四相，是名菩萨一切门施。

云何菩萨善士所行名善士施？当知此施略有五相，谓诸菩萨净信而

① 由施障对治智施故，底本与《资福藏》《碛砂藏》《赵城金藏》《普宁藏》《永乐南藏》《径山藏》相同；《房山石经》《高丽藏》“智”作“智慧”。

② 若诸菩萨所可受物，底本与《资福藏》《碛砂藏》《普宁藏》《永乐南藏》《径山藏》相同；《房山石经》《赵城金藏》《高丽藏》“受”作“爱”。

施，恭敬而施，自手而施，应时而施，不损恼他而行惠施。如是五相，是名菩萨善士所行名善士施。

云何菩萨一切种施？当知此施有十三相[①]：一、无依施；二、广大施；三、欢喜施；四、数数施；五、田器施；六、非田器施；七、一切物施；八、一切处施；九、一切时施；十、无罪施；十一、有情物施；十二、方土物施；十三、财谷物施。如是十三种相，当知是名菩萨一切种施。

云何菩萨遂求施？当知此施有八种相，谓诸菩萨，匮乏饮食而求乞者，施以饮食；匮乏车乘而求乞者，施以车乘；匮乏衣服而求乞者，施以衣服；匮乏严具而求乞者，施以严具；匮乏种种资生什物而求乞者，施以种种资生什物；匮乏种种涂饰香鬘而求乞者，施以种种涂饰香鬘；匮乏舍宅而求乞者，施以舍宅；匮乏光明而求乞者，施以光明。如是八相，是名菩萨遂求施。

云何菩萨此世他世乐施？当知此施略有九相，谓财施、无畏施、法施，总说名为能令众生此世他世乐施。财施者，谓以上妙清净如法财物，而行惠施；调伏悭悋垢，而行惠施；调伏积藏垢，而行惠施。调伏悭悋垢者，谓舍财物执著。调伏积藏垢者，谓舍受用执著。无畏施者，谓济拔师子、虎狼、鬼魅等畏，拔济王贼等畏，拔济水火等畏。法施者，谓无倒说法，称理说法，劝修学处。如是一切，总说九相，是名菩萨能令众生此世他世乐施。此中，财施、无畏施及此差别，能令众生此世安乐；法施及差别[②]，能令众生后世安乐。

云何菩萨清净施？当知此施有十种相：一、不留滞施；二、不执取

① 当知此施有十三相，底本与《房山石经》《资福藏》《碛砂藏》《普宁藏》《永乐南藏》《径山藏》《高丽藏》相同；《赵城金藏》无“施”字。

② 法施及差别，底本与《房山石经》《资福藏》《碛砂藏》《赵城金藏》《普宁藏》《永乐南藏》《径山藏》相同；《高丽藏》“及”作“及此”。

施；三、不积聚施；四、不高举施；五、无所依施；六、不退弱施；七、不下劣施；八、无向背施[①]；九、不望报恩施；十、不悕异熟施[②]。

云何不留滞施？谓诸菩萨见来求者正现在前，速疾惠施，不作留滞，非来求者疾望得财，如诸菩萨速希惠施。云何不执取施？谓诸菩萨不以妄见执取于施：或执此施空无有果，或执杀害而行惠施以为正法，或执唯施极净圆满是世出究竟清净[③]。

云何不积聚施？谓诸菩萨不于长时渐渐积集聚多财物[④]，然后顿施。何以故？非诸菩萨现有施物，见来求者正现在前，堪能不施。不见不施，是称正理，云何积财而不速施？又诸菩萨不见积财后方顿施是能生长多福之门。又正观见若别若总，求者相似，渐施、顿施，财物平等，何缘而执福有差别？又诸菩萨见积聚施，其施有罪；见随得施，其施无罪。何以故？若积聚已，然后顿施，是则先时有来求者，其数或百，而不施与，令生嫌恨[⑤]，不忍不信；后有一类，或不希求，蓄积珍财，强而顿施。是故菩萨不积聚施。

云何不高举施？谓诸菩萨于来求者，谦下心施，亦不与他竞胜而施，亦不施已，而生憍慢，谓我能施，我是施主，余则不尔。

云何无所依施？谓诸菩萨不依称誉声颂而施，体达世间称誉声颂，

① 无向背施，底本与《资福藏》《碛砂藏》《普宁藏》《永乐南藏》《径山藏》相同；《房山石经》《赵城金藏》《高丽藏》“无”作“不”。

② 不悕异熟施，底本与《资福藏》《碛砂藏》《普宁藏》《永乐南藏》《径山藏》相同；《房山石经》《赵城金藏》《高丽藏》“悕”作“希”。

③ 或执唯施极净圆满是世出究竟清净，底本与《碛砂藏》《普宁藏》《永乐南藏》《径山藏》相同；《房山石经》《资福藏》《赵城金藏》《高丽藏》“究”作“世究”。

④ 谓诸菩萨不于长时渐渐积集聚多财物，底本与《资福藏》《碛砂藏》《普宁藏》《永乐南藏》《径山藏》《高丽藏》相同；《房山石经》无“集”字；《房山石经》《赵城金藏》“多”作“多蓄”。

⑤ 令生嫌恨，底本与《房山石经》《资福藏》《赵城金藏》《径山藏》《高丽藏》相同；《碛砂藏》《普宁藏》《永乐南藏》“令”作“今”。

虚妄分别文字所起，唯是虚音系属妄响，譬如世间稍麫叶聚。

云何不退弱施？谓诸菩萨施先意悦，施时心净，施已无悔，闻诸菩萨广大第一最胜施时，不自轻懱，恐怖退弱。云何不下劣施？谓诸菩萨于诸施物，勤数简择最胜最妙饮食、车乘、衣服等物，持用布施。

云何不向背施？谓诸菩萨其心平等①，不随朋党，于怨、亲、中，悲心等施。云何不望报恩施？谓诸菩萨悲心愍心，而行惠施，终不于他希望反报，但观求乐爱火所烧无有势力性苦众生，深心悲愍，而行惠施。

云何不希异熟施？谓诸菩萨修行惠施，终不希望当来所得财宝圆满、自身圆满施果异熟，观一切行，性是虚伪，观大菩提，最胜功德。由此十相，菩萨所行布施清净，最极清净。如是菩萨依止九相所行惠施，圆满施波罗蜜多已，能证无上正等菩提。

① 谓诸菩萨其心平等，底本与《资福藏》《碛砂藏》《赵城金藏》《普宁藏》《永乐南藏》《径山藏》《高丽藏》相同；《房山石经》“其”作“施”。

瑜伽师地论卷第四十

本地分中菩萨地初持瑜伽处戒品第十之一[①]

云何菩萨戒波罗蜜多？嗢柁南曰[②]：

自性一切难，一切门善士，
一切种遂求，二世乐清净。
如是九种相，是名略说戒[③]。

谓九种相戒名为菩萨戒波罗蜜多：一、自性戒；二、一切戒；三、难行戒；四、一切门戒；五、善士戒；六、一切种戒；七、遂求戒；八、此世他世乐戒；九、清净戒。

云何菩萨自性戒？谓若略说，具四功德，当知是名菩萨自性戒。何等为四？一、从他正受；二、善净意乐；三、犯已还净；四、深敬专念无有违犯。

由诸菩萨从他正受故，于所学戒，若有违犯，即外观他，深生愧耻。

由诸菩萨善净意乐故，于所学戒，若有违犯，即内自顾，深起惭羞。

由诸菩萨于诸学处犯已还净、深敬专念初无违犯二因缘故，离诸恶作。如是菩萨从他正受、善净意乐为依止故，生起惭愧；由惭愧故，能善防护所受尸罗；由善防护所受戒故，离诸恶作。

又于是中，从他正受、善净意乐，此二是法；犯已还净、深敬专念无

---

① 本地分中菩萨地初持瑜伽处戒品第十之一，底本与《径山藏》相同；《房山石经》《资福藏》《碛砂藏》《赵城金藏》《普宁藏》《永乐南藏》《高丽藏》“初”作“第十五初”。

② 嗢柁南曰，底本与《资福藏》《碛砂藏》《普宁藏》《永乐南藏》《径山藏》相同；《房山石经》《赵城金藏》《高丽藏》“柁”作“拕”。

③ 如是九种相是名略说戒，底本与《房山石经》《资福藏》《碛砂藏》《普宁藏》《永乐南藏》《径山藏》《高丽藏》相同；《赵城金藏》“戒”作“义”。

有违犯，此二是前二法所引。又于是中，从他正受、善净意乐、深敬专念无有违犯，由此三法，应知能令不毁菩萨所受净戒；犯已还净，由此一法，应知能令犯已还出。

如是菩萨具四功德自性尸罗，应知即是妙善净戒，正受随学，能利自他，利益安乐无量众生，哀愍世间诸天人等，令得义利利益安乐故；应知即是无量净戒，摄受无量菩萨所学故；应知即是饶益一切有情净戒，现前能作一切有情利益安乐故；应知即是能获大果胜利净戒，摄受随与无上正等菩提果故：

是名菩萨自性戒。

云何菩萨一切戒？谓菩萨戒略有二种：一、在家分戒；二、出家分戒。是名一切戒。

又即依此在家、出家二分净戒，略说三种：一、律仪戒；二、摄善法戒；三、饶益有情戒。

律仪戒者，谓诸菩萨所受七众别解脱律仪，即是苾刍戒、苾刍尼戒、正学戒、勤策戒[1]、勤策女戒、近事男戒、近事女戒。如是七种，依止在家、出家二分，如应当知，是名菩萨律仪戒。

摄善法戒者，谓诸菩萨受律仪戒后，所有一切为大菩提，由身语意积集诸善，总说名为摄善法戒。

此复云何？谓诸菩萨依戒住戒，于闻于思，于修止观，于乐独处。精勤修学。

如是时时于诸尊长，精勤修习合掌、起迎、问讯、礼拜、恭敬之业，即于尊长勤修敬事。于疾病者，悲愍殷重，瞻侍供给。

于诸妙说，施以善哉。于有功德补特伽罗，真诚赞美。

① 勤策戒，底本与《资福藏》《碛砂藏》《普宁藏》《永乐南藏》《径山藏》相同；《房山石经》《赵城金藏》《高丽藏》“戒”作“男戒”。

于十方界一切有情一切福业，以胜意乐，起净信心，发言随喜。于他所作一切违犯，思择安忍。

以身语意已作未作一切善根，回向无上正等菩提。时时发起种种正愿，以一切种上妙供具，供佛法僧，于诸善品，恒常勇猛精进修习。于身语意，住不放逸。

于诸学处，正念正知，正行防守，密护根门，于食知量。初夜、后夜常修悎寤。亲近善士，依止善友。于自愆犯，审谛了知，深见过失；既审了知深见过已，其未犯者，专意护持，其已犯者，于佛菩萨同法者所，至心发露，如法悔除。

如是等类，所有引摄护持增长诸善法戒，是名菩萨摄善法戒。

云何菩萨饶益有情戒？当知此戒略有十一相。何等十一？

谓诸菩萨于诸有情能引义利彼彼事业，与作助伴。于诸有情随所生起疾病等苦瞻侍病等[①]，亦作助伴。

又诸菩萨依世出世种种义利，能为有情说诸法要，先方便说，先如理说，后令获得彼彼义利。

又诸菩萨于先有恩诸有情所，善守知恩，随其所应，现前酬报。

又诸菩萨于堕种种师子、虎狼、鬼魅、王贼、水火等畏诸有情类皆能救护，令离如是诸怖畏处。

又诸菩萨于诸丧失财宝亲属诸有情类，善为开解，令离愁忧。

又诸菩萨于有匮乏资生众具诸有情类，施与一切资生众具。

又诸菩萨随顺道理，正与依止，如法御众。

又诸菩萨随顺世间事务言说，呼召去来，谈论庆慰，随时往赴，从他受取饮食等事。以要言之，远离一切能引无义违意现行，于所余事，心皆

① 于诸有情随所生起疾病等苦瞻侍病等，底本与《房山石经》《资福藏》《赵城金藏》《径山藏》《高丽藏》相同；《碛砂藏》《普宁藏》《永乐南藏》“苦”作“若”。

随转。

又诸菩萨若隐若露显示所有真实功德，令诸有情欢喜进学。

又诸菩萨于有过者，内怀亲昵利益安乐增上意乐，调伏诃责，治罚驱摈，为欲令其出不善处，安置善处。

又诸菩萨以神通力方便示现那落迦等诸趣等相，令诸有情厌离不善，方便引令入佛圣教，欢喜信乐，生希有心，勤修正行。

云何菩萨住律仪戒，住摄善法戒，住饶益有情戒，善护律仪戒，善修摄善法戒，善行一切种饶益有情戒？谓诸菩萨住别解脱律仪戒时，舍转轮王而出家已，不顾王位，如弃草秽。如有贫庶为活命故，弃下劣欲而出家已，不顾劣欲，不如菩萨清净意乐，舍转轮王位而出家已[①]，不顾一切人中最胜转轮王欲[②]。

又诸菩萨住律仪戒，于未来世天魔王宫所有妙欲不生喜乐，亦不愿求彼诸妙欲，修行梵行。于彼妙欲尚如实观，犹如趣入广大种种恐畏稠林，况余诸欲。

又诸菩萨既出家已，于现在世尊贵有情种种上妙利养恭敬，正慧审观，尚如变吐曾不味著，何况于余卑贱有情所有下劣利养恭敬。

又诸菩萨常乐远离，若独静处，若在众中，于一切时，心专远离，寂静而住，不唯于是尸罗律仪而生喜足，依戒住戒，勤修无量菩萨等持，为欲引发证得自在。

又诸菩萨虽处杂众，而不乐为乃至少分不正言语[③]，居远离处，不起

① 舍转轮王位而出家已，底本与《资福藏》《碛砂藏》《普宁藏》《永乐南藏》《径山藏》相同；《房山石经》《赵城金藏》《高丽藏》无“转”字。

② 不顾一切人中最胜转轮王欲，底本与《房山石经》《资福藏》《碛砂藏》《赵城金藏》《普宁藏》《永乐南藏》《径山藏》相同；《高丽藏》“欲”作“位”。

③ 而不乐为乃至少分不正言语。底本与《碛砂藏》《普宁藏》《永乐南藏》《径山藏》相同；《房山石经》《资福藏》《赵城金藏》《高丽藏》“语”作“论”。

少分诸恶寻思，或时失念，蹔尔现行，寻便发起猛利悔愧，深见其过；数数悔愧深见过故，虽复蹔起不正言论、诸恶寻思，而能速疾安住正念，于彼获得无复作心。由此因缘，则能拘检；习拘检故，渐能如昔，于彼现行深生喜乐，于今安住彼不现行喜乐亦尔。又能违逆，令不现起。

又诸菩萨于诸菩萨一切学处，及闻已入大地菩萨广大无量不可思议长时最极难行学处，心无惊惧，亦不怯劣，唯作是念："彼既是人，渐次修学，于诸菩萨一切学处广大无量不可思议净身语等诸律仪戒成就圆满，我亦是人，渐次修学，决定无疑，当得如彼净身语等诸律仪戒成就圆满。"

又诸菩萨住律仪戒，常察己过，不伺他非，普于一切凶暴犯戒诸有情所，无损害心，无瞋恚心。菩萨于彼由怀上品法大悲故，现前发起深怜愍心，欲饶益心。

又诸菩萨住律仪戒，虽复遭他手足、块石、刀杖等触之所加害，于彼尚无少恚恨心，况当于彼欲出恶言，欲行加害，况复发言，毁辱诃责，以少苦触作不饶益。

又诸菩萨住律仪戒，具足成就五支所摄不放逸行：一、前际俱行不放逸行；二、后际俱行不放逸行；三、中际俱行不放逸行；四、先时所作不放逸行；五、俱时随行不放逸行。谓诸菩萨于菩萨学正修学时，若于过去已所违犯如法悔除，是名菩萨前际俱行不放逸行。若于未来当所违犯如法悔除，是名菩萨后际俱行不放逸行。若于现在正所违犯如法悔除，是名菩萨中际俱行不放逸行。若诸菩萨先于后时当所违犯，发起猛利自誓欲乐，谓我定当如如所应行，如如所应住，如是如是行，如是如是住，令无所犯，是名菩萨先时所作不放逸行。若诸菩萨即以如是先时所作不放逸行为所依止，如如所应行，如如所应住，如是如是行，如是如是住，不起毁犯，是名菩萨俱时随行不放逸行。

又诸菩萨住律仪戒，覆藏自善，发露己恶，少欲喜足，堪忍众苦，性无忧慼，不掉不躁，威仪寂静，离矫诈等一切能起邪命之法。

菩萨成就如是十支，名住律仪戒，善护律仪戒，谓不顾恋过去诸欲，又不希求未来诸欲，又不躭著现在诸欲，又乐远离，不生喜足，又能扫涤不正言论诸恶寻思，又能于己不自轻懱，又性柔和，又能堪忍，又不放逸，又能具足轨则、净命。

又诸菩萨已能安住摄善法戒，若于身财少生顾恋尚不忍受，何况其多。

又于一切犯戒因缘根本烦恼、少分烦恼忿恨等生，亦不忍受。

又于他所发生恚害怨恨等心，亦不忍受。

又于所起懈怠懒惰，亦不忍受。

又于所起等至味著、等至烦恼，亦不忍受。

又于五处如实了知。谓如实知善果胜利，又能如实了知善因，又能如实知善因果倒与无倒，又如实知摄善法障。

是诸菩萨能于善果见大胜利，寻求善因，为摄善故，如实了知倒与无倒，由此菩萨获得善果，不于无常妄见为常，不于其苦妄见为乐，不于不净妄见为净，不于无我妄见为我，如实了知摄善法障，为摄善故，速疾远离。

菩萨由此十种相故，名住摄善法戒，速能摄善一切种相，谓施渐次，若戒渐次，若忍渐次，若精进渐次，若静虑渐次及五种慧。

又诸菩萨由十一相，名住一切种饶益有情戒，于一一相中成就一切种。

谓诸菩萨于诸有情彼彼事业皆为助伴，谓于思量所作事业及于功用所作事业悉能与彼而作助伴。或于道路若往若来，或于无倒事业加行，或于守护所有财物，或于和合展转乖离，或于义会，或于修福，皆为助伴。于诸救苦亦为助伴，谓于遭遇疾疫有情瞻侍供给，盲者启导，聋者撝义，手代言者晓以相像[①]，迷方路者示以隅途，支不具者惠以荷乘，其愚騃者诲以胜慧。为贪欲缠所苦有情，开解令离贪欲缠苦。如是若为瞋恚、惛沈睡眠、掉举恶作、疑缠所苦有情，开解令离疑缠等苦。欲寻思缠所苦有情，开解令离欲寻思苦。如欲寻思、恚、害、亲里、国土、不死、轻侮相应、族姓相应所有寻思，当知亦尔。他懱他胜所苦有情，开解令离被懱胜苦。行路疲乏所苦有情，施座施处，调身按摩，令其止息劳倦众苦。

又诸菩萨为诸有情如理宣说，谓于乐行恶行有情，为欲令断诸恶行故，以相应文句、助伴、随顺、清亮、有用、相称、应顺、常委分资粮法而为宣说。或复方便善巧宣说。如于乐行恶行有情，为欲令断诸恶行故，如是于行悭行有情，为欲令彼断悭行故；于现法中求财宝者，为欲令彼正少功力，集多财宝，守护无失；于佛圣教怀憎嫉者，为欲令彼得清净信，证清净见，超诸恶趣，尽一切结，越一切苦，应知亦尔。

又诸菩萨于其有恩诸有情所，深知恩惠，常思酬报。蹔见申敬，赞言善来，怡颜欢慰，吐诚谈谑，详处设座，正延令坐[②]。若等若增财利供养，现前酬答，非以下劣。于彼事业，虽不求请，尚应伴助，况乎有命[③]。如于事业，如是于苦，于如理说，于方便说，于济怖畏，于衰恼处，开解愁忧[④]，于惠资粮[⑤]，于与依止，于随心转，于显实德，令深欢悦，于怀亲爱，方便调

---

① 手代言者晓以相像，底本与《资福藏》《碛砂藏》《普宁藏》《永乐南藏》《径山藏》相同；《房山石经》《赵城金藏》《高丽藏》“相像”作“想象”。

② 正延令坐，底本与《资福藏》《碛砂藏》《赵城金藏》《普宁藏》《永乐南藏》《径山藏》相同；《房山石经》《高丽藏》“延”作“筵”。

③ 况乎有命，底本与《资福藏》《碛砂藏》《普宁藏》《永乐南藏》《径山藏》相同；《房山石经》《赵城金藏》《高丽藏》“乎”作“于”。

④ 开解愁忧，底本与《房山石经》《资福藏》《赵城金藏》《普宁藏》《永乐南藏》《径山藏》《高丽藏》相同；《碛砂藏》“开”作“于”。

⑤ 于惠资粮，底本与《资福藏》《碛砂藏》《普宁藏》《永乐南藏》《径山藏》相同；《房山石经》《赵城金藏》《高丽藏》“粮”作“具”。

伏，于现神通，惊恐引摄，如应广说，当知亦尔。

又诸菩萨于遭怖畏诸有情类能为救护。谓于种种禽兽、水火、王贼、怨敌、家主、宰官、不活、恶名、大众、威德、非人、起尸、魍魉等畏，皆能救护，令得安隐。

又诸菩萨于处衰恼诸有情类能善开解，令离愁忧。或依亲属有所衰亡，所谓父母兄弟妻子[①]、奴婢僮仆、宗长朋友、内外族因、亲教轨范及余尊重，时有丧亡，善为开解，令离忧恼。或依财宝有所丧失，谓或王贼之所侵夺，或火所烧，或水所溺，或为矫诈之所诳诱，或由事业无方损失，或为恶亲非理横取，或家失火之所耗费[②]，于如是等财宝丧失，善为开解，令离忧恼。由是因缘，诸有情类生輭、中、上三品愁忧，菩萨皆能正为开解。

又诸菩萨备资生具，随有来求，即皆施与，谓诸有情求食与食，求饮与饮，求乘与乘，求衣与衣，求庄严具与庄严具[③]，求诸什物施以什物，求鬘涂香施鬘涂香，求止憩处施止憩处，求诸光明施以光明。

又诸菩萨性好摄受诸有情类，如法御众，方便饶益。以无染心先与依止，以怜愍心现作饶益，然后给施如法衣服、饮食、卧具、病缘医药资身什物。若自无有，应从净信长者、居士、婆罗门等求索与之。于己以法所获如法衣服[④]、饮食、诸坐卧具、病缘医药资身什物，与众同用，自无隐费。于时时间，以其随顺八种教授而正教授，五种教诫而正教诫。此中所说教

---

① 所谓父母兄弟妻子，底本与《房山石经》《资福藏》《碛砂藏》《普宁藏》《永乐南藏》《径山藏》《高丽藏》相同；《赵城金藏》“谓”作“讨”。

② 或家失火之所耗费，底本与《资福藏》《碛砂藏》《普宁藏》《永乐南藏》《径山藏》相同；《房山石经》《赵城金藏》《高丽藏》“失”作“生”。

③ 求庄严具与庄严具，底本与《资福藏》《碛砂藏》《普宁藏》《永乐南藏》《径山藏》相同；《房山石经》《赵城金藏》《高丽藏》“与”作“施”。

④ 于己以法所获如法衣服，底本与《资福藏》《碛砂藏》《赵城金藏》《普宁藏》《永乐南藏》《径山藏》《高丽藏》相同；《房山石经》“如法”作“如法法”。

授、教诫，当知如前“力种性品”已广分别。

又诸菩萨于有情心，性好随转，随心转时，先知有情若体若性；知体性已，随诸有情所应共住，即应如是与其共住，随诸有情所应同行，即应如是与彼同行。

若诸菩萨欲随所先有情心转[①]，当审观察，若于如是如是相事现行身语生他忧苦，如是忧苦若不令其出不善处，安立善处，菩萨尔时于如是事现行身语，护彼心故，方便思择，励力遮止，令不现行；如是忧苦若能令其出不善处，安立善处，菩萨尔时于如是事现行身语，住哀愍心，不随如是有情心转，方便思择，励力策发，要令现行。

复审观察，若于如是他有情事现行身语令余有情发生忧苦，如是忧苦若不令他或余有情[②]，或不令二出不善处，安立善处，菩萨尔时于如是事现行身语，护余心故，方便思择，励力遮止，令不现行；如是忧苦若能令他或余有情，或能令二出不善处，安立善处，菩萨尔时于如是事现行身语，住哀愍心，不随如是有情心转，方便思择，励力策发，要令现行。

复审观察，若于如是菩萨自事现行身语生他忧苦，如是现行身语二业非诸菩萨学处所摄，不顺福德、智慧资粮，如是忧苦不能令他出不善处，安立善处，菩萨尔时于如是事现行身语，护他心故，方便思择，励力遮止，令不现行；与此相违现行身语，如前应知。如生忧苦，如是广说生于喜乐，随其所应，当知亦尔。

又随他心而转菩萨，知他有情忿缠所缠，现前忿缠难可舍离尚不赞

① 若诸菩萨欲随所先有情心转，底本与《碛砂藏》《普宁藏》《永乐南藏》相同；《房山石经》《资福藏》《赵城金藏》《径山藏》《高丽藏》“先”作“化”。

② 如是忧苦若不令他或余有情，底本与《房山石经》《资福藏》《赵城金藏》《永乐南藏》《径山藏》《高丽藏》相同；《碛砂藏》《普宁藏》“若”作“苦”。

叹，何况毁呰，即于此时亦不谏诲[①]。

又随他心而转菩萨，他虽不来谈论庆慰，尚应自往谈论庆慰，何况彼来而不酬报。

又随他心而转菩萨，终不故意恼触于他，唯除诃责诸犯过者，起慈悲心，诸根寂静，如应诃责，令其调伏。

又随他心而转菩萨，终不嗤诮轻弄于他[②]，令其赧愧，不安隐住，亦不令他心生忧悔[③]。虽能摧伏得胜于彼，而不彰其堕在负处。彼虽净信，生于谦下，终不现相而起自高。

又随他心而转菩萨，于诸有情非不亲近，不极亲近，亦不非时而相亲近。

又随他心而转菩萨，终不现前毁他所爱，亦不现前赞他非爱，非情交者不吐实诚，不屡希望，知量而受，若先许他应饮食等[④]，终无假托，不赴先祈，为性谦冲，如法晓喻。

又诸菩萨性好赞扬真实功德，令他欢喜：于信功德具足者前，赞扬信德，令其欢喜；于戒功德具足者前[⑤]，赞扬戒德，令其欢喜；于闻功德具足者前，赞扬闻德，令其欢喜；于舍功德具足者前，赞扬舍德，令其欢喜；于慧功德具足者前，赞扬慧德，令其欢喜。

---

① 即于此时亦不谏诲，底本与《资福藏》《碛砂藏》《普宁藏》《永乐南藏》《径山藏》相同；《房山石经》《赵城金藏》《高丽藏》“此”作“八小”。

② 终不嗤诮轻弄于他，底本与《房山石经》《资福藏》《碛砂藏》《普宁藏》《永乐南藏》《径山藏》《高丽藏》相同；《赵城金藏》“嗤”作“蚩”。

③ 亦不令他心生忧悔，底本与《资福藏》《碛砂藏》《普宁藏》《永乐南藏》《径山藏》相同；《房山石经》《赵城金藏》《高丽藏》“他”作“其”。

④ 若先许他应饮食等，底本与《资福藏》《碛砂藏》《普宁藏》《永乐南藏》《径山藏》相同；《房山石经》《赵城金藏》《高丽藏》“他应”作“应他”。

⑤ 于戒功德具足者前，底本与《房山石经》《资福藏》《碛砂藏》《普宁藏》《永乐南藏》《径山藏》《高丽藏》相同；《赵城金藏》“功”作“巧”。

又诸菩萨性好悲愍，以调伏法，调伏有情。若诸有情有下品过，下品违犯，内怀亲爱，无损恼心，以輭诃责而诃责之；若诸有情有中品过，中品违犯，内怀亲爱，无损恼心，以中诃责而诃责之；若诸有情有上品过，上品违犯，内怀亲爱，无损恼心，以上诃责而诃责之。如诃责法，治罚亦尔。若诸有情有下、中品应可驱摈过失违犯，菩萨尔时为教诫彼及余有情，以怜愍心及利益心，权时驱摈，后还摄受；若诸有情有其上品应可驱摈过失违犯，菩萨尔时尽寿驱摈，不与共住，不同受用，怜愍彼故，不还摄受，勿令其人于佛圣教多摄非福，又为教诫利余有情。

又诸菩萨为欲饶益诸有情故，现神通力，或为恐怖，或为引摄。谓为乐行诸恶行者，方便示现种种恶行诸果异熟，谓诸恶趣、小那落迦、大那落迦、寒那落迦、独那落迦[①]，既示现已，而告之言："汝当观此先于人中造作增长诸恶行故，今受如是最极暴恶、辛楚、非爱苦果异熟。"彼见是已，恐怖厌患，离诸恶行。复有一类无信有情，菩萨众中随事故问，彼作异思，拒而不答[②]。菩萨尔时或便化作执金刚神，或复化作壮色、大身、巨力药叉，令其恐怖。由是因缘，舍慢生信，恭敬正答，其余大众闻彼正答，亦皆调伏。或现种种神通变化，或一为多，或多为一，或以其身穿过石壁山岩等障，往还无碍，如是广说乃至梵世身自在转，现无量种神变差别，或复现入火界定等，或复示现共声闻等种种神通，方便引摄，令诸有情踊跃欢喜，诸未信者，方便安处信具足中；诸犯戒者，方便安处戒具足中；诸少闻者，方便安处闻具足中；多慳悋者，方便安处舍具足中；诸恶慧者，方便

① 独那落迦，底本与《资福藏》《碛砂藏》《普宁藏》《永乐南藏》《径山藏》相同；《房山石经》《赵城金藏》《高丽藏》"独"作"热"。

② 拒而不答，底本与《房山石经》《资福藏》《碛砂藏》《普宁藏》《永乐南藏》《径山藏》《高丽藏》相同；《赵城金藏》"拒"作"想"。

安处慧具足中[①]。

如是菩萨成就一切种饶益有情戒[②]。

是名菩萨三种戒藏，亦名无量大功德藏，谓律仪戒所摄戒藏，摄善法戒所摄戒藏，饶益有情戒所摄戒藏。

若诸菩萨欲于如是菩萨所学三种戒藏勤修学者，或是在家，或是出家，先于无上正等菩提发弘愿已，当审访求同法菩萨已发大愿，有智有力，于语表义能授能开。

于如是等功德具足胜菩萨所，先礼双足，如是请言："我今欲于善男子所，或长老所，或大德所，乞受一切菩萨净戒，唯愿须臾不辞劳倦[③]，哀愍听授。"

既作如是无倒请已，偏袒右肩，恭敬供养十方三世诸佛世尊，已入大地，得大智慧，得大神力诸菩萨众，现前专念彼诸功德，随其所有功能因力[④]，生殷净心，或少净心。有智有力胜菩萨所，谦下恭敬，膝轮据地，或蹲跪坐对佛像前，作如是请："唯愿大德，或言长老[⑤]，或善男子，哀愍授我菩萨净戒！"如是请已，惠念一境，长养净心，"我今不久当得无尽无量无上大功德藏"。即随思惟如是事义，默然而住。

尔时，有智有力菩萨于彼能行正行菩萨，以无乱心，若坐若立，而

---

① 方便安处慧具足中，底本与《房山石经》《资福藏》《碛砂藏》《普宁藏》《永乐南藏》《径山藏》《高丽藏》相同；《赵城金藏》"具"作"益具"。

② 如是菩萨成就一切种饶益有情戒，底本与《房山石经》《资福藏》《碛砂藏》《普宁藏》《永乐南藏》《径山藏》《高丽藏》相同；《赵城金藏》无"益"字。

③ 唯愿须臾不辞劳倦，底本与《资福藏》《碛砂藏》《赵城金藏》《普宁藏》《永乐南藏》《径山藏》《高丽藏》相同；《房山石经》无"惟"字，"须臾"作"须臾顷"。

④ 随其所有功能因力，底本与《资福藏》《碛砂藏》《普宁藏》《永乐南藏》《径山藏》相同；《房山石经》《赵城金藏》《高丽藏》"能"作"德"。

⑤ 或言长老，底本与《房山石经》《资福藏》《赵城金藏》《普宁藏》《径山藏》《高丽藏》相同；《碛砂藏》《永乐南藏》"老"作"者"。

作是言：“汝如是名善男子听[1]！或法弟听！汝是菩萨不？”彼应答言：“是！”“发菩提愿未？”应答言：“已发！”自此已后，应作是言：“汝如是名善男子，或法弟，欲于我所受诸菩萨一切学处，受诸菩萨一切净戒，谓律仪戒、摄善法戒、饶益有情戒。如是学处，如是净戒，过去一切菩萨已具，未来一切菩萨当具，普于十方现在一切菩萨今具。于是学处，于是净戒，过去一切菩萨已学，未来一切菩萨当学，现在一切菩萨今学。汝能受不？”答言：“能受！”能授菩萨第二、第三亦如是说，能受菩萨第二、第三亦如是答。能授菩萨作如是问，乃至第三授净戒已，能受菩萨作如是答，乃至第三受净戒已，能受菩萨不起于座，能授菩萨对佛像前，普于十方现住诸佛及诸菩萨恭敬供养，顶礼双足，作如是白：“某名菩萨今已于我某菩萨所[2]，乃至三说受菩萨戒，我某菩萨已为某名菩萨作证，唯愿十方无边无际诸世界中，诸佛菩萨第一真圣，于现不现、一切时、处、一切有情皆现觉者，于此某名受戒菩萨亦为作证！”第二、第三亦如是说。

如是受戒羯磨毕竟，从此无间，普于十方无边无际诸世界中，现住诸佛，已入大地诸菩萨前，法尔相现，由此表示如是菩萨已受菩萨所受净戒。尔时，十方诸佛菩萨于是菩萨法尔之相生起忆念；由忆念故，正智见转；由正智见，如实觉知某世界中，某名菩萨某菩萨所正受菩萨所受净戒，一切于此受戒菩萨，如子如弟，生亲善意，眷念怜愍；由佛菩萨眷念怜愍，令是菩萨希求善法倍复增长，无有退减。当知是名受菩萨戒启白请证。

如是已作受菩萨戒羯磨等事，授、受菩萨俱起供养，普于十方无边无

① 汝如是名善男子听，底本与《房山石经》《资福藏》《碛砂藏》《普宁藏》《永乐南藏》《径山藏》《高丽藏》相同；《赵城金藏》无“名”字。

② 某名菩萨今已于我某菩萨所，底本与《房山石经》《资福藏》《碛砂藏》《赵城金藏》《普宁藏》《永乐南藏》《径山藏》相同；《高丽藏》“于”作“有”。

际诸世界中诸佛菩萨，顶礼双足，恭敬而退。如是菩萨所受律仪戒，于余一切所受律仪戒最胜无上，无量无边大功德藏之所随逐，第一最上善心意乐之所发起，普能对治于一切有情一切种恶行。一切别解脱律仪于此菩萨律仪戒，百分不及一，千分不及一，数分不及一，计分不及一，筭分不及一，喻分不及一，邬波尼杀昙分亦不及一，摄受一切大功德故。

又此菩萨安住如是菩萨净戒，先自数数专谛思惟："此是菩萨正所应作，此非菩萨正所应作。"

既思惟已，然后为成正所作业，当勤修学。又应专励听闻菩萨素怛缆藏及以解释，即此菩萨素怛缆藏、摩怛履迦，随其所闻，当勤修学。

又诸菩萨不从一切虽聪慧者求受菩萨所受净戒[①]。

无净信者，不应从受，谓于如是所受净戒，初无信解，不能趣入，不善思惟；有悭贪者，悭贪蔽者，有大欲者，无喜足者，不应从受；毁净戒者，于诸学处无恭敬者，于戒律仪有慢缓者，不应从受；有忿恨者，多不忍者，于他违犯不堪耐者，不应从受；有懒惰者，有懈怠者，多分躭著日夜睡眠乐[②]、倚乐[③]、卧乐，好合徒侣乐喜谈者，不应从受；心散乱者，不至不能[（㱿-几）/牛]牛乳顷善心一缘住修习者[④]，不应从受；有闇昧者，愚痴类者，极劣心者，诽谤菩萨素怛缆藏摩怛履迦者[⑤]，不应从受。

---

① 又诸菩萨不从一切虽聪慧者求受菩萨所受净戒，底本与《房山石经》《资福藏》《赵城金藏》《普宁藏》《永乐南藏》《径山藏》相同；《碛砂藏》《高丽藏》"虽"作"唯"。

② 多分躭著日夜睡眠乐，底本与《碛砂藏》《赵城金藏》《普宁藏》《永乐南藏》《径山藏》《高丽藏》相同；"眠"，《房山石经》无，《资福藏》作"眼"。

③ 倚乐，底本与《房山石经》《碛砂藏》《赵城金藏》《普宁藏》《永乐南藏》《径山藏》《高丽藏》相同；《资福藏》"倚"作"倍"。

④ 不至不[（㱿－几）/牛]声牛乳顷善心一缘住修习者，底本与《径山藏》相同；《房山石经》《资福藏》《碛砂藏》《赵城金藏》《普宁藏》《永乐南藏》《高丽藏》"不至"作"下至"；《房山石经》《赵城金藏》《高丽藏》"[（㱿－几）/牛]"作"构"。

⑤ 诽谤菩萨素怛缆藏摩怛履迦者，底本与《资福藏》《碛砂藏》《普宁藏》《永乐南藏》《径山藏》相同；《房山石经》《赵城金藏》《高丽藏》"摩"作"及菩萨藏摩"。

又诸菩萨于受菩萨戒律仪法虽已具足，受持究竟，而于谤毁菩萨藏者无信有情，终不率尔宣示开悟。所以者何？为其闻已，不能信解，大无知障之所覆蔽，便生诽谤；由诽谤故，如住菩萨净戒律仪成就无量大功德藏，彼诽谤者亦为无量大罪业藏之所随逐，乃至一切恶言、恶见及恶思惟未永弃舍，终不免离。

又诸菩萨欲授菩萨菩萨戒时，先应为说菩萨法藏摩怛履迦、菩萨学处及犯处相，令其听受，以慧观察自所意乐，堪能思择受菩萨戒，非惟他劝，非为胜他。当知是名坚固菩萨，堪受菩萨净戒律仪，以受戒法，如应正授。

如是菩萨住戒律仪，有其四种他胜处法。何等为四？若诸菩萨为欲贪求利养恭敬，自赞毁他，是名第一他胜处法。

若诸菩萨现有资财，性悭财故，有苦有贫、无依无怙正求财者来现在前，不起哀怜而修惠舍；正求法者来现在前，性悭法故，虽现有法而不给施：是名第二他胜处法。

若诸菩萨长养如是种类忿缠，由是因缘，不唯发起麤言便息，由忿蔽故，加以手足、块石、刀杖，捶打伤害，损恼有情，内怀猛利忿恨意乐，有所违犯，他来谏谢，不受不忍，不舍怨结，是名第三他胜处法。

若诸菩萨谤菩萨藏，爱乐宣说、开示、建立像似正法，于像似法或自信解，或随他转，是名第四他胜处法。

如是名为菩萨四种他胜处法。

菩萨于四他胜处法随犯一种，况犯一切，不复堪能于现法中增长摄受菩萨广大菩提资粮，不复堪能于现法中意乐清净，是即名为相似菩萨，非真菩萨。

菩萨若用輭、中品缠毁犯四种他胜处法，不舍菩萨净戒律仪；上品缠犯，即名为舍。若诸菩萨毁犯四种他胜处法，数数现行都无惭愧，深生爱乐，见是功德，当知说名上品缠犯。非诸菩萨暂一现行他胜处法，便舍菩萨净戒律仪，如诸苾刍犯他胜法，即便弃舍别解脱戒。

若诸菩萨由此毁犯弃舍菩萨净戒律仪，于现法中堪任更受[①]，非不堪任；如苾刍住别解脱戒犯他胜法，于现法中不任更受。

略由二缘舍诸菩萨净戒律仪：一者，弃舍无上正等菩提大愿；二者，现行上品缠犯他胜处法。若诸菩萨虽复转身遍十方界，在在生处不舍菩萨净戒律仪[②]，由是菩萨不舍无上菩提大愿，亦不现行上品缠犯他胜处法。

若诸菩萨转受余生，忘失本念，值遇善友，为欲㝵寤菩萨戒念，虽数重受[③]，而非新受，亦不新得。

① 于现法中堪任更受，底本与《房山石经》《碛砂藏》《赵城金藏》《普宁藏》《永乐南藏》《径山藏》《高丽藏》相同；《资福藏》“更”作“便”。

② 在在生处不舍菩萨净戒律仪，底本与《房山石经》《资福藏》《碛砂藏》《普宁藏》《永乐南藏》《径山藏》《高丽藏》相同；《赵城金藏》“萨”作“提”。

③ 虽数重受，底本与《资福藏》《碛砂藏》《赵城金藏》《普宁藏》《永乐南藏》《径山藏》《高丽藏》相同；《房山石经》“数”作“数数”。

瑜伽师地论卷第四十一

本地分中菩萨地

初持瑜伽处戒品第十之二[1]

如是菩萨安住菩萨净戒律仪，于有违犯及无违犯，是染、非染，輭、中、上品，应当了知。

若诸菩萨安住菩萨净戒律仪，于日日中，若于如来或为如来造制多所，若于正法或为正法造经卷所，谓诸菩萨素怛缆藏、摩怛理迦，若于僧伽，谓十方界已入大地诸菩萨众，若不以其或少或多诸供养具而为供养，下至以身一拜礼敬，下至以语一四句颂赞佛法僧真实功德，下至以心一清净信随念三宝真实功德，空度日夜，是名有犯，有所违越。若不恭敬、懒惰、懈怠而违犯者，是染违犯；若误失念而违犯者，非染违犯。无违犯者，谓心狂乱。若已证入净意乐地，常无违犯。由得清净意乐菩萨，譬如已得证净苾刍，恒时法尔于佛法僧以胜供具承事供养。

若诸菩萨安住菩萨净戒律仪，有其大欲，而无喜足，于诸利养及以恭敬生著不舍，是名有犯，有所违越，是染违犯。无违犯者，谓为断彼，生起乐欲，发勤精进，摄彼对治，虽勤遮过[2]，而为猛利性惑所蔽，数起现行。

若诸菩萨安住菩萨净戒律仪，见诸耆长有德可敬同法者来，憍慢所制，怀嫌恨心，怀恚恼心，不起承迎，不推胜座。若有他来，语言谈论，庆

① 初持瑜伽处戒品第十之二，底本与《径山藏》相同；《房山石经》《资福藏》《碛砂藏》《赵城金藏》《普宁藏》《永乐南藏》《高丽藏》“初”作“第十五初”。

② 虽勤遮过，《房山石经》《资福藏》《碛砂藏》《赵城金藏》《普宁藏》《永乐南藏》《径山藏》《高丽藏》“过”作“遏”。

慰请问，憍慢所制，怀嫌恨心，怀恚恼心，不称正理发言酬对。是名有犯，有所违越，是染违犯。非憍慢制，无嫌恨心，无恚恼心，但由懒惰、懈怠、忘念、无记之心，是名有犯，有所违越，非染违犯。无违犯者，谓遭重病；或心狂乱；或自睡眠，他生觉想，而来亲附，语言谈论，庆慰请问；或自为他宣说诸法论义决择；或复与余谈论庆慰；或他说法论义决择，属耳而听；或有违犯说正法者，为欲将护说法者心；或欲方便调彼伏彼，出不善处，安立善处；或护僧制；或为将护多有情心，而不酬对，皆无违犯。

若诸菩萨安住菩萨净戒律仪，他来延请，或往居家，或往余寺，奉施饮食及衣服等诸资生具①，憍慢所制，怀嫌恨心，怀恚恼心，不至其所，不受所请，是名有犯，有所违越。是染违犯。若由懒惰、懈怠、忘念、无记之心，不至其所，不受所请，是名有犯，有所违越，非染违犯。无违犯者，或有疾病；或无气力；或心狂乱；或处悬远；或道有怖；或欲方便调彼伏彼，出不善处，安立善处；或余先请；或为无间修诸善法，欲护善品令无暂废；或为引摄未曾有义；或为所闻法义无退；如为所闻法义无退，论义决择当知亦尔；或复知彼怀损恼心，诈来延请；或为护他多嫌恨心；或护僧制，不至其所，不受所请，皆无违犯。

若诸菩萨安住菩萨净戒律仪，他持种种生色可染、末尼、真珠、瑠璃等宝，及持种种众多上妙财利供具，殷勤奉施，由嫌恨心，或恚恼心，违拒不受，是名有犯，有所违越，是染违犯。舍有情故。若由懒惰、懈怠、忘念、无记之心，违拒不受，是名有犯、有所违越，非染违犯。无违犯者，或心狂乱；或观受已心生染著；或观后时彼定追悔；或复知彼于施迷乱；或知施主随舍随受，由是因缘，定当贫匮；或知此物是僧伽物、窣堵波物；

① 奉施饮食及衣服等诸资生具，底本与《资福藏》《碛砂藏》《赵城金藏》《普宁藏》《永乐南藏》《径山藏》《高丽藏》相同；《房山石经》"饮"作"余"。

或知此物劫盗他得；或知此物由是因缘多生过患，或杀或缚[①]，或罚或黜，或嫌或啧[②]，违拒不受，皆无违犯。

若诸菩萨安住菩萨净戒律仪，他来求法，怀嫌恨心，怀恚恼心，嫉妬变异[③]，不施其法，是名有犯，有所违越，是染违犯。若由懒惰、懈怠、忘念、无记之心，不施其法，是名有犯，有所违越，非染违犯。无违犯者，谓诸外道伺求过短；或有重病；或心狂乱；或欲方便调彼伏彼，出不善处，安立善处；或于是法未善通利；或复见彼不生恭敬，无有羞愧，以恶威仪而来听受；或复知彼是钝根性，于广法教得法究竟，深生怖畏，当生邪见，增长邪执，衰损恼坏；或复知彼法至其手，转布非人，而不施与，皆无违犯。

若诸菩萨安住菩萨净戒律仪，于诸暴恶犯戒有情，怀嫌恨心，怀恚恼心，由彼暴恶犯戒为缘，方便弃舍，不作饶益，是名有犯，有所违越，是染违犯。若由懒惰、懈怠弃舍，由忘念故，不作饶益，是名有犯，有所违越，非染违犯。何以故？非诸菩萨于净持戒、身语意业寂静现行诸有情所，起怜愍心，欲作饶益，如于暴恶犯戒有情于诸苦困而现转者[④]。无违犯者，谓心狂乱；或欲方便调彼伏彼，广说如前；或为将护多有情心；或护僧制，方便弃舍，不作饶益，皆无违犯。

若诸菩萨安住菩萨净戒律仪，如薄伽梵于别解脱毗奈耶中，将护他故，建立遮罪，制诸声闻令不造作，诸有情类未净信者，令生净信；已净信

---

① 或杀或缚，底本与《资福藏》《碛砂藏》《普宁藏》《永乐南藏》《径山藏》相同；《房山石经》《赵城金藏》《高丽藏》“杀”作“煞”，下同。

② 或嫌或啧，底本与《资福藏》《碛砂藏》《普宁藏》《永乐南藏》《径山藏》相同；《房山石经》《赵城金藏》《高丽藏》“啧”作“责”。

③ 嫉妬变异，底本与《资福藏》《碛砂藏》《赵城金藏》《普宁藏》《永乐南藏》《径山藏》《高丽藏》相同；《房山石经》“妬”作“妒”。

④ 如于暴恶犯戒有情于诸苦困而现转者，底本与《径山藏》相同；《房山石经》《资福藏》《碛砂藏》《赵城金藏》《普宁藏》《永乐南藏》《高丽藏》“困”作“因”。

者，令倍增长。于中，菩萨与诸声闻应等修学，无有差别。何以故？以诸声闻自利为胜，尚不弃舍将护他行，为令有情未信者信，信者增长，学所学处，何况菩萨利他为胜。

若诸菩萨安住菩萨净戒律仪，如薄伽梵于别解脱毗奈耶中，为令声闻少事少业，少悕望住[①]，建立遮罪，制诸声闻令不造作。于中，菩萨与诸声闻不应等学。何以故？以诸声闻自利为胜，不顾利他，于利他中少事少业，少悕望住，可名为妙，非诸菩萨利他为胜，不顾自利，于利他中少事少业，少悕望住，得名为妙。如是菩萨为利他故，从非亲里长者、居士、婆罗门等及恣施家，应求百千种种衣服，观彼有情有力无力，随其所施，如应而受。如说求衣，求钵亦尔。如求衣钵，如是自求种种丝缕，令非亲里为织作衣。为利他故，应畜种种㤭世耶衣、诸坐卧具，事各至百，生色可染百千俱胝，复过是数，亦应取积。如是等中，少事少业，少悕望住，制止遮罪，菩萨不与声闻共学。

安住净戒律仪菩萨于利他中，怀嫌恨心，怀恚恼心，少事少业，少悕望住，是名有犯，有所违越，是染违犯。若有懒惰、懈怠、忘念、无记之心，少事少业，少悕望住，是名有犯，有所违越，非染违犯。

若诸菩萨安住菩萨净戒律仪，善权方便，为利他故，于诸性罪少分现行，由是因缘，于菩萨戒无所违犯，生多功德。谓如菩萨见劫盗贼，为贪财故，欲杀多生，或复欲害大德声闻、独觉、菩萨，或复欲造多无间业。见是事已，发心思惟："我若断彼恶众生命，堕那落迦，如其不断，无间业成，当受大苦。我宁杀彼，堕那落迦，终不令其受无间苦[②]。"如是菩萨意

① 少悕望住，底本与《资福藏》《碛砂藏》《普宁藏》《永乐南藏》《径山藏》相同；《房山石经》《赵城金藏》《高丽藏》"悕望"作"希望"，下同。

② 终不令其受无间苦，底本与《房山石经》《资福藏》《赵城金藏》《普宁藏》《永乐南藏》《径山藏》《高丽藏》相同；《碛砂藏》"苦"作"若"。

乐思惟，于彼众生或以善心，或无记心知此事已，为当来故，深生惭愧，以怜愍心而断彼命。由是因缘，于菩萨戒无所违犯，生多功德。

又如菩萨见有增上增上宰官上品暴恶，于诸有情无有慈愍，专行逼恼。菩萨见已，起怜愍心，发生利益安乐意乐，随力所能，若废若黜增上等位。由是因缘，于菩萨戒无所违犯，生多功德。

又如菩萨见劫盗贼夺他财物，若僧伽物、窣堵波物，取多物已，执为己有，纵情受用。菩萨见已[①]，起怜愍心，于彼有情发生利益安乐意乐，随力所能，逼而夺取，勿令受用如是财故，当受长夜无义无利。由此因缘，所夺财宝，若僧伽物，还复僧伽；窣堵波物，还窣堵波；若有情物，还复有情。

又见众生或园林主取僧伽物[②]、窣堵波物，言是己有，纵情受用。菩萨见已，思择彼恶，起怜愍心，勿令因此邪受用业，当受长夜无义无利，随力所能，废其所主。菩萨如是虽不与取，而无违犯，生多功德。

又如菩萨处在居家[③]，见有女色现无系属[④]，习婬欲法，继心菩萨求非梵行[⑤]。菩萨见已，作意思惟："勿令心恚，多生非福，若随其欲，便得自在，方便安处令种善根，亦当令其舍不善业。"住慈愍心，行非梵行。虽习如是秽染之法，而无所犯，多生功德。

---

① 菩萨见已，底本与《资福藏》《碛砂藏》《赵城金藏》《普宁藏》《永乐南藏》《径山藏》《高丽藏》相同；《房山石经》无"已"字。

② 又见众生或园林主取僧伽物，《房山石经》《资福藏》《碛砂藏》《赵城金藏》《普宁藏》《永乐南藏》《径山藏》《高丽藏》"众生"作"众主"。

③ 又如菩萨处在居家，底本与《资福藏》《碛砂藏》《赵城金藏》《普宁藏》《永乐南藏》《径山藏》《高丽藏》相同；《房山石经》"菩"作"萨"。

④ 见有女色现无系属，底本与《资福藏》《碛砂藏》《普宁藏》《永乐南藏》《径山藏》相同；《房山石经》《赵城金藏》《高丽藏》"女色"作"母邑"。

⑤ 继心菩萨求非梵行，底本与《资福藏》《碛砂藏》《赵城金藏》《普宁藏》《永乐南藏》《径山藏》《高丽藏》相同；《房山石经》"继"作"系"。

出家菩萨为护声闻圣所教诫，令不坏灭，一切不应行非梵行。又如菩萨为多有情解脱命难、囹圄缚难、刖手足难、劓鼻刵耳剜眼等难[①]，虽诸菩萨为自命难亦不正知说于妄语，然为救脱彼有情故，知而思择，故说妄语。以要言之，菩萨唯观有情义利[②]，非无义利，自无染心，唯为饶益诸有情故，覆想正知，而说异语。说是语时，于菩萨戒无所违犯，生多功德。

又如菩萨见诸有情为恶朋友之所摄受，亲爱不舍。菩萨见已，起怜愍心，发生利益安乐意乐，随能随力，说离间语，令离恶友，舍相亲爱，勿令有情由近恶友，当受长夜无义无利。菩萨如是以饶益心说离间语，乖离他爱，无所违犯，生多功德。又如菩萨见诸有情为行越路，非理而行，出麤恶语，猛利诃摈，方便令其出不善处，安立善处。菩萨如是以饶益心于诸有情出麤恶语，无所违犯，生多功德。

又如菩萨见诸有情信乐倡妓、吟咏、歌讽，或有信乐王贼、饮食、婬荡街衢无义之论，菩萨于中皆悉善巧，于彼有情起怜愍心，发生利益安乐意乐，现前为作绮语相应种种倡妓、吟咏、歌讽、王贼、饮食、婬衢等论，令彼有情欢喜引摄，自在随属，方便奖导，出不善处，安立善处。菩萨如是现行绮语，无所违犯，生多功德。

若诸菩萨安住菩萨净戒律仪，生起诡诈虚谈现相，方便研求，假利求利，味邪命法，无有羞耻，坚持不舍，是名有犯，有所违越，是染违犯。无违犯者，若为除遣，生起乐欲，发勤精进，烦恼炽盛，蔽抑其心，时时现起。

若诸菩萨安住菩萨净戒律仪，为掉所动，心不寂静，不乐寂静，高声

① 劓鼻刵耳剜眼等难，底本与《房山石经》《资福藏》《碛砂藏》《普宁藏》《永乐南藏》《径山藏》《高丽藏》相同；《赵城金藏》“刵”作“刖”。

② 菩萨唯观有情义利，底本与《房山石经》《资福藏》《赵城金藏》《普宁藏》《永乐南藏》《径山藏》《高丽藏》相同；《碛砂藏》“利”作“我”。

嬉戏，喧哗纷聒，轻躁腾跃，望他欢笑，如此诸缘，是名有犯，有所违越，是染违犯。若忘念起，非染违犯。无违犯者，若为除遣，生起乐欲，广说如前，若欲方便解他所生嫌恨令息；若欲遣他所生愁恼。若他性好如上诸事，方便摄受，敬慎将护[1]，随彼而转；若他有情猜阻菩萨，内怀嫌恨，恶谋憎背，外现欢颜，表内清净。如是一切，皆无违犯。

若诸菩萨安住菩萨净戒律仪，起如是见，立如是论：菩萨不应忻乐涅槃，应于涅槃而生厌背，于诸烦恼及随烦恼，不应怖畏而求断灭，不应一向心生厌离，以诸菩萨三无数劫流转生死，求大菩提。若作此说，是名有犯，有所违越，是染违犯。何以故？如诸声闻于其涅槃忻乐亲近，于诸烦恼及随烦恼深心厌离，如是菩萨于大涅槃忻乐亲近，于诸烦恼及随烦恼深心厌离，其倍过彼百千俱胝。以诸声闻唯为一身证得义利，勤修正行，菩萨普为一切有情证得义利[2]，勤修正行。是故菩萨当勤修集无杂染心，于有漏事随顺而行，成就胜出诸阿罗汉无杂染法。

若诸菩萨安住菩萨净戒律仪，于自能发不信重言，所谓恶声、恶称、恶誉，不护不雪，其事若实，而不避护，是名有犯、有所违越，是染违犯。若事不实，而不清雪，是名有犯，有所违越，非染违犯。无违犯者，若他外道；若他憎嫉[3]；若自出家，因行乞行，因修善行，谤声流布；若忿弊者；若心倒者，谤声流布，皆无违犯。

若诸菩萨安住菩萨净戒律仪，见诸有情应以种种辛楚加行、猛利加行而得义利，护其忧恼，而不现行，是名有犯，有所违越，非染违犯。无违

① 敬慎将护，底本与《资福藏》《碛砂藏》《赵城金藏》《普宁藏》《永乐南藏》《径山藏》《高丽藏》相同；《房山石经》“慎”作“顺”。

② 菩萨普为一切有情证得义利，底本与《房山石经》《资福藏》《碛砂藏》《赵城金藏》《永乐南藏》《径山藏》《高丽藏》相同；《普宁藏》“菩”作“善”。

③ 若他憎嫉，底本与《房山石经》《《资福藏》《碛砂藏》《普宁藏》《永乐南藏》《径山藏》《高丽藏》相同；赵城金藏》“他”作“犯”。

犯者，观由此缘，于现法中，少得义利，多生忧恼。

若诸菩萨安住菩萨净戒律仪，他骂报骂，他瞋报瞋，他打报打，他弄报弄，是名有犯，有所违越。是染违犯。

若诸菩萨安住菩萨净戒律仪，于他有情有所侵犯，或自不为，彼疑侵犯，由嫌嫉心，由慢所执，不如理谢而生轻舍，是名有犯，有所违越，是染违犯。若由懒惰、懈怠、放逸，不谢轻舍，是名有犯，有所违越，非染违犯。无违犯者，若欲方便调彼伏彼，出不善处，安立善处；若是外道；若彼悕望要因现行非法有罪，方受悔谢；若彼有情性好斗诤，因悔谢时倍增愤怒；若复知彼为性堪忍，体无嫌恨；若必了他因谢侵犯，深生羞耻，而不悔谢，皆无违犯。

若诸菩萨安住菩萨净戒律仪，他所侵犯，彼还如法平等悔谢，怀嫌恨心，欲损恼彼，不受其谢，是名有犯，有所违越，是染违犯。虽复于彼无嫌恨心，不欲损恼，然由禀性不能堪忍，故不受谢，亦名有犯，有所违越，是染违犯。无违犯者，若欲方便调彼伏彼，广说一切，如前应知；若不如法不平等谢，不受彼谢，亦无违犯。

若诸菩萨安住菩萨净戒律仪，于他怀忿，相续坚持，生已不舍，是名有犯，有所违越，是染违犯。无违犯者，为断彼故，生起乐欲，广说如前。

若诸菩萨安住菩萨净戒律仪，贪著供事增上力故，以爱染心管御徒众，是名有犯，有所违越，是染违犯。无违犯者，不贪供侍，无爱染心管御徒众。

若诸菩萨安住菩萨净戒律仪，懒惰懈怠，躭睡眠乐、卧乐、倚乐、非时非量，是名有犯，有所违越，是染违犯。无违犯者，若遭疾病；若无气力，行路疲极；若为断彼，生起乐欲，广说一切，如前应知。

若诸菩萨安住菩萨净戒律仪，怀爱染心，谈说世事，虚度时日，是名有犯，有所违越，是染违犯。若由忘念，虚度时日，是名有犯，有所违越，非染违犯。无违犯者，见他谈说，护彼意故，安住正念，须臾而听；若事希奇，或蹔问他，或答他问，无所违犯。

若诸菩萨安住菩萨净戒律仪，为令心住，欲定其心，心怀嫌恨，憍慢所持，不诣师所求请教授，是名有犯，有所违越，是染违犯。懒惰、懈怠而不请者，非染违犯。无违犯者，若遇疾病；若无气力；若知其师颠倒教授；若自多闻，自有智力能令心定；若先已得所应教授，而不请者①，无所违犯。

若诸菩萨安住菩萨净戒律仪，起贪欲盖，忍受不舍，是名有犯，有所违越，是染违犯。无违犯者，若为断彼，生起乐欲，发勤精进，烦恼猛利，蔽抑心故，时时现行。如贪欲盖，如是瞋恚、惛沈睡眠、掉举恶作及与疑盖，当知亦尔。

若诸菩萨安住菩萨净戒律仪，贪味静虑，于味静虑见为功德，是名有犯，有所违越，是染违犯。无违犯者，若为断彼，生起乐欲，广说如前。

若诸菩萨安住菩萨净戒律仪，起如是见，立如是论：菩萨不应听声闻乘相应法教，不应受持，不应修学。菩萨何用于声闻乘相应法教听声受持②，精勤修学？是名有犯，有所违越。是染违犯。何以故？菩萨尚于外道书论精勤研究③，况于佛语。无违犯者，为令一向习小法者舍彼欲故，作如是说。

若诸菩萨安住菩萨净戒律仪，于菩萨藏未精研究，于菩萨藏一切弃舍，于声闻藏一向修学，是名有犯，有所违越，非染违犯。

---

① 而不请者，底本与《房山石经》《资福藏》《碛砂藏》《普宁藏》《永乐南藏》《径山藏》《高丽藏》相同；《赵城金藏》无“者”字。

② 菩萨何用于声闻乘相应法教听声受持，底本与《资福藏》《碛砂藏》《普宁藏》《永乐南藏》《径山藏》相同；《房山石经》《赵城金藏》《高丽藏》“声受”作“闻受”。

③ 菩萨尚于外道书论精勤研究，底本与《房山石经》《资福藏》《碛砂藏》《普宁藏》《永乐南藏》《径山藏》《高丽藏》相同；《赵城金藏》“勤”作“进”。

若诸菩萨安住菩萨净戒律仪，现有佛教，于佛教中未精研究，于异道论及诸外论精勤修学，是名有犯，有所违越，是染违犯。无违犯者，若上聪敏；若能速受；若经久时能不忘失；若于其义能思能达；若于佛教如理观察，成就俱行无动觉者，于日日中，常以二分修学佛语，一分学外，则无违犯。

若诸菩萨安住菩萨净戒律仪，越菩萨法，于异道论及诸外论研求善巧，深心宝玩，爱乐味著，非如辛药而习近之[①]，是名有犯，有所违越，是染违犯。

若诸菩萨安住菩萨净戒律仪，闻菩萨藏，于甚深处最胜甚深真实法义，诸佛菩萨难思神力，不生信解，憎背毁谤，不能引义[②]，不能引法，非如来说，不能利益安乐有情，是名有犯，有所违越，是染违犯。如是毁谤，或由自内非理作意，或随顺他而作是说。

若诸菩萨安住菩萨净戒律仪，若闻甚深最甚深处，心不信解，菩萨尔时应强信受，应无谄曲，应如是学："我为非善，盲无慧目，于如来眼随所宣说，于诸如来密意语言，而生诽谤。"菩萨如是自处无知，仰推如来，于诸佛法无不现知，等随观见。如是正行，无所违犯，虽无信解，然不诽谤。

若诸菩萨安住菩萨净戒律仪，于他人所，有深爱心[③]，有瞋恚心，自赞毁他，是名有犯，有所违越。是染违犯。无违犯者，若为摧伏诸恶外道，若为住持如来圣教，若欲方便调彼伏彼，广说如前。或欲令其未净信者发生净信，已净信者倍复增长。

若诸菩萨安住菩萨净戒律仪，闻说正法论议决择，憍慢所制，怀嫌

① 非如辛药而习近之，底本与《房山石经》《资福藏》《碛砂藏》《普宁藏》《永乐南藏》《径山藏》《高丽藏》相同；《赵城金藏》"药"作"乐"。

② 不能引义，底本与《房山石经》《资福藏》《碛砂藏》《赵城金藏》《普宁藏》《永乐南藏》《径山藏》相同；《高丽藏》"义"作"仪"。

③ 有深爱心，底本与《资福藏》《碛砂藏》《普宁藏》《永乐南藏》《径山藏》相同；《房山石经》《赵城金藏》《高丽藏》"深"作"染"。

恨心，怀恚恼心，而不往听，是名有犯，有所违越，是染违犯。若为懒惰、懈怠所蔽，而不往听，非染违犯。无违犯者，若不觉知；若有疾病；若无气力；若知倒说；若为护彼说法者心；若正了知彼所说义，是数所闻，所持所了；若已多闻，具足闻持，其间积集[①]；若欲无间于境住心[②]；若勤引发菩萨胜定；若自了知上品愚钝，其慧钝浊，于所闻法难受难持，难于所缘摄心令定，不往听者，皆无违犯。

若诸菩萨安住菩萨净戒律仪，于说法师，故思轻毁，不深恭敬，嗤笑调弄，但依于文，不依于义，是名有犯，有所违越，是染违犯。

若诸菩萨安住菩萨净戒律仪，于诸有情所应作事，怀嫌恨心，怀恚恼心，不为助伴，谓于能办所应作事，或于道路若往若来，或于正说事业加行，或于掌护所有财宝，或于和好乖离诤讼，或于吉会，或于福业，不为助伴，是名有犯，有所违越，是染违犯。若为懒惰、懈怠所蔽，不为助伴，非染违犯。无违犯者，若有疾病[③]；若无气力；若了知彼自能成办；若知求者自有依怙；若知所作能引非义，能引非法；若欲方便调彼伏彼，广说如前；若先许余为作助伴；若转请他有力者助；若于善品正勤修习，不欲暂废；若性愚钝，于所闻法难受难持，如前广说；若为将护多有情意；若护僧制，不为助伴，皆无违犯。

若诸菩萨安住菩萨净戒律仪，见诸有情遭重疾病，怀嫌恨心，怀恚恼心，不往供事，是名有犯，有所违越，是染违犯。若为懒惰、懈怠所蔽，不往供事，非染违犯。无违犯者，若自有病；若无气力；若转请他有力随顺

---

① 其间积集，底本与《资福藏》《碛砂藏》《普宁藏》《永乐南藏》《径山藏》相同；《房山石经》《赵城金藏》《高丽藏》“间”作“闻”。

② 若欲无间于境住心，底本与《资福藏》《碛砂藏》《赵城金藏》《普宁藏》《永乐南藏》《径山藏》《高丽藏》相同；《房山石经》“间”作“闻”。

③ 若有疾病，底本与《资福藏》《碛砂藏》《普宁藏》《永乐南藏》《径山藏》相同；《房山石经》《赵城金藏》《高丽藏》“疾病”作“疹疾”。

令往供事；若知病者有依有怙；若知病者自有势力，能自供事；若了知彼长病所触，堪自支持；若为勤修广大无上殊胜善品；若欲护持所修善品令无间缺；若自了知上品愚钝，其慧钝浊，于所闻法难受难持，难于所缘摄心令定；若先许余为作供事。如于病者，于有苦者为作助伴，欲除其苦，当知亦尔。

若诸菩萨安住菩萨净戒律仪，见诸有情为求现法、后法事故，广行非理，怀嫌恨心，怀恚恼心，不为宣说如实正理，是名有犯，有所违越。是染违犯。若由懒惰、懈怠所蔽，不为宣说，非染违犯。无违犯者，若自无知；若无气力；若转请他有力者说；若即彼人自有智力；若彼有余善友摄受；若欲方便调彼伏彼，广说如前；若知为说如实正理，起嫌恨心，若发恶言，若颠倒受，若无爱敬；若复知彼性弊&#;悷，不为宣说，皆无违犯。

若诸菩萨安住菩萨净戒律仪，于先有恩诸有情所，不知恩惠，不了恩惠，怀嫌恨心，不欲现前如应酬报，是名有犯，有所违越，是染违犯。若为懒惰、懈怠所蔽，不现酬报，非染违犯。无违犯者，勤加功用，无力无能，不获酬报；若欲方便调彼伏彼，广说如前；若欲报恩，而彼不受，皆无违犯。

若诸菩萨安住菩萨净戒律仪，见诸有情堕在丧失财宝、眷属、禄位难处，多生愁恼，怀嫌恨心，不往开解，是名有犯，有所违越，是染违犯。若为懒惰、懈怠所蔽，不往开解，非染违犯。无违犯者，应知如前于他事业不为助伴。

若诸菩萨安住菩萨净戒律仪，有饮食等资生众具，见有求者来正悕求饮食等事[①]，怀嫌恨心，怀恚恼心，而不给施，是名有犯，有所违越，是染违犯。若由懒惰、懈怠、放逸，不能施与，非染违犯。无违犯者，若现无有可施财物；若彼希求不如法物、所不宜物；若欲方便调彼伏彼，广说如

① 见有求者来正悕求饮食等事，底本与《资福藏》《碛砂藏》《普宁藏》《永乐南藏》《径山藏》相同；《房山石经》《赵城金藏》《高丽藏》“悕求”作“希求”。

前；若来求者，王所匪宜，将护王意[1]，若护僧制，而不惠施。皆无违犯。

若诸菩萨安住菩萨净戒律仪，摄受徒众，怀嫌恨心，而不随时无倒教授、无倒教诫；知众匮乏，而不为彼从诸净信长者、居士、婆罗门等，如法追求衣服、饮食、诸坐卧具、病缘医药资身什物，随时供给；是名有犯，有所违越，是染违犯。若由懒惰、懈怠、放逸，不往教授，不往教诫，不为追求如法众具，非染违犯。无违犯者，若欲方便调彼伏彼，广说如前；若护僧制；若有疹疾；若无气力，不任加行；若转请余有势力者；若知徒众世所共知，有大福德，各自有力求衣服等资身众具；若随所应教授、教诫，皆已无倒教授、教诫；若知众内有本外道，为窃法故，来入众中，无所堪能，不可调伏，皆无违犯。

若诸菩萨安住菩萨净戒律仪，怀嫌恨心，于他有情不随心转，是名有犯，有所违越，是染违犯。若由懒惰、懈怠、放逸，不随其转，非染违犯。无违犯者[2]，若彼所爱，非彼所宜；若有疾病；若无气力，不任加行；若护僧制；若彼所爱，虽彼所宜，而于多众非宜非爱；若为降伏诸恶外道；若欲方便调彼伏彼，广说如前，不随心转，皆无违犯。

若诸菩萨安住菩萨净戒律仪，怀嫌恨心，他实有德，不欲显扬，他实有誉，不欲称美，他实妙说，不赞善哉，是名有犯，有所违越，是染违犯。若由懒惰、懈怠、放逸，不显扬等，非染违犯。无违犯者，若知其人性好少欲，将护彼意；若有疾病；若无气力；若欲方便调彼伏彼，广说如前；若护僧制；若知由此显扬等缘，起彼杂染憍举无义，为遮此过；若知彼德虽似功德，而非实德；若知彼誉虽似善誉，而非实誉；若知彼说虽似妙说，而

① 将护王意，底本与《资福藏》《碛砂藏》《普宁藏》《永乐南藏》《径山藏》《高丽藏》相同；《房山石经》《赵城金藏》“王”作“正”。

② 无违犯者，底本与《房山石经》《资福藏》《碛砂藏》《普宁藏》《永乐南藏》《径山藏》《高丽藏》相同；《赵城金藏》无“犯”字。

实非妙；若为降伏诸恶外道；若为待他言论究竟，不显扬等，皆无违犯。

若诸菩萨安住菩萨净戒律仪，见诸有情应可诃责，应可治罚，应可驱摈，怀染汙心，而不诃责，或虽诃责，而不治罚[①]，如法教诫，或虽治罚，如法教诫，而不驱摈，是名有犯，有所违越，是染违犯。若由懒惰、懈怠、放逸，而不诃责[②]，乃至驱摈，非染违犯。无违犯者，若了知彼不可疗治，不可与语，喜出麤言，多生嫌恨，故应弃舍；若观待时；若观因此斗讼诤竞；若观因此令僧喧杂，令僧破坏，知彼有情不怀谄曲，成就增上猛利惭愧，疾疾还净，而不诃责，乃至驱摈，皆无违犯。

若诸菩萨安住菩萨净戒律仪，具足成就种种神通变现威力，于诸有情，应恐怖者能恐怖之，应引摄者能引摄之，避信施故，不现神通恐怖、引摄，是名有犯，有所违越，非染违犯。无违犯者，若知此中诸有情类多著僻执，是恶外道，诽谤贤圣，成就邪见，不现神通恐怖、引摄，无有违犯。

又一切处无违犯者，谓若彼心增上狂乱，若重苦受之所逼切，若未曾受净戒律仪，当知一切皆无违犯。

复次，如是所起诸事菩萨学处，佛于彼彼素怛缆中随机散说，谓依律仪戒、摄善法戒、饶益有情戒。今于此菩萨藏摩怛理迦综集而说[③]，菩萨于中应起尊重，住极恭敬，专精修学。是诸菩萨从他正受戒律仪已，由善清净求学意乐、菩提意乐、饶益一切有情意乐，生起最极尊重恭敬，从初专精，不应违犯，设有违犯，即应如法疾疾悔除，令得还净。又此菩萨一

① 而不治罚，底本与《房山石经》《资福藏》《碛砂藏》《普宁藏》《永乐南藏》《径山藏》《高丽藏》相同；《赵城金藏》“不”作“可”。

② 而不诃责，底本与《房山石经》《资福藏》《碛砂藏》《普宁藏》《永乐南藏》《径山藏》《高丽藏》相同；《赵城金藏》“不”作“可”。

③ 今于此菩萨藏摩怛理迦综集而说，底本与《碛砂藏》《普宁藏》《永乐南藏》《径山藏》相同；《房山石经》“今”作“令”；“怛”，《房山石经》作“呾”，《赵城金藏》《高丽藏》作“袒”；《房山石经》《资福藏》《赵城金藏》《高丽藏》“理”作“履”。

切违犯，当知皆是恶作所摄，应向有力于语表义、能觉能受小乘大乘补特伽罗发露悔灭。若诸菩萨以上品缠违犯如上他胜处法，失戒律仪，应当更受。若中品缠违犯如上他胜处法，应对于三补特伽罗，或过是数，应如发露除恶作法，先当称述所犯事名，应作是说："长老专志！或言大德！我如是名，违越菩萨毗奈耶法，如所称事，犯恶作罪。"余如苾刍发露悔灭恶作罪法，应如是说。若下品缠违犯如上他胜处法及余违犯，应对于一补特伽罗发露悔法，当知如前。若无随顺补特伽罗可对发露，悔除所犯，尔时菩萨以净意乐，起自誓心："我当决定防护，当来终不重犯。"如是于犯，还出还净。

又诸菩萨欲受菩萨净戒律仪，若不会遇具足功德补特伽罗，尔时应对如来像前，自受菩萨净戒律仪。应如是受：偏袒右肩，右膝著地，或蹲跪坐，作如是言："我如是名，仰启十方一切如来，已入大地诸菩萨众，我今欲于十方世界佛菩萨所，誓受一切菩萨学处，誓受一切菩萨净戒，谓律仪戒、摄善法戒、饶益有情戒。如是学处，如是净戒，过去一切菩萨已具，未来一切菩萨当具，普于十方现在一切菩萨今具。于是学处，于是净戒，过去一切菩萨已学，未来一切菩萨当学，普于十方现在一切菩萨今学。"第二、第三亦如是说。说已应起，所余一切，如前应知。

又于菩萨犯戒道中，无无余犯，如世尊说："是诸菩萨多分应与瞋所起犯，非贪所起。"当知此中所说密意，谓诸菩萨爱诸有情，怜诸有情增上力故，凡有所作，一切皆是菩萨所作，非非所作，非作所作可得成犯。若诸菩萨憎诸有情，嫉诸有情，不能修行自他利行，作诸菩萨所不应作，作不应作可得成犯。又诸菩萨輭、中、上犯，如"摄事分"应当了知。

如是菩萨依止一切自毗奈耶勤学所学，便得成就三种圆满，安乐而住：一者，成就加行圆满；二者，成就意乐圆满；三者，成就宿因圆满。云何名为加行圆满？谓诸菩萨于净戒中，行无缺犯，于身语意清净现行，不数毁犯[1]，发露自恶，如是名为加行圆满。云何名为意乐圆满？谓诸菩萨为法出家，不为活命，求大菩提，非为不求，为求沙门，为求涅槃，非为不求，如是求者，不住懈怠、下劣精进，不杂众多恶不善法、杂染后有，有诸炽然众苦异熟、当来所有生老病死，如是名为意乐圆满。云何名为宿因圆满？谓诸菩萨昔余生中修福修善，故于今世种种衣服、饮食、卧具、病缘医药资身什物自无匮乏，复能于他广行惠施，如是名为宿因圆满。菩萨如是依毗奈耶勤学所学，成就如是三种圆满，安乐而住。与此相违，当知成就三种衰损，危苦而住。

如是略广宣说菩萨若在家品、若出家品一切戒已，自斯已后，即于如是一切戒中，分出所余难行戒等差别之相，应当了知。

① 不数毁犯，底本与《房山石经》《资福藏》《碛砂藏》《普宁藏》《永乐南藏》《径山藏》《高丽藏》相同；《赵城金藏》“毁”作“数”。

瑜伽师地论卷第四十二

本地分中菩萨地

初持瑜伽处戒品第十之三[①]

云何菩萨难行戒？当知此戒略有三种，谓诸菩萨现在具足大财大族自在增上，弃舍如是大财大族自在增上，受持菩萨净戒律仪，是名菩萨第一难行戒；又诸菩萨受净戒已，若遭急难，乃至失命，于所受戒尚无少缺，何况全犯，是名菩萨第二难行戒；又诸菩萨如是如是遍于一切行住作意，恒住正念，常无放逸，乃至命终，于所受戒无有误失，尚不犯轻，何况犯重，是名菩萨第三难行戒。

云何菩萨一切门戒？当知此戒略有四种：一者，正受戒；二者，本性戒；三者，串习戒；四者，方便相应戒。正受戒者，谓诸菩萨受先所受三种菩萨净戒律仪，即律仪戒、摄善法戒、饶益有情戒。本性戒者，谓诸菩萨住种性位，本性仁贤，于相续中，身语二业恒清净转。串习戒者，谓诸菩萨昔余生中曾串修习如先所说三种净戒，由宿因力所住持故[②]，于现在世一切恶法不乐现行，于诸恶法深心厌离，乐修善行，于善行中深心欣慕。方便相应戒者，谓诸菩萨依四摄事，于诸有情身语善业恒相续转。

云何菩萨善士戒？当知此戒略有五种，谓诸菩萨自具尸罗；劝他受

① 初持瑜伽处戒品第十之三，底本与《径山藏》相同；《房山石经》《资福藏》《碛砂藏》《赵城金藏》《普宁藏》《永乐南藏》《高丽藏》“初”作“第十五初”，下同；《普宁藏》“三”作“二”。

② 由宿因力所住持故，底本与《碛砂藏》《普宁藏》《永乐南藏》《径山藏》《高丽藏》相同；《房山石经》《资福藏》《赵城金藏》“住”作“任”。

戒；赞戒功德；见同法者，深心欢喜；设有毁犯，如法悔除。

云何菩萨一切种戒？当知此戒以要言之，六种七种，总十三种。言六种者：一、回向戒，回向大菩提故；二、广博戒，广摄一切所学处故；三、无罪欢喜处戒，远离躭著欲乐、自苦二边行故；四、恒常戒，虽尽寿命，亦不弃舍所学处故；五、坚固戒，一切利养恭敬、他论、本随烦恼不能伏故，不能夺故；六、尸罗庄严具相应戒，具足一切戒庄严故，尸罗庄严如"声闻地"应知其相。言七种者：一、止息戒，远离一切杀生等故；二、转作戒，摄一切善故，饶益有情故；三、防护戒，随护止息转作戒故；四、大士相异熟戒；五、增上心异熟戒；六、可爱趣异熟戒；七、利有情异熟戒。

云何菩萨遂求戒？当知此戒略有八种，谓诸菩萨自谛思惟："如我悕求[1]，勿彼于我现行断命、不与而取、秽欲邪行、虚妄、离间、麤恶、绮语、手块杖等诸非爱触加害于我。我求是已，他若相违而现行者，我求不遂，我意不悦。如我悕求，他亦如是，勿我于彼现行断命，广说乃至恶触加害。彼求是已，我若相违而现行者，彼求不遂，彼意不悦。我之所作，若有令他所求不遂意不悦者，何现行为？"菩萨如是审思惟已，命难因缘亦不于他现行八种所求不遂不悦意事。如是八种，说名菩萨遂求戒。

云何菩萨此世他世乐戒？当知此戒略有九种，谓诸菩萨为诸有情于应遮处而正遮止，于应开处而正开许，是诸有情应摄受者正摄受之，应调伏者正调伏之，菩萨于中身语二业常清净转是则名为四种净戒。复有所余施忍精进静虑般若波罗蜜多俱行净戒，则为五种。总说名为九种净戒。如是菩萨所有净戒能令自他现法后法皆得安乐，是故说名菩萨此世他世

① 如我悕求，底本与《资福藏》《碛砂藏》《普宁藏》《永乐南藏》《径山藏》相同；《房山石经》《赵城金藏》《高丽藏》"悕求"作"希求"，下同。

乐戒。

云何菩萨清净戒？当知此戒略有十种：一者，初善受戒，唯为沙门三菩提故，非为命故；二者，不太沉戒，于违犯时，远离微薄生悔愧故，及不太举戒，远离非处生悔愧故；三者，离懈怠戒，于睡眠乐、倚乐、卧乐不躭著故，昼夜勤修诸善品故；四者，离诸放逸所摄受戒，修习如前所说五支不放逸故；五者，正愿戒，远离利养恭敬贪故，不愿生天而自要期修梵行故；六者，轨则具足所摄受戒，于诸威仪、所作众事、善品加行妙善圆满，如法身语正现行故；七者，净命具足所摄受戒，离矫诈等一切邪命过失法故；八者，离二边戒，远离受用欲乐、自苦二边法故；九者，永出离戒，远离一切外道见故；十者，于先所受无损失戒，于先所受菩萨净戒无缺减故，无破坏故。如是十种，是名菩萨清净戒。

如是菩萨大尸罗藏，能起当来大菩提果。谓依此故，菩萨净戒波罗蜜多得圆满已，现证无上正等菩提。乃至未证无上菩提，依此无量菩萨戒藏正勤修习，常能获得五种胜利：一者，常为十方诸佛护念；二者，将舍命时，住大欢喜；三者，身坏已后，在在所生，常与净戒若等若增诸菩萨众为其同分，为同法侣，为善知识；四者，成就无量大功德藏，能满净戒波罗蜜多；五者，现法、后法常得成就自性净戒，戒成其性。

如是如上所说一切自性戒等九种尸罗，当知三种净戒所摄，谓律仪戒、摄善法戒、饶益有情戒。如是三种菩萨净戒，以要言之，能为菩萨三所作事，谓律仪戒能安住其心，摄善法戒能熟自佛法[①]，饶益有情戒能成熟有情。如是总摄一切菩萨所应作事，所谓欲令现法乐住安住其心，身心无倦，成熟佛法，成熟有情。

如是菩萨唯有尔所菩萨净戒，唯有尔所净戒胜利，唯有尔所净戒所

① 摄善法戒能熟自佛法，底本与《房山石经》《资福藏》《碛砂藏》《赵城金藏》《普宁藏》《永乐南藏》《径山藏》相同；《高丽藏》“熟”作“成熟”。

作，除此无有若过若增。

过去菩萨求大菩提，已于中学；未来菩萨求大菩提，当于中学；普于十方无边无际诸世界中现在菩萨求大菩提，今于中学。

本地分中菩萨地[1]
初持瑜伽处忍品第十一

云何菩萨忍波罗蜜多？嗢柁南曰[2]：

自性一切难，一切门善士，
一切种遂求，二世乐清净。
如是九种相，是名略说忍。

谓九种相忍，名为菩萨忍波罗蜜多。一、自性忍；二、一切忍；三、难行忍；四、一切门忍；五、善士忍；六、一切种忍；七、遂求忍；八、此世他世乐忍；九、清净忍。

云何菩萨自性忍？谓诸菩萨或思择力为所依止，或由自性堪忍怨害，遍于一切皆悉堪忍[3]，普于一切皆能堪忍，由无染心，纯悲愍故，能有堪忍，当知此则略说菩萨忍之自性。

云何菩萨一切忍？当知此忍略有二种：一、依在家品忍；二、依出家品忍。

当知依此二种品忍各有三种：一、耐他怨害忍；二、安受众苦忍；三、

① 本地分中菩萨地，底本与《房山石经》《赵城金藏》《径山藏》《高丽藏》相同；《资福藏》《碛砂藏》《普宁藏》《永乐南藏》句前有“瑜伽师地论”五字。

② 嗢柁南曰，底本与《资福藏》《碛砂藏》《普宁藏》《永乐南藏》《径山藏》相同；《房山石经》《赵城金藏》《高丽藏》“柁”作“拕”，下同。

③ 遍于一切皆悉堪忍，底本与《资福藏》《碛砂藏》《普宁藏》《永乐南藏》《径山藏》相同；《房山石经》《赵城金藏》《高丽藏》“悉”作“能”。

法思胜解忍[①]。

云何菩萨耐他怨害忍？谓诸菩萨猛利无间种种长时从他怨害所生众苦现在前时，应如是学："如此是我自业过耳！由我先世自造种种不净业故，今受如是种种苦果，我今于此无义利害若不忍者[②]，复为当来大苦因处。

我若于此大苦因法随顺转者，便为于己自作非爱，便为于己自生结缚，便为于己自兴怨害，非是于他。又自他身所有诸行，一切皆用性苦为体，彼无知故，于我身中性苦体上更增其苦，我既有知，何宜于彼性苦体上重加其苦？又诸声闻多分唯修自义利行，尚不应起能生自他众苦不忍，何况我今正为勤修他义利行，而生不忍。"

菩萨如是正思择已，勤修五想，于怨亲中、劣等胜品、有乐有苦、具德具失诸有情所，能忍一切怨害之苦。云何五想？一、宿生亲善想；二、随顺唯法想；三、无常想；四、苦想；五、摄受想。

云何菩萨于有怨害诸有情所修习宿生亲善之想？谓诸菩萨应如是学："非易可得少分有情，经历长世昔余生中，未曾为我若父若母，兄弟姊妹、亲教轨范、尊似尊等。"如是如理正思惟故，于有怨害诸有情所，舍怨憎想，住亲善想；依亲善想，于诸怨害悉能堪忍。

云何菩萨于有怨害诸有情所修习随顺唯法之想？谓诸菩萨应如是学："依托众缘，唯行唯法，此中都无我及有情、命者、生者是其能骂、能瞋、能打、能弄、能诃，或是所骂、所瞋、所打、所弄、所诃。"如是如理正思惟故，于有怨害诸有情所，舍有情想，住唯法想；依唯法想，于诸怨害悉能堪忍。

---

① 法思胜解忍，底本与《房山石经》《资福藏》《碛砂藏》《赵城金藏》《永乐南藏》《径山藏》《高丽藏》相同；《普宁藏》无"忍"字。

② 我今于此无义利害若不忍者，底本与《资福藏》《碛砂藏》《赵城金藏》《普宁藏》《永乐南藏》《径山藏》相同；《房山石经》《高丽藏》"害"作"苦"。

云何菩萨于有怨害诸有情所修无常想？谓诸菩萨应如是学："诸有有情若生若长，一切无常，皆是死法。极报怨者，谓断彼命。是诸有情命念念断，智者何缘复欲更断？如是性死性无常法诸有情上[①]，其有智者尚不应起有染浊心，况当以手块杖加害，何况一切永断其命。"如是如理正思惟故，舍常坚想，安住无常不坚固想；依无常想，于诸怨害悉能堪忍。

云何菩萨于有怨害诸有情所修习苦想？谓诸菩萨应如是观："若诸有情大兴盛者[②]，尚为三苦常所随逐，所谓行苦、坏苦、苦苦，况诸有情住衰损者。"如是观已，应如是学："我今于此苦常随逐诸有情所，应勤方便令离众苦，不应于彼重加其苦。"如是如理正思惟故，断灭乐想，生起苦想；依此苦想，于诸怨害悉能堪忍。

云何菩萨于有怨害诸有情所修摄受想？谓诸菩萨应如是学："我为一切有情之类发菩提心，摄受一切有情之类皆为亲眷，我应为彼作诸义利，我今不应本于有情欲作义利，而当于彼不忍怨害，作非义利。"如是如理正思惟故，于有怨害诸有情所[③]，灭除他想，住摄受想；依摄受想，于诸怨害悉能堪忍。

云何名忍？自无愤勃，不报他怨，亦不随眠流注恒续，故名为忍。

是名菩萨耐他怨害忍。

云何菩萨安受众苦忍？谓诸菩萨应如是学："我从昔来依欲行转，常求诸欲，故意思择，为诸苦因，追求种种苦性诸欲。于追求时，忍受无量猛利大苦，所谓种种徇利务农、勤王等事。如是追求无义苦时，令我具受

---

① 如是性死性无常法诸有情上，底本与《资福藏》《碛砂藏》《普宁藏》《永乐南藏》《径山藏》相同；《房山石经》《赵城金藏》《高丽藏》"性"作"生"。

② 若诸有情大兴盛者，底本与《房山石经》《资福藏》《赵城金藏》《永乐南藏》《径山藏》《高丽藏》相同；《碛砂藏》《普宁藏》"若"作"苦"。

③ 于有怨害诸有情所，底本与《房山石经》《资福藏》《碛砂藏》《普宁藏》《永乐南藏》《径山藏》《高丽藏》相同；《赵城金藏》"有怨"作"诸怨"。

种种大苦，皆由无智思择过失。我今为求能引安乐最胜善品，尚应思择忍受百千俱胝大苦，况少小苦而不忍受。”如是如理正思惟故，为求菩提，悉能忍受一切事苦。

云何名为一切事苦？当知此苦略有八种：一、依止处苦；二、世法处苦；三、威仪处苦；四、摄法处苦；五、乞行处苦；六、勤劳处苦[①]；七、利他处苦；八、所作处苦。

依止处苦者，依谓四依，由依此故，于善说法毗奈耶中出家受具，成苾刍分[②]，所谓衣服、饮食、卧具、病缘医药供身什物。菩萨于此若得麤弊尠少、稽留、轻懱不敬[③]，不生忧悒，不由此缘，精进懈废，如是名为菩萨忍受依止处苦。

世法处苦者，当知世法略有九种：一、衰；二、毁；三、讥；四、苦；五、坏法坏；六、尽法尽；七、老法老；八、病法病；九、死法死。如是世法若总若别会遇现前，能生众苦，此即名为世法处苦。菩萨触对如是众苦，思择忍受，不由此缘，精进懈废，如是名为菩萨忍受世法处苦。

威仪处苦者，当知即是行、住、坐、卧四种威仪，菩萨于中若行若坐，昼夜恒时从诸障法净修其心，终不非时胁著床座、草敷、叶敷。菩萨于此疲所生苦悉能忍受，不由此缘，精进懈废，如是名为菩萨忍受威仪处苦。

摄法处苦者，当知摄法略有七种：一、供事三宝；二、供事尊长；三、咨受正法；四、既咨受已，广为他说；五、以大音声吟咏赞诵[④]；六、独处空

---

① 勤劳处苦，底本与《资福藏》《碛砂藏》《赵城金藏》《普宁藏》《永乐南藏》《径山藏》相同；《房山石经》《高丽藏》“劳”作“劬”。

② 成苾刍分，底本与《房山石经》《资福藏》《碛砂藏》《普宁藏》《永乐南藏》《径山藏》《高丽藏》相同；《赵城金藏》“成”作“戒”。

③ 轻懱不敬，底本与《资福藏》《碛砂藏》《普宁藏》《永乐南藏》《径山藏》相同；《房山石经》《赵城金藏》《高丽藏》“懱”作“蔑”，下同。

④ 以大音声吟咏赞诵，底本与《房山石经》《资福藏》《碛砂藏》《普宁藏》《永乐南藏》《径山藏》《高丽藏》相同；《赵城金藏》“赞”作“读”。

闲，无倒思惟，称量观察；七、修习瑜伽作意所摄若止若观。菩萨于此七种摄法勇猛劬劳所生众苦悉能忍受，不由此缘，精进懈废，如是名为菩萨忍受摄法处苦。

乞行处苦者，当知此苦略有七种：一者，自誓毁形，剃须发等，弃舍世俗诸相好故；二者，自誓毁色，受持改变坏色衣故；三者，进止云为皆不纵任，游涉世间，一切行住自兢摄故；四者，依他活命，舍商农等世间事业，从他所得而存济故；五者，尽寿从他求衣服等，于所获得非法珍财、久所贮积不受用故；六者，尽寿遮止人间诸欲，离非梵行婬欲法故；七者，尽寿遮止人间嬉戏，舍离观听歌舞、笑戏、倡妓等故[①]，及离与已亲友同龄笑戏、欢娱、携从等故。如是等类，因乞求行所有艰辛所生众苦，菩萨一切皆能忍受，不由此缘，精进懈废[②]，如是名为菩萨忍受乞行处苦。

勤劬处苦者，谓诸菩萨勤修善品劬劳因缘，发生种种身心疲恼悉能忍受，不由此缘，精进懈废，如是名为菩萨忍受勤劬处苦。

利他处苦者，谓诸菩萨修十一种利有情业，如前应知，由彼所生种种忧苦，菩萨一切皆能忍受，不由此缘，精进懈废，如是名为菩萨忍受利他处苦。

所作处苦者，谓诸菩萨或是出家，便有营为衣钵等业，或是在家，便有无倒商贾[③]、营农、仕王等业，由此发生种种勤苦，菩萨一切皆能忍受，不由此缘，精进懈废，如是名为菩萨忍受所作处苦。

又诸菩萨虽触众苦，而于无上正等菩提，未正勤修，能正勤修，已正

① 倡妓等故，底本与《资福藏》《碛砂藏》《普宁藏》《永乐南藏》《径山藏》相同；《房山石经》《赵城金藏》《高丽藏》“妓”作“伎”。

② 精进懈废，底本与《房山石经》《资福藏》《碛砂藏》《赵城金藏》《永乐南藏》《高丽藏》相同；《普宁藏》《径山藏》“懈”作“解”。

③ 便有无倒商贾，底本与《径山藏》相同；《房山石经》《资福藏》《碛砂藏》《赵城金藏》《普宁藏》《永乐南藏》《高丽藏》“贾”作“估”。

勤修，能无退转，常勤修习，无变异意，无杂染心，是名菩萨安受众苦忍。

云何菩萨法思胜解忍？谓诸菩萨于一切法能正思择，由善观察胜觉慧故，能于八种生胜解处，善安胜解。

云何八种生胜解处？一、三宝功德处；二、真实义处；三、诸佛菩萨大神力处；四、因处；五、果处；六、应得义处；七、自于彼义得方便处；八、一切所知所应行处。

又此胜解，由二因缘，于彼诸处能善安立。一、长时串习故；二、证善净智故。是名菩萨法思胜解忍。

如是菩萨依此二品一切忍故，当知广开难行忍等诸相差别。

云何菩萨难行忍？当知此忍略有三种，谓诸菩萨能于羸劣诸有情所，忍彼所作不饶益事，是名第一难行忍；若诸菩萨居尊贵位，于自臣隶不饶益事堪能忍受[①]，是名第二难行忍；若诸菩萨于其种姓卑贱有情所作增上不饶益事堪能忍受[②]，是名第三难行忍。

云何菩萨一切门忍？当知此忍略有四种，谓诸菩萨于亲所作不饶益事，于怨所作不饶益事，于中所作不饶益事，悉能堪忍，及于彼三劣、等、胜品不饶益事，皆能忍受。

云何菩萨善士忍？当知此忍略有五种，谓诸菩萨先于其忍见诸胜利，谓能堪忍补特伽罗于当来世无多怨敌，无多乖离，有多喜乐，临终无悔，于身坏后当生善趣天世界中。见胜利已，自能堪忍，劝他行忍，赞忍功

---

① 于自臣隶不饶益事堪能忍受，底本与《房山石经》《资福藏》《碛砂藏》《普宁藏》《永乐南藏》《径山藏》《高丽藏》相同；《赵城金藏》“隶”作“隸”。

② 若诸菩萨于其种姓卑贱有情所作增上不饶益事堪能忍受，底本与《资福藏》《碛砂藏》《普宁藏》《永乐南藏》《径山藏》相同；《房山石经》《赵城金藏》《高丽藏》“种姓”作“种性”。

德[①]，见能行忍补特伽罗，慰意庆喜。

云何菩萨一切种忍？当知此忍，六种七种，总十三种。

云何六种？谓诸菩萨了知不忍非爱异熟，由怖畏故，勤修行忍；于诸有情有哀怜心，有悲愍心，有亲爱心，由亲善故，勤修行忍；于其无上正等菩提猛利欲乐，为圆满忍波罗蜜多，由是因缘，勤修行忍；如世尊说"夫出家者，具忍辱力"，由是因缘，不应出家受具足戒而行不忍，由法受故，勤修行忍；种性具足，先串习忍，于今现在安住自性，故能修忍；知一切法远离有情，唯见诸法无戏论性，谛察法故，能修行忍。

云何七种？谓于一切不饶益忍；从一切忍；一切处忍，谓于屏处及大众前皆能修忍；一切时忍，谓尽初分[②]，若尽中分[③]，若尽后分[④]，若夜若日，若去来今，若病不病，若卧若起，常能修忍；由身行忍，不捶打故；由语行忍，不出一切非爱言故；由意行忍，不愤发故，不持汙浊恶意乐故。

云何菩萨遂求忍？当知此忍略有八种。谓诸菩萨于诸有苦来求索者要逼能忍[⑤]；于极凶暴上品恶业诸有情所，依法大悲，不损恼忍；于诸出家犯戒者所，依法大悲，不损恼忍。

复有五种耐勤苦忍，谓能堪耐除遣有苦有情众苦所有勤苦，又能堪耐求法勤苦，又能堪耐法随法行所有勤苦，又能堪耐即于彼法广为他说

---

① 赞忍功德，底本与《房山石经》《资福藏》《碛砂藏》《赵城金藏》《普宁藏》《永乐南藏》《径山藏》相同；《高丽藏》"功"作"切"。

② 谓尽初分，底本与《普宁藏》《永乐南藏》《径山藏》相同；《房山石经》《资福藏》《碛砂藏》《赵城金藏》《高丽藏》"尽"作"昼"。

③ 若尽中分，底本与《普宁藏》《永乐南藏》《径山藏》相同；《房山石经》《资福藏》《碛砂藏》《赵城金藏》《高丽藏》"尽"作"昼"

④ 若尽后分，底本与《普宁藏》《永乐南藏》《径山藏》相同；《房山石经》《资福藏》《碛砂藏》《赵城金藏》《高丽藏》"尽"作"昼"

⑤ 谓诸菩萨于诸有苦来求索者要逼能忍，底本与《房山石经》《资福藏》《碛砂藏》《赵城金藏》《普宁藏》《永乐南藏》《径山藏》相同；《高丽藏》"要"作"恶"。

所有勤苦，又能堪耐于诸有情所为所作正与助伴所有勤苦。如是八种，名遂求忍。若于有情有损恼者，由忍故离，若于有情是所求者，由忍故与，是故说此名遂求忍。

云何菩萨此世他世乐忍？当知此忍略有九种，谓诸菩萨住不放逸，于诸善法悉能堪忍，于诸寒热悉能堪忍，于诸饥渴悉能堪忍，于蚊虻触悉能堪忍，于诸风日悉能堪忍，于蛇蝎触悉能堪忍，于诸劬劳所生种种若身若心疲倦忧恼悉能堪忍，于堕生死、生老病死等苦有情，现前哀愍，而修行忍。如是菩萨修行忍故，能令自身于现法中得安乐住，不为一切恶不善法之所陵杂，能引后世安乐因缘，亦能令他修行种种现法、后法安乐正行，是名此世他世乐忍。

云何菩萨清净忍？当知此忍略有十种，谓诸菩萨遇他所作不饶益事损恼违越，终不返报；亦不意愤；亦无怨嫌意乐相续；恒常现前欲作饶益，先后无异，非一益已，舍而不益；于有怨者，自往悔谢；终不令他生疲厌已，然后受谢，恐其疲厌，才谢便受；于不堪忍，成就增上猛利惭愧；依于堪忍，于大师所，成就增上猛利爱敬；依不损恼诸有情故，于诸有情成就猛利哀愍爱乐；一切不忍并助伴法皆得断故，离欲界欲。由此十相，当知菩萨所修行忍，清净无垢。

当知此中初自性忍，广说乃至后清净忍，如是能生广博无量大菩提果。忍为依止，是诸菩萨能圆满忍波罗蜜多，能证无上正等菩提。

本地分中菩萨地初持瑜伽处精进品第十二

云何菩萨精进波罗蜜多？嗢柁南曰：

自性一切难，一切门善士，
一切种遂求，二世乐清净。

如是九种相，名略说精进。

谓九种相精进，名为菩萨精进波罗蜜多。一者，自性精进；二者，一切精进；三者，难行精进；四者，一切门精进；五者，善士精进；六者，一切种精进；七者，遂求精进；八者，此世他世乐精进；九者，清净精进。

云何菩萨自性精进？谓诸菩萨其心勇悍，堪能摄受无量善法，利益安乐一切有情，炽然无间，无有颠倒，及此所起身语意动，当知是名菩萨所行精进自性。

云何菩萨一切精进？谓此精进略有二种：一者，依在家品精进；二者，依出家品精进。当知依此二品精进，各有三种：一、擐甲精进；二、摄善法精进；三、饶益有情精进。

云何菩萨擐甲精进？谓诸菩萨于发加行精进之前，其心勇悍，先擐誓甲："若我为脱一有情苦，以千大劫等一日夜，处那洛迦，不在余趣，乃至菩萨经尔所时证得无上正等菩提；假使过此百千俱胝倍数时劫，方证无上正等菩提，我之勇悍亦无退屈，于求无上正等菩提非不进趣，既进趣已，勤勇无懈，何况所经时短苦薄[①]。"是名菩萨擐甲精进。若有菩萨，于如是相菩萨所有擐甲精进，少起胜解，少生净信，如是菩萨尚已长养无量勇猛发勤精进大菩提性，何况菩萨成就如是擐甲精进。如是菩萨于求菩提，饶益有情，无有少分难行事业可生怯劣难作之心。

云何菩萨摄善法精进？谓诸菩萨所有精进，能为施、戒、忍、精进、静虑、慧波罗蜜多加行，能成办施、戒、忍、精进、静虑、慧波罗蜜多。当知此复略有七种：一、无动精进，一切分别、种种分别、根本烦恼、少分烦恼、一切异论、一切苦触不倾动故；二、坚固精进，是殷重加行故；三、无量精进，能现证得一切明处故；四、方便相应精进，所应得义无颠倒道，

① 何况所经时短苦薄，底本与《资福藏》《碛砂藏》《赵城金藏》《普宁藏》《永乐南藏》《径山藏》《高丽藏》相同；《房山石经》"苦"作"若"。

随顺而行故，平等通达故；五、无倒精进，为欲证得能引义利所应得义，愿所引故[①]；六、恒常精进，是无间加行故；七、离慢精进，由勤精进，离高举故。由此七种摄善法精进勤加行故，令诸菩萨速能圆满波罗蜜多，疾证无上正等菩提。由此精进，是能修证，能成菩提一切善法最胜因缘，余则不尔，是故如来以种种门称赞精进能证无上正等菩提。

云何菩萨饶益有情精进？谓此精进有十一种，如“戒品”说。彼说尸罗，此说精进，当知是名彼此差别。

云何菩萨难行精进？谓此精进略有三种，

若诸菩萨无间远离诸衣服想、诸饮食想、诸卧具想及己身想，于诸善法无间修习，曾无懈废，是名第一难行精进；若诸菩萨如是精进，尽众同分[②]，于一切时曾无懈废，是名第二难行精进；若诸菩萨平等通达功德相应，不缓不急，无有颠倒，能引义利，精进成就，是名第三难行精进。

如是菩萨难精进力，当知即是缘有情悲及与般若能摄之因。

云何菩萨一切门精进？谓此精进略有四种：一、离染法精进；二、引白法精进；三、净除业精进；四、增长智精进。

离染法精进者，谓诸菩萨所有精进，能令一切结、缚、随眠、随烦恼[③]、缠，未生不生，已生断灭。

引白法精进者，谓诸菩萨所有精进，一切善法，未生令生，已生令住，令不忘失，增长广大。

净除业精进者，谓诸菩萨所有精进，能令三业皆悉清净，能摄妙善身

---

① 愿所引故，底本与《资福藏》《碛砂藏》《普宁藏》《永乐南藏》《径山藏》相同；《房山石经》《赵城金藏》《高丽藏》“所”作“能”。

② 尽众同分，底本与《资福藏》《碛砂藏》《赵城金藏》《普宁藏》《永乐南藏》《径山藏》《高丽藏》相同；《房山石经》“尽”作“益”。

③ 随烦恼，底本与《房山石经》《资福藏》《碛砂藏》《普宁藏》《永乐南藏》《径山藏》《高丽藏》相同；《赵城金藏》无“随”字。

语意业。

增长智精进者，谓诸菩萨所有精进，能集能增闻思修慧。

云何菩萨善士精进？谓此精进略有五种：一、无所弃舍精进，谓诸菩萨所有精进，不舍一切欲加行故；二、无退减精进，谓诸菩萨所有精进，如先所受若等若增，发勤精进随长养故；三、无下劣精进，谓诸菩萨所有精进，勇猛炽然，长时无间精勤策励，心无怯弱，无退屈故；四、无颠倒精进，谓诸菩萨所有精进，能引义利方便善巧，所摄持故；五、勤勇加行精进，谓诸菩萨所有精进，能于无上正等菩提速进趣故[①]。

云何菩萨一切种精进？谓此精进，六种七种，总十三种。

云何菩萨六种精进？一、无间精进，谓一切时修加行故；二、殷重精进，谓能周备修加行故；三、等流精进，谓先因力所任持故；四、加行精进，数数思择种种善品正加行故；五、无动精进，一切苦触不能动故，亦不转成余性分故；六、无喜足精进，少分下劣差别证中不喜足故。菩萨成就如是六种一切种精进，发勤精进故，所以说言：有势有勤，有勇坚猛，于诸善法不舍其轭。

云何菩萨七种精进？一、与欲俱行精进，谓诸菩萨所有精进，数于无上正等菩提猛利欲愿随长养故；二、平等相应精进，谓诸菩萨所有精进，能令随一根本烦恼及随烦恼不染污心，亦不缠心，由此精进，能令菩萨于诸善法等习而住；三、胜进精进，谓诸菩萨，若为随一根本烦恼及随烦恼染心缠心，为断如是诸烦恼故，精进勇猛，如灭头然；四、勤求精进，谓诸菩萨勇猛勤求一切明处无厌倦故；五、修学精进，谓诸菩萨于所学法如应如宜，普于一切法随法行能成办故；六、利他精进，谓诸菩萨所有精进，于如前说十一种相，应知其相；七、善护精进，谓诸菩萨所有精进，起正

① 能于无上正等菩提速进趣故，底本与《房山石经》《资福藏》《碛砂藏》《赵城金藏》《普宁藏》《永乐南藏》《径山藏》相同；《高丽藏》“速”作“达”。

加行，善自防守，若有所犯，如法悔除。

如是菩萨十三种精进，名一切种精进。

菩萨所有遂求精进、此世他世乐精进，如忍应知。其差别者，彼说堪忍，此说菩萨精进勇悍。

云何菩萨清净精进？谓此精进略有十种：一、相称精进；二、串习精进；三、无缓精进；四、善摄精进；五、应时修习精进；六、通达众相精进；七、不退弱精进；八、不舍轭精进；九、平等精进；十、回向大菩提精进。若诸菩萨或为彼彼诸随烦恼极所逼切，为断彼彼随烦恼故，修习种种相称对治，谓为对治诸贪欲故，修习不净；为欲对治诸瞋恚故，修习慈愍；为欲对治诸愚痴故，修习观察缘性缘起；为欲对治诸寻思故，修习息念；为欲对治诸憍慢故，修界差别[①]。如是等类，是名菩萨相称精进。若诸菩萨非唯成就始业、初业所有精进，谓为住心教授教诫，非不亦由串习加行、积习加行，是名菩萨串习精进。若诸菩萨亦非唯有串习加行、积习加行，为住其心，教授教诫，然此始业、初业菩萨，于此加行不缓加行、无间加行、殷重加行，是名菩萨无缓精进。若诸菩萨从师长所，或自多闻力所持故，无倒而取，为住其心，发勤精进，是名菩萨善摄精进。若诸菩萨无倒取已，于应止时，能正修止，于应举时，能策其心，于应舍时，能正修舍，是名菩萨应时修习相应精进。若诸菩萨于其种种止、举、舍相，入、住、出相，能善了知，能无忘失，能善通达，无间修作，殷重修作，是名菩萨通达众相相应精进。若诸菩萨闻说种种最极广大、最极甚深不可思议不可度量菩萨精进，不自轻懱，心不怯弱，不于所有少分下劣差别证中而生喜足，不求上进，是名菩萨不退弱精进。若诸菩萨于时时间密护根门，饮食

① 修界差别，底本与《房山石经》《资福藏》《碛砂藏》《普宁藏》《永乐南藏》《径山藏》《高丽藏》相同；《赵城金藏》无“修界”字。

知量，初夜、后夜常勤修习悎寤瑜伽[①]，正知而住，于如是类等持资粮能摄受转，即于其中炽然修习，于能引摄无倒义利，于一切时，勤加功用。是名菩萨不舍轭精进。若诸菩萨发勤精进，不缓不急，平等双运，普于一切应作事中亦能平等殷重修作，是名菩萨平等精进。若诸菩萨一切精进有所为作，无不皆为回向无上正等菩提，是名菩萨回向大菩提精进。

如是最初白性精进，乃至最后清净精进，皆得菩萨大菩提果。菩萨依此所有精进，圆满精进波罗蜜多，能于无上正等菩提速疾已证、当证、今证。

① 初夜后夜常勤修习悎寤瑜伽，底本与《资福藏》《碛砂藏》《赵城金藏》《普宁藏》《永乐南藏》《径山藏》相同；《房山石经》《高丽藏》“悎”作“觉”。

瑜伽师地论卷第四十三

本地分中菩萨地[①]
初持瑜伽处静虑品第十三[②]

云何菩萨静虑波罗蜜多？嗢柁南曰[③]：

自性一切难，一切门善士，
一切种遂求，二世乐清净。
如是九种相，名略说静虑。

谓九种相静虑，名为菩萨静虑波罗蜜多。一者，自性静虑；二者，一切静虑；三者，难行静虑；四者，一切门静虑；五者，善士静虑；六者，一切种静虑；七者，遂求静虑；八者，此世他世乐静虑；九者，清净静虑。

云何菩萨自性静虑？谓诸菩萨于菩萨藏闻思为先，所有妙善世出世间心一境性，心正安住，或奢摩他品，或毗钵舍那品，或双运道、俱通二品，当知即是菩萨所有静虑自性。

云何菩萨一切静虑？谓此静虑略有二种：一者，世间静虑；二者，出世间静虑。当知此二随其所应复有三种：一者，现法乐住静虑；二者，能引菩萨等持功德静虑；三者，饶益有情静虑。

---

① 本地分中菩萨地，底本与《房山石经》《碛砂藏》《赵城金藏》《普宁藏》《永乐南藏》《径山藏》《高丽藏》相同；《资福藏》无“地”字。

② 初持瑜伽处静虑品第十三，底本与《径山藏》相同；“初”《房山石经》《碛砂藏》《赵城金藏》《普宁藏》《永乐南藏》《高丽藏》作“第十五初”；《资福藏》作“第地十五初”。

③ 嗢柁南曰，底本与《资福藏》《碛砂藏》《普宁藏》《永乐南藏》《径山藏》相同；《房山石经》《赵城金藏》《高丽藏》“柁”作“拕”，下同。

若诸菩萨所有静虑，远离一切分别，能生身心轻安，最极寂静[①]，远离憍举，离诸爱味[②]，泯一切相，当知是名菩萨现法乐住静虑。

若诸菩萨所有静虑，能引能住种种殊胜不可思议不可度量十力种性所摄等持[③]，如是等持，一切声闻及独觉等不知其名，何况能入。

若诸菩萨所有静虑，能引能住一切菩萨解脱、胜处、遍处、无碍解、无诤、愿智等共诸声闻所有功德[④]，当知是名能引菩萨等持功德静虑。

菩萨饶益有情静虑有十一种，如前应知，谓诸菩萨依止静虑，于诸有情能引义利彼彼事业，与作助伴，其有苦者[⑤]，能为除苦；于诸有情，能如理说；于有恩者，知恩知惠，现前酬报；于诸怖畏，能为救护；于丧失处，能解愁忧；于有匮乏，施与资财；于诸大众，善能匡御；于诸有情，善随心转；于实有德，赞美令喜；于诸有过，能正调伏，为物现通，恐怖引摄。如是一切，总名菩萨一切静虑，此外无有若过若增。

云何菩萨难行静虑？谓此静虑略有三种：

若诸菩萨已能安住广大殊胜极善成熟多所引发诸静虑住，随自欲乐，舍彼最胜诸静虑乐，愍有情故，等观无量利有情事，为诸有情义利成熟，故意思择还生欲界，当知是名菩萨第一难行静虑；若诸菩萨依止静虑，能发种种无量无数不可思议超过一切声闻、独觉所行境界菩萨等持，

---

① 最极寂静，底本与《房山石经》《资福藏》《碛砂藏》《普宁藏》《永乐南藏》《径山藏》《高丽藏》相同；《赵城金藏》无“极”字。

② 离诸爱味，底本与《房山石经》《资福藏》《碛砂藏》《普宁藏》《永乐南藏》《径山藏》《高丽藏》相同；《赵城金藏》无“离”字。

③ 能引能住种种殊胜不可思议不可度量十力种性所摄等持，底本与《房山石经》《资福藏》《碛砂藏》《普宁藏》《永乐南藏》《径山藏》《高丽藏》相同；《赵城金藏》“力”作“方”。

④ 愿智等共诸声闻所有功德，底本与《房山石经》《资福藏》《碛砂藏》《普宁藏》《永乐南藏》《径山藏》《高丽藏》相同；《赵城金藏》“声闻”作“菩萨”。

⑤ 其有苦者，底本与《资福藏》《碛砂藏》《赵城金藏》《普宁藏》《永乐南藏》《径山藏》相同；《房山石经》《高丽藏》“其”作“于”。

当知是名菩萨第二难行静虑；若诸菩萨依止静虑，速证无上正等菩提，当知是名菩萨第三难行静虑。

云何菩萨一切门静虑？谓此静虑略有四种：一者，有寻有伺静虑；二者，喜俱行静虑；三者，乐俱行静虑；四者，舍俱行静虑。

云何菩萨善士静虑？谓此静虑略有五种：一者，无爱味静虑；二者，慈俱行静虑；三者，悲俱行静虑；四者，喜俱行静虑；五者，舍俱行静虑。

云何菩萨一切种静虑？谓此静虑六种七种，总十三种。

言六种者：一者，善静虑；二者，无记变化静虑；三者，奢摩他品静虑；四者，毗钵舍那品静虑；五者，于自他利正审思惟静虑；六者，能引神通威力功德静虑。

言七种者：一者，名缘静虑；二者，义缘静虑；三者，止相缘静虑；四者，举相缘静虑；五者，舍相缘静虑；六者，现法乐住静虑；七者，能饶益他静虑。如是十三种，名为菩萨一切种静虑。

云何菩萨遂求静虑？谓此静虑略有八种：一者，于诸毒药、霜雹、毒热、鬼所魅等种种灾患，能息能成咒术所依静虑；二者，于界互违所生众病能除静虑；三者，于诸饥馑、大灾旱等现在前时[①]，兴致甘雨静虑；四者，于其种种人非人作水陆怖畏，能正拔济静虑；五者，于乏饮食，堕在旷野诸有情类，能施饮食静虑；六者，于乏财位所化有情，能施种种财位静虑；七者，于十方界放逸有情，能正谏诲静虑；八者，于诸有情随所生起所应作事，能正造作静虑。

云何菩萨此世他世乐静虑？谓此静虑略有九种：一者，神通变现调伏有情静虑；二者，记说变现调伏有情静虑；三者，教诫变现调伏有情静虑；四者，于造恶者示现恶趣静虑；五者，于失辩者能施辩才静虑；六

① 大灾旱等现在前时，底本与《资福藏》《碛砂藏》《赵城金藏》《普宁藏》《永乐南藏》《径山藏》《高丽藏》相同；《房山石经》“在”作“前”。

者，于失念者能施正念静虑；七者，制造建立无颠倒论、微妙赞颂摩怛理迦，能令正法久住静虑；八者，于诸世间工巧业处，能引义利，饶益有情种种书筭、测度、数印、床座、伞屧，如是等类种种差别资生众具能随造作静虑；九者，于生恶趣所化有情，为欲蹔时息彼众苦，放大光明照触静虑。

云何菩萨清净静虑？谓此静虑略有十种：一者，由世间净离诸爱味清净静虑；二者，由出世净无有染汙清净静虑；三者，由加行净清净静虑；四者，由得根本净清净静虑；五者，由根本胜进净清净静虑；六者，由入、住、出自在净清净静虑；七者，舍静虑已，复还证入自在净清净静虑；八者，神通变现自在净清净静虑；九者，离一切见趣净清净静虑；十者，一切烦恼、所知障净清净静虑。

如是静虑无量无边，能得菩萨大菩提果。菩萨依此圆满静虑波罗蜜多，能于无上正等菩提速疾已证、当证、今证。

本地分中菩萨地
初持瑜伽处慧品第十四[①]

云何菩萨慧波罗蜜多？嗢柁南曰：

自性一切难，一切门善士，
一切种遂求，二世乐清净。
如是九种相，是名略说慧。

谓九种相慧，名为菩萨慧波罗蜜多。一者，自性慧；二者，一切慧；三者，难行慧；四者，一切门慧；五者，善士慧；六者，一切种慧；七者，遂求

① 本地分中菩萨地初持瑜伽处慧品第十四，底本与《径山藏》相同；《房山石经》《资福藏》《碛砂藏》《赵城金藏》《普宁藏》《永乐南藏》《高丽藏》“初”作“第十五初”。

慧；八者，此世他世乐慧；九者，清净慧。

云何菩萨自性慧？谓能悟入一切所知及已悟入一切所知，拣择诸法[①]，普缘一切五明处转：一、内明处；二、因明处；三、医方明处；四、声明处；五、工业明处[②]。当知即是菩萨一切慧之自性。

云何菩萨一切慧？当知此慧略有二种：一者，世间慧；二者，出世间慧。此二略说，复有三种：一、能于所知真实随觉通达慧；二、能于如所说五明处及三聚中决定善巧慧；三、能作一切有情义利慧。

若诸菩萨于离言说法无我性，或于真谛将欲觉寤，或于真谛正惜寤时，或于真谛觉寤已后所有妙慧，最胜寂静明了现前，无有分别，离诸戏论，于一切法悟平等性，入大总相，究达一切所知边际，远离增益、损减二边，顺入中道，是名菩萨能于所知真实随觉通达慧。

若诸菩萨于五明处决定善巧，广说如前“力种性品”，应知其相；及于三聚中决定善巧，谓于能引义利法聚，能引非义利法聚，能引非义利非非义利法聚皆如实知。于是八处所有妙慧善巧摄受，能速圆满广大无上妙智资粮，速证无上正等菩提。

能作一切有情义利慧有十一种，如前应知。即于彼位所有妙慧，当知是名饶益有情慧。

云何菩萨难行慧？当知此慧略有三种：若诸菩萨能知甚深法无我智，是名第一难行慧；若诸菩萨能了有情调伏方便智，是名第二难行慧；若诸菩萨了知一切所知境界无障碍智，是名第三最难行慧。

云何菩萨一切门慧？当知此慧略有四种，谓于声闻藏及菩萨藏所有

① 简择诸法，底本与《资福藏》《碛砂藏》《赵城金藏》《普宁藏》《永乐南藏》《径山藏》《高丽藏》相同；《房山石经》“拣”作“简”。

② 工业明处，底本与《资福藏》《碛砂藏》《赵城金藏》《普宁藏》《永乐南藏》《径山藏》《高丽藏》相同；《房山石经》“工”作“三”。

胜妙闻所成慧、思所成慧，于能思择菩萨所应作应随转中及菩萨所不应作应止息中思择力所摄慧[1]，及修习力所摄三摩呬多地无量慧。

云何菩萨善士慧？当知此慧略有五种：一、听闻正法所集成慧；二、内正作意俱行慧；三、自他利行方便俱行慧；四、于诸法法住、法安立无颠倒中善决定慧；五、舍烦恼慧。复有异门：一、微细慧，悟入所知如所有性故；二、周备慧，悟入所知尽所有性故；三、俱生慧，宿智资粮所集成故；四、具教慧，能于诸佛、已入大地诸菩萨众所开法义具受持故[2]。五、具证慧，从净意乐地乃至到究竟地所摄受故。

云何菩萨一切种慧？当知此慧六种七种，总十三种。

六种慧者，谓于诸谛苦智、集智、灭智、道智，于究竟位尽智、无生智，是名六慧。

七种慧者，谓法智、类智、世俗智、神通智、相智、十力前行智、四道理中正道理智。

云何菩萨遂求慧？当知此慧略有八种：一、依法异门智，所谓菩萨法无碍慧；二、依法相智，所谓菩萨义无碍慧；三、依法释辞智，所谓菩萨释辞无碍慧；四、依法品类句差别智，所谓菩萨辩才无碍慧；五、菩萨一切摧伏他论慧[3]；六、菩萨一切成立自论慧；七、菩萨一切正训营为家属家产慧[4]；八、菩萨一切善解种种王正世务慧。

---

① 于能思择菩萨所应作应随转中及菩萨所不应作应止息中思择力所摄慧，底本与《房山石经》《资福藏》《碛砂藏》《普宁藏》《永乐南藏》《径山藏》《高丽藏》相同；《赵城金藏》“息中”作“息”。

② 已入大地诸菩萨众所开法义具受持故，底本与《房山石经》《资福藏》《碛砂藏》《赵城金藏》《普宁藏》《永乐南藏》《径山藏》相同；《高丽藏》“开”作“闻”。

③ 菩萨一切摧伏他论慧，底本与《资福藏》《碛砂藏》《赵城金藏》《普宁藏》《永乐南藏》《径山藏》《高丽藏》相同；《房山石经》“他”作“地”。

④ 菩萨一切正训营为家属家产慧，底本与《资福藏》《碛砂藏》《赵城金藏》《普宁藏》《永乐南藏》《径山藏》《高丽藏》相同；《房山石经》“训”作“顺”。

云何菩萨此世他世乐慧？当知此慧略有九种，谓诸菩萨于内明处，能善明净、善安住慧；于医方明处、因明处、声明处、世工业明处，能善明净、非安住慧。一切菩萨即用如是于五明处善明净慧以为依止，于他愚痴、放逸、怯弱、勤修正行所化有情，如其次第示现、教导、赞励、庆慰慧。

云何菩萨清净慧？当知此慧略有十种：于真实义有二种慧，谓由尽所有性及如所有性取真实义故；于流转义有二种慧，谓取正因、果故；于执受义有二种慧[1]，谓颠倒、不颠倒如实了知故；于方便义有二种慧，谓一切所应作、所不应作如实了知故；于究竟义有二种慧，谓杂染如实了知杂染故，清净如实了知清净故。如是菩萨五义十种差别净慧，当知是名最胜净慧。

如是菩萨极善决定无量妙慧，能证菩萨大菩提果。菩萨依此，能圆满慧波罗蜜多，速证无上正等菩提。

复次，如是六种波罗蜜多，世尊彼彼素怛缆中处处散说，今于此中摄在一处略说应知。

谓佛所说素怛缆中所有施波罗蜜多乃至慧波罗蜜多，或标或释，彼皆于此或自性施，广说乃至或清净施趣入摄受，如其所应，皆当了知。如是所余如所宣说戒乃至慧趣入摄受，如其所应，亦当了知。

又诸如来为菩萨时，所行一切菩萨行中所有无量本生相应难行苦行，当知一切与施相应，依止于施。

如说其施，如是戒、忍、精进、静虑、慧相应，依止戒、忍、精进、静虑、慧，当知亦尔。或唯依施，广说乃至或唯依慧，或杂依二，或杂依三，或杂依四，或杂依五，或杂依一切六波罗蜜多，皆应了知。

如是六种波罗蜜多，菩萨为证无上正等菩提果故，精勤修集。

是大白法滈，名大白法海，是一切有情一切种类圆满之因，名为涌施

---

① 执受义有二种慧，底本“二”作“一”，据《房山石经》《资福藏》《碛砂藏》《赵城金藏》《普宁藏》《永乐南藏》《径山藏》《高丽藏》改。

大宝泉池。

又即如是所集无量福智资粮，更无余果可共相称，唯除无上正等菩提。

本地分中菩萨地
初持瑜伽处摄事品第十五[1]

云何菩萨四种摄事？嗢柁南曰：

自性一切难，一切门善士，
一切种遂求，二世乐清净。
如是九种相，名略说摄事。

谓九种相摄事，名为菩萨四种摄事。一者，自性摄事；二者，一切摄事；三者，难行摄事；四者，一切门摄事；五者，善士摄事；六者，一切种摄事；七者，遂求摄事；八者，此世他世乐摄事；九者，清净摄事。

云何菩萨自性爱语？谓诸菩萨于诸有情常乐宣说悦可意语、谛语、法语、引摄义语，当知是名略说菩萨爱语自性。

云何菩萨一切爱语？谓此爱语略有三种：

一者，菩萨设慰喻语，由此语故，菩萨恒时对诸有情远离颦蹙，先发善言，舒颜平视，含笑为先，或问安隐吉祥[2]，或问诸界调适，或问昼夜怡乐，或命前进善来，以是等相慰问有情，随世仪转，顺觀人性；

二者，菩萨设庆悦语，由此语故，菩萨若见有情妻子、眷属、财谷，

① 初持瑜伽处摄事品第十五，底本与《资福藏》《碛砂藏》《普宁藏》《永乐南藏》《径山藏》《高丽藏》相同；《房山石经》《赵城金藏》“初”作“第十五初”。

② 或问安隐吉祥，底本与《资福藏》《碛砂藏》《赵城金藏》《普宁藏》《永乐南藏》《径山藏》《高丽藏》相同；《房山石经》“隐”作“慰”。

其所昌盛而不自知，如应觉悟，以申庆悦，或知信、戒、闻、舍、慧增，亦复庆悦；

三者，菩萨设胜益语，由此语故，菩萨宣说一切种德圆满法教相应之语，利益安乐一切有情，恒常现前以胜益语而为饶益。是名菩萨一切爱语差别应知。

云何略说如是菩萨一切爱语？当知此语略为二种：一、随世仪轨语；二、顺正法教语。若慰喻语，若庆悦语，当知是名随世仪轨语[①]；若胜益语，当知是名顺正法教语。

云何菩萨难行爱语？当知此语略有三种：若诸菩萨于能杀害怨家恶友，以善净心、无秽浊心，思择为说若慰喻语，若庆悦语，若胜益语，当知是名菩萨第一难行爱语；若诸菩萨于其上品愚痴钝根诸有情所，心无疑虑[②]，思择为说种种法教，誓受疲劳，如理如法，如善摄取，当知是名菩萨第二难行爱语；若诸菩萨于其谄诈欺诳亲教、轨范、尊长真实福田行邪恶行诸有情所，无嫌恨心，无恚恼心，思择为说若慰喻语，若庆悦语，若胜益语，当知是名菩萨第三难行爱语。

云何菩萨一切门爱语？当知此语略有四种：一、欲断诸盖向善趣者，为说先时所应作法；二、远离诸盖心调善者，为说增进四圣谛等相应正法；三、在家出家多放逸者，无倒谏诲，方便令其出离放逸行，住不放逸行；四、于诸法中多疑惑者，为令当来离疑惑故，为说正法论义决择。

云何菩萨善士爱语？当知此语略有五种，谓诸菩萨为所化生，能说如来及诸菩萨有因缘法、有出离法、有所依法、有勇决法、有神变法。若

① 当知是名随世仪轨语，底本与《房山石经》《资福藏》《碛砂藏》《普宁藏》《永乐南藏》《径山藏》《高丽藏》相同；《赵城金藏》“随”作“顺”。

② 心无疑虑，，底本与《资福藏》《碛砂藏》《普宁藏》《永乐南藏》《径山藏》相同；《房山石经》《赵城金藏》《高丽藏》“心”作“以”。

所说法得处有因，制立学处；是故此法名有因缘。若所说法于所受学有毁犯者，施设还净，是故此法名有出离。若所说法，四依所摄，施设无倒法律正行，是故此法名有所依。若所说法能正显示出一切苦不退还行，是故此法名有勇决。若所说法作三神变，一切所说终不唐捐，是故此法名有神变。

云何菩萨一切种爱语？当知此语六种 七种，总十三种。

言六种者：一、于应听法开听爱语；二、于应制法遮制爱语；三、开示诸法法门爱语；四、开示无倒法相爱语；五、开示无倒训释诸法言辞爱语；六、开示无倒法句品类差别爱语。

言七种者：一、慰喻爱语；二、庆悦爱语；三、于他有情一切资具少希欲中一切所作及以正至少希欲中广恣爱语；四、安慰种种惊怖爱语；五、如理宣说所摄爱语；六、为欲令他出不善处，安住善处，正见闻疑举诃爱语；七、请他有力饶益爱语。如是菩萨十三种语，当知名为一切种爱语。

云何菩萨遂求爱语？当知此语略有八种，谓诸菩萨依四净语，起八圣语，是名菩萨遂求爱语。四净语者，谓离妄语及以离间、麤恶、绮语。八圣语者，谓见言见，闻言闻，觉言觉，知言知，不见言不见，不闻言不闻，不觉言不觉，不知言不知。

云何菩萨此世他世乐爱语？当知此语略有九种：一、说正法断亲属难愁忧爱语；二、说正法断财位难愁忧爱语；三、说正法断无病难愁忧爱语；四、说正法断净戒难众苦爱语；五、说正法断正见难众苦爱语；六、说正法赞美净戒圆满爱语；七、说正法赞美正见圆满爱语；八、说正法赞美轨则圆满爱语；九、说正法赞美正命圆满爱语。

云何菩萨清净爱语？当知此语有二十种，谓二十相宣说正法，应知如前“力种性品”。

云何菩萨利行？谓此利行，广如爱语，应知其相。

于利行中余差别义，我今当说。谓诸菩萨由一切品差别爱语，随说彼彼趣义利行，饶益有情，故名利行。

云何菩萨自性利行？谓诸菩萨由彼爱语，为诸有情示现正理，随其所应，于诸所学随义利行，法随法行，如是行中安住悲心，无爱染心，劝导调伏，安处建立，是名略说利行自性。

云何菩萨一切利行？当知此行略有二种：一、未成熟有情能成熟利行；二、已成熟有情令解脱利行。即此利行复由三门：一、于现法利劝导利行；二、于后法利劝导利行；三、于现法后法利劝导利行。

于现法利劝导利行者，谓正劝导以法业德招集守护，增长财位，当知是名于现法利劝导利行。由此能令从他获得广大名称及现法乐，由资具乐，摄受安住。

于后法利劝导利行者，谓正劝导弃舍财位[①]，清净出家[②]，受乞求行以自存活[③]。当知是名于后法利劝导利行[④]。由此能令决定获得后法安乐[⑤]，不必获得现法安乐。

于现法后法利劝导利行者，谓正劝导令在家者或出家者渐次修行，趣向离欲，当知是名于现法后法利劝导利行。由此能令于现法中得身轻安，得心轻安，安乐而住，于后法中或生净天，或无余依涅槃界中而般

---

① 谓正劝导弃舍财位，底本与《房山石经》《资福藏》《碛砂藏》《普宁藏》《永乐南藏》《径山藏》《高丽藏》相同；《赵城金藏》无“弃舍财位”四字。

② 清净出家，底本与《房山石经》《资福藏》《碛砂藏》《普宁藏》《永乐南藏》《径山藏》《高丽藏》相同；《赵城金藏》无。

③ 受乞求行以自存活，底本与《房山石经》《资福藏》《碛砂藏》《普宁藏》《永乐南藏》《径山藏》《高丽藏》相同；《赵城金藏》无。

④ 当知是名于后法利劝导利行，底本与《房山石经》《资福藏》《碛砂藏》《普宁藏》《永乐南藏》《径山藏》《高丽藏》相同；《赵城金藏》“当知”至“知”。

⑤ 由此能令决定获得后法安乐，底本与《房山石经》《资福藏》《赵城金藏》《永乐南藏》《径山藏》《高丽藏》相同；《碛砂藏》《普宁藏》“由”作“中”。

涅槃。

云何菩萨难行利行？当知此行略有三种：若诸菩萨于先未行胜善根因诸有情所，能行利行，是名第一难行利行。何以故？彼诸有情难劝导故。若诸菩萨于有善因现前躭著广大财位众具圆满诸有情所[①]，能行利行，是名第二难行利行。何以故？彼于广大极放逸、迹极放逸处躭著转故。若诸菩萨于诸外道著本异道邪见邪行诸有情所，能行利行，是名第三难行利行。何以故？彼于自宗愚痴执故，于正法律憎背执故。

云何菩萨一切门利行？当知此行略有四种，谓诸菩萨，不信有情，于信圆满殷勤劝导，乃至建立；犯戒有情，于戒圆满殷勤劝导，乃至建立；恶慧有情，于慧圆满殷勤劝导，乃至建立；慳恪有情，于舍圆满殷勤劝导，乃至建立。

云何菩萨善士利行？当知此行略有五种，谓诸菩萨于真实义劝导有情，于应时宜劝导有情，于能引摄胜妙义利劝导有情，于诸有情柔輭劝导，于诸有情慈心劝导。

云何菩萨一切种利行？当知此行六种七种，总十三种。

云何六种？谓诸菩萨，若诸有情应摄受者，正摄受之；若诸有情应调伏者，正调伏之；若诸有情憎背圣教，除其恚恼；若诸有情处中住者，令入圣教；若诸有情已入圣教，正于三乘令其成熟；若诸有情已成熟者，令得解脱。

云何七种？谓诸菩萨安处一分所化有情，于善资粮守护长养。所谓或依下乘出离，或复依于大乘出离。如令所化于善资粮守护长养，如是或于远离，或于心一境性，或于清净诸障，或于修习作意正安处之。若有声

① 若诸菩萨于有善因现前躭著广大财位众具圆满诸有情所，底本与《房山石经》《资福藏》《碛砂藏》《普宁藏》《永乐南藏》《径山藏》相同；《赵城金藏》《高丽藏》“躭”作“执”。

闻、独觉种性，即于声闻、独觉乘中而正安处；若有如来种性有情，即于无上正等菩提最上乘中而正安处。

云何菩萨遂求利行？当知此行略有八种，谓诸菩萨见诸有情于应惭处为无惭缠之所缠绕，方便开解，令离彼缠。如无惭缠，如是见有于应愧处为无愧缠之所缠绕，若惛沈缠，若睡眠缠，若掉举缠，若恶作缠、嫉缠、悭缠之所缠绕，方便开解，令离彼缠。

云何菩萨此世他世乐利行？当知此行略有九种，谓诸菩萨于他有情，依净身业，劝令远离一切杀生，劝令远离诸不与取，劝令远离诸欲邪行，劝令远离一切窣罗若、迷隶耶及以末陀放逸处酒；依净语业，劝令远离一切妄语，劝令远离诸离间语，劝令远离诸麤恶语，劝令远离一切绮语；依净意业，劝令远离一切贪欲、瞋恚、邪见。

云何菩萨清净利行？当知此行略有十种，谓诸菩萨于诸有情依外清净有五利行，依内清净有五利行。云何菩萨于诸有情依外清净有五利行？一、无罪利行；二、不转利行；三、渐次利行；四、遍行利行；五、如应利行。谓诸菩萨于诸有情杂恶行者、先恶行者、有罪行者、杂染行者，于诸善中能正安处，是名菩萨于诸有情无罪利行。又诸菩萨于诸有情，不于非解脱、非定清净处求为真解脱、求为定清净者，即于其中能正劝导，是名菩萨于诸有情不转利行。又诸菩萨于诸有情先审观察，知劣慧者为说浅法，随转麤近教授教诫；知中慧者为说中法，随转处中教授教诫；知广慧者为说深法，随转幽微教授教诫，令其渐次修集善品：是名菩萨于诸有情渐次利行。又诸菩萨于诸四性乃至天人一切有情，随力随能；行义利行[①]、求利乐者，即于其中随类劝导，是名菩萨于诸有情遍行利行。

又诸菩萨于诸有情，若于自义诸善法品随下、中、上功能差别可劝导

① 行义利行，底本与《房山石经》《资福藏》《碛砂藏》《普宁藏》《永乐南藏》《径山藏》《高丽藏》相同；《赵城金藏》无“行”字。

者，及由方便功能差别可劝导者，随其所应，于彼如彼方便劝导，是名菩萨于诸有情如应利行。是名菩萨于诸有情依外清净五种利行。云何菩萨于诸有情依内清净五种利行？谓诸菩萨于诸有情起广大悲意乐现前，而行利行。又诸菩萨于诸有情所作义利，虽受一切大苦劬劳，而心无倦，深生欢喜，为诸有情，而行利行。又诸菩萨虽现安处最胜第一圆满财位，而自谦下，如奴如仆，亦如孝子旃荼罗子，其心卑屈，离憍离慢及离我执，于诸有情，而行利行。又诸菩萨于诸有情，心无爱染，无有虚伪，真实哀怜，而行利行。又诸菩萨于诸有情生起毕竟无复退转慈愍之心，而行利行。

是名菩萨于诸有情依内清净五种利行。如是依于内外清净各五利行，总有十种，是名菩萨清净利行利。

云何菩萨同事？谓诸菩萨若于是义，于是善根，劝他受学，即于此义，于此善根，或等或增，自现受学，如是菩萨与他事同，故名同事。所化有情知此菩萨所修同事，便于自己受学善根，坚固决定，无有退转。

何以故？彼作是思："菩萨劝我所受学者，定能为我利益安乐。由此菩萨所授我者，即于其中自现行故，无有知无利益安乐自现行者。"非诸菩萨如是同事劝导有情[①]，他得诘言："汝自于善不能受学，云何以善殷勤劝导，数数教授教诫于他？汝应从他殷勤咨受教授教诫。"有诸菩萨是他同事，而不自显与他同事；有诸菩萨非他同事，而自显现与他同事；有诸菩萨是他同事，亦自显现与他同事；有诸菩萨非他同事，亦不自显与他同事。

第一句者，谓有菩萨与诸菩萨功德威力皆悉平等，于菩萨道自谓为师，功德威力与等菩萨隐自善故，而不显己功德威力。

第二句者，谓诸菩萨见有下劣信解有情，于甚深处，心生怖畏，便正

① 非诸菩萨如是同事劝导有情，底本与《房山石经》《资福藏》《碛砂藏》《普宁藏》《永乐南藏》《径山藏》《高丽藏》相同；《赵城金藏》"如"作"故"。

思择，为欲方便化导彼故，自现己身与其同法，所谓下于旃荼罗类乃至狗类，欲作饶益，欲除灾患，欲调欲化，故思于彼旃荼罗狗同分中生。

第三句者，谓诸菩萨见所化者所受善根犹可摇动，为令坚住，现与同事或等或增。

第四句者，谓诸菩萨自行放逸，弃舍他事。

如是已说多种施、戒，广说乃至最后同事，其中所有波罗蜜多，能自成就一切佛法[①]，所有摄事，能成熟他一切有情，当知略说菩萨一切善法作业。

又如前说多种施、戒，广说乃至最后同事，如是众多助菩提分无量善法，由三因缘应知现行，由二因缘应知最胜，由三因缘应知清净。

谓由身、语、意三因缘故，应知现行。彼诸善法由广大故，无杂染故，应知最胜，亦名无上，亦名不共。当知此中由有情无别故，事无别故，时无别故，名为广大。有情无别者，谓诸菩萨普于一切有情处所，普为一切法界有情，修行如是施等善根，非专为己。事无别者，谓诸菩萨普于一切及一切种施等善根精勤受学。时无别者，谓诸菩萨恒常无间不离加行，不舍善轭。若昼若夜，现法后法[②]，即由此因，施等善根常行无替。当知此中由四种相成无杂染，谓诸菩萨怀欢喜心修诸善法，由是因缘，无苦无忧，无诸变悔；又诸菩萨不损恼他，不著见趣，不杂恶行修行施等无量善根[③]；又诸菩萨殷重遍体，于其施等无量善法唯见功德，唯见真实[④]，唯见

---

① 能自成就一切佛法，底本与《资福藏》《碛砂藏》《普宁藏》《永乐南藏》《径山藏》相同；《房山石经》《赵城金藏》《高丽藏》“就”作“熟”。

② 现法后法，底本与《房山石经》《资福藏》《碛砂藏》《普宁藏》《永乐南藏》《径山藏》《高丽藏》相同；《赵城金藏》“现”作“若现”。

③ 不杂恶行修行施等无量善根，底本与《资福藏》《碛砂藏》《普宁藏》《永乐南藏》《径山藏》《高丽藏》相同；《房山石经》《赵城金藏》“杂”作“离”。

④ 唯见真实，底本与《径山藏》《高丽藏》相同；《房山石经》《资福藏》《碛砂藏》《赵城金藏》《普宁藏》《永乐南藏》“真”作“贞”。

寂静，极善决定，不从他缘，非余引夺，而正受学；又诸菩萨不因所修施等善法希异熟果，或转轮王，或天帝释，或魔或梵，亦不于他希求返报，无所依止，不依一切利养恭敬、世俗名誉，乃至不依养活身命。

由如是相净欢喜俱、无不平等、殷重、无依修行施等，广说乃至同利为后无量善法[①]，名无杂染。由炽然故，无动转故，善清净故，应知清净。

若诸菩萨已入清净意乐地者，一切善根炽然无动。

言炽然者，谓此菩萨意乐净故，一切善法不由思择，炽盛现前。

言无动者，谓此菩萨意乐净故，随所获得，随所积集，所有善法皆无退转，于当来世能无退减。如是菩萨随所经历彼彼日夜，随所过度彼彼自身，所有善法如明分月，唯增无减。

若诸菩萨住到究竟地，或系属一生最后有者[②]，所有善法名善清净，此上更无菩萨地摄胜净法故。

如是施等，同事为后无量善法，三因缘故，应知现行；二因缘故，应知最胜；三因缘故，应知清净。

此中所有一切施、一切戒、广说乃至一切同事，若多修习，若善清净，若具圆满，能感无上正等菩提金刚坚固身、正法久住果。

此中所有难行施、难行戒，广说乃至难行同事，若多修习，若善清净，若具圆满，能感如来成就无等希奇法果。

此中所有一切门施、一切门戒，广说乃至一切门同事，若多修习，若善清净，若具圆满，能感如来一切最胜有情天人所供养果。

此中所有善士施、善士戒，广说乃至善士同事，若多修习，若善清净，

① 广说乃至同利为后无量善法，底本与《资福藏》《碛砂藏》《赵城金藏》《普宁藏》《永乐南藏》《径山藏》《高丽藏》相同；《房山石经》“利”作“事”。

② 或系属一生最后有者，底本与《资福藏》《碛砂藏》《赵城金藏》《普宁藏》《永乐南藏》《径山藏》《高丽藏》相同；《房山石经》无“一”字。

若具圆满，能感如来于诸有情无足、二足、四足、多足、有色、无色、有想、无想及以非想非非想处，于此一切有情类中最尊胜果。

此中所有一切种施、一切种戒，广说乃至一切种同事，若多修习，若善清净，若具圆满，能感如来无量殊胜福德所摄三十有二大丈夫相、八十随好庄严身果。

此中所有遂求施、遂求戒，广说乃至遂求同事，若多修习，若善清净，若具圆满，能感如来坐菩提座，一切魔怨不能恼触、不倾动果。

此中所有此世他世乐施、此世他世乐戒，广说乃至此世他世乐同事，若多修习，若善清净，若具圆满，能感如来最胜静虑、解脱、等持、等至乐果。

此中所有清净施、清净戒，广说乃至清净同事，若多修习，若善清净，若具圆满，能感如来四一切种清净果，谓所依净、所缘净、心净、智净；亦感如来三不护、十力、四无所畏、三念住[①]、一切不共佛法极清净果。

如是菩萨施等善法，能感无上到究竟果，当知亦感生死流转顺菩萨行所余无量无边可爱无罪胜果。

---

① 三念住，底本与《房山石经》《资福藏》《碛砂藏》《赵城金藏》《普宁藏》《永乐南藏》《径山藏》相同；《高丽藏》“三”作“二”。

瑜伽师地论卷第四十四

本地分中菩萨地

初持瑜伽处供养亲近无量品第十六①

云何菩萨供养、亲近、修习无量？嗢柁南曰②：

供三宝，亲善友，

修无量，最为后。

云何菩萨于如来所供养如来？当知供养略有十种：一、设利罗供养；二、制多供养；三、现前供养；四、不现前供养；五、自作供养；六、教他供养；七、财敬供养；八、广大供养；九、无染供养；十、正行供养。

若诸菩萨亲现供养如来色身，是名设利罗供养。

若诸菩萨于为如来所造一切若窣堵波，若龛若台，若故制多、若新制多所③，设诸供养，是名制多供养。

若诸菩萨于如来身，或制多所，亲面对前，现瞩现见，而设供养，是名现前供养。若诸菩萨于如来所，若制多所，现前施设供养具时，发起增上意乐俱心、净信俱心，作是思惟：若一如来法性，即是去来今世一切如来法性；若一如来制多法性，即是十方无边无际一切世界所有如来制多法性。

① 本地分中菩萨地初持瑜伽处供养亲近无量品第十六，底本与《房山石经》《资福藏》《碛砂藏》《普宁藏》《永乐南藏》《径山藏》《高丽藏》相同；《赵城金藏》"初"作"第十五初"。

② 嗢柁南曰，底本与《资福藏》《碛砂藏》《普宁藏》《永乐南藏》《径山藏》相同；《房山石经》《赵城金藏》《高丽藏》"柁"作"拕"，下同。

③ 若故制多若新制多所，底本与《资福藏》《碛砂藏》《普宁藏》《永乐南藏》《径山藏》相同；《房山石经》《赵城金藏》《高丽藏》"若新"作"新"。

是故我今供现如来，即是供养其余三世一切如来；供现制多，即是供养其余十方无边无际一切世界若窣堵波，若龛若台，若故制多，若新制多。当知是名菩萨俱供现不现前一切如来及以制多。

若诸菩萨于不现前一切如来及以制多作如来想，普为三世一切如来、一切十方如来制多施设供养[①]，当知是名菩萨唯供不现前佛及以制多。

若诸菩萨，佛涅槃后，为如来故，造立形像，若窣堵波，若龛若台，随力随能，或一或二，或复众多，乃至百千俱胝等数，如是菩萨于如来所设不现前弘广供养，当获无量大福德果，摄受无量广大梵福。

菩萨由此能于无量劫大劫中不堕恶趣。

由是因缘，非不圆满无上正等菩提资粮。

此中菩萨，唯供现前佛及制多，应知获得广大福果；

若唯供养不现前佛及以制多，应知获得大大福果；

若俱供养现不现前佛及制多，应知获得最大福果，为无有上。

若诸菩萨于如来所，若制多所，欲设供养，唯自手作，不使奴婢、作使、朋友、僚庶、亲属，不依懈惰诸放逸处而设供养，是名菩萨自作供养。若诸菩萨于如来所，若制多所，欲设供养，非唯自作，亦劝父母、妻子、奴婢、作使、友朋[②]、僚庶、亲属，及他国王、王子、大臣、长者、居士，若婆罗门、国邑聚落饶财商主，下至一切男女大小、贫匮苦厄旃荼罗等，及以亲教、轨范诸师，共住、近住一切弟子，同梵行者、诸出家者、外道等众，令于如来若制多所，随力随能，作诸供养，当知是名菩萨自他咸共供养。若诸

① 一切十方如来制多施设供养，底本与《房山石经》《资福藏》《碛砂藏》《普宁藏》《永乐南藏》《径山藏》《高丽藏》相同；《赵城金藏》无“来制”二字。

② 友朋，底本与《房山石经》《资福藏》《碛砂藏》《普宁藏》《永乐南藏》《径山藏》《高丽藏》相同；《赵城金藏》作“朋友”。

菩萨现有少分可供财物，兴悲愍心，故思施与贫苦少福无力有情[①]，令于如来若制多所，持用供养，愿彼当来多受安乐。彼得此物，供养如来及以制多，菩萨于斯自无所供，当知是名菩萨唯教他设供养。

此中，菩萨若唯自供佛及制多，应知获得广大福果；若唯教他，应知获得大大福果；若能自他俱共供养，应知获得最大福果，为无有上。

若诸菩萨于如来所，若制多所，以诸衣服、饮食、卧具、病缘医药供身什物，敬问礼拜，奉迎合掌，种种薰香、末香、涂香、华鬘、妓乐[②]、幢盖、旛灯[③]，歌颂称赞，五轮归命，趍绕右旋[④]，而为供养。或复奉施无尽财供：或复奉施末尼、真珠、瑠璃[⑤]、螺贝、璧玉、珊瑚、砗磲[⑥]、码磠[⑦]、琥珀[⑧]、金银、赤珠、右旋如是等宝[⑨]，或复奉施末尼、环玔、宝璩印等诸庄严具，乃至奉施种种宝铃，或散珍奇，或缠宝缕，而为供养。是名菩萨于如来所，若制多所，财敬供养。

---

① 故思施与贫若少福无力有情，底本与《径山藏》相同；《房山石经》《资福藏》《碛砂藏》《赵城金藏》《普宁藏》《永乐南藏》《高丽藏》“若”作“苦”。

② 妓乐，底本与《资福藏》《碛砂藏》《普宁藏》《永乐南藏》《径山藏》相同；《房山石经》《赵城金藏》《高丽藏》“妓”作“伎”，下同。

③ 旛灯，《房山石经》《资福藏》《碛砂藏》《赵城金藏》《普宁藏》《永乐南藏》《径山藏》《高丽藏》“旛”作“幡”，下同。

④ 趍绕右旋，底本与《房山石经》《资福藏》《碛砂藏》《普宁藏》《永乐南藏》《径山藏》相同；《赵城金藏》《高丽藏》“趍”作“趣”。

⑤ 瑠璃，《房山石经》《资福藏》《碛砂藏》《赵城金藏》《普宁藏》《永乐南藏》《径山藏》《高丽藏》作“琉璃”，下同。

⑥ 砗磲，底本与《资福藏》《碛砂藏》《普宁藏》《永乐南藏》《径山藏》相同；《房山石经》《赵城金藏》《高丽藏》作“车［渠－氵＋王］”。

⑦ 码磠，底本与《资福藏》《碛砂藏》《普宁藏》《永乐南藏》《径山藏》相同；《房山石经》《赵城金藏》《高丽藏》作“马磠”。

⑧ 琥珀，底本与《资福藏》《碛砂藏》《普宁藏》《永乐南藏》《径山藏》相同；《房山石经》《赵城金藏》《高丽藏》作“虎魄”。

⑨ 右旋如是等宝，底本与《资福藏》《碛砂藏》《普宁藏》《永乐南藏》《径山藏》《高丽藏》相同；《房山石经》《赵城金藏》“右”作“石”。

若诸菩萨于如来所，若制多所，长时施设即上所陈财敬供养，若多供具，若妙供具，若现在前、不现在前，若自造作、教他造作，若纯净心、猛利胜解现前供养，即以如是所种善根回向无上正等菩提。如是七种，说名菩萨广大供养。

若诸菩萨于如来所，若制多所，自手供养，不怀轻慢令他供养；不住放逸、懈惰、不敬而为供养；不轻弃掷，不散漫心，无杂染心而为供养；不于信佛国王、大臣、诸贵胜前，为财敬故，诈设种种虚事供养；不雌黄涂，不酥灌洗，不以种种局崛罗香、遏迦华等余不净物而为供养[①]。如是六种，说名菩萨无染供养。

又诸菩萨如是财敬、广大、无染供养如来及制多时，或自力所集财宝[②]，或从他求所获财宝，或得众具自在财宝，能为如是种种供养。已得众具自在菩萨，化作化身，或一或二，或复众多，乃至百千俱胝等数，此一切身皆于如来及制多所恭敬礼拜；复从如是一一化身，化出多手，或百或千，或过是数，此一切手皆持无量出过诸天上妙华香、殊胜可爱种种珍宝，奉散如来及制多所；复从如是一切化身，化出无量上妙音声，歌赞如来广大甚深真实功德；复从如是一切化身，化出无量最上最妙环玔、璩印、宝庄严具、幢盖、旛灯种种供具，供养如来及以制多。如是等类，已得众具自在菩萨所设供养皆属自心，如是菩萨不更希求如来出世。何以故？由此菩萨已得证入不退转地，一切佛土往来供养皆无碍故。

又诸菩萨若无自力所集财宝，亦无从他求得财宝，以无菩萨所获众

① 遏迦华等余不净物而为供养，底本与《资福藏》《碛砂藏》《普宁藏》《永乐南藏》《径山藏》相同；《房山石经》《赵城金藏》《高丽藏》“华”作“花”，下同。

② 或自力所集财宝，底本与《资福藏》《碛砂藏》《赵城金藏》《普宁藏》《永乐南藏》《径山藏》相同；《房山石经》《高丽藏》“力”作“臂力”。

具自在财宝可设供养[1]，然于所有或赡部洲，或四大洲，或千世界、二千世界，或复三千大千世界，乃至十方无边无际诸世界中，下、中、上品供养如来一切供具，菩萨于彼以净信俱胜解俱心，周遍思惟，一切随喜。如是菩萨少用功力，而兴无边广大供养，摄受菩提广大资粮。

菩萨于此恒常无间起真善心，起欢喜心，当勤修学。

若诸菩萨少时少时，须臾须臾，乃至下如搆牛乳顷，普于一切蠢动有情修习慈悲喜舍俱心，于一切行修无常想、无常苦想、苦无我想，于其涅槃修胜利想，于佛法僧、波罗蜜多修习随念；少时少时，须臾须臾，于一切法发生少分下劣忍智，信解离言法性真如，起无分别无相心住，何况于此若过若增。

如是守护菩萨所受尸罗律仪，于奢摩他、毗钵舍那、菩提分法精勤修学，亦于一切波罗蜜多及诸摄事正勤修学，是名菩萨于如来所正行供养。

如是供养为最第一，最上最胜，最妙无上。如是供养过前所说具一切种财敬供养百倍千倍，乃至邬波尼杀昙倍[2]。

由此十相，应知是名具一切种供养如来。如供养佛，如是供养若法若僧，随其所应[3]，当知亦尔。

如是菩萨于三宝所由十种相兴供养时，应缘如来发起六种增上意乐：一者，无上大功德田增上意乐；二者，无上有大恩德增上意乐；三者，一切无足、二足及多足等有情中尊增上意乐；四者，犹如邬昙妙华极难值遇增上意乐；五者，独一出现三千大千世界增上意乐；六者，一切世出世

---

① 以无菩萨所获众具自在财宝可设供养，底本与《碛砂藏》《普宁藏》《永乐南藏》《径山藏》相同；《房山石经》《资福藏》《赵城金藏》《高丽藏》“以”作“及”。

② 乃至邬波尼杀昙倍，底本与《资福藏》《碛砂藏》《普宁藏》《永乐南藏》《径山藏》相同；《房山石经》《赵城金藏》《高丽藏》“杀”作“煞”，下同。

③ 随其所应，底本与《资福藏》《碛砂藏》《房山石经》《普宁藏》《永乐南藏》《径山藏》《高丽藏》相同；《赵城金藏》“其”作“有”。

间功德圆满一切义依增上意乐。由是六种增上意乐，于如来所，若于如来法所僧所，少分思惟而兴供养，尚获无量大功德果，何况其多。

复次，菩萨成就几相，能为善友？由几种相，善友不虚？成就几相，令善友性作信依处？

复有几种[①]，善友菩萨于所化生为善友事？菩萨几种亲近善友？由几种想，于善友所听闻正法？由几种处，于善友所听闻法时，于说法师不作异意？

当知菩萨成就八支，能为善友众相圆满。一者，住戒，于诸菩萨律仪戒中妙善安住，无缺无穿；二者，多闻，觉慧成就；三者，具证，得修所成随一胜善，逮奢摩他、毗钵舍那；四者，哀愍，内具慈悲，能舍自己现法乐住，精勤无怠，饶益于他；五者，无畏，为他宣说正法教时，非由恐怖忘失念辩；六者，堪忍，于他轻笑调弄、鄙言违拒等事，非爱言语种种恶行皆悉能忍[②]；七者，无倦，其力充强，能多思择，处在四众说正法时，言无謇涩，心不疲厌；八者，善辞，语具圆满，不坏法性，言辞辩了。

若诸菩萨具五种相，众德相应，能为善友所作不虚。一者，于他先欲求作利益安乐；二者，于彼利益安乐如实了知，无颠倒觉；三者，于彼善权方便顺仪说法，随众堪受调伏事中有能有力；四者，饶益心无厌倦；五者，具足平等大悲，于诸有情劣中胜品，心无偏党。

若诸菩萨成就五相，令善友性作信依处，令他远闻极生净信，何况亲观。一者，胜妙[③]，威仪圆满，威仪寂静，威仪具足，一切支分皆无躁

① 复有几种，底本与《房山石经》《资福藏》《碛砂藏》《普宁藏》《永乐南藏》《径山藏》《高丽藏》相同；《赵城金藏》“有”作“次”。

② 非爱言语种种恶行皆悉能忍，底本与《普宁藏》《永乐南藏》《径山藏》相同；《房山石经》《资福藏》《碛砂藏》《赵城金藏》《高丽藏》“语”作“路”。

③ 胜妙，底本与《房山石经》《资福藏》《赵城金藏》《永乐南藏》《径山藏》《高丽藏》相同；《碛砂藏》《普宁藏》“妙”作“如”。

动。二者，敦肃，三业现行，无掉无扰。三者，无矫，不为诳他，故思诈现严整威仪。四者，无嫉，终不于他说法所得利养恭敬生不堪忍，而常自励请他说法，复恒劝余于彼广施利养恭敬，无谄伪心。又常于他其心纯净，见彼说法及得财敬，深生随喜。如自所获利养恭敬，心生欢喜，见他所得利养恭敬，其心欢喜复过于是。五者，俭约，尠储器物，随得随舍。

善友菩萨由五种相，于所化生为善友事。一、能谏举；二、能令忆；三、能教授；四、能教诫；五、能说法。如是诸句，广辩应知如“声闻地”。教授教诫，广说如前“力种性品”。

当知菩萨由四种相方得圆满亲近善友：一、于善友有病无病，随时供侍，恒常发起爱敬净信；二、于善友随时敬问礼拜，奉迎合掌，殷勤修和敬业，而为供养；三、于善友如法衣服、饮食、卧具、病缘医药资身什物，随时供养；四、于善友若正依止，于如法义若合若离，随自在转，无有倾动，如实显发，作奉教心，随时往诣，恭敬承事，请问听受。

若诸菩萨欲听法时，作五种想，应从善友听闻正法。一、作宝想，难得义故；二、作眼想，能得广大俱生妙慧因性义故；三、作明想，已得广大俱生慧眼，于一切种如实所知等照义故；四、作大果胜功德想，能得涅槃及三菩提无上妙迹因性义故；五、作无罪大适悦想，于现法中未得涅槃及三菩提，于法如实拣择止观无罪大乐因性义故[1]。

若诸菩萨欲从善友听闻法时，于说法师，由五种处不作异意，以纯净心属耳听法。一、于坏戒不作异意，谓不作心：“此是破戒，不住律仪，我今不应从彼听法。”二、于坏族不作异意，谓不作心：“此是卑姓，我今不应从彼听法。”三、于坏色不作异意，谓不作心：“此是丑陋，我今不应从彼听法。”四、于坏文不作异意，谓不作心：“此于言辞不善藻饰，我今不

① 于法如实拣择止观无罪大乐因性义故，底本与《普宁藏》《永乐南藏》《径山藏》相同；《房山石经》《《资福藏》《碛砂藏》赵城金藏》《高丽藏》“拣择”作“简择”。

应从彼听法。”但依于义，不应依文。五、于坏美不作异意，谓不作心：“此语麤恶，多怀忿恚，不以美言宣说诸法，我今不应从彼听法。”如是菩萨欲听法时，于是五处不应作意，但应恭敬摄受正法，于法法师未尝见过[①]。若有菩萨其慧微劣，于说法师，心生嫌鄙，不欲从其听闻正法，当知此行不求自利，退失胜慧。

云何菩萨修四无量，慈、悲、喜、舍？谓诸菩萨略有三种修四无量：一者，有情缘无量；二者，法缘无量；三者，无缘无量。

若诸菩萨于其三聚一切有情，安立以为无苦无乐、有苦、有乐。

于其最初欲求乐者，发起与乐增上意乐，普缘十方，安住无倒有情胜解，修慈俱心，当知是名有情缘慈；若诸菩萨住唯法想增上意乐，正观唯法假说有情，修慈俱心，当知即此名法缘慈；若诸菩萨复于诸法远离分别，修慈俱心；当知即此名无缘慈。

如有情缘、法缘、无缘三慈差别，悲、喜、舍三当知亦尔。若诸菩萨于有苦者，发起除苦增上意乐，普缘十方，修悲俱心，是名为悲；若诸菩萨于有乐者，发起随喜增上意乐，普缘十方，修喜俱心，是名为喜；若诸菩萨即于如是无苦无乐、有苦、有乐三种有情，随其次第，发起远离痴、瞋、贪惑增上意乐，普缘十方，修舍俱心，是名为舍。

此中，菩萨慈等无量有情缘者，当知其相与外道共；若法缘者，当知其相与诸声闻及独觉共，不共外道；若无缘者，当知其相不共一切声闻、独觉及诸外道。

又诸菩萨三种无量，应知安乐意乐所摄，谓慈、悲、喜；一种无量，应知利益意乐所摄，是谓为舍。

如是菩萨一切无量，名为哀愍；以诸菩萨成就此故，名哀愍者。

---

① 于法法师未尝见过，底本与《资福藏》《碛砂藏》《赵城金藏》《普宁藏》《永乐南藏》《径山藏》相同；《房山石经》《高丽藏》“法法”作“说法”。

此中，菩萨于有情界观见一百一十种苦，于诸有情修悲无量。

何等名为白一十苦？

谓有一苦，依无差别流转之苦，一切有情无不皆堕流转苦故。

复有二苦：一欲，为根本苦，谓可爱事若变若坏所生之苦；二、痴异熟生苦，谓苦猛利体受所触[①]，即于自体执我、我所，愚痴迷闷，生极怨嗟。由是因缘，受二箭受，谓身箭受及心箭受。

复有三苦：一、苦苦；二、行苦；三、坏苦。

复有四苦：一、别离苦，谓爱别离所生之苦；二、断坏苦，谓由弃舍众同分死所生之苦；三、相续苦，谓从此后数数死生展转相续所生之苦；四、毕竟苦，谓定无有般涅槃法诸有情类五取蕴苦。

复有五苦：一、贪欲缠缘苦；二、瞋恚缠缘苦；三、惛沈睡眠缠缘苦；四、掉举恶作缠缘苦；五、疑缠缘苦。

复有六苦：一、因苦，习恶趣因故；二、果苦，生诸恶趣故；三、求财位苦；四、勤守护苦；五、无厌足苦；六、变坏苦。如是六种，总说为苦。

复有七苦：一、生苦；二、老苦；三、病苦；四、死苦；五、怨憎会苦；六、爱别离苦；七、虽复悕求而不得苦[②]。

复有八苦：一、寒苦；二、热苦；三、饥苦；四、渴苦；五、不自在苦；六、自逼恼苦，谓无系等诸外道类；七、他逼恼苦，谓遭遇他手块等触、蚊虻等触；八、一类威仪多时住苦。

复有九苦：一、自衰损苦；二、他衰损苦；三、亲属衰损苦；四、财位衰损苦；五、无病衰损苦；六、戒衰损苦；七、见衰损苦；八、现法苦；九、后

① 谓苦猛利体受所触，底本与《资福藏》《碛砂藏》《普宁藏》《永乐南藏》《径山藏》相同；《房山石经》《赵城金藏》《高丽藏》“苦”作“若”。

② 虽复悕求而不得苦，底本与《资福藏》《碛砂藏》《普宁藏》《永乐南藏》《径山藏》相同；《房山石经》《赵城金藏》《高丽藏》“悕求”作“希求”，下同。

法苦。

复有十苦：一、诸食资具匮乏苦；二、诸饮资具匮乏苦；三、骑乘资具匮乏苦；四、衣服资具匮乏苦；五、庄严资具匮乏苦；六、器物资具匮乏苦；七、香鬘涂饰资具匮乏苦；八、歌舞妓乐资具匮乏苦；九、照明资具匮乏苦；十、男女给侍资具匮乏苦。

当知复有余九种苦：一、一切苦；二、广大苦；三、一切门苦；四、邪行苦；五、流转苦；六、不随欲苦；七、违害苦；八、随逐苦；九、一切种苦。

一切苦中复有二苦：一、宿因所生苦；二、现缘所生苦。

广大苦中复有四苦：一、长时苦；二、猛利苦；三、杂类苦；四、无间苦。

一切门苦中亦有四苦：一、那落迦苦；二、傍生苦；三、鬼世界苦；四、善趣所摄苦。

邪行苦中复有五苦：一、于现法中犯触于他，他不饶益得发起苦[①]；二、受用种种不平等食，界不平等所发起苦；三、即由现法苦所逼切，自然造作所发起苦；四、由多安住非理作意所受烦恼、随烦恼缠所起诸苦；五、由多发起诸身语意种种恶行所受当来诸恶趣苦[②]。

流转苦中复有六种轮转生死不定生苦[③]：一、自身不定；二、父母不定；三、妻子不定；四、奴婢仆使不定；五、朋友、宰官、亲属不定；六、财位不定。自身不定者，谓先为主[④]，后为仆隶。父母等不定者，谓先为父母乃至亲属，后时轮转反作怨害及恶知识。财位不定者，谓先大富贵，后极

① 他不饶益得发起苦，底本与《房山石经》《资福藏》《碛砂藏》《赵城金藏》《普宁藏》《永乐南藏》《径山藏》相同；《高丽藏》“得”作“所”。

② 由多发起诸身语意种种恶行所受当来诸恶趣苦，底本与《房山石经》《资福藏》《碛砂藏》《普宁藏》《永乐南藏》《径山藏》《高丽藏》相同；《赵城金藏》“诸身”作“谓身”。

③ 流转苦中复有六种轮转生死不定生苦，底本与《房山石经》《资福藏》《碛砂藏》《普宁藏》《永乐南藏》《径山藏》《高丽藏》相同；《赵城金藏》“流”作“苦流”。

④ 谓先为主，底本与《永乐南藏》《径山藏》相同；《房山石经》《资福藏》《碛砂藏》《赵城金藏》《普宁藏》《高丽藏》“主”作“王”。

贫贱。

不随欲苦中复有七苦：一、欲求长寿，不随所欲，生短寿苦；二、欲求端正，不随所欲，生丑陋苦；三、欲生上族，不随所欲，生下族苦；四、欲求大富，不随所欲，生贫穷苦；五、欲求大力，不随所欲，生羸劣苦；六、欲求了知所知境界，不随所欲，愚痴无智现行生苦；七、欲求胜他，不随所欲，反为他胜而生大苦。

违害苦中复有八苦：一、诸在家者，妻子等事损减生苦；二、诸出家者，贪等烦恼增益生苦；三、饥俭逼恼之所生苦；四、怨敌逼恼之所生苦；五、旷野险难迫迮逼恼之所生苦；六、系属于他之所生苦；七、支节不具损恼生苦；八、杀缚、所截[①]、捶打、驱摈逼恼生苦。

随逐苦中复有九苦：依世八法，有八种苦：一、坏法坏时苦；二、尽法尽时苦；三、老法老时苦；四、病法病时苦；五、死法死时苦；六、无利苦；七、无誉苦；八、有讥苦。是名八苦。九、悕求苦。如是总说名随逐苦。

一切种苦中复有十苦，谓如前说五乐所治有五种苦：一、因苦；二、受苦；三、唯无乐苦；四、受不断苦；五、出离、远离、寂静、菩提乐所对治家、欲界结、寻、异生苦。是名五苦。复有五苦：一、逼迫苦；二、众具匮乏苦；三、界不平等苦；四、所爱变坏苦；五、三界烦恼品麤重苦。是名五苦。前五此五，总十种苦，当知是名一切种苦。

前五十五，今五十五，总有一百一十种苦，是菩萨悲所缘境界，缘此境故，诸菩萨悲生起增长，修习圆满。

又诸菩萨于大苦蕴，缘十九苦，发起大悲。何等名为十九种苦？一、愚痴异熟苦；二、行苦所摄苦；三、毕竟苦；四、因苦；五、生苦；六、自作逼恼苦；七、戒衰损苦；八、见衰损苦；九、宿因苦；十、广大

---

① 所截，底本与《碛砂藏》《普宁藏》《径山藏》相同；《房山石经》《资福藏》《赵城金藏》《永乐南藏》《高丽藏》“所”作“斫”。

苦；十一、那落迦苦；十二、善趣所摄苦；十三、一切邪行所生苦；十四、一切流转苦；十五、无智苦；十六、增长苦；十七、随逐苦；十八、受苦；十九、麤重苦。

由四缘故，悲名大悲。一、缘甚深微细难了诸有情苦为境生故。二、于长时积习成故，谓诸菩萨经于无量百千大劫积习所成。三、于所缘猛利作意而发起故，谓诸菩萨由是作意，悲所执持，为息有情众苦因缘，尚能弃舍百千身命，况一身命及以资财；于一切种治罚大苦，为诸有情悉能堪忍。四、极清净故，谓诸菩萨已到究竟菩萨清净，若诸如来已到佛地如来清净。

又诸菩萨由前所说百一十苦，于诸有情修悲心时，则为修习一切菩萨所有悲心。

复能速证悲意乐净，证入菩萨净意乐地，于诸有情获得菩萨极亲厚心、极爱念心、欲作恩心、无厌倦心、代受苦心、调柔自在有堪能心。

诸圣声闻已得证入苦谛现观，已到究竟，于苦深远厌俱行心相续而转，不如菩萨于诸有情悲前行心，正观堕在百一十种极大苦蕴。

菩萨如是以所修悲熏修心故，于内外事无有少分而不能舍，无戒律仪而不能学，无他怨害而不能忍，无有精进而不能起，无有静虑而不能证，无有妙慧而不能入。

是故如来若有请问菩萨菩提谁所建立？皆正答言：菩萨菩提，悲所建立。

如前所说一一无量，皆有无量菩萨如意圆德随转，皆能摄受无量爱果，皆无量种一向妙善无罪随转。

当知菩萨精勤修习如是无量，能得四种功德胜利，谓由修习此无量故，先得最胜现法乐住；摄受增长无量最胜福德资粮；能于无上正等菩提意乐坚固；为欲饶益诸有情故，于生死中堪能忍受一切大苦。

本地分中菩萨地
初持瑜伽处菩提分品第十七之一[①]

云何菩萨菩提分法？嗢柁南曰：

惭愧坚力持，无厌论世智，
正依无碍解，资粮菩提分，
正观性巧便[②]，陀罗尼正愿，
三摩地有三，法嗢柁南四[③]。

云何名为菩萨惭愧？当知惭愧略有二种：一者，自性；二者，依处。

言自性者，谓诸菩萨于罪现行，能正觉知我为非法，内生羞耻，是名为惭；即于其中能正觉知，于他敬畏，外生羞耻，是名为愧。菩萨羞耻，本性猛利，况复修习。如是应知名为菩萨惭愧自性。

言依处者，略有四种：若诸菩萨于所应作不随建立而生羞耻[④]，当知是名第一依处；若诸菩萨于不应作随顺建立而生羞耻，当知是名第二依处；若诸菩萨于覆己恶而生羞耻，当知是名第三依处；若诸菩萨于自所生恶作有依随逐不舍而生羞耻，当知是名第四依处。如是应知名为菩萨惭愧依处。

云何菩萨坚力持性？当知此性略有二种：一者，自性；二者，依处。言

① 初持瑜伽处菩提分品第十七之一，底本与《径山藏》相同；《房山石经》《资福藏》《碛砂藏》《赵城金藏》《普宁藏》《永乐南藏》《高丽藏》“初”作“第十五初”。

② 正观性巧便，底本与《碛砂藏》《普宁藏》《永乐南藏》《径山藏》相同；《房山石经》《资福藏》《高丽藏》《赵城金藏》“正”作“止”。

③ 法嗢柁南四，底本与《房山石经》《资福藏》《碛砂藏》《普宁藏》《永乐南藏》《径山藏》《高丽藏》相同；《赵城金藏》“四”作“曰”。

④ 若诸菩萨于所应作不随建立而生羞耻，底本与《房山石经》《资福藏》《碛砂藏》《普宁藏》《永乐南藏》《径山藏》《高丽藏》相同；《赵城金藏》“所应”作“应所”。

自性者，谓能禁制染汙心性，不随烦恼自在行性，堪忍苦性，种种众多猛利怖畏虽现在前而正加行无倾动性，性勇相应，能正思择，是故得成坚力持性，如是名为坚力持性自性。如是菩萨坚力持性，略说应知有五依处：一者，会遇生死轮转种种大苦所化有情种种邪行；二者，为益诸有情故，誓受长时生死流转；三者，遭遇异论朋党诤竞难诘，及处大众宣扬法义；四者，誓受一切菩萨所应学处；五者，听闻广大甚深难思议法。是名坚力持性依处。

云何菩萨心无厌倦？当知菩萨由五因缘，普于一切正加行中，心无厌倦。一者，菩萨性自有力，故无厌倦；二者，菩萨即于如是无厌倦心数数串习，故无厌倦；三者，菩萨方便摄受精进勇猛，能正随观前后所得展转殊胜，故无厌倦；四者，菩萨成就猛利增上妙慧正思择力，故无厌倦；五者，菩萨于诸有情猛利悲心、极哀愍心恒常现前，故无厌倦。

云何菩萨善知诸论？谓诸菩萨于五明处名、句、文身相应诸法，从他善受，言善通利，即于如是诸法妙义，或从他所，善听善决，或自专精，善择善思。如是知法知义菩萨，于法于义为不忘失，恒常精勤，不舍加行，又为了知所余新新后后法义殊胜差别，虽复闻思已到究竟，而由此故，渐次成熟，于此法义获得净信。由是行相，当知菩萨知诸论智无量圆满，无有颠倒。

云何菩萨善知世间？谓诸菩萨普于一切有情世间，如实了知如是世间极为艰险，甚为愚闇，所谓虽有生老及死，数数死生，而诸有情于老死等上升、出离不如实知。

又诸菩萨如实了知有情世间有诸秽浊，浊世增时；无诸秽浊，浊世减时。谓依五浊。一者，寿浊；二者，有情浊；三者，烦恼浊；四者，见浊；五者，劫浊。

如于今时，人寿短促，极长寿者不过百年，昔时不尔，是名寿浊。

如于今时，有情多分不识父母，不识沙门若婆罗门，不识家长可尊敬者、作义利者、作所作者，于今世罪及后世罪不见怖畏，不修惠施，不作福业，不受斋法，不受净戒，昔时不尔，是名有情浊。

如于今时，有情多分习非法贪、不平等贪、执持刀剑，执持器仗，斗讼诤竞，多行谄诳诈伪妄语，摄受邪法，有无量种恶不善法现可了知，昔时不尔，是名烦恼浊。

如于今时，有情多分为坏正法，为灭正法，造立众多像似正法，虚妄推求邪法邪义以为先故，昔时不尔，是名见浊。

如于今时，渐次趣入饥馑中劫，现有众多饥馑可得，渐次趣入疫病中劫，现有众多疫病可得，渐次趣入刀兵中劫，现有众多互相残害刀兵可得，昔时不尔，是名劫浊。

是名菩萨如实了知有情世间。又诸菩萨如实了知诸器世间破坏、成立，如器世间破坏、成立差别而知。

又诸菩萨于其世间，于世间集，于世间灭，于能往趣世间集行，于能往趣世间灭行，于其世间爱味①、过患及与出离，皆如实知。

又诸菩萨如实了知眼及至意诸无色蕴②，四大造色，成士夫身，唯有尔所假名人性；于中所有想，或我或有情，此唯有想；于中所有自号言说，我眼见色，广说乃至我意知法，此亦唯有自号言说；于中所有世俗语言，谓此长老有如是名，如是种类，如是族姓，如是饮食，如是领纳若苦若乐，如是长寿，如是久住，如是尽其寿量边际，此亦唯有世俗言说：菩萨于此皆如实知。由诸菩萨如实了知有情世间流转差别，

① 于其世间爱味，底本与《房山石经》《碛砂藏》《永乐南藏》《径山藏》相同；《资福藏》《赵城金藏》《普宁藏》《高丽藏》“世”作“所”。

② 又诸菩萨如实了知眼及至意诸无色蕴，底本与《碛砂藏》《普宁藏》《永乐南藏》《径山藏》相同；《房山石经》《资福藏》《赵城金藏》《高丽藏》“及”作“乃”。

若器世间流转差别，若八种相观世间义，若诸世间所有胜义，是故说名善知世间。

复次，菩萨若见年德俱尊胜者，能正奉迎，敷座延坐，敬问礼拜，合掌殷勤，修和敬业。若见年德俱相似者，能正问讯，酬对欢慰，以輭美言共兴谈论，不依等慢而自格量。若见年德俱卑劣者，随力随能，劝修胜德，显实劣德[①]，覆实多过，终不举发，令其耻愧，亦不轻陵，令心退没，知有悕求若财若法，终不背面，亦不颦蹙，不讥误失，不懱退荣[②]。于是一切劣、等、胜品诸有情类，若见彼时，先意慰问，赞言善来，无倒安处，能正随力摄以财法。虽处尊胜，而于有情终不乖戾，不自珍奇，亦不憍傲[③]。所摄有情，纵怀资给，有病无病，终不弃捐，身业语业，无不随顺，

若识不识，一切等心，为友为朋，无怨无隙。于无依怙一切有情，随力随能，作依作怙，不说异门[④]，发他忧苦，令彼须臾住不安乐。若有因缘，须现谈谑，称理而为，非不称理。虽遇情交极相亲密，年事斯等无乖隔者，亦不共谈匪仁言论。终不于他久怀忿恨，设复蹔起，不斥其讳。若复为他身语訾辱，或善思择，或依止法[⑤]，或省己过，而自开解，不谴于他。其心安静，而不轻躁，身语意业，起必审详，普能远离十四垢业：藏隐六方，

① 显实劣德，底本与《资福藏》《碛砂藏》《普宁藏》《永乐南藏》《径山藏》相同；《房山石经》《赵城金藏》《高丽藏》“劣”作“少”。

② 不懱退荣，底本与《资福藏》《碛砂藏》《普宁藏》《永乐南藏》《径山藏》相同；《房山石经》《赵城金藏》《高丽藏》“懱”作“蔑”，下同。

③ “于是一切劣等胜品诸有情类”至“亦不憍傲”，底本与《资福藏》《碛砂藏》《赵城金藏》《普宁藏》《永乐南藏》《径山藏》《高丽藏》相同；《房山石经》作“亦不”。

④ 不说异门，底本与《房山石经》《资福藏》《碛砂藏》《赵城金藏》《普宁藏》《永乐南藏》《高丽藏》相同；《径山藏》“说”作“托”。

⑤ 或依止法，底本与《资福藏》《碛砂藏》《赵城金藏》《普宁藏》《永乐南藏》《径山藏》相同；《房山石经》《高丽藏》“止”作“正”。

远四恶友，摄四善友。如是一切，应知具如《尸佉终迦契经》中说①。

或为现法利益事义，财位相应，起策具足，守护具足，平等养命。于诸世间工巧业处皆得善巧，无谄无幻，性不诳他。于罪现行，深怀惭耻，正行具足，尊重正行，守护正行。有所寄付，深可倚信。于他财物，无所规度。举贷他物，终不违捍。分所共财，平等无矫。共知真宝，卖者不识，称实酬价②，无杆毫厘。于世时务令仪轨范，为益世间，辩正机速③。

于所应作彼彼事中，他正来求，皆为助伴，敦质无动，不托余缘，善营事业，非为不善。若为帝王，以法治世，不以非法，不好责罚。若御大众，劝舍恶戒，令修善戒。成就八种贤圣语言，谓于所见，问答言见；于闻、觉、知，问答言知；于所不见，问答不见；于所不闻、不觉、不知、问答不知。

菩萨成就如是等法，如其世间正所应知，其世间正所应转④，于彼一切皆如实知，是故名为善知世间。

---

① 应知具如尸佉终迦契经中说，底本与《资福藏》《碛砂藏》《普宁藏》《永乐南藏》《径山藏》相同；《房山石经》《赵城金藏》《高丽藏》"终"作"络"。

② 称实酬价，底本与《房山石经》《资福藏》《碛砂藏》《赵城金藏》《普宁藏》《永乐南藏》《径山藏》相同；《高丽藏》"实"作"宝"。

③ 辩正机速，底本与《房山石经》《资福藏》《碛砂藏》《赵城金藏》《普宁藏》《永乐南藏》《径山藏》相同；《高丽藏》"速"作"捷"。

④ 其世间正所应转，底本与《碛砂藏》《普宁藏》《永乐南藏》《径山藏》相同；《房山石经》《资福藏》《赵城金藏》《高丽藏》"其"作"如其"。

瑜伽师地论卷第四十五

本地分中菩萨地
初持瑜伽处菩提分品第十七之二[①]

云何菩萨修正四依？谓诸菩萨为求义故，从他听法，不为求世藻饰文辞。菩萨求义，不为求文而听法时，虽遇常流言音说法，但依于义，恭敬听受。又诸菩萨如实了知闻说[②]、大说；如实知已，以理为依[③]，不由耆长、众所知识补特伽罗、若佛、若僧所说法故，即便信受，是故不依补特伽罗。如是菩萨以理为依，补特伽罗非所依故，于真实义，心不动摇，于正法中，他缘匪夺。又诸菩萨于如来所，深殖正信，深殖清净，一向澄清[④]，唯依如来了义经典，非不了义。了义经典为所依故，于佛所说法毗奈耶不可引夺。何以故？以佛所说不了义经，依种种门辩本性义犹未决定，尚生疑惑，非了义故。若诸菩萨于了义经不决定者，于佛所说法毗奈耶犹可引夺。又诸菩萨于真证智见为真实[⑤]，非于闻思但识法义，非真证智。是诸菩萨如实了知修所成智所应知者，非唯闻思所成诸识所能了达。如实知已，闻

① 初持瑜伽处菩提分品第十七之二，底本与《径山藏》相同；《房山石经》《资福藏》《碛砂藏》《赵城金藏》《普宁藏》《永乐南藏》《高丽藏》“初”作“第十五初”。

② 又诸菩萨如实了知闻说，底本与《房山石经》《资福藏》《碛砂藏》《赵城金藏》《普宁藏》《永乐南藏》《径山藏》相同；《高丽藏》“闻”作“闇”。

③ 以理为依，底本与《房山石经》《资福藏》《碛砂藏》《普宁藏》《永乐南藏》《径山藏》《高丽藏》相同；《赵城金藏》“理”作“缠”。

④ 一向澄清，底本与《资福藏》《碛砂藏》《赵城金藏》《普宁藏》《永乐南藏》《径山藏》《高丽藏》相同；《房山石经》“澄”作“证”。

⑤ 又诸菩萨于真证智见为真实，底本与《房山石经》《赵城金藏》《永乐南藏》《径山藏》《高丽藏》相同；《资福藏》《碛砂藏》《普宁藏》“真实”作“贞实”。

如来说最极甚深所有法义，终不诽毁。是名菩萨修正四依。

依正四依善修习故，略显四量，谓所说义、正理、大师、修所成慧真实证智。

又诸菩萨一切四依为所依止，精勤发起正加行故，于出要道明了开示，无有迷惑。

云何菩萨所修菩萨四无碍解？谓诸菩萨于一切法一切异门，尽所有性，如所有性，依修所成无所滞碍无退转智，是名菩萨法无碍解。

又诸菩萨于一切法一切异相，尽所有性，如所有性，依修所成无所滞碍无退转智，是名菩萨义无碍解。

又诸菩萨于一切法一切释辞，尽所有性，如所有性，依修所成无所滞碍无退转智，是名菩萨辞无碍解。

又诸菩萨于一切法一切品别①，尽所有性，如所有性，依修所成无所滞碍无退转智，是名菩萨辩无碍解。

若诸菩萨依是菩萨四无碍解，应知获得无量最胜五处善巧：一、蕴善巧；二、界善巧；三、处善巧；四、缘起善巧；五、处非处善巧。菩萨由此四种行相，于一切法自能妙善现正等觉，亦善为他无倒开示。此上无有自能妙善现正等觉，况善为他无倒开示。

云何菩萨菩提资粮？当知如是菩提资粮略有二种：一者，福德资粮；二者，智慧资粮。此二资粮广分别义，如前所说"自他利品"，应知其相。又此福德、智慧资粮，菩萨于初无数大劫所修习者，应知名下；若于第二无数大劫所修习者，应知名中；若于第三无数大劫所修习者，应知名上。

云何菩萨于三十七菩提分法精勤修习？谓诸菩萨依止菩萨四无碍解，由善方便所摄妙智，于三十七菩提分法如实了知，而不作证。是诸菩

① 又诸菩萨于一切法一切品别，底本与《资福藏》《碛砂藏》《普宁藏》《永乐南藏》《径山藏》《高丽藏》相同；《房山石经》《赵城金藏》"别"作"利"。

萨普于一切二乘理趣三十七种菩提分法皆如实知，谓于声闻乘理趣及于大乘理趣三十七种菩提分法皆如实知。于声闻乘理趣三十七种菩提分法如实了知，如“声闻地”，如前所说，一切应知。

云何菩萨于大乘理趣三十七种菩提分法如实了知？谓诸菩萨能于其身住循身观，不于其身分别有性，亦不分别一切种类都无有性，又于其身远离言说自性法性如实了知，当知名依胜义理趣，能于其身住循身观，修习念住。若诸菩萨随顺无量安立理趣妙智而转，当知名依世俗理趣，能于其身住循身观，修习念住。如于其身住循身观，修习念住，如是所余一切念住，所余一切菩提分法，当知亦尔。

如是菩萨于身等法，不分别苦，不分别集，不分别此所作断灭，不分别此得灭因道，又即于此远离言说自性法性，若苦法性，若集法性，若灭法性，若道法性，如实了知，当知名依胜义理趣，修菩提分为所依止，缘谛修习。若诸菩萨随顺无量安立理趣妙智而转，当知名依世俗理趣，缘谛修习。

此中，菩萨即于诸法无所分别，当知名止。若于诸法胜义理趣如实真智，及于无量安立理趣世俗妙智，当知名观。

此中，菩萨略有四行，当知名止。一、胜义世俗智前行；二、胜义世俗智果；三、普于一切戏论想中无功用转；四、即于如是离言唯事，由无有想[①]，无所分别，其心寂静，趣向一切法平等性一味实性。

由此四行，是诸菩萨止道运转，渐次乃至能证无上正等菩提智见圆满。此中，菩萨略有四行，当知名观，谓即四行止道前行，于一切法远离增益不正执边，远离损减不正执边，及与随顺无量诸法差别安立理趣妙观。

---

① 由无有想，底本与《资福藏》《碛砂藏》《普宁藏》《永乐南藏》《径山藏》相同；《房山石经》《赵城金藏》《高丽藏》“想”作“相”。

由此四行，是诸菩萨观道运转，渐次乃至能证无上正等菩提智见圆满。是名略说菩萨止观。

云何菩萨方便善巧？当知略说有十二种：依内修证一切佛法，有其六种；依外成熟一切有情，亦有六种。

云何依内修证一切佛法六种方便善巧？一者，菩萨于诸有情，悲心俱行，顾恋不舍；二者，菩萨于一切行如实遍知；三者，菩萨恒于无上正等菩提所有妙智深心欣乐；四者，菩萨顾恋有情为依止故，不舍生死；五者，菩萨于一切行如实遍知为依止故，轮转生死，而心不染；六者，菩萨欣乐佛智为依止故，炽然精进。当知是名菩萨依内修证一切佛法六种方便善巧。

云何依外成熟一切有情六种方便善巧[①]？一者，菩萨方便善巧，能令有情以少善根感无量果；二者，菩萨方便善巧，能令有情少用功力，引摄广大无量善根；三者，菩萨方便善巧，于佛圣教憎背有情，除其恚恼；四者，菩萨方便善巧，于佛圣教处中有情，令其趣入；五者，菩萨方便善巧，于佛圣教已趣入者，令其成熟；六者，菩萨方便善巧，于佛圣教已成熟者，令得解脱。

云何菩萨方便善巧，令诸有情以少善根感无量果？谓诸菩萨方便善巧，劝诸有情舍微劣物，乃至最下唯二糗团[②]，施鄙秽田乃至蠢动傍生之类[③]；作是施已，回求无上正等菩提。如是善根，物田虽下，由回向力，感无量果。

---

① 云何依外成熟一切有情六种方便善巧，底本与《房山石经》《资福藏》《碛砂藏》《普宁藏》《永乐南藏》《径山藏》《高丽藏》相同；《赵城金藏》“熟”作“就”。

② 乃至最下唯二糗团，底本与《碛砂藏》《普宁藏》《永乐南藏》《径山藏》相同；“唯二”，《房山石经》《高丽藏》作“唯一”，《资福藏》《赵城金藏》作“焦”。

③ 施鄙秽田乃至蠢动傍生之类，底本与《资福藏》《碛砂藏》《普宁藏》《永乐南藏》《径山藏》相同；《房山石经》《赵城金藏》《高丽藏》“傍生”作“旁生”。

云何菩萨方便善巧，令诸有情以少功力引摄广大无量善根？谓诸菩萨方便善巧，若有信解受邪斋戒，乃至一月都不食等诸有情类，为说八支圣斋戒法，令其弃舍最极艰辛、感非爱果受邪斋戒，劝令修学无极艰辛，感大爱果受正斋戒。若诸有情修自苦行，精勤无懈，起邪方便，欲求解脱，为说中道，令离二边，使其趣入。

若诸有情求欲生天，起邪方便，投岩、赴火、断饮食等，为其宣说无倒静虑，令彼获于现法乐住，逮得当来无诸艰苦、与喜乐俱生天胜果。若诸有情信婆罗门吠地迦咒，妄计精勤受持读诵得究竟净，方便劝令于佛圣教受持读诵，思惟其义。又正为他如是如是宣扬开示如来所说甚深空性相应妙法，令彼发生勇决厌离猛利净信，但由如是一刹那顷厌离净信俱行善心，尚能摄受不可称数广大善根，况其相续。

又诸菩萨世间所有种种上妙珍宝香鬘诸供养具，起净信俱增上意乐，于佛法僧胜解供养，亦劝导他，令行如是胜解供养。又于十方一切世界一切供养佛法僧所，即以如是净信俱行增上意乐周帀普缘，深生随喜，亦劝导他作是随喜。又诸菩萨恒常修习念佛、念法乃至念天，亦劝导他令修六念。

又诸菩萨意言分别礼佛法僧，乃至命终时无虚度，亦劝导他行此礼业。又诸菩萨普于十方一切有情一切福业悉皆随喜。亦劝导他作是随喜。

又诸菩萨普于十方一切有情入广大悲增上意乐，愿以自身皆代彼受一切忧苦，亦劝导他兴此悲愿。

又诸菩萨过去现在一切误失、一切违犯，以净调柔爱乐随顺所学戒心，想对十方佛世尊所，至诚发露，悔往修来，亦劝导他令行是事。如是数数发露所犯，少用功力，一切业障皆得解脱。

又诸菩萨已具神通，得心自在，普于十方佛法僧所及有情处，化作众多种种化事，摄受无量大福德聚。

又诸菩萨恒常修习慈悲喜舍，亦劝导他作此修习。如是菩萨以少功力，引摄广大无量善根诸胜妙果。

云何菩萨方便善巧，于佛圣教憎背有情，除其恚恼，处中住者，令其趣入，已趣入者，令其成熟，已成熟者，令得解脱？谓诸菩萨为欲成办如是四种有情义利，当知略说复有六种方便善巧：一者，随顺会通方便善巧；二者，共立要契方便善巧；三者，异分意乐方便善巧；四者，逼迫所生方便善巧；五者，施恩报恩方便善巧；六者，究竟清净方便善巧。

云何菩萨随顺会通方便善巧？谓诸菩萨随于彼有情将为说法[①]，先当方便随顺现行輭美身语，亦复现行近施随转，除彼于己所生恚恼；彼恚恼除，便生爱敬；爱敬生已，于法起乐，然后为其宣说正法；所说正法，如其所宜，易入易解，应时渐次，无有颠倒，能引义利，堪任难击。于彼有情调伏事中，成就最胜欲作饶益哀愍之心，为现神通、记心、显说如理正法，或劝请他，或为化作种种众多殊特化事，令彼有情皆悉调伏。若引义利极略诸论，能为广辩；若引义利极广诸论，能为略说，令其受持，为作忆念，施其问难。彼既于法能受能持，复进为其广开正义。又于趣入遍缘一切三摩地门，能为随顺教授教诫，摄益有情，令修利行。若诸有情于佛所说甚深空性相应经典，不解如来密意义趣，于此经中说一切法皆无自性，皆无有事，无生无灭，说一切法皆等虚空，皆如幻梦。彼闻是已，如其义趣不能解了，心生惊怖，诽谤如是一切经典，言非佛说。菩萨为彼诸有情类方便善巧，如理会通如是经中如来密意甚深义趣，如实和会，摄彼有情。

菩萨如是正会通时，为彼说言：“此经不说一切诸法都无所有，但说

① 谓诸菩萨随于彼有情将为说法，底本与《资福藏》《碛砂藏》《普宁藏》《永乐南藏》《径山藏》相同；《房山石经》《赵城金藏》《高丽藏》无“随”字。

诸法所言自性都无所有。”是故说言一切诸法皆无自性。虽有一切所言说事，依止彼故，诸言说转，然彼所说可说自性，据第一义非其自性，是故说言一切诸法皆无有事。一切诸法所言自性，理既如是从本已来都无所有，当何所生？当何所灭？是故说言一切诸法无生无灭。譬如空中有众多色、色业可得，容受一切诸色、色业，谓虚空中现有种种若往、若来、若住、起堕、屈伸等事。若于尔时诸色、色业皆悉除遣，即于尔时唯无色性清净虚空其相显现。如是即于相似虚空离言说事，有其种种言说所作邪想分别随戏论著似色业转。又即如是一切言说邪想分别随戏论著似众色业，皆是似空离言说事之所容受。若时菩萨以妙圣智遣除一切言说所起邪想分别随戏论著，尔时菩萨最胜圣者以妙圣智证得诸法离言说事，唯有一切言说自性非性所显，譬如虚空清净相现，亦非过此有余自性应更寻求，是故宣说一切诸法皆等虚空。又知幻梦[①]，非如显现如实是有，亦非一切幻梦形质都无所有。如是诸法，非如愚夫言说串习势力所现如实是有，亦非一切诸法胜义离言自性都无所有。由此方便悟入道理，一切诸法非有非无，犹如幻梦，其性无二，是故宣说一切诸法皆如幻梦。如是菩萨普于一切诸法法界不取少分，不舍少分，不作损减，不作增益，无所失坏，若法实有，知为实有，若法实无，知为实无，如其所知，如是开示。当知是名菩萨随顺会通方便善巧。

云何菩萨共立要契方便善巧？谓诸菩萨若见有情求饮食等十资身具，即便共彼立要契言：“汝等若能知父母恩，恭敬供养，及诸沙门、婆罗门等，广说如前，乃至若能受持净戒，如是我当随汝所欲，施饮食等诸资身具；如其不能，我不施汝。”如是菩萨若见有情来求种种田事、宅事、诸

① 又知幻梦，底本与《资福藏》《碛砂藏》《赵城金藏》《普宁藏》《永乐南藏》《径山藏》相同；《房山石经》《高丽藏》“知”作“如”。

阛阓事、王事、城事[1]、财事、谷事，或有来求诸工业处及诸明处，或有来求共为朋友，或有来求共结婚媾，或有来求共作邑会，或有来求助营事业，菩萨共彼立要契言："汝等若能知父母恩，恭敬供养，如前广说，如是我当施汝田宅，广说乃至助营事业。"又诸菩萨若见有情有诸愆犯，或被举讼，或作种种不饶益事为他所拘，将欲刑缚、断截挝打、毁辱迫胁、驱摈流移[2]，或他所执，欲捶缚卖，菩萨尔时随能随力立要契言："汝等若能知父母恩，恭敬供养，如前广说，如是我当方便救汝，令脱斯难[3]。"又诸菩萨若见有情遭遇种种王贼、水火、人及非人、不活、恶名诸怖畏等，尔时菩萨立要契言："汝等若能知父母恩，恭敬供养，如前广说，如是我当方便救汝，令免斯畏。"又诸菩萨若见有情欲所爱会，求非爱离，尔时菩萨立要契言："汝等若能知父母恩，恭敬供养，如前广说，如是我当遂汝所愿，尔所爱会及非爱离[4]。"又诸菩萨若见有情为疾所苦，立要契言："汝等若能知父母恩，恭敬供养，如前广说，如是我当救汝病苦，令得安乐。"彼诸有情既为菩萨如是立要，于诸善品速疾受学，于诸恶品速疾除断，菩萨皆能遂其所愿，当知是名菩萨共立要契方便善巧。

云何菩萨异分意乐方便善巧？谓诸菩萨与诸有情立要契已，彼诸有情于上所说彼彼事中，不如所欲速疾修行，菩萨尔时于如上说彼所求事皆不施与，唯为利益彼有情故，非余意乐而不施彼。如是于其诸厄难

① 城事，底本与《碛砂藏》《普宁藏》《永乐南藏》《径山藏》相同；"城"，《房山石经》《赵城金藏》《高丽藏》作"域"，《资福藏》作"役"。

② 驱摈流移，底本与《资福藏》《碛砂藏》《赵城金藏》《普宁藏》《永乐南藏》《径山藏》《高丽藏》相同；《房山石经》"摈"作"宾"。

③ 令脱斯难，底本与《资福藏》《碛砂藏》《赵城金藏》《普宁藏》《永乐南藏》《径山藏》《高丽藏》相同；《房山石经》"令"作"今"。

④ 尔所爱会及非爱离，底本与《资福藏》《碛砂藏》《赵城金藏》《普宁藏》《永乐南藏》《径山藏》相同；《房山石经》《高丽藏》"尔"作"令"。

处、诸怖畏处，欲所爱会，求非爱离，病苦所恼诸有情类[①]，权时弃舍，唯为利益彼有情故，非异意乐而弃舍之，非异意乐而不救拔。如是菩萨于诸有情方便现行刚捍业时，唯为利益，非余意乐，渐令余时如其所欲，断除诸恶，修学诸善，是故方便权时弃舍。若诸有情于菩萨所，虽无所求，亦无众难，广说乃至无诸病苦，而与菩萨先为亲厚。菩萨于彼随宜劝导，断诸恶法，修诸善法，所谓令彼知父母恩，恭敬供养，广说乃至于净尸罗随顺受学。若彼有情虽蒙菩萨如是劝导，故肆轻躁，而不奉行，菩萨尔时自现愤责，唯欲利益，非愤意乐；于诸所作，悉现乖背，唯为利益，非背意乐；或于一类，现与世间不饶益事，唯为利益，非损意乐。如是菩萨于诸有情现外所作，与内意乐相不同分，由是因缘，方便安处，令彼有情渐断诸恶，渐修诸善，是故菩萨如是调伏有情方便，名为菩萨异分意乐方便善巧。

云何菩萨逼迫所生方便善巧？谓诸菩萨或为家主[②]，或作国王，得增上力，于自亲属，于自臣民，能正教诫[③]。如应告言："诸我亲属，诸我臣民，若于父母不知恩报[④]，广说乃至毁犯戒者，我当断其常所给赐衣服、饮食，或当捶罚，或我亲属当与乖离，或我臣民当永驱摈。"立一善巧机捷士夫，于彼事业，常令伺察。由是因故，彼诸有情怖畏治罚，勤断诸恶，

① 病苦所恼诸有情类，底本与《房山石经》《资福藏》《碛砂藏》《普宁藏》《永乐南藏》《径山藏》《高丽藏》相同；《赵城金藏》"苦所"作"苦"。

② 谓诸菩萨或为家主，底本与《房山石经》《资福藏》《赵城金藏》《永乐南藏》《径山藏》《高丽藏》相同；《碛砂藏》《普宁藏》"主"作"正"。

③ 能正教诫，底本与《房山石经》《资福藏》《碛砂藏》《赵城金藏》《永乐南藏》《径山藏》《高丽藏》相同；《普宁藏》"正"作"止"。

④ 若于父母不知恩报，底本与《资福藏》《碛砂藏》《赵城金藏》《普宁藏》《永乐南藏》《径山藏》《高丽藏》相同；《房山石经》"报"作"报报"。

勤修诸善。彼于修善虽无乐欲[1]，由是方便，强逼令修。是故名为逼迫所生方便善巧。

云何菩萨施恩报恩方便善巧？谓诸菩萨先于有情随力少多施作恩惠[2]，或施所须，或济厄难[3]，或除恐怖，或会所爱，或离非爱，或疗病苦，令得安乐。彼诸有情深知恩惠欲报德者，菩萨尔时劝令修善，以受报恩。告言：“汝等非余世财来相酬遗为大报恩。汝等若能知父母恩，恭敬供养，广说乃至受持净戒，如是乃名大报恩德。”菩萨如是于诸有情先施恩惠，劝赞修善，名大报恩，由此方便，令他于善精勤修学，是故名为施恩报恩方便善巧。

云何菩萨究竟清净方便善巧？谓诸菩萨安住菩萨到究竟地，于菩萨道已善清净，先现往生睹史多天众同分中。无量有情如是念言：“某名菩萨今已生处睹史多天众同分中，不久当下生赡部洲，证得无上正等菩提。愿令我等当得值遇，非不值遇，随是菩萨所生之处，愿令我等亦当往生。”如是为令无量有情生正欲乐，为多修习此欲乐故。又是菩萨从睹史多天众中没，来下人间，生于高贵或族望家，所谓王家，若国师家，弃舍世间上妙欲乐，无所顾恋，清净出家，令诸有情起尊敬故；又现誓受难行苦行，为令信解苦行有情舍所乐故；又证无上正等菩提，令余有情于所同趣菩提解脱欣殊胜故。又证无上正等觉已，未为有情即说正法，待梵天王躬来启请。为诸有情于正法所起尊敬故，作是念言：“当所说法定应殊妙，

① 彼于修善虽无乐欲，底本与《房山石经》《资福藏》《碛砂藏》《普宁藏》《永乐南藏》《径山藏》《高丽藏》相同；《赵城金藏》“于”作“有”。

② 谓诸菩萨先于有情随力少多施作恩惠，底本与《资福藏》《碛砂藏》《普宁藏》《永乐南藏》《径山藏》相同；《房山石经》《赵城金藏》《高丽藏》“少多”作“多少”。

③ 或济厄难，底本与《资福藏》《碛砂藏》《普宁藏》《永乐南藏》《径山藏》相同；《房山石经》《赵城金藏》《高丽藏》“厄”作“危”。

故令梵王悕望世尊说是法故[1]，躬自来请。”又以佛眼观察世间，勿使有情作如是谤：“但由梵王躬来启请，敬梵王故，宣说正法，非于有情自起悲心，乃是为他之所激发，非自能了机宜可否。”为欲坏彼一类有情如是邪执，先以佛眼观察世间，然后为转无上法轮，一切世间所未曾转，如是更复宣说正法，制立学处，是名菩萨究竟清净方便善巧。由此所说方便善巧，更无有余方便善巧在于此上，若过若妙，是故说名究竟清净。

如是菩萨所说六种若略若广方便善巧，能除憎背圣教有情所有恚恼[2]，处中住者，令其趣入，已趣入者，令其成熟，已成熟者，令得解脱，除此无有若过若增，是名菩萨方便善巧。

云何菩萨妙陀罗尼？当知如是妙陀罗尼略有四种：一者，法陀罗尼；二者，义陀罗尼；三者，咒陀罗尼；四者，能得菩萨忍陀罗尼。

云何菩萨法陀罗尼？谓诸菩萨获得如是念慧力持，由此力持，闻未曾闻，言未温习，未善通利，名句文身之所摄录，次第错综，次第结集无量经典，经无量时，能持不忘，是名菩萨法陀罗尼。

云何菩萨义陀罗尼？谓如前说。此差别者，即于彼法无量义趣，心未温习，未善通利，经无量时，能持不忘，是名菩萨义陀罗尼。

云何菩萨咒陀罗尼？谓诸菩萨获得如是等持自在，由此自在加被能除有情灾患诸咒章句，令彼章句悉皆神验，第一神验，无所唐捐，能除非一种种灾患，是名菩萨咒陀罗尼。

云何菩萨能得菩萨忍陀罗尼？谓诸菩萨成就自然坚固因行，具足妙慧，独处空闲，寂无言说，曾无有物，见路而行，知量而食，不杂秽食，一类

① 故令梵王希望世尊说是法故，底本与《资福藏》《碛砂藏》《赵城金藏》《普宁藏》《永乐南藏》《径山藏》相同；《房山石经》《高丽藏》“令”作“今”；《房山石经》《赵城金藏》《高丽藏》“悕望”作“希望”，下同。

② 能除憎背圣教有情所有恚恼，底本与《房山石经》《资福藏》《赵城金藏》《普宁藏》《永乐南藏》《径山藏》《高丽藏》相同；《碛砂藏》“背”作“昔”。

而食，常极静虑，于夜分中少眠多寤，于佛所说，得菩萨忍诸咒章句，能谛思惟。其咒词曰：

壹胝 蜜胝 吉胝 毗羼底丁里切 钵陀腻 莎诃

即于如是咒章句义，审谛思惟，筹量观察。彼于如是咒章句义，如是正行，不从他闻，自然通达，了知如是诸咒章句都无有义，是圆成实，但唯无义，如实了知此章句义，所谓无义，是故过此不求余义，齐此名为妙善通达咒章句义。彼于如是咒章句义正通达已，即随此义，不从他闻，自正通达一切法义，谓于此义如是通达，一切言说所说诸法自性之义皆不成实，唯有诸法离言自性是自性义。彼于诸法此自性义正通达已，过此更无余义可求，由于此义善通达故，获得最胜广大欢喜。由是菩萨得陀罗尼，当言已得此陀罗尼章句所立菩萨胜忍，得此忍故，是诸菩萨不久当得净胜意乐，已依上品胜解行地胜忍而转。当知是名菩萨所有能得菩萨忍陀罗尼。

此中，菩萨法陀罗尼、义陀罗尼，若过第一无数大劫，已入清净胜意乐地，所得决定、坚住、广大。从此以下，或以愿力，或依静虑，虽有获得而不决定，亦不坚住，亦不广大。如说法、义二陀罗尼，咒陀罗尼当知亦尔。能得菩萨忍陀罗尼，如前所释，即如是得。

若诸菩萨具四功德，方获如是诸陀罗尼，非随阙一。何等名为四种功德？一者，于诸欲中无所贪著；二者，于他胜事不生妬忌[①]，不嫉他荣；三者，一切所求，等施无悔；四者，于正法中深生忻乐，忻乐法者，于菩萨藏及菩萨藏摩怛理迦深心爱乐。

云何菩萨所修正愿？当知此愿略有五种：一者，发心愿；二者，受生愿；三者，所行愿；四者，正愿；五者，大愿。

---

① 于他胜事不生妬忌，底本与《资福藏》《碛砂藏》《普宁藏》《永乐南藏》《径山藏》相同；《房山石经》《赵城金藏》《高丽藏》“妬”作“姤”。

若诸菩萨于其无上正等菩提最初发心，是名发心愿。

若诸菩萨愿于当来往生随顺饶益有情诸善趣中，是名受生愿。

若诸菩萨愿能无倒思择诸法，愿于境界修无量等殊胜善法，是名所行愿。

若诸菩萨愿于当来摄受一切菩萨善法，摄受一切所有功德，若总若别所有正愿，是名正愿。

菩萨大愿，当知即从正愿所出。此复十种：若诸菩萨愿于当来以一切种上妙供具，供养无量无边如来，当知是名第一大愿；若诸菩萨愿于当来摄受防护诸佛世尊所有正法，传持法眼，令无断坏，当知是名第二大愿①；若诸菩萨愿于当来从睹史多天宫降下，如前乃至入大涅槃，当知是名第三大愿；若诸菩萨愿于当来行一切种菩萨正行，当知是名第四大愿；若诸菩萨愿于当来普能成熟一切有情，当知是名第五大愿；若诸菩萨愿于当来一切世界皆能示现，当知是名第六大愿；若诸菩萨愿于当来普能净修一切佛土，当知是名第七大愿；若诸菩萨愿于当来一切菩萨，皆同一种意乐加行趣入大乘，当知是名第八大愿；若诸菩萨愿于当来所有一切无倒加行皆不唐捐，当知是名第九大愿；若诸菩萨愿于当来速证无上正等菩提，当知是名第十大愿。

云何菩萨空三摩地？谓诸菩萨观一切事，远离一切言说自性，唯有诸法离言自性，心正安住，是名菩萨空三摩地。

云何菩萨无愿三摩地？谓诸菩萨即等随观离言自性所有诸事，由邪分别所起烦恼及以众苦所摄受故，皆为无量过失所汙，于当来世不愿为先，心正安住，是名菩萨无愿三摩地。

云何菩萨无相三摩地？谓诸菩萨即正思惟离言自性所有诸事，一切

① 当知是名第二大愿，底本与《碛砂藏》《普宁藏》《永乐南藏》《径山藏》相同；《房山石经》《资福藏》《赵城金藏》《高丽藏》“大”作“正”。

分别戏论众相永灭寂静，如实了知，心正安住，是名菩萨无相三摩地。

问：何故唯立三三摩地，无过无增？

答：法有二种，谓有、非有。有为、无为名之为有，我及我所名为非有。

于有为中，有无愿故，可厌逆故，当知依此建立无愿三摩地。于无为中，愿涅槃故，正乐摄故，当知依此建立无相三摩地。于非有事，菩萨不愿，亦无无愿；然于非有，菩萨如实见为非有。依此见故，当知建立空三摩地。

如是菩萨于此三种三摩地中精勤修学①，于是建立如实了知，于余行相三三摩地如实悟入，安立理趣如实悟入，修习理趣如实了知，谓于其中诸声闻众精勤修学及圆满证。

① 如是菩萨于此三种三摩地中精勤修学，底本与《房山石经》《资福藏》《碛砂藏》《普宁藏》《永乐南藏》《径山藏》《高丽藏》相同；《赵城金藏》“勤”作“进”。

瑜伽师地论卷第四十六

本地分中菩萨地

初持瑜伽处菩提分品第十七之三[①]

复有四种法嗢柁南[②]，诸佛菩萨欲令有情清净故说。何等为四？一切诸行皆是无常，是名第一法嗢柁南；一切诸行皆悉是苦，是名第二法嗢柁南；一切诸法皆无有我，是名第三法嗢柁南；涅槃寂静，是名第四法嗢柁南。

诸佛菩萨多为有情宣说如是法相应义，是故说名法嗢柁南。又从曩昔其心寂静诸牟尼尊，于一切时展转宣说，是故说此名嗢柁南。又此行迹能趣大生，亦复能趣出第一有，是故说此名嗢柁南。

云何菩萨等随观察一切诸行皆是无常？

谓诸菩萨观一切行言说自性，于一切时常无所有，如是诸行常不可得，故名无常。

又即观彼离言说事，由不了知彼真实故，无知为因，生灭可得，如是诸行离言自性有生有灭，故名无常。

又诸菩萨观过去行已生已灭，由彼诸行无因可得，亦无自性，是故观彼因性、自性皆无所有；观现在行已生未灭，由彼诸行因不可得，已与果故，自性可得，由未灭故，是故观彼自性是有，而无有因；观未来行未生未

① 初持瑜伽处菩提分品第十七之三，底本与《径山藏》相同；《房山石经》《资福藏》《碛砂藏》《赵城金藏》《普宁藏》《永乐南藏》《高丽藏》“初”作“第十五初”，下同。

② 复有四种法嗢柁南曰，底本与《资福藏》《碛砂藏》《普宁藏》《永乐南藏》《径山藏》相同；《房山石经》《赵城金藏》《高丽藏》“柁”作“拕”，下同。

灭，由彼诸行有因可得，未与果故，无有自性，犹未生故，是故观彼唯有因性，而无自性。

菩萨如是见三世中分段诸行相续转已，等随观见一一刹那有为诸行皆有三种有为之相；于刹那后，复有第四有为之相。即于此中前刹那行自性灭坏，无间非先诸行刹那自性生起，正观为生；诸行生已，即时未坏，正观为住；此已生行望前已灭诸行刹那自性别异，正观为老；从此诸行生刹那后，即此已生诸行刹那自性灭坏，正观为灭。

菩萨观此已生刹那诸行自性，即是生、住、老之自性，不见生等别有自性；如实观见生刹那后，即此生等诸行刹那自性灭坏，无别有性。

如是四种有为之相，总摄诸行。以要言之，二分所显：一者，有分所显；二者，无分所显。此中，世尊依于有分，建立一种有为之相；依于无分，建立第二有为之相；住、异二种俱是诸行有分所显，建立第三有为之相。

此中，菩萨观一切时唯有诸行，除此更无生、住、老、灭恒有实物自性成就。何以故？诸行生时，唯即如是诸行可得，无别有余生、住、老、灭；如是诸行住、老、灭时，唯即如是诸行可得，无别有余生、住、老、灭。

又诸菩萨以理推求生等实物亦不可得。如是推求不可得者，谓若离彼色等诸行别有生法，是即应如色等诸行自体有生，如是此生亦应有生。如是即应有二种生：一者，行生；二者，生生。如是行生与彼生生为一为异？若言一者，计生实有，即为唐捐；言别有生是实物有，不应道理。若言异者，如是即应非行生生；是行生生，不应道理。如说生相，如是广说住、若[1]、灭相当知亦尔。

谓若灭法别有自性是实成就，即应此灭有生有灭：若灭生时，一切诸行皆应同灭，如是即应少用功力，如入灭定，诸心、心所一切皆灭；若

---

① 若，底本与《径山藏》相同；《房山石经》《资福藏》《碛砂藏》《赵城金藏》《普宁藏》《永乐南藏》《高丽藏》作“老”。

灭灭时，一切诸行虽皆已灭，复应还生，以灭无故。是故言灭有生有灭，不应道理。

又善男子或善女人，于一切时恒有实物自性成就观为假有，而能修厌、离欲、解脱，不应道理。与此相违，是应道理。

由此行相，是诸菩萨如实了知一切诸行皆是无常。

又诸菩萨观无常行相续转时，能为三种苦所依止：一者，行苦；二者，坏苦；三者，苦苦。如是菩萨如实了知一切诸行皆悉是苦。

又诸菩萨如实了知有为无为一切诸法二无我性：一者，补特伽罗无我性；二者，法无我性。于诸法中补特伽罗无我性者，谓非即有法是真实有补特伽罗，亦非离有法别有真实补特伽罗。于诸法中法无我性者，谓于一切言说事中，一切言说自性诸法都无所有。如是菩萨如实了知一切诸法皆无有我。

又诸菩萨观一切行先因永断，后无余灭，其余毕竟不起不生，说名涅槃。

当知涅槃其体寂静[1]，一切众苦毕竟息故，一切烦恼究竟灭故。

如是未得清净增上意乐菩萨、未见圣谛诸声闻乘，虽于涅槃发起胜解，如是说言涅槃寂静，而于涅槃未如实解，未能如实正智见转，然彼亦有如理作意。

譬如王子或长者子，生育已来，未出王宫、长者内室，王及长者各为幼童假作种种诸戏乐具：鹿车、牛车、马车、象车，而赐与之。尔时，王子及长者子用为嬉戏欢娱游佚，即于如是假所造作鹿、牛、马、象，发起真实鹿想、牛想、马想、象想。后于一时，王及长者各知其子渐已长大，诸根成熟，赞说真实鹿、牛、马、象。尔时，王子及长者子闻父赞说，作是念言：

① 当知涅槃其体寂静，底本与《房山石经》《资福藏》《赵城金藏》《永乐南藏》《径山藏》《高丽藏》相同；《碛砂藏》《普宁藏》“体”作“能”。

“今者父王及父长者，将非赞说我等所有鹿、牛、马、象四种车耶？”复于后时，王及长者知子转大，从内宫室引出外游，示其真实鹿、牛、马、象。时彼见已，内自发生如实慧解：“此为实义鹿车、牛车、马车、象车。父于长夜尝为我等赞说斯事[①]，然唯我等，以无智故，于不如实唯彼相似、唯彼影像发起真实鹿等胜解。”

由是因缘，于先胜解追起羞愧。如是宫室，喻于生死；其所生育诸幼童子，喻未证得清净增上意乐菩萨及未见谛诸声闻乘；父，喻诸佛及已证入大地菩萨；先为假作鹿、牛等车，喻为宣说涅槃鹿相；次为赞说真实鹿等，喻佛菩萨自现证见真实涅槃，如其所见，于彼菩萨及声闻前赞说涅槃真实功德；所余，喻彼既闻是已，但用随顺音声觉慧，于涅槃德，长夜胜解。若于是时资粮成熟，渐次增长，成净增上意乐菩萨、见谛声闻，于真涅槃生现证智，即于尔时发生自内如实慧解。如是涅槃，一切声闻、独觉所证，诸佛菩萨先所赞说，我等先以愚夫觉慧，于不如实唯彼相似、唯彼影像发起真实涅槃胜解，由是因缘，于先胜解追生羞愧，依止于后如实胜解。

又如病者往大医所，为除病故，求随顺药，得已常服，彼于是药深生胜解，深生爱乐，唯见为实。

由是因缘，先病除愈，复起余病，应服余药。

尔时，大医知先病愈，后病复生，更须余药，劝舍前药，令服余药。

时彼病者愚痴无识，于前所服深生胜解，起所宜想，不肯弃舍。

时大良医为其宣说前后药性，于现所病，前药匪宜，后药为胜。时有病者虽闻是语，不生胜解，犹未深信良医所言。

如是病者，喻诸凡夫、菩萨、声闻为烦恼病之所执持；大良医者，喻诸

① 父于长夜尝为我等赞说斯事，底本与《资福藏》《碛砂藏》《赵城金藏》《普宁藏》《永乐南藏》《径山藏》《高丽藏》相同；《房山石经》“尝”作“曾”。

如来；其良药等，喻为宣说若上、上胜及以上极，若深、深胜及以深极，若劣、若胜及以胜极法教正教，教授教诫。彼虽闻已，不能悟入，不生胜解，不能修行法随法行。

诸有净信菩萨、声闻，于佛所说不生疑惑，乘佛所说喻如一切支具圆满妙庄严车无上法乘，如善御者[①]，随所行地，随所应到，疾疾进趣，无所稽留。

本地分中菩萨地初持瑜伽处菩萨功德品第十八

云何菩萨所有功德？嗢柁南曰：

希奇不希奇，平等心饶益，

报恩与欣赞，不虚加行性。

谓诸菩萨于其无上正等觉乘勤修学时，应知有五甚希奇法。何等为五？一者，于诸有情非有因缘而生亲爱；二者，唯为饶益诸有情故，常处生死，忍无量苦；三者，于多烦恼难伏有情[②]，善能解了调伏方便；四者，于极难解真实义理，能随悟入；五者，具不思议大威神力。如是五种菩萨所有甚希奇法，不与一切余有情共。

又诸菩萨成就五种不希奇法，而名成就甚希奇法。何等为五？谓诸菩萨以因利他苦即为自己乐，是故菩萨恒遍受行因利他苦，是名菩萨成就第一不希奇法，而名成就甚希奇法；又诸菩萨虽善了知生死过失、涅槃功德，而乐普令有情清净即为己乐，是故菩萨为净有情增上力故，誓受生

① 如善御者，底本与《资福藏》《碛砂藏》《赵城金藏》《普宁藏》《永乐南藏》《径山藏》《高丽藏》相同；《房山石经》“如”作“知”。

② 于多烦恼难伏有情，底本与《资福藏》《碛砂藏》《普宁藏》《永乐南藏》《径山藏》相同；《房山石经》《赵城金藏》《高丽藏》“伏”作“复”。

死，是名菩萨成就第二不希奇法，而名成就甚希奇法；又诸菩萨虽善了知默然乐味，而乐普令有情清净即为己乐，是名菩萨为净有情增上力故[1]，恒勤方便为说正法，是名菩萨成就第三不希奇法，而名成就甚希奇法；又诸菩萨虽积集六波罗蜜多所有善根，而乐普令有情清净即为己乐，是故菩萨为净有情增上力故，以净意乐施诸有情，然不希求施果异熟，是名菩萨成就第四不希奇法，而名成就甚希奇法；又诸菩萨以利他事为自利事，是故菩萨恒现受行一切有情利益之事，是名菩萨成就第五不希奇法，而名成就甚希奇法。

又诸菩萨由五种相，当知普于一切有情其心平等。何等为五？一者，菩萨最初发心，愿大菩提，如是亦为利益一切诸有情故，起平等心；二者，菩萨于诸有情住哀愍俱平等之心；三者，菩萨于诸有情深心发起一子爱俱平等之心；四者，菩萨于从众缘已生诸行，知是所想有情事已，知一有情所有法性即是一切有情法性，以法平等俱行之心，于诸有情住平等心[2]；五者，菩萨如于一有情行利益行，于一切有情行利益行亦复如是，以利俱心，于诸有情住平等心。由此五相，是诸菩萨于诸有情其心平等。

又诸菩萨由五种相，于诸有情能作一切饶益之事。何等为五？一者，说授正命以为饶益；二者，于不随顺能引义利所作事业，说授随顺以为饶益；三者，无依无怙，有苦有贫，善能为彼作依怙等以为饶益；四者，说授能往善趣之道以为饶益；五者，说授三乘以为饶益。

又诸菩萨由五种相，于其有恩诸有情所，现前酬报。何等为五？一者，安处有情，令学己德；二者，方便安处，令学他德；三者，无依无怙，有苦

① 是名菩萨为净有情增上力故，底本与《资福藏》《碛砂藏》《普宁藏》《永乐南藏》《径山藏》相同；《房山石经》《赵城金藏》《高丽藏》“名”作“故”。

② 于诸有情住平等心，底本与《房山石经》《资福藏》《赵城金藏》《永乐南藏》《径山藏》《高丽藏》相同；《碛砂藏》《普宁藏》“有”作“行”。

有贫，随力随能，作依怙等；四者，劝令供养诸佛如来；五者，令于如来所说正法受持读诵，书写供养。

又诸菩萨于五种处常当欣赞。何等为五？一者，值佛出世，常得承事；二者，于诸佛所，常闻六种波罗蜜多、菩萨藏法；三者，于一切种成熟有情，常有势力；四者，能于无上正等菩提堪任速证；五者，证菩提已，诸弟子众常和无诤[①]。

又诸菩萨由五因缘，于诸有情能作不虚饶益加行。何等为五？谓诸菩萨于诸有情先欲求作利益安乐，于诸有情利益安乐如实了知，无颠倒觉。如是一切，如前“供养亲近无量品”中所说，应知其相。

复次，嗢柁南曰：

无颠倒加行，退堕与胜进，

相似实功德，善调伏有情。

谓诸菩萨有五加行，当知普摄一切菩萨无倒加行。何等为五？一、随护加行；二、无罪加行；三、思择力加行；四、清净增上意乐加行；五、堕决定加行。云何菩萨随护加行？当知此复略有五种：一者，随护聪睿，谓由俱行智[②]，速疾摄法；二者，随护正念，谓由此正念，随所摄法，持令不忘；三者，随护正智，谓由此正智，于所持法善观察义，正慧通达，远离随顺聪睿[③]、正念、觉慧退分诸因缘故，习近随顺住分、胜分诸因缘故；四者，随护自心，能善防守诸根门故；五者，随护他心，能于他心正随转故。

云何菩萨无罪加行？谓诸菩萨于诸善法无倒炽然，无量无间回向

① 诸弟子众常和无诤，底本与《房山石经》《资福藏》《碛砂藏》《赵城金藏》《永乐南藏》《径山藏》《高丽藏》相同；《普宁藏》“诤”作“净”。

② 谓由俱行智，底本与《资福藏》《碛砂藏》《普宁藏》《永乐南藏》《径山藏》相同；《房山石经》《赵城金藏》《高丽藏》“行”作“生”。

③ 远离随顺聪睿，底本与《房山石经》《资福藏》《碛砂藏》《普宁藏》《永乐南藏》《径山藏》《高丽藏》相同；《赵城金藏》无“远”字。

菩提。

云何菩萨思择力加行？谓诸菩萨即此一切在胜解行地，应知其相。

云何菩萨清净增上意乐加行？谓诸菩萨即此一切在净胜意乐地及行正行地，应知其相。

云何菩萨堕决定加行？谓诸菩萨即此一切在决定地、决定行地、到究竟地，应知其相。如是五种菩萨加行，普摄一切无倒加行。

又诸菩萨顺退分法当知有五。何等为五？一者，不敬正法及说法师；二者，放逸懈怠；三者，于诸烦恼亲近执著；四者，于诸恶行亲近执著；五者，与余菩萨校量胜劣，起增上慢，及于法颠倒，起增上慢。

又诸菩萨顺胜分法当知有五。何等为五？谓与前五黑品诸法次第相违，应知其相。

又诸菩萨略有五种相似功德，当知实是菩萨过失。何等为五？一者，于其暴恶毁犯净戒诸有情所，由是因缘，作不饶益；二者，诈现种种具足威仪；三者，于顺世间文辞咒术、外道书论相应法中，得预智者聪睿者数；四者，修行有罪施等善行；五者，宣说建立像似正法，广令流布。

又诸菩萨略有五种真实功德。何等为五？一者，于其暴恶毁犯净戒诸有情所，由是因缘，起胜悲心；二者，本性成就具足威仪；三者，于佛所说净妙真实若教若证，得预智者聪睿者数；四者，修行无罪施等善行；五者，开示正法，遮灭一切像似正法。

又诸菩萨略于十处无倒调伏所化有情。何等十处？一者，远离恶行处；二者，远离诸欲处；三者，专精无犯，犯已能出处；四者，密护一切诸根门处；五者，正知住处；六者，离愦闹处；七者，于远离处，远离一切恶寻思处；八者，远离障处；九者，远离一切烦恼缠处；十者，远离一切诸烦恼品诸麤重处。

复次，嗢柁南曰：

诸菩萨受记，堕于决定中，

定作常应作，最胜最为后。

谓诸菩萨略由六根蒙诸如来于其无上正等菩提授与记别[①]。何等为六？一者，安住种性未发心位；二者，已发心位；三者，现在前住[②]；四者，不现前住[③]；五者，有定时限，谓尔所时当证无上正等菩提；六者，无定时限，谓不宣说决定时限，而与授记[④]。

又诸菩萨略有三种堕于决定。何等为三？一者，安住种性堕于决定；二者，发菩提心堕于决定；三者，不虚修行堕于决定。安住种性堕决定者，谓诸菩萨住种性位，便名为堕决定菩萨。何以故？由此菩萨若遇胜缘，必定堪任证于无上正等觉故[⑤]。发菩提心堕决定者，谓有一类诸菩萨众，已于无上正等菩提起决定心，此后乃至证于无上正等菩提，无复退转。不虚修行堕决定者，谓诸菩萨已得自在，普于一切利有情行，如其所欲，随所造修，终无空过。于此三种堕决定中，依于最后堕决定位，诸佛如来授诸菩萨堕决定记。

又诸菩萨略有五处定所应作，若不作已，终不堪任证于无上正等菩提。何等为五？一者，发菩提心；二者，于诸有情深生哀愍；三者，炽然精进；四者，于诸明处方便修习；五者，无有厌倦。

---

① 谓诸菩萨略由六根蒙诸如来于其无上正等菩提授与记别，底本与《碛砂藏》《普宁藏》《永乐南藏》《径山藏》相同；《房山石经》《资福藏》《赵城金藏》《高丽藏》“根”作“相”。

② 现在前住，底本与《碛砂藏》《赵城金藏》《普宁藏》《永乐南藏》《径山藏》相同；《房山石经》《资福藏》《高丽藏》“住”作“位”。

③ 不现前住，底本与《碛砂藏》《赵城金藏》《普宁藏》《永乐南藏》《径山藏》相同；《房山石经》《资福藏》《高丽藏》“住”作“位”。

④ 而与授记，底本与《房山石经》《赵城金藏》《径山藏》《高丽藏》相同；《资福藏》《碛砂藏》《普宁藏》《永乐南藏》“授”作“受”。

⑤ 必定堪任证于无上正等觉故，底本与《房山石经》《资福藏》《赵城金藏》《永乐南藏》《径山藏》《高丽藏》相同；《碛砂藏》《普宁藏》“任”作“住”，下同。

又诸菩萨于其五处常所应作。何等为五？一者，于不放逸常所应作；二者，无依无怙、有苦有贫诸有情所，常应为作依怙等事；三者，于诸如来常应供养；四者，常应遍知有失无失；五者，一切所作，若行若住诸作意中，大菩提心恒为导首。如是五种，是诸菩萨常所应作。

又诸菩萨有十种法，一切菩萨许为最胜，特为第一，建立在于最上法中。何等为十？一者，菩萨种性，诸种性中最为殊胜；二者，最初发心，于诸正愿最为殊胜；三者，精进般若，普于一切波罗蜜多最为殊胜；四者，爱语摄事，于诸摄事最为殊胜；五者，如来世尊，于诸有情最为殊胜；六者，悲愍有情，于诸无量最为殊胜；七者，第四静虑，于诸静虑最为殊胜；八者，空三摩地，于三等持最为殊胜；九者，灭尽等至，于诸等至最为殊胜；十者，如前所说所有清净方便善巧，普于一切方便善巧最为殊胜。

复次，嗢柁南曰：

诸施设建立，一切法寻思，
及如实遍智，如是诸无量，
说法果胜利，大乘性与摄，
菩萨十应知，建立诸名号。

谓诸菩萨略有四种施设建立，唯有如来及诸菩萨能正施设，能正建立，非余一切若天若人，若诸沙门，若婆罗门，唯除闻已。何等为四？一者，法施设建立；二者，谛施设建立；三者，理施设建立；四者，乘施设建立。

云何名法施设建立？谓佛所说素怛缆等十二分教，次第结集，次第安置，次第制立，是名为法施设建立。

云何名谛施设建立？谓无量种。或立一谛。谓不虚妄义，唯有一谛，无第二故。或立二谛：一、世俗谛；二、胜义谛。或立三谛：一、相谛；二、语谛；三、用谛。或立四谛：一、苦谛；二、集谛；三、灭谛；四、道谛。或立五谛：一、因谛；二、果谛；三、智谛；四、境谛；五、胜谛。或立六谛：一、谛谛；二、妄谛；三、应遍知谛；四、应永断谛；五、应作证谛；六、应修习谛。或立七谛：一、爱味谛；二、过患谛；三、出离谛；四、法性谛；五、胜解谛；六、圣谛；七、非圣谛。或立八谛：一、行苦性谛；二、坏苦性谛；三、苦苦性谛；四、流转谛；五、还灭谛；六、杂染谛；七、清净谛；八、正加行谛。或立九谛：一、无常谛；二、苦谛；三、空谛；四、无我谛；五、有爱谛；六、无有爱谛；七、彼断方便谛；八、有余依涅槃谛；九、无余依涅槃谛。或立十谛：一、逼切苦谛；二、财位匮乏苦谛；三、界不平和苦谛；四、所爱变坏苦谛；五、麤重苦谛；六、业谛；七、烦恼谛；八、听闻正法、如理作意谛；九、正见谛；十、正见果谛。如是等类，名菩萨谛施设建立，若广分别，当知无量。

云何名理施设建立？谓四道理，此广分别，如前应知。

云何名乘施设建立？谓声闻乘及独觉乘、无上大乘，如是三种，一一各由七种行相施设建立，是名为乘施设建立。初声闻乘七行相者：一、于四圣谛无颠倒慧；二、此慧所依；三、此慧所缘；四、此慧伴类；五、此慧作业；六、此慧资粮；七、此慧得果。当知由此七种行相施设建立，诸声闻乘无不周备。如声闻乘七种行相施设建立，其独觉乘当知亦尔。无上大乘七行相者：一、缘离言说事一切法中所有真如无分别平等性出离慧；二、此慧所依；三、此慧所缘；四、此慧伴类；五、此慧作业；六、此慧资粮；七、此慧得果。当知由此七种行相施设建立，无上大乘无不周备。

过去、未来、现在诸佛及诸菩萨所有无倒施设建立[①]，若曾所作，若当所作，若今所作，一切皆由如是四事，除此无有若过若增。

又诸菩萨为得四种如实遍智，于一切法起四寻思。何等为四？一、名寻思；二、事寻思；三、自性假立寻思；四、差别假立寻思。如是四种若广分

① 现在诸佛及诸菩萨所有无倒施设建立，底本与《房山石经》《资福藏》《碛砂藏》《普宁藏》《永乐南藏》《径山藏》《高丽藏》相同；《赵城金藏》“有”作“见”。

别，应知如前“真实义品”。

又诸菩萨略有四种于一切法如实遍智：一、名寻思所引如实遍智；二、事寻思所引如实遍智；三、自性假立寻思所引如实遍智；四、差别假立寻思所引如实遍智。如是四种若广分别，应知如前“真实义品”。

又诸菩萨于五无量能起一切善巧作用。何等为五？一、有情界无量；二、世界无量；三、法界无量；四、所调伏界无量；五、调伏方便界无量。

云何有情界无量？谓六十四诸有情众，名有情界，如前“意地”已具条列。若依相续，差别无边。

云何世界无量？谓于十方无量世界无量名号各各差别，如此世界名曰索诃，此界梵王名索诃主，如是一切皆当了知。

云何法界无量？谓善、不善、无记诸法，如是等类差别道理，应知无量。

云何所调伏界无量？谓或有一种所调伏界，一切有情可调伏者，同一类故。或有二种所调伏界：一、具缚；二、不具缚。或有三种所调伏界：一、钝根；二、中根；三、利根。或有四种所调伏界：一、刹帝利；二、婆罗门；三、吠舍；四、成达罗[①]。或有五种所调伏界：一、贪行；二、瞋行；三、痴行；四、慢行；五、寻思行。或有六种所调伏界：一、在家；二、出家；三、未成熟；四、已成熟；五、未解脱；六、已解脱。或有七种所调伏界：一、轻毁；二、中庸[②]；三、广显智；四、略开智；五、现所调伏；六、当所调伏；七、缘引调伏，谓遇如是如是缘，即如是如是转变。或有八种所调伏界，谓八部众，从刹帝利乃至梵众。或有九种所调伏界：一、如来所化；二、声

① 成达罗，《房山石经》《资福藏》《碛砂藏》《赵城金藏》《普宁藏》《永乐南藏》《径山藏》《高丽藏》“成”作“戍”。

② 中庸，底本与《资福藏》《碛砂藏》《赵城金藏》《普宁藏》《永乐南藏》《径山藏》《高丽藏》相同；《房山石经》“庸”作“容”。

闻、独觉所化；三、菩萨所化；四、难调伏；五、易调伏；六、輭语调伏；七、诃摈调伏；八、远调伏；九、近调伏。或有十种所调伏界：一、那落迦；二、傍生[①]；三、琰摩世界；四、欲界天人；五、中有；六、有色；七、无色；八、有想；九、无想；十、非想非非想。如是略说品类差别有五十五，若依相续差别道理，当知无量。

问：有情界无量、所调伏界无量有何差别[②]？

答：一切有情若住种性，不住种性，无有差别，总名有情界无量。唯住种性，彼彼位转，乃得名为所调伏界无量。

云何调伏方便界无量？谓如前说，当知此中亦有无量品类差别。

问：何故总说此五无量如是次第？

答：以诸菩萨专精修习，饶益有情，是故最初说有情界无量；是诸有情依于处所，可得受化，是故第二说世界无量；是诸有情在彼彼界，由种种法或染或净差别可得，是故第三说法界无量；即观如是有情界中有诸有情，有所堪任，有大势力，堪能究竟解脱众苦，是故第四说所调伏界无量；要由如是方便善巧，令诸有情究竟解脱，是故第五说调伏方便界无量。是故说言菩萨于此五种无量能起一切善巧作用。

诸佛菩萨为诸有情宣说正法，当知有五大果胜利。何等为五？一者，一类有情闻佛菩萨说正法时，远尘离垢，于诸法中，法眼生起；二者，一类有情闻佛菩萨说正法时，得尽诸漏；三者，一类有情闻佛菩萨说正法时，便于无上正等菩提发正愿心；四者，一类有情闻佛菩萨说正法时，证

① 傍生，底本与《永乐南藏》《径山藏》相同；《房山石经》《资福藏》《碛砂藏》《赵城金藏》《普宁藏》《高丽藏》“旁”作“傍”。

② 所调伏界无量有何差别，底本与《资福藏》《碛砂藏》《普宁藏》《永乐南藏》《径山藏》《高丽藏》相同；“有”，《房山石经》作“云”，《赵城金藏》无。

得菩萨最胜法忍[1]；五者，一类有情闻佛菩萨说正法已，受持读诵，修习正行，展转方便，令正法眼久住不灭。如是五种，当知名为诸佛菩萨所说正法大果胜利。

诸菩萨乘与七大性共相应故，说名大乘。何等为七？一者，法大性，谓十二分教中，菩萨藏摄方广之教；二者，发心大性，谓有一类，于其无上正等菩提发正愿心；三者，胜解大性，谓有一类，于法大性生胜信解；四者，增上意乐大性，谓有一类，已过胜解行地，证入净胜意乐地[2]；五者，资粮大性，谓福德资粮、智慧资粮修习圆满，能证无上正等菩提；六者，时大性，谓经于三无数大劫，方证无上正等菩提；七者，圆证大性，谓即所证无上菩提，由此圆证菩提自体，比余圆证功德自体尚无与等，何况得有若过若增。当知此中，若法大性，若发心大性，若胜解大性，若增上意乐大性，若资粮大性，若时大性，如是六种皆是圆证大性之因；圆证大性，是前六种大性之果。

有八种法能具足摄一切大乘：一者，菩萨藏教；二者，即于如是菩萨藏中显示诸法真实义教；三者，即于如是菩萨藏中显示一切诸佛菩萨不可思议最胜广大威力之教；四者，于上所说，如理听闻；五者，如理思为先，趣胜意乐；六者，趣胜意乐为先，入修行相；七者，入修行相为先，修果成满；八者，即由如是修果成满，究竟出离。

如是菩萨勤修学已，能证无上正等菩提。何等菩萨勤修学已，能证无上正等菩提？当知菩萨略有十种：一、住种性；二、已趣入；三、未净意

① 证得菩萨最胜法忍，底本与《房山石经》《资福藏》《赵城金藏》《永乐南藏》《径山藏》《高丽藏》相同；《碛砂藏》《普宁藏》“法忍”作“决为”。

② 证入净胜意乐地，底本与《房山石经》《资福藏》《赵城金藏》《永乐南藏》《径山藏》《高丽藏》相同；《碛砂藏》《普宁藏》“意”作“竟”。

乐；四、已净意乐；五、未成熟；六、已成熟；七、未堕次定[①]；八、已堕决定；九、一生所系；十、住最后有。此中，即住种性菩萨发心修学，名已趣入；即已趣入，乃至未入净意乐地，名未净意乐；若已得入，名已净意乐；即净意乐，乃至未入到究竟地，名未成熟；若已得入，名已成熟；未成熟中，乃至未得入决定地、决定行地，名未决定；若已得入，名已决定。已成熟中复有二种：一者，一生所系，谓此生无间当证无上正等菩提；二、住最后有，谓即住此生能证无上正等菩提。

如是如说从初种性，广说乃至能证无上正等菩提十种菩萨，于菩萨学能正修学，此上更无能正修学，若于中学，若如是学。非如所说诸菩萨上更有菩萨，于菩萨学能正修学。

如是所说一切菩萨，当知复有如是等类无有差别随德假名，所谓名为菩提萨埵、摩诃萨埵、成就觉慧、最上照明、最胜真子、最胜住持[②]、普能降伏、最胜萌芽，亦名勇健，亦名最圣，亦名商主，亦名大称，亦名怜愍，亦名大神[③]，亦名自在，亦名法师。如是十方无边无际诸世界中无边菩萨，当知乃有内德各别无量无边假立想号。若诸菩萨现前自称我是菩萨，于菩萨学不正修行，当知是名相似菩萨，非真菩萨；若诸菩萨现前自称我是菩萨，于菩萨学能正修行，当知是名真实菩萨。

---

① 未堕次定，底本与《资福藏》《碛砂藏》《赵城金藏》《普宁藏》《永乐南藏》《径山藏》《高丽藏》相同；《房山石经》"次"作"决"。

② 最胜住持，底本与《碛砂藏》《普宁藏》《径山藏》相同；《房山石经》《资福藏》《赵城金藏》《永乐南藏》《高丽藏》"住"作"任"。

③ 亦名大神，底本与《碛砂藏》《普宁藏》《永乐南藏》《径山藏》相同；《房山石经》《资福藏》《赵城金藏》《高丽藏》"神"作"福"。

瑜伽师地论卷第四十七

本地分中菩萨地[①]

第二持随法瑜伽处菩萨相品第一

云何真实诸菩萨相？嗢柁南曰[②]：

真实诸菩萨，五种相应知，

自性依处果，次第摄五转。

谓诸菩萨有五真实菩萨之相，若成就者，堕菩萨数。何等为五？一者，哀愍；二者，爱语；三者，勇猛；四者，舒手惠施；五者，能解甚深义理密意。如是五法，当知一一各有五转：一者，自性；二者，依处；三者，果利；四者，次第；五者，相摄。

应知此中，哀愍自性略有二种：一、在意乐；二、在正行。在意乐者，谓诸菩萨于诸有情利益意乐、安乐意乐，是名哀愍。在正行者，谓诸菩萨于诸有情如所意乐，随力随能[③]，身语饶益，是名哀愍。爱语自性，如前说，若慰喻语，若庆悦语，若胜益语，当知如前"摄事品"说。勇猛自性，谓诸菩萨刚决坚固，无所怯劣，有大势力。若诸菩萨广大施性、无染施性，是名舒手惠施自性。若诸菩萨四无碍解，及即于彼无倒引发正加行智，是名能解甚深义理密意自性。

---

① 本地分中菩萨地，底本与《径山藏》相同；《房山石经》《资福藏》《碛砂藏》《赵城金藏》《普宁藏》《永乐南藏》《高丽藏》"地"作"地第十五"，下同。

② 嗢柁南曰，底本与《资福藏》《碛砂藏》《普宁藏》《永乐南藏》《径山藏》相同；《房山石经》《赵城金藏》《高丽藏》"柁"作"拕"，下同。

③ 随力随能，底本与《房山石经》《资福藏》《碛砂藏》《普宁藏》《永乐南藏》《径山藏》《高丽藏》相同；《赵城金藏》"能"作"取"。

当知菩萨哀愍依处略有五种。何等为五？一、有苦有情；二、恶行有情；三、放逸有情；四、邪行有情；五、烦恼随眠有情。那落迦等所有有情皆为苦受连绵相续逼切而转，如是名为有苦有情。或复有情虽非定苦，而多现行诸身恶行、诸语恶行、诸意恶行，于诸恶中喜乐安住，所谓屠养羊猪鸡等不律仪辈，如是名为恶行有情。或复有情虽非定苦及行恶行，而于诸欲躭著受用，常乐安住种种俳优、歌舞、笑睇以自娱乐，所谓一类受欲尘者，如是名为放逸有情。或复有情虽非定苦、行恶、放逸，而依妄见修行种种苦解脱行，谓舍诸欲，于恶说法毗奈耶中而出家者，如是名为邪行有情。或复有情虽非定苦，广说乃至非修邪行，而或具缚，或不具缚，为诸烦恼之所随眠，谓正修行贤善异生及诸有学，是名烦恼随眠有情。是名菩萨所有哀愍五种依处，由此依处，由此所缘，哀愍而转，除此无有若过若增。

当知菩萨爱语依处亦有五种。何等为五？一、正言论语；二、正庆悦语；三、正安慰语；四、正广恣语；五、如理说语。如是广辩，应知如前“摄事品”说。是名菩萨所有爱语五种依处，由此依处，由此所缘，爱语而转，除此无有若过若增。

当知菩萨勇猛依处亦有五种。何等为五？谓即如前“菩提分品”所说菩萨坚力持性五种依处，当知是此菩萨勇猛五种依处[①]。由此依处，由此所缘，勇猛而转，除此无有若过若增。

当知菩萨舒手惠施亦五依处。何等为五？一、数数惠施；二、欢喜惠施；三、殷重惠施；四、无染惠施；五、无依惠施。如是五种，如前“施品”广辩应知。由此依处，由此所缘，菩萨舒手惠施而转，除此无有若过若增。

---

① 当知是此菩萨勇猛五种依处，底本与《房山石经》《资福藏》《碛砂藏》《普宁藏》《永乐南藏》《径山藏》相同；《赵城金藏》《高丽藏》“是此”作“此是”。

当知菩萨能解甚深义理密意亦五依处。何等为五？谓于如来所说契经随顺甚深甚深显现空性相应缘性缘起，应知是名第一依处；于毗奈耶毁犯善巧、还净善巧，当知是名第二依处；于摩怛理迦施设建立无倒法相，当知是名第三依处；能正显除意趣难解诸法想义①，当知是名第四依处；于一切法法、义、释辞、品类差别，当知是名第五依处。由此依处，由此所缘，菩萨能解甚深义理密意而转，除此无有若过若增。

菩萨哀愍，于诸有情最初能断怨害嫌恨。菩萨哀愍，普于一切利有情事皆能修作，心无怯劣。于此加行尝无厌倦②，多住哀愍，能摄无罪现法乐住及饶益他。

又如世尊所说修慈所得胜利，谓于现身毒药刀杖不加害等。如是一切菩萨哀愍皆当了知。是名菩萨哀愍果利。

菩萨爱语，于现法中断语四过，所谓妄语、离间、麤恶及以绮语。由此爱语，于现法中能自摄受，能摄受他，安隐而转。菩萨爱语，于当来世其言敦肃，言必信用。是名菩萨爱语果利。菩萨勇猛，于现法中能离一切懒惰懈怠，心常欢喜，能受菩萨净戒律仪，受已终无毁犯退屈，能正堪忍，摄受自他，于当来世一切菩萨所起事业禀性坚固，凡所造修，若未成办，终无懈退，是名菩萨勇猛果利。当知菩萨舒手惠施、能解甚深义理密意所得果利，如“威力品”惠施威力、般若威力差别应知。是名菩萨舒手惠施、能解甚深义理密意二种果利。是名菩萨五相果利③。

云何五相如是次第？谓诸菩萨先修哀愍，摄受有情，于彼顾念，欲作

① 能正显除意趣难解诸法想义，底本与《房山石经》《资福藏》《碛砂藏》《赵城金藏》《普宁藏》《永乐南藏》《径山藏》相同；《高丽藏》“想”作“相”。

② 于此加行尝无厌倦，底本与《资福藏》《碛砂藏》《赵城金藏》《普宁藏》《永乐南藏》《径山藏》《高丽藏》相同；《房山石经》“尝”作“曾”。

③ 是名菩萨五相果利，底本与《房山石经》《资福藏》《碛砂藏》《普宁藏》《永乐南藏》《径山藏》《高丽藏》相同；《赵城金藏》“相”作“种”。

饶益；次修爱语，为彼有情出不善处，安立善处，宣说正理，摄受教诲；次修勇猛，于已趣入诸有情类，若诸有情起诸邪行，种种烦恼变异事中皆能堪忍，为不弃舍安住种种正行、邪行诸有情故；是诸菩萨修勇猛已，一类有情以财摄受能令成熟，一类有情以法摄受能令成熟，一类有情以财以法二种摄受能令成熟，是故菩萨次后修习舒手惠施、能解甚深义理密意。当知是名菩萨五相前后次第。

问：菩萨五相、六到彼岸，何到彼岸摄何等相？

答：菩萨哀愍，当知静虑到彼岸摄；菩萨爱语，尸罗、般若到彼岸摄；菩萨勇猛，进、忍、般若到彼岸摄；菩萨所有舒手惠施，当知即施到彼岸摄；菩萨所有能解甚深义理密意，静虑、般若到彼岸摄。

如是真实菩萨五相，当知一一皆有五转，所谓自性、依处、果利、次第、相摄。已广分别，应如实知。

本地分中菩萨地
第二持随法瑜伽处分品第二

在家、出家二分菩萨有几种法正修学时，速证无上正等菩提？

嗢柁南曰：

二分诸菩萨，初事业善修，
善巧饶益他，回向最为后。

谓诸菩萨或在家分或出家分差别转时，略有四法，当知令此在家、出家二分菩萨正勤修学，速证无上正等菩提。何等为四？一者，善修事业；二者，方便善巧；三者，饶益于他；四者，无倒回向。

云何菩萨善修事业？谓诸菩萨于六波罗蜜多决定修作、委悉修作、恒常修作、修罪修作。

云何菩萨于施波罗蜜多决定修作？谓诸菩萨现有种种可施财法，诸乞求者正现在前，有恩无恩，有德有失[1]，无有差别，要当施与，若人非人，若诸沙门，若婆罗门及余世间，无有如法能令施心有所倾动。

云何菩萨于施波罗蜜多委悉修作？谓诸菩萨现有种种可施财法，诸乞求者正现在前，一切施与，无有少物于诸有情而不能舍。于内身命尚能惠施，何况外物。

云何菩萨于施波罗蜜多恒常修作？谓诸菩萨于修惠施无有厌倦，恒常无间，于一切时随有所得，即随惠施，无所悋惜。

云何菩萨于施波罗蜜多无罪修作？谓诸菩萨远离如前“施品”所说诸杂染施，修行所余无杂染施。如是菩萨于施波罗蜜多能善修作。如于施波罗蜜多能善修作，如是于戒、忍、精进、静虑、慧波罗蜜多，如其所应，当知亦尔。是名菩萨由四行相，于其六种波罗蜜多决定修作、委悉修作、恒常修作、无罪修作。

云何菩萨方便善巧？当知如是方便善巧略有十种。何等为十？一者，憎背圣教有情除其恚恼方便善巧；二者，处中有情令其趣入方便善巧；三者，已趣入者令其成熟方便善巧；四者，已成熟者令得解脱方便善巧；五者，于诸世间一切异论方便善巧；六者，于诸菩萨净戒律仪受持毁犯能正观察方便善巧；七者，于诸正愿方便善巧；八者，于声闻乘方便善巧；九者，于独觉乘方便善巧；十者，于其大乘方便善巧。如是一切方便善巧，如前即此“菩萨地”中，随彼彼处，已广分别，如应当知。

如是十种菩萨所有方便善巧能作五事，谓由前四种方便善巧，令诸菩萨能正安立所化有情于自义利；由于世间一切异论方便善巧，令诸菩萨善能摧伏一切异论；由于菩萨净戒律仪受持毁犯能正观察方便善巧，

[1] 有德有失，底本与《资福藏》《碛砂藏》《赵城金藏》《普宁藏》《永乐南藏》《径山藏》《高丽藏》相同；《房山石经》“德”作“得”。

令诸菩萨不犯所犯，犯已速疾如法悔除，于善清净菩萨所受净戒律仪能善修莹；由于正愿方便善巧，令诸菩萨能证当来一切所爱事义圆满；由于三乘方便善巧，令诸菩萨于诸有情随其种性①、根及胜解，说相称法，说顺正理：是名十种方便善巧，令诸菩萨能作五事。由此五事能令菩萨现法当来一切事义皆得究竟。

云何菩萨饶益于他？谓诸菩萨依四摄事，即布施、爱语、利行、同事，能与一分有情利益，能与一分有情安乐，能与一分所化有情利益安乐，是名略说菩萨所有饶益于他。广说如前“自他利品”，应知其相。

云何菩萨无倒回向？谓诸菩萨三门积集所有善根，即善修事业、方便善巧、饶益于他。去来今世一切摄取，以淳一味妙净信心，回求无上正等菩提，终不用此所集善根，悕求世间余果异熟②，唯除无上正等菩提。

世尊所有为在家分或出家分诸菩萨说所应学法，当知一切此四所摄，谓善修事业、方便善巧、饶益于他、无倒回向。是故如是善修事业、方便善巧、饶益于他、无倒回向诸菩萨众，亲近邻逼难得难证无上菩提。当知过去、未来、现在所有菩萨，或在家分或出家分，精勤修学，于其无上正等菩提曾当现证，一切皆由如是四法，除此无有若过若增。

又诸菩萨或在家分或出家分，虽复同于如是四法正勤修学，而出家者于在家者甚大殊异，甚大高胜。所以者何？当知一切出家菩萨于其父母、妻子、亲属摄受过患皆得解脱，在家菩萨则不如是。又复一切出家菩萨于为摄受父母亲属营农、商估、事王业等种种艰辛遽务忧苦皆得解脱。在家菩萨则不如是。又复一切出家菩萨一向能行钩锁梵行，

① 令诸菩萨于诸有情随其种性，底本与《赵城金藏》《径山藏》《高丽藏》相同；《房山石经》《资福藏》《碛砂藏》《普宁藏》《永乐南藏》“性”作“姓”。

② 悕求世间余果异熟，底本与《资福藏》《碛砂藏》《普宁藏》《永乐南藏》《径山藏》相同；《房山石经》《赵城金藏》《高丽藏》“悕求”作“希求”。

在家菩萨则不如是。又复一切出家菩萨普于一切菩提分法速证通慧，随所造修彼彼善法，皆能疾疾到于究竟，在家菩萨则不如是。又复一切出家菩萨安住决定清净律仪，凡所发言，众咸信奉，在家菩萨则不如是。如是等类无量善法，当知一切出家菩萨于在家者甚大殊异，甚大高胜。

本地分中菩萨地第二持随法瑜伽处增上意乐品第三

云何菩萨增上意乐？嗢柁南曰：

智者于有情，有七相怜愍，

十五胜意乐，作十事应知。

谓诸菩萨于诸有情深心发起七相怜愍，以诸菩萨具怜愍故，名善意乐、极善意乐。何等名为七相怜愍？一者，无畏怜愍；二者，如理怜愍；三者，无倦怜愍；四者，无求怜愍；五者，无染怜愍；六者，广大怜愍；七者，平等怜愍。

谓诸菩萨于诸有情非怖畏故，而起怜愍，现行随顺身语意业，适可其心，利益安乐，是名菩萨无畏怜愍。又诸菩萨于诸有情非不如理怜愍而转，谓终不以非法非律非贤善行及以非处劝授有情，是名菩萨如理怜愍。又诸菩萨于诸有情如是怜愍，随其所宜发起一切饶益事业，曾无厌倦，是名菩萨无倦怜愍。又诸菩萨于诸有情不待求请[①]，自起怜愍，为作饶益，是名菩萨无求怜愍。又诸菩萨于诸有情无爱染心而起怜愍，谓饶益他，不

① 又诸菩萨于诸有情不待求请，底本与《房山石经》《资福藏》《碛砂藏》《普宁藏》《永乐南藏》《径山藏》《高丽藏》相同；《赵城金藏》“待”作“持”。

祈恩报，亦不悕望当来可爱诸果异熟[①]，是名菩萨无染怜愍，亦名菩萨无缘怜愍。又诸菩萨于诸有情所起怜愍，唯是广大，而非狭小。言广大者，谓于一切诸有情所，虽遭一切不饶益事，而不弃舍，菩萨自身宁受非爱，终不以恶欲加于彼，是名菩萨广大怜愍。又诸菩萨如是相状如是功德相应怜愍，普于一切诸有情类平等平等，于有情界无有分限，是名菩萨平等怜愍。菩萨与此七种行相怜愍相应，名善意乐、极善意乐。

当知此中，净信为先，择法为先，于诸佛法所有胜解印解决定，是名菩萨增上意乐。如是菩萨增上意乐，当知略说有十五种。何等十五？一、最上意乐；二、遮止意乐；三、波罗蜜多意乐；四、真实义意乐；五、威力意乐；六、利益意乐；七、安乐意乐；八、解脱意乐；九、坚固意乐；十、无虚妄意乐；十一、不清净意乐；十二、清净意乐；十三、善清净意乐；十四、应调伏意乐；十五、俱生意乐。

谓诸菩萨于佛法僧最上真实起胜意乐，是名菩萨最上意乐。又诸菩萨于所受持净戒律仪起胜意乐，是名菩萨遮止意乐。又诸菩萨于所修证施、忍、精进、静虑、般若起胜意乐，是名菩萨波罗蜜多意乐。又诸菩萨于法无我、补特伽罗无我、甚深胜义诸法真如起胜意乐，是名菩萨真实义意乐。又诸菩萨于佛菩萨不可思议神通威力或俱生威力起胜意乐，是名菩萨威力意乐。又诸菩萨于诸有情欲以善法而授与之，是名菩萨利益意乐。又诸菩萨于诸有情欲以饶益而授与之，是名菩萨安乐意乐。又诸菩萨即于如是诸有情所无爱染心，又于当来可爱异熟其心无系，是名菩萨解脱意乐。又诸菩萨于其无上正等菩提，其心专注，曾无变易，是名菩萨坚固意乐。又诸菩萨于诸有情饶益方便、于大菩提趣证方便无颠倒智俱行胜解，是名菩萨无虚妄意乐。又诸菩萨胜解行地所有一切增上意乐，是名菩萨

① 亦不悕望当来可爱诸果异熟，底本与《资福藏》《碛砂藏》《普宁藏》《永乐南藏》《径山藏》相同；《房山石经》《赵城金藏》《高丽藏》“悕望”作“希望”，下同。

不清净意乐。又诸菩萨从净胜意乐地乃至决定行地所有一切增上意乐，是名菩萨清净意乐。又诸菩萨到究竟地所有一切增上意乐，是名菩萨善清净意乐。又诸菩萨不清净意乐，是则名为应调伏意乐，由此意乐应思择故。又诸菩萨清净意乐、善清净意乐，是则名为俱生意乐，由此意乐性成就故，于所依中善安立故。

如是菩萨十五妙善增上意乐，随一切地，以要言之，能作十事。何等为十？谓诸菩萨最上意乐，能于三宝修一切种最胜供养，普于一切菩提资粮为最第一。又诸菩萨遮止意乐，能于所受净戒律仪命难因缘，亦不故思犯于所犯，设有所犯，疾疾悔除。又诸菩萨波罗蜜多意乐，能于善法常勤修习无放逸住，常住最胜无放逸住。又诸菩萨真实义意乐，能为有情以无染心流转生死，不舍涅槃增上意乐。又诸菩萨威力意乐，能于圣教觉受淳净上妙法味，复能于修起坚固想，欣乐多住，不唯闻思便生喜足。又诸菩萨利益意乐、安乐意乐、解脱意乐，能于一切饶益有情所作事业精勤修习，虽常修习，而无厌倦。又诸菩萨坚固意乐，能于种种炽然精进、广大精进，发起安住无缓加行、无断加行。又诸菩萨无虚妄意乐，能于所引彼彼善法速证通慧，不于少分下劣薄弱差别证中而生喜足。又诸菩萨应调伏意乐，能引俱生意乐。又诸菩萨俱生意乐，能于无上正等菩提速疾趣证，能与天人作诸义利利益安乐。应调伏意乐即不清净意乐，俱生意乐即清净意乐、善清净意乐，故不别说。

世尊所有为诸菩萨于彼彼处种种宣说、施设、开示增上意乐，当知一切即此十五意乐所摄。是故过去、未来、现在妙善意乐诸菩萨众，于其无上正等菩提曾当现证，一切皆由如是所说十五意乐，除此无有若过若增。如是菩萨十五意乐，能得最大菩提果利，是故菩萨依此意乐速证无上正等菩提。

本地分中菩萨地第二持随法瑜伽处住品第四①

如是始从种性具足，广说乃至于如所说菩萨所学正勤修学，于如所说菩萨诸相正等显现，于诸菩萨分加行中正勤修学，于如所说菩萨意乐能净修治。诸菩萨众略有菩萨十二种住，由此菩萨十二种住，普摄一切诸菩萨住，普摄一切诸菩萨行。复有如来第十三住，由此住故，现前等觉广大菩提，名无上住。

云何菩萨十二住等？嗢柁南曰：

种性胜解行，极喜增上戒，

增上心三慧，无相有功用，

无相无功用，及以无碍解，

最上菩萨住，最极如来住。

谓菩萨种性住、胜解行住、极欢喜住、增上戒住、增上心住。增上慧住复有三种：一、觉分相应增上慧住；二、诸谛相应增上慧住；三、缘起流转止息相应增上慧住。谓诸菩萨如实了知能观真实、所观真实，及于真实诸有情类由无智故，众苦流转，由有智故，众苦止息。如是菩萨由于三门以慧观察，故有三种增上慧住。及有加行有功用无间缺道运转无相住、无加行无功用无间缺道运转无相住、无碍解住、最上成满菩萨住。是名菩萨十二种住。如是菩萨十二种住普摄一切诸菩萨住，普摄一切诸菩萨行。

如来住者，谓过一切诸菩萨住，现前等觉大菩提住。此中，最后如来住者，于后究竟瑜伽处最后“建立品”当具演说。菩萨所有十二种住，如所

① 本地分中菩萨地第二持随法瑜伽处住品第四之一，底本与《房山石经》《资福藏》《赵城金藏》《永乐南藏》《径山藏》《高丽藏》相同；《碛砂藏》《普宁藏》无“之一”字。

安立，我今当说。

云何菩萨种性住？云何菩萨住种性住？谓诸菩萨住种性住，性自仁贤，性自成就菩萨功德，菩萨所应众多善法，于彼现行亦有显现。由性仁贤逼遣方便，令于善转[①]，非由思择，有所制约，有所防护。

若诸菩萨住种性住，住持一切佛法种子[②]，于自体中，于所依中已具足有一切佛法一切种子。又诸菩萨住种性住，性离麤垢，不能现起上烦恼缠，由此缠故，造无间业，或断善根。如“种性品”所说种种住种性相，于此菩萨种性住中亦应广说，应如实知。是名菩萨种性住。

云何菩萨胜解行住？谓诸菩萨从初发心乃至未得清净意乐，所有一切诸菩萨行当知皆名胜解行住。又诸菩萨种性住中，于余十一诸菩萨住及如来住唯有因转，摄受彼因，于余所有诸菩萨住尚未发趣，未得未净，况如来住。若诸菩萨胜解行住，普于一切余菩萨住及如来住皆名发趣，未得未净。即于如是胜解行住，亦名发趣，亦名为得，为令清净，而修正行。胜解行住既清净已，极欢喜住先已发趣，今复名得，为令清净，而修正行。极欢喜住既清净已，增上戒住先已发趣，今复名得，为令清净[③]，而修正行。如是广说，展转乃至最上成满菩萨住。即此最上成满菩萨住既清净已，从此无间，其如来住先已发趣，当知于今顿得顿净。是如来住于菩萨住，当知此中如是差别。

云何菩萨极欢喜住？谓诸菩萨净胜意乐住。

云何菩萨增上戒住？谓诸菩萨净胜意乐为缘，所得性戒相应住。

---

① 令于善转，底本与《房山石经》《资福藏》《赵城金藏》《永乐南藏》《径山藏》《高丽藏》相同；《碛砂藏》《普宁藏》“令”作“今”。

② 住持一切佛法种子，底本与《碛砂藏》《普宁藏》相同；《房山石经》《资福藏》《赵城金藏》《永乐南藏》《径山藏》《高丽藏》“住”作“任”。

③ 为今清净，底本与《普宁藏》相同；《房山石经》《资福藏》《碛砂藏》《赵城金藏》《永乐南藏》《径山藏》《高丽藏》“今”作“令”。

云何菩萨增上心住？谓诸菩萨增上戒住清净为缘，所得世间静虑、等持、等至住。

云何菩萨觉分相应增上慧住？谓诸菩萨以世间净智所依等持为所依止，为觉诸谛，于正念住等三十七菩提分法妙拣择住。

云何菩萨诸谛相应增上慧住？谓诸菩萨觉分拣择为所依止，于诸谛中如实觉住。

云何菩萨缘起流转止息相应增上慧住？谓诸菩萨于谛能觉增上力故，拣择显示由无智故，苦及因起；拣择显示由有智故，苦及因灭住。

云何菩萨有加行有功用无相住？谓诸菩萨即由三种增上慧住增上力故，有加行，有功用，无缺无间，于一切法真如无分别慧修俱行住。

云何菩萨无加行无功用无相住？谓诸菩萨即于前无相住多修习已，任运自然、无缺无间运转道随行住。

云何菩萨无碍解住？谓诸菩萨即以善清净无动慧等持为所依止，得广大慧，为他说法，无上为依，能于诸法异门、义趣、释词[①]、差别妙拣择住。

云何菩萨最上成满菩萨住？谓诸菩萨安住于此，于菩萨道已到究竟[②]，于阿耨多罗三藐三菩提已得大法灌顶，或一生所系，或居最后有，从此住无间，即于尔时证觉无上正等菩提，能作一切佛所作事。

又诸菩萨胜解行住，于菩萨修所作狭小，所作有缺[③]，所作不定，所得有退。极欢喜住，于菩萨修所作广大，所作无缺，所作决定，随所获得，

---

① 释词，底本与《资福藏》《碛砂藏》《普宁藏》《永乐南藏》《径山藏》相同；《房山石经》《赵城金藏》《高丽藏》“词”作“辞”。

② 于菩萨道已到究竟，底本与《资福藏》《碛砂藏》《赵城金藏》《普宁藏》《永乐南藏》《径山藏》《高丽藏》相同；《房山石经》无“于”字。

③ 所作有缺，底本与《房山石经》《资福藏》《赵城金藏》《永乐南藏》《径山藏》《高丽藏》相同；《碛砂藏》《普宁藏》“有”作“无”。

无复退转。如极欢喜住，乃至三种增上慧住应知亦尔。从初无相住乃至最上成满菩萨住，于菩萨修所作无量，所作无缺，所作决定，随所获得，终无退转。又诸菩萨胜解行住，于菩萨无相修，当知发趣，极欢喜住、增上戒住、增上心住、增上慧住，于菩萨无相修，当知获得。初无相住，于菩萨无相修，当知圆证。第二无相住，于菩萨无相修，当知清净。无碍解住、最上成满菩萨住，于菩萨无相修果，当知领受。

问：胜解行住菩萨转时，应知何行、何状、何相？

答：胜解行住菩萨转时，思择力胜，于诸菩萨所作加行，以分别慧数数思择，方能修作，未能住性成办所作[①]，未得坚固相续无退菩萨胜修。如于胜修，于胜修果种种无碍胜解[②]、神通、解脱、等持、等至亦未能得，未能超越五种怖畏，谓不活畏、恶名畏、死畏、恶趣畏、处众怯畏。于所应作利有情事，策励思惟，方能修作，未能任性哀愍爱念。或于一时于诸有情由身语意发起邪行，或于一时于诸境界发起贪著，或于一时于资生具现有悭悋。信他诸佛菩萨而行，未能自内了知真实，语于如来[③]，或法或僧，或真实义，或有情事，或佛菩萨神通威力，或因或果，或应得义，或得方便，或于所行，皆随他信。成就狭小闻所成智[④]、思所成智，而非无量，又即于此，或时忘失，有忘失法。成就菩萨苦迟通行，于大菩提无猛利乐欲，无炽然精进，无有甚深牢固净信。于其三处有忘失念：一、于境界可意不可意色、声、香、味、触、法中，或于一时其心颠倒，忘失正念；二、

① 未能住性成办所作，底本与《碛砂藏》《普宁藏》相同；《房山石经》《资福藏》《赵城金藏》《永乐南藏》《径山藏》《高丽藏》“住”作“任”。

② 于胜修果种种无碍胜解，底本与《资福藏》《碛砂藏》《普宁藏》《永乐南藏》《径山藏》相同；《房山石经》《赵城金藏》《高丽藏》无“胜”字。

③ 语于如来，底本与《资福藏》《碛砂藏》《普宁藏》《永乐南藏》《径山藏》相同；《房山石经》《赵城金藏》《高丽藏》“语”作“谓”。

④ 成就狭小闻所成智，底本与《资福藏》《碛砂藏》《普宁藏》《永乐南藏》《径山藏》相同；《房山石经》《赵城金藏》《高丽藏》“智”作“知”。

于受生彼彼身中既受生已，忘失前生；三、于所受所持诸法久作久说，或于一时有所忘失。于是三处有忘失念。或于一时具足聪慧，于其诸法能受能持，于其义理堪能悟入，或于一时则不如是。或于一时具足忆念，或于一时成妄念类[①]。于诸有情未能了知如实调伏善巧方便，于自佛法亦未了知如实引发善巧方便。为他说法教授教诫，勉励而转，勉励转故，不如实知，或时虚弃，或不虚弃，如阘中射，或中不中，随欲成故。或于一时于大菩提虽已发心[②]，而复退舍。或于一时弃舍菩萨先所受学净戒律仪，不能受学。或于一时虽勤修习利有情事，而于中间生厌倦故，复还弃舍利有情事。由意乐故，欲令自乐；由思择故，欲令他乐。于诸菩萨所有违犯多分遍知，非数遍知，无余永断，由于毁犯数现行故。或于一时于菩萨藏法毗奈耶，他所引夺。或于一时闻说甚深广大法教而生惊怖，其心摇动，犹豫疑惑。于诸有情远离一切现行大悲。于诸有情少分现前利益安乐未能广大，未能无量。于如上说一切圆满菩萨学中未能普学，于如上说一切圆满菩萨诸相未皆成就，于如上说一切圆满二分菩萨正加行中未等显现[③]，于如上说菩萨意乐犹未清净，于其无上正等菩提，自谓为远，未于涅槃增上意乐安立深固。如于生死长时流转，于其炽然无动妙善菩提分法未能成就。如是等类，当知是名胜解行住菩萨转时，诸行状相。是诸菩萨胜解行住下忍转时，如上所说诸行状相，当知上品；中忍转时，如上所说诸行状相，当知中品；上忍转时，如上所说，当知下品，其性微薄。即于如是上忍转时，于上所说诸行状相，渐次能令无余永断，从此无间，当知菩萨入极喜住。

---

① 或于一时成妄念类，底本与《资福藏》《碛砂藏》《普宁藏》《永乐南藏》《径山藏》相同；《房山石经》《赵城金藏》《高丽藏》“妄”作“忘”。

② 或于一时于大菩提虽已发心，底本与《房山石经》《资福藏》《碛砂藏》《普宁藏》《永乐南藏》《径山藏》《高丽藏》相同；《赵城金藏》“提”作“萨”。

③ 于如上说一切圆满二分菩萨正加行中未等显现，底本与《房山石经》《资福藏》《碛砂藏》《普宁藏》《永乐南藏》《径山藏》《高丽藏》相同；《赵城金藏》“二”作“三”。

由得方便极喜住中，胜解行住所说诸法皆无所有，与彼相违所有一切白品诸法皆悉显现。由诸菩萨成就此故，转得名为净胜意乐。胜解行住菩萨转时，虽有少分輭、中、上品方便展转清净胜解，而未得名净胜意乐。何以故？由此胜解为彼多种诸随烦恼染汙而转。极欢喜住菩萨住时，一切胜解诸随烦恼皆悉永断，离随烦恼净胜解转[①]。

问：极欢喜住菩萨转时，应知何行、何状、何相？

答：若诸菩萨从胜解行住入极欢喜住，先于无上正等菩提菩萨弘愿，未善通达菩提自性，未善通达菩提方便[②]，多分随顺他缘而转，不善决定。除舍彼故，发起六相新善决定：内证修性菩萨大愿，超过一切余白净愿；无等不共果，是世间超越一切世间境界[③]；随救一切有情苦故，不共一切声闻、独觉；虽一刹那生起此愿，法性自尔，能得菩提无量白法可爱之果[④]；又此大愿无变无尽自性得已，无异因缘令其退转变异可得；又是胜分，堕后边际极大菩提。如此菩萨善决定愿，亦名发心。

又即如是菩萨发心，略由四相应当了知。何等为四？一者，何相菩萨发心？二者，发心何所缘虑？三者，发心何状、何相、何自性起？四者，发心有何胜利？由此四相，应当了知菩萨发心。

谓诸菩萨胜解行住，已善积集一切善根，于菩萨行已正超出，略说是相菩萨发心。

又诸菩萨缘当来世无倒速疾一切菩提资粮圆满，一切菩萨利有情事

① 离随烦恼净胜解转，底本与《房山石经》《资福藏》《碛砂藏》《普宁藏》《永乐南藏》《径山藏》《高丽藏》相同；《赵城金藏》无“净”字，“转”作“缚”。

② 未善通达菩提方便，底本与《房山石经》《资福藏》《碛砂藏》《普宁藏》《永乐南藏》《径山藏》《高丽藏》相同；《赵城金藏》“提”作“萨”。

③ 是世间超越一切世间境界，底本与《资福藏》《碛砂藏》《赵城金藏》《普宁藏》《永乐南藏》《径山藏》相同；《房山石经》《高丽藏》“越”作“过”。

④ 能得菩提无量白法可爱之果，底本与《资福藏》《碛砂藏》《赵城金藏》《普宁藏》《永乐南藏》《径山藏》相同；《房山石经》《高丽藏》“提”作“萨”。

圆满、无上正等菩提一切种一切佛法圆满、诸佛所作事业圆满，略说缘虑如是发心。

又诸菩萨无倒速疾发起一切菩提资粮，随顺于诸有情一切菩萨所作，随顺获得无上正等菩提无师自然妙智，随顺遍一切种诸佛所作事业，随顺广大愿心。

又诸菩萨发是心已，超过菩萨凡异生地，证入菩萨正性离生，生如来家，成佛真子，决定趣向正等菩提，决定绍继如来圣种。

又正获得如实证净，极多欢喜。于他有情远离多分忿害斗诤。于一切种菩萨所作利众生事，于一切种菩提资粮圆满，于一切种无上菩提一切佛法，于一切种佛所作事，以净增上意乐攀缘胜解趣入。于是诸法速疾圆证，自观己身能正随顺，如是解了，极多欢喜。又自观见妙善广大、能引出离、无染无等、摄受饶益身心欢喜，于此无量炽然善法皆悉成就。

又自了知我于无上正等菩提今已邻近，于大菩提我胜意乐已得清净，我今已离一切怖畏。由是因缘，极多欢喜。由诸菩萨已能发起善决定心[①]，于五怖畏皆悉除断。由善修习无我妙智，分别我想尚不复转，况当得有分别我爱或资生爱。由是因缘，无不活畏。由于他所，无所悕望，常自发起如是欲乐："我当饶益一切有情，非于有情有所求觅。"由是因缘，无恶名畏。由离我见，于我无有失坏想转，故无死畏。自知死后，于当来世决定值遇诸佛菩萨，由此决定，无恶趣畏。由意乐见一切世间尚无有一与我齐等，何况殊胜，是故无有处众怯畏。菩萨如是远离一切五种怖畏，远离一切闻说甚深正法惊怖，远离一切高慢憍傲，远离一切他不饶益种种邪行所起瞋恚，远离一切世财贪喜。无染汙故，无所憎背，有炽然故，无俗意乐，能圆满证一切善法。

① 由诸菩萨已能发起善决定心，底本与《房山石经》《资福藏》《碛砂藏》《普宁藏》《永乐南藏》《径山藏》《高丽藏》相同；《赵城金藏》"能"作"离"。

又现法中能起菩萨一切精进，信增上力为前导故，于当来世，如前所说“菩提分品”十种大愿，今即于此极欢喜住能具引发，由得清净胜意乐故。为欲供养最胜有情、真实福田、大师法主，是故引发第一大愿；为欲受持彼所宣说无上正等法[①]，是故引发第二大愿；为欲劝请转未曾有妙正法轮，是故引发第三大愿；为欲顺彼行菩萨行，是故引发第四大愿；为欲成熟彼器有情，是故引发第五大愿；为欲往趣诸佛国土，奉见如来，承事供养，听受正法，是故引发第六大愿；为净修治自佛国土，是故引发第七大愿；为于一切在所生处常不违离诸佛菩萨[②]，与诸菩萨常同一味意乐加行，是故引发第八大愿；常为利益一切有情，曾无空过[③]，是故引发第九大愿；为证无上正等菩提，作诸佛事，是故引发第十大愿。

作是愿言：“如有情界展转相续，终无断尽，亦如世道展转相续，终无断尽，我此大愿生生相续，乃至究竟菩提边际，常不远离，常不忘失，常不乖离。”如是自誓，心发正愿。当知此中，前就所应愿事起愿，后即就愿以起于愿。如是菩萨十种大愿以为上首，能生无数百千正愿。如是菩萨于当来世具诸大愿，于现法中发大精进。

复有十种净修住法，由是能令极欢喜住速得清净。一者，于诸佛法深生净信。二者，观诸有情缘起道理，证得唯有纯大苦蕴，发起大悲。三者，观见彼已，自誓愿言：“我当令彼诸有情类解脱如是纯大苦蕴，得第一乐。”发起大慈。四者，为欲救拔一切忧苦，自无顾恋，无顾恋故，能舍内外一切身财，于诸有情而行惠施。五者，为欲利益诸有情故，从他勤求

① 为欲受持彼所宣说无上正等法，底本与《资福藏》《碛砂藏》《赵城金藏》《普宁藏》《永乐南藏》《径山藏》相同；《房山石经》《高丽藏》无“等”字。

② 为于一切在所生处常不违离诸佛菩萨，底本与《房山石经》《资福藏》《碛砂藏》《赵城金藏》《普宁藏》《永乐南藏》《径山藏》相同；《高丽藏》“违”作“远”。

③ 曾无空过，底本与《资福藏》《碛砂藏》《普宁藏》《永乐南藏》《径山藏》相同；《房山石经》《赵城金藏》《高丽藏》“无”作“不”。

世出世法，曾无厌倦。六者，无厌倦故，证得一切论智清净，善知诸论。七者，善知论故，于劣中胜诸有情所，如应如宜，而修正行，善解世间。八者，即于如是正加行中，依应时分量等正行，而修惭愧。九者，即于如是正加行中[①]，得无退转坚力持性。十者，以诸上妙利养恭敬及与正行，供养如来。是名十种净修住法。由此能令极欢喜住速得清净。所谓净信、慈、悲、喜舍[②]、无有厌倦、善知诸论、善解世间、修习惭愧、坚力持性、供养如来。

又诸菩萨于此十法受学随转多修习已，复于余九增上戒等诸菩萨住，从佛菩萨专精访求一切种道功德、过失，及神通乐无失坏道，善取其行、得、等流相，于一切住自然升进，证大菩提，为大导师，率领一切有情商旅[③]，超度生死旷野险道。当知此中，诸行能入，说名为行；若正入时，说名为得；入已，果利成办圆证，说名等流。

又诸菩萨住此住中，由二因缘现见诸佛：或由听闻菩萨藏说，或由内心发起胜解，信有十方种种异名诸世界中种种异名诸佛如来，由麤净信俱行之心，求欲现见。如是求已，如实称遂，当知是名第一因缘。又心发起如是正愿："随于彼彼诸世界中，有佛出现，我当往生。"如是愿已，如实称遂，当知是名第二因缘。

菩萨如是由麤净信现见诸佛，由正愿力现见诸佛，既得见已，随力随能，兴一切种恭敬供养，奉施种种上妙乐具，及于僧众恭敬供养，于如来所，听闻正法，无倒受持，精进修行法随法行；以四摄事成熟有情；一切善

① 即于如是正加行中，底本与《房山石经》《资福藏》《碛砂藏》《普宁藏》《永乐南藏》《径山藏》《高丽藏》相同；《赵城金藏》无"加"字。

② 喜舍，底本与《碛砂藏》《永乐南藏》《径山藏》相同；《房山石经》《资福藏》《赵城金藏》《普宁藏》《高丽藏》"喜"作"惠"。

③ 率领一切有情商旅，底本与《碛砂藏》《普宁藏》《永乐南藏》《径山藏》相同；《房山石经》《资福藏》《赵城金藏》《高丽藏》"旅"作"侣"。

根悉皆回向无上菩提。

由是三种清净因缘，彼诸善根倍复明净，谓于佛僧法供养摄受故，以四种摄事成熟有情故，以一切善根回向菩提故，如是乃至无量俱胝那庾多百千大劫。

譬如世间黠慧工匠，以矿性金置于火中，如如烧炼，如是如是转得明净。

如是净胜意乐菩萨所有善根，由是三种清净因缘转复明净，当知亦尔。

又住于此，在在生处多作轮王，王赡部洲，得大自在，远离一切所有悭垢，威被有情，调伏悭恪。诸四摄事所作业中，一切不离佛法僧宝，证一切种菩提作意。恒发愿言："我当一切有情中尊，作诸有情一切义利所依止处。"

若乐发起如是精进，弃舍一切家属财位，归佛圣教，净信出家，一刹那顷，瞬息须臾能证菩萨百三摩地，以净天眼，能于种种诸佛国土见百如来。又即于彼变化住持、菩萨住持皆能解了。以神通力动百世界，身亦能往。放大光明，周帀遍照，普令他见。化为百类，成熟百种所化有情。若欲留命，能住百劫。于前后际各百劫事，智见能入。蕴、界、处等诸法门中，于百法门能正思择。化作百身，身身皆能现百菩萨眷属围绕。

自兹以去，是诸菩萨由愿力故，当知无量威力神变，安住如是极欢喜住诸菩萨众愿力增上，能引无量殊胜正愿所作神变。如是正愿，乃至俱胝那庾多百千大劫，不易可数。

当知是名略说菩萨极欢喜住，谓善决定故；四相发心故；发起精进，引发正愿故；净修住法故；开晓余住故；修治善根故；受生故；威力故。

若广宣说，《十地经极喜地》说。

彼《十地经》广所宣说菩萨十地，即是此中菩萨藏摄摩怛理迦略所宣说菩萨十住，如其次第，从极欢喜住乃至最上成满菩萨住。应知此中，由能摄持菩萨义故，说名为地；能为受用居处义故，说名为住。

瑜伽师地论卷第四十八

本地分中菩萨地[①]

第二持随法瑜伽处住品第四之二

问：增上戒住菩萨转时[②]，当知何行、何状、何相？

答：若诸菩萨先于极欢喜住，由十种心意乐，已得意乐清净。何等为十？一者，于一切师长尊重福田不行虚诳意乐；二者，于同法菩萨忍辱柔和，易可共住意乐；三者，胜伏一切烦恼及随烦恼众魔事业，心自在转意乐；四者，于一切行深见过失意乐；五者，于大涅槃深见胜利意乐；六者，于诸妙善菩提分法常勤修习意乐；七者，即于彼修，为随顺故，乐处远离意乐；八者，于诸世间有染尊位利养恭敬无所顾恋意乐；九者，远离下乘，趣证大乘意乐；十者，欲作一切有情一切义利意乐。如是十种无倒意乐，依心而转，是故说为意乐清净。

即由如是十种意乐成上品故，极圆满故，是诸菩萨入证第二增上戒住。于此住中，性戒具足，极少邪恶业道所摄诸恶犯戒尚不现行，况中、上品。又于十种圆满业道自性显现。菩萨如是住戒具足[③]，能以妙慧，于染不染、恶趣善趣及诸乘中诸业现行若因若果修证安立，如实了知；于异熟果及等流果如是诸业，如实了知。自能现断诸不善业，自能现受一切善业，

① 本地分中菩萨地，底本与《径山藏》相同；《房山石经》《资福藏》《碛砂藏》《赵城金藏》《普宁藏》《永乐南藏》《高丽藏》"地"作"地第十五"，下同。

② 增上戒住菩萨转时，底本与《房山石经》《资福藏》《碛砂藏》《普宁藏》《永乐南藏》《径山藏》《高丽藏》相同；《赵城金藏》无"时"字。

③ 菩萨如是住戒具足，底本与《碛砂藏》《普宁藏》《永乐南藏》《径山藏》相同；《房山石经》《资福藏》《赵城金藏》《高丽藏》"住"作"性"。

即于其中乐劝导他，能正劝导。于其种种不平等业现行过失之所染汙诸有情界，若兴若衰，等无差别，一切皆堕第一义苦，并住艰辛，种种艰辛之所逼切，甚可哀愍。于彼获得广大哀愍，如实观照。

是诸菩萨安住如是增上戒住，广见诸佛善根清净，如前应知。此差别者，谓如世间善巧工匠，以所炼金置迦肆娑，置于火中数数烧炼，转更明净。如是菩萨善根清净，当知亦尔。

于此住中，净心意乐成满趣入，在所生处，多作轮王，王四大洲，以自在力令多有情止息犯戒不善业道，劝彼受行诸善业道，当知威力过前十倍。

当知是名略说菩萨增上戒住，谓意乐净故；性戒具足故；离一切种毁犯戒垢故；一切业道一切因果了知通达故；于诸净业能自受行，亦乐劝他，令其受行故；于有情界诸业所生众苦艰辛，得大哀愍，如实观照故；善根清净故；受生故；威力故。

若广宣说，如《十地经离垢地》说。

远离一切犯戒垢故，名离垢地。由离一切犯戒垢故，即此名为增上戒住。彼离垢地当知即此增上戒住。

问：增上心住菩萨转时，当知何行、何状、何相？

答：若诸菩萨先于增上戒住已得十种清净意乐，作意思惟，解了通达，复由余十净心意乐作意思惟成上品故，极圆满故，过增上戒住，入增上心住。何等为十？一者，作意思惟：我于十种净心意乐已得清净。二者，作意思惟：我于十种净心意乐已清净故，能不退失。三者，作意思惟：我于一切漏有漏法，心不趣入，于违背中能正安住。四者，作意思惟：我能于彼修对治中，识正安住。五者，作意思惟：我能于彼所修对治不复退失。六者，作意思惟：我于如是坚固对治，不为一切漏有漏法一切魔军之所胜伏。七者，作意思惟：我今能于一切佛法，其心无有怯劣而转。八者，作意思惟：我今能于一切苦行无有怯弱。九者，作意思惟：我心一向于大乘中深生信解，终不爱乐余下劣乘。十者，作意思惟：我于一切利有情事深心爱乐。由此十种净心意乐作意思惟，能入菩萨增上心住。

菩萨安住增上心住，能以种种过患行相坏一切行，于彼诸行深心厌离，于佛妙智能以种种胜利行相见大胜利，又于其中能以淳净一味欲乐深生爱慕，于有情界能以种种苦恼行相观为有苦，于诸有情兴悲恋心，生依义心，于一切行无有放逸，为大菩提炽然精进，于诸有情能起广大悲愍意乐。

观诸有情解脱众苦究竟方便，唯是一切烦恼诸缠无障碍智；观彼解脱能圆证者，唯于法界一切分别现行杂染生起对治无分别慧；观能成办彼智光明，唯是无倒胜三摩地；观所引发一切静虑、等持、等至，皆菩萨藏听闻为先，皆闻正法以为缘起。

观见是已，发大精进，访求多闻。为闻正法，不惜身命，无有资财内外爱物而不能舍，无有师长不誓承事，无有尊教不誓奉行，无有身苦而不誓受。若闻佛法一四句颂，欢喜踊跃，胜得三千大千世界充满其中大珍宝聚。闻一句法是佛所说，能引正等觉，能净菩萨行，欢喜踊跃，胜得一切释梵护世、转轮王等极尊贵位。设有告言："善男子听！我有一句佛所说法，能引正等觉，能净菩萨行，汝欲闻不？汝今若能投大火坑，受大苦者，当为汝说。"菩萨闻已，欢喜踊跃，答言："我能！我若得闻如前所说一句法义，正使火坑量等三千大千世界，满中炽火，我从梵天尚投身入，况小火坑。为求佛法，尚应久处大那落迦受大苦恼，况余小苦而不应受。"

菩萨发起如是精进求正法已，复能如实如理思惟，要正修行法随法行，方得名为随顺佛法，非但听闻文字音声而得清净。如是知已，即依所闻正缘法相，远离诸欲恶不善法，广说乃至能得世俗四种静虑、四无色定及四无量、五种神通具足安住。

既多住已，复还弃舍诸静虑等、等持、等至，愿自在力还来欲界。观彼彼处若为有情能作义利，若能圆满菩提分法，即便往生，非但自在而生彼处。如是菩萨离欲贪故，名断欲缚；弃舍静虑、等持、等至故①，名断有缚。菩萨先从胜解行地于法真如修胜解故，已断见缚，邪贪恚痴毕竟不转。

广见诸佛善根清净，如前应知。

此差别者，谓如世间善巧工匠，先所烧炼手中真金垢秽斯尽，秤量等住。

如是菩萨善根清净，当知亦尔。

受生多分作释天帝，善化有情，令离欲贪。

所有威力，于前住中已说千数，当知此中有百千数。

当知是名略说菩萨增上心住，谓心意乐作意思惟成满起入故；于一切行诸有情界及大菩提能正通达故；于诸有情脱苦方便能正推求故；于正法中起大恭敬，访求无倦故；能正修行法随法行，于其世俗诸静虑等、等持、等至无量神通能引能住故；弃舍于彼，愿自在力随乐受生故；善根清净故；受生故；神力故。

若广宣说，如《十地经发光地》说。由发闻行正法光明、等持光明之所显示，是故此地名发光地。

由内心净能发光明，是故说名增上心住。由此义故，名发光地。即由此义，当知复名增上心住。

云何菩萨觉分相应增上慧住？

谓诸菩萨先于增上心住，以求多闻增上力故，已得十法明入。由此十法明入成上品故，极圆满故，超过增上心住，入初增上慧住。如是十法明

① 等至故，底本与《资福藏》《碛砂藏》《普宁藏》《永乐南藏》《径山藏》《高丽藏》相同；《房山石经》《赵城金藏》无“至”字。

入文辞，如契经说，应知其相。谓若彼假设，若于中假设，若由此假设，若平等胜义，若染恼故，清净故，成染成净，若由系缚烦恼所染，若由无上清净所净，当知是名十法明入略所说义。

是诸菩萨住此住中，如契经说：不坏意乐而为上首，所有十种能成熟智、智成熟法皆悉成就，长如来家，得彼体法。

观一切种菩提萨埵增上力故，修四念住而为上首三十七种菩提分法。

如契经说：由于此法方便摄受勤修习故，最极微细萨迦耶见，执著一切蕴、界、处等一切动乱，皆得毕竟不现行断。

由彼断故，一切如来所诃毁业皆不现行，一切如来所赞美业如实随转。

既如是已，其心转复滋润柔和，有所堪能，其心转复种种行相皆善清净，又善知恩知报恩等随顺意乐种种白法皆悉成就。

寻求上地能修治业，发大精进，逮得安住。

由此因缘，所有意乐、增上意乐胜解界性皆得圆满。

由是因缘，一切外道种种魔军、圣教怨敌，不能映夺，不能倾动。

广见诸佛善根清净，广说如前，应知其相。此差别者，谓如世间善巧工匠，以所炼金作庄严具，非余未作庄严具金之所映夺。如是此中菩萨善根，非余安住凡住菩萨所有善根所能映夺。如末尼宝所放光明，非余宝珠所能映夺，一切世间风水雨等不能断灭所放光明。如是此中菩萨所有智慧光明，一切声闻及独觉等不能映夺，一切魔怨不能断灭。受生多作苏夜摩天王，善化有情，令其除灭萨迦耶见。所有威力，于前住中说百千数，当知此中说俱胝数。

当知是名略说菩萨觉分相应增上慧住，谓法明入成满得入故；成熟智故[1]；修习菩提分法故；萨迦耶见等一切执著动乱断故；制业、开业远离习近故；由是因缘，心调柔故；随顺功德皆隆盛故；依所寻求修治地业发大精进故；由是因缘，所有意乐、增上意乐胜解界性净修治故；由是因缘一切圣教所有怨敌不能映夺及倾动故；善根清净故；受生故；威力故。

若广宣说，如《十地经焰慧地》说。

于此地中，菩提分法如实智焰，能成正法教慧照明，是故此地名焰慧地。又即彼地，此中说名觉分相应增上慧住。

云何菩萨诸谛相应增上慧住？谓诸菩萨先于觉分相应增上慧住已得十种平等清净意乐，由彼平等清净意乐成上品故，极圆满故，超过第一增上慧住，证入第二增上慧住。十种平等清净意乐所有文辞，如契经说，应知其相，谓无等觉与诸觉等超过所余诸有情界及以诸法，如其平等，当知是名十种平等清净意乐略所说义。

如是菩萨住此住中，多分希求智殊胜性，于四圣谛，由十行相如实了知。一切文辞，如契经说，应知其相。谓依晓悟他，依自内智，依俱处所，名为此说；依于契经、调伏、本母，名由此说；依于现在众苦自性，依于未来苦因生性，依于因尽彼尽无生性，依于修习彼断方便性，名如此说：当知是名十种行相四圣谛智所有略义。

如是于谛善巧菩萨，于一切行，以慧正毁，于有情界增悲意乐，于前后际愚痴有情所有邪行能正通达。

为欲令彼得解脱故，摄受广大福智资粮，心发正愿，及即于彼意乐引摄正念、慧行而为上首，所有众多殊胜功德皆悉增盛。

诸余作意皆悉远离，以其种种成熟方便成熟有情。

如契经说，所有种种能益有情世俗书论印算计等工业明处，于是一

---

① 成熟智故，底本与《资福藏》《碛砂藏》《赵城金藏》《普宁藏》《永乐南藏》《径山藏》相同；《房山石经》《高丽藏》“熟”作“就”。

切，皆能引发。于诸有情深悲愍故，渐次乃至方便安立妙菩提故；随顺世间言说事故；为欲方便坏贫穷故；为令世间诸界错乱人非人等所起灾患皆息灭故；为施无罪诸戏乐具，除彼非法诸戏乐故；诸有希求种种居处资生具者，为少用功皆能施与种种居处资生具故；为欲拔济诸王贼等逼恼事故；为欲开制是处非处诸加行故；为欲安立吉非吉事，令取舍故；为正劝奖，于现法中令其展转不相谋掠①，及为宣说当来无倒胜生道故；当知是名能益有情工业明处略所说义②。

其余一切，如前应知。此差别者，谓如世间义巧工匠③，以所炼金作庄严具，牟娑罗宝莹饰厕钿，所有余金无与等故，不能映夺。如是此中菩萨善根，一切声闻及诸独觉、余地菩萨不能映夺。又如日月诸宿光明，一切风轮不能映夺，然其回转共彼风同。如是此中菩萨妙慧，一切声闻、诸独觉等不能映夺，然其所作与世共同。

受生多作珊覩史多天王，善化有情，令舍一切外道邪法。

所有威力，当知此说千俱胝数。

当知是名略说菩萨诸谛相应增上慧住，谓十平等清净意乐成满得入故；善巧方便观察诸谛渐增长故；毁坏诸行，悲愍有情渐增长故；即为是义，长养广大福智资粮，心发正愿勤加行故；念、慧行等德增长故；无余作意，以一切种成熟有情勤加行故；引发世间工巧业故；善根清净故；受生故；威力故。

若广宣说，如《十地经极难胜》地。

---

① 于现法中令其展转不相谋掠，底本与《资福藏》《碛砂藏》《普宁藏》《永乐南藏》《径山藏》相同；《房山石经》《赵城金藏》《高丽藏》“掠”作“略”。

② 于现法中令其展转不相谋掠，底本与《资福藏》《碛砂藏》《普宁藏》《永乐南藏》《径山藏》相同；《房山石经》《赵城金藏》《高丽藏》“掠”作“略”。

③ 谓如世间义巧工匠，底本与《碛砂藏》《普宁藏》《径山藏》相同；《房山石经》《资福藏》《赵城金藏》《永乐南藏》《高丽藏》“义”作“善”。

今此地中显示菩萨于诸圣谛决定妙智极难可胜，是故此地名极难胜。即由此义，应知此中诸谛相应增上慧住。

云何菩萨缘起相应增上慧住？谓诸菩萨先于诸谛相应增上慧住已得十种法平等性，当知文辞如经广说。如是十种法平等性成上品故，极圆满故，超过前住，得入此住。谓于一切法，由有胜义自性无相平等性故，言说造作影像无相平等性故，即由此相自然不生平等性故，因亦不生平等性故，自然与因皆不生故，毕竟本寂平等性故，现有体事能取正智离诸戏论平等性故，远离一切取舍造作平等性故，即此烦恼众苦杂染离系解脱平等性故，分别所执境界自性如幻化等平等性故，无分别智所行自性有无无二平等性故，当知是名此中十种法平等性略分别义。

如是菩萨住此住中，于诸有情增长悲愍，于大菩提生起猛利欲乐悕求[①]，于诸世间合散生灭，以一切种缘起正观观察了知，依缘起智能引发空、无相、无愿三解脱门。

由是因缘，所有自他、作者、受者有无等想皆不复转。

菩萨如是善于胜义顾念有情，如理通达烦恼系故，缘和合故，有为诸法自性羸劣，离我、我所无量过失汙染而转，非离一切烦恼系缚众缘和合。是故我今为自防护，应令一切烦恼系缚众缘和合皆悉断坏；为益有情，不应永灭一切有为。

如是菩萨住此住中，智慧随逐[②]，名无著智现前，般若波罗蜜多住现前。由此住故，于一切世间行无染而行。又即此住有猛利忍，于第七地有加行行边际菩萨忍，当知是彼随顺忍摄。又此无著智现前，般若波罗蜜多

---

① 于大菩提生起猛利欲乐悕求，底本与《资福藏》《碛砂藏》《普宁藏》《永乐南藏》《径山藏》相同；《房山石经》《赵城金藏》《高丽藏》“悕求”作“希求”，下同。

② 智慧随逐，底本与《碛砂藏》《普宁藏》《永乐南藏》《径山藏》相同；《房山石经》《资福藏》《赵城金藏》《高丽藏》“慧”作“悲”。

住现前，能引能引菩提众缘，于诸世间有为诸行住而不住，虽于寂灭见寂静德，而亦不住。

如是菩萨方便般若智所随逐，能入空三摩地，令十百千上首三摩地门皆现在前。如空三摩地，如是无愿、无相三摩地当知亦尔。

由此上首三摩地门现在前故，意乐不坏，于一切种诸佛圣教，一切外道及诸魔军、圣教怨敌不能引夺。

余如前说。此差别者，谓如世间善巧工匠，以所炼金作庄严具，瑠璃宝珠莹饰厕钿，一切余金不能映夺。如是此中菩萨善根清净殊胜，如先所说不能映夺。又如月光于有情身能令悦豫，非四风轮所能断坏。如是此中菩萨慧光，一切有情烦恼郁蒸皆能息灭，一切外道魔军怨敌不能断坏。

受生多作妙化天王，善化有情，令除一切增上慢等。所有威力，当知此中说百千俱胝数。

当知是名略说菩萨缘起相应增上慧住，谓十法平等性成满得入故；觉悟缘起生解脱门故；一切邪想不现行故；方便摄受生死故；无著智现前，般若波罗蜜多住现在前故；证得无量三摩地故；证得不坏意乐故；于佛圣教不可引夺故；广见诸佛善根清净故；受生故；威力故。

若广宣说，如《十地经》“现前地”说[①]。

由此地中，无著智现前，般若波罗蜜多住现在前故，名现前地。即由此义，当知亦名缘起相应增上慧住。

云何菩萨有加行有功用无相住？谓诸菩萨于前第六缘起相应增上慧住，已得十种妙方便慧所引世间不共一切有情而共一切世间进道胜行，即由如是妙方便慧所引不共进道胜行成上品故，极圆满故，超过第六住，得入第七住。如是文辞，如经广说，应知其相。谓依能起世间兴盛摄受福

① 如《十地经》“现前地”说，底本与《资福藏》《碛砂藏》《赵城金藏》《普宁藏》《永乐南藏》《径山藏》《高丽藏》相同；《房山石经》“说”作“谓”。

德[1]，依于有情利益安乐增上意乐，依为菩提福德资粮[2]、菩提分法后后胜进，依不共声闻，依不共独觉，依有情界，依诸法界，依诸世界，依诸如来身语心智，当知是名妙方便慧所引不共进道胜行处所略义。

菩萨与彼共相应故，便能通达无量无数如来境界，及为彼起无功用、无相、无分别、无异分别观无量佛境界，起无间无缺精勤修学一切威仪行住作意，一切分位不远离道。

彼于一一心刹那中，十波罗蜜多而为上首，一切菩提分法圆满殊胜。诸余下住，则不如是。谓于第一极欢喜住，正以大愿为胜所缘；于第二住，正能除遣毁犯戒垢；于第三住，正愿增长，得法光明；于第四住，正趣入道；于第五住，正入一切世间事业；于第六住，正入甚深缘起道理；今即于此第七住中，具足发起一切佛法觉支圆满。此住菩萨加行行圆满所摄故[3]，妙智神通行清净能入第八住故，由是菩萨此住无间，能入第八极清净住。彼第八住一向清净，此第七住犹名为杂。与清净住为前导故，当言此住名不染汙；犹未得故，当言此住堕杂染行[4]。今此住中，一切贪等上首烦恼皆悉除断。当知此住非有烦恼，非离烦恼，一切烦恼不现行故，悕求佛智犹未得故。

如是行者，增上意乐已得清净，无量身语意业随转，于诸如来所赞毁业，如前广说，于第五住所引世间工巧业智转得圆满。三千世界共许为师，唯除安住上住菩萨及诸如来，意乐加行无与等者。于一切静虑等菩提

---

① 谓依能起世间兴盛摄受福德，底本与《资福藏》《碛砂藏》《赵城金藏》《普宁藏》《永乐南藏》《径山藏》《高丽藏》相同；《房山石经》“起”作“超”。

② 依为菩提福德资粮，底本与《资福藏》《碛砂藏》《赵城金藏》《普宁藏》《永乐南藏》《径山藏》《高丽藏》相同；《房山石经》“德”作“智”。

③ 此住菩萨加行行圆满所摄故，底本与《资福藏》《碛砂藏》《普宁藏》《永乐南藏》《径山藏》《高丽藏》相同；《房山石经》《赵城金藏》“行行”作“行”。

④ 当言此住堕杂染行，底本与《房山石经》《资福藏》《碛砂藏》《赵城金藏》《普宁藏》《永乐南藏》《径山藏》相同；《高丽藏》“行”作“汙”。

分法皆能现前，由修行相现在前故，非由安住异熟分位，如第八住。

此诸菩萨如是方便，能善思择诸三摩地，引发菩萨三摩地上首十百千种三摩地门；由得如是三摩地故，超过一切声闻、独觉三摩地境。菩萨如是一切烦恼皆悉远离，难可了知一切分别现行随逐身语意业皆悉安住，而不舍离寻求胜进勇猛加行，顾念有情。为大菩提速圆满故，离一切相无量身语意业随转，妙善修治无生法忍之所显发。

于此住中，由自觉慧境界故，超过一切声闻、独觉境界；余六住中，但由佛法增上所缘故，超过一切声闻、独觉境界。

又诸菩萨第六住中所入灭定，今此住中念念能入，然此菩萨甚希奇业不可思议，谓常安住实际住中，而于寂灭能不作证。

彼由如是妙方便智之所引发增上力故，能行一切有情不共菩萨妙行，虽与世间相似显现，而非彼性，如经广说。此中总义，谓依福业事；摄受种种亲属徒众；求生差别；发起胜进三解脱住；信解劣乘，方便调伏；受用诸欲，求欲差别；转诸外道；随他心转，随大众转。

余如前说。此差别者，谓如世间善巧工匠，以所炼金作庄严具，诸末尼宝莹饰厕钿甚为光丽，余赡部洲一切金宝不能映夺。如是此中菩萨善根转复清净，一切声闻、独觉善根及余下住菩萨善根不能映夺。又如日光，多分乾竭赡部洲中所有秽湿，余一切光不能映夺。如是此中菩萨慧光，多分乾竭一切有情烦恼诸毒，如前所说诸声闻等所有智光不能映夺。

受生多作他化自在天王，于能授与一切声闻独觉现观方便善巧。所有威力，当知此说俱胝百千数。

当知是名略说菩萨有加行有功用无相住，谓妙方便慧所引世间进道胜行成满得入故；通达如来佛境界[1]，起无间无缺勤加行故；一一刹那圆

① 通达如来佛境界，底本与《房山石经》《资福藏》《碛砂藏》《普宁藏》《永乐南藏》《径山藏》《高丽藏》相同；《赵城金藏》无“佛”字。

证一切菩提分法故；安立染污不染污故；有加行行圆满摄故；依于意乐清净业转，一切世间工巧业等皆圆满故；逮得无量不共一切声闻、独觉三摩地故；刹那刹那入灭定故；现行一切有情不共世间行故；善根清净故；受生故；威力故。

若广宣说，如《十地经远行地》说。

此地菩萨有加行行圆满摄故，名远行地。即由此义，当知亦名有加行有功用无相住。

云何菩萨无加行无功用无相住？谓诸菩萨于初无相住中已得十种入一切法第一义智，如经广说，谓依三世，如其所应，本来无生，无起无相；依余因性，无成无坏；依第一义毕竟离言诸自性事，言说造作影像自性，由体相故，及因性故，都无所有；即由如是杂染体性，无流转性，无止息性；依此无智邪执为因，于彼离言诸有体事，初、中、后位一切时分染平等性；依于真如，无倒证入无有分别平等性故，能除杂染。是名此中略所说义。如是十种入一切法第一义智成上品故，极圆满故，超过第七杂清净住，得入第八纯清净住。

住此住中，于无生法证得菩萨第一最胜极清净忍。此复云何？谓诸菩萨由四寻思于一切法正寻思已，若时获得四如实智，如实了知一切诸法，尔时一切邪分别执皆悉远离，观一切法于现法中随顺一切杂染无生，观彼先时一切所有邪分别执因所生法，于当来世，一切无余永不复生。此四寻思、四如实智，广说如前“真实义品”。此如实智始从胜解行住乃至有加行有功用无相住，未极清净，今此住中已极清净，是故说言于无生法证得菩萨第一最胜极清净忍。

是诸菩萨得此忍故，得甚深住，先于第一无相住中四种灾患，今悉除断。一者，除断于无相中有加行有功用事；二者，除断于上清净住精勤思慕；三者，除断于一切种利有情事有大堪能精勤思慕；四者，除断有微细想现在前行。是故此住名极清净。

又此菩萨于甚深住极生爱乐，即于如是法门流中蒙诸如来觉悟劝导，授与无量引发门智神通事业。

如是蒙佛觉悟劝导，引发无量分身妙智，得十自在，如经广说，应知其相。得自在故，随所欲住，如意能住；随乐安住静虑、解脱等诸心住，如意能住；若蹔思惟一切食等诸资生具，悉皆成办；一切世间工业明处，如其所欲，悉能现行；普于一切能感生业，及于一切受生处所，皆随所欲，自在往生；随所爱乐，一切神通所作事业皆能起作；一切妙愿，随其所欲，皆得称遂；随于事物发起胜解，如所欲为，皆成无异；随所欲知所知境界，皆如实知；普于一切名、句、文身，得随所欲，于一切法正安立中皆得善巧。

如是菩萨获得自在，从是已去，所得自在，所作胜利，广说如经，应知其相。

又能弃舍麤见诸佛，恒常无间不离见佛。其余所有善根清净，金喻、光喻，如经应知。

此住菩萨受生、威力诸殊胜事[①]，皆如经说，应知其相。

当知是名略说菩萨无加行无功用无相住，谓入一切法第一义智，成满得入故；得无生法忍故；除断一切灾患故；逮得菩萨甚深住故；于法门流，蒙佛授与无量引发门智神通事业故；悟入无量分身智故；得自在故；领受所得自在胜利故；善根清净故；受生故；威力故。

若广宣说，如《十地经不动地》说。于此地中，舍先所有有加行、有功用道，其心升上无行[②]、无功用、任运而转不动胜道，是故此地名不动地。

① 威力诸殊胜事，底本与《房山石经》《资福藏》《碛砂藏》《普宁藏》《永乐南藏》《径山藏》《高丽藏》相同；《赵城金藏》“殊”作“外”。

② 其心升上无行，底本与《资福藏》《碛砂藏》《赵城金藏》《普宁藏》《永乐南藏》《径山藏》相同；《房山石经》《高丽藏》“行”作“加行”。

即由此义，当知说名无加行无功用无相住。

云何菩萨无碍解住？谓诸菩萨于甚深住不生喜足，复于增上智殊胜性爱乐随入。

是诸菩萨于诸法中起智加行，应为他说一切种智[①]，普于一切说法所作皆如实知。当知此中说法所作，谓于一切近稠林行，如此杂染，如此清净，由此杂染，由此清净，若所杂染，若所清净，若非一向，若是一向，若通二种，如是一切皆如实知。

如是菩萨于说法中方便善巧，于说所作方便善巧，于一切种成大法师，获得无量陀罗尼门，于一切种音词支具剖析善巧，辩才无尽。成就如是法陀罗尼领受堪能菩萨，由此胜无碍解引发言辞，能坐如是微妙法座。若于是中，若于是处，宣说正法尽所有门，若由此故，于诸有情劝导慰喻，安处事业，此等堪能皆悉成就。如是一切，广说如经，应知其相。

善根清净、受生、威力诸殊胜事，亦广如经，应知其相。

当知是名略说菩萨无碍解住，谓于甚深寂静解脱不生喜足，入胜进故[②]；于诸法中起智加行宣说法故；此所作事如实知故[③]；得不思议大法师故；善根清净故；受生故；威力故。

若广宣说，如《十地经善慧地》说。

由此地中，一切有情利益安乐意乐清净，逮得菩萨无碍解慧，由此善能宣说正法，是故此地名善慧地。即由此义，当知复名无碍解住。

云何菩萨最上成满菩萨住？谓诸菩萨无碍解住一切行相遍清净已，

① 应为他说一切种智，底本与《径山藏》相同；《房山石经》《资福藏》《碛砂藏》《赵城金藏》《普宁藏》《永乐南藏》《高丽藏》“智”作“法”。

② 入胜进故，底本与《房山石经》《资福藏》《赵城金藏》《永乐南藏》《径山藏》《高丽藏》相同；《碛砂藏》《普宁藏》“胜”作“胜所作”。

③ 此所作事如实知故，底本与《房山石经》《资福藏》《赵城金藏》《永乐南藏》《径山藏》《高丽藏》相同；《碛砂藏》《普宁藏》无“所作”二字。

堪为法王，受法灌顶，得离垢等无量无数胜三摩地，作彼所作，一切智智殊胜灌顶后三摩地现在前故，得一切佛相称妙座身诸眷属，得大光明，往来普照一切行相，一切智智灌洒其顶。既灌顶已，普能引导所化有情，于彼解脱方便佛事得如实智，逮得无量无边解脱、陀罗尼门、大神通力，及此增上大念大智增上引发训辞安立，及大神通增上引发。善根清净、受生、威力诸殊胜事，一切如经，应知其相。当知是名略说最上成满菩萨住。

若广宣说，如《十地经法云地》说。

是诸菩萨住此地中，诸菩萨道皆得圆满，菩提资粮极善周备，从诸如来大法云所，堪能领受其余一切有情之类难可领受最极广大微妙法雨。又此菩萨自知大云[①]，未现等觉无上菩提；若现等觉无上菩提，能为无量无边有情等雨无比微妙法雨，殄息一切烦恼尘埃，能令种种善根稼穑生长成熟。是故此地名法云地。即由此义，当知复名最上成满菩萨住[②]。

如是所说后后住中支分功德，非前前住一切都无，然下品故，不堕其数。

当知即彼展转修习成中、上品，于余后地证得成满，方乃建立。

又即于此一一住中经多俱胝百千大劫，或过是数，方乃证得及与成满。然一切住总经于三无数大劫[③]，方得圆证，谓经第一无数大劫，方乃超过胜解行住，次第证得极欢喜住，此就恒常勇猛精进，非不勇猛勤精进者；复经第二无数大劫，方乃超过极欢喜住，乃至有加行有功用无相

① 又此菩萨自知大云，底本与《资福藏》《碛砂藏》《赵城金藏》《普宁藏》《永乐南藏》《径山藏》相同；《房山石经》《高丽藏》“知”作“如”。

② 当知复名最上成满菩萨住，底本与《房山石经》《资福藏》《碛砂藏》《普宁藏》《永乐南藏》《径山藏》《高丽藏》相同；《赵城金藏》无“成”字。

③ 然一切住总经于三无数大劫，底本与《资福藏》《碛砂藏》《赵城金藏》《普宁藏》《永乐南藏》《径山藏》相同；《房山石经》《高丽藏》“三”作“二”。

住，次第证得无加行无功用无相住，此即决定，以是菩萨得净意乐，决定勇猛勤精进故；复经第三无数大劫，方乃超过无加行无功用无相住及无碍解住，证得最上成满菩萨住。

当知此中略有二种无数大劫：一者，日、夜、月、半月等筭数方便，时无量故，亦说名为无数大劫；二者，大劫筭数方便，超过一切筭数之量，亦说名为无数大劫。

若就前说无数大劫，要由无量无数大劫方证无上正等菩提。若就后说无数大劫，但经于三无数大劫便证无上正等菩提，不过此量。

若正修行最上上品勇猛精进，或有能转众多中劫，或有乃至转多大劫，当知决定无有能转无数大劫。

又由如是所说十二诸菩萨住，经三无数大劫时量，能断一切烦恼障品所有麤重，及断一切所知障品所有麤重。于三住中，当知能断烦恼障品所有麤重，谓于极欢喜住中，一切恶趣诸烦恼品所有麤重皆悉永断，一切上、中诸烦恼品皆不现行；于无加行无功用无相住中，一切能障一向清净无生法忍诸烦恼品所有麤重皆悉永断，一切烦恼皆不现前；于最上成满菩萨住中，当知一切烦恼习气随眠障碍皆悉永断，入如来住。当知一切所知障品所有麤重亦有三种：一者，在皮麤重；二者，在肤麤重；三者，在实麤重①。当知此中，在皮麤重，极欢喜住皆悉已断；在肤麤重，无加行无功用无相住皆悉已断；在实麤重②，如来住中皆悉已断，得一切障极清净智。于三住中，烦恼、所知二障永断；所余诸住，如其次第，修断资粮。

① 在实麤重，底本与《资福藏》《碛砂藏》《赵城金藏》《普宁藏》《永乐南藏》《径山藏》相同；《房山石经》《高丽藏》“实”作“肉”。

② 在实麤重，底本与《资福藏》《碛砂藏》《赵城金藏》《普宁藏》《永乐南藏》《径山藏》相同；《房山石经》《高丽藏》“实”作“肉”。

即于如是十三住中，当知略有十一清净，谓于第一种性住中，种性清净；于其第二胜解行住，信胜解净；于其第三极欢喜住，胜意乐净；于其第四增上戒住，增上戒净；于其第五增上心住，增上心净；于其第六、第七、第八增上慧住，无颠倒智发起清净；于其第九有加行有功用无相住，有加行行圆满清净；于其第十无加行无功用无相住，真智神通引发清净；于第十一无碍解住，能正为他宣说法义无碍解净；于第十二最上成满菩萨住中，入一切种一切所知妙智清净；于第十三如来住中，一切烦恼及所知障并诸习气究竟清净。

如前“菩萨功德品”中所说八法能摄大乘，当知在此十三住摄，谓于第一、第二住中，于菩萨藏生信胜解，听受思惟；第三住中得胜意乐，趣向前行胜修行相；于余一切乃至有加行有功用无相住中，得修广大；于上三种净行所摄菩萨住中，修果成满；如来住中，当知获得究竟出离[1]。

当知菩萨十二种住，随其次第，类声闻住：如诸声闻自种性住，当知菩萨初住亦尔；如诸声闻趣入正性离生加行住，当知菩萨第二住亦尔；如诸声闻已入正性离生住，当知菩萨第三住亦尔；如诸声闻已得证净圣所爱味，为尽上漏增上戒学住，当知菩萨第四住亦尔；如诸声闻依增上戒学引发增上心学住，当知菩萨第五住亦尔；如诸声闻如其所得诸圣谛智增上慧学住，当知菩萨第六、第七、第八住亦尔；如诸声闻善观察所知无相三摩地加行住，当知菩萨第九住亦尔；如诸声闻成满无相住，当知菩萨第十住亦尔；如诸声闻从此出已，入解脱处住，当知菩萨第十一住亦尔；如诸声闻具一切相阿罗汉住，当知菩萨第十二住亦尔。

① 当知获得究竟出离，底本与《房山石经》《资福藏》《碛砂藏》《普宁藏》《永乐南藏》《径山藏》《高丽藏》相同；《赵城金藏》“知”作“如”。

本地分中菩萨地[①]

第三持究竟瑜伽处生品第一

诸菩萨生略有五种，摄一切生。于一切住一切菩萨受无罪生，利益安乐一切有情。何等为五？一者，除灾生；二者，随类生；三者，大势生；四者，增上生；五者，最后生。

云何菩萨除灾生？谓诸菩萨或大愿力，或自在力，于诸饥馑厄难旷野正现前时，为令众生少用功力而得存济，于大鱼等种类中生，身形广大，随所生处，以自身肉普给一切饥饿众生，皆令饱满。于诸有情众多疾疫正现前时，以大愿力得自在力，持有神验诸明咒力，摄受广大良药王身，息除一切有情疾疫。于诸有情邻国战诤互相逼恼正现前时，以大愿力得自在力，作大地主，具大势力，以法以正方便善巧[②]，息除邻国战诤逼恼。于诸有情互相违诤正现前时，以大愿力得自在力，发诚信言，往返和好，除其怨结。于诸众生遭遇恶王非理缚录[③]、治罚、逼迫身心扰乱正现前时，以大愿力得自在力，生彼王家，作如法王，哀愍众生，息除一切逼恼苦事。

若诸有情起诸邪见，造诸恶行，随一天处深生信解，哀愍彼故，以大愿力得自在力，生彼天处，方便断除邪见恶行。是名略说菩萨除灾生。

若广宣说，以大愿力得自在力，哀愍为先，于彼彼处受种种生，当知

① 本地分中菩萨地，底本与《房山石经》《资福藏》《碛砂藏》《普宁藏》《永乐南藏》《径山藏》《高丽藏》相同；《赵城金藏》无“地”字。

② 以法以正方便善巧，底本与《资福藏》《碛砂藏》《赵城金藏》《普宁藏》《永乐南藏》《径山藏》相同；《房山石经》《高丽藏》“以正”作“正治”。

③ 于诸众生遭遇恶王非理缚录，底本与《房山石经》《资福藏》《碛砂藏》《普宁藏》《永乐南藏》《径山藏》《高丽藏》相同；《赵城金藏》“遇恶王”作“恶王等”。

无量。

云何菩萨随类生？谓诸菩萨以大愿力得自在力，生于种种傍生趣类天龙、药叉、阿素洛等展转谋害违诤类中，或生邪见婆罗门中，或生乐行、恶行类中，或生喜乐邪命类中，或生最极耽著诸欲、信解诸欲有情类中，为欲除彼诸过失故，往彼有情同分中生，而为上首；为上首已，方便化导。彼所行恶，菩萨不行；彼不行善，菩萨现行。为欲令彼现行善故，为说正法。由是菩萨与彼现行不同分故，说正法故，方便善巧除彼有情所有过失，是名略说菩萨随类生。广说如前，当知无量。

云何菩萨大势生？谓诸菩萨禀性生时，所感寿量、形色、族姓、自在、富等诸异熟果，一切世间最为殊胜。此异熟果所作事业，"自他利品"已广宣说，是名略说菩萨大势生。若广宣说，彼彼类中受大势生，当知无量。

云何菩萨增上生？谓诸菩萨始从第一极欢喜住，乃至第十最上成满诸菩萨住，如前所说差别受生，今于此中名增上生。谓最初住作转轮王，王赡部洲，得大自在；乃至第十最上成满诸菩萨住，作大自在过色究竟，一切生处最为殊胜，唯有已得最上成满诸菩萨住摩诃萨众得生其中。彼诸菩萨即由此业增上所感，是名略说菩萨增上生。若广宣说，当知无量。

云何菩萨最后生？谓诸菩萨于此生中，菩提资粮已极圆满，或生婆罗门大国师家，或生刹帝利大国王家，能现等觉阿耨多罗三藐三菩提，广作一切佛所作事，是名略说菩萨最后生。若广宣说，当知无量。

若诸菩萨于去来今清净仁贤妙善生处曾当现生，一切皆此五生所摄，除此无有若过若增，唯除凡地菩萨受生。何以故？此中意取有智菩萨诸所受生为五生故。如是诸生，大菩提果之所依止，令诸菩萨疾证无上正等菩提。

本地分中菩萨地
第三持究竟瑜伽处摄受品第二

于一切住菩萨行中，当知菩萨略有六种于诸有情无倒摄受。何等为六？一者，顿普摄受；二者，增上摄受；三者，摄取摄受；四者，长时摄受；五者，短时摄受；六者，最后摄受。

云何菩萨于诸有情顿普摄受？谓诸菩萨初发心时，摄受一切诸有情界皆为眷属。作是思惟："我当于彼随能随力作一切种利益安乐饶益之事。"随所思惟，皆如是作，是名菩萨于诸有情顿普摄受。

云何菩萨于诸有情增上摄受？谓诸菩萨或为家主，摄受父母、妻子、奴婢、僮仆、作使；或为国王，摄受一切所统僚庶。菩萨如是发起增上摄受想已，于所摄受，随摄受仪，随菩萨仪业用而转。

若为家主，于其父母，种种方便劝修诸善，随时供养，曾无懈废，善识其恩，善知酬报，于父母心，善能随顺，于法于义，随自在转；于其妻子、奴婢等类，随时恣与如法衣食，于诸事业终不逼切，虽有违犯，而能堪忍；彼若疾病，正能瞻疗，于诸善事劝令修习，随时赐与殊胜财物，爱语慰喻，不生奴婢、作使等想，瞻敬养育，其若自身，若为国王，不行黜罚，不用刀杖，而能正化，以法以财，用作饶益；依本土田而自食用，不以凶力侵掠他境；随能随力，于诸有情劝止诸恶，教修诸善；视诸众生如父于子，于他有情尚好等施①，况自亲属而不均济；不行欺诳，所言诚谛，远离一切杀缚、捶打、治罚、逼迫、断截等事。是名菩萨于诸有情增上摄受。

云何菩萨于诸有情摄取摄受？谓诸菩萨正御徒众，当知是名略说

① 于他有情尚好等施，底本与《房山石经》《资福藏》《赵城金藏》《永乐南藏》《径山藏》《高丽藏》相同；《碛砂藏》《普宁藏》"尚"作"当"。

菩萨于诸有情摄取摄受。若广说者，由二因缘正摄徒众，说名菩萨于诸有情摄取摄受。何等为二？一者，以无染心正摄徒众；二者，于自义利正教修习，非邪加行而陷逗之。又于一切应摄受中，其心平等，不堕偏党，亦不于彼慳悋正法，不作师捲，不于彼所悕求承事、恭敬、供养，彼乐善故，自求作者，亦不遮止，为欲令其福德资粮得增长故或遇余时，亦于彼所承事供养。若于其义未解了者，开悟令解；已解了者，转令明净。生起疑惑，随为除断。若生恶作，善为开解。甚深义句以慧通达，于时时间正为开显。于苦于乐，与彼共同。于他所为财利因缘，成就上品经营遽务，过于自事。于他毁犯，随时正举令其觉悟，应时如理诃责擯罚。彼有疹疾，或有愁忧[1]，终不弃舍，善权方便救疗疹疾，开解愁忧。于诸下劣形色忆念、精进、智等，终不轻陵。于时时间随入劳倦，如其所宜，为说正法。于时时间为令系念于所缘境，与正教授，堪忍问难，不生愤发。于彼戒行或等或增，终无减劣，亦不悕求利养恭敬，具足悲愍，无掉无动，戒见轨则，正命圆满，舒颜平视，远离颦蹙，柔和善语[2]，先言问讯，含笑为先，于诸善品恒常修习，不行放逸，离诸懈怠。即以是事教习徒众，亦令自行转更胜进。菩萨不应于一切时摄取徒众，亦非不摄，亦非变异，是名菩萨于诸有情摄取摄受。

云何菩萨于诸有情长时摄受？谓诸菩萨于住下品成熟有情摄受饶益，当知说名长时摄受，以经久时方堪净故。

云何菩萨于诸有情短时摄受？谓诸菩萨于住中品成熟有情摄受饶益，当知说名短时摄受，非经久时方堪净故。

---

① 或有愁忧，底本与《资福藏》《碛砂藏》《赵城金藏》《普宁藏》《永乐南藏》《径山藏》《高丽藏》相同；《房山石经》“有”作“复”。

② 柔和善语，底本与《资福藏》《碛砂藏》《普宁藏》《永乐南藏》《径山藏》相同；《房山石经》《赵城金藏》《高丽藏》“善”作“美”。

云何菩萨于诸有情最后摄受？谓诸菩萨于住上品成熟有情摄受饶益，当知说名最后摄受，即于此生堪任净故。

是名菩萨于诸有情略有六种无倒摄受。由此摄受，过去、未来、现在菩萨于诸有情曾正摄受，当正摄受，现正摄受，除此无有若过若增。

菩萨如是于诸有情六种摄受无倒转时，当知遭遇略十二种艰难之事，聪睿菩萨于彼十二艰难之事当正觉了。何等十二？一者，于多安住违犯有情，若罚若舍，是名菩萨遭艰难事；二者，于恶有情为调伏故，方便现行辛楚加行，防自意乐不生烦恼，是名菩萨遭艰难事；三者，现可施物极为尠少，现来求者其数弥多，是名菩萨遭艰难事；四者，唯有一身[①]，众多有情种种事业并现在前[②]，同时来请共为助伴，是名菩萨遭艰难事；五者，居放逸处，若住世间可爱妙定，若生天上乐世界中，令心调善[③]，是名菩萨遭艰难事；六者，常求遍作利有情事，而于此事无力无能，是名菩萨遭艰难事；七者，于其愚痴、谄诈、刚强诸有情所，若为说法，若复弃舍，是名菩萨遭艰难事；八者，常于生死见大过失，为度有情而不弃舍，是名菩萨遭艰难事；九者，未证清净增上意乐，多分虑恐失念命终，是名菩萨遭艰难事；十者，未证清净增上意乐，他来求乞第一最胜所可爱物，是名菩萨遭艰难事；十一者，种种异见、种种胜解诸有情类，若别教诲，若总弃舍，是名菩萨遭艰难事；十二者，常行最极不放逸行，而不应断一切烦恼，是名菩萨遭艰难事。

若诸菩萨遭遇如是诸艰难事，或于其中应观轻重，如其所应而作方

---

① 唯有一身，底本与《房山石经》《资福藏》《赵城金藏》《永乐南藏》《径山藏》《高丽藏》相同；《碛砂藏》《普宁藏》“身”作“见”。

② 众多有情种种事业并现在前，底本与《资福藏》《碛砂藏》《赵城金藏》《普宁藏》《永乐南藏》《径山藏》《高丽藏》相同；《房山石经》“并”作“普”。

③ 令心调善，底本与《房山石经》《资福藏》《赵城金藏》《永乐南藏》《径山藏》《高丽藏》相同；《碛砂藏》《普宁藏》“令”作“心”。

便；或于其中应审拣择补特伽罗；或于其中攀缘勇猛摄受因转，若发正愿；或于其中制御其心，不令流散；或于其中安住其心，猛利思择，不生厌倦而自安忍；或于其中而行放舍；或于其中发勤精进，炽然无懈；或于其中善巧方，而正修行。菩萨如是于正对治方便善巧，虽遭一切诸艰难事正现在前，而无怯弱，自正能免。

瑜伽师地论卷第四十九

本地分中菩萨地

第三持究竟瑜伽处地品第三[①]

如前所说十三住中，应知随彼建立七地：前之六种，唯菩萨地；第七一种，菩萨、如来杂立为地。何等为七？一、种性地；二、胜解行地；三、净胜意乐地；四、行正行地；五、决定地；六、决定行地；七、到究竟地。如是七种菩萨地中，最后一种名为杂地。前种性住，名种性地；胜解行住，名胜解行地；极欢喜住，名净胜意乐地；增上戒住、增上心住、三种增上慧住、有加行有功用无相住，名行正行地；无加行无功用无相住，名决定地，此地菩萨堕在第三决定中故；无碍解住，名决定行地；最上成满菩萨住及如来住，名到究竟地。如来住地，于后建立佛法品中当广演说。

问：菩萨从胜解行地随入净胜意乐地时，云何超过诸恶趣等？

答：是诸菩萨依止世间清净静虑，于胜解行地已善积集菩提资粮，于如前说百一十苦诸有情类修习哀愍，无余思惟。由此修习为因缘故，于彼色类诸有情所，得哀愍意乐及悲意乐。由是因缘，为利恶趣诸有情故，誓居恶趣，如己舍宅。作是誓言："我若唯住如是处所能证无上正等菩提，亦能忍受。"为除一切有情苦故，一切有情诸恶趣业，以净意乐悉愿自身代彼领受苦异熟果，为令毕竟一切恶业永不现行，一切善业常现行故，心发正愿。彼由修习如是世间清净静虑悲愿力故，一切恶趣诸烦恼品所有麤重，于自所依皆得除遣。由此断故，菩萨不久获得转依，于诸恶趣所有

① 本地分中菩萨地，底本与《径山藏》相同；《房山石经》《资福藏》《碛砂藏》《赵城金藏》《普宁藏》《永乐南藏》《高丽藏》"菩萨地"作"菩萨地第十五"，下同。

恶业毕竟不作，于诸恶趣决定不往。齐此菩萨说名超过一切恶趣，亦名超过胜解行地，亦名已入净胜意乐地。

如前“住品”所说信等能净修治诸住十法，今于此中当知亦能净修治地。

如是十法所有安立所治、能治略义次第，皆应了知，谓彼十种净修地法能对治彼所对治法，故得安立。何等为十？谓一切种全未发心，全未受持菩萨学处，是名为信所对治法；对治彼故，安立于信。于诸有情有损害心，是名为悲所对治法；对治彼故，安立于悲。于诸有情有瞋恚心，是名为慈所对治法；对治彼故，安立于慈。于身命财有所顾恋，是名为舍所对治法；对治彼故，安立于舍。于诸有情悕求报恩[①]，见彼邪行，贪著利养，多有所作，是无厌倦所对治法；对治彼故，安立无倦。无有方便善巧加行，是善知论所对治法；对治彼故，立善知论。性不柔和，不于他心随顺而转，是名善知一切世间所对治法；对治彼故，安立善知一切世间，于修善法放逸懈怠，是名惭愧所对治法；对治彼故，安立惭愧。于其长时种种猛利无间无断生死大苦深生怯弱，当知是名坚力持性所对治法；对治彼故，所以安立坚力持性。于大师所犹豫疑惑，当知是名供养如来所对治法；对治彼故，所以安立供养如来。如是且说所治、能治安立十法。

云何复名如是略义？谓此十法略显二义：一者，显示意乐清净；二者，显示加行清净。当知前三，显示菩萨意乐清净；其余七种，显示菩萨加行清净。

如是十法，次第云何？谓诸菩萨于大菩提先深净信，次于有苦诸有情类发起悲愍。起悲愍时，如是誓愿：“我应拔济一切有情令其安乐，而起慈心。”起慈心已，一切能舍，于身命财无所顾恋；无顾恋已，即为彼义

① 于诸有情悕求报恩，底本与《资福藏》《碛砂藏》《普宁藏》《永乐南藏》《径山藏》相同；《房山石经》《赵城金藏》《高丽藏》“悕求”作“希求”，下同。

精勤加行，无有厌倦；无厌倦已，善知诸论；善知论已，如世间转，即如是知；知世间已，若自烦恼率尔现行，深生惭愧；生惭愧已，不随烦恼自在而行，便能获得坚力持性；由正获得坚力持性，于正加行能无退转，无量善法运运增长，能于如来奉献上妙正行供养、财敬供养。是故最后供养如来。是名十法次第修证当知。

如是十种善法，于一切地能净修治。

本地分中菩萨地
第三持究竟瑜伽处行品第四

菩萨始从胜解行地，乃至最后到究竟地，于此一切菩萨地中，当知略有四菩萨行。何等为四？一者，波罗蜜多行；二者，菩提分法行；三者，神通行；四者，成熟有情行。

前说六种波罗蜜多，及方便善巧波罗蜜多、愿波罗蜜多、力波罗蜜多、智波罗蜜多，如是十种波罗蜜多，总名波罗蜜多行。如前所说十二行相方便善巧，当知说名方便善巧波罗蜜多。如前所说五种大愿，当知名愿波罗蜜多。所有十力加行清净，当知名力波罗蜜多。于一切法如实安立清净妙智，当知名智波罗蜜多。今于此中，能取胜义无分别转清净妙慧，当知名慧波罗蜜多；能取世俗有分别转清净妙智，当知名智波罗蜜多。如是名为二种差别。复有异门，谓无量智，当知说名方便善巧波罗蜜多。悕求后后地智殊胜性[1]，当知名愿波罗蜜多。一切魔怨不坏道性，当知名力波罗蜜多。如实觉了所知境性，当知名智波罗蜜多。

四念住等所有一切三十七种菩提分法、四种寻思、四如实智，皆如前

① 悕求后后地智殊胜性，底本与《资福藏》《碛砂藏》《普宁藏》《永乐南藏》《径山藏》相同；《房山石经》《赵城金藏》《高丽藏》“悕求”作“希求”，无“地”字。

说，总名菩萨菩提分法行。

如前所说“威力品”中，菩萨所有六种神通，是名神通行。

如前所说二种无量：一、所调伏界无量；二、调伏方便界无量。及“成熟品”中所说一切成熟有情，总名菩萨成熟有情行。

如是四种菩萨妙行，当知普摄一切菩萨所行善行。

应知此中，施等十法经三大劫阿僧企耶长时修习乃圆证故，自性清净体殊胜故，过余一切世间、声闻、独觉善根摄受最胜菩提果故。如是十法，最极长时乃能圆证，自性最极清净殊胜，能得最极菩提妙果，是故说名波罗蜜多。

应知如是波罗蜜多，由三因缘次第建立。何等为三？一[①]、由对治故；二、由生起故；三、由异熟果故。

云何如是波罗蜜多由对治故，次第建立？谓悭、恶行、于诸有情忿恨逼恼、懈怠、散乱、闇钝愚痴，如是六法能障菩提，施等六法能为对治，如其所应，建立六种波罗蜜多。当知所余波罗蜜多即此所摄。如是名为由对治故，次第建立。

云何如是波罗蜜多由生起故，次第建立？谓诸菩萨先于财位无所顾恋，弃家诸欲，受净尸罗；敬重戒故，能忍他恼，不恼于他；受持净戒、修习忍已，戒净无动，无间无所[②]，于诸善品勤修加行；如是修习勤精进故，离诸放逸，能触妙善心一境性；心得定故，如实了知，观见一切所知境界。当知是名由生起故，次第建立。

云何如是波罗蜜多由异熟果次第建立？谓诸菩萨于现法中精勤修学

① 一，底本与《房山石经》《资福藏》《碛砂藏》《普宁藏》《永乐南藏》《径山藏》《高丽藏》相同；《赵城金藏》无。

② 无间无所，底本与《赵城金藏》相同；《房山石经》《资福藏》《碛砂藏》《普宁藏》《永乐南藏》《径山藏》《高丽藏》“无所”作“无断”。

施等善法，由是因缘，于当来世获得种种外妙珍财，无不圆满，当知是施波罗蜜多因力所作；获得内五自体圆满，是余戒等波罗蜜多因力所作。

云何内五自体圆满？谓善趣摄若天若人，于余有情寿等殊胜，当知是名第一圆满；若有俱生于善加行常无厌倦，堪忍他恼，不乐恼他，当知是名第二圆满；若有俱生普于一切所作事业坚固勇猛，当知是名第三圆满；若有俱生性薄尘秽，于其自心能自在转，心有堪能，于一切义速证通慧，当知是名第四圆满；若有俱生于一切义其慧广大，聪敏捷利[①]，当知是名第五圆满。

应知是名由异熟果，如是六种波罗蜜多次第建立。

由前四种波罗蜜多资粮、自性、眷属、守护，当知圆满修诸菩萨增上戒学；由其静虑波罗蜜多，当知圆满修诸菩萨增上心学；由其般若波罗蜜多，当知圆满修诸菩萨增上慧学。过此三上，更无菩萨学道可得，是故此三普摄一切菩萨学道。由此建立波罗蜜多唯有六种，除此无有若过若增。

又诸菩萨略有四种所应作事，由是普摄一切所作。何等为四？一者，为证菩提，修诸善行；二者，由此为先，达真实义；三者，圆证威力；四者，成熟有情。如是四种菩萨所作，当知是先所说四行，如其次第所为所立，是故过此更不建立有诸余行。

本地分中菩萨地
第三持究竟瑜伽处建立品第五之一

依如来住及依如来到究竟地，诸佛世尊有百四十不共佛法，谓如来

① 聪敏捷利，底本与《房山石经》《赵城金藏》《永乐南藏》《径山藏》《高丽藏》相同；《资福藏》《碛砂藏》《普宁藏》“敏”作“慜”。

三十二大丈夫相[1]、八十随好、四一切种清净、十力、四无所畏、三念住、三不护、大悲、无忘失法、永害习气及一切种妙智。

云何如来三十二种大丈夫相？一者，具大丈夫足善安住等案地相，是大丈夫大丈夫相；二者，于双足下现千辐轮，毂辋众相无不圆满；三者，具大丈夫纤长指相；四者，足跟趺长；五者，手足细輭；六者，手足网缦；七者，立手摩膝；八者，瑿泥耶腨；九者，身不偻曲；十者，势峰藏密；十一者，身相圆满如诺瞿陀；十二者，常光一寻；十三者，身毛上分[2]；十四者，身诸毛孔一一毛生，如绀青色螺文右旋；十五者，身皮金色；十六者，身皮细滑，尘垢不著；十七者，于其身上两手、两足、两肩及项七处皆满；十八者，其身上半如师子王；十九者，肩善圆满；二十者，髆间充实；二十一者，身分洪直；二十二者，具四十齿，皆悉齐平；二十三者，其齿无隙；二十四者，其齿鲜白；二十五者，颔如师子；二十六者，其舌广薄，若从口出，普覆面轮，及发边际[3]；二十七者，于诸味中得最上味；二十八者，得大梵音，言辞哀雅，能悦众意，譬若羯罗频迦之音，其声雷震犹如天鼓；二十九者，其目绀青；三十者，睫如牛王；三十一者，其顶上现乌瑟腻沙；三十二者，眉间毫相其色光白，螺文右旋，是大丈夫大丈夫相。

云何如来八十随好？谓两手、足具二十指及以节爪普皆殊妙[4]，是即名为二十随好；两手两足表里八处，手四足四并皆殊妙，是即名为八种随好；两踝、膝、股六处殊妙，是即名为六种随好；两臂、肘、腕六处殊妙，

① 谓如来三十二大丈夫相，底本与《资福藏》《碛砂藏》《普宁藏》《永乐南藏》《径山藏》相同；《房山石经》《赵城金藏》《高丽藏》“谓”作“谓诸”。

② 身毛上分，底本与《资福藏》《碛砂藏》《普宁藏》《永乐南藏》《径山藏》相同；《房山石经》《赵城金藏》《高丽藏》“分”作“靡”。

③ 及发边际，底本与《资福藏》《碛砂藏》《普宁藏》《永乐南藏》《径山藏》相同；“及发边”，《房山石经》作“至耳发”，《赵城金藏》《高丽藏》作“皮发边”。

④ 足具二十指及以节爪普皆殊妙，底本与《资福藏》《碛砂藏》《普宁藏》《永乐南藏》《径山藏》相同；《房山石经》《赵城金藏》《高丽藏》“普”作“并”。

是即名为六种随好；腰、缝殊妙，各一随好；两核殊妙，为二随好；阴藏殊妙，为一随好；两臀殊妙，为二随好；髋、胪、脐三并皆殊妙，各一随好；两胁、腋、乳并皆殊妙[①]，为六随好；腹、胸、项、嵴，各一随好。如是所说，除颈已上，于下身分六十随好。下齿鬘并皆殊妙，为二随好；龇腭殊妙，为一随好；两脣眷属并皆殊妙，为二随好；颐善圆满，为一随好；两颊圆满，善安其所，为二随好；两目眷属并皆殊妙，为二随好；两眉殊妙，为二随好；其鼻二孔并皆殊妙，为二随好；其额殊妙，为一随好；角、鬓、两耳并皆殊妙，为四随好；头髮殊妙，为一随好。

如是所说，从颈已上二十随好。前有六十，后有二十，总合说为八十随好。

如是诸相及诸随好，若诸菩萨始入净胜意乐地时已得异熟，从此已上，诸相随好展转获得殊胜清净。当知乃至坐菩提座，方乃证得其余所有四一切种妙清净等不共佛法善净圆满。若下劣者，先菩萨时亦已成就。始从清净胜意乐地，一切所有菩提资粮无有差别，能感一切相及随好。

又此一切菩提资粮略有二种，谓去菩提若远若近。此中远者，谓未获得诸相随好异熟果时。所言近者，谓初获得诸相随好异熟果时，或从此上，展转获得殊胜清净。

又薄伽梵由所化力，为众宣说造种种业，感得如是相好随果。何以故？中化有情于其种种恶业现行深生喜乐[②]，如是种种现行恶业是所对治，感相随好种种善业是能对治。彼闻如是种种殊胜大果胜利，便于如是大果胜利深生爱乐，由是因缘，当离诸恶，当修诸善，是故为说。

① 乳并皆殊妙，底本与《资福藏》《碛砂藏》《赵城金藏》《普宁藏》《永乐南藏》《径山藏》《高丽藏》相同；《房山石经》“并”作“普”。

② 中化有情于其种种恶业现行深生喜乐，底本与《碛砂藏》《普宁藏》《永乐南藏》《径山藏》相同；《房山石经》《资福藏》《赵城金藏》《高丽藏》“中”作“所”。

广如诸相素怛缆说。谓诸菩萨于戒禁、忍及惠捨中善安住故，感得足下善安住相。于其父母种种供养，于诸有情诸苦恼事种种救护，由往来等动转业故，感得足下千辐轮相。于他有情远离损害及不与取，于诸尊长先语省问，恭敬礼拜，合掌起迎，修和敬业，于他有情深心所喜所爱财位不令乏短，及能摧伏自憍慢故，感大丈夫纤长指相。即上所说感三相业，总能感得足跟趺长，是前三相所依止故。由四摄事摄诸尊长，是故感得手足网缦。奉施尊长涂身、按摩、沐浴、衣服，是故感得手足细輭。修诸善法不生喜足，令诸善法展转增长，是故感得立手摩膝。自于正法如实摄受，令得究竟，广为他说，及正为他善作给使，是故感得瑿泥耶腨。于其正法渐次等显续索转故，于身语意种种恶业皆能止息，于疾病者卑屈瞻侍，给施良药，病力羸顿能正策举，饮食知量，于诸欲中曾不低下，是故感得身不偻曲。于被诃摈无依有情[1]，以法以正，慈悲摄受，修习惭愧，施他衣服，是故感得势峰藏密。于身语意能自防禁，于自摄受及诸饮食皆善知量，施病医药，于不平等事业摄受及不平等所受用中皆不随转，于界互违能令随顺，是故感得身相圆满如诺瞿陀。由业感得立手摩膝，即能感得身毛上分。自善观察，亲近明智，能思微义，尊所居处能淨修治，敷举沐浴，唯一住故，依一友故[2]，入微义故，草叶等秽能蠲除故，又能除去客尘垢故，感身毛孔一一毛生，如绀青色螺文右旋。能施悦意发喜饮食、骑乘、衣服、庄严具等资身什物，离诸忿恚，是故感得身皮金色、常光一寻。由此业感身诸毛孔一一毛生，当知即此复能感得身皮细滑，尘垢不著。以其广多上妙清净肴馔饮食，惠施大众皆令充足，由此感得于其身上七处皆满。于诸

① 于被诃摈无依有情，底本与《资福藏》《碛砂藏》《普宁藏》《永乐南藏》《径山藏》相同；《房山石经》《赵城金藏》《高丽藏》“诃”作“他”。

② 依一友故，底本与《资福藏》《普宁藏》《永乐南藏》《径山藏》相同；《房山石经》《碛砂藏》《赵城金藏》《高丽藏》“友”作“支”。

有情，随所生起如法所作，能为上首，而作助伴，离于我慢，无诸犷悷，能为有情遮止无利，安立有利，由此感得其身上半如师子王，于一切事，禀性勇决如师子故。即由此业，当知复感肩善圆满、髆间充实。由此业感纤长指相，复即感得身分洪直。远离一切破坏亲友离间语言，若诸有情已乖离者，能令和合，由此感得具四十齿皆悉齐平，其齿无隙。修欲界慈，思惟法义，由此感得其齿鲜白。若诸有情有所悕冀，随其所乐，正舍珍财，由此感得颔如师子。视诸有情犹如己子，爱念救护，净信哀愍，给施医药，澄净无秽，由此感得于诸味中得最上味，施法味故，尝法味故，能净修治变坏味故。于离杀等五种学处，能自受护[①]，亦劝他受，修悲心故，于大法受能正行故，由此感得其顶上现乌瑟腻沙，其舌广薄，普覆面轮。常修谛语、爱语、时语及以法语，由是因缘，得大梵音，言辞哀雅，能悦众意[②]，若羯罗频迦之音，其声雷震犹如天鼓，普于世间恒常修习慈心悲哀，犹如父母[③]，由此感得其目绀青、睫如牛王。于有德者如实赞叹，称扬其美，由此感得眉间毫相其色光白，螺文右旋。

如是一切三十二种大丈夫相无有差别，当知皆用净戒为因，而能感得。何以故？若诸菩萨毁犯净戒，尚不能得下贱人身，何况能感大丈夫相。

当知此中，其顶上现乌瑟腻沙，及以如来无见顶相，合立一种大丈夫相。离此更无别可得故。

如是且说能感相似三十二相种种业因广建立已。

复次，略说在家、出家二分菩萨所有四种善修事业，当知能感一切相

---

① 能自受护，底本与《资福藏》《碛砂藏》《赵城金藏》《普宁藏》《永乐南藏》《径山藏》《高丽藏》相同；《房山石经》“受”作“爱”。

② 能悦众意，底本与《资福藏》《碛砂藏》《普宁藏》《永乐南藏》《径山藏》相同；《房山石经》《赵城金藏》《高丽藏》“意”作“意譬”。

③ 犹如父母，底本与《资福藏》《碛砂藏》《普宁藏》《永乐南藏》《径山藏》相同；《房山石经》《赵城金藏》《高丽藏》“犹如父”作“如父如”。

好，谓于此中决定修作，能感足下善安住相；委悉修作，能感足下千辐轮相、立手摩膝、手足网缦、身皮细滑、于其身上七处皆满、肩善圆满、髆间充实、身分洪直、其舌广薄；恒常修作，感纤长指、足跟趺长、身不偻曲、其身圆满如诺瞿陀、其齿无隙；无罪修作，能感余相。

当知此中，于诸有情无损加行，由此能感手足细輭、身皮细滑。于诸善中次第加行、应时加行，由此感得鹥泥耶腨。深生欢喜，极光净心，现行诸善，由此感得常光一寻、身皮金色、其齿鲜白、眉间白毫。

不依称誉声颂修善，覆藏己德，由此能感势峰藏密。所修善根回向菩提，由此感得身毛上分[①]、具四十齿皆悉齐平、于诸味中得最上味、其顶上现乌瑟腻沙。修善无厌，无劣加行，由此感得其身上分如师子王、颔如师子。于诸有情以利益心平等瞻视，得齿齐平、目绀青色、睫如牛王。于下劣善不生喜足，起胜加行，由此因缘，得大梵音，言辞哀雅，能悦众意，譬若羯罗频迦之音，其声雷震犹如天鼓。

如是四种善修事业，能得菩萨三十二种大丈夫相殊胜清净。

当知如是三十二种大丈夫相、八十随好，菩萨若在种性地中，唯有种子依身而住；菩萨若在胜解行地，始能修彼能得方便；菩萨若在清净增上意乐地中，乃名为得；菩萨若在诸余上地，如是相好转胜清净；若在如来到究竟地，当知相好善净无上。

如是诸相是有色故，劣、中、胜品诸有情类易了知故，虽有一切不共佛法皆得名为大丈夫相，唯立此为大丈夫相。又即如是三十二种大丈夫相，由所依性能住持故[②]，由极殊妙，令端严故，说名随好。

---

① 由此感得身毛上分，底本与《房山石经》《资福藏》《碛砂藏》《永乐南藏》《径山藏》相同；《赵城金藏》《普宁藏》《高丽藏》“分”作“靡”。

② 由所依性能住持故，底本与《资福藏》《碛砂藏》《普宁藏》《永乐南藏》《径山藏》相同；《房山石经》《赵城金藏》《高丽藏》“住”作“任”。

又于此中，以要言之，一切有情福聚量等，尔所福聚能感如来一毛孔处；乃至一切所有毛孔随入福聚，尔所福聚能感如来一种随好；乃至一切所有随好随入福聚增至百倍，尔所福聚能感如来相中一相；乃至一切所有诸相随入福聚，除白毫相、乌瑟腻沙，增至千倍，尔所福聚能感如来眉间白毫；乃至白毫随入福聚增至百千倍，尔所福聚能感如来其顶上现乌瑟腻沙、无见顶相；乃至白毫随入福聚增至俱胝百千倍数，尔所福聚能感如来诸相随好所不摄余大法螺相。由此法螺，随如来欲发大音声，普能遍告无边无际诸世界中所化有情。如是无量福德资粮修证圆满，能感如来不可思议、无上无等、遍一切种最极圆满所摄自体。

又此能感诸相随好无量善业，当知略由三因缘故，说名无量，谓经于三无数大劫无间修习乃圆证故，名时无量；于诸有情无量利益安乐意乐增上缘力所集成故，名为妙善意乐无量；无量善业差别品类所集成故，名品无量。故言无量福德资粮修习圆证，能超如来诸相随好[①]。

云何如来四一切种清净？一者，一切种所依清净；二者，一切种所缘清净；三者，一切种心清净；四者，一切种智清净。

云何一切种所依清净？谓一切烦恼品麤重并诸习气，于自所依，无余永灭，又于自体，如自所欲取住舍中自在而转，是名一切种所依清净。

云何一切种所缘清净？谓于种种若化、若变、若所显现一切所缘皆自在转，是名一切种所缘清净。

云何一切种心清净？谓如前说一切心麤重永灭离故，又于心中一切种善根皆积集故，是名一切种心清净。

云何一切种智清净？谓如前说一切无明品麤重永灭离故，又遍一切所知境中，智无障碍，智自在转，是名一切种智清净。

---

① 能超如来诸相随好，底本与《碛砂藏》《普宁藏》相同；《房山石经》《资福藏》《赵城金藏》《永乐南藏》《径山藏》《高丽藏》“超”作“起”。

云何如来十力？一者，处非处智力；二者，自业智力；三者，静虑解脱等持等至智力；四者，根胜劣智力；五者，种种胜解智力；六者，种种界智力；七者，遍趣行智力；八者，宿住随念智力；九者，死生智力；十者，漏尽智力。如是十种如来智力，当知广如《十力经》说。

当知此中诸有所言，所说所宣，一切如实，皆无虚妄，故名如来。净不净果非不平等，如实转因，是名为处，亦名建立，亦名为依，亦名为起。净不净果不平等因，与上相违，是名非处。远离一切增上慢智，说名如实。若一切智，若无滞智，若清净智，当知说名远离一切增上慢智。如是一切智等诸句，当知如前最极无上菩提品记①。数之次第最居其首，故名第一。以无上故，与一切种饶益一切有情功能具相应故，毕竟胜伏一切魔怨大威力故，说名为力。摄受如实圆证因故，如其所欲皆能现行自在转故，说名成就最上涅槃。以无上故，说名为大。八支圣道所证得故，远离一切灾患畏故，名仙尊位。能自了知自所证故，说名自知。既自证已，由哀愍心广为有情等开示故，名转梵轮。何以故？谓诸如来有是增语，说名为梵，亦名寂静②，亦名清凉。最初能转，从此已后，余复为余，如是展转，梵所推运，周旋一切有情众中，故名梵轮。自显堕在最上大师圆满摄故③，能说彼道，对治一切余邪道故，于道怨敌异论现前无怯弱故，为欲胜伏一切他论，宣扬广大无上论故，名大众中正师子吼。

以要言之，当知此中显发、辩了、施设、开示自利行满、利他行满、自

① 当知如前最极无上菩提品记，底本与《房山石经》《资福藏》《碛砂藏》《普宁藏》《永乐南藏》《径山藏》《高丽藏》相同；《赵城金藏》“记”作“说”。

② 亦名寂静，底本与《房山石经》《资福藏》《碛砂藏》《普宁藏》《永乐南藏》《径山藏》《高丽藏》相同；《赵城金藏》“亦名”作“名为”。

③ 自显堕在最上大师圆满摄故，底本与《资福藏》《碛砂藏》《普宁藏》《永乐南藏》《径山藏》相同；《房山石经》《赵城金藏》《高丽藏》“大”作“施设无上大”。

利利他圆满不共。复有异门。此中略义，谓所应得，胜方便[①]。此胜方便，一切众会随所乐欲，或天或人，一切皆从我所获得此胜方便。如病除愈，当知此显自知已得大安隐处。如彼疾病除愈方便，当知此显转于梵轮。如遮一切邪医，自称显已决定能愈众疾[②]，当知此显于大众中正师子吼。

若有诸业已作、已增、已灭，名为过去；若有诸业非是已作、已增、已灭，亦非正作，而是当作，名为未来；若有诸业非是已作、已增、已灭，而是正作、正造、正为，名为现在。如是诸业品类差别复有三种，所谓身业、语业、意业。法受分别复有四种，如前广说，谓有法受，得现世乐、后苦异熟，乃至广说。又此诸业现法、当来、有益、无益加行差别，如应当知。若所造业依此方所，是名为处。若所造业以有情数、非有情数为所依事，是名为事。若所造业以不善根或以善根为因缘起，是名为因。若所造业感爱非爱过失、功德相应诸果，是名异熟。

如是略说一切时分、一切品类、一切分位加行差别、一切方所、一切依处、一切因缘、一切过患及与功德。于此一切种类差别皆如实知，是名如来自业智力，除此无有若过若增。

有四静虑，有八解脱，即由如是静虑、解脱，心有堪能，心得自在，随所乐事，皆能成办。若随彼彼色类差别三摩地相而入定时，当知说名等持、等至。如说世尊随此色类三摩地相而入定时，如其定心，大光普照一切梵世，妙音说法，但闻其声，都无所见，乃至广说。如是如来随欲显示彼彼事义，或共世间、不共世间，随此色类三摩地相而入定时，速疾能办。当知此中，即由静虑、解脱势力，心得自在；心自在故，依止于心，随所

① 胜方便，底本与《资福藏》《碛砂藏》《普宁藏》《永乐南藏》《径山藏》相同；《房山石经》《赵城金藏》《高丽藏》“胜”作“得胜”。

② 自称显已决定能愈众疾，底本与《资福藏》《碛砂藏》《赵城金藏》《普宁藏》《永乐南藏》《径山藏》《高丽藏》相同；《房山石经》“疾”作“疾病苦”。

乐事，一切成办。齐此名为修静虑者一切所作，除此无有若过若增。如来于此静虑所作一切种类皆如实知，是故唯说静虑、解脱、等持、等至。

又若略说此静虑等有二杂染：一者，为得所未得中，障礙杂染，谓无方便善巧加行，及以诸盖随一现行；二者，已得所应得中，自地杂染，谓烦恼缠及以随眠。如是清净复有四种，与上相违，应知其相。

又即如是诸静虑等种种引发假立名字，随其色类，如应安立，是名建立。

又即如是诸静虑等具证得已，后更胜进，修习圆满，得随所欲，得无艰难，得无梗涩，是名清净。

如来于此，如其未得，如其已得，于所得中，若劣若胜，若彼假名，若彼所有增进边际，如是一切皆如实知，故说如来普于一切静虑、解脱、等持、等至得无上智。

如所成熟修证圆满信等五根，成輭、中、上，当知是名诸根胜劣。

若从他信以为其先，或观诸法以为其先，成輭、中、上爱乐即解[①]，当知是名种种胜解。

若广建立种种种性，或诸声闻所有种性，或诸独觉所有种性，或诸如来所有种性，或有种种不定种性，或贪等行差别道理，乃至有情八十千行，当知此中名种种界。

若即如是诸趣入门随顺正行，如贪行者修不净观，如"声闻地"已广宣说，当知此等名遍趣行。复有异门，谓趣一切五趣之行，当知此等名遍趣行。复有异门，谓依种种党类差别更互相违，各各异见异欲诤论互相违背诸外道类，即诸沙门或婆罗门所有诸行，或余一切品类差别此世、他世无罪趣行，当知此等名遍趣行，如《迦罗摩经》等广说。

① 成輭中上爱乐即解，底本与《资福藏》《碛砂藏》《普宁藏》《永乐南藏》《径山藏》相同；《房山石经》《赵城金藏》《高丽藏》"即"作"印"。

若于种种有情众中，谓于东方、南、西、北方，种种名字假设安立品类差别，随先过去所有自体八言说句差别类中，随念六种略所行行，有无量种宿住随念。何等名为八言说句？谓如是名、如是生类、如是种性、如是饮食、如是领受苦乐差别、如是长寿、如是久住、如是所有寿量边际。何等名为随言说句六种略行？一者，呼召假名；二者，刹帝利等色类差别；三者，父母差别；四者，饮食方轨；五者，兴盛衰损；六者，寿量差别。

由诸世间依凭如是八言说句、六种略行，于自于他，起言起说：此是我名，此是彼名。我是刹帝利，彼是刹帝利。我是婆罗门、吠舍、戍达罗，彼是婆罗门、吠舍、戍达罗。此是我母，此是彼母。如说其母，父亦如是。我食如是色类饮食，所谓酪、浆[①]、羹、饭、糜等；彼食如是色类饮食，乃至广说。我有如是色类兴衰差别而转，彼有如是色类兴衰差别而转。我住如是色类年齿，所谓或少或中或老；彼住如是色类年齿，乃至广说。

唯有尔所随先过去所有自体八言说句差别类中六种略行，过此无有余言说句及以略行，是故唯于如是品类发起随念，更无有增。即于此中，若言说行所有行相，若言说句所有标说，及即于此随起忆念，是故说言并相并说皆能随念。

此中，静虑说名天依[②]。眼依彼故；是彼果故，彼摄受故，名为天眼。是极圆满，是善清净静虑果故，名极清净。于其人中，所有名字皆不相似，是故说言超过于人。欲界天中亦有生得，名相似转清净天眼，人中亦无。诸有情类临欲终没，名为死时；住在中有，名为生时。趣黑闇者，由二种

① 浆，底本与《资福藏》《碛砂藏》《赵城金藏》《普宁藏》《永乐南藏》《径山藏》《高丽藏》相同；《房山石经》作“酱”。

② 静虑说名天依，底本与《碛砂藏》《普宁藏》《永乐南藏》《径山藏》相同；《房山石经》《资福藏》《赵城金藏》《高丽藏》“依”作“住”。

相起如是类意生中有，如黑羺光及阴闇夜[1]，故名恶色。趣明白者，由二种相起如是类意生中有，如晴明夜及婆罗痆斯极尠白衣，故名好色。诸恶色者，说名为劣；诸好色者，说名为妙。诸下劣者，名往恶趣；诸胜妙者，名往善趣。

所有坏戒及彼等起，说名成就诸身、语、意三种恶行。有二邪见，谓坏见者所成邪见，诽谤一切；及住彼意异品类者所成邪见，诽谤贤圣。

如是皆名谤贤圣者。由邪见故，计著邪因及以邪果；由此为缘，造作邪业；造邪业故，所有法受或现受乐，于当来世受苦异熟，或现受苦，于当来世受苦于当来世受苦异熟[2]。是故复说起诸邪见业法受因。彼虽成就其余所有种种善法，而但由此往于恶趣。是故说言由此因缘。名、色二种更互乖离，故名身坏。一切死中，如是死者，最极下劣，故名极死。为欲开示那落迦想，是故说言堕险恶趣。为欲开示自性体事，是故复须说那落迦。由非法行、不平等行往趣于彼，故名为险。于此趣中触诸苦触，长时种种猛利无间受诸苦恼平等出现，故名恶趣。堕下分故，大深坑故，难救拔故，甚可悲故，极下贱故，以大绮言常悲怨故，说名为堕。

由能发起上品厌离，是故唯说堕那落迦。当知此中，若由此生；若得生已，受诸苦恼；若受苦已，复起所余自业所作种种众苦。如是一切，由此诸想之所显示。

与上相违，随其所应，一切白品皆当了知。此差别者，善行为先所有诸趣，名为善趣。受极乐故，名乐世界。

一切诸漏所有随眠无余永断，逮得能治胜无漏心、胜无漏慧，是其

① 如黑羺光及阴闇夜，底本与《资福藏》《碛砂藏》《赵城金藏》《普宁藏》《永乐南藏》《径山藏》《高丽藏》相同；《房山石经》“阴”作“露”。

② 于当来世受苦于当来世受苦异熟，底本与《资福藏》《碛砂藏》《普宁藏》《永乐南藏》《径山藏》相同；《房山石经》《赵城金藏》《高丽藏》“于当来世受苦于”作“于”。

最胜增上心摄，增上慧摄。由漏尽故，说名无漏心、慧解脱。即此心、慧二种解脱，于最后有，说名内证第六神通。由依见道及依修道内所证故。既自证已，如实了知，随其所欲，能为他说，是故说言于现法中自证通慧，具足开觉，我生尽等诸句差别。广说如后“摄异门分”，应知其相。

瑜伽师地论卷第五十

本地分中菩萨地[①]

第三持究竟瑜伽处建立品第五之二

如是别释佛十力已，今当总辩[②]。嗢柁南曰[③]：

自性与分别，不共亦平等，

作业及次第，差别最为后。

如是所说如来十力所有自性应当了知，所有分别应当了知，所有不共应当了知，所有平等应当了知，所有作业应当了知，所有次第应当了知，所有差别应当了知。由是七相，应知如来十力略义。

云何如来十力自性？谓总五根为其自性，由慧胜故，具说十力[④]，慧为自性。所以但言处非处智力，不言信力，不言余力。如处非处智力，如是余力当知亦尔。是名如来十力自性。

云何如来十力分别？谓若略说，由三分别，当知无量。一者，由时分分别，谓于堕在过去、未来及现在世一切所知随悟入故；二者，由品类分别，谓于一一诸有为事自相、共相一切行相随悟入故；三者，由相续分别，谓于十方一切有情界各各差别一切相续一切事义随悟入故。即由如是三种

① 本地分中菩萨地，底本与《径山藏》相同；《房山石经》《资福藏》《碛砂藏》《普宁藏》《永乐南藏》《高丽藏》“菩萨地”作“菩萨地第十五”。

② 今当总辩，底本与《资福藏》《碛砂藏》《普宁藏》《永乐南藏》《径山藏》相同；《房山石经》《赵城金藏》《高丽藏》“辩”作“辨”。

③ 嗢柁南曰，底本与《资福藏》《碛砂藏》《普宁藏》《永乐南藏》《径山藏》相同；《房山石经》《赵城金藏》《高丽藏》“柁”作“拕”，下同。

④ 具说十力，底本与《径山藏》相同；《房山石经》《资福藏》《碛砂藏》《普宁藏》《永乐南藏》《高丽藏》“具”作“且”。

分别，如来十力当知无量，是名如来十力分别。

云何如来十力不共？谓唯如来有此十力，不共一切声闻、独觉，是名如来十力不共。

云何如来十力平等？谓此十力，一切如来悉皆平等具足成就，故说平等无有差别。若就如来多所安住，是则如来如是十力展转差别，谓余如来多住余力[①]，其余如来复住余力。是名如来十力平等。

云何如来十力作业？谓如来所有处非处智力，于诸因中如实知因，于诸果中如实知果，及能降伏无因恶因种种诤论一切沙门、婆罗门等。如来所有自业智力，于自所作受用果业如实了知，及能降伏施福移转种种诤论一切沙门、婆罗门等。

如来所有静虑解脱等持等至智力，能现三种神变，无倒教授所化有情[②]，及能降伏安住种种相违异品怨害诤论一切沙门、婆罗门等。如来所有根胜劣智力，于诸有情輭、中、上根部分差别如实了知，及能于彼如应如宜为说正法。如来所有种种胜解智力，于诸有情輭、中、上品净与不净胜解差别如实了知，其净胜解令渐增长，不净胜解令渐舍离。

如来所有种种界智力，于诸有情劣、中、妙界部分差别如实了知，于诸有情能如其根，如其意乐，如其随眠，依于彼彼趣入门中无倒教授，如应安立。

此中，如来为诸声闻，依于彼彼趣入门中与正教授，如“声闻地”尽一切种无间宣说、显发、辩了、施设、开示。

云何如来教授一切始业、初业等持资粮摄受安住欲住其心诸菩萨

① 谓余如来多住余力，底本与《资福藏》《碛砂藏》《普宁藏》《永乐南藏》《径山藏》《高丽藏》相同；《房山石经》“余如来”作“诸如来”，“余力”作“初力”。

② 无倒教授所化有情，底本与《资福藏》《碛砂藏》《普宁藏》《永乐南藏》《径山藏》相同；《房山石经》《赵城金藏》《高丽藏》“倒”作“到”。

众，令心得住？谓诸如来为无谄曲恭敬爱重等持资粮始业、初业诸菩萨众，最初施设无倒教授。如是告言：“善男子来！汝当安处远离卧具独一无二，于内寂静如理思惟汝之父母所为立名，或汝亲教轨范师等所为立名。如是思惟：‘我今为有离六处法自性真实，或内或外，或两中间，于此有中如是名想施设假立言说转耶？’汝既如是正思惟已，当于此法都无所得，唯当如是如实了知，但于客法有客想转。

“汝善男子！若于尔时于自己名唯有客想已生已得，复应在内如理思惟，于汝眼中所有制立眼名、眼想、眼假施设。如是思惟：‘我此眼中唯二可得，谓此制立眼名、眼想、眼假施设，及此唯事，于中假立名想施设，除此无有若过共增[①]。’于此眼中所有制立眼名、眼想、眼假施设，且非是眼。此唯有事，于中假立眼名、想等，当知自性亦非是眼。

“何以故？非于此中远离所立眼名、眼想、眼假施设，少有眼觉而能转故。若有此事，体是真实，称名所说，不应于中更待眼名方有如是眼觉而转；唯应自性不由听闻，不由分别彼所立名，但于此事有眼觉转。然无如是不待名言觉转可得。是故此中唯于客法而有其客眼名、眼想、眼假施设。汝既如是于其内眼如理思惟，复于眼想唯有客想当生当得。

“如于其眼，如是于耳、鼻、舌身等，广说乃至见闻觉知已得已求，若已作意随寻随伺。以要言之，普于一切诸法想中唯有客想当生当得。

“如是汝于自己身中所有假想，能尽除遣勤加行道当正摄受；广说乃至一切法中所有假想，能尽除遣勤加行道当正摄受。汝由如是一切所知善观察觉，普于一切诸法想中起唯客想，于一切法所有一切戏论之想数数除遣，以无分别无相之心，唯取义转，于此事中多修习住。汝若如是，当依如来妙智清净等持种性，获得无倒心一境性。

① 除此无有若过共增，底本与《碛砂藏》《普宁藏》《永乐南藏》《径山藏》相同；《房山石经》《资福藏》《赵城金藏》《高丽藏》“共”作“若”。

“如是汝等，若于不净作意思惟，于此作意勿当舍离。若于慈愍，若于缘性缘起，若于界差别，若于阿那波那念，若于初静虑，广说乃至若于非想非非想处，无量菩萨静虑、神通、等持、等至作意思惟，于此作意勿当舍离。汝若如是修此菩萨无倒作意，渐次乃至当得无上正等菩提，究竟出离。”

当知是名一切菩萨遍趣正行。过去如来亦为始业诸菩萨众已正施设如是教授，未来如来亦为始业诸菩萨众当正施设如是教授，现在如来亦为始业诸菩萨众现正施设如是教授。诸声闻等于此作意勤修习时，亦能速疾得胜通慧。若能于此无倒作意如实通达，便能获得诸法现观。

如来所有遍趣行智力，于一切苦能出离行、不出离行如实了知，及令舍离不出离行，能正授与能出离行。如来所有宿住随念智力，于其前际本事、本生数数念已，为令所化诸有情类心生厌离，心生净信，正为宣说，及能降伏执者常论一切沙门[①]、婆罗门等。如来所有死生智力，于诸弟子过往迁谢当所受生能正记莂，及能降伏执者断论一切沙门[②]、婆罗门等。如来所有漏尽智力，于自解脱无惑无疑，及能降伏于阿罗汉起增上慢一切沙门、婆罗门等。是名如来十力作业。

云何如来十力次第？谓诸如来于其无上正等菩提初证得时，即便顿得一切十力；顿证得已，后时次第方现在前。谓诸如来初成佛时，先起处非处智力观察诸法，建立一切无倒因果；既观察已，次起自业智力，若有悕求即于欲界同分界中可爱殊胜异熟果者，方便为说，令其远离诸不善业，令其现行所有善业；次起静虑解脱等持等至智力，若诸有情悕求世间

① 及能降伏执者常论一切沙门，底本与《碛砂藏》《普宁藏》《永乐南藏》《径山藏》相同；《房山石经》《资福藏》《赵城金藏》《高丽藏》“者”作“著”。

② 及能降伏执者断论一切沙门，底本与《碛砂藏》《普宁藏》《永乐南藏》《径山藏》相同；《房山石经》《资福藏》《赵城金藏》《高丽藏》“者”作“著”。

离欲法者，与其教授，令彼趣向世间离欲，令彼获得如实之道；次起所余如来十力[①]，若诸有情悕求出世离欲法者，如应为说趣出世间离欲之道，谓于此中先起根胜劣智力，如实观察悕求出世离欲者根；次起种种胜解智力，如实观察彼根为先所有意乐；次起种种界智力，如实观察意乐为先所有随眠；如是了知彼根、意乐及随眠已，次起遍趣行智力，如其所应，令于所缘趣入门中而得趣入；次起宿住随念智力及死生智力，彼由如应所缘趣入门加行摄住心已，净修行已，为说中道，令其远离萨迦耶见以为根本当断边执[②]；为令永断一切烦恼，从此后起漏尽智力，若有如是正修方便奢摩他力之所任持，虽未永断一切烦恼，而由获得不现行故，起不作作增上慢者，令其舍离此增上慢。是名十力一门次第。

复有异门十力次第。谓诸如来于其无上正等菩提初证得时，最初发起处非处智力令现在前，普于一切缘生法中观察最胜妙法住智。即依如是妙法住智，次起自业智力观在家分，由彼彼业种种差别，依在家分习当现时修证差别[③]。如是观察在家分已，次起静虑解脱等持等至智力观出家分，谓于如是出家分中，为有能说出苦离苦正道者耶？为无有耶？如是观已，正知都无，观诸世间无有救护，无所归依，由大悲故，以其佛眼如实观照一切世间。既观照已，次起根胜劣智力，现前了知住在世间种种有情，生在世间，长在世间，或有钝根，或有中根，或有利根；现前知已，便于说法其心趣入。次后如前一切所余种种胜解智力等事，次第应知。是第二门十力次第。

---

① 次起所余如来十力，底本与《资福藏》《碛砂藏》《普宁藏》《永乐南藏》《径山藏》相同；《房山石经》《赵城金藏》《高丽藏》“十”作“七”。

② 令其远离萨迦耶见以为根本当断边执，底本与《碛砂藏》《普宁藏》《永乐南藏》《径山藏》相同；《房山石经》《资福藏》《赵城金藏》《高丽藏》“当”作“常”。

③ 依在家分习当现时修证差别，底本与《碛砂藏》《普宁藏》《永乐南藏》《径山藏》相同；《房山石经》《资福藏》《赵城金藏》《高丽藏》“习”作“曾”。

复有异门十力次第。谓诸如来于其无上正等菩提初证得时，最初发起处非处智力令现在前，观察一切缘生法界；次起自业智力，即于如是缘生法中观察假立有情名想诸有情界，如是有情自造如是色类诸业，还受如是色类诸果；如实观察如是法界有情界已，次起静虑解脱等持等至智力，即为如是诸有情类解脱苦故，示现三种无倒神变而教授之；既教授已，次起余力，如前次第知根等已，于其正道令趣入已，然后方便令彼有情解脱众苦：是第三门十力次第。

云何如来十力差别？谓此十力展转相望，亦有差别，亦无差别。处非处智力等与自业智力等有何差别？若正了知善不善业能感所有爱非爱果，当知此由处非处智力故。若正了知诸有能造善不善业即彼能受爱非爱果，而非所余，当知此由自业智力故。若正了知诸有能修静虑、解脱、等持、等至即彼能入静虑等定，而非所余，当知此由自业智力故。若正了知即依如是静虑等定现三神变，无倒教授所化有情，当知此由静虑解脱等持等至智力故。若正照取信等俱生相应之心，当知此由静虑解脱等持等至智力故。若正分别即彼诸根輭、中、上品种种差别，当知此由根胜劣智力故。若正照取诸根为先彼彼法中种种意乐，当知此由根胜劣智力故。若正分别即彼意乐种种差别，当知此由种种胜解智力故。即彼意乐当知分别略有六种：一者，不出离意乐，谓于各别大自在天、那罗延天、梵世间等起信解者所有意乐；二者，出离意乐，谓于三乘起信解者所有意乐；三者，远清净意乐，谓安住下品、中品成熟者所有意乐；四者，近清净意乐，谓安住上品成熟者所有意乐；五者，即于现法得涅槃意乐，谓由声闻乘所得涅槃起信解者所有意乐；六者，于当来世得涅槃意乐，谓由大乘所得涅槃起信解者所有意乐。若正照取胜解所起相似种子，当知此由种种胜解智力故。若正照取即彼种子差别分别无量品类，当知此由种种界智力故。又即彼界当知分别略有四种：一者，本性住种子；二者，先习起种子；三者，可修治种子，谓有般涅槃法者所有种子；四者，不可修治种子，谓无般涅槃法者所有种子。若正了知如界种类行迹趣入，当知此由种种界智力故。若正分别即彼行迹一切品类，如是行迹能令离染[1]，如是行迹能令毕竟清净，如是行迹能令不毕竟清净，当知此由遍趣行智力故。若如实知前际随念一切趣因前际俱行，当知此由遍趣行智力故。若正了知如前分别种种随顺八言说句、六种略行，当知此由宿住随念智力故。若正了知依于前际有情死生；当知此由宿住随念智力故。若正观见后际种种有情死生，当知此由死生智力故。若正了知于自事义未得究竟，有情后际受生相续，当知此由死生智力故。若正了知于自事义已得究竟心善解脱，于现法中证得涅槃，当知此由漏尽智力故。当知是名如来十力展转相望，亦有差别，亦无差别。

如来所有四无畏文，如契经说，应知其相。

谓诸如来于其四处，在大众中而自称叹，谓所知障永解脱故，于一切种一切法中现等正觉，不共声闻，是第一处；诸烦恼障永解脱故，证得漏尽，共诸声闻，是第二处；为求解脱诸有情类超过众苦，说出离道。是第三处；即于能出道得为碍，说诸障法应当远离，是第四处。如来既于如是四处如其实义自称叹已，次后他于自所称叹前之二处所有相违身语意业而兴谤难，复于后二自称叹处所有相违前后乖反堕非理相而兴谤难，复于世间有明见者[2]，无明见者[3]，有他心智者，无他心智者。如来于此自称能处

---

① 如是行迹能令离染，底本与《资福藏》《碛砂藏》《赵城金藏》《普宁藏》《永乐南藏》《径山藏》《高丽藏》相同；《房山石经》“离”作“杂”。

② 复于世间有明见者，底本与《资福藏》《碛砂藏》《普宁藏》《永乐南藏》《径山藏》相同；《房山石经》《赵城金藏》《高丽藏》“复”作“谓”；《赵城金藏》《高丽藏》“明”作“眼”。

③ 无明见者，底本与《房山石经》《资福藏》《碛砂藏》《普宁藏》《永乐南藏》《径山藏》相同；《赵城金藏》《高丽藏》“明”作“眼”。

能为对治诸谤难中[1]，都不见有如实因相。

由是因缘，于此四处能自了知[2]，坦然无畏，心无怯劣，无所疑虑，都无惊惧。又佛大师唯有尔所正应称叹，谓自利行及利他行俱善圆满。当知此中，前二称叹，自利行满；后二称叹，利他行满。

此中，如来若自称叹于一切法现等觉故，成正等觉，当知正为等趣大乘诸菩萨故；若自称叹一切漏尽，当知正为等趣声闻及独觉乘诸有情故；若复称叹能出离道及诸障法，当知俱为等趣诸乘诸有情故。如是如来所说经句，谓我为诸菩萨、声闻说出离道，乃至广说。诸结集者于所结集声闻藏中，除菩萨言；于所结集菩萨藏中，但唯诵此菩萨之言。

如来所有三念住文，如契经说，应知其相。谓诸如来于其长夜有如是欲：“如何当令诸有情类于我善说法毗奈耶无倒行中如实随住。”如是长夜欲乐法主化御众时，若所希欲或遂不遂，不生杂染，由三念住略所显故。此三念住复由三众差别建立。云何三众？若彼一切一向正行，是第一众；若彼一切一向邪行，是第二众；若彼众中一分正行，一分邪行，是第三众。

如来所有三不护文，如契经说，应知其相。谓诸如来以要言之，于一切种鄙恶所作覆藏永断，由三不护之所显示。诸阿罗汉由忘念故，于时时间片有无记鄙恶所作，如来于此一切一切皆无所有。是故如来于诸弟子如所立要，即如自性切切诫勗，显显呵摈，时复现行，率尔敦逼，于诸弟子无所防虑，所谓勿彼共住多时，知我所行三业不净，因于前事意怀不悦，由斯不顺，乃事乖违，或面讥我，或向他说。

---

① 如来于此自称能处能为对治诸谤难中，底本与《资福藏》《碛砂藏》《普宁藏》《永乐南藏》《径山藏》相同；《房山石经》《赵城金藏》《高丽藏》“能处”作“叹处”。

② 于此四处能自了知，底本与《资福藏》《碛砂藏》《赵城金藏》《普宁藏》《永乐南藏》《径山藏》《高丽藏》相同；《房山石经》“了”作“力”。

当知如来所有大悲一切种相，皆悉如前“供养亲近无量品”说。当知如是如来大悲无量无上。

云何如来无忘失法？谓诸如来常随记念若事、若处、若如、若时有所为作，如来即于此事、此处、此如、此时皆正随念，是名如来无忘失法。所谓如来普于一切所作事业，普于一切方处差别，普于一切所作方便，普于一切时分差别，念无忘失，常住正念，当知是名无忘失法。

云何如来永害习气？谓诸如来或于动转，或于瞻视，或于言论，或于安住，似有烦恼所起作业多不现行，是名如来永害习气。诸阿罗汉虽断烦恼，而于动转、瞻视、言论及安住中，而有种种似有烦恼所起作业。

云何如来一切种妙智？谓诸如来以要言之，于三聚法现等正觉。何等为三？一者，能引有义聚法；二者，能引无义聚法；三者，非能引有义聚法非能引无义聚法，当知此中，若诸如来或于能引无义聚法，或于非能引有义聚法非能引无义聚法，总于如是一切法中无颠倒智，是名如来一切种智。若诸如来于其能引有义聚法一切法中无颠倒智，当知是名如来妙智。即于此中，若一切种智，若妙智，总合为一，名一切种妙智。

如是一切，总名如来百四十种不共佛法。即于此中，诸相、随好在菩萨位最后有中，皆已证得极善清净。若时菩萨坐菩提座，住最后有，于菩萨道菩提资粮极善圆满，尔时无师修三十七菩提分法，得一刹那名无障碍智三摩地，是其菩萨学道所摄金刚喻定；从此无间第二刹那，顿得其余不共佛法，谓如来十力为初，一切种妙智为后，皆极清净，悉为无上。由得此故，普于一切所知境界无滞无障[①]，最极清净无垢智转，依𨁝发悟思惟

① 普于一切所知境界无滞无障，底本与《资福藏》《碛砂藏》《赵城金藏》《普宁藏》《永乐南藏》《径山藏》《高丽藏》相同；《房山石经》“障”作“碍”。

圆满、意转圆满[1]，超过一切菩萨行、菩萨地，证入一切如来行、如来地，一切在实所知障品所有麤重无余断故[2]，得胜转依。如是转依最为无上，其余一切乃至最上成满住中菩萨转依，当知有上。

问：一切安住到究竟地菩萨智等、如来智等，云何应知此二差别？

答：如明眼人隔于轻縠睹众色像，一切安住到究竟地菩萨妙智于一切境当知亦尔；如明眼人无所障隔睹众色像，如来妙智于一切境当知亦尔。如画事业圆布众彩，唯后微妙色未净修治[3]，到究竟地菩萨妙智当知亦尔；如画事业圆布众彩，最后妙色已净修治，如来妙智当知亦尔。如明眼人于微闇中睹见众色，到究竟地菩萨妙智当知亦尔；如明眼人离一切闇睹见众色，如来妙智当知亦尔。如明眼人远睹众色，到究竟地菩萨妙智当知亦尔；如明眼人近睹众色，如来妙智当知亦尔。如轻翳眼观视众色[4]，到究竟地菩萨妙智当知亦尔；如极净眼观视众色，如来妙智当知亦尔。如处胎身，到究竟地诸菩萨身当知亦尔；如出胎身，诸如来身当知亦尔。如阿罗汉梦中心行，到究竟地菩萨心行当知亦尔；如阿罗汉觉时心行，如来心行当知亦尔。如昧灯体，到究竟地菩萨智体当知亦尔；如明灯体，如来智体当知亦尔。是故当知一切安住到究竟地诸菩萨众，与诸如来妙智身心有大差别。

如是如来证菩提已，遍于十方一切佛土，普能施作一切佛事。云何名为一切佛事？谓诸如来如来事业、如来所作略有十种。如是一一如来事业、如来所作，能成无量利有情事。此外无有若过若增。何等为十？谓

---

① 意转圆满，底本与《房山石经》《资福藏》《碛砂藏》《赵城金藏》《普宁藏》《永乐南藏》《径山藏》相同；《高丽藏》“转”作“车”。

② 一切在实所知障品所有麤重无余断故，底本与《资福藏》《碛砂藏》《赵城金藏》《普宁藏》《永乐南藏》《径山藏》《高丽藏》相同；《房山石经》“实”作“肉”。

③ 唯后微妙色未净修治，底本与《资福藏》《碛砂藏》《普宁藏》《永乐南藏》《径山藏》相同；《房山石经》《赵城金藏》《高丽藏》无“微”字。

④ 如轻翳眼观视众色，底本与《资福藏》《碛砂藏》《普宁藏》《永乐南藏》《径山藏》相同；“翳”，《房山石经》《高丽藏》作“瞖”，《赵城金藏》作“縠”。

诸如来最初自现大丈夫身，欲令有情心发净信，大丈夫身于生净信为最胜故，是名如来第一作事。如是作事，诸相、随好所能成办。又诸如来普为一切有情之类起一切种教授加行，是名如来第二作事。如是作事，由一切种清净所能成办[①]。又诸如来能作一切利有情事，能断一切所生疑惑，是名如来第三作事。如是作事，如来十力所能成办。由前所说如来十力，于能成办一切有情一切义利有堪能故。又于如来所证十力所兴问难，唯有如来能知能见，能解能了，唯有如来于彼问难能正答故。又诸如来普能降伏一切他论，普能成立一切自论，是名如来第四作事。如是作事，四无所畏所能成办。又诸如来所化有情，于佛教勅若正安住、不正安住，如来于彼心无杂染，是名如来第五作事。如是作事，三种念住所能成办。又诸如来如自所言，即如是作，是名如来第六作事。如是作事，三种不护所能成办。又诸如来常以佛眼于昼夜分遍观世间，是名如来第七作事。如是作事，如来大悲所能成办。又诸如来顿于一切一切作事皆无退舍，是名如来第八作事。如是作事，无忘失法所能成办。又诸如来所行仪轨，如实随转，无越作用，是名如来第九作事。如是作事，永害习气所能成办。又诸如来于其能引无义聚法，于不能引有义聚法亦不能引无义聚法，拣择舍离；于其能引有义聚法，为众宣说，开示显发：是名如来第十作事。如是作事，一切种妙智所能成办。如是如来由前所说百四十种不共佛法，能作如来一切所作一切佛事。如是佛事若广分别，不易可数，乃至俱胝那庾多百千大劫说不能尽。

如是所说诸如来住、诸如来地，名为建立。何以故？依此住此悕求品类诸菩萨众，于菩萨学能正修学，亦依住此而有所证，即依住此普能成办一切有情一切义利，是故说此名为建立。又此一切所说佛法，于利他事最

① 由一切种清净所能成办，底本与《房山石经》《资福藏》《碛砂藏》《赵城金藏》《普宁藏》《永乐南藏》《径山藏》相同；《高丽藏》“由”作“四”。

为随顺，一切如来是利他事之所显现，声闻、独觉则不如是。是故说名不共佛法。又于如是诸佛法中自有佛法，声闻、独觉一切一切皆所不得。所谓大悲、无忘失法、永害习气、一切种妙智。自有佛法虽分似得，而一切种皆不圆满。如来于彼一切一切悉皆证得，于一切种无不圆满，最极超过，最极殊妙，是故皆说名为不共。

当知此中独一有义是不共义。如是圆满显示一切菩萨学道及学道果，名菩萨地。具说一切菩萨学道及学道果，一切种教实依处故。

又此菩萨地，亦名菩萨藏摩怛理迦，亦名摄大乘，亦名开示坏不坏路，亦名无障智净根本。若诸所有天人世间，或天或人，若诸沙门、婆罗门等，于此所说菩萨地中起坚信解，乐闻受持，精勤修学，广为他说，下至书持、供养恭敬、深心爱重所得福聚，以要言之，如薄伽梵于菩萨藏所摄一切微妙经典乐闻等业，宣说显了、分别施设、开示称赞所获福聚，等无有异。

何以故？此菩萨地显示一切菩萨藏中略标、广释诸门摄故。于此地中能广开示法毗奈耶，乃至众多所化有情于此正法受持读诵、法随法行，安住增长，广大胜进，于尔所时，像似正法不得兴盛，正法不灭。若于尔时像似正法当得兴盛，即于尔时能引实义所有正法当速灭没。是故于此菩萨地中起坚信解，乐闻受持，乃至广说所得福聚无量无边。

本地分中菩萨地
第四持次第瑜伽处发正等菩提心品[①]

如是已说菩萨地义。

① 本地分中菩萨地第四持次第瑜伽处发正等菩提心品，底本与《房山石经》《资福藏》《碛砂藏》《普宁藏》《永乐南藏》《径山藏》《高丽藏》相同；《赵城金藏》“正等”作“正觉”。

云何应知此中次第？谓诸菩萨要先安住菩萨种性，乃能正发阿耨多罗三藐三菩提心；既发心已，方正修行自他利行。于自他利正修行时，得无杂染方便；无杂染故，得无厌倦方便；无厌倦故，得诸善根增长方便；于诸善根得增长已，能证无上正等菩提。又于如是自他利加行无杂染方便、无厌倦方便、善根增长方便得大菩提中将修行时，先于甚深广大正法安立信解；立信解已，访求正法；求正法已，广为他说，亦于正行自能成办。于成办时，若由此、于此、为此应行，即由此、于此、为此而行。

由此、于此、为此行时，如今福德[1]、智慧增长所应行者，即如是行。福德、智慧既增长已，于不舍离生死方便能正修行。即于此中正修行时，能行生死无杂染行。即于此中正修行时，能于自乐行无著行。即于此中正修行时，能于无量生死大苦能正修行无厌倦行。由于生死无厌倦故，能正访求种种异论，于一切论得无所畏。善知论已，复能了知所应为说，所可宣说，应如是说，由此智故，善知世间。如是菩萨善知诸论及世间已，复能如理访求正法；

既访求已，堪能善断一切有情一切疑惑。如是堪能断他疑惑，令自福德展转增长，福德资粮渐得圆满；令自智慧亦转增长，智慧资粮渐得圆满。二种资粮既圆满已，于谛行相、菩提分法无倒修中能勤修行，于修方便能正了知，即持如是正勤所修，回向大乘般涅槃果，不求声闻及独觉乘般涅槃果。既得如是方便善巧，能于一切菩萨语言听闻受持。依修力故，于昔未闻所有诸法一切种相皆能辩了，于陀罗尼无碍辩才皆得圆满。为欲永断一切障故，精勤修习三解脱门。

即于此中正修行时，为断自他一切颠倒增上慢故，勤修正行。如是能于一切种相正行圆满。如是正行得圆满已，于一切有情及声闻、独觉皆为

① 如今福德，《房山石经》《资福藏》《碛砂藏》《赵城金藏》《普宁藏》《永乐南藏》《径山藏》《高丽藏》“今”作“令”。

殊胜，所谓正行功德殊胜及可称赞功德殊胜。当知此中，正行功德殊胜菩萨为利自他，勤修正行，用利他事以为自事，声闻、独觉则不如是。由诸菩萨用利他事为自事故，于一切有情起如自己平等之心；起如是平等心故，于诸有情常施恩惠，不望其报。菩萨如是勤修行时，常于有情发起希望，欲令彼得利益安乐；由是利益安乐意乐，常能起作不虚加行。由是利益安乐意乐，常能起作不虚加行。当知是名展转引发正行功德殊胜[①]。当知此中，称赞功德殊胜菩萨于诸佛所获得授记，非诸声闻，亦非独觉；得授记已，便能安住不退转地。安住此中，能于一切决定所作，恒常所作获得坚固无忘失法。如是坚固无忘失法，诸佛菩萨施设，在于一切有情最上施设，普于一切所应作事能无退失，于未得退亦无退失[②]。无退失时，恒常无间，一切善法运运增长，如明分月。由诸善法转增长故，菩萨尔时得名真实，不名相似。由得真实菩萨名故，于一切种一切有情调伏方便，如实了知；如实知故，一切安立皆得善巧。从此寻求，于此寻求；由此寻求，既寻求已，由此究竟皆正安立，如是名为一切安立皆得善巧。

于诸安立得善巧故，复于教授能得善巧；于其教授得善巧故，复能获得无量所缘三摩地王；获得如是三摩地已，能不唐捐宣说正法种种行相，说正法时皆有胜果，能于大乘究竟出离，以依大性而出离故，能摄大乘。由此复于彼彼大乘出离位中得彼彼名[③]。一切菩萨同共此名，一切世间诸佛菩萨皆共安立，皆共称叹。当知是名所可称赞功德殊胜。由得如是殊胜名故；当知获得诸菩萨相诸相所相，成就其相。如是正行一切种相，在

---

① 当知是名展转引发正行功德殊胜，底本与《资福藏》《碛砂藏》《赵城金藏》《普宁藏》《永乐南藏》《径山藏》《高丽藏》相同；《房山石经》“正行”作“王行”，“殊”作“佛”。

② 于未得退亦无退失，底本与《资福藏》《碛砂藏》《赵城金藏》《普宁藏》《永乐南藏》《径山藏》《高丽藏》相同；《房山石经》“得”作“得不”。

③ 由此复于彼彼大乘出离位中得彼彼名，底本与《房山石经》《资福藏》《碛砂藏》《普宁藏》《永乐南藏》《径山藏》《高丽藏》相同；《赵城金藏》“彼彼名”作“彼名”。

家、出家二分菩萨所能成办。于二分中能成办已，正行坚固，于诸善品获得一向增上意乐。如是意乐，或在家品所应摄受，或出家品所应摄受。或于善品能正安立，乃至安住。

从此已上，故作意思受诸有生，于彼生处常得值遇诸佛菩萨，及能起作一切有情诸饶益事，恒常无间，蒙佛菩萨无倒教授，任持善品，领受殊胜证得分位。由领受故，于可称赞摄受殊胜证得分位能正安处，如已舍宅。住此位已，能于后后殊胜分位一切种相觉慧升进，渐次乃至到于究竟，于其中间不生喜足，如是升进证得究竟，从此不求其余上地。已到究竟极边际故，名得无上。是名菩萨地义次第。

本地分中有余依地第十六

如是已说菩萨地。云何有余依地？当知此地有三种相：一者，地施设安立；二者，寂静施设安立；三者，依施设安立。

云何地施设安立？谓有余依地，除五地一分，谓无心地、修所成地、声闻地、独觉地、菩萨地；除一地全，谓无余依地；所余诸地，名有余依地：是名地施设安立。

云何寂静施设安立？谓由四种寂静施设安立有余依地：一、由苦寂静故；二、由烦恼寂静故；三、由不损恼有情寂静故；四、由舍寂静故。云何苦寂静？谓阿罗汉苾刍诸漏永尽，所有当来后有众苦皆悉永断，已得遍知，如多罗树断截根顶，不复现前[①]。由得当来不生法故，是名苦寂静。云何烦恼寂静？谓阿罗汉苾刍贪欲永断，瞋恚永断，愚痴永断，一切烦恼皆悉永断。由得毕竟不生法故，是名烦恼寂静。云何不损恼有情寂静？谓

① 不复现前，底本与《房山石经》《资福藏》《碛砂藏》《普宁藏》《永乐南藏》《径山藏》《高丽藏》相同；《赵城金藏》“复”作“须”。

阿罗汉苾刍贪欲永尽，瞋恚永尽，愚痴永尽，一切烦恼皆悉永尽，不造诸恶，修习诸善，是名不损恼有情寂静。云何舍寂静？谓阿罗汉苾刍诸漏永尽，于六恒住，恒常无间多分安住。谓眼见色已，不喜不忧，安住上舍，正念正知。如是耳闻声已，鼻嗅香已，舌尝味已，身觉触已，意了法已，不喜不忧，安住上舍，正念正知，是名舍寂静。即依如是四种寂静，说有余依地最极寂静，最极清凉，是名寂静施设安立。

云何依施设安立？谓有八种依：一、施设依；二、摄受依；三、住持依；四、流转依；五、障碍依；六、苦恼依；七、适悦依；八、后边依。

云何施设依？谓五取蕴。由依此故，由依此故，施设我及有情、命者、生者、能养育者、补特伽罗[①]、意生、儒童等诸想等谓假用言说[②]；及依此故，施设如是名字、如是生类、如是种性、如是饮食、如是领受苦乐、如边长寿[③]、如是久住、如是寿量边际等诸想等想假用言说。

云何摄受依？谓七摄受事，即自己父母、妻子、奴婢、作使、僮仆、朋友、眷属。七摄受事。如前“意地”已广分别，依此了知诸有情类有所摄受。

云何住持依？谓四种食，即段食、触食、意思食、识食。由依此故，已生有情住立支持，又能摄养诸求有者。

云何流转依？谓四种识住及十二缘起，即色趣识住、受趣识住、想趣识住、行趣识住，及无明缘行，行缘识，广说乃至生缘老死。由依此故，诸有情类于五趣生死随顺流转。

云何障碍依？谓诸天魔，随有彼彼修善法处，即往其前为作障碍。

① 补特伽罗，底本与《房山石经》《赵城金藏》《永乐南藏》《径山藏》《高丽藏》相同；《资福藏》《碛砂藏》《普宁藏》“特”作“持”。

② 儒童等诸想等谓假用言说，底本与《碛砂藏》《普宁藏》《永乐南藏》《径山藏》相同；《房山石经》《资福藏》《赵城金藏》《高丽藏》“谓”作“想”。

③ 如边长寿，底本与《碛砂藏》《普宁藏》相同；《房山石经》《资福藏》《赵城金藏》《永乐南藏》《径山藏》《高丽藏》“边”作“是”。

云何苦恼依？谓一切欲界皆名苦恼依。由依此故，令诸有情领受忧苦。

云何适悦依？谓静虑、等至乐，名适悦依。由依此故，诸有情类若即于此现入彼定，若生于彼，长夜领受静虑、等至所有适悦。

云何后边依？谓阿罗汉相续诸蕴。由依此故，说诸阿罗汉住持最后身[①]。

问：阿罗汉苾刍诸漏永尽，住有余依地，当言与几种依共相应耶？

答：当言与一种依一向相应，谓后边依，与六摄受事不共相应，与流转依，与障碍依一向全不相应，与所余依非相应非不相应。是名依施设安立。

本地分中无余依地第十七

如是已说有余依地。云何无余依地？当知此地亦有三相：一者，地施设安立；二者，寂灭施设安立；三者，寂灭异门安立。

云何地施设安立？谓先所除五地一分，当知即此无余依地所摄，谓无心地、修所成地、声闻地、独觉地、菩萨地。

云何寂灭施设安立？谓由二种寂灭施设安立如是无余依地：一、由寂静寂灭故；二、由无损恼寂灭故。云何寂静寂灭？谓先于有余依地获得触证四种寂静，今无余依涅槃界中亦有最胜四种寂静：一、数教寂静；二、一切依寂静；三、依依苦寂静；四、依依苦生疑虑寂静。如说：由无下劣心，能忍受勤苦，彼所趣解脱，譬如证涅槃[②]。

云何无损恼寂灭？谓与一切依不相应，违背一切烦恼诸苦流转，生

① 说诸阿罗汉住持最后身，底本与《资福藏》《碛砂藏》《赵城金藏》《普宁藏》《永乐南藏》《径山藏》相同；《房山石经》《高丽藏》“住”作“任”。

② 譬如证涅槃，底本与《资福藏》《碛砂藏》《普宁藏》《永乐南藏》《径山藏》相同；《房山石经》《赵城金藏》《高丽藏》“证涅槃”作“灯尽灭”。

起转依所显真无漏界。如说："苾刍永寂灭，名真安乐住。"又如说言："实有无生、无起、无作、无为，无等生起，亦有有生、有起、有作、有为、有等生起。若当无有无生、无起、无作、无为、无等生起，我终不说有生、有起、有作、有为、有等生起，有永出离。由实有无生、无起、无作、无为、无等生起，是故我说有生、有起、有作、有为、有等生起，有永出离。"世尊依此密意说言甚深、广大、无量、无数，是谓寂灭。由于此中所具功德难了知故，名为甚深。极宽博故，名为广大。无穷尽故，名为无量。数不能数，无二说故，名为无数。云何此中数不能数？谓有、非有不可说故，即色、离色不可说故，即受、离受不可说故，即想、离想不可说故，即行、离行不可说故，即识、离识不可说故。所以者何？由此清净真如所显，一向无垢。是名无损恼寂灭。如是二种，总说为一寂灭施设安立。

云何寂灭异门施设安立？当知此中寂灭异门有无量种，谓名为常，亦名为恒，亦名久住，亦名无变，亦名有法，亦名舍宅，亦名洲渚，亦名救护，亦名归依，亦名所趣，亦名安隐，亦名淡泊，亦名善事，亦名吉祥，亦名无转，亦名无垢，亦名难见，亦名甘露，亦名无忧，亦名无没，亦名无炽，亦名无热，亦名无病，亦名无动，亦名涅槃，亦名永绝一切戏论。如是等类，应知说名寂灭异门。是名寂灭异门施设安立。

瑜伽师地论

汇校本

三

（唐）玄奘 译　　韩欣 整理

文物出版社

目 录

一

二

三

四

瑜伽师地论卷第五十一

摄决择分中五识身相应地意地之一

如是已说本地，次说诸地决择善巧。由此决择善巧为依，于一切地善能问答。

今当先说五识身地、意地决择。

问：前说种子依谓阿赖耶识，而未说有、有之因缘、广分别义。何故不说？何缘知有？广分别义云何应知？

答：由此建立是佛世尊最深密记，是故不说。

如世尊言：

阿陀那识甚深细，一切种子如暴流[①]，

我于凡愚不开演，恐彼分别执为我。

复次，嗢柁南曰[②]：

执受初明了，种子业身受，

无心定命终，无皆不应理。

由八种相，证阿赖耶识决定是有[③]，谓若离阿赖耶识，依止执受不应道理，最初生起不应道理，有明了性不应道理，有种子性不应道理，业用差别不应道理，身受差别不应道理，处无心定不应道理，命终时识不应道理。

① 一切种子如暴流，底本与《资福藏》《碛砂藏》《普宁藏》《永乐南藏》《径山藏》相同；《房山石经》《赵城金藏》《高丽藏》“暴”作“瀑”，下同。

② 嗢柁南曰，底本与《资福藏》《碛砂藏》《普宁藏》《永乐南藏》《径山藏》相同；《房山石经》《赵城金藏》《高丽藏》“柁”作“拕”，下同。

③ 证阿赖耶识决定是有，底本与《资福藏》《碛砂藏》《赵城金藏》《普宁藏》《永乐南藏》《径山藏》《高丽藏》相同；《房山石经》“证”作“识”。

何故若无阿赖耶识，依止执受不应道理？由五因故。何等为五？谓阿赖耶识先世所造业行为因，眼等转识于现在世众缘为因，如说根及境界、作意力故，诸转识生，乃至广说，是名初因。又六识身有善、不善等性可得，是第二因。又六识身无覆无记异熟所摄类不可得，是第三因。又六识身各别依转，于彼彼依，彼彼识转，即彼所依应有执受，余无执受，不应道理，设许执受，亦不应理，识远离故，是第四因。又所依止应成数数执受过失。所以者何？由彼眼识于一时转，一时不转，余识亦尔。是第五因。

如是先业及现在缘以为因故，善、不善等性可得故，异熟种类不可得故，各别所依诸识转故，数数执受依止过故，不应道理。何故若无阿赖耶识，最初生起不应道理？谓有难言：若决定有阿赖耶识，应有二识俱时生起。应告彼言：汝于无过妄生过想。何以故？容有二识俱时转故。所以者何？且如有一，俱时欲见乃至欲知，随有一识最初生起不应道理。由彼尔时作意无别，根、境亦尔，以何因缘，识不俱转？

何故若无诸识俱转，与眼等识同行意识明了体性不可得耶？谓或有时忆念过去曾所受境，尔时意识行不明了，非于现境意现行时得有如是不明了相，是故应许诸识俱转，或许意识无明了性。

何故若无阿赖耶识，有种子性不应道理？谓六识身展转异故。所以者何？从善无间，不善性生；不善无间，复善性生；从二无间，无记性生；劣界无间，中界生；中界无间，妙界生；如是妙界无间，乃至劣界生；有漏无间，无漏生；无漏无间，有漏生；世间无间，出世生；出世无间，世间生。非如是相有种子性应正道理。又彼诸识长时间断，不应相续长时流转，是故此亦不应道理。

何故若无诸识俱转，业用差别不应道理？谓若略说，有四种业：一、了别器业；二、了别依业；三、了别我业；四、了别境业。此诸了别，刹那刹那俱转可得，是故一识于一刹那有如是等业用差别不应道理。

何故若无阿赖耶识，身受差别不应道理？谓如有一，或如理思，或不如理，或无思虑，或随寻伺，或处定心，或不在定，尔时于身诸领受起非一众多种种差别，彼应无有，然现可得，是故定有阿赖耶识。

何故若无阿赖耶识，处无心定不应道理？谓入无想定，或灭尽定，应如舍命，识离于身，非不离身。如世尊说，当于尔时识不离身故。

何故若无阿赖耶识，命终时识不应道理？谓临终时，或从上身分，识渐舍离，冷触渐起，或从下身分，非彼意识有时不转，故知唯有阿赖耶识能执持身。此若舍离，即于身分，冷触可得，身无觉受。意识不尔。是故若无阿赖耶识，不应道理。

复次，嗢柁南曰：

所缘若相应，更互为缘性，
与识等俱转，杂染汙还灭。

若略说阿赖耶识，由四种相建立流转，由一种相建立还灭。

云何四相建立流转？当知建立所缘转故，建立相应转故，建立互为缘性转故，建立识等俱转转故。

云何一相建立还灭？谓由建立杂染转故，及由建立彼还灭故。

云何建立所缘转相？谓若略说，阿赖耶识由于二种所缘境转：一、由了别内执受故；二、由了别外无分别器相故。

了别内执受者，谓能了别遍计所执自性妄执习气，及诸色根根所依处，此于有色界。若在无色，唯有习气执受了别。

了别外无分别器相者，谓能了别依止缘内执受阿赖耶识故，于一切时无有间断器世间相。譬如灯焰生时，内执膏炷，外发光明。如是阿赖耶识缘内执受，缘外器相生起道理，应知亦尔。

复次，阿赖耶识缘境微细，世聪慧者亦难了故。

复次，阿赖耶识缘境无废，时无变易，从初执受刹那乃至命终，一味了别而转故。

复次，阿赖耶识于所缘境念念生灭，当知刹那相续流转，非一非常。

复次，阿赖耶识当言于欲界中缘狭小执受境，于色界中缘广大执受境，于无色界空无边处、识无边处缘无量执受境，于无所有处缘微细执受境，于非想非非想处缘极微细执受境。

如是了别二种所缘故，于所缘境微细了别故，相似了别故，刹那了别故，了别狭小执受所缘故，了别广大执受所缘故，了别无量执受所缘故，了别微细执受所缘故，了别极微细执受所缘故，应知建立阿赖耶识所缘转相。

云何建立相应转相？谓阿赖耶识与五遍行心相应法恒共相应①，谓作意、触、受、想、思。如是五法亦唯异熟所摄，最极微细，世聪慧者亦难了故。亦常一类缘境而转。又阿赖耶识相应受一向不苦不乐，无记性摄，当知余心所行相亦尔②。

如是遍行心所相应故，异熟一类相应故，极微细转相应故，恒常一类缘境而转相应故，不苦不乐相应故，一向无记相应故，应知建立阿赖耶识相应转相。

云何建立互为缘性转相？谓阿赖耶识与诸转识作二缘性：一、为彼种子故；二、为彼所依故。为种子者，谓所有善、不善、无记转识转时，一切皆用阿赖耶识为种子故。为所依者，谓由阿赖耶识执受色根，五种识身依之而转，非无执受。

又由有阿赖耶识故，得有末那；由此末那为依止故，意识得转。譬如

① 谓阿赖耶识与五遍行心相应法恒共相应，底本与《房山石经》《资福藏》《碛砂藏》《普宁藏》《永乐南藏》《径山藏》相同；《赵城金藏》《高丽藏》“法”作“所”。

② 当知余心所行相亦尔，底本与《资福藏》《碛砂藏》《赵城金藏》《普宁藏》《永乐南藏》《径山藏》相同；“所”《房山石经》作“法”，《高丽藏》作“法”，下同。

依止眼等五根，五识身转，非无五根。意识亦尔，非无意根。

复次，诸转识与阿赖耶识作二缘性：一、于现法中能长养彼种子故；二、于后法中为彼得生摄植彼种子故。

于现法中长养彼种子者，谓如依止阿赖耶识善、不善、无记转识转时，如是如是于一依止同生同灭，熏习阿赖耶识；由此因缘，后后转识善、不善、无记性转，更增长转，更炽盛转，更明了而转。

于后法中为彼得生摄植彼种子者，谓彼熏习种类能引摄当来异熟无记阿赖耶识。

如是为彼种子故，为彼所依故，长养种子故，摄植种子故，应知建立阿赖耶识与诸转识互为缘性转相。

云何建立阿赖耶识与转识等俱转转相？谓阿赖耶识或于一时唯与一种转识俱转，所谓末那。何以故？由此末那，我见、慢等恒共相应，思量行相，若有心位，若无心位，恒与阿赖耶识一时俱转①，缘阿赖耶识以为境界，执我起慢，思量行相。或于一时与二俱转，谓末那及意识；或于一时与三俱转，谓五识身随一转时；或于一时与四俱转，谓五识身随二转时；或时乃至与七俱转，谓五识身和合转时。

又复意识，染汙末那以为依止。彼未灭时，相了别缚不得解脱；末那灭已，相缚解脱。

又复意识能缘他境及缘自境。缘他境者，谓缘五识身所缘境界，或顿不顿。缘自境者，谓缘法为境②。

复次，阿赖耶识或于一时与苦受、乐受、不苦不乐受俱时而转，此受

---

① 恒与阿赖耶识一时俱转，底本与《碛砂藏》《普宁藏》《永乐南藏》《径山藏》相同；《房山石经》《资福藏》《赵城金藏》《高丽藏》“恒”作“常”。

② 谓缘法为境，底本与《房山石经》《资福藏》《碛砂藏》《赵城金藏》《普宁藏》《永乐南藏》《径山藏》相同；《高丽藏》无“为”字。

与转识相应，依彼而起。谓于人中，若欲界天，若于一分鬼、傍生中，俱生不苦不乐受，与转识相应苦受、乐受、不苦不乐受相杂俱转。若那落迦等中，他所映夺，不苦不乐受与纯苦无杂受俱时而转。当知此受被映夺故，难可了知。如那落迦等中一向苦受俱转，如是于下三静虑地一向乐受俱转，于第四静虑地乃至有顶一向不苦不乐受俱转。

复次，阿赖耶识或于一时与转识相应善、不善、无记诸心法俱时而转①。

如是阿赖耶识虽与转识俱时而转，亦与容受②、容善、不善、无记心法俱时而转③，然不应说与彼相应。何以故？由不与彼同缘转故。如眼识虽与眼根俱转，然不相应。此亦如是。应知此中依少分相似道理，故得为喻。

又如诸心所法④，虽心法性无有差别⑤，然相异故，于一身中一时俱转，互不相违。如是阿赖耶识与诸转识，于一身中一时俱转，当知更互亦不相违。

又如于一暴流，有多波浪一时而转，互不相违。又如于一清净镜面，有多影像一时而转，互不相违。如是于一阿赖耶识，有多转识一时俱转，当知更互亦不相违。

---

① 无记诸心法俱时而转，底本与《资福藏》《碛砂藏》《普宁藏》《永乐南藏》《径山藏》相同；《房山石经》《赵城金藏》《高丽藏》“法”作“所”。

② 亦与容受，底本与《房山石经》《资福藏》《碛砂藏》《赵城金藏》《普宁藏》《永乐南藏》《径山藏》相同；《高丽藏》“容”作“客”。

③ 容善不善无记心法俱时而转，底本与《资福藏》《碛砂藏》《普宁藏》《永乐南藏》《径山藏》相同；《高丽藏》“容”作“客”；《房山石经》《赵城金藏》《高丽藏》“法”作“所”。

④ 又如诸心所法，底本与《资福藏》《碛砂藏》《普宁藏》《永乐南藏》《径山藏》相同；《房山石经》《赵城金藏》《高丽藏》无“法”字。

⑤ 虽心法性无有差别，底本与《资福藏》《碛砂藏》《普宁藏》《永乐南藏》《径山藏》相同；《房山石经》《赵城金藏》《高丽藏》“法”作“所”。

又如一眼识，于一时间，于一事境，唯取一类无异色相，或于一时顿取非一种种色相。如眼识于众色，如是耳识于众声，鼻识于众香，舌识于众味亦尔。又如身识，或于一时，于一事境，唯取一类无异触相，或于一时顿取非一种种触相。如是分别意识，于一时间，或取一境相，或取非一种种境相，当知道理亦不相违。

又前说末那恒与阿赖耶识俱转，乃至未断，当知常与俱生任运四种烦恼一时相应，谓萨迦耶见、我慢、我爱及与无明。此四烦恼若在定地，若不定地，当知恒行，不与善等相违，是有覆无记性。

如是阿赖耶识与转识俱转故，与诸受俱转故，与善等俱转故，应知建立阿赖耶识俱转转相。

云何建立阿赖耶识杂染还灭相？谓略说阿赖耶识是一切杂染根本。所以者何？由此识是有情世间生起根本，能生诸根、根所依处及转识等故；亦是器世间生起根本，由能生起器世间故；亦是有情互起根本，一切有情相望互为增上缘故。所以者何？无有有情与余有情互相见等时，不生苦乐等更相受用。由此道理，当知有情界互为增上缘。又即此阿赖耶识能持一切法种子故，于现在世是苦谛体，亦是未来苦谛生因，又是现在集谛生因。如是能生有情世间故，能生器世间故，是苦谛体故，能生未来苦谛故，能生现在集谛故，当知阿赖耶识是一切杂染根本。

复次，阿赖耶识所摄持顺解脱分及顺决择分等善法种子，此非集谛因，由顺解脱分等善根与流转相违故；所余世间所有善根因此生故，转更明盛。由此因缘，彼所摄受自类种子，转有功能，转有势力，增长种子速得成立。复由此种子故，彼诸善决转明盛生，又复能感当来转增转胜可爱可乐诸异熟果。

复次，依此一切种子阿赖耶识故，薄伽梵说有眼界、色界、眼识界，乃至有意界、法界、意识界，由于阿赖耶识中有种种界故。又如经说恶叉聚喻，由于阿赖耶识中有多界故。

复次，此杂染根本阿赖耶识，修善法故，方得转灭。

此修善法，若诸异生以缘转识为境作意，方便住心，能入最初圣谛现观。非未见谛者于诸谛中未得法眼[①]，便能通达一切种子阿赖耶识。此未见谛者修如是行已，或入声闻正性离生，或入菩萨正性离生，达一切法真法界已，亦能通达阿赖耶识。当于尔时能总观察自内所有一切杂染，亦能了知自身外为相缚所缚，内为麤重缚所缚。

复次，修观行者以阿赖耶识是一切戏论所摄诸行界故，略彼诸行，于阿赖耶识中总为一团一积一聚。为一聚已，由缘真如境智修习，多修习故，而得转依。转依无间，当言已断阿赖耶识；由此断故，当言已断一切杂染。

当知转依由相违故，能永对治阿赖耶识。又阿赖耶识体是无常，有取受性；转依是常，无取受性，缘真如境圣道方能转依故。又阿赖耶识恒为一切麤重所随；转依，究竟远离一切所有麤重。又阿赖耶识是烦恼转因，圣道不转因；转依是烦恼不转因，圣道转因。应知但是建立因性，非生因性。又阿赖耶识令于善净无记法中不得自在，转依令于一切善净无记法中得大自在。

又阿赖耶识断灭相者，谓由此识正断灭故，舍二种取，其身虽住，犹如变化。所以者何？当来后有苦因断故，便舍当来后有之取；于现法中一切烦恼因永断故，便舍现法一切杂染所依之取。一切麤重永远离故，唯有命缘暂时得住。由有此故，契经中言：“尔时但受身边际受、命边际受，广说乃至即于现法一切所受究竟灭尽。”

如是建立杂染根本故，趣入、通达、修习作意故，建立转依故。当知建立阿赖耶识杂染还灭相。

① 非未见谛者于诸谛中未得法眼，底本与《房山石经》《资福藏》《碛砂藏》《普宁藏》《永乐南藏》《径山藏》《高丽藏》相同；《赵城金藏》“未得”作“末得”。

如是已依胜义道理，建立心意识名义差别。由此道理，于三界等诸心意识，一切杂染、清净道理，应随决了。余处所显心意识理，但随所化有情差别，为婴儿慧所化权说方便，令彼易得入故。

问：若成就阿赖耶识，亦成就转识耶？设成就转识，亦成就阿赖耶识耶？

答：应作四句：或有成就阿赖耶识非转识，谓无心睡眠、无心闷绝，入无想定，入灭尽定，生无想天；或有成就转识非阿赖耶识，谓阿罗汉，若诸独觉、不退菩萨及诸如来住有心位；或有俱成就，谓余有情住有心位[①]；或有俱不成就，谓阿罗汉，若诸独觉、不退菩萨及诸如来入灭尽定，趣无余依般涅槃界[②]。

问：内外诸法自性各别，各住自相，何因缘故，十八界中唯六识界自性建立，所余诸界为彼所依、所缘、助伴而建立耶？

答：由六识界于彼彼念瞬息、须臾、日夜等位速疾转变，托彼彼缘，依眼等根，缘色等境，用诸心所以为助伴，非一众多种种生起。由彼彼依之所生故，得彼彼名。如火依附彼彼缘故，而得烧然，尔时便得彼彼名数。由诸草木、牛粪、糠札等为缘故，火方得然，尔时便数名为草火乃至札火。如是眼色以为缘故，眼识得生，数名眼识；如是乃至数名意识，广说应知。余眼等界，若彼自性从初生已，即彼自性相似生起，展转相续，究竟随转。又以识类籍彼彼缘[③]，种种差别自性生起。是故识界自性建立，所余诸界为彼所依、所缘、助伴而得建立。

① 谓余有情住有心位，底本与《房山石经》《碛砂藏》《赵城金藏》《普宁藏》《永乐南藏》《径山藏》《高丽藏》相同；《资福藏》“位”作“住”。

② 趣无余依般涅槃界，底本与《碛砂藏》《普宁藏》《永乐南藏》《径山藏》相同；《房山石经》《资福藏》《赵城金藏》《高丽藏》“趣”作“处”。

③ 又以识类籍彼彼缘，底本与《径山藏》相同；《房山石经》《资福藏》《碛砂藏》《赵城金藏》《普宁藏》《永乐南藏》《高丽藏》“以”作“一”。

复次，当辩识身遍知。

问：心清净行苾刍由几种相遍知其心？

答：若略说由三种相：一、杂染爱乐相；二、杂染过患相；三、杂染还灭方便善巧相。

云何心清净行苾刍遍知自心杂染爱乐相？谓心清净行苾刍作如是念："今我此心于诸杂染长夜爱乐。"自知爱乐诸杂染已，便从有贪性出，于离贪性安止其心。尔时，其心于离贪性不能安住，亦不爱乐，更无异缘，唯有速疾还来、趣入、流散、驰骋有贪性中。如从有贪性，如是从有瞋、有痴、下劣、掉举、不寂静、散乱性出，广说乃至从放逸爱乐住性出，于常勤修习诸善法中安止其心。尔时，其心于常勤修习诸善法中不能安住，亦不爱乐，更无异缘，唯有速疾还来、趣入、流散、驰骋乃至放逸爱乐性中。如是名为心清净行苾刍遍知自心杂染爱乐相。

如是遍知自心杂染爱乐相已，此心清净行苾刍复能遍知自心杂染过患相。谓作是念："念我此有贪心[①]，能为自害，能为他害，能为俱害，能生现法罪，能生后法罪，能生现法后法罪；又能为缘生彼所生身心忧苦。"如于有贪性，如是乃至于放逸爱乐性当知亦尔。复作是念："此有贪心乃至放逸爱乐心有过患故，有疫、有横、有灾、有恼。"

如是遍知自心杂染过患相已，复能遍知自心杂染还灭方便善巧相。谓我今不应随自杂染，有诸过患，有疫、有横、有灾、有恼心自在转，必令自心随我势力自在而转。彼既如是了知"我今不应随顺自心而转，当令自心随我转"已，数数思择，令有贪心舍有贪性，无贪性中安住爱乐，又复于彼见胜功德。如是乃至令舍放逸爱乐住性，乃至于常勤修习诸善法中安住爱乐，又复于彼见胜功德。彼多安住如是行已，尔时其心不由思择，于

① 念我此有贪心，底本与《碛砂藏》《普宁藏》《永乐南藏》《径山藏》相同；《房山石经》《资福藏》《赵城金藏》《高丽藏》"念"作"今"。

常勤修习诸善法中自然安住爱乐，于前杂染爱乐性中深性厌责[①]。

由此因缘，心清净行苾刍如实了知自心杂染爱乐速疾回转无譬喻性，又能善知如是杂染心有过患性，又能善知如是杂染心还灭方便。由如是故，心清净行苾刍速能证得无上心清净性，所谓诸漏永尽。

复次，当辩心善巧差别及心转善巧差别，谓依遍计所执自性，当知心善巧差别；依他起自性[②]，当知心转善巧差别。

复次，若能善巧熏修心者，得二胜利：一、于果时触证安乐；二、于因时自在而转。

复次，心混浊者有三过失：一、不如理作意过失[③]；二、随眠过失；三、起缠过失。

问：如世尊言，唯当于心，深善勇猛，如理观察。念住中说，要当于身住循身观[④]，乃至于法住循法观[⑤]。此何密意？

答：为显四念住唯观察心故。谓观心执受、观心领纳、观心了别、观心染净。唯为观察心所执受、心所领纳、心了别境、心染净故，说四念住。

复次，有诸苾刍住三种住，行六正行，于大师教多有所作。谓住解脱住，住解脱门住，及住能引解脱门法住。行无间行，行善受思惟行，行修所引善根生起行，行离诸爱味简择谛行，行即于此无增上慢行，行正清净受用行。

---

① 于前杂染爱乐性中深性厌责，《房山石经》《资福藏》《碛砂藏》《赵城金藏》《普宁藏》《永乐南藏》《径山藏》《高丽藏》“深性”作“深生”。

② 依他起自性，底本与《资福藏》《碛砂藏》《普宁藏》《永乐南藏》《径山藏》相同；《房山石经》《赵城金藏》《高丽藏》“依”作“依依”。

③ 不如理作意过失，底本与《房山石经》《资福藏》《碛砂藏》《普宁藏》《永乐南藏》《径山藏》《高丽藏》相同；《赵城金藏》无“过”字。

④ 要当于身住循身观，底本与《资福藏》《碛砂藏》《普宁藏》《永乐南藏》《径山藏》相同；《房山石经》《赵城金藏》《高丽藏》“循身”作“身循”。

⑤ 乃至于法住循法观，底本与《资福藏》《碛砂藏》《普宁藏》《永乐南藏》《径山藏》相同；《房山石经》《赵城金藏》《高丽藏》“循法”作“法循”。

复次，有二种舍施：一、受者舍施；二、施者舍施。施果亦有二种：一、得大财富；二、得此等流受施胜解[①]。

复次，当辩证成道理。

问：依何道理，应知宣说唯从未来非实非有诸行相生？

答：若未来法行相实有而得生者，此法为转而说生耶？谓从未来世处转向现在世处。为死生耶？谓未来世死，生现在世。为彼为缘而得生耶？谓于未来法住不变，用彼为缘，于现在世有余法生。为有业用而说生耶？谓于未来本无业用，至现在世方有业用。为圆满相而说生耶？谓于未来相未圆满，至现在世相乃圆满。为由异相而说生耶？谓于未来有未来分及有因分，由此二种其相有异；来至现在，有现在分及有异分[②]，由此二种其相有异。如是六种诸法生起皆不应理。

何以故？非无方无处，法有从异方转趣异方义。亦非未生未已生法而有死义。若彼为缘而得生者，便异法生，非未来生，此于未来便为未有[③]。又一切法，第一义中无作用故，业用离相异不可得，唯即于相而假建立。设有异者，未来、现在同实有相，唯说现在独有业用，理不可得。又此业用便应本无而今得生。又与世尊微妙言说即成相违，如说诸行非常非恒。汝显诸行业用无常，由此义故，行应是常。等于一相[④]。异分得是有者[⑤]，相

① 得此等流受施胜解，底本与《资福藏》《碛砂藏》《普宁藏》《永乐南藏》《径山藏》相同；《房山石经》《赵城金藏》《高丽藏》“施”作“用”。

② 有现在分及有异分，底本与《资福藏》《碛砂藏》《普宁藏》《永乐南藏》《径山藏》相同；《房山石经》《赵城金藏》《高丽藏》“异”作“果”。

③ 此于未来便为未有，底本与《房山石经》《资福藏》《碛砂藏》《赵城金藏》《永乐南藏》《径山藏》《高丽藏》相同；《普宁藏》“未有”作“末有”。

④ 等于一相，底本与《资福藏》《碛砂藏》《普宁藏》《永乐南藏》《径山藏》相同；《房山石经》《赵城金藏》《高丽藏》“等”作“又等”。

⑤ 异分得是有者，底本与《资福藏》《碛砂藏》《普宁藏》《永乐南藏》《径山藏》《高丽藏》相同；《房山石经》《赵城金藏》“异”作“若相异”。

之异分何故不有？又相异分本无今有，相之异分何故不成本无今有？又离色等一切行相，余未来分必不可得。又应未来无有异相①，现在方有异相生起②。

如是已辩证成道理。依此道理，应知宣说未来诸法一切行相非实非有，本无今有。如于未来，如是过去，随其所应，由此道理，当知宣说非实非有。

复次，过去行云何？谓相已灭没，自性已舍。现在行云何？谓相未灭没，自性未舍，生时蹔住。未来行云何？谓因现有，自相未生，未得自性。

问：若彼诸行未来本无而得生者，空华、兔角、石女儿等何故不生？

答：由空华等无生因故，一切诸行各各差别，定有生因。

问：若一切行各各差别有生因者，何因缘故，诸行俱时不顿生耶？

答：诸行虽有各别生因，然必待缘方得生起。若彼彼行生缘现前，彼彼行因生彼彼行，是故诸行虽现有因，然无俱时顿生起过。

复次，此中云何名诸行因？何等名缘？谓薄伽梵说诸行生缘略有四种：一、因缘；二、等无间缘；三、所缘缘；四、增上缘。因缘一种，亦因亦缘；余之三种，唯缘非因。

云何因缘？谓诸色根根依及识，此二略说能持一切诸法种子。随逐色根，有诸色根种子及余色法种子、一切心心法等种子③。若随逐识，有一切识种子及余无色法种子、诸色根种子、所余色法种子。当知所余色法自性，唯自种子之所随逐，除大种色。由大种色，二种种子所随逐故，谓

① 又应未来无有异相，底本与《资福藏》《碛砂藏》《普宁藏》《永乐南藏》《径山藏》相同；《房山石经》《赵城金藏》《高丽藏》“异”作“果”。

② 现在方有异相生起，底本与《资福藏》《碛砂藏》《普宁藏》《永乐南藏》《径山藏》相同；《房山石经》《赵城金藏》《高丽藏》“异”作“果”。

③ 一切心心法等种子，底本与《资福藏》《碛砂藏》《普宁藏》《永乐南藏》《径山藏》相同；《房山石经》《赵城金藏》《高丽藏》“法”作“所”。

大种种子及造色种子。即此所立随逐差别种子相续，随其所应，望所说法[①]，是名因缘。

复次，若诸色根及自大种非心、心所法种子所随逐者[②]，入灭尽定，入无想定，生无想天，后时不应识等更生，然必更生。是故当知心、心所法种子随逐色根[③]，以此为缘，彼得更生。

复次，若诸识非色种子所随逐者，生无色界异生，从彼寿尽、业尽没已还生下时，色无种子应不更生，然必更生。是故当知诸色种子随逐于识，以此为缘，色法更生。

复次，若诸异生由世间道入初静虑，若得生彼，尔时欲界诸染汙法及余欲界诸法种子但被损伏，不能永害。何以故？由此异生从彼定退，欲界染法复现前故，从初静虑没已复还生欲界故。

复次，损伏略有三种：一、远离损伏；二、厌患损伏；三、奢摩他损伏。

云何远离损伏？谓如有一，弃舍家法，趣于非家，远离种种受用欲具，受持禁戒。于所受持远离禁戒，亲近修习，若多修习。由亲近修习、多修习相续不断故，于诸欲具，心不趣入，心不流散，心不安住，心不爱乐，亦不发起彼增上力缘彼境界所起烦恼。如是名为远离损伏。

云何厌患损伏？谓如有一，或由过患想，或由不净想，或由青瘀等想，或由随一如理作意，如是如是厌患诸欲。虽未离欲，然于诸欲修厌逆故，心不趣入，乃至广说。如是名为厌患损伏。

云何奢摩他损伏？谓如有一，由世间道得离欲界欲，或离色界欲。彼

---

① 望所说法，底本与《资福藏》《碛砂藏》《赵城金藏》《普宁藏》《永乐南藏》《径山藏》相同；《房山石经》《高丽藏》“说”作“生”。

② 非心、心所法种子所随逐者，底本与《碛砂藏》《普宁藏》《永乐南藏》《径山藏》相同；“所法”《房山石经》《赵城金藏》《高丽藏》作“所”，《资福藏》作“法”。

③ 是故当知心、心所法种子随逐色根，底本与《碛砂藏》《普宁藏》《永乐南藏》《径山藏》相同；《房山石经》《资福藏》《赵城金藏》《高丽藏》无“法”字。

由奢摩他任持心相续故，于欲色中，心不趣入，乃至广说。如是名为奢摩他损伏。

若圣弟子由出世道离欲界欲，乃至具得离三界欲，尔时一切三界染汙诸法种子皆悉永害。何以故？由圣弟子于现法中不复堪任从离欲退，更起下地烦恼现前；或生上地，亦不堪任从彼没已还生下地。如穀麦等诸外种子，安置空迥，或于干器，虽不生芽，非不种子；若火所损，尔时毕竟不成种子。内法种子损伏、永害，道理亦尔。

若圣弟子将入无余涅槃界时，所有一切善及无记诸法种子皆被损害，由染汙法种子灭故，不复能感当来异熟果，亦不复能生自类果，当知是名第四损伏，所谓永害助伴损伏。

复次，具缚者所有心起，若乐俱行，或苦俱行，或不苦不乐俱行，此一切心皆乐种子、苦种子、不苦不乐种子之所随逐。若起善心，或染汙心，或无记心，此一切心皆善种子、染汙种子、无记种子之所随逐。又诸有学不具缚者所有心生[①]，若世间善心，或出世心，或染汙心，或无记心，此一切心皆为一切修道所断烦恼种子之所随逐。由未断故，有时得生，亦为所余诸法种子之所随逐。又诸无学一切烦恼已永断者所有心生，若世间善心，若出世心，若无记心，此一切心皆已永离染法种子，但为一切善、无记法种子随逐，相续而生。

复次，此所建立种子道理，当知且依未建立阿赖耶识圣教而说。若已建立阿赖耶识，当知略说诸法种子，一切皆依阿赖耶识。又彼诸法若未永断，若非所断，随其所应，所有种子随逐应知。

问：如世尊言：“我说阿罗汉苾刍于四种增上心法现法安乐住中，随一而退。”若彼一切染汙种子皆已永害，云何复起下地烦恼？若不复起，彼

① 又诸有学不具缚者所有心生，底本与《房山石经》《碛砂藏》《赵城金藏》《普宁藏》《永乐南藏》《径山藏》《高丽藏》相同；《资福藏》“具”作“真”。

云何退?

答:退有二种:一者,断退;二者,住退。言断退者,唯是异生。言住退者,是诸圣者,亦是异生。若世间道断诸烦恼复起现前[①],当知尔时断退故退,亦是住退。若出世道断烦恼已,心营世务,不专修习如理作意,由此不能于其中闲现法乐住数起现前[②]。如先所得,后亦如是。然其下地已断烦恼不复现前,如是名为住退故退,非是断退。又若已断一切烦恼,成阿罗汉,而彼一切染法种子未永害者,云何名为心善解脱阿罗汉果诸漏永尽?若已永害,于相续中永无一切染法种子,尚不应起不正思惟,况诸烦恼。是故当知由出世道断烦恼者,定无有退。

① 若世间道断诸烦恼复起现前,底本与《房山石经》《碛砂藏》《赵城金藏》《普宁藏》《永乐南藏》《径山藏》《高丽藏》相同;《资福藏》"若"作"苦"。

② 由此不能于其中闲现法乐住数起现前,底本与《房山石经》《碛砂藏》《赵城金藏》《永乐南藏》《径山藏》《高丽藏》相同;《资福藏》《普宁藏》"闲"作"问"。

瑜伽师地论卷第五十二

摄决择分中五识身相应地意地之二

复次，云何等无间缘？谓此诸心、心所无间[①]，彼诸心、心所生[②]，说此为彼等无间缘。若此六识为彼六识等无间缘，即施设此名为意根，亦名意处，亦名意界。

云何所缘缘？谓五识身以色等五境如其次第为所缘缘。若意识，以一切内外十二处为所缘缘。

云何增上缘？谓眼等处为眼识等俱生增上缘。若作意于所缘境，为诸识引发增上缘。若诸心、心所[③]，展转互为俱生增上缘。若净不净业，与后爱非爱果及异熟果为先所作增上缘。若田，粪水等，与诸苗稼为成办增上缘。若彼彼工巧智，与彼彼世间工巧业处为工业增上缘。

复次，是四缘中，因缘一种望所生法为能生因，余三种缘望所生法当知但为方便因。是故彼彼诸行生方便缘现在前时，彼彼诸行种子便能生起彼彼诸行，是故诸行无有同时顿生起义。当知依止如是四缘，建立十因，如“菩萨地”等中已说。

问：如世尊言：“过去诸行为缘生意，未来诸行为缘生意。”过去、未来诸行非有，何故世尊宣说彼行为缘生意？若意亦缘非有事境而得生者，

---

① 谓此诸心心所无间，底本与《资福藏》《碛砂藏》《赵城金藏》《普宁藏》《永乐南藏》《径山藏》《高丽藏》相同；《房山石经》“所”作“法”。

② 彼诸心心所生，底本与《资福藏》《碛砂藏》《赵城金藏》《普宁藏》《永乐南藏》《径山藏》《高丽藏》相同；《房山石经》“所”作“法”。

③ 若诸心心所，底本与《资福藏》《碛砂藏》《赵城金藏》《普宁藏》《永乐南藏》《径山藏》《高丽藏》相同；《房山石经》“所”作“法”。

云何不违微妙言说？如世尊言："由二种缘，诸识得生。"何等为二？谓眼及色，如是广说乃至意、法。

答：由能执持诸五识身所不行义，故佛世尊假说名法。是故说言：缘意及法，意识得生。

问：何因缘故，知佛世尊有是密意？

答：由彼意识亦缘去来识为境界，世现可得，非彼境识法处所摄。又有性者，安立有义，能持有义，若无性者，安立无义，能持无义，故皆名法。由彼意识于有性义，若由此义而得安立，即以此义起识了别；于无性义，若由此义而得安立，即以此义起识了别。若于二种不由二义起了别者，不应说意缘一切义，取一切义。设作是说，便应违害自悉弹多。又不应言：如其所有，非有亦尔，是如理说。是故意识如去来事非实有相，缘彼为境。由此故知意识亦缘非有为境。

复有广大言论道理，由此证知有缘无识。谓如世尊微妙言说："若内若外及二中间都无有我。"此我无性，非有为摄，非无为摄，共相观识非不缘彼境界而转。此名第一言论道理。

又于色、香、味、触，如是如是生起变异所安立中，施设饮食、车乘、衣服、严具、室宅、军林等事。此饮食等，离色、香等都无所有。此无有性，非有为摄，非无为摄，自相观识非不缘彼境界而转。是名第二言论道理。

又拨一切都无所有邪见，谓无施无受[1]，亦无祠祀，广说如前。若施、受[2]、祠等无性是有，即如是见应非邪见。何以故？彼如实见，如实说故。

① 谓无施无受，底本与《房山石经》《资福藏》《碛砂藏》《赵城金藏》《普宁藏》《永乐南藏》《径山藏》相同；《高丽藏》"受"作"爱"。

② 受，底本与《房山石经》《资福藏》《碛砂藏》《赵城金藏》《普宁藏》《永乐南藏》《径山藏》相同；《高丽藏》作"爱"。

此若是无，诸邪见者缘此境界，识应不转。是名第三言论道理。

又诸行中，无常无恒，无不变易。此诸行中常恒不变无性，非有为摄，非无为摄，共相观识非不缘此境界而转。若缘此境，识不转者，便于诸行常恒不变无性之中不能如实智慧观察。若不观察，应不生厌；若不生厌，应不离欲；若不离欲，应无解脱；若无解脱，应无永尽究竟涅槃。若有此理，一切有情应皆究竟随逐杂染，无出离期。是名第四言论道理。

又未来行尚无有生，何况有灭。然圣弟子于未来行非不随观生灭而住。是名第五言论道理。

由此证有缘无意识。复有所余如是种类言论道理，证成定有缘无之识，如应当知。

问：如世尊言："有过去业。"若过去业体是无者，不应今时有一领纳有损害受，或复不应有一领纳无损害受。此何密意？

答：过去生中，净不净业已起已灭，能感当来爱不爱果。此业种子摄受熏习，于行相续，展转不断。世尊为显如是相续，是故说言有过去业。又佛世尊观二义故，作如是说：一、为遮止不平等因论者意故，显此道理，谓彼妄见从大自在、帝释、梵王、自性、丈夫及所余等，一切有情净不净转；二、为遮止一切无因论者意故，显此道理。谓彼妄见都无有因，一切有情净不净转。

问：如世尊言："有过去行，于彼行中，我具多闻圣弟子众无顾恋住；有未来行，于彼行中，我具多闻圣弟子众无希望住。"此何密意？

答：过去诸行，与果故有；未来诸行，摄因故有。所以者何？现在诸行，三相所显：一、是过去果性故；二、是未来因性故；三、自相相续不断故。为显此理，故佛世尊说如是言。又观二义，故作是说。一、为遮断于去来法实有执故，显此道理，谓若去来诸行性相是实有者，不应由彼去来之性说言是有；二、为灭断拨无执故①，显此道理。谓彼妄计如去来世，现在亦尔，都无所有。

问：如世尊言："有过去界，有未来界，有现在界。"此何密意？

答：若已与果，种子相续，名过去界；若未与果，当来种子相续，名未来界；若未与果，现在种子相续，名现在界。当知此中如是密意。若苾刍等，于如是种子相续中而得善巧，名于彼彼一切法中证得无量种种自性诸界善巧。

复次，云何应知生、老、住、无常，离色等蕴，无别实有？谓已遮未来诸行实有性，当知亦遮生实有性。所以者何？未来世生自无所有，云何能生所余诸行？亦非现在生能生现在诸行。由此生相有差别名，所谓诸行若生、若起、若现在性，离此差别，生之异相定不可得。诸聪慧者不应说言："即由现在令彼诸行成现在性。"所以者何？若作是说：生生诸行。当知义显即现在性能成现在。又一切法各各别有自种子因，何须计有异生能生？

又此生相为即诸行生耶？为是诸行生因耶？若即诸行生者，计此生相能生诸行，由有生故，诸行得生，不应道理。

若是诸行生因者，诸行生时，于一一行便有二生，谓生、能生，不应道理。

如生，如是老、住、无常，由此道理，如应当知。故知生等，于诸行中假施设有。由有因故，诸行非本。自相始起，说名为生。后起诸行与前差别，说明为老。即彼诸行，生位暂停，说名为住。生刹那后，诸行相尽，说名为灭，亦名无常。

问：若有为法生、老、住、灭四有为相具足可得，何故世尊但说三种；

① 为灭断拨无执故，底本与《碛砂藏》《普宁藏》《永乐南藏》《径山藏》相同；《房山石经》《资福藏》《赵城金藏》《高丽藏》"灭"作"遮"。

一、生；二、灭；三、住异性？

答：由一切行，三世所显故。从未来世，本无而生，是故世尊由未来世，于有为法说生有为相。彼既生已，落谢过去，是故世尊由过去世，于有为法说灭有为相。彼既生已，落谢过去，是故世尊由过去世，于有为法说灭有为相。现在世法，二相所显，谓住及异。所以者何？唯现在时有住可得，前后变异亦唯现在。是故世尊由现在世，于有为法总说住异为一有为相。

问：佛圣弟子应观有为具足三相，何故但说圣弟子众于诸蕴中随观生灭而住，不说随观住异性耶？

答：生及住异俱生所显，是故二相合为一分，建立生品，即说随观一生相住；于第二分建立灭品，即说随观一灭相住。又若由此相起厌思惟，今于此中但说此相，谓于诸行中观无常相，能起厌患、离欲、解脱，故但思惟无常性相。无常性相，本无今有，有已还无所显①。本无今有，是名为生；有已还无，是名为灭。

复次，生差别有多种②，谓刹那生、相续生、增长生、心差别生、不可爱生、可爱生、下劣生、处中生、胜妙生、有上生、无上生。此中，诸行刹那刹那新新而起，名刹那生。若具诸结，或不具结，从彼彼有情聚没，往彼彼有情聚诸蕴续生，名相续生。若从婴孩、童子等位，乃至往趣衰老等位，名增长生。若缘彼彼境界，于彼彼昼夜、彼彼刹那、腊缚、牟呼栗多等位数数迁谢，非一众多种种心起，或乐相应，或苦相应，或不苦不乐相应，或有贪心，或离贪心，广说乃至或善解脱心，或不善解脱心，如是名为心差别生。若那落迦、傍生、饿鬼苦趣中生，如是名为非可爱生；若于人天

① 有已还无所显，底本与《房山石经》《碛砂藏》《赵城金藏》《普宁藏》《永乐南藏》《径山藏》《高丽藏》相同；《资福藏》“已”作“见”。

② 生差别有多种，底本与《房山石经》《资福藏》《碛砂藏》《普宁藏》《永乐南藏》《径山藏》《高丽藏》相同；《赵城金藏》“差”作“老”。

乐趣中生，名可爱生。若于下劣欲界中生，名下劣生；若于处中色界中生，名处中生；若于胜妙无色界生，名胜妙生。复有差别，谓最初入胎者，名下劣生；中二入胎者，名处中生；最后入胎者，名胜妙生。复有差别。谓染汙法及染汙果生，名下劣生；若诸善法及善果生，名胜妙生；除善不善果无记法，所余无记法生，名处中生。若依随界生说①，始从欲界乃至无所有处生，名有上生；非想非非想处生②，名无上生。若依随续生、刹那相续生说③，除阿罗汉等最后终位所有诸蕴，余一切位所有行生，名有上生；若阿罗汉等最后终位所有行生，名无上生。

复次，老差别当知亦有多种，所谓身老、心老、寿老、变坏老、自体转变老。此中，衰变等乃至身坏，广说如经，是名身老。若乐受相应心变，苦受相应心转；或善心变，染汙心转；或于可爱事中希望心变，希望不果心转：是名心老。若于彼彼昼夜、彼彼刹那、腊缚、牟呼栗多等位数数迁谢，寿量损少，渐渐转减乃至都尽，是名寿老。若诸富贵兴盛退失，无病、色力充悦等变，名变坏老。若从善趣增盛聚中自体没已，往于恶趣下劣聚中自体生起，名自体转变老。复有一老为缘，能成如上所说一切种老，所谓诸行刹那刹那转异性老。

复次，住差别当知亦有多种，谓刹那住、相续住、缘相续住、不散乱住、立轨范住。若已生诸行生时蹔停，名刹那住。若诸众生于彼彼处，彼彼自体由彼彼食为依止故，乃至寿住；外器世间大劫量住，名相续住；若乐受苦受不苦不乐受，若善不善无记法等，乃至各别缘现在前，尔所时住，

---

① 若依随界生说，底本与《资福藏》《碛砂藏》《普宁藏》《永乐南藏》《径山藏》相同；《房山石经》《赵城金藏》《高丽藏》“随”作“堕”。

② 非想非非想处生，底本与《资福藏》《碛砂藏》《普宁藏》《永乐南藏》《径山藏》《高丽藏》相同；《房山石经》《赵城金藏》“非想非”作“非相非”。

③ 若依随续生刹那相续生说，底本与《资福藏》《碛砂藏》《普宁藏》《永乐南藏》《径山藏》相同；《房山石经》《赵城金藏》《高丽藏》“随”作“堕”。

是名缘相续住；若诸定心，由三摩地正起现前，名不散乱住；若于彼彼异方异域、国城村逻、王都王宫，若执理家、商估邑义诸大众中，古昔轨范建立随转，如是名为立轨范住。

复次，无常差别当知亦有多种，谓坏灭无常、生起无常、变易无常、散坏无常、当有无常、现堕无常。若一切行生已寻灭，名坏灭无常。若一切行本无今有，名生起无常。若可爱诸行异相行起，名变易无常。若不变坏可爱众具及增上位离散退失，名散坏无常。即四无常在未来时，名当有无常。即现在世正现前时，名现堕无常。若受用欲尘多放逸者，但能思惟变易无常、散坏无常、现堕无常，广起悲思愁愦忧頳[①]，然于诸行不能厌离。若诸外道，即于如是诸无常性多起思惟，少能方便厌患离欲，但于诸行一分厌离不能究竟。若圣弟子，圆满思惟诸无常性，于一切行究竟厌患乃至解脱。

复次，云何得获成就？谓若略说，生缘摄受增盛之因，说名为得。由此道理，当知得是假有。若言得是实有，此为是诸行生因，为是诸法不离散因？若是诸行生因者，若从先来未得生法[②]，此既无有生因之得，应常不生，由此亦应毕竟不得。若是诸法不离散因者，一切善、不善、无记法，得既俱有，彼虽相违，应顿现行。是故二种俱不应理。又生因者，所谓各别缘所摄受诸法自种。离散因者[③]，谓由余缘现在前故，余缘离散。若于引发缘中势力自在，假立为得。以此自在为依止故，所有士夫补特伽罗，虽彼彼法已起已灭，若欲希彼复现在前，便能速疾引发诸缘，令得生起，是

① 广起悲思愁愦忧頳，底本与《碛砂藏》《普宁藏》《永乐南藏》《径山藏》相同；《房山石经》《资福藏》《赵城金藏》《高丽藏》“思”作“叹”。

② 若从先来未得生法，底本与《碛砂藏》《普宁藏》《永乐南藏》《径山藏》相同；《房山石经》《资福藏》《赵城金藏》《高丽藏》“生”作“此”。

③ 离散因者，底本与《资福藏》《碛砂藏》《普宁藏》《永乐南藏》《径山藏》相同；《房山石经》《赵城金藏》《高丽藏》“离”作“不离”。

故亦说此名为得。

当知此得略有三种：一、种子成就；二、自在成就；三、现行成就。若所有染汙法、诸无记法、生得善法，不由功用而现行者，彼诸种子若未为奢摩他之所损伏，若未为圣道之所永害，若不为邪见损伏诸善，如断善根者，如是名为种子成就。所以者何？及至此种子未被损伏[1]，未被永害，尔时彼染汙等法若现行[2]，若不现行，皆说名成就故。若加行所生善法及一分无记法，生缘所摄受增盛因种子，名自在成就。若现在诸法自相现前转，名现行成就。

复次，云何命根？谓由先业，于彼彼处所生自体所有住时限量势分，说名为寿、生气、命根。此复多种差别，谓定不定，随转不随转，若少若多，若有边际，若无边际，若自势力转，若非自势力转。除赡部洲人寿分量，所余生处寿量决定。此赡部洲或时寿命广无有量，或时短促，寿量不定。北拘卢洲人寿量随转，如决定量，毕竟随转，无中夭故。余一切处，名不随转。赡部洲人十岁时寿，名为少寿。傍生一分，亦名少寿。所以者何？一分傍生，或一日夜寿量可得；或有一分，若二若三，乃至极多，十日十夜寿量可得。非想非非想处受生有情，名为多寿，经于八万大劫数故。阿罗汉等，名有边际寿。若诸有学于现法中定般涅槃，若诸异生住最后有，亦名有边际寿。当知所余，寿无边际。若阿罗汉等，若诸如来，若诸菩萨，于寿行中延促自在，所有命根，名自势力转。当知所余，名非自势力转。

复次，云何众同分？谓若略说，于彼彼处受生有情，同界同趣同生，同类、位、性、形等，由彼彼分互相似性，是名众同分，亦名有情同分。此

① 及至此种子未被损伏，底本与《径山藏》相同；《房山石经》《资福藏》《碛砂藏》《赵城金藏》《普宁藏》《永乐南藏》《高丽藏》“及”作“乃”。

② 尔时彼染汙等法若现行，底本与《房山石经》《碛砂藏》《赵城金藏》《普宁藏》《永乐南藏》《径山藏》《高丽藏》相同；《资福藏》“汙”作“行”。

中，或有有情由界同分说名同分，谓同生一界。或有有情由趣同分说名同分，谓同生一趣。或有有情由生同分说名同分，谓同生一生。或有有情由类同分说名同分，谓同一种类。或有有情由分位、体性、容色、形貌、音声、覆蔽、养命同分说名同分。或有有情由过失、功德同分说名同分。如杀生者望杀生者，广说乃至诸邪见者望邪见者；离杀生者望离杀生者[①]，乃至正见者望正见者；从预流者乃至阿罗汉，独觉望预流等，菩萨望菩萨，如来望如来。如是更互说名同分。

复次，云何异生性？谓三界见所断法种子唯未永害量，名异生性。此复略有四种：一、无般涅槃法种性所摄；二、声闻种性之所随逐；三、独觉种性之所随逐；四、如来种性之所随逐。

复次，云何和合？谓能生彼彼诸法诸因诸缘，总略为一，说名和合，即此亦名同事因。又此差别者，或有领受和合，谓六处缘触，或色等缘，或作意等缘，或触缘受。或有引生后有和合，谓无明缘行等，受缘爱，爱缘取，广说乃至生缘老死。或有六处住和合，谓四食及命根。或有工巧处成办和合，谓工巧智及彼相应业具士夫作用。或有清净和合，谓十二种无杂集会[②]，即自他圆满等。又有世俗和合，谓诸有情依等意乐增上力故，互不相违，无诤无讼，亦不乖离。

复次，云何名身？谓依诸法自性施设，自相施设，由遍分别，为随言说，唯建立想，是谓名身。

云何句身？谓即依彼自相施设所有诸法差别，施设建立功德、过失、杂染、清净、戏论，是谓句身。

---

① 离杀生者望离杀生者，底本与《资福藏》《碛砂藏》《赵城金藏》《普宁藏》《永乐南藏》《径山藏》《高丽藏》相同；《房山石经》“望离杀生”作“望离杀”。

② 谓十二种无杂集会，底本与《资福藏》《碛砂藏》《普宁藏》《永乐南藏》《径山藏》相同；《房山石经》《赵城金藏》《高丽藏》“杂”作“难”。

云何文身？谓名身、句身所依止性所有字身，是谓文身。

又于一切所知所诠事中，极略想是文[①]，若中是名，若广是句。若唯依文，但可了达音韵而已，不能了达所有事义。若依止名，便能了达彼彼诸法自性、自相，亦能了达所有音韵，不能了达所拣择法深广差别。若依止句，当知一切皆能了达。又此名、句、文身，当知依五明处分别建立，所谓内明、因明、声明、医方明、世间工巧事业处明。

复次，云何流转？谓诸行因果相续不断性，是谓流转。又此流转差别多种：或有种子流转，谓有种子不现前诸法。或有自在势力流转，谓被损种子现行诸法。或种果流转，谓有种子，种不被损现行诸法。或有名流流转，谓四非色蕴。或有色流流转，谓诸内外十有色处及与法处所摄诸色。又有欲界流流转，谓欲缠诸行[②]。又有色界流流转，谓色缠诸行[③]。又有无色流流转，谓无色缠诸行[④]。又有乐流流转，谓乐受及彼所依处。如是苦流流转、不苦不乐流流转当知亦尔。又有善流流转，谓诸善行。又有不善流流转，谓诸不善行。又有无记流流转，谓诸无记行。又有顺流流转，谓顺缘起。又有逆流流转，谓逆缘起。

复次，云何定异？谓无始时来种种因果决定差别无杂乱性，如来出世，若不出世，诸法法尔。又此定异差别多种：或有流转、还灭定异，谓顺逆缘起。或有一切法定异，谓一切法十二处摄，无过无增。或有领受

① 极略想是文，底本与《房山石经》《资福藏》《碛砂藏》《赵城金藏》《普宁藏》《永乐南藏》《径山藏》相同；《高丽藏》“想”作“相”。

② 谓欲缠诸行，底本与《房山石经》《资福藏》《碛砂藏》《普宁藏》《永乐南藏》《径山藏》《高丽藏》相同；《赵城金藏》“缠”作“厘”。

③ 谓色缠诸行，底本与《房山石经》《资福藏》《碛砂藏》《普宁藏》《永乐南藏》《径山藏》《高丽藏》相同；《赵城金藏》“缠”作“厘”。

④ 谓无色缠诸行，底本与《房山石经》《资福藏》《碛砂藏》《普宁藏》《永乐南藏》《径山藏》《高丽藏》相同；《赵城金藏》“缠”作“厘”。

定异，谓一切受，三受所摄[1]，无过无增。或有住定异，谓一切内分乃至寿量，一切外分经大劫住。或有形量定异，谓诸有情于彼彼有色生处所受生身形量决定，及诸外分四大洲等形量决定。

复次，云何相应？谓彼彼诸法为等言说，为等建立，为等开解诸胜方便，是谓相应。又此相应差别分别有四道理，谓观待道理、作用道理、因成道理、法尔道理。此诸道理，当知如“声闻地”等已广分别。

复次，云何势速？谓诸行生灭相应速运转性，是谓势速。又此势速差别多种：或有诸行流转势速，谓诸行生灭性。或有地行有情轻健势速，谓人、象、马等。或有空行有情势速，谓诸飞禽、空行药叉及诸天等。或有言音势速，谓词韵捷利[2]。或有流润势速，谓江河等迅速流注。或有烧然势速，谓火焚燎，猛焰飙转。或有引发势速，谓放箭、转丸等。或有智慧势速，谓修观者拣择所知迅速慧性。或有神通势速，谓大神通者所有运身意势等速疾神通。

复次，云何次第？谓于各别行相续中，前后次第，一一随转，是谓次第。又此次第差别多种：或有流转次第，谓无明缘行，广说乃至生缘老死。或有还灭次第，谓无明灭故行灭，乃至生灭故老死灭。或有在家、出家行住次第。谓陵旦而起，澡饰其身，被带衣服，修营事业，调畅沐浴，涂饰香鬘，习近食饮，方乃寝息，是在家者行住次第。若整衣服，为乞食故，入聚落等，巡次而行，受如法食，还出安坐，食讫澡手，盪钵洗足，入空闲室，读诵经典，如理思惟。昼则宴坐经行，净修其心，断灭诸障；至夜中分，少当寝息；于夜后分，速复还起，整服治身，归所习业。是出家者行住

① 三受所摄，底本与《资福藏》《碛砂藏》《普宁藏》《永乐南藏》《径山藏》《高丽藏》相同；《房山石经》《赵城金藏》“受”作“处”。

② 谓词韵捷利，底本与《资福藏》《碛砂藏》《赵城金藏》《普宁藏》《永乐南藏》《径山藏》《高丽藏》相同；《房山石经》“捷”作“楗”。

次第。或入僧中，随其长幼，修和敬业，敷设床座，次第受筹，分其卧具、处所、利养及营事业。或有增长次第，谓婴孩、童子等八位次第生起。或有现观次第，谓于苦等四圣谛中次第现观。或有入定次第，谓次第入九次第定。或有修学次第，谓增上戒学为依，次生增上心学；增上心学为依，后生增上慧学。

复次，云何时？谓由日轮出没增上力故，安立显示时即差别[①]；又由诸行生灭增上力故，安立显示世位差别；总说名时。此时差别复有多种，谓时、年、月、半月、昼夜、刹那、腊缚、牟呼栗多等位，及与过去、未来、现在。

复次，云何数？谓安立显示各别事物计算数量差别，是名为数。此数差别复有多种，谓一数、二数，从此已去皆名多数。又数边际名阿僧企耶，自此已去，一切筭数所不能转，是故数之边际名不可数。

复次，种子云何？非析诸行别有实物名为种子，亦非余处。然即诸行如是种性，如是等生，如是安布，名为种子，亦名为果。当知此中，果与种子不相杂乱。何以故？若望过去诸行，即此名果；若望未来诸行，即此名种子。如是若时望彼名为种子，非于尔时即名为果；若时望彼名果，非于尔时即名种子。是故当知种子与果不相杂乱。譬如谷麦等物[②]，所有芽、茎、叶等种子，于彼物中磨擣分析，求异种子了不可得，亦非余处。然诸大种如是种性，如是等生，如是安布，即谷麦等物能为彼缘[③]，令彼得生，说名种子。当知此中道理亦尔。

问：前已说损伏染法种子，善法种子损伏云何？

① 安立显示时即差别，底本与《碛砂藏》《普宁藏》《永乐南藏》《径山藏》相同；《房山石经》《资福藏》《赵城金藏》《高丽藏》“即”作“节”。

② 譬如谷麦等物，底本与《资福藏》《碛砂藏》《赵城金藏》《普宁藏》《永乐南藏》《径山藏》《高丽藏》相同；《房山石经》“谷”作“槃”。

③ 即谷麦等物能为彼缘，底本与《资福藏》《碛砂藏》《赵城金藏》《普宁藏》《永乐南藏》《径山藏》《高丽藏》相同；《房山石经》“谷”作“槃”。

答：若常殷重习善相违诸染汙法，是初损伏；若执取邪见，多习邪见，如诸外道，是第二损伏；若多修习邪见诽谤，如断善根者[①]，是第三损伏；若能永害染法种子，如前已说，是第四损伏。

复次，若略说一切种子，当知有九种：一、已与果；二、未与果；三、果正现前；四、果不现前；五、輭品；六、中品；七、上品；八、被损伏；九、不被损伏。若已与果，此名果正现前；若果正现前，此名已与果。若未与果，此名果不现前；若果不现前，此名未与果。若住本性，名輭品；若修若练善不善法，未到究竟，名中品；若修若练，已到究竟，名上品。损及不损[②]，若前应知[③]。

复次，我当略说安立种子。云何略说安立种子？谓于阿赖耶识中，一切诸法遍计自性妄执习气，是名安立种子。然此习气是实物有，是世俗有，望彼诸法，不可定说异不异相，犹如真如。即此亦名遍行麤重。

问：若此习气摄一切种子复名遍行麤重者，诸出世间法从何种子生？若言麤重自性种子为种子生，不应道理。

答：诸出世间法从真如所缘缘种子生，非彼习气积集种子所生。

问：若非习气积集种子所生者，何因缘故，建立三种般涅槃法种性差别补特伽罗，及建立不般涅槃法种性补特伽罗？所以者何？一切皆有真如所缘缘故。

答：由有障、无障差别故。若于通达真如所缘缘中有毕竟障种子者，建立为不般涅槃法种性补特伽罗；若不尔者，建立为般涅槃法种性补特伽

① 如断善根者，底本与《资福藏》《碛砂藏》《赵城金藏》《普宁藏》《永乐南藏》《径山藏》《高丽藏》相同；《房山石经》“如”作“而”。

② 损及不损，底本与《房山石经》《碛砂藏》《赵城金藏》《普宁藏》《永乐南藏》《径山藏》《高丽藏》相同；《资福藏》“不损”作“不现”。

③ 若前应知，底本与《资福藏》《碛砂藏》《普宁藏》《永乐南藏》《径山藏》相同；《房山石经》《赵城金藏》《高丽藏》“若”作“如”。

罗。若有毕竟所知障种子布在所依，非烦恼障种子者，于彼一分建立声闻种性补特伽罗，一分建立独觉种性补特伽罗；若不尔者，建立如来种性补特伽罗。是故无过。若出世间诸法生已即便随转，当知由转依力所任持故。然此转依与阿赖耶识互相违反，对治阿赖耶识，名无漏界，离诸戏论。

瑜伽师地论卷第五十三

摄决择分中五识身相应地意地之三

复次，云何表业？谓略有三种：一、染汙；二、善；三、无记。若于身、语、意十不善业道，不离现行增上力故，所有身、语表业，名染汙表业。若即于彼誓受远离，所有身、语表业，名善表业。若诸威仪路、工巧处一分，所有身、语表业，名无记表业。若有不欲表示于他，唯自起心内意思择，不说语言，但发善、染汙、无记法现行意表业，名意表业。此中，唯有身余处灭，于余处生，或即此处唯变异生，名身表业；唯有语意[①]，名语表业。唯有发起心造作思，名意表业。何以故？由一切行皆刹那故，从其余方，徙至余方[②]，不应道理。又离唯诸行生，余实作用，由眼、耳、意皆不可得。是故当知一切表业皆是假有。

复次，若有生不律仪家，有所了别，自发期心，谓我当以此活命事而自活命，又于此活命事重复起心，欲乐忍可，尔时说名不律仪者。由不律仪所摄故，极重不如理作意损害心所摄故，但成广大诸不善根，然未成就杀生所生及余不善业道所生诸不善业[③]，乃至所期事未现行。后若现行，若少若多，随其所应，更复成就诸不善业。如生不律仪家，如是随是何人，随由何事，起决猛心，广说应知。此人乃至不律仪思未舍已来，常

---

① 唯有语意，底本与《资福藏》《碛砂藏》《普宁藏》《永乐南藏》《径山藏》相同；《房山石经》《赵城金藏》《高丽藏》“意”作“音”。

② 徙至余方，底本与《房山石经》《资福藏》《碛砂藏》《普宁藏》《永乐南藏》《径山藏》《高丽藏》相同；《赵城金藏》“徙”作“从”。

③ 然未成就杀生所生及余不善业道所生诸不善业，底本与《资福藏》《碛砂藏》《普宁藏》《永乐南藏》《径山藏》相同；《房山石经》《赵城金藏》《高丽藏》“杀”作“煞”，下同。

得说名不律仪者。于日日分，彼不善思广积集故，彼不善业多现行故，当知非福运运增长。复次，此邪恶愿思恒与不信、懈怠、忘念、散乱、恶慧俱行，能受彼业，能发彼业。从此已后，由种子故及现行故，处相续中现在转时，名不律仪者。乃至由舍因缘，未舍未弃。此中，若于恶业后不爱果，不信不解，亦不随入，是名不信。若随所欲，于彼恶业喜乐而转，不能勤励息灭彼业，是名懈怠。若与过失相应，于有罪法不能如实明记有罪，是名忘念。

若散乱染汙心相续，不安住转，是名散乱。若颠倒心相续而转，于诸过失见胜功德，是名恶慧。由恶尸罗增上力故，所有不善思俱行不善不信等现在转时，名恶戒者。若与此相违，如其所应，当知得有律仪随转。差别者，谓有堪受，律仪方可得受。此中，或有由他由自而受律仪，或复有一，唯自然受，除苾刍律仪。何以故？由苾刍律仪非一切堪受故。若苾刍律仪非要从他受者，若堪出家，若不堪出家，但欲出家者，便应一切随其所欲，自然出家。如是圣教便无轨范，亦无善说法毗奈耶而可了知。是故苾刍律仪无有自然受义。

问：若除苾刍律仪，所余律仪有自然受者，何因缘故，复从他受？

答：由有二种远离恶戒受随护支，所谓惭、愧。若于他处及于自处现行罪时[①]，深生羞耻，如是于离恶戒受随护支乃能具受，故从他受。若有惭正现前，必亦有愧，非有愧者必定有惭，是故惭法最为强胜。若有如自所受，而深护持，当知所生福德等无差别。又若起心，往趣师所，慇懃劝请[②]，方便发起礼敬等业，以正威仪在师前住，又以语言表宣所欲造作胜

① 若于他处及于自处现行罪时，底本与《资福藏》《碛砂藏》《赵城金藏》《普宁藏》《永乐南藏》《径山藏》《高丽藏》相同；《房山石经》“他”作“自”，“自”作“他”。

② 慇懃劝请，底本与《资福藏》《碛砂藏》《普宁藏》《永乐南藏》《径山藏》相同；《房山石经》《赵城金藏》《高丽藏》“慇懃”作“殷勤”。

义，是名身表、语表业。意表业者，谓二前行。若自然受者，唯有意表业。若远离思与不律仪相违，由远离增上力故，与五根俱行，说名律仪。

复次，当知由百行所摄，而受律仪，谓于十种不善业道，少分离杀生[①]，乃至少分远离邪见，是名初十行；若多分离杀生，乃至多分离邪见，是名第二十行；若全分离杀生，乃至全分离邪见，是名第三十行；若少时离杀生，乃至离邪见，谓或一日一夜，或半月一月，或至一年，是名第四十行；若多时离杀生，乃至离邪见，谓过一年，不至命终，是名第五十行；若尽寿离杀生，乃至离邪见，是名第六十行；若尽寿离杀生，乃至离邪见，是名第六十行；若自离杀生，乃至离邪见，是名第七十行；若于此事劝进他人，是名第八十行；若即于彼以无量门称扬赞述，是名第九十行；若见离杀生者，乃至离邪见者，深心庆悦，生大欢喜，是名第十十行；如是十十行，总说为百行，所生福量当知亦尔。

复次，律仪当知略有八种：一、能起律仪；二、摄受律仪；三、防护律仪；四、还引律仪；五、下品律仪；六、中品律仪；七、上品律仪；八、清净律仪。若未正受，先作是心："我当定受如是远离。"是名能起律仪。若正摄受远离戒时，名摄受律仪。从是已后，此远离思，五根摄受增上力故，恒与彼种子俱行，于时时间亦与现行俱行，即由五根所摄善思，如先所受律仪防护而转。由此思故，或因亲近恶友，或因烦恼增多，随所生起恶现行欲，即便惭羞，速能舍离，勿彼令我违越所受，当堕恶趣。是名防护律仪。若时失念，诸恶现行，即便速疾令念安住，自恳自责，发露所犯，蠲除忧悔，后坚守护所受律仪，是名还引律仪。

若于杀等诸恶业道少分远离，少时远离，唯自远离，不劝进他，不

① 少分离杀生，底本与《资福藏》《碛砂藏》《普宁藏》《永乐南藏》《径山藏》相同；《房山石经》《赵城金藏》《高丽藏》"杀生"作"煞"。

以无量门称扬赞述[1]，亦不见彼诸同法者深心庆悦，多生欢喜，是名下品律仪；若于诸恶多分远离，多时远离，不至命终，自能远离，亦劝进他，然于远离不以无量门称扬赞述，见同法者不深心庆悦，生大欢喜[2]，是名中品律仪；若于诸恶、一切分、一切时、自能远离，亦劝进他，以无量门、称扬赞述，见同法者、深心庆悦，生大欢喜，是名上品律仪。

若即于此所受律仪，能无阙犯，以为依止，修无悔等，乃至具足入初静虑，由奢摩他能损伏力，损伏一切犯戒种子，是名静虑律仪。如初静虑，如是第二、第三、第四静虑当知亦尔。此中差别者，由远分对治所摄奢摩他道转深，损伏恶戒种子。当知此名初清净力所引清净律仪。若即于此尸罗律仪无有缺犯，又复依止静虑律仪入谛现观，得不还果，尔时一切恶戒种子皆悉永害。若依未至定证得初果，尔时一切能往恶趣恶戒种子皆悉永害。此即名为圣所爱戒。当知此名第二清净力所引清净律仪，即此亦名无漏律仪。此无漏律仪，若得阿罗汉果时，但由能治清净胜故胜，不由所治断胜故胜。

如是八种总立唯三：一、受律仪；二、持律仪；三、清净律仪。前二，是受；防护、还引、是持；下、中、上三，通受、持二[3]；净虑[4]、无漏，是清净摄。

问：何故世尊建立苾刍、近事、近住三种律仪？

答：由三因故，谓佛所化有三种类：或有能行离恶行行及离欲行；或

---

① 不以无量门称扬赞述，底本与《资福藏》《碛砂藏》《普宁藏》《永乐南藏》《径山藏》相同；《房山石经》《赵城金藏》《高丽藏》无“以”字。

② 生大欢喜，底本与《房山石经》《资福藏》《碛砂藏》《赵城金藏》《永乐南藏》《径山藏》《高丽藏》相同；《普宁藏》“大”作“太”。

③ 持二，底本与《房山石经》《资福藏》《碛砂藏》《普宁藏》《永乐南藏》《径山藏》《高丽藏》相同；《赵城金藏》“二”作“三”。

④ 净虑，底本与《径山藏》相同；《房山石经》《资福藏》《碛砂藏》《赵城金藏》《普宁藏》《永乐南藏》《高丽藏》“净”作“静”。

有能行离恶行行，非离欲行；或不能行离恶行行及离欲行[①]。依初所化类，建立苾刍律仪。依第二所化类，建立近事律仪。何以故？非居家迫迮，现处尘俗，而能一向相续圆满护众学处。依第三所化类，建立近住律仪。何以故？由此不能究竟行俱离行，但当劝进摄受二因，初彼自谓重担所镇[②]。谓前三支，修离恶行；其后四支，修离欲行；离非梵行，俱修二种。

问：苾刍、近事、近住律仪当知各由几支所摄？

答：苾刍律仪，四支所摄。何等为四？一、受具足支；二、受随法学处支；三、随护他心支；四、随赞如所受学处支[③]。若作表白第四羯磨，及略摄受随麤学处，是名受具足支。由具此支故，名初苾刍具苾刍戒。自此以后，于毗奈耶别解脱中所有随顺苾刍尸罗，若彼所引众多学处，于彼一切守护奉行，由此得名守护别解脱律仪者，是名受随法学处支。由成就此二支者所有轨范具足、所行具足，是名随护他心支。轨范具足、所行具足，如"声闻地"已说。若于微细罪中深见怖畏，于所受学诸学处中能不毁犯，设犯能出，谓由深见怖畏及聪睿故，是名随护如所受学处支。近事律仪由三支所摄。何等为三？一、受远离最胜损他事支；二、违越所受熏修行支[④]；三、不越所受支。若永远离损害他命、损坏他财、损他妻妾，是名初支。远离妄语，是第二支。远离诸酒众放逸处，是第三支。略说近住律仪，由五支所摄。何等为五？一、受远离损害他支；二、受远离损害自他支；

---

① 或不能行离恶行行及离欲行，底本与《房山石经》《资福藏》《碛砂藏》《普宁藏》《永乐南藏》《径山藏》《高丽藏》相同；《赵城金藏》"能行"作"能"。

② 初彼自谓重担所镇，底本与《资福藏》《碛砂藏》《永乐南藏》《径山藏》相同；《房山石经》《赵城金藏》《普宁藏》《高丽藏》"初"作"勿"。

③ 随赞如所受学处支，《房山石经》《资福藏》《碛砂藏》《赵城金藏》《普宁藏》《永乐南藏》《径山藏》《高丽藏》"赞"作"护"。

④ 违越所受熏修行支，底本与《资福藏》《碛砂藏》《普宁藏》《永乐南藏》《径山藏》相同；《房山石经》《赵城金藏》《高丽藏》"熏"作"重"。

三、违越所受熏修行支[①]；四、不越所受正念住支；五、不坏正念支。若能远离损害他命、损坏他财，是名初支。若能远离损害他命、损坏他财，是名初支。离非梵行，是第二支。所以者何？由离此者，不染习自妻妾故，不自损害；亦不染习他妻妾故，不损害他。远离妄语，是第三支。除离诸酒众放逸处，离余三处，是第四支。何以故？由歌舞妓乐涂冠香鬘、升高大床、非时饮食常所串习，若远离彼，数数自忆："我今安住决定斋戒，于一切时坚守正念。"远离诸酒众放逸处，是第五支。何以故？彼虽安住正忆念支，谓我今住决定斋戒，若为诸酒所醉，便发狂乱，不自在转。今于此中，若苾刍尼律仪，若正学、勤策、勤策女律仪，皆在出家品所摄故，当知摄属苾刍律仪。若近事女律仪，堕在家品故，相似学所显故，当知摄属近事律仪。

问：何故世尊于苾刍律仪中制立苾刍、勤策二众律仪，于苾刍尼律仪中制立苾刍尼、正学、勤策女三众律仪？

答：由彼母邑多烦恼故，令渐受学苾刍尼律仪。若于勤策女少分学处深生喜乐，次应授彼正学所有学处。若于正学多分学处深生爱乐，不应率尔授彼具足，必更二年久处习学，若深爱乐，然后当授彼具足戒。如是长时于少学处积修学已，次方有力能受广大众多学处，然后于苾刍尼律仪能具修学。

问：何故于勤策律仪中增离金银，非于近住律仪耶？

答：由彼勤策在出家众摄。夫出家者，于二种处极非净妙：一者，堕欲乐边，喜戏严身[②]，所行所受，皆随所乐；二者，蓄积财宝。为除断初非净

① 违越所受熏修行支，底本与《永乐南藏》《径山藏》相同；《房山石经》《资福藏》《碛砂藏》《赵城金藏》《普宁藏》《高丽藏》"熏"作"重"。

② 喜戏严身，底本与《房山石经》《资福藏》《碛砂藏》《赵城金藏》《普宁藏》《永乐南藏》《径山藏》相同；《高丽藏》"喜"作"嬉"。

妙处，施设远离歌舞妓乐乃至非时而食。为断第二非净妙处，施设远离执受金银。由彼金银，一切财宝之根本故，又最胜故。

问：何故于勤策律仪中，远离歌舞妓乐及涂冠香鬘制立二支，于近住律仪中合为一支耶？

答：诸在家者，于此处所非不如法；诸出家者，极不如法。是故于在家者，就轻总制为一学处。云何？令彼若蹔违犯，寻自恳责，合一发露，不由二种[①]。诸出家者，于此一处就重别制，以为两支。云何？令彼若起违犯，便自恳责，二种发露，不但由一。

问：何故不许扇搋迦[②]、半择迦出家及受具足戒耶？

答：由此二种若置苾刍众中，便参女过；若置苾刍尼众中，因摩触等，便参男过。由不应与二众共居，是故不许此类出家及受具足。又由此二烦恼多故，性烦恼障极覆障故，不能发起如是思择。彼尚不能思择，思择令其戒蕴清净现行，何况当证胜过人法。是故不许彼类出家及受具戒。又彼众中，好人难得，亦难观察。

问：何故此二虽受归依，亦能随受诸近事男所有学处，而不得名近事男耶？

答：近事男者，名能亲近承事苾刍、苾刍尼众。彼虽能护所受律仪，而不应数亲近承事苾刍、苾刍尼众。苾刍、苾刍尼等亦复不应亲近摄受，若摩若触如是种类，又亦不应如近事男而相亲善。是故彼类不得名近事男。然其受护所有学处，当知福德等无差别。

复次，云何非律仪非不律仪？谓除如先所说律仪、不律仪业，所有善

① 不由二种，底本与《房山石经》《碛砂藏》《赵城金藏》《永乐南藏》相同；《资福藏》《普宁藏》《径山藏》《高丽藏》“二”作“一”。

② 何故不许扇搋迦，底本与《碛砂藏》《普宁藏》《永乐南藏》《径山藏》《高丽藏》相同；“搋”，《房山石经》《资福藏》作“搋”，《赵城金藏》作“拸”，下同。

不善等身语意业，当知一切皆是非律仪非不律仪业所摄。

问：诸有律仪，若由自受，若由他受，若从他受，若自然受，如是所受律仪，所获福德，为有胜劣差别不耶？

答：若等心受，亦如是持，当知无有差别。

问：由几因缘，虽乐欲受苾刍律仪，而不应授？

答：苾刍律仪略由六因：一、意乐损害；二、依止损害；三、男形损害；四、白法损害；五、系属于他；六、为护他故。若有为王之所逼录，或为强贼之所逼录，或为债主之所逼迫，或由怖畏之所逼迫，或畏不活。彼如是思："我处居家，难可存活，是诸苾刍活命甚易。我今应往苾刍众中，诈现自身与彼同法，易当活命。"彼由如是谄诈意乐，既出家已，虽怀恐怖，守护奉行随一学处，"勿诸苾刍与我同止，知我犯戒，便当驱摈"。然彼意乐被损害故，不名出家受具足戒，如是名为意乐损害。

若复有人作如是思："我处居家，难可活命，要当出家，方易存济。如诸苾刍所修梵行，我亦如是，乃至命终当修梵行。"如是出家者，不名意乐损害。虽非纯净，非不说名出家受具。若有身带痈肿等疾，如遮法中所说病状，如是名为依止损害。由彼依止被损害故，虽复出家，然无力能供事师长。彼由如是无力能故，所受师长、同梵行者供事之业，及受纯信施主衣服、饮食等净信施物，此之二种净信所施，彼极难消，不应受用，令彼退减诸善法故。是故依止被损害者，不应出家受具足戒。

若扇搋迦及半择迦，名男形损害，不应出家受具足戒，当知因缘如前已说。又半择迦略有三种：一、全分半择迦；二、一分半择迦；三、损害半择迦。若有生便不成男根，是名全分半择迦。若有半月起男势用，或有被他于己为过，或复见他行非梵行，男势方起，是名一分半择迦。若被刀等之所损害，或为病药、若火呪等之所损害，先得男根，今被断坏，既断坏已，男势不转，是名损害半择迦。初半择迦名半择迦，亦扇搋迦。第二唯半择迦，非扇搋迦。第三若不被他于己为过，唯扇搋迦，非半择迦；若有被他于己为过，名半择迦，亦扇搋迦。

若造无间业，汙苾刍尼，外道贼住，若别异住，若不共住，是名白法损害，不应为授具足戒。所以者何？彼由上品无惭无愧极垢染法，令惭愧等所有白法极成劣薄。

若诸王臣，若王所恶，若有造作王不宜业，若被债主之所拘执，若他仆隶，若他劫引，若他所得，若有诤讼，若为父母所不开许，是名系属于他，不应为授具戒[①]。

若变化者，为护他故，不应为授具戒[②]。所以者何？或有龙等，为受法故，自化己身为苾刍像，求受具戒。若便为彼受具戒者[③]，彼睡眠时，便复本形；既睡悟已，作苾刍像，假想苾刍。若守园者，若近事男，率尔往趣，见彼身形如是变已，便于一切真苾刍所，起增恶心[④]，谓诸苾刍皆非人类，谁能敬事，施彼衣食。勿令他人得此恶见，是故为随护他，不应为彼授具足戒[⑤]。

由此六因，不应授彼苾刍律仪。又除阙减能作羯磨阿遮利耶、邬波柁耶，住清净戒圆满僧众。

问：由几因缘，不应授彼近事男律仪？

---

① 不应为授具戒，底本与《房山石经》《资福藏》《径山藏》《高丽藏》相同；《碛砂藏》《赵城金藏》《普宁藏》《永乐南藏》“授”作“受”。

② 不应为授具戒，底本与《房山石经》《资福藏》《径山藏》《高丽藏》相同；《碛砂藏》《赵城金藏》《普宁藏》《永乐南藏》“授”作“受”。

③ 若便为彼受具戒者，底本与《碛砂藏》《赵城金藏》《普宁藏》《永乐南藏》相同；《房山石经》《资福藏》《径山藏》《高丽藏》“受”作“授”。

④ 起增恶心，底本与《房山石经》《资福藏》《碛砂藏》《赵城金藏》《普宁藏》《永乐南藏》《径山藏》相同；《高丽藏》“增”作“憎”。

⑤ 不应为彼授具足戒，底本与《房山石经》《资福藏》《径山藏》《高丽藏》相同；《碛砂藏》《赵城金藏》《普宁藏》《永乐南藏》“授”作“受”。

答：略由二因：一、意乐损害故；二、男形损害故。若意乐损害者，当知一切不应为授[①]。若男形损害者，或有为授[②]，然不得说名近事男。不说因缘，前已具辩。若近住律仪，当知唯由意乐损害不应为授[③]。何以故？或有随他转故，或有为得财利恭敬，诈称欲受近住律仪，然彼实无求受意乐，当知是名意乐损害。若无如所说不应授因缘，当知应授如前所说所有律仪。

问：有几因缘，苾刍律仪受已还舍？

答：或由舍所学处故，或由犯根本罪故，或由形没、二形生故，或由善根断故，或由弃舍众同分故，苾刍律仪受已还舍。若正法毁坏，正法隐没，虽无新受苾刍律仪，先已受得，当知不舍。所以者何？由于尔时秽劫正起，无一有情不损意乐能受具戒，况当有证沙门果者。若近事男律仪，当知由起不同分心故，善根断故，弃舍众同分故，受已还舍。若正法隐没时，如苾刍律仪道理，当知近事男律仪亦尔。若近住律仪，当知由日出已后，或由发起不同分心，或于中间舍众同分，虽已受得，必复还舍。

复次，云何无想定？谓已离遍净贪，未离上贪，由出离想作意为先故，诸心、心所唯灭静[④]，唯不转，是名无想定。此是假有，非实物有。当知差别略有三种：一、下品修；二、中品修；三、上品修。若下品修者，于现法退，不能速疾还引现前。若生无想有情天中，所得依身不甚清净，威光赫弈，形色广大，如余天众，定当中夭。若中品修者，虽现法退，然能速疾还引现前。若生无想有情天中，所感依身虽甚清净，光明赫弈，形色广大，然

① 当知一切不应为授，底本与《房山石经》《资福藏》《径山藏》《高丽藏》相同；《碛砂藏》《赵城金藏》《普宁藏》《永乐南藏》“授”作“受”。

② 或有为授，底本与《房山石经》《资福藏》《径山藏》《高丽藏》相同；《碛砂藏》《赵城金藏》《普宁藏》《永乐南藏》“授”作“受”。

③ 当知唯由意乐损害不应为授，底本与《房山石经》《资福藏》《径山藏》《高丽藏》相同；《碛砂藏》《赵城金藏》《普宁藏》《永乐南藏》“授”作“受”。

④ 诸心、心所唯灭静，底本与《资福藏》《碛砂藏》《赵城金藏》《普宁藏》《永乐南藏》《径山藏》《高丽藏》相同；《房山石经》“所”作“法”。

不究竟最极清净，虽有中夭，而不决定。若上品修者，必无有退。若生无想有情天中，所感依身甚为清净，威光赫弈，形色广大，又到究竟最极清净，必无中夭，穷满寿量，后方殒没。

复次，若由此因此缘，所有生得心、心所灭[①]，是名无想。

复次，云何灭尽定？谓已离无所有处贪，未离上贪，或复已离，由止息想作意为先故，诸心、心所法唯灭静[②]，唯不转，是名灭尽定。此定唯能灭静转识，不能灭静阿赖耶识。当知此定亦是假有，非实物有。此定差别略有三种：下品修等，如前已说。若下品修者，于现法退，不能速疾还引现前；中品修者，虽现法退，然能速疾还引现前；上品修者，毕竟不退。有学圣者能入此定，谓不还身证；无学圣者亦复能入，谓俱分解脱。前无想定，非学所入，亦非无学。何以故？此中无有慧现行故，此上有胜寂静住及生故。又复此定不能证得所未证得诸胜善法，由是稽留诳幻处故。

复次，虚空云何？谓唯诸色非有所显，是名虚空。所以者何？若处所行都无所得，是处方有虚空想转[③]。是故当知此唯假有，非实物有。

复次，云何非择灭？谓若余法生缘现前，余法生故，余不得生，唯灭唯静，名非择灭。诸所有法此时应生，越生时故，彼于此时终不更生。是故此灭亦是假有，非实物有。所以者何？此无有余自相可得故。此法种类非离系故，复于余时，遇缘可生，是故非择灭非一向决定。若学见迹，于卵湿二生、北拘卢洲、无想天、若女、若扇搋迦、若半择迦、无形、二形等生，及于后有若爱若愿所得非择灭，当知一向决定。由学见迹尝不于后有

① 心所灭，底本与《资福藏》《碛砂藏》《赵城金藏》《普宁藏》《永乐南藏》《径山藏》《高丽藏》相同；《房山石经》“所”作“法”。

② 心所法唯灭静，底本与《碛砂藏》《普宁藏》《永乐南藏》《径山藏》相同；《房山石经》《资福藏》无“所”字；《赵城金藏》《高丽藏》无“法”字。

③ 是处方有虚空想转，底本与《碛砂藏》《赵城金藏》《普宁藏》《永乐南藏》《径山藏》《高丽藏》相同；《房山石经》《资福藏》“想”作“相”。

起希愿缠发生后有，唯除未无余永害爱秽种子故[①]。

问：何因缘故，名心不相应耶？

答：此是假想，于诸事中为起言说，于有色等二种俱非，于有见等二种俱非。如是广说安立道理，一切当知。如是已说六种善巧，谓蕴善巧乃至根善巧。云何应知是诸善巧广建立义？

复次，嗢柁南曰[②]：

自性义差别，次第摄依止。

问：何等是色自性？

答：略有十一，谓眼等十色处及法处所摄色。又总有二，谓四大种及所造色。如是一切皆变碍相。

问：何等是受自性？

答：略有六种，谓依眼等六触所生。此复二种，若色为依，名身受；无色为依，名心受。何以故？由前五根皆色性故。

问：若前五根皆是色性，依眼等受名身受者，何故眼等非唯是身？

答：由相异故。所以者何？眼等五根展转相异。

问：若眼等根，其相异故，非皆身相。依彼诸受，由是因缘，应非身受？

答：余有色根不离身故，就彼为名，此复何过。

问：若不离身，故无过者，意根亦尔，不离身转，依意根受，应名身受，是即一切皆是身受，无心受耶？

答：诸有色根定不离身，意即不尔，故无有过。所以者何？生无色界有情，意根离身而转。是故五根所生诸受合名身受，唯依意者，独名心受。

① 唯除未无余永害爱秽种子故，底本与《碛砂藏》《普宁藏》《永乐南藏》《径山藏》相同；“爱秽”，《房山石经》《赵城金藏》《高丽藏》作“爱”，《资福藏》作“受”。

② 嗢柁南曰，底本与《资福藏》《碛砂藏》《普宁藏》《永乐南藏》《径山藏》相同；《房山石经》《赵城金藏》《高丽藏》“柁”作“拕”，下同。

故总说二，谓身、心受。

又一切受皆领纳相。

问：何等是想自性？

答：此亦六种，如前应知。又想有六：一、有相想；二、无相想；三、狭小想；四、广大想；五、无量想；六、无所有想。又略有二：一、世间想；二、出世间想[①]。狭小想者，谓欲缠想[②]。广大想者，谓色缠想。无量想者，谓空、识无边处缠想。无所有想者，谓无所有处缠想。即此一切名有相想。无相想者，谓有顶想及一切出世间学无学想。又一切想皆等了相。

问：何等是行自性？

答：此亦六种，如前应知。又此行相由五种类令心造作：一、为境随与；二、为彼合会；三、为彼别离；四、能发杂染业；五、令心自在转。又此行相略有三种：一者，善行；二、不善行；三、无记行。

又一切行皆造作相。

问：何等是识自性？

答：略有六种：所谓眼识乃至意识，是识自性差别。

又识有三种：一、领受差别；二、採境差别；三、分位差别。领受差别有三，採境差别有六、分位差别有三。如是识蕴差别，总有十八自性应知。是名诸蕴自性。

复次，蕴义云何？为显何义，建立诸蕴？谓所有色，若去来今，乃至远近。如色乃至识亦尔。如是总略摄一切蕴，积聚义是蕴义。又由诸蕴唯有种种名性诸行，当知为显无我性义，建立诸蕴。

---

① 出世间想，底本与《资福藏》《碛砂藏》《普宁藏》《永乐南藏》《径山藏》相同；《房山石经》《赵城金藏》《高丽藏》无“间”字。

② 谓欲缠想，底本与《资福藏》《碛砂藏》《普宁藏》《永乐南藏》《径山藏》相同；《房山石经》《赵城金藏》《高丽藏》“缠”作“廛”，下同。

复次，云何色蕴差别？略由六种：一、由事故；二、由相故；三、由识执不执故；四、由识空不空故；五、由想所行故；六、由边际故。事者，谓所有诸色皆是四大种及四大种所造。相者，略有三种：一、清净色；二、清净所取色；三、意所取色。又变碍相是色共相。识执不执者，若识依执，名执受色。

此复云何？谓识所托，安危事同，和合生长。又此为依，能生诸受。与此相违，非执受色。识空不空者，若识不空，名同分色，由此与识等义转故。若识空者，名彼同分色，似自相续而随转故。想所行者，谓缘色想，略有三种：一者，色想；二、有对想；三、别异想。色相亦三[①]：一、有光影相；二、据方处相；三、积集住相。如是三相，随其次第，三想所行。取青等相，名为色想。能取行碍，名有对想。能取男、女、舍、田等假，名别异想。是名想所行差别。边际者，谓色边际，略有二种：一、堕下界，谓欲缠色；二、堕中界，谓色缠色。当知此中，就业增上所生诸色，说无色界无有诸色，非就胜定自在色说。何以故？由彼胜定于一切色皆得自在，诸定加行令现前故，当知此色名极微细定所生色。

复次，云何受蕴差别？略由五种：一、由事故；二、由相故；三、由生故；四、由观察故；五、由出离故。事者，谓领纳及顺领纳法。相者，谓自相及共相。自相有三：乐受、苦受、不苦不乐受。乐受，坏苦故苦；苦受，苦苦故苦；不苦不乐受，行苦故苦[②]。由此因缘，诸所有受皆说名苦，是名受共相。生者，谓一切受，十六触所生。何等十六？谓眼触、耳触、鼻触、舌触、身触、意触、有对触、增语触、顺乐受触、顺苦受触、顺不苦不乐受触、爱触、恚触、明触、无明触、非明非无明触。由所依

① 色相亦三，底本与《资福藏》《碛砂藏》《赵城金藏》《普宁藏》《永乐南藏》《径山藏》相同；《房山石经》《高丽藏》“相”作“想”。

② 行苦故若，底本与《资福藏》《碛砂藏》《普宁藏》《永乐南藏》《径山藏》相同；《房山石经》《赵城金藏》《高丽藏》“若”作“苦”。

及所取境故，建立六触及有对触；由分别境故，建立增语触；由领纳境故，建立顺乐受等触；由染净故，建立爱、恚、明、无明、非明非无明触。是名受生差别。观察差别者，一切如来、应、正等觉出现世间，皆于诸受起八种观，谓受有几种？谁为受集？谁是受灭？谁是受集趣行？谁是受灭趣行？谁是受爱味？谁是受过患？谁是受出离？如是观时，如实了知受有三种，触集故受集，应知如经，分别广说。如是八种观察诸受，当知略显自相观、现法转因观、彼灭观、后法转因观、彼灭观、彼二转因观、彼二转灭因观及清净观。是名观察差别。出离者，谓初静虑出离忧根，第二静虑出离苦根，第三静虑出离喜根，第四静虑出离乐根，于无想界出离舍根[①]，是名出离差别。

复次，云何想蕴差别？略由五种：一、由事故；二、由相故；三、由颠倒故；四、由无颠倒故；五、由分别故。事者，谓取所缘相及随顺彼法。相者，自相有六种，如前应知。等了相是共相。是名相差别。颠倒差别者，谓诸愚夫无所知晓，随逐无明，起不如理作意，于所缘境，无常计常，取相而转，是名想倒。如于无常计常，如是于苦计乐，于不净计净，于无我计我。此想颠倒，诸在家者能发心倒，一分出家者能发见倒。是名颠倒差别。此想颠倒复有差别，谓于四事邪取其相，是名想倒；若由如是等了相故，于境贪著，是名心倒；若由如是等了相故[②]，有执著者，于颠倒事坚执忍可，开示建立，是名见倒。无颠倒差别者，谓诸聪睿有所晓了，随智慧明，起如理作意，于所缘境，无常知无常，苦知是苦，不净知不净，无我知无我，正取相转，是名想无颠倒、心无颠倒、见无颠

① 于无想界出离舍根，底本与《碛砂藏》《赵城金藏》《永乐南藏》《径山藏》《高丽藏》相同；《房山石经》《资福藏》《普宁藏》“想”作“相”。

② 若由如是等了相故，底本与《资福藏》《碛砂藏》《赵城金藏》《普宁藏》《永乐南藏》《径山藏》《高丽藏》相同；《房山石经》“如”作“如是如”。

倒。是名无颠倒差别。分别差别者，略有五种想分别相：一、境界分别；二、领纳分别；三、假设分别；四、虚妄分别；五、实义分别。若于境界取随味相，名境界分别。执取境界所生诸受，名领纳分别。若于自他取如是名、如是类、如是姓等种种世俗言说相，名假设分别。于诸境界取颠倒相，名虚妄分别。于诸境界取无倒相，名实义分别。如是总名想蕴分别差别。

复次，云何行蕴差别？亦由五相：一、由境界故；二、由分位故；三、由杂染故；四、由清净故；五、由造作故。由境界者，谓于行蕴立六思身。由分位者，谓立生等不相应行，由彼生等唯有分位所显现故。由杂染者，谓于杂染诸行建立烦恼及随烦恼。由清净者，谓于清净诸行建立信等。由造作者，谓如前说五造作相，为境随与等。

瑜伽师地论卷第五十四

摄决择分中五识身相应地意地之四[①]

复次，云何识蕴差别？此亦五种应知[②]：一、由安住故；二、由杂染故；三、由所依故；四、由住故；五、由异相故。

云何安住？谓习欲者，欲界诸识执外色尘，名色安住；若清净天，色界诸识执内名色，名俱安住；无色界识唯执内名，名名安住。是名识安住差别。

云何杂染差别？谓诸愚夫由二种门，识被染汙。一、于现法中，由受用境界门；二、于后法中，由生老等门。是名识杂染差别。

云何所依差别？谓六所依，诸识随转。谓依眼等六处，六识身转，如世间火，依糠、牛粪、薪札等转。是名识所依差别。

云何住差别？谓四识住。如经言："有四依取以为所缘，令识安住，谓识随色住，缘色为境。"广说如经。乃至"我终不说此识往于东方乃至四维；然我唯说于现法中必离欲、影、寂灭、寂静、清凉、清净。"

如是已显经中如来所说诸识住相，从此以后，我当宣说此相差别。

谓此经中略显识住及因缘相，识住、因缘二种边际，识住、因缘二种寂止。

当知此中，若诸烦恼事，若属彼烦恼，说名依取。应知此二亦名所

① 摄决择分中五识身相应地意地之四，底本与《资福藏》《碛砂藏》《赵城金藏》《普宁藏》《永乐南藏》《径山藏》《高丽藏》相同；《房山石经》"四"作"一"。

② 此亦五种应知，底本与《房山石经》《资福藏》《赵城金藏》《永乐南藏》《径山藏》《高丽藏》相同；《碛砂藏》《普宁藏》"此"作"比"。

缘，所缘性故，有所缘故。

由彼贪爱为烦恼缘，名趣所执事。由贪欲等四种身系为发业缘，名缘所缘事。

彼二随眠所随逐故[①]，名建立事。

若诸异生补特伽罗未得厌离对治喜爱，由所润识能取能满当来内身，由此展转能取能满，不能弃舍诸异生性，以于内身能取能满故，于流转中相续决定，是名为住。余住因缘，如前应知。

是名略说住及因缘相。

有色界识有来有去，无色界识有死有生。又此二住乃至寿尽。又复此二生长、增益及广大义，如前应知。齐是名为识住边际及住因缘边际。若复异此而施设者[②]，当知唯有文字差别，非义差别，由所余义境界无故；若他正诘，不知何答，亦由余义境界无故。或复有能于后自然如理观察，便自迷闷，谓我愚痴，作如是说。

若聪慧者于诸色爱乃至行爱所摄贪缠能永断离，于烦恼分所摄发业四身系缠亦能永断。

所以者何？由在家众依贪欲、瞋恚二系发起诸业，摄受境界为因故，损害有情为因故。

若出家众，依戒禁取、此实执取二系发起诸业，以戒禁取犹如贪欲，求生天故；此实执取犹如瞋恚，谤涅槃故。

当知四身系唯在意地，分别所生故。

从此以后，由多修习胜对治故，复能永断贪爱、身系二种随眠。

① 彼二随眠所随逐故，底本与《资福藏》《碛砂藏》《赵城金藏》《普宁藏》《永乐南藏》《径山藏》《高丽藏》相同；《房山石经》“眠”作“眼”。

② 若复异此而施设者，底本与《房山石经》《资福藏》《赵城金藏》《普宁藏》《径山藏》《高丽藏》相同；《碛砂藏》《永乐南藏》“设”作“说”，下同。

由此断故，烦恼所缘色、受等境亦不相续，以究竟离系故。由此所缘不相续故，有随眠识究竟寂灭，于色、受等诸识住中不复安住，由对治识永清净故。是名识住、因缘寂止。又由当来因缘灭故，于内身分不取不满，决定无有流转相续，是名识住寂止。

又复对治所摄净识，名无所住。由彼因缘故，名不生长；由善修习空解脱门故，名无所为；由善修习无愿解脱门故，名为知足；由善修习无相解脱门故，名为安住。如是不生长故，乃至安住故，名极解脱。又于行等都不执著我及我所，由此因缘，色等坏时，亦不恐怖。由此相貌，显彼自体已得清净。又由彼识永清净故，不待余因，任运自然，入于寂灭。此识相续究竟断故，于十方界不复流转。

于命及死不悕求故，名永离欲。又所有受是识树影，彼于尔时不复有故，名永离影。诸有漏识于现法中毕竟灭尽，故名寂灭。诸无漏识，随其次第，有学解脱，名为寂静；无学解脱，名曰清凉；余依永灭，故说清净。

又复诸识自性非染，由世尊说一切心性本清净故。所以者何？非心自性毕竟不净能生过失，犹如贪等一切烦恼。亦不独为烦恼因缘，如色、受等。所以者何？以必无有独于识性而起染爱，如于色等。是故唯识不立识住。

是名识蕴由住差别。

云何异相差别？谓有贪心、离贪心、有瞋心、离瞋心等，如经广说，乃至不解脱心、极解脱心，是名一门异相差别。

复有约界异相差别，谓欲界有四心：善心、不善心、有覆无记心、无覆无记心。色界有三心，除不善。无色界有三心，亦除不善。无漏有二心：有学及无学。

又欲界善心有二种，谓加行及生得。无覆无记心有四种：异熟生心、威仪路心、工巧处心及变化心。此唯是生得，谓天龙药叉等[①]，然无修果心。于色界中无工巧处心，无色界亦尔。当知善心如下，上亦尔，一切处有。

又有约种异相差别，谓欲界有五心：一、见苦所断心；二、见集所断心；三、见灭所断心；四、见道所断心；五、修道所断心。如欲界有五心，如是色、无色界各有五心，并无漏心，总为十六。

初异相心差别义，我当分别。一切有情略有三品：一、未发趣定品；二、虽已发趣未得定品；三、已得定品。此复二种：一、不清净；二、极清净。

于初品中，或时起染汙心，由贪等缠绕彼心故；或时起善、无记心，由贪等缠暂远离故。第二品中，或时令心于内静息；或时失念，于五妙欲其心驰散。或时极静息故，便为惛沈睡眠缠覆其心；或时为断彼故，于净妙境安处其心。或时于彼不正安处，心便掉举；若正安处，便不掉举。由沉、掉盖未断灭故，于彼二品俱不寂静；由断灭故，心得寂静。若由如理作意，已得根本静虑，名定心；若未得者，名不定心。道究竟故，名善修心；断究竟故，名极解脱心。与此相违，名不善修心及不解脱心。从定心已来，当知是第三品。是名识蕴异相差别。

复次，云何诸蕴次第？谓说差别。此复五种应知：一、生起所作；二、对治所作；三、流转所作；四、住所作；五、安立所作。

生起所作者，谓眼、色为缘能生眼识，乃至意、法为缘能生意识。此中，先说色蕴，次说识蕴。此则是诸心所所依[②]；由依彼故，受等心所生。故次经言："三和故触，触缘受等。"是名诸蕴生起所作宣说次第。

对治所作者，为欲对治四颠倒故，说四念住，谓于不净计净颠倒，于

① 谓天龙药叉等，底本与《资福藏》《碛砂藏》《赵城金藏》《普宁藏》《永乐南藏》《径山藏》《高丽藏》相同；《房山石经》"谓"作"诸"。

② 此则是诸心所所依，底本与《资福藏》《碛砂藏》《赵城金藏》《普宁藏》《永乐南藏》《径山藏》《高丽藏》相同；《房山石经》"心所"作"心法"，下同。

苦计乐颠倒，于无我计我颠倒，于无常计常颠倒。此中，先说色蕴，次说受蕴，次说识蕴，后说想、行二蕴。是名对治所作宣说次第[①]。

流转所作者，根及境界为依止故，于现法中，由二种蕴受用境界，起诸杂染，谓领纳境界及彩画境界；由一种蕴造作一切善不善业，于后法中起生老等一切杂染；一是所染，故最后说。

住所作者，由四识住及识次第而说，是名住所作。

安立所作者，谓诸世间互相见已，先了其色，是故先立色蕴；次由受蕴知彼进退，或苦或乐，是故次立受蕴；次由想蕴，知彼如是名、如是类、如是性等，是故次立想蕴；次由行蕴知彼如是愚痴、如是聪睿，是故次立行蕴；后由识蕴安立内我，谓于诸蕴中安立所了有苦有乐，随起言说及愚智等：是名诸蕴安立所作宣说次第。

又复依止我众具事及我事故，应知诸蕴宣说次第，谓我依身，于诸境界受用苦乐；于己于他随起言说，谓如是名、如是种类、如是性等；此之二种，依法非法方得积集。如是应知我众具事。当知最后蕴是我事。

复次，色蕴摄几蕴、几界、几处、几有支、几处非处、几根耶？如色蕴，如是乃至识蕴。

谓色蕴，摄一蕴全，十界、十处全，一界、一处少分，六有支少分，处非处少分，七根全。

受蕴，摄一蕴全，一界、一处少分，一有支全，三有支少分，处非处少分，五根全，三根少分。

想蕴，摄一蕴全，一界、一处少分，三有支少分，处非处少分，不摄诸根。

行蕴，摄一蕴全，一界、一处少分，四有支全，五有支少分，处非处少

① 是名对治所作宣说次第，底本与《房山石经》《资福藏》《赵城金藏》《普宁藏》《永乐南藏》《径山藏》《高丽藏》相同；《碛砂藏》“所”作“染”。

分，六根全，三根少分。

识蕴，摄一蕴全，七界全，一处全，一有支全，四有支少分，处非处少分，一根全，三根少分。

如是有六种摄，所谓蕴摄乃至根摄。由此相摄道理展转相摄，如应当知。

复有余十种摄应当了知：一者，界摄，谓诸蕴等，各自种子所摄；二者，相摄，谓诸蕴等，自相、共相所摄；三、种类摄，谓诸蕴等，遍自种类所摄；四、分位摄，谓诸蕴等，顺乐受等分位所摄；五、不相离摄，谓诸蕴等，由一一法及诸助伴摄一切蕴等；六者，时摄，谓诸蕴等，过去、未来、现在各自相摄；七者，方摄，谓诸蕴等，在此方转，或依此生，即此方摄；八者，全摄，谓诸蕴等，五等所摄；九、少分摄，谓诸蕴等，各各差别少分所摄；十、胜义摄，谓诸蕴等，真如相所摄。

如是诸蕴一切摄义，总有十六。如蕴，乃至根亦尔。又由三法摄一切法，谓色蕴、法界、意处。

复次，依止几处，色蕴转耶？依止几处，名所摄四蕴转耶？谓依止六处，色蕴转。一、建立处；二、覆藏处；三、资具处；四、根处；五、根住处；六、有威德定所行处。依止七处，名所摄四蕴转。一、乐欲；二、希望；三、境界；四、寻伺；五、正知；六、清净方便；七、清净。诸受用欲者，依止四处；住律仪者、精进行者，依止一处；已得近分定者，依止一处；安住根本定者，依止一处。如是七处略有四位，应知。

复次，我当先说分别色蕴一一别义[1]，然后分别四蕴名义[2]。

---

① 我当先说分别色蕴一一别义，底本与《资福藏》《碛砂藏》《普宁藏》《永乐南藏》《径山藏》《高丽藏》相同；《房山石经》“分别”作“一一”，“一一别”作“别分别”；《赵城金藏》“一一别”作“别一一”。

② 然后分别四蕴名义，底本与《房山石经》《资福藏》《碛砂藏》《普宁藏》《永乐南藏》《径山藏》相同；《赵城金藏》《高丽藏》“四蕴名”作“名四薀”。

云何分别色蕴？

嗢柁南曰[①]：

物极微生起[②]，安立与流业，
刹那独所行，余相杂最后。

问：色蕴中，眼几物所摄？

答：若据相摄，唯有一物，谓眼识所依清净色。若据不相离摄，则有七物，谓即此眼及与身、地、色、香、味、触。若皆据界摄，则有十物，即此七物界及水、火、风界。如眼，耳、鼻、舌当知亦尔。此中差别者，谓耳、耳识所依清净色，鼻、鼻识所依清净色，舌、舌识所依清净色。余如前说。若身，当除眼等四。何以故？由远离彼独可得故。此相者，谓身识所依清净色。若于外色、香、味、触彼所行相中，除一切根，余一切如前应知。声及声界不恒有故，今当别说。若于是处有声，当知此处复增其一。应知声界，一切处增。

复次，色等所缘境界，如“本地分”已广分别。

若触处中所说造色滑乃至勇，当知即于大种分位假施设有，谓于大种清净性，假立滑性；于大种坚实性，假立重性；于大种不清净、不坚实性，假立涩性及轻性；于大种不清净、慢缓性[③]，假立軟性；由水与风和合生故，假立有冷；由阙任持不平等故，假立饥渴及弱力；由无所阙无不平等故，假立强力及饱；由不平等变异错乱不平等故，假立病；由时分变异不平等故，假立老；由命根变异不平等故，假立死；由血有过患不平等

① 嗢柁南曰，底本与《资福藏》《碛砂藏》《普宁藏》《永乐南藏》《径山藏》相同；《房山石经》《赵城金藏》《高丽藏》“柁”作“拕”，下同。

② 物极微生起，底本与《资福藏》《碛砂藏》《赵城金藏》《普宁藏》《永乐南藏》《径山藏》《高丽藏》相同；《房山石经》“极微”作“微细”。

③ 慢缓性，底本与《房山石经》《资福藏》《碛砂藏》《普宁藏》《永乐南藏》《径山藏》《高丽藏》相同；《赵城金藏》“缓”作“缘”。

故，假立痒；由恶饮食不平等故，假立闷绝；由地与水和合生故，假立粘；由往来劳倦不平等故，假立疲极；若远离彼，由平等故，假立憩息；由除垢等离萎顇故，假立勇锐。如是一切，说诸大种总有六位，谓净不净位、坚不坚位、慢缓位、和合位、不平等位、平等位。如是六位，复开为八，若八若六，平等平等。

复次，一切色乃至触，皆二识所识，谓自识所识及意识所识，或渐或顿。眼等五根，一意识所识。

复次，色界中无现香、味，然有彼界。何以故？此二皆是段食摄故。由无此二，鼻、舌二识亦无。此就现行说；非就界说。

如是一切色蕴所摄色中，九种是实物有；触所摄中，四大种是实物有，当知所余唯是假有。堕法处色亦有二种，谓实有、假有。若有威德定所行境，犹如变化，彼果、彼境及彼相应识等境色，是实物有；若律仪色、不律仪色，皆是假有。又定所行色，若依此系定，即由此系大种所造。又此定色但是世间，有漏、无漏由定而生，非出世间，由此定色，有戏论行定为因故。又非一切所有定心皆有能生此色功能，唯一类有，如能起化，谓不思惟，但由先时作意所引，离诸闇昧，极善清净明了现前，当知是定乃能生色；若定力励数数思惟，假胜解力而得见者，当知不能生起此色。又复此色虽非出世定之所行，然由彼定增上力故，有一能现，当知此事不可思议。

问：欲、色二界实物有色，何差别耶？

答：色界诸色清净最胜，能发光明[1]；又极微细，下地诸根所不行故；又无有苦，依彼诸色苦受不生故。欲界不尔，是名差别。

复次，色蕴略由六相应知：一、自相；二、共相；三、能依所依相属相；四、受用相；五、业相；六、微细相。自相者，谓地等以坚等为相，眼等

① 能发光明，底本与《房山石经》《赵城金藏》《高丽藏》相同；《资福藏》《碛砂藏》《普宁藏》《永乐南藏》《径山藏》“能发”作“发”。

以各别清净色为相。共相者，谓一切色皆变礙相。能依、所依相属相者，大种为所依，造色是能依。受用相者，为内色处有所受用增上力故，外色境界差别而生。或有色聚唯有坚生，或唯有湿，或唯有煖，或唯有动，或和合生，为欲随顺内诸色处受用差别故。业相者，谓地等诸大种，以依持、摄受、成熟、增长为相。复有余业，后当广说。微细相者，谓极微相。

复次，微细性略有三种：一、损减微细性；二、种类微细性；三、心自在转微细性。

损减微细性者，谓分析诸色至最细位，名曰极微。

种类微细性者，谓风等色及中有色。

心自在转微细性者，谓色、无色二界诸色。如经说："有等心诸天曾于人中如是如是资熏磨莹其心，随此修力，住一毛端空量地处，展转更互不相妨礙。"如是等辈，应当思惟观察色蕴物类差别。

问：诸极微色由几种相建立应知？

答：略说由五种相，若广建立如"本地分"。何等为五？一、由分别故；二、由差别故；三、由独立故；四、由助伴故；五、由无分别故[①]。

分别建立者，谓由分别觉慧分析诸色至极边际，建立极微，非由体有。是故极微无生无灭，亦非色聚集极微成。

差别建立者，略说极微有十五种，谓眼等根有五极微，色等境界亦五极微，地等极微复有四种，法处所摄实物有色极微有一。

独立建立者，谓事极微，建立自相故。

助伴建立者，谓聚极微。所以者何？于一地等极微处所，有余极微，同聚一处，不相舍离，是故依此立聚极微。

问：何因缘故，诸有对法同处一处，不相舍离，而不说名无对性耶？

---

① 由无分别故，底本与《资福藏》《碛砂藏》《普宁藏》《永乐南藏》《径山藏》相同；《房山石经》《赵城金藏》《高丽藏》无"别"字。

答：随顺转故。由彼展转相随顺生，不相妨碍。又由如是种类之业增上所感，如是而生。何以故？一切色聚，一切色根共受用故。若异此者，一切聚中非有一切地等诸色不相舍离。若尔，眼等诸识境界便不遍满一切聚中，如是应无遍满受用。是故当知定有诸色同一处所，不相舍离。

又有诸色，或于是处互相妨碍，或于是处不相妨碍，如中有色等。而彼诸色非无对性。此中道理，当知亦尔。

无分建立极微者，谓非彼极微更有余分，非聚性故。诸聚极微可有细分，若极微处即唯此处，更无细分可以分析。

问：如是所说五相极微，复有五眼，所谓肉眼、天眼、圣慧眼、法眼、佛眼。当言几眼用几极微为所行境？

答：当言除肉眼、天眼，所余眼用一切极微为所行境。何以故？以彼天眼唯取聚色中表上下、前后两边、若明若闇，必不能取极微处所，由极微体以慧分析而建立故。

问：何故说极微无生无灭耶？

答：由诸聚色最初生时，全分而生，最后灭时，不至极微位，中间尽灭，犹如水滴。

复由五相应知名不如理思议极微，谓于色聚中有诸极微自性而住，应知名初不如正理思议极微①；或谓极微有生有灭；或谓极微与余极微或合或散；或谓众色于极微量积集而住；或谓极微能生别异众多色聚，应知名后不如正理思议极微。故应方便以如理思思议极微，断此五种非理思议。

复次，建立极微，当知有五种胜利，谓由分析一合聚色安立方便，于所缘境便能清净广大修习，是初胜利；又能渐断萨迦耶见，是第二胜利；

① 应知名初不如正理思议极微，底本与《资福藏》《碛砂藏》《普宁藏》《永乐南藏》《径山藏》相同；《房山石经》《赵城金藏》《高丽藏》无“正”字。

如能渐断萨迦耶见，如是亦能渐断憍慢，是第三胜利；又能渐伏诸烦恼缠，是第四胜利；又能速疾除遣诸相，是第五胜利。如是等类，应当如理思惟极微。

复次，略说色物生，当知有五种。何等为五？一、依止生；二、种子生；三、势引生；四、摄受生；五、损减生。

云何依止生？谓于所依大种处所，有余所造色生，故如是说，由四大种造所造色。是同一处摄持彼义。又若于此色积聚中，有彼大种及所造色自相可得[①]，当知此中即有彼法；若于此处，彼法自相都不可得，当知此处无有彼法：是名总建立有、非有相。若有说言“于此处所，彼法自相虽不可得，然必有”者[②]，今应问彼[③]：此不可得与可得者，为物是等，为不等耶？若物等者，物既是等，而不可得，不应道理。若不等者，为即此量说物不等，为据威势说不等耶？若即此量说不等者，少分自相亦不可得，不应道理。若据威势说不等者，离彼自相有余威势不可得故，不应道理。如是等类，当知名依止生。

云何种子生？谓所有色各从自种子所生。如坚鞕聚，或时遇缘，便生流湿；流湿遇缘，复生坚鞕。不煖生煖，煖复生冷；不动生动，动生不动。如是好色、恶色等差别应知。由如是等，虽无自相，然有其界，从彼彼聚，彼彼色法差别而生[④]。如是等类，当知名种子生。

云何势引生？谓内色根增上力故，外分差别相续而生，谓器世界等。

① 有彼大种及所造色自相可得，底本与《房山石经》《资福藏》《碛砂藏》《普宁藏》《永乐南藏》《径山藏》《高丽藏》相同；《赵城金藏》“彼”作“微”。

② 若有说言于此处所彼法自相虽不可得然必有者，底本与《房山石经》《资福藏》《赵城金藏》《普宁藏》《永乐南藏》《径山藏》《高丽藏》相同；《碛砂藏》“若”作“非”。

③ 今应问彼：底本与《房山石经》《资福藏》《碛砂藏》《普宁藏》《永乐南藏》《径山藏》《高丽藏》相同；《赵城金藏》“应”作“于”。

④ 彼彼色法差别而生，底本与《房山石经》《资福藏》《赵城金藏》《普宁藏》《径山藏》《高丽藏》相同；《碛砂藏》《永乐南藏》“彼彼”作“波彼”。

又由先业势所引故，内诸色处差别而生。又复诸天或现前欲，或不现前欲，及北拘庐洲所有资具，当知多分势引而生，差别而转。人中相续生者，唯有器世界。如是等类，当知名势引生。

云何摄受生？谓遇彼彼摄受缘故，彼彼色法展转增益胜上而生，犹如水等，润萌芽等。如是等类，名摄受生。与此相违，应知名损减生。

复次，诸聚色生时，如种种物，石磨为末，以水和合，团杂而生，非如苣藤、麦、豆等聚。何以故？随彼生因增上力故，如是而生，为有用故。

问：若一切行皆自种子所生，何因缘故[①]，说诸大种造所造色？

答：由彼变异而变异故，彼所建立及任持故[②]。由三因缘，大种变异，令所造色变异而转：一、士夫用故；二、业所作故；三、由胜定故。

士夫用者[③]，谓由地大所打触故，器差别故，由差别故[④]，令所造色变异可得；或由水所润等，火所熟等，风所燥等，令所造色变异可得。当知是名由彼大种士夫用故，令所造色变异而生。

业所作者，随业势力，先大种生，后随彼力，色变异生，是名业所作故。

由胜定者，胜定力故，先起大种，然后造色变异而生，当知是名由胜定故，大种变异，因此造色变异而生。

复次，略由五缘，所有大种令其异果转成异果。何等为五？一、大种力故；二、士夫用力故；三、明咒力故；四、神通力故；五、业所作力故。

问：从此没已，何因何缘，中有色聚续得生耶？

---

① 何因缘故，底本与《房山石经》《资福藏》《赵城金藏》《普宁藏》《永乐南藏》《径山藏》《高丽藏》相同；《碛砂藏》“缘”作“欲”。

② 彼所建立及任持故，底本与《房山石经》《资福藏》《碛砂藏》《普宁藏》《永乐南藏》《径山藏》《高丽藏》相同；《赵城金藏》“任”作“住”。

③ 士夫用者，底本与《房山石经》《资福藏》《赵城金藏》《永乐南藏》《径山藏》《高丽藏》相同；《碛砂藏》《普宁藏》“夫”作“大”。

④ 由差别故，底本与《房山石经》《资福藏》《碛砂藏》《赵城金藏》《普宁藏》《永乐南藏》《径山藏》相同；《高丽藏》“由”作“田”。

答：当知此色用自种子为因，感生业为缘。

问：何因得知有中有耶？

答：从此没已，若无所依，诸心、心所无有道理转至余方故。不应如响，唯惑乱故；不应如影，彼不灭故；亦不应说如取所缘，非行往故。由如是等所说譬喻不应道理，是故当知定有中有。如是等类，应当思惟色蕴生起。

复次，色蕴生时，谁为先首，据其处所，依此处所，余色转耶？当知大种先据处所，后余造色依此处转。唯诸大种于此处所现前障碍，所余造色自相遍满。当知由彼势力任持，有所据碍。

复次[①]，地等诸四大种，随其次第，麤显应知，谓地界及果，能持最胜；水、火、风等流润、烧然、动摇等业，依止彼故，方得流转。

复次，诸声才宣发已，寻即断灭，故于色聚中不恒相续。又此音声依质生时，质处及外俱顿可得，随所闻处，于此处所遍满顿起，如焰光明，非渐渐生，展转往趣。

复次，风有二种，谓恒相续、不恒相续。诸轮行风，名恒相续；在空行者，名不恒相续。在物行者，名恒摄受。又当知风，机关运转名恒相续；所余当知非恒相续。

问：何等名空界？

答：明暗所摄造色，说名空界。此亦二种：一、恒相续；二、不恒相续。若诸有情所居处所常暗常明，名恒相续；余不尔处，非恒相续。当知此亦依止色聚。又此空界，光明摄者，名为清净；隙穴摄者，名不清净。

问：诸长短等所说形色，当言实有，为假有耶？

答：当言假有。何以故？积集而住，故名为形。唯有众色积集可得，余

① 复次，底本与《资福藏》《碛砂藏》《普宁藏》《永乐南藏》《径山藏》《高丽藏》相同；《房山石经》《赵城金藏》“次”作“此”。

形色相不可得故。又必相待，相待之法有自性者，彼法便有杂乱过失。又如车等，彼觉可坏故。

复次，法处所摄胜定果色中，当知唯有显色等相。何以故？于彼香等生因阙故，又无用故。如是于空行风中无有俱生香等，唯有假合者。又离轮外所发光明，所余大种及与香等皆不可得。又法处所摄胜定果色，当知此色唯依胜定，不依大种。然从缘彼种类影像三摩地发故，亦说彼大种所造，非依彼生故名为造。

问：于色蕴中，几法由有见有对故住？几法由无见有对故住？几法由无见无对故住？

答：一由二种，谓眼所行；余唯有对；除法处所摄色，当知此色无见无对。如是等类，应当思惟色蕴安立。

复次，色蕴由几种流而相续转？谓由三种：一、等流流；二、异熟生流；三、长养流。初等流流复有四种：一、异熟等流流；二、长养等流流；三、变异等流流；四、本性等流流。异熟流者，复有二种：一者，最初；二者，相续。谓业生异熟及异熟所生，谓即从彼业力所引异熟后时转者。长养流者，亦有二种：一、处宽遍长养流；二[①]、相增盛长养流。初长养流唯色长养，当知由食、睡眠、梵行、等至长养诸色；余长养流当知亦由食故，彼所依故，修胜作意故，长时淳熟故，而得长养。诸有色法由二长养之所长养，诸无色法唯相增盛说名长养。又欲界色具由四食及余一切长养因缘而得长养，色界诸色不由段食、睡眠、梵行而得长养。又诸色根当知由二种流而得流转。以诸色根离异熟、长养相续流外，无别等流流。

问：异熟相续有时亦有增长广大可得，何故异熟摄流非即长养耶？

答：由别有长养相续能摄能持异熟等流流故，现有增长等。若非根

① 二，底本与《房山石经》《资福藏》《赵城金藏》《高丽藏》相同；《碛砂藏》《普宁藏》《永乐南藏》《径山藏》作“一”。

所摄色，当知具三种流。诸心、心所有等流流、异熟生流、第二长养所长养流。法处所摄色无异熟生流，余如心、心所应知。又欲界中具有内外诸色成熟，于色界中远离香、味。又欲界中，诸色根成熟或具不具，于色界中必具诸根。又诸声界亦有异熟，非声。如是等类，应当思惟色蕴流义。

复次，色蕴所摄地界能为几业？乃至风界能为几业？当知一切皆为五业，谓地界能为打触变坏业、建立业、与依止业、违损业、摄受业，水界能为流润业、摄持业、溉灌业、违损业、摄受业，火界能为照了业、成熟业、烧然业、违损业、摄受业，风界能为发动业、随转业、消燥业、违损业、摄受业。

又诸大种于所生造色，当知能作五业，谓生起业、依止业、建立业、任持业、增长业。于彼变异生时，能为导首故；变异生已，与彼为处不相舍离，能为依止故；摄受损害，安危共同，能建立彼故；持彼本量令不损减，故能任持；令彼积集增进广大，故能增长。

问：眼、耳所行善不善色，彼何因缘成善等性，非余色耶？

答：若略说，由轗、中、上品三种思差别故：一、加行思；二、决定思；三、等起思。由此能起若善不善身、语表业。当知上品思为依止故，能发善不善业。

问：依止聚色，而有运动，当言与彼异不异耶？

答：当言不异。何以故？于彼处所若生不生，或灭不灭，而有运动，皆有过失可得故。

问：有何过失？

答：若言生而有动，便越刹那相；若言不生，便应无动；若言灭者，应与余等；若言不灭，便越行相。又于异处生起因缘分明可得，是故当知无别运动实物可得。如是等类，应当思惟色蕴作业。

复次，一切色蕴当言皆是刹那灭性。

何以故？诸行才生寻即坏灭，现可得故。

又不应谓能生之因即是灭因，其相异故。又法生已，余停住因不可得故。是故当知一切诸行皆任运灭。由此道理，刹那义成。若谓火等是灭坏因，不应道理。何以故？由彼火等与彼诸行俱生俱灭，现可得故。唯能为彼变异生缘，说有作用。又谓坏灭是坏灭因，不应道理。何以故？与彼俱生不应理故。若彼生时即有坏灭，便成相续断坏过失。又唯自性灭坏说名为灭，而言能为灭因，不应道理。

若言别有灭坏自性，离彼法外别有灭相，毕竟不可得故，不应道理。若谓火等为灭助伴方能灭者，于灯电等及心、心所任运灭中不可得故，不应道理。若谓生彼有别别功能，此差别不可得故，不应道理。若谓二种于一处所有灭功能，即应二种俱于两分有灭功能，或无功能，有过失故，不应道理。

如是等类，应当思惟色蕴刹那灭义，谓由任运坏灭因故，遮计火等为灭因故，遮计灭相为灭因故，遮计二种为灭因故。

如是等类，尽当了知。又一切行是心果故，当知如心，皆刹那灭。

复次，所造色于诸大种，当言有异相耶？当言无异相耶？谓有异相，何以故？异相可得故。此中异相者，谓异根所行故。所以者何？由余色根能取大种，复由余根取所造色故。又可运转、不可运转，现可得故，谓从众运华转香气置苣藤中[1]，世现可得，非彼坚等，而可运转。又变异、不变异，现可得故，谓煎酥等中有色、味等变异差别可得，非彼坚等。是故当知大种造色其相有异。若于异相而执为一，于诸大种亦应尔耶？由诸大种其相展转互相异故。若许尔者，应当唯有一大种耶？是故当知诸所造色望彼大种，定有异相。如是等类，应当思惟诸大种色独非独相。

① 谓从众运华转香气置苣藤中，底本与《碛砂藏》《普宁藏》《永乐南藏》《径山藏》相同；“运”，《房山石经》《赵城金藏》《高丽藏》作“花”，《资福藏》作“华”。

复次，诸色所摄法几是根性？几是所行性？谓五是根性，六是所行性。

问：何等所行境是根所行耶？

答：若根不坏等，如“本地分”中已广说，谓由依处故，或由相故，或由方故，或由时故，或由明了、不明了故，或由全事、一分事故。

问：由几因缘，说诸根坏及不坏耶？

答：由二因缘：一、由羸损故；二、由全坏故。与此相违，当知不坏。又略由四缘，诸根变异：一、由外缘所生，谓由受用摄受、损坏外境界故，或由他辈所损益故；二、由内缘所生，谓由各别不如理作意所生贪等诸缠烦恼故，或由如理作意所生三摩钵底等故；三、由业缘所生，谓由先业增上缘力，感得端正、丑陋等故；四、由自体变异所生，谓彼诸根自相差别故。

问：由几因缘，意根坏耶？

答：由四因缘：一、由盖所作，谓于五盖中随由一盖覆蔽其心；二、由散乱所作，谓由鬼魅挠乱其心；三、由未证所作，谓彼内心犹未证得静虑、无色胜品功德，然于其中强发作意；四、由未解所作，谓于多闻、工巧等事，心未纯熟，强施方便。

云何色等境界望彼诸根名为现前？谓色于眼，非合非阘，非极细远，亦非有障，名为现前；要唯有见、有明、无障，在可行处，乃名现前。又于一眼虽阘障色，亦名现前。

声于耳根，亦必非合，非极细远，得名现前；有障无障，若明若阘，在可行处，皆名现前。

香、味、触三，于鼻、舌、身，唯合能取，在可行处，乃名现前所行境界。

若诸天眼，唯照有见，有障无障，若明若阘，若近若远，皆名现前；然在可行处，非不可行处。

若圣慧眼，一切种色皆是所行。

问：如“本地分”说六种所行性，此何差别耶？答：初所行性，谓有情世间所摄色及器世间所摄色。第二所行性，谓由三自性自性差别故，相差别故，作用差别故，分位差别故。色相差别者，谓青、黄、赤、白等，乃至广说。作用差别者，谓有表、无表、律仪、不律仪、非律仪非不律仪所摄作用。分位差别者，谓可意、不可意色及顺舍处色。声相差别者，谓执受大种为因，非执受大种为因，执受非执受大种为因。作用差别者，谓语表业。分位差别者，如前应知。香相差别者，谓根、茎、皮、实、华、叶、果香。作用差别者，谓香、味、触皆无作用。分位差别，如前应知。味相差别者，谓甘、苦等，如前已说。触相差别，亦如前说多种应知。第三所行性，谓东、南、西、北等方维差别应知。第四所行性，谓过去、未来、现在差别应知。第五所行性，谓取实、不实差别应知。第六所行性，谓取一分事或遍满事差别应知。

如是等类，是名诸色境界现前差别应知。

云何名为能生作意？谓由所依不坏故，境界现前故，所起能引发心所。如是等类，应当思惟色蕴所行相。

复次，在欲界者，依欲界身发起色界大种现前，彼诸大种云何与下界色共住？为异处耶？非异处耶？当言如水处沙，非住异处。如是等类，应当思惟色蕴互相杂相[1]。

① 应当思惟色蕴互相杂相，底本与《资福藏》《碛砂藏》《赵城金藏》《普宁藏》《永乐南藏》《径山藏》相同；《房山石经》《高丽藏》“杂相”作“杂住”。

瑜伽师地论卷第五十五

摄决择分中五识身相应地意地之五

如是已思择色蕴。我次当说名所摄四无色蕴随所应建立相。

如“本地分”立一心相，今先显示。如世尊言：“若有众生，于如来所但发一心及一言说：‘善逝！大师！善逝！大师！’如是发心，我尚说彼于诸善法多有所作，何况身、语如其心量，随顺奉行。”又如是言：“由一净心，当往善趣。”如是等类，当知此中依转所摄相续一心，由世俗道，名发一心；又依世俗相续道理，名发一语及发身业。

问：有分别心、无分别心，当言同缘现在境耶？为不同耶？

答：当言同缘现在境界。何以故？由三因故，谓极明了故，于彼作意故，二依资养故。

问：染心生时，当言自性故染，为相应故，为随眠故？

答：当言相应故，随眠故，非自性故。若彼自性是染汙者，应如贪等，毕竟不净。若尔，大过。由彼自性不染汙故，说心生时，自性清净。

问：诸烦恼缠于心二种染汙因中，当言何等？

答：当言相应。

问：此中何等说名随眠？

答：诸烦恼品所有麤重不安隐性，又持诸行令成苦性，是故圣者由行苦故，现观为苦，于诸行中安住苦观。云何观耶？如毒热痈，乃至广说，如“有寻有伺地”，应如是观。

复有三种染恼心法，当知普摄一切染恼，所谓业染恼、受染恼、烦恼染恼。初二染恼唯欲界系，最后染恼通三界系。

问：何等名为心烦恼缚？

答：一切随眠。

问：何等名业缚？

答：乐著事业，名为业缚。

又于三处为障碍业，亦名业缚，谓于出离心，于得出离喜乐，于得圣道。又顺异熟障业，亦名业缚。又邪愿业，亦名业缚。如是四种，别开有六，总合为四。

问：诸识生时，与几遍行心法俱起？

答：五：一、作意；二、触；三、受；四、想；五、思。

问：复与几不遍行心法俱起？

答：不遍行法乃有多种，胜者唯五：一、欲；二、胜解；三、念；四、三摩地；五、慧。

作意云何？谓能引发心法。

触云何？谓三和合故，能摄受义。

受云何？谓三和合故，能领纳义。

想云何？谓三和合故，施设所缘，假合而取。此复二种：一、随觉想；二、言说随眠想。随觉想者，谓善言说人天等想。言说随眠想者，谓不善言说婴儿等类，乃至禽兽等想。

思云何？谓三和合故，令心造作，于所缘境随与领纳、和合、乖离。

欲云何？谓于彼彼境界随趣希乐。

胜解云何？谓于彼彼境界随趣印可。

念云何？谓于彼彼境界随趣明记。

三摩地云何？谓于彼彼境界随顺趣向为审虑依心一境性。

慧云何？谓于彼彼境界随顺趣向拣择诸法，或如理观察，或不如理观察，或非如理非不如理观察。

复次，作意为何业？谓于所缘，引心为业。

触为何业？谓受、想、思所依为业。

受为何业？谓爱生所待为业[①]。

想为何业？谓于所缘，令心彩画言说为业。

思为何业？谓发起寻伺身语业为业。

欲为何业？谓发生勤励为业。

胜解为何业？谓于所缘功德、过失、或俱相违，印持为业。

念为何业？谓于久所思所作所说，记忆为业。

三摩地为何业？谓智所依为业。

慧为何业？谓于言论所行染汙、清净，随顺考察为业。

问：此不遍行五种心所[②]，于何各别境事生耶？

答：如其次第，于所爱、决定、串习、观察四境事生。三摩地、慧，于最后境；余随次第，于前三境。

问：诸名所摄与心相应所余蕴法，当言率尔起耶？寻求耶？决定耶？

答：若依彼类心，当言即彼类。

问：如经言："此四无色蕴，当言和合，非不和合，不可说言如是诸法可分可析令其差别。"何故彼法异相成就，而说和合无差别耶？

答：众多和合，于所缘境受用领解方圆满故。若不尔者，随阙一种，于所为事应不圆满。

问：诸心、心所凡有几种差别名耶[③]？

---

① 谓爱生所待为业，底本与《房山石经》《资福藏》《碛砂藏》《普宁藏》《永乐南藏》《径山藏》《高丽藏》相同；《赵城金藏》"爱"作"受"。

② 此不遍行五种心所，底本与《资福藏》《碛砂藏》《普宁藏》《永乐南藏》《径山藏》相同；《房山石经》《赵城金藏》《高丽藏》"所"作"法"。

③ 心所凡有几种差别名耶，底本与《资福藏》《碛砂藏》《普宁藏》《永乐南藏》《径山藏》相同；《房山石经》《赵城金藏》《高丽藏》"所"作"法"。

答：有众多名，谓有所缘、相应、有行、有所依等无量差别。

问：何故眼等亦有境界，而但说彼名有所缘，非眼等耶？

答：由彼眼等离所取境亦得生起，心与心所则不如是[①]。

问：何故名相应？

答：由事等故，处等故，时等故，所作等故。

问：何故名有行？

答：于一所缘作无量种差别行相转故。

问：何故名有所依？

答：由一种类托众所依差别转故。虽有为法无无依者，然非此中所说依义，唯恒所依为此量故。

问：何故乐望苦受、苦望乐受、若乐若苦望非苦乐说互相对？

答：由自种类而不同分互相对故。

问：何故不苦不乐受望彼无明说互相对？

答：由与诸受、一切烦恼皆为助伴互相对故。

问：何故明与无明说互相对？

答：能治、所治互相对故。

问：何故明与涅槃说互相对？

答：因果相属互相对故。

云何建立四无色蕴为善、不善、无记性耶？谓一切无差别。

嗢柁南曰[②]：

依处与自性，相应世俗等，

① 心与心所则不如是，底本与《资福藏》《碛砂藏》《普宁藏》《永乐南藏》《径山藏》相同；《房山石经》《赵城金藏》《高丽藏》“所”作“法”。

② 嗢柁南曰，底本与《资福藏》《碛砂藏》《普宁藏》《永乐南藏》《径山藏》相同；《房山石经》《赵城金藏》《高丽藏》“柁”作“拕”，下同。

輭等事差别，得失能所治。

问：善法依处有几种？

答：略说有六：一、决定时；二、止息时；三、作业时；四、世间清净时；五、出世清净时；六、摄受众生时。

问：何等为自性？

答，谓信、惭、愧、无贪、无瞋、无痴、精进、轻安、不放逸、舍、不害，如是诸法名自性善。

问：如是诸法互相应义云何应知？

答：于决定时，有信相应；止息杂染时，有惭与愧，顾自他故；善品业转时，有无贪、无瞋、无痴、精进；世间道离欲时，有轻安；出世道离欲时，有不放逸及舍；摄受众生时，有不害，此是悲所摄故。

问：是诸善法几世俗有？几实物有？

答：三世俗有，谓不放逸、舍及不害。所以者何？不放逸、舍是无贪、无瞋、无痴、精进分故。即如是法离杂染义，建立为舍；治杂染义，立不放逸。不害即是无瞋分故，无别实物。

问：何等名輭善根？

答：诸不定地所有善根，或在定地而能对治上品烦恼。

问：何等名中善根[①]？

答：若在定地世间善根，或能对治中品烦恼。

问：何等名上品善根？

答，谓出世间所有善根，或能对治下品烦恼。又诸善法或由加行力，

① 何等名中善根，底本与《房山石经》《资福藏》《碛砂藏》《赵城金藏》《普宁藏》《永乐南藏》《径山藏》相同；《高丽藏》“中”作“中品”。

或由串习力[①]，或由自性力，或由田士力[②]，或由清净力，当知成上品。

问：善根生时，依几种事而得生耶？

答：若略说，依八种事：一、施所成福业事；二、戒所成福业事；三、修所成福业事；四、闻所成事；五、思所成事；六、余修所成事；七、拣择所成事；八、摄受有情所成事。当知此中，随其所应，依所说事，或于现法，或于后法，随为一种贪、瞋、恶见，于心相续先成秽染；既被染已，由彼对治，令于是处不复相应。

问：何等名为善法差别？

答：或有一种，乃至十种，如"本地分"已广宣说。又诸善法或有对治杂染故，或有杂染静息故，或有摄受可爱果故，或有相续清净故，或有供养灵庙故，或有摄受有情故。如是等类善法差别，应当了知。

复次，善法无有过失，有何功德？善法功德有无量种，谓能净治心，令离烦恼缠及随眠，令于所缘无有颠倒，能令善根坚固不退，令等流行相续而转，不为自害，不为他害，不为俱害，不生现法罪，不生后法罪，不生现法、后法罪，能令受彼所生喜乐，能尽生为上首所有众苦，又能增长涅槃胜解，能亲近彼，能令财位无有退失，处众勇猛，无惧无畏，广大名称，流布十方，为众圣贤之所称赞，临命终时，不生忧悔，身坏已后，生诸善趣，于诸善法令无退失，能速随证自所求义。如是等类诸善功德无边无量，当尽了知。

云何建立诸善对治？由十五种，谓厌患对治故，断对治故，持对治故，远分对治故，所欲趣缠对治故，非所欲趣缠对治故，随眠对治故，輭

① 或由串习力，底本与《资福藏》《碛砂藏》《赵城金藏》《普宁藏》《永乐南藏》《径山藏》《高丽藏》相同；《房山石经》"串"作"惯"。

② 或由田士力，底本与《资福藏》《碛砂藏》《普宁藏》《永乐南藏》《径山藏》相同；《房山石经》《赵城金藏》《高丽藏》"田"作"勇"。

品烦恼对治故，中品烦恼对治故，上品烦恼对治故，散乱对治故，谏悔对治故，羸劣对治故，制伏对治故，离系对治故。

复次，诸染汙法，二相所显：一、本烦恼；二、随烦恼。今当先说本烦恼，后当分别随烦恼。

问：本烦恼有几种依处？

答：六：一、与无明俱，可意杂染境界；二、与无明俱，不可意杂染境界；三、与不如理作意俱，杂染境界；四、与无明俱，劣、等、胜有情、各别五取蕴、得未得颠倒、功德颠倒；五、与无明、不如理作意俱，听闻不正法；六、与无明、不如理作意俱，于听正法而生懈怠。

当知最初欣乐和合依处；第二，欣乐别离依处；第三，于境颠倒依处；第四，陵懱上慢依处[①]；第五，邪执法行依处；第六，不修正行、不为还灭依处。

问：烦恼自性有几种？

答：有六种：一、贪；二、瞋；三、无明；四、慢；五、见；六、疑。

问：何烦恼与何烦恼相应？

答：无明与一切。疑都无所有。贪、瞋互相无，此或与慢、见，谓染爱时，或高举，或推求。如染爱，憎恚亦尔。慢之与见或更相应[②]，谓高举时，复邪推构。

问：是诸烦恼几世俗有？几实物有？

答：见世俗有，是慧分故；余实物有，别有心所性[③]。

---

① 陵懱上慢依处，底本与《资福藏》《碛砂藏》《普宁藏》《永乐南藏》《径山藏》相同；《房山石经》《赵城金藏》《高丽藏》“懱”作“蔑”，下同。

② 慢之与见或更相应，底本与《房山石经》《碛砂藏》《赵城金藏》《普宁藏》《永乐南藏》《径山藏》《高丽藏》相同；《资福藏》“更”作“页”。

③ 别有心所性，底本与《资福藏》《碛砂藏》《赵城金藏》《普宁藏》《永乐南藏》《径山藏》《高丽藏》相同；《房山石经》“所”作“法”。

问：是诸烦恼云何建立軟、中、上品？

答：最后所断名輭品，中间所断名中品，最初所断名上品。复由六因，诸烦恼成上品：一、婬欲所生烦恼，性多上品；二、串习所生烦恼，性多上品；三、安足处烦恼，谓根熟者，性多上品；四、不可治烦恼，谓无涅槃法者，性多上品；五、非处加行烦恼，谓于尊重福田等所，性多上品；六、有业烦恼，谓正发业者，性多上品。

问：烦恼生时，由几烦恼事而得生耶？

答：贪由十事生：一、取蕴；二、诸见；三、未得境界；四、已得境界；五、已所受用过去境界；六、恶行；七、男女；八、亲友；九、资具；十、后有及无有。

问：何贪于何事生耶？

答：随其次第，十贪于十事生。何等为十？谓事贪、见贪、贪贪、慳贪、盖贪、恶行贪、子息贪、亲友贪、资具贪、有无有贪。

瞋事亦有十种：一、己身；二、所爱有情；三、非所爱有情；四、过去怨亲；五、未来怨亲；六、现在怨亲；七、不可意境；八、嫉妬[1]；九、宿习；十、他见。瞋亦有十，如其次第，依彼而生。依前六事，立九恼事，缘彼一切瞋，皆名有情瞋，余名境界瞋。若不忍为先，亦有情瞋，若宿习瞋，若见瞋。如是十瞋略有三种：一、有情瞋；二、境界瞋；三、见瞋。

无明依七事起：一、世事；二、世间安立事；三、运转事；四、最胜事；五、真实事；六、杂染清净事；七、增上慢事。依此七事，起七无知，或复十九。当知于初事，由三种门生疑惑；于第二事，由内六处、若外、若俱，生我、我所怨亲等见；于第三事，由业、异熟及俱，生作者、受者、无因恶因见；于第四事，诽谤三宝；于第五事，诽谤诸谛；于第六事，起邪解行；于

① 嫉妬，底本与《资福藏》《碛砂藏》《普宁藏》《永乐南藏》《径山藏》《高丽藏》相同；《房山石经》“妬”作“姤”。

第七事，依得自义，起增上慢。

慢依六事生：一、劣有情；二、等有情；三、胜有情；四、内取蕴；五、已得未得颠倒；六、功德颠倒。依此六事生七种慢，谓慢、过慢等。当知二慢依胜有情事生，余各依一事。

见依二事生：一、增益事；二、损减事。

增益事有四种：一、我有性增益；二、常无常性增益；三、增上生方便增益；四、解脱方便增益。

损减事亦有四种：一、谤因；二、谤果；三、谤作用；四、谤善事。当知此中，谓无施与乃至无妙行、恶行，是名谤因。谓无妙行、恶行业果异熟，是名谤果。谓无此世间乃至无化生有情，名谤作用。所以者何？诸士夫用是此中作用义。

此士夫用复有四种：一、往来用；二、持胎藏用；三、置种子用；四、后有业用。若谓世间无阿罗汉等，名谤善事。依此广略八事、二事生于五见，谓萨迦耶见、边执见、见取、戒禁取、邪见。又依六十二事生边执见及邪见，谓计前际事，计后际事，如经广说。依此事差别，有六十二见。

疑依六事生：一、闻不正法；二、见师邪行；三、见所信受意见差别；四、性自愚鲁；五、甚深法性；六、广大法教。

问：何等名为烦恼差别？

答：一切差别略有十五：一、内门烦恼；二、外门烦恼；三、见断烦恼；四、修断烦恼；五、可爱趣缠所摄烦恼；六、非可爱趣缠所摄烦恼；七、随眠所摄烦恼；八、輭品烦恼；九、中品烦恼；十、上品烦恼；十一、散乱位烦恼；十二、掉悔位烦恼[1]；十三、羸劣位烦恼；十四、制伏位烦恼；十五、离系位烦恼。

---

① 掉悔位烦恼，底本与《资福藏》《碛砂藏》《普宁藏》《永乐南藏》《径山藏》相同；《房山石经》《赵城金藏》《高丽藏》“掉”作“谏”。

复次，烦恼无有功德，有多过失，谓于缠位汙心相续，广说如“有寻有伺地”。

复次，烦恼非能对治。虽复经言“依爱断爱”“依慢断慢”，然非烦恼，但是善心加行悕求高举行相，与彼相似，假说爱、慢。

复次，如前说十五种心对治差别，当知烦恼是彼所治，亦十五种。

复次，随烦恼依处当知略有九种：一、展转共住；二、展转相举；三、利养；四、邪命；五、不敬尊师；六、不忍；七、毁增上戒；八、毁增上心；九、毁增上慧。

复次，随烦恼自性云何？谓忿、恨、覆、恼、嫉、悭、诳、谄、憍、害、无惭、无愧、惛沈、掉举、不信、懈怠、放逸、忘念、散乱、不正知、恶作、睡眠、寻、伺。如“本地分”已广宣说[①]。如是等类，名随烦恼自性。

此中初二，依初依处而生；第三、第四，依第二；第五、第六，依第三；第七、第八，依第四；第九，依第五；第十，依第六；十一、十二，依第七；所余十二，依后二依处而生。

当知此中，毁增上心、毁增上慧由三门转：一、由毁止相门；二、由毁举相门；三、由毁舍相门。惛沈、睡眠，由初依处生；掉举、恶作，由第二依处生；不信乃至寻伺，由第三依处生。

复次，随烦恼云何展转相应？当知无惭、无愧与一切不善相应；不信、懈怠、放逸、忘念、散乱、恶慧，与一切染汙心相应；睡眠、恶作，与一切善、不善、无记相应；所余当知互不相应。

复次，随烦恼几世俗有？几实物有？谓忿、恨、恼、嫉、害是瞋分故，皆世俗有；悭、憍、掉举是贪分故，皆世俗有；覆、诳、谄、惛沈、睡眠、恶作是痴分故，皆世俗有；无惭、无愧、不信、懈怠是实物有；放逸是假有，

① 如“本地分”已广宣说，底本与《资福藏》《碛砂藏》《普宁藏》《永乐南藏》《径山藏》相同；《房山石经》《赵城金藏》《高丽藏》“宣”作“诠”。

如前说；忘念、散乱、恶慧是痴分故，一切皆是世俗有；寻、伺二种是发语言心加行分故及慧分故[①]，俱是假有。

复次，随烦恼云何成輭、中、上品？当知如本烦恼说。如是随烦恼若事，若差别，若过失，若所治，随其所应，皆如烦恼应知。

复次，诸无记法依处当知略有四种，谓业所引生；生已，若行住，若养命，若三摩地差别。

复次，彼自性云何？谓异熟生蕴，若中庸加行所摄威仪路及工巧处，若为嬉戏加行所摄变化。

问：彼云何展转相应耶？

答：威仪路、工巧处，或于一时展转相应。如说或有事业，行时易作，非住非坐，亦非偃卧；乃至或有事业，若行若住，若坐若卧，皆悉易作，如经广说。所余无有展转相应。

问：是诸无记几实物有[②]？几是假有？

答：于异熟所摄诸蕴及心加行差别中而施设故，当知一切皆世俗有。

云何彼成輭、中、上品？谓异熟生及威仪路不猛利故，俱是輭品；诸工巧处性猛利故，说名中品；当知变化性极猛利，故是上品。又四种类各有差别，谓无色界异熟是輭品，色界异熟是中品，欲界异熟是上品；若坐若卧是輭威仪，住是中威仪，行是上威仪；初习业者是下工巧，已串习者是中工巧，堪为师者是上工巧；下品修三摩地所得是輭变化，中品修三摩地所得是中变化，上品修三摩地所得是上变化。如是等类輭、中、上品差别应知。

---

① 伺二种是发语言心加行分故及慧分故，底本与《房山石经》《资福藏》《碛砂藏》《普宁藏》《永乐南藏》《径山藏》《高丽藏》相同；《赵城金藏》无“心”字。

② 是诸无记几实物有，底本与《房山石经》《资福藏》《碛砂藏》《普宁藏》《永乐南藏》《径山藏》《高丽藏》相同；《赵城金藏》“诸”作“谓”。

问：是诸无记依何事生？

答：当知略说依十二事，如“闻所成地”已说。

云何诸无记差别？谓异熟生，五趣别故，五种差别。若威仪路，威仪别故，四种差别。若工巧处，十二事差别故，即十二种差别。异生、声闻、独觉、菩萨、如来差别故，为嬉戏、为利他身语变化差别故，当知变化八种差别。由此差别即摄余事，故不别说。又异熟生，一向无记；二，三可得；一，有二种。若依妓乐，以染汙心发起威仪，是染汙性；若依寂静，即是善性。若依染著发起工巧，是染汙性；若善加行所起工巧，即是善性。为引导他，或为利益诸有情故，而起变化，当知是善，此无染汙。

复次，如是五蕴几谛所摄？又此诸谛几蕴所摄？当知三谛、五蕴更互相摄。灭谛、诸蕴互不相摄，由灭谛性是彼寂静所显故。

问：如“声闻地”已说于四谛中有十六行观，何故于苦谛为四行观？

答：为欲对治四颠倒故，谓初一行对治初一颠倒，次一行对治次二颠倒，后二行对治后一颠倒。

问：何故于集谛为四行观？

答：由有四种爱故。此四种爱当知由常、乐、净、我爱差别故，建立差别：初爱为缘，建立后有爱；第二、第三爱为缘，建立贪喜俱行爱及彼彼希乐爱[①]；最后爱为缘，建立独爱；当知此爱随逐自体。又爱云何？谓于自体亲昵藏护。后有爱云何？谓求当来自体差别。喜贪俱行爱云何？谓于现前、或于已得可爱色声香味触法起贪著爱。彼彼希望爱云何？谓于所余可爱色等起悕求爱。

问：何故于灭谛为四行观？

答：由四种爱灭所显故。

---

① 建立贪喜俱行爱及彼彼希乐爱，底本与《房山石经》《资福藏》《碛砂藏》《赵城金藏》《普宁藏》《永乐南藏》《径山藏》相同；《高丽藏》“贪喜”作“喜贪”。

问：何故于道谛为四行观？

答：由能证彼四爱灭故。

复次，如“声闻地”已说坏等十种行相，此中无所得云何？谓唯有根，唯有境界，唯有彼所生受，唯有彼所生心，唯有计我我想，唯有计我我见，唯有我我言说戏论，除此七外，余实我相了不可得。不自在云何？谓众缘生、无常、苦相所摄诸行离我相故。

问：此十行相，由何行相摄坏苦耶？答：由结行相及变坏增上所起忧恼，当知是坏苦性，非唯变坏。已离忧者，虽复遇彼，不为害故。

问：何等行相摄苦苦耶？

答：由不可爱行相。

问：何等行相摄行苦耶？

答：由不安隐行相。

复次，如经言：生苦乃至略摄五取蕴苦。如是诸苦相，几苦苦摄？谓初五。几坏苦摄？谓中二。几行苦摄？谓后一。复次，初七，苦苦摄；彼所对治净妙烦恼，坏苦摄；最后一，行苦摄。由世尊言：“入变坏心。”又作是言：“由盖缠故，领彼所生心诸忧苦。”故知烦恼坏苦故，苦道理成就。

复次[①]，如经言有四种苦：一者，生苦；二、缘内苦；三、缘外苦；四、麤重苦。

问：此中何行摄何苦？何苦摄何行？

答：初行、初苦展转相摄；次有三行，与第二苦展转相摄；次有三行，与第三苦展转相摄；最后一行，与最后苦展转相摄。前所说爱自性差别建立集谛四种行相，当知为生今果差别四种苦故。

复次，此十六行几是空行？谓二，即苦谛后二行。几是无愿行？谓六，

① 复次，底本与《资福藏》《碛砂藏》《普宁藏》《永乐南藏》《径山藏》《高丽藏》相同；《房山石经》《赵城金藏》无“次”字。

即苦谛前二行及集谛一切。几是无相行？谓灭谛一切。几是清净因所显行？谓道谛一切。

问：要由无常想，能住无我想，何故此中先说空耶？

答：此约无我观已生，由无常观建立无愿，以此二观前后展转互修治故。

复次，四圣谛说次第者，谓由此故苦，此最为初；如此故苦，此为第二。此二摄黑品究竟。由此故乐，此为第三；如此故乐，是为第四。此二摄白品究竟。譬如重病、病因[①]、病愈、良药。

又有差别，谓如世间遭苦次第，当知建立圣谛次第。所以者何？如诸世间曾所遭苦，即于此处先发作意，次于遭苦因，次于苦解脱，后于解脱方便发起作意[②]。

问：谛义云何？

答：如所说相不舍离义；由观此故，到清净究竟义是谛义。

问：苦谛义云何？

答：烦恼所生行义。

问：集谛义云何？

答：能生苦谛义。

问：灭谛义云何？

答：彼俱寂静义。

问：道谛义云何？

① 病因，底本与《房山石经》《资福藏》《碛砂藏》《普宁藏》《永乐南藏》《径山藏》《高丽藏》相同；《赵城金藏》"因"作"困"。

② 后于解脱方便发起作意，底本与《房山石经》《资福藏》《碛砂藏》《普宁藏》《永乐南藏》《径山藏》《高丽藏》相同；《赵城金藏》无"于"字。

答：能成三义[①]。

问：如是四圣谛为世俗谛摄，为胜义谛摄？

答：胜义谛摄。何以故？于顺苦、乐、不苦不乐诸行中，由自相差别故，建立世俗谛；由彼共相一味苦故，当知建立胜义谛。

问：何缘故说遍知苦谛、永断集谛、触证灭谛、修习道谛？

答：由彼苦谛是四颠倒所依处故，为除颠倒，故遍知苦。既遍知苦，即遍知集，由彼集谛苦谛摄故。虽遍知苦，仍为集谛之所随逐，故须更说永断集谛。言触证者，是现见义。由于灭谛现前见故，不生怖畏，爱乐摄受，是故次说触证灭谛。若勤修道，乃能成办所说三义，是故后说修习道谛。

问：谛现观有几种？此复何相？

答：决定义是现观义。此则于诸谛中决定智慧及彼因、彼相应、彼共有法为体，是名现观相。此复六种应知，如"有寻有伺地"说。

此中云何名初现观？谓于诸谛决定思惟。

云何名为第二现观？谓三宝所三种净信，由于宝义已决定故[②]，及闻所成决定智慧。

云何名为第三现观？谓圣所爱戒，于恶趣业已得决定不作律仪故。

云何名为第四现观？

谓于加行道中先集资粮极圆满故，又善方便摩莹心故，从世间顺决择分边际善根无间，有初内遣有情假法缘心生，能除軟品见道所断烦恼麤重；从此无间，第二内遣诸法假法缘心生，能除中品见道所断烦恼麤重；从此无间，第三遍遣一切有情、诸法假法缘心生，能除一切见道所断

① 能成三义，底本与《资福藏》《碛砂藏》《普宁藏》《永乐南藏》《径山藏》相同；"义"，《房山石经》《高丽藏》作"谛义"，《赵城金藏》作"义义"。

② 由于宝义已决定故，底本与《房山石经》《资福藏》《碛砂藏》《普宁藏》《永乐南藏》《径山藏》《高丽藏》相同；《赵城金藏》"宝"作"实"。

烦恼麤重。

又此现观即是见道，亦名双运道。此中，虽有毗钵舍那品三心及奢摩他品三心，然由双运，合立三心，以于一刹那中止观俱可得故。

当知此诸心唯缘非安立谛境。

又前二心，法智相应；第三心，类智相应。

又即由此心势力故，于苦等安立谛中有第二现观位清净无礙苦等智生。当知依此智故，苦集灭道智得成立。

即前三心并止观品，能证见断烦恼寂灭，能得永灭一切烦恼及所依事出世间道，是名现观智谛现观。

云何名为现观边智谛现观？

谓此现观后所得智，名现观边智。

当知此智第三心无间，从见道起，方现在前。

缘先世智曾所观察下上二地及二增上安立谛境。

似法、类智。

世俗智摄，通世出世，是出世间智后所得。

如其次第，于一一谛，二种智生，谓忍可欲乐智及现观决定智。如是从前现观起已[①]，于下上诸谛中，二二智生。

是名现观边智谛现观。

此中，前智遣假法缘故，是无分别；后智随逐假法缘故，是有分别。

又前智于依止中能断见断烦恼随眠；后智思惟所缘故，令彼所断更不复起。

又前智能进趣修道中出世断道，第二智能进趣世出世断道。无有纯世间道能永害随眠，由世间道是曾习故。相执所引故。如相执所引，如是

① 如是从前现观起已，底本与《房山石经》《资福藏》《碛砂藏》《普宁藏》《永乐南藏》《径山藏》相同；《赵城金藏》《高丽藏》“从”作“依”。

亦不能泯伏诸相；如不能泯伏诸相，如是亦不能永害麤重。是故彼道无有永害诸随眠义。

云何名为究竟现观？谓由永断修所断故，所有尽智、无生智生。或一向出世，或通世出世。于现法中，一切烦恼永断决定故；于当来世，一切依事未灭决定故；名究竟现观。何等名为出世尽智？谓若智，于尽无分别。何等名为世出世尽智？谓若智，于尽有分别。何等名为出世无生智？谓即此依事灭因义故，于当来世依事不生中所有无分别智。何等名为世出世无生智？谓于当来世依事不生中所有有分别智。

复次，有种性婆罗门建立三处为实为谛。然彼种性诸婆罗门于此三处住三过失，汙其心故；依第一义，彼皆堕在非梵志数。

何等三处？一、为养命；二、为修福；三、安立果。

为养命者，谓彼种姓诸婆罗门为活命故[①]，于施主前，或咒愿，或赞美，或序述。

咒愿者，谓彼种姓诸婆罗门悕求随一资生具故，往诣王所，或王大臣，或婆罗门、长者、居士、商主等所，矫设咒愿："当愿汝等所有怨敌皆悉殄灭，横遭殃祸，摧屈缚录！又愿汝等所有吉祥常无转动，不可侵夺！"

赞美者，为悕求故，往到彼所，矫设赞美："言汝勇健多诸计策，善害怨敌。"又于害怨假兴赞述，唱言："汝曹如是如是害除怨敌[②]，甚为希有；如汝等辈，世间难得。"又于财位久兴盛者，矫施赞述言："诸世间如汝吉祥成就无动，甚为难有。"

① 谓彼种姓诸婆罗门为活命故，底本与《资福藏》《碛砂藏》《普宁藏》《永乐南藏》《径山藏》相同；《房山石经》《赵城金藏》《高丽藏》"种姓"作"种性"，下同。

② 汝曹如是如是害除怨敌，底本与《房山石经》《资福藏》《碛砂藏》《普宁藏》《永乐南藏》《径山藏》《高丽藏》相同；《赵城金藏》"曹"作"遭"。

序述者，谓彼为悕求故[1]，往到他所，妄兴序述言："汝成就善丈夫相，不久定当一切怨敌皆悉殄灭，横遭殃祸，摧屈缚录。又若成就如是相者[2]，定当吉祥，无有退转。又如汝等诸亲友家，若施主家，常无有余沙门、婆罗门于中受施执为己有，唯我常得恭敬供养、衣服、饮食、诸卧具等。"

彼由如是方便所获利养，深生染著、躭嗜、迷闷、坚固、保执而受用之。

为修福者，谓彼种姓诸婆罗门宣说杀害无量众生，兴祠祀福；宣说祠祀获常处果。又兴祠祀时，召命无量国王、大臣、长者、居士，为欲摄受上妙众多资生具故。彼既获已，执为我所，展转互起陵懱之心。当知彼有如是三失。

安立果者，谓彼种姓诸婆罗门说阿素洛身应可杀害，天身是常；唯婆罗门最上种姓，余姓下劣；广说乃至诸婆罗门，大梵所生，大梵所化。大梵支胤。彼种姓婆罗门作如是计，立如是论，当知是名安立果。

如是种姓婆罗门于此三处猛利取执，随兴言论：唯此是实是谛，余并愚妄。

何等名为由三过失染汙其心？谓语言过失、憍慢过失、胜解过失。

若即于此三处邪语业转，当知是名语言过失。

若复于此三处施设建立，及随发起不正言论方比于他，谓己为胜，或等或劣，当知是名憍慢过失。

若复于此三处不观得失，一向信受，虽遇诸佛及佛弟子正教诲时，于处非处不能正住，于遍分别不能正住，于诸正行不能正住，于智者论不能

---

① 谓彼为悕求故，底本与《资福藏》《碛砂藏》《普宁藏》《永乐南藏》《径山藏》相同；《房山石经》《赵城金藏》《高丽藏》"悕求"作"希求"。

② 又若成就如是相者，底本与《资福藏》《碛砂藏》《赵城金藏》《普宁藏》《永乐南藏》《径山藏》《高丽藏》相同；《房山石经》"成就"作"就成"。

正住，当知是名胜解过失。此三过失，当知皆是恶见所起。

若有住此三处，成就三种过失，虽是种姓诸婆罗门，依第一义，彼皆堕在非梵志数。

复次，若有建立三处为谛为实，又于三处无三过失染汙其心，彼虽非种姓婆罗门，然堕第一义婆罗门数。何等三处？谓不应害一切众生，是名初处。此所说处，唯谛唯实，无有虚妄，是故于此初处无语言过失染汙其心。又彼于是处不由谛实言论方比于他，谓已为胜，若等若劣，是故彼于此处无憍慢过失染汙其心。又彼于此处审观得失，观彼所缘能增善法，又能摄益身心无罪现法乐住，于诸有情多住慈想，昼夜修学，又于此处非信他行，内自正觉为谛为实，然于谛实不忘执著，是故当知彼于此处无胜解过失染汙其心。如是一切行无常，是名第二处。余如前说。一切法无我，是名第三处。余如前说。此中差别者，于第二谛，应言于一切行多住生灭观，昼夜修学；于第三谛，应言于一切法多住无我、我所想，昼夜修学。若有于此三处无三过失染汙其心，彼虽非种姓婆罗门，然堕第一义婆罗门数。如是三处成婆罗门谛实之法，离三过失，唯有如来是真觉者。

瑜伽师地论卷第五十六

摄决择分中五识身相应地意地之六

问：诸蕴分位有几种？

答：有多种，谓得、无想定等心不相应行，广说如前。

问：依何分位建立得？此复几种？

答：依因、自在、现行分位建立得。此复三种，谓种子成就、自在成就、现行成就。

问：依何分位建立无想定、灭尽定及无想[1]？此三各有几种？

答：依已离遍净贪，未离上贪，出离想作意为先名灭分位，建立无想定。此复三种：自性者，唯是善；补特伽罗者，在异生相续；起者，先于此起，后于色界第四静虑当受彼果。依已离无所有处贪，止息想作意为先名灭分位，建立灭尽定。此复三种：自性者[2]，唯是善。补特伽罗者，在圣相续，通学无学。起者，先于此起，后于色界重现在前，托色所依方现前故。此据未建立阿赖耶识教，若已建立，于一切处皆得现前。依已生无想有情天中名灭分位，建立无想。此亦三种：自性者，无覆无记。补特伽罗者，唯异生性[3]，彼非诸圣者。起者，谓能引发无想定思，能感彼异熟果；后想生已，是诸有情便从彼没。

---

① 灭尽定及无想，底本与《资福藏》《碛砂藏》《赵城金藏》《普宁藏》《永乐南藏》《径山藏》相同；《房山石经》《高丽藏》"想"作"想天"。

② 自性者，底本与《资福藏》《碛砂藏》《赵城金藏》《普宁藏》《永乐南藏》《径山藏》《高丽藏》相同；《房山石经》"者"作"者体"。

③ 唯异生性，底本与《资福藏》《碛砂藏》《普宁藏》《永乐南藏》《径山藏》相同；《房山石经》《赵城金藏》《高丽藏》"生"作"性"。

问：依何分位建立命根？此复几种？

答：依业所引异熟住时决定分位[①]，建立命根。此复三种，谓定不定故，爱非爱故，岁劫数等所安立故。

问：依何分位建立众同分？此复几种？

答：依诸有情相似分位，立众同分。此复三种，所谓种类同分、自性同分、工巧业处养命同分。

问：依何分位建立生？此复几种？

答：依现在分位，建立生。此复三种，所谓刹那生、相续生、分位生。

问：依何分位建立老？此复几种？

答：依前后分位，建立老。此复三种，谓异性老、转变老、受用老。

问：依何分位建立住？此复几种？

答：即依生分位，建立住。此复三种，谓刹那住、相续住、立制住。

问：依何分位建立无常？此复几种？

答：依生已坏灭分位，建立无常。此复三种，谓坏灭无常、转变无常、别离无常。

问：依何分位建立名身？此复几种？

答：依假言说分位，建立名身。此复三种，谓假设名身、实物名身、世所共了不了名身。如名身，句身、文身当知亦尔。此中差别者，谓标句、释句，音所摄、字所摄。

问：依何分位建立异生性？此复几种？

答：依未生起一切出世圣法分位，建立异生性。此复三种，谓欲界系、色界系、无色界系。

问：依何分位建立流转？此复几种？

---

① 依业所引异熟住时决定分位，底本与《房山石经》《资福藏》《碛砂藏》《普宁藏》《永乐南藏》《径山藏》《高丽藏》相同；《赵城金藏》“住”作“位”。

答：依因果相续分位，建立流转。此复三种，谓刹那展转流转、生展转流转、染汙清净展转流转。

问：依何分位建立定异？此复几种？

答：依法别相分位，建立定异。此复三种，谓相定异、因定异、果定异。

问：依何分位建立相应？此复几种？

答：依因果相称分位，建立相应。此复三种，谓和合相应、方便相应、称可道理所作相应。

问：依何分位建立势速？此复几种？

答：依迅疾流转分位，建立势速。此复三种，谓诸行势速、士用势速、神通势速。

问：依何分位建立次第？此复几种？

答：依一一行流转分位，建立次第。此复三种，谓刹那流转次第、内身流转次第、成立所作流转次第。

问：依何分位建立时？此复几种？

答：依行相续不断分位，建立时。此复三种，谓去、来、今。

问：依何分位建立方？此复几种？

答：依所摄受诸色分位，建立方。此复三种，谓上、下、傍。

问：依何分位建立数？此复几种？

答：依法齐量表了分位，建立数。此复三种，谓一数、二数、多数。

问：依何分位建立和合？此复几种？

答：依所作支无阙分位，建立和合。此复三种，谓集会和合、一义和合、圆满和合。

问：依何分位建立不和合？此复几种？

答：与和合相违，应知不和合，若分位，若差别。

问：于诸蕴中，何义几蕴是有色？

答：即以此性还说此性，色自性义是有色义，一蕴是有色。

问：何义几蕴是有见？

答：眼所行义，一蕴一分是有见。

问：何义几蕴是有对？

答：展转相触据处所义及麤大义，是有对义。麤大义者，当知远离三种微细。此三微细，如前应知。一蕴一分是有对。

问：何义几蕴是有漏？

答：麤重所随，非彼对治烦恼所生义，一切一分是有漏。复有有漏义，谓若是失[①]，烦恼能生四种过失，是有漏义。何等名为四种过失？一、不寂静过失；二、内外变异过失；三、发起恶行过失；四、摄受因过失。当知初过失，缠现行所作；第二过失，诸烦恼事随逐烦恼所作；第三过失，烦恼因缘所作；第四过失，引发后有所作。

问：何义几蕴是有为？

答：从因已生及应生义，一切是有为。

问：何义几蕴是有诤？

答：多随瞋恚自在转义，一切一分是有诤。

问：何义几蕴是有爱味？

答：多随爱见自在转义，一切一分是有爱味。

问：何义几蕴是依躭嗜？

答：多随欲贪自在转义，一切一分是依躭嗜。

问：何义几蕴是世间？

答：戏论依义，一切一分是世间。

问：何义几蕴是堕界？

① 谓若是失，底本与《碛砂藏》《普宁藏》《永乐南藏》《径山藏》相同；《房山石经》《资福藏》《赵城金藏》《高丽藏》“失”作“处”。

答：三界所摄世间义，一切一分是堕界。

问：何义几蕴是过去？

答：已受用因果义，一切是过去。

问：何义几蕴是未来？

答：未受用因果义，一切是未来。

问：何义几蕴是现在？

答：已受用因义及未受用果义，一切是现在。

问：何义几蕴是内？

答：六处并属彼义，一蕴一分、四蕴全是内。

问：何义几蕴是外？

答：内相违义，一蕴一分是外。

问：何义几蕴是麤？

答：不光洁、积聚、相增长义，一切一分是麤。

问：何义几蕴是细？

答：麤相违义，一切一分是细。

问：何义几蕴是劣？

答：无常、苦、不净染汙义，一切一分是劣。

问：何义几蕴是妙？

答：劣相违义，一切一分是妙。

问：何义几蕴是远？

答：处所、去来，时方隔越义，一切一分是远。

问：何义几蕴是近？

答：远相违义，一切一分是近。

问：何义几蕴是欲界系？

答：于此间生，未得对治，或得已出，三时现行义，一切一分是欲界系。

问：何义几蕴是色界系？

答：已得色界系对治，若入彼定，或复生彼，未得上对治，或得已出，三时现行义，一切一分是色界系。

问：何义几蕴是无色界系？

答：已得无色界系对治，若入彼定，或复生彼，未得上对治，或得已出，三时现行义，一切一分是无色界系。复有差别，谓轻安俱三摩地及彼眷属，并彼果法所不摄义，是欲界系；属色烦恼、与彼相违所摄义，是色界系；离色烦恼、彼所摄义，当知是无色界系。

问：何义几蕴是善？

答：能感当来乐果报义，及烦恼苦永断、对治义，一切一分是善。

问：何义几蕴是不善？

答：能感当来苦果报义，及能发起诸恶行义，一切一分是不善。

问：何义几蕴是无记？

答：彼俱相违义，一切一分是无记。复有差别，谓离过失义，及过失功德对治、随顺义，是善；与此相违义，是不善；彼俱相违义，是无记。

问：何义几蕴是学？

答：学方便善义，一切一分是学。

问：何义几蕴是无学？

答：学究竟善义，一切一分是无学。

问：何义几蕴是非学非无学？

答：离前二种，所有善、染汙、无记法义，一切一分是非学非无学。

问：何义几蕴是见所断？

答：现观智谛现观所应断义，一切一分是见所断。

问：何义几蕴是修所断？

答：从现观后修道所断义，一切一分是修所断。

问：何义几蕴是无断？

答：一切染汙永断对治义及已断义，一切一分是无断观[①]。

问：何义几蕴是无色等？

答：如前所说色等相违义，当知是无色等义。

如是等类，应当分别诸蕴差别。

问：如说积聚义是蕴义，何等名为积聚义耶？

答：种种所召体义、更互和杂转义、一类总略义、增益损减义是积聚义。

问：何缘色蕴说名为色？

答：于彼彼方所种植增长义及变礙义，故名为色。此变礙义复有二种：一、手等所触便变坏义；二、方处差别种种相义。

问：何缘四无色蕴总说名名？

答：顺趣种种所缘境义，依言说名分别种种所缘境义，故说为名。

问：诸蕴谁所摄？为何义故，建立摄耶？

答：自性所摄，非他性。为遍了知种种自类，是故建立。

问：诸法谁相应？为何义故，建立相应？

答：他性相应，非自性。为遍了知依自性清净心，有染不染法若增若减，是故建立。

有一沙门，若婆罗门，欲令名中唯心实有，非诸心法[②]。此不应理。何以故？且说诸蕴有五种姓不成就故。

又若彼计分位别，故有五性者，分位别计亦有过失。何以故？是诸分

① 一切一分是无断观，底本与《碛砂藏》《普宁藏》《永乐南藏》《径山藏》相同；《房山石经》《资福藏》《赵城金藏》《高丽藏》无“观”字。

② 非诸心法，底本与《房山石经》《资福藏》《碛砂藏》《普宁藏》《永乐南藏》《径山藏》相同；《赵城金藏》《高丽藏》“法”作“所”。

位展转相望，作用差别若有若无皆成失故。若言有者，由相异故，便应有异实物体性；若言无者，计分位别则为唐捐。又不应谓如六识身分位差别。何以故？由六识身所依所缘有差别故，是诸分位一处可得，故不应理。若谓转变，亦不应理。何以故？于有色物可转变故，得有分位前后差别，非于无色有如乳、酪、生酥等异。

又心因缘无差别故，行别分位不应道理。于一刹那必不可得差别因缘，令彼分位而有差别。是故汝计分位差别，不应道理。

又违教故，唯心实有，不应道理。违何等教？说如经言[①]："贪瞋痴等，恼染其心，令不解脱。"

问：此中何所相违[②]？

答：若唯有心，二不俱有，是即贪等应不依识。若汝复谓以识为先，亦不应理，无差别过，前已说故。又复经言三和合[③]："与触俱生[④]、受、想、思等[⑤]。"又余经说："如是诸法恒共和合，非不和合，不可说言如是诸法而可分析，令别殊异。"又佛世尊为欲成立此和合义，说灯明喻。是故不可离彼俱生而说和合。

虽复经言："如是六界，说名士夫。"然密意说，故无过失。

问：此中有何密意？

---

① 说如经言，底本与《碛砂藏》《普宁藏》《永乐南藏》《径山藏》相同；《房山石经》《资福藏》《赵城金藏》《高丽藏》"说"作"谓"。

② 此中何所相违，底本与《房山石经》《资福藏》《碛砂藏》《普宁藏》《永乐南藏》《径山藏》《高丽藏》相同；《赵城金藏》"相"作"谓"。

③ 又复经言三和合，底本与《资福藏》《碛砂藏》《普宁藏》《永乐南藏》《径山藏》《高丽藏》相同；《赵城金藏》无"复"字；《房山石经》无"三和合"字。

④ 与触俱生，底本与《房山石经》《资福藏》《碛砂藏》《普宁藏》《永乐南藏》《径山藏》相同；《赵城金藏》《高丽藏》无"与"字；《赵城金藏》"生"作"起"。

⑤ 思等，底本与《房山石经》《资福藏》《碛砂藏》《普宁藏》《永乐南藏》《径山藏》《高丽藏》相同；《赵城金藏》无"等"字。

答：唯欲显说色、动、心法最胜所依[①]，当知是名此经密意。

复有违彼圣教可得。何等圣教？谓世尊言：“乳、酪、生酥三譬喻故，或有处所，麤四大种以之为我；或有处所，有色意生；或有处所，无色想生。”如是经意岂唯大种[②]，或唯有心，唯有想耶？是故当知如是等经皆有密意。

故名所摄四无色蕴，心与心所更互相应，道理成就。

中嗢柁南曰[③]：

五种性不成，分位差过失，

因缘无别故，与圣教相违。

如是已决择蕴事善巧。界事善巧，今当决择[④]。

问：何等是眼界？

答：若眼未断，或复断已，命根摄受。如眼界，乃至意识界及法界一分当知亦尔。

问：何等是色界？

答：若色根增上所生，若彼于此为增上，是名色界。如色界，乃至触界当知亦尔。

问：此十八界几是实有？几是假有？

答：实有者，或十七，或十二，六为一故，一为六故。此约世俗安立道理。

---

① 心法最胜所依，底本与《房山石经》《资福藏》《碛砂藏》《普宁藏》《永乐南藏》《径山藏》相同；《赵城金藏》《高丽藏》“法”作“所”。

② 如是经意岂唯大种，底本与《房山石经》《资福藏》《碛砂藏》《普宁藏》《永乐南藏》《径山藏》《高丽藏》相同；《赵城金藏》“意”作“言”。

③ 中嗢柁南曰，底本与《资福藏》《碛砂藏》《普宁藏》《永乐南藏》《径山藏》相同；《房山石经》《赵城金藏》《高丽藏》“柁”作“拕”，下同。

④ 今当决择，底本与《房山石经》《资福藏》《碛砂藏》《普宁藏》《永乐南藏》《径山藏》《高丽藏》相同；《赵城金藏》“今”作“令”。

问：若有眼亦眼界耶？设有眼界亦眼耶？

答：应作四句：或有眼非眼界，谓阿罗汉最后眼，是名初句；或有眼界非眼，谓生有色界，若眼未生，或生已失，或不得眼，或眼无间灭[①]，若诸异生生无色界，是第二句；或有眼亦眼界，谓除尔所相，是第三句；或有无眼亦无眼界，谓阿罗汉眼已失坏，或不生眼，若生无色界，或于无余依涅槃界已般涅槃，是第四句。如眼界，一切内界，随其所应，当知亦尔。身界应分别，谓无先来不生身者。余随所应，当具宣说。于四外界，随其所应，亦当具说。若声、声界，正宣击时[②]，当言俱有；若不宣击[③]，当言随逐余界[④]，唯界非声。

问：此十八界几是同分？几彼同分？

答：有识眼界名为同分，所余眼界名彼同分。如眼界，乃至身界亦尔。唯根所摄内诸界中，思量同分及彼同分，非于色等外诸界中。当知法界诸有所缘，如心界说；诸无所缘，如色等说。

问：几界合而能取？几界不合能取？

答：六合能取，四不合能取，五及一少分非能取，一界若合、不合，二俱能取。

问：几唯所取，非能取？几亦所取亦能取耶？

答：一切皆所取，谓五及一少分唯所取，十二及一少分亦是能取。

问：几由助伴故能取？几独能取耶？

---

① 或眼无间灭，底本与《资福藏》《碛砂藏》《赵城金藏》《普宁藏》《永乐南藏》《径山藏》《高丽藏》相同；《房山石经》“或”作“或复次”，“灭”作“必灭”。

② 正宣击时，底本与《房山石经》《资福藏》《碛砂藏》《普宁藏》《永乐南藏》《径山藏》《高丽藏》相同；《赵城金藏》“击”作“系”。

③ 若不宣击，底本与《房山石经》《资福藏》《碛砂藏》《普宁藏》《永乐南藏》《径山藏》《高丽藏》相同；《赵城金藏》“击”作“系”。

④ 当言随逐余界，底本与《房山石经》《资福藏》《碛砂藏》《普宁藏》《永乐南藏》《径山藏》《高丽藏》相同；《赵城金藏》“言”作“知”。

答：十及一少分由助伴故能取，一及一少分独能取。

问：几唯欲界系？

答：四。

问：几唯色界系？

答：无。

问：几唯无色界系？

答：亦无。

问：几唯欲、色界系？

答：十一。

问：几唯色、无色界系？

答：无。

问：几通三界系？

答：三。

问：几执受？几非执受？

答：五执受，五执受、非执受，所余一向非执受。何以故？以离于彼，余能执受，执受于彼，不可得故。

云何种种界？谓即十八界展转异相性。云何非一界？谓即彼诸界无量有情种种差别所依住性。云何无量界？谓总彼二名无量界。如佛世尊于恶叉聚喻中说："我于诸界终不宣说界有边际。"

中嗢柁南曰：

何等实有性，四句与同分，

取界执受非[1]，种种等非一。

问：何等是界义？

---

① 取界执受非，底本与《房山石经》《资福藏》《碛砂藏》《普宁藏》《永乐南藏》《径山藏》《高丽藏》相同；《赵城金藏》"执"作"梵"。

答：因义、种子义、本性义、种性义、微细义、住持义是界义[1]。

问：以何义故，涅槃、虚空亦说名界？

答：由彼能持苦不生义，持身眼等运动用义。

问：为显何义建立界耶？

答：为显因缘义及显根境受用义。

问：此十八界由谁分别？

答：若略说，当知由六种：一、法界，谓眼等法有眼等界。二、净界，谓住种性补特伽罗所有诸界。三、本性界，谓即如所说十八界，无始时来，于后后生其性成就；及住种性、不住种性补特伽罗，无始时来，涅槃、非涅槃法其性成就。四、熏习界，谓即此诸界净不净法先所熏习，于生死中得胜劣生涅槃因性。五、已与果界，谓即此诸界感果已灭。六、未与果界，谓即此诸界未感得果，或灭、未灭。如是略说诸界有六种[2]。若广说者，其数无量。

问：此十八界几有色？几无色？乃至几无断耶？

答：如前所说相应随顺建立。

问：如说眼见诸色乃至意了诸法，此为眼等是见者乃至是了者耶？为彼识耶？

答：约胜义道理，非是眼等，亦非彼识。何以故？诸法自性众缘生故，刹那灭故，无作用故。约世俗道理，眼等最胜，故可于彼立见者等。何以故？若有眼等诸根，识决定生，无所阙减，或有识流，非眼等根若阙不阙俱可得故。此中实义，唯于见等说见者等。

---

① 住持义是界义，底本与《碛砂藏》《普宁藏》《永乐南藏》《径山藏》相同；《房山石经》《资福藏》《赵城金藏》《高丽藏》“住”作“任”。

② 如是略说诸界有六种，底本与《房山石经》《资福藏》《碛砂藏》《普宁藏》《永乐南藏》《径山藏》《高丽藏》相同；《赵城金藏》“诸”作“谓”。

问：此十八界几种次第宣说因缘？此复何等？

答：略有二种：一、三种次第宣说因缘；二、六种次第宣说因缘。

云何三种次第宣说因缘？谓所依、境界、俱依差别故。所以者何？由识与根同一处义，故说名依；境界是所缘义，故亦名依。

云何六种次第宣说因缘？谓彼所行众多差别数数行故，先说眼等，是初因缘。

又随世间俗事转故，说彼次第：由诸世间先互相见，次相慰问，次设饮食，次过昼分，夜分现前，敷设种种輭妙卧具、氈蓐被枕、触习侍女。是第二因缘。

又喜乐差别为依止故，次第宣说，是第三因缘。

又严饰差别所摄受故，次第宣说：诸受欲者必以安缮那等，先妆眉眼[①]，次以耳珰、耳轮等，庄严其耳，非于余根。如是严饰，是第四因缘。

又依作业、饮食、习欲等事，次第宣说：由诸众生皆先依止身、语二业若净不净方便勤求，次食段食，既饱醉已，习近诸欲。是第五因缘。

又由作业差别摄受故，次第宣说。所以者何？由眼能见种种诸色，往还无失，威仪不乱，记识他身曾见、不见及怨、亲、中；了悟方所，宣示于他，起想言说；覩众舞乐、捔力戏等[②]，广受种种世间喜乐，长养依身。如是等类，有无量种眼界作业。由耳能闻种种音声，因见了悟善说[③]、恶说种种义理，起诸言论；因闻种种微妙乐音，广受种种世间喜乐，长养依身。如是等类耳界作业，比前狭劣。鼻界能嗅种种诸香，寻香而往，受诸喜

① 先妆眉眼，底本与《房山石经》《碛砂藏》《永乐南藏》《径山藏》相同；“妆”，《资福藏》《赵城金藏》《高丽藏》作“庄”，《普宁藏》作“粧”。

② 覩众舞乐、捔力戏等，底本与《房山石经》《资福藏》《碛砂藏》《普宁藏》《永乐南藏》《径山藏》相同；《赵城金藏》《高丽藏》“捔”作“角”。

③ 因见了悟善说，底本与《碛砂藏》《普宁藏》《径山藏》相同；《房山石经》《资福藏》《赵城金藏》《永乐南藏》《高丽藏》“见”作“此”。

乐，长养依身。如是等类鼻界作业，方前狭劣。舌界能尝种种诸味，受诸喜乐，长养依身。如是等类舌界作业，方前狭劣。身界能触种种所触，受诸喜乐，虽能长养依身，然彼乐具或于一时复为损害。如是等类身界作业，最为狭劣。是名第六次第宣说因缘。

于此眼等六种因缘差别中，意遍行故，最后宣说。

为摄如是次第因缘，中嗢柁南曰：

众多顺世俗，喜乐与庄严，

随二种作业，故次第宣说。

复次，此十八界当知能摄一切经中所说余界。

问[①]：生色界者已于境界而得离欲，何缘复生鼻、舌两界？

答：为令所依身端严故。又色界中，于此二种未离欲故。

问：生第二静虑，或生上地，若有寻有伺眼等识现在前，云何此地无寻无伺？若不现前，云何于彼有色诸根而能领受彼地境界？

答：由有寻有伺诸识种子随逐无寻无伺三摩地故，从彼起已，此得现前。又此起已，识现行时，复为无寻无伺三摩地种子之所随逐，是故此地非是一向无寻无伺。由彼有情于诸寻伺以性离欲而离欲故，彼地虽名无寻无伺，此复现行亦无过失。

问：何缘眼界、耳界、鼻界各生二分，非余？

答：为令依止得端严故。

问：眼、耳与鼻诸识生时，为依二分，当言一耶，当言二耶？

答：当言唯一。何以故？若彼一分无障不坏，识明了生；若彼有障，或复失坏，识不明了生故。又识非色故，无有如色由方所别成二分义。

① 问，底本与《房山石经》《资福藏》《赵城金藏》《径山藏》《高丽藏》相同；《碛砂藏》《普宁藏》《永乐南藏》作“何”。

问：眼与眼识若是因果[1]，云何俱有？若俱有者，云何得成因果两性？

答：识依眼生，非如种子因果道理[2]。何以故？眼与眼识非正生因，唯建立因。是故此二俱时而有，因果性成；犹如灯焰光明道理。如眼与眼识，耳、鼻、舌、身与彼诸识当知亦尔。若异此者，虽有自种，无所依故，眼等诸识应不得生。

问：若于欲界或生或长，当言眼界决定转耶？

答：此非一向。如眼界，耳、鼻、舌界及彼识界当知亦尔。身界决定转。如是身识界，意界、法界、意识界，色、声、香、味、触界亦尔。

问：若于色界或生或长，当言眼界决定转耶？

答：决定转。如眼界，如是耳、鼻、舌、身界，眼、耳、身、识界亦尔。除香、味界及彼识界，余一切界亦决定转。于无色界或生或长，除意界、法界、意识界，除定不转[3]，唯除自在所获诸色。当知三界于彼定转。

界事善巧，如蕴善巧，亦应宣说嗢柁南颂。

如界善巧，处事善巧嗢柁南颂当知亦尔。

云何眼处？谓若眼已得不舍，于无间体非断灭法。如眼处相，余处自性当知亦尔。

问：处、触处何差别？

答：处如前说。触处者，谓与触俱，或能无间引发诸触、随顺于触所有诸处。

问：若眼亦处耶？设处亦眼耶？

① 眼与眼识若是因果，底本与《房山石经》《资福藏》《碛砂藏》《普宁藏》《永乐南藏》《径山藏》《高丽藏》相同；《赵城金藏》“是”作“言”。

② 非如种子因果道理，底本与《资福藏》《碛砂藏》《赵城金藏》《普宁藏》《永乐南藏》《径山藏》相同；《房山石经》《高丽藏》“子”作“芽”。

③ 除定不转，底本与《碛砂藏》《普宁藏》《径山藏》相同；《房山石经》《资福藏》《赵城金藏》《永乐南藏》《高丽藏》“除”作“余”。

答：有眼非处，谓若眼已得不舍，然是无间断灭之法；有处非眼，谓所余处安住处相；有亦眼亦处，谓若眼已得不舍，亦非无间断灭之法；有非眼非处，谓若眼不得，或得已舍，及余耳等不住处相。

问：若处亦触处耶？设触处亦处耶？

答：诸触处必是处，有处非触处。谓眼等不与触合，亦复不能引无间触，然非无间断灭之法。若于色界或生或长所有鼻、舌，若生无想有情天中所有诸根，于一切时当知必定非处①。

问：处名何义？为显何义建立处耶？

答：诸心、心所生长门义、缘义、方便义、和合性义、所依止义、居住处义是名处义。为欲显示等无间、所缘、增上三种缘义，故建立处。

广分别处及次第，随其所应，如界当知。

又世尊言有八胜处，广说如经。如是十遍处。又有四处，谓空无边处等。又有二处，谓无想处、非想非非想处。如是等法处名说者，如所说相，随其所应，当知皆在十二处摄。

又处依止②，如界应知。

复次，云何名缘生法？谓无主宰，无有作者，无有受者，无自作用，不得自在，从因而生，托众缘转，本无而有，有已散灭，唯法所显，唯法能润，唯法所润，堕在相续。如是等相，名缘生法。

当知此中，因名缘起，果名缘生。

此无明随眠不断有故，彼无明缠有；此无明缠生故，彼诸行转。如是诸行种子不断故，诸行得生；诸行生故，得有识转。如是所余诸缘起支流

---

① 于一切时当知必定非处，底本与《房山石经》《资福藏》《碛砂藏》《普宁藏》《永乐南藏》《径山藏》《高丽藏》相同；《赵城金藏》“定”作“是”。

② 又处依止，底本与《房山石经》《资福藏》《碛砂藏》《普宁藏》《永乐南藏》《径山藏》《高丽藏》相同；《赵城金藏》“止”作“正”。

转道理，如其所应，当知亦尔。

当知有、生及老死支，是假有法；所余有支，是实有法[①]。

复由五相建立缘起差别。何等为五？一、众苦引因依处；二、众苦生因依处；三、众苦引因；四、众苦生因；五、众苦生起。

众苦引因依处者，谓于现法中，名色为缘，六处生起，不断不知。此为所缘及依处故，一切愚夫于内自体愚痴生起，是名无明。无明缘故，次后诸行，乃至后时有触缘受。此中六处，名无明等引因依处。

众苦生因依处者，谓诸愚夫，触为缘故，于现法中，诸受生起；此为依处，于外境界发起诸爱；由爱为缘，次后有取；取为缘故，次后有有[②]。如是爱等三种生因，用触缘受为所依处。

众苦引因者，谓无明缘行，乃至触缘受。现法中，识为福、非福及不动业之所熏习，后后种子之所随逐，能引当来余身识等生、老死苦，是故说此为彼引因。

众苦生因者，谓受缘爱，爱缘取，取缘有，是名当来众苦生因。即先所作业为烦恼摄受，未来世生将现前故，当知名有。

众苦生起者，谓有缘生，生缘老死，如是名为众苦生起。即识、名色、六处、触、受先种子性随所依时，曾得众苦引因之名；今已与果，名生、老死，复得苦名。

复次，当知无明，智所对治，别有心法[③]，覆蔽为性。

非唯明无，亦非邪智。

---

① 是实有法，底本与《房山石经》《资福藏》《碛砂藏》《普宁藏》《永乐南藏》《径山藏》《高丽藏》相同；《赵城金藏》“有法”作“法有”。

② 次后有有，底本与《资福藏》《碛砂藏》《赵城金藏》《普宁藏》《永乐南藏》《径山藏》相同；《房山石经》《高丽藏》“后”作“复”。

③ 别有心法，底本与《资福藏》《碛砂藏》《普宁藏》《永乐南藏》《径山藏》相同；《房山石经》《赵城金藏》《高丽藏》“法”作“所”。

何以故？若彼无明唯明无者，应不可立輭、中、上品，由无性法都无輭、中、上品异故。

又不可立无明随眠与缠差别，由无性法于一切时其相相似，现行、随缚不可建立①。

又异生心善、染、无记于一切处常离慧明，若此无性是无明者，应一切心皆成染汙。

又无性法非有为摄，非无为摄；既非有为、无为所摄，不能为染，亦不为净。

又于离明心相续中，应一切时，明不得起。

又不应说无明灭故，明得生起。所以者何？无有无法而可灭故。

若唯邪智是无明者，为除慧明所摄诸智，余一切智皆邪智耶？为唯染汙邪执性智是邪智耶？为诸烦恼相应邪智是邪智耶？

若言初智是邪智者，一切异生相续中，智皆应邪智；若善，若无记，此不应道理。

若唯染汙邪执性智是邪智者，唯应五见萨迦耶等名染性智。此中，如实不了行相，是名无明。由有如实不了行故，邪执事相，是名为见。谓萨迦耶见，由无明力执我、我所；如是余见，各于自事邪执行转。然彼诸见不离愚痴②。由痴与见行相各别，是故此五染汙性智名为无明，不应道理。

又若无明与诸见相无差别者，世尊不应七随眠中，于无明外立见随眠。

又佛世尊曾无一处于诸见上示无明名。

---

① 随缚不可建立，底本与《资福藏》《碛砂藏》《普宁藏》《永乐南藏》《径山藏》相同；《房山石经》《赵城金藏》《高丽藏》“缚”作“转”。

② 然彼诸见不离愚痴，底本与《房山石经》《资福藏》《碛砂藏》《普宁藏》《永乐南藏》《径山藏》《高丽藏》相同；《赵城金藏》“彼”作“后”。

若诸烦恼相应邪智是无明者，萨迦耶等五种邪见智为自性，无二智体俱有相应，是则诸见应与无明常不相应。

又若贪等烦恼力故，令相应智成愚痴性，即应贪等增上力故，得有愚痴；非痴增上，痴为导首故，有贪等一切烦恼。

又应可说如余烦恼相应之慧，由相应故，得成染汙，非彼自性，非愚痴体可成痴性。

又如诸余烦恼相应，非烦恼性诸心、心所。

是故当知别有无明是心所性，与心相应。

如世尊言，行有三种，谓身行、语行、意行。当知此中，入出息风，名为身行。风为导首，身业转故。身所作业，亦名身行。由愚痴者先起随顺身业风已，然后方起染汙身业。如入出息能起身业，故名身行，如是寻伺与诸语业，俱名语行；受、想与意业，俱名意行。如是一切总说身行、语行、意行。

诸有随生何界何地，当知有支即此所摄。

复次，十二支中，二业所摄，谓行及有；三烦恼摄，谓无明、爱、取；当知所余，皆事所摄。又二业中，初是引业所摄，谓行；后是生业所摄，谓有。三烦恼中，一能发起引业，谓无明；二能发起生业，谓爱、取。余事所摄支中，二是未来苦支所摄，谓生、老死；五是未来苦因所摄，谓现法中从行缘识，乃至触缘受。又即五支亦是现在苦支所摄。由先世因，今得生起果异熟摄，谓识、名色、六处、触、受。又现在果所摄五支，及未来果所摄二支，总名果所摄缘起；当知余支，是因所摄缘起。

复次，无知略于五处为能生因：一、能生疑；二、能生爱；三、能生非处信；四、能生见；五、能生增上慢。

于前际等所有无知，是能生疑。谓如是疑：我于过去为曾有耶？为曾无耶？如是等疑于三世转，如经广说。过去名前际，未来名后际，现在名前后际。待过去世是后际，待未来世是前际故。若疑过去，当知此疑前际无知所生。若疑未来，当知此疑后际无知所生。若于内疑惑：此谁所有？我为是谁？今此有情从何而来？于此没已，当往何所？当知此疑是前后际无知所生。

又于内无知，于外无知，于内外无知，当知能生内外等爱及后有爱、喜贪俱行爱、彼彼喜乐爱。

又若于业无知，于异熟无知，于业异熟无知，是诸有情由于业自造无知为缘故，于鲁达罗天、毗瑟笯天、世主天等非正处中生妄胜解，归依敬信。

又若于佛等无知，乃至于道无知，当知能生诸见。所以者何？由于三宝及四谛中不正通达故，乃至能生六十二见，及起如是见，立如是论：无施无受[①]，乃至广说所有邪见。

又若于因无知，于因所生法善不善等无知，广如经说。由此无知故，于往善趣道、往善趣方便中生增上慢。所以者何？由于善不善等法、爱非爱果不如实知故，于自饿、投火、坠高岩等非方便中起方便想，行如是事，以求生天。又于六触处中所有无知，于不如实通达得沙门果中起增上慢。所以者何？由实无有于六触处如实通达智而生增上慢故。当知此中，若生天方便增上慢，若沙门果增上慢，总合此二，名增上慢。

如是无明能生五种杂染，谓疑杂染、爱杂染、信解杂染、见杂染、增上慢杂染。由疑杂染所杂染故，一切愚夫获得疑惑，信顺于他，引趣异路，于现法中多受苦恼不安隐住。由爱杂染所杂染故，引生后有生老病等一切大苦。由信解杂染所杂染故，或谓无因，或计自在天等不平等因，谓为正因，拨无一切士用而住。由见杂染所杂染故，随意造作一

① 无施无受，底本与《房山石经》《资福藏》《碛砂藏》《赵城金藏》《普宁藏》《永乐南藏》《径山藏》相同；《高丽藏》“受”作“爱”。

切恶行，能感当来诸恶趣苦。由增上慢杂染所杂染故，令士夫用异果、无果。

复次缘起善巧[1]，如“本地分”说已广分别[2]，所余缘起善巧决择文不复现。

① 复次缘起善巧，底本与《碛砂藏》《普宁藏》《永乐南藏》《径山藏》相同；“次”，《房山石经》作“次此”，《资福藏》《赵城金藏》《高丽藏》作“此”。

② 如本地分说已广分别，底本与《资福藏》《碛砂藏》《赵城金藏》《普宁藏》《永乐南藏》《径山藏》相同；《房山石经》《高丽藏》无“说”字。

瑜伽师地论卷第五十七

摄决择分中五识身相应地意地之七

如是已说缘起善巧。处非处善巧，我今当说。总嗢柁南曰[①]：

体显现初，门差别后。

问：何等为处？

答：于彼彼事，理无相违。

问：何等非处？

答：于彼彼事，理有相违。是名处非处体。

问：何故世尊显示处非处善巧耶？

答：为欲显示染汙、清净正方便智无失坏故。

问：应以几门观察处非处耶？

答：四，由佛世尊但以四门宣说一切处非处故。何等为四？一、成办门；二、合会门；三、证得门；四、现行门。

问：何缘以此四门说处非处？

答：为欲示现遍一切种差别门故。

云何一切种差别？谓依初成办门，彼所不摄余差别相，我当显示。当知此差别略说有三种：一、诸根越所作故；二、大种越所作故；三、资生越所作故。

诸根越所作者，谓无处无位，眼能闻声、嗅香、尝味、觉诸触等，必无是处；能见诸色，斯有是处。如眼根，如是所余色根一一相望越用差别，

① 总嗢柁南曰，底本与《资福藏》《碛砂藏》《普宁藏》《永乐南藏》《径山藏》相同；《房山石经》《赵城金藏》《高丽藏》“柁”作“拕”，下同。

如应当知。

大种越所作者，谓无处无位，地能造作水、火、风用，必无是处；能作地用，斯有是处。如是所余大种展转相望越用差别[①]，如应当知。

资生越所作者，谓无处无位，从余类种，余类互生[②]，必无是处；唯自种类，斯有是处。无处无位，彀牛角等[③]，而出于乳，必无是处；彀彼乳房[④]，斯有是处。无处无位，钻摇水瓶，而出生酥，必无是处；钻摇于酪，斯有是处。无处无位，压沙出油，必无是处；压苣胜等[⑤]，斯有是处。无处无位，钻湿木等，而出于火，必无是处；钻于干木，斯有是处。如是等类，应当观察初处非处门差别之相。

云何第二处非处门差别？谓无处无位，光明、黑闇一时合会，无有是处；若有一处，无第二生，斯有是处。

无处无位，麤分水火一时合会，无有是处；随有一种，斯有是处。

无处无位，二麤色聚同据一处，无有是处；若一极微，斯有是处。

无处无位，同一种类，二心、心所俱时合会[⑥]，无有是处；一一而生，斯有是处。

无处无位，同一种类，若善不善、若善无记不善无记、若苦若乐俱时

---

① 如是所余大种展转相望越用差别，底本与《房山石经》《资福藏》《碛砂藏》《普宁藏》《永乐南藏》《径山藏》《高丽藏》相同；《赵城金藏》“越”作“趣”。

② 余类牙生，底本与《资福藏》《碛砂藏》《赵城金藏》《普宁藏》《永乐南藏》《径山藏》相同；《房山石经》《高丽藏》“互”作“芽”。

③ 彀牛角等，底本与《资福藏》《碛砂藏》《普宁藏》《永乐南藏》《径山藏》相同；《房山石经》《赵城金藏》《高丽藏》“彀”作“构”。

④ 彀彼乳房，底本与《资福藏》《碛砂藏》《普宁藏》《永乐南藏》《径山藏》相同；《房山石经》《赵城金藏》《高丽藏》“彀”作“构”。

⑤ 压苣胜等，底本与《房山石经》《碛砂藏》《普宁藏》《永乐南藏》《径山藏》《高丽藏》相同；《资福藏》《赵城金藏》“苣”作“巨”。

⑥ 无处无位同一种类二心、心所俱时合会，底本与《资福藏》《碛砂藏》《普宁藏》《永乐南藏》《径山藏》相同；《房山石经》《赵城金藏》《高丽藏》“所”作“法”。

合会，无有是处；随有一种，斯有是处。

无处无位，爱、非爱果俱时合会，无有是处；若随有一，斯有是处。如是等类，应当观察第二处非处门差别之相。

云何第三处非处门差别？谓无处无位，石女生儿，无有是处；若非石女，斯有是处。无处无位，生半择迦能生男女，无有是处；若诸丈夫，斯有是处。无处无位，盲眼见色，聋耳闻声，鼻舌坏者，嗅香尝味，无有是处；诸根不坏，斯有是处。无处无位，未具资粮，于现法中证学无学究竟解脱，无有是处；已具资粮，斯有是处。无处无位，未得圣道，能证涅槃及证声闻[①]、独觉菩提，若证无上正等菩提，无有是处；已得圣道，斯有是处。无处无位，人趣有情以傍生趣草等饮食以充节会，若诸天众食人饮食，色无色界食诸段食，无有是处；与此相违，斯有是处。无处无位，不舍那落迦所有身形，而得人身，如是不舍所余身形，而得余身，无有是处；舍已方得，斯有是处。如是等类，应当观察第三处非处门差别之相。

云何第四处非处门差别？谓无处无位，地舍自相，成余界相，无有是处；不舍自相，斯有是处。如地，如是余大种如应当知。无处无位，生长欲界不得天眼见诸天色，无有是处；见人中色，斯有是处。如是余根，如应当知。无处无位，有贪爱者，贪爱覆蔽，贪爱未断，而于财利，心离染著，无有是处。如是瞋、痴随应当知，无处无位，不断贪等一切烦恼、随烦恼缠，修四念住，无有是处；与此相违，斯有是处。如修念住，如是所余菩提分法当知亦尔。无处无位，于如来所，不舍诤见、诤欲、诤心，若不开许，而能正面觐于如来，无有是处；若舍若许，斯有是处。无处无位，一切智者、一切见者有所知境，而不了知，或复失念，作非一切智者所作，无有是处；与此相违，斯有是处。无处无位，已入大地诸菩萨等，于诸有情起故害心，

① 能证涅槃及证声闻，底本与《房山石经》《资福藏》《赵城金藏》《径山藏》《高丽藏》相同；《碛砂藏》《普宁藏》《永乐南藏》“能”作“非”。

或菩提心当有退转，无有是处；与此相违，斯有是处。如是等类，应当观察第四处非处门差别之相。

复次，略有四处四非处，依前所说观待道理、作用道理、证成道理、法尔道理，应正观察。若于如是所说道理不相违背，示现宣说，是名为处；若此相违，示现宣说，是名非处。

如是四处，并前所说，合成八种处非处善巧。

问：缘起善巧、处非处善巧何差别？

答：唯于因果生起道理，正智显了，名缘起善巧。若于一切无颠倒理，正智显了，名处非处善巧。

所余处非处善巧决择文不复现。

如是已说处非处善巧。

根善巧，我今当说。总嗢柁南曰：

初义意建立，广分别为后。

问：何等是根义？

答：增上义是根义。

问：为显何义？

答：为显于彼彼事，彼彼法最胜义。

云何建立二十二根？谓能取境增上义故，建立六根；安立家族相续不断增上义故，建立二根；为活性命事业方便增上义故，建立一根；受用业果增上义故，建立五根；世间清净增上义故。建立五根；出世清净增上义故，建立三根。

复次，受用显境增上义故，建立六根；受用隐境增上义故，建立二根；受用境界时分边际增上义故，建立一根；受用境界发生杂染增上义故，建立五根；安立清净增上义故，建立八根。

复次，显于内门受用境界增上义故，建立六根；显于外门受用境界增上义故，建立二根；受用内身增上义故，建立一根；受用外境及与内身发生杂染增上义故，建立五根；对治杂染、安立清净增上义故，建立八根。

复次，依止端严增上义故，建立五根；能令依止随自在转增上义故，建立一根；依止安住增上义故，建立一根；依止出生增上义故，建立二根；依止损益增上义故，建立五根；依止解脱增上义故，建立八根。

复次，显有情事增上义故，建立六根；生有情事增上义故，建立二根；令有情事若住若没增上义故，建立一根；显诸有情受用境界增上义故，建立五根；显诸有情胜生方便增上义故，建立五根；显诸有情定胜方便增上义故，建立三根。

复次，显有情事增上义故，建立六根；显有情增长增上义故[①]，建立二根；显了有情寿渐损减增上义故，建立一根；显了有情兴盛、衰损增上义故，建立五根；显了有情功德、过失增上义故，建立八根。

复次，依如是名，建立六根；依如是种、如是性，建立二根；依如是食、如是受苦乐，建立五根；依如是长寿、如是久住、如是寿量边际，建立一根；当知此诸根，依在家品施设建立。依如是信、如是精进、乃至如是慧、如是向、如是果，建立八根。当知此诸根，依出家品施设建立。

复次，依修行者防护根门增上义故，建立六根；堪得出家证沙门果增上义故，建立二根；积集善品增上义故，建立一根；正知而行增上义故，建立五根；证沙门果诸方便道增上义故，建立五根；证沙门果增上义故，建立二根。

中嗢柁南曰：

随境界转等，由显及内门，
庄严二有情，假设防护等。

① 显有情增长增上义故，底本与《资福藏》《碛砂藏》《赵城金藏》《普宁藏》《永乐南藏》《径山藏》相同；《房山石经》《高丽藏》“显”作“显了”。

问：眼根作何等业？

答：于诸色境已见、今见、当见为业，如是耳根乃至意根所有作业，如应当知。

问：男根、女根作何等业？

答：父母、妻子、亲感、眷属互相摄受显现为业。

问：命根作何等业？

答：令诸有情堕在存活住持数中为业。

问：受所摄根作何等业？

答：令诸有情领纳一切兴盛、衰损为业。

问：信等诸根作何等业？

答：能生善趣及能圆满涅槃资粮为业。

问：最后三根作何等业？

答：能于现法趣证涅槃为业。

问：如是诸根几是实有？几非实有？

答：十六实有，余非实有。

问：几色所摄？

答：七。

问：几心所摄？

答：一，三少分。

问：几心法所摄？

答：十，三少分。

问：几心不相应行所摄？

答：一。

问：几有为所摄？

答：一切是有为，无有根是无为。

问：男、女二根何等根分？

答：是身根分。

问：最后三根何等根分？

答：是九根分，所谓意根、信等五根、乐、喜、舍根。

问：命根何等根分？

答：此无所属。依先业所引时量决定而建立故，唯说假有。

问：几善？

答：或八，或五及六少分。

问：几不善？

答：六少分。

问：几无记？

答：八，五少分。

问：几有异熟？

答：一，十少分。

问：几无异熟？

答：十一，十少分。

问：几有异熟助伴？

答：最后三，能助有可爱异熟法令转明盛[1]，能感决定人天异熟。

问：几是异熟？

答：一，九少分。

问：几有种子异熟？

答：一切皆有。

问：几非异熟？

① 能助有可爱异熟法令转明盛，底本与《房山石经》《资福藏》《永乐南藏》《径山藏》《高丽藏》相同；《赵城金藏》无“有”字；《碛砂藏》《普宁藏》“明”作“问”。

答：十二，九少分。

问：几是异熟生？

答：亦一切，种子所摄异熟所生故。

问：几欲界系？

答：四，十五少分。

问：几色界系？

答：十五少分。

问：几无色界系？

答：八少分。

问：几不系？

答：三，九少分。

问：未至地几可得？

答：十一。

问：若未至地有喜根者，何故不如初静虑地建立喜耶？

答：由于彼地喜可动故。

问：喜于彼有何教为证？

答：如世尊言："如是苾刍！离生喜乐滋润其身，周遍滋润，遍流遍悦，无有少分不充不满，如是名为离生喜乐。"此中初门说未至位，后门说根本位。

问：初静虑地几根可得？

答：十八。第二静虑地亦尔。

问：第三静虑地几根可得？

答：十七。

问：第四静虑地几根可得？

答：十六。

问：空无边处地几根可得？

答：十一。如空无边处地，识无边处地、无所有处地应知亦尔。

问：非想非非想处地几根可得？

答：八。

问：初静虑地所摄诸根当言有漏，当言无漏？

答：当言二种。如初静虑所摄诸根，乃至无所有处地所摄诸根当知亦尔。非想非非想处地所摄诸根当言有漏，此约种类；若约相续，当言二种。又由烦恼解脱故，令彼诸根成无漏性。如有漏、无漏、如是应断、不应断，世间、出世间当知亦尔。

问：若生欲界，当言成就几根？

答：容有一切。

问：生那落迦成就几根？

答：八，现行、种子皆得成就。

除三，所余或成就，或不成就。

三、约现行不成就；约种子或成就，谓般涅槃法，或不成就，谓不般涅槃法。

余三，现行故不成就，种子故成就。如生那落迦趣，于一向若傍生[①]、饿鬼当知亦尔。若苦乐杂受处，后三种亦现行成就。

问：若生人趣成就几根？

答：容有一切。如生人中，生天亦尔。

问：诸缺根者成就几根？

答：除五，容有余。

问：诸具根者成就几根？

① 于一向若傍生，底本与《资福藏》《碛砂藏》《普宁藏》《永乐南藏》《径山藏》相同；《房山石经》《赵城金藏》《高丽藏》“若”作“苦”。

答：容有一切。

问：诸半择迦成就几根？

答：除五，容有余。

问：女成就几根？

答：容有二十一。

问：男成就几根？

答：亦容有二十一。

问：诸二形者成就几根？

答：容有十九。

问：断善根者成就几根？

答：除八，容有余。

问：不断善根者成就几根？

答：容有一切。

问：诸异生成就几根？

答：十九，除后三。

问：诸见谛者成就几根？

答：容有一切。

问：有学成就几根？

答：容有二十一。

问：无学成就几根？

答：容有十九。

问：预流果向成就几根？

答：容有二十。

问：预流果成就几根？

答：亦容有二十。如预流果，一来果向、一来果、不还果向当知亦尔。

问：不还果成就几根？

答：容有十九。如不还果，阿罗汉向亦尔。

问：阿罗汉果成就几根？

答：容有十九。

问：若生色界成就几根？

答：容有十八。

问：生无色界成就几根？

答：容有十一。

问：若欲界没，欲界生时，当言舍几根，得几根？

答：且约色根容有而说，或舍缺诸根，得缺诸根；或舍缺诸根，得具诸根；或舍具诸根，得具诸根；或舍具诸根，得缺诸根。

或舍劣诸根，得劣诸根；或舍劣诸根，得胜诸根；或舍胜诸根，得劣诸根；或舍胜诸根，得胜诸根。

意根、命根胜劣得舍当知亦尔。若诸受根胜劣得舍，随其所应亦尔。此约异熟果，故有差别。

若诸善根约等流果，舍前前劣，得后后胜，非由生故；

舍胜得劣，后邪方便乃有斯义。

最后三根，于一切位与生相违，是故不说。

问：从欲界没，色界生时，舍几根，得几根？

答：容舍下地一切，容得上地一切。如欲界没，色界生时，从欲界没，无色生时，从色界没，无色生时，当知亦尔。

最后三根，由证沙门果方便而得，不由没生。

先修习力所任持故，后等流果转盛而生。又能为缘，生异熟果，令转明盛。

中嗢柁南曰：

业实有色等，善等异熟等，
若界若诸地，及死生得舍。

问：几根由境界义名有义？几非耶？

答：二十一名有义，一非。

问：几于非色助伴义转？

答：七色根。

问：几色非色为助伴耶？

答：余有义根。

问：五色根何义？

答：色等五各别境。

问：第六根何义？

答：一切法。

问：男女根何义？

答：因欲相应，即触所摄。

问：五受根何义？

答：随顺苦、乐、忧、喜、舍处，即六根义。

问：信根何义？

答：应得应舍所有境界。

问：精进根何义？

答：即于二种若得若舍俱无所惮。

问：念根何义？

答：于闻思修忆持不忘。

问：定根何义？

答：奢摩他、毗钵舍那。

问：慧根何义？

答：所知真实。

问：未知欲知根何义？

答：修谛现观者从善法欲已去，于一切方便道中，即彼五根义，当知是此义。

问：已知根何义？

答：从预流果乃至金刚喻定，即彼五根义，当知是此义。

问：具知根何义？

答：从初无学道乃至无余涅槃界，即彼五根义，当知是此义。

问：几有色，有色为义？

答：七。

问：几无色，有色、无色为义？

答：除命根，余一切。

问：几非有色非无色，非有色非无色为义？

答：即此命根，是假法故。

问：几有见，有见为义？

答：一切非有见，一有色以有见为义，及余非有色一分。

问：几有对，有对为义？

答：七有色及余无色无对一分[①]。

问：几有漏，有漏为义？

答：唯七。除最后二及苦、忧根，余有漏、无漏，以有漏、无漏为义。当知苦根有漏、无漏，以有漏为义；忧根有漏，以有漏、无漏为义。未知欲知根，若远沙门果，世间行所摄，是有漏；若近沙门果，出世行所摄，是无漏。

问：几有为，有为为义？

① 七有色及余无色无对一分，底本与《资福藏》《碛砂藏》《赵城金藏》《普宁藏》《永乐南藏》《径山藏》《高丽藏》相同；《房山石经》“七”作“十”。

答：一切是有为，八有为为义，余有为、无为为义。

问：几有诤，有诤为义？

答：如说有漏，当知此亦尔。如说有诤，当知有爱味、依躭嗜、世间、出世间等亦尔。

问：几过去，过去为义？

答：除有色根及苦根，余有义一分。若有色根及苦根在过去，非过去为义。

问：几过去，现在为义？

答：即如所说一分。当知即此在过去，以未来为义。又即此在现在，以过去、未来为义。

问：几现在，现在为义？

答：一切有色根及苦根，并前所说一分。又此一分在未来，以过去、未来、现在为义。若诸色根在未来，非未来为义。苦根亦尔。

问：几欲界系，欲界系为义？

答：四。二，欲、色界系，欲界系为义；三，欲、色界系，欲、色界系为义。二，欲、色界系及不系，欲、色、无色界系及不系为义。七，欲、色无色界系及不系，彼义亦尔。一，色界系及不系，一切系、不系为义；二，不系，一切系、不系为义。

问：几善，善为义？

答：八，唯善，善、不善、无记为义。五，善、不善、无记，善、不善、无记为义。一，善、不善，善、不善、无记为义。五、无记，无记为义。二、无记，善、不善、无记为义。

问：几学，学为义？如是等。

答：九，学、无学、非学非无学，以三种为义。七，非学非无学，即以此为义。一，通三种，非学非无学为义。一，学、非学非无学，以三种为义。

二，学，以三种为义。一，无学，以三种为义。

问：几见所断，见所断为义？如是等。

答：十四，一分见所断，一分修所断。十二，一分修所断，一分非所断，谓即十四中六及余六；余二非所断。此中，有色诸根，见、修所断为义；无色诸根，三种为义，谓见、修所断、非所断义。

问：几根于义杂染舍所显？

答：除诸善根，以诸善根于义清净舍所显故。

问：几根颠倒义？

答：除诸善根，所有六根义。

问：几根颠倒所依？

答：七色根。

问：几根颠倒自性？

答：六少分。

问：几根颠倒对治？

答：八根[①]。

问：几根观义过失？

答：或八、或五、或一。

问：若彼诸行亦有四德相应可得，云何唯观为过失耶？

何者四德？一、坚住德，谓如一蕴住经百年，若正将御，或有过者；二、势力德，谓能生乐及现清净；三、转变德，谓牵引、修治、受用、弃舍自在转故；四、可乐德，谓依彼处生种种著故。是名诸行有四德相。

答：虽有世间于彼诸法取为功德，然彼一切皆诸过失之所随逐。

问：何等名为诸过失耶？

① 八根，底本与《资福藏》《碛砂藏》《普宁藏》《永乐南藏》《径山藏》“根”作“物”，据《房山石经》《赵城金藏》《高丽藏》改。

答：虽少时住，非究竟故，爱变无常，现可得故，死没无常，现可得故[①]，当观诸行离初功德；又能发生种种苦恼，现可得故，种种不净，现可得故，当观诸行离第二德；又于老病死等不随所欲，现可得故，当观诸行离第三德；又诸粪虫及猪犬等亦极乐著粪秽不净，现可得故，当观诸行离第四德。由彼诸行离诸功德，是故一切过失相应，故应观彼具诸过失。

问：眼根谁所依处？

答：见色依处[②]。

问：乃至意根谁所依处？

答：各取自境之所依处。

问：男、女二根谁所依处？

答：习欲依处。

问：命根谁所依处？

答：乃至死有，为前时有之所依处。

问：诸受根谁所依处？

答：于诸境界可意、不可意，若爱若恚等之所依处。

问：信根谁所依处？

答：趣入善法之所依处。

问：精进根谁所依处？

答：已入善法，恒常修习之所依处。

问：念根谁所依处？

答：正知而行之所依处。

---

① 现可得故，底本与《房山石经》《资福藏》《碛砂藏》《普宁藏》《永乐南藏》《径山藏》《高丽藏》相同；《赵城金藏》"现"作"现现"。

② 见色依处，底本与《房山石经》《碛砂藏》《赵城金藏》《普宁藏》《永乐南藏》《径山藏》《高丽藏》相同；《资福藏》"处"作"此"。

问：定根谁所依处？

答：智见清净之所依处。

问：慧根谁所依处？

答：烦恼永断之所依处。

问：未知欲知根谁所依处？

答：证初、第二、第三沙门果之所依处。

问：已知根谁所依处？

答：乃至金刚喻定、无学沙门果证之所依处。

问：具知根谁所依处？

答：无间烦恼永断作证、现法乐住、所依永灭之所依处。

问：世尊依何根处说如是言“此身有色，麤滓所成，四大所造，父母不净和合所生，种种饮食之所长养，常假覆蔽、沐浴、按摩，断截、破坏、散、灭之法”？

答：依七色根作如是说。当知此中略说欲界有色诸根：初句说彼共相；第二句说彼自相；次有三句说彼因相，所谓依因、生因、生已增长因；次有三句说彼转变相，谓寒所作、热所作、劳倦所作；后有四句说彼变坏相，谓初二句，活位逼损所作，后二句，死后所作，他故、自然故变坏，应知。

问：世尊依何根处说如是言“远行及独行，无身寝于窟”耶？

答：依意根处。由于前际无始时故，遍缘一切所知境故，名为远行。诸心相续一一转故，无主宰故，名为独行。无色无见亦无对故，名为无身。依止色故，名寝于窟。

问：依何根处说如是言“由八处所，男为女缚，谓舞、歌、笑、睇、美颜、妙触[①]、只奉、成礼”？

答：依男、女一根[②]。于游戏时，由四处缚；于受用时，亦由四处。于游戏时，身、语、面门、眼目舒悦；于受用时，妍容、輭滑、恭事、童分。

问：依何根处说如是言“众生存活，住持安隐”？

答：依命根说。有诸气息，故名众生。思虑相应，故名存活。等余而住，故名为住。增上而转，故说名持。无有病恼，故名安隐。

问：依何根处说如是言“平正受，受所摄”？

答：依喜乐根说，望所余受自相、共相、依止相所显故。如平正等，如是不平正等、非平正非不平正等，如应当知。

问：世尊依何根处说如是言“于如来所，净信深固，根生建立，一切世间，若诸沙门，若婆罗门，若天魔梵，无有如法能引脱者”？

答：依信根说。此显其信于闻思修胜解坚固义。又此坚固随所信解方便显示，谓智、生、主、净最胜之者尚不能动，何况凡流。又坚固义复有差别，谓其信深固，由世间善决定胜解为出世胜解根本故，又由出世清净胜解所建立故。当知最初是标句，后二是释句。

问：世尊依何根处说如是言“住有势有勤，有勇健坚猛，于诸善法中，常不舍善轭”？

答：依精进根说。此精进根略显其相，差别有五，谓被甲精进、方便精进、不下精进、无动精进、无喜足精进。

问：世尊依何根处说如是言“念等念随念，别念不忘念，心明记无失，无忘无失法”？

① 妙触，底本与《房山石经》《碛砂藏》《赵城金藏》《普宁藏》《永乐南藏》《径山藏》《高丽藏》相同；《资福藏》“触”作“独”。

② 女一根，底本与《碛砂藏》《普宁藏》《永乐南藏》《径山藏》相同；《房山石经》《资福藏》《赵城金藏》《高丽藏》“一”作“二”。

答：依念根说。此差别义，如“摄异门分”应知[①]。

问：世尊依何根处说如是言“令心住等住，安住与近住，调寂静寂止，一趣等持性”？

答：依定根说。此差别义，如“声闻地”应知。

问：世尊依何根处说如是言“拣择法，极拣择，遍寻求，遍伺察”？

答：依慧根说。此差别义，亦如“声闻地”应知。

所余善根，信等摄故，其差别义无复可得。

问：于几根处立身念住？

答：七。

问：于几根处立受念住？

答：五。

问：于几根处立心念住？

答：一。

问：于几根处立法念住？

答：最后八及命根。

问：几根最胜苦谛依处？

答：九。

问：几根最胜集谛依处？

答：五。

问：几根灭谛依处？

答：一切。

问：几根道谛依处？

答：最后八。

① 如摄异门分应知，底本与《房山石经》《碛砂藏》《赵城金藏》《普宁藏》《永乐南藏》《径山藏》《高丽藏》相同；《资福藏》“门”作“同”。

问：依几根处善思所思？

答：九。

问：依几根处善说所说？

答：十。

问：依几根处善作所作？

答：十六。如是恶思所思、恶说所说、恶作所作，如应当知。

问：几根最胜惑业依处？

答：九。

问：依几根处起烦恼业？

答：五。

问：依几根处断烦恼业？

答：最后八[①]。

问：由几根故，领纳一切世出世间所有吉祥？

答：除二。

问：由几根故，领纳一切吉祥败坏？

答：十一。

问：几根能引所有吉祥？

答：最后八。复次，如世尊言："诸受欲者略有五种作吉祥法，谓忍辱、柔和、观人而舍、行贤善行及不放逸。"

云何忍辱？谓由三种行相应知：一、不忿怒；二、不报怨；三、不怀恶。若别分别，乃有十种：一、已受怨害忍；二、现前怨害忍；三、虑恐怨害忍；四、饶益怨憎忍；五、损害亲友忍；六、一切怨害忍；七、一切因怨害忍；八、受教怨害忍；九、择力怨害忍；十、自性怨害忍。如是一切，总说名

① 最后八，底本与《房山石经》《碛砂藏》《赵城金藏》《普宁藏》《永乐南藏》《径山藏》《高丽藏》相同；《资福藏》无"八"字。

为耐违害忍。

云何柔和？谓性贤善，由身语意将护于他，令无恼害。若他所有无罪喜乐，未生令生，生已随护；有罪忧苦，若未生者，遮令不生，若已生者，方便令脱。此中忍辱，耐他违害；柔和，于他不作违损。如是名为二种差别。

当知观人，二时差别：一、摄受时；二、处置时。

于摄受时，应以五相观察其人，然后摄受。一、由归诚；二、由伎能；三、由智慧；四、由行迹；五、由廉俭。

于处置时，亦以五相观察其人，然后处置。一、堪处事业，置事业中；二、堪处思业，置思业中；三、堪处和业，置和业中；四、堪处护身财业，置护身财业中；五、堪处法业，置法业中。

舍略有五：一、田地舍；二、财物舍；三、随宜舍；四、饮食舍；五、最胜舍。

此中，舍相、舍具名舍。贤善行者，为性于他无所违负，无所欺诳。无所违负复有五种：一、无颠倒违负；二、无委信违负；三、无承事违负；四、无契约违负；五、无他方便违负。

不放逸者，谓修习诸善法，防护不善心。因果相属故，俱应为彼相。此复有五种应知：一、求财不放逸；二、守财不放逸；三、护身不放逸；四、护名不放逸；五、行法不放逸。

如是一切总有五力能生吉祥：一、善尸罗力；二、善朋友力；三、无弊恪力；四、可委信力；五、法力。当知吉祥亦有五种：一、众所爱乐；二、富贵自在；三、怨敌退伏；四、饶益所依；五、往诸善趣。前四种力，总能生起四种吉祥；第五一力，能生第五。

问：几根，先烦恼业之所感得？

答：八。

问：几根名色为缘？

答：一。

问：几根触为缘？

答：五。

问：几根策励为缘？

答：八。

问：几根应防护？

答：八。

问：几根应调静？

答：一。

问：几根应寂止？

答：五。

问：几根自性调顺、寂静、寂止，复能调伏、寂静、寂止？

答：八。

云何诸根舍？谓同分界地诸根灭[①]，余生起。云何诸根弃？谓不同分界地诸根灭，余生起。云何诸根断？谓断彼系缚一切烦恼。云何诸根退？谓世间兴盛若定若生所有失坏。

问：声闻、独觉、菩萨诸根有何差别？

答：当知差别略有五种：一、品类差别；二、任持差别；三、罥索差别；四、正行差别；五、证得差别。品类差别者，诸菩萨根，其性上品；声闻、独觉所有诸根，輭品、中品。任持差别者，诸菩萨根，一切明处善巧任持；声闻、独觉所有诸根，一分明处善巧任持。罥索差别者，诸菩萨根，大

① 谓同分界地诸根灭，底本与《房山石经》《资福藏》《碛砂藏》《普宁藏》《永乐南藏》《径山藏》《高丽藏》相同；《赵城金藏》“谓”作“调”。

悲所罥；声闻[①]、独觉根，不如是。正行差别者，诸菩萨根，自利利他正行现前；声闻、独觉所有诸根，自利现前。证得差别者，诸菩萨根，证得无上大菩提果；声闻、独觉所有诸根，证得下、中二菩提果。

问：若补特伽罗依未至定修谛现观，彼得果时，起初静虑喜根现前，为不起耶？

答：有一能起，有一不起。若有利根，众多善本之所资助，彼能现起，非余。

问：几根入初静虑？

答：八。后三，一分能入，一分不能。如初静虑，第二亦尔。第三亦八[②]，然非即彼。第四静虑及无色定，七根能入；后三，有一能入，有一不能。

问：几根得预流果？

答：或一、或八。或二、或九得一来果。忧根虽道所依，非道摄故，此中不取。喜根非坚住故，此亦不取。若通取者，当增其数。

问：几根得不还果？

答：或十一、或二。忧根道理，如前应知。

问：几根得阿罗汉果？

答：或一、或十。

如经言："于上解脱希、求、忧、慼。"云何希？谓修行者作如是念："是处众圣能具足住。"求云何？谓修行者作如是念："我于是处当具足住。"慼云何？谓于下劣，不生喜足。忧云何？谓于无上，心生思慕。此中，预流、一来，于一切种皆圆满故，建立忧根；若不还果，虽有初二，余二无

① 声闻，底本与《资福藏》《碛砂藏》《普宁藏》《永乐南藏》《径山藏》《高丽藏》相同；《房山石经》《赵城金藏》"声"作"索声"。

② 第三亦八，底本与《房山石经》《资福藏》《碛砂藏》《赵城金藏》《高丽藏》相同；《普宁藏》《永乐南藏》《径山藏》"八"作"尔"。

故，不立忧根，唯善法欲。

问：颇有依止喜根，能舍喜根、忧根、舍根耶？

答：有，谓依出离喜根为依止故，舍依躭嗜三根。

问：颇有依止忧根，舍忧根耶？

答：有，谓依出离为依止故，舍依躭嗜。

问：颇有依止舍根，舍舍根耶？

答：有，谓依一性舍为依止故，舍依种种性舍；无所依舍为依止故，舍依一性舍。得预流果时，未知欲知根亦灭亦舍，非起而弃，非断非退。得阿罗汉果时，已知根道理应知亦尔。

问：几补特伽罗有练根耶[①]？

答：一切有学，及无学五：退、思、护、住、堪达种性。非诸独觉，亦非菩萨，性利根故。

问：若预流者修练根时，既得练根，亦证一来果耶？

答：证。

问：亦证不还果耶？

答：不证，对治难得故；所应得义极广大故。

问：若不还者修练根时[②]，既得练根，亦进离欲耶？

答：进。

问：亦证阿罗汉果耶？

答：不证，由前因故。转根已后，一切皆证。

问：何故转根？

---

① 几补特伽罗有练根耶，底本与《资福藏》《碛砂藏》《赵城金藏》《普宁藏》《永乐南藏》《径山藏》《高丽藏》相同；《房山石经》“练”作“鍊”。

② 若不还者修练根时，底本与《资福藏》《碛砂藏》《赵城金藏》《普宁藏》《永乐南藏》《径山藏》《高丽藏》相同；《房山石经》“练”作“鍊”。

答：于薄少异进不生喜足故[1]，为植引发胜定力故，为植多闻力故，为植论议决择力故，为植观察甚深法忍力故。

问：诸菩萨未知欲知等三根云何建立？

答：于胜解行地，建立初根；于净增上意乐地等，立第二根；于如来地，立第三根。

问：由几种满名学满耶？

答：由三种满：一、根满，谓利根；二、定满，谓八解脱定；三、果满，谓不还果。若诸无学，得有二满：一、根满，谓不动法；二、定满；如前应知。一切无学皆由果满说名为满。

问：如说诸根不调、不守、不护、不防，亦不修习，此差别名有何义耶？

答：略说由四因缘，诸根名不调伏，

谓拣择力为依止故，于诸境界，若不应纵诸根之者，便起加行，令不纵逸；若应纵者，便起加行，纵彼诸根，护诸烦恼，令不现起；断对治力为依止故，即于如前所说境界，为性无著；为性烦恼不复现行。

若无是四调诸根者，当知彼根名不调伏，由不守故，不护故，不防故，不修故。

若有是四调诸根者，当知与彼四种相违，名为调伏乃至修习。

云何不调伏者能引众苦？谓能生六种苦故：一、扰恼住所生苦；二、他所摈黜苦；三、他所讥毁苦；四、追悔所生苦；五、往生恶趣苦；六、生等诸苦。

若有诸根善调伏者，当知与此相违，断六种苦，引诸快乐。

问：十四种根、三聚有情，为十四摄三，三摄十四耶？

答：三摄十四，非十四摄三。不摄何等？谓外处少分。三聚有情者，谓

① 于薄少异进不生喜足故，底本与《资福藏》《碛砂藏》《赵城金藏》《永乐南藏》《径山藏》《高丽藏》相同；《房山石经》《普宁藏》“异”作“胜”。

欲界、色界、无色界。

问：五根、三受，为五摄三，三摄五耶？

答：更互相摄。

问：五根、三十七觉品法，为五摄三十七，三十七摄五耶？

答：三十七摄五，非五摄三十七。不摄何等？谓语、业、命、喜、安、舍。如是或六或四，彼所不摄。

问：五根、三根，为五摄三，三摄五耶？

答：三摄五，非五摄三。不摄何等？谓意、乐、喜、舍根。

问：九遍知几根摄？

答：此九遍知，断遍知摄故，非根所摄。何等为九？谓欲系苦集见所断断，是初遍知；色无色系苦集见所断断，第二遍知；欲系灭见所断断，第三遍知；色无色系灭见所断断，第四遍知；欲系道见所断断，第五遍知；色无色系道见所断断，第六遍知；下分结断，第七遍知；色爱尽，第八遍知；无色爱尽，第九遍知。

当知遍知略由二缘而得建立：一、通达谛断故；二、永度界断故。由相同分、界不同分及同分故，立二遍知；相不同分、界不同分及同分故，立四遍知；永度劣界故，立一遍知；永度中界故，立一遍知；永度妙界故，立一遍知。

问：诸相、随好、力、无畏等不共佛法几根摄耶？

答：诸相、随好，舌根及四根依处所摄。何等为四？谓身根、男根、眼根、舌根。诸佛十力，如来身中，慧根所摄，及具知根。四无所畏，五根所摄，及即此一。如无所畏，不护亦尔。三种念住，非根所摄，然六根所引无贪、无瞋所摄。大悲，亦彼所引无瞋、无痴所摄，非根所摄。无忘失法，如力应知。佛一切种妙智，亦尔。永断习气，非根所摄，然是六根所证烦恼永断所摄。

问：诸烦恼品所有麤重，阿罗汉等永断无余，复有何品麤重，阿罗汉等所未能断，由断此故，说名如来永断习气？

答：异熟品麤重，阿罗汉等所未能断，唯有如来名究竟断。

问：如经言："有四种食，皆能长养诸根大种。"云何四食？云何长养诸根大种？

答：段食、触食、意思食、识食。由此四种，长养五色根及意根，并根所依所有大种。

问：云何段食？

答：诸所食啖，若能长养诸根大种；与此相违，当知非食。如段食，余食、非食应知亦尔。

问：段食云何能作食事？乃至识食亦尔。

答：若诸段食，能摄益识，令其强盛，由此长养诸根大种，亦令强盛；触能摄受若喜若乐，若舍一分，由此复能摄益诸识，由摄益故，复能长养诸根大种；意思为欲证得可爱境界相故，依正方便，起染不染希望喜根，缘未来境，摄益于识，由此长养诸根大种。如是三食摄益其识，由体增盛及缘现在、未来生故，识复长养诸根大种，故立四食。

问：云何识与意根为食？

答：由三资持所任持故，能与后后为增盛因，食彼得生①。

问：何故眠梦、梵行、等至皆能长养诸根大种，而不立食？答：有二种长养：一、摄受别义长养；二、令无损害长养。眠梦等法，于后长养虽能长养，于前即非，是故不立。

问：何故命根能任持身，而不立食？

答：若离于食，彼终不能长养身故。

---

① 食彼得生，底本与《资福藏》《碛砂藏》《普宁藏》《永乐南藏》《径山藏》相同；《房山石经》《赵城金藏》《高丽藏》"食"作"令"。

问：何等段食名麤？

答：若非天所食[①]。

问：何等名细？

答：诸天所食。由彼食已，即于身中便自消化，非渐次故。

问：何等触、意思、识食名麤？

答：若在欲界。

问：何等名细？

答：若在色、无色界。

问：何等名为已生有情？

答：若于现在已生增长。

问：何等名为求有有情？

答：若有悕求未来诸有。

问：何等名住？

答：若无损害长养。

问：何等名安？

答：若摄受长养。

问：已生有情云何由食而得安住？

答：如前所说道理应知。

问：求有有情云何由食摄受？

答：由三门故，二种杂染增长，谓业[②]、烦恼二种杂染依识而有。由三门、杂染资长识故，诸求有者，于无间生摄受余有。

① 若非天所食，底本与《房山石经》《资福藏》《碛砂藏》《普宁藏》《永乐南藏》《径山藏》《高丽藏》相同；《赵城金藏》"天"作"人"。

② 谓业，底本与《资福藏》《碛砂藏》《赵城金藏》《普宁藏》《永乐南藏》《径山藏》《高丽藏》相同；《房山石经》"谓"作"诸"。

问：段食何时建立为食。

答：于变坏时。摄受用时[①]，建立触食。由彼摄受方得增益，是故段食三处所摄，谓香、味、触，建立为食，不立色处。由彼要至味势熟等变坏之位方损益故。或有段物，于受用时，有所损害，于变坏时，方能摄益，如苦辛等。或有段物，于受用时，蹔为摄益，于变坏时，乃为损害，如有甘美所不宜物。故变坏时，方立为食，非受用时。

问：更有所余众多行法住因可得，谓生、先业、神通、因缘合会、离障，何故但说此四为食？

答：以多分故，易觉知故，于诸念住易趣入故，于日日分易资养故，唯此四种应显为食。那落迦中无有段食，定地诸天亦复如是。诸那落迦多由先业力所任持而得久住[②]，虽有广大诸根大种损害因缘，而不能死。然彼亦有诸微细风随入身分，以之为食，难可了知，是故不说。

问：诸根依身转，亦依境界耶？设依境界者，亦依身转耶？

答：若根依境界，必依身而转。或有依身转，而不依境界，谓诸有色彼同分根，以诸大种为依止故，说彼依身。

问：若诸根有所依而转者，彼一切皆一依耶？

答：或有一依，谓诸有色彼同分根。或有二依，谓即有色同分诸根。或有三依，所谓意根及余无色心法诸根，在有色界。若于无色，即此诸根，唯有二依。

问：诸根是苦者，一切苦相合耶？设苦相合者，一切是苦耶？

答：或诸根是苦，而非苦相合，谓乐根、喜根；或有是苦，亦苦相合，

① 摄受用时，底本与《永乐南藏》《径山藏》相同；《房山石经》《资福藏》《碛砂藏》《赵城金藏》《普宁藏》《高丽藏》“摄”作“若”。

② 诸那落迦多由先业力所任持而得久住，底本与《资福藏》《碛砂藏》《赵城金藏》《普宁藏》《永乐南藏》《径山藏》《高丽藏》相同；《房山石经》“任”作“住”。

谓苦根[①]、忧根；或有是苦，非苦乐相，谓舍根；或有非苦，亦非苦相，谓后三根，苦对治故。

问：诸根是善，彼根引乐耶？设根引乐，彼根是善耶？

答：或根是善，而不引乐，谓忧、苦俱，而修梵行，彼诸善根于现法中不能引乐；或根引乐，而非是善，谓诸无记及不善根，于现法中能引无记及染汙乐；或根是善，亦能引乐，谓喜、乐俱，修诸梵行所有善根，于现法中能引其乐；或根非善，亦不引乐，谓诸无记及不善根，于现法中能引诸苦。

中嗢柁南曰：

义依处证得，摄食由诸句。

复次，具足摄持一切行义，具足摄持一切行义，是故名蕴。又有别义：常能增长诸业烦恼，常能增长诸业烦恼，是故名蕴。又有别义：常有所为及速灭坏，常有所为及速灭坏[②]，是故名蕴。发起诸法，发起诸法，是故名界，是牵引义。能生能广诸心、心所[③]，能生能广诸心、心所[④]，是故名处。由众缘故，速坏集起，由众缘故，速坏集起，故名缘起。等起理趣，等起理趣，是故名处；若非理趣。说名非处。于见等事自在相应，于见等事自在相应，是故名根。

当知蕴等略由六因而得建立，谓身体建立、彼因建立、身者建立、彼转方便建立、即于彼转胜劣方便建立、即彼受用增上建立。

复略显示六种善巧，当知为遣六种邪执。何等为六？一、依止邪执；

---

① 谓苦根，底本与《房山石经》《资福藏》《碛砂藏》《普宁藏》《永乐南藏》《径山藏》《高丽藏》相同；《赵城金藏》“谓”作“诸”。

② 常有所为及速灭坏，底本与《房山石经》《资福藏》《碛砂藏》《赵城金藏》《普宁藏》《永乐南藏》《径山藏》相同；《高丽藏》“常”作“当”。

③ 心所，底本与《资福藏》《碛砂藏》《普宁藏》《永乐南藏》《径山藏》相同；《房山石经》《赵城金藏》《高丽藏》作“心法”。

④ 心所，底本与《资福藏》《碛砂藏》《普宁藏》《永乐南藏》《径山藏》相同；《房山石经》《赵城金藏》《高丽藏》作“心法”。

二、自性自在等不平等因邪执；三、能持依止我邪执；四、彼死生转邪执；五、彼净不净方便邪执；六、彼爱非爱境界受用主宰邪执。

问：观几胜利，分别建立拣择诸法修习善巧？

答：略有十种，谓当遍知萨迦耶见，分析一合之想[①]；于有法现有谛故、住故，便不诽谤；自无疑惑，善答他问，未信令信，已信令增，亦令如来圣教久住；又当悟入缘起道理，能了释、梵、世主、自性及士夫等非作者，无实性；又令慧根增长广大，于善不善如实了知，广说乃至缘生差别；又于善不善法，广说乃至缘生差别，当善住念；由有法随法行故；即以住念为依止为建立，当证善心一境之性；又即以此心一境性为依止为建立，令圣慧根当得生起；依圣慧根，永断颠倒，随证漏尽。由观如是诸胜利故，分别建立拣择诸法修习善巧。

已略决择五识身地、意地，于二地中，余决择文更不复现[②]。

① 分析一合之想，底本与《资福藏》《碛砂藏》《赵城金藏》《普宁藏》《永乐南藏》《径山藏》《高丽藏》相同；《房山石经》“想”作“相”。

② 余决择文更不复现，底本与《房山石经》《资福藏》《碛砂藏》《普宁藏》《永乐南藏》《径山藏》《高丽藏》相同；《赵城金藏》无“文”字。

瑜伽师地论卷第五十八

摄决择分中有寻有伺等三地之一①

如是已说五识身相应地、意地决择。有寻有伺等三地决择，我今当说。

问：何故焰摩名为法王？为能损害诸众生故，为能饶益诸众生故？若由损害众生名为法王，不应道理。若由饶益众生，今应当说云何饶益？

答：由能饶益，不由损害。何以故？若诸众生执到王所，令忆念故，遂为现彼相似之身。告言："汝等自所作业，当受其果。"由是因缘，彼诸众生各自了知："自所作业，还自受果。"便于焰摩使者，众生业力增上所生，犹如变化，非众生所，无反害心，无瞋恚心，不怀怨恨。乃由此故，感那落迦新业更不积集；故业尽已，脱那落迦趣。是故焰摩由能饶益诸众生故，名为法王。

若诸众生生那落迦，忆宿命者，焰摩法王更不教诲；若有生已，不忆宿命，王便教诲。

略有三种补特伽罗生那落迦，不忆宿命。一、极愚痴，谓生边地，不解观察，随诸恶转；二、极放逸，谓受欲者于诸欲中增上耽著，不解观察，随诸恶转；三、极邪见，谓成就一切诽谤邪见，不解观察，随诸恶转。由彼不能自然忆念，故令忆念。

复次，二因缘故，大海水咸。一、生彼众生福增上故；二、陆地众生一分非福增上故。所以者何？由水咸故，非人所涉，生彼无量微细众生不被

① 摄决择分中有寻有伺等三地之一，底本与《资福藏》《碛砂藏》《赵城金藏》《普宁藏》《永乐南藏》《径山藏》《高丽藏》相同；《房山石经》"地"作"地第二"。

采害。又大海中，种种珍宝差别可得，由水咸故，陆地众生一分难得。

复次，烦恼杂染决择，我今当说。

如先所说烦恼杂染义当知。此烦恼由五种相建立差别。何等为五？一、自性故；二、自性差别故；三、染净差别故；四、迷断差别故；五、对治差别故。

云何自性？略有二种：一、见性烦恼；二、非见性烦恼。

云何自性差别？略有十种，见性烦恼五种差别，非见性者亦有五种。总此十种，名为烦恼自性差别。

见性五者，谓萨迦耶见、边执见、邪见、见取、戒禁取。

非见性五者，谓贪、恚、慢、无明、疑。

萨迦耶见者，于五取蕴，心执增益，见我、我所，名萨迦耶见。

此复二种：一者，俱生；二[①]、分别起。

俱生者，一切愚夫异生乃至禽兽并皆现行[②]。

分别起者，诸外道等计度而起。

边执见者，于五取蕴，萨迦耶见增上力故，心执增益，见我断常，名边执见。

常见所摄边执见者，谓六十二诸见趣中计度前际诸遍常论、一分常论及计后际诸有想论、无想论、非想非非想论。

断见所摄边执见者，谓诸沙门、若婆罗门七事断论。此边执见唯分别起，无有俱生，唯除即此先世已来串习随逐边执见等。若有分别，若无分别差别之相，如“本地分”已广分别。

① 二，底本与《资福藏》《碛砂藏》《普宁藏》《永乐南藏》《径山藏》《高丽藏》相同；《房山石经》《赵城金藏》作“二者”。

② 一切愚夫异生乃至禽兽并皆现行，底本与《房山石经》《资福藏》《碛砂藏》《普宁藏》《永乐南藏》《径山藏》《高丽藏》相同；《赵城金藏》“乃至”作“利五”。

邪见者，一切倒见，于所知事颠倒而转，皆名邪见。

当知此见略有二种：一者，增益；二者，损减。

萨迦耶见、边执见、见取、戒禁取，此四见等，一切皆名增益邪见。

谤因、谤用、谤果、坏实事等，心执增益所有诸见，一切皆名损减邪见。无施无受[①]，亦无祠祀，是名谤因。无有妙行，亦无恶行，是名谤用。无有妙行、恶行诸业果及异熟，是名谤果。无父无母，无化生有情，亦无世间真阿罗汉诸漏永尽，乃至广说，如是一切名坏实事。又此邪见，即计前际诸无因论、边无边论、不死矫乱论，及计后际现法涅槃等论所有沙门，若婆罗门。当知如是萨迦耶见以为根本六十二见，三见所摄，谓常见所摄诸边执见、断见所摄诸边执见及诸邪见。

见取者，于六十二诸见趣等，一一别计为最为上，为胜为妙，威势取执，随起言说：唯此谛实，余皆虚妄。由此见故，能得清净、解脱、出离，是名见取。

戒禁取者，谓所受持随顺见取、见取眷属、见取随法若戒若禁，于所受持诸戒禁中，妄计为最为上，为胜为妙，威势执取，随起言说：唯此谛实[②]，余皆虚妄。由此戒禁，能得清净、解脱、出离，是名戒禁取。

贪者，谓能躭著心所为性[③]。

此复四种，谓著诸见、欲、色、无色。

恚者，谓能损害心所为性[④]。

---

① 无施无受，底本与《房山石经》《资福藏》《碛砂藏》《赵城金藏》《普宁藏》《永乐南藏》《径山藏》相同；《高丽藏》“受”作“爱”，下同。

② 唯此谛实，底本与《房山石经》《资福藏》《赵城金藏》《永乐南藏》《径山藏》《高丽藏》相同；《碛砂藏》《普宁藏》“谛”作“夸”。

③ 谓能躭著心所为性，底本与《资福藏》《碛砂藏》《赵城金藏》《普宁藏》《永乐南藏》《径山藏》《高丽藏》相同；《房山石经》“心所”作“心法”。

④ 谓能损害心所为性，底本与《资福藏》《碛砂藏》《赵城金藏》《普宁藏》《永乐南藏》《径山藏》《高丽藏》相同；《房山石经》“心所”作“心法”。

此复四种，谓于损己他见、他有情所及于所爱不饶益所、于所不爱作饶益所所有瞋恚。

慢者，谓令心举心所为性[①]。

此复四种，谓于诸见、于诸有情、于受用欲、于诸后有处起。

又此慢略有二种：一、惑乱慢；二、不惑乱慢。

于有情处慢者，谓三慢类，已如前说。

于受用欲处慢者，谓由大财、大族、大徒众等现在前故，心遂高举。

于后有处慢者，谓由计我当有不有，广说乃至我当非想非非想等，若动不动，戏论造作，诸爱趣中现前转故，心遂高举。

不惑乱慢者，谓于下劣，计己为胜，于等计等，而生憍慢；惑乱慢者，谓余六慢。

又由受用鄙劣资具，自谓富乐，名惑乱慢；若由受用胜妙资具，自谓富乐，名不惑乱慢。

又由邪行，谓后有胜，名惑乱慢；若由正行，谓后有胜，名不惑乱慢。

无明者，谓于所知真实觉悟能覆能障心所为性[②]。

此略四种：一、无解愚；二、放逸愚；三、染汙愚；四、不染汙愚。

若于不见闻觉知所知义中所有无智，名无解愚。

若于见闻觉知所知义中散乱、失念所有无智，名放逸愚。

于颠倒心所有无智[③]，名染汙愚。

---

① 谓令心举心所为性，底本与《资福藏》《碛砂藏》《赵城金藏》《普宁藏》《永乐南藏》《径山藏》《高丽藏》相同；《房山石经》“心所”作“心法”。

② 谓于所知真实觉悟能覆能障心所为性，底本与《资福藏》《碛砂藏》《赵城金藏》《普宁藏》《永乐南藏》《径山藏》《高丽藏》相同；《房山石经》“心所”作“心法”。

③ 于颠倒心所有无智，底本与《资福藏》《碛砂藏》《赵城金藏》《普宁藏》《永乐南藏》《径山藏》《高丽藏》相同；《房山石经》“心所”作“心法”。

不颠倒心所有无智[①]，名不染汙愚。

又此无明总有二种：一、烦恼相应无明；二、独行无明。

非无愚痴而起诸惑，是故贪等余惑相应所有无明，名烦恼相应无明。

若无贪等诸烦恼缠，但于苦等诸谛境中，由不如理作意力故，钝慧士夫补特伽罗诸不如实拣择、覆障、缠裹、闇昧等心所性，名独行无明。

疑者，犹豫二分不决定心所为性[②]。

当知此疑略由五相差别建立，谓于他世、作用、用果[③]、诸谛、实中[④]，心怀犹豫。

如是所说十种烦恼，亦缘事转，亦缘烦恼，谓十烦恼皆与自地一切烦恼展转相缘[⑤]，亦缘自地诸有漏事。

下地烦恼能缘上地烦恼及事，非上地惑能缘下地烦恼及事。

如是烦恼展转相缘，及下地惑能缘上地。

于此处所，余决择文更不复现。

复次，俱生萨迦耶见唯无记性，数现行故，非极损恼自他处故。

若分别起萨迦耶见，由坚执故，与前相违。在欲界者，唯不善性。若在上地，奢摩他力所制持故，多白净法所摄受故，成无记性；由染汙故，体是隐没。

---

① 不颠倒心所有无智，底本与《资福藏》《碛砂藏》《赵城金藏》《普宁藏》《永乐南藏》《径山藏》《高丽藏》相同；《房山石经》"心所"作"心法"。

② 犹豫二分不决定心所为性，底本与《资福藏》《碛砂藏》《赵城金藏》《普宁藏》《永乐南藏》《径山藏》《高丽藏》相同；《房山石经》"心所"作"心法"。

③ 用果，底本与《资福藏》《碛砂藏》《普宁藏》《永乐南藏》《径山藏》相同；《房山石经》《赵城金藏》《高丽藏》"用"作"因"。

④ 实中，底本与《资福藏》《碛砂藏》《普宁藏》《永乐南藏》《径山藏》相同；《房山石经》《赵城金藏》《高丽藏》"实"作"宝"。

⑤ 谓十烦恼皆与自地一切烦恼展转相缘，底本与《房山石经》《资福藏》《碛砂藏》《普宁藏》《永乐南藏》《径山藏》《高丽藏》相同；《赵城金藏》"地"作"他"。

所余烦恼，由此道理，随应当知。

欲界烦恼为诸恶行安足处故，多不善性。又不善者，具三因缘，能往恶趣，余则不定。何等为三？谓极多修习，殷重无间计为功德，不见其失，不见其患，纵情而起，是初因缘；用此烦恼以为依处，由身语意，于诸恶行作及增长，是第二因缘；由此烦恼断他善品，授不善品，是第三因缘。除先所作能往恶趣顺后受业。

又十烦恼，七唯意地，贪、恚、无明亦通五识。

又于欲界，四见及慢，喜、舍相应；贪，乐、喜、舍相应；恚，苦、忧、舍相应；邪见，喜、忧、舍相应；疑，忧、舍相应；无明，一切五根相应。此据多分相应道理，其余深细，后当广说。于上诸地，随所有根，即与彼地烦恼相应。

又十烦恼，见所断者，名曰无事，彼所缘事非成实故；所余烦恼，有事、无事，彼相违故。又贪与慢缘有漏一分可意事生，恚缘一分非可意生，是故此三烦恼一分所生，名取一分；所余烦恼通缘内外若爱、非爱及俱相违有漏事生，是故说彼名曰遍行，取一切事。若有随顺如是烦恼、烦恼俱行、烦恼品类，名随烦恼。

云何名随烦恼？略由四相差别建立：一、通一切不善心起；二、通一切染汙心起；三、于各别不善心起；四、善、不善、无记心起，非一切处，非一切时。

谓无惭、无愧，名通一切不善心起。随烦恼放逸、掉举、惛沈、不信、懈怠、邪欲、邪胜解、邪念、散乱、不正知，此十随烦恼通一切染汙心起，通一切处，三界所系。

忿、恨、覆、恼、嫉、悭、诳、谄、憍、害，此十随烦恼各别不善心起，若一生时，必无第二。如是十种皆欲界系，除诳、谄、憍。由诳及谄至初静虑，憍通三界。此并前二，若在上地，唯无记性。

寻、伺、恶作、睡眠，此四随烦恼通善、不善、无记心起，非一切处，非一切时。若有极久寻求伺察，便令身疲念失[①]，心亦劳损，是故寻、伺名随烦恼。此二乃至初静虑地，恶作、睡眠唯在欲界。又有定地诸随烦恼，谓寻、伺、诳、谄、惛沈、掉举、憍、放逸、懈怠等。初静虑地有初四种，余通一切地。

若《杂事》中，世尊所说诸随烦恼，广说乃至愁、叹、忧、苦随扰恼等，及“摄事分”广所分别，如是一切诸随烦恼皆是此中四相差别，随其所应，相摄应知。

复次，随烦恼若在欲界[②]，略于十二处转。

何等十二？谓执著恶行处[③]；斗讼诤竞处[④]；毁犯尸罗处[⑤]；受学随转，非善人法处[⑥]；邪命处[⑦]；躭著诸欲处[⑧]；如所闻法义，心谛思惟处[⑨]；

① 便令身疲念失，底本与《资福藏》《碛砂藏》《赵城金藏》《普宁藏》《永乐南藏》《径山藏》《高丽藏》相同；《房山石经》作“失念”。

② 随烦恼若在欲界，底本与《资福藏》《碛砂藏》《赵城金藏》《普宁藏》《永乐南藏》《径山藏》相同；《房山石经》《高丽藏》“随”作“诸随”。

③ 谓执著恶行处，底本与《资福藏》《碛砂藏》《赵城金藏》《普宁藏》《永乐南藏》《径山藏》《高丽藏》相同；《房山石经》“谓”作“一谓”。

④ 斗讼诤竞处，底本与《资福藏》《碛砂藏》《赵城金藏》《普宁藏》《永乐南藏》《径山藏》《高丽藏》相同；《房山石经》“斗”作“二斗”。

⑤ 毁犯尸罗处，底本与《资福藏》《碛砂藏》《赵城金藏》《普宁藏》《永乐南藏》《径山藏》《高丽藏》相同；《房山石经》“毁”作“三毁”。

⑥ 非善人法处，底本与《资福藏》《碛砂藏》《赵城金藏》《普宁藏》《永乐南藏》《径山藏》《高丽藏》相同；《房山石经》“受”作“四受”。

⑦ 邪命处，底本与《资福藏》《碛砂藏》《赵城金藏》《普宁藏》《永乐南藏》《径山藏》《高丽藏》相同；《房山石经》“邪”作“五邪”。

⑧ 躭著诸欲处，底本与《资福藏》《碛砂藏》《赵城金藏》《普宁藏》《永乐南藏》《径山藏》《高丽藏》相同；《房山石经》“躭”作“六躭”。

⑨ 心谛思惟处，底本与《资福藏》《碛砂藏》《赵城金藏》《普宁藏》《永乐南藏》《径山藏》《高丽藏》相同；《房山石经》“如”作“七如”。

于所思义，内心寂止，方便持心处[①]；展转受用财法处[②]；不相杂住处[③]；远离卧具房舍处[④]；众苦所集处[⑤]。

此十二处以为依止，如先所说贪著乃至随扰恼等诸随烦恼，差别而转，谓贪著、瞋恚、愚痴，依初处转；忿等乃至谄，依第二处转；无惭、无愧，依第三处转；诳等乃至谋害，依第四处转；矫诈等乃至恶友[⑥]，依第五处转；不忍躭嗜等乃至不平等贪著，依第六处转；萨迦耶见、有见、无有见，依第七处转；贪欲等乃至不作意，依第八处转；顾悦缠绵，依第九处转；不质直性、不柔和性、不随同分转性，依第十处转；欲寻思等乃至家生系属寻思，依第十一处转；愁、叹等，依第十二处转。

复次，此五见是慧性故，互不相应，自性自性不相应故。贪、恚、慢、疑更相违故，互不相应。贪染令心卑下，憍慢令心高举，是故贪、慢更互相违。

复次，如所说诸随烦恼，当知皆是烦恼品类。且如放逸，是一切烦恼品类。所以者何？于染爱时，多生放逸，乃至疑时，亦有放逸。贪著、悭悋、憍高、掉举等，皆贪品类，皆贪等流。忿、恨、恼、嫉、害等，是瞋品类，是瞋等流。诳、谄，是邪见品类，邪见等流。覆，是谄品类，当知即彼品类等流。余随烦恼，是痴品类，是痴等流。唯除寻、伺。当知寻、伺，慧思为性，

① 于所思义内心寂止方便持心处，底本与《资福藏》《碛砂藏》《赵城金藏》《普宁藏》《永乐南藏》《径山藏》《高丽藏》相同；《房山石经》“于”作“八于”。

② 展转受用财法处，底本与《资福藏》《碛砂藏》《赵城金藏》《普宁藏》《永乐南藏》《径山藏》《高丽藏》相同；《房山石经》“展”作“九展”。

③ 不相杂住处，底本与《资福藏》《碛砂藏》《普宁藏》《永乐南藏》《径山藏》《高丽藏》相同；《房山石经》《赵城金藏》“不”作“十不”。

④ 远离卧具房舍处，底本与《资福藏》《碛砂藏》《赵城金藏》《普宁藏》《永乐南藏》《径山藏》《高丽藏》相同；《房山石经》“远”作“十一远”。

⑤ 众苦所集处，底本与《资福藏》《碛砂藏》《赵城金藏》《普宁藏》《永乐南藏》《径山藏》《高丽藏》相同；《房山石经》“众”作“十二众”。

⑥ 矫诈等乃至恶友，底本与《资福藏》《碛砂藏》《赵城金藏》《普宁藏》《永乐南藏》《径山藏》相同；《房山石经》《高丽藏》“友”作“作”。

犹如诸见。若慧依止意言而生，于所缘境憧惶推究[①]，虽慧为性，而名寻、伺。于诸境界遽务推求，依止意言麤慧，名寻。即于此境不甚遽务，而随究察，依止意言细慧，名伺。是名建立烦恼杂染自性差别。

云何建立烦恼杂染染净差别[②]？谓如所说本、随二惑，略二缘故，染恼有情。一、由缠故；二、随眠故。现行现起烦恼，名缠；即此种子未断未害，名曰随眠，亦名麤重。又不觉位，名曰随眠；若在觉位，说名为缠。若诸具缚补特伽罗生在欲界，成就三界烦恼随眠。若生色界所有异生，成就欲界被奢摩他之所损伏烦恼随眠，成就色界及无色界所未损伏烦恼随眠。若生无色所有异生，成就欲界及与色界被奢摩他之所损伏烦恼随眠，成就无色所未损伏烦恼随眠。如界道理，随地亦尔。

诸烦恼缠，未离自地烦恼欲者，自地现起；已离欲者，即不现起。若在下地，上地诸缠亦得成就，非在上地得说成就下地诸缠。

问：具一切缚补特伽罗，诸烦恼缠起灭未舍，是诸烦恼于何事系？过去耶？未来耶？现在耶？

答：过去已系，故不名系；但于现在，由此种类烦恼随眠，说名为系。若诸烦恼正起现前，亦由缠故，说名为系；于未来世随眠及缠，以当系故，亦不名系。如此种类，当知诸余烦恼亦尔。如具缚者，不具缚者亦复如是。差别者，所余烦恼说名为系。

问：诸修行者伏烦恼缠，当云何伏？

答：以修三种对治力故，伏烦恼缠。一、了知烦恼自性过患；二、思惟对治所缘境相；三、以胜善品滋心相续。当知此是永断正见前行之道。

① 于所缘境憧惶推究，底本与《房山石经》《径山藏》《高丽藏》相同；《资福藏》《碛砂藏》《赵城金藏》《普宁藏》《永乐南藏》“惶”作“遑”。

② 云何建立烦恼杂染染净差别，底本与《房山石经》《资福藏》《碛砂藏》《普宁藏》《永乐南藏》《径山藏》《高丽藏》相同；《赵城金藏》“云”作“立”。

问：诸修行者断烦恼时，为舍缠耶？舍随眠耶？由断何故，说名为断？

答：但舍随眠。以烦恼缠先已舍故。断随眠故，说名为断。何以故？虽缠已断，未断随眠，诸烦恼缠数复现起；若随眠断，缠与随眠毕竟不起。

问：为断过去，为断未来，为断现在？

答：非断去来今[①]，然说断三世。何以故？若在过去有随眠心，任运灭故，其性已断，复何所断；若在未来有随眠心，性未生故，体既是无，当何所断；若在现在有随眠心，此刹那后，性必不住，更何须断[②]。又有随眠、离随眠心二不和合，是故现在亦非所断。然从他意[③]、内正作意二因缘故，正见相应，随所治惑，能治心生，诸有随眠所治心灭。此心生时，彼心灭时，平等平等，对治生灭道理应知。正见相应能对治心，于现在世无有随眠，于过去世亦无随眠；此刹那后离随眠心，在未来世亦无随眠。从此已后，于已转依、已断随眠身相续中，所有后得世间所摄善、无记心去来今位皆离随眠，是故三世皆得说断。是名烦恼杂染染净差别。

云何建立烦恼杂染迷断差别？当知略说有十五种。谓欲界系见苦、集、灭、道谛所断及修所断诸漏有五。如欲界系，色、无色系各五亦尔。欲界迷苦有十烦恼。迷集有八，除萨迦耶及边执见。如迷集谛，灭、道亦尔。上界诸谛，并除瞋、恚，随迷次第，如欲界说。

云何迷苦有十随眠？略五取蕴，总名为苦。愚夫于此五取蕴中起二十句萨迦耶见；五句见我，余见我所。是名迷苦萨迦耶见。即用如是萨迦耶见以为依止，于五取蕴见我断常，故边执见亦迷于苦。又诸邪见，

---

① 非断去来今，底本与《房山石经》《资福藏》《碛砂藏》《普宁藏》《永乐南藏》《径山藏》《高丽藏》相同；《赵城金藏》“来”作“未”。

② 更何须断，底本与《资福藏》《碛砂藏》《赵城金藏》《普宁藏》《永乐南藏》《径山藏》《高丽藏》相同；《房山石经》“更何”作“何更”。

③ 然从他意，底本与《碛砂藏》《普宁藏》《永乐南藏》《径山藏》相同；《房山石经》《资福藏》《赵城金藏》《高丽藏》“他意”作“他音”。

谓无施等，乃至妙行、恶行业果及与异熟，是迷苦谛。又有邪见，拨无父母、化生有情，如是邪见一分迷苦，一分迷集。又诸外道诽谤苦谛，起大邪见，彼谓沙门乔答摩种为诸弟子施设苦谛，此定无有，如是邪见亦迷苦谛。又有诸见，妄计自在[①]、世主、释梵及余物类为常为恒，无有变易，如是邪见亦迷苦谛。又有诸见，计边无边，如是亦名迷苦邪见。又有沙门，若婆罗门，不死矫乱邪见一分，亦迷苦谛。若有见取，妄取迷苦所有诸见以为第一[②]，谓能清净、解脱、出离，如是名为迷苦见取。若有妄取随顺此见[③]、此见随法所受戒禁以为第一，能得清净、解脱、出离，此戒禁取是迷苦谛。若有外道于此诸见不定信受，亦不一向诽谤如来所立苦谛，但于苦谛心怀犹豫，此及所余于苦犹豫是迷苦疑。若于如是自所起见宝爱坚著，如此见贪是迷苦贪。若于异分他所起见，心怀违损，是迷苦恚。若恃此见，心生高举，是迷苦慢。若有无智，与此诸见及疑、贪等烦恼相应，若唯于苦独行无智，如是并名迷苦无明。此十烦恼皆迷苦谛，见苦所断。

云何迷集有八随眠？谓诸沙门、若婆罗门谤因邪见。又有沙门，若婆罗门，计自在等是一切物生者、化者及与作者，此恶因论所有邪见。又有邪见，无施无受，亦无祠祀，无有妙行，亦无恶行。又有邪见，不死矫乱外道沙门、若婆罗门所起一分。又有邪见，诽谤集谛，谓诸外道作如是计：如彼沙门乔答摩种为诸弟子所说集谛，此定无有。如是等见，是迷集谛所起邪见。若有见取，取彼诸见以为第一，能得清净、解脱、出离，是迷集谛所起

① 妄计自在，底本与《房山石经》《普宁藏》《径山藏》相同；《资福藏》《碛砂藏》《赵城金藏》《永乐南藏》《高丽藏》“妄”作“忘”。

② 妄取迷苦所有诸见以为第一，底本与《房山石经》《普宁藏》《径山藏》相同；《资福藏》《碛砂藏》《赵城金藏》《永乐南藏》《高丽藏》“妄”作“忘”。

③ 若有妄取随顺此见，底本与《房山石经》《普宁藏》《径山藏》相同；《资福藏》《碛砂藏》《赵城金藏》《永乐南藏》《高丽藏》“妄”作“忘”。

见取。若于随顺此见诸法所受戒禁取为第一，能得清净，广说如前，是迷集谛戒禁取。余疑、贪等，如前应知。如是八种烦恼随眠迷于集谛，见集所断。

云何迷灭有八随眠？谓诸沙门、若婆罗门计边无边、不死矫乱诸见一分。又有沙门，若婆罗门，谓说现法涅槃论者所有邪见。又有邪见，拨无世间真阿罗汉，乃至广说。彼阿罗汉二德所显，谓断及智，此中但取谤断邪见。又有邪见，诽谤灭谛，谓诸外道，广说如前。又有横计诸邪解脱所有邪见。如是诸见，是迷灭谛所起邪见。若有见取，取彼诸见以为第一，广说如前，是迷灭谛所起见取。若于随顺彼见诸法所受戒禁取为第一，广说如前，是迷灭谛戒禁取。所余贪等，如前应知，唯除瞋恚。谓于灭谛起怖畏心，起损害心，起恚恼心，如是瞋恚迷于灭谛。余如前说。如是八种烦恼随眠迷于灭谛，见灭所断。

云何迷道有八随眠？谓拨无世间真阿罗汉，乃至广说。此中所有诽谤一切智为导首有为无漏，当知此见是迷道谛所起邪见。又诸沙门。若婆罗门不死矫乱邪见一分，亦迷于道。又诸外道谤道邪见，彼谓沙门乔答摩种为诸弟子说出离道，实非出离，由此不能尽出离苦；佛所施设无我之见及所受持戒禁随法，是恶邪道，非正妙道。如是亦名迷道邪见。又彼外道作如是计：我等所行若行若道是真行道，能尽能出一切诸苦。如是亦名迷道邪见。若有见取，取彼邪见以为第一，能得清净、解脱、出离，如是名为迷道见取。若于随顺彼见诸法所受戒禁取为第一，能得清净、解脱、出离，是名迷道戒禁取。所余贪等迷道烦恼，如迷灭谛道理应知。如是八种烦恼随眠迷于道谛，见道所断。

如是已说见断诸漏。云何修道所断诸漏？谓欲界瞋恚，三界三种贪、慢、无明，由彼长时修习正道方能得断，是故名为修道所断。又彼烦恼界界地地皆有三品，谓下、中、上。能断之道亦有三品：下品之道能断上品修断诸漏，中能断中，上道断下。又彼修道所断诸漏，于有漏事任运而转[①]，长时坚固，于自所迷事难可解脱。是名建立烦恼杂染迷断差别。

复次，即如所说见修所断诸漏烦恼，当知略有五种所缘：一、缘邪分别所起事境；二、缘见境；三、缘戒禁境；四、缘自分别所起名境；五、缘任运坚固事境[②]。

此中，若缘苦、集事境所有诸漏，是缘邪分别所起事境。见取、贪等见断诸漏，除疑，是缘见境。戒禁取，是缘戒禁境。缘灭、道境及缘不同分界境所有诸漏，是缘自分别所起名境。何以故？非此烦恼能缘灭、道，亦不能缘不同分界，非无所缘故。修所断漏，是缘自任运坚固事境[③]。

云何建立烦恼杂染对治差别？谓略四种：一、相续成熟对治；二、近断对治；三、一分断对治；四、具分断对治。如“声闻地”已具说十三种资粮道，名相续成熟对治。如“声闻地”已具说煗、顶、忍、世第一法决择分善根，名近断对治。见道，名一分断对治。修道，名具分断对治。

问：升见道圣者智行有何相？由几心故，见道究竟？云何当舍见所断惑，顿耶？渐耶？

答：升见道者所有智行，远离众相。

尔时圣智虽缘于苦，然于苦事不起分别，谓此为苦，取相而转。如于苦谛，于集、灭、道亦复如是。尔时即于先世俗智所观谛中一切想相皆得解脱，绝戏论智，但于其义，缘真如理，离相而转，其于尔时智行如是。建立见道，由二道理：一、广布圣教道理，有戏论建立；二、内证胜义道理，

---

① 于有漏事任运而转，底本与《房山石经》《资福藏》《赵城金藏》《径山藏》《高丽藏》相同；《碛砂藏》《普宁藏》《永乐南藏》“任”作“住”。

② 缘任运坚固事境，底本与《房山石经》《资福藏》《赵城金藏》《径山藏》《高丽藏》相同；《碛砂藏》《普宁藏》《永乐南藏》“任”作“住”。

③ 是缘自任运坚固事境，底本与《房山石经》《资福藏》《赵城金藏》《径山藏》《高丽藏》相同；《碛砂藏》《普宁藏》《永乐南藏》“任”作“住”。

离戏论建立。依初建立增上力故，说法智品有四种心，种类智品亦有四心。随尔所时，八种心转，即尔所时，总说名一无间所入纯奢摩他所显之心。如是总说有九种心，见道究竟。随尔所时，如所施设苦谛之相了别究竟[①]，即尔所时，说名一心。第二建立增上力故，说有一心，谓唯依一证真如智相应心类[②]，见道究竟[③]。此中亦有奢摩他道，如前应知。

又立二分见道所断烦恼随眠：一、随逐清净色；二、随逐心、心所[④]。由见道中，止观双运，故圣弟子俱时能舍止、观二道所断随眠：第一、观所断；第二、止所断。是故见道说名究竟。若言观品所摄诸智见断随眠随逐生者，应不得名对治体性。由此因缘，薄伽梵说："随信行者、随法行者入见道时，名为第六行无相行补特伽罗，非信胜解[⑤]、见得、身证、慧脱、俱脱五得其名。"由彼于灭住寂静想，是故说彼名住无相。

譬如良医拔毒箭者，知痈熟已，利刀先剖，脓虽渐出，犹未顿尽；后更广开周回[齊/皿]搦，脓出麁尽[⑥]，未能甚净；疮门尚开，为令敛故，或以腻团，或以腻帛，而怗塞之[⑦]，如是渐次肌肉得敛。令义易了，故作此喻。

---

① 如所施设苦谛之相了别究竟，底本与《资福藏》《碛砂藏》《赵城金藏》《普宁藏》《永乐南藏》《径山藏》《高丽藏》相同；《房山石经》"苦"作"若"。

② 谓唯依一证真如智相应心类，底本与《房山石经》《资福藏》《碛砂藏》《普宁藏》《永乐南藏》《径山藏》《高丽藏》相同；《赵城金藏》无"类"字。

③ 见道究竟，底本与《房山石经》《资福藏》《碛砂藏》《普宁藏》《永乐南藏》《径山藏》《高丽藏》相同；《赵城金藏》"见道"作"断是"。

④ 随逐心、心所，底本与《资福藏》《碛砂藏》《赵城金藏》《普宁藏》《永乐南藏》《径山藏》《高丽藏》相同；《房山石经》"心所"作"法"。

⑤ 非信胜解，底本与《资福藏》《碛砂藏》《普宁藏》《永乐南藏》《径山藏》《高丽藏》相同；《房山石经》《赵城金藏》"胜解"作"解脱"。

⑥ 脓出麁尽，底本与《资福藏》《碛砂藏》《赵城金藏》《普宁藏》《永乐南藏》《径山藏》相同；《房山石经》《高丽藏》"麁"作"濩"。

⑦ 而怗塞之，底本与《房山石经》《资福藏》《碛砂藏》《普宁藏》《永乐南藏》《径山藏》相同；《赵城金藏》《高丽藏》"怗"作"帖"。

此中义者，如已熟痈，当知随顺见道所断诸漏处事亦尔。如利刀剖，当知毗钵舍那品所摄见道亦尔。如周穼搦，当知奢摩他品所摄见道亦尔。如脓，当知一切见道所断随眠漏亦尔。如疮未净未敛，当知修道所断诸漏漏事亦尔[①]。如腻团帛，当知修道亦尔。

若诸异生离欲界欲，或色界欲，但由修道，无有见道。彼于欲界得离欲时，贪欲、瞋恚及彼随法邻近憍慢，若诸烦恼相应无明不现行故，皆说名断。非如见道所断萨迦耶见等。由彼诸惑住此身中，从定起已，有时现行，非生上者彼复现起。如是异生离色界欲，如其所应除瞋恚，余烦恼当知亦尔。自地所有见断诸漏，若定若起若生，于一切时，若遇生缘，便现在前。

复次，略有二种麤重：一、漏麤重；二、有漏麤重。漏麤重者，阿罗汉等修道所断烦恼断时，皆悉永离。此谓有随眠者有识身中不安隐性、无堪能性。有漏麤重者，随眠断时，从漏所生、漏所熏发本所得性、不安隐性、苦依附性、与彼相似无堪能性，皆得微薄。又此有漏麤重名烦恼习，阿罗汉、独觉所未能断，唯有如来能究竟断，是故说彼名永断习气不共佛法。

是名烦恼杂染由五种相差别建立。

问：如世尊言："妄分别贪名士夫欲。"以何因缘，唯烦恼欲说名为欲，非事欲耶？

答：以烦恼欲性染汙故。又唯烦恼欲能欲事欲故。又烦恼欲发动事欲，令生种种杂染过患，谓诸所有妄分别贪未断未知故，先为欲爱之所烧恼；欲爱烧故，追求诸欲；追求欲故，便受种种身心疲苦。虽设功劳，若不称遂，便谓我今唐捐其功，乃受劬劳无果之苦；设得称遂，便深恋著，守掌因缘，受防护苦。若受用时，贪火所烧，于内便受不寂静苦。若彼失坏，

① 当知修道所断诸漏漏事亦尔，底本与《资福藏》《碛砂藏》《普宁藏》《永乐南藏》《径山藏》《高丽藏》相同；《房山石经》《赵城金藏》"漏漏"作"漏"。

受愁忧苦。由随念故，受追忆苦。又由是因，发起身、语及意恶行。又出家者弃舍欲时，虽复舍离烦恼欲因[①]，欲复还起。又唯烦恼欲因缘故，能招欲界生老病死恶趣等苦。如是等辈杂染过患，皆烦恼欲以为因缘，是故世尊唯烦恼欲说名为欲，非于事欲。

问：能生欲贪虚妄分别凡有几种？

答：略有八种：一、引发分别；二、觉悟分别；三、合结分别；四、有相分别；五、亲昵分别；六、喜乐分别；七、侵逼分别；八、极亲昵分别。

如《梵问经》言：

引发与觉悟，及余和合结，
有相若亲昵，亦多种喜乐，
侵逼极亲昵，名虚妄分别，
能生于欲贪，智者当远离。

引发分别者，谓舍善方便心相续已，于诸欲中发生作意。觉悟分别者，谓于不和合不现前境，由贪欲缠之所缠缚。合结分别者，谓贪欲缠所缠缚故，追求诸欲。有相分别者，谓于和合现前境界，执取其相，执取随好。亲昵分别者，谓于和合现前境界，由贪欲缠之所缠缚。喜乐分别者，谓由如是贪欲缠故，悕求无量所受欲具。侵逼分别者，谓由一向见其功德，而受诸欲，倍更悕求。极亲昵分别者[②]，谓为最极诸贪欲缠之所缠缚。

问：何故欲界诸烦恼中[③]，唯显示贪以为欲相？

答：若由是因，显示贪爱为集谛相，即以此因，当知此相。

---

① 虽复舍离烦恼欲因，底本与《资福藏》《碛砂藏》《赵城金藏》《普宁藏》《永乐南藏》《径山藏》《高丽藏》相同；《房山石经》“因”作“因缘”。

② 极亲昵分别者，底本与《房山石经》《资福藏》《碛砂藏》《赵城金藏》《永乐南藏》《径山藏》《高丽藏》相同；《普宁藏》“亲”作“靓”。

③ 何故欲界诸烦恼中，底本与《房山石经》《资福藏》《赵城金藏》《永乐南藏》《径山藏》《高丽藏》相同；《碛砂藏》《普宁藏》“界”作“及”。

问：何故显示分别俱贪以为欲相？

答：若此因缘令贪现前，发起于贪，若此因缘受用事欲，总显为一妄分别贪。又有一分弃舍诸欲而出家者，仍于诸欲起妄分别，为令了知虚妄分别亦是欲已，寻复弃舍，故显分别亦是欲相。

问：何故唯说贪爱为集谛相？

答：由二因缘：一者，贪爱是愿、不愿所依处故；二者，贪爱遍生起故。所以者何？由彼贪爱于身财等所应期愿，为现摄受故，便起期愿；于非愿处对治善中为非所愿，现摄方便故，便起不愿。由此愿、不愿故，生死流转，无有断绝。当知遍起复有三种：一者，位遍，依一切受差别转故，谓由五门：喜和合故，喜不离故，喜不合故，喜乖离故，常随自身而藏爱故。二者，时遍，谓缘去、来、今三世境故。三者，境遍，谓缘现法、后法内身而起[①]，亦缘已得、未得境界而起。

问：何故唯说离贪、瞋、痴，心得离欲，不说离色、受等烦恼事耶？

答：由离于此，亦离彼故。又诸烦恼性染汙故。又即由此多过患故。所以者何？若于其事起诸过患，当知皆是烦恼所作。是诸过患，如前蕴善巧中观察不善所有过患。又可避故。所以者何？于诸事中，一切烦恼皆可避脱，非一切事。又由修习不净观等诸世俗道，虽厌其事，入离欲地，然离欲地烦恼随逐，烦恼于心未得离欲。由此道理，唯离烦恼，心善离欲，非离其事。于此处所，余决择文更不复现。

问：何因缘故，于诸经中，从余烦恼拣取我[②]、我所见、我慢、执著、随眠，说为染汙烦恼品耶？

① 后法内身而起，底本与《房山石经》《资福藏》《碛砂藏》《普宁藏》《永乐南藏》《径山藏》《高丽藏》相同；《赵城金藏》“后”作“复”。

② 从余烦恼拣取我，底本与《房山石经》《碛砂藏》《赵城金藏》《普宁藏》《永乐南藏》《径山藏》《高丽藏》相同；《资福藏》“余”作“除”。

答：由三因故：一、向邪行故，谓我、我所见二种[①]。所以者何？依止身见以为根本，便能生起六十二见，依托此故，于非解脱计为解脱，而起邪行。二、背正行故，谓我慢、执著二种。所以者何？依止我慢、执著故，于此正法毗奈耶中所有善友，所谓诸佛及佛弟子、真善丈夫[②]，不往请问云何为善、云何不善。设彼来问，亦不如实显发自己。三、退胜位故，谓随眠一种。所以者何？虽到有顶，下地随眠所随逐故，复还退堕。

复有差别，谓通达所知，谓于灭作证，谓有二种法极为障碍：一、邪行因缘；二、苦生因缘。邪行因缘者，谓六十二见。因此执故，于诸有情，由身语意起诸邪行。苦生因缘者，谓不断随眠故。又此二业谓有二因缘：邪行因缘，因缘者谓计我、我所萨迦耶见；苦生因缘[③]，因缘者谓初后两位，谓不起正行：由我慢故，初不闻正法；由增上慢故，后不修正行。

复有差别，谓于善说法毗奈耶中，有四种法为最为上，胜极胜妙，不共外道。何等为四？一者，于谛拣择；二者，于已同梵行所谓修可乐法；三者，于异论所不生憎嫉；四者，于清净品能不退失。于恶说法毗奈耶中有四种法，于此四法极为障碍：一、计我、我所萨迦耶见；二、我慢；三、妄执谛取；四、不断随眠。由此因缘，虽到有顶，必还堕落。

又有二执：一、根境执，谓执我、我所；二、展转有情执，谓我慢，计我为胜等。

---

① 我所见二种，底本与《资福藏》《碛砂藏》《普宁藏》《永乐南藏》《径山藏》相同；《房山石经》《赵城金藏》《高丽藏》“种”作“种故”。

② 真善丈夫，底本与《资福藏》《碛砂藏》《赵城金藏》《普宁藏》《永乐南藏》《径山藏》《高丽藏》相同；《房山石经》“丈夫”作“友所”。

③ 苦生因缘，底本与《资福藏》《碛砂藏》《赵城金藏》《普宁藏》《永乐南藏》《径山藏》《高丽藏》相同；《房山石经》“苦”作“若”。

问：自有贪爱为众苦因，何故余处世尊复说欲为苦因？

答：以是现法苦因缘故。所以者何？若于有情有欲有贪，或有亲昵，彼若变异，便生忧恼等苦。

问：何故五盖说名为龟？

答：五支相似故，能障修习如理作意故。

问：何缘故忿说名母驼？

答：似彼性故，由恶语者于他言词不能堪忍增上力故，能障得彼教授教诫。

问：何故悭、嫉说名凝血？

答：由于虚薄无味利养而现行故，能障可爱乐法故。

问：何故诸欲说名屠机上肉？

答：系属主宰无定实故，障无间修善法故。

问：何故无明说名狼者[①]？

答：似彼性故，障闻智故。

问：何缘故疑说名岐路？

答：似彼性故，障思智故。

问：何故我慢说名轮围？

答：似彼性故，障修智故。

问：更有所余能发恶行无量烦恼，何故拣取贪、瞋、痴立不善根？

答[②]：发业因缘略有三种，谓爱味因缘故，损他因缘故，执著建立邪法因缘故。此贪、瞋、痴谓于上因缘，如应配释。

① 何故无明说名狼者，底本与《资福藏》《碛砂藏》《赵城金藏》《普宁藏》《永乐南藏》《径山藏》相同；《房山石经》《高丽藏》“狼者”作“浪耆”。

② 答，底本与《房山石经》《资福藏》《碛砂藏》《普宁藏》《永乐南藏》《径山藏》《高丽藏》相同；《赵城金藏》作“本”。

中嗢柁南曰[1]：

欲爱离欲，计我等欲，

龟蛇母等[2]，及贪瞋等。

---

① 中嗢柁南曰，底本与《资福藏》《碛砂藏》《普宁藏》《永乐南藏》《径山藏》相同；《赵城金藏》《高丽藏》“柁”作“拕”。

② 龟蛇母等，底本与《资福藏》《碛砂藏》《赵城金藏》《普宁藏》《永乐南藏》《径山藏》《高丽藏》相同；《房山石经》“蛇母”作“母驼”。

瑜伽师地论卷第五十九

摄决择分中有寻有伺等三地之二

问：贪等十烦恼几能发业，几不能发？

答：一切能发。若诸烦恼猛利现行，方能发起往恶趣业，非诸失念而现行者。又分别起能发此业，非任运起。

问：诸烦恼有几相？

答：略有三相：一、自相；二、共相；三、差别相。自相者，谓贪、瞋等各各自性所摄相。共相者，谓诸烦恼无有差别，一切皆同不寂静相。

差别相者，复有二种：一、门差别相；二、转差别相。门差别相者，谓结、缚、随眠、随烦恼、缠等[①]。如“本地分”已说。转差别相者，谓随眠转故，所缘转故，现行转故，品差别转故，力无力转故，因果转故，迷行转故。

复次，随眠转相略有十八：一、随逐自境随眠；二、随逐他境随眠；三、被损随眠；四、不被损随眠；五、随增随眠；六、不随增随眠；七、具分随眠；八、不具分随眠；九、可害随眠；十、不可害随眠；十一、增上随眠；十二、平等随眠；十三、下劣随眠；十四、觉悟随眠；十五、不觉悟随眠；十六、能生多苦随眠；十七、能生少苦随眠；十八、不能生苦随眠。

随逐自境随眠者，谓三界中自地所摄随眠。随逐他境随眠者，谓生上、下地，下、上烦恼所逐随眠。被损随眠者，谓世间离欲下地随眠。不被损随眠者，谓已离欲或未离欲自地随眠。随增随眠者，谓自地随眠。不随

---

① 缠等，底本与《资福藏》《碛砂藏》《赵城金藏》《普宁藏》《永乐南藏》《径山藏》《高丽藏》相同；《房山石经》“缠”作“缚”。

增随眠者，谓他地随眠。具分随眠者，谓诸异生所有随眠。不具分随眠者，谓诸有学非异生者所有随眠。可害随眠者，谓般涅槃法所有随眠。不可害随眠者，谓不般涅槃法所有随眠。增上随眠者，谓贪等行所有随眠。平等随眠者，谓等分行所有随眠。下劣随眠者，谓薄尘行所有随眠。觉悟随眠者，谓诸缠果与缠俱转随眠。不觉悟随眠者，谓离诸缠而恒随逐随眠。能生多苦随眠者，谓欲界随眠。能生少苦随眠者，谓色、无色界随眠。不能生苦随眠者，谓得自在菩萨所有随眠

问：如说麤重体性名随眠，此烦恼品麤重望彼诸行，当言有异，为不异耶？

答：当言有异。何以故？由阿罗汉未害一切烦恼麤重，而诸行相续犹未断绝故。

问：有几麤重摄诸麤重？

答：略有十八：一、自性异熟麤重；二、自性烦恼麤重；三、自性业麤重；四、烦恼障麤重；五、业障麤重；六、异熟障麤重；七、盖麤重；八、不正寻思麤重；九、愁恼麤重；十、怖畏麤重；十一、劬劳麤重；十二、饮食麤重；十三、眠梦麤重；十四、婬欲麤重；十五、界不平等麤重；十六、时分变异麤重；十七、终没麤重；十八、遍行麤重。如是麤重，如前应知。

复次，所缘、现行二转，于其自处当广宣说。品差别转，当知如前蕴善巧说。力无力转，当知如前“本地分”说。

因果转者，谓烦恼、业、生皆以烦恼为因。果亦如是，随应当知。欲界一分不善烦恼，有异熟果；应知所余，无异熟果。

迷行转者，如“本地分”七种已列。义别云何？谓萨迦耶见，边执见、邪见，此三于所知境起邪了行，于四圣谛迷行转故。无明一种，是不了行。疑，是了不了行。见取、戒禁取及贪、瞋等，缘见为境，见所断者，彼一切皆是执邪了行。即此一切迷苦、集谛者，是迷彼因缘所依处行。即此一切迷

灭、道谛者，是迷彼怖畏生行。即彼一切任运所起修道断者，是任运现行迷执行。

复次，如前所说一切烦恼障治差别，但依化宜显示麤相，建立烦恼迷执邪行。为令所化有情于种种烦恼诸行过失易生解故，今当总辩一切烦恼如实巨细之相，建立迷执诸行差别。

问：如是诸烦恼，几有事？几无事？

答：诸见与慢是无事，于诸行中实无有我而分别转故。贪、恚是有事。无明、疑通二种。

问：是诸烦恼几与乐根相应？乃至几与舍根相应？

答：若任运生一切烦恼，皆于三受现行可得。是故通一切识身者，与一切根相应；不通一切识身者，与意地一切根相应。不任运生一切烦恼，随其所应，诸根相应，我今当说。

贪于一时，乐、喜相应；或于一时，忧、苦相应；或于一时，与舍相应。

问：如何等？

答：如有一，或于乐受起会遇爱、不乖离爱而现在前，遂于乐受不会遇，非会遇，若乖离，非和合；或于苦受起不会爱、若乖离爱而现在前，遂于苦受合会，非不合会，不乖离，非乖离。由是因缘，贪于一时，忧、苦相应。与此相违，喜、乐相应。若于不苦不乐位而生味著，当知此贪，舍根相应。

恚于一时，忧、苦相应；或有一时，喜、乐相应。

问：如何等？

答：如有一，自然为苦逼切身心，遂于内苦作意思惟，发恚恨心，或于非爱诸行有情及诸法所作意思惟，发恚恨心。由是故，恚忧、苦相应。问：恚与喜、乐相应，如何等？答：如有一，于怨家等非爱有情起恚恼心，作意思惟："愿彼没苦，没已不济，或不得乐，得已还失。"若遂所愿，便生喜、乐。由是故，恚喜、乐相应。

萨迦耶见及边执见，若于乐俱行蕴观我、我所，或观为常，喜根相应；若于苦俱行蕴观我、我所，或观为常，忧根相应；若于舍俱行蕴观我，我所，或观为常，舍根相应。断见摄边执见，当知一切与彼相违。见取、戒禁取，取彼见故，随其所应，如彼相应。邪见一种，先作妙行，忧根相应；先作恶行，喜根相应。

慢于一时，喜根相应；或于一时，忧根相应。

问：如何等？

答：略有二慢：一、高举慢；二、卑下慢。又高举慢，有三高举。何等为三？谓称量高举、解了高举、利养高举。此高举慢，喜根相应；若卑下慢，与彼相违，忧根相应。

疑，若于利养、恭敬、称誉、乐善趣等决定事中，他所导引令犹豫者，忧根相应；于无利养、不敬、讥毁、苦恶趣等决定事中，他所导引令犹豫者，喜根相应；

无明，通与五根相应。所余相应，引事指斥，文不复现。先辩烦恼诸根相应，但约麤相道理建立，令初行者解无乱故。今约巨细道理建立，令久行者了自他身种种行解差别转故。

复次，诸烦恼略有三聚：一、欲界系；二、色界系；三、无色界系。

问：如是三聚几不善？几无记？

答：初聚一分是不善，余二聚是无记。诸不善者是有异熟，非余。

问：几多性？几少性？

答：初多性，余不尔。如多性、少性，如是猛利长时染恼性、非猛利长时染恼性，发起外门杂染性、发起内门杂染性，发起恶行性、发起非恶行性，能生多苦性、能生少苦性，大有罪性、小有罪性，迟离欲性、速离欲性，不离欲所显性、离欲所显性，三摩地相违性、非三摩地相违性，非一种相生决定性、一种相生决定性等，当知亦尔。

中嗢柁南曰[1]：

多染恼内门，恶行生诸苦，

有罪迟离欲，三摩地生等。

复次，云何能断烦恼？齐何当言已断烦恼？从何烦恼而可说断？断诸烦恼为顿？为渐？云何次第断诸烦恼？诸烦恼断复有几种？烦恼断已有何等相？诸烦恼断有何胜利？

谓善法资粮已积集故，已得证入方便地故，证得见地故，积习修地故，能断烦恼；得究竟地，当言已断一切烦恼。复有差别，谓由修习四种瑜伽，能断烦恼；若善修习如是四种，当言已断一切烦恼。四种瑜伽，如“声闻地”已说其相。复有差别，谓相续成熟故，得随顺教故，内正作意故，对治道生故，能断烦恼；修对治道已到究竟，当言已断一切烦恼。复有差别。谓了知烦恼事故，了知烦恼自性故，了知烦恼过患故，烦恼生已不坚著故，摄受对治故，能断烦恼；对治已生，当言已断一切烦恼。复有差别，修奢摩他故，修毗钵舍那故，能断烦恼；若诸相缚已得解脱，诸麤重缚亦得解脱，当言已断一切烦恼。

如世尊言：

相缚缚众生，亦由麤重缚，

善双修止观，方乃俱解脱。

复有差别。谓了知所缘故，喜乐所缘故，能断烦恼；所依已灭故，已得转依故，当言已断一切烦恼。

复次，从彼相应及所缘故，烦恼可断。所以者何？对治道生，烦恼不起，得无生法，是故说名断彼相应。相应断已，不复缘境，故从所缘亦说

① 中嗢柁南曰，底本与《资福藏》《碛砂藏》《普宁藏》《永乐南藏》《径山藏》相同；《房山石经》《赵城金藏》《高丽藏》“柁”作“拕”，下同。

名断。

复次，见断烦恼顿断，非渐。所以者何？由现观智谛现观故，能断见道所断烦恼。然此现观与坏缘谛作意相应，是故三心顿断一切迷苦谛等见断烦恼。修断烦恼渐次而断，数数修道方能断故。

复次，最初应断不善事业及诸恶见，谓在家者；次复应断乐出家障，谓欲寻思、恚寻思、害寻思；次复应断不定心者三摩地障，谓眷属寻思、国土寻思、不死寻思；次复应断得作意障，谓乐远离品身诸麤重；次复应断见断烦恼；次复应断修断烦恼；次复应断属苦、属忧、属乐、属喜及属诸舍诸定障品障碍烦恼；次复有一补特伽罗，应断所知障品诸障：由此次第，应断烦恼。

复次，诸烦恼断当知多种，略则为二：一、诸缠断；二、随眠断。诸缠断者，谓贪、瞋断乃至疑断，萨迦耶见断乃至邪见断，见苦所断断乃至修道所断断，欲界所系断乃至无色界所系断，散乱断、晓悟断、羸劣断、制伏断、离系断。当知离系断即是随眠断。

复次，烦恼断已，于可爱法若劣若胜，若现在前，若不现前，虽猛利见而观察之，亦不染著。如于可爱而不生爱，如是于可瞋法亦不生瞋，于可痴法亦不生痴。又眼见诸色，不喜不爱[①]，但住于舍，正念正智。如眼见色，乃至意知法亦尔。又性少欲，成就第一真实少欲。如少欲，如是喜足、远离、勇猛精进、安住正念、寂定、聪慧亦尔。于无戏论，任性好乐；于有戏论，策励其心，方能缘虑。如是等辈，当知烦恼已断之相。

复次，烦恼断者有多胜利，谓随证得超越忧、苦，超越喜、乐，超越色想及与有对种种性想，超恶趣苦，超越生等一切种苦。又证安隐、第一安隐，又证清凉、第一清凉，又得第一现法乐住，随其自心，自在而转。若行

① 不喜不爱，底本与《碛砂藏》相同；《房山石经》《资福藏》《赵城金藏》《普宁藏》《永乐南藏》《径山藏》《高丽藏》“爱”作“忧”。

若住，随所欲乐，所证之法无复退转。于自义利圆满究竟，于诸所作无复希望。或复有一，修利他行，为欲利益安乐众生，哀愍世间，令诸天人利益安乐。当知烦恼断者，有如是等众多胜利。

复次，烦恼缘境略有十五：一、具分缘，谓身见等。二、一分缘，谓贪、瞋、慢等。三、有事缘，谓诸有事烦恼。四、无事缘，谓诸无事烦恼。五、内缘，谓缘六处定不定地所有烦恼。六、外缘，谓缘妙五欲所有烦恼。七、现见缘，谓缘现在所有烦恼。八、不现见缘，谓缘去来所有烦恼。九、自类缘，谓缘自类烦恼所有烦恼。十、他类缘，谓缘异类烦恼及缘烦恼事所有烦恼。十一、有缘，谓缘后有所有烦恼。十二、无有缘，谓缘断无有所有烦恼。十三、自境缘，谓欲界于欲行烦恼，色界于色行烦恼，无色界于无色行烦恼。十四、他境缘，谓色界于欲行烦恼，无色界于色行烦恼，又复下地于上地烦恼。

所以者何？生上地者[①]，于彼下地诸有情所，由常恒乐净具胜功德，自谓为胜故。十五、无境缘，谓缘分别所计灭、道及广大佛法等所有烦恼。

复次，烦恼现行有二十种，谓二十种补特伽罗，依二十缘，起二十种现行烦恼。

云何二十补特伽罗？一、在家；二、出家；三、住恶说法；四、住善说法；五、增上烦恼行；六、等分行；七、薄尘行；八、世间离欲；九、未离欲；十、见圣迹；十一、未见圣迹；十二、执著；十三、不执著；十四、观察；十五、睡眠；十六、觉悟；十七、幼少；十八、根成熟；十九、般涅槃法；二十、不般涅槃法。

云何二十烦恼现行？一、随所欲缠现行；二、不随所欲缠现行；三、无所了知烦恼现行；四、有所了知烦恼现行；五、麤烦恼现行；六、等烦恼现

① 生上地者，底本与《房山石经》《资福藏》《赵城金藏》《径山藏》《高丽藏》相同；《碛砂藏》《普宁藏》《永乐南藏》“生上”作“上生”。

行；七、微烦恼现行；八、内门烦恼现行；九、外门烦恼现行；十、失念烦恼现行；十一、猛利烦恼现行；十二、分别所起烦恼现行；十三、任运所起烦恼现行；十四、寻思烦恼现行；十五、不自在烦恼现行；十六、自在烦恼现行；十七、非所依位烦恼现行；十八、所依位烦恼现行；十九、可救疗烦恼现行；二十、不可救疗烦恼现行。

云何二十烦恼现行缘？一、乐缘；二、苦缘；三、不苦不乐缘；四、欲缘；五、寻思缘；六、触缘；七、随眠缘；八、宿习缘；九、亲近恶友缘；十、闻不正法缘；十一、不正作意缘；十二、不信缘；十三、懈怠缘；十四、失念缘；十五、散乱缘；十六、恶慧缘；十七、放逸缘；十八、烦恼缘；十九、未离欲缘；二十、异生性缘。依此诸缘故，烦恼现行。

问：于彼彼界结生相续彼彼身中，当言全界一切烦恼皆结生耶？为不全耶？

答：当言全，非不全。何以故？若未离欲，于自生处方得受生，非离欲故。又未离欲者，诸烦恼品所有麤重随缚自身，亦能为彼异身生因。

由是因缘，当知一切烦恼皆结生相续。又将受生时，于自体上，贪爱现行，于男于女，若爱若恚亦互现行。又疑现行。彼作是思：“此男此女，今为与我共行事不？”又于内外我、我所见及我慢等皆亦现行。由此因缘，当知一切烦恼皆得结生相续。

复次，结生相续略有七种：一、缠及随眠结生相续，谓诸异生；二、唯随眠结生相续[①]，谓见圣迹；三、正知入胎结生相续，谓转轮王；四、正知入住结生相续，谓诸独觉；五、于一切位不失正念结生相续，谓诸菩萨；六、业所引发结生相续，谓除菩萨结生相续；七、智所引发结生相续，谓诸菩萨。又有引无义利结生相续，谓即业所引发结生相续。又有能引义利结

① 唯随眠结生相续，底本与《房山石经》《资福藏》《碛砂藏》《普宁藏》《永乐南藏》《径山藏》相同；《赵城金藏》《高丽藏》“续”作“读”。

生相续，谓智所引发结生相续。如是总说结生相续，或七或九。

复次，于此处所，有余一切顺前句、顺后句及四句等如理决择文更不复现。

后嗢柁南曰：

业相事乐等，不善等及断，

所缘与现行，续生最为后。

如是已说烦恼杂染决择。

业杂染决择，我今当说。如先所说业杂染义，当知此业亦由五相建立差别，谓根本业道所摄身语意业，及彼方便、彼起所摄诸业[1]。如先所说不善业道，名根本业道所摄不善身语意业。云何建立彼杀生等不善业道自相？谓染汙心起彼欲乐，即于是处，彼业现行而得究竟，当知总名杀生等一切业道自相。

染汙心者，谓贪者贪所蔽，瞋者瞋所蔽，痴者痴所蔽。

设有染汙心，不起彼欲乐，虽于是处，彼业现行而得究竟，然此恶业非是圆满业道所摄。设有染汙心及起彼欲乐，而颠倒心，设于余事，彼业现行而得究竟，此业亦非圆满业道所摄。设有染汙心及起彼欲乐，即于是处，业不现行而得究竟，此业亦非圆满业道所摄。设有染汙心及起彼欲乐，即于是处，彼业现行而不究竟，此业亦非圆满业道所摄。若有染汙心及起彼欲乐，即于是处，彼业现行而得究竟，具一切支，此业乃名圆满业道所摄。由此略说业道自相，一切不善业道自相应随决了。复次，若广建立十恶业道自性差别，复由五相。何等为五？一、事；二、想；三、欲乐；四、烦恼；五、方便究竟。

事者，一一业道各别决定所依处事，或有情数，或非有情数，随其所

① 彼起所摄诸业，底本与《房山石经》《径山藏》《高丽藏》相同；《资福藏》《碛砂藏》《赵城金藏》《普宁藏》《永乐南藏》“彼”作“后”。

应，十恶业道依之而转。想者，有四，谓于彼非彼想、非于彼彼想、于彼彼想、非于彼非彼想。

欲乐者，或有倒想、或无倒想乐所作欲。

烦恼者，或贪或瞋或痴，或贪瞋，或贪痴，或瞋痴，或贪瞋痴一切皆具。

方便究竟者，即于所欲作业随起方便，或于尔时，或于后时，而得究竟。

由此五相，于杀生乃至邪见诸业道中，随其所应，当广建立圆满自性十种差别：

杀生业道，以有情数众生为事。若能害者于众生所作众生想，起害生欲，此想即名于彼众生名不颠倒想。依此想故，作如是心：“我当害生。”如是名为杀生欲乐。此能害者或贪所蔽，或瞋所蔽，或痴所蔽，或二所蔽，或三所蔽，而起作心，是名烦恼。彼由欲乐及染汙心，或自或他发起方便，加害众生，若害无间，彼便命终，即此方便，当于尔时说名成就究竟业道。若于后时，彼方舍命，由此方便，彼命终时乃名成就究竟业道①。

不与取业道：事者，谓他所摄物。想者，谓于彼彼想。欲乐者，谓劫盗欲。烦恼者，谓三毒，或具不具。方便究竟者，谓起方便，移离本处。

欲邪行业道：事者，谓女所不应行；设所应行，非支、非处、非时、非量；若不应理，一切男及不男。想者，于彼彼想。欲乐者，谓乐行之欲。烦恼者，谓三毒，或具不具。方便究竟者，谓两两交会。

妄语业道：事者，谓见闻觉知，不见不闻，不觉不知。想者，谓于见等，或翻彼想。欲乐者，谓覆藏想乐说之欲。烦恼者，谓贪瞋痴，或具不具。方

① 彼命终时乃名成就究竟业道，底本与《房山石经》《资福藏》《碛砂藏》《赵城金藏》《普宁藏》《永乐南藏》《高丽藏》相同；《径山藏》“名”作“至”。

便究竟者，谓时众及对论者领解。

离间语业道：事者，谓诸有情或和不和。想者，谓俱于彼若合若离，随起一想。欲乐者，谓乐彼乖离，若不和合欲。烦恼者，谓三毒，或具不具。方便究竟者，谓所破领解。

麤恶语业道：事者，谓诸有情能为违损。想者，谓于彼彼想。欲乐者，谓乐麤言欲。烦恼者，谓三毒，或具不具。方便究竟者，谓呵骂彼。

绮语业道：事者，谓能引发无利之义。想者，谓于彼彼想。欲乐者，谓乐说之欲。烦恼者，谓三毒，或具不具。方便究竟者，谓才发言。

贪欲业道：事者，谓属他财产。想者，谓于彼彼想。欲乐者，谓即如是爱欲。烦恼者，谓三毒，或具不具。方便究竟者，谓于彼事定期属己。

瞋恚业道：事之与想，如麤恶语说。欲乐者，谓损害等欲。烦恼者，谓三毒，或具不具。方便究竟者，谓损害等期心决定。

邪见业道：事者，谓实有义。想者，谓于有非有想。欲乐者，谓即如是爱欲。烦恼者，谓三毒，或具不具。方便究竟者，谓诽谤决定。

复次，杀生有三种：一、有罪增长；二、有罪不增长；三、无有罪。生罪因缘亦略有三：一、烦恼所起；二、能生于苦；三、希望满足。初具三缘；次有二种，无希望满；后唯生苦。

复次，略由五相建立贪欲、瞋恚、邪见圆满自相。何等名为贪欲五相？一、有躭著心，谓于自财所。二、有贪婪心，谓乐积财物。三、有饕餮心，谓于属他资财等事计为华好，深生爱味。四、有谋略心，谓作是心：“凡彼所有，何当属我。”五、有覆蔽心，谓贪欲缠之所覆故，不觉羞耻，不知过患及与出离。设于自财有躭著心，无余心现，当知此非圆满贪欲意恶行相。如是有躭著心及贪婪心，无余心现，亦非圆满贪欲之相。如是广说，乃至如前所说诸相随阙一种，即非圆满贪欲之相；若全分摄，乃名圆满贪欲之相。

何等名为瞋恚五相？一、有增恶心，谓于能损害相随法分别故。二、有不堪耐心，谓于不饶益不堪忍故。三、有怨恨心，谓于不饶益数不如理随忆念故。四、有谋略心，谓于有情作如是意："何当捶挞？何当杀害？"乃至广说故。五、有覆蔽心，谓如前说。于此五相随阙一种，即非圆满瞋恚之相[①]；若具一切，方名圆满。

何等名为邪见五相？一、有愚痴心，谓不如实了所知故；二、有暴酷心，谓乐作诸恶故；三、有越流行心，谓于诸法不如理分别推求故；四、有失坏心，谓无施与、爱养、祠祀等，诽谤一切妙行等故；五、有覆蔽心，谓邪见缠之所覆蔽，不觉羞耻，不知过患及出离故。于此五相随阙一种，即非圆满邪见之相；具一切分，乃名圆满。

复次，若以手等害诸众生，说名杀生。如是以块、杖刀、缚录、断食、折挫、治罚、咒药、厌祷、尸半尸等害诸众生，皆名杀生。为财利等害诸众生，亦名杀生。或恐为损[②]，或为除怨，或谓为法，乃至或为戏乐害诸众生，亦名杀生。若自杀害，若令他害，皆得杀罪。

复次，若有显然劫他财物，名不与取。如是窃盗、攻墙解结、伏道窃夺，或有拒债，受寄不还，或行诳谄，矫诈而取，或现怖畏[③]，方便而取，或现威德，而取彼物，或自劫盗，或复令他，如是一切皆不与取。或有自为，或有为他，或怖畏故，或为杀缚，或为折伏，或为受用，或为给侍，或憎嫉故，不与而取，此等皆名不与取罪。

复次，若行不应行，名欲邪行。或于非支、非时、非处、非量、非理，如

① 即非圆满瞋恚之相，底本与《房山石经》《赵城金藏》《径山藏》《高丽藏》相同；《资福藏》《碛砂藏》《普宁藏》《永乐南藏》"相"作"想"。

② 或恐为损，底本与《房山石经》《资福藏》《碛砂藏》《赵城金藏》《普宁藏》《永乐南藏》《径山藏》相同；《高丽藏》"恐"作"怨"。

③ 或现怖畏，底本与《房山石经》《资福藏》《碛砂藏》《普宁藏》《永乐南藏》《径山藏》《高丽藏》相同；《赵城金藏》"现"作"视"。

是一切皆欲邪行[1]。若于母等、母等所护，如经广说，名不应行。一切男及不男，属自属他，皆不应行[2]。除产门外，所有余分皆名非支。若秽下时，胎圆满时，饮儿乳时，受斋戒时，或有病时，谓所有病匪宜习欲，是名非时。若诸尊重所集会处，或灵庙中，或大众前，或坚鞕地，高下不平，令不安隐，如是等处，说名非处。过量而行，名为非量。是中量者，极至于五。此外一切皆名过量。不依世礼，故名非理。若自行欲，若媒合他，此二皆名欲邪行摄。若有公显，或复隐窃，或因诳诌，方便论乱[3]，或因委托，而行邪行，如是皆名欲邪行罪。

复次，若自因故，而说妄语，或他因故，或因怖畏，或因财利，而说妄语，皆名妄语。若不见闻觉知，言见闻觉知，或见闻觉知，言不见闻觉知，皆名妄语。若书陈说，或以默然表忍斯义，或动支体以表其相，或为证说，或有自说，或令他说，如是一切皆妄语罪。

复次，若以实事毁呰于他，为乖离故，而发此言，名离间语。或以不实假合方便以为依止，为损坏他，而有陈说，或依亲近施与，或依知友给侍，而有陈说，名离间语。若自利缘，或损他缘，或由他教，或现破德，或现怖畏，为乖离故，或自发言，或令他发，如是皆名离间语罪。

复次，若有对面发辛楚言，名麤恶语。或不现前，或对大众，或幽僻处，或随实过、不随实过，或书表示，或假现相，或依自说，或依他说，或因掉举，或因不静，或依种族过失，或依依止过失，或依作业禁戒现行过失，或自发起辛楚之言，或令他发，如是皆名麤恶语罪。

---

① 如是一切皆欲邪行，底本与《房山石经》《资福藏》《赵城金藏》《永乐南藏》《径山藏》《高丽藏》相同；《碛砂藏》《普宁藏》“如”作“皆”。

② 皆不应行，底本与《房山石经》《资福藏》《赵城金藏》《永乐南藏》《径山藏》《高丽藏》相同；《碛砂藏》《普宁藏》“皆”作“如”。

③ 方便论乱，《房山石经》《资福藏》《碛砂藏》《赵城金藏》《普宁藏》《永乐南藏》《径山藏》《高丽藏》“论”作“矫”。

复次，若有依舞，而发歌词，名为绮语。或依作乐，或复俱依，或俱不依，而发歌词，皆名绮语。若佛法外能引无义所有书论，以爱乐心受持赞美，以大音声而为讽颂，广为他人开示分别，皆名绮语。若依斗讼诤竞发言，或乐处众宣说王论、臣论、贼论，广说乃至国土等论，皆名绮语。若说妄语，或离间语，或麤恶语，下至不思不择发无义言，皆名绮语。又依七事而发绮语，谓斗讼诤竞语、诸婆罗门恶咒术语、苦所逼语、戏笑游乐之语、处众杂语、颠狂语、邪命语，如是一切名绮语罪。

复次，若于家主起如是欲：云何我当同于家主，领诸仆使，随欲所作？是名贪欲。又起是欲：即彼家主所有父母妻子、奴婢及诸作使，广说乃至七摄受事、十资身事，谓饮食等，皆当属我。又起是欲：云何令他知我少欲、知足、远离，勇猛精进，安住正念、寂定、聪慧，诸漏永尽，施戒多闻？又起是欲：云何令他供养于我，谓诸国王乃至商主，若苾刍、苾刍尼、邬波索迦、邬波斯迦等，皆当恭敬尊重、承事供养于我？又起是欲：云何令我当得利养、衣服、饮食、诸坐卧具、病缘医药及资生具？又起是欲：云何令我当生天上，天妙五欲以为游戏？又起是欲：云何令我当生鲁达罗世界、毗瑟簸世界、人中希有众同分中，乃至令我当生他化自在众同分中？又起是欲：云何令我乃至当得父母妻子、奴婢作使、朋友宰官、亲感兄弟、同梵行等所有资产？如是一切皆名贪欲业道所摄。

若作是思：彼于我所有无义欲，故我于彼当作无义。是名瞋恚。又作是思；彼于我所已作、正作、当作无义，我亦于彼当作无义。亦名瞋恚。如是广说九恼害事，当知亦尔。又作是思：云何令我于能损害怨家恶友而得自在，缚害驱摈，或行鞭挞，或散财产，或夺妻妾、朋友眷属及家宅等[①]？此恼害心亦名瞋恚。又起是思：云何令彼能损于我怨家恶友，于他处所遭

---

① 朋友眷属及家宅等，底本与《资福藏》《碛砂藏》《普宁藏》《永乐南藏》《径山藏》《高丽藏》相同；《房山石经》《赵城金藏》“朋友”作“友朋”。

如上说诸苦恼事？此损害心亦名瞋恚。又作是思：愿彼自然发起如是如是身语意行，由此丧失资财、朋友，眷属、名称[①]、安乐、受命及诸善法，身坏当这诸恶趣中[②]。如是一切恼害之心皆名瞋恚根本业道。

复次，若作是思：决定无施。是名邪见。广说乃至谤因、谤用、谤果、坏真善事，如是一切皆名邪见根本业道。问：一切倒见皆名邪见，何故世尊于业道中但说如是诽谤之见名为邪见？答：由此邪见，诸邪见中最为殊胜。何以故？由此邪见为依止故，有一沙门、若婆罗门断诸善根。又此邪见最顺恶业，坏邪见者于诸恶法随意所行[③]，是故此见偏说在彼恶业道中。当知余见非不邪见自相相应。

① 名称，底本与《资福藏》《碛砂藏》《赵城金藏》《普宁藏》《永乐南藏》《径山藏》《高丽藏》相同；《房山石经》“名”作“如”。

② 身坏当这诸恶趣中，底本与《资福藏》《碛砂藏》《普宁藏》《永乐南藏》《径山藏》相同；《房山石经》《赵城金藏》《高丽藏》“这”作“生”。

③ 坏邪见者于诸恶法随意所行，底本与《资福藏》《碛砂藏》《赵城金藏》《普宁藏》《永乐南藏》《径山藏》相同；《房山石经》《高丽藏》“坏”作“怀”。

瑜伽师地论卷第六十

摄决择分中有寻有伺等三地之三

复次，由五因缘，杀生成重。何等为五？一、由意乐；二、由方便；三、由无治；四、由邪执；五、由其事。

若由猛利贪欲意乐所作，猛利瞋恚意乐所作，猛利愚痴意乐所作，名重杀生。与此相违，名轻杀生。若有念言："我应当作、正作、已作。"心便踊跃，心生欢悦。或有自作，或复劝他，于彼所作称扬赞叹，见同法者，意便欣庆，长时思量，长时蓄积怨恨心已，方有所作，无间所作，殷重所作。或于一时，顿杀多类。或以坚固发业因缘而行杀害，或令恐怖无所依投方行杀害，或于孤苦贫穷、哀感悲泣等者而行杀害。如是一切，由方便故，名重杀生[①]。若唯行杀，不能日日乃至极少持一学处；或亦不能于月八日、十四、十五及半月等受持斋戒；或亦不能于时时间惠施作福、问讯礼拜、迎送合掌和敬业等；又亦不能于时时间获得猛利增上惭愧，悔所作恶；又不证得世间离欲，亦不证得真法现观。如是一切，由无始故[②]，名重杀生。若诸沙门或婆罗门，继邪祠祀，随忍此见，执为正法，而行杀戮。由邪执故，名重杀生。又作是心："杀羊无罪，由彼羊等，为资生故，世主所化。"诸如是等，依止邪见，而行杀害，皆邪执故，名重杀生。若有杀害大身众生，此由事故，名重杀生。或有杀害人或人相，或父或母及余尊重；

① 名重杀生，底本与《房山石经》《资福藏》《赵城金藏》《永乐南藏》《径山藏》《高丽藏》相同；《碛砂藏》《普宁藏》"名"作"多"。

② 由无始故，底本与《资福藏》《碛砂藏》《赵城金藏》《普宁藏》《永乐南藏》《径山藏》《高丽藏》相同；《房山石经》"始"作"治"。

或有杀害归投委信，或诸有学，或诸菩萨，或阿罗汉，或诸独觉；或于如来作杀害意，恶心出血，如来性尔不可杀故[①]。如是一切，由其事故，名重杀生。

与如上说因缘相违而杀生者，名轻杀生。

次复[②]，当说不与取等，由其事故，轻重差别。余随所应，如杀应知。

复次，若多劫盗，名重不与取。如是若劫盗妙好，劫盗委信，劫盗孤贫，劫盗佛法出家之众；若入聚落而行劫盗，劫盗有学，或阿罗汉，或诸独觉，或复僧祇，或佛灵庙所有财物。如是一切，由其事故，名重不与取。

复次，行不应行中，若母母亲委信他妻，或住禁戒，或苾刍尼，或勤策女，或复正学。如是一切，由其事故，名重欲邪行。非支行中，若于面门，由其事故，名重欲邪行。非时行中，若受斋戒，若胎圆满，若有重疾[③]，由其事故，名重欲邪行。非处行中，若佛灵庙，若僧伽蓝，由其事故，名重欲邪行。

复次，若为诳惑，多取他财，若妙若胜，而说妄语，由事重故，名重妄语。若于委信，若父若母，广说如前，乃至佛所，而说妄语，由事重故，名重妄语。或有妄语，令他杀生，损失财物及与妻妾，此若成办极重杀生、重不与取、重欲邪行，此由事重，名重妄语。或有妄语，能破坏僧，于诸妄语，此最尤重。

复次，若于长时积集亲爱而行破坏[④]，此由事重，名重离间语。或破

① 如来性尔不可杀故，底本与《资福藏》《碛砂藏》《赵城金藏》《普宁藏》《永乐南藏》《径山藏》相同；《房山石经》《高丽藏》“尔”作“命”。

② 次复，底本与《资福藏》《碛砂藏》《赵城金藏》《普宁藏》《永乐南藏》《径山藏》相同；《房山石经》《高丽藏》作“复次”。

③ 若有重疾，底本与《房山石经》《资福藏》《碛砂藏》《普宁藏》《永乐南藏》《径山藏》相同；《赵城金藏》《高丽藏》“疾”作“病”。

④ 若于长时积集亲爱而行破坏，底本与《资福藏》《碛砂藏》《普宁藏》《永乐南藏》《径山藏》相同；《房山石经》《赵城金藏》《高丽藏》“集”作“习”。

坏他，令离善友、父母、男女，破和合僧。若离间语，能引杀生，或不与取，或欲邪行，如前所说道理应知。如是一切，由事重故，名重离间语。

复次，若于父母及余师长发麤恶言，由事重故，名重麤恶语。或以不实不真妄语，现前毁骂呵责于他，由事重故，名重麤恶语。

复次，凡诸绮语随妄语等，此语轻重，如彼应知。若依斗讼诤竞等事而发绮语，亦名为重①。若以染汙心，于能引无义外道典籍承诵赞咏，广为他说，由事重故，名重绮语。若于父母、眷属、师长调弄轻笑，现作语言不近道理，亦由事重，名重绮语。

复次，若于僧祇、佛灵庙等所有财宝起贪欲心，由事重故②，名重贪欲。若于己德起增上慢，自谓智者，乃于国王、大臣、豪贵、所尊、师长及诸聪睿同梵行等起增上欲③，贪求利养，名重贪欲。

复次，若于父母、眷属、师长起损害心，由事重故，名重瞋恚。又于无过、贫穷、孤苦、可伤愍者起损害心，由事重故，名重瞋恚。又于诚心来归投者及有恩所起损害心④，由事重故，名重瞋恚。

复次，若于一切余邪见中，诸有能谤一切邪见，此谤一切事门转故，名重邪见。又若有见，谓无世间真阿罗汉、正至、正行，乃至广说。如是邪见由事重故，名重邪见。

除如上说所有诸事，随其所应，与彼相违，皆名为轻。

复次，杀生所引不善诸业，或有是作而非增长，或有增长而非是作，

① 亦名为重，底本与《房山石经》《资福藏》《碛砂藏》《普宁藏》《永乐南藏》《径山藏》《高丽藏》相同；《赵城金藏》“为”作“麁”。

② 由事重故，底本与《房山石经》《赵城金藏》《径山藏》《高丽藏》相同；《资福藏》《碛砂藏》《普宁藏》《永乐南藏》“故”作“欲”。

③ 师长及诸聪睿同梵行等起增上欲，底本与《房山石经》《资福藏》《赵城金藏》《径山藏》《高丽藏》相同；《碛砂藏》《普宁藏》《永乐南藏》“及”作“以”。

④ 又于诚心来归投者及有恩所起损害心，底本与《房山石经》《赵城金藏》《径山藏》《高丽藏》相同；《资福藏》《碛砂藏》《普宁藏》《永乐南藏》“归”作“师”。

或有亦作亦复增长，或有非作亦非增长。初句，谓无识别童稚所作，或梦所作，或不思而作，或自无欲，他逼令作。或有蹔作，续即还起猛利悔心及厌患心，恳责远离，正受律仪，令彼微薄，未与果报，便起世间离欲之道，损彼种子；次起出世永断之道，害彼种子令无有余。增长而非作者，谓如有一，为害生故，于长夜中数随寻伺[①]。由此因缘，彼遂增长杀生所引恶不善法，然不能作杀生之业。亦作亦增长者，谓除先所说作非增长、增长非作，所余一切杀生业相。非作非增长者，谓除上尔所相。如是所余不与取等乃至绮语，随其所应，如杀应知。

于贪欲、瞋恚、邪见中，无有第二增长而非作句；于初句中，无有不思而作及他逼令作，余如前说。

复次，若于杀生亲近数习，多所作故，生那落迦，是名杀生异熟果。若从彼没，来生此间人同分中，寿量短促，是名杀生等流果。于外所得器世界中，饮食果药皆少光泽，势力异熟及与威德并皆微劣，消变不平，生长疾病，由此因缘，无量有情未尽寿量，非时中夭，是名杀生增上果。所余业道，异熟、等流二果差别，如经应知。

增上果，今当说。若器世间众果尠少，果不滋长，果多朽坏，果不贞实，多无雨泽，诸果干枯，或全无果，如是一切，名不与取增上果。若器世间多诸便秽、泥粪、不净，臭处迫迮，多生不净臭恶之物，凡诸所有皆不可乐。如是一切，名欲邪行增上果。若器世间农作、行船、世俗事业不甚滋息，殊少便宜，多不谐偶，饶诸怖畏恐惧因缘。如是一切，是妄语增上果。若器世间其地处所，丘坑间隔，险阻难行，饶诸怖畏恐惧因缘。如是一切，是离间语增上果。若器世间其地处所，多诸株杌、荆棘、毒刺、瓦石、沙砾，枯槁无润，无有池沼，河泉干竭，土田咸卤，丘陵坑险，饶诸怖畏恐

① 于长夜中数随寻伺，底本与《房山石经》《资福藏》《赵城金藏》《永乐南藏》《径山藏》《高丽藏》相同；《碛砂藏》《普宁藏》“伺”作“何”。

惧因缘。如是一切，是麤恶语增上果。若器世间所有果树，果无的当，非时结实，时不结实，生而似熟，根不坚牢，势不久停，园林池沼多不可乐，饶诸怖畏恐惧因缘。如是一切，是绮语增上果。若器世间一切盛事，年时、日夜、月、半月等渐渐衰微，所有气味唯减不增。如是一切，是贪欲增上果。若器世间多诸疫疠、灾横、扰恼、怨敌、惊怖、师子、虎狼、杂恶禽兽、蟒蛇[①]、蝮蠍[②]、蚰蜒、百足、魍魉、药叉、诸恶贼等。如是一切，是瞋恚增上果。若器世间所有第一胜妙华果悉皆隐没，诸不净物乍似清净，诸苦恼物乍似安乐，非安居所，非救护所，非归依所。如是一切，是邪见增上果。

复次，如世尊言："杀有三种，谓贪、瞋、痴之所生起，乃至邪见亦复如是。"此差别义云何应知？

若为血肉等，杀害众生。或作是心：杀害彼已，当夺财物。或受他雇，或为报恩，或友所摄，或希为友，或为衣食，奉王教命[③]，而行杀害。或有谓彼能为衰损，或有谓彼能障财利，而行杀害。如利衰，毁誉、称讥、苦乐，随其所应，当知亦尔。如是一切，名贪所生杀生业道[④]。

复次，若谓彼于己乐为无义，而行杀害，或念彼于己曾为无义，或恐彼于己当为无义，或见彼于己正为无义，而行杀害，广说乃至于九恼事皆如是知。如是一切，名瞋所生杀生业道。复次，若计为法，而行杀害，谓己是余众生善友，彼因我杀，身坏命终，当生天上。如是杀害，从痴所生。或作是心：为尊长故，法应杀害。或作是心：诸有诽毁天梵世主，骂婆罗门，

---

① 蛇，底本与《资福藏》《碛砂藏》《普宁藏》《永乐南藏》《径山藏》相同；《房山石经》作"毒虵"；《赵城金藏》《高丽藏》作"虵"。

② 蝮蠍，底本与《资福藏》《碛砂藏》《赵城金藏》《普宁藏》《永乐南藏》《径山藏》《高丽藏》相同；《房山石经》无"蝮"字。

③ 奉王教命，底本与《碛砂藏》《普宁藏》《永乐南藏》《径山藏》相同；《房山石经》《资福藏》《赵城金藏》《高丽藏》"王"作"主"。

④ 名贪所生杀生业道，底本与《房山石经》《碛砂藏》《普宁藏》《永乐南藏》《径山藏》《高丽藏》相同；《资福藏》"贪"作"瞋"；《赵城金藏》"所生"作"所"。

法应杀害。如是心杀，从痴所生。或计杀生作及增长无异熟果，为他开演，劝行杀业，彼由劝故，遂行杀事。时彼劝者所得杀罪，从痴所生。此后所说从痴所生杀业道理，诸余业道乃至邪见当知亦尔。或有妄计以其父母亲爱眷属掷置火中，断食投岩，弃于旷野，是真正法。如是一切，名痴所生杀生业道。

复次，若于他财食饕餮而取，是不与取，贪欲所生[①]。或受他雇，而行劫盗；或恩所摄，或祈后恩，或为衣食，奉主教命[②]，或为称誉，或为安乐，而行劫盗。如是一切不与取业皆贪所生。

复次，若作是思：彼于我所，乐行无义，广说乃至九恼害事增上力故，而行劫盗。不必贪著彼所有财，不必悕求诸余财物，是不与取，瞋恚所生。或憎他故，焚烧聚落、舍宅、财物、珍玩、资具，当知彼触，瞋恚所生，盗相似罪，或更增强。或憎彼故，令他劫夺，破散彼财，他受教命，依行事时，彼能教者，不与取罪，从瞋恚生。

复次，若作是心：为尊长故，而行劫盗，是为正法。名痴所生不与取罪。或作是心：若有诽毁天梵世主，骂婆罗门，法应夺彼所有财物。此不与取亦从痴生。或作是心：若为祠祀，为祠祀支，为祠祀具，法应劫盗。是不与取亦从痴生。

复次，若有见闻不应行事，便不如理分别取相，遂贪欲缠之所缠缚而行非法，名贪所生欲邪行罪。或受他雇，窃行媒嫁，由此方便，行所不行，彼便获得贪欲所生欲邪行罪。或欲摄受朋友知识，或为衣食，承主教命，或为存活，悕求财穀、金银、珍宝，而行邪行。如是一切，名贪所生

① 贪欲所生，底本与《房山石经》《资福藏》《碛砂藏》《普宁藏》《永乐南藏》《径山藏》《高丽藏》相同；《赵城金藏》“贪”作“食”。

② 奉主教命，底本与《房山石经》《资福藏》《碛砂藏》《赵城金藏》《普宁藏》《径山藏》《高丽藏》相同；《永乐南藏》“主”作“王”。

欲邪行罪。

复次，若作是思：彼于我所，乐行无义，广说乃至九恼害事以为依止，而行邪行。非彼先有欲缠所缠，然于相违非所行事，为报怨故，勉励而行，名瞋所生欲邪行罪。或憎彼故，以彼妻妾令他毁辱，彼若受教，行欲邪行，便触瞋恚所生相似欲邪行罪，或更尤重。如是一切欲邪行罪，名瞋所生。

复次，若作是心：母及父亲，或他妇女命为邪事，若不行者便获大罪，若行此者便获大福。非法谓法，而行邪行，名痴所生欲邪行罪。

复次，若为利养，而说妄语；或怖畏他损己财物，或为称誉，或为安乐，而说妄语。如是一切，名贪所生妄语业道。若有依止九恼害事，而说妄语，名瞋所生妄语业道。若作是心：为诸尊长，或复为牛[1]，或为祠具，法应妄语。如是妄语从痴所生。若作是心：诸有沙门，若婆罗门，违背诸天，违梵世主，违婆罗门，于彼妄语称顺正法。如是妄语，名痴所生妄语业道。若作是计：于法法想，于毗奈耶毗奈耶想，以覆藏想妄语破僧，无有非法。如是妄语亦从痴生。

如妄语业道，离间、麤恶二语业道，随其所应，当知亦尔。

复次，若为戏乐，而行绮语，或为显己是聪睿者，而行绮语，或为财利称誉安乐，而行绮语，名贪所生绮语业道。若有依止九恼害事，而说绮语，名瞋所生绮语业道。若有于中为求真实，为求坚固，为求出离，为求于法，而行绮语，名痴所生绮语业道。

复次，若有于他非怨有情财物资具，先取其相，希望追求增上力故，起如是心：凡彼所有，愿当属我。又从贪爱而生贪爱，名贪所生贪欲业道。

---

① 或复为牛，底本与《房山石经》《赵城金藏》《径山藏》《高丽藏》相同；《资福藏》《碛砂藏》《普宁藏》《永乐南藏》“牛”作“生”。

若于他财不计为好，但九恼事增上力故，起如是心：凡彼所有，皆当属我。又从瞋恚而生贪爱，名瞋所生贪欲业道。

若作是计：诸有欲求鲁达罗天、毗瑟笯天、释梵世主众妙世界，注心多住，获大福祐。作如是意，注心多住，名痴所生贪欲业道。

若为财利称誉安乐，于他有情起损害心，非于彼所生怨憎想，谓彼长夜是我等怨。又从贪爱而生瞋恚，名贪所生瞋恚业道。

复次，若九恼事增上力故，从怨对想起损害心，名瞋所生瞋恚业道。若住此法及外道法所有沙门、若婆罗门憎恶他见，于他见所及怀彼见沙门、婆罗门所起损害心，名痴所生瞋恚业道。

复次，若作是心：诸有此见拨无施与，乃至广说彼于王等获大供养及衣服等。即以此义增上力故，起如是见，名贪所生邪见业道。

若作是心：有施有爱[1]，乃至广说如是见者违害于我，我今不应与怨同见。彼由憎恚，起如是见：无施无爱[2]，乃至广说。名瞋所生邪见业道。

若不如理于法思惟筹量观察，由此方便所引寻伺，发起邪见，名痴所生邪见业道。

复次，杀生业道三为方便，由瞋究竟。如杀业道，麤语、瞋恚业道亦尔。不与取业道三为方便，由贪究竟。如不与取，邪行、贪欲业道亦尔。除其邪见，所余业道三为方便，由三究竟。邪见业道三为方便，由痴究竟。

复次，杀生、邪行、妄语、离间、麤语、瞋恚，此六业道，有情处起；不与而取、贪欲业道，资财处起；绮语业道，名身处起；邪见业道，诸行处起。

复次，由三因缘，不善业道成极圆满恶不善性。何等为三？一、自性

① 有施有爱，底本与《房山石经》《赵城金藏》《径山藏》《高丽藏》相同；《资福藏》《碛砂藏》《普宁藏》《永乐南藏》“爱”作“受”。

② 无施无爱，底本与《房山石经》《赵城金藏》《径山藏》《高丽藏》相同；《资福藏》《碛砂藏》《普宁藏》《永乐南藏》“爱”作“受”。

过故；二、因缘过故；三、涂染过故。

此中，杀生所引思乃至邪见所引彼相应思，如是一切染汙性故，不善性故，由自性过，说名为恶。

若以猛利贪欲、瞋恚、愚痴缠所发起，即此亦名由因缘过，成重恶性，成上不善，能引增上不可爱果。

若到究竟，即此亦名由涂染过，成极重恶，成上不善，能引增上不可爱果。

何以故？若有用染汙心，能引发他不可爱乐欣悦之苦，彼随苦心威势力故，能引发苦补特伽罗思，便触得广大之罪，是故名为涂染过失。彼虽不发如是相心：诸能引发我之苦者，当触大罪。然彼法尔触于大罪。

譬如磁石虽不作意：诸所有铁来附于我。然彼法尔所有近铁不由功用来附磁石[①]。此中道理当知亦尔。日珠等喻亦如是知。

又于思上无别有法，彼威力生来相依附，说名涂染。当知唯是此思转变，由彼威力之所发起。

如四大种业威势力所生种种坚性、湿性、煗性、动性，非大种外别有如是种种诸性，然即大种业威势缘如是转变[②]。如业威势缘力转变，神足加行缘力转变当知亦尔。又如魔王惑媚无量娑利药迦诸婆罗门长者等心[③]，令于世尊变异暴恶。非于彼心更增别法，说名惑媚，唯除魔王加行

① 然彼法尔所有近铁不由功用来附磁石，底本与《资福藏》《碛砂藏》《普宁藏》《永乐南藏》《径山藏》相同；《房山石经》“附”作“近”；《房山石经》《赵城金藏》《高丽藏》“磁”作“礠”，下同。

② 然即大种业威势缘如是转变，底本与《房山石经》《资福藏》《碛砂藏》《普宁藏》《永乐南藏》《径山藏》《高丽藏》相同；《赵城金藏》“威”作“盛”。

③ 又如魔王惑媚无量娑利药迦诸婆罗门长者等心，底本与《资福藏》《碛砂藏》《普宁藏》《永乐南藏》《径山藏》相同；“娑利”，《房山石经》《高丽藏》作“娑梨”，《赵城金藏》作“婆利”。

威势生彼诸心，令其转变成极暴恶[①]。此中道理当知亦尔。

复次，如先所说作及增长业，若先所说由五因缘成极重业，名定受业；与此相违，名不定受业。复有四业：一、异熟定；二、时分定；三、二俱定；四、二俱不定。诸阿罗汉所有不善决定受业，或于前生所作，或于此生先异生位所作，由少轻苦之所逼恼，便名果报已熟。若已转依，果报种子皆永断故，一切不受。所以者何？由佛世尊依未解脱相续建立定受业故。

问：若于一时亦牵亦搦，盗取众生，即断其命，当言一业，为二业耶？

答：当言一业[②]。以速转故，于此二业，由增上慢，谓之为一。若谓我当牵彼，是第一思；即于盗时复谓我当搦杀，是第二思。若时牵彼，尔时不搦，若时搦彼，尔时不牵，速疾转故，生增上慢，谓是一时。是故此中当言二业。

复次，略由三因缘故，成现法受业。何等为三？一、由广大故[③]；二、思广大故；三、相续清净故。由五种相，由成广大[④]。一、从于一切有情第一利益安乐增上意乐住起，谓慈等至；二、从于一切有情第一将护他心住起，谓无诤等持；三、从第一寂静涅槃乐相似圣住起，谓灭尽等至；四、已得一切不善不作律仪，谓预流果；五、极清净相续究竟，谓阿罗汉及佛为首大苾刍僧。如是名为由广大性[⑤]。若于是处以深厚殷重清净信心，舍清

---

① 令其转变成极暴恶，底本与《房山石经》《资福藏》《碛砂藏》《普宁藏》《永乐南藏》《径山藏》《高丽藏》相同；《赵城金藏》“暴”作“异”。

② 当言一业，底本与《资福藏》《碛砂藏》《普宁藏》《永乐南藏》《径山藏》相同；《房山石经》《赵城金藏》《高丽藏》“一”作“二”。

③ 由广大故，底本与《碛砂藏》《永乐南藏》《径山藏》相同；《房山石经》《资福藏》《赵城金藏》《普宁藏》《高丽藏》“由”作“田”。

④ 由成广大，底本与《碛砂藏》《永乐南藏》《径山藏》相同；《房山石经》《资福藏》《赵城金藏》《普宁藏》《高丽藏》“由”作“田”。

⑤ 如是名为由广大性，底本与《碛砂藏》《永乐南藏》《径山藏》相同；《房山石经》《资福藏》《赵城金藏》《普宁藏》《高丽藏》“由”作“田”。

净财，是名思广大性。若前生中，于他所施衣服等物，由身语意不为障礙，亦不思量兴染汙心[①]，以无有障彼相续[②]，当知是名相续清净。若有于此三种因缘一切具足，当知彼业定现法受，亦于生受，亦于后受。

若有与此相违三种因缘起不善业，当知亦成定现法受。

或有所生一刹那业，唯现法受；或有所生一刹那业，亦现法受，亦于生受；或有所生一刹那业，三时皆受。

譬如一缕其量微小，能持一华，一系华已，势力便尽，不复能系[③]；复有一缕能持二华，再系华已，势力便尽；复有一缕能持多华，多系华已，其力方尽。又如流水其性微小，流经一步，势力便尽；有第二水其性稍大，流经两步，势力方尽；有第三水其性广大，流经多步，势力乃尽。又如酢滴其性淡薄，唯能酢彼一滴之水，不能酢多[④]；有第二滴其性稍严[⑤]，酢二滴水，不能酢多；有余酢滴其性更严[⑥]，乃至能酢众多滴水。此中诸业差别

① 亦不思量兴染汙心，底本与《房山石经》《资福藏》《碛砂藏》《赵城金藏》《普宁藏》《永乐南藏》《径山藏》相同；《高丽藏》“兴”作“与”。

② 以无有障彼相续，底本与《资福藏》《碛砂藏》《普宁藏》《永乐南藏》《径山藏》相同；《房山石经》《赵城金藏》《高丽藏》“障”作“障障”。

③ “唯现法受”至“不复能系”，底本与《房山石经》《碛砂藏》《赵城金藏》《普宁藏》《永乐南藏》《径山藏》《高丽藏》相同；《资福藏》作“唯现法受能系；复有一缕能持二华，再系华已，势力便尽；复有一缕能持多华，多系华已，其力方尽。又如流水其性微小，流经一步，势力便尽；有第二水其性稍大，流经两步，势力方尽；有第三水其性广大，流经多步，势力乃尽。又如酢滴其性淡薄，唯能酢彼一滴之水，不能酢多”。

④ “不复能系”至“不能酢多”，底本与《房山石经》《碛砂藏》《赵城金藏》《普宁藏》《永乐南藏》《径山藏》《高丽藏》相同；《资福藏》作“不复受或有所生一刹那业，亦现法受，亦于生受；或有所生一刹那业，三时皆受。譬如一缕其量微小，能持一华，一系华已，势力便尽，不复”。

⑤ 有第二滴其性稍严，底本与《资福藏》《碛砂藏》《普宁藏》《永乐南藏》《径山藏》《高丽藏》相同；《房山石经》《赵城金藏》“严”作“酽”。

⑥ 有余酢滴其性更严，底本与《资福藏》《碛砂藏》《普宁藏》《永乐南藏》《径山藏》《高丽藏》相同；《房山石经》《赵城金藏》“严”作“酽”。

道理当知亦尔。

复次，十种不善业道唯欲界系，亦唯能感欲界异熟，多于恶趣，少于善趣。又恶趣业，预流果时皆已断尽。若诸异生世间离欲，或复生上，一切皆伏，而未永断。若不还果，身犹住此，或复上生，及阿罗汉，诸不善业皆毕竟断。若已证入清净增上意乐地菩萨，一切不善业皆毕竟断。此但由不忘念力所制持故，非由烦恼得离系故。

复次，思是业，非业道；杀生乃至绮语，亦业亦业道；贪、恚、邪见，业道非业。

此诸业道余决择文更不复现。

后嗢柁南曰[①]：

自性相广略，方便与轻重，

增减及瑜伽，引果生决择。

如是已说业道决择。

生杂染决择，我今当说。如先所说生杂染义，当知此生略有十一：一、一向乐生，谓一分诸天；二、一向苦生，谓诸那落迦；三、苦乐杂生，谓一分诸天、人、鬼、傍生；四、不苦不乐生，谓一分诸天；五、一向不清净生，谓欲界异生；六、一向清净生，谓已证得自在菩萨；七、清净、不清净生，谓色、无色界异生；八、不清净、清净处生，谓在欲界般涅槃法有暇处生；九、清净、不清净处生，谓生色、无色界异生；十、不清净、不清净处生，谓生欲界异生不般涅槃法，设般涅槃法，无暇处生；十一、清净、清净处生，谓生色、无色界非异生诸有学者。

复次，经言："汝等长夜增羯吒斯，恒受血滴。"何等名为羯吒斯耶？所谓贪爱。贪爱之言，与羯吒斯名差别也。此言显示摄受集谛。恒受血

① 后嗢柁南曰，底本与《资福藏》《碛砂藏》《普宁藏》《永乐南藏》《径山藏》相同；《房山石经》《赵城金藏》《高丽藏》"柁"作"拕"，下同。

滴，摄受苦谛。

复次，《婆罗门喻经》中，世尊依死杂染说如是言：有五非狂如狂所作。何等为五？一、解支节者，谓更有余活命方便，而乐分析所有支节以自活命，是名第一非狂如狂所作；二、悭贪者，谓悭贪所蔽，悭贪因缘所获财宝，不食不施，唯除命终欻然虚弃大宝库藏，是名第二非狂如狂所作；三、乐生天者，谓更有余身语意摄种种妙行生天方便，而乐妄执投火、溺水、颠坠高崖自害身命作生天因，是名第三非狂如狂所作；四、乐解脱者，谓更有余八支圣道解脱方便，而乐妄执自逼自恼种种苦行作解脱因，是名第四非狂如狂所作；五、伤悼死者，谓依伤悼亡者因缘，种种哀叹剺攫其身[1]，坌灰拔发，断食自毁，欲令亡者还复如故，是名第五非狂如狂所作。

复说颂曰：

世间无决定，颠倒谓为我，
父母及妻孥，兄弟亲友等。
曾母转为妻，妻复为儿妇，
儿妇转为婢，或作怨家妻。
曾父转为子，子复为怨敌，
怨敌复为奴，或为仆隶等。
曾王转为臣，臣复为贫匮，
或闾邑下贱，为世所轻鄙。
曾作婆罗门，展转为三姓，
或复旃荼罗，及补羯娑等。
于无量百千，那庾多往返，
为父复为子，及怨家等身。

① 种种哀叹剺攫其身，底本与《资福藏》《碛砂藏》《赵城金藏》《普宁藏》《永乐南藏》《径山藏》《高丽藏》相同；《房山石经》“剺攫”作“梨攫”。

如幻士众中，示种种形类，
异生处流转，现多身亦尔。
烦恼业缘因，令种种诸行，
数数而积集，如幻化所起。
虽遭是众幻，然无智所覆，
常于诸行中，乐著曾无厌。
既自幻惑已，坌灰泣伤叹；
于不应忧悲，横生诸悲恼。
离假名亲属，种种自忧悲，
弃捐正法行，举手而号泣。
痴憍慢所乱，数行诸放逸，
如是等种类，广说遍应知。

复次，斗诤劫中有四过失，谓寿量衰退、安乐衰退、功德衰退、一切世间盛事衰退。

复次，斗诤劫中诸有情类略于八处互不相数[①]：一、不数正法；二、不数名闻；三、不数宗族；四、不数可愍；五、不数善友；六、不数有德；七、不数有恩[②]；八、不数亲友。

问：先说生杂染中无明缘行乃至生缘老死，此无明等十二支差别义云何应知[③]？

答：略由五相：一、由相故；二、由自性故；三、由业故；四、由法故；

① 斗诤劫中诸有情类略于八处互不相数，底本与《资福藏》《碛砂藏》《赵城金藏》《普宁藏》《永乐南藏》《径山藏》《高丽藏》相同；《房山石经》“于”作“有”。

② 不数有恩，底本与《房山石经》《资福藏》《碛砂藏》《普宁藏》《永乐南藏》《径山藏》《高丽藏》相同；《赵城金藏》无“有”字。

③ 此无明等十二支差别义云何应知，底本与《房山石经》《资福藏》《赵城金藏》《永乐南藏》《径山藏》《高丽藏》相同；《碛砂藏》《普宁藏》“义”作“我”。

五、由因果故。

问：何等为无明相？

答：贪、瞋、慢相是无明相，计我我所相、无惭无愧相、多放逸相、性羸钝相、饶睡眠相、心愁慼相、种种恶业现行等相是无明相。

问：何等是无明自性？

答：自性总相，如前已说。自性差别，今当显示。谓或有随眠无明，或有觉悟无明，或有烦恼共行无明，或有不共独行无明，或有蔽伏心性无明，或有发业无明，或有不染汙无明，或有离羞耻无明[①]，或有坚固无明，谓无般涅槃法者所有无明。

问：何等为无明业？答：于不现见义而生迷惑，是无明业。如是于现见义、劣义、中义、胜义、利益义、不利益义、真义、邪义、因义、果义而生迷惑，是无明业。

又有十种愚痴有情，遍摄愚痴诸有情类。一、缺减愚痴；二、狂乱愚痴；三、散乱愚痴；四、自性愚痴；五、执著愚痴；六、迷乱愚痴；七、坚固愚痴；八、增上愚痴；九、无所了别愚痴；十、现见愚痴。缺减愚痴者，谓如有一，或缺于眼，或缺于耳，于眼所识色、耳所识声一切境界皆不领解，是故愚痴。狂乱愚痴者，谓如有一，或遭逼迫，或遭大苦，或遭重病，或痛所切，或复颠痫令心狂乱，由此不了善作、恶作，是故愚痴。散乱愚痴者，谓如有一，心散异境[②]，不能了余善作、恶作，是故愚痴。自性愚痴者，谓如有一，于生死中，无始以来自性不了苦集灭道、众生无我、法无我等，是故愚痴。执著愚痴者，谓如有一，堕外道中，彼于身见、身见为本诸见趣中

① 或有离羞耻无明，底本与《房山石经》《资福藏》《碛砂藏》《普宁藏》《永乐南藏》《径山藏》《高丽藏》相同；《赵城金藏》“离”作“杂”。

② 心散异境，底本与《房山石经》《资福藏》《赵城金藏》《永乐南藏》《径山藏》《高丽藏》相同；《碛砂藏》《普宁藏》“异”作“毕”。

不能解了，是故愚痴。迷乱愚痴者，谓如有一，或名想乱，或形量乱，或色相乱，或业用乱，于乱处法不能解了，是故愚痴。坚固愚痴者，谓如有一，毕竟无有般涅槃法，所有愚痴自性坚固，乃至诸佛亦不能拔。增上愚痴者，谓如有一，常恒无间习诸邪行，又邪行因所生众苦之所逼切，虽知虽见，而故奔趣乐著嬉戏；或复贪等行者，亦是增上愚痴。无所解了愚痴者，谓如有一，不闻不思，不修习故，于法于义不能解了，是故愚痴。现见愚痴者，谓如有一，现见诸行皆悉无常，而起常想；现见皆苦，而起乐想；现见不净，而起净想；现见无我，而起我想；现见病法、老法、死法，起安隐想，无逼恼想。

又此无明于五处所能为障碍：一、能障碍真实智喜；二、能障碍烦恼灭得；三、能障碍圣道成满；四、能障碍往于善趣；五、能障碍世间现法诸吉祥事。

问：何等名无明法？

答：或有由无明故，堕无明趣，说名愚痴，非痴所娆，不为痴垢，非痴所媚，谓住随眠无明；或有愚痴，为痴所娆，不为痴垢，非痴所媚，谓由缠所摄无明；或有愚痴，为痴所娆，为痴所垢，非痴所媚。谓由发业无明发恶业已，于此恶行而生羞耻；或有愚痴，为痴所娆，为痴所垢，为痴所媚，谓因无明发起种种恶不善业，于此恶行无有羞耻。此中，由前三种，说名愚痴堕无明趣，不名痴人；由后一种，说名痴人。

或有闇法无明，谓在欲界；或有味法无明，谓在色界；或有翳法无明，谓在无色界。

问：何等名无明因果？

答：因，如“本地分”已说。果，谓一切后有支。又于真如及诸谛义不能解了。

或复犹豫，或即于此生邪决定，谓于谛理或增或减颠倒执著无常等故，或由增上慢故，或由自轻懱故。

余有支决择文更不复现。

复次，如世尊言："眼为因，色为缘，眼识得生；乃至身为因，触为缘，身识得生。"又说："触为受缘。"又说："能生作意为因，生所生识。"

此中，非眼等是眼识等生因，亦非触是受生因，非能生作意是所生识生因，由彼诸法各自种子为生因故。何故此中说眼等为眼识等因？当知此依俱有依摄引发因说，非生起因。所以者何？由俱有眼等根为依止故，眼等诸识彼彼境转，非无依止。如是由俱有触为依止故，有诸受转；由俱有能生作意为依止故，所生识转，非无依止。是故世尊于北诸处依俱有依所摄引发因说[①]，非生起因。

或依助伴因说。何以故？非已灭眼能为已生眼识所依，耳等亦尔。非已灭触能为已生受所依止，亦非已灭能生作意能为已生所生识依。

复次，缘起次第略有四种：一、牵引次第；二、生起次第；三、受用境界次第；四、受用苦次第。无明缘行，行缘识，是牵引次第；识缘名色，名色缘六处，是生起次第；六处缘触，触缘受，是生起已，受用境界次第；受缘爱，爱缘取，取缘有，有缘生，生缘老死，是受用苦次第。于此处所，余决择文更不复现。

① 是故世尊于北诸处依俱有依所摄引发因说，《房山石经》《资福藏》《碛砂藏》《赵城金藏》《普宁藏》《永乐南藏》《径山藏》《高丽藏》"北"作"此"。

瑜伽师地论卷第六十一

摄决择分中有寻有伺等三地之四

复次，如《佛世尊为出爱王所说经》言：

彼王一时往诣佛所，顶礼佛足，白言："世尊！有一沙门、若婆罗门来至我所，以不真实过失，现前呵谏于我，我于尔时其心不生悔恼忧感。何以故？观此过失于我自身都不见故。又有沙门、若婆罗门来至我所，以不真实功德，现前赞劝于我，我于尔时心亦不生欢喜踊跃。何以故？观此功德于我自身都不见故。彼诸沙门及婆罗门既退还已，我便独处空闲静室，生如是心，筹量寻伺：'我当云何了知诸王真实过失、真实功德？若我知者，当舍其失，当修其德。谁有沙门或婆罗门能了诸王真实过失、真实功德，亦能为我广开示者？'既寻伺已，便作是念：'唯我世尊一切知者、一切见者，定当了知诸王所有真实过失、真实功德，我今当往佛世尊所，请问斯义。'故我今者来至佛所，请决是义，惟愿如来为我开示[①]！世尊！云何诸王真实过失？云何诸王真实功德？"作是请已。

尔时，世尊告出爱王曰："大王！大王！今者应当了知王之过失、王之功德、王衰损门、王方便门、王可爱法及能引发王可爱法。

"云何名为王之过失？大王当知！王过失者略有十种。王若成就如是过失，虽有大府库，有大辅佐，有大军众，然不可归仰。何等为十？一、种

① 惟愿如来为我开示，底本与《资福藏》《碛砂藏》《普宁藏》《永乐南藏》《径山藏》相同；《房山石经》《赵城金藏》《高丽藏》"惟愿"作"唯愿"。

姓不高[①]；二、不得自在；三、立性暴恶；四、猛利愤发；五、恩惠奢薄；六、受邪佞言；七、所作不思，不顺仪则；八、不顾善法；九、不知差别，忘所作恩；十、一向纵任，专行放逸。

“云何名王种姓不高？谓有国王随一下类王家而生，非宿尊贵，或虽于此王家而生，贱女之子，不相似子，或是大臣、辅相、国师、群官等子，如是名王种姓不高。

“云何名王不得自在？谓有国王为诸大臣、辅相、国师、群官所制[②]，不随所欲，作所应作，锡赉群臣，于妙五欲亦不如意欢娱游戏，如是名王不得自在。

“云何名王立性暴恶？谓有国王，诸群臣类或余人等，随于一处现行少小不如意事，即便对面摈黜，发麤恶言，咆勃忿恚，颦蹙而住，时生愤发。设不对面，背彼向余而作于前摈辱等事。设不对面，亦不背彼向余而作于前黜骂等事，然唯内意愤恚郁快，怀恼害心，怀怨恨心，然不长时持愤恚心相续不舍。复有内意愤恚郁快，怀恼害心，怀怨恨心，亦于长时持愤恚心相续不舍。由如是相：对面暴恶、背面暴恶、懊恚暴恶、蹔时暴恶、长久暴恶，如是名王立性暴恶。大王当知！长久暴恶名获大罪，非是余者。

“云何名王猛利愤发？谓有国王，诸群臣等有小愆过，有少违越，便削封禄，夺去妻妾，或以重罚而刑罚之。如是名王猛利愤发。

“云何名王恩惠奢薄？谓有国王，诸群臣等供奉侍卫，虽极清净善称其心，而以微劣輭言慰喻，颁赐爵禄，酬赏勋庸，不能圆满，不顺常式，或损耗已，或稽留已，或推注已，或怨恨已，然后方与，如是名王恩

① 种姓不高，底本与《资福藏》《碛砂藏》《普宁藏》《永乐南藏》《径山藏》相同；《房山石经》《赵城金藏》《高丽藏》“种姓”作“种性”，下同。

② 为诸大臣辅相国师群官所制，底本与《房山石经》《资福藏》《赵城金藏》《径山藏》《高丽藏》相同；《碛砂藏》《普宁藏》《永乐南藏》“群官”作“官群”。

惠奢薄。

“云何名王受邪佞言？若有国王，诸群臣等实非聪睿，有聪睿慢，贪浊偏党，不闲宪式，情怀谋叛，不修善政，听受信用如是辈人所进谏议，由此因缘，王务、财宝、名称、善政并皆衰损，如是名王受邪佞言。

“云何名王所作不思不顺仪则？谓有国王，不能究察，不审究察，不能思择，不审思择诸群臣辈，于彼彼务机密事中，不堪委任而委任之，堪委任者而不委任；堪驱役者而不驱役，不堪役者乃驱役之；应赏赉者而刑罚之，应刑罚者而赏赉之。又于群臣，不善安处先王仪则，由此群臣处大朝会，余论未终，发言间绝，不敬不惮，而兴谏诤，不如旨教而善奉行[①]，不正安住王之教命。如是名王所作不思不顺仪则。

“云何名王不顾善法？谓有国王，不信他世，亦不晓悟；由于他世不信不悟，便于当来善不善业、爱非爱果不能信解；不信解故，无有羞耻，随情造作身、语、意业三种恶行，不能时时布施修福，受斋学戒。如是名王不顾善法。

“云何名王不知差别忘所作恩[②]？谓有国王，于诸大臣、辅相、国师及群官等，其心颠倒，不善了知忠信、技艺、智慧差别；以不知故，非忠信所，生忠信想，于忠信所，非忠信想；无技艺所，生技艺想，有技艺所，无技艺想；于恶慧所，生善慧想，于善慧所，生恶慧想。彼由如是心颠倒故，于非忠信、无有技艺、恶慧臣所敬重爱养，忠信、技艺、善慧臣所反生轻贱。又诸臣等，年耆衰迈，曾于长夜供奉侍卫，知其无势，无力无勇，遂不敬爱，不赐爵禄，不酬其赏，设被数懱，舍而不问。如是名王不知差别，忘所

① 不如旨教而善奉行，底本与《资福藏》《碛砂藏》《普宁藏》《永乐南藏》《径山藏》《高丽藏》相同；《房山石经》《赵城金藏》“善”作“擅”。

② 云何名王不知差别忘所作恩，底本与《房山石经》《赵城金藏》《永乐南藏》《径山藏》《高丽藏》相同；《资福藏》《碛砂藏》《普宁藏》“恩”作“因”。

作恩。

“云何名王一向纵任，专行放逸？谓有国王，于妙五欲一向沉没、躭著嬉戏、爱乐受行，不能时时勗励方便，作所应作，劳赉群臣。如是名王一向纵任专行放逸。

“若有国王成就如是十种过失，虽有大府库，有大辅佐，有大军众，而不可归仰。大王当知！此十过失，初一是王种姓过失，余九是王自性过失。

“云何名为王之功德？大王当知！王功德者，略有十种。王若成就如是功德，虽无大府库，无大辅佐，无大军众，而可归仰。何等为十？一、种姓尊高；二、得大自在；三、性不暴恶；四、愤发轻微；五、恩惠猛利；六、受正直言；七、所作谛思，善顺仪则；八、顾恋善法；九、善知差别，知所作恩；十、不自纵任，不行放逸。

“云何名王种姓尊高？谓有国王处在相似王家而生，宿世尊贵，是相似子，如是名王种姓尊高。

“云何名王得大自在？谓有国王自随所欲，作所应作，劳赉群臣，于妙五欲欢娱游戏，于诸大臣、辅相、国师、群官等所，凡出教命，宣布无碍，如是名王得大自在。

“云何名王性不暴恶？谓有国王，诸群臣等随于何处，虽行增上不如意事，性能容忍，不现擯黜，不发麤言，亦不咆勃，广说乃至不生愤发，亦不背面而作前事[①]，亦不内意秘匿忿缠，亦不长夜蓄怨愤心相续不舍。不现暴恶，不背暴恶，不匿暴恶，不久暴恶，如是名王性不暴恶。

“云何名王愤发轻微？谓有国王，诸群臣等虽有大愆，有大违越，而不一切削其封禄，夺其妻妾，不以重罚而刑罚之，随过轻重，而行黜罚，如是名王愤发轻微。

① 亦不背面而作前事，底本与《资福藏》《碛砂藏》《普宁藏》《永乐南藏》《径山藏》《高丽藏》相同；“不背”，《房山石经》作“不对面亦不背”，《赵城金藏》作“亦不背对”。

“云何名王恩惠猛利？谓有国王，诸群臣等正直现前供奉侍卫，其心清净，其心调顺，于时时中以正圆满輭言慰谕，具足颁锡爵禄勋庸，而不令彼损耗稽留劬劳怨恨，易可供奉不难承事，如是名王恩惠猛利。

“云何名王受正直言？谓有国王，诸群臣等实有聪睿，无聪睿慢，无浊无偏，善闲宪式，情无违叛，乐修善法，听受信用如是辈人所进言议，由此因缘，国务、财宝、名称、善法皆悉增盛，如是名王受正直言。

“云何名王所作谛思善顺仪则？谓有国王，性能究察，能审究察，性能思择，能审思择诸群臣等，于彼彼务机密事中，不堪委任而不委任，堪委任者而委任之；不堪役者而不驱役，堪驱役者乃驱役之；应赏赉者而正赏赉，应刑罚者而正刑罚；凡有所为，审思审择[①]，然后方作，而不卒暴。又于群臣，能善安处先王仪则，由此群臣虽处讌会[②]，终不发言间绝余论，要待言终，恭敬畏惮，而兴谏诤，如其旨教而善奉行，能正安住王之教命。如是名王所作谛思善顺仪则。

“云何名王顾恋善法？谓有国王，信知他世；由信知故，便于当来净不净业、爱非爱果能善信解；由信解故，具足惭耻，而不纵情作身、语、意三种恶行，时时思择布施修福，受斋学戒。如是名王顾恋善法。

“云何名王善知差别知所作恩？谓有国王，于诸大臣、辅相、国师及群官等，心无颠倒，能善了知忠信、技艺、智慧差别。若诸群臣忠信、技艺及与智慧，若有若无并如实知，于其无者，轻而远之，于其有者，敬而爱之，而正摄受。又诸臣等，年耆衰迈，曾于长夜供奉侍卫，虽知无势，无力无勇，然念昔恩，转怀敬爱，而不轻贱，爵禄勋庸，分赏无替。如是名王善

① 审思审择，底本与《房山石经》《资福藏》《碛砂藏》《普宁藏》《永乐南藏》《径山藏》《高丽藏》相同；《赵城金藏》无“审思”二字。

② 由此群臣虽处讌会，底本与《资福藏》《碛砂藏》《普宁藏》《永乐南藏》《径山藏》相同；《房山石经》《赵城金藏》《高丽藏》“讌会”作“宴会”。

知差别，知所作恩。

“云何名王不自纵任不行放逸？谓有国王，于妙五欲而不沉没、躭著嬉戏、爱乐受行，能于时时勘励方便，作所应作，劳赉群臣，如是名王不自纵任不行放逸。

“若王成就如是功德，虽无大府库，无大辅佐，无大军众，而可归仰。大王当知！如是十种王之功德，初一名为种姓功德，余九名为自性功德。

“云何名为王衰损门？大王当知，王衰损门略有五种：一、不善观察而摄群臣；二、虽善观察而摄群臣，无恩妙行纵有非时；三、专行放逸，不思机务；四、专行放逸，不守府库；五、专行放逸，不修法行。如是五种，皆悉名为王衰损门。

“云何名王不善观察而摄群臣？谓有国王，于群臣等不能究察，不审究察，不能思择，不审思择忠信、技艺、智慧差别，摄为亲侍，加以宠爱，厚赐爵禄，重赏勋庸，最机密处而相委任，数以輭言现为慰谕。然此群臣，所付财宝多有损费，若遇怨敌恶友军阵[①]，彼先退败，恐惧破散，为他所胜，迟留人后，奔背无恋[②]，矫行恶策，动亏王政[③]。如是名王不善观察而摄群臣。

“云何名王虽善观察而摄群臣，无恩妙行，纵有非时？谓有国王，虽于群臣性能究察能审究察，性能思择，能审思择忠信、技艺、智慧差别，摄为亲侍，而不宠爱，不如其量具赐爵禄，最机密处亦不委任，不数輭

① 若遇怨敌恶友军阵，底本与《房山石经》《资福藏》《碛砂藏》《普宁藏》《永乐南藏》《径山藏》《高丽藏》相同；《赵城金藏》“怨”作“恶”，“恶”作“怨”。

② 奔背无恋，底本与《房山石经》《资福藏》《碛砂藏》《普宁藏》《永乐南藏》《径山藏》相同；《赵城金藏》《高丽藏》“背”作“北”。

③ 动亏王政，底本与《房山石经》《资福藏》《碛砂藏》《永乐南藏》相同；《赵城金藏》《普宁藏》《径山藏》《高丽藏》“亏”作“虧”。

言现相慰谕。彼于一时[①]，王遇怨敌恶友军阵，广说乃至大怖畏事命难现前，尔时于臣方行宠爱，广说乃至数以輭言而相慰谕。时群臣等共相谓曰：‘王于今者危迫因缘，方于我等蹔行妙行，非长久心。’知此事已，虽有忠信、技艺、智慧，隐而不现。如是名王虽善观察而摄群臣，无恩妙行，纵有非时。

“云何名王专行放逸，不思机务？谓有国王，于应和好所作所成机务等事，而不时时独处空闲，或与智者共正思惟、称量、观察和好方便。如是于应乖绝所作所成机务等事，于应惠施所作所成机务等事，于应军阵所作所成机务等事，于应摄受大力朋党所作所成机务等事，皆不时时独处空闲，或与智者共正思惟、称量、观察乖绝方便，乃至摄受强党方便。如是名王专行放逸，不思机务。

“云何名王专行放逸，不守府库？谓有国王寡营事业[②]，拙营事业，不持事业，不观事业，不禁王门，不禁宫门，不禁府库，或于俳优、妓乐、笑弄、倡逸等所，或复躭乐博弈戏等，非量损费所有财宝，如是名王专行放逸，不守府库。

“云何名王专行放逸，不修法行？谓有国王，于世所知柔和淳质、聪慧辩才、得理解脱、巧便无害、乐无害法所有沙门，若婆罗门，不能数往礼敬咨询：‘云何为善？云何不善？云何有罪？云何无罪？作何等业能致吉祥，远离诸恶？’设得闻已，亦不勖励如说修行，不能时时惠施、树福、受斋、学戒。如是名王专行放逸，不修法行。

“若有国王成就如是五衰损门，当知此王退失现法、后法义利，谓前

① 彼于一时，底本与《资福藏》《碛砂藏》《普宁藏》《永乐南藏》《径山藏》相同；《房山石经》《赵城金藏》《高丽藏》“彼”作“后”。

② 谓有国王寡营事业，底本与《房山石经》《资福藏》《碛砂藏》《普宁藏》《永乐南藏》《径山藏》《高丽藏》相同；《赵城金藏》“寡”作“寮”。

四门退现法利，最后一门退后法利。

“云何名为王方便门？大王当知！王方便门略有五种。何等为五？一、善观察摄受群臣；二、能以时行恩妙行；三、无放逸，专思机务；四、无放逸，善守府库；五、无放逸，专修法行。

“云何名王能善观察摄受群臣？谓有国王，于群臣等性能究察，能审究察，性能思择，能审思择忠信、技艺、智慧差别，摄为亲侍，如是名王能善观察摄受群臣。

“云何名王能善以时行恩妙行？谓有国王，于诸群臣善观察已，摄为亲侍，加以宠爱，随其度量，厚赐爵禄，重赏勋庸，最机密处而相委任，数以輭言现相慰谕。彼于一时，王遇怨敌恶友军阵，大怖畏事命难现前[①]，即便罄竭显示忠信、技艺、智慧。如是名王能善以时行恩妙行。

“云何名王无有放逸，专思机务？谓有国王，于应和好所作所成机务等事，能于时时独处空闲，或与智者共正思惟、称量、观察和好方便。如是于应乖绝所作所成机务等事，于应惠施所作所成机务等事，于应军阵所作所成机务等事，于应摄受大力朋党所作所成机务等事，皆能时时独处空闲，或与智者共正思惟、称量、观察乖绝方便，乃至摄受强党方便。如是名王无有放逸，专思机务。

“云何名王无有放逸，善守府库？谓有国王，广营事业，巧营事业，善持事业，善观事业，善禁王门，善禁宫门，善禁府库，又于俳优、妓乐、笑弄、倡逸等所，不以非量而费财宝，亦不躭乐博弈戏等，如是名王无有放逸，善守府库。

“云何名王无有放逸，专修法行？谓有国王，于世所知柔和淳质、聪慧辩才、得理解脱、巧便无害、乐无害法所有沙门，若婆罗门，而能数往礼

① 彼于一时王遇怨敌恶友军阵大怖畏事命难现前，底本与《房山石经》《资福藏》《碛砂藏》《普宁藏》《永乐南藏》《径山藏》《高丽藏》相同；《赵城金藏》“怨”作“恶”。

敬咨询[1]：‘云何为善？云何不善？何等有罪？何等无罪？作何等业能致吉祥，远离诸恶？’既得闻已，善能勖励如说修行，亦能时时惠施、树福、受斋、学戒。如是名王无有放逸，专修法行。

“若有国王成就如是五方便门，当知此王不退现法、后法义利，谓前四门不退现法所有义利，最后一门不退后法所有义利。

“云何名为王可爱法？大王当知！略有五种，谓王可爱、可乐、可欣、可意之法[2]。何等为五？一、世所敬爱；二、自在增上；三、能摧怨敌[3]；四、善摄养身；五、能往善趣。如是五种，是王可爱、可乐、可欣、可意之法。

“云何能引王可爱法？大王当知！略有五种能引诸王可爱之法。何等为五？一、恩养世间；二、英勇具足；三、善权方便；四、正受境界；五、勤修法行。

“云何名王恩养世间？谓有国王，性本知足，于财宝门为性谨慎，不邪贪著，如其所应积集财宝，不广营求。又有国王，性无贪悋，成就无贪白净之法，以自所有库藏珍财，随力随能，给施一切贫穷孤露。又有国王，柔和忍辱，多以軟言晓喻国界，于时时间，随其所应，分赏爵禄，终不以彼非所能业、恶业、重业役任群臣，诸有违犯可矜恕罪，即便矜恕，诸有违犯不可恕罪，以实以时，如理治罚。如是名王以正化法恩养世间。由王受行如是恩养世间法故，遂感世间之所敬爱。

“云何名王英勇具足？谓有国王，计策无惰，武略圆满，未降伏者而降伏之，已降伏者而摄护之；广营事业，如前乃至不甚躭乐博弈戏

① 而能数往礼敬咨询，底本与《资福藏》《碛砂藏》《赵城金藏》《普宁藏》《永乐南藏》《径山藏》《高丽藏》相同；《房山石经》“询”作“问”。

② 谓王可爱、可乐、可欣、可意之法，底本与《资福藏》《碛砂藏》《普宁藏》《永乐南藏》《径山藏》相同；《房山石经》《赵城金藏》《高丽藏》“谓”作“诸”。

③ 能摧怨敌，底本与《房山石经》《赵城金藏》《径山藏》《高丽藏》相同；《资福藏》《碛砂藏》《普宁藏》《永乐南藏》“怨”作“冤”。

等；又善观察应与、不应与，勤于僚庶[①]，应刑罚者正刑罚之，应摄养者正摄养之。如是名王英勇具足。由王受行如是英勇具足法故，遂能感得自在增上。

“云何名王善权方便？谓有国王，于应和好所作所成机务等事，如前乃至于应摄受大力朋党所作所成机务等事，能正了知和好方便，乃至摄受强党方便。如是名王善权方便。由王受行如是善权方便法故，遂能摧伏所有怨敌。

“云何名王正受境界？谓有国王，善能筹量府库增减，不奢不悋，平等自处，清正受用，众杂受用，胜妙受用，随其时候所宜受用，与诸臣佐亲属受用，在于胜处而为受用，奏诸妓乐而为受用，无有愆失而为受用。无愆失者，谓疾恼时，应食所宜，避所不宜；于康豫时，消已方食，若食未消，或食而利[②]，皆不应食。应共食者正现在前，不应独食精妙上味，诡摈余人。如是名王正受境界。由王受行如是正受境界法故，遂能善巧摄养自身。

“云何名王勤修法行？谓有国王，具足净信、戒、闻、舍、慧。

“云何名王具足净信？谓有国王，信解他世，信解当来净不净业，及爱非爱果与异熟，如是名王具足净信。

“云何名王具足净戒？谓有国王，远离杀生及不与取、婬欲、邪行、妄语、饮酒诸放逸处，如是名王具足净戒。

“云何名王具足净闻？谓有国王，于现法义、于后法义及于现法后法等义众妙法门，善听善受，习诵通利，专意研究，善见善达，如是名王具足净闻。

① 勤于僚庶，底本与《资福藏》《碛砂藏》《普宁藏》《永乐南藏》《径山藏》相同；“与勤”，《房山石经》《赵城金藏》作“勤”，《高丽藏》作夹注。

② 或食而利，底本与《资福藏》《碛砂藏》《普宁藏》《永乐南藏》《径山藏》《高丽藏》相同；《房山石经》《赵城金藏》“而”作“不”。

“云何名王具足净舍？谓有国王，虽在悭垢所缠众中，心恒清净，远离悭垢，而处居家，常行弃舍，舒手乐施，好兴祠福，惠舍圆满，于布施时，常乐平等，如是名王具足净舍。

“云何名王具足净慧？谓有国王，如实了知善不善法、有罪无罪、修与不修、胜劣黑白[1]，于广分别诸缘生法亦如实知，纵令失念，生恶贪欲、瞋恚、忿、恨、覆、恼、悭、嫉、幻诳、谄曲、无惭、无愧、恶欲、恶见，而心觉悟，并不坚住，如是名王具足净慧。如是名王勤修法行。由王受行此法行故，能住善趣[2]。

“如是五种能引发王可爱之法，能引诸王现法、后法所有利益，谓初四种能引发王现法利益，最后一种能引发王后法利益。

“复次，大王当知！我已略说王之过失、王之功德、王衰损门、王方便门、王可爱法及能引发王可爱法，是故大王应当修学。王之过失宜当远离，王之功德宜当修习，王衰损门宜当远离，王方便门宜当修学，王可爱法宜当希慕，能引发王可爱之法宜当受行。大王若能如是修学，当获一切利益安乐。”

复次，如说生苦，乃至略说五取蕴苦。

云何生苦？当知此苦由五种相，谓众苦所随故，麤重所随故，众苦所依故，烦恼所依故，不随所欲离别法故。云何众苦所随故苦？谓生那落迦及一向苦饿鬼趣中，若于胎生、卵生生时，种种忧苦之所随逐，故名众苦所随故苦。

云何麤重所随故苦？谓三界诸行，为烦恼品麤重所随，性不调柔，不

① 如实了知善不善法有罪无罪修与不修胜劣黑白，底本与《房山石经》《资福藏》《碛砂藏》《普宁藏》《永乐南藏》《径山藏》相同；《赵城金藏》《高丽藏》“不修”作“不与”。

② 能住善趣，底本与《碛砂藏》《普宁藏》《永乐南藏》《径山藏》相同；《房山石经》《资福藏》《赵城金藏》《高丽藏》“住”作“往”。

自在转，由此随逐三界有情诸行生起，故名麤重所随故苦。

云何众苦所依故苦？谓衰老等众苦差别之所依故。

云何烦恼所依故苦？谓受生已，于爱境爱，于瞋境瞋，于痴境痴，由是因缘，住不寂静惛荡身心不安隐苦，故名烦恼所依故苦。

云何不随所欲离别法故苦？谓诸有情生者皆死，生必殒没，所有寿命死为边际，死为终极。如是等事非其所爱，由此因缘，唯受众苦，是以不随所欲离别法故，说生为苦。

云何老苦？当知亦由五相，谓于五处衰退故苦：一、盛色衰退故；二、气力衰退故；三、诸根衰退故；四、受用境界衰退故；五、寿量衰退故。

云何病苦？当知病苦亦由五相：一、身性变坏故；二、忧苦增长多住故；三、于可意境，不喜受用故；四、于不可意境，非其所欲，强受用故；五、能令命根速离坏故。

云何死苦？当知此苦亦由五相：一、离别所爱盛财宝故；二、离别所爱盛朋友故；三、离别所爱盛眷属故；四、离别所爱盛自身故；五、于命终时备受种种极重忧苦故。

云何怨憎会苦？当知此苦亦由五相：一、与彼会生忧苦故；二、治罚畏所依止故；三、恶名畏所依止故；四、苦逼迫命终怖畏所依止故；五、越正法恶趣怖畏所依止故。

云何爱别离苦？当知此苦亦由五相，谓不与彼会生愁恼故[①]，由此因

① 谓不与彼会生愁恼故，底本与《资福藏》《碛砂藏》《赵城金藏》《普宁藏》《永乐南藏》《径山藏》《高丽藏》相同；《房山石经》“谓”作“一”。

缘生怨叹故[1]，由此因缘身扰恼故[2]，念彼众德思恋因缘[3]，意热恼故，应受用等有所阙故[4]。如爱别离苦，求不得苦当知亦尔。

云何五取蕴苦？当知此苦亦由五相，谓生苦器故[5]，依生苦器故[6]，苦苦器故[7]，坏苦器故[8]，行苦性故[9]。

复次，依行差别建立三士，谓下、中、上。无自利行，无利他行，名为下士；有自利行无利他行，有利他行无自利行，名为中士；有自利行，有利他行，名为上士。

复有四种补特伽罗：或有行恶而非乐恶，或有乐恶而非行恶，或有行恶亦复乐恶，或非行恶亦非乐恶。若信诸恶能感当来非爱果报，由失念故，或放逸故，近恶友故，造作恶行，是名行恶而非乐恶。若先世来串习恶故，喜乐诸恶，恶欲所牵，彼由亲近善丈夫故，闻正法故，如理作意，为依

① 由此因缘生怨叹故，底本与《资福藏》《碛砂藏》《普宁藏》《永乐南藏》《径山藏》相同；《房山石经》“由”作“二由”；《房山石经》《赵城金藏》《高丽藏》“怨”作“愁”。

② 由此因缘身扰恼故，底本与《资福藏》《碛砂藏》《赵城金藏》《普宁藏》《永乐南藏》《径山藏》《高丽藏》相同；《房山石经》“由”作“三由”。

③ 念彼众德思恋因缘，底本与《资福藏》《碛砂藏》《赵城金藏》《普宁藏》《永乐南藏》《径山藏》《高丽藏》相同；《房山石经》“念”作“四念”。

④ 应受用等有所阙故，底本与《资福藏》《碛砂藏》《赵城金藏》《普宁藏》《永乐南藏》《径山藏》《高丽藏》相同；《房山石经》“应”作“五应”。

⑤ 谓生苦器故，底本与《资福藏》《碛砂藏》《赵城金藏》《普宁藏》《永乐南藏》《径山藏》《高丽藏》相同；《房山石经》“谓”作“一”。

⑥ 依生苦器故，底本与《资福藏》《碛砂藏》《赵城金藏》《普宁藏》《永乐南藏》《径山藏》《高丽藏》相同；《房山石经》“依”作“二依”。

⑦ 苦苦器故，底本与《资福藏》《碛砂藏》《赵城金藏》《普宁藏》《永乐南藏》《径山藏》《高丽藏》相同；《房山石经》“苦苦”作“三苦苦”。

⑧ 坏苦器故，底本与《资福藏》《碛砂藏》《赵城金藏》《普宁藏》《永乐南藏》《径山藏》《高丽藏》相同；《房山石经》“坏”作“四坏”。

⑨ 行苦性故，底本与《资福藏》《碛砂藏》《普宁藏》《永乐南藏》《径山藏》《高丽藏》相同；《房山石经》《赵城金藏》“行”作“五行”。

止故，见诸恶行能感当来非爱果报，自勉自励[①]，远离诸恶，是名乐恶而非行恶。若性乐恶，而不远离，是名行恶亦复乐恶。若有为性不乐诸恶，亦能远离，名非行恶亦非乐恶。此中，行恶亦乐恶者，是名下士；若有行恶而非乐恶，或有乐恶而非行恶，是名中士；若非行恶，亦非乐恶，是名上士。

复有三士：一、重爱欲[②]；二、重事务；三、重正法。初名下士，次名中士，后名上士。

又有三种补特伽罗[③]：一、以非事为自事；二、以自事为自事；三、以他事为自事。若行恶行以自存活，名以非事为自事。若怖恶行，修行善行，名以自事为自事。若诸菩萨，名以他事为自事[④]。初名下士，次名中士，后名上士。

又诸国王有三圆满，谓果报圆满、士用圆满、功德圆满。若诸国王生富贵家，长寿少病，有大宗叶，成就俱生聪利之慧，是王名为果报圆满。若诸国王善权方便所摄持故，恒常成就圆满英勇，是王名为士用圆满。若诸国王住持正法[⑤]，名为法王，安住正法，名为大王。与内宫、王子、群臣、英杰、豪贵、国人，共修惠施、树福、受斋、坚持禁戒，是王名为功德圆满。果报圆满者，受用先世净业果报。士用圆满者，受用现法可爱之果。功德圆满者，亦于当来受用圆满净业果报。

若有国王三种圆满皆不具足，名为下士；若有果报圆满，或士用圆

① 自勉自励，底本与《房山石经》《资福藏》《碛砂藏》《普宁藏》《永乐南藏》《径山藏》《高丽藏》相同；《赵城金藏》“勉”作“逸”。

② 重爱欲，底本与《资福藏》《碛砂藏》《普宁藏》《永乐南藏》《径山藏》相同；《房山石经》《赵城金藏》《高丽藏》“爱”作“受”。

③ 又有三种补特伽罗，底本与《资福藏》《碛砂藏》《赵城金藏》《普宁藏》《永乐南藏》《径山藏》《高丽藏》相同；《房山石经》“又”作“复”。

④ 名以他事为自事，底本与《资福藏》《碛砂藏》《赵城金藏》《普宁藏》《永乐南藏》《径山藏》相同；《房山石经》《高丽藏》“自事”作“自事等”。

⑤ 若诸国王住持正法，底本与《碛砂藏》《普宁藏》《永乐南藏》《径山藏》相同；《房山石经》《资福藏》《赵城金藏》《高丽藏》“住”作“任”。

满，或俱圆满，名为中士；若三圆满无不具足，名为上士。

复有三臣：一、有忠信，无技能、智慧；二、有忠信、技能，无智慧；三、具忠信、技能、智慧。初名下士，次名中士，后名上士。若不忠信，无有技能，亦无智慧，当知此臣下中之下。

又有四语：一、非爱似爱；二、爱似非爱；三、非爱似非爱；四、爱似爱。诸有语言，辞句善顺，然非所宜，是名初语。或有语言，辞句勃逆，然是所宜，是第二语。或有语言，辞句勃逆，亦非所宜，是第三语。或有语言，辞句善顺，亦是所宜，是第四语。若有宣说非爱似非爱非爱似爱语者，是下士；若有宣说爱似非爱语者，是中士；若有宣说爱似爱语者，是上士。

复有三种受诸欲者：或有受欲，非法孟浪积集财宝，不能安乐正养己身及与妻子，广说乃至不于沙门、婆罗门所修植福田；或有受欲，法或非法、孟浪或非积集财宝，能以安乐正养己身、妻子、眷属及知友等，不以沙门[1]、婆罗门所修植福田；或有受欲[2]，一向以法及不孟浪积集财宝，能以安乐正养己身，广说乃至能于沙门、婆罗门所修植福田。此三种中，初名下士，次名中士，后名上士。

复有三人：一者，有人贪染而食，爱著、饕餮乃至躭湎，不见过患，不知出离；二者，有人思择而食，不染不著，亦不饕餮、吞吸、迷闷、坚住、躭湎，深见过患，善知出离，而于此食未断未知；三者，有人思择而食，不生贪染，广说乃至深见过患，善知出离，又于此食已断已知。初名下士，次名中士，后名上士。

复依施物，说有三人：一者，有人所施之物，但具妙香，不具美妙味之

① 不以沙门，底本与《径山藏》相同；《房山石经》《资福藏》《碛砂藏》《赵城金藏》《普宁藏》《永乐南藏》《高丽藏》“以”作“于”。

② 或有受欲，底本与《房山石经》《资福藏》《赵城金藏》《径山藏》《高丽藏》相同；《碛砂藏》《普宁藏》《永乐南藏》“受”作“爱”。

与触；二者，有人所施之物，具妙香味，而无妙触；三者，有人所施之物，具足美妙香味与触。初名下士，次名中士，后名上士。

又依施田，说有三人：一者，有人于爱于恩而行惠施；二者，有人于贫苦田而行惠施；三者，有人于具功德最胜福田而行惠施。初名下士，次名中士，后名上士。复有差别。施于所爱名为下士，施于有恩名为中士，施于贫苦具德胜田名为上士。

又依施心说有三人：一者，有人将欲惠施，先心欢喜，正惠施时，心不清净，惠施已后，寻后追悔[①]；二者，有人先心欢喜，施时心净，施已追悔；三者，有人先心欢喜，施时心净，施已无悔。初名下士，次名中士，后名上士。

复于受持戒福业事建立三人：一者，有人但离一分，非一切时常能远离，唯自远离，不劝他离，亦不赞美，见同法者，心不欢喜，是名下士；二者，有人离一切分，一切时离，唯自远离，不劝他人，亦不赞美，见同法者，心不欢喜，是名中士；三者，有人一切俱现，是名上士。

又于受持禁戒处所建立三人：一者，有人住恶说法毗奈耶中受持禁戒；二者，有人住善说法毗奈耶中受持禁戒，而有缺漏；三者，有人即住于此受持禁戒，而不缺漏。初名下士，次名中士，后名上士。

又于受持戒心建立三人。一者，有人为活命故，受持禁戒；二者，有人为生天故，受持禁戒；三者，有人为涅槃故，受持禁戒。初名下士，次名中士，后名上士。

又于受持别解脱律仪说有三人：一者，有人唯能受持近住律仪；二者，有人亦能受持近事律仪；三者，有人亦能受持苾刍律仪。初名下士，次名中士，后名上士。

又于受持苾刍律仪说有三人：一者，有人唯能成就受具足支，无受随

① 寻后追悔，底本与《径山藏》相同；《房山石经》《资福藏》《碛砂藏》《赵城金藏》《普宁藏》《永乐南藏》《高丽藏》“后”作“复”。

法诸学处支，亦无随护他人心支，亦无随护如先所受诸学处支；二者，有人成前三支，无后一支；三者，有人具成四支。初名下士，次名中士，后名上士。

又有三人：一者，有人唯成别解脱律仪；二者，有人成别解脱、静虑律仪；三者，有人成别解脱、静虑、无漏三种律仪。初名下士，次名中士，后名上士。

又有三人：一者，有人唯能成就非律仪非不律仪摄所受戒律仪；二者，有人亦能成就声闻等相应所受戒律仪；三者，有人亦能成就菩提萨埵所受戒律仪。初名下士，次名中士，后名上士。

复依修习思惟方便建立三人：一者，有人唯得励力运转思惟；二者，有人有闲运转[①]，设得无间，要作功用方能运转；三者，有人已得成就任运思惟。初名下士，次名中士，后名上士。

又依已得修差别故建立三人。一者，有人已得内心奢摩他定，未得增上慧法毗钵舍那；二者，有人已得增上慧法毗钵舍那，未得内心奢摩他定；三者，有人俱得二种。初名下士，次名中士，后名上士。

又有三人：一者，有人已得有寻有伺三摩地；二者，有人已得无寻唯伺三摩地；三者，有人已得无寻无伺三摩地。初名下士，次名中士，后名上士。

又依住修差别建立三人[②]：一者，有人住染汙静虑；二者，有人住世间清净静虑；三者，有人住无漏静虑。初名下士，次名中士，后名上士。

复次，有十种有情众，于十种法爱乐喜悦。何等十法？一、寿；二、色；三、财；四、友；五、戒；六、闻；七、梵行；八、慧；九、法；十、生天。何等名

① 有人有闲运转，底本与《资福藏》《碛砂藏》《赵城金藏》《普宁藏》《永乐南藏》《径山藏》《高丽藏》相同；《房山石经》“闲”作“闻”。

② 又依住修差别建立三人，底本与《资福藏》《碛砂藏》《赵城金藏》《普宁藏》《永乐南藏》《径山藏》《高丽藏》相同；《房山石经》“别”作“别差”。

为有情十众[①]？一、傍生；二、母邑；三、受用欲者；四、求所作者；五、出家者；六、多闻为命者；七、入证者；八、寻思者；九、勤苦者；十、弃身者。

复次，听闻正法者略有六种烦恼过失，谓憍慢过失，不欲过失，不信过失，身心损恼过失，散乱过失，迷惑过失。由如是等诸过失故，不能恭敬殷重听法，广说如经。散乱烦恼过失复有二种，谓说时散乱、说已散乱。迷惑者，谓颠倒。

复次，烦恼发业略有三种：一、相应发；二、亲生发；三、增上发。引余烦恼而发起故。

复次，非所爱法略有六种：一、怨敌；二、疾病；三、不可爱境；四、生等诸苦；五、苦辛良药；六、非串习善。前四应远离，后二应修习。

复次，受用诸欲，略有五种：一、领纳受用；二、摄喜受用；三、寻思受用；四、贪彼受用；五、摄自受用。

复次，诸欲过失略有八相：一、少味，多苦，多过患相；二、他所逼切，苦因缘相；三、杂染受用，胜因缘相；四、堕诸恶趣，苦因缘相；五、寻思扰乱，苦因缘相；六、受用磨灭，胜因缘相；七、丧身磨灭，胜因缘相；八、能障善法，胜因缘相。

复次，诸欲因缘略有六种变坏：一、他所逼切变坏；二、诸界互违变坏；三、所爱有情变坏；四、身变坏；五、心变坏；六、无常变坏。

复次，当知诸欲由五种相似法故，得稠林名：一、由众多相似法故；二、由杂秽相似法故；三、由养育众生相似法故；四、由藏窜相似法故；五、由险难相似法故。

我已略说有寻有伺等三地决择，其中处处余决择文更不复现。

---

① 何等名为有情十众，底本与《资福藏》《碛砂藏》《普宁藏》《永乐南藏》《径山藏》《高丽藏》相同；《房山石经》《赵城金藏》“有情十”作“十有情”。

瑜伽师地论卷第六十二

摄决择分中三摩呬多地之一

如是已说有寻有伺等三地决择。三摩呬多地决择，我今当说。谓补特伽罗多随烦恼染汙相续，不能正证心一境性。

云何名为多随烦恼？谓有谄、诳、矫、诈、无惭无愧、不信、懈怠、忘念、不定、恶慧、慢缓、猥杂、趣向前行、舍远离轭、于所学处不甚恭敬、不顾沙门、唯希活命不为涅槃而求出家。

云何有谄？谓自有过，而不能于大师、智者同梵行所，如实发露。

云何有诳？谓不真实显己功德。彼实无德，而欲令他诸有智者同梵行等了知有德。

云何有矫？谓于增上戒，毁犯尸罗，或于轨范，毁犯轨范。由见闻疑他所举时，遂用余事假托余事，或设外言而相诱引，如经广说。谓由谄、诳增上力故。

云何有诈？谓怖他故，或复于彼有所希故，虽有犯重，而不发露，亦不现行。非实意乐，诈于有智同梵行所，现行亲爱恭敬輭善身、语二业。

云何无惭无愧？谓观于自，或复观他，无所羞耻，故思毁犯。犯已不能如法出离，好为种种斗讼违诤。

云何不信？谓于佛法僧，心不清净，于苦集灭道生不顺解。

云何懈怠？谓执睡眠偃卧为乐，昼夜唐捐，舍众善品。

云何忘念？谓于久远所作所说，不能随念，不令随忆，不守根门，不正知住。

云何不定？谓于定地，下至作意，亦不能得。

云何恶慧？谓住自见取，执不平等，难舍言论。

云何慢缓？谓不捷利，亦不明了，不自超举[1]，无所能为，不能以身供侍有智同梵行者。

云何猥杂？谓乐与在家及出家众共相杂住，又乐寻思诸恶不善欲寻思等，乃至势家相应寻思[2]，多随寻思，多随伺察。

云何趣向前行？谓受僧祇或复别人诸衣服等所有利养，或请僧祇及与别人，皆名趣向。若诸苾刍于如是事最初前行，故名趣向前行。

云何舍远离轭？谓于远离边际卧具，远离众恶人所习近似寂静室，远弃舍之，不生欲乐。

云何于诸学处不甚恭敬？谓遭厄难，宁舍学处，不弃身命，志求身乐及与寿命，不能随护所有学处。

云何不顾沙门？谓弃舍学处，好为退转，或犯尸罗，行诸恶法，于内腐烂，广说乃至实非梵行，自称梵行，况当悕求沙门果证八支圣道。

云何唯希活命不为涅槃而求出家？谓或为王之所逼迫而求出家。或为怨贼之所逼迫，或为债主之所逼切，或为恐怖之所逼切，或为财宝常所匮乏，恐畏不活而求出家，不为自调自静、自般涅槃而求出家。

当知此中，依同梵行而共止住有所违犯，发起最初四随烦恼；依增上戒有所违犯，当知发起无惭无愧；依增上心及增上慧，当知发起始从不信乃至恶慧诸随烦恼。此中，不信及与懈怠，依俱违犯；忘念、散乱，依增上心违犯而起；恶慧，依犯增上慧起。不信、懈怠增上力故，当知发起慢缓、猥杂、趣向前行、舍远离轭；忘念、乱心及与恶慧增上力故，当知发起于诸

① 不自超举，底本与《资福藏》《碛砂藏》《赵城金藏》《普宁藏》《永乐南藏》《径山藏》相同；《房山石经》《高丽藏》“超”作“起”。

② 乃至势家相应寻思，底本与《资福藏》《碛砂藏》《赵城金藏》《普宁藏》《永乐南藏》《径山藏》相同；《房山石经》《高丽藏》“势家”作“家势”。

学处不甚恭敬、不顾沙门、唯希活命不为涅槃而求出家。

复有三种补特伽罗，依三处引诸随烦恼。

云何三种补特伽罗？一、依正法而出家者；二、在居家受用欲者；三、正法外而出家者。

云何三处引随烦恼？所谓最初补特伽罗，依放逸处引随烦恼。此复二种，谓或依内妄显已德，为衣服等利养恭敬，自说己德胜过人法[①]；或复依他诸有智者同梵行等，以身语业逼迫加害损恼毁辱。当知第二补特伽罗，依躭欲处引随烦恼。彼由躭著诸欲因缘，受用诸欲，依身语意行三恶行。当知第三补特伽罗，依邪行处引随烦恼，略有三种，谓随逐远离、随逐愦闹、随逐学处起随烦恼。

云何随逐远离起随烦恼？谓诸外道随逐远离所有卧具，而为五盖覆蔽其心；或住于苦，领受身心诸苦恼故；或复远离烦恼对治，由离信等五种根故。彼由如是住染汙故，住苦恼故，无有对治能除染汙苦恼住故，是名随逐远离诸随烦恼。

云何随逐愦闹起随烦恼？谓各别执异见异欲相违言论，建立自品、他品差别，广起忿、恨，乃至诳、谄，是名随逐愦闹诸随烦恼。

云何随逐学处起随烦恼？谓观自他现行诸罪，无有羞耻，毁戒穿戒，是名随逐增上戒学诸随烦恼。若有依止世间等至，于其下劣计自为胜，或于相似计自为胜，心生高举，是名随逐增上心学诸随烦恼。若少听闻，不能观察所有善法，是名随逐增上慧学诸随烦恼。

如是一切，总略说名非法之行、不平等行。由非善义，名非法行；非爱果义，名不平等行。

复次，若观行者修十遍处，能为五事。何等为五？谓由修习地遍处

---

① 自说己德胜过人法，底本与《资福藏》《碛砂藏》《普宁藏》《永乐南藏》《径山藏》相同；《房山石经》《赵城金藏》《高丽藏》“德”作“得”。

等，乃至百遍处故[1]，便能引发化事、变事诸圣神通；又由修习空无边处一切处故，便能引发往还无碍诸圣神通；又由修习识无边处一切处故，便能引发无诤、愿智、无碍解等诸胜功德；即由此识无边处遍处成满，便能成办无所有处解脱，及非想非非想处解脱；又即由此成满因故，便能证入想受灭解脱，最胜住所摄；又由识无边处故，无边无量遍满行转，是故此上不立遍处。胜处、遍处是诸解脱能清净道。又诸解脱，由所知障解脱所显。由此声闻及独觉等，于所知障心得解脱。

复次，略由三相，修等至者爱味等至。谓或证得等至出已，计为清净，可欣、可乐、可爱、可意，随念爱味；或未证得，或已证得未来爱味，增上力故，追求欣、乐而生爱味；或已证得，计为清净，可欣可乐，乃至广说现行爱味。若从定出，可生爱味；若正在定，无有爱味。言爱味者，谓于是中遍生贪著。

复次，下地诸法若生上地，不现在前；上地诸法若生下地，其离欲者或现在前；若生下地，于上起爱，未得离欲不定心者，当言此爱是欲界系。当知此爱或是染汙，或不染汙。云何染汙？若生是心："我今云何当证如是广大喜乐所随等至？若得证者，我当如是如是爱味。又我云何当得生上[2]，常恒不变？"当知此爱是染汙爱。若有起心，专求离欲，欣乐证入上地寂静，当知此爱是不染汙。

复有三种诸法断灭，谓对治断灭、现行断灭、弃舍断灭，诸烦恼事之所显现，是初断灭；诸行生灭之所显现，是第二断灭；若生上地，或入无余依涅槃界，下地诸行及一切行弃舍所显，是第三断灭。

① 乃至百遍处故，底本与《资福藏》《碛砂藏》《永乐南藏》《径山藏》相同；《房山石经》《赵城金藏》《普宁藏》《高丽藏》"百"作"白"。

② 又我云何当得生上，底本与《房山石经》《资福藏》《碛砂藏》《普宁藏》《永乐南藏》《径山藏》《高丽藏》相同；《赵城金藏》"又"作"人"。

复有三退：一、未得法退；二、已得法退；三、习行法退。

复依世间诸近分定，若方便道，若无间道，若解脱道，或为断灭或为证得而修习者，彼于所缘，或观过失，或观寂静。观下过失，观上寂静。若胜进道，当知彼是遍满所缘，或无漏缘。

复次，诸近分，摄六种作意，谓了相等，乃至加行究竟作意①。此中，了相、胜解作意，方便道摄；远离、加行究竟作意②，无间道摄③；摄乐作意，四种道摄；观察作意，胜进道摄。

问：何缘故说修静虑者静虑境界不可思议？

答：修静虑者，已善修治磨莹其心，有如是相威德势力，随所欲为，皆能成办，非不如意，法性故尔。是故说彼由寻思道不可思议。

复有二种修静虑者，于一事中俱发变事，胜解神通皆得自在，此二神通互相障碍，而此二通无偏大者不相映夺。彼后无间，一于此事神通无碍，如其所欲皆能转变，第二神通便被障碍。此中因缘云何应知？由彼二人势力威德皆悉平等，俱时发起变现神通，然其所作互不相似。由彼神通所欲为事不相似故，于此一事二种神通互相障碍。尔时有一作是思惟："何因缘故，我此神通今有障碍，将无我定有退失耶？"此一定者，即于此事起是余心。第二定者，即于此事数数专注，心无散乱，所发神通能无障碍，随神通力，如意转变。若二神通威德不等，随其胜者所作成办；若二神通威德相似，先作意者成办非余。

复有四种修静虑者。一、依近分定修静虑者；二、依染汙定修静虑

① 乃至加行究竟作意，底本与《资福藏》《碛砂藏》《赵城金藏》《普宁藏》《永乐南藏》《径山藏》《高丽藏》相同；《房山石经》"加行"作"方便"。

② 远离、加行究竟作意，底本与《资福藏》《碛砂藏》《赵城金藏》《普宁藏》《永乐南藏》《径山藏》《高丽藏》相同；《房山石经》"加行"作"方便"。

③ 无间道摄，底本与《房山石经》《资福藏》《碛砂藏》《普宁藏》《永乐南藏》《径山藏》《高丽藏》相同；《赵城金藏》无"摄"字。

者；三、依世间定修静虑者；四、依出世间定修静虑者。于六作意，谓了相等，乃至加行究竟作意修定转时[①]，当知是初。爱上静虑，广说乃至疑上静虑，当知第二。若住余善世间静虑，当知第三。谓能引发现法乐住无量作意世间功德，又能引发游戏神通。若顺决择分所摄受空、无愿、无相解脱门所显静虑，当知第四。

复次，无想等至，当言唯一有漏；灭尽等至，当言无漏。由与烦恼不相应故，非相应故，无所缘故，非诸烦恼之所生故，是出世间，一切异生不能行故，唯除已入远地菩萨。菩萨虽能起出世法令现在前，然由方便善巧力故，不舍烦恼。又此等至，当言非学非无学摄，非所行故，似涅槃故。

复次，当释《随身念经》。

谓心清净行苾刍有四种随烦恼：一、毁犯禁戒；二、散乱寻思；三、保著内身；四、保著外境。毁禁戒者，由忧悔门，于三摩地能为障礙。乱寻思者，由三种门：一、由于过去境随念散乱门；二、由依掉举、流散、恶见、恶闻、恶语、恶行，唯乐闻思散乱门；三、由先串习势力所持散乱门。保著内身者，由于生死无厌患门。保著外境者，于未来境由欣乐门。

当知此中，为欲对治初随烦恼故，修一作意，谓正知作意；为欲对治第二随烦恼故，修三作意，谓称顺彼所缘作意、了别彼相能对治彼寻思作意、彼所依心调练作意；为欲对治第三随烦恼故，应修分析积聚作意；为欲对治第四随烦恼故，应当修习不净作意。

又初作意修习多修习故，能断忘念；第二作意修习多修习故，能断保著内身、外境二种贪欲；第三作意修习多修习故，能断恶见等所有散乱；第四作意修习多修习故。能断先所串习势力任持所有散乱；第五作意修习多修习故，能断于身净有情想；第六作意修习多修习故，能断四贪，所谓

① 乃至加行究竟作意修定转时，底本与《资福藏》《碛砂藏》《赵城金藏》《普宁藏》《永乐南藏》《径山藏》《高丽藏》相同；《房山石经》“加行”作“方便”。

色贪、触贪、形贪及承事贪。

如是作意修习为依，断随烦恼，心触正定，证得近分，根本胜定，又能证得有喜、离喜、清净安乐。又依如是正定心故，如实了知上地有情无常性及诸行无常性。云何了知有情无常性？谓得天眼，清净过人，见诸有情，乃至广说。云何了知诸行无常性？谓能随入未来、过去、现在作意缘生智故。

此随身念依于三处，谓依增上心、增上慧学修治业地，依增上心学处，依增上慧学处，为欲断除所余诸结，修念住等所有一切菩提分法之所依止。由三因缘，不与一切外道、沙门、婆罗门共，谓于修治业地资粮圆满故，于奢摩他聚无有爱味故，于般涅槃爱乐随逐心，非烦恼火所生处故。

又此修念资粮圆满为依止故，四果清净，谓处聚落，世法所生烦恼不染；处阿练若，空闲所生烦恼不染；处阿练若、聚落所生烦恼不染；于二处所不能堪忍淋漏等苦烦恼不染。奢摩他聚无有爱味为依止故，五果清净，谓四种清净静虑及寂净解脱[①]。于般涅槃爱乐随逐心，非烦恼火所生处为依止故，九果清净，谓初三果及六神通。此随身念当知五种清净所摄，谓不定地清净故，定地清净故，摄清净故，不共清净故，不共果清净故。又随逐身转故，彼所摄受故，名随身念。

复次，当释《摩诃俱瑟祉罗经》。有二解脱：一、慧解脱；二、心解脱。

此中，依慧解脱，谓世间慧之所行者，当知即是建立恶行及与善行并彼因缘。彼体性者，当知即是恶行、善行并彼因缘善不善等体性差别如实正智。

又依心解脱，谓心染净之所依者，当知即是色等境界能取了别。彼世

① 谓四种清净静虑及寂净解脱，底本与《碛砂藏》《普宁藏》《永乐南藏》《径山藏》相同；《房山石经》《资福藏》《赵城金藏》《高丽藏》“净”作“静”。

间慧心解脱果，当知即是于彼相应相杂下类杂染出故，即慧解脱增上力故。出世间慧之所行者，当知即是由世间慧及心解脱增上力故，如实了知一切境界。即出世慧心解脱果，当知即是一切种类杂染出故。

此中，若世间慧，若出世慧，总略为一，说名正见。正见因缘，当知即是有佛出世，听闻正法，无倒思惟。

又出世间正见果相，当知即是前后常故，无所对故。若法所治若有，生已无灭，所治若无，灭已有生，彼法名有所对。若法所治若有若无，若生不生，常时是有，彼法名无所对。又即此果由心解脱增上力故，于自所行及彼所依得清净者，当知即是由清净心增上力故，于诸色根所行境界不生杂染，及令诸根顺清净故。

又解脱心住者，当知即是寿之与煖展转相依相属而住。

又此世间及出世间二种解脱果差别者，当知即是于诸受中及因缘中，有痴爱者，后有当生；无痴爱者，后有不生。又彼相杂而相应故，彼能依止心法清净，当知即是非现在缘之所染汙领受彼故。

即二解脱住差别者，当知即是六寂静故。由清净识没平等故，非由彼所依平等故。于入定时，不由加行入寂静故；于出定时，不由加行出寂静故，次第出故。于在定时，三行不行，得寂静故。于远离出，心寂静故，谓于三时：一、于阿练若，与同梵行共相杂住；二、于聚落中，与诸在家共相杂住；三、于二处，行相现行。于亲近出，心寂静故。谓于三时：一、于有色世间胜定出故；二、于无色世间胜定出故；三、于出世间有心定出故。

又此诸定非唯灭定出已方得，亦先已得，今起现前。此中前二由次第定故，展转获得胜定清净；后一不由次第定故，然由通达无相界故，展转获得胜定清净。又有相定，由有相作意，入、住、出定。若无相定，由无相作意，入定、住定；由有相作意，当知出定。

复次，当释《法因缘经》。

谓于阿毗达摩、阿毗奈耶中善巧苾刍[①]，或邬波索迦，欲依解了而请问者，当依八相而兴请问。何等八相？谓解了事，解了所治，解了果，解了自性，解了果差别，解了所依，解了功德，解了证得。

解了事者，谓能解了五取蕴故。

解了所治者，谓爱杂染及见杂染。由爱杂染故，于后有灭不生欣乐；由见杂染故，虽生欣乐而不能证。

解了果者，谓此二种杂染永断[②]。

解了自性者，谓八圣支道。此复种种差别宣说：对治外道诸邪道故，名八圣支道；对治三种杂染故，建立三蕴，谓对治恶行杂染故，对治诸欲杂染故，对治诸见杂染故。是出世间有为所摄。

解了果差别者，谓诸断灭，是出世间无为所摄。

解了所依者，谓三摩地。此复四种应知：一、由种性故，谓所有定一切皆由静虑种性，随所宣说诸静虑支，皆能解了；二、由相故；三、由生所缘相故；四、由成办因缘相故。

解了功德者，谓灭尽定最第一住，说名解了功德。当知此相复有五种，谓灭事故，寂静相似影像故，入定因缘故，出定因缘故，出定功德故。

解了证得者，谓于五取蕴以八种相观察诸受。谓观察自性，观察现法转因缘，观察现法转灭因缘，观察当来转因缘，观察彼二转灭因缘，观察转因缘因缘，观察还因缘因缘，及观察还。

此中，乐俱行对治，谓于最胜根本静虑；苦俱行对治，谓得近分出离欲俱行；不苦不乐俱行对治，谓即于根本静虑。为欲显示转因缘灭故，即

---

① 谓于阿毗达摩、阿毗奈耶中善巧苾刍，底本与《资福藏》《碛砂藏》《普宁藏》《永乐南藏》《径山藏》《高丽藏》相同；《房山石经》《赵城金藏》“摩阿”作“摩”。

② 谓此二种杂染永断，底本与《房山石经》《资福藏》《碛砂藏》《赵城金藏》《普宁藏》《永乐南藏》《径山藏》相同；《高丽藏》“二”作“三”。

依诸受说所有受皆悉是苦，由彼三受约第一义皆是苦故。言相对者，谓有此故，施设于彼，是名相对。此中，诸受展转相对。由彼一切苦所摄故。又由有此第一义苦，施设无智；由有此故，施设治彼出世之慧；由有此故，施设彼果寂灭涅槃。是故彼彼诸法说与彼彼诸法相对。

复次，当释眠缠，谓勤修习内心寂静奢摩他行诸苾刍等。为欲断除诸随烦恼，应知五种对治之相，谓远离阛相；于能随顺举欢喜法，发生正举加行道理；损害诸见；诸见功用；诸见所依功用。彼随烦恼既断灭已，复有五种任持定法[①]。何等为五？谓诸远离；远离处所，顺定言说；顺无染心资生众具，从有智者同梵行所，获得随顺教授教诫美妙言说；于诸世间等持、等至远离爱味，及无漏行如理作意。

复次，彼勤修习增上心学诸苾刍等，由三因缘，当遣现行染汙寻思，谓远离所缘故，厌患自性故，远离自性故。由三因缘，远离自性。谓有对治力，根猛利者，能顿远离；无对治力，根处中者，如其麤相，能渐远离；无对治力，根下劣者，于诸寻思因缘财食深见过患。

复次，诸苾刍有六顺出离界三摩地修习支者，谓诸苾刍于闲静室勤修观行，当知三种补特伽罗有三三摩地，谓勤修习增上心者，于四有情怨行、恶行、净行、恩行，有众生缘定；又勤修习趣究竟者，有法缘定；又勤修习谛现观者，有法缘定。

复次，由三种大性大三摩地[②]，能令速疾通达真如，既通达已，能尽诸漏，谓由所缘大性故，由精勤大性故，由方便所摄作意大性故。又有二远离，能令速疾通达真如，谓于行处远离愦闹，及于住处离恶寻思。

---

① 复有五种任持定法，底本与《房山石经》《资福藏》《赵城金藏》《永乐南藏》《径山藏》《高丽藏》相同；《碛砂藏》《普宁藏》“任”作“住”。

② 由三种大性大三摩地，底本与《房山石经》《资福藏》《碛砂藏》《赵城金藏》《普宁藏》《永乐南藏》《高丽藏》相同；《径山藏》“三”作“二”。

瑜伽师地论卷第六十三

摄决择分中三摩呬多地之二

复有五种定相违法：一、毁犯禁戒；二、无无间加行；三、无殷重加行；四、有沉没；五、他所扰恼。

复有三种远离：一、住处远离；二、见远离；三、闻远离。

复次，心清净行苾刍略有五种等持相违厚重过失能为定障：一、忿；二、慢；三、欲贪；四、萨迦耶见；五、不能堪忍。

有五厚重三摩地相，由彼于此障碍而住，是故说名厚重过失。云何五相？一者，获得随宜资具便生喜足；二者，好乐求诸善法；三、于身财无所顾恋；四、于生死及与涅槃见大过失、最胜功德；五、于加行堪忍勤苦。

此中忿者，谓怀忿故，若往他家不得利养，或得而少，或弊或迟，或不恭敬，由此便生颦蹙愤憾[1]。从此因缘，发恚寻思及害寻思，多随寻伺。彼由此故，先所未生胜三摩地不能得生，设彼已生，还复退失。

所言慢者，谓怀慢故，慢所制伏为性，于法不生恭敬，于诸师范尊重福田，不能时时身心卑屈敬问咨请云何为善？云何不善？亦不勤求所有善法，由此不能解了引发三摩地义。从此因缘，发起轻慢相应寻思，多随寻伺。彼由此故，先所未生，如前广说。

言欲贪者，谓怀贪故，多诸爱染，于身财等，深生顾恋，由此于外五妙欲中多生散乱。从此因缘，生欲寻思、眷属寻思、国土寻思、族望家势相应寻思，多随寻伺。彼由此故，先所未生，如前广说。彼复不净能为对治。应

① 由此便生颦蹙愤憾，底本与《房山石经》《资福藏》《碛砂藏》《普宁藏》《永乐南藏》《径山藏》《高丽藏》相同；《赵城金藏》“憾”作“蹙”。

知不净略有三相，谓粪秽相、彼等流相、能依所依差别相。

萨迦耶见者，谓由身见制伏因缘，会遇世法，便为高欣下慼涂染，设欲弃舍，便为身见相违而住。又即于彼世法众相亲爱恒流之所漂溺，设欲弃舍，便为身见相违而住。又即世法众相所生不正寻思之所娆恼[①]，设欲弃舍，便为身见相违而住。又即于彼世法众相追求之时，种种扰乱散动所逼，设欲弃舍，便为身见相违而住。又即由彼身见因缘，恒常执著世法所依无常诸取，由是因缘，为忧悲等之所逼恼。设欲弃舍，便为身见相违而住。又复即彼为欲除遣下地垢秽勤修善时，于彼加行不生喜乐，于此所治设欲弃舍，便为身见相违而住。如为除遣下地垢秽，为遣上地所有垢秽当知亦尔。由此因故，虽作是心："我当于彼生死、涅槃，观大过失，观胜功德，便复颠倒。"由此因缘，先虽获得诸三摩地，然于未生圣谛现观胜三摩地，不能得生。

不堪忍者，谓怀不忍故，虽已获得圣谛现观胜三摩地，不能堪忍蚊虻等苦，舍离加行，多生懈怠。由此因缘，于所未生入根本定，不能生起，设复已生，还即退失。

前三过失，能为最初三摩地障；次一过失，为谛现观三摩地障；后一过失，为入根本三摩地障。

复有差别，谓有八种弃舍近住弟子因缘，于彼杂染之所染汙。由染汙故，彼便弃舍近住弟子。非无烦恼诸阿罗汉常善住念有如欺事[②]。云何为八？谓性于彼近住弟子，有憎恶心，唯欲自身受于恭敬；如欲恭敬，欲受利养，亦复如是；近住弟子多所毁犯，行不正行；又于近住诸弟子众饶益

① 又即世法众相所生不正寻思之所娆恼，底本与《资福藏》《碛砂藏》《普宁藏》《永乐南藏》《径山藏》相同；《房山石经》《赵城金藏》《高丽藏》"娆"作"烧"。

② 非无烦恼诸阿罗汉常善住念有如欺事，底本与《碛砂藏》《普宁藏》《永乐南藏》《径山藏》相同；《房山石经》《资福藏》《赵城金藏》《高丽藏》"欺"作"斯"。

损减，便有所须及与不须；于增上戒教授折伏不能堪忍；于增上心、增上慧住教授折伏不能堪忍；于营众务所有扰恼不能堪忍。

复次，嗢柁南曰[①]：

数及所对治，支分广建立，

远离苦散动，上支分差别。

问：如先所说四种静虑，何因缘故，唯四静虑，不增不减？

答：由能究竟超苦乐故。所以者何？从初静虑乃至第四、渐超苦乐方究竟故。

云何名初静虑所治？谓有五种：一者，欲贪；二、欲，恚，害，三种寻思；三者，忧苦；四者，犯戒；五者，散乱。

云何第二静虑所治？亦有五种：一、初静虑贪；二、寻伺；三、苦；四、掉；五、定下劣性。

云何第三静虑所治？谓有四种：一、第二静虑贪；二、喜；三、踊跃；四、定下劣性。

云何第四静虑所治？谓有五种。一、入息，出息；二、第三静虑贪；三、乐；四、于乐发悟；五、定下劣性。

问：初静虑有几支？

答：有五支。何等为五？一、寻；二、伺；三、喜；四、乐；五、心一境性。

问：第二静虑有几支？

答：有四支。何等为四？一、内等净；二、喜；三、乐；四、心一境性。

问：内等净，何法为自性？

答：念，正知，舍，为自性。

---

① 嗢柁南曰，底本与《资福藏》《碛砂藏》《普宁藏》《永乐南藏》《径山藏》相同；《房山石经》《赵城金藏》《高丽藏》“柁”作“拕”，下同。

问：第三静虑有几支？

答：有五支。何等为五？一、念；二、正知；三、舍；四、乐；五、心一境性。

问：第四静虑有几支？

答：有四支。何等为四？一、舍清净；二、念清净；三、不苦不乐；四、心一境性。

初静虑中，念、正知、舍由寻伺门之所引发，是故虽有而不宣说。第二静虑，由彼自性能有作业，又由踊跃心随烦恼之所缠缚，是故显示内等净名。第三静虑，心随烦恼已远离故，显彼自相，是故说彼。离喜贪故。初静虑中，离欲贪故，非离喜贪。第二静虑离寻伺贪故，非离喜贪。第四静虑，即彼显示最极清净。是故当知一切静虑彼皆随转，如其所应。

问：何因缘故，于四静虑建立如是五支、四支？

答：住所依故，住饶益故，住自性故。

复有差别，谓思惟所缘故，受用所缘故，于缘不散故。

复有差别，谓饶益所依故，增上心所依故，增上慧所依故。

复有差别，谓为对治三杂染住所对治故。云何名为三杂染住所对治耶？一、染汙住；二、苦恼住；三、愚痴住。

复有差别，谓受欲者相似法故。诸受欲者略有三种正所作事，能显彼是受用欲者[①]：一、正求财宝；二、求财宝已，能正受用；三、于彼自在，随意所为。如是修习诸静虑者亦有三种正所作事。当知依彼建立支分，如其所应。

复有差别[②]，谓为对治自苦恼行，应知建立诸静虑支。如是略有三种

① 能显彼是受用欲者，底本与《资福藏》《碛砂藏》《赵城金藏》《普宁藏》《永乐南藏》《径山藏》《高丽藏》相同；《房山石经》无“用”字。

② 复有差别，底本与《资福藏》《碛砂藏》《赵城金藏》《普宁藏》《永乐南藏》《径山藏》《高丽藏》相同；《房山石经》“复”作“后”。

对治：一、对治缺减对治；二、身心逼恼对治；三、于外境界，其心流散不寂静对治。

问：何因缘故，初静虑中说离欲已，复说远离恶不善法？

答：为欲显示诸欲自相故，及为显示诸欲过患相故。过患相者，由彼诸欲发起恶行，坠堕极下恶处所故，说名为恶；违善生故，复名不善。

复有差别，为欲显示烦恼杂染断故，及为显示先所积集业杂染断故。

复有差别，为欲显示诸在家者受用事门诸欲断故，及为显示诸出家者由寻思门诸欲断故。

复有差别，为欲显示欲寻思断故[①]，及为显示恚、害寻思断故[②]。

复有差别，为欲显示外道诸仙所得相故，及为显示离彼退已，行咒诅故。

问：何因缘故[③]，知初静虑中苦根未断？

答：彼品麤重未远离故。若于是处苦根已断，便与第二静虑住时应无差别，是故当知是处未断。

问：若寻伺等，于初静虑等中皆能摄益胜三摩地，又能摄受自地静虑皆令清净，问何因缘故[④]，世尊于彼显示动名？

答：此望他地，不望自地。

问：何因缘故，从欲界上于初静虑等中，建立后后胜上支分？

答：当知略有三因缘故：一、所治能治故；二、证得胜利故；三、所证

① 为欲显示欲寻思断故，底本与《房山石经》《资福藏》《赵城金藏》《径山藏》《高丽藏》相同；《碛砂藏》《普宁藏》《永乐南藏》无“断”字。

② 及为显示恚害寻思断故，底本与《房山石经》《资福藏》《赵城金藏》《径山藏》《高丽藏》相同；《碛砂藏》《普宁藏》《永乐南藏“断”作“断示”。

③ 何因缘故，底本与《径山藏》相同；《房山石经》《资福藏》《碛砂藏》《赵城金藏》《普宁藏》《永乐南藏》《高丽藏》无“因”字。

④ 问何因缘故，底本与《资福藏》《碛砂藏》《普宁藏》《永乐南藏》《径山藏》相同；《房山石经》《赵城金藏》《高丽藏》无“问”字。

得故。当知如是三种因缘，四静虑中五支所摄，随其所应。

问：初二静虑有何差别？

答：第二静虑中，三摩地圆满有差别故。

问：第二第三静虑，有何差别？

答：第三静虑饶益圆满有差别故。

问：第三、第四静虑，有何差别？

答：第四静虑清净圆满有差别故。

复有四种修三摩地：一者，为得现法乐住故；二者，为得胜智见故；三者，为得分别慧故；四者，为证诸漏永尽故。

当知依四补特伽罗建立四种修三摩地。云何四种补特伽罗？谓苦速通，已得行迹，已见谛者；复有异生，未得行迹，已得有情所缘无量，已离欲者；又乐迟通，已得行迹，已见谛者。又乐速通，已得行迹，已见谛者。

此中，异生已得无量，已离欲者，若已证得死生智通，当知是名智见清净。若乐迟通行迹转时，虽已见谛，由輭根故，而名退法。由此因缘，复于欲界受想寻思当住正念，当起正知。

复次，诸静虑离欲所显。当知离欲略有六种：一、自性离欲；二、损减离欲；三、任持离欲[①]；四、升进离欲[②]；五、愚痴离欲；六、对治离欲。自性离欲者，谓于自性不净非所受用事中诸欲背性[③]，又于苦受诸厌背性，又若已离初静虑染住，于第二静虑等中，于寻伺等诸厌背性，是名自性离欲。损减离欲者，谓两两交会习婬欲法，除热恼已诸厌背性。如是等类，所余

① 任持离欲，底本与《房山石经》《资福藏》《赵城金藏》《径山藏》《高丽藏》相同；《碛砂藏》《普宁藏》《永乐南藏》“任”作“住”，下同。

② 升进离欲，底本与《资福藏》《碛砂藏》《普宁藏》《永乐南藏》《径山藏》《高丽藏》相同；《房山石经》《赵城金藏》“升”作“胜”。

③ 谓于自性不净非所受用事中诸欲背性，底本与《碛砂藏》《普宁藏》《永乐南藏》《径山藏》相同；《房山石经》《资福藏》《赵城金藏》《高丽藏》“欲”作“厌”。

应知，皆名损减离欲。任持离欲者，谓有受用美妙饮食极饱满已[①]，于余饮食诸厌背性。如是等类，所余应知，皆名任持离欲。升进离欲者[②]，谓已获得胜上财宝或尊贵位，于余下劣诸厌背性。如是等类，所余应知，皆名升进离欲[③]。愚痴离欲者，谓于涅槃甚深功德不能解了，遂于涅槃生厌背性。如是等类，所余应知，皆名愚痴离欲。对治离欲者，谓由厌坏对治故，或由断对治故，或由持对治故，或由远分对治故，或由世间、出世间道断诸烦恼，如是皆名对治离欲。

问：何因缘故。说诸静虑名为住耶？

答：系心于内所缘境界，于外所缘不流散故。

问：何因缘故，说诸静虑名三摩地？

答：于所知事同分所缘一切影像，平等平等任持心故。

问：何因缘故，说诸静虑名奢摩他？

答：为欲寂静一切烦恼，正安止故。

问：何因缘故，说诸静虑名心一境性？

答：略有二种所缘境界：一、不定地所缘境界；二者，定地所缘境界。此中一境，所谓定地所缘境界，非第二境。系心于此一所缘境，是故说名心一境性。

复次，当知此中，从离欲退略有十种，谓或依止不平等故，从离欲退。谓如有一，遭极重病，如马胜言："我于此定不能入证，将无我定当退失耶？"或复有一，性多麤重，于三摩地先不串习，彼由如是多麤重故，成其退

---

① 谓有受用美妙饮食极饱满已，底本与《资福藏》《碛砂藏》《普宁藏》《永乐南藏》《径山藏》相同；《房山石经》《高丽藏》"谓"作"谓诸"；《赵城金藏》"谓"作"诸"。

② 升进离欲者，底本与《资福藏》《碛砂藏》《赵城金藏》《普宁藏》《永乐南藏》《径山藏》《高丽藏》相同；《房山石经》"升"作"胜"。

③ 皆名升进离欲，底本与《资福藏》《碛砂藏》《赵城金藏》《普宁藏》《永乐南藏》《径山藏》《高丽藏》相同；《房山石经》"升"作"胜"。

法。或有所缘境界胜故，从离欲退。谓如有一，值遇胜妙境界现前。如外道仙乃至获得非想非非想处，遇触少年美妙、形色可爱母邑[①]，从离欲退。或有获得敬养故退。谓如有一，从他获得利养恭敬即便退堕。如提婆达多。或有遭遇轻毁故退。谓如有一，或遭他骂，或瞋或责，从离欲退。如外道仙，由愤恚故退三摩地，现行咒诅。或慢故退。谓如有一，恃所得定，自举陵他。或有增上慢故退。谓如有一，于诸胜定证差别中，起增上慢。或有不作意故退。谓如有一，于能入定行相作意，不复思惟。或有未串习故退。谓如有一，安住始业新修善品。或有自地烦恼数起故退。谓如有一，爱上静虑，乃至疑上静虑。或有寿尽、福尽、业尽故退。谓如有一，从上生处退没下生。

复次，此中或有补特伽罗，下品烦恼，下品善法，多念艰辛然后方退，多念艰辛方能入定；或有补特伽罗，下品烦恼，上品善法，多念艰辛然后方退，经一念顷，速能入定；或有补特伽罗，上品烦恼，下品善法，经一念顷，速疾而退，多念艰辛方能入定；或有补特伽罗，上品烦恼，上品善法，经一刹那，速疾而退，一刹那顷，速能入定。

复有补特伽罗，已得离欲，从定起已，或于一时，彼三摩地相间相杂，作意而转，或于一时，不相间杂。若遇声缘，从定而起，与定相应意识俱转，余耳识生，非即彼定相应意识能取此声。若不尔者，于此音声不领受故，不应出定。非取声时，即便出定，领受声已，若有希望，后时方出。

于此地中，余决择文更不复现。

摄决择分中非三摩呬多地

如是已说三摩呬多地决择，非三摩呬多决择，我今当说。

---

① 遇触少年美妙形色可爱母邑，底本与《房山石经》《资福藏》《碛砂藏》《普宁藏》《永乐南藏》《径山藏》《高丽藏》相同；《赵城金藏》“邑”作“属”。

或有由自性故，名不定地，谓五识身。或有阙轻安故，名不定地，谓在欲界诸心、心法。或有未发趣故，名不定地，谓受欲者。或有散乱故，名不定地，谓始业者虽修习定，而于五欲其心流散。或有太聚故，名不定地，谓始业者于内境界略聚其心，便生沉没。或未得故，名不定地，谓即散心相应诸法。或未圆满故，名不定地，谓未证得加行究竟作意[①]。或杂染故，名不定地，谓虽证得加行究竟果作意[②]，而于彼定多生爱味。或不自在故，名不定地，谓即由彼染汙心故，不得自在。或不清净故，名不定地，谓未永害烦恼随眠。或出定故，名不定地，谓从已得三摩地起，而不退失。或有退故，名不定地，谓从所得三摩地退。

复次，此中依止初不定地，为安住心，应正取相。谓青瘀相，或脓烂相，广说如前。依止第二不定地故，为得作意，应勤修习。依止第三不定地故，为得根本，应勤修习。依止第四现在前故，最初应正安住其念，为无乱故，略摄其心，由正知故，速疾摄受。依止第五现在前故，应当思惟净妙之相，又应善达沉没之相。依止第六现在前故，于师教授能不忘失，应当安住猛利护念如理方便，应当无间殷重修习。依止第七现在前故，应于微劣所得定中不生喜足。依止第八现在前故，于诸杂染应观过失，设生爱味，所有杂染寻即除遣，不应恋著。依止第九现在前故，于三摩地应无间修，又应善巧通达其相。依止第十现在前故，应当猛利修谛善巧。依第十一现在前故，为令不退，应不放逸。依第十二现在前故，即为彼事应修远离如理作意，应随顺前，修习无间殷重方便。

于此地中，余决择文更不复现。

① 谓未证得加行究竟作意，底本与《资福藏》《碛砂藏》《赵城金藏》《普宁藏》《永乐南藏》《径山藏》《高丽藏》相同；《房山石经》“加行”作“方便”。

② 谓虽证得加行究竟果作意，底本与《资福藏》《碛砂藏》《赵城金藏》《普宁藏》《永乐南藏》《径山藏》《高丽藏》相同；《房山石经》“加行”作“方便”。

摄决择分中有心地

如是已说非三摩呬多地决择。有心地决择，我今当说。

当知诸心差别而转，略由五相：一、由世俗道理建立故；二、由胜义道理建立故；三、由所依能依建立故；四、由俱有建立故；五、由染净建立故。

云何世俗道理建立？谓依世俗道理建立诸心差别转义，当知如前意地已说。

胜义道理建立差别，我今当说。

云何名为胜义道理建立差别？谓略有二识：一者，阿赖耶识；二者，转识。阿赖耶识是所依，转识是能依，此复七种，所谓眼识乃至意识。譬如水浪，依止瀑流[①]，或如影像，依止明镜。如是名依胜义道理建立所依、能依差别。

复次，此中诸识皆名心、意、识。若就最胜，阿赖耶识名心。何以故？由此识能集聚一切法种子故[②]，于一切时缘执受境，缘不可知一类器境。末那名意，于一切时执我、我所及我慢等，思量为性。余识名识，谓于境界了别为相。

如是三种，有心位中，心、意、意识于一切时俱有而转，若眼识等转识不起。彼若起时，应知彼增俱有而转。如是或时四识俱转，乃至或时八识俱转。又一意识于一时间分别一境，或二或多，自境他境，故说意识不可思议。

---

① 依止瀑流，底本与《永乐南藏》《径山藏》相同；《房山石经》《资福藏》《碛砂藏》《赵城金藏》《普宁藏》《高丽藏》“瀑”作“暴”。

② 由此识能集聚一切法种子故，底本与《资福藏》《碛砂藏》《赵城金藏》《普宁藏》《永乐南藏》《径山藏》《高丽藏》相同；《房山石经》“集聚”作“聚集”。

问：若彼末那于一切时思量为性，相续而转，如世尊说出世末那，云何建立？

答：名假施设，不必如义。又对治彼，远离颠倒，正思量故。即此末那任持意识，令分别转，是故说为意识所依。

又诸转识或于一时，一切唯与乐受相应俱有而转，或于一时亦有苦受，或于一时亦有不苦不乐等受相应俱转。阿赖耶识相应受，于一切时唯是不苦不乐，唯是异熟生。此于一切识流转时，或乐俱行，或苦俱行，或非苦乐俱行位中恒相续流，乃至命终无有断绝。所余三受当知思惟之所引发，非是俱生，时时作意引发现前。彼俱生受，极微细故，难可分别。

如是等类，当知是名胜义道理建立诸识俱有差别。

复次，阿赖耶识无有烦恼而共相应，末那恒与四种任运烦恼相应，于一切时俱起不绝，谓我、我所行萨迦耶见、我慢、我爱、不共无明[①]。是诸烦恼与善、不善、无记识俱，而不相违，其性唯是隐没无记，任运而起。当知诸余分别所起，随众缘力差别而转。又与末那相应俱有遍行任运四种烦恼，世间治道尚不能为损伏对治。何以故？已离欲者犹现行故，随所生处，是诸烦恼即此地摄。当知此地已离欲者，此地烦恼现行不绝。何以故？此诸烦恼唯阿赖耶识种子所引，于一切时任运而生，非所对治及能对治境界缘力差别转故。诸离欲者，世间治道若现在前，若不现前，此诸烦恼现行不绝。若诸有学已见迹者，出世间道现在前时，此诸烦恼不得现行。从彼出已，还复现行，善通达故，未永断故。若诸无学，此一切种皆不现行。是诸烦恼当知唯离非想非非想处欲故，一时顿断，非如余惑渐渐而断。如是等类，当知是名建立杂染清净差别。

于此地中，余决择文更不复现。

---

① 谓我、我所行萨迦耶见、我慢、我爱、不共无明，底本与《房山石经》《赵城金藏》《永乐南藏》《径山藏》《高丽藏》相同；《资福藏》《碛砂藏》《普宁藏》“明”作“门”。

摄决择分中无心地[①]

如是已说有心地决择。无心地决择，我今当说。

问：心众生因凡有几种[②]？由几种因，心不得生？

答：心不生因略有七种，由此因故，心不得生。何等为七？谓缘阙故，心不得生，如是作意阙故，未得故，相违故，断故，灭故，已生故，心不得生。

云何由缘阙故，心不得生？谓内眼处坏，若外色处不现在前，

广说乃至内意处坏，若外法处不现在前，尔时由彼所生眼识乃至意识终不得生。如是名为由缘阙故，心不得生。

云何作意阙故，心不得生？谓虽有内眼处不坏外色处现前，广说乃至内意处不坏，外法处现前，若无能生作意正起，尔时由彼所生眼识乃至意识终不得生。如是名为作意阙故，心不得生。

云何由未得故，心不得生？谓如有一，于下欲界思惟麤相，于初静虑思惟静相，为欲证得初静虑故。若于此道不极作意，若修若习，若多修习，不善修故，于初静虑未能证得；由未得故，初静虑俱心不得生。

又如有一，于初静虑、第二、第三、第四静虑、空无边处、识无边处、无所有处思惟麤相，于第二静虑乃至非想非非想处思惟静相，如前广说。

又如有一，遍于一切萨迦耶中思惟苦相，于萨迦耶灭涅槃界思惟静相，为断一切萨迦耶故，为欲证得涅槃界故。若于此道不极作意，若修若

① 摄决择分中无心地，底本与《房山石经》《资福藏》《碛砂藏》《普宁藏》《永乐南藏》《径山藏》相同；《赵城金藏》《高丽藏》无“摄”字。

② 心众生因凡有几种，底本与《资福藏》《碛砂藏》《普宁藏》《永乐南藏》《径山藏》相同；《房山石经》《赵城金藏》《高丽藏》“众”作“不”。

习，若多修习，不善修故，不能尽证一切涅槃；由未证故，于诸结、缚及与随眠、随烦恼、缠永解脱心便不得生[①]。如是名为由未得故，心不得生。

云何由相违故，心不得生？谓如有一，触能随顺乐受诸触，受乐受时，乐受相应心现在前，尔时苦受、非苦乐受相应之心，以相违故，便不得生。如是若触能顺苦受、不苦不乐受触，如前广说，尔时乐受、非苦乐受、乐受、苦受相应之心，以相违故，便不得生。

又如有一，贪缠所缠，贪缠相应心现在前，尔时瞋相应缠之心[②]，以相违故，便不得生。如是若有瞋缠所缠，广说乃至尔时贪缠相应之心，以相违故，便不得生。如是名为由相违故，心不得生。

云何断故心不得生？谓如有一，由善修习八圣支道故，证得无余贪欲、瞋恚、愚痴永尽，彼于尔时，有贪、有瞋、有痴心等，随一心法，诸随烦恼所染汙心，彼由已断已遍知故，皆不得生。如是名为由永断故，心不得生。

云何灭故，心不得生？谓如有一，生无想天，入无想定，入灭尽定，于其中间，经尔所时，由断灭故，心不得生。又如有一，于无余依涅槃界中已般涅槃，彼于尔时毕竟灭故，心不得生。如是名为由灭尽故，心不得生。

云何由已生故，心不得生？所谓一切已生之心，于现在生刹那已后，必成灭法。彼现在时，由已生故，更不可生。彼若灭已，亦已生故，终不可生。如是名为由已生故，心不得生。

应知由此七因缘故，心不得生。与此相违七因缘故，随缘所应[③]，诸

---

① 于诸结缚及与随眠、随烦恼、缠永解脱心便不得生，底本与《房山石经》《资福藏》《赵城金藏》《普宁藏》《永乐南藏》《径山藏》《高丽藏》相同；《碛砂藏》"永"作"求"。

② 尔时瞋相应缠之心，底本与《碛砂藏》《普宁藏》《永乐南藏》《径山藏》相同；《房山石经》《资福藏》《赵城金藏》《高丽藏》"相应缠"作"缠相应"。

③ 随缘所应，底本与《资福藏》《碛砂藏》《普宁藏》《永乐南藏》《径山藏》相同；《房山石经》《赵城金藏》《高丽藏》"缘"作"其"。

心得生，谓缘不阙故，作意不阙故，已证得故，不相违故，未断灭故，未灭尽故，未已生故。

于此地中，余决择文更不复现。

瑜伽师地论卷第六十四

摄决择分中闻所成慧地

如是已说无心地决择，闻所成慧地决择，我今当说。

谓由五处观察所归，乃可归依。一、由身业清净故；二、由语业清净故；三、由意业清净故；四、由于诸有情起大悲故；五、由成就无上法故。

问：归依有几种？何缘但有尔所归依？齐何缘故，说能归依？云何修行归依之行？何等归依所得功德？

答：归依有三种，谓佛、法、僧。

四缘故，有尔所归依。一、由如来性极调善故；二、于一切种所调能调善方便故；三、具大悲故；四、以一切财而兴供养未将为喜，要以正行而兴供养乃生欢喜。由如是故，彼所立法、彼弟子众皆可归依。

齐四缘故，说能归依。一、知功德故；二、知差别故；三、自誓愿故；四、更不说有余大师故。

当知归依有四正行：一、亲近善士；二、听闻正法；三、如理作意；四、法随法行。若有成就此四正行，乃名归依。

当知复有四种正行：一、诸根不掉；二、受学学处；三、悲愍有情；四、应时时间于三宝所勤修供养。

受归依者，获四功德：一、获广大福；二、获大欢喜；三、获三摩地；四、获大清净。复获四德：一、大护圆满；二、于一切种邪信解障皆得轻微，或永灭尽；三、得入聪睿、正行、正至、善士众中，所谓大师、同梵行者；四、为于圣教净信诸天欢喜爱念，谓彼天众心生欢喜，唱如是言：“我等成就三归依故，从彼处没，来生此间。是诸人等，今既成就多住归依，亦当来我聚同分中[①]。”

复次，由六种相，佛、法、僧宝差别应知。一、由相故；二、由业故；三、信解故；四、修行故；五、随念故；六、生福故。

云何相故，三宝差别？谓自然觉悟相是佛宝，觉悟果相是法宝，随他所教正修行相是僧宝。

云何业故，三宝差别？谓转正教业是佛宝，舍烦恼苦所缘境业是法宝，勇猛增长业是僧宝。

云何信解故，三宝差别？谓于佛宝，应树亲近承事信解；于法宝所，应树悕求证得信解；于僧宝所，应树和合同一法性共住信解。

云何修行故，三宝差别？谓于佛宝，应修供养承事正行；于法宝所，应修瑜伽方便正行；于僧宝所，应修共受财法正行。

云何随念故，三宝差别？应以余相随念佛宝，应以余相随念法宝，应以余相随念僧宝。谓是世尊，乃至广说。

云何生福故，三宝差别？谓于佛宝，依一有情，生最胜福；于法宝所，即依此法，生最胜福；于僧宝所，依多有情，生最胜福。

复次，由五法故，沙门、婆罗门胜劣差别。何等五法？一者，闻法；二者，戒法；三、摄受法；四、受用法；五、证得法。

谓婆罗门所有闻法，义虚劣故，不示他故，文句隐故，是其下劣；沙门闻法，与此相违，故是胜妙。又婆罗门所有戒法，随何随分，随其差别，开许害等，故是下劣；沙门戒法，与此相违，故是胜妙。又婆罗门所摄受法，摄受障道田事、宅事、财货事等，又复摄受妻子、奴婢、僮仆等类，故是下劣；沙门所有摄受之法，除离苦法，更无所有，故是胜妙。又婆罗门所受用法，受用障道涂饰、香鬘、庄严具等，又现受用歌舞、作倡、戏笑等事，又

① 亦当来我聚同分中，底本与《资福藏》《碛砂藏》《普宁藏》《永乐南藏》《径山藏》相同；《房山石经》《赵城金藏》《高丽藏》“聚”作“众”。

现受用婬欲等法，故是下劣；沙门所有受用之法，受用无罪正闻、思、修所成智慧，故是胜妙。又婆罗门所有证法，但以梵世为究竟故，复退还故，杂染汙故，有苦恼故，是其下劣；沙门证法，以般涅槃为究竟故，无退转故，一向离垢故，一向安乐故，当知胜妙。

复次，欲求有五：一、摄受求；二、受用求；三、戏乐求；四、乏解了求；五、名声求。

有求亦五：一、法尔求；二、祈愿求；三、愚痴求；四、厌患求；五、思择求。

梵行求亦五：一、唯求求；二、趣得求[①]；三、现得求；四、后得求；五、思择当得求。

复有差别，谓假名求，第一义求，彼观察求，无方便求，有方便求。

如《本地分》中已说五明处，其内明处于诸明处、诸论、诸宗为最为胜。何以故？由四清净清净义故：一、摄一切染净义清净故；二、即此义非他论所制伏清净故；三、即此义易可入清净故；四、既得入已正行不坏清净故。

复次，诸佛圣教若欲略释，由六种理门应随决了：一、真义理门；二、证得理门；三、教导理门；四、远离二边理门；五、不可思议理门；六、意趣理门。此中，前三理门由后三理门应随决了。谓真义理门由远离二边理门应随决了，证得理门由不可思议理门应随决了，教导理门由意趣理门应随决了。此中，真义即是理门，是故名为真义理门；乃至意趣即是理门，是故名为意趣理门。理门义者，谓于彼彼无颠倒性、如其实性、离颠倒性。

复次，应知真义略有六种，谓世间成真实[②]，乃至所知障净智所行真

① 趣得求，底本与《资福藏》《碛砂藏》《普宁藏》《永乐南藏》《径山藏》相同；《房山石经》《赵城金藏》《高丽藏》“得”作“向”。

② 谓世间成真实，底本与《房山石经》《资福藏》《碛砂藏》《赵城金藏》《普宁藏》《永乐南藏》《径山藏》相同；《高丽藏》“所成”作“所成”。

实、安立真实、非安立真实。前四真实，应知如前《菩萨地》中已广分别。

云何安立真实？谓四圣谛：苦由苦故，乃至道由道故。所以者何？以略安立三种世俗：一、世间世俗；二、道理世俗；三、证得世俗。世间世俗者，所谓安立宅舍、瓶盆、军林、数等[①]，又复安立我、有情等。道理世俗者，所谓安立蕴、界、处等。证得世俗者，所谓安立预流果等彼所依处。又复安立略有四种，谓如前说三种世俗，及与安立胜义世俗，即胜义谛。由此谛义不可安立，内所证故，但为随顺发生此智，是故假立。

云何非安立真实？谓诸法真如。

云何证得？谓若略说，有四证得：一、诸有情业果证得；二、声闻乘证得；三、独觉乘证得；四、大乘证得。

有情业果证得者，谓由所作净不净业，自所作业为依因故，诸有情类于五趣等生死海中，感异熟果[②]，受异熟果。

声闻乘证得者，谓先受归依，乃至沙门庄严为依因故[③]，有五种证得：一、地证得；二、智证得；三、净证得；四、果证得；五、功德证得。地证得者，谓有三地：一、见地；二、修地；三、究竟地。智证得者，谓九智：一、法智；二、种类智；三、苦智；四、集智；五、灭智；六、道智；七、此后所得世俗智；八、尽智；九、无生智。净证得者，谓四证净。果证得者，谓四沙门果。功德证得者，谓无量、解脱、胜处、遍处、无诤、愿智、无碍解、神通等。如是一切，应知如前已广分别。

又声闻乘证得因者，谓得世间离欲之道，顺解脱分、顺决择分所有

① 所谓安立宅舍、瓶盆、军林、数等，底本与《资福藏》《碛砂藏》《普宁藏》《永乐南藏》《径山藏》相同；《房山石经》《赵城金藏》《高丽藏》“盆”作“瓫”。

② 感异熟果，底本与《资福藏》《碛砂藏》《普宁藏》《永乐南藏》《径山藏》《高丽藏》相同；《房山石经》《赵城金藏》“果”作“报”。

③ 乃至沙门庄严为依因故，底本与《房山石经》《资福藏》《赵城金藏》《永乐南藏》《径山藏》《高丽藏》相同；《碛砂藏》《普宁藏》“依”作“处”。

善根。

独觉乘证得者，谓略有三种：一、先已得顺决择分善根证得；二、先已得证得证得；三、先未得证得证得。前二证得名为独胜，最后证得名麟角喻。

大乘证得者，谓发心证得、大悲证得、波罗蜜多证得、摄事证得、地证得、于五无量随至真如证得、不可思议威德信解证得、不共佛法证得等。如是一切，应知如前《菩萨地》中已广分别。

云何教导？谓由三处所摄教导：一、由藏所摄；二、由摩呾理迦所摄；三、由二所摄。藏所摄者，谓声闻藏及大乘藏。摩呾理迦所摄者，谓十七地及四种摄。二所摄者，略有十种，谓谛相教、遍知教、永断教、证得教、修习教、即彼品类差别教、即彼所摄所依能依相属教、遍知等障法教、遍知等顺法教、不遍知等遍知等过失功德教。如是能摄一切藏摄及本母摄，是名总略摩呾理迦。

复次，教导略有十二。所谓事教、想差别教、观自宗教、观他宗教、不了义教、了义教、世俗谛教、胜义谛教、隐密教、显了教、可记事教、不可记事教。

事教者，谓各别说色等、眼等诸法体教。

想差别教者，谓广宣说诸蕴、界、处、缘起、处非处、根、谛等名想差别，又复广说诸念住等名想差别。又复广说有色、无色、有见、无见、有对、无对等名想差别，如是无量诸佛世尊广说诸法想差别教。

观自宗教者，谓契经、应诵、记别等，依止摄释，宣说开示。

观他宗教者，谓七种相，依止因明，摧伏他论，建立己论。七种相者，谓因明中，论体、论处所、论据、论庄严等，如前广说。

不了义教者，谓契经、应诵、记别等，世尊略说，其义未了，应当更释。

了义教者，与此相违，应知其相。

世俗谛教者，谓诸所有言道可宣，一切皆是世俗谛摄。又诸所有名相言说增上所现[①]，诸相名分别[②]，如是皆名世俗谛摄。

胜义谛教者，谓四圣谛教，及真如、实际、法界等教。

隐密教者，谓从多分声闻藏教。

显了教者，谓从多分大乘藏教。

可记事教者，谓四种法嗢柁南教[③]，即一切行无常，乃至涅槃寂静，如是等类所有言教。

不可记事教者，谓有问言：世间常耶？此不应记，但言：我说此不可记。乃至问言：如来死后有耶？无耶？此不应记，但言：我说此不可记。

此中，应知四因缘故，宣说如是不可记事：或有无故，不可记莂。谓有问言：我于诸蕴，为异不异常无常等。或有能引无义利故，不可记莂。如《升摄彼叶喻经》中[④]，如来自言：我所证法乃有尔所，而不宣说。何以故？彼法不能引义利故。或有甚深故，不可记莂。谓有问言：我是有耶？此不应记，勿彼即于诸蕴执我，或离诸蕴而执有我。又有问言：我是无耶？此不应记，勿于世俗言说士夫起损减执。如是如来死后有、无乃至非有非无等，皆甚深故，不可记莂。或有其相法尔建立，故不可记。谓有问言：诸法真如，于彼诸法，异不异耶？此不可记。何以故？彼相法尔不可建立异、不异故。

应知复有四种因缘，如来宣说不可记事，谓诸外道妄宣说故，不如理故，引无义故，唯是诤论所依处故。有二因缘，能引无义。一者，远离思因果故；二者，远离思染净故。

---

① 又诸所有名相言说增上所现，底本与《资福藏》《碛砂藏》《普宁藏》《永乐南藏》《径山藏》相同；《房山石经》《赵城金藏》《高丽藏》“相”作“想”。

② 诸相名分别，底本与《永乐南藏》《径山藏》相同；《房山石经》《资福藏》《碛砂藏》《赵城金藏》《普宁藏》《高丽藏》“诸”作“谓”。

③ 谓四种法嗢柁南教，底本与《资福藏》《碛砂藏》《普宁藏》《永乐南藏》《径山藏》相同；《房山石经》《赵城金藏》《高丽藏》“柁”作“拕”，下同。

④ 如《升摄彼叶喻经》中，底本与《碛砂藏》《普宁藏》《永乐南藏》《径山藏》相同；《房山石经》《资福藏》《赵城金藏》《高丽藏》“彼”作“波”。

云何远离二边？当知略有六种，谓远离增益非实有边，远离损减真实有边，远离妄执常边[①]，远离妄执断边，远离受用欲乐边，远离受用自苦边。如是应知，如前处处已广分别。

云何不可思议？当知略有六种不可思议。谓我思议、有情思议、世间思议、有情业果思议、诸修静虑静虑境界、诸佛世尊诸佛境界。此中，我思议、有情思议、世间思议，或依见思议，或不依见思议。

我思议者，谓如有一，依止身见，如是思议：我于过去为曾有耶？为复无耶？于三世中，乃至广说。又复思议：我是有色，后当有想，后当无想，后当非有想非无想。如我有色，我无色亦尔，若广宣说，如《梵网经》。如常见论者，如是断见论者，现法涅槃见论者，当知亦尔。计前际边，计后际边如其所应，皆当了知。又复思议：命即是身，命异身异，又此我我遍一切处无二无别，无有缺减。

有情思议者，谓如有一，即依身见，如是思议：今此有情从何而生？是诸有情谁之所作？乃至有情当何所住[②]？是诸有情何处灭尽？

世间思议者，谓如有一，即依身见，如是思议：世间是常。乃至广说。或依法性，如是思议：此我法性、有情法性、世间法性从何而生？不能唯依法尔道理。是故说此名为思议不思议处。

有情业果思议者，由四种相不可思议，谓处所差别故，事差别故，因差别故，异熟果差别故。

谓修静虑静虑境界[③]，由三种相不可思议，谓真如甚深义故，自在转

① 远离妄执常边，底本与《房山石经》《赵城金藏》《径山藏》《高丽藏》相同；《资福藏》《碛砂藏》《普宁藏》《永乐南藏》“常”作“当”。

② 乃至有情当何所住，底本与《碛砂藏》《普宁藏》《永乐南藏》《径山藏》相同；《房山石经》《资福藏》《赵城金藏》《高丽藏》“住”作“往”。

③ 谓修静虑静虑境界，底本与《资福藏》《碛砂藏》《普宁藏》《永乐南藏》《径山藏》相同；《房山石经》《赵城金藏》《高丽藏》“谓”作“诸”。

故，无漏界证得故。

诸佛世尊诸佛境界，由五种相不可思议，即由如先所说三相，复由二相，谓无障故，成立有情所作事故。

复次，当知意趣略有十六，谓示现意趣、乖离意趣、劝导意趣、赞励意趣、庆喜意趣、令入意趣、断疑意趣、成熟意趣、等持意趣、解脱意趣、别义相应意趣、诸能证者发生无罪欢喜意趣、诸能听者于说者所发生尊重意趣、法眼恒转意趣、多修诸善意趣、摧伏诸根意趣[①]。

云何真义理门由远离二边理门应随决了？谓于安立所有苦谛乃至道谛，略有四种妄增益边：一、我增益边；二、常增益边；三、净增益边；四、乐增益边。如此即是四种颠倒，为对治彼，说四念住及四定智。由此因缘，所有我见皆是妄执我增益边。广说应知如前《有寻有伺地》，由彼广辩执有我者不应理故。又若略说，离彼诸蕴生故、相故及业用故，别有我性不可得故。又异彼相安住诸行所有我性，当知毕竟定无所有。又彼常性不应道理，当知如前已广分别。又有六种不净性，如“声闻地”已广显示。又有三种苦性，如《有寻有伺地》已广显示。损减边者，谓即于彼诸圣谛中，随所安立诸谛相状，执为无性，显为无性。何以故？若于诸谛起损减执，彼于三量亦生诽谤，谓现量、比量及圣教量，亦谤染净。是故说此名损减边。若不堕在如是二边，彼于诸谛能生信解，决定通达，渐次能证究竟清净。

云何苦谛？谓生苦等，广说如前。若略说者，如说一切生杂染事，皆名苦谛。

云何集谛？谓说一切烦恼杂染及业杂染，皆名集谛。世尊就胜，唯显贪爱。其胜因缘，如前应知。

云何灭谛？所谓一切烦恼永断。又此永断由八种相，如前应知。此中，

---

① 摧伏诸根意趣，底本与《永乐南藏》《径山藏》相同；《房山石经》《资福藏》《碛砂藏》《赵城金藏》《普宁藏》《高丽藏》“根”作“相”。

爱尽离欲者，此显有余依涅槃界；永灭涅槃者[①]，此显无余依涅槃界。

云何道谛？谓资粮道，若方便道，若清净道，如是一切，总略为一，说名道谛。世尊就胜，依能摄受沙门果证，但略显示八圣支道名为道谛。资粮道者，有十三种，如“声闻地”已说应知。方便道者，若就最胜谓于煖、顶、忍、世第一法位中，所有一切诸念住等菩提分法。清净道者，谓于见道修道究竟道中，即彼所摄所有一切菩提分法。究竟道中，所有能引诸功德道，彼亦皆入道谛数中。又诸菩萨方便道者，谓六波罗蜜多所摄；清净道者，谓般若波罗蜜多所摄。此约最胜说，非不一切菩提分法皆遍修习。如世尊言略五取蕴皆名苦者，此五取蕴若广分别，如前意地决择蕴善巧中，应知其相。

又苦、集谛略有三种，谓欲、色、无色系差别故。又于十方无边世界有差别故，其量无边。对治此故，应知灭谛道谛差别。又此诸谛建立次第广分别义，如前应知。

复次，即此诸谛为据为依为建立处，立十三种补特伽罗[②]。云何十三种补特伽罗？谓欲界异生、色界异生、无色界异生、欲界有学、色界有学、无色界有学、欲界无学、色界无学、无色界无学、欲界独觉、欲界菩萨、色界菩萨、不可思议如来。

又即如是补特伽罗，若造作，若障，若心，若烦恼，若业，若根，若界，若信解，若意乐，若随眠，若生，若习气，若聚，皆应了知。

复次，造作者，有十二种，谓善造作、不善造作、无记造作、出家造作、彼胜流造作、彼防护造作、生造作、离欲造作、解脱造作、练根造作、引发神通造作、发起他义造作。

① 永灭涅槃者，底本与《房山石经》《资福藏》《赵城金藏》《永乐南藏》《径山藏》《高丽藏》相同；《碛砂藏》《普宁藏》“者”作“若”。

② 立十三种补特伽罗，底本与《房山石经》《资福藏》《赵城金藏》《永乐南藏》《径山藏》《高丽藏》相同；《碛砂藏》《普宁藏》“种”作“种谛”。

复次，障者，有十二种：一、业障，谓作五无间业故；二、习气障，谓先数习诸恶业故；三、放逸障，谓大兴盛现在前时，受用诸欲；四、盖障，谓五种盖随一现前，覆蔽其心；五、懈怠障，谓由懈怠少分烦恼缠扰其心；六、障碍障，谓十二种障碍[①]，随一现前；七、生障，谓生无暇处；八、不生障，谓佛世尊不现于世；九、信解障，谓佛世尊，虽现世间，而生邪见；十、烦恼障，谓由彼故，说慧解脱心得解脱；十一、定障，谓由彼故，说俱分解脱心得解脱；十二、所知障，谓由彼故，说诸如来心得解脱。

复次，心者，略有二种：一、有障心；二、无障心。烦恼者，亦略有二种，谓缠及随眠。业者，亦略有二种，谓思及思已。根者，亦略有二种，谓顺净分及顺不净分。如根，如是界、信解、意乐当知亦尔。此中差别者[②]，根是果性，界是因性，信解是因性，意乐是果性。随眠者，亦略有二种，谓可害及非可害。生者，亦略有二种，谓无暇生及有暇生。习气者，亦有二种，谓无间生习气及前生习气。聚者，有三种：一、邪性定聚；二、正性定聚；三、不定聚。邪性定聚复有二种：一、本性邪性定；二、方便邪性定。正性定亦有二种：一、本性正性定；二、方便正性定。不定亦有二种：一、本性不定；二、方便不定。

复次，由造作等十三种法，应知广说十三种补特伽罗，如其所应。

问：若有善造作，彼一切不善造作不相应耶？设不善造作不相应，彼一切有善造作耶？

答：应作四句：或有善造作，非不善造作不相应，谓诸能造黑白黑白异熟业者所有善造作；或有不善造作不相应，非善造作，谓无记造作；或

① 谓十二种障碍，底本与《资福藏》《碛砂藏》《普宁藏》《永乐南藏》《径山藏》相同；《房山石经》《赵城金藏》《高丽藏》“二”作“一”。

② 此中差别者，底本与《房山石经》《资福藏》《赵城金藏》《径山藏》《高丽藏》相同；《碛砂藏》《普宁藏》《永乐南藏》“者”作“有”。

有善造作，亦不善造作不相应，谓能造作白白异熟业，及不黑不白异熟业能尽诸业者所有造作；或有非善造作，亦非不善造作不相应，谓能造作黑黑异熟业者所有造作。如是不善造作、无记造作，如其所应尽当知。

问：若成就业障，亦成就习气障耶？设成就习气障，亦成就业障耶？

答：应作四句：或有成就业障，非习气障，谓如有一，于现法中，于五无间业，亦作亦增长，于前生中，于此种类恶不善业，不作不增长，彼现法中能障圣道；或有成就习气障，非业障，谓与此相违；或有俱成就，谓于现法中，于五无间业亦作亦增长，于前生中，于此种类恶不善业亦作亦增长，彼现法中能障圣道；或有俱不成就，谓与此相违。

云何非安立真实？谓诸法真如圆成实自性，圣智所行，圣智境界，圣智所缘。

云何增益边？谓诸法自性略有三种：一、遍计所执自性；二、依他起自性；三、圆成实自性。遍计所执自性者，谓诸所有名言安立诸法自性，依假名言，数数周遍计度诸法而建立故。依他起自性者，谓众缘生他力所起诸法自性，非自然有，故说无性。圆成实自性者，谓如前说。若于依他起自性或圆成实自性中，所有遍计所执自性妄执，当知名增益边。所以者何？此自性中，彼自性有不应理故。此不应理，如《菩萨地》已略显示，彼决择中当广分别。又若略说，由三因缘不应道理，谓种种非一品类名言所安立故；若离名言，彼觉不生故；又彼名言，依义转故。

损减边者，谓于依他起自性及圆成实自性诸有法中，谤其自相，言无所有。

如是真义理门，由远离二边理门，应随决了[1]。如其所应，证得、教导

① 应随决了，底本与《资福藏》《碛砂藏》《赵城金藏》《普宁藏》《永乐南藏》《径山藏》《高丽藏》相同；《房山石经》“应随”作“随应”。

二种理门，由后二种不可思议、意趣理门，应随决了[①]。

问：如前说别义相应意趣者，此有何义？

答：非如言音名身、句身、文身义相应意趣，但是除遣如言音等，其余胜义，是名别义相应意趣。

复次，此中于真义理门，由远离二边理门随决了已，便能证得所应得义；由能证得所得义故，所余证得理门，由不可思议理门亦随决了。又复一切诸佛世尊教导理门，由意趣理门亦随决了。如是一切，随其所应。

又若于彼真义理门随决了者，当知能入五种离生：一、能入未离欲离生；二、能入信离欲离生[②]；三、能入已离欲离生；四、能入独觉离生；五、能入菩萨离生。

问：若安立谛建立为谛，何因缘故，更复显示非安立谛？

答：若离非安立谛？二种解脱不应道理。谓于相缚及麤重缚。所以者何？若有行于诸安立谛，彼一切行皆行有相；行有相故，于诸相缚不得解脱；于诸相缚不解脱故，于麤重缚亦不解脱。若有行于非安立谛，不行于相；不行相故，于诸相缚便得解脱；于诸相缚得解脱故，于麤重缚亦得解脱。

问：若唯由彼非安立谛，于一切缚解脱清净，何缘显示安立谛耶？

答：为令资粮及方便道得清净故。

问：若即由彼行有相心，于二种缚解脱清净有何过失？

答：若有极善定心，依第四静虑顺决择分善法中转，缘诸谛境，彼诸行者，于二种缚应得解脱究竟清净，然不清净，故不应理。又世间道、出世间道二种差别应不可立，然彼二道有相、无相有差别故，不应道理。

① 应随决了，底本与《资福藏》《碛砂藏》《赵城金藏》《普宁藏》《永乐南藏》《径山藏》《高丽藏》相同；《房山石经》“应随”作“随应”。

② 能入信离欲离生，底本与《资福藏》《碛砂藏》《普宁藏》《永乐南藏》《径山藏》相同；《房山石经》《赵城金藏》《高丽藏》“信”作“倍”。

云何麤重相？谓若略说，无所堪能不调柔相是麤重相。此无堪能不调柔相复有五相：一、现重相；二、刚强相；三、障碍相；四、怯劣相；五、不自在转无堪能相。由有此相，顺杂染品，违清净品，相续而住[①]，是故说为无所堪能不调柔相。

复次，有五诸根大种长养，谓食长养、梦长养、避不平等长养、梵行长养、等至长养。即此长养略有二种：一、任持长养；二、不损害长养。此中，最初是任持长养，后四是不损害长养。任持长养略有四种：一、变坏任持；二、喜悦任持；三、希望任持；四、摄受执取任持。

复次，有五种行：一、身行；二、语行；三、意行；四、业行；五、寿行。

复次，有五种不放逸：一、依在家品不放逸；二、依出家品不放逸；三、能远离不善不放逸；四、能摄受诸善不放逸；五、修习相续不放逸。依在家品不放逸者，复有五种，如前已说。依出家品不放逸者，复有十种，如声闻地决择毗奈耶相应中，我当广说。能远离不善不放逸者，当知即是前二正断。能摄受诸善不放逸者，当知即是后二正断。修习相续不放逸者，谓于善法无间殷重精勤修习。

复次名有五种：一、心；二、心所有法；三、善；四、不善；五、无记。色有五种：一、诸大种；二、大种所造；三、有见有对；四、无见有对；五、无见无对。

复次，有五无明：一、义愚；二、见愚；三、放逸愚；四、真实义愚；五、增上慢愚。

复次，有五种有爱：一、法性爱；二、誓愿爱；三、愚痴爱；四、厌离爱；五、思择爱。

复次，由五种相，当知建立无惭无愧。一、于染汙现行，无有羞耻；二、

① 相续而住，底本与《房山石经》《资福藏》《碛砂藏》《普宁藏》《永乐南藏》《径山藏》《高丽藏》相同；《赵城金藏》“续”作“缚”。

于善不现行，无有羞耻；三、于舍法受，无有羞耻；四、亲近恶友，无有羞耻；五、于所作不能成办，无有羞耻。当知与此五相相违五种妙相，建立惭愧。

复次，由五种相，当知建立恶说者性。一、无行故；二、邪行故；三、不忍故；四、无羞耻故；五、不律仪故。由五种相，建立恶友。一、无羞耻；二、有邪见；三、有懈怠；四、有邪行；五、性怯劣。当知与此五相相违五种妙相，立善说者及与善友。

复次，由五种相立奢摩他：一、近分定所摄世间奢摩他；二、根本色定所摄世间奢摩他；三、根本无色定所摄世间奢摩他；四、声闻独觉作意所摄出世奢摩他；五、菩萨作意所摄出世奢摩他。

复次，由五种相，当知建立毗钵舍那：一、尽所有性毗钵舍那；二、如所有性毗钵舍那；三、有相毗钵舍那；四、思求毗钵舍那；五、观察毗钵舍那。

复次，略由五相建立欲漏：一、不定地事生随眠故；二、随顺恶行故；三、善相违故；四、躭著诸欲故；五、能生坏苦，苦苦果故[①]。彼诸烦恼，说名欲漏。

略由五相建立有漏：一、能生劣界诸烦恼；二、能生中界诸烦恼；三、能生妙界诸烦恼；四、能生无欲乐有诸烦恼；五、能生有欲乐有诸烦恼。

略由五相立邪解脱欲无明漏：一、有想论者，由有想论门生起无明；二、无想论者，由无想论门生起无明；三、非有想非无想论者，由非有想非无想论门生起无明；四、断见论者，由断见论门生起无明；五、现法涅槃论者，由现法涅槃论门生起无明。

复次，略由五相应知诸法差别道理：一、由相故；二、由体故；三、由业故；四、由法故；五、由因果故。相者，谓由所依故，及行住故。体者，谓由自体相故，及差别相故。业者，谓由自作用故，及邪正行故。法者，谓由

① 苦苦果故，底本与《房山石经》《资福藏》《赵城金藏》《径山藏》《高丽藏》相同；《碛砂藏》《普宁藏》《永乐南藏》“苦苦”作“若苦”。

染净故，及世俗、胜义谛故。因果者，谓由近、远故，及爱、非爱故。

复次，有三种论：一、听闻究竟论；二、诤讼究竟论；三、正行究竟论。听闻究竟论者，谓婆罗门诸恶咒术。诤讼究竟论者，谓诸外道因明论。正行究竟论者，谓佛圣教。复有三论：一、无义论；二、邪义论；三、第一义论。此三如前，随其所应。复有三论：一、矫诈论；二、虚伪论；三、出离苦果论。如是三论，应知如前，随其所应。

复次，若欲造论，当先归礼二所敬师，方可造论。恭敬法故，先应归礼论本大师，恭敬义故，复应归礼开阐义师。

欲造论者，要具六因，乃应造论。一、欲令法义当广流布[①]；二、欲令种种信解有情，由此因缘，随一当能入正法故；三、为令失设种种义门重开显故[②]；四、为欲略摄广散义故；五、为欲显发甚深义故；六、欲以种种美妙言辞庄严法义，生净信故。

将造论时，要以四德先自安处，乃可造论。一、于昔诸师应离憍慢；二、于有情类当起大悲；三、于同法者深生敬爱；四、不欲彰己有胜妓能。

云何于昔诸师应离憍慢？谓造论时，无如是心："古昔诸师尚能造论，况我今者当不造耶？"要离如是憍慢染心[③]，乃应造论。

云何于有情类当起大悲？谓造论时，作如是观："若不造论，无量有情于诸善法定当退失，又余情类堕生老病，乃至广说。是诸有情因我造论，若能解了乃至一句善说妙义，如是如是当奉行者，彼于长夜必获大义利益安乐。"要发如是增上心已，乃应造论。

---

① 欲令法义当广流布，底本与《房山石经》《资福藏》《赵城金藏》《永乐南藏》《径山藏》《高丽藏》相同；《碛砂藏》《普宁藏》"欲"作"次"。

② 为令失设种种义门重开显故，底本与《碛砂藏》《普宁藏》《径山藏》相同；"设"，《房山石经》《资福藏》《赵城金藏》《高丽藏》作"没"，《永乐南藏》作"美"。

③ 要离如是憍慢染心，底本与《房山石经》《资福藏》《碛砂藏》《普宁藏》《永乐南藏》《径山藏》《高丽藏》相同；《赵城金藏》"染"作"深"。

云何于同法者深生敬爱？谓造论时，作如是观：“若不造论，为欲利他诸同法者，于利他事定当退失。”

云何不欲彰己有胜妓能？谓造论时，无如是心：“当令世间咸谓于我聪睿明哲能造论者、开阐义者，深生净信，因此多获利养恭敬。”但为自他善根增长，以无染心，乃可造论。

复次，此中，如实开示如来所说经义，名《庄严经》。譬如红莲，其花未开，虽生欢喜，不如敷荣。又如真金，未为严具，虽生欢喜，不如成工。又如美膳，未及得食，虽生欢喜，不如已食。又如庆书，未暇开览，虽生欢喜，不如披阅。又如珍宝，未得现前，虽生欢喜，不如已得现前受用。如是如来所说经义若未显发，虽生欢喜，不如开示。故说造论名《庄严经》。

复次，略有七种通达：一、字通达；二、字义通达；三、能取通达；四、能取义通达；五、系缚通达；六、解脱通达；七、法性通达。字通达者，通达为常。字义通达者，达为无常。能取通达者，谓根识等。达安立谛，或非安立。如能取通达，能取义通达，当知亦尔。系缚通达者，通达相缚，或麤重缚。与此相违，当知说名解脱通达。法性通达者，谓能通达法性安住、法界安住，非从自在、自性、士夫中间等有。

复次，由十相故[①]，具足多闻。谓善说者说故，显了文句说故，尽其所有，如其所有义说故，安乐方便加行说故，离众苦说故。如是五种。复有五种，谓不求过失而听法故，但求涅槃而听法故，善听法故，谛听法故，于名、句、文身义[②]，审谛观察而听法故。

于此地中，余决择文更不复现。

---

① 由十相故，底本与《房山石经》《资福藏》《碛砂藏》《普宁藏》《永乐南藏》《径山藏》《高丽藏》相同；《赵城金藏》“十”作“上”。

② 于名句文身义，底本与《资福藏》《碛砂藏》《普宁藏》《永乐南藏》《径山藏》相同；《房山石经》《赵城金藏》《高丽藏》“名”作“依名”。

瑜伽师地论卷第六十五

摄决择分中思所成慧地之一

如是已说闻所成慧地决择。思所成慧地决择，我今当说。

谓若略说，有四种思议：一事思议；二、有非有思议；三、因果思议；四、乘思议。

事思议者[①]，略依六事，所谓蕴事，乃至根事。有非有思议者，如《本地分》已说。因果思议者，如《有寻有伺地》已说。乘思议者，如《声闻》《独觉》《菩萨地》已说。

复次，略有二种思思议[②]，谓恶思思议及善思思议。恶思思议者，如《本地分》已说。若依黑品，谓如有一，不避无明，不应思等，而起思议。善思思议者，与此相违，应知其相。如恶思、善思，如是非法所引、法所引，非毗奈耶所引、毗奈耶所引，非圣、圣，不善、善，不应修、应修，不好、好，黑、白，引无义、引有义，下劣、微妙，有罪、无罪，应远离、不应远离等，当知亦尔。

复次，如世尊言："诸圣弟子有知为有，非有知为非有。"此中，云何为有？云何非有？略由二相，应知是有。何等为二？一、若生已生现在故，应知是有；二、若实物故，事故，义故，圆成实故，应知是有。

云何应知略说实有及假有相？谓若诸法不待所余，不依所余施设自

---

① 事思议者，底本与《房山石经》《碛砂藏》《赵城金藏》《普宁藏》《永乐南藏》《径山藏》《高丽藏》相同；《资福藏》"事"作"五"。

② 略有二种思思议，底本与《资福藏》《碛砂藏》《普宁藏》《永乐南藏》《径山藏》相同；《房山石经》《赵城金藏》《高丽藏》"思思"作"思"。

相，应知略说是实有相。若有诸法待于所余，依于所余施设自相，应知略说是假有相，非实物有。谓以色等诸蕴想事为待为依，施设有我及有情等，乃至广说。此中，色等诸蕴想事，是实物有，我及有情、命者、生者、数取趣等，非实物有，唯是假有。如于色等诸蕴想事假立我等，如是即于色等想事，假立色等，又于色、香、味、触、想事，假立饮食、车乘、瓶衣、诸庄严具、舍、军林等。又于有为诸法想事，假立生、老、住、无常、种子、有表、无表、得、命根、众同分、名身、句身、文身、异生性、和合、不和合、流转、定异、相应、势速、次第、时、方及数。又复唯以诸色不转为待为依，假立虚空、虚空无为，又唯以名中间不转为待为依，假施设有无想等至、灭尽等至等。

问：于因成道理中，依何道理能决定知我非实有？

答：不可得故，不可见故。云何不可得？谓若内若外，若二中间，若离诸蕴，都不可得。

云何不可见？谓如眼等实有诸处，各各别有业用可见，如是所计我别业用，都不可见。如是自相不可得故，又别业用不可见故，应知所计我非实有。

问：若如是我于内外等都不可得，亦不可见，何故出家诸外道等亦得亦见，由此因缘，爱乐显示，建立实有？

答：不得不见，但由身见及与我慢为依止故，起邪分别，起邪计度，不如正理，爱乐显示，建立为有。

云何知我非实有故，非现有故，而不可得，亦不可见？谓诸计我为实有者，远极彼岸，不过四种：一者，计我即是诸蕴；二者，计我异于诸蕴，住诸蕴中；三者，计我非即诸蕴，而异诸蕴，非住蕴中，而住异蕴离蕴法中；四者，计我非即诸蕴而异诸蕴，非住蕴中，亦不住于异于诸蕴离蕴法中，而无有蕴，一切蕴法都不相应。依我分别计为有者，皆摄在此四种计中，除此更无若过若增。如是一切我实有性皆不应理。何以故？若计有我即是诸蕴，非异蕴者，是则此我但于诸蕴而假建立，斯过自至。所以者何？诸蕴无常，各与自相而共相应，我即彼故，非常非一，非实有性。是故此计不应道理。

若计有我异诸蕴者，此所计我为是无常，为是常耶？若无常者，则所计我刹那刹那异起异灭，此处异死，余处异生，异作异受，斯过自至。又异诸蕴别有一我，若内若外，若中间[①]，有生有灭都不可得。是故此计不应道理。

若我常者，无有变异，是其常相。此所计我若无变异，二因缘变皆不应理，非于当来，亦非现法。若于当来我无变者，便应无生，无老，无病，无死，无损，亦复不应一时为天，一时为人，或为傍生，或为鬼趣，或时为彼那落迦等。于现法中，我若不变，便应于彼爱非爱等种种境界，无乐无苦，无爱无恚，亦无有痴。略说不应由苦乐等之所变异，不应随一贪等烦恼及随烦恼之所变异。

如是我于当来、现法无变异故，不应为乐之所饶益，亦不应为属彼烦恼之所染汙，不应因此行法非法；不应为苦之所损害，亦不应为属彼烦恼之所染汙，不应因此行法非法。此我如是于现法中与法非法不相应故，于当来世爱非爱身无因缘故，应不得生。由此道理，汝应不计此常住我由别内身变异所作，于当来世生老死等种种变异。如是此我便无各别内身生老病死等时、乐时、苦时及染汙时，则应毕竟解脱清净。是故此计不应道理。

复次，若计有我异于诸蕴，住异诸蕴离蕴法中者，彼所计法，远离诸蕴有之自相尚不可得，何况为我之所安住？譬如有言：我审了知石女儿顶

① 若中间，底本与《资福藏》《碛砂藏》《赵城金藏》《普宁藏》《永乐南藏》《径山藏》相同；《房山石经》《高丽藏》“二”作“二中”。

系空华鬘。应知所计亦复如是[①]。是故此计不应道理。

复次，若计有我一切蕴法不相应故，无有蕴者，此所计我若无有蕴，便无有色，非身相应，亦非苦乐等受相应，亦非众多种种差别诸想相应，亦非善、不善、无记思等相应，亦非受用色等境界分别意相应。如是此我应无所依，无受，无想，无思虑等，亦无分别，是则此我不由功用，究竟解脱，无有染汙。是故此计不应道理。

复次，由彼一切依我分别妄所计我，不成就故，当知我等于诸蕴中但假建立，非实有物。由我非有，唯有蕴故，一切杂染、清净道理皆得成就。谓有内外诸处生故，于现法中起无明触，由此于身便有饶益、损减受生。由此为缘，发起和合、乖离等爱，及有依此一切烦恼、随烦恼转。为此义故，净不净业生起可得。如是烦恼、业生起故，当来复有生老死等一切苦法皆悉得生[②]。如是且于无常蕴中无实我故，杂染道理皆得成就。

又由他音、内正作意为因缘故，远离无明，发起于明。由无痴故，了达诸受皆悉是苦，由此能断于诸受中所有贪爱，及断依此一切烦恼，若随烦恼。由此因缘，能感后有净不净业不复生起。如是由业、烦恼断故，一切后有及生等苦永更不生。如是无我，唯有蕴故，一切杂染、清净道理皆得成就[③]。

复次，此中假立一切有情，所谓无足、二足、四足、多足、有色、无色、有想、无想、非想非非想处有情。当知如是九种有情，略由三种因缘建立，总摄一切有情之类。谓依往来身动差别，建立无足乃至多足有情；依身差

① 应知所计亦复如是，底本与《资福藏》《碛砂藏》《普宁藏》《永乐南藏》《径山藏》相同；《房山石经》《赵城金藏》《高丽藏》“所”作“此”。

② 当来复有生老死等一切苦法皆悉得生，底本与《资福藏》《碛砂藏》《普宁藏》《永乐南藏》《径山藏》相同；《房山石经》《赵城金藏》《高丽藏》“复”作“后”。

③ 一切杂染清净道理皆得成就，底本与《资福藏》《碛砂藏》《赵城金藏》《普宁藏》《永乐南藏》《径山藏》《高丽藏》相同；《房山石经》无“杂染”二字。

别，建立有色无色有情；依心差别，建立有想无想非想非非想处有情。

复有离系出家外道，作如是说：一切树等皆悉有命，见彼与内有命数法同增长故。应告彼言：汝何所欲？树等增长，为命为因，为更有余增长因耶？若彼唯用命为因者，彼未舍命，而于一时无有增长，不应道理。若更有余增长因者，彼虽无命，由自因缘亦得增长，故不应理。

又应告彼：汝何所欲？诸无命物无有增长，为有说因？为无说因？若有说因，此说因缘不可得故，不应道理。若无说因，无因而说而必尔者，不应道理。

又应告彼：汝何所欲？诸树等物与有命物，为一向相似？为不一向相似？若言一向相似者，诸树等物根下入地，上分增长，不能自然摇动其身，虽与语言，而不报答，曾不见有善恶业转，断枝条已，余处更生，不应道理。若言不一向相似者，是则由相似故，可有寿命，不相似故，应无寿命，不应道理。

如是增长余因，有无有故，无寿命物不增长说因有、无有故，相似一向、不一向故，此所计度不应道理。

问：何缘故知色、香、味、触如是如是别安立中，饮食、车乘、瓶盆、衣服、庄严具等诸想事物皆是假有[①]？

答：由彼想物或于是处，色等想物聚中而转；或于是处，色等想物聚中不转。若于是处，色等想聚有食想转，非于是处，饮等想转；若于是处，车乘想转，非于是处，衣等想转。如是所余，乃至广说诸假有想若转不转，当知亦尔。一切色、香、味、触想事，遍于一切饮食、车乘、瓶盆、衣服、庄严具等诸想事中，无差别转。是故当知，饮食、车乘、瓶盆、衣服、庄严具等皆是假有，色、香、味、触是实物有。

① 饮食车乘瓶盆衣服庄严具等诸想事物皆是假有，底本与《资福藏》《碛砂藏》《普宁藏》《永乐南藏》《径山藏》相同；《房山石经》《赵城金藏》《高丽藏》“盆”作“瓫”，下同。

复次，依诸有法立假想物，非一众多种种品类，当知略说，总有二种：一、依止一聚；二、依止非一聚。各别饮食、车乘、衣服、庄严具等，名依止一聚。诸彩画业、雕塑等业，宅舍、宫殿、军林等物，名依止非一聚。

复次，云何有色诸法？谓若略说，有十色处及法处所摄色。由彼诸色具色自相，即以此事还说此事，是故说名有色诸法。此有色法，由五种相差别建立。何等为五？一、事故；二、自相故；三、共相故；四、界故；五、业故。

此中，诸所有色，彼一切若四大种，若四大种所造，应知是名略摄色事，除此更无若过若增。

诸色自相复有三种：一、清净色；二、清净所取色；三、意所取色。谓四大种所造，五识所依五清净色，眼等处摄，名清净色。色等五境同分清净色之境界，名清净所取色。若与识俱诸清净色，与识同境，故名同分。若离于识诸清净色，前后自类相续而转，名彼同分色。三摩地所行影像等色，名意所取色。

诸色共相亦有三种，谓一切色，若据方处各别安立，若可宣说方处差别，名初共相。又一切色，若清净，若清净所取增减相，当知是名第二共相。又即此一切色，若触所触即便变坏，或以手足、块、刀杖等，或由寒热、饥渴、蚊虻、风日、蛇蝎[①]，诸触所触即便变坏，当知是名第三共相。若由定地色爱诸业之所生起，名色行色；若不定地色爱诸业之所生起，名欲行色。如是诸色，由界差别，略有二种，无色界中，无如是色。

又前所说诸色共相，谓触所触即便变坏。如是共相非一切遍。除欲界天，遍余一切。欲界天中所有诸色，但有手足、块、刀杖等所触变坏，无有寒热、饥渴等触之所变坏。由彼天中诸饮食等众资生具，随欲所生，则便成办，是故于彼虽有饥渴，不为损害。色界诸色，无有手足、块、刀杖等

① 或由寒热饥渴蚊虻风日蛇蝎，底本与《房山石经》《资福藏》《碛砂藏》《普宁藏》《永乐南藏》《径山藏》《高丽藏》相同；《赵城金藏》“蝎”作“噉”。

所触损坏，亦无余触之所损坏。

若善、不善、无记身业、语业，是名业色。当知是名色业差别。无色诸法亦由五相差别建立，与此相违，应知其相。

复次，略由二种色聚建立诸聚：一、不共大种聚；二、非不共大种聚。不共大种聚者，谓于此中唯有一类大种可得。非不共大种聚者，谓于此中有二大种或多大种种类可得。又于不共大种聚中。极微已上诸大种合，当知方有相杂不相离诸大种色，无有一处不相离诸大种色。于非不共大种聚中，大种极微，如所造色与余大种，当知亦有同一处所不相离者。然彼大种非所造色。互不相依而得转故，各有功能，据别处故。

又一处不相离者，谓诸大种及所造色同住一处，如置一箧青、黄、赤、白有光明珠，种种光明互不相离。相杂不相离者，所有譬喻如前应知。又若有聚，或麻豆等，或细沙等，为诸胶蜜及砂糖等之所摄持。当知此非一处不相离，亦非相杂不相离，但是和合不相离，多聚集[①]，非一聚相。当知所余是一聚相。又相杂不相离，当知依止一处不相离。此若不尔，不应道理。

复次，由五种相，建立有见诸法差别。何等为五？谓显色故，形色故，表色故，眼境界故，眼识所缘故。亦由五相建立无见诸法差别，与上相违，应知其相。

复次，由五种相，建立有对诸法差别。何等为五？一、各据别处而安住故；二、于余色聚容受往来等业为障碍故；三、为手足、块、刀杖等所触便变坏故；四、一切皆为诸清净色之所取故；五、一切皆为依清净色识所缘故。亦由五相，建立无对诸法差别，与上相违，应知其相。

复次，即由五相，应知建立无见无对诸法差别。何等为五？一、因缘故；二、据处所故；三、显现故；四、无变异故；五、所缘故。谓具威德三摩

① 多聚集，底本与《资福藏》《碛砂藏》《赵城金藏》《普宁藏》《永乐南藏》《径山藏》相同；《房山石经》《高丽藏》“聚”作“聚聚”。

地俱诸色胜解，当知是名无见无对色生因缘。彼既生已，处所可得，是故名色。虽不与彼十有色处自相相应，然得似彼自性显现。于余色聚容受往来等业非障碍住，又非一切清净之色及依彼识所取境界，亦非所缘，是故说名无见无对。手足等触不能损坏，是故说名无有变异。又根本定名具威德三摩地，此色是彼所缘，非余。譬如非一切心皆能变化，若所有心具大威德方能成办，非所余心。此亦如是，要具威德极静定心方能为缘，生此无见无对诸色。此如化色，亦非不具大威德心及不定心所缘境界，但是彼心所缘境界。是名与上五相相违，当知建立无见无对诸法差别。

复次，由五相故，建立有漏诸法差别。何等为五？谓由事故，随眠故，相应故，所缘故，生起故。

云何有漏法事？谓清净内色及彼相依不相依外色，若诸染汙心、心所[①]，若善、无记心、心所等。此有漏事，随其所应，由余四相说名有漏，谓随眠故，相应故，所缘故，生起故。

若于清净诸色及于如前所说一切心、心所中，烦恼种子未害未断，说名随眠，亦名麤重。若彼乃至未无余断，当知一切由随眠故，说名有漏。

若诸染汙心、心所，由相应故，说名有漏。

若诸有事，若现量所行，若有漏所生，增上所起，如是一切，漏所缘故，名为有漏。此中，现在名为有事，过去、未来名非有事。若依清净色识所行，名现量所行；若余所行，当知名非现量所行。若内诸处增上生起一切外处，名有漏所生增上所起。唯彼所缘，当知有漏。所以者何？若缘去来起诸烦恼，过去、未来非有事故，不由所缘，说名有漏。若现在事非现量所行，如清净色及一切染汙、善、无记心、心所，彼亦非烦恼所缘故，说名有漏。但由自分别所起相起诸烦恼，非彼诸法为此分明所行境故。

① 若诸染汙心心所，底本与《资福藏》《碛砂藏》《赵城金藏》《普宁藏》《永乐南藏》《径山藏》《高丽藏》相同；《房山石经》“所”作“法”，下同。

由生起故，成有漏者，谓诸随眠未永断故，顺烦恼境现在前故，于彼现起不如理作意故。由此因缘，诸所有法正生、已生，或复当生，如是一切，由生起故，说名有漏。又从一切不善烦恼诸异熟果及异熟果增上所引外事生起，如是一切，亦生起故，说名有漏。又由无记色、无色系一切烦恼，于彼续生，彼所续生亦生起故，说名有漏。如是名为由五相故，建立有漏诸法差别，谓由事故，随眠故，相应故，所缘故，生起故。

复次，由五相故，建立无漏诸法差别。何等为五？一、有诸法离诸缠故，说名无漏，谓一切善、无记心、心所所依所缘诸色，及善、无记诸心、心所；二、有诸法随眠断故，说名无漏，谓已永断见修所断一切烦恼，所有诸善及一分无记造色，若诸无记，若世间善诸心、心所；三、有诸法由断灭故，说名无漏，谓一切染汙心、心所彼不转故，说名无漏，由彼不转显了涅槃，即此涅槃说名无漏；四、有诸法是见所断断对治故，自性解脱故，说名无漏，谓一切见道；五、有诸法是修所断断对治故，自性相续解脱故，谓出世间一切修道及无学道。当知是名由五相故，建立无漏诸法差别。

复次，由五相故，建立有诤诸法差别。何等为五？谓由事故，因缘故，自性故，助伴故，等起故。此中，五取蕴名有诤法事。若爱味染著，爱味躭嗜，名诤因缘。若无常性、苦性、变坏法性，名有诤自性。即于此诤无智愚痴，名诤助伴。由此因缘，五黑品转，名为等起调斗诤违诤[①]，躭著诸欲诸见所生，或余种类，是初黑品；若随所有诸烦恼缠无有羞耻多安住性，是第二黑品；若有沙门或婆罗门，违逆正道所欲苦行及余信解，自饿投火坠高岩等，是第三黑品；若有现行身语及意一切恶行，是第四黑品；欣乐后有，是第五黑品。

此中，最初由生怨恨，发愤心故，不安隐住；第二、由诸烦恼内烧然

① 名为等起调斗诤违诤，底本与《碛砂藏》《普宁藏》《永乐南藏》《径山藏》相同；“调斗诤”，《房山石经》《赵城金藏》《高丽藏》作“谓斗讼”，《资福藏》作“谓斗诤”。

故，不安隐住；第三、由自誓愿虚受劬劳无义苦故，不安隐住；第四、生恶趣故，不安隐住；第五、生老死等众苦合故，不安隐住。此中，五取蕴有诤事，与诤自性及彼因缘、助伴、等起共相依故，名有诤法。

又由五相，建立无诤诸法差别，与上相违，应知其相。此中，五无取蕴无诤事，由诤自性及彼因缘、助伴、等起，于彼法中不可得故，名无诤法。

复次，由五相故，建立有染诸法差别。何等为五？谓事故、因缘故等，如前广说五相差别。此中，事者，谓即五有取蕴。因缘者，谓即此中喜乐爱味诸因缘法。自性者，谓此为缘，生起喜乐，爱味所摄。助伴者，谓于爱味所有贪著。等起者，谓五黑品，如前应知。五取蕴事，由与有染及彼因缘，乃至等起共相依故，说名有染。

又由五相，建立无染诸法差别，与上相违，应知其相。如前无诤，随应当说。

复次，由五相故，应知建立依止耽嗜诸法差别。何等为五？谓事故、因缘故等，如前广说。此中，事者，谓欲界系诸五取蕴。因缘者，谓顺欲贪五种妙欲。自性者，谓贪嗜者，由彼为缘，由彼为境所有欲贪。助伴者，谓不如理作意相应邪愿诸欲分别，由与此俱，名分别贪。等起者，谓五种黑品，如前广说。彼欲界系五取蕴事，由彼贪嗜因缘、助伴及与等起所摄受故，说名依止耽嗜诸法。

又由五相，当知建立依止出离诸法差别，与上相违，应知其相。

复次，由五相故，建立世间诸法差别。何等为五？一、一切清净色及清净所取色世间；二、一切染汙心、心所世间；三、一切无记心、心所世间；四、一切善心、心所若当断若已断世间；五、一切世间三摩地所行无见无对色世间。

又由五相，建立出世诸法差别。何等为五？一、见道所断对治；二、修道所断对治；三、由想解脱之所解脱，谓诸声闻、独觉、菩萨已入无戏论理慧，及彼相应诸心、心所；四、彼所缘无见无对色；五、一分所治解脱之所解脱，谓诸有学，若一切所治解脱之所解脱[①]，谓诸无学。

复次，依五种世间，即彼世间名堕诸法，谓有情世间、器世间、欲世间、色世间、无色世间，当知是名五种世间。又出世法，不堕如是五种世间，是故说名不堕诸法。

复次，由五相故，建立有为诸法差别。何等为五？一、后际未生故；二、前际已灭故；三、中际自相安住故；四、因缘相续故；五、果相续故。

又由五相，建立无为诸法差别。何等为五？谓与上相违，应知即是此中五相。灭有为法，证得涅槃。若谓涅槃为有异者，当知此为不如理问，不如理答，不如理思。如是，若谓为无异者，有无异者，非有非无异者，当知皆是不如理问不如理答，不如理思。何以故？由彼涅槃唯有为灭之所显故，与有为法其相异故。唯有为灭之所显故，谓有异者，若问若答若思，便为戏论，非所戏论。与有为法其相异故，谓无异者，如前广说，便为戏论，非所戏论。总如前说二种因故，亦异不异，不应道理。由有为灭证涅槃故，若谓一切皆无所有故，说非有非无异者，不应道理。

涅槃义者，谓一切白法所显发故。涅槃相者，谓寂灭相、无戏论相，当知唯是内所证相。

复次，由五相故，建立所缘诸法差别。何等为五？一、有善作意所缘法；二、有不善作意所缘法；三、有无记作意所缘法；四、有堕界作意所缘法；五、有系属瑜伽作意所缘法。

此中，若善作意[②]，缘善、不善、无记诸法。如善作意，如是，不善、

① 若一切所治解脱之所解脱，底本与《资福藏》《碛砂藏》《赵城金藏》《普宁藏》《永乐南藏》《径山藏》《高丽藏》相同；《房山石经》“治”作“治解”。

② 若善作意，底本与《资福藏》《碛砂藏》《赵城金藏》《普宁藏》《永乐南藏》《径山藏》《高丽藏》相同；《房山石经》“若”作“是”。

无记作意，当知亦尔。欲界系善、染汙、无记作意，缘一切三界诸法。色界系善作意，亦缘一切三界诸法。无色界中若定若生外道异生，无色界系善作意，唯缘自地一切法，非下地。若毗钵舍那行菩萨未得自在，及有广慧声闻乘等，若诸有学，若阿罗汉，彼无色界系善作意，亦缘下地一切法。若诸菩萨已得自在，决定不于无色界生。由观于彼不能现起利众生事，因此成熟广大佛法及能成熟利益有情行故。当知是名堕界作意所缘诸法。

复次，因思所缘，如说：

名映于一切，无有过名者。
由此名一法，皆随自在行。

此言有何义[①]？

谓若略说，观察清净因故，观察自相故，观察杂染因故。又为显示补特伽罗无我及法无我故。此中，显示补特伽罗无我者，谓善了知四无色蕴，能断一切自境界相，是故说名能映一切。显示法无我者，谓善了知遍计所执自性，善了知世俗言名，能除一切彼所依相，是故说名能映一切。若过如是四无色蕴，诸我相事定不可得；若过世俗言名，遍计所执自性相事亦不可得。若于此二不善了知[②]，则便一切自境界相及诸杂染，生起随转。一切境相及诸杂染皆彼增上力所生故。

又佛世尊依此密意说如是言：

执法自性故，执我性而转，
觉此故觉彼，由觉故还灭。

---

① 此言有何义，底本与《资福藏》《碛砂藏》《赵城金藏》《普宁藏》《永乐南藏》《径山藏》《高丽藏》相同；《房山石经》无“有”字。

② 若于此二不善了知，底本与《房山石经》《赵城金藏》《永乐南藏》《径山藏》《高丽藏》相同；《资福藏》《碛砂藏》《普宁藏》“二”作“一”。

系属瑜伽作意，略有四种所缘。一、遍满所缘；二、净行所缘；三、善巧所缘；四、净烦恼所缘。是诸所缘，如“声闻地”广辩应知[①]。此中，净烦恼所缘者，谓世尊说四圣谛及真如。

① 如声闻地广辩应知，底本与《永乐南藏》《径山藏》相同；《房山石经》《资福藏》《碛砂藏》《赵城金藏》《普宁藏》《高丽藏》“如”作“知”。

瑜伽师地论卷第六十六

摄决择分中思所成慧地之二

复次，如佛世尊说三苦性。此中，云何为行苦性？谓后有业、烦恼所生诸行，于彼彼自体中，能随顺生一切烦恼及与众苦，所有安立一切遍行麤重所摄，亦名麤重，是行苦性。依此行苦，佛世尊说："略五取蕴皆名为苦。"

又此行苦遍行一切若乐受中，若苦受中，若不苦不乐受中。然于不苦不乐受中，此麤重性分明显现，是故但说不苦不乐受由行苦故苦。于乐受、苦受中，爱、恚二法扰乱心故，此麤重苦非易可了。譬如热痈，若以冷触封之，即生乐想；热灰堕上，便生苦想；若二俱离，于此热痈尔时唯有痈自性苦分明显现。如是于业、烦恼所生诸行，所有安立麤重所摄，犹如热痈；行苦性中所有乐受，如冷触封；所有苦受，如热灰堕；所有不苦不乐受，如离二触，痈自性苦。

又乐受中多生染著，是故说彼贪所随增。于苦受中多生憎恚[①]，是故说彼瞋所随增。于非苦乐之所显现，麤重所摄，所有安立行自体中，于无常性计常颠倒，于众苦性计乐颠倒，于不净性计净颠倒，于无我性计我颠倒，是故说彼不苦不乐受无明所随增。又诸愚夫于乐受中多生染著，由是因缘，于现法中行身恶行，行语恶行，行意恶行，身坏命终，广说乃至生那落迦。又由后有爱故，能感当来生等众苦。如是乐受，贪所依故能，生当来五趣等苦。又于苦受多起瞋心，不随所欲，触众苦

① 于苦受中多生憎恚，底本与《资福藏》《碛砂藏》《赵城金藏》《普宁藏》《永乐南藏》《径山藏》《高丽藏》相同；《房山石经》"憎"作"增"。

事，便生种种愁恼、怨叹乃至迷乱。由此因缘，行三恶行，堕诸恶趣。如是苦受，瞋所依故，能感现法、后法众苦。又于不苦不乐受中多生如上颠倒之心，于二种苦，谓依乐受贪所生苦，及依苦受，瞋所生苦，生不舍思，起不舍行。

是故虽有众多烦恼及随烦恼，然佛世尊但立三种根本烦恼，谓贪、瞋、痴。依此密意，佛世尊说："应观乐受是众苦法，应观苦受犹如毒箭，应观不苦不乐受性是无常，有坏灭法。"若能如实观无常性，渐次能断一切颠倒。如是诸行，是第一义苦圣谛事。一切圣贤圣智观已，于第一有最极寂静诸取蕴中尚不愿乐，何况弊下那落迦中？

复次，即此能生后有诸行业及烦恼，由相道理，是集圣谛，世尊经中据胜道理，唯显示爱。

复次，此烦恼品麤重永灭，是有余依涅槃增上所立灭谛。又因永断，未来不生，及先世因受用尽已，现在诸行任运谢灭，是无余依涅槃增上所立灭谛。

复次，若能证解第一义谛所有正见，及正见为先一切圣道，是名道谛。

复次，欲令于苦遍知，于集永断，于灭作证，于道修习，故略建立诸圣谛相。若广建立，当知其相无量无边。又令了知苦谛麤相以为依止，渐能趣入谛微细相，故先施设生等众苦，后方显示五取蕴苦。

复次，由五相故，建立住持诸法差别[①]。何等为五？一、段食；二、触食；三、意思食；四、识食；五、命根。

若麤段食，欲界五趣中皆现可得，此于一分各别那落迦，非大那落迦。余食及命，遍三界中皆现可得。由于诸行假立有情，是故世尊说此诸

① 建立住持诸法差别，底本与《资福藏》《碛砂藏》《赵城金藏》《普宁藏》《永乐南藏》《径山藏》相同；《房山石经》《高丽藏》"住"作"任"。

法住持有情[①]，令住不坏。

问：有七因缘住持诸行[②]，令住不坏，何故世尊但说有情由食而住？何等为七？一、生是诸行住因，由诸行生，方得有住，无有无生而有住者；二、命根；三、食；四、心自在通，由彼势力，增诸寿行[③]，或住一劫，或住劫余；五、因缘和合，是诸行住因，谓善、不善、无记诸法，乃至因缘犹未散坏，于尔所时相续而住，无有断绝；六、由善、不善、无记作意引发先业，能牵诸行令住不绝，所谓外分，共不共业之所生起；七、无诸障碍，是诸行住因。由此能令诸行生时无障因缘，诸行生已，相似相续而住，远离相违败坏因缘，若不尔者，便应灭坏。

答：虽由如是七种因缘，诸行得住，然此四食是诸行住多分因缘，由种种门能令诸行相续而住。

又此诸食能令有情相续而住，易取易入，乃至愚夫婴儿等类亦能随觉，非所余法。又此诸食能令羸损诸根大种皆得增益，又令疾病亦得除愈，非所余法。又有长寿诸有情类若不得食，非时中夭。又此诸食令易入道，能修身等四种念住，谓一切有情食所住故。是故由此五种因缘，世尊但说一切有情由食而住。

何缘复说依止命根，诸行得住？谓有是处曾无饮食有所阙乏，非求饮食有所艰难，于彼处所，唯由命根势力而住，如其所感寿量而住，是故世尊依彼处所，说诸有情由命根故，诸行得住。

复次，此中段食当言香、味、触处所摄。何以故？由香、味、触若正消

① 是故世尊说此诸法住持有情，底本与《资福藏》《碛砂藏》《普宁藏》《永乐南藏》《径山藏》相同；《房山石经》《赵城金藏》《高丽藏》“住”作“任”。

② 有七因缘住持诸行，底本与《资福藏》《碛砂藏》《普宁藏》《永乐南藏》《径山藏》相同；《房山石经》《赵城金藏》《高丽藏》“住”作“任”。

③ 增诸寿行，底本与《房山石经》《资福藏》《碛砂藏》《普宁藏》《永乐南藏》《径山藏》《高丽藏》相同；《赵城金藏》无“诸”字。

变，便能长养；不正消变，乃为损减。色等余法无有长养、损减消变，是故说彼非段食性。

若诸段物于吞咽时，令心欢喜，诸根悦豫，当于尔时不名段食，但名触食。若受用已，安隐消变，增长喜乐，于消变时，乃名段食。若有熟变不能长养诸根安乐，彼虽熟变，不名段食。若诸段物于吞咽时，不生欢喜，亦不能令诸根悦豫，当于尔时都不名食。即彼后时安隐熟变，增长安乐，彼于尔时乃名段食。若有熟变不长安乐，彼虽熟变，亦不名食。

问：若有段物，亦是食耶？设是食者，亦段物耶？

答：如其所应，当作四句：或有段物，而非是食，谓诸段物不能长养诸根大种；或有是食，而非段物，谓若有触，意思及识能令诸根大种长养；或有是食，亦是段物，谓诸段物能令诸根大种长养；或非段物，亦非是食，谓若有触，意思及识不能长养诸根大种。如是所余触乃至识，随其所应，当作四句[①]。

复次，若有异熟法，若异熟法，若异熟生法，皆应了知。

略说有异熟法，谓漏及有漏，彼要有力，不被损害，受用未尽，当知是名有异熟法。

于诸漏中，若不善者，说名有力；有覆无记，说名无力。于有漏中，若善、不善，说名有力，余名无力。若漏有漏，为世、出世二离欲道之所断者，名被损害；与此相违，名不损害。若过去世，其异熟果已成熟者，名受用已尽。彼异熟果已过去故，更无所有。若未来世当与异熟果者，若现在世其异熟果正现前者，名受用未尽。由此差别，漏及有漏，如其所应，若善、不善未被治断，其异熟果非先已熟，如是乃名有异熟法。若诸无漏、无记有漏，若善、不善有漏已断，若异熟果先已成熟，如是皆名无异熟法。

① 当作四句，底本与《资福藏》《碛砂藏》《普宁藏》《永乐南藏》《径山藏》相同；《房山石经》《赵城金藏》《高丽藏》“当”作“皆”。

又临终时最后念心，是异熟法。若结生相续无间之心，亦是异熟。从此已后，所有一切自性住心，皆是异熟。除善、染汙及除加行无记之心，所余皆名自性住心。若心离欲，犹故随转，除下地善及与加行无记之心，当知此心亦是异熟。又此异熟于一切处，当言唯是无覆无记。若从一切种子异熟，除其已断未得之法，余自种子为因所生，若善、不善，或复无记，如是一切，当知皆名异熟生法。

复次，一切处最后没心及随初第二相续心，于三界中当知唯有非苦乐受，除初相续心。应知此受于一切处，异熟所摄；余苦乐受，应知皆是异熟所生。如其种子异熟所摄，即随此因此缘为因缘故，从异熟生。生那落迦诸有情类，异熟无间，有异熟生苦忧相续。生那落迦[1]，如是若生一分饿鬼及傍生中，当知亦尔。若生人中及欲界天诸有情类，无有决定，异熟无间，或时苦忧，或时乐喜，或时唯有不苦不乐受相续生。若生初二静虑，异熟无间，唯异熟生喜受相续。若生第三静虑，唯异熟生心乐相续[2]，若生第四静虑已上，唯有异熟不苦不乐受。是故当知，即受于彼名异熟生[3]。广大喜乐所摄受故，彼诸善业不苦不乐正现前时，亦名可爱异熟；与此相违，当知名不可爱异熟。

复次，白白异熟业所得无覆无记异熟果，一向可爱受种子所摄受故，当知一向可爱，一向可意。黑黑异熟业，当知与此相违。黑白俱异熟业，二种种子所随逐故，所得异熟果当知亦有二种异熟生受。又黑白业由生类差别建立，谓于是处，黑白俱有，即此处业，总立黑白。又由事差别建立，谓

---

① 生那落迦，底本与《房山石经》《资福藏》《碛砂藏》《赵城金藏》《普宁藏》《永乐南藏》《径山藏》相同；《高丽藏》“生”作“如生”。

② 唯异熟生心乐相续，底本与《资福藏》《碛砂藏》《普宁藏》《永乐南藏》《径山藏》相同；《房山石经》《赵城金藏》《高丽藏》“心乐”作“乐受”。

③ 即受于彼名异熟生，底本与《房山石经》《资福藏》《碛砂藏》《赵城金藏》《普宁藏》《永乐南藏》《径山藏》相同；《高丽藏》“即”作“即此”。

如有一，随于一事，于一时间起利益心而现在前，即于此事，复于一时不利益心而现在前，或夺他物而行惠施。如是当知，由事差别之所建立。

又由自性建立如是黑白俱业，谓如有一，随于一所许作利益，即由余事，复于其所作不利益。譬如有一，于极暴虐作恶人所，发生恚瞋俱行之思[①]，不喜彼恶。当知此思，瞋俱行故，堕黑分中；不喜乐彼恶俱行故，堕白分中。是故此业说名黑白。如是所余种类亦尔。

复次，若善、不善、无记诸法所有种子未被损害，彼一切法皆由能生生起因故，名有因法。又先所作诸业、烦恼于三界中异熟果熟，此异熟果由业、烦恼引发因故，名有因法。又由三处正现在前引发因故，生胎生中，当知此亦名有因法。湿和合故，生湿生中，卵壳藏故，生卵壳中，当知亦尔。又六识身，以从眼、色乃至意法为增上缘同事因故，名有因法。又有俱生诸心、心所[②]，互为展转同事因故，名有因法。又不善法，由近恶友、闻非正法、不正思惟引发因故，名有因法。当知与此相违三种引发因故，一切善法名有因法。

又染汙住生邪精进，无果劬劳生忧苦住，彼由引发因故，名有因法。又不染汙住生正精进，有果劬劳生喜乐住，彼由引发因故，名有因法。又世间道趣于离欲及能引发静虑、无色，彼由引发因故，名有因法。又现法中静虑无色等至为依，如其所应往生上地，彼由引发因故，名有因法。又世间法引出世法，彼由引发因故，名有因法。又出世法，圣道所摄，能证涅槃，彼证涅槃由引发因故，名有因法。由如是等所说诸相，当知建立有因诸法。

① 发生恚瞋俱行之思，底本与《碛砂藏》《普宁藏》《永乐南藏》《径山藏》相同；《房山石经》《资福藏》《赵城金藏》《高丽藏》“恚瞋”作“瞋恚”。

② 又有俱生诸心心所，底本与《资福藏》《碛砂藏》《赵城金藏》《普宁藏》《永乐南藏》《径山藏》《高丽藏》相同；《房山石经》“所”作“法”，下同。

复次，此中能生生起因法，彼由各别等流果故，名有果法。若诸后有业及烦恼，彼由各别异熟果故，名有果法。若有三处正现在前，若湿和合正现在前，若卵壳藏，若眼色等，若彼俱生诸心、心法[①]，若近恶友等，若近善友等二种三法，如是一切皆由各别增上果故，名有果法。若现法中，由染汙住生邪精进，无果劬劳生忧苦住；若现法中，不染汙住生正精进，有果劬劳生喜乐住，如是一切皆由各别士用果故，名有果法。若趣世间离欲生道，彼由离系增上果故，名有果法。又能引出世间之道及能证涅槃出世圣道，彼由离系增上果故，名有果法。谓由究竟离系果故，名有果法；若世间道，非由究竟离系果故，名有果法。当知是名二道差别。

由如是等所说相故，当知建立有果诸法差别之相，谓随所应立等流果，若异熟果，若增上果，若士用果，若离系果。与此相违，应知建立非有因法、非有果法。

复次，缘生法者，谓无主宰、无作者法。如前意地决择缘起善巧中已广分别。

复次，略由五因，当知建立内法差别。由此因故，说名为内。何等为五？谓假名故，妄执故，增上故，摄受种子故，事故。若于是处假想建立如是种类，谓立为我，或立有情，彼如是名，如是生类，广说乃至如是寿量，如是名为由假名故，说名内法。若于是处妄起如是种类执著，谓计为我，或起我慢，如是名为由妄执故，说名内法。若由此法增上力故，外色、声等处差别生，为所受用，如是名为由增上故，说名内法。若能摄受善、不善、无记诸法种子[②]，如是名为摄受种子故，说名内法。若五种清净色，

① 若彼俱生诸心心法，底本与《资福藏》《碛砂藏》《普宁藏》《永乐南藏》《径山藏》相同；《房山石经》《赵城金藏》《高丽藏》“法”作“所”。

② 无记诸法种子，底本与《房山石经》《资福藏》《碛砂藏》《普宁藏》《永乐南藏》《径山藏》《高丽藏》相同；《赵城金藏》“无”作“法”。

若心意识，如是名为由事故，说名内法。又有假名建立余法为内可得。何以故[1]？于内可得，外处所摄，亦名内故。

复次，应知五蕴，名色所摄。所以者何？由彼彼处增长可得，手块等触即便变坏，是故色蕴说名为色；其余四蕴由种种名施设势力，由种种名施设为依，多分于其彼彼所缘流转趣向，是故如是四无色蕴说之为名。

复次，略由五相，建立执受诸法差别。何等为五？谓初唯色说名执受。当知此言遮心、心所等，彼非执受故。又于色中，所有内根根所依属说名执受。当知此言遮外不属根色，彼非执受故。又心、心所任持不舍[2]，说名执受。当知此言遮依属根发毛爪等及遮死后所有内身，彼非执受故。

又执受色由四因缘之所变异，故名执受。何等为四？一、由外色所逼触故；二、由内界相违平等所引发故；三、由贪瞋等诸烦恼缠多现行故；四、由审虑所缘境故。谓由外色能损恼者，现前逼恼，有执受色即便生苦，生悲生恼；若有外色能饶益者，现前触对，有执受色，即便生乐，安隐饶益。若有内界更互相违，便生苦恼；彼若平等，安乐摄受。又若贪等烦恼所恼，即便生苦，愦发炽然。又邪审虑所缘境故，或正审虑所缘境故，便起轻安喜乐摄受。又为损害，或为饶益，故名变异。

如是若色若内，若心、心所任持不舍，若如是缘令成变异，是名执受诸法差别，与此相违，当知是名非执受法。

复次，若四大种及彼所造，当知唯此名有色法。

问：如四大种由自种子方得生起，造色亦尔，何故说言诸所造色，大种所造？

① 何以故，底本与《房山石经》《资福藏》《碛砂藏》《普宁藏》《永乐南藏》《径山藏》《高丽藏》相同；《赵城金藏》“何”作“偬”。

② 又心心所任持不舍，底本与《房山石经》《资福藏》《径山藏》《高丽藏》相同；《碛砂藏》《赵城金藏》《普宁藏》《永乐南藏》“任”作“住”。

答：若诸色根及心中有诸大种种子随逐，即有造色种子随逐；若诸大种所有种子，能生果时，尔时必定能随逐彼造色种子，亦生自果。故说造色，大种所造。随逐色根大种种子，名有方所；随无色根大种种子，名无方所。

又诸大种略有二种：一、唯界所摄；二、能作自业。唯界所摄者，谓诸大种所有种子。能作自业者，谓从自种子所生大种。

又诸大种与所造色俱时而有，互不相离，由彼种类因所成故。如一味团，更相涉入遍一切处，非如糗稻、末尼等聚。

又于一向坚色聚中，唯有地界能作业用。若于欲界，亦有色、香、味界作业。于色界中，但有色界能作业用。余水、火、风及与声界，唯有种子之所随逐，更待异缘方能作业。如是于水、火、风名想聚中，如其所应，次第亦尔。

内色聚中，一切地等诸界作业皆具可得，谓发毛等种种差别，广说如经。当知于外，得有各别地等诸聚，彼若值遇如是如是众缘差别，即便能作如是如是果法生因。譬如善巧钻彼干木，即便生火。又如白镴、铅锡、金银等物[①]，融消即流[②]。

复次，如《五识身相应地》说："触处所摄涩、滑等性，当知皆是大种差别。随诸大种如是品类分位差别，如其所应，于四大种假名施设涩、滑等性。"是故当知皆是假有。

问：如世尊言："触谓外处，若四大种，若四大种所造，有色无见有对。"何密意耶？

---

① 又如白镴、铅锡、金银等物，底本与《资福藏》《碛砂藏》《普宁藏》《永乐南藏》《径山藏》《高丽藏》相同；《房山石经》《赵城金藏》"镴"作"赠蜡"。

② 融消即流，底本与《资福藏》《碛砂藏》《赵城金藏》《普宁藏》《永乐南藏》《径山藏》《高丽藏》相同；《房山石经》"融消"作"镕销"。

答：此诸大种当知能生二种造色：一、自类差别；二、异类差别。自类差别造色者，谓诸大种造涩、滑等。由如是因，如是缘故，此诸大种各各差别变异而生，于彼彼说涩[①]、滑性等种种差别。异类差别造色者，谓眼耳等五内色处、四外色处、法处一分，唯除触处。世尊依彼自类差别所造色故，说如是言：若四大种所造。

问：世尊说有无见无对色，当言何等大种所造？

答：若彼定心思惟欲界有色诸法，影像生起，当言欲界大种所造。若彼定心，思惟色界有色诸法，影像生起，当言色界大种所造。

于此大种所造色法，余决择文更不复现。

复次，云何有法？谓一切世间法，说名有法。

问：阿罗汉等世间善法，是世间故，则有所摄，以何因缘说名无漏？

答：堕三有故，名有所摄。诸漏随眠永解脱故，说名无漏。

问：如世尊言："云何有漏法？谓意世间、法世间、意识世间。"此何密意？

答：世尊依彼不断应断世间意、法及与意识，说如是言。此中，世尊说多种有，谓欲有、色有、无色有。彼广建立，如《闻所成慧地》佛教所应知处。

复次，云何有上法？谓除涅槃，余一切法。由五因缘，当知涅槃是无上法。何等为五？一、集谛寂灭故；二、苦谛寂灭故；三、离怖畏灾横疾疫，大安隐故；四、无上现法乐住所缘故，谓无相住故；五、常住究竟安义、乐义，不虚诳故。如是五因非于余处总集可得，唯于涅槃一切可得，是故涅槃名无上法。

复次，云何应修法？谓一切善有为法。此中，应知略有四修：一、得

---

① 于彼彼说涩，底本与《房山石经》《资福藏》《碛砂藏》《赵城金藏》《普宁藏》《永乐南藏》《径山藏》相同；《高丽藏》"彼彼"作"彼假"。

修；二、习修；三、除去修；四、对治修。此中，未生善法为欲生故，作意修习，是名得修。已生善法令住不忘，乃至广说，是名习修。已生不善法为欲断故，作意修习，名除去修。未生不善法为不生故，于厌患等诸对治门作意修习，名对治修。当知此中，从了相作意乃至胜解作意，名厌患对治修；从远离作意乃至方便究竟作意，名断对治修；方便究竟果作意，名持对治修。从此已上，即此一切七种作意随于胜地、上地所摄[①]，当知一切名远分对治修。

此四种修，一切总说为二种修，谓防护受持修及作意思惟修。此中，修身名防护修，修戒名受持修。若静虑地作意修，若谛智地作意修，总名作意思惟修。此中，初作意修，名为修心；第二作意修，名为修慧。

复次，云何过去法？谓因已受尽，自性已灭，无间为缘，为生余法，除阿罗汉最后心、心所。熏习相续虽复已灭，经百千劫，犹能令彼爱非爱果异熟当熟。如所领受诸过去事，或一唯能生起忆念，或复有一，不生忆念，唯灭所显，无诸作用，是名过去诸法差别。

此过去法略由五相，当知建立其事差别。何等为五？谓或有法刹那过去，谓于刹那一切行中，刹那已后所有诸行；又或有法，死没过去，谓彼彼有情从彼彼有情众同分没，广说乃至死及作时；又或有法，坏劫过去，谓器世间所摄，由火等灾之所败坏；又或有法，退失过去，谓如有一，于先所得诸善功德安乐住中随类退失；又或有法，尽灭过去，谓有余依及无余依涅槃界中所有尽灭。

复次，云何未来法？谓因未受，自性未受，待缘当生，将起现前，或近当生，或远当生。亦由五相建立差别，谓刹那未来、一生未来、成劫未来、

① 即此一切七种作意随于胜地、上地所摄，底本与《径山藏》相同；《房山石经》《资福藏》《碛砂藏》《赵城金藏》《普宁藏》《永乐南藏》《高丽藏》“随”作“堕”。

现行未来、最后未来[①]。

复次，云何现在法？谓因已受用，自性受用未尽，刹那已没[②]，决定坏灭，一切杂染所显，一分清净所显。亦由五相建立差别，谓刹那现在、一生现在、成劫现在、现行现在、最后现在。谓阿罗汉最后心、心所等。

复次，云何欲界系法？谓于欲界若生若长，未离欲界欲，心不在定，于此位中所有诸法，或生得故，或作意故，已行，正行，当行。是名欲界系法。

复次，云何色界系法？谓生色界[③]，能现证入随一静虑，已离欲界欲，未离色界欲，未发上加行，或从彼定起，所有世间意地诸法，由作意故，已行，正行，当行，是名色界系法。或生色界，未离彼欲，未发上加行，或生得故，或作意故，诸世间法已行，正行，当行，如是亦名色界系法。如色界系法，如是无色界系法，随其所应，当知亦尔。

复次，云何善法？谓若略说，二因缘故，一切善法说名为善，谓自性无倒，亦能对治颠倒法故，及安隐故。所以者何？一切善法，自性无倒于所缘转，又能对治于所缘转颠倒染法，能往善趣，证涅槃故，名为安隐。与此相违二因缘故，当知不善，谓自性颠倒故及不安隐。无记诸法性非颠倒，亦不能治颠倒诸法，性非安隐，非不安隐。

又由五相，当知建立善法差别：一、感当来可爱果故；二、对治杂染故，谓不净等能治贪等，乃至八圣支道对治一切杂染诸法；三、杂染寂灭所显故，所谓涅槃；四、清净住所显故，谓已离欲者，住圣等善现法乐住；

---

① 谓刹那未来一生未来成劫未来现行未来最后未来，底本与《径山藏》相同；“最后”，《房山石经》《赵城金藏》《高丽藏》作“应得”，《资福藏》《碛砂藏》《普宁藏》《永乐南藏》作“得”。

② 刹那已没，底本与《房山石经》《资福藏》《碛砂藏》《赵城金藏》《普宁藏》《永乐南藏》《径山藏》相同；《高丽藏》“没”作“后”。

③ 谓生色界，底本与《资福藏》《碛砂藏》《普宁藏》《永乐南藏》《径山藏》相同；《房山石经》《赵城金藏》《高丽藏》“色”作“欲”。

五、饶益有情所显故，谓已离欲，为哀愍他，声闻菩萨及与如来所有种种利他善行。

又由五相，建立不善诸法差别，与上相违，应知其相，谓感当来非爱果故，杂染对治之所治故，染不寂灭之所显故，诸染恼住之所显故，能损害他之所显故。

由五因缘，善法强盛。何等为五？一、加行故；二、宿习故；三、摄受胜功德故；四、田事处故；五、自性故。

谓诸善法，无间方便、殷重方便之所造作[①]，若无量品差别所作，谓或自作，或于是处劝他令作，以无量门庆慰赞美，见同法者深心欢喜，当知是名由加行故，善法强盛。

又诸善法，曾余生中，若修若习若多修习，由是因缘，彼今生中，性于善法心能趣入，于诸不善违背而住，当知是名由宿习故[②]，善法强盛。

又诸善法，下地所摄，由世间离欲者及见圣迹者，若于解脱，或于无上正等菩提，深心回向，离诸见趣，当知是名摄受胜功德故，善法强盛。

又诸善法，于大福田，以胜妙事施尊重处之所生起[③]，当知是名田事处故，善法强盛。

又诸善法，若施所成，于戒于修自性是劣；若戒所成，于施所成自性是胜，于修所成自性是劣；若修所成所有善法，于施于戒自性皆胜。当知是名由自性故，善法强盛。

与此相违五因缘故，当知是名不善强盛。

---

① 无间方便殷重方便之所造作，底本与《房山石经》《资福藏》《碛砂藏》《普宁藏》《永乐南藏》《径山藏》相同；《赵城金藏》《高丽藏》“方便”作“加行”。

② 当知是名由宿习故，底本与《房山石经》《资福藏》《碛砂藏》《赵城金藏》《普宁藏》《永乐南藏》《径山藏》相同；《高丽藏》“知”作“如”。

③ 以胜妙事施尊重处之所生起，底本与《房山石经》《资福藏》《碛砂藏》《普宁藏》《永乐南藏》《径山藏》《高丽藏》相同；《赵城金藏》“起”作“趣”。

又由五相，建立无记诸法差别。何等为五？一、异熟生无记；二、威仪路无记；三、工巧处无记；四、变化无记；五、自性无记。此中，自性无记，谓诸色根是长养者，及外诸有色处等，非异熟等所摄者，除善染汙色处、声处。

复次，云何学法？谓或预流，或一来，或不还，有学补特伽罗，若出世有为法，若世间善法，是名学法。何以故？依止此法，于时时中，精进修学增上戒学、增上心学、增上慧学故。云何无学法？谓阿罗汉诸漏已尽，若出世有为法，若世间善法，是名无学法。云何非学非无学法？谓除先所说学、无学法，所余预流乃至阿罗汉①。若堕一切异生相续，若彼增上所有诸法，当知是名非学非无学法。

复次，云何见道所断法？谓萨迦耶等五见及依诸见起贪、瞋、慢，若相应无明，若于诸谛不共无明，于谛疑等，及住一切恶趣业等②，是名见道所断法。

云何修道所断法？谓一切善有漏法，一切无覆无记法，除先所说诸染汙法余染汙法，是名修道所断法。

云何非所断法？谓一切有学出世间法，一切无学相续中所有诸法。此中，若出世法，于一切时自性净故，名非所断；余世间法，由已断故，名非所断。

复次，云何甚深难见法？谓一切法。当知皆是甚深难见。何以故？第一甚深难见法者，所谓自性绝诸戏论，过语言道。诸法自性皆绝戏论，过语言道，然由言说为依止故，方乃可取，可观可觉。是故当知一切诸法甚

---

① 所余预流乃至阿罗汉，底本与《资福藏》《碛砂藏》《普宁藏》《永乐南藏》《径山藏》相同；《房山石经》《赵城金藏》《高丽藏》“汉”作“汉法”。

② 及住一切恶趣业等，底本与《资福藏》《碛砂藏》《普宁藏》《永乐南藏》《径山藏》》相同；《房山石经》《赵城金藏》《高丽藏“住”作“往”。

深难见。

如是所说差别建立有色、无色法，有见、无见法，有对、无对法，有漏、无漏法，有诤、无诤法，有染、无染法，依躭嗜、依出离法，世间、出世间法，堕、非堕法，有为、无为法，所知、所识、所缘法，住持法，有异熟、无异熟法，有因、无因法，有果、无果法，缘生法，内法，名色所摄法，执受、非执受法，大种所造、非大种所造法，有、非有法，应修法，有上、无上法，去、来、今法，欲界系、色界系、无色界系法，善、不善、无记法，学、无学、非学非无学法，见道所断、修道所断、非所断法，甚深难见法，若有善思所应思者，应当如理精勤方便，思惟拣择如是诸法。

于此地中，余决择文更不复现。

瑜伽师地论卷第六十七

摄决择分中修所成慧地

如是已说思所成慧地决择。修所成慧地决择，我今当说。

当知略有十六种修，谓声闻乘相应作意修、大乘相应作意修、影像修、事边际修、所作成办修、得修、习修、除去修、对治修、少分修、遍行修、动转修、有加行修、已成办修、非修所成法修、修所成法修。

云何声闻乘相应作意修？谓如有一是声闻，住声闻法性，或未证入正性离生，或已证入正性离生，不观他利益事，唯观自利益事，由安立谛作意门，内观真如，缘有量有分别法为境，为尽贪爱，由厌离欲解脱行相，修习作意，是名声闻乘相应作意修。

云何大乘相应作意修？谓如有一是菩萨，住菩萨法性，或未证入正性离生，或已证入正性离生，观自观他诸利益事，由安立、非安立谛作意门内观真如，缘无量无分别法为境，大悲增上力故，为尽自他所有贪爱，由摄受有情诸利益事方便行相，及由趣向无上足迹因缘行相，修习作意，是名大乘相应作意修。

云何影像修？谓或于有分别毗钵舍那品三摩地所行影像所知事同分作意思惟故，或于无分别奢摩他品三摩地所行影像所知事同分作意思惟故，诸所有修，名影像修。

云何事边际修？谓于过去、未来、现在、内外、麤细、下劣、胜妙、近远等法作意思惟，或于真如作意思惟。如是或尽所有性故，或如所有性故，诸所有修，名事边际修。

云何所作成办修？谓已证入根本静虑，或诸等至，或世间定，或出世定，诸所有修，名所作成办修。

云何得修？谓如有一，依初静虑，或修无常想，乃至或修死想，彼所有余不现前想，或自地摄，或下地摄，及彼所引诸余功德，或是世间，或出世间，皆能修彼，令其增盛清净乐生[①]，于彼获得自在成就，是名得修。

云何习修？谓如有一，即于彼彼无常等诸善想作意思惟，或于善法由习修故，皆现修习，是名修习。

云何除去修？谓如有一，由三摩地所行影像诸相作意故，如楔出楔[②]，方便除遣，弃于自性诸相。又如有一，用彼细楔遣于麤楔，如是行者以轻安身除麤重身，余如前说，是名除去修。

云何对治修？谓于厌患对治，或断对治，或持对治，或远分对治作意思惟，诸所有修名对治修。

此中，厌患对治者，谓一切世间善道，除诸无量及余行者游戏神通所引作意。断对治者，谓缘真如为境作意。持对治者，谓此后得世出世道，若解脱道。远分对治者，谓烦恼断已，于对治道更多修习，或多修习上地之道。

复有差别，谓闻、思、修道，名厌患对治；出世间道，名断对治；此果转依，名持对治；世间修道，名远分对治。

云何少分修？谓于无常想等随一善法作意思惟，诸所有修，名少分修。

云何遍行修？谓于诸法一味真如作意思惟，诸所有修，名遍行修。

云何动转修？谓于无相修方便修时，时时有相间隔而修，名动转修。

① 令其增盛清净乐生，底本与《永乐南藏》《径山藏》相同；《房山石经》《资福藏》《碛砂藏》《赵城金藏》《普宁藏》《高丽藏》“乐”作“当”。

② 如楔出楔，底本与《房山石经》《资福藏》《碛砂藏》《普宁藏》《永乐南藏》《径山藏》《高丽藏》相同；《赵城金藏》“楔”作“揳”，下同。

云何有加行修？谓即于彼方便修时，由有加行相间隔而修，名有加行修。

云何成办修？谓或声闻乘，或独觉乘，或复大乘，已得一切所有转依，及得一切诸法自在，此所有修名成办修。

云何非修所成法修？谓不定地诸施、戒等所有善法修，名非修所成法修。

云何修所成法修？谓定地诸善法修，名修所成法修。

于此地中，余决择文更不复现。

摄决择分中声闻地之一

如是已说修所成慧地决择。“声闻地”决择，我今当说。

如《本地分》说：“住无种性补特伽罗，是名毕竟无般涅槃法。”此中，或有心生疑惑：云何而有毕竟无般涅槃法耶？应诲彼言：汝何所欲，诸有情类种种界性、无量界性、下劣界性、胜妙界性，为有耶？为无耶？若言有者，无有毕竟无般涅槃法补特伽罗，不应道理。若言无者，经言诸有情类有种种界性乃至胜妙界性，不应道理。

如是诲已，复有难言：如有情类虽有种种界性，乃至胜妙界性，而无有无根有情，如是无般涅槃法何故不尔？或应许有无根有情。应诘彼言：汝何所欲？诸无根者为是有情，为非有情？若是有情，外无根物应是有情，然不应道理。若非有情，而言何不许有无根有情者，不应道理。

如是诘已，复有难言：如作刹帝利已，或时复作婆罗门、吠舍、戍陀罗；如是乃至作戍陀罗已，或时乃至作刹帝利，又作那落迦已，或时乃至作天；乃至作天已，或时乃至复作那落迦。如是何故不作无般涅槃法已，或时复作有般涅槃法耶？应诘彼言：汝何所欲？诸刹帝利乃至戍陀罗，及那落迦乃至诸天，为有一切界耶？为独有一界耶？若有一切界者，喻不相似，不应道理。若独有一界者，先是刹帝利，或于一时乃至作戍陀罗，先是那落迦，或于一时乃至为天，不应道理。

如是诘已，复有难言：如刹帝利等具一切界，如是无般涅槃法，何故不有般涅槃法界耶？应诘彼言：汝何所欲？诸无般涅槃法界，诸有般涅槃法界，此二界为互相违耶？为不相违耶？若互相违，而言无般涅槃法，何故不有般涅槃法界者，不应道理。若不相违，即此补特伽罗是无般涅槃法，亦是有般涅槃法者，不应道理。

如是诘已，复有难言：如现见有一地方所，于一时间无金种性，或于一时有金种性，于一时间无有末尼、真珠、瑠璃等种性，或于一时有彼种性；于一时间无盐种性，或于一时有彼种性；于一时间无种种界种种性[①]，或于一时有彼种性。如是先是无般涅槃法种性，何故不于一时或有般涅槃法种性耶[②]？

应诘彼言：汝何所欲？如彼地方所，先无此种性，后有此种性，或先有此种性，后无此种性。如是先有声闻定种性，后无是种性，乃至先有大乘定种性，后无是种性，或先无定种性，后有定种性耶？若言尔者，顺解脱分善根应空无果。又若尔者，立定种性不应道理。若不尔者，汝言无般涅槃法者先住无种性已，后住有种性，如有地方所，有般涅槃法者，先住有种性已，后住无种性，如地方所者，不应道理。

又应责彼：汝何所欲？无般涅槃法下劣界者，安住如是下劣界中，为即于此生转成般涅槃法，为于后生耶？若言即于此生者，汝意云何？彼遇

① 于一时间无种种界种种性，底本与《资福藏》《碛砂藏》《普宁藏》《永乐南藏》《径山藏》相同；《房山石经》《赵城金藏》《高丽藏》“界种”作“相界”。

② 何故不于一时或有般涅槃法种性耶，底本与《资福藏》《碛砂藏》《普宁藏》《永乐南藏》《径山藏》相同；《房山石经》《赵城金藏》《高丽藏》“或”作“成”。

佛法僧已，于现法中为能起顺解脱分善根耶？为不能耶？若言能者，彼遇佛法僧已，于现法中能起顺解脱分善根，而言无般涅槃法者，不应道理。若言不能者，彼遇佛法僧已，于现法中不能起顺解脱分善根，而言转成般涅槃法者，不应道理。若言后生方成般涅槃法者，汝意云何？彼为先积集善根故，于后生中遇佛法僧，能起顺解脱分善根耶？为先不积集善根耶？若言先积集善根者，彼即于此生中遇佛法僧，能起善根，而言于后生中方成般涅槃法者，不应道理。又如彼因，应空无果。若言先不积集善根者，是则前后相似俱未积集善根，而言于后生中方成般涅槃法，非即此生中者，不应道理。

复次，略有十种声闻，何等为十？谓清净界声闻、已遇缘声闻、杂染界生声闻、清净界生声闻、末法时生声闻、贤善时生声闻、未得眼声闻、已得眼声闻、清净眼声闻、极清净眼声闻。若有安住声闻种性，是初声闻。已入法者，是名第二。若有声闻所生世界，其中多有众苦可得，容有五浊，所谓寿浊乃至有情浊，是谓杂染界生声闻[①]。与此相违，当知即是清净界生声闻。

末法时生诸声闻相，云何可知？谓诸声闻于当来世法末时生，多分爱重利养恭敬，违背妙法，诸贪恚痴及不正法并皆增盛。为悭嫉等诸随烦恼缠扰其心，处悭、家悭、利悭、敬悭、誉悭、法悭无不具足，谄诳矫诈恒现在前，广说乃至为活命故，而求出家，非为涅槃。多诸掉动，高举轻躁，强口傲诞，懈怠失念，心不静定，多诸迷乱，根性闇劣，多诸烦恼，烦恼现行无有间断。忧苦虽多，不生厌患，乐多众会，弃阿练若边际卧具来入众中，习近村侧所有卧具便生喜乐，如是乃至喜乐谈谑，喜乐喧众，喜乐猥杂，自举纵逸，不能善修身、戒、心、慧。

① 是谓杂染界生声闻，底本与《碛砂藏》《永乐南藏》《径山藏》相同；《房山石经》《资福藏》《赵城金藏》《普宁藏》《高丽藏》“谓”作“名”。

于佛世尊所说甚深与空相应、随顺缘性缘起缘生所有经典，并皆弃舍，于世聪慧所造讽诵绮饰言辞、绚藻文章、随顺世典，恭敬受持，深生欢喜。于似正法、非正法中妄生法想，于正法中起非法想。又即于彼爱乐显现，宣说开示，诽谤正法及毗奈耶。于说正法及毗奈耶补特伽罗生怨家想。多犯尸罗习诸恶法，内实腐败，外现贤善，广说乃至实非梵行自称梵行。无余、有余二篇重罪，造起故思现行毁犯[①]，何况中轻？既毁犯已，多不如法发露对治，或为他知而行发露，非实意乐。故欲结好诸亲友家及施食家，于诸在家所为所作能引无义多事业中，好喜营造。

于诸在家白衣者所，多起亲爱尊重恭敬愍念之心，非于同法修梵行所多喜安住。诈现相等，起邪命法，展转互起谋略之心，好为种种斗讼违诤。多乐蓄积家产资具，假存法式，以之为胜。凡所度人出家受戒，一切皆以有染汙心为充供事，然作是言：“我今但为怜愍因缘，度其出家受具足戒。”所畜共住、近住弟子，恒当供侍随心转者[②]，彼虽慢缓，而深爱念悦意摄受；余不尔者，虽不慢缓，亦不爱念悦意摄受。若见苾刍多诸亲属，广招利养衣服等物，则便尊重恭敬供养；若见苾刍阙乏亲属，虽少欲等功德具足，仍生轻懱，而不采录。食用僧祇及别人物都无悔愧，好摄犯戒，乐结朋党，悔情微劣，或复太过。凡所听受，皆为声誉赞诵因缘，或复多为利养恭敬，都不自为调伏身心。如是等类诸杂染法皆悉成就。

法末时者，所谓大师般涅槃后，圣教没时。尔时如是声闻弟子，身坏命终，多堕恶趣，生那落迦。

若有成就与此相违不染汙法，当知是名贤善时生声闻。彼于如来初

① 造起故思现行毁犯，底本与《碛砂藏》《普宁藏》《永乐南藏》《径山藏》相同；《房山石经》《资福藏》《赵城金藏》《高丽藏》“造”作“尚”。

② 恒当供侍随心转者，底本与《碛砂藏》《普宁藏》《永乐南藏》《径山藏》相同；《房山石经》《资福藏》《赵城金藏》《高丽藏》“当”作“常”。

出世时，悉由未生时[①]，大师现前时，或有一类般涅槃后[②]，如是多分身坏命终，还得善趣，往生天上乐世界中。若诸异生声闻，名未得眼。预流、一来及不还等，名已得眼。慧解脱阿罗汉，名清净眼。若具三明俱分解脱，名极清净眼。

复次，或有声闻，虽如所应，勇猛精进，于现法中而不能证胜过人法。或有声闻，于现法中有力能得胜过人法沙门果证，由放逸故，而不能证。

复次，当释《月喻经》中具戒、具德、柔和、善法诸句差别。谓声闻中略有四种净妙之法，令诸有情若得见者，由身语意生无量福。何等为四？谓住具足尸罗，守别解脱律仪广说如经，是名初法；复有少欲喜足，广说乃至诸漏永尽，作证赞美，是第二法；复有柔和易可共住，不恼有智同梵行者，令诸苾刍喜乐同处，又具成就四种证净，是第三法；又有不躭利养，不著恭敬，怜愍于他，覆藏己善，发露己恶，虽复实有种种功德，而不欲求令他知有，谓欲令他知我成就如是功德，是第四法。

复次，若有声闻欲往他家，应先断除三随烦恼，然后当往。何等为三？一、结亲友家随烦恼；二、家悭随烦恼；三、以有染心而行法施随烦恼。

此中，声闻由六种相，应断结亲友家随烦恼已，乃往他家，谓时时往，不应数往；于可爱事，若不如理执取其相，暂生贪爱，即便羞耻；不以凶暴、强口、傲诞邪行，追求衣服等物；善自守护，善覆其身，不以身触所不应触，亦不坐于所不应坐，终不食于所不应食，亦终不饮所不应饮，又不应受所不应受；又以随顺远离心、趣向远离心、邻亚远离心寻思诸善；犹如山岳难往趣处，非净信家能令净信，如旧所履清净泉池，诸净信家倍

---

① 悉由未生时，底本与《碛砂藏》《普宁藏》《永乐南藏》《径山藏》相同；《房山石经》《资福藏》《赵城金藏》《高丽藏》“悉由”作“瘜肉”。

② 或有一类般涅槃后，底本与《资福藏》《碛砂藏》《赵城金藏》《普宁藏》《永乐南藏》《径山藏》《高丽藏》相同；《房山石经》“有”作“于”。

令增长。

又由六相，应断家悭随烦恼已[1]，乃往他家。谓往他家，于有情事不染不著；如有情事，于利养事，于恭敬事当知亦尔；又于无利不生忧苦；如于无利，于不恭敬，当知亦尔；又于自他诸利养中其心平等，于己所得利养恭敬不自赞美，于他所得利养恭敬终不毁呰。

又由六相，应断有染心而行法施随烦恼已，乃往他家。谓不希望他于己净信。又于出离法如实了知。又于他所应起三种纯善意乐。何等为三？谓引发乐故除遣苦故，恭敬听受法随法行，得胜利故。为生等苦所苦恼者，令脱苦故。若已解脱者[2]，即于诸法妙善法性为缘，素怛缆、毗奈耶、摩怛理迦所摄俗正法中，为令受持读诵，正法久住，是故宣说。

当知，初随烦恼断故，无猥杂住以为究竟；第二随烦恼断故，正受用财以为究竟；第三随烦恼断故，正受用以为究竟[3]。

复次，当释《伐地迦经》[4]。若有声闻欲于染净方便善巧，略于三处应遍了知，谓于杂染、清净所依中，由杂染、清净所依故，于杂染中，由杂染故；于清净中，由清净故。

云何杂染清净所依？谓即此身有色麤重，广说如经。此是愚夫无有智慧趣无明者杂染所依，亦是聪明有大智慧趣于明者清净所依。

云何杂染？谓诸愚夫为欲造作净不净业，先寻思已，后以身语造作所有净不净业。由此因缘，于五趣生死中，感爱非爱有恼无恼自体令生。

---

① 应断家悭随烦恼已，底本与《资福藏》《碛砂藏》《普宁藏》《永乐南藏》《径山藏》《高丽藏》相同；《房山石经》《赵城金藏》“随”作“堕”。

② 若已解脱者，底本与《房山石经》《资福藏》《碛砂藏》《普宁藏》《永乐南藏》《径山藏》《高丽藏》相同；《赵城金藏》无“已”字。

③ 正受用以为究竟，底本与《资福藏》《碛砂藏》《普宁藏》《永乐南藏》《径山藏》相同；《房山石经》《赵城金藏》《高丽藏》“用”作“用法”。

④ 当释《伐地迦经》，底本与《房山石经》《资福藏》《碛砂藏》《普宁藏》《永乐南藏》《径山藏》相同；《赵城金藏》《高丽藏》“地”作“他”。

云何清净？谓二种学清净品中最为殊胜：第一学者，谓真如智以为依止能有所作；第二学者，谓为烦恼皆得离系。

复次，即此清净，略由五因之所显示。何等为五？一、正说者；二、正行者；三、正行；四、增上心学所治随烦恼断；五、增上慧学所治随烦恼断。此中，如来是正说者。根熟声闻是正行者，亦名聪慧者。谛智所摄名为正行，据能断烦恼义，是无上对治故。略有五法，名增上心学所治堕烦恼：一、居远离者，所有诸盖；二、于教授教诫不堪忍者，所有忿恼；三、于利养恭敬深贪著者，所有悭嫉；四、于先所用所受境界，发起邪念；五、顺舍所学，分别贪爱。略有三法，名增上慧所治随烦恼：初，于世俗理门不了法义者，所有无明；次，已了法义诸异生者，于诸谛中所有犹豫疑惑未断；后，已见谛迹诸有学者，修道所摄慧所对治所有我慢。由于如是诸随烦恼永断灭故，当知证得最善清净增上心学增上慧学阿罗汉果，此阿罗汉当知是名最极清净。

复次，于此杂染清净所依诸声闻众，略由三相应遍了知：一、由自性故；二、由因缘故；三、由过患故。

由自性者，谓此人身所有自性，由二种相之所显示[①]：由有色故，显余一切身之共相；由麤重故，显其各别身之自相；由不清净故，显与天身不同分相。

由因缘者，略有三种，谓一切身共相因缘，即四大种各别自相。人身因缘，复有二种：一者，未生令生因缘，所谓父母不净和合；二者，已生令住因缘，谓糜饭等之所长养。

由过患者，复有二种，谓无常性及与苦性。

若于寒时，为治寒苦，追求覆障以为对治；若于热时，为治热苦，追求

① 谓此人身所有自性由二种相之所显示，底本与《资福藏》《碛砂藏》《普宁藏》《永乐南藏》《径山藏》相同；《房山石经》《赵城金藏》《高丽藏》“二”作“三”。

沐浴以为对治；涉路作业有劬劳者，为治劳苦，求按摩等以为对治。当知此类，名为苦性。

手、块、杖等之所触对，破坏法故；刀所触对[①]，断坏法故；若终没已，埋于地故，或火烧故，或为种种傍生诸虫所食啖故[②]，或即于彼为诸风日所暴燥故，皆是散坏磨灭法性。当知此类，是无常性。昔会今乖，名为离散[③]，散已变坏，最后都尽，名为磨灭。

复次，因思所缘，如说："名映于一切，无有过名者。由此名一法，皆随自在行。"此言有何义？谓若略说，观清净因故，观自相故，观杂染因故，及为显示补特伽罗无我及法无我故。若遍了知补特伽罗无我四无色蕴，能断一切自境界相，名映一切。若遍了知法无我遍计所执自性世俗言名，能除一切彼所依相，名映一切。若过四无色蕴，诸我相事定不可得。若过世俗言名，遍计所执自性相事亦不可得。若于二种俱不了知，则便发起一切境相杂染随转，一切境相所有杂染，无不因此增上力故。

依此密意薄伽梵说：

执法自性故，执我性而转，

觉此故觉彼，由觉故还灭。

复次，有四圣谛，世尊为诸声闻说是净烦恼所缘境界，谓苦谛等，如前已说。

问：若真实无颠倒相是谛相者，诸外道见，诸邪胜解，诸邪论等，非真非实，并是颠倒，云何谛摄？若不摄者，彼应不感当来后有，应非苦因。

---

① 刀所触对，底本与《房山石经》《赵城金藏》《永乐南藏》《径山藏》《高丽藏》相同；《资福藏》《碛砂藏》《普宁藏》"刀"作"力"。

② 或为种种傍生诸虫所食啖故，底本与《房山石经》《资福藏》《碛砂藏》《普宁藏》《永乐南藏》《径山藏》《高丽藏》相同；《赵城金藏》"啖"作"噉"。

③ 名为离散，底本与《资福藏》《碛砂藏》《赵城金藏》《普宁藏》《永乐南藏》《径山藏》《高丽藏》相同；《房山石经》"离"作"杂"。

答：虽非真实，亦是颠倒，然说苦、集二谛所摄。

所以者何，彼虽皆是邪性所摄，然即此邪性相是真是实，皆不颠倒，是苦性故，是苦因故。

复次，由二相故显无常义：一、依大乘道理相；二、依声闻乘道理相。谓非有义及其相灭坏义。由二种相显示苦义，谓非有执习气麤重义，及三受所随生等八种苦相转义。由二种相显示空义，谓补特伽罗自性远离相义，及诸法自性远离相义。由二种相显无我义，谓大乘道理及声闻乘道理。补特伽罗自性无我相义，诸法自性无我相①。

复有二教，谓无常教、无始教。又有二种通达，谓有为界通达、无为界通达。

复次，由五因缘，若无常即苦：一、由摄受，谓无常诸行皆为麤重所摄受故；二、由法性，谓是生等苦法性故；三、由随逐，谓彼三苦常随逐故；四、由因，谓是增长行因故；五、由执著，谓是颠倒所缘事故。

复次，由五因缘，若苦即无我：一、离苦诸行，我不可得故；二、彼苦诸行，依众缘故；三、无作用故；四、有刹那生，常随转故；五、展转相依故。

问：若苦谛摄，皆不可爱、不可乐，是苦、是损恼、是违害耶？设不可爱、不可乐，是苦、是损恼、是违害皆苦谛摄耶？

答：若不可爱、不可乐，是苦、是损恼、是违害，当知皆是苦谛所摄。或有是苦谛摄，非不可爱，乃至广说，谓除苦苦所摄诸行，所余坏苦、行苦所摄诸行。

问：如佛世尊以八种相分别苦谛，所谓生苦、老苦，广说乃至总略五取蕴苦。此中，几相显苦苦性？几相显坏苦性？几相显行苦性？

---

① 诸法自性无我相，底本与《碛砂藏》《普宁藏》《永乐南藏》《径山藏》相同；《房山石经》《资福藏》《赵城金藏》《高丽藏》“相”作“相义”。

答：前五显苦苦性。中二显坏苦性：爱别离苦，已得所爱变坏故；求不得苦，未得所爱变坏故。后一总略五取蕴苦，显行苦性。

问：若无常是苦耶？设苦是无常耶？

答：诸苦皆无常，有无常非苦，谓道谛。所以者何？道非苦受等所摄，故非苦苦。道非变坏，何有变时当生坏苦？道能解脱一切杂染品麤重故，能违一切生相续故，是故亦非行苦所摄。

问：若无常、苦皆空、无我耶？设空、无我皆无常、苦耶？

答：诸无常、苦皆空、无我，有空、无我非无常、苦，谓于此中，苦、集谛具四种，道谛有三，灭谛有二，非无常、非苦。

问：若无常、苦者，皆无常故是苦耶？

答：或无常故，或自性故，谓所有行，坏苦故苦，彼无常故是苦；若苦苦故苦，行苦故苦，彼自性故是苦，损恼性故，苦所揉故。

问：若复是苦谛[1]，亦集谛耶？设是集谛[2]，亦苦谛耶？

答：诸是集谛者，皆是苦谛；或是苦谛，而非集谛。谓一切阿罗汉清净相续中，所有若善、若无记一切世间法，一切异生身中所有果异熟摄无记诸法，一切现在士用所生若苦、若乐、若不苦不乐俱行无记诸行，当知唯是苦谛所摄。

问：若厌患后有，能背后有，引出世道世间诸法，彼何因缘集谛所摄？

答：虽彼自性厌背后有，然能随顺后有身语意妙行，是故亦是集谛所摄。

问：若一切后有业、烦恼，由相故皆是集谛摄，何缘世尊唯施设爱？

---

① 若复是苦谛，底本与《资福藏》《碛砂藏》《赵城金藏》《普宁藏》《永乐南藏》《径山藏》相同；《房山石经》《高丽藏》无“复”字。

② 设是集谛，底本与《房山石经》《资福藏》《碛砂藏》《普宁藏》《永乐南藏》《径山藏》《高丽藏》相同；《赵城金藏》“设”作“若”。

答：此爱能起取故，能发业故，遍诸事故，此爱生时，普能发起十五种无义利故。遍诸事者，谓如此爱名顺后有爱，若喜贪俱行爱，若彼彼喜乐爱，名遍诸事，当知亦尔。顺后有爱复有二种：一、缘后有境；二、是后有因。喜贪俱行爱者，谓于已得可意境界，或于正受用中所有不相离久住爱。彼彼喜乐爱者，谓于未得所求境界[①]，或为和合，或为不离，或为增益谓所有爱[②]。

问：若是爱者[③]，亦是顺后有、喜贪俱行、彼彼喜乐耶？

答：应作四句：或有是爱，非顺后有，非喜贪俱行，非彼彼喜乐，谓于上解脱悕求欲证；或有顺后有、喜贪俱行、彼彼喜乐，而非是爱，谓与顺后有、喜贪俱行、彼彼喜乐爱及余烦恼相应所有受、想、思无明等[④]；即此三爱，是第三句；除上尔所相，是第四句。

问：若顺后有爱，是喜贪俱行爱耶？设喜贪俱行爱，亦顺后有爱耶？

答：诸喜贪俱行爱亦是顺后有爱，或有顺后有爱非喜贪俱行爱，谓染汙忧俱行爱[⑤]，或别离爱，或不和合爱。

问：若顺后有爱，亦是彼彼喜乐爱耶？设彼彼喜乐爱，亦顺后有爱耶？

答：若彼彼喜乐爱亦是顺后有爱。或有顺后有爱非彼彼喜乐爱，谓缘

---

① 谓于未得所求境界，底本与《资福藏》《碛砂藏》《赵城金藏》《普宁藏》《永乐南藏》《径山藏》《高丽藏》相同；《房山石经》“谓”作“诸”。

② 或为增益谓所有爱，底本与《碛砂藏》《普宁藏》《永乐南藏》《径山藏》相同；《房山石经》《资福藏》《赵城金藏》《高丽藏》“谓”作“诸”。

③ 若是爱者，底本与《资福藏》《碛砂藏》《普宁藏》《永乐南藏》《径山藏》《高丽藏》相同；《房山石经》《赵城金藏》“是”作“复是”。

④ 谓与顺后有喜贪俱行彼彼喜乐爱及余烦恼相应所有受、想、无明等，底本与《资福藏》《碛砂藏》《普宁藏》《永乐南藏》《径山藏》《高丽藏》相同；《房山石经》《赵城金藏》“受”作“爱”。

⑤ 谓染汙忧俱行爱，底本与《房山石经》《资福藏》《碛砂藏》《普宁藏》《永乐南藏》《径山藏》《高丽藏》相同；《赵城金藏》“忧”作“爱”。

后有境爱，又喜贪俱行爱[1]。

问：若喜贪俱行爱，是彼彼喜乐爱耶？设彼彼喜乐爱，亦喜贪俱行爱耶？

答：应作四句：谓于已得可爱境界，或于正受用中所有爱，是初句；即于可爱，未来当得，未决定中所有爱，是第二句；即于此当得决定中所有爱，是第三句；除上尔所相，是第四句。

问：若成就欲界系受，亦成就色界系受耶？设成就色界系受，亦成就欲界系受耶？

答：应作四句：或成就欲界系，非色界系，谓生欲界，未得色界彼对治；或成就色界系，非欲界系，谓生色界；或成就欲界系，亦色界系，谓生欲界，已得色界彼对治；或俱不成就，谓生无色界。又生欲界、色界、无色界中，所作已办，住出世道及灭尽定。如欲界系望色界系作四句，如是欲界系望无色界系，欲界系望不系，色界系望无色界系，色界系望不系，无色界系望不系，如其所应皆作四句。

问：诸妙欲亦是过患过失相应欲耶？设是过患过失相应欲，是妙欲耶？

答：应作四句：或有妙欲非过患过失相应欲，谓若色、声、香、味、触，能不染汙现行，若于彼不作功力，无罪安乐住，能摄受梵行；或有过患过失相应欲非妙欲，谓若色、声、香、味、触，一向不可爱、不可乐、不可欣、不能悦意，及烦恼欲；或有妙欲亦是过患过失相应欲，谓若色、声、香、味、触，不能不染汙现行，一向可爱乃至悦意；或有非妙欲亦非过患过失相应欲，谓一切色、无色界系烦恼及事。世尊依此妙欲及过患过失相应欲故，说如是言：妄分别贪是士夫欲。

复次，此爱略有二种：初是有爱，后是受用爱。此复二种，谓于已得、未得所受用处差别故。又即此爱界差别故，复有三种，谓欲爱、色爱、无色

---

① 又喜贪俱行爱，底本与《资福藏》《碛砂藏》《普宁藏》《永乐南藏》《径山藏》相同；《房山石经》《赵城金藏》《高丽藏》“又”作“及”。

爱。若生欲界，悕求欲界后有者，喜于已得所受用事，欣于未得所受用事，诸所有爱是名欲爱。若生欲界，或生色界，已离欲界欲，悕求色界后有者，喜于已得色界等至，欣于未得胜上等至，诸所有爱，是名色爱。如色爱，如是无色爱，随其所，应当知亦尔。即此后有爱，常见断见为依止故，建立有爱及无有爱。是故此爱名遍诸事。

云何此爱生时，普能发起十五无义？一、令随眠坚固；二、由缠故，染恼一切心、心所[①]；三、令心相续，于所缘境颠倒而转；四、发起取所摄所余烦恼；五、能安立自类相续；六、能随顺生起未生恶不善法；七、能随顺已生恶不善法，令其增广；八、能障碍未生善法，令不得生；九、能障碍已生善法，令不得住、不忘、倍增长、益广大；十、令行恶行故，结集一切诸恶趣苦；十一、悕求后有故，结集生老病死等苦；十二、能令有情怖畏涅槃；十三、能令有情爱乐生死，邪执所有功德胜利；十四、如于生死，于境界亦尔；十五、能令有情，思为自害，思为害他，广说如经，乃至受爱所生心诸忧苦。

① 染恼一切心心所，底本与《资福藏》《碛砂藏》《普宁藏》《永乐南藏》《径山藏》相同；“所”，《房山石经》《高丽藏》作“所法”，《赵城金藏》作“法”。

瑜伽师地论卷第六十八

摄决择分中声闻地之二

问：诸行寂灭是灭谛耶？设是灭谛，诸行寂灭耶？

答：若是灭谛，亦诸行寂灭。或诸行寂灭，然非灭谛，谓由无常灭故，非择灭故，诸行寂灭。

问：何等法灭，故名灭谛耶？

答：略有二种：一、烦恼灭故；二、依灭故。烦恼灭故，得有余依灭谛；依灭故，得无余依灭谛。

问：若此灭谛，先无后有，云何是常？若常时有，何不一切有情于一切时般涅槃耶？

答：不流转相、不现行相是灭谛相，此谛云何先无后有？又无生相、无灭相是常相，灭谛亦尔，是故名常。若有证得一切麤重永息灭者，彼般涅槃；若未证得者，彼不般涅槃。有灭谛故，诸有情类有证得者，是故涅槃是证所显，非生所显。

复次，若有远离四种过失说灭谛者，是名正说。何等名为四种过失？一、增益过失；二、自相邪分别过失；三、相杂乱过失；四、损减过失。若言诸行、尽灭有异者，是增益过失；言无异者，是自相邪分别过失[①]；言亦有异亦无异者，是相杂乱过失；言非有异非无异者，是损减过失。

问：若唯一切出世间五非取蕴皆道谛摄，何因缘故，唯说正见为先八圣支道而为道谛？

① 是自相邪分别过失，底本与《房山石经》《资福藏》《赵城金藏》《径山藏》《高丽藏》相同；《碛砂藏》《普宁藏》《永乐南藏》“邪”作“耶”。

答：依三学故，作如是说。由有学者于时时间依增上戒学而起修学，于时时间依增上心学而起修学，于时时间依增上慧学而起修学。又此八圣支道，三蕴所摄，是故唯此说名道谛。

问：何因缘故，正语、正业、正命说为戒蕴？

答：二因缘故：一、依正受用法故；二、依正受用财故。谓正语、正业，戒为根本，戒为所依，方能受用一切正法，是故说名依受用法。由正命故，不依矫诈等，起邪命法，求衣服等，此为根本，此为依处，正受用财，是故说名依受用财。又于是处，世尊说为增上清净意现行性。此中，依止贪等，起犯戒思；依止矫诈等，起邪追求衣服等思。若离此事，应知是名增上清净意现行性。

问：何因缘故，正见、正思惟、正精进说为慧蕴？

答：由此慧蕴略有三种作业，因此三法，方得究竟，谓通达诸法真义，是初业；通达诸法真义已，即于真义为他宣说，施设建立，分别开示，令其易了，是第二业；为断余结，法随法行，是第三业。如是三业，由正见、正思惟、正精进故，如其次第，而得究竟。

问：何因缘故，正念、正定说为定蕴？

答：二因缘故：一、由自性故；二、由所依故。由自性者，谓三摩地。由所依者，四因缘故，念于此定能作所依：一、系所缘故，谓于四念住，系摄其心；二、随顺定故，谓由此念，于守护根门正知而住，顺欢喜处随念作意中能随顺定；三、能断盖故，谓于各别不净观等，诸盖对治作意中能断诸盖；四、极多修习相作意故，谓远离者，于止、举、舍相、无间、殷重加行中能多修习。是故此念为定所依。

复次，正见差别，略有十一，谓如病见、如痈见，乃至无我见、结见、离系见、能离结见。于四种行，如其次第，有四种见，谓于诸烦恼缠俱行行中，于烦恼随眠俱行行中，于爱味俱行行中，于过患俱行行中，次第观为如病、如痈、如箭、如障。若于诸行观为生灭，名无常见。观为三苦之所随逐，名为苦见。观彼远离余我、我所，名为空见。观彼诸行体性非我及我所相，名无我见。如是八种，是缘苦谛正见。若于集谛，观为因、集、生、缘，名为结见。由彼集谛，于苦谛中起杂染结故。若于灭谛观灭、静、妙、离，名离系见。由彼灭谛，一切烦恼及依离系所显故。若于道谛观道、如、行、出，名能离结见。由彼道谛，究竟能离结缚所显故。

问：若先起无常、苦、空、无我见，后方起如病、如痈、如箭、如障见，何缘此中先说如病等见？

答：此中依已得道补特伽罗，说彼为先。何以故？已得圣道诸有学者，由增上意乐，于诸取蕴，观为如病，乃至如障；如是观已，为断余结，复起上位清净无常见乃至无我见。当知此中，略有二种无常等见：一、是如病等见所依不清净见，以此为先，此为引导，为欲获得所未得故；二、是如病等见能依清净见，已得如病等见复令增长，及为得心善解脱故。

如是十一正见中，空行、无我行见名为空行，余行见名无愿行，一行见名无相行，谓于灭谛离系行见。

复次，于修道中，一切出世间道缘四谛为境，当知皆能对治三界一切烦恼。何以故？由诸有学已见迹者，先由法智、类智，于现不现一切行中起现观已，后于修道摄一切行，总为一团、一分、一聚，以无常等行次第观察，而不分别此是欲行，此是色行，此无色行，此是现见，此非现见。是故当知于修道中，诸出世道所摄圣道能总对治下地、上地一切烦恼。

复次，彼诸圣者于修道中，由出世道而升进时[1]，多分以无相行数数作意，思惟无相。何以故？由此作意最能引发现法乐住，断烦恼故。

复次，五神通、无诤、愿智、无碍解等，及诸如来力、无畏等，所有一

① 由出世道而升进时，底本与《资福藏》《碛砂藏》《普宁藏》《永乐南藏》《径山藏》相同；《房山石经》《赵城金藏》《高丽藏》“升”作“胜”。

切不共佛法皆是道后所得，其性清净道所建立。由此因缘，皆道谛摄。

问：一切四谛皆应遍知，何缘但说苦谛是应遍知？

答：由于苦谛以二种相应遍知故，所谓自相及与共相，于所余谛但知自相，谓以因等行知集谛自相，以灭等行知灭谛自相，以道等行知道谛自相。是故唯说苦谛是应遍知。

问：苦谛亦应永断，何缘唯说集谛是应永断？

答：由集谛永断能显苦谛永断，是故唯说集谛是应永断。

复次，于诸谛中，略有二种现观：一、智现观；二、断现观。智现观者，谓随次第，于诸谛中，别相智生。断现观者，谓随次第，无倒智生为依止故，证得所有烦恼断灭。

复次，略有五种发起正精进因缘：一、宣说正法；二、修行共住；三、察懈怠过失，见精进功德；四、由思择力相续成熟；五、知所证得前后差别①。

复次，略有二种于断作证：一、于种子伏断作证；二、于种子永断作证。当知离系亦有二种：一、于诸烦恼品别离系；二、于烦恼事相属离系。

问：如世尊言："汝等苾刍勿行谄诳。"此中，如来观见谄曲几种过患，诫诸苾刍不令行谄？

答：观谄曲者有十二过患故：一、谄曲因缘不能证得真实智慧；二、退失名誉；三、退失他信；四、退失功德增长；五、退失于智者边听闻正法，教诫教授；六、诸恶增长；七、令心相续远离诸善；八、由谄不平损害其心，常怀苦恼不安隐住；九、虑后苦法；十、非圣法器；十一、临终追悔；十二、身坏已后，堕诸恶趣，生那落迦。

复次，欲界中谄，有八种行及七种事。

① 知所证得前后差别，底本与《资福藏》《碛砂藏》《赵城金藏》《普宁藏》《永乐南藏》《径山藏》《高丽藏》相同；《房山石经》"知"作"智"。

云何八行？一、迷惑谄行；二、覆藏谄行；三、显示谄行；四、结构谄行；五、恭顺谄行；六、谋计谄行；七、推注谄行；八、现悲谄行。

云何七事？一、言说事；二、诘问事；三、违诤事；四、现亲友事；五、现委信事；六、所作假托事；七、艰辛事。

由初事故，其谄曲者与诸世间随起言说①，于非义中示现为义，以相迷惑，或于义中示现非义。如于义、非义，于有、非有当知亦尔。又于现行谄曲所起诸恶行中②，若他诘问，谄者则便覆藏实罪，显不实德。又诤论者，将欲推其功德、过失，尔时谄者则便结构诸恶朋党。又谄曲者见诤论人有力暴恶，心生怖惧，即以卑下身、语二业随顺恭敬，现亲友相。又谄曲者，若见奭直可规其利，内与不可委信者等，而外现已极可委信。谓行住中虚诈积集清善之相。又谄曲者于诸亲善得意友朋未来广大所作事中先许为伴③，后所作事现在前时，矫现种种方便推注。谓为遮防自劬劳故。又谄曲者随遭一种苦恼事已，于彼怨对所遭苦事，实无如是重忧重苦，然自显示有重忧苦。谓深叹恨愁忧苦恼，乃至闷绝。

复次，麤语声闻尚不应得于诸谛中教诫教授，况当能得真谛现观，或复清净。

又有九种麤语声闻麤语之相，若有成就如是相者，当知此名不可与语麤语声闻。何等为九？谓能举罪补特伽罗正诘问时，以不美言假合而答，或不相应，或不圆满，或托余事方便而答，是名初相；又以谬言假设余

---

① 其谄曲者与诸世间随起言说，底本与《房山石经》《资福藏》《碛砂藏》《普宁藏》《永乐南藏》《径山藏》《高丽藏》相同；《赵城金藏》“者”作“其”。

② 又于现行谄曲所起诸恶行中，底本与《房山石经》《资福藏》《赵城金藏》《径山藏》《高丽藏》相同；《碛砂藏》《普宁藏》《永乐南藏》“又”作“入”。

③ 又谄曲者于诸亲善得意友朋未来广大所作事中先许为伴，底本与《资福藏》《碛砂藏》《普宁藏》《永乐南藏》《径山藏》相同；《房山石经》《赵城金藏》《高丽藏》“许”作“诈”。

论，方便推遣所诘问事，是第二相；又瞋恚缠扰乱、愦愦、浑浊自心，是第三相；又瞋恚缠发起愤怨、詈言、鄙语，是第四相；又起高心，彼既说我，我当何故而不说彼，是第五相；又坚覆藏自所作罪，是第六相；又结怨心相续不舍，是第七相；又多发起报怨之心，是第八相；又他显说能举罪者若实不实诸功德时，不生信解，非拨毁骂，是第九相。此中，略有二种举罪补特伽罗：一、共所尊重；二、非共尊重。当知此中，初二种相，依初能举补特伽罗，余七种相依第二能举补特伽罗。

复次，《本地分》中依戒律仪诸毗奈耶相应之相，今当决择。

嗢柁南曰[①]：

摄制立尸罗，无逸障学观，

依摄受受用，甚深说俞事[②]。

略有七处，摄毗奈耶及别解脱。何等为七？一、教敕；二、开听；三、制止；四、犯处；五、有犯；六、无犯；七、出罪。

云何教敕？谓佛世尊毗奈耶中敕诸苾刍，舍不善法，增长善法，当知是名略说一切教敕之相。若广分别，无量无边。

云何开听[③]？谓佛世尊毗奈耶中开许一切能无染汙现所受用资生因缘。

云何制止？谓佛世尊毗奈耶中制止一切自性罪法、违无罪法。

云何犯处？略有十八：一、不善；二、违善；三、身业；四、语业；五、意业；六、戒坏；七、见坏；八、轨则坏；九、正命坏；十、随护他心；十一、

① 嗢柁南曰，底本与《资福藏》《碛砂藏》《普宁藏》《永乐南藏》《径山藏》相同；《房山石经》《赵城金藏》《高丽藏》“柁”作“拕”，下同。

② 甚深说俞事，底本与《碛砂藏》《普宁藏》《永乐南藏》《径山藏》相同；《房山石经》《资福藏》《赵城金藏》《高丽藏》“俞”作“喻”。

③ 云何开听，底本与《房山石经》《资福藏》《赵城金藏》《永乐南藏》《径山藏》《高丽藏》相同；《碛砂藏》《普宁藏》“开”作“问”。

护他损恼；十二、护非处疑虑；十三、婬；十四、钵；十五、衣；十六、食；十七、卧具；十八、病缘医药及余资具。不善者，谓所有性罪。违善者，谓所有遮罪。身、语、意业处，随其所应，于一切五犯聚中，当知其相。如是所余犯处，亦于五犯聚中，如其所应，当知其相。

云何有犯？谓若略说，有五犯聚。何故于此五犯聚中起诸违犯？谓五因故：一、因缘故；二、发起故；三、事故；四、方便故；五、究竟故。此分别义，于《摄事分》毗奈耶摩怛理迦中，我当广说。

复有九种犯：一、近事男犯；二、近事女犯；三、勤策男犯；四、勤策女犯；五、正学犯；六、苾刍尼犯；七、苾刍犯；八、异生犯；九、有学犯。无有无学犯。何以故？由彼更无所应作故，法尔获得小及随小一切学处悉皆止息，又定不能犯染汙罪。

云何无犯？略有四种：一、初业；二、颠狂；三、心乱；四、苦受所逼。

云何出罪？略由五相：一、由自故；二、由他故；三、由自他故；四、依转故；五、依舍故。由自故者，谓应自静息故。由他故者，谓见谛者，有所违犯不染汙罪。由自他者，谓诸异生染不染罪。依转故者，谓转舍苾刍依，转得苾刍尼依，或转舍苾刍尼依，转得苾刍依，尔时苾刍、苾刍尼各所犯罪，或转余形，或转无形。依舍故者，谓命终已。

复次，略有十种制立学处清净：一、道理清净；二、果清净；三、摄受清净；四、外清净；五、内清净；六、具分清净；七、爱敬清净；八、伏对治修清净；九、随眠断对治修清净；十、相续不断清净。复有差别，谓有因缘制立学处清净、远离受用欲乐边清净、远离受用自苦边清净、胜行清净、胜命清净、同法共住清净、无违诤清净、制伏烦恼清净、烦恼离系清净、住持正法清净[1]。

---

① 住持正法清净，底本与《资福藏》《碛砂藏》《普宁藏》《永乐南藏》《径山藏》相同；《房山石经》《赵城金藏》《高丽藏》“住”作“任”。

复次，略有十种尸罗过失：一、毁坏所学过失；二、不喜乐过失；三、伴相违过失；四、期愿过失；五、放逸过失；六、增上慢过失；七、随眠不清净过失；八、意乐不清净过失；九、不出离过失；十、邪禁过失。

复有十种尸罗功德：一、和合尸罗；二、无间尸罗；三、无怨对尸罗；四、无损害尸罗；五、坚固尸罗；六、出离尸罗；七、胜所治尸罗；八、不退转尸罗；九、不共尸罗；十、无上尸罗。

复次，于毗奈耶勤学苾刍，依于十时应不放逸。何等为十？一、依犯时；二、依定时；三、依正时[①]；四、依乞食时；五、依所作时；六、依受用利养恭敬时；七、依求多闻时；八、依思正法时；九、依远离时；十、依思通达究竟时[②]。

云何于毗奈耶勤学苾刍，依犯初时应不放逸？谓有苾刍成就五支所摄不放逸，即前际俱行等，如前广说。如是名为于毗奈耶勤学苾刍，于初时中修不放逸。

云何于毗奈耶勤学苾刍，依定第二时应不放逸？谓有苾刍或住空闲，或居树下，生贪欲盖乃至疑盖，终不安忍，则便弃舍，除遣变吐彼。由五盖能染汙心，乃至能令不得涅槃。为欲断故，于时时间，应修止相；于时时间，应修举相；于时时间，应修舍相。彼于如是止、举、舍相得善巧已，由下劣心，虑恐下劣，便正修举[③]；由掉举心，虑恐掉举，便修内止；心得平等，便修上舍。又于已得三摩地中不生爱味，不起顾恋，无有贪染，无著而住。如是名为于毗奈耶勤学苾刍，第二时中修不放逸。

---

① 依正时，底本与《径山藏》相同；《房山石经》《资福藏》《碛砂藏》《赵城金藏》《普宁藏》《永乐南藏》《高丽藏》“正”作“生”。

② 依思通达究竟时，底本与《资福藏》《碛砂藏》《普宁藏》《永乐南藏》《径山藏》相同；《房山石经》《赵城金藏》《高丽藏》无“思”字。

③ 便正修举，底本与《资福藏》《碛砂藏》《普宁藏》《永乐南藏》《径山藏》《高丽藏》相同；《房山石经》《赵城金藏》“正”作“止”。

云何于毗奈耶勤学苾刍，依正第三时中应不放逸[①]？谓有苾刍临命终时，其心猛利，发起如是正加行心，谓我今者应以缘佛、缘法、缘僧正念而死[②]，应以缘善善心而死。彼遂发起如是如是善守护心，正念现前，以缘于佛、法、僧正念及缘诸善善心而死。彼由缘佛、缘法、缘僧所有正念，及由缘善所有善心而命终故[③]，名贤善死、贤善夭没，亦名贤善趣于后世。如是名为于毗奈耶勤学苾刍，第三时中修不放逸。

云何于毗奈耶勤学苾刍，依于乞食第四时中应不放逸？谓有苾刍依于村邑聚落而住，彼即于此村邑聚落，广说如《乞食清净经》。如是名为于毗奈耶勤学苾刍，第四时中修不放逸。

云何于毗奈耶勤学苾刍，依于所作第五时中应不放逸？谓有苾刍于钵作业，于衣作业，于诸智者同梵行所看侍作业，或复于余所有作业，皆无纵逸。无纵逸故，不燋不烂，不失不坏，亦不零落，不过所作，不鄙所作，不恶所作，不急所作，不缓所作，不掉所作，不染所作，随顺世间，顺毗奈耶所有轨则。如是名为于毗奈耶勤学苾刍，第五时中修不放逸。

云何于毗奈耶勤学苾刍，依受用利养恭敬第六时中应不放逸？谓有苾刍随所获得利养恭敬，于所获得不染不著，不躭不湎，不闷不执，亦不保玩而受用之，深见过患，善知出离而受用之。随其所得利养恭敬，能自制伏，不因所得利养恭敬，心住憍傲。如是名为于毗奈耶勤学苾刍，第六时中修不放逸。

云何于毗奈耶勤学苾刍，依求多闻第七时中应不放逸？谓有苾刍弃

---

① 依正第三时中应不放逸，底本与《资福藏》《碛砂藏》《普宁藏》《永乐南藏》《径山藏》相同；《房山石经》《赵城金藏》《高丽藏》“正”作“生”。

② 缘僧正念而死，底本与《房山石经》《资福藏》《碛砂藏》《赵城金藏》《普宁藏》《永乐南藏》《径山藏》相同；《高丽藏》“念”作“命”。

③ 及由缘善所有善心而命终故，底本与《资福藏》《碛砂藏》《赵城金藏》《普宁藏》《永乐南藏》《径山藏》《高丽藏》相同；《房山石经》“故”作“者”。

舍世间所有讽诵绮饰词论、绚藻文章、随顺世间相应多闻，于佛所说所有甚深、相似甚深，空性相应缘性缘起若顺若逆一切经典，恭敬受持，令得究竟。非观诸法存有所得所获胜利，名得究竟；非观诸法免脱论难所获胜利，名得究竟。非为利养，非为恭敬，乃至但为自得调伏，自得寂静，自得涅槃，自得沙门、若婆罗门最上义利，故于此法善听善受，读诵通利，纯熟究竟。如是名为于毗奈耶勤学苾刍，第七时中修不放逸。

云何于毗奈耶勤学苾刍，依思正法第八时中应不放逸？谓有苾刍独处空闲，如其所闻，如其所受，如其所得所有诸法，思惟其义，称量观察。思所应思，离不应思。于其少分，但生信解；于其少分，以慧观察。凡所思惟，但依于义，不依于文。如实了知嘿说、大说①。坚固思惟，审谛思惟，相续思惟。随所思惟要当究竟，于其中间终无退屈。如是名为于毗奈耶勤学苾刍，第八时中修不放逸。

云何于毗奈耶勤学苾刍，依于远离第九时中应不放逸？谓有苾刍不与在家及出家众共相杂住，不同其喜，不同其忧，广说乃至于所生起世事业中，终不许其究竟随转。处空闲林边际卧具，远离一切有情方邑散乱懈怠及障止观诸随烦恼。如是名为于毗奈耶勤学苾刍②，第九时中修不放逸。

云何于毗奈耶勤学苾刍，依通达究竟第十时中应不放逸？谓有苾刍于有如实知有，于非有如实知非有，于有上如实知有上，于无上如实知无上。由彼于有、非有、有上、无上如实知故，于所未得不生得想，于所未证不生证想，离增上慢，非增上慢所摄持故，自记所解。如是名为于毗奈耶

① 如实了知嘿说大说，底本与《资福藏》《碛砂藏》《普宁藏》《永乐南藏》《径山藏》相同；《房山石经》《赵城金藏》《高丽藏》“嘿”作“黑”。

② 如是名为于毗奈耶勤学苾刍，底本与《房山石经》《资福藏》《碛砂藏》《普宁藏》《永乐南藏》《径山藏》《高丽藏》相同；《赵城金藏》无“于”字。

勤学苾刍，第十时中修不放逸。

复次，有四种障能障出家，谓意乐障、所依障、业障、不自在障。意乐障者，谓或为王威所逼迫而求出家，如是等。所依障者，谓或盲聋，或扇搋迦[①]，或半择迦，或为疥癞、秃、挛躄等种种恶疾逼切其身，如是等。业障者，谓害母等诸重恶业。不自在障者，谓父母等所不听许，若诸僮仆，若王大臣，他所劫掠，若兰所得，若有辩答，如是等。

复次，略有五处，诸出家者于毗奈耶决定应学。何等为五？谓应学知有犯、无犯、若重、若轻及略所说别解脱经。有犯、无犯，如前已说。由六种差别，所犯成重：一、制二差别[②]，谓于学处而制立故。二、事差别，谓虽同是波逸底迦，杀生等所有性罪[③]，于余遮罪有差别故。三、穿穴差别，谓如有一，数数犯故。四、烦恼差别，谓如有一，用其猛利贪、瞋、痴缠而毁犯故。五、智差别，谓如有一，善品微少智慧狭劣，虽等建立、等事、等穿、等烦恼起，然其所犯成极重障，非此相违有所犯者。如小水流，少草能偃，于彼细草不能漂没；如大水流，聚积草木亦不能偃，此中道理，当知亦尔。六、时差别，谓如有一，于其所犯不能速疾如法悔除，长时习已，然后对治。与此相违，应知所犯名为轻罪。

复次，诸持律者，应以五相观察所犯，然后断罪。何等为五？谓一向杂染故，一向不行故，制立依处故，现彼过失生不生故，非一向现行故。此中，一向杂染所犯，谓诸性罪，应当一向教令不犯，若毁犯者，如其所应，当为显示，令速悔除。又佛世尊依此补特伽罗，此方此时，制立如是遮

① 或扇搋迦，底本与《房山石经》《资福藏》《碛砂藏》《赵城金藏》《普宁藏》《永乐南藏》《径山藏》相同；《高丽藏》“搋”作“择”。

② 制二差别，底本与《碛砂藏》《普宁藏》《永乐南藏》《径山藏》相同；《房山石经》《资福藏》《赵城金藏》《高丽藏》“二”作“立”。

③ 杀生等所有性罪，底本与《碛砂藏》《普宁藏》《永乐南藏》《径山藏》相同；《房山石经》《资福藏》《赵城金藏》《高丽藏》“杀”作“然杀”。

罪学处。若有所余补特伽罗余方，余时犯此过失，由观此失而制立故，如其所犯，应为显示对治之法。若有不犯如是过失，不应于此断其有犯，亦不应显对治之法。如是名为总略宣说观察所犯。

复次，于毗奈耶勤学苾刍，依止七处，于六处中应修加行[①]。云何依止七处，于六处中应修加行？谓依止大师，依止亲教，依止轨范，依止衣服，依止乞食，依止卧具，依止病缘医药什物，于法、于学、教授教诫、等持、供养、不放逸中应修加行。此中，法者，谓别解脱经及广分别。学者，谓增上戒学、增上心学、增上慧学。教授教诫者，谓依增上戒学教授教诫，依增上心学教授教诫，依增上慧学教授教诫。等持者，谓九次第定。供养者，谓财供养及法供养。财供养者，谓由一种可爱乐法。法供养者，谓由所余。不放逸者，谓于五种善巧，相续无间，勤修加行，谓蕴善巧乃至处非处善巧。

复次，毗奈耶中有五种摄受：一、属己受；二、承受受；三、委寄受；四、舍施受；五、为他受。

由二因缘，令属己受不得清净：一、生染著故；二、拟蓄积故。与此相违，乃得清净。

由二因缘，令承受受不得清净：一、非处受故；二、非量非法受故。与此相违，乃得清净。

由二因缘，令委寄受不得清净：一、不观察人而委寄故；二、于不净物心系著故。与此相违，乃得清净。

由二因缘，令舍施受不得清净：一、于鄙恶田而舍施故；二、非无希望而舍施故。除三种田，当知所余名鄙恶田，谓功德田、悲田、恩田。与此相违，乃得清净。

① 于六处中应修加行，底本与《资福藏》《碛砂藏》《赵城金藏》《普宁藏》《永乐南藏》《径山藏》《高丽藏》相同；《房山石经》“加行”作“方便”，下同。

由二因缘，令为他受不得清净：一、非宿交，又不告白[①]，及性不识故；二、有染心故。与此相违，乃得清净。

毗奈耶中，由五因缘，所受用事不得清净：一、性有罪故；二、不端严故；三、不任用故；四、非摄属故；五、不作净故。

性有罪者，谓依伪斗、伪称[②]、伪函、系缚、挞打、若斫、若杀及揸撮等所获财物而受用之，名不清净。

不端严者，谓受田宅及诸贿货、象马牛羊、鸡猪狗犬、大男大女、小男小女、奴婢作使、金银珍宝及生穀等而受用之[③]，名不清净。

不任用者，谓大小便利、洟唾所汙，脓血、肪骨此等涂染[④]，复有所余如是等类，若受用者，名不清净。如世尊言："便利等器皆不清净，不应受用。"

非摄属者，谓或僧祇物，若不被差，不堕钵中，亦不属钵，或别人物，不与不舍，亦不捐弃，非处委信，亦复非量而受用之，名不清净。

不作净者，谓五种净。何等为五？一、受得净；二、损坏净；三、委寄净；四、时法净；五、舍分别净。与此相违，所有受用名为清净。

---

① 又不告白，底本与《房山石经》《资福藏》《赵城金藏》《径山藏》《高丽藏》相同；《碛砂藏》《普宁藏》《永乐南藏》"又"作"义"。

② 伪称，底本与《房山石经》《资福藏》《碛砂藏》《普宁藏》《永乐南藏》《径山藏》《高丽藏》相同；《赵城金藏》"称"作"秤"。

③ 谓受田宅及诸贿货、象马牛羊、鸡猪狗犬、大男大女、小男小女、奴婢作使、金银珍宝及生穀等而受用之，底本与《资福藏》《碛砂藏》《普宁藏》《永乐南藏》《径山藏》《高丽藏》相同；《房山石经》《赵城金藏》"穀"作"槩"。

④ 脓血肪骨此等涂染，底本与《碛砂藏》《普宁藏》《永乐南藏》《径山藏》相同；《房山石经》《资福藏》《赵城金藏》《高丽藏》"骨"作"膏"。

瑜伽师地论卷第六十九

摄决择分中声闻地之三

复次，应知毗奈耶　由五种制立为最甚深。云何名为五种制立？一、学制立；二、犯制立；三、出离制立；四、止息制立；五、羯磨制立。

复次，略由五处，应知学制立为最甚深：一、自在故；二、不自在故；三、显现尸罗坏过失故；四、显现喜乐鄙业过失故；五、彼二过失行不行故。言自在者，若时所化不随烦恼势力而行，非诸烦恼令不自在，尔时即依如是所化自在学行随意自在。不自在者，若时所化随诸烦恼自在而行，由诸烦恼令不自在，尔时即依如是所化不自在学行，制立不自在学处。显现尸罗坏过失者，观诸性罪定不应行，制立随护尸罗学处。显现喜乐鄙业过失者，谓观能障勤修善品，是故制立遮罪学处。彼二过失行不行者，谓佛观彼自在所化过失不行，故无制立；观不自在，过失现行，制立学处。

复次，略由五处，应知犯制立为最甚深。云何为犯？谓能障碍所有善法令不得生。当知此障略有五种：一、慢缓障；二、有罪障；三、轻慢障；四、恶作障；五、所知障。

慢缓障者，谓懈怠故，于诸善法不勤方便。

有罪障者，谓如有一，或由贪缠，或由瞋缠，或由痴缠，或由所余随一心法诸随烦恼之所染汙，彼既生起如是烦恼、随烦恼缠，坚著不舍。

轻慢障者，谓如有一，不尊所学，于诸学中不甚恭敬，于其所犯不见怖畏而有所犯，犯已不能速疾发露，于大师所及诸学中性不尊敬。

恶作障者，谓如有一，相续染汙恶作所触，于此恶作不能善巧究竟除遣，有怅有快，有诸恶作。

所知障者，谓如有一，心怀变悔，依因净戒不生欢喜；不欢喜故，不生适悦；如是乃至心不得定；心不定故，无如实知，无如实观。由此因缘，名所知障。

由慢缓障之所触故，于诸烦恼及随烦恼，为性执著；性执著故，复为有罪障之所触；为有罪障之所触故，于诸学中不深恭敬，喜乐所犯；喜乐犯故，便为轻慢障之所触；为轻慢障之所触故，生染汙悔；不能除遣所生悔故，便为恶作障之所触；为恶作障之所触故，变悔转增；由此因缘，广说乃至心不得定；心不定故，便为所知障之所触。如是名为障生次第。

与此相违，当知即是五种无障，谓无慢缓障、无有罪障、无轻慢障、无恶作障、无所知障。

复次，意乐毁坏者，于其所犯尚不能出，况能无犯？云何名为意乐毁坏？谓略有五种：一、于精进无发起欲；二、于烦恼有染著欲；三、于所犯有起犯欲；四、于恶作无除遣欲；五、于等持无引发欲。复次，意乐具足者，尚无有犯，况出所犯？云何名为意乐具足？当知此亦略有五种：一、于精进有发起欲；二、于烦恼无染著欲；三、于所犯起无犯欲；四、于恶作有除遣欲；五、于等持有引发欲。如世尊言："于所犯罪，由意乐故，我说能出，非治罚故。"

复次，应由十处思求所犯，谓由别解脱法故；由广分别毗奈耶故，五犯聚中由犯自相故；由六种差别成重相故，谓制立差别、事差别、烦恼差别、穿穴差别、补特伽罗差别、时差别；由无羞耻者，除波罗阇已迦，所余有残相故；由初业者、非初业者现所行故；由逼恼出离故；由障难出离故；由有犯者，时诸苾刍白大师故；由彼白已，大师为欲止当所犯，集僧众故；由僧众集已，制立所犯故，制立所犯已，复于后时随事开听，令得究竟无恼害故。

复次，略由五处，应知出离制立为最甚深，谓无染出离故，逼恼出离故，障难出离故，无计出离故，说悔出离故。无染出离者，谓如有一，于小随小所犯法中随有所行，若善法增，不善法减。由此因缘，便不染汙。由此无染即是出离，是故说为无染出离。逼恼出离者，谓若有遭困苦重病之所逼切，除其性罪，于余犯法随有所行。此由逼恼即是出离①，是故说为逼恼出离。障难出离者，谓若见有命难现前，或梵行难，于小随小所犯法中随有所行。由此障难即是出离，是故说为障难出离。无计出离者，谓若有一，游于异方，经行旷野匮乏之处，随有一种障难之法而现在前，随其所有应受用事，求受用法而不能得，遂生敬畏受用此事，于小随小所犯法中随有所犯。由此无计即是出离，是故说为无计出离。说悔出离者，谓如有一，于五犯聚有余犯中随有所犯，遂于有智同梵行所，以毗奈耶秘密之法，发露陈说，如法悔除。言小随小所犯法者，谓除性罪。

复次，略由五处，应知止息制立为最甚深：一、清净故；二、防破坏故；三、为引接广大义利补特伽罗、令入法故；四、为令圣教转增盛故；五、为遮防难存活故。清净故者，谓有清净所作已办诸阿罗汉，由彼已得极清净故，僧便于彼小及随小所有学处皆为止息。防破坏故者，谓于僧中，一分苾刍于有犯中生无犯想，于无犯中生有犯想；一分苾刍于有犯中生有犯想，于无犯中生无犯想。由此因缘，发起种种斗讼违诤，由此令僧不得安乐。为欲静息此诤事故，僧众和合，白四羯磨，于小随小所有学处皆共止息。为欲引接广大义利补特伽罗、令入法者，谓如有一族姓高贵补特伽罗，于圣教中多有所作，僧遇彼人无别方便可令入法，为欲引接，令得入故，僧众和合，白四羯磨，于小随小所有学处皆为止息。为令圣教转增盛者，谓于末劫、诤劫、秽劫正现前时，无量有情于小随小众多学处不乐修学，未入法者不欲趣入，已入法者复欲离散，由此圣教渐渐衰退，不得增盛。由

① 此由逼恼即是出离，底本与《房山石经》《资福藏》《碛砂藏》《普宁藏》《永乐南藏》《径山藏》《高丽藏》相同；《赵城金藏》“此由”作“由此”。

此因缘，僧众和合，为令圣教得增盛故，白四羯磨，于小随小所有学处皆悉止息。为欲遮防难存活者，谓于末劫、诤劫、秽劫现在前时，由小随小诸学处故，令诸苾刍难可存活。为欲息此难存活事，僧众和合，白四羯磨，止息学处。

复次，略由五种补特伽罗，于十羯磨，应知羯磨制立为最甚深。

何等名为十种羯磨？一、受具羯磨；二、结界羯磨；三、长养羯磨；四、同意羯磨；五、趣向羯磨；六、恣举羯磨；七、治罚羯磨；八、摄受羯磨；九、白二羯磨；十、白四羯磨。

云何五种补特伽罗？一、良慧喻补特伽罗；二、鹦鹉喻补特伽罗；三、炬烛喻补特伽罗；四、电光喻补特伽罗；五、书画喻补特伽罗。

云何良慧喻补特伽罗？谓如有一，于上所说十羯磨中唯依于义，不依于文，唯随义转，不随音声，虽于此中未作如是羯磨言词，然能依义发起语言，行于此义。

云何鹦鹉喻补特伽罗？谓如有一，唯依于文，不依于义，唯随文转，不随于义，不能依义发异言词。

云何炬烛喻补特伽罗？谓如有一，依少羯磨便多增益，现行种种随意言词，譬如炬烛。

云何电光喻补特伽罗？谓如有一，或一时间于诸羯磨及诸学中现可得见，于一时间都不现见，譬如电光。

云何书画喻补特伽罗？谓如有一，如其所制羯磨言词，即如是转，不增不减，如书画者。

复有五种伪毗奈耶：一、伪制立学处；二、伪制立所犯；三、伪制立出离；四、伪制立止息；五、伪制立羯磨。云何伪制立学处？谓如有一，制立学处不入契经，不现于律，违背法性。违背法性者，谓能增长诸不善法，及能损减所有善法。云何伪制立所犯？谓如有一，于有犯中立为无犯，于无犯中立为有犯。云何伪制立出离？谓如有一，于不出离立为出离，于出离中立不出离。云何伪制立止息？谓如有一，于不应止息制立止息，应止息中立不止息。云何伪制立羯磨？谓如有一，于非法羯磨立法羯磨，法羯磨中立非法羯磨。

复次，除十种事，若有苾刍于异人前宣说显示诸余苾刍坏戒、坏见、坏诸轨则及坏正命，当知此言非清净说。

云何十事？一、于佛宝，欲为损害，或欲劫夺。如于佛宝；二、于法宝；三、于僧宝，当知亦尔。四、见由彼故，坏戒、坏见、若坏轨则、若坏正命品类渐渐增长广大，或闻或疑。五、见彼显示坏戒、见、坏轨、坏命等不正法[①]，或闻或疑。六、欲令彼出坏戒、坏见、坏轨、坏命不善法处，及欲安置诸善法处。七、为护他心，勿使他人作如是解：是诸苾刍皆悉坏戒、坏见、坏轨、坏命，然相覆藏。八、或有施主，或邬波索迦，或造寺主，启白僧众，作如是言："我不忍许诸有坏戒乃至坏命在此中住，诸苾刍辈若见坏戒乃至坏命者，当告我知。"若诸僧众同闻此言。九、若有见他由此因缘，内怀嫌恨，欲起无义，或闻或疑。十、僧众于此坏戒、坏见、坏轨、坏命、汙染他家行恶法者，无有力能治罚驱擯，唯有一因，唯有一缘，所谓向他说彼不清净事。若因嫉妬，或因憎恚，或因财利，欲毁欲恼，欲令损害，由此缘故，向他说者，当知是名不清净说。

复次，毗奈耶中，略有五种能显法义诸譬喻事：一、本生事；二、本事事；三、影像事；四、假合事；五、譬喻事。

本生事者，谓说前生菩萨行事。

本事事者，谓说前世诸相应事。

影像事者，谓说乳酪、生酥、熟酥、醍醐等喻，影显最胜补特伽罗。又

① 五见彼显示坏戒见坏轨坏命等不正法，底本与《房山石经》《资福藏》《碛砂藏》《普宁藏》《永乐南藏》《径山藏》《高丽藏》相同；《赵城金藏》后一"见"字作"坏见"。

以世间七种河中补特伽罗喻，影显正法中七种补特伽罗。如是所余影像种类，皆应了知。

假合事者，谓大王喻，或良医喻，如是等类余无量喻，随顺染汙及清净品。复有现见世间譬喻，或依杂染品，或依清净品由彼少分共相应故，假合而说。

譬喻事者，谓说广长众多譬喻。如长譬喻及余无量，如是等类。

复次，由五种相建立所知诸法差别。何等为五？一、由事故；二、由品业差别故；三、由智依处差别故；四、由智差别故；五、由摄余智差别故。

云何由事故？谓略说，一切有为、无为名所知事。

云何由品业差别故？谓即此事，复有五品所知差别及此五品所知作业。何等为五？谓此所知或有假立，故名所知；或有胜义，故名所知；或有所作究竟，故名所知；或有他心净不净行，故名所知；或有一切种别，故名所知。若世俗智，能知假立所知，知假立故，如实了知世俗道理善不善法、有罪无罪，广说乃至缘生法等，一分应远离，一分应修习。又能了知世俗言说，游行世间，随因随缘而起众行；法智、类智、苦智、集智、灭智、道智，能知胜义所知，知胜义故，能证见修所断法断；尽智、无生智，能知所作究竟所知，知所作究竟故，心得决定无有疑惑，于自断中离增上慢；他心智，能知他心净不净行所知，由知此故，如实知他所有意乐界及随眠；十力智，能知一切种别所知，由知此故，能正于他起一切种教诫教授，能断一切有情疑惑，能善安置一切有情于善趣果及解脱中，有大势力，能作一切有情利益及安乐事。如是名为五品所知及五种业①。

云何由智依处差别故？谓有二种：一、自利行；二、利他行。若随顺断世俗智，若正能断胜义智，若于断所作究竟智，如是诸智应知依自利行依

---

① 如是名为五品所知及五种业，底本与《房山石经》《赵城金藏》《永乐南藏》《径山藏》《高丽藏》相同；《资福藏》《碛砂藏》《普宁藏》“名”作“后”。

处。若于他意乐界及随眠所有他心智，若于一切种别所知中所有十力智，如是二智应知依利他行依处。如是名为智依处差别

云何由智差别故？谓世俗智或善，或不善，或无记，或有漏，或无漏，唯是世间。无漏者，谓于已断一切无学身中可得。此及所余总名俗智，亦唯世间。当知所余法、类智等是出世间，亦唯无漏。尽、无生智，当知唯于漏尽中生。若不分别尽及无生，谓我已得诸漏永尽，我未来苦不复当生者，唯是无漏，唯出世间。若作如是分别者，唯是无漏世出世间世俗智摄，是未曾得是阿罗汉相续中生。他心智，唯是世间。若在异生及有学相续中者，是有漏；若无学相续中者，是无漏。

问：何因缘故，清净身中，诸世俗智说名无漏？

答：由彼身中诸漏随眠已永断故，又此诸智是他心智现所行境，此他心智非染汙性，非余染汙现所行境，又彼自性不与一切烦恼相应，是故此智由随眠故，由所缘故，由相应故皆成无漏。十力智在如来相续中是未曾得，唯是无漏，世间智摄。何以故？由此一切种智皆带戏论而现行故。

云何由摄余智差别故？谓神通智、解脱门智、无碍解智、无诤智、愿智、力、无畏、念住、一切种不共佛法等智，随其所应，当知皆为如前所说诸智所摄。谓五神通皆世俗智摄，若诸异生及诸有学相续中者皆是有漏，若在无学相续中者皆是无漏。第六神通，尽及无生二智所摄。尽、无生智，如前应知。空解脱门智，八智所摄，谓法智、类智、苦智、集智、灭智、道智及出世间尽、无生智。无愿解脱门智，六智所摄，谓法智、类智、苦智、集智、尽智、无生智。无相解脱门智，五智所摄，谓法智、类智、灭智、尽智、无生智。无碍解智、无诤智、愿智、十力等一切不共佛法智皆世俗智摄，皆是无漏。在阿罗汉及如来相续中，如其所应尽当知。

诸解脱门建立相，如《本地分》已说。不共佛法及无碍解等，如《菩萨地》已说。

复次，云何神境？云何神境智？云何神境智作证？谓从一种变作多种，如是广说。乃至梵世身自在转，是名神境。由神境智于此境界领受示现[①]，是故说此名为神境。若智具大威德，修所成，是修果，名神境智。由此智于彼境能领受，能示现，是故说此名神境智。即此智种子。由生缘所摄受故，势力增长，相续随转，名神境智作证。如是一切，总摄为一，名神境智作证通[②]。

云何天耳？云何天耳智？云何天耳智作证？谓若修果耳所摄清净色，是名天耳。与依耳识相应智，名天耳智。此智作证，如前应知。如是一切，总摄为一，等如前说

复次，由此道理，余一切通所作问词，如前应知。所有释词，随其所应，我今当说，谓诸他心，由有贪等差别而转，名心差别。若具大威德，修所成，是修果，缘彼为境智，名心差别智。此智作证，如前应知。如是一切，总摄为一，等如前说。若于过去生自体差别明了记忆，名宿住随念。若智具大威德，修所成，是修果，依止所念[③]，与念相应，此方得转，是故说名宿住随念智，余如前说。若诸有情好恶色等种种差别，从彼别别有情众没，于此别别有情众生，说名死生。若修果眼所摄清净色以为依止，缘死生境识相应智，名死生智。余如前说。若一切结无余永断，名为漏尽。即于此中，世间尽智及无生智，名漏尽智。所余一切，如前应知。

复次，诸具神通修观行者，若遇其时，便能示现，或复安住，或行他

① 由神境智于此境界领受示现，底本与《房山石经》《资福藏》《碛砂藏》《普宁藏》《永乐南藏》《径山藏》《高丽藏》相同；《赵城金藏》“境界”作“神境”。

② 名神境智作证通，底本与《房山石经》《资福藏》《碛砂藏》《普宁藏》《永乐南藏》《径山藏》《高丽藏》相同；《赵城金藏》无“通”字。

③ 依止所念，底本与《碛砂藏》《普宁藏》《永乐南藏》《径山藏》相同；《房山石经》《资福藏》《赵城金藏》《高丽藏》“所”作“放”。

利，或于是中能善问记，是故名为具神通者。

复次，前三通是通非明，后三通亦通亦明，以能对治三世愚故。又初神通，能回异类，令他于己发生尊敬。第二神通，知他所行染净语业，能善诃责，令其欢喜。第三神通，善能知他若净不净心行差别，能正教授及与教诫。后三神通，能令远离常边、断边，能无颠倒离增上慢，依于漏尽宣说中道，即于此中能善教授。

复次，观察三种义势力故，俱分解脱利根阿罗汉苾刍住无诤定。谓或有一，昔曾于彼无诤等持，闻有无量差别胜利，心生喜乐，发起胜愿。由此因缘，缘彼为境，猛利意乐数数熏修。彼既证得阿罗汉已，由彼为因，由彼为缘，即于是中，心乐趣入，是故今者住无诤定。又复有一，昔异生时，令诸有情起无量诤，于彼发起种种恼害瞋恨等事，今既证得阿罗汉果，于昔所行愚夫之行生大悔愧，是故今者住无诤定。又复有一，自既证得阿罗汉果，欲令无量众生造作顺现法受可爱果业，又欲令彼于现法中受可爱果，是故方便住无诤定。由此因缘，熏修边际第四静虑以为依止，发生无诤想三摩地防护他心，于自所起一切威仪，终不令他起烦恼诤，是故说此名为无诤。

如是为欲护他心故，随所依止村邑聚落所住之处。周遍于此村邑聚落诸众生心，次第观察，如是遍观一切衢路、一切家属一一众生未来世心。如是观已，彼若了知如是村邑、如是聚落、如是衢路、如是家属、如是众生当于我所蹔得见时，必定生起诸烦恼诤，即便隐避，令彼众生皆不得见。彼若了知不由见故，由不见故，生烦恼诤，则作方便令彼得见。彼若了知由随顺故，令不起诤，即便观察所随顺事为净不净：若清净者，即与相见，随顺彼事；若不清净，或复观彼所随顺事，令他相续起烦恼诤，既观察已，不与相见。又审观察，若因如是语言如是威仪，如是摄受、如是受用衣服等物、如是说法、如是劝导，令他相续起烦恼诤，即便远离如是诸言[①]，广说乃至如是劝导。彼由多分住如是住，行如是行，是故说名住无诤者。

云何愿智？谓俱分解脱利根阿罗汉苾刍，熏修边际第四静虑为依止故。若声闻乘随声闻智所行境界，若独觉乘随独觉智所行境界，起如是愿：愿我当知如是如是所知境界，从此趣入熏修边际第四静虑[②]。既入定已，随先所愿，一切了知。若诸如来遍于一切所知境界，智无障碍。

复次，诸佛如来于无诤定而不数入。所以者何？有诸众生胜利益事，由起烦恼俱时成办，如来于此胜利益事不能弃舍。

复次，如熏修边际第四静虑以为依止，引发无诤及与愿智。当知如来所有一切不共佛法妙智亦尔，余神通等，一切静虑以为依止，皆能引发。

复次，唯依诸静虑及初静虑近分未至定能入圣谛现观，非无色定。所以者何？无色定中奢摩他道胜，毗钵舍那道劣。非毗钵舍那劣道，能入圣谛现观，非生上地或色界或无色界，能初入圣谛现观。何以故？彼处难生厌故。若厌少者，尚不能入圣谛现观，况于彼处一切厌心少分亦无。

复次，当说世俗智及出世无漏智初、中、后际生起差别。谓世俗智，初异生位起，如先说五染汙见及与贪等相应邪智，是染汙等诸世俗智应断应知。为欲生起彼对治故，复起世间信所摄受无颠倒见，是善有漏世俗智摄；以此正见为依止故，次起闻思所成妙慧，于诸念住勤修观行，亦善有漏世俗智摄；以此为依，次于顺决择分方便道中，由修所成慧于诸念住勤修观行，亦善有漏世俗智摄；以此为依，次起见道方便顺决择分俱行修所成慧，于诸念住勤修观行，亦善有漏世俗智摄；以此为依，次起世

① 如是诸言，底本与《碛砂藏》《普宁藏》《永乐南藏》《径山藏》相同；《房山石经》《资福藏》《赵城金藏》《高丽藏》“诸”作“语”。

② 从此趣入熏修边际第四静虑，底本与《碛砂藏》《普宁藏》《永乐南藏》《径山藏》相同；《房山石经》《资福藏》《赵城金藏》《高丽藏》“熏”作“熟”。

第一法见道无间道所摄正见，亦善有漏世俗智摄。如是名为初异生地诸世俗智生起次第。

又即以彼世第一法所摄俗智为依止故，能入见道。升见道时，即先所修善世俗智所有种子，由彼熏修皆得清净，亦名为修，此则名为谛现观边诸世俗智。出见道已，生起此智，证见所断诸法解脱，昔来于彼曾未解脱。由此生故，是诸圣者于见所断烦恼断中能正分别，谓那落迦我已永尽，乃至不复堕诸恶趣。又能了知我今已证得预流果。又能了知我今已断如是如是所有烦恼。又随所欲，应可为他所记别者，当为建立。又审观察而记别之。又能于诸圣谛现观，以无倒慧而正建立。

复于此上[①]，随其所应，未离欲处，以世间道渐次修习，能离彼欲，乃至能于无所有处离欲作证。此诸圣者以出世间智后所得诸世俗智离诸欲时，当知同彼非圣道者所作离欲，但能损伏烦恼种子，非谓永断。此世俗智是出世间智后所得，应言此智亦是世间，亦出世间，不应一向名为世间。

又修此智略有四道：一、方便道；二、无间道；三、解脱道；四、胜进道。于一切地修道所断耎、中、上等九品烦恼，随其品数各各差别能随顺断，是名初道。能无间断，是第二道。无间断已，是第三道。次后于断，是第四道。此胜进道复有二种，或有无间为断余品修方便道，此于前品名胜进道，于后所断，名方便道；或有无间不修方便，但于前品生知足想，不求胜进，或住放逸，或于已断，以观察智而更观察，或有但以伺察作意而伺察之，当知此道唯名胜进。

除未至定，所余一切近分地中唯有俗智，无出世智。何以故？由未至地是初定心，初静虑上所有定心皆先有定故。圣弟子从此以上，但依根本修出世智，不依近分。第一有中所有诸智皆俗智摄。何以故？彼处作意与

① 复于此上，底本与《房山石经》《资福藏》《碛砂藏》《赵城金藏》《普宁藏》《径山藏》《高丽藏》相同；《永乐南藏》“复”作“次”。

出世间圣智作意不同分故，但作非想非非想行，出世作意有想诸定所摄受故。始从学地乃至于此诸世俗智，当知皆名中际俗智。于阿罗汉身中所有一切清净无漏解脱，一切结缚烦恼尽智、无生智及余一切神通等功德所摄诸世俗智，皆是后际世俗智摄。

复次，诸菩萨初、中、后际世俗智者，谓从胜解行地乃至到究竟地所有一切世俗智。初际者，谓胜解行地；中际者，谓从增上意乐清净地乃至决定行地；后际者，谓到究竟地。又诸菩萨于诸地中起二种行，谓有戏论想差别行及离戏论想现行行。似出世间，善修此故，得后所得世俗智摄无障碍智。又诸菩萨有与如来愿智相似诸世俗智，胜诸声闻、独觉所得一切愿智。诸神通等，及空智等，应知亦尔。由诸菩萨所有功德皆依十力种姓而转[①]，声闻、独觉则不如是。

复次，如是已说初、中、后际诸世俗智。初、中、后际诸出世智，次我当说。谓见道、修道、无学道。若法智品见道，对治欲界见所断惑；若类智品见道，对治色无色界见所断惑。

问：一切类智现在前时，皆能了别色界、无色界耶？

答：若有曾于色无色界所有诸法善闻、善思、善取相者，即能了别；若不尔者，不能了别[②]。

所余诸智，或在毗钵舍那品，或在奢摩他品，法智、类智二品所摄。又于见道初智生时，诸余智因由能生缘所摄受故，皆得增长，一切见道即此刹那皆名为得。于此得已，后时渐渐次第现前，当知见道是速进道[③]。于

① 由诸菩萨所有功德皆依十力种姓而转，底本与《资福藏》《碛砂藏》《普宁藏》《永乐南藏》《径山藏》相同；《房山石经》《赵城金藏》《高丽藏》“种姓”作“种性”。

② 不能了别，底本与《房山石经》《资福藏》《碛砂藏》《赵城金藏》《普宁藏》《径山藏》《高丽藏》相同；《永乐南藏》“别”作“知”。

③ 当知见道是速进道，底本与《资福藏》《碛砂藏》《普宁藏》《永乐南藏》《径山藏》相同；《房山石经》《赵城金藏》《高丽藏》“速”作“胜”。

修道中，若有修习出世间道而离欲者，应知如前方便道等，皆是出世。若于苦等诸圣谛中，有戏论想而现行者，是世俗智；离戏论想而现行者，是出世智。为于诸谛以有相想应善取相故[①]，为如先时所见所知修习种种微妙智故，为以世间诸善厌行令心厌故，为受种种妙法乐故，是诸圣者亦修世间离欲之道而离诸欲。无学地中，即如所说出世间智，解脱修道所断惑故，极善清净。又出世智能为一切世间功德所依持处，能令一切上地、下地所有功德皆自在转，如是名为初、中、后际出世间智次第生起。

复次，诸神境智或加行得[②]，或生得。加行得者[③]，如生此间异生、有学及与无学，诸菩萨等所有修果。生得者，谓生色界，由先修习为因缘故，后于此中生便即得。又有欲界诸天及人一分，福果所致，如曼驮多王等。又傍生趣如飞禽等，摄受如是众同分故，如得神通。鬼趣一分亦复如是。又有咒术药草威德亦如神通，如作幻惑厌祷起尸半起尸等。即由如是差别道理，余四神通所有差别，随其所应，当知亦尔。

复次，云何所识法？谓一切法皆是所识，诸识能识。由五种相，诸识差别，如其所应，建立所识。

何等为五？一、依缘差别故；二、欣感差别故；三、胜劣差别故；四、心所差别故[④]；五、障治生差别故。

云何依缘差别？谓由所依、所缘差别，建立眼等六识差别：眼识了别诸色境界，余识各各了自境界，意识了别一切眼、色乃至意、法以为境界。

---

① 为于诸谛以有相想应善取相故，底本与《资福藏》《碛砂藏》《普宁藏》《永乐南藏》《径山藏》相同；《房山石经》《赵城金藏》《高丽藏》无“应”字。

② 诸神境智或加行得，底本与《资福藏》《碛砂藏》《赵城金藏》《普宁藏》《永乐南藏》《径山藏》《高丽藏》相同；《房山石经》“加行”作“方便”。

③ 加行得者，底本与《资福藏》《碛砂藏》《赵城金藏》《普宁藏》《永乐南藏》《径山藏》《高丽藏》相同；《房山石经》“加行”作“方便”。

④ 四心所差别故，底本与《资福藏》《碛砂藏》《赵城金藏》《普宁藏》《永乐南藏》《径山藏》《高丽藏》相同；《房山石经》“所”作“法”。

云何欣慼差别？谓苦受相应识名慼，此能了别随顺忧苦不可意法；乐受相应识名欣，此能了别随顺喜乐可意诸法；不苦不乐受相应识名非欣非慼，此能了别随顺舍受非二诸法。

云何胜劣差别？谓不善法及有覆无记法相应识名劣，此能了别诸染汙识所行诸法；善法相应识名胜，此能了别一切善识所行诸法；无记法相应识名非胜非劣，此能了别自所行法。

云何心所差别[①]？谓有心所遍诸心起[②]，复有心所遍善心起[③]，所余心所应知如前有漏法中已说其相[④]。遍诸心起复有五种，谓作意、触、受、想、思。如前《意地》已说其相。遍善心起复有十种，谓惭、愧、无贪、无瞋、无痴、信、精进、不放逸、不害、舍。如是十法，若定地，若不定地，善心皆有，定地心中更增轻安、不放逸等，唯是假法。此相应识皆能了知一切境法。

云何障治生差别？谓所治障有十五心。何等十五？谓欲界系总有五心：见苦、见集、见灭、见道及修所断。如欲界系总有五心，色、无色界当知亦尔。能对治心是第十六，谓诸无漏学无学心。如是所治及能治识，随其所应，各能了别自所行法。

复次，生差别者，略有五种：一、欲界生行；二、色界生行；三、无色界生行；四、往上地生；五、还下地生。欲界生行者，从欲界系若善、若染汙、若无覆无记心无间，遍欲界系一切心生，是名欲界识生差别。如欲界

---

① 云何心所差别，底本与《资福藏》《碛砂藏》《普宁藏》《永乐南藏》《径山藏》相同；《房山石经》《赵城金藏》《高丽藏》“所”作“法”。

② 谓有心所遍诸心起，底本与《资福藏》《碛砂藏》《普宁藏》《永乐南藏》《径山藏》相同；《房山石经》《赵城金藏》《高丽藏》“所”作“法”。

③ 复有心所遍善心起，底本与《资福藏》《碛砂藏》《普宁藏》《永乐南藏》《径山藏》相同；《房山石经》《赵城金藏》《高丽藏》“所”作“法”。

④ 所余心所应知如前有漏法中已说其相，底本与《资福藏》《碛砂藏》《普宁藏》《永乐南藏》《径山藏》相同；《房山石经》《赵城金藏》《高丽藏》“所”作“法”。

系，如是色、无色界系自地三心无间，皆生自地三心。若先未起静虑、无色，初欲生时，要从欲界善心无间，初静虑地善心得生；初静虑地善心无间，第二静虑善心得生；如是乃至无所有处善心无间，第一有地善心得生。必从色界善心无间，初学心生；学心无间，无学心生。若先已起静虑、无色，即于彼地不退失者，彼从欲界善心无间，随其所乐，上地诸心及学无学心欲起现前。先已善取彼行相故，于彼诸心如意能起，如是所余上地诸心无间所起，如其所应当知亦尔。

又从欲界无记心无间，色界善心生，如色界果。欲界变化心即从色界善心无间，此欲界无记心生。又说此心为欲界者，当知是彼影像类故，非自性故。又欲界没，生上地时，欲界善心、无记心无间，上地染汙心生，谓生初静虑乃至有顶，以一切处结生相续皆染汙心方得成故。如是应知往上地生诸识，决定于自所行生起差别。又诸异生退先所得世间静虑、无色定时，由染汙心现前故退。此下地染汙心，从上地善心、染汙心无间生。又从上地没，生下地时，从一切上地善心、染汙心、无记心无间，唯有下地染汙心生。如是应知还下地生诸识，决定于自所行生起差别。如是障治生差别故，诸识决定于自所行了别所识诸法差别。

瑜伽师地论卷第七十

摄决择分中声闻地之四

复次，诸智光明有五胜利：一、能于所知灭一切闇；二、能以世间、出世间功德，适悦摄受所依止身；三、能正观见所未见义；四、能于现法与第一乐；五、能身坏后与第一趣。

复次，由十五种德差别故，诸智光明胜外光明。何等十五？谓外光明以色为性，诸智光明以慧为性[①]；又外光明能害外翳，诸智光明能害内翳。如是非常所爱、常所爱，不可分布与诸有情、可分布与诸有情，出已还没、出已不没，有色、无色、麤、细，有阁相违、无阁相违，动、不动，不能作一切有情义利、能作一切有情义利，引诸众生趣曾所趣、引诸众生趣未曾趣，不能开发一切所覆、能开发一切所覆，不能隐覆已所开显、能隐覆已所开显，不能发起无量照明、能发起无量照明，违害于见、不违害见，当知亦尔。

复次，有三种调善：一、除遣故；二、制伏故；三、害随眠故。

复有三种寂静：一、诸恶寻思不能扰故；二、不为诸相所动乱故；三、任运于内常喜乐故。

复有三种寂止：一、身寂止；二、语寂止；三、意寂止。

复有三种梵志：一、趣向梵志；二、住果梵志；三、到究竟梵志。如是沙门亦有三种。

---

① 诸智光明以慧为性，底本与《房山石经》《资福藏》《赵城金藏》《永乐南藏》《径山藏》《高丽藏》相同；《碛砂藏》《普宁藏》“性”作“住”。

复有三种婆罗门：一、假名婆罗门；二、种姓婆罗门[①]；三、正行婆罗门。

复次，由四因缘令尸罗坏，尸罗坏故，依止尸罗所应生善皆不得生，谓于无余罪起毁犯故，于有余罪不悔除故，于诸所犯不忆念故，于无犯中执有犯故，于有犯中执无犯故。由四因缘，名戒具足，与上相违，应知其相。

复次，由二因缘，令所受戒清净具足：一、助伴清净故；二、自性清净故。

云何名为助伴清净？谓见清净、轨清净、命清净。云何自性清净？谓恭敬随学、具分随学。

复有差别，谓三因缘令所受戒清净具足：一、意乐清净故；二、命清净故；三、行清净故。云何意乐清净？谓为解脱，修行梵行，不为生天。云何命清净？谓如法乞求，以自活命。云何名为如法乞求？谓如所应求，如所从求，而乞求故。云何名为如所应求？谓不矫诈而有所求，亦不绮说而有所求，亦不现相而有所求，亦不抑逼而有所求，亦不以利而希于利。云何名为如所从求？谓除五种不应行处，而有所求。云何行清净？谓深信所犯有不爱果，若行若住系念思惟，终不故犯，设有所犯，即便从他如法悔除，誓于当来坚牢防护。

复次，若有苾刍欲勤加行密护根门[②]，应以四相了知妄念过失，及以四相了知不如理作意。

云何四相了知妄念过失？一、阙念；二、劣念；三、失念；四、乱念。阙念者，谓于密护诸根门法，不听不受，不善了知。劣念者，谓于彼法虽听虽

① 种姓婆罗门，底本与《资福藏》《碛砂藏》《普宁藏》《永乐南藏》《径山藏》相同；《房山石经》《赵城金藏》《高丽藏》“种姓”作“种性”。

② 若有苾刍欲勤加行密护根门，底本与《资福藏》《碛砂藏》《赵城金藏》《普宁藏》《永乐南藏》《径山藏》《高丽藏》相同；《房山石经》“加行”作“方便”，下同。

受，虽善了知，而不常作，非委悉作，若修若习，若多修习。失念者，谓虽修习，亦多修习，然或有时不正了知而有所行。乱念者，谓即于彼非杂染中生杂染想，杂染中生非杂染想。

云何以四相了知不如理作意？一、是烦恼生因；二、与杂染生相应；三、毁坏羞耻；四、起错乱犯。烦恼生因者，谓如有一，执取于相，执取随好。由此因缘，于是处所，恶不善法随心流逸。与杂染生相应者，谓即与彼恶不善法俱现前行。毁坏羞耻者，谓如有一，于应羞耻而不羞耻，又即于彼恶不善法现在前时，而无羞耻。起错乱犯者，谓即因彼无羞耻故[1]，或犯所犯罪，或思舍所学。

复次，于食知量勤修行者，断除八处，乃名具足于食知量。何等为八：一、躭著饮食；二、躭著自身；三、命根坏灭；四、饥劣；五、身重；六、非无病；七、命不清净；八、多营事业。

复次，常勤修习觉悟瑜伽者[2]，断除八处，乃得名为常勤修习觉悟瑜伽正行具足。何等为八？一、由威仪其身疲弊；二、爱味偃卧睡眠为乐；三、随杂染相；四、不勤修习杂染对治；五、非时而觉[3]；六、虚弃而觉；七、非时而眠；八、虚弃而眠。

复次，依六出离，应知建立诸出离地。何等为六？一、不随顺出离；二、阙出离；三、家出离；四、不圆满出离；五、下地出离；六、萨迦耶出离。

不随顺者，谓五种依止：一、趣不随顺；二、生不随顺；三、精进不随顺；四、障不随顺；五、爱乐不随顺。

---

① 谓即因彼无羞耻故，底本与《资福藏》《碛砂藏》《赵城金藏》《普宁藏》《永乐南藏》《径山藏》《高丽藏》相同；《房山石经》“无”作“不”。

② 常勤修习觉悟瑜伽者，底本与《资福藏》《碛砂藏》《普宁藏》《永乐南藏》《径山藏》相同；《房山石经》《赵城金藏》《高丽藏》“觉悟”作“悎寤”，下同。

③ 非时而觉，底本与《资福藏》《碛砂藏》《普宁藏》《永乐南藏》《径山藏》相同；《房山石经》《赵城金藏》《高丽藏》“觉”作“悎”，下同。

阙者，谓阙四种缘：一、亲友阙；二、听闻阙；三、隐没阙，若教若证皆隐没故；四、施主卧具阙。

复次，由四种力，生善法欲：一、由缘力；二、由因力；三、由智力；四、由行力。

复次，由四圆满故，于善说法毗奈耶中出家圆满：一、形相圆满，谓能随顺无所杂染，不染汙故；二、业圆满，谓如佛说法，善随顺故；三、意乐圆满；四、住处圆满。

复次，由五因缘，应知尸罗律仪圆满：一、不坠堕故；二、能出离故；三、不可诃故；四、无穿缺故；五、不知足故。

复次，依二种对治，应知四种根律仪。

二种对治者；一、思择力；二、修习力。

四种根律仪者；一、境界护；二、烦恼护；三、缠护；四、随眠护。境界护者，谓住寂静勤修行时，以念自守，于诸境界，心不流散故。烦恼护者，谓等位行而游行时，于诸境界远离贪忧故，即分别此不取其相，乃至心不流逸者。若于尔时，执取彼相，复起随觉，执取随好，则便于彼修防护行，以修习力守护眼根，是名缠护。证眼根护，是随眠护。

复次，由五因缘，当知于食知量圆满：一、依止对治故；二、远离所治故；三、依自作业故[①]；四、依处故；五、分别故。

此中旧受者，饥所起。苦受者，食所起。抚育者，增梵行故。力者，能害所治故。乐者，现法乐住故。无罪者，净福田故。安隐住者，烦恼苦断能作证故。

① 依自作业故，底本与《资福藏》《碛砂藏》《普宁藏》《永乐南藏》《径山藏》相同；《房山石经》《赵城金藏》《高丽藏》“依”作“作”。

减省睡眠，无间、殷重二加行故，精进圆满。殷重方便者[①]，谓行坐时，而成办故。于第一、第二、第四盖中宜坐时，第三盖中宜行时，第五盖中宜俱时。无间方便者[②]，谓于昼日、夜初、后分应常觉悟，于夜中分正习睡眠。为离师子相似长时极重失念无间睡故，重累其足，乃至思惟起想，正习睡眠。

复次，应于五处知量正知而住：一、于行处；二、于观处；三、于摄受利养恭敬处；四、于受用资具处；五、于善品加行处。由初处故，终不游行非所行处，亦不薄晚而出游行[③]。由第二故，先不作意而观视者，速摄其根；若先作意而观视者，善住其念。由第三故，若有所受及他礼时，手不瘫缩，足不躁动。由第四故，受用衣钵及与饮食皆知其量。由第五故，若居寂静，于昼日分经行、宴坐，若行若住，若坐若觉，善知其量，于其夜分所习睡眠亦善知量；若有修习论义决择，若语若默亦善知量。为令二种所依调适，除遣睡眠及诸劳倦亦善知量。

复次，若有苾刍勤修神足，略由四支摄诸断行：一、修习支；二、证胜进支；三、护随烦恼通达支；四、引发能净随烦恼支。修习支者，谓欲、精进。何以故？依欲精进修神足故。证胜进支者，谓信、轻安。何以故？由证胜进故，以净信心，信上解脱；以其轻安，止息所有身心麤重。护随烦恼通达支者，谓念、正知。何以故？由正念故，防护未生止观随惑；由正知故，通达已生止观随惑。引发能净随烦恼支者，谓思及舍。何以故？由思

① 殷重方便者，底本与《资福藏》《碛砂藏》《普宁藏》《永乐南藏》《径山藏》相同；《房山石经》《赵城金藏》《高丽藏》“方便”作“加行”。

② 无间方便者，底本与《资福藏》《碛砂藏》《普宁藏》《永乐南藏》《径山藏》相同；《房山石经》《赵城金藏》《高丽藏》“方便”作“加行”。

③ 亦不薄晚而出游行，底本与《资福藏》《碛砂藏》《普宁藏》《永乐南藏》《径山藏》相同；《房山石经》《赵城金藏》《高丽藏》“薄晚”作“曛暮”。

故，励沉下心[①]；由舍故，若心掉举，摄持于内。

复次，有四种法，于所得定为增上缘：一、审谛听闻；二、得正教授；三、宿世惯习；四、具足多闻。审谛听闻者，谓发起乐欲，生净信心，听闻正法。由此因此缘，得心一境性。得正教授者，谓因次第教授，无倒教授故，发起勇猛精进而住，无间常委，于菩提分精勤方便修习而住，由此因此缘，得心一境性。宿世惯习者，谓于宿世邻近生中，于诸静虑及诸等至数已证入。由此因此缘，得心一境性。具足多闻者，谓多闻闻持[②]，其闻积集，即于彼法独处空闲，思惟筹量审谛观察，由此因此缘，得心一境性。

复次，有七种法，为欲证得三摩地者，应正了知。一、内定退因；二、外定退因；三、内定退；四、外定退；五、内定退及因对治；六、外定退及因对治；七、彼二对治依持。内定退因者，谓懈怠。外定退因者，谓掉举。内定退者，谓惛沈、睡眠。外定退者，谓于五妙欲散乱。内定退及因对治者，谓善取相而正观察。外定退及因对治者，谓即于身观察不净。彼二对治依持者，谓光明想。

云何于身观集法住？谓观此身从过去世及诸饮食，现在而生。云何于身观灭法住？谓观此身于当来世是死灭法。云何于身观集灭法住？谓观此身于现在世由饮食缘增长久住，必当破坏。于有身者，谓于此身善住其念于真如身。或唯出世间智者，谓由于内奢摩他道。或唯出世间见者，谓由毗钵舍那道。或唯忆念者，谓由此后所得出世间道。

云何于身无所依住？谓依诸定修习念住，即于彼定无有爱味，乃至无有住著。云何于世间无所取执？谓于四颠倒已永断灭，永断灭故，于彼身

① 励沉下心，底本与《资福藏》《碛砂藏》《普宁藏》《永乐南藏》《径山藏》相同；《房山石经》《赵城金藏》《高丽藏》“励”作“策”。

② 谓多闻闻持，底本与《房山石经》《资福藏》《碛砂藏》《普宁藏》《永乐南藏》《径山藏》《高丽藏》相同；《赵城金藏》“谓”作“皆谓”。

等，终不执取净乐我常。

复次，依止施设建立五种补特伽罗①。云何为五？一、欣乐喜乐诸异生者；二、欣乐障断见迹行者；三、欣乐解脱见趣行者；四、到究竟见趣行者；五、到究竟见迹行者。云何欣乐喜乐异生补特伽罗？应知此有三种②，谓欣乐欲生喜乐，欣乐有寻有伺定生喜乐、欣乐无寻有伺定生喜乐，欣乐无寻无伺定生喜乐差别故。

云何欣乐障断见迹行补特伽罗？应知此有二种，谓欣乐烦恼障断、欣乐定障断差别故。欣乐烦恼障断补特伽罗，于现法乐住未得已得，于一切种有想等至未得已得，谓于依止及于观察所知有差别故。欣乐定障断补特伽罗，于一切胜处未得已得，及于一切遍处未得已得。云何欣乐解脱见趣行补特伽罗？谓诸外道起如是见：我为非有，我所为非有；我当无有，我所当无有。彼于此见未得已得。

云何到究竟见趣行补特伽罗？谓于非想非非想处未得已得。云何到究竟见迹行补特伽罗？谓于六触处无余永断究竟证受。如是名为依止施设建立五种补特伽罗③。

复次，邬波索迦有三种德：一、清净；二、能造作；三、能引发。清净者，谓意乐清净、戒行清净、证清净。意乐清净者，谓于佛宝等远离疑惑，不希世事谓作吉祥。戒行清净者，谓能圆满所有学处。证清净者，谓能证得世出世清净故。能作三宝所作事故，名能造作。能引发同法、不同法者智故，名能引发。

---

① 依止施设建立五种补特伽罗，底本与《资福藏》《碛砂藏》《赵城金藏》《普宁藏》《永乐南藏》《径山藏》相同；《房山石经》《高丽藏》“止”作“上”。

② 应知此有三种，底本与《资福藏》《碛砂藏》《普宁藏》《永乐南藏》《径山藏》《高丽藏》相同；《房山石经》《赵城金藏》“三”作“四”。

③ 如是名为依止施设建立五种补特伽罗，底本与《资福藏》《碛砂藏》《赵城金藏》《普宁藏》《永乐南藏》《径山藏》相同；《房山石经》《高丽藏》“止”作“上”。

复次，有三种法：一、闻法；二、行法；三、究竟证法。又外道法是颠倒说；所有禁戒非可现见，依止邪愿修梵行故；所有等至有热恼，非究竟，不能趣究竟，不能出离故，共诸外道故，共诸异生故。诸佛正法与彼相达[①]，是真善说，是可现见，乃至智者自内所证。

复次，诸欲得舍次第，谓当宣说先所应作：由此故得，谓由布施、持戒；于此可得，谓在天上；由此受用，谓由爱味；由此故舍，谓由过患。如此差别，舍于事欲及烦恼欲，谓由出离远离功德。又若显示清净品法，谓应称赞四沙门果，从彼决定无退堕故，或出世间故。

复次，由三因缘，同梵行者应当和合驱摈犯戒：一、为护他故；二、彼不堪为上法器故；三、彼能令僧无威德故。

复次，由四因缘，令于尸罗深生爱乐：一、由师教，远离二边，制立所学故；二、由自内，非极猛利贪等类故；三、由助伴，彼极柔和易共住故；四、由加行，不住懈怠故。

复次，有四种观察尸罗：一、由共住，信知是有；二、于厄难，信知坚牢；三、由世务，信知无缺；四、由言论决择，信知无恋，见不坏故。

云何心趣远离？谓于住时处愦闹者。云何心趣出离？谓于聚落而游行者。云何心趣涅槃？谓居寂静处，奢摩他等相者。

复有差别，谓依远烦恼，说趣远离；依出生死，说趣出离；依入涅槃宫，说趣涅槃。一切受并相续灭故，名为无影，名为寂灭；三苦永离故，名为寂静；烦恼炽然热恼永息故，名为清凉；得无上迹故，名为真梵。

复次，由三过故，不能无倒听闻正法：一、散乱故；二、愚痴故；三、不恭敬故。

复次，有五种相为闻修器：一、谦下心；二、奉行心；三、摄受义心；

① 诸佛正法与彼相达，底本与《资福藏》《碛砂藏》《赵城金藏》《普宁藏》《永乐南藏》《径山藏》《高丽藏》相同；《房山石经》“达”作“连”。

四、善摄受义心；五、恭敬心。

复次，于善说法毗奈耶中，略有五种大师功德，若有大师具成就者，便能映蔽外道沙门、婆罗门师。何等为五？一、于诸戒行终无误失；二、善建立法；三、善制立所学；四、于善建立法、善制立所学中，随所疑惑皆能善断；五、教授出离。

复次，由三因缘，唯有此道能得出离，谓无我见。一、未曾得故；二、现能对治诸烦恼故；三、现于解脱无怖畏故。

复次，有四种欢喜：一、俭素欢喜；二、积习梵行欢喜；三、无悔欢喜；四、乐断乐修欢喜。第一欢喜能引少欲乐，第二欢喜能引远离乐，第三欢喜能引三摩地乐，第四欢喜能引三菩提乐。

复次，由二因缘，佛世尊法名为善说：一、言词文句皆清美故；二、易可通达故。由二因缘易可通达：一、若文若义易觉了故；二、出离等觉故。由二因缘名为出离：一、往善趣出离故；二、趣三菩提出离故。由二因缘趣三菩提：一、无疑惑故；二、不可坏故。由二因缘不可破坏：一、见不可坏故；二、有窣堵波故。由二因缘有窣堵波：一、证坚住故；二、有可依故。由二因缘名有可依：一、依智不依识故；二、大师是如来应正等觉故。由二因缘，大师是如来、应、正等觉：一、断一切疑故；二、邪行不可得故。

复次，有四种能障断法：一、无厌离；二、智未熟；三、散乱；四、沉下。应知慧眼于作恶者，说名为盲；于作福者，说名有垢；于诸外道说名有翳。

复次，修法念住者，应正了知十一种杂染法：一、贪；二、瞋；三、痴；四、聚；五、散；六、沉；七、掉；八、随烦恼相；九、不乐远离；十、爱味；十一、增上慢。

复次，由四因缘，出世间道用世间道以为助伴。一、隐障诸盖故；二、远分制伏故；三、厌患朽坏故；四、法力滋润故。

复次，由四种相，当知如来所得天眼遍行一切有情义境[①]。一、现见住造能感一切趣业有情故；二、现见住种种无量生处有情故；三、现见有中有死生有情故；四、现见无中有死生有情故。

复次，为证诸法、为达诸法勤修行者，有七渐次能证诸法，能达诸法，谓于说法者恭敬承事；既承事已，审谛听法；审闻法已，法随法行；法随法行故，为住其心，摄正方便；摄正方便故，发勤精进；发勤精进故，远离内外不平等心起处方便，法、财二种障得清净；障清净故，于三摩地不生爱味，离增上慢。

复次，为对治九种所治故，应修四种念住：一、不厌离；二、不作意；三、止观随烦恼；四、沉下；五、不堪击难；六、于劣喜足；七、忘失教授；八、毁犯禁戒；九、弃舍善轭。

复次，诸出家者有五过失：一、不喜乐过失；二、贪著利养恭敬过失；三、追求亲属过失；四、轻懱过失；五、增上慢过失。诸在家者当知亦有五种过失：一、贪著过失；二、习近能障诸欲过失；三、摄受过失；四、造作恶行过失；五、不作善行过失。

复次，愚夫有四种相：一、不作善作；二、作于恶作；三、二种杂作；四、虽复一向作于善作，而于善作不如实知。

又有四种愚夫之相：一、不决定慧；二、邪决定慧；三、不起加行；四、所作奸诈。

又有四种愚夫之相：一、非处欢喜；二、非处愁忧；三、决定艰辛；四、先不观察。

又有四种愚夫之相：一、邪思构；二、邪发起；三、设施功劳多分无果；四、由此因缘多生愁叹。又诸愚夫多分少福，运业薄劣。

---

① 当知如来所得天眼遍行一切有情义境，底本与《资福藏》《碛砂藏》《赵城金藏》《普宁藏》《永乐南藏》《径山藏》《高丽藏》相同；《房山石经》“天”作“五”。

复次，五法相似，生死大海得大海名。一、处所无边相似故；二、甚深相似故；三、难渡相似故；四、不可饮相似故；五、大宝所依相似故。

复次，由五因缘，于诸财施，法施为胜。一者，财施于他身中发起恶行，法施决定起诸善行；二者，财施于他身中发起烦恼，法施能令对治烦恼；三者，财施于他身中无间引发有罪安乐，法施能令无间引发无罪安乐；四者，财施若佛现世，若不现世易可获得，法施若无诸佛现世难可获得；五者，财施施而有尽，法施施而无尽。

复次，应令五心随己自在而转，不应令己随彼诸心自在而转。何等为五？一、恶行方便心，于恶行中猛利趣入；二、善行方便心，于善行中不猛趣入；三、追求诸欲方便心，于非法凶暴追求欲中猛利趣入；四、受用诸欲方便心，深生贪染，乃至不见过患，不知出离，趣入受用[①]；五、出离远离方便心，于出离远离中速疾退转，于诸欲中，或于静虑诸爱味中速疾趣入。

复次，由五种相，诸烦恼魅甚于鬼魅。一者，若为一鬼所魅，唯则为此一鬼所魅；若为一烦恼所魅，必为无量烦恼所魅。二者，若为鬼魅所魅，或以咒术，或以缚害，或以资具，或以众药，易可治疗；若为烦恼魅之所魅，不可治疗。三者，若为鬼魅所魅，当于魅时，易可识别，下至婴儿亦能觉了；若为烦恼魅之所魅，当于魅时，难可识别，世聪慧者尚不能了。四者，若为鬼魅所魅，此魅是容[②]，易可摧伏，非是俱生，不即由彼成其自性；若为烦恼魅之所魅，此魅非客，难可摧伏，而是俱生，即由彼故，成其自性。五者，若为鬼魅所魅，不与一切余有情共；若为烦恼魅之所魅，必与一切余有情共。

① 乃至不见过患不知出离趣入受用，底本与《资福藏》《碛砂藏》《赵城金藏》《普宁藏》《永乐南藏》《径山藏》《高丽藏》相同；《房山石经》“知”作“如”。

② 此魅是容，底本与《资福藏》《碛砂藏》《普宁藏》《永乐南藏》《径山藏》相同；《房山石经》《赵城金藏》《高丽藏》“容”作“客”。

复次，或有苾刍，不如理思，虚妄计度谛故、实故，建立有我。当知此计略有五种虚诳过失：一者，随顺外道教转；二者，摄受外道妄见；三者，设不顺彼而转，然与外道共为同法；四者，若随外道教转，便为修行不出离道；五者，虽不随顺彼转，然与同法翻成异法。又二因缘故：一、于谛现观因缘起邪行故；二、于谛现观起邪行故。

复次，依止欲行、福行、展转同居行，有六种爱恚杂染、四种依处、五种对治。

云何六种爱恚杂染？一、境界贪，由此习近能障诸欲；二、怨憎瞋，由此于怨诸有情所发起憎恚；三、顺教贪，由此于他承受其教不得自在若有情所，广行种种恼害逼迫；四、增上瞋，由此于彼增上安乐、增上欢喜诸有情所，不欲令其得此兴盛，唯欲自得，杂起种种嫉妒不忍，变异不乐；第五、第六，有功德贪，有过失瞋，由此因缘，心不平等，于僧众中虽行惠施，修诸福业，而常伺求种种差别，若作不作，若恶所作，内怀忧苦，不安隐住。

云何四种依处？谓初境界为依处，余有情为依处。又初二依处各起一分杂染；所余依处，各起俱分杂染。

云何五种对治？一、不净；二、慈；三、悲；四、喜；五、舍。

复有异门六种爱恚杂染、五种对治。何等为六？一、事贪；二、事瞋；三、贪、瞋、痴杂染贪；四、不贪、不瞋、不痴不杂染瞋；五、不贪、不瞋、不痴不杂染贪；六、贪、瞋、痴杂染瞋。云何五种对治？谓不净与慈及三种作意：一、杂染无颠倒作意；二、不杂染无颠倒作意；三、杂染、不杂染无颠倒心弃舍贪瞋作意。

复次，有四种补特伽罗，应知出家得五种功德。云何四种补特伽罗？一、自依者；二、依他者；三、已熟者；四、未熟者。云何应知出家得五种功德？谓自依补特伽罗由出家故，弃舍王等所共财宝，依止不共清净尸罗，是名获得最初功德。依他补特伽罗，由出家故弃舍属他随他而转不自在事，获得自依不随于他自在转事，是名获得第二功德。已熟补特伽罗，由出家故若无余结，即便获得一切苦边，是名获得第三功德。若有余结，即便获得恶趣苦边，是名获得第四功德。未熟补特伽罗由出家故，于现法中解脱无量居家迫迮所有忧苦，积集无量顺解脱分广大善根，能令当来相续成熟，是名获得第五功德。

复次，有三种苦及九种相，应知随逐诸有漏行。云何三种苦？谓苦苦，乃至坏苦。云何九种相？谓一一苦各有三相，随逐一切有漏行法，故有九相：一、死所随缚故；二、起恶趣因所随缚故；三、诸恶趣生所随缚故；四、无常法故；五、于无常中苦法故；六、于苦中无我法故；七、顺爱味行生住乐故；八、变坏苦故；九、即由如是变坏苦性，诸有智者取为非出离法故。

复次，若有苾刍成就四支为众生者，乃能无倒教诫摄御所有徒众，修行自利利他正行。

云何四支？一、解脱随烦恼；二、不离正智；三、为令一切已生善法坚住不忘，修习圆满，倍增广故，摄受任持；四、为令一切未生善法得生起故，摄受任持。

云何苾刍解脱随烦恼？谓解脱五种随烦恼故。何等为五？一、思慕居家；二、毁犯禁戒；三、忆先所受分别俱行不正作意；四、躭著未来所有境界、发起贪忧；五、于法悭悋。

若诸愚夫于四大种造色自相不如实知，谓之为己父母、妻子乃至朋友、宰官、亲属及兄弟等，于唯形色谓戏笑等，于唯身语所有动作起有情想俱行作意。由此因缘，起邪分别，妄计为我父母、妻子乃至朋友、宰官、亲属及兄弟等。由此分别妄计因缘，发生种种居家思慕。诸有智者了知唯有诸色自相，无有情想，故能解脱初随烦恼。所以者何？从久远来，由见种种各别色形建立安布，或时与他而共集会。如是见已，便谓为我父母、妻子，广说乃至是我朋友、宰官、亲属，或谓为他，非生无色诸有情类有如是事。

又诸愚夫不如实知愚夫之相及智者相，由不如实知愚夫故[①]，恶思所思，恶说所说，恶作所作。凡所现行身、语、意业皆不清净，亦无清净尸罗正命。诸有智者如实知故，当知一切与彼相违，故能解脱第二随烦恼。

又诸愚夫于非如理不能如实知非如理，于其如理不能如实知是如理；于先所受随顺欲贪可意诸法，不正作意起欲寻思，坚著不舍，不弃不吐；于随顺恚不可意法起恚寻思，于随顺害不可意法起害寻思，余如前说。诸有智者，于其如理能如实知此是如理，于非如理能如实知此非如理，于先所受如前所说差别诸法，或不追忆，或正思惟，或不失念，于彼所缘不起欲寻乃至害寻。设复生起，而不坚著，广说如前，故能解脱第三随烦恼。

又诸愚夫于根护功德不如实知，不护过患不如实知。于现在世现前别境，发生爱恚杂染其心，于诸可意色等境界希慕欲见，于不可爱色等境界心生厌逆。于可意境心生希慕，是名为贪。怀此贪者[②]，若彼境界变坏之时，心便下慼，是名为忧。诸有智者一切道理，当知皆悉与此相违，故能解脱第四随烦恼。

又诸愚夫于诸贪欲不正法中不能如实知其过患，常为余四悭所漂溺，复起法悭。诸有智者于彼过患能如实知，于余四悭尚不生起，设起寻舍，终不坚著，况起法悭。彼既如是远离法悭，若遇乐法补特伽罗，即为宣说大师所说素怛缆、毗奈耶、摩怛理迦相应圣教，令其受持，广为无间分

① 由不如实知愚夫故，底本与《资福藏》《碛砂藏》《普宁藏》《永乐南藏》《径山藏》相同；《房山石经》《赵城金藏》《高丽藏》无“愚夫”字。

② 怀此贪者，底本与《房山石经》《资福藏》《碛砂藏》《普宁藏》《永乐南藏》《径山藏》《高丽藏》相同；《赵城金藏》“怀”作“坏”。

别开示，终不隐秘，故能解脱第五随烦恼。

是名苾刍成就第一解脱随烦恼支。

云何苾刍不离正智？谓有四智。何等为四？谓依最初离染相续通达八圣支道，立第一智；依证成办八圣支道，立余三智。谓有苾刍住异生位，作是思惟：“唯于诸佛世尊圣法毗奈耶中有八圣支道，非诸外道异论法中有如是道。若于是处有八圣支道，即于是处有沙门果，有诸沙门及沙门义，所谓涅槃。我今为证沙门果、沙门、沙门义故，应当发起八圣支道，修令清净。”由如是行于八圣支道中所有智，是名依通达八圣支道，立第一智。即以此智为依止、为建立，为欲证得成办如所通达八圣支道故，勇猛精进修余三智，谓闻所成智、思所成智、修所成智。

彼为勤修闻所成智，亦令此智得清净故，求闻正法。若有宣说如来所证法毗奈耶，即便往诣恭敬听受，证得欢喜、广大、妙善、出离所摄。自相高胜，故名广大；自性无罪，故名妙善；涅槃相应，故名出离所摄[①]。又为勤修思所成智，亦令此智得清净故，若知是处有诸苾刍持经律论而共集会，铨量决择经律论中深隐要义[②]，则便往趣请问诸谛。彼则为其建立诸谛所有自相证得方便，先未觉悟，令其觉悟，若已觉悟，开晓令知。即于一义文字差别，方便劝导，令不忘失。又于无我相应诸谛证得所依甚深义句，以慧通达，广为开示空性相应如来所说微妙法句。由此因缘，彼既证得闻、思所成智清净故，复更勤修修所成智，亦令此智得清净故，便于内身住循身观[③]，乃至广说修四念住皆应了知。如是名为依证成办八圣支

① 故名出离所摄，底本与《房山石经》《资福藏》《碛砂藏》《普宁藏》《永乐南藏》《径山藏》《高丽藏》相同；《赵城金藏》“故”作“故故”。

② 铨量决择经律论中深隐要义，底本与《房山石经》《资福藏》《碛砂藏》《普宁藏》《永乐南藏》《径山藏》《高丽藏》相同；《赵城金藏》“铨”作“诠”。

③ 便于内身住循身观，底本与《资福藏》《碛砂藏》《普宁藏》《永乐南藏》《径山藏》《高丽藏》相同；《房山石经》《赵城金藏》“循”作“修”。

道，建立三智。

是名苾刍成就第二不离正智支。

云何苾刍为令已生所有善法坚住不忘，广说乃至摄受任持[①]？谓诸苾刍依财食事，从清净信诸施主边，如量受取衣服等物，名曰任持。何以故？以诸苾刍。由此因缘身不羸顿，心有堪能，心无染恼，已生善法不退增长。

云何苾刍为令未生一切善法得生起故，摄受任持？谓诸苾刍年齿耆宿，戒行清高，了知涅槃所有喜乐于诸喜乐为最第一，善修圣道，离增上慢。若有苾刍能于彼所礼敬承事，善言随喜，离诸谄曲，无求过心，此能生彼，名曰任持。何以故？彼由如是正随转时，于时时间，从彼获得能发胜喜教诫教授，能令未生一切妙善菩提分法速得生起。

如是四支别分十一，十一与四，平等平等。

① 广说乃至摄受任持，底本与《房山石经》《赵城金藏》《径山藏》《高丽藏》相同；《资福藏》《碛砂藏》《普宁藏》《永乐南藏》“任”作“住”。

瑜伽师地论卷第七十一

摄决择分中声闻地之五

复次，有七种义：一、应推义；二、应摄义；三、应避义；四、应引义；五、应遮义；六、应持义；七、应发义。

复次，有七种喜：一、闻所引喜；二、思所引喜；三、修所引喜；四、离盖所引喜；五、议论所引喜；六、念自功德所引喜；七、于诸下劣不生知足所引喜。

复次，有五种法：一、教法；二、行法；三、摄受法；四、受用法；五、证法。

复次，具三种德方能善射：一、由弓德；二、由箭德；三、由中的德。弓有二德：一、其性坚牢；二、善作究竟。箭有一德，善作究竟。中的有三德：一、究竟工巧；二、串习工巧；三、师学工巧。

复次，如来教有三种：一、长时教；二、无间教；三、不重说教。

复次，如来无量法教皆由三种理趣：一、由义差别理趣；二、由文差别理趣；三、由难释差别理趣。

复次，夫涉道者须五对治：一、炎光对治；二、艰险对治；三、江河对治；四、枯竭对治；五、身劳对治。

复次，尸罗有二种相能生善趣[1]：一、摄受尸罗；二、不缺尸罗。

---

① 尸罗有二种相能生善趣，底本与《资福藏》《碛砂藏》《赵城金藏》《普宁藏》《永乐南藏》《径山藏》相同；《房山石经》《高丽藏》“生”作“往”。

复次，诸受欲者于现法中有三种义[①]：一、追寻财宝；二、守护财宝；三、躭著受用。

复次，寿命变坏有二种：一、麤变坏；二、细变坏。变坏分位亦有二种：一、麤；二、细。

复次，智有二德：一、正行义德；二、自性德。正行义德者[②]，谓速疾正行，决定正行，微细正行。自性德者，谓是定地不可退转，是出世间已善修习，于自所行无有罣礙，胜余一切自类善根，胜于一切他类善根。

复次，有三顾恋，修四念住能为对治：一、顾恋助伴；二、顾恋利养；三、顾恋后有。

复次，加行故，现观故，相续故。欲贪无明对治是加行，现见安立非安立谛是现观，已离欲未离欲是相续。又依故，地故，品故，未修定故，已修未得得故，所依清净障故，作意清净障故，彼障对治故。

复次，如说六种现观，谓思现观乃至究竟现观。

问：思现观有何相？

答：若有成就思现观者，能决定了诸行无常、一切行苦、诸法无我、涅槃寂静。住异生位，已能证得如是决定，非诸沙门、若婆罗门、若天魔梵及余所能如法引夺。

问：信现观有何相？

答：若有成就信现观者，或是异生，或非异生，或于现法及后法中[③]，终不妄称余是大师、余法善说、余僧正行。

---

① 诸受欲者于现法中法有三种义，底本与《资福藏》《碛砂藏》《普宁藏》《永乐南藏》《径山藏》相同；《房山石经》《赵城金藏》《高丽藏》“法有”作“有”。

② 正行义德者，底本与《房山石经》《资福藏》《赵城金藏》《普宁藏》《永乐南藏》《径山藏》《高丽藏》相同；《碛砂藏》“义”作“我”。

③ 或于现法及后法中，底本与《房山石经》《资福藏》《碛砂藏》《赵城金藏》《普宁藏》《永乐南藏》《径山藏》相同；《高丽藏》“及”作“或于现法及”。

问：戒现观有何相？

答：若有成就戒现观者，终不复能乃至故心断傍生命、不与而取、习欲邪行、知而妄语、饮米等酒诸放逸处。

问：现观智谛现观有何相？

答：若有成就现观智谛现观者，终不复能依诸妄见而有所作，于自所证而有疑惑，于诸生处而有贪染，现行世相计为清净，诽谤声闻、独觉、大乘作恶趣业，何况能造害父母等诸无间业①，乃至不能生第八有。

问：现观边智谛现观有何相？

答：若有成就现观边智谛现观者，终不于彼他所诘问而生怖畏。

问：究竟现观有何相？

答：若有成就究竟现观者，终不复能犯于五处。亦不复能乃至故断诸傍生命、不与而取、行非梵行习婬欲法、知而妄语、蓄积财宝诸妙欲具而受用之，亦不怖畏不可记事，亦不妄计所有苦乐自作、他作、自他俱作、非自非他为因而生。

如是等类，当知是名诸现观相。

问：思现观何自性？

答：上品思所成慧为自性，或此俱行菩提分法为自性。

问：信现观何自性？

答：缘三宝境，上品世间、出世间清净信为自性，或此俱行菩提分法为自性。

问：戒现观何自性？

答：圣所爱身语业为自性，或此俱行菩提分法为自性。

问：现观智谛现观何自性？

① 何况能造害父母等诸无间业，底本与《房山石经》《资福藏》《赵城金藏》《径山藏》《高丽藏》相同；《碛砂藏》《普宁藏》《永乐南藏》"害"作"善"。

答：缘非安立谛境慧为自性，或此俱行菩提分法为自性。

问：现观边智谛现观何自性？

答：缘安立谛境慧为自性，或此俱行菩提分法为自性。

问：究竟现观何自性？

答：尽无生智等为自性，或此俱行菩提分法为自性。

问：此六现观几欲界系，乃至几不系？

答：一唯欲界系；一种一分，或欲界系，或色界系，或无色界系；即此一分及余三，此四是不系；一通系及不系。

问：此六现观几依未至依可得[①]？几乃至依无所有处依可得？

答：一依非依可得，余依一切依可得。又三依五依生，一种一分亦尔。

问：若现观智谛现观离众相故，名无分别，云何依有寻有伺依可得？

答：由彼思惟寻伺等全分静虑真如而入于定，是故虽依有寻有伺静虑可得，然是离相，无有分别。

问：此诸现观几缘世俗谛？几缘胜义谛？

答：一缘世俗谛，及一种一分；一无所缘；二缘安立胜义谛，及一种一分；一缘非安立胜义谛，及一种一分。

问：此诸现观，几有相？几无相？

答：四有相，一无相，一亦有相亦无相。

问：此诸现观，几有分别？几无分别？

答：如有相、无相，当知有分别、无分别亦尔。

问：此诸现观，几喜俱行？几乐俱行？几舍俱行？

答：初唯喜俱行，余通喜、乐、舍俱行。

问：此诸现观，几是坏对治？几是断对治？几是持对治？几是远分

① 此六现观几依未至依可得，底本与《房山石经》《资福藏》《赵城金藏》《普宁藏》《径山藏》《高丽藏》相同；《碛砂藏》《永乐南藏》“六”作“入”。

对治？

答：二唯坏对治，一通断、持、远分对治，一通持、远分对治，二非对治。

问：此诸现观，几是诸缠制伏对治，几是随眠永害对治？

答：三是诸缠制伏对治，一俱对治，二俱非对治。

问：此诸现观，几是地地耎、中、上品烦恼断对治？

答：一，余随顺此，为此助伴，非断对治。

问：六现观九遍智[①]，谓欲系见苦、集所断烦恼断故，立初遍智；色无色系见苦、集所断烦恼断故，立第二遍智；欲系见灭所断烦恼断故，立第三遍智；见道所断烦恼断故[②]，立第四遍智。色无色繫见灭所断烦恼断故[③]，立第五遍智；见道所断烦恼断故[④]，立第六遍智；下分结断故，立第七遍智；色贪断故，立第八遍智；无色贪断故，立第九遍智。此六现观，谁得几遍智果？

答：一得九遍智果，余不得彼果。

问：此诸现观能为烦恼断对治者，为生已作断对治耶？为未生耶？

答：此非未生，虽言生已，而非后时。当知烦恼断时，对治生时，平等平等，即于尔时假施设说对治生已[⑤]，诸烦恼断。

---

① 六现观九遍智，底本与《房山石经》《资福藏》《碛砂藏》《赵城金藏》《普宁藏》《永乐南藏》《径山藏》相同；《高丽藏》“九”作“得九”。

② 见道所断烦恼断故，底本与《资福藏》《碛砂藏》《赵城金藏》《普宁藏》《永乐南藏》《径山藏》相同；《房山石经》《高丽藏》“见道”作“色无色繫见灭”。

③ 色无色繫见灭所断烦恼断故，底本与《资福藏》《碛砂藏》《赵城金藏》《普宁藏》《永乐南藏》《径山藏》相同；《房山石经》《高丽藏》“色无色”作“欲”，“灭”作“道”。

④ 见道所断烦恼断故，底本与《资福藏》《碛砂藏》《赵城金藏》《普宁藏》《永乐南藏》《径山藏》相同；《房山石经》《高丽藏》“见”作“色无色繫见”。

⑤ 即于尔时假施设说对治生已，底本与《房山石经》《碛砂藏》《普宁藏》《永乐南藏》《径山藏》《高丽藏》相同；《资福藏》《赵城金藏》“假”作“假托”。

问：此诸现观，谁得几果？

答：一得一切四果，一得圆满沙门果时，余是得一助伴，是得前行。

问：是诸现观，几能转根？

答：除一，余一切。

问：是诸现观，几能引发诸神通等殊胜功德？

答：除一，余一切。

问：思现观当言作何业？乃至究竟现观当言作何业？

答：思现观，当言能生正行所摄清净品善法为业，能生无罪欢喜为业，能转一切所疑为业，能趣入修功德为业，能引所余现观为业，能往一切善趣为业。信现观，由意乐故，于三宝中能生不动胜解为业，正行清净为业，一分能往善趣为业。戒现观，解脱恶趣众苦为业。现观智谛现观，能得一切沙门果为业，能引发一切功德清净为业，能引所余现观为业，能于善趣助感光净果及异熟为业。现观边智谛现观，能于一切安立谛中问答善巧为业，速疾通慧为业，能引此后现观为业。究竟现观，能引第一现法乐住为业，解脱一切生死大苦为业，任持最后身为业[①]。

问：思现观有几种？乃至究竟现观有几种？

答：思现观当知有无量种，谓契经思，应诵思，记别思，乃至方广、未曾有法、论义思，苦思，集、灭、道思，真如、实际、法界思，蕴、界、处等思，声闻乘等思，大乘思。如是等类，当知差别有无量思。信现观亦无量种，谓正忆念过去无量三藐三佛陀及彼法、彼僧。如于过去，未来、现在亦尔。又正忆念此世界中及余十方无量世界所有如来及彼法、彼僧。随正忆念有尔所量，亦有尔所信现观体品数差别。戒现观亦无量种，谓随远离十种不善性罪业道差别多种。又随相续亦有多种，谓预流身乃至阿罗汉身，

① 任持最后身为业，底本与《房山石经》《资福藏》《碛砂藏》《赵城金藏》《普宁藏》《永乐南藏》《径山藏》相同；《高丽藏》“任”作“住”。

独觉、菩萨、如来身等无量差别。现观智谛现观亦无量种，谓念住、正断、神足、根、力、觉支、道支等菩提分法无量差别。如现观智谛现观，当知现观边智谛现观。究竟现观亦尔。

问：此诸现观由如是名、由如是言所安立故，当言是彼自性，当言非彼自性耶？

答：世俗说故，当言是彼自性；第一义故，当言非彼自性。何以故？一切法义，法尔不可说故。

问：思现观何因何果？如是乃至究竟现观何因何果？

答：思现观以佛出世、亲近善士、听闻正法、相续成熟、如理作意为因，以所作业为果。如思现观，一切现观当知亦尔。此中差别者，信现观亦以余现观为因，戒现观亦尔。现观智谛现观亦以思现观为因，亦以顺决择分善根为因，亦以自种性为因。现观边智谛现观，亦以现观智谛现观为因，究竟现观亦尔。

问：六现观，七作意谓了相等，为六现观摄七作意，为七作意摄六现观耶？

答：二现观非作意摄，一现观摄乐作意摄，一现观摄乐作意观察作意摄，一现观远离作意摄乐作意加行究竟作意摄[1]，一现观加行究竟果作意摄，余作意当知是现观等流摄，非现观摄，谓了相作意胜解作意。

问：无边际智及顺决择分善根何现观摄？

答：非诸现观摄，当知是现观等流。

问：诸思现观亦信现观耶？设信现观亦思现观耶？

答：应作四句：或有思现观非信现观，谓除缘宝决定思，诸余缘决定

① 一现观远离作意摄乐作意加行究竟作意摄，底本与《资福藏》《碛砂藏》《赵城金藏》《普宁藏》《永乐南藏》《径山藏》《高丽藏》相同；《房山石经》“加行”作“方便”，下同。

思；或有信现观非思现观，谓缘宝闻修所成信；或有思现观亦信现观，谓缘宝决定思；除上尔所相，是第四句。由此道理，应知所余亦应作四句。复有无量一行、顺前句、顺后句、四句等道理，依声闻地决择道理，皆当了知。

复次，悭之与垢，合名悭垢。由八种垢汙心相续，能与其悭作安足处，是故说彼名为悭垢。云何为八？一、于惠施先不串习，于现法中爱重财食；二、于身命极重顾恋，不顾后世；三、与悭者恒共止住，又随顺彼；四、见所施田无胜功德[①]及拣择福田；五、于慈悲先不串习及于彼处不见胜德；六、以诸财宝难可积集，数习彼想，故生懒惰及与懈怠；七、执取于见，及谓惠舍有彼杂染；八、悕求财宝而行惠施及回向于彼。

复次，有五种行名为调善：一、感财富行；二、感善趣行；三、感无苦行；四、感自义行；五、感他义行。感财富行者，谓施性福业事；感善趣行者，谓戒性福业事；感无苦行者，谓修性福业事；感自义行者，谓声闻、独觉道；感他义行者，谓菩萨道。

为得彼故应修五想：一、于诸欲中修不净想；二、于自身命修速灭想；三、于欲界中修有怖想；四、于诸行中修无常想；五、于诸众生修哀愍想。

复次，当释《醍醐喻经》。

云何了知契经乃至论义？谓略由五相：一、了知假名故；二、了知摄受故；三、了知次第故；四、了知圣教故；五、了知依处故。

云何了知假名[②]？谓能了知差别法门名相施设[③]。云何了知摄受？谓能了知名身、句身、文身，由此宣说差别法门。云何了知次第？谓能了知从此

---

① 见所施田无胜功德，底本与《房山石经》《资福藏》《碛砂藏》《普宁藏》《永乐南藏》《径山藏》《高丽藏》相同；《赵城金藏》“田”作“由”。

② 云何了知假名，底本与《资福藏》《碛砂藏》《普宁藏》《永乐南藏》《径山藏》《高丽藏》相同；《房山石经》《赵城金藏》“了知”作“知了”。

③ 谓能了知差别法门名相施设，底本与《径山藏》相同；《房山石经》《资福藏》《碛砂藏》《赵城金藏》《普宁藏》《永乐南藏》《高丽藏》“相”作“想”。

法门至彼法门，从此句至彼句所有次第。云何了知圣教？谓能了知如是法门如来所说，或弟子说，或在家说，或出家说。云何了知依处？谓能了知如是法门依自利说，如是法门依利他说，如是法门乃至为令天人利益安乐故说。如是名为略由五相，了知契经乃至论义。

云何了知彼彼语义？亦由五相：一、了知缘起故；二、了知句差别故；三、了知次第故；四、了知道理故；五、了知略义故。

云何了知缘起？谓能了知一分所化应示现义，乃至一分所化应庆喜义。云何了知句差别？谓能了知异门、异相训释言词品类差别。云何了知次第？谓能了知解释次第、成立次第、圆满次第。云何了知道理？谓能了知四种道理：一、观待道理；二、证成道理；三、作用道理；四、法尔道理。云何了知略义？谓能了知此是蕴相应语，此是界、处、缘起、处、非处、谛相应语，此是念住等相应语，乃至此是八圣支道相应语，此是业相应语，此是烦恼相应语，此是增上戒等学相应语。

复次，云何知时？谓由五相故：一、通达正现在前杂染故；二、通达将现在前杂染故；三、通达不染汙位故；四、等起对治作意故；五、对治作意故。

复次，云何知量？谓于所食、所饮、所噉，乃至广说。当知此中，略说二种断随顺性：一、任持随顺性；二、精进随顺性。任持随顺性者，谓于所食、所饮、所啖、所尝善知其量。精进随顺性者，谓于若行若住，乃至广说，善知其量。

此中，云何于所食等善知其量？谓于受取及受用中皆善知量。于受取中善知量者，谓于此时应受，从此应受，此所应受，齐此应受。何时应受？谓日初分，即于此时为受用故。从何应受？谓除五种非所行处。何所应受？谓清净物，如来所许，除酒肉等所不应饮、不应食物。齐何应受？谓知量而受，勿令自损，或损于他。

于受用中善知量者，谓如所受，于此时中应可受用。于何时中应可受用？谓如前说，日之初分是受用时。于何处所应可受用？谓于好处，或居道场，或在聚落。何所应受用？谓如前说，清净物等。齐何应受用？谓善知量，应可受用，勿令饥恼，勿不顺断，勿令诸界起不平等。

云何于勤精进善知其量？谓于此时、此处、此事、齐此，应勤精进。于何等时应勤精进？谓于应行时而行，乃至于应解睡眠时而解睡眠。于何处所应勤精进？谓于闲林，或在道场，或居内院，或经行处应修精进。于何等事应修精进？谓应勤行，勤住乃至勤解睡眠劳倦。齐何应修所有精进？谓善知量，而修精进，勿因此故，太沉太举。

复次，云何善知刹帝利众？谓善了知刹帝利众如是名、如是种、如是性、如是食，乃至如是寿量边际，如是乃至善知长者居士等众。云何善知诸沙门众？谓能善知彼如是名，此是少年，此是长年，此是耆年，此持经者，乃至此是能持论者，善知此是瑜伽师等。

复次，云何善知我于是中应当往诣，乃至应默？谓若略说，为此应往，乃至应默，及如此应往，乃至应默。何所为故，诣在家众，乃至应默？谓为乞求资生众具，或复为令未信者信，信者增长，或为慰问遭重疾病受众苦者，或为开解诸愁忧者，或为和好展转怨对互相违者，或为随顺他所作事，或复为他之所劝请，或为随从轨范、亲教同梵行者，或为经营僧所作事，是故应往，乃至应默。

云何了知应如是往？谓如“声闻地”已说其相。云何了知应如是住？谓往诣已，不应即入，至内门侧，伏慢而住，或无疑虑，徐入其家，至相见处，从容而住，先言慰问，含笑开颜，远离颦蹙，方申爱语。云何了知应如是坐？谓佛开许随其所有如法之坐，以正威仪，端严而坐。云何了知应如是语？谓善了知如时、如理、如量、寂静、质直而语。时有三种：一者，乐闻，非不乐闻。不乐闻者，谓如有一，或饥，或渴，或身疲倦，或风热等之所逼恼，是名初时。二者，安住如法威仪，非非威仪[①]。或复有一虽乐欲闻，非威仪。住非威仪者，谓不应立为坐者说[②]，除彼重病，如别解脱经广说其相。是第二时。三者，其心无有染恼，非染恼心。染恼心者，谓如有一，其心忽遽[③]，于彼彼事增上勤劬，或荒或乱，或复浑浊，或他仆使，或作业者，或复杀者、敌者、怨者。是第三时。

理有三种，谓有求请、如法求请、如量求请，方为宣说、如法为说、有义利说。

由三种相，当知如量：一、不乱不杂，而有所说；二、圆满文句，宣说诸法；三、凡所宣说，言词不重[④]，谓不重说所有言词。若诸语言无用非义，尚不少说，何况多说。

当知寂静亦有三种：一、威仪寂静；二、言音寂静；三、其心寂静。威仪寂静者，谓诸根寂静，无有躁扰，亦不高举，肢节不动，而有所说。言音寂静者，谓有所说，声不太高，亦不大急。心寂静者，谓虽触恼，亦不生愤，而有所说，况不触恼。又无染心，而有所说。

又质直语亦有三种，谓如时语时，乃至寂静语时，或由宿习方便，任性而语；或由现法串习方便加行作意而语[⑤]；或由爱乐学处，以思择力而自制伏，方有所说，于一切时，无有虚诳，若隐若显，所言无二。

---

① 非非威仪，底本与《房山石经》《资福藏》《碛砂藏》《普宁藏》《永乐南藏》《径山藏》《高丽藏》相同；《赵城金藏》“非非”作“非”。

② 谓不应立为坐者说，底本与《房山石经》《资福藏》《碛砂藏》《普宁藏》《永乐南藏》《径山藏》《高丽藏》相同；《赵城金藏》“立”作“云”。

③ 谓如有一其心忽遽，底本与《径山藏》相同；《房山石经》《资福藏》《碛砂藏》《赵城金藏》《普宁藏》《永乐南藏》《高丽藏》“忽”作“忩”。

④ 凡所宣说言词不重，底本与《房山石经》《资福藏》《赵城金藏》《普宁藏》《永乐南藏》《径山藏》《高丽藏》相同；《碛砂藏》“凡”作“已”。

⑤ 或由现法串习方便加行作意而语，底本与《资福藏》《碛砂藏》《普宁藏》《永乐南藏》《径山藏》相同；《房山石经》《赵城金藏》《高丽藏》无“方便”字。

云何了知应默？谓善了知于五时中应当默然：一者，说者正说语时，若彼听者故作异言，现相喧乱，尔时说者宜当默然。二者，说者正说语时，若彼听者拨言："且止！吾不欲闻。"尔时说者宜当默然。三者，说者正说语时，若彼听者于说者所起求过心，发违诤言，现相乖背，尔时说者宜当默然。四者，施主以衣食等来相屈请，尔时受者宜当默然，而许可之。五者，若有敌论者，来现相较论，尔时论者宜当默然，听其言说。

复次，且由三相，应自了知己所有信，乃至是善男子。一、由依处故；二、由自性故；三、由时分故。云何由依处故了知己信？谓如实知若事是信之所依处，信缘彼生，当知彼事决定是我信所依处。云何由自性故了知己信？谓如实知輭、中、上品己所有信。云何由时分故了知己信？谓如实知我于某时已得是信。如了知信，如是戒等、辩等为后，皆当了知。此中，信是趣入支，戒是入已奢摩他支，闻是毗钵舍那支，舍是奢摩他、毗钵舍那资粮支，内思所成慧及他随顺教授教诫，是能摄受奢摩他、毗钵舍那支。依止此故，证奢摩他、毗钵舍那，及能证得诸沙门果。于自所证诸深细义，若有欲知而生疑惑，为断疑故，如自所证，为彼宣说。又为降伏诸敌论者，故须有辩。于他身语邪行起时，须有忍辱柔和所摄善男子性。

复次，由三因缘，发生不信：一、由不正知三宝功德故[①]；二、行外道见故；三、未遇诸佛及圣弟子三种神变随其一种所调伏故。

复次，由三因缘，不能数往寂静园林：一、放逸懈怠所拘执故；二、多事业故；三、信顺人故。

复次，由三因缘，为性不好造诣于他：一、性无畏故；二、性高慢故；三、依文字故。

---

① 由不正知三宝功德故，底本与《房山石经》《资福藏》《碛砂藏》《普宁藏》《永乐南藏》《径山藏》《高丽藏》相同；《赵城金藏》无"功"字。

由三因缘，为性不好亲近于他：一、性不黠利故；二、性非福田故；三、无极欲乐故。

由三因缘，为性不好请问于他：一、于法不善故；二、于义不善故；三、于二俱不善故。

由三因缘，不能审听：一、多寻伺故；二、多物务故；三、多诸盖缠杂染心故。

由三因缘，为性不能决定任持：一、不听闻故；二、恶听闻故；三、覆慧胜慧故[①]。

由三因缘，为性不能观察诸法：一、乐著戏论故；二、爱居愦闹故；三、不成就审观察慧故[②]。

由三因缘，为性不能法随法行：一、由顾惜身命；二、由即彼增上力故乐著利养；三、由乐著恭敬。

由三因缘，不乐修行利他之行：一、性是下劣种性故；二、卑微薄故[③]；三、无势力故。

如是白品，与上相违，应知其相。

复次，诸圣弟子非一众多种种游观，其事可得，所谓河滨游观、山谷游观、鬼趣游观，如是等类种种游观，其事可得。

问：何因缘故，诸大声闻已得神通，乃往鬼趣诘问诸鬼自先业报[④]，

---

① 覆慧胜慧故，底本与《资福藏》《碛砂藏》《普宁藏》《永乐南藏》《径山藏》《高丽藏》相同；《房山石经》《赵城金藏》“覆慧”作“覆隐”。

② 不成就审观察慧故，底本与《房山石经》《资福藏》《碛砂藏》《赵城金藏》《普宁藏》《永乐南藏》《径山藏》相同；《高丽藏》无“观”字。

③ 卑微薄故，底本与《资福藏》《碛砂藏》《普宁藏》《永乐南藏》《径山藏》相同；《房山石经》《赵城金藏》《高丽藏》“卑”作“悲”。

④ 乃往鬼趣诘问诸鬼自先业报，底本与《房山石经》《资福藏》《赵城金藏》《普宁藏》《永乐南藏》《径山藏》《高丽藏》相同；《碛砂藏》“诘”作“语”。

为为除自疑故[1]，为为饶益众生故[2]？若为除自疑者，已得神通，不应道理。若为饶益众生者，当说云何饶益众生？

答：为饶益众生故，谓欲饶益此诸饿鬼及余众生。何以故？由神通力，令诸饿鬼忆念宿世，自说先身所作恶业深生厌悔，因为说法便能领悟。由此因缘，速免鬼趣[3]，如是说名饶益诸鬼。已得神通诸大声闻，闻彼所说种种所受不可爱果先世恶业，乃还人间，展转宣告，他既闻已，心生厌患，断恶修善，如是说名利余众生。

复次，由六种相，当知欲行诸色名麤。云何六相说彼名麤？一、众多故麤；二、沈重故麤；三、不净故麤；四、坚强故麤；五、变坏故麤；六、不随心转故麤。

于此地中，余决择文更不复现。又《独觉地》诸决择文亦不复现。

---

① 为为除自疑故，底本与《资福藏》《碛砂藏》《赵城金藏》《普宁藏》《永乐南藏》《径山藏》《高丽藏》相同；《房山石经》"为为"作"为"。

② 为为饶益众生故，底本与《资福藏》《碛砂藏》《赵城金藏》《普宁藏》《永乐南藏》《径山藏》《高丽藏》相同；《房山石经》"为为"作"为"。

③ 速免鬼趣，底本与《房山石经》《资福藏》《碛砂藏》《普宁藏》《永乐南藏》《径山藏》相同；《赵城金藏》《高丽藏》"免"作"离"。

瑜伽师地论卷第七十二

摄决择分中菩萨地之一

如是已说声闻地等决择。菩萨地决择，我今当说。谓如成立声闻种性，当知成立菩萨种性，亦复如是。

复次，有十发心，谓世俗受发心、得法性发心、不决定发心、决定发心、不清净发心、清净发心、羸劣发心、强盛发心、未成果发心、已成果发心。

世俗受发心者，谓诸菩萨未入菩萨正性离生所有发心。得法性发心者，谓诸菩萨已入菩萨正性离生及回向菩提诸声闻等所有发心。不决定发心者，谓非彼种性，设彼种性复退还法，所有发心。与此相违，当知名为决定发心。

不清净发心者，谓如有一，或随他转，或被陵逼[1]，不揆不量，或怖王难，或怖贼难，或怖鬼难，或怖退转，或为活命，或为利养恭敬因缘，或复矫诳，如是等类而发心者，当知皆名不清净发心。与此相违而发心者，名清净发心。

羸劣发心者，谓如有一已发心菩萨，贪、瞋、痴缠所蔽伏故，舍于正行，处于邪行。与此相违，名强盛发心。

未成果发心者，谓从胜解行地乃至第十地所有发心[2]。

① 或被陵逼，底本与《资福藏》《碛砂藏》《普宁藏》《永乐南藏》《径山藏》《高丽藏》相同；《房山石经》“陵”作“数”，下同。

② 谓从胜解行地乃至第十地所有发心，底本与《房山石经》《资福藏》《普宁藏》《永乐南藏》《径山藏》《高丽藏》相同；《碛砂藏》“从”作“如”。

已成果发心者，谓如来地所有发心。如世尊言：“我已解脱难行之行，我于一切难行之行极善解脱，自正愿满，亦令于他趣证菩提。”

此十发心，几染汙、几不染汙等，广决择文更不复现。

复次，有四种心，菩萨应当恒常随护。一、闻思所成心；二、悲心；三、资粮心；四、修所成心。

复次，菩萨有九正行，依于自义及与他义。一、于生死正行；二、于有情正行；三、于自己正行；四、于诸欲正行；五、于身、语、意业正行；六、于不应损恼有情正行；七、于无间修善法正行；八、于内心奢摩他正行；九、于增上慧法毗钵舍那正行。

云何菩萨于生死中行于正行？谓如病者于所有病、于辛苦药。云何菩萨于诸有情行于正行？谓如良医于有病者。云何菩萨于自体上行于正行？谓如善巧家长于未成就幼童。云何菩萨于诸欲中行于正行，谓如商主行于商路，于诸贿货[①]。云何菩萨于身、语、意业行于正行？谓如浣染衣者于诸衣服。云何菩萨于不应损恼有情行于正行？谓如慈父于己膝上放失便利婴孩小儿。云何菩萨于无间修诸善法中行于正行？谓如求火者施功于燧。云何菩萨于内心奢摩他中行于正行？谓如其主于能致财可委付者。云何菩萨于增上慧法毗钵舍那中行于正行？谓如善幻者于诸幻事。余决择文更不复现。

复次，若于五种有情众中起邪行时，说名无哀无愍，无有伤叹。一、于乞求者；二、于危厄者；三、于有恩者；四、于乐乐者；五、于乐法者。言乞求者，略有五种：一、求饮食；二、求衣服；三、求房舍；四、求病缘医药资具；五、求救护。其危厄者，亦有五种：一、住艰乏者；二、住迷乱者；三、来归依者；四、相投委者；五、来拜觐者。其有恩者，亦有五种：一、母；

① 于诸贿货，底本与《房山石经》《资福藏》《碛砂藏》《普宁藏》《永乐南藏》《径山藏》相同；《高丽藏》“贿”作“财”。

二、父；三、妻子；四、奴婢仆使；五、朋友、兄弟、亲属、宰官。其乐乐者，亦有五种：一、爱乐事业兴盛乐；二、爱乐事业兴盛不乖离乐；三、爱乐时节变异苦远离乐；四、爱乐解疲倦乐；五、爱乐求升进乐[①]。其乐法者，亦有五种：一、乐说正法；二、乐受持读诵；三、乐论议决择；四、乐教授教诫；五、乐法随法行。

此中邪行者，谓于是中，或作加行故，或不作加行故，或不饶益加行故，或中庸加行故，应知其相。

复次，于有情中有五种不堪任性，若诸有情成就此者，诸佛如来尚难化度，况诸菩萨，或复余者。诸佛如来虽欲于彼作义利乐，然彼不能领受所作义利乐事，又于所作能为障碍，况诸菩萨，或复余者。何等为五？一、于清净无堪任性；二、于加行无堪任性；三、于彼果成办无堪任性；四、于加行及彼果成办无堪任性；五、于摄受饶益无堪任性。于清净无堪任性者，谓如有一，本性无有般涅槃法。于加法无堪任性者[②]，谓如有一，同般涅槃法相续已熟，于此无间，造作积集能障正加行业，由此因缘，于现法中无有堪能修正方便。于彼果成办无堪任性者，谓如有一，同般涅槃法相续未熟，不作不集能障正加行业，由此因缘，无有功能成办彼果。于加行及彼果成办无堪任性者，谓如有一，同般涅槃法相续未熟，于此无间，造作积集能障正加行业，由此因缘，俱无堪能。于摄受饶益无堪任性者，谓如有一，于此无间，造作积集能感定受贫穷匮乏苦恼之业，由此因缘，于现法中，无有堪能令彼巨富无匮安乐。与此相违，当知五种有堪任性。

复次，若欲了知真实义者，当先了知略有五事。

① 爱乐求升进乐，底本与《资福藏》《碛砂藏》《普宁藏》《永乐南藏》《径山藏》《高丽藏》相同；《房山石经》“升”作“胜”。

② 于加法无堪任性者，底本与《资福藏》《碛砂藏》《普宁藏》《永乐南藏》《径山藏》相同；《房山石经》《高丽藏》“法”作“行”。

嗢柁南曰[1]：

总举别分别，有实世俗等[2]，

若生若异等，相行等色等。

云何五事？一、相；二、名；三、分别；四、真如；五、正智。

何等为相？谓若略说，所有言谈安足处事。

何等为名？谓即于相所有增语。

何等为分别？谓三界行中所有心、心所[3]。

何等为真如？谓法无我所显，圣智所行，非一切言谈安足处事。

何等为正智？谓略有二种：一、唯出世间正智；二、世间出世间正智。

何等名为唯出世间正智？谓由此故，声闻、独觉、诸菩萨等，通达真如。又由此故，彼诸菩萨于五明处善修方便，多住如是一切遍行真如智故，速证圆满所知障净。

何等名为世间出世间正智？谓声闻、独觉以初正智通达真如已。由此后所得世间出世间正智，于诸安立谛中，令心厌怖三界过患，爱味三界寂静。又由多分安住此故，速证圆满烦恼障净。又即此智未曾得义，名出世间；缘言说相为境界义，亦名世间，是故说为世间出世间。世尊依此密意，说如是言："我说有世间智，有出世间智，有世间出世间智。"若分别所摄智，唯名为世间；初正智所摄智，唯名出世间；第二正智所摄智，通名世间出世间。

问：相当言有耶？当言无耶？

① 嗢柁南曰，底本与《资福藏》《碛砂藏》《普宁藏》《永乐南藏》《径山藏》相同；《房山石经》《赵城金藏》《高丽藏》"柁"作"拕"，下同。

② 世俗等，底本与《资福藏》《碛砂藏》《普宁藏》《永乐南藏》《径山藏》相同；《房山石经》《高丽藏》"等"作"事"。

③ 谓三界行中所有心、心所，底本与《资福藏》《碛砂藏》《普宁藏》《永乐南藏》《径山藏》《高丽藏》相同；《房山石经》"所"作"法"。

答：当言是有。

问：为如自性差别假立故立，如是当言有耶？

答：如是当言无。

问：为如分别所行境，如是当言有耶？

答：如是当言有[1]。如是菩萨于相有性，得善巧故，于诸相中，善记为有，善记为无，善记为亦有亦无，善记为非有非无。彼由如是善记别故，远离增益、损减二边，行于中道，善说法界。

问：此相为以言说义当言是有，为以离言说义当言是有？

答：俱由二义，当言是有。何以故？若如语言安立足处，如是以言说义当言是有，若如自性差别假立不成就义，如是以离言说义当言是有。如相，名、分别亦尔。

问：真如、正智当言有耶？当言无耶？

答：当言是有。

问：相当言实有，当言假有？

答：实有行中，当言实有；假有行中，当言假有。有相诸行亦有二种。

问：名当言实有，当言假有？

答：当言假有，唯于相中假施设故。

问：分别当言实有，当言假有？

答：二种俱有。

问：真如当言实有，当言假有？

答：当言实有，胜义摄故。

问：正智当言实有，当言假有？

① “如是当言无”至“如是当言有”，底本与《资福藏》《碛砂藏》《普宁藏》《永乐南藏》《径山藏》《高丽藏》相同；《房山石经》无“无。问：为如分别所行境，如是当言有耶？答：如是当言”20字。

答：当言俱有。此中，智是实有，若智眷属诸心、心所[①]，亦名为智，说之为假，故有二种。

问：相当言世俗有，当言胜义有？

答：当言世俗有。由二因缘故：一、杂染起故；二、施设器故。

问：名当言世俗有，当言胜义有？

答：当言世俗有。由三因缘故：一、杂染起故；二、施设器故；三、言说所依故。

问：分别当言世俗有，当言胜义有？

答：当言世俗有。由四因缘故：一、杂染起故；二、施设器故；三、言说随眠故；四、言说随觉故。

问：真如当言世俗有，当言胜义有？

答：当言胜义有，是清净所缘境性故。

问：正智当言世俗有，当言胜义有？

答：初正智当言胜义有，第二正智当言俱有。

问：相当言谁所生？

答：当言相所生及先分别所生。

问：名当言谁所生？

答：当言补特伽罗欲所生。

问：分别当言谁所生？

答：当言分别所生及相所生。

问：真如当言谁所生？

答：当言无生。

问：正智当言谁所生？

① 若智眷属诸心、心所，底本与《资福藏》《碛砂藏》《普宁藏》《永乐南藏》《径山藏》《高丽藏》相同；《房山石经》“所”作“法”。

答：当言由听闻正法、如理作意，正智得生。

问：相与名当言异，当言不异？

答：俱不可说。何以故？俱有过故。异有何过？名应实有。不异，有何过？若取相时，应亦取名。

问：相与分别当言异，当言不异？

答：俱不可说。何以故？俱有过故。异有何过？分别，应非相为性。不异有何过？离分别外所有诸相应以分别为性。

问：相与真如当言异，当言不异？

答：俱不可说。何以故？俱有过故。异有何过？诸相之胜义，应非即真如。又修观者应舍诸相，别求真如。又于真如得正觉时，不应于相亦得正觉。不异有何过？如真如无差别，一切相，亦应无差别。又得相时，应得真如。又得真如时，亦如得相，应不清净。如诸行上，有无常、苦、无我共相，虽复是有，而不可说与彼诸行若异不异。又如身心麤重、轻安，虽复是有，而不可说与彼身心若异不异。又如善、恶、无记法中，种子虽有，而不可说与彼诸法若异不异。何以故？俱有过故。又如虚空遍一切故，于诸色处虽有虚空，而不可说与彼诸色若异不异。何以故？俱有过故。异有何过？不遍一切故，虚空应无常。不异有何过？离色虚空应无所有。此中道理，如其所应，当知亦尔。声闻乘中，有处世尊依于诸行，显示不异亦非不异记别道理。如说："苾刍！取非即蕴，亦不离蕴。"此中，欲贪说名为取。不异何过[①]？谤蕴中善、无记法不清净过。异有何过？于诸取中增益常性不清净过。如相与真如不异非不异道理，名、分别、正智与真如当知亦尔。

问：相与正智当言异，当言不异？

答：如与分别俱不可说。

---

① 不异何过，底本与《房山石经》《资福藏》《碛砂藏》《普宁藏》《永乐南藏》《径山藏》相同；《高丽藏》"何"作"有何"。

问：名与分别当言异，当言不异？

答：当言异。

问：名与正智当言异，当言不异？

答：当言异。

问：分别与正智当言异，当言不异？

答：当言异。

问：相有何相？

答：分别所行相。

问：名有何相？

答：言说所依相。

问：分别有何相？

答：相为所行相。

问：真如有何相？

答：正智所行相。

问：正智有何相？

答：真如为所行相。

问：相有何行相？

答：应知此相，有种种行相、无量行相，由分别行相种种无量故。谓色相、心相、心所有相、心不相应行相、无为相、蕴相、界相、处相、缘起相、处非处相、根相、谛相、念住相、正断相、神足相、根相、力相、觉支相、道支相、行迹相、法迹相、奢摩他相、毗钵舍那相、举相、舍相、缘相、依相、地相、水相、火相、风相、空相、识相、此世界相、彼世界相、日相、月相、那落迦相、傍生相、饿鬼相、人相、四大王众天相、三十三天相、夜摩天相、 睹史多天相、乐化天相、他化自在天相、初静虑相、第二静虑相、第三静虑相、第四静虑相、空无边处相、识无边处相、无所有处相、非想非非想处相、起相、尽相、有相、非有相、杂染相、清净相、见闻觉知相、已得寻求相、心随寻伺相，如是等类余无量相。

复有六相：一、有相相；二、无相相；三、狭小相；四、广大相；五、无量相；六、无所有相。云何有相相？谓解了事名分别所有相。云何无相相？谓不解了事名分别所有相。云何狭小相？谓欲界事分别所有相。云何广大相？谓色界事分别所有相。云何无量相？谓空识无边处无色界事分别所有相。云何无所有相？谓无所有处无色界事分别所有相。

复有余五相：一、相相；二、名相；三、分别相；四、真如相；五、正智相。

复有余二相：一、本性相；二、影像相。云何本性相？谓先分别所生及相所生共所成相。云何影像相？谓遍计所起，胜解所现，非住本性相。

问：名有何行相？

答：由相势力，亦有种种无量行相。又若略说，有十二种：一、假说名；二、实事名；三、种类相应名；四、各别相应名；五、随德名；六、假立名；七、共所知名；八、非共所知名；九、显了名；十、不显了名；十一、总名；十二、别名。

问：分别有何行相？

答：由相、名势力故，亦有种种无量行相。若略说者，当知有七种：一、有相分别；二、无相分别；三、于境界，任运分别[1]；四、寻求分别；五、伺察分别；六、染汙分别；七、无染汙分别。

问：真如有何行相？

答：其相不可说行相。

问：正智有何行相？

答：若出世间正智，亦有其相不可说行相；若世间出世间正智，有取

① 任运分别，底本与《房山石经》《资福藏》《普宁藏》《永乐南藏》《径山藏》《高丽藏》相同；《碛砂藏》“任”作“住”。

安立谛行相。

复次，若相，若影像，若显现，若有[①]，若戏论[②]，若萨迦耶，若有为，若思所造，若缘生，如是等是相差别。若名，若想，若施设，若假言说，若世俗，若假立，若言论，如是等是名差别。若分别，若思惟，若遍计，若邪道，若邪行，若越流，若不正取，如是等是分别差别。若真如，若实性，若谛性，若颠倒性[③]，若不颠倒性，若无戏论界，若无相界，若法界，若实际，如是等是真如差别。若正智，若正慧，若正觉，若正道，若正行，若正流，若正取，如是等是正智差别。

问：如是五事，几色？几心？几心所有？几心不相应行？几无为？

答：相通五种。名唯心不相应行。分别、正智通心及心所有，真如唯无为。

问：如是五事，几蕴所摄？几非蕴所摄？

答：三蕴所摄，相摄不摄，真如不摄。

问：如是五事，几界处所摄？几非界处所摄？

答：一切皆是界处所摄。

问：如是五事，几缘起所摄？几非缘起所摄？

答：三缘起摄，相摄不摄，真如不摄。如缘起摄，处非处摄及与根摄当知亦尔。

问：如是五事，几谛所摄？几非谛所摄？

答：谛有二种：一、安立谛；二、非安立谛。安立谛者，谓四圣谛。非安

① 若有，底本与《碛砂藏》《普宁藏》《永乐南藏》《径山藏》《高丽藏》相同；《房山石经》作夹注；《资福藏》无。

② 若戏论，底本与《资福藏》《碛砂藏》《普宁藏》《永乐南藏》《径山藏》《高丽藏》相同；《房山石经》“若”作夹注。

③ 若颠倒性，底本与《资福藏》《碛砂藏》《普宁藏》《永乐南藏》《径山藏》相同；《房山石经》《高丽藏》“若”作“若无”。

立谛者，谓真如。此中，三是安立谛所摄，相亦摄亦不摄，真如唯非安立谛所摄。

问：如是五事，几因缘所摄？几等无间缘？几所缘缘？几增上缘所摄？

答：相一切缘所摄，名等无间缘所摄①，分别、正智四缘所摄，真如唯所缘缘摄。

问：如是五事，几法依所摄？几义依？几了义经依？几智依所摄？

答：相三依所摄；名唯法依所摄；如相，分别亦尔；真如，智所行故，义依所摄；正智唯智依所摄，

问：如是五事，几有色？几无色？

答：相通二种，分别、正智唯无色，名与真如俱非二种，是假有故，不可说故。如有色、无色，有见、无见、有对、无对亦尔，

问：如是五事，几有漏？几无漏？

答：相通二种，二唯有漏，二唯无漏。真如，漏尽所缘义故，名无漏，非漏尽相义故。正智，漏尽对治义故，名无漏。

问：如是五事，几有为？几无为？

答：相通二种，三唯有为；真如唯无为，诸行寂静所缘义故，非诸行寂静相义故。

问：如是五事，几有诤？几无诤？

答：相通二种，二唯有诤。二唯无诤。如有漏、无漏，此中道理，当知亦尔。如有诤、无诤，如是有爱味、无爱味，依躭嗜、依出离，当知亦尔。

问：如是五事，几世间？几出世间？

答：三是世间，真如是出世间，正智一分唯出世间，一分通世间、出世间。真如一切言说戏论寂静所缘义，名出世间，非超过言说戏论相义

① 名等无间缘所摄，底本与《资福藏》《碛砂藏》《普宁藏》《永乐南藏》《径山藏》相同；《房山石经》《高丽藏》“所”作“所不”。

故。如世间、出世间，堕摄、非堕摄当知亦尔。

问：如是五事，几内？几外？

答：相通二种；名唯是外；分别，生所摄故，通二种；真如非二种；如分别，正智亦尔。

问：如是五事，几麤几细？

答：三通二种；真如唯细，难识义故，非相渐减极略义故；正智唯细，行细义故。

问：如是五事，几劣几胜？

答：三通二种；真如唯胜，清净所缘义故，非从下劣胜进相义故；正智唯胜，真如为所行义故。

问：如是五事，几远？几近？

答：一由处远、时远故，俱通二种；名、分别、正智由时远故，皆通二种；真如由二故，俱非二种，以无为故。

问：如是五事，几有执受？几无执受？

答：相通二种，名、分别、正智无执受，真如俱非二种。

问：如是五事，几同分？几彼同分？

答：相通二种，余非二种，唯依有色诸根建立同分、彼同分故。

问：如是五事，几因？几非因？

答：四是因，真如非因。如因、非因，果、非果，有因、非有因，有果、非有果，当知亦尔。

问：如是五事，几是异熟？几非异熟？

答：相通二种，名非异熟，分别通二种，真如俱非二种。正智非异熟。

问：如是五事，几有异熟？几非有异熟？

答：相通二种，名非有异熟，分别通二种，真如俱非二种，正智定非有异熟。

问：如是五事，几有所缘？几无所缘？

答：相通二种，名无所缘，分别、正智俱有所缘，真如俱非二种。如有所缘、无所缘，相应、不相应，有行、无行，有依、无依，当知亦尔。

问：如是五事，几有上？几无上？

答：四有上，真如无上，无为清净所缘义故。

问：如是五事，几去、来、今？几非去、来、今？

答：四通三种，真如非三种。

问：如是五事，几欲界系？几色界系？几无色界系？几不系？

答：欲、色界系，三，无色界系亦尔。正智一种，若唯出世间，是不系；若世间、出世间，通系、不系。真如，俱非二种。

问：如是五事，几善？几不善？几无记？

答：相及分别通三种；名唯无记；真如唯善，清净善巧所缘义故，非能摄生可爱果相义故；正智唯善。

问：如是五事，几闻所成、闻所成境？几思所成、思所成境？几修所成、修所成境？

答：相及分别是三种[①]，是三种境；名是闻思所成，是三种境；真如唯是修所成境；正智是修所成，是三种境。

问：如是五事，几是空，是空境？几是无愿，是无愿境？几是无相，是无相境？

答：相通三种，亦三种境；名非三种，是二种境；分别通三种，是二种境；真如非三种，是空无相境；正智通三种，是空所行境。

若无差别，总说为空、无愿、无相，当知此中通闻、思、修所成为性。若唯以三摩地名而宣说者，当知此中唯修所成为性，通世、出世。若唯以

① 相及分别是三种，底本与《资福藏》《碛砂藏》《普宁藏》《永乐南藏》《径山藏》《高丽藏》相同；《房山石经》“种”作“所成”。

解脱门名而宣说者，当知此中唯出世间修所成为性。

问：如是五事，几是增上戒、增上戒眷属？几是增上心、增上心所行？几是增上慧、增上慧所行？

答：相是增上戒、增上戒眷属，是增上心、慧，亦心、慧所行；名，是戒眷属，亦是增上心、慧所行；分别是增上心、慧，亦心、慧所行，是增上戒眷属；真如是增上心、慧所行，非三种；正智，是增上心、慧，亦心、慧所行，是增上戒眷属。

问：如是五事，几学？几无学？几非学非无学？

答：相及分别通三种；名唯非学非无学；真如亦唯非学非无学，是无为故；正智通学及无学。

问：如是五事，几见所断？几修所断？几不断？

答：相通一切，名唯修所断，分别通见修所断，真如是不断，正智亦唯是不断。

问：缘相为境，修几念住？

答：四。

问：缘名为境，修几念住？

答：一，法念住。

问：缘分别为境，修几念住？

答：三，谓受、心、法念住。

问：缘真如为境，修几念住？

答：一，法念住。又思惟身相真如，亦修坏缘法念住，受心、法、相当知亦尔。

问：缘正智为境，修几念住？

答：三，如分别说。

问：缘相为境，当言能舍已生、未生恶不善法，当言不能舍耶？

答：当言伏断故舍，非永害随眠故舍。如相，名、分别亦尔。缘真如及正智为境，当言亦由永害随眠故舍。

问：是五事中，思惟几事能入世间初静虑定？

答：思惟欲界所系及初静虑所系相、名、分别。如是思惟下地所系及第二静虑地所系相、名、分别，能入世间第二静虑。如是所余静虑、无色，如其所应，当知亦尔。

问：是五事中，思惟几事能入出世初静虑定？

答：即思惟欲界所系及初静虑地所系相、名、分别、真如。如是乃至无所有处，如其所应，当知亦尔。非想非非想处，本性法尔，唯是世间。

问：非想非非想处所系相，当言是相耶？

答：当言无相相[①]，亦名微细相。

问：是五事中，信等诸法用何为自性，以何为所缘，于何为增上得根名耶？

答：分别为自性，名、相为所缘，于真如正智，为增上故，而得根名。如根名，力名亦尔。

问：于何位中得力名耶？

答：即信等根，非不信等之所陵杂。若成不杂法时，转名为力。如根及力，如是若得菩提支名为觉支，此是世间觉支，以分别为自性；若依菩提支名为觉支，此是出世觉支[②]，以正智为自性，真如为所缘，于觉悟安立谛为增上。又正见等诸道支，若是世间，如前应知；若出世间以正智为自性，除诸戒支，安立、非安立真如为所缘，于所证得一切漏尽现法乐住为

① 当言无相相，底本与《房山石经》《资福藏》《碛砂藏》《普宁藏》《永乐南藏》《径山藏》相同；《高丽藏》“相相”作“想相”。

② 此是出世觉支，底本与《房山石经》《资福藏》《碛砂藏》《普宁藏》《永乐南藏》《径山藏》相同；《高丽藏》“觉”作“闲觉”。

增上。如诸道支，行迹、法迹、奢摩他、毗钵舍那等，当知亦尔。此中，行迹依钝根、利根，现法乐住已得未得，差别建立。若诸法迹，依能任持世俗、胜义正法，差别建立，谓由任持增上戒，世俗正法故，建立初二；由任持所余增上心、增上慧胜义正法故，建立后二。又由于所缘境不散乱义故及观察彼义故，建立奢摩他、毗钵舍那。

问：依能解脱相及麤重二种缚故，立八解脱。于五事中，用谁为自性？以谁为所缘？于谁为增上？

答：用世间、出世间正智为自性。初及第二，于诸色中，以显色相及真如相，为所缘；第三，即诸色中，以摄受相及彼真如相为所缘；次四种，各以自相为所缘，及彼真如为所缘；最后，无所缘。于能引发一切圣神通功德为增上。

又修观者于诸色相及无色相，为自在障之所障故，为断彼障，起此观行。

诸胜处中，前四如初二解脱，后四如第三解脱，由诸色相难可胜故，于此事中能胜伏时，于无色相亦得胜自在。又此中言胜知胜见，谓诸圣者由正作意思惟诸色真如相故，得胜知见。若诸异生，即不如是。

问：若尔，异生云何名胜？

答：由三种想故。谓于净不净色，由展转相待想；展转相待故，于净不净色，由展转相随想；展转相随故，于净不净色，由清净一味想。此最后胜，异生、圣者二所共得。

又十遍处由胜处所缘力，应知其相。此中差别者，亦以大种相为所缘，及彼真如相为所缘，又空、识无边处相为所缘，及彼真如相为所缘。若不尔者，由所依止不遍满故，能依不应得成遍满。由彼所缘真如之相所缘境界极遍满故，得名遍满。由胜、遍满二种势力，令诸解脱亦得清净，又能引发一切众圣神通功德。

瑜伽师地论卷第七十三

摄决择分中菩萨地之二

复次，嗢柁南曰[①]：

思摄自性取[②]，萨迦有世间，

真寻思实智，密意与次第。

问：如是五事，几谛所摄？

答：相，四安立谛摄；名，一苦谛摄；分别，三谛摄，除灭谛；真如，四非安立谛摄；正智，缘安立、非安立谛境，道谛摄。

问：诸相是名耶？设名，是相耶？

答：诸名皆是相，有相而非名，谓除名相，余四相。余随所应，当知亦尔。

问：诸相皆相相耶？设相相皆相耶？

答：诸相相皆是相，有相非相相，谓名等四相。

问：若分别相相，一切名相相合相依而分别耶？设分别名相，一切相相相合相依而分别耶？

答：应作四句：有分别相相，非名相相合相依而起分别，谓分别不了其名所有相相，又于诸相已拔名随眠[③]；有分别名相，非相相相合相依而

① 嗢柁南曰，底本与《资福藏》《碛砂藏》《普宁藏》《永乐南藏》《径山藏》相同；《房山石经》《赵城金藏》《高丽藏》“柁”作“拕”，下同。

② 思摄自性取，底本与《房山石经》《资福藏》《碛砂藏》《赵城金藏》《普宁藏》《永乐南藏》《径山藏》相同；《高丽藏》“摄”作“择”。

③ 又于诸相已拔名随眠，底本与《资福藏》《碛砂藏》《普宁藏》《永乐南藏》《径山藏》《高丽藏》相同；《房山石经》《赵城金藏》“拔”作“状”。

起分别，谓分别不了其事所有名相；与上相违，是俱句；除上尔所相，是俱非句。

问：若思惟真如，即观真如耶？设观真如，即思惟真如耶？

答：应作四句：有思惟真如，非观真如，谓以分别所摄如理作意思惟真如，但见真如相，不见实真如，乃至未至正通达位及通达后作意思惟安立真如；有观真如，非思惟真如，谓通达真如时，由胜义故，思惟其相[①]；有思惟真如，亦观真如，谓通达后，相续思惟非安立真如；有不思惟真如，亦非不观真如，谓离如理所引作意思惟诸相。

问：若思惟相，即观其相耶？设观其相，即思惟相耶？

答：应作四句：有思惟相，不观其相，谓前第二句；有观其相，不思惟相，谓前初句；有思惟相，亦观其相，谓前第四句；有非思惟相，亦非观其相，谓前第三句。

问：如是五事，为摄一切法，为不如是耶？

答：如是。

问：彼一切法当言以何而为自性？

答：诸法自性不可言说。

问：云何应观彼诸法相？

答：如幻事相，非全无有。譬如幻事，有幻事性，无象马、车步、末尼、真珠、金银等性。如是诸法体性唯有名相可得，无有自性、差别施设显现可得。相由相名，相之自性实不可得。如相，如是名、名自性，分别、分别自性，真如、真如自性，当知亦尔。正智由正智名，正智自性实不可得。何以故？于一切种随言自性不成就故。

若谓诸相自性安立，即称其量假立名言，此假名言依相而立，是则于

① 思惟其相，底本与《资福藏》《碛砂藏》《赵城金藏》《普宁藏》《永乐南藏》《径山藏》相同；《房山石经》《高丽藏》“思”作“非思”。

相假立名前，应有彼觉，如已立名。又于一相所立名言有众多故，有差别故，应有众多差别体性。是故名言依相而立，不应道理。

若谓诸相如名安立，由名势力，相自性起，是则彼相假立名前应无自性。彼既无有，假立名言亦应无有，是故二种俱成无过。又假名言有众多故，有差别故，应有众多差别体性。又依他过，由彼诸相但依于他假建立故。是故一切假立名言如其自性，不应道理。犹如所起种种幻类，譬如幻者造作种种幻士夫类，谓男女、象马、熊罴等类，非彼诸类如其相貌实有体性。如是诸相非称名言有实体性，当知亦尔。

若谓离彼相及名言二种和合有自性生，彼于诸相，或于名言，或二中间应现可得，然不可得。是故此计不应道理。由此因缘，随言自性于一切种皆无所有。

若谓名言能显自性，亦不应理。若取、不取假立名言，俱有过故。若取相已假立名言，便不成显；若不取相假立名言，无事名言，不应道理。又如前说，所立名言有众多故，有差别故，则有众多差别体性，成大过失。又照了喻不相似故，不应道理。不相似者，照了因缘于一切事无有差别，种种亦尔。能取因缘，名言不尔。

问：不可言中，不可言言既现可得，是故法性不可言说，不应道理。又造幻者所造种种幻化形类，虽彼形类非如其性，然有种种能造幻事如其自性。是故譬喻亦不相似？

答：正立宗时，不可言言亦已遮遣，为令觉知如是义故，方便施设；譬喻等故，非不可相似[①]。虽假名言非如彼性，不可言义非不是有。

问：若诸相事假立名言则便得有，若不假立则不得有。若如是者，喻可相似，不可言计亦应道理。若不尔者，不可言计则为唐捐。

① 非不可相似，底本与《资福藏》《碛砂藏》《赵城金藏》《普宁藏》《永乐南藏》《径山藏》相同；《房山石经》《高丽藏》“可”作“无”。

答：如是由先所起八分别故，于现在世，三种事生，如《本地分》已说其相。即此所生三种事故[①]，复起分别。由此道理，诸杂染法展转相续，无有断绝。由此因缘，其喻相似。分别假立若断灭时，诸杂染法皆可随灭，证得圣智。此是量故，不可言计，亦不唐捐。

问：若于尔时分别假立皆悉断灭，即于尔时相事随遣，若尔，随一获得圣智，一切相、名、分别所摄情无情数内外事物皆应永灭，譬如幻者所作幻事。

答：相等诸物或由不共分别为因，或复由共分别为因。若由不共分别所起无分别者，彼亦随灭。若共分别之所起者，分别虽无，由他分别所任持故[②]，而不永灭。若不尔者，他之分别应无其果。彼虽不灭，得清净者于彼事中，正见清净。譬如众多修观行者，于一事中，由定心智，种种胜解异见可得，彼亦如是。

问：如是五事，几是所取？几是能取？

答：三是所取，分别、正智亦是能取，亦是所取。

问：如是五事，当知几种取所行义？

答：略有三种：一、有言有相取所行义；二、无言有相取所行义；三、无言无相取所行义。此中，最初是言说随觉者取所行境[③]，第二是言说随眠者取所行境，第三是于言说离随眠者取所行境。又初二是世俗谛取，最后是胜义谛取。复有远离言说随眠后所得取，通取一切二谛所摄取所行境，谓世出世智以安立谛为所行故，建立彼智通用二谛为所行境。此二种取，由

① 即此所生三种事故，底本与《资福藏》《碛砂藏》《普宁藏》《永乐南藏》《径山藏》《高丽藏》相同；《房山石经》《赵城金藏》“三”作“二”。

② 由他分别所任持故，底本与《房山石经》《资福藏》《赵城金藏》《永乐南藏》《径山藏》《高丽藏》相同；《碛砂藏》《普宁藏》“任”作“住”。

③ 最初是言说随觉者取所行境，底本与《资福藏》《碛砂藏》《赵城金藏》《普宁藏》《永乐南藏》《径山藏》《高丽藏》相同；《房山石经》“觉”作“眠”。

二因缘，应知得成世出世性。谓曾得、未曾得故，依言说、不依言说故[①]。

问：有相之取，世间共成；无相之取，非所共成。何因何缘，名无相取？无因无缘，不应道理。

答：世俗名言熏习取果，是有相取，世所共成，能令杂染；胜义智见熏习取果，是无相取，非所共成，能令清净。是故此二，有因有缘。如眼若有翳等过患，便有发毛轮等翳相现前可得；若无彼患，便不可得，但有自性无颠倒取。

问：于无相界，若取其相，非无相取；若无所取，亦不得成无相之取。若尔，云何名无相取？

答：言说随眠已远离故，此取虽复取无相界，不取相故，成无相取。

问：若无构获，云何成取？

答：虽不构获，诸相差别有所增益，然取无相，故得成取。

问：若无构获，无所增益，此取相状云何可知？

答：取胜义故，取无相故，五种事相皆可显现[②]，以为其相。

问：若不分明可立为取，何故不计诸取灭无[③]？

答：灭无无有修作义故，非修观者依于灭无有所修作。

问：若尔，云何证知其相？

答：自内证智之所证知。

问：若尔，何不如其所证，如是记别？

答：此内所证非诸名言安足处故。

---

① 不依言说故，底本与《房山石经》《赵城金藏》《永乐南藏》《径山藏》《高丽藏》相同；《资福藏》《碛砂藏》《普宁藏》“故”作“故无”。

② 五种事相皆可显现，底本与《资福藏》《碛砂藏》《普宁藏》《永乐南藏》《径山藏》相同；《房山石经》《赵城金藏》《高丽藏》“可”作“不”。

③ 何故不计诸取灭无，底本与《房山石经》《资福藏》《碛砂藏》《赵城金藏》《普宁藏》《永乐南藏》《径山藏》相同；《高丽藏》“计”作“许”。

问：若先无有知无相智，由无有故，亦无数习无相智义；无数习故，知无相智既无其因，应不得生。

答：有相亦得为无相因，随顺彼故。如世间智为缘，生出世智，有漏智为缘，生无漏智，有心定为缘，生无心定，此亦如是。

问：苦等诸智，世尊说为得清净因。若苦等智于苦等谛分别苦等，应成有相；若不分别，苦等诸智便非是有。彼无有故，云何能得毕竟清净？

答：由无相智增上力故，于诸谛中，极善清净通世出世分别智生，即名已断所断烦恼。其无相智是苦等智因，正能断灭所断烦恼。于此因中假立果名，即假说此为苦等智，是故无过。

问：先说所取是能取果，即此能取当言何果？：

答：此二展转更互为果。

问：若所知境无常积集，相续无量，多不现见，云何修观行者缘彼为境及令转灭？

答：于彼闻思增上力故，得三摩地。由彼因缘，令三摩地五种境界影像现前，即缘此事以为境界，除遣此故，彼得转灭。

问：除遣五种所知境界，当言何相？

答：无上转依无为涅槃以为其相。云何为涅槃？谓法界清净烦恼众苦永寂静义，非灭无义。

问：若唯烦恼众苦永寂名为涅槃，何因缘故非灭无义？

答：如外水界，唯离浑浊得澄清性，非离浊时无澄清性。又如真金，唯离刚强得调柔性，非离彼时无调柔性。又如虚空，唯云雾等翳障寂静得清净性，非彼无时其清净性亦无所有。此中道理，当知亦尔。

云何名为法界清净？谓修正智故，永除诸相，证得真如。譬如有人于眠梦中，自见其身为大暴流之所漂溺，为欲越渡如是暴流，发大精进；即由发起大精进故，欻然便觉；既得觉已，于彼暴流都无所见。除相道理，当知亦尔。

问：为即于此言说随眠正断灭时，诸相除遣，为断灭已，后方除遣？

答：断时、遣时，平等平等，如秤两头低昂道理。又如画像，彩色坏时，形相随灭。亦如翳等过患愈时，发毛轮等相亦随遣，愈时、遣时，平等平等。此中道理，当知亦尔。

问：修观行者。云何除遣所缘境相？

答：由正定心，于诸所知境界影像先审观察，后由胜义作意力故，转舍有相，转得无相。此无相转复有五位：一、少分位；二、遍满位；三、有动位；四、有加行位；五、成满位。

问：如是成满，其相云何？

答：不为一切烦恼、一切灾横所陵杂故[①]，究竟无恼清净所依[②]，说名成满。即此又是善清净真实义所行，一切现量所行，一切自在所行。

问：于此成满，建立几乘？齐何时证？

答：随三种根差别证故，建立三乘。然彼二乘用阿耨多罗三藐三菩提乘以为根本。又彼二乘随缘差别，随所成熟无决定故，证得时量亦不决定。其最后乘要经三种无数大劫方可证得，依断三种麤重别故。何等名为三种麤重？一、恶趣不乐品，在皮麤重，由断彼故，不往恶趣，修加行时[③]，不为不乐之所间杂[④]；二、烦恼障品在肉麤重，由断彼故，一切种极微细烦恼亦不现行，然未永害一切随眠；三、所知障品在心麤重，由断彼

---

① 不为一切烦恼、一切灾横所陵杂故，底本与《资福藏》《碛砂藏》《赵城金藏》《普宁藏》《永乐南藏》《径山藏》《高丽藏》相同；《房山石经》“陵”作“数”。

② 究竟无恼清净所依，底本与《资福藏》《碛砂藏》《赵城金藏》《普宁藏》《永乐南藏》《径山藏》《高丽藏》相同；《房山石经》“恼”作“烦恼”。

③ 修加行时，底本与《资福藏》《碛砂藏》《赵城金藏》《普宁藏》《永乐南藏》《径山藏》《高丽藏》相同；《房山石经》“加行”作“方便”。

④ 不为不乐之所间杂，底本与《房山石经》《资福藏》《碛砂藏》《普宁藏》《永乐南藏》《径山藏》《高丽藏》相同；《赵城金藏》“杂”作“断”。

故，永害一切所有随眠，遍于一切所知境界无障礙智自在而转。

复次，云何立声闻乘？谓三因缘故：一、变化故；二、誓愿故；三、法性故。变化故者，谓随彼彼所化势力，如来化作变化声闻。誓愿故者，谓有补特伽罗，于声闻乘已发誓愿，即建立彼以为声闻。法性故者，谓有补特伽罗，本性已来慈悲薄弱，于诸苦事深生怖畏，由此二因，于利他事不深爱乐，非为是事乐处生死。彼由安住此法性故，立为声闻。又觉法性故，谓于一切安立谛中多分修习怖畏行转，由此因缘，证得圆满。如声闻乘，独觉亦尔。出无佛世，而证正觉，与此差别。即上相违三因缘故，应知菩萨。

复次，云何声闻失坏正法及毗奈耶？谓有声闻计唯无有烦恼烧然名为寂灭，生大怖畏，谓我当断，我当永坏，我当无有。譬如有人身婴热病，于无病中都无识别，谓病愈时，举体随灭，便生怖畏：我宁不脱如是热病。是名失坏。由此譬喻，失坏声闻当知亦尔。

复次，云何菩萨失坏大乘？谓有菩萨闻一切法甚深无性，即执一切烦恼烧然自性本无，谓已无有生死重病。譬如有人，于己身中所生热病，谓为无病，于此热病不能解脱，名为失坏。由此譬喻，失坏菩萨当知亦尔。

问：如是五事，几是萨迦耶？几非萨迦耶？

答：相通二种，一是萨迦耶[①]，一非萨迦耶，真如俱不可说。如萨迦耶，有及世间当知亦尔。

问：如是五事、四种真实，此中何事摄几真实？

答：世间所成真实、道理所成真实，三事所摄；烦恼障净智所行真实、所知障净智所行真实，二事所摄。

问：如是五事、四种寻思，此中何事摄几寻思？

答：如理作意相应分别总摄四种。

---

① 一是萨迦耶，底本与《资福藏》《碛砂藏》《普宁藏》《永乐南藏》《径山藏》相同；《房山石经》《赵城金藏》《高丽藏》“一”作“二”。

问：如是五事，四种如实遍智，此中，何事摄几如实遍智[①]？

答：一切皆是正智所摄。

问：世尊依何密意说一切法皆无有二？

答：即依如是所说五事，由俗自性，说无自性；由别别相，说有自性。

问：世尊依何密意说一切法皆无自性？

答：由依彼彼所化势力，故说三种无自性性：一、相无自性性；二、生无自性性；三、胜义无自性性。云何相无自性性？谓一切法世俗言说自性。云何生无自性性？谓一切行众缘所生，缘力故有，非自然有，是故说名生无自性性。云何胜义无自性性？谓真实义相所远离法，此由胜义说无自性[②]。如观行苾刍于大骨聚生假胜解，不能除遣，于此骨聚胜义无自性想恒无间转[③]。如是应知胜义无自性性。

此中五事，非由相无自性性故，说无自性，然由生无自性性故，胜义无自性性故，随其所应，说无自性，谓相、名、分别、正智皆由二种无自性性，真如不由无自性性说无自性。是故世尊依此密意，于伽他中说如是言：“我说一谛，更无第二。”

问：世尊依何密意说一切法无生无灭，本来寂静，自性涅槃？

答：依相无自性性说如是言。

问：世尊依何密意说一切法等于虚空？

答：亦依相无自性性说如是言。

问：世尊依何密意说一切法皆如幻等？

---

① 此中何事摄几如实遍智，底本与《房山石经》《资福藏》《碛砂藏》《普宁藏》《永乐南藏》《径山藏》《高丽藏》相同；《赵城金藏》无“几”字。

② 此由胜义说无自性，底本与《房山石经》《资福藏》《碛砂藏》《赵城金藏》《普宁藏》《永乐南藏》《径山藏》相同；《高丽藏》“性”作“性性”。

③ 于此骨聚胜义无自性想恒无间转，底本与《房山石经》《资福藏》《碛砂藏》《赵城金藏》《普宁藏》《永乐南藏》《径山藏》相同；《高丽藏》“想”作“相”。

答：依生无自性性[①]、胜义无自性性说如是言。

问：世尊依何密意说等随观色乃至识有无常耶？

答：依相无自性性说如是言。何以故？欲说等随观常无有故，说等随观有无常。

问：世尊依何密意说等随观色乃至识皆有苦耶？

答：依生无自性性及胜义无自性性说如是言。

问：世尊依何密意说等随观即彼智空[②]？

答：即依生无自性性、胜义无自性性诸法，由远离相无自性性说如是言。如依远离性说彼为空，依异相性说为无我当知亦尔。

问：世尊依何密意说色乃至识如理观故，审思虑故，乃至观彼非有显现？

答：依相无自性性说如是言。

问：世尊依何密意说彼虚伪不实显现？

答：依生无自性性及胜义无自性性说如是言。

问：世尊依何密意说如是言，"是故今者应知是处，谓于是中眼永寂灭[③]，远离色想，乃至意永寂灭，远离法想"？

答：都不依于无自性性说如是言。

问：世尊依何密意说由彼故，于一切处遣一切想，帝释天等亦不能知彼依何处而起静虑？

答：都不依于无自性性说如是言。

问：世尊依何密意说能随顺喜、忧、舍处眼所识色，乃至意所识法中

① 依生无自性性，底本与《房山石经》《资福藏》《碛砂藏》《普宁藏》《永乐南藏》《径山藏》《高丽藏》相同；《赵城金藏》无"自"字。

② 说等随观即彼智空，《房山石经》《资福藏》《碛砂藏》《赵城金藏》《普宁藏》《永乐南藏》《径山藏》《高丽藏》"智"作"皆"。

③ 谓于是中眼永寂灭，底本与《资福藏》《碛砂藏》《赵城金藏》《普宁藏》《永乐南藏》《径山藏》《高丽藏》相同；《房山石经》"眼"作"眠"。

无谛无实，无无颠倒，无不颠倒，复说有圣出世间谛？

答：依于一切无自性性，或不依于无自性性，说如是言。

问：世尊依何密意说静虑者静虑境界、诸佛诸佛境界皆不可思议？

答：依于一切无自性性，或不依于无自性性，说如是言。

问：如是五事，何缘最初建立其相，乃至最后建立正智？

答：若无其事，施设于名，不应道理，故此次第施设于名；由此名故，施设自性，施设差别，故此次第施设分别；由分别故，或分别相，或分别名，或俱分别，由此三法显杂染品次第圆满；从此乃容修清净品，谓即观彼所有杂染诸法真如，由正智故，能正观察，能得清净，由此二种显清净品次第圆满；是故显示如是次第。

如是于真实义分中已说事决择[1]。若欲了知真实义者，于三自性复应修观。

嗢柁南曰：

总举别分别，缘差别依止，
亦微细执著，如名等执性。

云何名为三种自性？一、遍计所执自性；二、依他起自性；三、圆成实自性。

云何遍计所执自性？谓随言说，依假名言，建立自性。云何依他起自性？谓从众缘所生自性。云何圆成实自性？谓诸法真如，圣智所行，圣智境界，圣智所缘，乃至能令证得清净，能令解脱一切相缚及麤重缚，亦令引发一切功德。

问：遍计所执自性缘何应知？

答：缘于相、名相属应知。

---

① 如是于真实义分中已说事决择，底本与《房山石经》《资福藏》《赵城金藏》《永乐南藏》《径山藏》《高丽藏》相同；《碛砂藏》《普宁藏》“义”作“我”。

问：依他起自性缘何应知？

答：缘遍计所执自性执应知。

问：圆成实自性缘何应知？

答：缘遍计所执自性于依他起自性中毕竟不实应知。世尊于余经中说缘不执著遍计所执自性，应知此性者，依得清净说，不依相说。今此义中，当知依相说。

问：遍计所执自性有几种？

答：略有五种：一、遍计义自性；二、遍计名自性；三、遍计杂染自性；四、遍计清净自性；五、遍计非杂染清净自性。

云何遍计义自性？谓有四种：一、遍计自相；二、遍计差别相；三、遍计所取相；四、遍计能取相。

遍计自相者，谓遍计此事是色自性，乃至此事是识自性；此事是眼自性，乃至此事是法自性。

遍计差别相者，谓遍计此色是可意，此色是不可意，此色是非可意非不可意；此色是有见，此色是无见；此色是有对，此色是无对；此色是有漏，此色是无漏；此色是有为，此色是无为。如是等类差别道理，遍计此色所有差别。如色，如是余蕴、一切处等，当知亦尔。

遍计所取相者，谓遍计此色是眼所取，此是耳鼻舌身意所取；又复遍计此受想行识是欲界意所取，此是色界意所取，此是无色界意所取，此是不系意所取。

遍计能取相者[①]，谓遍计此色是色能取，此色是声香味触法能取[②]；

① 遍计能取相者，底本与《房山石经》《资福藏》《碛砂藏》《普宁藏》《永乐南藏》《径山藏》《高丽藏》相同；《赵城金藏》无“相”字。

② 此色是声香味触法能取，底本与《资福藏》《碛砂藏》《普宁藏》《永乐南藏》《径山藏》相同；《房山石经》《赵城金藏》《高丽藏》无“法”字。

又复遍计此受想行识是色能取，此是声香味触法能取。

云何遍计名自性？谓有二种：一、无差别；二、有差别。

无差别者，谓遍计法所有名[①]。有差别者，谓遍计此名为色，此名为受，此名为想，此名为行，此名为识，如是等类，无量无数差别法中各各别名。

云何遍计杂染自性？谓遍计此色有贪、有瞋、有痴，不能远离贪、瞋、痴系，又与信等一切善法而不相应；又复遍计此受此想此行此识，有贪、有瞋、有痴，不能远离贪、瞋、痴系，又与信等一切善法而不相应。

云何遍计清净自性？谓与上相违，当知其相。

云何遍计非杂染、清净自性？谓遍计此色是所取，此是能取；此受想行识是所取，此是能取；又于一切无记法中遍计所有无记诸法。

复次，遍计所执自性当知复有五种：一、依名遍计义自性；二、依义遍计名自性；三、依名遍计名自性；四、依义遍计义自性；五、依二遍计二自性。

云何依名遍计义自性？谓遍计此色事名，有色实性；此受想行识事名，有受想行识实性。

云何依义遍计名自性？谓遍计此事名色[②]，或不名色；此事名受想行识，或不名受想行识。

云何依名遍计名自性？谓不了色事，分别色名而起遍计；不了受想行识事，分别受想行识名而起遍计。

云何依义遍计义自性？谓不了色名，由不了名分别色事而起遍计；不

① 谓遍计法所有名，底本与《资福藏》《碛砂藏》《普宁藏》《永乐南藏》《径山藏》相同；《房山石经》《赵城金藏》《高丽藏》“法”作“一切法”。

② 谓遍计此事名色，底本与《资福藏》《碛砂藏》《赵城金藏》《永乐南藏》《径山藏》《高丽藏》相同；《房山石经》《普宁藏》“此”作“此色”。

了受想行识名，由不了名分别受想行识事而起遍计。

云何依二遍计二自性？谓遍计此事是色自性，名之为色；此事是受想行识自性，名受想行识。

复次，遍计所执自性执，当知略有二种：一、加行执；二、名施设执。加行执，当知复有五种：一、贪爱加行故；二、瞋恚加行故；三、合会加行故；四、别离加行故；五、舍随与加行故。名施设执，当知复有二种：一、非文字所作；二、文字所作。非文字所作者，谓执此为何物，云何此物，此物是何，此物云何。文字所作者，谓执此为此物，此物如是，或色乃至或识，或有为、或无为，或常、或无常，或善、或不善、或无记，如是等。

复次，微细执著当知五种：一、于无常常执；二、于苦乐执；三、于不净净执；四、于无我我执；五、于诸相中遍计所执自性执。

复次，由五因缘，当知愚夫如名如言，于所诠事执有自性。所以者何？谓因问言：此事用何以为自性？答言：此事是色自性，非是色名。或答言：此事是受想行识自性，非受想行识名。

复次，独处空闲，精勤观察诸法自相、共相，寻思此事是色相，非色名；或寻思此事是受想行识相，非受想行识名。

复次，于此色事寻求色相，不能得时，便生不乐，非求色名不能得时；或于此受想行识事寻求受想行识相，不能得时，便生不乐，非求受想行识名不能得时。

复次，语于名转，名于义转。此中，若名能显自相义，非此能显差别相义，非此能显所取相义，非此能显能取相义；或名乃至能显能取相义，非此能显乃至自相义。若即彼名于自相义转，亦于乃至能取相义转者，此余诸名各别行解随义而转应不可得。此不应理。

如是复于各别义转所有名中，若名于自相义转，乃至若名于能取相义转，此名为于有义转耶？为于无义转耶？于有义转且不应理。此不应理，如前观五事中已辩。若于无义转者，是则此名于无相义转，其理便至[1]。若于无相义转，此非有义，但能显示自所增益，若取增益，即是执著。是故如名如言，于所诠事执著自性，道理成就。

复次，一切愚夫于诸相中，名言所缚故，当知如名如言，于所诠事妄执自性。

问：何缘故知于诸相中，名言所缚？

答：由理教故。云何由理？谓若离名言，于诸事中，喜乐不可得故；若名言俱，于诸事中，喜乐可得故。是一道理。又复展转相依而生。何以故？事为依止，名言得生；名言为依，事可得生故。谓诸世间要依有事，方得生起名言分别，非于无事起此分别。如是当知事为依止，名言得生。如静虑者内静虑时，如如意名言作意思惟，如是如是有所知事同分影像生起。方便运转现在前故，如是当知名言为依，事可得生。又于名言修对治时，若安置心于无相界，一切诸相皆不现前；若不安心于无相界，不随所欲，便为诸相漂转其心。由此道理，当知于相，名言是缚。

云何由教？如世尊说：

愚昧思凡夫，于相为言缚；
牟尼脱言缚，于相得自在。
清净见行者，安住于真智，
于自性无得，不见彼所依。
由真智清净，说彼为真明，
二执不相应，故号为无二。

又如异生于诸蕴中善知无我，虽观蕴中所建立我但是假有，非不于彼，我执随转，由彼随眠未永断故。此中道理，当知亦尔。

---

① 其理便至，底本与《资福藏》《碛砂藏》《普宁藏》《永乐南藏》《径山藏》《高丽藏》相同；《房山石经》《赵城金藏》“至”作“失”。

瑜伽师地论卷第七十四

摄决择分中菩萨地之三

复次，嗢柁南曰[①]：

摄无性知等，密意等所行，
通达与随入，差别依为后。

问：三种自性、相等五法，初自性五法中几所摄？

答：都非所摄。

问：第二自性几所摄？

答：四所摄。

问：第三自性，几所摄？

答：一所摄。

问：若依他起自性亦正智所摄，何故前说依他起自性缘遍计所执自性执应可了知？

答：彼意唯说依他起自性杂染分，非清净分；若清净分，当知缘彼无执应可了知。

复次，三种自性，三种无自性性。谓相无自性性、生无自性性、胜义无自性性。

由相无自性性故，遍计所执自性说无自性；由生无自性性故，及胜义无自性性故，依他起自性说无自性，非自然有性故，非清净所缘性故；唯由胜义无自性性故，圆成实自性说无自性。何以故？由此自性亦是胜义，

① 嗢柁南曰，底本与《资福藏》《碛砂藏》《普宁藏》《永乐南藏》《径山藏》相同；《房山石经》《赵城金藏》《高丽藏》“柁”作“拕”，下同。

亦一切法无自性性之所显故。

问：三种自性，几应遍知？

答：一切。

问：几应永断？

答：一。

问：几应证得？

答：一。

复次，由此三种自性，一切不了义经诸隐密义皆应决了。谓诸如来秘密语言及诸菩萨随无量教秘密语言所有要义，皆由如是三种自性应随决了。

问：如经中说无生法忍，云何建立？

答：由三自性而得建立，谓由遍计所执自性故，立本性无生忍；由依他起自性故，立自然无生忍；由圆成实自性故，立烦恼苦垢无生忍。当知此忍无有退转。

复次，三种解脱门亦由三自性而得建立，谓由遍计所执自性故，立空解脱门；由依他起自性故，立无愿解脱门；由圆成实自性故[1]，立无相解脱门。

问：遍计所执自性，何等智所行？为凡智耶？为圣智耶？

答：都非智所行，以无相故。

问：依他起自性，何等智所行？

答：是二智所行，然非出世圣智所行。

问：圆成实自性，何等智所行？

答：唯圣智所行。

问：诸观行者通达遍计所执自性时，当言行于相耶？当言行于无相耶？

答：若以世间智而通达时，当言行于相；若以出世智而通达时，当言

① 由圆成实自性故，底本与《资福藏》《碛砂藏》《普宁藏》《永乐南藏》《径山藏》《高丽藏》相同；《房山石经》无“实”字。

行于无相。如遍计所执自性，依他起自性、圆成实自性当知亦尔。

问：若观行者如实悟入遍计所执自性时，当言随入何等自性？

答：圆成实自性。

问：若观行者随入圆成实自性时，当言除遣何等自性？

答：依他起自性。

问：遍计所执自性，有几种？

答：随于依他起自性中施设建立自性、差别所有分量，即如其量，遍计所执自性亦尔。是故当知遍计所执自性无量差别。又于依他起自性中，当知有二种遍计所执自性执：一者，随觉；二者，串习习气随眠。

问：依他起自性有几种？

答：当知如相品类差别。复有二种依他起自性：一、遍计所执自性执所起；二、即彼无执所起。

问：圆成实自性有几种？

答：于一切处皆一味故，圆成实自性无有安立品数差别。

问：遍计所执自性当言何所依止？

答：当言依止三事，谓相、名、分别。

问：依他起自性当言何所依止？

答：当言即依遍计所执自性执及自等流。

问：圆成实自性当言何所依止？

答：当言无所安住，无所依止。

复次，嗢柁南曰：

若无有作业，微细等无体，
生执等了知，染苦喻分别。

问：若无遍计所执自性，当有何过？

答：于依他起自性中应无名言，无名言执。此若无者，应不可知杂染清净。

问：若无依他起自性，当有何过？

答：不由功用，一切杂染皆应非有，此若无者，应无清净而可了知。

问：若无圆成实自性，当有何过？

答：一切清净品皆应不可知。

问：遍计所执自性能为几业？

答：五：一、能生依他起自性；二、即于彼性能起言说；三、能生补特伽罗执；四、能生法执；五、能摄受彼二种执习气麤重。

问：依他起自性能为几业？

答：亦五：一、能生所有杂染法性；二、能为遍计所执自性及圆成实自性，所依；三、能为补特伽罗执所依；四、能为法执所依；五、能为二执习气麤重所依。

问：圆成实自性能为几业？

答：亦五，由是二种五业对治生起所缘境界性故。

问：遍计所执自性当言微细，当言麤耶？

答：当言微细，如微细难见难了当知亦尔。

问：依他起自性当言微细，当言麤耶？

答：当言是麤，然难见难了。

问：圆成实自性当言微细，当言麤耶？

答：当言极微细。如极微细，极难见、极难了当知亦尔。

问：此三自性，几是无体，能转有体？

答：一。

问：几是有体，能转有体、无体？

答：一。

问：几是有体，而非能转？

答：一。

问：此三自性，几是不生，能生于生？

答：一。

问：几是生，能生生不生？

答：一。

问：几是非生，不能生生及不生？

答：一。

问：遍计所执自性执、无执相云何应知？

答：此有二种：一、彼觉悟执或无执；二、彼随眠执或无执。若由言说假立名字，遍计诸法决定自性，当知是名彼觉悟执。若善了知唯有名者，知唯名故，非彼诸法有决定性，当知是名于彼无执。若未拔彼习气随眠，当知于彼有随眠执，乃至未舍习气麤重。若永断已，当知无执。

问：依他起自性执、无执相云何应知？

答：若由遍计所执自性觉悟执故，复遍计彼所成自性，是名初执。若善了知唯有众相，不遍计彼所成自性，是名无执。若于相缚未永拔者，于诸相中有所得时，名第二执。若于相缚已永拔者，于无相界正了知故，于相无得，或于后时，如其所有而有所得，当知无执。

问：圆成实自性执、无执相云何应知？

答：此无有执，此界非执安足处故。若于此界未得、未触、未作证中，起得、触、证增上慢者，当知即是遍计所执及依他起自性上执。

问：遍计所执自性当云何知？

答：当正了知唯有其名，唯遍计执，无相无性，无生无灭，无染无净，本来寂灭[1]，自性涅槃，非过去，非未来，非现在，非系非离系，非缚非解

① 本来寂灭，底本与《径山藏》相同；《房山石经》《资福藏》《碛砂藏》《普宁藏》《永乐南藏》《高丽藏》"灭"作"静"。

脱，非苦非乐，非不苦不乐，唯是一味，遍一切处皆如虚空。以如是等无量行相，应正了知遍计所执自性。

问：依他起自性当云何知？

答：当正了知一切所诠，有为事摄。

云何一切所诠事耶？所谓蕴事、界事、处事、缘起事、处非处事、根事、业事、烦恼事、随烦恼事、生事、恶趣事、善趣事、产生事、色类事、四大王众天事，乃至他化自在天事、梵众天事，乃至色究竟天事、空无边处事，乃至非想非非想处事、随信行事、随法行事、顺决择分善根事、见道事、修道事、预流果事，乃至阿罗汉果事、独觉事、等正觉事、灭相受事①、到彼岸事、念住事，乃至支道事②、静虑无量无色定事、修想事、修随念事、解脱胜处遍处事，力无所畏、愿智、不护、念住、大悲、永害习气，诸相随好、一切种妙智、一切不共佛法事。

又当了知同于幻梦、光影、谷响、水月、影像及变化等，犹如聚沫，犹如水泡，犹如阳焰，犹如芭蕉，如狂，如醉，如害，如怨，如饮尿友，喻如假子，喻毒蛇箧，是空、无愿、远离、无取、虚伪、不坚，如是等类，差别无量。

问：圆成实自性当云何知？

答：当正了知如先所说差别知相③，所谓真如、实际、法界。如是等类，无量差别。复当了知所余差别，谓无形色，不可覩见，无所依住，无所攀缘，不可显现，不可了别，不可施为，不可宣说，离诸戏论，无取无舍，

① 灭相受事，底本与《碛砂藏》《普宁藏》《永乐南藏》《径山藏》相同；《房山石经》《资福藏》《高丽藏》“相”作“想”。

② 乃至支道事，底本与《资福藏》《碛砂藏》《普宁藏》《永乐南藏》《径山藏》相同；《房山石经》《高丽藏》“支道”作“道支”。

③ 当正了知如先所说差别知相，底本与《资福藏》《碛砂藏》《普宁藏》《永乐南藏》《径山藏》相同；《房山石经》《高丽藏》“知相”作“之相”。

如是等类，差别无量[①]。

问：此三自性，几自非染，能令他染？

答：一。

问：几唯自染？

答：一。

问：几自清净，令他清净？

答：一。如染，当知苦亦尔。

问：遍计所执自性何以为喻[②]？

答：譬如虚空。

问：依他起自性，以何为喻？

答：如害如怨。

问：圆成实自性以何为喻？

答：譬如无尽大宝伏藏。

问：遍计所执自性由何故遍计？

答：由依他起自性故。

问：依他起自性由何故依他？

答：由因缘故。

问：圆成实自性由何故圆成实？

答：由一切烦恼众苦所不染杂故[③]，又由常故。

问：如说能取真实义慧是无分别，云何应知无分别相？为由不作意

① 差别无量，底本与《房山石经》《资福藏》《永乐南藏》《径山藏》《高丽藏》相同；《碛砂藏》《普宁藏》“量”作“量几”。

② 遍计所执自性何以为喻，底本与《资福藏》《碛砂藏》《普宁藏》《永乐南藏》《径山藏》相同；《房山石经》《高丽藏》“何以”作“以何”。

③ 由一切烦恼众苦所不染杂故，底本与《资福藏》《碛砂藏》《普宁藏》《永乐南藏》《径山藏》相同；《房山石经》《高丽藏》“染杂”作“杂染”。

故？为由超过彼故？为由无所有故？为由是彼性故？为由于所缘境作加行故？若由无作意故者，彼与如理作意相应，不应道理，熟眠、狂醉应成此过。若由超过彼故者，云何不与圣教相违？如说三界所有诸心、心所皆是分别[①]。若由无所有故者，云何此慧非成非心法[②]？若由是彼性故者，云何此慧非成色自性及非贯达相？若由于所缘境作加行故者，云何不谤无分别慧离加行性？若如是等皆不应理，云何当知无分别慧？

答：于所缘境离加行故。此所缘境离有无相诸法真如，即此亦是离诸分别。由先势力所引发故，虽离加行，若于真如等持相应妙慧生时，于所缘相能现照取。是故此慧名无分别。

如是已说真实义分决择。

由五因缘，当知菩萨所有威德不可思议。何等为五？一者，菩萨所有威德超过一切寻思境故；二者，菩萨所有威德世间譬喻不可得故；三者，菩萨所有威德唯系属善、磨莹心故；四者，菩萨所有威德与不定地心一向不同分故；五者，菩萨所有威德一向系属定地心故。

复次，于大乘中有十法行，能令菩萨成熟有情。何等为十？谓于大乘相应菩萨藏摄契经等法，书持，供养，惠施于他，若他正说，恭敬听闻，或自翫读，或复领受，受已，广音而为讽诵，或复为他广说开示，独处空闲，思量观察，随入修相。

问：如是十种法行，几是能生广大福德道？

答：一切。

问：几是加行道？

---

① 如说三界所有诸心、心所皆是分别，底本与《资福藏》《碛砂藏》《普宁藏》《永乐南藏》《径山藏》《高丽藏》相同；《房山石经》“所”作“法”。

② 云何此慧非成非心法，底本与《房山石经》《资福藏》《碛砂藏》《普宁藏》《永乐南藏》《径山藏》相同；《高丽藏》“法”作“所”。

答：一，谓第九。

问：几净障道？

答：一，谓第十。如是种类余决择文更不复现。

复次，如《闻所成地》摄大乘中，说大菩提由五种相应当了知，谓自性故，功能故，方便故，转故，还故，而未分别，今当解释。

云何大菩提自性？谓胜声闻、独觉转依。

当知此转依复有四种相：一、生转所依相；二、不生转所依相；三、善观察所知果相；四、法界清净相。

生转所依相者，谓佛相续出世间道生转所依。若不尔，不得此转依，此道应当不生不转。若远离彼而有此事，未转依时，先应有此。

不生转所依相者，谓一切烦恼及诸习气不生转所依。若不尔，不得此转依，一切烦恼及诸习气便有众缘和合，不生不转应不可得。

善观察所知果相者，谓此转依是善通达所知真实、所知真如果。若不尔，诸佛自性应更观察，更有所断，更有所灭。

法界清净相者，谓此转依已能除遣一切相故，是善清净法界所显。若不尔，此应无常，应可思议，然此转依是常住相，不可思议。

复次，此不可思议说名无二，由五种相应当了知：一、由自性故；二、由处故；三、由住故；四、由一性异性故；五、由成所作故。

云何由自性故不可思议？谓或即色，或离色，如是不可思议；或即受想行识，或离受想行识，如是不可思议；或即地界，或离地界，如是不可思议；或即水界、火界、风界，或离水界、火界、风界，如是不可思议；或即眼处，或离眼处，如是不可思议；或即耳鼻舌身意处，或离耳鼻舌身意处，如是不可思议；或有或非有，如是不可思议。

云何由处故不可思议？谓或在欲界，或离欲界，如是不可思议；或在色界无色界，或离色界无色界，如是不可思议；或在人中，或离人中，或在天上，或离天上，如是不可思议；或在东方，或离东方，或在南西北方、上下方维，或离南西北方、上下方维，如是不可思议。

云何由住故不可思议？谓安住如是如是色类乐住，如是不可思议；安住如是如是色类奢摩他住，如是不可思议；安住有心住，如是不可思议，安住无心住，如是不可思议；安住如是色类圣住，如是不可思议；安住如是色类天住、梵住，如是不可思议。

云何一性、异性不可思议？谓一切佛同安住一无漏界中，为是一性，为是异性，如是不可思议。

云何成所作故不可思议？谓如是如是如来，同界、同智、势力、勇猛，住无漏界，依此转依，能作一切有情义利，如是不可思议。

此复二因缘故，当知不可思议，谓离言说义故，及过语言道故，不可思议。又出世间故，无有世间能为譬喻，是故不可思议。

云何功能？谓若略说，有十自在说名功能，谓寿自在等，如《本地分》已说。

云何加行[①]？谓若略说，有四种化说名加行：一、未成熟有情令成熟故，作菩萨行化；二、已成熟有情令解脱故；于三千大千世界百拘胝赡部洲中，同于一时方便摄受如来之化；三、即为彼所化有情作声闻化；四、即为彼所化有情作独觉化。当知一切诸佛世尊，于此四种变化事中，遍十方界，功能无碍[②]。

云何为转？当知此转，略有二种：一、权时转；二、毕竟转。权时转者，谓诸有情乃至未成熟、未解脱来，诸佛世尊有变化转。毕竟转者，谓如

---

① 云何加行，底本与《资福藏》《碛砂藏》《普宁藏》《永乐南藏》《径山藏》《高丽藏》相同；《房山石经》“加行”作“方便”，下同。

② 功能无碍，底本与《资福藏》《碛砂藏》《普宁藏》《永乐南藏》《径山藏》《高丽藏》相同；《房山石经》“能”作“德”。

无尽不可思议诸佛自性大光明转，如是能作一切有情所作事转。

云何为还？当知此还亦有二种：一、权时还；二、毕竟还。权时还者，谓所化有情已成熟、已解脱故，从此无间，诸佛世尊现般涅槃，非毕竟灭。毕竟还者，当知烦恼及诸习气毕竟尽故，彼所依处众苦亦尽。

云何能赞叹者，于如来所能作饶益？谓随所赞叹但行自利，非由赞叹于如来所有异所作，犹如造瓶。何以故？如来隐善，极少欲故。

复有二种于如来所称扬赞叹甚希奇法：一、令赞叹者纯行自利，生无量福；二、于远离一切所求诸如来所而作饶益。谓于如来所，如如赞叹，如是如是摄受自利；如如摄受自利，如是如是名以供养摄受如来。由此因缘，生极广大无尽福聚。

又诸如来有二种事：一、不可意事；二、可意事。

复次，由六种相，当知略摄如来功德：一、圆满；二、无垢；三、不动；四、无等；五、能作有情利益事业；六、功能。

云何圆满？谓诸如来成就三界及出世间一切功德，彼出世间所有功德超过一切语言行路，是故如来一切，歌咏所不能及。由此因缘，弥应赞叹。

云何无垢？谓诸功德有七种垢：一、欲；二、见；三、疑；四、慢；五、憍；六、随眠；七、悭。彼于如来一切永无。何以故？由诸如来所有功德不求他知，谓欲令他知我成就如是功德。又于此德无执著见。又于此德无有疑惑为功德耶，为过失耶。又不以己所有功德与他校量。又不观己所有功德，憍醉掉举，生欣生喜。非彼功德为诸烦恼之所随眠，永害烦恼并习气故。又于功德无悭悋心，谓勿令他同所证得。

云何不动？谓诸外道不能动故，一切魔军不能动故，一切盗贼不能夺故，一切亲属不能坏故，一切国王不能坏故，火水风大不能变故，寿命虽尽，亦无退故。由诸如来功德无尽，是故不动。

云何无等？谓诸如来所有功德极广大故，极尊胜故，极众多故，大威力故，若净不净一切有情无与等者，是故无等。

云何能作有情利益事业？谓舍所得广大无罪所有安乐，方便示现利他加行，是故能作利益他事。

云何功能？谓于所作利有情事，不待作愿而圆证故，彼加行智为亲属故，于彼恒时而专志故。

复次，由五因缘，当知诸天非所归依。何等为五？一、由形相故；二、由自性故；三、由作业故；四、由法尔故；五、因果故[①]。

云何诸天由形相故，非所归依？谓由不现见，无交议故；由形暴恶，有怖畏故；由习放逸，有贪爱故；由舍利他，无悲愍故；由不了知作与不作，于真实义不通达故。

云何如来由形相故是真归依？谓由现见，有交议故；由形憺怕，无怖畏故；由无纵逸，离贪爱故；由常不舍利有情事，有悲愍故；由善了知作与不作，于真实义善通达故。

复由五相，唯有如来是真归依。何等为五？一、为利益一切有情取菩提故；二、能善转正法眼故；三、于恩怨诸有情所等心利故；四、舍一切家宅亲属摄受贪爱、根寂静故；五、能善解一切疑故。

云何诸天由自性故，非所归依？谓彼诸天漏所随故，性非调善，能调御他不应道理。如来永离一切漏故，其性调善，故能调御一切有情。

云何诸天由作业故，非所归依？谓彼诸天受用诸欲安住为业，损害有情恶业可得，如来广大无垢静虑安住为业，能作有情利益为业。

云何诸天由法尔故，非所归依？谓诸世间及出世间吉祥盛事，一切皆依自功力故。若离功力，虽于诸天极申敬事，亦不能得。虽不敬事，但作

① 因果故，底本与《房山石经》《资福藏》《碛砂藏》《普宁藏》《永乐南藏》《径山藏》相同；《高丽藏》“因”作“由因”。

功力，必能得故。

云何诸天由因果故，非所归依？谓诸天身为由能感天业所得，为由供养诸天故得，为无因得？若由能感天业得者，但应归依自所作业，非彼诸天。若无因得，应归无因，不应归天。若由供养诸天故得，此诸天身，为当但用供养为因，为天为俱？若唯供养，天应唐捐，随所供养，应感天身。若但由天，供养徒设，虽不供养，天应令彼获得天身。若言俱由，谓以供养摄降诸天，随所思愿，皆令果遂。若尔[①]，七种所思果遂，不决定故，不应道理。谓供养缘于所摄受，诸信解者于信解缘，于信解事，于能往趣最胜天身，于能果遂最胜富乐，于能灭坏阿素洛等所有怨敌，及于徙没[②]。

复次，有四清净：一、名清净；二、语清净；三、自性清净；四、形相清净。又此形相有大威德，断诸疑网，能善记别，难化能化，天人所归，善言诲导[③]，证出离性，制诸外道。

复次，云何当知色等想事、色等施设是假名有，非实物有？

谓诸名言熏习之想所建立识，缘色等想事，计为色等性，此性非实物有，非胜义有。是故如此色等想法，非真实有，唯是遍计所执自性，当知假有。若遣名言熏习之想所建立识，如其色等想事，缘离言说性，当知此性是实物有，是胜义有。此中，道理言论成立，如《菩萨地》应知。

若诸名言熏习之想所建立识，缘遍计所执自性为境，即说此性非内、非外、非二中间，少有可得，非已生，非当生，非正生，非已灭，非当灭，非正灭，本来寂静，自性涅槃。何以故？此唯假有，非胜义有故。若离名言诸

① 若尔，底本与《房山石经》《资福藏》《永乐南藏》《径山藏》《高丽藏》相同；《碛砂藏》《普宁藏》“若”作“共”。

② 及于徙没，底本与《房山石经》《资福藏》《永乐南藏》《径山藏》《高丽藏》相同；《碛砂藏》《普宁藏》“徙”作“从”。

③ 善言诲导，底本与《碛砂藏》《普宁藏》《永乐南藏》《径山藏》相同；《房山石经》《资福藏》《高丽藏》“言”作“能”。

法自性，当知此性凡夫所生，邪执为缘，已生、当生、正生，已灭、当灭、正灭。若未永断，未遍知，便成杂染；若已永断，已遍知，乃成清净。

复有四法，能令菩萨摄正多闻。谓多闻持、多闻证、多闻果、多闻净。如其次第，菩提愿、事善友、思择力、住空闲应知其相。

问：诸菩萨意乐界云何？

答：于诸佛法信解性所显故[1]。

问：诸菩萨增上意乐界云何？

答：于诸佛法信解有德所显故。

问：诸菩萨胜解界云何？

答：于诸佛法信解可得所显故。

问：诸菩萨愍云何？

答：于苦现前诸有情所随生愍伤故。

问：诸菩萨悲云何？

答：于苦因现前诸有情所随生悲哀故。

问：诸菩萨慧云何？

答：于所知境通达如所有性故。

问：诸菩萨智云何？

答：于所知境通达尽所有性故。

复有三种思惟过患，谓不究竟思惟、非处思惟、颠倒思惟。

复次，如诸菩萨所行惠施，当知此施由七种相乃得清净，谓施物清净、戒清净、见清净、心清净、语清净、智清净、垢清净。如是清净，当知一切皆有十相。

云何施物清净十相？一、广大施，谓众多差别故；二、平等施，谓无增

① 于诸佛法信解性所显故，底本与《资福藏》《碛砂藏》《普宁藏》《永乐南藏》《径山藏》相同；《房山石经》《高丽藏》“性”作“有性”。

无减故；三、应时施，谓当彼所乐故；四、上妙施，谓色等具足故；五、清净施，谓非不净物所杂秽故；六、如法施，谓无罪相应故；七、随乐施，谓随求者所爱乐故；八、利益施，谓随彼所宜故；九、或顿或渐施，谓观彼求者故；十、无间施，谓无断绝故。

云何戒清净十相[①]？一、发勤精进所获财物，而用惠施；二、自手臂力所致财物，而用惠施；三、离垢汙物，而用惠施；四、如法而施；五、如法所得，而用惠施；六、息除诸恶，而行惠施；七、调伏诸根，而行惠施；八、殷重恭敬，而行惠施；九、自手而施；十、于己仆从先行恩养，然后惠施他来求者。

云何见清净十相？一、不计度我能行施、施为我所，而行惠施；二、不将己校量于他，谓我是胜是等是劣，而行惠施；三、不观他当有反报，而行惠施；四、不观察当来胜有殊妙富乐[②]，而行惠施；五、不观施全无有果，而行惠施；六、不观施不相似果，而行惠施；七、不观施有颠倒果，而行惠施；八、不观杀害为伴侣善，而行惠施；九、不观奇变吉祥之相，而行惠施；十、不为世间声誉称赞，而行惠施。

云何心清净十相？一、怜爱心而行惠施，谓任自性于诸有情。二、珍宝心而行惠施，谓于施所。三、平等心而行惠施，谓于怨亲及中庸所[③]。四、调伏垢心而行惠施，谓于慳垢及蓄积垢。当知不施于他，名为慳垢，自不受用，名蓄积垢。五、欣乐心而行惠施，谓由七相：一、于未来求者，发喜乐心故；二、于已来求者，初见便生净信心故；三、于正施时，生悦豫心故；四、

① 云何戒清净十相，底本与《房山石经》《资福藏》《永乐南藏》《径山藏》《高丽藏》相同；《碛砂藏》《普宁藏》“相”作“加”。

② 不观察当来胜有殊妙富乐，底本与《房山石经》《资福藏》《碛砂藏》《普宁藏》《永乐南藏》《径山藏》相同；《高丽藏》“胜有”作“有胜”。

③ 谓于怨亲及中庸所，底本与《资福藏》《碛砂藏》《普宁藏》《永乐南藏》《径山藏》《高丽藏》相同；《房山石经》“庸”作“容”。

生静定心故；五、生无足心故；六、生不恼害意趣心故；七、施已无追悔心故。六、忍辱心而行惠施，谓于求者强遮障中能堪忍故，及无厌倦故。七、以慈心而行惠施，谓于恼害者。八、以悲心而行惠施，谓于有苦者。九、以喜心而行惠施，谓于有功德者。十、以舍心而行惠施，谓于亲友所。

云何语清净十相？一、先于施物恣彼乞者。二、彼若至时，称善来进。三、远离颦蹙，平面而视，舒颜含笑，先言问讯。四、以柔輭言共申谈论，安慰乞者。五、从此无间，言当施汝可爱财物，欣庆斯施。六、正发施言：吾今惠汝。七、彼若遮障，从容分布，不出麤言。八、于乞求者若对若背[①]，不毁不呰，亦无论说。九、若无施物，正言辞谢，许得随与。十、于乞求者终不对面呵责、驱逐、轻笑、戏弄，亦不令其改容怀愧。

云何智清净十相？一、由惠施智清净；二、由求者智清净；三、由施物智清净；四、由施加行智清净；五、由以施成熟有情智清净；六、由方便善巧智清净；七、由诸欲过患智清净；八、由除垢智清净；九、由于友远离摄受智清净；十、由隐覆六方智清净。

一、由惠施智清净者，谓于施异名，于施体相，于施训辞，于施差别，皆如实知而行惠施。

二、由求者智清净者，谓于一切有情皆住福田觉而行惠施，于诸胜劣、有得有失、怨恩等所能善了知，随来求者所乐差别而行施故。又先以诸所施财物遍于一切有情之类意乐而舍，若诸求者自然取时，皆生随喜。

三、由施物智清净者，谓于一切工巧业处智善巧故，速疾能集所有财物而用惠施。或由善根之所摄受，谓于前生，或现法受所感财物而用惠施。或发神通，或由法受所致财物而用惠施。或他积集所有财物而用惠施，如劝导他，或任彼务。

---

① 于乞求者若对若背，底本与《房山石经》《资福藏》《永乐南藏》《径山藏》《高丽藏》相同；《碛砂藏》《普宁藏》“背”作“皆”。

四、由施加行智清净者，谓于施加行能善了知，不令求者身心劳倦，自心无染而行惠施。善能分布施来求者，施贫匮者，施无依者，施恶行者，施妙行者，施自仆从。请若贫乏[①]、中财、大财，随其所应，如轨行施，非不如轨。

五、由施成熟有情智清净者，谓善了知施能成熟诸有情已，而行惠施。以所施物与诸大众，普共行施，亦令大众生无量福。又于贫穷乐行施者，以己财物分布与之，令其行施。或有不贫，内怀悭悋，虽欲惠施，而不能用自财布施，即以财物与之令施。或于佛、法及僧田中欲有所作，便以财物弃舍与之，令彼造作。由此因缘，于二门中生无量福。

六、由方便善巧智清净者，谓或由教导，令行惠施；或强力逼，令行惠施；或领彼恩，令行惠施；或由生故，令行惠施；或由神力，而行惠施。

七、由诸欲过患智清净者，谓于诸欲所有过患如实知已，而行惠施。谓于苦蕴中，或时了知，二种过患：一者，现法；二者，后法。或时了知五种过患，谓如《五种过患经》说。或时了知六种过患，谓此诸欲是怖增语，如是等类，广说如经。或时了知七种过患，谓知诸欲无常、虚伪、诳、妄失法，譬如幻事惑乱愚夫。或时了知八种过患，谓知诸欲如朽骸骨，如经广说，乃至犹如树端熟果。

八、由除垢智清净者，谓于除遣十四垢业如实知已，而行惠施。此如《尸佉落迦经》说。

九、由于友远离摄受智清净者，谓能善知远离四种恶友，摄受四种善友而行惠施，此亦如《尸佉落迦经》说。

十、由隐覆六方智清净者，谓隐覆六方而行惠施，此亦如《尸佉落迦经》说。

---

① 请若贫乏，底本与《碛砂藏》《普宁藏》《永乐南藏》《径山藏》相同；《房山石经》《资福藏》《高丽藏》“请”作“谓”。

云何垢清净十相？一、远离懈怠垢而行惠施，谓或内或外，或近或远，或身疲倦，或不疲倦，或身羸劣，或不羸劣，而常惠施。二、远离贪垢而行惠施，谓于财物。三、远离瞋垢而行惠施，谓于求者。四、远离痴垢而行惠施，谓于因果。五、远离障垢而行惠施。言障垢者，谓四种障：一、不串习；二、匮乏；三、躭湎；四、观果。六、善分布而行惠施，此即远离非道理垢。谓贫乏者，于自仆从；若中财者，即于彼所及贫苦所；若大财者，即于彼所，亦于其余来求者所。七、由圆满而行惠施，此即远离诸减少垢，谓事圆满、意乐圆满。事圆满者，复有七相：一、施资产事；二、施国土事；三、施有情事；四、施庄严事；五、施舍宅事；六、施居处事；七、施内身事。意乐圆满者，谓于内身及外财宝获得自性无著意乐。八、由清净而行惠施，此即远离不清净垢。谓由十种清净，即无著无取等，如《本地分》广说。九、善观察而行惠施，此即远离恶慧垢，谓观察施物，观察意乐，观察其由[①]。观察施物者，谓观察受用，胜于积聚，观察惠施，胜于受用。何以故？若唯积聚，不能自益，不能益他，非现法利，非后法利。若诸菩萨唯自受用，名自饶益，非饶益他，名现法利，非后法利。若诸菩萨能行惠施，便自发生广大欢喜，名自饶益，名饶益他，名现法利，名后法利。观察意乐者，当知意乐略有四种：一、于因中无倒意乐；二、于果中无著意乐；三、于有情悲愍意乐；四、于一切智智圆满意乐。由如是等诸意乐故，而行惠施。观察由者[②]，当知略由五相：一、于是处乞求可得；二、于是处已有乞求，复加贫匮；三、于是处已有贫匮，复无依怙；四、于是处有无依怙，复行恶

① 观察其由，底本与《碛砂藏》《普宁藏》《永乐南藏》《径山藏》相同；《房山石经》《资福藏》《高丽藏》“由”作“田”。

② 观察由者，底本与《永乐南藏》《径山藏》相同；《房山石经》《资福藏》《碛砂藏》《普宁藏》《高丽藏》“由”作“田”。

行，是名为由[1]；五、于是处虽无此等，而有修行善行可得。由七种相，当知非由[2]：一、乞求者极大暴恶，曾为怨害，归依怨害而有所求；二、劝为善事终不能得；三、心怀染汙，为染汙事而有乞求；四、为损恼而有乞求；五、乞求者或自是魔，或魔所魅，非处乞求；六、乞求父母，或复随一非所施物；七、能为无义。由此等相，当知是名观察非由[3]。十、具方便德而行惠施，此即远离无方便过失垢。此中方便者，谓串习施、不顾身命、悲愍有情、真实义智、无上菩提、胜解教导、强力逼迫、处任恩报、生及神力。

---

① 是名为由，底本与《永乐南藏》《径山藏》相同；《房山石经》《资福藏》《碛砂藏》《普宁藏》《高丽藏》“由”作“田”。

② 当知非由，底本与《永乐南藏》《径山藏》相同；《房山石经》《资福藏》《碛砂藏》《普宁藏》《高丽藏》“由”作“田”。

③ 当知是名观察非由，底本与《永乐南藏》《径山藏》相同；《房山石经》《资福藏》《碛砂藏》《普宁藏》《高丽藏》“由”作“田”。

瑜伽师地论卷第七十五

摄决择分中菩萨地之四

复次，当知菩萨毗奈耶略有三聚。初律仪戒毗奈耶聚，如薄伽梵为诸声闻所化有情略说毗奈耶相，当知即此毗奈耶聚。

云何摄善法戒毗奈耶聚？谓诸菩萨于摄善法戒勤修习时，略于六心应善观察。何等为六？一、轻懱心[①]；二、懈怠俱行心；三、有覆蔽心；四、勤劳倦心；五、病随行心；六、障随行心。若诸菩萨于善法中所有轻心、无胜解心及陵懱心[②]，名轻懱心。若有懒惰、憍醉、放逸所缠绕心，名懈怠俱行心。若贪欲等随有一盖，或诸烦恼及随烦恼所缠绕心，名有覆蔽心。若住勇猛增上精进，身疲心倦映蔽其心，名勤劳倦心。若有诸病损恼其心，无有力能，不堪修行，名病随行心。若有喜乐谈论等障随逐其心，名障随行心。

菩萨于此六种心中应正观察：我于如是六种心中，为有随一现前行耶？为无有耶？于前三心，菩萨一向不应生起，设已生起，不应忍受。若有忍受而不弃舍，遍于一切皆名有罪。勤劳倦心现在前时，由此心故，舍善方便。若为蹔息身心疲恼，当于善法多修习者，当知无罪。若于一切毕竟舍离，谓我何用精勤修习如是善法，令我现在安住此苦。若如是者，当知有罪。病随行心现在前时，菩萨于此无有自在，不随所欲修善加行，虽复

① 轻懱心，底本与《资福藏》《碛砂藏》《普宁藏》《永乐南藏》《径山藏》相同；《房山石经》《赵城金藏》《高丽藏》“懱”作“蔑”，下同。

② 若诸菩萨于善法中所有轻心无胜解心及陵懱心，底本与《资福藏》《碛砂藏》《普宁藏》《永乐南藏》《径山藏》《高丽藏》相同；《房山石经》“陵”作“数”。

忍受，而无有罪。障随行心现在前时，若不随欲堕在其中，或观此中有大义利，虽复忍受，而无有罪。若随所欲故入其中，或观是中无有义利，或少义利而故忍受，当知有罪。如是六心，前三生已而忍受者，一向有罪；病随行心，虽复忍受，一向无罪；余之二心，若生起已而忍受者，或是有罪，或是无罪。

若诸菩萨于作有情利益戒中勤修习时，当正观察六处摄行。所谓自、他、财衰、财盛、法衰、法盛，是名六处。言财衰者，谓衣食等，未得不得，得已断坏。与此相违，当知财盛。言法衰者，谓越所学，于先未闻胜义所摄、如来所说微妙法句，不得听闻。如不听闻先所未闻，如是于先所未思惟不得思惟，有听闻障，有思惟障，设得闻思，寻复忘失，于所未证修所成善而未能证，设证还退。与此相违，当知法盛。

此中，菩萨作自法衰，令他财盛，此不应为。如令财盛，法盛亦尔。此中义者，越学所摄[①]，及能随顺越学所摄，或于证法退失所摄，当知法衰。又诸菩萨作自财衰，令他财盛，若此财盛不引法衰，此则应为；若引法衰，此不应为。如令财盛，法盛亦尔。又诸菩萨作自财盛，令他财盛，此则应为。如令财盛，法盛亦尔。又诸菩萨作自法盛，令他财盛，此则应为。如令财盛，法盛亦尔。于如是事若不修行，名为有罪；若正修行，是名无罪。

如是且说菩萨所受三种律仪略毗奈耶，菩萨于中常应作意思惟修学。若有于此三种所受菩萨戒中随有所阙，当知非护，当言不护菩萨律仪，不当言护。此三种戒，由律仪戒之所摄持，令其和合。若能于此精勤守护，亦能精勤守护余二；若有于此不能守护，亦于余二不能守护。是故若有毁律仪戒，名毁一切菩萨律仪。若有为令他了知故，随顺他故，由他劝导受菩萨戒，非自所起增上意乐、随观随察自生净信、于诸有情住怜愍

① 越学所摄，底本与《房山石经》《资福藏》《赵城金藏》《永乐南藏》《径山藏》《高丽藏》相同；《碛砂藏》《普宁藏》“越”作“趣”。

心、爱乐善法受菩萨戒，当言此非真实防护，亦非圆满修习善法，亦不能得彼果胜利。与此相违，当知乃名真实防护，亦能获得彼果胜利。

复次，若有不舍如是律仪，当知余生亦得随转[①]，非彼舍者。又舍因缘略有四种：一者，决定发起受心不同分心；二者，若于有所识别大丈夫前，故意发起弃舍语言；三者，总别毁犯四种他所胜法；四者，若以增上品缠，总别毁犯随顺四种他所胜法。由此因缘，当知弃舍菩萨律仪。若有还得清净受心，复应还受。

复次，若有出家菩萨，除三衣外所有长物，佛所听畜，身所受用，顺安乐住，若故思择施来求者，当知无罪。若顾善品，非悭贪障而不施者，亦无有罪。诸有叶纸，已书正法，有婴儿慧众生来乞，若施与之，当知有罪；若劝化施[②]，亦名有罪。除作是心："我今惠彼，欲试其人于甚深法堪受持不？能信解不？"如是无罪。若以叶纸书似正法及外道论[③]，或先已书，授彼信解众生手中，或劝他与，当知有罪。菩萨唯应劝彼舍弃手中异论[④]，或令书写诸佛圣教，或自欲知彼不坚实，不应开示。或有叶纸，犹未书写，有来求乞，尔时菩萨应问彼言："汝今何用如是物为？"彼若答言："我欲转卖，以充食用。"若此叶纸为书正法，则不应与。有财物者，应施价直，若无价直，二俱不与[⑤]，亦无有罪。彼若答言："我求此物为书正法。"即以叶纸

① 当知余生亦得随转，底本与《房山石经》《资福藏》《赵城金藏》《永乐南藏》《径山藏》《高丽藏》相同；《碛砂藏》《普宁藏》"随"作"道"。

② 若劝化施，底本与《资福藏》《碛砂藏》《普宁藏》《永乐南藏》《径山藏》相同；《房山石经》《赵城金藏》《高丽藏》"化"作"他"。

③ 若以叶纸书似正法及外道论，底本与《资福藏》《碛砂藏》《赵城金藏》《普宁藏》《永乐南藏》《径山藏》《高丽藏》相同；《房山石经》"似"作"以"。

④ 菩萨唯应劝彼舍弃手中异论，底本与《房山石经》《资福藏》《碛砂藏》《赵城金藏》《普宁藏》《永乐南藏》《径山藏》相同；《高丽藏》"舍弃"作"弃舍"。

⑤ 二俱不与，底本与《房山石经》《资福藏》《碛砂藏》《赵城金藏》《普宁藏》《永乐南藏》《径山藏》相同；《高丽藏》"二"作"一"。

应施与之，仍告彼言：“随意受用。”彼若欲书下劣典籍，不与无罪。如书下劣，书等亦尔。若欲书写最胜经典，不施与者，当知有罪。

若诸菩萨于己有恩诸有情所，随顺恩相[①]，相续发起亲友意乐，以有染心方便摄受，欲为朋党，当知有罪。或于有怨诸有情所，随顺怨相[②]，相续发起怨仇意乐，有秽浊心，当知有罪。或于无恩无怨诸有情所，相续发起中庸意乐[③]、放舍意乐，当知有罪。

若有现前求欲出家，随顺观察时有过患、劫有过患[④]，不度出家，当知无罪。若有安住怜愍彼心，虽度出家，亦无有罪。如说出家，受具足戒、与作依止、摄为徒众当知亦尔。

由如是等所有行相，当知菩萨三种戒蕴皆得圆满。

复次，先已广说施等，今当略说。谓诸菩萨所有布施，略与五种功德相应，得入布施到彼岸数。何等为五？一者，无著；二者，无恋；三者，无罪；四者，无分别；五者，回向。如施，戒等当知亦尔。

无著者，谓于一切种施等障法中无有罣礙。无恋者，谓于有染及彼果中，心无系著。无罪者，谓远离一切种施等随烦恼。无分别者，谓于施等，不观遍计所执自性。回向者，谓以一切施等诸行，愿得阿耨多罗三藐三菩提果。如是菩萨由此五德摄受一切波罗蜜多，名菩萨施，乃至名菩萨慧；名一切施，乃至名一切慧；名艰难施，乃至名艰难慧。广说一切嗢柁南颂

---

① 随顺恩相，底本与《房山石经》《资福藏》《碛砂藏》《赵城金藏》《普宁藏》《永乐南藏》《径山藏》相同；《高丽藏》“相”作“想”。

② 随顺怨相，底本与《房山石经》《资福藏》《碛砂藏》《赵城金藏》《普宁藏》《永乐南藏》《径山藏》相同；《高丽藏》“相”作“想”。

③ 相续发起中庸意乐，底本与《房山石经》《资福藏》《碛砂藏》《普宁藏》《永乐南藏》《径山藏》《高丽藏》相同；《赵城金藏》“发”作“怨”。

④ 劫有过患，底本与《资福藏》《碛砂藏》《赵城金藏》《普宁藏》《永乐南藏》《径山藏》相同；《房山石经》《高丽藏》“劫”作“却”。

皆随决了[①]，一切皆如《本地分》说。

复次，于施波罗蜜多，由内及外，有十随烦恼。对治彼故，得施波罗蜜多十种清净。如《菩萨地》已说，由增一次第。依于外门，有五随烦恼：一、遍染恼性；二、弃舍性；三、不持可乐性；四、意望不圆满性；五、不成熟性。依于内门，有五随烦恼：一、不出离性；二、杂染恼性；三、不劣薄性；四、现前随性[②]；五、尽灭法性。

复次，前《戒品》中已说十种尸罗清净，当知初一是意乐清净，余九是加行清净。于加行中，复有五种：一、无间缺加行；二、遍修治加行；三、回向加行；四、助伴加行；五、守护加行。第二、第三为初加行，第四为第二加行，第五为第三加行，第六、第七、第八、第九为第四加行，第十为第五加行。

复次，忍波罗蜜多十清净中，当知略有二种清净，谓前九种名思择力清净，其第十种名修习力清净。思择力清净复有四种：一、远离罪生清净，二[③]、彼不现行清净；三、无罪生清净；四、远离彼因缘清净。一种，二种，三种，三种，如其次第。不忍因缘复有三种[④]：一、无惭；二、无愧；三、无哀愍性。

复次，精进波罗蜜多有十清净：一、安处清净；二、纯熟清净；三、策发清净；四、方便清净；五、不虚时住清净；六、不艰辛住清净；七、出离清

① 广说一切嗢柁南颂皆随决了，底本与《资福藏》《碛砂藏》《普宁藏》《永乐南藏》《径山藏》相同；《房山石经》《赵城金藏》《高丽藏》“柁”作“拕”，下同。

② 现前随性，底本与《资福藏》《碛砂藏》《普宁藏》《永乐南藏》《径山藏》相同；《房山石经》《赵城金藏》《高丽藏》“随”作“堕”。

③ 二，底本与《房山石经》《资福藏》《碛砂藏》《赵城金藏》《普宁藏》《永乐南藏》《径山藏》相同；《高丽藏》作“一”。

④ 不忍因缘复有三种，底本与《房山石经》《碛砂藏》《赵城金藏》《普宁藏》《永乐南藏》《径山藏》《高丽藏》相同；《资福藏》“忍因”作“思恩”。

净；八、摄受助伴清净；九、速疾神通清净；十、尽性清净[①]。

复次，静虑波罗蜜多有十清净：一、清净清净；二、无漏清净；三、根本方便清净；四、证得根本清净；五、自在方便清净；六、住自在清净；七、引发神通自在清净；八、成熟有情自在清净；九、降伏外道自在清净；十、无上离系清净。

复次，慧波罗蜜多有五清净：一、通达诸相清净；二、通达缘起清净；三、通达教导清净；四、通达士用清净；五、通达证得清净。

复次，云何菩萨于身住循身观[②]？谓于相身循环观真如身。如于身，于受、心、法，随其所应，当知亦尔。

云何菩萨为令未生恶不善法得不生故生欲，乃至广说？谓于真如境系心令住，为令一切相及麤重未得现前，内未生者得不生故生欲，乃至广说。如令未生得不生故，如是已生已得现前，于内生者为令断故，于能对治所有善法未生令生，已生令住，乃至广说。

当知此中，于念住位，最初系心置所缘境；次于所缘令心安住，勤修正断；次得定已，复令此定善圆满故，于神足中勤修加行；定圆满已，为令一切相及麤重得离系故，依信等根修加行道。加行道中，根是下品，力是上品。如是正修加行道已，次得觉支，通达实际；达实际已，次修道支，渐渐乃至证得阿耨多罗三藐三菩提，于一切障皆得解脱。

复次，相、麤重缚当知差别有十四种：一、根缚；二、境缚；三、有情展转更相爱缚；四、建立缚，谓器世间诸所有根依之而转，故名建立；五、于所知境无智缚；六、于能知智无智缚；七、后有爱缚；八、无有爱缚；九、

① 尽性清净。底本与《资福藏》《碛砂藏》《普宁藏》《永乐南藏》《径山藏》相同；《房山石经》《赵城金藏》《高丽藏》“尽”作“无尽”。

② 云何菩萨于身住循身观，底本与《资福藏》《碛砂藏》《赵城金藏》《普宁藏》《永乐南藏》《径山藏》《高丽藏》相同；《房山石经》“循”作“修”，下同。

执著不平等因及无因缚；十、证得增上慢缚；十一、执著遍计所执自性缚；十二、执著补特伽罗自性缚；十三、补特伽罗遍知增上慢缚；十四、法遍知增上慢缚。

复次，依空勤修念住菩萨，略于六种妄想缚中，当令其心速得解脱。云何名为六种想缚？所谓于身乃至于法发起内想，是初想缚；即于是中发起外想，是第二想缚；即于是中起内外想，是第三想缚；若于十方无数无量诸有情界，愿令解脱，修习念住[①]，此中诸想是第四想缚；若由此故，于身等境循观而住，此中诸想是第五想缚；即于身等循观住者，此中诸想是第六想缚。

即于此中循环观故，复有十一后后想缚。云何十一后后想缚？谓于身等住循身等观者，于诸杂染、清净谛中所起第一义想，是名初缚；即于杂染第一义中所起造作想，是第二缚；即于清净第一义中所起无造作想，是第三缚；即于无造作第一义中所起常想，是第四缚；即于造作杂染中所起流转想，是第五缚；即于常中所起无变异想，是第六缚；即于流转中，由有苦有变异故，所起苦性想，是第七缚；即于此中，由生灭住异自相故，自相有变异故，所起彼自相想，是第八缚；即于无变异及有变第一义中[②]，所起能摄染汙、清净一切法想，是第九缚；即于杂染清净一切法中，所有我无染净想，是第十缚；即于杂染、清净诸法所起无自性相想，是第十一缚。由诸菩萨于此后后诸行想缚所知境界正观察故，能依于空，善修念住，令心解脱；于此想缚得解脱故，一切想缚皆得解脱。

复次，于大乘中，或有一类恶取空故，作如是言：“由世俗故，一切皆

① 修习念住，底本与《房山石经》《赵城金藏》《径山藏》《高丽藏》相同；《资福藏》《碛砂藏》《普宁藏》《永乐南藏》“习”作“集”。

② 即于无变异及有变第一义中，底本与《资福藏》《碛砂藏》《普宁藏》《永乐南藏》《径山藏》相同；《房山石经》《高丽藏》“第”作“异第”。

有；由胜义故，一切皆无。”应告彼言：“长老！何者世俗？何者胜义？”如是问已，彼若答言：“若一切法皆无自性，是名胜义。若于诸法无自性中，自性可得，是名世俗。何以故？无所有中建立世俗，假设名言而起说故。”应告彼曰：“汝何所欲？名言世俗为从因有自性可得？为唯名言世俗说有？若名言世俗从因有者，名言世俗从因而生，而非是有，不应道理。若唯名言世俗说有，名言世俗无事而有，不应道理。”又应告言：“长老！何缘诸可得者，此无自性？”如是问已。彼若答言：“颠倒事故。”复应告言：“汝何所欲？此颠倒事为有为无？若言有者，说一切法由胜义故，皆无自性，不应道理。若言无者，颠倒事故，诸可得者，此无自性，不应道理。”

复次，当知由五相故，思择大乘经起因缘说，谓为于说者生恭敬故，起第一说；为摄众故，起第二说；为于正法生尊重故，起第三说；为叙事故，起第四说；为欲宣说真实义故，及多所作故，起第五说。

复次，依十二处自相、共相观故，有十种无颠倒道，能证所有不共佛法。当知此中，六种观自相，四种观共相。谓于十二处眼等名言假立相中，能遍了知唯名言相，是名第一无颠倒道，能证所有不共佛法。复次，于十二处能遍了知摄受虚妄分别种种生相，是名第二无颠倒道，能证所有不共佛法。复次，于十二处能遍了知依因转相，是名第三无颠倒道，能证所有不共佛法。复次，于十二处能遍了知相坏转相，是名第四无颠倒道，能证所有不共佛法。复次，于十二处能遍了知清净转相，是名第五无颠倒道，能证所有不共佛法。当知此中，依二种业，有二清净：一、生起清净；二、寂静清净[1]。复次，于十二处能遍了知所有名言安足处相，是名第六无颠倒道，能证所有不共佛法。如是六种观察自相。复次，即于如是十二处

① 寂静清净，底本与《资福藏》《碛砂藏》《普宁藏》《永乐南藏》《径山藏》相同；《房山石经》《赵城金藏》《高丽藏》“静”作“灭”。

中，能遍了知共相自性，是名第七无颠倒道，能得所有不共佛法[①]。复次，即于如是十二处中，能遍了知共相无分别所行相，是名第八无颠倒道，能证所有不共佛法。复次，即于如是十二处中，能遍了知共相出世法所行相，是名第九无颠倒道，能证所有不共佛法。复次，即于如是十二处中，能遍了知共相清净因相，是名第十无颠倒道，能证所有不共佛法。如是四种观察共相。

复次，当知由八殊胜，于诸住地后后转胜：一、意乐殊胜；二、心清净殊胜；三、悲殊胜；四、波罗蜜多殊胜；五、成熟有情殊胜；六、见诸佛往趣承事供养殊胜；七、生殊胜；八、神力殊胜。

复次，胜义谛有五相[②]：一、离名言相；二、无二相；三、超过寻思所行相；四、超过诸法一异性相；五、遍一切一味相。

此胜义谛离名言相及无二相，当知如《解深密经》中，如理请问菩萨问解甚深义密意菩萨言："最胜子！言一切无二[③]。一切法无二者，何等一切法？云何为无二？"

解甚深义密意菩萨告如理请问菩萨曰："善男子！一切法者略有二种：一者，有为；二者，无为。是中有为非有为，非无为，无为亦非无为，非有为。"

"最胜子！如何有为非有为，非无为；无为亦非无为，非有为？"

"善男子！言有为者，乃是本师假施设句；若是本师假施设句，即是遍计所集言辞所说；若是遍计所集言辞所说，即是究竟种种遍计言辞所

① 能得所有不共佛法，底本与《资福藏》《碛砂藏》《赵城金藏》《普宁藏》《永乐南藏》《径山藏》相同；《房山石经》《高丽藏》"得"作"证"。

② 胜义谛有五相，底本与《房山石经》《资福藏》《碛砂藏》《赵城金藏》《普宁藏》《永乐南藏》《径山藏》相同；《高丽藏》"五"作"五种"。

③ 言一切无二，底本与《资福藏》《碛砂藏》《普宁藏》《永乐南藏》相同；《房山石经》《赵城金藏》《径山藏》《高丽藏》"切"作"切法"。

说不成实故，非是有为。善男子，言无为者，亦堕言辞。设离有为、无为，少有所说，其相亦尔，然非无事而有所说。何等为事？谓诸圣者以圣智圣见离名言故，现等正觉，即于如是离言法性，为欲令他现等觉故，假立名想，谓之有为。善男子，言无为者，亦是本师假施设句；若是本师假施设句，即是遍计所集言辞所说；若是遍计所集言辞所说，即是究竟种种遍计言辞所说不成实故，非是无为。善男子，言有为者，亦堕言辞。设离无为、有为，少有所说，其相亦尔，然非无事而有所说。何等为事？谓诸圣者以圣智圣见，离名言故现等正觉，即于如是离言法性，为欲令他现等觉故，假立名想，谓之无为。"

"最胜子！如何此事，彼诸圣者以圣智圣见，离名言故现等正觉？即于如是离言法性，为欲令他现等觉故，假立名想，或谓有为，或谓无为。"

"善男子！如善幻师或彼弟子，住四衢道，积集瓦砾、草叶、木等，现作种种幻化事业，所谓象身、马身、车身、步身、末尼、真珠、瑠璃、螺贝、璧玉、珊瑚，种种财穀库藏等身。若诸众生愚痴顽钝恶慧种类，无所晓知，于瓦砾、草、叶、木等上诸幻化事见已闻已，作如是念：'此所见者实有象身，实有马身、车身、步身、末尼、真珠、瑠璃、螺贝、璧玉、珊瑚、种种财穀库藏等身。'如其所见，如其所闻，坚固执著，随起言说：'唯此谛实，余皆愚妄。'彼于后时应更观察。

"若有众生非愚非钝、善慧种类，有所晓知，于瓦砾、草、叶、木等上诸幻化事见已闻已，作如是念：'此所见者无实象身，无实马身、车身、步身、末尼、真珠、瑠璃、螺贝、璧玉、珊瑚、种种财穀库藏等身，然有幻状迷惑眼事，于中发起大象身想，或大象身差别之想，乃至发起种种财穀库藏等想，或彼种类差别之想。'不如所见，不如所闻，坚固执著，随起言说：'唯此谛实，余皆愚妄。'为欲表知如是义故，亦于此中随起言说。彼于后时不须观察。

"如是，若有众生是愚夫类，是异生类，未得诸圣出世间慧，于一切法离言法性不能了知。彼于一切有为无为见已闻已，作如是念：'此所得者，决定实有有为、无为[①]。'如其所见，如其所闻，坚固执著，随起言说：'唯此谛实，余皆痴妄。'彼于后时应更观察。

"若有众生非愚夫类，已见圣谛，已得诸圣出世间慧，于一切法离言法性如实了知，彼于一切有为、无为见已闻已，作如是念：'此所得者，决定无实有为、无为，然有分别所起行相，犹如幻事迷惑觉慧，于中发起为、无为想，或为、无为差别之想。'不如所见，不如所闻，坚固执著，随起言说：'唯此谛实，余皆痴妄。'为欲表知如是义故，亦于此中随起言说。彼于后时不须观察。

"如是，善男子！彼诸圣者于此事中，以圣智圣见离名言故，现等正觉，即于如是离言法性，为欲令他现等觉故，假立名想，谓之有为，谓之无为。"

尔时，解甚深义密意菩萨欲重宣此义，而说颂曰：

"佛说离言无二义，甚深非愚之所行，
愚夫于此痴所惑，乐著二依言戏论。
彼或不定或邪定，流转极长生死苦，
复违如是正智论，当生牛羊等类中。"

复次，胜义谛超过寻思所行相，当知如《解深密经》中，法涌菩萨白佛言："世尊！从此东方过七十二殑伽河沙等世界，有世界名具大名称，是中如来号广大名称。我于先日从彼佛土发来至此[②]。我于彼佛土，曾见一处，有七万七千外道并其师首同一会坐，为思诸法胜义谛相。彼共思议，

① 决定实有有为、无为，底本与《房山石经》《资福藏》《碛砂藏》《普宁藏》《永乐南藏》《径山藏》《高丽藏》相同；《赵城金藏》"有为、无为"作"为有为无"。

② 我于先日从彼佛土发来至此，底本与《资福藏》《碛砂藏》《普宁藏》《永乐南藏》《径山藏》相同；《房山石经》《赵城金藏》《高丽藏》"日"作"曰"。

称量观察，遍推求时，于一切法胜义谛相竟不能得，唯除种种意解、别异意解、变异意解，互相违背，共兴诤论，口出矛[矛+赞]，更相[矛+赞]已，刺已，恼已，坏已，各各离散。世尊，我于尔时窃作是念：‘如来出世甚奇希有[1]，由出世故，乃于如是超过一切寻思所行胜义谛相，亦有通达作证可得。’”

说是语已，尔时世尊告法涌菩萨曰：“善男子！如是，如是，如汝所说。我于超过一切寻思胜义谛相，现等正觉；现等觉已，为他宣说，显现开解，施设照了。何以故？我说胜义，是诸圣者内自所证；寻思所行，是诸异生展转所证。是故，法涌，由此道理，当知胜义超过一切寻思境相。复次，法涌，我说胜义，无相所行，寻思但行有相境界。是故，法涌，由此道理，当知胜义超过一切寻思境相。复次，法涌，我说胜义，不可言说，寻思但行言说境界。是故，法涌，由此道理，当知胜义超过一切寻思境相。复次，法涌，我说胜义，绝诸表示，寻思但行表示境界。是故法涌！由此道理，当知胜义超过一切寻思境相。复次，法涌，我说胜义，绝诸诤论，寻思但行诤论境界。是故法涌！由此道理，当知胜义超过一切寻思境相。

“法涌当知！譬如有人，尽其寿量，习辛苦味，于蜜、石蜜上妙美味，不能寻思，不能比度，不能信解。或于长夜，由欲贪胜解，诸欲炽火所烧然故，于内除灭一切色声香味触相妙远离乐，不能寻思，不能比度，不能信解。或于长夜，由言说胜解，乐著世间绮言说故，于内寂静圣默然乐，不能寻思，不能比度，不能信解。或于长夜，由见闻觉知表示胜解，乐著世间诸表示故，于永除断一切表示萨迦耶灭究竟涅槃，不能寻思，不能比度，不能信解。法涌当知！譬如有人，于其长夜，由有种种我所摄受诤论胜

① 如来出世甚奇希有，底本与《房山石经》《资福藏》《碛砂藏》《普宁藏》《永乐南藏》《径山藏》《高丽藏》相同；《赵城金藏》“来”作“求”。

解，乐著世间诸诤论故。于北拘卢洲无我所，无摄受，离诤论，不能寻思，不能比度，不能信解。如是，法涌，诸寻思者于超一切寻思所行胜义谛相，不能寻思，不能比度，不能信解。”

尔时，世尊欲重宣此义，而说颂曰：

内证无相之所行，不可言说绝表示，

息诸诤论胜义谛，超过一切寻思相。

复次，胜义谛超过诸法一异性相，当知如《解深密经》中，善清净慧菩萨白佛言：“世尊！甚奇！”乃至“世尊善说！如世尊言：‘胜义谛相，微细甚深，超过诸法一异性相，难可通达。’世尊，我即于此，曾见一处，有众菩萨等，正修行胜解行地，同一会坐，皆共思议胜义谛相与诸行相一异性相。于此会中，一类菩萨作如是言：‘胜义谛相与诸行相都无有异。’一类菩萨复作是言：‘非胜义谛相与诸行相都无有异，然胜义谛相异诸行相。’有余菩萨疑惑犹豫，复作是言：‘是诸菩萨，谁言谛实？谁言虚妄？谁如理行？谁不如理？’或唱是言：‘胜义谛相与诸行相都无有异。’或唱是言：‘胜义谛相异诸行相。’世尊，我见彼已，窃作是念：‘彼诸善男子愚痴顽钝，不明不善，不如理行，于胜义谛微细甚深，超过诸行一异性相，不能解了。’”

说是语已，尔时，世尊告善清净慧菩萨曰：“善男子！如是，如是，如汝所说。彼诸善男子愚痴顽钝，不明不善，不如理行，于胜义谛微细甚深，超过诸行一异性相，不能解了。何以故？善清净慧！非于诸行如是行时，名能通达胜义谛相，或于胜义谛而得作证[①]。何以故？善清净慧！若胜义谛相与诸行相都无异者，应于今时一切异生皆已见谛，又诸异生皆应已得无上方便安隐涅槃，或应已证阿耨多罗三藐三菩提。若胜义谛相与诸

① 或于胜义谛而得作证，底本与《资福藏》《碛砂藏》《普宁藏》《永乐南藏》《径山藏》相同；《房山石经》《高丽藏》无“谛”字。

行相一向异者，已见谛者于诸行相应不除遣，若不除遣诸行相者，应于相缚不得解脱；此见谛者于诸相缚不解脱故，于麤重缚亦应不脱；由于二缚不解脱故，已见谛者应不能得无上方便安隐涅槃，或不应证阿耨多罗三藐三菩提。

"善清净慧！由于今时非诸异生皆已见谛，非诸异生已能获得无上方便安隐涅槃，亦非已证阿耨多罗三藐三菩提，是故胜义谛相与诸行相都无异相，不应道理。若于此中作如是言，'胜义谛相与诸行相都无异'者，由此道理，当知一切非如理行，不如正理。

"善清净慧！由于今时非见谛者于诸行相不能除遣[①]，然能除遣；非见谛者于诸相缚不能解脱，然能解脱；非见谛者于麤重缚不能解脱，然能解脱；以于二障能解脱故，亦能获得无上方便安隐涅槃，或有能证阿耨多罗三藐三菩提。是故胜义谛相与诸行相一向异相，不应道理。若于此中作如是言，'胜义谛相与诸行相一向异'者，由此道理，当知一切非如理行，不如正理。

"复次，善清净慧，若胜义谛相与诸行相都无异者，如诸行相堕杂染相，此胜义谛相亦应如是堕杂染相。善清净慧！若胜义谛相与诸行相一向异者，应非一切行相共相名胜义谛相。善清净慧！由于今时胜义谛相非堕杂染相，诸行共相名胜义谛相，是故胜义谛相与诸行相都无异相，不应道理；胜义谛相与诸行相一向异相[②]，不应道理。若于此中作如是言，'胜义谛相与诸行相都无有异，或胜义谛相与诸行相一向异'者，由此道理，当知一切非如理行，不如正理。

① 由于今时非见谛者于诸行相不能除遣，底本与《资福藏》《碛砂藏》《赵城金藏》《普宁藏》《永乐南藏》《径山藏》《高丽藏》相同；《房山石经》"今"作"尔"。

② 胜义谛相与诸行相一向异相，底本与《房山石经》《资福藏》《碛砂藏》《普宁藏》《永乐南藏》《径山藏》相同；"胜义谛"，《赵城金藏》作"胜义"，《高丽藏》作"又胜义"。

“复次，善清净慧！若胜义谛相与诸行相都无异者，如胜义谛相于诸行相无有差别，一切行相亦应如是无有差别。修观行者于诸行中，如其所见，如其所闻，如其所觉，如其所知，不应后时更求胜义。若胜义谛相与诸行相一向异者，应非诸行唯无我性，唯无自性之所显现是胜义相。又应俱时别相成立，谓杂染相及清净相。

“善清净慧！由于今时一切行相皆有差别，非无差别，修观行者于诸行中，如其所见，如其所闻，如其所觉，如其所知，复于后时更求胜义。又即诸行唯无我性、唯无自性之所显现名胜义相，又非俱时染净二相别相成立，是故胜义谛相与诸行相都无有异，或一向异，不应道理。若于此中作如是言，‘胜义谛相与诸行相都无有异，或一向异’者，由此道理，当知一切非如理行，不如正理。

“善清净慧！如螺贝上鲜白色性，不易施设与彼螺贝一相、异相。如螺贝上鲜白色性，金上黄色亦复如是。如箜篌声上美妙曲性，不易施设与箜篌声一相、异相。如黑沉上有妙香性，不易施设与彼黑沉一相、异相[①]。如胡椒上辛猛利性，不易设施与彼胡椒一相、异相[②]。如胡椒上辛猛利性，诃梨淡性亦复如是。如蠹罗绵上有柔軟性，不易施设与蠹罗绵一相、异相。如熟酥上所有醍醐，不易施设与彼熟酥一相、异相。又如一切行上无常性，一切有漏法上苦性，一切法上补特伽罗无我性，不易施设与彼行等一相、异相。又如贪上不寂静相及杂染相，不易施设此与彼贪一相、异相。如于贪上，于瞋、痴上当知亦尔。如是，善清净慧，胜义谛相不可施设与诸行相一相、异相。

① 不易施设与彼黑沉一相异相，底本与《资福藏》《碛砂藏》《普宁藏》《永乐南藏》《径山藏》相同；《房山石经》《赵城金藏》《高丽藏》“施设”作“设施”。

② 不易设施与彼胡椒一相、异相，底本与《资福藏》《碛砂藏》《赵城金藏》《普宁藏》《永乐南藏》《径山藏》《高丽藏》相同；《房山石经》“设施”作“施设”。

“善清净慧！我于如是微细、极微细，甚深、极甚深，难通达、极难通达，超过诸法一异性相胜义谛相[①]，现正等觉；现等觉已，为他宣说，显示开解，施设照了。”

尔时，世尊欲重宣此义，而说颂曰：

“行界胜义相，离一异性相，
若分别一异，彼非如理行。
众生为相缚，及为麤重缚，
要勤修止观，尔乃得解脱。”

复次，胜义谛遍一切一味相，当知如《解深密经》中，世尊告长老善现曰：“善现！汝于有情界中，知几有情怀增上慢，为增上慢所执持故，记别所解？汝于有情界中，知几有情离增上慢，记别所解？”

长老善现白佛言：“世尊！我知有情界中，少分有情离增上慢，记别所解。世尊，我知有情界中，有无量无数不可说有情怀增上慢，为增上慢所执持故，记别所解。

“世尊！我于一时住阿练若大树林中，时有众多苾刍亦于此林依近我住。我见彼诸苾刍于日后分展转聚集，依有所得现观，各说种种相法，记别所解。于中，一类由得蕴故，得蕴相故，得蕴起故，得蕴尽故，得蕴灭故，得蕴灭作证故，记别所解。如此一类由得蕴故，复有一类由得处故，复有一类得缘起故，当知亦尔。复有一类由得食故，得食相故，得食起故，得食尽故，得食灭故，得食灭作证故，记别所解。复有一类由得谛故，得谛相故，得谛遍知故，得谛永断故，得谛作证故，得谛修习故，记别所解。复有一类由得界故，得界相故，得界种种性故，得界非一性故，得界灭故，得界灭作证故，记别所解。复有一类由得念住故，得念住相

① 超过诸法一异性相胜义谛相，底本与《房山石经》《资福藏》《碛砂藏》《普宁藏》《永乐南藏》《径山藏》《高丽藏》相同；《赵城金藏》“一”作“一切”。

故，得念住能治所治故，得念住修故，得念住未生令生故，得念住生已，坚住不忘，倍修增广故，记别所解。如有一类得念住故，复有一类得正断故，得神足故，得诸根故，得诸力故，得觉支故，当知亦尔。复有一类得八支圣道故，得八支圣道相故，得八支圣道能治、所治故，得八支圣道修故，得八支圣道未生令生故，得八支圣道生已，坚住不忘，倍修增广故，记别所解。

"世尊！我见彼已窃作是念：'此诸长老依有所得现观，各说种种相法[①]，记别所解。当知彼诸长老一切皆怀增上慢，为增上慢所执持故，于胜义谛遍一切一味相不能解了。'是故，世尊甚奇，乃至世尊善说。如世尊言：'胜义谛相微细、最微细，甚深、最甚深，难通达、最难通达，遍一切一味相[②]。'世尊，此圣教中，修行苾刍于胜义谛遍一切一味相尚难通达，况诸外道。"

尔时世尊告长老善现曰："如是，如是。善现，我于微细、最微细，甚深、最甚深，难通达、最难通达，遍一切一味相胜义谛现正等觉，现等觉已，为他宣说，显示开解，施设照了。何以故？善现，我已显示于一切蕴中，清净所缘是胜义谛；我已显示于一切处、缘起、食、谛、界、念、住、正断、神足、根、力、觉支、道支中，清净所缘是胜义谛。此清净所缘于一切蕴中，是一味相，无别异相。如于蕴中，如是于一切处中，乃至一切道支中，是一味相，无别异相。是故，善现，由此道理，当知胜义谛是遍一切一味相。

"复次，善现，修观行苾刍通达一蕴真如胜义法无我性已，更不寻

① 各说种种相法，底本与《房山石经》《资福藏》《碛砂藏》《赵城金藏》《普宁藏》《永乐南藏》《径山藏》相同；《高丽藏》"相"作"想"。

② 难通达最难通达，底本与《房山石经》《资福藏》《碛砂藏》《赵城金藏》《普宁藏》《永乐南藏》《径山藏》相同；《高丽藏》"最"作"极"。

求各别余蕴、诸处、缘起、食、谛、界、念住、正断、神足、根力、觉支、道支真如胜义法无我性，唯即随此真如胜义无二智为依止故，于遍一切一味相胜义谛审察趣证。是故，善现，由此道理，当知胜义谛是遍一切一味相[①]。

“复次，善现，如彼诸蕴展转异相，如彼诸处、缘起、食、谛、界、念住、正断、神足、根力、觉支、道支展转异相，若一切法真如胜义法无我性亦异相者，是则真如胜义法无我性亦应有因，从因所生；若从因生，应是有为；若是有为，应非胜义；若非胜义，应更寻求余胜义谛。善现！由此真如胜义法无我性不名有因，非因所生，亦非有为是胜义谛，得此胜义，更不寻求余胜义谛，唯有常常时，恒恒时，如来出世，若不出世，诸法法性安立，法界安住[②]。是故，善现，由此道理，当知胜义谛是遍一切一味相。善现！譬如种种非一品类异相色中，虚空无相，无分别，无变异，遍一切一味相。如是异性异相一切法中，胜义谛遍一切一味相当知亦然。”

尔时，世尊欲重宣此义，而说颂曰：

此遍一切一味相，胜义诸佛说无异，
若有于中异分别，彼定愚痴依上慢。

① 当知胜义谛是遍一切一味相，底本与《房山石经》《资福藏》《碛砂藏》《普宁藏》《永乐南藏》《径山藏》《高丽藏》相同；《赵城金藏》“味”作“法”。

② 法界安住，底本与《资福藏》《碛砂藏》《赵城金藏》《普宁藏》《永乐南藏》《径山藏》《高丽藏》相同；《房山石经》“住”作“最立”。

瑜伽师地论卷第七十六

摄决择分中菩萨地之五

复次，心意识相，当知如《解深密经》中，广慧菩萨请问佛言："如世尊说，于心意识秘密善巧菩萨。于心意识秘密善巧菩萨者，齐何名为于心意识秘密善巧菩萨？如来齐何施设彼为于心意识秘密善巧菩萨？"

说是语已，尔时世尊告广慧菩萨曰："善哉！善哉！广慧，汝今乃能请问如来如是深义[①]，汝今为欲利益安乐无量众生[②]，哀愍世间及诸天、人、阿素洛等，为令获得义利安乐故发斯问。汝应谛听，吾当为汝说心意识秘密义。广慧，当知，于六趣生死彼彼有情，堕彼彼有情众中，或在卵生，或在胎生，或在湿生，或在化生，身分生起。于中，最初一切种子心识成熟，展转和合，增长广大，依二执受：一者，有色诸根及所依执受；二者，相名分别言说戏论习气执受。有色界中具二执受，无色界中不具二种。

"复次，广慧，此识亦名阿陀那识。何以故？由此识于身随逐执持故。亦名阿赖耶识，何以故？由此识于身摄受藏隐同安危义故。亦名为心。何以故？由此识色、声、香、味、触等积集滋长故。

"复次，广慧，阿陀那识为依止，为建立故，六识身转，谓眼识、耳、鼻、舌、身、意识。此中，有识眼及色为缘，生眼识，与眼识俱随行，同时同境，有分别意识转；有识耳、鼻、舌身及声、香、味、触为缘，生耳、鼻、舌、

① 汝今乃能请问如来如是深义，底本与《房山石经》《资福藏》《碛砂藏》《普宁藏》《永乐南藏》《径山藏》《高丽藏》相同；《赵城金藏》"今"作"令"。

② 汝今为欲利益安乐无量众生，底本与《房山石经》《资福藏》《碛砂藏》《普宁藏》《永乐南藏》《径山藏》《高丽藏》相同；《赵城金藏》"今"作"令"。

身识，与耳、鼻、舌、身识俱随行，同时同境，有分别意识转。广慧，若于尔时一眼识转，即于此时唯有一分别意识，与眼识同所行转；若于尔时二、三、四、五诸识身转，即于此时唯有一分别意识与五识身同所行转。

“广慧！譬如大暴水流①，若有一浪生缘现前，唯一浪转；若二若多浪生缘现前，有多浪转。然此暴水自类恒流②，无断无尽。又如善净镜面，若有一影生缘现前，唯一影起；若二若多影生缘现前，有多影起。非此镜面转变为影，亦无受用灭尽可得。如是，广慧，由似暴流阿陀那识为依止③，为建立故，若于尔时有一眼识生缘现前，即于此时一眼识转；若于尔时乃至有五识身生缘现前，即于此时五识身转。

“广慧！如是菩萨虽由法住智为依止、为建立故，于心意识秘密善巧，然诸如来不齐于，此施设彼为于心意识一切秘密善巧菩萨。广慧，若诸菩萨于内各别如实不见阿陀那，不见阿陀那识，不见阿赖耶，不见阿赖耶识，不见积集，不见心，不见眼、色及眼识，不见耳、声及耳识，不见鼻、香及鼻识，不见舌、味及舌识，不见身、触及身识，不见意、法及意识，是名胜义善巧菩萨。如来施设彼为胜义善巧菩萨。广慧，齐此名为于心意识一切秘密善巧菩萨，如来齐此施设于心意识一切秘密善巧菩萨。”

尔时，世尊欲重宣此义，而说颂曰：

阿陀那识甚深细，一切种子如暴流④。

我于凡愚不开演，恐彼分别执为我。

---

① 譬如大暴水流，底本与《房山石经》《资福藏》《碛砂藏》《普宁藏》《永乐南藏》《径山藏》《高丽藏》相同；《赵城金藏》“暴”作“瀑”。

② 然此暴水自类恒流，底本与《房山石经》《资福藏》《碛砂藏》《普宁藏》《永乐南藏》《径山藏》《高丽藏》相同；《赵城金藏》“暴”作“瀑”。

③ 由似暴流阿陀那识为依止，底本与《房山石经》《资福藏》《碛砂藏》《普宁藏》《永乐南藏》《径山藏》《高丽藏》相同；《赵城金藏》“暴”作“瀑”。

④ 一切种子如暴流，底本与《房山石经》《资福藏》《碛砂藏》《普宁藏》《永乐南藏》《径山藏》《高丽藏》相同；《赵城金藏》“暴”作“瀑”。

复次，一切法相，当知如《解深密经》中，德本菩萨请问佛言：“世尊！如世尊说于诸法相善巧菩萨。于诸法相善巧菩萨者，齐何名为于诸法相善巧菩萨？如来齐何施设彼为于诸法相善巧菩萨？”

说是语已，尔时世尊告德本菩萨曰：“善哉！善哉！德本，汝今乃能请问如来如是深义。汝今为欲利益安乐无量众生，哀愍世间及诸天、人、阿素洛等，为令获得义利安乐，故发斯问。汝应谛听，吾当为汝说诸法相。谓诸法相略有三种。何等为三？一者，遍计所执相；二者，依他起相；三者，圆成实相。云何诸法遍计所执相？谓一切法名假安立自性差别，乃至为令随起言说。云何诸法依他起相？谓一切法缘生自性，则此有故彼有，此生故彼生，谓无明缘行，乃至招集纯大苦蕴。云何诸法圆成实相？谓一切法平等真如。于此真如，诸菩萨众勇猛精进为因缘故，如理作意无倒思惟为因缘故，乃能通达；于此通达渐渐修集，乃至无上正等菩提方证圆满。

“复次，德本，如眩翳人，眼中所有翳眩过患[①]，遍计所执相，当知亦尔。如眩翳人眩翳众相，或发毛轮转、蜂蝇、巨胜[②]，或复青、黄、赤、白等相差别现前，依他起相当知亦尔。如净眼人远离眼中眩翳过患，即此净眼本性所行无乱境界，圆成实相当知亦尔。

“复次，德本，譬如清净颇胝迦宝，若与青染色合，则似帝青大青末尼宝像，由邪执取帝青、大青末尼宝故，惑乱有情。若与赤染色合，则似琥珀末尼宝像，由邪执取琥珀末尼宝故，惑乱有情。若与绿染色合，则似末罗羯多末尼宝像，由邪执取末罗羯多末尼宝故，惑乱有情。若与黄染色合，则似金像，由邪执取真金像故，惑乱有情。如是，德本，如彼清净颇胝

① 眼中所有翳眩过患，底本与《房山石经》《资福藏》《碛砂藏》《赵城金藏》《普宁藏》《永乐南藏》《径山藏》相同；《高丽藏》“翳眩”作“眩瞖”。

② 或发毛轮转蜂蝇巨胜，底本与《资福藏》《碛砂藏》《赵城金藏》《普宁藏》《永乐南藏》《径山藏》相同；《房山石经》《高丽藏》无“转”字。

迦上所有染色相应，依他起相上遍计所执相言说习气当知亦尔。如彼清净颇胝迦上所有帝青、大青、琥珀、末罗羯多、金等邪执，依他起相上遍计所执相执当知亦尔。如彼清净颇胝迦宝，依他起相当知亦尔。如彼清净颇胝迦上所有帝青、大青、琥珀、末罗羯多、真金等相，于常常时，于恒恒时，无有真实[①]，无自性性，即依他起相上，由遍计所执相，于常常时，于恒恒时，无有真实，无自性性，圆成实相当知亦尔。

“复次，德本，相、名相应以为缘故，遍计所执相而可了知。依他起相上遍计所执相执以为缘故，依他起相而可了知。依他起相上遍计所执相无执以为缘故，圆成实相而可了知。

“复次，德本，若诸菩萨能于诸法依他起相上如实了知遍计所执相，即能如实了知一切无相之法。若诸菩萨如实了知依他起相，即能如实了知一切杂染相法。若诸菩萨如实了知圆成实相，即能如实了知一切清净相法。复次，德本，若诸菩萨能于依他起相上如实了知无相之法，即能断灭杂染相法；若能断灭杂染相法，即能证得清净相法。

“如是，德本，由诸菩萨如实了知遍计所执相、依他起相、圆成实相故，如实了知诸无相法、杂染相法、清净相法。如实了知无相法故，断灭一切杂染相法；断灭一切杂染相法故[②]，证得一切清净相法。齐此名为于诸法相善巧菩萨。如来齐此施设彼为于诸法相善巧菩萨。”

尔时，世尊欲重宣此义，而说颂曰：

“若不了知无相法，杂染相法不能断。

不断杂染相法故，坏证微妙净相法。

---

① 无有真实，底本与《资福藏》《碛砂藏》《赵城金藏》《普宁藏》《永乐南藏》《径山藏》《高丽藏》相同；《房山石经》“实”作“宝”。

② 断灭一切杂染相法故，底本与《房山石经》《碛砂藏》《普宁藏》《永乐南藏》《径山藏》《高丽藏》相同；《资福藏》《赵城金藏》无“杂”字。

不观诸行众过失，放逸过失害众生。

懈怠住法动法中，无有失坏不怜愍[①]。”

复次，诸法无自性相，当知如《解深密经》中，胜义生菩萨白佛言：“世尊！我曾独在静处，心生如是寻思：世尊以无量门曾说诸蕴所有自相、生相、灭相、永断遍知。如说诸蕴，诸处、缘起、诸食亦尔。以无量门，曾说诸谛所有自相、遍知、永断、作证、修习。以无量门曾说诸界所有自相、种种界性、非一界性、永断、遍知。以无量门曾说念住所有自相、能治、所治及以修习，未生令生，生已坚住不忘，倍修增长广大。如说念住，正断、神足、根、力、觉支亦复如是。以无量门，曾说八支圣道所有自相[②]、能治、所治及以修习，未生令生，生已坚住不忘，倍修增长广大。

“世尊复说一切诸法皆无自性，无生无灭，本来寂静，自性涅槃。未审世尊依何密意，作如是说：‘一切诸法皆无自性，无生无灭，本来寂静，自性涅槃’？我今请问如来斯义，唯愿如来哀愍解释，说一切法皆无自性，无生无灭，本来寂静，自性涅槃所有密意！”

说是语已，尔时，世尊告胜义生菩萨曰：“善哉！善哉！胜义生，汝所寻思，甚为如理。善哉！善哉！善男子，汝今乃能请问如来如是深义，汝今为欲利益安乐无量众生，哀愍世间及诸天、人、阿素洛等，为令获得义利安乐，故发斯问。汝应谛听，吾当为汝解释所说一切诸法皆无自性，无生无灭，本来寂静，自性涅槃所有密意。

“胜义生！当知我依三种无自性性，密意说言一切诸法皆无自性，谓相无自性性、生无自性性、胜义无自性性。善男子，云何诸法相无自性性？

① 无有失坏不怜愍，底本与《资福藏》《碛砂藏》《普宁藏》《永乐南藏》《径山藏》相同；《房山石经》《赵城金藏》《高丽藏》“不”作“可”。

② 曾说八支圣道所有自相，底本与《资福藏》《碛砂藏》《赵城金藏》《普宁藏》《永乐南藏》《径山藏》《高丽藏》相同；《房山石经》“相”作“性”。

所谓诸法遍计所执相。何以故？此由假名安立为相，非由自相安立为相，是故说名相无自性性。云何诸法生无自性性？所谓诸法依他起相。何以故？此由依他缘力故有，非自然有，是故说名生无自性性。云何诸法胜义无自性性？所谓诸法由生无自性性故，说名无自性性，即缘生法亦名胜义无自性性。何以故？于诸法中，若是清净所缘境界，我显示彼以为胜义无自性性。依他起相，非是清净所缘境界，是故亦说名为胜义无自性性。复有诸法圆成实相亦名胜义无自性性。何以故？一切诸法法无我性，名为胜义，亦得名为无自性性，以是诸法胜义谛故，无自性性之所显故。由此因缘，名为胜义无自性性。善男子，譬如空华，相无自性性当知亦尔。譬如幻像，生无自性性当知亦尔，一分胜义无自性性当知亦尔。譬如虚空，唯是众色无性所显，遍一切处，一分胜义无自性性当知亦尔，法无我性之所显故，遍一切故。

“善男子！我依如是三种无自性性，蜜意说言一切诸法皆无自性。胜义生！当知我依相无自性性，蜜意说言一切诸法，无生无灭，本来寂静，自性涅槃。何以故？若法自相都无所有，则无有生；若无有生，则无有灭；若无生无灭，则本来寂静；若本来寂静，则自性涅槃，于中都无少分所有，更可令其般涅槃故。是故我依相无自性性，密意说言一切诸法无生无灭，本来寂静，自性涅槃。

“善男子！我亦依法无我性所显胜义无自性性，密意说言一切诸法无生无灭，本来寂静，自性涅槃。何以故？法无我性所显胜义无自性性，于常常时，于恒恒时，诸法法性安住无为，一切杂染不相应故。于常常时，于恒恒时，诸法法性安住故无为，由无为故，无生无灭；一切杂染不相应故，本来寂静，自性涅槃。是故我依法无我性所显胜义无自性性，密意说言一切诸法无生无灭，本来寂静，自性涅槃。

“复次，胜义生，非由有情界中诸有情类别观遍计所执自性为自性故，亦非由彼别观依他起自性及圆成实自性为自性故，我立三种无自性性；然由有情于依他起自性及圆成实自性上增益遍计所执自性故，我立三种无自性性。由遍计所执自性相故，彼诸有情于依他起自性及圆成实自性中随起言说；如如随起言说，如是如是由言说熏习心故，或由言说随觉故，或由言说随眠故，于依他起自性及圆成实自性中执著遍计所执自性相；如如执著，如是如是于依他起自性及圆成实自性上执著遍计所执自性。由是因缘，生当来世依他起自性。由此因缘，或为烦恼杂染所染，或为业杂染所染，或为生杂染所染，于生死中，长时驰骋，长时流转，无有休息，或在那落迦，或在傍生，或在饿鬼，或在天上，或在阿素洛，或在人中，受诸苦恼。

“复次，胜义生，若诸有情从本已来未种善根，未清净障，未成熟相续，未多修胜解，未能积集福德、智慧二种资粮，我为彼故，依生无自性性宣说诸法。彼闻是已，能于一切缘生行中，随分解了无常无恒，是不安隐、变坏法已，于一切行，心生怖畏，深起厌患；心生怖畏，深厌患已，遮止诸恶，于诸恶法能不造作，于诸善法能勤修习；习善因故，未种善根能种善根，未清净障能令清净，未熟相续能令成熟。由此因缘，多修胜解，亦多积集福德、智慧二种资粮。彼虽如是种诸善根，乃至积集福德、智慧二种资粮，然于生无自性性中，未能如实了知相无自性性及二种胜义无自性性，于一切行未能正厌，未正离欲，未正解脱，未遍解脱烦恼杂染，未遍解脱诸业杂染，未遍解脱诸生杂染。如来为彼更说法要，谓相无自性性及胜义无自性性，为欲令其于一切行能正厌故，正离欲故，正解脱故，超过一切烦恼杂染故，超过一切业杂染故，超过一切生杂染故。

“彼闻如是所说法已，于生无自性性中，能正信解相无自性性及胜义无自性性，拣择思惟，如实通达。于依他起自性中，能不执著遍计所执自性相。由言说不熏习智故，由言说不随觉智故，由言说离随眠智故，能灭依他起相。于现法中，智力所持，能永断灭当来世因①。由此因缘，于一切行能正厌患，能正离欲②，能正解脱，能遍解脱烦恼业生三种杂染③。

“复次，胜义生，诸声闻乘种性有情，亦由此道此行迹故，证得无上安隐涅槃；诸独觉乘种性有情、诸如来乘种性有情，亦由此道此行迹故，证得无上安隐涅槃。一切声闻、独觉、菩萨，皆共此一妙清净道，皆同此一究竟清净，更无第二。我依此故，密意说言唯有一乘。非于一切有情界中无有种种有情种性，或钝根性，或中根性，或利根性有情差别。

“善男子，若一向趣寂声闻种性补特伽罗，虽蒙诸佛施设种种勇猛加行，方便化导，终不能令当坐道场，证得无上正等菩提。何以故？由彼本来唯有下劣种性故，一向慈悲薄弱故，一向怖畏众苦故。由彼一向慈悲薄弱，是故一向弃背利益诸众生事；由彼一向怖畏众苦，是故一向弃背发起诸行所作。我终不说一向弃背利益众生事者，一向弃背发起诸行所作者，当坐道场，能得无上正等菩提。是故说彼名为一向趣寂声闻。若回向菩提声闻种性补特伽罗，我亦异门说为菩萨。何以故？彼既解脱烦恼障已，若蒙诸佛等觉悟时，于所知障，其心亦可当得解脱。由彼最初为自利益，修行加行，脱烦恼障，是故如来施设彼为声闻种性。

“复次，胜义生，如是于我善说善制法毗奈耶最极清净意乐所说善教法中，诸有情类意解种种差别可得。善男子，如来但依如是三种无自性性，由深密意于所宣说不了义经，以隐密相说诸法要，谓一切法皆无自

---

① 能永断灭当来世因，底本与《资福藏》《碛砂藏》《普宁藏》《永乐南藏》《径山藏》《高丽藏》相同；《房山石经》《赵城金藏》“世”作“苦”。

② 能正离欲，底本与《资福藏》《碛砂藏》《赵城金藏》《普宁藏》《永乐南藏》《径山藏》《高丽藏》相同；《房山石经》“正”作“遍”。

③ 能遍解脱烦恼业生三种杂染，底本与《资福藏》《碛砂藏》《赵城金藏》《普宁藏》《永乐南藏》《径山藏》《高丽藏》相同；《房山石经》“遍”作“尽”。

性，无生无灭，本来寂静，自性涅槃。于是经中，若诸有情已种上品善根，已清净诸障，已成熟相续，已多修胜解，已能积集上品福德、智慧资粮，彼若听闻如是法已，于我甚深密意言说如实解了，于如是法深生信解，于如是义以无倒慧如实通达。依此通达善修习故，速疾能证最极究竟，亦于我所深生净信，知是如来、应、正等觉于一切法现正等觉[①]。

“若诸有情已种上品善根，已清净诸障，已成熟相续，已多修胜解，未能积集上品福德、智慧资粮，其性质直，是质直类，虽无力能思择废立，而不安住自见取中，彼若听闻如是法已，于我甚深秘密言说虽无力能如实解了，然于此法能生胜解，发清净信，信此经典是如来说，是其甚深，显现甚深，空性相应，难见难悟，不可寻思，非诸寻思所行境界，微细详审聪明智者之所解了。于此经典所说义中，自轻而住，作如是言：‘诸佛菩提为最甚深，诸法法性亦最甚深，唯佛如来能善了达，非是我等所能解了。诸佛如来为彼种种胜解有情转正法教，诸佛如来无边智见，我等智见犹如牛迹。’于此经典虽能恭敬，为他宣说，书写护持，披阅流布，殷重供养，受诵温习，然犹未能以其修相发起加行，是故于我甚深密意所说言辞不能通达。由此因缘，彼诸有情亦能增长福德、智慧二种资粮，于后相续未成熟者，亦能成熟。

“若诸有情，广说乃至未能积集上品福德、智慧资粮[②]，性非质直，非质直类，虽有力能思择废立，而复安住自见取中。彼若听闻如是法已，于我甚深密意言说无有力能如实解了，于如是法虽生信解，然于其义，随言执著，谓一切法决定皆无自性，决定不生不灭，决定本来寂静，决定自

① 知是如来应正等觉于一切法现正等觉，底本与《资福藏》《碛砂藏》《赵城金藏》《普宁藏》《永乐南藏》《径山藏》《高丽藏》相同；《房山石经》“知”作“如”。

② 广说乃至未能积集上品福德智慧资粮，底本与《房山石经》《资福藏》《赵城金藏》《永乐南藏》《径山藏》《高丽藏》相同；《碛砂藏》《普宁藏》“未”作“末”。

性涅槃。由此因缘，于一切法获得无见及无相见。由得无见、无相见故，拨一切相皆是无相，诽拨诸法遍计所执相、依他起相、圆成实相。何以故？由有依他起相及圆成实相故[①]，遍计所执相方可施设。若于依他起相及圆成实相见为无相，彼亦诽拨遍计所执相，是故说彼诽拨三相。虽于我法起于法想，而非义中起于义想。由于我法起法想故，及非义中起义想故，于非法中持为是法[②]，于非义中持为是义。彼虽于法起信解故，福德增长，然于非义起执著故，退失智慧；智慧退故，退失广大无量善法。复有有情从彼听闻，谓法为法，非义为义。若随其见，彼即于法起于法想，于非义中起于义想，执法为非法[③]，非义为义。由此因缘，当知同彼退失善法。若有有情不随其见，从彼欻闻一切诸法皆无自性，无生无灭，本来寂静，自性涅槃，便生恐怖；生恐怖已，作如是言：'此非佛语，是魔所说。'作此解已，于是经典诽谤毁骂。由此因缘，获大衰损，触大业障。由是因缘，我说若有于一切相起无相见，于非义中宣说为义，是起广大业障方便，由彼陷坠无量众生，令其获得大业障故。

"善男子！若诸有情未种善根，未清净障，未熟相续，无多胜解，未集福德、智慧资粮，性非质直，非质直类，虽有力能思择废立，而常安住自见取中。彼若听闻如是法已，不能如实解我甚深密意言说，故于此法不生信解，于是法中起非法想，于是义中起非义想，于是法中执为非法，于是义中执为非义。唱如是言：'此非佛语，是魔所说。'作此解已，于是经典诽谤毁讟，拨为虚伪，以无量门毁灭摧伏如是经典，于诸信解此经典者，起

---

① 由有依他起相及圆成实相故，底本与《房山石经》《资福藏》《碛砂藏》《普宁藏》《永乐南藏》《径山藏》《高丽藏》相同；《赵城金藏》"及"作"相"。

② 于非法中持为是法，底本与《径山藏》相同；《房山石经》《资福藏》《碛砂藏》《赵城金藏》《普宁藏》《永乐南藏》《高丽藏》"非"作"是"。

③ 执法为非法，底本与《碛砂藏》《普宁藏》《永乐南藏》《径山藏》相同；《房山石经》《资福藏》《赵城金藏》《高丽藏》无"非"字。

怨家想。彼先为诸业障所障，由此因缘，复为如是业障所障。如是业障初易施设，乃至齐于百千俱胝那庾多劫无有出期。

“善男子！如是于我善说善制法毗奈耶最极清净意乐所说善教法中，有如是等诸有情类意解种种差别可得。”

尔时，世尊欲重宣此义，而说颂曰：

一切诸法皆无性，无生无灭本来寂，
诸法自性恒涅槃，谁有智言无密意。
相生胜义无自性，如是我皆已显示，
若不知佛此密意，失坏正道不能往。
依诸净道清净者，唯依此一无第二，
故于其中立一乘，非有情性无差别。
众生界中无量生，唯度一身趣寂灭。
大悲勇猛证涅槃，不舍众生甚难得。
微妙难思无漏界，于中解脱等无差。
一切义成离惑苦，二种异说谓常乐。

尔时，胜义生菩萨复白佛言：“世尊！诸佛如来密意语言甚奇希有，乃至微妙、最微妙，甚深、最甚深，难通达、最难通达。如是我今领解世尊所说义者，若于分别所行、遍计所执相所依行相中，假名安立以为色蕴，或自性相，或差别相；假名安立为色蕴生，为色蕴灭，及为色蕴永断、遍知，或自性相，或差别相，是名遍计所执相。世尊依此施设诸法相无自性性。若即分别所行、遍计所执相所依行相，是名依他起相。世尊依此施设诸法生无自性性，及一分胜义无自性性。如是我今领解世尊所说义者，若即于此分别所行、遍计所执相所依行相中，由遍计所执相不成实故，即此自性无自性性法无我真如清净所缘，是名圆成实相。世尊依此施设一分胜义无自性性。如于色蕴，如是于余蕴皆应广说。如于诸蕴，如是于十一处[①]，一一处中皆应广说；于十二有支，一一支中皆应广说；于四种食，一一食中皆应广说；于六界十八界，一一界中皆应广说。

“如是我今领解世尊所说义者，若于分别所行、遍计所执相所依行相中，假名安立以为苦谛、苦谛遍知，或自性相，或差别相，是名遍计所执相。世尊依此施设诸法相无自性性。若即分别所行、遍计所执相所依行相，是名依他起相。世尊依此施设诸法生无自性性，及一分胜义无自性性。如是我今领解世尊所说义者，若即于此分别所行、遍计所执相所依行相中，由遍计所执相不成实故，即此自性无自性性法无我真如清净所缘，是名圆成实相。世尊依此施设一分胜义无自性性。如于苦谛，如是于余谛皆应广说。如于圣谛，如是于诸念住、正断、神足、根、力、觉支、道支中[②]，一一皆应广说。

“如是我今领解世尊所说义者，若于分别所行、遍计所执相所依行相中，假名安立以为正定，及为正定能治、所治，若正定修，未生令生，生已坚住不忘，倍修增长广大，或自性相，或差别相，是名遍计所执相。世尊依此施设诸法相无自性性。若即分别所行、遍计所执相所依行相，是名依他起相。世尊依此施设诸法生无自性性，及一分胜义无自性性。如是我今领解世尊所说义者，若即于此分别所行、遍计所执相所依行相中，由遍计所执相不成实故，即此自性无自性性法无我真如清净所缘，是名圆成实相。世尊依此施设诸法一分胜义无自性性。

“世尊！譬如毗湿缚药，一切散药仙、药方中皆应安处。如是，世尊，依此诸法皆无自性，无生无灭，本来寂静，自性涅槃，无自性性了义言教，

① 如是于十一处，底本与《碛砂藏》《普宁藏》《永乐南藏》《径山藏》相同；《房山石经》《资福藏》《赵城金藏》《高丽藏》“十一”作“十二”。

② 如是于诸念住正断神足根力觉支道支中，底本与《资福藏》《碛砂藏》《赵城金藏》《普宁藏》《永乐南藏》《径山藏》《高丽藏》相同；《房山石经》“支中”作“又中”。

遍于一切不了义经，皆应安处。世尊！如来画地[①]，遍于一切彩画事业，皆同一味，或青或黄，或赤或白，复能显发彩画事业。如是，世尊，依此诸法皆无自性，广说乃至自性涅槃，无自性性了义言教，遍于一切不了义经，皆同一味，复能显发彼诸经中所不了义。世尊，譬如一切成熟珍羞诸饼果内投之熟酥，更生胜味，如是，世尊，依此诸法皆无自性，广说乃至自性涅槃无自性性了义言教，置于一切不了义经，生胜欢喜。世尊！譬如虚空，遍一切处，皆同一味，不障一切所作事业。如是，世尊，依此诸法皆无自性，广说乃至自性涅槃无自性性了义言教，遍于一切不了义经，皆同一味，不障一切声闻、独觉及诸大乘所修事业。”

说是语已，尔时，世尊叹胜义生菩萨曰：“善哉！善哉！善男子！汝今乃能善解如来所说甚深密意言义，复于此义善作譬喻，所谓世间毗湿缚药、杂彩画地、熟酥、虚空。胜义生！如是，如是，更无有异。如是，如是，汝应受持。”

胜义生菩萨复白佛言：“世尊初于一时，在婆罗痆斯仙人堕处施鹿林中[②]，唯为发趣声闻乘者，以四谛相转正法轮，虽是甚奇，甚为希有，一切世间诸天人等，先无有能如法转者，而于彼时所转法轮，有上有容，是未了义，是诸诤论安足处所。世尊在昔第二时中，唯为发趣修大乘者，依一切法皆无自性，无生无灭，本来寂静，自性涅槃，以隐密相转正法轮，虽更甚奇，甚为希有，而于彼时所转法轮，亦是有上，有所容受，犹未了义，是诸诤论安足处所。世尊于今第三时中，普为发趣一切乘者，依一切法皆无自性，无生无灭，本来寂静，自性涅槃，无自性性，以显了相转正法轮，第一

① 如来画地，底本与《资福藏》《碛砂藏》《普宁藏》《永乐南藏》《径山藏》相同；《房山石经》《赵城金藏》《高丽藏》“来”作“彩”。

② 在婆罗痆斯仙人堕处施鹿林中，底本与《资福藏》《碛砂藏》《普宁藏》《永乐南藏》《径山藏》相同；《房山石经》《赵城金藏》《高丽藏》“婆”作“婆”。

甚奇，最为希有，于今世尊所转法轮，无上无容，是真了义，非诸诤论安足处所。

“世尊！若善男子，或善女人，于此如来依一切法皆无自性，无生无灭，本来寂静，自性涅槃，所说甚深了义言教，闻已信解，书写护持，供养流布，受诵温习，如理思惟，以其修相发起加行，生几所福？”

说是语已，尔时，世尊告胜义生菩萨曰：“胜义生！是善男子，或善女人，其所生福，无量无数，难可喻知，吾今为汝略说少分。如爪上土比大地土，百分不及一，千分不及一，百千分不及一，数筭计喻邬波尼杀昙分亦不及一。或如牛迹中水，比四大海水，百分不及一，广说乃至邬波尼杀昙分亦不及一。如是于诸不了义经闻已信解，广说乃至以其修相发起加行所获功德，比此所说了义经教闻已信解所集功德，广说乃至以其修相发起加行所集功德，百分不及一，广说乃至邬波尼杀昙分亦不及一。”

说是语已，胜义生菩萨复白佛言：“世尊！于是解深密法门中，当何名此教？我当云何奉持？”

佛告胜义生菩萨曰：“善男子！此名胜义了义之教。于此胜义了义之教，汝当奉持。”

说此胜义了义教时，于大会中，有六百千众生发阿耨多罗三藐三菩提心，三百千声闻远尘离垢，于诸法中得法眼净，一百五十千声闻永尽诸漏，心得解脱，七十五千菩萨得无生法忍。”

瑜伽师地论

汇校本

四

（唐）玄奘 译　　韩欣 整理

文物出版社

目 录

一

二

三

四

瑜伽师地论卷第七十七

摄决择分中菩萨地之六

复次，依法假安立，分别解说瑜伽所摄奢摩他、毗钵舍那道，当知如《解深密经》中，慈氏菩萨白佛言：“世尊！菩萨何依何住，于大乘中修奢摩他、毗钵舍那？”

佛告慈氏菩萨曰：“善男子！当知菩萨法假安立及不舍无上正等觉愿为依为住，于大乘中修奢摩他、毗钵舍那。”

“世尊！如说四种所缘境事：一、有分别影像所缘境事；二、无分别影像所缘境事；三、事边际所缘境事；四、所作成办所缘境事。于此四中，几是奢摩他所缘境事？几是毗钵舍那所缘境事？几是俱所缘境事？”

“善男子！一是奢摩他所缘境事[1]，谓无分别影像；一是毗钵舍那所缘境事，谓有分别影像；二是俱所缘境事，谓事边际，所作成办。”

“世尊！云何菩萨依此四种奢摩他、毗钵舍那所缘境事，能求奢摩他，能善毗钵舍那？”

“善男子！如我为诸菩萨所说法假安立，所谓契经、应颂[2]、记别、讽诵、自说、因缘、譬喻、本事、本生、方广、希法、论议。菩萨于此善听善受，言善通利，意善寻思，见善通达，即于如所善思惟法，独处空闲，作意思惟。复即于此能思惟心，内心相续作意思惟。如是正行多安住故，起身轻

① 一是奢摩他所缘境事，底本与《房山石经》《资福藏》《碛砂藏》《普宁藏》《永乐南藏》《径山藏》《高丽藏》相同；《赵城金藏》无“一”字。

② 应颂，底本与《碛砂藏》《普宁藏》《永乐南藏》《径山藏》相同；《房山石经》《资福藏》《赵城金藏》《高丽藏》“颂”作“诵”。

安及心轻安，是名奢摩他。如是菩萨能求奢摩他。彼由获得身心轻安为所依故，即于如所善思惟法内三摩地所行影像，观察胜解，舍离心相；即于如是三摩地影像所知义中，能正思择，最极思择，周遍寻思，周遍伺察，若忍，若乐，若慧，若见，若观，是名毗钵舍那。如是菩萨能善毗钵舍那。”

“世尊！若诸菩萨缘心为境，内思惟心，乃至未得身心轻安所有作意，当名何等？”

“善男子！非奢摩他作意，是随顺奢摩他胜解相应作意。”

“世尊！若诸菩萨乃至未得身心轻安，于如所思所有诸法内三摩地所缘影像作意思惟，如是作意当名何等？”

“善男子！非毗钵舍那作意，是随顺毗钵舍那胜解相应作意。”

“世尊！奢摩他道与毗钵舍那道当言有异，当言无异？”

“善男子！当言非有异非无异。何故非有异？以毗钵舍那所缘境心为所缘故。何故非无异？有分别影像非所缘故。”

“世尊！诸毗钵舍那三摩地所行影像，彼与此心当言有异，当言无异？”

“善男子！当言无异。何以故？由彼影像唯是识故。善男子，我说识所缘，唯识所现故。”

“世尊！若彼所行影像即与此心无有异者，云何此心还见此心？”

“善男子！此中无有少法能见少法，然即此心如是生时，即有如是影像显现。善男子，如依善莹清净镜面，以质为缘，还见本质，而谓我今见于影像，及谓离质别有所行影像显现[①]。如是此心生时[②]，相似有异三摩地

① 及谓离质别有所行影像显现，底本与《资福藏》《碛砂藏》《赵城金藏》《普宁藏》《永乐南藏》《径山藏》《高丽藏》相同；《房山石经》“显现”作“如是”。

② 如是此心生时，底本与《资福藏》《碛砂藏》《赵城金藏》《普宁藏》《永乐南藏》《径山藏》《高丽藏》相同；《房山石经》“如是”作“显现”。

所行影像影现[1]。”

“世尊！若诸有情自性而住，缘色等心所行影像，彼与此心亦无异耶？”

“善男子！亦无有异。而诸愚夫由颠倒觉，于诸影像不能如实知唯是识，作颠倒解。”

“世尊！齐何当言菩萨一向修毗钵舍那？”

“善男子！若相续作意，唯思惟心相。”

“世尊！齐何当言菩萨一向修奢摩他？”

“善男子！若相续作意，唯思惟无间心。”

“世尊！齐何当言菩萨奢摩他、毗钵舍那和合俱转？”

“善男子！若正思惟心一境性。”

“世尊！云何心相？”

“善男子！谓三摩地所行有分别影像，毗钵舍那所缘。”

“世尊！云何无间心？”

“善男子！谓缘彼影像心，奢摩他所缘。”

“世尊！云何心一境性？”

“善男子！谓通达三摩地所行影像唯是其识，或通达此已，复思惟如性。”

“世尊！毗钵舍那凡有几种？”

“善男子！略有三种：一者，有相毗钵舍那；二者，寻求毗钵舍那；三者，伺察毗钵舍那。云何有相毗钵舍那？谓纯思惟三摩地所行有分别影像毗钵舍那。云何寻求毗钵舍那？谓由慧故，遍于彼彼未善解了一切法中，为善了故，作意思惟毗钵舍那。云何伺察毗钵舍那？谓由慧故，遍于彼彼已善解了一切法中，为善证得极解脱故，作意思惟毗钵舍那。”

---

① 相似有异三摩地所行影像影现，底本与《资福藏》《碛砂藏》《普宁藏》《永乐南藏》《径山藏》相同；《房山石经》《赵城金藏》《高丽藏》“影现”作“显现”。

“世尊！是奢摩他凡有几种？”

“善男子！即由随彼无间心故，当知此中亦有三种。复有八种，谓初静虑乃至非想非非想处，各有一种奢摩他故。复有四种，谓慈、悲、喜、舍四无量中，各有一种奢摩他故。”

“世尊！如说，依法奢摩他、毗钵舍那，复说不依法奢摩他、毗钵舍那，云何名依法？云何复名不依法？”

“善男子！若随所受所思法相，而于其义得奢摩他、毗钵舍那，名依法。若不待于所受所思所有法相，但依止他教诫教授，而于其义得奢摩他、毗钵舍那，谓观青瘀及脓烂等，或一切行皆是无常，或诸行苦，或一切法皆无有我，或复涅槃毕竟寂静，如是等类奢摩他、毗钵舍那，名不依法。由依止法得奢摩他、毗钵舍那，故我施设随法行菩萨是利根性；由不依法得奢摩他、毗钵舍那，故我施设随信行菩萨是钝根性。”

“世尊！如说缘别法奢摩他、毗钵舍那，复说缘总法奢摩他、毗钵舍那。云何名缘别法奢摩他、毗钵舍那？云何复名缘总法奢摩他、毗钵舍那？”

“善男子！若诸菩萨缘于各别契经等法，于如所受所思惟法修奢摩他、毗钵舍那，是名缘别法奢摩他、毗钵舍那。若诸菩萨即缘一切契经等法，集为一团、一积、一分、一聚，作意思惟，此一切法随顺真如，趣向真如，临入真如，随顺菩提，随顺涅槃，随顺转依及趣向彼，若临入彼，此一切法宣说无量无数善法，如是思惟修奢摩他、毗钵舍那，是名缘总法奢摩他、毗钵舍那。”

“世尊！如说缘小总法奢摩他、毗钵舍那，复说缘大总法奢摩他、毗钵舍那，又说缘无量总法奢摩他、毗钵舍那。云何名缘小总法奢摩他、毗钵舍那？云何名缘大总法奢摩他、毗钵舍那？云何复名缘无量总法奢摩他、毗钵舍那？”

"善男子！若缘各别契经乃至各别论义为一团等，作意思惟，当知是名缘小总法奢摩他、毗钵舍那。若缘乃至所受所思契经等法为一团等，作意思惟，非缘各别，当知是名缘大总法奢摩他、毗钵舍那。若缘无量如来法教、无量法句文字、无量后后慧所照了为一团等，作意思惟，非缘乃至所受所思，当知是名缘无量总法奢摩他、毗钵舍那。"

"世尊！菩萨齐何名得缘总法奢摩他、毗钵舍那？"

"善男子！由五缘故，当知名得：一者，于思惟时，刹那刹那融消一切麤重所依；二者，离种种想，得乐法乐；三者，解了十方无差别相无量法光；四者，所作成满相应净分无分别相恒现在前；五者，为令法身得成满故，摄受满后转胜妙因。"

"世尊！此缘总法奢摩他、毗钵舍那，当知从何名为通达？从何名得？"

"善男子！从初极喜地，名为通达；从第三发光地，乃名为得。善男子，初业菩萨亦于是中随学作意，虽未可叹，不应懈废。"

"世尊！是奢摩他、毗钵舍那，云何名有寻有伺三摩地？云何名无寻唯伺三摩地？云何名无寻无伺三摩地？"

"善男子！于如所取寻伺法相，若有麤显领受观察诸奢摩他、毗钵舍那，是名有寻有伺三摩地。若于彼相虽无鹿显领受观察，而有微细彼光明念领受观察诸奢摩他、毗钵舍那[①]，是名无寻唯伺三摩地。若即于彼一切法相都无作意领受观察诸奢摩他、毗钵舍那，是名无寻无伺三摩地。复次，善男子，若有寻求奢摩他、毗钵舍那，是名有寻有伺三摩地。若有伺察奢摩他、毗钵舍那，是名无寻唯伺三摩地。若缘总法奢摩他、毗钵舍那，是名无寻无伺三摩地。"

"世尊！云何止相？云何举相？云何舍相？"

---

① 而有微细彼光明念领受观察诸奢摩他毗钵舍那，底本与《资福藏》《碛砂藏》《赵城金藏》《普宁藏》《永乐南藏》《径山藏》《高丽藏》相同；《房山石经》"明"作"相"。

“善男子！若心掉举，或恐掉举时，诸可厌法作意及彼无间心作意，是名止相。若心沉没，或恐沉没时，诸可欣法作意及彼心相作意，是名举相。若于一向止道，或于一向观道，或于双运转道，二随烦恼所染汙时，诸无功用作意及心任运转中所有作意，是名舍相。”

“世尊！修奢摩他、毗钵舍那诸菩萨众知法知义，云何知法？云何知义？”

“善男子！彼诸菩萨由五种相了知于法：一者，知名；二者，知句；三者，知文；四者，知别；五者，知总。云何为名？谓于一切染净法中所立自性想假施设。云何为句？谓即于彼名聚集中，能随宣说诸染净义依持建立。云何为文？谓即彼二所依止字。云何于彼各别了知？谓由各别所缘作意。云何于彼总合了知？谓由总合所缘作意。如是一切，总略为一，名为知法。如是名为菩萨知法。

“善男子！彼诸菩萨由十种相了知于义：一者，知尽所有性；二者，知如所有性；三者，知能取义；四者，知所取义；五者，知建立义；六者，知受用义；七者，知颠倒义；八者，知无倒义；九者，知杂染义；十者，知清净义。

“善男子！尽所有性者，谓诸杂染、清净法中所有一切品别边际，是名此中尽所有性。如五数蕴，六数内处、六数外处，如是一切。如所有性者，谓即一切染净法中所有真如，是名此中如所有性。此复七种：一者，流转真如，谓一切行无先后性；二者，相真如，谓一切法补特伽罗无我性及法无我性；三者，了别真如，谓一切行唯是识性；四者，安立真如，谓我所说诸苦圣谛；五者，邪行真如，谓我所说诸集圣谛；六者，清净真如，谓我所说诸灭圣谛[①]；七者，正行真如，谓我所说诸道圣谛。当知此中，由流转真如、安立真如、邪行真如故，一切有情平等平等；由相真如、了别真如

① 谓我所说诸灭圣谛，底本与《房山石经》《资福藏》《碛砂藏》《普宁藏》《永乐南藏》《径山藏》《高丽藏》相同；《赵城金藏》无“我”字。

故，一切诸法平等平等；由清净真如故，一切声闻菩提、独觉菩提、阿耨多罗三藐三菩提，平等平等；由正行真如故，听闻正法，缘总境界胜奢摩他、毗钵舍那所摄受慧平等平等。

“能取义者，谓内五色处，若心意识及诸心所法[①]。所取义者，谓外六处。又能取义亦所取义。建立义者，谓器世界。于中可得建立一切诸有情界，谓一村田，若百村田，若千村田，若百千村田；或一大地至海边际，此百此千，若此百千；或一赡部洲，此百此千，若此百千；或一四大洲，此百此千，若此百千；或一小千世界，此百此千，若此百千；或一中千世界，此百此千，若此百千；或一三千大千世界，此百此千，若此百千；或此拘胝，此百拘胝，此千拘胝，此百千拘胝；或此无数，此百无数，此千无数，此百千无数；或三千大千世界无数百千微尘量等，于十方面无量无数诸器世界。

“受用义者，谓我所说诸有情类为受用故，摄受资具。颠倒义者，谓即于彼能取等义，无常计常，想倒、心倒、见倒；苦计为乐，不净计净，无我计我，想倒、心倒、见倒。无倒义者，与上相违，能对治彼，应知其相。杂染义者，谓三界中三种杂染：一者，烦恼杂染；二者，业杂染；三者，生杂染。清净义者，谓即如是三种杂染所有离系菩提分法。善男子，如是十种，当知普摄一切诸义。

“复次，善男子，彼诸菩萨由能了知五种义故，名为知义。何等五义？一者，遍知事；二者，遍知义；三者，遍知因[②]；四者，得遍知果；五者，于此觉了。

“善男子！遍知事者，当知即是一切所知，谓或诸蕴，或诸内处，或诸

---

① 及诸心所法，底本与《碛砂藏》《普宁藏》《永乐南藏》《径山藏》相同；《房山石经》《高丽藏》无“所”字；《资福藏》《赵城金藏》无“法”字。

② 遍知因，底本与《房山石经》《资福藏》《碛砂藏》《赵城金藏》《普宁藏》《永乐南藏》《径山藏》相同；《高丽藏》无“因”字。

外处，如是一切。遍知义者，乃至所有品类差别所应知境，或世俗故，或胜义故，或功德故，或过失故，缘故，世故，或生或住，或坏相故，或如病等故，或苦集等故，或真如、实际、法界等故，或广略故，或一向记故，或分别记故，或反问记故，或默置记故[①]，或隐密故，或显了故，如是等类，当知一切名遍知义。言遍知因者[②]，当知即是能取前二菩提分法，谓诸念住，或正断等。得遍知果者，谓贪恚痴断毗奈耶[③]，及贪恚痴一切永断诸沙门果，及我所说声闻、如来，若共、不共、世、出世间所有功德，于彼作证。于此觉了者，谓即于此作证法中诸解脱智，广为他说，宣扬开示。善男子，如是五义，当知普摄一切诸义。

“复次，善男子，彼诸菩萨由能了知四种义故，名为知义。何等四义？一者，心执受义；二者，领纳义；三者，了别义；四者，杂染、清净义。善男子，如是四义，当知普摄一切诸义。

“复次，善男子，彼诸菩萨由能了知三种义故，名为知义。何等三义？一者，文义；二者，义义；三者，界义。善男子，言文义者，谓名身。义义等[④]，当知复有十种：一者，真实相；二者，遍知相；三者，永断相；四者，作证相；五者，修习相；六者，即彼真实相等品差别相；七者，所依能依相属相；八者，即遍知等障碍法相；九者，即彼随顺法相；十者，不遍知等及遍知等过患功德相。言界义者，谓五种界：一者，器世界；二者，有情界；三

① 或默置记故，底本与《碛砂藏》《普宁藏》《永乐南藏》《径山藏》相同；《房山石经》《资福藏》《赵城金藏》《高丽藏》无“默”字。

② 言遍知因者，底本与《资福藏》《碛砂藏》《普宁藏》《永乐南藏》《径山藏》相同；《房山石经》《赵城金藏》《高丽藏》无“因”字。

③ 谓贪恚痴断毗奈耶，底本与《资福藏》《碛砂藏》《赵城金藏》《普宁藏》《永乐南藏》《径山藏》《高丽藏》相同；《房山石经》“断”作“永断”。

④ 义义等，底本与《碛砂藏》《普宁藏》《永乐南藏》《径山藏》相同；《房山石经》《资福藏》《赵城金藏》作“等义义”；《高丽藏》作“等义义者”。

者，法界；四者，所调伏界；五者，调伏加行界①。善男子，如是五义，当知普摄一切诸义。”

“世尊！若闻所成慧了知其义，若思所成慧了知其义，若奢摩他、毗钵舍那修所成慧了知其义，此何差别？”

“善男子！闻所成慧依止于文，但如其说，未善意趣，未现在前，随顺解脱，未能领受成解脱义；思所成慧亦依于文，不唯如说，亦善意趣，未现在前，转顺解脱，未能领受成解脱义；若诸菩萨修所成慧，亦依于文，亦不依文，亦如其说，亦不如说，能善意趣，所知事同分三摩地所行影像现前，极顺解脱，已能领受成解脱义。善男子，是名三种知义差别。”

“世尊！修奢摩他、毗钵舍那诸菩萨众，知法知义，云何为智？云何为见？”

“善男子！我无量门宣说智、见二种差别，今当为汝略说其相。若缘总法修奢摩他、毗钵舍那所有妙慧，是名为智；若缘别法修奢摩他、毗钵舍那所有妙慧，是名为见。”

“世尊！修奢摩他、毗钵舍那诸菩萨众②，由何作意？何等？云何除遣诸相？”

“善男子！由真如作意除遣法相及与义相。若于其名及名自性无所得时，亦不观彼所依之相，如是除遣。如于其名，于句于文，于一切义，当知亦尔。乃至于界及界自性无所得时③，亦不观彼所依之相，如是除遣。”

“世尊！诸所了知真如义相，此真如相亦可遣不？”

① 调伏加行界，底本与《资福藏》《碛砂藏》《赵城金藏》《普宁藏》《永乐南藏》《径山藏》《高丽藏》相同；《房山石经》“加行”作“方便”，下同。

② 修奢摩他毗钵舍那诸菩萨众，底本与《房山石经》《资福藏》《碛砂藏》《普宁藏》《永乐南藏》《径山藏》《高丽藏》相同；《赵城金藏》“诸”作“说”。

③ 乃至于界及界自性无所得时，底本与《房山石经》《资福藏》《碛砂藏》《普宁藏》《永乐南藏》《径山藏》《高丽藏》相同；《赵城金藏》“至”作“知”。

"善男子！于所了知真如义中都无有相，亦无所得，当何所遣？善男子，我说了知真如义时，能伏一切法义之相，非此了达余所能伏。"

"世尊，如世尊说浊水器喻、不净镜喻、挠泉、池喻，不任观察自面影相；若堪任者，与上相遣[①]。如是若有不善修心，则不堪任如实观察所有真如；若善修心，堪任观察。此说何等能观察心？依何真如而作是说？"

"善男子！此说三种能观察心，谓闻所成能观察心、若思所成能观察心、若修所成能观察心。依了别真如作如是说。"

"世尊！如是了知法义菩萨，为遣诸相，勤修加行，有几种相难可除遣？谁能除遣？"

"善男子！有十种相，空能除遣。何等为十？一者，了知法义故，有种种文字相，此由一切法空，能正除遣；二者，了知安立真如义故，有生灭住异性相续随转相，此由相空及无先后空能正除遣；三者，了知能取义故，有顾恋身相及我慢相，此由内空及无所得空能正除遣；四者，了知所取义故，有顾恋财相，此由外空能正除遣；五者，了知受用义，男女承事资具相应故，有内安乐相、外净妙相，此由内外空及本性空能正除遣；六者，了知建立义故，有无量相，此由大空能正除遣；七者，了知无色故，有内寂静解脱相，此由有为空能正除遣；八者，了知相真如义故，有补特伽罗无我相、法无我相，若唯识相及胜义相，此由毕竟空、无性空、无性自性空及胜义空能正除遣；九者，[②]由了知清净真如义故[③]，有无为相，无变异相，此由无为空、无变异空能正除遣；十者，即于彼相对治空性作意思惟故，有空

① 与上相遣，底本与《碛砂藏》《普宁藏》《永乐南藏》《径山藏》相同；《房山石经》《资福藏》《赵城金藏》《高丽藏》"遣"作"达"。

② 九者，底本与《房山石经》《资福藏》《碛砂藏》《普宁藏》《永乐南藏》《径山藏》《高丽藏》相同；《赵城金藏》无"者"字。

③ 由了知清净真如义故，底本与《房山石经》《资福藏》《碛砂藏》《赵城金藏》《普宁藏》《永乐南藏》《径山藏》相同；《高丽藏》无"由"字。

性相，此由空空能正除遣。”

“世尊！除遣如是十种相时，除遣何等？从何等相而得解脱？”

“善男子！除遣三摩地所行影像相，从杂染缚相而得解脱，彼亦除遣。善男子，当知就胜说如是空治如是相，非不一一治一切相。譬如无明，非不能生乃至老死诸杂染法，就胜但说能生于行，由是诸行亲近缘故。此中道理，当知亦尔。”

“世尊！此中何等空是总空性相？若诸菩萨了知是已，无有失坏于空性相，离增上慢。”

尔时，世尊叹慈氏菩萨曰：“善哉！善哉！善男子，汝今乃能请问如来如是深义，令诸菩萨于空性相无有失坏。何以故？善男子，若诸菩萨于空性相有失坏者，便为失坏一切大乘。是故汝应谛听谛听，当为汝说总空性相。善男子，若于依他起相及圆成实相中，一切品类杂染、清净遍计所执相毕竟远离性，及于此中都无所得，如是名为于大乘中总空性相。”

“世尊！此奢摩他、毗钵舍那，能摄几种胜三摩地？”

“善男子！如我所说无量声闻、菩萨、如来有无量种胜三摩地，当知一切皆此所摄。”

“世尊！此奢摩他、毗钵舍那以何为因？”

“善男子！清净尸罗、清净闻思所成正见以为其因。”

“世尊，此奢摩他、毗钵舍那以何为果？”

“善男子！善清净心、善清净慧以为其果。复次，善男子，一切声闻及如来等，所有世间及出世间一切善法，当知皆是此奢摩他、毗钵舍那所得之果。”

“世尊！此奢摩他、毗钵舍那能作何业？”

“善男子！此能解脱二缚为业，所谓相缚及麤重缚。”

“世尊！如佛所说五种系中，几是奢摩他障？几是毗钵舍那障？几是俱障？”

“善男子！顾恋身、财，是奢摩他障。于诸圣教不得随欲，是毗钵舍那障。乐相杂住，于少善足①，当知俱障。由第一故，不能造修；由第二故，所修加行不到究竟。”

“世尊！于五盖中，几是奢摩他障？几是毗钵舍那障？几是俱障？”

“善男子！掉举、恶作是奢摩他障，惛沈、睡眠、疑是毗钵舍那障，贪欲、瞋恚当知俱障。”

“世尊！齐何名得奢摩他道圆满清净？”

“善男子！乃至所有惛沈睡眠正善除遣，齐是名得奢摩他道圆满清净。”

“世尊，齐何名得毗钵舍那道圆满清净？”

“善男子！乃至所有掉举恶作正善除遣，齐是名得毗钵舍那道圆满清净。”

“世尊！若诸菩萨于奢摩他、毗钵舍那现在前时，应知几种心散动法？”

“善男子！应知五种：一者，作意散动；二者，外心散动；三者，内心散动；四者，相散动；五者，麤重散动。善男子，若诸菩萨舍于大乘相应作意，堕在声闻、独觉相应诸作意中，当知是名作意散动。若于其外五种妙欲、诸杂乱相所有寻思随烦恼中，及于其外所缘境中，纵心流散，当知是名外心散动。若由惛沈及以睡眠，或由沉没，或由爱味三摩钵底，或由随一三摩钵底诸随烦恼之所染汙，当知是名内心散动。若依外相，于内等持所行诸相作意思惟，名相散动。若内作意为缘，生起所有诸受，由麤重身计我起慢，当知是名麤重散动。”

① 于少善足，《房山石经》《资福藏》《碛砂藏》《赵城金藏》《普宁藏》《永乐南藏》《径山藏》《高丽藏》“善”作“喜”。

“世尊！此奢摩他、毗钵舍那，从初菩萨地乃至如来地，能对治何障？”

“善男子！此奢摩他、毗钵舍那，于初地中对治恶趣烦恼、业生、杂染障，第二地中对治微细误犯现行障，第三地中对治欲贪障，第四地中对治定爱及法爱障，第五地中对治生死涅槃一向背趣障，第六地中对治相多现行障，第七地中对治细相现行障，第八地中对治于无相作功用及于有相不得自在障，第九地中对治于一切种善巧言辞，不得自在障，第十地中对治不得圆满法身证得障。善男子，此奢摩他、毗钵舍那，于如来地对治极微细、最极微细烦恼障及所知障，由能永害如是障故，究竟证得无著无碍一切智见，依于所作成满所缘，建立最极清净法身。”

“世尊！云何菩萨依奢摩他、毗钵舍那勤修行故，证得阿耨多罗三藐三菩提？”

“善男子！若诸菩萨已得奢摩他、毗钵舍那，依七真如，于如所闻所思法中，由胜定心，于善审定，于善思量，于善安立真如性中内正思惟。彼于真如正思惟故，心于一切细相现行尚能弃舍，何况麤相。

“善男子！言细相者，谓心所执受相，或领纳相，或了别相，或杂染、清净相，或内相，或外相，或内外相，或谓我当修行一切利有情相，或正智相，或真如相，或苦集灭道相，或有为相，或无为相，或有常相，或无常相，或苦有变异性相，或苦无变异性相，或有为异相相，或有为同相相，或知一切是一切已有一切相，或补特伽罗无我相，或法无我相。于彼现行，心能弃舍。

“彼既多住如是行故，于时时间，从其一切、系盖、散动善修治心[1]。从是已后，于七真如，有七各别自内所证通达智生，名为见道。由得此故，

① 从其一切、系盖、散动善修治心，底本与《房山石经》《资福藏》《碛砂藏》《普宁藏》《永乐南藏》《径山藏》《高丽藏》相同；《赵城金藏》“动”作“重”。

名入菩萨正性离生，生如来家，证得初地，又能受用此地胜德。彼于先时由得奢摩他、毗钵舍那故，已得二种所缘，谓有分别影像所缘及无分别影像所缘。彼于今时得见道故，更证得事边际所缘。复于后后一切地中进趣修道[①]，即于如是三种所缘作意思惟。譬如有人以其细楔出于麤楔，如是菩萨依此以楔出楔方便遣内相故[②]，一切随顺杂染分相皆悉除遣[③]；相除遣故，麤重亦遣。永害一切相、麤重故，渐次于彼后后地中，如炼金法，陶炼其心，乃至证得阿耨多罗三藐三菩提，又得所作成满所缘。善男子，如是菩萨于内止观正修行故，证得阿耨多罗三藐三菩提。”

“世尊！云何修行引发菩萨广大威德？”

“善男子！若诸菩萨善知六处，便能引发菩萨所有广大威德。一者，善知心生；二者，善知心住；三者，善知心出；四者，善知心增；五者，善知心减；六者，善知方便。

“云何善知心生？谓如实知十六行心生起差别，是名善知心生。十六行心生起差别者，一者，不可觉知坚住器识生，谓阿陀那识；二者，种种行相所缘识生，谓顿取一切色等境界分别意识，及顿取内外境界觉受，或顿于一念瞬息须臾现入多定，见多佛土，见多如来分别意识；三者，小相所缘识生，谓欲界系识；四者，大相所缘识生，谓色界系识；五者，无量相所缘识生，谓空识无边处系识；六者，微细相所缘识生，谓无所有处系识；七者，边际相所缘识生，谓非想非非想处系识；八者，无相识生，谓出世识

① 复于后后一切地中进趣修道，底本与《碛砂藏》《普宁藏》《永乐南藏》《径山藏》相同；《房山石经》《资福藏》《赵城金藏》《高丽藏》“趣”作“修”。

② 如是菩萨依此以楔出楔方便遣内相故，底本与《资福藏》《碛砂藏》《普宁藏》《永乐南藏》《径山藏》相同；《房山石经》《赵城金藏》《高丽藏》“方便”作“加行”。

③ 一切随顺杂染分相皆悉除遣，底本与《资福藏》《碛砂藏》《赵城金藏》《普宁藏》《永乐南藏》《径山藏》《高丽藏》相同；《房山石经》“分”作“心”。

及缘减识[①]；九者，苦俱行识生，谓那落迦识；十者，杂受俱行识生，谓欲行识；十一、喜俱行识生，谓初二静虑识；十二、乐俱行识生，谓第三静虑识；十三、不苦不乐俱行识生，谓从第四静虑乃至非想非非想处识；十四、染汙俱行识生，谓诸烦恼及随烦恼相应识；十五、善俱行识生，谓信等相应识；十六、无记俱行识生，谓彼俱不相应识。

"云何善知心住？谓如实知了别真如。云何善知心出？谓如实知出二种缚？所谓相缚及麤重缚。此能善知，应令其心从如是出。云何善知心增？谓如实知能治相缚、麤重缚心，彼增长时，彼积集时，亦得增长，亦得积集，名善知增。云何善知心减？谓如实知彼所对治相及麤重所杂染心，彼衰退时，彼损减时，此亦衰退，此亦损减，名善知减。云何善知加行？谓如实知解脱、胜处及与遍处，或修或遣。善男子，如是菩萨于诸菩萨广大威德，或已引发，或当引发，或现引发。"

"世尊！如世尊说于无余依涅槃界中，一切诸受无余永灭，何等诸受于此永灭？"

"善男子！以要言之，有二种受无余永灭。何等为二？一者，所依麤重受；二者，彼果境界受。所依麤重[②]，当知有四种：一者，有色所依受；二者，无色所依受；三者，果已成满麤重受；四者，果未成满麤重受。果已成满受者，谓现在受。果未成满受者，谓未来因受。彼果境界受亦有四种：一者，依持受；二者，资具受；三者，受用受；四者，顾恋受。于有余依涅槃界中，果未成满受一切已灭，领彼对治明触生受，领受共有，或复彼果已成满受。又二种受一切已灭，唯现领受明触生受。于无余依涅槃界中般涅槃

① 及缘减识，底本与《资福藏》《碛砂藏》《赵城金藏》《普宁藏》《永乐南藏》《径山藏》相同；《房山石经》《高丽藏》"减"作"灭"。

② 所依麤重，底本与《房山石经》《资福藏》《碛砂藏》《赵城金藏》《普宁藏》《永乐南藏》《径山藏》相同；《高丽藏》"重"作"重受"。

时，此亦永灭。是故说言于无余依涅槃界中，一切诸受无余永灭。”

尔时世尊说是语已，告慈氏菩萨曰：“善哉！善哉！善男子，汝今善能依止圆满最极清净妙瑜伽道，请问如来，汝于瑜伽已得决定最极善巧。吾已为汝宣说圆满最极清净妙瑜伽道，所有一切过去、未来正等觉者已说当说，皆亦如是。诸善男子，若善女人，皆应依此勇猛精进，当正修学。”

尔时，世尊欲重宣此义，而说颂曰：

于法假立瑜伽中，若行放逸失大义，
依止此法及瑜伽，若正修行得大觉，
见有所得求免难，若谓此见为得法，
慈氏彼去瑜伽远，譬如大地与虚空。
利生坚固而不作，悟已勤修利有情，
智者作此穷劫量，便得最上离染喜。
若人为欲而说法，彼名舍欲还取欲。
愚痴得法无价宝，反更游行而乞丐。
于诤喧杂戏论著[①]，应舍发起上精进。
为度诸天及世间，于此瑜伽汝当学。

尔时，慈氏菩萨复白佛言：“世尊！于是解深密法门中，当何名此教？我当云何奉持？”

佛告慈氏：“此名瑜伽了义之教，于此瑜伽了义之教，汝当奉持。”

说此瑜伽了义教时，于大会中，有六百千众生发阿耨多罗三藐三菩提心，三百千声闻远尘离垢，于诸法中得法眼净，一百五十千声闻诸漏永尽，心得解脱，七十五千菩萨获得广大瑜伽作意。

① 于诤喧杂戏论著，底本与《房山石经》《资福藏》《碛砂藏》《普宁藏》《永乐南藏》《径山藏》《高丽藏》相同；《赵城金藏》“诤”作“净”。

瑜伽师地论卷第七十八

摄决择分中菩萨地之七

复次，依乘假安立[1]，分别解说如实大乘，当知如《解深密经》中，观自在菩萨白佛言："世尊！如佛所说菩萨十地，所谓极喜地、离垢地、发光地、焰慧地、极难胜地、现前地、远行地、不动地、善慧地、法云地，复说佛地为第十一。如是诸地，几种清净？几分所摄？"

佛告观自在菩萨曰："善男子！当知诸地四种清净，十一分摄。云何四种清净能摄诸地？谓增上意乐清净，摄于初地；增上戒清净，摄第二地；增上心清净，摄第三地；增上慧清净，于后后地转胜妙故，当知能摄从第四地乃至佛地。善男子，当知如是四种清净普摄诸地。

"云何十一种分能摄诸地？谓诸菩萨先于胜解行地，依十法行极善修习胜解忍故，超过彼地，证入菩萨正性离生。彼诸菩萨由是因缘，此分圆满。而未能于微细毁犯误现行中正知而住，由是因缘，于此分中犹未圆满。为令此分得圆满故，精勤修习，便能证得。彼诸菩萨由是因缘，此分圆满。而未能得世间圆满等持、等至，及圆满闻持陀罗尼，由是因缘，于此分中犹未圆满。为令此分得圆满故，精勤修习，便能证得。彼诸菩萨由是因缘，此分圆满。而未能令随所获得菩提分法多修习住，心未能舍诸等至爱及与法爱，由是因缘，于此分中犹未圆满。为令此分得圆满故，精勤修习，便能证得。彼诸菩萨由是因缘，此分圆满。而未能于诸谛道理如实观察，又未能于生死、涅槃弃舍一向背趣作意，又未能修方便所摄菩提分

[1] 依乘假安立，底本与《房山石经》《资福藏》《碛砂藏》《普宁藏》《永乐南藏》《径山藏》相同；《高丽藏》无"安"字。

法，由是因缘，于此分中犹未圆满。为令此分得圆满故，精勤修习，便能证得。彼诸菩萨由是因缘，此分圆满。而未能于生死流转如实观察，又由于彼多生厌故，未能多住无相作意，由是因缘，于此分中犹未圆满。为令此分得圆满故，精勤修习，便能证得。彼诸菩萨由是因缘，此分圆满。而未能令无相作意，无缺无间多修习住，由是因缘，于此分中犹未圆满。为令此分得圆满故，精勤修习，便能证得。彼诸菩萨由是因缘，此分圆满。而未能于无相住中舍离功用，又未能得于相自在，由是因缘，于此分中犹未圆满。为令此分得圆满故，精勤修习，便能证得。彼诸菩萨由是因缘，此分圆满。而未能于异名、众相、训词差别、一切品类宣说法中得大自在，由是因缘，于此分中犹未圆满。为令此分得圆满故，精勤修习，便能证得。彼诸菩萨由是因缘，此分圆满。而未能得圆满法身现前证受，由是因缘，于此分中犹未圆满。为令此分得圆满故，精勤修习，便能证得。彼诸菩萨由是因缘，此分圆满。而未能得遍于一切所知境界无著无碍，妙智妙见，由是因缘，于此分中犹未圆满。为令此分得圆满故，精勤修习，便能证得。由是因缘，此分圆满；此分满故，于一切分皆得圆满。善男子，当知如是十一种分，普摄诸地。”

“世尊！何缘最初名极喜地，乃至何缘说名佛地？”

“善男子！成就大义，得未曾得出世间心[①]，生大欢喜，是故最初名极喜地；远离一切微细犯戒，是故第二名离垢地；由彼所得三摩地及闻持陀罗尼，能为无量智光依止，是故第三名发光地；由彼所得菩提分法，烧诸烦恼，智如火焰，是故第四名焰慧地；由即于彼菩提分法方便修习，最极艰难，方得自在，是故第五名极难胜地；现前观察诸行流转，又于无相多修作意，方现在前，是故第六名现前地；能远证入无缺无间无相作意，与

① 得未曾得出世间心，底本与《房山石经》《资福藏》《碛砂藏》《普宁藏》《永乐南藏》《径山藏》《高丽藏》相同；《赵城金藏》“间”作“闻”。

清净地共相邻接，是故第七名远行地；由于无相，得无功用，于诸相中不为现行烦恼所动，是故第八名不动地；于一切种说法自在，获得无罪广大智慧[①]，是故第九名善慧地；麤重之身，广如虚空，法身圆满，譬如大云，皆能遍覆，是故第十名法云地；永断最极微细烦恼及所知障，无著无碍，于一切种所知境界现正等觉，故第十一说名佛地。”

“世尊！于此诸地有几愚痴？有几麤重为所对治？”

“善男子！此诸地中有二十二种愚痴、十一种麤重为所对治。谓于初地有二愚痴：一者，执著补特伽罗及法愚痴；二者，恶趣杂染愚痴。及彼麤重为所对治。于第二地有二愚痴：一者，微细误犯愚痴；二者，种种业趣愚痴。及彼麤重为所对治。于第三地有二愚痴：一者，欲贪愚痴；二者，圆满闻持陀罗尼愚痴。及彼麤重为所对治。于第四地有二愚痴：一者，等至爱愚痴；二者，法爱愚痴。及彼麤重为所对治。于第五地有二愚痴：一者，一向作意弃背生死愚痴；二者，一向作意趣向涅槃愚痴。及彼麤重为所对治。于第六地有二愚痴：一者，现前观察诸行流转愚痴；二者，相多现行愚痴。及彼麤重为所对治。于第七地有二愚痴：一者，微细相现行愚痴；二者，一向无相作意方便愚痴。及彼麤重为所对治。于第八地有二愚痴：一者，于无相作功用愚痴；二者，于相自在愚痴。及彼麤重为所对治。于第九地有二愚痴：一者，于无量说法无量法句文字后后慧辩陀罗尼自在愚痴；二者，辩才自在愚痴。及彼麤重为所对治。于第十地有二愚痴：一者，大神通愚痴；二者，悟入微细秘密愚痴。及彼麤重为所对治。于如来地有二愚痴：一者，于一切所知境界极微细著愚痴；二者，极微细碍愚痴。及彼麤重为所对治。善男子，由此二十二种愚痴及十一种麤重故，安立诸地，而阿

① 获得无罪广大智慧，底本与《资福藏》《碛砂藏》《赵城金藏》《普宁藏》《永乐南藏》《径山藏》相同；《房山石经》《高丽藏》“罪”作“量”。

耨多罗三藐三菩提离彼系缚[①]。”

“世尊！阿耨多罗三藐三菩提甚奇希有，乃至成就大利大果，令诸菩萨能破如是大愚痴罗网，能越如是大麤重稠林，现前证得阿耨多罗三藐三菩提。世尊！如是诸地，几种殊胜之所安立？”

“善男子！略有八种：一者，增上意乐清净；二者，心清净；三者，悲清净；四者，到彼岸清净；五者，见佛供养承事清净；六者，成熟有情清净；七者，生清净；八者，威德清净。善男子，于初地中所有增上意乐清净乃至威德清净，后后诸地乃至佛地所有增上意乐清净乃至威德清净，当知彼诸清净展转增胜，唯于佛地除生清净。又初地中所有功德，于上诸地平等皆有，当知自地功德殊胜。一切菩萨十地功德皆是有上，佛地功德当知无上。”

“世尊！何因缘故，说菩萨生于诸有生最为殊胜？”

“善男子！四因缘故：一者，极净善根所集起故[②]；二者，故意思择力所到故[③]。三者，悲愍济度诸众生故；四者，自能无染，除他染故。”

“世尊！何因缘故，说诸菩萨行广大愿、妙愿、胜愿？”

“善男子！四因缘故。谓诸菩萨能善了知涅槃乐住，堪能速证；而复弃舍速证乐住；无缘无待，发大愿心；为欲利益诸有情故，处多种种长时大苦。是故我说彼诸菩萨行广大愿、妙愿、胜愿。”

“世尊！是诸菩萨凡有几种所应学事？”

“善男子！菩萨学事略有六种，所谓布施、持戒、忍辱、精进、静虑、

---

① 而阿耨多罗三藐三菩提离彼系缚，底本与《房山石经》《资福藏》《碛砂藏》《赵城金藏》《普宁藏》《永乐南藏》《径山藏》相同；《高丽藏》“而”作“而得”。

② 极净善根所集起故，底本与《资福藏》《碛砂藏》《赵城金藏》《普宁藏》《永乐南藏》《径山藏》《高丽藏》相同；《房山石经》“净”作“清净”。

③ 故意思择力所到故，底本与《资福藏》《碛砂藏》《普宁藏》《永乐南藏》《径山藏》相同；《房山石经》《赵城金藏》《高丽藏》“到”作“取”。

慧到彼岸。”

“世尊！如是六种所应学事，几是增上戒学所摄？几是增上心学所摄？几是增上慧学所摄？”

“善男子！当知初三但是增上戒学所摄，静虑一种但是增上心学所摄，慧是增上慧学所摄，我说精进遍于一切。”

“世尊！如是六种所应学事，几是福德资粮所摄？几是智慧资粮所摄？”

“善男子！若增上戒学所摄者，是名福德资粮所摄，若增上慧学所摄者，是名智慧资粮所摄，我说精进、静虑二种遍于一切。”

“世尊！于此六种所学事中，菩萨云何应当修学？”

“善男子！由五种相应当修学：一者，最初于菩萨藏波罗蜜多相应微妙正法教中猛利信解；二者，次于十种法行，以闻、思、修所成妙智精进修行；三者，随护菩提之心；四者，亲近真善知识；五者，无间勤修善品。”

“世尊！何因缘故，施设如是所应学事但有六数？”

“善男子！二因缘故：一者，饶益诸有情故；二者，对治诸烦恼故。当知前三饶益有情，后三对治一切烦恼。前三饶益诸有情者，谓诸菩萨由布施故，摄受资具，饶益有情；由持戒故，不行损害逼迫恼乱，饶益有情；由忍辱故，于彼损害逼迫恼乱堪能忍受，饶益有情。后三对治诸烦恼者，谓诸菩萨由精进故，虽未永伏一切烦恼，亦未永害一切随眠，而能勇猛修诸善品，彼诸烦恼不能倾动善品加行；由静虑故，永伏烦恼；由般若故，永害随眠。”

“世尊！何因缘故，施设所余波罗蜜多但有四数？”

“善男子！与前六种波罗蜜多为助伴故。谓诸菩萨于前三种波罗蜜多所摄有情，以诸摄事方便善巧而摄受之，安置善品，是故我说方便善巧波罗蜜多与前三种而为助伴。若诸菩萨于现法中烦恼多故，于修无间无有堪能；羸劣意乐故，下界胜解故，于内心住无有堪能；于菩萨藏不能闻缘善修习故，所有静虑不能引发出世间慧，彼便摄受少分狭劣福德资粮，为未来世烦恼轻微，心生正愿，如是名愿波罗蜜多。由此愿故，烦恼微薄，能修精进，是故我说愿波罗蜜多与精进波罗蜜多而为助伴。若诸菩萨亲近善士，听闻正法，如理作意为因缘故，转劣意乐，成胜意乐，亦能获得上界胜解，如是名力波罗蜜多。由此力故，于内心住有所堪能，是故我说力波罗蜜多与静虑波罗蜜多而为助伴。若诸菩萨于菩萨藏已能闻缘善修习故，能发静虑，如是名智波罗蜜多。由此智故，堪能引发出世间慧，是故我说智波罗蜜多与慧波罗蜜多而为助伴。"

"世尊！何因缘故，宣说六种波罗蜜多如是次第？"

"善男子！能为后后引发依故。谓诸菩萨，若于身财无所顾恪，便能受持清净禁戒；为护禁戒，便修忍辱；修忍辱已，能发精进；发精进已，能办静虑；具静虑已，便能获得出世间慧。是故我说波罗蜜多如是次第。"

"世尊！如是六种波罗蜜多，各有几种品类差别[①]？"

"善男子！各有三种。施三种者：一者，法施；二者，财施；三者，无畏施。戒三种者，一者，转舍不善戒；二者，转生善戒；三者，转生饶益有情戒。忍三种者，一者，耐怨害忍；二者，安受苦忍；三者，谛察法忍。精进三种者，一者，被甲精进；二者，转生善法加行精进；三者，饶益有情加行精进。静虑三者：一者，无分别寂静极寂静无罪故，对治烦恼众苦乐住静虑；二者，引发功德静虑；三者，引发饶益有情静虑。慧三种者：一者，缘世俗谛慧；二者，缘胜义谛慧；三者，缘饶益有情慧。"

"世尊！何因缘故，波罗蜜多说名波罗蜜多？"

"善男子！五因缘故：一者，无染著故；二者，无顾恋故；三者，无罪

① 各有几种品类差别，底本与《房山石经》《资福藏》《碛砂藏》《普宁藏》《永乐南藏》《径山藏》《高丽藏》相同；《赵城金藏》无"各"字。

过故；四者，无分别故；五者，正回向故。无染著者，谓不染著波罗蜜多诸相违事。无顾恋者，谓于一切波罗蜜多诸果异熟及报恩中，心无系缚。无罪过者，谓于如是波罗蜜多无间杂染法，离非方便行。无分别者，谓于如是波罗蜜多，不如言辞执著自相。正回向者，谓以如是所作所集波罗蜜多，回求无上大菩提果。”

“世尊！何等名为波罗蜜多诸相违事？”

“善男子！当知此事略有六种：一者，于喜乐欲、财富、自在诸欲乐中，深见功德及与胜利；二者，于随所乐纵身、语、意而现行中，深见功德及与胜利；三者，于他轻懱不堪忍中[①]，深见功德及与胜利；四者，于不勤修著欲乐中，深见功德及与胜利；五者，于处愦闹世杂乱行，深见功德及与胜利；六者，于见闻觉知言说戏论，深见功德及与胜利。”

“世尊！如是一切波罗蜜多，何果异熟？”

“善男子！当知此亦略有六种：一者，得大财富；二者，往生善趣；三者，无怨无坏，多诸喜乐；四者，为众生主；五者，身无恼害；六者，有大宗叶。”

“世尊！何等名为波罗蜜多间杂染法？”

“善男子！当知略由四种加行：一者，无悲加行故；二者，不如理加行故；三者，不常加行故；四者，不殷重加行故。不如理加行者，谓修行余波罗蜜多时，于余波罗蜜多远离失坏。”

“世尊！何等名为非方便行？”

“善男子！若诸菩萨以波罗蜜多饶益众生时，但摄财物饶益众生，便为喜足，而不令其出不善处安置善处，如是名为非方便行。何以故？善男子，非于众生唯作此事，名实饶益。譬如粪秽，若多若少，终无有能令成

① 于他轻懱不堪忍中，底本与《资福藏》《碛砂藏》《普宁藏》《永乐南藏》《径山藏》相同；《房山石经》《赵城金藏》《高丽藏》“懱”作“蔑”，下同。

香洁。如是众生由行苦故，其性是苦，无有方便，但以财物蹔相饶益可令成乐，唯有安处妙善法中，方可得名第一饶益。”

“世尊！如是一切波罗蜜多有几清净？”

“善男子！我终不说波罗蜜多除上五相有余清净，然我即依如是诸事，总别当说波罗蜜多清净之相。总说一切波罗蜜多清净相者，当知七种。何等为七？一者，菩萨于此诸法不求他知；二者，于此诸法见已，不生执著；三者，即于如是诸法不生疑惑，谓为能得大菩提分[①]；四者，终不自赞毁他，有所轻懱；五者，终不憍傲放逸；六者，终不少有所得，便生喜足；七者，终不由此诸法，于他发起嫉妬悭恪。

“别说一切波罗蜜多清净相者，亦有七种。何等为七？谓诸菩萨如我所说七种布施清净之相随顺修行：一者，由施物清净，行清净施；二者，由戒清净，行清净施；三者，由见清净，行清净施；四者，由心清净，行清净施；五者，由语清净，行清净施；六者，由智清净，行清净施；七者，由垢清净，行清净施。是名七种施清净相。

“又诸菩萨能善了知制立律仪一切学处，能善了知出离所犯，具常尸罗，坚固尸罗，常作尸罗，常转尸罗，受学一切所有学处，是名七种戒清净相。

“若诸菩萨于自所有业果异熟深生依信，一切所有不饶益事现在前时[②]，不生愤发，亦不反骂，不瞋，不打，不恐，不弄，不以种种不饶益事反相加害；不怀怨结；若谏诲时，不令恚恼；亦复不待他来谏诲，不由恐怖、有染爱心而行忍辱；不以作恩而便放舍，是名七种忍清净相。

① 谓为能得大菩提分，底本与《永乐南藏》《径山藏》相同；《房山石经》《资福藏》《碛砂藏》《赵城金藏》《普宁藏》《高丽藏》“分”作“不”。

② 一切所有不饶益事现在前时，底本与《房山石经》《资福藏》《碛砂藏》《普宁藏》《永乐南藏》《径山藏》《高丽藏》相同；《赵城金藏》“在前”作“漫漶”。

“若诸菩萨通达精进平等之性，不由勇猛勤精进故，自举陵他[①]，具大势力，具大精进，有所堪能，坚固勇猛，于诸善法终不舍轭，如是名为七种精进清净之相。

“若诸菩萨有善通达相三摩地静虑，有圆满三摩地静虑，有俱分三摩地静虑，有运转三摩地静虑，有无所依三摩地静虑，有善修治三摩地静虑，有于菩萨藏闻、缘、修习无量三摩地静虑，如是名为七种静虑清净之相。

“若诸菩萨远离增益、损减二边，行于中道，是名为慧，由此慧故，如实了知解脱门义，谓空、无愿、无相三解脱门；如实了知有自性义，谓遍计所执、若依他起、若圆成实三种自性；如实了知无自性义，谓相、生、胜义三种无自性性[②]；如实了知世俗谛义，谓于五明处；如实了知胜义谛义，谓于七真如；又无分别，离诸戏论，纯一理趣多所住故；无量总法为所缘故，及毗钵舍那故，能善成办法随法行，是名七种慧清净相。”

“世尊！如是五相各有何业？”

“善男子！当知彼相有五种业，谓诸菩萨无染著故，于现法中，于所修习波罗蜜多，恒常殷重勤修加行，无有放逸；无顾恋故，摄受当来不放逸因；无罪过故，能正修习极善圆满、极善清净、极善鲜白波罗蜜多；无分别故，方便善巧波罗蜜多速得圆满；正回向故，一切生处波罗蜜多及彼可爱诸果异熟皆得无尽，乃至无上正等菩提。”

“世尊！如是所说波罗蜜多，何者最广大？何者无染汙？何者最明盛？何者不可动？何者最清净？”

“善男子！无染著性、无顾恋性、正回向性，最为广大；无罪过性、无

① 自举陵他，底本与《房山石经》《碛砂藏》《普宁藏》《径山藏》相同；《资福藏》《赵城金藏》《永乐南藏》《高丽藏》“陵”作“敹”。

② 谓相、生、胜义三种无自性性，底本与《房山石经》《资福藏》《碛砂藏》《普宁藏》《永乐南藏》《径山藏》《高丽藏》相同；《赵城金藏》“性性”作“性”。

分别性，无有染汙，思择所作，最为明盛。已入无退转法地者，名不可动。若十地摄、佛地摄者，名最清净。”

“世尊！何因缘故，菩萨所得波罗蜜多诸可爱果及诸异熟常无有尽，波罗蜜多亦无有尽？”

“善男子！展转相依生起，修习无间断故。”

“世尊！何因缘故，是诸菩萨深信爱乐波罗蜜多，非于如是波罗蜜多所得可爱诸果异熟？”

“善男子！五因缘故：一者，波罗蜜多是最增上喜乐因故；二者，波罗蜜多是其究竟饶益一切自他因故；三者，波罗蜜多是当来世彼可爱果异熟因故；四者，波罗蜜多非诸杂染所依事故；五者，波罗蜜多非是毕竟变坏法故。”

“世尊！如是一切波罗蜜多各有几种最胜威德？”

“善男子！当知一切波罗蜜多各有四种最胜威德：一者，于此波罗蜜多正修行时，能舍悭悋、犯戒、心愤、懈怠、散乱，见趣所治；二者，于此正修行时，能为无上正等菩提真实资粮；三者，于此正修行时，于现法中能自摄受，饶益有情；四者，于此正修行时，于未来世能得广大无尽可爱诸果异熟。”

“世尊！如是一切波罗蜜多，何因？何果？有何义利？”

“善男子！当知一切波罗蜜多，大悲为因，微妙可爱诸果异熟饶益一切有情为果，圆满无上广大菩提为大义利。”

“世尊！若诸菩萨具足一切无尽财宝，成就大悲，何缘世间现有众生贫穷可得？”

“善男子！是诸众生自业过失。若不尔者，菩萨常怀饶益他心，又常具足无尽财宝，若诸众生无自恶业能为障碍，何有世间贫苦可得？譬如饿鬼，为大热渴逼迫其身，见大海水悉皆涸竭，非大海过，是诸饿鬼自业过耳。如是菩萨所施财宝，犹如大海，无有过失，是诸众生自业过耳。犹如饿鬼，自恶业力，令无有果。”

“世尊！菩萨以何等波罗蜜多取一切法无自性性？”

“善男子！以般若波罗蜜多能取诸法无自性性。”

“世尊，若般若波罗蜜多能取诸法无自性性，何故不取有自性性？”

“善男子！我终不说以无自性性取无自性性。然无自性性离诸文字，自内所证，不可舍于言说文字而能宣说，是故我说般若波罗蜜多能取诸法无自性性。”

“世尊！如佛所说波罗蜜多、近波罗蜜多、大波罗蜜多，云何波罗蜜多？云何近波罗蜜多？云何大波罗蜜多？”

“善男子！若诸菩萨经无量时修行施等，成就善法，而诸烦恼犹故现行，未能制伏，然为彼伏，谓于胜解行地耎、中胜解转时，是名波罗蜜多。复于无量时修行施等，渐复增上成就善法，而诸烦恼犹故现行，然能制伏，非彼所伏[①]，谓从初地已上，是名近波罗蜜多。复于无量时修行施等，转复增上成就善法，一切烦恼皆不现行，谓从八地已上，是名大波罗蜜多。”

“世尊！此诸地中，烦恼随眠可有几种？”

“善男子！略有三种：一者，害伴随眠，谓于前五地。何以故？善男子，诸不俱生现行烦恼，是俱生烦恼现行助伴，彼于尔时永无复有，是故说名害伴随眠。二者，羸劣随眠，谓于第六、第七地中微细现行，若修所伏，不现行故。三者，微细随眠，谓于第八地已上，从此已去，一切烦恼不复现行，唯有所知障为依止故。”

“世尊！此诸随眠，几种麤重断所显示？”

---

① 非彼所伏，底本与《房山石经》《资福藏》《碛砂藏》《普宁藏》《永乐南藏》《径山藏》《高丽藏》相同；《赵城金藏》“彼”作“被”。

“善男子！但由二种，谓由在皮麤重断故，显彼初二；复由在肤麤重断故，显彼第三。若在于骨麤重断者，我说永离一切随眠，位在佛地。”

“世尊！经几不可数劫，能断如是麤重？”

“善男子！经于三大不可数劫，或无量劫，所谓年、月、半月、昼夜、一时、半时、须臾、瞬息、刹那量劫不可数故[①]。”

“世尊！是诸菩萨于诸地中所生烦恼，当知何相？何失？何德？”

“善男子！无染污相。何以故？是诸菩萨于初地中，定于一切诸法法界已善通达。由此因缘，菩萨要知方起烦恼，非为不知，是故说名无染污相。于自身中不能生苦，故无过失。菩萨生起如是烦恼，于有情界能断苦因，是故彼有无量功德。”

“甚奇，世尊！无上菩提乃有如是大功德利，令诸菩萨生起烦恼[②]，尚胜一切有情、声闻、独觉善根，何况其余无量功德。”

“世尊！如佛所说，若声闻乘，若复大乘，唯是一乘，此何密意？”

“善男子！如我于彼声闻乘中宣说种种诸法自性，所谓五蕴，或内六处，或外六处，如是等类，于大乘中即说彼法同一法界，同一理趣故，我不说乘差别性。于中，或有如言于义妄起分别，一类增益，一类损减，又于诸乘差别道理，谓互相违，如是展转，递兴诤论，如是名为此中密意。”

尔时世尊欲重宣此义，而说颂曰：

诸地摄想所对治，殊胜生愿及诸学，
由依佛说是大乘，于此善修成大觉。
宣说诸法种种性，复说皆同一理趣，

---

① 所谓年月半月昼夜一时半时须臾瞬息、刹那量劫不可数故，底本与《房山石经》《资福藏》《碛砂藏》《普宁藏》《永乐南藏》《径山藏》《高丽藏》相同；《赵城金藏》无“半月”二字。

② 令诸菩萨生起烦恼，底本与《资福藏》《碛砂藏》《普宁藏》《永乐南藏》《径山藏》相同；《房山石经》《赵城金藏》《高丽藏》“令”作“今”。

谓于下乘或上乘，故我说乘无异性。

如言于义妄分别，或有增益或损减，

谓此二种互相违，愚痴意解成乖诤。

“世尊！于是解深密法门中，此名何教？我当云何奉持？”

“善男子！此名诸地波罗蜜多了义之教。于此诸地波罗蜜多了义之教，汝当奉持。”

说此诸地波罗蜜多了义教时，于大会中有七十五千菩萨，皆得菩萨大乘光明三摩地。

复次，即依乘假安立，分别如来成所作事，当知如《解深密经》中，曼殊室利菩萨摩诃萨请问佛言：“世尊！如佛所说如来法身，如来法身有何等相？”

佛告曼殊室利菩萨：“善男子[①]！若于诸地波罗蜜多善修出离，转依成满，是名如来法身之相。当知此相二因缘故，不可思议：无戏论故，无所为故。而诸众生计著戏论，有所为故。”

“世尊！声闻、独觉所得转依，名法身不？”

“善男子！不名法身。”

“世尊，当名何身？”

“善男子！名解脱身。由解脱身故，说一切声闻、独觉与诸如来平等平等；由法身故，说有差别。如来法身有差别故，无量功德最胜差别，筭数譬喻所不能及。”

“世尊！我当云何应知如来生起之相？”

“善男子！一切如来化身作业，如世界起一切种类，如来功德众所庄严住持为相。当知化身相有生起，法身之相无有生起。”

① 善男子，底本与《资福藏》《碛砂藏》《普宁藏》《永乐南藏》《径山藏》相同；《房山石经》《赵城金藏》《高丽藏》“善”作“日善”。

“世尊！云何应知示现化身方便善巧？”

“善男子！遍于一切三千大千佛国土中，或众推许增上王家，或众推许大福田家，同时入胎、诞生、长大、受欲、出家、示行苦行，舍苦行已，成等正觉，次第示现，是名如来示现化身方便善巧。”

“世尊！凡有几种，一切如来身所住持言音差别？由此言音所化有情，未成熟者令其成熟，已成熟者缘此为境，速得解脱。”

“善男子！如来言音略有三种：一者，契经；二者，调伏；三者，本母。”

“世尊！云何契经？云何调伏？云何本母？”

“善男子！若于是处，我依摄事显示诸法，是名契经。谓依四事，或依九事，或复依于二十九事。

“云何四事？一者，听闻事；二者，归趣事；三者，修学事；四者，菩提事。

“云何九事？一者，施设有情事；二者，彼所受用事；三者，彼生起事；四者，彼生已住事；五者，彼染净事；六者，彼差别事；七者，能宣说事；八者，所宣说事；九者，诸众会事。

“云何名为二十九事？谓依杂染品，有摄诸行事；彼次第随转事，即于是中作补特伽罗想已，于当来世流转因事；作法想已，于当来世流转因事；依清净品，有系念于所缘事；即于是中勤精进事；心安住事；现法乐住事；超一切苦缘方便事；彼遍知事，此复三种，颠倒遍知所依处故[①]，依有情想，外有情中邪行遍知所依处故[②]，内离增上慢遍知所依处故；修依处事；作证事；修习事；令彼坚固事；彼行相事；彼所缘事；已断未断观察

① 颠倒遍知所依处故，底本与《资福藏》《碛砂藏》《赵城金藏》《普宁藏》《永乐南藏》《径山藏》《高丽藏》相同；《房山石经》“遍知所依处”作“所依处遍知”。

② 外有情中邪行遍知所依处故，底本与《资福藏》《碛砂藏》《赵城金藏》《普宁藏》《永乐南藏》《径山藏》《高丽藏》相同；《房山石经》“遍知所依处”作“所依处遍知”。

善巧事；彼散乱事；不散乱事[①]；不散乱依处事；不弃修习劬劳加行事；修习胜利事；彼坚牢事；摄圣行事；摄圣行眷属事[②]；通达真实事；证得涅槃事；于善说法毗奈耶中，世间正见超升一切外道所得正见顶事[③]；及即于此不修退事。于善说法毗奈耶中不修习故，说名为退；非见过失，故名为退。

“曼殊室利！若于是处，我依声闻及诸菩萨显示别解脱及别解脱相应之法[④]，是名调伏。”

“世尊，菩萨别解脱，几相所摄？”

“善男子！当知七相：一者，宣说受轨则事故；二者，宣说随顺他胜事故；三者，宣说随顺毁犯事故；四者，宣说有犯自性故；五者，宣说无犯自性故；六者，宣说出所犯故；七者，宣说舍律仪故。

“曼殊室利！若于是处，我以十一种相决了分别，显示诸法，是名本母。何等名为十一种相？一者，世俗相；二者，胜义相；三者，菩提分法所缘相；四者，行相；五者，自性相；六者，彼果相；七者，彼领受开示相；八者，彼障碍法相；九者，彼随顺法相；十者，彼过患相；十一者，彼胜利相。

“世俗相者，当知三种：一者，宣说补特伽罗故；二者，宣说遍计所执自性故；三者，宣说诸法作用事业故。胜义相者，当知宣说七种真如故。菩提分法所缘相者，当知宣说遍一切种所知事故。行相者，当知宣说八行观故。云何名为八行观耶？一者，谛实故；二者，安住故；三者，过失故；四

---

① 不散乱事，底本与《资福藏》《碛砂藏》《普宁藏》《永乐南藏》《径山藏》相同；《房山石经》《赵城金藏》《高丽藏》“不”作“彼不”。

② 摄圣行眷属事，底本与《房山石经》《资福藏》《碛砂藏》《普宁藏》《永乐南藏》《径山藏》相同；《赵城金藏》《高丽藏》“行”作“品”。

③ 世间正见超升一切外道所得正见顶事，底本与《资福藏》《碛砂藏》《赵城金藏》《普宁藏》《永乐南藏》《径山藏》《高丽藏》相同；《房山石经》“升”作“胜”。

④ 我依声闻及诸菩萨显示别解脱及别解脱相应之法，底本与《房山石经》《资福藏》《碛砂藏》《普宁藏》《永乐南藏》《径山藏》《高丽藏》相同；《赵城金藏》“诸”作“说”。

者，功德故；五者，理趣故；六者，流转故；七者，道理故；八者，总别故。谛实者，谓诸法真如。安住者，谓或安立补特伽罗，或复安立诸法遍计所执自性，或复安立一向分别反问置记，或复安立隐密显了记别差别。过失者，谓我宣说诸杂染法，有无量门差别过患。功德者，谓我宣说诸清净法有无量门差别胜利[①]。理趣者，当知六种：一者，真义理趣；二者，证得理趣；三者，教导理趣；四者，远离二边理趣；五者，不可思议理趣；六者，意趣理趣。流转者，所谓三世三有为相及四种缘。

"道理者，当知四种：一者，观待道理；二者，作用道理；三者，证成道理；四者，法尔道理。观待道理者，谓若因若缘，能生诸行及起随说，如是名为观待道理。作用道理者，谓若因若缘，能得诸法，或能成办，或复生已作诸业用，如是名为作用道理。证成道理者，谓若因若缘，能令所立所说所标义得成立，令正觉悟，如是名为证成道理。

"又此道理略有二种：一者，清净；二者，不清净。由五种相，名为清净；由七种相，名不清净。云何由五种相，名为清净？一者，现见所得相；二者，依止现见所得相；三者，自类譬喻所引相；四者，圆成实相；五者，善清净言教相。

"现见所得相者，谓一切行皆无常性，一切行皆是苦性，一切法皆无我性，此为世间现量所得。如是等类，是名现见所得相。依止现见所得相者，谓一切行皆刹那性、他世有性、净不净业无失坏性。由彼能依麤无常性现可得故；由诸有情种种差别，依种种业，现可得故；由诸有情若乐若苦，净不净业以为依止，现可得故。由此因缘，于不现见可为比度。如是等类，是名依止现见所得相。自类譬喻所引相者，谓于内外诸行聚中，引诸世间共所了知所得生死以为譬喻，引诸世间共所了知所得生等种种苦相

① 谓我宣说诸清净法有无量门差别胜利，底本与《房山石经》《资福藏》《碛砂藏》《普宁藏》《永乐南藏》《径山藏》《高丽藏》相同；《赵城金藏》"谓"作"得"。

以为譬喻，引诸世间共所了知所得不自在相以为譬喻，又复于外引诸世间共所了知所得衰盛以为譬喻。如是等类，当知是名自类譬喻所引相。圆成实相者，谓即如是现见所得相，若依止现见所得相，若自类譬喻所得相，于所成立决定能成，当知是名圆成实相。善清净言教相者，谓一切智者之所宣说，如言涅槃究竟寂静。如是等类，当知是名善清净言教相。

“善男子！是故由此五种相故，名善观察清净道理；由清净故，应可修习。”

“世尊！一切智者相当知有几种？”

“善男子！略有五种：一者，若有出现世间，一切智声无不普闻；二者，成就三十二种大丈夫相；三者，具足十力[1]，能断一切众生一切疑惑；四者，具足四无所畏，宣说正法，不为一切他论所伏，而能摧伏一切邪论；五者，于善说法毗奈耶中，八支圣道，四沙门等，皆现可得。如是生故[2]，相故，断疑网故，非他所伏，能伏他故，圣道沙门现可得故，如是五种，当知名为一切智相。

“善男子！如是证成道理，由现量故，由比量故，由圣教量故，由五种相，名为清净。

“云何由七种相名不清净？一者，此余同类可得相；二者，此余异类可得相；三者，一切同类可得相；四者，一切异类可得相；五者，异类譬喻所得相[3]；六者，非圆成实相；七者，非善清净言教相。若一切法意识所识性，是名一切同类可得相。若一切法相、性、业、法、因果异相，由随如

---

① 具足十力，底本与《房山石经》《资福藏》《碛砂藏》《赵城金藏》《普宁藏》《径山藏》《高丽藏》相同；《永乐南藏》“力”作“方”。

② 如是生故，底本与《资福藏》《碛砂藏》《赵城金藏》《普宁藏》《永乐南藏》《径山藏》《高丽藏》相同；《房山石经》“生”作“性”。

③ 异类譬喻所得相，底本与《房山石经》《资福藏》《碛砂藏》《赵城金藏》《普宁藏》《永乐南藏》《径山藏》相同；《高丽藏》“得”作“引”。

是一一异相，决定展转各各异相，是名一切异类可得相。善男子，若于此余同类可得相及譬喻中有一切异类相者，由此因缘，于所成立非决定故，是名非圆成实相。又于此余异类可得相及譬喻中有一切同类相者，由此因缘，于所成立不决定故，亦名非圆成实相。非圆成实故，非善观察清净道理；不善清净故[1]，不应修习。若异类譬喻所引相，若非善清净言教相，当知体性皆不清净。

“法尔道理者，谓如来出世，若不出世，法性安住，法住法界，是名法尔道理。总别者，谓先总说一句法已，后后诸句差别分别究竟显了。自性相者，谓我所说有行有缘所有能取菩提分法，谓念住等，如是名为彼自性相。彼果相者，谓若世间若出世间诸烦恼断，及所引发世、出世间诸果功德，如是名为得彼果相。彼领受开示相者，谓即于彼以解脱智而领受之，及广为他宣说开示，如是名为彼领受开示相。彼障碍法相者，谓即于修菩提分法，能随障碍诸染汙法，是名彼障碍法相。彼随顺法相者，谓即于彼多所作法，是名彼随顺法相。彼过患相者，当知即彼诸障碍法所有过失，是名彼过患相。彼胜利相者，当知即彼诸随顺法所有功德，是名彼胜利相。”

曼殊室利菩萨复白佛言：“唯愿世尊为诸菩萨略说契经、调伏、本母不共外道陀罗尼义！由此不共陀罗尼义，令诸菩萨得入如来所说诸法甚深密意。”

佛告曼殊室利菩萨曰：“善男子！汝今谛听，吾当为汝略说不共陀罗尼义，令诸菩萨于我所说密意言辞能善悟入。善男子，若杂染法，若清净法，我说一切皆无作用，亦都无有补特伽罗。以一切种离所为故，非杂染法先染后净，非清净法后净先染。凡夫异生于麤重身执著诸法补特伽

[1] 不善清净故，底本与《资福藏》《碛砂藏》《普宁藏》《永乐南藏》《径山藏》相同；《房山石经》《赵城金藏》《高丽藏》无“善”字。

罗自性差别[1]，随眠妄见以为缘故，计我、我所，由此妄谓我见、我闻、我嗅、我尝、我触、我知、我食、我作、我染、我净，如是等类，邪加行转。若有如实知如是者，便能永断麤重之身，获得一切烦恼不住，最极清净，离诸戏论，无为依止，无有加行。善男子，当知是名略说不共陀罗尼义。”

尔时，世尊欲重宣此义，而说颂曰：

一切杂染清净法，皆无作用数取趣，
由我宣说离所为，染汙清净非先后。
于麤重身随眠见，为缘计我及我所，
由此妄谓我见等，我食我为我染净。
若如实知如是者，乃能永断麤重身，
得无染净无戏论，无为依止无加行。

尔时，曼殊室利菩萨复白佛言：“世尊！云何应知诸如来心生起之相？”

佛告曼殊室利菩萨曰：“善男子！夫如来者，非心意识生起所显，然诸如来有无加行心法生起，当知此事犹如变化。”

“世尊，若诸如来法身远离一切加行，既无加行，云何而有心法生起？”

“善男子！先所修习方便般若加行力故，有心生起。善男子，譬如正入无心睡眠，非于觉悟而作加行，由先所作加行势力，而复觉悟。又如正在灭尽定中，非于起定而作加行，由先所作加行势力，还从定起。如从睡眠及灭尽定，心更生起，如是如来由先修习方便般若加行力故，当知复有心法生起。”

“世尊！如来化身当言有心，为无心耶？”

“善男子！非是有心，亦非无心。何以故？无自依心故，有依他心故。”

“世尊！如来所行、如来境界，此之二种有何差别？”

---

① 凡夫异生于麤重身执著诸法补特伽罗自性差别，底本与《房山石经》《资福藏》《碛砂藏》《普宁藏》《永乐南藏》《径山藏》相同；《高丽藏》“夫”作“天”。

“善男子！如来所行，谓一切种如来共有不可思议、无量功德众所庄严清净佛土。如来境界，谓一切种五界差别。何等为五？一者，有情界；二者，世界；三者，法界；四者，调伏界；五者，调伏方便界。如是名为二种差别。”

“世尊！如来成等正觉，转正法轮，入大涅槃，如是三种当知何相？”

“善男子！当知此三皆无二相，谓非成等正觉，非不成等正觉；非转正法轮，非不转正法轮；非入大涅槃，非不入大涅槃。何以故？如来法身究竟净故，如来化身常示现故。”

“世尊！诸有情类但于化身见闻奉事，生诸功德，如来于彼有何因缘？”

“善男子！如来是彼增上所缘之因缘故，又彼化身是如来力所住持故。”

“世尊！等无加行，何因缘故，如来法身为诸有情放大智光及出无量化身影像，声闻、独觉解脱之身无如是事？”

“善男子！譬如等无加行，从日月轮水火二种颇胝迦宝放大光明[①]，非余水火颇胝迦宝，谓大威德有情所住持故，诸有情业增上力故。又如从彼善工业者之所雕饰末尼宝珠出印文像[②]，不从所余不雕饰者。如是缘于无量法界方便般若，极善修习磨莹，集成如来法身，从是能放大智光明及出种种化身影像，非唯从彼解脱之身有如斯事。”

“世尊！如世尊说如来、菩萨威德住持，令诸众生于欲界中生刹帝利、婆罗门等大富贵家，人身、财宝无不圆满，或欲界天、色、无色界一切身财圆满可得。世尊，此中有何密意？”

“善男子！如来菩萨威德住持，若道若行，于一切处能令众生获得身

① 从日月轮水火二种颇胝迦宝放大光明，底本与《房山石经》《资福藏》《赵城金藏》《普宁藏》《永乐南藏》《径山藏》《高丽藏》相同；《碛砂藏》“明”作“门”。

② 又如从彼善工业者之所雕饰末尼宝珠出印文像，底本与《资福藏》《碛砂藏》《普宁藏》《永乐南藏》《高丽藏》相同；《房山石经》《赵城金藏》《径山藏》“末”作“未”。

财皆圆满者，即随所应，为彼宣说此道此行。若有能于此道此行正修行者，于一切处所获身财无不圆满。若有众生于此道行违背轻毁[1]，又于我所起损恼心及瞋恚心，命终已后，于一切处所得身财无不下劣。善男子，由是因缘，当知如来及诸菩萨威德住持，非但能令身财圆满，如来、菩萨住持威德，亦令众生身财下劣。”

“世尊！诸秽土中，何事易得？何事难得？诸净土中，何事易得？何事难得？”

“善男子！诸秽土中，八事易得，二事难得。何等名为八事易得？一者，外道；二者，有苦众生；三者，种姓家世兴衰差别[2]；四者，行诸恶行；五者，毁犯尸罗；六者，恶趣；七者，下乘；八者，下劣意乐加行菩萨。何等名为二事难得？一者，增上意乐加行菩萨之所游集；二者，如来出现于世。善男子，诸净土中，与上相违，当知八事甚为易得[3]，二事难得[4]。”

“世尊！于此解深密法门中，此名何教？我当云何奉持？”

“善男子！此名如来成所作事了义之教。于此如来成所作事了义之教，汝当奉持。”

说是如来成所作事了义教时，于大会中有七十五千菩萨摩诃萨，皆得圆满法身证觉。

① 若有众生于此道行违背轻毁，底本与《房山石经》《资福藏》《碛砂藏》《赵城金藏》《普宁藏》《永乐南藏》《径山藏》相同；《高丽藏》“行”作“此行”。

② 种姓家世兴衰差别，底本与《资福藏》《碛砂藏》《普宁藏》《永乐南藏》《径山藏》相同；《房山石经》《赵城金藏》《高丽藏》“种姓”作“种性”。

③ 当知八事甚为易得，底本与《碛砂藏》《普宁藏》《永乐南藏》《径山藏》相同；《房山石经》《资福藏》《赵城金藏》《高丽藏》“易”作“难”。

④ 二事难得，底本与《碛砂藏》《普宁藏》《永乐南藏》《径山藏》相同；《房山石经》《资福藏》《赵城金藏》《高丽藏》“难”作“易”。

瑜伽师地论卷第七十九

摄决择分中菩萨地之八

如是已说《功德品》决择。

问：如说五种无量，谓有情界无量等。彼一切世界当言平等平等，为有差别？

答：当言有差别。彼复有二种：一者，清净；二者，不清净。于清净世界中，无那落迦、傍生、饿鬼可得，亦无欲界、色、无色界，亦无苦受可得，纯菩萨僧于中止住，是故说名清净世界。已入第三地菩萨，由愿自在力故，于彼受生，无有异生及非异生声闻、独觉，若异生菩萨得生于彼。

问：若无异生菩萨及非异生声闻、独觉得生彼者，何因缘故，菩萨教中作如是说，“若菩萨等意愿于彼，如是一切，皆当往生”？

答：为化懈怠种类，未集善根所化众生故，密意作如是说。所以者何？彼由如是蒙劝励时，便舍懈怠，于善法中勤修加行，从此渐渐堪于彼生当得法性。应知是名此中密意。

复次，菩萨依四种住能成四事。云何四住？一者，极欢喜住；二者，增上戒住；三者，增上心住；四者，增上慧住。云何极欢喜住？谓诸菩萨随所安住，已入清净增上意乐地故，乃至当坐妙菩提座，于三宝所，不藉他缘，意乐清净。云何增上戒住？谓诸菩萨即依如是极欢喜住[①]，从此已上，随所安住，具性尸罗，远离一切悭悋犯戒，即以如是圆满戒舍，回向无上正等菩提。云何增上心住？谓诸菩萨即依如是增上戒住，从此已上，随所

① 谓诸菩萨即依如是极欢喜住，底本与《房山石经》《资福藏》《碛砂藏》《普宁藏》《永乐南藏》《径山藏》相同；《赵城金藏》《高丽藏》“依”作“于”。

安住，离欲界贪，获得静虑及诸等至，安住慈悲，于诸众生，随能随力，如实正行。云何增上慧住？谓诸菩萨即依如是增上心住，从此已上，随所安住，渐能获得菩提分法善巧、诸谛善巧、缘起善巧、不共法安立智善巧，出过一切声闻、独觉共所证智。即于此中，不共法安立智者，谓于菩萨藏中密意言辞智、非安立谛智及安立谛智。即于此中，共所得智者，谓依缘起所得证智。

云何依此四住，能成四事？谓诸菩萨依止初住，乃至当坐妙菩提座，终不弃舍大菩提心。依第二住，乃至当坐妙菩提座，当来自身财宝善品运运增长。依第三住，为欲利益诸有情故，转诸静虑，以大愿力还生欲界，而不为彼欲缠烦恼之所染汙[①]。依第四住，于一切法安立通达，而得善巧，为度众生，故发誓愿受于生死，因此誓愿，便能积集广大资粮。则由此住清净为因，不待余住，亦不由他教诫教授，速能证得如来妙智。

问：菩萨当言以何为苦？

答：众生损恼为苦。

问：菩萨当言以何为乐？

答：众生饶益为乐。

问：菩萨当言以何作意？

答：悟入所知境界边际及作一切利众生事以为作意。

问：菩萨当言以何为住？

答：以无分别为住。

复次，菩萨略有四上品障，若不净除，终不堪能入菩萨地及地渐次。何等无四？一者，于诸菩萨毗奈耶中起染汙犯；二者，毁谤大乘相应妙法；三者，未积集善根；四者，有染爱心。为欲对治如是四障，复有四种

① 而不为彼欲缠烦恼之所染汙，底本与《房山石经》《资福藏》《碛砂藏》《普宁藏》《永乐南藏》《径山藏》《高丽藏》相同；《赵城金藏》“缠”作“廛”。

净除障法。何等为四？一者，遍于十方诸如来所，深心恳责，发露悔过；二者，遍为利益一切十方诸有情类，劝请一切如来说法；三者，遍于十方一切有情所作功德，皆生随喜；四者，凡所生起一切善根，皆悉回向阿耨多罗三藐三菩提。

复次，已入大地菩萨，有四微细难可遍知、难可除断诸随烦恼，彼诸菩萨应遍了知，当正除断。何等为四？一者，法爱；二者，声闻、独觉相应作意；三者，味著等至；四者，众魔事业。于诸相中，所有一切心动流散，当知皆是众魔事业。

问：已入初地菩萨，当言何相？

答：当言超过诸异生地，已入菩萨正性离生；由已入故，不名异生。超过一切所有怖畏，得未曾得无上法故，常能安住极欢喜住。

问：已入第二地菩萨，当言何相？

答：当言于毗奈耶中，法尔获得止息一切声闻所觉自性[①]，能于身、语、意业清净现行，故能远离诸犯戒垢。

问：已入第三地菩萨，当言何相？

答：当言于内获得强盛奢摩他道，由此证得尔焰光明。

问：已入第四地菩萨，当言何相？

答：当言于内获得强盛毗钵舍那道故，建立能烧烦恼智焰[②]，由此能于如其所证一切所有菩提分法安立善巧。

问：已入第五地菩萨，当言何相？

答：当言超过一切世间智故，超过一切声闻、独觉智故，能升悟入不

① 法尔获得止息一切声闻所觉自性，底本与《径山藏》相同；《房山石经》《资福藏》《碛砂藏》《赵城金藏》《普宁藏》《永乐南藏》《高丽藏》“觉”作“学”。

② 建立能烧烦恼智焰，底本与《房山石经》《资福藏》《碛砂藏》《普宁藏》《永乐南藏》《径山藏》《高丽藏》相同；《赵城金藏》“焰”作“者”。

思议谛极难胜道[1]。

问：已入第六地菩萨当言何相?

答：当言悟入甚深缘起道理故，于一切行住厌背想，于无相界多住趣向作意思惟。

问：已入第七地菩萨，当言何相?

答：当言于有加行无间缺无相界作意能极远入，于加行道已到究竟。

问：已入第八地菩萨，当言何相?

答：当言于无加行无功用无相界作意得任运故，无有动摇；于一切相得自在故，住清净地。

问：已入第九地菩萨，当言何相?

答：当言于名身、句身、文身得自在故，又得无罪无量广大慧故，又得广大无碍解故，能悦一切众生心故，名大法师。

问：已入第十地菩萨，当言何相?

答：当言已得一切如来同大洒故，已得如云大法身故，已得一切大神通故，亦名如来。

问：入如来地菩萨，当言何相?

答：当言即此所得法身更善清净极成满故，于一切种烦恼障及所知障，得永远离清净智见。

问：于此诸地，云何造修?

答，若诸菩萨住胜解行地，依于十地，修十法行。

问：于此诸地，云何而得?

答：若诸菩萨证入菩萨正性离生，又复证得清净意乐，尔时顿得一切诸地。

---

① 能升悟入不思议谛极难胜道，底本与《资福藏》《碛砂藏》《赵城金藏》《普宁藏》《永乐南藏》《径山藏》《高丽藏》相同；《房山石经》“升”作“胜”。

问：何等名为诸地等流[1]？

答：一切地中证得已后，所有威德诸加行道。

问：于此诸地，云何成满？

答：若诸菩萨于彼诸地一一地中，经于无量百千大劫，随所称赞诸地威德，于此威德任运能证。

问：如说五种入正性离生，此中声闻入正性离生，若诸菩萨入正性离生，等于法界如实通达。此二差别，云何应知？

答：略说法界有二种相：一者，差别相；二者，自相。差别相者，谓常住相及寂静相。常住相者，谓本来无生法性及无尽法性。寂静相者，谓烦恼苦离系法性。言自相者，谓于相、名、分别、真如、正智所摄一切法中，由遍计所执自性故，自性不成实法无我性。此中，声闻由差别相通达法界，入正性离生，不由自相。以通达彼故，由无没想及安隐想[2]，于法界中得寂静想，于一切行一向发起厌背之想。又复不能于彼相等所摄诸法性不成实法无我性如实了知，唯即于此法界定中，由缘法界差别作意，无相心转，非由缘彼自相作意。或复因他为其宣说法界自相，闻已一分回向菩提声闻，极大艰辛，然后悟入，既得入已，精勤修习；一分一向趣寂声闻，极大艰辛，少能悟入，而不入已精勤修习。若诸菩萨，俱由二相通达法界，入于菩萨正性离生；入离生已，多分安住缘于法界自相作意。何以故？由于法界缘差别相多作意时，速趣涅槃，故多住彼，于阿耨多罗三藐三菩提非正方便。当知虽等通达法界，由此因缘，而有差别。

① 何等名为诸地等流，底本与《房山石经》《资福藏》《赵城金藏》《永乐南藏》《径山藏》《高丽藏》相同；《碛砂藏》《普宁藏》“何等”作“何是”。

② 由无没想及安隐想，底本与《房山石经》《资福藏》《碛砂藏》《普宁藏》《永乐南藏》《径山藏》《高丽藏》相同；《赵城金藏》“隐想”作“隐相”。

问：如说三世三轮清净，云何三世三轮清净？

答：由遍计所执自性故，于过去、未来、现在诸法，平等平等以如实慧正观察时，于过去、未来、现在法中，无有顾恋希望染著。是名三世三轮清净。

问[①]：如先所说百四十不共佛法，余经复说十八不共佛法，如是佛法云何安立？几种所摄？

答：谓阿罗汉苾刍诸漏永尽[②]，方入聚落游行乞食，或于一时，与诸恶象、恶马、恶牛及恶狗等，共路而行；或入稠林，履践棘围[③]；或齐双足，逾越坑堑；或入如是非法舍宅，为诸毋邑非理招引；或阿练若弃舍正道，行邪恶径；或与盗贼、师子、猛兽、豺狼、豹等，共路而游。如是等类诸阿罗汉所有误失，如来于此，一切永无。

又阿罗汉或于一时[④]，游阿练若大树林中，迷失道路；或入空宅，扬声大叫，呼噪远闻；或复因于习气过失，无染汙心攓唇露齿[⑤]，逌尔而笑[⑥]。如是等类诸阿罗汉所有暴音，如来于此，永无所有。又阿罗汉或于一时，由忘念故，于所作事而有丧失，如来于此，永无所有。又阿罗汉于有

① 问，底本与《房山石经》《资福藏》《碛砂藏》《赵城金藏》《普宁藏》《径山藏》《高丽藏》相同；《永乐南藏》作“间”。

② 谓阿罗汉苾刍诸漏永尽，底本与《房山石经》《碛砂藏》《普宁藏》《永乐南藏》《径山藏》《高丽藏》相同；《资福藏》《赵城金藏》无“苾刍”二字；《赵城金藏》“永”作“未”。

③ 履践棘围，底本与《房山石经》《资福藏》《碛砂藏》《普宁藏》《永乐南藏》《径山藏》《高丽藏》相同；《赵城金藏》“棘”作“棘”。

④ 又阿罗汉或于一时，底本与《房山石经》《资福藏》《碛砂藏》《普宁藏》《永乐南藏》《径山藏》《高丽藏》相同；《赵城金藏》“又”作“入”。

⑤ 无染汙心攓唇露齿，底本与《碛砂藏》《普宁藏》《永乐南藏》《径山藏》相同；《房山石经》《资福藏》《赵城金藏》《高丽藏》“攓”作“骞”。

⑥ 逌尔而笑，底本与《房山石经》《资福藏》《碛砂藏》《普宁藏》《永乐南藏》《径山藏》《高丽藏》相同；《赵城金藏》“逌”作“适”。

余依生死界中，一向发起厌背之想；于无余依涅槃界中[①]，一向发起寂静之想。如来于彼有依涅槃，无差别想，安住第一平等舍故。又阿罗汉若入等至，即名为定；若出等至，即不名定。如来遍于一切位中，无不定心。又阿罗汉不善思择而便弃舍利众生事。如是等类，如来于此不善思择而便弃舍，永无所有。又阿罗汉依所知障净，由未得退，退失于欲、精进、念、定、慧及解脱、解脱知见[②]，如是七种退失之法，如来永无。又阿罗汉或于一时，善身业转；或于一时，无记业转。如于身业，语业、意业当知亦尔。如来三业，智前行故，智随转故，无无记业。智所起故，名智前行；智俱行故，名智随转。又阿罗汉遍于三世所知事中，不能率尔作意便解，是故智见说名有著；不能一切无余正解，是故智见说名有碍。如来遍于三世境界，率尔作意，便能正解一切所知境事差别。

是故说此十八种，名不共佛法。此中，初四是无忘失法及拔除习气所摄，次一是大悲所摄，所余当知是一切种妙智所摄。

又复世尊于余经中所说随好，为令所化生净信故，显示于彼，然不立相。安立诸相，如《建立品》已广显示。从此随好，当知分出彼诸随好。

复次，菩萨邪行，应当了知；菩萨正行，应当了知；菩萨正行胜利，应当了知；菩萨于正行中，安立法行、平等行、善行、法住行相[③]，应当了知，菩萨能生净信譬喻，应当了知；菩萨于正行中，安立所学，应当了知；于诸声闻所学、菩萨所学殊胜差别，应当了知；于诸菩萨应所学中，善学菩萨所有世间、出世间智利益他事，应当了知；即于菩萨所教授中，声闻所学，

---

① 于无余依涅槃界中，底本与《房山石经》《资福藏》《碛砂藏》《普宁藏》《永乐南藏》《径山藏》《高丽藏》相同；《赵城金藏》无“界”字。

② 退失于欲精进念定慧及解脱解脱知见，底本与《房山石经》《资福藏》《碛砂藏》《赵城金藏》《普宁藏》《永乐南藏》《径山藏》相同；《高丽藏》“退”作“退退”。

③ 安立法行平等行善行法住行相，底本与《房山石经》《碛砂藏》《永乐南藏》《径山藏》《高丽藏》相同；《资福藏》《赵城金藏》《普宁藏》“立”作“正”。

应当了知；非善学沙门，应当了知；善学沙门，应当了知；住世俗律仪者，应当了知；住胜义律仪者，应当了知；于诸如来调伏方便，应当了知；于密意语，应当了知；于菩萨藏所教授中胜解胜利，应当了知。如是略举菩萨藏中所有教授。

云何邪行？当知略说，后后引发，有八种相：一者，能退智资粮邪行；二者，退智资粮故，能令忘念邪行[①]；三者，由忘念故，能坏白法邪行；四者，白法坏故，能令非菩萨仪恶意现行邪行；五者，恶意现行故，能令难可调伏邪行；六者，难调伏故，能令行于非道邪行；七者，行非道故，能令亲近不贤良邪行；八者，亲近不贤良故，能令菩萨不如其义邪行。

复次，菩提以慧为体，慧能引发所余一切波罗蜜多，是故于慧起邪行时，当知菩萨于彼菩提及能引发菩提诸法皆起邪行。

有四种法，能令菩萨智资粮退。何等为四？一者，自不听闻；二者，不令他闻；三者，为听闻障；四者，颠倒执著而有听闻。依此能令智资粮退四种法故，于现法中，或于后法，复生四种智相违法。何等为四？一者，无所了知；二者，众缘阙乏[②]；三者，能生感痴非福；四者，颠倒自不听闻为依止故，于现法中，无所了知。不令他闻为依止故，于后法中，众缘阙乏。为听闻障为依止故，能生后法感痴非福。颠倒执著而有听闻为依止故，于后法中更增颠倒。

① 能令忘念邪行，底本与《房山石经》《资福藏》《碛砂藏》《赵城金藏》《普宁藏》《径山藏》《高丽藏》相同；《永乐南藏》“念”作“失”。

② 众缘阙乏，底本与《房山石经》《资福藏》《碛砂藏》《永乐南藏》相同；《赵城金藏》《普宁藏》《径山藏》《高丽藏》“阙”作“闕”。

自不听闻者，憎背法故[①]，憎背补特伽罗故[②]，俱憎背故[③]。不令他闻者，恐他智胜故，有憍傲故，怖他轻毁故。为听闻障者，诽毁于法及补特伽罗故，恶作矫乱相牵引故[④]，不令启请及开许故，方便毁呰能听者故。颠倒执著而听闻者，依自恶通达领解宣说，执著善通达领解宣说故；依他善通达领解宣说，执著恶通达领解宣说故。此中，若自不听闻，若不令他闻，若为听闻障，如是三法多分能令退失闻所成智资粮[⑤]；颠倒执著而有听闻，多分能令退失思、修所成智资粮。

复次，有四种法，能令菩萨忘失正念。何等为四？谓于四种补特伽罗，四处迷乱：一、于举罪补特伽罗；二、于教导补特伽罗；三、于欲作利益补特伽罗；四、于有德补特伽罗。谓于同梵行所，迷乱自过；于学现前，迷乱学处；于彼大乘欲胜解者、欲正行者，显无差别，标举分别诸过失故，发起迷乱胜解、正行；于能说法补特伽罗，迷乱显彼所有密处。

复次，有四种法，能令菩萨坏尠白法。谓与他竞增上力故，起诸白法非处加行。虽起白法处所加行，然有三种邪行过失：一者，染著过失；二者，恶见过失；三者，受持过失。由二因缘，应知染著过失：一者，邪受用故；二者，多杂处故。由二因缘，应知恶见过失：一者，诽拨正法补特伽罗故；二者，于不正法显示执著为正法故。由二因缘，应知受持过失：一者，

① 憎背法故，底本与《资福藏》《碛砂藏》《普宁藏》《永乐南藏》《径山藏》《高丽藏》相同；《房山石经》《赵城金藏》“憎”作“增”。

② 憎背补特伽罗故，底本与《资福藏》《碛砂藏》《普宁藏》《永乐南藏》《径山藏》《高丽藏》相同；《房山石经》《赵城金藏》“憎”作“增”。

③ 俱憎背故，底本与《资福藏》《碛砂藏》《普宁藏》《永乐南藏》《径山藏》相同；《房山石经》《赵城金藏》《高丽藏》“憎”作“增”。

④ 恶作矫乱相牵引故，底本与《资福藏》《碛砂藏》《普宁藏》《永乐南藏》《径山藏》《高丽藏》相同；《房山石经》《赵城金藏》“矫”作“憍”。

⑤ 多分能令退失闻所成智资粮，底本与《房山石经》《碛砂藏》《赵城金藏》《普宁藏》《永乐南藏》《径山藏》《高丽藏》相同；《资福藏》“令退”作“多分”。

受持狭小唯不了义经故；二者，于所未闻、未曾领受诸了义经恳诽拨故。

复次，菩萨有四种非菩萨仪恶意现行：一者，于大师所生不信顺，敬学相违恶意现行；二者，于同梵行摄受举罪能教诫者[①]，如实发露已过相违恶意现行；三者，于大智福诸善法中，精进相违恶意现行；四者，于广大甚深胜解中，能令自障清净相违恶意现行。由三种相应，知于大师所生不信顺，谓于有体、尊胜、得智。由三种相，应知不如实发露已过：一者，于彼摄受诸有情所，邪妄显示己为尊胜，因此发起憍举心故；二者，于能举罪诸有情所，覆所犯故；三者，于能教诫诸有情所，因彼驱摈增上力故，发秽浊心，作损恼故。由二种相，应知退失于诸善法发起精进，谓于大智福诸有情所，爱著利养恭敬故，及欣乐彼故。

复有四种法[②]，能令菩萨难可调伏。谓于正修有四种障：一、于听闻执为究竟；二、于教授左谬领解[③]；三、于尸罗不正安住，多诸恶作；四、于自见安住见取。谓但听闻，心不寂静，故于听闻执为究竟。由于教诫颠倒分别，故于教授左谬领解[④]。由于尸罗多作缺犯而受信施，故有恶作。与胜有情共兴诤竞，故于自见多住见取。胜有情者，谓根调伏胜及断灭胜[⑤]。

复次，菩萨有四种于诸有情行于非道：一者，于未安立净信有情而

---

① 于同梵行摄受举罪能教诫者，底本与《资福藏》《碛砂藏》《赵城金藏》《普宁藏》《永乐南藏》《径山藏》《高丽藏》相同；《房山石经》“者”作“者不”。

② 复有四种法，底本与《房山石经》《资福藏》《碛砂藏》《赵城金藏》《普宁藏》《永乐南藏》《径山藏》相同；《高丽藏》“复”作“复次”。

③ 于教授左谬领解，底本与《房山石经》《资福藏》《碛砂藏》《赵城金藏》《普宁藏》《径山藏》《高丽藏》相同；《永乐南藏》“左”作“若”。

④ 故于教授左谬领解，底本与《房山石经》《资福藏》《碛砂藏》《赵城金藏》《普宁藏》《径山藏》《高丽藏》相同；《永乐南藏》“左”作“若”。

⑤ 及断灭胜，底本与《房山石经》《赵城金藏》《永乐南藏》《径山藏》《高丽藏》相同；《资福藏》《碛砂藏》《普宁藏》“及”作“反”。

不为说；二者，于下乘悕求大乘诸有情所，不随所宜而有所说；三者，于大乘悕求下乘诸有情所，不顺其仪而有所说；四者，于住禁戒不住禁戒、贪爱朋党，不平等说。由三种相，当知是名安住禁戒：一者，事业无愆故；二者，尸罗无缺故；三者，恭敬所学故。由二种相，当知是名不住禁戒：一者，尸罗缺故；二者，不恭敬所学故。

复次，菩萨由亲近不贤良故，退失四事：一者，退失于乘；二者，退失利益有情加行；三者，退失圣教；四者，退失无间修诸善法。

复次，有四种菩萨不如其义：一者，任持正法；二者，住阿练若[①]；三者，勤修福学[②]；四者，管御大众。谓诸菩萨欲令信伏，虽任持正法[③]，亦不如义，非如其义。若诸菩萨为求声誉，虽住阿练若，亦不如义，非如其义。若诸菩萨心专系著有染之果，虽勤修福业，亦不如义，非如其义。若诸菩萨心专系著供事名称，虽管御大众，亦不如义，非如其义。

复次，云何正行？谓与上相违，离别过失，宣说对治。当知后后之所引发八种行相，是名正行。谓说由自不闻，令智退失。此何因缘？由于正法补特伽罗不恭敬所显故，由此毁犯。设不毁犯，亦无胜解，是故退失。又说由不令闻，令智退失。此何因缘？由欲令他信伏所显故，由此毁犯。设不毁犯，回向邪法，是故退失。又说由为闻障，令智退失。此何因缘？由不欲、不闻、不持所显故，由此毁犯。设不毁犯，懈怠懒惰，是故退失。又说由邪执著而有听闻，令智退失。此何因缘？由于修不见功德[④]，但闻言说为究

① 住阿练若，底本与《房山石经》《资福藏》《赵城金藏》《普宁藏》《永乐南藏》《径山藏》《高丽藏》相同；《碛砂藏》“住”作“任”。

② 勤修福学，底本与《房山石经》《资福藏》《碛砂藏》《赵城金藏》《普宁藏》《永乐南藏》《径山藏》相同；《高丽藏》“学”作“业”。

③ 虽任持正法，底本与《房山石经》《资福藏》《碛砂藏》《赵城金藏》《普宁藏》《永乐南藏》《径山藏》相同；《高丽藏》“任”作“住”。

④ 由于修不见功德，底本与《资福藏》《碛砂藏》《赵城金藏》《普宁藏》《永乐南藏》《径山藏》相同；《房山石经》《高丽藏》“修”作“修行”。

竟所显故，由此毁犯。设不毁犯，智不成实，是故退失。

复说由于举罪者所迷乱自过，令念忘失。此何因缘？由于重事中怖畏衰损，于轻事中怖畏诃责而设妄语所显故，由此毁犯。由业障故，有所忘失；设不毁犯，由犯障故，而有忘失。又说由迷乱学处，令念忘失。此何因缘？由非自性随转，虚妄见曲所显故，由此毁犯。由业障故，有所忘失；设不毁犯，由犯障故，而有忘失。又说由于大乘迷乱胜解、正行，令念忘失。此何因缘？由于菩萨不生恭敬，隐覆实德所显故，由此毁犯。由业障故，有所忘失；设不毁犯，由犯障故，而有忘失。又说由迷乱显隐密处，令念忘失。此何因缘？由欲令于大乘不生乐欲所显故，由此毁犯。由业障故，而有忘失；设不毁犯，由犯障故，而有忘失。

复说由非处加行，坏尠白法。此何因缘？由乐己利狭小，不转下乘听闻，心不谦下所显故，由此毁犯。由不能得所未获得诸尠白法，于所听受生奢缓故，于已得退。又说由染爱过失，坏尠白法。此何因缘？由于正在家所得利养不生喜足[①]，矫诳等法有希望所显故，由此毁犯。由不听闻所未闻法，多诸事业轻躁散乱，于三摩地不能证得。又说由恶见过失，坏尠白法。此何因缘？由怀恶意瞻视于他，于诸声闻大乘所学，其心颠倒所显故，由此毁犯。由不正行获得衰损，由诳惑他获得衰损。又说由受持过失，坏尠白法。此何因缘？由于如来智意趣中，起等觉慢所显故，由此毁犯。由谤正法获得衰损，由于如来智意趣中邪称量故，获得衰损。

复说由于所学不甚恭敬故，恶意现行。此何因缘？由于所犯不发露，不陈悔，不除恶作所显故，由此现行。由于所缘有散乱故[②]，行不明了。又

① 由于正在家所得利养不生喜足，底本与《房山石经》《资福藏》《赵城金藏》《永乐南藏》《高丽藏》相同；《碛砂藏》《普宁藏》《径山藏》“足”作“定”。

② 由于所缘有散乱故，底本与《房山石经》《资福藏》《碛砂藏》《普宁藏》《永乐南藏》《径山藏》《高丽藏》相同；《赵城金藏》无“由”字。

说由不如实显己过故，恶意现行。此何因缘？由于身财有所顾恋，乐非谛语所显故，由此现行。由于圣教有散乱故，行不明了。又说由于精进懈替因缘[1]，恶意现行。此何因缘？由无堪忍所显故，由此现行。由于众苦不能堪忍，于诸善法有散乱故，行不明了。又说由障净因缘，恶意现行。此何因缘？由于大乘无增上意乐胜解所显故，由此现行。丁广大乘有散乱故，行不明了。

复说由唯听闻究竟修障，难可调伏。此何因缘？由唯观见免脱难论胜利，听闻所显故，由此毁犯。矫诳显示持法善友。又说由于教授左解修障，难可调伏。此何因缘？由不堪受教，坚持所犯，不敬教授所显故，由此毁犯。矫诳显示住阿练若善友。又说由于尸罗不坚安住恶作修障，难可调伏。此何因缘？由于所学不甚恭敬，虚受信施所显故，由此毁犯。矫诳显示勤修福业善友。又说由于自见安住见取修障，难可调伏。此何因缘？由于清净波罗蜜多诸菩萨所，不生恭敬，不欲瞻仰，不欲亲近，不欲听闻，不随法行所显故，由此毁犯。矫诳显示御众善友。

复说由不宣说，不随宣说，不顺义说，不平等说，行于非道。此何因缘？由前后宣说厌倦不平等心，于所宣说不知方便，下乘胜解有染爱心。教诫徒众加行所显故，由此毁犯。由善根不圆满故，由不摄受广大善根故，由弃舍广大善根故，生非福故，诳惑所化诸有情类。

复说由四种亲近不贤良故，退失四事。此何因缘？由悭悋、少闻，不善入圣教，于佛语言不听闻所显故，由此毁犯。不修善根故，怖畏生死苦故，于利他事不能作故，狭小善根故，于诸法中有疑惑故，而有退失。

复说由于四种菩萨欲求信伏，欲求声誉，欲求染果，欲求供养承事名称，是诸菩萨不如其义。此何因缘？由与我爱俱，于微细罪不见怖畏；与其

① 又说由于精进懈替因缘，底本与《房山石经》《资福藏》《碛砂藏》《赵城金藏》《普宁藏》《永乐南藏》《径山藏》相同；《高丽藏》“精”作“进”，“替”作“怠”。

无我非胜解俱，不顾他利，于生死涅槃一向观见过失、功德；于现法中乐相杂住，于当来世欣乐富贵，摄受财法所显故。由此毁犯。矫现自身能正持法，乃至御众。

复次，云何正行胜利？此亦四种，后后应知。如是正行菩萨，能积集福智资粮故；以此为依，障清净故；以此为依，于一切门集成白法故；以此为依，起一切种利益有情加行故，又能生长无量福故。

复有四法，能令积集福智资粮：一者，依此正行供养承事诸佛如来；二者，闻清净；三者，思清净；四者，修清净。

复有四法，能令障净：一者，于乘自然无动；二者，于诸有情远离不行因缘；三者，远离邪行因缘；四者，远离不圆满正行因缘。

复有四法，能令一切门集成白法：一者，修修所成；二者，成熟有情，即彼所成；三者，堪忍难事，即彼所成；四者，闻思无厌，即彼所成。

复有四法，能令作一切种利有情事，谓于四处济拔有情：一者，于疑惑犹豫处；二者，于极秽恶趣颠坠处；三者，于下乘信解处；四者，于憎背圣教瞋恚心处[1]。

复次，云何菩萨于正行中现在转时，犹得如是功德胜利？谓具法行、中平等行[2]、善行、法住行相。

云何菩萨具于法行？此何行相？谓诸菩萨凡所修行，不越正法，是故名为具足法行。当知此行有五行相：一者，于不饶益乐行、恶行诸有情所，欲令入善摄受哀愍故；二者，于住种性外缘阙乏诸有情所，劝令发起菩提心故；三者，于波罗蜜多殊胜中，自了知故；四者，于尊重处发起恭敬礼拜

① 于憎背圣教瞋恚心处，底本与《资福藏》《碛砂藏》《普宁藏》《永乐南藏》《径山藏》《高丽藏》相同；《房山石经》《赵城金藏》“憎”作“增”。

② 中平等行，底本与《资福藏》《碛砂藏》《赵城金藏》《普宁藏》《永乐南藏》《径山藏》《高丽藏》相同；《房山石经》无“中”字。

加行故；五者，于诸外道怨敌有情，安住圣教无倾动故。

云何菩萨具平等行？此何行相？谓诸菩萨遍于一切利众生事，平等修行，是故说名具平等行。当知此行，有八行相：一者，于诸有情平等亲爱故；二者，于诸有情以无染汙无差别身、无差别世、无差别求，亲爱之心平等慰喻故；三者，舍诸愦闹，舒颜和悦，于己受担，平等能运故[①]；四者，于未受担，平等能取故；五者，于一切苦，平等堪忍故；六者，于无量调伏方便，平等能求故；七者，展转更互平等正语堪忍语故；八者，一切善根平等回向大菩提故。

云何菩萨具于善行？此何行相？谓诸菩萨于内成熟诸佛法故，于外成熟诸有情故，修行善行，是故说名具于善行。当知此行有七行相：一者，无所依止而惠施故；二者，无所依止而持戒故；三者，由哀愍心而修忍故；四者[②]，非于少分修精进故；五者，为作利益诸有情处修静虑故；六者，见不相应修妙慧故；七者，成熟方便善巧故。

云何菩萨具于法住？此何行相？谓诸菩萨非但追求以为究竟，非但读诵以为究竟，非但宣说以为究竟，非但寻思以为究竟，而于内心胜奢摩他正修习中，发勤方便，平等修习，是故说名具于法住。当知此住有十二行相：一者，于住禁戒、不住禁戒能教授中，无分别故；二者，以此为依，恭敬领受所教授故；三者，以此为依，身远离故；四者，以此为依，心远离故；五者，以此为依，越声闻乘相应作意、大乘相应作意思惟故；六者，以此为依，不舍远离轭，与诸有情共止住故，及与所余共止住故；七者，以此为依，领受清净世间智大福资粮威德修果故；八者，于世间智不知喜足，

① 平等能运故，底本与《房山石经》《碛砂藏》《赵城金藏》《普宁藏》《永乐南藏》《径山藏》《高丽藏》相同；《资福藏》“运”作“过”。

② 四者，底本与《房山石经》《资福藏》《碛砂藏》《普宁藏》《永乐南藏》《径山藏》《高丽藏》相同；《赵城金藏》无“者”字。

寻求修治出世智故。又清净智者，断四种过失，管御大众故：一者，不能堪忍触恼过失。二者，不决定说教授过失；三者，不如其言所作过失；四者，有染爱心过失。如是四种及前八种，合有十二行相。

复次，云何菩萨能生净信所有譬喻？谓诸菩萨从初发心初、中、后时，作诸众生引发善根所依止故[①]，普于一切若怨若恩[②]，心无所著，犹如大地；而诸菩萨非如大地中庸而转[③]，众生依之，自施功力，方得存活。然诸菩萨生长善根，净信欢喜，能滋润故，犹如大水；而诸菩萨非如大水，与诸稼穑成熟相违。然诸菩萨为欲成熟诸善根故，于可厌法深生厌患，能烧炼故，犹如大火；而诸菩萨非如大火，与诸佛土集会相违。然诸菩萨能令善根已成熟者，引发聚集，解脱触得，由能发起正教授故，譬如大风；而诸菩萨非如大风，能引发已，终归灭尽。

然诸菩萨令自白法转增盛故，犹如朗月；而诸菩萨非如朗月，但于白分光明照曜，非于黑分。然诸菩萨其相平等，于黑白分一切法中，智普照故，犹如日轮；而诸菩萨非如日轮，怖逻怙捉，即便旋转。然诸菩萨一切趣中，终不怖畏烦恼所执而旋转故，譬如师子；而诸菩萨非如师子，怯于大担。然诸菩萨能担一切大苦担故，如善调龙；而诸菩萨非如龙象，若遭利衰、輭非輭语，若乐若苦，则为爱恚之所涂染。然诸菩萨于诸世法，不为爱恚所涂染故，如红莲华[④]；而诸菩萨非如红莲，断其茎已，不复生长。然诸菩萨虽伏烦恼，由善根力之所任持，于生死中复生长故，犹如大树，根

---

① 作诸众生引发善根所依止故，底本与《房山石经》《资福藏》《赵城金藏》《永乐南藏》《径山藏》《高丽藏》相同；《碛砂藏》《普宁藏》无“作”字。

② 普于一切若怨若恩，底本与《房山石经》《资福藏》《碛砂藏》《赵城金藏》《普宁藏》《径山藏》《高丽藏》相同；《永乐南藏》“怨”作“忍”。

③ 而诸菩萨非如大地中庸而转，底本与《资福藏》《碛砂藏》《赵城金藏》《普宁藏》《永乐南藏》《径山藏》《高丽藏》相同；《房山石经》“庸”作“容”。

④ 如红莲华，底本与《资福藏》《碛砂藏》《普宁藏》《永乐南藏》《径山藏》相同；《房山石经》《赵城金藏》《高丽藏》“华”作“花”。

未损坏；而诸菩萨非如大树，其根后时，定当损坏。

然诸菩萨所有善根，回向涅槃、大菩提故，譬如众流，趣入大海；而诸菩萨非如众流，趣入大海，即成海性。然诸菩萨依止涅槃及大菩提诸善根力而游戏故，犹如诸天依苏迷住；而诸菩萨非如诸天住苏迷卢，于自事中，专行放逸，多受快乐。然诸菩萨方便般若所摄持故，成办一切佛所作故，譬如群臣所辅大王；而诸菩萨非如群臣所辅大王，为自利益守护国人。然诸菩萨不顾己利，摄护众生，犹如大云；而诸菩萨非如大云，不能毕竟成办稼穑。然诸菩萨毕竟生长菩提分法，如转轮王出现于世；而诸菩萨非如轮王，无有第二大丈夫众。

然诸菩萨解脱平等，善根所生，多同出现，如末尼宝；而诸菩萨非如末尼宝珠，与迦理沙般拏极不相似。然诸菩萨入无漏界，所作平等，受乐等故，譬如已入杂林诸天；而诸菩萨非如已入杂林诸天，烦恼增长，当来颠坠。然诸菩萨伏诸烦恼，无颠坠故，所有烦恼，如咒术等所伏诸毒；而诸菩萨所有烦恼，非如咒等所伏诸毒，唯不为害，更无余德。然诸菩萨由自烦恼能作一切众生利益，故此烦恼如大城中诸粪秽聚。

如是菩萨所有功德，麤同世间共所知事，故得为喻；而此功德由殊胜故，无有譬喻。是故当知菩萨功德，一切譬喻所不能及。

瑜伽师地论卷第八十

摄决择分中菩萨地之九

复次，云何菩萨于正行中安立所学？谓诸菩萨具足法住，于依世俗谛道理所说不了义、非所依、声闻乘相应经典已作依持，已作善巧，而复超度于大乘相应、甚深空性相应，依世俗、胜义谛道理所说了义、可依经典勤修学时，名为如理正勤修学。如是如理勤修学时，名正修行中道胜行。

所以者何？由此正法贯穿十三中道行故：一者，贯穿补特伽罗空性；二者，贯穿补特伽罗无我性；三者，贯穿法空性；四者，贯穿法无我性；五者，贯穿增益边；六者，贯穿损减边；七者，贯穿法现观；八者，贯穿法现观回向大菩提性；九者，贯穿如是行者烦恼众苦不缠绕心性；十者，贯穿二无我胜解差别；十一者，贯穿前无我性是后因性；十二者，贯穿到边际空性；十三者，贯穿即此威德[①]。

云何贯穿补特伽罗空性？谓由一种相不可得所显故。此中不可得者，谓于三种事：一者，有情事；二者，彼差别事；三者，彼受用事。若内若外，若二中间，愚夫遍计所执实我都不可得。

云何贯穿补特伽罗无我性？谓由唯一相可得所显故。此中可得者，谓即于彼三事愚夫所遍计缘生诸法中，常住实性不可得故，愚夫所计我异相性道理可得。

云何贯穿法空性？谓唯由一相不可得所显故。此中不可得者，即于彼事所取无常性，若内若外，若二中间，愚夫遍计所执言说自性都不可得。

① 贯穿即此威德，底本与《资福藏》《碛砂藏》《普宁藏》《永乐南藏》《径山藏》相同；《房山石经》《赵城金藏》《高丽藏》“此”作“彼”。

云何贯穿法无我性？谓唯由一相可得所显故。此中可得者，谓即于彼事道理可得，圣智所行。又即于彼自内所证，不可以言为他宣说。彼由六相，于诸凡愚遍计所执言说自性异相可得。何等六相？一者，不可自寻思；二者，不可说示他；三者，超过色根所行；四者，超过一切相；五者，超过识所行；六者，超过烦恼所行。

云何贯穿增益边？谓由二种相：一者，差别增益所显故；二者，自性增益所显故。

何等名为差别增益？谓由后后展转八相：一者，即于彼事执常增益。二者，执无常增益。三者，执常增益为所依止，执我增益。四者，执无常增益为所依止，执无我增益。五者，执无我增益为所依止，执真实心增益。六者，执我增益为所依止，执不真实心增益。此复二种：一者，决定；二者，寻求。寻求者，谓遍计所依及遍计相应，于所对治杂染法中，由五过失，谓颠倒过失、戏论过失、发起恶行过失、麤重过失、无常性过失，及于彼能对治清净法中。七者，执真实心增益为所依止，执善等增益乃至执清净增益。八者，执不真实心增益为所依止，执不善等增益乃至执杂染增益。是名八种差别增益。此中，菩萨于彼增益都不执著，不劝他执，亦不赞美。

何等名为自性增益？谓差别增益为所依止，由诸愚夫遍计所执所有言说自性增益，即于彼事增益为有。

云何贯穿损减边[1]？谓由一相损减实事所显故。此中损减实事者，谓即于彼邪法无我性起于胜解，执著一切种、一切法相都无所有。

云何贯穿法现观？谓由三种相[2]：一者，即于彼事及第四生事所治、

① 云何贯穿损减边，底本与《径山藏》相同；《房山石经》《资福藏》《碛砂藏》《赵城金藏》《普宁藏》《永乐南藏》《高丽藏》无“边”字。

② 谓由三种相，底本与《房山石经》《碛砂藏》《赵城金藏》《普宁藏》《永乐南藏》《径山藏》《高丽藏》相同；《资福藏》“三”作“五”。

能治、有为、无为安立中，自性不可得所显故；二者，彼差别不可得所显故；三者，即彼串习故，如实通达智所显故。此中自性不可得者，谓诸愚夫遍计所执自性。此中差别不可得者，谓即彼自性灭生集成二分不可得。此中智通达者，谓即彼自性相不作意、不思择加行自内所证智通达。

云何贯穿法现观回向大菩提性？谓由一种相，思择所得能治、所治不断故。此中能治、所治者，谓空，是烦恼对治，无愿是有愿对治，无相是诸相对治。如是一切，名无造作。此复是后有业对治，亦是生身流转、刹那生流转对治。名灭涅槃行无自性[①]。此复以生死流转为所对治。若诸菩萨由此对治，故起思择[②]，不断所治，此由悲愍诸众生故，悕求大菩提。

云何贯穿如是行者烦恼众苦不缠绕心？谓由一种相，虽不求断所对治法[③]，而能如实通达故。此中如实通达者，谓即于彼法[④]，由法无我加行，观彼自性无染无苦。

云何贯穿差别？谓由四种相：一者，见差别所显故；二者，即此极远损减差别所显故；三者，于断迷失差别所显故；四者，于心迷失差别所显故。此中见差别者，谓住补特伽罗无我及涅槃，于当来身起断灭增上慢。又于所取观察故，于能取言说自性毕竟远离空性所摄不观察故，名不善观察所知境界。由执著诸法故，求烦恼断。而诸菩萨则不如是。此中极远损减差别者，谓住补特伽罗无我，于我见异生下中更下，由二因缘，谓苦不解脱故；安住苦故，前后二种执著失坏故。而诸菩萨则不如是。此中于断迷

① 名灭涅槃行无自性，底本与《资福藏》《碛砂藏》《赵城金藏》《普宁藏》《永乐南藏》《径山藏》相同；《房山石经》《高丽藏》“涅槃”作“烦恼”。

② 故起思择，底本与《房山石经》《碛砂藏》《赵城金藏》《普宁藏》《永乐南藏》《径山藏》《高丽藏》相同；《资福藏》“起”作“超”。

③ 虽不求断所对治法，底本与《资福藏》《碛砂藏》《普宁藏》《永乐南藏》《径山藏》相同；《房山石经》《赵城金藏》《高丽藏》“求”作“永”。

④ 谓即于彼法，底本与《房山石经》《碛砂藏》《赵城金藏》《普宁藏》《永乐南藏》《径山藏》《高丽藏》相同；《资福藏》无“谓”字。

失差别者，谓住补特伽罗无我，执法无我无自性故，便生惊怖，谓无言说自性，追求断灭。而诸菩萨则不如是。此中于心迷失差别者，谓如是于断迷失住补特伽罗无我，于自遍计所起境界中，为想颠倒等之所颠倒。而诸菩萨则不如是。

云何贯穿因性？谓由二种相：一者，观察能取所显故；二者，彼如实通达所显故。此中观察能取者，谓即观察此无我智远离言说自性故，远离彼分别故，应舍相故，有刹那故。此中彼如实通达者，谓观察所取、能取二种，如理作意思惟为因，各别内证决定智生。

云何贯穿到边际空性？谓由一种相，即彼法无我智如实显现故。此中如实显现者，谓显现业、烦恼相似相故，不可言说法故，离言说自性故，如是不执著故，有刹那故。

云何贯穿即彼空性威德？谓由一种相，业、烦恼断对治所显故。此中断者，谓彼刹那光明想生，能断无始时来所集一切诸业、烦恼。

复次，有几种声闻？声闻所学、菩萨所学有何差别？谓有四种声闻。声闻所学、菩萨所学当知差别有十三种。

云何名为四种声闻？一者，变化声闻；二者，增上慢声闻；三者，回向菩提声闻；四者，一向趣寂声闻。变化声闻者，为欲化度由彼所化诸有情故，或诸菩萨，或诸如来化作声闻。增上慢声闻者，谓但由补特伽罗无我智及执著邪法无我智，计为清净。回向菩提声闻者，谓从本来是极微劣慈悲种性，由亲近如来住故，于广大佛法中起大功德想，熏修相续。虽到究竟住无漏界，而蒙诸佛觉悟引入，方便开导。由此因故，便能发趣广大菩提。彼于如是广大菩提虽能发趣，由乐寂故，于此加行极成迟钝，不如初始发心有佛种性者。一向趣寂声闻者，谓从本来是最极微劣慈悲种性故，一向弃背利益众生事故，于生死苦极怖畏故，唯有安住涅槃意乐，毕竟不能趣大菩提。如二王子相似处生，平等平等受王快乐，一于王政、讨论、工巧处等皆悉善知[①]，第二王子则不如是。彼二但由此分差别，非由受用王之快乐。如是于无漏界中，诸菩萨众与一向趣寂声闻当知差别。

应知彼二复有差别，谓意乐故，白法集成故，智集成故，种类故，种性故，持种故，加行故，威德故，正行故，福田故，殊胜差别故，因果故，生依止故。

一向趣寂声闻弃背诸行杂染利益有情事故，一向安住寂静意乐；菩萨虽有垢染，而与彼相违。又彼声闻唯为自身得增长故，白法狭小；菩萨为欲增长一切有情乐故，白法无量。又彼声闻由无为智，但为除遣自身烦恼；菩萨普为一切十方诸有情类。又彼声闻虽缘最胜解脱法境作意集成，而非佛子；菩萨虽缘下劣诸行有情法境作意集成，而是佛子。又彼声闻虽勤精进，于谛善巧，心善安定[②]，不成就佛种性相故[③]，诸佛世尊不甚摄受[④]；而诸菩萨，与彼相违。

又彼声闻到究竟故，根虽成熟，于当来世而不能作佛所作事；菩萨初心刹那生已，便能造作。又彼声闻虽到究竟，而不为彼诸天人等，供养赞叹，如住始业修行菩萨；而诸菩萨虽复未到究竟之位，然其威德及与智慧映蔽一切声闻、独觉。又彼声闻疗烦恼病智慧良药虽复成满，而不能治一切众生诸烦恼病；而诸菩萨与彼相违，由能修行利益他事胜义行故。又彼声闻虽到究竟，于诸有情智光明照，然非诸天及余世间真实福田，如诸菩萨未尽烦恼。

---

① 一于王政、讨论、工巧处等皆悉善知，底本与《碛砂藏》《普宁藏》《永乐南藏》《径山藏》相同；《房山石经》《资福藏》《赵城金藏》《高丽藏》“讨”作“诗”。

② 心善安定，底本与《资福藏》《碛砂藏》《赵城金藏》《普宁藏》《永乐南藏》《径山藏》《高丽藏》相同；《房山石经》“安”作“安住”。

③ 不成就佛种性相故，底本与《房山石经》《资福藏》《赵城金藏》《普宁藏》《永乐南藏》《径山藏》《高丽藏》相同；《碛砂藏》“成”作“或”。

④ 诸佛世尊不甚摄受，底本与《资福藏》《碛砂藏》《赵城金藏》《普宁藏》《永乐南藏》《径山藏》相同；《房山石经》《高丽藏》“甚”作“堪”。

又于声闻一切时中，如来最胜；于最胜中，诸菩萨众弥复最胜，彼由于此所集成故。又由二缘[1]，应知彼胜：彼能成熟诸有情故，亦能成熟诸佛法故。由此因缘，感菩提果，随所成熟诸有情类，能令解脱。譬如有人能办能熟觉慧希奇，非彼端然而食用者。此中道理，当知亦尔。又彼声闻虽复一向受学修行清净法因，亦为无量善友摄受，而不能引大菩提果；诸菩萨众与彼相违，而能引发。又诸声闻依菩萨生，非诸菩萨依彼声闻。

复次，云何由世间、出世间智，能作利益他事？谓诸菩萨遍于十方，或游历世界，或游历国土，或游历生，或劝请他，为大良医，善能疗治烦恼鬼魅所著有情，为无有上，宣说三学清净之道。

云何世间智？谓于麤品所有杂染，能为止息对治；于中品者，能为制伏对治。

云何名为麤品杂染？谓在家者，贪、瞋、痴行性。诸出家者，见依止性，及彼所依不正作意依止性，后有愿依止性，由总别四颠倒故，于非解脱执为解脱依止性。

云何中品杂染？谓已止息麤品杂染别别对治为依止故，于诸境界贪、瞋、痴缠依止性。于其所缘正系念故，令不定者，心得安定，精勤修习菩提分法，方能制伏。不依此修而自恃举，故于所缘系心令住，勇猛精进，从此于住能正摄受；摄受住故，于积聚中，由一念执[2]，中烦恼转，便能制伏。从此为断出世间法所对治故，依止对治，即令坚住。从此能伏诸缘起愚、补特伽罗无我性愚及法无我性愚，从此能于邪道、正道皆得决定。由如是相，应知麤品、中品杂染止息制伏能对治智，是名世间智。

---

① 又由二缘，底本与《房山石经》《资福藏》《碛砂藏》《赵城金藏》《普宁藏》《径山藏》《高丽藏》相同；《永乐南藏》“二”作“三”。

② 由一念执，底本与《资福藏》《碛砂藏》《普宁藏》《永乐南藏》《径山藏》相同；《房山石经》《赵城金藏》《高丽藏》“念”作“合”。

云何出世间智？谓如是制伏贪、瞋、痴缠诸杂染已，复能对治微细随眠所有杂染，此真实智，名出世智。此复云何[1]？谓即依彼制伏对治三处善巧，谓缘起善巧、补特伽罗无我胜解善巧、法无我胜解善巧。为欲超度无余杂染，对治四种无智故，不待他教，于内精勤观察自心。四无智者；一、于共相无智；二、于自相无智；三、于杂染相无智；四、于清净相无智。

由三种相，应知心共相：一、于缘生者，不现在前，无作用故；二、于现在者，唯一刹那，无作用故；三、于贪等，自缘所生，非心作故。

由三种相，应知心自相：一者，如前言说自性不可得故；二者，如前由六种相如实可得故；三者，一切圣者无差别智之所得故。

由三种相，应知心杂染相：一者，生故；二者，转故；三者，行故。于诸趣中，种种自体生故，名杂染生。即于此中，生者自然刹那有流转故，一切所缘难伏转故，贪爱势力之所转故，名杂染转。若于彼行，若如是行，名杂染行。谓于一时，行于善中；或于一时，行不善中；或于一时，行境界中；或于一时，行造业中；或于一时，行烦恼中。又于烦恼行贪瞋等，无决定行，非即于此行有贪已，复行无贪，行无贪已，复行有贪，如是等。又于随顺乐等法中，得为增上现行。又生自苦，断坏众乐，不由执著故，但由颠倒故，由此引发自身众苦，无有厌足。或于善中而安置时，即便弃舍，思求瑕隙。为令不善现前行故，于其瑕隙及衰盛中，为诸爱恚之所损恼。又随放逸势力，一切所作诸善根本皆令损坏。又极乐著色等境故，虽于极利益甘露界中数数思择，而难可安立。于此义中，示现假合所设譬喻，其事应知。

由三种相，应知心清净相：一者，不得相故[2]；二者，无为相故；三者，

① 此复云何，底本与《房山石经》《资福藏》《赵城金藏》《径山藏》《高丽藏》相同；《碛砂藏》《普宁藏》《永乐南藏》“云”作“即”。

② 不得相故，底本与《资福藏》《碛砂藏》《赵城金藏》《普宁藏》《永乐南藏》《径山藏》相同；《房山石经》《高丽藏》“得”作“得得”。

种性相故。若由别异如理勤修，求心清净，不能证得。若由如是如理勤修，便能证得。又不观见言说自性，见真如相。此由九种相，当观无为相：一者，不行世故；二者，非如在灭尽定，言说自性不可得故[①]，真如相可得故，是无二相。三者，非生身相故；四者，超过生身因，自性相故；五者，超过当来生故；六者，超过死没故；七者，超过刹那展转不远离故；八者，超过趣转易故；九者，超过业烦恼行故。

此中种性相，当知是无学界相。于现法中超过五事：一者，超过所作；二者，超过非所作；三者，超过所作加行；四者，超过所作非加行；五者，超过非所作加行。于后法中超过六事：一者，超过能发起后有行；二者，超过彼行；三者，超过彼果生；四者，超过依彼衰盛；五者，超过于彼所依一切无记动摇中修学期愿受用[②]；六者，超过彼所依自体差别。

复由四位、九相，应知种性相。何等四位？一、不清净位；二、清净位；三、通达位；四、究竟位。云何九相？谓不清净位，于一切相等随行故，譬如虚空。若清净位，平等一味及身心远离。若通达位，随顺趣究竟，由一切烦恼自性离系离垢故，超过萨迦耶见，及超过彼为根本诸恶见趣。若究竟位，安乐成满及超过三种变坏。何等名为三种变坏？一者，老死等变坏；二者，颠倒处变坏；三者，清净退失变坏。

复次，云何于菩萨教授中声闻所学？谓诸贪忧毗奈耶故，是增上戒学加行；厌患作意故，是增上心学加行；补特伽罗无我性故，或法无我性故，是增上慧学加行。此中贪忧，是能发起所有毁犯。

又如正不除遣，如已不除遣，如正除遣，如已除遣，由此四相，应知

① 言说自性不可得故，底本与《房山石经》《资福藏》《碛砂藏》《赵城金藏》《普宁藏》《永乐南藏》《高丽藏》相同；《径山藏》“得”作“行”。

② 超过于彼所依一切无记动摇中修学期愿受用，底本与《资福藏》《碛砂藏》《赵城金藏》《普宁藏》《永乐南藏》《径山藏》《高丽藏》相同；《房山石经》“用”作“思”。

自心不如理作意所起贪欲、萨迦耶见及与瞋恚。若由境界，或复由他而起妄计，如是名正不除遣。若由境界，或由他不饶益加行之所引夺，如是名已不除遣。由随一不除遣故，当知随一亦不除遣，由随一除遣故，当知随一亦复除遣。又若不除遣，虽住律仪，于增上戒尚名毁犯，何况安住不律仪者。又增上心学于所缘境散乱错误是能障碍。依补特伽罗无我修增上慧者，萨迦耶见是能障碍。依法无我修增上慧者，自性差别分别计缚是能障碍。

于此三学正修遣中，有八种违逆学法，有八种随顺学法。何等为八？一者，唐捐躭著；二者，躭著故缚；三者，缚故障碍；四者，障碍故垢；五者，垢故灾雹；六者，雹故疮疱；七者，疮疱故热恼；八者，热恼故诸烦恼病难可疗治。与此相违，当知即是八种随顺学法。

复次，云何不善学沙门？谓三种应知：一者，不顾沙门；二者，形相同分；三者，轨则、正命、受用、加行、戒见、意乐皆不同分。若回向资具，是增上戒形相同分，是增上心及增上慧形相同分，是彼行意乐不同分。若回向声誉，是奢摩他支同分，是毗钵舍那支同分，是俱修支同分，是俱资粮支同分，是意乐不同分。

复次，云何善学沙门？当知由四种相：一者，加行故；二者，意乐故；三者，通达故；四者，趣究竟故。于现法中，由厌患加行故，于前生中，由相续成熟加行故，当知加行圆满。由法无我胜解意乐故，若所应得，若能应得，于此二言说自性无执著故，于意趣义正寻求故，不但随顺言辞故，当知意乐圆满。若于法真如，以不缘他智通达自性无杂染故，于世俗宝及世俗生死涅槃解脱系缚自性无所得故，当知通达圆满。已善修习一切杂染对治故，又于真如无断坏故，及能胜伏故，当知趣究竟圆满。

复次，不善学沙门由三种相，当知彼名不如其义：一者，意乐衰损，加行具足；二者，意乐具足，加行衰损；三者，意乐衰损，加行衰损。此中，意乐衰损、加行具足复有三种：一者，能听唯此喜足；二者，能说唯此喜足；三者，能证世间三摩地，而生爱味唯此喜足。若善学沙门，唯由一相，当知意乐具足，加行具足。

复次，云何住世俗律仪？当知有四种相，谓虽成就六支尸罗，而为二种损害损害尸罗，谓由萨迦耶见缠故，及于毁犯出离不了知故；虽远离此二种过失[①]，而未得世间清净律仪，不能制伏萨迦耶见；虽已得世间清净律仪，已制伏萨迦耶见，而不损减串习法无我性怖畏，损坏尸罗；虽远离一切所余过失，而为邪法无我胜解及增上慢损坏尸罗。

复次，云何住胜义律仪？谓所成就出世间一切烦恼不相应能对治三界尸罗。又于四种住律仪中，诸戏论法现所可得[②]，若能寂静彼相，当知是名无漏尸罗。

云何名为诸戏论法？谓于初住律仪中我执可得，若我所执；若作毁犯，若不作彼；若故思所作加行，若非彼加行；若正知而行，若彼不行；若失念而行，若彼不行。于第二住律仪中，萨迦耶见品麤重随行，若名可得，若色可得，若当来生相，若今时无相，若缠寂静，若随眠故彼不寂静，若补特伽罗无我执，若补特伽罗执弃舍，若即于彼补特伽罗无我执中所执性，若非所执性，若由此故于色等中有情执，若彼假设赞善执，若能假设心语假设赞善执。于第三住律仪中，若生上故世间，若舍下故非世间，若三摩地依止[③]，若诸欲依止，若恃举自尸罗，若轻懱他尸罗。于第四住律

① 虽远离此二种过失，底本与《房山石经》《资福藏》《碛砂藏》《赵城金藏》《普宁藏》《径山藏》《高丽藏》相同；《永乐南藏》“远”作“出”。

② 诸戏论法现所可得，底本与《资福藏》《碛砂藏》《赵城金藏》《普宁藏》《永乐南藏》《径山藏》《高丽藏》相同；《房山石经》“现”作“见”。

③ 若三摩地依止，底本与《资福藏》《碛砂藏》《普宁藏》《永乐南藏》《径山藏》相同；《房山石经》《赵城金藏》《高丽藏》“地”作“他”。

仪中，若计我尸罗清净，若自由性差别分别故[①]，分别尸罗。如是等诸戏论法，于无漏戒中皆悉寂静。

又即与此义相应，依清净三学，应知所说伽他。当知为令福德资粮尘垢微薄，摄受善士，无失坏故；智慧资粮，于甚深处起胜解故。由二因缘，入如来教：一者，由法住智深了别故；二者，由真实智善决定故。

复次，云何如来调伏方便？当知此有二种，谓自体同分故，及胜解同分故。又现同分，为令安住受教心故，及依教授而出离故。又正清净加行教导教授[②]，当知复有四种：一者，于杂染、清净惊怖转依教导；二者，远离杂染因缘教导；三者，远离于清净惊怖因缘教导；四者，第一现法乐住加行教导。此中，杂染因缘有二种：一者，由世俗言说自性杂染自性执分别故；二者，由彼功德、过失差别执分别故。由二种相，应知于清净道惊怖因缘[③]？一者，由于前后清净道杂染分别故[④]；二者，由杂染远离分别故。由二种相，应知于涅槃清净惊怖因缘：一者，由世俗言说自性执故；二者，于涅槃增语想中作心所有想故。又于寂静心所有想，若增语想遍了知故，于彼二因缘俱远离故，当知是第一住加行教导。

复次，云何名为密意语言？谓无二相智，是能悟入一切密意语言相。云何无二相？谓诸名言安足处事[⑤]，由彼自性无所有故，名言熏习想所行

① 若自由性差别分别故，底本与《径山藏》相同；《房山石经》《资福藏》《碛砂藏》《赵城金藏》《普宁藏》《永乐南藏》《高丽藏》“自由”作“由自”。

② 又正清净加行教导教授，底本与《资福藏》《碛砂藏》《赵城金藏》《普宁藏》《永乐南藏》《径山藏》《高丽藏》相同；《房山石经》“加行”作“方便”，下同。

③ 应知于清净道惊怖因缘，底本与《房山石经》《资福藏》《碛砂藏》《普宁藏》《永乐南藏》《径山藏》相同；《赵城金藏》《高丽藏》“道”作“导”。

④ 由于前后清净道杂染分别故，底本与《房山石经》《资福藏》《碛砂藏》《普宁藏》《永乐南藏》《径山藏》相同；《赵城金藏》《高丽藏》“道”作“导”。

⑤ 谓诸名言安足处事，底本与《房山石经》《资福藏》《碛砂藏》《普宁藏》《永乐南藏》《径山藏》《高丽藏》相同；《赵城金藏》“诸”作“语”。

自性有故[①]，说为无二。于此无二若起二执，名为杂染；若无二执，名为清净。又非一切名言安足处事，由彼世俗言说熏习想所行自性无所有故，非彼熏习智所行自性有故，说为无二。于此无二若起二执，名为杂染；若无二执，名为清净。由此无二相，应知悟入如来一切密意语言。

此中，由五种相，名论圆满；即于教授中，由五种相，名果圆满；由五种相，名果胜利圆满，当知皆依密意语言。云何由五种相名论圆满？谓若由此相宣说，若是宣说，若所宣说，若如是宣说，若彼宣说，如是圆满。云何由五种相名果圆满？谓无余依涅槃界，若有余依涅槃界，若圣道圆满，若胜内怨，若胜外怨，如是圆满。云何由五种相名果胜利圆满？谓即是供养大师，报信施恩，越生死苦，于福田性无有退转，从法化生，名如来子，依止如来。

复次，云何于菩萨藏教授中胜解胜利？当知由五种相：一者，建立由时[②]，即能映蔽感大富贵增上因故；二者，由转依故；三者，即于是处作说器故；四者，作说者器故[③]；五者，于舍身时，得见业清净故。由五种相，当知映蔽感大富贵增上之因，所谓此因能引有量、无量果故，有尽、无尽法故，感非广大、广大乐故，是智资粮、智自性故[④]，由此能引彼故。

又由远离六种过失，应知身行。何等名为六种过失？一者，愁忧相过失；二者，不了知数习过失；三者，由二种相威仪过失；四者，由三种相怖畏相过失；五者，由二种相遏履瑟吒过失；六者，身不调柔过失。

---

① 名言熏习想所行自性有故，底本与《资福藏》《碛砂藏》《赵城金藏》《普宁藏》《永乐南藏》《径山藏》相同；《房山石经》《高丽藏》“名”作“非名”。

② 建立由时，底本与《资福藏》《碛砂藏》《赵城金藏》《普宁藏》《永乐南藏》《径山藏》相同；“由”，《房山石经》作“田”，《高丽藏》作“因”。

③ 作说者器故，底本与《房山石经》《资福藏》《碛砂藏》《普宁藏》《永乐南藏》《径山藏》《高丽藏》相同；《赵城金藏》“作”作“依”。

④ 是智资粮智自性故，底本与《房山石经》《资福藏》《碛砂藏》《普宁藏》《永乐南藏》《径山藏》《高丽藏》相同；《赵城金藏》“智资”作“增资”。

又于相庆慰时，远离五种过失，应知语行。何等名为五种过失？一者，怯怖过失；二者，麤犷过失；三者，弃舍佛语、作不相应戏论过失；四者，不赞叹如来过失；五者，于同法者，不施谏诲过失。

又于记别所解了时，远离五种过失，应知语行。何等名为五种过失？一者，于所证得忘念过失；二者，前后语言相违过失；三者，道理相违过失；四者，敬信圣教诸天诃责过失；五者，如来诃责过失。

又由远离五种过失，应知意行，谓依现法义有前四种，依后法义有第五种。何等名为五种过失？一者，不忍过失，不能忍受现在过去不饶益事故；二者，覆藏过失，由覆藏故，恶作烧恼故；三者，贪染过失，悕求诸欲及受用故，悕求出离怨故；四者，忘念过失，摄受不正见故，于断心迷乱故；五者，期愿过失，由自轻贱，远离广大诸佛菩萨之所加被、诸佛国土微妙愿故[①]，由微细意乐引发诸佛法故，于一切法殊胜世间兴盛差别起憍慢故，及愿彼故。

于分别菩萨藏教授胜解胜利无量标释中，当知有无量无数胜解胜利。

于此地中，余决择文更不复现。

摄决择分中有余依及无余依二地

如是已说菩萨地决择。有余依、无余依二地决择，我今当说。

嗢柁南曰[②]：

离系与寿行，转依住差别，
有常乐殊胜，异性自在等。

问：于有余依涅槃界中现在转时，一切烦恼当言离系耶？当言不离

① 远离广大诸佛菩萨之所加被诸佛国土微妙愿故，底本与《资福藏》《碛砂藏》《普宁藏》《永乐南藏》《径山藏》《高丽藏》相同；《房山石经》《赵城金藏》“被”作“俻”。

② 嗢柁南曰，底本与《资福藏》《碛砂藏》《普宁藏》《永乐南藏》《径山藏》相同；《房山石经》《赵城金藏》《高丽藏》“柁”作“拕”，下同。

系耶？

答：当言离系。

问：于一切苦当言离系耶？当言不离系耶？

答：当言亦离系，亦不离系。所以者何？若未来生所有众苦，当言离系；若现在生心所有苦，亦当言离系。若现身中，饥苦、渴苦、界不平苦、时节变苦及余所有逼迫等苦，当言不离系。此由现前行故，非诸烦恼所系缚故。

问：若一切阿罗汉皆得心自在，何因缘故，不舍寿行入般涅槃，虽苦所逼[①]，而久住耶？

答：功能有差别故。所以者何？有一分阿罗汉能舍寿行，一分不能；有一分阿罗汉能增寿行，一分不能故。

问：若阿罗汉如先所有六处生起，即如是住相续不灭[②]，无有变异，更有何等异转依性，而非六处相续而转？若更无有异转依者，何因缘故，前后二种依止相似，而今后时烦恼不转，圣道转耶？

答：诸阿罗汉实有转依，而此转依与其六处异不异性俱不可说。何以故？由此转依，真如清净所显，真如种性、真如种子、真如集成，而彼真如与其六处异不异性俱不可说。不可说义，如前已辩。是故若问所得转依与其六处为异不异，非如理问。若此转依无有体者，应有如前所说过失，谓阿罗汉烦恼应行，道应不行。是故当知有转依性。世尊依此转依体性，密意说言：

遍计自性中，由有执无执，

① 虽苦所逼，底本与《资福藏》《碛砂藏》《赵城金藏》《普宁藏》《永乐南藏》《径山藏》《高丽藏》相同；《房山石经》“苦”作“若”。

② 即如是住相续不灭，底本与《房山石经》《资福藏》《碛砂藏》《赵城金藏》《永乐南藏》《径山藏》《高丽藏》相同；《普宁藏》“相”作“根”。

二种习气故，成杂染清净。

是即有漏界，是即无漏界，

是即为转依，清净无有上。

如屠牛师，或彼弟子，以利牛刀杀害牛已，于内一切斫刺椎剖，骨肉筋脉皆悉断绝，复以其皮张而蔽之，当言此牛与皮非离非合。如是诸阿罗汉既得转依，由慧利刀断截一切结、缚、随眠、随烦恼、缠已[①]，当言与六处皮非离非合。又已转依诸观行者，虽取众相，当知与昔所取差别。此所取相犹如真如自内所证，不可以言说示于他：“我所观相如是如是。”

问：诸阿罗汉住有余依涅槃界中，住何等心，于无余依般涅槃界当般涅槃？

答：于一切相不复思惟，唯正思惟真无相界，渐入灭定，灭转识等，次异熟识舍所依止。由异熟识无有取故，诸转识等不复得生，唯余清净无为离垢真法界在。于此界中般涅槃已，不复堕于天、龙、药叉、若健达缚、若紧捺洛、若阿素洛、若人等数。以要言之，所有有情假想施设，遍于十方一切界、一切趣、一切生、一切生类、一切得身、一切胜生、一切地中，非此更复堕在彼数。何以故？由此真界离诸戏论，唯成办者内自证故。

问：于有余依涅槃界中，若无余依涅槃界中，已般涅槃诸阿罗汉有何差别？

答：住有余依，堕在众数；住无余依，不堕众数。住有余依，犹有众苦；住无余依，永离众苦。住有余依，所得转依犹与六处而共相应；住无余依，永不相应。

问：若无余依涅槃界中已般涅槃，所有转依永与六处不相应者，彼既

① 由慧利刀断截一切结缚随眠随烦恼缠已，底本与《房山石经》《资福藏》《碛砂藏》《普宁藏》《永乐南藏》《径山藏》《高丽藏》相同；《赵城金藏》“缠”作“缚”。

无有六处所依，云何而住？

答：非阿罗汉所得转依六处为因，然彼唯用缘真如境修道为因，是故六处若有若无尚无转依成变异性，何况殒没。又复此界非所遍知，非所应断，故不可灭。

问：于无余依涅槃界中般涅槃已，所得转依当言是有，当言非有？

答：当言是有。

问：当言何相？

答：无戏论相，又善清净法界为相。

问：何因缘故，当言是有？

答：于有余依及无余依涅槃界中，此转依性皆无动法；无动法故，先有后无，不应道理。又此法性非众缘生，无生无灭，然譬如水澄清之性，譬如真金调柔之性，譬如虚空离云雾性，是故转依，当言是有。

问：当言是常？当言无常？

答：当言是常。

问：何因缘故，当言是常？

答：清净真如之所显故，非缘生故，无生灭故。

问：当言是乐？当言非乐？

答：由胜义乐[1]，当言是乐，非由受乐说名为乐。何以故？一切烦恼及所生苦皆超越故。

问：于无余依涅槃界中般涅槃者，为有少分差别意趣殊异不耶[2]？

答：一切无有。所以者何？非此界中可得安立下中上品，不可施设高

① 由胜义乐，底本与《资福藏》《碛砂藏》《赵城金藏》《普宁藏》《永乐南藏》《径山藏》《高丽藏》相同；《房山石经》“义”作“我”。

② 为有少分差别意趣殊异不耶，底本与《资福藏》《碛砂藏》《普宁藏》《永乐南藏》《径山藏》《高丽藏》相同；《房山石经》《赵城金藏》“分”作“多”。

下胜劣，此是如来[1]，此声闻等。

问：何因缘故，无有差别？所以者何？诸声闻等有余残障，于无余依涅槃界中而般涅槃，佛一切障永无所有。

答：住有余依涅槃界中，可得安立有障、无障；住无余依涅槃界中，毕竟无障可立差别。何以故？于此界中，一切众相及诸麤重皆永息故，皆永灭故。所以者何？诸阿罗汉住有余依涅槃界时，一切众相非悉永灭，异熟麤重亦非永灭，由彼说有烦恼习气，即观待彼相及麤重，安立有障。住无余依涅槃界时，彼永无有，是故当知于此界中，无有有障、无障差别。

问：若此界中永无有障，如诸如来离一切障，阿罗汉等亦复如是。何因缘故，阿罗汉等不同如来作诸佛事？

答：彼阙所修本弘愿故，又彼种类种性尔故，阿罗汉等决定无有还起意乐而般涅槃，是故不能作诸佛事。

问：于无余依涅槃界中般涅槃者所有无漏界，此与诸色当言有异，当言无异？

答：当言非异，亦非不异。如与诸色，与诸受等当知亦尔，与一切行，与一切界，与一切趣亦复如是。

问：于无余依涅槃界中般涅槃者，于色等法当言获得自在，当言不得自在？

答：当言获得自在。

问：此所得自在，当言能现在前，当言不能现在前？

答：一分能现在前，一分不能现在前。谓诸如来于无余依涅槃界中般涅槃已，能现在前，所余不能令现在前。

问：若此界中离诸戏论，由此因缘，不堕众数，云何复能起现在前？

---

① 此是如来，底本与《房山石经》《资福藏》《碛砂藏》《赵城金藏》《永乐南藏》《径山藏》《高丽藏》相同；《普宁藏》“此”作“比”。

答：由先发起正弘愿故，又由修习与彼相似道势力故。譬如正入灭尽定者，虽无是念："我于灭定当可还出，或出已住。"然由先时加行力故，还从定出，依有心行，而起游行。当知此中道理亦尔。

问：回向菩提声闻，为住无余依涅槃界中能发趣阿耨多罗三藐三菩提耶？为住有余依涅槃界耶？

答：唯住有余依涅槃界中可有此事。所以者何？以无余依涅槃界中远离一切发起事业，一切功用皆悉止息。

问：若唯住有余依涅槃界中能发趣阿耨多罗三藐三菩提者，云何但由一生便能证得阿耨多罗三藐三菩提耶？所以者何？阿罗汉等，尚当无有所余一生，何况当有多生相续①。

答：由彼要当增诸寿行，方能成办。世尊多分依此回向菩提声闻密意说言："物类善男子若有善修四神足已，能住一劫，或余一劫。"余一劫者，此中意说过于一劫。彼虽如是增益寿行，能发趣阿耨多罗三藐三菩提，而所修行极成迟钝，乐涅槃故，不如初心始业菩萨。彼既如是增寿行已，留有根身，别作化身，同法者前方便示现，于无余依般涅槃界而般涅槃。由此因缘，皆作是念："某名尊者于无余依般涅槃界已般涅槃。"彼以所留有根实身，即于此界赡部洲中，随其所乐，远离而住，一切诸天尚不能睹，何况其余众生能见。彼于涅槃多乐住故，于遍游行彼彼世界亲近供养佛菩萨中，及于修习菩提资粮诸圣道中若放逸时，诸佛菩萨数数觉悟；被觉悟已，于所修行能不放逸。

问：若阿罗汉回向菩提便能证得阿耨多罗三藐三菩提者，何因缘故，一切阿罗汉不皆回向无上菩提？

答：由彼种性有差别故。所以者何？诸阿罗汉现见种性有多差别，谓

① 何况当有多生相续，底本与《资福藏》《碛砂藏》《普宁藏》《永乐南藏》《径山藏》《高丽藏》相同；《房山石经》《赵城金藏》无"当"字。

或见有诸阿罗汉俱分解脱，或复见有唯慧解脱，于无余依涅槃界而般涅槃[①]。是故当知由彼种性有差别故，非一切阿罗汉皆能回向无上菩提。复次，回向菩提声闻或于学位即能弃舍求声闻愿，或无学位方能弃舍，由彼根性有差别故，所待众缘有差别故。如回向菩提声闻由遇缘故，乘无上乘而般涅槃。如是菩萨设为如来及诸菩萨之所弃舍，因弃舍故，若遭尤重，求下劣乘般涅槃缘，应乘下乘而般涅槃。然无处无容，诸佛菩萨如是放逸弃舍于彼，定无是处。复次，回向菩提声闻若随证得阿耨多罗三藐三菩提，尔时即同如来，于无余依般涅槃界而般涅槃。

问：回向菩提声闻从本已来，当言声闻种性，当言菩萨种性？

答：当言不定种性。譬如安立有不定聚诸有情类于般涅槃法性聚中，当知此是不定种性。复次，彼即于此住处转时，如无死畏，如是亦无老病等畏。如来亦尔。彼及所余于无余依涅槃界中般涅槃者，于十方界当知究竟不可思议，数数现作一切有情诸利益事。如《首楞严三摩地》中说幻师喻[②]，若商主喻，若船师喻，当知此中道理亦尔，是名最极如来秘密。于此及余种种差别如来秘密，胜解行地修行菩萨下忍转时，随其胜解差别而转；从此转胜进入增上意乐净地，如是乃至于九地中，展转增进胜解清净；第十地中，于此胜解，最善清净。于彼如来诸秘密中，是诸菩萨应正随转。当知如来如是秘密不可思议，不可度量，超过一切度量境界。

问：于法决择总义云何？

答：由品类差殊[③]，而建立诸法，即于彼释难，分别一行等。

---

① 于无余依涅槃界而般涅槃，底本与《房山石经》《资福藏》《碛砂藏》《赵城金藏》《普宁藏》《永乐南藏》《径山藏》相同；《高丽藏》“依”作“依般”。

② 如《首楞严三摩地》中说幻师喻，底本与《资福藏》《碛砂藏》《普宁藏》《永乐南藏》《径山藏》相同；《房山石经》《赵城金藏》《高丽藏》“严”作“伽摩”。

③ 由品类差殊，底本与《资福藏》《碛砂藏》《普宁藏》《永乐南藏》《径山藏》相同；《房山石经》《赵城金藏》《高丽藏》“殊”作“别”。

如是应知此中总义。

于此地中，余决择文更不复现。

当知于彼一一地中皆有无量决择差别，我今且略开示少分。由此方隅，由此所学，由此教导，诸有智者，余类应思。

瑜伽师地论卷第八十一

摄释分之上

如是已说释摄决择[1]。云何摄释？

总嗢柁南曰[2]：

体释文义法，起义难次师，

说众听赞佛，略广学胜利。

云何为体？谓契经体，略有二种：一、文；二、义。文是所依，义是能依。如是二种，总名一切所知境界。

云何为释？谓略有五：一者，法；二者，等起；三者，义；四者，释难；五者，次第。

云何为文？谓有六种：一者，名身；二者，句身；三者，字身；四者，语；五者，行相；六者，机请。

名身者，谓共知增语。此复略说有十二种：一者，假立名；二者，实事名；三者，同类相应名；四者，异类相应名；五者，随德名；六者，假说名；七者，同所了名；八者，非同所了名；九者，显名；十者，不显名；十一者，略名；十二者，广名。

假立名者，谓于内假立我及有情、命者等名，于外假立瓶、衣等名。实事名者，谓于眼等色等诸根义中立眼等名。同类相应名者，谓有情、色、

---

① 如是已说释摄决择，底本与《资福藏》《碛砂藏》《普宁藏》《永乐南藏》《径山藏》相同；《房山石经》《赵城金藏》《高丽藏》无“释”字。

② 总嗢柁南曰，底本与《资福藏》《碛砂藏》《普宁藏》《永乐南藏》《径山藏》相同；《房山石经》《赵城金藏》《高丽藏》“柁”作“拕”，下同。

受、大种等名。异类相应名者，谓佛授、德友、青、黄等名[①]。随德名者，谓变碍故名色，领纳故名受，发光故名日，如是等名。假说名者，谓呼贫名富，若余所有不观待义，安立其名。同所了名者，谓共所解想。与此相违，是非同所了名。显名者，谓其义易了。不显名者，谓其义难了，如达罗弭荼明咒等。略名者，谓一字名。广名者，谓多字名。

句身者，谓名字圆满。此复六种：一者，不圆满句；二者，圆满句；三者，所成句；四者，能成句；五者，标句；六者，释句。

不圆满句者，谓文不究竟，义不究竟，当知复由第二句故，方得圆满。如说：

诸恶者莫作，诸善者奉行，

善调伏自心，是诸佛圣教。

若唯言"诸恶"，则文不究竟；若言"诸恶者"，则义不究竟；更加"莫作"，方得圆满，即圆满句。所成句者，谓前句由后句方得成立。如说：

诸行无常，有起尽法，

生必灭故，彼寂为乐。

此中，为成"诸行无常"，故次说言"有起尽法"。前是所成，即所成句；后是能成，即能成句。标句者，如言善性。释句者，谓正趣善士。

字身者，谓若究竟，若不究竟，名句所依四十九字。

此中，欲为名首，名为句首，句必有名，名必有字。若唯一字，则不成句。又若有字，名所不摄，唯字无名。

问：何因缘故，施设名等三种身耶？

答：为令领受诸增语触所生受故。

问：名是何义？

---

① 谓佛授德友青黄等名，底本与《房山石经》《资福藏》《碛砂藏》《普宁藏》《永乐南藏》《径山藏》《高丽藏》相同；《赵城金藏》"友"作"及"。

答：能令种种共所了知，故名为名。又能令意作种种相，故名为名。又由语言之所呼召，故名为名。摄受诸名，究竟显了不现见义，故名为句。随显名句，故名为文。如世尊说“增语，增语路”，乃至广说。此中增语者，谓一切众同类相应名。增语路者，谓并众同类欲，能起彼故。词者，谓彼相应语。又即此语各别于彼彼处若摽若释，彼所依处，名为彼路。施设者，谓一一分别，施设建立，彼所依处，名为彼路。欲即是词，无有别欲，此即增语施设之路。

又名身等，略有六种依处：一者，法；二者，义；三者，补特伽罗；四者，时；五者，数；六者，处所。彼广分别，当知已如《闻所成地》。

语者，当知略具八分，谓先首、美妙等。由彼语文句等相应，乃至常委分资粮故，能说正法。先首语者，趣涅槃宫为先首故。美妙语者，其声清美，如羯罗频迦音故。显了语者，谓词句文皆善巧故。易解语者，巧辩说故。乐闻语者，引法义故。无依语者，不依希望他信已故。不违逆语者，知量说故。无边语者，广大善巧故。如是八种语，当知略具三德：一者，趣向德，谓初一种；二者，自体德，谓次二种；三者，加行德，谓所余种。

相应者，谓名、句、文身，次第善安立故，又依四种道理相应故。助伴者，能成次第故。随顺者，谓解释次第故。清彻者，文句显了故。清净资助者，善入众心故。相称者，如众会故。应供故，称法故，引义故，顺持故。常委分资粮者，审悉所作，恒常所作，故名常委；彼分者，谓正见等，此是彼资粮故。

行相者，谓诸蕴相应、诸界相应、诸处相应、缘起相应、处非处相应、念住相应。如是等相应语言，或声闻说，或如来说，或菩萨说，是名行相。

机请者，谓因机请问，而起言说。此复根等差别，当知有二十七种补特伽罗。此中，由根差别，故成二种：一者，钝根；二者，利根。由行差别，故成七种，谓贪等行。如“声闻地”已说。由众差别，故成二种：一者，在家众；二者，出家众。由愿差别，故成三种：一者，声闻；二者，独觉；三者，菩萨。由可救、不可救差别，故成二种，谓般涅槃法，不般涅槃法。由加行差别，故成九种：一、已入正法；二、未入正法；三、有障碍；四、无障碍；五、已成熟；六、未成熟；七、具缚；八、不具缚；九、无缚。由种类差别，故成二种：一者，人；二者，非人。

如是六文，总有四相，说名为文。一、所说相，谓名身等行相为后；二、所为相，谓机请摄二十七种补特伽罗；三、能说相，谓语；四、说者相，谓声闻、菩萨及与如来。如是六种皆显于文，若阙一种，不能显义。由能显义，是故名文。

云何为义？当知略有十种：一者，地义；二者，相义；三者，作意等义；四者，依处义；五者，过患义；六者，胜利义；七者，所治义；八者，能治义；九者，略义；十者，广义。

地义者，略有五地：一者，资粮地；二者，加行地；三者，见地；四者，修地；五者，究竟地。又广分别有十七地，谓五识身地为初，无余依地为后。

相义者，当知有五种相：一者，自相；二者，共相；三者，假立相；四者，因相；五者，果相。如是五相，如《思所成地》已辩。

复有五相：一者，异门相；二者，瑜伽相；三者，转异相；四者，杂染相；五者，清净相。如是五相，当知如前处处分别。

复有五相：一者，所诠相；二者，能诠相；三者，此二相应相；四者，执著相；五者，不执著相。所诠相者，谓相等五法，如五事中已说。能诠相者，谓即于彼依止名等，为欲随说自性、差别所有语言，应知此即是遍计所执自性相。此遍计所执自性有差别名，所谓亦名遍计所执，亦名和合所成，亦名所增益相，亦名虚妄所执，亦名言说所显，亦名文字加行，亦名唯有音声，亦名无有体相。如是等类，差别应知。此二相应相者，谓所诠、能诠更互相应，即是遍计所执自性执所依止。执著相者，谓诸愚夫无始时来相续流转遍计所执自性执及彼随眠。不执著相者，谓已见谛者如实了知遍计所执相及彼习气解脱。若正分别，如《思所成地》，应知其相。

作意等义者，谓七种作意，即了相等。如前“声闻地”已说。

复有十智：一者，苦智；二者，集智；三者，灭智；四者，道智；五者，法智；六者，种类智；七者，他心智；八者，世俗智；九者，尽智；十者，无生智。此亦如前“声闻地”辩。

复有六识身，所谓眼识乃至意识。此亦如前《五识身地意地》已辩。

复有九种遍知：一者，欲界系见苦集所断断遍知；二者，色、无色界系见苦集所断断遍知；三者，欲界系见灭所断断遍知；四者，色、无色界系见灭所断断遍知；五者，欲界系见道所断断遍知；六者，色、无色界系见道断断遍知[①]；七者，顺下分结断遍知；八者，色贪尽遍知；九者，无色贪尽遍知。如《三摩呬多地》已辩其相。

复有三解脱门，谓空、无愿、无相。当知亦如《三摩呬多地》已辩其相。

此中应当分别诸法，几种作意之所思惟，几智所知，几识所识，几种遍知之所遍知，几解脱门之所解脱。以如是等无量观门，应观诸法。

依处义者，略有三种：一者，事依处；二者，时依处；三者，补特伽罗依处。

事依处者，复有三种：一者，根本事依处；二者，得方便事依处；三者，悲愍他事依处。

根本事依处，复有六种：一者，善趣；二者，恶趣；三者，退堕；四者，升进[②]；五者，生死；六者，涅槃。

---

① 色无色界系见道断断遍知，底本与《资福藏》《碛砂藏》《普宁藏》《永乐南藏》《径山藏》相同；《房山石经》《赵城金藏》《高丽藏》“断”作“所断”。

② 升进，底本与《资福藏》《碛砂藏》《赵城金藏》《普宁藏》《永乐南藏》《径山藏》《高丽藏》相同；《房山石经》“升”作“胜”，下同。

得方便事依处，复有十二种，谓十二种行：一者，欲行；二者，离行；三者，善行；四者，不善行；五者，苦行；六者，非苦行；七者，顺退分行；八者，顺进分行；九者，杂染行；十者，清净行；十一者，自义行；十二者，他义行。

悲愍他事依处，复有五种：一者，令离欲；二者，示现；三者，教导；四者，赞励；五者，庆喜。

此中，善趣者，谓人、天。恶趣者，谓诸恶趣。退堕者，复有二种：一者，不方他；二者，方他。初，谓自然寿命退减。如寿命退减，如是色、力、财富、安乐、名称、辩才等退减当知亦尔。方他者，谓族姓退减，自在增上退减，薄少宗叶[①]，言不威肃，智慧弊恶，不能获得广大色、声及香、味、触，于所受用广大事中，心不喜乐。如是等类，名为退堕。与此相违，随其所应，名为升进。生死者，谓即善趣、恶趣、堕、升进[②]。涅槃者，谓有余依及无余依 二涅槃界。

欲行者，谓如十种受用欲中说。离行者，谓即于彼所受用事 知无常等已，厌而出家，受持禁戒，守根门等。善行者，谓施、戒、修 善有漏行。不善行者，谓三种恶行。苦行者，谓露形无衣，如是等类，乃至广说。非苦行者，谓不弃舍如法所得所有安乐，远离二边，所谓受用欲乐行边及与受用自苦行边，依止中道，如法追求及正受用衣服等事。顺退分行者，谓所有行能障寿等诸升进事。与此相违，当知即是顺进分行。

如《鹦鹉经》说。杂染行者，略有三种：一者，业杂染；二者，烦恼杂染；三者，流转杂染。当知此中有九根本句，谓业杂染有三句：一、贪欲；

① 薄少宗叶，底本与《房山石经》《资福藏》《碛砂藏》《赵城金藏》《普宁藏》《永乐南藏》相同；《高丽藏》“少”作“小”；《径山藏》“叶”作“业”。

② 谓即善趣、恶趣、堕、升进，底本与《资福藏》《碛砂藏》《普宁藏》《永乐南藏》《径山藏》相同；《房山石经》《赵城金藏》《高丽藏》“堕”作“退堕”。

二、瞋恚；三、愚痴。烦恼杂染有四句，即四颠倒。流转杂染有二句，谓无明及有爱。所以者何？由三不善根生起种种业杂染故；由四颠倒能发种种烦恼杂染故[①]；烦恼生已，由无明门，诸出家者能生种种流转杂染；由有爱门，诸在家者能生种种流转杂染。

清净行者，略有三学、五地，谓资粮地乃至究竟地，如先已说。当知学等有九根本句，谓增上戒学及增上心学有无贪、无瞋、无痴，在资粮地及加行地；增上慧学有四无颠倒、明及解脱，在见地、修地及究竟地。自义行者，谓自利行，如声闻、独觉，彼虽或时起利他行，然本期愿不唯利他，是故所行名自义行。他义行者，谓利他行，如佛菩萨为欲利益无量众生，为欲安乐无量众生，乃至广说。

令离欲者，谓诃责六种黑品诸行[②]，示现过患，令离爱欲。示现者，谓为令受学白品行故，示现四种真实道理。教导者，谓示现已，得信解者安置学处，令正受行。由已于彼得自在故，彼便请言："我于今者当行所作[③]？唯愿示诲[④]！"因告之曰："汝等今者于如是如是事应正作，应随学。"赞励者，谓彼有情若于所知所行所得中，心生退屈，尔时称赞，策励其心，令于彼事堪有势力。庆喜者，谓彼有情于法随法勇猛正行，即应如实赞悦，令其欢喜。

复次，令离欲、示现者，或有令离欲，而不示现，如教导他，令其离

---

① 由四颠倒能发种种烦恼杂染故，底本与《资福藏》《碛砂藏》《赵城金藏》《普宁藏》《永乐南藏》《径山藏》《高丽藏》相同；《房山石经》"发"作"生"。

② 谓诃责六种黑品诸行，底本与《房山石经》《资福藏》《碛砂藏》《普宁藏》《永乐南藏》《径山藏》《高丽藏》相同；《赵城金藏》"责"作"贵"。

③ 我于今者当行所作，底本与《资福藏》《碛砂藏》《普宁藏》《永乐南藏》《径山藏》相同；《房山石经》《赵城金藏》《高丽藏》"行"作"何"。

④ 唯愿示诲，底本与《资福藏》《碛砂藏》《普宁藏》《永乐南藏》《径山藏》相同；《房山石经》《赵城金藏》《高丽藏》"示"作"教"。

欲，而谓彼曰[①]：“如某所言不应作者[②]，汝今必定不应复作。”或怖彼言：“汝若作者，我必当作如是如是。”或复求彼：“汝若是我亲爱善友，必不应作。”或有示现，不令离欲，如处中者，示现功德及与过失而未堪遮，令离过失。或有令离欲，亦示现，如示彼过，令其离欲。教导、赞励者，谓初未受学，令其受学；既受学已，未上升进，令其升进。庆喜者，若可庆喜而庆喜时，有五胜利：一者，令彼于己所证，其心决定；二者，令余于彼所证功德，生趣证心；三者，令诽谤者，心得清净；四者，令不清净者，心处中住；五者，令清净者，倍复增长。若有补特伽罗庆他善事，当知造作增长能感悦意生天之业[③]。若命终已，随彼彼生，常闻悦意美妙音声，一切境界无不悦意。

复次，欲行或有能感善趣，如为欲故，造后善业；或有能感恶趣，如以非法，摄受诸欲。离行，若有毁犯，能感恶趣；若能成办，能感善趣，及能作涅槃资粮。善行，能感善趣，及作涅槃资粮；不善行，能感恶趣。苦行，能感恶趣，由依邪见自苦身故；非苦行，能作涅槃资粮。顺退分行、顺进分行，随其所应，退堕、升进。杂染行，能感生死；清净行，能证涅槃。自义行，唯令自身，往善趣，逮升进，证涅槃；他义行，俱令自他往善趣，逮升进，证涅槃。

如是三事中，根本事有六种，谓初善趣乃至涅槃为后；得方便事有十二种，谓十二行；悲愍他事有五种，谓由五种悲愍众生。此中，由根本事增上力故，依十二行，如其所应，令他离欲乃至庆喜。

---

① 而谓彼曰，底本与《房山石经》《资福藏》《碛砂藏》《普宁藏》《永乐南藏》《径山藏》《高丽藏》相同；《赵城金藏》“谓”作“请”。

② 如某所言不应作者，底本与《碛砂藏》《普宁藏》《永乐南藏》《径山藏》相同；“某”《房山石经》《资福藏》《赵城金藏》作“其”，《高丽藏》作“母”。

③ 当知造作增长能感悦意生天之业，底本与《碛砂藏》《普宁藏》《永乐南藏》《径山藏》相同；《房山石经》《资福藏》《赵城金藏》《高丽藏》“生天”作“天生”。

时依处者，谓略有三种言事：一者，过去言事；二者，未来言事；三者，现在言事。如经广说，补特伽罗依处者，谓輭根等二十七种补特伽罗，应知其相。

即依如是如上所说若事、若时、若补特伽罗故，诸佛世尊流布圣教，是故说彼名为依处。

过患义者，以要言之，于应毁厌义而起毁厌，或法或补特伽罗。胜利义者，以要言之，于应称赞义而起称赞，或法或补特伽罗。所治义者，以要言之，一切杂染行。能治义者，以要言之，一切清净行。如贪是所治，不净为能治；瞋是所治，慈为能治。如是等，尽当知。略义者，谓宣说诸法同类相应。广义者，谓宣说诸法异类相应。复次，说不了义经故，说了义经故。复次，有二种略义：一者，名略；二者，义略。如是略义[①]，如是广义亦有二种：一者，名广[②]；二者，义广。如世尊言："舍利子，我所说法或略或广，然悟解者甚难可得。"广说如经。当知此中显示世尊于契经中文广义略，于伽他中义广文略。

为摄十义，故说中间嗢柁南曰：

诸地相作意，依处德非德，

所对治能治，广略义应知。

复次，如是略说佛教体性十种义已，诸说法者应依圣教寻求十种，若具不具。既自求已，应为他说。

如是建立诸经文义体已，诸说法者应以五相随顺解释一切佛经，谓初应略说法要，次应宣说等起，次应宣说其义，次应释难，后应辩次第。

---

① 如是略义，底本与《资福藏》《碛砂藏》《赵城金藏》《普宁藏》《永乐南藏》《径山藏》相同；《房山石经》《高丽藏》无"是"字。

② 一者名广，底本与《房山石经》《资福藏》《碛砂藏》《赵城金藏》《普宁藏》《永乐南藏》《径山藏》相同；《高丽藏》"者"作"有"。

法者，略有十二种，谓契经等十二分教。

契经者，谓贯穿义，长行直说多分摄受意趣体性。

应颂者，谓长行后宣说伽他，又略标所说不了义经。

记莂者，谓广分别略所标义，及记命过弟子生处。

讽颂者，谓以句说[①]，或以二句，或以三、四、五、六句说。

自说者，谓无请而说，为令弟子得胜解故，为令上品所化有情安住胜理，自然而说，如经言世尊今者自然宣说。

缘起者，谓有请而说，如经言世尊一时，依黑鹿子，为诸比丘宣说法要。又依别解脱因起之道毗奈耶摄所有言说。又于是处说如是言："世尊依如是如是因缘，依如是如是事，说如是如是语。"

譬喻者，谓有譬喻经，由譬喻故，隐义明了。

本事者，谓除本生，宣说前际诸所有事。

本生者，谓宣说已身于过去世行菩萨行时自本生事。

方广者，谓说菩萨道，如说七地四菩萨行，及说诸佛百四十种不共佛法，谓四一切种清净，乃至一切种妙智。如《菩萨地》已广说。又复此法广故，多故，极高大故，时长远故，谓极勇猛经三大劫阿僧企耶方得成满[②]，故名方广。

未曾有法者，谓诸如来，若诸声闻，若在家者，说希奇法，如诸经中因希有事起于言说。

论议者，谓诸经典循环研覈摩呾理迦[③]，且如一切了义经，皆名摩呾

① 谓以句说，底本与《房山石经》《资福藏》《碛砂藏》《普宁藏》《永乐南藏》《径山藏》《高丽藏》相同；《赵城金藏》"说"作"义"。

② 谓极勇猛经三大劫阿僧企耶方得成满，底本与《房山石经》《径山藏》《高丽藏》相同；"企"，《资福藏》《碛砂藏》《普宁藏》《永乐南藏》作"尔"，《赵城金藏》作"佱"。

③ 谓诸经典循环研核摩呾理迦，底本与《房山石经》《资福藏》《碛砂藏》《赵城金藏》《普宁藏》《永乐南藏》《径山藏》相同；《高丽藏》"核"作"窍"。

理迦，谓于是处，世尊自广分别诸法体相。又于是处，诸圣弟子已见谛迹。依自所证，无倒分别诸法体相[①]，此亦名为摩呾理迦。即此摩呾理迦，亦名阿毗达磨。犹如世间一切书筭诗论等皆有摩呾理迦，当知经中循环研核诸法体相亦复如是。又如诸字，若无摩呾理迦，即不明了。如是契经等十二分圣教，若不建立诸法体相，即不明了；若建立已，即得明了。又无杂乱宣说法相，是故即此摩呾理迦，亦名阿毗达磨。又即依此摩呾理迦，所余解释诸经义者，亦名论义。

等起者，谓由三种若事、若时、若补特伽罗依处故，随应当说。谓如是补特伽罗有如是行，为令离欲乃至庆喜。

已说等起。次应说义。

义者，略有二种：一者，总义；二者，别义。

由四种相，当说总义：一者，引了义经故；二者，分别事究竟故；三者，行故；四者，果故。行复二种：一者，邪行；二者，正行。果亦二种：一者，正行果；二者，邪行果。

由四种相，当说别义：一者，分别差别名；二者，分别自体相；三者，训释言词；四者，义门差别。训释言词，复由五种方便：一、由相故；二、由自性故；三、由业故；四、由法故；五、由因果故。义门差别，当知复由五相：一者，自性差别故；二者，界差别故；三者，时差别故；四者，位差别故；五者，补特伽罗差别故。

此中，自性差别者，谓色自性有十色处差别，受自性有三受差别，想自性有六想差别，行自性有三行差别，识自性有六识差别。如是等类，当知诸法自性差别。界差别者，谓欲界差别故，色界差别故，无色界差别故。时差别者，谓过去时差别故，未来时差别故，现在时差别故。位差别

① 无倒分别诸法体相，底本与《资福藏》《碛砂藏》《普宁藏》《永乐南藏》《径山藏》《高丽藏》相同；《房山石经》《赵城金藏》“倒”作“到”。

者，当知有二十五种分位差别，谓下、中、上三位差别故，苦、乐、不苦不乐三位差别故，善、不善、无记三位差别故，闻、思、修三位差别故，增上戒、增上心、增上慧三位差别故，内、外二位差别故，所取、能取二位差别故，所治、能治二位差别故，现前、不现前二位差别故，因、果二位差别故。补特伽罗差别者，如前所说二十七种补特伽罗，应知差别。

释难者，若自设难，若他设难，皆应解释。当知此难略由五相：一者，为未了义，得显了故，如言："此文有何义耶？"二者，语相违故，如言："何故世尊先所说异，今所说异？"三者，道理相违故，如有显示与四道理相违之义。四者，不决定显示故，如言："何故世尊于一种义，于彼彼处种种异门差别显示？"五者，究竟非现见故，如言："内我有何体性，有何色相，而言常恒无有变易，如是正住？"如是等类难相，应知。

于此五难，随其次第，应当解释。谓于不了义难，方便显示[①]。于语相违难，显示意趣随顺会通。如于语相违难，显示意趣随顺会通，如是于不决定显示难，于究竟非现见难，当知亦尔。于道理相违难，或以黑教而决判之[②]，或复示现四种道理，或复示现因果相应。所谓此言或为增果，或为增因。

又于释难应设四记：一者，一向记，谓为如理来请问者无倒建立诸法性相；二者，分别记，谓为如理或不如理来请问者开示差别诸法性相；三者，反问记，谓为令彼戏论问者自收己过[③]；四者，置记，由四因缘默置而记，谓无体性故，甚深等故，此广如前《思所成地》已说其相。又如有问如

① 方便显示，底本与《碛砂藏》《普宁藏》《永乐南藏》《径山藏》相同；《房山石经》《资福藏》《赵城金藏》《高丽藏》"示"作"了"。

② 或以黑教而决判之，底本与《资福藏》《碛砂藏》《赵城金藏》《普宁藏》《永乐南藏》《径山藏》相同；《房山石经》《高丽藏》"黑"作"异"。

③ 谓为令彼戏论问者自收己过，底本与《资福藏》《碛砂藏》《赵城金藏》《普宁藏》《永乐南藏》《径山藏》相同；《房山石经》《高丽藏》"收"作"叙"。

来灭后为有无等，此于世俗及胜义谛所有理趣皆不应记，是故说彼名为置记。此中，如来约胜义谛非有性故，不可记别；约世俗谛所依、能依道相违故，彼果永断不成实故，亦不可记如来灭后是有无等。

次第者，略有三种：一者，圆满次第；二者，解释次第；三者，能成次第。为欲显示此三次第，略引圣教。如世尊言："我昔出家，甚为盛美，第一盛美，最极盛美。"此言显示盛美圆满次第。又复说言："我曾处父净饭王宫，颜容端正，乃至广说。"此言显示盛美解释次第。又复说言："为何义故，盛美出家？由见老、病、死等法故。"此言显示能成次第。又复经中略说诸法，如言三受，乐受、苦受、不苦不乐受。如是等类，但显圆满次第。由所余句，圆满此受，故名圆满。如受，四谛亦尔，谓先说一句，后后随顺次第宣说。能成次第复有二种，谓或以前句成立后句，或以后句成立前句。解释次第，当知亦尔。

师者，谓成就十法，名说法师众相圆满。一者，善于法义，谓于六种法、十种义善能解了故。二者，能广宣说，谓多闻闻持，其闻积集故。三者，具足无畏，谓于刹帝利等胜大众中宣说正法，无所怯惧故。又因此故，声不嘶掉，腋不流汗[①]，念无忘失故。四者，言词善巧，谓语工圆满，八支成就，言词具足，处众说法故。语工圆满者，谓文句相应、助伴等，乃至广说。八支成就者，谓此语言先首、美妙等，乃至广说。五者，善方便说，谓二十种善巧方便宣说正法故[②]，如以时、殷重等。六者，具足成就法随法行，谓不唯听闻以为究竟，如其所说，即如是行故。七者，威仪具足，谓说法时，手足不乱，头不动摇，面无变易，鼻不改异，进止往来，威仪庠序

① 腋不流汗，底本与《房山石经》《资福藏》《碛砂藏》《普宁藏》《永乐南藏》《径山藏》《高丽藏》相同；《赵城金藏》"汗"作"汙"。

② 谓二十种善巧方便宣说正法故，底本与《资福藏》《碛砂藏》《赵城金藏》《普宁藏》《永乐南藏》《径山藏》《高丽藏》相同；《房山石经》"二十"作"十二"。

故。八者，勇猛精进，谓常乐听闻所未闻法，于已闻法，转令明净，不舍瑜伽，不舍作意，心不舍离内奢摩他故。九者，无有厌倦，谓为四众广宣妙法，身心无倦故。十者，具足忍力，谓骂弄诃责，终不反报，若被轻懱[①]，不生忿慼，乃至广说。

说众者，谓处五众，宣八种言。何等为八？一者，可喜乐言；二者，善开发言；三者，善释难言；四者，善分析言；五者，善顺入言；六者，引余证言；七者，胜辩才言；八者，随宗趣言。五众者：一、在家众；二、出家众；三、净信众；四、邪恶众；五、处中众。

可喜乐言者，当知有五相：一、有证因；二、有譬喻；三、语具圆满；四、文句绮靡；五、言词显了。善开发言者，开深隐义，令麤显故；辩麤显义，令深隐故。善释难言者，以要言之，当知离五种难，善成就故。善分析言者，于一一法，依增一道理，乃至析为十种，或复过此。如依三法说，或依四念住，乃至广说。善顺入言者，唯善显现解释契经、应颂等法，终不引余外道邪论。引余证言者，谓引余经，成立所说。胜辩才言者，随自所忍，善分别义。随宗趣言者，依摩呾理迦分别显示，或依其余无倒说者所说言教，如理解释。

复次，处在家众，应依毁诸恶行、赞诸善行现说正法，令其止息及进修故；处出家众，应依增上戒等三学现说正法，令速欣乐故；处净信等众，应依圣教广大威德现说正法，如其次第，令倍增长，令处中信，令生净信故。

① 若被轻懱，底本与《资福藏》《碛砂藏》《普宁藏》《永乐南藏》《径山藏》相同；《房山石经》《赵城金藏》《高丽藏》“懱”作“蔑”，下同。

瑜伽师地论卷第八十二

摄释分之下

听者，谓如是说法者说正法时，应安处他令住恭敬无倒听闻。

云何安处？谓或由一因，或乃至十。

一因者，谓恭敬听法，现前能证利益安乐故。此中，或有利益非安乐等四句，如《菩萨地》法受中已说。

二因者，谓善建立一切法故。善建立者，离诸过故，具大义故，又为说者、听者所设劬劳有胜果故。若不尔者，能说能听，徒废己业，虚设功劳，应无有果。

三因者，恭敬听法，能令众生舍恶趣故，得善趣故，速能引摄涅槃因故。如是三事，要由恭敬听闻方得。

四因者：一、恭敬听法，能善了达契经等法；二、如是正法能令众生舍诸不善，摄受诸善，若善听者，则能精勤若舍若受；三、由舍受故，舍离恶因所招后苦；四、由此受舍善恶因故，速证涅槃。

五因者，谓佛世尊所说正法，有因缘，有出离，有依趣，有勇猛，有神变。如是诸句，如《摄异门分》当广分别。复有五因，谓我当闻所未闻，我当闻已研究，我当除断疑网，我当弃背诸见，我当以慧通达一切甚深句义。诸佛世尊说此五种，显闻、思、修三所成慧，清净方便，谓初二种显闻所成慧，次二种显思所成慧，后一种显修所成慧。

六因者：一、为欲敬报大师恩德，谓佛世尊为我等故，行于无量难行苦行，求得此法，云何今者而不听闻？二、观自义利，谓佛正法，有现义利；三、究竟能离一切热恼；四、善顺正仪；五、易可了见；六、诸聪慧者内证所知。

七因者，谓我当修习七种正法[1]，我当知法知义，乃欲善知补特伽罗尊卑差别。

八因者：一、佛法易得，乃至为旃荼罗等而开示故；二、易可修学，行住坐卧皆得修故；三、引发义利，谓能引发增上生果、决定胜果故；四、初善故；五、中善故；六、后善故；七、感现乐果故；八、引后乐果故。

九因者，谓能解脱九种世间逼迫事故：一、能出生死大牢狱故；二、永断贪等坚牢缚故；三、弃舍七财贫，建立七财富故；四、超度善行闻正法俭，建立善行闻正法丰故；五、灭无明闇，起智慧明故；六、度四暴流[2]，升涅槃岸故；七、究竟能疗烦恼病故；八、解脱一切贪爱[羂]故；九、能度无始生死旷野稠林行故。诸牢狱中，生死牢狱最为第一，是故先说；

十因者：一、恭敬听法，得思择力，由此能受闻法胜利，如法求财，不以非法，深见过患而受用之。二、善知出离，谓丧失财宝，无忧无慼，亦不嗟怨，乃至广说；眷属离坏，若遭病苦，不甚悲叹，亦不愁恼，乃至广说。三、于诸欲中深见过患，及见出离最胜功德，清净出家，舍离上妙卧具贪著，乃至能证诸妙静虑。四、恭敬听法，速顺证解广大甚深、相似甚深诸缘起法，又能引发广大善根出离欢喜。如世尊说："我圣弟子专心属耳听闻正法，能断五法，能修七法[3]，速疾圆满。"五、诸圣弟子恭敬听法，所有集法皆成灭法。六、解正法已，远尘离垢，于诸法中生正法眼。七、能引摄证预流果最胜资粮，乃至证得阿罗汉果，及能引摄阿罗汉果最胜资粮。

---

① 谓我当修习七种正法，底本与《径山藏》相同；《房山石经》《资福藏》《碛砂藏》《赵城金藏》《普宁藏》《永乐南藏》《高丽藏》"习"作"集"。

② 度四暴流，底本与《资福藏》《碛砂藏》《赵城金藏》《普宁藏》《永乐南藏》《径山藏》《高丽藏》相同；《房山石经》"暴"作"瀑"。

③ 能修七法，底本与《房山石经》《资福藏》《赵城金藏》《普宁藏》《永乐南藏》《径山藏》《高丽藏》相同；《碛砂藏》"七"作"十"。

八、能引摄独觉资粮。九、能善引摄无上正等菩提资粮。十、能引一切世间出世间静虑[1]、解脱、等持、等至。

赞佛略广者，谓说法师将欲开阐，先当赞佛。赞，有二种：一、略；二、广。

略赞佛者，由五种相，应当了知：一者，妙色；二者，静寂；三者，胜智；四者，正行；五者，威德。妙色者，谓三十二大丈夫相、八十随好。静寂者，谓善能密护诸根门等，及能永拔烦恼习气。胜智者，谓于过去、未来、现在世法及非世法无礙无著。正行者，谓自他利正行圆满。威德者，谓诸如来神通游戏。

复有六种略赞如来，谓功德圆满故，离垢染故，无浊秽故，无与等故，唯利有情以为业故，于此业用有堪能故。此广分别，如《摄决择分》。

广赞佛者，谓佛世尊无边名称，德无量故；能施光明，发智明故；能除黑闇，永灭一切无智闇故；成就明眼，具三眼故；见胜义谛，了知无等诸圣谛故；成就禁戒，戒圆满故，戒耆宿故。

如是两足中尊，诸调御中最胜最上，沙门众中最为殊美，是诸世间难得珍宝。如是为哀愍者，为大悲者，乐为义者，求利益者，常悲愍者。如是为眼，为智，为义，为法，于明了义能善决定，凡有所作，皆依于义。如是能证一切所未证义，由先证圣八支道故，自然证故。善能制立所未曾立，胜梵行故。是知道中者[2]，是证道者，是示道者，是说道者，是引导者。

如是是人中师子，离怖畏故；是人中牛王，御大众故；是人中持御，众上首故；是人中龙王，无误失故；是人中良马，心善调故；是人中最胜，

① 能引一切世间出世间静虑，底本与《房山石经》《资福藏》《碛砂藏》《普宁藏》《永乐南藏》《径山藏》相同；《赵城金藏》《高丽藏》“间出”作“出”。

② 是知道中者，底本与《资福藏》《碛砂藏》《赵城金藏》《普宁藏》《永乐南藏》《径山藏》相同；《房山石经》《高丽藏》“道中”作“中道”。

家族姓等，映众人故；是人中最上，戒。正行。智胜威德等映众人故；是人中莲华，世间八法所不染故。如是是无等者，无与等故；无等等者，等去、来、今无等者故；是最第一，于诸有情为最上故；是大仙王，戒耆宿故，长时积集胜梵行故，证古大仙所证道故；是最胜者，于诸外道烦恼等魔能得胜故；是大牟尼，无有一切掉慢等故，与三寂静具相应故；不可引夺，一切生等及诸异论不引夺故；善沐浴者，永离一切诸恶法故；到彼岸者，超度一切萨迦耶故。

如是如来、应、正等觉，乃至广说是薄伽梵。如是白法圆满一切智者一切法主无忘失法，于诸有情坚固最胜，一切苦乐不扰其心，是善调者，密护根门，善圆满故；是寂静者，受持尸罗善圆满故；是安隐者，已入决定地故；般涅槃者，已证菩提故；拔毒箭者，拔爱箭故；调未调者，静未静者，已如前说；安慰一切不安隐者，善能安立诸异生等，令证预流、一来果故；寂灭一切未寂灭者，善能建立住初二果，令证不还及阿罗汉果故；无杻械者，出火坑者，度深堑者，制诸求者，无倾动者，摧慢幢者，大常住者。

如是是阿罗汉，诸漏永尽，如前广说，乃至尽诸有结。如是永断五支，成就六支，广说乃至纯善积集最上丈夫。如是善知法者，乃至善知补特伽罗有尊卑者。如是是大沙门、大婆罗门、离垢、无垢、良医、商主是胜观者，是世间依，是众生尊。此中离垢者，烦恼障断故；无垢者，所知障断故，又永拔习气，故名无垢；日夜六反观察世间，故名胜观。

如是是一切种善清净者，大丈夫相及随形好庄严身者，具足十力为大力者，具四无畏无所畏者，是大悲者，于三念住善住念者，成就三种不护法者，无忘失法、永害一切烦恼习气、具一切种微妙智者。此中，大悲者，长时积集故，谓经三大劫阿僧企耶方乃证得。又复依缘一切有情故，缘一切种苦为境界故，于诸众生一切损恼变异利养得无转故，于诸有情平等转故。

复次，此中诸说法师应于如是安立释经法相，先当寻求若文若义[①]；次复为他转五种释，如先所说解释道理，宣说正法。又应如是安立自身于先所说说法者相，谓善法义等十种圆满。如是自安立已，应起如是品类言说，谓处五大众，以如前所说可喜乐等八种言词为众说法。又安处他令住恭敬无倒听闻。又应先赞大师功德。若有具足如是五分说正法者，当知犹如五分音乐[②]，能令自他生大喜乐，又能引发自他利益。

若能如是善修学已，当知具足五种胜利：一、于佛言义解了不难；二、能善圆满说诸法相；三、能善起发自他相续广大欢喜；四、能引善出离、乃至天上人中称誉遍满；五、能生起无量功德。

复次，如经中说住学胜利，当知此经，文、义为体。

文者，谓此经言："汝等苾刍应当安住修学胜利。"此中有十二字、四名、一句，如是则摄名、句、字身。此中言说是学处相，则摄行相；如来言说本为苾刍请问，则摄机请；如来所说言音，则摄于语。是故此经一句具摄六文。如是"慧为上首"等诸句中，皆随相应知。

义者，谓地义中但说声闻地，或具五地。经言学胜利者，是资粮地；慧为上首者，是加行地；解脱坚固念为增上者，是见地、修地、究竟地，是名地义。

于相义中，学胜利者，是戒自相；慧为上首者，具二种相，谓于慧自相、所依、助伴等中，唯慧自体是慧自相，慧之所依、助伴、所缘名为共相。解脱坚固者，谓永离一切烦恼麤重，是解脱自相；念为增上者，是念自

① 先当寻求若文若义，底本与《房山石经》《资福藏》《碛砂藏》《普宁藏》《永乐南藏》《径山藏》《高丽藏》相同；《赵城金藏》"若义"作"义"。

② 当知犹如五分音乐，底本与《房山石经》《资福藏》《碛砂藏》《普宁藏》《永乐南藏》《径山藏》《高丽藏》相同；《赵城金藏》"当"作"常"。

相，是名相义。

作意义中，学胜利者，非诸作意，唯显作意建立处所；慧为上首者，应知了相、胜解作意；解脱坚固者，显示远离、摄乐、方便究竟、方便究竟果作意；念为增上者，当知此显观察作意，是名作意义。由此道理，于智等中应随建立。

依处义中，依于涅槃学处所摄清净行，随其所应，起教导等，所谓教导乃至庆喜。当知此中亦通有善等行，随其最胜，但说清净行。出家补特伽罗，是补特伽罗依处。又依輭根等一切补特伽罗，应当庆喜。又于过去、现在时应当庆喜，已证得故，正证得故。于现在时，起于示现；于未来时，起于教导及赞励。是名依处义。

胜利义中，谓修三学速得圆满，是胜利义。

过患义中，谓出家者不应行于异行，不应储余财物。

所治义中，谓犯尸罗、无智、烦恼及忘失念。当知护尸罗等，即是能治义。又一切杂染行皆是所治，三学等行皆是能治。

于略义中，谓住学胜利，乃至念为增上。此略举宗，名为略义。当知即分别此，名为广义。是名略广义，除此更无若过若增。

复次，于解释中，法者，谓于十二分教，当知此是契经所摄；又是记莂，由了义故。

等起者，谓应当说依止处所。为欲自显遍行行智力故[①]，发起此经。又为显示精勤修习清净行者，及为显示重财利者，令信解彼所化有情，依住学胜利等精进修习，速得圆满三学胜利。又为显示四种苾刍体故。此中，经言学胜利者，为令远离种性、形相苾刍体故，及令远离诈现轨则密护威仪苾刍体故。慧为上首者，为令远离计著虚妄声誉称赞苾刍体故。解

① 为欲自显遍行行智力故，底本与《房山石经》《资福藏》《碛砂藏》《普宁藏》《永乐南藏》《径山藏》相同；《赵城金藏》《高丽藏》“行行”作“行”。

脱坚固，念为增上者，劝令修习真实正行苾刍体故。所以者何？若有爱乐声誉等者，虽自勉励听受正法，慧不增长。若有远离前所说过，便于真实正行摄受正解脱中堪任劝导。又为于下劣生喜足者，劝令渐渐修学增进；为乐追求随顺世间文章咒术，于戒慢缓者，说学胜利；为守尸罗，舍多闻者，说慧为上首；为唯于闻思生喜足者，说解脱坚固；为于戒慧解脱起增上慢者，说念为增上，如是等类，皆名等起。

义者，谓总义中，当知此经宣说正行及正行果。如是戒等三学，当知是名学之边际。又言如是住者，此显正方便，四种瑜伽所摄。又言如是住三学者，此显正行果。此中，信、欲为先，摄受尸罗；听受，精进、慧等方便。

于别义中，所言学者，是勤精进如圣教行，若习若修，名之差别。清净身语、正命现行，是学自性。由此正行尸罗、忍辱等修显发，故名为学；又为静寂及为清凉进习除灭，故名为学。如是等类训释名言，又应如前说相故、自性故、业故、法故及因果故。

义门差别中，自性差别者，谓学胜利是所显示七品尸罗，或过二百五十学处[①]。界差别者，谓欲行中有别解脱律仪，色、无色行中有静虑律仪，无漏律仪非界所系。时差别者，谓学胜利，过去已学，未来当学，现在正学。此学胜利，当知于去、来、今平等无异。

位差别者，谓已入正法补特伽罗，诸学胜利未成熟者是下位，正成熟者是中位，已成熟者是上位。若心不喜乐勉励修行诸梵行者，此学胜利是苦位；若心喜乐不自勉励修梵行者，此学胜利是乐位；若于梵行非喜乐非不喜乐者，此学胜利是不苦不乐位。又学胜利皆是善位，非不善位，非无记位。若听受者，是名闻位；若思惟者，是名思位；若修习者，是名修位。若未证得增上心、慧，唯是增上戒位。若证得者，亦是增上心、慧二位。如是

① 或过二百五十学处，底本与《房山石经》《资福藏》《碛砂藏》《赵城金藏》《普宁藏》《永乐南藏》《径山藏》相同；《高丽藏》“二”作“一”。

等类，是位差别。

补特伽罗差别者，此中意说出家补特伽罗或是钝根，或是利根，或贪等行，或等分行，或薄尘行。唯是声闻，非诸独觉，非诸菩萨。由彼独觉别觉悟故，菩萨解脱为坚固故，不说共住修学胜利。又复此中唯说般涅槃为法者，已入正法者，无有障碍者，亦具缚者，不具缚者，非无缚者。唯人，非天。如是等类，名补特伽罗差别。

如于学胜利，如是于慧为上首性，于解脱坚固性，于念为增上性，随其所应，当知皆有五种差别。

此中，胜利者，是功德、增进、圆满名之差别。如说当观十种胜利，是其自性。此法能有饶益，应可称赞，故名胜利。又复此法随生有情定应随逐，故名胜利。又复此法称赞所随，故名胜利。门差别者，当知十种差别，谓能摄受于僧，令僧精恳，乃至广说。

此中，苾刍者，是沙门、舍离家法趣非家等名之差别。具足别解脱律仪众同分，是其自性，于其形色勤精进故，怖畏恶趣自防守故，摄无损故，名为苾刍。门差别者，谓刹帝利等差别故，上族、下族差别故，少、中、老年差别故，当知是门差别。

此中，住者，是俯就于时、精勤、修习名之差别。此住自性，离所说学，无有别法。种种威仪摄受时分，故名为住。此是训词。门差别者，谓威仪差别故，朝中后分差别故，日夜差别故，当知是名住门差别。

此中，慧者，是智、见、明、现观等名之差别。简择法相心所有法为其自性。训词者，简择性故，治无智故，名之为慧。又各品别能了知故，名之为慧。又能显了诸聪慧者是聪慧性，故名为慧。门差别者，随其所应，如前安立[①]。

① 如前安立，底本与《资福藏》《碛砂藏》《赵城金藏》《普宁藏》《永乐南藏》《径山藏》《高丽藏》相同；《房山石经》“安立”作“分别”。

此中，解脱者，是永断、离系、清净、灭尽、离欲等名之差别。自性者，谓麤重永害，烦恼永断。训词者，谓能脱种种贪等系缚，故名解脱。又复世尊为种种牟尼说此以为牟尼体性，故名解脱。门差别者，谓待时解脱、不动解脱、见所断解脱、修所断解脱、欲行解脱、色行解脱、无色行解脱。如是等类义门差别，如前应知。

此中，念者，是不忘失、心明记忆名之差别。自性者，是心所有法。训词者，追忆诸法，故名为念。又随所经事，随其作意，由此能令明了记忆，故名为念。门差别者，谓佛随念、法随念等，乃至广说六种随念。如是，如念住差别，当知广说差别。又复如前，随其所应，当知差别。

复次，于释难中。

问：住学胜利者，义何谓耶？

答：此增语显示于增上戒学，见胜功德住。

问：慧为上首者，义何谓耶？

答：此增语显示于诸根中，慧根第一。

问：解脱坚固者，义何谓耶？

答：此增语显示见修所断烦恼永断。

问：念为增上者，义何谓耶？

答：此增语显示于少下劣不生喜足。

问：于余经中，三学次第，世尊异说，何故此中增上戒后说增上慧，非增上心？

答：此中显示住学胜利。由此言说，显闻等所成慧摄受无悔等，由此渐次得三摩地，即是显示增上心学。如世尊说："于是五根最能摄受所摄受者，所谓慧根。由诸苾刍成就慧根，乃至能修定根，如是乃至成就定根，当知皆是慧根之力。"今此经中，世尊显示慧根是三摩地引因及烦恼断引因，增上心学与增上慧学俱时而说。

问：余经中说三学修习，进趣圆满，何故不说增上心学修习满耶[①]？

答：如前所说，当知此中道理亦尔。

问：何故此中但说住学胜利，不说住慧胜利、住解脱胜利等？

答：于下劣中劝取胜利，当知亦令所化有情于胜妙中摄受胜利。又摄受于僧、令僧精悬等十种胜利，分明易了，易可悟入，是故但说住学胜利。

问：夫解脱者，于诸法中最为殊胜，何因缘故，但说住慧上首，不说住解脱上首？

答：于下劣中劝取上首性，当知亦令所化有情于胜妙中摄受上首性。又于解脱显示不共差别功德故。何等名为不共差别功德？谓于无常，无上慧边，解脱常故，最为坚固。

问：何等名为住学胜利？

答：如所施设诸学处中观十胜利，常守尸罗，坚守尸罗，常作常转，如是名为住学胜利。

问：摄受于僧等诸句有何义耶？

答：摄受于僧者，是总句。令僧精悬者，令离受用欲乐边故。令僧安乐者，令离受用自苦边故。未净信者，令净信者故[②]。未入正法者，令入正法故。已净信者，令增长故[③]。已入正法者，令成熟故。难调伏者，令调伏

① 何故不说增上心学修习满耶，底本与《房山石经》《资福藏》《碛砂藏》《赵城金藏》《普宁藏》《永乐南藏》《径山藏》相同；《高丽藏》"满"作"圆满"。

② 令净信者故，底本与《资福藏》《碛砂藏》《普宁藏》《永乐南藏》《径山藏》相同；《房山石经》《高丽藏》无"故"字；《赵城金藏》无"者"字。

③ 令增长故，底本与《资福藏》《碛砂藏》《赵城金藏》《普宁藏》《永乐南藏》《径山藏》相同；《房山石经》《高丽藏》"故"作"者"。

故[1]。犯尸罗者，善驱摈故。令惭愧者，安乐住者[2]。净持戒者，令无悔故。防现法漏者，随顺摧伏烦恼缠故。害后法漏者，止息邪愿修梵行故，随顺永断惑随眠故。为令多人梵行久住转得增广，乃至为诸天人正善开示者，为令圣教长时相续无断绝故。

如是十种胜利，略摄为三，即此三种广开为十。何等为三？一者，令僧无染汙住；二者，令僧得安乐住；三者，令佛圣教长时随转。此中由七种随护，显示无染汙住及安乐住。七种随护者：一、敬养随护；二、自苦行随护；三、资财乏少随护；四、展转相触随护；五、心追变随护；六、烦恼缠随护；七、邪愿随护。最后一句，显示圣教长时随转。

云何常守尸罗？谓不弃舍学处故。云何坚守尸罗？谓不毁犯学处故。云何常作？谓于学处无穿穴故。云何常转？谓穿穴已，复还净故。云何受学学处？谓具随学诸学处故[3]。如是行者常守尸罗，坚守尸罗，闻正法已，独居静处，系念思惟，筹量观察，为欲趣求增上心、慧。依闻、思、修所生妙慧，能证解脱，此解脱性无退法故，说名坚固，是出世间圣智果故。又此行者由正念力审自观察："我尸罗蕴为圆满不？我于诸法为有正慧善通达不？我于解脱为善证不？"如是依止正念力持，具学胜利，发上首慧，证坚解脱。又此正念略有三种，谓或因说法故，或依教授故，或由观察应作不应作故。

问：世尊说戒有无量种，谓事善戒、苾刍戒、近住戒、静虑戒、等持戒、圣所爱戒。如是等戒，今依何说住学胜利？

---

① 令调伏故，底本与《资福藏》《碛砂藏》《赵城金藏》《普宁藏》《永乐南藏》《径山藏》相同；《房山石经》《高丽藏》"故"作"者"。

② 安乐住者，底本与《房山石经》《资福藏》《碛砂藏》《普宁藏》《永乐南藏》《径山藏》《高丽藏》相同；《赵城金藏》"者"作"故"。

③ "云何受学学处"至"谓具随学诸学处故"，底本与《房山石经》《资福藏》《赵城金藏》《径山藏》《高丽藏》相同；《碛砂藏》《普宁藏》《永乐南藏》无。

答：依苾刍戒，由最胜故。

问：世尊说慧亦有多种，谓闻所成慧、思所成慧、修所成慧。依何慧说住慧上首？

答：具依三慧。

问：世尊说解脱亦有多种，谓世间解脱、出世解脱①、有学解脱、无学解脱、可动解脱、不可动解脱。如是等类，今依何说住解脱坚固？

答：依出世间不动解脱。

问：世尊说念亦无量种，谓于身住念、于受住念、于心住念、于法住念、于久所作所说随念、于所受诵诸法随念、教授随念、应作不应作随念、佛随念等所有诸念。今于此中，依何念说念为增上？

答：就胜为言，依应作不应作观察随念。

复次，于次第中，先应安住苾刍尸罗，次应听受如来正法，次应如理作意思惟。如是行者，由净持戒，无有忧悔；由无悔等，渐次生定；由正方便所摄智慧如理作意正思惟故，增上心学速得成满。如是名为圆满次第，前前后后渐圆满故。

能成次第者，谓由住学胜利，能成慧为上首；由慧为上首，能成解脱坚固。云何能得住学胜利，乃至能成解脱坚固？谓由念为增上。如是名为能成次第。又如是住，修习三学速得圆满。此亦名为能成次第。

解释次第者，谓能善教诫声闻弟子一切应作不应作事，故名大师。又能化导无量众生令苦寂灭②，故名大师。又为摧灭邪秽外道出现世间，故名大师。从他听闻正法音声，又能令他闻正法声，故曰声闻。

① 出世解脱，底本与《房山石经》《资福藏》《碛砂藏》《赵城金藏》《普宁藏》《永乐南藏》《径山藏》相同；《高丽藏》“世”作“世间”。

② 又能化导无量众生令苦寂灭，底本与《房山石经》《资福藏》《碛砂藏》《普宁藏》《永乐南藏》《径山藏》《高丽藏》相同；《赵城金藏》“苦”作“普”。

问：何因缘故，唯为声闻说住学胜利等？

答：由声闻众是佛世尊随顺修学真实子故。

此中，法者，当知宣说名、句、文身。学处者，谓所宣说五毁犯聚。具怜愍者，谓于长夜诸有情所，恒住慈等诸无量故。具大悲者，谓能拔济无量众生多苦法故。乐义利者，能与众生多乐法故。求利益者，能与众生无量品类妙善法故。恒悲愍者，能拔众生无量诸恶不善法故。为令多人梵行久住者，依刹帝利等族姓说。转增广者，即依如是有情种类，后后增广说。乃至为诸天人者，谓即依彼有势力说。此中显示世尊大悲普覆一切，非唯一分。

正善开示者，谓如其所有性故，及尽其所有性故。宣说正法者，谓十二分教，听受，研寻，任持，读诵，处静思惟如是正法。如是能令汝利益者，依增上戒说。如是能令汝安乐者，谓不依止弊苦艰难不自在行。如是能令汝利益安乐者，谓离欲者增上心行、增上慧行，此行善故，名为利益；能饶益故，名为安乐。复次，若于是处，世尊赞美杜多功德，是名利益；若于是处，世尊听受百味饮食、百千衣服，是名安乐；若处，世尊制立三学，如是名为利益安乐。

又说如来于诸法中，以彼彼慧善观察者，若为利益，若为安乐，若为利益安乐，依增上戒学、增上心学、增上慧学说。当知此中，有二因缘名善观察：一者，长夜串习遍了知故[①]；二者，无倒正觉悟故。于彼彼解脱善证得者，依增上心、增上慧说。由二因缘名善证得：一者，到究竟故；二者，不还法故。无退法故。

我尸罗蕴不圆满者，谓或于尸罗修习一分，或不依止如是尸罗，圆满修习诸定地戒。我于诸法不善观察者，由二种相，如前应知。我于解脱不

① 长夜串习遍了知故，底本与《资福藏》《碛砂藏》《赵城金藏》《普宁藏》《永乐南藏》《径山藏》《高丽藏》相同；《房山石经》“串”作“惯”。

善证得者，由二种证，如前应知。我所应说如是已说者，谓总结前略所标举及广分别。

复次，由六种相，应当解释一切契经。一者，遍知事故；二者，舍离恶行及诸烦恼、随烦恼故；三者，受学善行故；四者，由如病等行智、遍知通达故；五者，由彼果故；六者，由自及他领受彼果故。由此六相，及由如前所建立相，应善解释一切经典。此中，事者，谓蕴、界、处、缘起、念住及正断等。彼果者，谓厌患、离欲、解脱及遍解脱。自他领受彼果者，谓我生已尽。

如是等类，名《摄释分》。

瑜伽师地论卷第八十三

摄异门分之上

如是已说摄释。云何摄异门?

总嗢柁南曰[①]:

白品与黑品，异门等宣说，

为开悟义学[②]，略总颂应知。

别嗢柁南曰:

师第一二慧，四种善说等，

亦有因缘等，施戒道广说。

此中大师，所谓如来。绍师，即是第一弟子，如彼尊者舍利子等。言袭师者，谓轨范师，若亲教师，若同法者、能开悟者、令忆念者。大师即是立圣教者，绍师即是传圣教者，袭师即是随圣教者。开许、制止一切应作不应作故，时时教授教诫转故，当知即是能说、传说及随说者。

驱摈造作不应作故，名能奖者。庆慰造作应作事故，名胜奖者。于前二事能开示故，名至奖者。随所生起一切疑惑皆能遣故，名能导者。恶作忧悔皆能遣故，名胜导者。一切烦恼及随烦恼皆能遣故，名至导者。于诸疑惑能断除者，谓未显义能显发故，已显发义令明净故，甚深义句以慧通达广开示故。

---

① 总嗢柁南曰，底本与《资福藏》《碛砂藏》《普宁藏》《永乐南藏》《径山藏》相同;《房山石经》《赵城金藏》《高丽藏》“柁”作“拕”，下同。

② 为开悟义学，底本与《资福藏》《碛砂藏》《赵城金藏》《普宁藏》《永乐南藏》《径山藏》相同;《房山石经》《高丽藏》“学”作“觉”。

誓许为作轨范尊重所依止故，名第二伴。随转伴故，名为善友。宿昔同处居家乐故，名为知识。父母宗亲互相系属，名怜愍者①。若非眷属而施恩惠，名有恩者。

言义利者，名所求事，能引义利；乐为此故，名乐义利。言利益者，名为善行；乐为此故，名乐利益。言安乐者，名安乐住益身心义②；乐为此故，名乐安乐。依现法乐，名乐安隐；依后法乐，说名为乐相应安隐。

于一切事现正随从，故名信顺。若即于彼补特伽罗处所而起，故名为信。开彼功德及与威力、殊胜慧已，即于彼法处所而起随顺理门，故名净信。即由如是增上力故，身毛为竖，悲泣堕泪，如是等事是净信相。闻彼功德、威力等已，于行住等诸威仪中，恒常信彼实有功德，故名信述。

所言欲者，若于是处乐作乐得。言精进者，发起加行，其心勇悍。言策励者，既勇悍已，于彼加行正勤修习。言刚决者，发精进已，终无懈废，不坏不退。言超越者，殷重精进。言威势者，谓过夜分，或前一更，被服铠甲，当发精进③。言奋发者，如所被服发勤精进，或更升进④，威猛勇悍发勤精进。深见彼果所有胜利，故名勇锐。

于勤修时，堪能忍受寒等淋沥，故名勇悍。由善了知前后差别，于其胜上差别证中深生信顺所有精进，名难制伏。于少下劣差别所证进修善中无怯劣故，名无喜足。言励心者，谓于精进所有障处，一切烦恼及随烦恼诸魔事中，频频觉察，令心静息。言常恒者，谓即于此正加行中，能常修

① 名怜愍者，底本与《房山石经》《资福藏》《碛砂藏》《普宁藏》《永乐南藏》《径山藏》《高丽藏》相同；《赵城金藏》“怜”作“随”。

② 名安乐住益身心义，底本与《资福藏》《碛砂藏》《普宁藏》《永乐南藏》《径山藏》相同；《房山石经》《赵城金藏》《高丽藏》“乐”作“隐”。

③ 当发精进，底本与《房山石经》《资福藏》《赵城金藏》《普宁藏》《径山藏》《高丽藏》相同；《碛砂藏》《永乐南藏》“当”作“常”。

④ 或更升进，底本与《资福藏》《碛砂藏》《赵城金藏》《普宁藏》《永乐南藏》《径山藏》《高丽藏》相同；《房山石经》“升”作“胜”。

作，能不舍轭。

言正信者[①]，谓于大师说正法时，于此正法既听闻已，获得净信。不放逸者，谓得信已，于乐出离障碍法中，防护其心，恒常发起善法修习。言瑜伽者，受持，读诵，问论，决择，正修加行。言思惟者，随所受持究竟法义，审谛观察。言忆念者，于所观察一切法义，能不忘失[②]；于久所作久所说中，能正随念。言寻思者，即依如是无倒法义，起出离等所有寻思。

所言智者，谓出世间加行妙慧。所言解者，谓出世间正体妙慧。所言慧者，谓已证得出世间慧，后时所得世间妙慧。言观察者，谓由无倒观察作意，审谛观察已断未断、有余无余。言梵行者，谓八圣支道及与远离非正梵行习婬欲法。又言安住余梵行者，谓三十七菩提分法，彼由三处之所摄受，谓由奢摩他故，由毗钵舍那故，由修身念故。如其所应，彼自性故，彼品类故。此中，信、念俱通二品。

复次，即此大师亦称第一，自义行故；亦称为尊，他义行故；亦称为胜，俱义行故；亦称为上，映蔽一切诸外道故；亦称无上，映蔽一切声闻、独觉中下乘故[③]。

复有差别：言第一者，共诸世间善圆满故；所言尊者，共诸声闻善圆满故；所言胜者，共诸独觉善圆满故；所言上者，于烦恼障得清净故；言无上者，于所知障得清净故；

复有差别：言第一者，于欲行善得圆满故；所言尊者，于色行善得圆满故；所言胜者，无色行善得圆满故；所言上者，超过一切三界世间善圆

---

① 言正信者，底本与《房山石经》《资福藏》《碛砂藏》《普宁藏》《永乐南藏》《径山藏》《高丽藏》相同；《赵城金藏》“正”作“止”。

② 能不忘失，底本与《房山石经》《资福藏》《碛砂藏》《普宁藏》《永乐南藏》《径山藏》《高丽藏》相同；《赵城金藏》无“忘”字。

③ 中下乘故，底本与《资福藏》《碛砂藏》《赵城金藏》《普宁藏》《永乐南藏》《径山藏》相同；《房山石经》《高丽藏》“中下”作“下中”。

满故；言无上者，出世间善得圆满故。

无足有情者，如蛇等。二足有情者，谓人等。四足有情者，如牛等。多足有情者，如百足等。有色有情者，谓从欲界乃至第四静虑。无色有情者，谓从空无边处乃至非想非非想处。有想有情者，谓从欲界乃至无所有处，除无想天。无想有情者，谓无想天。非有想非无想有情者，谓非想非非想处所有生天。如是略说品类差别，显示如来三种第一，谓由蠢动故，由依止故，由心故。

复次，能得慧者，谓总摄一切能引义利所有善慧生长增益。广大慧者，谓輭、中、上品增进差别。清净慧者，谓宿世串习①，经历多时，其慧成熟。成办慧者，谓于诸烦恼遍知永断。圆满慧者，谓即此善慧已到究竟。无退慧者，谓即此善慧成无退法，究竟出离。言捷慧者，速疾了知故。言速慧者，慧无滞礙故。言利慧者，尽其所有，如其所有皆善了知故。

言出慧者，于出离法，世间离欲能善了知故。决择慧者，于出世间诸离欲法能了知故。甚深慧者，于甚深空相应缘起随顺诸法能了知故，又于一切甚深义句皆能如实善通达故。此中，如来慧能制立；声闻等慧，于所制立能随觉了。又大慧者，谓即此慧长时串习故。其广慧者，谓即此慧无量无边所行境故。无等慧者，其余诸慧无与等故。

言慧宝者，于诸根中，慧最胜故，如末尼珠，显发轮王毗瑠璃宝，令光净故，与彼相应，故名慧宝皆得成就。又慧眼者，谓俱生慧。言慧明者，谓他所引，则他所引善加行慧。言慧光者，谓即加行闻思成慧。言慧曜者，谓即由此修所成慧。言慧灯者，谓于如来所说经典甚深建立等开示故。言慧炬者，谓于法教随量随时能随转故。

言慧照者，谓于彼彼所有诸法，以其妙慧能善了知。虽善了知，犹随

① 谓宿世串习，底本与《资福藏》《碛砂藏》《赵城金藏》《普宁藏》《永乐南藏》《径山藏》《高丽藏》相同；《房山石经》“串”作“惯”，下同。

他转[1]，而未身证。慧无阂者，谓身作证。其慧根者，谓于他所证能遍了知增上力故诸所有慧。言慧力者，谓于自先后差别所证能遍了知增上力故，由法道理无退屈慧。

言慧财者，谓能招引一切自在最胜富贵，随获自心自在转故。又此慧宝，于一切财最为殊胜，能为一切世间珍财根本因故。如说慧剑及慧刀者[2]，谓能永断一切结故。言慧杖者[3]，谓能远防一切烦恼天恶魔故。言慧辔者，纵意根马，于善行地而驰骤故。慧无堕者，令诸身分不散坏故。

慧垣墙者，遍于一切一门转故。慧阶陛者，加行道故。慧堂殿者，到究竟故。为欲显示垣墙等三，复说三种，所谓界智、种种界智、非一界智。又正见者，能善通达真实法故。有学慧者，如理作意，复能引发心善解脱、慧善解脱。又于后时诸有学慧，谓预流果及一来果、不还果摄；诸无学慧，谓阿罗汉菩提所摄，若诸独觉菩提所摄，若诸如来最胜无上菩提所摄。

云何界智？谓能了知种种界故。若能了知十八界者，名非一界智。了知彼界种种品类，名种种界智。通达了知彼界、趣、地、补特伽罗品类差别故。又微细者，能入真实甚深义故。言审悉者，具能证入一切义故。

言聪明者，谓与引发慧相应故。言睿哲者，谓与俱生慧相应故。或复翻此。眼者，能取现见事故。智者，能取不现事故。明者，悟入尽所有事。觉者，悟入如所有事。言义行者，谓思所成善法摄故。言法行者，谓闻所成善法摄故。言善行者，施戒所成善法摄故。调柔行者，谓修所成善法摄故。

复次，言善说者，谓诸文句善圆满故。言善觉者，谓能善现等觉义故。

---

① 犹随他转，底本与《房山石经》《资福藏》《赵城金藏》《径山藏》《高丽藏》相同；《碛砂藏》《普宁藏》《永乐南藏》“犹”作“猛”。

② 如说慧剑及慧刀者，底本与《房山石经》《资福藏》《碛砂藏》《普宁藏》《永乐南藏》《径山藏》《高丽藏》相同；《赵城金藏》“刀”作“力”。

③ 言慧杖者，底本与《房山石经》《资福藏》《碛砂藏》《普宁藏》《永乐南藏》《径山藏》《高丽藏》相同；《赵城金藏》“杖”作“伏”。

言出离者，谓世间道，断除众苦，得出离故。趣等觉者，谓出世道，为超众苦而能真实现等觉故。无差别者，师与弟子所说文义相滋润故，不相违故。有窣堵波者，一切外道天魔及余世间不能倾动故。言有依者，具足四依，无失坏故。大师、如来、应、正等觉者，谓所说教善清净故。此中诸句，略显四种善说法律最极圆满，谓初二句显文义圆满，次二句显果圆满，次二句显行圆满①，后一句显师圆满。

复次，佛世尊法有因缘者，谓有缘起，制立一切所学处故。有出离者，谓有犯已，制立如法还出离故。言有依者，谓由四依，制立超越一切恶戒诸毁犯故。有超越者，制立远离受用欲乐、自苦行边，随顺士用令成就故。有神变者，谓由三种所现神变，为令获得速疾神通，无间制立正教授故。

复次，解脱舍者，回向涅槃故，于施果中无系著故。常舒手者，殷重广施故。乐弃舍者，施前、正施及与施后，意悦清净无追悔故。祠祀施者，一向如法，不以凶暴积集财物，时时数数周遍舍施所施物故。舍圆满者，谓于福田而奉献故。于惠施中乐分布者，谓于父母、妻子等所，时时平等而分布故。如是一切，总有六施：一、无所依施；二、广大施；三、欢喜施；四、数数施；五、田器施；六、摄受眷属施。此中，依止品类、时、处布施而说。

复次，广说戒者，中嗢柁南曰：

尸罗法杀生②，具戒等广说。

言尸罗者，谓能寂静毁犯净戒罪热恼故，又与清凉义相应故。言律仪者，谓是远离自体相故。言具足者，谓正摄受无悔等故。言清净者，摄受现

---

① 次二句显行圆满，底本与《资福藏》《碛砂藏》《赵城金藏》《普宁藏》《永乐南藏》《径山藏》相同；《房山石经》《高丽藏》“二”作“三”。

② 尸罗法杀生，底本与《房山石经》《资福藏》《碛砂藏》《普宁藏》《永乐南藏》《径山藏》《高丽藏》相同；《赵城金藏》“法”作“佉”。

行三摩地故。又言善者，谓能摄受可爱果故。言无罪者，谓能摄受自他利故。言无害者，谓能违拒执持刀杖斗诤等事。言随顺者，随顺证得诸沙门果及余所有胜功德故。言隐覆者，谓常隐覆自善法故。言显发者，谓常发露自恶法故。言端严者，谓具摄受诸少欲等所有沙门庄严具故。言福田者，摄受正见、轨范、净命圆满德故。言无热者，谓正远离自苦边故。言无恼者，远离受用欲乐边故。言无悔者，谓正远离染汙、不乐、忧感事故。

复次，善说法者，道理所摄故，住持胜德故[①]。毗奈耶者，随顺一切烦恼灭故。所言圣者，远离一切杂染汙法，令不生故。又言善者，能与无罪可爱果故。言应习者，应习近故。言善哉者，是诸圣贤称赞事故。

复次，言杀生者，谓如有一，乃至广说黑品、白品，当知广如《有寻有伺地》中已说。

复次，言具戒等皆广说者，谓安住具戒，亦能守护别解律仪，乃至广说。密护根门，若守护念，若常委念，乃至广说。于食知量，于诸饮食思择而食，不为充悦，不为憍逸，乃至广说。进止往来，正知而住，乃至广说。如是一切，广说应知如“声闻地”。

复次，广说道者，中嗢柁南曰：

念住正断，神足根力，

觉支道支，无量为后。

为欲勤修四念住故，发起上品猛利欲者，谓为断除不正作意诸过失故。言精进者，谓为断除慢缓策勤诸过失故[②]。言策勤者，谓为断除惛沈、

① 住持胜德故，底本与《资福藏》《碛砂藏》《普宁藏》《永乐南藏》《径山藏》相同；《房山石经》《赵城金藏》《高丽藏》“住”作“任”。

② 谓为断除慢缓策勤诸过失故，底本与《房山石经》《资福藏》《碛砂藏》《赵城金藏》《普宁藏》《永乐南藏》《径山藏》相同；《高丽藏》“慢”作“缦”。

掉举二随烦恼诸过失故。言勇悍者，不自轻懱故[①]。言勇锐者，能抗外敌故[②]。不可制伏者，于少下劣不生喜足故。言正念者，不忘教授故。言正知者，能不毁犯所毁犯故。不放逸者，不舍善轭故。住热光者，能修懈怠对治法故。言正解者，能修毁犯对治法故。念成办者，能修忘念对治法故。调伏世间者，能修贪忧一切世法正对治故。此中显示勤修念住诸苾刍等，应当修习四种对治[③]。

复次，于诸正断、诸神足中所有异名，广说应知如“声闻地”。

复次，于如来所安立正信等，广说应知如《摄决择分》[④]。安住有势力、有精进、有勇悍等，广说应知如《菩萨地》。

复次，简择诸法，最极简择，周遍寻思，周遍观察，广说应知如“声闻地”。已得无漏真作意故，缘圣谛境，一切无漏作意相应，名为择法。言简择者，总取一切苦法种类为苦圣谛故。最极简择者，各别分别取诸苦故，谓生苦、老苦等。极简择法者，依此处所，简择契经等法故。所以者何？依止此故，先修所作。又简择者，谓审定解了；最极简择者，谓审定等解了；极简择法者，谓审定近解了[⑤]。前是寻求道，今是决定道。复有差别：言解了者，于所知事作意发悟；等解了者，既发悟已，方便寻求；近解了者，求已决定。

---

① 不自轻懱故，底本与《资福藏》《碛砂藏》《普宁藏》《永乐南藏》《径山藏》相同；《房山石经》《赵城金藏》《高丽藏》“懱”作“蔑”，下同。

② 能抗外敌故，底本与《房山石经》《资福藏》《碛砂藏》《普宁藏》《永乐南藏》《径山藏》《高丽藏》相同；《赵城金藏》“抗”作“抗”。

③ 应当修习四种对治，底本与《房山石经》《资福藏》《碛砂藏》《普宁藏》《永乐南藏》《径山藏》《高丽藏》相同；《赵城金藏》“当”作“富”。

④ 广说应知如《摄决择分》，底本与《资福藏》《碛砂藏》《赵城金藏》《普宁藏》《永乐南藏》《径山藏》《高丽藏》相同；《房山石经》“《摄决择分》”作“《摄决择分》中”。

⑤ 谓审定近解了，底本与《房山石经》《资福藏》《碛砂藏》《普宁藏》《永乐南藏》《径山藏》《高丽藏》相同；《赵城金藏》“谓”作“谛”。

复次，黠了者，了知分别体故。通达者，通达所知事故。复有差别：黠了者，了知自相故。通达者，了知共相故。审察者，谓能定取尽其所有、如其所有，先后渐次倍增广故。聪睿者，先后渐次于彼义中无忘失故。觉者，谓堪能简择俱生之慧。明者，谓习所得慧。慧行者，谓能受持、读诵、问论、胜决择等增上了别，即于彼义转增明了，勤修习慧。毗钵舍那者，谓即于前所了别义审观察故。

涉入者，谓先寻思，于所缘境作意思惟，心涉入故。纳受者，谓即于彼能摄受故。推寻者，谓取彼诸相故。极推寻者，谓取彼随好故[①]。复有差别：推寻者，谓寻求心。极推寻者，谓伺察心。最极推寻者，谓于得失推构寻思，极校计故。圣教为依，而起寻求，说名寻思；现量为依，说名思惟；比量为依，说名分别。

厌离者，增上意乐，于远离中起决定故。远离者，谓从他边受远离故[②]。随离者，谓受已后，能随守护彼尸罗故。还离者，谓误犯已，即能如法而悔除故。从此已后，寂止律仪，随护尸罗。寂止者，由具忍辱柔和事故。律仪者，由具少欲慈心等故。密护根门者，自然不作故。不作者，由他不作故。不行者，由正了知，不现行故。不犯者，不由失念而现行故。桥梁者，由此为依，渡恶法故。船筏者，谓依对治，誓能运彼痴狂失道，令渡相违障碍法故。不喜乐者，谓于远离增上意乐极满足故。不违越者，谓于一切所学众中无毁犯故，不弃舍故。不异违越者，谓于一分无穿穴故，不弃舍故。

所言念者，谓住其心故。言等念者，谓等住其心故。如是广说，应随九

① 谓取彼随好故，底本与《房山石经》《资福藏》《碛砂藏》《普宁藏》《永乐南藏》《径山藏》《高丽藏》相同；《赵城金藏》“谓”作“诸”。

② 谓从他边受远离故，底本与《房山石经》《资福藏》《碛砂藏》《普宁藏》《永乐南藏》《径山藏》《高丽藏》相同；《赵城金藏》“他”作“地”。

种心住差别，如“声闻地”当知其相。

复次，嗢柁南曰：

智宣说善欲，炽然独远尘，
如病等解释，我断尽生等，
并天世众生，依等我作等。

智者，谓闻言说为先慧。见者，谓见言说为先慧。觉者，谓觉言说为先慧。知者，谓知言说为先慧。智者，谓知不现见境。见者，谓见现见现在前境。明者，谓无明相违解。觉者，谓实有义智。觉者，谓不增益非实有智。慧者，谓俱生生得慧。明者，谓由加行，习所成慧。现观者，谓于内现观法已，于诸法中，非不现见、非缘他智。

复次，宣说者，谓因他请问而为记别。施设者，谓由语及欲，次第编列名、句、文身。安立者，谓次第编列已，略为他说。分别者，谓略说已，分别开示，解其义趣。开示者，谓他展转所生疑惑，皆能除遣。显发者，谓自通达甚深义句，为他显示。教者，谓不因他发起请问，由哀愍故，说法开示。遍开示者，谓无间演说，不作师拳，无所隐覆。

复次，初善者，谓听闻时，生欢喜故。中善者，谓修行时，无有艰苦[1]，远离二边，依中道行故。后善者，谓极究竟离诸垢故，及一切究竟离欲为后边故。义妙者，谓能引发利益安乐故。文巧者，谓善缉缀名身等故及语具圆满故。纯一者，谓不与一切外道共故。圆满者，谓无限量故，最尊胜故。清净者，谓自性解脱故。鲜白者，谓相续解脱故。梵行者，谓八圣支道，当知此道由纯一等四种妙相之所显说。谛听者，谓于如是相法，劝令审

① 无有艰苦，底本与《房山石经》《资福藏》《碛砂藏》《普宁藏》《永乐南藏》《径山藏》《高丽藏》相同；《赵城金藏》“艰”作“难”。

听。应善恳到者，谓劝令无倒无闲殷重如理思惟[1]。

复次，猛利欲者，谓我何当于彼处所，乃至广说。猛利爱者，谓于所修正加行中。猛利乐者，谓于说者及与大师尊重处等。猛利信者，谓于教法教授教诫。

复次，能炽然者，谓为证得速疾通慧，终不自暇，推延后期，发勤精进。顺瑜伽者，谓随尊教若等若胜而修加行，终不减劣。能永断者，谓能修习烦恼对治。能闲居者，谓依所有边际卧具，远离而居，修三摩地，令现在前，依三摩地，修习对治。

复次，独者，谓处远离边际卧具，无有第二而安住故。言远离者，谓诸染汙无记作意不现行故。无纵逸者，谓于欲等寻思恶法，防护心故，又于善中自安处故。言炽然者，谓如前说。言发遣者，谓除五盖，内持心故。又由此故，发遣其心，令趣无上安隐处故。

复次，远尘离垢者，尘，谓已生未究竟智，能障现观有间、无间我慢现转；垢，谓彼品及见断品所有麤重，令永无故[2]，名远尘离垢。又复尘者[3]，所谓我慢及见所断一切烦恼；垢，谓二品所有麤重。于诸法中者，谓于自相、共相所住法中。言法眼者，谓如实现证唯有法慧。言见法者，谓于苦等如实见故。言得法者，谓随证得沙门果故。言知法者，谓证得已，于其所得，能自了知我是预流，我已证得无退堕法故。至诚法者，谓谛现观增上力故，获得证净，于佛法僧及自所得圣所爱戒，以正信行如实至诚故。越渡惑者，谓于自所证。越渡疑者，谓于他所证。非缘于他者，谓于此法，

① 谓劝令无倒无闲殷重如理思惟，底本与《房山石经》《资福藏》《赵城金藏》《径山藏》《高丽藏》相同；《碛砂藏》《普宁藏》《永乐南藏》“闲”作“门”。

② 令永无故，底本与《资福藏》《碛砂藏》《普宁藏》《永乐南藏》《径山藏》《高丽藏》相同；《房山石经》《赵城金藏》“令”作“今”。

③ 又复尘者，底本与《房山石经》《资福藏》《碛砂藏》《普宁藏》《永乐南藏》《径山藏》《高丽藏》相同；《赵城金藏》“又”作“及”。

内自所证，非但随他听闻等故。非余所引者，谓于大师所有圣教，不为一切外道异论所引夺故。于诸法中得无所畏者，谓于自所证，若他诘问，无悚惧故。言逆流者，谓已登圣道故。言趣向者，谓说神通究竟往趣[①]，无退还故。复有差别，当知建立世俗、胜义二种法故。

复次，如说如病，乃至广说。云何显示彼如病等？非但说彼，犹如重病，乃至广说。

然修行者，先以如实无常等行，于彼事中如实诃毁，作是思惟：“此如病等，甚可厌逆。”为欲与彼不和合故，是故次说无常行等，如实显示观察彼果。言无常者，显现生身及与刹那皆展转故。刹那展转者，由彼彼触起尽故，彼彼受起尽。此相续见，由非不现见、非缘他智故。所言苦者，有二种苦，谓生等诸苦，及诸所有受，皆说为苦。此二种苦，如其所应，由见生身展转有故，而得悟入，谓死无间，有生身生，生已复有老等诸苦，是故说言无常故苦。由见生身展转有故，悟入苦性。

云何诸所有受皆说为苦？谓诸乐受，变坏故苦；一切苦受，生住故苦；非苦乐受，体是无常灭坏法故，说之为苦。此中，乐受由无常故，必有变坏；一切苦受由无常故，生住相续，皆起于苦；非苦乐受已灭坏者，由无常故，说之为苦；已生起者，灭坏法故，亦说为苦。此灭坏法，彼二所随逐故，与二相应故，亦名为苦。

云何当观乐受为苦？谓由此受贪所随眠[②]，由随眠故，取当来苦，于现法中能生坏苦，如是当观乐受为苦。云何当观苦受如箭？谓如毒箭，乃至现前常恼坏故。非苦乐受，体是无常灭坏法者，谓已灭者，即是无常；其

① 谓说神通究竟往趣，底本与《房山石经》《资福藏》《碛砂藏》《赵城金藏》《普宁藏》《永乐南藏》《径山藏》相同；《高丽藏》“说”作“记”。

② 谓由此受贪所随眠，底本与《房山石经》《资福藏》《碛砂藏》《普宁藏》《永乐南藏》《径山藏》《高丽藏》相同；《赵城金藏》“贪”作“会”。

未灭者，是灭坏法。若无常者，从此复生若乐若苦。灭坏法者，终不解脱苦、乐二种。

所言空者，无常无恒，无不变易真实法故。言无我者，远离我故，众缘生故，不自在故。

复次，解释者，谓能显示彼自性故。开示者，谓即显示此应遍知，此应永断等差别故。显了者，谓能显示若不永断、不遍知等，成过患故。了者，谓了相作意。解者，谓胜解作意。知者，谓远离等作意。等解了者，谓了自相故。近解了者，谓了共相故。黠了者，谓了尽其所有故。通达者，谓了知其所有故[①]。触者，谓于八圣支道梵行所摄。作证者，谓于彼果涅槃。

复次，我者，谓于五取蕴，我、我所见现前行故。言有情者，谓诸贤圣如实了知唯有此法[②]，更无余故，又复于彼有爱著故。言意生者，谓此是意种类性故。摩纳缚迦者，谓依止于意，或高或下故。言养育者，谓能增长后有业故，能作一切士夫用故。补特伽罗者，谓能数数往取诸趣，无厌足故。言命者[③]，谓寿和合现存活故。言生者[④]，谓具生等所有法故。

复次，当断诸爱，止息诸结者，谓适于圣谛得现观时，便能永断三结，于一切处，后有之爱不复现行。彼于后时，数数勤修生灭随观[⑤]，复能无余永断慢等。是故说言能正修习，永断诸慢。真现观故，彼爱随眠，一

---

① 谓了知其所有故，底本与《资福藏》《碛砂藏》《赵城金藏》《普宁藏》《永乐南藏》《径山藏》相同；《房山石经》《高丽藏》“知”作“如”。

② 谓诸贤圣如实了知唯有此法，底本与《资福藏》《碛砂藏》《赵城金藏》《普宁藏》《永乐南藏》《径山藏》《高丽藏》相同；《房山石经》“法”作“性”。

③ 言命者，底本与《资福藏》《碛砂藏》《赵城金藏》《普宁藏》《永乐南藏》《径山藏》相同；《房山石经》《高丽藏》“者”作“者者”。

④ 言生者，底本与《资福藏》《碛砂藏》《赵城金藏》《普宁藏》《永乐南藏》《径山藏》相同；《房山石经》《高丽藏》“者”作“者者”。

⑤ 数数勤修生灭随观，底本与《房山石经》《资福藏》《碛砂藏》《普宁藏》《永乐南藏》《径山藏》相同；《赵城金藏》《高丽藏》“勤”作“勋”。

切永断。由此因缘，当来诸苦诸后有法无复可得，又能究竟作苦边际。

复次，我生已尽者，谓第八有等。梵行已立者，谓于圣道究竟修故，无复退失。所作已办者，谓一切结永无余故，一切道果已证得故。不受后有者，谓于七有亦永尽故。又我生已尽者，有二种生：一、生身生，此如前说；二、烦恼生，此微薄故，亦说为尽。此则记别初之二果。梵行已立者，谓不还果，非梵行贪，此永断故。所作已办，不受后有者，谓阿罗汉。当知此中记别四种解了行相。

复次，并天世间者，是总句。此有二种：一、并魔；二、并梵。并沙门、婆罗门众生者，谓诸沙门、若婆罗门生在人中，悕求魔梵而修行者。并诸天人众生者，谓于天中，除魔及梵；于其人中，除沙门、婆罗门。如是总结解脱三缚，出离欲贪。又毗奈耶断超越者，毗奈耶，由了相、胜解作意；断，由远离等作意；超越，由方便究竟果作意。言离系者，离九结故。言解脱者，解脱一切生老等故。离颠倒者，由见道故。所言多者，由修道故，由彼修道，多修习故，说名为多。言利益者，谓诸善行。言安乐者，无损恼行。言哀愍者，谓如有一，由诸善行无损恼行，哀愍于他。是所求事故，能引义利故，名之为义，可爱乐故，无有罪故。为利益安乐者，谓于彼起所有善行、无损恼行。所言人者，谓刹帝利等。若有因佛出现世间，善说正法，增善修行[①]，能多利益，能多安乐。或但自为利益安乐，悲愍世间，或但为他利益安乐，或为二种，是故说言为其义利，利益安乐。此中唯说天及人者，彼有势力，能了其义，修正行故[②]。

复次，依者，谓五取蕴及与七种所摄受事，即是父母及妻子等。所言

① 增善修行，底本与《资福藏》《碛砂藏》《普宁藏》《永乐南藏》《径山藏》相同；《房山石经》《赵城金藏》《高丽藏》“增”作“僧”。

② 修正行故，底本与《房山石经》《资福藏》《碛砂藏》《赵城金藏》《永乐南藏》《径山藏》《高丽藏》相同；《普宁藏》无“故”字。

取者，谓诸欲贪亦名为取，由不安立及安立故，说有四取。心依处者，谓四识住。言执著者，谓诸烦恼能趣于依，即名为缠。彼品麤重，说名随眠。如是名依、取、心依处、执著、随眠。于此有识身及外一切相中者，谓于我、我所、我慢、执著、随眠因缘境界相中。

复次，我、我所行者，谓萨迦耶见。言我慢者，谓即此慢。即彼诸缠，名为执著。即彼麤重，名为随眠。执著多分是诸外道，随眠通二。

复次，嗢柁南曰：

如来无常想，底沙怖无为，
不有不相续，空无常无余。

如来、应、正等觉等者，如经分别。所言应者，应供养故。明行圆满，所谓三明、遮行、行行皆悉圆满，又复四种增上心法现法乐住皆悉圆满。前是行行，后是住行。此中清净身、语、意业现行正命，是行圆满；密护根门，是遮圆满。中此二种显示如来三种不护、无忘失法[①]。由不造过世间静虑，遮自苦行。言善逝者，谓于长夜具一切种自利利他二功德故。世间解者，谓于一切种有情世间及器世间皆善通达故。由善悟入有情世间，依前后际宿住、死生，依一切时，八万四千行差别故；于器世间，谓东方等，十方世界无边成坏善了知故。又于世间诸法自性、因缘、爱味、过患、出离、能趣行等皆善知故。无上丈夫调御士者，智无等故，无过上故，于现法中是大丈夫。多分调御无量丈夫，最第一故，极尊胜故。天人师者，由彼天人解甚深义，勤修正行，有力能故。言佛陀者，谓毕竟断一切烦恼并诸习气，现等正觉阿耨多罗三藐三菩提故。薄伽梵者，坦然安坐妙菩提座，任运摧灭一切魔军大势力故。此中，如来是初总序。应、正等觉，谓永解脱一切烦恼障及所知障故。于其别中，略有二种，所谓共德及不共德。于共

① 中此二种显示如来三种不护无忘失法，底本与《碛砂藏》《普宁藏》《永乐南藏》《径山藏》相同；《房山石经》《资福藏》《赵城金藏》《高丽藏》“中”作“由”。

德中，且说解脱诸烦恼障及所知障；自余明行圆满等句，是不共德。

复次，于无常想素呾缆中，修，谓若修若习，乃至广说。修果，谓一切欲贪，乃至广说。修差别，谓譬喻差别故。修方便，谓或住阿练若，乃至广说。此中，若修者，谓由了相作意故；若习者，谓由胜解作意故；多修习者，谓由余作意故。又若修者，谓于所知事而发趣故；若习者，谓无间殷重修加行故；多修习者，谓于长时熟修习故。

为处者，作所依故。为事者，作所缘故。随顺者，由作意思惟故。串习者，得随所欲，无艰难故。善摄受者，听闻正法故。善发起者，于内如理作意思惟故。又善摄受者，殷重作意故。善发起者，无间作意故。又善摄受者，到究竟故。善发起者，正加行故。随顺欲贪，故说于掉。随顺色贪，故说于慢。顺无色贪，故说无明。拔除根本者，害随眠故。摧折枝条者，下地善法由彼断灭不增长故。以无常想所缘，显示无常想，自心作意观无常故。

台阁者，谓解脱俱行无常想。梁栋者，谓彼依因。象迹者，谓于不净等想为第一故，所缘广大故。流注者，谓解脱因俱行无常想，能趣涅槃故。曰出者[①]，谓能对治无明闇故。如轮王者，谓无学无常想。如城王者，谓所余想。又或居阿练若，或居树下，或居空室，或居逈露，由取树下覆障等故，即摄一切卧具远离。唯有色无常性者，谓唯有色，都无有我，如是正修加行。

复次，略有四种往趣道障、二种道等。谓由疑故，不能发趣。虽复发趣，由邪寻思，而往余处。由邪分寻思见行故，虽无是事，然不堪任教授教诫。所言忿者，谓他谏诤时。言苦恼者，谓出家者不得自在、禁约艰难、麤弊行等；言不乐者，杂瞋事故。此之二种，犹如坑涧。又此二种，能障行路，虽无是事，而由利养及恭敬故，于入山林能为障碍。言猛利者，处深稠

① 曰出者，底本与《碛砂藏》《普宁藏》《永乐南藏》相同；《房山石经》《资福藏》《赵城金藏》《径山藏》《高丽藏》“曰”作“日”。

林故。所以者何？虽舍所摄受事，而不能舍此故。

复次，言有怖者，谓有盗贼及矫诈故。言有畏者，谓涉稠林故，有诸恶兽及与非人诸恐畏故。言有刺者，谓一切处多毒刺故。言失道者，往余处故。言恶道者，不平正故。如是五种，显道过失。弊趣、恶趣者，显示趣过失。失道、恶道而行及亲近不善士者，显示能行补特伽罗所有过失。诸盗贼等，名不善士。

复次，无动者，谓一切相皆远离故。无转者，谓贪爱尽故，于诸境界无转变故。难见者，谓甚深故。甘露者，谓生老病死皆永尽故。安隐者，谓超过一切人与非人灾横怖畏故。清凉者，谓一切苦皆寂灭故，极清凉故。善事者，谓现法乐住所缘境故。趣吉祥者，谓断一切烦恼所缘境故。无愁忧者，谓超过一切爱非爱故，又证得已，无失坏故[①]。不死殁者，谓常住故，不退还故。无炽然者，谓清净故。无热恼者，谓所欲匮乏永止息故。无病者，谓一切病诸痈疮等永寂静故。无动乱者，谓一切动乱皆灭尽故。涅槃者，谓一切依皆寂灭故。

复次，我何当不有，我所何当不有者，谓约未来世，于我。我所性所摄，内处。外处所摄自内体性及摄受事悕求不生故，又复显示悕求依止不生故，及悕求依彼受不生故。我当不有，我所当不有者，谓约现在世说，此观无常灭，前观于择灭。又前但有希望故，后于现在因观无常性故。

复次，不相续者，谓死殁已后，余识不生故。言无取者，谓无所住识，无有趣入名色事故，自体永不生故。无生长者，谓无有名色更增广故。言一切行皆寂止者，谓诸五蕴皆止息故。

复次，所言空者，谓离一切烦恼等故。无所得者，谓离一切所有相故。言爱尽者，谓不悕求未来事故。言离欲者，谓无现在受用喜乐故。所言灭

① 无失坏故，底本与《房山石经》《资福藏》《碛砂藏》《普宁藏》《永乐南藏》《径山藏》《高丽藏》相同；《赵城金藏》无“失”字。

者[1]，谓余烦恼断故[2]。言涅槃者，谓无余依故。

复次，言无常者，谓性破坏朽败法故。言有为者，谓依前际所寻思故。言造作者，谓依后际所希望故。言缘生者，谓依现世众因缘力所生起故。有尽法者，谓一分尽故。有没法者，谓全分灭故。又有尽法者，谓全分灭故。有没法者，谓相续变坏故。有离欲法者，谓过患相应故。有灭法者，谓一切有为法皆有出离故。

复次，无余断者，谓是总句。永弃舍者，诸缠断故。永变吐者，随眠断故。言永尽者，过去解脱故。永离欲者，现在解脱故。言永灭者，未来解脱故。永寂静者，由见道故。永灭没者，由修道故。当知此中，由二种道断烦恼事，显无余断。

① 所言灭者，底本与《房山石经》《资福藏》《碛砂藏》《赵城金藏》《永乐南藏》《径山藏》《高丽藏》相同；《普宁藏》“者”作“言”。

② 谓余烦恼断故，底本与《房山石经》《资福藏》《碛砂藏》《赵城金藏》《永乐南藏》《径山藏》《高丽藏》相同；《普宁藏》“谓”作“语”。

瑜伽师地论卷第八十四

摄异门分之下

复次，嗢柁南曰[①]：

欲三种延请，法僧惠施故，
厌梵志无常，聚沫等为后。

诸欲无常虚伪不实者，谓于诸欲宣说颠倒，以是四种颠倒事故。当知此中，虚故无我，伪故不净，不实故苦，由于是处，乐非实故。然彼诸欲似常等现，说名妄法，颠倒事故。云何诸欲名为妄法？为显此义，说幻事喻。虽非常等，然似显现，故同彼法。诳惑愚夫者，谓无闻愚夫于彼诸欲不如实知，故于长夜恒被欺诳，深生染著，为变坏苦之所逼触。诸聪慧者则不如是，如实知故。

又彼诸欲喻枯骨者，令无饱故；喻段肉者，多所共故；喻草炬者，是非法行恶行因故；喻一分炭者，增长欲爱大热恼故；喻大毒蛇者，为诸圣贤所远离故；喻梦所得者，速散坏故；喻所假借庄严具者，托众缘故；喻诸树端烂熟果者，危亡地故。

又不净者，是其总句。言臭秽者，受用饮食，变坏成故。屎尿不净，变坏所成，故名臭处。诸肉血等，变坏所成，故名生臭。可厌逆者，受用婬欲，变坏所成，可恶逆故。

复次，应招延者，约舍世财。应奉请者，约尽贪爱。欲求果报，是故招延。欲求解脱，是故奉请。应合掌者，即为二事而延请时。应和敬者，应设

① 嗢柁南曰，底本与《资福藏》《碛砂藏》《普宁藏》《永乐南藏》《径山藏》相同；《房山石经》《赵城金藏》《高丽藏》“柁”作“拕”，下同。

礼拜、问讯等故，应可与彼戒见同故。无上福田，世应奉施者，于彼惠施果无量故。

复次，善说者，文义巧妙故。现见者，于现法中可证得故。无热者，离烦恼故。无时者，出三世故。难引者，老病死等不能引故。难见者，天等趣中不可见故。内自所证者，唯信他等不能证故。诸有智者[1]，谓学、无学。为舍、为洲、为救、为归、为趣者，由后后句释前前句，显出离义。

又能了知四圣谛故，名为正见。言生起者，于一切时容可生故。已生起者，于过去世住无学位。今生起者，于现在世或已证得，或修圆满。当生起者，或未证得，或勤修习。应修、应习、应多修习者，随其所应，如前当知。应随护者，远离随顺退堕法故。言应触者，由身体故。应作证者，或果，或胜智，如说我已证道故。

应时而说者，若了知彼愿乐欲闻及堪闻者，方可为说。坐卑座等，是名为时。应当序说先时所作。若了知彼是增上已，即便殷重随其所能，尽己所有，而为说法。为欲开示彼彼差别未曾有义，非直华词乐说而已。次第者，开示义故。随密者，设妨难故。随会者，显释彼故。令欢喜者，化受教者故。令爱乐者，化处中者故。令喜乐者，化诽谤者故。赞励者，求彼实德，以称顺心发自言音，揄扬赞美。诃摈者，观彼实过，以无恚心发自言音，开示诃责。道理者，具四道理故，谓观待道理、作用道理、法尔道理、证成道理。

有益者，于所为处不弃舍故。无杂者，无杂乱故，有系属故。有法者，能引义故，依于苦等，有无量种出离远离所生法故。如众会者，随刹帝利等四种会众所堪能故。以慈心者，为欲令彼得乐义故。利益心者，云何当令若有殷重听闻正法，皆得悟解，获大利益故。哀愍心者，欲令彼修法随法行故。无所依者，不为利养恭敬名称故，谓不依止衣服等事，亦不依止

[1] 诸有智者，底本与《资福藏》《碛砂藏》《赵城金藏》《普宁藏》《永乐南藏》《径山藏》相同；《房山石经》《高丽藏》“者”作“者者”。

礼敬等事，唯欲令他悟入正法。又不于他有所轻懱，乃至广说。不自高者，不为利养恭敬事故，作如是言：“唯我能知如是法律，非汝等辈。”乃至广说赞己功德，谈彼过失。

于时时间应听法者，至如是时，应自观察：“我今说法多有所作，他说法时，应正了知，勿我于中当为障碍。”即便殷重以谦下心坐于卑座，具足威仪，随其所能，听闻正法，起恭敬相，为欲启悟先未解义，而兴请问。若不悟解，或复沉疑，终不讥诮，于其胜者，恭敬随顺；于等于劣，恭敬法故，亦不轻懱①。

于说法师深生尊重。如说法者，当获无上大果胜利故。不轻法者，不作是言：“此非绮饰文字章句，所有文句悉皆麤浅故。”不轻法师者，不作是言：“彼于我所，种姓卑劣等故②。”不自轻者，不作是言：“我于解法无有力能。”于其所证，无怯劣故。

奉教心者，无恼乱心，唯欲求解故③。心一趣者，为欲领解文句差别故。属耳听者，为欲了知音韵差别故。修治意者，为欲悟入甚深义故。于一切心无不系念者，为欲无间领解音韵文句义故，无不了知，无不通达而空过者。

复次，言正行者，谓是总句。应理行者，住果有学。质直行者，住于向道。和敬行者，是其无学，由彼唯于大师、正法及学处等深恭敬故。随法行者，于因转时，法随法行，由闻他音，内正如理而思惟故。又应理行者，是其正道及果灭行。质直行者，如其圣教而正修行，无谄无诳，如实显现。

---

① 亦不轻懱，底本与《资福藏》《碛砂藏》《普宁藏》《永乐南藏》《径山藏》相同；《房山石经》《赵城金藏》《高丽藏》“懱”作“蔑”，下同。

② 种姓卑劣等故，底本与《资福藏》《碛砂藏》《普宁藏》《永乐南藏》《径山藏》相同；《房山石经》《赵城金藏》《高丽藏》“种姓”作“种性”。

③ 唯欲求解故，底本与《房山石经》《资福藏》《碛砂藏》《普宁藏》《永乐南藏》《径山藏》《高丽藏》相同；《赵城金藏》“故”作“欲”。

和敬行者，与六坚法而共相应。随法行者，法随法行。诸阿罗汉诸漏永尽，乃至广说。最极究竟，乃至广说。亦名出离，超出坑堑，越度坑堑，乃至广说。永断五支，成就六支，乃至广说。获得预流不颠坠法，决定趣向三菩提果，乃至广说。如是一切，于自处所摄事分中，我当广说。

又大师子者，是其总句。腹所生者，简去异生卑劣子故。口所生者，从说法音而诞生故。法所生者，如理作意，法随法行之所生故。法所化者，从法身路而得成立，相似法故。法等分者，受用无漏法之财宝，相似法故。如是诸句显示增上生圆满，及父相似法生圆满[①]。谓初句于其增上生圆满中，遮器过失，第二句遮其精血不净所生，第三句遮其欲贪非正法生，如是三句显示增上生圆满。第四句显示自体相似之法，第五句显示受用相似之法，如是二句显示父相似法生圆满[②]。

又序者，是缘。集者，是因。缘增上故，名彼种类。因增上故，名彼所生。虽因所生，藉缘势力方得生起，为彼依故。又于此中，后句释前。又善见者，是其总句。言善知者，知法义故。善思惟者，如其正理而思惟故。善黠慧者，全分知故。善通达者，如实知故。由后二句显善见性，由前二句显彼加行。又言圣者，是无漏故，及在圣者相续中故。言出离者，出离三界一切苦故。言决达者，究竟出离，无退转故。

复次，诸法皆以世尊为本者，由佛世尊是其最初现等觉故。世尊为眼者，现等觉已，为诸天人等开示故。世尊为依者，所说法中，随所生起一切疑惑皆能遣故。又佛世尊能为眼者，谓能引发俱生慧故。能为智者，谓能引发加行慧故。能为义者，谓能引发思所成慧故。能为法者，谓能引发闻所

---

① 及父相似法生圆满，底本与《资福藏》《碛砂藏》《普宁藏》《永乐南藏》《径山藏》《高丽藏》相同；《房山石经》《赵城金藏》“父”作“文”。

② 如是二句显示父相似法生圆满，底本与《资福藏》《碛砂藏》《普宁藏》《永乐南藏》《径山藏》《高丽藏》相同；《房山石经》《赵城金藏》“父”作“文”。

成慧故。不显了义能决了者，一切疑惑皆能断故。能为一切义所依者，谓能引发一切世间及出世间兴盛事故。

复次，厌者，谓于见道。言离欲者，谓于修道离欲究竟。所言灭者，谓于无学一切依灭。前之二种，于加行位修习厌行及离欲行；后之一种，在无学位行于灭行。又言厌者，由见谛故，于一切行皆悉厌逆。言离欲者，由于修道永断贪故。言解脱者，由离贪故，一向安隐，于余烦恼，心得解脱。遍解脱者，烦恼断故，于生等苦普得解脱。

复次，是为婆罗门者，究竟到彼岸故，蠲除诸恶故，是为其相。无犹豫等者，于自所证离疑惑故。断诸恶作者，于应作事，无不作故；不应作事，无有作故。离诸贪爱者，无有利养恭敬爱故。于有、非有著无有随眠者，随眠永断故。当知此中，若现在世，若未来世，名之为有；其过去世，名为非有。由此诸句无倒观察婆罗门相。由前三句显示多闻及与正知观察其相，或谓不正修习善品，故复显示第四一句观察其相。此中著者，谓八种著。于非有中，作愁忧著。于现在世所摄有中，有五种著：一、作修治；二、作救护；三、作我所①；四、作高胜；五、作下劣。于未来世所摄有中，作行作动。总于三处，作极厚重，作极甘味。

作愁忧者，所受变坏故②。作修治者，养育摄藏故。作救护者，于逼恼处求作救护故。作我所者，执为我所故。作高胜者，计我为胜而起憍慢故。如世尊言："世间众生，慢为高幢故。"作下劣者，计我为劣而起憍慢故。言作行者，是其希望未来世爱。言作动者，既希望已，方便追求。作极厚重者，是所爱乐非可食用，谓金银等应可贸易。作极甘味者，是可食用。

① 作我所，底本与《房山石经》《资福藏》《碛砂藏》《普宁藏》《永乐南藏》《径山藏》《高丽藏》相同；《赵城金藏》"所"作"所作"。

② 所受变坏故，《房山石经》《资福藏》《碛砂藏》《赵城金藏》《普宁藏》《永乐南藏》《径山藏》《高丽藏》"受"作"爱"。

复有差别，谓此五句略显得道、道果作证。是为婆罗门者，略显得道。无犹豫等、断诸恶作、离诸贪爱、于有非有著无有随眠者，如是诸句略显获得道果作证。于记所解，疑惑断故；于所行中，一切忘失法行断故；于未来世苦因断故；现在苦因麤重断故。

所言有者，谓此义中，当知于其三界所摄诸相作意。言非有者，丁无相界作意思惟。所言著者，谓此义中是贪、瞋、痴。如无相定[①]，诸有学者犹有随眠，非阿罗汉得有寻思、戏论、著、想四种杂染。前二是出家品，后二是在家品。由有著随眠，故彼得生起。诸出家者，由追忆念曾所更境，故有寻思；动乱现行，故有戏论。诸在家者，住现前境，有著有想，由有染著取诸相故。复有二种杂染因缘，谓不如理作意及顺彼处法。由此因缘，彼得生起，是故说此为彼因缘。

复次，所有无常皆是苦者，义何谓耶？若有无常众同分者，有生老等众苦生起。若依诸触有诸受者，彼皆变坏，生已寻灭，故说诸受皆悉是苦。若有生等苦法及有坏等苦法，彼皆无我。自非我故，于是处所亦无有我。由此摄受空、无我行。又解了者，闻所成慧，诸智论者如是说故；等解了者，思所成慧；审解了者，修所成慧。即于如是二慧行中，所有诸忍名为喜乐，若等喜乐，若遍喜乐。

又有无常随观、断随观、离欲随观、灭随观者，如“声闻地”已广分别。又无常力之所损害，乃至广说。当知此中《增一》略文，显无常等差别；障碍差别为后，如其所应，为欲获得所未得者，最初得故，或先下劣有所证故。于上差别而作证者，谓于其断而作证故。言观察者，此说于慧。言审虑者，说三摩地。如理观察者，此说二法无颠倒转。虽实无有而显现者，谓于此中实无乐故。虚者，空无我故。伪者，不净故。不坚者，无常故。此

① 如无相定，底本与《资福藏》《碛砂藏》《赵城金藏》《普宁藏》《永乐南藏》《径山藏》《高丽藏》相同；《房山石经》“相”作“想”。

则显示无四颠倒。

复次，色如聚沫者，速增减故，水界生故，思饮食味，水所生故，不可揉搂故。非如泥团可令转变，造作余物，是故说言不可揉搂。又实非聚，似聚显现，能发起一有情解故。

受喻浮泡者，二和合生[①]，不久坚住相似法故[②]。言如地者，所谓诸根，彼生依故。言如云者，谓诸境界。言如雨者，所谓诸识。如雨击者，所谓诸触。如浮泡者，所谓诸受，速疾起谢，不坚住故。

想同阳焰者，飙动性故，无量种相变易生故，令于所缘发颠倒故，令其境界极显了故，由此分别男女等相成差别故。

云何行类芭蕉？如明眼人者，谓圣弟子。言利刃者，谓妙慧刀。言入林者，谓于五趣举意攀缘，种种自性众苦差别同树法故。为取端直芭蕉柱者，谓为作者、受者我见。截其根者，谓断我见。披折叶者[③]，委细简择，唯有种种思等诸行差别法故。彼于其中都无所获者，谓彼经时无坚住故。何况坚实者，何况有余常恒实我作者、受者而可得见。

云何识如幻事？言幻士者，随福、非福、不动行识。住四衢道者，住四识住。造作四种幻化事者，谓象马等，如象身等，虽现可见，而无真实象身等事。如是应知随福、非福、不动行识，住四识住，虽有作者及受者等我相可见，然无真实我性可得。又识于内隐其实性，外现异相，犹如幻像。

复次，已说白品异门。黑品异门，今当说[④]。

---

① 二和合生，底本与《永乐南藏》《径山藏》相同；《房山石经》《资福藏》《碛砂藏》《赵城金藏》《普宁藏》《高丽藏》“二”作“三”。

② 不久坚住相似法故，底本与《房山石经》《资福藏》《碛砂藏》《普宁藏》《永乐南藏》《径山藏》《高丽藏》相同；《赵城金藏》无“故”字。

③ 披折叶者，底本与《房山石经》《资福藏》《碛砂藏》《赵城金藏》《普宁藏》《永乐南藏》相同；《高丽藏》“披”作“破”；《径山藏》“折”作“拆”。

④ 今当说，底本与《房山石经》《资福藏》《碛砂藏》《赵城金藏》《普宁藏》《永乐南藏》《径山藏》相同；《高丽藏》“今”作“我今”。

嗢柁南曰：

生老死藏等，可喜等烦恼[①]，

广说贪瞋痴，少等差别等。

所言生者，谓初结生，即名色位。等生，则是胎藏圆满。出，谓出胎。现，谓婴孩，乃至少年及中年位。起者，乃至极老年位。又蕴得者，谓名色位。界得，即是于此位中，彼种子得。言处得者，名色增长，六处圆满。诸蕴现者，谓从出胎乃至老位。命根起者，舍故众同分，取新众同分。

复次，言踬蹶者，年衰迈时，行步去来多僵仆故。言皓首者，发毛变改白银色故。言褶多者，皮缓皱故。言衰熟者，年衰迈时[②]，即彼瑚皴无光泽故[③]。言朽坏者，势力勇健皆无有故。脊伛曲者，身形前偻，凭杖行故。多诸黑子庄严身者，青黑杂黡遍支体故。言惛耄者，于所作事经行、住等，无多能故。言羸劣者，诸根于境，无多能故。言衰退者，念、智慧等，无多能故。遍衰退者，即诸根等，经彼彼念瞬息等位渐损减故。诸根熟者，即彼衰废无堪能故。诸行朽者，根所依处，时经久故。体腐败者，即彼所说性衰变故。

复次，殒者，舍身形故。终者，临死时故。丧者，若于是时，尸骸犹在。没者，若于是时，尸骸殄灭。又丧者，据色身故。殁者，据名身故。寿退煖退者，将欲终时，余心处在。命根灭者，一切寿量皆穷尽故。死者，其识弃舍心胸处故。殂落者，从死已后，或一七日，或复经于二、三七日[④]。

复次，一切愚夫异生于其六处，由执我故，名藏；执我所故，名护；由

① 可喜等烦恼，底本与《资福藏》《碛砂藏》《赵城金藏》《普宁藏》《永乐南藏》《径山藏》相同；《房山石经》《高丽藏》“喜”作“欣”。

② 年衰迈时，底本与《房山石经》《资福藏》《碛砂藏》《赵城金藏》《普宁藏》《永乐南藏》《高丽藏》相同；《径山藏》“年”作“言”。

③ 即彼瑚皴无光泽故，底本与《资福藏》《碛砂藏》《赵城金藏》《永乐南藏》《径山藏》《高丽藏》相同；《房山石经》《普宁藏》“瑚皴”作“皱”。

④ 或复经于二、三七日，底本与《资福藏》《碛砂藏》《赵城金藏》《普宁藏》《永乐南藏》《径山藏》《高丽藏》相同；《房山石经》“复”作“后”。

萨迦耶以为根本，各异世间见趣差别我慢增上爱现行故，名覆。于顺乐受所有六处有贪欲故，名味。于顺苦受所有六处有瞋恚故，名结。于顺不苦不乐受所有六处有愚痴故，名合。于过去世所有六处有顾恋故，名随眠。于未来世所有六处有希望故，名系属。于现在世所有六处有躭染故，名执著。于自摄受他身六处，执为我所于劣、中、胜非自摄受他身六处，依慢种类，发起于慢。于不定地欲界所系，发起后后所有悕求，于其定地色、无色系，如其所应，由广大微妙故，发起厚重。依在家品色、声、香、味、触[①]，由爱味眷属所随逐故，发起甘味。依出家品六处，由懈怠、放逸烦恼故，遍于一切不能舍离。

复次，可欣、可乐、可爱、可意者，当知此四句略显可爱事。此可爱事略有三种：一、可悕求事；二、可寻思事；三、可躭著事。未来可爱事可悕求故，名为可欣。过去可爱事唯可欲故，唯可乐故，名为可乐。现在可爱事略有二种：一、境界事；二、领受事。若境界事可爱乐故，名为可爱。若领受事可爱乐故，名为可意。如是所说诸可爱事，或过去，或未来，或现在，或境界，或领受，有差别故，或名可悕求事，或名可寻思事，或名可躭著事，是故宣说如是一切诸句差别。又可欣者，约未来世，可悕求故。可乐者，约现在世，现可欲乐，无厌足故。可意者，约过去世，随念可意而追忆故。可爱者，约妙色相，贯通三世皆可爱故。又可欲者，悦意记念故。欲所引者，欲界系故，或复随顺二种差别受用欲故。可染著者，贪处所故。

复次，于五种事能和合故，说名为结。五种事者：一、所结事；二、能结事；三、罪过事；四、等流事；五、趣向事。诸结所缘，名所结事。所以者何？由爱恚等，各于所缘随相差别而和合故。即彼诸结展转相引而和合

① 依在家品色声香味触，底本与《房山石经》《资福藏》《碛砂藏》《普宁藏》《永乐南藏》《径山藏》《高丽藏》相同；《赵城金藏》无“香”字。

故，名能结事。诸结因缘，于现法中能生过罪，乃至领受从彼所生心法忧苦。由此因缘，能和合故，名罪过事。为当来世猛利贪等生成之因而和合故，名等流事。能生五趣，于诸趣中能和合故，名趣向事。

由此因缘，自行恶行，遭他笞罚、缚录、诃骂、驱摈、害等种种众苦而生起故，名能自损。若不自遭，令他遭故，名能损他。若由彼故，自他俱遭，名能俱损。能生现法罪者，谓由彼故，遭如所说种种苦事，然不决定往诸恶趣。能生后法罪者，谓由彼故，虽于现法，他所不知，然能为因，往诸恶趣。能生现法、后法罪者，谓具二种，于现法中多怀染著[①]，所欲不遂，广生种种心法忧苦，复于当来往诸恶趣。结虽无量，就胜而言，略有九结。

又约不随所欲义故，说有三缚，谓贪、瞋、痴，依三受故。由彼因缘，虽欲脱彼，而不能脱，故名为缚。又烦恼品麤重种子之所随逐，说名随眠，是随缚义，是微细义，取其根本，但有七种。又从烦恼生故，亲近烦恼故，随恼乱心故，名随烦恼。除七随眠，所余一切染汙心法皆随烦恼，又现起相续无断绝义，说名为缠。缠有八种，谓无惭等。

又彼能令转成上品相续起故，能令身心无堪能故，说为株杌，如潟卤田，不任耕植[②]。又处所别故，彼所生疑有差别故，说五心株。贪等别故，说有三种。又彼能令不清净故，说名为垢。又于诸处门常流注故，名为你伽。常能害故，亦名你伽。又彼能令不寂静故，说名为箭。如被毒箭，若未拔时，多不寂静。

又能障舍故，有戏论故，名为所有。又非法行、不平等行现在前故，

① 于现法中多怀染著，底本与《房山石经》《资福藏》《碛砂藏》《普宁藏》《永乐南藏》《径山藏》《高丽藏》相同；《赵城金藏》“怀”作“坏”。

② 不任耕植，底本与《房山石经》《资福藏》《赵城金藏》《普宁藏》《径山藏》《高丽藏》相同；《碛砂藏》《永乐南藏》“任”作“住”。

说名恶行。又能等起一切烦恼诸恶行故，说名为根。又能出生当来生故，说名为漏。又既生已，由老死等，令匮乏故，说名为匮。又非爱合会、所爱乖离、贪求利养所烧然故，说名为烧。又能令愁叹忧苦恼故，说名为恼。又能令顺流而漂溺故，说名暴流[①]。又依前际，能为现法生死流转胜方便故，说名为軛。又依现在，能为未来胜方便故，说名为取。

又难解故，说名为系。又于所知事能障智故，说名为盖。又望色、无色界，欲界为下分；望其修道，见道为下分。由约此二下分差别，随其所应，说名五下分障，亦名五下分结；与此相违，当知说有五上分结。又言林者，能生种种苦蕴体性。由亲爱故，彼得增长，说名稠林。又能发起诸斗讼等种种忿竞，故名为诤。

明所治故，说名为黑。能引苦故，说名无义。无所用故，说名弊下。性染汙故，说名有罪。不应习近故，说名应远离。毁犯所受清净戒故，名突尸罗。又恶法者，谓极猛利无惭、无愧、不信佛等毁谤贤圣邪见相应故，或复种种恶法现行故，又有贪欲、瞋恚心等，乃至广说。

当知此中，内朽败者，外持沙门相故，内无沙门法故，犹如大木，外皮坚妙，内被虫食，虚无有实。下产生者，广如下产及非下产法门中说。水生蜗螺者，谓所听受，与水相似，除渴爱故。若诸苾刍犯禁戒等，如彼蜗螺秽浊净水，是故犹如有蜗螺水不堪饮用，应远离故。螺音苟行者，谓诸苾刍习行恶行，于受利养卧具筹时[②]，自称年腊最第一故[③]。实非沙门，称沙门者，已失苾刍分，称有苾刍分故；实怀恶欲，而自称言我是第一真沙

① 说名暴流，底本与《资福藏》《碛砂藏》《普宁藏》《永乐南藏》《径山藏》《高丽藏》相同；《房山石经》《赵城金藏》“暴”作“瀑”。

② 于受利养卧具筹时，底本与《资福藏》《碛砂藏》《赵城金藏》《普宁藏》《永乐南藏》《径山藏》相同；《房山石经》《高丽藏》“筹”作“等”。

③ 自称年腊最第一故，底本与《资福藏》《碛砂藏》《普宁藏》《永乐南藏》《径山藏》相同；《房山石经》《赵城金藏》《高丽藏》“腊”作“雨”。

门故。非梵行者，实非远离婬欲秽法，而自称言我远离故。又失苾刍性，而自称有苾刍性，是故说名妄称梵行。实非沙门，而自称言我是第一真实沙门，是故说名妄称沙门。

又舍所受故，名突尸罗。先舍恶法，复还取故，名为恶法。形相、意乐互不相称，由是因缘，名内朽败。随其所欲而行住故，名下产生。毁辱所闻故，名水生蜗螺。由邪受用诸信施故，名螺音苟行。邪言说故，名为妄称沙门、梵行。又有贪、瞋、痴、忿、恨等，乃至广说诸杂碎事，《摄事分》中我当广说。又有无常、苦、空、无我、生法、老法乃至烧鸡，随其处所，即于彼中，我当广说。

复次，染者，谓乐著受用故。著者，谓即于彼无所顾惜故。饕餮者，谓希望未来所得受用事故。吞吸者，谓彼所余助伴烦恼所吞吸故。迷闷者，次后当说。躭著者，谓坚执已得，无所营为故。贪求者，谓追求未得，勤加行故。欲者，谓于未得、已得，悕求获得及受用故。贪者，谓于受用，喜乐坚著故。亲昵及爱乐，如所亲昵所爱乐中[①]，应知其相。

藏者，谓于内所摄自体中爱故。护者，谓于他相续中爱故。执者，谓于我所中爱故。渴者，谓倍增悕求故。所染者，谓贪居处故。所憍者，谓七种憍，所居处故。所欲者，谓种种品类受用贪欲所居处故。所亲昵者，谓是过去诸顾恋爱所随处故[②]。所爱乐者[③]，谓是现在诸欣喜爱所随处故。又现法中串所习爱，名为亲昵。宿世串习所发生爱，名为爱乐。

所迷闷者，不能于中观察功德及过失故。所贪著者，是躭乐心所居处

---

① 如所亲昵所爱乐中，底本与《房山石经》《资福藏》《碛砂藏》《赵城金藏》《普宁藏》《永乐南藏》《高丽藏》相同；《径山藏》“爱”作“受”。

② 谓是过去诸顾恋爱所随处故，底本与《房山石经》《赵城金藏》《径山藏》《高丽藏》相同；《资福藏》《碛砂藏》《普宁藏》《永乐南藏》“顾”作“愿”。

③ 所爱乐者，底本与《房山石经》《资福藏》《碛砂藏》《普宁藏》《永乐南藏》《径山藏》《高丽藏》相同；《赵城金藏》“爱”作“受”。

故。所缚著者，是贪、瞋、痴所居处故。所悕求者，能生爱故。所系缚者，是一切结所居处故。是恶作者[①]，谓能和合不善法故。为令现前而喜乐者[②]，谓希望故。为令现前而言说者[③]，谓以语言而追求故。为令证得而遽务者[④]，谓生贪著身追求故。

躭著而住者，谓得已，抱持而不舍故。等染者，谓于乐受起贪欲故。等恶者，谓于苦受起瞋恚故。等愚者，谓于三受起愚痴故。顾恋者，谓于过去故。系心者，谓于未来故。劬劳者，谓由彼因缘，正起追求故。炽然者，谓所欲果遂，起染汙心故。烧者，谓所欲衰损起染汙心故。恼者，谓所得变坏故。为祈祷者，显示取著吉祥爱故。为触对者，显示取摩著执爱故[⑤]。为悕求者，显示取著与利爱故。为欣悦者，显示取著如意思惟所有爱故。又于诸欲，其心趣入清净，乃至广说，于五种出离界，应知如前《三摩呬多地》已说。

言憍醉者，谓与三憍共相应故。极憍醉者，谓依止憍[⑥]，遍于诸恶不善法中，能令其心不防护故。趣憍醉者，谓于憍醉所有因缘受学转故。于诸欲中生等憍者，谓不观过受用欲故。平安者，谓乐受自相故。领受者，谓诸受共相故。趣受者，谓余受因相故。又欲贪、坚著、拘礙、饕餮等贪，如

---

① 是恶作者，底本与《资福藏》《碛砂藏》《普宁藏》《永乐南藏》《径山藏》相同；《房山石经》《高丽藏》“作者”作“者者”；《赵城金藏》“作者”作“者破”。

② 为令现前而喜乐者，底本与《房山石经》《资福藏》《赵城金藏》《永乐南藏》《径山藏》《高丽藏》相同；《碛砂藏》《普宁藏》“令”作“今”。

③ 为令现前而言说者，底本与《房山石经》《资福藏》《赵城金藏》《永乐南藏》《径山藏》《高丽藏》相同；《碛砂藏》《普宁藏》“令”作“今”。

④ 为令证得而遽务者，底本与《房山石经》《资福藏》《赵城金藏》《永乐南藏》《径山藏》《高丽藏》相同；《碛砂藏》《普宁藏》“令”作“今”。

⑤ 显示取摩著执爱故，底本与《资福藏》《碛砂藏》《赵城金藏》《普宁藏》《永乐南藏》《径山藏》相同；《房山石经》《高丽藏》“摩著”作“著摩”。

⑥ 谓依止憍，底本与《资福藏》《碛砂藏》《普宁藏》《永乐南藏》《径山藏》相同；《房山石经》《赵城金藏》《高丽藏》“止”作“上”。

《闻所成地》已说。

复次，言内垢者，谓于怨意乐坚持不舍故。内忌者，谓于所爱障碍住故。内敌者，谓能引发所不爱故。内怨者，谓能引发所不宜故。又不可喜、不可乐、不可爱等，翻可喜等，如前应知。又言苦者，谓彼自性苦，亦随忆念苦故。损害者，谓现前苦故。违逆者，谓于三世思惟苦故。不顺意者，谓现有苦，能损害故。又苦、猛利、坚鞕、辛楚、不可意等，如《摄事分》，我当广说。

又暴恶者[①]，是其总句。蛆螫者[②]，麤言猛切故。怨字语者，谓造文字无有依违麤犷言故。怨嫌者，谓毁辱所依故。愤发者，谓出言显发恶意乐故。恚害者，谓以手等而加害故。颦蹙而住者，谓愤害已后，颦蹙眉面，默然而住故。遍生愤恚者，谓数数追念不饶益相，深怀怨恨，恼乱心故。

若生烦恼，恼乱其心，由此因缘，便住于苦，如说苾刍懈怠杂诸恶，使住于众苦[③]。有苦者，谓彼摄受未来苦故。有匮者，谓彼远离诸善品故。有灾者，谓彼能为余惑因故。有热者，谓于后时发热恼故。又言苦者，是其总句。有苦者，谓忧苦相应故。有匮者，谓乐受变坏故。有灾者，谓在不苦不乐受中，于二不解脱故。有热者，谓于乐等，如其所应，有贪、瞋、痴火故。有于过去有苦[④]，于未来有匮。

---

① 又暴恶者，底本与《房山石经》《资福藏》《碛砂藏》《普宁藏》《永乐南藏》《径山藏》《高丽藏》相同；《赵城金藏》“暴”作“异”。

② 蛆螫者，底本与《径山藏》相同；《房山石经》《资福藏》《碛砂藏》《赵城金藏》《普宁藏》《永乐南藏》《高丽藏》“螫”作“蝫”。

③ 使住于众苦，底本与《资福藏》《碛砂藏》《普宁藏》《永乐南藏》《径山藏》相同；《房山石经》《赵城金藏》《高丽藏》“使”作“便”。

④ 有于过去有苦，底本与《资福藏》《碛砂藏》《普宁藏》《永乐南藏》《径山藏》《高丽藏》相同；《房山石经》《赵城金藏》“有于”作“又于”。

又害者，谓显示摄受上品怨嫌故[1]。敌者、怨者，如前已说。又摧伏者，谓与未生士用生相违故。破坏者，谓与生已士用住相违故。为他所胜者，谓与未生功能生相违故。落在他后者，谓与已生功能住相违故。又不摧伏、不破坏、非所胜、有所胜者，如是诸句，由前诸句，其义应知。

复次，于前际无智者[2]，谓于过去诸行无常法性不了知故。于后际无智者，谓于现在诸行尽灭法性不了知故。于前后际无智者，谓于未来诸行当生法性及当生已当尽法性不了知故。彼于如是不了知者，谓依前际等，起不如理思惟："我于过去世，为曾有耶？乃至广说，我为是谁？谁当是我？今此有情从何而来？于此没已，当往何所？"如是依前后际不如理作意，故于如是无常法性愚痴不了。于诸行中，我见随逐，于内、于外、俱于二种，唯有法性不能了知。内谓内处，外谓外迹，内外即是根所住处及以法处。由彼诸法于内可得，又是外处之所摄故。

于业无智者，谓于诸业唯有行性不能了知，而妄计度我为作者。于异熟无智者，谓于有情世间及器世间，若余境界，业因所起，妄计自在、作者、生者。于业、异熟无智者，谓遍愚一切，获得诽谤业果邪见，此即宣说外道异生于诸法中所有无智[3]。于佛无智者，谓不了知如来法身及诸形相。于法无智者，谓不了知善说等相。于僧无智者，谓不了知诸行等相[4]。于苦等无智者，谓如诸经所分别相及十六行中不了知故。

于因无智者，谓于无明等诸有支中，能为行等所有因性不了知故。于

① 谓显示摄受上品怨嫌故，底本与《资福藏》《碛砂藏》《普宁藏》《永乐南藏》《径山藏》相同；《房山石经》《赵城金藏》无"谓"字；《高丽藏》"谓"作"者"。

② 于前际无智者，底本与《房山石经》《永乐南藏》《径山藏》相同；《资福藏》《碛砂藏》《赵城金藏》《普宁藏》《高丽藏》"于"作"在"。

③ 此即宣说外道异生于诸法中所有无智，底本与《房山石经》《资福藏》《碛砂藏》《普宁藏》《永乐南藏》《径山藏》《高丽藏》相同；《赵城金藏》无"即"字。

④ 谓不了知诸行等相，底本与《资福藏》《碛砂藏》《赵城金藏》《普宁藏》《永乐南藏》《径山藏》相同；《房山石经》《高丽藏》"诸"作"善"。

因所生无智者，谓于行等诸有支中，从无明等因所生性不了知故。又于杂染、清净品法，谓不善、善、有罪、无罪、过患、功德相应故。随顺黑白，谓无明、明分故。黑黑异熟、白白异熟及有对分，谓即黑白黑白异熟。如是一切皆从因缘之所生故，名为缘生。于彼一切不了知故，名为无智。

或于六触处不能如实遍通达者[①]，谓于六处顺乐受等触所生中，彼灭寂静不能如实遍了知故。又此加行不能如实于法通达智见现观者，谓即于彼法不如实知故。于彼于此者，于如所说，或所未说。无智者，于不现见。无见者，于现见现前。无现观者，于如实证不由他缘。阇黑者，于其实事不正了知。愚痴者，于不实事妄生增益。无明者，于所知事不能善巧。于彼彼处不正了知，谓于彼彼所说义中及于名、句、文身不能解了。惛闇者，成就诽谤一切邪见。又障、盖、无明等[②]，广说如《摄事分》。又覆蔽、隐没、惛昧、遍惛昧等，广说如《爱契经》。

不恭敬者，不修恭敬故。不尊重者，不信彼德故。不贵尚者，令彼所欲有匮乏故。不供养者，不施利养故。又不恭敬乃至不供养者，当知展转后句释前。又不恭敬、不尊重、不信有而听闻法等，广说如《摄决择分》。

又不承听者，不欲闻故。不审听者，心散乱故。不住奉教心者，不欲修行故。不修正行者，于法随法行[③]，不如意乐正修行故。又不受学转者，于大师圣教不能证故。又乐睡眠，虚度生命者，是其总句。唐捐者，不能修往善趣因故。无果者，不能得彼善趣果故。无义者，不能修得涅槃因故。无利者，不能得彼涅槃果故。

---

① 或于六触处不能如实遍通达者，底本与《资福藏》《碛砂藏》《赵城金藏》《普宁藏》《永乐南藏》《径山藏》《高丽藏》相同；《房山石经》“于”作“复于”。

② 又障盖无明等，底本与《房山石经》《资福藏》《碛砂藏》《赵城金藏》《普宁藏》《永乐南藏》《径山藏》相同；《高丽藏》“明”作“眼”。

③ 于法随法行，底本与《资福藏》《碛砂藏》《普宁藏》《永乐南藏》《径山藏》相同；《房山石经》《赵城金藏》《高丽藏》无“行”字。

又问少病恼不者，界无不平等故。少事业不者，加行事业无不平等故。起居轻利不者，希须饮食，既饮食已，易消化故。又务、力、乐及无罪等，如“声闻地”食知量中已说其相。又不简择、不极简择等，广说如“声闻地”。又不思惟、不称量等，广说亦如“声闻地”。

复次，少者，高广量不相应故。小者，卑狭量相应故。尠者，才受世间言说量故。

复次，或异门者，自相差别故。或意趣者，俗相差别故。或殊异者，因相差别故。

如是名为摄异门分。如是异门，于诸经中随其麤显言多用者，略已采集示差别义。其余无量诸佛世尊所说异门及义差别，由此方隅。由此所学，由此言教，应当精勤别别思择异门，异义显示安立。

瑜伽师地论卷第八十五

摄事分中契经事行择摄第一之一

如是已说摄异门。

云何摄事？谓由三处，应知摄事：一者，素呾缆事；二者，毗奈耶事；三者，摩呾理迦事。

云何素呾缆事？谓由二十四处，略摄一切契经：一者，别解脱契经；二者，事契经；三者，声闻相应契经；四者，大乘相应契经；五者，未显了义令显了契经；六者，已显了义更令明净契经；七者，先时所作契经；八者，称赞契经；九者，显示黑品契经；十者，显示白品契经；十一者，不了义契经；十二者，了义契经；十三者，义略文句广契经；十四者，义广文句略契经；十五者，义略文句略契经；十六者，义广文句广契经；十七者，义深文句浅契经；十八者，义浅文句深契经；十九者，义深文句深契经；二十者，义浅文句浅契经；二十一者，远离当来过失契经；二十二者，远离现前过失契经；二十三者，除遣所生疑惑契经；二十四者，为令正法久住契经。

别解脱契经者，谓于是中，依五犯聚及出五犯聚，说过一百五十学处，为令自爱诸善男子精勤修学。

事契经者，谓四阿笈摩：一者，杂阿笈摩；二者，中阿笈摩；三者，长阿笈摩；四者，增一阿笈摩。

杂阿笈摩者，谓于是中，世尊观待彼彼所化，宣说如来及诸弟子所说相应，蕴、界、处相应，缘起、食、谛相应，念住、正断、神足、根、力、觉支、道支、入出息念、学、证净等相应，又依八众，说众相应。后结集者为令圣教久住，结嗢柁南颂[①]，随其所应，次第安布。当知如是一切相应，略由三相。何等为三？一是能说，二是所说；三是所为说。若如来，若如来弟子，是能说，如弟子所说，佛所说分。若所了知，若能了知，是所说。如五取蕴、六处、因缘相应分及道品分。若诸比丘、天魔等众，是所为说，如结集品。如是一切，麤略标举能说、所说及所为说。即彼一切事相应教间厕鸠集，是故说名杂阿笈摩。

即彼相应教，复以余相处中而说，是故说名中阿笈摩。

即彼相应教，更以余相广长而说，是故说名长阿笈摩。

即彼相应教，更以一二三等渐增分数道理而说，是故说名增一阿笈摩。

如是四种，师弟展转传来于今。由此道理，是故说名增一阿笈摩[②]。是名事契经。

于十二分教中，除方广分，余名声闻相应契经；即方广分，名大乘相应契经。此分别义，如前应知。如是四种契经，由余未显了义令显了等二十种契经，如其所应，当知其相。从是已后，依此所说四种契经，当说契经摩呾理迦，为欲决择如来所说、如来所称、所赞、所美先圣契经。譬如无本母字，义不明了。如是本母所不摄经，其义隐昧，义不明了。与此相违，义即明了。是故说名摩呾理迦。

总嗢柁南曰：

界略教想行，速通因断支，
二品智事诤，无厌少欲住。

① 结嗢柁南颂，底本与《资福藏》《碛砂藏》《普宁藏》《永乐南藏》《径山藏》相同；《房山石经》《赵城金藏》《高丽藏》“柁”作“拕”，下同。

② 是故说名增一阿笈摩，底本与《资福藏》《碛砂藏》《普宁藏》《永乐南藏》《径山藏》相同；《房山石经》《高丽藏》无“增一”字。

别嗢柁南曰：

界说前行观察果[①]，愚相无常等定界，

二种渐次应当知，非断非常及染净。

有四种所化有情，先数习邪解脱见所集成界。何等为四？谓于先有、先世、先身、先所得自体中，听闻常见增上不正法，不如理作意增上力故，于今由彼为因，由彼为缘，数习邪解脱见所集成界。如说由常见，如是由断见，由现法涅槃见，由萨迦耶见，广说亦尔。

此中，世尊由种种胜解智力、种种界智力增上力故，寻求彼先胜解及彼后界，如其所应，为调伏彼邪胜解界故，多分为转四种法教。或复为余智未成熟者[②]，令彼智成熟故；智已成熟者，令彼解脱诸烦恼故。为初邪界有情，说因灭故行灭，由行尽门说无常性，为调伏彼邪胜解界故；为随第二邪界有情，说因集故行集，由行起门说无常性，为调伏彼邪胜解界故；为随第三邪界有情，由诸行苦门转正法教，为调伏彼邪胜解界故；为随第四邪界有情，若离诸行起萨迦耶见行者，由诸行空门转正法教，若即诸行起萨迦耶见行者，由无我门转正法教，为调伏彼邪胜解界故。

复次，善说法律略由三种不共支故，不共外道，堕善说数。一者，宣说真实究竟解脱故；二者，宣说即彼方便故；三者，宣说即彼自内所证故。

云何真实究竟解脱？谓毕竟解脱及一切解脱，即是见道果及此后所得世出世修道果。此中见道果由毕竟故，得名真实，而非究竟，于一切解脱犹有所应作故。又解脱有三种：一、世间解脱；二、有学解脱；三、无学解脱。世间解脱非是真实，有退转故。有学解脱虽是真实，而非究竟，犹

① 界说前行观察果，底本与《资福藏》《碛砂藏》《普宁藏》《永乐南藏》《径山藏》《高丽藏》相同；《房山石经》“说”作“脱”。

② 或复为余智未成熟者，底本与《资福藏》《碛砂藏》《普宁藏》《永乐南藏》《径山藏》相同；《房山石经》《高丽藏》无“复”字。

有所作故。当知所余，具足二种。

云何方便？谓于诸行中，依如所有性及尽所有性，修无常想；依无常，修苦想；依苦，修空、无我想、因此得入谛现观时，由正观察所知境故，获得正见。由此正见为依止故，修道位中，遍于诸行住厌逆想。彼于住时，虽由彼相应受忆念思惟不现前境，明了现前，而不生喜；由不生喜增上力故，彼于行时，即于彼受所缘境界不生染著。彼于一切所求境界得处中故，尚不悕求，何况躭著。彼由如是若住若行，于喜贪缠速能灭尽，心清净住。乃即于彼如所得道极多修习为因缘故[①]，永拔彼品麤重随眠，获得真实究竟解脱。当知即是心善解脱。

云何自内所证？当知有四种相。若于有学解脱转时，由二种相，内慧触证，谓我已尽诸恶趣中所生诸行。又我已尽除其七生、二生、一生所余后有所生诸行，又我已住能究竟尽无退转道。若于无学解脱转时，即由如是二种相故，内慧触证，谓我已作为断其余一切烦恼所应学事，我今尚无余一生在，况二况七。又随所乐，亦能为他如实记别。如是名为自内所证。

复次，即彼解脱，有二种前行法：一者，见前行法；二者，道果前行法。见前行法者，谓由解脱及彼方便、自内所证增上力故，从他言音起闻思修所成妙善如理作意，未入正性离生，能入正性离生，得如实见、出世正见。道果前行法者，谓得如是正见已，复起所余正思惟等，或同时生，或后时生道前行法，为断所余诸烦恼故。

复次，为欲证得所未得解脱故，应观察八事，谓于诸行中爱味、过患、出离观察，及闻、思、思择力[②]、见道、修道观察。

---

① 乃即于彼如所得道极多修习为因缘故，底本与《资福藏》《碛砂藏》《普宁藏》《永乐南藏》《径山藏》相同；《房山石经》《高丽藏》“乃”作“又”。

② 思择力，底本与《资福藏》《碛砂藏》《赵城金藏》《普宁藏》《永乐南藏》《径山藏》《高丽藏》相同；《房山石经》“思思”作“思”。

于诸行中观察爱味时，能善通达诸行爱味所有自相。即于诸行观察过患时，能善了知三爱分位过患共相①，谓于是中，甚少爱味，多诸过患。如是了知爱味染著，多诸过患共相应已，于所爱味一切行中，随所生起欲贪烦恼，即能除遣，制伏断舍。于此欲贪不现行故。说名为断，非永离欲故名为断。又于彼事心未解脱，若于随眠究竟超越，乃永离欲，心得解脱。是名一门观察差别。

又修行者于彼诸行正观察时，先以闻所成慧，如阿笈摩，了知诸行体是无常，无常故苦，苦故空及无我。彼随圣教如是胜解，如是通达，既通达已，复以推度相应思惟所成微细作意，即于彼境如实了知。即由如是通达了知增上力故②，于彼相应烦恼现行现法、当来所有过患，如实观察。由思择力为依止故，设复生起，而不实著，即能舍离。彼由如是通达了知，及思择力多修习故，能入正性离生。既入正性离生已，由修道力渐离诸欲。彼由思择、见道二种力故，随其所应，断诸烦恼，谓不现行断故，及一分断故。由修道力，究竟离欲。如是由前二种渐离欲贪，由修道力，心得解脱。

复次，有二种烦恼断果及苦灭果：一者，见所断果，由证彼故，能自了知我已永尽那落迦、傍生、饿鬼，我今证得预流无退堕法，乃至广说；二者，修所断果，由证彼故，能自了知我最后身蹔时支持，第二有等，永不复转。复有二种苦灭：一者，现在为因，未来苦灭；二者，过去为因，现在苦灭。复有二种苦灭：一者，心苦灭；二者，身苦灭。复有二种苦灭：一者，坏苦、苦苦苦灭；二者，行苦苦灭。复有二种苦灭：一者，非爱业果苦灭；二

① 能善了知三爱分位过患共相，底本与《资福藏》《碛砂藏》《普宁藏》《永乐南藏》《径山藏》相同；《房山石经》《高丽藏》“爱”作“受”。

② 即由如是通达了知增上力故，底本与《房山石经》《资福藏》《碛砂藏》《普宁藏》《永乐南藏》《径山藏》相同；《高丽藏》“上”作“二”。

者，可爱业果苦灭。复有少分已见谛迹诸圣弟子，虽已超过诸恶道苦所有怖畏，由未永尽一切结故，其心犹有于当来世共诸异生生老死怖。为断彼故，而能发起猛利乐欲，乃至正念及无放逸，勤修观行。

复次，有二种愚夫之相。何等为二？一者，于所应求不如实知；二者，非所应求而返生起。

何等名为是所应求？所谓涅槃，诸行永灭。而诸愚夫于当来世诸行不生都无乐欲，于诸行生唯有欣乐。由是因缘，于所应求及诸行生所有众苦，不如实知。

何等名为非所应求而返生起？非所求者，谓老病死、非爱合会、所爱别离、所欲匮乏[①]、愁叹忧苦种种热恼。彼于如是诸行生起返生欣乐，于生为本一切行中深起乐著，于生为本所有诸苦造作积集[②]。由是因缘，于有生苦及生为本老病死等众苦差别，不得解脱。如是名为非所应求而返生起。

复次，于诸行中有四决定：一、无常决定；二、苦决定；三、空决定；四、无我决定。

云何诸行无常决定？由三种相，当知过去、未来诸行尚定无常，何况现在。何等为三？谓先无而有故，先有而无故，起尽相应故。若未来行先所未有定非有者，是即应非先无而有，如是应非无常决定。由彼先时施设非有，非有为先，后时方有，是故未来诸行无常决定。若现在从缘行生已决定有者，是即应非先有而无，未来诸行便应非是无常决定。现在诸行亦应不与起尽相应，由现在行从缘生已，非决定有。以有为先，施设非有，是

① 所欲匮乏，底本与《房山石经》《资福藏》《碛砂藏》《普宁藏》《永乐南藏》《径山藏》相同；《高丽藏》“乏”作“之”。

② 于生为本所有诸苦造作积集，底本与《资福藏》《碛砂藏》《普宁藏》《永乐南藏》《径山藏》相同；《房山石经》《高丽藏》“苦”作“业”。

故过去诸行无常决定。如是现在诸行因未来行先无而有，因过去行先有而无，由此施设起尽相应。是故说言：当知去来诸行无常性尚决定，何况现在。是名诸行无常决定。

云何诸行苦性决定？谓去来诸行尚是生等苦法，何况现在。所以者何？过去诸行是已度苦，未来诸行是未至苦，现在诸行是现前苦，是名诸行苦性决定。

云何诸行空性决定？谓去来诸行尚定空性，何况现在。所以者何？未来诸行其性未有，由此故空；过去诸行其性已灭，由此故空；现在诸行虽有未灭，谛义、胜义性所远离，由此故空：是名诸行空性决定。

云何诸行无我决定？谓去来诸行尚定无我，何况现在。所以者何？未来诸行非我之相，未现前故；过去诸行非我之相，已越度故；现在诸行非我之相，正现前故；是名诸行无我决定。

又由二相，当知诸行决定无常。一、由过去世已灭坏故；二、由未来、现在世是应灭坏法故。又由二相，当知诸行决定是苦。一、是生等苦法故；二、是三苦性故。此诸苦相，如前应知。

又由二相，当知诸行决定是空。一、毕竟离性空故；二、后方离性空故。毕竟离性空者，谓诸行中，我、我所性毕竟空故。后方离性空者。谓于已断一切烦恼心解脱中，一切烦恼皆悉空故。又由二相，当知诸行决定无我。一、诸行种种外性故；二、诸行从众缘生，不自在故。

复由十相，当知诸行四相决定，谓由败坏、变易、别离、相应，法性相故，非可乐、不安隐、相应、远离、异相相故。如是等相，如前“声闻地”已广分别。

复次，依出世道作意修中，有五离系品界：一者，断界；二者，无欲界；三者，灭界；四者，有余依涅槃界；五者，无余依涅槃界。谓见道所断诸行断故，名为断界。修道所断诸行断故，名无欲界。即此唯有余依故，名有余依涅槃界.此依灭故，名为灭界，亦名无余依涅槃界。即此五界，由一切行永寂静故，名诸行止。由我、我所、我慢、执著及与随眠皆远离故，说名为空。由一切相皆远离故，名无所得。于断界中，一切随顺有漏法上所有贪爱皆远离故，名为爱尽。于无欲界所有欲贪皆远离故，名为无欲。于灭界中，及于有余依、无余依涅槃界中，如其所应，皆永灭故，皆寂静故，随其次第，说名为灭，亦名涅槃。又于断界未得为得勤修习故，名于诸行修厌。于无欲界未得为得勤修习故，名于诸行修离欲。于灭界未得为得勤修习故，名于诸行修灭。

复次，为心解脱勤修习者，有二种渐次：一、智渐次；二、智果渐次。

云何智渐次?谓于诸行中先起无常智，由思择彼生灭道理故，次后于彼生相应行，观为生法、老法乃至忧苦热恼等法，由是因缘，一切皆苦。此即依先无常智，生后苦智。又彼诸行，由是生法乃至是热恼法故，即是死生缘起展转流转不得自在行相道理，故无有我。此则依先苦智，生后无我智。如是观无常故苦，苦故无我，是名智渐次。

云何智果渐次？谓厌、离欲、解脱、遍解脱。

云何厌？谓有对治现前故，起厌逆想，令诸烦恼不复现行。云何离欲？谓由修习厌心故，虽于对治不作意思惟，然于一切染爱事境贪不现行，此由伏断增上力故。云何解脱？谓即于此伏断对治多修习故，永拔随眠。如是名厌、离欲、解脱第一差别。复有差别，谓于厌位断界极成满，故名厌。即依止厌，除非想非非想处，于余下地得离欲时，施设离欲位，故名离欲。于非想非非想处得离欲时，施设解脱位，故名解脱。是名厌、离欲、解脱第二差别。云何遍解脱？谓由如是烦恼杂染解脱故，生等诸苦杂染亦普解脱，是名遍解脱。如是由智增上力故，于诸行中起厌；由习厌故，得离欲；由习离欲故，得解脱及遍解脱；如是名为智果渐次。

此中复有四种邪执。何等为四？一、见邪执；二、慢邪执；三、自内邪执；四、他教邪执。见邪执者，谓于诸行中执我、我所。慢邪执者，谓于诸行中起我慢执。前见邪执，障谛现观；后我慢邪执，障修所断烦恼等断。自内邪执者，谓独处空闲，不正分别为依止故，执有实我，或见邪执，或慢邪执。他教邪执者，谓由他教起邪执著，谓此是我，此是我所，我慢行转。又于内起不正分别，执我、我所，名内邪执，亦名非他教邪执。如是一切邪执永断，当知是名智果。

复次，由三种相，应知诸行非断非常。何等为三？一、以无住行为因故；二、生已无住因故；三、未来诸行因性灭故。此中诸行因无常故，生已住因不可得故，当知诸行非常。能生未来诸行现在因性灭故，当知诸行非断。

复有四缘能令诸行展转流转。何等为四？一、因缘；二、等无间缘；三、所缘缘；四、增上缘。即此四缘，略有二种：一、因；二、缘。因，唯因缘；余三，唯缘。又因缘者，谓诸行种子。等无间缘者，谓前六识等及相应法等无间灭，后六识等及相应法等无间生。所缘缘者，谓五识身等，以五别境为所缘；第六识身等，以一切法为所缘。增上缘者，谓五识等，以眼等各别所依为增上缘，及以能生作意等为增上缘；意识身等，以四大种身及能生作意等为增上缘。又先所造业望所生爱非爱果，当知亦是增上缘。如是资粮望道，道望得涅槃，当知亦是增上缘摄。

复次，由三种事、二种相，应当观察杂染、清净。

云何由三种事观察一切杂染、清净？一者，于诸行中观察杂染因缘，谓观彼爱味为爱味故；二者，于诸行中观察清净因缘，谓观彼过患为过患故；三者，于诸行中观察清净，谓观彼出离为出离故。如是一切，总略为一，名由三事观察一切杂染、清净。

云何由二种相观察一切杂染、清净？一者，由如所有性故；二者，由尽所有性故。如所有性者，谓于诸行中，若爱味，若过患，若出离。尽所有性者，谓于诸行中，尽所有爱味，尽所有过患，尽所有出离。此中观察诸行为缘，生乐生喜，是名于彼爱味。又此爱味极为狭小，如是由二种相观察如所有性所谓爱味①。又观察诸行是无常、苦、变坏之法，是名于彼过患。又此过患极为广大。如是由二种相观察如所有性所谓过患。又复观察于诸行中欲贪灭、欲贪断、欲贪出，是名于彼出离。又此出离寂静无上，毕竟安隐。如是由二种相观察如所有性所谓出离。又即此爱味，即此过患，即此出离，于诸行中，若过去，若未来，若现在，若内若外，若麤若细，若劣若胜，若远若近，审谛观察，当知是名于彼观察如所有性所谓爱味、过患、出离②。

又为了知如是三事体性是有，应知三种有情众别：一、于诸欲染著众；二、于诸欲远离众；三、于诸欲离系众。

于此三处复有三种世间愚痴，谓若天世间，若沙门、婆罗门，若诸天人。如是三种世间，由三因缘应知安立：一、由得欲自在及净自在故，谓若魔，若梵世间；二、由勤修得彼因故，谓若沙门、婆罗门；三、趣种种业因果故，谓若诸天人。

又于此三处，随其所应，能断作证，有二种道，离四倒心，谓已入见地，及于上修道名修习住③。

又此三种道④，有四种相心解脱果：一、贪瞋缚解脱相；二、欲贪灭断

① 如是由二种相观察如所有性所谓爱味，底本与《资福藏》《碛砂藏》《普宁藏》《永乐南藏》《径山藏》相同；《房山石经》《高丽藏》“谓”作“有”。

② 当知是名于彼观察如所有性所谓爱味过患出离，底本与《资福藏》《碛砂藏》《普宁藏》《永乐南藏》《径山藏》《高丽藏》相同；《房山石经》“如”作“尽”。

③ 及于上修道名修习住，底本与《资福藏》《碛砂藏》《普宁藏》《永乐南藏》《径山藏》相同；《房山石经》《高丽藏》“名”作“多”。

④ 又此三种道，底本与《碛砂藏》《普宁藏》《永乐南藏》《径山藏》相同；《房山石经》《资福藏》《高丽藏》“三”作“二”。

出出离相[①]；三、九结离系相；四、生等诸苦解脱相。此中前三相显示因处烦恼解脱，后一相显示果处诸苦解脱。

于此义中，譬如有人处在囹圄，为种种缚之所系缚，所谓或木或索或铁。

又置余人，令其防守。

或设有彼从幽縶处逃至远所，还执将来；

或有尚不令彼转动，况得逃避。

或有安置广大微妙种种可爱所系妙欲在幽縶处，令彼自然心生乐著，无欲逃避。

如是彼人为一切种缚之所缚，为善方便守之所守，为最坚牢系之所系，复为怨家随欲加害，所谓打拍，或复解割，或加杖捶，或总断命。若有能脱是四缚者，乃得名为从一切缚而得解脱[②]。

如是于彼三处世间愚痴有情，为种种缚所系缚者，当知即譬贪瞋痴缚。其守禁者，譬不正寻思及未永拔烦恼随眠。不正寻思故，尚不令动，况得离欲而远逃避。烦恼随眠未永拔故，虽世间道方便逃避远至有顶，后执将还[③]。可爱妙欲，譬之九结，由彼结故，令于生死自然乐著，于自系缚不欲解脱。彼既如是为种种缚极所密缚，善方便缚之所密缚，最坚牢缚之所密缚，复四魔怨随其所欲以生等苦而加害之。若能从彼四种系缚善解脱者，乃可名为从一切缚而得解脱。

复次，嗢柁南曰：

---

① 欲贪灭断出出离相，底本与《资福藏》《碛砂藏》《普宁藏》《永乐南藏》《径山藏》相同；《房山石经》《高丽藏》"出出"作"出"。

② 乃得名为从一切缚而得解脱，底本与《资福藏》《碛砂藏》《普宁藏》《永乐南藏》《径山藏》《高丽藏》相同；《房山石经》"乃得"作"乃至"。

③ 后执将还，底本与《资福藏》《碛砂藏》《普宁藏》《永乐南藏》《径山藏》相同；《房山石经》《高丽藏》"后"作"复"。

略教教果终堕数，三遍智断缚解脱，

见慢杂染净说句，远离四具三圆满。

由三因缘，有诸声闻往大师所，请略教授。何等为三？谓唯多闻为究竟者，于诸余行而厌背者，生如是解：但略闻法足得自义，何藉多闻以为究竟。要修正行为贞实故，又弃舍多闻究竟欲故。又有怖畏于所入门多所作者，为善方便而得入故。或有即彼已于多法善听善思，彼作是念："我于多法已善听思，若我今者，尽已听思所得诸法以为依止，于住心境及解脱境欲系心者，将不令我作意散乱？若尔，住心尚不能得，何况解脱？"又于如是所闻所思一切法中不得决定：当依何者速证通慧？当依何者速得出离？当缘何境而得住心？当缘何境而得解脱？彼既如是自不决定，若于大师、或众所识如来弟子现前见已，便即往诣，请略教授。

复次，当知正教授有四种自义果得，谓为此出家及如此出家，即形相具足，事业具足、意乐具足、处舍取具足。依此故，得无上得、现法得、自然得、内证得。

复次，有六种死，谓过去死、现在死、不调伏死、调伏死、同分死、不同分死。过去死者，谓过去诸行没，乃至命根灭故死。现在死者，谓现在诸行没，乃至命根灭故死。不调伏死者，谓于过去世不调不伏，有随眠行，展转随眠世俗说言士夫随眠而命终已，于现在世结生相续，有随眠行所摄自体而得生起；于现在世乃至寿尽亦复如是不调不伏，广说乃至而命终已，未来自体复得生起，又能摄取有随眠行。由摄取彼以为因故，便为生等众苦所缚，亦为贪等大缚所缚。

调伏死者，谓于现在世已调已伏，无有随眠而命终已，未来自体不复生起，亦不摄取有随眠行。不摄取彼以为因故，解脱生等众苦差别，亦复解脱贪等大缚。同分死者，谓如过去不调不伏，曾舍身命，于现在世亦复如是而舍身命，当知如此名同分死，名相似死，名随顺死。若于过去不调不伏，舍身命已，于现在世已调已伏而舍身命，当知此名不同分死、不相似死、不随顺死。若于现在有随眠行，展转随眠而命终时，如过去死，名同分死及随顺死；不如过去而命终时，不能摄取当所结生未来相续同分诸行，又此六种死当知有二种相，谓诸行流转过患相及诸行还灭胜利相。若于过去及于现在不调不伏，同分而死，复于未来取生等苦及为贪等烦恼缚者，名诸行流转过患相。若于现在已调已伏，不同分死，又于未来不取众苦，解脱一切烦恼缚者，名诸行还灭胜利相。

复次，由八种相，得入于彼诸行生起世俗言说士夫数中，谓如是名、如是种类、如是族姓、如是饮食、如是领受若苦若乐、如是长寿、如是久住、如是所有寿量边际。如是诸相，于“菩萨地”宿住念中，当知如前已应分别[①]。

复次，由三种相，于诸行中应知无我遍智及断。何等为三？一、于内遍智；二、于外遍智；三、于内外遍智。断亦如是，随其所应。所谓诸行都无有我，无有我所，亦无有余互相系属。当知如是于内、外、俱遍智及断。此中由法住智得决定遍智，数习此故，舍彼相应所有随眠，得毕竟断。当知此中，为于诸行未得遍智者令得遍智故，如来大师说正法要。若于诸行已得遍智而未永断者，为令唯于如先所得遍智数习得永断故，复加劝导。

复次，于生死中而流转者，有三种缚，由此缚故，心难解脱。当知此唯善说法律能令解脱，非由恶说。何等为三？一者，除其爱结，余结所系诸有漏事？二者，爱结所染诸有漏事；三者，能生当来复有诸行[②]。于此三缚，由三因缘，心难解脱，谓初由种种故；第二由坚牢故，可爱乐故；第

① 当知如前已应分别，底本与《资福藏》《碛砂藏》《普宁藏》《永乐南藏》《径山藏》相同；《房山石经》《高丽藏》“应”作“广”。

② 能生当来复有诸行，底本与《资福藏》《碛砂藏》《普宁藏》《永乐南藏》《径山藏》相同；《房山石经》《高丽藏》“复”作“后”。

三、由微细故。复由五相，为后有缚所系缚者，当知有五我慢现行，谓由所依故、所缘故、助伴故、自性故、因果故。当知此中，萨迦耶见以为依止，计我未来或当是有，或当非有；以有、非有为所缘境。此中非有为所缘境，唯有一种；有为所缘，乃有五种，谓我当有色，我当无色，我当有想，我当无想，我当非有想非无想。如是一切，总收为一、合有六种所缘境界。言助伴者，谓动乱心。言自性者，特举行相为其自相[①]，戏论自性为其共相，一切烦恼戏论性故。因果性者，谓能感生为因性故[②]，造作业行，爱随逐故。

复次，由三种相，当知心善解脱，谓于诸行遍了知故，于彼相应诸烦恼断得作证故，烦恼断已，于一切处离爱住故。又于此中，由四种行，于诸行中能遍了知如所有性，谓无常等；由十一行，于诸行中能遍了知尽所有性，谓过去、未来等，如前广说。

复次，有二种、五种杂染，并五种因相。如是二种，诸有学者应知应断，诸无学者已知已断。

何等为二？谓见杂染及慢杂染。此二当知五种差别，谓由行故、缠故、随眠故。何等为五？一者，计我；二者，计我所；三者，我慢；四者，执著；五者，随眠。当知此中，计我、我所、我慢三种为所依止，于所缘事固执取著，唯此谛实，余皆愚妄。当知此中，由缠道理，说名执著；即彼种子随缚相续，说名随眠。又有识身，及外事等，当知是彼五种因相，谓计我因相乃至随眠因相。

即此因相复有二种：一者，所缘因相；二者，因缘因相。计我、我慢以

① 特举行相为其自相，底本与《资福藏》《碛砂藏》《普宁藏》《径山藏》相同；《房山石经》《高丽藏》“特”作“恃”；《永乐南藏》“特”作“持”。

② 谓能感生为因性故，底本与《房山石经》《资福藏》《碛砂藏》《普宁藏》《永乐南藏》《径山藏》相同；《高丽藏》“生”作“主”。

有识身为所缘因相；计我所通以二种为所缘因相；彼执著以闻不正法、不如理作意，及彼随眠为因缘因相。彼随眠以不如实了知诸行，烦恼诸缠数数串习为因缘因相。

复次，有四种有情众，当知于中安立杂染。何等为四？一者，外道有情众；二者，此法异生有情众；三者，有学有情众；四者，无学有情众。外道有情众中，具有一切。此法异生有情众中，四种可得，及彼因相并执著因相一分，然执著不可得。有学有情众中，计我、我所二种及我因相、执著、随眠皆不可得，及我慢执著并彼因相，然有我慢随眠可得。无学有情众中，一切皆不可得。又外道有情众凡所有行，不为断彼。此法异生有情众所修诸行，正为断彼、而未能断，未见如实故。有学有情众已断一分，为断余分，复修正行，虽见如实，而不自称我已能见，犹未获得尽、无生智故。无学有情众一切已断，于诸行中，而自称言我如实见。

复次，有八种清净说句。何等为八？谓由超过见、慢故，名二种超过意清净说句。由断彼因相故，名除相清净说句。由断彼执著故，名寂静清净说句。由断彼随眠故，名善解脱清净说句。复次，有学有二清净说句，谓于后有一切行中，由不现行道理，名已割贪爱及转三结。无学有二清净说句，谓正慢现观故[1]，及一切苦本贪爱随眠永拔除故，名已作苦边。如是一切，总收为一、合有八种清净说句。

复次，由四支故，具足远离，名善具足。何等为四？一者，无第二而住；二者，处边际卧具；三者，其身远离；四者，其心远离。谓于居家境界所生诸相寻思、贪欲、瞋恚悉皆远离，依不放逸，防守其心。又由五相发勤精进，速证通慧，谓有势力者，由被甲精进故；有精进者，由加行精进

① 谓正慢现观故，底本与《资福藏》《碛砂藏》《普宁藏》《永乐南藏》《径山藏》相同；《房山石经》《高丽藏》“正”作“止”。

故；有勇悍者[①]，由于广大法中无怯劣精进故；有坚猛者，由寒热、蚊虻等所不能动精进故；有不舍善轭者，由于下劣无喜足精进故。又为断惛沈睡眠、掉举恶作，如其次第，奢摩他、毗钵舍那品随烦恼故，愿正止观无有失坏。

复次，于善说法毗奈耶中有三圆满。何等为三？一、行圆满；二、果圆满；三、师圆满。行圆满者，谓为触证断、无欲、灭界故，听闻正法，为他演说，自正修行法随法行。是名行圆满。果圆满者，谓即由此法随法行增上力故，心善解脱。又能证得现法涅槃，是名果圆满。师圆满者，谓能引发一切梵行之法，皆用世尊为根本故，皆由世尊转法眼故，皆以世尊为所依故。由如来出世，有彼教可知，故说世尊为彼根本。佛出世已，观待彼彼所化有情，说正法眼，师及弟子展转传来，故说世尊转正法眼。转法眼已，若有于中生诸疑惑，唯依世尊乃能决了，故说世尊为所依止。又说法师略有二种：一者，由教；二者，由证。斯由从他闻正法已而宣说故，依证学道、无学道已而宣说故。

① 有勇悍者，底本与《碛砂藏》《普宁藏》《永乐南藏》《径山藏》相同；《房山石经》《资福藏》《高丽藏》“悍”作“捍”。

瑜伽师地论卷第八十六

摄事分中契经事行择摄第一之二

复次，嗢柁南曰：

想行愚相眼胜利，九智无痴与胜进，

我见差别三相行，法总等品三后广。

于诸行中修无常想行有五种，谓由无常性，无恒性、非久住性、不可保性、变坏法性故。此中，刹那刹那坏，故无常，自体系属，有限住寿，故无恒。外事初后，决定无住[①]，故非久住。寿量未满，容被缘坏，非时而死，故不可保。乃至尔所时住，于其中间，不定安乐，故变坏法。

复次，愚夫略有三种愚夫之相。何等为三？谓诸愚夫于一切行，如上所说五无常性不能思惟，于非真实胜劣性中分别胜劣，称量自他，谓己为胜，是名第一愚夫之相。如谓己胜，谓等谓劣，广说亦尔。与此相违，当知智者亦有三种智者之相。

复次，由二种相，当知圣者慧眼清净，谓由远尘及离垢故。由见所断诸烦恼缠得离系故，名为远尘。由彼随眠得离系故，说名离垢。又现观时，有麤我慢随入作意间无间转，若遍了知所取、能取所缘平等，彼即断灭；彼断灭故，说名远尘。一切见道所断烦恼随眠断故，说名离垢。

复次，远尘离垢，于诸法中得法眼时，当知即得十种胜利。何等为十？一者，于四圣谛已善见故，说名见法。二者，随获一种沙门果故，说名得法。三者，于已所证，能自了知我今已尽所有那落迦、傍生、饿鬼，我证

① 决定无住，底本与《资福藏》《碛砂藏》《普宁藏》《永乐南藏》《径山藏》相同；《房山石经》《赵城金藏》《高丽藏》“初”作“劫”。

预流，乃至广说。由如是故，说名知法。四者，得四证净，于佛法僧如实知故，名遍坚法。五者，于自所证无惑。六者，于他所证无疑。七者，宣说圣谛相应教时，不藉他缘。八者，不观他面，不看他口，于此正法毗奈耶中，一切他论所不能转。九者，记别一切所证解时[①]，都无所畏。十者，由二因缘随入圣教，谓正世俗及第一义故。

复次，有九种智，能于诸行遍知超越，谓诸行流转智、诸行还灭智、杂染因缘智、清净因缘智、清净智、及苦智、集智、灭智、道智。此中，诸行流转智者，略由三种因缘集故，一切行集所有正智，谓喜集故，触集故，名色集故，随其所应，若色集，若受等集，若识集。即此三种因缘灭故，三种行灭，是名诸行还灭智。杂染因缘智、清净因缘智及清净智者，谓于爱味、过患、出离，如前应知。四圣谛中，苦等四智，如前分别圣谛道理，应知其相。于异生位修前五智，能速证后四圣谛智；由证彼故，能于诸行如实了知。又若于前诸智有阙，必定不能以谛道理遍知诸行，要当证得，方能遍知。若于谛理遍知行智有所阙者，必定不能于上修道以对治力断诸烦恼，起一切行[②]；与此相违，乃能超越。是故说言：有九种智，能于诸行遍知超越。

复次，修观行者由三处故，于诸行中无愚痴住。何等为三？一、于过去诸行如实了知是无常性；二、于现在诸行如实了知是灭法性；三、于未来诸行如实了知生灭法性。彼由如是于三世行无有愚痴，不染汙心，安乐而住，堕在明数；与此相违，当知即是有愚痴住，堕无明数。

复有三种烦恼异名，多分说在烦恼品中。一、贪异名；二、瞋异名；

① 记别一切所证解时，底本与《资福藏》《碛砂藏》《普宁藏》《永乐南藏》《径山藏》相同；《房山石经》《赵城金藏》《高丽藏》“时”作“脱”。

② 起一切行，底本与《碛砂藏》《普宁藏》《永乐南藏》《径山藏》相同；《房山石经》《资福藏》《赵城金藏》《高丽藏》“起”作“超”。

三、痴异名。贪异名者，亦名为喜，亦名为贪，亦名为顾，亦名为欣，亦名为欲，亦名为昵，亦名为乐，亦名为藏，亦名为护，亦名为著，亦名为希，亦名为躭，亦名为爱，亦名为染，亦名为渴。瞋异名者，亦名为恚，亦名为憎，亦名为瞋，亦名为忿，亦名为损，亦名不忍，亦名违戾，亦名暴恶，亦名蛆螫，亦名拒对，亦名惨毒[①]，亦名愤发，亦为怒憾，亦名怀慼住，亦名生欻勃。痴异名者，亦名无智，亦名无见，亦名非现观，亦名惛昧，亦名愚痴，亦名无明，亦名黑闇。如是等名，当知如前“摄异门分”多分已辩。

喜、贪差别，我今当说。缘依止受所生欣乐，说名为喜；缘生受境界所生染著[②]，说名为贪。又于将得境生，名喜；若于已得境生，名贪。又于已得临将受用，名喜；即于此事正受用时，名贪。又于能得境界方便，名喜；即于境界，名贪。又于后有，名喜；于现境界，名贪。又于所爱他有情类荣利，名喜；于自所得荣利，名贪。

复次，于诸行中如理修者，有四胜进，谓胜进想略有三种：一、未得为得；二、未会为会；三、未证为证。若为获得现法乐住，名第四胜进。最初能得先所未得预流果故，当知是名未得为得。即此为依，复能契会上学果故，当知是名未会为会。即此为依，复能证得阿罗汉果，于诸惑断能作证故，当知是名未证为证。若已证得阿罗汉果，更无未得为得乃至未证为证故，正勤修习，但为现法乐住，正勤修习。

又依自义，有三胜进想，谓于诸行中厌背想、过患想、实义想。厌背想者，复有四行，谓于诸行思惟如病、如痈、如箭、恼害。如病者，谓如有一，因界错乱所生病苦，修厌背想。如痈者，谓如有一，因于先业所生痈

① 亦名惨毒，底本与《资福藏》《碛砂藏》《普宁藏》《永乐南藏》《径山藏》《高丽藏》相同；《房山石经》《赵城金藏》“惨”作“㨻”。

② 缘生受境界所生染著，底本与《资福藏》《碛砂藏》《普宁藏》《永乐南藏》《径山藏》相同；《房山石经》《赵城金藏》《高丽藏》“界所生”作“所起”。

苦，修厌背想。如箭者，谓如有一，因他怨箭所中之苦，修厌背想[①]。恼害者，谓于亲财等匮乏中，因自邪计所生诸苦，修厌背想。如是名为修观行者，于诸行中修厌背想。过患想者，复有二行，谓于诸行思惟无常及思惟苦。实义想者，亦有二行，谓于诸行思惟空性及无我性。此中，先于过患想及实义想正修习已，然后方能住厌背想。当知此中，先说其果，后说其因。

复次，有四种我见为所依止，能生我慢。一、有分别我见，谓诸外道所起；二、俱生我见，谓下至禽兽等亦能生起；三、缘自依止我见，谓于各别内身所起；四、缘他依止我见，谓于他身所起。分别我见为所依止生我慢者，谓由此见，观自他身，计有实我，由此二种我见为依，发生我慢。譬如清净圆镜面上，质像为依，发生影像；影像为依，于自依止发生劣、中、胜想。如是由邪分别故，缘自依止我见为缘，发生缘他依止我见，如依质像，发生影像。又此为缘，发生我慢，方他谓己或胜，或等或劣。俱生我见为缘生我慢者，当知譬喻与前差别。如明眼人，临净水器，自观眼耳。所余如前，应知其相。

此一切种萨迦耶见，唯依善说法毗奈耶方能永断，非余邪教。如是如来及众共知同梵行者，或诸弟子同梵行者，有大恩德，唯由如是一因缘故，名于大师或灭度后同梵行者真实报恩。又由第二，谓若有能即依如是差别句义为利益故，勤修正行，如是亦名随分报恩，彼所希望未满足故。

复次，由三种相，诸行灭故，说名无余依涅槃界。一者，先所生起诸行灭故；二者，自性灭坏诸行灭故；三者，一切烦恼永离系故。先所生起诸行灭者，谓于先世能感后有诸业烦恼之所造作，及由先愿之所思求，今所生起诸行永

① 修厌背想，底本与《资福藏》《碛砂藏》《普宁藏》《永乐南藏》《径山藏》《高丽藏》相同；《房山石经》《赵城金藏》“修”作“习”。

灭。自性灭坏诸行灭者，谓彼生已，任性灭坏[①]，非究竟住诸行永灭。一切烦恼永离系者，谓诸烦恼无余断灭，由今灭故，后不更生。是故由此三相，诸行灭故，说名寂灭，非永无相，其相异故。若永无相，不可施设说名寂灭。

复次，由三解脱门增上力故，当知建立四种法嗢柁南，谓空解脱门、无愿解脱门、无相解脱门。一切行无常、一切行苦者，依无愿解脱门，建立第一、第二法嗢柁南；一切法无我者，依空解脱门，建立第三法嗢柁南；涅槃寂静者，依无相解脱门，建立第四法嗢柁南。

复次，当知有二种法嗢柁南增上行欲：一者，胜解俱行欲；二者，意乐俱行欲。胜解俱行欲者，由四种法嗢柁南故，于诸行中，而生乐欲。又于诸行寂静生乐欲者[②]，由意乐故，独处空闲，作意思惟。由四种相，于彼寂静，其心退还。一者，于中由见胜利，不趣入故；二者，不信彼得，不清净信故[③]；三者，于彼所缘不生喜乐，不安住故；四者，于彼而起不乐胜解故。与彼相违，当知即是意乐俱行欲。

又由二缘，依止无我胜解之欲，于彼涅槃由惊恐故，其心退还。一、由于此欲不善串习，未到究竟故；二、于作意时，由彼因缘，念忘失故。又此忍欲未串习故，当尔之时，于诸行中了唯行智其心愚昧，数数思惟：“我我尔时当何所在？”寻求我行微细俱行障礙而转。由此缘故，彼作是思：“我当不有。”不作是念：“唯有诸行当来不有。”彼由如是随逐身见为依止故，发生变异随转之识，由惊恐故，于彼寂灭其心退还。

复次，为断如是惊恐，有二种法多有所作：一者，于诸有智同梵行，所

① 谓彼生已任性灭坏，底本与《资福藏》《碛砂藏》《普宁藏》《永乐南藏》《径山藏》《高丽藏》相同；《房山石经》《赵城金藏》“任”作“住”。

② 又于诸行寂静生乐欲者，底本与《房山石经》《资福藏》《赵城金藏》《永乐南藏》《径山藏》《高丽藏》相同；《碛砂藏》《普宁藏》“又”作“入”。

③ 不清净信故，底本与《资福藏》《碛砂藏》《普宁藏》《永乐南藏》《径山藏》相同；《房山石经》《赵城金藏》《高丽藏》无“净”字。

如实自显；二者，因善法欲，发解了心及调柔心。

又发如是解了心者，听闻正法，由三种相发生欢喜：一者，由补特伽罗增上故；二者，由法增上故；三者，由自增上故。补特伽罗增上者，谓由覩见深可赞仰、具大威力、端严大师，及所称扬善说法者。法增上者，谓所说法能令出离烦恼业苦，及令信解最上深义。自增上者，谓有力能于所说法能随觉悟。

又发如是调柔心者，谓有三见：一者，若依彼而转；二者，若由彼遍知；三者，若应所引发。依彼而转者，谓于诸谛未得现观，为得现观，依彼胜解俱行，极善串习正见而转。由彼遍知者，谓依随顺现观正见，于三事我执萨迦耶见，及彼随眠断、常两见所依止性并所得果，能遍了知。言三事者：一、若所取；二、若能取；三、若如是取。此何所取？谓五取蕴。谁能取？谓四取。云何而取？谓四识住。随其次第，如前应知，为二取心之所依处。又即于彼所有诸缠非理所引，缘彼境界萨迦耶见生起执著及彼随眠，如前应知。云何应所引发？谓住于彼，而能永断萨迦耶见三事执著及彼随眠，于圣谛智不藉他缘。

又若依彼应所遍知正见转时，于其三处起我执著及有随眠。于诸行中，若集若没不善知故，于处中行尚不能入，况得出离。若随顺现观正见住时，于三事中，所有我执皆已离系，犹被随眠之所系缚。于诸行中，若集若没能善知故，远离二边，入处中行，虽未出离。堪能出离。若已引发圣谛现观，由正见故，于三事中，无我执著，远离随眠。于处中行先趣入已，后由此故，方得出离。当知如是三见转时，有此差别。

复次，嗢柁南曰：

速通诸体智境界[①]，流转喜足行顺流，

---

① 速通诸体智境界，底本与《资福藏》《碛砂藏》《赵城金藏》《普宁藏》《永乐南藏》《径山藏》相同；《房山石经》《高丽藏》“诸”作“自”。

知断相想立违粮，师所作等品后广。

为欲证得未得真实究竟解脱，略有三法能令获得速疾通慧：一者，智力；二者，不放逸力；三者，数习力。智力者，谓若住彼堪能无间永尽诸漏[①]，当知即是有学智见。不放逸力者，谓已获得如是智见，即依如是所得之道方便勤修，于心防护恶不善法。数习力者，谓即依此方便勤修，常作常转，终不谓我为于今日得尽诸漏，心解脱耶？为于来日，为于后日？由此邪思，令心厌倦。无厌倦已，便无怯畏；无怯畏已，不舍加行，能尽诸漏。

问：智、见何差别？

答：若照过去及以未来非现见境，此慧名智；照现在境，此慧名见。又所取为缘，此慧名智；能取为缘，此慧名见。又闻、思所成，此慧名智；修所成者，此慧名见。又能断烦恼，此慧名见；烦恼断已，能证解脱，此慧名智。又缘自相境，此慧名智；缘共相境。此慧名见。又由假施设遍于彼彼内外行中，或立为我，或立有情、天、龙、药叉、健达缚、阿素洛、揭路荼、紧捺洛、牟呼洛伽等，或立军林及舍山等。以如是等世俗理行缘所知境，此慧名智；若能取于自相、共相，此慧名见。又寻求诸法，此慧名智；既寻求已，伺察诸法，此慧名见。又缘无分别影像为境，此慧名智；缘有分别影像为境，此慧名见。又有色尔焰影像为缘，此慧名见；无色尔焰影像为缘，此慧名智。

彼由如是若智若见为所依止方便修时，复更勤修四善巧事：一、观察事；二、舍取事；三、出受事；四、方便事。观察事者，谓四念住，为欲对治四颠倒故，如实遍知一切境故。舍取事者，谓四正断，为欲断除不善法故，及为修习诸善法故。出受事者，谓四神足，依四静虑次第超出始从忧根乃

① 谓若住彼堪能无间永尽诸漏，底本与《房山石经》《资福藏》《碛砂藏》《赵城金藏》《普宁藏》《永乐南藏》《高丽藏》相同；《径山藏》“间”作“问”。

至乐故。方便事者，谓诸根、力、觉支、道支，当知即是能断见修所断烦恼正方便故。

如是勤修善巧事者，当知有四种所依、能依义。所依义者，谓观行者正勤修习。能依义者，谓成就学诸无漏法，而未清净，余无明縠所缠裹故。又彼诸法，由清净道，后方清净。此清净道当知复有四种差别：一者，习近正法、正审静虑；二者，亲事善友；三者，以尸罗、根护、少欲等法熏练其心；四者，独处空闲，用奢摩他、毗钵舍那胜正安乐以为翼从。又清净者，谓即依彼清净行道多修习故，令有学法破无明縠，趣无学地。

又为得真实究竟解脱，当知略有五种渐次：一者，先集资粮以为依止；二者，以此为依，修奢摩他、毗钵舍那；三者，以此为依，具谛现观涅槃胜解；四者，以此为依，于劣少证不生喜足，亦不安住，于可厌法深生厌患；五者，以此为依，证得最后金刚喻定相应学心。

复次，由五因缘，当知一切自体诸行皆悉无常。谓一切自体，寿量有限。假使有人欲自祈验："我今以手执持泥团，或牛粪团，能经几时？"作是愿已，随取彼团，是人尔时任情所欲，能执不舍，乃至于后，欲弃即弃，欲持即持。非如所受必死之身，至寿尽际，尚不能遂己之所欲，延一刹那，况乎久住。又一切自体，因所生故，彼因作故，是无常故。又有自体，广大兴盛终归磨灭而可得故，谓在色界、欲界天、人、大梵、帝释、转轮王等。又由无倒阿笈摩故，谓佛世尊于诸自体无常法性现见现证而宣说故。

复有三种诸受欲者圆满差别，由是因缘，诸受欲者恒常戏论。何等为三？一、资产圆满；二、自体圆满；三、广大殊胜有情供养圆满。当知复有三种因缘，能得如是圆满差别，谓施、戒、调伏诸根俱行及欲界慈修所得果。慈为先导，慈为因处，于诸有情损害寂静行相转故。

复次，当知于所知事，有七种如实通达智行：一、已得智；二、未得智；三、无愿倒智[①]；四、是处非有知非有智；五、是处所余知不空智；六、苦不净智；七、速灭坏智。

又由十五种相觉了诸行，能速断灭一切行愚。何等十五？谓水界所生故，无我似我而显现故，不住随欲而造作故，觉了诸色犹如聚沫；三和合生相似法故，如云地雨和合方便[②]，觉了诸受喻若浮泡；于所知境能显、能烧、能使迷乱相似法故，觉了诸想同于阳焰；萨迦耶见根本断故，多品自体因差别故，刹那量后时无蹔停相似法故，觉了诸行譬芭蕉柱；有取之识依四识住，发起种种自体随转相似法故，觉了诸识方于幻事。此广分别，如前摄异门名分应知[③]。

复次，有二世间摄一切行：一、有情世间；二、器世间。有情世间，名种类生死；器世间，名器生死。种类生死不同其余生死法故，望器生死当知略有五不同分，谓器生死共因所生，种类生死但由不共，是名第一因不同分；又器生死于无始终前后际断，种类生死于无始终相续流转，常无断绝，是名第二时不同分；又器生死或火水风之所断坏，种类生死则不如是，是名第三治不同分；又器生死因无永断，种类生死则不如是，是名第四断不同分；又器生死断而复续，种类生死断已无续，是名第五续不同分。

又于生死，由五种相，一切愚夫流转不息。一、由爱因故；二、由爱果故；三、由爱自性故；四、由因展转故；五、即因展转依止前际无穷尽故。此中无明，是名爱因。能往善趣、恶趣诸业，是名爱果。由往善趣业故，爱结所系，愚夫自然乐往；由往恶趣业故，爱锁所絷，愚夫虽不欲往，强逼令

① 无愿倒智，底本与《资福藏》《碛砂藏》《普宁藏》《永乐南藏》《径山藏》相同；《房山石经》《赵城金藏》《高丽藏》“愿”作“顛”。

② 如云地雨和合方便，底本与《资福藏》《碛砂藏》《普宁藏》《永乐南藏》《径山藏》《高丽藏》相同；《房山石经》《赵城金藏》“和”作“施”。

③ 如前摄异门名分应知，底本与《资福藏》《碛砂藏》《普宁藏》《永乐南藏》《径山藏》相同；《房山石经》《赵城金藏》《高丽藏》“名分”作“分”。

去。爱自性者，略有三种：一、后有爱；二、喜贪俱行爱；三、彼彼喜乐爱。如是三爱略摄为二：一者，有爱；二者，境爱。后有爱者，是名有爱。喜贪俱行爱者，谓于将得现前境界，及于已得未受用境，并于现前正受用境所有贪爱。彼彼喜乐爱者，谓于未来所悕求境所有贪爱。当知此中，由喜贪俱行爱故，名爱结系；由后有爱及彼彼喜乐爱故，名爱锁縶[①]。若于彼事爱结所系，名为驰走；若于彼事爱锁所縶[②]，名为流转。又于长世因展转来诸行相续，前际难知，后无穷尽。

由是五相流转愚夫，当知复由五相所缚[③]：一、于彼处缚；二、由彼而缚；三、正是能缚；四、依彼故缚；五、有所领受。于彼处缚者，谓由能往善趣业故，于善趣柱而系缚之；或由能往恶趣业故，于恶趣橛而系缚之。又由喜贪俱行爱故，于自事柱而系缚之；由彼彼喜乐爱及后有爱故，于自事橛而系缚之。由彼而缚者，谓愚夫异生为无明缚。正是能缚者，谓自同类于苦无厌相似法故。依彼故缚者，谓依后蕴而被缚故。有所领受者，谓领受彼生等众苦。

复次，愚夫异生于有摄事有四喜足[④]。当知多分是诸外道。何等为四？一、于人身喜足；二、于欲界天身喜足；三、于生梵世喜足；四于到边际有顶喜足。愚夫于彼，随其次第，若趁若住，若坐若卧。

复有五种一切愚夫爱所行路：一者，后有；二者，未来所求境界；三者，将得现前境界；四者，已得所有境界；五者，现前受用境界。当知于

---

① 名爱锁縶，底本与《房山石经》《资福藏》《碛砂藏》《普宁藏》《永乐南藏》《径山藏》相同；《赵城金藏》《高丽藏》“縶”作“繫”。

② 爱锁所縶，底本与《房山石经》《资福藏》《碛砂藏》《普宁藏》《永乐南藏》《径山藏》相同；《赵城金藏》《高丽藏》“縶”作“繫”。

③ 当知复由五相所缚，底本与《房山石经》《资福藏》《碛砂藏》《普宁藏》《永乐南藏》《径山藏》《高丽藏》相同；《赵城金藏》“缚”作“转”。

④ 愚夫异生于有摄事有四喜足，底本与《资福藏》《碛砂藏》《普宁藏》《永乐南藏》《径山藏》相同；《房山石经》《赵城金藏》《高丽藏》“摄”作“漏”。

彼，如其次第，趁等差别。应知此中，趁有二种：一、于后有；二、于未来所求境界。

复有四种爱所行路：一者，意业悕求境界；二者，身语二业；三者，获得；四者，于所得中，随其所欲，若转若习。此是发业爱所行路。若求境界，或复诸有，当知于彼四种行路，如其次第，趁等差别。如说趁等[1]，于余所说诸有漏事所有喜足，爱所行路，喜乐、戏论、染、著躭湎四处差别，如其次第，当知亦尔。

复有二种游爱行路果相差别：一、心差别；二、身差别。心差别者，复有二种：一、品类差别；二、杂染差别。品类差别者，谓由自性故，所依故、所缘故、助伴故。杂染差别者，谓由贪瞋痴等所有烦恼及随烦恼。身差别者，亦有二种：一、种种身差别故；二、一种身差别故。当知此中，心之所有杂染差别，能为二种身差别因。为断彼故，诸修行者应以无倒数数作意勤修观行。

复由四种因差别故，令果差别，谓若于此差别，若由此差别，共即此差别[2]，若如此差别。于此差别者，谓于善趣、恶趣所有差别。由此差别者，谓由贪瞋痴所染汙心令彼差别。即此差别者，谓五种行所摄受身种种差别。如此差别者，谓于诸行流转杂染、清净因缘及清净体不如实知，生喜乐等及趁走等种种差别。

复次，不能了达诸行无常，萨迦耶见为所依止，顺流而行诸愚夫类，由五种相，当知顺流而被漂溺，谓若于此漂溺，若由此漂溺，若依此漂溺，若如此漂溺，若漂溺时诸所有相。

---

① 如说趁等，底本与《房山石经》《资福藏》《碛砂藏》《普宁藏》《永乐南藏》《径山藏》《高丽藏》相同；《赵城金藏》“趁”作“趣”。

② 共即此差别，底本与《碛砂藏》《普宁藏》《永乐南藏》《径山藏》相同；《房山石经》《资福藏》《赵城金藏》《高丽藏》“共”作“若”。

于此漂溺者，谓于善趣、恶趣而被漂溺，如从两岸彼此往来，俱被漂溺。由此漂溺者，谓由爱河浸婬之性之所漂溺[①]。当知此爱有五种相：一、游诸境界，趣下分故；二、微细随行难觉了故；三、于诸境界难回转故[②]；四，乃至有顶，一切广大种种诸行所随逐故；五、不寂静相乱身心故。

依此漂溺者，谓依色等五种诸行而被漂溺。即于善趣、恶趣两岸有五种行品类差别，数数攀缘，顺流漂溺。如此漂溺者，云何漂溺？谓于诸行如前所说流转等事，随其次第，不如实知，或计为我及我所故。于漂溺时所有相者，谓彼如是被漂溺时，虽宝爱身欲使长久，由自性灭不能令住。如为漂溺，与此相违，当知即是逆流行者。

又聪慧者有十种相，当知具摄诸聪慧相，谓成就俱生慧故；又成就方便闻思修所成慧故；又成熟故，无动摇故，善思所思[③]，善说所说，善作所作；又能自依己所有性，未尝为命依附于他；又有所求，无不安乐；又有所求，能依正行，皆悉以法，不以非法；又自所宜资产众具，能正防守，不令散失；又观过患而受用之；又于病缘所有医药，观察思择，然后服行；又能善避非时死缘。如是十种聪慧者相，当知具摄诸聪慧相。

复次，于诸行中，依无我理知者、断者，当知略由三相差别。谓于诸行能遍了知萨迦耶见而未断者，彼于诸行忘念之行多分现行，少不忘念。萨迦耶见已永断者，当知其相与彼相违。是名第一差别之相。又于诸行虽遍了知萨迦耶见而未断者，于诸广大可爱事中多生喜乐，于诸下劣不可爱境多生忧苦。彼二境界现在前时，无纵逸者尚自不能系守正念，况纵逸

① 谓由爱河浸婬之性之所漂溺，底本与《资福藏》《碛砂藏》《普宁藏》《永乐南藏》《径山藏》《高丽藏》相同；《房山石经》《赵城金藏》“浸”作“侵”。

② 于诸境界难回转故，底本与《资福藏》《碛砂藏》《普宁藏》《永乐南藏》《径山藏》《高丽藏》相同；《房山石经》《赵城金藏》“回转”作“转回”。

③ 善思所思，底本与《房山石经》《资福藏》《碛砂藏》《普宁藏》《永乐南藏》《径山藏》《高丽藏》相同；《赵城金藏》“善思”作“善恶”。

者。彼于尔时萨迦耶见缠绕其心，由彼令心不能解了。萨迦耶见已永断者，当知其相与彼相违。是名第二差别之相。又于诸行萨迦耶见未永断者，未得于内一切行中[①]，现前安立离有情想，如于草木叶等外事。萨迦耶见已永断者，当知其相与彼相违。是名第三差别之相。

如是已断萨迦耶见，有此三种差别之相，当知复有三种胜利：一者，永断能感后有一切烦恼；二者，依彼不久获得速能积集彼对治道；三者，既作自义利已，即依彼道方便勤修现法乐住，由此获得极安乐住。

复次，由四差别，当知修习一切种行无常苦想。何等为四？一、果差别故；二、自性差别故；三、品类差别故；四、方便差别故。

果差别者，谓修此想能遣一切欲贪、色贪及无色贪、掉、慢、无明，当知此中显示三种本烦恼断及显三种随烦恼断；欲贪烦恼，掉为助伴；色贪烦恼，慢为助伴；无色贪惑，无明为伴。复有差别，谓于此中显示下分、上分结尽。

自性差别者，谓于此中由正修习闻所成慧，说名亲近；由正修习思所成慧，能入修故，说名修习；由正修习修所成慧，名多修习。又由修习了相作意，故名亲近；唯除加行究竟作意，由正修习诸余作意，故名修习；修习加行究竟作意，名多修习。是名第二三种差别。又由所依、所缘、作意，随其次第，当知是名为乘、为事、为随建立。又由长时串修习故，说名纯熟数；数无倒修方便故，说名善受及与善发。

品类差别者，谓修如是无常想时，速能永拔一切随眠，弃舍下地一切善法，摄受上地一切善法，于余一切不净想等最高广性能善住持，遍行一切。犹如观察所取之事，即如是观能取之事，彼相解脱能得无漏无常之

① 未得于内一切行中，底本与《资福藏》《碛砂藏》《普宁藏》《永乐南藏》《径山藏》相同；《房山石经》《赵城金藏》《高丽藏》“得”作“能”。

想[1]。若有漏想，若无漏想，如是一切皆于涅槃善能随顺、趣向、临入，皆能对治无明大闇一切永断，永断彼故，清净鲜白。诸无学想皆由一切无漏学想增上故得。

方便差别者，谓独处空闲，以无颠倒数数作意，观察诸行无常之性。由无常想，住无我想。于见道中既住无漏无我想已，于上修道，由有学想永害我慢，随得涅槃二种皆具[2]。

复次，为住涅槃，仍未积集善资粮者，略有五种违资粮法：一者，忆念往昔笑戏欢娱承奉等事，因发思慕俱行作意，生愁叹等；二者，由彼种种为依，于所领受究竟法中多生忘念[3]，令于诸法不能显了；三者，所食或过或少，由此令身沈重羸劣，于诸梵行不乐修行；四者，喜眠不串习断，便为上品睡眠所缠；五者，亲近猥杂而住，远离谛思正法加行。

如是五种违资粮法，复有五种随顺彼法：一者，于二离欲犹未能离随一种欲，谓于诸缠远分离欲勤修善品，及于随眠永害离欲得正对治；二者，不护根门；三者，食不知量；四者，初夜、后夜不能勤修勉励警觉；五者，不能观察善法究竟。与上相违，当知是名顺资粮法及能随顺彼随顺法。

又诸声闻修行如是顺资粮法及彼因缘，于其中间，求涅槃时，大师为彼制立五种正道言教。一者，由依观察如所闻法，遍于一切诸行无常、诸法无我、涅槃寂静，且以世间作意而得无惑无疑。二者，即于住时，不著三事不正寻思。何等三事？一者，资命众具；二者，他损害相；三者，或他毁

① 彼相解脱能得无漏无常之想，底本与《资福藏》《碛砂藏》《普宁藏》《永乐南藏》《径山藏》《高丽藏》相同；《房山石经》《赵城金藏》“相”作“想”。

② 随得涅槃二种皆具，底本与《房山石经》《资福藏》《碛砂藏》《普宁藏》《永乐南藏》《径山藏》《高丽藏》相同；《赵城金藏》“二”作“三”。

③ 于所领受究竟法中多生忘念，底本与《资福藏》《碛砂藏》《普宁藏》《永乐南藏》《径山藏》《高丽藏》相同；《房山石经》《赵城金藏》“忘”作“妄”。

骂或随有一非爱现行同梵行者不同分法。三者，教授为先，由依他音，如理作意，能生正见，能断邪见。当知此三，是名住时正道言教。复有二种于彼行时正道言教，谓诸有智同梵行者为彼宣说处非处时，不生忿怒，又由麤弊资命众具若得不得及由戒等所有灾害，心不热恼，是名第一；于得所胜利养恭敬，心不悒然，是名第二。彼由如是住时，行时能正修行涅槃妙道，由此不久当得涅槃，终无毁失。

复次，大师于诸声闻略有五种师所作事：一者，正折伏；二者，正摄受；三者，正诃责；四者，正说杂染；五者，正说清净。

复次，由二因缘，于诸诤事违越声闻，覆相记别彼所诤事。一、扰乱增广故；二、与律相应故。

复次，由七因缘，大师驱摈诸声闻众。一者，见一切种皆行邪行故；二者，见彼多分故；三者，由彼众首上座阿遮利耶、邬波柁耶方便故；四者，不堪共住故；五者，被驱摈故；六者，避现前过故；七者，令不生起未来过故。

复次，由十因缘，如来入于聚落乞食。一者，当显杜多功德故。二者，为欲引彼一分令入乞食故。三者，为欲以同事行，彼一分故。四者，为与未来众生作大照明故，乃至令彼蹔起触证故。五者，为欲引彼麤弊胜解诸外道故。六者，为彼承声起谤，故现妙色寂静威仪，令其惊叹，心生归向故。七者，为彼处中众生以其少功而树多福故。八者，为令坏信放逸深生耻愧，虽用小功而获大福故。如为放逸者，懈怠者亦然。九者，为彼盲聋颠狂心乱众生种种灾害皆令静息故。十者，为令无量无边广大威德天、龙、药叉、健达缚、阿素洛、揭路茶、紧捺洛牟、呼洛伽等，随从如来，至所入家，深生羡仰，勤加宾卫，不为恼害故。

复次，由八因缘，如来入于寂静天住。一者，为引乐杂住者令入远离故；二者，为欲以同事行摄远离者故；三者，自受现法乐住故；四者，为与大族诸天亦同集会故①；五者，为以佛眼观察十方世界，现大神化，随其所应，作饶益事故；六者，为令诸声闻众于见如来深生渴仰故；七者，为显诸大声闻于所略说善能悟入故。八者，劝舍乐著戏论、制作言辞故②。

复次，由五种相，大师摄受诸声闻众。一、以法故；二、以财故；三、与依止故；四、初摄受故；五、摈摄受故。

复次，由七因缘，释梵天等，往如来所③。一、为供养如来故；二、为听闻正法故；三、为决所生疑故；四、为顺他，而为翼从故；五、为愍他，欲为饶益故；六、由爱重如来圣教故；七、知如来起世俗心，欲令赴会故。

复次，由五种相，当知一切初新者性。一、由晚出家故；二、由幼出家故；三、由少出家故；四、由劳策出家故；五、由受具出家故。

复次，由三种相生起恶作：一、违越所学增上故；二、誓受法律增上故；三、弃舍居家增上故。

复次，如来将欲为诸声闻宣说正法，现四种相：一者，从极下座安庠而起，升极高座，俨然而坐；二者，安住随顺说法威仪；三者，发謦欬音，示将说法；四者，面目顾视，如龙象王。

复次，犯戒声闻当于三处安住惭羞，往大师所。一者，深知己犯为增上处；二者，师事失仪为增上处；三者，由事乖则，当以方便调顺威仪往大师所为增上处。

复次，由三种相，应正诃责犯戒声闻。一曰汝甚鄙劣活命，二曰汝意乐不清净，三曰汝以活命意乐行非法行。

① 亦同集会故，底本与《资福藏》《碛砂藏》《赵城金藏》《普宁藏》《永乐南藏》《径山藏》相同；《房山石经》《高丽藏》“亦”作“示”。

② 制作言辞故，底本与《资福藏》《碛砂藏》《普宁藏》《永乐南藏》《径山藏》相同；《房山石经》《赵城金藏》《高丽藏》“言辞”作“言词”。

③ 释梵天等往如来所，底本与《房山石经》《资福藏》《碛砂藏》《普宁藏》《永乐南藏》《径山藏》《高丽藏》相同；《赵城金藏》“往”作“住”。

复次，于善说法毗奈耶中，略由六相，当知遍摄一切邪行：一者，现行过失故；二者，意乐过失故；三者，加行过失故；四者，智慧过失故；五者，寻思过失故；六者，依止过失故。现行过失者，谓由贪缠故染，瞋缠故憎；既怀猛利贪瞋等故，遂无羞耻；无羞耻故，住恶不舍。意乐过失者，谓于染者边，此贪意乐最为下劣；如是于憎者边，此瞋意乐最为下劣。加行过失者，谓或有不发精进，或有精进慢缓。智慧过失者，谓或于闻思所成慧中，忘失正念[①]，多住愚痴；于修所成，心不寂定。寻思过失者，谓于随顺居家所有恶不善觉，多分寻思；于正法律，其心错乱。依止过失者，谓彼依止于其往昔不修习因，由不修习因故，成就自性微褊小信，成就自性修住小戒，成就自性住守小念，成就自性俱生小慧。

复次，由四种相，能令彼人虽入圣教，而行邪行。一、由微劣不净意乐故；二、由伺求圣教瑕隙，为正法贼故；三、由专为饮食、衣服活命因缘故；四、由怖畏王贼债主所加迫切故。若行如是诸邪行者，便于二事有所稽留：一者，失坏在家自义稽留；二者，失坏出家自义稽留。

复次，如是邪行有二因缘，谓于三事不正寻思，及彼前行诸不正想。其三事者，如前应知。于彼发起诸不正想，随取相好，自斯已后，于其随法多随寻思，多随伺察。

复次，为断如是邪行因缘，当知亦有二种对治：一者，为断不正寻思，以无颠倒数数二行，于诸念住善住其心；二者，为断诸不正想，修习无相心三摩地。此修对治要由于彼修对治中猛利乐欲方得成办，非彼乐欲不猛利者。此猛利欲由二缘生，谓此对治有大果故，不共一切诸外道故。有大果者，谓修习时，便能剋证无相心定，及住二界妙甘露门，所谓断界及无欲界。若有余依及无余依。安住此者，近二涅槃，未于今时，一切皆得。

① 忘失正念，底本“正”作“三”，据《房山石经》《资福藏》《碛砂藏》《赵城金藏》《普宁藏》《永乐南藏》《径山藏》《高丽藏》改。

言不共者，谓无相定唯内法有，诸外道无。何以故？由彼外道若有所得，即便增益不如量观；若无所得，即妄分别。由我见故，愚于诸行，或唯于身，或唯无色，或总于二，生我执著；以执我故，谓我当无，便于二涅槃[①]，心不欣乐。尚未能入，况乎安住；唯增惊怖，其心退还。住内法者，与彼相违，于般涅槃，心无退转，了唯苦灭，见唯静德。若诸有学，唯祈内灭，非为生道，更从他求教授教诫。若诸无学，唯欣内灭，终不更求尽诸烦恼，唯有先因所生诸行任运归灭而般涅槃。

① 便于二涅槃，底本与《碛砂藏》《普宁藏》《永乐南藏》《径山藏》相同；《房山石经》《资福藏》《赵城金藏》《高丽藏》无“二”字。

瑜伽师地论卷第八十七

摄事分中契经事行择摄第一之三

复次，嗢柁南曰[①]：

因胜利二智，愚夫分位五，

三种见差别，于斯圣教等。

一切行因略有二种：一、共；二、不共。共因者，谓喜为先因，由此喜故，于彼彼生处，障于厌离，滋润自体。为欲将生所生之处，虽有一切烦恼为因，而于生处生喜者生，非于彼起厌逆想者。又即此喜唯依色说，宿因生已，不待余因，究竟转故。不共因者，谓顺苦、乐、非苦乐触，望于受等所有心法；无间灭意及俱生名，十种色等，望六种识。由彼虽从先因所生，刹那刹那别待余因，方得生起。

复次，有解脱心，有净智见，诸阿罗汉有四胜利，当知不与诸外道共。一、于行时恒常住性；二、于住时无相住性；三、往昔因所生诸行任运归灭；四、后有行今因断故，当不复生。为证如是四种胜利，有三渐次，谓学智见为依止故，得厌离者于诸行中不生喜乐；乃至不生躭湎而住；厌离为先，而得离欲；离欲为先，心善解脱。自斯已后，即由如是心善解脱恒常住故，无顺无违。又于行时，或于住时，于一切相无复作意，于无相界作意思惟，无相而住，能障于此一切见趣先已永断，况当为碍。彼由是二若行若住，乃至寿尽，便以无学内般涅槃而般涅槃，先所生有于今永尽，当来诸

① 嗢柁南曰，底本与《资福藏》《碛砂藏》《普宁藏》《永乐南藏》《径山藏》相同；《房山石经》《赵城金藏》《高丽藏》“柁”作“拕”，下同。

行无复更生[1]。

又由三分，当知建立萨迦耶见以为根本一切见趣。一、由前际俱行故；二、由后际俱行故；三、由前后际俱行故。前际俱行者，谓如有一，作是思惟："我于去世为曾有耶？为曾无耶？曾为是谁？云何曾有？"后际俱行者，谓如有一，作是思惟："我于来世为当有耶？为当无耶？当为是谁？云何当有？"前后际俱行者，谓如有一，作是思惟："我曾有谁？谁当有我？今此有情来何所从？于此没已，去何所至？

又诸外道萨迦耶见以为根本，有六十二诸恶见趣，谓四常见论、四一分常见论、二无因论、三有边无边想论[2]、四不死矫乱论。如是十八诸恶见趣，是计前际说我论者；又有十六有见想论、八无想论、八非有想非无想论、七断见论、五现法涅槃论，此四十四诸恶见趣，是计后际说我论者。如是计度后际论者，略摄有五：一、有想论；二、无想论；三、非有想非无想论；四、断见论；五、现法涅槃论。如是五种复略为三：一、常见论；二、断见论；三、现法涅槃论。

又此一切诸恶见趣，由六因缘而得建立：一、由因缘故；二、由依教故；三、由依静虑故；四、由依世故；五、由依诸见故；六、由生处故。由因缘者，谓彼一切萨迦耶见以为因缘。由依教者，谓由依彼能显见趣不正法藏，师弟传闻展转相授为方便故。由依静虑者，谓以静虑为依止故，于先所闻，先所信解而得决定。又此静虑复有二种：一、与宿住随念俱行；二、与所得天眼俱行。宿住随念俱行者，谓计前际三常论中，由下、中、上清净差别及于四种边无边论。

① 当来诸行无复更生，底本与《资福藏》《碛砂藏》《赵城金藏》《普宁藏》《永乐南藏》《径山藏》《高丽藏》相同；《房山石经》"来"作"受"。

② 三有边无边想论，底本与《资福藏》《碛砂藏》《普宁藏》《永乐南藏》《径山藏》相同；《房山石经》《赵城金藏》《高丽藏》"三"作"四"。

由彼忆念诸器世间成坏两劫出现方便。若时忆念成劫分位，尔时便生三种妄想：若有一向忆念上下，下至无间捺落迦下，上至第四静虑之上，忆念如是分量边际，便于世间住有边想；若有一向傍忆无际，便于世间住无边想；若有忆念二种俱行，便于世间住二俱想。若时忆念坏劫分位，尔时便住非有边想非无边想，诸器世间无所得故。

复有依止诸静虑故，当知或说一分常论，或说无因论，或说不死矫乱论。应知此中有二净天[①]：一、不善清净；二、善清净。若唯能入世俗定者、当知是天不善清净，于诸谛中不了达故，其心未得善解脱故。若能证入内法定者，当知是天名善清净，于诸谛中已了达故，其心已得善解脱故。当知无乱亦有二种：一、无相无分别；二、有相有分别。此中，第一是善清净天，第二是不善清净天。前清净天，于自不死无乱而转，是故说名不死无乱。后不清净，若有依于不死无乱有所诘问，便托余事矫乱避之。以于诸谛无相心定不善巧故，先兴心虑，作是思惟："我等既称不死无乱，复有所余不死无乱，于诸圣谛无相心定已得善巧，彼所成德望我为胜。彼若于中诘问于我，我若记别，或为异记，或拨实有，或许非有。"彼于记别见如是等诸过失已，作是思惟："我于一切所诘问中皆不应记。"又于是中见有余过，谓他由此鉴我无知，因则轻笑不死无乱。

有行谄者作是思惟："我于此中应如是记：非我净天一切隐密皆许记别，谓自所证及清净道。"如是思已，故设诡言，而相矫乱。彼既如是住邪思惟，遍布其心，于彼最上清净天所，故称我是不死无乱。由怀恐怖而无记别，勿我劣昧为他所知，由是因缘，不能解脱，以此为室，而自安处。又有愚戆专修止行，不能以其谄诈方便矫设乱言，但作是思："诸有来问，我当反诘，随彼所答，我当一切如言无减而印顺之。"由是计度有差别故，

① 应知此中有二净天，底本与《房山石经》《资福藏》《碛砂藏》《普宁藏》《永乐南藏》《径山藏》《高丽藏》相同；《赵城金藏》"知"作"如"。

建立四种。

由依世者，谓依过去及现在世起分别故，名计前际。依未来世，起分别故，名计后际。由依诸见者，谓依三见，如前应知。由依初见，于现法中计我有色，后或有色有想，或无有想，或非有想非无想。依第二见，于现法中计我无色，于后所计，如前应知。依第三见，我论有二：一者，说我有色无色；二者，说我非有色非无色。余如前说。

又即计我是有色者，或言狭小，或言无量。计我无色，当知亦尔。此二我论，依第三见立为二论：一者，计我狭小；二者，计我无量。由是四种我论差别，说我有边，说我无边，说我亦有边亦无边，说我非有边非无边，随其次第，如前应知。

又即依止如是诸见及依我论[①]，复宣说我清净解脱，于欲静虑皆得自在，随其所欲，多住变化，如其所欲，安住静虑，以清净见，游戏受用方便法乐。如是名为依诸见故，应知安立。

由生处者，谓我有一想，乃至广说。有一想者，谓在无色空无边处，识无边处。有种种想者，谓在下地。即如所说，随其次第，应知说我有狭小想，有无量想。一向有乐者，谓在下三静虑；一向有苦者，谓在捺落迦；有乐有苦者，谓在鬼、旁生[②]、人、欲界天；有不苦不乐者，谓在第四静虑已上，乃至非想非非想处。

又于如是诸外道处，当知总有三种衰损：一者，见及欲乐展转相违论衰损；二者，依我无智论问记衰损；三者，依法随法行证得衰损。此中三种，若计有想，若计无想若计非有想非无想论者及断见论者，或依责他为

① 又即依止如是诸见及依我论，底本与《房山石经》《资福藏》《碛砂藏》《普宁藏》《永乐南藏》《径山藏》《高丽藏》相同；《赵城金藏》“又”作“人”。

② 旁生，底本与《房山石经》《资福藏》《碛砂藏》《普宁藏》《永乐南藏》《径山藏》《高丽藏》相同；《赵城金藏》“旁生”作“傍生”。

胜利论，或依免难为胜利论，而起计度，当知是名第一衰损。由彼诸论计度后际，依未来世妄计于我为有无故。

依我无智论问记衰损者，谓于若诸杂染，若杂染处，若能杂染，如是一切，世俗、胜义二谛道理不如实知，由此无智有所趣向以为先故，得有差别。从此无智何所趣向？谓三四转：一、常无常等；二、有边无边等；三、自作他作等。所以者何？彼由无智要先趣向如是差别，后方问记。又于圣法毗奈耶中，所有智者不可记事，于二道理不容记故，谓世俗、胜义二谛道理。

此中，四种一向常论计前际者及计前际无因论者二种差别，皆先计我。后方缘我一向常等诸论差别。又即四种一分常论计前际者，彼有差别，谓有一分缘常无常论，或有一分缘非常非无常论。边无边等诸论[①]，如前边无边等，应知其相。若欲一切皆宿因作，名自作论。若欲一切皆自在等变化因作，名他作论。若欲少分，自在天等变化因作，一分不尔，名俱作论。若无因作论，名俱非作论。当知是名第二依我无智论问记衰损。由彼诸论计度前际，依过、现世妄分别。

故依法随法行证得衰损者，谓有沙门，若婆罗门，不观责他为胜利论，不观免难为胜利论，亦不依我无智诸论，为求利养恭敬等事，乐欲开阐，于恶说法毗奈耶中而求出家，唯除乐求出离解脱。当知彼是薄尘种类，为性愚戆，专修止行[②]。

彼由为得初静虑定教授教诫，能于后际俱行见趣及于前际俱行见趣，不然许故，而得超过；于现法中，又能超过欲界诸结，证远离喜。自斯

① 边无边等诸论，底本与《资福藏》《碛砂藏》《普宁藏》《永乐南藏》《径山藏》相同；《房山石经》《赵城金藏》《高丽藏》“论”作“转”。

② 专修止行，底本与《房山石经》《碛砂藏》《普宁藏》《永乐南藏》《径山藏》《高丽藏》相同；《资福藏》《赵城金藏》“止”作“正”。

已上，无闻无知，即于此中生涅槃想。如由彼故，证远离喜，如是或有由别因缘，证得第二、第三静虑无爱味乐，第四静虑无苦乐受，从此已上，乃至非想非非想处，当知亦尔，于种种想俱行苦乐受等差别已超过故[①]。如是彼于趣诸取行不能超越，乐退还法，未般涅槃，起涅槃慢，当知是名第三衰损。

此中，如来自然证觉寂静妙迹，于如所说一切行相三种衰损，由五种相如实了知，谓若彼自性，若彼诸见，若由无智彼得生起，若所缘转，若彼所缘麤弊过患及上出离。于如是事如实了知，即出离中，常自出离。

复次，有二智能令见清净及见善清净，谓法住智及此为先涅槃智。法住智者，谓能了知诸行自相种类差别，及能了知诸行共相过患差别，谓于随顺若苦、若乐，不苦不乐三位诸行，方便了知三苦等性。涅槃智者，谓于如是一切行中先起苦想，后如是思：“即此一切有苦诸行无余永断，广说乃至名为涅槃。”如是了知，名涅槃智。

即此二智令见清净及善清净，要由二门正勤修习，方令彼净。一、自无力补特伽罗，因他教授，能令彼净；二、自有力补特伽罗，多闻思求，能令彼净。此中，第一补特伽罗不聪利故，信等诸根唯一味故，止观所缘于少分法谛察忍转；与此相违，当知第二补特伽罗。

复有三种现观边智，修习彼故，见得清净。一、能顺生无漏智[②]；二、无漏智；三、无漏智后相续智。初，世间第一法所摄智；第二、若住于彼，能断见谛一切烦恼[③]；第三、烦恼断后解脱相续智。

---

① 于种种想俱行苦乐受等差别已超过故，底本与《资福藏》《碛砂藏》《赵城金藏》《普宁藏》《永乐南藏》《径山藏》《高丽藏》相同；《房山石经》“于”作“诸”。

② 能顺生无漏智，底本与《资福藏》《碛砂藏》《普宁藏》《永乐南藏》《径山藏》相同；《房山石经》《赵城金藏》《高丽藏》“智”作“智智”。

③ 能断见谛一切烦恼，底本与《资福藏》《碛砂藏》《普宁藏》《永乐南藏》《径山藏》相同；《房山石经》《赵城金藏》《高丽藏》“谛”作“断”。

若住中智，便名已入正性离生，超过异生地，未得预流果[①]。虽未剋证第三解脱预流果智，于其中间所住刹那，如未剋证，终无中夭，以时少故。从此无间，必证第三。住此位中，如实现见所知境故，名见清净；有余惑故，非善清净。若于此智，更各修习成阿罗汉[②]，一切烦恼皆离系故，名善清净。又无余断三相，应知[③]。一、由不现行故；二、由界故；三、由事故。不现行者，谓虽生起，而不染著；虽未永断，由数修习诸善法故，令成远分，诸缠烦恼不复现行。界者，三界，如前应知。事，谓二事：一、烦恼事；二、是苦事。又于安乐利益随逐诸离系品五种界中，有寂静微妙胜功德等，乃至涅槃为其最后，差别应知。又于此中，一切依持皆弃舍者，当知割舍父母等事。又于中有、生有、后有无复更生，如其次第，当知说名无有相续、无取、无生。

又于三品，由三种门为障碍故，当知建立三结差别，谓未发趣故，虽已发趣，邪成立故，于正法中不正行故。即在家品、处恶说法毗奈耶中而出家品、处善说法毗奈耶品。又行趣向逆流行者，解脱恶趣，成就二种解脱决定：一者，烦恼解脱决定；二者，后有解脱决定。由是因缘，故名预流，乃至广说。又若证得阿罗汉果，先住学地[④]，于诸行中已不执受我及我所，后于诸漏皆得解脱。又与四种义相应故，当知是名阿罗汉相。一者，自事已

① 未得预流果，底本与《房山石经》《资福藏》《碛砂藏》《普宁藏》《永乐南藏》《径山藏》《高丽藏》相同；《赵城金藏》“得”作“种”。

② 更各修习成阿罗汉，底本与《资福藏》《碛砂藏》《普宁藏》《永乐南藏》《径山藏》相同；《房山石经》《赵城金藏》《高丽藏》“各”作“多”。

③ 应知，底本与《房山石经》《资福藏》《碛砂藏》《普宁藏》《永乐南藏》《径山藏》相同；《赵城金藏》《高丽藏》“知”作“智”。

④ 先住学地，底本与《碛砂藏》《普宁藏》《永乐南藏》《径山藏》相同；《房山石经》《资福藏》《赵城金藏》《高丽藏》“住”作“在”。

究竟，应作他事义故；二者，应得自义一切遍满道理义故[1]；三者，未来行因已永断灭，应证现法乐住义故；四者，超有学地，入无学地相应义故。

复次，愚位有五，若于中转，堕愚夫数。何等为五？一、不获得俱生慧故；二、不获得从闻他音缘生慧故；三、不获得真圣慧故；四、愚痴缠所缠缚故；五、彼随眠所随缚故。

复有四种妄计我论：一者，宣说诸行是我；二者，宣说我有诸行；三者，宣说诸行属我；四者，宣说我在行中。由二因缘，妄计我论，作诸杂染：一、执著故；二、随眠故。执著故者，谓诸外道虽求解脱，由彼为障，于一切种不能获得。随眠故者，谓诸内法躭著境界，暂时为障，而非究竟。

复次，若有我见，若无我见，同缘诸行为境事故，说名同分。而于彼事邪取、正取、染汙、清净等义别故，名不同分。又由四相，于所缘事邪僻执著增上力故，能令我见作诸杂染：一、因缘故；二、自性故；三、由果故；四、等流故。

因缘故者，谓二愚痴：一、事愚痴；二、见愚痴。事愚痴者，由愚事故，先闻邪法，后起我见。见愚痴者，谓愚见故，于见相应诸无明触所生起受妄计为我，由此为缘，恒为我爱之所随逐；复由此故，常于我见不能舍离。

自性故者，谓二因缘之所摄受，等随观察，于彼随眠不得远离。

由果故者，谓即以彼萨迦耶见为依止故，不能远离我慢随眠，是二随眠增上力故，能引当来诸根令起，由彼领纳苦乐二受，因更发起计我、我所不如正理思惟相应意言分别，谓我、我所有其领受。

等流故者，谓由先因力所持故，即见种子所随逐意，后有意界由前因缘所熏修力而得成满。即于如是后有意中，有无明种及无明界。是二种子所随逐意所缘法界，彼由宿世依恶说法及毗奈耶所生分别萨迦耶见以为

① 一切遍满道理义故，底本与《房山石经》《资福藏》《碛砂藏》《普宁藏》《永乐南藏》《径山藏》《高丽藏》相同；《赵城金藏》无“道”字。

依止，集成今界。即由此界增上力故，发起俱生萨迦耶见。于善说法毗奈耶中，亦复现行能为障碍。

又即此见，由二种相，六转现行。一、由世故；二、由慢故。由世故者，谓我于过去为曾有耶？为曾无耶？乃至广说，如应当知。由慢故者，谓我为胜，乃至广说。彼于如是一切如实不知不见，由此因缘，不如正理起于邪观。

又明位有三，谓闻他音，如理作意，是初明位；已能证入正性离生，是第二明位；心善解脱阿罗汉果，是第三明位。其无明位复有二种：一、先；二、后。随眠位是先，诸缠位为后。又约见修所断有异，当知是名第二差别。

复次，是处世尊依自圣教为欲，显示善说发起，依他邪教为欲，显示恶说失坠，自有所说。后结集者，于法门中称为世尊嗢柁南说。由二因缘，善说法律名为发起大果大利，恶说法律即为唐捐。一者，于善说法毗奈耶中，一切众苦永离可得，谓三种苦性；二者，一切诸结永断可得，谓下、上分结。于恶说法毗奈耶中，如是二事皆不可得。

彼由依止萨迦耶见，于诸行中，心厌苦苦欲乐为依，起兹胜解：愿于当来无有苦我，我无有苦。或复已断即彼苦因及彼当果，于未来世，由二种相而生胜解，谓苦未来当离于我，及我未来当无有苦。虽由如是四种行相乐断为依，离欲界欲，生初静虑，次第乃至于彼非想非非想处若定若生。由是因缘，超越苦苦，而未能断下分诸结，未断彼故，当知苦苦未永超越。彼于坏、行二苦断中尚不生乐，何况能断。由彼随顺所未断故，当知于顺上分诸结亦未能断。

住内法者初修观时，虽于欲界未得离欲，有情胜故，而于三苦深心厌离。依乐断欲，于诸行中，用无我见以为依止，发其胜解：愿于未来无三苦我，我无三苦！彼初修习如是行已，于欲界欲而得远离，永断苦苦，如前复生如是胜解：当无彼我，我当无彼。如是行者，于其苦苦究竟解脱，亦永超越顺下分结，即于此道次第进修，乃至能得阿罗汉果。

若诸愚夫萨迦耶见以为依止，于永超越坏、行二苦及永断灭随顺上分一切结中，谓我当无，于不应怖妄生怯畏[1]，尚不起乐，况当能断。又于是处，由二因缘不应生怖，谓唯有心住四识住，有转有染；又唯有心断四识住，无转无染。

复有四依，谓色、受、想、行。复有四取，谓于欲、见、戒禁、我语所有欲贪。复有二缘，谓若所缘及若能缘。复有六识，谓眼识等。复有二识住，谓烦恼缠住及彼随眠住。此中，诸取增上力故，以不如理分别为先，由我、我所邪境界取，由缘自相境界之取，由俱有依，此三因缘令诸识转及令染汙[2]。

复由三种，谓于现法趣集谛故，缘未来苦，我当如是如是爱故，于彼先因所生现苦而安住故。复由三种，谓趣乐位故，缘苦位故，安住不苦不乐位故。彼由三种[3]，谓趣来世故，缘去世故，住现世故。复由三种，谓由后有爱趣后有故，由彼彼喜乐爱缘未来境界故，由喜贪俱行爱住现在已得境界故。复由三种：由贪欲身系趣向随顺贪处事故，由瞋恚身系缘彼事故，由戒禁、此实二取身系住彼事故。

中嗢柁南曰：

果因与受，世爱及系。
喜爱滋润，如前应知，
谓如诸行，因中宣说。

又即彼识如是转时，于二生处，当知结生相续增广。一、于有色；二、于

① 于不应怖妄生怯畏，底本与《资福藏》《碛砂藏》《赵城金藏》《普宁藏》《永乐南藏》《径山藏》相同；《房山石经》《高丽藏》“怯”作“怖”。

② 此三因缘令诸识转及令染汙，底本与《房山石经》《赵城金藏》《永乐南藏》《径山藏》《高丽藏》相同；《资福藏》《碛砂藏》《普宁藏》“令”作“今”。

③ 彼由三种，底本与《碛砂藏》《普宁藏》《永乐南藏》《径山藏》相同；《房山石经》《资福藏》《赵城金藏》《高丽藏》“彼”作“复”。

无色。于有色处，依止中有，而有去来；于无色处，唯有从生[①]。即于两处乃至寿尽相续而住，故名为住。当知此住，欲界人中有三分位，谓初入胎识所滋润、胎分圆满、自胎而出。当知此三复有差别：欲、色、无色，如其次第。

若有弃舍如来所说识流转道，而作是言："我当更作别异施设。"当知是人所施设者，其文有异，其义无别，但有言事。或余智者于其异文先示道理，后方诘问："汝所施设别异者何？"彼于尔时茫然不了。或于后时自得达鉴，于前所立如理谛观反生愚昧，由愚昧故，自觉无知：我本受持为恶非善。

又十色界名为色界，当知复有六种受界、想界、行界。

又于三位当知诸识解脱烦恼，谓于诸行深见过患，能令诸缠远分离故；于见地中，一切外道诸系随眠永断灭故；依止修道得究竟故。又诸外道于所妄计一切生处，谓大自在、那罗衍拏及众主等无量品类[②]，乐生彼故，名贪身系。于他诸见异分法中深憎嫉故，名瞋身系。依于邪愿修梵行故，于同梵行可乐法中起憎背故[③]，由此二缘，于增上戒学能为杂染[④]。当知即彼由戒禁取，于增上心学能为杂染。由此实执取身系故，于增上慧学能为杂染。如是四法，能于色身、名身、趣向、所缘安立事中令心系缚，故名身系。又彼在意地故，意分别故，意相应故，意随眠故，染汙意故，名意所成。

又彼断者，谓缘彼境诸烦恼断，非彼所缘，即于彼境无倒解故。

又由后有诸业烦恼之所摄持后有种识，当知于此依止建立。彼无有

① 唯有从生，底本与《房山石经》《资福藏》《碛砂藏》《赵城金藏》《普宁藏》《永乐南藏》《径山藏》相同；《高丽藏》"从"作"徙"。

② 谓大自在那罗衍拏及众主等无量品类，底本与《房山石经》《资福藏》《赵城金藏》《普宁藏》《永乐南藏》《径山藏》《高丽藏》相同；《碛砂藏》"主"作"王"。

③ 于同梵行可乐法中起憎背故，底本与《资福藏》《碛砂藏》《普宁藏》《永乐南藏》《径山藏》相同；《房山石经》《赵城金藏》《高丽藏》"憎"作"增"。

④ 于增上戒学能为杂染，底本与《房山石经》《资福藏》《碛砂藏》《赵城金藏》《普宁藏》《永乐南藏》《径山藏》相同；《高丽藏》"增"作"憎"。

故，当来三种如前所说差别理趣生长广大，当知一切悉皆尽灭。又即由彼无所住识，因分、果分不复生长，诸道所摄而得生长。

又彼空解脱门为依止故，名无所为；无愿解脱门为依止故，名为喜足；无相解脱门为依止故，说名为住。于彼爱乐数修习故，得善解脱。一切随眠永灭尽故，心善解脱。从是已后，逮得恒住，虽住诸行，而无所畏。已得诸蕴任运而灭，余因断故，无复更生。彼有漏识由永灭已，遍于十方，皆无所趣，唯除如影诸受与彼识蕴识树，当知如灯，皆归寂灭。

即于有余涅槃界中，依初缠断，说名寂静；依第二断，说名清凉；依第三断，说名宴默。又由三缘，识趣、识住皆无所有。一、由自然非染汙故；二、由所余不染汙故；三、由余识助伴无故。

复次，嗢柁南曰：

断支实显了，行缘无等教，

四种有情众，道四究竟五。

诸修断者略由五支，摄受于断，能于诸行如实显了。一、由身远离故；二、由心远离故；三、由奢摩他品三摩地故；四、由毗钵舍那品三摩地故；五、由常委所作故。

复次，当知有十二种如实显了行相，如“摄异门分”说，谓听闻、各别善取、恶取故，正教、现量、比量境界故，自相、共相故，如所有性、尽所有性故，入见、究竟地故。

复次，略有四种如实显了行相道理智所缘事，谓住内法异生，于率尔堕境所起受中不如实知增上力故，能令诸行流转杂染；如实知故，能令清净。复有在家异生，于欣后有等所依中不如实知增上力故，能令诸行流转杂染；与彼相违，能令清净。复有诸外道，于所爱乐虚妄分别定生喜爱所依行中不如实知增上力故，能令诸行流转杂染；与彼相违，能令清净。复有住于内法有学，依诸根境所有忘念，于余残行不如实知增上力故，流转杂染；断余残故，便得清净。当知于此一切品中，诸清净品皆住内法。如是名为四所缘事[①]。

复次，由三因缘，如来所说教无与等。一者，宣说不共法故；二者，宣说无倒法故；三者，宣说自觉法故。此中，宣说若趣萨迦耶集行，即是趣苦集行，若趣萨迦耶灭行，即是趣苦灭行，是名宣说不共法教。若复说言此真实有，是名宣说无倒法教。若复说言我如实知，是名宣说自觉法教。

复有三种诸行流转差别：一者，萨迦耶，是诸有情染著安足处所义故；二者，世间，是染著处败坏义故；三者，有，是染著者更生义故。

复次，彼有情众略有四种。何等为四？一者，一向安住可爱业果，即于此果躭著受用，谓生天处专行放逸；二者，一向因转，谓悕求彼所有沙门，若婆罗门；三者，乐般涅槃诸有情众；四者，诸杂种类，谓住于此，或住于果躭著受用，或乐摄受当来爱果，或时时修涅槃资粮，离诸放逸。于前三种有情众中，随其所应，当知世间彼集、灭边，及萨迦耶彼集、灭边；于后第四有情众中，当知萨迦耶彼集彼灭趣道差别。

复次，依二种道，当知施设四种行相。云何依二种道？谓依见道及依修道。云何施设四种行相？一、应遍知行相；二、应永断行相；三、应作证行相；四、应修习行相。如是四种，三依见道，一依修道。入见道时，谛现观俱，能遍知苦，断一分集，证一分灭。于彼一分能断证者，于修道中，为求无余断及证故，如所得道，应勤修习。因修如是诸思择道及修道故，永断余集，证得余灭。

复次，证得如是极究竟者，由五种相，应知究竟。何等为五？谓已证得苦及苦因无余尽故；堪作他义，一切自义皆圆满故；证得毕竟断及智故；

① 如是名为四所缘事，底本与《房山石经》《资福藏》《碛砂藏》《普宁藏》《永乐南藏》《径山藏》《高丽藏》相同；《赵城金藏》无“为”字。

能入究竟涅槃城故；既得入已，于其圣位能安住故[1]。

于第一相，有割爱等四种差别，如前应知。

于第二相，有阿罗汉尽诸漏等所有差别，如前应知。

于第三相，有毕竟究竟，一切行事皆悉断故；有毕竟无垢，一切烦恼毕竟断故；有毕竟梵行以为后边，谓已获得彼对治故。

于第四相，譬如世间具五种相，名入宫城；随阙一种，不名为入。如是要具与彼相似五种相故，当知名入涅槃宫城。何等名具世间五相？一者，[门@辟]宫城门[2]；二者，超逾隍堑而不堕落；三者，深起果决而越度之。四者，越隍堑已，逼临宫阙；五者，非自非余之所希望，胜幢既仆，徐入中宫。如是入宫无诸罣碍，入涅槃宫亦复如是。先断能顺五下分结，如彼[门@辟]门；次于涅槃起深坑想，无明怖畏断无余故，如超隍堑而不堕落；能到萨迦耶彼岸故，能持最后身故，如彼果决而越度之；将入无余依涅槃界，如逼宫阙；已断有爱，于诸境界无复爱生，遍于一切憍慢不起，而入涅槃，如非自他之所希望，胜幢既仆，徐入中宫。如前所说五种因缘，入涅槃宫当知亦尔。

又既入已，由二种相安住圣住：一、由行故；二、由住故。

行由三相[3]，应正了知：一、不共故；二、无染故；三、正依止所依止故。永断顺五下分结故，于诸欲中毕竟离欲，即于是处而游行故，说名不共。于六恒住常摄受故，名为无染。于一分法思择远离，谓恶象马等。于一分法思择习近，谓衣服、饮食等，是名为正依止所依。如是于行善清净已，

① 于其圣位能安住故，底本与《资福藏》《碛砂藏》《普宁藏》《永乐南藏》《径山藏》相同；《房山石经》《赵城金藏》《高丽藏》“位”作“住”。

② ［门@辟］宫城门，底本与《房山石经》《资福藏》《碛砂藏》《普宁藏》《永乐南藏》《径山藏》《高丽藏》相同；《赵城金藏》“［门@辟］”作“阙”。

③ 行由三相，底本与《资福藏》《碛砂藏》《普宁藏》《永乐南藏》《径山藏》《高丽藏》相同；《房山石经》《赵城金藏》“行由”作“由行”。

复由五相应了知住，谓若由此而住，若此为依，若由此离系，若此为依，若由此相应。

当知此中，由不动心解脱而住。于一分法思择除遣，谓游行散乱劬劳因缘，身心疲怠，于一分法思择忍受，谓寒热等，是名为依。由于三种杂染离系，谓见杂染及爱杂染、寻思杂染。由见杂染得离系故，于后有中，心无动摇；由爱杂染得离系故。于诸境界不被漂沦；寻思杂染得离系故，寻思唯善，无有不善；如是名为由此离系。此依四种静虑无动三摩地，安住第一现法乐住，是名为依。由与无学心善解脱、慧善解脱而共相应。又离爱者，于第二身不复生故，于涅槃舍无退转故，剋证无上圆满德故。由此五相，应知圆满住第一住。

复次，嗢柁南曰：

二品总略三有异，胜解断流转有性，

不善清净善清净，善说恶说师等别。

略由三处总摄一切黑品、白品：一、由所遍知法故；二、由遍知故；三、由成遍知故。所遍知法者，谓苦谛、集谛，当知总摄一切黑品。遍知者，谓灭谛，当知此摄白品一分。成遍知者，谓补特伽罗及道谛。补特伽罗虽是假有，当知亦是白品所摄，此即如来。

诸圣弟子于世俗谛及胜义谛皆悉善巧，依二道理如实随观，俱不可记，谓如来灭后若有若无、亦有亦无、非有非无皆不可取，亦不可记。所以者何？具依胜义[①]，彼不可得，况其灭后或有或无。若依世俗，为于诸行假立如来，为于涅槃？若于诸行，如来灭后，无有一行流转可得，尔时何处假立如来？既无如来，何有无等？若于涅槃，涅槃唯是无行所显，绝诸戏论，自内所证。绝戏论故，施设为有不应道理。亦复不应施设非有，勿当损毁施

① 具依胜义，底本与《资福藏》《径山藏》相同；《房山石经》《碛砂藏》《赵城金藏》《普宁藏》《永乐南藏》《高丽藏》“具”作“且”。

设妙有寂静涅槃。又此涅槃极难知故，最微细故，说名甚深；种种非一诸行烦恼断所显故，说名广大；现量、比量及正教量所不量故，说名无量。

复次，由三因缘，内荷担苦与外荷担苦有其差别。一、所荷担；二、能荷担；三、荷担时。谓外荷担色一分摄，或秆或薪，或余种类，是所荷担，愚夫乃以一切诸行为所荷担。又外荷担属在身肩，是能荷担，愚夫乃以一切爱蕴为能荷担。又外荷担唯以现肩荷担所担，愚夫乃以一切爱蕴荷担所担。欲舍所担，要并除蕴，无别方便而能弃舍。乃至未能舍所担来，恒常荷担大重担故，执持尩劣、微弱、细輭、不静肩故，长时无间荷所担故。内有三德，领受如是荷担众苦，外则不然，是名二种荷担差别。

复次，由五种相，愚夫内缚与彼外缚而有差别。谓彼外缚为色一分之所系缚，或木或铁，或索所系；愚夫乃为诸行所缚。又彼外缚，他缚所缚；愚夫乃为自缚所缚。又彼外缚易可了知缚、缚因缘、脱、脱方便[①]；愚夫内缚，一切难知。又彼外缚死后即无；愚夫内缚，死后诸行随逐往来，循环不舍。又彼外缚，所有出家能舍诸欲，便得解脱，一切怨仇不能拘礙；愚夫内缚，虽得离欲乃至有顶，尚未能脱，况唯出家。当知此中，在离欲位，魔羂于彼不得自在[②]；未离欲位，便得自在。其出家位，未脱魔手；若在家位，随欲所作。未离欲位，魔缚所缚；由世间道虽生有顶，未脱魔羂。

复次，略由四相，当知如来与慧解脱阿罗汉等，同分、异分；由一种相说名同分，谓解脱等故；由三种相说名异分，谓现等觉故，能说法故，行正行故。此中，如来无师，自然修三十七菩提分法，现等正觉；等正觉已，遍依胜义，若于现法有能、无能，若现见法、不现见法，于一切种皆悉了达，

① 脱脱方便，底本与《房山石经》《资福藏》《碛砂藏》《普宁藏》《永乐南藏》《径山藏》《高丽藏》相同；《赵城金藏》“脱脱”作“解脱”。

② 魔羂于彼不得自在，底本与《碛砂藏》《普宁藏》《永乐南藏》《径山藏》相同；《房山石经》《资福藏》《赵城金藏》《高丽藏》“羂”作“罗”。

是名自然等觉菩提。如是了达胜义法已，于其二障善得解脱，谓并习气诸烦恼障。及所知障与诸天众及余世间为解脱师，独一无二。当知了达如是四相，是名自然等觉菩提，由此不与诸声闻共。

又依他义作所作等，能说正法。由五种相，当知不共，何等为五？一者，如来如实了知一切种道为道，一切种非道为非道；二者，知已如实宣说是道、非道，为令趣道、不趣非道；三者，若有如所说道乐欲勤行，为令彼行摄受方便如理所引作意正道，以教授门而为宣说；四者，彼如圣教行时，若有障碍止观过失，皆令除遣；五者，若有随顺彼法，皆令摄受：是名能说不同分法。

此中，正行不同分者，谓彼声闻先依如来，后行正行；夫如来者，无少所依。又彼成就声闻种性，行于正行，而佛如来成自种性。又彼声闻或已成熟，或当成熟，非最后有菩萨身中二行可得。若未熟者，彼随道行能熟当来成熟相续；若已熟者，彼于现法成大师教。如此二种，如其圣教，即如是行。若随道行，彼于来世当证涅槃；若于现法成大师教，彼依此身便证圣道、道果涅槃。即此圣道及圣道果无损乐故，名如实法；饶益性故，又说为善。

复次，于诸行中略有二种无我胜解：一者，闻思增上胜解；二者，修证增上胜解。此中，闻思增上胜解能与修证增上胜解作生依止。诸善男子净信出家，虽复在此极善殷到，且于其中不应喜足。要此为依，于诸行中渐次修习无常等想，证得无我增上胜解，为令彼证转增胜故，勤修观解。

复次，由四种相，应知诸行有二种断。何等为四？一、诸缠断故；二、随眠断故；三、后有诸行因性断故；四、现在诸行染行断故。如是四种，当知总说为二种断，谓烦恼断及以事断。前之三相名烦恼断[①]，后之一相说

① 前之三相名烦恼断，底本与《资福藏》《碛砂藏》《普宁藏》《永乐南藏》《径山藏》相同；《房山石经》《赵城金藏》《高丽藏》“三”作“二”。

为事断[1]。

复次，于欲界中，诸行流转初、中、后位，当知略有三种密苦：一者，生时为其胎藏所覆障故，有覆障苦；二者，生已处婴稚位，多疾病苦；三者，衰耄诸根成熟，有老死苦。又彼诸行流转生起初、中、后灭，当知即是三种苦灭。

复次，有三有性，为断彼故，诸圣弟子当勤修学。一、依过去为因有性，由是因缘，净信舍家，趣于非家，深见过患，厌弃诸欲；二、依未来所生诸行为因有性；三、依现在未断意乐杂染有性。为断如是三种有性，故有三断，谓无顾恋故，不欣乐故；断、离欲、灭界集成故。

复次，于诸行中略有二种离增上慢观无我见。何等为二？一、不善清净；二、善清净。

云何名为不善清净？谓如有一，远离而住，依观诸行无常性忍，由世间智，于无我性发生胜解[2]。因此胜解，于眼所识色乃至意所识法等随观察，我、我所相不现行故，说名为断。又能制伏四外系所摄贪、瞋、痴三种所有，谓贪欲身系摄贪所有，瞋恚身系摄瞋所有，余二身系摄痴所有。当知此中，极鄙秽义是所有义。

离增上慢无我智者，如理作意共相应故，定地摄故。当知此智由二因缘不善清净：一者，即于此时，谓于趣入顺决择分善根位时，有麤我慢随入微细现行作意间无间转，由是因缘，作如是念："我今于空能修能证，空是我有，由是空故，计我为胜。"如空，无相及无所有当知亦尔。二者，能令彼法现行因缘，谓于诸欲或萨迦耶有染爱识。由于如是有染爱识不遍了知增上力故，便为诸欲、萨迦耶爱之所漂溺。由此意乐，于彼涅槃不

① 后之一相说为事断，底本与《资福藏》《碛砂藏》《普宁藏》《永乐南藏》《径山藏》相同；《房山石经》《赵城金藏》《高丽藏》"一"作"二"。

② 于无我性发生胜解，底本与《房山石经》《资福藏》《碛砂藏》《普宁藏》《永乐南藏》《径山藏》《高丽藏》相同；《赵城金藏》无"无"字。

能趣入，其心退还，如前已说。

又由八相能遍了知，遍了知故，除诸过患，当知是名极善清净离增上慢无我真智。又于此中，已灭坏故，灭坏法故，说名无常；诸业烦恼所集成故，说名有为；由昔愿力所集成故，名思所造；从自种子、现在外缘所集成故，说名缘生；于未来世衰老法故，说名尽法；死殁法故，说名殁法；未老死来，为疾病等种种灾横所逼恼故，名破坏法；由依现量能离欲故，能断灭故，名于现法得离欲法及以灭法。

当知此中，除离欲法及以灭法，由所余相略观三世所有过患，由所除相观彼出离。若由如是过患、出离遍知彼识，名善遍知。一切法中无有我性，名诸法印。即此法印随论道理，法王所造，于诸圣身不为恼害，随喜能得一切圣财，由此自然吉安超度生死广大险难长道，是故亦名众圣法印。当知此中，由前名通达智，由后名善清净见。

复次，应知由五种相，于内外法师及弟子高下差别。一、由住故；二、由御众故；三、由论决择故；四、由建立开显道故；五、由行故。谓诸外道师及弟子恒常住于愦闹之住，内法师弟子时时住于极寂静住[①]，是名第一高下差别。

又外道师由自有量出家弟子诸外道僧，说名有僧；由自有量在家弟子诸外道众，说名有众；希彼一切共许为师，故名众师；愚类众生咸谓有德，是故说名共推善色。当知如来与彼相违，虽为一切天及世间无上大师，于彼同尊，而无所冀。

又外道师与自弟子共兴议论决择之时，凡有所说，展转意解，各各差别，不相扶顺，转增愚昧，非净其智。当知内法与彼相违。

又外道师为诸弟子，依止无因、不平等因，施设建立，开显其道。听

① 内法师弟子时时住于极寂静住，底本与《资福藏》《碛砂藏》《普宁藏》《永乐南藏》《径山藏》相同；《房山石经》《赵城金藏》《高丽藏》无“子”字。

闻如是不正法故，为大罗刹娆乱其心，又由不正寻思相应非理作意，其心散动。以于他所怀胜负心，咎责于他[1]，若他反诘，便兴辛暴，不审思择，轻出言词。自为无因、不平等因所覆藏故，名为杂染。由此愚夫于染因缘，若自若他不如实知，故名愚昧；离清净故，名不明了；于清净因不善巧故，说名不善。又乃至于应所说语、如所说语、是处说语，如是一切不如实知，是故说彼为不知量，为不知恩[2]。当知内法与彼相违。

又诸外道师及弟子虽无异说；所说无减无颠倒故；虽不流漫，所说无增无加益故；虽等所说，义相似故；虽是法说，文平等故；虽复记别法及随法，然于同法，乐为朋党。当知彼于法随法行自义证得，不放逸者尚不能得，况纵逸者。彼由如是不得自义，便为他论制伏轻毁，并彼所受诸恶邪法。当知内法与彼相违。

是名五种高下差别。

复次，由四种相，当知诸行非定苦染。又由四相，非定乐净。如是四相，总依三事。何等为三？一、依生处故；二、依受故；三、依世故。

此中乐者，谓在第三静虑；乐所随者，谓在人中容有二种；喜乐遍者，谓在初二静虑；未永离乐者，谓在第四静虑已上。此中苦者，谓在饿鬼及以旁生[3]；苦所随者，谓在人中；忧苦遍者，谓在那落迦；未永离苦者，谓在上天众中，当苦所随故。

又言乐者，谓不苦不乐受现在前位；乐所随者，谓苦受现在前位；喜乐遍者，谓乐受现在前位；不永离乐者，谓于一切位，乐因所随故。若与此

① 咎责于他，底本与《房山石经》《资福藏》《碛砂藏》《普宁藏》《永乐南藏》《径山藏》《高丽藏》相同；《赵城金藏》“咎”作“各”。

② 为不知恩，底本与《资福藏》《碛砂藏》《普宁藏》《永乐南藏》《径山藏》《高丽藏》相同；《房山石经》《赵城金藏》“恩”作“因”。

③ 谓在饿鬼及以旁生，底本与《资福藏》《碛砂藏》《普宁藏》《永乐南藏》《径山藏》相同；《房山石经》《赵城金藏》《高丽藏》“旁生”作“傍生”。

相违，当知苦差别。

又言乐者，谓顺乐行及乐已灭；乐所随者，谓有乐因，于未来世当生起乐；喜乐遍者，谓于现在随顺乐处；未永离乐者，谓余二世[1]。与此相违。苦差别四，如应当知。

① 谓余二世，底本与《径山藏》相同；《房山石经》《资福藏》《赵城金藏》《高丽藏》“二”作“三”；《碛砂藏》《普宁藏》《永乐南藏》“二”作“一”。

瑜伽师地论卷第八十八

摄事分中契经事行择摄第一之四

复次，嗢柁南曰[①]：

二智并其事，乐等行转变，

请无请说经，涅槃有二种。

智有二种：一者，正智；二者，邪智。此中，正智依有事生，邪智亦尔。虽此二智俱依有事，然正智如实取事，邪智、邪分别不如实取事。由有正教、如理作意为前行故，于所知境正智得生；由有邪教、非理作意为前行故，于所知境邪智得生。非正智生，坏所知境。但于此境舍于邪执，而起正执[②]。如闇中色，明灯生时不坏此色；但能照了，当知此义亦复如是。

复次，随顺乐受诸行与无常相共相应故，若至苦位，尔时说名损恼迫迮；若至不苦不乐位，尔时方于行苦名苦迫迮；若不至彼位，便应毕竟唯顺乐受，勿至余位。又生老等法所随诸行皆悉是苦，彼若至疾病位，说名损恼迫迮；若至生等苦位，名苦迫迮；若不至彼位，于诸行中，生等苦因之所随逐，勿至果位。又本性诸行众缘生故，不得自在，亦无宰主。若有宰主，彼一切行虽往无常[③]，应随所乐流转不绝，或不令生，广说乃至于死。

复次，有二种契经：一、因请而说；二、不因请说。因请说者，谓若有

---

① 嗢柁南曰，底本与《资福藏》《碛砂藏》《普宁藏》《永乐南藏》《径山藏》相同；《房山石经》《赵城金藏》《高丽藏》“柁”作“拕”，下同。

② 而起正执，底本与《资福藏》《碛砂藏》《普宁藏》《永乐南藏》《径山藏》相同；《房山石经》《赵城金藏》《高丽藏》“执”作“智”。

③ 彼一切行虽往无常，底本与《碛砂藏》《普宁藏》《永乐南藏》《径山藏》相同；《房山石经》《资福藏》《赵城金藏》《高丽藏》“往”作“性”。

补特伽罗由此诸行相教而调伏者，因彼请故，为转如是诸行相教。不因请说者，谓若于彼多百众中，以无量门作美妙说，或为大师近住弟子阿难陀等作如是说，为令正法得久住故。

复次，当知由三分故，摄受圆满涅槃。一、由随顺教授故；二、由正观察一切行故；三、由永断一切烦恼故。随顺教授者，谓记说、教诫神变所摄。如来随欲记说彼心，由自定意，以三行相遍照他心，若展转久远灭心，若无间灭心，若于现在所缘转心。从定起已以[1]，随念分别，思惟定内所爱他心[2]。如其所受，即如是记：汝有如是心，谓久远灭者；如是意，谓无间灭者；如是识，谓现在者。此据种类，不据刹那，即以如是记说神变为依止故，于其三处而为教诫：一、于行处现前境界开许如理作意，遮止不如理作意；二、于住处遮止不正寻思，开许正寻思；三、于止观勤修行处开许令断未断诸行，及令烦恼永得离系而证涅槃。如是宣说，令从三处诸随烦恼心得清净，谓从行处、住处、依处。

又正观察过去、未来、现在诸行，名正观察一切诸行。

又有三漏，三漏为先，而有欲害；欲害为先，而有寻思热恼；寻思热恼为先，而有追求忧恼[3]。如是一切皆永断故，说名永断一切烦恼。如是安住心善解脱无相乐住无恐怖时，于现法中名入圆满般涅槃处[4]。

又依三法，依止自义，名住归依；依止他义，名住洲渚。何者为三？

---

① 从定起已以，底本与《房山石经》《资福藏》《碛砂藏》《普宁藏》《永乐南藏》《径山藏》相同；《赵城金藏》《高丽藏》“已以”作“已”。

② 思惟定内所爱他心，底本与《资福藏》《碛砂藏》《普宁藏》《永乐南藏》《径山藏》相同；《房山石经》《赵城金藏》《高丽藏》“爱”作“受”。

③ 而有追求忧恼，底本与《资福藏》《碛砂藏》《赵城金藏》《普宁藏》《永乐南藏》《径山藏》《高丽藏》相同；《房山石经》“忧”作“扰”。

④ 于现法中名入圆满般涅槃处，底本与《资福藏》《碛砂藏》《普宁藏》《永乐南藏》《径山藏》相同；《房山石经》《赵城金藏》《高丽藏》“处”作“数”。

一、依内如理作意为先法随法行；二、依听闻佛所说正法[①]；三、依亲近正法内善士，不依亲近余正法外一切外道诸不善士。如是三法，当知显示人中四种多所作法，谓亲近善士，听闻正法、如理作意、法随法行。

复由三缘及五种相，当知证得彼分涅槃。何等三缘？一、遍知苦故；二、深见一切随顺苦行诸过患故；三、超过愁等一切苦故。云何五相？一、知苦种类相交涉时发生愁等，是名于彼遍知自性；二、知有种子，彼法得生，是名于彼遍知因性；三、知自所行所知境界，是名于彼遍知缘性；四、随观执著我所及我，皆是能顺众苦诸行，是名于彼遍知行性；五、随观三世欲界所系诸行过患，能断一切愁等诸苦。当知由此三缘、五相，获得如是彼分涅槃。

由可爱事无常转变，悲伤心慼，故名为愁。由彼发言咨嗟歔欷，故名为叹。因此拊膺，故名为苦。内怀冤结，故名为忧。因兹迷乱，故名为恼。又以丧失财宝、无病、亲慼等事随一现前，创生忧恼，说名为愁。由依此故，次乃发言哀吟悲冤，举身烦热，名叹苦位。过此愁叹、身烦热已，内烧外静，心犹未平，说名忧位。过初日已，或二、三、五、十日夜月，由彼因缘，意尚未宁，说名为恼。

复次，嗢柁南曰：

诤互见大染[②]，一趣学四怖，

善说恶说中，宿住念差别。

由四因缘，如来不与世间迷执共为怨诤，然彼世间起邪分别，谓为怨诤。何等为四？一者，宣说道理义故；二者，宣说真实义故；三者，宣说利益

① 依听闻佛所说正法，底本与《资福藏》《碛砂藏》《普宁藏》《永乐南藏》《径山藏》相同；《房山石经》《赵城金藏》《高丽藏》“听闻佛”作“佛听闻”。

② 诤互见大染，底本与《资福藏》《碛砂藏》《普宁藏》《永乐南藏》《径山藏》相同；《房山石经》《赵城金藏》《高丽藏》“互”作“牙”。

义故；四者，有时随世转故。此中，如来依四道理宣说正法，如前所谓观待道理、作用道理、因成道理、法尔道理，由此如来名法语者。如来终不故往他所求，与诤事[1]。所以者何？由诸世间违返他义，谓为自义，故与诤论[2]。如来乃以一切他义即为自义，故无所诤，唯除哀愍令其得义，故往他所，为说正法。而诸邪执愚痴世间，颠倒妄谓自义、我义而有差别，故与我诤。由此因缘，当知如来名道理语者。

又复如来名真实语者，谓若世间诸聪敏者共许为有，如来于彼亦说为有，谓一切行皆是无常；若于世间诸聪敏者共许为无，如来于彼亦说为无，谓一切行皆是常住。又复如来名利益语者，谓诸世间有盲冥者，自于世法不能了知，如来于彼自现等觉，而为开阐。又复如来或时随顺世间而转。谓阿死罗摩登祇等，依少事业，以自存活，然诸世人为彼假立大富、大财、大食名想。如彼世人假立名想，如来随彼亦如是说。又如一事，于一国土假立名想，于余国土，即于此事立余名想，如来随彼亦如是说。

若怀怨而兴怨诤[3]，则不得名道理语者、真实语者、利益语者、随世转者。由具如是四种因缘，是故当知如来无诤。又佛世尊自然观察所应作义，虽无请问，而自宣扬现等觉法，能以称当名、句、文身施设建立诸法差别，广说如前“摄异门分”，如是当知乃至说名平等开示。

复次，一因、二缘令后有芽当得生长。谓五品行中，烦恼种子所随逐识说名为因。与因相似四种识住说名为缘。又由喜贪滋润其识，令于彼彼当受生处结生相续，感萨迦耶，亦名为缘。此中有一，由四识住摄受所

---

① 与诤事，底本与《房山石经》《资福藏》《碛砂藏》《普宁藏》《永乐南藏》《径山藏》相同；《赵城金藏》《高丽藏》“与”作“兴”。

② 故与诤论，底本与《房山石经》《资福藏》《碛砂藏》《普宁藏》《永乐南藏》《径山藏》相同；《赵城金藏》《高丽藏》“与”作“兴”。

③ 若怀怨而兴怨诤，底本与《资福藏》《碛砂藏》《普宁藏》《永乐南藏》《径山藏》相同；《房山石经》《赵城金藏》《高丽藏》“而”作“诤而”。

依；由喜贪故，于现法中新新造集及以增长。彼于后时成阿罗汉，令识种子悉皆腐败，一切有芽永不得生。

又复有一，具一切缚，勤修正行，欣乐涅槃，遍于一切诸受生处起厌逆想。彼具缚故，种子不坏，识住和合，然于诸有起厌逆想，故无喜贪。彼由如是修正行故，于现法中堪般涅槃，其后有芽亦不得生①。

又复有一，住于学地，得不还果，唯有非想非非想处诸行为余，于有顶定具足安住。彼识种子犹未一切悉皆灭尽，然于识住能遍了知，能遍通达。彼内忘念增上力故②，上地贪爱犹残少分。是不还者，当来下地一切有芽不复更生。与此相违，当知一切诸后有芽皆得生长。

复次，杂染有二：一、见杂染；二、余烦恼杂染。见杂染者，谓于诸行计我、我所邪执而转萨迦耶见。由此见故，或执诸行以为实我，或执诸行为实我所，复有所余此为根本诸外见趣。其余贪等所有烦恼当知是名第二杂染。又见杂染得解脱时，亦能于余毕竟解脱；非余杂染得解脱时，即能解脱诸见杂染。所以者何？由生此者依世间道，乃至能离无所有处所有贪欲，于诸下地其余烦恼心得解脱，而未能脱萨迦耶见。由此见故，于下、上地所有诸行和杂自体不观差别，总计为我，或计我所。由此因缘，虽升有顶，而复退还。若于如是一切自体遍知为苦，由出世道先断一切萨迦耶见，后能永断所余烦恼，由此因缘，无复退转。是故当知唯见杂染是大杂染。

复次，应知由三种相，道名一趣。谓于异生地以五行相观察诸行五处差别。即此观察，于二时中修治令净，谓于行向学地及无学地。云何名为五种行相观察诸行？一者，观察诸行自性；二者，观察诸行因缘；三者，观

---

① 其后有芽亦不得生，底本与《房山石经》《资福藏》《赵城金藏》《径山藏》《高丽藏》相同；《碛砂藏》《普宁藏》《永乐南藏》“生”作“往”。

② 彼内忘念增上力故，底本与《永乐南藏》《径山藏》相同；《房山石经》《资福藏》《碛砂藏》《赵城金藏》《普宁藏》《高丽藏》“内”作“由”。

察杂染因缘；四者，观察清净因缘；五者，观察清净。

复次，应知于异生位，先于五处得善巧已，后于学位，即于如是五种处所更以五种差别行相审谛观察，能令获得速疾通慧。何等名为五种行相？谓观察诸行、诸行因缘、杂染因缘、清净因缘、灭寂静故，趣向清净道出离故，诸行种种众多性故，各自种子所生起故，各待余缘所牛起故。

复次，应知由四因缘，于二处所发生恐怖能为障碍。何等为四？一者，若于此位生起；二者，若依此法生起；三者，若彼如是生起；四者，若彼行相生起。位生起者，谓于非圣位中生起，于诸圣谛未得善巧，又此非圣于五处所亦未善巧。依生起者，谓于诸行起邪行相，计我、我所萨迦耶见为依生起。如是生起者，谓由二种诸行变坏差别生起：一、由异缘所变坏故；二、由自心起邪分别而变坏故。行相生起者，谓于所爱虑恐未来当变坏故，生恐怖行相；于正变坏生损恼行相；即于所爱已变坏中欣彼重生，起顾恋行相；又于涅槃分别自体永变坏故，起怖畏行相。如是行相差别转时，于爱乐圣教及爱乐涅槃能为障碍。

又由二种门，于所缘境自所行处，我、我所执差别而转，谓推求故及领受故，即见及受。

复次，由三种相，善说法者、恶说法者于等事中宿住随念，当知染净有其差别。何等为三？谓恶说法者宿住随念，于彼诸行自相、共相不如实知，便于诸行或全计常，或一分常，或计非常，或计无因。善说法者宿住随念，如实知故，无邪分别。是名第一二念差别。

又恶说法者随依何定发宿住念，不能如实了知是苦，便生爱味；由爱味故，于过去行深生顾恋，于未来行深生欣乐，于现在行不能修行厌，离欲，灭。善说法者当知一切与彼相违。是名第二二念差别。

又恶说法者如是邪行，四种杂染所杂染故，能感后有。何等名为四种杂染？一、业杂染；二、见我慢缠杂染；三、爱缠杂染；四、彼随眠杂染。

若诸新业造作增长，若诸故业数数触已，而不变吐，是名业杂染。若于诸行邪分别起萨迦耶见，于他有情，以诸沙门、婆罗门等与己校量，谓自为胜，或等或劣，是名见我慢缠杂染。于内于，外所起贪欲，于爱行中应知其相。是名爱缠杂染。于相续中，见、我慢、爱三品麤重常所随逐，是名彼随眠杂染。如是四种，总摄为二，谓业、烦恼。烦恼复二：缠及随眠。于诸行中先起邪执，后生贪著。由此二种增上力故，虽复有余烦恼杂染，而但取此尔所烦恼。于诸行中不校量他，自起邪执，说名为见；校量于他，说名我慢。如是邪执是无明品。由此为先，发起贪著，名为爱品。由此二种根本烦恼，于生死中流转不绝。若善说法毗奈耶中正修行者，能断如是四种杂染，于现法中能般涅槃。又由此故，能住究竟圆满涅槃。若不尔者，尚不能住彼分涅槃，何况究竟。是名第三二念差别。

又于此中见[1]，及我慢说名高视，爱说名烟。何以故？于诸行中为见、我慢所覆障者，不如实知其性弊劣诸行体相，于人天身及彼众具谓为高胜，是故彼二说名高视。爱犹如烟，令心扰乱，不得安隐，是故名烟。

复次，嗢柁南曰：

无厌患无欲，无乱问记相，
障希奇无因，毁纯染俱后。

有二信者，而非称当信者所作。何等为二？一、在家信者，信有涅槃及一切行是无常性，然于诸行不观过患，不厌离住，不知出离而受用之；二、舍离家法、趣于非家、有净信者，彼于涅槃不能安住猛利乐欲，不用此欲为所依止，常勤修习所有善法，于现法中不般涅槃。与此相违，应知称当信者所作。

复次，于内法中略有二种具聪明者，若有净信，或诸外道来请问时，

① 又于此中见，底本与《房山石经》《资福藏》《碛砂藏》《普宁藏》《永乐南藏》《径山藏》《高丽藏》相同；《赵城金藏》无“中”字。

能无乱记。谓依中道，于诸行中间生灭时，不增有情，不减实事[①]，唯于诸行安立生灭，不乱而记。若立有情有生有灭，是名一边，谓增益边；若立生灭都无所有，是第二边，谓损减边。唯于诸行安立生灭，是名中道，远离二边。是故若能如是记别，为善记别，如来所赞。或复有言："何因缘故，乃于沙门乔答摩所修习梵行？"若得此问，应如前记[②]，远离增益、损减二边，依中道记，名不乱记。若谓有情修习染净，是名一边，谓增益边；若谓一切都无修习，是第二边，谓损减边。若为诸行厌、离欲、灭而修习者，是名中道，远离二边。是故此记名不乱记，名为善记，当知此记诸佛所赞。

复次，法有二种：一者，有为；二者，无为。此中，有为是无常性，三有为相施设可得：一、生；二、灭；三、住异性。如是三相依二种行流转安立：一、依生身展转流转；二、依刹那展转流转。依初流转者，谓于彼彼有情众同分中初生名生，终没名灭，于二中间婴孩等位立住异性[③]，乃至寿住说名为住。诸位后后转变差别，名住异性。依后流转者，谓彼诸行刹那刹那新新而生，说名为生；生刹那后不住名灭；唯生刹那住故，名住。异性有二：一、异性异性；二、转变异性。异性异性者，谓诸行相似相续而转。转变异性者，谓不相似相续而转。非此异性离住相外别体可得，是故二种总摄为一，施设一相。与此相违，应知常住无为三相。

复次，应知修习涅槃资粮略有三障：一者，依广事业财宝具足，多行放逸；二者，无善知识方便晓喻；三者，未闻正法，未得正法，忽遇死缘，非时夭没。与此相违，当知无障亦有三种。又诸圣者将欲终时，略有二种

① 不减实事，底本与《资福藏》《碛砂藏》《普宁藏》《永乐南藏》《径山藏》《高丽藏》相同；《房山石经》《赵城金藏》"减"作"灭"。

② 应如前记，底本与《碛砂藏》《普宁藏》《永乐南藏》《径山藏》相同；《房山石经》《资福藏》《赵城金藏》《高丽藏》"记"作"说"。

③ 于二中间婴孩等位立住异性，底本与《房山石经》《资福藏》《碛砂藏》《普宁藏》《永乐南藏》《径山藏》《高丽藏》相同；《赵城金藏》无"立"字。

圣者之相，谓临终时，诸根澄静[①]，蒙佛所记。由二种相[②]，佛为过世一切圣者记蒴圣性。种姓满故[③]，但记物类。我已了知法及随法者，法谓正见前行圣道；言随法者，谓依彼法听闻他音，如理作意。又我未曾恼乱正法所依处者，谓为此义如来告命，及为此义有所宣说，乃至为令诸漏永尽。彼由此故，已得尽漏。

复次，诸佛如来略有二种甚希奇法，谓未信者令信，已信者令增长，速于圣教令得悟入。谓大师相，或法教相，或已证得第一得相[④]，普于十方美妙声称、广大赞颂无不遍满。又能除遣说无因论，及恶因论摄受一切说正因论。所以者何？说无因论及恶因论，尚非欲往人天善趣及乐解脱诸聪慧者胜解依处，况是其余当所趣入。说正因论，当知其相与彼相违。

大师相者，谓薄伽梵是真如来、应、正等觉，乃至世尊，广释如前“摄异门分”。法教相者，谓说正法初、中、后善，乃至广说，当知亦如“摄异门分”。证得第一得相者，谓于一切此世、他世自然通达，现等正觉，乃至广说。此中，欲界说名此世、色、无色界名为他世。现在、过去二世别故，当知是名第二差别，不由师故，说名自然。六种通慧现所得故，名为作证。于诸有情最第一故，说名圆满。此第一性自然知故，显示他故，说名开示。

复次，由二种相，无因论者于诸行中执无因转，谓于诸行生起因缘，灭尽因缘不了知故。由此生故，彼诸行生；由此灭故，彼诸行灭；于此二事不能证得。又不证得诸行性相，起如是见，立如是论：有者定有，无者定

---

① 诸根澄静，底本与《资福藏》《碛砂藏》《赵城金藏》《普宁藏》《永乐南藏》《径山藏》相同；《房山石经》《高丽藏》“静”作“净”。

② 由二种相，底本与《房山石经》《资福藏》《碛砂藏》《赵城金藏》《普宁藏》《永乐南藏》《径山藏》相同；《高丽藏》“二”作“三”。

③ 种姓满故，底本与《资福藏》《碛砂藏》《普宁藏》《永乐南藏》《径山藏》相同；《房山石经》《赵城金藏》《高丽藏》“种姓”作“种性”。

④ 或已证得第一得相，底本与《资福藏》《碛砂藏》《普宁藏》《永乐南藏》《径山藏》相同；《房山石经》《赵城金藏》《高丽藏》“得相”作“德相”，下同。

无，无不可生，有不可灭。即此论者，于三位中现可论得诸行生灭[①]，一切世间共所了达麤浅现量，毁谤违逆。何以故？现见彼彼若刹帝利，或婆罗门、吠舍等家，所有男女和合因缘，或过八月，或九月已，便生男女。如是生已，或有一类，当于尔时寿尽中夭；复有一类，乃至住寿存活支持。或苦或乐，或非苦乐受位差别心诸心法，皆是新新而非古古。

复次，略有二种自赞毁他，谓唯语言及说法正行。若唯语言，而自称赞、毁呰他者，但由于非善士法缠扰其心[②]，是名自毁，非胜贤善。若由说法行正行者，虽无赞毁，而是真实自赞毁他。又诸如来宣说正法，速能坏灭二种无智，谓闻不正法生胜解等，长时积习坚固无智，及非久习近生无智。复由俱生不能了知往善趣道，亦不了知能往现法涅槃道故。

复次，当知十一种相总摄诸行，立为行聚。应知聚义是其蕴义。又由一向杂染因缘增上力故，建立取蕴。当知取蕴唯是有漏。又由杂染、清净因缘二增上力，建立总蕴。当知此蕴通漏无漏。又由三相，于诸行中，烦恼生起，谓所依故、所缘故、助伴故。

复次，嗢柁南曰：

少欲自性等记三、似正法疑痴处所，

不记变坏大师记，三见满外愚相等。

由三种相，如来心入少欲住中。一、由尔时化事究竟，为欲安住现法乐住；二、由弟子于正行门深可厌薄；三、为化导常乐营为、多事多业所化有情。又如前说，如来入于寂静天住一切因缘，当知此中亦复如是。

① 于三位中现可论得诸行生灭，底本与《资福藏》《碛砂藏》《普宁藏》《永乐南藏》《径山藏》相同；《房山石经》《赵城金藏》《高丽藏》“论”作“证”。

② 但由于非善士法缠扰其心，底本与《资福藏》《碛砂藏》《普宁藏》《永乐南藏》《径山藏》相同；《房山石经》《赵城金藏》《高丽藏》“但”作“彼但”。

复次，诸所化者，略有三种所调伏性[①]：一、愚痴放逸性；二、极下劣心性；三、能修正行性。

复次，由四种相，于四处所生恭敬住，速证无上。一、于所应得，生猛利乐欲故；二、于得方便法随法行生猛利爱乐故；三、于大师所生猛利爱敬故；四、于所说法生猛利净信故。

复次，有三种无上，谓妙智无上、正行无上、解脱无上，妙智无上者，谓尽智、无生智、无学正见智。正行无上者，谓乐速通行。解脱无上者，谓不动心解脱。当知此中，总说智断现法乐住。有学妙智、正行、解脱，不名无上，犹有上故。当知一切阿罗汉行皆得名为乐速通行，一切麤重永灭故，一切所作已办故。

复次，依菩提分择诸行故，于二时中，由四种相如实遍知萨迦耶见，即于二时无间证得诸漏永尽。云何二时？一、在异生地；二、在见地。云何由四种相？一、由自性故；二、由处所故；三、由等起故；四、由果故。

自性故者，谓诸行自性萨迦耶见及五种行，彼计为我，或为我所。处所故者，谓所缘境。等起故者，谓见取所摄，无明、触生，受为缘爱。此复有五缘起次第，谓界种种性为缘，生触种种性；触种种性为缘，生受种种性；受种种性为缘，生爱种种性；爱种种性为缘，生取种种性。夫缘生者，体必无常。由果故者，谓于三时，萨迦耶见能为障碍：一、依无我谛察法忍时；二、现观时；三、得阿罗汉时。

此中一时，由彼随眠萨迦耶见增上力故，有惑有疑。由多修习谛察法忍为因缘故，虽于疑惑少能除遣，然于修习谛现观时，由意乐故，恐于涅槃我当无有。由此随眠萨迦耶见增上力故，于诸行中起邪分别，谓我当断、当坏、当无，便于涅槃发生断见及无有见。由此因缘，于般涅槃其心

① 略有三种所调伏性，底本与《房山石经》《资福藏》《碛砂藏》《普宁藏》《永乐南藏》《径山藏》《高丽藏》相同；《赵城金藏》“三”作“四”。

退还，不乐趣入。彼于异时，虽从此过净修其心，又于圣谛已得现谛，然谓我能证谛现谛。彼于此慢，由随眠故，仍未能离。又时时间由忘念故，观我起慢，因此慢缠差别而转，谓我为胜，或等或劣。前两位中，由随眠力能作障碍；于第三位，由习气力能作障碍。

又由三缘，诸行生长。一、由宿世业、烦恼力；二、由愿力；三、由现在众因缘力。于异生地能遍知故，于见地中无间能得见道所断诸漏永尽；于见地中能遍知故，次断余结，得阿罗汉，无间证得诸漏永尽。

复次，由五种相，于诸行中如理问记。何等为五？一、自性故；二、流转、还灭根本故；三、还灭故；四、流转故；五、流转还灭方便故。

自性故者，当知色等五种自性。

流转、还灭根本故者，谓欲。由善法欲，乃至能得诸漏永尽，是故此欲名还灭根本。若由是欲："愿我当得人中下类，乃至当生梵众天等众同分中！"由于此心亲近修习，多修习故，得生于彼，是故此欲名流转根本。

还灭故者，于诸行中唯欲贪取得断灭故。若即诸行是取性者，应不可灭，以阿罗汉犹有诸行现可得故。若异诸行有取性者，应是无为；无为故常，亦不可灭。是故取性但是诸行一分所摄。即此一分已得断灭，毕竟不行，故可还灭。

流转故者，复有三种：一、后有因故；二、品类别故；三、现在因故。后有因者，谓如有一，愿乐当来造作诸业。彼作是念："愿我来世当成此行！"由是因缘，能引后有诸行生因，不引现在。彼于现在不能引故，施设诸行唯有二种。品类别者，谓十一种诸行品类，如前应知。现在因者，谓所造色因四大种，受等心法以触为缘，所有诸识名色为缘。

流转方便者，谓萨迦耶见为所依故，于诸行中发生我慢及诸爱味我，我所见。还灭方便者，谓于诸行远离我慢及见过患并彼出离，无我、我所。又流转方便者，谓无明爱品，随其所应，当知其相。还灭方便者，谓彼对治。

又由二缘，诸不聪慧声闻弟子越大师教，堕恶见中，或起言说。何等二缘？一、愚世俗谛；二、愚胜义谛。由此愚故，违越一向世俗谛理，及违越一向胜义谛理，于行流转不正思惟。

复次，于三种处唯诸圣者随其所乐能如实记，非诸异生，除从他闻。谓诸行中我、我所见，我非如实，若彼为依，有我慢转。彼虽已断，而此我慢一切未断。若无起依，我慢不断，如故现行。当知此中，二种我慢：一、于诸行执著现行；二、由失念率尔现行。此中，执著现行我慢，圣者已断，不复现行；第二我慢由随眠故，萨迦耶见虽复永断，以于圣道未善修故，犹起现行。萨迦耶见唯有习气常所随逐①，于失念时能与我慢作所依止，令暂现行。是故此慢亦名未断，亦得现行。

又诸圣者若于诸行思惟自相，尚令我慢不复现行，况观共相。若于假法作意思惟住正念者，亦令我慢不得现行；若于假法作意思惟不住正念，尔时我慢暂得现行。若诸异生，虽于诸行思惟共相，尚为我慢乱心相续，况住余位。

又萨迦耶见，圣相续中，随眠与缠皆已断尽；于学位中，习气随逐未能永断。若诸我慢，随眠与缠皆未能断。又计我欲者，当知即是我慢缠摄。何以故？由失念故，于欲于定为诸爱味所漂沦者，依此欲间，诸我慢缠数数现起。言未断者，由随眠故。未遍知者，由彼缠故，彼于尔时有忘念故。言未灭者，虽于此缠暂得远离，寻复现行。言未吐者，由彼随眠未永拔故。

复次，同梵行者于余同梵行所略有二种慰问：一、问病苦；二、问安乐。问病苦者，如问彼言“所受疹疾宁可忍不”者，谓问气息无拥滞乎？

① 萨迦耶见唯有习气常所随逐，底本与《资福藏》《碛砂藏》《赵城金藏》《普宁藏》《永乐南藏》《径山藏》《高丽藏》相同；《房山石经》“唯”作“虽”。

"得支任不"者[①]，谓问苦受不至增乎？非无间乎？非不爱触之所触乎？非违虑乎？非笮身乎[②]？或被笮者得除释乎[③]？问安乐者，谓如有一，随所问言"少病不"者，此问不为婴疹恼耶？"少恼不"者，此问不为外诸灾横所侵逼耶？"起居轻利不者"，此问夜寐得安善耶？所进饮食易消化耶？"有欢乐不"者，此问得住无罪触耶？如是等类差别言词，如"声闻地"于所饮食知量中释。当知此问在四位中：一、内逼恼分；二、外逼恼分；三、住于夜分；四、住于昼分。

复次，若有说言："诸阿罗汉于现法中，于食、物务、蕴、界、处等，若顺、不顺不如实知，言阿罗汉不顺。不顺是不如理虚妄分别，非阿罗汉现法不顺。"所以者何？彼于食、物、蕴、界、处等现可见故。由此因缘，诸阿罗汉于其灭后不顺诸行，不了执著。是故世尊言阿罗汉是不顺者，定是密语。当知此是似正法见。由二种义势力为缘，诸同梵行，或大声闻，为欲断灭如是所生似正法见，极作功用，勿令彼人或自陈说，或示于他，由是因缘，堕极下趣。或由爱敬如来圣教，勿因如是似正法见，令佛圣教速疾隐灭。

复有二因能生如是似正法见：一、者于内萨迦耶见未能永断；二者，依此妄计流转、还灭士夫。为断如是二种因故，说二正法，以为对治，谓于诸行次第宣说无常、无我，于四转中推求流转[④]、还灭士夫都不可得。谓依有为，或依无为，声闻、独觉、佛世尊我说名如来。当知此我二种假立：有余依中假立有为，无余依中假立无为。若依胜义，非有为，非无为，亦

① 得支任不者，底本与《资福藏》《碛砂藏》《普宁藏》《永乐南藏》《径山藏》相同；《房山石经》《赵城金藏》《高丽藏》"任"作"持"。

② 非笮身乎，底本与《资福藏》《碛砂藏》《赵城金藏》《普宁藏》《永乐南藏》《径山藏》《高丽藏》相同；《房山石经》"笮"作"迮"。

③ 或被笮者得除释乎，底本与《资福藏》《碛砂藏》《赵城金藏》《普宁藏》《永乐南藏》《径山藏》《高丽藏》相同；《房山石经》"笮"作"迮"。

④ 于四转中推求流转，底本与《资福藏》《碛砂藏》《赵城金藏》《普宁藏》《永乐南藏》《径山藏》相同；《房山石经》《高丽藏》"转"作"句"。

非无为非有为。

由说如是正法教故，于六种相觉悟生时，当知永断似正法见，谓阿罗汉于依所摄灭坏法故，觉悟无常；于现法中为老病等众苦器故，觉悟是苦；于住运灭断界[①]、离界及与灭界，觉悟为灭、寂静、清凉及与永没。若具如是正觉悟者，是阿罗汉耶增上慢俱行妄想尚不得有，况可如是于其灭后若顺不顺、戏论执著。

当知未断萨迦耶见有二过患：一、于能害有苦诸行执我、我所，由此因缘，能感流转生死大苦；二、于现法能碍无上圣慧命根。譬如有人自知无力能害怨家，恐彼为害，先相亲附，以如意事现承奉之。时彼怨家如亲附已[②]，便害其命。愚夫异生亦复如是，恐似怨家萨迦耶见当为苦害，便起爱缚，以可意行而现承奉。如是愚痴异生之类，于能为害萨迦耶见唯见功德，不见过失，殷勤亲附[③]；既亲附已，由未得退，说名损害圣慧命根。

复次，诸外道辈于内法律二种处所疑惑愚痴。何等为二？谓佛世尊诽毁有见及无有见，而于弟子终没之后，记一有生，记一无生。又说胜义常住之我，现法、当来都不可得，世有三师，而现可得。一、常论者；二、断论者；三者，如来。此疑痴者有二种因，当知如前似正法见。二种法教能断此因，亦如前说。

由二因缘，即此所说无我法性，彼诸外道难入难了，谓此自性难了知故。虽此相貌易可了知，然其相貌不相似故。当知此中，无虚诳义、自所证义、是不共义，故彼自性难可悟入。即此自性体是甚深，似甚深现，是故说

① 于住运灭断界，底本与《碛砂藏》《普宁藏》《永乐南藏》相同；《房山石经》《资福藏》《赵城金藏》《径山藏》《高丽藏》“住”作“任”。

② 时彼怨家如亲附已，底本与《资福藏》《碛砂藏》《赵城金藏》《普宁藏》《永乐南藏》《径山藏》相同；《房山石经》《高丽藏》“如”作“知”。

③ 殷勤亲附，底本与《资福藏》《碛砂藏》《普宁藏》《永乐南藏》《径山藏》相同；《房山石经》《赵城金藏》《高丽藏》“勤”作“到”。

名无虚诳义。又此自性于内难见，从他言音亦难觉了，是故说名自所证义。又此自性非寻思者之所寻思，非度量者所行境界，是故说名是不共义。又即此法微妙审谛，聪明智者内所证故，说名难了。此等差别，当知如前“摄异门分”。

由二种相，一切如来所说义智皆应了知。何等为二？一者，教智；二者，证智。教智者，谓诸异生闻、思、修所成慧。证智者，谓学、无学慧及后所得诸世间慧。此中，异生非于一切佛所说义皆能了知，亦非于慢觉察是慢，又未能断。若诸有学，非于我见一切义中皆不了知，又能于慢觉察是慢，而未能断。若诸无学，能作一切。

复次，诸佛如来于世俗谛及胜义谛皆如实知，正观于彼二种道理，不应记别。若记别者，能引无义，故不记别，亦不执著。谓于灭后若有、若无、亦有亦无、非有非无。若于如来如是智见为先不记谓无知者，当知自显妄见俱行无智之性。

复次，应知略有二种变坏：一者，诸行衰老变坏，谓如有一，年百二十，其形衰迈，由是因缘，名身老病；二者，心忧变坏，由是因缘，名心老病。第一变坏，若愚若智，皆于其中不随所欲。第二变坏，智者于中能随所欲，非诸愚者。又诸愚夫若身老病，当知其心定随老病；其有智者身虽老病，而心自在，不随老病。是名此中愚、智差别。

复次，善取法者，由闻、思故。善思惟者，由修慧故。善显了者，如所有性故。善通达者，尽所有性故。由二种相，诸圣弟子能正请问，大师善记，谓于诸取断遍知论。何等为二？一者，于此诸取断遍知论；二者，为此诸取断遍知论。当知此中，于一切行断遍知论，所谓如来。又此诸取若未断灭，随观彼有三种过患；若已断灭，随观彼有三种功德。一者，于诸行中所生诸取，行若变坏，便生愁等，应知是名第一过患，已得诸行变坏所作。二者，于诸行中所生诸取，为得未得可意诸行，于追求时广行非一种种众多差别不善。由此追求，行不善故，住四种苦：一、将现前，邻近所起；二、正现前，现在所起；三、他逼迫增上所起；四、自杂染增上所起。应知是名第二过患。三者，即由如是恶不善法爱习为因，身坏死后往诸恶趣，应知是名第三过患。与此相违，于诸取断随观三种功德胜利，如应当知。

复次，当知略有三种圣者、三见圆满，能超三苦。

云何名为三种圣者？一、正见具足，谓于无倒法无我忍，住异生位者；二、已见圣谛，已能趣入正性离生，已入现观，已得至果，住有学位者；三、已得最后究竟第一阿罗汉果，住无学位者。

云何名为三见圆满？一、初圣者随顺无漏、有漏见圆满；二、未善净无漏见圆满；三、善清净无漏见圆满。此三圆满依说三种补特伽罗，随其次第，如前应知。

云何名为超三种苦？谓初见圆满能超外道我见违诤所生众苦，第二见圆满能超一切恶趣众苦，第三见圆满能超一切后有众苦。

此中，云何名诸外道我见违诤所生众苦？谓此正法毗奈耶外，所有世间种种异道，萨迦耶见以为根本，所生一切颠倒见趣，如是一切总称我见。谓我论者，我论相应一切见趣。或一切常论者，或一分常论者，或无因论者，或边无边论者，或断灭论者，或现法涅槃论者，彼论相应一切见趣。或有情论者，彼论相应一切见趣，谓诸邪见拨无一切化生有情，诽谤他世。或命论者，彼论相应一切见趣，谓命论者计命即身，或异身等。或吉祥论者，彼论相应一切见趣，谓观参罗、历筭、卜筮种种邪论，妄计诵咒、祠祀火等得所爱境，能生吉祥，能断无义，又计覩相为祥不祥。彼复云何？谓二十句萨迦耶见为所依止，发起妄计前际、后际六十二种诸恶见趣，又起总谤一切邪见[1]。

---

① 又起总谤一切邪见，底本与《资福藏》《碛砂藏》《普宁藏》《永乐南藏》《径山藏》相同；《房山石经》《赵城金藏》《高丽藏》“又”作“及”。

云何违诤所生众苦？谓彼展转见欲相违，互兴诤论，发起种种心忧恼苦、深爱藏苦、互胜劣苦、坚执著苦。当知此中，若他所胜，便生愁恼，是名初苦。若胜于他，遂作方便，令自见品转复增盛，令他见品渐更隐昧，唯我见净，非余所见，执著邪见，深起爱藏。由此因缘，发生种种不正寻思，及起种种不寂静意损害其心，名第二苦。爱藏邪见增上力故，以他量己，谓已为胜，或等或劣，因自高举，陵懱于他，是名第三互胜劣苦。彼依此故，追求利养，即为追求苦之所触，凡有所作，皆为恼乱诘责他论，及为自论免脱他难，是名第四坚执著苦。如是四种，名见违诤所生众苦。

内法异生安住上品无我胜解，当知已断如是众苦。所以者何？彼于当来由意乐故，于如是等诸恶见趣堪能除遣。是故若住初见圆满，能超初苦。又即依此初见圆满，亲近修习，极多修习，于内诸行发生法智，于不现见发生类智，总摄为一聚，以不缘他智而入现观，谓以无常行，或随余一行。彼于尔时能随证得第二见圆满，及能超第二苦。彼住此已，如先所得七觉分法，亲近修习，极多修习，能断如前所说四种业等杂染，能随证得后见圆满，超后有苦。

此中，第一补特伽罗犹残二苦及残现在所依身苦，第二补特伽罗唯残一苦及依身苦，第三补特伽罗一切苦断，但依身苦蹔时余在，譬如幻化。又依分别萨迦耶见立二十句，不依俱生。又内法者无如是行，依遍处定，谓地为我，我即是地，乃至广说，一切应知。

复次，诸外道辈略有五种愚夫之相，由彼相故，堕愚夫数[1]。谓诸外道性聪慧者，犹尚不免怀聪慧慢，况非聪慧。是名第一愚夫之相。又诸外道多为贪求利养恭敬，自赞毁他，是名第二愚夫之相。又诸外道，若诸圣者为说正法、正教、正诫，即便违逆、呵骂、毁呰，是名第三愚夫之相。又诸外道

① 堕愚夫数，底本与《房山石经》《资福藏》《碛砂藏》《普宁藏》《永乐南藏》《径山藏》《高丽藏》相同；《赵城金藏》“堕”作“随”。

喜自陈说似正法论，或开示他，是名第四愚夫之相。又诸外道虽为如来、如来弟子之所降伏，亦知如来所说法律是真善说，知自法律是妄恶说，然由我慢增上力故，都不信受，乃至不集观察因缘，是名第五愚夫之相。

复次，如来成就六分，得名无间论师子王。何等为六？所谓最初往诣外道敌论者所，乃至恣其问一切义，凡所兴论，非为诤论，唯除哀愍诸有情故，其未信者，令彼生信，若已信者，令倍增长。又兴论时，诸根寂静，形色无变，亦无怖畏习气随逐。又终不为诸天世间之所胜伏，一切世间无敌论者，能越一翻，唯说一翻[①]，皆能摧伏。又诸世间极聪慧者、极无畏者，若与如来共兴论时，所有辩才皆悉謇讷，增上怖畏逼切身心，一切矫术虚诈言论皆不能设。又复一切同一会坐处中大众，皆于佛所起胜他心，于彼外道敌论者所起他胜心。又佛世尊言辞威肃[②]，其敌论者所出言辞无有威肃。

复次，有二种论。何等为二？一、有我论；二、无我论。无我论有力，有我论无力，有我论者，常为无我论者所伏，唯除论者其力羸劣。

云何名为有我论者[③]？谓如有一，起如是见，立如是论；于色等行建立为我，谓我有行，行是我所，我在行中，不流不散，遍随支节，无所不至。是故色等诸行性我，依诸行田生福、非福，因兹领受爱、不爱果。譬如农夫依止良田营事农业，及与种植药草丛林。是名我论。

云何名为无我论者？谓有二种：一、破我论；二、立无我。破我论者，若计实我能有作用，于爱、非爱诸果业中得自在者，此我恒时欣乐厌苦，是故此我唯应生福，不生非福。又我作用常现在前，内外诸行若变异时，

① 唯说一翻，底本与《永乐南藏》《径山藏》《高丽藏》相同；《房山石经》《资福藏》《碛砂藏》《赵城金藏》《普宁藏》“说”作“设”。

② 又佛世尊言辞威肃，底本与《资福藏》《碛砂藏》《普宁藏》《永乐南藏》《径山藏》相同；《房山石经》《赵城金藏》《高丽藏》“言辞”作“言词”，下同。

③ 云何名为有我论者，底本与《房山石经》《资福藏》《碛砂藏》《普宁藏》《永乐南藏》《径山藏》《高丽藏》相同；《赵城金藏》“名为”作“为”。

不应发生愁忧悲叹。又我是常，以觉为先，凡所生起，常应随转，无有变易，然不可得。如是名为破有我论。立无我者，以一切行从众缘生，若遇福缘，福便生起，与此相违，生起非福。由此为缘，能招一切爱、非爱果。依众缘故，皆是无常，唯于如是因果所摄诸行流转假立我等。若依胜义，一切诸法皆无我等。如是名为立无我论。

复次，由五种相，有学、无学二种差别。谓诸无学所成就智，说名无上；一切有学所成就智，说名有上。如智无上，当知正行及与解脱无上亦尔。又诸无学以善清净诸圣慧眼观佛法身，有学不尔。又诸无学以善圆满无颠倒行奉事如来，有学不尔。是名五相。

瑜伽师地论卷第八十九

摄事分中契经事处择摄第二之一

如是已说行择摄。处择摄，我今当说。

总嗢柁南曰[①]：

初安立等智同等，最后常知离欲等[②]。

别嗢柁南曰：

安立与差别，愚不愚教授，

解脱烦恼业，皆广说应知。

由五种相当知安立诸受差别：一、自性故；二、所依故；三、所缘故；四、助伴故；五、随转故。自性故者，谓有三受：一、苦；二、乐；三、不苦不乐。所依故者，谓有六种，即眼、耳、鼻、舌、身与意。所缘故者，谓色等六所缘境界。助伴故者，谓想、思，或余善、不善、无记心法与此相应。随转故者，谓此相应心，由依彼故，三受随转，彼为诸受同生同灭所依止处。

复次，如是五相安立诸受，当知复有八种差别：一、内处差别；二、外处差别；三、六识身差别；四、六触身差别；五、六受身差别；六、六想身差别；七、六思身差别；八、六爱身差别。当知此中，由三和合义，立前三差别；由受因缘义，立第四差别；由三和合触果义，立第五差别；由分别

① 总嗢柁南曰，底本与《资福藏》《碛砂藏》《普宁藏》《永乐南藏》《径山藏》相同；《房山石经》《赵城金藏》《高丽藏》“柁”作“拕”，下同。

② 最后常知离欲等，底本与《碛砂藏》《普宁藏》《永乐南藏》《径山藏》相同；《房山石经》《资福藏》《赵城金藏》《高丽藏》“常”作“当”。

受随言说义，立第六差别。所以者何？受诸受时，作如是想：“我今领受此苦、此乐、此非苦乐，亦复为他随起言说。”由业、烦恼二杂染义，当知建立第七、第八两种差别。所以者何？由于彼受若合若离起思造作，如如发起思所造作，如是如是生爱求愿。

复次，当知略有二种一一切[①]：一、少分一切；二、一切一切。如说一切皆无常者，当知此依少分一切，唯一切行，非无为故。言一切法皆无我者，当知此依一切一切。

又由三相应知是愚：一、由自性故；二、由因缘故；三、由果故。愚自性故者，谓由缠故，即是忘失于现在世；由随眠故，即是当来忘失之法。愚因缘故者，谓于五相受安立中不能觉了是无常等，及遍自体初、中、后位所有恼乱皆不了故。当知即是于生、老、病及死法性不能觉了：初恼乱者，谓由生故；中恼乱者，谓由病故；后恼乱者，谓由老、死二种法故。愚果故者，谓愁等苦、爱等杂染。

复次，由三种相当知不愚：一、自性故；二、由礙故；三、由障故。不愚自性者，谓于五相受安立中善能觉了自相、共相，由此能断一切烦恼，能觉圣谛，能证涅槃。不愚礙者，由四种魔，谓由蕴魔，遍一切处随逐义故；由彼天魔，于时时间能数任持障礙义故[②]；死，烦恼魔，能与死生所生众苦作器义故。不愚障者，谓缘不现见境烦恼，及缘非不现见境缠，或彼随眠。

复次，诸佛世尊、佛圣弟子由三种相能正教授诸弟子众。何等为三？一、引导教授；二、随其所应，于所缘境安处教授；三、令所化，得自义教

① 当知略有二种一一切，底本与《资福藏》《碛砂藏》《普宁藏》《永乐南藏》相同；《房山石经》《赵城金藏》《径山藏》《高丽藏》“一一”作“一”。

② 于时时间能数任持障礙义故，底本与《房山石经》《资福藏》《赵城金藏》《径山藏》《高丽藏》相同；《碛砂藏》《普宁藏》《永乐南藏》“任”作“住”。

授。如是教授，如其次第，当知即是三种神变。

复次，由二种相应求能熟解脱妙慧[①]：一者，如理闻思久远相续慧，能成熟有学解脱[②]；二者，有学久远相续慧，能成熟无学解脱。

复次，略有二种解脱成熟：一者，有学；二者，无学。有学者，谓金刚喻三摩地俱。无学者，谓彼已上。

复次，心清净行比丘有五种法多有所作。何等为五？一、正教授；二、奢摩他支；三、毗钵舍那支；四、无间殷重加行；五、出世间慧。

正教授者，谓有三种正友所显：一者，大师；二者，轨范尊重；三者，同梵行者及住内法在家英睿。如是名为三种正友，诸有智者从彼应求积集善门真正教授。

奢摩他支者，谓如有一，具尸罗住，广说应知如"声闻地"。如是尸罗具足住已，便无有悔，无悔故欢，广说乃至乐故心定。

毗钵舍那支者，谓得三种随欲言教：一、圣正言教；二、厌离言教；三、令心离盖趣爱言教。

云何圣正言教？谓依众圣五无学蕴所有言教，即是宣说诸圣成就如是戒、如是定、如是慧、如是解脱、如是解脱知见。

云何厌离言教？谓依三种令增少欲喜足言教，及依乐断乐修令离愦闹言教。

云何令心离盖趣爱言教？当知此教复有三门：一者，一切烦恼盖离盖趣爱言教；二者，五盖离盖趣爱言教；三者，无明盖离盖趣爱言教。当知此中，依为证得断、离、灭界所有言说，是初言教；依即于彼见胜功德，及于

---

① 由二种相应求能熟解脱妙慧，底本与《资福藏》《碛砂藏》《普宁藏》《永乐南藏》《径山藏》相同；《房山石经》"熟"作"成熟"；《赵城金藏》《高丽藏》"熟"作"成就"。

② 能成熟有学解脱，底本与《房山石经》《资福藏》《碛砂藏》《普宁藏》《永乐南藏》《径山藏》相同；《赵城金藏》《高丽藏》"熟"作"就"，下同。

所治盖盖处诸行深见过患所有言说[1]，当知是名第二言教；随顺如是缘性缘起所有言说，当知是名第三言教。

如是三种言教，总名毗钵舍那支。

又此言教以略言之，复有三种：一、能生乐欲言教；二、能正安处资粮言教；三、能正安处作意言教。谓圣正言教名能生乐欲言教，厌离言教名正安处资粮言教，令心离盖趣爱言教名正安处作意言教。依此言教，胜奢摩他所摄受慧名毗钵舍那，是故说此言教名毗钵舍那支。

云何无间、殷重加行？谓常所作、委悉所作、勤精进住，当知即依止观加行。又勤精进应知五种：一、被甲精进；二、加行精进；三、不下精进；四、无动精进；五、无喜足精进。此中，最初当知发起猛利乐欲；次随所欲，发起坚固勇悍方便；次为证得所受诸法，不自轻懱[2]，亦无怯惧；次能堪忍寒热等苦；后于下劣不生喜足，欣求后后转胜转妙诸功德住。

彼由如是勤精进住，入谛现观，证得诸圣出世间慧。于修道中，依止此慧若行若住，能正除遣所依身中诸随烦恼，令心清净。谓住聚落，或聚落边，若见少壮端严、美妙形色母邑，即便作意思惟不净，为欲损害缘彼贪故。若遇他人逼迫恼乱，即便作意思惟慈相，为欲损害缘彼瞋故。如是行时，能正除遣诸随烦恼，令心清净。若远离处修习入、出二种息念，除遣欲等诸恶寻思。如是住时，能正除遣诸随烦恼，令心清净。彼依如是已所证得出世间慧，于一切行修无常想，能正蠲除所余我慢。如是善士为所依止，复得无倒教授前行，由此渐次能证有学圆满解脱，得金刚喻三摩地故，亦证无学圆满解脱，一切烦恼，皆离系故。

① 及于所治盖盖处诸行深见过患所有言说，底本与《资福藏》《碛砂藏》《普宁藏》《永乐南藏》《径山藏》相同；《房山石经》《赵城金藏》《高丽藏》“盖盖”作“盖”。

② 不自轻懱，底本与《资福藏》《碛砂藏》《普宁藏》《永乐南藏》《径山藏》相同；《房山石经》《赵城金藏》《高丽藏》“懱”作“蔑”，下同。

云何解脱？谓起毕竟断对治故，一切烦恼品类麤重永息灭故，证得转依，令诸烦恼决定究竟成不生法，是名解脱。若圣弟子无所有处已得离欲，唯余非想非非想处所有诸行，复能安住胜有顶定，尔时无间能随证得诸漏永尽。若所余位，虽能渐断彼彼诸漏，然非无间能随证得诸漏永尽，如是乃至无所有处未得离欲。

复次，诸欲界系一切烦恼，唯除无明，说名欲漏；诸色、无色二界所系一切烦恼，唯除无明，说名有漏。若诸有情或未离欲，或已离欲，除诸外道所有邪僻，分别愚痴所生恶见蔽覆其心；依此恶见，于彼诸欲一分寻求，一分离欲，乃至非想非非想处。于彼三界所有无智，总摄为一，立无明漏。

复次，有九种事能和合故，当知建立九结差别。云何九事？一、依在家品可爱有情、非有情数一切境界贪爱缠事；二、即依此品可恶有情、非有情数一切境界瞋恚缠事；三、依有情数憍慢缠事；若四、五、六，依恶说法诸出家品三种邪僻胜解缠事，谓依听闻不正法故，依不如理邪思惟故，依非方便所摄修故，如是差别，即为三种；七、于善说法律无胜解缠事；八、依出家品智贫穷事；九、依在家品财贫穷事。由此九事，如其所应，当知配属爱等九结。此中，由嫉变坏心故，于正法内发起法悭，由此当来智慧贫乏，余随所应，配属应知。

复次，由为贪缚所缠缚故，于能随顺乐受境界，心不能舍。如是瞋缚所缠缚故，于能随顺苦受境界，心不能舍；由愚痴缚所缠缚故，于能随顺非苦乐受中庸境界，心不能舍。由此因缘，故立三缚。

复次，烦恼品所有麤重随附依身，说名随眠，能为种子，生起一切烦恼缠故。当知此复建立七种，由未离欲品差别故，由已离欲品差别故，由二俱品差别故。由未离欲品差别故，建立欲贪、瞋恚随眠；由已离欲品差别故，建立有贪随眠；由二俱品差别故，建立慢，无明、见、疑随眠。如是总摄一切烦恼。

复次，随烦恼者，谓贪不善根、瞋不善根、痴不善根、若忿若恨，如是广说诸杂秽事。当知此中，能起一切不善法贪，名贪不善根。瞋、痴亦尔。若瞋恚缠，能令面貌惨裂奋发，说名为忿。内怀怨结，故名为恨。隐藏众恶，故名为覆。染汙惊惶。故名热恼。心怀染汙，不喜他荣，故名为嫉。于资生具深怀鄙悋。故名为悭。为欺誷彼，内怀异谋，外现别相，故名为诳。心不正直，不明不显，解行邪曲，故名为谄。于所作罪，望己不羞，故名无惭。于所作罪，望他不耻，故名无愧。

于他下劣，谓己为胜，或复于等，谓己为等，令心高举，故名为慢。于等谓胜，于胜谓等，令心高举，故名过慢。于胜谓胜，令心高举，名慢过慢。妄观诸行为我、我所，令心高举，故名我慢。于其殊胜所证法中，未得谓得，令心高举，名增上慢。于多胜中，谓己少劣，令心高举，名下劣慢。实无其德，谓己有德，令心高举，故名邪慢。

心怀染汙，随恃荣誉，形相疏诞，故名为憍。于诸善品，不乐勤修，于诸恶法，心无防护，故名放逸。于诸尊重及以福田，心不谦敬，说名为傲。若烦恼缠，能令发起执持刀杖、斗讼违诤，故名愤发。心怀染汙，为显己德，假现威仪，故名为矫。心怀染汙，为显己德，或现亲事，或行輭语，故名为诈。心怀染汙。欲有所求，矫示形仪，故名现相。现行遮逼，有所乞丐，故名研求。

于所得利不生喜足，悦获他利[①]，更求胜利，是故说名以利求利。自现己德，远离谦恭，于可尊重，而不尊重，故名不敬。于不顺言，性不堪忍，

① 悦获他利，底本与《资福藏》《碛砂藏》《普宁藏》《永乐南藏》《径山藏》相同；《房山石经》《赵城金藏》《高丽藏》“悦”作“说”。

故名恶说。诸有朋畴[1]，引导令作非利益事，名为恶友。躭著财利，显不实德，欲令他知，故名恶欲。于大人所，欲求广大利养恭敬，故名大欲。怀染汙心，显不实德，欲令他知；名自希欲[2]。

于骂反骂，名为不忍。于瞋反瞋，于打反打，于弄反弄，当知亦尔。于自诸欲深生贪爱，名为躭嗜。于他诸欲深生贪著，名遍躭嗜。于胜于劣，随其所应，当知亦尔。于诸境界深起躭著，说名为贪。于诸恶行深生躭著，名非法贪。于自父母等诸财宝不正受用，名为执著。于他委寄所有财物规欲抵拒，故名恶贪。

妄观诸行为我、我所，或分别起，或是俱生，说名为见。萨迦耶见为所依止，于诸行中发起常见，名为有见；发起断见，名无有见。当知五盖，如前定地已说其相。不如所欲，非时睡缠之所随缚，故名瞢瞢。非处思慕，说名不乐。麤重刚强，心不调柔，举身舒布，故曰频申。于所饮食，不善通达若过若灭[3]，是故名为食不知量。

于所应作，而便不作，非所应作，而更反作，如所闻思修习法中，放逸为先，不起功用，名不作意。于所缘境深生系缚，犹如美睡隐翳其心，是故说名不应理转。自轻懱故，名心下劣。为性恼他，故名抵突。性好讥嫌，故名諀訿。欺诳师长、尊重福田及同法者，名不纯直。身语二业皆悉高疏，其心刚劲，又不清洁，名不和软。于诸戒、见、轨则、正命皆不同分，名不随顺同分而转。

心怀爱染，攀缘诸欲，起发意言，随顺随转，名欲寻思。心怀憎恶，于

① 诸有朋畴，底本与《资福藏》《碛砂藏》《赵城金藏》《普宁藏》《永乐南藏》《径山藏》《高丽藏》相同；《房山石经》"畴"作"俦"。

② 名自希欲，底本与《房山石经》《资福藏》《碛砂藏》《普宁藏》《永乐南藏》《径山藏》《高丽藏》相同；《赵城金藏》"自"作"目"。

③ 不善通达若过若灭，《房山石经》《资福藏》《碛砂藏》《赵城金藏》《普宁藏》《永乐南藏》《径山藏》《高丽藏》"灭"作"减"。

他攀缘不饶益相，起发意言，随顺随转，名恚寻思。心怀损恼，于他攀缘恼乱之相，起发意言，余如前说，名害寻思。心怀染汙，攀缘亲慼，起发意言，余如前说，是故说名亲里寻思。心怀染汙，攀缘国土，起发意言，余如前说，是故说名国土寻思。心怀染汙，攀缘自义，推托迁延，后时望得，起发意言，余如前说，是故说名不死寻思。心怀染汙，攀缘自他若劣若胜，起发意言，余如前说，是名轻懱相应寻思。心怀染汙，攀缘施主往还家势，起发意言，随顺随转，是名家势相应寻思。愁、叹等事，如前应知。

复次，一切烦恼皆有其缠，由现行者悉名缠故。然有八种诸随烦恼，于四时中数数现行，是故唯立八种为缠，谓于修学增上戒时，无惭、无愧数数现行，能为障碍；若于修学增上心时，惛沈、睡眠数数现行，能为障碍；若于修学增上慧时，拣择法故，掉举、恶作数数现行，能为障碍；若同法者展转受用财及法时，嫉妬、慳悋数数现行，能为障碍。

复次，欲贪、瞋等欲界所系烦恼行者，欲界所系上品烦恼未断未知，名欲暴流[①]。有、见、无明三种暴流，如其所应，当知亦尔。谓于欲界未得离欲，除诸外道，名欲暴流；已得离欲，名有暴流。若诸外道，从多论门，当知有余二种暴流，谓诸恶见略摄为一、名见暴流；恶见因缘略摄为一，说名第四无明暴流。

复次，若诸烦恼等分行者，非增非减，即上所说一切烦恼，说名为轭。

复次，当知依于二品，建立四取。一、在家品；二、外道法中诸出家品。当知此中，若所取，若能取，若所为取，如是一切，总说为取。

问：何所取？

答：欲、见、戒禁、我语是所取。

问：何能取？

① 名欲暴流，底本与《资福藏》《碛砂藏》《赵城金藏》《普宁藏》《永乐南藏》《径山藏》《高丽藏》相同；《房山石经》“暴”作“瀑”，下同。

答：四种欲贪是能取。

问：何所为取？

答：为得诸欲及为受用故，起初取；由贪利养及以恭敬增上力故，或为诘责他所立论，或为免脱他所征难[①]，起第二取；奢摩他支为所依止，为所建立，为欲往趣世间离欲乃至非想非非想处三摩钵底，起第三取；为欲随说分别所计作业受果所有士夫，及为随说流转，还灭士夫之相，起我语取。

如是四取，依于二品，谓受用欲诸在家品，及恶说法毗奈耶中诸出家品。由佛世尊每自称言：我为诸取遍知、永断正论大师。故于此法誓修行者，虽带烦恼，身坏命终，而不于彼建立诸取。所以者何？彼于诸欲无所顾恋而出家故，于见、戒禁及以我语无执受故。恶说法者有二差别：一、于见爱展转发起怨诤论者；二、能证入世间定者。依于见爱展转发起怨诤论者，建立见取。依能证入世间定者，立戒禁取。二品为依，执著我语，故依俱品立我语取。

此中见者，谓六十二，如前应知。邪分别见之所受持身护、语护，说名为戒；随此所受形服、饮食、威仪行相，说名为禁。谛故、住故，论说有我，名为我语。执有实物，说名谛故；执可安立，说名住故。又于此中，欲爱为缘，建立欲取；依止智论，利养恭敬等爱为缘，建立见取；定爱为缘，立戒禁取；有无有爱为缘，立我语取。

复次，当知四系唯依外道差别建立，如前应知。

复次，违背五处，当知建立五盖差别：一、为在家诸欲境界所漂沦故，违背圣教，立贪欲盖；二、不堪忍诸同法者诃谏、驱摈、教诫等故，违背所有可爱乐法，立瞋恚盖；三、由违背奢摩他故，立惛沈睡眠盖；四、由

① 或为免脱他所征难，底本与《房山石经》《资福藏》《赵城金藏》《永乐南藏》《径山藏》《高丽藏》相同；《碛砂藏》《普宁藏》“征”作“微”。

违背毗钵舍那故，立掉举恶作盖；五、由违背于法论议无倒决择、审察诸法大师圣教涅槃胜解故，建立疑盖。

复次，若贪瞋痴缠所缠故，或彼随眠所随眠故，心不调柔，心极愚昧，于得自义能作衰损，故名株杌。

复次，于弊下境所起贪欲，名为贪垢。于不应瞋所缘境事所起瞋恚，名为瞋垢。于极显现愚痴众生尚能了事所起愚痴，名为痴垢。

复次，若贪瞋痴数数现行，恒常流溢，烧恼身心，极为衰损，说名烧害。

复次，若贪瞋痴远离惭愧，无惭愧故[1]，一向无间，不可制伏，定为伤损，说名为箭。

复次，若贪瞋痴惭愧间杂，由相续故，非刹那故，有可制伏，说名所有，是系所摄，极下秽义。

复次，一切不善身业名为恶行。如说身业，语业、意业，当知亦尔。由此恶业数现行故，于诸恶趣或已随得，或当随得，或现随得，是故说彼名为恶行。由此示现业杂染义。烦恼杂染，前已显了。

复次，有二安立业杂染论：一者，邪论；二者，正论。言邪论者，谓如是说："若有故思，凡所造作诸不善业，一切决定当受恶趣。"此论便谤修行梵行能证涅槃。何以故？诸有情类不易可得，于现法中无有故思造不善业，况在余生。若彼决定感恶趣者，便应无有解脱可得，是故当知此为邪论。

若如是说："诸有故思造不善业，此业亦作亦增长者，定于当来受不可爱恶趣异熟。"若有虽作不增长者，彼彼法受为依止故，诸所造作或乐或苦，当于造时，于现法中，此业决定成顺乐受[2]，或顺苦受。诸有造作如

① 无惭愧故，底本与《资福藏》《碛砂藏》《赵城金藏》《普宁藏》《永乐南藏》《径山藏》《高丽藏》相同；《房山石经》无"故"字。

② 此业决定成顺乐受，底本与《资福藏》《碛砂藏》《普宁藏》《径山藏》相同；《房山石经》《赵城金藏》《高丽藏》"成"作"或"；《永乐南藏》"决"作"法"。

是业已，若无追悔、不修对治补特伽罗，彼于此业若更增长，若不增长，此业虽定顺现法受，亦转令成顺恶趣受，于现法中能障解脱。诸有造作如是业已，若生追悔、修习对治补特伽罗，彼于此业若不增长，若更增长，此业虽是顺恶趣受，亦转令成顺现法受，不障解脱。是故此论不名诽谤修习梵行能证涅槃，当知此论是名正论[①]。

复次，若有阙于十种对治，为业杂染之所染汙；若有会遇如是十种，便得清净。一者，若由如是对治，虽有作业，而无增长，彼望当来成不定受；二者，若由如是对治，虽未永断，而更不受；三者，若由如是对治，永断离系；四者，守护诸根门故，善修其身，为欲修习增上戒学；五者，修习增上戒已，为欲修习增上心学；六者，修习增上心已，为欲修习增上慧学；七者，修习增上慧已，为断诸漏；八者，猛利意乐修习；九者，长时修习；十者，无量门对治修习。若有不会如是十种业对治者，为业杂染之所染汙；与此相违，当知清净。

复次，于现法中不善防护身语意业而住者，彼先造作恶不善业亦令增长，于当来世令其杂染。若善防护身语意业而住者，彼不杂染。

云何于现法中不善防护身语意业而住？云何善防护身语意业而住？不善防护身语意业而住者，谓如有一，于诸不善身语意业缠所发起，能誓远离，然于能起不正作意相应无明，犹故发起。又于诸善身语意业受学随转。由此因缘，于现法中，于诸烦恼邪欲寻求所作众苦无有差别。彼唯即于此誓受远离，便生喜足，于现法中不起圣道，不证涅槃。彼虽如是防护

① 当知此论是名正论，底本与《径山藏》相同；《房山石经》《资福藏》《碛砂藏》《赵城金藏》《普宁藏》《永乐南藏》《高丽藏》“名”作“为”。

而住，于现法中蹔时不作恶不善业，然为烦恼随眠缚缚[①]。既没没已[②]，后有续生，随所受身，依先业缘广起杂染。

若善防护身语意业而住者，有此差别。谓此依彼誓受远离，不造新业，故业虽熟，蹔触异熟，寻能变吐。彼唯于此誓受远离，不生喜足，于现法中能起圣道，亦能证得彼果涅槃。彼于尔时乃至有识身相续住，恒受先业所感诸受。于现法中，彼有识身乃至寿量未灭尽位，常相续住。寿量若尽，舍有识身，于后命根更不成熟。由是因缘，识与一切诸受俱灭，后不相续，彼如影受与其识树皆灭尽故，遍于一切不可施设。

彼于尔时由二因缘，先所作业于当来世不能为染。一、由烦恼为其助伴令杂染者无余断故；二、由依此诸行相续成熟杂染无余灭故。彼于尔时诸有情所善友意乐相续转故，名无怨心；于彼所缘瞋恚断故，名无恚心；于业异熟深见过患增上缘力誓远离故，名无染心；已具获得能对治彼诸圣道故，名无颠倒善解脱心。彼由如是，能具证得六种恒住[③]。若有于彼多所住者，于现法中，虽有种种诸恶不善业缘间杂，由此远离，一向成善。由是因缘，当知此与先防护住有其差别。

复次，当知施设领受业异熟论，由五种相成其杂染，由五种相成不杂染。

云何名为由五种相成其杂染？谓由施设恶因论故，亦由施设无因论故，及由施设恶因、无因有三过故。此中，施设恶因论者，谓如有一，起如是见，立如是论：若有士夫补特伽罗诸所领受，一切皆是宿因所作。如是

① 然为烦恼随眠缚缚，底本与《资福藏》《碛砂藏》《普宁藏》《永乐南藏》相同；《房山石经》《赵城金藏》《径山藏》《高丽藏》“缚缚”作“缠缚”。

② 既没没已，底本与《碛砂藏》《普宁藏》《永乐南藏》《径山藏》相同；《房山石经》《资福藏》《赵城金藏》《高丽藏》“没”作“终”。

③ 能具证得六种恒住，底本与《房山石经》《资福藏》《赵城金藏》《径山藏》《高丽藏》相同；《碛砂藏》《普宁藏》《永乐南藏》“具”作“易”。

或谓自在、变化等因所作。施设无因论者，谓如有一，起如是见，立如是论：若有士夫补特伽罗诸所领受，云何一切无因无缘[①]。

云何施设恶因、无因有三种过？谓现法中不善俱行、不善诸受，宿世业为因亦有过失，现法业为因亦有过失。若言此受宿世恶业以为因者，是则有一，依于不善诸乐法受，而有其乐不善受生，此用宿世诸不善业以为因生不应道理。何以故？非彼宿世诸不善业于现法中感乐异熟应正道理。若言此受用现法中恶业为因，是则退失自意所立诸恶因论及无因论，谓诸所受皆宿因作，乃至广说。是名初过。

又若说言诸不善法皆用宿世恶业为因，是则决定所有善法亦用宿世善法为因。如是所有不善对治诸善加行俱生精进皆成无用。如是名为第二过失。

又若现在无有士用，是则应无依善不善审正观察是所应作，所不应作。又如实智应成无用。谓了知已，此我应转，此我应成，彼非有故，此亦非有，故如实智理不成就。智不成故，念不安住；念不住故，无三摩地；无有定故，不正寻思，令心迷乱；心迷乱故，便应欣慕愚夫同意所乐诸根；由彼获得愚夫同意所乐法故，是则退失并沙门法及沙门论。如是名为第三过失。

若略说此，有三种过，谓现在世诸不善受因不成过、谤精进[②]、谤正智过。

云何施设领受一切业异熟论，由五种相成不杂染？谓若能领受者，若由此领受，若如是领受，若领受时如是杂染如是清净。当知此中，依五

① 云何一切无因无缘，底本与《资福藏》《碛砂藏》《普宁藏》《永乐南藏》《径山藏》相同；《房山石经》《赵城金藏》《高丽藏》“云何”作“当知”。

② 谤精进，底本与《房山石经》《资福藏》《碛砂藏》《普宁藏》《永乐南藏》《径山藏》《高丽藏》相同；《赵城金藏》“进”作“进过”。

取蕴施设假名补特伽罗为领受者。即此假者，由六触处，故能领受。于母胎中，四种差别，谓依精血大种所造，诸业、烦恼之所摄受，结生相续有取之识，及母腹中所有孔穴。由如是故，得入母胎，次有名色，次有六处，次触，次受，如是次第，而有领受。又即此受亦用现在触为其因，亦用宿世业等为因。彼若听闻诸不正法、非理作意以为因缘，便触无明触所生生受[①]；受为缘故，复生于爱；爱为缘故，复生于取；乃至当来生、老死等众苦差别。如是领受诸无明触所生受时，便有杂染所摄二谛。与此相违，听闻正法、如理作意为因缘故，便能领受明触所生诸受差别。受此受时，便有清净所摄二谛。

复次，当知施设邪业清净及邪行中，有二过患。何等为二？一、内证稽留过患；二、他所讥毁过患。

云何施设邪业清净？谓如有一，实非大师，妄分别己，自称大师，宣说如是邪施设论，谓现法中诸所受苦，一切皆是宿因所作。彼见宿世诸不善业为二种因，谓现法中，诸不善业皆是宿业串习所引，诸所受苦亦是彼业之所造作。由是因缘，修自苦行，令故恶业所招苦果皆悉变吐，更不造作当不善业。于现法中又能防护身语意住，后当勤修一向善业，令不善法转成非漏。由此因缘，不善业尽；由彼尽故，众苦亦尽，证苦边际。

云何邪行？谓如有一，不能了知自业杂染，不能了知彼业对治，又于前后所证差别不如实知。彼成如是愚痴法故，于其师所，得无根信，于非信处，妄生真实圣教胜解。彼由坠堕非实非理，邪论朋党他回动时，于可疑处而不生疑，不寻求师躬往请问：“为能正记，为能不记[②]？为能净疑，

① 便触无明触所生生受，底本与《资福藏》《碛砂藏》《普宁藏》《永乐南藏》《径山藏》相同；《房山石经》《赵城金藏》《高丽藏》“生生”作“生”。

② 为能不记，底本与《资福藏》《碛砂藏》《普宁藏》《永乐南藏》《径山藏》相同；《房山石经》《赵城金藏》《高丽藏》“能不”作“不能”。

为不能净？为一切智，非一切智？”大师去世，于所疑处毕竟随转。何以故？大师住世，能为决了此一切智、非一切智。大师灭后，何所请问？云何决了？是名邪行。

何缘应知如是施设令业清净不应道理？由二缘故，谓彼苦行宿因所作不应理故，由此能尽宿不善业不应理故。所以者何？耎、中、上品自苦行缘所逼切时，耎、中、上品苦受生故，即此三品逼缘远离，由所逼切三品苦受不得生故，谓因所作不应道理[①]。又此苦行无有功能令宿所作能感苦受诸不善业成顺乐受，是故彼起如是定见，由自苦行，令宿所作恶业变吐。

若有是事，彼宿所作能顺苦受诸不善业，为能感得于现法中自苦逼切苦受果不？若言感得此苦受果，修自苦行即为唐捐；受彼果已，自然变吐。若如是者，宿世所作诸不善业，非自苦行所能变吐。又即此业一分可吐，谓现法中受彼果者，若余能顺后所受业，彼于后世当受其果，非自苦行可令其果悉皆变吐。若言现在逼切苦受非宿因作，如是所说诸所领受，一切皆是宿因所作，不应道理。

如能随顺苦受恶业，不可令其成顺乐受，如是宿世所作能顺乐受善业，不可令其成顺不苦不乐受业。或彼二种顺现法受，不可令其成顺后受；若顺后受，不可令其成无所受。若未成熟，不可令熟；若已成熟，不可彼彼方便令转。此中所说要略义者，所谓一切善不善业，自性决定、时分决定、品类决定。若如是者，随业决定，必能摄受如是类果，于中更自受逼切苦，复何所用。又若此受宿业因感，彼自所许令业一分灭尽可得少分胜

① 谓因所作不应道理，底本与《永乐南藏》《径山藏》相同；《房山石经》《资福藏》《碛砂藏》《赵城金藏》《普宁藏》《高丽藏》“谓”作“宿”。

利[①]。由是因缘，如此所许少分胜利亦无所有[②]。如是则为极自稽留业所缚故，终无解脱。由此道理，是名于此邪论邪行第一过患，谓于内证自义稽留。

云何他所讥毁过患？谓彼依止二种邪论，发起三种自苦恼行。若作是说：所有士夫补特伽罗诸所领受，一切皆是宿因所作。是名第一邪论，谓恶因论。复有说言：如彼最初自在变化，从是已后诸所领受，一切皆是宿业所作。是名第二邪论，谓恶因论。三种自苦行者，谓身、语、意护。身护者，谓不以身与余有情共相杂住，唯往山林阿练若处独居闲静，都无所见，而修苦行。语护者，谓彼受持默无言禁。意护者，谓心忍受自逼切苦。

彼起如是欲乐言说，为他显示：由此二种所见圆满，及由三种苦行圆满，能越众苦。然其自苦不能越度，是故为他之所讥毁，若诸所受，一切皆是宿因所作，亦是自在、变化因作，亦是三种苦行能越因之所作，是则三种修苦行俱所受众苦，定是宿世黑业所感，亦是暴恶自在所化，三种苦行皆不能越，是故于今受斯苦受。若彼虽复内证稽留，而有为他所称赞者，犹尚不可，况此为他称赞胜利亦无所有，是故名为第二过患。由此分故，唯可讥毁。

复次，与上相违，当知施设正业染净及正行中有二胜利：一者，内证无滞胜利；二者，他所称赞胜利。

云何施设业杂染论？谓有二业：一者，善业；二者，不善业。于过去世已曾造作善不善业，令现法中受爱非爱异熟果等[③]；受爱非爱果差别时，

---

① 彼自所许令业一分灭尽可得少分胜利，底本与《资福藏》《碛砂藏》《普宁藏》《永乐南藏》《径山藏》相同；《房山石经》《赵城金藏》《高丽藏》“灭”作“减”。

② 如此所许少分胜利亦无所有，底本与《资福藏》《碛砂藏》《普宁藏》《永乐南藏》《径山藏》相同；《房山石经》《赵城金藏》《高丽藏》“许”作“计”。

③ 令现法中受爱非爱异熟果等，底本与《资福藏》《碛砂藏》《普宁藏》《永乐南藏》《径山藏》相同；《房山石经》《赵城金藏》《高丽藏》“令”作“今”。

更复造作善不善业，由此当来受爱非爱异熟果等。如是名为业杂染论。云何施设业清净论？谓如有一，不造新业，故业触已，寻复变吐，由对治力永断无余，故得清净。如是名为令杂染业得清净论。如是施设正业染净，名无上论。

云何正行？谓如有一，于正法中成就多闻，于业杂染及以清净正知杂染、清净相已，舍不善业，修习善业。彼于闻思如理作意，勤方便已，为证修故，住空闲处，净修治心，令离诸盖及众苦法：为欲断除贪欲、瞋恚、掉举恶作，以九种行安住其心，令心弃舍止所对治[①]；为欲断除惛沈睡眠及以疑盖，分析六事，如理作意，修饰其心，令心弃舍观所对治。从彼止观所治出已[②]，能正修学，消伏众苦。

彼既如是净修其心，令离诸盖众苦法已，复于衣服、饮食、卧具，受用仪则净修其心。若由习近如是衣服乃至卧具，不善法增，善法退减，即便远离。宁可受用麤弊衣等，惙尔自在[③]，忍受众苦，进修正行。又由二缘，受用胜妙衣服等因，能令生长恶不善法，谓诸妄想不正寻思。何等二缘？一、于诸善未能长时串修习故，心不调柔；二、于衣服、饮食等事欲贪坚著。由是因缘，修正行者调柔其心，令堪所作，于衣服等欲贪坚著及诸无常众缘生法，恒常系念，深见过患。尔时，虽复受用胜妙衣服等事，而于其中无有杂染。如是行者亦受安乐，亦无有罪。

由奢摩他、毗钵舍那修习力故，净修其心，离诸盖已，由思择力，于衣服等邪受用故，虽于尔时蹔少成就心一境性，欲贪随眠仍未断故，于当来

① 令心弃舍止所对治，底本与《房山石经》《资福藏》《赵城金藏》《径山藏》《高丽藏》相同；《碛砂藏》《普宁藏》《永乐南藏》“弃”作“集”。

② 从彼止观所治出已，底本与《房山石经》《资福藏》《赵城金藏》《径山藏》《高丽藏》相同；《碛砂藏》《普宁藏》《永乐南藏》“止”作“此”。

③ 惙尔自在，底本与《资福藏》《碛砂藏》《普宁藏》《永乐南藏》《径山藏》相同；《房山石经》《赵城金藏》《高丽藏》“在”作“存”。

世复为杂染。彼以妙慧通达是已，便修加行，为毕竟断，受用如法边际卧具，离诸贪著，先善修治正定资粮，渐次乃至能入清净第四静虑。以此为依，证谛现观，随得漏尽心善解脱。于一切苦得离系故，究竟寂静所摄受故，微妙清净，一切身心无间满故，一切烦恼永离系故，普能领纳诸无漏受。是名正行。

如是应知内证无滞，及彼相违五种差别，他所称赞。彼于尔时从诸盖缠及一切苦心善解脱，于现法中，彼诸随眠无余永断，前际、后际业及异熟所有杂染皆善解脱，由于现法获得圣道及道果故。

复次，略有三种补特伽罗：一者，未入圣教异生；二者，已入圣教有学；三者，已入圣教异生。由三种相，应知最初补特伽罗。第二、第三当知亦尔。

云何三相应知最初补特伽罗？谓初有一补特伽罗已得成就世间正见，了知有施，乃至广说。彼于异时闻不正法为因缘故，而便发起非理作意。世间正见临将欲灭，虽未一切悉皆已灭，而堪能灭。又彼所治诽谤邪见临将欲生，虽未已生，而堪能生。彼于中间听闻正法为因缘故，遂还发生如理作意。彼临欲生诽谤邪见不现行故，说名为断；然其正见先成就故，不名为生。第二、有一补特伽罗不成正见，及以邪见听闻正法、如理作意为因缘故，尔乃发生世间正见。彼于邪见不名为断，先不成故。第三、有一补特伽罗成就邪见，听闻正法、如理作意为因缘故，断灭邪见，生起正见。

云何三相应知第二补特伽罗？谓于佛等已得证净。彼于佛等先所现起一切无智，当于诸谛得现观时先已断尽，是故于今不名为断；而于佛等证净俱行明现前故，说名为生。即以学道断修所断余品无明，而于其明不名生起，此道与先种类同故。彼无学道将现在前，修断无明皆悉灭尽，又能生起诸无学明。

云何三相应知第三补特伽罗？谓闻无我相应正法。初但由闻发生信解，而未悟入。彼于无我生信解故，能断我见；未悟入故，不得名为生无我见。如所闻法，复能如理正思惟时，于无我理能悟入故，乃得名为生无我见，于彼随眠而未能断。从此已后，由修道力证谛现观，方断随眠，发生无漏。

瑜伽师地论卷第九十

摄事分中契经事处择摄第二之二

复次，嗢柁南曰[①]：

五二与十三，四业为最后。

有二种业：一者，重业；二者，轻业。复有二业：一者，增进业；二者，不增进业。复有二业：一者，故思所造业；二者，非故思所造业。复有二业：一者，定所受业；二者，不定所受业。复有二业：一者，异熟已熟业；二者，异熟未熟业。

有三种业，谓善业、不善业、无记业。复有三业，谓顺乐受业、顺苦受业、顺不苦不乐受业。复有三业，谓顺现法受业、顺生受业、顺后受业。复有三业，谓学业、无学业、非学非无学业。复有三业，谓见所断业、修所断业、无断业。复有三业，谓三曲业，即身曲等。复有三业，谓三秽业，即身秽等。复有三业，谓三浊业，即身浊等。复有三业，谓三净业，即身净等[②]。复有三业，谓三默然业，即身默然等。

有四种业：一、黑黑异熟业；二、白白异熟业；三、黑白黑白异熟业；四、不黑不白无异熟业能尽诸业。

当知此中，由三因缘令业成重：一、由意乐故；二、由加行故；三、由田故。由意乐者，谓由猛利缠等所作，于同法者见已欢喜，于彼随法多随寻

① 嗢柁南曰，底本与《资福藏》《碛砂藏》《普宁藏》《永乐南藏》《径山藏》相同；《房山石经》《赵城金藏》《高丽藏》“柁”作“拕”，下同。

② 即身净等，底本与《资福藏》《碛砂藏》《普宁藏》《永乐南藏》《径山藏》《高丽藏》相同；《房山石经》“等”作“业”。

思，多随伺察，如是名为由意乐故，令业成重。由加行者，谓于彼业无间所作，殷重所作，长时积集，又于其中劝他令作，又即于彼称扬赞叹，如是名为由加行故，令业成重。由田故者，谓诸有情于己有恩[①]，若住正行及正行果，于彼发起善作、恶作，当知此业说名为重；与彼相违，说名为轻。

若业非是明了所作，或梦中作，或由无覆无记所作，或不善作，寻复追悔，对治摄受，又于一切清净相续所有诸业，如是皆名不增进业。当知异此，名增进业。

此中，故思所造业者，谓先思量已，随寻思已，随伺察已，而有所作。彼或错乱，或不错乱。其错乱者，谓于余处思欲杀害，或欲劫盗，或欲别离，或欲妄语及欺诳等。如是思已，即以此想别处成办。当知此中，由意乐故，说名为重；不由事故，说名为重。不错乱者，当知其相与此相违。若异此业，是即名为非故思造。

定受业者，谓故思所造重业。不定受业者[②]，谓故思所造轻业[③]。

异熟已熟业者，谓已与果业异熟。未熟业者，与此相违。若欲证得阿罗汉时，先所造作决定受业，由异熟果现在前故，能为障碍，不由随逐身相续故。所以者何？但由彼业生不平等所依身故，能为障碍，令不能得阿罗汉果。若无生受，而有后受，于所证得阿罗汉果不能为障，然彼非不是定受业。何以故？由即依彼烦恼助伴，及即依彼诸行相续，施设此业为定受故。

复次，由二因缘建立善业：一、取爱果故；二、于所缘境如实遍知及彼果故。由二因缘立不善业：一、取非爱果故；二、于所缘境邪执著故。于

① 谓诸有情于己有恩，底本与《资福藏》《碛砂藏》《普宁藏》《永乐南藏》《径山藏》《高丽藏》相同；《房山石经》《赵城金藏》“恩”作“恩田”。

② 不定受业者，底本与《房山石经》《资福藏》《碛砂藏》《普宁藏》《永乐南藏》《径山藏》《高丽藏》相同；《赵城金藏》无“定”字。

③ 谓故思所造轻业，底本与《房山石经》《资福藏》《碛砂藏》《普宁藏》《永乐南藏》《径山藏》《高丽藏》相同；《赵城金藏》无“业”字。

善、不善二种行相不可记故，立无记业。

顺乐受业者，谓初、二、三静虑地系及欲界系所有善业。顺苦受业者，谓能招感恶趣生业。生于饿鬼乃旁生中[①]，先业为因，感得乐受，当知此业亦得名为顺乐受业。顺不苦不乐受业者，谓第四静虑及上地等诸所有业。唯除那落迦，于所余处当知皆得苦乐杂受，即由彼业增上力故，令此依身苦乐杂住，不相妨碍。

顺现法受业者，谓由如是相状意乐所作诸业；若由如是相状加行，谓事加行，或身加行，或语加行所作诸业；若由如是相状良由所作诸业，于现法中异熟成熟。如是名为顺现法受业。若所作业于现法中异熟未熟，于次生中当生异熟，如是名为顺生受业。若所作业现法、次生异熟未熟，从此已后，异熟方熟，当知是名顺后受业。

有学业者，谓圣弟子于时时间依增上戒，依增上心，依增上慧修学无漏及此后得善有漏业，名有学业。无学业者，谓于一切阿罗汉等身相续中随应诸业。此余诸业，是名非学非无学业。

若见所断烦恼相应，若此所发思等诸业，一切能往诸恶趣业，此等皆名见所断业。若修所断烦恼相应，及此所发思等诸业，如是皆名修所断业。无断业者，所谓一切有学、无学出世间业。当知此中由三种相，故思所造诸不善业即于现法作增长已，还复除断。何等为三？一、现法断故；二、生断故；三、后断故。

现法断者，谓如有一，于现法中，故思造业作增长已，寻复厌离，于其所作受厌离故，此是异生未得离欲，住此命终。而未能令于次生位不造彼业，不受异熟，亦未能令于其后位无有是事，于现法中亦未一向能令不造。

① 生于饿鬼乃旁生中，底本与《资福藏》《碛砂藏》《普宁藏》《永乐南藏》《径山藏》相同；《房山石经》《赵城金藏》《高丽藏》“旁生”作“傍生”。

生断故者，谓复有一，受厌离已，离是异生[1]，而于欲界已得离欲，住此命终。彼于现法更不造作，尚于次生不受异熟，况复生已，当有所作，然未解脱后位作业及受异熟。

后断故者，谓复有一，虽是有学，而于欲界未得离欲，受厌离已，获得最初或复第二，沙门果证。彼作是念："凡我所有，由多麤重，由多热恼，唯应弃舍可厌贱身所作恶业，愿于现法一切皆受。或我所有现法受业，若苦若乐，皆愿与彼俱时而受，勿复令我当于生位，或于后位受彼异熟。"如是正心发誓愿已，为断彼故，复修无量以奢摩他品定所摄正起加行，为令能起彼业因缘究竟尽故，及为进趣离欲爱故。

当知此中，或瞋意乐，或害意乐，或嫉妬性，或可爱事深生染著，由此为因，于诸有情发起邪行，谓身语意所发恶业，种种恶事。若有为欲对治如是能起四种恶业因缘，修四无量胜三摩地，彼乃至于少男少女，无处无容蹔更发起作恶业思，是故彼修如是加行，能尽所有恶业因缘。

当知如是正修加行，由二因缘，于其所作及所增长一切恶业皆能摧伏，谓由修习无量定故。所以者何？所作恶业但于有量有情境界欲不饶益意乐所起，所修无量乃于无量有情境界欲作饶益意乐所起。又能发起不善业心，下劣界摄，是所对治：所修无量俱行之心，胜妙界摄，是能对治。又心是胜，诸所造业皆属于心，故说世间并是心胤，系属心故，依心转故。

如是行者先发正愿为所依止，后善修习无量心定，当于进趣离欲爱时，便能获得住不还果。若但于此蹔生喜足，于现法中不求上进，彼现法中尚不造业，况于生位，或于后位，又定不能当受生位、后位异熟。

又正法外堕邪见者、行邪道者所有一切善不善业，邪见所起，邪见增上力所生故，皆名曲业。猛利贪瞋所起诸业，皆名秽业。猛利痴者、上品

---

① 离是异生，底本与《资福藏》《碛砂藏》《赵城金藏》《普宁藏》《永乐南藏》《径山藏》相同；《房山石经》《高丽藏》"离"作"虽"。

钝根忘失念者、极闇钝者，痴所起业，皆是浊业。一切能往善趣妙行，皆名净业。一切能往涅槃妙行，名默然业。

复次，能感各别处所那落迦恶业，名黑黑异熟业。能感各别处所天趣善业，名白白异熟业。能感余处所有诸业，名黑白黑白异熟业。于是处所，有二业果现前可得，是故总说以为一业。若出世间诸无漏业，皆名不黑不白无异熟业能尽诸业。若已尽业，若当尽业，二种总名能尽诸业，令未生者当不生故，令已生者得离系故[①]。由约可爱因果异熟，故说不白。

当知各别处所天趣一向白者，谓过他化自在天处，有欲界中魔王所都众魔宫殿，及上梵世乃至非想非非想处所有善业，总说为一。由彼处所，眼所见色乃至意所知法，一向可爱，相续殊胜增上义故，意门引发，意成义故。各别处所那落迦有四：一、大那落迦；二、别那落迦；三、寒那落迦；四、边那落迦。于此处所，各别纯受顺乐受业诸果异熟，各别纯受顺苦受业诸果异熟，是故说名各别处所。

又于魔宫、初二静虑纯受悦乐，若于第三静处已上，纯受喜乐。言喜乐者，令心调柔，令心安适，与喜相似，故名为喜，非是喜受；与乐相似，说名为乐，非是乐受。六触处门恒所领受者，当知即彼名六触处及各别处所，因果相属道理义故。

复次，嗢柁南曰：

无智智与定，殊胜障学等，

著无我圣道，二海不同分。

若诸邪见，若诸我见，若即无明，依前所说三有情众无智为根，故得

① 令已生者得离系故，底本与《房山石经》《资福藏》《碛砂藏》《普宁藏》《永乐南藏》《径山藏》《高丽藏》相同；《赵城金藏》“令”作“今”。

生起。若能断此无义根本一切众中能起一切杂染一切[1]，当知彼能正记所解。此中，第一所起杂染，损减实事；第二杂染，增益虚事；第三杂染，于其如实显了方便能作愚痴。于彼二因有愚痴故，或起增益，或起损减。

复次，有二种如实智：一者，如理作意所发；二者，三摩地所发。当知此中，由正闻思所成作意，听闻正法增上力故，于五种受分位转变所起过患如实了知，又即于此分位转变如理思惟，名不定地如实正智。此为依止，能随入修。

云何名为分位转变所起过患？谓苦、乐位诸无常性，苦分位中有自性苦性，乐分位中有变坏法性。

云何名为分位转变？谓乐分位与苦分位有别异性，若苦分位与乐分位有别异性，如是当知一切分位展转别异。

于此别异如实观见，于此分位住无常想，如实观见别异过患，知所有受皆是苦已，住于苦想。有如是想，有如是见，能证清净，是故亦得名如实智。依定所发如实智者，谓即依彼行相转时，轻安所摄清净，无扰寂静而转，当知此行与前差别。又无常性是一切行共相，苦性是一切有漏法共相，二如实智为依止故，当知如实能正显了彼法二相。

复次，住内法者未得定心，尚与外道定心差别，由智胜故，何况定心。何以故？彼诸外道虽得定心，乃至极远证得非想非非想定，然犹未能于六触处，以其五转如实了知，心正离欲，证得解脱。是故彼与此正法律犹如地空，相去极远。住内法者虽未得定，但由信闻无我胜解，便能证得三摩地心，于六触处能断能知，心得离欲及证解脱。是故当知于正法律，彼有失坏，此无失坏。唯正胜解相续转时，于六境界，依止六根，略有五种寂

---

① 若能断此无义根本一切众中能起一切杂染一切，底本与《径山藏》相同；《房山石经》《资福藏》《碛砂藏》《赵城金藏》《普宁藏》《永乐南藏》《高丽藏》“染一切”作“染一法”。

静妙行，谓深于彼见过患故，名为善调；于不应役诸境界中而不役故，名为善覆；于所应役诸境界中，或于率尔现前境上善住念故，名为善守；一切烦恼皆能断故，名为善护；已善修习圆满道故，名为善修。

复次，于二处所，如来证得胜安立智，能正显说超诸苦乐，非不证得胜安立智。于中，若有作如是解：此大沙门乔答摩种无知无解，于诸世间一向安乐，为令弟子谓此安乐间杂众苦深怖畏故，为超苦乐间杂依附诸世间故，为欲超过诸苦乐故，宣说法要。当知此解是为邪想，是邪分别，是大邪见。然其如来善知世间或一向乐，或一向苦，或杂苦乐，然彼一切皆是无常[①]，是故为令诸弟子众超过一切无常世间，超过苦乐，说正法要。

由三种相应正了知诸可意事，谓未来世诸可爱事，名所追求；若过去世诸可爱事，名所寻思；若现在世可爱外境，名所受用，若现在世可爱内受，名所躭著。当知此中，堕于三世，有四行相：一于未来，二于过去[②]，三于现在[③]。于此行相能随悟入是悦意相、意所乐相、可爱色相、平安色相，如其所应，当知即是可欣、可乐、可爱、可意四种行相。

复次，勤修定者略由二门、二时、二地所有诸欲，于所引发三种等持能为障碍。为欲断除如是障碍，正勤修习五种对治。当知此中，先所受用过去诸欲，于远离处，由寻思门，令心飘荡。复有现在居家所有利养恭敬俱行诸欲，由寻思门，令心散乱。此中，利养恭敬俱行所有诸欲，于其行时，令心飘荡；先所受用居家诸欲，于其住时，令心散乱。即此诸欲，于异生地能为障碍，于有学地亦为障碍。

---

① 然彼一切皆是无常，底本与《房山石经》《资福藏》《碛砂藏》《普宁藏》《永乐南藏》《径山藏》《高丽藏》相同；《赵城金藏》“彼”作“后”。

② 二于过去，底本与《资福藏》《碛砂藏》《普宁藏》《永乐南藏》《径山藏》相同；《房山石经》《赵城金藏》《高丽藏》“二”作“一”。

③ 三于现在，底本与《资福藏》《碛砂藏》《普宁藏》《永乐南藏》《径山藏》相同；《房山石经》《赵城金藏》《高丽藏》“三”作“二”。

又于异生所修无量俱行等持能为障碍，亦于有学能善通达一切智事广大等持能为障碍，亦于无学极善修习究竟等持能为障碍。当知如是诸所生起一切等持，皆与喜俱[①]。此中第一，于诸有情利益安乐意乐门中，与喜俱行；第二，领受有学解脱喜故，与喜俱行；第三，领受无学解脱喜故，与喜俱行。彼由眼等所识色等所缘别故，复有六种。又此等持具诸相故，名为圆满。又此等持究竟边际，谓能往趣世间离欲，或能往趣出世离欲，过此更无能趣清净等持可得，是故说此无有缺减。

若欲速证沙门果者，于身命等无所顾恋，恒常无间、殷重加行，炽然精进。于诸欲中了知自相，坚守正念；了知过患，无希望等正知现前。正念、正知为所依故，方便勤修四无放逸，谓于昼分若行若坐，于诸障法净修其心，乃至广说。如是发起勇猛精进，于其所证，无所怯劣。由九种相安住其心，一向修习奢摩他定，身得轻安，无爱味等，故无染汙，不为惛沈及以睡眠二随烦恼之所扰乱。一向念住为所依止，精勤修习毗钵舍那，坚守正念，远离掉举随烦恼故，无有愚痴。已入止观双运转道，其心正定，即此二分，一境随行。

为断彼障，修习如是五种对治为依止故，能于彼障遍知永断。于三等持，依六境事所有差别，喜俱行定圆满能引。

由二因缘，诸佛世尊为诸弟子宣说自己能引导法。一、于黑品所有过失令生解故；二、于白品所有功德令生解故。

复次，于此正法毗奈耶中，略有二种补特伽罗：一、已得意；二、未得意。已得意者复有二种：一、已见谛，已得有学心解脱意；二、阿罗汉已得无学心解脱意。未得意者，谓于三学创修事业有学异生。彼全未得一切三

① 皆与喜俱，底本与《房山石经》《资福藏》《碛砂藏》《普宁藏》《永乐南藏》《径山藏》《高丽藏》相同；《赵城金藏》“喜”作“善”。

种心解脱意[①]，是故悕求异生体后有余依灭及自体后无余依灭涅槃界时，于三学中多修学住。

若诸无学虽已证得心解脱意，而或失念行纵逸时，便有退失现法乐住。彼虽于此现法乐住或退不退，然无堪能退失解脱。若有修行不放逸者，一切皆为证得解脱，然已证得解脱无退，修不放逸复何所用？若为证得现法乐住，勤作功用，如造工业，非不放逸。若诸有学先已证得心解脱意，彼亦决定趣三菩提，于所修道不由他缘，自然能修无放逸行，于现法中犹未毕竟息放逸故。若有一切未得意者，彼应决定修不放逸。又由三相，办所应作：一、由诸根所集成故，资粮圆满；二、由习近随顺如法诸卧具故，心得安住；三、由依止亲近善士、闻他法音、如理作意众因缘故，乃至获得二心解脱。

又即于此应不放逸所作转时，由二种相，应知于彼六处寂灭有增上慢，无增上慢。谓于未灭起邪分别，妄执为灭，由所缘故，及于未得起邪分别，妄执为得。彼虽如是起邪分别，谓灭解脱，而未能令身坏已后，寿命永尽，六处永灭，亦不能离诸境界想。又彼由于六处寂灭若缘若证邪领受故，有如是事。此二种相，应知说名有增上慢。与此相违，当知说名无增上慢。

复次，住内法者于二种著，应当了知二种过患。谓诸异生于二缘识及能依受不能了知无我性故，未离欲者于利养恭敬增上业缘所起诸受有第一著，已离欲者于离诸欲缘所起诸受有第二著。此著为因，当来生起，说名为生。又诸外道由取著故，生诸系缚，系缚生故，能生一切恶不善法，当知是名第一过患。又由此著增上力故，当于正法毗奈耶没及当来世生等众苦差别而生，于现法中，此增上力为因缘故，不般涅槃，当知是名第二过患。与此相违，应知即是白品差别。

① 彼全未得一切三种心解脱意，底本与《资福藏》《碛砂藏》《普宁藏》《永乐南藏》《径山藏》相同；《房山石经》《赵城金藏》《高丽藏》“三”作“二”。

复次，由四因缘，于法无我能到究竟，谓一切法皆无我者，除识自性、识诸因缘、识诸助伴，其余所有不可得故；又识自性是无常故；又此因缘是无常故；又此助伴是无常故。

复次，由八圣支道法故，及此果故，显发正法及毗奈耶。由五种相，当知八圣支道法最胜无罪，谓于现法烦恼有无善分别故，名为现见；能令烦恼得离系故[1]，名无炽然；若行若住，若坐若卧，一切时中皆可修习，易修习故，名为应时；道涅槃故，名为引导；不共一切诸外道故，名唯此见；远离信他，欣乐行相，周遍寻思，随闻所起，见审察忍，唯自证故，名内所证。此道果法亦有五相，当知已如“摄异门分”分别其相。

复次，海有二种：一者，水海；二、生死海。由三种相，当知水海与生死海而不同分。何等为三？一者，自性不同分故；二者，沦没不同分故；三者，超渡不同分故。

此中，自性不同分者，谓水大海用色一分为自性故，有边有量；生死大海用一切行为自性故，无边无量。

此中，沦没不同分者，谓若所有沦没，若由此沦没，若如是沦没，皆不同分。谓水大海，或旁生趣，或有人趣，于中沦没；生死大海，诸天世间亦常沦没。

又水大海，唯由身故，于中沦没；不由语故，不由意故，不由贪故，不由瞋故，不由痴故，不由生等众苦法故，于中沦没；此中宣说诸业、烦恼、彼果三分，如其次第，应知彼相。生死大海，亦由身故，乃至亦由生等苦故，于中沦没，诸出家者由妄寻思，由妄观察，由自所起诸邪分别，发起种种不正寻思，令心扰乱，于生死海恒常沦没。又余外道，诸烦恼系所缠系故，于生死海恒常沦没。诸在家者恒常无间，众苦逼切，烦恼烧然，而

① 能令烦恼得离系故，底本与《房山石经》《资福藏》《碛砂藏》《赵城金藏》《普宁藏》《径山藏》《高丽藏》相同；《永乐南藏》“得”作“等”。

不能厌，故名沦没。其余依止诸业、烦恼，于诸生处往还无绝，故名沦没。其水大海，虽堕其中[①]，暂时衰损；或傍生趣，由业、烦恼一分势力而生其中，暂时沦没，而非究竟，当知是名没不同分。

此中，超渡不同分者，谓水大海，未离欲贪诸异生类不能越渡[②]，何况其余。生死大海，三分建立：未离欲者，由五可爱境差别故；已离欲者，由意所识可爱诸法境差别故；诸有学者，由内六处有差别故。其未离欲诸异生类，于五可爱境界大海未能超渡。其已离欲诸异生类，于内各别六处大海未能超渡[③]。由彼于此未超渡故，于前二种境界大海亦未超渡。其有学者，普于六处遍知为苦，即于所缘修习正道。彼由安住如是住故，于未离欲已离欲、地二种境界所有心意所缘境相明了现前。又由猛利观察作意，于先所见等随忆念，由此因缘，于彼速疾以慧通达，亦能除遣。又彼于其六处大海速能超渡；能超渡故，于前二种境界大海毕竟超渡，及能超渡能发弃舍所学烦恼，能发寻思乱心烦恼，能发躭著世间利养恭敬烦恼，能发一切恶行烦恼。

嗢柁南曰：

道师不同分，王国二世间，

有为遮身行，坚执三空性。

略有二种道不同分：一、自性不同分；二、行相不同分。若趣苦集行，若趣苦灭行，是名自性不同分。当知初一能趣杂染，第二能趣清净，是名此中不同分义。即此趣灭行，或有有为共相行转，或有有为、无为共相行转，

---

① 虽堕其中，底本与《资福藏》《碛砂藏》《普宁藏》《永乐南藏》《径山藏》相同；《房山石经》《赵城金藏》《高丽藏》“虽”作“唯”。

② 未离欲贪诸异生类不能越渡，底本与《径山藏》相同；《房山石经》《资福藏》《碛砂藏》《赵城金藏》《普宁藏》《永乐南藏》《高丽藏》“不”作“尚”。

③ “其已离欲诸异生类”至“于内各别六处大海未能超渡”，底本与《房山石经》《资福藏》《碛砂藏》《普宁藏》《永乐南藏》《径山藏》《高丽藏》相同；《赵城金藏》无。

是名行相不同分。当知此中，若诸有为共相行相，彼望道果名不同分。若有为、无为共相行相，彼望道果亦名同分。何以故？道果涅槃常无我故。

复次，于正法内略有五种师假立句，诸外道师所制论中都不可得。谓趣诸取行，趣诸取尽行，若一切法遍知永断，作苦边际。若于五相受建立处一一相中，不依四相萨迦耶见，用彼为依，能害四种行相憍慢。若慢为因，有三过患；离慢为因，有三胜利。

当知此中，怀憍慢者，于涅槃界其心退还，由怖畏故，是名第一过患。于诸恶行恒现行中，及于可爱诸杂染事，其心趣入，是名第二过患。于涅槃界深生怖畏增上力故，便能生起当来生等生死重病[1]。如由怖畏增上力故，如是亦由于诸恶行及于可爱诸杂染事，其心趣入增上力故，堪能生起当来生等生死重病。如生等病，眼等处痈、贪等毒箭当知亦尔。是名第三过患。与此相违，当知即是离慢为因，三种胜利。

若随缘起增上力故，于现法中，后有种子或增或减，由此为因，当来后有或生不生，以能摄受种子烦恼或有集起，或灭没故。一切世间及出世间所有法教如实建立，唯于内法，有此大师为诸弟子正所宣说师假立句真实可得，非诸外道。

复次，于欲界中，诸器世间当知譬如王所王国，有情世间譬如臣民，彼恶天魔譬如君主。

复次，有二世间：一、有情世间；二、器世间。其器世间为火灾等之所坏灭；有情世间，刹那刹那各各内身任运坏灭。

复次，空有二种：一者，有为；二者，无为。此中有为，空无常、恒、久久安住、不变易法及我、我所。若诸无为，唯空无有我及我所。又此空性离诸因缘，法性所摄，法尔道理为所依趣。此或如是，或异或非，遍一切

---

① 便能生起当来生等生死重病，底本与《房山石经》《资福藏》《碛砂藏》《普宁藏》《永乐南藏》《径山藏》《高丽藏》相同；《赵城金藏》“病”作“疾”。

处，无不同归法尔道理。

复次，如来不遮能得一切世间边际，唯遮身行随往能得世间边际。此中，当依胜义道理，应知世间、若得世间边际方便及世边际。谓于六处[①]，有世间想，假名施设增上力故，即由世间若智若想增上力故，说有世间。若想若智增上力故，于诸世间广起言说。由或见闻、或觉、或知增上力故，于六触处，由其五转起如实智，名得世间边际方便。未来诸行因永尽故，名为能到世间边际。于世因果如实知故，名世间解。能正任持最后身故[②]，名善运转世间边际。于现法中，一切境界爱永尽故，具恒住故，说名能超世间爱者。由如是等所说行相，当知名得世间边际。

复次，非善说法毗奈耶中诸出家者，随有一恶不善寻思未生生时，一向能为梵行障碍，如彼生已，坚执不舍。此中，不行最为殊胜[③]。设有行者，不应坚执，于相续中，不应为作居住依止。何以故？刹那杂染不能倾动所修梵行，要当相续，能倾动故。

复次，当知略有二种空住；一者，尊胜空住；二者，引彼空住。诸阿罗汉观无我住，如是名为尊胜空住。由阿罗汉法尔尊胜，观无我住，于诸住中最为尊胜。如是或尊胜所住，或即住尊胜，由此缘因，是故说名尊胜空住。引彼空住者，谓如有一，若行若住，如实了知烦恼有无，知有烦恼，便修断行，知无烦恼，便生欢喜；生欢喜故，乃至令心证三摩地；由心证得三摩地故，如实观察诸法无我，昼夜随学，曾无懈废。如是名为引彼空住。当知此中，于内烦恼如实了知，有知为有，无知为无，是名空性。

---

① 谓于六处，底本与《资福藏》《碛砂藏》《赵城金藏》《普宁藏》《永乐南藏》《径山藏》相同；《房山石经》《高丽藏》“六”作“方”。

② 能正任持最后身故，底本与《房山石经》《资福藏》《赵城金藏》《普宁藏》《径山藏》《高丽藏》相同；《碛砂藏》《永乐南藏》“任”作“住”。

③ 不行最为殊胜，底本与《房山石经》《资福藏》《碛砂藏》《普宁藏》《永乐南藏》《径山藏》《高丽藏》相同；《赵城金藏》“行”作“得”。

复次，正见圆满、已见谛迹诸圣弟子皆能如实越彼邪空，亦能如实入正不空，以世间道及出世道修习空性。其义云何？谓于此处，彼非有故，正观为空。若于此处，所余有故，如实知有。譬如客舍于一时间无诸人物，说名为空；于一时间有诸人物，说名不空。或即此舍由无一类，说名为空，谓无材木，或无覆苫[①]，或无门户，或无关键，或随一分无所有故，然非此舍即舍体空。

如是自体所依止身，亦名受趣，亦名想趣，亦名思趣。然此自体所依止身，于一时间，由无一类或受、或想、或复思等一切烦恼、随烦恼等，说名为空；于一时间，由有一类，说名不空。或即自体所依止身，于一时间，由无一类或眼、或耳、或鼻、或舌、或身一分、或意一分，说名为空，然非自体所依止身即自身体一切皆空。

当知此中总略义者，若观诸法所有自性毕竟皆空，是名于空颠倒趣入，亦名违越佛所善说法毗奈耶。若观诸法由自相故，一类是有，一类非有、此有、非有毕竟远离。又观有性，于一时间，一分远离，于一时间，一分不离，如是名为于彼空性无有颠倒，如实趣入。

以世间道修空性者，谓圣弟子住远离处，先于城邑聚落人想作意思惟，次复思惟阿练若想。彼即观察于自身中，此想为空，谓人邑等想；此想不空，谓阿练若想；又余不空，谓阿练若想为缘，阿练若想相应诸受思等。或即此想由一类故，观之为空，谓无麤重不寂静住及炽然等；由一类故，观为不空，谓有微细极寂静住、离炽然等。

又即于彼能取山林、卉木、禽兽等阿练若差别相想无复思惟，但思惟

① 或无覆苫，底本与《房山石经》《资福藏》《碛砂藏》《普宁藏》《永乐南藏》《径山藏》《高丽藏》相同；《赵城金藏》“苫”作“苦”。

地，无别相想。又即于彼能取险恶、高下、不平、多诸荆棘[①]、瓦砾等地差别相想无复思惟，但思惟地平坦细滑犹如掌中，无别相想。从此次第除色想等，渐次思惟空处、识处、无所有处差别相想，后于非想非非想处所有相想作意思惟。于一切处，如前所说，历观空性，观诸下地有麤想等，观诸上地有静想等。如是名为诸圣弟子以世间道修习空性，当知为趣乃至上极无所有处渐次离欲。

自斯已后，修圣道行，渐次除去无常行等，能趣非想非非想处，毕竟离欲。彼于尔时自观身中空无诸想，谓一切漏一向寂静，永离炽然。又观身中有法不空，谓此依止为缘，六处展转互相任持[②]；乃至寿住为缘，诸清净法无有坏灭。当知世尊于昔修习菩萨行位，多修空住，故能速证阿耨多罗三藐三菩提，非如思惟无常、苦住。是故今者证得上妙菩提住已，由昔串习随转力故，多依空住。

复次，有二种空：一者，应所证空；二者，应所修空。若诸苾刍乐依杂住，于此二种不能成办，应所证空不能证故，应所修空不能修故。因于二种不成办故，当知退失四种妙乐，谓于一切摄受恶事遽务众苦皆悉解脱，妙出离乐；解脱贪欲、瞋恚等事，初静虑中妙远离乐；寻伺止息，妙寂静乐；二解脱摄，无所造作、无恐怖摄，妙等觉乐。

二解脱者：一、时爱心解脱；二、不动心解脱。若阿罗汉根性钝故，于世间定是其退法，未能解脱所有定障，故名时爱心解脱。以退法故，时时退失，时时现前，故说名时。于现法乐喜欲证住，故说名爱。不动心解脱者，谓阿罗汉根性利故，是不退法，一切皆以无漏道力而得解脱，于一切

---

① 多诸荆棘，底本与《资福藏》《碛砂藏》《普宁藏》《永乐南藏》《径山藏》相同；《房山石经》《赵城金藏》《高丽藏》“荆”作“刾”。

② 六处展转互相任持，底本与《房山石经》《资福藏》《碛砂藏》《赵城金藏》《普宁藏》《径山藏》《高丽藏》相同；《永乐南藏》“任”作“住”。

种都无退失。当知此中，决定义是三昧耶义，余如前说。无所造作、无恐怖者，当知无有异类可得，令阿罗汉心于中染，彼变异故，生愁叹等。

应所证空略有二种：一者，外空；二者，内空。外空者，谓超过一切五种色想，则五妙欲之所引发，于离欲贪正能作证。内空者，谓于内诸行断增上慢，正能作证。应所修空亦有二种：一、于内外诸境界中修无我见；二、即于彼修无常见。此四种空当知四行为所依止：外空，以内住心增上缘力，离所生乐滋润其身为所依止，及我慢遍知；内空，以内外空，于内外法修无我见为所依止；无我见，以即于彼修无常见为所依止；无常见，以闻正法、如理作意为所依止。

又于此中，若诸苾刍为离欲贪，精勤修学，观察作意增上力故，于欲界系诸不净相勉励思惟。彼于外空未作证故，于其正道未善修故，趣染习故，于外空性心不证入，不爱乐故。便于其中，由我慢门，心不流散等随观察，以寂静相思惟内空。彼由我慢未永断故，于其正道未善修故，亦于此中心不证入。遂于内外一切行中修无我见。于无我见未善修故，亦于其中心不证入。乃于内外一切行中修无常见，令心不动。于诸行中见无常故，一切种动皆无所有，故无常见名不动界。

由于是处，心无胜解[①]，故以正慧如实通达，或缘不净，或缘慈悲，或缘息念所有境界，或缘诸行无常境，于三摩地极多修习为因缘故，令心调柔，由是渐次于一切处皆能证入。由此因缘，于所证空能证圆满。因于所证得圆满故，其心解脱一切能顺下上分结。由此因缘，于所修空能修圆满。因于所修得圆满故，成就无学正见等法。若于是时，乃至于空未能证入，当知此时是异生位；若时证入，是有学位；若时修习已得圆满，是无学位。

为令此修得圆满故，勤修正行，令心证入，以善寻思而正寻思。则于

① 心无胜解，底本与《房山石经》《资福藏》《碛砂藏》《赵城金藏》《普宁藏》《永乐南藏》《径山藏》相同；《高丽藏》“无”作“无不”。

其中能善知量[①]，离诸杂染，而起言说。于经行处能正经行，于所坐处能正安坐，于如是等一切处所皆善知量。如是行时，清净为先，于其住时，亦得清净。其间能以观察作意数数观察现行烦恼，净修治心。如是能趣一向成就诸白净法，一切魔怨所不能夺，及彼一切恶不善法四种杂染，谓后有因性故，现法身心遍烧恼故，恶趣因性故，生等众苦因性故。

言说有二：一者，随逐音声胜解言说；二者，随逐法随法行言说。第一言说是于正法受持、读诵、请问、徵覈之所发起，第二言说是于所缘令心安住究竟解脱施设教授之所发起。若为是义，如来出世，诸弟子众随入圣教，应勤修习如是善法。若于彼法毗奈耶中，无一切种所修梵行，当知亦无修梵行者；以于其中无梵行故，称梵行者皆修邪行，师弟展转互相触恼，各自许有尊卑体式[②]。于正法中，二俱可得。

若有弃舍大果大利，应所证空，应所修空为极下劣，有大罪过，利养恭敬爱味所漂，多习邪行。当知彼为大梵行灾之所触恼。彼由如是躭嗜爱著利养恭敬，自逼恼故，于能随顺解脱言教不欲听闻，虽为宣说，不能属耳。或为贪著利养恭敬增上力故，而强听闻，无心求解，不欲修行，不为究竟善自调伏，乃至不为证般涅槃。由如是事，憎恶大师，行不平等，以于广大现前恩德不能报故。

当知此中总略义者，谓善说法毗奈耶中既出家已，由四因缘，如于自己正所应行，而不能行如于大师圣教出家正所应行亦不能行。谓乐相杂住故；随顺随逐音声胜解言说故；躭著利养恭敬故；由此躭著增上缘力，听闻正法，不修自利利他行故。又佛世尊不欲自显能善御众而摄徒众，唯

① 则于其中能善知量，底本与《房山石经》《资福藏》《碛砂藏》《赵城金藏》《普宁藏》《永乐南藏》《高丽藏》相同；《径山藏》“则”作“别”。

② 各自许有尊卑体式，底本与《房山石经》《资福藏》《赵城金藏》《永乐南藏》《径山藏》《高丽藏》相同；《碛砂藏》《普宁藏》“各”作“名”。

深哀愍诸有情故[1]。由是因缘，于行邪行弟子众中能无护惜，分明示语。宁使弟子由此分明麤利益语，现舍正法及毗奈耶，当获利益，勿令住此广兴邪行。

① 唯深哀愍诸有情故，底本与《房山石经》《资福藏》《碛砂藏》《普宁藏》《永乐南藏》《径山藏》《高丽藏》相同；《赵城金藏》无“唯”字。

瑜伽师地论卷第九十一

摄事分中契经事处择摄第二之三

复次，嗢柁南曰[①]：

离欲未离欲，问因缘染路，
保命著处等，皆广说应知。

若有苾刍，于其欲界或已离欲，或未离欲，于五妙欲意所识法、定地三世，由三种缠及彼根本所有随眠正杂染时，于现法中不住趣证究竟涅槃[②]。当知此中，由过去世依彼取识，由未来世属彼取识，由现在世著彼取识。由彼根本所有随眠堕在相续，常随逐故，执彼取识。与此相违，无杂染时，于现法中堪能趣证究竟涅槃。

复次，于圣教中，当知有四如理问者：一、有净信若诸长者，若长者子；二、具聪慧多闻苾刍；三、是大师亲承侍者；四、即大师。有二因缘，佛于弟子知而故问，谓观弟子虽欲请问，而无无畏，或于其义无所了知，为遮现在、未来过故，为令正法得久住故。

复次，由二因缘，说六识身以内六处为因，以外六处为缘。谓内六处为彼种子所依附故，又内六处相续一类，如先所得，毕竟转故。境界不尔、非彼种子所依附故，又非一类相续转故。

复次，由二种相，当总了知一切杂染。一者，一切杂染自性；二者，一

① 嗢柁南曰，底本与《资福藏》《碛砂藏》《普宁藏》《永乐南藏》《径山藏》相同；《房山石经》《赵城金藏》《高丽藏》“柁”作“拕”，下同。

② 于现法中不住趣证究竟涅槃，底本与《碛砂藏》《普宁藏》《永乐南藏》《径山藏》相同；《房山石经》《资福藏》《赵城金藏》《高丽藏》“住”作“任”。

切杂染行路。言自性者，所谓欲贪，与诸杂染为根本故。言行路者，谓内外处，能取、所取、有差别故。

复次，若诸苾刍，于二处所等随观察，若行若住，如理作意为所依止，于二杂染应脱其心。

云何名为于二处所？谓自保命，忽然夭丧；不善心殒，往诸恶趣。

云何名为如理作意为所依止？复于何等二种杂染应脱其心？谓我宁遭种种楚挞，损害于己诸处之身，勿复令我不善心殒，生诸恶趣。又我应当与喜乐俱如实观察，为欲对治现行不善，恳励修习诸行无常。若经行时，于诸境界执取诸相、执取随好所有杂染，令心解脱。远离住时，于诸不善种种寻思所有杂染，令心解脱。当知此中，第一杂染是相似因，第二杂染是相似果。又二杂染现在转时，生于二处，谓自保命，即于尔时倏归夭丧；不善心殒，往诸恶趣。是故于彼二种杂染，一刹那中深见过患，发生惭愧，尚为妙善，况能相续。

复有众多魔所归向所有杂染著安足处，智者了知应当远避，谓已离欲诸异生类系属定生喜乐诸处所有爱味著安足处；未离欲者于妙五欲，爱为依故[①]，喜乐、诤竞、贪爱、躭染著安足处；于恩于怨诸有情所，一切爱恚著安足处；广大上品能引境界顺乐顺苦所求[②]、所寻、所可贪爱所有三世著安足处。当知此中，可欣、可乐、可爱、可意诸句差别，如前已辩。不可欣者，于未来世不可乐故。不可乐者，于过去世由随忆念不可乐故[③]。不可爱者，于诸境界不可乐故。不可意者，由于诸受不可乐故。又言苦者，即于

① 爱为依故，底本与《资福藏》《碛砂藏》《普宁藏》《永乐南藏》《径山藏》相同；《房山石经》《赵城金藏》《高丽藏》"爱"作"受"。

② 广大上品能引境界顺乐顺苦所求，底本与《资福藏》《碛砂藏》《赵城金藏》《普宁藏》《永乐南藏》《径山藏》《高丽藏》相同；《房山石经》"引"作"别"。

③ 于过去世由随忆念不可乐故，底本与《资福藏》《碛砂藏》《普宁藏》《永乐南藏》《径山藏》《高丽藏》相同；《房山石经》《赵城金藏》"由"作"内"。

境界不可乐故。言损恼者，即于诸受不可乐故。言违背者，于过去世不可乐故。言逆意者，于未来世不可乐故。

复次，有二杂染：一者，外境杂染；二者，内受杂染。眼等为依，于色等境起诸贪著，名外境杂染。诸触为依，贪著内受，名内受杂染。此二杂染于永寂灭般涅槃中，皆不可得，非诸魔怨所能游履。

复次，由十五相应当了知一切种类爱见杂染，谓于诸处由诸缠故，名藏；由随眠故，名护；由我见故，名覆；所余差别，广说如前“摄异门分”。

复次，总嗢柁南曰：

因同分等，唯作缘等，

上品贪等，后多住等。

别嗢柁南曰：

因同分思缚，解脱相触遍，

胜解护根门，教授相为后[①]。

诸圣弟子因同分识随入无我，由三种相，于诸识中正观而住。

云何因同分识随入无我？谓由现见五有色处四大种身，若增若减，若取若舍，无常性故，于缘彼识随入无常，无常则苦，苦则无我，由是因缘，随入无我。

云何随入无我性已，由三种相，于诸识中正观而住？谓诸邪见，一切皆以我见为根，是故此根必应先断。又以正慧，即观彼识所依所缘差别转故，有无量种。又观此识差别转时，如刹那量安住坚实尚不可得，何况毕竟。

复次，于六处灭究竟寂静无戏论中，由戏论俱四种行相，不应思惟，不应分别，不应诘问，唯应依他增长觉慧，审谛观察真实意趣。云何为四？谓或有、无、或异、不异。以彼六处有生有灭，展转异相施设可知。由生灭

① 教授相为后，底本与《资福藏》《碛砂藏》《赵城金藏》《普宁藏》《永乐南藏》《径山藏》相同；《房山石经》《高丽藏》“授”作“爱”。

故，有、无可得；有异相故，待他种类异性可得，待自种类前后无别不异可得。六处永灭，常寂静相，是故由彼戏论俱行四种行相思惟观察[①]，不应道理。当知此中，能引无义思惟分别所发语言，名为戏论。何以故？于如是事勤加行时，不能少分增益善法，损不善法，是故说彼名为戏论。

复次，于内外处若有欲贪，境界现前，或不现前，而其诸根不能弃舍，故名为缚。若无欲贪，设有境界正现在前，诸根于彼尚能弃舍，况不现前，故名解脱。

复次，善修梵行，于诸蕴处我、我所见已永断者，若为损身乃至夺命苦受所触，终无色变心变可得，如是名矗善守根相。彼由如是善守诸根，四苦解脱增上力故，得四种喜：一、由当来外缘生苦得解脱故；二、由当来内缘生苦得解脱故；三、于现法般涅槃时，由二种依所作众苦得解脱故；四、命终已，与世所见草木相似，一切众苦不相续故。由二种相，草木相似。一者，六处离有情想，与世所见草木相似；二者，六处为所依止，贪瞋痴火乃得烧然，与世所见草木相似。善修梵行诸圣弟子，当来后有苦不生故，与诸如来成就明力少分相似，非现法缘苦不生故。设蹔生已，速疾断故。然诸如来二种明力皆悉成就，是故说名无上明持。

复次，有一沙门，或婆罗门越胜现量，世间愚夫尚不迷惑，况诸智者。一切愚痴所安足处，虚妄推度以为依止，或依前际，或依现法坚固执著，建立四种苦乐邪论。谓依前际虚妄计度宿作因故，立诸苦乐一向自作[②]；虚妄计度自在变化以为因故，立诸苦乐一向他作；虚妄计度先自在作，然后宿作因所作故，立诸苦乐自作他作；虚妄计度无因生故，立诸苦乐非自

① 是故由彼戏论俱行四种行相思惟观察，底本与《房山石经》《碛砂藏》《普宁藏》《永乐南藏》《径山藏》《高丽藏》相同；“相”，《资福藏》作“想”，《赵城金藏》无。

② 立诸苦乐一向自作，底本与《房山石经》《资福藏》《碛砂藏》《赵城金藏》《普宁藏》《永乐南藏》《径山藏》相同；《高丽藏》“自”作“目”。

非他所作因生。或依现法虚妄计度，若随自欲、自作功用所生起者，立为自作；若不随欲、不自觉知、他所引者，立为他作；若随所欲、自所觉知、他所引者，立自他作；若非自他功用为先所生起者，但由境界现在前故，不能了达微细因触，便起邪执，谓非自他所作因生，立无因生。此中唯有诸根、境、识和合所生苦乐可得，都无前际，或现法中若自若他实有可得，唯即于此三事和合，假立自他。是故当知唯有其触遍行一切为苦乐因。

复次，由四种相正发精进，速令诸漏永尽无余。何等为四？一者，发起平等精进，谓不极掉举发勤精进，令其身心疲倦损恼，亦不极下发起精进，虚弃身命，令无所得，是名初相；又不由此而生㤭慢，谓我独能发勤精进，余则不尔，是第二相；又于正发勤精进果，世间安触所证差别，无有爱味，与此俱行，修不放逸，是第三相；又于精进平等之相能善摄受，令于当来无有退失，是第四相。如是正发勤精进故，永尽诸漏，成阿罗汉。

若欲于彼大师有智同梵行所，记别自己所证差别，唯阿罗汉六处胜解能正记别，谓依三学及以五种补特伽罗。云何名为六处胜解？一、出离胜解；二、无恼胜解；三、远离胜解；四、爱尽胜解；五、取尽胜解；六、心无忘失胜解。云何三学？一、增上戒学；二、增上心学；三、增上慧学。云何五种补特伽罗？一者，异生处在居家，唯依于信，发生欣乐出离胜解，从境界缚，心求出离，是名第一补特伽罗；二者，异生既出离已，唯依于戒，于诸有情由身语意行无恼行，是名第二补特伽罗；三者，异生能断利养及恭敬爱，于现法中离欲界欲，是名第三补特伽罗；四者，有学已见谛迹，是名第四补特伽罗；五者，无学得阿罗汉，是名第五补特伽罗。

当知此中，第一第二处所胜解，初学所依；第三处所所起胜解，与第二学作其所依；后三处所所起胜解，与第三学作其所依。若由此智能断烦恼及烦恼断，当知是名心无忘失。又于当来后有因断，说名爱尽。现法境界诸杂染断，说名取尽。

又彼第一补特伽罗虽有正信出离胜解，而未决定堪于当来令彼一切悉皆弃舍及与变异。第二有其无恼胜解，第三有其远离胜解，当知亦尔。若诸有学六处胜解，虽无堪能当来弃舍及与变异，然似幼童，等持、念、慧皆悉羸劣，虽生圣处，未善修故，于贪瞋痴不能远离，无余永断，由慧劣故，及由贪等未永断故，若遇胜妙境界现前，时时忘念。由此因缘，而勤生起学心解脱及慧解脱，尽诸烦恼。是故有学补特伽罗仍有所作，由此分故，而名减劣。

若阿罗汉六处胜解，尚无堪能当来变异，况有弃舍。善修道故，贪瞋痴等永断无余，爱尽、取尽胜解圆满。已得尽智、无生智故，六种恒住所摄受故，所有智慧非如有学时时忘念。故阿罗汉六处胜解，由第一义最极圆满，亦名成就最极清净，非余下位补特伽罗。由此因缘，亦无自高记别所解。于三摩地所行所缘无散乱故，名内心住。即三摩地善成满故，名不狭小。一切烦恼皆离系故，名善解脱。所有智慧善积集故，说名善修。见灭尽故，无有爱味，其心一向善而无罪。

复次，略有二种补特伽罗：一者，不能密护根门；二者，善能密护根门。

云何名为不能密护根门补特伽罗？谓如有一，于诸境界不能如理作意思惟，于可爱色，为贪欲缠之所缠缚；于不爱色，为瞋恚缠之所缠缚。又于彼境不能随念所有过患，设有随念，不善修习。由是因缘，心为诸缠之所覆蔽；起诸缠已，不能制伏。又是异生未得有学心、慧解脱，于上无学心、慧解脱不如实知。由不知故，于诸有学心、慧解脱亦不能满。彼于尔时未以修力为所依止，于烦恼品所有麤重未能永害。又不依先善思择力，念不成就为因缘故，当知不能密护根门。由此三相，补特伽罗应知不能密护根门：一、由缠故；二、由思择所摄对治有缺减故；三、由修力所摄对治有缺减故。与此相违，当知白品，于诸根门善能密护。

复次，由二种相，诸圣弟子于其大师所说法教能正记别，能善宣说，谓能辩释真实义故。云何为二？一者，由是意趣宣说，善能悟入如是意趣而正记别；二者，如来以无量门广宣圣教，为无量品补特伽罗种种辩说，于此法教不违法性，能正记别。

复次，于佛善说法毗奈耶深心爱乐新学苾刍，由二种相，应正了知。一、由身相无变异故；二、由心相无变异故。谓由形色极光净故，面貌熙怡极尠洁故，肤体充实不羸损故，诸根适悦而寂静故，身无变异。随有所得生喜足故，远离贪乐畜积资财而受用故，于其室家无顾恋故，心无变异。

复有三种婬贪对治，能令婬贪未生不生，已生寻断。一者，思惟不应行想；二者，思惟极不净想；三者，密护一切根门。此由[①]，密护一切根门略广应知如“声闻地”。谓能密护诸根门者，不令母邑摩触身故，名善护身。于诸母邑不观不听，不忆念故，名善守根。设见设闻，设随忆念，即能长时摄受正念，以猛利慧深见过故，名善住念。彼由如是善护其身，善守诸根，善住正念，便能思惟不应行想，由此烦恼不能蔽心，令蹔欣味；又能思惟极不净想，由此烦恼不能蔽心，令速回转。

复次，嗢柁南曰：

唯缘寻思愿，一切种律仪，
入圣教不护，胜资粮善备，
舍所学著处，不善义随流，
菩萨胜余乘，论施设最后。

由先所作诸业、烦恼及自种子相续所引诸受生起，其六触处唯为作缘。如心所起功用所引诸取受业，手唯能作助取受缘，当知此中道理亦尔。

复次，诸有苾刍受用如法边际卧具，安住空闲，若有能令寻思躁扰胜妙境相来现于心，当知是魔品类所作。此中，苾刍应以九相安住其心，从

---

① 此由，底本与《碛砂藏》《普宁藏》《永乐南藏》《径山藏》相同；《房山石经》《资福藏》《赵城金藏》《高丽藏》“由”作“中”。

诸境界相应寻思摄心令住，无容寻思随一更起。若由此依，由此境界，有所餐味，于此境界，随其所得，随其所住，能自远离。

彼于尔时，于可爱事终不依止诸欲寻思而有所作，于恚寻思及害寻思亦能远离，净修其心。于现法中能得涅槃；得涅槃已，终不共他诤竞而住。谓诸诤竞，于佛圣法毗奈耶中极作衰损。如是愚痴所生寻思，亦不寻思如余外道。

复次，若由先世后有苦因，于现法中有六触处果法而转。由六境界所损恼时，若有苾刍为求后有，自发誓愿，修行梵行，彼于尔时令其第七后有苦因倍更增长，转为损恼，于现法中能障涅槃，由此因缘，能得当来有暇圆满，不决定故。此后有愿当知于彼微细缚中最极微细。何以故？如彼三十三天宫中有一囹圄，其中禁缚天或非天。然彼法尔蹔得解脱[①]，以天妙欲游戏而住，乃至未起逃窜之心。此心若起，便失妙欲，还见自身为缚所缚。彼才起心，便为微细缚之所缚。以时分故，说名微细；非难识故，而说微细，由彼缚时能自解了我今有缚[②]。若诸苾刍心愿后有，此心若起，便即被缚。既被缚已，不能了知自身有缚，是故此缚最极微细。当知时分及以难识俱微细故，名极微细。

复次，若诸苾刍精勤加行，守护诸根，于其律仪及非律仪应当了知，于輭、中、上世间、有学、无学律仪应当了知。

云何律仪？谓如有一，于可爱境诸杂染心不忍不受，不执不取，设令蹔起，寻还弃舍，是名律仪。

云何非律仪？谓一苾刍，如营农者，亲近善士，听闻正法，如理作意，

① 然彼法尔蹔得解脱，底本与《房山石经》《资福藏》《碛砂藏》《普宁藏》《永乐南藏》《径山藏》《高丽藏》相同；《赵城金藏》“蹔”作“转”。

② 由彼缚时能自解了我今有缚，底本与《资福藏》《碛砂藏》《普宁藏》《永乐南藏》《径山藏》相同；《房山石经》《赵城金藏》《高丽藏》“彼”作“被”。

正修所缘境界良田，令其生起善根苗稼。然其种性猛利多贪，未尝串习贪欲对治[①]，猛利惭愧亦未曾有。若遇胜妙境界现前，彼由本性猛利贪故，未曾串习贪对治故，所有惭愧皆羸劣故，便起贪缠，坚执不舍。心于贪缠不能防护，而自放纵非理作意相应心牛入境界田，损坏所有善根苗稼。以是因缘，名非律仪。

又如有一，能速作意，于诸境界而自摄敛，然未能观所有过患，令不再起，是名为輭世间律仪。又如有一，能速作意，于诸境界而自摄敛，亦能观彼所有过患，令不再起，是名为中世间律仪。由此为依，获得四种作意所摄九相心住，当知如前“声闻地”说。由得此故，名离欲贪诸异生类。彼先修习加行观时，如营农者；令得增上[②]，犹如大王。于先所得等至所生胜妙诸受，能正了知是大放逸安足处已，便使如臣听闻正法增上所生，胜奢摩他之所摄护毗钵舍那，令其观察彼所生受性是缘生；缘生性故，体是无常。彼由此故，便以意地诸过患相俱行作意而得离欲。

既离欲已，复观等至所依别故，十种差别；时分别故，多百差别。此中，等至所依别故，十种别者，谓有寻有伺、无寻唯伺、无寻无伺、若喜俱行、若乐俱行、若舍俱行、退分、住分、若升进分[③]、顺决择分[④]。时分别

① 未尝串习贪欲对治，底本与《资福藏》《碛砂藏》《赵城金藏》《普宁藏》《永乐南藏》《径山藏》《高丽藏》相同；《房山石经》“串习”作“惯习”，下同。

② 令得增上，底本与《资福藏》《碛砂藏》《普宁藏》《永乐南藏》《径山藏》相同；《房山石经》《赵城金藏》《高丽藏》“令”作“今”。

③ 若升进分，底本与《资福藏》《碛砂藏》《赵城金藏》《普宁藏》《永乐南藏》《径山藏》相同；《房山石经》《高丽藏》“升”作“胜”。

④ 顺决择分，底本与《房山石经》《赵城金藏》《径山藏》《高丽藏》相同；《资福藏》《碛砂藏》《普宁藏》《永乐南藏》“决”作“定”。

故，多百别者[1]，谓即观察如是行相，依生住灭时分所作差别道理，当知复有多百差别。

如是了知彼所生受是无常性、流转差别种种性已，略由三相，复审观彼是无常性，谓所依故、现行故、因故[2]。所依故者，谓极乃至第四静虑，所有色身是受所依。现行故者，谓极乃至灭受想定，其间想受多分现行。言因故者，谓当来世所有受因即思求愿，观察如是乃至有顶所有诸法缘生性故，皆是无常。如是如理审正观察诸离欲地，是名上品世间律仪。

当知此中，前二律仪，思择力摄；后一律仪，修习力摄。

彼既成就如是胜妙不放逸力，如实通达圣谛理故，便能永断执我、我所以为前行一切见道所断烦恼，又能获得有学律仪。彼即修习有学律仪，复能永断妄执我慢以为前行一切修道所断烦恼，究竟证得无学律仪，此上更无若过若胜所余律仪。

复次，若诸苾刍已入圣教[3]，不护诸根，彼便一向造作众苦，谓后法苦，或现法苦。当知如是不护根者，如癞病人入芦荻丛，为如其叶可爱境界破裂其身，摄受当来微细俱行后有众苦而不能觉，如是名为由后法苦说造众苦。

彼又于此起染起著，广生毁犯，由是因缘，虽住空寂阿练若处，而受现行追悔所起寻思之苦。如营茅刺伤害其足，不能无畏往净仙众[4]。设强趣入清净僧中，便为有智同梵行人举其所犯，由彼内怀覆藏意故，心如鸩

① 多百别者，底本与《资福藏》《碛砂藏》《普宁藏》《永乐南藏》《径山藏》相同；《房山石经》《赵城金藏》《高丽藏》“百”作“百差”。

② 因故，底本与《资福藏》《碛砂藏》《普宁藏》《永乐南藏》《径山藏》《高丽藏》相同；《房山石经》《赵城金藏》“因”作“言因”。

③ 若诸苾刍已入圣教，底本与《房山石经》《资福藏》《赵城金藏》《永乐南藏》《径山藏》《高丽藏》相同；《碛砂藏》《普宁藏》“若”作“名”。

④ 不能无畏往净仙众，底本与《房山石经》《资福藏》《赵城金藏》《永乐南藏》《径山藏》《高丽藏》相同；《碛砂藏》《普宁藏》“仙”作“山”。

毒[①]，于能举边发愤磣害[②]。又诸有智同梵行者知其鄙劣，乐舍沙门，即便远避，不与同住。若诸村邑，若阿练若咸共讥毁，言此长老如是毁犯，如是恶说、如是恶作、如是非法杂染而住，已净信者令其变退，未净信者令信不生。是故彼人于现法中领受如此退悔所作[③]、发愤所作、远避所作、讥毁所作种种诸苦。此及前说领受后法所作众苦总略为一，名受众苦。

此中，云何名非律仪？谓于如是现法、后法具众过患行处境界，起不如理妄执诸相随好邪想；邪想为先，于其住处发起顺彼相应寻思，由此不能于前所说一切过失如实观见。虽复观见所有过失，未能数数多修习故，于所依中，诸烦恼品所有麤重未能除遣，身未轻安，谓色心身。由此行相，缠及随眠犹尚和合，能令违背思择、修习二力对治，名非律仪。与此相违，当知即是律仪行相。

又此律仪三因缘故，能令修习速得圆满。何等为三？所谓最初于善说法毗奈耶中净信出家，既出家已，便用神力相应闻慧，摄持虫兽相似六根。既摄持已，复用如理作意思慧，正审观察过患方便，在闻慧上修慧下故，中间系缚；中间系已，为欲试察于彼神力得自在不，乃取净相，于诸境界而放纵之。于彼神力未自在故，各各驰散别别境界，然其不能究竟逃窜。未善观见彼过患故，令彼虫兽未善调伏，又令神力不得自在。了知是已，复多修习如理思慧令到究竟，超过作意，转更勤修修身正念[④]。于此正念善修习故，彼不复能各各驰散别别境界，当知尔时彼善调伏，神力于彼

① 心如鸩毒，底本与《房山石经》《资福藏》《碛砂藏》《普宁藏》《永乐南藏》《径山藏》《高丽藏》相同；《赵城金藏》“鸩”作“鴆”。

② 于能举边发愤磣害，底本与《资福藏》《碛砂藏》《普宁藏》《永乐南藏》《径山藏》相同；“磣”，《房山石经》《赵城金藏》作“墋”，《高丽藏》作“摻”。

③ 是故彼人于现法中领受如此退悔所作，底本与《资福藏》《碛砂藏》《赵城金藏》《普宁藏》《永乐南藏》《径山藏》相同；《房山石经》《高丽藏》“退”作“追”。

④ 转更勤修修身正念，底本与《房山石经》《资福藏》《碛砂藏》《赵城金藏》《普宁藏》《永乐南藏》《径山藏》相同；《高丽藏》“修修”作“修循”。

而得自在。

复次，有诸苾刍先已修集妙慧资粮[①]，复得值遇善友圆满，听闻诸行三种过患，谓现法过患、后法过患、现法后法过患。当知此中，大种互违为所依止一切疾病，名现法过患。恶趣诸行常恒随逐，能作能往，名后法过患。先于现法成就喜贪以为所依，能引现法后法老死，名现法后法过患。如是总略有三种苦：一、疾病苦；二、恶趣苦；三、老死苦。谓依善趣及依恶趣。

听闻如是诸过患已，精进修行法随法行，因斯能入圣谛现观。次由善净无我真智，如入空室，现观内外六处皆空。彼于尔时以慧通达，依诸境界妄念所生诸烦恼缠能为损害[②]，及有余残烦恼随眠、贪爱随眠。又自通达：于相续中有诸烦恼，有诸贪爱，有诸苦恼，有诸损害，及过一切烦恼、贪爱，证有余依般涅槃界一向寂静，次后复证无有余依般涅槃界。彼先修习譬如草木、枝条、茎叶正法闻慧[③]，积集圣道法随法行为所依筏，于修道中正勤修习，渐次证于心善解脱，住有余依般涅槃界，一切灾恼皆得解脱。既住于此，当知究竟越度众苦，到于彼岸。

复次，由七因缘，于善说法毗奈耶中虽出家已，复还退舍正所修学。云何为七？谓诸异生未能超度诸异生地，于五取蕴众苦恼法不能如实了知五转。或复异生于诸妙欲不能上品观其过患。又于行时及于住时恒常纵逸，于可爱境取不如理所有相貌，不系念故，恒常寻思善品恶刺非理寻

① 有诸苾刍先已修集妙慧资粮，底本与《资福藏》《碛砂藏》《普宁藏》《永乐南藏》《径山藏》《高丽藏》相同；《房山石经》《赵城金藏》“集”作“习”。

② 以慧通达依诸境界妄念所生诸烦恼缠能为损害，底本与《径山藏》相同；《房山石经》《资福藏》《碛砂藏》《赵城金藏》《普宁藏》《永乐南藏》《高丽藏》“妄”作“忘”；《赵城金藏》“所”作“而”。

③ 茎叶正法闻慧，底本与《资福藏》《碛砂藏》《普宁藏》《永乐南藏》《径山藏》相同；《房山石经》《赵城金藏》《高丽藏》“慧”作“门”。

思。又无无畏，若王若余因事呼逼，由怖畏故，则便随从。复有亲爱，于诸亲属有所顾恋，彼若招命，由亲爱故，则便随从。又于境界，或随顺贪，或随顺瞋，或随顺痴，发起猛利诸烦恼缠。又即于彼心相续中常有随缚。又由成就下劣胜解，无有一切广大胜解，谓于出离、远离、涅槃。由彼成就劣胜解故，于诸境界，其心趣入。由于一切父母等事不能孑然无顾恋故，于其出离，心不趣入。于八圣支无胜解故，于其远离，心不趣入。由于彼果烦恼断中无胜解故，于其涅槃，心不趣入。

略由二处摄一切漏：一、见所断；二、修所断。当知此中，非理作意及所缘境名顺漏法。若诸有学，于能发起修所断漏非理作意、所缘境界虽未永断，而由妙慧正通达故，说名于此顺漏法中其心寂静；犹有失念增上所生微劣缠故，未名清凉，未名宴默。然其所起一切见道所断诸漏皆永断故，亦名清凉；以于当来不生法故，亦名宴默。而彼异生成就下劣诸胜解者，遍于一切顺诸漏法，心不寂静，不名清凉，不名宴默。

当知由是七因缘故，复还退舍正所修学。与此相违，所有白品七因缘故，于善说法毗奈耶中既出家已，终不退舍正所修学①。

复次，若有苾刍依四著处，当知彼行四种邪行。何等名为四种著处？谓有苾刍于内外处有贪爱故，能感后有，于现法中不乐涅槃，是初著处。复有苾刍于先所舍外诸所有父母等事有所顾恋，系缚其心，如是名为第二著处。复如有一，于现法中悕求一切利养恭敬，于诸所得利养恭敬躭著不舍，如是名为第三著处。复如有一，是有学者，已见谛迹，有余我慢少分贪爱之所随逐②，于修弃舍纵逸而住，如是名为第四著处。

① 终不退舍正所修学，底本与《房山石经》《资福藏》《碛砂藏》《普宁藏》《永乐南藏》《径山藏》《高丽藏》相同；《赵城金藏》“终”作“缘”。

② 有余我慢少分贪爱之所随逐，底本与《房山石经》《资福藏》《赵城金藏》《永乐南藏》《径山藏》《高丽藏》相同；《碛砂藏》《普宁藏》“逐”作“遂”。

云何名为四种邪行？谓彼最初爱乐后有补特伽罗，于现法中不乐涅槃，若诸有学行于纵逸，由此著处增上力故，乐与在家及出家众共相杂住，如是名为最初邪行。又复即前爱乐后有补特伽罗，爱乐后有增上力故，发起邪愿，行于梵行，如是名为第二邪行。又复于先所舍外事有所顾恋，由彼著处增上力故，能令退舍正所修学，如是名为第三邪行。又于明世悕求利养及与恭敬[①]，于诸所得利养恭敬躭著不舍补特伽罗，由此著处增上力故，毁犯尸罗，广说乃至螺音狗行。彼由顾恋利养恭敬，不舍所学，不见是罪，公然犯戒。如是名为第四邪行。

复次，有诸苾刍于义不善，从他所闻种种文字一义言说，便怀犹豫，不生欢喜："今于是中，何者为实？"复有四种能生微妙清净智见无倒观门。何等为四？谓极精勤观察苦者于生受因如实妙智，又于依持及所依因如实妙智，又于住因如实妙智，又于依、缘、自性、助伴随顺苦、乐、非苦乐行如实妙智。

又二缘故，如来除灭于义不善补特伽罗所有犹豫。一者，显示种种文词所表一义，文有差别，义无差别，由是能令断除犹豫；二者，开显圣教广义，由此能令于义通达。

云何名为圣教广义？谓从资粮地乃至漏尽，皆说名为圣教广义。此中，边际根成熟住[②]，如来所化，无我相应善受坚固，闻思所成正见成就。此为依止，此为建立，独处空闲，缘内外处四种识住。为欲断灭诸有取识，修循身念，胜奢摩他，毗钵舍那之所摄受。由此亲近修习势力，发生如实缘初识住，邻逼现观止观双行。从此无间，于圣谛中能入现观。复更修

① 又于明世悕求利养及与恭敬，底本与《碛砂藏》《普宁藏》《永乐南藏》《径山藏》相同；《房山石经》《资福藏》《赵城金藏》《高丽藏》"明"作"现"。

② 边际根成熟住，底本与《房山石经》《赵城金藏》《永乐南藏》《径山藏》《高丽藏》相同；《资福藏》《碛砂藏》《普宁藏》"住"作"任"。

习如所得道，以渐进趣，能得一切诸漏永尽。如能如实缘初识住，乃至如实缘第四识住，当知亦尔。

复次，如先所说不护根门补特伽罗，烦恼诸缠现前不舍，世及出世思择、修习二力对治有所阙乏，烦恼生已，性多坚执。魔既了知性坚执已，便往其所，以诸境界而媚惑之。如是彼魔于性执著烦恼诸缠补特伽罗而得其便，为欲媚惑，于其相续安立所缘。又即如是不护根门补特伽罗，于般涅槃欲乐劣故，亲爱劣故，譬如乾朽苇草舍宅，魔便于彼积集可爱境界炬火而焚燎之。

由二因缘，彼为境界常所蔽伏。一、未生缠令其生故；二、已生缠令相续故。由为境界爱所蔽伏，于广追觅诸境界时，多行种种恶不善行；于行如是邪恶行时，复为种种恶不善法之所蔽伏。如前所说行邪行已，失路而行，沿流而去，名顺流者。与此相违所有白品，当知是名非顺流者。

复次，由八种相当知总摄后有菩萨诸正行道及以道果，胜声闻乘，为无有上。何等为八？谓哀愍故；内勇悍故；谛察法忍，性现前故；能出离故；自内发起观谛行故；广大善修世间正见现在前故；由获无漏菩提分法，得清净故[1]；由善清净修觉分俱，进修无上纯净修道[2]，依止六处修习圆满，获得六种最胜无上圆满德故。

当知此中，于诸有情长时哀愍熏修其心，住最后有诸大菩萨，见诸愚夫堕贪爱河，顺流漂溺，为五相苦之所逼切，既观见已，深起大悲。何等为五？一者，见彼堕贪爱河，不正寻思、不可爱水常所逼触；二者，见彼内

① 得清净故，底本与《资福藏》《碛砂藏》《赵城金藏》《普宁藏》《永乐南藏》《径山藏》《高丽藏》相同；《房山石经》“净”作“凉”。

② 进修无上纯净修道，底本与《房山石经》《赵城金藏》《径山藏》《高丽藏》相同；《资福藏》《碛砂藏》《普宁藏》《永乐南藏》“净修”作“净终”。

外六处，三毒火难住于两岸[①]；三者，见彼在于欲界，众多忧苦、种种灾横、诸恶毒刺遍布其下；四者，见彼在于色界，世间慧眼有所阙故，犹如盲冥处在其中；五者，见彼在无色界，世间慧眼已圆满故，诸圣慧眼有所阙故，犹如惛闇居在其上。既见如是堕贪爱河诸有情类，遍于一切皆不寂静，若触、若岸、若下、中、上苦逼迫已，发起大悲，是名哀愍。

又即成就此哀愍者，或生王家，或帝师家，虽未出家，内兴勇悍；我今定当通达妙迹，归修梵行，终无退转。如是名为内兴勇悍。

又彼即于未出家位，居赡部影，独坐思惟，便能证入最初静虑，后于自他老病死法正审观察，能定忍可。如是名为谛察法忍，内自现前。

又彼宿世所习善根，一切善行之所觉发，复由勇悍谛察法忍增上力故，便能弃舍广大妙欲，净信出家。虽无施设正梵行者，而能自然受持禁戒。由此禁戒为依止故，渐次能证乃至非想非非想处。如是名为能正出离。

又彼为欲弃世间道，正求出离，由于先世正等觉所，获得无上究竟出离正闻胜解积集熏修身相续故，于世间道都无信乐。由是因缘，往菩提树，即依先时观老病死假想之道，于诸谛相次第观察。作是思惟："是诸世间有情之类，堕在种种艰险众苦，有生有老，有病有死，然其不能于老病死究竟出离，如实了知。"如是次第观于老死，观老死集，观老死灭，观能趣证老死灭行，如理作意为依止故，久已积集大资粮故，以俱生慧便能觉悟一切法性，安住诸法，法性法界[②]。如是名为自内发起观察谛行。

又彼复欲求上漏尽，方便发起宿住念智，忆念先世从诸如来、正等觉

---

① 三毒火难住于两岸，底本与《房山石经》《资福藏》《碛砂藏》《赵城金藏》《普宁藏》《永乐南藏》《径山藏》相同；《高丽藏》"难"作"鸡"。

② 法性法界，底本与《碛砂藏》《普宁藏》《永乐南藏》《径山藏》相同；《房山石经》《资福藏》《赵城金藏》《高丽藏》"性"作"住"。

所，于漏尽道积习闻思[①]，由是发起长时积集世间正见，令现在前。然此正见如教授者，以此为依，能令菩萨安处一坐，乃至证得究竟漏尽。如是名为广大善修正见现前。

又即由彼如教授者所有正见渐次胜进，先已远离下地诸欲，乃至上极无所有处，当于圣谛得现观时，便证无漏四念住等，乃至最后八圣支道，所有一切菩提分法，举具最后，当知亦摄前位一切。由得彼故，成不还果。以得无漏菩提分法，是故说名获得清凉。彼由如是获得世间究竟安乐，获得出世无漏安乐，得清凉故，名离炽然。由世间道乃至已离无所有处所系烦恼，及已远离见道所断诸烦恼故，名离热恼。

为欲无余永断有顶所系烦恼，故复勤修纯无漏道，所谓修习无上觉支，是名进修无上修道。由此修故，无学地中，六种修法究竟圆满：一者，修圣神通究竟圆满；二者，修净五根究竟圆满；三者，证得烦恼并诸习气无余离系究竟圆满；四者，证得四种现法乐住究竟圆满；五者，证得世间静虑、解脱、等持、等至究竟圆满；六者，证得名身、句身、文身，得随所欲，得无艰难宣说正法究竟圆满[②]。当知此中，修净信根究竟满者，谓于涅槃意乐净故。修精进根究竟满者，谓能勇猛造作一切有情义利善清净故。修习念根究竟满者，谓三念住、无忘失法善清净故。修习定根究竟满者，谓于圣、天及以梵住善清净故。修习慧根究竟满者，谓十智力善清净故。

彼由如是能往六处修圆满因[③]，得为大王，所谓法王。由是证得六种圆满，谓圣神通增上力故，得大财富自在圆满；诸根清净增上力故，得大

---

① 于漏尽道积习闻思，底本与《资福藏》《碛砂藏》《普宁藏》《永乐南藏》《径山藏》《高丽藏》相同；《房山石经》《赵城金藏》“习”作“集”。

② 得随所欲得无艰难宣说正法究竟圆满，底本与《房山石经》《资福藏》《碛砂藏》《普宁藏》《永乐南藏》《径山藏》《高丽藏》相同；《赵城金藏》“说”作“证”。

③ 彼由如是能往六处修圆满因，底本与《房山石经》《资福藏》《碛砂藏》《赵城金藏》《普宁藏》《永乐南藏》《径山藏》相同；《高丽藏》“往”作“住”。

舍宅自在圆满；断诸烦恼增上力故，得受安乐诸坐卧具自在圆满；现法乐住增上力故，处其舍宅、坐卧其中[①]，证得第一、无诸损恼、大安乐住自在圆满；静虑、解脱、等持、等至增上力故，证得能办一切有情正利益事、游戏喜乐自在圆满；于诸名身、句身、文身，得随所欲，得无艰难宣说正法增上力故，得为法王[②]，能于他所获得平等分布作用自在圆满。如是名为六处修满为依止故，证得六种自在圆满。

复次，略有四种寻求我论，由此论故，萨迦耶见未永断者，求我寻思数数现行。云何为四？一者，寻求我我用何以为自性；二者，寻求我我为常，为是无常；三者，寻求云何我我是常、无常；四者，寻求我所有我住在何处，当知此中，略有四种寻求于我：一者，寻求自性；二者，寻求其转；三者，寻求其因；四者，寻求窟宅。此中三种，可得施设诸行差别，又此施设可非颠倒；第四一种，由一切种，终不可得施设差别。

当知施设我自性者，谓即施设十二种处所生六识并受、想、思以为其我，过此余我不可得故。又即此我体是无常，由有生故、老故、死故。又此诸行，以于诸趣种种自体生起差别不成实故，说如幻事。想、心、见倒迷乱性故，说如阳焰。起尽法故，说有增减。刹那性故，名曰蹔时。数数坏已，速疾有余频频续故，说为速疾现前相续。来无所从，往无所至，是故说为本无今有，有已散灭。由如是相略说生身展转无常，及有因刹那展转无常。如是三种，如理施设我之自性、若转、若因。

施设我之所有窟宅，终不可得。由诸行中离诸行性，别有实我住诸行中不可得故。由是因缘，约世俗谛诸行尚空不可施设，何况胜义，是故一

① 坐卧其中，底本与《资福藏》《碛砂藏》《普宁藏》《永乐南藏》《径山藏》相同；《房山石经》《赵城金藏》《高丽藏》“其中”作“具中”。

② 得为法王，底本与《资福藏》《碛砂藏》《普宁藏》《永乐南藏》《径山藏》《高丽藏》相同；《房山石经》《赵城金藏》“王”作“主”。

向于空立空。如是由心如理作意，闻解了故，思等了故，修谛了故，如其次第，差别说言：应当欢喜，应当等喜，应当遍喜。

瑜伽师地论卷第九十二

摄事分中契经事处择摄第二之四

复次，嗢柁南曰[①]：

上贪教授及苦住，观察引发不应供，

明解脱修无我论，定法见苦最为后。

三因缘故，补特伽罗于所缘境上品贪行。何等为三？一者，康强非羸劣；二者，端俨非丑陋；三者，习贪非舍贪[②]。

复由三种对治摄受，尚令如是怀上品贪补特伽罗于善说法毗奈耶中勤修梵行，调伏其心，令得寂静，何况但怀中、輭品贪微薄尘者。何等为三？一者，密护根门为所依止，远离一切欲乐边故；二者，于食知量，初夜、后夜减省睡眠为所依止，远离一切自苦边故；三者，最胜正念、正知为所依止，行于中道出离行故。当知此中，于四念住善住心者，或于行时，境界现前，若不取相及与随好，如实了知受生住灭；若取其相及与随好，如实了知想生住灭；或于住时，如实了知彼因寻思生住与灭。由如是相正念、正知，于一切时，于一切种所缘境界，能如正轨，守护其心，是名最胜正念正知。

复有最胜正念、正知，谓已获得灭尽定者，或已获得无相定者[③]，或已获得无寻伺者。当知依止圣住、天住，除此最胜正念知住，更无有余能过

① 嗢柁南曰，底本与《资福藏》《碛砂藏》《普宁藏》《永乐南藏》《径山藏》相同；《房山石经》《赵城金藏》《高丽藏》“柁”作“拕”，下同。

② 习贪非舍贪，底本与《房山石经》《资福藏》《碛砂藏》《普宁藏》《永乐南藏》《径山藏》《高丽藏》相同；《赵城金藏》“习贪”作“习食”。

③ 或已获得无相定者，底本与《房山石经》《资福藏》《碛砂藏》《普宁藏》《永乐南藏》《径山藏》相同；《赵城金藏》《高丽藏》“相”作“想”，下同。

上者。或从灭定起已而住，或将入定，方便而住，如实了知受生住灭，是名最胜正念、正知。如依灭定如实知受，依无相定如实知想，无寻伺定如实了知所有寻伺，当知亦尔。由此最胜正念、正知，唯取法故，不于如是受、想、寻伺起我、我所虚妄分别。

若诸愚夫受、想、寻伺差别生时，于受等法不能发起唯有法想，但作是念[①]："我能领受。"乃至广说。由是因缘，彼尚无有正念、正知，何况最胜。此中后说正念、正知，或不还果，或阿罗汉[②]；当知前说正念、正知，从得作意，无有放逸诸异生位至一来果。

复次，由二因缘，如来自言其年衰暮，身力疲怠，劝诸声闻请他说法。一者，为令恃其少年，专行憍傲，住放逸者自怖厌故。二者，为令于当来世诸有苾刍其年衰老，无有势力，远离疑悔劝请少年诸苾刍等宣说正法；诸有苾刍其年盛美，具足势力，远离疑悔，无所恐惧，为他说法。当知此中，略有二种处大集会，宣说正法。一者，决择说；二者，直言说。决择说者，谓兴诘问徵覈方便，说正道理，灭除疑惑。直言说者，谓诸听众默然而住，如说法师宣说正法。

又由四相，名能随顺教授教诫。一、能分析诸处差别[③]，于诸行中得无我智，见清净故；二、于诸受并所依灭，离增上慢，最极寂静，见清净故；三、能超越未来诸苦，见清净故；四、能超越现在诸苦，见清净故。

此中，分析内外诸处、识、触、受、想、思、爱众别，显示无我，由依缘起方便道理，能引最初正见清净。如明依灯，如影依树，彼非有故，此亦非

---

① 但作是念，底本与《资福藏》《碛砂藏》《赵城金藏》《普宁藏》《永乐南藏》《径山藏》《高丽藏》相同；《房山石经》"念"作"令"。

② 或阿罗汉，底本与《房山石经》《资福藏》《碛砂藏》《普宁藏》《永乐南藏》《径山藏》《高丽藏》相同；《赵城金藏》"或"作"成"。

③ 能分析诸处差别，底本与《房山石经》《资福藏》《碛砂藏》《普宁藏》《永乐南藏》《径山藏》《高丽藏》相同；《赵城金藏》"析"作"拚"，下同。

有，显示内外诸处差别为因诸受，由彼诸处无余灭故，此亦随灭，离增上慢，于其涅槃如实了知最胜寂静，能引第二正见清净。于现法中，以智慧力[1]，能永断灭一切烦恼，显示无余超越当来所有众苦，能引第三正见清净。显示遍于顺苦、顺乐、顺非苦乐一切法中，不起贪欲，不起瞋恚，不起愚痴，显示见道于其念住善住其心，显示修道修诸觉分，谓令诸漏永灭尽故，超越现法杂染苦住，能引第四正见清净。

复次，有诸苾刍不守根住，于诸境界心多爱染，心多散乱。由此因缘，受二种苦：一者[2]，麤重所作苦；二者，于诸法中疑惑所作苦。所以者何？由彼方便，应勤修身；勤修身已，应勤修戒奢摩他支。以不修身亦不修戒奢摩他支为因缘故，身不轻安，心不轻安，是故彼受麤重所作苦。轻安阙故，不能触证胜三摩地，由是因缘，应如实知、不如实知多生疑惑，是故彼受于诸法中疑惑所作苦。由此二种苦恼住故，名不守根增上缘力所得众苦不安隐住。如是名为于现法中不守根者所有过患。与此相违，当知即是守护根者所有功德。

复次，有诸苾刍为离欲贪，勤修方便，由正修习加行道故，伏诸烦恼。作是思惟："我于诸欲为有欲贪而不觉了，为无有耶？"乃以净相作意思惟，于断、未断，方得决定。观察作意为依止故，寻求贪欲生起处所，如实了知忆念分别是诸烦恼胜安足处。由彼烦恼未永断故，若为烦恼漂漾心时，了知能趣下劣分故，便即制伏。若不制伏，于先所得少三摩地尚还退失，况能进趣胜品功德。由整摄故，能不退失，亦能进趣胜品功德。若不观察，复还发起增上慢故，亦有退失。由观察故，能证决定。若心漂漾，

① 以智慧力，底本与《资福藏》《碛砂藏》《普宁藏》《永乐南藏》《径山藏》相同；《房山石经》《赵城金藏》《高丽藏》"力"作"刀"。

② 一者，底本"者"作"若"，据《房山石经》《资福藏》《碛砂藏》《赵城金藏》《普宁藏》《永乐南藏》《径山藏》《高丽藏》改。

能正了知，还复整摄，是故不退。如修方便，为离欲贪，于余上位[①]，随其所应，当知亦尔。

若猛利见审观察时，而不生起，彼便获得决定胜解：我于诸处已是胜伏[②]。谓此所缘应生烦恼，我于是处已胜伏故，令不生起，超过学地。犹如大王能随己心，自在而转，降伏一切魔罗聚落，证得究竟尽、无生智，梵行圆满。

复次，于其六根，如前所说五寂静相，不寂静故，当知摄受三种苦果，谓现法中依根增上杂染而住，由诸不善现行为因，或于他所成其退劣，或被讥呵，或被杀害，受如是等现法众苦；又受当来生老病死种种诸苦；又受当来由先数习所引等流不护诸根诸杂染故，亦名为苦。与此相违，于其六根，由有五种寂静相故，当知摄受三苦灭果。

复次，略有二种世俗梵志，实非福田，怀增上慢，自谓福田，自称我是真实福田。当知成就非实福田性及相故，不应供养。一者，从他所得利养恭敬，现前猛利躭著，诸根饕餮，为性躁扰，诈示现前离欲之行；二者，摄受家产亲属，杂居鄙秽，专自修身，凡所行行，既非自利，亦非利他，远离尸罗正法正行，远离能住善趣善行，远离能住涅槃妙行，当知彼与一切愚夫异生之类无有差别。住正法者，与此相违，当知是名胜义梵志。

复次，此正法外，有诸沙门、婆罗门等，为诸弟子宣说法时，多分为求诘啧胜利[③]，及求免脱他难胜利，当知如是宣说法者，就第一义，无义无利，非自利益，非利益他。诸佛如来为诸弟子宣说正法，唯为证得明及解

① 于余上位，底本与《房山石经》《资福藏》《碛砂藏》《普宁藏》《永乐南藏》《径山藏》《高丽藏》相同；《赵城金藏》“位”作“住”。

② 我于诸处已是胜伏，底本与《房山石经》《资福藏》《碛砂藏》《赵城金藏》《普宁藏》《高丽藏》相同；《永乐南藏》《径山藏》“是”作“能”。

③ 多分为求诘啧胜利，底本与《资福藏》《碛砂藏》《普宁藏》《永乐南藏》《径山藏》相同；《房山石经》《赵城金藏》《高丽藏》“啧”作“责”。

脱二果胜利[1]，当知如是说正法者，大果大利，自利利他，无不圆满。行于三世无忘失住最胜义故，三种所缘境差别故，说名三明。若心解脱，若慧解脱，皆名解脱，是爱、无明根本杂染胜对治故。

为得未得明与解脱，当知略有四种修道，谓修根故，能正修身；修身所引善行修故，能正修戒；修戒所引念住、觉支无倒修故，能修心、慧。此中，修根复有三种：一、世间修；二、有学修；三、无学修。若思择力为所依止，虽取可爱、不可爱境不如理相，而不发起烦恼诸缠，设令蹔起，寻复除遣，是世间修。若于圣谛已得现观，由失念故，或生适意，或不适意，或兼二意，而心不为缠缚坚住，速于杂染能得解脱，是有学修。若即此心坚固安住，如前于内无有隘迮，善脱善修，都无一切下至失念，于诸可意、不可意等，发心亲近，计彼有德，而趣向之，是名无学善净修根。当知修戒、修心、修慧三种亦尔。

此中，最初是初修根所引，第二是第二所引，第三是第三所引。修戒、修心、修慧相望，各有三种所引，当知亦尔。

此中，可意、不可意境界差别故，有恩、有怨有情差别故，功德、过失相应有情差别故，所爱、非所爱有情差别故，当知一向适意，一向不适意、适意不适意相杂差别。可意、不可意境界差别故者，自有境界一向可意，自有境界一向不可意，自有境界其类相杂，少分可意，少分不可意。如是有情或一向有恩，或一向有怨，或恩怨相杂，或一向有得，或一向有失，或得失俱备。若于有情，爱复生爱，当知一向是其所爱；若于有情，恚复生恚，当知一向非其所爱；若于有情，爱已生恚，或于有情，恚已生爱，当知是名所爱、非所爱。由如是等差别因缘，适意等三、有其差别。

又于恶行，随观现法所有过患，随观当来所有过患，是故远离，修习

[1] 唯为证得明及解脱二果胜利，底本与《房山石经》《资福藏》《碛砂藏》《普宁藏》《永乐南藏》《径山藏》《高丽藏》相同；《赵城金藏》"二"作"三"。

妙行。若于六处，由一切门皆被诽毁，是名现法所有过患。由是因缘，堕于恶趣，是名当来所有过患。此中，为他所诽毁者，谓为外道及余世间有聪敏者，闻其鄙恶名称声颂，咸共诽毁。当知其余，即如所说。

又此中言修念住者，谓念觉分创始发起，在异生地；数修习者，在有学地；修圆满者，在无学地。修习觉分，未得断界，于其断界正悕求时，名依远离；未得无欲界，于无欲界正悕求时，名依离欲；未得灭界，于其灭界正悕求时，名依于灭。弃舍下劣修觉分故，回向胜妙修觉分故，名弃舍回向。

又诸苾刍守护诸根，有惭有愧，由是因缘，耻于恶行，修习妙行；修妙行故，无有变悔；无变悔故，发生欢喜；此为先故，心得正定；心正定故，能见如实；见如实故，明及解脱皆悉圆满：当知是名修行次第。

复次，有一沙门，若婆罗门，自既不能善修诸根，而不如理为他施设善修根法，见唯弃背所有境界，名护诸根。然其自于诸弟子众深生染著，一分起爱，一分生憎，谓于其教顺逆因缘，适不适意常现行故。于此微细自己杂染，不能以慧如实悟入，而谓自能善修诸根，起增上慢。诸有随顺如是见者，彼虽令根离诸境界，独处空闲，而缘彼境发起种种寻思杂染，然无智慧，而自悟入，是亦不名善修诸根。又亦不为善修根故，勤修正行，但信他言，起邪胜解及以邪慢。

诸佛如来为诸弟子如理施设烦恼断故，名善修根，非唯一向背诸境界。又诸如来于其三种不共念住善住其心，故不染著诸弟子众。于正行众，悦意现行；于邪行众，行不悦意。由此所生贪欲杂染、瞋恚杂染都无所有，由是因缘，虽与弟子等烦恼断，而名无上善修诸根。

又此修根依五品众有差别故，当知亦有五转差别，谓佛世尊或有弟子一向正行，而亦毕竟；或有弟子一向放逸，而亦毕竟；或有弟子修行正行，而不毕竟；或有弟子行于邪行，而不毕竟；或有弟子多种品类；一、行正行；一、行放逸，一行一分，或时放逸，或不放逸，如是名为第五品众。

此中，如来称可意者，谓诸弟子于善说法毗奈耶中，为修诸根，得圆满故，修行正行。复有一类不可意者，谓行邪行，或不修行。是故如来观第一众，生起悦意；观第二众，生不悦意；观第三众，生起悦意，生不悦意；观第四众，生不悦意，生起悦意；观第五众，生起悦意，生不悦意，亦复生起悦不悦意。

如来虽复如此五众发起如是五转差别悦不悦意[①]，然诸如来终不为彼爱恚行相之所染污，由诸烦恼并其习气永离系故，善修根故。是故如来一切烦恼并习永断为所依止，能善住念，于弟子众无诸杂染，说名五转无上修根。又于如是一切五转，随其所应，当正思惟三种对治：一、无常想；二者，慈心；三、无相定。如是三种，随其所应，当知其相。

又佛世尊所作已办无学弟子，名已修根，由彼长夜乐涅槃故。虽遇如前诸有情数境相现前，或纯可爱，或纯非爱，或多杂类通爱、非爱，由贪瞋痴永远离故，由心解脱及慧解脱增上力故，即由无相，令心于彼速疾弃舍；由意乐故，于诸境界起厌逆想，又于涅槃见寂静德，如是速能安住于舍。由此因缘，一刹那顷失念所作杂染汙心亦不得起，当知齐此善修习故，名善修根。

若诸有学未能速疾安住于舍，有余烦恼熏彼相续，成杂秽故。又于一切三转境中憎恶所起诸烦恼故[②]，现行烦恼所逼迫时，则能方便住厌逆想及过患想。如是修行，能令修根速得圆满，是故说彼名正行者。如是当知于善说法毗奈耶中，大师美妙诸弟子众得所得义，能修正行。

复次，无我论师略有三种正所作事。何等为三？谓于苦、集谛所摄行，

① 如来虽复如此五众发起如是五转差别悦不悦意，底本与《径山藏》相同；《房山石经》《资福藏》《碛砂藏》《赵城金藏》《普宁藏》《永乐南藏》《高丽藏》“如此”作“于此”。

② 又于一切三转境中憎恶所起诸烦恼故，底本与《房山石经》《资福藏》《碛砂藏》《普宁藏》《永乐南藏》《径山藏》《高丽藏》相同；《赵城金藏》“憎”作“增”。

自相、共相应正显了，安立无我。当知此中，显各各别众多性故，显了自相；开示生灭相似性故，显了共相。是名第一正所作事。

复于无我唯有因行，如其所有杂染、清净，如实显了。当知此中，于三种受缘生三种烦恼随眠未能永断，于其见道我见随眠未能除遣，于其修道我慢随眠未能除遣，于见、慢品能起无明亦未永断，未能生起彼对治明，是故不能作苦边际，如是名为显示杂染。与此相违，当知即是显示清净。是名第二正所作事。

复于诸行断增益我萨迦耶见，依能取实无我正见，如清净相，应实显了。此无我见，在异生位，能正摄受圣谛现观，又能证得诸圣慧眼；在有学位，能得上位尽、无生智；在无学位，能令一切学与无学见修所断所有烦恼无余永断。是故当知此无我见能令清净，故应显了。是名第三正所作事。

复次，于其成就世间正见多闻、不定住正法者，即成就此世间正见多闻、得定住正法者，当知略有五种殊胜正加行果称赞利益。何等为五？谓彼第一住正法者，先由其心未得定故，奢摩他支戒未清净，亦未鲜白：即此第二住正法者，心得定故，清净鲜白：当知是名第一殊胜正加行果称赞利益。又彼第一心未得定补特伽罗，于一切受，并其所依，并其所缘，并其助伴，并其随转，不如实知；由不知故，便为三种无智为因过患所触。何等为三？一、受杂染所作过患；二、世杂染所作过患；三、现法、后法杂染所作过患。

当知此中，受杂染所作过患者谓愚痴者，于其乐受，并彼随转，并所随染，有贪爱缚；于苦受等，有瞋恚缚；于其不苦不乐受等，有愚爱缚及随眠缚[①]；由有愚痴所随眠故。世杂染所作过患者，谓愚痴者于现在世有贪染缚，于过去世有顾恋缚，于未来世有系心缚。现法、后法杂染所作过

① 有愚爱缚及随眠缚，底本与《径山藏》《高丽藏》相同；《房山石经》《资福藏》《碛砂藏》《赵城金藏》《普宁藏》《永乐南藏》“爱缚”作“爱缠”。

患者，谓彼如是杂染心者，于世于受有杂染故，便能生长感后有业，由此增益后有诸蕴，令当得生。又能增长所有贪爱，谓后有爱及资财爱。后有爱故，能生当来所有自体；资财爱故，于追求时极生疲怠。若得境界，便生染恼；若不获得，所欲不遂，便自烧然；若得已失，便为愁恼之所损害。如是名为现法过患。若即由彼作及增长能感后有诸业、烦恼增上力故，起于当来生老死等众苦差别，如是名为后法过患。

第二心定补特伽罗，应知一切与上相违，当知是名第二殊胜。余如前说。

又彼第一补特伽罗心未定故，于其无智所作过患，若自若他不如实知。第二心定补特伽罗，于彼皆能如实了知，当知是名第三殊胜。余如前说。

又彼第二心已得定补特伽罗，于诸过患如实了知，已入修他[①]。即前所得无我相应所有正见，由此修故，于二时中，依其断界及无欲界，与彼一切菩提分法皆共圆满。初未得定补特伽罗心未定故，于彼一切皆未圆满。当知是名第四殊胜，余如前说。

又彼第二心已得定补特伽罗，所有多闻毗钵舍那助伴支分，彼能摄受胜三摩地，能净修治毗钵舍那，由是因缘，止观二种，平等双转。心未得定补特伽罗，应知多闻与彼俱阙。如是于成世间正见多闻、不定住于正法补特伽罗，即此成就世间正见多闻、得定住于正法补特伽罗，当知有此第五殊胜正加行果称赞利益。

如是即彼由已获得胜奢摩他、毗钵舍那，依于断界，应遍知者，能正遍知；应永断者，能正永断；应作证者，能正作证；应修习者，能正修习。依无欲界，于彼一切已知、已断、已证、已修：于所依色及能依名，正知、已知；于所依无明及能依有爱，正断、已断；于所依明净智及能依解脱烦恼

① 已入修他，《房山石经》《资福藏》《碛砂藏》《赵城金藏》《普宁藏》《永乐南藏》《径山藏》《高丽藏》“他”作“地”。

断，正证、已证；于所依奢摩他及能依毗钵舍那，正修、已修。

复次，有二法见：一、有为法见；二、无为法见。有为法见者，谓如有一，于谛依处及谛自性皆如实知。

云何名为谛所依处？谓名色及人天等有情数物。

云何为谛？谓世俗谛及胜义谛。

云何世俗谛？谓即于彼谛所依处，假想安立我或有情，乃至命者及生者等。又自称言："我眼见色，乃至我意知法。"又起言说，谓如是名乃至如是寿量边际，广说如前。当知此中，唯有假想，唯假自称，唯假言说所有性、相、作用、差别，名世俗谛。

云何胜义谛？谓即于彼谛所依处，有无常性，广说乃至有缘生性，如前广说。如无常性，有苦性等，当知亦尔。

若于如是世俗、胜义谛所依处，其世俗谛，如实了知是世俗谛，其胜义谛，如实了知是胜义谛，如是名为有为法见。若有成就有为法见苾刍，齐此言说满足。

云何名为无为法见？谓即于彼谛所依处已得二种谛善巧者，由此善巧增上力故，于一切依等尽涅槃深见寂静，其心趣入，如前广说，乃至解脱，如是名为无为法见。若有成就无为法见苾刍，齐此言说满足。

又此法见，当知三种补特伽罗皆得成就：一者，异生，法随法行，已得定心，博识聪敏，能如正理观察诸法；二者，有学，已见谛迹；三者，无学，诸漏永尽。

复次，若有悕求人天盛事，自发誓愿行梵行者，当知彼为称赞人天二种过患。何等为二？一者，烦恼所生众苦；二者，无常所生众苦。

云何烦恼所生众苦？谓于人天，住境界爱，依现在世故；住境界乐；依过去世故；住境界欣，于现在世，依过去境生爱乐故；住境界喜，于未来世，依现在境生爱乐故。若于如是三世境中住染汙者，当知彼为称赞所欲有匮乏苦及生老等所有众苦，是名生起烦恼所作众苦过患。

云何无常所作众苦？谓顺乐处有背失故，起变坏苦；随顺苦处现在前故，起厌离苦；一切自体于终没时皆灭坏故，有灭坏苦：当知是名三种无常所作众苦。

此中，如来超过如是二种过患，住一向乐，即于此乐应如实知由此故乐，复应如实知乐方便。云何为乐？谓一切境相应永尽，无上安隐，即有余依般涅槃界。云何方便？谓如前说，于五种受发起五转如实妙智。若诸声闻弃舍大师所证超过人天妙乐，悕求下劣人天乐者，当知彼于诸智者所多受毁辱，亦自欺诳。

复次，嗢柁南曰：

一住远涅槃，略说内所证，
辩一切知相，舍所学业等，
空随行恒住，师弟二圆满。

由二因缘，当知名为有第二住，谓有爱故，为欲生起第二自体，受习其因；此自体灭，第二自体次生起故。

云何有爱？谓诸可爱所缘境界将得现前，最初生起染汙欣悦，名有喜乐；从此已后，乃至未得，于彼多住作意思惟，设复已得，而未受用，于其中间，即由喜乐增上力故，住染欣悦，名有欢喜；于受用时，多生贪爱，名有染著，故名有爱。又于未来起悕求故[1]，及于已得生领纳故，名有喜乐；于过去世随忆念故，名有欢喜；于已获得正受用时，生贪爱故，名有染著。如是名为第二差别。

云何生起第二自体？谓喜乐等为集因故，于当来世生老为根，众苦生起。与此相违，当知是名无第二住。

---

① 又于未来起悕求故，底本与《资福藏》《碛砂藏》《赵城金藏》《普宁藏》《永乐南藏》《径山藏》《高丽藏》相同；《房山石经》“求”作“有”。

复次，有二种法，更互相违。一者，烦恼；二者，涅槃。是故安住杂染法已，即便随顺后有而转。若于后有随顺转时，当知说名去涅槃远。

复有六种鄙碎士夫补特伽罗鄙碎行相：一者，性多忿恚；二者，所作不思；三者，乐逼恼他；四者，若苦所触，便发不实麤恶语言；五者，或发真实能引无义麤恶语言；六者，因此展转发起无量差别恶言，非但少词而生喜足。

由二因缘，诸出家者力励受行，速疾能证沙门义利，诸未信者令生净信，其已信者倍令增长。何等为二？一者，忍辱；二者，柔和。言忍辱者，谓于他怨，终无返报。言柔和者，谓心无愤，性不恼他。

复次，以要言之，如来略依二种处所，说无界教。一者，说有余依涅槃界教；二者，说无余依涅槃界教。若由如是烦恼断故，名成就断补特伽罗，不成烦恼。即由如是不住彼果后有众苦，当知是名说有余依涅槃界教。若由如是不住烦恼后有苦果，即由如是乃至寿尽既灭没已，一切余依都无所有，不住此身，不住余身，不住中有，证得一切众苦边际，当知是名说无余依涅槃界教。略有三种念力强因：一、由其年少壮；二、由前生串习①；三、由现法数习。

复次，由五种相，当知涅槃是内证法，谓离信故，乃至离见审察忍故，如前应知。谓现法中，于内各别内外增上所生杂染，如实了知有及非有。

复次，由三因缘，显示诸佛无上菩提。一者，觉了一切境故；二者，觉了有及非有如实事故；三者，觉了染净二品一切法故。是故他于如是三处，请问世尊。

复次，诸有为法俱有转时，令心迷乱，能令于相邪取分别。是故如来为诸弟子分别开示，令于彼相决定悟入。为欲了知真实相故，又为于自无

① 由前生串习，底本与《资福藏》《碛砂藏》《赵城金藏》《普宁藏》《永乐南藏》《径山藏》《高丽藏》相同；《房山石经》“串”作“惯”。

欺诳故，又为于他坦然无畏正记别故[①]。

复次，诸出家者弃舍所学增上力故，当知安立顾恋境界。又出家者毁犯尸罗增上力故，当知安立未出家者弃背趣入心株覆事。远离惭愧故，一向爱味故。若坚执取所缘境界，当知彼名最极爱味。由是因缘，于修上品诸善业中，为心株杌，是不调柔，无堪能义。又即由此增上力故，行诸恶行，内怀隐匿所造众恶，故生其覆。如是一切，略摄为一，说名于境最极爱味心株覆事。

复次，若于诸根无护行者，由乐听闻不正法故，便生无明触所生起染汙作意；即此作意增上力故，于当来世诸处生起所有过患不如实知[②]；不如实知彼过患故，便起悕求；悕求彼故，造作增长彼相应业；造作增长相应业故，于当来世，六处生起。如是名为顺次道理。逆次第者，谓彼六处以业为因，业爱为因，爱复用彼无明为因，无明复用不如正理作意为因，不正作意复用无明触为其因。又于此中，先所造业是现法受六处之因，现法造业是次生受六处之缘，或是后受六处由藉。爱等、业等，随其所应，当知亦尔。

复次，由二因缘，后有生起。一、后有业；二、后有爱。而但说言诸有情类随业而行，不言随爱。何以故？略有三爱：一者，欲爱；二者，色爱；三、无色爱。

此中，欲爱是不善者，虽有异熟，然若不起恶不善业，终不能与恶趣异熟。若欲界爱，于无明触所生诸受起悕求时，于可爱境发生贪欲，于可憎境发生瞋恚，于可迷境发生愚痴。由此三种增上力故，行不善业；由此

① 又为于他坦然无畏正记别故，底本与《房山石经》《碛砂藏》《普宁藏》《永乐南藏》《径山藏》《高丽藏》相同；《赵城金藏》“坦”作“垣”；《资福藏》《赵城金藏》“别”作“一别”。

② 于当来世诸处生起所有过患不如实知，底本与《房山石经》《资福藏》《碛砂藏》《普宁藏》《永乐南藏》《径山藏》《高丽藏》相同；《赵城金藏》“于当”作“当于”。

业故，生诸恶趣。非但由彼贪瞋痴缠定堕恶趣，然即此爱于所造业异熟生时，能为助伴。又由悕求可爱境界增上力故，修行善行身语意业，由此为因，得生善趣。此中，可爱诸异熟果但应用业为引生因，非染性爱。

又若此爱，色、无色系虽非不善，然是染汙，一切皆非有异熟果。又即由此色、无色爱，名有爱者。彼由听闻正法因故，于其欲界观麤鄙相，证得明触，所生世间如理作意相应诸受[①]，调伏欲界贪瞋痴等，造修所成善有漏业。由于此间造彼业故，当得生彼，不由于彼染汙性爱，然即此爱于所造业异熟生时，能为助伴。是故但说诸有情类随业而行，不言随爱。

复次，于外事中，世间假名增上力故，亦说有果及有受者。彼或时空，世现可得或时不空。如果受者，因与作者，当知亦尔。如是名为世俗谛空，非胜义空。若说恒时一切诸行唯有因果，都无受者及与作者，当知是名胜义谛空。应知此空复有七种：一、后际空；二、前际空；三、中际空；四、常空；五、我空；六、受者空；七、作者空。

当知此中，无有诸行于未来世实有行聚自性安立，诸行生时，从彼而来。若有是事，彼不应生，于未来世诸行自性已实有故。又不应有无常可得。既有可得，是故当知诸行生时，无所从来，本无今有。是名后际空。

又无诸行于过去世有实行聚自性安立，已生已灭诸行往彼积集而住。若有是事，不应施设诸行有灭，过去行聚自性俨然常安住故。若无有灭，彼无常性应不可知。既有可知，是故诸行于正灭时，都无所往，积集而住，有已散灭，不待余因，自然灭坏。是名前际空。

又于刹那生灭行中，唯有诸行蹔时可得，其中都无余行可得，亦无别物，是名中际空。当知亦是常空、我空。

以无我故，果性诸行空无受者，因性业行空无作者，如是名为受者、作

① 所生世间如理作意相应诸受，底本与《房山石经》《资福藏》《碛砂藏》《普宁藏》《永乐南藏》《径山藏》相同；《赵城金藏》《高丽藏》“所”作“而”。

者二种皆空。作者、受者、无所有故，唯有诸行于前生灭，唯有诸行于后生生，于中都无舍前生者、取后生者，是故说言：唯有诸法从众缘生，能生诸法。又一切法都无作用，无少有法能生少法[1]，是故说言：此有故彼有，此生故彼生。但唯于彼因果法中，依世俗谛假立作用，宣说此法能生彼法。

复次，由五种相，于能顺喜所缘境界，随顺而行，深心喜乐，不如正理执取其相，发生贪欲，多起寻思，方便求觅，因此广行福非福行。如能顺喜所缘境界，顺忧、顺舍所缘境界，如其所应，当知亦尔。其差别者，于能顺忧所缘境界随顺而行，深心厌恶，发生瞋恚；于能顺舍所缘境界随顺而行，深心愚昧，发生愚痴。余如前说。

复次，有诸苾刍，证阿罗汉，诸漏永尽，于一切境随顺而行，恒时不堪乃至失念，生诸烦恼，是故恒住无杂染住。由是因缘，说名恒住。彼随行品，若喜若忧，若欣若慼，诸阿罗汉皆无所，。乃至善中亦无是事。又彼恒住极难行故，及无罪故，名为最胜。能成就者极难得故，说名第一真实福田。应当奉请，乃至广说，当知如前“摄异门分”。

复次，于善说法毗奈耶中，应知大师及弟子众各由二相，其德圆满。

云何二相，应知大师其德圆满？谓依利他行，欲令悟入诸所有受皆是苦故，说受所依，说彼因缘，说能杂染所有随行，说所对治及能对治师句安立，说一切种究竟出离，是名第一师德圆满。又依自利行，宣说不共三种念住，无杂染住是名第二师德圆满。

云何二相，应知弟子其德圆满？谓于如来无量法教能了知已，而未得到闻之彼岸。若以得到其彼岸者，要为修行法随法行，证得出离，非为受持。了知是已，如理修行法随法行，非但随说音声语言以为究竟，是名第一诸弟子众其德圆满。如是修行法随法行，不以下劣而生喜足，要当往趣贤

① 无少有法能生少法，底本与《资福藏》《碛砂藏》《赵城金藏》《普宁藏》《永乐南藏》《径山藏》相同；《房山石经》《高丽藏》“少有”作“有少”。

敏丈夫所趣之地，定当获得彼所应得，是名第二诸弟子众其德圆满。

复次，于善说法毗奈耶中，复由三相，应知大师其德圆满。又由二相，应知弟子其德圆满。

云何三相，应知大师其德圆满？谓佛世尊为诸弟子最初施设远离二边中道正行，是名第一师德圆满。又于圣教未生信者、有毁犯者，以正方便令入圣教，离诸毁犯，是名第二师德圆满。又于圣教已得入者，由四法摄正摄受之，是名第三师德圆满。

云何名为四种法摄？一、于秘密，以其如法闲静教授而教授之，不以非法；二、于违犯，以其如法苦切语言现前呵摈，非不如法；三、于寻思、依止躭嗜，教令于内勤修寂静；四、令时时听闻正法，常无懈废。又令远离相似正法，及令对治弃舍正行，当知即是于其秘密，能引如法闲静教授。于实毁犯，若正了知要当呵摈方调伏者，以如法言现前呵摈，心无杂染。于寻思者，方便令其易得决了。于诸流荡五妙欲者，示其过患，令生厌离。渐次修学，乃至证入第四静虑，所有寻思，依止躭嗜方能于内究竟寂静。自令无恼，令他摄取，当知是名于时时闻听闻正法①，常无懈废。

云何二相，诸弟子众其德圆满？谓诸弟子最初忍受大师所见，谓诸法中空无我见。由是因缘，于诸法中不增益我，起邪执著，亦不毁坏世俗道理。胜意乐故，无所随从；随言说故，亦不远离。是名第一诸弟子众其德圆满。又彼于见既忍受已，能正修行法随法行。由四法摄所摄受时，若彼诸法有苦有害，如实了知，能速断灭；若彼诸法无苦无害，如实了知，能速作证。是名第二诸弟子众其德圆满。

如是大师及弟子众之所摄受诸佛圣教，当知一向无染清净，诸聪慧者之所归趣。

① 当知是名于时时闻听闻正法，《房山石经》《资福藏》《碛砂藏》《赵城金藏》《普宁藏》《永乐南藏》《径山藏》《高丽藏》“闻听”作“闲听”。

瑜伽师地论卷第九十三

摄事分中契经事缘起食谛界择摄第三之一

如是已说处择摄。缘起、食、谛、界择摄，我今当说。

总嗢柁南曰[①]：

立等二谛等，以触为缘等，
有灭等食等，最后如理等。

别嗢柁南曰：

立苦聚谛观，摄圣教微智，
思量际观察，上慢后甚深。

略由三相，应知建立缘起差别。一、从前际，中际得生；二、从中际，后际得生；三、于中际生已随转及趣清净。

此中，云何从其前际，中际得生，及于中际生已随转？谓如有一，宿非聪慧，无明为缘，造作增长罪、福、不动身语意业。由此为缘，随业行识乃至命终随转不绝，能为后世续生识因。如是展转，有内外爱，识生果时，能为助伴，现前而起。既命终已，由前际因，于现在世自体得生。生已渐次于母腹中，因识为缘，续生果识随转不绝，任持所有羯逻蓝等。名色分位后后残胜，始从胎藏，乃至衰老。

又即此识当续生时，能感生业与异熟果。异熟生识复依名色相续而

① 总嗢柁南曰，底本与《资福藏》《碛砂藏》《普宁藏》《永乐南藏》《径山藏》相同；《房山石经》《赵城金藏》《高丽藏》“柁”作“拕”，下同。

转，谓依眼等六根转故[1]。由是说言：名色缘识。俱生五根，说名为色，无间灭等，说名为名，随其所应，能与六识作所依止。识依彼故，乃至命终，数数随转。又五色根，根依大种，根处大种所生诸色及诸余名，由彼执持，所有根等，堕在相续，流转不绝。此二总名随转依止，由是故言：识缘名色，名色缘识。于现在世，犹如束芦相依而转，乃至寿住。如是名为从其前际，中际缘起诸行得生，于其中际生已随转。

当知此中，依胎生者说转次第，卵生、湿生，除在母腹，有余差别。有色有情在欲、色界受化生者，于初生时诸根圆满，与余差别。在无色界诸有情类，识依于名及色种子，名及色种依识而转。由彼识中有色种故，色虽间断，后当更生。如是名为此中差别。由福业故，生于欲界人天两趣；由罪业故，生恶趣中；由不动业，生色、无色。

云何名为从其中际，后际缘起诸行得生？云何不生，由不生故，证得清净？谓彼如是于中际生补特伽罗，领受先业所得二果：一者，领受内异熟果；二者，领受境界所生受增上果。彼由听闻不正法故，或由先世串习力故[2]，于二种果发起愚痴。彼由于内异熟果中有愚痴故，不能如实了知当来后有生苦。由此前际、后际无明增上力故，如前造作，增长诸行。由此新业熏变识故，于现法中随业而行。如是无明以为缘故，诸行得生；行为缘故，令识转变。当知此识于现法中但是因性，摄受当生诸识果故，约就一切相续为名，说六识身。

又即此识，当来后有名色种子之所随逐，名色种子复为当来后有六处种子随逐，六处种子复为当来后有诸触种子随逐，此触种子复为当来后

① 谓依眼等六根转故，底本与《资福藏》《碛砂藏》《赵城金藏》《普宁藏》《永乐南藏》《径山藏》相同；《房山石经》《高丽藏》“根”作“依”。

② 或由先世串习力故，底本与《资福藏》《碛砂藏》《赵城金藏》《普宁藏》《永乐南藏》《径山藏》《高丽藏》相同；《房山石经》“串”作“惯”。

有诸受种子随逐，当知是名于其中际，后有引因。由识为先，受为最后，遍能牵引诸自体故。如是由先异熟果愚引后有已[1]，复由第二境界所生增上果愚缘境界受，发生贪爱。由此爱故，或求诸欲，或求诸有。又取欲取，或取见、戒禁、我语取，取诸取已，爱、取和合，润先引因，转名为有，是当生起因所摄故。

此有无间，既命终已，如其引因所引诸行，识为最初，受为最后，或渐次生，或复顿生。如是应知于现法中，初用无明触所生受为缘，生爱；爱为缘故，次生于取；取为缘故，转成其有；有为缘故，当生得生；生为缘故，老病死等众苦差别次第现前。当知此中，或有处所，生处现前；或有处所，种子随逐。如是中际无明缘行，受缘爱等，能生后际缘起诸行。

若现法中，从他闻法，或于先世已集资粮，由彼为因，能于二种果性诸行如理思惟。若于彼因，若于彼灭，若趣灭行，如理作意思惟彼故，发生正见。又于诸谛，渐次获得有学、无学清净智见。彼由如是智见力故，能无余断无明及爱；由彼断故，即彼所缘不如实知诸无明触所生诸受亦复随断；由此断故，于现法中，由离无明，证慧解脱。又无明触所生诸受相应心中，所有相应贪爱烦恼，彼于其心，亦得离系；由离贪故，证心解脱。

又即由彼无明灭故，诸有无明犹未断时，依于后际应生行识乃至诸受，皆不得生，成不生法。是故说言：无明灭故，诸行随灭；次第乃至异熟所生诸触灭故，异熟所生诸受随灭。又现法中，无明灭故，无明触灭；由无明触永得灭故，从无明触所生受灭；由无明触所生诸受永得灭故，爱亦随灭；由爱灭故，如前说名所有取等，乃至损恼以为后边诸行皆灭，成不生法。

于现法中，如是诸行皆不流转；不流转故，于现法中住有余依般涅槃界，名为证得现法涅槃。彼于尔时，识缘名色，名色缘识，有余未灭，而得

① 如是由先异熟果愚引后有已，底本与《资福藏》《碛砂藏》《普宁藏》《永乐南藏》《径山藏》《高丽藏》相同；《房山石经》《赵城金藏》“引”作“别”。

说名清净尠白。乃至有识身住未灭，彼恒领受离系诸受，无有系缚。彼有识身，乃至先业所引寿量，恒相续住。寿量若尽，能执持识舍所执身，命根亦舍。从此已后[①]，所有命根无余永灭，都无所有。又彼诸识与一切受，于此位中，任运而灭。先因灭故，余更不续，亦无余灭。由此道理，名无余依般涅槃界，究竟寂静，常住妙迹。为此义故，常随涅槃，常以涅槃为其究竟，于世尊所，熟修梵行。

是名广说由三种相建立缘起，谓从前际，中际流转；从其中际，后际流转；复于中际流转清净。

复次，安立九相后有苦树，能生当有。谓有世间非聪慧者，于现法中所造新业，如小苦树。若彼世间非聪慧者，于能随顺诸漏处所，依现在世随观爱味，依过去世深生顾恋，依未来世专心系著。如是住已，先所未断一切贪爱，由数习故，转更增长。此非聪慧补特伽罗欲令如是后有小树复加滋茂，以贪爱水而恒溉灌，令如前说能感当来取所得果渐次圆满。

若有多闻诸圣弟子，虽造有漏能感当来诸业小树，然于能顺烦恼诸行，无倒随观生灭法性，于断无欲及以灭界，无倒随观是寂静性，损减彼业，不令增长，使其爱水亦皆消散。故聪慧者不欲滋荣后有小树，便断其爱、爱缘取等。损坏如是后有小树，尚令一切皆无所有，何况使其后更增长。

复更有一补特伽罗已生自体，诸先所有造作增长顺后受业，于现法中，为其所系。即彼自体及先所造顺后受业总摄为一，说名后有如大苦树。若于能顺诸烦恼法，如前乃至专心系著。如是住已，彼先所造顺后受业如直下根，令树郁茂。于现法中，彼爱烦恼如傍注道[②]，令树润泽。以此

① 从此已后，底本与《房山石经》《资福藏》《碛砂藏》《普宁藏》《永乐南藏》《径山藏》《高丽藏》相同；《赵城金藏》“从”作“彼”。

② 彼爱烦恼如傍注道，底本与《房山石经》《资福藏》《碛砂藏》《普宁藏》《永乐南藏》《径山藏》《高丽藏》相同；《赵城金藏》“注”作“住”。

为因，令随惑业行一切种子识于当来世正续生时，住于名色。如是苦树，长时安立。当知如是补特伽罗欲令苦树展转滋茂。此中白品，如前应知。

复次，世尊在昔为菩萨时，弃前所得诸世俗道及世诸师，处菩提座，为欲悲愍利他有情以为上首，自于诸谛起正观察。尔时为欲历观苦谛，由老死支，苦谛所摄，故于缘起逆历观察。当知此中，由三种相，于其老死如理观察。一者，观察细因缘故；二者，观察麤因缘故；三者，观察非不定故。感生因缘亦名为生，即生自体亦名为生，前生是细，后生为麤。此中，观前细生有故，而有老死；亦观由后麤生缘故，得有老死。当来老死，细生为因；现法老死，麤生为因。云何名为非不决定？谓即除彼生处所摄二种生体，余定无能与老死果。

如观老死，生、有、取、爱各由二种如理观察，当知亦尔。如是名为始从老死，次第逆观苦、集二谛缘起道理。应知此中，顺集谛法，犹如灯炷；即此集谛，如膏油等；苦谛，类灯。诸非聪慧补特伽罗，譬于灌油并集炷者，如是苦灯，烧然长世。当知白品，与此相违，谓善方便观灭、道谛。

复有二种补特伽罗。何等为二？一、唯行自非利益行，谓但于己集炷灌油，令一苦灯相续久住[①]。二、复有余补特伽罗兼行自他无量大众非利益行，为然自他大苦火聚，摄受听闻邪法为先，闻思修慧所引邪行，譬如积集干薪、干草及干牛粪。由是因缘，令苦火聚长时炽然，无有断绝。

复次，世尊在昔为菩萨时，处菩提座，依缘起门逆次而入，先缘后际，如理思惟老死苦谛，乃至其爱。如是观察后际苦谛及后际苦所有集谛未为喜足，遂复观察后际集谛因缘所摄现在众苦，谓遍逆观受、触、六处、名色与识。当知此中，观未来苦是当苦谛，观彼集因是当集谛。观未来世苦之集谛由谁而有，知由从先集所生起识为边际，现法苦有。既知从

① 令一苦灯相续久住，底本与《房山石经》《赵城金藏》《径山藏》《高丽藏》相同；《资福藏》《碛砂藏》《普宁藏》《永乐南藏》“久”作“人”。

先集所生起，不应复观此云何有。是故世尊昔菩萨时，为观当来所有苦、集，观现在苦乃至作意相应心识，而复转还。又为渐次观彼后际集谛依处，后际苦谛所依止处，当知即是后际集谛，故乃至识，复还顺上。如是顺逆如理观察缘起苦、集。

从此无间，为观灭谛，始从老死逆次第入，乃至无明。何以故？观察如是现在苦谛，云何一切皆悉尽灭？谓不造作无明为缘新业行故。如是历观三圣谛已，次更寻求此灭圣谛，何道何行而能证得？由如前说宿住随念，忆昔为求诸漏永尽，世间正见如教授者令现在前，作是思惟："我今证得先旧正道，古昔诸仙同所游履。"如是但以世间作意历观四谛。又以正见于诸谛中得入现观，次第方便，证觉无上正等菩提，现见方便，获得无漏有学、无学善净智见。为此义故，于三大劫阿僧企耶，修行一切难行之行，今于此义皆已证得。为利他故，哀愍世间诸人天故，随有堪能入圣法者，开四圣谛，令生等觉。

复次，佛世尊教，三处所摄。何等为三？一、善建立诸缘生法无作用故；二、彼为依，利他行故；三、彼为依，自利行故。此中，善建立诸缘生法无作用故者，谓从后际苦，逆观现法前际苦、集，名色缘识，识缘名色，譬如束芦展转相依，而得住立。于其中间，诸缘生法皆非自作，亦非他作，非自他作，非无因生。如是施设，名善建立诸缘生法无作用故。所以者何？无常诸行，前际无故，后际无故，中际虽有，唯刹那故。作用动转，约第一义都无所有，但依世俗暂假施设。如是施设，如实无倒，是故说此名善建立。

即依如是善建立性，依诸缘起，为他宣说圣谛法教，名彼为依，利他行故。即此为依，自能趣入圣谛现观法随法行，又能证得现法涅槃，当知是名用彼为依，自利行故。又先积集智慧资粮诸弟子众，成就猛利俱生慧故，名为聪慧；具教智故，名为明了；具证智故，名善调伏；不由他缘，自觉法故，名无所畏；缘于涅槃，如实觉故，名见甘露；尽、无生智为所依止，证有余依涅槃界故，名身证得妙甘露界具足安住。

复次，有诸愚夫外道种类，虽能观见四大种身麤无常性，由观此身虽久住立，而有增减，死时生时，有舍取故，便于其身能厌能离，能起胜解，以世间道离欲界欲。离色界欲，极至有顶。然彼于身，当知仍名未得解脱。所以者何？由于彼彼所得定中，莹磨其识，执取为我，杂染而住，复于后时，寿尽业尽，还退生下，以于缘起不善巧故。

诸圣弟子虽于缘起已得善巧，而但随观四大种身细无常性，未即观察识无常性。所以者何？四大种身经久时住，常相可得，刹那相似相续随转，其无常性难可得故。识无常相麤显可得，刹那刹那所缘易脱，其相转变，无量品类有差别故。虽即此识无常性相无量品类麤显易得，然复说名最极微细，当知其性难可识故，难可入故。所以者何？唯是慧眼所见境故。四大种身有增有减，有舍有取，其无常性尚为非理肉眼境界，况其余眼。缘起善巧诸圣弟子复欲悟入最极微细识无常性，即于缘起如理思惟，由能分别堕自相续触所生起诸受分位差别性故，便能悟入识无常性。彼既成就如是智见，渐次于受所依止身所因诸触，及余一切名所摄行皆能厌离，生于胜解，亦得解脱。得解脱故，安住毕竟若有余依、若无余依二涅槃界。

复次，于缘起法善巧苾刍，由三种相，于其三际能正思量，正能尽苦。云何三相？一、苦依处；二、苦因缘；三、苦因缘依处：是名三相。云何三际？一者，中际；二、过去际；三、未来际：是名三际。

当知此中，内身苦依，是寒热等及病死等众苦差别现法生起之所依处。何以故？由有此故，于所依身，彼得生故。外父母等亲属朋党摄受苦依，是供侍等执持刀杖以为后边，忧愁叹等众苦差别之所依处。何以故？如前说故。此二种依用摄受爱以为其因，由以集爱[1]，此依生起，名苦因缘。又即

① 由以集爱，底本与《资福藏》《碛砂藏》《普宁藏》《永乐南藏》《径山藏》相同；《房山石经》《赵城金藏》《高丽藏》“以”作“似”。

此爱依止可乐妙色境界以为依处，方乃得生，说彼名苦因缘依处。

又诸所有现在境界，贪瞋痴火热恼为因，令生燋渴，由是遂饮譬如杂毒可药妙色所缘境界甘美之饮[①]，不能弃舍，转增渴爱；由渴爱故，有当来依；当来依故，便有众苦。如是当知由第一义，名为趣死。即由如是现在道理，应当了知去、来道理。当知是名能正思量中、去、来际。

又即依止四种言说，应知一切所依三量：若见若知二种言说，是依现量；若觉言说，是依比量；若闻言说，依至教量。

复次，由五种相正勤方便，观察缘起，能尽众苦，能作苦边。何等为五？一者，观察诸缘生法生起因缘；二者，观察彼灭因缘；三者，如实了知能趣彼灭正行；四者，修行法随法行；五者，于证离增上慢。如是名为善起观察及果成满。

始从未来依因缘苦，逆次乃至识缘名色，由四种相观察通达，修习正行，谓由二相观察当来因有故果有，因无故果无。既观察已，通达因无由修正行。既通达已，随正修行法随法行。

又正观察于现法中，无明为缘，福及非福、不动新业因法有故，随福、非福、不动业行果识等有，彼非有故，此亦非有。既观察已，如前通达及正修行。正修行时，不造无明为缘新业，故业触已，速能变吐，于现法中证得如前现见圣道、道果涅槃。彼于尔时譬如陶师，举烦恼火随眠烝热，随有识身熟烝热瓮，置极清凉涅槃岸上，令离一切烦恼烝热。又令如瓦，有识身摄，依得清凉。应知如前领受所有身边际受，乃至广说。未舍命来，常处恒住，终不退失阿罗汉果，亦不能造无明缘行。

云何于证离增上慢？谓彼尔时成就能缘缘起妙善清净智见，作是思惟："依胜义谛，无流转者，无涅槃者，唯有彼彼法生故，令彼彼法生，彼

① 由是遂饮譬如杂毒可药妙色所缘境界甘美之饮，底本与《径山藏》相同；《房山石经》《资福藏》《碛砂藏》《赵城金藏》《普宁藏》《永乐南藏》《高丽藏》"药"作"乐"。

彼法灭故，令彼彼法灭。”

复次，略有二种增上慢者：一、于有学增上慢者；二、于无学增上慢者。若于有学增上慢者，彼告他言：“我已渡疑，永断三结。我于所证有学解脱，已离犹豫，已拔毒箭，已能永断萨迦耶见以为根本一切见趣。”若于无学增上慢者，彼告他言：“我无有上，所应作事，所应决择，我皆已作。”如是二种，或依缘起，或依涅槃。

又依圣说而起说时，谓说甚深出离世间、空性相应缘性缘起顺逆等事，于其所说不能觉了，不随悟入。由此二种因及缘故，于如实觉发起狐疑，于自相续烦恼永断涅槃作证亦生犹豫。所以者何？由于有学增上慢者，计我、我所常所随逐，随入作意微细我慢间无间转，不能了达。又奢摩他任持相续，防麤烦恼，令不杂乱。由是因缘，彼于未得生已得想，于未防护生已护想，便告于他。

又于无学增上慢者，彼自谓言：“我已寂静，我已涅槃，我已离爱，我已离取。”于此未断微细现行诸增上慢，不能了达。于所未得生已得想，于未防护生已护想，便告于他。

又于无学增上慢者，当知决定先于有学起增上慢。无有实义诸有学者，于上无学起增上慢。所以者何？非彼相续烦恼现行如是缠心坚牢而住，由此因缘，于所未得生已得想，起增上慢，坚固执著，经多时住，或告于他。唯有失念狭小蹔时烦恼现行，寻复通达，速能远离。

又彼如是或由先时，于所未得起得增上慢故，或由今时，于其所得生疑惑犹豫坏期心故[①]，便生忧感，作是思惟：“若我所证无所有者，他之所证亦应无有。”如是便生谤圣邪见，受恶趣因，获大衰损。

云何如前圣说甚深？谓能开示甚深缘起究竟涅槃，三相相应有为、无

① 于其所得生疑惑犹豫坏期心故，底本与《资福藏》《碛砂藏》《普宁藏》《永乐南藏》《径山藏》相同；《房山石经》《赵城金藏》《高丽藏》“期”作“其”。

为体性差别。有为无常，无为常住；诸行皆苦，涅槃寂静。一切有为总唯是苦及唯苦因，一切无为总唯众苦及因永灭。若诸苾刍于现法中得涅槃者，永断后有众苦因道，令当来世所有苦果究竟不转。入无余依般涅槃时，后苦不续，先因所引现在苦依任运而灭，至苦边际。此中都无先流转者，亦无于今般涅槃者。若能开示如是义言，当知名为如前所说圣说甚深。

复次，缘起本性最极甚深，而有一能开示令浅，当知此由二因缘故：一、由大师善开示故；二、即由此补特伽罗成就微细审悉、聪敏博达智故。若说若听是诸句义，应知如前“摄异门分”。

当知此中，诸缘起法略由四相，最极甚深。何等为四？一、由微细因果难了知故；二、由无我难了知故；三、由离系有情而有系缚难了知故；四、由有系有情而离系缚难了知故。

云何微细因果难可了知？谓依观察圣谛道理，始从老死，乃至识缘名色，所有有支有缘体性。云何名为有缘体性？谓于是中，有因缘生，未永断故，而有生生；生既生已，唯当希待后时老死。当知此中，生之因缘亦名为生，因缘所起亦名为生。有前生故，而有后生；有后生故，而有老死。此中，前生是后生因，亦老死缘，后生唯是老死之缘。如是一切，总摄为一，略说名为生缘老死。当知是名初老死支有缘体性。如说生支，如是有支、取支安立，当知亦尔。取差别者，谓无差别欲贪名取，取之差别安立有四。

如是爱支，或求欲门发起诸业，或求有门发起诸业。此二业门所有诸爱，当知归趣爱非爱受。又即此爱，生六处门所起无明触所生受为缘故转[①]。复有余受，非此爱缘，谓明触所生，及非明非无明触所生。又即此受，当知一切皆用相似触为其缘。此复云何？谓明、无明相应，是增语触；与此相违，是有对触。

① 生六处门所起无明触所生受为缘故转，底本与《碛砂藏》《永乐南藏》《径山藏》相同；《房山石经》《资福藏》《赵城金藏》《普宁藏》《高丽藏》“生”作“由”。

又此明触及无明触所随增语触，如其所应，当知彼用听闻正法，或不正法于所缘境若正若邪闻思修智相应诸名以为其缘。非明非无明触所摄有对触，当知彼用若内若外诸色为缘。如是总名名色缘触。又即六处略为二分，谓名及色，与触为缘。当知此中，意处非色，与余非色诸法相应，如是一分，说名为名；诸余色处总为一分，说名为色。

又此名色于现法中，由续生识为缘牵引，及能执持令不散坏。又即此识续生已后，依名色住，或于同时，或无间生，依彼而转，故于现法，此亦用彼名色为缘。应知先业所引名色，与识展转相依，展转为缘。如是当知，识缘名色以为后边所有有支，随老死相，如前所说，随其所应、有缘体性。如是名为微细因果难可了知。难了知故，当知缘起名为甚深，最极甚深。

云何无我难可了知？谓诸因果安立缘起，齐尔所事，遍于一切有情众中，起无差别有情增语。即此增语应知是路，依此处所，有言辞转，施设各异有情众别，谓鸟、鱼、蛇、蝎、人、天等类。又立各异名字差别，谓鹦鹉、舍利、孔雀、鸿雁、多闻、持国、增长、丑目、舍利子、极贤善、给孤独、一切义成等名字差别。齐尔所事，于诸世俗言说士夫有言论转。谓诸所有受，若明触所生，若无明触所生，若非明非无明触所生，如是一切，与名色俱。若诸名色无余永灭，所有诸受无容得生。当知是名无我缘起难可了知。

云何离系有情而有系缚难了知性？谓如外道触对无明触所生受，由三门故，于其无我缘生诸行分别有我，起见施设。

云何三门？一、于欲界未得离欲，于欲界系三种受中妄计一分为明我所，妄计一分为受者性，分别有我，起见施设；二、于欲界已得离欲，第三静虑未得离欲，唯于乐受计有所得，即妄计此为明我所，计此受外别有实我是能受者，起见施设，谓即此我是有受法，即用彼受领纳其受；三、于第三静虑已上不苦不乐微细诸受不能通达，分别有我，谓于诸受都非受者，起见施设。

如是一切，由三种门所起我见，皆不应理。所以者何？以三种受皆无常故，其所计我应亦无常，是故彼见三受为我，不应道理。又于第四静虑已上都无乐受，其中亦无能受乐者，计我于彼由乐受故，名有受法，不应道理。又于第四静虑已上无色定等，彼所计我应无觉受。彼由寂静定所生受发起我慢，谓我寂静，此慢应无，然有此慢，是故此计亦不应理。当知是中，若诸缘起非甚深者，彼应无有如是无智妄计失坏。

内法多闻诸圣弟子触对明触所生受故，了知一切所起我见皆不应理，是故观见诸法无我。彼于世俗及胜义谛皆得善巧，于如前说如来灭后若有若无乃至非有非无皆不执著，于如是事心得解脱。设有来问，如是为有，如其所应，而不记别；如是为无、俱及俱非，皆如所应，而不记别。如是彼由妙智为先，而不记别，或有谓言是无知者，当知此是极大无智，极大邪见。

又彼如是见行外道于现法中，依如前说三种妄见，或施设我是其有色，或施设我是其无色，或施设我以为狭小，或施设我以为无量。如现法中妄分别我是真可得，起见施设，如是当来分别起见，为他施设，当知亦尔。虽有多种妄分别我，然唯一类萨迦耶见随眠所系。未断彼故，虽由下劣诸世俗道渐离系缚，乃至有顶，当知即彼犹名系缚。如是名为以诸缘起善巧妙智，能随悟入离系有情而有系缚难了知性。

云何名为有系有情而离系缚难了知性？谓有名闻诸圣弟子触对明触所生受故[①]，于现法中不得实我，亦不施设。身坏已后，亦不于彼七识住中施设一切有情众已，复于其下续生识处，又复于彼生起识处。彼于识住及于二处，以诸缘起圣谛道理如实观时，成阿罗汉，或慧解脱，或俱解脱，

① 谓有名闻诸圣弟子触对明触所生受故，底本与《碛砂藏》《永乐南藏》《径山藏》相同；《房山石经》《资福藏》《赵城金藏》《普宁藏》《高丽藏》“名”作“多”。

具八解脱、静虑、等至。彼于现法虽可现见有生老死，然名从彼而得离系。虽复现见领纳诸受，然名于受而得离系。虽复现见有识、名色，然名于彼而得离系。如是名为以诸缘起善巧妙智，如实了知有系有情而离系缚难了知性。

由此四相，应知缘起名为甚深、最极甚深。

复次，嗢柁南曰：

异世俗胜义，法尔此作等，

大空与分别，自作为其后。

于此正法毗奈耶中，虽复愚、智俱从前际至于中际，并由二种根本烦恼集成如是有识之身，此身为缘，于外所有情非情数名色所摄所缘境界，领纳三受。然其智者于彼一切前中后际，与彼愚者大有差别。当知此中，于其中际有差别者，谓由二种根本烦恼集成如是有识之身，于现法中，此二皆断。断此二故，于当来世无复有彼识所随身。是即名为后际差别。

问：何缘智者成智者性？

答：于现法中，所有集谛及于后际所有苦谛皆离系故。

问：何缘愚者成愚者性？

答：于断彼二，无力能故。

曾习圣教，名为智者，先已寻求智资粮摄，诸梵行故；于其圣教曾未修习，名为愚者，彼相违故：当知是名智者、愚者前际差别。

复次，于诸缘起善巧多闻诸圣弟子，如实了知世俗、胜义二谛道理。如实知故，于现法中，有识身等所有诸法了知无我；终不执彼为我、我所。由于胜义得善巧故，无是邪执。于堕诸行相续自业所作有情，如实了知无有展转所能作者，亦无不作有吉祥义。了知是已，遂正勤修烦恼离系。由于世俗得善巧故，远离所有增益不实、损减实事。

彼现法中，于有识身先所造作，思所祈愿，思所建立，由誓愿故，即以闻、思所成妙慧缘起善巧为所依止，用奢摩他、毗钵舍那修所成行，能随悟入。又于识、触、受、想、思身，历观为苦。又于爱身差别观时，当知即是观察集谛。彼于二谛有生灭智，如实了知由因集故，如其所集；由因灭故，如其所灭。谓由定地世间作意，修习如是作意因缘，入谛现观。

彼于先时，于世间集及世间灭，由闻、思慧，说名善见，亦名善知；由修慧故，名善思惟。今于圣谛入现观时，名为善了，亦名善达。由尽所有、如所有故，随其次第。彼于尔时，由闻、思慧，名趣正法；由修慧故，名近正法；由谛通达，名证正法。又由趣由近正法故，名到源底；由证正法故，名遍到源底。又有学慧，名入世间出没妙慧。此无漏故，圣相续中而可得故，名为圣慧。能尽能出一切烦恼及诸苦故，名出离慧。最极究竟能通达故，名决择慧。彼既成就如是妙慧，复作是思：”我当进断后诸所有一切烦恼。“即于此事多修习故，于修道中，出余烦恼，尽一切苦。如是显示从初业地乃至获得阿罗汉果，所有正道。

复次，由二因缘，于诸缘起及缘生法建立二分差别道理，谓如所流转故，及诸所流转故。当知此中有十二支差别流转，彼复如其所应，称理因果次第流转。又此称理因果次第，无始时来，展转安立，名为法性。由现在世，名为法住；由过去世，名为法定；由未来世，名法如性。非无因性，故名如性，非不如性。如实因性，故名实性；如实果性，故名谛性。所知实性。故名真性；由如实智依处性故，名无倒性，非颠倒性。由彼一切缘起相应文字建立依处性故，名此缘起顺次第性。

又此二种善巧多闻诸圣弟子，于三世中如实了知，远离一切非理作意，于诸圣谛能入现观，于诸外道诸见趣中能得离系，如前趣等，广说应知。又彼缘起，无始时来，因果展转流转相续。如来于此流转实性现等觉已，以微妙智，起正言词，方便开示非生非作。当知此中，无始时来因果展转法住法性，由彼相应名、句、文身，为令解了，随顺建立法住法界种性依处。

复次，由二因缘，此作此受、余作余受不应记别。云何为二？一者，因果相属一故，诸行相续前后异故[①]；二者，所余作者受者、不可得故。若于此论不受不执，以中道行，如唯因果而正记别，亦无过失。

复次，一切无我无有差别，总名为空，谓补特伽罗无我及法无我。补特伽罗无我者，谓离一切缘生行外，别有实我不可得故。法无我者，谓即一切缘生诸行性非实我，是无常故。如是二种，略摄为一，彼处说此名为大空。

谓若有离世俗言说，妄见为依，起如是见，立如是论[②]，谓有别物异缘生法，或缘生法异彼属彼。此依妄见，非住梵行。何以故？由如是见依止初空所治见转，非此见者应解脱故。或复即名色所摄缘生法中[③]，依如前说三种妄见，起如是见，立如是论：命即是身，乃至广说。如是亦非安住梵行。何以故？由如是见依第二空所治见转，非此见者应解脱故。

远离如是二邪见边，唯见因果，名中道行。所知真如，名如实性；能知真如，名无倒性。于有诸行，假施设有，谓是诸行，诸行属彼。若依胜义有如是者，彼一切行若灭若断，云何可说此是诸行，或行属彼？由于尔时，如是二种不可得故。

复次，由二因缘，当知施设所有缘起一切种相，谓总标举，或别分别。云何为二？一、如所有性故；二、尽所有性故。

云何如所有性？谓无明等诸缘生法，渐次相称因果体性，及有此因未断故，有彼果未断；此未断因生故，彼未断果生。如是名为如所有性。

---

① 诸行相续前后异故，底本与《房山石经》《资福藏》《碛砂藏》《普宁藏》《永乐南藏》《径山藏》《高丽藏》相同；《赵城金藏》“异”作“果”。

② 立如是论，底本与《房山石经》《资福藏》《碛砂藏》《普宁藏》《永乐南藏》《径山藏》《高丽藏》相同；《赵城金藏》“论”作“记”。

③ 或复即名色所摄缘生法中，底本与《资福藏》《碛砂藏》《普宁藏》《永乐南藏》《径山藏》相同；《房山石经》《赵城金藏》《高丽藏》“名”作“于名”。

云何尽所有性？谓无明等诸缘生行一切种相。如彼无明是前际无智，乃至广说差别体相。广分别名，应知如前“摄异门分”。建立分别，如前应知。如是名为尽所有性。

即依如是如所有性、尽所有性，若总标举，若别分别。先总标举，说名为初；后即于此复广开示，说名分别。

复次，由二因缘，自作苦乐不可施设，不可记别。如是他作、俱作、俱非所作无因而生，当知亦尔。云何为二？一者，诸行如前所说无作用故；二者，有余作者有情不可得故。此中，诸行无作用故，此受此领自作苦乐，不应道理。又彼有余作者有情不可得故，余受余领，不应道理。受所渴爱，摄受他受亦不应理。有诸缘故，诸受得生，故无因生亦不应理。是故远离前之三种恶因论边，后之一种无因论边，觉了如前中道行教，勤修正行，能尽众苦。

瑜伽师地论卷第九十四

摄事分中契经事缘起食谛界择摄第三之二

复次，嗢柁南曰[①]：

触缘见圆满，实解不爱乐，

法住智精进，生处等为后。

于一切触缘受有中，若诸沙门，或婆罗门，宣说无因、恶因论者，如前请问此作此受，乃至广说。安住正法大师弟子，若胜若劣，略有三种无倒记别：一、开自宗记；二、伏他宗记；三、有执无执、杂染清净记。

当知此中，于彼所问无差别记，谓诸苦乐皆从缘生，是我宗致。斯则名为开自宗记。若于彼问作如是记：诸计苦乐自作、他作、俱非[②]、俱作无因而生[③]，于一切处，由触生受，何用妄计自他作等[④]？若触因受现不可得，更求余因可为巧妙；然触因受既现可得，故求余因非为巧妙。如是记者，是则名为伏他宗记。所以者何？由二因缘，彼为摧伏。一者，除唯根、境、识合，不能显示余作者故；二者，不能诽拨一切世间现量如理所得触因缘故。又彼不能立自宗故，亦复不能破他宗故，名被摧伏。

---

① 嗢柁南曰，底本与《资福藏》《碛砂藏》《普宁藏》《永乐南藏》《径山藏》相同；《房山石经》《赵城金藏》《高丽藏》“柁”作“拕”，下同。

② 俱非，底本与《房山石经》《资福藏》《碛砂藏》《赵城金藏》《普宁藏》《永乐南藏》《径山藏》相同；《高丽藏》“非”作“作”。

③ 俱作无因而生，底本与《房山石经》《资福藏》《碛砂藏》《赵城金藏》《普宁藏》《永乐南藏》《径山藏》相同；《高丽藏》“作”作“非”。

④ 何用妄计自他作等，底本与《房山石经》《资福藏》《碛砂藏》《普宁藏》《永乐南藏》《径山藏》《高丽藏》相同；《赵城金藏》“作”作“他”。

若于彼问作如是记：我亦唯依根、境界、识，假名自作[①]、他作、俱作若苦若乐，而于实我都无所执，汝于此中有邪执著，故不随许。所以者何？若有执著，即为杂染；若无执著，即为清净。云何名为若有执著，即为杂染？谓彼世间不聪慧者，若于前际有所执著，无明缘行，广说如前，便于中际苦乐杂染；若于中际有所执著，彼亦如前，当于后际苦乐杂染。云何名为若无执著，即为清净？谓聪慧者，若于前际，或于中际，不于诸行执我、我所，彼于前际诸受因灭，已般涅槃；或于后际诸受因灭，当般涅槃。是名第三有执无执、杂染清净记。

复次，若有弃舍无因、恶因，于因生法五种因中获得正见，名见圆满[②]。于此正法及毗奈耶不可转故，亦得名为成正直见；由于涅槃意乐净故，亦名成就于佛证净，于所知境智清净故。由此三缘，如其次第，名于正法趣向、亲近及与正证。

云何名为从因生法五种因耶？一、恶趣因，谓诸不善及不善根；二、善趣因，谓一切善及诸善根；三、于识住令识住因，谓四种食；四、现法、后法杂染因，谓一切漏；五、清净因，谓谛缘起。

若有于此诸因自性，如实了知是其自性；于此因缘，如实了知是其因缘；于因缘灭，如实了知真实是灭；于趣灭道，如实了知真实是道；名见圆满。观缘生事，乃至无明为边际故，过此更无缘生因观，唯由此观，自义究竟。

复次，略有三种于现法中真实寂灭，乃至寿量未永止息恒相续转所知境事。于彼有学正修行时，施设学性。于彼无学，作是思惟："我一切

① 假名自作，底本与《资福藏》《碛砂藏》《赵城金藏》《普宁藏》《永乐南藏》《径山藏》相同；《房山石经》《高丽藏》"名"作"立"。

② 名见圆满，底本与《资福藏》《碛砂藏》《赵城金藏》《普宁藏》《永乐南藏》《径山藏》《高丽藏》相同；《房山石经》"名"作"若"。

尽，不复当尽。”尽、无生智所思择故，名思择法。云何为三？一、六处；二、六处缘触；三、触缘受。

当知此中，所有多闻诸圣弟子随所领受，即于彼受如实遍知。又即于彼厌、离欲、灭，勤修正行。又能如实了知彼受触所引生，触复由彼六处引生，即于彼触引因六处厌、离欲、灭，勤修正行。又于彼受、触及六处一切实事略摄为一，了知一切由无常灭名灭法已，于现法中，于此一切三种实事无常灭法，如前修行厌、离欲、灭。由此正行，名学常委。又由修行此正行故，无所造作，究竟解脱，是故说名择法常委。为欲证得曾所未得，曾所未证，修行无间、殷重方便，名学常委。为于所有现法乐住无有退失，无间所作，殷重所作，由是说名择法常委。

等说一切事法增上名、句、文身，名为法界。诸有获得无碍解故，名、句、文身随欲自在，是故说名善达法界。由于法界善通达故，即于如是真实想义，更以余名，随其所乐，差别宣说，乃至能于七日七夜，或过彼量，辞辩无竭。复以如是差别种类，如实宣说彼是有为，思所造作，动转羸顿，如病如痈，乃至广说。

复次，当知具解诸阿罗汉略有六种记别所解：一、有异门记别；二、无异门记别；三、智记别；四、断记别；五、总记别；六、别记别。有异门记别者，谓如有一，或他请问，或复自然为欲令他于佛圣教多起恭敬，故如是记：我于今者，无一疑惑。无异门记别者，谓作是记：我生已尽，乃至广说。

智记别者，谓有问言：云何知故，云何见故，彼生已尽？便记别言：生缘尽故，彼生已尽。以如是相记别自己善解脱智所摄尽智，名智记别。又即于此别记者[①]，谓即记别：彼因缘有。又复记别：彼生因缘因缘诸取。又

① 又即于此别记者，底本与《房山石经》《资福藏》《碛砂藏》《赵城金藏》《普宁藏》《永乐南藏》《径山藏》相同；《高丽藏》“者”作“别者”。

复记别：此诸取相如实知故，如实见故，令取无有。

总记别者，谓即于此一切所说[①]，了知所有诸受皆苦，既了知已，令彼生尽。如是记者，名总记别。断记别者，谓即由彼内解脱故，一切贪爱因缘皆尽。如是记者，名断记别。此断记别，即如前说，名别记别。此总记别，当知略由三种行相，谓薄伽梵所说诸结我皆无有，是名最初断总记别，谓诸有结皆永断故；又我安住如是正念，由我安住此正念故，一切贪忧恶不善法能令毕竟不漏于心，是名第二断总记别，谓恒住故；又于此中自无憍慢，是名第三断总记别，谓无有余增上慢故。如是总说有六记别。

复次，有三种法，是诸世间所爱所乐依内而说。一者，势力；二者，如色[②]；三者，寿命。复有违害如是三法，能引所治不可爱乐三种别法：一者，疾病；二者，衰老；三者，夭殁。若于三学起邪行时，便不堪任超越疾病、衰老、夭殁。若于三学起正行时，即能超越如是三事。云何三学？一、增上戒学；二、增上心学；三、增上慧学。

云何名为依止所有增上戒学起诸邪行？谓如有一，于初学中有所毁犯，或观于自，或观于他，无有羞耻。既自安住无羞耻已，便于一切恶不善法不自防护。既于彼法不自护已，于佛法僧不起恭敬，于诸所学教授教诫都无敬忌。由是因缘，若于此事，他正谏举，便于彼言不能忍受，自亦于彼默不与语。

于处非处能正谏举补特伽罗，憎背远避；于行邪行同己法者，亲近交游，好共安止。由与恶友共安止故，于诸贤圣尚生憎背，况当诣彼，躬申敬

① 谓即于此一切所说，底本与《资福藏》《碛砂藏》《赵城金藏》《普宁藏》《永乐南藏》《径山藏》相同；《房山石经》《高丽藏》“说”作“记”。

② 如色，底本与《资福藏》《碛砂藏》《普宁藏》《永乐南藏》《径山藏》相同；《房山石经》《赵城金藏》《高丽藏》“如”作“妙”。

觐。设复往彼为说正法，憎背圣故，而不欲闻。设暂属耳，心无敬顺，唯怀违诤，不为知解而有听闻，于处非处分别正行诸智论中不乐安住。彼由内怀违诤心故，虽有听闻，而不信受，亦不依行。又诸贤圣嘿不与语[①]，作是思惟："如是行者，不堪与语教授教诫。"

彼既自然无法自制，又为贤圣之所弃舍，于其内心恒不寂静，外身语意猥杂而住，勃恶贪婪，强口憍傲，于如是事不见过罪，多所毁犯，不如法悔，由数习故，渐次毁犯一切尸罗。当知是名依止所有增上戒学起诸邪行。与此相违，当知即是依止所有增上戒学所起正行。

云何名为依止所有增上心学起诸邪行？谓于行时，不如正理，执取境界诸相、随好，由是因缘，发起妄念。即于其中，不观过患[②]，烦恼生已，坚执不舍，由是因缘，不正知住。或于住时，居远离处，无有第二，即以妄念[③]、不正知住为所依止，心外驰散。如是名为依止所有增上心学起诸邪行。与此相违，当知即是依止所有增上心学所起正行。

云何名为依止所有增上慧学起诸邪行？谓如有一，离近贤圣，依近恶友，闻不正法，胜解为因，不如正理思择诸法，于诸恶欲及诸恶见喜乐受行，或于广大所觉所得微妙法中而自轻懱[④]。如是名为依止所有增上慧学起诸邪行。与此相违，当知即是依止所有增上慧学所起正行[⑤]。

---

① 又诸贤圣嘿不与语，底本与《资福藏》《碛砂藏》《普宁藏》《永乐南藏》《径山藏》相同；《房山石经》《赵城金藏》《高丽藏》"嘿"作"默"。

② 不观过患，底本与《房山石经》《资福藏》《碛砂藏》《普宁藏》《永乐南藏》《径山藏》《高丽藏》相同；《赵城金藏》无"不"字。

③ 即以妄念，底本与《普宁藏》《永乐南藏》《径山藏》相同；《房山石经》《资福藏》《碛砂藏》《赵城金藏》《高丽藏》"妄"作"忘"。

④ 或于广大所觉所得微妙法中而自轻懱，底本与《房山石经》《资福藏》《碛砂藏》《赵城金藏》《普宁藏》《永乐南藏》《径山藏》相同；《高丽藏》"觉"作"学"；《房山石经》《赵城金藏》《高丽藏》"懱"作"蔑"。

⑤ 当知即是依止所有增上慧学所起正行，底本与《资福藏》《碛砂藏》《赵城金藏》《普宁藏》《永乐南藏》《径山藏》《高丽藏》相同；《房山石经》"上"作"止"。

此中，异生补特伽罗依止如是三种学中所起邪行，无有堪能超异生地，无倒趣入正性离生，永断三结。由不永断三种结故，无有堪能依上修道[①]，得阿罗汉，于现法中无余永断贪瞋痴等一切烦恼，超越当来疾病，衰老及以夭殁。与此相违，当知即是于三学中如实正行一切白品，广说乃至超越当来疾病、衰老及以夭殁。

复次，若有苾刍具净尸罗，住别解脱清净律仪，增上心学增上力故，得初静虑近分所摄胜三摩地以为依止；增上慧学增上力故，得法住智及涅槃智。用此二智以为依止，先由四种圆满远离受学转时，令心解脱一切烦恼，得阿罗汉，成慧解脱。

此中，云何名法住智？谓如有一，听闻随顺缘性缘起无倒教已，于缘生行因果分位，住异生地，便能如实以闻思修所成作意如理思惟，能以妙慧悟入信解苦，真是苦集真是集，灭真是灭，道真是道。诸如是等，如其因果安立法中所有妙智，名法住智。

又复云何名涅槃智？谓彼法尔若于苦、集、灭、道，以其妙慧悟入信解是真苦、集、灭、道谛时，便于苦、集住厌逆想，于灭涅槃起寂静想，所谓究竟寂静微妙，弃舍一切生死所依，乃至广说。如是依止彼法住智，及因于苦、若苦因缘住厌逆想，便于涅槃能以妙慧悟入信解为寂静等。如是妙智，名涅槃智。

复次，于善说法毗奈耶中，诸聪慧者正观六种圆备现前，足能发起勤精进住。云何名为六种圆备？一、大师圆备；二、圣教圆备；三、圣教易入圆备；四、证得自义无上圆备；五、一切如理无间宣说圆备；六、有圣言将圆备。

云何名为大师圆备？谓诸如来成就十力、四无所畏，如是等，名大师

① 无有堪能依上修道，底本与《房山石经》《资福藏》《碛砂藏》《赵城金藏》《普宁藏》《永乐南藏》相同；《径山藏》《高丽藏》“上”作“止”。

圆备。

云何名为圣教圆备？谓自称言："我今已处大仙尊位，能转梵轮，于大众中正师子吼，开示一切顺逆缘起[①]、寂灭涅槃。"如是等，名圣教圆备。

云何名为圣教易入圆备？谓此圣教所有文句，其性明显，其义甚深。由此圣教，能正开发诸甚深义，故说文句其性明显，其义甚深。如是名为圣教易入圆备。

云何名为证得自义无上圆备？谓无沙门、或婆罗门于如来所能正开觉通慧为胜，是故于他证得自义所应得义、所应觉义，唯有如来所说法教为妙为上，若过于此，言辞路绝，如是名为证得自义无上圆备。

云何名为一切如理无间宣说圆备？谓诸如来所说法教，普为一切人天开示，无倒开示，于一切法不作师倦，无遗开示，如是名为一切如理无间宣说圆备。

云何名为有圣言将圆备？谓有能断一切疑惑，及能生起一切善根、一切善法所依大信现量可得安足之所大师现前，如是名为有圣言将圆备[②]。

诸聪慧者正观此六圆备现前，足能发起勤精进住，于三学中，依增上戒，修习瑜伽；依增上心，修不放逸；依增上慧，于大师教修瑜伽行。

若有安住懈怠心者，当知悕求二种过患：一者，悕求现法、当来能生众苦，一切烦恼杂染忧苦不安隐住；二者，悕求退失所有未证、已证一切善法，退失能引能住善趣涅槃大义[③]。与此相违，勤精进者当知悕

① 开示一切顺逆缘起，底本与《资福藏》《碛砂藏》《赵城金藏》《普宁藏》《永乐南藏》《径山藏》《高丽藏》相同；《房山石经》"逆"作"迎"。

② 如是名为有圣言将圆备，底本与《资福藏》《碛砂藏》《赵城金藏》《普宁藏》《永乐南藏》《径山藏》《高丽藏》相同；《房山石经》"将"作"浮"。

③ 退失能引能住善趣涅槃大义，底本与《资福藏》《碛砂藏》《普宁藏》《永乐南藏》《径山藏》相同；《房山石经》《赵城金藏》《高丽藏》"住"作"往"。

求二种胜利。此精进者于诸善法未证能证无退失时，能办自义、他义、俱义。

云何名为能办自义？谓出家已，由其二相，说名有果。一者，证得烦恼离系、究竟涅槃，谓离系果；二者，能起世间胜乐，谓往善趣乐异熟果。

云何名为能办他义？谓广为他宣说法要，令其能往世间善趣、究竟涅槃。

云何名为能办俱义？谓自修治净福田性，堪任受用从净信边所得如法衣服等事。由此受用，摄养己身，令其能顺一切善品。又能令他于己所作得大果报，谓于当来往善趣故。得大胜利，谓当获得财宝、仆从皆圆满故；得大荣盛，谓当获得寿命、色、力、乐、辩才等自圆满故；得大修广，谓即于上所得三处，长时随逐，无间断故。

由四种相[①]，应知世尊所说圣教名善说法。一、能趣寂静，能令证得有余依涅槃界故；二、能般涅槃，能令证得无余依涅槃界故；三、能趣菩提，能令证得声闻、独觉、无上正等三菩提故；四、善逝分别，最极究竟现量所显无上大师所开示故。

复次，具四圆满，能生圣处。若随有一、成此圆满，于善说法毗奈耶中正修行时，名曰善来、善出家者。云何名为四种圆满？一、增上意乐圆满；二、根圆满；三、智圆满；四、即于圣处有佛出世得值圆满。增上意乐圆满者，谓如有一，于般涅槃极净修治增上意乐方乃出家，非为债主及诸怖畏之所逼迫，乃至广说。当知如是而出家者，名善出家，生于圣处。根圆满者，谓如有一，眼耳无缺，非半择迦，不缺支分。由得如是根无缺故，于善说法毗奈耶中堪任出家，说正法时，堪能听受。

智圆满者，谓如有一，性不愚戆，无有下品愚痴障故；亦不瘖症，无有

① 由四种相，底本与《房山石经》《资福藏》《碛砂藏》《普宁藏》《永乐南藏》《径山藏》《高丽藏》相同；《赵城金藏》“相”作“想”。

中品愚痴障故；非手代言，无有上品愚痴障故。离三种智愚痴障故，有力能解善说、恶说所有法义。即于圣处有佛出世得值圆满者，谓如今时，有薄伽梵释迦牟尼出现于世，是为如来、应、正等觉，乃至广说。若广解释，应知如前“摄异门分”。宣说正法，趣寂静等，广说如前。当知此中，生圣处故，名为善来、善得出家。根无缺故，不愚戆故，不瘖痖故，亦不以手代其言故，名善获得具足人身。

复次，其于缘生诸行流转修观行者，略有二种作犹豫法。云何为二？一者，承习说无因论；二者，承习说恶因论。此中，承习无因论者，观一切种皆无所因，便生疑惑：云何诸法无因而转？其有承习恶因论者，亦生疑惑：云何由彼不相似因、不称理因，有诸法转？若有多闻诸圣弟子，远离二种非真实论，正观流转，由是因缘，得善决定，无有疑惑，内证真实。若于是处说有多闻诸圣弟子，当知此中是诸异生；若于是处，唯说有其诸圣弟子，当知此中说已见谛。

复次，于正法中略有三种补特伽罗，犹有苦恼不安隐住。云何为三？谓如有一，于善说法毗奈耶中为求涅槃，趣向涅槃，弃舍家法，趣于非家。既出家已，唯能受持所有禁戒，便喜足住，不于时时转进修习增上心学、增上慧学。彼舍先时居家所有受用境界，未能随得无上安隐证涅槃道，处在中间，犹有苦恼不安隐住。是名第一补特伽罗。

复如有一，虽不唯于所受禁戒喜足安住，然其未能超异生地。由未能超异生地故，于一切法，缘藉他故，常视他面，常观他口，何当如实知于所知，见于所见？恒于他所，求闻正法教授教诫，然其自心有疑有惑，犹有苦恼不安隐住，是名第二补特伽罗。复如有一，是学见迹，放逸而住，于现法中不堪证得究竟涅槃，有能摄受第二有体生起之因，有第二住，犹有苦恼不安隐住，是名第三补特伽罗。如是三种补特伽罗。

复有三异补特伽罗，有诸快乐善安隐住，谓阿罗汉一向乐住。

复次，嗢柁南曰：

有灭若沙门，婆罗门受智，

流转与来往，佛顺逆为后①。

诸学见迹虽于有灭寂静涅槃不随他信，内圣慧眼自能观见，然犹未能以身触证。譬如有人，热渴所逼，驰诣深井，虽以肉眼现见井中离诸尘椮、清冷美水，并给水器②，而于此水身未触证。如是有学虽圣慧眼现见所求后烦恼断最极寂静，而于此断身未触证。

复次，有诸沙门，若婆罗门，于贪瞋痴无余断灭真沙门义、婆罗门义全未证得，而诸世间起沙门想、婆罗门想，彼亦自称是真沙门、真婆罗门。世间于彼虽起是想，然彼但是世俗沙门及婆罗门，非第一义。若第一义诸有沙门及婆罗门，皆不忍许彼为沙门及婆罗门。所以者何？由彼不能如实了知诸杂染法、杂染法因，亦不如实了知彼灭、趣彼灭行。

杂染法者，谓老死支所摄众苦及以生支。杂染法因复有二种：一、爱所作；二、业所作。爱所作者，谓由缘起逆次道理，有、取、爱支，若无明触所生诸受，若无明触及无明界所随六处。业所作者，谓由缘起逆次道理，名色、识、行及即于彼不如实知。如法住智尚未能了，况当如彼谛现观时能遍了知，或如修道未遍了知如无学地，未能超越。

复次，略由二种明触生法，于其缘生一切行中，依四谛理，趣入现观。云何为二？一、由领纳所缘为性，明触生受；二、由拣择所缘为性，明触生慧。当知此中，于十一支安立四谛，依此一一支谛建立四十四事。即依明触所生诸受，宣说如是四十四种受事差别；即依明触所生诸慧，宣说

① 佛顺逆为后，底本与《房山石经》《径山藏》《高丽藏》相同；《资福藏》《碛砂藏》《赵城金藏》《普宁藏》《永乐南藏》“后”作“彼”。

② 并给水器，底本与《资福藏》《碛砂藏》《赵城金藏》《普宁藏》《永乐南藏》《径山藏》《高丽藏》相同；《房山石经》“给”作“汲”。

如是四十四种智事差别。

此中，苦际所作老死[①]，唯果非因；于其前际所发无明，唯因非果；其余有支，亦因亦果。三时遍智有差别故，如前所说决定遍智有差别故，由法住智所摄能取智无常性有差别故，当知建立七十七种智事差别。如是显示历观诸谛一切行相，从此无间、入谛现观，渐次修习，乃至获得阿罗汉果。

复次，由三种相。于缘生行应正了知流转渐次。何等为三？一、因增益故；二、果生起故；三、果增集故。如是一切，略摄为一，总名诸法若增、若生、若集。依因果灭，如其所应，当知说名若减、若灭、若没。如是意趣差别道理不违法性。复有别义：初、中、后际时差别故，欲、色、无色界差别故，如其次第，若增、若减、若生、若灭、若集、若没应正了知。

复次，当知略有二种杂染：一、业爱杂染[②]；二、妄见杂染。此二杂染，依于二品：一、在家品；二、出家品。应知此中，业爱杂染所造作故，名思所作。妄见杂染邪计起故，名计所执。此中异生，若在家品，若出家品，具二杂染，由诸缠故，及随眠故。因彼所缘，于四识住令心生起诸杂染已，招集后有，循环往来，不得解脱。有学见迹妄见杂染已永断故，唯有我慢依处习气尚有余故，不造新业，不欣后有。业爱杂染无有诸缠能为杂染，唯有随眠依附相续能为杂染。因彼所缘，于诸识住，杂染其心，招集后有。若诸无学，二种杂染缠及随眠皆永断故，即现法中，于诸识住其心杂染，及与当来所招后有，一切皆无。

复次，过去诸佛为菩萨时，如理思惟缘起法已，证觉无上正等菩提，

① 此中苦际所作老死，底本与《碛砂藏》《永乐南藏》《径山藏》相同；《房山石经》《资福藏》《赵城金藏》《高丽藏》“苦”作“后”；《普宁藏》“此”作“比”。

② 业爱杂染，底本与《房山石经》《资福藏》《碛砂藏》《普宁藏》《永乐南藏》《径山藏》《高丽藏》相同；《赵城金藏》“爱”作“受”，下同。

今薄伽梵亦于缘起正思惟已，证觉无上正等菩提。如过去佛得菩提已，即于缘起作意攀缘顺逆道理，方便随修现法乐住，已住安乐，今薄伽梵亦复如是。彼虽无量，如说世间七劫相似，故唯说七。如是无上正等菩提，尚犹如实知缘起故，未证能证，证已获得现法乐住，况余下劣所有菩提。又为如实等觉缘起，摄受五支为断方便，如前应知。

又此缘起总略义者，谓依转品有因诸苦；又依还品有因无漏所有诸法；又有因苦因缘诸漏；又彼诸漏所依止性，从无明触所生诸受；又有因法住立因缘，则现法中烦恼断者，唯有依缘。

又复依于七种清净渐次修集，为得无造究竟涅槃，应知宣说随顺如是缘性缘起甚深言教。云何名为七种清净？一、戒清净；二、心清净；三、见清净；四、度疑清净；五、道非道智见清净；六、行智见清净；七、行断智见清净。

云何名为如是清净渐次修集？谓有苾刍安住具足尸罗，守护别解脱律仪，广说应知如“声闻地”。彼由如是具尸罗故，便能无悔，广说乃至心得正定，渐次乃至具足安住第四静虑。彼既获得如是定心，渐次乃至质直调柔，安住不动，于为证得漏尽智通，心定趣向，于四圣谛证入现观，断见所断一切烦恼，获得无漏有学正见。得正见故，能于一切苦集灭道及佛法僧永断疑惑。由毕竟断，超度犹豫，故名度疑。

又于正见前行之道，如实了知是为正道，由此能断见所断后修所断惑。又于邪见前行非道，如实了知是为邪道.于道非道得善巧已，远离非道，游于正道。又于随道四种行迹如实了知[①]。何等为四？一、苦迟通；二、苦速通；三、乐迟通；四、乐速通。如是行迹，广辩应知如“声闻地”。于此行迹，如实了知最初行迹一切应断，超越义故，非由烦恼离系义故；如实了知第二、第三，苦速、乐迟二种行迹一分应断；如是如实了知初全及

① 又于随道四种行迹如实了知，底本与《资福藏》《碛砂藏》《普宁藏》《永乐南藏》《径山藏》《高丽藏》相同；《房山石经》《赵城金藏》“随”作“修”。

二一分应当断已，依乐速通正勤修集。从此无间永尽诸漏，于现法中获得无造究竟涅槃，身坏已后证无余依般涅槃界。如是七种清净为依，渐次修集乃至获得诸漏永尽无造涅槃。

当知此中，由于如是七种清净一切具足渐次修集，方乃证得无造涅槃，非随阙一，是故应求如是一切，于世尊所熟修梵行，非求随一。又佛世尊由此因缘，亦具施设如是一切，为令证得无造涅槃，非随舍一。又于此中，依一一说，非唯由此，亦非离此能获无造究竟涅槃。如是应知此中缘性缘起甚深。

复次，嗢柁南曰：

安立与因缘，观察于食义，

极多诸过患，杂染等为后。

有四种法，于现法中最能长养诸根大种。云何为四？一者，气力；二者，喜乐；三者，于可爱事专注希望；四者，气力、喜乐、专注希望之所依止诸根大种，并寿并煖，安住不坏。如是四法，随其次第，当知别用四法为食：一者，段；二者，顺乐受触；三者，有漏意会思；四者，能执诸根大种识。

当知此中，段与现法气力为食；由气力故，便能长养诸根大种。能顺乐受诸有漏触，能与喜乐为食；由喜乐故，便能长养诸根大种。若在意地，能会境思名意会思，能与一切于可爱境专注希望为食；由专注希望故，便能长养诸根大种。由能执受诸根大种识故，令彼诸根大种，并寿并煖与识不离身为因而住，是故说识名彼住因；由彼住故，气力、喜乐、专注希望依彼而转。如是四食，能令已生有情安住。

又由段故，而有气力；有气力故，诸根大种皆得增长。由是因缘，诸有顾恋身命愚夫，为此义故，有所追求。于追求时，造作种种新善恶业[①]，亦令增长，又能增长种种烦恼。如说于段，触、意会思，随其所应，当知亦尔。由此三门，能集后有业、烦恼、识。此于现法，有业[②]、烦恼所随逐故，成其有取，便能摄受当来后有。如是四食，令求后有，爱乐后有，于其后有未能断者，能摄后有，遍摄后有，随摄后有。

又诸段食，在欲界天名之为细，或处中有、母腹、卵𣪘，当知亦尔。欲界余位，段食名麤。触、意会思及以识食，在无色界当知名细，余处名麤。有色为依，易分别故；无色为依，难分别故。又此诸食当知有异麤细义门，谓若能使已生有情得安住者，说名为麤；摄益求有诸有情者，当知是细。如是应知安立四食。

复次，如上所说诸根大种，由集谛摄先爱而生，为欲令彼得增长故，追求四食。由此道理，已生有情虽由四食而得安住，然本藉爱为缘故有。又有爱故，于现法中，依诸食身，由三种门滋长业惑，能办业惑常所随逐有取之识，于现法中，摄受后有。是故一切求有有情，虽由四食之所摄益，然复藉爱为缘故有。又即此爱，于现法中，由无明触所生诸受为缘故起；此无明触所生诸受，由无明触为缘故起；此无明触，由先串习诸无明界所随六处为缘故起[③]。此六处后，更无余因。于现法中，唯此六处展转相依，有色诸根依止于识，识亦依止识所执受有色诸根。由此因缘，六处已后，更无所说。

或复有时，听闻正法为外支力，如理作意、正勤修习为内支力，由是

---

① 造作种种新善恶业，底本与《房山石经》《资福藏》《碛砂藏》《普宁藏》《永乐南藏》《径山藏》《高丽藏》相同；《赵城金藏》无“造”字。

② 有业，底本与《资福藏》《碛砂藏》《普宁藏》《永乐南藏》《径山藏》相同；《房山石经》《赵城金藏》《高丽藏》“有”作“由”。

③ 由先串习诸无明界所随六处为缘故起，底本与《资福藏》《碛砂藏》《赵城金藏》《普宁藏》《永乐南藏》《径山藏》《高丽藏》相同；《房山石经》“串”作“惯”。

因缘，正见生起；正见生故，能断无明，能生于明。彼现法中，诸无明界所随六处皆得除灭，明界所随六处得生，名为转依。彼品麤重皆止息故，六处既灭，渐次乃至爱亦随灭；由爱灭故，诸食亦灭。能取后有诸法灭故，当知后有亦复随灭。是故应知处于明者，不求后有。

复次，无有少法生已安住，亦无有我能食所食，由此因缘，彼何名食？然唯约与未生诸法作生缘理，唯法引法说为食义。但由法假，于其识上假想施设补特伽罗，望此四食说为食者。为欲随顺世间言说，约世俗谛说有如是补特伽罗能食四食，非约胜义。所以者何？若说有识生已安住，体是真实补特伽罗，名能食者，不应立识为其食性，未曾见有补特伽罗还自能食补特伽罗。一相续中，定无二识同时安住，是故立识体是真实补特伽罗，为能食者，不应道理。由有如是不应理故，若作是问："谁食识食？"当知此问为非理问。若作是问："谁是能食识食因缘？"当知此问为如理问，能令悟入缘起理故。

复有二有：一者，生有；二者，业有。若为当来后有生起，今现法中，诸业、烦恼所随逐识为因[1]，能引当来生有。即彼曾有前行业性，说名业有。于现法中，有此有故，能令当来生有所摄后有生起，于命终时，前际六处才无常灭，后际六处寻复续生。即此六处，识于先时为能引缘，复于今时为结生缘。如是由识入母胎故，得有名色；名色为缘，便有六处；由无明界所随六处以为缘故，有相似触；渐次乃至取为缘故，令后际业转成其有。如是诸法先未曾有，一切新从别别缘起。当知此中都无触者乃至有者能有所触，乃至有有，唯有诸法别名所食，别名能食是故因果堕在诸行，相续流转，无有断绝。由其先际业有，往趣后际生有，复由后际业有，还趣先际

① 今现法中诸业烦恼所随逐识为因，底本与《资福藏》《碛砂藏》《普宁藏》《永乐南藏》《径山藏》《高丽藏》相同；《房山石经》"今"作"令"；《赵城金藏》"所"作"所用"。

生有。如是缘起转回不绝[①]，从此世间往彼世间，自彼世间还此世间。是故唯法能引法义，当知此中说为食义。

复次，三食为因，能令三种内苦生起：一者，界不平等所生病苦；二者，欲悕求苦；三者，求不允苦。初苦，段食为因；第二苦，触食为因；第三苦，意会思食为因。段食因缘生内病苦，是故苾刍当观段食如子肉想，不应贪著。随顺乐受触食因缘能生于内欲悕求苦，是故苾刍当观顺彼六种触处如无皮牛。应作是观：“若我依于六种触处，发起种种欲悕求贪[②]，便为依止诸色而住；依止色故，令我发起种种诸恶不善寻思。如无皮牛，触处诸虫之所唼食，多生众苦不安隐住。”如是观已，于初触处深见过患，无染而住。如依于色，如是依声、香、味、触、法当知亦尔。如于初触处深见过患，无染而住，如是乃至于第六触处当知亦尔。

有漏意会思食因缘能生于内求不允苦，是故苾刍当观有漏意会思食如一分火，观察如是所求不允，能引身心大热恼故。彼作如是正观察已，终不希望衣食等事往诣他家，是故不为所求不允所生苦触，其心坦然安乐而住。由是因缘，应正观察如是三食，所谓段、触、意会思食。

即由如是三食因缘，生如所说依识内苦，是故苾刍当观识食如三百鉾之所钻刺。所以者何？段食因缘能令非一种种众多品类病苦依识而起，随顺乐受触食因缘能令倍增欲悕求苦依识而起，有漏意会思食因缘能令种种求不允苦依识而起。如是行者，于识食中正观诸食以识为依，多生过患，由是因缘[③]，不顾身命。如是如理于四种食审正观察；审观为依，能于

① 如是缘起转回不绝，底本与《资福藏》《碛砂藏》《普宁藏》《永乐南藏》《径山藏》相同；《房山石经》《赵城金藏》《高丽藏》“转”作“轮”。

② 发起种种欲悕求贪，底本与《资福藏》《碛砂藏》《赵城金藏》《普宁藏》《永乐南藏》《径山藏》《高丽藏》相同；《房山石经》“欲”作“必”。

③ 由是因缘，底本与《房山石经》《资福藏》《碛砂藏》《普宁藏》《永乐南藏》《径山藏》《高丽藏》相同；《赵城金藏》“缘”作“患”。

现法永断诸食；食永断故，得至当来后有苦际。

复次，若不如实观此四食，便为喜、贪之所染汙。若为是二所染汙者，当知悕求二种过患：一者，当来；二者，现法。于四食中，有漏意会思食因缘，专注希望俱行喜染，名喜；随顺乐受触食因缘，于能随顺喜乐诸食多生染著，名贪。此二烦恼于现法中能染于识，令其安止四种识住，增长当来后有种子；既增长已，生起后有生等众苦。当知是名喜、贪二种烦恼所作当来过患。彼由如是于四食中安住喜[①]、贪二种烦恼，便于现法有诸尘染；由尘染故，食若变坏，于现法中便生悲叹愁忧萎顿怀慼而住。当知是名喜、贪二种烦恼所作现法过患。

复次，诸有于此四种识中喜、贪未断，彼六处摄有识之身犹如台观六处窗牖[②]，能与缘境烦恼日光作入依处[③]，是光于此，或住上地，或住下地。既得住已，如前所说，于四识住能染于识，生起当来后有众苦。若有能断如是喜、贪二种烦恼，与彼相违，缘境烦恼尚不得起，况依此入而当得住。

又复若有补特伽罗喜、贪未断，便为魔罗来诣其所，以其种种犹如彩色可爱境界彩画如是补特伽罗，令其变生种种烦恼相貌显现。当知如是补特伽罗喜、贪未断，譬如其地，能为种种烦恼彩画作所依处。已断喜、贪补特伽罗，魔诣其所，如前广说。当知如是补特伽罗喜、贪已断，犹若虚空，非为种种烦恼彩画作所依处[④]。当知是名于诸食中喜、贪未断如其次

① 彼由如是于四食中安住喜，底本与《碛砂藏》《普宁藏》《永乐南藏》《径山藏》相同；《房山石经》《资福藏》《赵城金藏》《高丽藏》“食”作“贪”。

② 彼六处摄有识之身犹如台观六处窗牖，底本与《资福藏》《碛砂藏》《赵城金藏》《普宁藏》《永乐南藏》《径山藏》《高丽藏》相同；《房山石经》“彼”作“依”。

③ 能与缘境烦恼日光作入依处，底本与《资福藏》《碛砂藏》《赵城金藏》《普宁藏》《永乐南藏》《径山藏》《高丽藏》相同；《房山石经》“作”作“住”。

④ 非为种种烦恼彩画作所依处，底本与《房山石经》《资福藏》《碛砂藏》《普宁藏》《永乐南藏》《径山藏》《高丽藏》相同；《赵城金藏》“二种”作“种种”。

第所有过患。当知是名于诸食中喜、贪已断如其次第所有功德。

瑜伽师地论卷第九十五

摄事分中契经事缘起食谛界择摄第三之三

复次，嗢柁南曰[①]：

如理摄集谛，得相处业障，

过黑异熟等，大义后难得。

若于谛智增上如理及不如理不如实知，不能尽漏；与此相违，如实知故，能尽诸漏。当知此中，闻不正法，不为寂静，不为调伏，不为涅槃所起诸智，名不如理；听闻正法，与上相违，当知如理。

又于此中，住恶说法补特伽罗于此正法佛、佛弟子真善丈夫不乐瞻仰；于别解脱尸罗律仪、密护根门、正知而住，如是等类贤圣法中不自调伏，不受学转；于诸圣谛，无闻思修照了通达。又即于彼诸恶说法毗奈耶中闻不正法，起邪胜解。于不如理生起如理颠倒妄想；于不如理，不如实知是不如理；又于听闻正法如理，不如实知是其如理。由不知故，于诸所有恶说恶解，有缚无脱，不应思惟颠倒法中，不能解了，而故思惟；于诸所有善说善解、有脱无缚、应可思惟无颠倒法，所谓契经及应颂等，乃至广说，不能解了，而不思惟。如是亦名非理作意。由此作意，不为寂静，不为调伏，不为涅槃，故名非理。

又复听闻不正法故，依三言事增上缘力，显示过去、未来、现在计我品类。即由如是增上力故，于三世境起不如理作意思惟，谓于过去分别计我或有或无、未来、现在当知亦尔。彼既如是不如正理作意思惟，或缘所

① 嗢柁南曰，底本与《资福藏》《碛砂藏》《普宁藏》《永乐南藏》《径山藏》相同；《房山石经》《赵城金藏》《高丽藏》“柁”作“拕”，下同。

取事，或缘能取事；此不如理作意思惟，或即诸行分别有我，或离诸行分别有我。

彼于所计得决定时，若缘所取事分别为我，或成常见，由此见故，作是思惟：“我有其我，于现法中是实是常。”或成断见，由此见故，作是思惟：“我无其我，于现法中是实是常。”若缘能取事计有我见，分别为我，作是思惟：“我今以我观察于我。”或谓我我先有今无，作是思惟：“我今以我观察无我。”或复即缘能取之事计无我见，于现法中，以其无我分别为我，作是思惟：“我今以其无我随观昔曾有我。”如是且说所取、能取差别五相，不如正理作意思惟五种见处，谓即三世所有诸行分别有我。

又复由于不如正理比度作意，离于诸行分别有我。彼谓如是所计实我，或自能作感后有业，名能作者；或他令作，名等作者。或自能起现法士用，名能起者；或他令起，名等起者。或自己作后有业故，或他令作后有业故，感果异熟，名能生者；或自能起现士用故，或他等起现士用故，得士用果，名等生者。

或由自见，或由他见随起言说，如是或由自闻觉知，或由他闻觉知随起言说，名能说者。或于妻子及奴婢等所有家属，随其所应，施设教勑，令住其处，如是亦复名能说者。或复当来业果已生，名能受者；或于现法诸士夫果已现等生，名等受者。或于过去彼彼生中造作种种善不善业，今于现法领受种种彼果异熟，名领受者。或有乃至寿量减尽，而便夭丧，能舍此蕴，能续余蕴。若异此者，既无有我，云何得成如上所说诸所作事？是名第六不如正理作意思惟所摄见处。

如是诸见，且说皆以萨迦耶见为其自性，能生其余萨迦耶见以为根本所有见趣，故名见处。由能障碍能取真实微妙慧故，名见稠林。损善法故，名见旷野。劳役他故，名见厌背。欲求、有求所行历故，名见行历。诘责他论，免脱己论而动摇故，名见动摇。能善结构后有苦故，名为见结。

习行如是诸邪行者，于现法中，未现前漏令起现前；既现前已，令依下品，趣其中品[①]，令依中品，趣其上品[②]。由此为因，生起当来老病死等一切苦法。如是当知由于如理及不如理不实知故，造作苦谛、集谛杂染。与此相违，听闻正法，起正胜解，于其如理，无不如理颠倒妄想；于其如理，如实了知是其如理；广说乃至于应思惟无颠倒法，能正思惟。由此因缘，于三世行，并其所取及以能取，如实随观无我、我所，当于圣谛入现观时，于见所断所有诸漏皆得解脱。

得此事已，于上修道所断诸漏，为令无余永断灭故，精勤修习四种因缘。何等为四？一、善护身故；二、善守根故；三、善住念故；四、如先所得出世间道，以达世间出没妙慧多修习故。善护身者，谓正安住，远避恶象，乃至广说如“声闻地”。由远避故，于尽诸漏无有障碍。善守根者，谓正安住，于诸可爱现前境界非理净相能正远离，如理思惟彼不净相。

善住念者，谓住四处：一者，安住思择受用衣服等处；二者，安住能正除遣处静现行恶寻思处；三者，安住能正忍受发勤精进所生疲倦疏恶不正淋漏等苦、他麤恶言所生诸苦、界不平等所生苦处；四者，安住于所修道，依不放逸无杂住处。由正安住如是四处，名善住念。彼由如是善护身故，善守根故，善住念故，如先所得出世间道善修习故，于修所断所有诸漏皆能解脱，及随证得最极究竟。

复次，若有说言：“此四圣谛唯是境界，或有其我，或有有情，缘此圣谛修诸善法。”应告彼言：“勿作是说。”所以者何？诸有无量世出世间善法生起，一切皆归四圣谛摄。当知诸法略有二种：一、能知智；二、所知

① 趣其中品，底本与《资福藏》《碛砂藏》《普宁藏》《永乐南藏》《径山藏》相同；《房山石经》《高丽藏》“趣”作“起”。

② 趣其上品，底本与《资福藏》《碛砂藏》《普宁藏》《永乐南藏》《径山藏》相同；《房山石经》《高丽藏》“趣”作“起”。

境。其能知智亦所知境，是故诸智俱行善法无不摄在四圣谛中。

彼复修习循身念故，观品、止品所有善法，始修业地、已作办地，总得生起。

云何名为修循身念？谓若有住始修业地，如理攀缘若内若外诸大种色为境正念；或复由他爱与非爱增语、有对触现行时，如理攀缘触受、想、行及与诸识为境正念。或若有住已作办地，如理攀缘诸所造色为境正念，或复如理攀缘作意及彼所生受、想、行、识为境正念。如是一切，略摄名为修循身念。当知此念或缘色身，或缘名身。

云何名观？云何生起观品善法？谓于内外诸大种色及所余蕴正决择慧，说名为观。若有从初无倒修习分析聚想，于外大种，由观劫尽，修无常想；于内大种所合成身，由观唯食渐渐不净，修不净想；由观从爱所生长性及于后际老死法性，修无常想及与苦想[①]。若于此身，一切愚夫不能如实了知体是无常苦故，或执为我，或执我所，即于此身，具足多闻诸圣弟子如实知故，无有所执，是即能修苦无我想。

此无我想，由于其身，唯有界想。有此想故，若复由他爱与非爱增语、有对诸触现行，言非爱者，即是手足、杖块等触。彼则于此及此为缘所有受等无色诸行正观无常，离爱离恚，唯观有界。心缘此身，正安住故，如是亦名远离愚痴。如是所有分析聚想，于外大种修无常想；于内大种修不净想，若无常想、无常苦想、苦无我想；于所生起受等诸法，依大种身修无常想，离贪瞋痴。如是观品无量善法，始修业地，由正修习循身念故，皆得生起。

云何名止？云何生起止品善法？谓由修习循身念故，以观为依，如理修止。又言止者，谓于其内，正安住心。止品善法者，谓得如是正思择力攀

① 修无常想及与苦想，底本与《房山石经》《资福藏》《赵城金藏》《永乐南藏》《径山藏》《高丽藏》相同；《碛砂藏》《普宁藏》“常想”作“常思”。

缘锯喻沙门教授，于怨家所，正修忍辱，又即缘彼，无倒修慈。既由忍、慈所摄受故，戒得清净。观戒净故，作是思惟："我今已于大师圣教微有所作。"由是因缘，无所忧悔，无忧悔故，深生欢喜；广说乃至得三摩地。

彼于尔时，由静定心，乃至获得第四静虑。此三摩地行拘执故，未能双运无功用转，未善清净。为欲令其善清净故，修如前说四支所摄不放逸行，发勤精进，无有怯弱，乃至广说。彼于后时，第四静虑清净鲜白。

若复为其静定爱味漂转其心，不能于定正舍而住，于灭涅槃不观寂静，彼乃依佛、或法、或僧深生厌耻，作是念言："我依如来大师佛宝、法毗奈耶善说法宝、无倒修习善行僧宝，为无所得，非有所得，是其恶得，非为善得，于萨迦耶爱藏而住，于灭涅槃不观寂静。"彼由内心善调柔故，才生厌耻，便能安住引沙门义平等妙舍，于灭涅槃能观寂静。

生起如是止品善法，所谓忍、慈、尸罗清净、无悔、欢喜，广说乃至得三摩地四支所摄不放逸行，引沙门义平等善舍，观灭涅槃寂静功德。彼于尔时，由二因缘多有所作：一、由其妙慧，于大师教，为尽诸漏，能净修治第四静虑故；二、于萨迦耶，心增上舍故。齐此名为始修业地究竟成满。

从是已后，于所修习不生喜足，为欲趣入已作办地，修循身念。观造色身如草木泥[①]，及彼所生余非色法，以如实慧通达缘起，能随趣入如实谛智。既得入已，依上修道，于去、来、今诸根境界，能起厌患乃至解脱，能如实知我已解脱。如是名为已作办地修循身念所生善法，谓观色身如草木泥想，如是观察无色诸法，真实妙慧通达缘起，能随趣入四圣谛智，于修道中能起厌患、离欲、解脱、解脱知见。

齐是名为于大师教，以其妙慧所应作事皆已作讫。所以者何？一切自

---

① 观造色身如草木泥，底本与《资福藏》《碛砂藏》《普宁藏》《永乐南藏》《径山藏》《高丽藏》相同；《房山石经》《赵城金藏》"如"作"色身如"。

义皆已究竟，从此已后，更无所作，非于作已，复须分别。若有作已余时退失，当更有作，此作虽作，非毕竟作。如诸异生，以世间道而得解脱。此中，若先始修业地有漏善法，若后所有已作办地无漏善法，如是一切，随其所应，当知皆入四圣谛摄。

复次，由四因缘，应正了知集谛所摄百八爱行。一、由内外差别故；二、由所依差别故；三、由自性差别故；四、由时分差别故。

云何名为内外差别？谓由内外六处为依，起诸爱行。

云何名为所依差别？谓爱依止五种我慢。何等名为五种我慢？谓于我见未永断故，得有如是我慢现行，于其六处计我起慢。乃至未为衰老所损，诸行相似相续而转，作是思惟："是我如昔。"彼若复为衰老所损。或于一时，成就好色；或于一时，成就恶色；或于一时，成就大力、安乐、辩才；或于一时，乃至无辩。彼若成就好色、大力、安乐、辩时，作是思惟："我今美妙。"若违于此，作是思惟："我非美妙。"若为衰老所损败时，作是思惟："我今变异。"

云何名为自性差别？谓此五种我慢为依，发起有爱及无有爱。又彼有爱，耎、中、上品差别而转。于其无有，由审思择方能起爱，非由意乐任运而住。是故于中，无有三品差别建立。当知此中，耎有爱者，谓于当来愿我当有，即于六处愿我当有。即如是类愿我当有，于同类生有悕求故；异如是类愿我当有，于异类生有悕求故。若先自体是可爱者，愿彼相应，故造善业，作是思惟："愿我当有如是种类，如今所有。"若先自体不可爱者，愿彼离隔，故造善业，作是思惟："愿我当有如是种类，异今所有。"

中有爱者，谓于无有不生希欲，为治彼故，愿我得有，即于六处愿我得有。如前所说，即如是类愿我得有，异如是类愿我得有。如是一切，应知皆名中品有爱。

上有爱者，谓即如是行相差别，作是念言："愿我定有。"猛利思求四种相爱，应知说名上品有爱。

此五种爱自性差别，由有所依内处别故，说十八种爱行差别。于其外处，当知亦尔。此差别者，谓如于彼内六处中计我起慢，如是于色计为我所，而起于慢，谓于此色，我自在转；如是乃至于诸法中计为我所，而起于慢，谓于此法，我自在转。余随所应，如前应知。如是十八，并前爱行，合说总有三十六种爱行差别。

云何名为时分差别？谓即如是三十六行，各有过去、未来、现在三世差别。

如是名为由四因缘有差别故，爱行合有一百八种。

又于此中无差别相，凡诸所有染汙悕求，皆名为爱。又即此爱，集谛摄故，说名为因。津润性故，顺生死流而漂转故，名为流润。于诸境界执著性故，名为著境。能与生已依五取蕴如痈病等所有众苦为因缘故，说名痈根。难制伏故，说名流溢。微细现行魔所缚故，说名纤缴。上至有顶高标出故，说名条干。令无饱故，说名枯渴[1]。又即如是所说相爱缠众生故，说名为礙。由随眠故，说名为覆。即由如是缠及随眠成上品故，说名上耸。成其中品及耎品故，说名发起。

若欲界爱，于所知境令迷惑故，说为冥闇。若色界爱，于所知境令迷惑故，说为惽昧。若无色爱，于所知境令迷惑故，说为瞖瞙[2]。如有三人，第一盲瞽，第二闭目，第三瞖瞙微覆其眼。此中，第一全无所见；第二少分似有所见；第三虽见，眼不净故，不覩真色。如是三爱，随其次第，冥闇、

① 说名枯渴，底本与《房山石经》《资福藏》《碛砂藏》《普宁藏》《永乐南藏》《径山藏》相同；《赵城金藏》《高丽藏》“渴”作“竭”。

② 说为瞖瞙，底本与《资福藏》《碛砂藏》《赵城金藏》《普宁藏》《永乐南藏》《径山藏》《高丽藏》相同；《房山石经》“瞖瞙”作“翳膜”，下同。

惛昧及与瞖瞙[1]，当知亦尔。

复次，由五种相转法轮者，当知名为善转法轮。一者，世尊为菩萨时，为得所得所缘境界；二者，为得所得方便；三者，证得自所应得；四者，得已树他相续，令于自证深生信解；五者，令他于他所证深生信解。当知此中，所缘境者，谓四圣谛。此四圣谛安立体相，如前应知。若略若广，如“声闻地”。

得方便者，谓即于此四圣谛中，三周正转十二相智。最初转者，谓昔菩萨入现观时，如实了知是苦圣谛，广说乃至是道圣谛。于中所有现量圣智，能断见道所断烦恼，尔时说名生圣慧眼。即此由依去、来、今世有差别故，如其次第，名智，明，觉。第二转者，谓是有学，以其妙慧如实通达：“我当于后犹有所作，应当遍知未知苦谛，应当永断未断集谛，应当作证未证灭谛，应当修习未修道谛。”如是亦有四种行相，如前应知。第三转者，谓是无学，已得尽智、无生智故，言所应作，我皆已作。如是亦有四种行相，如前应知。

此差别者，谓前二转四种行相是其有学真圣慧眼，最后一转是其无学真圣慧眼。

得所得者，谓得无上正等菩提。

树他相续，令于自证生信解者，谓如长老阿若憍陈，从世尊所闻正法已，最初悟解四圣谛法，又答问言：“我已解法。”从此已后，如前所说究竟行相，五皆证得阿罗汉果，生解脱处。

最后令他于他所证生信解者，谓如长老阿若憍陈，起世间心：“我已解法。”如来知已，起世间心：“阿若憍陈已解我法。”地神知已，举声传告，经于刹那、瞚息、须臾，其声展转乃至梵世。当知世尊转所解法置于

① 惛昧及与瞖瞙，底本与《资福藏》《碛砂藏》《普宁藏》《永乐南藏》《径山藏》《高丽藏》相同；《房山石经》《赵城金藏》“及”作“乃”。

阿若憍陈身中，此复随转置余身中，彼复随转置余身中，以是展转随转义故，说名为转[①]。正见等法所成性故，说名法轮。如来、应供是梵增语，彼所转故，亦名梵轮。

复次，于四圣谛未入现观，能入现观，当知略有四种瑜伽，谓为证得所未得法，净信增上，发生厚欲；厚欲增上，精进炽然；炽然精进，有善方便。言净信者，谓正信解。所言欲者，谓欲所得。精进如前，略有五种：有势、有勤、有勇、坚猛、不舍其轭。善方便者，谓为修习不放逸故，无忘失相，说名为念；于诸放逸所有过患了别智相，说名正知。此二所摄，名不放逸。于诸染法防守心故。常能修习诸善法故。

复次，苦谛如诸疾病；集谛如起病因；灭谛如病生已，而得除愈；道谛如病除已，令后不生。诸有病者，诣良医所[②]，但应寻求尔所正法；诸有良医，亦但应授尔所正法。是故更无第五圣谛。诸佛如来拔大爱箭无上良医，亦但宣说尔所正法。

复次，背圣谛智、不成现观诸有沙门，若婆罗门，当知略有十相过患，谓有胜义诸沙门等，意不许彼为沙门等；言亦不数为沙门等；于诸后有生等众苦，皆未解脱；于诸恶趣亦未解脱；堪能弃舍正所学处；不堪能证诸出世间过人胜法，所谓圣道、道果涅槃；向善趣故，堪能寻访除学无学、余外福田；于超苦苦更不还果，无所堪能；于现法中究竟悟解、解脱一切有余依苦，无所堪能；与此相违，当知即是不背谛智、成就现观所有沙门、若婆罗门十相功德。

复次，趣向谛智乐正觉者，应当了知依四圣谛增上缘力，得所依处、

① 说名为转，底本与《资福藏》《碛砂藏》《普宁藏》《永乐南藏》《径山藏》相同；《房山石经》《赵城金藏》《高丽藏》“转”作“轮”。

② 诣良医所，底本与《房山石经》《资福藏》《碛砂藏》《普宁藏》《永乐南藏》《径山藏》《高丽藏》相同；《赵城金藏》“所”作“门”。

得、方便[①]。应知是处，于善说法毗奈耶中净信出家，名得依处。若四沙门果所摄受声闻菩提，若诸独觉所有菩提，若诸如来无上菩提，如是三种，当知名得。如前所说三周正转，随其次第[②]，智、见、现观，名得方便。

应知于入谛现观时，如实了知是苦圣谛，乃至广说是道圣谛，说名智位。从此已后，于诸谛中复有所作，应当遍知，广说乃至应当修习。由此观故，说名见位。于无学地，如实解了我已遍知，我已永断，我已作证，我已修习，名现观位。复有差别，谓诸无学尽、无生智所摄一切极解脱智，说名智位。即此无学极解脱智所引正见，说名见位。从预流果乃至究竟，当知所有一切学慧，名现观位。

复次，应知谛智略有六种作业及相。谓此谛智是能永灭众苦前行，如日将出，先现明相。正尽苦者，谓初见谛所断众苦。作苦边者，谓阿罗汉所断众苦。又此谛智是能对治大无明闇，如日光明，能破世间所有大闇。

又如有一，已证谛智，永断三结，从此无间，由失念故，蹔为欲贪、瞋恚所染。彼于尔时，依不放逸，入初静虑，由触谛智，得不还果。如是渐次虽入非想非非想定，而与外凡有其差别，由已证得不退法故。如是谛智有广大用，有广大果。此中，所有过去诸行说名已生，现在诸行说名正生，未来诸行说名当生，如是一切，总名集法。即此一切，由无常灭，或有已灭，或有向灭，或有当灭，总名灭法。

又于谛智已证得者，如大石楼已善雕饰，八方猛风不能倾动，一切异论不能移转。所有悟解，不假他缘，不视他面，彼将何说，我当听受。不观他口，适出语已，寻我听闻，思惟筹量，审谛观察。诸他沙门、婆罗门者，当

① 方便，底本与《资福藏》《碛砂藏》《赵城金藏》《普宁藏》《永乐南藏》《径山藏》相同；《房山石经》《高丽藏》“方便”作“彼方便”。

② 随其次第，底本与《房山石经》《资福藏》《碛砂藏》《普宁藏》《永乐南藏》《径山藏》《高丽藏》相同；《赵城金藏》“随”作“见修无学随”。

知即是诸外道辈。

又即一切四圣谛智渐次集成，名谛现观，非随阙一。此谛现观犹如肴馔[①]，诸圣弟子无上慧命皆依此活，如受欲者食用肴馔。苦等谛智阙余三智，如睒弥叶。当知余似娑罗支叶，四圣谛智渐次集成一切圆满。

又诸谛智与喜乐俱，觉真义故，能令身心极轻安故，名谛现观。生那落迦中，略有二苦：一、烧然苦；二、治罚苦。由阙谛智，获斯二苦。此无量生猛利大苦，向圣谛智皆能超越。如是谛智，假使因其烧然、治罚猛利大苦，于现法中，一身灭坏而可得者，应生踊跃，欢喜忍受。纵毁百身，尚应欢喜，况乃唯一。

复次，若有为修圣谛现观，当知略有四种障碍。何等为四？一者，不信；二者，上慢；三者，待时；四者，放逸。

言不信者，复有三种：一、于谛现观不生信解；二、于僧善行不生信解；三、于佛菩提不生信解。为欲断除初不信故，世尊自引现量所证圣谛现观，告诸弟子言："我已于四圣谛理得现观故，证觉无上正等菩提。"为欲断除第二不信，故复说言："我昔与汝辈，长世久流转，由未正思惟，觉悟于真谛。我今与汝等，由正见通，以通达为因，尽生死流转。彼因缘尽故，自今无后有，唯余最后身，住持令不灭[②]。"第三不信，于佛菩提如是相转。谓若沙门乔答摩种是一切智，何故有问一类能记，一类不记？为欲断除如是不信，故复说言[③]："我所觉法无量无边，譬如大地诸草木叶，为他说者少不足言，譬如手中升摄波叶，多分能引无义利故，少分能引有义

① 此谛现观犹如肴馔，底本与《房山石经》《碛砂藏》《永乐南藏》《径山藏》相同；《资福藏》《赵城金藏》《普宁藏》《高丽藏》"馔"作"饍"，下同。

② 住持令不灭，底本与《碛砂藏》《普宁藏》《永乐南藏》《径山藏》相同；《房山石经》《资福藏》《赵城金藏》《高丽藏》"住"作"任"。

③ 故复说言，底本与《资福藏》《碛砂藏》《赵城金藏》《普宁藏》《永乐南藏》《径山藏》《高丽藏》相同；《房山石经》"说"作"记"。

利故。”当知此中，非不知故，而不记别，但由能引无义利故，而不记别。

言上慢者，谓即于彼谛现观中起增上慢。为欲断除如是上慢，故复说言：“如人在远，以箭射箭，筈筈无遗，甚为希有。或复一毛，析为百分[①]，以毛鑚毛，端端不落。以极细故，是事复难，通达圣谛，转难于彼。”所以者何？由即以其能取作意，还即通达能取作意，如是方有能缘、所缘平等平等无漏智生，通达谛理，是故此事最细最难。箭射箭筈、毛鑚毛端则不如是。

言待时者，谓于所作推待后时。为欲断灭如是待时，故世尊说：“无坠人身甚为难得。”复引盲龟以况其事。

云何放逸？谓略而言，若邪思惟，若邪寻思，若邪戏论，是名放逸。当知若于不应思处而强思惟，名邪思惟。谓或思惟我于过去世为曾有耶？乃至广说。于未来世，于内犹豫我为是谁？谁当是我？今此有情从何而来？于是没已，当往何所？或思世间，谓世间常，乃至广说。如是或谓世间有边，乃至广说。或思有情，谓命即身，乃至广说。或思有情业果异熟，谓妄思惟此作此受，乃至广说。或复思惟诸静虑者静虑境界，或思诸佛诸佛境界，如来灭后若有若无，乃至广说。彼由世俗、胜义善巧，于是一切，二因缘故，不应思惟。一、非思惟所缘境故；二、由其事无所有故。若有思求非思境事，或有思求无所有事，如是一切，皆无所得，唯有令心转增迷乱。若于此中不如正理强思惟者，虽有一类，由宿因力，或起厌离，或起厌离相应作意，缘实境界，于其中间蹔尔现行，而复于彼见为过患，生不实想。如是思惟世间等法，能引无义。

邪寻思者，当知即是欲等寻思。

邪戏论者，复有六种，谓颠倒戏论、唐捐戏论、诤竞戏论、于他分别

① 析为百分，底本与《资福藏》《碛砂藏》《赵城金藏》《普宁藏》《永乐南藏》《径山藏》《高丽藏》相同；《房山石经》“析为”作“析于”。

胜劣戏论、分别工巧养命戏论、躭染世间财食戏论。

如是一切，总名放逸。为欲断除此放逸故，如来亲自为教诲者，为堪受化补特伽罗，闻已速能断诸放逸。

世尊弟子为断如是圣谛现观四种障碍，由三行相任持圣谛。何等为三？一、由闻慧任持其文；二、由思慧任持其义；三、由修慧任持其证。此中闻慧，如其所闻，能正任持是苦圣谛，乃至广说。又由思慧任持其义，谓诸圣者知其是谛，故名圣谛。当知此中，由二缘故，得名为谛：一、法性故，由真实义，说名为谛；二、胜解故，由即于此真实义中起谛胜解，说名为谛。一切愚夫但由法性，得名为谛，非胜解故。若诸圣者，俱由二种，得名为谛，故偏说此名为圣谛。又由修慧，于诸谛中获得内证现量谛智，亦得证净。由是因缘，于诸谛实远离疑惑[①]。谛智、证净更互相依，若处有一，必有第二。

复次，若有沙门，或婆罗门，于圣谛智而未相应，于诸圣谛未成现观，当知略有四种过患。何等为四？谓于能往下分恶趣生本行中深起爱乐，造作增长彼相应业，由此颠坠，生恶趣坑。又于欲缠人天两趣众多烦恼常所烧煮生本行中深起爱乐[②]，造作增长彼相应业。由此因缘，既生彼已，大生热恼，常所烧然。又于此上色、无色缠所有相应[③]，如前所说无明惛闇及诸瞖瞙生本行中，广说乃至堕于生闇。

又由退失受用境界、涅槃道故，于其中间，如生三种世界中间，堕在

① 于诸谛实远离疑惑，底本与《资福藏》《碛砂藏》《赵城金藏》《普宁藏》《永乐南藏》《径山藏》《高丽藏》相同；《房山石经》“实”作“宝”。

② 又于欲缠人天两趣众多烦恼常所烧煮生本行中深起爱乐，底本与《房山石经》《碛砂藏》《普宁藏》《永乐南藏》《径山藏》《高丽藏》相同；《资福藏》《赵城金藏》“缠”作“廛”。

③ 无色缠所有相应，底本与《房山石经》《资福藏》《碛砂藏》《普宁藏》《永乐南藏》《径山藏》《高丽藏》相同；《赵城金藏》“缠”作“廛”。

三种妄见黑闇：一者，常见；二者，断见；三者，现法涅槃见。由是因缘，坠堕三界，生黑闇处。摄受如是自妄见故，邪无明闇所覆障故，不如实观如前五支所摄受断。由是因缘，应知如实显示诸谛。

复次，或有一类，于诸圣谛不得善巧，造作增长黑黑异熟业已，能感那落迦、傍生、鬼趣。由此业故，譬如掷杖，根堕那落迦，中堕傍生趣，端堕饿鬼界。如是一类，造作增长黑白黑白异熟业已，由此杂业，譬如掷杖，或堕恶趣不清净处，或堕善趣少清净处。如是一类，造作增长白白异熟业已，由此业故，生在五趣生死诸业所随逐处，寿尽业尽，即还从彼色、无色界没已退堕。五趣生死，如五辐轮，旋转不住。

若有为他说世间道，乃至虽能上升有顶，当知此说非第一义令上升教。何以故？如是上升非毕竟故。若诸如来所说圣谛相应言教，当知此教是第一义令上升教。何以故？如是上升是毕竟故。又若由得诸世俗智乃至有顶名聪慧者，非第一义说名聪慧，如前说故。若由谛智名聪慧者，是第一义名为聪慧，如前说故。

复次，于其四种圣谛智中，初圣谛智能入圣谛渐次现观，譬如本足；第二谛智，譬如墙壁；第三谛智，如下层级；第四谛智，如上宝台。又即如是四圣谛智，如四阶隥，能令上升大智慧殿。又即如是四圣谛智，如四梯梯，能令隥上解脱寂灭。当知此中，有三种爱，譬如三枪，诸恶魔罗执持挠搅生死大海，令彼受生诸有情类随而回转。如是三种魔罗爱枪，不能令彼三种有情随而回转：一者，劲锐，即是预流；二者，处中，即余有学；三者，逆流，道行圆满，随其所欲，皆能造作。

已见圣谛补特伽罗，永断所有慢所作苦、慢所成苦，由是因缘，诸苦少在，多分已断，谓诸有学及阿罗汉。如慢所作所成众苦，如是诸爱身语意业贪瞋痴等所生众苦，当知一切皆少分在，多分已断。譬如砾石及大雪山，如是诸慢所作所成所有众苦，若余若断，当知亦尔。如大池沼其水盈满，于中沾引二滴三滴，依大池沼水尚甚多。如是无色爱所生苦，若余若断，当知亦尔。如大陂湖，余如前说。如是色界爱所生苦，若余若断，当知亦尔。又如大海，余如前说。如是欲界爱所生苦，若余若断，当知亦尔。又大雪山，若诸金山，若苏迷卢及大地喻，又有六种砾石之喻，又泥团喻，余如前说。如是身业、语业、意业贪瞋痴等所生众苦，若余若断，当知亦尔。如是多苦已远离故，少苦在故，当知圣谛如实现观有大义利，谓诸有学最极七生，人天苦在，诸恶趣苦皆已越度；若诸无学，唯有现法所依苦在，余一切苦皆已越度。

复次，若住是身，入谛现观，当知此身最为难得，又圣明眼见谛有学转甚难得，又闻思修所成妙慧亦为难得。由此慧故，于善说法毗奈耶中，如其次第，解了、胜了及以决了。于解了时，能审分别；于胜了时，能生胜解；于决了时，于法入证。又谛现观所有资粮善有漏法亦为难得，谓于父母识恩养等诸善业道。有暇圆满亦为难得。又有世间初正见等，乃至解脱智为后边十种正法亦为难得。如是诸法，即是有学，即是无学。

当知此中，善知恩养所有士夫补特伽罗，如实了知一切父母皆应孝养。如是知已，于其父母勤修孝养，是名善识父母恩养。又乐己利所有士夫补特伽罗，于他有德一切沙门及婆罗门，如实了知是福田已，如其所应，勤修供养，是名善知所有沙门，若婆罗门。

又无贪悋所有士夫补特伽罗，于诸妻子及奴婢等一切亲属，如实了知彼既以我为室为归，我若有乐，彼亦随乐，我若有苦，彼亦随苦。如是知已，于时时间，正以饮食、衣服给赐，复以病缘医药摄受。于彼义利，自然勇励，而为施造，非于一切求彼忆念。禀性忠平，好等分布，亦不婬佚，损费财宝。不于非处生毗奈耶，亦不非处而兴愤发。于诸耆长及尊重处，正善随转。如是名为善御家长，善能造作自他义利。

诸所施为，皆以正法，不以非法。于现法中，他作恶行，深见过失，谓或杀或缚，或罚或退，或被讥毁。正思择已，终不现行。如是名为于此世罪深见怖畏。又正观见造恶行已，于其后世感恶趣苦，及感所余匮乏等苦。正思择已，终不现行。如是名为于他世罪深见怖畏。又时时间能正受学施福业事，造作种种差别福行，所谓看病、事佛法僧、躬为执当，如是等类，名作福行。于一日夜乃至尽寿，所有尸罗能正受学。如是总名惠施作福、受斋学戒。

十业道者，谓二、三等差别宣说，乃至为令由闻思慧，于彼相应所有作意正多修习。又诸有情生恶趣已，难可解脱；生善趣已，速疾乖离：当知是名有暇圆满甚为难得。又见谛故，无有差别正见生起。于过去世，名已生起；于现在世，名今生起；于未来世，名当生起。如前所说若习若修，若多修习，其义应知。若世间正见，应随防护；若有学正见，并其断果，应随触证；若无学正见，并自离系果，应随作证。如说正见，如是乃至解脱智，应知亦尔。

瑜伽师地论卷第九十六

摄事分中契经事缘起食谛界择摄第三之四

复次，总嗢柁南曰[①]：

总义等光等[②]，受等最为后。

别嗢柁南曰：

总义自类别，似转后三求。

当知诸界略有二种：一、住自性界；二、习增长界。住自性界者，谓十八界、堕自相续各各决定差别种子。习增长界者，谓则诸法或是其善，或是不善，于余生中先已数习，令彼现行，故于今时种子强盛，依附相续。由是为因，蹔遇小缘，便能现起，定不可转。

复次，以要言之，虽界种类十八可得，然一一界业趣、有情种种品类有差别故，当知无量。譬如世间大恶叉聚，于此聚中有多品类，种类一故，虽说为一，而有无量。如是于其一一界中，各有无量品类差别，种类一故，虽各说一，而实无量。

复次，如是诸界由胜解力之所集成，先恶胜解集成恶界，先善胜解集成善界。随所集成，还与如是相似有情同法而转，谓相往来、同聚、同住、同见、同意胜解相似。由是故言，有情诸界共相滋润，相似而转。

复次，由梵行求增上力故，先说起信；次于尸罗受学而转；次于现行

---

① 嗢柁南曰，底本与《资福藏》《碛砂藏》《普宁藏》《永乐南藏》《径山藏》相同；《房山石经》《赵城金藏》《高丽藏》“柁”作“拕”，下同。

② 总义等光等，底本与《资福藏》《碛砂藏》《普宁藏》《永乐南藏》《径山藏》《高丽藏》相同；《房山石经》“等”作“寿”。

所有过罪，观自观他，而生羞耻；次于善法无间修习，发勤精进，于久所作及久所说能无忘失；是二为依，令心得定；由心定故，得如实智。如是且说信增上力，渐次修习三种所学：一、增上戒；二、增上心；三、增上慧。如是三学胜资粮道，谓世正见、好行惠舍、易养、易满、少欲、喜足及四摄事。其易养等句义差别，如“声闻地”已说其相。如是当知名梵行求已得圆满。成就如是梵行求者，还与此界诸有情类共相滋润，相似而转；离此界者，还与远离此界有情共相滋润，相似而转。当知此中，果依于因，非因依果故。

无明界所随六处诸界为缘所依别故，起无明触种种品类；其无明触种种品类以为缘故，起无明触所生诸受种种品类；其无明触所生诸受种种品类以为缘故，起无明触所生诸受为缘贪爱；爱为缘故，而有其取；广说乃至大苦蕴集。当知是名依有求故，建立诸界。

又无明界所随六处诸界为缘，起无明触；此无明触以为缘故，于诸境界起不如理执取相好所有诸想；此想为缘，于诸境界发起希欲；希欲为缘，起彼随法多随寻思；由彼随法多随寻思以为缘故，发起思慕愁忧所作身心热恼；身心热恼以为缘故，于诸境界种种品类思求差别皆可了知。如是当知依欲求故，安立诸界。

复次，嗢柁南曰：

三七界相摄，见想与希奇，

差别性安立，寂静愚夫后。

界有三种：一者，色界；二、无色界；三者，灭界。复有七界：一、光明界；二、清净界；三、空处界；四、识处界；五、无所有处界；六、非想非非想处界；七、灭界。当知此中，由其色界摄光明界及清净界，由无色界摄四无色，由其灭界还摄灭界。又诸色贪，由见由受所显发故，遍于一切色界地中安立光明及清净界。

又于如是七界遍知应当了知，于得方便应当了知，即于其得应当了知，于得所为应当了知。如是诸界所有遍知，由四因缘应当了知，谓有相违所治、能治而相待故，狭小、无量而相待故，有及非有而相待故，有上、无上而相待故。黑闇为缘，施设光明；不净为缘，施设清净；色趣为缘，施设虚空。如是名为有相违故，待彼所治，施设能治。由待彼故，能于此中，正觉慧转。由缘有量狭小境识以为缘故，施设识无边处。由少所有以为缘故，施设无所有处。由一切有最胜现前以为缘故，施设非想非非想处为有无上；由萨迦耶所有相应诸烦恼断以为缘故，施设灭界为灭无上。当知有顶是有无上，灭于诸法皆是无上。

又有想定名为有行。于七界中，次第乃至无所有处，一切皆是有想定故，皆由行定随顺获得。谓取明相光明想俱，修三摩地，随顺获得光明想定。如是由取清净、虚空、识无边相[①]、无所有相[②]，当知亦尔。非想非非想处，由无相作意，方便趣入，想极细故，取为第一。诸有寂静起胜解时，随顺获得第一有定。于一切相不思惟故，于无相界正思惟故，萨迦耶灭；由无相故，随顺获得灭定、灭界。如是二种，不由行定随顺获得。

又由永害色、无色界所有贪故，不下屈故，不高举故，解脱住故，住解脱故，如是诸定得随所欲，有力调柔，自在而转，如是名为随得诸界。又此诸界能随获得八解脱定。当知初界能随获得第一、第二二解脱定；其第二界，能随获得第三解脱胜静虑定；其余五界，如其次第，能随获得五解脱定。

复次，诸外道辈欲令弟子于三处中得升进故，略说法要，谓有一类，

① 如是由取清净虚空识无边相，底本与《房山石经》《资福藏》《碛砂藏》《普宁藏》《永乐南藏》《径山藏》相同；《高丽藏》“相”作“想”。

② 无所有相，底本与《房山石经》《资福藏》《碛砂藏》《普宁藏》《永乐南藏》《径山藏》相同；《高丽藏》“相”作“想”。

于劣欲界，为令获得人中快乐，乃至他化自在天生，宣说能感彼果诸行。复有一类，于中色界，为令获得梵世间等众同分生，宣说能感彼果诸行。复有一类，于妙无色，为令获得乃至非想非非想处众同分生，宣说能感彼果诸行。如是彼说劣界为缘，名为劣语；中界为缘，名为中语；妙界为缘，名为妙语。

彼诸弟子闻是法已，还起如是差别想解。如是想解，亦名劣想、中想、妙想。如如其想，如是如是发生忍乐、如是忍乐，发生劣见、中见、妙见。彼由如是诸忍乐见，便于彼彼差别生处信解忍可，执为最胜，造作增长彼相应业。如是信解，名为劣愿、中愿、妙愿。

当知此二说者、行者，亦说名为劣、中、妙品补特伽罗。又彼说者及以行者，亦便为他宣说如是劣、中、妙法[①]，彼亦获得如是类生。又即此生前后相待有差别故，安立诸界劣、中、妙别。如是三种，若待涅槃，一切皆是劣界所摄。若诸如来，由胜义故，妙界为缘，但说妙语。余法差别，如应当知。若诸圣者，所有行趣应知皆为现法涅槃。

先有外道，彼命终已，来生此间，因增长故，众缘和合于善说法毗奈耶中蹔得出家。彼由先世外道妄见所迷乱故，集成今时大无明界。由此为因，于其涅槃及大师所生起疑惑，退失正法及毗奈耶，还归外道诸恶说法。彼由先世数习因力，还复宣说如是劣语，乃至广说，如前所说，一切应知。

复次，于外道处，外道弟子各别见趣广施设中，略有三种，由忍见依差别可得。依此正法，能令永舍缠及随眠。由缠舍故，彼亦随舍。余亦无执。了知由彼，于现法中，与他违诤忿竞而住，能引自他一切无义。既知是已，舍彼随眠。由舍此故，所余随眠及余因此所有诸缠毕竟无执。

---

① 亦便为他宣说如是劣中妙法，底本与《房山石经》《资福藏》《碛砂藏》《普宁藏》《永乐南藏》《径山藏》相同；《高丽藏》“便”作“传”。

于外道处各别见趣广施设者，谓执世间若常、无常，广说乃至如来灭后非有非无。于中一类外道弟子，为性迟钝。如如自师或他教导，如是如是不审思量，取执坚著：唯此谛实，余皆愚妄。彼于一切各别见趣悉皆忍受。是名第一由忍见依。

复有一类外道弟子，性是中根，而非迟钝。不能自然于法猛利推寻观察，亦不随言便生信解，而于展转相违见趣随喜乐一。彼于一类见趣忍受，于余一类而不忍受。是名第二由忍见依。

复有一类外道弟子，性是利根。彼能自然于法猛利推寻观察。由诸见趣恶施设故，彼见一切皆不应理，见已一切都不喜乐。由是因缘，于诸见趣皆不忍受。此复有二补特伽罗：一、邪见行，性无堪能，无求解意；二、正见行，性有堪能，有求解意。此中第一一切不忍补特伽罗，即由如是非理比量，于善说法毗奈耶中不审思量，执为非理，诽谤贤圣，起无有见。又于一切各别见趣皆不忍受，方便令彼无所依仗，亦令灭坏无所宗承，而妄分别计度显示无所依仗所引见趣，常与一切各别见者共兴违诤，互相恼害。是名第三由忍见依。

此中第二一切不忍补特伽罗，于前一切不忍者见亦不喜乐。住求解心，往诣他所，谓善说法毗奈耶中佛、佛弟子，如实显已，言我一切皆不忍受。佛、佛弟子了知彼人有求解意，觉慧猛利，具堪任性，即以其心念彼心已，遂依于前补特伽罗，而反诘曰："汝即于此都不忍见，亦不忍耶？"彼便如实唯然而答。如来遂举此正法中诸弟子众赞励于彼，告言："汝与多人相似。我等一切，于诸见趣并不忍见。皆不忍受。汝若尔者，如此人众，缠与随眠一切见依皆永断故，于当来世诸见杂染无所堪能。汝今与彼竟无差别。如是辈流极为尠少，汝于此少转更为少。若于一切缠及随眠都不忍见，能永断者，彼于一切毕竟无执。"

如是如来、如来弟子，方便令彼外道弟子于正智见发生希欲，窃作是念："我竟不知如来弟子能断如是缠及随眠。"如来知彼于正智见生希欲已，更复策发彼希欲心，其遂承受。如来为欲令彼依止思择、修习二对治力，永断一切缠及随眠，宣说法要，令其获得无倒智见，如余安住此正法者，能舍一切缠及随眠。所谓思择彼诸见依，能令展转互相乖背，由是因缘，违诤恼害，能引自他一切无义。诸圣弟子于彼一切皆无执取，设有来问，亦不记别。观察如是诸过患已，依思择力，舍离诸缠。由此因缘，于彼见依能永捐弃，于余见依，由正见故，亦令无有。

如是为欲永断诸缠，拔随眠故，修循身念，于有色身观无常性，于身染著净修其心，于随自身诸受分位[①]，由无常门观无常性。如实了知诸名色故，便于诸漏心得解脱。观身坏已，当来诸受皆悉断灭。又于其身住当坏想，乃至命在常能领受离系诸受。如是名为依修习力，舍离随眠。当知此中，贪恚痴等，令当来世生等诸苦和合系缚，亦令现法起业杂染，亦令欣求未来染事，执取过去已所舍事，躭著现在正现前事。意很名违，言很名诤，由三损恼说名为害。观无常等，如"声闻地"已说其相。

复次，不净、慈悲修所对治欲贪、恚、害未永断故，诸依止中，彼品麤重犹如种子能生彼故，如其所应，说名欲贪及恚害界。由有此故，顺欲、恚、害境现前时，依不如理作意思惟，于三种境能取非理相好想生。此想生已，由坚执故，当知发起二种过患：一者，现法；二者，后法。

此中，云何名为坚执？云何名为现法过患？云何名为后法过患？若由已生想增上力，如前相似欣欲分别所有热恼寻求生起，由是因缘，名坚执想。又寻求时，于其三处，于诸有情发起邪行。由此为因，或有堪能能生现法所有忧苦，由此因缘，说名有苦。或无堪能，然即由彼现在前故，名有匮乏。又此有苦及有匮乏，用二为缘：一者，用他手块刀杖及麤言等为增

① 于随自身诸受分位，底本与《资福藏》《碛砂藏》《普宁藏》《永乐南藏》《径山藏》相同；《房山石经》《高丽藏》"随"作"堕"。

上缘，由是缘故，名有灾害；二者，用内杂染而住为增上缘，由是缘故，名有烧恼。如是名为现法过患。即由此因，于当来世生诸恶趣，如是名为后法过患。

又若于其所受学处有坚固执，当知于彼如乾苇舍所依止中，所有能依如虫善法，由邪想火，掷置其中能焚灭故，当知即此补特伽罗所有如虫一切善法皆被烧害。与此相违，无坚执故，当知退失功德善法。与此相违，如其所应，当知出离、无恚、无害想等差别。又于是中，闻思修慧能令黑品无坚固执，能令白品有坚固执。若此三种妙慧有阙，能令黑品有坚固执，能令白品无坚固执。

复次，如来有二甚希奇法：一者，显示一切诸法皆无有我；二者，显示一切有情自作他作，皆无失坏。此中略有二种有情：一、在家品；二、出家品。在家有情为求财宝，初兴加行，名发起界。即于此中，若未获得，由顺精进障碍因缘，诸心勇悍，即望于彼，名势力界。若已获得，由蚊虻等所有灾害顺精进障，不能令转，名任持界。即此诸界，从自方所至余方所，从未摈舍至已摈舍，名出离界。即彼有情，为财宝故，俱于二处，由起无间、殷重加行、无缓加行，名勇猛界。

出家有情先乐出家，求出家故，生决定欲，名发起界。依出家品，于所应得广大善法无有怯劣，名势力界。种种淋漏所生众苦、发勤精进所生众苦，界相违等所生众苦，不能败坏，名任持界。若于下劣不生喜足，名出离界。乃至命在常修无间、殷重加行，名勇猛界。如是一切，应当了知，谓彼诸界及尽所有诸品类界。

复次，于诸界中略有二种界差别性。云何为二？一者，他类差别性；二者，自类差别性。他类差别性者，谓眼界异、色界异、眼识界异，如是乃至意识界异。自类差别性者，谓即彼界，或顺苦受，或顺乐受，或顺不苦不乐受。由是为缘，能生三受。

复次，由四因缘，当知建立三种三界、二出离界。

云何为四？一者，外不出离而出离故；二者，内不出离而出离故；三者，非毕竟出离而出离故；四者，无增上慢故。

当知此中，用外五妙欲贪为缘，建立欲界。即由此界出离义故，建立色界最初静虑；由寻、喜、乐出离义故，建立此上三种静虑。由色有对种种性想出离义故，建立空无边处所摄无色界；由空、识、无所有想出离义故，建立此上所摄无色界。如是外处不出离、出离义故，当知建立三界差别。

又色界中，具足六处，内处圆满。无色界中，五有色处皆已超越，唯余意处。于灭界中，一切六处皆已超越。如是内处不出离、出离义故，当知建立余三种界。

又色界中，非是毕竟出离欲界。无色界中，望于色界，当知亦尔。若诸有为皆悉寂灭，当知是名毕竟出离。如是非毕竟出离、出离义故，当知建立三界差别。

无增上慢者，谓由遍知，当知建立五种、六种诸出离界，如“三摩呬多地”已辩其相。

复次，若诸苾刍专乐寂静，勤修止观，略由五相，当知其心名得解脱。一者，奢摩他熏修其心，依毗钵舍那，解脱奢摩他品诸随烦恼；二者，毗钵舍那熏修其心，依奢摩他，解脱毗钵舍那品诸随烦恼；三者，二种等运，离心随惑，解脱一切见道所断所有诸行；四者，即由此故，解脱一切修道所断所有诸行，住有余依般涅槃界；五者，解脱一切苦依诸行，住无余依般涅槃界。

于善说法毗奈耶中，略有二种师及弟子甚希奇法：一、平等见随起言说；二、最胜见随起言说。如是二种，外道法中都不可得，所作差别故，远离涅槃故。

复次，世间愚夫略有二种愚夫之相：一、乐习行能引自他无义利行；

二、于四处不得善巧。当知能引无义利行，有四种相。云何为四？谓能生起四种苦故：一、他差别苦；二、内差别苦；三、时差别苦；四、身差别苦。

他差别苦者，或有疫疠，谓非人作；或有灾害，谓人所作；或有已遭，或恐当遭，于所未遭而生怖畏。如是名为由他增上所生众苦。内差别苦者，谓界相违疾病因缘，名为灾患。所爱变坏，所欲匮乏，生染恼心，名为扰恼。如是名为由内增上所生众苦。此复如前，应知或有已所遭苦，或恐当遭生怖畏苦。时差别苦者，谓即如是诸品类苦，过去已有，未来当有，现在今有，如是总名时差别苦。身差别苦者，谓自习行邪行为因，能令己苦，由是因缘，他虽正行，亦能令苦，如是名为身差别苦。当知此中，前三名为唯能引自无义利行，后一名为亦能引他无义利行。

云何四处不得善巧？谓于诸界、诸处、缘起、处非处中皆不了达。

与上相违，当知即是聪慧二相。

又由无色意处所依、所缘、自类流转差别，当知建立有十八界。由五色处安立、运转、驱役所依体性差别，当知建立有余六界。安立所依体性差别，谓地等四；运转所依体性差别，即是空界；驱役所依体性差别，即是识界。由染净品想及寻思所依义故，当知建立有余六界，谓欲、恚、害并彼对治。贪瞋痴缚所依义故，当知建立有余六界，谓苦、乐、忧、喜、舍、无明。若有非理作意思惟，即便生起邪想寻思；若有如理作意思惟，即便生起正想寻思。

又由三界染净二品遍行义故，当知建立有余四界，谓名所摄受等四蕴。又由所染、所净、清净，即此不净、清净、增上，如前所说外不出离、出离义故，当知建立有余三界，谓欲界、色界、无色界。如前所说内不出离、出离义故，当知建立有余三界，谓色界、无色界、灭界。又即由此内外二事出离增上，听闻正法，或不正法，如理思惟，或不如理思惟，依处三种言事差别义故，当知建立有余三界，谓过去界、未来界、现在界。又由所知诸苦、烦恼多中少义，当知建立有余三界，谓劣界、中界、妙界。若有上苦及上烦恼，是名劣界；若有中苦及中烦恼，是名中界；若有少苦及少烦恼，是名妙界。如是遍知劣、中、妙界。

又由远离此因缘义，及由修习此对治义，当知建立有余三界，谓善界、不善界、无记界。又由修善清净差别，缺缚义故，无缚义故，具缚义故，当知建立有余三界，谓学界、无学界、非学非无学界。又即由彼有学、无学与诸愚夫，若共不共、世出世法成就义故，当知建立有余二界，谓有漏界、无漏界。又即由彼世出世间、若常无常、有上无上差别义故，当知建立有余二界，谓有为界、无为界。一切皆为趣向涅槃，悉以涅槃为其后际，熟修梵行，是故过此无复立界。

诸处、缘起及处非处所有善巧，如“声闻地”已辩其相。又若略说处及非处善巧相者，谓或依止趣五趣行，或复依止趣涅槃行。此一切行略有三种，谓劣、中、胜。趣恶趣行，说名为劣；趣善趣行，说名为中；趣涅槃行，说名为胜。所以者何？趣善趣行此最为极，更无余行，唯此能感所有世间最极圆满。谓能感得转轮王身，或帝释身，或魔罗身，或大梵身，彼无第二，更无有余补特伽罗或男或女与其等者。趣涅槃行，当知能证一切有情最胜法性，谓声闻菩提、独觉菩提、无上菩提。诸佛如来于彼一切最为殊胜，一切三千大千世界补特伽罗无与等者。又余所有安住菩提劣功德者，于诸世间得增上位尚为殊胜，何况如来。彼复云何？谓于是处，正见具足补特伽罗不能现行，诸异生类堪任现行。当知一切，如经广说。

复次，嗢柁南曰：

自性与因缘，见染数取越，

转差别道理，寂静后观察。

诸受自性应当了知，诸受因缘应当了知，于受正见应当了知，于受杂染应当了知，于能受受补特伽罗思择、不思择二力差别应当了知，如是于受解脱不解脱、流转品别应当了知，诸有所受皆苦道理应当了知，诸受寂静止息差别应当了知，于受观察一切受想应当了知[①]。

略说三受，是受自性。

三品类触，是受因缘。

又诸乐受，变坏法故，贪依处故，贪是当来众苦因故，由此应观乐受为苦。若诸苦受，现在前时恼害性故，如中毒箭而未得拔，由此应观苦受如箭。非苦乐受，已灭坏者是无常故，正现前者是灭法故，于二更续能随顺故，由此应观非苦乐受性是无常，性是灭法。如是于受所生正见，能随悟入诸有所受皆悉是苦。于乐受中有贪随眠，于受苦中有瞋随眠[②]，于非苦乐无明随眠，是名于受所起杂染。虽于乐等所有诸受现前分位，一切未断烦恼随眠之所随眠，然由缘彼各别所行诸缠生起，此后睡眠烦恼随缚[③]，即名于彼相续随眠。为欲永害诸随眠故，熟修梵行，非唯为遣诸缠因缘。

无思择力补特伽罗受苦受时，心极忧顇。即此苦受，若身若心，现前领纳；所余乐受、非苦乐受，由未断故，而说相应。是故名为现见圆满冥闇受坑，难得其底。有思择力补特伽罗，应知一切，与上相违。又于诸受心未解脱补特伽罗，但于苦受圆满领纳，犹如一人中二毒箭。二毒箭者，即喻三受，或染心领纳，谓由贪瞋痴；或相应领纳，谓由生等苦。如是彼由现法所有上品苦故，及由现法诸杂染故，亦由后法所有苦故，由是诸处，受其染恼。心解脱者，应知一切，与上相违。此差别者，具领三受。

---

① 于受观察一切受想应当了知，底本与《资福藏》《碛砂藏》《普宁藏》《永乐南藏》《径山藏》相同；《房山石经》《高丽藏》“想”作“相”。

② 于受苦中有瞋随眠，《房山石经》《资福藏》《碛砂藏》《普宁藏》《永乐南藏》《径山藏》《高丽藏》“受苦”作“苦受”。

③ 此后睡眠烦恼随缚，底本与《资福藏》《碛砂藏》《普宁藏》《永乐南藏》《径山藏》相同；《房山石经》《高丽藏》“睡”作“随”。

又若有受，于依止中，生已破坏，消散不住，速归迁谢，不经多时，相似相续而流转者，应观此受犹若旋风。若有诸受，少时经停，相似相续不速变坏而流转者，应观此受如客舍中羁旅色类。

又彼诸受自性所依染净品别，当知名受品类差别。有味受者，诸世间受。无味受者，诸出世受。依躭嗜受者，于妙五欲诸染汙受。依出离受者，即是一切出离、远离所生诸善定不定地俱行诸受。

又诸苦受，一切众生现知是苦，不假成立；所余二受，由二因缘，应知是苦。非苦乐受及能随顺此受诸行，由无常故，应知是苦；所有乐受及能随顺此受诸行，变坏法故，应知是苦。由此道理，当知诸受皆悉是苦。

又彼诸受，应知略有三种寂静：一、由依止上定地故，下地诸受皆得寂静；二、由蹔时不现行故，而得寂静；三、由当来究竟不转，而得寂静。当知此中，蹔时不行，名为寂静；令其究竟成不行法，名为止息。

乐言论者，广生言论，染汙乐欲展转发起种种论说，名为语言。即此语言，若正证入初静虑定，即便寂静。又麤寻伺能发语言，诸未得定，或有已得还从定起，能发语言，非正在定。正在定者，虽有微细寻伺随转，而不能发所有语言，是故此位说名一切语言寂静。是名第二义门差别。又瑜伽师于贪瞋痴深见过患，安住领纳贪瞋痴等离系诸受[①]，数数遍知，数数断灭贪瞋痴等，故说其心于贪瞋痴离染解脱。

又由七行，于诸受中观受七相，谓观诸受自性故，现在流转、还灭因缘故，当来流转因缘故，当来还灭因缘故，杂染因缘故，清净因缘故，及清净故。

复次，嗢柁南曰：

受生起劣等，诸受相差别，

① 安住领纳贪瞋痴等离系诸受，底本与《资福藏》《碛砂藏》《普宁藏》《永乐南藏》《径山藏》《高丽藏》相同；《房山石经》“离”作“难”。

见等为最胜，知差别问记。

一切有情应断诸受，略由三缘，而得生起。一者，欲缘，谓于未来世；二者，寻缘，谓于过去世；三者，触缘，谓于现在世现前境界。

云何名为一切有情？谓有情众略有八种：一、在家众；二、出家众；三、于诸欲未离贪众；四、于诸欲已离贪众；五、于初静虑未离贪众；六、于初静虑已离贪众；七、从此已上，乃至非想非非想处未得离贪诸外道众能入世间定，具足于邪见乃至邪解脱智者；八、住内法众能入世间定，具足于正见乃至正解脱智者，及住内法众能入出世定者。由此八众，依能领纳诸受遍知，应知普摄诸有情众。

又在家众，或出家众，于诸欲中未离贪者，由三因缘，诸染汙受而得生起。一、由染著力；二、由作意力；三、由境界力。当知此中，诸在家者追求诸欲为受用故，发生欲乐，由染著力。即此非理思惟先时曾所领受，由作意力。于现前境现在受用，由境界力。应知如是补特伽罗欲、寻、触缘，由现行故，皆不寂静，以此为缘，发生三受。

又由最初染汙欲、寻、触现行故，领纳彼缘所生诸受。若彼生已，染著不舍，亦不除遣。如是彼受长时相续随转不绝，不得寂静；不寂静缘，长时相续领纳诸受。又彼欲等，由其最初长时相续恒现行故，彼缘彼品所有烦恼堕在相续未永断故，即说名为不寂静缘。是名第二义门差别。

若诸出家未离贪者，由于诸欲能弃舍故，其染著力所摄受欲虽得寂静，作意、境界力所摄受若寻若触而未寂静。由是因缘，彼于独处[①]，于寻对治未善修故，一切离欲皆未作故，于曾受境，非理作意寻思现行，于诸胜妙现前境界，有触现行。若于寻思深见过失，于彼对治已善修故，一切离欲未尽作故，欲如前说，已得寂静。由是因缘，寻亦寂静，唯触独一未

① 彼于独处，底本与《资福藏》《碛砂藏》《普宁藏》《永乐南藏》《径山藏》相同；《房山石经》《高丽藏》“独”作“触”。

得寂静。若胜妙境现在前时，诸染汙触便复生起。若于诸欲已离贪者，当知一切皆得寂静。是名一种义门差别。

复有一类，于诸欲中未离贪者，由于诸欲所有贪欲未永断故，诸寻、染触未永断故，由是一切皆未寂静。若于诸欲贪欲已断，证初静虑，欲已寂静，寻未寂静。于初静虑已离贪者，乃至非想非非想处未离贪者，二已寂静，触未寂静。超过有顶，一切寂静。是名第二义门差别。

若诸外道能入世间定，具足于邪见乃至邪解脱智者，由彼为缘，生起诸受，于彼染著。又由彼品烦恼随缚，即由如是不寂静缘，诸受生起。若住内法能入世间定，具足于正见乃至正解脱智者，由彼为缘，生起诸受，于彼染著。又由彼品烦恼随缚，即由如是不寂静缘，诸受生起。

又住内法能入出世定者，若依向道转，自事未究竟，所有诸欲未得为得，未证为证，未触为触。作是希望："我于是处，何时当得？"广说如前。彼未寂静，由是为缘，彼于尔时，诸受生起。若于自事已得究竟，彼欲寂静，由寂静缘，便有第一寂静无上诸受生起。彼于一切所有诸受出离方便如实了知，是故如前于第一义诸沙门中，许为沙门；诸梵志中，许为梵志。若不了知，于彼一切皆不忍许。

当知此中，一切诸受无有差别，皆触为缘。又即此缘，欲亦为缘，寻亦为缘，境界愚痴所摄无明亦为其缘。如是一切不正思惟，及堕相续彼品烦恼以为其集。由此灭故，彼亦随灭。正见等道，当知说名能趣灭行。

复次，于远离喜身作证住诸圣弟子，能断五法，能修五法，令得圆满，应知如前"三摩呬多地"广辩其相。又喜、乐、舍劣中胜品，谓在欲界及四静虑，如其所应，当知其相。又在第四静虑地舍，一切过患皆远离故，名善清净。若此上舍，复可立为胜无爱味。

复次，由十种相，当知诸受所有差别。一、胜义差别；二、流转所依差别；三、自相差别；四、尽所有性差别；五、自相品类差别；六、流转门差别；七、杂染门差别；八、所治、能治差别；九、时差别；十、刹那展转生起差别。

此中，或有无开觉者作如是言，受唯有二：一、苦；二、乐。虽复说有不苦不乐，然唯苦乐无性所显，是故世尊即依如是苦乐寂静，假设为有。世尊为欲开晓彼故，说如是言，乐有二种，所谓欲乐及远离乐。此远离乐复有三种：一者，劣乐；二者，中乐；三者，胜乐。劣乐者，谓无所有处已下；中乐者，谓第一有；胜乐者，谓想受灭。既有是理，乐受亦得说为寂静，谓在初、二、三静虑中；非苦乐受亦名寂静，谓在第四静虑已上，乃至有顶；一切受无亦名寂静，谓在灭定。然佛世尊约第一义说有三种最寂静乐，谓诸苾刍，心于其贪离染解脱。如于其贪，于瞋于痴，当知亦尔。

如是一切，总为三乐：一者，应远离乐；二者，应修习、有上住乐；三者，最极究竟解脱无上住乐。应远离乐者，谓诸欲乐。应修习乐者，谓初静虑乃至有顶诸所有乐。有上住乐者，谓灭尽定，此亦名为应修习乐。最极究竟解脱无上住乐者，谓如前说三最胜乐。非据受乐说灭尽定以为有乐，然断受乐说名为乐。又胜住乐与乐相似，又即依此有乐可得，说名为乐。谓如有一，从此定起，有所领受，作如是言：我已多住如是如是色类最胜寂静乐住。由依此故，说名有乐。

复次，若有苾刍依止如是色类见闻及乐想有，无间随得诸漏永尽，当知此见名最胜见，乃至此有名最胜有。从无我见不更寻求其余胜见，谓无常见。即此无间随得漏尽，是故此见名最胜见。依止此见，复由四门，方能随得诸漏永尽。一、或从他听闻正法；二、或依四现法乐住；三、或依止三种想定，谓从空无边处乃至无所有处；四、或天有，或在人有。是故此闻于其余闻，此乐于其余乐，此想于其余想，此有于其余有，说为最胜。

复次，由遍了知应遍知事，于其苦谛得遍解脱，于其集谛得胜解脱，于其灭谛能正作证，于其道谛能正修习。正于苦边能随得者，谓于苦谛得遍解脱；于诸漏尽能随得者，谓于集谛得胜解脱；应厌应离应解脱者，谓于灭谛能正作证；于无常等随观住者，谓于道谛能正修习。

又由十相，应当了知境事差别。一者，已生诸行系属命根住因差别；二者，有色、无色诸行展转相依住立流转差别；三者，无色诸行无常法性入门差别；四者，心诸杂染依处差别；五者，一切诸行一切品类总皆是苦差别；六者，净不净业果受用门差别；七者，有喜乐识所行边际差别；八者，爱恚依处差别；九者，喜乐执藏有情生处安住边际差别；十者，堕往恶趣依处边际差别。

又清净品应得应修事增上故，当知有余十种差别：一者，善法无间修习增上无边差别[①]；二者，心慧解脱依止差别；三者，胜三摩地边际差别；四者，于一切境系缚其心边际差别；五者，解脱方便差别；六者，解脱差别；七者，等觉真义差别；八者，现等觉后，于三学中受学差别；九者，正学[②]、已学现法乐住差别；十者，证圣神通广行差别。

复次，即依如上所说差别，应生问论。标举者，谓由未了义理。记别者，谓由已了义理。当知此中，由四因缘，能请问者，不应与言；由四因缘，能记别者，不应与言。前四种者：一、于现量；二、于应理；三、于其因；四、于非因。谓等示现时，而不领解；比度分别正施设时，而不领解；汝自修行自然当了，而不领解；正智论者亲自演说，由此至教亦不领解。是故于此能请问者，不应与言。

后四种者，谓一切行皆是无常，一切诸法皆无有我，一切生处皆不可乐，净不净业终无失坏，是一向记。故思造业当受于苦，此非一向。获

---

① 善法无间修习增上无边差别，底本与《资福藏》《碛砂藏》《普宁藏》《永乐南藏》《径山藏》相同；《房山石经》《高丽藏》“边”作“逸”。

② 正学，底本与《房山石经》《资福藏》《碛砂藏》《普宁藏》《径山藏》《高丽藏》相同；《永乐南藏》“正”作“三”。

得于舍，于现法中定般涅槃，亦非一向。若有问言：“造作业已，往善趣不？”应反诘云：“汝问何业？”若有问言：“修习道已，得涅槃不？”应反诘云：“汝问何道？为是世间，为出世间？”置记论者，谓依一切所有见趣。如是四种正答问者，名善能记，应可与言。与此相违，不应与言。

复次，诸佛如来有二记别：一、共外道；二者，不共。共外道者，记诸弟子当生处等。言不共者，终不记别有生者等。

有二识火炽然所依：一、微细爱；二、麤名色。欲、色二界爱所生识，名色为依。爱若止息，乃至寿量，其识相续随转而住。若无色界爱所生识，但缘其名，而得住立。爱若断灭，乃至寿量，其识相续随转而住。又于色界此爱为依，生中有识。即爱为依，令于中有般涅槃者蹔尔安住。此爱若断，即于尔时，其识谢灭。

复有二种意所生身：二者[①]，色界意所生身；二、无色界意所生身。谓由定地意门方便而能集成二生身故。

又诸如来略有二种善避他论：一者，能避定不应记作不定论；二者，能避决定应记作不定论。如说喜乐色等义别，如是喜乐取等义别，应知亦尔。

① 二者，底本与《碛砂藏》《普宁藏》《永乐南藏》相同；《房山石经》《资福藏》《径山藏》《高丽藏》“二”作“一”。

瑜伽师地论卷第九十七

摄事分中契经事菩提分法择摄第四之一

如是已说缘起、食、谛、界择摄。菩提分法择摄，我今当说。

总嗢柁南曰[①]：

念住与正断，神足及根力，
觉道支息念，学证净为后。

别嗢柁南曰：

沙门沙门义，喜乐一切法，
梵行数取趣，起二染为后[②]。

依四念住修习增上，由四因缘，应知内法有沙门道及有究竟，外法决定无沙门道，亦无究竟。当知他论，诸沙门道及以究竟，一切皆空。

云何名为四种因缘？一者，依止四处，得四证智故；二者，解脱四种外随烦恼故；三者，内法弟子与外道弟子不同品类故；四者，内法大师与外道师不同品类故。

云何名为内法沙门？谓诸沙门略有四种：一者，胜道沙门；二者，论道沙门；三者，命道沙门；四者，汙道沙门。是四沙门若略若广，如“声闻地”已辩其相。

内法道者，云何为道？谓八支圣道。若处施设八支圣道，是处施设汙

① 总嗢柁南曰，底本与《资福藏》《碛砂藏》《普宁藏》《永乐南藏》《径山藏》相同；《房山石经》《赵城金藏》《高丽藏》“柁”作“拕”，下同。

② 起二染为后，底本与《径山藏》相同；《房山石经》《资福藏》《碛砂藏》《赵城金藏》《普宁藏》《永乐南藏》《高丽藏》“起”作“超”。

道为后四种沙门。若有其道，自行邪行，非生道器。由是因缘，容有汙道。是故外法尚无汙道，况得有余。

内法究竟者，云何究竟？谓断诸取。诸取断已，当来毕竟无复相续。

云何名为依止四处？云何复名得四证智？谓四处者：一、三结永断苏息处；二、无退堕法势力处；三、定趣菩提种类处；四、极七反有随行处。依此四处，于佛法僧及于净戒，得证净智。

云何名为解脱四种外随烦恼？一者，解脱现法外随烦恼；二者，解脱后法外随烦恼；三者，解脱展转互相违戾所作外随烦恼；四者，解脱于诸圣谛不能宣说、不能觉悟所作外随烦恼。

当知此中，诸外道类阙念住故，其念忘失，不正知住，领纳诸受或乐或苦，或非苦乐，于乐起染，于苦起恚，于非苦乐发起愚痴，如是名为第一现法外随烦恼。彼由如是染恚痴故，以受为缘，生后有爱；以爱为缘，发生诸取；有爱、取故，以取为缘，成办于有；广说乃至纯大苦聚积集增长。如是名为第二后法外随烦恼。又诸外道萨迦耶见以为根本种种见趣，意各别故，彼此展转互相违戾，是名第三外随烦恼。又诸外道遍于一切四圣谛中，尚无有能施设其教，况当觉悟。是故彼于自师宗智虽得增上，而实无知，堕无明趣。是名第四外随烦恼。住内法者，于是一切皆能解脱。

云何内法弟子与外道弟子不同品类？谓外道弟子或堕有见常边，或堕无见断边，长夜积集，深起藏护，由闻亲近，由思染著，由修染著。内法弟子行处中行，远离二边。

云何内法大师与外道师不同品类？谓外道师于一切取，虽同宣说断遍知论，而于诸取不能施设正断遍知。由彼本契出家舍欲，故于欲取立断遍知，非于自见、自戒、我语。若有与他诸余沙门、婆罗门等，见不同分，戒禁同分，彼于见取亦能随分立断遍知，非于戒禁、我语二取。若有戒禁亦不同分，于戒禁取亦能随分立断遍知。其我语取于一切时，一切外道悉皆共有，是故外道，于自于他我语取中，皆不施设断遍知论。又彼虽能分舍诸取，而于当来还复能取，未永断故。如是外道于诸取中未全断故，未永断故，不得究竟。内法大师当知一切与上相违。如是应知内法大师与外道师不同品类。

复次，依四念住修习增上，略由三处、三地、三种补特伽罗，当知普摄诸沙门义。云何三处？一、境；二、智；三、证。云何三地？一、正加行摄异生地；二、有学地；三、无学地。云何三种补特伽罗？一、正加行异生补特伽罗；二、有学补特伽罗；三、无学补特伽罗。

云何名境？谓地等六界与六触处为所依体，此六触处与十八意行为所依体，十八意行能杂染心。

云何名智？谓心清净增上慧依处。

云何名证？谓即慧依处增上，若谛依处，若舍依处，若寂依处。

云何慧依处？谓慧为依处，于正加行异生地中，正修善法为因缘故，能无放逸，入有学地。若慧为依处，证阿罗汉无学地中得尽智故，如实了知我生尽等。若学、无学出世智后诸世间慧。

云何谛依处？谓已获得八支圣道，断诸烦恼。由此依处，当来众苦毕竟不生。由此毕竟无忘失故，名谛依处。

云何舍依处？谓断彼事。由此依处，于已断事无杂染行，现法乐住。

云何寂依处？谓为断灭所余结事，方便勤修，如已得道。此为依处，于所余结及所余事能舍无余。

如是一切，以要而言，为欲得证，故修其智；既得证已，便获圣道及圣道果。果有二种，谓烦恼断及与事断。此中一种，证所未证；第二依处，舍未来苦；第三依处，能随习近现法乐住；第四依处，断未圆满，能令圆满。齐尔所处，诸瑜伽师于所应作皆得究竟。谓于未证，由初能证；于未来苦，第二能舍；于现法乐，第三能住；于上断灭所未圆满，第四能满。如是一切，由四依处应当了知。此中，先所获得圣道，名寂静道。为断上位烦恼、事故，正修习时，于其事断倍趣增益，于烦恼断防未得退。

此中，云何由智观察所知境界，证所应证？谓正加行异生地中，正行异生补特伽罗由内外别观察五界，于所有身住循身观。谓心解脱及慧解脱为增上故，彼起如是如理加行，于诸界中住唯界想，观唯有界，都无有我。依思择力，于诸色界已远离贪，而于所缘犹未能断。于未来世不希望故，于现在世不躭著故，名已离贪。未能永害彼随眠故，名于所缘犹未能断。彼于其贪已远离故，由心解脱为增上力；远离贪故，心得清净。而于所缘未能断故，有余上位应更修治。

从此已后，于六触处所摄境界无倒观察。于诸受中住循受观。彼如前说，依思择力，于诸受界亦远离贪。历观缘生无常性故，即如前说，而于所缘犹未能断。彼于无明已远离故，由慧解脱为增上力，依诸明触所生如理作意相应所有善受，于一切受所生杂染，厌舍而住。由于无明触所生受为缘起贪已远离故，名得清净。而于随眠未永断故，有余上位应更修治。

从此已后，于十八意行无倒观察，俱于心、所[1]，同时安住循心、所观。彼作是思："此十八意行最第一者，谓诸所有寂静解脱，超过诸色，在于无色，于能顺舍起诸意行。"复作是思："若我依此胜妙意行，于清净舍若定若生躭著系忆，因此我心便成杂染。"如是知已，舍而不忆。是名于心住循心观。复于诸处观无常性，是名于法住循法观。彼于尔时，于三想定及以非想非非想处所有诸行余第一有已离贪故，名于想界及行界贪亦得远离。余如前说。

如是彼于正加行摄异生地中净修心已，为欲证会学心解脱，复于一切身、受、心、法观唯有法，都无有我。于一切有深心厌舍不起加行，谓我

① 所，底本与《资福藏》《碛砂藏》《赵城金藏》《普宁藏》《永乐南藏》《径山藏》相同；《房山石经》《高丽藏》"所"作"法"。

当有，或我当无，如实了知此中无有有者、无者。彼由如是如实知故，渐于见修所断三漏心得解脱。得尽智故，观察一切当来诸受不复流转。此不流转，由身灭故。彼于尔时，依诸漏尽所获尽智为最第一。有学异生诸慧依处犹有垢故，今此所得定无垢故。

又即此慧于诸烦恼断灭谛中，以寂静行攀缘而住，暂时失念，亦不能动。如是所有心、慧解脱，不为忘念之所陵杂。如前异生及有学位，以彼尚有忘失法故，谛不圆满。在无学位，于一切时如实性故，其谛圆满，故谛依处成就第一。由能弃舍一切依事，故舍依处成就第一。一切道果所集成故，名善修道。非如异生及诸有学，故寂依处成就第一。

问：何因缘故，唯在无学四种依处说为第一，非在异生及有学位？

答：在此位中，微细淋漏亦不可知，况有中上，在异生地，淋漏弥多；有学位中，少可知有。此中，何等名为淋漏？应知如前诸动举等，说名淋漏。于彼一切皆永断故，趣向圆满牟尼性故，说名牟尼最极寂静。又已永害当来因故，于初、中、后生老死苦永止息故。现法行时，于诸世法四种贪爱永寂静故，四种瞋恚永寂静故。又于住时，不悦喧杂永寂止故。

复次，依修所有菩提分法圆满增上，由七因缘，当知建立七种正法。何等为七？一、闻所成作意所缘故；二、思所成及修所成作意所缘故；三、即此三种作意加行时差别故；四、于受用财、遍受用财善通达故；五、受用财法，于时时间从他得故；六、于究竟时，内离上慢，无失坏故；七、亦于他所离增上慢，无失坏故。

此中，依诸止、举、舍相修习知时，如“声闻地”及“三摩呬多地”已辩其相。食饮等义，如“声闻地”应知差别。又于此中受用财者，谓于刹帝利、婆罗门、长者等众。受用法者，谓于沙门众。我应如是行者，谓善护于身，善守诸根，善住正念。应如是住者，谓至门首，若不听许，则不应入；或得入已，若不听许，不应自专就坐而坐。应如是坐者，谓不应宽纵一切身分，乃至广说。应如是语者，谓五种语：一、应时语；二、应理语；三、应量语；四、寂静语；五、正直语。应如是嘿者①，谓于五时应当宴嘿，谓或纷扰故，或相诽拨故，或违诤而住故，或延请故，或谈论故。为待言终，所有宴嘿②。

云何应时语？谓非纷扰，或遽寻思，或不乐闻，或不安住正威仪时，而有所说。又应先序初时所作，然后赞励正起言说。又应待他语论终已，方起言说。如是等类，一切当知名应时语。

云何应理语？谓依四道理，能引义利，称实而语，名应理语。

云何应量语？谓文句周圆，齐尔所语，决有所须，但说尔所，不增不减，非说杂乱无义文辞。如是等类，名应量语。

云何寂静语？谓言不高疏，亦不喧动，身无奋发，口不咆勃，而有所说，名寂静语。

云何正直语？谓言无诡诈，不因虚构而有所说，离谄曲故，发言纯质，如是当知名正直语。

于已所无信等善法，不起上慢，谓为自有。于其狭小，亦不增益以为广大。唯于实有乃至所有，如实了知自称言有，故名自知。又信为先，受持净戒；持戒为先，求多闻法；由此为先，舍诸过失，普于一切资财身命无所顾恋；由此为先，心得静定，证如实智。如是五法，由四因缘之所显发：一、由他教故；二、教增上力，自内证故；三、俱生寻思胜辩才故；四、由先串习③，获得俱生功德相应善男子故。

① 应如是嘿者，底本与《资福藏》《碛砂藏》《普宁藏》《永乐南藏》《径山藏》相同；《房山石经》《赵城金藏》《高丽藏》“嘿”作“默”，下同。

② 所有宴默，底本与《径山藏》相同；《房山石经》《资福藏》《碛砂藏》《赵城金藏》《普宁藏》《永乐南藏》《高丽藏》“有”作“以”。

③ 由先串习，底本与《资福藏》《碛砂藏》《赵城金藏》《普宁藏》《永乐南藏》《径山藏》《高丽藏》相同；《房山石经》“串习”作“惯习”，下同。

略有二种补特伽罗者，双标二种。如是二种者，分别二种。此二为胜者，当知简择二种差别。修七善法，得二胜利，谓现法中得轻安乐，觉境实性，发生胜喜；由是因缘，多住喜乐。安住是已，能如理思，速疾证得诸漏永尽。

复次，依修菩提分法增上，于善说法毗奈耶中，略由诸学及诸学果摄一切法。

云何诸学？谓三种学：一、增上戒；二、增上心；三、增上慧。

云何学果？谓有余依及无余依二涅槃界①。

当知此中，一切法者，谓善法欲清净出家，为证涅槃，先受持戒，由是渐次乃至获得究竟涅槃。是故宣说一切诸法，欲为根本。又依净戒，引求正法，摄受多闻，由闻正法增上力故，能速集证增语明触，是故说彼以为触集。又彼皆为流趣明触所生诸受，乃至有余依般涅槃界为其后际，为求安乐而发起故，此乐一向无罪性故，是故说彼学所摄法为受流趣。

又彼为求所有明触，及依明触所生诸受，起闻思修所成作意，是故说彼为作意生。又于尔时，于四念住，由观品念以观为依，与内心止为其增上，是故说彼念为增上。又念增上起奢摩他，与后圣谛现观妙智为上首转，是故说彼定为上首。又于圣谛诸现观中，慧为最胜，谓能无余永尽诸漏，是故说彼慧为最胜。

又由一切漏永尽故，获得究竟明触生受俱行解脱。即此解脱，非由一切学所摄法数数随得，唯由顿得。由此解脱，一切乐中为最第一，无罪性故，是故说彼即用解脱以为坚固。又彼如是善解脱心，若诸明触所生受等，若学所摄所有诸法并所依身，于无余依般涅槃界任运自然，究竟寂灭，是故说彼皆以涅槃为其后际。

① 谓有余依及无余依二涅槃界，底本与《资福藏》《碛砂藏》《普宁藏》《永乐南藏》《径山藏》相同；《房山石经》《赵城金藏》《高丽藏》“界”作“果”。

应知此中，欲为增上，受持净戒，名增上戒学。依止触受增上心、慧任持方便所有作意，若念若定，并其加行，名增上心学。慧为最胜，名增上慧学。如是应知名为三学。及彼依持解脱坚固，是有余依般涅槃界第一学果：涅槃后际，是无余依般涅槃界第二学果。如是略说学及学果摄一切法。

又此诸学及诸学果能证资粮，当知对治八种过患，修习九想①。

云何名为八种过患？所谓躭著利养恭敬，爱藏一切后有诸行，懈怠懒惰，萨迦耶见，贪著美味，于诸世间种种妙事欣欲贪爱，依止放逸恶行方便，依止邪愿，修习梵行。

云何名为修习九想？一者，修习出家想；二者，修习无常想；三者，修习无常苦想；四者，修习苦无我想；五者，修习厌逆食想；六者，修习一切世间不可乐想；七者，修习死想；八者，修习世间平等、不平等想；九者，修习有无、出没、过患、出离想。应知此中，所有如法平等行摄，能往善趣善身语意业，说名平等。所有非法不平等行摄，能往恶趣不善身语意业，名不平等。又住于此，若生若长，能生后际所有众苦，说名为有。从其前际，于现法中，有死灭苦，说名为无。余出没等，应知如前已广分别。

复次，诸外道辈闻不正法增上所生不如理想为依止故，发起无明所生诸受；由此为依，发生诸漏。而诸外道于是诸漏不如实知，亦于无明触所生受不如实知，亦于听闻诸不正法增上所生所有邪想不如实知。于是三处不实知故，发起欲求，发起有求，亦复发起邪梵行求及无有求。彼于诸欲不如实知，于后有业不如实知，于其众苦不如实知。

此中，前五是集谛处，最后一种是苦谛处，如是外道于此集谛及以苦谛不如实知。又即于此集谛、苦谛，略由二相不如实知：一、杂染故；二、清净故。此中杂染，复有四相：一、自性故；二、因故；三、果故；四、因果

---

① 修习九想，底本与《径山藏》相同；《房山石经》《资福藏》《碛砂藏》《赵城金藏》《普宁藏》《永乐南藏》《高丽藏》“习”作“集”，下同。

差别故。此中清净复有二种：一、集苦灭；二、趣灭行。彼于如是四圣谛中阙乏正智，不能修习菩提分法，由是因缘，彼所修行所有梵行不得名为最极究竟；即由此缘，不名究达，不尽漏故。住内法者，与彼相违，所修梵行最极究竟，名为究达[①]，尽诸漏故。

复次，于其六种补特伽罗，依染净法，如来所有大士根智及当来法生起智转。云何名六补特伽罗？谓有一类补特伽罗，先余生中，于佛善说法毗奈耶获得净信，广说乃至得正直见。彼于今生，于恶说法毗奈耶中近不善士，闻不正法，非理作意，于现法中最初生起诸邪见受[②]、诸业杂染。彼于尔时，成就前生所有善法，及现法中诸不善法。复于后时，于善说法毗奈耶中亲近善士，听闻正法，如理作意。即由先因弃舍恶说法毗奈耶，于恶说想诸不善法不生染著，速能遣灭。此于当来成清净法。是名第一补特伽罗。

复有一类补特伽罗，先余生中俱行二法毗奈耶行。由彼为因，于现法中成就善法及不善法。彼于今生，最初如前，于善说法，乃至获得如理作意。于现法中，诸不善法，令旧灭没，新不复生；诸有善法令旧增长，新复更生。诸先所有不善未断随眠随逐，今于一切皆能断除[③]，无放逸住。此于当来成清净法。

复有一类补特伽罗，先余生中唯行外行。彼于今生由是为因，串习出家故，串习邪见故，于善说法毗奈耶中遇缘和合，而得出家。既出家已，复生邪见，住自见取，造无间业，亦断善根，一向成就诸不善法，恶趣决定。

① 名为究达，底本与《房山石经》《资福藏》《碛砂藏》《普宁藏》《永乐南藏》《径山藏》《高丽藏》相同；《赵城金藏》“究”作“究竟”。

② 于现法中最初生起诸邪见受，底本与《资福藏》《碛砂藏》《普宁藏》《永乐南藏》《径山藏》相同；《房山石经》《赵城金藏》《高丽藏》作“爱”。

③ 今于一切皆能断除，底本与《资福藏》《碛砂藏》《赵城金藏》《普宁藏》《永乐南藏》《径山藏》《高丽藏》相同；《房山石经》“今”作“令”。

是名第三补特伽罗。

如是三种补特伽罗，当知第一先于内法纯习因行，于现法中，先行放逸，后不放逸；第二补特伽罗先于内外俱习因行，于现法中，当知一向行不放逸；第三补特伽罗先于外法纯习行因行[①]，于现法中，当知一向多行放逸。如是三种补特伽罗，复有余三补特伽罗，与上相违，应知其相。此中，第一补特伽罗先于外法纯习因行，于现法中，先不放逸，后行放逸；第二补特伽罗先于内外俱习因行，于现法中，专行放逸；第三补特伽罗先于内法纯习因行，于现法中，当知一向修不放逸。

又于此中，先世所习善不善因[②]，犹如种子。今世善说法毗奈耶，于其先世诸善种子，犹如良田；于彼先世不善种子，犹如瘠田。与是相违，今世恶说法毗奈耶，于其先世不善种子，犹如良田；于彼先世诸善种子，犹如瘠田。又彼先世因增上力，今善法起[③]，犹如光明，与彼一切如无明闇诸不善法为能对治；彼不善法，与彼一切犹如光明所有善法为所对治。

如是先世诸不善法，如有热炭，由有能烧身心义故；今世恶说法毗奈耶[④]，如干苇舍。又彼先世所有善法，如有热炭，由有能烧烦恼义故；今世善说法毗奈耶，如乾苇舍。又彼先世所有善法，处今恶说法毗奈耶，由损减故[⑤]，犹如置在冷地石器，如无热炭。又彼先世诸不善法，处今善说法

---

① 第三补特伽罗先于外法纯习行因行，底本与《资福藏》《碛砂藏》《普宁藏》《永乐南藏》《径山藏》相同；《房山石经》《赵城金藏》《高丽藏》“习行”作“习”。

② 又于此中先世所习善不善因，底本与《房山石经》《资福藏》《碛砂藏》《普宁藏》《永乐南藏》《径山藏》《高丽藏》相同；《赵城金藏》无“所”字。

③ 今善法起，底本与《房山石经》《资福藏》《碛砂藏》《普宁藏》《永乐南藏》《径山藏》《高丽藏》相同；《赵城金藏》“今”作“令”。

④ 今世恶说法毗奈耶，底本与《房山石经》《资福藏》《赵城金藏》《径山藏》《高丽藏》相同；《碛砂藏》《普宁藏》《永乐南藏》“今”作“令”。

⑤ 由损减故，底本与《资福藏》《碛砂藏》《普宁藏》《永乐南藏》《径山藏》相同；《赵城金藏》《高丽藏》“由”作“田”；《房山石经》“减”作“灭”。

毗奈耶，由断灭故，犹如置在冷地石器，如无热炭。

此中诸如来，由大士无上根胜劣智力，于其先世善不善因所习成根[①]，随其所应，如实了知；又于现法染净门转，生起当来染净诸法，亦随所应，如实了知：故言成就甚奇希有。

复次，往恶趣行、往善趣行超度差别，当知略有五门不同。由此五门，于自超度如实了知，于他超度亦正遍知，所谓诸佛及佛弟子。

云何名为往恶趣行？谓诸外道所有一切萨迦耶见以为根本诸恶见趣，并彼所缘，并彼所依以为依止，发生种种恶欲及害，若杀生等，所有无量恶不善法，如经广说，乃至所有诸非法行、不平等行以为最后，能往险恶处，能往那落迦，能住诸恶趣差别生起[②]。若住于彼[③]，名生恶趣，领受彼因所感非爱诸果异熟。如是名为往恶趣行。

于此多闻诸圣弟子，若彼所缘，生诸见趣；若自所依，令起执著；若诸所有能往一切险恶趣等，诸恶欲等，广说乃至诸非法行、不平等行以为最后；若住于彼，领受非爱险恶等果。如是一切，如实随观非我、我所，谓于是中，决定无我，亦无我所。如是观已，当于圣谛得现观时，彼诸见趣随眠根本皆永拔故，说名为断，其余一切，毕竟不续。此圣弟子于彼见趣以为根本所有能往险恶处等，定不能作，定不能往险恶处等。是名第一往恶趣行永损害门。

由是因缘，能于自内如实了知：离我等圣，所余异生虽复有能以世间道超度能往恶趣不善及恶趣等，获得四种现法乐住，或得超过诸色、无

① 于其先世善不善因所习成根，底本与《径山藏》相同；《房山石经》《资福藏》《碛砂藏》《赵城金藏》《普宁藏》《永乐南藏》《高丽藏》“习””作“集”。

② 能住诸恶趣差别生起，底本与《碛砂藏》《普宁藏》《永乐南藏》《径山藏》相同；《房山石经》《资福藏》《赵城金藏》《高丽藏》“住”作“往”。

③ 若住于彼，底本与《资福藏》《碛砂藏》《赵城金藏》《普宁藏》《永乐南藏》《径山藏》相同；《房山石经》《高丽藏》“住”作“往”。

色寂静解脱，然其不能究竟损害，诸恶趣等，后可相应。是故彼流虽极能离欲、色界爱，蹔时获得胜上乐住，而复当来更还造作杀生等事，往诸恶趣。我等定当不能造作杀生等事；乃至广说诸非法行、不平等行，我等定当能不造作。是名圣法毗奈耶中永损害门，谓能损害往恶趣行。如是诸佛及佛弟子，能实遍知永损害门所有差别。

又即如是诸圣弟子，为欲超度所余未断往善趣行，此圣弟子于先所作不生喜足，于上漏尽起欣乐欲，发正愿心，于彼所得诸世俗道审观过患，谓彼不能究竟离苦，是名第一为欲超度往善趣行发心愿门。发心愿已，普于一切善趣后有所生爱味深观过患，如险恶道，心生厌离，欣慕寂静现法涅槃，正修方便，由是进趣如先所得趣涅槃行，如是名为能进趣门。

彼由修道，渐次离欲，乃至能入第一有定。若于上舍多生爱味放逸因缘，于现法中不般涅槃，但名上行不还果者[1]，如是名为后上行门。若复于彼深观过患，于上舍中不生爱味，彼于现法能证涅槃，依有余依般涅槃说，如是名为般涅槃门。由是门故，如实了知自般涅槃，超度一切往善趣行，于他超度亦正遍知，所谓诸佛及佛弟子。

此中，初一永损害门，当知超度往恶趣行；后发心愿、进趣、上行、涅槃四门，当知超度往善趣行。

复次，诸圣弟子已见谛迹、未离欲者，应知略有二种杂染，谓欲杂染、后有杂染。于此二种，诸圣弟子应勤加行，净修其心。诸圣弟子为欲断除欲杂染故，勤方便时，渐依三行，谓趣无动行、趣无所有处行，证入无动、无所有、非想非非想处定。此由断对治故，及远分对治故，超度欲杂

① 但名上行不还果者，底本与《房山石经》《资福藏》《赵城金藏》《普宁藏》《径山藏》《高丽藏》相同；《碛砂藏》《永乐南藏》“但”作“俱”。

染。或为断除后有杂染，勤方便时，已离欲界爱[1]，未离色界爱。谓我所何当不有，我何当不有；我当不有，我所当不有；若今所有，若昔所有：如是一切，我皆弃舍。彼正修习能断后有所有差别对治道已，离色界爱，乃至能入非想非非想处定。

若现法中，于其上舍多生爱味，不般涅槃，彼于现法不全解脱一切所有后有杂染。若于上舍不生爱味，彼现法中能般涅槃，能全解脱所有一切后有杂染。当知此中，若为对治欲杂染故，修对治道，渐次乃至能入第一有定；若为对治后有杂染，修对治道，渐次乃至能入第一有定：如是二种，名共解脱。由诸圣者、非圣异生皆可容有，是故此解脱不名圣解脱。若于一切乃至有顶萨迦耶苦如实知已，超度有顶，于现法中永断一切所有杂染[2]，如是解脱，唯诸圣者方能获得，故此解脱名圣解脱。

如是一切，总有五处：一、趣无动行；二、趣无所有处行；三、趣非想非非想处行；四、现法涅槃；五、圣解脱。

复有三种诸欲过患：一者，诸欲能为顺乐受境界所生贪欲因缘；二者，诸欲能为顺苦受境界所生瞋恚因缘；三者，诸欲能为顺不苦不乐受境界所生无明愤发因缘。又此诸欲，当于三处应观过患：一、自性故；二、所缘故；三、助伴故。自性故者，谓虚妄分别所生贪爱[3]。所缘故者，谓若内若外五种色境。助伴故者，谓非理作意相应倒想。

又离上欲胜方便心，说名广大。何以故？由彼上地转上转胜，故修彼心说名广大。若能厌离下地世间，当知定以无常等行厌坏制伏。于其上地

① 已离欲界爱，底本与《房山石经》《资福藏》《碛砂藏》《普宁藏》《永乐南藏》《径山藏》《高丽藏》相同；《赵城金藏》“离”作“杂”。

② 于现法中永断一切所有杂染，底本与《房山石经》《资福藏》《碛砂藏》《普宁藏》《永乐南藏》《径山藏》《高丽藏》相同；《赵城金藏》“杂”作“离”。

③ 谓虚妄分别所生贪爱，底本与《房山石经》《资福藏》《碛砂藏》《普宁藏》《永乐南藏》《径山藏》《高丽藏》相同；《赵城金藏》“虚”作“处”。

所应得处，当知亦以蹔时方便起寂静想，任持其心[①]。又我已得于是处所具足安住生信解者，当知彼于加行道中修习净信，于是处所，生净信心。由此净信增上力故，修习精进、念、定、慧等，从初静虑渐次乃至识无边处诸无动定，皆能证入。又由其慧起是胜解，谓我已能入如是定。此即能感识无动处所有生果。若现法中不般涅槃，或不进求往于上地，彼于当来决定应往此无动处。

又由三缘，于是诸地当知建立为无动处[②]，谓外欲等散动断故，立初静虑为无动处；寻、伺、喜、乐色界地中诸动断故，立第四静虑为无动处；有色、有对、种种别异想动断故[③]，立空无边处、识无边处为无动处。

第二，第三静虑中，后后所有诸动断故，当知亦得名无动处。识无边处，由空无边处外门缘动得远离故，当知建立为无动处。以要言之，缘所有定无动摇故，皆名无动。此定边际极至识无边处，是故当知乃至此处，建立无动。即此一切，缘所有定，皆名有上想定；从此已上，缘无所有定，当知名为无上想定；从此已上，复名非想非非想处定；故由三分，宣说三行。由三种门，诸圣弟子厌坏欲等，既厌坏已，渐次能入乃至识无边处定，是故建立能趣三种无动处行。

又若色想，若无动想，于诸下地深厌坏已，能入无所有处定，是名第一能趣无所有处行。又即此处是无漏道修习边际。此无漏道复有二种：一者，有上；二者，无上。如有想定，其有上者，无常行俱；其无上者，无我行俱。由有上行，于其下地深厌坏已，入此处定；由无上行，于下于上一切法

① 任持其心，底本与《碛砂藏》《普宁藏》《永乐南藏》《径山藏》相同；《房山石经》《资福藏》《赵城金藏》《高丽藏》“任”作“住”。

② 于是诸地当知建立为无动处，底本与《房山石经》《资福藏》《碛砂藏》《普宁藏》《永乐南藏》《径山藏》《高丽藏》相同；《赵城金藏》“知”作“如”。

③ 有色有对种种别异想动断故，底本与《房山石经》《资福藏》《碛砂藏》《普宁藏》《永乐南藏》《径山藏》《高丽藏》相同；《赵城金藏》“种种”作“动动”。

中思惟无我，能入无漏无所有处定。此无上行，当知名为第二趣行。

此第二趣行复由二行有差别故，建立二种。云何二行？谓能依、所依智差别故。此中，能依无我智者，谓诸所有若有情界，若我己身，于中都无我所属处，谓地方域；我所属者，谓诸有情；我所属事，谓或父或母，或伴或主，如是等类。如彼于我非所属处，非所属者，非所属事，如是我亦于彼非所属处，非所属者，非所属事。此中，所依无我智者，谓诸世间空无有常及我、我所。此中都无常我、我所真实可得，唯有诸法。如是世间既悉是空，当复有谁有所属处，有所属者，有所属事。是故当知前无我智是其能依，后无我智是其所依。

非想非非想处无无漏道，唯由厌坏无所有处想故，能入此处定，于中唯有此一趣行。

又于此中，我所何当不有者，谓由生等苦故，说我有苦。我何当不有者，谓即以生等苦为我，发生如是乐欲心已，正勤加行，正加行已，获得前后所有差别。由是因缘，复得决定，谓我当不有，我所当不有。若今所有者，谓今现法造作增长所有新业。若昔所有者，谓诸故业。彼于此一切所有异熟果皆不愿求，一切弃舍，无顾恋故。

复次，嗢柁南曰：

安立边际纯，及如理缘起，
修持障自性[①]，说断起修后。

此中，安立四念住为初，道支为最后三十七种菩提分法，若略若广，如“声闻地”应知其相。又由四念住应知一切所知事边际；由所知事边际故，复应了知智事边际。又四念住由欲、精进等修习加行，方得圆满。应知除此四种念住，更无有余不同分道或所缘境。由此道此境，能尽诸漏，获

① 修持障自性，底本与《资福藏》《碛砂藏》《普宁藏》《永乐南藏》《径山藏》相同；《房山石经》《赵城金藏》《高丽藏》“持”作“时”。

得涅槃。由无第二清净道故，说纯有一能趣正道。

又此纯一能趣正道，由二因缘，能令有情究竟清净：一、由思择力故；二、由修习力故。此中愁者，谓染汙忧。所言泆者，谓悼俱行欲界染喜[①]。愁以四种世法为所依处，泆以余四世法为所依处。于四念住勤修加行，依思择力超度愁、泆。由依世间修习力故，得离欲爱，弃舍忧苦。依出世间修习力故，超度一切萨迦耶苦，亦能证得八支圣道，及圣道果真实妙法。一切有情，当知皆由思择、修习二种力故，得一切种究竟清净。

复次，若于身等四种所缘发起种种非理作意，即便违背四种念住；违背此故，即便违背如理作意，谓圣如理无间能生正见支等所有圣道；违背此故，即便违背一切圣道；违背道故，便为违背道果甘露，究竟涅槃。

又瑜伽师了知身等因缘生已，复于三世身等诸法住无常观；由住如是无常观故，于诸后有，终不依止后有爱住。又现法中，于一切行若内若外，都不执取我及于所。又于未来，当知安住集法随观；于过去世，当知安住灭法随观；于现在世，生已无间尽灭法故，当知安住集、灭法随观。由彼最初于身等法观缘生性，悟入无常。悟入如是无常性已，于诸爱、见杂染等处多修习住，净治其心，如是作意方得圆满。由此为依，能随获得究竟漏尽。

又一切法以要言之，谓善、不善，若杂染品，若清净品。当知此中，诸杂染品皆用非理作意为集，诸清净品皆用如理作意为集。如是一切，总略说名作意为集。

复次，修诸念住，若略若广，如“声闻地”应知其相。又此念住修习道

① 谓悼俱行欲界染喜，底本与《资福藏》《碛砂藏》《普宁藏》《永乐南藏》《径山藏》相同；《房山石经》《赵城金藏》《高丽藏》“悼”作“掉”。

理，非今世尊出现于世方始宣说，令圣弟子适初修习[①]，然于过去无始时来，于诸念住修习流转，于未来世，当知修习亦无穷尽。又是过去、未来、现在世出世间无量善法生起依处，故说如是四种念住名为善聚。又能障碍如是善聚，故说五善名不善聚[②]。

又由身等四所知法无边别故，如来智慧于彼无碍亦无有边；智无边故，如来所说无上法教亦无有边。如是法教，二缘所显：一、由文故；二、由义故。义差别门无有数量，法教文句开显义门亦无数量。于此文句不重宣说，无边展转辩才无尽。是故如来成就希奇未曾有法，善能宣说所有法教，于一义中，能以无量巧妙文句方便开示，而不重说。

又于圣教宗义趣智善成就故，名为有趣。俱生闻思所成妙慧善成就故，名为有意。成就定故，名为有念。通达谛故，名为有慧。当知此中，初一总标[③]，后三别释。

复次，有诸苾刍于身等法先由闻思如理作意，安住唯有身等法观。知一切法无我性已，不唯于此闻思作意而生喜足，唯上悕求定心解脱。为求定故，住远离处，唯缘身等，以九行相安住其心，令心内寂。由二因缘，起四念住名善发：一、由如理作意如实智故；二、由三摩地如实智故。此慧无间，由如实智当得究竟。

复次，有诸苾刍于三对治得随所欲，得无艰难，得无阻碍，谓无常想，若仁慈观[④]，若无相定，彼由如是三种对治，随其所应，如前所说，于

---

① 令圣弟子适初修习，底本与《碛砂藏》《普宁藏》《永乐南藏》《径山藏》相同；《房山石经》《资福藏》《赵城金藏》《高丽藏》“令”作“今”。

② 故说五善名不善聚，底本与《资福藏》《碛砂藏》《普宁藏》《永乐南藏》《径山藏》相同；《房山石经》《赵城金藏》《高丽藏》“善”作“盖”。

③ 初一总标，底本与《房山石经》《资福藏》《碛砂藏》《普宁藏》《永乐南藏》《径山藏》《高丽藏》相同；《赵城金藏》“标”作“摽”。

④ 若仁慈观，底本与《房山石经》《资福藏》《赵城金藏》《径山藏》《高丽藏》相同；《碛砂藏》《普宁藏》《永乐南藏》“慈”作“想”。

可意等身等境界住厌逆想、不厌逆想[①]，弃彼二种舍念正知。由此因缘，当知名为善修念住。

复次，嗢柁南曰：

先诸根爱味，前后有差别，

取相及诸缚[②]，大果利为后。

有三种根，于诸念住一切善聚为障碍故，当知说名不善法聚。何等为三？一、恶行根，能令当来住恶趣苦；二、寻思根，能令现法住不安苦；三者，根根，与恶行根及寻思根为根本故，说名根根。应知此中，诸贪瞋痴三不善根能与身等恶行为根，欲等三想能与欲等寻思为根，欲等三界当知能与贪等三根及欲想等三根为根。

复次，有诸苾刍，于四念住勤修加行，以世间道离欲界爱，广说乃至第一有定具足安住。即于此定多生爱味，即于此定生喜足想，不上勤求，得所未得。此于圣法毗奈耶中，不名大士。何以故？其心未得善解脱故。与此相违，得名大士。

复次，有诸苾刍于身等境精勤安住循身等观，以九行相安住其心，令心内聚。当知此心于奢摩他所治身心惛沈下劣，不得解脱；不解脱故，依此聚心生起身中诸惛沈性，生起心中诸下劣性。

若于念住善安住心，如实了知此所生起随烦恼已，便从内聚还收其心，安置在外净妙境相，谓于佛等功德行缘，持心令住。由缘此故，发生欢喜；广说乃至由妙举门，于所缘境令心得定，从奢摩他之所对治诸随烦恼而得解脱。从此已后，如实了知，于随烦恼心得解脱。

---

① 不厌逆想，底本与《房山石经》《资福藏》《碛砂藏》《普宁藏》《永乐南藏》《径山藏》《高丽藏》相同；《赵城金藏》“想”作“相”。

② 及诸缚，底本与《资福藏》《碛砂藏》《赵城金藏》《普宁藏》《永乐南藏》《径山藏》相同；《房山石经》《高丽藏》“缚”作“缠”。

为此义故，祈愿于外[①]；得此义已，还复如前摄心内聚，而不为其诸随烦恼之所恼乱。心内聚已，不由祈愿[②]，自然如实了知，于外心得解脱。彼于外缘行相寻思，有所制伏，有其加行，难可运转，皆得自在解脱弃舍，安乐而住，已得成办胜奢摩他。如是彼于四种念住善安住心，能正了知前后差别。又应知此补特伽罗先已修行毗钵舍那，毗钵舍那以为依止，于奢摩他修瑜伽行。

复次，有诸苾刍于诸念住勤修加行，毗钵舍那以为依止，于奢摩他乐修观行。彼即应于内奢摩他所摄自心取如是相，谓我今者何所思惟，云何思惟，令奢摩他所摄受心为奢摩他所治身心惛沈下劣之所恼乱？复我今者何所思惟，云何思惟，令奢摩他所摄受心不为彼法之所恼乱？

若彼苾刍不取如是自心相貌，但自了知此随烦恼染汙心已，便于外缘取净妙相。由是为因，虽能暂时除遣现在现前随惑，然于后时，若复如前摄心内聚，还为如是随惑所恼，不得静定。如先不取自心相故，由是因缘，为随烦恼数数扰乱，又不能得所欣求义，复为忧愁之所损恼。又经长时，不能获得内心寂止，不能获得依奢摩他、毗钵舍那为先清净增上第一正念、正知。由不获得内心寂止，故不能得四增上心现法乐住；由不获得增上第一正念、正智，故不能得先所未得无上安隐究竟涅槃。与上相违，应知即是一切白品，乃至获得先所未得无上安隐究竟涅槃。

此中，典厨譬瑜伽师主即譬于内奢摩他所摄受心，其肴膳味喻执取相，上妙衣食喻于内心奢摩他等。当知黑品喻诸愚夫，所有白品喻诸智者。

复次，有诸苾刍于诸念住正勤修习，而是异生。或有胜妙可爱境界正

① 祈愿于外，底本与《房山石经》《资福藏》《碛砂藏》《普宁藏》《永乐南藏》《径山藏》《高丽藏》相同；《赵城金藏》“祈”作“所”。

② 不由祈愿，底本与《房山石经》《资福藏》《碛砂藏》《普宁藏》《永乐南藏》《径山藏》《高丽藏》相同；《赵城金藏》“祈”作“所”。

现在前，或复独处得诸相状，由失念故，不如理想以为依止，率尔发起猛利贪缠。彼于此缠深心厌耻，谓如自身堕于厄难极鄙秽处，发起猛利思远离心。由如是行，便于彼缠心得解脱，既解脱已，心生欢喜。从此已后，起猛利厌，猛利厌后，得无常想，如见大犁发诸行块，便于圣谛如实现观，以其依止依附涅槃。

又即有学观察作意，于胜妙境思惟净相[1]，由未永断贪随眠故，贪缠率尔生起现前。寻复于彼深见过患，为欲断此缠及随眠，入无相定，如是能断余未断法。从定起已，如实了知一切已断，领受微妙解脱喜乐。如实观见自己成就大智力故，名为强盛。诸魔罗品，其力羸劣。

复次，修四念住所引功德，当知能感最胜增上究竟果故，名有大果；当知能感最胜增上乐胜利故，名有大利。

① 于胜妙境思惟净相，底本与《资福藏》《碛砂藏》《赵城金藏》《普宁藏》《永乐南藏》《径山藏》《高丽藏》相同；《房山石经》“于”作“观”。

瑜伽师地论卷第九十八

摄事分中契经事菩提分法择摄第四之二

复次，嗢柁南曰[①]：

邪师住雪山，劝勉系属净，
渐次戒圆满，穗成就为后。

有诸外道，于弟子众自立为师，专求利养，专求恭敬，专求自利。遇缘和合，有族姓子投其出家，因而谓曰："汝之与我，先无一切资身众具可共受用，汝应为我往诣他处，褒赞我德，掩藏我失，我亦为汝行如是事。我等二人迭相依护，当于诸王，若与王等，乃至一切大商主边，多获利养及以恭敬。"若作是言，诸外道师名专自利。然其弟子便发抗言："勿为此见，如是护者，未名自护，往恶趣失。若防此失，乃名自护。是故汝应如前自护，我亦当自别为余护。我既不能护汝，汝亦不须护我。"于此义中，当知弟子是如理语者，是聪慧者，重当来故；应知其师是非理语者，是愚痴者，重现在故。

复有杂染触恼于他，由杂染故，不能自护；因此恼他，不名护他。此中，如前由亲近等，断诸烦恼，名当自护。从此已后，由断为因[②]，不恼他等，名当护他。应知此中，无瞋无害，是无恼义。无缘而起利、乐二心，无缘而起慈、悲二心，当知如此是哀愍义。由哀愍故，不恼于他。是故当知

① 嗢柁南曰，底本与《资福藏》《碛砂藏》《普宁藏》《永乐南藏》《径山藏》相同；《房山石经》《赵城金藏》《高丽藏》"柁"作"拕"，下同。

② 由断为因，底本与《资福藏》《碛砂藏》《普宁藏》《永乐南藏》《径山藏》《高丽藏》相同；《房山石经》《赵城金藏》"为"作"其"。

一切哀愍，与彼相违。

复次，应知雪山喻佛善说法毗奈耶。此中，略有三分可得：一、无学地；二、有学地；三、异生地。猿猴喻彼非理作意诸相应心，猎人喻魔，于无学地俱不能行。于有学地乃至不还，唯有非理作意相应猿猴喻心独一能往，非猎人喻魔所能行。于异生地，二俱能行。又诸愚夫要观余境，能出余境，追求余境，余境所缚，是故于境不得解脱。

复次，由于正法听闻受持、观察义理、法随法行，如其次第，应知劝化安立四义。复有三法，尚能断除一切胜妙婬欲贪缠，况乎鄙劣诸欲贪缠。何等为三？一、精进力；二、不放逸力；三、对治力。由精进力，其已生者，令不坚住；由余二力，其未生者，令不得生。如是行者，勤修正行，为欲断除已生恶故，及未生者令不生故。

复次，于四念住殷重修习，如“声闻地”应知其相。系属魔者，谓在欲界，此不还果即能超度；系属死者，谓从欲界乃至有顶，此阿罗汉乃能超度。言不清净诸有情者，谓诸异生；言清净者，谓诸有学；言鲜白者，谓诸无学。复有三种证净，未清净者，能令清净；已清净者，能令鲜白。当知此中，上诸有学说名清净，下诸有学名不清净，彼由修道未清净故。余如前说。

复次，修四念住，应知略有五种渐次：一、信增上力，清净出家；二、戒律仪；三、根律仪；四、乐远离；五、盖清净。诸在家者虽复数数修诸念住，护得净信，诸盖清净，然阙学处，当知所修不得圆满。

复次，由三因缘，具戒苾刍当知禁戒净命圆满。云何为三？一、所行圆满；二、摄取圆满；三、受用圆满。所行圆满者，谓从买卖乃至害缚，断截、挝打、揣摩等事，皆悉远离。摄取圆满者，谓于摄取象马等事，乃至摄取生谷等事，皆悉远离。受用圆满者，谓衣仅蔽身，食才充腹，便生喜足，于余长物非时食等，皆悉远离。

复次，身等四法，如四大路，于彼所生非理作意，如邪祈愿稻谷麦穗；于彼所生如理作意，如正祈愿稻谷麦穗[①]。当知欲界是不定地，犹如其皮；色、无色界俱是定地，犹如其肉；无明如血。于三界中，由三种漏，有淋漏义。

复次，如先所说所有贪等种种无量恶不善法，由二因缘，若成就者，不能修习四种念住，非是一切泛成就者。云何为二？一、有贪等缠现前故；二、于此缠不见过故。缠现在前，杂染心故，不能修习。虽蹔远离，性染著故，非无恋故，于能随顺贪等诸法，其心散动，常逐漂沦，种种寻思恒随扰乱，是故不能修习念住。若不尔者，诸有其性不深染著，皆应不能修习念住。若如是者，无容有能修四念住。

复次，嗢柁南曰：

勇力修等持，异门神足后。

应知建立四种正断，如“声闻地”已广分别。此中宣说勇第五句。云何名勇？谓如前说，堪能忍受发勤精进所生众苦、诸淋漏苦、界不平苦、他麤恶言损恼等事所生众苦。非此因缘，退舍修习正断加行，故名为勇。

复次，应知建立四种神足，如“声闻地”已广分别。若略说者，由四种力，持心令定，是故建立四种神足。云何为四？一、净意乐力；二、勤务力；三、心喜乐力；四、正智力。当知此中，由第一力，于三摩地发生乐欲，为证得故，修习勤务。由第二力，最初住心，令其安定。由第三力，已住定心，无复散动，不令于外更复飘转。由第四力，观察等持所治烦恼，于断未断如实了知，又于等持入、住、出相能善了别。如是复于奢摩他等所有诸相，若奢摩他、毗钵舍那诸随烦恼及随烦恼能对治等，皆如实知。乐等持者，于等持中但有尔所等持作事，除此更无若过若增。

---

① 如正祈愿稻谷麦穗，底本与《房山石经》《资福藏》《碛砂藏》《普宁藏》《永乐南藏》《径山藏》《高丽藏》相同；《赵城金藏》“祈”作“所”。

复次，由五因缘，当知神足略修习相。一、由远离奢摩他品随烦恼故；二、由远离毗钵舍那品随烦恼故；三、于毗钵舍那品所缘境界系缚心故；四、于奢摩他品所缘境界系缚心故；五、俱于二品所缘境界系缚心故。应知此中，奢摩他品随烦恼者，谓懈怠俱行欲等，及惛沈睡眠俱行欲等，当知懈怠俱行欲等，是惛沈睡眠俱行欲等所依止性。毗钵舍那品随烦恼者，谓掉举俱行欲等，及妙欲散动俱行欲等，当知掉举俱行欲等，是妙欲散动俱行欲等所依止性[①]。

又于此中，由懈怠俱行欲等，于奢摩他品令住杂染，然不能令诸奢摩他皆悉灭没。由惛沈睡眠俱行欲等，于奢摩他品令住杂染，亦复能令诸奢摩他皆悉灭没。由掉举俱行欲等，于毗钵舍那品令住杂染，而不能令毗钵舍那一切灭没。妙欲散动俱行欲等，于毗钵舍那品令住杂染，亦令一切毗钵舍那皆悉灭没。

毗钵舍那品所缘境者，谓前后想。此想分别，如“声闻地”应知其相[②]。奢摩他品所缘境者，谓上下想。此亦如前，应知其相。俱品所缘境者，谓光明想。彼于俱品，由动摇故，有诸光影俱行心修。

又非如欲等，与余懈怠相应，说名懈怠俱行。精进亦尔，得有懈怠共相应义。然即精进堕在慢缓，不正发勤精进相续，说名懈怠俱行。又此五相，当知总摄一切种修。乐等持者，由此等持，速得成满。

复次，于五解脱处，如其所应，当知欲等增上四种三摩地。若有苾刍依净意乐及猛利欲，为欲证得最胜通慧，从诸如来及佛弟子殷重恭敬，听闻正法，从闻无间，渐次证得胜三摩地，当知是名欲增上三摩地。复有苾

---

① 是妙欲散动俱行欲等所依止性，底本与《房山石经》《资福藏》《碛砂藏》《赵城金藏》《普宁藏》《永乐南藏》《径山藏》相同；《高丽藏》“止”作“正”。

② 如声闻地应知其相，底本与《房山石经》《资福藏》《碛砂藏》《普宁藏》《永乐南藏》《径山藏》《高丽藏》相同；《赵城金藏》“相”作“想”。

刍如所闻法，如所得法，起大功用，发大精进，或正为他宣说开示，或以胜妙音词读诵，从此无间渐次因缘，能随获得胜三摩地，当知是名精进增上三摩地。复有苾刍于诸贤善三摩地相善取思惟，观青瘀等，乃至骨锁以为边际，由此所缘，次第生起胜三摩地，当知是名心增上三摩地。复有苾刍如所闻法，如所得法，独处空闲，思惟筹量，审谛观察，由此因缘，渐次生起胜三摩地，当知是名观增上三摩地。

复次差别[①]，谓由四门起三摩地：一、由如前从他生起猛利乐欲闻正法门；二、由从他获得无倒教授教诫，无间、殷重发起加行，未入根本胜三摩地，为欲趣入正教授门；三、由已入根本胜三摩地，为欲转得所余上位胜三摩地，心喜乐门；四、由多闻闻持，自能于法如理观察平等观门。当知此中，由第一门起欲增上三摩地，由第二门起精进增上三摩地，由第三门起心增上三摩地，由第四门起观增上三摩地。所余分别义及分别断行，如“声闻地”应知其相。

复次，修诸神足以为依止，能正引发诸圣神通；无有外道修诸神足，能正引发诸圣神通。又诸圣者引发所有最胜神通，随所愿乐，延诸寿行，或住一劫，或一劫余，谓过一劫。不净种姓补特伽罗名为物类[②]，当知此类唯住内法。

又诸圣者变化神通，于其四事不能变化：一者，根；二者，心；三者，心所有法；四者，业及业异熟。

又诸圣者变性神通，不能转变顺乐受业，令自性改成顺苦受。如顺乐受望顺苦受，顺苦受业望顺乐受，应知亦尔。若业能顺非苦乐受，当知

① 复次差别，底本与《资福藏》《碛砂藏》《赵城金藏》《普宁藏》《永乐南藏》《径山藏》相同；《房山石经》《高丽藏》“次”作“有”。

② 不净种姓补特伽罗名为物类，底本与《资福藏》《碛砂藏》《普宁藏》《永乐南藏》《径山藏》相同；《房山石经》《赵城金藏》《高丽藏》“种姓”作“种性”。

毕竟顺非苦乐。

又诸圣者住持神通，不能住持顺非苦乐受业，令成无受，余亦如是。又诸圣者变时神通，不能转变顺现法受业，令成顺后法受业；及顺后法受业，令成顺现法受业。

复次，嗢柁南曰：

安立所行境，慧根为最胜，

当知后安住，外异生品等。

略由六处增上义故，当知建立二十二根。何等为六？一、能取境界增上义故；二、继嗣家族增上义故；三、活命因缘各别事业加行士用增上义故；四、受用先世诸业所作爱不爱果及造新业增上义故；五、趣向世间离欲增上义故；六、趣向出世离欲增上义故。

当知此中，眼根最初，意根为后，如是六根于取境界有增上义；男女二根于能继嗣家族子孙有增上义；命根一种，于爱命者活命因缘各别事业加行士用有增上义；乐最为初，舍为其后，如是五根于其受用先业所作爱不爱果及造新业有增上义；信为最初，慧为其后，如是五根于能趣向世间离欲有增上义；未知当知、已知、具知三无漏根，于能趣向出世离欲最极究竟有增上义。一切世间所现见义，其唯此量。当知是义能究竟者，无出于此二十二根，故一切根二十二摄。

复次，或有一类，作是思惟："若无内我托六根门，行六境界，如是六根各别所行各别境界，然此六根唯能领受自所行境，谁能领受如是六根所行境性？"当知此由不能了达缘起道理，故于诸行起邪分别。

缘起理者，谓若有时，修瑜伽师于内六根如理攀缘，精勤加行，修四念住，即于尔时，此四念住领受六根所行境性。即此于彼由清净故，名为出离。又即勤修四念住故，初达谛理，得七觉支，即于尔时，此诸觉支真故实故，领受念住所行境性。又由修习觉支因缘，起于明脱，即于尔时，如是明脱领受觉支已善修习。从此已后，不复应修所行境性，如实已断一切烦恼，即于尔时，于诸烦恼断灭涅槃，离增上慢。即由远离增上慢故，此现实有究竟明脱，如实领受已得明脱所行境性。由此出离一切所有有为法故，当知明脱亦得出离。

于涅槃中，能取、所取二种施设皆无所有，一切戏论永灭离故。是故乃至诸有为法，可得展转问答施设能取、所取言论差别；究竟涅槃无为法中，一切问答言论差别皆不如理。是故当知于无我中，应正显示唯有杂染，唯有清净。

复次，若有黠慧、诸根猛利种类士夫补特伽罗，由思择力，如理作意思惟诸法，乃于涅槃得正信解；由此增上，发勤精进；此增上故，能于身等所缘境界安住正念；此增上故，能于所缘令心一趣；此增上故，于一切法如实了知，如实观见。由是因缘，能到究竟。是故此慧若初若后多有所作，故说慧根最为殊胜。

复次，若依诸佛无上菩提所得正信乃至正慧，于此世间亦无有者，当知此住外异生品。即于此法唯有世间，无出世者，当知此住内异生品，非外异生。若于此法有出世者，当知一切别住余品，非彼品类。

复次，嗢柁南曰：

思择觉慧等，国等及诸王，

阿罗汉有学，质直最为后。

略于一切现法、后法诸恶行中深见过已，能正思择，息诸恶行，修诸善行，名思择力。当知此力能成二事：一者，能往人天善趣；二者，能往现法涅槃。又此能与修习力摄修诸念住为所依止，由此为依，能正修习四念住等菩提分法，当知此修名修习力。

又思择力能与三处羞耻为伴。何等名为三处羞耻？一者，他处羞耻，谓作是思："若我作恶，当为世间有他心智诸佛世尊、若圣弟子、若诸天众信佛教者共所呵毁。”是名第一处思择力。二者，自处羞耻，谓作是思：“若我作恶。定当为己深所呵毁，何有善人为斯恶行？”是名第二处增上力。三者，法处羞耻，谓作是思：“我若作恶，便为障碍于善说法毗奈耶中所修梵行。此法若有，便坏梵行。”是名第三处思择力。如是羞耻，当知三处以为增上：“一、世增上；二、自增上；三、法增上。

复次，由自利行及利他行为增上故，当知建立有四种力：一、觉慧力；二、精进力；三、无罪力；四、摄受力。能往现法涅槃，名为自义。能往人天善趣，亦名自义。当知此中，依第一自义，建立觉慧、精进二力，由是二力，能有方便，发起正勤；依第二自义，立无罪力。由此三力，一切自义皆得究竟。乐利他者，他义有余，由此增上，立摄受力。当知摄事，如“菩萨地”已辩其相。

复次，依国及王、若男、若女、若夫、若妻、若愚、若智、若处居家、若出家众，当知建立有十种力。谓诸国王有自在力，如是等力，广说如经。

复次，诸阿罗汉成就八力，如实领受贪瞋痴等永尽无余，不造诸恶，修习诸善。谓心趣向远离、出离、般涅槃故，厌背后有，厌背因缘，不造恶业。又见诸欲犹如一分热炭火故，厌背诸欲，厌背因缘，不造恶业。由此二力，不造诸恶。不造恶故，复由六门修习诸善，谓念住、正断、神足、根力、觉支、道支。

复次，诸佛如来依自利行及利他行，为欲显己与诸弟子有差别故，说如是言：”诸有学者成就五力，唯有如来成就十力。“若有成就有学五力，行自利行诸圣弟子，获得最上阿罗汉果，从此无间，一切自义皆得究竟。如来获得阿罗汉已，成就十力，行利他行，即用利他以为自义。设于是时，一切所化，其事究竟，入无余依般涅槃界，当知尔时，于所作事方得圆满。若所修行阿罗汉行[1]，若为利他即自义行，此二因缘，于诸弟子皆为殊胜。如来十力，如菩萨地已广分别。

复次，若有自爱、无谄无诳、其性质直补特伽罗，为证自义，有四种相。若依恶说法毗奈耶，便有稽留；要依善说法毗奈耶，乃无稽留。云何四相？一、说正法教；二、教授教诫；三、如理通达；四、得真实证。所闻正法是诸胜解所依止处，由能远离无因、恶因，开示称理正因义者[2]。诸有无倒教授教诫，善能随顺断加行教文义所摄无颠倒法，能令证得如前胜解所依处法。

若有自爱诸善男子，已调相续，有所堪能，来入内法毗奈耶中，得正宣说，得正开悟，便能速疾趣向胜进，如理通达所应通达，亦能实证真所应证。谓四念住以为依止，于有为法，诸聪慧者共许为有，或许为无，皆正了知。于无为法，乃至有顶皆是有上，能正了知是为有上；涅槃无上，如实了知是为无上。如是名为如理通达。又四念住以为依止，由静定心，于七觉支正修习已，于明解脱究竟作证，如是名为得真实证。

若彼自爱诸善男子，趣入恶说法毗奈耶，于是四处皆不能得，故名稽留。

复次，嗢柁南曰：

立差别，食渐次，安乐住，修居后。

由奢摩他、毗钵舍那俱品差别，建立觉支，如“声闻地”应知其相。

复次，自性差别故，及所缘、因缘相差别故，应知七觉支十四种差别。所缘、因缘相广分别义，如“三摩呬多地”及“声闻地”应知其相。

---

① 若所修行阿罗汉行，底本与《房山石经》《资福藏》《碛砂藏》《普宁藏》《永乐南藏》《径山藏》《高丽藏》相同；《赵城金藏》“修”作“依”。

② 开示称理正因义者，底本与《碛砂藏》《普宁藏》《永乐南藏》《径山藏》相同；《房山石经》《资福藏》《赵城金藏》《高丽藏》“者”作“故”。

复次，于能随顺觉支法中，略有二种无倒作意，当知总与觉支为食。何等为二？一、正作意；二、数作意。与此相违，当知非食。

复次，于初、中、后随阙一支，令如实觉不得圆满。如其色类所依、能依流转安立，随其生起，渐次而说。当知此中，念为所依，择法能依，余随所应，当知亦尔。

复次，若有苾刍于诸觉支方便修习，由四因缘，令其不得安隐而住。何等名为四种因缘？一者，一切烦恼品类麤重皆未离故；二者，奢摩他品诸随烦恼现在前故；三者，毗钵舍那品诸随烦恼现在前故；四者，道未调善而乘驾故。与此相违，四种因缘令其获得安隐而住。于此二种善巧苾刍如实了达，正知而住。由诸作意有加行故，精进太过；又由前后有增减故，运转不等。由此二缘，当知名为道不调善。与此相违，二因缘故，名道调善。

如转轮王于四洲渚得大自在所获七宝，如是心王于四圣谛得大自在所获真净七觉支宝，当知亦尔。谓于奢摩他、毗钵舍那双品运转，降伏一切烦恼胜怨，由此义故，初念觉支犹如轮宝。所知境相其量无边，能知智体亦随广大，由此义故，择法觉支犹如象宝。依此速能，乃至往彼所行所得殊异胜处，由此义故，精进觉支犹如马宝。悦意无罪，最为殊胜，由此义故，其喜觉支犹如女宝。身心映彻，有所堪能，由此义故，轻安觉支如神珠宝。能办一切所欣求事，由此义故，其定觉支如藏臣宝。能摧一切染汙法军，能率一切清净法军，能趣无相安隐住处，由此义故，其舍觉支如将军宝。

复次，诸修行者得七觉支，譬如大王有妙衣箧，三时受用，三分安住彼七觉支，当知亦尔。言三时者，谓初日分时、中日分时、后日分时。言三分者，谓奢摩他品、毗钵舍那品及其俱品。于初分中住四觉支，第二分中住四觉支，第三分中具足安住七种觉支，诸修行者未曾安住唯一觉支。又七觉支于诸外道无怨憎故，无违竞故，恒怀利益意乐转故，一切烦恼皆离系故，说名无怨、无敌、无害、无有灾患。若修行者于七觉分随时现前，随量现前，说名为住；若时退出，说名为灭。于是一切，如实了知。彼由如是正知住故，名无罪住，无有爱味，心离味染。

复次，二十一种想俱行修诸觉支者，当知略由二因缘故：一、据相应俱行义；二、据无间俱行义。无常等想俱行修，乃至死想俱行修者，据相应义。不净等想俱行修，乃至观空想俱行修者，据无间义，慈等俱行修应知亦尔。

又于过去、未来、现在一切行中，诸行爱染，若懒惰懈怠，若萨迦耶见虽已断灭习气随缚我慢现行，若贪味爱，若于世间种种妙事欲乐贪爱，若有所余烦恼随眠，若悕求利养，若悕求活命，若诸欲爱，若诸有爱，若随虚妄分别所起四种欲贪[①]：一、美色贪；二、形貌贪；三、细触贪；四、承事贪。如是能令生起所有非理过患，及令其心越路而转。

对治彼故，随其所应，有二十一想俱行修觉支差别。谓为对治四种障故，修无愿行想，从无常想乃至一切世间不可乐想；为欲对治一种障故，修空行想、苦无我想；为欲断灭所余烦恼随眠障故，修于三界无相行想；为欲对治悕求利养及欲爱故，于诸欲中修过患想；为欲对治悕求活命及有爱故，修习死想；为欲对治随逐虚妄分别所起四欲贪故，修不净想为初，乃至观空想为后。又此一切，从青瘀想乃至观空想，当知皆是不净想摄。又于此中，青瘀想为初，胮胀想为后[②]，对治美色贪；食噉想、分赤想、分散想，对治形貌贪；骸骨想、骨锁想，对治细触贪；观无心识，空有尸想，对治承事贪。

① 若随虚妄分别所起四种欲贪，底本与《房山石经》《资福藏》《碛砂藏》《普宁藏》《永乐南藏》《径山藏》《高丽藏》相同；《赵城金藏》“虚”作“处”。

② 胮胀想为后，底本与《资福藏》《碛砂藏》《普宁藏》《永乐南藏》《径山藏》相同；《房山石经》《赵城金藏》《高丽藏》“胮”作“膖”。

又于此中，修慈最极至遍净等，如“三摩呬多地”应知其相。

复次，嗢柁南曰：

初内外力，清净差别，

异门沙门，后婆罗门。

若内若外一切力中，为欲生起八支圣道，有二种力，于所余力最为殊胜。云何为二？一者，于外力中，善知识力最为殊胜；二者，于内力中，正思惟力最为殊胜。当知此中，离诸障碍，先修福业，于衣食等，无匮乏等，名余外力。除正思惟相应想外，余断支分，名余内力。外善知识者，谓从彼闻无上正法，由此故名从他闻音。内正思惟者，谓此无间能发正见为上首道。

复次，彼正见等，若在有学，由无漏故，说名清净；若在无学，相续净故，说名皵白；若在世间，远离无量随外道见诸恶邪行，是故说名无有尘点。远离尘点所起后有诸业杂染，是故说名离随烦恼。

略说一切八圣道支，二处所摄[①]：一者，世间；二、出世间。其世间者，三漏、四取所随缚故，不能尽苦；是善性故，能往善取[②]。出世间者，与彼相违，能尽众苦。又正见等八圣道支广分别义，如“声闻地”及“摄异门分”应知其相。七种定具[③]，如“三摩呬多地”已说。

复次，正见为首八圣道支，会正理故，说名为法；能灭一切诸烦恼故，名毗奈耶；去诸恶法极悬远故，一切圣贤共祖习故，说名为圣；能随顺往诸善趣故，说名为善；趣涅槃故，说名应修；诸有智者所称赞故，说名善哉。与此相违，应知即是邪见为首八邪道支所有差别：堕在无明黑闇品故，

① 二处所摄，底本与《资福藏》《碛砂藏》《普宁藏》《永乐南藏》《径山藏》《高丽藏》相同；《房山石经》《赵城金藏》“处”作“道”。

② 能往善取，底本与《资福藏》《碛砂藏》《普宁藏》《永乐南藏》《径山藏》相同；《房山石经》《赵城金藏》《高丽藏》“取”作“趣”。

③ 七种定具，底本与《资福藏》《碛砂藏》《赵城金藏》《普宁藏》《永乐南藏》《径山藏》相同；《房山石经》《高丽藏》“定”作“定因”。

说名为黑；往恶趣故，说名无义；不善性故，说名下劣；生现法中所有怖畏及怨憎故，说名有罪；诸有智者所讥毁故，所远离故[①]，名应远离。

复次，依第一义所有沙门，安立如是八支圣道为沙门义。为此义故，于善说法毗奈耶中假名出家，受沙门性。又此毕竟无失坏故，名第一义；其假名者，即不如是。诸有成就此第一义沙门性者，当知亦名胜义沙门。又彼追求此沙门果贪瞋痴等毕竟断义，是故说彼名沙门义。此沙门义复有二种：一、无差别总相建立；二、有所作[②]，若无所作，行向、住果差别建立。如是一切，总有四种：一、沙门性；二、是沙门；三、沙门义；四、沙门果。有婆罗门差别道理，当知亦尔。

复次，嗢柁南曰：

障随惑寻等，果欲细身劳[③]，

学住及作意，智无执为后。

入出息念修习差别有十六行，广分别义，如“声闻地”应知其相。

又勤修行诸瑜伽师，修习如是入出息念，尔时应知五障碍法：一者，于其外缘，其心散乱；二者，入出息转，有所艰难；三者，掉举恶作缠现在前；四者，惛沈睡眠缠现在前；五者，乐与道俗共相杂住。如者五法，于未得定欲求心定，及得定已倍复增长，当知一切能为障碍。

奢摩他品诸随烦恼所染汙时，发身惛沈，生心下劣，由正修习入出息念，身心轻安，能令惛沈、下劣俱行身心麤重皆悉远离。毗钵舍那品诸随烦恼所染汙时，发生种种寻伺妄想，谓欲寻伺等不正寻伺，及无明分寻伺

① 所远离故，底本与《房山石经》《资福藏》《碛砂藏》《普宁藏》《永乐南藏》《径山藏》《高丽藏》相同；《赵城金藏》无“所”字。

② 有所作，底本与《资福藏》《碛砂藏》《赵城金藏》《普宁藏》《永乐南藏》《径山藏》相同；《房山石经》《高丽藏》“有”作“若有”。

③ 果欲细身劳，底本与《房山石经》《资福藏》《赵城金藏》《普宁藏》《永乐南藏》《径山藏》《高丽藏》相同；《碛砂藏》“劳”作“分”。

所起诸欲想等种种妄想，由正修习入出息念，令寻伺等悉皆静息。为欲对治彼无明分诸妄想故，纯修明分想，令速得圆满。

复次，正勤修习入出息念诸瑜伽师，于缘过去诸行寻伺，能令无间所生等持有间缺者，速得损减；于缘未来诸行寻伺，能令无间所生等持有间缺者，速得止息；于缘现在诸行寻伺，能令无间所生等持有间缺者，速得寂静。

又若略说，由能永断六种结故，当知建立二种、四种及以七种诸果胜利，如经广说。云何六结？谓顺下分、上分二结，见道、修道所断二结，若起、若生二分位结。如是别别当知总说有六种结，如其次第，建立二种、四种、七种诸果胜利。

复次，入出息念修习差别略有二种：一者，有上；二者，无上。其有上者，谓如有一，独处空闲，以静定心如理观察：命根系属入息、出息，若我于入息后无有出息，或出息后无入息者，如是命根即应断灭。而于无常行中有希奇事：入息灭已，我命根住，乃复得至出息生时；出息灭已，我命根住，乃复得至入息生时。彼由攀缘如是事故，深心厌离，于三世境所发爱恚净修其心，是名有上。十六行修，当知无上。

复次，如是入息、出息念住，缘细风色为境界故，名微细住；隔绝一切乱寻伺故，名不流散；发生广大身心所有妙轻安故，名不可伏。

复次，修习如是入出息念，令身无劳，善能除遣奢摩他品随烦恼故；令眼无劳，善能除遣毗钵舍那品随烦恼故。由随观察涅槃乐故，名随观乐。由随领受第三静虑地中乐故，名领受乐。无染住故，无恐畏故，名安乐住。

复次，若有是处[1]，或有一人，作如是念：“如来与彼最极下劣得慧解

① 若有是处，底本与《永乐南藏》相同；《房山石经》《资福藏》《碛砂藏》《赵城金藏》《普宁藏》《径山藏》《高丽藏》“若”作“容”。

脱阿罗汉果无有差别。”谓依解脱，作是思惟：“如来解脱与慧解脱阿罗汉果所有解脱无有差别。”颇复有人，作如是念：“如来所有，离诸盖住。居内法中最极下劣，若诸有学，若诸异生，由精进力，于其五盖伏断而住，名离盖住。此离盖住，彼离盖住，为如解脱无有差别，为有差别？”应知如是二离盖住极大差别，谓诸有学虽现行故，离盖住心与如来等，然彼随眠未永断故，诸盖数数间心相续，数数作意励力除遣；如来诸盖毕竟断故，离诸盖住。与彼所有离诸盖住极大差别，非如解脱无有差别。

复次，修瑜伽师入出息念为所依止，修四念住如理作意以为依止，于诸未断内心所有非理作意，如实了知是为非理；于内所有如理作意，如实了知是为如理。既了知已，于内所有非理作意一向远离，于内所有如理作意一向修习，为欲令彼永断灭故。又于此中，身等四法如四大路；非理作意如尘土丘，不坚牢故，不贞实故[1]，迷乱心故；如理作意如四方来舆乘车车缘，身等四境界门转，能损害彼如尘土丘非理作意，亦令一切相续清净[2]。

复次，精勤修习诸息念者，由正修习四种念住，无我等故，平等平等。是身种类，能取于身如理作意。如身无我，作意亦尔。是故说彼为身一分。能修如是身念住者，都不可得。如身念住，广说乃至修法念住当知亦尔。如是诸佛修念住教，外道法中皆无所有，是故说此修念住教名非一切外道所执。

复次，嗢柁南曰：

初尊重尸罗，清净戒圆满，

现行学胜利，学差别为后。

---

① 不贞实故，底本与《房山石经》《资福藏》《碛砂藏》《赵城金藏》《普宁藏》《永乐南藏》《径山藏》相同；《高丽藏》“贞”作“真”。

② 亦令一切相续清净，底本与《资福藏》《碛砂藏》《赵城金藏》《普宁藏》《永乐南藏》《径山藏》《高丽藏》相同；《房山石经》“令”作“尔”。

学有三种，谓增上戒学、增上心学，增上慧学。建立如是三学差别，如“声闻地”应知其相。又略于此诸所学中，所有邪行应正了知，所有正行应正了知。

言邪行者，谓如有一，不尊重戒，泛尔出家，虽复出家，不以净戒为其增上。如于净戒，于定于慧，应知亦尔。彼可容有犯无余罪，于彼世尊说其于诸沙门果证为无能者。是故当知彼于三学，一向毁犯。

言正行者，有三正行，谓下、中、上。下正行者，谓如有一，尊重净戒，亦以净戒为其增上，与前相违。于定于慧，不生尊重，不为增上。此不容有犯无余罪，而容有犯小随小罪，于此如来不说其于沙门果证为无能者。中正行者，谓于戒、定皆悉尊重，亦为增上。如尊重戒，毁犯次第，此中亦尔。是故当知，乃至所有诸异生位。上正行者，谓已见谛，于三种学皆悉尊重。此已获得沙门果证，不待思择有能、无能。

如是二行，开为四种；即此四种，合为二行。此二与四，平等平等。当知此中，若有定学，必有戒学；若有慧学，必有定学；有戒学者，不必定有定学、慧学。若瑜伽师，尊重诸学，当知是名所作圆满，其余但名所作一分。

复次，于性罪处能远离故，当知是名净戒圆满。于能密护诸根门等，摄受净戒所有善法，无间受持相续转故，当知是名善法圆满。于遮罪处能远离故，当知是名别解脱圆满。又依圣所爱戒[①]，若依蕴等五种善巧，及依别解脱律仪，受持世俗所有禁戒，随其次第，应知净戒圆满等第二门差别。

复次，依净尸罗，略有二种所学差别：一者，受持非止所摄所受尸罗，所有如法身语现行所摄学处。二者，受持是止所摄所受尸罗所摄学处，此复二种，谓或有是毗奈耶所说，非别解脱所说；或有是毗奈耶所说，亦是别解脱所说。是故一切总略而言，有三学处：一、增上现行；二、增上毗奈

① 又依圣所爱戒，底本与《房山石经》《资福藏》《碛砂藏》《普宁藏》《永乐南藏》《径山藏》《高丽藏》相同；《赵城金藏》“爱”作“受”。

耶；三、增上别解脱。

复次，学胜利住，慧为上首、解脱坚固、念为增上、修习三学速圆满等，如“摄择分”广辩应知[①]。

复次，住具戒等，如“声闻地”应知已辩。又即净戒对治一切犯戒恶故，密护根门所依处故，说名律仪。初善受故，说名圆满。后善守故，说名清净。感爱果故，说名为善。无染汙故，说名无罪。于诸有情能善随顺慈心定故，说名无害。于沙门性善随顺故，说名随顺。趣圣所爱澄清性故，名顺澄清。终不随顺戒禁取故，名不随顺。与同法者为同分故，名同色类。于正修习增上心、慧为所依处，随顺转故，名为顺转。不恼于他，饶益转故，又正远离自苦行故，名无热恼。于所受持无变悔故，名无烧恼。于诸毁犯不现行故，如法悔除已所犯故，名无悔恼。如是名为增上戒学所有差别。

三住为依，当知增上心学、慧学所有差别，谓由天住、梵住差别，应知增上心学差别；由诸所有觉分等法圣住差别，应知增上慧学差别。谓四静虑、四无色等，名为天住。四无量定，名为梵住。四圣谛智、四种念住，乃至道支、四种行迹、胜奢摩他、毗钵舍那、四法迹等，当知一切皆名圣住。

又有四种若行若住无杂染法，令修观者或于境界退出游行，或于所缘安心静定，离诸杂染，安隐而住。云何为四？一、于随顺喜受境界诸杂染喜染心弃舍[②]；二、于随顺忧受境界诸染汙忧染心弃舍[③]；三、于毗钵舍那品诸随烦恼净修其心；四、于奢摩他品诸随烦恼净修其心。于是四种若行若住离诸杂染安隐住法，应知四种安足处所所依法迹，如其所应，当知即

① 如“摄择分”广辩应知，底本与《资福藏》《碛砂藏》《普宁藏》《永乐南藏》《径山藏》相同；《房山石经》《赵城金藏》《高丽藏》“择”作“释”。

② 于随顺喜受境界诸杂染喜染心弃舍，底本与《资福藏》《碛砂藏》《普宁藏》《永乐南藏》《径山藏》相同；《房山石经》《赵城金藏》《高丽藏》“染”作“深”。

③ 于随顺忧受境界诸染汙忧染心弃舍，底本与《资福藏》《碛砂藏》《普宁藏》《永乐南藏》《径山藏》相同；《房山石经》《赵城金藏》《高丽藏》“染”作“深”。

是无贪、无瞋、正念、正定。

复次，嗢柁南曰：

证净初安立，有变异为先，

天路喻明镜，记别最居后。

具足正见如来弟子，略由二法，能正摄受澄清性故，应知建立四种证净[①]，谓沙门义所摄信[②]、戒。于能说者、于沙门义、于同法者、于能证得沙门助伴所有净信、深固根本，于余生中，亦不可引。无虚诳故，名澄清性。及净尸罗，于其一切能往恶趣恶不善法，获得毕竟不作律仪，是故亦得名澄清性。

应知此中，依止净信，于善说法毗奈耶中深生信解，由此净信澄清性故，设在余生，于佛善说法毗奈耶毕竟无转。又由怖畏诸恶道苦，受持净戒，对治恶行。由此摄受戒澄清性，说在余生，亦不造恶堕诸恶趣，毕竟无退，乃至涅槃。由于善说法毗奈耶毕竟无转所依处故，毕竟不往一切恶趣所依处故，其用最胜，唯说信、戒为澄清性，非余精进、念、定等法非澄清性。

又此信、戒，是其增上戒定慧学所依止处，由说信、戒是清净故，义显三学皆得清净[③]。由是因缘，唯说此二以为证净。是名第二义门差别。如是证净，善能滋润一切堕界白净法故，名滋润福；能引殊胜诸圣道故，名滋润善；能引所余烦恼断故，名能引乐。

复次，一向决定能往善趣，成就证净诸圣弟子犹有住于善趣三种诸

---

① 应知建立四种证净，底本与《资福藏》《碛砂藏》《赵城金藏》《普宁藏》《永乐南藏》《径山藏》《高丽藏》相同；《房山石经》“证”作“澄”。

② 谓沙门义所摄信，底本与《资福藏》《碛砂藏》《赵城金藏》《普宁藏》《永乐南藏》《径山藏》《高丽藏》相同；《房山石经》“谓”作“诸”。

③ 义显三学皆得清净，底本与《房山石经》《资福藏》《碛砂藏》《普宁藏》《永乐南藏》《径山藏》《高丽藏》相同；《赵城金藏》“三”作“二”。

大互违变异所起重苦怖畏[①]，然无恶趣所有怖畏。云何三种重苦怖畏？一者，病苦；二者，老苦；三者，断截末摩死苦，是故说言，其四大种可令变异，非已成就四种证净诸圣弟子可有变异。

复次，若第一义清净诸天，说名最胜无有恼害，由身语意毕竟无有恼害事故。即依如是清净天性，说四证净名为天路。又四证净为所依止，诸圣弟子依三种门，修六随念。一者，为断奢摩他品诸随烦恼所起染恼[②]；二者，为断毗钵舍那品诸随烦恼所起染恼；三者，诸断虽无染恼[③]，而于未来当可生起二随烦恼。当知此中，惛沈睡眠，名奢摩他品诸随烦恼；欣乐诸欲俱行掉举、贪等过失所生不善欲寻伺等，令心流散诸杂染法，名毗钵舍那品诸随烦恼。又由胜义谛理所得随念，名义威勇。由世俗谛理所得随念，名法威勇。

复次，譬如有人执持明镜，为观自面净不净相，如是如来诸圣弟子执持微妙证净明镜，为如实观自身所有染净诸相。

复次，若有成就四种证净，唯即依自四种证净为他记别，不依上位能顺欢喜所修道念[④]，由此因缘，当知记别预流果证，未趣上位所修道故。若于上位能顺欢喜五种随念为他记别[⑤]，由是因缘，当知记别一来果证

---

① 成就证净诸圣弟子犹有住于善趣三种诸大互违变异所起重苦怖畏，底本与《房山石经》《资福藏》《碛砂藏》《普宁藏》《永乐南藏》《径山藏》《高丽藏》相同；《赵城金藏》“起”作“趣”。

② 为断奢摩他品诸随烦恼所起染恼，底本与《房山石经》《资福藏》《碛砂藏》《普宁藏》《永乐南藏》《径山藏》《高丽藏》相同；《赵城金藏》“起”作“趣”。

③ 诸断虽无染恼，底本与《碛砂藏》《普宁藏》《永乐南藏》《径山藏》相同；《房山石经》《资福藏》《赵城金藏》《高丽藏》“诸”作“为”。

④ 不依上位能顺欢喜所修道念，底本与《资福藏》《碛砂藏》《普宁藏》《永乐南藏》《径山藏》相同；《房山石经》《赵城金藏》《高丽藏》“道”作“随”。

⑤ 若于上位能顺欢喜五种随念为他记别，底本与《房山石经》《碛砂藏》《赵城金藏》《永乐南藏》《径山藏》《高丽藏》相同；《资福藏》《普宁藏》“记”作“托”。

果[1]。由三摩地未成满故，于离欲道未圆满故，于彼诸天未现见故，为求离欲，修习能顺欢喜诸法；由此欢喜为所依故，发生轻安；由轻安故，领受身乐；由受乐故，心得正定，而证静定未得成满[2]。若于上位六种随念为他记别，由是因缘，当知记别不还果证。阿罗汉果唯出世道乃能趣证，所有随念唯是世间，是故不还果证已上，更无如是随念记别。

又四证净，预流果中唯说为净，于余学果说圆满净，于最上果说为第一圆满清净。

如是略引随顺此论境智相应诸经宗要摩呾理迦，其余一切，随此方隅皆当觉了。

---

① 当知记别一来果证果，底本与《资福藏》《碛砂藏》《普宁藏》《永乐南藏》《径山藏》相同；《房山石经》《赵城金藏》《高丽藏》"证果"作"证"。

② 而证静定未得成满，底本与《径山藏》相同；《房山石经》《资福藏》《碛砂藏》《赵城金藏》《普宁藏》《永乐南藏》《高丽藏》"证"作"于"。

瑜伽师地论卷第九十九

摄事分中调伏事总择摄第五之一[①]

如是已说素呾缆事摩呾理迦。

云何名为毗奈耶事摩呾理迦？谓即从此四种经外别解脱经，所有广说摩呾理迦，展转传来如来所说，如来所显，如来所赞，名毗奈耶摩呾理迦。此毗奈耶摩呾理迦总相少分，我今当说。嗢柁南曰[②]：

利聚摄随行，逆顺能寂静，

遍知信不信，力等为其后。

如来观见十种胜利，于毗奈耶中，为诸弟子，制立学处，谓摄受僧伽，令僧精恳，乃至广说。如“摄释分”应知其相。若能摄受四大姓等，正信出家趣非家众，当知说名摄受僧伽。如是出家趣非家已，为其宣说有因缘、有出离、有所依、有勇猛、有神变等甚深法教，当知说名令僧精恳。有因缘等诸句差别，如“菩萨地”已辩其相。

由五种相，应知说名令僧安乐。一者，令顺道具无所匮乏；二者，令摈异法补特伽罗；三者，令善除遣所生恶作；四者，令善降伏诸烦恼缠；五者，令善永灭随眠烦恼。应知此中，最初安乐增上力故，未净信者令生净信，已净信者令其增长。第二安乐增上力故，调摄鄙恶补特伽罗。第三安乐增上力故，令惭愧者得安乐住。第四安乐增上力故，令善防护现法诸

① 摄事分中调伏事总择摄第五之一，底本与《房山石经》《径山藏》《高丽藏》相同；《资福藏》《碛砂藏》《普宁藏》《永乐南藏》无“第五”字。

② 嗢柁南曰，底本与《资福藏》《碛砂藏》《普宁藏》《永乐南藏》《径山藏》相同；《房山石经》《赵城金藏》《高丽藏》“柁”作“拕”，下同。

漏。第五安乐增上力故，能令永灭当来诸漏。如是获得安乐住已，未得入者令易入故，欲令多人梵行久住，乃至广说，皆应了知。

又此一切，以要言之，谓正显示最初摄受，次正摄受，既摄受已，令安乐住，及显未来未摄受者易入方便，如是名为第二差别。

复次，应知略有五种罪聚摄一切罪。何等为五？一者，彼胜罪聚[①]；二者，众余罪聚；三者，陨坠罪聚；四者，别悔罪聚；五者，恶作罪聚。集麤不定；如其所应，即入如是诸罪聚中。复有四种还净罪聚。何等为四？谓除彼胜，所余罪聚，皆可还净，故有四种还净罪聚。最初罪聚虽可还净，然唯依二补特伽罗，非为一切无有差别，皆可还净，是故彼胜，不立一向还净聚中。

又若略说，有十五种犯罪过失，遍于一切犯罪聚中，当知建立诸所犯罪。何等十五？一、事重过失；二、猛利缠过失；三、匮乏不喜足过失；四、他所讥嫌过失；五、无净信者倍令不信，有净信者令其变异过失；六、多诸财宝，多诸事业过失；七、染著过失；八、恼他过失；九、发起疾病过失；十、障往善趣沙门过失；十一、于应避护不正避护，不应避护而反避护过失；十二、不应为依反与为依，应与为依而不为依过失；十三、于应恭敬而不恭敬，不应恭敬而反恭敬过失；十四、于应覆藏而不覆藏，不应覆藏而反覆藏过失；十五、于应习近而不习近，不应习近而反习近过失。

应知此中，初修业者于四彼胜虽有事重过失，而无猛利缠过失，由彼意乐无勃恶故，谓于沙门无所顾恋[②]。若初业者了知此法能障沙门；为命因缘亦不违犯；意乐力强，不唯依事，故彼无犯。制立所犯，要由意乐增

① 彼胜罪聚，底本与《房山石经》《资福藏》《碛砂藏》《普宁藏》《永乐南藏》《径山藏》相同；《高丽藏》“彼”作“他”，下同。

② 无所顾恋，底本与《资福藏》《碛砂藏》《普宁藏》《永乐南藏》《径山藏》《高丽藏》相同；《房山石经》“无”作“甚”。

强力故。若虽有犯，而无一念起覆藏心，彼亦可出，于沙门果仍有堪能。其余一切犯彼胜者，亦有事重过失，亦有猛利无惭无愧诸烦恼缠过失。当知彼由二皆重故，成不可出法及不般涅槃法。

若衣钵等，世尊开许，应持作净而受用之。于彼一切悉皆弃舍，或不作净而辄受用。如是等罪，由依匮乏不喜足过，制立所犯。若非亲属苾刍尼所，受衣、与衣；或共彼等独，在一处；或复非时，诸苾刍僧不同忍许，辄往教授；或除余时，与诸母邑共道路行。如是等类，当知是名他所讥嫌过失。若非威仪入聚落等，乞食受用，坐不如法，澡手涤器；或不因请，于其食前，辄入他舍；或不观日[1]，于其食后，游履邑居。如是等类，当知是名无净信者倍令不信，有净信者令其变异过失。

若有执受金银等宝，种种品类买卖营为，种莳林木，畜怀赊耶妙卧具等，当知是名多诸财宝，多诸事业过失。若故泄精，或复执触母邑手等；或行媒娉，因兹趣入变异染心；或为好故，往亲属所，追求上妙长衣服等；当知是名染著过失。若以无根假异分法[2]毁他苾刍，或作离间人语等事，当知是名恼他过失。若自持羊毛，过三逾缮那；或荷重担；或上过人树等；当知是名发起疾病过失。若为破坏和合僧故，勤设勇猛方便事等，当知是名障往善趣过失。若作不与因语等事[3]，当知是名障碍沙门过失。

若有弃掷僧祇卧具，置迥露处，舍而去等，或邪受用等，当知是名于应避护不正避护过失。若与邪见苾刍，勤策共居住等，为依止等，当知是名不应为依反与为依过失。若于尊教轻触怨咎，怒睛恶视，不恭敬听受别

① 或不观日，底本与《资福藏》《碛砂藏》《普宁藏》《永乐南藏》《径山藏》相同；《房山石经》《高丽藏》“日”作“白”。

② 若以无根假异分法，底本与《房山石经》《资福藏》《普宁藏》《径山藏》《高丽藏》相同；《碛砂藏》《永乐南藏》“若”作“者”。

③ 若作不与因语等事，《房山石经》《资福藏》《碛砂藏》《普宁藏》《永乐南藏》《径山藏》《高丽藏》“因”作“自”。

解脱经等，当知是名于应恭敬而不恭敬过失。若于未受具戒补特伽罗前宣示实得胜过人法，或复覆藏苾刍所犯麤恶罪等，当知是名于应覆藏而不覆藏。不应覆藏而反覆藏过失。若有受用不净非法衣服等事，当知是名不应习近而反习近过失。

如是所说十五过失，当知于彼所犯罪中，或有多种；或二或一。

复次，略有五法摄毗奈耶。何等为五？一者，性罪；二者，遮罪；三者，制；四者，开；五者，行。

云何性罪？谓性是不善，能为杂染，损恼于他；能为杂染，损恼于自。虽不遮制，但有现行，便往恶趣；虽不遮制，但有现行，能障沙门。

云何遮罪？谓佛世尊观彼形相不如法故，或令众生重正法故，或见所作随顺现行性罪法故，或为随顺护他心故，或见障碍善趣、寿命、沙门性故，而正遮止。若有现行如是等事，说名遮罪。

云何名制？谓有所作，能往恶趣，或障善趣，或障如法所得利养，或障寿命，或障沙门。如是等类，如来遮制不令现行，故名为制。与此相违，应知名开。

云何名行？谓略有三行：一者，有犯；二者，无犯；三者，还净。如是三种，略摄为二：一者，邪行；二者，正行。应知有犯，说名邪行；无犯还净，说名正行。此中，云何犯所犯罪？谓于应作而不作故，及加行故，于不应作而反作故，及加行故，犯所犯罪。

又彼略由四因缘故，犯所犯罪。一、无知故；二、放逸故；三、烦恼盛故；四、轻慢故。

云何名为由无知故，犯所犯罪？谓如有一，于所犯罪不审听闻，不善领悟。彼无解了，无有觉慧，无所知故，于其所犯起无犯想，而犯众罪，如是名为由无知故犯所犯罪。

云何名为由放逸故，犯所犯罪？谓如有一，于所犯罪虽复解了，有其觉慧，亦有所知，而住忘念，住不正知。彼由如是不住念故，如无所知，而犯众罪。如是名为由放逸故，犯所犯罪。

云何名为烦恼盛故，犯所犯罪？谓如有一，于其所犯虽复解了，有其觉慧，亦有所知；而彼本性贪瞋痴等极为猛利。彼由猛利贪瞋痴故，虽知是事所不应为，烦恼缠逼，不自在故，而犯众罪。如是名为烦惱盛故，犯所犯罪。

云何名为由轻慢故犯所犯罪？谓如有一，于所犯罪虽复解了，有其觉慧，亦有所知，而彼信解极为下劣，无有强盛宿善因行。由其信解极下劣故，于沙门性，于般涅槃无所顾恋[①]，于佛法僧无敬无惮，无有羞耻，不乐所学，由轻慢故，随其所欲，广犯众罪。如是名为由轻慢故，犯所犯罪。

当知此中，无知，放逸所犯众罪是不染汙，由烦恼盛及以轻慢所犯众罪是其染汙。

由五因缘，当知所犯成下、中、上三品差别。何等为五？一、由自性故；二、由毁犯故；三、由意乐故；四、由事故；五、由积集故。

由自性者，谓彼胜罪聚是上品罪，众余罪聚是中品罪，所余罪聚是下品罪。复有差别，谓彼胜，众余是重品罪，陨坠、别悔是中品罪，恶作罪聚是轻品罪。如是应知由自性故，诸所犯罪，成下、中、上三品差别。

由毁犯者，谓无知故，及放逸故，所犯众罪是下品罪；烦恼盛故，所犯众罪是中品罪；由轻慢故，所犯众罪是上品罪。如是应知由毁犯故诸所犯罪，成下、中、上三品差别。

由意乐者，谓由下品贪瞋痴缠所犯众罪是下品罪；若由中品是中品罪；若由上品是上品罪。如是应知由意乐故，诸所犯罪成下、中、上三品差别。

① 无所顾恋，底本与《房山石经》《资福藏》《碛砂藏》《普宁藏》《永乐南藏》《径山藏》相同；《高丽藏》“所”作“有”。

由事故者，谓虽现行相似意乐，而由其事非一类故，应知所犯成下、中、上三品差别。如以瞋缠，于傍生趣所有众生故思杀害，生陨坠罪，即以如是相似瞋缠，或于其人，或人形状，非父非母故思杀害，生彼胜罪，非无间罪。即以如是相似瞋缠，于人，父母故思杀害，生彼胜罪及无间罪。如是应知由事别故诸所犯罪，成下、中、上三品差别。

由积集者，谓如有一，或犯一罪，不能如法速疾悔除，或二或三，乃至或五，如是应知由积集故，成下品罪。从此已后，或犯十罪，或犯二十，或犯三十，乃至或犯可了数罪，不能如法速疾悔除，如是应知由积集故，成中品罪。若所犯罪其数无量，不可了知我今毁犯如是重罪[①]，如是应知由积集故，成上品罪。

云何应作？谓若于彼由不作故，及加行故，便成毁犯。此所应作，略有五种；一、于村邑所应作事；二、于道场所应作事；三、于善品所应作事。即此善品所应作事；复有二种：一者，资粮所应作事；二者，清净所应作事。如是资粮所应作事，如“声闻地”说十三种所有资粮。如是清净所应作事，如“声闻地”说修作意。又于城邑所应作者，谓或为己衣服等事，入于聚落；或复为于佛法僧事、同梵行事、或为未信令其生信，其已信者倍令增长，入于聚落。与此相违。所有能障五应作事，如其所应，当知五种不应作事。

云何无犯？谓五因缘令无所犯。何等为五？谓于根门密护而住，饮食知量，初夜、后夜尝不睡眠[②]，勤修胜行，正知而住，如是名为第一因缘。又于沙门，起其上品精勤顾恋；于其大师、诸有智者同梵行所，起其上品

① 不可了知我今毁犯如是重罪，底本与《房山石经》《资福藏》《碛砂藏》《普宁藏》《永乐南藏》《径山藏》相同；《高丽藏》“重”作“量”。

② 初夜后夜尝不睡眠，底本与《资福藏》《碛砂藏》《普宁藏》《永乐南藏》《径山藏》相同；《房山石经》《高丽藏》“尝”作“常”。

爱乐恭敬；于现行罪，发起猛利增上惭愧。如是名为第二因缘。又少财物，少事少业，不多匆务，如是名为第三因缘。又住喜足，于犯不犯能善了知，不与道俗交游纵荡；专修善品。曾无间隙，如是名为第四因缘。又初修业，痴狂心乱，痛恼所逼，如是名为第五因缘。当知由此五因缘故，从初不犯。

云何还净？谓如有一，随所犯罪，即便生起五种恶作。五支所摄不放逸行以为依止，由五种相，除彼所生五种恶作。

云何生起五种恶作？一者，由我毁犯净戒因缘，于后定当深自恳责，生起恶作；二者，由我毁犯净戒因缘，定当为他诸天呵责，生起恶作；三者，由我毁犯净戒因缘，定为大师及诸有智同梵行者当共呵责，生起恶作；四者，由我毁犯净戒因缘，定遍方维，恶名、恶称、恶声、恶颂彰显流布，生起恶作；五者，由我毁犯净戒因缘，身坏已后，必定当堕诸恶趣中，生起恶作。

五支所摄不放逸行，如“声闻地”应知其相，谓前际俱行、后际俱行、中际俱行、初时所作及俱随行。

云何由五种相，除彼所生五种恶作？一者，世尊所说正法皆有因缘，亦有出离，是故所犯容可还净，由是除遣所生恶作。二者，由彼无知、放逸、烦恼炽盛及以轻慢犯所犯罪，即此无知乃至轻慢，我已断灭，所有正智乃至尊敬，我已生起；，由是除遣所生恶作。三者，当来无犯意乐，我已生起，由是除遣所生恶作。四者，我已于诸有智同梵行所发露悔灭，由是除遣所生恶作。五者，我于佛善说法毗奈耶中既出家已，虽越学处，而能悔灭，极为善哉。然薄伽梵以无量门呵毁所起相续恶作为盖为障，我今于彼多住坚执，不能除遣，非极善哉。了知此已，由是除遣所生恶作。如是名为所犯还净。

复次，应知略有五毗奈耶所随行法，依毗奈耶勤学苾刍，随行于彼。

云何为五？一者，安住；二者，居处；三者，所依；四者，受用；五者，羯磨。

云何安住？谓依毗奈耶勤学苾刍，应当安住五种想住。何等为五？一者，若入聚落，应当安住入牢狱想。二者，若在道场，常当于己住沙门想。应知此中，沙门想者，谓我于今色形别异，弃舍俗相，我已受持坏色等事，广说如经审谛观察二十二处。三者，若饮食时，常当安住为疗病想。四者，若处远离，于眼所识色，耳所识声等，应住盲聋，瘖痖等想。五者，若寝息时①，当起难保旷野林中惊怖鹿想。依毗奈耶勤学苾刍，常当安住是五想住。于此想住既安住已，虽现受用堪为国王所受衣服、饮食、卧具，而不堕受欲乐行边。

云何居处？谓五居处：一、苾刍居处；二、苾刍尼居处；三、外道居处；四、杂染居处；五、无杂染居处。苾刍居处者，谓于是处，有诸苾刍下、中、上座之所居止。苾刍尼居处者，谓于是处，有苾刍尼如前三种之所居止。外道居处者，谓于是处，种种外道之所居止，谓离系、净命、波输钵多，如是等类。杂染居处者，谓于是处，一切羯磨皆不施设，或但施设一分羯磨。无杂染居处者，谓于是处，具足施设一切羯磨。又无杂染苾刍居处，应知众会安立整肃；若有杂染苾刍居处，应知众会安立混杂。

诸有爱乐所学苾刍，于有杂染苾刍居处，应故思择弃舍利养，弃舍恭敬，不应止住。除有危难，蹔时依附；或行道路，蹔时止息；或为拔彼诸苾刍众出不善处，安置善处。于苾刍尼众所居处，不应止住。余如前说三种因缘②。外道居处，当知亦尔。于无杂染苾刍居处，虽正思择，尽寿止住，而应常怀羁旅之想。若有苾刍，虽住如是诸所居处，应怀种种虑恐处想；

① 若寝息时，底本与《房山石经》《资福藏》《碛砂藏》《普宁藏》《径山藏》《高丽藏》相同；《永乐南藏》“若”作“所”。

② 余如前说三种因缘，底本与《资福藏》《碛砂藏》《普宁藏》《永乐南藏》《径山藏》相同；《房山石经》《高丽藏》“余”作“除”。

虽住如是无讥嫌处，而常虑恐为诸有智同梵行者之所讥嫌。

云何所依？谓五所依。何等为五？一、村田所依；二、居处所依；三、补特伽罗所依；四、诸衣服等资具所依；五、威仪所依。若依村城地方分所而得安住，应知是名村田所依。若依园林，或诸寺院经行处等而得安住，应知是名居处所依。若依施主、轨范、亲教、谏诲、忆念、教授、教诫、说正法者而得安住，应知是名补特伽罗所依。若依顺道，或麤或妙，随所获得衣服、饮食、病缘医药、资身众具而得安住，应知是名诸衣服等资具所依。若依是处，于时时间，身四威仪如其所乐，得安乐住，应知是名威仪所依。若依如是所依而住，终不为其苦恼非圣无义所引因弊匪宜①损害自己。

云何受用？谓有五种不净受用，及有五种清净受用。

云何五种不净受用？一者，受用窣堵波物，非遭重病。设遭重病，有余方计。二者，受用诸僧祇物，非僧授与，非堕钵中，非彼分摄。三者，受用他别人物，不从彼得，非彼所许，随意受用。四者，受用非委信物，谓非委信补特伽罗，一切所有，不应受用。五者，受用诸便秽等所染汙物，或由习近减诸善法，增不善法；或习近时，令诸世间生起讥诃，令诸世间共所厌贱，未生信者令倍不信；已生信者令其变异：是名五种不净受用，于毗奈耶勤学苾刍应当远离。与此相违，应知五种清净受用，于毗奈耶勤学苾刍应当受用。如是远离不净受用，于净受用随行苾刍，能善酬报所有信施。

云何羯磨？谓一切羯磨略有四种：一者，单白羯磨；二者，白二羯磨；三者，白四羯磨；四者，三语羯磨。

此四羯磨略有二事为所依处：一、有情数事为所依处；二、无情数事为所依处。有情数事为所依处者，谓出家羯磨，若受具足羯磨，若补特伽

① 终不为其苦恼非圣无义所引因弊匪宜，底本与《资福藏》《碛砂藏》《普宁藏》《永乐南藏》《径山藏》相同；《房山石经》《高丽藏》“因”作“困”。

罗同意羯磨，若出罪羯磨，若举羯磨，若摈羯磨，若两安居受七[①]、二十、四十夜等所有羯磨。如是或为摄受有情，或为折伏有情，施设羯磨，是名有情数事为所依处羯磨。无情数事为所依处者，谓受持衣钵羯磨，若持羯祉那衣护衣不舍羯磨[②]，若结界羯磨，若净稻谷同意羯磨。如是等类所有羯磨，当知是名无情数事为所依处羯磨。

又此羯磨，当知或有二众所作，或有四众所作，或有十众所作，或有二十众所作，或有四十众所作，或有合众所作。二众所作者，谓一苾刍对一苾刍三说别悔羯磨，发露悔除或陨坠罪，或恶作罪等。四众所作者，谓如有一，犯麤罪已，于四人前发露悔除羯磨。十众所作者，谓受具足羯磨。二十众所作者，谓出苾刍众余罪羯磨，及苾刍尼，受具足羯磨。四十众所作者，谓出苾刍尼众余罪羯磨。合众所作者，谓增长羯磨，若恣举羯磨，或余所有种类羯磨。

是四羯磨，由事差别成无量种，广说应知如毗奈耶摩呾理迦。如是解了所有羯磨，于毗奈耶勤学苾刍随羯磨行，于所犯罪而得善巧；于罪出离亦得善巧。避护自身，令得清净，离诸罪过。

复次，于毗奈耶勤学苾刍，应知有五违逆学法应当远离，复有五种随顺学法应当受持。

云何为五违逆学法？一者，障碍；二者，像似正法；三者，恶友；四者，愚戆烦恼炽盛；五者，宿世资粮、其力薄弱。

云何障碍？谓有五障：一、增上戒障；二、增上心障；三、增上慧障；四、往善趣障；五、利养寿命所作事障。

---

① 若两安居受七，底本与《资福藏》《碛砂藏》《普宁藏》《永乐南藏》《径山藏》相同；《房山石经》《高丽藏》“七”作“十”。

② 若持羯祉那衣护衣不舍羯磨，底本与《房山石经》《资福藏》《碛砂藏》《普宁藏》《永乐南藏》《径山藏》相同；《高丽藏》“祉”作“絺”。

云何名为增上戒障？谓如有一，或是奴婢，或是获得，或有所言，广说一切障出家法，而与相应，如是名为增上戒障。

云何名为增上心障？有十一障，当知名为增上心障，谓数与众会为初，处分居处为后。

云何名为增上慧障？谓于正法及说法师不起恭敬，陵懱正法及说法师，轻贱自己，于法悭恡，障他正法，令背正法，毁谤正法。如是等类，当知皆名增上慧障。

云何名为往善趣障？谓如有一，恶欲邪见，多诸忿恨，乃至广说。如是色类顺诸恶趣，受学转法，当知是名顺恶趣障。

利养障者，谓随所行，令未信者更增不信，其已信者能令改变；不乐功德，不时时中精勤修习施福业事，不乐为他引摄所有利益安乐，如是等类。寿命障者，谓不谨慎远避恶象，广说乃至不善远离有灾有疫诸恶国土；又不远离诸因诸缘，未尽寿量，能令夭殁，如是等类。所作事障者，谓能障碍营衣钵等所有事业。如是一切，总摄为一、应知说名，利养寿命所作事障。

云何名为像似正法？谓略有二种像似正法：一、似教正法；二、似行正法。若于非法生是法想，显示非法以为是法，令他于中生正法想，如是法教实故、谛故，非是正法，而复像似正法显现，是故名为似教正法。若广为他如是宣说，令他受学，亦自修行，妄起法想，习诸邪行，而自憍慢称言“我能修是正行”，应知是名似行正法。

为广宣说像似正法，复说中间嗢柁南曰：

初法等五种，次根等诸见，

非处恶作等，后暴恶戒等。

诸以如来所说法教相似文句[①]，于诸经中安置伪经，于诸律安置伪律；如是名为像似正法。又由增益，或损减见，增益虚事，损减实事，由此方便，于无常等种种义门，广为他人宣说开示，如是如是自他习行，如是亦名像似正法。又于宣说补特伽罗所有经典，邪取分别，说有真实补特伽罗，如是亦名像似正法。又于种种假有法中宣说开示为实有性，如是亦名像似正法。又于远离一切戏论究竟涅槃，分别为有，或为非有，说为有性，或非有性，如是亦名像似正法。

又有一类补特伽罗，作如是说："世尊宣示称扬赞叹密护根门，由是因缘，宁不视色，乃至于法不以意思，而不系念观视众色，乃至以意思惟诸法。"如是亦名像似正法。又闻世尊宣示称叹简静而住，便作是言："宁无咎责，不测量他，于应毁者而不呵毁，于应赞者亦不称赞，而不有所呵毁、称赞。"如是亦名像似正法。

又闻世尊宣示称叹和气輭语，便作是言："受默然戒，都无言说，为极善哉。"如是亦名像似正法。又闻世尊宣示称叹节量衣食，便作是言："断食而住，露体而行，最为妙善。"如是亦名像似正法。又闻世尊宣示称叹离喧杂住，息诸言说及以事业，便作是言："弃舍卧具，寂静闲居，无所修习，为极美妙。"如是亦名像似正法。

又闻佛说："心将导世间，心营造一切，随心所生起，皆自在而转。"于如是等诸经义趣，不如实知。或有一类，由恶取执，作如是言："唯有一识，驰流生死，无二无别。"如是亦名像似正法。又闻佛许持戒士夫补特伽罗，受百味食、百千衣服障道妙欲，设此品类正受用时，亦不为障。或有一类，由恶取执，作如是言："世尊所说障道诸欲，若有习近，不足为障。"如是亦名像似正法。又闻佛说："诸阿罗汉于现法中，于食、言说、

① 诸以如来所说法教相似文句，底本与《资福藏》《碛砂藏》《普宁藏》《永乐南藏》《径山藏》《高丽藏》相同；《房山石经》"诸"作"谓"。

蕴、界、处等不舍不取，不如实知。”便作是说：“如我解佛所说法者，阿罗汉僧于其死后无所觉了。”如是亦名像似正法。

复有一类，不如实知世俗、胜义二谛道理，违二谛理，作如是言：“诸蕴无我，云何无我造作诸业，令我触证。”应知亦名像似正法。复有一类，本性愚痴，多行谤毁。彼于九种内正住心不如实知，于谛观行、念住观行不如实知。由不知故，为他宣说：“唯信解作意是奢摩他品，唯信解作意是毗钵舍那品，唯信解作意能得究竟。”自亦习行如是相行，当知亦名像似正法。

复有一类，非处恶作，而不思惟。当知亦名像似正法。复有一类，于其读诵，观行，作意皆有堪能，而乐僧事，亦于其中见胜功德，为他宣说，当知亦名像似正法。复有一类，于戒于修有所堪能，而于惠施见胜功德，游历诸方，于自禁戒所遮止处多有毁犯，集诸财物，奉佛法僧，当知亦名像似正法。复有一类，于善说法毗奈耶中既出家已，展转相引，专以听闻为其究竟，当知亦名像似正法。

复有一类，见诸苾刍大族大福，多获衣等所有利养，舍少欲等，而往其所，恭敬叙慰，现亲诲喻，令新苾刍邪心动作。当知亦名像似正法。复有一类，弃舍如来所说甚深空性相应所有经典，专乐习学随顺世间文章咒术而不自察，怀聪明慢，又欲令他知己聪敏，当知亦名像似正法。

复有一类，折伏暴恶及诸犯戒，为欲于彼暴恶、犯戒作不饶益，发起恶思，当知亦名像似正法。复有一类，构集种种矫诈威仪，当知亦名像似正法。复有一类，以解世间文章咒术，多求多获所有利养，当知亦名像似正法。复有一类，损恼于他，以其非法积聚财宝，作有罪福，当知亦名像似正法。又即于彼能引无义像似正法，以诸因缘开示建立；当知亦名像似正法。如是一切像似正法，应知皆是违逆学法。

恶友性相，广说应知如“声闻地”及“菩萨地”。又略说者，若于放逸，或于恶行，或于下劣诸善功德而相劝励，应知是类总名恶友。若诸昧劣愚痴种类所有猛利长时烦恼，是名愚戆烦恼炽盛。若于宿世信等善法不修习故，于现法中，信等微弱，虽极精恳，然无力能即于现法获得涅槃，当知是名宿世资粮有所阙故，于现法中，其力薄弱。是名五种违逆学法。

与此相违，应知五种随顺学法，成就彼故，于毗奈耶勤学苾刍能正修集一切所学。成就如是随顺法者，复有五法，能防戒蕴：一、正出家；二、善请问；三、审观察；四、修对治；五、任持信。

不厄于债而求出家，如前广说，唯求涅槃，爱乐所学而求出家，当知如是名正出家。既出家已，于犯无犯及还净中，若有苾刍持经律论，其所未了，躬往请决，彼便开晓，当知如是名善请问。于自尸罗，三时观察，或初日分，或中日分，或后日分。若见无犯，便生欢喜，昼夜精勤，随学而住；若见有犯，即便速疾如法悔除。当知如是名审观察。于时时间，初夜、后夜，或昼日分，思惟修习所有贪等烦恼对治，非唯听闻尸罗言教便生喜足，当知如是名修对治。深信有犯，当不爱果，深信无犯，当来爱果，当知如是名任持信。

又正出家为所依止，作余四事：由正请问，终不毁犯无知故犯；由审观察，终不毁犯放逸故犯；由修对治，终不毁犯烦恼炽盛故有所犯；由任持信，终不毁犯轻慢故犯。依止如是五种法故，能防戒蕴，名善防护。

复次，于毗奈耶勤学苾刍，由有五种寂静法故，能灭诸恶。云何为五？一者，柔和易可共住；二者，断；三者，断支；四者，敬事；五者，灭诤。何等柔和易可共住？谓如经说，略有六种可爱乐法。何等为断？谓诸人天所有四轮。何等断支？谓五断支。何等敬事？谓敬事大师。广说乃至无有放逸。何等灭诤？谓七灭诤法。

当知此中，由依身等，于同梵行现行非爱，又于僧祇共有财物不平受用，又有戒、见不同分法，由依此故，难可共住，性不柔和，心常展转互相轻构[①]，如是名为可爱乐法之所对治。与此相违，由其白品三种因缘，当知即是建立六种可爱乐法：由其第一、建立三种；由其第二、建立第四；由其第三、建立第五及以第六。

又于此中，所有令他获得可爱利益安乐正现在前身等诸业，名慈善友。若物可令清净受用，此物名为如法利养。若物不依邪命非法方便获得，此物名为如法所得。若物已置在于钵内，当知此物名堕钵中。若物虽未置于钵中，而将欲置，当知此物名钵所摄。若所受食不偏精妙，亦不偏多，共食所食，显露而食，不私密食，乃至唯有可充腹食，亦共分布，终不故思隐障处食，亦不闭门而有所食，恐他饥乏来至悕求，不得分给，当知是名平等受用。

圣所爱戒差别分别，如“摄异门”应知其相。出世正见差别分别，即“摄事分”应知其相。

又由二相成可乐性：一、体彼有德而尊重故；二、荷彼有恩而慰意故。又可乐性有二差别：一者，未生令其得生；二者，生已当倍增广[②]。应知此中，尊重增上，谓体彼有德；慰意增上，谓财法二摄。彼二增上，谓善和合。和合增上，谓心无扰恼。远离贪等所有扰恼，名曰无违。和合方便，共为一事，名曰无诤。和同水乳，名一趣性。

又处所圆满、教导圆满、正行圆满、资粮圆满为所依止，应知建立人天四轮。五种妙好所住方处，名处所圆满。广说应知如“声闻地”。正士善友，名教导圆满，广说应知如“声闻地”及“菩萨地”。

由五种相自发正愿，名正行圆满。何等为五？一、于正教授能敬顺取；

---

① 互相轻构，底本与《资福藏》《碛砂藏》《普宁藏》《永乐南藏》《径山藏》相同；《房山石经》《高丽藏》“轻”作“经”。

② 生已当倍增广，底本与《资福藏》《碛砂藏》《普宁藏》《永乐南藏》《径山藏》《高丽藏》相同；《房山石经》“生已”作“已生”。

二、行无违逆；三、如实自显；四、其教授师，随所获得精麤衣服、饮食、卧具，便生喜足；五、无间、殷重二种加行乐断乐修，乃至修习四种苾刍爱取对治。

又宿所作福补特伽罗，宿世善根增上力故，应知有五相果胜利。谓宿所作福增上力故，安住二种可爱果报：一、内；二、外。内可爱果报者，谓长寿久住，妙色端严，无病少恼，非仆非女，非半择迦，智慧猛利，发言威肃，具大宗业①。

外可爱果报者，谓生富贵家，如经广说，大富大翼，有大侍卫。是名第一宿所作福相果胜利。又宿所作福增上力故，得善安住，非诸魍魉、药叉、非人、守宅神等能为障碍，谓于财位不作障碍，或于寿命不作障碍，是名第二宿所作福相果胜利。又宿所作福增上力故，性于善法心能趣入，修习无怠，是名第三宿所作福相果胜利。又宿所作福增上力故，性于恶行深自惪愧，虽作恶已，时时发起猛利悔心，由此因缘，令已作恶现在微劣，于当来恶能永远离。是名第四宿所作福相果胜利。又宿所作福增上力故，一切事业方便加行意趣技能展转昌盛，凡所施为，无不敬顺，少用功力，多有成办②，是名第五宿所作福相果胜利。

如是四种天上诸天，人中诸人所有止观胜妙车轮，随有所阙，其车不转。

又依应所得义深生信解，于师长前如实自显，身有勇悍，心有勇悍，堪能领解善说恶说所有法义。如其次第，应知建立五种断支，随阙一支，断不成办。

① 具大宗业，底本与《永乐南藏》《径山藏》相同；《房山石经》《资福藏》《碛砂藏》《普宁藏》《高丽藏》“业”作“叶”。

② 多有成办，底本与《房山石经》《资福藏》《碛砂藏》《普宁藏》《永乐南藏》《径山藏》相同；《高丽藏》“成”作“力”。

又于最初，应当勉励敬事大师，谓能宣说增上戒学、增上心学、增上慧学所有法教。次应敬事其所说法。次修习法随法行时，应当敬事依增上戒与毗奈耶相应学处。次应敬事依增上心及增上慧教诫教授。于时时间，修财供养及法供养。应知此中，财法供养，谓同居止及同受用。次于静虑修三摩地。从此无间，随无爱味通达谛理，永尽诸漏，无有放逸。如是七种敬事差别，次第应知。

又由三相，应知敬事。由能体彼功德胜利，故起尊重；随所体悉，以身语意三种正行而修恭敬；复设种种幢旛盖等，而为供养。

有诸同梵行者，举余同梵行者所犯众罪，即于现前四目相对，而以其实，不以非实，乃至广说。彼于未了正解了时，便更无犯；更无犯故，是诸苾刍由见闻疑，不应重举前所犯事。如是诤事便得除灭。

有诸苾刍见余苾刍犯罪时节，别于后时，彼犯罪者忘自所犯，其见犯者记彼所犯，便举是事问言："汝忆自所犯不？"彼乃答言："我都不忆。"彼既不忆，不可自悔妄言我忆，非无悔言能离恶作。既被他举，故信顺他，应从众僧求乞忆念毗奈耶想及以清净。尔时，众僧信诸苾刍，与彼清净，彼犯罪者得离恶作，是诸苾刍不应重举前所犯事，如是诤事便得除灭。

复有苾刍由颠狂故，现行众多非沙门法、不随顺法，彼由此事，故不成犯。复有一类无知苾刍[①]，谓彼成犯，非处举发。有诸苾刍为防未来教示忆念，令得自心，还从众僧求乞不痴毗奈耶想及以清净。彼闻是已，即便求乞。尔时众僧应断如是补特伽罗不成于犯，僧和合住，唱与清净。无知苾刍既闻是已，不复重举前所犯事，如是诤事便得除灭。

复有苾刍于众僧中举苾刍罪，其能举者起有犯想，彼所举者起无犯想。由无犯想便自称言："我无所犯。"能举者云："长老岂不曾作如是如

① 时有一类无知苾刍，底本与《资福藏》《碛砂藏》《普宁藏》《永乐南藏》《径山藏》相同；《房山石经》《高丽藏》"时"作"复"。

是事耶？”彼遂诚言：“我不曾作。”能举复云：“彼先已犯，今得举发犹不了故，仍言不犯。”尔时众僧便为寻求事之自性为犯不犯，待得实已，当如法断；如是诤事便得除灭。

有异住处众多苾刍，于所犯罪互生疑诤[1]，或言有犯，或言无犯，或言是重，或言是轻。有别住处众数过前，或望彼众，此多慧解，受持三藏。彼应就此请决所疑，令到究竟；如是诤事便得除灭。

复有苾刍既犯罪已，自恶作缠之所激发，遂成忧顇，虑他举发，便如法悔，由此一切诤事除灭。

有多苾刍互相举罪，各为憍慢之所执持，不欲展转相对发露，专事离散，二部别居，各作是言：“彼既不肯来对我众发露悔灭，我等何为辄就彼众发露悔灭[2]。”彼此部中，各应推一有智众首，共禀所言补特伽罗，同往他众，许其发露悔灭所犯，如是诤事，便得除灭。

如是诤事略有四种，应知除灭亦有四种。云何名为四种诤事？一者，他举诤事；二者，互疑诤事；三者，自举诤事；四者，互举事[3]。何等复名四种除灭？一者，愿出所犯，除灭；二者，施与清净，除灭；三者，许求实性，除灭；四者，各各发露，除灭。

---

① 于所犯罪互生疑诤，底本与《房山石经》《资福藏》《碛砂藏》《普宁藏》《径山藏》《高丽藏》相同；《永乐南藏》“诤”作“智”。

② 发露灭悔，底本与《径山藏》相同；《房山石经》《资福藏》《碛砂藏》《普宁藏》《永乐南藏》《高丽藏》“灭悔”作“悔灭”。

③ 互举事，底本与《资福藏》《碛砂藏》《普宁藏》《永乐南藏》《径山藏》相同；《房山石经》《高丽藏》“事”作“诤事”。

瑜伽师地论卷第一百

摄事分中总调伏事总择摄第五之二①

复次，依毗奈耶勤学苾刍，于其五处，应正遍知。云何为五？一、事遍知；二、罪遍知；三、补特伽罗遍知；四、引摄义利遍知；五、损恼遍知。

云何事遍知？谓蕴等五事，如“声闻地”已说。

云何罪遍知？谓依毗奈耶勤学苾刍，由五种相遍知所犯：一者，遍知犯罪因缘；二者，遍知犯罪等起；三者，遍知所犯罪事；四者，遍知犯罪加行；五者，遍知犯罪究竟。

遍知犯罪因缘者，谓或贪因缘，或瞋因缘，或痴因缘，毁犯众罪。

遍知犯罪等起者，谓或有罪，由身等起，非语非心；或复有罪由语等起，非身非心；或复有罪由心等起，非身非语；或复有罪由身由心等起，非语；或复有罪由语由心等起，非身；或复有罪由身由语等起，非心；或复有罪由身由语由心等起。无独由心所犯众罪，应从他处，发露悔除，唯当恳诚深自防护，如有苾刍发起种种欲寻思等不善寻思。

遍知所犯罪事者谓犯罪事，略有二种：一者，有情数事；二者，无情数事。遍知犯罪加行者，谓所犯罪有二加行：一、非所应作事业加行；二、是所应作事业加行。

遍知犯罪究竟者，谓于是处施设方便，即于是处而得究竟，非于中间有其退转，以是缘故，所犯圆满。诸集麤罪，他胜、众余方便中犯陨坠、恶

---

① 摄事分中总调伏事总择摄第五之二，底本与《径山藏》相同；《房山石经》《资福藏》《碛砂藏》《赵城金藏》《普宁藏》《永乐南藏》《高丽藏》“总择”作“择”。

作[①]，于彼方便及自聚中而得究竟，于陨坠罪诸方便中亦犯恶作。四种罪聚，名有余罪；他胜罪聚[②]，名无余罪。若所犯罪，由有智故，名不积集；或复从他而显发故，亦不积集。与此相违，非不积集。若所犯罪，已从于他[③]如法发露，方便悔除，名已显说；与此相违，名未显说。若所犯罪，权持当悔，名有期愿；与此相违，名无期愿。若所犯罪，诸佛世尊于别解脱毗奈耶中建立为犯，名有制立；与此相违，名无制立。若所犯罪，或约一类补特伽罗，或复约时而不决定，先无差别总相制立；当知此罪；名为等运。与此相违，名非等运。

云何补特伽罗遍知？谓由五相，应知差别：一、由行差别故；二、由众差别故；三、由增减差别故；四、由证得差别故；五、由观察差别故。

由行差别者，谓能遍知由贪等行有差别故，彼有差别，如“声闻地”应知其相。

由众差别者，谓能遍知由苾刍、苾刍尼等七众别故，彼有差别。

由增减差别者，谓如一类补特伽罗，或贵族出家，或富族出家，或颜容端正，其余一类，则不如是。复有一类补特伽罗，多闻博识，语具圆满，大智大福，于净尸罗坚猛防护，少有所犯，多生恶作，于犯于出能善了知，其余一类，则不如是。若能遍知如是等事，当知说名遍知增减有差别故，彼有差别。

由证得差别者，谓能遍知从随信行，俱分解脱以为后边七种差别，预流果向乃至最后阿罗汉果八种差别。诸如是等补特伽罗差别分别，如“声

---

① 诸集矗罪彼胜众余方便中犯陨坠恶作，底本与《房山石经》《资福藏》《碛砂藏》《赵城金藏》《普宁藏》《永乐南藏》《径山藏》相同；《高丽藏》“彼”作“他”。

② 彼胜罪聚，底本与《房山石经》《资福藏》《碛砂藏》《赵城金藏》《普宁藏》《永乐南藏》《径山藏》相同；《高丽藏》“彼”作“他”。

③ 已从于他，底本与《房山石经》《资福藏》《碛砂藏》《赵城金藏》《普宁藏》《径山藏》《高丽藏》相同；《永乐南藏》“从”作“徒”。

闻地”已辩其相。

由观察差别者，谓能举罪补特伽罗应善观察所举罪者，然后应举，为作忆念。谓观所举补特伽罗为于我边有爱敬不？广说如经，应知其相。其所发举补特伽罗亦应善察能举罪者，为是愚夫、颠狂、痴騃、非法举罪，欲于我所当作损害？广说如经，应知其相。为是智者、非狂、非騃？所有白品，广说如经，应知其相。又于堪举补特伽罗应正观察为开举不[①]？如是观察补特伽罗所有差别，应知说名补特伽罗遍知。

云何引摄义利遍知？谓能遍知略有三种引摄义利。何等为三？一、引摄自身利养义利；二、引摄他身出罪义利；三、引摄僧伽擯斥犯戒安乐义利。

引摄自身利养义利者，谓若诸利养体是清净，是名真实。若诸利养体是清净，而堪要用，非无所用，徒多贮畜凡百资缘，如是名为能引义利。若诸利养不过于时，堪任受用[②]，是名应时。若诸利养，其余苾刍亦现引摄，是名有伴。即此有伴非引破僧，名离破僧。若所引摄利养义利具此五支，安住正念，以无染心应当受用，如是引摄利养义利名为无罪。

引摄他身出罪义利者，谓若所犯罪彼实现行，是名真实。若复自知“我能令彼出不善处，安置善处”，如是名为能引义利。若他说法、敬事尊长、恭承病等正加行时，无容举罪，是名应时。若举忆罪[③]，诸余苾刍共为助伴，是名有伴。非此因缘能引破僧，如是名为第五清净。若所引摄出罪义利具此五支，安住正念，无染汙心，如慈善友以柔輭言，应引摄他出罪义利。

① 为开举不，底本与《资福藏》《碛砂藏》《赵城金藏》《普宁藏》《永乐南藏》《径山藏》《高丽藏》相同；《房山石经》“举”作“许”。

② 堪任受用，底本与《房山石经》《资福藏》《赵城金藏》《永乐南藏》《径山藏》相同；《碛砂藏》《普宁藏》《高丽藏》“任”作“住”。

③ 若举忆罪，底本与《资福藏》《碛砂藏》《普宁藏》《永乐南藏》《径山藏》相同；《房山石经》《赵城金藏》《高丽藏》“忆”作“彼”。

如引摄他出罪义利，引摄僧伽摈斥犯戒安乐义利当知亦尔。而差别者，若因摈斥，其被摈者不与能摈命为障碍，或不因此坏僧居园，亦不因此损坏制多，及不损余同梵行者，如是名为能引义利。与此相违，应知说名引无义利。

云何损恼遍知？谓有五种现法损恼，凡夫所趣，愚痴所趣，智者所离，虽实非狂，如狂所作。乃至唯有虚诳稽留，都无增长所有义利。

云何为五？谓有一类，伤悼死亡，以无量门而自煎迫，伤沦丧者，是名第一现法损恼，凡夫所趣，乃至广说。复有一类，幸有所余易活方便[①]，而于衢路大市廛间分解肢节，疑命殆尽，邪苦逼己[②]以自存活，是名第二现法损恼，凡夫所趣，乃至广说。复有一类，为性悭贪，悭垢所蔽，幸有种种养命资缘，而大艰辛以自存活，是名第三现法损恼，凡夫所趣，乃至广说。

云何悭垢？谓八悭垢：一者，宿习悭贪，不串惠施[③]悭垢；二者，现法上品顾恋身命悭垢；三者，于同分支共住随转诸有情所不串习悲[④]，悲心微劣悭垢；四者，见田寡德，毁犯正行悭垢；五者，于诸财物起难得想悭垢；六者，三时忧悔悭垢；七者，于诸财宝唯见功德，不见过患悭垢；八者，邪施回向悭垢。当知是名八种悭垢。

复有一类，爱乐天趣，求欲生天，不如实知生天道路，断食，投火，坠

---

① 幸有所余易活方便，底本与《资福藏》《碛砂藏》《普宁藏》《永乐南藏》《径山藏》《高丽藏》相同；《房山石经》《赵城金藏》“活”作“沽”。

② 邪苦逼己，底本与《房山石经》《资福藏》《赵城金藏》《径山藏》《高丽藏》相同；《碛砂藏》《普宁藏》《永乐南藏》“苦”作“若”。

③ 不串惠施，底本与《资福藏》《碛砂藏》《赵城金藏》《普宁藏》《永乐南藏》《径山藏》《高丽藏》相同；《房山石经》“串”作“惯”。

④ 于同分支共住随转诸有情所不串习悲，底本与《资福藏》《碛砂藏》《普宁藏》《永乐南藏》《径山藏》相同；《房山石经》《赵城金藏》《高丽藏》“支”作“友”；《房山石经》“串”作“惯”。

高岩等，自加逼害，是名第四现法损恼，凡夫所趣，乃至广说。复有一类，爱乐清净，不如实知清净道路，谓加苦法而得清净，以无量门自为逼害。是名第五现法损恼，凡夫所趣，乃至广说。如是五种现法逼恼，依毗奈耶勤学苾刍当正遍知，应速远离。

复次，依毗奈耶勤学苾刍，成就五法，未生信者令其生信，已生信者令倍增长。云何为五？一、尸罗圆满；二、正见圆满；三、轨则圆满；四、净命圆满；五、远离展转斗诤圆满。

尸罗圆满略有十种，如“声闻地”已辩其相，谓初善受持，不太沉聚，不太浮散，乃至广说。

正见圆满略有五种：一者，增益萨迦耶见及边执见已永断故；二者，损减拨无邪见已永断故；三者，取见，谓诸见取及戒禁取已永断故；四者，妄计吉祥处见已永断故；五者，妄计非有为有，有为非有诸颠倒见已永断故。

轨则圆满亦有五种，谓或依时务应所作事，或依善品应所作事，或依威仪应所作事，随顺世间及毗奈耶所有轨则，广说应知如“声闻地”。

净命圆满亦有五种，谓能远离矫诈等五起邪命法。如“声闻地”应知其相。

远离展转斗诤圆满略有六种，谓离六种斗诤根故。此中，六种斗诤根者，谓忿、恨等，广说如经。又依六处，应知建立六斗诤根。云何六处？一者，不饶益相；二者，乐隐己过，憍慢执持；三者，利养恭敬，欲爱现行；四者，毁犯增上戒行；五者，毁犯增上心行；六者，毁犯增上慧行。应知依第一处，建立第一斗诤根本；乃至依第六处，建立第六斗诤根本。

谓有一类补特伽罗，众所识知，广从他处多获利养，由是因缘，有所毁犯。于所犯罪乐欲隐藏，不欲令他知己所犯。有诸苾刍既了知已，对一对二、或对众多举其犯事。彼由此故，一向忧慼，烧恼身心。又由憍慢所执持故，多生热恼，勿彼复对他众人前咎责于我[①]。如是彼人先隐所犯，说名为覆，又复发起憍慢烦恼，此二、合名乐隐己过，憍慢执持，由是建立斗诤根本。

复有苾刍恭敬利养欲爱现行，见有他人多饶财宝，众所知识，具大福祐，则便亲附，殷重承事，非爱非敬，亦非乐法，专为利养恭敬因缘。如是思惟："摄取质直、忍辱、柔和，为依止师，我于其处随意自在。彼于我所多有施为，而我于彼都无所作。"如是思惟："摄取捷慧、爱乐修福同梵行者以为助伴，所有僧事及其余事皆令彼作，我独萧然自得而住。"如是或有毁犯禁戒，同梵行者正诘问时，便不分明，假托余事而有所说。如是名为行矫伪行诳谄处所，由此因缘，起诸斗诤。余随所应，当知其相。

与是相违，有五种法，令未信者转增不信，令已信者寻还变革。

复次，依毗奈耶勤学苾刍，成就五力，于一切种等意正行所有加行。云何五力？一、加行力；二、意乐力；三、开晓力；四、正智力；五、质直力。若有乐学一切身分，于诸学中正善修学，又于所学最极恭敬，为自调伏，为般涅槃，如是当知名加行力。若有所犯，由意乐故，速还出离，如是当知名意乐力。若于学处，时时请问持三藏者所有自爱诸善男子，应所修学，亦能开示，如是当知名开晓力。

从他闻已，若于其中是真是实，无倒摄受。若于其中伪毗奈耶像似正法诸恶言说违背法性如实了知，虽不至彼，躬申请问所未开晓，而多闻故，于佛世尊所不遮止，亦不开许，能自思惟于沙门性是能随顺，是能违逆。既了知已，如其所应，能正修行，能正远离。如是当知名正智力。

若信解力离诸诳谄，无有少分诈妄分别。非于少分所开许中增益多分，而起现行；非于多分所开许中损减少分，而起现行，其所现行不增不

① 咎责于我，底本与《房山石经》《资福藏》《碛砂藏》《普宁藏》《永乐南藏》《径山藏》《高丽藏》相同；《赵城金藏》"咎"作"各"。

减。如是最初自生欣庆，后令自他安乐而住，修行正行，非眩惑他，如是当知名质直力。

复次，依毗奈耶所学加行，应知有五补特伽罗品类差别。谓有一类补特伽罗，于善说法毗奈耶中，依出家法，始将发趣。虽欲发趣，仍未出家，便生烦恼邪欲寻求，以是缘故，遂不出家。复有一类，既出家已，烦恼炽盛，故思犯罪。由是因缘，多诸忧悔，便生烦恼邪欲寻求。复有一类，既出家已，于出家法不生喜乐，于舍所学将欲发趣，及于出家发生忧悔，而作是念："非我好作，所谓出家。"彼由二缘，发生烦恼邪欲寻求。复有一类，既出家已，命难因缘，不起故思违越所学，乃至尽命，爱乐出家，勤修梵行。彼非二缘，发生烦恼邪欲寻求。如是四种补特伽罗是异生类。

复有一类，谓诸有学，未得解脱，即此为依，于后第一心、慧解脱，通达升进，如实了知，是名第五补特伽罗。即此第五望前第四诸异生类，由调善可爱有学解脱，于后解脱通达升进[①]而有差别，即此当知已见谛迹。此中，前三补特伽罗，如其所应，于发趣所生、忧悔所生，及俱所生所有烦恼邪欲寻求应正除遣。于上解脱应正了知；第四、唯于后上解脱应正了知。若能如是，一切当得平等平等。

复次，于三学中，当知略有三种邪行。谓有一类补特伽罗，先求涅槃，而乐出家。出家已后，为天妙欲爱味所漂[②]，所受持戒回向善趣，唯护尸罗便生喜足，是名外结补特伽罗于增上戒第一邪行。复有一类补特伽罗，不唯护戒便生喜足，而能趣证上诸世间随一静定，即于此定深生味染，不进上求圣谛现观，是名内结补特伽罗于增上心第二邪行。复有一类补特伽

① 于后解脱通达升进，底本与《资福藏》《碛砂藏》《赵城金藏》《普宁藏》《径山藏》《高丽藏》相同；《永乐南藏》"于"作"有"；《房山石经》"升"作"胜"。

② 为天妙欲爱味所漂，底本与《房山石经》《资福藏》《碛砂藏》《普宁藏》《永乐南藏》《径山藏》《高丽藏》相同；《赵城金藏》"所"作"而"。

罗，是其有学，已见谛迹，由住放逸，于现法中不般涅槃，当知是名于增上慧第三邪行。

如是略引随顺比论境智相应调伏宗要摩呾理迦[①]；其余一切，随此方隅皆当觉了。

① 如是略引随顺比论境智相应调伏宗要摩呾理迦，底本与《碛砂藏》《普宁藏》《永乐南藏》《径山藏》相同；《房山石经》《资福藏》《赵城金藏》《高丽藏》“比”作“此”。

摄事分中本母事序辩摄

如是已说毗奈耶事摩怛理迦。云何名为摩怛理迦事？谓若素怛缆摩怛理迦，若毗奈耶摩怛理迦，总略名一摩怛理迦。虽更无别摩怛理迦，然为略摄流转还灭、杂染清净杂说法故，我今复说分别法相摩怛理迦。嗢柁南曰[①]：

要由余释余，非即此释此，

于前略序事，自后当广辩。

若有诸法应为他说，要以余门先总标举，复以余门后别解释。若如是者，名顺正理。非即此门先总标举，还以此门后别解释。如先总举“云何有为”，后别释言“所谓五蕴”。若如是者，名顺正理。非先总举“云何有为”，后别释言“所谓有为”。如是一切，应随觉了。

略由二相，应知建立分别法相摩怛理迦。一者，先略序事；二者，即依如是所略序事，后当广辩。

云何名为先略序事？谓略序流转杂染品事，及以还灭清净品事。

云何流转杂染品事？谓六识身自性、所依、所缘、助伴事；若蕴、界、处事；若诸缘起、处非处事；若三受事；若三世事；若四缘事；若诸业事；若烦恼事；若三界事；谓欲界等；若十有事，谓欲有、色有、无色有、那落迦有、傍生有、鬼有、天有，人有、业有、中有，由别离欲善趣、恶趣、招引、趣向有差别故；若十一识住事，谓四识住与七识住总合说故；若九有情居事，如经广说；若五趣事；若四生事；若四入胎事；若四得自体事；若四食事；若四言说事；若四法受事；若四颠倒事；若苦谛事；若集谛事。如是等

① 嗢柁南曰，底本与《资福藏》《碛砂藏》《普宁藏》《永乐南藏》《径山藏》相同；《房山石经》《赵城金藏》《高丽藏》“柁”作“拕”，下同。

类，名为略序流转杂染品事。

云何还灭清净品事？谓灭谛事，若道谛事，若三摩地事，若诸智事，若此所引诸功德事，若七正法事，若七正作意观察事，若三十七菩提分法事，若四行迹事，若四法迹事，若奢摩他、毗钵舍那事，若四修定事，若三福业事，若三学事，若四沙门果事，若四证净事，若四圣种事，若三乘事，若四问记事①，如是等类名为略序还灭清净品事。

如是等事，广辩建立，随其所应，如前所说彼彼地中，及诸摄分应知其相。

又一切事，以要言之，总有五事：一者，心事；二者，心所有法事；三者，色事；四者，心不相应行事；五者，无为事。

云何即依如是所略序事，后当广辩？谓略由四相，广辩彼事。何等为四？一、异门差别故；二、体相差别故；三、释词差别故；四、品类差别故。

异门、体相、释词差别，如“摄释分”应知其相。品类差别复有八种：一、建立有非有、异非异性差别；二、建立界差别②；三、建立时分差别；四、建立方所差别；五、建立相续差别；六、建立分位差别；七、建立品分差别；八、建立道理差别。由如是等八种差别，于一切事品类差别应随觉了。

云何建立有非有、异非异性差别？谓若略说，有三种有：一者，实有；二者，假有；三者，胜义有。

云何实有？谓诸诠表法，有名可得，有事可得，此名于事无碍而转，非或时转，或时不转，当知是名略说实有。

---

① 若四问记事，底本与《房山石经》《资福藏》《碛砂藏》《赵城金藏》《普宁藏》《永乐南藏》《径山藏》相同；《高丽藏》“问”作“门”。

② 建立界差别，底本与《资福藏》《碛砂藏》《赵城金藏》《普宁藏》《永乐南藏》《径山藏》相同；《房山石经》《高丽藏》“界”作“界地”。

如于色等诸法聚中，建立墉室、军林、草木、衣食等想；此想唯于此聚随转，于余退还。色等诸想，于一切处皆悉随转。是故此想所诠实有，当知余想[1]所诠假有。又此假有，略有六种：一、聚集假有；二、因假有；三、果假有；四、所行假有；五、分位假有；六、观待假有。

聚集假有者，谓为随顺世间言说易解了故，于五蕴等总相建立我及有情、补特伽罗、众生等想，此想唯能显了此聚，是故说名聚集假有。因假有者，谓未来世可生法行。由未生故，虽非实有，而有其因当可生故，名因假有。果假有者，所谓择灭。是道果故，不可说无，然非实有，唯约已断一切烦恼，于当来世毕竟不生，而假立故。所行假有者，谓过去世已灭诸行，唯作现前念所行境，是故说名所行假有，已谢灭故，而非实有。

分位假有者，谓生等诸心不相应行，如前"意地"已标辩释。即于诸行，由依前后、有及非有、同类、异类相续分位假立生等，非此生等离诸行外，有真实体而别可得。观待假有者，诸虚空[2]、非择灭等。虚空无为待诸色趣而假建立。若于是处，色趣非有，假说虚空，非离色无所显法外，别有虚空实体可得，非无所显得名实有。观待诸行不俱生起，于未来世不生法中立非择灭。无生所显，假说为有，非无生所显，可说为实有。

云何胜义有？谓于其中，一切名言、一切施设，皆悉永断、离诸戏论，离诸分别、善权方便说为法性、真如、实际、空、无我等。如"菩萨地·真实义品"第四所知障净智所行真实，应知其相。与上相违，当知非有。

又由四种别无别故，应知建立异不异性。一、由所因别无别故；二、由所依别无别故；三、由作用别无别故；四、由时分别无别故。若所因等诸

---

① "建立墉室军林草木衣食等想"至"当知余想"，底本与《房山石经》《资福藏》《碛砂藏》《赵城金藏》《普宁藏》《永乐南藏》《径山藏》相同；《高丽藏》"想"作"相"。

② 诸虚空，底本与《资福藏》《碛砂藏》《普宁藏》《永乐南藏》《径山藏》相同；《房山石经》《赵城金藏》《高丽藏》"诸"作"谓"。

法异相[1]差别可得，此异于余。若无异相差别可得，此前及后，与现无异。时分别者，谓一切行唯刹那住，即此自体还望自体，说为不异；过刹那后，说名为异。由彼为种，而此得生，说为所因。若由眼等，及大种等为依而转，说名所依。若一切行别别功能，说名作用。如是名为建立第一有非有、异非异性品类差别。

云何建立界地差别？谓欲、色、无色三界差别。言欲界者，谓下从无间，上超他化，至魔罗宫，其中诸行皆因欲界烦恼所生。于其三世，与彼烦恼为所依止，彼品麤重之所随缚，为彼所系。又欲界中一切烦恼，全未离欲，非定地摄；色、无色界一切烦恼，一分离欲，定地所摄。余烦恼相，如前应知。言色界者，谓四静虑并静虑中间，有十七地。无色界者，谓空处等四无色地。

云何建立时分差别？谓于过去世，有无间已灭，有邻近已灭，有久远已灭；于未来世，有无间将生，有邻近当生，有久远当生；于现在世，有刹那现在，有众同分现在，有相续未灭现在。

云何建立方所差别？谓有色诸法据处所故，得有远近方所差别。无色诸法由无色故，无据处所。若依色法而得生起，即于其处说有方所。此由转相故，非据处所故。有色诸法具由二种。

云何建立相续差别？当知相续略有四种。自他根境有差别故，立四相续：一、自身相续；二、他身相续；三、诸根相续；四、境界相续。二是假建立，二是真实义。

云何建立分位差别？谓苦分位、乐分位、不苦不乐分位，即是能顺三受诸法。

云何建立品分差别？当知建立所治、能治二品差别，谓染不染法、下

---

① 若所因等诸法异相，底本与《资福藏》《碛砂藏》《普宁藏》《永乐南藏》《径山藏》《高丽藏》相同；《房山石经》《赵城金藏》“因”作“由”。

劣胜妙法[①]、麤细法、执受非执受法、有色无色法、有见无见法、有对无对法、有为无为法、有漏无漏法、有诤无诤法、有爱味无爱味法、依躭嗜依出离法、世间出世间法、堕摄非堕摄法。

当知此中，由五因缘建立染法：一者，于三受中，如其所应，为杂染故；二者，能遍摄受诸烦恼品麤重性故；三者，能遍摄受现法、当来非爱果故；四者，能遍连结生相续故；五者，能遍障碍一切善法及于所知障智生故。由是因缘，名为染法。与是相违，应当了知不染法相。此不染法，略有二种，谓善、无记。

由臭烂不净及烦恼不净，故名不净。由于此中诸所有受皆悉是苦，故名为苦。由无常性，故名不坚。若由如是胜义道理，性是不净，性是其苦，性是不坚；其性鄙秽，名为下劣。超过于此，应知胜妙。又相待故，下劣、胜妙二相差别，谓待色界，欲界是劣；待无色界，色界是劣[②]；若待涅槃，三界皆劣。如是等类，应当了知。

微著差别故，净秽差别故，势用差别故，应知建立色趣麤细。輭等品类有差别故，应知建立无色诸法所有麤细。又有色法、无色法，由世俗胜义谛理易了难了故，应知麤细二种差别。微，谓极微聚；著，谓所余聚。净，谓中有上地色聚[③]，秽，谓余有下地色聚。言势用者，谓若是处，有地大等势用增强，虽与余聚其物量等，而能胜余麤显可得。輭等品类有差别者，谓乐等诸受、信等诸法，有輭、中、上品类差别。

---

① 下劣胜妙法，底本与《资福藏》《碛砂藏》《普宁藏》《永乐南藏》《径山藏》《高丽藏》相同；《房山石经》《赵城金藏》“下”作“不”。

② 色界是劣，底本与《房山石经》《资福藏》《碛砂藏》《普宁藏》《永乐南藏》《径山藏》《高丽藏》相同；《赵城金藏》无“色界”二字。

③ 净谓中有上地色聚，底本与《房山石经》《资福藏》《碛砂藏》《普宁藏》《永乐南藏》《径山藏》《高丽藏》相同；《赵城金藏》“地”作“施”。

执受法者，谓诸色法为心、心所之所执持[①]；由托彼故，心、心所转，安危事同。同安危者，由心、心所任持力故，其色不断，不坏不烂。即由如是所执受色，或时衰损，或时摄益，其心、心所亦随损益。与此相违，名非执受。

言有色者，谓能据方所。言无色者，谓不据方所。此约所缘领纳流转施设建立。

言有见者，谓若诸色堪为眼识及所依等亦在此彼[②]，明了现前。与此相违，名为无见。

言有对者，谓若诸色能礙他见，礙他往来。与此相违，名为无对。

言有为者，谓有生灭，系属因缘。与此相违，应知无为。

言有漏者，谓若诸法，诸漏所生，诸漏麤重之所随缚，诸漏相应，诸漏所缘，能生诸漏，于去来今为漏依止。与此相违，应知无漏。

能与当来生等众苦为生因故。于现法中有罪性故，名为有诤。与此相违，名为无诤。

内门自体爱染随故，名有爱味。与此相违，名无爱味。

外门境界爱著随故，名依躭嗜。与此相违。名依出离。

若法有漏、有诤、有爱味、依躭嗜，如是一切，名为世间。若能治此，依世俗谛所起俗智乃所引法，亦名世间。与此相违，名出世间。

若诸世间，名堕摄法；随有情器，欲、色、无色世间摄故[③]。若出世

① 为心心所之所执持，底本与《资福藏》《碛砂藏》《赵城金藏》《普宁藏》《永乐南藏》《径山藏》《高丽藏》相同；《房山石经》“所”作“法”，下同。

② 亦在此彼，底本与《房山石经》《碛砂藏》《普宁藏》《永乐南藏》《径山藏》《高丽藏》相同；《资福藏》《赵城金藏》“亦”作“示”。

③ 随有情器欲色无色世间摄故，底本与《资福藏》《碛砂藏》《普宁藏》《永乐南藏》《径山藏》相同；《房山石经》《赵城金藏》《高丽藏》“随”作“堕”。

间，非堕摄法，不堕前说世间摄故[1]。

云何建立道理差别？谓四道理：一、相待道理；二、证成道理；三、作用道理；四、法尔道理。如是道理差别分别，如“声闻地”应知其相。

如是八种品类差别，及前所说异门、体相、释词差别，应知如前广略所序一切事中能正广辩，无过此辩。

复次，嗢柁南曰：

初聚相摄等，其次成就等，

自性等因等，后广说地等。

有九法聚，摄一切法。何等为九？一、善法聚；二、不善法聚；三、无记法聚；四、见所断法聚；五、修所断法聚[2]；六、无断法聚；七、邪性定法聚；八、正性定法聚；九、不定法聚。善等法聚，广如“意地”已辩其相。见所断法聚者，谓一切见，若依见等贪瞋痴慢，若恶趣业，若于诸谛犹豫疑等。修所断法聚者，谓余一切所应断法。无断法聚者，谓无漏法。邪性定法聚者，谓无间业及断善根。正性定法聚者，谓学、无学所有诸法。不定法聚者，谓余非学非无学法。应知此中，所有诸法，自性相摄，他性相应。

或有一类补特伽罗，成就善法及无记法，非不善法，谓诸圣者已离欲贪及此异生，除种子法。或有一类补特伽罗，成就不善及无记法，非诸善法，谓断善根补特伽罗，除种子法。无有成就善不善法，非无记法，或唯不善，或唯无记而可得者。

又于此中，应知诸法如其所应，若得若舍。谓有一类，由受所受故，或

① 不堕前说世间摄故，底本与《房山石经》《资福藏》《碛砂藏》《普宁藏》《永乐南藏》《径山藏》《高丽藏》相同；《赵城金藏》“堕”作“随”。

② 修所断法聚，底本与《资福藏》《碛砂藏》《赵城金藏》《普宁藏》《永乐南藏》《径山藏》《高丽藏》相同；《房山石经》无“所”字。

舍所受故，或邪推求故，或正推求故，或转形故，或法尔故，或离欲故，或加行故，或退失故，或得果故，或死生故，而有得舍。

如别解脱律仪等法，由受彼故得，由舍彼故舍。若诸善法，由邪推求故舍，由正推求故得。由转形故，舍苾刍律仪，或苾刍尼律仪。随得其一，二形生故，一切永舍。由法尔故，世间坏时，能入法尔所得静虑。由离欲故，能得上地所有善法。由加行故，能发依彼所引功德，令现在前。由退失故，还得先时诸下劣法。由得果故，舍诸世法，得出世法及后明净世间善法。由死生故，若生下时，获于生得善及不善，无记诸法；若生上时，唯得善法及无记法。诸有所舍，如其所应，亦随觉了。

无有相违诸心、心所而共相应，及与相摄，即此刹那行，还与此刹那。又无一切生死诸行可永断法。又无诸行先未曾生，欻然今起[①]。又一切行皆刹那生，生刹那后必无停住，诸行一生、一住、一灭。又一切法一一自性，无有第二自性可得。又定无有同类二法一时相应，即由第二自性无故。又非一法有乖异相二种作用。又一切行依于他转，而不自依。又非自性与自性俱，亦不随转。又非即此一刹那心，与此刹那心为所缘。又非即此刹那自性与此刹那自性为因，亦非后生为前生因，亦非同类为异类因。如不善望善，善望不善，而作无记异熟果因。

广说地等，嗢柁南曰：

初诸地诸依，次谛智加行，
三摩地根道，对治行修习，
有漏无漏法，诸果诸因缘，
立补特伽罗，后遍知究竟。

有九种地。何等为九？一、资粮地；二、方便地；三、观行地；四、见

① 欻然今起，底本与《资福藏》《碛砂藏》《赵城金藏》《普宁藏》《永乐南藏》《径山藏》相同；《房山石经》《高丽藏》“今”作“令”。

地；五、修地；六、有学地；七、无学地；八、圣者地；九、异生地。先应积集出世资粮；次为尽漏，勤修方便；次修随顺决择分时，正观诸谛；次能证入正性离生；次后渐证四沙门果。此中，前三是有学地，其第四果是无学地。证离生已，一切世间渐升进道名为修地。即总摄见、学、无学地名圣者地。此余一切名异生地，谓若未修加行，若已修加行，若已离欲一切异生。

复有九依，能尽诸漏。何等为九？谓未至定、若初静虑、静虑中间、余三静虑及三无色，除第一有。

复有四圣谛，能为尽净惑所。

复有十智，能觉一切所知境界，谓法智、类智、若世俗智、若他心智、若苦等智、尽无生智、此广分别，如“声闻地”。

又瑜伽师有五加行：一、为欲证入正性离生；二、为得上果；三、为进离欲；四、为欲转根；五、为引功德。

复有瑜伽三三摩地：一、空三摩地；二、无愿三摩地；三、无相三摩地。

复有三种一切行向住果者根：一、未知欲知根，是行预流果向者根；二、已知根，是预流果已上，乃至行阿罗汉果向者根；三、具知根，是住阿罗汉果者根。

复有九道。云何为九？一、世间道；二、出世道；三、加行道；四、无间道；五、解脱道；六、胜进道；七、下品道；八、中品道；九、上品道。世间道者，谓由此故，能证世间诸烦恼断，或不证断，能往善趣，或往恶趣。出世道者，谓由此故，能证究竟诸烦恼断。加行道者，谓为断惑，勤修加行。无间道者，谓正断惑。解脱道者，谓断无间心得解脱。胜进道者，谓从此后，发胜加行。下品道者，谓能对治上品烦恼。中品道者，谓能对治中品烦恼。上品道者，谓能对治下品烦恼。

复有四种对治：一、厌坏对治；二、断灭对治；三、任持对治①；四、远分对治。复有十六行相，谓观诸谛为无常等，如前已辩。复有八种修习。如是对治，如是行相，如是修习，如前“定地”及“声闻地”应观其相。

复有二品摄一切法：一、有漏法；二、无漏法。此二②法如前，应知已辩。

复有五果：一、异熟果；二、等流果；三、离系果；四、士用果；五、增上果。复有十因：一、随说因；二、观待因；三、牵引因；四、摄受因；五、生起因；六、引发因；七、定异因；八、同事因；九、相违因；十、不相违因。复有四缘：一、因缘；二、等无间缘；三、所缘缘；四、增上缘。如是一切果、因及缘，如“菩萨地”等已辩其相。

复有七种补特伽罗，谓随信行等。复有六种阿罗汉，谓退法等。复有八种补特伽罗，谓行四向及住四果建立。应知如“声闻地”。

复有六种遍智：一者，不定地有漏谛遍智；二者，定地有漏谛遍智；三者，无漏无为谛遍智；四者，无漏有为谛遍智；五者，顺下分结遍智；六者，顺上分结遍智。

复有二种究竟：一者，智究竟；二者，断究竟。智究竟者，谓尽、无生智。自斯已后，为断烦恼，无复应知③。断究竟者，谓遍究竟诸烦恼断。由彼断故，圆满究竟证心解脱及慧解脱。

如是略引随顺此论境智相应摩怛理迦所有宗要，其余一切，随此方隅皆当觉了。

---

① 任持对治，底本与《房山石经》《资福藏》《赵城金藏》《径山藏》《高丽藏》相同；《碛砂藏》《普宁藏》《永乐南藏》“任”作“住”。

② 此二，底本与《资福藏》《碛砂藏》《普宁藏》《永乐南藏》《径山藏》相同；《房山石经》《赵城金藏》《高丽藏》“二”作“二法”。

③ 无复应知，底本与《碛砂藏》《普宁藏》《永乐南藏》《径山藏》《高丽藏》相同；《房山石经》《资福藏》《赵城金藏》“知”作“智”。

遍行一切摩怛理迦，如“摄释分”应知其相。如来法教数无限量，何能穷到无边彼岸。随此方隅，随此引发，随此义趣，诸聪慧者于余一切应正寻思，应正觉了。

后　记[①]

大唐贞观廿二年五月十五日于长安弘福寺翻经院弘福寺，沙门知仁笔受，弘福寺沙门灵隽笔受，大总持寺沙门道观笔受，瑶台寺沙门道卓笔受，清禅寺沙门明觉笔受；大总持寺沙门辩机证文，简州福众寺沙门靖迈证文，蒲州普救寺沙门行友证文，普光寺沙门道智证文，汴洲真谛寺沙门玄忠证文；弘福寺沙门明濬正字，大总持寺沙门玄应正字；弘福寺沙门玄谟证梵语；弘福寺沙门文□证义，蒲州栖岩寺沙门神泰证义，廓州法讲寺沙门道深证义，宝昌寺沙门法祥证义，罗汉寺沙门慧贵证义，宝澄寺沙门明琰证义，大总持寺沙门道洪证义；慈恩寺沙门玄奘译；银青光禄大夫行太子左庶子高阳县开国男臣许敬宗监阅。

大唐内常侍轻车都尉菩萨戒弟子观自在，敬写西域新翻经论，愿毕此余生道心不退，庶以流通未闻之所。窃以佛日西沈，正法云谢；慧流东渐，象教方传。希世之符，奥义宣于具叶；非常之宝，至赜登于龙宫。挹其冲源，截暴河而遐逝；游其玄阃，出朽宅而长驱。玄奘法师，释门之龙象，振旦之鹫鹭，逾葱山专励学，赍梵文而旋止。杀青甫就，永事流通，土方生涯，多幸预闻，正法植田，或爽禀质不全。今罄兹寸禄，缮斯奥旨，片言只字，贝经心目，亲蒙口决，庶无乖殊。以斯福祉，奉福太宗文皇帝即御皇帝王公卿士、六姻亲族，凡厥黎庶，及跂行喙息，平等董修，乘此胜基，方升正觉。

天长十年岁次癸丑七月十八日愿主佛师妙广。

①